LES OEUVRES DE MAISTRE GUY COQUILLE SIEUR DE ROMENAY,

CONTENANT PLUSIEURS TRAITEZ TOUCHANT les Libertez de l'Eglise Gallicane, l'Histoire de France & le Droit François.

ENTRE LESQUELS PLUSIEURS N'ONT POINT ENCORE été imprimez, & les autres ont été exactement corrigez.

Et dans cette nouvelle Edition, reveuë, corrigée & augmentée.

TOME I.

A BORDEAUX.
Chez CLAUDE LABOTTIERE.

M. DCC. III.

AVEC PRIVILEGE DU ROY.

A MONSEIGNEUR
DALON,
CHEVALIER, CONSEILLER DU ROY EN SES CONSEILS, PREMIER PRESIDENT AU PARLEMENT DE NAVARRE.

ONSEIGNEUR,

Si j'avois l'honneur de vous presenter un Livre qui vous fût inconnu, je vous previendrois d'abord en faveur de son Auteur par les vertus qui vous sont communes avec lui. Je vous dirois que ce fut un Genie du premier Ordre, dont la vaste capacité s'étendit sur tous les Etats du Royaume pour les reformer, ou pour les instruire; Que sa probité toûjours seure, toûjours constante fut égale à ses lumieres; Que son amour pour la verité & pour la gloire de la Couronne l'éleva dans les tems les plus difficiles au dessus de tous les respects humains pour soûtenir les droits de la Royauté, sans sortir de la soûmission qui est deuë au Sacerdoce; Que bien éloigné de ces esprits superficiels, qui enflez de quelque ouvrage frivole, croiroient faire tort à la Posterité de ne pas lui en faire part. Ce grand Personnage qui sçavoit tant de choses, & qui les sçavoit si bien, ne peut jamais forcer sa modestie à faire imprimer aucun de ces fameux Traitez qui sont aujourd'hui l'admiration de tous les Sçavans. Enfin, MONSEIGNEUR, *je finirois son éloge en vous disant que ce fut un homme fidéle à son Prince, zelé pour la Religion, prudent dans ses conseils, sage dans ses decisions, juste, desinteressé, sensible à l'amitié, appliqué sans relâche à remplir exactement tous ses devoirs.*

Mais, MONSEIGNEUR, *qui connoît mieux que vous le prix des Ouvrages, & le merite personnel de ce grand Homme, dont vous avez fait une étude particuliere dés vôtre plus tendre jeunesse, & auquel vous vous étes rendu si semblable par tant d'endroits, qu'il sembleroit que vous l'eussiez choisi pour vôtre modele, si vous n'aviez pas eu un exemple domestique à suivre en la personne de Monseigneur vôtre Pere, dont la memoire sera en veneration tant que l'on conservera du goût pour l'érudition, pour la sagesse, & pour la justice.*

Elevé sous les yeux, & par les instructions d'un tel Maître, que ne devoit-on point attendre d'un Fils dont il faisoit ses delices, & dans lequel il trouvoit de si heureuses dispositions ? Aussi, MONSEIGNEUR, lorsque vous fûtes élevé à la Charge d'Avocat General au Parlement de Bordeaux, personne ne fut-il surpris de vous voir meriter l'approbation publique dans un âge où les autres ne pensent pas encore à prendre des mesures pour l'aquerir.

En effet, MONSEIGNEUR, qui auroit pû vous refuser son estime & son admiration? Soit que l'on vous vît dans vos Audiences particulieres doux & affable envers tous, écoutant avec bonté les raisons des parties, sans que vôtre patience peut être lassée par l'indiscretion des uns, ni par l'importunité des autres, prompt à concevoir les affaires les plus difficiles, attentif à favoriser la bonne cause, ferme & inébranlable pour resister à l'iniquité : Soit que l'on vous suivît au Barreau pour entendre les doctes & éloquens discours qui deméloient avec tant d'équité les droits des particuliers pour rendre à chacun ce qui lui appartenoit, qui reprimoient avec severité la fraude & l'injustice, qui separoient les formalitez necessaires d'avec les procedures obliques, qui coupoient comme un glaive trenchant ces nœuds funestes de division que l'artifice & le mensonge forment pour troubler le repos des Familles, & qui portans la lumiere & la verité dans l'esprit de tous les Juges, étoient toûjours suivis de la persuasion, parce qu'ils étoient toûjours animez & soûtenus par la Justice.

Ce furent ces excellentes qualitez, MONSEIGNEUR, qui obligerent le plus juste & le plus éclairé de tous les Rois de vous dispenser des regles communes, aprés la mort de Monseigneur vôtre Pere, pour vous placer à l'âge de trente-deux ans à la tête du Parlement de Navarre ; ce sage Prince compta le nombre de vos vertus, & non pas celui de vos années : l'intelligence profonde des Loix, l'amour du bien public, la pureté de vos principes, vôtre desinteressement, vôtre integrité furent les voix qui lui parlerent en vôtre faveur, & les seuls garants qu'il voulut avoir de la fidelité avec laquelle vous rempliriez un si haut ministere.

Nous sommes privez, MONSEIGNEUR, du bonheur de voir chaque jour vôtre conduite justifier le choix de Sa Majesté ; mais l'amour & la confiance que les Peuples de vôtre ressort ont pour vous ne demeurent pas dans le silence, & leurs acclamations retentissent jusqu'à nous. Nous apprenons avec plaisir que vôtre zele laborieux n'est jamais fatigué par les penibles fonctions de vôtre Charge ; que vous donnez toute vôtre application & tous vos soins à la tranquilité publique ; que si vous soûtenez avec éclat l'autorité du Prince devant les Sujets, vous ne ménagez pas avec moins de bonté les interêts des Sujets devant le Prince; que la Jurisprudence semble avoir reçû une nouvelle force de vôtre droiture & de vos lumieres ; que les affaires sont examinées dans vôtre Tribunal avec autant de rigueur & d'équité que s'il ne restoit plus de passions dans le monde, & que les Arrêts que vous prononcez étant pesez au poids du Sanctuaire sont regardez avec autant de respect que les Loix mêmes dont vous êtes le dépositaire.

Mais, MONSEIGNEUR, où m'emporte ma reconnoissance ? J'oublie qu'il ne m'appartient pas d'entreprendre de publier vos loüanges, & qu'en prenant la liberté de vous dédier la nouvelle Edition que je viens de mettre au jour, je n'ai eu d'autre dessein que de vous faire connoître que je ne serois peut être pas indigne de la protection dont vous m'avez toûjours honoré, si on pouvoit la meriter par le tres-profond respect avec lequel je serai toute ma vie,

MONSEIGNEUR,

Vôtre tres-humble & tres-obéissant serviteu

LABOTTIERE.

CATALOGUE DES OEUVRES
DE MAISTRE GUY COQUILLE SIEUR DE ROMENAY,

Qui ont esté trouvez aprés sa mort, & depuis quelques années disposez selon les matieres; desquels la plus grande partie a été mise dans cette edition.

Ceux qui ne sont pas ici imprimez sont marquez par une étoile.

* *GUIDONIS Conchilii Romenai Nivernensis Poëmata. Niverni* 1590. in octavo.

* *Psalmi Davidis centum quinquaginta paraphrastice translati in versus heroïcos, Auctore Guidone Conchilio Romenao Nivernensi. Niverni* 1592. in octavo.

* *Annotationes & diversæ lectiones in Psalmos Davidis centum quinquaginta excerptæ à Guidone Conchylio Romenao ex Sante Pagnino, Vatablo, Ludolpho, Iacobo Fabro, & Genebrardo, non editæ.*

* *Alia Poëmata sacra & moralia Guidonis Conchylii Romenæi non edita.*

1. Memoires pour la reformation de l'Estat Ecclesiastique, fait en l'année 1592. imprimez cy-devant à Paris en 1650. *in quarto*, & en cette edition, p. 1. tom. 1.

2. Traité des Libertez de l'Eglise de France, & des droits & autorité que la Couronne de France a és affaires de l'Eglise dud. Royaume, par bonne & sainte union avec ladite Eglise, fait en l'année 1594. imprimé cy-devant à Paris en 1650. *in quarto*, & dans cette edition, p. 75. tom. 1.

3. Autre Traité des Libertez de l'Eglise de France & des droits & autorité que la Couronne de France a és affaires concernans la police de l'Eglise dudit Royaume par bonne & sainte union avec icelle Eglise, p. 109. tom. 1.

C'est le grand Traité des Libertez de l'Eglise de France dont Monsieur de Thou parle en son Histoire liv. 129. sous l'année 1603. en l'éloge de Monsieur Coquille, qu'il remarque avoir esté dérobé.

4. Discours de Maître Guy Coquille des droits Ecclesiastiques & Libertez de l'Eglise Gallicane; & les raisons & moyens d'abus contre les Bulles decernées par le Pape Gregoire XIV. contre la France en 1591. cy-devant imprimé avec les Traitez des droits & libertez de l'Eglise Gallicane en 1612. *in quarto*, & en 1639. *in folio*, & en cette edition. p. 173. t. 1.

5. Autre discours du même sujet presenté à Madame Henriette de Cleves Duchesse de Nivernois, qui avoit desiré être éclaircie sur le fait desdites Bulles monitoriales de Gregoire XIV. & de la celebre Assemblée tenue à Chartres au sujet d'icelles le 21. Septembre 1591. p. 192. t. 1.

6. Du Concile de Trente & de la reception d'icelui, p. 253. t. 1.

7. Des Benefices de l'Eglise. p. 243. t. 1.

8. Dialogue sur les causes des miseres de la France entre un Catholique ancien, un Catholique zelé & un Palatin, fait en l'année 1590. cy-devant imprimé à Paris en 1650. *in quarto*, & en cette edition, p. 214. t. 1.

9. Discours sur les maux du Royaume pendant la Ligue, piece non achevée. p. 240. t. 1.

10. Que les maux de la France pendant la Ligue venoient faute de reformation, & principalement de l'Estat Ecclesiastique. p. 264. t. 1.

11. Memoire pour proposer à sa Sainteté les inconveniens qui peuvent avenir si elle se rend trop rigoureuse à la reconciliation du Roi, & à composer les affaires de France. p. 212. t. 1.

12. Des entreprises des Papes & du Legat qui étoit en France pour la Ligue. p. 258. t. 1.

13 *Protestatio Cardinalis Placentini ad illustrissimum Cardinalem Pellevæum publicorum Galliæ Conventuum Præsidem missa, ut eam ipsis Conventibus significaret.* p. 197. t. 1.

14. Devis entre un citoyen de Nevers y demeurant, & un citoyen de Paris retiré à Nevers, sur le sujet de la susd. protestation du Cardinal de Plaisance, du Dimanche 11. Juillet 1593. p. 199. t. 1.

15. Histoire de Nivernois. p. 295. t. 1.

16. Traité des Pairs de France, leur origine, fonction, rang & dignité, & comme les anciennes Pairies Layes ont été reünies à la Couronne, au moyen de laquelle reünion autres nouvelles ont été creées, avec l'ordre de leur creation & reception en icelles. p. 450. t. 1.

17. Discours des Estats de France & du droit que le Duché de Nivernois a en iceux. p. 276. t. 1.

18. Qu'en fait d'Estats les Gouvernemens, les Bailliages & Senéchaussées ne doivent être en consideration, & encores moins les Sieges Presidiaux. p. 286. tom. 1.

* Petit journal des Estats d'Orleans de l'année 1560.

* Extrait sommaire du cayer presenté au Roi par aucuns de la Noblesse és Estats tenus à Orleans en Decembre & Janvier 1560.

* Sommaire du cayer general du tiers Estat de France, fourni par-devers le Roi és Estats tenus à Orleans en Janvier 1560.

* Quelques autres petits Memoires touchant lesdits Estats d'Orleans.

* Memoires des Estats de Moulins de l'an 1566.

* Quelques Actes & Memoires des Estats de Blois de l'an 1577.

* Petit journal des Estats de Blois de l'an 1588.

* Etat en bref des affaires du Roi pour les Finances, apporté par Monsieur le Maréchal de Retz le Samedy 31. Decembre 1588.

* Extrait sommaire du cayer du tiers Estat de France és Estats generaux de Blois 1588. presenté au Roi le Mercredi 4. jour de Janvier 1589.

19. Memoire de ce qui est à faire pour le bien du païs de Nivernois, envoyé à Monsieur de Nevers par Maître Girard Bardin qui est parti le 18. Aoust 1573. p. 269. tom. 1.

* Autre memoire pour le soulagement du Nivernois.

* Autre memoire pour le département des tailles du Nivernois & des Elections voisines.

* Discours de la franchise des bonnes Villes du Royaume, & en quelle consideration la ville de Nevers doit être pour ce regard.

20. Plaidoyé fait au Conseil Privé du Roi pour les Echevins & Habitans de la ville de Nevers, pour l'extinction & abolition des Bourdelages, contre les Doyen & Chapitre, Abbé & Convent de Saint Martin, &c. dudit Nevers par Maître Guillaume Rapine Lieutenant general du Nivernois le 9. Aoust 1554. p. 273. tom. 1.

* Memoires pour les Echevins & Citoyens de Nevers contre le Chapitre de l'Eglise de Nevers & Colleges Ecclesiastiques d'icelle Ville & autres, pour l'abolition des Bourdelages sur les maisons & heritages de ladite Ville, avec un inventairo des pieces baillées à Monsieur Marion pour plaider.

21. Institution au droit des François, imprimée la premiere fois *in quarto* en 1607. & en cette edition, p. 1. tom. 2.

Nota qu'au chap. du droit de Royauté *qui est dans cette edition, il y a une enumeration par le menu des Droits & Libertez de l'Eglise de France, dont l'extrait a esté imprimé en 1609. & 1612.* in quarto, *& en 1639.* in folio, *entre les Traitez des Droits & Libertez de l'Eglise Gallicane.*

22. Les Coûtumes du Païs & Duché de Nivernois, avec les Annotations & Commentaires de Maître Guy Coquille sieur de Romenay, imprimées la premiere fois en 1605. *in quarto*, & en cette edition, p. 1. tom. 2

23. Questions, Réponses & Meditations sur les Coûtumes de France, imprimées la premiere fois en 1611. *in quarto*, & en cette edition, p. 153. t. 2.

24. Ordonnances du Roi Henry III. sur les plaintes & doleances faites par les Deputez des Estats de son Royaume assemblez en la ville de Blois en 1576. & 1577. avec les Annotations sur icelles de Maître Guy Coquille sieur de Romenay, p. 462. t. 2.

* *Collectiones Iuris canonici & civilis.*

* *Notitia Episcopatuum Italiæ.*

* *Brevis ac dilucida enarratio l. 1. ff. de jurisdict. quæstionem de Magistratûs qui jurisdictioni præsit, ac item Iudicis officio, novè disputatam continens, anno 1574. incerto Autore.*

* *Brevis enarratio de dolo nominatim exprimendo per circumstantias*, &c.

* *Excerpta ex decisionibus Capellæ Tholosan. M. Iul.* 1582.

Explication des mots de grand an, second grand an, tiers grand an, quatriéme grand an, *desquels il est fait mention en divers endroits de ces Oeuvres de M. Coquille, tirée du liv. 2. de son Histoire de Nivernois, où il est traité des Comtes & Ducs de Nevers, &c. pag.* 402.

CEtte profanation des choses Saintes a esté reformée par l'aide & autorité des Papes qui ont esté au Siege Apostolique Romain en ce tems, aprés le milliéme an, qui étoit le commencement du tiers grand an aprés l'Incarnation de Nôtre Seigneur l'an 1064. auquel an les mouvemens du Soleil & de la Lune se sont trouvez au même état, auquel ils étoient lors de ladite Incarnation de Nôtre Seigneur. Le grand an s'accomplit en 532. ans, en multipliant 28. par 19. La Lune en 19. ans se retrouve en même état, & le Soleil en 28. ans, qui est ce que les Computistes disent, *Cyclus Lunaris*, ou *decem novennalis*, dont vient le nombre d'or, inventé pour trouver les nouvelles Lunes en chacun mois, & court jusques à 19. & *Cyclus Solaris*, qui court jusques à 28. Le commencement & renouvellement du quatriéme grand an sera à l'an 1596. duquel nous approchons fort.

PRIVILEGE DU ROY.

LOUIS, par la grace de Dieu, Roy de France & de Navarre: A nos amez & feaux Conseillers les Gens tenans nos Cours de Parlement, Maîtres des Requêtes ordinaires de nôtre Hôtel, Grand Conseil, Baillifs, Senêchaux, Prevôts, leurs Lieutenans & autres Officiers qu'il appartiendra, Salut; Nôtre bien amé CLAUDE LABOTTIERE, Marchand Libraire & Imprimeur à Bordeaux, Nous a fait remontrer, que bien qu'il ait esté fait cy-devant plusieurs Editions d'un Livre intitulé *les Oeuvres de Me. Guy Coquille Sr. de Romenay, Avocat en Parlement*, neanmoins l'impression s'en trouve finie, & tous les exemplaires tellement distribuez, qu'il ne s'en trouve plus que dans des Biblioteques; Et comme c'est un Livre non seulement fort utile, mais même tres-necessaire à tous Magistrats, Juges & autres Officiers, il desireroit entreprendre l'impression dudit Livre: mais d'autant qu'il ne le peut faire sans une grande dépense, & que quelqu'autre pourroit le priver de son labeur, & rendre ses soins inutiles par une concurrence d'impression, il Nous a tres-humblement fait supplier de lui accorder nos Lettres de Privilege & Permission sur ce necessaires. A CES CAUSES, desirant favorablement traiter l'Exposant, Nous lui avons permis & accordé, permettons & accordons par ces presentes de reimprimer, faire reimprimer, vendre & debiter ledit Livre en tel volume, marge & caractere, & autant de fois que bon lui semblera, pendant le tems de dix années consecutives, à compter du jour qu'il sera achevé de reimprimer, pendant lequel tems Nous faisons tres-expresses défenses à tous Libraires, Imprimeurs & autres, d'imprimer, faire imprimer, vendre & distribuer led. Livre sous pretexte d'augmentation, correction, changement de titre, fausse marque ou autrement, en quelque maniere que ce soit, ni même d'en faire des extraits ou abregé, & à tous Marchands étrangers d'en apporter ni distribuer en ce Royaume d'autres impressions que de celles qui auront esté faites du consentement de l'Exposant, ou de ses ayant cause, à peine de confiscation des exemplaires contrefaits, trois mille livres d'amande payable par chacun des contrevenans, & appliquable un tiers à Nous, un tiers à l'Hôpital general de ladite Ville de Bordeaux, & l'autre tiers à l'Exposant ou à ceux qui auront droit de lui, & de tous dépens, dommages & interêts: A la charge d'en mettre deux exemplaires en nôtre Biblioteque publique, un en nôtre Cabinet des Livres de nôtre Château du Louvre, & un en celle de nôtre tres-cher & feal Chevalier, Chancellier de France, le Sr. Phelypeaux, Commandeur de nos Ordres, avant que de l'exposer en vente; que l'impression sera faite dans ce Royaume, & que ledit Livre sera imprimé sur de beau & bon papier, & de belle impression, suivant les Reglemens faits à ce sujet, à peine de nullité des Presentes, lesquelles seront regîtrées dans les Regîtres de la Communauté des Libraires & Imprimeurs de nôtre bonne ville de Paris. SI vous mandons que du contenu en icelles vous fassiez joüir l'Exposant, ou ceux qui auront droit de lui, pleinement & paisiblement, cessant & faisant cesser tous troubles & empêchemens au contraire. Voulons aussi qu'en mettant au commencement ou à la fin dudit Livre une copie des Presentes, ou extrait d'icelles, elles soient tenuës pour bien & deüement signifiées, & qu'aux copies collationnées par l'un de nos amez & feaux Conseillers-Secretaires, foy soit ajoûtée comme à l'original; pourveu toutefois qu'aucun autre Libraire n'ait commencé de faire ladite reimpression en consequence de nos Lettres de permission obtenuës avant cesdites presentes. Pour l'execution desquelles mandons au premier Huissier ou Sergent sur ce requis faire tous Exploits & autres Actes de Justice requis & necessaires; sans demander autre permission, nonobstant toutes oppositions, clameur de Haro, Chartre Normande, & Lettres à ce contraires. CAR tel est nôtre plaisir. DONNE' à Versailles le 3. jour d'Aoust, l'an de grace 1700. de nôtre regne le cinquante-huitiéme. Par le Roy en son Conseil, LEFEBVRE.

Regîtré sur le Livre de la Communauté des Imprimeurs & Libraires, conformément aux Reglemens. A Paris le 7. Aoust 1700. C. BALLARD, Syndic.

Achevé d'imprimer pour la premiere fois en vertu du present Privilege le 31. Aoust 1703.

Les Exemplaires ont été fournis.

TABLE DES TRAITEZ
CONTENUS
EN CE PREMIER VOLUME.

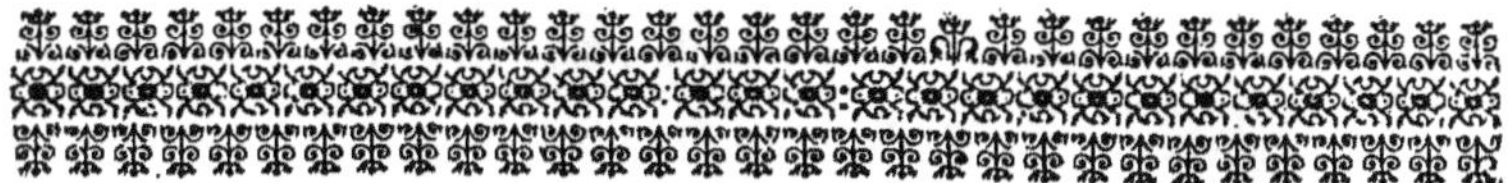

PREFACE, OU DISCOURS.

SUR LA VIE ET LES OEUVRES DE MAITRE Guy Coquille, Sieur de Romenay, &c.

C'EST une chose difficile à comprendre que Maître Guy Coquille Sieur de Romenay ait composé tous les Ouvrages excellens que nous avons de luy, & qu'il n'en ait presque rien publié de son vivant, quoy qu'il ait vêcu prés de 80. ans. Il faut que ce Personnage ait eu dans le cœur ou une bien petite estime de sa suffisance, ou une humilité bien grande dans son merite. Mais enfin l'une & l'autre ne peut passer que pour une modestie trés-rare, qui doit augmenter de beaucoup sa gloire au dessus des autres Auteurs, dont la plûpart n'écrivent que pour se rendre illustres & recommendables à la posterité. Ainsi cette retenuë extraordinaire de Monsieur Coquille est sans doute une loüange particuliere qui luy est deuë : & c'est assûrement celle que luy a voulu donner Monsieur le President de Thou, quand il a écrit en l'Eloge qu'il luy a composé en son Histoire : a *His senior & quia voluit obscurior, Vdus Coquillius Romaneius, post obitum, illustrior scriptis ejus publicatis quæ vivus presserat, nunc vel invitus in hominum memoriam retrahendus est.*

a Lib. 129. année 1603.

Mais il faut pourtant avoüer que nous avons quelque sujet de nous plaindre de la trop grande modestie de Monsieur de Romenay, puis qu'il est vray que s'il ne se fut trouvé aprés luy des gens qui eussent été soigneux de son honneur, & en méme temps affectionnez au bien public, non seulement son nom eut été enseveli dans l'oubly, mais aussi le public eut été privé d'un grand nombre de pieces importantes à l'Eglise de France, au Roy & à l'Etat, qui ont été sauvées par leur vigilence & par leurs soins.

En effet, il est impossible de jetter les yeux sur les Ouvrages de ce Personnage, qu'on n'y remarque incontinent non seulement une grande connoissance des Droits Ecclesiastique, Romain & François, mais aussi un zéle ardent pour le rétablissement de la pureté des mœurs & de l'ancienne discipline dans l'Eglise, une veneration particuliere pour l'Episcopat & ses droits ; un attachement inébranlable à son Prince souverain, & un amour vehement pour la splendeur de sa Coûronne ; enfin un esprit tout plein de pieté, de justice & de bonté joint à une doctrine fort éclairée.

C'est ce qui pouvoit être representé de luy par ceux qui en ont écrit cy-devant : mais comme ils n'ont pas tout remarqué, & que ses propres Oeuvres nous donnent une plus ample connoissance de ses bonnes qualitez & de ses vertus, que ce qu'ils ont avancé, nous estimons que mettant à present la plûpart de ses Oeuvres ensemble en un corps, nous ne devons ici rien obmettre de ce que nous avons pû apprendre de leur Auteur, dont l'estime plus grande qu'on en pourra faire par une plus parfaite connoissance, confirmera d'abondant la bonté, qui leur est d'ailleurs incontestable par la force des raisonnemens & des autoritez qui l'établissent.

Or comme Maître Guy Coquille étoit issu d'une fort ancienne famille, dans laquelle il y a eu quelques Personnages notables, j'ay pensé qu'auparavant parler singulierement de luy il étoit à propos de donner icy la connoissance que j'ay euë d'eux par des titres authentiques qui m'ont été communiquez par Monsieur Vyon Sieur d'Erouval, Auditeur en la Chambre des Comptes, duquel on peut dire, qu'il est comme ce Pere de famille de l'Evangille, b *qui profert de thesauro suo nova & vetera*, enrechissant tous les jours

b Matth. 13.

le public par ses amis de pieces curieuses, & même importantes aux droits du Roy & de la Couronne. Or quoy que celles-cy ne soient pas de cette qualité, elles sont toûjours bonnes & fort propres à nôtre sujet, & leur briéveté n'apportera pas grand ennuy au Lecteur.

Je trouve donc par une Genealogie que Monsieur Coquille a dressée luy-même de ses Predecesseurs & qui nous a été communiqué par ses Décendans, que dés l'an 1265. il y eut un Guillaume Coquille qui acquit partie du peage par eau appartenant en domaine au corps de la Ville de Nevers, & fut un des quatre Echevins de cette Ville-là.

Ce Guillaume eut un fils nommé Regnaud, que je ne doute point être celuy qui écrivit en l'an 1315. la Lettre suivante à Messieurs de la Chambre des Comptes à Paris, où elle a été trouvée : *a* car le nom, le lieu & le temps conviennent tout-à-fait à ce Regnaud.

a En parchemin.

A Tres-honorables Personnes ses chiers Seigneurs les Maîtres de la Chambre des Comptes nôtre Sire le Roy, Regnaud Coquille Prevôt b *de Neuers soit recommandé à Vous, & obéissant à vos Commandemens; Sçavoir vous fais, que je en l'absence dou Baillif de Neuers & de son Leutenant à Neuers, receu par la main Guillot de Monrelays le Vendredy à matin aprés la Feste Saint Barnabé l'Apostre trois paires des Lettres de nôtre Sire le Roy, pour pourloigner la semonse de l'ost de Flandre, qui étoit mandée & criée à la moitié dou mois de Juin, jusques à la Magdeleine: & selon vôtre Mandement je en he ordené en l'eure de les enuoyer és leux & és personnes à qui elles deuoient estre baillées, pour ce que le Baillif de Neuers ne ses Leutenans n'estoient au païs. Donné à Neuers le Vandredy dessus dit au matin, l'an de grace 1315.*

b Coquille remarque au l. 3. de son Histoire de l'Assiette du Nivernois, qu'il y avoit autrefois un Prevôt à Nevers

Elle étoit scellée d'une Coquille que nôtre Auteur nous apprend luy-même être les Armes de sa famille par cette Epigramme qui est dans ses Poësies.

DE STEMMATE GENTILITIO MAJORUM MEORUM ET UXORIS.

Clausa domo & gemina circundata tegmine testa
Vix unquam admisso lumine concha patet.
Cùmque procelloso jactatur flamine pontus
In mediis naves anchora sistit aquis
Anchora cum conchâ (nostræ duo stemmata gentis)
Secreti & stabilis consilii esse monet.

Il faut croire que les trois Lettres, dont celle-cy fait mention étoient du Roy Loüis X. dit Hutin; decedé le 5. Juin 1315. au Château de Vincennes sept ou huit jours auparavant que Regnaud Coquille les eut receuës, & qu'elles avoient été écrites au sujet de la guerre entreprise par Philippe le Bel son Predecesseur contre Robert Comte de Flandre; pour laquelle on traitoit alors de la Paix, qui fut faite en Septembre suivant par Philippe le Long, lors Comte de Poitiers, & Regent en France, & depuis Roy.

Il est aussi fait mention dans cette Genealogie sous l'an 1377. d'un Hugues Coquille que nôtre Auteur nomme pere de son trisayeul, & dit avoir été annobli avec Isabeau Morinat sa femme par Lettres du Roy Charles VI. du mois de Juillet 1391. verifiées en la Chambre des Comptes le 12. Juillet 1396. remarquant en ses Commentaires sur la Coûtume de Nivernois, *c* que le *Roy l'annoblit & sa posterité de mâles & femelles à cause des services qu'il luy avoit fait en la guerre de Bretagne* : mais il ne specifie point quels étoient ces services, comme il eut été à souhaitter.

c Ch. 35. du droit d'ainesse. art. 1.

Et il parle encore sous l'an 1445. d'un Guillaume Coquille Lieutenant General de Saint Pierre le Moustier, qui épousa une Jeanne Guesdat petite fille du Chancelier le Clerc. Et je trouve que ce personnage étoit en grande estime, de suffisance & de probité auprés du Roy Charles VII. ayant été appellé par luy pour travailler à la reformation de la Justice & des Finances du Royaume, comme il appert par les deux Lettres suivantes, l'une au Roy, & l'autre à Pierre Doriole General des Finances en France.

SIRE,

Tant & si trés-humblement que faire puis me recommande à vôtre trés-notable grace. SIRE, il vous a plû moy écrire & commander par vôtre porsuivent porteur de cettes, de moy disposer pour aller pardevers vôtre trés-noble Majesté en vôtre service, touchant la refor-

mation sur le fait de vos Justices & Finances en vôtre Royaume, ens les fins & metes de Monseigneur vôtre General Doriole, lequel m'a aussi écrit de cette matiere, dont, SIRE, vous mercie trés-humblement de tout mon petit pouvoir. Et combien, SIRE, que ne soye digne, ne suffisant d'être appellé si avant à vôtredit service, neanmoins, pour vous obeïr & faire ce qu'il appartient, suis deliberé aler pardevers vous au plus brief que je pourray, pour vous remercier en personne du grand bien & honneur que me faites, & aussi pour obeïr à vosdits commandemens, comme faire je dois & tenu y suis. SIRE, vous supplie oyr & croire vôtredit serviteur sur un peu d'excusation de ma personne, pourquoy prêtement avec luy ne suis allé pardevers vous : laquelle chose je feray, comme dit est, à l'aide de nôtre Seigneur, qui par sa sainte grace, SIRE, vous doint acomplissement de vos trés-hauts & tres-nobles desirs. Ecrit à Nevers le 27. jour d'Octobre.

Vôtre trés-humble & petit sujet,
GUILLAUME COQUILLE.

MON TRES-CHER ET HONORE' SEIGNEUR;

Je me recommande à vous tant humblement comme je puis : & vous plaise sçavoir que j'ay receu vos gracieuses lettres que m'avez écrites par le porsuivent du Roy nôtre Sire porteur de cestes, desquelles & du contenu en icelles vous mercie tant comme je puis. MONSEIGNEUR, vous supplie non être mal content & moy excuser envers le Roy nôtre Sire, auquel écris de ce que ne suis alé avec ledit porsuivent pardevers le Roy & vous, pour la matiere dont m'avez écrit, car à moy n'est pas possible y aler à cheval par terre, comme vous pourra dire cedit porteur. Mais vous requier & supplie que le Roy & vous soyez contens de attendre qu'il soit sur la riviere de Loire en aucune Villes ou à Paris : & incontinent me mettray sur l'eau & en chemin pour aller par delà & accomplir ses commandemens & vôtre ordonnance, & cependant feray mes preparatoires. Cedit porteur ne m'a trouvé en mon hôtel & luy a convenu aller à Molins & retorner en cette ville pour moy trouver. Mon trés-cher & honoré Seigneur je vous recommande mon excuse, & prie à Dieu qu'il vous doint accomplissement de vos bons desirs. Ecrit à Nevers le 27. jour d'Octobre.

Le tout vôtre humble serviteur Guillaume Coquille
Lieutenant General de Monsieur le Bailly de
saint Pierre le Moustier

Sous l'an 1492. il nomme un autre Guillaume Coquille pour son pere, auquel il ne donne point d'autre qualité que de Sieur de Romenay & de Grenetier à Dezise. Neanmoins il faut que celui-cy fut en quelque consideration dans le païs, ayant épousé une Jeanne Bourgoing mere de nôtre Guy Coquille, fille de Maître Guillaume Bourgoing Sieur d'Aignon Lieutenant general à saint Pierre le Moustier, niepce de Monsieur Maître Noël Bourgoing Tresorier de l'Eglise de Nevers & Conseiller en la Cour de Parlement; & sœur de Monsieur Maître Guillaume Bourgoing aussi Conseiller en la Cour, duquel nôtre Auteur parle en divers endroits de ses livres, *a* remarquant *b* qu'il fut un des Commissaires de la redaction de la Coûtume de Nivernois en l'an 1534. avec Monsieur Maître Loüis Roüillard aussi Conseiller en la Cour. Au sujet dequoy il se plaint fort de Maître Charles du Moulin nôtre Jurisconsulte coûtumier, d'avoir médit & malparlé de Monsieur Bourgoing, lequel du Moulin accusoit d'avoir mal couché un article de la coûtume de Nivernois; *b* sur quoy nôtre Auteur écrit que Monsieur Bourgoing *étoit homme de bien, entier & intelligent*, & montre que du Moulin avoit luy-même mal entendu le sens de cét article. Il parle des Bourgoings avec honneur en son Histoire de Nivernois; *c* mais il nous fait voir en ses Poësies que celuy-cy, outre sa suffisance dans sa vacation, avoit joint les belles lettres à la pieté, luy donnant la loüange d'avoir mis les sentences de l'Evangile en Distiques; & Monsieur Coquille ayant commencé un autre poëme sur les études du même, il le laissa imparfait par la nouvelle qu'on luy apporta de sa mort en May 1551.

De cette famille des Bourgoings sortit une Marie du Coing qui entra dans celle des Lamoignons, qui sont originaires du Nivernois, entre lesquels nôtre Coquille nomme Messire Charles Lamoignon Conseiller du Roy en son Conseil d'Estat, qu'il met dans son Histoire *d* au nombre des Personnes notables du Nivernois, disant, *qu'il étoit parvenu à cette dignité par degrés de merites*. Et dans ses Poësies il loüe par l'epigramme suivante un Pierre Lamoignon qui pouvoit bien être le fils du precedent, puisqu'il luy

a En sa Preface sur la Coûtume de Nivernois. Item au Ch. 31. du Retrait linager art. 9. Ch. 32. des executions & criées art. 22. Ch. 34. des successions, art. 14.

b En l'histoire de Nivernois liv. 3. de l'assieté & naturel du païs de Nivernois, où il est parlé de ses Coûtumes,

c Ch. 34. des successions. art. 14.

d Liv. 3. de l'assiette & naturel du pays de Nivernois.

souhaite de ressembler un jour en grandeur d'esprit à son pere

AD PETRUM LAMONIUM VISO EJUS POEMATE.

Cùm te vix quintam natum trieterida, tantis
Dotibus ingenij Musæ & Apollo beant:
Distinet ambiguam lectoris quæstio mentem,
Naturæ vis sit major, an artis opus.
Utraque vis certè mira est. Crescentibus annis
Sic in te patrij crescat imago animi.

NOus voilà maintenant venus à Maître Guy Coquille Sieur de Romenay nôtre Auteur, qui naquit à Dezise le onziéme jour de Novembre mil cinq cens vingt-trois, comme il a remarqué luy-même, non seulement dans sa Genealogie, mais aussi en ses Commentaires sur la Coûtume de Nivernois *a* où il dit que cette Ville *étoit aussi le lieu de la naissance de ses pere & ayeuls au premier, second, tiers & quart degré, mais qu'auparavant le dômicile de ses predecesseurs du même nom étoit à Nevers en la Parroisse de Saint Martin, il y avoit environ 250. ans.* La Ville de Dezise est située à sept lieuës au dessus de Nevers, dans une isle de la Riviere de Loire, élevée en rocher, ce que nôtre Auteur remarque, tant en ce Commentaire qu'en son Histoire de Nivernois *b* comme une chose rare *és Islet sur Rivieres, qui ordinairement sont toutes plates*: mais ce qu'il ajoûte, qu'elle *avoit été tranchée du continent par main d'homme*, d'où luy a été donné le nom latin *Decisa* ne me semble pas moins remarquable. De là il est notoire que Monsieur le President de Thou n'avoit pas été bien informé du lieu de la naissance de Monsieur de Romenay, quand il écrit *c* qu'il étoit né à Nevers, qui est pourtant une faute legere & de peu d'importance.

a Ch. 10. des maisons & servitudes reelles. art. 18.

b Liv. 3. de l'assiette du Nivernois.

c Lib. 129.

Aprés avoir été instruit à Paris en la Grammaire au College de Navarre, il alla étudier en Droit à Padouë en Italie sous Marian Socin le jeune, qu'il allegue souvent en ses écrits, le nommant toûjours son Precepteur. Mais encores qu'il eut été imbu des principes de la Jurisprudence par des Docteurs Ultramontains, & qu'il s'en serve souvent dans ses Livres, il ne prit pas pourtant tellement leur teinture, qu'il ne reconnût bien leurs défauts, comme il paroît par le jugement qu'il en a fait en sa Preface sur la Coûtume de Nivernois, dôt le lieu merite d'être lû & consideré. Et c'est pourquoy il ne conseille pas aux François de s'arrêter à ces Docteurs, mais à d'autres qui *ont la lumiere d'entendement plus nette & meilleures ames tant en fait de conscience que d'honneur*, comme sont aucuns qu'il nomme incontinent aprés en ce même endroit.

Aussi voulut-il puis aprés étudier en Droit à la mode de France, & pour se rendre plus capable d'y profiter, il se resolut de s'exercer auparavant dans les affaires du Palais chez un Procureur, & chez Monsieur Bourgoing Conseiller en la Cour son oncle, ne dédaignant pas de luy servir de Clerc pendant trois ans; aprés lesquels se trouvant stilé dans la Pratique qui luy avoit ouvert l'esprit pour mieux comprendre les épines & les difficultez du Droit, il alla à Orleans, où il étudia prés de deux ans en cette science.

Il se resolut aprés de suivre le Bareau comme Avocat, & commença par les grands jours de Molins en 1550. comme il le dit luy-même en sa Preface sur la Coûtume de Nivernois: puis alla en 1551. à Paris, où il suivit le Palais, remarquant soigneusement les Arrests notables des Audiances: mais il n'y demeura que trois ans au plus, & se retira à Dezise, puis à Nevers, où sa suffisance fut incontinent connuë.

De sorte qu'il fut nommé en Decembre 1560. avec Maître Guy Rapine de Sainte Marie Lieutenant General au Bailliage du Duché & Pairie de Nivernois, pour aller aux Etats Generaux d'Orleans comme Député du tiers Etat de Nivernois, dont il fit une petite description en forme de Journal, & y recueillit les plaintes & remontrances du cayer general du tiers Etat de France, qui fut presenté au Roy en ces Etats.

En May 1562. il fut envoyé à Cleves en Alemagne par François de Cleves I I. du nom, premier Duc de Nivernois, qui étoit auparavant Comte, pour traiter de quelques affaires importantes que ce Prince avoit avec Guillaume de Cleves, lesquelles il termina au contentement de son Prince plus promptement & plus avantageusement, qu'il n'esperoit. Mais Monsieur Coquille n'explique point qu'elles étoient ces affaires-là. Il parle de ce Prince en son Histoire de Nivernois, *d* mais encore plus de François I. du nom son Pere, dont il décrit la vie.

d L. 2. des Comtes & Ducs de Nivernois.

En Septembre 1568. il fut élû tout d'une voix premier Echevin de la Ville de Nevers, laquelle charge il exerça deux ans. Et comme il marque que ce fut au fort des guerres civiles,

civiles, il faut croire qu'on l'avoit choisi comme un homme, de la sagesse & conduite duquel on avoit besoin dans un temps si fâcheux. En effet il y mit de si bons ordres que la ville de Nevers a été depuis ce temps-là des mieux reglées.

En May 1571. il fut pourveu de la Charge de Procureur Fiscal de Nivernois & de Donziois par Messire Lodovic de Gonzague Duc de Nevers à cause de Dame Henriette de Cleves sa femme, fille & heritiere de François I. Duc, ses freres François II. & Jacques étans morts sans enfans. Cét Office étoit recherché par plusieurs honnêtes gens du païs; mais le Prince & la Princesse connoissans les merites de Monsieur de Romenay, luy en firent present de leur propre mouvement, & sans qu'il en eut fait aucune demande. Aussi leur en a t'il rendu depuis une reconnoissance immortelle, l'ayant mise par écrit dans la Preface de son Histoire de Nivernois. Et il semble même que ce bien-fait ait été la cause du dessein qu'il prit depuis de travailler à cette Histoire : car comme l'affection qu'il portoit à ce Prince & à cette Princesse luy fit *a* *recueillir de divers lieux ce qui étoit de leur lignage, leurs alliances & leurs grandeurs*, dont il fait un recit particulier dans cette Histoire; *b* aussi la connoissance exacte qu'il se donna de leurs droits au païs de Nivernois, & des singularitez de la Province, tant par son étude particuliere que par la lecture des Titres du Duché & Pairie qui étoient tous entre ses mains, luy donna la pensée & l'occasion d'entreprendre ce bel Ouvrage. J'ay appris qu'il y a encore à present dans la Chambre des Comptes de Nevers un Inventaire de ces titres qu'il a dressé & écrit tout de sa main, qui est de tres-grande utilité pour la conservation des droits de ce Duché & Pairie.

a En la Preface de l'Histoire de Nivernois.

b Liv. 2. des Comtes & Ducs de Nivernois.

Ce fut aussi en la faveur & pour maintenir le rang & la grandeur de Monsieur le Duc de Nevers qu'il dressa le Memoire *des Pairs de France, leur origine, fonction, rang & dignité, & comme les anciennes Pairie Layes ont été reünies à la Couronne, & autres nouvelles creées*, qui est dans ce Recueïl : lequel peut servir à tous les autres Pairs, comme ils en ont eu besoin depuis peu.

Je vois dans le Commentaire qu'il a fait sur la Coûtume de Nivernois, qu'il avoit été Bailly de la Justice de Thienges, qui est une terre de la Maison d'Amas dont il rapporte la noblesse & l'antiquité en son Histoire de Nivernois, *c* comme fait aussi saint Julian en celle de Bourgogne, *d* Car il parle sur le Chapitre des bois & forêts *e* d'un Jugement qu'il avoit rendu és Assises de cette Justice. Sur quoy on peut dire de luy aussi équitablement qu'il a été dit de Monsieur Pitou Avocat en Parlement, personnage illustre dans les Lettres, lequel avoit été Bailly de Tonnerre, *f* que cette Seigneurie de Thienges *étoit bien-heureuse d'avoir joüy des jugemens d'un homme, que la plus grande Ville du Royaume eut été bien honnorée d'avoir pour souverain Magistrat.*

c Liv. 3. de l'assiette & naturel du païs de Nivernois.

d Aux antiquitez de Mascon.

e Art. 14.

f V. les opuscules de Monsieur Loisel en la vie de Monsieur Pitou.

En Novembre 1576. il fut envoyé aux premiers Etats de Blois, comme Député du tiers Etat de Nivernois, où il séjourna jusqu'en Mars 1577. & fut soigneux d'y ramasser divers cayers & memoires qui avoient été faits de la part des Provinces, pour proposer des avis à ces Etats : mais on eut peu d'égard aux meilleures propositions qui s'y firent, dequoy il fait de grandes plaintes en ses Poësies, & des artifices qu'on employa pour éluder les bonnes déliberations qu'on y eut pû prendre. Aussi remarque-t'il en son discours des Etats, *g* que *l'occasion de ces Etats étant mal fondée, elle ne produisit aucun effet ny bonne issuë* : & il disoit ordinairement, qu'*aux Etats d'Orleans beaucoup de bonnes constitutions furent faites, qui avoient été mal observées, & par l'Edit de Blois en partie renversées*, selon les termes qu'il a luy-même écrits au commencement de son Commentaire sur l'Ordonnance de Blois, dont il sera parlé cy-aprés.

g Au commencement du discours.

Il semble que ce fut vers ce temps-là qu'il travailla à l'abolition des Bourdelages sur les maisons de Nevers, dont la charge, *h* qui emporte retenuë & retour à faute d'hoir commun & de payement, rendoit la Ville difforme, à cause que les Proprietaires des maisons qui y étoient sujettes, négligeoient de les reparer & embellir. Car les Arrests obtenus pour cét effet à la poursuite de Mr. le Duc de Nevers sont des années 1577. 1578. & 1579. ainsi que Monsieur Coquille a remarqué à la fin de son Histoire de Nivernois, en donnant par sa modestie ordinaire toute la gloire de cette décharge à son Prince. Mais on peut dire qu'il y avoit grande part, non seulement pour avoir suggeré, comme il est vray-semblable, l'entreprise à Monsieur de Nevers, mais aussi pour l'avoir conduite par ses conseils & soûtenuë par ses écrits, que nous nous sommes dispensez de mettre en cette Edition, nous étant contentez d'un plaidoyé que Maître Guillaume Rapine Lieutenant General de la Pairie & Duché de Nivernois avoit fait pour les Echevins de Nevers au Conseil du Roy en l'an 1554. pour le même fait, lequel nous avons crû suffire, tant pour conserver quelque chose de ce personnage, que pour montrer qu'on avoit déja tenté cette abolition des Bourdelages long-temps auparavant.

h Coûtume de Nivernois, ch. 6. des Bourdelages, art. 2.

Nous reconnoissons aussi l'affection que Monsieur Coquille avoit non seulement pour la Ville de Nevers, mais aussi pour le soulagement de toute la Province, & comme il procuroit son bien en toutes occasions, par divers memoires & écrits qu'il avoit dressés à cette fin, dont en donnons icy quelqu'un, n'étant pas necessaire de charger ce Recueil de tous.

En Septembre 1588. Monsieur Coquille fut envoyé pour la troisiéme fois aux seconds Etats de Blois comme Deputé du tiers Etat du Nivernois, dont il dressa un petit Journal: & fut un des Commissaires nommez pour revoir les articles du cayer du tiers Etat, qui ne fut point reglé alors, à cause de la mort de Messieurs de Guise qui rompit l'Assemblée, mais fut presenté au Roy au commencement de l'année suivante 1589. Il semble que ce fut au sujet de ces Etats & pour montrer le droit que la Province de Nivernois y avoit, qu'il dressa ses deux discours, l'un *des Estats de France & du droit que le Duché de Nivernois a en iceux*; l'autre, *Qu'en fait d'Estats, les Gouvernemens, les Bailliages & Senéchaussées ne doivent être en consideration, & encores moins les sieges Presidiaux.* Car il en écrivit en ce temps-là une Lettre à Monsieur Rapine de Sainte Marie, Assesseur au Bailliage & Pairie de Nivernois, que nous avons jugé à propos de copier en cét endroit, tant pour la conserver, que pour donner encore quelque éclaircissement aux deux Discours precedens, & à ce qu'il en a écrit vers la fin de son Histoire.

MONSIEUR,

Je vous envoye cinq cayers contenans les extraits que j'ay faits de l'ordre de la vocation des Deputez des Estats particuliers en la convocation des Estats Generaux de France tant à Tours en l'an 1483. que à Orleans & à Blois par deux fois 1576. & 1588. esquels trois Estats derniers j'ay assisté pour le tiers Estat de Nivernois, même à Orleans avec feu Monsieur vôtre pere. Vous verrez l'ordre de la vocation de chacune Province, & pourrez juger que en cet ordre on a observé quelquefois l'antiquité des Sieges Royaux, quelquefois la grandeur & valeur des Villes. De vray és premiers & seconds Estats de Blois le Deputé de Bourbonnois fut élû pour porter la voix de son Gouvernement, mais ce fut par élection & non pas suo jure. *Comme même en tous lesdits trois Estats le President general de l'Assemblée fut élû par toute la Compagnie celuy de Paris, jaçoit qu'il le pretendit* suo jure, *& ainsi fut jugé par Monsieur le Chancellier de l'Hôpital auquel le tiers Estat se rapporta. Vous verrez que en ce Gouvernement du Maréchal de saint André, saint Pierre le Moustier à cause de son antiquité de Siege Royal est devant Bourbonnois.*

Esdits trois Etats d'Orleans, Blois, & Blois Nivernois ne s'est reconnu être des dépendances d'aucuns de ces grans Gouvernemens, & n'a été ny avec Bourbonnois ny avec St. Pierre le Moustier, ains s'est rangé par sa liberté avec plusieurs autres Provinces qui sont au cœur de la France, comme Orleans, Berry, Anjou, Tourraine, Chartres, le Maine & autres qui sans difficulté sont Provinces distintes: & cette classe, en laquelle étoit Nivernois, a precedé & a eu sa voix devant la Province de Lyonnois & Bourbonnois.

MONSIEVR, pource que j'ay été curieux de faire le Recueil & le garder, je vous prie quand vous en serés servy, de me le renvoyer.

Vôtre humble Cousin serviteur,
GUY COQUILLE.

Ces deputations frequentes & continuës qu'on avoit faites de Monsieur Coquille aux Estats generaux, ne luy enflerent jamais le cœur, & ne luy firent point dédaigner ses premieres fonctions de Procureur Fiscal ny d'Avocat des parties au Bailliage de Nivernois, ausquelles il se reduisoit toûjours fort volontiers, quand il étoit de retour en sa maison. Neanmoins Monsieur & Madame de Nevers ne le consideroient pas comme leur simple Officier: ils avoient pour luy une estime qui leur donnoit même de la veneration pour sa personne, & une confiance étroite qui leur faisoit avoir recours à luy en beaucoup de choses importantes où ils avoient besoin de bon conseil. Cela parût à l'égard de Madame de Nevers dans l'occasion de la publication qui fut faite en l'an 1591. des Bulles monitoriales du Pape Gregoire XIV. contre ceux qui suivoient le party du Roy Henry IV. au nombre desquels étoit cette Princesse. Elle ne voulut point s'adresser à d'autre Casuiste pour asseurer sa conscience qu'à Monsieur de Romenay, qu'elle crût avoir toute la lumiere & la probité necessaire pour l'instruire de ce qu'elle avoit à faire en ce rencontre ; & elle demeura toûjours ferme & constante dans ce party, suivant le discours qu'il luy dressa sur le fait de ces Bulles, tel qu'il s'est trouvé dans ses papiers & qu'il est imprimé en cette Edition.

Ainsi on peut conclure que le Memoire qui est imprimé dans ce Recueil *pour proposer à Sa Sainteté les inconveniens qui pouvoient avenir, si elle se rendoit trop rigoureuse à la reconciliation du Roy, & à composer les affaires de France*, dans lequel Monsieur Coquille represente plusieurs raisons qui doivent exciter le Pape à vouloir accorder la tenuë d'un nouveau Concile general, fut dressé à la requisition de Monsieur le Duc de Nevers, qui desiroit fort la paix dans l'Eglise & dans le Royaume, étant tenu pour constant que Monsieur de Romenay a composé d'autres Ouvrages à la persuasion de ce Prince, sur cette occasion d'un Concile general souhaitté, ou du moins d'un National qu'on esperoit.

Quant à la profession d'Avocat que Monsieur Coquille a exercé la plus grande partie de sa vie à Nevers, il a été remarqué dans un éloge qui a été fait de luy en 1652. *a qu'encore qu'il eut quitté de bonne heure le Palais de Paris pour se retirer en Nivernois, si est ce que le Palais l'avoit été souvent chercher jusqu'en son païs, plusieurs luy envoyant de Paris des procez pour y faire des écritures & des memoires pour avoir son avis* Mais comme cela est une marque extraordinaire de sa suffisance, ce qui suit est une preuve bien plus loüable de l'honneur & de la charité avec laquelle il vaquoit à cette profession, étant évident qu'il s'y employoit plûtôt pour servir le public & assister les pauvres, que pour y faire quelque fortune, laquelle il eut bien mieux trouvée à Paris qu'à Nevers. Car outre les bons offices qu'il y rendoit gratuitement à plusieurs, il decimoit tout le gain qu'il y faisoit, & appliquoit cette disme avec ses autres aumônes, soit manuellement aux pauvres honteux du païs & autres, soit à faire étudier les jeunes gens qu'il jugeoit propres aux Lettres, ou à faire apprendre mestier aux autres suivant leur inclination, soit à marier de pauvres filles, imitant en cela la charité de l'Apôtre dont le travail n'étoit pas pour luy seul, mais aussi pour ceux qui étoient avec luy, *b quoniam ad ea quæ mihi opus erant & his qui mecum sunt ministraverunt manus istæ.*

a V. les Opuscules de Maître Antoine Loisel parmy les Avocats.

b Act. 20. v. 34.

Mais ce qui se trouve encore dans cét éloge de Monsieur Coquille de l'an 1652. *c* que le Roy Henry IV. ayant été informé de sa suffisance & vertu par Messire Lodovic de Gonzague Duc de Nevers, voulut le mettre dans son Conseil, & *que ce bon vieillard avoit preferé son repos & l'amour de ses livres à cét honneur*, ne luy doit pas, à mon avis, être moins glorieux, que la modestie extraordinaire dont nous l'avons loüé au commencement de ce discours, de n'avoir pas voulu publier de son vivant tant de beaux ouvrages qu'il avoit faits : quoy qu'en effet on pouvoit avoir en cette partie-cy comme en l'autre, quelque sujet de se plaindre de luy, puisque par ce refus il privoit le Roy & l'Estat de ses bons & sages conseils. Mais si nous ne reprenons pas aux autres l'ambition qui leur fait souvent rechercher avec empressemens ces degrez d'honneur sous pretexte qu'ils disent y vouloir servir le public, il n'est pas raisonnable que nous blâmions en Monsieur de Romenay un refus, qui luy a donné le temps & le loisir de mettre par écrit beaucoup de choses qui pouvoient aprés sa mort rendre des services eternels aux Roys suivans & au Royaume, au lieu que ceux qu'il eut rendus alors de vive voix n'eussent été que passagers & momentanées. Il faut que cét employ de Conseiller d'Estat luy ait été offert auparavant l'an 1595. puis qu'il luy avoit été procuré par Messire Lodovic de Gonzague : car ce Prince mourut le 23. Octobre de cette même année.

c V. les Opuscules de Monsieur Loisel parmy les Avocats.

Ainsi Monsieur Coquille passa le reste de ses jours dans son païs avec ses livres, ses parens, & amis, en repos & tranquillité d'esprit, selon son genie & son humeur, & continuant toûjours ses charités Chrêtiennes, *erga tenues munis*, comme dit de luy Monsieur de Thou *d* jusqu'en l'an 1603. en laquelle il mourut approchant l'âge de 80. ans. Or comme dans tout le cours de sa vie je voy toûjours reluire entre les vertus qui la rendent recommandable une grande modestie & humilité, je remarque aussi que celle-cy l'a accompagnée jusqu'aprés sa mort. Car je ne puis douter que la simplicité de l'inscription qui est sur sa tombe en l'Eglise parochiale de S. Pierre de Nevers où il est enterré, *e* ne soit une production de cette vertu Chrêtienne, étant à croire que ce petit épitaphe a été ainsi fait par son ordre, & même qu'on y a ajoûté par estime quelque épithete à quoy il n'avoit pas songé. *Cy gist noble homme & sage Maître Guy Coquille sieur de Romenay & de Beaudeduit, Procureur general de Nivernois & de Donziois, qui deceda le onziéme jour de Mars mil six cens trois. Requiescat in pace.*

d Liv. 29.

e dans la nef à main gauche.

Voilà tout le recit qui est fait en ce lieu là d'un homme qui meritoit tant d'éloges & de titres honorables. Vray est que contre un pillier du mur prochain il y a un tableau, dans lequel est enchassé un parchemin couvert d'un verre, où sont quelques vers Latins & François composez en sa loüange par les sieurs Breder & le Breton ses amis, qui est tout ce qui fut fait alors en son honneur.

JUsques icy nous avons veu les principales actions de la vie de Maître Guy Coquille sieur de Romenay. Maintenant il nous faut discourir particulierement de ses écrits, qui nous le feront encore mieux connoître, puis que nous y verrons plus manifestement son esprit, & que l'esprit de l'homme est l'homme même.

Quoyque sa profession ne fut pas de faire des vers, neanmoins nous sommes obligez de commencer par ses poësies Latines, par ce qu'il s'y appliqua dés sa jeunesse, & que ce sont les seuls ouvrages qu'il a luy-même publiés. Il les fit imprimer à Nevers en deux petits volumes, *a* l'un en 1590. l'autre en 1592. Par tous les deux nous voyons qu'il avoit la langue Latine fort à commandement, & qu'encore que sa poësie ne soit pas du plus haut stile, il n'y a pourtant rien de bas ni de rempant, étant au contraire évident qu'il y avoit beaucoup de pente & d'inclination naturelle, comme il le dit luy-même dans la preface de son second volume en ces paroles; *cùm me jam provectâ ætate calculi morbus à negotiis publicis abduxisset, cœpi senex iterum puer esse, & ad ea studia quasi postliminiò reverti quæ puer ætate amplexus fueram, & poësim meditari, ad quam me puerum facilitas ingenij suâ sponte moverat.*

a In octavo.

Il falloit aussi qu'il fut intelligent dans la langue Grecque, y ayant dans le premier volume une version du 9. livre de l'Odissée d'Homere. Mais ce que je considere le plus dans ces Ouvrages c'est l'amour qu'il avoit eu dés sa jeunesse pour les choses saintes, ayant employé sa veine poëtique dés ce temps-là, à la version de quelques Pseaumes de David, *jam tum adolescens*, dit-il; *b tres aut quatuor Psalmos transtuleram in versus heroïcos.*

b en la même Preface.

Je remarque aussi dans ses Poësies avec quelle naïveté il y parle de luy-même & de sa famille dans les deux poëmes où il décrit sa vie jusqu'à l'an 1590. *c* J'y observe la juste indignation qu'il avoit conceuë, & qu'il exprime dans le second poëme de sa vie & ailleurs, contre les fourbes & les supercheries qui se firent aux Estats de Blois de l'an 1577. J'y considere l'aversion qu'il avoit aux voleries publiques, & le jugement solide qu'il y fait, quand il établit *d* cette regle, sur laquelle les Chambres de Justice peuvent fonder fort raisonnablement leurs jugemens, c'est à sçavoir que les richesses soudaines & extraordinaires de ceux qui ont manié les deniers publics, sont des preuves suffisantes pour les convaincre de peculat, par ces vers qu'il n'est pas mauvais, ce me semble, d'inserer en ce lieu, comme un texte qui n'est pas d'un simple Poëte, mais d'un grand Jurisconsulte, qui peut servir d'authorité.

c sous ce titre *Annales nostrorum laborum.*

d *Contra fiscales fures.*

Verùm cùm multis humana scientia subsit
Fraudibus, & modò nos improvidus abstrahat error,
Et speciosa levi mendacia perlita fuco:
Fas sit ab eventu causæ momenta probare,
Hosque agitare reos, cùm mens malè conscia coram
Non poterit promptâ & facili ratione docere
Atque munitatim summasque & tempora certa
Cujusque augmenti, tanta unde hec copia census
Prodierit. Quòd si in documentis hæserit anceps,
Ipsa peculatûs sit plena probatio. Nempe
Naturâ ingenitus cùm pallor inhæreat auro,
Subjacet insidiis. At nos occulta solemus
Crimina per species conjecturasque probare. e

e *Blæsis mense Febr.* 1577.

Or quand je voy toutes ces choses dans les poësies de Monsieur de Romenay, j'y voy autant de marques d'une ame tout-à-fait bien née, & qui ne pouvoit souffrir l'injustice ni la corruption. Mais comme au contraire il avoit un fonds de conscience qui n'étoit fertile que pour le bien & pour la vertu, c'est de là que sont sorties les exhortations vives & animées qu'il faisoit en ces vers aux Deputez de ces Estats, pour procurer une bonne reformation tant dans l'Eglise que dans les autres Ordres du Royaume. C'est de là qu'ont été produits les avertissemens salutaires qu'il y a inserés *f* pour le Roy Henry III. lesquels, quoy qu'abregez, n'en disent gueres moins que les belles remonstrances que Monsieur le Chancelier de l'Hôpital fit à François II. dans le poëme qu'il composa pour

f dans les vers intitulés *Querimonia.*

pour son Sacre, & que Joachim du-Bellay a mis depuis pour son excellence en vers François. C'est de là qu'est provenu l'amour & l'estime qu'il fait paroître pour tous les gens de merite & de vertu avec qui il avoit habitude, & particulierement pour ses concitoyens, ausquels il a adressé diverses epigrammes. Et c'est de là que son ancienne pieté, qui avoit pris racine dans son ame dés sa jeunesse, & qu'il avoit toûjours soigneusement cultivée, produisit dans sa vieillesse des fruits semblables à ceux de son adolescence, mais en bien plus grande abondance. Car à l'âge de 60. ans il mit en vers Latins 24. Pseaume, selon qu'il nous apprend en sa preface, *annum agens sexag. cùm tempore pestis ruri agerem, viginti quatuor Psalmos simili stylo mihi domesticos feceram*, lesquels il fit imprimer avec ses autres poësies dans ce premier volume de l'an 1590. Et enfin il se resolut de les paraphraser tous en vers heroïques, & les paracheva à l'âge de 68. ans, comme il le témoigne au même lieu, *tandem quod supererat od eandem coloniam deduxi anno ætatis 68.* Et de cette Paraphrase il composa le second volume de ses Poësies, y comprenant les vingt-quatre Pseaumes qu'il avoit déja fait imprimer dans le premier, aprés les avoir revûs & corrigez.

Or ce n'est pas cette Paraphrase seule qui me fait connoître la devotion particuliere que Monsieur Coquille avoit pour les Pseaumes de David; qui est une des meilleures & plus asseurées marques d'une pieté solide & d'une ame vivement touchée de l'amour de Dieu & des choses célestes & eternelles. Car il s'y attacha encore depuis avec tant de ferveur, qu'il copia de sa main tout le Psautier en 1598. y remarquant quelques diverses leçons du texte; & il y joignit à côté des versets plusieurs bonnes explications & remarques tirées de divers Interpretes sçavans dans la langue Hebraïque. Mais il est vray-semblable qu'il avoit travaillé à cette compilation quelques années auparavant, & qu'il en voulut faire en cette année là comme un livre complet. Car il faut croire qu'il s'étoit appliqué de longue-main à l'étude des Pseaumes, afin de s'en rendre le sens plus familier & plus intelligible pour mettre à perfection sa version poëtique. C'est pourquoy on peut dire que si le stile n'en est pas poly ny si floride que celuy de Flaminius, de Spinula, de Bucanan, de Toscan & autres, il approche peut-être plus du sens de David. Et ainsi je ne m'étonne pas que Monsieur de Romenay ait été excité par Messire Arnaud Sorbin Evêque de Nevers, à qui il avoit communiqué cette version, de la donner au public. Et peut-être aussi que ce fut plûtôt à la persuasion de cét illustre Prelat qu'il la publia, que de son propre mouvement, puis qu'il écrit dans sa preface qu'il ne l'avoit faite que pour luy, *sed mihi ipsi, ut idiota & privato, volui hoc exercitio consulere, ut aliquod solatium & morbo & solitudini compararem.* Voicy comme Monsieur Sorbin luy conseille de la publier, en une Lettre qui s'est trouvée dans les papiers de nôtre Auteur.

NUNC venio ad tuam Psalmorum Davidicorum Paraphrasim, in quâ leviculа quædam dubia, & alia non prorsus aspernenda notavimus, quæ facili negotio dolabrâ acutissimi ingenii tui perpoliri & emenderi poterunt. Quibus ita meliusculè dispositis, non video, cur non typis quamprimùm excudantur, ut laudabiles & honestissimi studiorum tuorum fructus ad Dei Optimi Maximi gloriam & omnium Catholicorum, præsertim Nivernensium, utilitatem conferant. Si autem alicubi tuo intuitu nostra desideretur opera, nusquàm defuturam credito. Gratia Domini nostri Jesu Christi sit semper tecum.

Tui amantissimus SORBINUS
Episcopus Nivernensis.

Aprés l'approbation que Messire Arnaud Sorbin Evêque de Nevers avoit fait de cette Paraphrase, Monsieur de Romenay ne devoit pas hesiter de la donner au public. Le jugement de ce Prelat suffisoit seul. C'étoit un des plus celebres Predicateurs de son temps, pourquoy il avoit été élevé par le Roy Henry III. de la Theologale de Tholose à l'Episcopat. Aussi Messieurs de Sainte Marte n'ont pas oublié de faire son eloge dans leur *Gaule Chrêtienne*. Mais nôtre Auteur l'avoit déja long-temps auparavant loüé dans son Histoire de Nivernois, *a* auquel lieu il rapporte une epigramme qu'il luy avoit presenté sur sa prise de possession de l'Evêché de Nevers, qui fut le 9. Octobre 1578. lequel se trouve dans ses Poësies, & auquel nous croyons qu'il est bien à propos de joindre les vers suivans de Monsieur Coquille, qui sont dans le second poëme de sa vie.

a Liv. 1. de la Ville de Nevers & de l'état de l'Eglise de ladite Cité XI.

Decimus cùm mensis adesset
October, nonusque dies, Dionysius in quo
Æternam meruit violenta ex morte coronam,

Nevedunensem solenni Arnaldus in Urbem
Est pompâ invectus Præsul : cognomen avitum
A sorbo nactus, Similem cui Gallia nullum
Nunc habet, eloquii tanta est facundia torrens,
Copia dicendi : facilis promptusque loquela
Ordo, ut principium fini medioque cohærens
Sermonem efficiat velut uno commate clausum.
Summus ut orator, sic sacro in dogmate fidus
Interpres, morumque bonus formator ad unguem.

En effet il est aisé à voir que Messire Arnaud Sorbin Evêque de Nevers étoit des plus éloquens de son temps, puis que nous reconnoissons par les pieces que nous avons de luy, qu'il fut employé aux actions oratoires les plus éclatantes d'alors, comme témoignent les huit sermons qu'il fit. *a* durant la parade & le deüil du Roy Charles IX. & les Oraisons funebres de Madame Marguerite de France Duchesse de Savoye, *b* de Madame Claude de France fille de Henry II. Duchesse de Lorraine, *c* de Madame Isabeau de France fille de Charles IX. *d* de Messire Jacques de Levis Comte de Kailus, *e* de Charles Cardinal de Bourbon Archevêque de Roüen, *f* de Messire Lodovic de Gonzague Duc de Nevers, *g* de Madame Henriette de Cleves Duchesse de Nivernois, veuve de Messire Lodovic, *h* à la fin de laquelle il y a une Elegie en vers Latins composez par nôtre Auteur. Nous passons icy sous silence son Exhortation à la Noblesse pour la détourner des duels, *i* sa Maniere de bien mourir, *l* son Traitté de la predestination, *m* & autres de sa façon, n'en ayant peut-être que trop dit, puis que nous n'en parlons qu'en passant & par occasion.

a Prononcés au Château de Vincennes en 1574.
b Prononcés à N. D. de Paris le 29. Mars 1575.
c Prononcés à N.D. le 30. Mars 1575.
d Prononcés à N. D. de Paris le 11. Avr. 1578.
e Prononcée en l'Eglise S. Paul en 1578
f Prononcée en l'Eglise Cathedrale de Nevers le 11 Nov. 1594.
g Prononcée en l'Eglise de Nevers le 7. Decemb. 1595.
h Prononcée à Nevers le 21. Août 1601.
i Imprimée en 1578.
l Imprimée à Lyon en 1585
m Imprimée à Paris en 1604.

Or comme Monsieur de Romenay avoit fait imprimer sa version des Pseaumes en 1592. & comme sa pieté s'augmentoit tous les jours dans la vieillesse sans que l'inclination qu'il avoit à la poësie diminuât par l'âge, je trouve en ses papiers quantité d'autres vers de devotion & de moralité Chrêtienne qu'il fit depuis en forme de paraphrases, comme sur l'Oraison Dominicale, sur les Antiennes que l'Eglise de Nevers chante depuis le 17. Decembre jusqu'à la Nativité de Nôtre-Seigneur, *n* sur des sentences tirées de saint Bernard & de Gerson, *o* sur des proverbes moraux & Chrêtiens tirez de Loüis Vives, *p* & sur d'autres semblables proverbes de son invention. De toutes lesquelles compositions on peut dire, qu'elles étoient comme les derniers chants de ce Cygne saintement animé, par lesquels il s'annonçoit la mort à luy-même, & autant d'enthousiasmes divins par lesquels il preparoit son ame à chanter éternellement les loüanges de Dieu dans le Ciel.

n En Decemb. 1600.
In solatium solitudinis.
o En Juillet & Août 1602
p En 1602.

De tous les autres Ouvrages de Monsieur Coquille qui se sont trouvez aprés sa mort il n'en paroît aucun qu'il ait parachevé avant l'âge de soixante ans, si ce n'est qu'on veüille mettre au nombre de ses compositions ce qu'il fit en 1560. aux Estats d'Orleans, sçavoir est le petit Journal des Estats, & le Recueil du cayer general du tiers Estat dont nous avons parlé. A quoy tout d'un coup il ne faut point faire difficulté de joindre les Memoires de ce qui se passa aux Estats de Molins de l'an 1566. dont il eut la curiosité de s'informer exactement, comme il paroît par un écrit qu'il en a laissé ; & tous les cayers, memoires & actes qu'il fit & colligea aux deux Estats de Blois, dont nous avons aussi fait mention cy-devant, puis qu'ayant pris soin de les conserver comme les jugeant bons & utiles, il en doit être reputé l'Auteur. Or comme toutes ces pieces avoient été faites pour donner des avis & des ouvertures afin de reformer les abus qui étoient alors dans l'Estat ; & que souvent les desordres renaissent & pullulent plus qu'on ne veut, soit par la corruption des hommes, soit par la misere des temps, comme pendant les guerres, & qu'il *n'y a qu'un sage Roy*, qui est une qualité essentielle que Comines nôtre Politique Chrêtien *q* desire en un Souverain, *qui puisse mettre le remede* sans les Estats, il ne faut point douter que si tous les avis qui sont dans ces memoires ne sont pas à present de saison, il n'y en ait pourtant plusieurs qui ne puissent être considerez & admis avec utilité. Nous pouvons dire que nous avons maintenant ce sage Souverain de Comines, puis que le Roy pourvoit de tous côtez par une vigilance admirable à ruïner les desordres des temps passez, & à rétablir par tout une bonne police dans son Estat. La juste & souhaitée recherche que Sa Majesté fait de la dissipation qu'on avoit fait autrefois de ses finances, afin de pouvoir soulager son peuple ; l'établissement du nouveau commerce qu'il introduit dans son Royaume, pour y apporter l'abondance ; l'abolition qu'il procure des procedures & des frais excessifs de la chicanne, afin que le pauvre puisse avoir justice aussi bien que le riche ; sont des preuves éclatantes de cette sagesse qui accompagne toutes ses actions.

q Liv. 5. ch. 18 avant le milieu.

Ainsi nous pouvons croire que ces memoires auroient pû contribuer en quelque chose à ces Royales & genereuses entreprises, si nous les eussions donnez au public dans cette Edition : mais étant des matieres d'Estat qui sont au dessus de la portée de nôtre jugement, nous avons pensé qu'il valoit mieux superceder quelque temps, & qu'il suffisoit maintenant de declarer, qu'ils seront toûjours prêts pour servir au Roy & à l'Estat, quand il plaira à ceux qui appliquent leurs soins & leurs travaux à seconder ses bonnes intentions, d'en prendre connoissance.

Si nous avions entre les mains tous les Originaux des ouvrages de Monsieur de Romenay, nous ne serions pas en peine de rechercher le temps de leur composition : car il avoit accoûtumé de marquer à la fin de chacun le jour & l'an qu'il l'avoit commencé & fini Mais ne les ayant pas, il nous faut quelquefois user de conjecture, pour leur donner un ordre. Nous pouvons pourtant avancer avec beaucoup d'apparence, que son Institution au Droit des François est le premier des livres entiers & parfaits qu'il avoit destinez au public, ayant une preuve certaine qu'il y travailloit en l'an 1586. C'est ce qu'il fait voir luy-même clairement au titre du Droit de Royauté, où parlant du Droit que le Roy a en la nomination des Prelatures électives., il écrit que s'étoit depuis 70. ans à compter de l'an 1516. à quoy ajoûtans 70. on trouve 1586. Il est vray qu'il peut avoir travaillé à plusieurs Ouvrages en même-temps, puis discontinué, & par aprés repris par intervalles : mais nous suivons ce qui nous apparoît de plus certain, ou de plus vray-semblable. Que s'il a voulu consacrer les premiers fruits de ses travaux dans la Jurisprudence par cét Ouvrage, on peut dire qu'il a commencé par un œuvre Royal, comme Justinian a fait par ses Institutes un œuvre Imperial, Monsieur de Romenay ayant fait pour le Royaume de France un abregé de tout son Droit, comme Justinian en a fait un par ses Institutes pour l'Empire Romain. Ainsi ce livre est d'autant plus recommandable qu'il est le premier où le Droit universel de nôtre Royaume soit methodiquement étendu & expliqué, & il est d'autant plus necessaire que qui le connoît bien & le possede, est raisonnablement instruit de tout le Droit de nôtre Monarchie, comme celuy qui sçait bien les Institutes de Justinian a beaucoup de lumiere dans la science du Droit civil Romain.

Aprés cét Ouvrage qui regarde toute la France nous estimons que Monsieur Coquille s'appliqua particulierement à l'éclaircissement du Droit municipal & coûtumier de sa Patrie, & que son Commentaire sur la Coûtume de Nivernois a suivi de prés l'Institution au Droit François. Au moins il est constant qu'il étoit fait & parachevé en l'an 1590. Car je n'en puis pas douter aprés les vers & la lettre suivante de Monsieur Duret de Molins en Bourbonnois, qui le loüe de cét Ouvrage & l'exhorte de le donner au public.

IN COMMENTARIA CONSVETVDINIS NIVERNENSIS Domini Guidonis Coquille Cognitoris Fiscalis.

JACOBI DURET Carmen.

IN te tanta fuït Romani Juris & æqui
Cognitio, & mentis copia tanta bona,
Ut posses solus meliores ponere leges,
Jusque novum cunctis, & breviore viâ.
Sed cùm pro patriæ sic utilitate laboras,
Ut non sit cura res aliena tibi,
Rem facis eximiam quæ totum exibit in ævum;
Addicens patriis legibus ingenium.
Cùm de statuto tractateur, questio gentis.
Non est externis hæc referenda viris.

PER sanctissimam tuam amicitiam, infinitis in me officiis firmatam, oro te & obtestor; ne sinas apud te jacere singularia tua Commentaria in Consuetudines Nivernenses, ex quorum lectione dici non potest quantùm percipietur utilitatis. Effice ergo ut quam ocyssimè studiosorum bono lucem accipiant. Ego autem semper concupivi tibi (si quis unquam) esse gratissimus; illudque persuaderi volui, te multos habere me assiduitate conjunctiores, at benevolentiâ neminem. Bene vale, me sicut cœpisti ama, & munusculum hoc accipe. 5. Septembris 1590 Molinis Borboniorum.

JACOBVS DVRETVS.

Cette loüange que Monsieur Duret a faite de ce Commentaire n'est pas l'unique : il a été estimé universellement de toutes les personnes doctes dans la Jurisprudence Romaine & Françoise ; & il n'a pas seulement servi à l'éclaircissement de la Coûtume de Nivernois, mais aussi de plusieurs autres Coûtumes de France. Enfin il est impossible que je n'en fasse toute l'estime qu'il merite aprés ce vers que je voy avoir été mis en forme d'éloge par Maître Antoine Loisel Avocat au Parlement, Juge trés-capable de telles choses sur l'exemplaire qu'il en avoit dans sa Bibliotheque.

Cedite Romani scriptores, cedite Galli.

Je ne sçay si je dois icy mettre en ligne de compte entre les Ouvrages de nôtre Auteur un autre Commentaire sur la Coûtume de Nivernois que nous avons appris par Monsieur Rapine de Sainte Marie, Lieutenant particulier & Assesseur au Duché & Pairie de Nevers, decedé depuis peu d'années, avoir paru autrefois, disant qu'il sembloit être de Monsieur Coquille, & néanmoins different de celuy qui a été imprimé, qu'il étoit écrit de la main de feu Monsieur du Chesne Procureur du Roy en la Maréchaussée & Connestablie de France à Paris, & qu'il avoit été mis entre les mains de Monsieur Charier Avocat en Parlement. Il parloit encore d'un autre Commentaire sur le stile du Nivernois daté de l'an 1598. qu'il attribuoit à Monsieur Coquille, & qu'il disoit avoir passé par les mains de Monsieur Charier qui l'avoit depuis prêté à Monsieur Cholet Avocat en la Cour, Mais comme nous ne pouvons rien dire de certain de ces Ouvrages, nous n'en faisons icy mention que pour servir de memoire à ceux qui en pourront donner plus d'éclaircissement. Je ne puis pourtant & ne dois pas dans l'occasion presente taire la loüange qui est deuë aux predecesseurs de Monsieur Rapine, que j'avois remise exprés en ce lieu-cy. Car il est constant par le témoignage même de nôtre Auteur qu'il y a eu parmy eux des personnages qui ont merité d'être mis entre les notables du Nivernois. Il fait mention dans son Commentaire sur la Coûtume *a* d'un Guillaume Rapine l'ancien Lieutenant general de Nivernois qu'il dit avoir été un *Auteur tres-suffisant & homme de grand jugement & sçavoir excellent* ; & en son Histoire *b* il écrit du même qu'il *étoit excellent en jurisprudence, prend'hommie & bon conseil.* En effet, quoy que le plaidoyé qu'il fit au Conseil du Roy en l'an 1554. pour les Echevins de Nevers sur l'abolition des Bourdelages, dont nous avons parlé, ne soit pas une piece où il ait fait paroître tout son sçavoir, c'est toûjours un échantillon de cette suffisance que nôtre Auteur luy attribuë. Ensuite de Guillaume Rapine Monsieur Coquille parle honorablement de Maître Guy Rapine son fils & successeur en la même charge de Lieutenant general, disant de luy, qu'il *avoit rendu par sa valeur témoignage qu'il étoit enfant digne d'un tel pere.* Ce Guy Rapine comme nous avons remarqué cy-devant avoit été Deputé du tiers Etat de Nivernois pour assister aux Etats d'Orleans avec Monsieur Coquille, duquel la Lettre que nous avons aussi rapportée à Monsieur Rapine de Sainte Marie, Assesseur au Bailliage & Pairie de Nivernois fils de ce Guy, fait foy, & nous doit faire croire que ce fils avoit succedé aux bonnes qualitez de son pere & de son ayeul.

a Ch. 22. des Communautés & associations. art 41
b Liv. 3. de l'assiette & naturel du pais de Nivernois.

Or je puis joindre avec raison ce dernier des Rapines aux trois autres, puis que leur vertu & leur sçavoir, qui étoit le nœud de l'amitié qu'ils avoient contractée avec Monsieur de Romenay outre la parenté qui étoit entr'eux, à passé jusqu'à luy, & qu'il avoit aussi une veneration particuliere pour sa memoire, ayant même fourny quelques petites pieces qu'il avoit de luy, lesquelles sont entrées dans cette Edition.

Je joindray volontiers au Commentaire de Monsieur Coquille sur la Coûtume de Nivernois le Livre qu'il a fait des *Questions & Réponses sur les Coûtumes de la France*, par ce que c'est comme un autre Commentaire de la Coûtume de Nivernois. Car la plûpart de ces Questions sont sur des articles de cette Coûtume : & il est bien croyable que quand il y auroit travaillé en même temps qu'à la Coûtume ou même auparavant, comme il le semble par les chapitres de ces Questions qu'il se trouve par un de ses receuëils avoir disposés dés l'année 1585. il ne l'auroit pas mis dans sa perfection auparavant le Commentaire sur la Coûtume, puis que ces Réponses sont des decisions d'un Commentateur consommé dans la connoissance & intelligence d'une Coûtume qu'il avoit éclaircie. Quoy qu'il en soit, encore qu'elles soient principalement sur des articles de la Coûtume de Nivernois, elles ne laissent pas néanmoins d'expliquer beaucoup d'autres Coûtumes de France, ainsi qu'à fait le Commentaire de la Coûtume de Nivernois, comme nous avons remarqué. De sorte qu'aprés Maître Charles du Moulin, Monsieur Coquille est peut-être celuy qui a le plus universellement éclairci le Droit Coûtumier de la France : qui est à mon avis ce que Mr. le President de Thou a voulu dire, quand il a écrit de luy, *nam jus consuetudinarium, cujus cognitione præcipuè excellebat, dum jus municipale proprium interpretatur, maximè illustravit.*

Or

Or il ne faut pas ômettre en cét endroit qu'il avoit remarqué divers Arrests notables, qui se sont trouvez raisonnez, dont on eut pû faire un recueil assez considerable par l'ordre des dates ou des matieres; mais on a reconnu qu'il les avoit employez & distribuez aux endroits necessaires dans ce Livre des Questions & Réponses, & dans son Commentaire de la Coûtume de Nivernois, comme il le témoigne luy-même en la preface de ce Commentaire, disant qu'il les avoit tirez en partie des memoires de Monsieur Bourgoing Conseiller en Parlement son oncle, & de Monsieur Senneton lors Avocat, puis Conseiller en la Cour & enfin President à Metz, & en partie recueillis és grands jours de Moulins, & en Parlement, *étant jeune Avocat auditeur des plaidoiriés ou étant pour affaires à Paris.*

Il nous est échappé de voir de quelle date étoit le Commentaire que Monsieur Coquille avoit dressé & écrit de sa main sur l'Ordonnance de Blois, les feüilles ayant été dissipées par l'Imprimeur auparavant la composition de cette preface; & ainsi nous sommes obligez de le joindre à ses œuvres de Jurisprudence & de Palais. Or il semble par l'exemplaire qu'il nous en a laissé, qu'il avoit eu envie de le donner au public, y ayant fait une preface exprés, encore qu'il ne fut pas fort satisfait de tous les articles de cette Ordonnance de Blois, par lesquels on avoit dérogé à aucuns de celle d'Orleans qu'il estimoit plus justes & plus équitables, comme nous avons cy-devant remarqué. Mais tant y a que comme ce Commentaire est fort bon, il ne se peut pas faire qu'il ne soit aussi profitable & bien receu.

Il s'est trouvé aussi entre ses extraits & memoires de droit civil & canon quelques petits traitez de droit en latin, dont quelqu'un semble avoir été fait pour servir de consultation, lesquels nous nous sommes contentez d'indiquer dans le Catalogue de ses Oeuvres.

Je passe maintenant à l'Histoire de Nivernois, quoy qu'on me puisse dire que je l'avance & la prefere, quand à l'ordre, à divers traittez importans qui suivent cy-aprés, puis qu'il est vray que Monsieur de Romenay a écrit de sa main sur l'original qui s'est trouvé dans la Bibliotheque de celuy qui l'a fait imprimer la premiere fois, qu'elle fut achevée en l'année 1595. & reveuë en l'an 1602. Mais il est indubitable par ce qu'il en dit luy-même dans cette Histoire, qu'il l'avoit commencée long-temps auparavant, & que si elle n'avoit pas été achevée avant l'année 1595. elle étoit du moins bien avancée dés l'an 1589. Car écrivant de la reformation du Calendrier, qui fut faite par le Pape Gregoire XIII. en 1582. & ensuite du Nombre d'or, il parle de l'année 1589. comme courante alors. *a* Dans cette Histoire Monsieur de Romenay ne s'attache pas si étroitement aux seules choses du Nivernois qu'il ne prenne quelque fois son vol ailleurs, & qu'il ne passe incidamment à des matieres étrangeres qui n'apportent pas moins de plaisir au Lecteur que d'utilité, ces digressions étant toûjours remplies de doctrine & de quelque curiosité agreable.

a Liv. 2. des Comtes & Ducs de Nivernois.

Comme ce Personnage avoit l'ame toute royale, & qu'il avoit toûjours été ennemy des factions de la ligue, il ne se pût laisser emporter au pretexte de la Religion, dont plusieurs se servoient alors pour avancer leurs affaires dans les divisions du temps. Au contraire il tâchoit toûjours de maintenir ses concitoyens de la Ville de Nevers dans la paix, en leur faisant connoître par ses discours & ses raisonnemens, que ceux qui se laissoient fasciner l'esprit du faux zéle de la Religion Catholique, approuvans la guerre & la revolte contre Henry IV. leur legitime Roy, étoient dans l'erreur & l'aveuglement. C'est ce qu'il fait voir agreablement dans un entretien qu'il feignit en l'an 1590. entre trois Personnages qu'il fait discourir ensemble de cette matiere, chacun selon son sens & son genie, donnant à l'un le nom de Catholique ancien par lequel il se designe luy-même, à l'autre de Catholique zelé par lequel il represente un Ligueur, & au troisiéme de Palatin par lequel il entend un homme de Cour; & insensiblement il conduit si bien son discours qu'il fait voir que le Catholique ancien a toute la raison de son côté, & qu'il peut être bon Catholique sans être aucunement Ligueur: qu'à la verité on devoit prier Dieu pour la conversion du Roy, mais cependant qu'on étoit obligé de le reconnoître & admettre comme le Prince legitime & naturel. Il intitula ce discours, *Devis sur les causes des miseres de la France.*

Il est à croire que la petite piece non achevée, qui s'est trouvée dans son cabinet & qu'il intitula, *Discours sur les maux presens du Royaume*, est à peu prés de ce temps-là, puisqu'elle a été faite sur la même matiere.

On voit encore d'abondant combien Monsieur Coquille étoit attaché au parti du Roy Henry le Grand, & comme il étoit vivement persuadé de l'obéïssance inviolable qu'il luy devoit, par le traité qu'il composa en 1591. sous ce titre, *Discours des Droits Ecclesiastiques & des Libertez de l'Eglise Gallicane, & les raisons & moyens d'abus contre les Bulles decernées par le Pape Gregoire XIV. contre la France.* La Cour de Rome adheroit alors tout ouvertement à la Ligue & à la faction d'Espagne, & le Pape avoit par ces Bulles declaré excommuniez les Prelats & autres Catholiques qui suivoient le party du Roy, s'ils ne l'abandonnoient. Monsieur Coquille se trouvoit enveloppé dans cette pretenduë excommunication comme les autres Catholiques du party Royal. Or comme il avoit beaucoup de veneration pour tout ce qui portoit le caractere du Souverain Pontife, il voulut examiner ces Bulles; afin de mettre sa conscience à couvert, & il jugea bien-tôt que ce caractere n'étoit qu'au titre & à la superficie, & qu'elles étoient interieurement pleines de nullité & d'entreprise. Mais cependant & dés qu'il eut nouvelles de ces Bulles, & avant même qu'il les eut leuës, il creut que pour seureté de sa conscience il devoit en interjeter appel au futur Concile: ce qu'il fit par un écrit du vingt-sixiéme Avril de la même année 1591. & aprés il voulut prouver par un Discours qu'il dressa exprés, que son appel étoit bon & suffisant pour empêcher, quant à la conscience l'effet de l'excommunication portée en cette Bulle. Et c'est ce qui faisant voir d'un côté la bonté & la tendresse de son ame, nous donne aussi d'un autre la preuve de la connoissance qu'il avoit jusqu'où l'on doit deferer à tels commandemens, & qui nous fournit en sa personne un exemple notable des remedes, ausquels nous pouvons recourir pour nous garentir de semblables censures, dons nous respectons d'autant plus les Auteurs, que nous ne les negligeons pas par mépris, orgueil ny arrogance, puisque nous tâchons de les éviter par les moyens legitimes que l'Eglise nous permet d'embrasser dans la necessité.

Nous ne pouvons nullement douter ny de la sincerité de sa Foy, ny du respect qu'il portoit au Saint Siege, aprés la protestation qu'il en fait luy-même dans ce Traité, qu'il est bon ce me semble de rapporter icy dans ses propres termes, tant pour montrer la candeur & la bonté de son ame; que pour donner exemple aux autres de ne se pas laisser emporter au mépris des Personnes sacrées, sous pretexte de leurs défauts. *Je proteste*, dit-il, *devant Dieu qui est le témoin du secret de mes pensées & juge de ma conscience, que ce que j'ay dit cy-dessus n'est pour aucunement déroger à la dignité du Saint Siege Apostolique Romain, duquel je dois porter & porte volontiers tout hommage & obeïssance: mais pour me confirmer en l'opinion que chacun Chrêtien doit avoir, que le vice du Ministre ne défigure & n'ôte l'efficace du ministere, & que pour cause des mauvais Pasteurs l'Eglise ne laisse pas d'être l'épouse immaculée de Jesus-Christ, sans tache ny ride, qui ne perd pas sa beauté pour avoir acquis quelque noirceur sur les beaux traits de son visage. Mais puis qu'il a plû à Dieu de donner aux hommes sens & entendement pour juger, même pour apprendre par les Chrêtiens les regles certaines par lesquelles nous pouvons connoître ce qui est bien ou mal fait, & ce qui plaît à Dieu ou luy déplaît, je croy que ce n'est péché de reconnoître & dire être mal ce qui est mal & le detester, & que la dignité, tant soit-elle haute, ne nous doit empêcher de dire la verité.* Voilà l'esprit pour lequel il nous enseigne de suivre les voyes extraordinaires où la necessité nous engage avec la seureté de nos conciences, quand les Superieurs les troublent mal-à-propos.

Ainsi Madame Henriette de Cleves Duchesse de Nevers voulant être instruite sur cette matiere elle s'adressa à Monsieur de Romenay, qui luy en presenta un memoire comme il a été dit cy-devant, dont elle fut fort satisfaite, & demeura toûjours fermement attachée au party du Roy, se confiant totalement à la doctrine & à l'exemple de ce directeur éclairé & pacifique, qui en sçavoit plus que beaucoup d'autres, lesquels se vantans d'être fort habiles dans la conduite des conciences, mettoient souvent en ce temps-là le trouble dans les ames & les armes à la main de ceux qu'ils gouvernoient. Le memoire est intitulé, *Discours presenté à Madame Henriette de Cleves Duchesse de Nivernois, qui avoit desirée être éclaircie sur le fait des Bulles monitoriales de Gregoire XIV. & de la celebre Assemblée tenuë à Chartres au sujet d'icelles le 21. Septembre 1591.*

Si Madame la Duchesse de Nevers avoit beaucoup de confiance en la probité & suffisance de Monsieur de Romenay, Monsieur Lodovic son mary n'y en avoit pas moins. C'est pourquoy, soit que les desordres de ce temps là eussent fait esperer un Concile general, auquel Monsieur Coquille avoit interjetté appel par la protestation precedente, & lequel tous les gens de bien souhaittoient fort, non pas pour toucher aux decisions de la Foy faites au Concille de Trente, mais à la reformation des mœurs & des abus que ce Concile n'avoit fait qu'éfleurer; soit que les mêmes maux eussent obligé d'assembler en France au deffaut du Concile general un National, duquel on parloit comme d'une chose prochaine, on tient que nôtre Auteur fut persuadé par ce Prince, qui étoit bien intentionné & qui avoit l'esprit porté aux choses grandes, à mettre par écrit ses sentimens pour servir à une fin si souhaitable & si glorieuse. Quoy qu'il en soit, Monsieur de Romenay dressa des Memoires pour la reformation de l'Estat Ecclesiastique, qu'il mit dans leur perfection en 1592. comme il a marqué luy-même de sa main dans son original. Par ce Traité remply des saints Canons & des anciennes loix & premiers usages de l'Eglise, il fait voir que la plus part des abus & des desordres qui s'étoient glissez peu à peu dans l'Estat Ecclesiastique, provenoient de la puissance absoluë que les Papes s'étoient donnée dans les derniers siecles, de déroger à ces anciens Decrets, comme se pretendans être au dessus des Conciles qui les avoient établis; & notamment que s'étant attribués le pouvoir de disposer de toutes les dispenses qui appartiennent aux Evêques, & que chacun d'eux avoit droit de donner dans son diocese avec connoissance de cause, sans laquelle elles ne peuvent être accordées par aucune puissance superieure, les Papes s'étoient tellement élevez au dessus des autres Evêques leurs freres, qu'ils étoient devenus quasi les seuls Evêques de la Chrêtienté. Or comme il écrit tout de bon d'une reformation serieuse & effective, il ne feint point de mettre la coignée à la racine, montrant la necessité qui étoit de faire la reformation aussi bien à l'égard du Chef que des membres par un Concile general. Et laissant à ce Chef la qualité de Souverain Pontife, le relief & le degré d'honneur qui luy est dû comme au premier Evêque de l'Eglise de Dieu, constitué par J. C. son premier Vicaire, pour la regir avec les autres Evêques ses confreres & co-vicaires pour l'édification & non pour la destruction, il veut que tous les autres Evêques soient rétablis dans leurs anciens droits, dont ils s'étoient laissez peu à peu dépoüiller. Mais si d'un côté il leur fait la justice de leur rendre ce qu'il leur appartient de droit par les anciens decrets, d'un autre il fait aussi cette justice à Dieu & à l'Eglise, que comme ils sont Vicaires de Jesus-Christ, & successeurs des Apôtres, ils doivent aussi imiter Jesus-Christ, & ses Apôtres; & qu'ainsi ils doivent incessamment travailler au salut des ames, assister leurs troupeaux par une residence continuelle & agissante, reluire dans le monde par la predication, par la sainteté de leur vie, par leur frugalité, par la distribution de leurs revenus temporels en aumônes, & non par la recherche & l'affectation des vains honneurs, par le luxe de leurs tables, de leurs emmeublemens, de leur suite & de tous les autres appannages d'une vanité seculiere & mondaine. C'est l'abregé de ce qu'il en dit en ce Traité & dans les autres semblables, & qu'il exprime luy-même encore mieux en ce peu de vers, qui sont dans un petit poëme qu'il adressa aux Deputez des Estats de Blois en 1577.

Religio ut sancta est & pura Ecclesia, nullam
Admittens maculam; sic sit sanctusque piusque
Qui sacris operatur & hac qui sacra ministrat.
Hic populum doceat verbisque & moribus: aula
Hic luxum, fastum & sermonem exhorreat ipsum:
Hic Clero & populo, tanquam fax splendida, prasens
Prasit, & enixo cunctis contamine prosit. &c.

Or je ne doute point que les bons & vertueux Evêques ne tiennent que ce Traitté leur est en toutes façons avantageux & honorable; & je m'asseure qu'ils ne se plaindront point de Maître Guy Coquille, de les avoir doublement relevez en les rétablissant d'un côté dans leurs anciens Droits Ecclesiastiques, & en leur procurant d'un autre une sainteté digne de leur caractere & de leur sacre. Que s'il s'en trouve aucuns qui ne se soucient pas de ces illustres droits de leur Crosse pastorale, mettans toute leur felicité & grandeur à joüir delicieusement & avec pompe de leurs richesses & commoditez temporelles, on ne pourra pas pourtant blâmer Mr. Coquille de leur avoir souhaité plus d'honneur & plus de sainteté qu'ils n'en desirent eux-mêmes. Et si ce Traitté n'a de rien servi autrefois pour le general de l'Eglise, ny à la fin pour laquelle il avoit été composé, Dieu par sa providence le pourra rendre quelque jour plus utile, ouvrant les yeux & touchant les cœurs de ceux qui auront le pouvoir de le mettre en credit & en usage. Cependant les particuliers en pourront faire leur profit si bon leur semble, se reformans d'eux-mêmes autant que le temps le pourra permettre suivant les avis salutaires de nôtre Auteur, qui n'a recherché dans son Ecrit que la gloire de Dieu & le salut des ames.

Peut être que la composition des Memoires pour la reformation de l'Etat Ecclesiastique ayant augmenté à Monsieur de Romenay les lumieres & la connoissance qu'il avoit déja auparavant tres-grande des antiquitez de l'Eglise & des anciens Decrets, s'étant particulierement appliqué depuis un fort long-temps à cette étude, comme il se voidpar les extraits qu'il nous en a laissez, luy fit naître l'envie de traitter de nos Libertez de l'Eglise de France, dont il estimoit la confirmation comme le bouclier de tout l'Etat François, tant Ecclesiastique que Seculier. Car je voy qu'il en fit un Traitté exprés deux ans aprés, sçavoir en 1594.

Il est aussi croyable qu'on s'atendoit alors à ce Concile national de la France dont nous avons fait mention : car il y en parle si souvent, qu'il semble que c'étoit une chose resoluë, & qu'il en ait fait le fondement certain de son Ecrit. Et peut être que Monsieur le Duc de Nevers luy inspiroit les mêmes mouvemens pour cette entreprise, qu'il avoit faite pour celle de la reformation de l'Etat Ecclesiastique, comme étant deux matieres connexes & qui pouvoient produire un même fruit. Mais il est vray que ce qu'il fit alors ne fut que comme le crayon & le dessein d'un ouvrage plus grand. Car il est constant qu'il en composa depuis un autre bien plus ample, auquel il parle aussi toûjours de ce Concile national. Le premier Traité étoit raturé en plusieurs endroits, & étoit demeuré caché & inconnu dans ses papiers. Mais le dernier avoit été amplifié & mis au net, & avoit été connu dans le monde & tenu pour un ouvrage achevé, quoy qu'il n'eût point été publié, & que depuis il ait été perdu. Nous en dirons cy-aprés l'accident, & comme aprés plusieurs années il a été heureusement recouvré, & s'il faut ainsi dire, sauvé de la mort qui le menaçoit. C'est pourquoy quand nous parlons icy du Traitté des Libertés de Monsieur Coquille, nous entendons parler du second & grand Traitté, sans pourtant exclure le premier, lequel quoy que plus court ne lairroit pas d'être de trés grande valeur & utilité s'il étoit seul & precedant, le second servira toûjours de preface trés-docte & tres digne de celuy qui le suit. Mais ce qui vray-semblablement confirma le plus Monsieur Coquille pour écrire amplement des Libertez de l'Eglise de France, c'est que n'étant pas alors bien connuës, elles étoient rebutées de plusieurs personnes ignorantes qui croyoient que c'étoit des chimeres. Il rapporte luy-même au commencement de son Histoire de Nivernois, *a* qu'un Deputé qui étoit aux Etats de Blois de l'an 1588. par un zéle indiscret en parla de la sorte : & en ce Traitté cy des Libertez il écrit *b* *qu'aucuns peu versez és affaires publiques s'avancerent de dire la même chose en ces Etats* : mais il leur fit voir qu'ils n'étoient pas plus versez és choses Ecclesiastiques qu'aux affaires publiques. Et Monsieur le President de Thou parlant de ce même Traité de Monsieur Coquille, témoigne que les Libertez de l'Eglise Gallicane étoient de son temps par tout fort mal menées, *qua nunc ubique exagitantur*, donnant pour cette raison dautant plus de loüange à nôtre Auteur, qu'il avoit pris à tâche d'en faire une recherche exacte, & de les établir fortement, pour en faire connoître la justice & la verité dans le monde.

a Liv. de la Ville & Cité de Nevers, & de l'Estat de l'Eglise en ladite Cité, &c. p. 349. *b* p. 134.

Voicy le titre que Monsieur de Romenay donna à cét Ouvrage important, *Traité des Libertez de l'Eglise de France, & des droits & autorité que la Couronne de France a és affaires concernant la police de l'Eglise dudit Royaume, par bonne & sainte union avec icelle Eglise.* D'abord on reconnoît par ce titre le sujet de l'Ouvrage & l'intention de l'Auteur tout ensemble : car d'un côté on void que l'Ecrit est à l'avantage de l'Eglise de France, & aussi qu'il maintient les Droits du Roy & de la Couronne sur sa police. Mais d'un autre ces dernieres parolles, *par bonne & sainte union avec icelle Eglise* font voir manifestement le dessein de l'Auteur ; & c'est pourquoy elles sont particulierement dignes de reflection & de remarque. Car comme il y a des gens ou ignarens ou mal intentionnez, qui s'imaginent faussement qu'on ne peut maintenir les Droits du Roy sur la police de l'Eglise de France, qu'on n'entame ses Droits & ses Libertez ; & aussi qu'on ne peut soûtenir les libertez de la même Eglise de France, qu'on ne se separe de l'union qui doit être parfaite & eternelle entre le Roy d'une part & l'Eglise Romaine & la nôtre de l'autre, qui ne sont qu'une même Eglise ; Monsieur de Romenay a voulu faire voir au premier aspect de son Livre, que cette opinion étoit pleine d'erreur, & que son intention étoit de maintenir les Droits du Roy & de sa Couronne dans l'Eglise de France, sans aucunement blesser l'union qu'il doit avoir non seulement avec l'Eglise de France, mais aussi avec l'Eglise Romaine, de laquelle ces mots *avec icelle Eglise*, se doivent entendre, aussi bien que de l'Eglise de France, comme il se peut colliger de tout le discours contenu au Traité. Ainsi Monsieur Coquille en soûtenant les Droits du Roy, ne manque pas de conserver à l'Eglise Romaine & à celle de France ce qui leur appartient par les Loix de l'Eglise universelle. En quoy il témoigne toûjours son respect envers le Saint Siege & sa justice envers l'Eglise du Royaume où il étoit né, & qu'en l'une & en l'autre il étoit équitable sans gauchir ny d'un côté ny d'autre.

En effet quoy qu'il donne beaucoup à l'Eglise universelle & aux Concilles generaux, comme dépendans immediatement de JESUS-CHRIST ; quoy qu'il leur soumette les Papes, suivant la decision des Conciles de Constance & de Basle, lequel Panorme montre avoir été tres-legitime, & qui est la Doctrine de l'Eglise de France, conforme à la Pragmatique Sanction faite sous le Roy Charles VII. qui ne peut être schismatique, puis qu'elle est appuyée sur des Conciles generaux & sur les sentimens de plusieurs Theologiens celebres,

celebres ; comme Gerson, Clemangis & autres Docteurs Catholiques, & soûtenuë par la Faculté de Theologie de Paris qui l'a renouvelée de temps en temps sans que les anciens Papes y ayent contredit par des Bulles, & même depuis peu par des censures publiques de l'opinion contraire qui ne peuvent pas recevoir plus d'atteinte & de contradiction que celles de leurs predecesseurs. Quoy-que par une suite indubitable Monsieur Coquille ne reconnoisse pas les Papes infaillibles qu'avec l'Eglise universelle leur mere representée par les Conciles generaux, nous enseignant que quand on dit que le Pape est le Chef de l'Eglise, & que comme Chef il ne peut faillir, cela se doit entendre, a *qu'il est le Chef d'un corps mystique composé de tous ses membres, qui est l'Eglise universelle, laquelle seule ne peut faillir, par ce qu'elle est Epouse de* JESUS-CHRIST, *& qu'ainsi pour ne pouvoir faillir il faut que ce corps mystique de l'Eglise, composé du Chef & des membres, soit assemblé en Concile*, &c. Quoy qu'il releve beaucoup l'Episcopat en rendant aux Evêques, comme il a été dit cy-devant, tous les anciens droits Ecclesiastiques qui leur ont été ôtez par les entreprises de la Cour de Rome. Quoy-qu'il mette une difference notable entre la Cour de Rome & l'Eglise Romaine, qui ont été confonduës par les partisans & flateurs de cette Cour ; néanmoins il laisse toûjours au Pape le premier rang & le suprême degré de relief & d'appel, & il le reconnoît par tout avec les meilleurs Catholiques Chef de l'Eglise, même avec une puissance souveraine, b mais une puissance souveraine ordinaire & reglée selon les anciens Decrets des Conciles & des Saints Docteurs de l'Eglise, & non pas une puissance absoluë sans bornes & sans limites, un *Chef Aristocratique & non pas un Chef Monarchique*, un Chef lié par une union indissoluble avec les autres membres du corps, pour en retenant à luy le droit de superiorité, conserver aussi à chacun son droit d'authorité & de fonction tel qu'il luy appartient. Et ainsi il montre que tout honneur luy est dû comme au premier Vicaire de JESUS-CHRIST sur terre, & il en parle toûjours, & de Messeigneurs les Cardinaux de l'Eglise Romaine, qu'il souhaitoit c être choisis par les quatre ou cinq principales Nations de la Chrêtienté pour être Cardinaux de l'Eglise universelle ; de laquelle ils seroient Conseillers ordinaires auprés de sa Sainteté pour les grands affaires qui presseroient & qui ne pourroient pas être remises au Concile universel, avec toute la veneration qui leur est deuë. Et s'il est obligé quelquefois de reprendre les vices des personnes & les abus des temps, c'est toûjours avec le plus de douceur & de moderation qu'il peut, ne manquant jamais de rendre au caractere le respect que le vice l'oblige d'ôter à la personne.

a V. aux Traitez des Libertez, &c.

b V. aux memoires de la reformation de l'Estat Ecclesiastique.

c V. aux memoires de la reformation de l'Estat Ecclesiastique.

Suivant ces définitions, & pour parler de nôtre temps ainsi que la rencontre des affaires nous oblige, on ne diminuë rien des droits ny des honneurs qui sont deûs au Pape Alexandre VII. On le reconnoît pour ce glorieux Chef de l'Eglise militante qui merite & par sa dignité & par tant de vertus Chrêtiennes qui éclatent en luy toute sorte de veneration. Mais on n'estime pas luy faire tort, quand en luy laissant toute l'autôrité & le pouvoir de gouverner l'Eglise selon les saints Decrets observer inviolablement par les anciens Pontifes ses predecesseurs, on ne luy peut pas accorder ny l'infaillibilité dans la Foy, ny la plenitude de puissance dans la police, que quelques Papes des derniers siecles se sont voulus attribuer au préjudice de l'Eglise universelle. Aussi ne croît-on pas que sa Sainteté qui a tant de lumieres & d'humilité tout ensemble, soit portée à pretendre l'une ou l'autre de ces deux choses que par quelque surprise ou par quelque induction subtile, à quoy les grandes puissances sont souvent sujettes, d'aucuns qui ayans des veuës tout autres que celles qui paroissent, s'étudient plûtôt à établir leur puissance que celle d'Alexandre VII. lequel asseurément n'affecte pas tant de ressembler aux Papes Gregoire VII. Alexandre III. Innocent III. Honoré III. Innocent IV. Boniface VIII. & à quelques autres qui se sont principalement appliquez à s'élever sur l'Eglise leur mere & sur les Puissances temporelles, qu'à ce grand nombre de Saints Martyrs qui ont plus honoré la Chaire de Saint Pierre par la rougeur de leur sang que par la splendeur de leur Tyare, qu'à un Saint Gregoire qui a merité le nom de Grand par sa qualité de serviteur des serviteurs de Dieu, & qu'à tous les autres qui se sont plus mis en peine de remplir l'Eglise de vertus par leur sainte vie & par leur doctrine salutaire, que de la dominer par leur puissance. Enfin il ne faut point craindre d'appeller d'Alexandre VII. à Alexandre VII. Son tribunal sera toûjours ouvert pour écoûter l'Eglise de France : & celuy qui a tant d'amour pour l'Eglise universelle, dont il est le premier & le plus noble membre, ne refusera jamais de s'assujettir à sa voix & à ses decisions, qui sont seules certaines & infaillibles, parce que ce sont les decisions de l'Esprit de Dieu qui est la verité même, & en qui seul consiste essentiellement l'infaillibilité.

Aussi quoy que les Roys de France soûtiennent par leur autôrité la Doctrine & les droits de l'Eglise Gallicane dont ils sont les protecteurs par le serment de leur Sacre, ils ne diminueront jamais rien de la devotion qu'ils ont toûjours euë pour le Saint Siege. Les grands biens temporels qu'ils luy ont acquis par la valeur de leurs armes les engagent à cherir leur ouvrage. Et d'un autre côté les Papes ne peuvent jamais manquer de reconnoissance envers nos Roys, qui leur ont rendu des assistances si importantes & si avantageuses. Ces bien faits donnez & receus de part & d'autre doivent produire une union & une amitié eternelle. Car il est vray, & Monsieur Coquille le remarque fort bien & dans la verité de l'histoire, que toute la grandeur temporelle des Pontifes Romains vient de nos Roys, & que c'est par leur liberalité qu'ils joüissent non seulement de la nomination de l'Exarchat, *a* qui comprend les Villes de Ravenne, Bologne, Ferrare, Imole, Rimini, Ancone, Faënse, & tout ce qui est de la Romagne & marche d'Ancone, mais aussi de la Ville & du territoire de Rome, *b* par la confirmation de l'Empereur Loüis fils de Charlemagne qui y avoit toute superiorité, & non pas par la pretenduë donation de Constantin que les anciennes histoires nous monstrent être fausse, étant constant aussi que depuis Constantin *c* les Empereurs ont commandé dans Rome, comme en une Ville & païs qui leur appartenoit.

a Au commencement du grand Traité des Libertez.
b & au Discours sur les Bulles de Gregoire XIV
c *In can. Ego Ludovicus* 63 *dist.*

De même on ne peut pas raisonnablement avancer, que les droits qui appartiennent au Roy de France par sa Couronne sur la police de son Eglise soient pour l'assujettir : car au contraire ce sont des droits de protection, par lesquels elle ne peut être soûmise aux entreprises nouvelles que la Cour de Rome voudroit faire sur elle, & peut se liberer dans l'occasion & dans la conjoncture des temps & des affaires de celles que cette même Cour a faite par le passé, comme est l'usurpation des droits Episcopaux dont nous avons parlé. Ainsi on ne peut pas accuser Monsieur de Romenay d'avoir soûtenu aucune erreur ny injustice dans son Traité des Libertez, ny aucun autre Traité semblable; & sa Foy n'y peut pas être accusée d'être moins orthodoxe, que sa pieté a paru grande & sincere par les marques que nous en avons données cy-devant.

C'est un reproche que ceux qui donnent aveuglement au Pape une plenitude de puissance absoluë & indefinie sur toute l'Eglise & même sur les Puissances temporelles & leurs Etats, font à ceux qui reconnoissent & admettent cette même puissance avec les bornes & les limites prescrites par les saints Decrets, qu'ils sentent mal de la Foy Catholique & qu'ils adherent aux opinions nouvelles des Heretiques. C'est ainsi que sans autre raison ils s'efforcent de décrier les personnes qui parlent le langage de l'ancienne Eglise, & c'est par cette objection injurieuse qu'ils tâchent de leur fermer la bouche. Or quoy-que la protestation precedente que Monsieur Coquille fit au sujet des Bulles monitoriales de Gregoire XIV. dont nous avons parlé, qui porte un témoignage exprés de sa Foy, & de son respect envers le saint Siege, puisse suffire pour le mettre à couvert de toute calomnie dont les mal-intentionnez voudroient noircir sa reputation, afin de faire passer par cét artifice malin ses sentimens pour des illusions, nous estimons qu'il n'est pas mauvais d'y ajoûter quelques autres preuves de la sincerité de sa Foy qui confirmeront toûjours de plus en plus ce que nous en avons déja dit.

On ne verra point dans tous les Livres de Monsieur Coquille aucune opinion particuliere qui soit condamnée par l'Eglise universelle, ny qu'il ait jamais douté d'aucun article receu parmy les Catholiques. Mais tant s'en faut qu'il ait eu jamais aucune pente aux erreurs des Heretiques, qu'au contraire il parle toûjours d'eux comme de personnes abusées. Il demeure même d'accord qu'il est bon d'exterminer les heresies; *d* mais il n'approuve pas qu'on se serve pour cela de moyens violens. Quand il nomme Luther & ses sectateurs, il dit qu'ils étoient orgueilleux & hautains; *e* & quand il parle de la naissance & du progrés de son heresie, il reconnoît qu'on devoit se mettre en peine de l'étouffer. mais il juge que pour y reüssir il falloit tenir d'autres moyens que ceux qu'on y a employé, & qu'il étoit plus à propos d'user de reformation, ôtant les abus qui portoient scandale & qui pervertissoient les foibles, que de la puissance du glaive temporel, de la persecution & de la guerre. Quand Monsieur Coquille se plaint de Maître Charles du Moulin nôtre Jurisconsulte Coûtumier, de ce qu'il avoit calomnié Monsieur Bourgoing Conseiller en Parlement son oncle, *f* il ne trouve point de meilleur reproche à luy faire pour sauver l'honneur de son oncle que d'alleguer que du Moulin *adheroit aux nouvelles opinions de Luther*, comme en effet quoy-que du Moulin soit mort Catholique. il avoit suivi le Lutheranisme. Or Monsieur Coquille n'auroit pas reproché à un autre une tache d'infidelité, dont il se seroit senti luy-même atteint le moins du monde. J'ajoûteray encore une circonstance qui n'est pas à mon avis peu considerable en ce rencontre : c'est que Monsieur Coquille n'étoit pas seulement ennemy des Heretiques, mais qu'il étoit amy de ceux qui font profession de leur être les plus contraires. *g* J'ay observé que parlant dans son Histoire

d Au commencement du Dialogue des causes des miseres de la France, &c.
e Que les maux de la France venoient faute de reformation, &c.
f Coûtume de Nivernois ch. des successiõs art. 14. ch. du retrait lignager, art. 8.
g Liv. 2. des Comtes &

de Nivernois de l'établissement fait en mil cinq cens soixante-onze par Messire Lodovic de Gonzague & Madame Henriette de Cleves, du College des Jesuites en la Ville de Nevers, il prend cette occasion pour s'étendre sur les loüanges de leur Societé, & sur le grand progrés qu'elle avoit fait en peu de temps par ses vertus Chrétiennes depuis leur institution. Aussi l'on peut se persuader aisement que les Jesuites d'alors n'improuvoient pas le Traité des Libertez de l'Eglise de France de Monsieur Coquille, puis qu'il est vray qu'ayant passé par leurs mains aprés sa mort, comme il sera montré cy-aprés, ils ne l'ont pas supprimé, comme ils le pouvoient faire, & dont ils eussent crû sans doute offrir un sacrifice qui n'eut pas été moins agreable à Dieu qu'au Pape, s'ils eussent été persuadez que la doctrine qui y est contenuë eut été entachée d'erreur & d'heresie.

Ducs de Nevers.

On ne peut pas dire precisement en quel temps Monsieur Coquille a fait les petits Traitez du Concile de Trente; des entreprises des Papes & du Legat pendant la ligue; & de celuy qui nous avons donné pour titre, *Que les maux de la France venoient faute de reformation*, &c. sinon que les deux derniers ont été faits pendant la Ligue. Or comme toutes ces petites pieces de nôtre Auteur sont des matieres dépendantes de nos Libertez, & de ce qu'il avoit écrit pour la reformation de l'Etat Ecclesiastique, & qu'il fonde tout ce qui y est sur les mêmes principes & les éclaircit par les mêmes autoritez, on peut dire que ce sont plûtôt des abregez des deux Traitez precedens de la reformation de l'Etat Ecclesiastique & des Libertez de l'Eglise de France, que des ouvrages nouveaux.

Comme le Dialogue des causes des miseres de la France pendant la Ligue dont nous avons parlé a fait voir l'aversion que Monsieur de Romenay avoit aux factions & guerres de la Ligue, & son amour pour la paix & la tranquillité publique, il s'en est trouvé un autre dans ses papiers qu'il composa en 1593. entre un Citoyen de Nevers qui est luy-même, & un Citoyen de Paris retiré à Nevers, lequel on ne peut pas connoître, sur le sujet des Etats tenus à Paris en ce temps-là; dans lequel combatant le pouvoir de ces Etats factieux & faisant voir leur nullité, il témoigne encore l'aversion qu'il avoit à ceux qui vouloient appeller à la Couronne de France une Puissance étrangere, & l'affection qu'il avoit pour la conservation du droit de la Maison de Bourbon & du Roy Henry IV. à cette Couronne. Nous ne specifierons point icy quelques autres petits Memoires de Mr. Coquille qui se sont trouvez dans ses papiers, nous contentans de les énoncer dans le Catalogue de ses Oeuvres que nous mettrons ensuite de cette preface, & nous conclurons par ce petit Dialogue, lequel étant tout Royal à cause de la matiere dont il traite servira de couronnement comme de fin à tout les Ecrits de cét illustre Auteur.

Nous n'avons point parlé de la diction ou façon de parler de Maître Guy Coquille en nôtre Langue: mais nous pouvons dire avec asseurance qu'elle n'étoit pas seulement bonne dans les temps ausquels il a écrit, mais aussi qu'elle étoit trés-pure & élegante, ne trouvant point d'Ecrivains de son temps qui ayent parlé plus nettement que luy. Il avoit pourtant, comme ont quasi tous les Auteurs, quelque phrases & manieres particulieres de s'exprimer, & entr'autres celle par laquelle il vouloit remarquer les années & les siecles de l'Eglise, qu'il designoit souvent par premier, second & tiers grand an, qui est un terme que tout le monde ne comprend pas d'abord; & il s'est senti luy-même obligé de l'expliquer en son Histoire de Nivernois, [a] où il écrit *que le grand an s'accomplit en 532. ans, en multipliant 28. par 19. la Lune en 19. ans se retrouvant en même état, & le Soleil en 28. ans, qui est ce que les Compotistes disent*, Cyclus Lunaris, *ou* decem-novenalis, *&* Cyclus Solaris.

[a] Liv. 2. des Comtes & Ducs de Nevers.

IL RESTE à faire voir comment de tous ces Ouvrages de Monsieur Coquille les uns ont été donnez au public, & les autres nous sont venus sans avoir été publiez jusqu'à present.

Il n'est point besoin de parler icy davantage de ses Poësies, puis qu'il les a fait imprimer luy même de son vivant, ainsi que j'ay déja rapporté. Or comme elles sont devenuës rares, j'avois deliberé de les mettre dans cette Edition: mais les Libraires ayans desiré d'en accelerer l'exposition & la vente, je m'en suis d'autant plus volontiers dispensé, que comme il y a quantité d'ouvrages importans & utiles dans ce Recueïl, j'ay pensé que le Lecteur s'y appliquera plus volontiers qu'à des vers. Ainsi je me suis contenté d'en extraire ou d'indiquer dans ce Discours, comme j'ay fait cy-devant, ce que j'y ay trouvé de plus considerable.

Quant aux autres Ecrits de Monsieur Coquille, comme il ne laissa point d'enfans mâles, ils demeurerent tous aprés sa mort entre les mains de Monsieur Pomereüil Avocat à Nevers l'un de ses gendres, lesquels ayans pris resolution d'en donner quelques uns au public, s'adresserent à Maître Guillaume Joly Lieutenant general de la Connestablie &

Maréchaussée de France à Paris, oncle de Monsieur Pomereüil, qui se chargea d'autant plus volontiers de cette commission honorable, qu'il avoit été bon amy de Monsieur Coquille & son compatriote de la Ville de Dezise. Or Monsieur Joly jugeant que le païs de Nivernois avoit grand besoin du Commentaire de Monsieur Coquille sur la Coûtume, il prit resolution de commencer par cét Ouvrage, afin d'avancer un bien qui étoit pressant & tout à fait necessaire à la Province dans laquelle il avoit pris sa naissance. C'est pourquoy il en fit le frontispice de son entreprise, & en fit faire l'édition en l'an 1605. le dediant à Monsieur le Duc de Nevers fils du grand Lodovic dont nous avons tant parlé, lequel aprés avoir imité en France les vertus de son pere est mort en Italie Duc de Mantoüe. Monsieur Joly voulut aussi orner ce premier volume de la vie de Monsieur Coquille dont il avoit connoissance particuliere, promettant de donner ensuite l'Institution au droit des François, les Questions & Réponses sur les Coûtumes, les Libertez de l'Eglise Gallicane, & l'Histoire de Nivernois.

Et effet il donna en l'an 1607. l'Institution au droit des François : & comme nous avons mis quelque ressemblance entre cét Ouvrage & les Institutes de Justinian à cause du rapport des matieres, Monsieur Joly s'avisa d'y joindre les Regles du droit François composées par Maître Antoine Loisel Avocat en Parlement son beau-pere, comme l'on joint d'ordinaire le titre *de Regulis juris* du Digeste aux Institutes de l'Empereur Justinian. Ces Regles ont été depuis imprimées plusieurs fois separement.

En 1611. Monsieur Joly fit imprimer les Questions & Réponses sur les Coûtumes de France, suivant l'ordre qu'il s'étoit proposé de donner les Livres du Palais les premiers & de suite, pour accompagner la Coûtume de Nivernois, & ne point separer ce qui étoit de la Jurisprudence.

Aprés cela il se fut mis en devoir de donner, comme il avoit promis, le Traité fameux des Libertez de l'Eglise de France. La conformité des sentimens de Monsieur Joly avec ceux de Monsieur Coquille sur cette matiere, & cét esprit Royal qu'il avoit toûjours témoigné pendant la ligue, *a* aussi bien que Monsieur Coquille, qui luy avoit fait composer & publier divers Ecrits en l'honneur du Roy Henry le Grand, & qui l'avoit obligé de quitter Paris sa demeure ordinaire pour se mettre à couvert à Nevers pendant la tempête, à laquelle son zele pour le party Royal l'exposoit avec trop de peril, luy eut fait entreprendre avec joye l'édition d'un Traité qui n'étoit pas moins Royal qu'Ecclesiastique. Mais il y avoit déja long-temps que cét Ecrit n'étoit pas en la possession de Monsieur Pomereüil son neveu, qui luy fournissoit les Originaux de Monsieur Coquille. Car il est à croire que quand on imprima en l'an 1609. le Recueil des Traitez de divers Auteurs sur les Libertez de l'Eglise Gallicane, on n'eût pas manqué de l'enrichir de celuy de Monsieur Coquille, s'il eût été encore entre les mains de Monsieur Pomereüil : mais ne se trouvant plus, on se contenta d'y mettre un extrait de l'Institution au droit des François, *b* où Monsieur Coquille avoit fait une énumeration par le menu des droits en quoy consistent nos Libertez, qui sont comme les regles qui reviennent à celles que Monsieur Pitou Avocat en Parlement a faites de ces mêmes Libertez, mais qu'il a plus étenduës. Et au Recueil qu'on imprima de ces mêmes Traitez des Libertez en 1612. on y ajoûta outre l'extrait precedent le *Discours de Maître Guy Coquille, des droits Ecclesiastiques & Libertez de l'Eglise Gallicane, & les raisons & moyens d'abus contre les Bulles decernées par le Pape Gregoire X I V. contre la France en* 1591. quoy-qu'il eut été fait principalement au sujet de ces Bulles. Et peut être qu'on luy attribua le titre des Libertez de l'Eglise Gallicane qu'il n'avoit pas, à cause que Monsieur Coquille avoit commencé son Discours par l'établissement de ces droits. Et ainsi furent mis dans ces deux Recueils de 1609. & de 1612. ces deux petits Traitez de Monsieur Coquille par faute du grand Traité des Libertez, dont nous parlons à present.

a V. sa vie aux opuscules de Monsieur Loisel.

b Titre du droit de Royauté.

Les Peres Jesuites de Nevers, qui étoient amis particuliers de Monsieur Pomereüil, & qui ont encore à present dans leur Societé un de ses enfans, Personnage qui a merité par sa suffisance & vertu d'être Recteur en plusieurs de leurs maisons, ayans eu la curiosité de lire ce Traité, il leur donna cette satisfaction. Or cela n'eut pas empéché l'edition qu'on avoit pris resolution d'en faire s'ils ne se fussent point desaisis de la piece ; mais il se trouva qu'ils l'avoient prêtée à Monsieur Destrappes Archevêque d'Auch, qui avoit aussi desiré de la voir. A la verité on ne peut pas accuser ces Peres d'avoir manqué de fidelité ; car s'ils eussent eu dessein de la suprimer, comme il a été dit, ils ne l'eussent pas confiée à personne : mais on peut se plaindre avec quelque raison de leur trop grande facilité. Car enfin Monsieur l'Archevêque d'Auch la garda depuis si soigneusement, qu'on ne l'a pû jamais retirer de ses mains. Et c'est ce qui a fait dire à Monsieur le President de Thou dans

dans l'Eloge de Monsieur Coquille de l'année 1603. que ces Libertez avoient été dérobées, *quæ plagio perierunt*; qui est un mot dont je m'abstiendrois volontiers, si un tel personnage n'en avoit pas usé. Ainsi il fallut passer alors par dessus cét Ouvrage & venir à l'edition de l'Histoire de Nivernois.

C'est ce qui fut fait en l'an 1612. mais Monsieur Joly ne pouvant y vacquer luy-même à cause d'une longue maladie dont il mourut en l'année suivante, se reposa de cette edition sur les soins de Monsieur Loisel Avocat en Parlement son beau-pere, à qui il confia le manuscrit de Monsieur Coquille, qui est encore à present dans sa bibliotheque. Il est bon icy d'observer que cette Histoire fut imprimée en un seul livre, d'un discours quasi continu & sans distinction de chapitres ny de titres, mais seulement sous trois Enoncez principaux des matieres, qui composent tout l'Ouvrage. Or Monsieur Loisel depuis l'impression s'avisa de partager dans son exemplaire cét Ouvrage en trois Livres, mettant sous le premier ce qui est *De la Ville & Cité de Nevers, & de l'état de l'Eglise en ladite Cité, Diocese & Païs de Nivernois*: sous le second ce qui est *Des Comtes & Ducs de Nevers & Nivernois, & de leurs alliances*. Et sous la troisiéme ce qui est *De l'assiette & naturel du païs de Nivernois, & de l'état & reglement du peuple d'iceluy*: qui est à mon avis une distiction commode qu'il eut été à souhaitter qu'on eut suivie dans l'Edition presente, dont on ne s'est pas avisé, & de laquelle le Lecteur se pourra servir si bon luy semble.

Il y a aussi apparence que Monsieur Joly avoit prié Monsieur Loisel de vouloir prendre le soin de l'edition du Commentaire que Monsieur Coquille avoit fait sur l'Ordonnance de Blois; car l'original s'est trouvé dans la bibliotheque de Monsieur Loisel, écrit de la main de Monsieur Coquille. Et s'il ne s'y fut pas rencontré, il auroit été indubitablement perdu; car il ne s'en est rien veu ailleurs: & sans cét exemplaire l'on n'avoit point de connoissance que Monsieur Coquille eut rien écrit sur cette Ordonnance.

Il y a seize ou dix-sept ans qu'on eut avis de quelques Traitez de Monsieur Coquille, qui n'avoient pas encore été imprimez, & qu'on apprit être entre les mains de Monsieur Pomereüil Officier de la Maison du Roy, fils de Monsieur Pomereüil Avocat à Nevers. Il les communiqua volontiers à la premiere demande qu'on luy en fit.

Le premier étoit le *Devis sur les causes des miseres de la France* dont nous avons parlé. Mais on n'eut pas grand besoin de son exemplaire: car comme il avoit passé par les mains de quelques curieux, il s'en trouva deux bonnes copies, l'une dans la bibliotheque de Monsieur Loisel Avocat en Parlement, & l'autre dans celle de Monsieur du Puy l'aîné, Garde de la biblioteque du Roy, qui en faisoit une estime particuliere, disant qu'il se trouvoit peu de bons dialogues dans nôtre langue, & que les deux meilleurs qu'il eût vûs étoient celuy de Monsieur Coquille *sur les causes des miseres de la France*, & celuy de Mr. Loisel *sur les Avocats du Parlement de Paris*, qui a été depuis imprimé parmy ses opuscules en 1652.

Le second ouvrage que Monsieur Pomereüil Officier de la Maison du Roy fournit, contenoit les *Memoires* que Monsieur Coquille avoit dressez, *pour la reformation de l'Etat Ecclesiastique*, qui étoit une piece achevée, toute écrite de sa main & mise au net: ce qui donne à connoître qu'elle avoit été reveuë & corrigée, & que l'Auteur avoit eu dessein d'en faire quelque chose de bon, comme de servir à ce Concile general ou national dont nous avons parlé.

Le troisiéme étoit un *Traité des Libertez de l'Eglise de France*, mais le premier des deux que nous avons cy-devant distinguez. Celui-cy même étoit raturé en divers endroits, comme il a été remarqué, & les marges y étoient remplies de renvois; dont on pouvoit juger que ce n'étoit qu'une premiere copie & comme un projet de quelque plus grand œuvre. Neanmoins parce qu'il portoit le titre des Libertez de l'Eglise de France, on avoit alors quelque opinion que ce pouvoit être le grand Traité des Libertez. Quoy-qu'il en soit, comme on n'en avoit point d'autre, on le donna avec les deux ouvranges precedents, & de ces trois on composa un volume *in quarto*, qui fut imprimé en 1650. lequel fut fort bien reçû dans le public & dont l'edition ne dura gueres.

Enfin il s'est trouvé pour constant & tout asseuré que ce premier Traité des Libertez de Monsieur Coquille n'étoit point celuy dont Monsieur le President de Thou avoit parlé en son Histoire. Car ce veritable & grand Traité s'est enfin rencontré en 1656. lors qu'on y songeoit le moins entre les mains d'un des premiers Magistrats de Tholose à qui M. N. qui s'en étoit saisi aprés la mort de Monsieur d'Estrappes Archevêque d'Auch, l'avoit communiqué pour servir à un different qui étoit entre le Parlement & Monsieur de Monchal Archevêque de Tholose. Et ce Magistrat, homme de lettres & de merite trouvant le Traité digne d'être conservé, en prit copie, qui l'ayant fait voir à une personne laquelle étoit bien instruite de l'accident qui étoit arrivé autrefois à cét Ecrit & du divertissement qu'on en avoit fait, en prit une seconde copie sur laquelle a été faite la presente edition : de sorte qu'on peut dire que par cette rencontre aussi heureuse qu'inopinée le public recouvre à present, aprés soixante années de suppression le plus ample Traité des Libertez de l'Eglise de France qui ait été jamais fait en cette matiere selon l'opinion de Mr. le President de Thou, quand il a dit de Monsieur Coquille *accuratissimas de Gallicanæ Ecclesiæ juribus, quæ nunc ubique exagitantur, observationes collegerat, quæ plagio perierunt.*

Il est vray que cette copie de Tolose semble finir un peu court, & que l'on pourroit soupçonner que tout ce qui étoit dans l'original n'y auroit pas été mis : neanmoins on estime que s'il y manque quelque chose, c'est fort peu. Car on voit par la lecture du premier Traité qui contient toutes les matieres dont l'Auteur avoit eu dessein d'écrire, qu'elles sont traitées dans ce second ; & on ne voit point au contraire qu'il en ait obmise aucune qui concerne les Libertez de l'Eglise de France. Quoy-qu'il en soit, comme cette piece a toûjours été estimée importante à l'Eglise de France & aux Droits du Roy, à qui l'on croyoit qu'elle pouvoit être agreable, puis qu'elle peut appuyer fortement les saintes intentions que Sa Majesté a de faire florir l'Eglise de France sur toutes les autres en vertu & sainteté, y rétablissant pour la gloire de Dieu, autant que le temps le pourra permettre, l'ancienne discipline, dont il est le protecteur par son Sacre & son Couronnement, on n'a pas manqué de faire toutes les instances possibles pour en avoir l'original. A cette fin un des descendans de Monsieur Coquille Officier de la Maison du Roy, s'étant rencontré à Paris comme on étoit en terme de mettre ce Traité sous la Presse, soigneux de l'honneur qu'il devoit à la memoire de son bisayeul, alla trouver M. N. avec qui il avoit connoissance particuliere, & dont il esperoit tout contentement dans une Requête si juste & si civile ; & luy faisant entendre le recouvrement qu'on avoit fait de la copie de ce Traité & l'état auquel on étoit de l'imprimer, il le pria de luy remettre entre les mains l'original qu'il avoit, lequel aprés l'edition luy seroit inutile : luy representant au surplus que l'Ecrit luy appartenoit & à ses coheritiers, qui desiroient pour l'honneur de leur predecesseur & pour la plus grande perfection de l'ouvrage, que l'edition fut faite sur cét original. Mais il n'eut pas grande satisfaction de M. N. lequel ne luy fit point d'autre courtoisie que de luy faire voir cét exemplaire, & aprés luy avoir redoublé par cette vaine ostentation le desir qu'il avoit de posseder une chose qui luy étoit si chere, luy donna la mortification de le voir enfermer sous la clef comme un pauvre captif, qui ne meritoit rien moins que d'être enfoncé dans le cachot de M. N. Car quelque riche ornement qui puisse être au lieu qui tient un si bel esprit prisonnier, il ne merite pas le nom de cabinet, qui n'appartient proprement qu'à ces tresors publics des de Thou & Bignon peres & fils, des du Puy, Salo, Vyon-d'Erouval, Ogier, Valois, Godefroy pere & fils, & de ces autres illustres dépositaires des sciences ; qui tant s'en faut qu'ils voulussent rien retenir de ce qui n'est pas à eux, qu'au contraire ils ont toûjours fait & font gloire de prodiguer, s'il faut ainsi dire, tout ce qui leur est propre pour enrichir tous les jours de plus en plus l'Empire des Lettres. Aussi M. N. ne se pique pas d'être mis au nombre de ces hommes doctes, larges & liberaux ; il est de ceux qui croyent que la toison d'or qui est gardée par le dragon avare & incapable de s'en servir devient de la bourre aussi-tôt qu'elle est entre les mains du conquerant Jason qui en peut bien user. Aprés tout M. N. retient un bien qui ne luy appartient pas, mais à celuy qui luy en faisoit la demande, & qui avoit droit de le faire appeller en justice pour en avoir la restitution ; comme en effet il eut pris cette resolution, s'il n'eut pas preferé son repos & sa paix à un procez qui est toûjours facheux quoy-qu'il soit bon. C'est pourquoy il s'est contenté de faire icy ses plaintes pour en demander justice au Roy & au public, à qui l'ouvrage appartient plus qu'à luy-même, puis qu'il a été composé par l'Auteur pour leur servir, & non pas pour demeurer entre les mains de M. N. envieux de sa gloire & de l'utilité publique, ny pour perir dans un trou par la dent envenimée des rats, ou par le mépris & la negligence des personnes ignorantes à qui il pourra écheoir quelque jour. Le refus injuste de M. N. meritoit bien qu'on étendit son nom tout au long, mais le respect qu'on a eu pour sa qualité a exempté sa personne d'une expression si juste & si raisonnable ; & l'on s'est reservé de le faire connoître à ceux, qui ayant l'ordre & la commission de conserver à l'Eglise, au Roy & au public cét ouvrage qui leur appartient, luy sçauroit bien faire rendre par justice & autorité ce qu'il n'a pas voulu restituer par amitié.

Or quoy que ce dernier Traité des Libertez de l'Eglise de France contienne en substance tout ce qui est dans celuy qui avoit été publié en 1650. on n'a pas laissé de faire derechef imprimer le premier avec celuy-cy, auquel il sert comme d'avant-propos & de preface, parce que ces redites déguiſées ne ſont pas quelquesfois deſagreables, & ſont toûjours utiles. Et s'il falloit examiner de prés les memoires de Mr. Coquille pour la reformation de l'Etat Eccleſiaſtique, on verroit qu'ils contiennent la même doctrine que les Traitez des Libertez; en ſorte que les Memoires de la reformation de l'Etat Eccleſiaſtique peuvent ſervir à la preuve & à la manutantion des Libertez de l'Egliſe de France, & les Libertez à la reformation de l'Etat Eccleſiaſtique. On en peut dire autant des autres petits Traitez de Mr. Coquille qui approchent de cette matiere, par le nombre deſquels il eſt évident qu'il n'y a point d'Auteur en France qui ſe ſoit plus étudié & plus volontiers appliqué au rétabliſſement de l'ancienne diſcipline de l'Egliſe, & à l'éclairciſſement de ſes Libertez que luy. Toute ſa ſcience en ces choſes roule ſur les mêmes principes & ſur les même autoritez: & l'on peut dire que c'eſt comme un même œuvre qui a été refait pluſieurs fois, où il n'y a changement que d'ordre & de diſpoſition. Mais quelque rapport & conformité qu'il y ait entre ces ouvrages, il n'y en a pourtant pas un à negliger. Monſieur Coquille n'eſt pas le premier qui a ainſi traité diverſement les mêmes matieres. Nous avons divers livres de Tertullian ſur un même ſujet qu'il a faits & refaits. C'eſt ce qu'il dit luy-même au commencement de ſes livres contre Marcion. *Novam rem aggredimur ex vetere. Primum opuſculum quaſi properatum pleniore poſtea compoſitione reſcideram. Hanc quoque nondum exemplariis ſuffectam, fraude tunc fratris, dehinc apoſtatæ, amiſi; qui fortè deſcripſerat quædam mendoſiſſimè, & exhibuit frequentiæ. Emendationis neceſſitas facta eſt. Innovationis ejus occaſio aliquid adjicere perſuaſit. Ita ſtilus iſte nunc de ſecundo tertius, & de tertio jam hinc primus, hunc opuſculi ſui exitum neceſſariò præfatur, ne quem varietas ejus in deſperſo reperta confundat.* Et M. Rigault Garde de la bibliotheque du Roy rapportant ce paſſage ſur le ſecond Livre de Tertullian *de cultu feminarum*, qui eſt entre les Traitez de cét ancien Auteur Chrêtien qu'il fit imprimer ſeparement en 1628. remarque que cela étoit ordinaire à Tertullian. *Nunc obſervamus*, dit-il, *hoc ampliùs eundem hic pro ſecundo accipi debere, ut de primo ſecundus exeat novâ tractatione recuſus magis quàm additus primo. quod ſolemne Tertulliano declarant Libri adverſus gentes nuperrimè typis editi, ſi committantur cum Apologetico pridem vulgato; itemque de monogamiâ, & de exhortatione caſtitatis, ſi cum libro ad uxorem primo.* Et nonoſtant cela nous ne laiſſons pas de lire avec plaiſir & utilité ces repetitions déguiſées de Tertullian; parce que ſi les bonnes choſes plaiſent & profitent toûjours d'elles-mêmes, elles plaiſent & profitent encore davantage dans leur varieté; & par l'impreſſion frequente qui s'en fait dans l'eſprit. Mais aprés tout il faut donner le prix en matieres des Libertez de l'Egliſe de France à ce dernier & grand Traité de Monſieur Coquille, puis qu'il l'a fait exprés & qu'il contient ſes dernieres penſées & ſes plus profondes meditations ſur ce ſujet.

Comme nous devions au public les plaintes que nous venons de luy faire de l'injuſtice de M. N. nous luy devons auſſi les loüanges que nous ſommes obligez de rendre à l'équité de Monſieur Bolacre Lieutenant general au Duché & Pairie de Nivernois, puis qu'il a fait tout le contraire de M. N. Feu Monſieur de Pomereüil Avocat à Nevers avoit prêté il y a pluſieurs années à feu Monſieur Bolacre auſſi Lieutenant general pere de celuy-cy, tout ce que Monſieur Coquille avoit fait & recueilli des Etats d'Orleans, de Melun, & de Blois. Il n'avoit point été dit comme des Libertez de l'Egliſe de France que ces Etats euſſent été dérobés, & il n'y avoit gueres que Monſieur de Pomereüil fils Officier de la Maiſon du Roy qui ſçût que ces papiers touchant les Etats étoient entre les mains de Monſieur Bolacre. Néanmoins auſſi-tôt qu'il eut fait entendre en 1660. à Monſieur Bolacre, qu'on avoit pluſieurs compoſitions de feu Monſieur Coquille ſon ayeul qui n'avoient point encore été veuës, leſquelles donnoient la penſées de faire une nouvelle edition de toutes ſes Oeuvres, qui ſeroient aucunement imparfaites ſi l'on n'y ajoûtoit pas les Etats qui avoient été confiez à feu Monſieur ſon pere, Monſieur Bolacre les rendit ſans reſiſtance à Monſieur Pomereüil, luy témoignant ſa joye du ſoin qu'il prenoit de contribuer à la publication de tous les Ecrits d'un Perſonnage qui n'étoit pas ſeulement l'honneur de ſa famille, mais auſſi de tout le Nivernois.

Veritablement il étoit équitable que Monſieur Bolacre eut cette affection pour la memoire de Monſieur Coquille qui avoit honoré ſes predeceſſeurs de ſes loüanges dans ſon Hiſtoire de Nivernois, y témoignant de Meſſieurs Jacques Bolacre pere & fils Preſidents en la Chambre des Comptes à Nevers, comme de Monſieur Rapine, qu'ils étoient l'un *excellent en Juriſprudence, prud'hommie & bon conſeil*, & l'autre *qu'il avoit rendu par ſa valeur témoignage qu'il étoit enfant digne d'un tel pere.* Enfin quand on trouvera à propos que ces Etats paroiſſent au public, on n'en aura pas peu d'obligation à Monſieur Bolacre Lieutenant general de Nevers, qui les a rendus ſi franchement.

Aprés quoy on peut dire de Monſieur Coquille, que comme ſes Ecrits ſe ſont étendus univerſellement ſur tous les Ordres du Royaume, puis qu'il a éclaircy les Droits de l'Egliſe de France, qu'il en a fait voir & connoître l'ancienne diſcipline, qu'il a ſoûtenu & relevé les Droits du Roy & de ſa Couronne, qu'il a expliqué les Coûtumes & la Juriſprudence du Royaume, qu'il a donné des avis dans ſes memoires tant Eccleſiaſtiques que Seculieres, pour y faire florir par une bonne police toutes les vertus chrêtientes & civiles, auſſi ils doivent être reçûës & agrées univerſellement de toutes les perſonnes qui ayment la gloire de Dieu & de l'Egliſe de France, la grandeur du Roy & de ſa Couronne, & le bien & la felicité de ſes peuples ; & principallement dans cét heureux temps de paix & de reformation, qui donne occaſion à nôtre auguſte Monarque de faire tous les jours paroître de nouveaux traits de ſa prudence, de ſon activité & de ſa vigueur, pour procurer à ſon Etat tous ces grands biens, qui feront accroître plus que jamais les glorieux avantages que cette Monarchie à ſur toutes les Souverainetés de la terre.

L'humilité que j'ay principalement remarquée entre les vertus de Monſieur Coquille m'avertit de faire icy pour luy ſur ſes Ecrits Eccleſiaſtiques une declaration que je ne doute pas qu'il n'eût fait luy-même s'il les eut donné au public de ſon vivant ; C'eſt à ſçavoir qu'il les ſoûmet à la Cenſure de la ſacrée Faculté de Theologie de Paris. Et comme je luy ſuis beaucoup inferieur en ſuffiſance & en eſprit, je declare que je fais la même declaration & ſoûmiſſion pous moy de tout ce que j'ay dit en la Preface precedente, ce vingt-ſixiéme jours d'Août 1665.

MEMOIRES POUR LA REFORMATION DE L'ESTAT ECCLESIASTIQUE.

LA principale & plus necessaire fonction des Chrétiens est l'amitié, qui est la vraye marque que Nôtre Seigneur Jesus-Christ a établie, disant à ses Apôtres que chacun les reconnoîtroit être ses disciples, s'ils avoient dilection l'un envers l'autre. Comme ce monde se trouve composé selon la varieté des affaires d'icelui, & infirmité des hommes, il est besoin qu'il y ait des degrez en amitié, envers les uns pour aimer simplement comme de pareil à pareil, envers les autres pour aimer, honorer & obeïr, comme de moindre à plus grand, de sujet à superieur, envers les autres pour aimer & estre protecteur, comme de superieur envers son sujet. Ainsi il a été besoin qu'il y eût des degrez de superiorité & commandement; & aprés avoir monté tous ces degrez, il est besoin que le tout vienne aboutir & finir à un seul but, qui soit le superieur de tous. Nous croyons & connoissons un Dieu seul en essence, auquel toutes choses se rapportent & mettent leur fin & but. Ez choses par lui créées & ordonnées, nous voyons qu'entre tous les luminaires du Ciel le soleil est le plus excellent, établi au milieu des astres errans, qui sont les planettes, & comme commandant. Nous voyons au corps humain une tête & un entendement, qui gouverne tout le reste. L'experience & la doctrine des sçavans nous font connoître que le gouvernement des peuples le plus assuré, auquel il y a moins d'inconvenient, est la Monarchie. En chacune famille ménage il y a un chef œconomique, qui est le maître. Au mariage, combien que le mari & la femme par l'excellence du Sacrement soient deux en une chair, toutefois le mari est le chef. S'il est loisible de comparer les animaux sans raison, les mouches à miel ont un Roi.

Pourquoi nous Chrétiens faisons bien d'appliquer nôtre volonté, pour croire qu'en l'Eglise Chrétienne il y a un chef homme pour les affaires spirituelles & de conscience: lequel chef est successeur de S. Pierre, qui fut établi par Nôtre Seigneur Jesus-Christ, chef de son Eglise, lors qu'il le nomma Pierre, à cause de la fermeté de sa Foi, & declara qu'il fonderoit son Eglise sur cette pierre, & lui octroya les clefs du Royaume des Cieux, avec puissance de lier & dissoudre, & au même-temps lui recommanda uniquement le soin de la pâture de ses brebis. De fait, encore que cette fondation de l'Eglise sur la pierre ait esté interpretée diversement par les Saints Docteurs, toutefois tous reviennent à un sens. Saint Ciprian & saint Jérôme disent sur saint Pierre & saint Ambroise en l'hymne, appelle saint Pierre la pierre de l'Eglise; Saint Augustin a dit la pierre estre la fermeté de la Foi qu'avoit saint Pierre. Et combien que Nôtre Seigneur aprés sa Resurrection ait donné à tous les Apôtres pareille puissance, de lier, délier, remettre & retenir les pechez: toutefois pour demontrer l'unité de son Eglise, il a voulu donner la principale autorité à une seule personne, pour estre chef des autres. Les autres Apôtres de vrai étoient autant que saint Pierre, tous appellez à semblable dignité: car la puissance de tous les Evêques est un seul Evêché, & chacun Evêque en tient la portion solidaire & entiere: ainsi est l'Eglise representée par la Tunique de Jesus-Christ, qui n'estoit pas composée de pieces cousuës & rapportées, mais estoit toute tissuë de même suite & conduite d'un même fil. C'est le propos de saint Ciprian, Evêque, Docteur & Martir en un traité de la simplicité des Prelats, & est rapporté en la compilation des decrets, faite par Gratian *in Can. loquitur 24. quæst. 1.* Ainsi dit saint Leon premier de ce nom, Pape, rapporté *in Can. ita distinct. 19.* que la charge a esté donnée à tous les Apôtres, & à saint Pierre principalement, lequel JESUS-CHRIST a voulu honorer de son méme nom en l'appellant Pierre, car JESUS-CHRIST estoit la vraie pierre.

Saint Jerôme rapporte *in Can. Legimus 93. distinct.* qui est tiré de son épître 35. *ad Evagrium*, & en l'épître *ad Marcellam*, qui est la 54. dit que les Evéques tiennent le lieu des Apôtres, & que tous Evéques sont de méme dignité, tous sont successeurs des Apôtres: que le monde est plus grand que la Ville de Rome: & que c'est un méme sacerdoce de l'Evéque de Rome & de l'Evéque d'Eugubie (qui est un petit Evéché en Italie) que les puissances & les richesses ne font pas l'Evéque plus grand ou moindre. Le méme saint Jerôme rapporté *in Can. olim 95. distinct.* tiré de la méme Epître *ad Evagrium*, dit que d'ancienneté c'estoit une méme fonction & charge de Prêtres & Evéques; mais depuis les contentions survenües en l'Eglise, & pour ôter les Schismes & divisions, fût avisé que l'un des Prêtres seroit chef des autres, & seroit élû chef par les Prêtres, comme les soldats des armées Romaines nommoient l'Empereur & ajoûte que hormis le fait de l'ordination & promotion aux Ordres, l'Evéque ne fait rien que le simple Prétre ne fasse. Ez capitulaires de Charlemagne, livre 5. ch. 163. est dit que la puissance donnée à S. Pierre, est donnée à tous les Evéques qui tiennent lieu de Saint Pierre, & que ce que JESUS-CHRITS avoit dit à S. Pierre, il en dit autant à tous les Apôtres. Mais Inuocent III. Pape en la Decretale entiere qui est rapportée accourcie *in Cap. quia diversitatem extra. de concess. prebend.* dit que JESUS-CHRIST a octroyé au Siege Apostolique, le ministere & primatie des Eglises; à ce que la plenitude de la puissance Ecclesiastique ne fût affoiblie, étant épanchée & éparse: & aprés dit que le Siege Apostolique retenant à lui la plenitude de puissance, a admis & reçû les autres Evéques pour avoir part au soin & sollicitude, en sorte toutesfois que ce fût sans diminüer son droit.

Ce propos semble aucunement divers de celui des predecesseurs Papes, qui reconnoissoient tous Evéques leurs compagnons en ce Saint ministere, & les appelloient tous freres comme encore est l'usage de present, & S. Cyprian en ses Epistres, appelle freres les Evéques de Rome, en ce que tous les Docteurs anciens tiennent que les Evéques sont successeurs des Apôtres, & ainsi dit S. Cyprian en l'Epistre 9. du 4. livre, & S. Jerôme en ladite Epistre *ad Evagrium*: Et tous Evéques qui avoient quelque degré de preéminence, étoient nommez Papes, comme se voit ez Epistres de S. Jerôme Epistre 71. 76. 94. 98. & ez Epistres de S. Cyprian, livre 2. Epistre 7. le Clergé de Rome nomme S. Cyprian Pape. Et en ce que ez actes des Apôtres, ch. 7. Il est dit que l'assemblée des Apôtres delegua S. Pierre & S. Jean pour aller en Samarie; & au chap. 15. que les Apôtres & Seneurs qui étoient en Jerusalem, deleguerent Judas & Silas, pour avec S. Paul & S. Barnabé aller vers les Gentils convertis de nouveau, pour les avertir & assûrer de ce qu'ils auroient à faire en quelques ceremonies des viandes, & ne se dit pas que S. Pierre seul distribuât ces charges.

Les Autheurs & sectateurs des nouvelles opinions au fait de la religion, de tout leur pouvoir contredit le droit de Primatie, & premiere authorité de S. Pierre & ses successeurs en l'Eglise, même ont nié que jamais S. Pierre ait tenû siege Episcopal à Rome, ny qu'il y ait souffert passion de mort. Mais comme la plû-part d'eux ont eu la lumiere de l'entendement grande & subtile, & souvent avient que telles sortes de personnes soient les premiers pervertis à cause de la superbe, qui coûtumierement les accompagne ainsi ils ont allegué plusieurs raisons pour le faire croire, qui à cause de la premiere apparence ont été embrassées par leurs semblables. Toutesfois le consentement universel de l'Eglise, & de si grand nombre de Saints & tres-sçavans Docteurs, comme de S. Cyprian & S. Jerôme, est suffisant pour les convaincre. Et quand ce témoignage n'y seroit, toûjours eût-il été bien seant, voire necessaire, pour bien composer le corps de l'Eglise, qu'il y eût en icelle un seul Chef, afin d'éviter la confusion & le désordre qui seroit s'il y avoit plusieurs Chefs. Aussi JESUS-CHRIST en l'Evangile a étably Saint Pierre Chef des autres Apôtres pour introduire & conserver l'unité. Ce qui ne fut pas quand JESUS-CHRIST appella S. Pierre *Cephas*, comme le rapporte le Canon *Sacrosancta 22. distinct.* Car la diction *Cephas*, Hebraïque ou Syriaque signifie Pierre, & semble qu'on l'ait voulû déduire du mot Grec *Chephaly*, qui signifie chef. Le Pape Anaclet est dit Autheur dudit Canon: ledit Pape estoit Grec, & n'étoit ignorant de la langue Grecque; Mais le témoignage de la Primatie est quand JESUS-CHRIST s'étant asseuré du grand & fervent amour de S. Pierre, lui recommanda uniquement le soin de son troupeau. Vrai est que JESUS-CHRIST n'a pas par paroles expresses ordonné que S. Pierre étably son Siege principal à Rome. De fait, le Siege de S. Pierre fut établY premierement par le consentement des autres Apôtres en Anthioche, qui lors étoit la principale & meilleure Ville d'Asie. Et parce qu'en cette contrée l'Evangile étoit lors plus connu, l'Eglise universelle celebre la feste de S. Pierre en Anthioche, qui est le 22. Février; & la seule Eglise de Rome fait la fête de la Chaire S. Pierre à Rome le 18. Janvier. Mais dépuis comme l'Evangile commença à se dilater & épandre par tout le monde, S. Pierre fût transferé à Rome, lors Ville capitale de presque tout le monde, pour y établir son Siege. Ce qui estoit l'un des accomplissemens des Propheties, par lesquelles la domination sur tout le monde estoit promise à JESUS-CHRIST, mémes és Pseaumes 2. 44. 71. 97. 109. C'estoit donc bien raison qu'à Rome Ville capitale du monde, fût établi le Siege principal de l'Evangile en la personne du Chef des Apôtres. S. Cyprian en l'Epître 3. à Corneille commençant *Legi litteras*, dit la Chaire S. Pierre être l'Eglise principale, dont l'unité de tout le Sacerdoxe de l'Eglise a pris sa source. Cette même consideration de l'Empire temporel du monde fut cause qu'aprés le Siege de l'Empire transferé à Constantinople, l'Evêque du lieu pretendit avoir degré de preseance, comme avoit celui de Rome, j'açoit qu'auparavant l'Evêque de Constantinople fût simple Evêque sous la Superiorité de Thessalonique. De fait, au Concile de Constantinople premier sous Gratian & Theodose Empereurs, & au Concile de Calcedoine sous Martian Empereur, tous deux Conciles Oecumeniques & universels, fut decidé & arrêté que l'Eglise de Constantinople auroit pareils droits que l'Eglise de Rome, parce que c'estoit la nouvelle Rome: mais qu'en concurrence des deux, Rome auroit le premier rang, comme étant l'ancienne. Et au Synode *6.* qui est le tiers de Constantinople, tous deux sont nommez universels; & au Concile de Florence sous Eugene IV. Pape en l'an 1439. auquel estoient les Grecs, le Patriarche de Constantinople nommé Joseph est dit Archevêque de Constantinople & Patriarche Occumenique, qui signifie universel. S. Gregoire en l'Epistre 36. livre 4. dit qu'au Concile de Calcedoine le titre d'universel fût attribué à l'Evêque de Rome, mais que les Papes n'en ont voulû user, & ajoûte que s'il y avoit un Patriarche universel; le nom de Patriarche n'appartiendroit aux autres Patriarches, & blâme l'Evêque de Constantinople, qui prenoit ce titre d'universel. Qui est pour monstrer que ce titre n'a pas été constamment reconnu & retenu à Rome ny à Constantinople, sinon que quand tous les Evêques de l'Eglise ont été assemblez en Concile, le Pape de Rome a eu le premier Siege, & le Patriarche de Constantinople le second, & que Constantinople qui auparavant la translation de l'Empire n'avoit que simple titre d'Evêque, depuis la translation de l'Empire prit rang avant Alexandrie & Antioche qui la precedoient, comme faisoient beaucoup d'autres Eglises, & que le Siege de l'Empire fût cause de ce surhaussement d'honneur & dignité: jaçoit qu'Antioche & Alexandrie fussent tous deux Sieges Apostoliques: à sçavoir Antioche, Siege étably par Saint Pierre comme dit est, & és Conciles estoit nommée cité de Dieu, & le mot Grec est *Theopolis*, comme au *6.* Concile Oecumenique. Et Alexandrie fût aussi Siege Apostolique étably par S. Marc Evangeliste, compagnon de S. Pierre, qui expressement y fût destiné par lui. Ces trois Eglises, Rome, Antioche, Alexandrie, sont nommées Apostoliques par S. Gregoire Epistre 27. du livre 5. Et en ces mêmes Conciles de Constantinople & Calcedoine, Jerusalem fût mise au dernier rang des Patriarches, jaçoit que l'Eglise du lieu ait été establie par Jesus-Christ, même continuée par les Apôtres en lequelle S. Jacques Apôtre fût établi premier Evêque. Desquels argumens resulte que le Siege principal & primatial de l'Eglise fût établi à Rome, en consequence de ce que Rome estoit l'ancien & principal Siege de l'Empire Romain: & est cette raison exprimée audit Concile de Calcedoine, qui fut la cause que S. Pierre Chef des Apôtres y alla établir son Siege, & y souffrit la passion de mort. Sabellique en son histoire, livre 5. de la 8. Enneade dit que Phocas Empereur octroïa à Boniface IV. Pape, que l'Eglise de Rome fût le chef de toutes les autres, & contre le gré de l'Eglise de Constantinople, qui soûtenoit que le chef-lieu de l'Eglise devoit être où étoit le chef-lieu de l'Empire.

Aucuns ont estimé que ces Patriarches établis à Constantinople, Alexandrie, Antioche & Jerusalem avoient pareille puissance chacun en son détroit, comme avoit le Patriarchat de Rome au sien, & en prennent argument de ce qu'au grand Concile Nicene, chap. *6.* lesdits Patriarches sont mis en comparaison de paritie & est rapporté *in Can. mos antiquus 65. distinct.* en la compilation de Gratian. Et au grand Concile de Calcedoine Oecumenique, en la 16. session est rapporté ce decret du Concile Nicene, & arrêté que Constantinople nouvelle Rome auroit pareils privileges que l'ancienne Rome, mais en concurrence, l'ancienne seroit preferée. Aussi le Pape de Rome avoit & à son Diocese comme un autre simple Archevêque, ainsi qu'il est dit *in cap. sua nobis, de Officio Vicarii* és antiques decretales: aussi au Concile de Calcedoine au troisiéme Concile de Constantinople, & au second Concile Nicene, il est nommé Archevêque. Et outre ce ledit Pape de Rome avoit certain détroit & limites de son Patriarchat comme les autres Patriarches, comme se voit au Concile *3.* de Constantinople, auquel aprés le rang des Patriarches sont mis en rang les Vicaires de 125. Evêques du S. Concile de l'ancienne Rome, qui étoient les Evêques de son Patriarchat, & souloient être assemblez en l'Eglise de Latran à Rome, qui est l'Eglise Patriarchale, dont sont dits les Conciles de Latran. Ce qui se peut aussi recueillir des decrets des Papes Anaclet & Zacharie *in Can. juxta 93. distinct.* où ils parlent des Evêques sujets à leur ordination: qui fait connoître qu'en ce temps-là tous Evêques de Chrestienté ne reconnoissoient pas le Pape pour Metropolitain & Patriarche és affaires ordinaires, ains étoit le Pape reconnû Chef quand l'Eglise universelle étoit assemblée, & encore au respet des autres Patriarches; car à cause de l'union & individuité, l'on doit dire qu'outre ces degrez d'Evêque, Archevêque, il est Chef universel pardessus les autres Patriarches.

Aucuns ont estimé que depuis que Rome n'avoit plus été la Ville capitale du monde, étant l'Empire d'icelle dissipé & dépecé en divers Roïaumes, chacun desquels se maintient avoir droit & titre d'Empire, sans plus reconnoître l'Empire Romain, comme sont France, Espagne, Angleterre & Germanie, que le Siege Episcopal de Rome ne devoit plus être tenu pour Primatial de toute la Chrestienté: & que chacun desdits Roïaumes ayant droit d'Empire, pouvoit avoir un chef d'Eglise avec pareille puissance qu'avoit d'ancieneté le siege Romain. Mais cette opinion seroit perilleuse & pernicieuse, & engendreroit schismes, mettant en pieces la Tunique de Jesus-Christ, tissue toute d'une suite de fil, & emporteroit une division du Roïaume de Jesus-Christ, avec danger de la desolation d'icelui. Pourquoi est le plus seur que nous fassions comme nos predecesseurs, lesquels par humble devotion ont honoré la memoire de S. Pierre, non pas precisement pour le commandement de superiorité, entant que le Pape seul commanderoit sans être assisté de l'Eglise universelle, mais avec cette clause, pour honorer la memoire de S. Pierre, comme se trouve avoir été dit au Concile de Sardique de l'an 345. chap. 4. & au Concile de Tributies, chap. 30. rapporté *in Can. in memoriam, distinct. 19.* & és Capitulaires de Charlemagne rapportez au même lieu. Ainsi nous reconnoîtrons led. Siege être de present le premier, comme d'ancienneté il avoit été établi le premier, *ad instar* qu'en France, combien que Paris soit la Ville principale de la Monarchie, depuis la conquête des Gaules par les François, neanmoins reconnoît la superiorité de Sens & de Lyon pour le spirituel, selon l'ancien & premier établissement fait au temps de la domination des Romains, en rememoration que lors lesdites villes de Sens & Lyon étoient les premieres de la Gaule Celtique. Ainsi dirons-nous que par honneur & memoire de l'antiquité, par humble devotion, & pour éviter l'inconvenient du schisme, & non pas par necessité précise, nous reconnoissons le Siege Romain : comme capital & primatial de toute la Chrestienté & pouvons nous figurer en l'entendement, s'il étoit avenu, que Dieu ne veüille & dont par sa grace il nous gardera, s'il lui plaît que Rome ne fût plus en la puissance des Chrestiens, comme est avenû de Constantinople, Alexandrie, Antioche & Jerusalem, il seroit necessaire qu'autre Eglise fût établie par le consentement de la Chrestienté, pour être siege Primatial d'icelle.

Ce que nous disons le Pape de Rome être Primat & Chef de l'Eglise, n'est pas entendu pour le figurer en la spiritualité comme chef Monarque pour pouvoir tout lui seul, pour mettre la main, & commander par tout absolument en premiere instance, & quand il voudra, ainsi que font les Rois & Monarques en la temporalité : n'est pas aussi pour croire que la puissance, dignité & authorité de tous les autres Evêques soit attribuée par le Pape seul, ainsi qu'on dit en ce Royaume que le Roi seul établit les Officiers generaux de la Couronne, fait les loix & ordonne de tous autres affaires lui seul, n'étant sujet d'appeller conseil s'il ne veut, & pouvant y appeller tel qu'il veut. Mais soit le Pape reconnu Chef comme en un gouvernement Aristocratique, composé des Patriarches, Primats, Archevêques & Evêques de Chrêtienté, qui est l'ancienne Hierarchie dépendante de l'établissement, comme se voit és actes des Apôtres, où S. Pierre n'ordonne pas seul, ains lui & les autres Apôtres ensemblement. Le mot, Chef de l'Eglise, emporte la superiorité ainsi qualifiée, étant l'Eglise un corps mystique, & le mot d'Eglise tiré du Grec signifie assemblée ou congregation. Et qui considere un corps par la même fonction de l'intellect, il considere le Chef & tous les autres membres du corps assemblez & composez par une seule elementation & union proportionnée. Pourquoi cette plenitude de puissance ne doit pas être estimée en la seule personne du Pape, mais en lui comme Chef, Chef, dis-je, assisté de ses membres. Surquoi se pourroit dire qu'il est mal-aisé qu'à chacune occasion que le Pape comme Pape auroit à juger, tous les Evêques de la Chrestienté fussent assemblez pour en déliberer, & la difficulté engendreroit un grand désordre. Mais on y pourroit pourvoir par cette façon que de chacune des quatre ou cinq principales Nations de la Chrestienté fussent choisis par les Prelats des mêmes Provinces, cinq ou six personnages de leurs corps, ausquels pourroit être donné ce nom honorable de Cardinaux de l'Eglise universelle, qui assisteroient ordinairement sa Sainteté, pour par elle en consistoire avec les dessusdits non seulement par leur conseil, mais par leurs sentences & souffrages, en concluant à la pluralité des voix, ordonner des affaires qui se presenteroient à décider promptement, & qui ne pourroient bonnement estre remises au Concile universel & œcumenique : & s'entend des affaires, qui selon l'ancien établissement de l'Eglise, doivent estre devoluës par degrez au Siege superieur Apostolique, ou bien des affaires, qui desirent une prompte expedition pour l'état universel de l'Eglise, ou bien quand aucuns Evêques ou Prelats de l'Eglise, même le Patriarche d'une nation, voudroient ez affaires graves & difficiles, prendre conseil du Siege Apostolique, pour selon icelui se gouverner : j'açoit que plusieurs Papes, même Alexandre III. & Innocent III. & leurs successeurs en tel cas de consultation, répondirent comme par decret souverain, que les Evêques consultans étoient tenus précisement suivre *ad instar* que faisoient les Empereurs Romains sur les consultations des Juges & des Particuliers. Ainsi se voit en plusieurs Decretales au corps de celles qui se trouvent entieres au livre des Decretales antiques. Ce consistoire ainsi composé seroit comme à Rome étoit le Senat, qui ez affaires communes desirans soudain remede & provision, ou bien pour preparer les remedes plus solides, representoit tout le peuple Romain, & ce qui estoit ordonné par le Senat en tel cas avoit force de loi. Un des Senateurs de plus grand merite étoit élû par les Censeurs Prince du Senat qui avoit le premier rang entre les Senateurs, & n'étoit nommé Prince pour avoir superiorité de commandement, ou avoir plus de puissance que les autres Senateurs, mais parce qu'il avoit le premier honneur : ainsi sont les Presidens des Cours souveraines de France : ainsi est l'Empereur quand il tient les Estats de l'Empire. Selon cette proportion & consideration le Pape de Rome soit tenu pour Chef, Prince & Primat de l'Eglise : & ainsi soit pris, entendu & interpreté, ce qui fût decidé au Concile de Carthage III. de l'an 399. rapporté *in Can. prima 99. distinct.* que l'Evêque du premier Siege ne sera nommé Prince des Prêtres, ou le suprême Pontife, ains seulement Evéque du premier Siege. Ainsi le bon S. Gregoire en l'Epistre 36. livre 4. & en l'Epistre 30. livre 7. dit, combien que le titre d'universel eût été attribué au Pape par le Concile de Calcedoine, il en a voulû user pour doute que ce nom hautain fût cause de déregler sa puissance souveraine. De fait ledit Saint se contenta de prendre titre de simple Evéque avec cette adjonction, serviteur des Serviteurs de Dieu : encore aujourd'hui les Papes en leurs rescripts usent de ce titre. Doncques sembleroit bien à propos de rapporter la police de l'Eglise au tems des Apôtres, & au tems que le ministere de l'Eglise a flory en sainteté de vie & pureté de doctrine, au temps des martyrs & des Saints Confesseurs, Evêques & Docteurs. La grande attribution de puissance que les Papes se sont faite depuis cinq cens ans en çà, ou un peu plus de temps, pour exercer ladite puissance absoluë, comme consistant en leurs seules personnes, sans la rendre sujete aux anciens Decrets & regles de l'Eglise, ni aux Conciles universels & assemblées des Evêques, & à esté cause de deregler le ministere de l'Eglise, même depuis le temps du Pape Gregoire VII. qui premier avança plus cette puissance absoluë, non seulement en espirituel, mais aussi au temporel, pardessus les Empereurs & Rois. Ses prochains successeurs, Paschal II. Alexandre III. Innocent III. Honoré III. Gregoire IX. & autres ont continué & augmenté l'exercice de ce pouvoir, même lesd. Alexandre III. & Innocent III. en amplifiant cet exercice par le fait de la plaidoirie (car tous étoient deux excellens en la science de droit) ont fait plusieurs decretales & constitutions avantageuses, par lesquelles ils ont declaré leur puissance ainsi grande : même au lieu qu'és anciens Conciles œcumeniques, & autres les decrets & canons étoient sous le nom & autorité de l'assemblée ainsi en general, sans nommer le chef de l'assemblée, lesdits Papes ont usé de ces mots, qu'iceux en Concile general ou de Latran ont ainsi statué & decreté par le Conseil & approbation du Concile, comme si la principale autorité eût residé en eux qui y presidoient, & non au corps de l'assemblée. Et ledit Innocent III. au chap. *Innotuit, de electione*, és antiques decretales, dit que ce qui est statué par le Pape au Concile ne peut lier la main de son successeur. Et au chap. *Proposuit, de concess. præbendæ*, dit que selon droit il a pouvoir de dispenser contre & pardessus le droit, jaçoit, dit-il, qu'il n'en veuille user. Mais le Pape Urbain *In Can. sunt quidam*, & le Pape Zosime *in Can. contra 25. quæst. 1.* disent que le Pape peut bien faire nouvelles loix, sauf si Nôtre Seigneur Jesus-Christ ou ses Apôtres ou les saints Docteurs ont autrement défini, & que le Pape ne peut rien statuer contre les decrets des Saints Peres. Leon IV. du nom Pape, qui étoit environ l'an 850. au Canon *Ideo*, au même lieu, dit qu'il ne peut outre-passer ce que les Saints Canons, ou les loix mondaines ont ordonné. Vrai est qu'au même endroit, Gratian compilateur de ces decrets ajoûte du sien, que le Pape peut donner privileges & exemptions disant qu'en tous ces decrets & canons, la clause ordinaire y est ou doit être entenduë, sauve l'authorité Apostolique, dit aussi que le Pape peut dispenser contre les Conciles generaux, & revoquer par pieté ou necessité les anciennes concessions. Mais ledit Gratian étoit simple Moine, n'ayant authorité publique, & ce qu'il dit ne contraint personne à croire, sinon en tant qu'il allegue Autheur digne de croyance, il fût peu de temps aprés ledit Gregoire VII. & Paschal II. Pape, & environ le temps d'Alexandre III. qui ont été les principaux fondateurs de cette puissance absoluë, non-sujete à Controlle que les Papes se sont attribuez : & ledit Gratian y avoit interest à cause des exemptions, concessions de dixmes, & Eglises Paroissiales faites par les Papes aux Moines & Monasteres, au grand préjudice des Evêques & des Curez; ce qui a causé un déreglement en l'Eglise, dont sera parlé cy-aprés. Et au Concile de Florence en l'an 1439. auquel les Grecs assisterent, Joseph Patriarche de Constantinople faisant profession de sa foy, lors que pressé de maladie il étoit prochain de la mort, declara qu'il croïoit ce que l'ancienne Eglise Romaine croïoit : & par emphase ajoûta ce mot, ancienne, comme reconnoissant bien que celle du temps auquel il parloit, n'estoit pas telle. Cette Declaration est du 8. Juin 1439. portant témoignage de creance, parce qu'il ne pouvoit assister à la conclusion du Concile. L'Université de Paris a toûjours contredit à cette puissance absoluë du Pape, & ainsi fût proposé en Parlement par Chambellan, Avocat de l'Université de Paris, sur la verification des Lettres de Legation du Cardinal d'Amboise les 21. & 27. Mars 1530. Ce déreglement au Ministere de l'Eglise avenû par l'occasion de l'exercice de cette puissance absoluë, a été comme l'offendicule qui a fait trebucher & chopper aucuns hommes ayans l'esprit aigu, qui se sont détournez de l'obeïssance de l'Eglise, les uns par heresies diverses, les autres par atheïsme, les autres par un tiede comportement avec non-chaloir, qui sont les Adiaphoristes. Et d'autre par aucuns Papes jaloux de cette puissance absoluë, dont leurs predecesseurs leur avoient laissé l'exemple & la saisine, ne voulans rien démordre ny reformer, se sont mis en peril de tout perdre : & ja ont tout perdu en grande partie de la Germanie, en grande partie de Suisse & de Pologne, & en toute l'Angleterre & Escosse : la France semble branler, l'Italie est infectée d'Atheïsme, & l'Espagne de Maranisme & Judaïsme. Et peut-être que les Papes eussent mieux fait de se comporter à l'exemple de ceux, qui navigeans sur mer sont surpris d'une fâcheuse tourmente, lesquels jettent en la mer & perdent à leur écient partie de leur marchandise & charge, pour essayer de sauver le reste. Mais parce que cette douceur & delectation de grandeur a accoûtumé d'enivrer ceux qui y prennent plaisir (ce qui bien souvent & plus facilement avient à ceux qui venus de petit lieu par naissance, viennent à saillir & monter en un haut degré de grandeur, comme bien souvent est avenû des Papes) il est expedient que les Empereurs, Rois, Potentats & bons Prelats de l'Eglise s'eveillent, avisent & procurent pour redresser ce S. Ministere de l'Eglise qui panche si fort, & qui bien-tôt seroit en peril de ruïne, si ce n'estoit le soûtenement qu'y fait nôtre bon Dieu, qui a promis d'assister son Eglise jusqu'à la consommation du Siecle.

Pour parvenir à ce bon effet, sembleroit être expedient d'assembler un concile œcumenique & universel de toute l'Eglise Chrêtienne, qui ait, comme il doit avoir, puissance de reformer l'Eglise tant au Chef, qui est le Pape, qu'en tous les membres d'icelle; comme tel Concile ayant sa puissance & authorité émanée immediatement de Dieu. Ainsi fût déterminé au grand Concile œcumenique de Constance l'an 1417. Pour la forme d'assembler le Concile, sera considéré que les premiers Conciles œcumeniques ont été assemblez par le mandement & sous l'authorité des Empereurs Romains, quand l'Empire Romain étoit encore en son entier. Et depuis la dissipation dud. Empire qui a produit plusieurs Royaumes ; en chacun desquels les Rois prétendent droit d'Empire ; les Papes se sont attribuez la puissance & authorité de convoquer lesdits Conciles universels en tels lieux qu'ils ont avisé. Comme aussi les Rois par leur authorité ont fait assembler les Conciles nationaux en France, en Germanie & en Espagne, ainsi qu'il sera dit cy-aprés. Mais parce que les Papes doivent être sujets au Concile universel pour y recevoir reformation s'il y échet, il ne sembleroit raisonnable qu'eux seuls ordonnassent le lieu, ains qu'il fût avisé par les deputez des nations qui seroient nommés par les Evéques d'icelles nations, lesquels s'assembleroient avec sa Sainteté, & tous ensemble en consistoire par forme de Senat & à la pluralité des voix, concluroient & arrêteroient en quelle Ville de Chrétienté commode pour toutes les nations devroit estre assemblé le Concile universel, & dans quel temps : sans que le lieu ni le temps pûssent être changez par le Pape seul. Il est vrai que les Papes autrefois ont pretendu avoir la puissance, *etiam* aprés le Concile assemblé, de le transferer en autre part : qui est en bon langage le rompre. Ainsi fit Eugene IV. estant appellé au Concile de Bâle. qui là avoit esté assemblé de son consentement, & craignant que l'on fit comme l'on avoit fait au Concile de Constance, où Jean XXIII. Pape fut déposé, il transfera ledit Concile à Ferrare, & depuis à Florence, sous pretexte de l'union de l'Eglise d'Orient avec celle d'Occident ; mais c'étoit en effet pour éviter la reformation. Ainsi le Pape Jules II. pour rompre le Concile de Pise assemblé a la poursuite des Princes Chrétiens, afin de reformer ledit Pape, qui par tout le temps de son Papat n'avoit eu de soin que de faire & exciter la guerre entre les Princes & Potentats de Chrétienté, ou bien souvent avoit esté de la partie, il convoqua autre Concile à Rome, qui appella de Latran en l'an 1512. Or il avint que quinze ans aprés ledit Concile transferé à Florence, les Chrétiens perdirent Constantinople & l'Eglise d'Orient, qui fut l'an 1453. & aprés ce Concile de Latran commencé sous Jules II. continué par Leon X. en l'an 1516. Martin Luther infecta l'Allemagne d'heresie, & le venin s'est épanché en Angleterre, Suisse & partie de la France, qui a esté le fruit desdites translations de Conciles. Doncques au Concile universel ainsi ordonné par l'avis & sentence des deputez des Nations, tous Patriarches, Primats, Archevêques & Evêques de Chrétienté fussent appellez nommément, & y fussent aussi conviez par proclamation les Chefs des Ordres Monastiques, & les Docteurs en Theologie, lesquels Chefs d'Ordres, Abbez, Religieux & Docteurs ne seroient pas pour donner voix conclusive, ains seulement pour remonstrer, alleguer & dire raisons : ains y déliberassent, & eussent voix de suffrage ceux seulement qui portent titre d'Evêque, & sans que les Cardinaux de l'Eglise Romaine y fussent admis, sinon ceux d'entr'eux qui sont Evêques, & en leur qualité & rang d'Evêques : car les Cardinaux non Evêques, selon l'ancien établissement, n'ont aucune dignité autre que de simples Prêtres, comme Curez & Recteurs des principales Eglises Paroissiales & autres Eglises titulaires de la Ville de Rome : pourquoi ne doivent avoir voix deliberative au Concile universel, non plus que les autres simples Prêtres & Diacres de Chrétienté. Il est vrai que depuis quatre cens ans les Papes ont grandement exalté l'autorité & dignité desdits Cardinaux, voire à les preferer aux Patriarches, Archevêques & Evêques ; ce qui a esté en consequence de l'exaltation qu'iceux Papes ont fait de leur puissance & de l'Eglise Romaine, outre ce que leurs predecesseurs souloient exercer : qui a esté la source du grand déreglement ; car aucuns desdits Papes pecheurs comme hommes, menez d'ambition d'avarice, ou d'autres vices ont fait des constitutions, des regles de Chancelerie, Decretales, & autres inventions du tout contraires à la discipline Ecclesiastique depuis ledit temps de quatre cens ans, & se sont licenciez plus hardiment, parce qu'ils y ont procedé d'eux-mêmes sans aucun controlle ni retenuë de bride, à cause de la puissance absoluë qu'ils ont pretendu avoir, & de l'opinion que les Canonistes & aucuns Theologiens ont tenuë que le Pape est pardessus le Concile, & non sujet à icelui. Ces déreglemens ne peuvent être reformez sans Concile œcumenique auquel le Pape soit sujet, & contre lequel il ne puisse dispenser, non plus que contre les decrets des quatre premiers grands Conciles œcumeniques que nous tenons fermement comme les saints Evangiles. Ainsi dit Innocent III. *in cap. post translationem, extra de renuntiat.* & auparavant lui saint Gregoire rapporté *in can. sicut* 15. *dist.* Et puis que de present c'est la même Eglise qui lors étoit, parce que son Chef & Epoux *idem ipse est*, il faut croire qu'elle a même pouvoir qu'elle avoit lors.

Afin d'acheminer cette affaire, fussent choisis par l'Eglise de France aucuns personnages aïans autorité en l'Eglise, gens doctes & pleins de bon zele, qui seroient destinez vers sa Sainteté pour lui faire tres-humbles remonstrances du peril auquel est le ministere de l'Eglise de ce Roïaume, & qu'il est fort à craindre que par contagion la France ne soit plus avant embroüillée des heresies, dont la plûpart de l'Allemagne & de Suisse, & toute l'Angleterre est infectée : à quoi ne peut mieux être remedié qu'en remettant & restaurant l'état de la police de l'Eglise, comme il estoit sont cinq cens ans : lequel temps produisoit plusieurs Ordres & familles monastiques garnies de grands Docteurs & personnes tres-religieuses qui lors redresserent l'état de l'Eglise. Et de même fut aujourd'huy fait en donnant ordre que ceux qui seroient reçûs aux Charges Ecclesiastiques fussent choisis personnages doctes & de bonne vie, qui est un remede plus propre à guerir le mal que n'est pas la guerre, comme l'experience a montré. Laquelle reformation sera plus agreable & plus volontiers reçûë quand les principales Nations de Chrétienté auront pareil pouvoir & pareille voix au Concile universel l'une comme l'autre ; & quand sa Sainteté par Chrétienne humilité digne d'un Successeur de S. Pierre & de S. Gregoire, se soûmettra de plein gré audit Concile, & y assistera en personne. Et pour y parvenir, lui plaise aussi avoir agreable que cinq ou six Deputez de chacune des principales Nations de Chrétienté déliberent par voix conclusive avec sa Sainteté, du lieu, de la forme, & du temps pour la convocation & assemblée dudit Concile universel, & la déliberation ainsi prise ne puisse être alterée ni changée par sa Sainteté ; & lui faire protestation que le projet & desir de ce Concile n'est pas à l'égard de la Doctrine Chrétienne, Evangelique & Apostolique, selon qu'elle a esté témoignée & enseignée par les Saints & anciens Docteurs ; car à cét égard le Concile de Trente en a fait declaration assez ample, à laquelle l'Eglise de France veut adherer : mais c'est pour la reformation & rétablissement de la Police de l'Eglise & du Ministere Ecclesiastique en son ancienne dignité & splendeur : parce que l'on croit que le vrai moïen de couper la racine aux heresies est, que les Pasteurs du Troupeau de Dieu soient bien choisis, Gens doctes & de bonne vie, qui sçauront aussi bien prêcher par bons exemples de sainteté que par la parole : à laquelle provision on estime être mal-aisé de parvenir tant que la police de l'Eglise demeurera en l'état qu'elle est. Pourront aussi lesdits Deputez remonstrer à sa Sainteté que ce n'est occurrences de la varieté des temps, des regions, des personnes & autres circonstances dont nous avons plusieurs témoignages, comme du Celibat qui a esté autrement admis en l'Eglise Latine qu'en l'Eglise Grecque, ainsi qu'il est rapporté par le Pape Estienne *can. aliter. 31. distinct.* & par le Pape Innocent III. *in cap. cum olim. extra. de Clericis conjugat.* Comme des biens de l'Eglise qui souloient être en commun & administrez par les Diacres, sans que les Prêtres s'en mêlassent ; & depuis la distribution en quatre portions fut ordonnée, ainsi qu'il est rapporté és decrets, *can. concess. can. de reditibus, can. mos est 12. quest. 2.* Comme du jeûne qui se faisoit en Carême jusqu'à l'heure de None, qui est l'heure de trois heures aprés midi ; & lors étoit celebrée la Messe & les Vêpres chantées, puis on alloit dîner, ainsi qu'il est rapporté *in can. solent. de consecratione dist.* 1. ainsi est ordonné pour les jeûnes des Quatre-temps és Capitulaires livre 5. chap. 87. & n'étoient lors lesdits jeûnes ordonnez à mêmes jours que nous les observons. Et de present aux jours du jeûne en Carême on dit Vêpres avant midi. Comme au temps de S. Ambroise, l'abstinence de chair le Samedi estoit observée à Rome & non à Milan, & entre les Epîtres de S. Jerôme est celle de S. Augustin en ordre 97. qui dit que d'ancienneté les Eglises d'Orient ne jeûnoient pas les Samedis, sinon le Samedi veille de Pâques, mais qu'à Rome on jeûnoit tous les Samedis ; comme encore aujourd'hui en toute la Province de Sens en France est loisible de manger chair les Samedis entre Noël & la Purification Nôtre-Dame. Comme en l'élection des Papes & des Evêques se sont trouvées diverses formes en divers temps : car un temps le Clergé & le peuple élisoient le Pape, & l'élection estoit presentée à l'Empereur pour l'approuver, dont est fait mention *in can. 1. dist. 23.* Autrefois les Empereurs ont eu droit de nommer les Papes : ce qui fut octroïé à Charlemagne n'estant encore Empereur, mais Roi de France & créé Patrice, & depuis à Otho premier Empereur. Ainsi est recité *in Can. Adrianus 2. & can. in Synodo 63. dist.* Ce droit de nommer le Pape par les Empereurs a excité infinité de tragedies, divisions de guerres, même du temps de Gregoire VII. Paschal II. Alexandre III. & autres Papes, quand les Empereurs ont voulu conserver ledit droit, & les Papes l'ont contredit. Depuis a esté ordonné que les seuls Cardinaux de l'Eglise de Rome éliroient, & y ont esté mises diverses formalitez. De grande ancienneté les Moines n'étoient pas promûs aux Ordres sacrez. D'ancienneté la Messe de la veille de Pâques étoit celebrée de nuit, comme l'on connoît par l'Oraison que l'Eglise chante encore aujourd'hui, *Deus qui hanc sacratissimam noctem.* L'Eglise Romaine n'a reçû que neuf prefaces pour les Messes dont est parlé *in Can. invenimus de Consecr. dist.* 1. qui est de Pelage II. Pape. Et toutefois en l'Ordre de Cluni & en plusieurs Monasteres de France est usité qu'il y a autant de Prefaces, qu'il y a de Dimanches solemnels & de Fêtes remarquables, *etiam* de simples Martirs. S. Gregoire en l'Epître 63. du liv. 7. recite plusieurs diversititez de Ceremonies entre l'Eglise Latine & l'Eglise Grecque. L'Eglise de Constantinople qui étoit simple Evêché sujet au Siege Metropolitain de Thessalonique, a esté faite Patriarchale & en rang d'honneur avant les Eglises d'Alexandrie & d'Antioche, qui la precedoient. L'Eglise Romaine d'ancienneté ne faisoit pas la Fête speciale de la Trinité, qui est le jour de l'Octave de Pentecôte : autres Provinces faisoient ladite Fête audit jour, & encore au prochain Dimanche avant l'Avent, ainsi que recite Alexandre III. *in cap. quoniam ext. de Feriis* és antiques decretales. Aujourd'hui l'Eglise de Rome fait ladite Fête de sainte Trinité comme les autres Provinces, & pour memoire de l'antiquité a retenu en commemoration l'Antiphone & l'Oraison qui se commence *Deus in te sperantium fortitudo*, qui en cette grande ancienneté souloit être dite le premier Dimanche aprés Pentecôte. En Espagne d'ancienneté l'Annonciation de Nôtre-Dame n'étoit pas celebrée en Mars, parce qu'en Carême on ne faisoit aucune Fête des Saints, ains ladite Fête estoit celebrée huit jours avant Noël, comme il est dit au Concile de Tolete X. D'ancienneté en Espagne y avoit un Ordre de service institué par S. Leandre & S. Isidore, qui fut aboli en y recevant l'usage Romain du temps d'Alphonse Roi de Portugal l'an 1107. comme

Charlemagne de son temps ordonna qu'en France fût reçû l'Office de Rome. Et pour quelque temps en Italie l'Office de l'Eglise dressé par saint Ambroise fut en usage. Depuis fut reçû celui institué par saint Gregoire, & suivant ce ès livres anciens écrits à la main au premier Dimanche de l'Avent, qui est le commencement de l'année, sont inserez quatre vers Latins en l'honneur & memoire dudit S. Gregoire, qui commencent *Gregorius Præsul, &c.* Bref plusieurs statuts, ceremonies & façons de faire ont esté changées en l'Eglise selon les occasions & les necessitez du temps, ou l'utilité ou autre honnête cause. Ce qui n'a esté & n'est à blâmer, pourvû qu'il n'y ait rien contraire à l'Evangile & aux saints Decrets de l'Eglise concernans la Doctrine Chrétienne; car cette Doctrine est immuable, comme Jesus-Christ, Auteur d'icelle, Epoux de l'Eglise, est toûjours lui-même. Ainsi dit S. Leon Pape *in Can. sicut* 14. *dist.* & Leon Pape IX. *in Can. scit.* au même lieu S. Gregoire *in Can. novit.* 12. *dist.* S. Jerôme & S. Gregoire *in Can. regula Can. necesse.* 29. *dist.* Ainsi est dit par Innocent III. *in cap. non debet ext. de consang. & affin.* On lit un exemple memorable du Serpent d'airain qui avoit esté érigé pour bonne cause par Moïse du commandement de Dieu, & depuis fut abbatu par commandement du Roi Ezechie, parce que ce Serpent donnoit occasion au peuple d'idolâtrer: Gratian au *§. Verum* qui est auprés du Canon *quia sancta* 63. *dist.* allegant ledit exemple ajoûte ce beau propos, si aucuns des predecesseurs ont fait des constitutions qui en ce temps se trouvoient bonnes & faites pour bonnes causes, si par aprés il en survient occasion d'erreur & de superstition, ou de dereglement, les successeurs peuvent & doivent les changer. Ainsi oresque plusieurs constitutions, regles de Chancelerie, usances & pratiques de Cour de Rome, au temps de leur premiere introduction eussent esté salutaires, puis que le succés fait connoître que plusieurs abus & inconveniens en surviennent, il est bon de les abolir: & avec telles & autres plus preignantes & urgentes raisons suplier sa Sainteté qu'elle remette & relâche le plus qu'elle pourra de ses droits ou pretentions pour sauver ce qui reste, comme font ceux qui sont sur mer en forte tourmente: & qu'il lui plaise à l'effet dudit Concile semondre les autres principales Nations de Chrétienté de deputer certain nombre de personnages dignes pour traiter, deliberer & conclure avec sa Sainteté la forme, le temps & le lieu dudit Concile universel, en leur declarant que sa Sainteté voudra assister en personne audit Concile, pour y presider & tenir le rang & autorité qu'il y doit tenir, comme successeur de saint Pierre, & neanmoins se soûmettre aux determinations & Decrets qui y seront faits pour recevoir reformation, s'il y échet, pour y conclure selon la pluralité des voix: & en cas que sa Sainteté pour aucuns legitimes empêchemens ne pourroit assister en personne audit Concile, il est agreable que les Peres qui seront assemblez elisent un d'entr'eux qui y presidera, recueillira les voix, & avec la sienne conclura selon la pluralité des voix. Et afin que chacune Nation avec plus de gré & de libre volonté accepte ledit Concile, il plaise aussi à sa Sainteté proposer qu'audit Concile nul n'aura voix deliberative sinon qu'il ait titre & exercice de la Dignité d'Evêque. Et parce que la seule Italie pourroit peut-être fournir aussi grand nombre d'Evêques que tout le reste de la Chrétienté, pour le moins trois fois autant que toute la Germanie, en laquelle les Evêchez ne sont si frequens, jaçoit que l'Allemagne & païs ajacens de Langue Tudesque contiennent trois fois autant de païs & territoire que l'Italie: aussi qu'il n'y a Evêque en Italie qui n'espere ou desire d'être Cardinal, & sont tous creatures de sa Sainteté à cause des reservations, & n'y a Cardinal qui n'aspire ou espere d'être Pape: & on a connu par experience que l'on n'élit Papes d'autre Nation que d'Italie: aussi plus des trois quarts des Cardinaux sont Italiens; & ce qui rend les Cardinaux & les Prelats d'Italie plus suspects en cette reformation: aussi au grand Concile de Constance en traitant de la reformation l'un des principaux articles fut pour aviser du nombre, de la qualité, & de la Nation des Cardinaux en la session 40. & au Concile est rapporté que la multiplication des Cardinaux est endommageable à l'Eglise: pourquoi afin d'ôter toute suspicion & émulation, & qu'il est expedient que chacune des principales Nations de Chrétienté soit mise à parti pareil par égalité proportionnée pour conserver l'union & consentement; il fut avisé que les Evêques de chacune Nation assistans audit Concile éliront dix d'entr'eux de la même Nation, ausquels comme par voïe de compromis sera delegué tout pouvoir de deliberer, conclure & arrêter les Decrets qui devront estre faits audit Concile, comme si eux tous Evêques de la même Nation avoient donné voix. Si on ne fait état que de quatre principales Nations, comme Italie, Germanie, France & Espagne, ce seront quarante; si de cinq, seront cinquante; si de six, soixante; lesquels quarante, cinquante, ou soixante auront tout pouvoir de decider, de decreter & ordonner avec sa Sainteté tout ce qui sera proposé: sa Sainteté y presidant recueillera ou fera recueillir les voix en sa presence, & conclura selon la pluralité des voix & suffrages. Et seront aussi faits les Decrets du Concile, & non comme a esté fait en aucuns, aprés que le Pape avoit dit son avis chacun des Evêques l'approuvoit, dont vient la façon de parler qui est en plusieurs Decretales tirées des Conciles, esquelles se dit que le Pape a statué par l'approbation du saint Concile, & quelquefois se trouve écrit, que le Pape a statué par le conseil de ses freres. Car il y a difference de donner avis par suffrage & sentence, & de donner conseil; d'autant qu'au premier cas celui qui preside est tenu de conclure à la pluralité, & au second il ne suit le conseil s'il ne veut, comme il est dit *in cap. cum olim. extra de arbitris.* Cette voïe de compromis & reduction à moindre nombre n'est pas pour empêcher que chacun Evêque au Concile ne propose & ne dise ses raisons & remonstrances sur chacune proposition; car la conference de raisons apporte beaucoup de lumiere: Mais la conclusion soit reservée

aux

aux quarante, cinquante ou soixante compromissaires. Il se trouve qu'au Concile Milevitain national pour l'Afrique, tel expedient fut suivi, & y est dite la raison, parce que le Concile pourroit estre de longue durée, & seroit incommodité & inconvenient si tous les Evêques estoient si longtemps absens de leurs Dioceses. On peut alleguer autre raison, pour éviter la confusion, qui ordinairement est en grande multitude. Les Chefs des Ordres Monastiques & les Docteurs en Theologie ou Droit Canonique pourront estre oüis en leurs remonstrances & raisons pour mouvoir la compagnie des Evêques, mais n'auront voix deliberative: car les Abbez & autres Chefs de Religion ne sont de l'ancien & necessaire établissement de l'Eglise, & leur pouvoir n'est à respecter, sinon à l'égard des Moines & Religieux ausquels ils commandent: *Imò* selon les anciens Decrets les Abbez & Chefs des Monasteres sont sujets aux Evêques diocesains, comme il fut statué au grand Concile de Calcedoine chapitre 4. au Concile d'Orleans chapitre 21. Cette voïe de compromis est avec raison & avec exemple. La raison comme ci-dessus, est afin d'éviter confusion, qui ordinairement est en une multitude, à cause de l'inclination naturelle qui est aux hommes de contredire. L'exemple est ci-dessus du Concile Milevitain: aussi que cette forme de compromis a esté approuvée és élections d'Evêchez *cap. causam quæ cap. quia propter* fait en Concile general *extra de Elect.* Aussi au grand Concile de Constance en l'an 1417. fut ainsi pratiqué en l'élection qui fut faite du Pape en icelui Concile, & y fut élû Martin V. & fut le compromis en six de chacune Nation: ce fut en la session 40. Ainsi au Concile de Constantinople *in Trullo* l'Empereur écrit au Pape qu'il envoïe trois Deputez de son Eglise & de son Concile (c'est de son Patriarchat) jusques à douze Metropolitains, parce qu'il estoit mal-aisé que l'assemblée fût accomplie de tous Evêques, & mande aussi à l'Archevêque de Constantinople d'y faire trouver les Evêques de sa sujetion (c'est de son Patriarchat) ainsi en l'Université de Paris à cause de la multitude des Ecoliers, chacune des quatre Nations élit un Intrant, ces quatre Intrans élisent le Recteur de l'Université.

Si le Pape estant suplié de la part de l'Eglise de France, veut s'accommoder à cét expedient, ou autre semblable effet, il soit suplié aussi que par ces Nonces il semonne & exhorte les autres Nations de Chrétienté de vouloir y entendre, & par chacune d'elles envoïer ses Deputez à Rome, pour avec sa Sainteté deliberer & conclure comme dessus du lieu, du temps, & de la forme du Concile, & au plûtôt, afin d'éviter le peril & inconvenient qui menace de prés. L'on croit bien que le College des Cardinaux fera grande instance pour empêcher que le rang qu'ils ont tenu jusques à present en l'Eglise leur soit ôté ou diminué.

Surquoi pourra être remontré que le grand peril qui est de tout perdre, doit contraindre de prendre conseil nouveau & de retrancher & diminuër chacun son droit pour en conserver une partie. Que c'est une grande occasion de mécontentement aux autres Nations, que toute l'autorité, puissance & honneur en l'Eglise appartienne à une seule Nation, même à une seule personne. Que la diminution de l'autorité & dignité desdits Cardinaux n'est pas chose nouvelle, ains est la reduction à l'état qui estoit en l'Eglise il y a quatre cens ans & auparavant: Car le Pape de Rome, comme simple Evêque, à son Diocese separé, & les Recteurs des principales Eglises Paroissiales & autres Eglises principales de Rome, sont les Cardinaux Prêtres & Cardinaux Diacres: & de fait chacun Cardinal a son titre, comme d'ancienneté nul n'étoit fait Prêtre ou Diacre sans être destiné particulierement à une Eglise qui estoit son titre. Et de fait les Cardinaux doivent residence chacun en son titre, & ne peuvent tenir autre benefice aïans charge d'ames sans dispense. Ce n'estoit seulement pas à Rome, mais d'ancienneté chacune Eglise Cathedrale avoit certain nombre de Prêtres Cardinaux, comme se voit és Epîtres de saint Gregoire en plusieurs endroits, même ainsi qu'il est rapporté *in canone Pastoralis 7. quæst.* 1. & comme l'on connoît par les anciennes chartes de l'Eglise de Nevers, & comme il est statué par le Pape Leon *in cap. 2. extra. de officio Archipresbiteri* és antiques Decretales. Les Cardinaux Prêtres des Eglises Cathedrales sont sujets aux Archiprêtres; & en l'annotation sur ledit chapitre és Decretales reformées par mandement du Pape Gregoire XIII. est dit que non seulement à Rome, mais aussi és autres Citez les Recteurs des principales Paroisses estoient dits Cardinaux. Aussi le Pape comme simple Archevêque a sa Province de laquelle il est Metropolitain, laquelle Province est située entre les Provinces de Capoüe & de Pise, comme il est rapporté par Innocent III. *in cap. sua nobis, extra. de Officio Vicarii.* Les Evêques suffragans de cette Province sont les Cardinaux Evêques; & l'on voit aussi qu'és Conciles de Constantinople *in Trullo* qui est le 6. œcumenique, & au second de Nice sous Constantin & Irene, le Pape de Rome est nommé Archevêque, dont resulte que le titre & dignité de Cardinalat ne concerne l'Estat general de l'Eglise, ains seulement la particularité du Diocese & de la Province de Rome: & hors le fait de ladite Eglise de Rome doivent estre tenus les Cardinaux Evêques, comme simples Evêques, tenans rang entre les autres Evêques, selon le temps de leur ordination, les Cardinaux Prêtres, comme simples Curez, & les Cardinaux Diacres comme simples Diacres. Si ce n'estoit que pour la reverence de leur Chef & honneur de la memoire de S. Pierre à l'Eglise duquel ils sont particulierement destinez, on leur accordât le premier rang & honneur entre personnes de même qualité d'Evêques, Prêtres & Diacres, sans qu'ils aïent aucune puissance ou autorité hors le détroit de leurs titres.

Et ne soient tenus & reputez du Conseil & Consistoire du Pape, quand il est question de traitter de l'Estat universel de l'Eglise, ou des affaires qui sont hors la Province speciale du pape, sinon que ce soient Cardinaux Evêques du nombre de ceux que la nation d'Italie aura choisis pour estre du Consistoire Apostolique general. Bien soient-ils du Conseil ordinaire du pape, quand il est question des affaires particuliers de son Diocese, & de sa Province speciale. La reconnoissance de cette antiquité, à laquelle on desire reduire l'Estat de l'Eglise, est representée en ce que le pape, qui a coûtume d'appeller freres tous Evêques, n'appelle pas frere un Cardinal non Evêque, mais l'appelle fils, qui est le nom commun dont il appelle tous non Evêques. Vrai est quand il parle des Cardinaux en corps il les appelle freres, parce qu'entr'eux sont toûjours des Cardinaux Evêques. Et comme il a été dit ci-dessus, le Pape, outre ses titres de simple Evêques & de simple Archevêques, a son Patriarchat separé & distinct, comme il se reconnoît au 3. Concile de Constantinople *in Trullo*, qui est le 6. œcumenique. Et là est aussi reconnu que Ravenne, qui avoit été Siege d'Empire, tenoit son rang à part, & n'est compté entre les 125. Evêques qui étoient du Concile & Patriarchat de Rome.

Si on ne peut obtenir ce que dessus ou autre expedient semblable (comm'il est vrai-semblable que mal-aisement se pourra faire) sera suppliée sa Sainteté d'avoir agreable qu'en France soit assemblé un Concile national pour y traitter & décider ce qui concerne la reformation du Ministere & établissement de la Police Ecclesiastique de ce Roïaume, de France, sans toucher au fait de la doctrine, que l'on tient avoir été assez éclarcie par le Concile de Trente : auquel Concile national il sera supplié d'assister en personne pour y presider, comme autrefois ses pedecesseurs Papes ont tenu en France des Conciles nationaux & y ont presidé. Ainsi fût fait par le Pape Urbain II. à Clermont en Auvergne, par Paschal II. à Troïes, par Calixte II. à Rheims, par Alexandre III. à Tours. Et s'il ne lui plaît d'y être en personne, il ait agreable que les Evêques de l'Eglise de France assemblez élisent un Primat qui y presidera, ainsi que d'ancienneté il étoit accoûtumé ez Conciles nationaux d'Afrique, comme dit S. Gregoire en l'Epître 72. livre 1. disant qu'il trouve bon que le Primat ne soit pas élû selon l'ordre & prerogative du lieu où il est Evêque, mais selon ses merites, & pour resider en la Ville que le Concile lui ordonnera. Ce dit de Saint Gregoire est rapporté *in Can. sicut 23 quæst. 4.* Et si on allegue l'opinion commune des Canonistes, qui disent que les Conciles nationaux assemblez sans l'authorité & commandement exprés du Pape sont Schismatiques, pourra être remontré que d'ancienneté les Conciles tant œcumeniques & universels que nationaux étoient assemblez par le commandement & sous l'authorité des Empereurs & Rois qui assignoient le lieu, & quelquefois y presidoient, non pas pour donner voix deliberative és choses spirituelles, mais pour authoriser & commander l'ordre qui devoit y être tenu ; à ce qu'il n'y eût déreglement. Et les Decrets aprés qu'ils étoient conclus par les Peres du Concile étoient envoyez ausdits Empereurs & Rois pour les authoriser, confirmer & faire observer, voire aussi pour retrancher & amender. Ainsi fût fait au grand Concile de Calcedoine assemblé par le Decret & Ordonnance de Valentinian & Martian Empereurs l'an 452. Ainsi le grand Concile d'Ephese fût assemblé par commandement de Theodose & Valentinian Empereurs. Ainsi le Concile de Constantinople tiers *in Trullo* par mandement de Constantin IV. Empereur. Ainsi le Concile Nicene 2. par mandement de Constantin VI. Empereur & Irene sa Mere. Au grand Concile de Calcedoine de six cens trente Evêques, les Officiers generaux de l'Empire, comme le patrice, le prefet du pretoire, le prefet de la Ville, & autres tenoient rang étant assis au milieu comme presidens en l'absence de l'Empereur ; à l'un des côtez étoient les Legats du pape de Rome & les patriarches de Constantinople & d'Antioche, à l'autre côté les patriarches d'Alexandrie & de Jerusalem. Et au Concile de Constantinople *in Trullo* l'Empereur au milieu de l'assemblée étoit assis comme president ; à l'un des côtez les Legats du pape de Rome & le patriarche de Constantinople, de l'autre côté étoient les autres patriarches. Au Concile de Florence sous Eugene IV. l'an 1438. l'Empereur d'Orient ou Constantinople qui y étoit voulut avoir le principal rang dût au Chef de l'assemblée, comme aussi vouloit avoir le pape de Rome : fût accordé que le pape & les Evêques Occidentaux seroient à la partie dextre ; & l'Empereur & aprés lui les Evêques d'Orient à la senestre. Au grand Concile Nicene 1. l'Empereur Constantin presidoit, non pas pour juger, mais pour l'ordre comme il est dit *in Can. continua 11. quæst. 1.* Au Concile de Carthage premier national pour l'Afrique, est dit que Constantin Empereur avoit envoyé les bons serviteurs de Dieu Paulus & Macarius pour commander par les Provinces d'assembler & celebrer les Conciles. Au Concile d'Aquilée l'an 383. en la preface les Peres y étans disent s'être assemblez par mandement de l'Empereur, étoit ledit Concile pour la nation d'Italie, & pour les Provinces de Vienne & Narbonne. Audit Concile est rapporté par Saint Ambroise, qui y assistoit, que la Coûtume ancienne étoit que les Evêques d'Orient s'assembloient en Orient & les Evêques de l'Eglise Latine en Occident. Au Concile de Carthage 6. national pour l'Afrique presidoit l'Evêque Aurelius, auquel en cette presidence est attribué le nom de Pape, il a la premiere sceance, & aprés lui sont nommez les Legats du Siege Apostolique Romain. Et en la preface est le remerciement que fait le president à l'Empereur absent d'avoir commandé ledit Concile. Le Concile d'Agde, *Agatæ*, en Languedoc national pour l'Espagne & pour la Gaule Narbonnoise, dont étoit lors Roi Alaric Goth, fût assemblé par mandement dudit Alaric. Le Concile d'Orleans premier national pour les Gaules Celtique, Belgique & Aquitaine fût assemblé par mandement de Clovis Roy de France, lequel envoïa les articles sur lesquels devoit être deliberé, & les Peres y assemblez disent qu'ils desirent que les Decrets par eux faits soient approuvez par lui. Ainsi les Conciles d'Orleans second & tiers furent assemblez par mandement de Childebert Roi pour la nation de France. Le Concile de Tours aussi national par mandement de Cherebert Roi de France. Le Concile d'Orleans 5. par mandement de Childebert Roy, auquel étoient les Evêques des Provinces de Lion, Arles, Sens, Aix,

Rheims, Bourges, Vienne, Roüen, Besançon, Treves, qui étoit toute la domination dudit Roy de France. S. Gregoire en l'Epître 114. du livre 7. exhorte Theodoric & Theodebert Rois de France de commander l'assemblée d'un Synode en leur Roïaume. Les Conciles de Mâcon premier & second furent faits sous le Roi Gonthran, confirmez par lui. Au 5. liv. des Capitulaires se trouve un Concile fait par authorité de Carloman Prince & Duc des François de l'an sept cens quarante-deux, auquel ledit Carloman dit avoir assemblé les Evêques, & Grands-Seigneurs de son Roïaume, & par le Conseil d'eux avoir ordonné des Evêques & sur eux pour leur Chef Boniface Archevêque, dit avoir degradé & deposé les faux Prestres, & fait plusieurs autres Ordonnances. Les Conciles de Tolede, de Bracara, de Seville, dite *Hispalis*, en Espagne, ont esté nationaux pour toute l'Espagne, & parce qui étoit de la domination des Goths hors d'Espagne qui s'étendoit en Gasgogne & Languedoc, & furent tenus esdits lieux à diverses fois par mandement des Rois Goths, Recarede, Sisenand, Suintille, Chindesvind, Recesvinth, Uvanba & Eringe. Les Conciles d'Arles, de Tours, de Châlons, de Magonce, de Rheims, d'Aix la Chapelle, de Theonville, de Uvormes, de Triburies, étoient nationaux & assemblez sous l'authorité & mandement de Charlemagne Empereur, Loüis son fils, & autres Empereurs: A la conclusion de celui de Tours, les Peres disent qu'ils ont discuté les Canons y arrestez, & selon le bon plaisir de l'Empeur ils executeront; & au Concile d'Arles en la conclusion, les Evêques ordonnent que le tout sera presenté à l'Empereur pour suppléer, corriger ou confirmer. Et au Concile de Constantinople *in Trullo* l'Empereur Constantin fait la conclusion en cette sorte, aprés que les Peres du Concile ont reconnu & approuvé tout ce qui a été lû, l'Empereur le confirme & ordonne peines certaines contre ceux qui désobeïront, tant Ecclesiastiques que Laïs. Et ne peuvent être lesdits Conciles calomniez ny blâmez d'être Schismatiques ou reprouvez; car tant en la compilation des Decrets faite par Gratian, approuvée par les Papes, qu'és Decretales authorisées par le Pape Gregoire IX. lesdits Conciles sont allegué fort frequentement, & en ont été tirez plus de deux cens Articles & Canons, même au Canon *prima adnotatio 16. distinct.* lesdits Conciles sont reconnus & approuvez comme autentiques & tous étoient nationaux ou la plû-part, & n'est dit qu'ils eussent assemblez par le congé ou mandement des Papes qui lors estoient ains sous l'authorité des Empereurs & Rois. Et sur ce qui est dit *in Can. Synodum 17. distinct* que les Conciles des Evêques ne doivent être faits sans le congé du Pape, l'anotation qui est auprés dudit Canon au Texte reformé par l'authorité du Pape Gregoire XIII. dit que les particuliers Synodes ne sont pas prohibez seulement, mais bien en tant qu'ils contredisent aux Synodes universels, ou qu'ils jugent d'iceux. Et ne seroit pas chose nouvelle qu'és Conciles nationaux fût traitté des points de la Doctrine Chrêtienne; car és dessusdits ainsi a été fait: mais aprés la conclusion desdits Conciles nationaux les Peres donnoient avis aux Patriarches & Chefs Ecclesiastiques des autres nations de ce qu'ils avoient deliberé, afin que toutes les Eglises se trouvassent d'un consentement, comme se connoît par l'Epître de Theophile Patriarche d'Alexandrie à Epiphane Evêque de Salamine, qui est la 67. entre les Epîtres de S. Jerôme. pourra aussi être remontré à sa Sainteté que ce qui est de la Police de l'Eglise ne peut pas si proprement être determiné en Concile œcumenique, par ce que chacune nation a ses mœurs: & pourra être une regle bonne à une nation qui sera nuisible à l'autre. Et les Conciles Provinciaux ne peuvent pas donner remedes propres à toute une nation, parce que telle nation se trouvera qui aura huit, dix ou douze Provinces. La France en a quatorze, Lyon, Sens, Rheims, Roüen, Tours, Bourges, Bordeaux, Auch, Tholose, Narbonne, Aix, Vienne, Arles, Embrun. Et est besoin pour conserver l'union en une nation qui obeït à un seul Roi, qu'il y ait une même & seule loi pour le reglement de l'Eglise, pourquoi un Concile national est necessaire en France. Leon Pape IV. écrivant à l'Empereur Lothaire, ainsi qu'il est rapporté *in Can. de capitulis distinct.* 10. dit qu'il veut observer ce qui a été ordonné par l'Empereur avec les Evêques de sa domination, & qui est inseré és Capitulaires. Vrai est qu'au Canon *ad vestram*, il ajoûte que ce soit sans déroger aux loix particulieres de la Police de Rome. Nous voïons qu'en France sont tollerées les dixmes infeodées à gens Laïs. en patrimoine qui ne sont mouvantes du fief de l'Eglise, ains d'autres personnes Laïs: ce que l'Italie ne tollere pas. Urbain II. Pape qui presida au Concile national de France tenu à Clermont l'an 1097. laissa en France les dixmes en cét état, parce que le remede n'étoit aisé sans engendrer trouble & scandale, ainsi est rapporté *in Can. congregato 16. quæst.* 7. Honoré III. *in Cap. super eo de sentent. excomm.* Ez Antiques dit qu'aucunes fois en consideration des qualitez des temps & des lieux il faut rabatre quelque chose de la rigueur de la loi. Il est usité en France que les Juges Roïaux connoissent des possessoires des Benefices & des dixmes Eccesiastiques, & que le Juge d'Eglise n'en peut connoître. En France la quotité des dixmes, & la forme de les lever & les dixmes de vignes, & menuës dixmes sont sujettes à prescription. Le Roi a droit de Regale, Investiture, & de recevoir serment de fidelité des Evêques nouveaux; les Cours de Parlement reçoivent & jugent les appellations comme d'abus, pour reformer les entreprises que les Ecclesiastiques font sur la Jurisdiction Laye. Ne donne la succession des Prestres à leurs Eglises, ores qu'en ladite succession soient les fruits du Benefice cueillis par le Deffunt, Les Hôpitaux sont gouvernez par personnes Layes, & les Juges Laïs oïent les comptes, qui sont droits & observances du tout diverses à ce qui est en Italie & és autres nations. Pourquoi est besoin que la France en corps de Roïaume pourvoïe és affaires qui ne sont communes à toutes les autres nations. Pour le Concile universel si on le peut obtenir avec les honnêtes conditions, liberté & contentement de la nation Françoise, ou si on le peut obtenir, & qu'il soit avisé d'assembler en France un Concile national, pourront être proposez les points & articles sequens, pour y être décidez, dont les uns ne peuvent être déterminez qu'en Concile general, comme de l'Election du Pape & forme d'icelle, du Conseil ordinaire que le Pape devra avoir auprés de lui; si le Pape a commandement sur les Empires & Roïaumes pour le temporel; si le Pape est sujet au Concile general universel; de la qualité, nombre, nation, pouvoir & dignité des Cardinaux, du retranchement & abolition des reservations de Benefices électifs, & autres; abolition de preventions en la collation des simples Benefices, des mandats, des expectatives, du privilege des Benefices vacans *in Curiâ* & des Beneficiers residens à Rome; abolition des Annates; abolition des resignations *in favorem*, des commendes perpetuelles de Benefices, des creations de pensions sur Benefices; abolition des exemptions; en rendant tous Ecclesiastiques sujets aux Evêques Diocesains; de ne connoître par le Pape d'aucunes causes en premiere instance, ni les deleguer pour être jugées consistorialement.

Les autres Articles qui peuvent être décidez en Concile national pour la France, comme d'élire par les Prelats de France assemblez en Concile un Primat General de la France, qui sera *ad instar* de Patriarche, & reconnoîtra la superiorité de l'Eglise Apostolique de Rome selon les anciens Decrets; de remettre sur les Elections des Evêchez & Prelatures, & aviser de faire l'indemnité du Roi à cause de son droit de nomination & de faire les Confirmations des Prelats élûs par les Superieurs ordinaires, sans qu'il soit besoin d'aller à Rome, comme d'ancienneté souloit être: le Reglement de distribution & administration des biens de l'Eglise, residence des Benefices; Reglement pour le nombre des Prestres selon les titres; union des Curez qui sont de petit revenu; revision & reformation de la taxe des Decimes que le Roi prend sur les Benefices. Que toutes collations de Benefices se feront par les Ordinaires, de ne recevoir resignations *in favorem*, ny mêmes les simples, sinon avec cause, de n'admettre permutations de Benefices, sinon par la necessité ou grande utilité des Eglises; du droit des Graduez; de ne plaider Benefices; des dispenses en Mariage és degrez non prohibez par le droit Divin ou par l'ancien & commun droit Civil. Que l'Evêque comme ordinaire aura puissance Ecclesiastique sur toutes personnes de son Diocese sans exemption; l'âge pour les Ordres sacrez; l'âge pour les professions monastiques, & les regles des professions; accusation des Evêques & Prelats; la reformation de l'an; le reglement & forme de vivre des Prestres & Moines, forme de celebrer les Messes; Sinodes des Evêques & Archevêchés; des Sinodes nationaux en France; du reglement des Hôpitaux, & du droit de Regale és Evêchez; des Paroisses dont les Autels sont aux Eglises monastiques; forme des Prônes des Curez; Mariage des enfans de famille; âges des Mariages; des Fêtes, des Confessions; quels Benefices seront reputez reguliers; Induits des Parlemens; Messes basses és Eglises Cathedrales à toutes heures de la matinée; des excommunications & interdits; des Colleges & Ecoles; des biens des Gens d'Eglise decedez; des cas reservez; des Monasteres de filles; vêtemens de Gens d'Eglise; de non induire la guerre en ce qui concerne le fait de conscience; des vœux de peregrination; des sermens, donations par Religieux faisans professions; Patrons laïs; profits au lieu d'usures; Prieres du commun peuple en François; des appellations comme d'abus; de la pluralité des Benefices; de n'envoïer argent à Rome, soit pour Annates ou pour composition de dispenses ou taxes d'Officiers, mais en cas que par raison on devra y avoir affaire sera païée taxe pour le simple salaire de l'expedition, & autres points concernans la police de l'Eglise, en ce qu'elle peut estre changée: En retenant pour regle ce qui a esté dit ci-dessus, que ce qui concerne l'état universel de l'Eglise doit estre traité en Concile universel, comme le fait de la Doctrine Chrétienne: mais ce qui concerne la police, parce qu'elle peut n'estre pas par tout pareille, doit estre traité és Conciles nationaux ou provinciaux: Ainsi fut dit au Concile de Tolede 4. chapitre 3. Quant à l'élection du Pape il y a eu divers reglemens en divers temps, pourquoi faut inferer que la forme n'est pas immuable, & qu'elle peut recevoir changement selon les occasions. Quand la persecution estoit en l'Eglise par les Empereurs Gentils, les fideles Chrétiens tant laïs qu'Ecclesiastiques élisoient le Pape; & en ce temps le seul zele de la Religion y commandoit, les richesses & les grandeurs n'estoient pas en l'Eglise, le seul profit estoit d'affliction & de mort violente. Cette façon d'élire continua quelque temps aprés la paix temporelle octroïée à l'Eglise, mais n'arrêta gueres que l'ambition n'y entrât. Ammian Marcellin qui a écrit l'Histoire de son temps dit qu'à l'Election du Pape Damase durant l'Empire de Constance prochain successeur du grand Constantin y eût si grande sedition & émotion populaire à Rome avec effusion de sang, que le Prefet de la Ville ne pouvant y donner Ordre fût contraint de se retirer. Depuis les Empereurs y employerent leur authorité & commandement, & selon leur volonté approbation & confirmation, les Papes pour quelque temps furent élûs, comme il est rapporté *in Can. Agatho. 63. distinct.* & comme il appert és Epîtres de saint Gregoire, même en la 5. du premier livre à Theotiste sœur de l'Empereur. Gratian raissonnant sur ce en ladite distinction 63. dit que ce avoit été introduit pour éviter les seditions & menées des Heretiques & Schismatiques. Et parce que les Empereurs abuserent dudit pouvoir, fût avisé qu'ils ne s'en mêleroient plus. Sabellique en son Histoire livre 5. de la 8. Enneade dit que la coûtume étoit en ce temps de l'an 600. que les Papes fussent approuvez & confirmez par les Empereurs. Or aprés que les Empereurs de Grece eurent perdu les moïens d'être respectez en Italie, les Papes, le Clergé & le peuple de Rome oppressez par les Lombards, eurent recours à Charlemagne Roi de France, &

aprés qu'il eût dompté les Lombards, & renversé leur domination, ils le créerent Patrice, qui étoit une dignité prochaine aprés l'Imperiale, & en un Synode de 153. Evêques assemblez à Rome par commandement du Pape Adrian & dudit Charles comme Patrice, le droit d'élire & établir le Pape fût octroyé audit Charles le Grand, qui depuis fût fait Empereur, comme il est rapporté *in Can. Adrianus II. 63. dist.* & ce fut environ l'an 708. Loüis Empereur son fils, & autres ses successeurs Empereurs ont usé de même droit. Vrai est qu'on dit que ledit Loüis ou autre Loüis son successeur Empereur quitterent cedroit & le remirent és mains du Pape & du peuple de Rome, comme il est rapporté au Canon *Ego Ludovicus* en la même distinction. Toutefois les successeurs Empereurs en ont usé, & fut ce Droit d'élire le Pape par les Empereurs confirmé en la personne d'Otho I. du nom Empereur par Leon VIII. Pape comme il est rapporté au Canon *in Synodo* en la même distinction : ce fut environ l'an 964. Depuis en l'an 1059. le Pape Nicolas II. en une assemblée de Prelats à Rome ordonna la maniere d'élire le Pape par les Cardinaux Evêques ; qui appelleroient avec eux les Clercs Cardinaux, & le reste du Clergé avec le peuple pour y prester consentement ; & à la fin du decret est mise la Clause, *sauf l'honneur & la reverence d'Enry Empereur*, qui étoit Henry III. ainsi est rapporté au Canon *in nomine 25. distinct.* & ainsi fut faite l'Election du Pape Gregoire VII. en l'an 1072. ainsi que dit Sabellique au livre troisiéme de la 9. Enneade. Ce fait de l'Election du Pape, & de l'investiture des Evêques que les Empereurs pretendoient, suivant la concession susdite faite à Charlemagne, vint en aigreur entre ledit Pape Gregoire VII. & ledit Henry III. & se poursuivit si animeusement qu'avec excommunications & autres moïens ledit Henry fut deposé de l'Empire, son fils se dressa contre lui, & luy fit la guerre, & le rendit prisonnier. La même poursuite se continua, entre les Papes successeurs, Paschal II. Innocent II. Alexandre III. Innocent III. Gregoire IX. & autres Papes sequens, & Henry, IV. Federic. I. Federic II. & Henry V. Empereurs, laquelle aigreur engendra les factions des Guelphes & des Gibelins en Italie. Enfin la Maîtrise pour l'Election du Pepe demeura au Clergé & à l'Eglise de Rome : & firent les Papes certaines constitutions pour la forme de l'Election du Pape : Ledit Alexandre III. fit la Decretale *licet.* qui est au titre *de elect.* és Antiques. Depuis Gregoire X. fit une autre Decretale au Concile de Lyon contenant plusieurs formalitez, & c'est le chapitre *ubi periculum*, au même titre du Sexte. Cette forme pour quelque temps fut observeé, puis fut revoquée, parce qu'on avoit pris une superticieuse opinion que les Papes élûs suivant icelle avoient vêcû peu de temps, à sçavoir Innocent V. Adrian V. & Jean XXI. mais le Pape Celestin V. la remit sus, & fût autorisée par le Pape Boniface VIII. qui la fit inserer au texte des Decretales : & y furent ajoûtées quelques autres Ceremonies par Clement V. en la Decretale Clementine *Ne Romani* au même titre *de elect.* Entr'autres Ceremonies doivent les deux tiers des voix & suffrages être concurrens pour l'Election. Et l'observance a été qu'à l'avenement du Pontificat les Papes ont changé leur nom de Baptême, & ont pris un nom des Papes anciens prenans pour chose omineuse & de mauvais presage de ne changer leur nom, parce que l'on a vû avenir que ceux qui n'ont changé, n'ont gueres duré, comme avint à Adrian VI Flamand & à Marcel Cervin. Il y a une autre Ceremonie, que les Offices & Benefices que le Pape avoit à sa Creation, parce que tous sont vaccans, sont distribuez aux Cardinaux. Et à l'Election du Pape Clement VII. fut accordé que cette depoüille se distribueroit également, ainsi que recite Guichardin au livre 15. de son Histoire. Tous ces changemens donnent argument suffisant qu'il y a eu beaucoup d'inconveniens en ces élections, quelque forme & ceremonie qu'on y ait appliquée. Et parce que les inconveniens sont multipliez depuis par les ambitions, à cause de la grande & presque infinie Puissance au spirituel & bien grande au temporel, & par les schismes & divisions, il n'est pas à blâmer si on desire qu'il y soit procedé par autre façon, même parce que depuis le retour de la transmigration d'Avignon, les Cardinaux, ausquels seuls l'élection appartenoit estans pour la beaucoup plus grande partie de la Nation d'Italie, ont esté soigneux de n'élire Papes que de la même Nation, en partie pour éviter semblable transmigration, en partie aussi pour retenir à leur Nation cette grande superiorité. Mais puis que ainsi est que le Pape est souverain & universel sur toute l'Eglise, & que Rome n'a plus la domination temporelle sur toute la Chrétienté, il semble être bien raisonnable que le Pape souverain en spirituel de toutes les Nations Chrétiennes soit élû par tous les Evêques desdites Nations Chrétiennes. Quand il se dit ainsi, ce n'est pas contredire la Primatie au Siege de saint Pierre que l'on reconnoît estre à Rome, mais c'est desirer qu'audit Siege soit colloqué un personnage qui sera agreable à tous ceux ausquels il devra commander. Ce qui est *ad istar* de l'ancienne élection des Evêques qui devoit estre faite par le Clergé du même Diocese & selon le desir de tout le peuple de cette obeïssance, ainsi que dit saint Leon Pape *in Can. nulla 62. dist.* Il se peut recüeillir des epitres, 10. & 11. du second livre de saint Ciprian à Cornelie Pape de Rome, que son élection fut faite en l'assistance & par le consentement d'aucuns Evêques d'Afrique, & encore en la 2. epître du livre 4. commençant *Accepimus*, & est dit que ledit Cornelie fut fait Pape par plusieurs collegues dudit saint Cyprian, qui estoient Evêques d'Afrique lors estans à Rome, qui envoïerent lettres en Afrique portant témoignage de son Ordination, qui fut faite par le Jugement de Dieu, par le témoignage presque de tous les Gens d'Eglise, & par le suffrage du peuple lors present. Et par tout il nomme ledit Pape son Frere. Et en l'epître 8. du livre 4. ledit saint Ciprian dit que l'Ordination dudit Pape Cornelie a esté approuvée par tous les Evêques d'Afrique. Doncques quand le Papat se trouveroit vacant, pour éviter la confusion si tous Evêques de la Chrétienté devoient s'assembler pour élire, que la voïe de compromis soit pratiquée, à sçavoir que des quatre ou cinq principales Nations de Chrétienté fussent deleguez dix Evêques de chacune Nation qui seroient quarante ou cinquante, avec lesquels les sept Cardinaux Evêques de l'Eglise particuliere de Rome se trouveroient, & tous ensemble congregez à Rome dûssent élire le Pape, & fût tenu pour Pape celui qui seroit élû par le plus grand nombre de voix, jaçoit que ce ne fût le plus grand nombre au respect de toute la compagnie & que ce ne fussent les deux tiers, sans y observer toutes ces ceremonies & formalitez dont les Decretales sont pleines, pour éviter le Schisme ou la longue vacation; & que le Pape fût élû de chacune Nation à tour, à sçavoir si à la premiere élection le Pape étoit élû Italien de Nation, la seconde fois seroit de Germanie, la tierce de France, & la quatre d'Espagne, la cinquiéme d'une des autres Nations : ce qui seroit pour éviter les brigues & menées, & pour contenter chacune Nation en évitant la jalousie & émulation, dont souvent aviennent beaucoup de maux. Ainsi se pratique en l'Université de Padoüe pour l'élection du Recteur, afin que les Nations n'entrent en jalousie & contention. La loi est que le Recteur une année est Citramontain, & l'autre année est Ultramontain, jaçoit qu'à chacune fois les Ecoliers de toutes les Nations tant citramontaines qu'ultramontaines & d'outre-mer soient reçûs à donner voix. Ainsi à peu prés fut pratiqué au grand Concile de Constance en l'an 1417. en la session 40. où fut statué que six des quatre principales Nations entreroient en conclave avec les Cardinaux, & tous ensemble éliroient le Pape, & de fait élûrent Martin V. de la maison Colonne qui demeura Pape sans contredit jusques à son decés. Qu'il fut aussi avisé audit Concile general & statué que le Pape à son élection & avant sa consecration prêtât serment és mains des Electeurs d'assembler le Concile universel de l'Eglise Chrétienne dans le premier an de son Pontificat en telle Ville commode pour tous les Prelats de Chrétienté, dont les Deputez desdites Nations s'accorderoient, & qu'aprés ledit Concile il assigneroit l'autre Concile dans dix ans, & ainsi de dix ans en dix ans, Jureroit aussi de se soûmettre aux Decrets qui seroient arrêtez esdits Conciles sans qu'il lui fût loisible de dispenser au contraire : & en faisant ledit serment feroit aussi la soûmission de ceder ou pouvoir estre deposé du Papat en cas qu'il y contreviendroit. Ainsi fut arrêté au grand Concile de Constance en la session 39. que les Conciles generaux seroient celebrez de dix en dix ans au lieu qui seroit assigné avant la dissolution du dernier precedent Concile. Et en la 4. session dudit Concile fut decidé que le Concile general de l'Eglise tient sa puissance immediatement de Dieu, que le Pape y est sujet & doit obeïr. De fait audit Concile de Constance Jean Pape XXIII. du nom fut suspendu à cause de sa contumace de comparoir, & depuis aprés ample connoissance de cause fut deposé du Papat, & en son lieu élû ledit Martin V. Cette puissance du Concile fut aussi rapportée & reconnuë au Concile de Bâle en la seconde session. C'est pourquoi depuis ledit Concile de Constance les Papes ont ensuite le plus qu'ils ont pû les Conciles generaux craignans d'estre reformez ou deposez, aucuns d'eux sentans bien en leurs consciences ce qui estoit de mal, comme Alexandre VI. à la venuë du Roi Charles VIII. en Italie, sçachant bien qu'il avoit aquis le Pontificat, partie par deniers, partie par promesses d'offices & benefices; sçachant aussi que frere Jerônime Savonarole de l'Ordre de S. Dominique avoit comme par esprit Prophetique predit la venuë à main forte dudit Roi Charles, qui seroit conduit de Dieu comme par la main, & viendroit à chef de ses desseins, pourvû qu'il vint pour reformer l'Eglise, & s'il ne le faisoit que Dieu le châtieroit. Ledit Alexandre craignant que ces propos vinssent à effet fit prendre prisonnier ledit frere Jerônime, lui fit faire son procez, & par jugement le fit condamner à mort. Jacopo Nardi en son Histoire de Florence livre 2. vers la fin dit qu'Alexandre VI. fut grandement joïeux quand il sçût que ledit frere Jeronime estoit prisonnier, parce qu'il estoit en continuelle suspicion que ledit frere Jerônime, qui estoit fort respecté, incitât les Princes Chrétiens de faire assembler un Concile contre lui. Le Pape Jule II. craignit le Concile de Pise, & le détourna par artifice en suscitant l'Empereur & le Roi d'Espagne contre le Roi de France qui procuroit ce Concile, dont avint cette sanglante bataille de Ravenne en l'an 1512. Le Pape Clement VII. de même craignoit le Concile, de peur qu'il fût recherché d'estre bâtard, & par consequent inhabile du grand Pontificat. Un Poëte Italien loüant le Pape Paul III. envers les Gens d'Eglise dit qu'ils doivent bien aimer ledit Pape qui les défend si bien des Conciles. Ce n'est pas chose nouvelle ni mal-seante que le Pape se soûmette à estre deposé s'il contrevient; car le droit canonique a approuvé telle soûmission en autres Beneficiers *cap. cum dilectus extra. de elect.* Aussi sans soûmission l'on pourroit pour grande & bien urgente cause se soustraire de l'obeïssance du Pape. Il se lit au Canon *Anastasius* titre du livre Pontifical *distinct.* 19. que plusieurs Prêtres se retirerent & abstrindrent de communier avec le Pape Anastase II. parce qu'il avoit eu communication avec le Diacre Thessalonique excommunié; & qu'il avoit voulu rappeller sans le conseil des Evêques Acace Evêque, qui avoit esté deposé par eux. Que pour la forme de la prochaine convocation du Concile, ledit Pape sous lesdits serment & peine promette d'assister en personne audit Concile pour y presider, & y conclure selon la pluralité des voix comprise la sienne : & en as qu'il ne pourroit y estre en personne pour aucuns empêchemens urgens, qu'audit Concile celui presidera qui par les Peres du Concile sera élû pour presider, & n'auront les Legats de sa Sainteté seance avant ledit President. Ainsi fut fait au grand & premier Concile de Nice, auquel Osius Evêque de Cordoüe en Epagne presida, & est nommé le premier, & aprés lui les Legats du Siege Apostolique de Rome. Ainsi aussi au Concile de Sardique en Illirie le même Osius presida & proposa le premier, ce qu'il n'eût pû faire de par soi, car il n'estoit que simple Evêque & d'une autre Nation; qui fait croire qu'il avoit esté élû. Au Concile national d'Afrique 6. Aurelius Evêque de Carthage presidoit, & à cause de sa presidence est nommé Pape, & aprés lui est nommé Valentin Evêque du premier Siege de Numidie, & aprés eux les Legats du S. Siege Apostolique Romain. Ainsi au Concile de Constantinople 2. sous Justinian Empereur Mennas Patriarche de Constantinople est nommé le premier comme President, & aprés lui les Prêtres envoïez de la part du Siege Apostolique Romain. Et depuis le Pape Agapit survenant en personne eût le premier lieu; & au Concile d'Arles 2. qui estoit general pour l'Eglise d'Occident, les Prêtres Legats envoïez du Pape sont nommez en cinquiéme lieu. Vrai est qu'au Concile de Constantinople tiers, qui est le 6. œcumenique, les Legats du Pape de Rome Agatho sont nommez les premiers, le Pape y est nommé l'Archevêque de l'ancienne Rome, puis l'Archevêque de Constantinople nouvelle Rome, puis l'Envoïé du Siege d'Alexandrie, puis l'Archevêque d'Antioche Ville de Dieu, le Vicaire du Siege de Jerusalem, les Vicaires des 125. Evêques du saint Concile de l'ancienne Rome. Audit Concile l'Empereur presidoit non pas pour donner voix, mais pour la direction & ordre. Dont resulte que ce n'est que par seance, & non par necessité de devoir que les Legats du Pape ont eu le premier rang és Conciles universels ou nationaux. Et de vrai puis que c'est un honneur personnel dû principalement au Successeur de saint Pierre, & non pas precisement à l'Evêque de Rome, il ne peut estre bonnement toûjours à un Delegué. Ainsi le droit canonique dit quand la foi, la suffisance & la qualité de la personne a esté choisie, qu'en tel cas n'échet delegation *in cap. ult. extra. de offic. de leg.* Et quant au lieu du Concile il fut deliberé, comme dessus est dit, avec les Deputez des Nations; & l'ordre de la seance des Peres du Concile fut tel; le Pape president s'il y est en personne, s'il n'y est celui qui sera élû par la compagnie devra presider, & aprés lui les Legats du Pape. Aprés soient les Patriarches ou Primats qui ont territoire en leur obeïssance, sans y comprendre ceux qui sont Patriarches des territoires possedez par les Turcs, & soient lesdits Primats en rang selon le temps de leur ordination. Selon les anciens Decrets c'est une même Dignité Patriarche & Primat, combien que les noms soient divers. Ainsi est dit *in can. Nulli 99. distinct.* & par Nicolas Pape *in can. Conquestus 9. quæst.* 3. & par Innocent III. *in can. Duo simul de officio. ord.* és Decretales antiques. En aprés les Archevêques selon le temps de leur ordination. Ainsi ordonne saint Gregoire en l'épître 15. du livre 2. entre les deux Metropolitains d'Angleterre, à Londres, qui aujourd'huy est à Cantorbie, & à York, qu'ils auront seance selon le temps de leur ordination en aprés les Evêques aussi selon le temps de leur ordination. De cét ordre de seance est dit par saint Gregoire *in can. Episcopos distinct.* 17. & au Concile de Châlon rapporté *in can. Placui 18. distinct.* & és capitulaires livre 6. chapitre 166. Vrai est que ledit S. Gregoire en l'épître 112. du livre 7. octroïe à Syagrius Evêque d'Autun qu'il ait la prochaine seance aprés l'Archevêque de Lion son Metropolitain, voulant que les autres Evêques siéent selon le temps de leur ordination; ainsi en la Province de Rheims, l'Evêque de Soissons est le premier aprés l'Archevêque, mais ce sont privileges particuliers, & servent en l'assemblée particuliere de leur Province.

Parce que plusieurs affaires peuvent survenir en la Chrétienté requerans la provision du Siege Apostolique par prompte expedition sans attendre un Concile universel, il est bien à propos que le Pape ait son conseil ordinaire qui lui assistera comme si c'étoit un Senat, auquel comme Prince d'icelui il presidera, & conclura selon la pluralité des avis & sentences, lequel Senat & Consistoire soit composé de six personnes Ecclesiastiques, doctes, qualifiées de chacune des quatre ou cinq Nations, qui seront vingt-quatre ou trente. Et pourroient avoir ce nom honorable de Cardinaux de l'Eglise Chétienne, auquel consistoire sa Sainteté pourroit juger sans appel les affaires provisionales, graves & de grande importance, qui ne pourroient facilement estre decidées par les Jurisdictions Ecclesiastiques ordinaires, & dont la decision ne pourroit attendre un Concile general ou national. Aussi pourroit juger les affaires dont les Rois, Potentats ou Primats d'Eglise voudroient prendre avis de sa Sainteté, juger aussi & decider les affaires des particuliers, dont la connoissance par les degrez ordinaires seroit devoluë à lui, comme en cas d'appel ou de refus, ou negligence des inferieurs & autres cas de l'ancien droit, sans prejudicier à la liberté de l'Eglise Gallicane de ne plaider à Rome, ains au cas de devolution avoir des Juges deleguez *ad partes*. Ce faisant ne seroit rien derogé au Conseil ordinaire que sa Sainteté a des Cardinaux Evêques, Cardinaux Prêtres & Diacres, qui sont par elles choisis & promûs, pour audit Conseil traiter les affaires de son Diocese & de sa Province qu'il a en particulier, dont lesdits Cardinaux sont Officiers particuliers, & seroient dits Cardinaux de la sainte Eglise Romaine, parce qu'ils ne sont Officiers generaux de la Chrétienté. Et si tant étoit qu'il fut avisé que le Pape se tiendroit à son Conseil & consistoire ordinaire des Cardinaux sans qu'il eut autre Conseil, il fut aussi ordonné que les Cardinaux seroient en nombre égal de chacune des quatre ou cinq Nations principales de la Chrétienté qui seroient nommez à sa Sainteté par les Evêques des Nations ; en ce faisant fut établi nombre certain de Cardinaux, & ne fut en la puissance du Pape d'en faire de supernumeraires. Au Concile de Constance session 40. l'un des articles qui fut proposé par le Concile fut qu'il seroit fait loi du nombre, qualité & Nation des Cardinaux. Aussi l'obeïssance est plus volontaire quand on est commandé & jugé par les personnes publiques qui ont esté choisies par ceux qui doivent obeïr. Qui fut la cause que d'ancienneté le peuple & le Clergé élisoient les Evêques. Ausquels Conseillers du Pape soit en nom de Cardinaux ou autre nom honorable seroit faite provision pour leur entretenement à lever par forme de decimes sur les Eglises de chacune Nation pour ceux qui seroient par elles nommez. Aussi ils ne pourtoient tenir Evêchez ni autre Benefice aïant charge publique des ames, si ce n'estoit un des titres de la Ville de Rome, ou quelque Abbaïe, ou Prieuré ou Cure.

Quant à la question si le Pape est sujet au Concile universel de l'Eglise, la verité est que les Papes ont fait plusieurs constitutions, par lesquelles ils ont declaré que nul ne peut juger le premier Siege, & qu'il est reservé au Jugement de Dieu seul, & que le Clergé ny l'Empereur ne peuvent juger le Pape. Ainsi dit Innocent Pape *in Can. nemo 9. quæst. 3.* L'annotation de la même reformation Gregorienne dit que ce Canon a esté tiré d'un Concile Romain tenu par Saint Sylvestre. De même disent Symmachus Pape *in Can. aliorum.* Antherus *in Can. facta.* Gelase *in Can. ipsa sunt & in Can. uncta.* Au même lieu *9. quæst. 3.* on allegue du Pape Marcellin, qui par infirmité pour crainte des tourmens fit honneur aux Idoles, que le Concile assemblé ne voulût juger, ains remit à lui-même le Jugement de sa cause, & des Papes Sixtus & Symmachus, qui se soûmirent volontairement à se purger en Concile d'aucuns crimes dont ils étoient accusez, avec protestation expresse que c'étoit par humilité & par leur propre volonté sans qu'il pût être tiré en consequence de necessité. Mais au Concile de Constance en l'an 1417. qui est tenu par œcumenique & legitime, fût decidé en la 4. session, le Pape Jean XXIII. present & presidant en icelui, que le Pape est tenu d'obeïr au Concile general legitimément assemblé, representant toute l'Eglise militante, & que tel Concile tient son pouvoir & authorité immédiatement de Jesus-Christ. De fait audit Concile de Constance ledit Jean XXIII. fût pour sa contumace premierement suspendu, & aprés plus amples connoissance de cause en la 12. session fut deposé du Papat, & en la session 41. les Peres du Concile compromissaires avec les Cardinaux élûrent Pape en son lieu Martin V. Ez volumes des Conciles fol. 301. est inseré un traité de Jean Patriarche d'Antioche, par lequel avec plusieurs raisons il prouve que le Pape n'est pas pardessus le Concile general ; jaçoit que aucuns Papes autorisans d'eux-mêmes leur puissance aïent dit que les Conciles n'ont donné loi aux Papes, mais que les Conciles prennent leur force & vigueur de l'autorité que le Pape inspire en iceux, & que és Decrets des Conciles l'autorité du Pape est toûjours exceptée ; ainsi Paschal II. *in cap. significasti extra. de electi.* ledit Paschal est l'un des fondateurs de cette puissance absoluë que les Papes se sont attribuez. Autant en dit Innocent III. *in cap. innotuit* au même titre. Les constitutions qui exemptent le Pape de la Jurisdiction d'autrui doivent estre entenduës que les Conciles particuliers, *etiam* nationaux, ni les Patriarches, ni Archevêques, ni Evêques ne peuvent juger le Pape, parce qu'ils sont inferieurs de lui. De fait au grand Concile de Calcedoine, Dioscorus Patriarche d'Alexandrie fut deposé sans esperance de restitution, parce que superbement & temerairement il avoit entrepris d'excommunier le Pape Leon, ainsi qu'il est recité par Nicolas Pape *in Can. in tantum 21. dist.* Le Concile assemblé pour le fait du Pape Marcellin n'estoit universel, ains seulement des Evêques d'Italie. Aussi le Concile Nicene premier a esté le premier Concile universel & œcumenique, tenu environ cinquant'ans aprés ledit Pape Marcellin. Les Papes souloient tenir des Conciles à Rome qui étoient nationaux pour l'Italie, & y étoient appellez les Evêques de la Jurisdiction Patriarchale du Pape, comme peut estre recueïlli du *6.* Synode, qui est le tiers de Constantinople, auquel sont appellez en rang les Vicaires des 125. Evêques du saint Concile de l'ancienne Rome : entre lesquels n'est compris l'Archevêque de Ravenne, qui en ce temps pretendoit n'estre sujete à Rome, parce que Ravenne avoit esté Siege d'Empire. De fait l'Eglise de S. Jean de Latran à Rome est dite Patriarchale, tellement que les Conciles de Latran tenus à Rome sont Conciles nationaux. Ces Conciles nationaux de vrai ne peuvent juger le Pape qui est Superieur Chef de toute l'Eglise, mais toute l'Eglise assemblée en Concile œcumenique le peut juger, parce que de tel Concile Jesus-Christ est le vrai Chef, & le S. Esprit y est. Aussi ce seroit chose qui sembleroit contraire à la profession Chrétienne, que le Pape qui est pecheur comme les autres hommes, & qui a accoûtumé de confesser ses pechez à un moindre que soi, ne pût aucunement estre jugé en ce monde. Et si cette opinion, qu'aucuns trop grands zelateurs de la puissance absoluë du Pape tiennent, étoit veritable, Gregoire IX. en la preface des decretales antiques ne diroit pas qu'aucunes decretales de ses predecesseurs se trouvoient contraires le unes aux autres, & Innocent III. au chapitre *cùm olim. extra. de sentent. & re jud.* n'eût pas dit que Celestin Pape son predecesseur avoit donné un second jugement contraire au premier. Il se lit que le grand Pontife en la loi de Moïse seul entroit au lieu du Temple dit *Sancta Sanctorum*, offroit & prioit pour les pechez du peuple, & que de plus grande affection il prioit, parce que lui-même étoit pecheur. Aussi se trouve écrit en l'Epitre aux Galates, que saint Paul reprit saint Pierre d'avoir failli

failli, jaçoit que délors S. Pierre estôit ja établi Chef des Apôtres. Saint Jerôme rapporté *in can. Paulus 2. quæst. 7.* dit que saint Paul ne l'eût pas entrepris n'eût esté qu'il pensoit n'être moindre que saint Pierre. Leon IV. Pape au Canon *nosti* en la même question se soûmet au jugement de Loüis Empereur sur ce qu'il étoit accusé. Gratian en l'appendice dit que Symmaque & Damase Papes se purgerent de crimes par la purgation canonique, qui est telle que l'accusé jure n'avoir commis le crime, & avec lui bon nombre de personnes qualifiées & de bonne réputation jurent qu'ils croïent que l'accusé a dit verité. Cette purgation est induite de droit à tous Ecclesiastiques, si par vehemente suspicion ils sont diffamez d'un crime, & les preuves ne sont pas entieres : la forme en est mise par Innocent II. *in cap. quoties, extra de purgat. Cano.* Vrai est que tout Chrétien particulierement doit reverer cette Dignité suprême comme du Pere spirituel de nous tous, & devons nous garder de tomber en l'irreverence de Cham, de peur de tomber en la même malediction : c'est à dire, qu'il y faut observer une grande modestie, & user des paroles les plus temperées qu'on peut sans aucune aigreur ; ainsi que les loix civiles commandent aux enfans tout honneur & humilité envers leurs peres, ne leurs ôtent pas pourtant la faculté de se plaindre d'iceux quand ils font tort à leurs enfans, mais commandent de temperer le fait par paroles douces, modestes & bien choisies ; & saint Paul interpretant le Commandement d'honorer pere & mere, commande aux peres de ne donner occasion à leurs enfans de fâcherie ; dont resulte que le devoir est reciproque des enfans envers leurs peres, & des peres envers leurs enfans, & que les Papes peres spirituels doivent s'abstenir de mal faire, & s'ils font mal doivent endurer d'être corrigez par le Concile universel.

Quant au commandement & superiorité que les Papes pretendent sur les Empereurs, Rois & autres Potentats souverains, se fondans sur la donation de Constantin, comme si Constantin leur avoit delaissé l'Empire d'Occident, jaçoit que par plusieurs argumens le Canon *Constantinus 96. distinct.* ne doive faire foi, tant parce qu'il est intitulé *Palea*, comme aussi parce que selon la date du Consulat y apposé, qui est de l'an 318. Constantinople n'estoit encore bâtie, ni le Siege de l'Empire transferé : & encore lors de ladite date la paix temporelle n'étoit encore en l'Eglise ; car Licinius consort de l'Empire avec Constantin vivoit encore & persecutoit les Chrétiens : aussi que ledit Canon dit que ce fut le quatriéme jour aprés son Batême, mais saint Jerôme au suplement de la Chronique d'Eusebe dit que Constantin fut batisé l'an precedent son decés, qui fut l'an 338. qui est vingt ans aprés la date dudit Canon *Constantinus.* Aussi que plus de deux cens ans aprés Constantin, les Empereurs tenans leur Siege à Constantinople commandoient à Rome, comme se reconnoît en la legende des Matines de la Fête de la Toussaints, où est dit que Phocas Empereur à la priere du Pape Boniface IV. lui octroïa le Temple de Pantheon. Jeronimus Paulus de Barcelone Vicecorrecteur des lettres Apostoliques du temps du Pape Alexandre VI. en un Livre qu'il a composé de la Pratique de la Chancelerie de Rome fol. 123. dit que Laurens Valle & Pie Pape avant qu'il fût Pape nommé Æneas Sylvius, en un Dialogue soûtiennent que ladite donation n'a esté, & qu'on n'en lit rien en aucun Auteur ancien approuvé : même ceux qui ont écrit environ ce temps, entre lesquels est ledit Eusebe tres-exact observateur des choses memorables, ni saint Augustin, ni saint Jerôme, ni Ammian, ni le Pape Damase en sa Chronique, ni Beda, ni Orose n'en font mention ; & que par plus de trois cens ans aprés Constantin, les Empereurs ont commandé dans Rome, tant par eux que par Ducs & Exarques, jusques à Innocent II. Se fondent aussi les Papes en cette superiorité, sur ce que le Pape Leon fit Empereur d'Occident Charlemagne Roi de France, & transfera l'Empire de Grece en Germanie en la personne dudit Charles, & sur ce que le Pape oingt & sacre l'Empereur : qui sont les raisons alleguées par Innocent III. *in cap. venerabilem de elect.* és antiques Decretales, tant en la Decretale entiere qu'en la racourcie, où il ajoûte puis qu'il consacre l'Empereur que c'est à lui d'examiner sa personne, & allegue pour autorité ce qui se dit és Ordres sacrez, qu'à icelui appartient l'examination de la personne à qui appartient l'imposition des mains. Ledit Pape Innocent dit outre que quand les vœux & voix des Electeurs de l'Empire sont divisez que lui Pape peut en inclinant à l'une des parts la rendre plus forte. Et de fait audit chapitre *venerabilem* il entreprend maîtrise & commandement en l'élection de l'Empereur. Mais l'établissement de l'Empire en Occident fut fait par la puissance de Charlemagne, lequel aïant exterminé les Lombards & détruit leur domination s'estoit fait Seigneur de l'Italie : & les Romains pour la souvenance de l'ancien Siege de l'Empire le reconnurent Empereur. Et parce que les Empereurs d'Orient estoient devenus si foibles qu'ils n'avoient moïen d'exercer leur Empire en Italie, ni en chasser les Lombards, ils furent bien aises de s'accorder avec ledit Charlemagne pour l'Empire. Et de fait ils partagerent l'Italie ; & ce qui estoit delà Rome, qui est aujourd'hui le Roïaume de Naples, demeura à l'Empereur de Grece, & le reste à l'Empereur d'Occident, sauf ce que Charlemagne en attribua au Siege Apostolique, qui est la Romaigne. Mais les Grecs ne garderent pas long-temps ce qui estoit échû à leur part, car les Sarrazins d'Afrique l'occuperent, & les Normands la conquirent sur les Sarrazins : qui est le commencement du Roïaume de Naples. Et sur ce propos de la donation de Constantin pourra estre rememoré que depuis la translation de l'Empire à Constantinople, pour la plûpart du temps furent deux Empereurs, l'un pour l'Orient, l'autre pour l'Occident, qui n'estoit pas un Empire divisé; car tout cela s'appelloit l'Empire Romain, & les loix & constitutions qui se faisoient estoient sous le nom de deux ou trois Empereurs. Seulement ils avoient departi leurs charges, comme se dit de plusieurs tuteurs d'une même tutele. Valentinian & Valens freres se trouverent compagnons Empereurs, Valens & Gratian, Gratian & Theodose, Arcade & Honoré, Honoré & Theodose le jeune, & autres depuis. Aprés que Rome fut prise & possedée par Alaric Roi des Gots du temps dudit Honoré, ledit Honoré transfera le Siege de l'Empire pour l'Occident à Ravenne, tant par ce qu'il voïoit la Ville de Rome estre enviée par ces Nations étrangeres, qui estoient fortes & mal-aisées à vaincre; & Rome par son assiette n'est pas forte, & le lieu de Ravenne est fort d'assiette & a les commoditez de la mer, comme aussi parce que le peuple Romain n'aïant plus de reste de l'antiquité que le haut cœur sans pouvoir ni valeur, estoit mal obeïssant.

Rome estant ainsi delaissée fut peu de temps aprés derechef prise par Genseric Roi des Vandales, & depuis par Odoacer Roi des Herules, qui de son nom nomma Rome Odoacrie. Depuis Theodoric Roi des Gots Orientaux qu'on appelle Ostrogots, commanda à Rome, & quelquefois tenoit son Siege à Ravenne. Belisaire Lieutenant en l'armée de Justinian Empereur la reprit sur les Gots, & douze ans aprés Totila Roi des Gots s'en fit Seigneur par force & ruina du tout icelle Ville. Durant ces miseres d'Italie aucuns se nommerent Empereurs pour l'Occident, qui n'avoient presque point de forces, & le dernier de ces Empereurs d'Occident se nommoit Augustulus, comme si c'eût esté un nom de derision, estant diminutif de cette grande Majesté qui fut en la personne du premier Auguste. Cét Augustulus se voïant pressé par ledit Odoacer quitta l'Empire & deposa la pourpre & tous vêtemens & marques imperiales, ce qui fut l'an quatre cens soixante & onze. Durant ces grandes calamitez d'Italie, les Empereurs tenans leur Siege à Constantinople, avoient assez à faire contre les Barbares, qui du côté de la Grece & de l'Asie envahissoient l'Empire Romain, & ce qu'ils pouvoient faire en Italie estoit d'y envoïer des Exarques & Lieutenans qui retenoient à l'Empire Romain ce peu qui restoit en son obeïssance & tenoient leur Siege à Ravenne. Les Lombards qui avoient occupé la plus grande part d'Italie, même ce qui est entre les Alpes & l'Apennin, faisoient continuellement la guerre contre les Exarques & contre les Romains estans à Rome. Enfin les Papes estans grandement pressez des Lombards appellerent à leur aide Pepin Roi de France & depuis Charlemagne son fils. Ledit Pepin les vainquit, Charlemagne les extermina. Les Romains honorerent ledit Charlemagne du nom d'Empereur; mais à l'égard desdits Romains ce n'estoit qu'une fanfare, car l'Empire n'estoit en leur puissance, mais ledit Charlemagne se trouvant comme seul Monarque en Italie, en Germanie, en France, & en Espagne (car en tous ces païs il estoit vainqueur) de lui-même & de par soi estoit Empereur. Mais la seule memoire de cette ancienne grandeur de Rome lui donna par forme de parade ce titre d'Empereur; parade, dis-je, à l'égard des Romains, au pouvoir desquels n'estoit ce qu'ils donnoient. Dont resulte que ni les Papes ni le peuple Romain n'ont pas fait Empereur Charlemagne. Et quant à l'argument de l'onction, il est foible, car l'onction est proprement de Dieu, & en ce monde representée par les Ministres de Dieu en l'Eglise. Samuel & Sadoch, qui oignirent pour Rois Saül, David & Salomon, ne se disent jamais Superieurs des Rois. L'Archevêque de Reims, qui oingt le Roi de France, n'a point de superiorité sur lui, ains prête serment de fidelité au Roi. Le Pape estant élû est oingt par l'Evêque d'Ostie Doïen des Cardinaux inferieur du Pape. Que si l'Empereur prête serment és mains du Pape pour estre protecteur de l'Eglise, pour maintenir la Religion Catholique, pour estre defenseur des oppressez, c'est comme és mains de Dieu duquel il reconnoît l'Empire, car par lui les Rois regnent. Et sur ce que ledit Innocent dit quand les voix des Electeurs sont parties qu'à lui appartient de les departir, se peut dire que cela n'est pratiqué, & que le Roi de Boheme 7. Electeur est expressement destiné Electeur pour departir ce que les autres Electeurs ne sont d'accord, & de fait il n'est reçû à l'élection sinon audit cas de discord. Ce droit d'élire l'Empereur par les Princes Ecclesiastiques & temporels d'Allemagne fut approuvé par le Pape Gregoire V. aprés que la lignée dudit Charlemagne fut tellement affoiblie qu'elle n'avoit plus moïen de pretendre audit Empire. Les Papes ne se contentans pas des opinions susdites & passans outre ont maintenu, quand l'Empire est vacant ou de droit ou de fait, qu'à eux Pape appartient l'administration de l'Empire: & ainsi est rapporté par Jean XXII. en la Decretale extravagante *suscepti* sous le titre *Ne sede vacante*, & on dit l'Empire estre vacant de droit, quand aïans entrepris de leur faire les procés, de les excommunier, & leur ôter toute dignité, ils les ont deposez de l'empire. Ainsi firent Gregoire VII. Alexandre III. Innocent III. Honoré III. Innocent IV. en la Decretale *ad Apostolicæ de sentent. & re judic. in 6.* De cette source sont procedées les factions des Guelfes & des Gibelains en Italie: les Guelfes estoient ceux qui soûtenoient le parti du Pape pour cette puissance pardessus l'Empire, les Gibelains ceux qui soûtenoient le parti de l'Empire, disans que le Pape quant au spirituel a puissance sur tous les Chrétiens, soient Empereurs, Rois ou autres, mais quant au temporel, comme est l'Empire en soi, que le Pape n'y a aucune puissance, & que l'Empire depend immediatement de Dieu, & qu'aux Electeurs, trois d'Eglise, & quatre Laïs, appartient l'élection, & aux Etats de l'Empire la deposition; comme fut fait de Uvencessas Empereur fils de Charles IV. qui fut deposé pour sa feneantise & lâcheté. Et disoit l'Empereur Maximilian que l'élection faisoit le tout, & que l'imposition de la Couronne n'estoit qu'une ceremonie: ainsi dit Guichardin au livre 6.

de son Histoire. De nôtre temps est avenu que le Pape Pie VI. qui au reste estoit tenu pour homme de sainte vie, a renouvellé cette ancienne question ; car lui tenant l'Empire pour vacant, entreprit de faire Grand Duc de Toscane Cosme de Medicis Duc de Florence : estant la verité que Florence est Fief de l'Empire, & les autres Villes de Toscane libres sont Villes Imperiales. Quant à Florence la memoire en est recente, quand les Florentins aïans perdu leur liberté par la sollicitation du Pape Clement VII. citoïen d'icelle ; l'Empereur Charles V. declara Florence Fief Imperial, & en investit Alexandre de Medicis, auquel ledit Empereur donna sa fille bâtarde en mariage : non seulement le Pape Pie fit ledit Cosme Grand Duc, mais la ceremonie & magnificence de cette érection fut faite à Rome. Le Pape Boniface VIII. passa bien outre quand il fit sa constitution *Unam sanctam*, par laquelle se faisant lui-même sa loi, se declara superieur temporel des Empires, Roïaumes & Potentats temporels, & par les raisons qu'il allegue il maintient que cette puissance temporelle a esté octroïée de Dieu à S. Pierre : toutefois il ne se trouve point que S. Pierre ni aucun de ses Successeurs ait exercé cette puissance jusques à Gregoire VII. Pape, & si les Papes l'avoient de Dieu, ils ne l'auroient pas par la donation de Constantin comme dit le Canon *Constantinus*, & ne leur eut esté besoin du Canon *Ego Ludovicus*. Or le Roi Philippe le Bel lors regnant en France ne voulut croire cette proposition du Pape Boniface, & resista de fait à cette nouvelle entreprise. Le Pape Jules II. voulut exercer cette même puissance pour rompre le Concile de Pise, qui étoit convoqué pour le reformer, car il excommunia Louis XII. Roi de France, & Jean Roi de Navarre qui adheroient audit Concile, & donna leurs Roïaumes aux premiers Conquerans. Le Roi d'Espagne Ferdinand pour se montrer fils obeïssant de l'Eglise à son profit, occupa sous ce titre le Roïaume de Navarre, qu'il trouva plus aisé à conquerir par surprise que lui ni autre n'eût fait du Roïaume de France. Et c'est le droit que le Roi d'Espagne a audit Roïaume de Navarre, avec le droit de bien-seance, que les Grands pratiquent bien souvent : car ledit Roïaume, ores qu'il soit de petite étenduë, est tres-commode & sert de grande seureté pour la conservation d'Espagne. Aucuns alleguent l'exemple du Pape Zacharie, que l'on dit avoir déposé du Roi de France & lui avoir substitué Pepin d'Austrasie : & cela est recité au Canon *Alius* 15. *quæst.* qui est attribué à Gelase Pape, mais il est de Gregoire VII. comme dit l'annotation du Decret Gregorien. Ledit Gregoire VII. a esté le premier & principal fondateur de cette puissance immense du Pape, & ledit Gregoire dit au Canon *Nos sanctorum* l'avoir ainsi fait. Or semble que l'Evangile, les anciens Conciles & Decrets, & les sentences des saints Docteurs de l'Eglise resistent à cette puissance temporelle que les Papes pretendent sur les Empires, Roïaumes & autres Potentats souverains. Les Pape & Chef de l'Eglise ; l'Eglise a esté fondée & bâtie par Jesus-Christ sur la stabilité & fermeté de foi que S. Pierre declara à Jesus-Christ son Maître. L'entretenement de cette Eglise a esté commis aux Apôtres & aux Evêques leurs Successeurs, entre lesquels le Pape est le premier comme Chef. Jesus-Christ est toûjours lui-même vrai Dieu, vrai homme ; l'Eglise son Epouse sans macule est toûjours elle-même. Il faut donc l'entretenir au même état que Jesus-Christ l'a établie : car ce seroit blasphemer Jesus-Christ de vouloir corriger ou reformer ce qu'il a ordonné, comme en le blâmant d'insuffisance, ou ignorance, ou changement d'avis. Il a dit à ses Apôtres qu'en gouvernement les Rois commandent à leurs sujets, & qu'eux n'estoient pas ainsi, en leur recommandant l'humilité. Il a voulu naître en basse condition d'état selon le monde, il a prêché par exemple de bonne vie & par simplicité de parole, il a choisi des Apôtres de bas état, d'entendement grossier, & non sçavans. Et avec ces bas comportemens selon le monde, lui & ses Apôtres ont vaincu tout le monde : & par une vive force de raisons, les plus Grands & les plus Sages de ce monde ont esté contraints de confesser & reconnoître, que vraîment & proprement c'estoit œuvre de Dieu, quand sans aucune grandeur, quant au monde, quand sans grand sçavoir humain, quand sans éloquence, quand sans attendre de récompenses temporelles, Jesus-Christ & ses Apôtres ont vaincu & rendu tout le monde sujet à l'Evangile. L'Eglise en l'Oraison publique du Dimanche des Rameaux reconnoît que Dieu a voulu que son Fils endurât mort en la Croix, qui estoit le supplice lors le plus ignominieux, afin de nous montrer l'exemple d'humilité ; & au second Dimanche aprés Pâques l'Eglise reconnoît que le monde a esté surhaussé & élevé par l'occasion de ce que Nôtre-Seigneur Jesus-Christ est abaissé, & en l'Oraison du jour Fête de sainte Agnes l'Eglise aussi reconnoît que Dieu a choisi les plus foibles & infirmes de ce monde pour vaincre & confondre les plus forts. Pourquoi les vrais Successeurs de Jesus-Christ & des Apôtres doivent par douceur & efficace de parole avec humilité accompagnée de bonne & sainte vie, & de bons exemples entretenir l'Eglise de Jesus-Christ & y rétablir ce qui est dereglé, & non par violence d'armes, ni par autres contraintes de force. Celestin III. Pape qui de simple Hermite pour sa sainteté de vie fut élû Pape, voïant qu'avec ces grandes pompes temporelles il ne pouvoit bien administrer cette charge, quitta le Papat ; dont est la Decretale *quoniam de renuntiat. in 6.* Dante Poëte Florentin, qui fut peu de temps aprés, pour se montrer Poëte & Florentin a écrit de lui que par vileté & lâcheté de cœur il fit ce grand refus. Il ne faut pas pourtant ôter à l'Eglise les biens temporels que les Rois & Seigneurs lui ont donnez : ni ôter aussi à l'Eglise la correction & punition spirituelle, dont elle peut user envers les contumax desobeïssans : mais il faut regler l'administration de ces biens temporels pour éviter le dereglement qui en peut avenir : car même en ce siecle si corrompu la grande abondance fait plus de mal que de bien. Il faut aussi que les Superieurs spirituels employent leur puissance pour guerir les esprits & consciences malades, & non pour les perdre. Celestin III. Pape au chapitre *cum non ab homine extra, de judic. in antiq.* dit que le pouvoir de l'Eglise ne peut passer outre l'excommunication & anathematisation. L'une est medicinale, l'autre est mortelle, qui ne doit estre appliquée sinon quand on a essayé tous moyens, & qu'il n'y a plus d'esperance d'amendement. S. Pierre en une Epître qu'il écrit à S. Clement son Successeur, qui est recitée au Canon *Ne quidem* 11. *quæst.* 1. lui dit que Jesus-Christ ne l'a pas établi Juge ni pour avoir la connoissance des affaires seculiers, de peur qu'il n'avienne que lui estant pressé du soin de ce monde, ne puisse vaquer & s'employer à la parole de Dieu. Même se trouve que Jesus-Christ en ce qui est du temporel a voulu estre sujet à la domination temporelle, quand il a voulu payer le tribut à Cesar en l'Evangile S. Mathieu chap. 17. & S. Pierre en son Epître commande d'estre sujet au Roi, ainsi qu'il est recité, *in c. magnum cauf.* 11. *quæst.* 1. pris de S. Ambroise. Aussi se trouvent plusieurs constitutions des Empereurs Chrétiens inserées au Code sous les titres *de Sacro-sanctis Ecclesiis, & de Episcopis & Clericis*, & és Novelles de Justinian dites autentiques qui sont pour la police de l'Eglise, tant aux personnes qu'aux biens; & long-temps aprés par Charlemagne & Loüis son Fils Empereurs en leurs capitulaires *lib.* 1. 2. & 3. non seulement pour la police, mais aussi pour confirmer ce qui concernoit la Foi Catholique esdits capitulaires *lib.* 6. *cap.* 282. Et au 6. Concile Oecumenique tenu à Constantinople *in Trullo.* l'Empereur Constantin fait la conclusion du Concile, confirme les Decrets y faits, établit peines aux contrevenans, Evêques, Clercs, Moines, Dignitez, & personnes privées. Ainsi est en la conclusion du Concile de Theonville, & au Concile d'Arles l'an 851. à la conclusion les Evêques ordonnent que leurs Decrets seront presentez à l'Empereur Charles pour suppléer, amender ou confirmer. Qui fait connoître que d'ancienneté ni les Papes ni les autres Prelats de l'Eglise ne dédaignoient d'obeïr aux Empereurs & Rois, tant s'en faut qu'ils entreprissent d'être superieurs pardessus eux. Aussi se trouve qu'aucuns Papes en grande ancienneté ont allegué par autorité lesdites constitutions, & se sont prevalus d'aucunes d'icelles, comme l'Eglise Romaine de la prescription de cent ans, que ladite Eglise reconnoît lui avoir esté octroïée par l'Empereur *in can. nemo.* qui est de Jean VIII. Pape 16. *quæst.* 3. Lucius 3. au chapitre *ad abolendam extra. de hereticis* en la Decretale entiere dit qu'il a fait cette constitution les estant appuïé de la presence & de la vigueur de Federic Empereur, & par le conseil de ses freres Cardinaux, & autres Evêques, & plusieurs Princes de diverses Regions du monde. Et Honoré II. au chapitre 1. *de juramento calum.* és Decretales antiques ordonne que les loix des Empereurs Martian & Justinian & de Henri Empereur, qui défendent aux Evêques de prêter serment, seront observées. Et Leon IV. Pape écrivant à l'Empereur Lothaire *in can. capitulis*, 10. *dist.* dit qu'il entend observer les statuts & commandemens faits par l'Empereur avec les Evêques de sa domination. Nicolas Pape écrivant à Michel Empereur *in can. imperium, & in can. quoniam* en la même distinction, exhorte l'Empereur de se contenter de l'administration des affaires temporelles, & ne rien entreprendre de ce qui appartient aux Sacerdotes. Mais l'on peut distinguer qu'au fait de la Doctrine Chrétienne & de la conscience, les seuls Ecclesiastiques en doivent ordonner; & en ce qui concerne les mœurs & la police exterieure, & les biens temporels de l'Eglise, les Empereurs & Rois Souverains en puissent ordonner : car l'état de l'Eglise est un des membres du corps politique duquel le Souverain Seigneur est le Chef. Ainsi se voit és Etats generaux de ce Roïaume, & és particuliers des Provinces, que les Evêques & personnes Ecclesiastiques y assistent, comme estant le premier Ordre du peuple.

Quelquefois est avenu que les Papes ont dédaigné les constitutions faites par les Seigneurs temporels *etiam* en faveur de l'Eglise, de peur de reconnoître la superiorité, comme se voit au Canon *leve quidem*, qui est du Pape Symmachus, 76. *dist.* Et dés le temps du Pape Gregoire VII. & au temps aprés, les Papes ont tenu precisement que les Empereurs & Rois n'y avoient aucune puissance. Ainsi le declare Innocent III. *in cap. Ecclesia. extra. de constitut.* és Decretales antiques, & en la Decretale entiere du chapitre *sollicite de majorit. & obedientia*, où il répond aux argumens de l'ancien Testament, où se trouve qu'Abiathar Grand Sacerdote a reçû le commandement de David, & que Jesus Fils de Nave commanda aux Sacerdotes, & met la comparaison, comme au Ciel sont deux grands luminaires le Soleil & la Lune, ainsi en ce monde le grand luminaire est la puissance de l'Eglise, & le moindre est la domination temporelle. Combien que la comparaison sembleroit estre plus à propos en disant, que le grand luminaire soit Jesus-Christ, qui a commandement & superiorité au spirituel & temporel, & le moindre luminaire, qui est la Lune soit l'Eglise militante, de laquelle le Pape est Chef, laquelle tient toute sa lumiere du Soleil qui est Jesus-Christ. Ledit Gregoire VII. qui auparavant le Papat se nommoit Hildebrand, fut tres-grand Zelateur de cette puissance des Papes tant au spirituel que temporel, & à cette occasion se dressa contre l'Empereur Henri IV. Ledit Pape avoit été élû par les seuls Romains sans le consentement de l'Empereur, pourquoi aucuns disoient qu'il n'étoit pas canoniquement institué. De ce debat sourdirent plusieurs divisions, rebellions & effusions de sang : & fut tenu un Concile d'Ecclesiastiques à Uvormes l'an 1076. les Prelats d'Allemagne se retirans de l'obeïssance dudit Gregoire. Mais depuis en la Ville d'Oppenheim les Princes d'Allemagne, même les Saxons, abandonnerent ledit Henri IV. Empereur, parce qu'il avoit été excommunié par les Papes Alexandre & Gregoire par contumace, pour ne s'être representé à leurs mandemens. Ainsi dit l'Abbé de Ursperg en sa Chronique fol. 233. même que le fils se dressa contre son pere & le dépoüilla de l'Empire. Mais enfin ledit Gregoire proche de la mort fit sa confession à un homme d'Eglise, reconnoissant que beacoup de maux étoient avenus à l'occasion du grand zele qu'il avoit eu envers le Siege Apostolique, & pria ledit homme d'Eglise d'exhorter les Grands à la paix, & de faire la paix de lui-même Gregoire : comme j'ai lû en une vieille Chronique écrite à la main.

A la suite de cette grande entreprise sur les Empereurs & Rois, les Papes & autres Prelats d'Eglise voulans mettre la main par tout, pour se faire obéïr ont exercé les censures Ecclesiastiques contre les Juges laïs qui n'executoient leurs commandemens, comme se voit en plusieurs decretales, même de Boniface VIII. *in cap. seculares de foro compet. in 6. cap. licet de Jurejur. cap. 2. extra. de excep.* Mais en France les Parlemens ont accoûtumé de declarer telles censures abusives. Et les Cours laïes contraignent les Prelats par saisie de leur temporel à lever telles censures, & absoudre.

Aucuns ont estimé, (& y a grande apparence que cette opinion soit bonne) que lesdits Papes Gregoire VII. Paschal II. Alexandre III. Innocent III. Honoré III. Gregoire IX. & Innocent IV. eussent mieux fait de gagner par doux moyens & avec le temps, que les Empereurs quittassent ce droit d'établir le Pape & invêtir les Evêques, qu'en leur cuidant ôter ce droit par force, remuer le ciel & la terre, & mettre l'Italie en ses miserables factions des Guelfes & des Gibelains: car de cette violence & de ces factions n'est avenu aucun avancemét au bien de l'Eglise j'appelle le bien de l'Eglise, la direction des consciences en la droite voye, & és bonnes œuvres, & non pas ce que fit Alexandre III. Pape au chap. *significavit. extra. de pœnitent.* lequel voulant favoriser un Gentilhomme, qui pour soûtenir le parti de l'Eglise avec armes contre l'Empereur son Seigneur avoit esté cause de la ruine de plusieurs châteaux & maisons, & de la mort & destruction de plusieurs personnes, dit qu'il lui faut donner une penitence legere, de peur que par l'austerité de la penitence autres ne soient détournez de servir l'Eglise.

Outre les maux susdits est avenu, que depuis le temps que les Papes penserent avoir gagné ce point d'estre tenus pour superieurs au spirituel & temporel, ils se sont tellement élargis à prendre la puissance absoluë, non sujete à aucune regle ni controlle, même pour ne reconnoître d'être sujets aux Conciles generaux ; ains ont soûtenu que les Conciles generaux prennent toute leur vigueur & force des Papes, & que de droit ils peuvent dispenser contre le droit, qu'ils ont affoibli la puissance ordinaire & le devoir des Evêques & autres superieurs Ecclesiastiques par le moyen des preventions, reservations, mandats & expectatives, ils ont admis les resignations *in favorem*, les commandes perpetuelles, les creations de pensions, & infinité d'autres dispenses & graces, par lesquelles le nerf de la discipline Ecclesiastique a esté debilité, voire tranché.

Parce que plusieurs Docteurs & Scriteurs ont traité cette question de la pretenduë puissance du Pape sur les Empires & Royaumes par diverses opinions, il seroit bien à propos que icelle question fût traitée & decidée en Concile general, non pas *ad instar* des autres questions concernantes la doctrine Chrétienne, car puis que les Empereurs, Rois & Potentats seculiers y ont interest, & que cette question regarde deux souverainetez, sembleroit n'estre pas raisonnable que l'un des Etats seul jugeât ce qui est en debat entre les deux Etats. A ce moyen il fut avisé audit Concile general, que comme par voye des comprimis fussent choisis de la part des Ecclesiastiques huit ou dix personnages de qualité telle qu'il est requis pour entrer en Concile ; & de la part des Potentats seculiers huit ou dix autres de qualité notable ; & outre que de chacune part en fussent nommez cinq qui seroient dix, & de ces dix en fussent retenus cinq selon le sort qui aviendroit fortuitement pour faire que le nombre fût non égal ; car il seroit de 21. ou 25. & que par la pluralité des voix la question fût decidée. Cette voye pour juger la question par personnes convenuës tant Ecclesiastiques que Laïcs n'est pas de nouvelle invention. Innocent IV. Pape au chapitre *ad Apostolicæ* tiré du Concile de Lion au titre *de sentent. & re judic.* in 6. dit qu'il s'étoit soûmis de croire les Rois, Prelats & Princes, tant Ecclesiastiques, que seculiers, pour terminer les differens qui étoient entre lui & l'Empereur Federic. si ce n'étoit que le Pape de par soi, selon les raisons & autoritez des Saintes Ecritures & des Saints Docteurs, remit & quitât ce pretendu droit : à quoi outre lesdites raisons & autoritez il doit être semons pour éviter à l'avenir infinité d'inconveniens directement contraires à la religion Chrétienne, qui ont esté produits par cette accasion.

Car les Papes le plus souvent sont venus de petit lieu, & ont esté avancez par leur grand sçavoir, ou dexterité d'esprit ; leur naissance ni leur éducation & nourriture n'ont pas esté en grandeur : ils sont montez par degrez. Or selon les maximes communes il est bien perilleux, que les affaires des Empires & des Royaumes soient maniées & commandées par personnes venuës de petit lieu, de peur que ou l'insuffisance du naturel, ou faute d'experience, ou le desir d'avancer leurs parens pauvres, ou l'ambition, qui bien souvent est intolerable en ceux qui de bas sont venus en haut, & ainsi est de l'avarice, ne les conduisent à des desseins & entreprises, qui ne tomberoient és cerveaux & cœurs des personnes nées en grandeur. Aussi l'experience a fait connoître que les Papes venus de petit lieu en ce haut degré ont esté ceux qui ont fait plus de troubles à la Chrétienté, & qui en voulant commander aux Empereurs & aux Rois ont suscité infinité de tragedies, comme Gregoire VII. & Paschal II. qui avoient esté Moines, Alexandre III. & Innocent III. tous deux de petit lieu, mais tous deux sçavans en droit, ledit Alexandre avoit lû Docteur à Bologne, Gregoire IX. neveu dudit Innocent, Boniface VIII. qui avoit esté Secretaire du pape Nicolas IV. son predecesseur, Jean XXII qui avoit esté pauvre clerc portant l'eau-benîte, Eugene IV. avoit esté Moine à Venise S. Georges d'Allegua, Sixte IV. pauvre Cordelier, Jules II. nay de basse & vile maison, ayant son pere Genevois, sa mere Grecque, qui accoucha de lui estant en un navire sur mer, Sixte V. aussi pauvre Cordelier; & tous ceux là se sont dressez contre les Empereurs & Rois, les ont excommuniez, leur ont fait ou fait faire la guerre avec grande effusion de sang Chrétien. Entre autres actes, se remarque de Sixte V. qui a esté de ce temps, lequel ayant esté promû au Cardinalat fort pauvre recevoit pension par mois du pape Gregoire XIII. son predecesseur pour son entretenement, & ayant connû le pape Gregoire qu'il n'estoit si fort pauvre faisant bâtir belles maisons, lui retrancha la pension: & pour s'en vanger estant fait pape abaissa & essaia de détruire tout ceque led. pape Gregoire avoit fait de memorable en son temps. Le pape paul tiers, qui estoit nay Gentilhomme Romain, proceda à conduire ses affaires avec plus grande discretion: car pour éloigner les guerres de l'Italie, il sollicita de tout son pouvoir l'Empereur Charles à faire la guerre en Afrique & aux Allemans Lutheriens: les autres depuis lui pour la plûpart ont excité les princes Chrétiens à faire guerre l'un à l'autre par le pretexte de la Religion même des Seigneurs contre leurs sujets, comme nous avons vû en France depuis le decés du Roi Henry II. & en Angleterre, & en ce temps par le Roi d'Espagne, les Ducs de Savoye, & de Lorraine en France: le tout afin que l'Italie, qui ayant appellé les étrangers chez elle avoit souffert tant de pertes, fut en repos. Ullao Espagnol, qui a écrit la vie de l'Empereur Charles V. donne ce titre d'hôneur à paul tiers pape d'avoir sagement détourné les guerres hors l'Italie. A tant semble que le vrai moïen de conserver la sainteté en l'Eglise est l'humilité & l'imitation de Jesus-Christ & ses Apôtres.

Quant aux reservations des Benefices électifs & autres Benefices de certaines qualitez declarées és regles de Chancelerie, le premier Auteur fut le Pape Benedict. XII. qui avoit été Moine de l'Ordre de Cisteaux, qui étoit environ l'an 1324. Depuis lui les Papes successivement par les regles de leur Chancelerie ont continué & fait plusieurs nouvelles reservations au prejudice des anciens Decrets, selon lesquels les Prelatures étoient électives, & les autres Benefices étoient conferez par les ordinaires. Esdites reservations étoient compris les Archevêchez, Evêchez, Abbaïes, & Prieurez, & tous Benefices vacans en Cour de Rome, ou par mort, ou par deposition, ou par resignation, ou par translation faite par autorité Apostolique, ou dont l'élection est cassée par jugement donné en Cour de Rome, compris esdites reservations les Benefices vacans des Cardinaux & autres Officiers de Cour de Rome en quelque part qu'ils vaquent, compris aussi les Benefices vacans par la promotion d'aucun à Evêché ou au regime du Monastere, comprises aussi esdites reservations les Dignitez plus grandes aprés les Pontificales és Eglises Cathedrales, & les premieres des Eglises Collegiales, & tous Priorez & Dignitez conventuelles. Par le moïen desquelles reservations le seul Pape peut conferer tels Benefices, & les élections & collations faites par la voïe ordinaire sont declarées nulles par la clause du Decret irritant: ce qui semble être fort contraire à la Police de l'Eglise, car par ce moïen les élections des Benefices électifs sont abolies, & les Evêques & collateurs ordinaires sont privez du droit qu'ils ont par l'ancien établissement, de pouvoir choisir personnes dignes par eux connuës pour leur conferer les Benefices, outre la confusion que cela a engendré en l'Eglise, quand un seul a voulu mettre la main par tout contre l'ordre ancien, par lequel les Dioceses sont distincts, & à chacun Evêque est attribué sa charge, qui a été afin que la sollicitude & le soin étant departis, chacun affaire soit mieux connu & mieux reglé; aussi que les frais sont plus grands quand il faut aller ou envoïer à Rome. La circonstance qui augmente plus la reprehension, est que ces reserves ne sont pas de tous Benefices, mais selon l'estimation du revenu, dont il y a declaration par les regles de Chancelerie, en reservant les plus riches Benefices par le Pape, & delaissant ceux qui sont de moindre revenu: ce qui semble indigne que le fait de la collation des Benefices, qui est chose sacrée, ait quelque consideration & respect à la valeur du revenu temporel, & que le Pape Vicaire de Jesus-Christ, fasse plus grand compte de ce qui est riche, que de ce qui est pauvre.

Les Papes Successeurs dudit Benedict. XII. ont bien sçû maintenir ce droit, qui de soi est exorbitant & contraire aux anciens decrets: & en renouvellant par chacun Pape à son nouvel avenement les Regles de la Chancelerie Apostolique n'a pas été oublié cét article des reservations; la reformation en fut proposée au Concile de Constance, & n'y fut pas decidée, parce que le Pape promit d'y pourvoir, mais elle fut concluë au Concile de Bâle en la Session 12. lequel Decret fut reçû par l'Eglise de France assemblée à Bourges par la volonté du Roi Charles VII. & fut ledit Decret incorporé en la Pragmatique Sanction, laquelle les Papes ont toûjours depuis essayé de revoquer & abolir, parce qu'elle sert aucunement de bride à cette puissance absoluë, & y en eut quelque declaration faite par le Roi Loüis XI. à la sollicitation de l'Evêque d'Evreux Balve, qui à ce titre fut fait Cardinal, & sont les titres de la revocation inserés au Livre du Concile de Latran tenu par Leon X. Pape l'an 1516. mais ladite revocation ne vint à effet, parce que l'Eglise de France & l'Université de Paris y resisterent, mais enfin ledit Pape Leon en vint à Chef par le moïen des Concordats faits entre lui & le Roy François I. esquels comme par échange & permutation le Pape accorda au Roi la nomination des Evêchez & autres Prelatures électives, & le Roi accorda au Pape les Annates à prendre par lui, lors que sur la nomination il feroit la provision du Benefice; accorda aussi l'abolition de la Pragmatique : par ce moïen les reservations furent retranchées en France.

Mais parce qu'és païs qu'on appelle d'obedience, c'est à dire, qui n'ont jamais contredit à toutes les volontez & commandemens des Papes, entre lesquels est en France, Bretagne & Provence, & hors la France la Loraine, Italie & autres, il seroit bien à propos que la question fût traitée en Concile general pour retrancher & interdire tout usage de ces reservations, comme emportans déreglement & confusion en l'Eglise, & comme dérogeant aux droits des Collateurs ordinaires, & des élections Canoniques, & comme donnans occasion de marchander les faveurs de Cour de Rome, & comme emportans ambition & dépense : qui sont choses contraires à l'integrité qui doit être en la collation des Benefices. Et pour ces causes & autres ces reservations soient du tout bannies de l'Eglise sans rappel, avec declaration qu'elles ne pourront jamais être remises sus sous la peine de nullité, qui sera declarée par le Concile pour avoir execution de droit, & autres peines à aviser. Le Pape Boniface VIII. en la Decretale *Quamvis de prebend. in 6.* reconnoît que toutes les Lettres impetrées pour Benefices non vacans, sont ambitieuses. Si ambitieuses, elles sont illicites de soi en chose si sainte, & n'est en la puissance du Pape de faire bon ce qui de soi est mauvais.

Soit aussi avisé audit Concile general de rejetter & abolir de tous points les preventions, dont le Pape use és collations des Benefices non électifs; & le Pape Clement III. au chapitre *licet 1. de prebend. in 6.* a dit qu'au Pape appartient la pleniere disposition de tous Benefices, & à cét effet la glose audit lieu allegue le Canon *Omne 22. distict.* où il est dit que le Pape pourvoit à toutes Eglises, mais cela se doit entendre qu'il est Superieur pour y mettre la main selon les degrez, & selon l'ordre établi d'ancienneté, & non pas confusement : parce que le mélange des Charges engendre confusion au Ministere de l'Eglise. De vrai ce pretendu droit de prevention est contraire aux anciens Decrets, selon lesquels chacun Evêque librement & sans concurrence, ou crainte d'être supplanté ou prevenu, conferoit tous les Benefices électifs étans en son Diocese : comme étant celui qui sur les lieux peut mieux connoître les capacitez, & suffisance des personnes, qui doivent être pourvûës des Benefices, & la necessité des Eglises. Vrai est qu'au Concile de Latran sous Alexandre III. Pape fut statué avec grande apparence de raison, que si le Collateur ordinaire est negligent durant six mois, à compter du jour que la vacation du Benefice est venuë ou a pû venir à sa connoissance, de conferer le Benefice; le droit de collation est devolu au prochain Superieur, & aprés les autres six mois à l'autre Superieur; & ainsi par degrez jusques au Siege Apostolique, dont est parlé au chap. *Quia diversitatem extra. de concess. prebenda & in cap. licet. extra. de supp. neglig. prelat.* Et par les Decretales antiques se connoît que les Papes ne s'entremettoient à conferer les Benefices étans en autres Dioceses, sinon lors que la devolution étoit faite à eux par degrez. Se voit encore és impetrations qui se font à Rome sous signature, qu'entre les causes generales & cas de vacation, cettui-ci y est nommé, du devolut, selon les statuts du Concile de Latran; dont est venuë la pratique des devolutaires, qui en leurs impetrations se fondent sur quelque sorte de vacation par incapacité, irregularité, heresie, simonie, ou aucun des autres cas, esquels se dit que le Benefice est vacant de droit. Et par cette occasion tels impetrans mettent les possesseurs des Benefices en procés, & voïant leurs titres & capacitez essaïent de trouver quelque fer qui loche. Pourquoi à juste cause fut ordonné par le Roi tenant ses Etats à Orleans, que l'on ne doit avoir égard aux devoluts, *etiam* impetrés à Rome, jusques à ce que l'incapacité & cause de vacation soit jugée & declarée, c'est en l'article 4. lequel à cét égard deroge au chapitre *licet Episcopus de prebend. in 6.* qui permet de conferer le Benefice vacant de droit, mais ne permet d'expulser le possesseur jusques aprés connoissance de cause, mais depuis lesdites Decretales antiques les Papes prenans cette qualité d'être Ordinaires des Ordinaires, ont pretendu & ont exercé par concurrence avec les Collateurs ordinaires les collations de tous Benefices collatifs, en sorte que si l'impetration faite à Rome se trouve precedente en datte celle de l'ordinaire, en quelque maniere que le Benefice soit vacant, l'impetrant de Rome sera preferé, & qui mieux aura couru & aura plus dépensé l'emportera. Bien est-il qu'au Concile de Trente sur la plainte qui en étoit fut avisé & ordonné, qu'en telles causes seroit mise la clause de commission adressan te à l'Ordinaire pour examiner la personne de l'Impetrant, que l'on appelle *in formâ dignum*, mais selon mon avis ce n'est la guerison du mal, ains seulement une multiplication de frais. Il seroit mieux à propos que dés le commencement le Collateur ordinaire choisit celui qui seroit bien capable, il est plus aisé de n'admettre point, qu'aprés avoir admis, chasser son hôte. Et toûjours c'est faire autant de tort à l'Ordinaire de lui ôter sa puissance & faculté qu'il a de droit, même de lui ôter par le Pape, qui étant chef & protecteur dût travailler à son possible de conserver les droits de ses inferieurs. Pourquoi semble être expedient de rétablir aux Collateurs ordinaires leur droit ancien. C'est vraïe justice quand à chacun son droit est conservé. A cét effet sera noté ce qui est dit *in can. ad hoc* qui est des Papes Gregoire & Boniface 89. *dist.* qu'il est necessaire qu'en l'Eglise les degrez & ordres soient conservez pour y établir concorde, que l'inferieur obeïsse au superieur, & le superieur aime l'inferieur. Et comme il est dit *in can. esto 95. distinct.* que les Evêques & Superieurs reconnoissent qu'ils sont Sacerdotes & non pas Seigneurs; qu'ils honorent les Prêtres, & inferieurs comme Prêtres, les Prêtres les honorent comme Evêques, saint Jerôme *ibi de Domitio oratore*.

Quant aux Annates qui est le revenu d'un an des Evêchez & autres Benefices électifs, qu'on appelle consistoriaux, que le Pape prend à chacune fois qu'ils vacquent, soit par mort, par resignation simple, *in favorem*, pour cause de permutation, ou autrement, selon les taxes qui se trouvent autrefois avoir été faites en la Chancelerie de Rome, c'est une invention mise sus par Boniface IX. Pape environ l'an 1380. & pour le commencement n'y avoit que la moitié du revenu d'un an, & étoit ordonné que ce droit se prendroit sur tous Benefices, ainsi que ledit Sabellique au livre 9. de la 9. Enneade de son histoire. Cela fut facile à executer aux Benefices reservez, dont a été parlé ci-dessus, parce que nul ne pouvoit avoir collation du Benefice, sinon par les mains du Pape : mais en France les Annates n'ont été reçûës sinon pour les Benefices étans à la nomination du Roi. Cette invention d'Annates n'a aucun fondement en raison, ains au contraire a en soi beaucoup d'iniquitez, scandales & inconveniens. L'iniquité est en ce qu'il n'en est rien dû, & ne se trouve par aucun Concile ancien ou autres saints Decrets, que les Papes aïent aucun droit à prendre sur le revenu des Benefices de la Chrétienté. Bien se lit qu'au temps que les Evêchez n'étoient fondez d'aucun revenu temporel suffisant pour l'entretenement des Evêques & des charges; que les Evêques avoient droit de prendre le tiers des oblations faites és Eglises Paroissiales. Ainsi fut dit au Concile d'Orleans rapporté *in can. de his* 10. *quæst.* 1. mais depuis que par les bienfaits des Rois, Princes & Seigneurs, & par le bon ménage des Evêques, leur revenu temporel s'est trouvé suffisant pour les entretenir, ce droit de tierce a cessé, & y a long-temps qu'il n'est plus en usage. Or le Pape a assez grand revenu temporel pour s'entretenir honorablement & commodement. Il est Seigneur temporel & Souverain de Rome & du territoire voisin; ensemble de Bologne, de toute la Romaigne, de la Marque d'Ancone, de grande partie de Toscane, dite le Patrimoine de saint Pierre, d'Avignon en Provence, & du Comté de Venise. Il est Seigneur feodal des Roïaumes de Sicile & de Naples avec tribut annuel, comme aussi Seigneur feodal de Ferrare, d'Urbain, de Camerin, de Parme, & de plusieurs autres Seigneuries dont il tire grand profit & revenu annuel, même parce qu'il est Souverain.

Le scandale qui provient de cette surcharge d'Annates, est que les Papes par le moïen de la reservation qu'ils ont faite à eux des Benefices électifs, ont aboli les élections, & ont supprimé les confirmations, qui souloient être faites en la même Province par les Metropolitains & leurs Suffragans; & ces reservations ont servi de planche à cette entreprise des Annates, car nul ne pouvoit être pourvû qu'en païant & avançant Annate. Et pour donner un beau pretexte à ces reservations, ils ont nommé tels Benefices Consistoriaux, parce que l'institution & provision se faisoit par eux en Consistoire du conseil des Cardinaux, qui sont nommez par les Papes leurs freres. A parler franchement & rondement & dire noir ce qui est noir, c'est vendre la collation & institution du Benefice, puis qu'elle n'est octroïée, sinon en païant comptant le revenu d'un an; selon la definition qui est és loix, quand aucune chose est transferée d'une main à autre moïenant deniers, c'est vente. Et ne se faut arrêter à une sentence vulgaire qui est procedée d'aucuns flatteurs, qui est que la simonie ne peut être commise avec le Souverain, car les Souverains soient Ecclesiastiques ou temporels, ne peuvent mettre en nature de bien ce qui est en nature de mal : même quand la chose est declarée mauvaise & illicite par la parole de Dieu, qui est immuable, & à laquelle tous Potentats sont sujets; car il juge également, & à parti pareil le grand & le petit. La parole de Dieu en l'Evangile adressée à ses Apôtres est, qu'ils ont de lui la grace gratuitement, & qu'ils la doivent élargir gratuitement. Le Pape Leon en une Epître rapportée *in can. Principatus* 1. *quæst.* 1. dit que la Dignité & Superiorité qui est acquise par ambition ou ambit (c'est à dire par deniers, ou par autre malefaçon) ores que celui qui est ainsi avancé & promû soit de bonnes mœurs, & n'y ait rien à reprendre en ses actions, toutefois l'exemple en est pernicieux, quand on jette l'œil; & que l'on considere le commencement de la promotion, & ajoûte, qu'il est difficile que l'œuvre ait bonne issuë quand le commencement est vicieux. Au Concile de Calcedoine, qui est l'un des quatre Oecumeniques recitées capitulaires de Charlemagne *lib.* 1. *art.* 19. l'ordination par argent est défenduë, & tant l'Ordinateur que celui qui est ordiné, & le Mediateur doivent être deposez de l'Ordre Ecclesiastique : ce Concile lie les Papes.

Aucuns excusent cette exaction de deniers, disans que ces deniers de la Chambre Apostolique (ainsi on appelle le tresor des Finances du Pape) sont destinez à faire la guerre aux Turcs & Infideles, & aux affaires generales de la Chrétienté : car la verité est que la plûpart des Papes ont emploïé leur épargne à faire leurs parens riches & Grands Seigneurs : & aucuns pour y parvenir se sont addonnés à faire la guerre en Italie, comme depuis cent ans Innocent VIII. à faire Grand son fils bâtard Cibo, le fils duquel épousa depuis Magdelaine de Medicis sœur du Pape Leon X. Sixte IV. & Jules II. tous deux de pauvre maison de Roüere à faire leurs parens Ducs d'Urbin; Alexandre VI. pour faire son fils Cesar Borgia Seigneur de toutes les belles Terres que tenoient les Ursins & les Colonnois en fief du Siege Apostolique, & des Terres qu'aucuns Seigneurs tenoient en la Romaigne, & pour ce faire fit la guerre & essaïa de détruire les Seigneurs desdites terres; Leon X. & Clement VII. pour prendre vengence des Florentins qui avoient chassé ceux de Medicis hors de Florence, & pour ôter la liberté à leurs citoïens, & mettre

la

la domination de Florence en leur maison de Medicis; Pape Paul III. pour aquerir aux enfans de Pierre Loüis son fils les Villes & territoires de Parme & Plaisance, & les Duchez de Camerin & de Castres; Pape Paul IV. de la maison Caraffe pour exalter & faire comme Rois les Ducs de Palliane & Marquis de Montebel ses néveux, qui toutefois incontinent lui failli, defaillirent & perirent. Sixte V. qui aïant le premier jour de Mai l'an 1588. canonisé au Château saint Ange à Rome le cinquiéme million d'or, en emploïa une partie à marier sa niéce en maison grande, & autre partie pour aider à un parti de Chrétiens faisant la guerre à autre parti Chrétien. Bref l'experience a fait connoître, & selon le dire de Jesus-Christ en l'Evangile, qu'il est tres-difficile, qu'où sont les grands tresors & grandes richesses soit l'integrité & sainteté. Figurons-nous que ces deniers soient emploïez en bons usages, voire aux aumônes : telles aumônes seroient abomination devant Dieu, étant faites de deniers mal pris. Ainsi dit saint Gregoire en une Epitre à Syagrius Evêque d'Autun rapportée *in can. Non est* 1. *quæst.* 1. où est allegué le Proverbe de l'Ecclesiastique, que l'aumône faite de biens mal aquis ressemble au sacrifice qu'aucun feroit du fils en le faisant mourir en la presence de son pere; & allegue Salomon és Proverbes *cap.* 3. & *cap.* 15. & ajoûte que c'est autre chose faire des aumônes pour ses pechez, & autre chose pecher pour faire des aumônes.

Les inconveniens qui aviennent de telles Annates, sont en plusieurs sortes. Le nouveau pourvû de l'Evéché ou Abbaïe, qui n'a encore rien perçû du revenu, est contraint d'avancer le revenu d'un an; s'il a argent en épargne, il faut croire qu'il aime l'argent, & que le premier ménage qu'il voudra faire aprés sa provision, sera de remplir cette place vuide qu'il aura faite en son tresor & épargne; s'il n'a point d'argent, il sera contraint d'emprunter : la charité n'est pas si grande qu'il trouve à emprunter, sans païer interêt; & par ce moïen il sera semons & incité d'être rude exacteur de son revenu, & foible aumônier, afin d'avoir moïen de païer au plûtôt le fort principal & l'interêt, & de s'entretenir honorablement. Dés son avenement il s'accoûtumera à ce ménage, & ce desir de profiter & amasser, qui va toûjours en croissant, comme en l'hydropisie le desir de boire, conduira ce Prelat en la voïe d'avarice pour toute sa vie. Aussi c'est un vice qui facilement & bien souvent se trouve és cœurs des Ecclesiastiques : par consequent lui fera abandonner cette vertu, qui est non seulement bien-seance, mais aussi necessaire à un Evêque; & à tout autre Prelat d'exercer volontiers hospitalité & aumônes selon le Commandement de Dieu annoncé par S. Paul. Au grand & saint Concile de Constance l'un des principaux articles, que les Peres dudit Concile aviserent pour reformer la Cour de Rome, fut des Annates & fut ledit article conclud au Concile de Bâle, & reçû par l'Eglise de France assemblée à Bourges; où fut dressée la Pragmatique Sanction, dont a été parlé ci-dessus, qui a été abolie par les Concordats. L'experience a fait connoître beaucoup de maux avenus par le moïen desdits Concordats, esquels ledit droit d'Annates a été établi & confirmé, pourquoi semble tres-expedient de l'abolir.

Quant aux spectatives & mandats semblablement est bien necessaire la reformation : car ce qui est mal de soi, & n'est pas au nombre des choses indifferentes, ne peut être rectifié par les hommes, *etiam* par le Pape auquel le gouvernement de l'Eglise est donné pour la conduire à bien, & extirper le mal, selon que Dieu & les loix ont declaré aucune chose être bonne ou mauvaise, & non pas pour faire une nouvelle nature ou essence des choses autre que Dieu ne l'a voulu faire. Dieu par exprés a défendu de convoiter, & par mauvaise pensée desirer d'avoir le bien d'autrui. Toutes les loix tant divines qu'humaines défendent non seulement de desirer la mort d'autrui, mais aussi de faire chose qui nous puisse induire à la desirer. Les Auteurs des Loix Romaines, qui étoient Payens, ont non seulement introduit la nullité és pactions qui sont faites sur une heredité ou sur des biens & droits, qui ne sont encore échûs comme étant chose mauvaise de soi de faire quelque fondement sur l'attente, ou esperance, ou pensée de la mort d'autrui; mais aussi ont declaré indigne de l'heredité, celui qui traite & marchande sur icelle avant qu'elle soit échûë : ainsi dit Papinian en la loi *quidam* vers la fin avec la loi suivante és Digestes titre *de donationibus*; & Diocletian Empereur en la loi *ex eo* au Code titre *de inutilibus stipulationibus* : contre lesquelles loix fondées en autorité, en raison, & en honneur, & en méprisant icelles, les Papes se sont dispensez d'octroyer des graces pour attendre par l'Impetrant & s'assurer d'avoir tel Benefice pour la premiere fois qu'il viendra à vaquer, en interdisant au Beneficier de le resigner, & au Collateur ordinaire de le conferer quand il vaquera. Tel Impetrant est semons de desirer la mort de celui duquel il attend avoir la dépoüille, & bien souvent, comme le diable est subtil, il est tenté d'avancer les jours du pauvre Beneficier, & outre ce le Beneficier entre en regret & apprehension craintive, comme si on lui dressoit & aprêtoit ses funerailles durant sa vie.

Les mandats ne pressent pas de si prés, & sont plus au large, n'ayans leur visée sur une personne certaine en particulier : car le Pape mande au Collateur ordinaire, ou au Patron presentateur, qui a des Benefices à sa collation ou presentation, de conferer ou presenter le premier Benefice qui vaquera à tel Impetrant de mandat. Et par tel mandat le Pape lie tellement les mains du Collateur ou Patron, qu'il ne peut conferer à autre, ni presenter autre; & la collation qui en seroit faite autrement est declarée nulle par le Decret irritant. Le Pape Boniface VIII. au chapitre *Quamvis de prebendis in* 6. reconnoît bien que telles concession sont ambitieuses, dont resulte qu'elles sont illicites, & que la Decretale *licet*, la premiere qui est au même titre, n'est pas fondée en bonne raison, qui dit que le Pape peut bailler droit aux Benefices non encore vacans. Mais tout cela dépend de la source de la puissance absoluë que les Papes se sont attribuée, pour laquelle mieux exercer, ils se sont avisez de faire & octroïer des graces, qui de soi sont tres-déraisonnables, & par leurdite puissance absoluë ont voulu les faire licites. Le pretexte qu'on a pris de tels mandats est ; que plusieurs Prêtres ou Clercs se trouvent qui sont pauvres, n'ayans aucun titre de Benefice pour les entretenir. On souloit en Cour de Rome d'ancienneté expedier à cét effet trois lettres l'une aprés l'autre ; la 1. monitoire pour admonester les Collateur ordinaire de conferer ; la 2. preceptoire pour commander ; la tierce executoire, par laquelle le Pape déleguoit certain personnage pour conferer le Benefice, comme il est rapporté és Decretales de Lucius III. *ad aures*, de Innocentius III. *in c. constitutus* & *in c. postulasti*, &c. *capitulum extra. de rescriptis* és antiques, & y mettoit-on clause *cùm secundum Apostolum* que selon le dire de saint Paul qui sert à l'Autel doit vivre de l'Autel. Mais il eût été beaucoup plus expedient de faire observer les anciens Decrets, selon lesquels nul ne pouvoit être fait Prêtre, sans titre de Benefice suffisant pour les nourrir. Ainsi fut ordonné au grand Concile de Calcedoine chapitre 8. & par autre Decret suivant il est dit, que si aucun est fait & ordonné Prêtre sans titre de Benefice, que son Ordination est nulle & de nulle valeur. Ainsi fut statué au Concile de Plaisance tenu par Urbain II. Pape *in can. Sanctorum* 70. *distinct.* ainsi est rapporté par Innocent III. *in cap. cùm secundùm extra. de prebendis* és antiques. Depuis on dispensa cette nullité de l'ordination & promotion du Prêtre, en ordonnant que les Evêques, qui auroient fait un Prêtre sans titre de Benefice suffisant, seroient tenus de lui pourvoir d'un Benefice, & jusques à ce lui fournir pension suffisante pour sa nourriture. Ainsi fut statué au Concile de Latran tenu par Alexandre III. rapporté au chapitre *Episcopus extra. de præbend.* Il seroit mieux à propos de charger les Evêques qui auroient fait la faute de promouvoir un Prêtre sans titre, que d'en charger un autre Evêque, qui n'aura pas peut-être failli. Aussi que cette façon d'octroyer mandats est cause de la multitude supernumeraire des Prêtres, dont procede le déreglement & mépris de leurs personnes & de leur Ministere. Pourquoi semble expedient que ces graces expectatives & mandats soient du tout abolis.

Comme aussi semblent être déraisonnables les constitutions des Papes, qui disent que les Benefices qui vaquent en Cour de Rome, soit par mort, resignation ou autrement, & les Benefices de ceux qui sont Officiers de Cour de Rome, ne peuvent être conferez par autre Collateur que le Pape. Audit chapitre *licet*, premier, *de prabend. in 6.* qui est de Clement III. Pape, il est rapporté que cette reservation dépend d'une ancienne coûtume, & cette coûtume est confirmée par ledit Clement. Par le chapitre *statutum*, qui est de Gregoire X. cette reservation est limitée dedans le mois de la vacation, aprés lequel passé le Collateur ordinaire peut conferer. Boniface VIII. *in cap. præsenti* au même titre étend cette reservation à ceux qui meurent à deux journées prés de la Cour de Rome, pourvû qu'ils soient Curialistes. Le même Boniface a fait une exception qui seroit belle en cas que telles reservations fussent tolerées, que les Eglises Paroissiales n'y sont pas comprises, ains peut le Callateur ordinaire les conferer librement, *cap. si Apostolica* au même titre, ajoûtant une raison belle, que la vacation de telles Eglises peut apporter peril aux ames. Mais toutes ces reservations sont contraires au droit commun ; car par les anciens Conciles aux seuls Evêques diocesains appartient de conferer les Benefices vacans en leur Diocese : même le grand Concile de Calcedoine chapitre 8. celui d'Agde en Languedoc, rapporté *in Can. monachum* 20. *quæst.* 4. par lesquels est dit que chacun Evêque doit pourvoir aux Clercs de son Diocese : & que nul Clerc ou Prêtre ne doit sortir hors son Diocese, ni abandonner son Benefice, ni vaguer sans lettres commandatices de son Evêque. Pourquoi ne doit être octroyé aucun privilege ni faveur aux Prêtres ni aux Beneficiers, qui abandonnant leurs Dioceses & leurs Benefices vont pour demeurer & être Officiers en Cour de Rome : & ne dût le Pape prendre aucun avantage pour soi de la faute que commettent tels Prêtres & Beneficiers, ains dût les renvoyer chacun en leurs Benefices & Dioceses. Et sera consideré que toutes ces regles de Chancelerie ne sont fondées sur aucuns anciens Decrets, & n'en resulte aucun avancement pour la police, discipline & regle de l'Eglise, mais au contraire plusieurs inconveniens en aviennent.

Aussi les resignations *in favorem* sont contraires aux anciens Decrets, même au Concile d'Antioche chapitre 23. rapporté *in Can. Episcopo* 8. *quæst.* 1. & à la constitution d'Innocent II. Pape *in can. Apostolica* au même lieu par lesquels est défendu aux Beneficiers de choisir leurs successeurs, afin qu'il ne semble que les Benefices soient possedez hereditairement : & de même est dit par Alexandre III. *in cap. ex transmissâ* au titre *de filiis Presbyt.* és Decretales antiques. Aussi toutes pactions, conditions & charges és matieres spirituelles, sont illicites & nulles. Ainsi est dit par Gregoire IX. *in cap. ult. extra. de pactis.* C'est pourquoi, selon l'opinion même des Canonistes, les resignations *in favorem* ne peuvent être admises par les Evêques diocesains ; même le Legat *à latere* du Pape ne les peut admettre, ains selon les traditions de Cour de Rome, ce droit appartient au Pape seul. Que si la chose de soi est illicite, le Pape ne peut faire qu'elle vaille. Et si tant étoit qu'on ne tint cette chose si precisement illicite que l'on ne peut, pour grande & urgente cause en dispenser, il faudroit que cette dispense ne fut pas octroyée sur la simple requête qu'on en fait, ainsi qu'il se pratique à

Rome, mais avec connoissance de cause, & que cela se traitât sur les lieux par les Evêques Diocesains sans aller à Rome, car la dispense qui se fait pour grande & urgente cause, n'est pas grace, ains justice & devoir. Et quand on reçoit à Rome une resignation *in favorem* sans juste & urgente cause, c'est directement contre les anciens Decrets, lesquels *etiam* pour cause de vieillesse & de maladie ne permettoient pas d'élire un successeur, mais bien permettent de bailler un Coadjuteur au Beneficier pour le soulager en sa charge. Ainsi dit saint Gregoire *in can. præsentium* & Pelagius *in Can. quia frater. 7. quæst.* 1. Lucius III. *in cap. de Rectoribus* & Innocent III. *in cap. ex parte, extra. de clerico ægrotante*: car selon les anciennes constitutions les Benefices sont donnez directement pour par les Beneficiers servir au public, & non pour leurs commoditez. Et quand le Beneficier a accepté le Benefice, il ne s'en peut défaire par sa seule volonté, mais faut qu'il en soit déchargé par celui qui l'en a chargé & est comme un mariage spirituel qui n'est dissolu par seule volonté. Ainsi dit le Pape Alexandre III. *in cap. admonet. extra. de renunciatione, & in cap. inter, extra. de translatione Episcopi.* Doncques est bien à propos que l'usage de ces resignations *in favorem*, qui sont admises en Cour de Rome, soit aboli, & si aucuns cas surviennent de tres évidente & urgente utilité de l'Eglise que les Superieurs ordinaires sur les lieux y pourvoient aprés connoissance de cause, à sçavoir les Evêques pour les Benefices de leurs Dioceses, & pour les Evêchez le Metropolitain par le conseil & avis de ses Suffragans Evêques de la même Province.

Quant aux commandes perpetuelles, elles n'ont aucun fondement és anciens decrets, mais y sont directement contraires, car par l'ancien établissement de l'Eglise nul ne pouvoit estre ordonné Prêtre sans titre, c'est à dire sans estre destiné specialement à une Eglise pour la desservir, & l'Eglise à laquelle il estoit destiné, s'appelloit son titre, & comme dit a esté, l'ordination du Prêtre faite sans titre estoit nulle, & chacune Eglise devoit avoir son Prêtre, qui lui fut propre & perpetuel, sans en avoir un emprunté. Ainsi fut statué au Concile de Rheims; & en un Concile tenu à Rome par Innocent II. qui sont rapportez *in can. sicut* & *in can. præcipimus* 21. *quæst.* 2. Et qui estoit une fois appliqué à une Eglise ne s'en pouvoit départir pour aller desservir à une autre, même nul ne pouvoit abandonner son Diocese, auquel il avoit esté promû aux Ordres sacrez, pour aller tenir benefice en un autre, sans congé exprés de son Evêque: ainsi fut ordonné au grand Concile de Nice premier chapitre 15. 16. & 17. & au Concile d'Arles premier chapitre 2. & 22. pourquoi nul ne devoit esperer de vivre du bien de l'Eglise, sinon qu'il tint un benefice en titre, ou fût du nombre certain des Clercs ordonné en chacune Eglise. Vrai est que quelquefois pour la necessité, comme si une Eglise estoit destituée de son Prêtre qui fût mort, & ne se trouvoit autre Prêtre pour le subroger promptement au lieu du défunt; l'Evêque du lieu pouvoit donner en commande cette Eglise au Curé de la Paroisse prochaine ou autre Prêtre; & ne pouvoient estre faites icelles commandes à plus long temps que de six mois. Ainsi fut ordonné par Gregoire X. *in cap. nemo. de electione in 6.* & si a aucun non encore Prêtre; mais constitué és Ordres sacrez, estoit conferée une Eglise Paroissiale, il la pouvoit accepter, pourvû qu'il fût au vingt-cinquiéme an de son âge, & à la charge de se faire Prêtre dedans l'an aprés la possession pacifique. Ainsi fut ordonné par ledit Pape Gregoire X. *in capi. licet Canon.* & par Boniface VIII. *in capi. commissa de electione in 6.* Cependant & en attendant sa promotion à Prêtrise, l'Evêque pouvoit bailler en commande ladite Eglise Paroissiale pour un bref temps selon ledit chapitre *nemo.* Saint Gregoire pratiqua la commande en un cas fort favorable & necessaire; L'Eglise & la Ville de Fondi avoient esté ruinées par les Infidelles, & n'y avoit moyen que l'Evêque y pût exercer sa charge. L'Eglise de Terracine voisine de là vint à vaquer par la mort de son Evêque, saint Gregoire constitua l'Evêque de Fondi, qui n'avoit plus d'Eglise, pour gouverner l'Eglise de Terracine, comme commandataire & Cardinal en ne lui ôtant pour cela l'Eglise de Fondi, parce qu'il estoit titulé en icelle. Il en appert par l'épître 13. ou 52. au livre 2. des épîtres dudit saint Gregoire, & est rapporté *in can. relatio, & can. illud* 21. *quæst.* 1. mais sans cause necessaire ou grandement urgente & utile les commandes sont pernicieuses, même les perpetuelles, attendu que celui qui est pourvû ne se soucie de se faire Prêtre, ni par consequent d'exercer la charge des ames, & prend le profit de l'Eglise sans en avoir la peine: ou bien si c'est un benefice regulier, il ne se soucie de se faire Religieux du même Ordre, qui fait qu'il est comme mercenaire & emprunté: car n'estant Religieux il n'a point de commandement sur les Religieux en ce qui est de la discipline monastique: qui sont toutes occasions de déreglement & dissipation de l'ordre & police Ecclesiastique. Et à cet égard semble une foible excuse & couleur quand il se dit que les benefices reguliers accoûtumez d'estre baillez en commande peuvent estre commandez; car selon les anciens decrets la coûtume, qui est de chose illicite, ne doit estre alleguée comme estant corruptele. Ainsi dit Innocent III. *in cap. cùm venerabilis. extra. de consuet.* A ces moyens semble que l'abolition des commandes perpetuelles est necessaire pour le bien de l'Eglise, & que les commandes temporelles ne soient tolerées pour plus de six mois ou un an, & ce pour la necessité ou utilité de l'Eglise, & non la commodité de la personne, comme il est dit audit chapitre *nemo.*

Autre grand déreglement se trouve en l'Eglise par le moyen des exemptions & privileges, en ce que les Papes depuis quatre ou cinq cens ans en çà ont pris la protection speciale d'aucuns ordres de Religion en general, & d'aucuns Manasteres, Colleges & Eglises en particulier, en les exemptant de la sujetion & commandement des Evêques Diocesains, & les declarant estre en la sujetion immediate du siege Apostolique. Et pour connoître de leurs causes & affaires ont deputé & delegué des Conservateurs de leurs privileges, ou

D ij

bien en ont attribué la connoissance aux Superieurs des mêmes ordres, privativement à tous autres Juges d'Eglise, dont sont avenus plusieurs dereglemens, même en ce que la superiorité & le commandement estant éloignés de telles maisons, les Religieux en particulier se sont plus facilement abandonnez à mal faire à cause de l'impunité : & encore que les Superieurs des mêmes ordres en ayent esté avertis, ils en ont dissimulé pour ne scandaliser leurs ordres; Et ceux qui ont esté offensez & interessez, n'ont eu moyen d'en tirer leur raison, sinon avec tres grande difficulté & frais. Et sembleroit beaucoup mieux & plus expedient que selon les anciens decrets toutes Eglises, soit monastiques ou seculieres, fussent sujetes à la visitation, commandement & correction des Evêques Diocesains des territores, esquels elles sont assises; ainsi fut decidé au Concile d'Orleans chap. 19. rapporté au grand decret *in can. omnes Basilica 16. quæst.* 7. & au Concile de Tolete 3. & de Châlon 2. rapporté *in can. si quidam & in can. decretum.* 10. *quæst.* 1. la raison y est; car puis qu'au seul Evêque en son Diocese appartient la conservation des Eglises, l'ordination des Prêtres, & la benediction des Vierges, sans qu'aucun autre Prelat, quelque dignité ou privilege qu'il ait, puisse exercer les actes susdits, comme il est dit *in can.* 1. 25. *dist.* c'est raison qu'à lui seul appartienne la correction des fautes, punition d'icelles, deposition & destitution de leurs ordres & charges, qui est la raison mise par Innocent III. au chap. *venerabilem. extra. de elect.* au chap. *cùm ex injuncto extra. de hæret.* On dira que le Pape est pardessus, & est vrai; mais c'est pour en connoître par degrés, si par le moyen des appellations & de la negligence des inferieurs la cause va jusques au siege Apostolique Romain. Car en premiere instance comme l'Archevêque ne doit entreprendre sur l'Evêque de sa Province, ni le Primat sur l'Archevêque, ainsi pour bien conserver l'ordre, & selon l'Analogie pour bien conserver l'ordre de Hierarchie, le Pape ne doit mettre la main par tout en premiere instance : parce que lui estant éloigné des païs de France, Espagne & Germanie, ne peut pas si bien connoistre le fait quel il est, qu'elles sont les circonstances de tout le negoce, comme font les Evêques sur les lieux. Et ores qu'il fasse la delegation *ad partes*, il ne connoît pas ceux ausquels il adresse la delegation, & peut y estre surpris sans qu'il s'aperçoive de la surprise. Outre cela les frais & vexations des voyages engendrent une spece d'injustice, en tant qu'il n'est ainsi facile au pauvre d'avoir raison du tort qu'on lui fait comme au riche. Aussi le Pape estant Souverain doit emploïer sa puissance avec amour & bonté pour conserver les droits de ses inferieurs : & non pour leur ôter ou diminuer. Et, comme dit a esté ci-dessus, il est Chef de l'Eglise non *ad instar* d'un Monarque, mais comme Chef du gouvernement Aristocratique, comme *verbi gratia* est le Duc à Venise.

Quant aux pensions sur benefices, l'Eglise de France jusqu'à present les a reçûës pour deux causes. l'une pour bien de paix, l'autre, afin que celui qui resigne son benefice n'endure beaucoup de dommage par sa resignation. Encore les Cours Souveraines de ce Royaume ont modifié pour n'avoir les pensions lieu sur les benefices Cures, & que la pension n'excede le tiers du benefice. Or par ce que ces pensions ne sont créées sans paction precedente, & qu'en matieres beneficiales & spirituelles toutes pactions sont alloyées & mêlées de simonie, & partant reprouvées, comme dit Gregoire IX. Pape *in cap. ult. extra. de pactis.* Innocent III. *in cap. prætereà. extra. de transact. in cap.* 1. *vers. unde credimus extra. ut Ecclesiastica Beneficia sine diminutione capitua. extra. de simonia.* Et est dit plus ouvertement & expressement par ledit Innocent III. *in cap. nisi essent extra. de præbend.* és Antiques, où est faite la distinction, si la pension est avisée & ordonnée par les arbitres qui avoient à juger le procés mû pour raison du benefice, ou si elle est créée par paction entre les competiteurs & collitigans. Au premier cas le Pape tolere la pension comme par grace, ayant respect à la prudence & discretion des arbitres, & en telle sorte que la seule personne y soit obligée, & non le benefice. Au second cas, quand la paction y est, le Pape dit qu'il ne l'eût tolerée comme participant de simonie, ainsi Alexandre III. son predecesseur l'avoit ordonné *in cap. cùm pridem. extra. de pactis.* A cause de cet inconvenient de simonie ou vehemente suspicicion d'icelle, a esté défendu aux Collateurs ordinaires d'admettre ces creations de pensions, & a esté reservé au seul Pape, auquel on a attribué cette autorité, qu'il ait droit de dispenser par dessus le droit : & ainsi ledit Innocent III. *in cap. proposuit extra. de concessione prabenda.* Mais semble tres-expedient qu'il soit determiné en Concile general, que cette puissance souveraine du Pape n'est absoluë, & à seule volonté, comme d'un Monarque : ains enserrée, controllée & reglée selon les anciens Conciles, & Decrets, & Sentences des saints Docteurs. Ainsi autrefois l'ont protesté aucuns Papes, Zozimus Pape *in can. cōtra.* Urbanus Pape, *in can. sunt quidā.* Leon IV. *in can. ideo* 25. *quæst.* 1. disans que les Papes ne peuvent rien statuer contre les saints Canons & Decrets des saints Peres. Puis qu'ainsi est que les Decrets ont declaré telles pactions estre illicites & participans de simonie, il est assez à propos de dire que le Pape ne peut faire estre bien, ce qui de soi est mal : car ces creations de pension sont faites en vertu de pactions precedentes, & sur les consentemens des collitigans, ou du resignant & resignataire.

Quant au premier cas qu'on dit estre *pro bono pacis*, semble estre chose indigne de l'integrité Ecclesiastique de plaider les benefices : car ils doivent estre conferez par le choix du Collateur ordinaire, lequel doit connoître les Clercs de son Diocese & la suffisance de chacun, & non par la demande que la pretendant en voudra faire : & comme dit un ancien Canon, le benefice doit estre donné à celui qui le fuit & refuse, & doit estre refusé à celui qui le demande. Les procez des benefices viennent pour la plûpart à l'occasion des impetrations qui se font à Rome, soit par prevention, quand le Pape concurre avec l'Ordinaire, ou par devolut, ou par resignation *in favorem.* Et à Rome sont admises infinitez de clauses & dispenses contraires au droit ancien, qui font cause qu'on s'adresse à Rome, parce que les Collateurs ordinaires n'en peuvent dispenser. En sorte qu'il semble que les regles de Chancelerie, & autres subtilitez en matiere beneficiale, ayent esté inventées à écient pour donner occasion d'aller à Rome, pour en dispenser. Si la pleine disposition des benefifices estoit delaissée aux seuls Diocesains & Collateurs ordinaires, bien à peine se trouveroient deux pretendans un même benefice, & on n'en plaideroit point. De vrai il seroit expedient que par la loi generale fut dit, que qui plaide benefice fût jugé ambitieux, & par consequent indigne de benefice, comme a esté dit autre part : ainsi aviendroit quand il n'y auroit point de procez, qu'on n'auroit que faire de créer de pension pour appaiser le procez ; & à cet égard cesseroient les pensions.

Quant au second cas, qui en cas de resignation, afin que le resignant ne souffre dommage ; cette cause est contraire aux anciens Decrets qui défendent au Prêtre qui a esté destiné à un titre & à un benefice, de l'abandonner, soit pour en prendre un autre, soit pour se tenir oisif ; car comme disent lesdits Decrets, c'est un mariage spirituel entre le beneficier & son Eglise. Ainsi dit Innocent III. au chap. *inter. extra. de translat. Episcopi.* Pourquoi ne peuvent & ne doivent les beneficiers de leur seule volonté quitter les benefices qu'ils ont une fois acceptez. Ainsi dit Alexandre III. *in cap. admonet. extra. de renuntiat.* Et la peine a esté autrefois apposée contre celui qui resigne & quitte un benefice pour en avoir un autre, qu'il doit estre privé de tous deux, tant de celui qu'il a desiré par avarice & ambition, comme de celui qu'il a delaissé en le méprisant par orgueil. Ainsi dit Leon Pape *in can. si quis Episcopus 7 quæst.* 1. Et Innocent III. en la decretale entiere *cap. bona* 1. *extra de elect.* Doncques celui qui tient le benefice doit s'abstenir de le resigner : par consequent ne sera besoin de créer pension en resignant. S'il connoît ne pouvoir suffire à la charge par vieillesse ou infirmité continuelle d'esprit & de corps, il doit demander un Coadjuteur : c'est l'ancien remede introduit par les saints Decrets. Gregor. *in can. præsentium* & Nicolaus Papa *in can. Pontifices 7. quæst.* 1. Lucius III. *in cap. de Rectoribus* & Innocent III. *in cap. ex parte extra. de Clerico ægrotante.* Comment que ce soit, il n'y a raison que celui qui ne fait aucun service à l'Autel, soit entretenu du bien & revenu de l'Autel ; & seroit contre la regle declarée par l'Apôtre saint Paul. Pourquoi semble qu'en tout cas les pensions doivent estre abolies.

Aussi sembleroit expedient d'estre decidé & arrêté ; que nulles causes de Provinces éloignées ne pourroient estre traitées en premiere instance à Rome, ni aussi *ad partes* par delegation du Pape, quand bien la delegation seroit faite pour juger consistoirement. Du temps des Papes Alexandre III. Innocent III. Gregoire IX. Innocent IV. Gregoire X. Boniface VIII. il estoit ordinairement pratiqué que des Provinces de France, Angleterre & Germanie on plaidoit à Rome en premiere instance ; non seulement en matieres spirituelles & Ecclesiastiques, mais aussi en matieres profanes, & entre personnes laïes, tant en actions personnelles que réelles, & pour peu de chose : comme l'on connoît par la lecture des decretales en grand nombre, qui sont au livre des decretales antiques, du Sexte & des Clementines, même au titre *de rescriptis*, & en tout le second livre, qui est la matiere judiciaire.

Par même moïen fut dit & decidé, qu'à Rome ne seroient traitées les causes d'appel, obmis le moïen, c'est à dire que les appellations ne fussent relevées sinon par degrez de l'Evêque à l'Archevêque, de l'Archevêque au Primat, du Primat à Rome, en derogeant à l'usage par laquelle les Papes disoient avoir droit de connoître de toutes appellations, obmis le moïen, quand on appelloit formellement à eux, comme il se voit *in cap. congregato. extra. de elect.* Et disent les Docteurs Canonistes, que c'est un des cas appartenans specialement au Pape de mépriser les degrez des appellations. Encore audit cas que la cause fût devoluë à Rome, le Pape fût tenu donner des Juges deleguez *ad partes* au même Diocese, dont le défendeur au principal est domicilié ; si ce n'étoit que les parties par mutuel consentement accordassent de subir, & se soûmettre au jugement du Pape : comme autrefois estoit pratiqué, & est rapporté en la decretale entiere d'Innocent III. *cap. cum inter. extra. de consuetud.* ou bien si les Evêques & Juges Ecclesiastiques en causes difficiles avisoient par forme de consultation, requerir l'avis du Pape. Ce qui se pratiquoit souvent au temps des Papes Alexandre III. & Innocent III. qui estoient grands canonistes & sçavans au Droit Civil, lesquels à cet égard se rendoient fort faciles, disans que c'est la propre charge du Pape, comme l'on voit en plusieurs decretales entieres *cap.* 1. *cap. cum inter, extra. de rescriptis. cap. lecta, extra. de renunt. cap. consultationibus de offic. deleg. cap. gratum* au même titre & infinité d'autres. Au Concile de Bâle fut statué ; & le Decret fut accepté par l'Eglise de France, & inseré en la Pragmatique Sanction sous le titre *de causis* ; que les causes ne seroient traitées à Rome en premiere instance, & en cas d'appel que le Pape delegueroit *ad partes.* Et parce qu'on tient cette Pragmatique Sanction pour abolie au Concile de Latran tenu à Rome par Leon X. seroit expedient, qu'en Concile general la question fut decidée, à ce que les Papes ne pussent dispenser contre. Vrai est qu'en France ledit Decret *de causis* a été assez bien observé par le moïen des appellations comme d'abus qui sont jugées ès Parlemens, & ont servi de bride aux entrepreneurs & vexateurs, qui abusans de cette puissance absolue du Pape obtenoient des rescrits adressans où bon leur sembloit. Nonobstant ce est avenu de nôtre temps qu'une cause matrimoniale pour un Seigneur de grande & illustre maison a été deleguée à certains personnages pour la juger consistorialement en France ; ce qui fut executé, parce que nul ne s'y opposa, peut-être à cause de la partie poursuivante. Or, comme dit est, nous observons ledit Decret *de causis.* Aussi plusieurs ne tiennent pas ce Concile de Latran, commencé à Rome par le Pape Jules II. & continué par Leon X. son successeur ; pour Concile general & Oecumenique ;

ni même pour Concile legitime par plusieurs raisons, même parce qu'il ne fut assemblé que pour donner couleur aux accords ja faits entre ledit Pape Leon & le Roi François I. ausquels accords le Pape s'étoit ja obligé avec la conclusion dudit Concile, & avoit ja prevenu les opinions des Evêques, & prejugé ce qui devoit être jugé par eux en Concile : tellement que les Evêques n'avoient plus leurs voix libres. Et de fait aucuns Evêques assemblez audit Concile en firent quelques remonstrances, même l'Archevêque de Trani en la session 11. du 15. Decembre l'an 1516. Les raisons alleguées au Decret dudit Concile de Bâle & repetées en la Pragmatique Sanction sous le titre *de causis* sont tres-urgentes pour, quand il n'auroit point été ordonné, l'ordonner de nouvel ainsi, à sçavoir la vexation & les frais d'aller plaider au loing, l'oppression des pauvres n'aïans moïen de fournir aux frais par les puissans & riches, le pervertissement de l'ordre ancien Ecclesiastique, & le prejudice qui se fait à la Jurisdiction ordinaire des Evêques.

Soit qu'il y ait Concile general, auquel soient traitez & decidez les remedes propres à tous les inconveniens susdits, ou qu'il n'y en ait point ; le Roïaume de France ne laissera d'avoir l'expedient & utilité d'un Concile national, comme il a été dit cidessus, auquel seront traitez & decidez les points qui concernent en particulier l'Eglise de France, & seront aussi repetez & remis en usage les Decrets des anciens Conciles qui sont comme effacez par desaccoûtumance, sous la protestation expresse de ne prejudicier à la superiorité de l'Eglise Romaine, ains la reconnoître selon les anciens Conciles & Decrets, & de traiter audit Concile national seulement ce qui concerne la direction politique des Eglises de France, pour la promotion des personnes aux Dignitez & Charges, pour l'administration des biens & direction des mœurs : sans aucunement toucher aux points de la Doctrine Chrétienne ja decidée par le Concile de Trente & par les anciens Conciles & Decrets, & à la charge d'envoïer à sa Sainteté les articles qui seront decidez audit Concile national, comme d'ancienneté les Eglises avoient accoûtumé d'envoïer les unes aux autres témoignage de ce qui avoit été ordonné en leurs Conciles pour en avoir leur avis, & pour, si possible étoit, se trouver toutes concurrentes en même opinion, regle & police, & pour recevoir avertissement les unes des autres, avec conseil, si aucun Decret seroit sujet à reformation, pour par les mêmes Peres statuans le reformer s'il y écheoit, sinon en remettre la decision au Concile general Oecumenique. Ainsi au Concile d'Antioche est écrit que le Sinode assemblé audit lieu adresse les statuts y arrêtez à ceux des autres Provinces, esperant que toutes seront de même avis, comme aussi les Eglises par mutuelle amitié étoient soigneuses de l'amitié & de l'union les unes des autres. Ainsi au Concile d'Afrique 7. y a un article deliberé d'envoïer de la part dudit Concile vers Innocent Pape de Rome, pour appaiser le different qui étoit pour la primatie entre l'Eglise de Rome & l'Eglise d'Alexandrie ; ce qui fut peu de temps auparavant le grand Concile de Calcedoine, où la question fut determinée. Ou bien si l'Eglise de France ainsi assemblée en Concile national avisoit par humble devotion se soûmettre à la confirmation que le Pape feroit des Decrets dudit Concile par le conseil, sentences & suffrages de ceux que l'Eglise universelle de la Chrétienté auroit nommez pour être Conseil ordinaire du Pape, ainsi qu'il est dit ci-dessus.

Doncques les Evêques & Archevêques de France étant assemblés en telle Ville commode, que le Roi Catholique de France aura ordonné, ou de laquelle selon sa permission les Archevêques de France ou leurs Deleguez se seront accordez : qui soit, s'il est possible au milieu du Roïaume ou approchant : & auquel Concile ne soient reçûs pour avoir voix deliberative, sinon les Evêques & Archevêques : bien pourront y être admis les Chefs des Ordres monastiques, & de chacune Province deux ou trois Abbez des Monasteres, qui ne sont sous aucun chef d'ordre ; ensemble les Docteurs en Theologie & en droit Canonique, deux ou trois de chacune Université, admis, dis-je, pour faire remontrances & dire raisons de ce qu'ils aviseront à proposer, & pour dire leur avis s'ils en sont requis. Audit Concile les Archevêques auront leurs seances les premiers, selon le temps de leurs ordinations : & aprés eux les Evêques aussi selon le temps de leurs ordinations, qui est l'ancien ordre rapporté *in can. Episcopis* 17. *dist.* & au Canon *placuit* tiré du Concile de Châlons 18. *distinct.* Les Archevêques & Evêques estans assemblez, aprés avoir oüi la Messe du S. Esprit à la maniere accoûtumée, éliront un d'entr'eux pour presider audit Concile national, pour recueillir les voix & conclure selon la pluralité d'icelles, comprise sa voix : auquel president sera donné titre de Primat general ou Patriarche de France : car comme il a esté dit cy dessus, Primat & Patriarche c'est une même dignité sous noms divers, comme il est rapporté *in cap. duo sunt* au titre *de officio ordinarij* és decretales antiques & *can.* 1. 99. *distinct.* Ainsi l'Archevêque de Lion, qui a titre de Primat, est nommé Patriarche au Concile de Mâcon 2. & l'Archevêque de Bourges Primat est nommé Patriarche *in can. Conquestus.* 9. *quæst.* 3. Et outre sa presidence au Concile national, son pouvoir durera jusques à la tenuë de l'autre Concile national qui sera assigné à des temps & lieu certains par les Peres du Concile avant que la dissolution dudit Concile se fasse. Et pour tout ledit temps aura superiorité sur les autres Evêques, Archevêques & Primats particuliers de France, pour exercer sa puissance selon les anciens decrets, & particulierement sera ordonné audit Concile national. Ainsi se faisoit és Conciles nationaux d'Afrique, que les Prelats assemblez élisoient un Primat, non pas selon la dignité du siege, auquel il estoit proposé avant l'élection, mais selon ses merites ; & est rapporté par saint Gregoire en l'épître 72. *ad Gennadium. lib.* 1. & au Canon *Sicut* 23. *quæst.* 4. Ou bien sera avisé par les Peres du Concile en l'assemblée generale, ſi le Patriarche ainſi élu devra eſtre en cette dignité pour toute ſa vie, comme ſont les autres Prelatures de l'Egliſe. Ce ne ſera pas choſe nouvelle que cette nation de France, qui eſt ample & grande, ayant quatorze Provinces & Archevéchez, ait un Patriarche *etiam* ſans le congé du Pape de Rome, car les Patriarches d'Alexandrie & d'Antioche furent établis par le conſentement des Egliſes, qui s'y ſont renduës ſujetes avant que la paix temporelle fut en l'Egliſe, & avant que le Pape de Rome fut reconnû univerſel par les Egliſes d'Orient. Il ſe lit que le Patriarchat d'Aquilée par le conſentement des Evêques y ſujets fut parti en deux, pour eſtre les ſieges à Aquilée & à Grade. Au Patriarchat d'Aquilée demeura ce qui eſt de terre ferme en Italie juſques à la riviere de Menzo; à celui de Grade fût attribuée l'Iſtrie & ce qui eſt és Iſles de Veniſe. Et celui de Grade fût transferé à Veniſe par Nicolas V. Pape en l'an 1450. Ainſi le Primat ou Patriarche de Bourges fut donné pour l'Aquitaine, lors que les Gaules eſtoient comptées pour trois nations. Et le Primat de Lion fut ordonné pour la Gaule Celtique, dite Lionnoiſe, au méme temps de la domination des Romains: comme l'Archevéque de Treves fut fait Primat de la Gaule Belgique, parce que Treves pour quelque temps avoit eſté ſiege de l'Empire, ainſi que témoigne Auſone en ſon Poëme intitulé *Moſella*. Comme les dominations temporelles ont eſté changées, ainſi ont eſté changées les Primaties, car ſous le Roi Gontran au Concile de Mâcon 2. l'Archevéque de Lion eſt nommé Patriarche pardeſſus les Archevéques de Bourdeaux, Auch, Bourges, qui d'ancienneté eſtoient de la nation & Primatie d'Aquitaine, & outre eſt pardeſſus les Archevéques d'Aix, Arles & Tarentaiſe, qui auparavant étoient de la Gaule Narbonnoiſe. Et au même Concile aſſiſterent les Archevéques de Sens, Roüen & Bezançon, qui d'ancienneté étoient de la méme Gaule Celtique. Cette Hiſtoire ſert pour montrer que ce n'eſt pas choſe nouvelle, qu'il y ait un Primat general ou Patriarche en France, autre que les Primats qui étoient d'ancienneté, puis que le tout de la France n'eſt aujourd'hui qu'une nation ſous un ſeul Roi, & que de tout temps eſt obſervé que ſelon la domination temporelle les ſieges des dignitez Eccleſiaſtiques ont eſté établis.

Ledit Primat ou Patriarche à ſon élection promettra avec ſerment ſur les ſaints Evangiles de ſe rendre ſujet aux decrets qui ſeront faits au méme Concile, ou autres ſuivans nationaux, ſans pouvoir diſpenſer contre, ſinon en tant que les mémes Conciles lui auront permis, ou que par les biens anciens decrets eſt permis aux Ordinaires de diſpenſer. Prometra auſſi de tout ſon pouvoir l'aſſemblée du prochain Concile national, dans cinq ans aprés le Concile fini, en telle bonne Ville commode que le Roi aviſera, ou par ſa permiſſion les Peres du Concile aviſeront avant la diſſolution d'icelui: laquelle aſſignation ſera publiée à la tenuë dudit Concile. Ainſi ſe trouve fait au Concile de Tolete 3. ſous Recaredus Roi chap. 18. & au Concile de Mâcon 2. ſous le Roi Gontran, horſmis que le terme eſt de trois ans, & en eſt donnée la charge à l'Archevéque de Lion, lors nommé Patriarche, pour ſolliciter envers le Roi. Prometra auſſi de procurer, tant que ſon Patriarchat durera, que de cinq en cinq ans y ait Concile national en France, & ſe ſoûmettra de pouvoir eſtre deposé de ſa dignité de Primatie, s'il eſt negligent ou delayant d'y ſatisfaire. Cette forme de ſoûmiſſion à perdre ſa dignité a autrefois eſté pratiquée, & eſt approuvée par Innocent III. *in cap. cum dilectus. extra de electione.*

Le Primat general ou Patriarche de France, pour honorer le memoire de S. Pierre, & unité de l'Egliſe, aprés ſon élection ſoit tenu d'envoyer au Pape la lettre portant témoignage de ſadite élection, avec un acte ſolemnel contenant profeſſion de ſa Foi, ſelon les anciens decrets, méme des quatre premiers Conciles Oecumeniques, & ſelon que la doctrine Chrétienne eſt rapportée par le Concile de Trente, & au pied ſon humble ſupplication d'avoir agréable ſon élection & ſon adminiſtration. Et ne ſera beſoin audit Primat d'autre ceremonie de confirmation ou conſecration, parce que le Primat ſe trouvera Evéque ja conſacré: car le Primat ne pourra eſtre élû, ſinon que ja il ſoit Evéque. Sera ſur ce noté qu'au Concile de Florence ſous Eugene IV. auquel les Prelats de l'Egliſe Grecque furent aſſemblez avec les Prelats de l'Egliſe Latine, aprés que Joſeph Patriarche de Conſtantinople fut decedé à Florence, le Pape preſſa fort leſdits Prelats de l'Egliſe Grec, que d'élire au méme lieu un Patriarche au lieu du défunt, afin qu'il fût confirmé par le Pape: ce qu'il refuſerent faire, diſans que la coûtume eſtoit de faire l'élection à Conſtantinople, & que là il devoit eſtre confirmé & conſacré, & que l'Empereur, qui eſtoit preſent audit Concile, n'endureroit pas qu'autrement fût fait: qui montre qu'il n'eſt pas neceſſaire, que celui qui eſt élû Patriarche ſoit confirmé par le Pape. La France merite bien d'eſtre favoriſée à cet égard par les Papes, quand bien cet établiſſement de Patriarche en France ſeroit à faire par eux & dépendroit de leur ſeule volonté, veu les grands merites de la France envers le ſiege Romain, méme en ce que Rome & toute l'Italie fut délivrée de la tyrannie & oppreſſion des Lombards par la puiſſance & armes des François, en ce que durant cent ans que l'Empire a duré és mains de Charlemagne & de ſa lignée, Rome & Italie ont eſté entretenuës en paix, & aprés leur Empire failli ont eſté continuellement travaillées par ſeditions & guerres inteſtines, comme témoigne Sabellique au liv. 1. de la 9. Enneade. Innocent III. en la decretale entiere du chap. *novit extra. de judic.* dit que l'exaltation du Royaume de France a toûjours eſté le ſurhauſſement du ſiege Apoſtolique, & que ledit Royaume a toûjours eſté beni de Dieu, & Honoré III. Pape en la decretale entiere du ch. *cum creatura de celeb. miſſ.* és Antiques dit, que l'Egliſe de France a toûjours eſté comme la chandele ſur le chandelier éclairant aux autres Egliſes. Auſſi ce n'eſt pas choſe nouvelle en l'Egliſe que chacune nation ait ſon Patriarche. L'Archevéque de Tolede ſe dit Patriarche en Eſpagne. L'Archevéque d'York Patriarche en Angleterre. L'Archevéque de Bourges Patriarche en Aquitaine. Le Patriarche d'Alexandrie a été établi pour l'Egipte & partie d'Afrique ; celui d'Antioche pour la Syrie & la grande Asie ; celui de Constantinople pour la Grece & l'Asie mineure, comprises les Regions proches de la mer Euxine, dite de present la mer majeure ; le Patriarche de Jerusalem pour la Palestine, Judée & Arabie.

Ledit Primat aura droit de faire porter devant lui la Croix double en tous les lieux des Provinces sujetes à son Patriarchat, sauf si le Pape se trouvoit en personne en aucun desdits lieux. Ainsi est dit de l'Archevêque d'York Primat en Angleterre par Alexandre III. *in cap. primo extra. ut lite pendente* & par Innocent III. au chapitre *antiqua extra de privilegiis*, où il parle desdits quatre anciens Patriarches. Auquel chapitre est dit que lesdits Patriarches aprés avoir reçû le *Pallium* par la concession du Pape, pourront l'octroïer aux Archevêques sujets à leurs Patriarchats. Mais le *Pallium* n'est pas de necessité precise, ains seulement de bien-seance, jaçoit que l'on die que par l'octroi du *Pallium*, soit attribuée la plenitude de puissance, & qu'auparavant la reception nul ne se doive nommer Archevêque ; à quoi se rapporte ce qui est dit audit chapitre *antiqua*, & au chapitre 3. *de auctor & usu pallii.* Toutefois à bien considerer les anciens Decrets, le *Pallium* souloit être envoïé par les Papes comme par gratification, aprés que les Archevêques leur avoient envoïé leur profession de Foi, avec l'acte & témoignage de leurs élections, ainsi qu'il se connoît par le Decret *quoniam* 100. *dist.* qui est de Pelage Pape qui fut environ l'an 554. dont se peut recueillir que la profession de Foi étoit la principale ceremonie. Et S. Gregoire au Canon *prisca* au même lieu dit que le *Pallium* ne souloit être octroïé que pour grands merites, & aprés en avoir fait instante demande. Et par le Canon *rationis* il appert que S. Gregoire envoïa le *Pallium* à Syagrius Evêque d'Autun, jaçoit qu'il ne fut pas Archevêque, ains simple Evêque suffragant sujet à l'Archevêque de Lyon : & en augmentant cette gratification bien souvent en envoïant le *Pallium*, celui à qui il estoit envoïé, estoit constitué Vicaire du Siege Apostolique en son Evêché & Province en consequence de sesdits merites. Lesdits Canons & Decrets sont tirez des Epîtres de S. Gregoire Livre 4. épître 15. ou 59. & épître 51. & Livre 7. épître 5. & 112. Le même S. Gregoire en l'épître 93. Livre 2. dit que les Archevêques n'en souloient user sinon és Messes solemnelles : desquels argumens resulte que le *Pallium* n'estoit pas de necessité precise, ains de grace & bien-seance, selon les merites des Evêques & Archevêques, qui le desiroient. Et peut-estre que la source & origine en est dés le temps de l'ancienne Eglise ; car il se trouve que ceux qui abandonnoient les honneurs & richesses du monde pour se faire vrais Chrétiens pauvres, laissoient la togue, qui estoit le vêtement d'honneur, & prenoient le *Pallium* qui estoit un habit sans façon tout d'une venuë, ainsi que dit Tertullian au Livre *de Pallio*, & en est parlé au Concile des Granges chapitre 12. De present est observé à Rome que le *Pallium* est de laine blanche & court ; mais se peut croire que par l'occasion d'envoïer à Rome sa profession de Foi & recevoir le *Pallium*, a esté introduit l'usage que les Archevêques prenoient confirmation du Pape, & par même moïen le Pape tiroit d'eux le serment de fidelité, jaçoit que de grande ancienneté la confirmation des Archevêques appartint aux Evêques suffragans de la même Province, comme il fut statué au Concile d'Orleans 2. chap. 7. Et quant au serment que le Pape tire encore aujourd'hui des Archevêques & autres qui prennent leurs provisions à Rome, dont la formule leur est envoïée sous le plomb avec leus Bulles, & est mise au chap. *ego. extra. de jurejur.* c'a esté entreprise qui estoit nouvelle au temps du Pape Paschal II. comme appert par la lecture de la Decretale entiere *in cap. significasti. extra de elect.* où il est recité que le Roi de Cicile se plaignoit de ce serment que le Pape tiroit des Evêques de son Roïaume, disant que les Conciles ne chargeoient les Evêques de ce serment ; à quoi le Pape répond que les Conciles ne lui font la loi, ains que les Conciles prennent leur force & efficace du Pape. Doncques quant au *Pallium*, le Primat General pourra le demander, & en le recevant se sentir d'autant honoré, mais sans icelui ne laissera d'exercer sa charge.

Soit aussi statué que le Primat General de France aura sa residence de repos en la Ville dont il se trouvera Evêque : & neanmoins pourra resider une bonne partie de l'année en telle bonne Ville de France, commode, & de facile accés que le Concile avisera aprés son élection, & neanmoins pourra & devra se transporter és autres bonnes Villes du Roïaume, & y arrêter quelque temps, & visiter toutes les Provinces de France selon qu'il avisera, & afin que sous pretexte de procurations, dont est parlé au Droit Canonique, les Evêques & autres Prelats & Beneficiers ne soient chargez de fraix, sera avisé sous l'autorité du Roi par la deliberation du Concile quelle pension en deniers sera payée par chacun an audit Primat ou Patriarche, laquelle sera levée *ad instar* de decime sur tous les Benefices du Royaume autres que les Eglises Paroissiales, dont le revenu n'excede soixante écus par an, & les Hôpitaux. Aussi ledit Primat ne prendra Annates, ni compositions, ni autres droits pour les expeditions qu'il fera : seulement les Officiers prendront taxe moderée, selon que la taxe sera faite par trois Evêques choisis de tout le Concile.

Ledit Primat n'entreprendra ce qui est de la charge ordinaire des Evêques en premiere instance : ains seulement connoîtra en cas d'appel par degrez : ou si l'Evêque ou Archevêque estant decedé, aucune des Eglises s'adresse à lui, ou si l'inferieur est delayant ou refusant de faire raison, ou si aucun cas de tres-grande importance survient. Par les anciens Decrets est statué que le Primat & Metropolitain ne doivent rien entreprendre és Dioceses de leurs suffragans sans leur consentement. Ainsi dit Celestin III. Pape *in cap. sicut unicè extra. de excess. Prelat.* Vrai est qu'Innocent III. *in cap. duo simul. extra.*

extra. de offic. ordin. excepte si ce n'estoit que le Siege Apostolique veüille honorer un Primat par privilege & faveur. Mais tous ces privileges sont grandement contraires à la police & union de l'Eglise, qui requiert qu'à chacun son droit soit conservé, & qu'il n'y ait acception de personnes. Pourquoi est tres-expedient que l'usance introduite par les Decretales; selon laquelle est loisible d'appeller au Pape obmis le moyen soit du tout abolie, & par consequent soit du tout interdite au Primat ou Patriarche.

S'il avenoit que le Primat General, ou Patriarche decedât en temps, qui fût éloigné de plus de demi an de la tenuë du prochain Concile national, l'Archevéque de France de plus ancienne Ordination procurera l'assignation & tenuë du Concile national extraordinaire, à plus bref jour competent que faire se pourra, pour audit Concile estre procedé à l'élection d'autre Primat, & y estre traité & decidé des mémes affaires qui pourroient estre traitées & decidées au Concile national ordinaire.

S'il n'est resolu au Concile General d'abolir les exemptions, pour ce peut-estre qu'il n'y aura point de Concile general, qui se puisse convoquer avec les conditions ci-dessus touchées, pour contenter toutes les Nations de Chrétienté, ou par quelque autre occasion, soit avisé au Concile national quelque moyen provisionel pour donner ordre au déreglement, qui est ci-devant avenu, & qui chacun jour avient en la Police de l'Eglise par le moyen des exemptions & privileges, sans enfraindre directement ou par forme de contradiction ouverte, les constitutions des Papes, ains par temperament, & avec observation de la plus grande modestie que faire se pourra; soit avisé au Concile national de suspendre & tenir en surseance l'effet de toutes exemptions & privileges pour dix ans, ou jusques à ce que par le Concile general assemblé au contentement des Nations principales de Chrétienté y ait esté pourvû diffinitivement. Pendant lequel temps de surseance, les Evéques, Archevéques, & Primat general, chacun en son degré exerceront le pouvoir ordinaire qu'ils ont par les anciens Derets, pour connoître & juger de tous affaires Ecclesiastiques & spirituels, chacun en son Diocese & en sa Province : de juger & reformer ce qui sera à reformer, & pourvoir en tout, comme s'il n'y avoit aucun privilege ou exemption. Par les anciens Conciles & Decrets, même par le grand Concile de Calcedoine, qui est l'un des quatre Oecumeniques, tenus comme l'Evangile, chapitre 4. est dit que tous Moines & Monasteres seront sujets à l'Evêque du Diocese; & ainsi est dit és capitulaires *lib. 5. cap. 25. & 27. & lib. 6. cap. 137.* est dit par exprés des Abbez. Selon les raisons & autoritez touchées ci-dessus, on peut dire que les Papes n'ont pû dispenser contre ledit Concile en octroiant des exemptions. Au Concile d'Orleans national pour la France, qui est plus ancien que lesdites exemptions, chap. 19. fut ordonné que toutes Eglises assises en un Diocese seroient sujetes à l'Evêque Diocesain, & est rapporté au Canon *omnes Basilicæ 16. quæst. 7.* Ainsi fut statué és Conciles de Lerida & de Tolede en Espagne rapportez *in can. 1. & 2. 10. quæst. 1.* & au Concile de Châlon *in can. Decretum* & au Concile d'Antioche *canon. quacumque* en la même question, & en un autre Concile d'Orleans, chapitre 21. rapporté *in can. Abbates 18. quæst. 2.* est dit que tous Abbez & Chefs de Maisons Monastiques seront en la sujetion & sous le commandement des Evêques, & les Moines seront en la sujetion des Abbez; qui emporte que les Abbez & Superieurs reguliers connoistront & corrigeront les delits faits par les Religieux en dedans les Cloîtres & Maisons Monastiques, sans que les Evêques s'y entremettent, sinon quand ils en seront requis par les Superieurs de la Religion, ou quand il y a scandale public, ou si le Religieux se plaint de son Abbé ou autre Superieur, ou bien quand les Evêques visiteront les Monasteres : ce qu'ils peuvent & doivent faire une fois ou deux l'an, laquelle visitation selon l'ancien droit appartient aux Evêques comme il est dit par saint Gregoire rapporté *in can. visitandi*, & au Concile d'Orleans rapporté *in can. non semel 18. quæst. 2.* Et par Innocent III. *in cap. quanto extra. de officio ordinar.* où est dit qu'en cas de negligence de l'Abbé, l'Evêque peut corriger les Moines, même les contraindre de quiter leur propre, & au Concile d'Arles national chapitre 6. est statué, que l'Evêque doit ordonner la maniere de vivre des Chanoines & des Moines. Au Concile de Paris rapporté *in Can. nulla. 93. distinct.* les exemptions ont esté si fort reprouvées qu'il est dit que nul sera tenu pour Clerc ou Prêtre, s'il n'est gouverné sous la providence d'un Evêque. Paschal II. Pape *in Can. Abbatibus* audit lieu *18. quæst. 2.* dit que nul Evêque ne doit administrer les Ordres & Sacremens Episcopaux, & autres droits d'Evêque aux Abbez, qui se disent n'estre sujets à aucun Evêque ou Archevêque. Et est bien raison, puis que l'Evêque seul peut consacrer les Eglises, faire le saint Crême, & ordonner les Prêtres; comme il est dit *in Can. 1. 25. dist.* qu'à lui seul appartienne la connoissance de la vie & des mœurs de ceux, ausquels il a conferé les saints Ordres. Car selon les regles de droit, à qui appartient l'institution, à lui appartient la destitution, & par consequent la punition. Ainsi dit Innocent III. *in cap. cùm ex injuncto. extra. de Hæret.* & *in cap. venerabilem. extra. de elect.* Ces exemptions & privileges ont eu leur grand cours depuis le Pape Gregoire VII. qui a esté un des principaux fondateurs de la puissance absoluë des Papes. Et le pretexte estoit, que les Monasteres & autres Eglises se rendoient & declaroient censuelles à l'Eglise Romaine, en payant chacun an certaine somme de deniers en reconnoissance de superiorité; moyenant ce les Papes leur concedoient liberté pour n'estre sujetes au Diocesain: vrai est qu'elles n'estoient pas exemptes pour le simple avû de protection : ainsi est dit par Alexandre III. Pape *in cap. recipimus*; & Innocent III. *in cap. ex parte extra.*

de privileg. De cette façon est le privilege octroïé au Moine de Cluny, que nul Evêque ne les puisse excommunier, dont est parlé par Honoré III. *in can. quantò* au même titre. Les Chapitres des Eglises Cathedrales & autres Colleges se disent exempts de leurs Evêques, & de cette exemption est parlé au chap. *irrefragabili extra. de offic. ordin.* où il est dit qu'en plusieurs Eglises Cathedrales le Chapitre corrige les excés des Chanoines : Mais leur devra être agreable de quitter cette exemption quand ils auront choisi & élû leur Evêque, comme sera dit ci-aprés, & de tant plus volontiers ils lui devront obeïr. Et pour ôter toute suspicion qui pourroit entrer aux cœurs des exempts, soient élûs chacun an és Sinodes Evêques quatre ou six personnes Ecclesiastiques, residentes en la Ville Episcopale, dont deux ou trois seront Chanoines de l'Eglise Cathedrale (car le Chapitre est comme le Senat & Conseil de l'Evêque) lesquels Elûs seront Conseillers ordinaires des Evêques, & avec qu'eux l'Evêque jugera les affaires occurrentes : auquel Conseil (comme il est à croire) le S. Esprit assistera, selon la promesse de JESUS-CHRIST.

Audit Concile national de France soit statué & ordonné que toutes Prelatures, soit d'Evêchez, Archevêchez, Abbaïes, ou Chefs d'autres Colleges, qui de grande ancienneté souloient estre électives, seront remises à l'ancien droit d'élection & confirmation par la voïe ordinaire, & y soient appliquez aucuns remedes pour éviter les brigues.

Pour l'Election aux Evêchez & Archevêchez seront appellez, non-seulement les Chanoines des Eglises Cathedrales, mais aussi les Abbez & Chefs des Eglises Collegiales & Conventuelles du Diocese : les Curez de la Cité Episcopale & les Archiprestres ou Doïens Ruraux du Diocese ; comme d'ancienneté l'Election de l'Evêque étoit à faire par le Clergé. Estans tous assemblez, le Doïen Chef du Chapitre de l'Eglise Cathedrale presidera : fera faire de petits billets de papier selon le nombre des assistans Electeurs : lesquels billets seront tous d'une même façon, entortillez, ou serrez chacun d'une petite boucle ou anneau : entre lesquels billets seront neuf billets, en dedans desquels ces mots seront écrits, *vous êtes Electeur.* Tous ces billets seront jettez pesle mesle en une cruche qui aura la gueule étroite, qui sera posée en un lieu haut, en sorte que nul ne puisse voir dedans, seulement ait moïen de mettre la main dedans en se haussant : chacun aïant tiré un billet, le presentera à découvert au Secretaire du Chapitre sur une table joignante ladite cruche, qui l'ouvrira : les neuf personnes, ausquels les neuf billets susdits adviendront, se retireront à part en trois bandes, chacune des trois personnes, au même lieu de l'assemblée, chacune bande élira un personnage pour estre Evêque, & si les trois ou les deux des trois ne s'accordent d'un, ils tireront au sort lequel des trois nommera. Ces trois bandes rapporteront en public les noms des trois qu'ils auront élûs, & prononceront les noms tout hautement. Puis tous les assistans appellez à l'Election, compris les neuf Electeurs, diront leurs suffrages, l'un aprés l'autre, de vive voix, ou les bailleront par écrit, pour par chacun choisir l'un des trois nommez, qui lui sera plus agreable : Et sera reputé Elû pour demeurer Evêque celui qui aura plus de voix, sans avoir égard si c'est la pluralité selon le nombre de tous, ains suffira si l'un a plus de voix que l'autre. Et si deux ou trois se trouvent en nombre égal de voix, le rapport en sera fait au Metropolitain, lequel pourra choisir celui des deux ou trois, qui lui semblera plus idoine, *ad instar* de ce qui est ordonné par Leon Pape *in Can. si fortè 63. dist.* Tout ce que dessus sera expedié à une seule suite & par continuation, sans partir du lieu & sans se divertir à autres Actes. A cét effet sera la besogne commencée de bon matin aprés la Messe du S. Esprit, & y arresteront tous jusques à ce que l'Election soit close, & qui sortira une fois ne rentrera. Ce sera moïen pour éviter les brigues & menées, car nul ne sçaura qui devront estre les neuf Electeurs ou Nominateurs : & ne se dira pas aussi que le sort y commande : car l'intellect & la conscience desdits neuf Nominateurs feront leur fonction pour choisir un personnage suffisant. Cette façon d'élire est *ad instar* de sa voïe de compromis qui d'ancienneté a été pratiquée és Elections, comme dit Innocent III. *in cap. causam quæ*, & *in cap. quia propter. extra. de electione.* Pourront estre élûs Evêques ceux qui sont Religieux, ores qu'ils ne soient Profés, pourvû qu'ils soient d'âge competent, *c. nullus de elect. in 6.* & la Clementine *cum rationi* au même titre : & devra tel Religieux élû avoir la licence de son Abbé pour accepter : laquelle licence peut estre octroïée par le seul Abbé sans le Convent, *cap. si Religiosus de elect. in 6.* Mais la Clementine *cum commissa* veut que la licence soit octroïée aprés l'Election, & reprouve la licence generale, comme ambitieuse. Celui qui sera élû Evêque doit estre ja promû és Ordres Sacrez, & Soûdiacre pour le moins comme dit Innocent III. *in cap. à multis, extra. de ætate & qualit.* & doit estre âgé de trente ans *cap. cum in cunctis. extra. de electione.*

En grande ancienneté étoit pratiqué que tout le Clergé & tout le peuple étoit admis, ou à donner voix pour élire, ou à exposer leur desir sur la personne, qui devoit estre élevé. Ainsi est dit par Leon Pape *in Can. nulla 62. dist.* & au Concile de Châlons chap. 10. au Concile de Paris, & au Concile d'Orleans 5. ch. 10. au Canon *Sacrorum 63. dist.* qui est tiré des Capitulaires de Charlemagne & de Loüis son Fils Empereurs chap. 84. & par Gelase Pape *in Can. concesso.12.quæst.2.* S. Cyprian en l'Epître 3. à Cornelie Pape, commençant *legi litteras* dit, que l'Evêque étoit choisi par le suffrage & consentement de tout le peuple, & de même en l'Epître 4. commençant *cùm in unum* & allegue l'exemple de l'Election du grand Sacerdote en la Synagogue des Juifs *ex cap. 20. numeror.* Et selon ce propos est ordonné par Saint Gregoire en ses Epîtres pour les Elections des Evêques, même qu'il y mesle la voix & suffrage du Gouverneur temporel de la Cité, Epître 56. liv. 1. Epître 68. liv. 4. Epître 3. 19. & 81 liv. 2. Epître 21. liv. 5. Au Concile de Tolede 12. sous Eringe Roi d'Espagne, fût statué, que celui, qui seroit élû Evéque par le Roi, & seroit trouvé digne par l'Evéque de Tolede, qui lors étoit Primat d'Espagne, démeureroit Evéque, à la charge de se faire ordonner & consacrer par son Metrapolitain dans trois mois. Innocent III. au Concile de Latran l'an 1315. chap. 25. statua franchement que les Seculiers ne feroient élection, disant que cela est contre la liberté Canonique : parce que l'assemblée du peuple en multitude pourroit engendrer confusion, & causeroit des menées, brigues & seditions, en tant que les plus hardis & temeraires, qui auroient été gagnez, voudroient faire valoir leur voix, & en pourroient advenir meurtres, comme aucunefois est advenû en l'Election des Papes, quand le peuple y a été admis, méme en l'Election du Pape Damase, étant son competiteur Ursicin, ainsi que raconte Ammianus Marcellinus : qui a écrit l'Histoire de son temps sous Constance & Julian Empereurs. Aussi fût dit au Concile de Laodicée, que l'Election ne devoit estre faite par le peuple en Turbe, & Gregoire 9. *in cap. Messana* au titre *de elect.* deffend par Edit perpetuel que les Laïs ne soient admis avec les Chanoines en l'Election de l'Evéque. Enfin pour éviter les inconveniens fût avisé que le seul Clergé éliroit : & encore depuis, afin d'éviter la confusion de la multitude fût ordonné que les seuls Chanoines des Eglises Cathedrales, & en aucuns lieux certaines dignitez du Clergé avec lesdits Chanoines, éliroient les Evéques & Archevéques.

Cette forme d'élire a été tenuë longtemps, & se dit estre la plus conforme aux Statuts Canoniques, comme dit Innocent III. Pape *in cap. cùm Ecclesia. extra. de causâ poss. & propriet.* Mais en cette forme d'élire sont survenus plusieurs inconveniens de brigues, simonies & impressions, & étoit plus aisé, parce qu'on sçavoit au vrai quelles personnes devoient nommer & élire ; & en avenoient plusieurs difficultez. Par ce pretexte Benedict. XII. Pape & ses Successeurs reserverent à leur collation pleniere les Evêchez & autres Benefices électifs : le commencement fût l'an 1324. & donnerent une belle couleur à ces reservations ; disans qu'ils devoient pourvoir ausdits Benefices par l'avis & conseil des Cardinaux assemblez en Consistoire ; pourquoi tels Benefices furent appellez Consistoriaux. Lequel droit de reservation fût mis en consequence de la puissance absolue, que les Papes pretendoient en l'Eglise, même de concurrer avec tous Ordinaires, & commander par tout. Ces reservations avoient pris quelque forme de commencement dés le temps de Gregoire XI. comme appert par le chapitre *cùm in veteri ext. de elect.* par lequel appert que pour l'Election de l'Archevéque de Besançon il delegua deux personnes par lui choisies, par l'avis desquels se feroit l'Election, & à faute de ce, lesdits deleguez éliroient eux mémes. Ainsi pas à pas ce qui étoit singulier vint à estre General, pour ôter du tout l'Election aux Chanoines. Mais l'experience a fait connoître que ces reservations n'ont pas fait cesser la venalité & simonie, & autres poursuites contraires à l'integrité & sainteté, qui doit estre és promotions & provisions : pourquoi au Concile de Constance l'an 1417. ces reservations commencerent d'estre ébranlées, & enfin furent abolies au Concile de Basle l'an 1438. & les Elections remises sus. Ce qui déplût fort aux Papes : car par le moïen des reservations, & parce que convenoit passer par leurs mains, ce leur étoit un moïen aisé de se faire païer des Annates, sans lequel païement nul ne pouvoit avoir ses lettres d'institution & provision : & leur déplût de tant plus, parce que l'Eglise de France avoit reçû à cet égard le Concile de Bâle en faisant la Pragmatique Sanction, qui enfin fût abolie par les Concordats & par forme d'échange de droits : car le Pape accorda au Roi la nomination des Prelatures, en abolissant les Elections, & le Roi accorda au Pape les Annates. On a connû combien de maux en sont avenus, avec déreglement & corruption du ministere de l'Eglise. De vrai y avoit beaucoup d'inconveniens és Elections, mais il y en a encore plus en ces nominations, & en quelque façon qu'on y procede, tant que les Prelatures auront de si grands & excessifs revenus, & seront en si haut degré de grandeur temporelles, l'abus y sera. Mais ces diverses façons de proceder aux Elections des Evéchez, qui toutes en leurs temps ont été approuvées en l'Eglise, font connoître qu'il n'y a point d'inconvenient d'y appliquer encore un changement, qui ne peut estre meilleur, qu'en remettant sus les Elections ; & en ôtant les moïens de briguer & prevenir les voix & suffrages des Electeurs : à quoi semble que l'on pourroit parvenir en y pratiquant la voïe susdite, que les Nominateurs en petit nombre fussent tirez à sort ; & sur le champ nommassent. Aussi que en ce faisant tout le Clergé du Diocese y sera appellé par équivalent, comme il est bien raison que celui qui doit commander soit élû par ceux qui doivent obeïr : & de tout ce grand nombre nul ne se pourra dire estre méprisé car le sort pourra venir aussi tôt à un simple Prêtre qu'à un Abbé, ou autre en dignité. Cette forme d'élire est presque semblable à l'Election, qui se fait en la Republique de Venise des Magistrats, en laquelle Election sont admis tous Gentils-hommes Venitiens, âgés de 25. ans, assemblez en la Salle du grand Conseil. De vrai semble assez raissonnable que les Rois, Princes & Gouverneurs laïs ne soient admis aux Elections parce que leur presence pourroit causer impression, ou intimidation aux autres Electeurs. Ainsi est dit *in Can. Adrianus* 1. 63. *dist.* & au Canon 1. *per ordinationem* tiré du Concile de Paris en la même question : Mais le consentement & approbation du Prince aprés l'Election est bien raissonnable & a été reçûe par les anciens Decrets *can. nosse, can. Reatina* tiré des Epîtres de Saint Gregoire 63. *dist.* Et au Canon *non vos* 23. *quæst.* 5. est dit qu'au temps y declaré on ne proceda à l'ordination & consecration de l'Archevéque de Milan élû, jusques à ce que l'Empereur Justin II. eût agrée son élection jaçoit que pour aller à lui se trouvassent grandes difficultez & perils par les chemins. Cette approbation des Evêques par les Rois n'a pas été rejettée par les Papes successeurs, *etiam* au temps du Roïaume de leur puissance absoluë, comme se voit és Decretales de Celestin III. *cap. cum terra* & de Innocent III. *cap. quod sicut extra de elect.* és Antiques. Sera ici noté en passant que S. Gregoire & autres Papes ont trouvé bon que l'Evêque fût élû un de la même Eglise, si aucun idoine se trouve, sinon fût appellé d'autre Eglise en l'épître 16. du livre 6. & en l'épître 14. du livre 11.

L'élection de l'Evêque faite sera au plûtôt rapportée au Metrapolitain, & l'élection de l'Archevêque sera rapportée au Primat Patriarche pour la confirmer; & pour faire la confirmation ne seront admises les procedures en forme judiciaire que l'on y a autrefois observées, & dont les Decretales Antiques sont pleines, & encore le Sexte & les Clementines, qui y appliquent si grand nombre de formalitez, que s'il les falloit suivre, les procez seroient immortels, & cependant les Eglises seroient destituées de Pasteurs: ains le Metrapolitain ou Primat general informera d'office sommairement & sans longue inquisition, de la bonne vie, mœurs & science de celui qui est élû, verra ses capacitez s'il est âgé de 30. ans au moins, qui est l'âge determiné par les saints Decrets, s'il est Prestre ou constitué és Ordres Sacrez; & sera plus soigneusement enquis de ses bonnes mœurs, même s'il est charitable, que non pas de science excellente: parce que l'exemple de bonne vie édifie plus & produit de plus grands effets que les doctes predications. Aussi Innocent III. Pape *in cap. nisi*, 6. *pro defectu. extra de renuntiatione* dit, que l'excellence de sçavoir peut estre supplée par l'abondance de charité & au chap. *cum nobis extra. de electione* dit qu'une science excellente n'est pas necessaire, suffit qu'elle soit competente. Souvent est avenû que la grande éloquence & la grande science de la Philosophie seculiere a apporté grands inconveniens à l'Eglise par faute que cette science n'étoit accompagnée de la douceur de la Philosophie Chrêtienne, ainsi que rapporte Saint Cyprian en l'Epître *ad Cornelium Papam* parlant de Novatianus. Et s'il le trouve suffisant confirmera son élection, & comme dit a été, ne s'arrestera beaucoup aux formalitez de l'élection qui semblent estre superficiaires, comme si l'élection est faite avant que le corps du deffunt Evêque soit inhumé: qui étoit un moïen d'annuller l'élection d'Evêque, comme au chap. *bona* 11. *extra. de elect.* & autres telles. Et si le Superieur trouve que celui qui est élû ne soit capable ou habile, il fera inserer les causes, & renvoïera aux Electeurs pour faire autre élection, sans exercer la rigueur du droit Canonique qui est de les priver pour cette fois d'élire, & ne sera pourtant la Collation dévoluë au Pape, comme il est dit au ch. *quamquam de elect. in 6.*

Pourra ledit Primat General admettre les Postulations qui sont quand les Electeurs nomment & desirent avoir pour Evêque celui qui selon la rigueur de droit ne peut être Evêque, par quelque défaut en sa personne, comme s'il est bâtard, ou n'est encore és Ordres sacrez, ou s'il a autre Benefice incompatible, pourvû que le postulé soit âgé de 30. ans, qu'il soit de bonne vie & de bonnes mœurs, & de grande science; esquels cas le Primat General pourra dispenser celui qui est postulé, à la charge de se faire promouvoir à Prestrise au plûtôt, & procurer sa Consecration dedans trois mois aprés, & s'il a autre Benefice, de le quitter incontinent. A cét effet pourra ledit Primat transferer celui qui est postulé, aprés avoir connû que c'est l'utilité de l'Eglise, & sans avoir égard à la commodité de la personne. Celui qui sera confirmé se presentera au Roi pour lui prêter Serment de fidelité, & estre investi par lui, comme il est accoûtumé en ce Roïaume, & selon qu'il sera dit ci-aprés au Chapitre de regale. Et dans trois mois aprés qu'il sera fait Prêtre, se fera Ordonner & Consacrer, ainsi qu'il est statué par les anciens Decrets, même au Concile de Calcedoine chap. 25. & aux Canon *quoniam* 75. *dist.* La Consecration de l'Evêque se fera par son Metrapolitain avec tous les Evêques suffragans de la même Province, si bonnement faire se peut, tout au moins se sera par trois d'iceux avec le consentement du Metrapolitain. Ainsi fût ordonné au premier grand Concile de Nice Chap. 4. rapporté *in can. illud* 64. *dist.* & au Concile de Laodicée Chap. 12. & 13. rapporté *in can. Episcopi* 24. *dist.* & au Concile de Carthage 2. chap. 82. où il est dit que *etiam* plusieurs Evêques sans le consentement du Metropolitain ne peuvent Consacrer: de même au Concile d'Arles 2. chap. 5. & 6. Et est rapporté au recueil qu'a fait des anciens Canons, Martin Archevêque de Bracara *in can. non debet* 64. *distinct.* les Canons duquel recueil sont alleguez en plusieurs lieux par Gratian sous le titre du Concile de Martin Pape. Aussi est rapporté par Innocent III. *in cap. innotuit. extra de elect. & in cap. cum dilecta. & in cap. nihil est* tiré du Concile de Latran au même titre, où est ordonné que tant la forme de l'élection, que la personne de l'élû soient examinées & audit chapitre *innotuit* est dit que si le Metropolitain differe la Confirmation, que le Chapitre de l'Eglise peut avoir recours au Pape pour confirmer; mais selon les propositions susdites on devra avoir recours au Primat general.

Celui qui est élû ne doit s'entremettre à l'administration jusques aprés sa Confirmation, à peine d'être privé du droit, comme Intrus, encore qu'il y eût couleur d'un Oeconomat, ainsi qu'il fût statué par Gregoire X. au Concile de Lyon rapporté *in cap. avaritiæ de elect. in 6.* Auparavant lui Innocent III. en la Decretale entiere du chap. *quod sicut de elect.* és antiques avoit dit que l'Eglise Romaine enduroit, que les Archevêques élûs administrassent avant leur Confirmation, quand ils sont des Regions Lointaines, comme d'Angleterre, France & Allemagne: ce qui presuppose que la confirmation se dût prendre à Rome, & qu'il y avoit peril en l'administration des Eglises en attendant la confirmation : mais la confirmation des Archevêques estant à faire par le Primat General en France, & sans y recevoir les formalitez judiciaires ; ni les longueurs que le Droit Canonique a admises en tels cas, il n'y aura peril d'attendre la confirmation.

Quant à la consecration du Metropolitain fut statué au Concile d'Orleans 2. chapitre 7. qu'elle se feroit par les Evêques de la même Province : mais au Concile de Calcedoine œcumenique session 18. est dit, que le Patriarche de Constantinople ordonnera & consacrera les Metropolitains de son Patriarchat, qui est és Provinces de Pont, Asie mineure, Thrace & des Barbares : & les Metropolitains ordonneront & consacreront les Evêques de leurs Provinces. Anaclet Pape *in can. porrò 66. dist.* dit que S. Jacques premier Evêque de Jerusalem fut ordonné par saint Pierre, Jacques & Jean Apôtres. La consecration d'Evêque ou d'Archevêque doit estre à jour de Dimanche, heure de Tierce, qui est à neuf heures du matin ; car l'Eglise a retenu la façon des Hebreux à compter les heures, qui est telle comme si nous estions sous l'Æquinoctial, & que de Soleil leve à Soleil couché n'y eût que douze heures en quelque saison que ce fût, la premiere heure estant une heure aprés Soleil levé, & six heures toûjours à midi ; comme l'on peut recueïllir de la Parabole en l'Evangile du Pere de famille, qui envoya les ouvriers en sa vigne à diverses heures. Cette heure de Tierce est la même heure que le Saint Esprit descendit sur les Apôtres, aussi l'Hymne de Tierce en l'Eglise est specialement adressée au S. Esprit, & commence *Nunc sancte nobis Spiritus.* A ladite heure de Tierce la Messe doit commencer, & entre l'Epître & l'Evangile se fait la consecration : & l'Evêque nouvellement consacré va celebrer le reste de la Messe avec l'Evêque qui lui a imparti la consecration : ainsi est dit *in can. ordinationes* 75. & par Innocent III. *in cap. quod sicut de electione.*

L'élection, confirmation & consecration estant ainsi faites, les Evêques n'auront besoin de préter serment selon la forme mise *in cap. ego extra. de jurejur.* Mais sera la forme du serment d'obeyr à l'Eglise, au Pape, au Patriarche, au Primat General & autres Superieurs, selon les anciens Decrets, & à chacun d'eux selon que par l'ordre des degrez il devra commander. Et ne devra plus estre en usage cette maniere de parler depuis quelque temps introduite, que les Evêques se disent Evêques par la grace de Dieu & du Siege Apostolique, puis que les Evêques & Archevêques n'auront plus à faire à Rome pour leur institution ou confirmation. Aussi semble n'estre bon de donner un compagnon à Dieu, qui est seul Dieu, & jaloux de son bonheur.

Quant aux Eglises Monastiques, & autres Eglises Collegiales & Conventuelles, qui d'ancienneté avoient droit d'élire leurs Chefs, l'élection se fera par les Religieux, Chanoines ou Clercs titulés d'icelles Eglises, qui balotteront, comme ci-dessus est dit, par billets roulez & enserez, pour avoir deux nominateurs de leur College. Ces deux nominateurs nommeront chacun un personnage tel qu'ils aviseront en leurs consciences, sans qu'ils ayent conference l'un avec l'autre ; & tout aussi-tôt que le sort leur sera avenu, se tireront chacun à part, & rapporteront leur nomination à la même assemblée au même instant : & tous les assistans ; ayans droit d'élire, choisiront & éliront celui des deux nommez, qu'ils aviseront estre plus idoine, & en cette élection les deux nominateurs auront voix ; & sera l'élection concluë & arrêtée à la pluralité des voix. Le tout de ce que dessus sera commencé, suivi & parachevé du matin aprés la Messe du S. Esprit dite, sans divertir à d'autres actes, & sans qu'aucun parte du lieu avant tout le negoce accompli, & si aucun en part, il n'y rentrera, afin d'éviter toutes brigues, & menées. La confirmation & benediction de l'Abbé, ou autre Chef élû appartiendra à l'Evêque Diocesain, nonobstant toutes exemptions & privileges : & soit la confirmation aprés sommaire connoissance de cause des bonnes mœurs & capacitez de l'élû, & sans y appliquer la forme judiciaire. Sera élû un Religieux ou autre personne de la même Eglise, si bonnement faire se peut, sinon pourra estre élû d'autre Eglise, pourvû que si l'Eglise est reguliere, il soit élû un Religieux du même Ordre. Saint Gregoire *in can. quam sit* 18. *quæst.* 2. & en l'Epître 18. du livre 7. *Can. obitum. Can. nullus* 61. *dist.* jaçoit que ledit saint Gregoire en l'Epître 12. du livre 6. semble commander precisement qu'il soit élû de la même Eglise. Nul ne pourra estre élû Abbé ou Prieur, s'il n'est expressement profez : ainsi est dit par le Pape Boniface VIII. *in cap. nullus de elect. in 6.* l'acte de sa profession doit estre par écrit & signé de lui *in can. omnis* tiré du Concile de Tolede 27. *quæst.* 1. Et par l'Edit de Moulins 1566. art. 55. Toutefois par aucunes constitutions canoniques un Benefice regulier ne peut estre conferé à un Religieux d'autre Monastere sans dispense du Pape. Ainsi est dit *in cap. cum singula. §. prohibemus de prebend. in 6.* la raison est mise en la Clementine 1. *de electione*, parce qu'il n'est bien seant que personnes de dissemblable profession & habit soient assemblées en un même Monastere : la glose audit chapitre dit que le texte parle des Benefices électifs, & non des collatifs. Et toutefois selon les anciens Decrets les Religieux d'un Monastere peuvent estre transferez en un autre par le congé de l'Abbé & de la Congregation. Ainsi est statué par Urbain II. Pape *in Can. statuimus* 19. *quæst.* 3. pourvû qu'il ne passe en une Religion de plus grande liberté, Innocent III. *in cap. licet extra. de Regularibus* és antiques. Mais en l'Ordre de Cluny les translations ne sont necessaires, car de quelque Monastere dudit Ordre que ce soit, les Religieux se disent Religieux de Cluny, & l'Abbé de Cluny se dit Abbé de l'Abbaye & de tout l'Ordre de Cluny, & lui seul par lui ou ses Commis reçoit les professions audit Ordre.

Les grands biens temporels & Ecclesiastiques de l'Eglise ont esté cause du grand, intolerable & presque irreparable abus, qui se voit aujourd'hui au Ministere de l'Eglise. Car lesdits grands biens & revenus ont esté cause que les Papes ont fait les reservations contenuës és regles de Chancelerie, comme on peut appercevoir par le texte méme desdites regles, en tant que la reservation est mesurée selon la valeur du revenu des Benefices : s'apperçoit aussi par le moyen des Annates, qui est le revenu d'un an, que le Pape prend en tout cas de vacation des Benefices plus gras, qui sont les Prelatures électives : s'apperçoit aussi en ce que és signatures de provision des Benefices non électifs & de moindre revenu, la clause ordinaire y est, *pourvû que le revenu annuel du Benefice n'excede vingt-quatre ducats d'or de Chambre* (Chambre c'est le Tresor des Finances du Pape) combien qu'en France on ne fasse aucun compte de cette modification de vingt-quatre ducats: toutefois par icelle se connoît, que l'intention des Papes a esté de jetter l'œil plus soigneusement sur les Benefices qui valent plus, que sur ceux qui valent moins. Lesdits grands biens ont esté cause qu'és élections & colations ont esté commises plusieurs simonies, pactions & menées indignes de l'integrité qui y doit estre : ont esté cause que les Grands Seigneurs ont desiré avoir en leurs maisons ces grands Benefices pour augmenter leurs moïens de dépendre, ou épargner & faire mieux leurs affaires, estimans que ce fût chose mal proportionnée que petits compagnons, tant sçavans & tant gens de bien fussent-ils, fussent joüissans de si grands biens. La source de ces desirs & considerations n'estant pas selon Dieu, il ne faut pas trouver étrange si beaucoup de maux en sont avenus, & si la discipline Ecclesiastique, les bonnes mœurs & la police ont esté perduës. Ont esté cause, quand les élections avoient lieu, que la brigue & menée y estoit par dons, ou par impression, ou par autre male façon. Ont esté cause qu'en cuidant éviter les maux qui se commettoient en ces élections, on a choisi un autre moïen, en octroïant au Roi la nomination des Prelatures électives, dont sont avenus autres maux : car ceux qui ont fait services aux Rois pour les affaires temporelles, & quelquefois pour leurs voluptez dissoluës, ont reçû ces recompenses spirituelles, qui est un moïen aussi deshonnête, ou plus que la simonie. Ont esté cause que ceux qui estoient pourvûs avec peu de peine, & sans aucune charge, se sont abandonnez à leurs voluptez, plaisirs & passions desordonnées ; & de fait on en a vû plus de dereglez que de bien reglez. Ont esté cause que peu de jeunes personnes se sont adonnées à étudier & à valoir par vertueux actes, connoissans que leur labeur & valeur ne les pourroient avancer, mais se sont abandonnées à faire service aux Grands de corps & d'ame pour gagner leurs bonnes graces, & estre avancées par eux. Et enfin tout ce saint Ministere a esté perverti, dereglé, & mis en confusion.

Se trouve écrit d'aucuns Docteurs, que quand Constantin mit les grands biens, & la grande domination temporelle en l'Eglise, fut ouïe une voix du Ciel, disant que ce même jour avoit esté semé en l'Eglise le venin des Aspics. Le conte en soi peut estre fabuleux, comme la donation dudit Constantin selon l'opinion de plusieurs est fabuleuse, mais l'effet se trouve veritable, que les grands biens ont gâté l'Eglise : & disoit un autre Docteur que comme la grande pauvreté, & le grand & excellent sçavoir & entendement des Prelats de l'Eglise d'Orient, avoient esté cause de la perte de ladite Eglise : ainsi les grands biens & la grande felicité des Prelats de l'Eglise d'Occident l'avoient perduë. Et que du temps du Pape Boniface VIII. un certain Docteur en Theologie de l'Ordre de Cisteaux prêcha publiquement à Rome, qu'ainsi que pas à pas, & par degrez l'Eglise estoit venuë à si grands biens, qu'ainsi pas à pas elle retourneroit à l'ancienne pauvreté, qui estoit du temps de S. Sylvestre. Ces propos sont rapportez par Alberic de Rosate Docteur en Droit Civil à Bologne au Commentaire sur la loi *benè à Zenone* au titre *de quadriennii præscriptione* au Code, & par Boerius President au Parlement de Bordeaux en la decision *69.* Petrus Ferrarii en sa pratique judiciaire ne craint pas de dire, que ce seroit saintement fait, si le Pape quittoit & remettoit toute sa puissance temporelle és mains de l'Empereur, & que cela seroit cause qu'il n'y auroit plus de Schismes, ni tant de guerres : & que par ce moïen tout le Clergé, même le Pape avec les Cardinaux vivroient avec plus grande paix, & plus grande devotion ; & avec plus grand contentement du peuple. Jeronyme Paule Catelan en son temps Vice-correcteur des Lettres Apostoliques, en sa pratique de la Chancelerie Romaine, allegue Jean de Seyssel Docteur François, qui entre autres expediens de reformation dit qu'il seroit bon que le Papat ne fût perpetuel. S. Jerôme rapporté *in can. Diaconi 93. dist.* dit, que comme l'avarice s'est augmentée és Eglises, ainsi qu'elle avoit fait en l'Empire Romain la Loi estoit perie & s'estoit éloignée des mains des Sacerdotes, & les visions avoient esté deniées aux Prophetes : les Evêques, dit-il, ont pris & appliqué à eux ce qui appartenoit aux Levites & Diacres, les Diacres ce qui appartenoit aux pauvres : le simple Clerc est mendiant, le seul Evêque tient les biens de l'Eglise, comme s'il couvoit sur iceux, & s'aproprie tout. Le même saint Jerôme en l'Epître à Nepotian dit, que les Gens d'Eglise, comme les Levites se doivent contenter de vivre des dixmes & des oblations de l'Autel : qu'ils doivent estre contens du vivre & des vêtemens, & estans nuds suivre la Croix nuë, & blâme grandement ceux, qui estans pauvres auparavant qu'ils fussent promûs aux charges Ecclesiastiques, sont devenus riches en l'Eglise, disant que l'Eglise soûpire de les voir riches, qui auparavant au monde estoient pauvres & mendians : dit qu'il faut fuïr comme peste l'homme d'Eglise negotiateur, qui de pauvre est devenu riche, & qui de bas état est devenu hautain & en gloire : dit outre que les pauvres & étrangers voyageans, & avec eux Jesus-Christ, doivent être ordinaires à la Table de l'Homme d'Eglise: & aprés dit que la gloire de l'Evêque est de pourvoir à l'indigence des pauvres, & que c'est blâme & ignominie à l'Homme d'Eglise d'être soigneux d'amasser des biens. L'ancien Proverbe est assez notoire qui dit, que la Fille a suffoqué la Mere : car la pieté, la Religion, & la Sainteté a engendré la richesse en l'Eglise, & la richesse a éteint la Pieté & la Sainteté. Saint Ambroise disoit que les Prêtres & Evêques estoient d'or, quand les Crosses des Evêques estoient de bois : & depuis quand les Crosses furent faites d'or, les Evêques devindrent de bois. Ainsi est recité par Baptiste Fulgose en son livre des droits & faits memorables *fol.* 52. Le même Fulgose audit livre *fol.* 172. parlant du Pape Sixte IV. qui de pauvre Cordelier étoit devenu Pape, dit que peu de temps aprés sa Promotion au Papat, Frere François d'Arragon Cordelier, son ancien compagnon, le vint voir, & fût reçû du Pape avec bon visage, & le fit dîner avec lui, la Table & le Buffet estans chargez de grande quantité de vaissellè d'or & d'argent, ce que amiroit ledit Frere François : Surquoi le Pape lui dit qu'il n'avoit occasion de dire, comme S. Pierre au livre des Actes des Apôtres disoit, qu'il n'avoit ni or ni argent (ce fût au pauvre Estropié, qui demandoit l'aumône à la Porte Specieuse du Temple) & Frere François prompt & hardi à la réponse dit au Pape ; aussi vous ne direz pas comme dit Saint Pierre aud. pauvre estropié, leve toi & marche droit, je te veux donner ce que je te puis donner. Alexandre V. Pape disoit autrement que le Pape Sixte ; car son propos étoit que quand il étoit simple Evêque de Novare, il étoit aisé des biens & commodités de ce monde, devenu Cardinal beaucoup de commodités lui avoient défailli, & fait Pape il s'étoit presque trouvé en mendicité, ainsi que recite le même Fulgose *fol.* 131. Le Pape Clement IV. qui étoit Provensal, & en mariage legitime avoit eût des enfans, fait Pape ne donna rien à ses enfans, disant qu'ils se devoient contenter du Patrimoine, qu'il leur avoit laissé venu de sa maison. Les autres Papes en grand nombre n'ont pas fait ainsi, car aucuns ont amassé grands tresors, & quelquefois par moiens non-propres à la Sainteté de leur Office, pour faire leurs parens Ducs & Comtes, & aucuns au même effet ont troublé l'Italie & le reste de la Chrêtienté par Guerres : il est bien mal-aisé, tant que les biens si grands y seront que l'integrité & Sainteté y soient.

Pourquoi, afin de parvenir à la vraie reformation de ce Saint Ministere, sembleroit assez expedient, qu'en Concile fût avisé & ordonné sur l'administration & distribution des biens de l'Eglise non pas pour les lui ôter, ni les appliquer à usages profanes, car ce sembleroit estre sacrilege, puisque lesdits biens ont été donnés & voüés à choses Saintes ; mais qu'il fût avisé quelle portion de revenu plus clair seroit attribuée à l'Evêque ou autre Prelat pour son entretenement honneste & commode, & le reste seroit manié & distribué par celui, qui seroit choisi & ordonné à cette charge. Et que l'execution de cette regle commençât aux Evêques & Prelats, qui par ci-aprés seroient pourvûs, & non à l'égard de ceux qui ja sont en l'état, afin de ne troubler les maisons ja établies. De vrai en grande ancienneté fut ordonné que les biens de l'Eglise seroient distribuez en quatre portions, l'une pour l'Evêque, l'autre pour les Clercs desservans à l'Eglise, l'autre pour la Fabrique, & la quatriéme pour les pauvres. Ainsi est recité par les Papes, Gelase *in Can. concesso*, Simplice *in can. de reditibus*, Gregoire *in Can. mos est* 12. *quæst.* 2. Le Concile d'Orleans chapitre 7. ajoûte une portion pour la redemption des Captifs. S. Gregoire en l'Epître 42. du livre 4. ordonne bien la distribution en quatre portions, l'une pour le Clergé, l'autre pour les pauvres, mais de deux autres portions il en fait trois portions, une pour les reparations, une pour l'Evêque, & l'autre pour l'Oeconome & Visitateur : à quoi se rapporte l'Epître 8. du livre 7. és Capitulaires de Charlemagne livre 1. article 87. est dit, quant aux Eglises riches, que les deux tiers seront pour les pauvres, & le tiers pour les Gens d'Eglise, & és moindres le revenu se partira par moitié entre le Clergé & les pauvres, sinon que les Fondateurs en aient autrement ordonné.

En plus grande ancienneté même au Concile de Calcedoine chapitre 26. fut ordonné que chacune Eglise auroit son Oeconome, qui seroit élû par l'Evêque & le Clergé, & seroit du corps Ecclesiastique pour gouverner les biens de l'Eglise, & est rapporté *in Can. quia distinct.* 89. & *in Can. quoniam, in Can. non placuit* 16. *quæst.* 7. Et de même est rapporté du Concile de Hispalis, qui est Sevile en Espagne, au Canon *in novâ* au même lieu, *in Can. volumus Can. Diaconum* 89. *distinct.* qui est tiré de saint Gregoire en l'Epître 11. livre 1. & autant est dit en l'Epître 66. du livre 9. où tel Oeconome est nommé Vidame de l'Evêché, & Maire ou Majeur, ou Maître d'Hôtel, & par Innocent III. *in cap. consulere extra de simoniâ.* Doncques en chacune Eglise Cathedrale fût établi un Oeconome homme d'Eglise, & si on avisoit d'en delaisser la nomination au Roi au lieu de la nomination qu'il a par les Concordats des Evêques & Prelats : & seroit tel Oeconome confirmé par l'Evêque avec son Chapitre, és mains desquels il prêteroit serment. Et parce que le revenu de tous Evêchez n'est pas pareil, & les charges ne laissent pas d'estre pareilles, & la proportion susdite du quart pour l'Evêque pourroit n'estre pas analogique & raisonnable, en ce que les uns auroient trop, les autres trop peu, il fut avisé, que chacun Evêque auroit semblable provision, comme de mil écus par an de revenu à joüir par ses mains, & du plus clair & facile bien de l'Evêché, le surplus du revenu avec les parties casuelles, comme les profits de fief, & les lods & ventes & autres tels, fussent administrez & distribuez par les Oeconomes, l'honneur de la reception des hommages

& du serment de fidelité reservé à l'Evêque. Seroient lesdits Oeconomes chargez de païer les Decimes, qui sont levées sous le nom du Roi, aideroient à reparer les Eglises, & de ce qui seroit en épargne, une partie seroit employée à racheter les Decimes à la décharge de la même Eglise, autre partie seroit emploïée à nourrir & entretenir certain nombre de Soûdiacres & Diacres, selon l'étenduë du Diocese & selon le revenu d'épargne : lesquels Soûdiacres & Diacres seroient prêts pour estre promûs à Prêtrise, & estre envoïez Curez és Eglises Paroissiales qui vaqueroient au Diocese, comme sera dit ci-aprés : cependant aideroient au service & Ministere de la grande Eglise, & s'il avoit outre cette dépense quelque épargne de reste, fût avisé à quel usage pitoïable l'emploi en seroit fait, ou envers les pauvres qui sont aux Hôpitaux, ou à delivrer pauvres prisonniers qui ne tiennent que pour argent, ou à marier pauvres filles, ou pour faire étudier jeunes personnes, qui avec l'âge seroient promûës aux Ordres sacrez, ou autres exercices de pieté. On peut croire que les biens temporels de l'Eglise ont esté autrefois aumônez par personnes qui lors estoient abondantes en biens, & comme souvent avient que les grandes maisons avec le temps deviennent pauvres, selon l'ancien Proverbe *cent ans banniere, cent ans civiere*, il se peut faire que les heritiers & successeurs de ces premiers donateurs soient aujourd'hui pauvres parmi le menu Peuple: pour cette cause, & parce que selon les anciens Decrets, les biens de l'Eglise sont les biens des pauvres, sembleroit bien à propos que ce qui se trouveroit d'épargne és mains de l'Oeconome soit employé au soûlagement du pauvre Peuple, parmi lequel peuvent estre plusieurs successeurs desdits anciens Fondateurs : car les Eglises doivent aide & secours aux successeurs de leurs Fondateurs, qui sont devenus pauvres : ainsi fut statué au Concile de Tolede 4. article 37. rapporté *in Can. quicumque fidelium* 30. *quæst.* 7. & par Clement III. *in cap. nobis extra de jure Patron.*

Quant aux Abbaïes, Prieurez & autres Benefices électifs; l'Abbé, Prieur ou autre Chef élû ne percevra de tout le revenu de l'Abbaïe, Prieuré ou autre Eglise, sinon la somme & especes, qui seront avisées estre necessaires pour la nourriture & entretenement honnête des Religieux, & outre la somme de mil livres pour l'Abbé ou autre Chef, à prendre sur le plus clair, facile & assuré revenu de ladite Eglise : le surplus sera administré par l'Oeconome établi en l'Eglise Cathedrale du même Diocese, qui sera nommé par le Roi, comme a esté dit ci-dessus. De même sera fait quant aux Prieurés & autres Benefices collatifs, non sujets à élection, dont le revenu excede mil livres par an, les charges ordinaires deduites. Ce sera seulement pour l'avenir sans troubler ceux qui sont ja pourvûs, & ont fait état de leur maniere de vivre.

Les Dignitez des Eglises Cathedrales & les premieres Dignitez des Eglises Collegiales seculiers, ne pourront estre conferées par les Evêques ou autres, ausquels appartient la collation (& de même quant à la presentation, élection, ou autre provision) sinon à personnes âgées de vingt-cinq ans pour le moins, & qui soient constituez és Ordres sacrez, & outre soient graduez en Université fameuse, aïant étudié és sciences esquelles on prend degré pour trois ans continuels pour le moins, sans y compter le cours de Grammaire : & ne soient les Prebendes des Eglises Cathedrales conferées à personnes qui soient âgez de moins de dix-huit ans. Gregoire IX. en la Decretale *dudum extra. de electione* dit que l'Office d'Archidiacre & autres Dignitez & Personats des Eglises Cathedrales, ores qu'il n'y ait charge d'ames annexée, sont de même qualité, & sujetes aux mêmes regles, que les Benefices aïans charge d'ames, entre lesquelles regles est cette-ci, de faire promouvoir à Prêtrise dans l'an, selon quil est dit au chapitre *licet Canon de electione in* 6. L'autre regle est de n'en pouvoir tenir deux, & que par l'acceptation de la seconde Dignité, la premiere est vacante : ainsi dit Innocent III. *in cap. de multa* au titre *de Præbendis* és antiques.

Que ceux qui sont pourvûs de Dignitez, & les Chanoines soient tenus de resider & assister ordinairement au Service du Chœur, à toutes les heures, & tant que le Service durera, s'il n'y a legitime excuse, qui sera exposée au Doïen ou autre, qui presidera au Chœur. Et afin que le Service du Chœur soit mieux & plus honorablement fait, tout le revenu des Prebendes tant des gros fruits qu'autres, soit emploïé en distributions manuelles, en sorte que nul ne puisse rien gagner des fruits sinon par sa residence & assistance, comme dessus ; sauf que chacun Chanoine pourra prendre en chacun mois trois jours, ou en chacun an six semaines de licence pour estre absent, durant lequel temps il pourra prendre tout le revenu comme present.

Si le revenu des Prebendes és Eglises Cathedrales est si petit, qu'il ne vaille pour le moins quatre-vingt écus de revenu par année commune, les Evêques par avis de leurs Chapitre, reduiront le nombre des Prebendes à moindre nombre, & pourront unir perpetuellement aux Prebendes en corps les Chapelles, dont les Autels sont en dedans les mémes Eglises, à la charge qu'en chacune desdites Chapelles sera celebrée une fois le mois une Messe haute pour les Trépassez, ou autrement selon la fondation, avec l'assistance des Chanoines comme en Cœur, qui sera pour satisfaire à la volonté des Fondateurs. Honoré III. *in cap. exposuisti*, au texte de la Decretale entiere *extra de Præbend.* dit que les Chanoines ne peuvent tenir Chapelles en la même Eglise sans grace.

Qu'en chacun Diocese y ait nombre certain des Prêtres, selon le nombre des Eglises Paroissiales & autres Benefices Sacerdotaux, & ne soient faits aucuns Prêtres supernumeraires, & qui n'aïent titres & Benefices certains, suffisans pour les entretenir, ores qu'ils aïent patrimoine suffisant.

Les

Les Soûdiacres & Diacres seroit distribuez aux Eglises Cathedrales & autres Eglises, qui auront grand revenu, pour y estre nourris & faire le Service Ecclesiastique, en attendant qu'un titre soit vacant, auquel le plus ancien Diacre devra estre destiné. D'ancienneté il estoit ainsi observé & parce que la multitude des Prêtres & leur translation volontaire d'un Diocese à autre a engendré le mépris de ce saint Ministere avec plusieurs autres desordres & dereglemens, sembleroit estre expedient de repeter & faire observer lesdits anciens Decrets. Pour le nombre certain des Prêtres en chacun Diocese, & que chacun Prêtre doit estre destiné specialement à un Titre, c'est à dire à une Eglise en laquelle il devra déservir perpetuellement, a esté ordonné au grand Concile de Calcedoine, auquel assistoient six cens trente Evéques, chap. *6.* & par Justinian en la Novelle autentique *de mensura ordinandorum Clericor. coll.* 3. & en l'autentique *quandò oporteat Episcopos §. sed neque coll.* 1. & par Arcade & Honoré Empereurs *in l. in Ecclesiis* au titre *de Episcopis & Cler.* au Code, & és Capitulaires de Charlemagne liv. 1. art. 25. esdits Capitulaires liv. 5. chap. 84. est ordonné que nul Evéque ne recevra en son Diocese Prêtres d'autre Diocese. Esdits Capitulaires livre *6.* chapitre 125. est défendu aux Evéques de faire multitude de Prêtres, mais en faire selon le merite & revenu des Eglises: & depuis repeté par Gregoire VII. Pape au chap. *quoniam* au titre *de vita & honest. Cleric.* Aussi estoit statué, que la promotion d'aucun à Prêtrise sans titre seroit nulle & de nul effet, au Concile de Plaisance tenu par Urbain II. rapporté *in Can. Sanctorum dist.* 70. & est rapporté aussi par Innocent III. au ch. *cum secundum* au titre *de Prebendis.* Vrai est que ledit Innocent lui-même temperant le Decret dudit Concile ne met pas la nullité de la promotion, mais dit que l'Evéque qui aura ordonné le Prêtre sans titre, le nourrira jusques à ce qu'il lui ait pourvû de titre: Autant en dit Alexandre III. au ch. *Episcopus* au même titre *in 6.* mais un simple Prêtre aura fort affaire de contraindre un Evéque, & durant sa poursuite il sera destitué d'alimens, & sembleroit estre meilleur de ne promouvoir sans titre, qu'aprés le coup donné chercher le remede. Le même Pape Alexandre III. audit chapitre *Episcopus* a appliqué un autre temperament de pouvoir faire Prêtre celui qui a patrimoine suffisant: mais l'autorité desdits anciens Conciles & la dignité du Ministere meritoient bien de n'innover rien. L'annotation qui est au grand Decret émandé par Gregoire XIII. sur le Canon *fraternitatem* 75. *dist.* tiré du 3. liv. des Epîtres de saint Gregoire Epître 14. dit qu'au temps dudit saint Gregoire estoit observé ledit Concile de Calcedoine, par lequel à nul n'estoit donné lieu en une Eglise, qui est appellée titre, sans que par même moïen il fût ordonné en icelle, & ne pouvoit estre transferé d'une Eglise à une autre, sinon par necessité urgente & avec le congé de son Evéque, qui l'avoit ordonné & promû. Ce qui est témoigné & recité au Canon *placuit*, & au Canon *quorumdam* 74. *dist.* & se trouve statué audit Concile de Calcedoine, chapitre 8. & au Concile Epaunense, chapitre 5. & au grand Concile de Nice premier, chapitre 15. *16.* & 17. est dit, que nul Prestre ordonné par son Evéque ne pourra tenir Benefice hors de son Diocese, ni aller déservir autre part sans congé de sondit Evéque Diocesain. Autant en fut dit au Concile de Sardique rapporté *in Can. illud* 71. *dist.* & au Concile d'Arles chapitre 2. & 22. au Concile d'Antioche chapitre 22. au Concile de Carthage 3. chapitre 21. au Concile d'Agde en Languedoc recité *in Can. monachum* 20. *quæst.* 4. & au *6.* grand Synode, qui est le second tenu à Nice, recité *in Can. quoniam*; & au Concile de Hispalis recité *in Can. placuit* 21. *quæst.* 2. & és Capitulaires livre 5. chapitre 84.

Cette multitude de Decrets consonans fait connoître qu'en l'Eglise Chrétienne on a eu toûjours en horreur le changement & la variation, & a esté trouvé non seulement bien seant, mais aussi necessaire, que chacun homme d'Eglise fût voüé & destiné à un lieu certain, & qu'il ne pût s'en departir. De là dépend l'ancienne prohibition, qui encore aujourd'hui est observée, que nul Evéque ne peut conferer les Ordres à celui qui est d'autre Diocese sans le consentement du Diocesain. Cette prohibition se trouve au Concile d'Antioche recité *in Can. nullum 9. quæst.* 2. Vrai est que Urbain Pape au Canon *Lugdunensis* en la même question dit que l'ordination faite par l'Evéque étranger n'est pas precisement nulle; car si le Diocesain a l'ordination pour agreable, celui qui a esté ainsi ordonné, s'il est de loüable vie, demeurera par indulgence en son Ordre. De ces anciens Decrets aussi depend la prohibition de la multitude des Benefices, dont est parlé *in Can. Clericus* 21. *quæst.* 1. tiré du Concile de Nice 2. où il est dit que, c'est chose participante de negotiation & gain deshonnête, fort éloignée de la discipline Ecclesiastique. Pourquoi semble estre raisonnable que le Pape ne puisse dispenser contre, tant parce que le Pape est sujet au Concile Oecumenique, comme aussi parce que la dispense de tenir plusieurs Benefices est contre les bonnes moeurs; jaçoit que Leon IV. au Canon *qui plures* 21. *quæst.* 1. dit que celui qui a deux Eglises, en peut tenir l'une en Titre, & l'autre en Commande: mais il faut entendre d'une Commande à temps, comme de six mois, selon qu'il est dit au chapitre *nemo de elect. in 6.* Ce qui peut avenir pour cause licite, comme si le Benefice est vacant, & on ne trouve promptement un Prêtre vuide pour lui conferer: car selon lesdites anciennes constitutions, au temps que nul n'estoit fait Prêtre sans lui conferer une Eglise en Titre, le Diacre qui se trouvoit à son tour pour en estre pourvû, devoit attendre la celebration prochaine des Ordres, dont la saison n'est que six fois l'an à jours certains. Gelase Pape au Canon *Presbyteri dist.* 24. dit que le Diacre de l'Eglise doit estre subrogé au lieu du Prêtre decedé, & en un autre Clerc subrogé au Diaconat, & attendre son tour d'estre promû à Prêtrise; quand il y aura un Titre vacant. Ainsi faisant sera necessaire la pratique de la Decretale d'Alexandre III. *in cap. cùm in cunctis*; & de Gregoire X. *cap. licet Canon de elect. in 6.* qui permettent de conferer les Eglises Paroissiales à ceux qui ont atteint le vingt-cinquiéme an, ores qu'ils ne soient Prêtres, à la charge de se faire promouvoir à Prêtrise dedans l'an aprés la possession pacifique. Aussi cette limitation de possession pacifique donne occasion de fraude, car pour n'estre contraint à se faire Prêtre, on pratique de faire le Benefice litigieux. Comme que ce soit, les anciens Decrets défendent bien expressement de faire gouverner les Eglises par Prêtres empruntez & à loüage :- parce que chacune Eglise doit avoir son Prêtre propre à elle, qui y déserve en personne. Ainsi fut statué en un Concile Romain tenu par Innocent II. *in Can. præcipimus* 21. *quæst.* 2. & en un Concile de Rheims recité *in Can. sicut* en la même question. A ce que dessus soit faite limitation des Religieux Profez, qui pourroient estre faits Prêtres sans Titre en âge competant.

Que les Eglises Paroissiales, dont le revenu est si petit qu'un Prêtre n'en puisse honnêtement estre entretenu, comme si elles ne valent que soixante écus, les charges déduites, soient unies & annexées à autres Eglises Paroissiales voisines, & jusques à en mettre trois ensemble selon le besoin, afin de parfournir le revenu de soixante écus : faisant laquelle union, sera le Curé chargé d'aller alternativement faire les Services, & dire les Messes accoûtumées en chacune des Eglises, à ce qu'elles ne demeurent desertes, & pour le contentement & satisfaction des Paroissiens, & afin que le témoignage de Paroisse demeure, pour s'il avenoit meilleur temps, remettre les Paroisses chacune en leur état ancien. Et si les Cures unies sont de diverses presentations, les Patrons presenteront alternativement, & tireront au sort le rang de la premiere presentation à faire, les autres presentations suivantes continuëront la même suite. Les unions se feront par les Evêques Diocesains d'Office, nonobstant toutes exemptions & privileges des Patrons & presentations. Aussi soit dit que les Eglises Paroissiales, dont le revenu ordinaire sera moindre de soixante écus par an, ne païeront Decimes au Roi. Pour l'union des Cures, qui sont de petit revenu, fut statué au Concile de Tolede 16. rapporté *in Can. unio.* 10. *quæst.* 3. Nonobstant lequel remede d'union, les Evêques Diocesains pourront parfournir la portion Canonique des Curez, à prendre sur les Dîmes qui se levent és mêmes Paroisses par Abbez, Prieurs, & autres Maisons Monastiques, principalement si les Dîmes se perçoivent par les Beneficiers de Benefices simples, & qui ne sont Conventuels, & qui ne sont de Patronage laïcal, sans toucher aux Dîmes appartenans à personnes laïcs de leurs Patrimoines, ni aux Dîmes des Evêques, Chapitres d'Eglises Cathedrales & Collegiales, lesquelles Dîmes ne seront sujetes au parfournissement des portions Canoniques. Le parfournissement sera jusques à soixante écus de revenu. Les Evêques procederont ausdites unions & parfournissement de plein droit, & d'eux-mêmes, sans attendre ce qui seroit à faire par les pretendus Curez primitifs, ou Patrons. Et à-tant sera restraint ce qui est dit *in cap. avaritiæ, & cap. de Monachis extra. de Præbend.* qui veulent que lesdits Presentateurs fassent le supplément.

Surquoi sera consideré, combien que l'institution des Maisons Monastiques ait esté tres-loüable, toutefois elle n'est que de bien seance en l'Eglise, & non pas de necessité, comme sont les Paroisses. Anciennement la bonne vie des Religieux leur a amassé beaucoup de biens par leur épargne ils en ont aussi beaucoup aquis, & selon mon avis eussent mieux fait d'emploïer leur épargne en aumônes & œuvres pitoïables, non pas en pain & potage, comme se fait encore en plusieurs Maisons Regulieres, qui est bienfait ; mais outre cela, selon que l'épargne estoit, ils devoient entretenir & doter les Hôpitaux, faire apprendre métier à pauvres enfans, marier pauvres filles, & autres œuvres de pieté, sans augmenter leur revenu : car les grands biens qu'ils ont amassez, enfin ont esté cause de mettre les gras Benefices és mains des Grands Seigneurs, & de bannir de leurs maisons la sainteté & vraïe vie Reguliere.

Est avenu aussi que les Papes ont octroïé ausdites Maisons Monastiques amples privileges aux dépens des Curez, en leur attribuant des Eglises Paroissiales, avec les Dîmes tant anciennes que Novales, & les Evêques aussi leur ont donné plusieurs Eglises Paroissiales avec le revenu d'icelles : dont est avenu qu'ils se sont dits Curez Primitifs ; & les vrais Curez aïans toute la charge ont esté nommez Vicaires perpetuels, ausquels n'est demeuré que le reste des Moines, & ce qui estoit de moindre valeur : & enfin il a convenu venir au remede des portions congruës, ou Canoniques, Gratian qui estoit Moine & y avoit interêt, en compilant le grand Decret a dit en la cause 25. *quæst.* 1. que le Pape peut donner privileges, & revoquer par aumône, ou par necessité, ce qui a esté autrefois concedé, même qu'il peut dispenser contre les Conciles generaux, parce que és Decrets & Canons toûjours est entendu, que l'autorité Apostolique est exceptée, mais il faudroit que cette exception fût approuvée & confirmée par le Concile general œcumenique. Toutefois le même Gratian en la question 2. de la cause 25. dit que les privileges octroïez aux Monasteres pour les Dîmes, ont esté seulement pour secourir aux necessitez desdits Monasteres, & non pour les enrichir, en affoiblissant les Eglises Paroissiales. A cette occasion au Concile de Latran sous Alexandre III. refere *in cap. Lateranensi extra. de Præbendis* & au chap. *cum & plantare extra. de privileg.* fut défendu à tous Moines & Religieux de prendre donation des Dîmes par les mains des gens laïs, sans le consentement de l'Evêque Diocesain. Et auparavant avoit été ainsi statué par Urbain II. Pape comme il est rapporté *in Can. Decimas. 16. quæst. 7.* & encore depuis renouvellé au Concile de Latran tenu par Innocent III. l'an 1215. chap. 61. l'occasion de cette défense estoit telle. Que la plûpart des Dîmes estoient és mains de personnes laïes, aû moïen des alienations & infeodations, que les Evêques & autres Recteurs des Eglises avoient faites: ou par usurpation des gens laïs: car l'Eglise vers la fin du second grand an, qui fut au même temps que la valeur & grandeur de la lignée de Charlemagne commença à déchoir, fut grandement deprimée & abaissée de son ancienne dignité & splendeur. Et environ le commencement du tiers grand an, qui fut en l'an 1064. l'Eglise commença à s'exalter & reprendre son ancien credit; car en ce même temps plusieurs Ordres de Religion furent de nouveau établis, esquels se trouverent plusieurs gens excellens en pieté & doctrine, par les exhortations desquels bon nombre des Seigneurs laïs remirent és mains de l'Eglise les benefices & les Dîmes d'iceux qu'ils tenoient en fief: à quoi aiderent aussi les censures Ecclesiastiques, qui en ce même temps, & par l'occasion susdite, commencerent d'estre fort redoutées: les Moines & autres Religieux, esquels lors abondoit la sainteté & bonne vie, se trouverent les plus proches à recevoir ces quittemens, & sembloit aux Seigneurs laïs, qui les quittoient, qu'ils ne pouvoient pas mieux se décharger pour estre participans aux prieres & bienfaits spirituels desdits Religieux. Et dautant qu'il estoit mieux seant, que la remise en fût faite aux Eglises Paroissiales, ausquelles proprement les Dîmes appartenoient en patrimoine, fut ordonné que les Religieux accepteroient lesdites Dîmes des mains des gens laïs, sans le jugement des Evêques, qui par raison les devroient plûtôt ajuger aux Curez. Restant encore quelque vigueur en la lignée de Charlemagne, aû temps de l'Empereur Arnulphe, au Concile de Magonce, l'an 888. avoit esté statué que les Dîmes & autres droits d'Eglise ne seroient ôtez aux anciennes Eglises, pour les attribuer aux nouveaux Oratoires. De même és Capitulaires de Loüis Empereur livre 2. art. 36. Et de même fut ordonné au Concile de Triburies, qui fut tenu sept ans aprés sous le même Empereur; avec cette limitation, que si aucune Eglise par le consentement de l'Evêque estoit édifiée en lieu lointain de l'Eglise Paroissiale; que les Dîmes provenans des terres incultes, que cet édificateur auroit fait reduire à culture, pourroient estre attribuées à cette nouvelle Eglise. Mais depuis, les Papes pour mieux entretenir & exercer cette grande & presque infinie puissance qu'ils se sont attribuez peu de temps aprés que l'Eglise a esté rétablie en son ancienne splendeur, ont octroïé plusieurs privileges aux Monasteres; en abaissant les droits des Eglises Paroissiales pour les enrichir; comme quand ils ont octroïé aux Moines, même à ceux de l'Ordre des Cisteaux, de ne païer Dîmes des terres qu'ils labourent de leurs propres mains, ou qui sont labourées par valets à leurs dépens, comme il est dit par Alexandre III. *in cap. ex parte & in cap. suggestum* au titre *de Decimis* és antiques. Vrai est qu'és lieux mêmes se dit que lors de ce privilege les Monasteres étoient en petit nombre, & que le privilege est sujet à temperament & composition, puis que le nombre est crû. Adrian IV. Pape aû chapitre *commissum* audit titre *de Decimis* ajoûte autre temperament audit privilege, que les Moines doivent Dîmes des terres qu'ils ont nouvellement aquises, & s'entend des terres aquises depuis le Concile de Latran, celebré par Innocent III. en l'an 1215. rapporté au chapitre *nuper* au même titre. Autres Papes se sont étendus à octroïer privileges plus amples aux Monasteres au prejudice des Curez, comme de leur octroïer les Dîmes des Novales és lieux où ils percevoient les anciennes Dîmes, comme se voit en la Decretale de Honoré III. *in cap. ult. extra. ut lite pendente* où est parlé du privilege octroïé au Monastere de Mairemonstier les Tours, tant pour ledit Monastere que pour les membres en dependans. Ceux de Cluny disent avoir semblable privilege, qui est contraire à ce qui est dit par Innocent III. *in cap. cùm contingat & in cap. tuâ* au même titre *de Decimis*, que les concessions faites des Dîmes ne doivent estre étenduës aux Novales: à quoi il met une exception, sinon qu'il apparoisse cause raisonnable au contraire: cette exception remet aux privileges & graces, ausquelles on a accoûtumé de donner quelque pretexte de raison.

Or parce que les Curez sont de l'ancien, premier, & necessaire établissement de l'Eglise, & que les Dîmes sont le vrai patrimoine des Eglises Paroissiales, il semble bien à propos de dire & soûtenir que, nonobstant leurs privileges, *etiam* des Papes, qui n'ont eu pouvoir de changer l'état ancien de l'Eglise, les Eglises Paroissiales doivent percevoir les fruits croissans en dedans les limites des Paroissiages, jusques à la suffisance de l'entretenement commode & honnête des Recteurs & Curez, au prejudice, & nonobstant les privileges, droits, & prescriptions immemoriales de toutes Maisons Monastiques: & soit dit que les Curez prendront par leurs mains; & non par les mains des Religieux, parce que par raison les Religieux, quelque privilege qu'ils ayent, ne doivent prendre sinon aprés les Curez fournis & satisfaits; & que lesdites Maisons Monastiques n'ayent droit ni action, *etiam* pour le possessoire, sinon sur ce qui restera aprés les Curez fournis, sans que lesdits Curez soient sujets à prendre par les mains de ces grands Dîmeurs. Boniface VIII. Pape au chapitre *ad Decimas de restit. spol. in 6.* & au chapitre *Episcopum de præscript. in 6.* declare bien ouvertement la faveur des Eglises Paroissiales pour les Dîmes mêmes, en tant qu'elle exclud les remedes possessoires, orés qu'ils soient de reintegrande, s'ils ne sont accompagnez de titre & bonne foi, quand aucun pretend les Dîmes contre le Recteur de l'Eglise Paroissiale, disant qu'il est à presumer que l'Eglise non Paroissiale, les ait usurpez contre l'Eglise Paroissiale; lesquelles deux Decretales sont très-utiles pour le Reglement de la perception des Dîmes : A tant soit dit pour l'honneur, que toute l'Eglise doit au premier Siege en memoire de saint Pierre, que ce qui restera des Dîmes, aprés les Recteurs des Eglises Paroissiales fournis commodement, demeure aux Monasteres, suivant leurs privileges, & sans y comprendre les Novales.

En consequence de ce que dessus il soit dit que le Prêtre qui aura la charge des ames, & administrera les Sacremens en une Paroisse, sera nommé Curé & Recteur de l'Eglise Paroissiale, & sera declaré estre fondé en presomption de droit commun pour tous droits d'Eglise Paroissiale. A tant soit aboli & du tout mis au neant le titre de Curé primitif, qu'aucuns Abbez, Prieurs, ou autres personnes Ecclesiastiques prennent & s'attribuent. Soient exceptez les Autels des Paroisses qui sont és Eglises Cathedrales : car l'Eglise Cathedrale est la grande Paroisse de tout le Diocese; aussi d'ancienneté tout le Diocese se disoit estre la Paroisse de l'Evêque. Car puisque les Moines ne sont capables d'exercer la charge des ames, comme pour quelque tems ils ont esté, ce n'est pas raison qu'ils ayent l'avantage appartenans à ceux qui en ont l'exercice : & le Service de Dieu qui se fait en une Paroisse est plus necessaire & plus excellent, que celui que les Moines font en leurs Eglises. En consequence de ce il soit dit & statué, que le Curé & Recteur de l'Eglise Paroissiale, qui a son Autel Paroissial en dedans l'Eglise Monastique, ou autre Collegiale, pourra & devra és jours de Dimanches & Fêtes solemnelles, celebrer la Messe Paroissiale à haute voix, s'il a moyen de le faire, ou autrement, à neuf heures du matin qui est l'heure ordinaire de grande ancienneté pour la celebration des Messes, & s'appelle en l'Eglise, l'heure de Tierce, même heure que le S. Esprit descendit sur les Apôtres. Et les Moines ou autres personnes d'Eglise qui sont ou se pretendent Chefs en la même Eglise, soient tenus d'avancer ou retarder leur Messe ordinaire selon leurs commoditez, en telle sorte toutefois qu'ils n'empêcheront le Service de la Paroisse. En ce qui est dit cy-dessus des Autels de Paroisse, qui sont en dedans les Eglises Cathedrales, sera faite limitation, que si la Paroisse est annexée à une Prebende de l'Eglise Cathedrale, que le Curé Chanoine déservira son Eglise en personne, sans y mettre un Vicaire, aussi sera excusé du Service du Chœur de l'Eglise Cathedrale pour les heures qu'il devra deservir en sa Paroisse: A ce moyen soit temperé ou reformé ce qui est dit par Innocent III. *in cap. extirpandæ §. qui verò* au titre *de Prebendis* és antiques, où il permet au Chanoine Curé de deservir sa Cure par Vicaire, afin qu'il déserve en personne au Chœur de la grande Eglise : car puis qu'au Chœur sont & doivent estre plusieurs Chanoines, qui peuvent suppléer l'absence de tel Curé : la charge des ames doit estre tenuë en plus grand compte & estimé, que le Service particulier, que le Curé Chanoine peut faire au Chœur.

Par ce que par inconvenient l'Eglise de France se trouve aujourd'hui sujete aux Decimes envers le Roi, & que ces Decimes, presque pour le tout ou peu s'en faut, sont chargées de rentes constituées envers plusieurs particuliers, dont le payement se fait en l'Hôtel de Ville de Paris, car de quatorze cens mil livres, à quoi se montent les quatre Decimes ordinaires, les rentes de ladite maison de Ville en emportent douze cens mil, & qu'il est mal aisé de reformer cet inconvenient, sans apporter un tres-grand dommage à plusieurs particuliers qui tiennent ses rentes comme en patrimoine, & la plûpart de leurs facultez y sont fondées : à ce moyen pour conserver la paix, & éviter une grande confusion, semble presque necessaire de les tolerer. Et de vrai selon l'ancien établissent de l'Eglise, si les deniers des Decimes estoient employez aux affaires publiques du Royaume, il n'y auroit rien à blâmer: car les Eglises à cause de leur domaine temporel doivent tribut au Souverain, comme dit S. Ambroise rapporté au Canon *si tributum, & Can. magnum* 11. *quæst.* 1. Honoré & Theodose & ledit Theodose & Valentinian Empereurs bien Chrétiens *in l. ad instructionem, & l. neminem C. de sacros. Eccles.* ont declaré les Eglises estre sujetes à l'entretenement des œuvres publics, & aux necessitez des armées mises sus pour la conservation de l'Etat. Se trouve un jugement du Pape Innocent III. de l'an 1209. entre le Roi de France & les Evêques d'Orleans & d'Auxerre, par lequel il jugea que lesdits Evêques à cause de leur revenu temporel, qu'ils tiennent en fief du Roi, sont tenus d'envoïer hommes de guerre en l'armée du Roi, ores que le Roi n'y fût en personne : ils confessoient y estre tenus quand le Roi y estoit. Ez Capitulaires de Louis Empereur liv. 4. chap. 70. est dit, que les Vassaux de l'Eglise doivent aller en l'armée; autrement doivent l'Hereban, sinon qu'ils ayent juste excuse. Au temps de Charlemagne Roy & Empereur tres Chrétien, fut arrêté au Concile Vvormes, que le principal manoir de chacune Eglise seroit exempt de toutes charges, mais que le surplus des biens temporels payeroit les devoirs aux Seigneurs, qui en aucuns exemplaires sont nommez Senieurs, dont est venu le mot de Seigneur, en autres sont nommez Majeurs. Cela est rapporté au chap. 1. *de censibus* és antiques, & au Canon *Sancitum* 25. *quæst.* 8. & se trouve aussi inseré aux Capitulaires de Charlemagne livre premier aitilce 91. & là est dit que les Clercs de l'Eglise ne doivent aucun service ou tribut des Dîmes & des oblations, ni des jardinages prés des Eglises, *neque de suo manso*. En un Concile national à Leptines, fait en Mars l'an 743. qui est inseré au 5. liv. des Capitulaires, Carloman Duc & Prince des François, avec le conseil des Prelats & Seigneurs assemblez, ordonne qu'il sera pris une partie du revenu de l'Eglise, pour employer aux frais de son armée, selon que les facultez des Eglises pourront porter. Ez mêmes Capitulaires liv. 6. chap. 107. l'Eglise doit contribuer à la refection des ponts & chemins proches des lieux, où ils ont des possessions. Aussi nous lisons en l'Evangile, que Nôtre-Seigneur Jesus-Christ voulut payer le tribut à Cesar chap. 17. de saint Marc, & saint Pierre en l'Epître 1. chap. 2. a commandé que nous nous rendions sujets aux Rois. Saint Augustin rapporté au Canon *Majores* 16. *quæst.* 7, dit que depuis que la devotion de l'Eglise a cessé que l'indiction du fisque est survenuë, puis que nous n'avons pas donné à Dieu, dit-il, ce que Jesus-Christ n'a pas eu, le fisque l'a ravi.

Vrai est que depuis que les Papes eurent entrepris cette grande & presque infinie puissance, ils ont étendu les immunitez de l'Eglise, pour la rendre exempte de toutes contributions, sauf en cas d'extrême necessité, quand les facultez des Laïs ne pourroient y suffire, & encore avec limitation, que ce soit par l'avis & consentement du Pape: ainsi dit au chap. *non minus* chap. *adversus* au titre *de immunit. Eccles.* & encore plus exactement par Alexandre IV. au chapitre 1. & Boniface VIII. au chapitre *Clerico*, au même titre au 6. esquels chapitres est touché le Droit des Franc-fiefs & nouveaux aquêts, observé en France, qui est tel. Parce que l'Eglise de soi est exempte des contributions personnelles, en tant que les Ecclesiastiques ni de leurs personnes, comme Nobles, ni de leurs bourses, comme les Roturiers, ne fournissent au fait des guerres, & l'Etat public est d'autant affoibli, quand l'Eglise acquiert aucuns heritages des Nobles ou Roturiers laïs: le Roi qui est Chef du corps politique de son roïaume, a droit de contraindre l'Eglise de mettre hors de ses mains ce qu'elle a nouvellement acquis, sinon qu'il soit amorti par le Roi lequel amortissement se fait par le Roi, ou gratuitement en aumône, ou en prenant deniers pour l'indemnité de l'Etat public. Et quand il n'y a point d'amortissement, & que l'Eglise par tolerance à longtemps joüi, le Roi prend sur elle certaine somme par forme d'indemnité pour le passé, & sans approuver la joüissance pour l'avenir; ce qui a esté blâmé par ledit Alexandre IV. audit chapitre 1. *de immunit Eccles.* mais Clement V. en la Clementine *quoniam* a revoqué ladite Decretale *Clericis* de Boniface VIII. & dit la Glose, qu'il avoit fait icelle Decretale en haine de Philippes le Bel Roi de France, & que plusieurs scandales en étoient avenus. Ce n'est pas chose nouvelle, que les acquisitions des biens temporels ayent esté prohibées à l'Eglise, saint Jerôme en l'épître à Nepotian dit, que les Princes Chrêtiens avoient défendu aux Prêtres & aux Moines d'accepter heredités à eux delaissées, & dit qu'il ne se plaint pas de la Loi, mais est mari de ce que le Clergé a donné cause à la Loi: dit outre que cette Loi est de pourvoïance & severe, & pour icelle toutefois l'avarice des Clers n'est pas reprimée, & que l'on avoit trouvé le moyen de la rendre illusoire par la voye des fideicommis.

Doncque estant ce mal des Decimes malaisé à reparer, & par ce que depuis l'an 1516. que fut faite l'évaluation des Benefices, pour y prendre le pied & proportion de la Decime (à quoi fut employé le President Paschal) plusieurs Benefices sont diminuez de revenu, & d'autres sont augmentez; aussi y a grande occasion de croire que plusieurs Dioceses furent soulagez par la faveur des Evêques: il sembleroit expedient de supplier le Roi d'ordonner une revision, & nouvel examen du revenu des Benefices, & pour ce faire commettre aucuns personnages tres gens de bien & de grande experience, qui trois à trois iroient par chacune Province ou Archevêché pour enquerir soigneusement & fidellement sans acception de personnes le vrai revenu de chacun Benefice, pour, suivant ledit revenu ordinaire & bien venant faire état de la somme à laquelle les quatre Decimes par an devront monter. A laquelle contribution ne seroient comprises les Cures qui valent moins de soixante écus de revenu par an. Que si la somme se trouve moindre que n'est l'état general des Decimes, chacun des Rentiers souffre le dechet *pro rata* en attendant meilleur temps: & soit continuée cette revision & recherche de dix en dix ans. Aussi devroit estre enjoint ausdits Commissaires d'avoir égard & moins charger les Evêchez & Cures, à cause que l'administration de tels Benefices est plus digne, plus necessaire & plus servant d'exemple, & de s'étendre plus au large sur les Monasteres, Colleges & autres Benefices, qui ne sont de l'ancien & necessaire établissement de l'Eglise. Ce faisant aussi soient rejettez les Indults, que les Papes souloient octroyer à aucuns Evêques de percevoir pour certain temps les fruits des Benefices, qui vaqueront en leurs Dioceses, pour payer les dettes de leurs Eglises, même quant aux Eglises Paroissiales: car il vaut mieux vendre ou engager à certain temps les rentes & domaines de l'Evêché, que de mettre en peril de surseance la charge des ames. De tels Indults est parlé au chap. *si tibi* qui est de Boniface VIII. au titre *de Præben.* au Sexte. Et par même raison soit aboli le droit des Deports, qu'aucuns Evêques prennent en leurs Dioceses, qui est le revenu d'un an de tous Benefices vacans, estans à la collation des Evêques.

Soit dit aussi & statué, que les Evêques confereront toutes les Eglises Paroissiales de leurs Dioceses, soit de plein droit s'il leur appartient, soit à la presentation des Patrons, sans qu'il soit loisible de faire des impetrations à Rome, par prevention ou autrement. De même, les Collateurs ordinaires fassent toutes provisions ou presentations de Benefices, esquels ils ont ce droit, sans qu'on se puisse adresser à Rome; mais en cas de negligence ou refus de conferer ou presenter dans les six mois, quant aux Collateurs & Patrons Ecclesiastiques, & de presenter dedans quatre mois, quant aux Patrons laïs, à compter du jour de la notice vrai-semblable de la vacation, la devolution se fera au Superieur prochain, sçavoir est des inferieurs, des Evêques aux Evêques Diocesains, & des Evêques aux Metropolitains, ou du Metropolitain au Primat general ou Patriarche, & non plus outre. Soit aussi statué, que le Primat general n'usera de prevention, & ne conferera les Benefices estans en Patronage Ecclesiastique, ou laï, au mépris du Patron, sinon aprés le temps expiré, combien que le Pape le fasse, & qu'il permette à ses Legats d'ainsi faire, comme dit Innocent III. *in cap. dilectus de Officio Legati.* De grande ancienneté les Papes n'usoient de ces preventions, & se contentoient d'attendre que, par degrez, pour la negligence des inferieurs, la collation fût devoluë à eux, comme se voit au chapitre *licet.* au titre *de supplenda negligentia Prælat.* és antiques qui est tiré du Concile de Latran sous Alexandre III. qui fut en l'an 1199. & au chap. *cum nostris* au titre *de concess.*

Prebend. Que les collations faites par l'Evêque au mépris du Patron soient nulles, il est dit au Canon *decernimus* tiré du Concile de Tolede 9. au Canon *Monasterium* tiré d'un Concile Roma n sous Eugene II. 16. *quæst.* & tant le Patriarche que les autres Superieurs, en cas de refus de l'inferieur, ne confereront sans avoir connu, *saltem* sommairement, si le refus de l'inferieur aura esté sans cause raisonnable : car pour bien conserver la police & ordre, nul ne doit mettre la main en l'office d'autrui, sinon avec discretion grande. Ne seront aussi conferées les Cures & autres Benefic.s ayans charge des ames, sinon à celui qui sera lors Soûdiacre pour le moins : (lequel Ordre est de present sacré, qui d'ancienneté ne l'estoit pas comme dit Innocent III. *in cap. à multis. extra. de ætate & qualit.*) & qui soit en âge tel que dedans les six mois il puisse estre promû à l'Ordre de Prêtrise, parce que la Commande du Benefice vacant peut estre faite par l'Ordinaire jusques à six mois, comme il est dit au chap. *nemo de Preben. in 6.* Les Evêques conferent les Ordres sacrez aux jeûnes des Quatre-temps, & y a toûjours deux jeûnes en six mois. Les Decretales des Papes, qui ont été compilées sous l'autorité de Gregoire IX. n'ont pas mis cette affaire si à l'étroit, & ont mis le terme d'un an à se faire promouvoir à Prêtrise : bien on dit que l'Eglise ayant charge d'ames ne peut estre acceptée par celui, qui n'est pas Soûdiacre : Alexandre III. *cap. cum in cunctis. extra de electione.* chap. *præter ea. extra. de ætate & qualitate* és Antiques, Innocent IV. au chap. *licet Canon. de electione in 6.* mais Boniface VIII. au chap. *cùm ex eo* audit titre *de electione in 6.* dit que l'Evêque Diocesain peut dispenser en faveur d'étude, pour n'estre tenu se faire promouvoir à Prêtrise jusques à sept ans, & par consequent dispenser de la residence, à la charge de constituer des Vicaires suffisans, & pourvû que le Beneficier soit Soûdiacre, ce qui semble n'estre raisonnable : car la charge des ames est trop plus precieuse que l'étude, & un Curé peut bien faire son devoir sans estre si excellent en science ; & les biens d'Eglise, même des Cures, sont destinez directement pour nourrir celui qui sert à l'Autel. Soit aussi statué que les Eglises Paroissiales puissent estre conferées par l'Ordinaire à Chanoines Reguliers de l'Ordre de saint Augustin ; en cas qu'il ne se trouvât aucun Soûdiacre ou Diacre propre à en pourvoir, pourvû que ledit Religieux ait congé de son Superieur de Cloître. Car selon les anciens Decrets, les Chanoines Reguliers peuvent exercer la charge des ames, comme de plus grande ancienneté estoit permis aux Moines : mais au Concile de Latran leur fut interdit ; ainsi que rapporte Innocent III. au chap. *quod Dei extra. de statu Monacor.* Si l'Eglise Paroissiale a revenu assez ample, le Curé aura avec lui un Diacre ou Soûdiacre, qui lui aidera à faire le Service & tiendra Ecole : ainsi fut ordonné au Concile de Mâcon rapporté au chapitre *ut quisque* au titre *de vita & honesta Clericorum* és Antiques. Et afin qu'aux Evêques soient conservez leurs droits Episcopaux, & qu'il n'y ait point de bigarrure, nul Abbé ni autre personne Ecclesiastique, quelque dignité ou privilege qu'il ait, ne pourra exercer les droits Episcopaux, soit de jurisdiction ou d'Ordre Episcopal, comme d'instituer ou de destituer Curez, tenir Synodes, excommunier, & autres tels, ores qu'ils eussent prescrit tels droits : jaçoit que les Decretales en tels cas aïent toleré la prescription.

En consequence de ce que dessus, ne seront doresnavant admises aucunes resignations de Benefices au *in favorem*, soit à Rome, soit au Patriarchat ; ni resignations pour cause de permutation ; ni même les resignations simples sinon comme sera dit ci-aprés. Quant aux resignations simples, les anciens Decrets disent que nul de sa seule volonté ne peut quiter le Benefice qu'il a accepté, parce que c'est comme un mariage spirituel entre le Beneficier & son Eglise Alexandre III. au chap. *admonet* au titre *de renuntiatione*, & au chap. *inter de translatione Episcopi* és Antiques.

Les resignations *in favorem* sont beaucoup plus odieuses & contraires à la Police de l'Eglise & aux anciens Decrets, qui défendent à tous Beneficiers de choisir des successeurs en leurs Benefices. Ainsi fut dit & statué en un Sinode à Rome tenu par le Pape Hilaire, qui étoit environ l'an 464. & est rapporté au Canon *pleriq.* 8. *quæst.* 1. & au Canon *Apostolica* au même lieu, & au Sinode d'Antioche chap. 23. & par Symmachus Pape en un Concile rapporté au Canon *in Canonibus* 16. *quæst.* 1. Aussi les resignations sont aloïées & mêlées de simonie, qui contiennent pactions, convenances & conditions, comme est la resignation, qui porte ces mots, *en faveur d'un tel & non autrement*, car c'est comme par convenance avec le Superieur, que la resignation ne soit pas tenuë pour faite, si le Benefice n'est conferé à tel. Plusieurs Decretales disent que toutes pactions en choses spirituelles emportent simonie, comme d'Innocent III. au chap. *tua nos* titre *de simonia*, Gregoire IX. au chap. final *de pactis* aussi la glose au chap. *ex parte.* 1. au titre *de offic. de legati* dit, que les resignations *in favorem* participent de simonie, Vrai est que ladite glose distingue entre la simonie vraïe & formelle, & la simonie presomptive ; qui resulte de la prohibition : mais en quelque sorte que ce soit, c'est soüiller & maculer l'integrité d'une chose si sainte. C'est pourquoi les Papes ont reservé à eux seuls d'admettre les resignations *in favorem*, voire que les Legats *à latere*, & moins les ordinaires ne les peuvent admettre. Cela dépend de cette puissance absoluë que les Papes ont pretendu leur appartenir, selon laquelle ils disent pouvoir dispenser contre les saints Decrets, & faire que la simonie presomptive ne soit simonie. Le plus grand mal a été, que ces resignations *in favorem* ont été admises selon la seule volonté du Resignant, sans enquerir si c'étoit l'utilité de l'Eglise, & à ce moïen on en a fait trafic, & a été occasion d'envoïer argent à Rome.

Aucuns anciens Decrets permettent aux Evêques, par consequent aux autres Beneficiers, quand il y a juste cause de les décharger (comme s'ils sont en extrême vieillesse, ou qu'ils soient atteints de quelque longue maladie, qui les empêche de faire les fonctions Episcopales, ou ordinaires du Benefice, comme de paralysie, d'estre devenu aveugle) qu'avec connoissance de cette cause, & par la même ceremonie que se feroit l'élection si le Benefice étoit vacant, l'Evêque ou autre Beneficier admettre durant sa vie un successeur. Ainsi fut statué au Concile d'Antioche, rapporté au Canon *Episcopo* 1. & au Canon *Episcopo* 2. tiré du recueil des Canons fait par Martin Evêque de Bracara 8. *qu.* 1. Ainsi fut de S. Augustin, qui durant la vie de Valerius Evêque de Hippone, lui succeda; & dit le Canon *non autem quæst.* 1. que ce ne fut pas tant une succession qu'une accession & accroissement. Saint Gregoire Pape donna un successeur à l'Evêque d'Arimini vivant, parce qu'il avoit perdu la vûë, comme il est dit au Canon *qualiter* au même lieu. Doncques sembleroit assez expedient si l'Evêque ou autre Beneficier se trouvoit en telle indisposition qu'il ne pût plus exercer la charge de son Eglise, que par la voix & élection des Electeurs, si le Benefice est électif, & par la disposition & ordonnance des Evêques Diocesains avec leur conseil, si le Benefice est collatif, aprés sommaire connoissance de cause, fût avisé, s'il seroit plus expedient de décharger du tout l'Evêque ou autre Beneficier, en donnant un successeur à lui vivant, ou de lui donner un Coadjuteur; car tous les deux remedes se trouvent és anciens Decrets & Canons, même en ladite question 1. de la 7. cause: & en chacun cas fût pourvû à l'ancien d'honnête pension selon que le revenu du Benefice pourroit porter: jaçoit que le Pape Boniface VIII. au chap. *Pastoralis* au titre *de Clerico ægrotante in 6.* ait declaré que dation de Coadjuteur est du nombre des causes plus grandes, qui doivent estre reservées au Siege Apostolique, toutefois permet au Chapitre d'y pourvoir par le consentement de l'Evêque *auctoritate Apostolica.* Bien sembleroit estre assez raisonnable, si l'ancien Evêque ou Beneficier avoit servi en son Eglise vingt ans avec merite & loüange, que l'Electeur ou Collateur eût égard à la nomination qu'il feroit de son successeur, pourvû qu'il ne fût son parent. Car il se lit que saint Pierre élût son Successeur au Papat saint Clement, & est ainsi recité par Jean III. Pape *in Can. si Petrus* 8. *quæst.* 1.

Quant aux permutations & translations de l'Evêque ou Beneficier d'une l'Eglise à autre, fut statué au Concile de Carthage 4. chap. 27. qui est rapporté au Canon *Episcopus de loco* 7. *quæst.* 1. & par Antherus Pape au Canon *mutationes* au même lieu, que les Evêques ne doivent estre transferez d'une Eglise à une autre, sinon pour la necessité ou grande utilité de l'Eglise, & par le commun conseil des Evêques assemblez en Sinode; auquel Canon *mutationes* on a ajouté ces mots, *de l'autorité de ce saint Siege Apostolique*, ce qui est confirmé par Innocent III. au chap. *inter* au titre *de translat. Episcopi* & au chap. *quod translationem* au titre *de officio Legati*, où il dit, que la translation des Evêques appartient au seul Pape, & au chapitre premier *de translatione Episcopi* il dit que c'est à cause du privilege general, que Nôtre-Seigneur Jesus-Christ donna à saint Pierre, que les causes plus grandes seroient deferées au Siege Apostolique. J'ai quelquefois enquis où étoit ce privilege, & n'en ai rien appris. Le pouvoir donné à saint Pierre a esté pour gouverner l'Eglise, selon la Doctrine que Jesus-Christ son Maître a donnée, & selon qu'aprés lui la regle seroit donnée par l'Eglise universelle assemblée en Concile; qui tient sa puissance immediatement de Jesus-Christ: & ainsi le pratiqua saint Pierre comme se lit aux actes des Apôtres, en tant qu'és affaires qui se presentoient, il n'ordonna rien de lui-même, ains avec les autres Apôtres. Or au grand Concile Nicene Oecumenique la translation des Evêques & Prêtres d'une Eglise à autre est prohibée chapitre 15. & 16. Par le Concile de Carthage ci-dessus allegué y a exception, si ce n'est la grande utilité de l'Eglise. Aussi l'annotation, qui est audit Canon, mentionnée en l'émendation Gregorienne, dit que ces mots du *Siege Apostolique* ne sont en l'original de l'Epitre du Pape Antherus, dont ledit Canon *mutationes* a esté extrait, comme n'est au livre intitule Panormite; ni au livre de Burcard, qui sont semblables œuvres que celui de Gratian. Es Capitulaires de Charlemagne livre 1. art. 137. est dit, que la translation des Evêques ne se fera sans le Decret des autres Evêques de la Province. Pourquoi selon ledit Concile de Carthage est bon qu'il soit statué au Concile National de France, que les translations des Evêques ne se feront de grace, mais pourront estre faites pour la necessité, ou grande utilité des Eglises, par le Primat General, avec l'avis des Evêques de la Province. Quant aux Evêques, on lit és Histoires Ecclesiastiques, que du temps de Theodose le grand Empereur saint Gregoire fut transferé de l'Eglise de Nazianze à celle de Constantinople pour composer ladite Eglise, qui estoit vexée par les Arriens. Et quant aux autres Benefices électifs, si tous deux sont au même Diocese, les permutations ou translations pourront estre faites pour les causes susdites, par l'autorité de l'Evêque Diocesain, avec son conseil ordinaire, si en divers Dioceses, par l'autorité du Patriarche, avec l'avis des Evêques des deux Dioceses. Et quant aux Benefices collatifs, par l'autorité des Evêques Diocesains avec leur conseil. Le Pape Urbain III. au chap. *quæsitum* au titre *de rerum permutatione* és Antiques, & Leon Pape au Canon *alienum* 19. *quæst.* 2. disent, que la permutation peut estre faite par l'utilité de l'Eglise, cessant laquelle demeure la regle tirée du Concile de Tours, auquel presidoit Alexandre III. qui défend la permutation des Prebendes & autres Benefices, & est rapporté audit chap. *quæsitum*, & au chap. *majoribus* au titre *de Præbendis* és antiques. Les plus anciens Decrets disoient que celui, qui se transfere d'une Eglise en une autre, sans le congé de son Superieur, doit perdre celle qu'il a desirée par avarice,

& celle aussi qu'il a delaissée par mépris : ainsi est rapporté par Innocent III. en la Decretale entiere du chapitre *bona de electione* : & de même fut statué au Concile de Sardique de l'an 345. & au Concile d'Arles 1. chapitre 2. & 22. & au grand Concile de Calcedoine chapitre 10. & aux Capitulaires *lib. 5. cap. 16*.

Si le Collateur ordinaire refuse une collation, celui qui sera refusé ne pourra s'adresser par devolution au Superieur dudit Collateur sur le simple refus, ains sera tenu l'Ordinaire en refusant dire les causes particulieres de son refus, & s'il ne les expose, le Superieur avant que conferer écrira à son inferieur, à ce qu'il lui fasse sçavoir les causes, & en envoïe le témoignage, s'il en a par écrit, pour juger par le Superieur si elles sont pertinentes.

Les Evêques Collateurs ordinaires, & Patrons Ecclesiastiques des Benefices collatifs, soient tenus conferer, ou presenter, au profit des Graduez nommez, ou simples, les Benefices vacans és mois de Janvier, Avril, Juillet, & Octobre, selon l'ordre reçû en l'Eglise de France, neanmoins aprés sommaire connoissance de cause, pourront refuser ceux qui seroient trouvez ignorans, vicieux, ou grandement insuffisans, & par l'acte de refus diront les causes.

Que nul ne soit reçû à plaider aucun Benefice de quelque qualité qu'il soit, en jurisdiction contentieuse, si aucun different survenoit entre deux concurrens, ils seront tenus de compromettre en trois personnes Ecclesiastiques, qui sommairement & dedans la seconde assignation au plus, qui ne pourra estre plus loin que de quatre semaines, seront tenus donner leur sentence & jugement, & les contendans seront tenus y estre sans appel. Soit aussi ordonné & statué, que si aucun se met en devoir pour plaider un Benefice en Jurisdiction contentieuse, soit *eo ipso* tenu & declaré indigne d'avoir le Benefice comme estant ambitieux. L'Evêque Diocesain semondra les contendans de compromettre sur le champ, ou dans trois jours, en sa presence, & à leur refus, delai, ou discord sur la nomination, il commettra Arbitres de son office ; qui connoîtront & jugeront comme dessus. Ce faisant sera ôté l'usage de la Decretale de Boniface VIII. *in cap. commissa de election. in 6.* qui ne charge celui, à qui une Eglise Paroissiale a esté conferée, de se faire Prêtre, sinon dedans l'an, aprés qu'il a eu la possession pacifique du Benefice, ou qu'il a tenu à lui qu'il ne l'ait : lequel prétexte a esté cause que bien souvent tel s'est trouvé Recteur d'une Eglise Paroissiale dix ans, sans être Prêtre, par l'occasion d'un procés ou vrai ou affecté : car bien souvent à escient on le fait durer. Cesseront aussi les difficultez, qui resultent des deux chapitres *extra. ut lite pendente*, dont les dispenses sont ordinaires és impetrations des Benefices, qui se font en Cour de Rome, lesquelles dispenses faciles & ordinaires sans causes, font connoître que les défenses ont esté faites, afin d'avoir occasion & moïen de dispenser & tirer argent. De vrai c'est chose mal-seante de plaider Benefices, puis que c'est chose mal faite d'en poursuivre la collation & provision. Saint Gregoire en l'Epitre 110. au 7. livre écrite à Syagrius Evêque d'Autun, & aux Archevêques de Lyon, Vienne, & Arles, dit que celui, qui se presente & pourchasse pour estre pourvû d'une Eglise, doit estre rejetté, & celui qui refuse, quand il y est appellé, est digne d'estre appellé au service de l'Autel : & ainsi est rapporté *in Can. sicut 1. quæst. 6.* l'Empereur Justin en la Loi *repetita Cod. de Episc. & Cl.* & Justinian en la loi *Consulta Cod. de testam.* dit que c'est chose mal-seante, voire digne de blâme & reprehension, si les Clercs & Gens d'Eglise veulent se faire connoître sçavans au fait de plaidoirie : toutefois se trouve par les Decretales antiques, le Sexte, & les Clementines, qu'il y a esdits livres plus de Constitutions, concernans le fait de plaidoirie en matieres Beneficiales, & autres spirituelles & profanes, qu'il n'y a pas pour la direction des moeurs des Ecclesiastiques & Police de l'Eglise.

Aussi plusieurs des Papes qui ont fait lesdites Constitutions Decretales, ont esté sçavans en droit & en pratique. Alexandre III. avant sa promotion au Papat avoit esté Docteur Regent en Droit en l'Université de Bologne: Innocent III. avoit esté Officier Auditeur des Causes sous Celestin Pape son Predecesseur, ainsi qu'il est dit en la Decretale entiere au chap. *querelam* au titre *de elect. ione* : & en lisant leurs Decretales entieres, on peut bien recueillir qu'ils estoient fort sçavans en Droit, car ils font plusieurs allegations du Droit Civil Romain. Innocent IV. duquel sont plusieurs Decretales au Sexte, a esté tres-sçavant en Droit, & a écrit des Commentaires sur les Decretales antiques. Boniface VIII. avoit esté Notaire ou Secretaire de Nicolas III. son predecesseur, comme il est dit en la Glose du chap. *cupientes de electione in 6.* Cette application, qui a esté faite du Droit Civil ou Romain aux causes beneficiales & autres spirituelles, a esté cause d'engendrer infinité de difficultez, consistans en subtilité de Droit, même és lettres de grace, dont ordinairement il y avoit plus grande expedition que de lettres de Justice : & sur une bien petite difference tel a esté jugé n'avoir point de droit, qui avec grandes raisons pensoit l'avoir, & sembloient être filets & tendicules pour prendre les plus simples, comme se voit en plusieurs Decretales du Sexte, même au chap. *cui de non.* qui est de Boniface VIII. *de Preben. in 6.* Pourquoy ne faut pas trouver étrange si durant les Pontificats des dessusdits les plaidoiries en matieres Beneficiales & autres spirituelles ont été frequentes, même desdits Alexandre III. Innocent III. & Gregoire IX. Aussi plus des deux tiers des Decretales concernans la plaidoirie sont desdits trois Papes. Et l'un des maux qui y estoit, se trouvoit en ce que bien souvent une cause bonne au fonds se jugeoit sur les seules formalitez, comme au chap. *venerabilem extra. qui filii sunt legitimi* la Sentence est cassée pour cette seule cause, qu'en la procedure n'avoit esté observé l'ordre judiciaire, & au chap. unique *de litis contestat.* parce que la cause n'estoit contestée. Par ce moïen moyen le Droit Canonique, qui ne dût servir que pour la direction des mœurs des Ecclesiastiques, & pour la Police de l'Eglise, à esté comme un autre Droit Civil pour apprendre à plaider : & de fait on apprend mieux la pratique judiciaire dedans le Droit Canonique, que dedans le Droit Civil Romain : & le Pape Innocent III. au chapitre *super specula. extra. de privileg.* dit, qu'il n'est pas si grand besoin d'étudier au Droit Civil, parce qu'il n'y a gueres cause, qui ne puisse estre jugée par le Droit Canonique Et pour mieux autoriser lesd. Constitutions du Droit Canonique, tant en Cour Ecclesiastique que laïe ; les Papes ont appliqué la Sentence d'excommunication contre ceux qui y contreviendroient ; & à ce moyen comme par force les ont fait observer. Mais en France nous n'en faisons compte pour les matieres profanes, sinon en tant que la raison commande : & és matieres Ecclesiastiques on les pratique avec cette exception, en tant qu'elles ne sont contraires aux saints Decrets, & libertez de l'Eglise Gallicane. Clement III. au chapitre *super hoc extra. de renunt.* parle d'un Benefice, qui avoit esté acquis par grande dépense & labeur ; dont on peut connoître que dés ce temps là on plaidoit les benefices à grands frais. Balde en quelque part de ses écrits, dit que c'étoit bien avancer en la Cour de Rote à Rome, si en trente ans on pouvoit rendre une cause bien contestée. Vrai est qu'en évitant les plaidoiries en matieres Beneficiales, il faut aussi éviter la confusion & le desordre : ce qu'on peut faire par ladite voie d'Arbitres, qui devront estre personnes Ecclesiastiques. Ainsi fut statué au Concile de Latran tenu par Innocent III. rapporté *in cap. contingit extra. de arbitris.* & au Synode tenu par le Pape Eugene recité *in cap.* II. *extra. de judic.* est défendu de laisser traiter aux laïs les affaires Ecclesiastiques, même les spirituelles.

Soit aussi statué qu'en tous affaires ordinaires Ecclesiastiques on s'adressera au Diocesain, ou au Metropolitain en cas de superiorité, ou au Primat General & Patriarche és cas extraordinaires, & és ordinaires par degrez, sans qu'il soit besoin de se pourvoir à Rome. C'est verité que les Papes par diverses Constitutions, & sous divers pretextes, ont attribué la connoissance de plusieurs affaires au Siege Romain : comme de la confirmation de l'élection des Archevêques, sous pretexte de l'attribution du *Pallium*, que l'on dit estre de necessité, & que sans icelui l'Archevêque ne se puisse nommer tel, ni aquerir plenitude de puissance, jaçoit que ledit *Pallium* ne soit que de bien-seance, comme il a été dit cidessus : comme des causes precedentes du debat de l'élection des Evêques, qu'ils ont declaré estre de plus grandes causes ; ainsi est dit par Gregoire X. & Alexandre IV. au chapitre *quamvis de electione* au Sexte : comme la translation des Evêques & permutations d'Evêchez, unions, ou constitutions nouvelles d'Evêchez, depositions des Evêques, leurs cessions, recevoir des appellations *omisso medio*, dispenser les enfans des Prêtres illegitimes, desquels cas il est parlé *in cap.* I. *cap. inter* au titre *de translat. Episcopi, cap. ult. de filiis Presbyt. cap. dilecti de appellat. cap. sicut unire, de excess. Prael.* lesquelles Constitutions avec autres ont été cause de distraire les personnes de leurs Jurisdictions ordinaires, pour prendre leur adresse à Rome, tant en fait de plaidoirie qu'autres affaires. Toutefois s'il survenoit aucun affaire de fort grande importance pour l'état universel de l'Eglise de France, ou autre semblable ; le Primat General recevra la remonstrance, qui devra lui estre adressée, & il pourra en avertir nôtre S. Pere le Pape, & prendre sur ce son jugement & avis, qu'il donnera avec son conseil ordinaire établi, comme dessus a esté dit, comme estant le Pape Chef de l'Eglise universelle, & pour l'honneur de la memoire de S. Pierre. Pelagius II. Pape au Canon *multis* 17. *distinct.* dit, que les questions entre les Evêques doivent estre deferées au Metropolitain ; si par lui ne peuvent estre decidées, doivent estre remises au Concile ordinaire qui est le Provincial, & les plus grandes & plus difficiles causes au Siege Apostolique. Au Concile d'Afrique 7. chapitre 92. fut ordonné, que les causes ordinaires seroient traitées devant les Evêques ; s'il y avoit appel ou plainte d'eux, on s'adressoit aux Primats des Provinces ou aux Conciles d'Afrique, qui estoient Conciles Nationaux ; & si aucun entreprenoit d'appeller outre-mer (c'est à dire à Rome) que nul Ecclesiastique ne le reçût à communion. Ce même Decret est rapporté du Concile Milevitain au Canon *Presbyteri* II. *quaest.* 3. & au Canon *placuit* 2. *quaest.* 6. vrai est que la fin dudit Canon *placuit* l'exception y est, *sinon qu'on appelle au Siege Romain*, laquelle clause est de Gratian, & non du Decret du Concile, comme se connoît par deux argumens ; l'un, que ladite clause n'est pas audit Canon *Presbyteri*, qui est tiré du même Concile, l'autre, qu'au texte du même Canon *placuit*, la clause *nisi fortè* commence par lettre rouge, qui montre que c'est une clause separée. Aussi l'Original du Concile d'Afrique 7. qui est au même effet n'emporte rien ; & par le Concile d'Afrique 3. chapitre 28. est défendu à tous Evêques d'Afrique d'aller outre-mer (c'est à dire à Rome) sans le congé de l'Evêque du premier Siege d'Afrique, ou du Primat de chacune Province.

Parce que ce qui est du droit positif n'est pas de soi permanent, selon les temps & autres circonstances pour recevoir émendation ou changement par eux-mêmes, qui ont établi ce droit, ou leurs successeurs ; on peut dire que les Superieurs ordinaires peuvent dispenser pour cause juste, necessaire, ou fort urgente, combien qu'ils n'aient puissance d'établir la Loi ; car la dispense n'est qu'un temperament à l'égard d'une personne & en general pour tous ; & à bon droit se dit que la dispense qui est faite pour iuste cause, n'est pas grace mais devoir. Nous tenons pour Loi immuable ce qui est ordonné par les Evangiles & autres saintes Ecritures, & par les Apôtres, & ce qui a esté statué par les quatre premiers Conciles Occumeniques, ausquels les Saints portent tant d'honneur & de respect, qu'ils les ont mis en même degré d'observance, que les saints Evangiles, en ce qui concerne la Doctrine Chrétienne. Les Constitutions de l'Eglise faites pour la police d'icelle, ont pû & peuvent recevoir changement ou moderation, selon le temps & les regions. Pourquoi de grande ancienneté a été usité en l'Eglise de faire des Conciles Nationaux, d'autant que plusieurs loix sont utiles, ou peut-être necessaires à une Nation qui séroient dommageables à l'autre. Ez Conciles Generaux Oecumeniques une Nation ne peut pas sçavoir ce qui est convenable ou incommode à l'autre : & hors les Conciles Generaux, les Papes demeurans à Rome, ne peuvent pas estre avertis ni sçavoir au vrai les affaires de chacune Nation. Doncques est expedient qu'en chacune Nation y ait un Primat General ou Patriarche de la même Nation, qui puisse sçavoir, connoître & juger ce qui est de besoin à la Nation, ou en particulier à chacun, selon les occurrences, comme *verbi gratia* pour dispenser de la rigueur, des Loix faites pour la Police de l'Eglise, avec juste & urgente cause, & selon que le Concile National lui aura permis ; non pas pour par ledit Patriarche faire Loi nouvelle ; car c'est à faire ou au Concile General en ce qui concerne l'état universel de l'Eglise, ou au National en ce qui concerne le general de la Nation, ou au Concile Provincial ou Episcopal en ce qui concerne la Province ou le Diocese. Les dispenses concernent les particuliers, & ne doivent estre tirées à consequence, mais ne faut pas aussi qu'elles soient faciles ni frequentes ; car cela emporteroit la dissipation de la discipline Ecclesiastique. S. Gregoire rapporté *in Can. fraternitatem* 71. *dist.* dit qu'il ne dispensera sinon pour cause necessaire. Doncques la dispense ne sera faite par pure grace, mais pour cause necessaire & tres-utile. Gelase Pape *in Can. necessaria.* 1. *quæst.* 7. dit que la necessité contraint quelquefois de temperer les Decrets des saints Peres : & ce que la necessité trouve pour remede doit cesser quand la necessité cesse. Autre chose est l'ordre legitime, autre chose est l'entreprise nouvelle, que l'occasion du temps contraint de faire. Ainsi dit Innocent Pape *in Can. quod pro remedio* 1. *quæst.* 7. Vrai est que les Papes depuis qu'ils se sont attribuez cette puissance infinie & absoluë, même depuis cinq cens ans en ça, ont fait reservation de plusieurs cas à eux, en interdisant la dispensation aux Ordinaires Diocesains : mais l'Eglise de France retenant les anciennes libertez de l'Eglise Universelle, comme elles étoient auparavant ledit temps de cinq cens ans, n'a pas voulu reconnoître toutes ces reservations : & si pour quelque temps & par occasions elle les a reçûës, elle ne s'est pas obligée à les tenir perpetuellement. Doncques, si aucune dispense est à faire à un particulier, és cas esquels ci-devant on s'adressoit à Rome, dorénavant ne sera besoin de s'y adresser : ains ce qui aura été precisement prohibé au Concile National, comme des pensions sur les Benefices, des Commandes perpetuelles, des Reservations, des Annates & autres cas, ni le Pape, ni le Patriarche n'en pourront dispenser. Et ce qui au Concile National aura été prohibé avec reservation de temperament ou dispense, pourra estre dispensé par le Patriarche pour juste cause, & avec sommaire connoissance d'icelle, sans qu'il soit besoin d'aller à Rome : dont aucuns cas sont exprimez ci-aprés.

Les bâtards, ores qu'ils soient nés de conjonction reprouvée & punissable, si étans en l'âge suffisant pour recevoir les Ordres sacrez, ils sont connus estre de bonne loüable & sainte vie, & de grande literature, & en état pour faire service fructueux à l'Eglise, pourront avec connoissance de cause estre dispensez par le Patriarche pour estre promûs aux Ordres sacrez & à tenir Benefices, *etiam* Evêchez, selon qu'il semble estre permis au Concile de Meaux rapporté *in Can. tali.* 1. *quæst.* 7. jaçoit que Honoré III. Pape *in cap. dilectus*, & Gregoire IX. *in cap. nimis. extra. de filiis Presbyteris* aïent dit, qu'au seul Pape appartient de dispenser en tels cas. Et Innocent III. *in cap. innotuit* au titre *de electione* és Antiques, dit que le Decret du Concile de Latran, tenu par Alexandre III. défend l'élection estre faite des bâtards aux Evêchez, mais pour les justes causes y declarées il trouve bon y estre dispensé, pourvû que le bâtard soit postulé, & non pas élû faisant état selon la coûtume de ces formalitez, qui en soi semblent estre superficiaires. Boniface VIII. au chap. *is qui defectum de filiis Presbyterum in 6.* permet aux Evêques de dispenser le bâtard d'estre promû aux Ordres non sacrez, qu'on appelle mineurs, & pour tenir Benefices qui n'ont charge d'ames : & au même lieu dit que le seul Pape peut dispenser pour les Ordres sacrez. Mais semble assez expedient, que ces défenses & reservations soient mises en surseance, en attendant si par le Concile Universel assemblé avec le gré de toutes les Nations, comme a été dit ci-dessus, elles seront abolies du tout, tant en ce cas de bâtardise qu'autres : car en la bâtardise n'y a aucune faute de l'enfant, & la semence de soi est benîte de Dieu à cause du pere qui est Chrétien, la faute est du pere qui l'emploïe mal : mais la faute du pere ne doit nuire à l'enfant. Il se trouve en la generation de Jesus-Christ contenuë en l'Evangile, que aucuns y sont nommez non legitimes, & sont ceux lesquels sont remarquez avec les noms de leurs meres, & Nôtre-Seigneur n'a pas dédaigné cette generation. Quant aux bâtards selon le stile de Cour de Rome & selon l'opinion commune des Docteurs d'Italie, les bâtards des Grands Seigneurs & Nobles sont tenus en plus grande detestation que les bâtards des Roturiers. Ainsi dit Alexandre de Imola au Conseil 25. vol. 1. & Anton. de Butrio, Conseil 54. & par le stile de Cour de Rome les bâtards des Nobles ne sont pas nommez Nobles, comme dit Jeronymus Paulus en sa pratique de Chancelerie Romaine *fol.* 207. En France est autrement ; car les bâtards des Princes & des Gentilshommes sont tenus pour Nobles, & les tient-on en quelque degré approchant celui des legitimes. A laquelle usance des Papes en leurs dispenses se sont accommodez, car ils ont plus facilement & plus spacieusement dispensé à l'égard des bâtards des Grands Seigneurs, afin d'attirer la devotion desdits Grands Seigneurs pour l'emploïer à la manutention de l'Eglise : & par bonne intelligence l'on peut comprendre que c'est pour la manutention en sa grandeur temporelle, pour les biens & pour le support, & non pour la manutention des bonnes mœurs & de la Police Ecclesiastique, qui consiste principalement en integrité de vie. C'est pourquoi il a été dit ci-dessus, que quand le bâtard est de bonne vie & de grande science, il faut estre fort facile à le dispenser, parce que la bonne vie & la science sont les principaux moïens de la manutention de l'Eglise, & non pas la grandeur de ce monde. A la suite des raisons ci-dessus les enfans des Heretiques & Schismatiques ne soient déchassez ni déboutez des Ordres & des Benefices de l'Eglise, quand ils sont gens de bien, de l'âge requis, & de grande litterature ; & à tant soient levées ou sursises les défenses contenuës au chapitre *quicumque §. Heretici*, qui est d'Alexandre IV. Pape & du chapitre *statutum* qui est de Boniface VIII. *de Hæreticis* au Sexte, où il est dit, que les enfans des Heretiques jusques à la seconde generation ne doivent estre admis aux Benefices de l'Eglise.

Aussi s'il y a penurie de Prêtres ou Diacres seculiers, le Patriarche puisse dispenser les Moines, avec le congé de leurs Abbez ou autres Superieurs Reguliers, d'accepter & tenir Cures & Eglises Paroissiales ; pourvû qu'ils soient trouvez suffisans en bonne vie & science par les Evêques Diocesains, ausquels la collation des Cures appartient : c'est à dire, si une Eglise Paroissiale est vacante, & l'Evêque connoisse un Religieux de bon merite, il en rendra témoignage au Patriarche, & le Patriarche sous cette assurance dispensera le Religieux de pouvoir accepter une Eglise Paroissiale pour en estre Recteur, & aprés cette dispense l'Evêque pourra conferer l'Eglise Paroissiale à ce Religieux. Autrefois a été permis aux Religieux de tenir Cures ; même par les Papes Innocent & Gregoire au Canon *si Monachus*, *Can. moderamine*, *Can. authoritate 16. quæst.* 1. & au Concile d'Agde en Languedoc recité au Canon *Monachi*, & par Gelase Pape au Canon *si quis Monachus* au même lieu & par S. Gregoire en l'Epître 27. du liv. 5. Il se lit de S. Jerôme, qu'étant Moine il fut fait Prêtre par Paulin Evêque d'Antioche, à la charge qu'il seroit laissé en sa profession Monachale & Epiphane Evêque de Salamine : ne pût l'attirer à l'exercice public de la cure des ames. De fort grande ancienneté les Moines n'étoient pas faits Clercs, ni promûs aux Ordres sacrez, comme l'on peut recueillir de la Loi *generaliter Cod. de Episcop. & Cleric.* & par le dire de Gratian au *§. Monachos*, qui est au pied du Canon *Hinc est 16. quæst.* 1. Et depuis quand il leur a été permis d'estre fait Clercs, leur a aussi esté permis d'exercer la charge des ames ; selon la Regle generale, qui lors estoit en l'Eglise, que nul n'étoit fait Prêtre sans titre, c'est à dire, sans estre pourvû d'une Eglise pour y administrer tout ce qui est de l'Ordre de Prêtrise, qui est la charge des ames ; comme a esté dit ci-dessus, & depuis par Urbain II. Pape fut défendu aux Moines d'exercer la charge des ames ; comme il est noté au chapitre 1. au titre *de Capellis Monachorum* ; & confirmé au Concile de Latran tenu par Alexandre III. rapporté *in cap.* 2. au titre *de statu Monachor.* és Antiques. Pourquoi vû que l'Etat n'en a esté toûjours semblable ; le Moine facilement avec cause probable pourra estre dispensé de tenir Eglise Paroissiale, s'il est suffisant, & afin que son Ordre de Prêtrise ne lui soit inutile. Ainsi par le Concile de Neocesarée chapitre 12. à cause de la penurie des Prêtres fut permis de faire Prêtres ceux qui s'estoient fait batiser en extrémité de maladie, jaçoit que par les Conciles precedens il eût esté défendu.

Soit aussi statué que le Primat General ou Patriarche ne pourra faire des Commandes perpetuelles : Aussi on ne pourra impetrer telles Commandes à Rome, jaçoit que les Benefices de long-temps aïent accoûtumé d'estre baillez en Commande ; mais pourra l'Evêque Diocesain faire Commandes d'Eglises Paroissiales pour six mois, en attendant que le Soûdiacre ou Diacre, auquel une Eglise Paroissiale sera conferée, puisse estre promû à l'Ordre de Prêtrise, ainsi qu'il a esté dit ci-dessus, & selon ledit chapitre *nemo de electione in sexto*. Le Primat General pour juste cause, & aprés sommaire connoissance d'icelle, pourra faire Commande pour un an ou deux au plus. A l'égard de tels Commandataires à temps il soit dit, qu'ils ne gagneront les fruits du Benefice precisement, ains en retiendront pour leur entretenement honnête & commode, & pour l'entretenement de l'Eglise durant le temps de leur Commande, & soient tenus de reserver le surplus pour le successeur titulé. Ainsi dit la glose audit chapitre *nemo*. Alexandre III. au chapitre *cùm vos* au titre *de officio ordinarii* és Antiques dit, qu'en tel cas, quand l'Evêque ne peut promptement conferer l'Eglise Paroissiale, qu'il y doit commettre un Oeconome, qui emploïe les fruits à l'utilité de l'Eglise, ou les reserve au successeur.

Nul de l'Etat Ecclesiastique en France ne puisse s'aider ni prevaloir des Reservations, Expectatives, Mandats, des reservations des Benefices vacans *in Curia* émanées de Rome, & à ceux qui les auroient impetrées ; soit interdite l'execution de leur Ordre, & l'administration és Eglises, qu'ils auroient ainsi impetrées, & nonobstant icelles puissent les Ordinaires conferer les Benefices comme vacans, quand ils vaqueront. De ces formes de graces, & du temps de l'invention d'icelles a esté traité ci-dessus, & au Concile de Bâle session 12. fut arrêté que l'on n'en useroit plus.

Soit aussi statué que les prohibitions de mariages pour consanguinité ou affinité soient observées selon les anciens Decrets, jusques au septiéme degré inclus, & s'entend le septiéme degré selon la computation de Droit Civil, par laquelle chacune personne fait un degré. Ainsi ont entendu les anciens Decrets, en ajoûtant à la prohibition du mariage la raison de la succession hereditaire, laquelle succession sans difficulté se gouverne selon la computation civile. Ainsi fut statué au Concile de Meaux rapporté *in Can.* 1. 35. *quæst.* 2. & au Concile d'Orleans rapporté *in Can. nulli*, & par Calixte Pape *in Can. conjunctiones*, & par S. Gregoire *in Can. progeniem*, & par Nicolas II. Pape *in Can. de consanguinitate* au même lieu 35. *quæst.* 2. Et és Capitulaires *lib.* 5. *cap.* 99. les mariages ne sont interdits, que jusques à la quatre, cinquiéme & sixiéme generation : ce qui se doit entendre selon la computation civile : car cette computation de deux personnes pour un degré, dont sera parlé incontinent, n'estoit encore introduite. Les Capitulaires sont d'environ l'an 800. & le Canon *ad Sedem* est de l'an 1064. ou environ : car il est d'Alexandre II. Esdits Capitulaires *lib.* 6. *cap.* 128. les mariages sont défendus jusques au 5. degré, *& rursum cap.* 206. Mais aprés qu'Alexandre II. qui fut environ l'an 1064. au Canon *ad Sedem* 35. *quæst.* 5. eût introduit & autorisé la maniere de compter les degrez de lignage au fait des mariages, qui est aujourd'hui observée, selon laquelle deux personnes font un degré, selon laquelle computation les cousins germains sont au second degré, qui par le droit Civil sont au quatriéme ; & les cousins issus de germains sont au tiers, qui selon le Droit Civil sont au sixiéme. La difficulté s'est trouvée grande avec perplexité, si cette ancienne prohibition jusques au septiéme degré auroit lieu, en comptant deux personnes pour un degré, & pour mettre au net cette perplexité, fut arrêté au Concile de Latran tenu par Innocent III. & rapporté au chap. *non debet* au titre *de consanguinit. & affinit.* que la prohibition des mariages demeureroit restrainte au quatriéme degré inclus selon cette nouvelle computation. De vrai au temps dudit Alexandre II. & peu de temps auparavant, l'Eglise Romaine dédaignoit de se rendre sujete aux Constitutions civiles des Empereurs & Rois, & en donna un grand & perilleux témoignage le Pape Gregoire VII. dit Hildebrand, prochain successeur dudit Alexandre, qui pour exalter cette grande Puissance du Siege Romain, mit toute l'Italie & l'Allemagne en armes & divisions. Enfin cette façon de compter les degrez de lignage au fait des mariages est demeurée ferme. Doncques pour l'honneur du Siege Apostolique, & pour l'autorité des anciens Docteurs, soit tenu ferme, que la prohibition du mariage jusques au quatriéme degré selon la computation Canonique sera observée. Combien que la Loi Civile des Romains permette le mariage des cousins germains, sans dispense, ainsi qu'il est dit en la Loi *celebrandis* faite par Arcade & Honoré Empereurs Chrétiens, *C. de nuptiis*, & repetée par Justinian au §. *duorum Instit. de nuptiis.* mais S. Gregoire au Canon *quædam* 35. *quæst.* 3. dit que l'experience a fait connoître que la lignée procedante de telles conjonctions n'est pas de durée. Toutefois parce que ces prohibitions sont de droit positif, & n'ont pas toûjours esté semblables, & que les conjonctions en dedans le quatriéme degré ont esté autrefois permises, soit statué au Concile National; que les Evêques Diocesains pourront dispenser avec cause probable ceux, qui sont tous deux au quart degré, ou l'un au tiers & l'autre au quart, selon la computation Canonique ; vû que selon la même computation, quand en ligne collaterale, ils s'attiennent par degré inégal, tous deux sont éloinez au degré plus éloigné : ainsi quand l'un est au tiers, & l'autre au quart, tous deux sont reputez estre au quart, & suivant ce selon le Droit Canonique il n'échef d'avoir dispense, quand l'un des deux conjoints est au tiers ou quart, & l'autre au cinquiéme: ainsi disent Celestin III. *in cap. quod dilectio*, & Gregoire IX. *in cap. vir qui* au titre *de consanguinit, & affinit.* Mais si les deux qui desirent estre conjoints par Mariage sont Cousins-Germains, ou issus de Germains, qui sont le second & le tiers degré, ou soient du second au tiers, le seul Primat general en puisse dispenser, & ne puisse octroïer la dispense, sinon avec grande & fort urgente cause. Encores entre cousins germains ne puisse dispenser sinon és grandes & illustres maisons, ou quand il sera question d'appaiser differens importans de la plû part du bien, ou de l'honneur des maisons, ou pour un bien public. S. Gregoire au Canon *de grandibus* 35. *quæst.* 8. dit que ceux, qui sans dispense ont été conjoints outre le cinquiéme degré selon le Droit Civil, s'ils ont vécû long temps ensemble & ont des enfans, pourront estre dispensez de demeurer en mariage. Au Concile Epaunense, auquel étoient les Evêques des Provinces de Lyon, Sens, Vienne, Besançon & Ambrun chap. 30. est dit, que les mariages des cousins germains faits auparavant ledit Concile ne seront dissolus, mais par aprés ne seront endurez. Or és degrez prohibez par la Loi Divine, & encores par les anciennes Loix Civiles, soit dit qu'on ne pourra obtenir dispense ni du Pape ni du Patriarche, & si aucunes étoient obtenuës, soient reputées nulles, les mariages declarez incestueux, & les enfans illegitimes, non habiles à succeder. Le Pape Innocent III. au chap. *litteras* au titre *de restit. spoliat.* Ez Antiques dit, que le Pape ne peut dispenser és degrez prohibez par la Loi Divine. Le mariage de l'Oncle à la Niece est prohibé par la Loi Divine au Levitique, & par le Droit Civil en la Loi *nemini C. de nuptiis* : toutefois le Roi d'Espagne Philippes II. qui est à present, par dispense du Pape a épousé sa Niepce, fille de sa Sœur, & en a un fils qu'il designe estre son Successeur en ses Estats, & est bien à craindre que cette dispense trouble quelque jour sa maison, comme une dispense de mariage a troublé le Roïaume d'Angleterre, & a été occasion de le distraire de l'obeïssance de l'Eglise Romaine, Catholique, & ce peut faire que c'est une des causes, pourquoi le Roi d'Espagne, & les Theologiens de ses Païs, sont si soigneux à maintenir cette puissance absoluë, & presque infinie du Pape, ce que la Faculté de Theologie de France n'a pas approuvé, & s'est contentée de croire que le Pape est Chef de l'Eglise universelle, & que sa puissance est souveraine, non toutefois absoluë, mais reglée selon les anciens Conciles, Decrets &

Canons. Par la même raison que dessus ne soient reçûës les dispenses de Rome ni du Patriarche pour épouser par aucun, sa belle-mere noverque, la fille de sa femme, la veuve de son fils, la veuve de son oncle, la sœur de feüe sa femme, ni pour se marier en degrez de semblable proportion, dont la prohibition est par les anciennes Loix Civiles *l. nemini Cod. de nuptiis. l. fratris Cod. de incestis nuptijs.* Il se trouve és Histoires que l'Empereur de Constantinople Heraclius, qui au reste estoit bon, vaillant, & sage, afin qu'il eût moïen d'épouser Martine sa Niece, voulut par Loi nouvelle enfraindre l'ancienne : mais ce mariage & la suite se porta mal : car il fût affligé en sa personne au même endroit par lequel il avoit peché : ladite Martine demeurée veuve & Heracleonas son fils issu dudit mariage firent tuer le fils aîné dudit Heraclius issu de son premier mariage : ladite Martine & son fils peu de temps aprés furent tuez par le fils de celui qu'ils avoient fait tuer ; ainsi ce mariage mal fait vint à mal profit.

Soit aussi statué & permis au Primat general & Patriarche d'unir Evêchez, Abbaïes & autres Benefices aïans droit de College ou Convent : de pouvoir aussi separer en deux les Evêchez de grande étenduë, & constituer des Evêques és bonnes & grosses Villes meritans cette dignité : établir aussi nouvelles Provinces & Sieges Metropolitains, le tout selon la necessité, utilité, ou bien-seance, aprés y avoir appliqué exacte connoissance de cause, & aprés avoir oüi & pris l'avis des Evêques & Archevêques y aïans interest. Au Concile de Sardique chap. 7. est dit, que l'on peut établir de nouveaux Sieges d'Evêchez és Villes populeuses : & ne se dit pas que la puissance de ce faire soit au Pape seul. Aussi és Histoires de France nous lisons, que Saint Remy Archevêque de Rheims établit un nouveau Evêché en la Ville de Laon en Vermandois, jaçoit que Celestin III. Pape au chap. *sicut unire* au titre *de excess. Prælat.* dise que le seul Pape peut unir Evêchez : à quoi se rapporte ce qui est dit par le Pape Gregoire le jeune *in Can præcipimus 16. quæst. 1.* Mais puisque cela n'a pas été dit en Concile Oecumenique, le Concile National en ce qui est de Police peut ordonner ce qui est propre & commode à la Nation. Se trouvent qu'Innocent II. érigeâ Gennes en Archevêché, qui souloit estre Evêché de la Province de Milan. Martin V. érigeâ Florence en Archevêché qui souloit être Evêché sous la Province de Pise. Jean. XXII. érigeâ Tholose en Archevêché qui souloit être de la Province de Narbonne. Au Concile de Calcedoine chap. 12. fût dit que pour établir de nouveaux Sieges Metropolitains on n'auroit égard au privilege, que l'Empereur auroit donné à aucune Ville d'être Mere-ville de la Province, c'est à dire, que ce seul respect de faveur n'est pas cause suffisante, mais si les autres considerations concurrent, on ne méprisera le Jugement du Souverain : car il est certain que le premier établissement des Provinces, Archevêchez & Evêchez, a été fait selon que les Sieges de la domination temporelle étoient établis. En une nouvelle Constitution de Justinian on lit que ledit Empereur aïant établi une nouvelle Province temporelle, qu'il nommâ de son nom Justiniane, il ordonne par le même Edit que là fût l'Eglise Metropolitaine, qui auparavant étoit à Thessalonique, Ce qui estoit encore en vigueur du temps de S. Gregoire, comme il se voit en la 45. Epitre du livre 2. où il est dit que l'Evêque de Thebes en Grece estoit sujet à l'Evêque de Larisse Metropolitain, & celui de Larisse sujet à l'Evêque de Justiniane la premiere.

Soit statué, que le Primat general ne pourra dispenser aucun de tenir deux Evêchez ou Eglises Paroissiales, ou deux dignitez, en une ou plusieurs Eglises Cathedrales ou Collgiales ; car chacune dignité a aucunement charge d'ames à cause de la superiorité & commandement, ores qu'elle n'ait administration des Sacremens, & à cause de la charge doit residence : de même soit dit de tous autres Benefices aïans charge d'ames. La dispense de tenir deux ou trois Benefices aïans charge d'ames étoit en usage du temps de Boniface VIII. Pape, comme il appert par le chap. *si is cum quo* au titre *de filijs Presbit. in 6.* & depuis ledit temps a été beaucoup plus en usage jusques au dernier Concile de Trente, non pas que par icelui on ait lié les mains au Pape, car il se dit estre pardessus le Concile ; mais depuis ledit temps on s'en est abstenu comme volontairement. Avant Boniface VIII. du temps d'Innocent III. au Concile de Latran la dispense fût permise à l'égard des personnes Nobles & letrées. Combien qu'il ne soit loisible de tenir deux Curez, toutefois soit loisible aux Evêques d'unir les Cures & autres Benefices Collatifs, comme a été dit ci-dessus. La deffense de tenir deux Eglises est au Concile de Calcedoine chap. 10. Et quant aux Benefices aïans charge d'ames & aux dignitez & personnats, il est reperé par Alexandre III. *in cap. ad hæc* & au chap. *de multa* tiré du Concile de Latran tenu par Innocent III. au titre *de præbend.* és antiques où est mise la dispense susdite en faveur des Nobles & Graduez : mais il est bon que la prohibition soit faite absolument, car le soin des ames est trop precieux pour l'abandonner à faveur par acception des personnes. Alexandre III. Pape en la Decretale entiere du chap. *cum non ignores* au titre *de Prabend.* dit qu'autrefois cét abus estoit en l'Eglise de France de recevoir une personne à plusieurs Benefices, & que cela fût mal-aisé à corriger à cause de la multitude des usurpateurs delinquans. Bien pourra le Primat bailler en Commande & administration à certain temps un Evéché vacant, en attendant qu'il y ait un Evêque certain. Il se lit que Saint Gregoire en a ainsi usé, & nommé tel Administrateur du nom de Visitateur, & donné cette charge à un Evêque voisin, comme en l'Epitre 18. du livre 1. Epitre 25. & 52. du livre 2. Epitre 12. du livre 10. Epitre 21. *lib.* 5.

Soit statué que le Primat general ou Patriache pourra seculariser les Eglises Cathedrales, qui sont deservies par Religieux, comme sont aucunes en Languedoc : & d'ancienété ainsi estoient les Eglises de Bordeaux & de Tholose, comme il est dit au chap.

prætereà au titre *de Prabendis*. Pourra aussi secularifer les Eglises Monastiques, pourvû qu'elles ne soient Chefs d'Ordres, même c lles qui se trouvent principales és Villes où elles sont, & dont l'Abbé ou Prieur Rel g eux, sont Seigneurs temporels. Innocent III. au chap. *inter* au titre *de Religios. domibus* permet de seculariser quand les Religieux défaillent. La premiere & vraïe institution des Monasteres a été pour estre établis és lieux éloignez de la frequence des hommes, comme dit S. Jerôme en l'Epître *ad Paulinam*, qu'il faut chercher Jesus-Christ dans la solitude, & prier seul avec lui en la montagne. Autrement est des Evêques & Pasteurs, qui doivent estre és Citez & Villes peuplées, mais les Moines doivent estre en lieu solitaire, doivent vivre avec herbes & viandes legeres : prier Dieu fort souvent, beaucoup veiller, dormir souvent à ventre vuide, fuïr les banquets, n'estre adonnez à la frequentation des Grands, avoir une prudente simplicité d'estre plus Chrétiens que de sembler tels.

Soit aussi statué que le Primat General, l'Evêque & Archevêque, ne pourront dispenser de non resider au Benefice par le Beneficier, quand le Benefice est sujet à service, mêmement à charge d'ames, ni faire qu'aucun puisse ou doive percevoir les fruits ni les gagner, s'il ne reside ordinairement & continuellement, quand bien on le voudroit favoriser pour cause d'étude, pour estre au service du Pape, du Roi, ou de l'Evêque; car la faveur publique, qui est le service de Dieu & la direction des ames doivent estre preferées aux faveurs personnelles & particulieres. Bien pourra le Diocesain, ou le Chef de l'Eglise Collegiale ou Conventuelle, donner licence au Beneficier d'estre absent pour un mois ou six semaines, s'il y a cause juste & probable; & est expedient que par le Concile le temps soit limité; car la Decretale de Gregoire X. *in cap. licet Canon de electione in 6.* permettant à l'Evêque de dispenser *ad tempus* peut-estre étenduë à un, deux, ou trois ans, ce qui ne seroit raisonnable à cause de l'importance de la charge des ames. Au chapitre final *de rescriptis in 6.* sont blâmez les dispenses perpetuelles de non resider, *etiam* octroïées par le Pape au Concile d'Antioche rapporté *in Can. si Episcopus 23. quæst. 8.* fut défendu aux Evêques d'aller à la suite des Empereurs ou Rois sans le congé de leur Metropolitain. Mais le Pape Gelase au Canon *quo ausu*, au même lieu, veut que l'Evêque ait congé du Pape : aussi il écrivoit à un Evêque d'Italie, & comme il a esté dit cidessus, le Pape a son Patriarchat particulier en Italie. Le Concile de Sardique chap. 8. qui est referé au Canon *si vobis* au même lieu défend aux Evêques d'aller à la suite des Rois ou autres Souverains s'ils n'y sont appellez par iceux Souverains Justinian en la Novelle *de sanctissimis Episcopis. 123.* excepte la licence du Metropolitain, du Patriarche ou du Prince. Leon IV. Pape en un Concile de 67. Evêques deposa Anastase Cardinal, qui avoit delaissé son titre & sa Paroisse par cinq ans, ainsi qu'il est rapporté au chapitre 2. au titre *de Cleric. non resident.* és Antiques. A ces moïens demeureront retranchées les causes de non resider mises au chapitre *relatum* au chapitre *de cætero* au même titre. Et à ce que la residence soit mieux observée, soit statué au Concile National, que si aucun est absent trois mois durant de son Benefice aïant charge d'ames, ou six mois d'autre Benefice, sans cause legitime certifiée par l'Evêque Diocesain, ou Chef du College *ipso facto* soit & demeure privé de sondit Benefice, qui pourra délors estre conferé par le Collateur ordinaire; & ce sans attendre la ceremonie de trois monitions, dont est parlé au chapitre *ex tua* au même titre : & semble que la privation *ipso facto* soit approuvée au chapitre *extirpandæ* au titre *de Prebend.*

Soit aussi statué que nuls Benefices ne soient reputez Reguliers, à l'effet de ne pouvoir estre tenus que par Reguliers, s'ils ne sont Conventuels, esquels pour le moins soient six Religieux profez, & à faute de ce soient reputez Benefices Seculiers : sans toutefois déroger au droit de collation *pleno jure* ou de presentation appartenant à Dignité Reguliere. La presomption commune est, que tous Benefices soient Seculiers : pourquoi quand il n'y a point d'exercice de regularité, qui ne peut être sans assemblée de Religieux, il est bien facile que le Benefice reprenne son ancienne nature. Aussi le Droit Canonique repute le Benefice estre Seculier, qui par quarant'ans a esté tenu par Seculiers. Ainsi dit Boniface VIII. *in cap. cum de Beneficio de præbend. in 6.* Mais aujourd'hui en Cour de Rome on baille facilement à un Seculier en Commande perpetuelle le Benefice Regulier : qui a accoûtumé d'estre commandé, c'est à dire, qui jusques à trois fois de suite a esté tenu en Commande : mais quand le Benefice qui estoit Regulier sera declaré Seculier, il pourra estre baillé en titre à un Seculier : & audit cas, si le Collateur ou Patron Regulier de tel Benefice est negligent de le conferer ou presenter vacant dedans six mois, l'Evêque Diocesain pourra le conferer par droit de devolution : à quoi se rapporte aucunement la Clementine *quia regulares* au titre *de supplenda neglig. Prælat.*

Afin que le Celibat puisse estre plus facilement & assurément observé par les Prêtres, & autres constituez és Ordres sacrez, soit statué audit Concile, que nul ne soit fait Prêtre, sinon aprés l'âge de trent'ans accomplis; afin qu'en cét âge plus avancé & plus meur chacun puisse mieux connoître ses forces, & assurer son vœu. Et si aucun par subreption avoit esté promû avant cét âge, lui soit interdite l'execution de son Ordre jusques à tel temps que le Diocesain arbitrera, sans que cependant lui puisse estre conferé aucun Benefice : & si aucun lui estoit conferé, la collation soit tenuë pour nulle : & si auparavant lui avoit esté conferé, il soit declaré vacant. Par plusieurs constitutions & Decrets anciens l'âge de Prêtrise a esté prefix de 30. ans. qui est le même âge, auquel Jesus-Christ commença à prêcher, même au Concile de Tours chap. 12. au Concile d'Agde en Languedoc chapitre 17. où est mise cette raison, afin qu'ils ne tombent en erreur par infirmité d'âge; au Concile de Tolede 4. sous Sisenand Roi d'Espagne chapitre 19. & au Concile de Neocesarée chapitre 19. rapporté és Capitulaires de Charlemagne *lib.* 1. *cap.* 10. Vrai est que par aucuns Decrets plus recens l'âge du Prêtre a été determiné à vingt-cinq ans: mais en cette discordance des Decrets, il est bien à propos de s'arrêter au plus grand âge. Quant au Diaconat qui d'ancienneté estoit le premier Ordre sacré, & non le Subdiaconat, comme il est rapporté au chap. *à multis* au titre *de ætate & qualit.* & au chap. penultiéme au titre *de servis non ordinandis*, par les anciens Decrets l'âge estoit prefix à vingt-cinq ans : & de present que le Subdiaconat est Ordre sacré & sujet au vœu de continence, il en faut dire autant que du Diaconat. Quant à l'âge de vingt-cinq ans pour le Diaconat, il est dit au Concile de Carthage 3. chap. 4. audit Concile d'Agde chap. 7. & au Concile de Vvormes art. 69. Zacharie Pape permet pour necessité urgente faire des Prêtres à 25. ans au Canon *si triginta* 78. *dist.* Clement V. au chap. *generalem* au tit. *de ætate & qualit.* és Clementines a permis de promouvoir au Subdiaconat à dix-huit ans, au Diaconat à vingt ans, à Prêtrise au vingt-cinq ans, c'est à dire au premier jour aprés les vingt-quatre ans passez qui est le commencement du vingt-cinquiéme an. Pelage Pape au Canon *de Syracusano* 28. *dist.* fait entendre que l'une des principales causes du Celibat des Prêtres a esté afin qu'ils ne transferent le bien de l'Eglise à leurs femmes & enfans; & de fait audit Canon il dispense celui qui estoit marié, & avoit esté élû Evêque, d'accepter & tenir l'Evéché, aprés qu'on auroit pris compte exact des facultez qu'il avoit lors, afin de juger s'il donneroit aux siens du bien de l'Eglise : & est le Pape incliné à cette dispense, parce que le peuple qui l'avoit élû ne vouloit changer d'avis. C'estoit une dispense fort extraordinaire : car *etiam* au temps que ceux qui étoient mariez pouvoient estre élû au Sacerdoce & au Ministere de l'Eglise, il leur estoit défendu de s'approcher de leurs femmes, comme l'on voit au Concile Eliberin chap. 33. au Concile de Carthage 2. *ara* 428. au Concile de Tours 2. chap. 13. au Concile d'Orleans 5. chap. 17. & 20. au Concile de Mâcon 1. chap. 11.

Soit aussi statué, qu'en nuls Monasteres & Ordres de Religion ne soient reçûs les enfans mineurs de vingt-cinq ans, qui ont leur pere ou mere non remariez vivans, ou qui sont en puissance de tuteur, sans le consentement, bien exprés de leursdits pere, mere ou tuteur, & audit cas de tutele, que le tuteur ait pris l'avis des parens du mineur : & si autrement ils y estoient reçûs, ils en puissent estre retirés par le ministere & autorité de Justice, qui y contraindra les Superieurs du Monastere par saisie du revenu temporel desdits Monasteres, & l'Evêque Diocesain les y contraindra par censures Ecclesiastiques, sans avoir égard à exemptions. Ainsi, ou appprochant ce que dessus, fut statué au Concile de Gangres chapitre 16. & est rapporté au Canon *si quis filii dist.* 30. en ces mots, si les enfans se retirent d'auprés de leurs peres sous pretexte du Service Divin, & ne prêtent à leurs peres la reverence dûë, seront comme anathemes & reprouvez de l'Eglise. Ez Capitulaires de Charlemagne *lib.* 1. *art.* 101. il est défendu de faire Moines les jeunes garçons, & de voiler les filles sans la volonté de leurs peres & meres. Et *lib.* 4. *art.* 35. il est loisible aux garçons tondus & aux filles voilées de se tenir en tel état qu'ils aviseront. Aussi soit statué que les Professions des mâles ne seront reçûës avant les vingt cinq ans accomplis, & le vœu fait avant ce temps ne soit obligatoire, comme fait contre les bonnes mœurs, & ores que l'âge suffit y soit, que nul ne soit reçû à Profession avant la probation d'un an entier, qui sera accompagnée de demeurance assiduelle au Monastere, & la Profession autrement faite soit declarée nulle, & non obligatoire par la raison du Canon *Gonsaldus* qui est du Pape Alexandre II. 17. *quæst.* 5. & du chap. *ad Apostolicam*, qui est d'Innocent III. *extra. de regular.* Ce faisant soit dérogé à ce qui est dit audit chapitre, que la Profession avant l'an oblige, combien qu'elle soit prohibée : car l'importance, qui est pour toute la vie, merite bien que la nullité soit declarée de tout ce qui est fait au contraire de la prohibition. Il y a constitution expresse pour les Monasteres des Mendians, que la Profession expresse ou tacite ne peut estre faite avant la fin de l'an, & si de fait elle est faite, n'est obligatoire. C'est d'Alexandre IV. au chap. *non solum*, & de Boniface VIII. *in cap. constitutionem de regul. in 6.* Et il y a même raison d'en dire autant aux Ordres; car le vœu de mendicité est beaucoup plus tolerable & aisé à accomplir, que n'est pas le vœu de continence. Se trouve un Canon *de Monasteriis* 18. *quæst.* 3. qui est de saint Gregoire, par lequel le temps de probation est ordonné de deux ans. Soit aussi statué, que les Professions tacites ne pourront obliger, ains devront estre expresses & publiques en grande assemblée de peuple, témoignées par écrit autentique, & autrement ne soient obligatoires. Sera consideré qu'és Professions tacites peuvent estre beaucoup de captions, aussi parce qu'elles sont prouvées par témoins le peril y est plus grand & l'importance de l'affaire desire une volonté bien expresse & bien nette, en laquelle n'y ait rien à douter. Soit aussi statué, que les Abbesses ne puissent estre élûës en âge moindre de quarant'ans, selon qu'il fut ordonné au Concile d'Agde en Languedoc rapporté au Canon *Sanctimoniales* 20. *quæst.* 1. Aussi selon les anciens Decrets les filles ne soient reçûës à la Profession Monastique avant les vingt-cinq ans accomplis; & en leurs Professions soit observé tout ce qui est dit ci-dessus des mâles. De cét âge de vingt-cinq ans fut statué au Concile de Carthage 3. chap. 4. qui est rapporté au Canon *placuit* 77. *dist.* & au Concile de Tours chap. 28. qui met l'exception, s'il n'y avoit urgente necessité, & és Capitulaires de Charlemagne *lib.* 1. *art.* 46. tiré d'un Concile d'Afrique, & art. 107. Le Pape Pie *in Cap. virgines* 20. *quæst.* 1. interprete cette necessité estre quand il y a peril en l'honneur & pudicité de la fille, & 4. *art.* 107. *lib.* 1. *capitul.* Le Concile de Vvormes chapitre 69. dit autant pour l'âge de vingt-cinq ans. Que la benediction & voilement des filles qui font profession, soit par les mains des Evêques ou des Prêtres qui à ce seront par eux commis, & non par les Abbesses, és Capitulaires de Charlemagne *artic.* 7. *lib.* 1.

Si aucun Evêque ou Archevêque est accusé de crime, il ne sera besoin de rapporter l'accusation à Rome, soit pour l'instruction ou pour le jugement, ains si l'Evêque est accusé le Metropolitain avec les Evêques de la même Province en connoîtra & jugera. Si l'Archevêque est accusé, le Primat General ou Patriarche en connoîtra & jugera avec les Evêques de la Province, dont l'accusé est Metropolitain. Ainsi au grand Concile de Calcedoine chap. 9. & 17. est dit, quand la question est contre l'Evêque, que le Synode Provincial en doit bien connoître; si contre le Metropolitain, que le Primat en connoîtra ou le Siege de Constantinople: ainsi est rapporté *in Can. si Clericus* 11. *quæst.* 1. Et au Concile de Carthage 3. chapitre 7. & 8. saint Cyprian en l'Epître 3. à Corneille Pape dit qu'il est raisonnable, que l'accusation des Evêques soit traitée & jugée au lieu où le delit a esté commis, & où sont les témoins. Au Concile d'Afrique 6. durant le 12. Consulat d'Honorius, sur la question proposée audit Concile par les Legats du Pape Zozime, qui pretendoit que les Cleres ou Evêques, qui voudroient avoir recours au Pape; devroient estre par lui oüis en leurs plaintes, nonobstant la condamnation faite en Afrique par le Concile National, & disoient lesdits Legats estre ainsi contenu au grand Concile de Nicene; les Evêques d'Afrique assemblés audit Concile d'Afrique dirent, que les exemplaires qu'ils avoient des Decrets du Concile de Nice, ne portoient pas cela; mais n'en vouloient pas d'eux-mêmes faire jugement, & resolurent qu'ils envoïeroient personnages notables & choisis pardevers les Evêques d'Alexandrie & de Constantinople, parce qu'esdits lieux estoient les Originaux des Decrets dudit Concile de Nice, ce qui fut fait; & par le témoignage qui en fut rapporté, fut averé que ce Decret, qu'on disoit estre du Concile de Nice, n'y étoit pas: pourquoi au Concile d'Afrique suivant; qui fut le 7. fut avisé d'écrire au Pape Celestin, successeur de Zozimus, pour l'avertir de ce que dessus; avec priere de ne recevoir ni oüir les hommes d'Eglise d'Afrique, qui estans condamnez en Afrique auroient recours au Siege Romain, même parce qu'il se trouvoit audit Concile de Nice que les causes des Evêques avoient esté commises & delaissées à leurs Metropolitains. Suivant ce Concile Milevitain National pour l'Afrique fut statué, que si aucun d'Afrique appelloit outre-mer (c'est à dire à Rome, car on ne peut d'Afrique aller à Rome sans passer la mer) il ne seroit reçû en Afrique à la communion de l'Eglise, & est rapporté au Canon *Presbyteri* 11. *quæst.* 3. Il se trouve qu'au Concile National tenu à Cologne, Euphratas Archevêque du même lieu, fut jugé, condamné & deposé de son Archevéché par les Archevêques & Evêques des Gaules, assemblez en Concile l'an 348. Au Concile de Paris sous Childebert Roi, l'Evêque de Paris nommé Saphorat fut condamné & retrus en un Monastere par le jugement des Archevêques & Evêques y assemblez. Au recueil des Canons & Decrets des anciens Conciles fait par Martin Evêque de Bracara en Espagne, est fait mention d'un Evêque, qui fut condamné par le Synode & excommunié, au Canon *si quis* 3. 4. *&* 11. *quæst.* 3. au Canon *denique* 6. *quæst.* 3. *Can. si quis à proprio* 21. *quæst.* 5. és Capitulaires *lib.* 6. *cap.* 87. est dit que toute accusation sera oüie & terminée en la même Province, & ne pourra estre traitée hors icelle. Au Concile d'Antioche chap. 4. est dit que l'Evêque peut estre jugé & deposé par le Synode de la Province, & au chap. 12. est dit, si l'Evêque condamné par le Synode de la Province est appellant, il aura son recours au plus grand Synode, qui se doit entendre du Concile National. Toutefois au chap. 15. est dit, que si tous les Evêques de la Province unanimement condamnent l'Evêque accusé; que autres n'en jugeront. Par le Concile de Mâcon 2. est dit, que si la cause contre l'Evêque est fort grave, qu'elle se jugera au Concile de tous les Evêques chap. 9. és Capitulaires *lib.* 6. *cap.* 235. *&* 237. Toutefois les Papes de Rome par leurs Constitutions ont mis cette distinction; que les Evêques de la Province peuvent discuter la cause pour instruire: mais ne la peuvent juger sans autorité du Pape. Felix Pape au Canon *Primates*, Damase au Canon *discutere* 3. *quæst.* 6. Nicolas Pape au Canon *scelus* 2. *quæst.* 1. & au Canon *Tengaldum* 11. *quæst.* 3. dit avoir deposé avec le Conseil du saint Synode les Evêques, qui avoient favorisé le Roi Lothaire au divorce & repudiation qu'il avoit fait de sa femme: lesdits condamnez estoient Archevêques; & l'un d'iceux Archevêque de Tréves estoit Primat de la Gaule Belgique: & est aisé à croire que le Pape s'en entremit parce qu'à cause de l'autorité dudit Lothaire, le Concile National ne pouvoit estre assemblé, & toutefois ledit Nicolas Pape dit les avoir jugez avec le Conseil du S. Synode. Sixte II. Pape au Canon *omnes* 2. *quæst.* 6. dit, qu'il est loisible à l'Evêque, qui est recherché de crime, d'avoir son recours au Siege Apostolique. Innocent III. au chapitre *inter extra. de translat. Episcopi* dit, combien que les Evêques soient consacrez par leurs Metropolitains, toutefois ne peuvent estre condamnez, sinon par le Pape. Jaçoit qu'autre part au Droit Canonique soit dit, qu'à icelui appartient la destitution à qui l'institution appartient. Au Concile de Sardique qui n'estoit pas Oecumenique chap. 4. est dit, si aucun Evêque est condamné, & il pense avoir reçû tort, qu'il sera écrit au Pape: en l'honneur de la memoire de S. Pierre, à ce qu'il donne des Juges pour connoître de la plainte & causes d'icelles. Or parce qu'il est bien seant, & peut-estre est necessaire,

necessaire, & que c'est de l'ancien établissement que les crimes soient connus & jugez au lieu, où ils ont esté commis ; aussi que si l'accusation devoit estre jugée à Rome venant des païs lointains, seroient grands frais & vexations : aussi qu'il est expedient que ceux qui ont fait les procez, & ont connu l'air d'iceux, les jugent, & que celui qui est accusé soit oüi en personne par les Juges, & souvent avient qu'en voïant le procez, les Juges de leur office ordonnent quelques inquisitions estre faites pour donner plus grande lumiere au procez, & encore parce que les anciens Decrets consentent à ce, il semble qu'il seroit bien à propos d'établir la Loi en Concile National, que les Archevêques & Evêques accusez seront jugez en la méme Region où ils sont Evêques, sans qu'il soit besoin d'aller à Rome pour faire juger.

Quant aux accusations des personnes Ecclesiastiques pour crimes, soient abolies les formalitez du Droit Civil Romain, & du Droit Canonique pour les inscriptions, denonciations & inquisitions, sans toutefois deroger à ce qui est dit en l'Evangile de la correction fraternelle : ains y soit procedé sans formalitez, soit que le Promoteur, ou autre personne publique s'en entremette, soit qu'il y ait partie civile, ayant interêt ledit Promoteur, seulement pour enquerir la verité du fait, & y soit procedé rondement, & que le Juge seculier de ce requis par l'Ecclesiastique soit tenu de prêter main forte, & faire les contraintes pour l'execution des jugemens des Superieurs Ecclesiastiques : Ainsi est ordonné *in Concilio ad Liptinas* rapporté és Capitulaires *lib. 5. cap. 9. & lib. 2. cap. 6.*

Qu'au Concile National de France soit reçûë la reformation de l'an faite par le Pape Gregoire XIII. avec quelque temperament, pour ne rendre inutils plusieurs millions de Calendriers, estans és livres des Eglises écrits à la main, & és livres imprimez, esquels le nombre d'or est en marge des jours de l'an, & servoit de regle pour trouver le jour de Pâques, & les autres Fétes mobiles, qui en dépendent, & accommoder les Epactes audit nombre d'or, méme parce qu'en fort peu desdits Livres sont marquées les Epactes : lesquelles Epactes selon ledit Calendrier Gregorien sont la seule marque pour connoître les nouvelles Lunes : ce qui pourra estre fait par le labeur d'aucuns personnages sçavans en Astrologie & en experience. Au Concile de Trente fut avisé de se servir du nombre d'or, & és Calendriers reformez selon ledit Concile le nombre d'or fut remüé de sa place, & remis cinq jours au dessus du lieu où il souloit estre, pour se trouver assis sur le méme jour de la nouvelle Lune, & auparavant ledit Concile de Trente il faloit compter cinq jours contremont l'assiette du nombre d'or pour trouver le jour de la nouvelle Lune ; d'autant que depuis la position dudit nombre d'or l'on n'avoit pas remedié à l'erreur, qui vient de ce qu'il n'y a pas six heures entieres avec les trois cens soixante & cinq jours du Soleil, lesquelles six heures en quatre ans font le jour de Bisexte, en sorte qu'en deux cens quatre-vingt huit ans se trouvoit un jour trop ! qui fut cause que l'an 1562. on raccourcit ladite année de dix jours. Qui est en somme pour faire que l'Equinoxe du Printemps soit le 21. Mars, comme il fut declaré estre au grand Concile de Nice. A cause de ces changemens seroit bon de pratiquer ce qui se faisoit avant que le nombre d'or & les Epactes fussent bien connuës, à sçavoir, que chacun Evéque en son Synode fasse sçavoir & baille par écrit à chacun des Curez de son Diocese, à quel jour en l'année prochaine aprés sera la Septuagesime, qui à sa queuë, & par ordre certain amene Caréme, Pâques, l'Ascension Nôtre-Seigneur, Pentecôte, & les Fétes de la Trinité, & du Corps de Nôtre-Seigneur. En plus grande ancienneté les Eglises Romaine ; d'Antioche, & autres Patriarchales, prenoient en l'Eglise d'Alexandrie la certitude de l'Equinoxe du Printemps, parce qu'en ladite Ville d'Alexandrie éstoient les plus sçavans Mathematiciens du monde ; & la nouvelle Lune plus prochaine dudit Equinoxe sert à connoître le jour de Pâques. Au Concile d'Afrique 3. fut arrété, que tous les Evéques de l'Afrique prendroient de l'Eglise de Carthage la certitude du jour de Pâques. Et au Concile d'Orleans. 5. fut dit, que Pâques seroit celebré selon le calcul & compte du Pape Victor, qui ordonna que Pâques ne seroit le méme quatorziéme jour de la Lune du premier mois, ains le premier Dimanche aprés, afin de ne commencer avec les Juifs, qui toûjours font leur Pâques le méme quatorziéme jour ; & que le jour que devroit estre Pâques, seroit annoncé publiquement és Eglises le jour de l'Epiphanie.

Soit aussi statué & ordonné que les Prêtres & Moines qui ne sont graduez, & ne font état de prêcher, ou d'enseigner, ou d'écrire en la sainte Profession, seront tenus aprés le Service de l'Eglise fait, de s'emploïer à quelque labeur honnête, comme de labourer ou travailler aux champs, ou à quelque artifice qui ne soit vil ou contemptible : mais non pas de tenir fermes, ni estre entremetteurs comptables, ou à gages des affaires d'autrui, ni de s'emploïer à gain deshonnête. Ainsi est dit au Concile de Carthage 3. chap. 15. & au Concile de Calcedoine chap. 3. dont faut excepter le soin des pupilles ; ou si l'Evéque leur donne charge des affaires Ecclesiastiques ou des veuves & autres personnes miserables. Ce commandement de travailler est au Concile de Carthage 4. chap. 51. & 52. rapporté *in Can. Clericos 91. distinct.* & au Concile Eliberin chap. 19. où il est dit, que les Prêtres peuvent trafiquer dans la méme Province, mais non au loing. Au Concile Eupaunense chap. 7. est recité que les Moines exerçoient le ménage des champs. Le privilege octroïé aux Moines, même à ceux des Cisteaux, de ne païer dîmes des fruits crûs és terres labourées par leurs mains, montre qu'ils labouroient de leurs mains. Et est recité par Alexandre III. *in cap. ex parte* au titre *de Decimis* : & en la Decretale *continebatur* au titre *de Homicidio* est parlé du Diacre & des Clercs d'une Eglise, qui retournoient & s'ébatoient aprés le labourage parfait. J'ai lû en une ancienne Charte en la Chambre des Comptes à Nevers, qui contient une fondation faite par le Comte de Nevers en l'Eglise de Pontigni Ordre de Cisteaux, où pour favoriser le Comte, les Religieux se chargent de quelque service extraordinaire au temps des moissons, jaçoit que par leurs statuts audit temps il n'y eût qu'une Messe ordinaire, aprés laquelle tous les Freres alloient à la besongne des champs. Aussi de grande ancienneté les Moines n'estoient pas Clercs, & ne pouvoient estre promûs aux Ordres sacrez, sinon qu'ils fussent presentez par leurs Abbez : ainsi dit S. Gregoire au Canon *Nullus* 58. *dist.* ils devoient estre reclus & ne frequenter les Villes ni le peuple ; Saint Jerôme rapporté *in Can. si cupis 16. quæst.* 1. & ne devoient s'entremettre aux affaires Ecclesiastiques ou Seculieres, sinon qu'il leur fût commandé par leur Evéque. Ainsi fut statué au grand Concile de Calcedoine rapporté *in Can. qui verè* au méme lieu. Et en ce méme temps les Evéques ne devoient avoir aucun souci du ménage, ains seulement vaquer à Oraison & Predication, comme il fut statué au Concile de Carthage 4. chapitre 20. qui estoit la raison pourquoi chacune Eglise Cathedrale avoit son Oeconome, comme il fut dit au Concile de Calcedoine chapitre 26.

Soit aussi statué qu'és jours de Dimanche & autres Fétes solemnelles, nulles Messes particulieres & de devotion ne soient celebrées sinon aprés la grande Messe Paroissiale achevée, afin que nul ne soit détourné de la Messe ordinaire de sa Paroisse, laquelle par bon reglement doit estre dite à neuf heures du matin, qui est l'heure que l'Eglise appelle Tierce, & la même heure que Nôtre-Seigneur Jesus-Christ fut crucifié, & que le Saint Esprit descendit sur les Apôtres ; ainsi dit le Pape Telesphore *in Can. nocte de consecratione distinct.* 1. sauf qu'à la premiere heure du matin pourra estre dite une Messe ordinaire, parce que tout le peuple ne peut pas abandonner les maisons à une méme heure. Ainsi est statué par Leon Pape *in Can. necesse* au méme lieu saint Augustin au Canon *& hoc* en la méme distinction défend les Messes particulieres estre dites en public, afin que le peuple ne soit retiré de la Messe ordinaire de neuf heures. Pourquoi est bon d'ordonner que si aucune Messe doit estre dite par devotion ou par necessité, ce ne soit à l'heure susdite de la grande Messe, ni en public, ains à huis clos Au Concile d'Antioche article 2. est défendu de faire les prieres ordinaires autrement qu'en l'assemblée du peuple. Au Concile d'Agde en Languedoc fut statué, que les Messes ne se celebreroient és Oratoires és jours de Fétes solemnelles, sinon par permission de l'Evéque. Au Concile de Sens, qui estoit Provincial sous l'Archevéque du Prat, Cardinal Legat en France, fut défendu de dire Messes de Confrerie les jours de Dimanche, avant les grandes Messes Paroissiales dites, ni quelconque autre Messe durant la grande Messe. De vrai il y a plus de devotion & de reverence quand chacun doit estre sujet à l'heure ordinaire & certaine de la Messe, que quand la Messe est sujete à la volonté & commodité de ceux qui la font dire.

Soit dit & statué que les Evéques seront tenus convoquer leurs Synodes une fois pour le moins chacun an, ausquels assisteront les Abbez & les Chefs des Eglises Conventuelles & Collegiales, sans qu'ils puissent se prevaloir d'aucune exemption. Les Religieuses y envoïeront un Deputé homme d'Eglise pour leur Monastere : y assisteront aussi les Chanoines de l'Eglise Cathedrale & tous les Curez du Diocese ; ausquels Synodes seront proposées & traitées premierement les questions spirituelles, concernans les gouvernemens des ames & les bonnes mœurs. Seront faites les propositions par l'Evéque & par les Chefs des Chapitres & Convents, & par les Archiprêtres, qui autrement sont appellez Doïens Ruraux, & parce que les propositions & decisions pourroient tirer en longueurs, toute la compagnie en nommera quatre ou six, ausquels comme par voïe de compromis sera donné pouvoir de decider avec l'Evéque, pouvoir aussi de nommer les personnes qui devront au Concile Provincial de l'Archevvéque, representer tout le Diocese. En chacune Province l'Archevéque tiendra Synode Provincial une fois par chacun an, ou tout au moins une fois en deux ans, auquel Synode assisteront les Evéques de la Province, & un ou deux Deputez de chacun Chapitre d'Eglise Cathedrale, & un ou deux pour toutes les autres Eglises de chacun Diocese, soient Conventuelles ou Collegiales ; lesquels rapporteront les difficultez qui n'auront pû estre decidées és Synodes Episcopaux, & proposeront aussi de nouveaux ce qui selon leurs consciences leur semblera utile pour estre decidé & observé. Les affaires generales concernant le gouvernement des ames & les bonnes mœurs, seront traitées les premieres, puis les plaintes, si aucunes sont, contre les Evéques & autres principaux Chefs d'Eglise, & si aucunes causes sont concernant la Police exterieure de l'Eglise. Les anciens Conciles commandoient les Conciles Provinciaux estre tenus une fois chacun an. Au Synode 7. rapporté *in Can. quoniam dist.* 18. Au Concile d'Orleans 5. chap. 36. au Concile de Châlons sous Clovis Roi, au Concile de Tolede 11. sous Vvamba Roi d'Espagne. Mais au Concile de Tours 2. chapitre 1. est dit deux fois l'an, & ainsi avoit esté dit au grand Concile Nicene chapitre 5. au Concile d'Antioche chapitre 20. au Concile de Calcedoine chapitre 19. & és Epîtres de saint Gregoire livre 3. Epitre 9.

Pour les frais raisonnables des Evéques & Deputez Compromissaires de chacun Diocese à l'égard des Conciles Provinciaux, sera faite la taxe par le Metropolitain avec deux des Deputez compromissaires de la Cité Metropolitaine qui sera taxe de dépense moderée avec frugalité, par simonie, & petit train, sans salaire, & ne sera rien taxé à ceux qui demeurent sur les lieux où les Synodes seront tenus. Sera suplié le Roi que par Edit general il autorise lesdites taxes, sans qu'il soit besoin de lever lettres & commissions particulieres ; & par ledit Edit soit mandé aux Tresoriers generaux du lieu, où se tiendra le Synode, de faire le mandement au Receveur des Decimes de chacun Diocese pour faire la levée de ladite taxe avec le gros des Decimes & au fur d'icelles, nonobstant que le Diocese ne soit de la même Generalité ; auquel effet sera mise la clause derogatoire à l'établissement des Generalitez.

Que tous Hôpitaux, Maladreries, Colleges autres que de Prêtres & Religieux, les Fabriques & autres lieux pitoyables, dont l'administration consiste plus en ménage temporel, qu'en actions de spiritualité, soient gouvernées par personnes laïes, qui seront élûës par les Communautez des Villes, où sont lesdits Hôpitaux, ou de Villes closes plus proches, pour administrer durant deux ans, & à chacune élection seront delaissez un ou deux des anciens Administrateurs ; & leurs Receveurs en leur presence compteront chacun an en l'Hôtel commun d'icelle Ville à huis ouverts, aprés avoir fait proclamer publiquement le jour & l'heure, afin que chacun y puisse assister. Seront priez particulierement les Evêques, & autres Dignitez Ecclesiastiques, qui ont sur-intendance sur lesdits Hôpitaux d'assister à ladite reddition de comptes. Au Concile d'Orleans 5. est confirmée l'institution faite par le Roi Childebert d'un Hôpital à Lion, à la charge que l'Evêque du lieu ne pretendra rien és biens d'icelui, mais pourvoira qu'il y ait des Administrateurs fideles, & qu'on ait soin des malades & Pelerins.

Que le droit de Regale, par approbation du Concile National de France, soit conservé au Roi, & renouvellé en tous les Evêchez & Archevéchez de ce Roïaume, nonobstant l'exemption qu'aucunes Eglises ont ou pretendent avoir : car c'est un droit de la Couronne, que les Rois n'ont pû aliener, même pour le serment de fidelité, que les Evêques doivent au Roi. Mais sera suplié le Roi de temperer & moderer l'exercice dudit droit de Regale en ce qui est des profits, sçavoir est, qu'il plaise à sa Majesté destiner tous les profits pecuniaires, qui aviendront durant l'ouverture de Regale, aux Hôpitaux & Colleges d'Etudians du même Diocese, qui s'entend de ce qui restera aprés les droits de la sainte Chapelle de Paris fournis & satisfaits. Et quant aux collations des Benefices ou Dignitez aïans charge des ames, soit ordonné audit Concile, que le Chapitre durant l'ouverture de Regale en aura la collation : car la longue vacation de tels Benefices est dommageable : & quant aux simples Prebendes, & autres Benefices non aïans charge d'ames, la collation en demeure au Roi, comme ci-devant a esté pratiqué. Soit suplié le Roi de moderer & temperer son droit, en sorte que si la Regale estoit ouverte plus d'un an, tout le profit des fruits fut delaissé aux pauvres, & la collation des Benefices & Offices vacans aprés l'an fût delaissée aux Chapitres ; soit ordonné qu'en la formule du serment que les Evêques doivent prêter au Roi, aïans l'une des mains sur la poitrine, & l'autre sur les saints Evangiles, soit ajoûté qu'ils n'entreprendront contre la personne du Roi, ni de ses enfans, ni de son Etat, & ne seront en aide, ni en conseil, pour y entreprendre, & s'ils en sçavent quelque chose, le releveront & se soûmettront à la peine de deposition, s'ils contreviennent à leur serment, laquelle deposition sera jugée & declarée par le Metropolitain avec les Evêques Suffragans de la même Province. Tel Statut ne sera pas chose nouvelle. Ainsi fut ordonné au Concile de Tolede 4. National pour l'Espagne chapitre 74. & de même és autres Conciles de Tolede 5. 6. 10. & audit 10. est parlé de la deposition & privation. Cette forme de se soûmettre à privation de Benefice, en cas de contravention à sa premesse, est approuvée par le Droit Canonique *in cap. cum dilectus* au titre *de elect.* és Antiques. Au grand Concile de Constance en l'an 1415. session 15. une doctrine fut declarée erronée, heretique & scandaleuse, selon laquelle aucuns soûtenoient qu'un Tiran peut estre tué par son sujet sans offense de Dieu, meritoirement, ores que ce soit par insidiation, & nonobstant le serment, & sans attendre qu'il y ait Sentence. Aussi de vrai les Souverains n'ont autre Juge que Dieu. Ce droit de Regale commença par l'octroi fait à Charlemagne Roi de France par le Pape Adrian en Synode de 153. Evêques & Abbez ; ainsi qu'il est recité au Canon *Adrianus* 2. *dist.* 63. Aucuns Papes depuis ont voulu supprimer ledit droit de Regale, & ont fait quelques Constitutions à cét effet. Les Empereurs de Germanie se disans successeurs de Charlemagne, ont pretendu ce même droit d'investiture des Evéchez, & de la nomination du Pape même, suivant la confirmation faite à l'Empereur Othon I. rapporté au Canon *in Synodo* en la même distinction. Le Pape Gregoire VII. dit Hildebran, fut le premier, qui plus ouvertement & courageusement se dressa contre les Empereurs ; même contre Henri III. lequel il excommunia & deposa, suscita son fils à faire la guerre & aider à la deposition de son pere, fit élire un autre Empereur vassal dudit Henri, qui en bataille eut la main coupée, qui estoit la main même, par le ministere de laquelle il avoit prêté serment de fidelité audit Henri, & mourut des blessures reçûës en ladite bataille, & depuis pour la même occasion ledit Gregoire, ou son successeur, excommunia & deposa le fils dudit Henri. Icelui Gregoire, comme l'Empire se quereloit par armes entre ledit Henri III. & Rodolphe élû contre lui Empereur, monta au lieu haut de l'Eglise, où il estoit à Rome, & à haute voix, comme par prophetie, predit que, dans peu de jours le faux Empereur seroit exterminé, il entendoit dudit Henri, qu'il tenoit pour faux Empereur à cause de l'excommunication & deposition, mais la Prophetie fut accomplie par la mort dudit Rodolphe. Enfin ledit Gregoire pressé par les armes de Henri IV. s'absenta de Rome, & se retira à Salerne, comme en exil, & étant à l'extrémité de sa vie reconnuë és mains de Jean Cardinal son successeur, que le grand zele l'avoit induit à faire ce qu'il avoit fait, & que le Diable avoit semé cette zizanie & ces grands discords, & chargea sondit Confesseur, qu'il essaïât de reconcilier tout. De vrai semble qu'il eût beaucoup mieux fait d'essaïer par doux moïens de faire quitter à l'Empereur ce droit pretendu, & si cela n'eût pû estre fait en un temps, il fût venu occasion en autre temps : car ces grandes effusions de sang, & les maux que la guerre amene, ne sont pas moïens propres à estre procurez par les gens Ecclesiastiques, & moins par le chef de l'Eglise. Icelui Gregoire audit effet d'ôter à l'Empereur les droits susdits, fit en un Synode à Rome le Canon *si quis deinceps 16. quaest. 7.* par lequel est défendu à tous du Clergé d'accepter & recevoir Eglises des mains des personnes laïes, soient Empereurs, Rois, ou autres Potentats seculiers, ni même d'accepter les investitures des Evéchez, ou autres Dignitez par Paschal II. au Canon *si quis Clericus*, où il allegue le Concile d'Antioche, mais l'annotation sur le Decret de l'émendation Gregorienne dit, qu'il n'y a rien audit Concile. Alexandre II. au Canon *per laïcos*, au même lieu en ordonne autant, ces trois furent Papes environ même temps. L'Abbé de Ursperg dit que le Pape Gelase tint un Concile à Troyes, où fut remises sus l'Election des Evêques par les Ecclesiastiques, puis dit que Henri V. à sa Coronation à Rome obtint du Pape le droit d'invêtir les Evêques, & dépuis y renonça estant à Vvormes du temps de Caliste II. Pape, & lui fut accordé que l'élection des Evêques & Abbez se feroit en sa presence sans simonie & sans violence, & s'il avoit debat que le Metropolitain en jugeroit, & celui qui seroit élû recevroit de l'Empereur les droits de Regale l'an 1122 *fol.* 280. Nonobstant tout cela les Rois de France retenans leur anciens droits, que l'on n'avoit pû leur ôter sans les oüir, ont retenu ce droit d'invêtir les Evêques, qui est le droit de Regale, & en usent encore. Les Papes successeurs des dessusdits ont temperé ce droit, disans qu'il n'étoit pas à blâmer si aprés les élections des Evêques le consentement & aprobation des Rois estoit requis : Ainsi est dit par Celestin III. *in cap. cum terra* & par Innocent *in cap. quod sicut* au titre *de electione*, & au Canon *non vos 23. quaest. 5.* qui est de Pelage Pape du temps de Justin II. Empereur, est dit qu'aux Empereurs appartenoit d'approuver les Evêques élûs, avant qu'ils fussent ordonnez & consacrez.

Soit aussi dit & statué, qu'és Eglises Monastiques, ou Collegiales seculieres, esquelles sont aucuns Autels Parochiaux, & où les Chefs desdites Eglises se disent Curez primitifs, sans qu'ils ayent l'exercice de la charge des ames, & l'administration ordinaire des Sacremens, la Messe Paroissiale des Dimanches, & autres Fêtes solemnelles sera dite & celebrée à haute voix, à heure de neuf heures du matin, qui est l'heure ordinaire des grandes Messes, & les Vêpres à trois heures. Ce faisant les Religieux ou Chanoines avanceront ou retarderont l'heure de leur grande Messe, de Vêpres & autre Service, ensorte que l'un des Services n'empêche l'autre, excepté s'il y a des Autels de Paroisse és Eglises Cathedrales, car les Eglises Cathedrales sont les grandes Paroisses des Dioceses. Semble bien raisonnable qu'en l'Eglise de Dieu tout y soit observé par bon ordre : & est bien certain que les Eglises Paroissiales sont de premier, ancien & necessaire établissement de l'Eglise, & l'exercice d'icelles sert & profite à beaucoup plus de personnes, que ne peuvent servir les Eglises Monastiques & Collegiales, qui ne sont établies que par bienseance. Et ores que les Moines ou Chanoines soient proprietaires des Eglises, esquelles les Autels de Paroisse sont, toutefois selon l'humilité, qui est propre & necessaire aux gens d'Eglise, même aux Religieux, & selon la charité qui est commune à tous Chrétiens, & plus doit abonder en eux, ils doivent avoir agréable de relâcher le plus qu'ils peuvent de leurs droits & commoditez pour avancer & augmenter le service de Dieu, qui gît principalement en la direction des Ames, joint que de grande ancienneté les Moines tenoient les Eglises Paroissiales comme Curez exerçans la charge, & dépuis pour leurs commoditez & plus grande meditation en la vie contemplative leur fut défendu de tenir Benefices Cures. Ce fût au Concile de Latran, dont est parlé par Alexandre III. Pape au chap. 2. au titre *de statu Monachor.* & par Innocent III. *in cap. quod Dei* au même titre, par Honoré III. *in cap. ex parte, cap. ad audientiam* au titre *de Capellis Monachorum.*

Soit aussi statué, qu'il sera dressé un Manuel en François, qui contiendra le sommaire des Evangiles de chacun Dimanche de l'année & des Fêts solemnelles, & un bref avertissement recueilli des mêmes Evangiles pour exhorter & induire le peuple à bonnes mœurs, pour mettre leur principale esperance en Dieu, pour être charitables, pour fuïr les vengeances, & pour estre chacun loyal en son art & profession, & pour faire entendre au peuple que les maux & afflictions que nous endurons procedent de nos pechez. Et soit enjoint bien expressement aux Curez de faire lecture à haute voix à leurs Paroissiens chacun Dimanche, du Chapitre qui avient à l'Evangile du même jour, incontinent aprés l'Evangile de la Messe dite, & que les Curez en leur Prône exposent en François l'Oraison de N. Seigneur, qu'on dit la Pentecôte, l'Ave Maria & la creance, dont y aura sommaire exposition audit Manuel. A quoy se rapporte ce qui est dit és Capitulaires de Charlemagne *lib.* 1. *art.* 70. Contiendra aussi ledit Manuel des avertissemens particuliers en langage François, qui seront exposez au peuple aprés le Batême des enfans, épousailles de mariage, la benediction des cierges le jour de la Purification de Nôtre Dame, la benediction des Rameaux, le jour des Cendres & és autres ceremonies, de l'Eglise : afin que ce qui a esté dit en latin, & ce qui a esté fait par ceremonie, soit vivifié & imprimé en l'entendement & au cœur par l'intelligence de la chose, & qu'il ne demeure inutile au simple peuple. Ainsi fut statué au Concile de Tours 2. chap. 17. Que nul ne sorte de l'Eglise avant la benediction faite par le Prêtre à l'issuë de la Messe, és Capitulaires de Charlemagne *lib.*

1. *cap.* 71. & au Concile d'Agde art. 47.

Que les mariages des enfans de famille mineurs, ou de ceux qui sont en tutelle, soient declarez nuls, si le consentement des peres, meres ou tuteurs, avec les parens, n'y a esté interposé. Et s'il y a eu copulation charnelle, celui qui aura induit & sollicité la fille au mariage soit delaissé à la Justice laïe, qui en fera la punition selon la Loi du Royaume, & neanmoins soit permis à la fille de se marier autre part. A tant soit aboli l'effet & la pratique, qui jusques à present à regné, du Canon *sufficiat* 27. *quæst.* 2. qui est du Pape Nicolas : ou bien soit interpreté selon le Decret du Pape Evariste au Canon *aliter* 30. *quæst.* 5. Gratian en la 7. partie de la seconde question en la cause 32. dit, que sans le consentement du pere le mariage n'est pas legitime, & allegue ledit Canon d'Evariste : le Droit Romain declare nuls les mariages des Enfans de famille faits sans l'authorité & volonté des peres, *l.* 2. *ff. de ritu nuptiarum.* Au Concile de Tours 2. chap. 21. est rapporté l'Edit des Rois de France Childebert & Clotaire, qui défend les mariages des enfans sans le consentement des peres. Ainsi est dit au Concile de Paris, art. 6. Aussi soient declarez nuls les mariages qui n'auront esté solemnisez publiquement en l'Eglise avec grande assemblée, & aprés les bans proclamez. A quoy se rapporte ce qui est recueilli du Concile d'Arles au Canon *nullum* 30. *quæst.* 5. & ce qui est és Capitulaires *lib.* 6. *cap.* 131. Et par le moyen de la nullité soit permis aux parties de se marier autre part.

Aussi soient declarez nuls & non obligatoires les Mariages des mâles n'ayans accompli l'âge de dix-huit ans, & des filles n'ayans accompli quatorze ans, jaçoit que les épousailles ayent esté faites en face d'Eglise, & ne soient admises les dispenses au contraire, soit d'Evêque, soit de Patriarche ou du Pape, comme estans tels mariages contre l'ordre de nature : car les mariez, qui avant cet âge sont conjoints, estans encore foibles pour engendrer, se perdent & diminuent leur vigueur, & la lignée qui en vient, est debile, ne dure pas, ou vit en langueur. Soit permis à ceux qui seront mariez avant cet âge de s'en retirer *etiam* avant plus grand âge avenu, nonobstant les Constitutions faites au contraire, & les interpretations des Docteurs. Et à bien prendre lesdites Constitutions elles ne sont contraires ; car les Decrets n'ont pas voulu qu'on s'arrêtât à la puberté, comme elle est definie par le Droit Romain, de quatorze ans aux mâles, & douze ans aux filles, ains qu'on avisât à l'habitude du corps, si tous deux sont si avancez en vigueur, que sans se faire tort ils puissent engendrer. Et par ce que cette connoissance est pleine d'incertitude, il est meilleur de definir un âge certain : les Loix Romaines ont defini la pleine puberté estre en l'âge de dix-huit ans *l. arrogato ff. de adopt. l. Mela ff. de aliment. leg.*

Soit aussi statué que les veuves ne se remarient avant l'an du dueil : ou tout au moins soit arbitré quelque temps ; tant pour éviter l'inconvenient de sçavoir à qui seroint les enfans, que pour l'honneur des femmes, qui en se remariant si-tôt remontrent qu'elles n'ont aimé leurs maris, ou que dés leur vivant elles avoient accointance avec celui qu'elles épousent : le dire de l'Apôtre doit estre entendu civilement. Ez capitulaires de Loüis Empereur *lib.* 4. *art.* 17. sont émendables ceux qui épousent les veuves avant trente jours.

Soit aussi avisé de retrancher le nombre des Fêtes, même de celles qui ne sont les principales des Saints, comme la Conversion de saint Paul, la Chaire saint Pierre, l'Invention & l'Exaltation sainte Croix, à la charge que le jour du Vendredi saint sera Fête tout le long du jour pour commemoration de la sainte Croix, saint Jean Porte Latine, saint Barnabé, la Translation saint Martin, sainte Anne dont la Fête n'est pas au Calendrier Romain, saint Pierre és Liens, la Transfiguration, la Decolation saint Jean ; comme il est ordonné aux Capitulaires de Charlemagne *lib.* 1. *art.* 81. Nul œuvre servil ne soit fait le Dimanche, même de charroi, sinon pour l'armée, pour victuailles, & pour mener un corps mort à sepulture. Ez mêmes Capitulaires *lib.* 1. *art.* 164. *lib.* 2. *art.* 35. & *lib.* 6. *art.* 186. ne sont commandées à chommer des Fêtes Nôtre-Dame que l'Assomption & Purification, des Fêtes d'Apôtres que saint Pierre & saint Paul & saint André : saint Estienne, saint Jean & les Innocens és Feries de Noël, saint Michel, saint Martin, la Nativité saint Jean, & les Fêtes des Paroisses ; avec les Fêtes de Nôtre-Seigneur, Circoncision, Epiphanie, Pâques, Ascension, Pentecôte & Noël avec leurs Feries.

Que nul de quelque Ordre qu'il soit, Religieux ou autre homme d'Eglise, ne reçoive à confession & penitence celui qui est d'autre Paroisse, si ce n'est par le mandement ou priere du Curé, ou en cas de necessité ou en voyageant. Ainsi fut ordonné par Urbain II. Pape *in Can. placuit* 9. *quæst.* 2. & au traité *de pœnitentia dist.* 6. *Can. placuit* & au Concile de Nantes rapporté au Canon *nullus* 9 *quæst.* 2.

Que les indults octroyez par les Papes aux Cours de Parlement soient abolis, car en ce que les Officiers laïs y sont gratifiez, c'est chose du tout mal-seante, qu'à leur nomination & faveur les Benefices soient conferez ; & est vrai semblable que c'est pour en prendre par eux les profits ; aussi est besoin que les Collateurs aïent moïen & puissance de choisir les plus dignes. Et en ce que lesdits Indults sont pour les Officiers d'Eglise, qui sont esdites Cours, l'abus y est aussi, car si aucun Benefice leur est conferé, ils y doivent residence. Par la même raison soient abolis les Indults des Cardinaux : car le fait des Benefices Ecclesiastiques est de si sainte consideration, que nulle faveur personnelle n'y doit estre respectée, ains la seule direction des ames & le service de Dieu.

Qu'és Eglises Cathedrales & autres Eglises, esquelles y a grand nombre de Prêtres, soient Seculiers ou Reguliers, sera celebrée une Messe basse de demie heure en demie heure, sans avancer ou retarder, fors depuis neuf heures jusques à dix, qui est l'heure ordinaire de la grande Messe, sans que plusieurs Messes soient dites à la fois, afin que ceux qui voudront oüir la Messe à quelque heure que ce soit du matin, soient assurez en attendant demie-heure doüir la Messe. Quand les heures des Messes sont certaines, le peuple se rend plus sujet à l'heure, & la Messe en est d'autant plus respectée & honorée.

Que le Primat General, Archevêque, où Evêque, pourront requerir l'aide & la force du bras seculier, pour contraindre par main-mise & saisie de personnes & de biens les Ecclesiastiques desobeïssans, & pour executer les Jugemens contre eux donnez. Ainsi fut ordonné au Concile de Carthage 3. chapitre 38. rapporté *in Can. petimus* 11. *quæst.* 1. il est dit audit 38. chapitre que le Recteur de la Province par son autorité judiciaire, selon les Statuts des Princes, contraindra les Evêques à executer le commandement de leurs Superieurs, & au Concile d'Arles chap. 13. sont exhortez les Evêques & les Comtes (qui sont les Gouverneurs des Citez Episcopales) d'estre consentans & accordans à faire Justice, & de se respecter les uns les autres. Ainsi est dit au Concile de Tours article 33. Aussi se trouve que les Empereurs & Rois ont executé jugemens de relegation, exil & confiscation contre les Evêques & Ecclesiastiques desobeïssans, comme l'on voit en la conclusion du Concile de Theonville; & du Concile 6. Oecumenique tenu à Constantinople.

Que les Sentences d'excommunication ne pourront estre jettées que par les ordinaires Diocesains en premiere instance, & non par les Superieurs, *etiam* par le Pape, si ce n'est que par degrez de ressort, en cas d'appel, ou en cas de negligence, ou refus verifiez, les causes soient devoluës ausdits Superieurs; & soient données telles Sentences avec grande & exacte connoissance de cause, & les parties oüies; ou si elles étoient en contumace, aprés delais biens competens. Justinian en la Novelle 123. *de sanctissimis Episcopis* §. 11. confirme ce que dessus, & le Concile de Paris rapporté au Canon *de illicita* 24. *quæst.* 3. & au Concile de Latran sous Alexandre III. *in cap. reprehensibilis* au titre *de Sentent. excommunicat.* és Antiques. Ce qui se rapporte à la correction fraternelle, dont est parlé en l'Evangile, par laquelle il se faut representer la dilection telles que freres doivent avoir l'un envers l'autre, afin de ne rien precipiter en chose si grande & importante, comme dit saint Gregoire *in Can. summoperè cautilla* 11. *quæst.* 3. Aussi en tels cas de censures est à considerer l'excellence des personnes, afin de ne s'élever pas contre personnes de haute condition si soudain, pour exercer contre elles cette rigoureuse peine, ains y venir par degrez; & aprés avoir temporisé, & la contumace bien convaincuë. Ainsi est dit par Alexandre IV. Pape *in cap. quia Pontificali* au titre *de officio Delegati* au Sexte, & encore au chapitre *quia de Sentent. excommunicat.* où il est dit, qu'és Censures generales ne sont compris les Evêques, si par exprés il n'est fait mention d'eux; & dit la raison, parce que leur charge est frequente & necessaire. Les anciens Decrets disent que l'excommunication, qui simplement, fait abstenir de la Communion est medicinale & non mortelle, & sert afin de ramener à l'humilité & reconciliation ceux qui ont failli par une honte & vergongne. Ainsi dit Innocent IV. *in cap. pia de except in* 6. & toutefois ne doit estre jettée sinon avec cause speciale, & certaine, & bien connuë. L'anathematization, qui est bien plus griéve, & emporte damnation de l'ame, ne doit estre donnée, sinon avec le conseil des Evêques contre celui, qui aprés plusieurs moïens recherchez pour le ramener, se rend incorrigible, comme il est dit au Canon *nemo Episcoporum* tiré du Concile de Meaux 11. *quæst.* 3. & par Celestin III. Pape *in Capit. cùm non ab homine extra de judiciis.* Aussi soit dit, que les excommunications ne seront appliquées contre les laïs; sinon és affaires dont la connoissance appartient au Juge d'Eglise, comme de Sacremens & affaires pures spirituelles. Aussi les excommunications ne doivent estre jettées contre les Villes, Colleges, & Universitez, parce qu'il pourroit avenir que le non coupable seroit compris en la Censure. Ainsi dit Alexandre IV. au chapitre *Romana de Sentent. excommuni.* au 6.

Soit aussi dit & statué que les Censures autrement emploïées que selon les Regles de droit, & comme il est dit ci-dessus, ne lieront ceux contre lesquels elles seront données. Surquoi sera noté ce que dit Innocent III. au chap. *à nobis de sentent. excommun.* és Antiques, que celui, qui est vrai repentant & déplaisant de son peché avec contribution est absous quant à Dieu, mais non quant aux hommes, jusques à ce que la Censure soit relaxée. Quand saint Gregoire dit que la Censure du Pasteur; soit juste, soit injuste; doit estre crainte & redoutée, il ne dit pas qu'il la faille observer precisement, quand elle est injuste, mais qu'il ne la faut mépriser par orgueil. Ainsi dit Gratian par forme d'interpretation à la suite du Canon *si Episcopus* 2. 11. *quæst.* 3. Le même saint Gregoire au Canon *ipse* en la même question dit que le Pasteur se dépoüille & se prive de la puissance de lier; quand il exerce cette puissance selon sa volonté dereglée, & non selon les demerites des sujets. Innocent IV. au chapitre *cum æterni* au titre *de Sentent. & re judicatâ* au 6. dit, que le grand Juge Eternel ne tient pas pour condamné celui qui est condamné injustement. Saint Augustin rapporté au Canon *non potest* 23. *quæstione* 4. dit que les separations, qui sont quand on se divise les uns d'avec les autres; & sont comme excommunications, apportent bien souvent peu de fruit, & engendrent grands inconveniens, parce qu'elles troublent les gens de bien infirmes, & bien à peine corrigent les méchans mal-affectionnez. Saint Jerôme en l'Epître 62. à Theophile Evêque dit, que l'Evêque doit se faire aimer & non pas craindre, que l'Evêque se doit exhiber comme un compagnon à ses sujets, & ses sujets le doivent reconnoître pour Evêque, que l'homme est indigné si on opprime sa liberté, & que nul n'impetre mieux ce qu'il veut de l'homme libre; sinon celui qui ne le contraint pas de servir. En Moïse estoit une tres-grande mansuetude, il prioit Dieu d'estre effacé de son livre, plûtôt que Dieu ne pardonnât au peuple. Le bon Pasteur JESUS-CHRIST expose son ame pour ses brebis. Saint Paul desire estre rejetté en faveur, & pour le salut de ses freres Israëlites, & en toute cette Epître il blâme les aigreurs des Pasteurs. La communication qui est défenduë par le moïen des censures d'excommunication, est quand on assiste le méchant pour mal faire, ou pour le favoriser. La seule communion par participation des Sacremens ne soüille & ne macule pas, mais le consentement par faits ou par approbation. Ainsi dit saint Augustin rapporté *in Can. quisquis*, *in Can. ita plane*, *in Can. si quis à Catholicâ 23. quæst. 4.* pourvû qu'en communiquant & frequentant on blâme & argue, celui qui fait mal, laquelle reprehension doit estre avec telle moderation, que l'union soit conservée, & la paix ne soit violée. Nôtre-Seigneur JESUS-CHRIST sçavoit bien Judas estre larron & traître, toutefois il ne le repoussa pas de la Communion. Ainsi dit saint Augustin au Canon *Recedite*, & au Canon *quàm magnum* en la même question. Aussi quand la necessité de l'Eglise le requiert, il est loisible de communiquer avec excommuniez, pourvû qu'on ne consente à leurs faits. Ainsi dit Zacharie Pape au Canon *quòd prædecessor. 11. quæst. 3.* Ez Capitulaires de Charlemagne *lib. 1. art. 36.* tiré du Concile de Charthage sont blâmez ceux, qui communient avec les excommuniez par presomption & arrogance, c'est à dire, avec mépris de la Censure. A tant plaise au Concile National approuver & confirmer l'usance des Cours laïes de France, qui n'admettent les exceptions & reproches d'excommunication contre les Litigateurs ou témoins, & soit levée la défense faite par Alexandre IV. Pape au chap. *decernimus* au titre *de Sentent. excomm.* au Sexte. Les excommunications estoient pratiquées aussi entre laïs, quand le Superieur interdisoit les fonctions communes à celui qui avoit failli, comme à celui, qui en une armée s'estoit trouvé yvre, lui estoit commandé ne boire que de l'eau és Capitulaires de Charlemagne *lib. 3. art. 72.* & par les Loix Romaines estoit interdite la fonction de l'état ou métier à celui, qui avoit failli, ou de quelque autre qui est communement permis à tous, comme de negotiation, de s'approcher des Greffes, & autres lieux publics, de ne postuler, & autres tels, *l. moris. ff. de pactis*, & de ne se trouver en une certaine Ville, *l. cui pacti. ff. de servis export.*

Quant aux Interdits, par lesquels le Service divin, & l'administration des Sacremens, & autres exercices spirituels de l'Eglise sont défendus en tout un Roïaume, ou en tout un Diocese, ou en toute une Ville; l'usage en soit du tout aboli. Et est expedient d'ôter la facilité qui autrefois y a été, même en ce que par la faute d'un Roi, ou d'un Seigneur, ou par faute de chasser d'une Communauté de Ville ceux qui sont censurez ou par semblables occasions, tout un peuple est sosmis & rendu sujet à l'Interdit. La raison d'en interdire du tout l'usage peut estre tirée du dire ci-dessus de saint Augustin, qui ne trouve bonne la division & l'exasperation de peur d'enfraindre la paix. Aussi que selon la Regle du Droit divin & naturel nul ne doit porter la peine du peché d'autrui, & encore parce qu'il y a peril en cuidant obeïr à l'interdit de se couper la gorge les uns aux autres, quand on voudra déchasser de la compagnie ceux qui sont cause de l'interdit : ou bien on se met en peril de faire rebellion contre son Souverain Seigneur, si ledit Seigneur est cause de l'interdit, par telles occasions peuvent avenir guerres civiles & ruines de Roïaumes, Villes & Païs, & comme est la Parabole de l'Evangile, il y a peril en cuidant arracher la zizanie, qu'on arrache le bon froment, & vaut mieux attendre le temps & la saison de la moisson & de la grange. Et ne semblent rien à propos les exemples qu'on allegue des saintes Ecritures, où se trouve souvent que pour les pechez des Rois ou des principaux du peuple, le peuple est puni. Car là est parlé des Jugemens de Dieu, qui sont comme une profonde abîme, & sont bien souvent occultes, & ne sont jamais injustes. Mais les hommes, desquels le jugement est infirme, doivent s'accommoder plûtôt à douceur qu'à âpreté. Les Loix Romaines disent, qu'il est meilleur que celui qui est vrai coupable soit absous, que celui qui est innocent soit condamné; ce qui s'entend quand le delit n'est pas bien averé. Durant trois ou quatre Cens ans, que les Ecclesiastiques avec la terreur des Censures, excommunications & interdits, ont exercé une domination fort rigoureuse sur les consciences craintives; la Chrétienté ne s'est amendée davantage en bonnes mœurs. La source de ces rigueurs a esté de ce que aucuns Superieurs Ecclesiastiques, issus de petit lieu, & nourris en basse fortune, se voïans soudain élevez en une magnifique grandeur, n'en ont pû temperer avec modestie l'exercice, parce que y estans nouveaux venus ils y estoient apprentifs : & eux estans hommes ont exercé leurs animositez ou leur avarice, ou leur ambition avec deportemens intolerables: les Histoires sont pleines des exemples. Au Concile de Bâle en l'an 1453. fut fait un Decret pour le temperament de ces interdits. Auparavant ledit Concile Innocent III. au chap. *responso* au titre *de sentent. excomm.* és Antiques, avoit moderé cette rigueur, en ordonnant que durant l'interdit le Batême seroit administré, & que les confessions au Prêtre & absolutions pourroient être faites. Gregoire IX. au chap. *permittimus* au même titre met un autre temperament, qu'une fois la semaine la Messe pourra estre dite à basse voix, sans sonner les cloches, la porte fermée, & les excommuniez exclus. Boniface VIII. en la Decretale *Alma mater de sentent. excomm.* au Sexte ajoûte encore un autre temperament, que chacun jour la Messe puisse estre dite à basse voix, les huis clos & les excommuniez exclus avec les interdits, & sans sonner les cloches, & encore és quatre Fêtes de Noël, Pâques, Pentecôte, & Assomption Nôtre-Dame les cloches soient sonnées, les huis ouverts & le service fait à haute voix, à la charge que les excommuniez soient exclus, mais les interdits admis, pourvû qu'ils ne s'approchent de l'Autel. Mais avec tous ces temperamens le peuple est entretenu en division, & les uns sont punis pour le peché des autres. Qui fait croire qu'il est expedient d'abolir du tout l'usage de ces interdits, comme peine trop severe, n'aïant une juste proportion, & comme contraire à l'union, charité & douceur, qui doit estre entre les Chrétiens.

Soit aussi statué qu'en chacune Ville Episcopale sera dressé un College pour l'institution des jeunes enfans en la Doctrine Chrétienne, és bonnes mœurs, & és sciences humaines, selon que bonnement faire se pourra. Chacun College sera fourni de quatre Regens, dont deux seront Prêtres Seculiers, les autres simples Graduez : l'un des Prêtres sera le principal Maître Recteur du College : les quatre seront nommez & instituez par l'avis commun de l'Evéque pour une voix du Chapitre de la grande Eglise pour une autre, & des Eschevins de la Ville Episcopale pour la tierce voix. Mais l'Evêque avec deux de son conseil examinera lesdits quatre Regens, tant sur la profession de leur Foi, que sur leur Doctrine humaine. Pour l'entretenement dudit College l'Evêque fournira une Prebende de son Eglise, qui délors de la premiere institution demeurera amortie; & si les Prebendes ne sont à sa collation, il fournira des Benefices simples de sa collation jusques à cinquante écus de revenu, lesquels il unira perpetuellement au College. Le Chapitre fournira ou une Prebende, si les Prebendes sont à sa collation, ou des Benefices simples jusques à ladite valeur. Le Corps de Ville fournira & entretiendra le logis du College, auquel y aura Chapelle, une salle pour le repas, quatre chambres basses pour les quatre classes, & six chambres hautes avec cheminées, afin de loger les Principal & Regens & des enfans à pension. Chacun enfant pensionnaire païera cinq sols par mois, fors les bien pauvres, qui seront enseignez gratis. C'est presque conformément à ce qui fut ordonné en un Concile de Latran & sous Innocent III, *in cap. quià nonnullis* au titre *de magistris* és Antiques, où est dit non seulement des Eglises Cathedrales, mais aussi des Collegiales & autres qui ont grand revenu. Et au Concile de Tolede 4. rapporté au Canon *omnis* 12. *quæst.* 1. & aux Capitulaires de Loüis Empereur *lib.* 2. *cap.* 5. *in fine.*

Que des meubles & des aquisitions d'immeubles, que les Evêques & autres Beneficiers auront lors de leur decés, pourvû que les aquisitions aïent été faites durant le temps qu'ils ont tenu les Benefices, ensemble des dépoüilles des Moines & Chanoines Reguliers, ou autres Religieux de quelque Ordre que ce soit, la moitié sera tirée & prise par les Eschevins de la Ville, où les Beneficiers & Religieux auront eu leur demeurance, ou de la Ville close plus prochaine : ladite moitié chargée des dettes mobiliaires du défunt ; de cette moitié, la moitié sera pour l'Hôpital principal de la même Ville, l'autre quart pour le College de la Ville Episcopale du même Diocese ; & sera suplié le Roi qu'il lui plaise par Edit autoriser ce Droit, & octroïer la saisine & les remedes possessoires tels qu'ils appartiennent aux heritiers par les Loix de France : l'autre moitié du total viendra à qui par cidevant le total avoit accoûtumé de venir à sçavoir, quant aux Evêques, Prêtres & Beneficiers Seculiers, à leurs heritiers de sang ou donataires ; & quant aux Religieux, à l'Abbé ou autre Superieur, qui a le droit des dépoüilles. Selon la regle qui estoit d'ancienneté, tout ce qu'aucun Beneficier aqueroit du temps qu'il tenoit les Benefices, appartenoit à la même Eglise aprés son decés : ainsi fut statué au Concile de *Hispalis*, qui est Seville en Espagne rapporté *in Can. fixum* 12. *quæst.* 2. Et tenoit-on l'Eglise en même rang de prochain heritier du Beneficier ; au Concile de Triburies *in Can. omnes.* 27. *quæst.* 4. & au ch. *Presbyteri* au titre de *pœnis in antiquis.* Saint Gregoire en l'Epître 14. du liv. 9. dit, qu'ainsi a été ordonné par les saintes Loix des Canons ; & au Concile d'Arles, rapporté au chap. 1. au titre *de peculio Cleric.* est dit, si le Clerc, quand il a ésté promû au Benefice, n'avoit aucun bien, qu'on doit presumer que ce qu'il a aquis est du bien de l'Eglise. Même si l'étranger, qui n'est conjoint par proximité de lignage, donne au Beneficier aucun bien, il faut presumer que la donation soit faite en contemplation & faveur de son Eglise : mais si c'est par un prochain parent, que la donation ait esté faite à lui pour lui estre propre. Ainsi dit Innocent III. *in Cap. requisisti* au titre *de testam.* és Antiques, & au Concile d'Agde chap. 6. Toutefois par l'usance, qui estoit ci-devant & de long-temps en ce Roïaume, les heritiers de sang ont succedé à tous les biens delaissez par les Beneficiers Seculiers, & presque toutes les coûtumes en sont chargées. Si les Beneficiers estoient ce qu'ils doivent estre, toute leur épargne seroit pour les pauvres. Saint Ambroise au Canon *aurum* 12. *quæst.* 2. dit que l'Eglise a de l'or non pour le garder, mais pour le distribuer aux pauvres. La plus grande gloire & magnificence d'un Evêque, & ainsi de tous Beneficiers, est de pourvoir à la necessité des pauvres, & au contraire c'est ignominie & honte à un Prêtre d'amasser des richesses. Ainsi dit saint Jerôme au Canon *Gloria* au même lieu. Les Loix quelquefois supléent ce qui est du devoir de chacun, & presument que chacun ait ordonné & disposé ce que par honneur il estoit tenu de faire, comme il est dit en la Loi 2. *ff. de distract. pignorum* en la Loi 1. *Cod. de dolo.* en la Loi *Quintus ff. de donat. inter vir & uxor.*

Que selon les anciens Decrets, (& comme les Evêques sont vrais successeurs des Apôtres, à tous lesquels Nôtre Seigneur aprés sa Resurrection octroïa la faculté & puissance de lier & délier sans aucune preference ou prérogative : & la parole qu'auparavant il avoit adressée à saint Pierre en lui recommandant uniquement la pâture de son troupeau, estoit pour montrer que tout le ministere de tous les Evêques ensemble est un seul ministere, qui doit consister

sister en union, & entre plusieurs) il est bien-seant qu'il y ait un Chef pour l'ordre & pour éviter la confusion, comme en un corps sont plusieurs membres sous un chef, en comprenant sous une même fonction d'intellect tout le corps, qui est composé du chef & des membres, chef & membres faisant chacun son office & devoir en sa charge; il soit dit & determiné, que chacun Evêque en son Diocese a puissance de juger, censurer & lier, d'absoudre, & délier en quelque cas que ce soit, & de quelque qualité que soit celui qui a offensé & delinqué, soit Prince ou personne privée, soit exempt ou privilegié, ou sans privilege, & sans avoir égard aux reservations que les Papes ont faites à eux seuls, de pouvoir absoudre en certains cas & crimes, même en tant qu'eux seuls les ont faites, sans qu'elles aïent esté faites en Concile universel de toute l'Eglise, auparavant cette attribution de puissance absoluë que les Papes ont entreprise: pour par les Evêques connoître contre les personnes Ecclesiastiques de leurs Dioceses, & qui auront delinqué, en tous cas, sans avoir égard aux exemptions & privileges: contre les personnes laïes en ce qui est du fait tout purement de conscience. Ce faisant soit delaissée aux Juges laïs la connoissance des usures des testamens, des sermens & autres tels cas à l'égard des personnes laïes. Suivant ce, en ce qui est de la constitution mise au Canon *si quis suadente* 17. *quæst*. 4. qui est d'Innocent II. Pape environ l'an 1134. & autres semblables cas soit dit, que les delinquans pourront s'adresser aux Evêques Diocesains. Aussi les Papes successeurs connoissans que la reservation contenuë audit Canon *si quis suadente* est fort rigoureuse, en ce que qui a frappé outrageusement un Prêtre est declaré excommunié *ipso facto*, & ne peut estre absous que par le Pape, ils ont fait plusieurs temperamens, pour n'estre les delinquans tenus d'aller à Rome; & par similitude de raison on les peut étendre pour servir à toutes personnes qui n'ont commodité d'aller à Rome, c'est à dire à toutes personnes à l'égard de nous qui sommes en France, estant le voïage lointain, perilleux & de grands frais. Les cas exceptez pour n'estre tenus d'aller à Rome sont de ceux qui sont en sujection d'autrui, qui sont infirmes, des femmes, des Moines, des vieux & valetudinaires. De vrai c'est chose de grande importance, & qui eût dû estre decidée en Concile general, de ces cas reservez au Pape que lui seul a ainsi ordonnez; car c'est aucunement troubler l'Etat & Police universelle de l'Eglise, en ôtant aux Ordinaires Diocesains le pouvoir qu'ils ont par l'ancien établissement, par lequel est conservé l'Ordre. Et si le crime commis par la personne Ecclesiastique est tres-atroce, le Clerc ou Prêtre sera par l'Evêque delaissé au Juge laï pour en faire la punition, & lui faire perdre la vie naturelle; & devra l'Evêque à l'exhortation du Juge laï dégrader le Prêtre, afin qu'il soit puni, à quoi se rapporte l'article 55. des Capitulaires de Charlemagne livre 3.

La Chaire pour prêcher est propmrement à l'Evêque, dont sont dites les Eglises Cathedrales. Pourquoi l'Evêque doit estre dans ladite Chaire pour prêcher, ou s'il n'a le don de grace de sçavoir prêcher, ou qu'empêchement lui survienne, il y doit à ses dépens commettre personnage suffisant. Les Sermons des Evêques, & autres Prêcheurs doivent estre pour enseigner, & non pour acquerir gloire & honneur parmi le peuple d'estre bien sçavans & bien éloquens. & les œuvres de l'Evêque doivent corrospondre à sa parole, de peur que quelqu'un qui l'orra bien disant ne réponde tacitement à part, pourquoi luiméme ne fait-il ce qu'il dit? Ce sont les paroles de saint Jerôme en l'Epître à Nepotian, & dit aprés que les Evêques doivent reconnoître qu'ils sont Prêtres & non Seigneurs, qu'ils doivent honorer les Clercs cõme Clercs, afin que les Clercs les honorent comme Evéques, & allegue saint Pierre, qui exhorte les Evéques de paître leur troupeau, & gouverner non par contrainte, mais par gré. Et dit aprés que de deux choses imparfaites meilleure est la santé rusticité & ignorance, qu'une éloquence pecheresse.

Soit aussi statué que les Monasteres de filles, qui ne sont en dedans bonnes Villes closes soient transferés és bonnes Villes closes plus prochaines ou aux Chefs Monasteres dont ils dépendent, s'ils sont en ville close, & tous Prieurez de filles, qui ne sont Conventuels de six Religieuses Professes au moins, soient transferez aux Chefs Monasteres dont ils dépendent. Et si aucuns frais sont à faire pour les nouveaux bâtimens esdites Villes, ou pour amplifier ceux qui sont ja établis pour y recevoir les filles Religieuses venans des champs; l'Evêque Diocesain ait pouvoir de permetre l'alienation d'aucun bien temporel moins dommageable, aprés connoissance de cause; pour sçavoir qu'elle somme necessaire, & quel heritage devra estre. Soient aussi abolis les Monasteres doubles qui de Religieux & de Religieuses: seulement és Monasteres de Religieuses soient mis & constituez deux ou trois Religieux, âgez au moins chacun de soixante ans, pour oüir les Confessions & dire les Messes. Les Monasteres doubles furent autrefois défendus par saint Gregoire au Canon *in nullo*, & en un Concile tenu à Rome par Innocent II. rapporté *in can. perniciosum* 18. *quæst*. 2.

Soit aussi ordonné que nulle personne Ecclesiastique ne soit vétuë de soye, si ce n'est en l'Eglise des vétemens Ecclesiastiques. Les Evéques, Prétres & Diacres estans en dignité éminente, Prêtres & Diacres Docteurs, pourront estre vêtus de draps de laine cramoisi rouge ou violet. La frugalité & modestie és habits ont esté de long-temps commandées aux Prêtres, és six & septiéme Synodes universels rapportez in *in Can. nullum*, & en un Concile tenu à Rome par Innocent II. rapporté *in Can. præcipimus* 21. *quæst*. 4. Au Concile de Carthage 4. est statué que les Evêques doivent avoir meubles & tables de petits frais, & qu'ils doivent entretenir leur autorité non par apparence exterieure, mais par merite de bonne vie.

En ce qui touche le fait de conscience des Chrétiens, soit dit & arrreté que la guerre ne peut estre reputée juste & legitime, si elle n'est commandée par le Superieur temporel, qui est Souverain, & qu'il n'appartient aux Ecclesiastiques, *etiam* si c'est le Pape, qui est Souverain en l'Eglise de faire ou commander la guerre. La guerre est une forme de Justice, pour contraindre par force celui qui de gré ne veut faire raison, & pour garder les pauvres & foibles d'oppression, comme aussi la Justice sedentaire est établie au même effet contre ceux qui sont sujets, & ausquels n'appartient de manier les armes, sinon quand le Souverain le commande. Le glaive est attribué aux Seigneurs temporels, les armes des Evêques & des autres Ecclesiastiques sont les larmes, jeûnes & oraisons. Ainsi dit saint Ambroise rapporté *in Can. non pila 23. quæst.* 8. & au Concile de Meaux rapporté au Canon *quicumque* en la même question est dit, que le Clerc ne doit prendre les armes, mais vivre en simplicité. Le bon saint Gregoire qui avant le Papat étoit grand Seigneur & puissant quant au monde, ne se voulut mêler de faire la guerre aux Lombards, qui faisoient infinité d'oppressions, tant aux Ecclesiastiques qu'aux laïs, même à ceux de Rome : il ne craint de dire, & puis qu'il le dit, il est bien seant de croire qu'il est vrai, que s'il eût voulu se mêler de la partie pour faire la guerre aux Lombards, les Lombards n'eussent eu ni Chef ni Capitaine, mais parce qu'il craignoit Dieu, il ne voulut s'y entremettre : ainsi dit-il en l'Epître 1. du livre 7. & est rapporté au Canon *si in morte 23. quæst.* 8. Ailleurs est dit, quand les Ecclesiastiques sont oppressez, qu'ils doivent s'adresser à l'Empereur ou autres Superieurs temporels Souverains, afin de les relever d'oppression. Ainsi fut statué au Concile de Carthage 5. National pour l'Afrique rapporté *in Can. ab Imperatoribus*, & dit par saint Augustin *in Can. nostri 23. quæst.* 3. & les mots de saint Augustin sont, que les puissances temporelles sont ordonnées de Dieu pour la force. Vrai est qu'au Canon *igitur 23. quæst.* 8. est dit, que le Pape Leon IV. estant averti de la soudaine arrivée sur terre ferme prés de Rome des Sarrazins de Barbarie, qui s'estant embarquez avec bon vent estoient venus fondre au Port d'Ostie, il assembla le peuple de Rome en armes & alla contre eux : mais c'estoit juste & necessaire défense, & toutefois incontinent il en avertit l'Empereur Loüis II. auquel il écrit l'Epître rapportée audit Canon, pour lui en rendre raison, comme au Souverain temporel. Saint Jerôme rapporté *in Can. qui secundum 13. quæst.* 4. dit, qu'Esau fils d'Isaac né selon la chair, persecutoit son frere Jacob, né selon l'esprit & qu'il n'est jamais avenu que les vrais spirituels persecutassent les charnels, ains plûtôt ont pardonné. Jesus-Christ ne permit pas aux Apôtres d'arracher la zizanie crûë avec le froment : nul ne doit entreprendre ce que Jesus-Christ a défendu. On voit en beaucoup de lieux és Ecritures saintes, que Nôtre-Seigneur endure les mauvais estre mêlez parmi les bons jusques à la consommation des siecles. Ce n'est pas à dire qu'il ne faille exercer la discipline & la correction par les Superieurs Ecclesiastiques, mais ce doit estre en conservant la paix, & quand il n'y a point de peril, de schisme & division. Ce sont les propos de saint Augustin rapportez au Canon *Quintus, Can. quidam. can. cùm quisque 23. quæst.* 4. La modestie & la patience ont esté commandées aux Chrétiens, & de s'abstenir de toute violence, *etiam* en cause juste. Au Concile Eliberin chapitre 60. est dit, si aucun est tué par les Infidéles en rompant & brisant les Idoles, jaçoit qu'il ait ce fait de bon zele, ne doit estre tenu pour Martyr, parce qu'il ne se lit point que les Apôtres aïent ainsi fait. Toutefois il s'est trouvé qu'aucuns Papes, & en assez grand nombre, non seulement ont exhorté les Princes Chrétiens à faire la guerre contre autres Chrétiens : mais aussi eux-mêmes l'ont faite aïans armées à leur solde, & ont nommé les Chefs de leurs armées Gonfalonniers de sainte Eglise, & l'occasion n'estoit pas pour défendre la Chrétienté contre les Infidéles, ni pour exterminer les Heretiques, seditieux, & perturbateurs, mais pour accroître la domination temporelle de l'Eglise Romaine, pour faire leurs parens Ducs, Comtes, & Grands Seigneurs, ou pour exercer leurs inimitiez & haines, ou par ambition, afin d'estre connus pour grands Guerriers, comme Eugene IV. Sixte IV. Alexandre VI. Jules II. Leon X. Clement VII. Jules III. Paul IV. de la maison de Caraffe, & de nagueres Sixte V. A sçavoir ledit Eugene contre les Colonnois, parce que son predecesseur Martin V. qu'il haïssoit, estoit de cette maison. Sixte IV. contre les Florentins, & contre aucuns Seigneurs de la Romaigne, tenans leurs terres en fief du Siege Apostolique, pour les dépoüiller, & en investir le Comte Jeronyme, & autres ses parens. Alexandre VI. pour faire Grand Cesar Borgia son fils, fit la guerre aux Colonnois, & aux Ursins, & aux Seigneurs de la Romaigne, pour de leurs dépouilles enrichir ledit Borgia. Jules II. Genevois, issu de fort bas lieu, aïant le cœur tout guerrier, prit ce nom de Jules, comme s'il eût voulu être imitateur de Jules Cesar : il suscita l'Empereur Maximilian & Loüis XII. Roi de France à faire la guerre & ruiner l'Etat des Veniciens : Le Roi Loüis XII. se trouvant le premier aïant son armée prête, & se voïant pressé des Venitiens qui avoient une tres-puissante armée, sans attendre ses collegues se mit aux champs, combatit les Venitiens & les vainquit, cette victoire rendit au Pape les terres de Ravenne, Imola & autres, que les Venitiens avoient usurpées sur lui, rendit à l'Empereur Padoüe, Verone & Vicence usurpées sur l'Empire, & rendit audit Roi Loüis Cremone, Bresse & Bergame usurpées sur le Duché de Milan. Aprés ce grand bienfait exercé par ledit Roi envers le Siege Apostolique, ledit Pape Jules bon retributeur, mari de la prosperité dudit Roi Loüis, anima & soûleva l'Empereur, les Espagnols, & ce qu'il pût de l'Italie, contre ledit Roi pour lui ôter le Duché de Milan. Cette guerre produisit la sanglante bataille de Ravenne l'an 1512. en laquelle l'armée du Pape avec son Legat le Cardinal Jean de Medicis étoit. Et ledit Pape pour magnifique preambule du Concile de Latran qu'il convoqua en la même année pour dissiper le Concile de Pise, assemblé selon les anciens Decrets pour corriger les crimes scandaleux & énormes du Pape, dit qu'il avoit indit ledit Concile au 19. Avril audit an 1512. mais que la seance fut empêchée au moïen de ladite Bataille de Ravenne, disant avoir assemblé cette armée contre ledit Roi Loüis & autres Schismatiques adherans au Conciliabule de Pise : dit aussi qu'en ladite bataille furent tuez plusieurs milliers d'hommes, & ledit Cardinal Legat pris prisonnier, & la Ville de Ravenne prise & pillée. Ce preambule de Concile semble estre tres-mal seant à un Pape, qui est mieux fait de se soûmettre humblement à un Concile pour se purger. comme aucuns ses predecesseurs avoient fait, même Jean XXIII. au Concile de Constance, que de broüiller toute la Chrétienté par guerres, effusion de sang, saccagement de Villes & autres inconveniens, que la guerre amene : aucuns aussi ont dit de lui par risée qu'il avoit bien entretenu l'Eglise militante. Guichardin au livre 11. de son Histoire dit de lui, qu'il estoit digne de grande gloire, s'il eût esté Prince seculier ; ou s'il eût transferé le soin qu'il avoit d'exalter l'Eglise par les armes en grandeur temporelle, & emploïé ce soin à l'exalter en choses spirituelles par les moïens paisibles : dit aussi que ledit Jules estant issu de fort petit lieu, & nourri en petite fortune, avoit ses conceptions & desseins vastes, & sans mesure, & en choses grandes, en l'execution desquels il estoit plus soûtenu par la reverence que chacun portoit à l'Eglise, & par la discorde des Princes & la condition du temps, que non pas par sa prudence & moderation. Il disoit aprés avoir bandé les François, les Espagnols & les Allemans les uns contre les autres, qu'aprés beaucoup de sang répandu, l'un des partis qui seroit vaincu estant chassé hors l'Italie, l'autre parti vainqueur bien affoibli seroit aisé à vaincre & à chasser hors l'Italie. La cause d'assembler le Concile de Pise contre lui fut, parce qu'il estoit diffamé d'exercer la simonie en la collation des Benefices, & que de tout le temps de son Pontificat il avoit fait la guerre, ou excité le peuple Chrétien à la guerre, & se rendoit incorrigible. Quant à Leon X. pour exalter Laurens de Medicis son néveu, & lui faire avoir le Duché d'Urbin, mouvant en fief du Siege Apostolique, il suscita une guerre contre le parent de Jules II. du même nom de Roüere, qui avoit tué le Cardinal de Pavie auquel appartenoit ledit Duché, disant que par le moïen dudit meurtre son fief estoit échû au Siege Apostolique. Clement VII. de la même maison de Medicis Pape, pour se vanger de ses Concitoïens Florentins, qui avoient fait plusieurs indignitez à la même maison de Medicis, suscita l'Empereur Charles V. de faire la guerre aux Florentins, & par l'issuë d'icelle les Florentins vaincus perdirent leur liberté ; Alexandre de Medicis leur fut baillé pour Duc, & ledit Alexandre épousa la bâtarde de l'Empereur Charles. Le Pape Paul III. de la maison Farnese, aïant les esprits moins boüillans, détourna la guerre d'Italie en dressant des entreprises entre les Princes Chrétiens, même dudit Empereur Charles contre les Allemans, sous pretexte de la Religion à cause de l'Heresie, & tenant l'Italie en paix trouva moïen de faire investir son Fils Pierre Loüis Farnese des Duchez de Plaisance & Parme, qui estoient au Domaine du Siege Apostolique : vrai est que ledit Empereur ôta audit Pierre Loüis Plaisance & la vie. Le Pape Jules III. aïant pris ce nom, comme s'il eût esté heritier des desseins de Jules II. son predecesseur, fit la guerre en Lombardie pour recouvrer Parme, que son predecesseur avoit aliené. Le Pape Paul IV. de la maison Caraffe Neapolitain, qui pour la plûpart de sa vie avoit esté nourri és Cloîtres Monastiques, estant Pape pour faire ses néveux Rois de Naples & Grands Seigneurs, alluma la guerre entre le Roi Henri II. & le Roi d'Espagne, aïant envoyé au Roi de France l'épée de protection, & fut cause de faire rompre cette trêve de neuf ans si avantageuse & honorable pour les François, qui par ladite trêve retenoient la Savoye & le Piémont, Luxembourg & les Conquêtes faites és Pays-bas. Cette rupture de trêves causa la bataille de Saint Quentin perduë pour les François, qui amena la reddition de Savoye & Piémont & desdites conquêtes és Pays bas par pretexte de deux mariages. Le Pape Pie IV. de la maison de Medicis de Milan, pour se delivrer de l'obligation de sept cens mil écus, en laquelle ses amis estoient entrez pour acheter les faveurs que le défunt Pape Paul IV. Caraffe avoit laissez aprés lui, fit faire le procés aux trois néveux dudit Pape Caraffe, les Ducs de Palliane Marquis de Moutebel & Cardinal Caraffe, & les fit juger & executer à mort, laquelle comme l'on croit ils avoient bien meritée mais la façon de proceder estoit à blâmer. Dés le temps dudit Pape Paul III. fut pris en Italie un tres-beau pretexte pour delivrer l'Italie des guerres étrangeres, en formant la sainte ligue pour l'extermination des Heretiques, dont le vrai dessein estoit pour entretenir les guerres en Allemagne, en France & en Espagne, afin que chacune Nation estant empêchée chez soi n'eût occasion d'aller faire la guerre en Italie. La sainteté de cette ligue se peut juger par les mêmes moyens & causes, que les Papes ont dressé des guerres pour maintenir, ou accroître la domination temporelle de l'Eglise, ou satisfaire à leurs volontez ; mais le succés a fait connoître que le bien de l'Eglise n'en augmente point, j'entens le bien de l'Eglise, la direction des consciences à bien croire & à bien faire ; à exercer par chacun sa Religion, non seulement par le service de Dieu en l'Eglise, mais aussi par œuvres charitables avec reformation des mœurs ; qui est le vrai moyen d'exterminer l'Heresie. Les guerres & les desseins, dont est parlé ci-dessus, semblent estre contraires à la Predication & aux actions de Jesus-Christ & de ses Apôtres. Pourquoi semble estre expedient qu'il soit decidé, qu'aux seuls Seigneurs temporels Souverains appartient de commander la guerre & de la faire : & que si elle est commandée par autre, que le peché est directement contre le commandement de Dieu qui défend de tuer, selon le dire de S. Augustin au Canon *quicumque* 23. *quæst.* 8.

Que les vœux de peregrination soient declarez non obligatoires & non meritoires, sinon qu'ils soient entrepris par le consentement & permission de l'Evêque Diocesain, qui devra connoître sommairement de la cause & de l'état de celui qui veut voyager, comme si c'est un Beneficier qui doive residence en son Benefice, si c'est homme marié qui ait femme & enfans, qui pour son absence pourroient avoir faute, ou estre semons à mal, si c'est homme qui ait charge publique, & autres telles circonstances. Toutes devotions extraordinaires doivent estre reglées par raison, & non par la seule volonté : il est écrit quand on voue qu'il faut rendre ses vœux à Dieu : c'est au Pasteur de juger si l'œuvre est agreable à Dieu, quand c'est œuvre qui de soi precisement n'est pas meritoire, mais selon les circonstances peut estre bonne, ou non bonne. Au Concile de Granges, chapitre 15. sont blâmez ceux, qui par pretexte de Religion & de continence delaissent leurs enfans. Les vœux qui d'ancienneté se faisoient d'aller visiter la Terre sainte & l'Espagne, estoient pour faire la guerre aux Infidéles, ou pour secourir ceux qui la faisoient, & non pour ce seul fait des prieres, dont est parlé en un Concile de Latran tenu par Innocent II. rapporté *in Can. pessimam* 23. *quæst.* 8. qui fut environ l'an 1134. Saint Jerôme en l'Epître *ad Paulinum*, dit, qu'il est à loüer, non pas d'avoir esté en Jerusalem, mais d'avoir bien vécu en Jerusalem ; & que la grace de Dieu n'est pas enfermée ni enserrée en lieu certain, & que les lieux de la Croix & de la Resurrection de Jesus-Christ profitent à ceux qui portent leur Croix, & chacun jour ressuscitent avec Jesus-Christ. Que saint Antoine aïant son Hermitage non fort loin de Jerusalem n'alla oncque en Jerusalem : que saint Hilarion, qui demeuroit en Palestine, alla une fois seulement en Jerusalem, à ce qu'il ne semblât mépriser le lieu, & aussi afin qu'il ne semblât enfermer Dieu en lieu certain, & la recite que pour quelque temps ces lieux saints furent profanez par les Idoles qui y furent mis & par les Idolâtres.

Que les Contrats, qui selon les Loix & Coûtumes sont nuls ou sujets à rescision ne seront & ne pourront estre valides par le serment des contractans, & ne soit besoin de s'adresser à l'Evêque Diocesain pour la dispense, sinon quand il y a serment solemnel exprés & special : Doncques le simple serment, qui est du stile de Notaire, ne soit sujet à dispense. Par même moyen soit rejetté l'effet de l'Authent. *Sacramenta puberum*, qui est au titre du Code *si adversus venditionem*, qui est de l'Empereur Federic. Soient aussi rejettées toutes les Constitutions Canoniques, qui ont si grandement étendu la force du serment, & en telle sorte que selon icelle on soit contraint à observer les promesses injustes, qui ne sont comme il y est dit, tendantes au peril de l'ame, selon que dit Alexandre III. *in cap. si verò* au titre *de jurejurand.* és Antiques, & Innocent III. au chapitre *in præsentia* titre *de probat.* & Boniface VIII. au chapitre *quamvis de pactis* au Sexte, où il est parlé du serment, que la fille estant dotée par son pere fait de se contenter de sa dot sans venir à succession. Aucuns Docteurs de France ont estimé, que l'usance, qui est en ce Royaume, d'admettre les renontiations des filles aux successions futures, soit fondée sur ledit chapitre *Quamvis* & se sont abusez : car l'usance est fondée sur la faveur des mâles pour la conservation des familles. Doncques soit tenu pour constant, que le serment apposé en une convenance doit estre reglé par même droit, auquel la convenance principale est sujette, sans que le serment y ajoûte rien pour la validité, selon qu'il est dit *in l. non dubium C. de legibus*, & en la Loi *indubitati C. de non numerata pec.* & en la Loi finale. *ff qui satisdare coguntur*, où est dit que celui, qui a promis avec serment, n'est pas censé estre parjure, si pour juste cause il n'accomplit pas ce qu'il a promis, & si la promesse est reciproque & jurée d'une part & d'autre, il est loisible à l'un de resilir sans parjure, quand l'autre n'accomplit pas de sa part, au chapitre *prevenit* titre *de jurejur.* és Antiques. A la suite de ce que dessus soit statué, que les Juges d'Eglise ne pourront se dire competens à connoître des causes entre laïs par pretexte du serment prêté, jaçoit que les Decretales Antiques & du Sexte disent, que la consideration du serment, qui est fait de conscience, attribué la connoissance au Juge d'Eglise, Innocent III. au chapitre *novit* titre *de judiciis*, chapitre *venerabilem de electione*, & Boniface VIII. au chap. final. *de foro compet. in 6.*

Soit aussi statué, que celui, qui se fait Religieux, ne puisse donner au Monastere, auquel il fait Profession, sans heritage, soit conquêt ou ancien, en proprieté, ains seulement puisse donner l'usufruit pour la vie durant de celui qui fera Profession. Aussi soit declaré, que l'Authentique *ingressi. C. de sacros. Ecclesiis* n'est usitée en France, en ce qu'elle veut, que tous les biens de celui qui fait Profession soient aquis au Monastere, & soit rejettée l'interpretation mise au chapitre *in præsentia* au titre *de probat*, qui dit, que celui n'est censé estre decedé sans enfans, qui laisse le Monastere, auquel il entre, son heritier, & que telle institution ne soit suffisante pour frustrer le Fideicommissaire, auquel l'heredité devoit être restituée, si l'heritier I. institué decedoit sans enfans. Ez Capitulaires *lib.* 5. *cap.* 137. est défendu de recevoir aucun à Profession pour avoir son bien.

Que les Patrons des Eglises, soit qu'on les nomme Avoüez, soit qu'on les nomme Gardiens, Vidames, Prevôts ; ou de quelque autre nom, soient honorez és Eglises, dont ils sont Patrons, ayent la presentation aux Eglises quand elles vaquent, sinon que de grande ancieneté la collation de plein droit appartint à aucunes personnes Ecclesiastiques ; & audit cas sera requis, & pris le consentement & avis desdits Patrons, même s'ils auront quelque chose à dire contre la personne de celuy à qui on voudra conferer. Auront lesd. Patrons pouvoir de controller, & pourvoir que l'Eglise & les biens d'icelle soient bien administrez & gouvernez : aussi ideront de leur protection pour conserver les personnes des Eglises & les biens d'icelles. Ce droit de Patronage & Garde est aquis non seulement par le moyen de l'édification & dotation de l'Eglise, mais aussi par ancienne usance & coûtume, comme dit Gregoire X. au chapitre *generali* au titre *de elect. in 6.* De ce droit des Patrons est traité au Canon *filiis* extrait du Concile de Tolede 4. & par le Pape Leon IV. au Canon *contra*, & au Canon *decernimus* 16. *quæst.* 7. Du consentement du Patron en l'élection ou collation est parlé au chapitre *nobis* qui est de Clement III. Pape, au titre *de jure Patronatus*, & de la varieté des noms desdits Patrons est parlé au chapitre *præterea* au même titre. Un des principaux devoirs de ces Patrons, Gardiens ou defenseurs est quand l'Eglise est vacante, de prendre garde que les fruits soient conservez, comme il est dit audit chapitre *generali* Les Patrons & Gardiens : si telle est l'ancienne usance, peuvent prendre certains droits en diniers, ou victuailles, ou autres provisions sur le revenu desd. Eglises, comme il est dit audit chap. *præterea*, qui est de Lucius III. Pape, où il défend de prendre autres devoirs que les anciens. Se trouve en la Chambre des Comptes à Nevers un jugement du Pape Innocent III. daté *Laterani* le jour avant les Ides d'Avril, qui est le 12. Avril l'an 1213. l'an seize de son Pontificat, par lequel il arbitre, que l'Abbé de Vezelay doit au Comte de Nevers Gardien d'icelle Abbaye, pour sa procuration & defraïement deux cens livres de pension par an és termes de Pâques & de la Magdelaine, aussi le Comte, comme Gardien est tenu à la protection du Monastere.

Que pour faciliter les commerces, & secourir aux necessitez du commun peuple, & pour éviter infinité de fraudes, parjuremens & fautes, qui se commettent par ceux, qui par artifice veulent couvrir les usures, de peur d'en estre repris, soit permis à toutes personnes de faire prêt de deniers à payer dans le temps convenu, qui ne sera moindre d'un an à l'avantage du detteur, & avec le prêt stipuler le profit & interest à raison du denier vingtiéme par an, & à la charge que le detteur pourra s'acquiter quand il voudra, en payant l'interest *pro rata* du temps. Ce ne sera pas proprement usure : car à cette raison on achete les heritages, & celui qui emprunte est tres-mauvais ménager, s'il ne fait profit, ou s'il n'évite dommage de beaucoup plus que l'interest qu'il paye. Et sera un moyen pour délivrer & asseurer les consciences d'infinité de traverses, que les Docteurs Canonistes ont mis au fait des usures : aussi parce que plusieurs fuyent les rentes constituées pour les inconveniens, qui souvent les accompagnent : aussi que ceux qui n'ont point d'heritages, ne trouvent personne qui leur veüille bailler argent à rente. Plusieurs choses se trouvent avoir esté tolerées de soi non raisonnables, mais pour éviter plus grand mal comme en la Loi de Moyse la liberté de repudiation, & comme en Italie sont les Monts de Pieté.

Que par l'avis & œuvre de quelques bons Docteurs en Theologie, exerçans, ou ayans exercé la charge des ames, & pratiqué les affaires du monde, soient mis en langage François les Pseaumes de David, qui seront choisis les plus propres aux meditations & prieres à faire par le menu & commun peuple; aussi soient mis en langage François autres Livres de la sainte Ecriture propres à ce que dessus, le tout avec Paraphrases & annotations servans à l'intelligence plus facile. Soient aussi mises an François les Oraisons composées par les bons anciens Docteurs, que l'on a accoûtumé de chanter à la Messe, & aux heures du service d'Eglise, & en soit fait un ou plusieurs volumes, en permettant à chacun de quelque état, condition, ou sexe qu'il soit de prier Dieu en ce langage, mais que ce soit en particulier : car il n'est pas bon de rien changer au Service qui se fait publiquement, lequel sera toûjours celebré à la maniere accoûtumée. Le Pape Innocent III. en la Decretale entiere du chap. *cùm ex injuncto* au tire *de Hæreticis* és Antiques, dit que les habitans de Mets en Lorraine qui estoient de condition, & les femmes faisoient traduire en François les Evangiles, les Epîtres de saint Paul, le Psautier, le livre de Job, & autres livres de la Sainte Ecriture, & s'en aidoient pour prêcher & enseigner en secretes assemblées. En la dispositive dudit chapitre il ne blâme pas la translation, ains blâme seulement les occultes assemblées, & les predications qui y estoient faites ; & là dit qu'il ne faut blâmer ceux qui desirent entendre les saintes Ecritures. Au Concile de Tours article 17. est commandé aux Evêques de translater les Homelies des saints Docteurs en langue Romaine rustique (c'est nôtre langue Françoise, qui est derivée du Latin ; & les Allemans nos voisins appellent nôtre langage Romain) & en langue Tudesque ; afin que chacun plus facilement les apprenne : & qu'és Dimanches les Curez en leurs Prônes disent en François l'Oraison Dominicale, l'*Ave Maria*, & la creance, & l'exposent sommairement au peuple. Ainsi est dit és Capitulaires *lib.* 5. *cap.* 103. & 143. & *lib.* 6. *cap.* 183. est ordonné aux Prêtres d'exposer à leur peuple, ce qui est des principaux points de nôtre foi, & afin de bien faire & fuïr le mal, & les avertissent du Jugement de Dieu.

Que les fruits du Benefice perçûs, ou à percevoir en l'année, en laquelle le Beneficier decedera, seront partagez entre l'heritier ou successeur temporel du Beneficier, & le successeur au Benefice, & ce *pro rata* du temps que le défunt a déservi, à prendre le commencement de l'année au temps des moissons, qui est le temps de la perception des Dîmes, qui sont le vrai patrimoine de l'Eglise. A cét effet soit prise la regle que les fruits du Benefice sont proprement destinez pour les alimens du Beneficier qui fait le Service, & partant doivent estre perçûs par avance pour nourrir le Beneficier jusques aux autres fruits nouveaux. A quoi se peut accommoder ce qui est dit par Boniface VIII. Pape au chap. *præsenti* titre *de offi. Ordinar. in 6.* que celui qui a droit de faire siens les fruits & biens du Beneficier decedé, ne doit prendre que ce qui restera aprés les dettes du défunt païées (qui s'entend, dettes faites au profit de l'Eglise,) & aprés avoir retenu ce qu'il faut pour entretenir les serviteurs de l'Eglise, & païer les charges jusques aux fruits nouveaux : ainsi fut jugé par Arrêt du Parlement en la Regale de Meaux, & c'est *ad instar* que le mari gagne les fruits de l'heritage de sa femme, lesquels il fait siens, parce quil porte les charges du mariage. La proportion sera telle, *verbi gratia*, si le Recteur de l'Eglise meurt trois mois aprés la moisson, lui, son heritier, ou successeur auront gagné le quart des fruits de toute l'année jusqu'aux prochaines moissons, les autres trois quarts demaurans pour le successeur, qui devra servir neuf mois.

Que si aucun besoin grand & urgent venoit à l'Eglise Universelle de la France, pour lequel on fut contraint d'aliener partie du temporel de l'Eglise, il ne soit besoin d'envoïer à Rome; mais suffira la deliberation & conclusion, qui en sera faite au Concile National de la France : & pour les alienations particulieres, qui aviendront à faire en chacun Benefice, suffira de s'adresser au Diocesain, quelque exemption qu'il y ait, lequel procedera selon l'ordre de Droit.

Qu'il ne soit loisible à aucun de bâtir Eglise ou Chapelle sans le congé de l'Evêque Diocesain, quelque exemption qu'il y ait au lieu où l'on voudra bâtir; lequel Evêque, avant que donner la permission, fera faire la donation & donation d'heritages competens & suffisans pour la nourriture & entretenement des personnes Ecclesiastiques, selon le nombre & qualité que le Fondateur voudra y établir, & lesquels heritages le Fondateur sera tenu faire amortir à ses dépens, avant que la dedication du lieu soit faite par l'Evéque. Ainsi est dit au Concile d'Orleans rapporté au Canon *nemo de consecrat. dist.* 1. & au Canon *pia mentis* 15. *quæst.* 7. & par saint Gregoire en l'Epître 9. du livre 2. & Epist. 6. 12. & 71. du livre 7. en laquelle 71. il dit par exprés, que l'heritage qui est baillé, doit estre baillé franc des Tributs du fisque, de même en l'Epître 63. du livre 8.

Que les Eglises de chacun Diocese, exemptes ou non exemptes, observent, chantent & disent l'Office Divin selon l'usage observé en l'Eglise Cathedrale du Diocese, sans qu'elles puissent emprunter l'usage de Rome ou d'autre Diocese pour ce qui est à faire en public. Vrai est que Pepin pere de Charlemagne commanda que l'usage de l'Eglise Romaine fut observé en France. Et est à croire que chacune Eglise dés ce temps-là ordonna le service, & ce qui en a esté ordonné ne doit estre changé, sinon qu'aucunes Fêtes particulieres se trouvent pour les Patrons des Eglises, dont l'Office ne soit és Breviaires & Missels generaux du Diocese. Cette observance ancienne est loüable, parce qu'il est bon d'obeïr, & les nouveautez sont de soi à redouter : aussi parce qu'il est bien seant, que les Predications des Evangiles, & les services ordinaires des jours soient semblables en chacun lieu de chacun Diocese.

Fin des Memoires pour la Reformation de l'Etat Ecclesiastique.

TABLE DES PRINCIPALES MATIERES CONTENUES EZ MEMOIRES POUR LA REFORMATION DE L'ETAT ECCLESIASTIQUE.

FIN.

TRAITÉ DES LIBERTEZ DE L'EGLISE DE FRANCE.

ET DES DROITS ET AUTORITÉ QUE LA COURONNE de France a és affaires de l'Eglise dudit Royaume par bonne & sainte union avec ladite Eglise.

NOS Majeurs bien informez de la verité ont trouvé qu'il estoit tres-necessaire de se conserver une honnête & raisonnable liberté pour ne pas obeïr indistinctement à tous commandemens, quoi que procedans du Siege Apostolique Romain ; j'entens des commandemens qui concernent le seul fait de la Police Ecclesiastique, tant au fait des mœurs, que des biens de l'Eglise, & non de ce qui est de la Doctrine Chrétienne. Car la Doctrine Chrétienne enseignée par JESUS-CHRIST & par ses Apôtres, qui l'avoient apprise de lui, & interpretée par les quatre grands Conciles Oecumeniques, que l'Eglise tient en pareille autorité que l'Evangile, est une seule, non muable, non sujete à changement, tout ainsi que JESUS-CHRIST est lui-même, & ses ans ne defaillent point ; & ce qu'il a dit une fois il l'a toûjours dit & dira toûjours, & l'Eglise son Epouse, qui est inseparablement jointe avec lui, a toûjours tenu, tient & tiendra cette Doctrine.

Mais ce qui concerne l'Ordre & la Police de l'Eglise a reçû plusieurs changemens selon les occasions & selon que les affaires de ce monde sont sujetes à mutation ; comme nous voïons par les Histoires Ecclesiastiques, même au fait des élections des Papes de Rome & de tous les Evêques ; au Celibat des Prêtres, qui a esté reçû diversement en l'Eglise d'Orient & en l'Eglise Latine *cap. cum olim extra. de Cleric. conjug.* en la dispensation & distribution des biens temporels de l'Eglise, en l'établissement & Regle des Monasteres ; en l'âge de ceux qui doivent estre promûs aux saints Ordres ; en ce que le Subdiaconat autrefois n'a esté Ordre sacré, & l'est de present ; en la maniere du Service de l'Eglise comme il est rapporté par Gregoire VII. *Can. in die de consecrat. dist.* 9. & de la Fête de la sainte Trinité, dont l'Eglise de Rome ne faisoit Fête speciale, comme dit Alexandre III. *in cap. quoniam extra de Feriis*, du Service de Mozarabique institué par saint Leandre en Espagne ; & au chapitre 1. *de Feriis*, sur la maniere de commencer les Fêtes, ou *de vespera in vesperam* ou *ab Aurora*, & au chap. *quoniam ubi Alex. III. dicit secundum morem regionis* ; en l'observation des jours esquels il est interdit de manger chair ; car du temps de S. Ambroise au Diocese de Milan on mangeoit chair le Samedi, & à Rome non. Encore aujourd'hui audit Diocese de Milan, le jeûne de Carême commence le Lundi, lendemain du Dimanche de la Quadragesime. Gregoire VII. fit generale prohibition du Samedi. *Can. quia de consecratione distinct.* 51. En ce qu'en la Province de Sens on mange chair les Samedis depuis Noël jusques à la Purification de Nôtre-Dame : le droit de percevoir les Dîmes, la cotité & la maniere, le temps & l'Ordre des Synodes, tant Oecumeniques que Nationaux, Provinciaux & Diocesains ; la presentation & la collation des Benefices & plusieurs autres cas, *nec debet reprehendi si secundum varietatem temporum statuta humana varientur, si sit necessitas vel utilitas. cap. non debet extra. de consang. & affin.* Leon IX. Pape au Canon *scit* en la distinction 12. dit que les diverses coûtumes & usances, qui se tiennent és Provinces, & qui ne sont contraires aux anciennes Constitutions Canoniques, ne peuvent nuire au salut des fideles Chrétiens. Saint Jerôme & saint Gregoire rapportés *in Can. regula, & in Can. necesse distinct.* 29. disent que les Regles ordonnées par les saints Peres selon le temps, les lieux, les personnes, & pour les mêmes circonstances, peuvent estre changées. Gratian *in p. verum dist.* 14. *& can. quia sancta* 63. *distinct.* dit qu'aucunes Constitutions ont esté autrefois faites en l'Eglise qui pour le temps ont pû estre bonnes, & depuis sont venuës en erreur, & doivent estre abolies, comme fit Ezechias du Serpent d'airain permis par Moïse. Dont est avenu qu'audit fait de la Police Ecclesiastique, *etiam* les Conciles Oecumeniques n'ont pas esté reçûs par toutes les Nations en tous les articles. Il se dit *in can. septuaginta, & in can. viginti* en la 16. distinction du recueil des Decrets fait par Gratian & publié l'an 1150. Alexandre III. Pape enseignant alors la Theologie à Bologne ; qu'il y a septante chapitres du grand Concile Oecumenique Nicene, mais que l'Eglise Romaine n'en observe que vingt. Saint Gregoire en l'Epître 31. du 6. livre dit, qu'aucuns Canons du Synode univerfel de Constantinople n'ont esté reçûs par l'Eglise Romaine. Ainsi aprés le Concile Oecumenique de Bâle, l'Eglise de France assemblée à Bourges par l'autorité du Roi Charles VII. accepta aucuns Decrets faits & arrêtez audit Concile, & non pas tous indifferemment & y est ajoûtée la raison, qu'audit fait de police aucunes Constitutions sont utiles à une Nation selon les mœurs & temperament d'icelle, qui seroient scandaleuses ou inutiles à une autre.

Doncques l'Eglise de France, qui toûjours a esté une des principales lumieres & exemplaires de sainteté & bonne doctrine en la Chrétienté, selon le témoignage même des Papes, Alexandre III. en la Decretale entiere *in cap. quanto de Magist.* qui dit, que l'Eglise Gallicane est éclatante pardessus les autres, en nombre, science & honêteté de grands personnages; Innocent III. en la Decretale entiere *cap. novit. extra de judic.* qui dit, que l'exaltation du Roïaume de France est la sublimation du Siege Apostolique, & que ce Roïaume beni de Dieu a toûjours esté obeïssant audit Siegé, & Honoré III. en la Decretale entiere *cap. cum occasura de celeb. miss.* qui dit, que l'Eglise Gallicane a toûjours esté la lumiere mise sur le chandelier luisant aux autres par exemple: l'Eglise, dis-je de France a reconnu & reconnoît le Pape de Rome être vrai successeur de S. Pierre, & que S. Pierre a été établi par Jesus-Christ Chef des autres Apôtres, & lui a donné par speciale recommandation le soin des brebis de son troupeau, & l'a assuré que sa Foi ne defailleroit point. Et combien qu'aucuns Docteurs aïent interpreté ces mots *super hanc petram ædificabo Ecclesiam meam*, pour estre entendus de la fermeté de Foi de saint Pierre, ainsi que saint Gregoire *in epistola 33. lib. 3.* Toutefois les autres les ont entendu de la personne & de la dignité de saint Pierre, comme S. Ambroise, qui en l'Hymne appelle S. Pierre. *Petram Ecclesiæ*, & S. Cyprian en plusieurs lieux dit que cette pierre estoit saint Pierre. Vrai est que le Canon *Sacrosancta distinct.* 22. que l'on dit estre d'Anaclet Pape, dit que Jesus Christ nomma saint Pierre *Cephas* comme Chef des Apôtres; mais vrai-semblablement il n'est dudit Anaclet, qui estoit Grec Athenien, & entendoit la Langue Grecque, & sçavoit que Jesus-Christ ne parloit Grec. Et ce mot *Cephas* en Langue Syriaque, qui estoit en usage en Jerusalem du temps de Jesus-Christ signifie pierre, le Grec qui signifie Chef, est *Kephali.* Aussi l'Eglise de France en ce qui est de la Doctrine Chrétienne, a toûjours tenu la même Foi que l'Eglise Romaine a tenuë, & avec la grace de Dieu la retiendra toûjours.

Mais en reconnoissant le Pape de Rome Chef de l'Eglise, avec puissance souveraine, elle a reconnu aussi & tenu que c'est une puissance souveraine ordinaire & reglée selon les anciens Decrets des Conciles, & des saints anciens Docteurs, & non pas une puissance absoluë, qu'aucuns flatteurs mal avisez ont osé appeller Omnipotence, que les Papes ont exercée quelquefois usans de ces mots, *de plenitudine potestatis*; & conformément à cette creance le Pape Alexandre III. écrivant à l'Archevêque de Ravenne *cap. si quandò extra. de rescript.* lui dit, que s'il trouve chose en ses mandemens, qu'il ne puisse avec raison accomplir, que lui Pape endurera patiemment, s'il n'accomplit ce qui lui avoit esté suggeré par mauvaise façon. Il est recité au grand Decret *in can. Anastasius 19. distinct.* que les Gens d'Eglise à Rome, se retirerent de la Communion avec le Pape Anastase II. parce que sans le Concile des Evêques & Prêtres il avoit communiqué avec Photin excommunié. Et Gratian en la même distinction auprés du Canon *ita Dominus*, dit que les Decretales des Papes doivent estre observées en tant qu'elles ne sont contraires aux Decrets des saints Peres predecesseurs, ou aux precedentes Constitutions. De vrai l'Eglise de France n'a pas reconnu cette puissance absoluë, & ne la reconnoît pas encore: Et ainsi fut dit par le Procureur General du Roi en pleine Audience de plaidoirie faite en Parlement le 21. & 27. Mars de l'an 1503. en la reception du Cardinal d'Amboise Legat en France. Aussi l'Eglise de France a toûjours tenu pour ferme le Decret du grand Concile Oecumenique de Constance, commencé l'an 1414. qui fut arrêté en la 4. Session, que le Concile general representant l'Eglise militante tient sa puissance immediatement de Jesus-Christ, & qu'aux Decrets dudit Concile tous de quelque dignité qu'ils soient, même le Pape, sont tenus d'obeïr en ce qui appartient à la Foi & reformation generale de l'Eglise de Dieu, tant au chef qu'aux membres. Ce même Decret a esté repeté au Concile de Bâle, commencé l'an 1431. qui a esté vrai Concile legitime, convoqué premierement de l'autorité de Martin V. de ce nom Pape, par son mandement du premier de Février l'an 14. de son Pontificat, & depuis approuvé par Eugene IV. son successeur par rescrit du 31. Mai 1431. premier an de son Pontificat. Vrai est que ledit Eugene estans semons pour assister audit Concile le voulut dissoudre, & le transferer à Ferrare, & depuis à Florence: mais ledit Concile de Bâle en la Session 2. declara que le Pape n'avoit pû le dissoudre ni transferer en la 12. Session furent deputez aucuns pour le prier de revoquer ladite dissolution comme scandaleuse avec commination en cas de contumace de proceder contre lui, comme incorrigible & scandalisant l'Eglise: nonobstant lesquels Decrets ledit Eugene IV. continua la celebration de ce Concile par lui transferé à Ferrare, & depuis à Florence, sous pretexte d'y faire venir l'Empereur & les Prelats de l'Eglise d'Orient, qui de fait y vindrent,

& fut traité & accordé avec eux sur aucuns points de la Religion, esquels l'Eglise Latine & l'Eglise Grecque estoient en discord. Ce fut en l'an 1438. & 1439. dont l'un des fruits fut tel que quatorze ans aprés Constantinople fut prise par les Turcs, l'Empire d'Orient ruiné, & presque toute l'Eglise Grecque desolée. Ce Concile de Florence fut favorisé par le Duc de Bourgogne, qui estoit le plus grand Prince de la Chrétienté sans titre du Roi, & en avoit esté persuadé par Messire Ferri de Cleny un des premiers de son Conseil, auquel fut promis un chapeau de Cardinal, dont toutefois il n'eût l'entier effet, comme l'on connoît par le Conseil 121. d'Alexandre Docteur vol. 6. parce qu'il n'eût l'anneau, ni la ceremonie de la bouche ouverte. Aussi y assisterent aucuns Prelats de la France, qui alors estoient en division, & presque tout branloit sous le commandement du Roi d'Angleterre & du Duc de Bourgogne. Mais les Prelats de la France assemblez à Bourges reconnurent le Concile de Bâle estre legitime, & accepterent plusieurs Decrets d'icelui, qui furent redigez sous titre de Pragmatique Sanction. Et Panorme tres-celebre Docteur Canoniste en un Traité qu'il a fait du Concile de Bâle, montre par grandes invincibles raisons que ledit Concile de Bâle estoit legitime, & allegue comme témoin occulaire aucuns actes indignes, qui furent pratiquez pour la dissolution dudit Concile, même de la fracture de la cassette ou coffre, où estoit enfermé le séel du Concile duquel coffre ledit Panorme avoit l'une des quatre clefs. L'Eglise de France, même l'Université de Paris, a toûjours adheré audit Concile de Bâle, & à ladite Pragmatique Sanction, combien que les Papes successeurs dudit Eugene eussent declaré ledit Concile & ladite Pragmatique Sanction, estre schismatiques, & aïent essaïé tous moïens pour la faire abolir, même que l'Evêque d'Eureux nommé Baluë eut un chapeau de Cardinal, sous la promesse qu'il fit de faire consentir à cette abolition le Roi Loüis XI. auprés duquel il avoit grand credit, comme son principal Conseiller. Et de fait ledit Seigneur Roi en fit expedier lettres au Pape Pie II. à Tours le 27. Novembre 1461. mais cela ne vint à effet à cause de la resistance de l'Université de Paris, laquelle depuis en l'an 1516. se declara appellante *ad futurum Concilium* de l'abolition de ladite Pragmatique Sanction. Cette honnête & raisonable liberté de l'Eglise de France se reconnoît par contre-position, en ce que le reste des Gaules, comme le Païs-Bas, la Loraine, la Provence, & encore la Bretagne, se disent vulgairement païs d'obeïssance, parce que sans distinction ils reçoivent & obeïssent à tous Mandemens du Pape. Doncques l'Eglise de France, adherant ausdits Conciles de Constance & de Bâle a tenu fermement que le Pape est sujet au Concile general & Oecumenique, & qu'en ce qui concerne la reformation de l'Eglise on peut appeller du Pape audit Concile, & par consequent que la puissance du Pape n'est pas absoluë, ains est souveraine ordinaire, sujette à reglé selon les Anciens Conciles Oecumeniques & Decrets des Anciens Peres reçûs en l'Eglise qui fait que nous n'avons pas reçû en France la Constitution de Paschal III. Successeur & Imitateur de Gregoire VII. *in cap. significasti. extra. de elect.* quand il dit, que les Conciles n'ont pû prescrire la Loi aux Papes, & que tous Conciles prennent leur force de l'authorité des Papes, & qu'en tous Conciles est & doit être exceptée & reservée l'authorité desdits Papes. Ce qui est dit du Pape Marcellus, que les Evêques assemblez en Concile Oecumenique ne voulurent pas juger, dont est parlé *in can. nunc autem 21. dist.* n'est contraire; car ce n'étoit Concile Oecumenique, & ne pouvoit l'être, parce que la persecution étoit encore en l'Eglise, & le premier Concile Oecumenique fût celui de Nice sous Constantin. C'étoit donc un Concile particulier qui ne voulût juger le Pape. La même réponse est au Canon *Concilia 17. distinct.* car c'étoit un Concile des Evêques qui obeïssoient à Theodoric Roi des Goths & de l'Italie, assemblez par son commandement, qui ne voulurent juger le Pape Symmachus, & n'étoit pas Concile Oecumenique. Ludo. Romanus celebre Docteur au Conseil 523. tient cette même opinion, que le Pape est sujet au Concile, & que de lui on peut appeller au Concile. Philippe Decius *Consil. 151. vol. 1.* Zabarella aussi Docteur celebre, qui étoit Cardinal, au Conseil 150. dit qu'il est loisible de n'obeïr point au Pape, quand il commande chose qui importe la perturbation de l'Eglise universelle, & allegue pour Autheur Innocent, qui fût Pape III. de ce nom *in cap. inquisitioni extra. de sentent. excomm.* Saint Paul en l'Epitre aux Galates dit avoir répris Saint Pierre en face sur un point auquel il étoit reprehensible. S. Jerôme *in can. Paulus 2. quæst. 7.* dit que Saint Paul ne l'eût pas fait, s'il eût pensé être moindre que Saint Pierre. L'émendation Gregorienne dit que cela n'est de Saint Jerôme, ains de la Glose ordinaire : mais cette Glose est reçûë en l'Eglise par authorité. Les Papes Urbain & Zozime *in can. sunt quidam, & can. contra. 25. quæst. 1.* disent, que le Pape ne peut faire nouvelle Loi contre ce qui a été statué par JESUS-CHRIST, par les Apôtres, & par les Saints Peres, ce qui s'entend des Saints Peres assemblez en Concile. Vrai est que Gratian auprés du Canon *ideo*, dit que neanmoins le Pape peut octroïer des Privileges, & dispenser contre les Conciles : mais c'est Gratian qui le dit, & pour le croire faudroit qu'il eût été ainsi arrêté en Concile Oecumenique. Innocent III. *in Can. proposuit de concess. prabend.* dit, que de droit selon la plenitude de sa puissance il peut dispenser par dessus le droit. Mais il n'est pas croïable en son propre, fait non plus que les autres. Et si le Pape seul avoit cette puissance absoluë, pour neant auroient été instituez en l'Eglise les Conciles, dont la source est ès Actes des Apôtres; & ne se trouve esdits Actes que Saint Pierre ordonne & statuë seul, ains tous les Apôtres ensemble par ces mots, *Il a semblé au S. Esprit & à Nous, &c.* & ès Anciens Conciles esquels le

Pape assistoit, ou autres Legats de par luy les Statuts se faisoient sous le nom de toute l'assemblée par ces mots, *il a plût à ce saint Synode*. Vrai est qu'au Concile de Latran sous Innocent III. & és Conciles de Lion & de Vienne sous Gregoire X. Innocent IV. & Clement V. est dit, que le Pape par l'approbation du Concile a statué, comme si toute la force & vigueur des Canons desdits Conciles dépendoit de la personne du Pape: aussi l'on n'a pas tenu ces Conciles de telle authorité comme sont les plus Anciens car depuis le temps de Gregoire VII. Pape, qui avoit été simple Moine, & commença à vouloir supplanter la puissance temporelle des Empereurs & Rois, en quoi lui & ses Successeurs Alexandre III. Innocent III. Honoré III. Gregoire IX. Innocent IV. Boniface VIII. ont beaucoup avancé, les Papes ont aussi attiré à eux toute la puissance de l'Eglise en diminuant & rendant presque sans vigueur la puissance ordinaire des Evêques Diocesains, en tenant pour maxime, que le Pape est Ordinaire des Ordinaires, & que par concurrence & prevention, & selon que premierement on s'adresse à lui, il peut en chacun Diocese autant que chacun Evêque peut au sien, ainsi qu'il est dit *in cap. II. de prebend. in 6. cap. I. in fine, ut lite pendente, in Clem.* Ce qui seroit plus tolerable, si le Pape étoit élû par les Evêques de toutes les Provinces de Chrêtienté, ou pour éviter la confusion, par un Evêque de chacun Archevêché: mais il est élû par les seuls Cardinaux, que les Papes seuls font à volonté, & qui sont Italiens presque tous, & non selon les Anciennes Constitutions qui disent que celui qui doit commander en l'Eglise, doit être élû par tous ceux ausquels il doit commander, *Can Archiepiscopus 66. dist.* & que le Pape, qui est Souverain de tous, doit, emploier son pouvoir à conserver à chacun Evêque son droit sans l'attirer à lui, se doit faire égal à tous Evêques, ainsi que dit Saint Jerôme *in Can. Diaconi 93. distinct.* Et Saint Gregoire *in Can. ecce 99. distinct.* dit qu'il se sent honoré, quand à chacun Evêque est conservé son droit: & le Pape se dit Evêque & appelle les autres Evêques, freres. Les mêmes Papes ont aussi exercé ce pouvoir exhorbitant, en rendant plusieurs Ordres, Eglises & Dignitez Ecclesiastiques exemptes de la Jurisdiction des Evêques, comme ceux de Cluny, Honoré III. *cap. quanto de privileg.* en reservant à eux la Collation & Institution de plusieurs Benefices, même des Prelatures & des Benefice vacans en Cour de Rome, en reservant à eux la connoissance de plusieurs causes, que les Canonistes appellent *de majoribus*, & l'absolution de plusieurs crimes, dont par leurs Constitutions Decretales, Regles de Chancellerie, Extravagantes & autres, ils ont à diverses fois si fort augmenté le nombre, qu'il ne se trouve presque cas que l'on ne tienne pour reserve. Ce qui a engendré beaucoup de troubles aux consciences craintives, & a donné occasion à plusieurs moins craintifs de secoüer du tout ce joug. Les Papes sont hommes, & peuvent faillir non pas comme Papes: car quand en l'entendement on se figure le Pape, on se le figure Chef de l'Eglise, Chef de ce corps mistique, composé de tous membres qui est l'Eglise universelle, qui ne peut faillir, pour ce qu'elle est Epouse de Jesus-Christ: mais quand le Pape statuë quelque chose de par lui, il peut faillir. Cela se remarque par Gregoire XI. en la Preface des Decretales, où il reconnoît qu'és Decretales de ses Predecesseurs étoient plusieurs contrarietés & superfluitez. Et chacun Pape pretend qu'il n'est obligé à ce qui a été statué par son Predecesseur, parce que le Successeur est de pareille puissance que le Predecesseur; & par la regle, *par in parem.* Ainsi dit Innocent III. *in Can. Innocent. extra. de electione.* Or l'Eglise de France à juste cause a estimé, puisque le Pape est Chef de l'Eglise & que les autres Prelats sont les membres & tous ensemble font le Corps mistique de l'Eglise militante, que le Pape lui seul sans tout le reste du Corps n'a pû faire ces Constitutions, Rescripts & autres Ordonnances, par lesquelles l'ancien establissement de l'Eglise peut être perverti, ledit ancien établissement étant tel que tous Evêques sont Successeurs des Apôtres. *Anacletus in Can. in oratione 21. dist. Can. quorum 68. dist. Can. videntes 12. quæst. 1.* que Jesus-Christ aprés avoir donné à Saint Pierre la puissance de lier, & de délier, en a autant donné à tous les Apôtres, aprés sa Resurrection; Et comme dit Saint Cyprien ancien Docteur Evêque de Carthage, qui par sa bonne vie, & par son sang a témoigné l'integrité de sa doctrine, au traité *de simplicitate Prælat.* & est rapporté *in Can. loquitur 24. quæst. 1.* toute la Chrêtienté n'est qu'un Evêché duquel chacun Evêque tient sa part solidaire, comme l'Eglise est une, seule, qui par sa fecondité s'est augmentée; & comme sont plusieurs raïons du Soleil, & plusieurs rameaux d'un seul arbre; & afin que cette unité fût mieux representée en l'Eglise il a voulu y faire un Chef, qui est Saint Pierre jaçoit que tous les autres Apôtres fussent ses compagnons, aïans même honneur & même puissance. Et S. Jerôme en l'Epitre rapportée *in Can. legimus 93. dist.* dit que l'Evêque d'Eugube, qui est petite Ville en Italie, est de même merite & même authorité de Sacerdoce, comme est l'Evêque de Rome; & ailleurs ledit Saint Jerôme dit que les Chefs ont été instituez en l'Eglise pour éviter la confusion, & afin que chacun n'entreprenne de commander, & que les Evêques sont en plus haut degré plus par coûtume, que par la verité de la disposition de Jesus-Christ, & audit Canon *legimus* & au Canon *olim. 95. dist.* dit que hormis l'ordination, qui est l'imposition des mains pour les Ordres, l'Evêque ne fait rien que le Prestre ne puisse faire. A ce est contraire ce que Innocent III. en la Decretale entiere *c. quia diversitatem de concess. Prabend.* dit, que la puissance entiere sur toutes les Eglises a été concedée par Jesus-Christ à Saint Pierre seul, & que le Siege Romain en retenant à lui cette plenitude de puissance a reçû les autres Prelats pour avoir part en la sollicitude, sans toutesfois rien diminuer de son droit; lequel discours n'est pas recevable comme procedant d'ambition & d'avarice, qui commençoient déja à se glisser dans l'esprit des Papes dégenerans de la simplicité de leurs anciens predecesseurs. Si donc toute l'Eglise est un seul corps, dont le Pape est le Chef, il faut que le Chef fasse ses fonctions en telle sorte que chacun membre soit conservé en son office, & que la superiorité soit pour aimer, conserver & aider à tous les membres, & non pour les affoiblir & supplanter; & par ce moïen soit representée la vraïe union de l'Eglise entre le Chef & les membres. Cette union ne peut mieux estre entretenuë que par l'observation des anciens Decrets, même ceux qui ont esté faits és saints Conciles Oecumeniques, és Conciles Nationaux, & és Conciles Provinciaux approuvez par les saints Peres.

Quand toute l'Eglise Chrétienne estoit commandée par l'Empereur de Rome, les Conciles Oecumeniques estoient assemblez sous l'autorité, & par le commandement dudit Empereur, comme il se connoît par la lecture des Conciles de Nicée, de Constantinople d'Ephese & de Calcedoine; & les Papes reconnoissoient les Empereurs leurs Superieurs, non pas pour le fait de la Foi & Doctrine, mais pour la Police de l'Eglise. Boniface Pape *in can. Ecclesiæ 97. distinct.* suplie humblement à Honoré Auguste, & S. Gregoire en infinis endroits de ses Epîtres appelle les Empereurs ses Seigneurs, & defere à leurs commandemens. En la Legende de la Fête de Toussaints se lit que Boniface IV. impetra par bonnes prieres de Phocas Empereur le Pantheon de Rome, qui est sainte Marie la Rotonde. Aucunes fois de la même autorité estoient commandez les Nationaux, comme celui d'Arles en Provence pour la Gaule; de Sardique pour la Nation Illyrique: de Carthage pour l'Afrique, Numidie & Muritanie. Aprés la dissipation de l'Empire Romain, les Rois de France, d'Espagne & de Germanie, qui chacun en ses païs se disoit avoir puissance d'Empire, ont commandé, & sous leur autorité ont esté assemblez les Conciles Nationaux, comme en France, à Paris, à Tours, à Châlon, à Mâcon, en Espagne, à Tolede, à Bracara, à Seville, en Germanie, à Magonce, à Aix la Chapelle, à Triburies, à Cologne: & demeura l'Eglise plus de cinq cens ans sans Concile Oecumenique & universel; Alexandre III. Pape, aïant à la suite de Gregoire VII. son predecesseur gagné cette superiorité sur les Empereurs, assembla un Concile à Rome en l'Eglise de Latran environ l'an 1179. qui simplement est dit de Latran, sans estre nommé general Innocent III. en l'an 1215. assembla un Concile au même lieu de Latran, où se trouva fort grand nombre d'Evéques, & fut dit Concile general, & tels aussi furent dits les Conciles de Lion sous Gregoire X. & de Vienne sous Clement V. Lesdits quatre Conciles furent assemblez de la seule autorité des Papes, qui ja s'étoient attribuez cette autorité d'être Superieurs des Empereurs, & d'avoir pouvoir de les déposer, & d'administrer les droits de l'Empire durant la vacation de l'Empire. Esdits quatre Conciles les seuls Papes ont ordonné & statué; vrai est qu'ils ajoûtent que c'est avec l'approbation & suasion du Concile, comme si toute l'autorité du Concile dépendoit de la puissance du Pape. Aussi en ce temps-là & depuis les Canonistes tenoient cette opinion, que le Pape est pardessus le Concile, & que le Concile ne prend sa force que du Pape, & que le Pape seul peut dispenser contre le Concile *cap. significasti extra. de elect.* mais és autres Conciles Oecumeniques toute l'assemblée ordonnoit; & non le Pape, & quand aucun proposoit, la compagnie répondoit par ce mot, *placet*, qui est parole de Juge jugeant, *ex illo placita principum.* La glose *in cap. ubi periculum de cleric. in 6.* dit que par raison ce qui a esté ordonné en Concile, ne peut être revoqué que par autre Concile par la regle *cap. 1. de regul. juris in antiquis*, mais que le Pape de plenitude puissance peut tout, comme estant pardessus les Conciles. *d. cap. significasti* Zozimus *in can. contra* & Urbain *in can. sunt quidam. 25. quæst. 1.* disent que les Papes ne peuvent statuer contre ou muer de ce qui a été ordonné par les Decrets des saints Peres. Dés & depuis lequel temps, même depuis que la lignée de Hugues Capet commença à regner en France, n'ont été convoquez en France aucuns Conciles Nationaux; se trouve seulement l'Assemblée de l'Eglise de France à Bourges; du temps & sous l'autorité du Roi Charles VII. & depuis la cessation desdits Conciles Nationaux, les Papes ont commencé à s'attribuer cette puissance absoluë, dont ils usent aujourd'hui, & pour mieux s'y maintenir ont défendu tous Conciles Nationaux, s'ils ne sont assemblez par leur congé. Parce que les Papes n'avoient agreables ces Conciles Nationaux, la France s'en est abstenuë par plus de quatre cens cinquante ans; mais pourtant elle n'a pas quitté le droit & puissance qu'elle en a, *ad instar* de ceux qui ont esté assemblez du temps des Rois de la premiere & seconde lignée, & sous leur autorité & par leur commandement, lesquels Conciles ont esté approuvez par l'Eglise & par les Papes, & y en a plus de cinq cens chapitres tant en recueil des Decrets de Gratian, qu'és Decretales antiques. Doncques l'une des libertez de l'Eglise de France est qu'il lui est loisible, sous l'autorité & par le commandement des Rois de France Catholiques, d'assembler les Evêques, Archevêques & Primats de France en Concile National, pour deliberer, concurrre & arrêter ce qui sera proposé & connu être bon & expedient pour le rétablissement du ministere & de la Police de l'Eglise en son ancienne splendeur & integrité, sans toucher au fait de la Doctrine Chrétienne, que nous devons tenir comme par le Concile de Trente conforme aux anciens Decrets & sentences des bons & anciens Docteurs en a esté ordonné. Esdits Conciles Nationaux autres n'aïent voix deliberative que les Evêques; les Abbez & autres Prelats Ecclesiastiques, & les Docteurs de Theologie & Canonistes pourront y avoir seance & assister & oüir, non pour deliberer & avoir voix, mais pour oüir & pour remontrer, ce qui est selon les anciens Conciles d'Antioche & de Calcedoine rapportés *in can. propter can. pervenit* 8. *distinct.* Cette même liberté importe que les Papes seuls, & de leur autorité, n'ont pû interdire l'assemblée de ces Conciles Nationaux, ni la forme ni l'autorité d'assembler iceux. En ces Conciles Nationaux pourront presider les deux Primats, qui sont aujourd'hui en France, l'un de la Gaule Celtique, l'autre de la Gaule Aquitanique, qui sont les Archevêques de Lyon & de Bourges; car la Primatie de la Gaule Belgique, dont le Siege estoit à Treves *Can. Teugaldum* 11. *quæst.* 3. est abolie depuis que le Roïaume d'Austrasie fut dissipé & dépecé. & de la Gaule Belgique ne reste en la France que la Province de Rheims; encore de nôtre temps l'Archevêque qui y estoit en a laissé démembrer quatre Evêchez. Cambray, Tournay, Teroüenne, & Arras, au lieu desquels ont esté établis deux Archevêchez, Cambray & Malines, & sept ou huit nouveaux Evéchez, qui ne reconnoissent plus l'Archevêque de Rheims pour Superieur. Pourquoi l'expedient pour les Conciles Nationaux de France sera, que ladite Province de Rheims en ce qui est de la France se range sous l'une des deux Primaties susdites, ou de son gré, comme les Prelats d'icelle voudront choisir, ou par l'avis & suffrage des Peres qui seront assemblez au premier Concile National. Et parce qu'il est bien seant qu'ausdits Conciles soit un seul President pour reconnoissance de l'unité de l'Eglise, soit avisé que celui des deux Primats, duquel l'Ordination est plus ancienne, presidera; qui est l'ordre observé d'ancienneté en l'Assemblée des Evêques; ou bien l'Assemblée des Peres par suffrages & voix deliberera à la premiere Assemblée, lequel des deux devra presider: ainsi se faisoit és Conciles Nationaux d'Afrique, comme recite saint Gregoire en l'Epître 72. livre 1. rapportée *in Can. sicut* 23. *quæst.* 4.

A tant ne sera besoin d'entrer en la question d'avoir ún Patriarche en France; car tous Primats sont Patriarches, & les deux noms emportent une seule dignité, honneur, & puissance; ainsi qu'il est dit *in cap. duo simul. extra. de officio ordinarii*, & *in can provinciæ* 99. *dist.* & le Pape Nicolas *in can. conquæstus* 9. *quæst.* 3. nomme l'Archevêque de Bourges Patriarche. Ces Patriarchats, & tous les autres de la Chrétienté, & les Archevéchez & Evéchez furent premierement établis par commun consentement de l'Eglise és Villes & Citez, selon qu'elles avoient l'honneur & préeminence en la domination temporelle de l'Empire Romain, comme il est dit audit Canon *provinciæ*, & au Canon *urbes* 80. *dist.* & se peut recueillir en une Novelle de Justinian, par laquelle aïant nommé sa Cité Justiniane de son nom, & l'aïant établie Chef & Mere Ville de la Province, il ordonne que par consequence de raison la dignité Archiepiscopale de Thessalonique y soit transferée. Vrai est que Nicolas Pape au Canon *lege* 10. *dist.* allegue la Decretale de saint Innocent Pape, qui ordonne que la seule division que l'Empereur fait de ces Provinces, la dignité Metropolitaine pour le spirituel ne soit pas changée. Ce qui s'entend quand l'Empereur divise les Provinces au seul effet de la temporalité. Mais Justinian par la susdite Novelle en ordonne expressément, tant pour le temporel que pour le spirituel; & ce a esté environ cent ans aprés ledit Innocent. Cét établissement de Patriarchats n'a donc pas esté par privilege & concession des Papes, comme il est dit au chapitre *antiqua de privileg.* és Decretales antiques; ains a esté par commun consentement de l'Eglise, & n'a pas esté jugé par le Pape seul, ains és Conciles Oecumeniques de Nice & Constantinople.

L'autre liberté de l'Eglise de France, qui dépend de la decision susdite que le Pape est sujet aux Conciles Oecumeniques, est que ladite Eglise de France n'est tenuë d'obeïr aux Constitutions, privileges ou dispenses, qui sont octroïées par les Papes pour deroger aux Conciles Oecumeniques, & à l'ancien établissement de l'Eglise. Et si elle y a quelquefois obeï & s'y est renduë sujete, ç'a esté par humble & devote obeïssance, & non par necessité de commandement, ni pour se tenir obligée perpetuellement à les observer, ains lui est demeuré le pouvoir & la faculté de s'en retirer & reprendre l'ancien usage & établissement, nonobstant lesdites Constitutions, exemptions & dispenses Papales, comme *verbi gratia* au grand Concile Ocumenique de Calcedoine auquel assisterent six cens trente Peres, chap. 4. rapporté *in Can. qui verè* 16. *quæst.* 1. & és Conciles d'Orleans & d'Arles *Can. Abbates Can. Monasteria* 18. *quæst.* 2. fut statué que tous Monasteres seroient sujets ausdits Evêques du Diocese dans lequel ils sont assis, & au Concile d'Orleans National en France rapporté *in can. omnes Basilicæ* 16. *quæst.* 7. & au grand Concile de Calcedoine rapporté *in can. quidam* 18. *quæst.* 2. & au Concile de Châlons rapporté *in can. Decretum* 10. *quæst.* 1. & par Nicolas Pape *in can.* 1. 16. *quæst.* 5. fut statué en general, que toutes les Eglises seroient sujettes à l'Evêque Diocesain, & par le Concile d'Orleans *in can. non semel* 18. *quæst.* 2. ont les Evêques le droit de visiter & corriger les Monasteres, & le chapitre *cùm venerabilis extra. de Religios. domib.* dit que le droit commun est tel. Par Paschal II. *in can. Abbatibus* 18. *quæst.* 2. est défendu aux Evêques de promouvoir aux saints Ordres les Moines, qui se disent n'estre sujets à aucun Evêque, dont resulte qu'il n'a esté loisible au Pape d'exempter de la puissance Episcopale & rendre sujets immediatement au Siege Apostolique Romain les Ordres de Cluni, de Cisteaux, des Celestins, des Freres Prêcheurs, des Freres Mineurs, ni aucunes Eglises particulieres, & que si aucuns Evêques ont consenti, ils n'ont pû le faire au préjudice de leurs successeurs. Sera consideré, qu'au grand Decret compilé par Gratian sont plusieurs Canons attribuez aux Papes, qui estoient les premiers, & du temps que la paix temporelle n'estoit encore en l'Eglise, qui toutesfois ne sont pas d'eux, comme est reconnu par les annotations, qui sont au Decret reformé par autorité du Pape Gregoire XIII. même *in can. nulli* 99. *dist.* qui est attribué à Anicet, & est de Gregoire VII. & en plusieurs endroits est

est allegué le Concile de Martin Pape, qui toutefois est Recueil fait par Martin Archevêque de Bracara des Conciles Grecs par lui traduits en Latin, & allegation, qui selon lesdites annotations ne sont veritables, comme appert par lesdites annotations *in can. propter. dist.* 18. *in can. accusatum* 2. *quæst.* 5. *can. mutationes* 7. *quæst.* 1. *can. patet.* 9. *quæst.* 3. *can. si quis domi, can. si quis clericus* 16. *quæst.* 7. & en aucuns endroits Gratian ajoûte du sien comme si c'étoit de la constitution Papale *can. placuit.* 2. *quæst.* 6. *can. nullus* 5. *quæst.* 11. *can. Ecclesiastica* 25. *quæst.* 2. au Canon *patet* 9. *quæst.* 3. qui est du Pape Nicolas II. l'addition Gregorienne dit que ce qui est allegué d'Innocent & Boniface Papes, ne se trouve en leurs Epîtres; & au Canon *nemo* au même lieu l'annotation dit que ce n'est d'Innocent, mais du Sinode Romain sous saint Silvestre; *in can. alius* 15. *quæst.* 6. le titre est de Gelase *ad Anastasium*, & l'addition Gregorienne dit que c'est de Gregoire VII. à l'Evêque de Mets, & au Canon *jubemus de consecr. dist.* 1. l'addition Gregorienne dit qu'en l'original de l'Ep. de Lucius Pape y a, *Fratres hortamur vos* & Gratian a mis *jubemus auctoritate Apostolica* la glose *in can. futuram* 12. *quæst.* 1. dit que l'Allegation de Melchiades Pape est fausse parce que Melchiades estoit devant Constantin & la glose *in §. si quis autem post. can. si quem pœnitnerit* 2. *quæst.* 3. dit que Gratian s'est trompé, & qu'il a mal entendu ce qu'il a allegué des abolitions du Droit Civil. Pourquoi au Concile National qui sera tenu en France, pourra estre statué, que nonobstant toutes exemptions, privileges & concessions, ores qu'elles soient closes *in corpore Juris*, les Evêques Diocesains feront les ordinations, & exerceront leur Jurisdiction ordinaire sur toutes personnes Ecclesiastiques, Chapitres, Convents, Colleges en dedans leurs Dioceses, car ordiner & juger sont correspondans, *Celest. in can. nullus.* 9. *quæst.* 2. dont toutefois sera avertie sa Sainteté par la même humble obeïssance & devotion afin qu'il lui plaise avoir agreable ce renouvellement des anciennes Constitutions de l'Eglise, par lesquelles l'Union, Ordre & Police y est conservée au contraire par telles exemptions & privileges a été engendrée & entretenue en l'Eglise toute confusion & division, & si on ne peut obtenir cét agréement soit dit, que par provision, en attendant un Concile Oecumenique; lesdites anciennes Constitutions de l'Eglise soient observées. Contre les exemptions de ceux, qui se disent n'estre sujets à l'Evêque Diocesain, soit noté ce qui fut statué au Concile National de Paris, rapporté *in can. nulla dist.* 93. que nul ne doit estre tenu pour Clerc ni Prêtre, qui n'est sujet à la correction d'aucun Evêque, tels ont esté appellez Acephales en l'ancienne Eglise: Si on dit qu'ils sont sujets au Pape, c'est confondre l'Ordre ancien de l'Eglise: car le Pape lointain ne peut pas veiller & étendre sa providence & soin sur les Monasteres & Colleges de France.

L'autre liberté est conforme aux anciennes Constitutions & ancien établissement de l'Eglise, que les Evêques, chacun en son Diocese, disposent & ordonnent de tout ce qui se presentera à faire, soit és crimes & cas de conscience pour excommunier, lier & absoudre, soit és cas de Jurisdiction contentieuse, dont la connoissance appartient à l'Eglise; soit en collation & provision de Benefices & ordination des Prêtres, Diacres & Soûdiacres, ainsi fut ordonné au Concile d'Antioche rapporté *in can. per singulas* 9. *quæst.* 3. & en cas de negligence, ou refus, ou appel l'on se pourvoie pardevers les Superieurs; selon l'ordre ancien, qui est de l'Evêque à l'Archevêque, de l'Archevêque au Primat. Alexandre III. *in cap.* 1. *de Offici. leg. cap. duo simul extra. de Offic. ord.* & en tous les chapitres *Romana*, du Primat au Pape; & audit cas de devolution au Siege Apostolique sa Sainteté doive donner rescrit delegatoire *ad partes* dedans le Diocese; sans qu'en tous lesdits cas sadite Sainteté puisse s'entremettre par prevention. Ez Decretales antiques & au Sexte se trouvent infinité de Chapitres faisant mention de causes civiles, ou évoquées par le Pape pardevant lui; ou deleguées par ses rescrits *ad partes*, en ôtant aux Evêques Diocesains la connoissance, & en supplantant leur Jurisdiction ordinaire, mêmement s'en trouve d'Alexandre III. & d'Innocent III. plus que de tous les autres ensemble, & la plûpart de Jurisdiction contentieuse & civile. Vrai est que bien souvent les Evêques, quand aucune question douteuse se presentoit, avoient recours par forme de consultation au saint Pere de Rome, comme Chef de toute l'Eglise, & cela est representé en plusieurs Decretales, même d'Alexandre III. & d'Innocent III. même *in cap. consultationibus extra. de offic. & potest judic. deleg. cap. gratum Urb. III. eodem* & en plusieurs autres: mais c'étoit par bien-séance, & non par necessité, & *cap. ex tenore, qui filii sint leg. cap. sicut dignum in integra de homicid.* Comme aussi est bien séant que les Evêques Diocesains connoissent de tous cas de conscience, & de Jurisdiction vraie Ecclesiastique, nonobstant les reservations de certains cas, même ceux contenus en la Bulle *in Cœna Domini*, & nonobstant aussi les privileges & exemptions, parce que telles reservations, preventions, privileges & exemptions sont cause de dereglement en l'Eglise, de laquelle le Pape estant Chef a dû & doit conserver à chacun Evêque son autorité, comme dit saint Gregoire en l'Epître 68. du 2. livre *sicut ab aliis nostra eripimus, ita singulis sua jura servamus*: ayans été les Dioceses distincts & separez, à ce que chacun Evêque pût mieux connoître les affaires survenantes, & les circonstances d'icelles, & former son jugement pour adoucir, ou aigrir, ou temperer, ou dissimuler selon les occasions, ce qui ne peut pas à cause de l'infirmité humaine estre si bien connu, ni jugé au loin. Aussi que tous Evêques sont successeurs des Apôtres. *Urbanus II. Papa ex August. in can. quoniam* 68. *dist.* & Nôtre-Seigneur Jesus-Christ a donné pareille puissance à tous les Apôtres aprés sa Resurrection, & toute l'Eglise universelle est un seul Evéché, dont l'autorité est solidaire en chacun Evêque en son Diocese; mais pour demontrer l'unité de l'Eglise, Nôtre-Seigneur en a voulu établir un Chef des autres. Saint Ciprian en l'Epître 2. du 4. livre, dit que toute l'Eglise est un seul Evêché distribué à plusieurs Evêques qui gouvernent en concorde, & au traité de la simplicité des Prelats dit, que les autres Apôtres étoient autant que saint Pierre, estans participans de même honneur & même puissance, mais pour demontrer l'unité de l'Eglise, il a établi un Chef. Aussi ledit saint Ciprian en l'Epître premiere du premier livre, appelle le Pape Cornelie Frere & Collegue, & les Prêtres de Rome écrivans audit S. Ciprian Epître 7. du second livre appellent saint Ciprian Pape, qui estoit simple Evêque de Carthage, & és Epîtres de saint Jerôme les Evêques se donnent titre de Pape les uns aux autres, dont se recueille que le nom de Pape est titre d'honneur pour l'âge, & non de puissance. Encore aujourd'hui est en usage que le Pape appelle tous Evêques ses Freres, & nuls autres, même s'il écrit en particulier à un Cardinal, qui ne soit Evêque, il l'appellera fils & non Frere. S. Gregoire en l'Epître à l'Evêque de Carthage rapportée *in Can. Ecclesiasticis* 25. *quæst.* 2. dit, que comme il entend de garder les droits de son Eglise, ainsi il entend garder les droits de chacune autre Eglise, & de n'octroïer à aucun ce qui n'est pas sien, ni par ambition ôter à aucun ce qui est sien. Ce Chef est Aristocratique, & non Monarchique, parce que selon la comparaison dite par saint Paul tous sont un corps mistique, chacun des membres aïant sa fonction sans entreprendre l'un sur l'autre, sinon que pour le défaut du Diocesain on peut avoir recours au prochain *ex Concilio Sardicensi. Can. si fortè* 65. *distinct.* mais tous aidans l'un à l'autre, & le Chef pourvoïant à tous, & neanmoins laissant faire à chacun son Office. Pourquoi nous n'avons pas reçû les Constitutions des Papes, par lesquelles ils se disent Juges ordinaires en tous les endroits de la Chrétienté. Innocent III. *in integra Decret. cap. cùm nobis extra. de elect. & de Clem. III. in cap. licet de præbend. in 6.*

Quand au premier Chef des crimes & cas de conscience reservez au Siege Apostolique, en l'ancienne Eglise n'y en avoit aucun usage : depuis le commencement du tiers grand an, qui fut environ le temps de Gregoire VII. qui est l'un des principaux Fondateurs de la puissance absoluë des Papes, ces reservations ont commencé d'estre pratiquées : une des principales est d'Innocent II. qui estoit environ l'an 1134. au Canon *si quis suadente* 17. *qu.* 4. repeté par Alexandre III. *in cap.* 1. *de Sent. extra.* contre ceux qui font outrage aux personnes des Prêtres ou des Clercs, & parce que cette reservation estoit rude & apportoit beaucoup d'inconveniens & scandales, les Papes successeurs l'ont temperée par diverses exceptions mises en plusieurs chap. du titre *de Sent. excom.* és Decretales. Depuis chacun Pape a ajoûté plusieurs cas reservez au Siege Apostolique, & en est le nombre fort grand, & partie sont declarez en ladite Bulle *in Cœna Domini*, dont nul ne peut absoudre que le Pape : & l'autre inconvenient est que la plûpart, & presque tous lesdits cas, sont Canons qu'ils appellent, *latæ Sententiæ*, ce qui semble estre contraire à la douceur de la Loi Chrétienne, & à la tradition de JESUS-CHRIST en l'Evangile, *si peccaverit in te frater tuus* ; car saint Augustin rapporté *in can. multi* 2. *quæst.* 1. dit que l'on ne doit interdire la communion à aucun (combien que cette interdiction ne soit mortelle, ains medicinale) s'il n'a volontairement confessé son crime, ou s'il n'en a été nommément condamné en Cour Ecclesiastique ou Laïe. Et aprés dit que nul ne doit estre excommunié, sinon par l'ordre judiciaire, & si par jugement on ne peut, que plûtôt ils soient endurez, que de les mettre au peril de la damnation éternelle. De même fut statué au Concile de Paris rapporté *in can. de illicita* 24. *qu.* 3. & au Concile de Latran sous Alexandre III. *in cap. reprehensibilis extra. de Sent. excomm.* & par Justinian en la Novelle *de sanctiss. Episc.* qui est la 123. §. 11. qui est rapportée & approuvée audit Canon *de illicita*, & au Canon *nemo* du Concile de Meaux 11. *qu.* 3. & la precipitation de jugement si grave se trouve interdite és saintes Ecritures au jugement que Dieu fit sur Adam, sur Caïn & sur Sodome, jaçoit que la verité fut connuë à Dieu, ce qui est rapporté au Canon *Deus* qui est d'Evariste Pape II. *qu.* 1. Innocent III. *in can. sacro de Sent. excom.* Doncques en l'Eglise de France ne soient admises ces Censures, qu'on appelle *Canones latæ Sententiæ*, comme contraires aux anciens Decrets & libertez de l'Eglise de France, même par les Constitutions plus recentes des Papes, est dit que les intervalles doivent estre competens *cap. constitutione de Sentent. excom. in 6.* S. Augustin rapporté en plusieurs endroits au grand Decret exhorte les Prelats d'Eglise, qu'ils soient fort circonspects à fulminer des excommunications, même quand plusieurs ont failli, disant que les conseils de separation, qui est l'excommunication, sont quelquefois de peu de fruit, & se tiennent pernicieux, impies & superbes, parce qu'ils troublent les bons qui sont infirmes, plus qu'ils ne corrigent les méchans de mauvais courage *in can. constitueretur* 50. *dist.* & principalement dit, que les Censures Ecclesiastiques ne doivent estre appliquées, où il y a peril de rompre la paix & le repos *can. tolerandi* 23. *quæst.* 4. *can. Infideles, can. non potest, can. quisquis, can. ita planè, can. quidam* 23. *qu.* 4. & plusieurs autres Docteurs & Papes commandent de temperer par discrete moderation la rigueur des peines, de peur d'aigrir & rendre les mauvais obstinez. Innocent *in can. quoties* 1. *quæst.* 7. *Hieron. in can. recedite* 45. *dist. Gregor. in can. disciplina, in can. licet. August. in can. comessationes ead. dist. Idem August. in can. unum* 23. *qu.* 5. & la dispensation contre les rigueurs est recommandée selon les circonstances des temps, des personnes, & pour éviter le peril de plus grand mal. *Aug. in can. ipsa* 23. *quæst.* 4. Innocent *in can. aliquantos* 51. *dist. can. requirent.* 1. *quæst.* 7. & s'il est besoin d'excommunier, ce ne doit estre qu'avec grande, juste, & bien certaine cause, l'Anathematisation, qui est damnation de la mort éternelle, ne doit estre appliquée que contre les incorrigibles, au Concile de Meaux *can. nemo* 11. *quæst.* 3. contre les Canons *latæ Sententiæ ex solâ perpetratione criminis*, Nicolas Pape *in can. de presbiterorum*, 17. *qu.* 4. dit, que qui a tué un Prêtre doit estre admonesté deux & trois fois, s'il ne satisfait il doit estre excommunié, s'il demeure obstiné, soit Anathematisé. Gregoire VII. & ceux de ses successeurs, qui ont exercé plus soudainement & severement ces Censures, ont traité les Chrétiens comme serfs, & non comme ingenus enfans de la franche. Et si on veut dire que la gravité du delit emporte l'excommunication, la réponse seroit, que celui qui a commis crime meritant punition exemplaire doit estre puni selon le merite du crime : si le crime est capital, & le delinquant soit laï, par mort ou par bannissement, ou affliction du corps : s'il est du Clergé par deposition, ou degradation, ou jeûne avec prison pour certain temps, ou à toûjours, & autres telles peines Canoniques, ainsi est dit *in cap. cùm non ab homine extra. de judic.* Si les delits sont moindres & ne requierent punition exemplaire, ou bien s'ils sont occultes, par la monition fraternelle, & en cas de vraïe contumace, par excommunication, laquelle ne doit estre appliquée que pour rendre honteux les contumax incorrigibles *dicto cap. cùm non ab homine*, & l'execution n'en doit estre si rudu qu'il faille du tout fuïr & abominer les excommuniez : car Gregoire IX. en la Decretale *cùm tentamur de Sentent. excomm.* dit que l'on peut frequenter les excommuniez pour les convertir. Et Innocent IV. *in cap. ad Apostolicæ, de Sent. & re jud. in 6.* dit, combien que Federic Empereur eût esté excommunié par Gregoire IX. son predecesseur, toutefois qu'il rechercha & envoïa devers lui trois Cardinaux, lui faisant sçavoir qu'il desiroit lui bailler la paix, & la recevant de lui satisfaire, s'il se trouvoit que l'Eglise eût tort, & recevoir aussi de lui sa satisfaction avec misericorde & mansuetude. Doncques l'Eglise de France peut se tenir aux anciens Decrets, en rejettant les Censures Ecclesiastiques fulminées par autres, que par les Evêques Diocesains, & en cas de devolution par les Superieurs, & selon les degrez établis d'ancienneté. Car comme les anciens Decrets défendent aux Archevêques & aux Primats d'entreprendre aucune Jurisdiction és Dioceses de leurs inferieurs, sinon audit cas de devolution, par appel, negligence ou refus : ainsi est dit par Calixte Pape *in can. nullus 9. quæst.* 3. & par Higynus & Anicetus Papes és Canons suivans, & par Nicolas II. *in can. conquestus*, 9. *quæst.* ou l'Archvêque de Bourges est nommé Patriarche 3. auquel Canon *conquestus* la queuë, qui est en ces mots, *sinon que le Siege Apostolique vüeille honorer aucun*, est ajoûtée outre ce qui est allegué là du Concile Nicene, qui ne fait cette exception : Selon la même proportion & analogie se doit dire, que le Pape ne doit entreprendre Jurisdiction sur les sujets de ses inferieurs, sinon esdits cas, & s'il l'avoit fait, que le Diocesain avec connoissance de cause peut absoudre celui qui est excommunié : car ce qui est dit que la Sentence du Pasteur soit juste ou injuste, est à craindre, qui est de saint Gregoire *in can.* 1. *&* 11. *qu.* 3. est interpreté par Gratian, non pas pour estre précisément observée, quand elle est injuste ou nulle, mais pour n'estre pas méprisée par orgueil. Ainsi dit Gratian aprés le Canon *si Episcopus* 2. *&* 11. *qu.* 3. Gelase *in can. cui est ibid.* dit que la Sentence injuste ne lie pas, *Aug. in can. illud ibidem. Hieron. can. si quis* 24. *qu.* 3. *qui non recto judicio foras mittitur, si anteà non exiit, id est, non id egit quo mereretur, nihil ei nocet.*

Le second Chef de ce chapitre de liberté est en la Jurisdiction Ecclesiastique contentieuse, qui se demene *ad instar* de la jurisdiction civile. Car autrefois a esté, que les Papes octroïoient des Rescrits pour connoître de toutes causes, *etiam* entre personnes laïes pour cause d'heritages & contrats ; & par prevention hors l'Italie, comme se voit par une infinité de Decretales qui sont au volume des Antiques & du Sexte, même *in cap. significante de rescriptis, cap. ex parte de foro competenti. cap. Constitutis extra. de procur. cap. constitutis extra. de in integrum restit.* & sous pretexte de fait de conscience admonester la partie de satisfaire, & à faute de ce l'excommunier. Innocent III. *in cap. sicut extra de jurejur.* de même au chap. *novit de judic. inter laycos super terris cap. ex parte de Appellat*, & recevoient les appellations *omisso medio* des appellations *à futuro gravamine cap. cùm olim de sentent. & re judic. cap. cùm inter de elect. cap. consuluit de appellationib.* voire recevoient les appellations interjettées des Juges laïs *vide cap. si duob. §. denique extra de appellat.* Alexandre III. *in cap. ex transmissa extra de foro competenti*, combien qu'il reconnoisse que la cause du fief appartienne au Juge laï, toutefois il mande à son Delegué d'en connoître, si le Juge laï differe ; & Innocent III. és chapitres *licet & chap. ex tenore* aprés ses protestations en la Decretale entiere de ne vouloir entreprendre sur le Juge laï, mande au Juge Ecclesiastique, en cas de negligence ou defaut d'en connoître. Cette prevention par longue desuetude, & en vertu de la liberté susdite a esté abolie, sauf que les Papes ont retenu à eux la connoissance de quelques causes qu'ils appellent *majeures* dont est parlé *in cap.* 1. *de juram. calum. cap.* 11. *de transl. Episc* dont ils ont fait croître le nombre à volonté. Et la source de cette reservation des causes majeures semble avoir été de Pelage II. Pape au Canon *multis dist.* 17. où est dit que les questions majeures & plus difficiles doivent estre rapportées au Siege Apostolique : ce qui se doit entendre quand sur les lieux on ne peut les terminer. Car selon les anciens Decrets, les causes doivent estre traitées par ordre de degrez, afin que l'ordre soit observé en l'Eglise, lequel ordre est necessaire pour éviter la confusion ; car cessant l'inconvenient de la confusion, que l'infirmité de la nature humaine a accoûtumé de produire, la puissance d'un simple Prêtre est pareille à celle d'un Evêque, & celle d'un Evêque est pareille à celle du Pape, parce que tous Evêques sont ſucceſſeurs des Apôtres. Cét ordre de degrez aïant eſté établi d'ancienneté en l'Egliſe, des Prêtres, Evêques, Archevêques, Primats ou Patriarches, & du Pape, il eſt bien à propos de dire que le Pape, qui eſt Chef & doit conſentir avec ſes membres pour faire que le corps univerſel ſoit bien reglé, ne doit & ne peut, rien faire de lui-même & de ſa ſeule autorité pour rompre cette Police ; & pour ôter aux Evêques chacun en ſon Dioceſe l'autorité qu'il y a par cét ancien établiſſement. Nous avons vû de nôtre temps, qu'aucunes cauſes ont eſté déleguées pour eſtre jugées en France conſiſtorialement, & ſans y obſerver l'ordre ancien de trois Sentences diffinitives conformes. Ce qui a eſté toleré és affaires d'aucuns grands Seigneurs, qui par leur autorité & puiſſance ont empêché le contredit. Et eſt expedient que la Regle ſoit pareille & égale à tous, & que les Dioceſains connoiſſent chacun en ſon Dioceſe de toutes cauſes Eccleſiaſtiques & ſpirituelles, ſans que le Pape ou autre Superieur s'y entremette, ſinon audit cas de devolution, & audit cas à la charge de deleguer *ad partes* ſans aucune exception de cauſes qu'on appelle *majeures*.

Le tiers chef eſt de la proviſion des Benefices, ſoit des Prelatures & Dignitez, ſoit des Benefices ſans dignité : à ce que l'ancien ordre y ſoit obſervé, qui eſt que les Evêques & Archevêques ſoient élûs par les Chapitres & Notables du Clergé, avec le conſentement du peuple. Selon les anciens Decrets tant les Clercs que les Laïs éliſoient l'Evêque, depuis pour éviter les menées & la confuſion, a eſté ſtatué que les ſeuls Clercs éliroient, mais le peuple y prêteroit ſon conſentement & approbation *Leo in can. nulla diſt. 62. Stephanus in can. noſſe & Leo IV. can. Reatina 63. diſt.* ou bien, s'il ne plaiſoit au Roi de quitter ſon droit de nomination, par nomination du Roi valant élection, qui ſeroit preſentée au Superieur ordinaire pour confirmer avec connoiſſance de cauſe, ſelon l'ancien ordre de droit, laquelle connoiſſance de cauſe eſt pour examiner la perſonne de l'élû *cap. cum electus, de elect.* & ſans qu'il ſoit obſervé d'enquerir de la procedure de l'élection comme en procez, ains ſommairement, & *de plano. An perſona digna ſit, cap. nihil eſt extra. de elect.* & ſans beſoin de prendre inſtitution ou autre proviſion à Rome, ni par conſequent y païer l'Annate, qui eſt le revenu d'un an de la Prelature, & aprés la confirmation, la conſecration & ordination fut faite par les Evêques de la Province, ou au moins trois d'iceux avec le conſentement & approbation du Metropolitain ; & y doivent aſſiſter tous les Evêques de la Province, & s'il y a difficulté de les aſſembler, y doivent eſtre pour le moins trois. *Can.* 1. 2. *& aliis diſt. 64. can. Epiſcopi ex Concilio Niceno 64. diſtinct. can. non debet diſtinct. 65.* Et la conſecration de l'Evêque doit eſtre faite à jour de Dimanche à l'heure de Tierce, qui eſt la même heure que le S. Eſprit deſcendit ſur les Apôtres. Anaclet *in can.* 1. 45. *diſt.* Et quant aux Abbaïes & autres Prelatures, y fut procedé par élection des Freres du Convent & autres, à qui l'élection d'ancienneté appartenoit ſelon les anciens Decrets *can. quam ſit* de ſaint Gregoire 18. *cap.* 2. *cap. cum dilectos extra. de conſecratione*, ou par nomination du Roi avec confirmation & benediction par l'impoſition des mains par l'Evêque Dioceſain *cap. cum contingat extra. de ætate & qualitate* quelque exemption qu'il y ait. Et quant aux autres Benefices, qui ſont ſimplement collatifs & non électifs la collation en ſoit faite par l'Evêque Dioceſain, même de ceux qui ont charge d'ames, comme ſont Egliſes Paroiſſiales, Prieurez Conventuels, & autres tels, nonobſtant toutes exemptions de Monaſteres, & ſans reconnoître le droit de prevention pretendu par le Pape, qui dit avoir la premiere diſpoſition de tous Benefices, & de pouvoir donner droit aux Benefices non encore vacans. Clement III. *in cap. licet de Præbend. in 6.* & Boniface *in cap. ſi Papa de privileg. in 6.* & ſans qu'aucun Abbé, Chapitre, College, ou perſonne Eccleſiaſtique à cauſe du pretendu Patronage, en puiſſe pretendre la preſention ou collation, quelque exemption qu'ils aïent ; & ſans en ce comprendre les Patronages des Fondateurs Laïcs ou Dotateurs des Egliſes, qui leur demeureront entiers, ſans auſſi comprendre les Benefices ſimples Reguliers, qui ſont manuels & obedientaires, ou revocables *ad nutum*, dont les Superieurs Reguliers retiendront la collation *pleno jure* s'ils en ſont en poſſeſſion. Que ſi on dit que la collation des Benefices Reguliers doit appartenir aux Abbez & autres Superieurs Reguliers, la réponſe ſeroit que l'établiſſement des Monaſteres & autres Benefices Reguliers eſt en l'Egliſe par bien-ſeance & non par neceſſité, ni de l'ancienne & premiere inſtitution. Mais les Evêques ſucceſſeurs des Apôtres ſont de la premiere, ancienne & neceſſaire inſtitution, auſquels Jesus-Christ a donné la puiſſance de lier & délier, & en l'ancienne Egliſe les Moines & autres Reguliers n'étoient pas promûs aux ſaints Ordres, même juſques au temps d'Euſebe, Zozime & Syrice, comme dit Gratian au §. *Monachos 16. quæſt.* 1. où il allegue S. Jerôme & *can. quidam* 18. *quæſt.* 2. Auſſi n'avoient ils l'adminiſtration des Sacremens, & encore aujourd'hui eſt obſervé que nul Moine ne peut eſtre Recteur d'Egliſe Paroiſſiale. Mais l'Evêque pour la penurie des Prêtres Seculiers, pourra diſpenſer les Moines, qui ſont Doctes & gens de bien, à tenir Egliſes Paroiſſiales en titre, pourvû que ce ſoit du congé de leurs Abbez ; car en grande extrémité les Moines ne pouvoient eſtre ordinez Prêtres aux Egliſes Paroiſſiales, comme recite Innocent III. *in cap. quod Dei de ſtatu Monach.* S. Ambroiſe *in can. doctos* Innocent *in can. ſi Monachus* Gregoire *in can. moderamine 16. quæſt.* 1.

Selon les anciens Decrets les Monaſteres eſtoient ſous la puiſſance de l'Evêque Dioceſain, & n'eſtoit attribué à l'Abbé ſinon la diſcipline Reguliere ſur ſes Religieux *Can. quidam* du Concile de Calcedoine *can. de Monachis* du Concile d'Agde *can. Abbates* du Concile d'Orleans 18. *quæſt.* 2. & pour la negligence de l'Abbé, l'Evêque peut mettre la main, ordonner & corriger au fait de la discipline Reguliere, Innocent III. *in cap. quantò extra. de offic. ord.* & le Diocesain peut conferer les Benefices Reguliers, si le Collateur ordinaire ne confere dans le temps. Clement III. *de supl. neglig. Prælat.* Gregoire *in can. pervenit & can. nuntiatum* 84. *dist. Episcopi sunt reprehensibiles, qui de Monasteriis sollicitudinem non habent. imò* est dit que les Monasteres, qui ne reconnoissent aucun Evêque, Archevêque ou Primat pour Superieur, ne doivent recevoir aucune ordination des Evêques. Paschal II. *in can. Abbatibus ibidem.* En cette même ancienneté estoit observé que nul n'estoit & pouvoit estre fait Prêtre sans titre, c'est à dire, sans par le même moïen de son ordination lui attribuer une Eglise, en laquelle il administrât les Sacremens, & eût charge des ames. En consequence de ce que dessus on peut dire, qu'és Prieurez Conventuels & autres Benefices Collegiez esquels le Superieur a charge des ames, nul ne peut estre etabli Chef sinon par collation de l'Evêque Diocesain, qui par l'ancien & necessaire établissement de l'Eglise & Surintendant en ce qui concerne la cure des ames. Et ne sera perverti l'ordre de la Regle *Regularia, Regularibus, Secularia, Secularibus.* Car l'Evêque devra conferer les Benefices Reguliers aïant charge d'ames à personnes Reguliers, dignes & capables, qu'il aura examinées & par inquisition de la vie & des mœurs les aura trouvé telles. Car puis que l'Evêque seul & non aucun Abbé, quelque préeminence qu'il ait, peut ordiner les Prêtres, c'est bien raison que l'Evêque seul attribuë le pouvoir de la charge des ames, qui est la vraïe & necessaire fonction des Prêtres. Et quant aux Benefices Seculiers aïans charge des ames, la collation soit declarée appartenir aux Evêques Diocesains, sans qu'aucun puisse s'adresser à Rome, ou à la Legation, ou autre part, pour en avoir la collation par prevention ou autrement: par la raison susdite, que l'Evêque qui ordine les Prêtres leur doit pourvoir de titre, dont resulte que c'est une même fonction & puissance d'ordiner un Prêtre & lui pourvoir de Benefice. L'ancienne Regle de l'Eglise est, que nul Evêque ne peut conferer les Ordres sacrez à ceux qui ne sont de son Diocese, comme se trouve statué au Concile de Constatinople 1. rapporté *in can. Episcopi* 9. *quæst.* 2. & au Concile d'Antioche *can. nullum* au même lieu. A cette même raison soit dit & declaré que les Benefices vacans *in Curia* ne soient reservez à la collation du Pape privativement à tous autres, jaçoit que de coûtume on en ait fait Loi. Clement III. *in cap. licet de Prabend. in* 6. car c'est un droit nouveau qui fut introduit par usage comme dit la glose *in cap. cum in tua. de consecrat. in* 6. & boniface VIII. *in cap. licet de Prabend. in* 6. l'a fait estre droit commun.

A ce même moïen soient exterminées de l'Eglise les Resignations *in favorem*, comme contraires à l'ancienne Eglise, qui défend la succession és Benefices. Ainsi est dit *in can. petiisti* 7. *quæst.* 1. qui est du Pape Zacharie à Boniface Archevêque de Magonce, & au Canon *Episcopos* 2. 18. *quæst.* 1. qui est tiré du Recueil des Conciles fait par Martin Evêque de Bracara, & au Canon *plerique*, au même lieu qui est de Hilaire Pape *in Synodo Romana & ex Concil. Antioch. in can. Episcopo.* La ratiocination, qui est au fait desdites resignations *in favorem*, montre clairement que c'est contre la Police de l'Eglise: car l'admission de telles resignations est interdite aux Evêques, & autres Collateurs ordinaires même aux Legats *à latere*, qui ont pouvoir tres-ample, parce que la Resignation qui se fait *in favorem*, importe paction ou condition, & par les anciens Decrets & Canons toutes pactions & conditions, en telles matieres ont vrai effet de simonie, non pas vraïe & formelle, comme disent les Docteurs, mais presomptive. Et ces mêmes Docteurs desirans de maintenir cette puissance absoluë, qu'ils appellent *plenitudinem potestatis*, disent qu'au seul Pape appartient de dispenser en ce cas de simonie presomptive. Mais sur ce est bien seant de dire, que le Pape Chef de l'Eglise, & qui doit estre l'exemplaire de tous les Prelats ses inferieurs, doit s'abstenir de faire ce qu'il blâme, & ne trouve pas bon estre fait par eux. A tant selon cette liberté honnête & raisonnable de l'Eglise de France fondée sur les anciens Decrets, nous pouvons dire que le Pape n'a pouvoir d'admettre ces Resignations *in favorem*, non plus que les Evêques & Archevêques ses inferieurs, même les Resignations & quittemens purs & simples, que les Beneficiers font de leurs Benefices ne valent; car en acceptant le Benefice, ils s'obligent, & y doit intervenir le consentement du Superieur *cap. ult. extra. de postul. Prælat. cap. adveniet extra. de renuntiat.* & de même il n'a pouvoir de conferer les Benefices vacans par mort, incapacité, ou en aucuns des autres cas, esquels le droit introduit la vacation *ipso jure*, sinon en cas de legitime devolution, ains la collation en appartient à l'Evêque Diocesain privativement à tous autres, même du Pape, parce que toutes Eglises d'un Diocese doivent estre sous la puissance de l'Evêque du lieu, & ne peuvent estre bâties ni dotées sinon avec son consentement *can.* 1. & 2. tirés des Conciles d'Ilerde & Tolede, & *can. decretum.* tiré du Concile de Châlons & *can. quæcumque* du Concile d'Antioche 10. *quæst.* 1. & *can. omnes* du Concile d'Orleans 16. *quæst.* 7. sinon que par la negligence du Collateur ordinaire, la devolution par degrez soit faite au Siege Apostolique selon le Concile de Latran assemblé sous Alexandre III. qui porte que, si le Collateur ordinaire Diocesain est negligent par six mois, la collation est devoluë à son Superieur Metropolitain, & aprés autres six mois du Metropolitain au Primat, & par autres six mois à Rome: & auparavant que ces preventions de Rome fussent en usage, le Pape ne conferoit les Benefices vacans, sinon que la devolution fût faite par les degrez susdits, & le stile des impetrations, qui se font aujourd'hui en Cour de Rome, est chargé de cette clause, *si la collation est devoluë*: Selon les Statuts du Concile de Latran, dont est parlé au chap. *licet extra. de supplenda neglig. Prælat.* & au chap. *quia diversi-*

tatem extra de concess. præbend. Audit chap. *licet.* qui est d'Innocent III. le Pape ne pretend droit de conferer, *jure ordinario*, mais par ledit droit de devolution. La constitution dudit Concile de Latran convoque par Alexandre III. est tres-raisonnable à cét égard, & me suis émerveillé quelquefois que les statuts dudit Concile ne se trouvent point en corps ains seulement s'en trouvent des extraits és Decretales antiques compilées & autorisées par Gregoire IX. qui fut néveu d'Innocent III. lequel Innocent III. celebra un autre Concile de Latran; & peut-estre ne voulut-il pas que l'on obscurcit la lumiere de l'autre. Ledit Concile de Latran sous Innocent III. a esté dit Concile general, & celui sous Alexandre III. a esté dit simplement Concile de Latran, qui peut-estre fut composé de l'assemblée des Evêques & Archevêques du Patriarchat de Rome, & non de l'Eglise universelle, qui est *ad instar*, des Conciles Nationaux. Car par l'ancien établissement de l'Eglise le Pape a son Diocese distinct & separé comme simple Evêque, & és Bulles il ne prend autre titre que d'Evêque, il a comme Archevêque sa Province, qui est entre les Provinces de Capouë & de Pise *cap. sua nobis de offic. Vicar.* Les Evêques Suffragans de sa Province sont les Cardinaux Evêques & outre a son Patriarchat, qui par l'ancien établissement est le premier Patriarchat, Antioche le second, qui au commencement avoit esté le premier ainsi qu'il est dit *in Can. Cleros* 21. *distinct.* depuis Alexandrie tint le second lieu, aprés que le Siege de l'Empire Romain fut transferé à Constantinople, le Siege Episcopal de Constantinople fut fait Patriarchat, & obtint le second lieu entre les Patriarches, l'honneur du premier lieu estant reservé à l'ancienne Rome, comme il est dit *in can. renovantes* 22. *dist.* qui est tiré du sixiéme Sinode. La marque de Dignité Patriarchale à Rome est l'Eglise de saint Jean de Latran, qui est dite la Basilique Constantiniane, qui est nommée Patriarchat au Canon *in nomine* 23. *distinct.* qui est de Nicolas Pape en l'an 1059. & *in can. Adrianus* 2. 63. *distinct.* & au second Concile de Constantinople sous Constantin III. est rapporté le Concile de cent vingt-cinq Evêques des prochains entours de l'ancienne Rome, qui estoit le détroit de son Patriarchat, & au Canon *juxta* 93. *dist.* est parlé des Evêques qui sont sujets à l'Ordination du Siege Romain, & se peut croire que ce Concile de Latran sous Alexandre III. estoit general en son Patriarchat & non de toute la Chrétienté, & de fait il n'est allegué pour Concile general. En un Concile d'Afrique rapporté au Canon *primo* 99. *distinct.* est statué que le premier & principal Evêque, qui est celui de Rome, ne sera nommé le Prince des Prêtres & Sacerdotes, ains seulement Evêque du premier Siege, & saint Gregoire en l'Epître 30. du livre 7. écrivant au Patriarche d'Alexandrie, refuse d'estre appellé universel, afin que telle appellation ne déroge aux autres Patriarches, ce qui est rapporté *in can. ecce* 99. *dist.* qui n'est pas à dire que le Pape ne soit Chef de l'Eglise: car de vrai il est tel, mais c'est pour l'honneur & pour le degré, & non que toute la puissance de l'Eglise soit en sa personne, comme au corps humain bien composé tous les membres travaillent ensemble avec concorde, mais le Chef est principal membre, & au Concile de Constantinople *can.* 4. où est parlé des Dignitez des Eglises de Rome, de Constantinople, & autres Patriarchales, le mot Grec *Presbeia* y est, qui signifie l'honneur qui en une Assemblée est dû au plus vieil, ou à celui qui preside *ad instar* qu'en France est un President en Cour Souveraine, ou un Duc à Venise. A la suite de la méme raison, l'Eglise de France se peut conserver & tenir non sujete aux Mandats Apostoliques, par lesquels les Papes chargent les Collateurs ordinaires de conferer les premiers Benefices, qui vaqueront, aux Impetrans de tels Mandats, à quoi on avoit mis une restriction, de charger d'un Benefice le Collateur qui en a dix à sa collation, & de deux celui, qui en a cinquante. Auparavant Alexandre III. ou Innocent III. ces Mandats n'estoient en aucun usage, & le premier usage avoit un beau pretexte, que ce fut pour pourvoir de Benefices des Prêtres, qui estoient pauvres, & n'avoient moïen de s'entretenir, & s'appellent tels Mandats *in forma pauperum in cap. postulasti. extra. de rescript. cap. cum secundum de præbend.* qui sont d'Innocent III. & autrefois parce qu'il y avoit longtemps qu'ils estoient demeurans à Rome, & n'estoient pourvûs de Benefices: Innocent III. *in cap. pro illorum extra. de Præbend.* & depuis étendu à tous indistinctement, *cap. si pro Clericis de Præbend. in* 6. Les Papes predecesseurs usoient bien de quelque forme de Mandats, qui estoient d'exhorter l'Evêque avec raisons, & non pas de commander, comme il se voit par l'Epître de S. Gregoire XIV. *lib.* 3. Aussi l'ancienne forme de Mandats estoit par monitoires, puis preceptoires, puis executoires *cap. capitulum, de rescriptis.* depuis on y a ajoûté autre cause, qui est à ce que le Pape ait moïen de pourvoir ceux qui sont à sa suite, & lui font service. Enfin l'usage s'est si fort avancé, que les Mandats ont esté octroïez indistinctement à toutes personnes. Le premier pretexte, qui estoit le plus beau est effacé par les anciens Decrets, qui défendent aux Evêques de promouvoir aucuns aux Ordres sacrez sans lui assigner titre, c'est à dire, une Eglise à laquelle il fût lié comme par mariage pour la déservir. Méme Urbain II. du nom Pape, en un Concile declare nulles les promotions sans titre: c'est au Concile par lui tenu à Plaisance rapporté *in can. Sanctorum distinct.* 70. ce qui est tiré du grand Concile Oecumenique de Calcedoine composé de 630. Peres, & est rapporté *in can. neminem.* en ladite distinction 70. Or ne peut le Pape dispenser contre les quatre grands Conciles Oecumeniques, qui doivent estre honorez & obeïs comme les quatre Evangiles, comme dit saint Gregoire Epître 24. livre 2. rapportée *in can. sicut dist.* 15. & par Innocent III. *in cap. post translationem extra. de renuntiatione.* Alexandre III. a ajoûté un temperament, sinon que celui qui est promû, eût patrimoine suffisant pour s'entretenir, mais est à douter s'il l'a pû faire, vû que c'est indirectement contre l'ancien Concile Oecumenique de Calcedoine, qui défend de faire aucun Prêtre sans titre. L'autre temperament qu'on a ajoûté, est que l'Evêque nourrisse & entretienne celui qu'il aura promû sans titre jusques à ce qu'il lui ait donné Benefice competent Alexandre III. *in cap. Episcopus extra. de praebend.* Innocent III. *in cap. cum secundum eod. tit.* Mais eût esté mieux à propos d'observer les anciens Decrets, que d'appliquer des remedés aprés la contravention. L'ancien ordre de l'Eglise, estoit qu'en chacune Eglise selon les facultés d'icelle estoit mis nombre certain de Clercs & Prêtres, & doivent estre du lieu méme *l. in Ecclesiis Cod. de Episcop. & cler.* & au Concile de Calcedoine rapporté *in d. can. neminem 70. distinct.* Comme que ce soit, c'est mal à propos que le pauvre Prêtre aille chercher le remede à Rome de la faute que son Evêque a faite, & prendre occasion de vaguer, & se mettre au peril du proverbe, *que jamais cheval ni mauvais homme n'amenda d'aller à Rome.* Puis à Rome on ne peut pas enquerir ni sçavoir si la cause de son Mandat est veritable. Aussi on ne s'est guerre arrêté à cette concession *in forma pauperum*, car on a octroïé les Mandats aux premiers requerans, & le pretexte de recompenser par le Pape ses serviteurs à moins d'apparence; car les Benefices sont donnez pour les déservir en personne, & pour nourrir celui qui fait sa charge. Le Pape doit se passer de moindre nombre de serviteurs à l'exemple de ses anciens predecesseurs, & ceux qu'il a ne doivent estre recompensez au dommage & peril des ames; la conservation desquelles est le vrai bien & service de l'Eglise. Puis c'est pervertir la Police ancienne de l'Eglise, d'ôter aux Evéques le droit de choisir personnes dignes, & leur conferer les Benefices qui vaquent. Et quand le Pape voudra se décharger, & laisser faire à chacun Evéque tout ce qui est à faire à chacun Diocese, il aura tant moins à faire à Rome, & n'aura besoin d'avoir si grand nombre d'Officiers, & cette occasion de faire recompenses cessera.

Les reservations & Expectatives depuis le Concile de Bâle ont esté bannies de la France : mais le fruit que les Papes recevoient par le moïen des reservations, leur a esté conservé par l'octroi des Annates. Benoist Pape XII. de ce nom qui avoit esté Moine de Cisteaux, & estoit environ l'an 1324. fut le premier qui mit sur les reservations faites au Siege Apostolique des Prelatures électives, & autres Benefices excedans le revenu de certaine somme declarée en la Regle de Chancelerie faite à cét effet, ce qui estoit abolir les élections, & ôter aux Ordinaires leurs collations, & donner voïe aux moins dignes d'impetrer les Benefices à Rome, & par cette occasion d'aller à Rome fut mise sus l'invention de tirer des nouveaux pourvûs le revenu d'un an de leurs Benefices qu'il convenoit païer avant que de pouvoir recouvrer les Bulles de provision, qui est ce qu'on appelle l'Annate, ou vacant. Le pretexte estoit que son predecesseur Alexandre IV. avoit declaré que s'il y avoit appel en l'élection des Evêques, l'appel alloit à Rome, comme estant des causes majeures. Gregoire X. *in cap. quamvis de electione in 6* le restraint aux Archevéchez & Primaties. Ce pretexte de causes majeures a esté étendu par les Papes à divers cas à volonté, & par ce moïen a été affoiblie l'autorité des Evêques, Archevêques & Sinodes Nationaux. Aussi pour certaines causes survenantes ils reservoient à eux les Evêchez par rescrit special, ou par leur seule volonté, *cap. si eo temp. extra. de elect. cap. proposuit de concess. Prab.* la glose est l'extravagante *execrabilis de preb.* dit ces reservations estre *ex plenitudine potestatis etiam sine causa, & potest dici causa, quia Papa multis ministris indiget; quos tenetur renumerare, & quia Romam confluunt undique Clerici indigentes & aequum fuit invenire modum de providendo.* mais cette utilité des personnes ne doit estre considerée, ains l'utilité des Eglises, & le Pape laissant aux Evêques leur puissance n'aura pas tant à faire: & les anciens Decrets disent que c'est aussi bien simonie, quand c'est pour recompense de services, ou pour retribution ou par grace, ou par prieres, ou autre occasion temporelle. Gregoire *in can. sunt non nulli in can. si quis can. neque quaest. 1. Beda in can. non solum. 1. quaest. 3.* Ces Reservations & ces Annates furent abolies par le Concile de Bâle, & l'abolition acceptée par l'Eglise de France en la Pragmatique Sanction; qui a esté l'une des causes que les Papes ont tant abominé le Concile de Bâle & la Pragmatique Sanction, jusques à les declarer Schismatiques. Mais du temps du Chancelier du Prat en l'an 1516. fut fait un Traité entre le Pape Leon X. & le Roi François I. lequel Traité fut appellé Concordats, par lesquels le Pape concede au Roi la nomination des Prelatures électives; qui vaqueroient, pour à sa nomination y estre pourvû par le Pape, qui lors de la provision recevroit l'Annate; lequel Traité aucuns ont appellé le Contrat *do ut des* & par ce moïen la Pragmatique Sanction fut abolie & les effections; & furent remises sus les Annates. Et pour de plus autoriser ces Concordats, le Pape Leon reprit les erremens d'un Concile imaginaire de Latran; que le Pape Jules son predecesseur avoit convoqué pour dissiper le Concile de Pise, qui avoit esté assemblé contre ledit Pape Jules, que l'on tenoit pour estre fort vicieux, incorrigible & scandaleux à toute la Chrétienté, dautant même qu'il avoit suscité à la guerre toutes les Nations de la Chrétienté, aussi on disoit de lui qu'il avoit fait l'Eglise militante; & par la Bulle convocatoire dudit Concile il expose que ledit Concile avoit esté prorogé & differé à l'occasion d'une sanglante Bataille, qui avoit esté à Ravenne entre l'armée de sa Sainteté, & la Sainte Eglise Romaine, & le Roi Catholique avec bon nombre d'Allemans d'une part; & l'armée de Loüis Roi de France & autres ses adherans, qu'il appelle Schismatiques, parce qu'ils pourchassoient sa réformation. En ce Concile de Latran fut approuvée l'abrogation de la Pragmatique; & furent confirmez les Concordats, qui fut en la Session II. & en donnant les suffrages, l'Archevêque de Trani dit que plusieurs choses lui déplaisoient avoir esté faites, mais parce que le Pape s'estoit ja obligé en faisant les Concordats comme par contrat de les faire agréer par le Concile, qu'il ne vouloit pas contredire à sa volonté : Autres dirent que lesdits Concordats leur estoient agreables; puis que ja ils avoient plû au Pape; l'Evêque de Lucerie dit que lesdits Concordats lui plaisoient bien, pourvû que les François acceptassent l'abolition de la Pragmatique Sanction. L'Université de Paris ne voulut oncques accepter ces Concordats, & parce que le Parlement en faisoit quelques difficultez, la connoissance des procés dépendans des nominations, que le Roi feroit aux Prelatures, fut attribuée au grand Conseil. Ainsi les Annates, qui avoient esté engendrées par les Reservations, furent remises sus & au lieu des Reservations fut établi le droit de Nomination que le Roi a des Prelatures électives vacantes. Et parce que c'est contre les anciens Decrets, & anciennes libertez de l'Eglise de France, nous devons esperer que par un Concile National sera trouvé quelque expedient, pour faire que le Roi quite la Nomination des Evéchez & Archevéchez, & se contente de la Nomination aux Abbaïes & autres Prelatures électives à la charge de confirmation des élûs Evêques, Abbez & autres Prelats par les Superieurs ordinaires, sans plus aller à Rome, pour en avoir l'institution, & sans paier aucune Annate.

Quant aux Expectatives, qui estoient graces que le Pape faisoit à l'impetrant, en l'asfurant d'avoir certain Benefice, duquel tel estoit pourvû, quand il aviendroit à vaquer, on n'en use point de present en France, depuis la Pragmatique Sanction. Aussi l'usage en estoit pernicieux, c'estoit donner occasion à l'impetrant de desirer, & quelquefois de pourchasser la mort du pauvre Beneficier; qui est chose damnable même par les Loix civiles, qui jugent que c'est improbité de faire état du bien d'aucun avant qu'il soit mort, même declarent indigne de l'heredité celui qui transige sur icelle, durant la vie de celui à qui sont les biens. Et les Papes mêmes par aucunes Decretales reconnoissent que telles graces sont ambitieuses, Innocent III. *in can. cum dilectus extra. de Præb.* dit que telles Expectatives sont contraires au Concile de Latran. Ledit Concile de Latran est rapporté *in cap. nulla extra. de concess. præb.* qui ajoûte la raison, à ce qu'on ne soit vû desirer la mort de son prochain. La glose *in cap. II. de renunciat. in 6.* dit que le seul Pape peut octroïer telles Expectatives comme contraires audit Concile de Latran *in cap. II. de concess. præb.* & partant doivent d'autant plus estre reprouvées quand elles sont appliquées au fait des Benefices, en la provision desquels toute sainteté & integrité doit abonder, & celui qui les demande en doit estre rebuté, & y doit estre appellé celui qui les refuse : or ce qui en soi est mal, ne peut estre fait bien, *etiam* par la puissance absoluë du Pape, quand bien elle seroit telle. C'est donc l'une des libertez de l'Eglise de France d'avoir rejetté ces graces Expectatives. Comme aussi ladite Eglise a rejetté les provisions par resignation *in favorem* avec faculté de regrez, c'est à dire de pouvoir par le Resignant retourner à son Benefice, s'il vient en convalescence, car telle forme de provision est comme donation pour cause de mort, & emporte trafic & commerce des Benefices comme d'autres choses profanes.

Quant aux pensions l'Eglise de France par forme de connivence les a admises, & s'il plaît à Dieu par le premier Concile National, elles seront retranchées comme tenans de simonie, d'autant qu'elles procedent de paction. Et toutes pactions en choses spirituelles sont nulles. Gregoire IX. *in cap. ult. de pact.* & au chap. *nisi essent de Præbend.* Le Pape comme par dispense tolere la pension, non pas en vertu de la paction des parties, mais ordonnée par arbitrages, & pour estre dûë personnellement sans que le Benefice y soit affecté. Innocent III. *in cap. nisi essent de præbend.* & les pensions sont défenduës *in Concilio generali* sous Innocent III. *cap. extirpandæ de præbend.* Aussi est observé, que nul autre que le Pape ne les peut créer, car selon les droits ordinaires, elles sont reprouvées. Ez Etats de Blois 1588. aucuns qui s'estimoient bien versez és affaires Ecclesiastiques usoient de ces mots, que les pensions ne fussent reçûës, sinon és deux cas de droit, qu'ils entendent estre les deux cas de long-temps admis en France par connivence : l'un est en cas de resignation, à ce que le Resignant ne souffre trop grand dommage par la resignation, l'autre qu'on dit *pro bono pacis*; quand le Benefice est litigieux entre deux, & l'un se départ du litige moïennant une pension. Or ni l'un ni l'autre cas, ni aucun autre cas n'est de droit *imò* est au contraire au droit, qui défend toutes pactions en matieres Beneficiales. Et parce qu'à Rome on étendoit les creations de pensions en plusieurs cas, l'Eglise de France a retranché precisément tous les autres cas, horsmis lesdits deux; comme aussi ont esté mises plusieurs restrictions, comme que la pension ne peut exceder le tiers du revenu, & encore ce tiers doit estre sujet aux Decimes & autres Subsides imposez sur les fruits du Benefice *pro rata.* Aussi que la pension ne pût estre qu'à la vie du pensionnaire, & encore que l'on ne pût aucunement imposer pension sur Cures & autres Benefices aïans charge d'ames. Or lesdits deux cas tolerez par connivence sont contraires à la Police Ecclesiastique.

Quant au premier cas de resignation, selon les anciens Decrets celui qui estoit pourvû d'une Eglise en titre; devoit y deservir personnellement toute sa vie, & ne pouvoit s'en défaire ni renoncer & quitter le Benefice, non plus que le mariage ne se peut défaire; car c'est mariage spirituel entre le Beneficier & son Eglise. Que si le Beneficier se trouvoit vieil, decrepit, ou que maladie ou autre infirmité perpetuelle d'esprit ou de corps lui survenoit, qui empêchât ses fonctions

ctions du service, pourtant n'estoit-il pas déchargé de son Benefice, mais son Superieur ordinaire lui bailloit un Coadjuteur pour le supporter. Aujourd'hui par la seule volonté des Beneficiers on les reçoit à resigner ou *in favorem* en Cour de Rome, ou *causa permutationis* pardevant l'Ordinaire, & à cét effet on allegue le chapitre *quis enim extra. de rerum permut.* mais ledit chapitre desire que ce soit pour la plus grande utilité de l'Eglise, & non pas pour la commodité des compermutans, & que cette cause soit connuë par l'Evêque. Ainsi ce cas de pension pour cause de resignation n'a aucun fondement en droit, puis que le Beneficier ne doit pas estre reçû à resigner.

L'autre cas de pension *pro bono pacis*, de même est contraire aux anciens & saints Decrets, selon lesquels les Benefices n'étoient point plaidez. Aussi se voit que presque toutes les Decretales, qui sont au Volume des Antiques, sont d'Alexandre III. qui avoit esté Docteur à Bologne, & d'Innocent III. qui estoit tres-docte en la Jurisprudence civile, comme il se connoît par leurs Decretales, & de leur temps la plaidoirie és affaires & negoces Ecclesiastiques commença son regne, & depuis ce temps-là, on a fait aussi grand état des formules de procés en Cour d'Eglise, & és matieres Ecccleſiastiques, comme l'on faisoit és Cours Laïcales, & peut-estre plus. Car l'experience encore aujourd'hui nous fait connoître, que la plûpart des regles & autoritez de la pratique judiciaire sont tirées du droit Canonique, qui sont les Decretales des Papes. Depuis que la *Cacoethes* de plaider est entrée és Cours Ecclesiastiques, tous negoces ont esté tendus sujets à plaidoirie, même la collation des Benefices, la confirmation, ou institution & benediction des Prelats. Et comme si la plaidoirie eût esté bien seante en tel cas on y a reçû une espece de transaction pour appaiser les procés, que l'un des collitigans quittoit son droit en lui constituant par l'autre collitigant une pension sur le Benefice litigieux. Et parce que la chose de soi sembloit contraire à l'integrité de tels affaires, on a estimé que les Evêques Diocesains sujets aux Regles de droit n'avoient pouvoir d'autoriser telles pensions. Alexandre III. *in cap. constitutus extra. de transact.* dit que la transaction sur le procés en matiere Beneficiale contient simonie, & est nulle : or c'est vraïe transaction, quand on se départ. *aliquo dato, vel retento*, & avec cette figure & imagination de puissance absoluë non sujete à regle, on en a pris adresse au Siege Apostolique comme si le Pape avoit puissance d'éfacer & ôter le vice, qui est en une affaire, pour faire estre bon ce qui de soi n'est pas bon *imò* selon lesdits anciens Decrets celui qui pourchasse le Benefice, & encore plus celui qui le plaide, doit estre declaré indigne du Benefice comme ambitieux. Tant s'en faut qu'il le faille gratifier d'une pension, vû même que durant ce grand regne de plaidoiries en matieres saintes & Ecclesiastiques, les Papes ont blâmé les pensions *pro bono pacis*, & avec dispense raisonnée ne les ont voulu endurer que durant la vie de celui qui l'accordoit, sans y affecter le Benefice, mais comme l'usage ou abus y est, le Benefice est affecté durant la vie du pensionnaire, ores que le constituteur de la pension soit decedé. Ce que dessus est represente au chapitre *nisi essent extra. de Prabend.* Pourquoi quand l'Eglise de France voudra reprendre l'exercice de ses anciennes libertez (qui ont esté abolies par la tolerance de l'usage contraire, parce qu'il n'y a point de prescription contre le bien public, & contre les bonnes mœurs, & moins encore quand il est question des choses saintes) icelle Eglise par Concile National pourra rejetter toutes occasions de pensions sur Benefices en reservant l'usage des Coadjuteurs.

L'autre chef des libertez de l'Eglise de France, est de n'admettre les Commandes perpetuelles des Benefices, comme contraires à l'ancien établissement, & aux anciens Decrets de l'Eglise, selon lesquels nul ne doit estre promû aux saints Ordres sinon avec titre & Benefice certain, & quant aux Prelatures électives aprés l'élection & confirmation, la consecration pour les Evêques, & la benediction pour les Abbez; doit estre faite de personnes qualifiées pour tenir lesdites Prelatures en titre. La verité est que les Commandes ont esté quelquefois pratiquées en l'Eglise; mais ça esté pour la necessité urgente, & pour un temps certain, comme il se connoît par la lecture des Epîtres de saint Gregoire, parce que plusieurs Citez Episcopales avoient esté détruites par les Lombards, & autres Nations étrangeres, il commettoit l'administration des Evêchez vacans aux Evêques chassez de leurs Citez & Dioceses; lesquels ja avoient titre d'Evêques, & n'usoit pas de translation de titre à titre, la necessité du temps apportoit la dispense; ainsi pour aucunes occasions temporelles, en attendant qu'il y eût moïen de pourvoir en titre, les Eglises estoient commandées & baillées en garde *ad tempus*. Depuis est survenuë la Decretale *nemo de electione in 6.* qui défend aux Evêques de faire des Commandes de plus long-temps que de six mois. De ces Commandes temporelles, en attendant qu'aucun soit pourvû en titre, est parlé par Alexandre III. *in cap. cùm vox extra de offic. jud. ord.* que l'Evêque doit constituer un Oeconome qui levera les fruits, les reservera au successeur, ou les emploïera à l'utilité de l'Eglise, dont resulte que les Commendataires ne gagnent les fruits. Et ledit chapitre *nemo* dit que les Commandes d'Eglises Paroissiales ne peuvent estre attribuées qu'à un Prêtre. Et de là on a tiré argument, qu'au seul Pape appartenoit de faire des Commandes perpetuelles, ce qui a esté pratiqué, & ce qui a confirmé l'erreur & abus est que comme il est dit, les Benefices Reguliers, qui de long-temps ont accoûtumé d'estre administrez par Prêtres Seculiers, peuvent estre conferez à Prêtres Seculiers, comme il est dit en la Clementine premiere *de supplenda negligentia Prælat.* Ainsi en Cour de Rome aprés le Concile de Trente on a pris argument, que les Benefices Reguliers, qui avoient accoûtumé d'estre baillez par le Pape en Commande, c'est à dire qui par les trois dernieres vacations auroient esté baillez en Commande, pourroient estre dorénavant baillez en Commande. Cette Coûtume étant plûtôt corruptele, & procedant des dispenses, qui ont eu cours à Rome indifferemment par plus de cent ans, n'a pû servir de fondement certain pour approuver ces Commandes perpetuelles. Et ce que les Papes par ledit chapitre *nemo* ont défendu Ordinaires Diocesains, comme contraire aux anciens Decrets, ils ont dû prendre la même Regle pour eux-mêmes, & ont dû estimer que cette dignité supréme de Chef de l'Eglise est pour se conserver en union avec les autres membres, comme estant ce Chef Aristocratique, & non pas Monarchique, pour par digne exemplaire observer lui-même ce qu'il commande aux autres, même quand c'est chose qui importe à la bonne Regle & Police de l'Eglise, selon que Nôtre-Seigneur Jesus-Christ a fait & executé ce qu'il a commandé. Doncques soit retenuë l'ancienne institution de l'Eglise de pourvoir des Benefices en Titre & non en Commande.

L'autre chef de la liberté de l'Eglise de France est quand les Papes és cas qui legitimement, & selon l'ancien ordre de l'Eglise devront estre exercez par eux, delegueront des Juges *ad partes*, comme ils sont tenus faire, que ce sera pour exciter leur Jurisdiction ordinaire, & non precisément pour les deleguer *auctoritate Apostolicâ*, comme il est dit au chapitre *licet extra. de officio jud. Ordinarii*, & la difference est, que si la delegation estoit pour connoître & juger *auctoritate Apostolicâ*, les appellations, qui seroient interjettées de tels Juges deleguez, ressortiroient immediatement devers le Pape deleguant. Ce qui ne doit estre; sinon quand la cause par degrez est devoluë au Siege Apostolique. Encore en ce cas le Pape est tenu de deleguer Commissaires *ad partes*, non pas pour juger consistorialement & sans appel mais pour deferer à l'appel, jusqu'à ce qu'il y ait, ou deux Sentences interlocutoires conformes, ou trois Sentences definitives conformes, qui est ce que l'on dit qui n'est pas loisible d'appeller d'une interlocutoire pour la seconde fois, & d'une Sentence definitive pour la tierce.

L'autre chef de liberté depend du Statut du Concile de Constance, par lequel est dit que les unions des Eglises ne pourront estre faites sinon aprés connoissance de cause, & que ce soit cause legitime & appellez ceux qui y ont interêt. Entre les causes legitimes de l'union des Evéchez est si une Cité Episcopale est ruinée & détruite, ou bien si le peuple a grandement diminué, d'unir ce Diocese à autre Diocese voisin. De même quand aux Eglises Paroissiales, & autres Eglises, mais l'Eglise de France ne tient pas pour arrêté qu'au seul Pape appartienne d'unir les Evéchez, ou diviser un Evéché en deux. Car selon les anciens Decrets le Metropolitain, ou le Primat, par deliberation des Evêques de la même Province, en peut ordonner. Ainsi se dit de saint Remi Archevêque de Reims, qui éclipsa & démembra partie de son Diocese.

Comme de même le jugement des Evêques accusez de crime appartient aux Metropolitains ou Primats assemblez avec eux en Sinode les Evêques comprovinciaux, jaçoit que les Papes par aucunes Constitutions aient dit, que l'instruction des procés peut estre faite sur les lieux, mais le jugement & definition en doit estre faite à Rome Innocent III. *in cap. inter de translat. Episcopi can. quamvis 3. quæst. 6.* qui se dit estre d'Eleutherus Pape, ce qui est mal aisé, car il estoit du temps de Commodus Empereur, la persecution estant en l'Eglise: mais nous avons pour confirmer cette liberté de l'Eglise de France les anciens Decrets épanchez en divers lieux au Recuëil de Gratian, & l'exemple domestique de Saphorac Evêque de Paris, qui pour les crimes par lui commis fut retrus à perpetuité en un Monastere par les Prelats de France, assemblez en Concile à Paris sous l'autorité du Roi Childebert & d'Euphratus Archevêque de Cologne qui fut condamné & deposé de sa dignité pour Heresie; par Sentence des Archevêques de Treves, de Sens, de Roüen, d'Arles, & de Reims, avec les Evêques suffragans tous assemblés en Concile à Cologne l'an 348. & audit Concile fut dit par l'un des Evêques, que *etiam* cinq Evêques suffisoient pour le jugement, & au Canon *Acacius 24. quæst. 1.* sur la plainte de Acacius Evêque, qui se plaignoit avoir esté condamné par le Pape sans l'autorité Sinodale, ledit Gelase n'allegue pas toute la puissance, mais dit seulement qu'il s'est rendu executeur des anciennes Constitutions, parce qu'Acacius soûtenoit une Heresie condamnée par les Conciles Occumeniques. Et que tous les Evêques doivent estre accusez & jugez en la même Province sans aller à Rome, est témoigné *ex Concilio Antiocheno in can. si quis à proprio 22. quæst. 5. ex Concil. Laodicensi can. 1. 6. quæst. 4.* & au Recuëil des Conciles faits par Martin Evêque de Bracara. *Can. si quis Episcopus 10. quæst. 2. can. si quis Episcopus 1. & 2. & 11. quæst. 3. can. quisquis 4. quæst. 5. can. accusatus 3. quæst. 6.* vrai est qu'aucuns Canons au grand Decret disent que les Evêques doivent estre jugez à Rome, comme au Canon *Primates 2. quæst. 1.* que l'on dit estre de Felix I. ce qui ne peut estre car c'estoit sous Aurelian Empereur, grand persecuteur des Chrétiens: & quant au Canon *discutere 3. quæst. 6.* que l'on dit estre de Damase Pape, l'addition de la reformation Gregorienne dit, que ce Canon n'est en aucuns exemplaires, aussi il n'a point de glose. La glose *in can. accusatus. 3. quæst. 6.* dit que d'ancienneté les Evêques estoient jugez és Sinodes des autres Evêques de la Province. Pourquoi l'Eglise de France se retenant aux anciens Decrets peut n'accepter pas ce qui a esté ordonné au contraire au Concile de Trente. Bien est raisonnable que le Roi n'entreprenne de juger les Evêques és crimes communs & Ecclesiastiques, & qu'il les laisse au jugement des autres Evêques assemblez en Sinode de la Province. La note en l'émendation Gregorienne sur le Canon *omnibus 2. quæst. 5.* dit que Charlemagne és Capitulaires *lib. 7. cap. 281.* émenda ce qu'il en avoit entrepris. A ce fait le Canon *si Episcoporum 21. quæst. 5.* qui est de saint Gregoire. Mais en cette poursuite de crimes en Cour Ecclesiastique ne soient observées exactement les formalitez d'inscriptions & autres formalitez judiciaires mises au Droit Canonique, si c'est accusation, denonciation, ou inquisition.

Selon les anciennes Constitutions de l'Eglise celui qui est simple Clerc Tonsuré, ce qui peut estre à l'âge de sept ans, peut être fait Chanoine en l'Eglise Cathedrale, & est rapporté & témoigné *in cap. ex eo de elect. in 6.* Pourquoi la liberté de nôtre Eglise n'est sujete à la regle de Chancelerie, qui défend qu'aucun impubere mineur de quatorze ans soit Chanoine en l'Eglise Cathedrale. Aussi nous n'avons pas reçû indistinctement lesdites Regles de Chancelerie, ains aucunes d'icelles seulement, que l'on a connu estre utiles à la Police de l'Eglise, comme est la Regle *de publicandis resignationibus*, qui par exprés est approuvée & interpretée par l'Edit du Roi Henri II. de l'an 1551. Aussi a esté reçûë la Regle *de viginti diebus*, qu'on appelle autrement *de infirmis resignantibus*, pour avoir lieu és provisions de Cour de Rome, mais non és resignations qui se font purement & simplement és mains de l'Ordinaire, comme fut jugé par Arrêt solennel du 14. Aoust 1550. Aussi a esté reçûë la Regle *de verisimili notitia* pour éviter les fraudes & l'ambition de ceux qui n'estans certiorez de la mort du Beneficier, impetrent son Benefice & prennent dattes de divers jours à l'avanture, & s'aident de celle qui se trouve la plus prochaine aprés la mort. Cette certitude de la mort a esté remarquée par les Loix civiles és aditions d'heredité, pour la validité desquelles est necessaire que ceux qui se disent heritiers soient certains du decés *l. is qui & l. qui hæreditatem ff. de adquirenda hæreditate* : & quant à ceux qui estant impuberes sont faits Chanoines, ils ne peuvent estre emploïés aux charges qui desirent maturité de conseil. Aussi nous observons la Decretale qui dit, que le Chanoine n'a voix en Chapitre, s'il n'est pour le moins Soûdiacre, ce qu'il ne peut estre sinon en âge de pleine puberté.

L'Eglise de France n'a reçû les provisions du Pape de quelque qualité qu'elles soient, qui sont au prejudice des Patronages laïs : bien a reçû par connivence, & non par acceptation precise ni obligatoire, les provisions Apostoliques, qui dérogent au Droit de Patronage qui appartient aux Ecclesiastiques à cause de leurs Eglises, à la même suite qu'elle a reçû les provisions par prevention & autres qui s'expedient à Rome : ce qui a esté mis en usage non seulement par les Papes, mais aussi par les Legats envoïez par eux ; Innocent III. *in cap. dilectus extra. de Offic. Legati*, *& in integra cap. cum dilectus extra. de jure Patronatus.* A quoi le Concile National de France pourra pourvoir, comme dessus a esté dit, en remettant és mains des Ordinaires & *jure ordinario* toutes sortes de provisions, comme d'ancienneté souloit estre en l'Eglise, qui est la liberté de l'Eglise de France. Et sur ce fait des Patronages laïs sera consideré, quand il vient un Legat en France, quelque grande puissance qu'il ait, que la Cour de Parlement lui modifie ses Facultez, & l'une des modifications est cette-ci, qu'il ne pourra faire collation ni dispense au prejudice des Patrons laïs. Le Patron laï se dit être celui qui a fondé & doté l'Eglise de son propre bien, & a retenu par la fondation ce droit de presenter au Benefice. Selon les anciens Decrets l'Evêque, auquel seul appartient de consacrer & dedier les Eglises, & y mettre la premiere pierre aprés l'avoir benite, *cap. coram in integra de offic. & potest. jud. deleg.* doit, avant que les consacrer, connoître si le Fondateur a donné dot suffisante pour l'entretenement des Prêtres & Clercs, qui y doivent déservir, & pour les luminaires, fut ainsi statué au Concile de Bracara *can. placuit 1. quæst. 2.* & au Concile d'Orleans *can. nemo de consecr. dist. 1.* Lesdits Patrons laïs doivent avoir place honorable en l'Eglise ; si eux ou leurs successeurs viennent à pauvreté doivent estre secourus des biens de l'Eglise, peuvent procurer, & estre parties recevables pour conserver les droits d'icelle Eglise, *can. Frigentius. can. cuicumque can. contra. Can. filiis 16. quæst. 7. ex Concil. Tolet. in can. constitutum 16. quæst. 1.* Lucius III. Pape *in cap. præterea extra. de jure Patronatus*, approuvé que les Patrons, Vidames & Gardiens des Eglises puissent percevoir les anciennes & moderées redevances instituées par les Evêques.

Comme aussi ne sont reçûës les provisions & dispenses, qui sont au prejudice des Graduez, soient nommez ou simples, & qui empécheroient la provision qui leur est à faire à leur tour, & és mois qui leur sont attribuez, Janvier & Juillet pour les Graduez nommez, Avril & Octobre pour les Graduez simples ; sauf toutefois que pour le temps que les Mandats ont eu lieu selon les Concordats, le Mandataire a esté preferé au Gradué. Mais le Regaliste, c'est à dire, celui qui est pourvû du Benefice par la Roi, la Regale estant ouverte, est preferé tant au Mandataire qu'au Gradué, & ainsi fut jugé par Arrêt contre le Mandataire pour Maître Nicolas Mocquot Chanoine de Nevers, aïant la collation de la Prebende en Regale. Comme aussi ne sont reçûës les provisions & dispenses au profit des Graduez de Bulle, c'est à dire, ceux à qui le Pape donne le degré de Bachelerie, Licence ou Doctorat, sans qu'ils aïent fait le temps d'étude requis par les Concordats, ou quand le Pape dispense aucun de tenir Cure & Eglise Paroissiale en Ville murée, n'aïant accompli le temps d'étude requis par les Concordats. En general l'Eglise de France en conservant l'ancienne liberté des saints Decrets qui commandent, en toutes affaires Ecclesiastiques d'y observer la simplicité sans fard, sans subtilité & tendicules de paroles, comme dit saint Jerôme *in can. nonne Can. Legant. Can. unio 37. dist.* doit aussi rejetter toutes ces subtilitez & inventions qui sont és provisions de Cour de Rome, par lesquelles les plus fins surprennent les simples comme sont les clauses *motu proprio ex certa scientia*, *Decretum irritans*; *consistorialiter*, *de plenitudine potestatis*; *re validita*; *jus quasitum*; *quovis modo*; *litigiosum*; *devolutum*; Commandes; administrations; créations de Chanoine *sub expectatione Prabendæ*, Reservations mentales, Coadjutoreries avec droit de succeder; *si Neutri*; *si nulli*; *perindè valere*; les distinctions entre *Fiat & concessum*; & infinitez d'autres qui sont comme toiles d'araignées.

L'une des principales libertez de l'Eglise de France est de l'union, qui est entre les Rois de France, & tout le peuple François, soit des Ecclesiastiques, soit des Nobles, soit des Bourgeois & Roturiers: laquelle union fait que toute la France est un seul corps Politique, duquel le Roi est le Chef, l'Eglise le principal & plus excellent membre: non pas que le Roi puisse ou veüille commander en ce qui est de la principale fonction des Ecclesiastiques au fait de la Doctrine Chrétienne, & au fait des consciences, & autres choses pures spirituelles, mais pour estre protecteur des droits, dignitez, biens & personnes de l'Eglise, comme se reconnoît és anciens Conciles Oecumeniques, qui ont esté assemblez de l'autorité des Empereurs, qui lors commandoient à toute la Chrétienté, & les Empereurs y ont presidé, & eu le premier & principal Siege, comme se connoît plus apertement au 4. Concile Oecumenique de Calcedoine, auquel les principaux Officiers de l'Empire avoient les premiers Sieges plus proches du grand Autel, non pas pour y deliberer ni conclure en ce qui estoit du fait de la Doctrine Chrétienne: mais pour autoriser l'Assemblée, pour y commander l'ordre & pour faire observer ce qui y seroit conclu, ce qui est touché *in can. nos ad fidem 96. distinct.* & au Canon *Adrianus 2. 63. distinct.* est dit que Charles Roi de France constituë le Sinode à Rome avec le Pape Adrian. Non seulement les Conciles Oecumeniques, & aussi les Nationaux estoient commandez & assemblez de l'autorité des Empereurs, quand il n'y avoit qu'un Empire en la Chrétienté. Mais aussi lesdits Nationaux par les Rois de France & d'Espagne, qui en leurs Roïaumes ont tenu & tiennent lieu d'Empereurs, comme se voit au Volume des Conciles, en celui de Carthage 1. au Concile d'Aquilée au Concile de Carthage 6. au grand Concile d'Ephese de 200. Peres, au Concile Agathense, au grand Concile de Calcedoine sous Valentinian & Martian au Concile d'Orleans sous Clovis Roi, au Concile de Constantinople 2. sous Justinian au Concile d'Orleans 2. sous Childebert, de Tours sous Cherebert, Orleans 6. sous Childebert, de Paris sous le même Roi, és Conciles de Tolede jusques à neuf par le commandement des Rois d'Espagne Recarede, Sisenand, Suintilla, Chindasuinde, Reccesuinthe, Vvamba, Eringe, de Mâcon sous Gontran Roi; de Châlon sous Clovis, d'Arles, Tours, Châlon, Magonce, & Reims, sous Charlemagne, à Aix la Chapelle, & à Thionville sous Loüis le debonnaire Empereur.

Ainsi en France quand il est question de policer tout le Roïaume, & faire vivre en union & concorde tout le peuple de France, dont le Clergé fait portion, & est le premier en rang, le Roi convoque les Etats de son Roïaume, qui sont de trois ordres, du Clergé, des Nobles & des Bourgeois & Roturiers, qui sont le tiers Etat. En cette Assemblée, le Roi preside assisté des Princes de son Sang; des Pairs de France, & des Officiers generaux de la Couronne. Les Deputez des trois Ordres y assistent, mais en rang inferieur, & y proposent leurs remontrances, plaintes & requêtes qui sont oüies par le Roi avec son Conseil ordinaire, qui est composé, comme dit est, des Princes de son Sang, Pairs de France, & Officiers generaux de la Couronne, & par leur avis fait les Loix & Edits propres pour la conservation de cét Etat & corps politique. Les douze Pairs de France, qui sont partie du Conseil ordinaire du Roi, sont moitié d'Eglise, moitié laïs, & tous Evêques de France se disent & sont Conseillers du Roi, & ont seance en Parlement avec les Presidens & Conseillers administrans la Justice; les Cours de Parlement sont composées de Conseillers d'Eglise, & de Conseillers laïs: mais les Conseillers d'Eglise ne vont à la Tournelle, où se jugent les causes criminelles, ce qui se rapporte à ce qui est statué *in can. sæpè* & *in can. hi à quibus* tirés des Conciles de Tolede 4. & 11. 23. *quæst.* 8. Par ce moïen les gens d'Eglise se tiennent unis avec le reste du peuple, y recevans l'honneur qui leur appartient d'avoir le premier rang: Cette union entretient l'amitié & la concorde, qui bien à peine seroit telle qu'elle doit estre, si les Ecclesiastiques estoient du tout divisez, tenans rang à part, & voulans faire comme une Monarchie separée selon la doctrine d'aucuns Canonistes, qui non seulement veulent diviser le peuple en deux: mais osent soûtenir, que la puissance de l'Eglise doit commander à la puissance temporelle, & que les Empires & Roïaumes, *etiam* pour la temporalité, sont sujets à l'Eglise Romaine. Il est certain que tout le revenu temporel, que l'Eglise de France a & possede, a esté & est tenu en fief ou en roture de la Couronne, ou des Ducs, Comtes & Seigneurs, qui tiennent en fief du Roi, sinon que le Roi & les Seigneurs aïent amorti ledit revenu temporel: car en comparant l'Eglise Chétienne à ce qui estoit des Levites en l'ancien testament, & qui est le principal fondement des Canonistes au fait des Dîmes, les Gens d'Eglise n'ont de propre patrimoine que les Dîmes & oblations volontaires des Fideles Chrétiens, le reste qu'ils ont est par bienfait, ou par acquisitions, que les Colleges & Beneficiers ont fait pour leurs Eglises, qui est le bien temporel de l'Eglise. Par l'ancien établissement de toutes Republiques & Monarchies, non seulement les personnes, mais aussi les biens que chacun tient, sont sujets de contribuër aux affaires de l'Etat, dont sont dits les Tributs & les Romains disoient que les Tributs sont les nerfs qui soûtiennent le corps public. Les particuliers n'ont pû aliener & transferer à l'Eglise les heritages qu'ils avoient, sinon pour la charge réelle & fonciere, qui est de contribuër aux affaires de l'Etat. Vrai est que du temps de Charlemagne; ou de Loüis son fils, fut statué & arrêté au Concile National de Vvormes, que le principal manoir & domaine de l'Eglise, qui là est appellé *Manse*, seroit exemt de toutes charges, en faveur de l'Eglise, mais par même moïen fut ordonné, que tous les autres biens temporels de l'Eglise satisferoient aux Seigneurs de leurs devoirs & services. Cette Constitution est rapportée és Decretales antiques sous le titre *de censibus* chapitre 1. & *in can. sancitum 23. quaest. 8.* & est és Capitulaires de Charlemagne livre 1. chapitre 91. le mot *senioribus* audit chapitre 1. selon la signification, qui estoit en ce temps-là; & est transmise à nous, represente les Seigneurs feodaux & directs: au Canon *sancitum* au lieu de *senioribus* y a *majoribus*. Pourquoi faut inferer que l'Eglise pour les biens temporels qu'elle a, est sujete au Roi, & lui doit service. Gratian *in §. his ita. ad can. si quae causa. 11. quaest. 1.* & saint Ambroise *in can. si tributum in can. censum, ibidem.* Et encore pour les autres biens, qu'elle a, qui sont spirituels, comme les Dîmes & oblations, doit par bien seance aider à supporter les charges de l'Etat, quand les autres deux Ordres se trouvent foulez, parce que l'Eglise a interêt à la conservation du total du corps politique, dont elle fait le principal membre, qui ne pourroit subsister, sinon que le corps entier subsistât, ce qui fut ordonné par les Empereurs tres-Chrétiens Constantin *in l. de iis Cod. de Episc. & Cler.* Honoré & Theodose le jeune *in l. placet & l. ad instructiones Cod. de sacros Eccles.* & ledit Constantin est celui qui a octroïé aux Eglises de posseder biens *l. 1. de sacros. Eccl.* Et encore en ce qui est des moeurs des personnes Ecclesiastiques, & de la Police de l'Eglise, le Roi y a puissance & pouvoir tant par exemple du passé que pour la raison. L'exemple est des Empereurs Chrétiens Constantin, Valentinian, Theodose, Justinian, & autres qui ont fait plusieurs Constitutions mises au Code du Droit Civil, & és Novelles, & encore de Charlemagne & Loüis son fils en leurs Capitulaires, Loüis IX. Roi de France, qui est saint en ses Constitutions. Le Pape Leon IV. au Canon *de capitulis* en la distinction 10. declare qu'il entend observer les Ordonnances & commandemens imperiaux. Nicolas Pape au Conon *quoniam* en la même distinction écrivant à Michel Empereur d'Orient dit, qu'en ce qui concerne le salut de l'ame & la vie éternelle, l'Empereur doit reconnoître les Pasteurs d'Eglise, & en ce qui est du temporel les Prelats doivent obeïr aux Constitutions Imperiales, & doivent estre reputées affaires temporelles, celles qui conservent en union & concorde tout le Corps Politique, composé de trois Ordres, même les Loix sujetes à mutation selon les occurrences. Doncques nous n'avons reçû en France ce qui est statué au Canon *benè quidem distinct. 96.* que l'on dit estre tiré d'un Sinode fait à Rome par le Pape Simmaque, qui veut que l'Eglise ne reçoive les Statuts faits par les Seigneurs laïs, *etiam* en faveur des Eglises, confirmé par Innocent III. *in cap. Ecclesia extra. de Constit.* & sera consideré que la Constitution, dont est parlé audit Canon n'estoit pas de l'Empereur, mais de Basile Prefet du Pretoire du Roi Odoacre; & Odoacre usurpateur, qui enfin fut défait par Theodoric Roi des Gots. Et les Papes reconnoissent que l'Eglise Romaine a le privilege de la prescription de cent ans par concession des Empereurs. Jean VIII. *in can. nemo 16. quaest. 3.* La raison est, puis que tout le peuple, y compris tout le Clergé, vit ensemble en union, il faut que pour la conservation de la Police, un seul y commande: car à cause de la facilité naturelle qui est és hommes, de dissentir les uns des autres, le commandement d'un seul est necessaire. On dira qu'il n'est pas à propos que les Clercs soient jugez par les Laïs. De vrai és causes pures personnelles, pourvû qu'elles ne procedent de negotiation seculiere, Eugene *cap. 2. ne Clerici*, ou criminelles contre les Clercs, le Juge d'Eglise en doit connoître, *can. nullus 2.* du Concile de Mâcon 11. *quaest. 1.* & Pelage *in can. experientiae. ibidem*, & ainsi est observé en France, horsmis és crimes tres-atroces, qui appartiennent grandement au public: car il est bien seant, puis que les peines Ecclesiastiques sont douces, que les Juges laïs exterminent de ce monde les méchans, tant pour servir d'exemple, que pour empêcher qu'ils ne fassent plus de mal. De fait l'Eglise doit requerir le secours des Juges laïs, quand le Clerc a commis quelque délit requerant main-mise ou coërtion rigoureuse *can. petimus* du Concile de Carthage 3. 11. *qu.* 1. & au Canon *istud*, qui est de saint Gregoire au même lieu. Isidore au Canon *Principes 23. qu. 5.* dit que les puissances seculieres sont necessaires en l'Eglise pour renforcer la discipline Ecclesiastique afin que ce que le Prelat d'Eglise ne peut faire par la doctrine, le Magistrat seculier le fasse par terreur de correction. Et le Clerc qui n'obeït à ses Superieurs Ecclesiastiques, doit estre contraint par la puissance seculiere. Concile de Carthage *d. can. petimus 11. qu. 1.* Mais en toutes autres affaires concernans la proprieté ou possession d'heritages ou autres choses, la France s'est conservée en la liberté ancienne, que le seul Juge laï en peut connoître, & ne sont les Juges Ecclesiastiques reçûs à prouver la possession qu'ils pretendent avoir d'en connoître à cause de leur Jurisdiction Ecclesiastique: sauf aux Gens d'Eglise, qui à cause de leurs Eglises ont des Jurisdictions temporelles, de les faire exercer par des Juges laïs, qu'ils peuvent instituer *ad instar* des Seigneurs Justiciers laïs, non pas pour faire ressortir les appellations interjettées desdits Juges pardevant les Superieurs Ecclesiastiques, comme se trouve statué au Droit Canonique par Innocent IV. *in cap. Romana. §. debet de appel. in 6. Speculator ut ait. ibi glossa; dixit hoc in regno Franciae non esse receptum*: mais pour ressortir pardevant les Juges laïs Superieurs. Et tenons en France pour regle, que les Evêques, & autres Seigneurs Ecclesiastiques, n'ont aucun territoire comme Juges ordinaires à cause de leur Jurisdiction Ecclesiastique, d'où vient qu'ils n'ont droit de prehension, & de capture de personnes sinon en dedans leur Pretoire, c'est à dire dedans les Barreaux de leur Auditoire, en dedans lequel espace si aucun delinque ils ont droit de le faire prendre par leur Appariteur, & les mettre prisonnier en la prison Ecclesiastique, *ad instar* qu'il se dit des Juges deleguez, qui ont Jurisdiction sur ceux qui offensent leurdite Jurisdiction, chapitre I. *extra. de Offic. jud. deleg.* combien qu'autrement ils ne soient leurs Justiciables. A la suite duquel propos l'on tient en France, que la Jurisdiction Ecclesiastique de l'Eglise ne peut estre prorogée par personnes laïcs és cas dont la connoissance ne leur appartient, parce qu'ils ne sont Juges ordinaires, & aprés avoir plaidé longuement, voire contesté en Cour d'Eglise, on peut demander le renvoi, & doit estre fait, mais il y a condamnation des dépens des procedures volontaires.

Ores qu'il semble de prime face que ce Droit ne soit pas une liberté de l'Eglise de France, ains une sujettion, toutefois par vrai effet c'est liberté pour les Ecclesiastiques; parce que plaidans en Cour laïc, ils ne sont sujets à infinité de chicaneries, qui sont au stile de Cour d'Eglise, sont sujets à Loix certaines, qui n'ont pas tant de longueurs, sont assurez d'avoir Justice en France, sans aller à Rome, ou y envoyer querir des rescrits delegatoires : puis estans mêlez parmi le reste du peuple de la France, la raison est que tout soit gouverné par une seule Police, & que la plus grande partie du peuple, qui est la Noblesse & le tiers Etat attire à soi la moindre; & encore par ce que tous heritages selon le premier établissement ont esté de condition laïcale, & n'ont pû estre transferez à l'Eglise sinon avec leurs charges, & partant doivent estre jugez par les Loix laïcales & par les Juges Laïs. C'est profit & honneur aux Ecclesiastiques que l'union soit entiere, puis que la principale doctrine des Ecclesiastiques est de l'amour & concorde. Et me semble qu'en aucuns Decrets on eût mieux fait de ne dire point que les Laïs soient infestes & adversaires aux Clercs comme rapporte Boniface VIII. *in cap. Clericis de jure immun. in 6.* qui est tiré du Canon *laicos, can. non est. Can. in sancta 2. qu. 7.* qui ne dit pas indefiniment & use du mot *quidam*. Les deux premiers Canons susdits se disent estre d'Evariste & d'Eusebe, qui tous deux estoient durant la persecution de l'Eglise, *imò* les anciens Decrets trouvent bon, quand les Prelats sont negligens à procurer ce qui est de l'utilité de l'Eglise qu'on ait recours aux Rois *cap. filiis 16. qu. 7.* & Isidore *in can. Principes 23. qu. 5.* & Pelage *in can. de Liguribus* au même lieu, & Jean VIII. *in can. administratores* disent que les puissances seculieres sont necessaires en l'Eglise pour executer par la main ce que les Prelats ne peuvent faire par la parole. S'il est ainsi arrivé à aucuns de n'avoir pas esté favorables aux Clercs & Gens d'Eglise, il n'en faloit pas faire regle pour en tirer argument general. Le contraire s'est trouvé verité, en ce que les Rois & les Princes n'ont épargné leurs vies, leurs fatigues, grands frais & perils pour secourir l'Eglise quand elle en a eu besoin, & presque tous les biens temporels des Eglises ont esté aumônez par les Laïs; & n'y a chose qui conserve plus l'amitié & concorde entre plusieurs que quand tous vivent sous même Loi. Le devoir & l'honneur des Ecclesiastiques est de procurer & conserver cette union, *etiam* en s'abaissant & laissant décheoir aucuns de leur droits. Ainsi ont fait les Apôtres, ainsi ont fait les saints Evêques. Docteurs & Martirs. Ainsi dit saint Paul, qu'il s'est fait estre de toutes sortes à toutes personnes pour les gagner tous à Jesus-Christ C'est donc une honnête liberté à l'Eglise de France d'estre en bonne union avec son Roi & avec tout le reste du peuple de France. Sabellique en la ... Encade livre ... dit que tant que l'Empire d'Occident a duré és mains des Rois de France, que l'Italie a fleuri en discipline Ecclesiastique & seculiere; lesquels Rois avoient droit d'approuver le Pape & investir les Evêques. Et depuis ledit temps défailli, n'ont esté en Italie que troubles, seditions, divisions, & schismes; tant à l'égard du spirituel que du temporel ; & en moins de huit-vingt ans ont esté environ cinquante Papes, dont bien à peine en peut-on remarquer quatre, qui n'aïent esté intrus, scandaleusement vicieux & abominables. C'est donc une honnête liberté à l'Eglise de France d'être en bonne union avec son Roïaume & avec tout le reste du peuple de France.

De ce droit de l'investiture des Evêques, qui fut accordé à Charlemagne par Adrian Pape en un Concile de 156. Evêques, comme il est rapporté au Canon *Adrianus 2. distinct. 63.* dépend le Droit de Regale, que les Rois de France ont és Evêchez de leur Roïaume qui est tel; Que l'Evêque élû par son Clergé & confirmé par son Metropolitain, ne doit estre consacré ni administré, qu'il n'ait prêté au Roi le serment de fidelité, avec la ceremonie d'avoir lors du serment la main droite sur l'Evangile & la senestre sur sa poitrine; à quoi estant reçû, il se dit estre investi du Roi, ce n'estoit un Droit introduit de nouvel en l'Eglise, car dés le temps que les Empereurs de Grece commandoient en Italie, les Evêques ne pouvoient estre ordinez jusqu'aprés l'approbation des Empereurs, comme il est rapporté par Pelage Pape, de l'Archevêque de Milan *in can. non vos 23. qu. 5.* Les Empereurs d'Allemagne faisoient l'investiture par la tradition de l'anneau & du bâton, (c'est le bâton pastoral que vulgairement on appelle crosse.) Quand l'Evêque meurt, ou se démet Canoniquement de son Evêché, ou legitimement en est demis, il se dit que la Regale est ouverte *ad instar* que par la mutation du Vassal le fief se dit ouvert; délors le Roi fait siens les fruits de l'Evêché, s'entend des fruits, qui ont quelque correspondance au temporel, comme des Seigneuries ou autre revenu temporel appartenans à l'Evêché, la collation des Offices, & encore des Benefices, parce que selon la doctrine des Canonistes, la collation des Benefices est comptée au rang des fruits : toutefois les Rois se sont abstenus de conferer les Eglises Paroissiales vacantes, & à bon droit car c'est acte & droit pur spirituel, & appartenant à l'Ordre Episcopal selon l'ancien établissement de l'Eglise, par lequel l'Evêque ne conferoit à aucun l'Ordre de Prêtrise, que par même moyen il ne le pourvût d'un titre ayant charge des ames. Mais le Roi durant l'ouverture de la Regale confere les Prebendes, Chapelles & autres Benefices non aïans charge d'ames, qui appartiennent à la collation de l'Evêque de plein droit : & si la presentation appartient à autre, le Chapitre par droit ordinaire pourra instituer & pourvoir celui qui est presenté : car telle collation ou institution n'étant de pure grace & liberalité n'est comptée au rang des fruits. Ce droit du Roi dure jusques à ce que l'Evêque ait prêté le serment de fidelité au Roi, & que les Lettres en aïant été verifiées en la Chambre des Comptes du Roi avec main-levée. Quand le Roi confere aucun Benefice en Regale, il le confere *pleno jure*, & le seul Parlement de Paris, qui est l'ancien Parlement où le Roi tient son lit de Justice, connoît de tous differens qui dépendent dudit Droit de Regale. Gregoire VII. & Paschal II. ont essaïé d'abolir ce Droit par leurs Constitutions *in can. si quis deinceps. can. si quis Clericus* & de même Alexandre II. *in can. per laicos 16. quæst. 7.* qui ont esté tous trois les premiers Fondateurs de cette puissance absoluë des Papes pour commander aux Rois & Empereurs. Mais ce Droit d'investiture, & ce qui en dépend, aïant esté octroïé aux Rois de France en Concile *can. Adrianus 2. 63. distinct.* & pour recompense de tres-excellens merites envers l'Eglise, n'a pû leur estre ôté sans leur consentement & sans les oüir ; & sera noté que ledit Canon *per laïcos* est intitulé d'Alexandre I. qui estoit au temps de l'Empereur Adrian au fort de la persecution, & l'on ne pensoit pas en ce temps-là à conferer les Benefices de l'Eglise par gratification. La verité est qu'il est d'Alexandre II.

Ce Droit de Regale a sa marque plus apparente & autentique au Canon *Adrianus* le second en la distinction *63.* du Recüeil de Gratian ; mais sa source est plus ancienne. Car dés le temps que les Empereurs de Rome commandoient en toute la Chrétienté, ou en la plûpart d'icelle, les Papes & les Evêques ne pouvoient estre consacrez pour administrer, jusques à ce qu'ils fussent agréez par les Empereurs, soit parce qu'aïans lesdits Papes & Evêques commandement sur le peuple, il estoit bien seant que pour les faire obeyr, l'autorité du Souverain de la temporalité y intervint, soit parce que és élections survenoient bien souvent des brigues qui tiroient leurs consequences aux coûteaux, au sang & aux seditions ; comme Ammian Marcellin en son Histoire recite, que du temps de l'Empereur Constance la sedition pour l'élection du Pape fut si grande, que le Prefect de Rome, qui estoit comme Gouverneur, fût contraint de baisser la tête, connoissant n'avoir pas assez de force pour reprimer la sedition, tant elle estoit violente. Les Competiteurs estoient Damase & Ursicin : enfin Damase demeura ; & faut croire que ledit Damase n'estoit auteur ni consentant de la sedition, car il est mis au Catalogue des saints Confesseurs ; & saint Jerôme és Epîtres qu'il lui écrit le respecte avec toute sainteté & integrité. Toujours depuis & jusques au temps de saint Gregoire, les Papes élûs n'administroient jusqu'à ce qu'ils eussent esté approuvez par les Empereurs ; & audit Recueil de Gratian, on lit, combien que les chemins fussent tres-perilleux, estant toute l'Italie remplie d'armées étrangeres, que toutefois les Evêques Suffragans different de consacrer l'Archevêque de Milan élû, jusqu'à ce que l'Empereur eût fait l'approbation. Pelage *in can. non vos 23. quæst. 5.* Leon IV. *in cap. Reatina 63. distinct.* prie les Empereurs Lothaire & Loüis qu'il leur plaise octroyer l'Eglise Reatine Cathedrale à Colon élû, pour aprés cette licence estre consacré par lui Pape.

Ce serment de fidelité, que les Evêques doivent prêter du Roi, n'est pas le titre en vertu duquel ils se disent Evêques. Le vrai titre est l'élection avec la confirmation, mais puis qu'ils ont commandement sur les ames des sujets du Roi, & que les saintes Ecritures commandent à tous d'obeyr aux Magistrats Seculiers, en y comprenant le Clergé, il est bien à propos, que les Evêques prêtent serment au Roi pour lui estre fidéles, & pour n'exercer point leur autorité au prejudice de la superiorité du Roi : car les Predications, les Confessions & avertissemens, que les Ecclesiastiques font au fait des consciences peuvent beaucoup aider ou nuire à l'obeyssance que les sujets doivent à leur Roi. Aussi tous les Evêques de France ont des Seigneuries temporelles en titre de Duchez, Comtez, Baronies, Châtelenies, & simples Justices, & plusieurs biens temporels sans Justice, & ne se peut faire que tout cela n'ait esté, & ne soit mouvant du Roi & de la Couronne. Et puis que les Ecclesiastiques ne font service à l'Etat de leurs personnes és guerres, c'est bien raison que pour le moins ils reconnoissent la superiorité du Roi par le serment de fidelité. Et en la Decretale entiere d'Innocent III. *in cap. quod sicut extra. de electione* est dit que l'Evêque élû doit recevoir du Roi les droits de Regale, & au chapitre *cum dilectus* au même titre est dit qu'aprés les droits de Regale reçû, l'Evêque est consacré. Combien que Gregoire VII. principal Fondateur de cette puissance suprême de l'Eglise, pour ne reconnoître rien des Seigneurs temporels, & Paschal II. ayent défendu aux Ecclesiastiques de recevoir aucunes investitures de leurs Eglises par les mains des Empereurs Rois & autres Potentats, au Canon *si quis deinceps*, & au Canon *si quis Clericus 16. quæst. 7.* ledit Paschal au Canon *si quis Clericus* allegue avoir esté ainsi ordonné au Concile d'Antioche, & l'annotation Gregorienne dit qu'il n'y en a rien, seulement est dit que le droit Ecclesiastique sera gardé és élections des Evêques. Toutefois les Papes, leurs successeurs ont trouvé bon qu'aprés les élections des Evêques, fût requis le consentement & approbation du Roi, ou autre Souverain, comme par Celestin III. *in cap. cum terra*, & par Innocent III. *in cap. quod sicut extra. de electione.* Le Pape Pelage, qui estoit du temps de Justin II.

Empereur au Canon *non vos 23. quæst.* 5. reconnoît qu'il appartient aux Empereurs d'approuver les Evêques élûs avant qu'ils soient consacrez & ordonnez. Or les Rois de France ont droit d'Empire en France. Ce serment de fidelité que les Evêques prêtent au Roi n'est qu'une forme extrinseque, qui n'ajoûte rien à la validité du titre, & à bien prendre n'est qu'une approbation du Roi. Et puis que le Roi est protecteur & conservateur des Eglises de son Roïaume, c'est bien raison que les Evêques qui sont les Chefs des Eglises, reconnoissent cette protection par quelque devoir, comme il se pratique au Sacre du Roi, que le Roi promet à son peuple protection, & les Pairs tant Ecclesiastiques que lays au nom du peuple, du nombre duquel sont les Ecclesiastiques, promettent obeyssance au Roi : & par les anciennes Loix de France, combien que plusieurs Seigneurs soient Gardiens, Avoüez, Vidames de plusieurs Eglises, lequel droit leur appartient hereditairement, à cause de leurs fiefs, comme la maison de Nevers à la garde de l'Abbaye de Vezelai, dont y a jugement du Pape Innocent III. à la garde du Prieuré de la Charité, dont y a approbation du Roi saint Loüis IX. de ce nom, aprés la Sentence arbitrale de l'Evêque de Senlis, lors Chacelier de France, & des Abbayes de saint Leonard lés Corbigni, de Roches, de Bellevaux & autres Eglises: toutefois le Roi par prerogative a seul le droit de garde des Eglises Cathedrales de son Royaume, quand les Rois constituent Appanage à leurs enfans ou freres, en leur octroyant tous droits qu'ils ont és Citez qu'ils leur donnent ; ils reservent par exprés les Gardes des Eglises Cathedrales, comme droit pur Royal : & puis que les Ecclesiastiques ont besoin de protection par la main forte des Seigneurs temporels, c'est une partie de leur liberté, qu'ils reconnoissent leur Roi pour leur protecteur & défenseur, afin que l'obligation soit reciproque.

De là dépend le droit des amortissemens, qui est tel, que les Eglises & autres Corps & Communautez, qui ne meurent point, & par mot vulgaire de pratique sont dits *gens de main-morte*, ne peuvent acquerir, accepter, ni retenir d'heritages & autres droits temporels sans la permission du Roi, qui s'appelle *amortissement*, parce que tous les biens temporels du Royaume étant sujets à l'entretenement de l'Estat & les Ecclesiastiques n'estant sujets au service personnel, & estans exempts des contributions qui se font en deniers ou especes: le Roi peut les contraindre de vuider leurs mains des biens acquis ou donnez, & les mettre és mains des Nobles ou Roturiers, qui font service & secours à l'Etat de leurs personnes ou de leurs biens : ou bien prendre finance desdits Ecclesiastiques, ou gratuitement par aumône leur permettre de retenir lesdits biens ; laquelle permission, qui s'appelle *amortissement*, doit estre expediée par Lettres Patentes en forme de Charte, qui est à dire séellée de cire verte sous lacs de soye rouge & verte, sous la seule date des mois sans exprimer le jour ; avec le *visa* écrit de la main du Chancelier, & le *contentor* de la main du grand Audiencier de France, & doit estre verifiée & enregistrée en la Chambre des Comptes. Cette permission du Roi seul suffit, quand l'heritage est mouvant immediatement du Roi soit en fief ou en roture, ou quand il est Allodial ; mais si l'heritage est tenu & mouvant d'autre Seigneur à titre de fief, de Cens ou autres redevances emportant Seigneurie directe, le Seigneur peut contraindre l'Eglise precisement dans certain temps à vuider ses mains, & à faute de ce faire peut saisir l'heritage & gagner les fruits : & si le Seigneur y temporise, il ne peut plus contraindre l'Eglise à mettre hors de ses mains, ains seulement peut demander *indemnité*, qui ordinairement est telle, que l'Eglise nomme un homme, qui est comme Vicaire, & par le decés dudit homme le Seigneur prend le revenu d'un an dudit heritage, ou la somme de deniers qui est accordée. Cela s'appelle *indemnité*, parce que l'Eglise ne meurt & n'aliene point, & les Seigneurs n'auroient aucune esperance de reversion ou de profits casuels, si l'Eglise retenoit simplement l'heritage, & ores que le Seigneur ait composé avec l'Eglise pour son interêt, neanmoins l'Eglise doit encore amortir du Roi pour l'interêt public de l'Etat, d'autant que le service qui en est dû à la Couronne est affoibli d'autant. En aucunes Provinces les Seigneurs Hauts-Justiciers, ores qu'ils ne soient Seigneurs directs, prennent indemnité sous ce pretexte que l'Eglise ne confisque, & là se dit qu'il faut donner homme vivant, mourant & confisquant. Aucuns Papes en ce tiers grand an ont voulu condamner ce droit du Roi & des Seigneurs par aucunes Constitutions, comme si tel droit alteroit l'immunité & liberté de l'Eglise, comme Alexandre IV. *in cap.* 1. & Boniface VIII. *in cap. Clericis de immunitate Ecclesiarum in* 6. Mais Clement V. en la Clementine *quoniam* au même titre revoque lesdites Constitutions, parce que plusieurs scandales en étoient avenus, & reserve seulement les exemptions declarées és Conciles de Latran sous Alexandre III. & general sous Innocent III. De vrai ce droit du Roi & des Seigneurs ne viole l'immunité de l'Eglise, car selon son ancien établissement, elle pouvoit se contenter des Dîmes & oblations, & pour les autres biens temporels, il est bien séant, ou que l'Eglise contribuë aux Charges publiques pour le soûlagement du peuple, & pour ne faire tort aux Seigneurs ; ou qu'elle mette les heritages hors de ses mains, & doit l'Eglise par exemple & par parole enseigner au reste du peuple à reconnoître & payer les Tributs aux Seigneurs temporels comme Jesus-Christ a fait.

L'autre chef des libertez de l'Eglise de France conjoint avec l'autorité du Roi & le soûlagement du Peuple, est que *etiam* en matieres pures spirituelles, & qui sont de la seule connoissance des Juges d'Eglise, nul n'est tenu d'aller plaider hors le détroit du Parlement, duquel il est comme en France sont plusieurs Evêchez, dont les Dioceses

Dioceses sont de deux Parlemens, comme Authun, Langres, Limoges, Roüen, ou bien les Evéchez d'une Province ne sont en méme Parlement, comme Poitiers au Parlement de Paris est de la Province de Bordeaux, Cahors au Parlement de Bordeaux est de la Province de Bourges. Sous la Primatie de Lion sont les Provinces de Roüen, & les neuf Evéchez de Bretagne de la Province de Tours, Narbonne, Bordeaux, & Tholose sont de la Primatie de Bourges. Quant en premiere instance ou au premier appel pardevant le Metropolitain, où au second appel pardevant le Primat, faudroit sortir hors le Parlement, l'Evéque, Archevêque ou Primat est tenu deleguer un Official ou Vicaire, qui connoîtra de la cause en dedans le même Parlement auquel demeurent les collitigans ou l'un d'eux: & sont lesdits Evêques, Archvêques, ou Primats, contraints par saisie de leur revenu temporel de l'Ordonnance des Parlemens d'octroyer tels Vicariats. La raison est, que les Parlemens ont esté établis par les Rois, à la supplication des sujets des Provinces pour leur soulagement, & comme par forme de contrat, & és causes spirituelles peuvent intervenir plusieurs cas, esquels est besoin aux parties d'avoir recours aux Parlemens, même pour avoir raison des entreprises, que les Ecclesiastiques font sur la Jurisdiction laïe, & au prejudice des sujets du Roi, comme estans les Parlemens établis conservateurs, tant des droits des Eglises, que des droits du Roi & du peuple. Ce remede ne déroge en rien à l'autorité des Evêques, Archevêques ou Primats, parce que selon leur profession ils doivent desirer la commodité du peuple qui leur est commis, plûtôt que la manutention de leurs grandeurs, *ad instar*, du bon Pape saint Gregoire qui étant Souverain en l'Eglise a le premier pris titre de Serviteur des Serviteurs de Dieu, & depuis tous les Papes ses successeurs ont continué cette même façon de parler.

L'autre droit du Roi & de sa Jurisdiction aux affaires de l'Eglise est: qu'aux seuls Juges Royaux appartient de connoître & juger des matieres & causes possessoires, tant des Benefices & des Dîmes, que de tous autres droits spirituels, esquels y a fondement pour y maintenir possession ou quasi possession, & que les Juges Ecclesiastiques n'ont droit d'en connoître, *imò* ne sont recevables à alleguer qu'ils sont en possession d'en connoître, & qui plus est, lesdits Ecclesiastiques ne peuvent connoître du petitoire desdites causes spirituelles jusqu'à ce que le possessoire ait esté non seulement jugé, mais aussi executé tant en principal qu'en ses accessoires. De vrai seroit bien seant que telles matieres ne fussent plaidées en jurisdiction contentieuse, & que du tout on n'en plaidât point, & si aucun different survenoit, que sommairement & sans appel il fût jugé par deux ou trois personnages d'Eglise notables. Selon les anciens Decrets nul ne devoit estre reçû à avoir un Benefice qui le demandoit, ou par importunité se presentoit, ains devoit estre conferé à celui, qui en estant recherché le refusoit. Ainsi dit saint Gregoire écrivant à Siagrius Evêque d'Autun qui est la 110. Epître du livre 7. *Cam. sicut* 1. *q u.* 6. Mais puisque ainsi est que la plaidoirie y a esté reçûë, il est bienseant que la possession, qui est plus de fait que de droit, soit de la connoissance du Juge laï, qui est assisté des Ministres par lesquels il peut faire executer réellement ses Sentences. Ce que n'a pas le Juge d'Eglise. Et se trouve la Constitution du Pape Martin transcrite en la premiere decision de Guido Pape; par laquelle il confirme cette usance que les Juges Royaux connoissent du possessoire. Vrai est qu'on dira; qu'au possessoire des Benefices il se traite plus du droit & titre, que du fait tout nud de la possession: car le Benefice Ecclesiastique ne peut estre possedé sans institution Canonique, qui est celle seule qui justifie, & est le fondement de la possession au chapitre premier *de Reb. jur. in* 6. Mais le Sequestre, qui est ordinaire és matieres possessoires selon le stile de France, & la recreance nonobstant l'appel, & les executions de tels jugemens, qui consistent en realité & main-mise, ne peuvent avoir leur effet par l'autorité des Juges d'Eglise, qui n'ont autre contrainte que par excommunications & suspensions *à Divinis. cap. cum non ab. homine extra. de judic.* Comme aussi les Juges Ecclesiastiques ne peuvent connoître d'aucune action réelle, quand les conclusions sont par moyens réels, *etiam* en heritages & biens Ecclesiastiques, & entre personnes Ecclesiastiques, *etiam* que la question des biens vienne incontinent à la question de mariage & legitimité de personnes, dont la connoissance appartient au Juge d'Eglise. Ainsi declare Alexandre III. *in cap. causam extrà. qui filii sunt legitimi*. & revoque la clause de sa delegation qui estoit au fait des biens, jaçoit que Clement III. *in cap. de prudentia de donat. inter vir. & uxor.* dise que le Juge d'Eglise qui connoît du mariage, peut connoître de la dot comme question incidente. Ce qui dépend de la Regle observée en France mise ci-dessus, que les Evêques & autres Prelats n'ont aucun territoire à cause de leur Jurisdiction Ecclesiastique. Ce fait d'action réelle a esté étendu *etiam* és meubles, quand l'action est de revendication ou hipotecaire, qui sont réelles, comme fut jugé par Arrêt le Mardi cinquiéme Avril avant Pâques 1551. sur appel comme d'abus interjetté sur le champ par le Procureur General du Roi; & estoit question d'un jugement donné par l'Official de l'Archidiacre de Jozas en l'Eglise de Paris entre deux Prêtres pour fait de restitution de meubles & de l'hipoteque tacite pretenduë pour les loüages d'une chambre.

Sur ce propos est à sçavoir que l'un des Droits du Roi, comme Protecteur de tout son peuple, auquel sont compris les Ecclesiastiques comme faisant portion du corps politique, & pour faire vivre tout ce peuple en union & concorde, est que les Cours de Parlement par la voïe des appellations comme d'abus, & les Juges Royaux par la voye des appellations & défenses aprés la cause sommairement connuë, empêchent

& reforment les entreprises que font les Prelats & Juges Ecclesiastiqus sur la Jurisdiction laïcale, ou contre les saints Decrets reçûs en France, ou au prejudice des Droits du Roi, & des Jugemens donnez és Cours Souveraines, *etiam* qu'il y ait rescrit ou provision du Siege Apostolique. Vrai est quand on se veut plaindre des rescrits Apostoliques, l'appel comme d'abus n'est interjetté de l'octroi du rescrit, car en France nous reconnoissons le Pape estre Souverain, & partant l'on ne doit appeller de ses Ordonnances, Rescrits & Commissions; mais on appelle de l'execution d'iceux comme si on entendoit blâmer & corriger les Impetrans comme temeraires, & qui sçavent & doivent sçavoir les Loix de ce Royaume, les libertez de l'Eglise de France, & les Droits du Roi, comme *verbi gratia* s'il y a creation de pension sur une Eglise Paroissiale, ou sur autres Benefices, en autres cas, que les deux reçûs par connivence en France, qui sont *pro bono pacis & ex causa resignationis*, si le Pape mande faire union de Benefices sans entiere connoissance de cause, ou si és cas ordinaires il commet des Juges deleguez pour connoître *auctoritate Apostolica & non ordinaria*; ou si aucun né François est cité pour comparoir à Rome, ou s'il est mandé d'executer le rescrit sans connoissance de cause, & autres semblables cas. Comme aussi on peut appeller comme d'abus de l'octroi & execution des mandemens & autres jugemens des Juges d'Eglise de ce Royaume, quand ils entreprennent sur la Jurisdiction laïcale, ou entreprennent pardessus le pouvoir & jurisdiction qu'ils ont, dont on remarque plusieurs cas particuliers, comme quand à la comparution, que font les Curez au Sinode Episcopal, si l'Evêque entreprend d'ordonner *visis tabulis* que l'un des deux joüira; car c'est de posseder l'autre. Ainsi fut jugé par Arrêt en l'Audience, le Lundi 11. Février 1543. si l'Evêque ayant fait le procés à son Clerc, condamne ledit Clerc aux Galeres & permet au Maître d'icelles de le prendre, comme fut jugé par Arrêt le Jeudi 29. Mai 1544. contre l'Archevêque de Bourges au profit de Juinat, & fut l'Archevêque condamné de le retirer des Galeres avec dommages & interêts: ce qui dépend de la regle qu'on tient en France, qu'un Evêque a cause de sa jurisdiction spirituelle ne peut bannir son Clerc, parce que l'Evêque n'a territoire, combien que par anciennes Constitutions du Droit Canonique, le bannissement des Clercs & Prêtres soit permis aux Evêques en leur Jurisdiction Ecclesiastique, combien qu'il soit dit au chap. *cum Episcopus de officio ordin. in 6.* que l'Evêque a Jurisdiction ordinaire en tout son Diocese, & qu'il peut séoir au Tribunal en chacune part de son Diocese: comme si l'Official ou autre Juge d'Eglise, decerne une citation en termes generaux contre un lay, sans exprimer le cas particulier dont la connoissance soit de l'Eglise, comme en cas de Sacremens d'Heresie & simonie, petitoire de Dîmes Ecclesiastiques, & autres tels. Par l'Ordonnance du Roi Loüis XII. de l'an 1512. art. 45. est enjoint à tous Juges d'Eglise de libeller les citations, afin que l'ajourné puisse connoître s'il est Juge competent. Ainsi fut jugé par Arrêt sur un appel comme d'abus de citation trop generale le Mardi 10. Mars 1533. & és grands jours de Troïes le 5. Octobre 1535. Aussi s'il decerne citation, ou veut connoître contre les Habitans d'une Paroisse personnes laïcs pour la reparation de l'Eglise Paroissiale; ainsi fut jugé par Arrêt du 6. Avril 1509. en l'Audience, & disoit Liset Avocat du Roi que telle cause est *mixti fori* pour en connoître par les Ecclesiastiques contre les Ecclesiastiques & par les Juges laïs contres les laïs. Et encore fut jugé és grands jours de Moulins le 7. Octobre 1534. De même si le Juge d'Eglise entreprend de mettre un Lepreux hors de la conversation & compagnie des autres hommes, & fut jugé par Arrêt en l'Audience le 22. Avril 1532. Comme aussi si le Juge d'Eglise connoissant entre mariez *super separatione à thoro*, entreprend de passer outre à connoître pour la separation des biens ou restitution de la dot de la femme, comme fut jugé par Arrêt du 22. Avril 1532. & és grands jours de Troïes le 23. Septembre 1535. & s'il entreprend connoissance contre un laï pour defloration d'une pucelle, comme fut jugé par Arrêt le 28. Juin 1535. ou si le Juge d'Eglise entreprend au prejudice de ce qui a été ordonné par le Juge laï en cas, ou le Juge laï peut connoître comme au cas ci-aprés; quand l'appel par son ordre de degrez, ressortit à Rome; auquel cas le Pape est tenu d'octroïer rescrit delegatoire *ad partes*, l'appellant pour la difficulté des chemins peut avoir recours au Juge Roïal, afin de lui proroger le delai qui a été prefix, & parce que l'Official de Chartres avoit declaré l'appel desert pour n'avoir été relevé dedans le temps, qui est la pratique ordinaire de Cour d'Eglise, au prejudice du delai octroïé par le Juge Roïal, fut dit abusivement procedé par ledit Official par Arrêt du 27. Février 1551. Amelot plaidant. Quelquefois la partie, qui se sent grevée par l'entreprise du Juge d'Eglise, peut s'adresser au Juge Royal, lequel aprés avoir vû la citation & autres actes d'entreprise, peut faire inhibitions & défenses audit Juge d'Eglise de passer outre au prejudice de la connoissance, qui en appartient audit Juge Royal; suivant l'Ordonnance du Roi Loüis XII. de l'an 1512. art. 45. & selon que ledit article est couché, semble qu'il soit ainsi permis à tous autres Juges laïs, quand le Juge d'Eglise entreprend sur leur jurisdiction. N'est non plus en France observé ce qui est dit *per Innoc. IV. in cap. dilectos de sentent. excomm.* que le Prelat d'Eglise peut se défendre par censures contre le Juge laï qui lui fait tort. Aussi n'est-il pas permis aux Juges d'Eglise d'exercer leur jurisdiction spirituelle par censures contre les Juges laïs pour les empêcher de troubler leur jurisdiction, jaçoit que plusieurs Constitutions des Papes leur permettent ce faire comme de Boniface VIII. *in cap. seculares de foro compctent. in 6.* & *in cap. licet de jurejur. in 6. cap. decernimus de sent. excomm. in 6.* & audit chap. *licet* la glose de l'opinion de Archid. dit cela estre vrai quand il y va du peril de l'ame, parce que selon l'opinion des Canonistes, qui n'est pas suivie en

France les Prelats & Superieurs Ecclesiastiques peuvent s'entremettre és causes des laïs, quand il est question du fait de conscience, ainsi qu'il est dit au chap. *novit extra. de judic.* qui est d'Innocent III. Pape. Et sous ce pretexte les Canonistes ont attribué à la Jurisdiction Ecclesiastique la connoissance des contrats confirmez par serment, & des usures & autres cas, qui de soi sont de Jurisdiction laïcale. Or nous observons en France que les Juges d'Eglise n'ont aucune contrainte par censures ni autrement sur les Juges lais, & s'ils l'entreprennent, l'appel comme d'abus y sert de remede, & est reçû par la Cour. Ainsi fut jugé par Arrêt contre l'Evéque de Soissons pour de Moulinieres le 16. Novembre l'an 1500. & pour la Duchesse de Bourbonnois les 30. & 31. de Mai & le 15. Juin l'an 1515. L'Arrêt du 31. Mai estoit sur ce que le Juge d'Eglise avoit decerné monition contre les Officiers de Ville-franche en Beaujolois, pour contraindre celui qui estoit demeuré en censure par an & jour de se faire absoudre. En tel cas j'ay vû pratiquer qu'à la Requête de l'Inquisiteur de la Foi sont obtenus Lettres Roïaux en Chancelerie adressantes au Juge Royal, pour par ledit Juge contraindre celui qui est demeuré excommunié par an & jour, à se faire absoudre, & ce par emprisonnement de sa personne, comme suspect d'Heresie, selon le chapitre *excommunicamus §. qui autem extra. de Hæreticis*, & telles Lettres ne païent rien au sceau. L'Evêque Diocesain peut de même obtenir telles Lettres, car il peut connoître d'Heresie contre les laïs par concurrence avec l'Inquisiteur.

Aussi nous n'observons pas en France les Constitutions des Papes & opinion des Canonistes, qui disent que la connoissance des usures contre les laïs est de la Jurisdiction Ecclesiastique; & la connoissance des Contrats & conventions jurées. Aussi nous n'observons pas les opinions des Canonistes & des Docteurs Legistes ultramontains, qui tiennent que celui qui a promis par serment d'observer un Contrat, peut estre precisement contraint à ce sans esperance de restitution en entier, si tant est que tel Contrat puisse estre accompli sans peril de l'ame & du salut éternel. Innocent III. *in cap. in præsentia de probat.* où est parlé de donation faite par un mineur *sic in cap. quamvis de pact. in 6.* Alexandre III. *in cap. si verò de jurejur.* même cette subtilité qui est au chapitre *debitores* d'Alexandre III. *extra. de jurejur.* que celui qui a juré de païer les usures les doit païer & puis repeter. Car selon les decisions du droit civil nous tenons que le serment ne peut le faire Contrat de plus grande valeur que de soi-même il est par la Loi *non dubium. Cod. de Legib.* ains comme accessoire du Contrat doit estre le serment entendu, reglé & jugé selon la nature du Contrat principal *l. ult. Cod. de non numerata pecun. l. ult. Dig. si quis cautionibus &c.* comme aussi nous n'observons pas ce qui est dit que le Juge d'Eglise peut connoître entre laïs des Contrats à cause du serment comme il est dit par Boniface VIII. *in cap. ult. extra. de foro compet. in 6.* & de même *in cap. novit, extra. de judic.* & au chapitre *licet de jurejur. in 6.* Boniface VIII. commande aux Juges Ecclesiastiques de contraindre les Juges laïs par censures à observer le Droit Canonique pour l'observation des sermens.

Comme aussi nous n'observons pas étroitement les Constitutions des Papes pour le fait des Dîmes: car selon le Droit Canonique la Dîme doit estre payée justement au dixiéme, & doit estre payée de tous fruits, soient industriaux ou purs naturels, *etiam* des fruits des arbres, des pâcages, du gain des moulins, du gain que chacun fait en son trafic & marchandise; des pêches en riviere, des profits de mouches à miel, des vignes, de veaux, aigneaux, & croîts d'autres bêtes domestiques comme il est dit és chapitres *pervenit nuncios, non est, ex transmissa extra. de Decimis.* Mais en France nous avons tenu l'opinion de saint Thomas, & autres Docteurs Scholastiques Theologiens, & d'Antoine de Butrio Docteur Canoniste, qui disent attendu que l'Eglise ne s'est pas contentée du même droit que les Levites avoient sur le peuple d'Israël, ains possede plusieurs Seigneuries, heritages & biens patrimoniaux, à quoi se rapporte ce qui est dit par Gratian *in §. ecce ad Can. si in morte 23. quæst.* 8. que les Evêques & Clercs qui se contentent de la portion Levitique n'ont que païer aux Seigneurs temporels, mais ceux qui ont du bien temporel en doivent Tribut au Souverain. Que la cotité & la façon de prendre Dîmes par les Ecclesiastiques peuvent estre prescrites. Suivant ce est la Constitution du Roi Philippes le Bel de l'an 1274. qui porte que les Dîmes doivent estre payées selon la coûtume approuvée des lieux, parce que l'usance de fort long-temps, par laquelle la liberté est acquise à ceux qui n'ont pas payé, doit servir de Loi. De fait est observé en France, que l'Eglise n'est fondée en presomption de droit commun, sinon pour les Dîmes de blés; & n'a droit de prendre Dîmes de vins, & autres fruits croissans par l'industrie des hommes, ni du croît des bêtes, sinon autant & ainsi qu'elle prouve en avoir de long-temps usé. Et n'a aucunement droit de prendre Dîmes des pâcages & des fruits purs naturels, & des gains que chacun fait par son trafic, labeur & industrie; & encore és especes de fruits, esquels elle est fondée par presomption du droit commun ou par usance, elle ne prend sinon la cotité accoûtumée en aucuns territoires le dixiéme justement, és autres le douziéme, treiziéme, ou autre moindre portion, & ainsi est l'usage. Vrai est que les Papes ont grandement essaïé de maintenir ce droit exat, comme il est porté par leurs Decretales. Alexandre de Imola au Conseil 60. vol. 4. dit que l'Eglise Romaine a reprouvé l'opinion de saint Thomas & autres Theologiens, & qu'Innocent IV. Pape fit une Decretale par laquelle il commandoit aux Freres Prêcheurs & Mineurs de prêcher que precisément les Dîmes sont dûës. Mais c'est une des libertez de la France de n'estre pas sujete precisement & absolûment à toutes les Constitutions Papales, sinon autant qu'icelle Eglise de France a trouvé bon de les recevoir, & comme l'Eglise de France unie avec le reste du peuple de France sous un Roi Chef, s'est accordée d'en user.

Audit fait des Dîmes y a une usance en ce Roïaume qui n'est du tout cousonante aux Canonistes : car les Canonistes tiennent que les Dîmes qui sont infeodées legitimement és mains des gens laïs, comme leur patrimoine, doivent relever & estre tenuës en fief de l'Eglise. Mais nous observons en France que pour la plûpart elles sont mouvantes en fief d'autres Seigneurs laïs, & par degrez mediatement du Roi, sans que l'Eglise ait que voir en la mouvance, & n'a esté reçûë la Constitution de Gregoire VII. Pape *in can. quacumque* 12. *quæst.* 2. & de lui-même *in can. Decimas quæst,* 7. *& in can. pervenit* 16. *quæst.* 7. & telles Dîmes sont purement de patrimoine laïcal, & de la connoissance du Juge lay : en telle sorte que si le Curé ou autre Recteur d'Eglise intente action petitoire pour les Dîmes pardevant le Juge d'Eglise suivant ce que nous observons en France, que l'action petitoire de Dîmes Ecclesiastiques est de la connoissance du Juge d'Eglise, & il avienne que le défendeur allegüe que la Dîme est sienne comme infeodée, & requere le renvoi au Juge laï, la seule allegation d'infeodation rend le Juge Ecclesiastique incompetent pour connoître dudit fait d'infeodation, *etiam* à la seule fin du declinatoire, jaçoit que la regle vulgaire de Droit soit, que c'est au Juge de connoître & juger s'il est competent ou non. Et ainsi fut jugé par Arrêt moi present sur un appel comme d'abus interjetté de l'Official de Fontoise le Lundi 18. Janvier 1551. Toutefois si le Curé ou autre Recteur d'Eglise achete ou acquiert une Dîme qui fut infeodée és mains de personne laïe, la Dîme reprend son ancienne nature de Dîme Ecclesiastique, & ne peut l'Eglise estre contrainte de mettre hors de ses mains ce nouvel acquêt, ou damortir par Ordonnance du Roi saint Loüis du mois de Mars 1262. & telle Dîme ainsi acquise par l'Eglise est déchargée du fief laïcal, sauf au Seigneur feodal de faire décharger son fief du service qu'il doit *pro rata.* Ainsi fut jugé és Arrêts de Pentecôte l'an 1280. entre l'Hôpital saint Lo & Guillaume Patrice : ce qui s'entend selon l'opinion de du Molin, qui est déchargé, quant au service personnel que les vassaux doivent à leurs Seigneurs pour la guerre, & non quant aux autres profits pecuniaires, ou de l'indemnité. Car selon les Loix à nul ne doit estre ôté son droit foncier par le privilege du Prince. A la suite de ce que dessus fut jugé par Arrêt és Octaves de Toussaints l'an 1267. qu'en tel cas d'acquisition de Dîmes laïcales par l'Eglise n'y échet retrait lignager.

Je ne suis de l'opinion de ceux qui disent que les Dîmes estant au patrimoine des gens laïs soient établies dés le temps de la domination des Romains és Gaules, & que les François ayant conquis les Gaules sur les Romains ayent retenu les Dîmes en droit Seigneurial, ains je croi que la source & origine des Dîmes en l'Eglise Chrétienne a esté par l'humble devotion & consentement general du peuple Chrétien, qui a accordé aux Pasteurs de l'Eglise la Dîme des fruits de son labeur, & que ce fut au temps que l'appel temporelle fut renduë à l'Eglise par les Empereurs Chrétiens, non pas par necessité precise, comme les Dîmes estoient dûës aux Levites par le commandement de Dieu en la Loi de Moyse : car ce commandement ceremonial a cessé par la venuë de Jesus-Christ : mais cette humble devotion & consentement general a esté fait obligation par la volonté du peuple. Ez anciens Conciles & és Capitulaires de Charlemagne est faite mention des Dîmes dûës à l'Eglise, même S. Ciprien, qui estoit auparavant les persecutions cessées en l'Eglise en fait mention au Traité *de simplicitate Prælat.* saint Jerôme & saint Augustin rapportés *in can. quoniam* & *Can. Decimæ* 16. *quæst.* 1. témoignent que de leur temps les Dîmes estoient payées : même audit Canon *Decimæ* est dit ; que les Dîmes sont le tribut qu'il faut payer aux pauvres personnes indigentes, & ledit saint Augustin au Canon *Majores* 16. *quæst.* 7. dit, que les predecesseurs abondoient de richesses, parce qu'ils donnoient les Dîmes, quand la devotion a cessé, le fisque a succedé ce que Christ n'a pas pris le fisque l'a ôté. Et puis que nous ne donnons pas à Dieu la Dîme, Dieu des neuf portions nous a reduit à la dixiéme *dicto can. Decimæ*, & selon ce que dit saint Jerôme *in can. revertimini* 16. *quæst.* 1. & comme la source de ces Dîmes a esté par devotion, & par le moyen de la devotion est venuë en obligation, les Ecclesiastiques doivent les exiger par moderation sans rigueur, qui est la doctrine d'Innocent III. *in cap. ex parte de censibus.* Mais comme par la declination & abaissement de la lignée de Charlemagne cette Monarchie de France fut grandement affligée, aussi fut affligée l'Eglise tant au Chef, qui est l'Eglise de Rome, qu'és membres. A esté dit ci-dessus qu'en ce temps qui dura environ cent soixant'ans, furent prés de cinquante Papes pour la plûpart intrus, entrez par la fenêtre & grandement vicieux, & en ce même temps plusieurs Evêques en France se trouverent dissipateurs du bien de l'Eglise, & baillerent en fief à leurs parens, amis & autres, non seulement les Dîmes Ecclesiastiques, mais aussi les mêmes Eglises Paroissiales, & autres pour les tenir patrimonialement, ce que j'ay appris des anciennes Chartes de l'Eglise de Nevers : ce qui est aucunement representé au Canon *quæsitum* 1. *qu.* 3. tiré du Concile tenu à Clermont en Auvergne par Urbain II. en l'an 1097. auquel est rapporté que les Evêques prenoient profit de bourse, quand les Eglises ou Dîmes octroyées aux Moines changeoient de main par mort ou mutation de Clercs. Aussi est rapporté par Gregoire VII. *in can. pervenit* 1. *quæst.* 3. qui défend aux Evêques de bailler les Dîmes & oblation en fief à personnes layes, & par Alexandre III. *in cap. Ecclesiis de censibus.* Au commencement du tiers grand an depuis l'Incarnation de Jesus-Christ survindrent en l'Eglise plusieurs personnages de grande sainteté & bonnes mœurs, survindrent plusieurs Ordres Monastiques, comme de Cisteaux, Premonstré, Chartreux, & furent fondez de nouvel plusieurs Monasteres : & par le moyen de ces bons personnages Religieux, non seulement fut faite l'entreprise de la conquête de la terre sainte par les François : mais aussi le Ministere de l'Eglise fut remis en son ancienne splendeur ; on gagna ce point que la collation & provision des Benefices fut remise és mains des Prelats Ecclesiastiques, en ce même temps fut la Constitution de Caliste II. *in can. Sanctorum* 10. *quæst.* 1. qui défendit de bailler en Fief les Eglises qu'il appelle *incastellare*, car auparavant étoit avenu que les Evêques bailloient les Eglises, *etiam* Paroissiales en Fief aux personnes laïes. J'en ay lû quelque chose és Chartes de l'Eglise de Nevers, même d'un Evêque Roclenus, & la contingence du fait est recitée par Alexandre III. *in d. cap. Ecclesiis de censibus.* Mais quant aux Dîmes, à cause de l'interest que plusieurs Seigneurs y avoient & pour éviter scandale & émotion, fut toleré qu'ils demeurasse hereditairement & en patrimone és main des Gentils-hommes laïs comme ils étoient, & ordonné que dorénavant on n'en infeoderoit plus. Ce qui fut confirmé plus amplement au Concile de Latran sous ledit Alexandre III. Pape en l'an 1179.; dont vient qu'encore aujourd'hui les lays qui tiennent des Dîmes, alleguent que leur infeodation est auparavant le Concile de Latran, & prennent la possession immemoriale, qui fait presumer l'infeodation par presomption de droit. Mais la feodalité, qui avant ledit Concile estoit laycale, est demeurée laycale en France, & ne tenons pas l'opinion des Canonistes qui disent estre necessaire que ledit Fief soit mouvant de l'Eglise. En ce même Concile de Latran sous ledit Alexandre III. fut statué que les Religieux ne pourroient prendre les Dîmes tenuës par les gens lays, qui voudroient sans démettre sinon par le consentement des Evéques. Autant en avoit statué auparavant Urbain II. *in can. Decimas* 16. *quæst.* 7. Parce qu'on estimoit que la reünion des Dîmes de l'Eglise devoit estre faite au profit des Curez, parce que c'est leur ancien & vrai patrimoine *cap. cum & plantare extra. de privilegiis cap. cum Apostolica extra de his quæ fiunt à Prælato*, où il est dit que cela s'entend des Dîmes qui avoient esté concedées à personnes layes en Fief perpetuel. Mais les Papes & les Evêques par leurs privileges & concessions ont octroyé grande partie desdites Dîmes aux Monasteres, Chapitres, Colleges & autres Dignitez Ecclesiastiques, comme se voit en la Decretale d'Honoré III. *in cap. ult. ut lite pendente*, que le Pape avoit octroyé au Monastere de Mairemonstier de percevoir les Dîmes des Novales pour le corps du Monastere & pour les membres. Alexandre III. *in cap. ex parte de Decimis* dit que ses predecesseurs avoient octroyé presque à tous Religieux les Dîmes de leurs labourages. Mais Adrian son predecesseur avoit seulement octroyé aux Cisterciens & Hospitaliers en ce qu'ils labouroient de leurs mains ou à leurs dépens, & au chapitre *suggestum* il dit parce que le nombre & la richesse de ces Monasteres estoient augmentez, il commande d'en entrer en composition avec eux. Ces privileges ne s'étendent aux Dîmes des terres nouvellement acquises aux Eglises, Innocent III. *in conc. gen. Later. cap. nuper de Decimis.* Ensorte que les Curez & Recteurs des Eglises Paroissiales en ont bien petite part, & aucuns n'ont pas les Novales, parce que les Papes ont declaré que par leurs privileges & concessions n'estoient comprises les Dîmes des terres, qui aprés icelles concessions seroient reduites en culture au chapitre *tua, extra. de Decimis* : & ces pauvres Curez, qui dûssent prendre par leurs mains *suo jure*, sont contraints par action, & comme humbles supplians requerir supplément de leur portion congruë & Canonique, & par Edit cette portion est arbitrée à six vingt francs, & en est la connoissance attribuée aux Superieurs Diocesains, parce que les Juges Royaux en souloient connoître. Or en reprenant les erremens anciens de la liberté de l'Eglise de France, seroit bien à propos en Concile National de remedier à cet inconvenient, & ordonner que les maisons Regulieres & autres Benefices qui ne sont de l'ancien & necessaire établissement de l'Eglise, ne prendroient les Dîmes, sinon en ce qui resteroit aprés la fourniture honnête & commode des Curez prise : car selon le droit commun les Dîmes appartiennent aux Eglises Paroissiales *cap. cum contingat de Decimis*, & que les Curez prendroient par leurs mains & du plus clair & net, selon l'arbitrage qui seroit fait par chacun Evêque en son Diocese, à quoi se rapporte ce que Gratian dit auprés du Canon *ita nos* 25. *quæst.* 2. que les Dîmes concedées aux Monasteres par privilege du Pape, leur doivent demeurer seulement pour secourir à leur indigence, & non pour augmenter leurs richesses à la ruine des Eglises Paroissiales.

L'Eglise de France peut reconnoître sa liberté, pour estre declarée au premier Concile National, que pour dispenses en plusieurs cas, & pour la disposition des affaires Ecclesiastiques, il ne soit besoin se pourvoir à Rome, ains y puisse pourvoir & ordonner le Primat, ou Patriarche, ou lui seul avec son conseil ordinaire, ou bien avec le conseil, avis & consentement des Evêques de la Province, en laquelle l'affaire se presente, ou bien en Concile National, quand c'est chose de grande importance : comme pour unir Evéchez, en ériger de nouveaux, seculariser une Eglise Monastique ; dispenser les mariages és degrez prohibez par la seule loi humaine ; unir des Eglises Paroissiales, & autres Benefices ; ériger de nouvelles Eglises Paroissiales ; transferer Evêques d'un Evéché à un autre, qu'il n'est necessaire aux Archevêques de requerir, & avoir de Rome le *Pallium* ; ordonner de l'âge des Professions Monastiques, & des promotions aux saints Ordres, dispenser bâtards à estre Prêtres & tenir Benefices, abolir Indults des Cardinaux & des Parlemens ; aviser du gouvernement des Hospitaux, aviser & ordonner de la forme des élections & des confirmations des Evêques, pour donnner Coadjuteurs aux Evêques infirmes par âge, maladie ou vieillesse ; pourvoir à l'administration de l'Eglise Cathedrale vacante, pour ordonner que nulles dispenſes ne ſeront octroyées pour tenir pluſieurs Benefices en Titre ou Commande perpetuelle, ſauf à ordonner des unions avec connoiſſance de cauſe ; du rang & pouvoir des Cardinaux de Rome en France *etiam* s'ils ſont Legats *à Latere*, de ne plaider pour Benefices ; aviſer & ordonner de l'âge des mariages, & pluſieurs autres cas.

Quant à l'union des Evéchez ou érection nouvelle d'un Evéché, ſe trouve la Decretale de Celeſtin III. Pape au chap. *ſicut unire extra. de exceſſ. prælat.* par laquelle il declare que ce droit d'unir Evéchez appartient au Pape ſeul, & en la gloſe ſont alleguez certains cas, dont la puiſſance & diſpoſition eſt reſervée au Pape : mais par les raiſons cy-deſſus déduites, le Pape ſeul n'a pû ordonner pour changer l'ancien établiſſement de l'Egliſe, qui attribuë aux Ordinaires tout ce qui eſt affaire en chacun Dioceſe & Province, & n'ont pû les Papes ôter auſdits Ordinaires leurs droits, ſans les oüir & ſans Concile univerſel. Pourquoi ſe peut dire que le Metropolitain peut en ſa Province ériger de nouveau un Evêché, ou unir deux Evéchez en un, non pas par ſa ſeule volonté, mais avec connoiſſance de cauſe, qui ſoit juſte, raiſonnable & urgente, & par l'avis & conſentement des Evéques de ſa Province aſſemblez en Synode, & au chapitre *cum inferior.* de Gregoire IX. *extra. de Major. & obed.* où il eſt recité que l'Archevéque de Cologne avoit érigé un Monaſtere de ſon Dioceſe en dignité Epiſcopale, le Pape ne declare pas l'érection nulle, mais la tient pour bonne. Les Hiſtoriens de France diſent que ſaint Remi Archevéque de Reims de nouveau l'Evéché de Laon & ſaint Medard Evéque de Noïon joignit & unit l'Evéché de Tournay à celui de Noïon. Au Concile de Sardique chap. 7. eſt dit que l'on peut établir de nouveaux Evéchez és Citez populeuſes, ſans faire mention que ce doive eſtre par autorité du Pape.

Quant à la ſecularisation d'une Egliſe Reguliere, comme des Egliſes de Tholoſe & de Bordeaux qui eſtoient d'ancienneté déſervies par Religieux *cap. præterea de prœbend.* ou tranſmutation d'un Ordre à un autre, ne ſe trouve aucun Decret des grands & anciens Conciles, qui en attribuë la puiſſance au Pape ſeul : *imò* par le grand Concile de Calcedoine, qui eſt l'un des quatre Oecumeniques, chap. 4. eſt ſtatué que tous Moines & Monaſteres ſont ſujets à l'Evéque Dioceſain du lieu où ils ſont aſſis, de même fut ſtatué au Concile National d'Orleans chap. 21. rapporté *in can. Abbates* 18. *quæſt.* 2. où il eſt dit que tous Abbez ſeront ſujets & obeïront aux commandemens des Evéques Dioceſains. Et pour le general au même Concile d'Orleans chapitre 19. rapporté *in can. omnes Baſilicæ* 16. *quæſt.* 7. eſt dit, que toutes Egliſes aſſiſes en dedans un Dioceſe ſont ſujetes à l'Evéque du même Dioceſe. Il eſt en la puiſſance de l'Evêque ſelon la regle generale miſe ci-deſſus, de pouvoir diſpoſer & ordonner de toutes affaires Eccleſiaſtiques qui ſe preſentent en ſon Dioceſe, non pas par nuë volonté, comme ſont la plûpart des diſpenſes de Rome : mais avec juſte & urgente cauſe, qui ſoit pour la neceſſité, ou grande utilité de l'Egliſe : & ſeroit encore mieux en telles affaires de grande conſequence, & d'effet perpetuel, d'en conferer, deliberer & reſoudre au Concile Provincial ou National.

Quant à la diſpenſe des mariages eſt à conſiderer, qu'aucuns degrez de lignage ou alliance ſont défendus par le Droit Divin, & autres ſeulement par le Droit Humain. Je ne parlerai des degrez, qui ſont ou tiennent lieu d'aſcendans ou deſcendans, & de frere & ſœur, ſoit en lignage ou affinité ; mais comme de l'oncle à la niéce, qui eſt défendu par le Droit Divin, & d'épouſer par une femme les deux freres, ou par un homme les deux ſœurs, les Papes ſe ſont attribuez le pouvoir d'en diſpenſer, jaçoit que Innocent III. en la Decretale *litteras extra. de reſtitutione ſpol.* diſe qu'és degrés prohibez par la Loi Divine, l'on ne peut diſpenſer. Du temps de nos Peres le Pape Jules II. diſpenſa le Roi d'Angleterre d'épouſer la veuve de ſon frere, dont eſt avenu tant de ſcandale & inconvenient, qu'aujourd'hui l'Angleterre eſt toute heretique, & s'eſt souſtraite de l'Egliſe Catholique. Et de nôtre temps le Pape a diſpenſé le Roi d'Eſpagne d'épouſer ſa niece, fille de ſa ſœur, dont il a un fils qu'il deſigne ſucceſſeur de ſes Royaumes. Dieu veüille amender ce qui eſt mal, mais comme on voit les choſes diſpoſées, il eſt grandement à craindre que telle diſpenſe apporte grands troubles en la maiſon d'Eſpagne. Un ſemblable mariage de l'Empereur Heraclius, qui épouſa Martine ſa niéce, ruina de fonds en comble la maiſon & toute la lignée dudit Empereur. Les degrez de couſin germain & iſſu de germain ne ſe trouvent défendus par les Loix civiles des Romains, ains au contraire ſont permis. Mais en appliquant à cét affaire les raiſons des bien anciens Papes, qui pour la bien-ſeance, & pour l'exemple ont plûtôt diſſuadé que défendu tels mariages, même ſaint Gregoire *in can. quædam* 35. *quæſt.* 2. & ſaint Auguſtin *in can. cum igitur* 35. *quæſt.* 1. diſant ledit S. Gregoire qu'on voit bien peu ſouvent tels mariages proſperer, & la lignée eſtre durable, & diſant ledit S. Auguſtin que depuis le monde multiplié, il a eſté bien-ſeant de multiplier les amitiez, & en acquerir de nouvelles par mariages, outre celles qui ſont par lignages. Mais les autres ont mis la prohibition juſques au quatriéme degré, en introduiſant une nouvelle façon de compter les degrez pour les mariages, autre que la computation de Droit civil, comme recite bien au long Alexandre II. au Canon *ad ſedem* 35. *quæſt.* 5. en ſorte que ce quatriéme degré ſelon la computation Canonique, eſt le huitiéme ſelon la computation du Droit Civil, & parce que cette diverſité de computation apportoit beaucoup de difficulté, Innocent III. au chapitre *non debet extra. de conſanguinit. & affinit.* a tranché la prohibition juſques au quatriéme degré inclus à compter ſelon le Droit Canonique, jaçoit que par aucuns anciens Decrets ſoit connu qu'au fait des mariages on comptoit les degrez comme en ſucceſſions, qui eſt ſelon le Droit Civil, & ſelon cette computation les mariages n'estoient prohibez que jusqu'au septiéme degré. C'est le degré prochain aprés issu du remué de germain : Au Canon premier tiré du Concile de Meaux 35. *quæst.* 2. & des Conciles de Lion, & de Vvormes *Can. nulli. Can. in copulatione* 35. *quæst.* 3. Or pour les raisons ci-dessus alleguées de saint Augustin & de saint Gregoire sembleroit bien à propos d'observer ledit chap. *non debet*, non pas precisément pour en cas d'évidente utilité & juste cause aller chercher la dispense à Rome, qui avec peu de difficulté est octroyée, mais c'est en païant grosse somme de deniers : la composition pour le degré de germain est de quatre cens écus pour les Roturiers, & hausse pour les Nobles : mais pour estre en un Concile National avisé le temperament, à sçavoir que le Primat ou Patriarche puisse dispenser, quant au degré de cousin germain seulement, és grandes & illustres maisons pour le bien & utilité d'icelles ; & au degré de issu de germain entre toutes personnes quand il y a quelque cause juste, & en chacun desdits cas que la connoissance de cause precede la dispense ; & le tout sans composition en argent, & sans frais autres que de l'inquisition ; & au quatriéme degré ; qui est le huitiéme selon le Droit Civil, la dispense fut sur une simple supplication par forme d'obeyssance sans autre inquisition, & sans frais, & le tout sans aller à Rome. Les dispenses qui se font pour juste cause, & avec connoissance d'icelle, sont plûtôt de justice & de devoir que de grace. S. Gelase Pape *in can. necessaria* 1. *qu.* 7. dit que la necessité des temps, & les circonstances contraignoient de relâcher & temperer les anciens Decrets. Et si on dit que la défense contenuë audit chapitre *non debet*, est faite en Concile general, la réponse est que ledit Concile ne peut estre dit Oecumenique, parce que le Pape seul statuë & non le Concile, & és anciens Conciles toute l'Assemblée ordonnoit audit Concile comme il est rapporté en plusieurs Decretales antiques, le Pape seul statuë, & ordonne, & comme au chapitre *ne pro defectu extra. de electione in cap. irrefragabili de officio ordin. cap. contigit de arbit.* & en plusieurs autres, & si le Concile vrai Oecumenique avoit statué & ordonné, le Pape qui est sujet à icelui, ne pourroit dispenser contre : car en France nous n'avons pas reçû les Constitutions des Papes qui se disent estre pardessus le Concile universel.

Quant à l'union des Eglises Paroissiales & autres Eglises qui ne sont électives, les Papes par leurs Constitutions ont reconnu que l'Evêque Diocesain la pouvoit faire *cap. exposuisti extra de prebend.* mais soit que l'union se fasse par le Pape avec rescrit delegatoire *ad partes*, soit que l'Evêque Diocesain la fasse *jure ordinario*, il y doit intervenir connoissance de cause, qui soit, ou de necessité, ou d'évidente & urgente utilité selon le saint Concile de Constance. L'une des causes reçûës de droit est si le revenu de chacune Eglise est si petit qu'il ne puisse suffire pour entretenir un Prêtre y déservant avec commodité, & ainsi fut statué au Concile de Tolede 16. rapporté *in can. unio.* 10. *quæst.* 3. Pour la reconnoissance de cause doivent estre oüis les Patrons laïs & Ecclesiastiques : & si l'Evêque unit deux Eglises Paroissiales ou autres, qui ne soient de même Patronage, le moyen d'indemnité sera que les Patrons alternativement se presenteront, quand vacation aviendra du Benefice qui aura esté composé de deux par union. Mais ne sera faite union de l'Eglise Paroissiale avec une Dignité, ou Canonicat d'Eglise Cathedrale ou Collegiale, si ladite Dignité requiert residence au Chœur, & sans y admettre le remede qui est *in cap. extirpandæ §. qui verò extra. de prebend.* qui est, que celui qui a la Dignité mettra un Vicaire perpetuel : car le regime des ames est plus que l'exercice du Chœur : & si aucunes unions telles ou semblables sont, elles seront cassées, afin que le Curé déserve en personne.

Par même raison puissent les Evêques ériger de nouvelles Eglises Paroissiales, si le territoire d'une Paroisse est si grand, & le peuple si abondant, qu'il ne soit aisé qu'un Prêtre satisfasse à tout. Ce qui doit estre semblablement avec connoissance de cause, qui soit juste & raisonnable, & à la charge de borner & limiter les confins des deux Paroisses, & attribuër les Dîmes du territoire de la nouvelle Paroisse au nouveau Curé, en telle sorte toutefois que le Recteur de l'ancienne Eglise ait à suffisance pour s'entretenir : car ce seroit faire tort à l'un pour avancer l'autre, à quoi se rapporte ce qui est dit *in cap.* 3. *de Eccles. ædific.* & pourvû qu'il ait à suffisance, il ne doit se plaindre s'il n'a pas tant de reste, car les biens de l'Eglise ne sont pas pour l'aise, & commodité personnelle des Beneficiers seulement, ains principalement pour entretenir le Service de Dieu. Ce qui est dit *in can. Ecclesiæ* & *in can. quicumque* 16. *qu.* 1. tiré des Conciles de Châlons & Vvormes, de n'attribuër aux nouveaux Oratoires le revenu des anciennes Eglises, s'entend des nouvelles Eglises faites par devotion & bien seance, comme sont Monasteres, Prieurez & Chapelles, qui sont de pure devotion, ce que signifie le mot *Oratoire*, & non des Eglises faites par necessité, ou tres-grande utilité équipolente à necessité. Au Canon *in variis* tiré du Concile de Pavie, auquel assista Loüis Empereur 16. *qu.* 1. est dit, que les Dîmes doivent estre distribuées selon la disposition de l'Evêque.

Quant à la translation des Evêques d'un Evêché à autre, & permutation des Benefices, les anciens Decrets les ont grandement blâmées, comme si par avarice ou par ambition aucun vouloit delaisser une Eglise moins riche ou moins notable, pour estre pourvû d'une plus riche & plus honorable, & ont mis la peine, qu'il est indigne de retourner à l'Eglise qu'il a méprisée par orgueil, & indigne aussi d'avoir celle qu'il a desirée par ambition. Ainsi dit Innocent en la Decretale entiere *in cap. bonæ ext. de elect* & au Concile de Meaux rapporté *in can. si quis de ord.* 7. *qu.* 1. Leon *in can. si quis Episc.* & *ex Conc. Antioch. in can. Episc.* 7. *qu.* 1. Cette translation fut défenduë au grand Concile de Nice de 318. Evêques chap. 15. & 16. rapporté *in can. non oportet 7. quæst.* 1. & au grand Concile de Calcedoine rapporté *in can. propter. 7. qu.* 1. & en d'autres Conciles & Canons rapportez en ce même lieu, même de Leon Pape *in can. si quis Episcopus* audit lieu. Par le Concile de Carthage IV. chap. 27. rapporté *in can. Episcopos de loco 7. qu.* 1. est mise une exception, sinon que ce soit pour l'évidente utilité de l'Eglise comme S. Pierre fut transferé d'Antioche à Rome. Que la translation doive être autorisée par les Evêques assemblez en Sinode, fut statué au Concile de Carthage IV. chapitre 27. rapporté *in can. Episcopus de loco 7. quæst.* 1. Les Papes de Rome ont pretendu qu'à eux seuls appartient d'autoriser & faire les translations des Evêques, & est dit par Innocent III. *in cap.* 1. & *inter extra. de translatione Episcop. & in cap. quod translationem extra. de officio Legat.* & de recevoir leurs Resignations *cap. licet extra. de Regul.* & au texte vulgaire du Decret de Gratian *in can. mutationes 7. quæst.* 1. qu'il dit estre d'Antherus Pape, se trouve écrit que la translation doit estre faite de l'autorité du Siege Apostolique : mais en l'émendation dudit Decret n'agueres faite de l'autorité du Pape Gregoire XIII. se trouve une annotation audit Canon *mutationes*, qui dit que la clause *du Siege Apostolique* ne se trouve en l'original de l'Epître dudit Pape Antherus, ni en la Pannomie de Yvo Evêque de Chartres, ni au livre de Burchard, qui sont anciennes Compilations de Decrets avant Gratian. Audit chapitre 1. *de transl. Episcop.* est dit que les causes majeures sont reservées au Pape, & que la translation des Evêques est du nombre : mais les Papes à volonté ont fait croître le nombre de ces causes majeures, & ci-dessus est dit & prouvé que la translation doit estre faite par les Evêques en Sinode. Doncques les translations d'Evêques ne doivent estre faites, si ce n'est pour la necessité ou grande utilité des Eglises, & sans avoir aucun égard à la commodité des personnes, & que la necessité & utilité ait esté pleinement connuë par le Primat ou Patriarche avec les Evêques de la même Province & le Metropolitain assemblez en forme de Sinode solemnellement, sans qu'il soit besoin d'aller à Rome ne y porter une Annate. De même si l'Evêque pour son infirmité perpetuelle, ou par son grand âge ne peut plus faire sa charge, & selon les anciens Decrets est besoin lui donner Coadjuteur *in can. scripsit*, qui est de S. Gregoire VII. *quæst.* 1. *cap. de Rectoribus cap. ex parte de Cleric. ægrot. vel debilitato.* en soit ordonné par le Metropolitain au Sinode des Evêques, sans qu'il soit besoin d'aller à Rome nonobstant la Constitution de Boniface VIII. *in cap. unico de Clerico ægrot. in 6.* & durant cette infirmité l'un des Evêques voisins administrera ce qui est de l'Ordre Episcopal, Nicolas *in can. Pontifices 7. quæst.* 1. & ne lui doit estre donné Coadjuteur outre son gré, Evaristus *in can. sicut vir. 7. quæst.* 1. Pelage *in can. quia frater ibidem.* Sinon que l'Evêque fût dilapidateur, on lui doit donner Coadjuteur *etiam* outre son gré, sans l'avis duquel il ne puisse disposer *cap. venerabili extra. de officio & potestate judic. deleg.*

Et quand aux translations d'autres Benefices, qu'on appelle permutations, il soit dit au prochain Concile National conformément aux anciens Conciles, qu'elles ne pourront estre faites par la seule volonté & consentement des compermutans, comme il a esté observé cy-devant *in sexta Synodo can. quoniam* 21. *qu.* 2. *can. placuit ex Concilio Hispal. ibidem*, ains seulement soient faites pour la necessité, ou fort grande utilité des Eglises, & aprés entiere connoissance de cause par l'autorité des Evêques Diocesains, qui est la vraye decision du chapitre *quæsitum* d'Urbain III. *extra. de rerum permut.* qui declare simoniaques les permutations faites quand il y a paction precedente. Auparavant *in Concilio Turonensi*, auquel presidoit Alexandre III. *cap. Majoribus de Præbend.* permutations furent prohibées, & par Regle generale toutes pactions en telles matieres sont défenduës comme tenans de simonie, Innocent III. *in cap. tua nos de simon.* Gregoire IX. *in cap. ult. de pactis ex Concilio Carthagin.* III. *Can. Episcopus 7. qu.* 1.

Quant au *Pallium*, qui a accoûtumé d'estre envoyé de Rome aux Archevêques, Innocent III. en la Decretale 3. *extra. de authoritate & usu pallii*, semble avoir declaré qu'il étoit necessaire, & que par icelui estoit attribuée plenitude de puissance, & sans l'avoir reçû l'Archevêque ne pouvoit administrer en sa charge : qui est un moïen pour contraindre les Archevêques d'aller prendre leur confirmation à Rome, jaçoit que par lesdits anciens Decrets la confirmation de l'Archevêque appartint aux Evêques suffragans de la même Province, comme fut statué au Concile d'Orleans II. art. 7. jaçoit aussi que par les anciennes Constitutions des Papes, soit assez connu que le *Pallium* n'estoit de necessité, ains de bien seance, & s'octroïoit par grace à cause des merites de celui qui le demandoit, ainsi que témoigne saint Gregoire en l'Epitre 5. du livre 7. adressée à Brunechilde Reine de France. Et n'estoit pas seulement octroyé aux Archevêques, mais aussi aux Evêques, comme le même S. Gregoire l'octroya à Syagrius Evêque d'Authun, comme il appert par l'Epître 112. dudit livre 7. des Epîtres de saint Gregoire qui est rapporté au Canon *rationis dist.* 100. Pelage *in can. quoniam* 100. dit que l'ancienne Coûtume estoit que les Metropolitains envoïoient profession de leur Foi au Pape, & par même moyen desiroient le *Pallium*. Et bien souvent avenoit que les Papes en octroyant ce *Pallium* constituoient celui à qui ils l'octroyoient Vicaire ou Legat du saint Siege Apostolique és détroits de son Diocese, ou de sa Province ou d'un Royaume, comme se voit és Epîtres du même saint Gregoire en la 15. adressée à Jean Evêque de Justiniane, & 51 adressée à l'Evêque d'Arles, toutes deux au livre 4. & est rapporté *in can. in Galliarum* 25. *qu.* 2. Le même Pape Innocent en la Decretale *antiqua extra. de privileg.* dit que les Patriarches peuvent octroyer le *Pallium* aux Archevêques qui sont sujets d'eux. Pourquoi au Concile National en reprenant l'ancienne liberté de l'Eglise de France, pourra estre declaré, qu'il n'est de necessité à l'Archevêque de demander & recevoir le *Pallium* de Rome,

Rome, & s'il veut l'avoir que son Primat ou Patriarche pourra le lui octroyer, & avant icelui reçû pourra administrer; pourvû qu'il soit confirmé, & exercer ce qui est de l'ordre Episcopal aprés avoir esté consacré.

Quant à l'âge des professions Monastiques & promotion aux saint Ordres; soient repris & rétablis les anciens Decrets qui disent que les Vierges ne peuvent estre voilées, c'est à dire faire profession avant l'âge accompli de vingt-cinq ans, comme fut statué au Concile de Carthage III. ch. 4. rapporté *in can. placuit* 77. *dist.* & au Concile de Tours ch. 28. & au Concile de Vuormes chp. 69. Le Pape Pie au Canon *Virgines* 20. *qu.* 1. met l'exception, sinon en cas de necessité, qui est quand l'honneur de la fille est en peril de lui estre ravi: & quant aux mâles sembleroit aussi à propos d'y prefinir le même âge de vingt-cinq ans accomplis, ou pour mieux dire l'âge de trente ans ordonné aux Pretres, comme sera dit ci-aprés. Les professions tacites ne soient admises, comme pour avoir porté l'habit des Profez par an & jour. Innocent IV. *in cap.* 1. *de Regular. in* 6. ou l'habit indistinct. *Clementina eos qui eod. tit.* de ne faire profession avant l'an *contra cap. constitut onem de reguli in* 6. contre les Professions tacites *Monachum non facit habitus, sed professio regularis, cap. porrectum extra de regul.* Profession doit estre par écrit, au Concile de Tolede *can. omnes* 27. *qu.* 1. & par l'Edit de Moulins 1566. article 55 le peril à les recevoir si jeunes, est, qu'ils ne soient pervertis: saint Augustin *in can. quantumlibet* 47. *dist.* dit que comme il n'en a vû de meilleurs qu'és Monasteres, aussi il n'en a vû de pires quand ils se sont dépravez. & quand aux saints Ordres, soient rétablies & remises sus les anciennes Loix Canoniques, qui défendent de promouvoir aucun au Diaconat avant l'âge de vingt cinq ans, auquel temps le Subdiaconat n'estoit Ordre sacré *cap. à multis extra. de ætate & qualitate cap. penult. extra de servis non ordin.* & de present qu'il est Ordre Sacré le même âge soit prefix pour le Subdiaconat, & l'Ordre de Prêtrise ne puisse estre conferé avant l'âge de trent'ans accomplis, qui est le même âge auquel Jesus-Christ commença à prêcher: ainsi fut statué au Concile de Tours chapitre 12. au Concile d'Agde en Languedoc chap. 17. rapporté *in can. Episcopus* 78. *distinct.* au Concile de Neocesarée chapitre 11. au Concile de Vuormes article 69. & seroit bon selon ce qui est dit par Leon Pape *in can. miramini* 61. *distinct.* que dés leur jeune âge ils eussent esté instruits en la discipline Ecclesiastique aux dépens de l'Eglise, à laquelle ils seroient voüez, afin que l'Evêque eût témoignage certain de leur vie & mœurs. Et si on vouloit dire que ce seroit occasion de diminuer le nombre des Moines & des Prêtres; on pourroit répondre quant aux Moines, qu'ils sont en l'Eglise par bien-seance, & non pour la necessité du Ministere: les Evêques & Curez sont de l'ancien & necessaire établissement. Et quant aux Prêtres que le nombre moindre bien choisi & bien ordonné seroit plus reveré, & seroit plus de profit en l'Eglise. Selon l'infirmité humaine on fait moins de compte de ce dont on a abondance, puis la sainteté requise en l'une & l'autre profession, desire bien que la maturité de l'âge y soit, laquelle raison est representée audit Concile d'Agde en Languedoc. Ce faisant la France reprenant l'ancienne liberté selon les saints Decrets ne sera sujete aux Constitutions faites par les Papes, même par Clement V. qui permet de conferer l'Ordre de Subdiaconat à dix-huit ans, de Diaconat à vingt ans, de Prêtrise à vingt-cinq ans: encore ne se dit pas aprés ledit nombre d'ans accomplis, mais au 18. 20. & 25. qui est à dire dés que le lendemain des 17. 19. & 24. ans sont accomplis, c'est en la Clementine *generalem de ætate & qualitate*.

Quant à la dispense des bâtards pour estre promus aux saints Ordres & tenir Benefices, les Papes s'en sont reservez le pouvoir, tout au moins quant aux saints Ordres & Benefices ayant charge d'ames; & ainsi est dit par Boniface VIII. *in cap. his qui defectum de filiis Præsbyt. in* 6. & Honoré III. au chapitre *dilectus* & Gregoire IX. au chapitre *nimis* au sixiéme titre és Antiques; jaçoit que d'ancienneté fut permis de recevoir és Ordres sacrez les bâtards quand ils se trouvent vertueux & sçavans, & qu'ils peuvent faire service fructueux à l'Eglise. A quoi se rapporte le Concile de meaux rapporté *in can. tali* 1. *qu.* 7. Gelase *in can. etsi illa* 1. *qu.* 7. dit que selon la necessité ou utilité de l'Eglise les Statuts Canoniques sont changez ou relaxez. De même dit Urbain II. *in can. ab excommunicatis* 9. *qu.* 1. & Alexandre II. *in can. Apostolica.* 56. *dist.* quand le bâtard est homme vertueux & de merite. Toutefois quant aux fils des Prêtres sembleroit assez expedient que selon les anciens Decrets ils ne fussent aucunement reçûs és Eglises, desquelles leurs Peres ont esté pourvûs, à ce qu'il ne semblât que ce fût comme une succession & heredité, ce qui est remarqué par Innocent III. *in cap. quoniam in integra. extra. de filiis Præsbyterorum, & in cap.* 1. *eod. tit. in* 6. Et en ce que voyant le fils au même Autel, auquel a esté vû son pere, ce ne fût scandale & contre-cœur au peuple: mais au reste en la bâtardise il n'y a aucune faute de l'enfant, la semence de soi est benîte, & la faute du pere ne doit nuire à l'enfant. *Damasus in can. Osius* 56. *distinct.* nomme plusieurs qui estans fils d'Evêques & de Prêtres sont parvenus au grand Pontificat. Saint Augustin rapporté *in can. sicut* 32. *quæst.* 4. dit que les bâtards qui n'imitent les pechez de leurs peres & servent bien Dieu, ne sont à rejetter. Car la semence de l'homme est creature de Dieu, & est mal pour ceux qui l'emploïent mal, mais de soi la semence n'est mauvaise, selon le même saint Augustin *in can. undecumque* 56. *dist.* saint Chrysostome *in can. nunquàm dicta dist.* 56. dit que le fils n'est point obscurci ou pollu du crime de sa mere adultere, mais est orné de sa propre vertu, & en la generation de Jesus-Christ se trouvent aucuns bâtards nés ou en adultere, ou en inceste, ou de femmes étrangeres, qui sont ceux desquels les meres sont nommez. *S. Augustinus in can. sponsus, & Jeronymus in can. Dominus* 56. *dist.* & audit Canon *Dominus* est dit que Jesus-

Christ ainsi né fut le grand & vrai Sacerdote. Mais pour la forme & afin que ce ne soit occasion de favoriser les copulations illicites, seroit expedient que l'institution fût plus exacte, & la suffisance trouvée plus grande aux bâtards avant leur promotion, qu'aux autres naîs legitimement. Ce faisant ne seroit besoin de se pourvoir à Rome ; jaçoit qu'Honoré III. *in cap. dilectus* & Gregoire IX. *in cap. nimis extra. de filiis Presb.* aïent dit qu'au seul Pape en appartient la dispense.

Les Indults des Cardinaux & des Cours de Parlement semblent servir de déreglement à l'Eglise comme estans directement contraires aux anciens Decrets, & doit-on en l'Eglise estimer estre de plus grand respect & faveur l'utilité du Peuple, la direction des ames, & l'Ordre Politique en la Hierarchie Ecclesiastique, que la consideration & gratification des personnes ; même quant ausdits Cardinaux qui sont Conseillers ordinaires du Pape, ils doivent estre plus soigneux du bon ordre en l'Eglise comme le Pape Chef d'icelle doit estre. Les Cardinaux ne sont pas dits Cardinaux de l'Eglise universelle, mais sont dits Cardinaux de l'Eglise Romaine, & d'ancienneté comme se connoît par les Epîtres de saint Gregoire, & par la Decretale du Pape Leon *in cap.* II. *de offic. Archipresbyteri*, & comme j'ai vû és anciennes Chartes de l'Eglise de Nevers, chacune Eglise Cathedrale avoit des Cardinaux, qui estoient les principaux Curez du Diocese : le Pape a son Diocese à part comme un autre Evéque a sa Province à part comme un autre Archevéque : ainsi est dit *in cap. sua, de officio Vicarii* és Antiques. Les Evéques de la Province particuliere du Pape sont les Cardinaux Evéques, les principaux Recteurs des Eglises Paroissiales de Rome sont les Cardinaux Prêtres, & ceux qui tiennent autres Benefices à Rome sont les Cardinaux Diacres. Ces Cardinaux sont ceux, desquels le Consistoire & Conseil ordinaire du Pape est composé, qui veritablement doivent estre honorez pour le respect de leur Chef, qui est le Pape ; mais puis qu'à cause de leurs titres ils doivent residence à Rome, & de fait ne peuvent accepter ni retenir autre Evéché ou Benefice aïant charge d'ames sans dispense, comme il se lit *in cap.* 2. *de Cler. non resid.* que du temps de Leon IV. Anastase Cardinal fut deposé en Concile, parce qu'il avoit delaissé sa Paroisse qui estoit son titre pour cinq ans, ce n'est pas raison qu'ils tiennent des Benefices en France ni qu'ils y soient privilegiez avec le peril & dommage des ames des pauvres Fideles, combien que les Cardinaux soient dispensez en l'Extravagante *execrabilis de prebendis* pour le soin qu'ils ont de l'Eglise Universelle. Doncques pour rétablir l'Eglise de France en son ancienne liberté & splendeur, soit statué au Concile National, que les Benefices seront conferez par les Collateurs ordinaires, quand vacation aviendra selon les regles ci-dessus décrites, tirées des anciens Decrets, sans que les Cardinaux y reçoivent aucune faveur ou avantage, ni même pour le fait de plaidoirie pour en attribuer la connoissance au Grand Conseil : car même en general il est expedient que toutes sortes de plaidoiries pour le fait des Benefices soient interdites ; à peine d'estre declarés ambitieux & incapables ceux qui plaideront Benefices.

Il n'y a non plus d'apparence à l'Indult des Cours de Parlement, par le moïen duquel les Collateurs ordinaires sont empêchez de conferer les Benefices vacans à ceux qu'ils jugent les plus dignes, & c'est à eux seuls d'en juger, parce que toutes les Eglises de chacun Diocese sont sujetes aux Evéques Diocesains, qui estans presens, & sur le lieu jugent mieux, que ne peuvent faire les Presidens ou Conseillers, qui pour la plûpart estans laïs & éloignez des Benefices, par raison ne doivent nommer ni même interceder envers les Evéques ou autres Collateurs pour faire conferer les Benefices à ceux qu'ils auront agreables. Aussi que c'est un moïen pour faire tomber le revenu des Benefices és mains de ceux qui n'en sont pas & n'en peuvent estre titulaires.

Quant aux Hôpitaux parce que la principale administration d'iceux gît en ménagement & exercice d'affaires temporels, qui n'est propre aux Gens d'Eglise, desquels le soin doit estre tout entier au service de l'Autel à l'administration des Sacremens & à la Predication de la parole de Dieu, soit avisé au Concile National d'autoriser & avoir agreable par l'Eglise de France les derniers Edits faits par nos Rois pour le gouvernement d'iceux Hôpitaux ; & soit étendu ledit Edit à toutes sortes d'Hôpitaux, ores qu'ils soient de fondation laïe, & qu'ils aïent accoûtumé d'estre conferez en titre, ou qu'ils soient unis à aucuns Benefices ; à quoi succede ce qui est dit *in Clem.* 2. *de relig. domib.* que les Hôpitaux ne doivent estre conferez en Benefices ores qu'il y eût coûtume, mais doivent estre baillez en gouvernement à personnes comptables, sauf toutefois aux Evéques leur autorité, honneur & surveillance en ce qui est de l'administration spirituelle desdits Hôpitaux, & exhortation qui sera faite aux Maîtres Gouverneurs d'iceux de conferer avec eux, & prendre leurs avis sur les affaires importantes qui surviendront, & au ch. *de Xenodochiis extra. de relig. dom.* la sollicitude seulement leur est attribuée & non pas l'administration, & sauf aussi à eux de pouvoir assister aux comptes, qui se rendront par lesdits Maîtres, & sauf encore aux Patrons tant Ecclesiastiques que laïs l'honneur qui leur est dû, & d'en prendre soin & procurer ce qu'ils connoîtront estre bon pour l'administration d'iceux, & d'assister ausdits comptes, & y estre respectez avec rang honorable. Et à cét égard l'Eglise de France n'acceptera les articles du Concile de Trente contraires ou divers ausdits Edits.

Quant aux élections des Evéchez, Abbaïes & autres Prelatures ; soit suplié le Roi de quitter la nomination des Evéchez, Archevéchez & Primaties, & de laisser les élections au Clergé, pour au premier Concile National estre avisé la forme qui sera tenuë esdites élections, pour éviter toutes brigues & menées, & pour faire que personnages gens de bien & de longue approbation de prud'hommie, de bonne literature & âge suffisant soient élûs, que nul ne peut estre élû Evêque qui ne soit âgé de trent'ans *cap. cum in cunctis, de elect.* & qui soit de litterature convenable, ores qu'elle ne soit excellente *cap. cum nobis eod. cap. nisi 9. pro defectu de renuntiat.* & les confirmations faites sans y admettre les formalitez de procez. Même ne soit admise cette formalité du Droit Canonique, de casser les élections pour défaut de la solemnité de droit & autres formes dont est parlé *in cap. ad inquisitionem extra. de accusat. cap. bona 2. de elect. cap. super eo, ibid.* comme est la ceremonie si élection est faite avant que le corps de l'Evêque soit enterré *d. cap. bona 2.* & au Sexte & aux Clementines infinitez de formules sont prescriptes, l'omission desquelles rendoient l'élection nulle. Et l'élection étoit cassée s'il y avoit quelque défaut en icelle *dicto cap. super eo; dicto cap. bona cap. cum post, cap. quod sicut d. elect. in decretalibus.* Et si on procedoit à postulation, c'est à dire, que quelqu'un fût estimé propre à la charge d'Evêque, qui ne fût *in sacris*, ou qui eût quelqu'autre defectuosité, le Primat ou Patriarche peut dispenser aprés connoissance de cause, qui fût trouvée juste & pour l'utilité de l'Eglise. Quand le Chapitre de l'Eglise Cathedrale & le Clergé auront élû l'Evêque, plus volontiers ils lui obeïront & quitteront les exemptions qu'ils ont, comme ont la plûpart des Chapitres ou par privilege ou par Coûtume inveterée, dont est parlé *in cap. irrefragabili extra. de offic. ord.* Aussi en ce faisant soit statué au Concile National que les élections des Evêques se feront, y appellez, non seulement le Chapitre, mais aussi les Abbez, Prieurs, Conventuels, Chefs d'Eglises Collegiales, & les Archiprêtres, & par sort soient choisis les Nominateurs, comme à Venise, & sur le champ sans divertir. Soient aussi confirmez aprés leur élection lesdits Prelats à sçavoir, quant à l'Evêque, par son Superieur Metropolitain, & quant à l'Archevêque, par son Primat avec ses Evêques de la Province *cap. si Archiepiscopus, extra. de temporé ordinat.* & cela fait les élûs confirmez prêtent au Roi le serment de fidelité, puis soient consacrez suivant l'ordre de droit.

Et quant aux Abbayes & autres Prelatures électives, il y a moins d'inconvenient que le Roi en retienne la nomination à lui, non pas pour aller prendre l'institution à Rome, & y païer l'Annate, mais pour être la confirmation faite par l'Evêque Diocesain sans longueur, sans procés, & sans frais comme au temps de l'Election la confirmation leur appartenoit, ou bien au chapitre, quand le Siege Episcopal estoit vacant. Gregoire IX. *in cap. cum olim de Major. & obed.* & l'élection appartenoit aux Religieux de la même congregation, *ex Concil. Toletano can. congregatio 16. quæst. 7.* Gregoire *in can. Abbas*, & Pelage *in can. Abbatem 18. quæst. 2.* & devoit estre élû un de leur congregation, si aucun estoit idoine, sinon d'un autre, Gregoire *in can. quam sit 18. quæst. 1.* Et parce que comme dit a esté les Abbayes & autres Prelatures électives ne sont de l'ancien & necessaire établissement de l'Eglise, le Primat ou Patriarche puisse dispenser de les tenir en Commande perpetuelle, à la charge que dans les six mois sera choisi du plus beau, clair, certain & commode, & prochain revenu pour la nourriture & entretenement des Religieux, qui auront Prieur ou Sous-prieur & autres Officiers de Cloître, Religieux Profez de la même maison, & le nombre des Religieux en nombre suffisant pour faire le service, ausquels Religieux le Prieur ou Sous-prieur commandera comme feroit un Abbé Regulier en tout ce qui est de la discipline Reguliere, lequel Prieur ou Sous-prieur audit cas que le Roi retienne la nomination soit élû par les Religieux, confirmé par l'Evêque, comme a esté ci-dessus dit de l'Abbé, & sera ce que dessus executé & délivré réellement dedans les six mois, autrement la Commande perpetuelle sera & demeurera vacante *ipso jure*, & sans deroger à l'autorité que les Evêques ont és Monasteres assis en leurs Diocéses. Que toutes plaidoiries pour les collations, titres ou Commandes des Benefices soient interdites, à peine d'estre le Litigateur privé du droit par lui pretendu comme ambitieux & indigne, car les Benefices doivent estre baillez à ceux qui les fuyent & en sont dignes, & refusez à ceux qui les demandent *can. sicutis*, qui est de Saint Gregoire *1. quæst. 6.* & *can. inscripturis 8. quæst. 1.* Pourquoi j'ay trouvé étrange ce qui est dit par Clement III. *in cap. super hoc extra. de renun.* où il parle d'un Benefice acquis avec grande dépense & grand labeur, vrai est qu'il narre la contingence du fait. *in l. consulta C. de testa.* est dit que c'est honte aux gens d'Eglise d'estre sçavans au fait de plaidoirie, & *l. repetitæ C. de Episcop. & Cler.* Et si aucun different survient, soit vuide sommairement & de plain par trois arbitres, dont chacune des parties en nommera un, & tous deux s'accorderont du troisiéme; à leurs refus, delai ou discord de nombre ou accorder, l'Evêque Diocesain les choisira & feront lesd. arbitres tenus de vuider le different dans un mois au plus tard, & n'y aura appel ni plainte contre le jugement desdits arbitres.

Soit avisé au prochain Concile National de l'âge certain de ceux qui voudront se marier, qui ne pourra estre des mâles avant dix-huit ans accomplis, qui est la pleine puberté, & des filles avant quatorze ans; & à cet égard soit temperée & éclaircie la diversité des decisions du droit Canonique & du droit Civil, le droit Civil ayant declaré la puberté à quatorze ans pour les mâles, & à douze ans pour les filles, & sous pretexte que les Canonistes ont dit qu'il ne faloit pas tant avoir égard à l'âge qu'à l'habitude du Corps, parce qu'aucunes personnes sont de plus belle venuë à quinze ans que les autres à dix-huit ans, on s'est communement dispensé à faire le mariage de fort jeunes personnes, & les Evêques & leurs Officiaux n'y ont tenu la main ferme, dont sont avenus plusieurs inconveniens, même que les personnes, fort jeunes se copulans charnellement avant la force naturelle, se gâtent & affoiblissent, qui les fait mourir jeunes ou vivre en langueur, & la lignée qui en vient est foible & de peu de vigueur : qui fait perdre les maisons & lignées : & souvent avient que l'amitié ne s'entretient pas si bien entre les mariez ; & afin d'éviter ces inconveniens, & le peril qui pourroit être par brigues & menées pour faire juger si ces jeunes personnes sont en vigueur suffisante pour se coupler charnellement, il est expedient qu'un âge certain & prefix jusqu'à un jour prés soit établi, qui selon la commune contingence soit propre pour engendrer. Les Romains par leurs Loix ont defini la pleine puberté à dix-huit ans, & parce que les femelles selon l'habitude naturelle sont plûtôt venuës, ledit âge de pleine puberté soit retenu pour les mâles, & celui des femelles soit à quatorze ou quinze ans.

Ne soit besoin d'aller à Rome pour donner Coadjuteurs aux Evêques malades & infirmes de corps ou sens, & pour ordonner Visitatateur ou Administrateur à l'Evêché vacant, qui sont cas que les Papes ont dit leur appartenir *cap. is qui extra. de élect. in 6. cap. unico de Cler. ægrotante in 6. & cap. ult. de suppl. neglig. Præl.* où il est dit que le Visitateur donné par le Pape peut conferer Benefices, mais non s'il est député par autre, comme estans des causes majeures, ains y soit pourvû par le Metropolitain, ou par le Primat, avec l'avis de deux ou trois Evêques de la Province, par la même raison de la confirmation & ordination.

Aussi ne soit besoin d'aller à Rome pour estre absous d'irregularité, comme quand aucun Prêtre suspense *à Divinis* s'entremet à l'Office de l'Eglise. Le cas est reservé par Innocent IV. *in cap. 1. de sent. & de re judic. in 6.*

Fait en l'année 1594.

Fin du premier Traité des Libertez de l'Eglise de France.

AUTRE TRAITE' DES LIBERTEZ DE L'EGLISE DE FRANCE,

ET DES DROITS ET AUTORITE' QUE LA COURONNE de France a és affaires concernans la Police de l'Eglise dudit Royaume, par bonne & sainte union avec icelle Eglise.

PAR Me GUY COQUILLE, SIEUR DE ROMENAY.

C'EST le Traité fameux des Libertez de l'Eglise de France dont parle Monsieur le President de Thou en l'Eloge qu'il a fait de Monsieur Coquille au CXXIX. *livre de son Histoire, sous l'année 1603. qu'il écrit avoir esté dérobé en ces mots*, accuratissimas de Gallicanæ Ecclesiæ juribus, quæ nunc ubique exagitantur, observationes collegerat, quæ plagio perierunt; *mais qui a esté recouvré depuis quelques années, par une rencontre inopinée & tout à fait heureuse, comme il est remarqué dans la Preface de ce Livre, De sorte que le Traité precedent, quoi que bon & utile, n'étoit que le projet de celui-cy, & les autres qu'il a faits de semblable matiere devant ou aprés n'en sont que comme les sommaires & les abregés. Neanmoins on n'a pas crû qu'il en fallut obmettre aucun dans cette Edition, parce que les petits seront pour ceux qui ne pourront pas s'appliquer entierement à la lecture de ce grand & parfait Ouvrage qui contient tous les autres; & aussi parce qu'il ne faut rien perdre d'un tel Personnage, duquel on peut dire ceci de particulier, qu'il est l'auteur qui a traité le plus amplement & avec plus de zele & plus d'application des Libertez de l'Eglise de France & des droits du Roi sur la Police Ecclesiastique.*

DEPUIS que les Rois François par la foi & sainte adoption du Batême furent faits Chrétiens, le Roïaume de France a toûjours esté défenseur de toute la Chrétienté, & en particulier de l'Eglise Romaine; & par ce moïen nos Rois ont acquis le titre de tres-Chrétiens. L'un des principaux témoignages de cette défense est la victoire de Charles Martel, Chef de l'Armée Françoise prés de Tours contre les Maures & Sarrazins, qui peu aprés avoir conquêté l'Espagne se jetterent en l'an 730. dans la France, pensant avoir aussi bon marché de sa conquête comme ils avoient eu de l'Espagne. S'ils n'y eussent trouvé une heureuse resistance c'estoit fait de la Chrétienté: car l'Italie estoit desolée par ses divisions & par l'insulte des Lombards; L'Allemagne n'avoit point de Gouvernement certain (l'Empire n'y estant encore établi,) l'Orient & la Grece estoient plus qu'à demi perduës pour les Chrétiens, & enserrez de toutes parts par lesdits Sarrazins qui délors étoient les Seigneurs paisibles de l'Egypte & de l'Afrique. Un autre témoignage est par les entreprises & victoires que Pepin Roi de France & Charles le Grand son fils eurent contre les Lombards, de la tyrannie desquels l'Italie, & même l'Eglise Romaine fut délivrée par la prise de Didier leur Roi, & suppression de leur Royaume: aprés laquelle victoire lesdits Rois de France attribuerent & donnerent à l'Eglise Apostolique Romaine la domination temporelle de l'Exarchat, qui comprenoit ce que les Empereurs de Grece tenoient en Italie deça l'Apennin, où sont les Villes de Ravenne, Bologne, Ferrare, Imole, Rimini, Ancone, Faënse, & tout ce qui est de la Romagne & marque d'Ancone, comme témoigne Sabbell. historien au liv. 8. de l'En. 8. Le même Charles le Grand établi l'Empereur en Occident.

Peu de temps aprés les Normans ja naturalisez en France conquêterent le Royaume de Naples & de Sicile sur les Empereurs Grecs & sur les Sarrazins, & aprés leur conquête par humble devotion reconnurent lesdits Roïaumes en fief du Siege Apostolique qui en joüit encore de present. L'autre temoignage est par cette grande & incomparable entreprise faite & gaillardement executée par la Noblesse de France, sous la conduite de Godefroy de Boüillon par la conquête de Jerusalem & de la Terre Sainte, dont est venu qu'encore aujourd'hui toutes les nations des ces quartiers là appellent tous les guerriers Chrétiens *Francs*: & depuis ladite conquête nos Rois ont fait & font faire plusieurs voyages avec main armée pour la conservation & accroissement de ladite conquête. Combien de fois les armées Françoises ont-elles passé les Alpes pour secourir le Siege Apostolique affligé? Combien de fois les Papes en leurs afflictions ont ils eu recours à nos Rois venans en France, & par le moïen d'iceux ont esté rétablis? Aussi le Pape Innocent III. en la Decretale entiere (je dis entiere, parce que celle qu'on lit communement est racourcie) au chapitre 9. *tit. de judicis* és Decretales antiques dit que la prosperité & grandeur du Royaume de France, est la sublimation du Siege Apostolique, & que ce Royaume benit de Dieu a toûjours esté obeïssant audit saint Siege.

Comme le Royaume en general a merité cét honneur, aussi en particulier l'Eglise de France a toûjours esté tres-humblement officieuse & obeïssante audit S. Siege en embrassant la méme doctrine que l'Eglise Romaine, Catholique & Apostolique a tenuë. A ce propos Honoré Pape III. du nom en la Decretale entiere du chap. *non creatura tit. de celebratione Miss. in antiquis* dit que l'Eglise de France a toûjours esté comme la lumiere mise sur le chandelier qui par doctrine & exemples a éclairé à tout le reste de la Chrétienté. Alexandre Pape III. du nom en la Decretale entiere du chapitre *quantò de magistris* és antiques dit que l'Eglise de France a toûjours esté tres-luisante en grand nombre de personnages de science, sainteté & honneur. Cette Eglise de France a toûjours reconnu & encore de present reconnoît que nôtre saint Pere le Pape de Rome est vrai successeur de saint Pierre, & que saint Pierre a esté établi par Jesus-Christ Chef des autres Apôtres, & que par speciale recommandation, il lui a attribué le soin des brebis de son troupeau, & l'a assuré que la Foi ne défailliroit point. La méme Eglise de France en ce qui est de la Foi Catholique & Doctrine Chrétienne a esté de méme creance que l'Eglise Romaine, & avec la grace de Dieu retiendra toûjours la méme Foi.

Autre chose est des constitutions & coûtumes concernant la Police du Ministere de l'Eglise; car à cét égard ont esté plusieurs mutations & plusieurs diversitez selon les occurrences & selon les temperamens des Nations, comme les affaires de ce monde ne peuvent estre en estat permanent, dont plusieurs exemples sont és Histoires Ecclesiastiques; même en l'élection des Papes de Rome & de tous les Evêques dont la forme a changé par cinq ou six fois. car au commencement le Clergé élisoit le Pape, & aprés la paix temporelle s'aquit à l'Eglise, estant avenuë une tres-grande & sanglante sedition à Rome en l'élection du Pape Damase, auquel étoit competiteur Ursicin, & fut telle que le Prefet & Gouverneur de Rome, ne pouvant y mettre ordre furent contraints de laisser prendre cours à la sedition. Depuis ce temps les Empereurs s'entremirent à ordonner pour la police de l'élection, & n'étoit pas tenu pour Pape celui qui n'avoit esté approuvé par l'Empereur. Ce droit fut confirmé en la personne de Charles le Grand, Roi de France n'ayant encore le titre d'Empereur, ains seulement de Patrice, comme il se voit au Canon *Adrianus*, le second *63. distinct.* qui parle bien plus avant que d'approbation, car il lui fut donné pouvoir & de choisir & de nommer. Puis Nicolas Pape II. du nom en l'an mil cinquante-neuf, auquel la lignée de Charlemagne estoit devenuë à rien, & l'Empire n'estoit encore bien établie en Allemagne, ordonna une forme d'élection pour y admettre non seulement les Cardinaux, Evêques & Prêtres, mais aussi le reste du Clergé avec le peuple de Rome, comme il est dit *in can. in nomine 23. distinct.* Depuis autres formes de l'élection du Pape furent ordonnées par Alexandre III. *cap. licet de vitanda de electione in antiquis.* Par Gregoire Pape X. du nom au Concile de Lion, *cap. periculum de electione in 6.* où la glose *in verb. Concilio.* met les revocations de ladite Decretale & les causes plus fondées sur les superstitions & augures, que sur les raisons dignes de la sainteté de l'affaire, & encore depuis par Clement Pape V. du nom *in Clement. Ne Romani de electione in Clementin.* Comme aussi en l'élection des Evêques ont esté plusieurs changemens de la forme & police. En quelque temps le Siege & le peuple élisoit comme il se connoît par plusieurs Epîtres de saint Gregoire. Depuis à cause de la confusion & des brigues, le peuple en fut exclus, & le seul Clergé élisoit. Aprés fut remis aux seuls Chanoines des Eglises Cathedrales, avec lesquels, en aucunes Eglises estoient admis certains Abbez & Beneficiers. Depuis le Pape Benoît XII. reserva tous ces grands Benefices à la provision du Siege Apostolique. Au Concile de Bâle les reservations furent abolies, & les élections remises sus; & environ quatre-vingt ans aprés, le Pape Leon X. pour abolir l'efficace dudit Concile de Bâle qui estoit grandement odieux à toute la Cour Romaine accorda au Roi François I. la nomination des Evéchez pour en estre prise l'institution à Rome, en païant l'Annate qui est le revenu d'un an. Comme aussi en plusieurs autres cas concernans la police de l'Eglise ont esté plusieurs mutations, à sçavoir au Celibat des Prêtres qui a esté autrement reçû par l'Eglise d'Occident que par l'Eglise d'Orient, comme il est rapporté *in cap. cum olim extrà. de Clericis conjugatis.* en la distribution & disposition des revenus & biens des Eglises, qui au commencement devoient estre vendus, & les deniers distribuez : depuis la vente en a esté défenduë, & ont esté regis par Oeconomes qui en faisoient la distribution, selon l'ordre & besoin : pour autre temps ont esté distribuez en quatre portions, l'une pour l'Evêque, l'autre pour le Clergé, l'autre pour les pauvres, & l'autre pour les reparations & fabrique des bâtimens : Et enfin sont demeurez en l'administration des Prelats & Recteurs des Eglises. Aussi ont été plusieurs mutations en la regle & police des Monasteres; car en la grande ancienneté, le Subdiaconat n'estoit Ordre sacré, *cap. à multis extrà. de ætate & qualitat.* & les Diacres n'étoient promûs qu'à vingt-cinq ans, & les Prêtres à trente, & chacun attaché à l'Eglise certaine, dont il ne pouvoit se distraire; en l'ordre & maniere du Service de l'Eglise qui autrefois a esté fort divers, l'un composé par saint Ambroise, l'autre depuis par saint Gregoire Pape, que l'Eglise de Rome a retenu, & l'autre par saint Leandre Evêque de Seville en Espagne, duquel aucunes Eglises usent encore, & est appellé *Mozarabique*, & est à croire que l'Eglise de France avoit encore une autre forme, car Charlemagne Roi de France, commanda qu'en France fut reçû & observé l'ordre du Service de l'Eglise Romaine, ce qui n'a pas esté precisement & exactemeut observé, car chacun Diocese a aucunes observations particulieres & diverses. D'ancienneté la Fête particuliere de la sainte Trinité qui est le jour des Octaves de la Pentecôte n'estoit observée à Rome, ainsi que dit Alexandre III. *in cap. quoniam extrà. de feriis.* & depuis on a commencé à l'observer comme elle estoit observée en France : Et l'Eglise de Rome retient encore l'Antiphone & la Collecte de l'ancienne institution qui se dit estre du premier Dimanche d'aprés la Pentecôte, & au Diocese de Nevers, la Fête & le Service particulier de la sainte Trinité sont celebrez trois fois l'an, la premiere qui est l'ordinaire du premier Dimanche aprés la Pentecôte, la seconde le prochain Dimanche avant l'Avent, & la tierce le prochain Dimanche avant la Septuagesime. La maniere de commencer les Fêtes n'est semblable en tous Dioceses, en aucunes on commence quant au Service de l'Eglise, aux Vêpres de la veille, & finissent aux secondes Vêpres qui sont celles du jour, & en est parlé *in cap. primò de feriis in antiquis.* Encore à Paris ils observent de faire les Vêpres de la veille plus solemnelles qu'on appelle les premieres Vêpres. Et les pardons que l'on publie en France venans de Rome portent cette ancienne forme, pour durer des premieres jusques aux secondes Vêpres. Au Diocese de Nevers les Vêpres de la veille sont moins solemnelles que celles du jour. Et comme il est dit audit chapitre. *Quoniam* chacune region a sa forme de service. En l'observation des jours de jeûnes & esquels il est interdit de manger chair, car du temps de saint Ambroise on mangeoit de la chair le Samedi au Diocese de Milan ; & à Rome non, comme rapporte saint Augustin 15. *can. illa distinct.* 12. Depuis Gregoire Pape VII. du nom a fait le commandement general de ne manger chair le Samedi *can. quia de consec. dist.* 15. Et neanmoins en France en toute la Province de Sens est observé qu'on mange chair les Samedis entre Noël & la Purification Nôtre-Dame pour commemoration du temps que la tres-Sainte Vierge Marie demeura en couche aprés son enfantement. Encore aujourd'hui au Diocese de Milan on ne commence l'abstinence de chair pour le Carême, sinon le Lundi lendemain du Dimanche de l'*Invocabit* dit des brandons. En ce que les droits de percevoir les Dîmes, tant en la cotité qu'en la maniere, n'est semblable : même qu'en France l'Eglise n'est fondée en presomption de droit commun pour autres Dîmes que des blés, & pour les Dîmes de vins & autres fruits ; l'Eglise a droit, selon qu'elle a joüi. En la forme, temps, ordre & droit de la convocation des Sinodes tant Oecumeniques & universels, que Nationaux & Provinciaux. En ce qui est de la presentation & collation des Benefices, & en infinité d'autres cas concernans la police & ordre du ministere de l'Eglise. Leon Pape IX. du nom *in can. scit sancta distinct.* 12. dit que les diverses Coûtumes & usances qui se trouvent és Regions & Provinces, ne peuvent nuire au salut des fideles ; pourvû qu'elles ne soient contraires aux anciennes constitutions Canoniques. Innocent Pape III. du nom *in cap. non debet extrà. de consanguin. & affinitate*, dit qu'il n'est pas à reprendre, si selon la varieté des temps ; & pour la necessité & utilité des constitutions de l'Eglise sont changées ; saint Jerôme & saint Gregoire rapportez *in canone Regulæ, & in can. necesse distinct.* 29. disent que les regles ordonnées par les saints Peres, peuvent estre changées selon le temps, les lieux & les personnes. Gratian compilateur des Decrets *in §. verum* auprés du Canon *quia sancta distinct.* 93. dit qu'aucunes constitutions autrefois ont esté faites en l'Eglise, qui pour le temps ont esté bonnes & saintes, & depuis sont venues en erreur & ont dû estre abolies, & allegue l'exemple d'Ezechias Roi en Jerusalem qui fit abbatre le serpent d'airain qui avoit esté élevé au desert de Moïse.

Doncques l'Eglise de France, en ce qui est immuable qui est la Doctrine Chrétienne a toûjours consenti à l'Eglise Romaine, & à cét égard a tenu & tient pour fermes les saints Decrets arrêtez au Concile de Trente, comme estans conformes, ou se rapportans aux grands Conciles Oecumeniques, & à ce qui a esté defini par les anciens saints Docteurs, & consentement universel de l'Eglise Catholique. Mais en ce qui est de la police de l'Eglise & du ministere d'icelle, l'Eglise de France a retenu l'observance de la plûpart des anciens Decrets, & n'a pas reçû ni approuvé tous les Decrets, Constitutions & usances faites & introduites par les Papes de Rome, même depuis cinq cens ans, elle en a reçû aucunes par simple tolerance & connivence selon le temps & pour un temps, sans reconnoître y estre obligée perpetuellement, ains avec liberté de les pouvoir retrancher, s'il est avisé en Concile National de la France, ou s'il se peut en Concile Oecumenique, l'Eglise de France en a refuté aucunes tout à plat. Ce n'est pas chose nouvelle ni qui tombe en suspicion de schisme ; car *etiam* les Conciles Oecumeniques en ce qui est dudit fait de police de l'Eglise, n'ont pas esté reçûs en tous leurs Chefs. Il est dit *in Canon. septuaginta. & in can. viginti distinct.* 16. qu'au grand Concile Nicene premier auquel estoient trois cens dix-huit Peres furent faits & conclus septante Canons & Decrets, & que l'Eglise Romaine n'en a reçû que vingt, & saint Gregoire en l'Epître trent'uniéme du livre sixiéme dit que l'Eglise Romaine n'a pas reçû tous les Canons du Concile de Constantinople, en l'Epître quarante-neuf du livre second, il fait distinction des articles de la Foi, à l'égard du Concile de Calcedoine, qui est l'un des quatre grands Conciles, comme voulant inferer qu'à l'égard des autres articles, il n'estoit pas necessaire de les recevoir, & és Epîtres trois & quatre du livre troisiéme, & encore en la trente sept du même livre troisiéme, est mise la distinction des Decrets faits és Conciles pour le negoce de la Foi, & pour les personnes. Aussi aprés le Concile œcumenique de Bâle, les Prelats de l'Eglise de France representans ledite Eglise aviserent & conclurent d'accepter aucuns Decrets faits audit Concile, & non pas tous indifferemment : & y est ajoûtée la raison qu'audit fait de Police Ecclesiastique aucunes constitutions sont utiles à une nation selon les mœurs & temperament d'icelle qui seroient scandaleuses & inutiles à une autre nation.

Cette observance d'aucunes constitutions & rejet des autres est en sommaire ce qu'on dit estre des libertez de l'Eglise de France, je ne dis pas l'Eglise Gallicane, comme on dit vulgairement, parce que toutes les Gaules ne se sont pas retenuës en cette liberté, car toutes ne sont pas de la souveraineté de France, les Provinces de Cologne, Treves, Mayence & Bisontine, sont des Gaules, & estoient de la Souveraineté du Royaume d'Austrasie, qui fut éclipsé & démembré de cette Couronne par le Roi Charles le Simple, & autres successeurs de Charles le Grand ; en sorte que de toute la Gaule Belgique, & Germanique deça le Rhin, ne reste en la Souveraineté de France que la Province de Reims : encore de nôtre temps, celui qui estoit Archevêque de Reims, a laissé démembrer quatre Evêchez de sa Province, qui sont Cambray, Tournay, Arras, & Teroüenne, sous lesquels Evêchez estoient les pays de Flandres, Artois, Hainault & Brabant : & y ont esté établis deux Archevêchez de nouvel, l'un à Cambray, & l'autre à Malines, & pour y donner forme de Provinces, ont esté faits aucuns nouveaux Evêchez, à Saint Omer, à Gand, à Ypre, à Namur, à Bruges, à Anvers, à Bosleduc, à Ruremonde, & à Deventer, ce qui estoit de langue Vallonne a esté attribué à la Province de Cambray ; ce qui estoit de langue Tudesque & Flamande a esté attribué à Malines, & le tout en la Souveraineté du Roi d'Espagne és Païs-bas. C'est donc l'Eglise de France qui s'est conservée en ses libertez. Grande partie de ce qui reste és Gaules n'estant de la Souveraineté de France, se dit païs d'obeïssance à l'égard de l'Eglise Romaine, parce que indistinctement on y reçoit & execute toutes constitutions & rescrits de Rome. Les libertez de l'Eglise de France ne sont pas privileges, comme aucun peu versez és affaires publiques s'avancerent de dire en l'assemblée des Etats à Blois en l'an mil cinq cens quatre vingt huit, & oserent dire que c'estoient des chimeres, parce qu'il ne s'en trouve rien par écrit, se figurans que ce fussent privileges octroyez à l'Eglise de France par le Siege Apostolique Romain. Mais à parler proprement ce sont vrayes libertez en ce que l'Eglise de France n'a pas reçû indifferemment toutes constitutions & rescrits venans de Rome, ains s'est retenuë en l'obeïssance & observation des anciens Decrets faits auparavant que les Papes entreprissent de se dire ordinaires des ordinaires, qui emporte de disposer & ordonner par tout en premiere instance, & auparavant que l'on pratiquât les exemptions, reservations, dispenses, preventions, mandats, indults, expectatives, commandes perpetuelles, resignations, *in favorem*, pensions & autres moïens que les bons & saints Prelats & Docteurs de l'Eglise de France ont estimé encore apporter beaucoup d'occasion de déreglement en l'Eglise. Pourtant nous François, ne laissons de reconnoître le Pape, estre Chef de l'Eglise & successeur de saint Pierre, avec puissance souveraine : mais nous entendons que c'est une puissance ordinaire & reglée selon les anciens Decrets, & non pas une puissance absoluë qu'aucuns flatteurs de Cour de Rome, mal avisez ont osé appeller, *Omnipotence*, soit que nous voulions appeller le Pape Chef de l'Eglise, soit que nous le voulions appeller Prince des Evêques ou le grand Pontife. En chacune appellation nous devons nous representer qu'il n'est pas Chef Monarchique, mais Chef Aristocratique. Car le mot de Chef emporte de necessité union & liaison indivisible de plusieurs membres en un corps, dont le Chef est le principal ; ce n'est donc pas une personne seule. Le mot de Prince tiré du Latin *Princeps*, ne signifie pas une superiorité du commandement, mais une préeminance & honneur entre plusieurs de même qualité quand ils sont assemblez, comme se disoit à Rome le Prince du Senat, le Senateur qui avoit droit de dire le premier sa voix & opinion ; Le Prince de la jeunesse celui qui en l'assemblée des jeunes hommes marchoit le premier ; le mot de grand Pontife signifie estre le premier entre les Pontifes, & en plus haut degré que les autres. Le mot Latin *Summus*, signifie celui qui est plus haut, aussi le Pape en ses expeditions plus Autentiques, ne prend autre titre que d'Evêque ; & à l'exemple de ce grand personnage saint Gregoire Pape, il ajoûte ce titre *serviteur des serviteurs de Dieu*. Au Canon *Sacro-sancta distinct.* 22. que l'on dit estre du Pape Anaclet, il est dit que Nôtre-Seigneur Jesus-Christ nomma saint Pierre *Cephas* Chef des Apôtres, mais la diction *Cephas* en Langue Syriaque qui lors estoit en usage en Jerusalem, signifie Pierre, & non pas Chef, bien est-il que *Cephas* en Grec signifie Chef, mais on ne parloit pas en Jerusalem Langue Grecque du temps de Jesus-Christ, de vrai aussi saint Pierre qui avoit nom Simon fut nommé Pierre à cause de la fermeté de la Foi, ce qui est dit par Nôtre-Seigneur que sur cette pierre il fonderoit son Eglise, a esté interpreté par aucuns saints Docteurs, que c'est sur la solidité & fermeté de la Foi telle que saint Pierre avoit. Ainsi l'a interpreté saint Augustin & saint Gregoire en l'Epître 33. du livre 3. de ses Epîtres. Autres l'ont interpreté de la même personne de saint Pierre, comme saint Ambroise en l'Hymne *Matutinas* qui commence *Æterne rerum conditor*, & saint Cipren en l'Epître 9. livre 4. & au livre *de habitu virginum*, & au livre *de bono patientiæ*. Ces opinions reviennent à une pour montrer que l'Eglise est fondée sur la fermeté de la Foi telle que saint Pierre avoit.

Avec ces raisons nous disons, quand nôtre propos est du Pape Chef de l'Eglise, que par

par une seule fonction d'intellect nous comprenons tout le corps de l'Eglise, saint Paul en disant la comparaison des membres du corps à l'égard l'un de l'autre (laquelle comparaison avoit auparavant esté ditte par Menenius Agrippa Romain, mais non pas avec telle efficace & effet) fait assez entendre que toute Eglise ensemble fait un seul corps, auquel sont plusieurs membres les uns plus dignes & de plus nobles fonctions que les autres, mais tous estant de même consentement & intelligence, donc quand nous representons le Pape Chef de l'Eglise, nous nous representons un Chef Aristocratique lié par union indissoluble avec les autres membres du corps. Et le Pape Chef ne doit avoir mal à gré de n'estre seul à precisément commander. Les Historiens Grecs remarquent un beau mot d'Agelaus Roi de Lacedemone, du temps duquel furent établis les Ephores qui étoient comme Contrôlleurs de l'exercice de la puissance Roïale, sur ce que sa femme lui disoit que c'étoit honte à lui de n'avoir la puissance Roïale, entiere, il lui répondit *que s'il ne l'avoit si entiere il l'auroit aussi de plus longue durée & plus assurée.* Si autrement estoit, & que le Pape se trouvât Chef Monarchique, pour neant auroient esté introduits & pratiquez en l'Eglise les Conciles Oecumeniques, dont la source est rapportée és actes des Apôtres. Ez Conciles de ce temps-là saint Pierre ne dit pas qu'il ait statué & ordonné par l'avis & approbation de ses freres Apôtres, mais tous les Apotres ensemble disent ainsi : *il a semblé au S. Esprit & à nous*, & és Conciles Oecumeniques plus anciens qui ont esté depuis les Apôtres esquels les Papes ou leurs Legats presidoient la conclusion des Decrets, se faisoit sous le nom de la sainte Assemblée & Sinode; même nous lisons qu'és assemblées particulieres des Apôtres, saint Paul a repris saint Pierre en sa face sur un point auquel il estoit reprehensible qui estoit un point de la police de l'Eglise, comme il est écrit en l'Epître aux Galathes. Au grand Decret *can. Paulus* 10. *qu.* 7. est dit que saint Paul n'eût entrepris de faire cette reprehension, s'il eût pû estre de moindre autorité que saint Pierre : au Decret vulgaire, ce Canon se dit estre de saint Jerôme : mais en l'émendation Gregorienne est dit que l'autorité n'est pas de saint Jerôme, ains de la glose ordinaire. Ez Conciles que l'on a dit estre generaux sous Innocent III. à Latran, sous Gregoire X. & Innocent IV. à Lion, & sous Clement V. à Vienne; les Decrets ne sont pas faits sous l'autorité des Peres assemblez és Conciles, ains est dit que le Pape a ainsi statué par l'avis & approbation du Concile, comme si toute la vigueur du Concile dépendoit du Pape. Aussi l'on n'a pas tenu ces Conciles de telle autorité comme ont esté & sont les anciens Oecumeniques, même les quatre. Cette diversité a esté depuis le commencement du tiers grand an aprés l'Incarnation de Nôtre-Seigneur qui fut environ le temps de Gregoire Pape VII. du nom, lequel & ses successeurs se sont attribués cette puissance Monarchique en affoiblissant d'autant l'autorité de l'Eglise en corps, & l'autorité des Evêques en particulier; car ledit Gregoire VII. aïant travaillé pour dompter & abaisser la puissance des Empereurs, en quoi il a esté suivi par ses successeurs, tous ont aussi travaillé pour abaisser & mettre quasi au neant l'autorité des Evêques. Mais semble raisonnable & necessaire quand il est question de statuër & ordonner pour l'état universel de l'Eglise que ce soit au Concile universel & non au Pape seul, si ce n'étoit qu'aucune affaire se presentât requerant soudaine provision en attendant le Concile general, auquel cas le Pape y pût pourvoir comme par provision avec son Conseil ordinaire des Cardinaux, qui par bonne police dûssent estre élûs, non pas par le Pape, mais par les Nations comme *verbi gratia* que six fussent élûs par les Prelats d'Italie, six par les Prelats de France, six par les Prelats de Germanie, & six par les Prelats d'Espagne, lesquels Cardinaux ainsi élûs, seroient des Cardinaux de l'Eglise Catolique, & non pas simplement des Cardinaux de l'Eglise Romaine, comme sont dits ceux de present; & ce Conseil ainsi établi auprés du Pape, fut son Conseil ordinaire pour decider souverainement les affaires des particuliers qui se presenteroient, & provisionnellement les affaires concernans l'état universel de l'Eglise : car le Pape est homme & peut faillir. Aussi Alexandre III. en la Decretale *si quandò* adressée à l'Archevêque de Ravenne *extrà de rescriptis* dit que si en ses rescrits se trouve aucun mandement, que ledit Archevêque estime ne pouvoir bonnement accomplir, qu'il endurera patiemment s'il ne l'accomplit, parce qu'il pourroit estre qu'on lui auroit suggeré autrement que à point. Le même Alexandre III. *in cap. cùm teneamur* au titre *de prebendis* és Antiques, dit à un Evêque, s'il connoît qu'il ne puisse executer le mandement de soi Pape sans scandale qu'il aura à gré qu'il ne soit executé, Innocent III. au chap. *cum olim extrà de sententiis, & re judicata* reconnoît que Celestin Pape son predecesseur avoit esté circonvenu en une provision, reconnoît aussi que les jugemens des Papes peuvent estre reformez en mieux, quand ils ont esté donnez par subreption, & Gregoire IX. en la preface des Decretales antiques, reconnoît qu'és rescrits de ses predecesseurs Papes estoient plusieurs contrarietez & superfluitez. Pourquoi semble n'estre pas à propos de dire que le Pape ne peut faillir & que sa puissance est absoluë. Aussi que chacun Pape pretend qu'il n'est obligé aux loix & statuts de son predecesseur, parce, dit Innocent III. *in cap. innotuit extrà de electione.* que le successeur estant de pareille puissance n'a pû recevoir loi par son predecesseur, selon la regle vulgaire, *le pareil ne commande à son pareil.* Le Pape Urbain & Zozime *in canone sunt quidam, & in canone contra* 25. *qu.* 1. disent que le Pape ne peut faire nouvelle loi contre ce qui est statué par Jesus-Christ, par les Apôtres & par les saints Peres assemblez en Concile : & se trouve au recueil des Decrets faits par Gratian, *in canone Anastasii distinct.* 19. que les Ecclesiastiques de Rome se retirerent de la communion du Pape Anastase II. parce que de soi-même sans le Concile des Evêques & Prêtres ; il avoit communiqué avec Plotin excommunié. Gratian en la même distinction auprés du Canon *ita Dominus* dit que les Decretales des Papes doivent estre observées en tant qu'elles ne sont contraires aux preceptes Evangeliques & aux Decrets des saints Peres. Saint Gregoire en l'Epître trente-sept livre second dit qu'il se gardera bien d'enfraindre les statuts de ses predecesseurs au prejudice de ses compagnons au Sacerdoce (qui sont les Evêques) parce qu'il se feroit tort à soi-même en troublant les droits de ses freres ; & en l'Epître 12. livre 5. il dit qu'il est raison que celui qui veut ses Decrets estre observez par ses successeurs, lui-même garde les Decrets de ses predecesseurs. Toutefois ledit Gratian qui par ses écrits a grandement favorisé cette puissance absoluë, dit que le Pape peut octroïer privileges & dispenses contre les Conciles. Suivant ce Innocent III. *in cap. proposuit extra. de concess. præbend.* dit que selon le droit le Pape pour la plenitude de sa puissance, peut dispenser pardessus le droit, & Paschal second *in cap. significasti extrà. de electione.* dit que les Conciles n'ont pû dire ni prescrire loi aux Papes, parce que tous les Conciles prennent leur force de l'autorité des Papes, & que en tous Conciles est exceptée & non comprise la puissance des Papes. Or la France n'a pas reçû ni approuvé cette puissance absoluë des Papes que l'on appelle plenitude de puissance, qui a esté selon les avis de l'Université de Paris, comme j'ay appris par une plaidoirie faite en Parlement sur la reception du Cardinal d'Amboise, Legat en France des 21. & 27. Mars 1503. en laquelle Chambellan Avocat de ladite Université plaida ladite proposition. Gerson tres-excellent Docteur Theologien François au traité de la puissance de l'Eglise dit ce beau mot, *se souvienne le Pape que l'Autorité souveraine en l'Eglise lui a esté donnée pour édification, & non pas pour destruction ni confusion de l'Ordre Hierarchique qui consiste en degrez.* Le Cardinal de Florence Zabarel la au traité de l'union de l'Eglise, exclame fort contre ces flateurs qui disent que le Pape peut tout, & dit que sa puissance est pour l'exercer en ce qui est raisonnable & loisible, & non parce qu'il lui plaît, & que de ces flatteries sont arrivés plusieurs erreurs même en tant que les Papes ont usurpé l'autorité & la puissance de leurs inferieurs, ce que ne fit saint Pierre, qui au Concile des Apôtres en Jerusalem endura que saint Jacques Evêque du lieu fit la conclusion. La même Eglise de France a tenu & tient ferme le Decret du saint Concile Oecumenique de Constance de l'an 1417. auquel fut arrêté & decidé en la 4. session que le Concile general representant l'Eglise militante tient & reconnoît sa puissance immediatement de Jesus-Christ, & qu'aux Decrets de tels Conciles tous Chrétiens de quelque dignité qu'ils soient, même les Papes doivent obeïr en ce qui appartient à la foi & à la reformation generale de l'Eglise de Dieu, tant au Chef qu'aux membres. Le même Decret a esté repeté au Concile de Bâle Oecumenique & accepté par l'Eglise de France en la Pragmatique Sanction. Ez Conciles Oecumeniques, c'est à dire universels de toute la Chrétienté, l'assemblée des Evêques statuë & ordonne, & non le President du Concile qui est le Pape ; & ainsi fut ce grand Concile de Nice auquel n'assista pas saint Silvestre lors Pape de Rome. Vrai est que les statuts dudit Concile lui furent envoïez & il assembla un Concile des Evêques de l'Eglise Latine qui n'avoient assisté audit Concile de Nice, & en icelui fut reçû ledit Concile de Nice, & les Evêques opinans en ce Concile assemblé par saint Silvestre userent de ce mot *Placet* qui emporte voix conclusive, & non pas simplement approbation, dont en Langue Latine sont dits *Placita Principum* les loix que les Empereurs font. Telle estoit la Coûtume en l'ancienne Eglise qu'à la conclusion des Conciles estoit ordonné que les Decrets seroient envoïez aux autres Provinces dont les Evêques n'avoient assisté ausdits Conciles, afin que tous se trouvassent consentans à un même avis, comme l'on peut voir au Concile d'Antioche. Doncques quand il se dit que le Pape ne peut faillir, il s'entend que le Pape comme Chef de l'Eglise ne peut faillir, s'entend aussi que le corps mistique de l'Eglise composé du Chef & des membres soit assemblé en Concile, car par raison il ne se faut pas figurer en l'intellect un Chef *in abstracto* mais *in concreto* avec les autres membres du corps. On voudra dire que le Concile de Bâle n'a esté tenu pour legitime par le Pape Eugene IV. qui lors estoit, & par ses successeurs. Mais la verité est qu'il estoit tres-legitime, ainsi que montre par vives & invincibles raisons, Panorme excellent Docteur en Droit Canonique au traité qu'il a fait du Concile de Bâle, même parce que ledit Concile avoit esté ordonné & convoqué de l'autorité de Martin Pape V. du nom, selon le Decret du Concile de Constance le mandement dudit Pape Martin estoit du 1. Février l'an 14. de son Pontificat ; & fut ledit Martin prevenu de mort avant que le jour assigné échût. Cette convocation fut depuis aprouvée par ledit Eugene IV. son successeur par Decret du 31. Mai 1431. au premier an de son Pontificat & encore depuis ledit Eugene aïant entrepris de sa propre & seule autorité de dissoudre ledit Concile de Bâle, il revoqua ladite dissolution en une session publique faite à Rome le 16. Decembre l'an 1433. l'an 3. de son Pontificat, & par les mêmes lettres de revocation promit d'obeïr audit Concile de Bâle reconnoissant qu'il estoit legitime & bien continué, ainsi que rapporte Cosme Guymier President des Enquêtes du Parlement en son Commentaire sur la Pragmatique Sanction : Mais depuis ledit Eugene estant semonds de venir en personne audit Concile pour y presider, ne voulut y venir, doutant qu'on ne procedât contre lui pour le déposer comme il avoit esté fait au Concile de Constance contre Jean XXIII. du nom. Toutefois ledit Eugene pour sa contumace fut déposé audit Concile de Bâle, & en son lieu fut élû Felix V. de la maison de Savoye. Nonobstant ce ledit Eugene reprit ses premiers erremens pour la dissolution dud. Concile de Bâle, lequel il transfera à Ferrare, &

depuis à Florence, & de sa seule autorité declara que le Pape n'estoit sujet au Concile de Constance ni au Concile de Bâle, ce que l'Eglise de France n'a oncques reçû ni crû. Aud. Concile de Bâle en la session 2. fut determiné que le Pape n'a puissance de dissoudre ni de transferer le Concile quand une fois il a été assemblé par l'approbation du Pape, & en la 12. session furent deputez aucuns pour aller vers lui afin de le prier de revoquer la dissolution qu'il avoit faite du Concile, avec avertissement, qu'en cas de contumace il seroit procedé contre luy comme incorrigible, & scandalisant l'Eglise. De fait il fut cité à comparoir audit Concile de Bâle le dernier jour d'Aoust l'an 1437. & 14. Janvier en suivant l'an 1438. il fut par le Concile suspendu de l'administration de la dignité Papale, & le 25. Juin de l'an suivant 1439. fut deposé; & en son lieu élû Amedée Duc de Savoye qui fut nommé Felix V. qui depuis quitta la Papauté en faveur de Nicolas V. Pape élû aprés Eugene le 6. May de l'an 1447. ce qu'il fit pour faire cesser le schisme. Or ledit Pape Eugene, nonobstant les decrets dudit Concile de Bâle continua la celebration du Concile de Ferrare, depuis transferé à Florence sous pretexte d'y faire trouver l'Empereur de Constantinople & les Prelats de l'Eglise d'Orient pour concorder d'aucuns points estant en different entre les Eglises Latine & Grecque, même de la procession du saint Esprit & des prieres pour les Trépassez & autres; de fait Jean Empereur de Constantinople, le Patriarche du lieu & plusieurs Prelats de l'Eglise Grecque y vinrent sous la grande asseurance qu'on leur donnoit de les secourir contre les Turcs: & la promesse leur fut mal observée, car quatorze ans aprés Constantinople chef dudit Empire fut pris de force par les Turcs, l'Empire d'Orient ruiné & presque toute l'Eglise Grecque desolée. Ledit Pape Eugene estoit Venitien & par le support de la Seigneurie de Venise qui en ce temps étoit puissante en Grece, mit franchement à execution ce beau pretexte de faire convenir l'Eglise Grecque avec la Latine, & de gagner ce point que les Grecs ne voulussent aller plus avant que l'Italie; le pretexte fut specieux, mais de peu d'utilité comme l'évenement l'a montré, car il n'y eut aucune reformation au ministere de l'Eglise, & le déreglement a continué comme nous le voyons de present; ce Concile transferé à Florence fut tenu és années 1438. & 1439. & à cause des divisions qui lors estoient en France par le moyen des Anglois qui tenoient la plûpart des Villes, peu de Prelats de France s'y trouverent, même, parce qu'en la même année fut concluë à Bourges la Pragmatique Sanction par les Prelats de France; ce fut l'an 1439. vrai est que le Duc de Bourgogne qui à cause desdites divisions avoit beaucoup de pouvoir en France y fit trouver aucuns Prelats de France. Ledit Duc de Bourgogne avoit lors en son Conseil, Me. Ferry de Cluni qui seul est nommé en la redaction de la Coûtume de Bourgogne, & ledit de Cluni aspiroit à un chapeau de Cardinal, & de fait il en eût lettres expediées, mais l'entiere execution ne s'en ensuivit par les ceremonies de la tradition du chapeau, l'immission de l'anneau, & de l'ouverture de la bouche; & ce qui est recité par Alexandre *de Imola conf. 3. vol. 6.* parlant dudit de Cluni. Panorme audit traité dudit Concile de Bâle recite un acte indigne commis en la tenuë dudit Concile par les agens dudit Pape Eugene qui forcerent & rompirent la cassette ou coffret où estoit enfermé sous quatre clefs le seel du Concile & en tirerent le seel dont ils scelerent un decret comme fait sous le nom du Concile, & toutefois n'avoit este deliberé ni conclu. Ledit Panorme en parle comme témoin bien certain, parce qu'il estoit gardien de l'une desdites quatre clefs. Æneas Sylvius de Sienne assista audit Concile de Bâle, & fit un traité pour soûtenir l'autorité d'icelui: mais depuis devenu Pape nommé Pie II. il changea d'avis, & au Concile de Mantouë fit une oraison invective contre ladite Pragmatique-Sanction comme recite ledit Guimier sur la Pragmatique-Sanction.

Doncques comme dit a esté l'Eglise de France absemblée à Bourges sous l'autorité & par le mandement du Roi Charles VII. en l'an 1439. reçût & accepta plusieurs decrets dud. Concile de Bâle, même celui qui declare le Pape être sujet au Concile universel, le decret de l'abolition des reservations, & rétablissement des Electeurs aux Prelatures, l'abolition des Annates; du nombre & qualité des Cardinaux & autres concernans la police de l'Eglise, dont fut composée la Pragmatique-Sanction que ledit Roi approuva par les lettres patentes du 7. Juillet l'an 1439. dedans lesquelles est inserée ladite Pragmatique, & le tout publié en Parlement le 13. Juillet l'an 1439. depuis ce tems les Papes ont essayé plusieurs fois pour faire abolir ladite Pragmatique & l'ont de par eux declarée schismatique. Baluë Evêque d'Evreux Conseiller du Roy Loüis XI. qui fut remuneré d'un chappeau de Cardinal persuada à son Maître de revoquer lad. Pragmatique & en furent expediées lettres adressantes audit Pape Pie II. datées à Tours du 26. Novembre 1467. mais lesdites lettres ne vinrent à effet obstant la contradiction que fit l'Université de Paris, Me. Jean. de saint Romain Procureur general du Roi s'opposa formellement à la publication desdites lettres, comme aussi le Recteur de l'Université de Paris & les Suppôts d'icelle declararent au Legat envoyé par le Pape qu'ils appelloient de l'execution desdites lettres au saint Concile & par tout ailleurs où ils verroient estre à faire. Aussi est dit au 4. volume de la mer des histoires de France que Baluë fut fait Cardinal sous Paul II. & qu'yant esté promû par mauvaise voye à l'Evêché d'Angers, il se nomma depuis communement Cardinal d'Angers, & peu de temps aprés sçavoir l'an 1569. ledit Cardinal Baluë ayant esté découvert traître au Roi, même au fait d'intelligence avec le Duc de Guyenne frere du Roi, & le Duc de Bourgogne fut fait prisonnier à Montbazon, dépoüillé de ses biens, ledit Baluë fut délivré de prison par l'intercession d'un Legat de Rome en Septembre 1480. & depuis ladite Pragmatique fut rétablie par avis des Prelats assemblez à Orleans 1478. Aprés plusieurs essais enfin par le Conseil du Chancelier du Prat qui depuis fut Cardinal & Legat en France, furent faits les Concordats entre le Pape Leon X. & François I. Roi de France en l'an 1515. par lesquels la Pragmatique-Sanction

& les élections aux Prelatures furent abolies, & au lieu des élections, la nomination ausdites Prelatures fut accordée au Roi par le Pape, & le Roi accorda au Pape les Annates, qui est de prendre le revenu d'un an à chacune vacation de Prelature, quand le Pape expedie les provisions sur la nomination du Roi. Pour de plus autoriser ces concordats & l'abolition de ladite Pragmatique-Sanction avec tout l'effet dudit Concile de Bâle ledit Pape reprit les erremens d'un Concile imaginaire de Latran qui avoit esté premierement ordonné par Jules Pape II. son predecesseur pour divertir & disposer le Concile de Pise qui avoit esté assemblé contre ledit Pape Jules que l'Eglise connoissoit notoirement estre fort vitieux, incorrigible & scandaleux à toute la Chrétienté, d'autant même qu'il avoit suscité à la guerre toutes les nations de Chrétienté; pourquoi on disoit de lui qu'il avoit representé par effet l'Eglise militante, mais en cela moins avisé que les Papes ses successeurs: car il attira en Italie toutes ces guerres, & estoit l'Italie le theatre de toutes les tragedies excitées par ledit Pape, mais ses successeurs Papes plus prudemment selon le monde, pour divertir les Guerres de l'Italie ont encombré les autres nations de Chrétienté en guerres par forme d'une sainte Ligue pour l'extermination des heresies: par lesquelles guerres le fait de la Religion n'a esté en rien avancé, au contraire est empiré & les guerres se sont trouvées implicables avec effusion de sang humain & desolation de plusieurs Villes & Provinces, & infinité de familles. Ledit Pape Jules par la Bulle de la revocation dudit Concile de Latran de l'an 1512. expose que la tenuë & les sessions dudit Concile furent détournées par l'occasion de la bataille de Ravenne, en laquelle l'armée de sa Sainteté, des Espagnols, & des Allemans qu'il avoit attiré de son parti fut défaite par l'armée du Roi Loüis XII. & autres Seigneurs à lui adherens que ledit Pape appella schismatiques à cause dudit Concil de Pise assemblé pour reformer ledit Jules Pape, témoignant par ladite Bulle sa grande Sainteté en ce qu'il étoit auteur des guerres & effusion du Sang Chrétien; ledit Pape Jules mourut en la même année de la Bataille de Ravenne, son successeur Leon X. Pape Florentin de la maison de Medicis aprés avoir traité avec le Roi François I. par la forme desdits concordats avisa de reprendre la continuation dudit Concile imaginaire de Latran, pour en icelui faire approuver l'abolition de la Pragmatique Sanction & l'établissement des Concordats, & en la session 11. dudit Concile l'Archevêque de Trani l'un des Peres y seant dit en son rang que plusieurs choses faites lui avoient déplû, mais parce que le Pape avoit ja auparavant arrêté & conclud lesdits Concordats, & s'étoit obligé comme par Contrat de les faire agréer par le Concile, declara qu'il ne vouloit pas contredire à la volonté de sa Sainteté. Aucuns Peres dudit Concile en exposant leurs voix dirent que lesdits Concordats leur plaisoient parce qu'ils avoient déja plû au Pape. L'Evêque de Lucerie dit que lesdits Concordats lui plaisoient bien, pourvû que la France acceptât l'abolition de la Pragmatique Sanction: qui fait connoître que ce n'étoit pas liberté de Concile, puis que le Pape s'étoit ja obligé, & les Evêques ne voulurent ou n'oserent lui contredire: qui fait connoître que c'estoit en effet la seule volonté du Pape & non le Decret du Concile. Aussi l'Université de Paris a resisté tant qu'elle a pû à l'approbation desdits Concordats, & dit-on qu'il y eût appel interjetté par elle *ad futurum legitimum Concilium universale*, & parce que la Cour de Parlement faisoit des difficultez, le Roi attribua au Grand Conseil, la connoissance & jugement des procez qui surviendroient pour le fait des nominations que le Roi feroit aux Prelatures & des provisions faites par le Pape sur icelles suivant les Concordats.

Reste donc à dire que l'Eglise de France avec juste cause suivant lesdits Conciles de Constance & de Bâle a tenu cette opinion que le Pape n'a pas droit de puissance absoluë qu'on appelle plenitude de puissance, & qu'il est sujet au Concile Oecumenique & universel pour y estre reformé s'il y échet, & qu'il ne peut de son autorité enfraindre tel Concile, ni dispenser contre icelui. C'est un des articles de la liberté de l'Eglise de France en ce qu'elle n'a reçu les Constitutions Papales, par lesquelles les Papes se disent estre pardessus les Conciles generaux, disent que les Conciles generaux ont toute leur force & puissance par l'approbation que les Papes en font; disent qu'ils peuvent dispenser contre ledit Concile; disent que les Papes ne peuvent estre reformés par les hommes, ains ont Dieu seul pour Juge. Ainsi dit Innocent I. Pape *in can. nemo*, Nicolas Pape *in can. pater*, Gelase, *can. cuncta 9. qu. 3.* parce que telles decisions importantes à l'état universel de l'Eglise devroient estre faites en Concile Oecumenique & general & non par les Papes seuls; aussi que l'Eglise de France a pour auteur lesdits Conciles Oecumeniques de Constance & de Bâle. De vrai quand le Pape est jugé en Concile, il est jugé de Dieu; car Nôtre-Seigneur a declaré qu'en toutes icelles assemblées, il est au mi lieu. Et en l'un des Conciles des Apôtres rapporté aux Actes des Apôtres, le Decret est ainsi conçû, *il a semblé au S. Esprit & à nous:* & comme il est dit au Pseaume 81. *Deus stetit in Synagoga Deorum, in medio autem Deos dijudicat.* Et quant à ce qu'on allegue du Pape Marcellin, lequel les Evêques assemblés en Concile ne voulurent juger, lui disant qu'il recueillit sa cause en son sein & lui-même se jugeât comme il est recité *in can. nunc autem dist.* 21. sera consideré que ce n'estoit Concile Oecumenique, car alors sous Dioclétian grand persecuteur des Chrétiens n'y avoit moïen d'assembler Concile universel. Le premier Concile Oecumenique & universel fut sous Constantin Empereur à Nicée en Bithinie, c'étoit donc un Concile particulier: ainsi dit ledit Guimier en son Commentaire sur la Pragmatique Sanction au titre de l'autorité du Concile *in verbo celebratio.* ajoûtant que le Concile sous Melchiades Pape dont est parlé *in can. placuit* 13. *qu.* 2. estoit particulier & de peu de personnes & *allegat authorem Archidiaconum*, la même réponse est au *can. Concilia. dist.* 17. où est dit que le Concile ne voulut juger le Pape Symmaque, car c'étoit un Concile

National assemblé de l'autorité de Theodoric Roi des Gots qui lors commandoit en Italie & non autrepart. C'est la verité qu'un inferieur ne peut excommunier & juger son superieur : pourquoi au grand Concile de Calcedoine Dioscore Evêque d'Alexandrie fut condamné pour avoir entrepris d'excommunier Leon Pape de Rome *can. in tantum dist.* 12. *Lud. Rom.* celebre Docteur en droit au conseil 121. tient cette même opinion que le Pape est sujet au grand Concile, & que l'on peut appeller du Pape audit Concile, de même Philippes Dece Docteur renommé qui estoit du temps de Jules II. Pape au Conseil 151. vol. 1. Zabarella aussi Docteur celebre Cardinal de l'Eglise Romaine dit qu'il est loisible de n'obeïr point au Pape quand il commande chose notoirement injuste ou qui emporte la perturbation de l'Eglise universelle, & allegue pour auteur Innocent IV. en son Commentaire *cap. inquisieram extra. de sent. exc.* mais est avenu dés le temps du Pape Gregoire VII. aprés que ledit Pape par excommunications & par guerre il exhorta plusieurs Princes & peuples d'Allemagne, eût dompté ou grandement abaissé Henri Empereur IV. comme firent ses successeurs Paschal II. Alexandre III. Innocent III. Honoré III. Gregoire IX. Innocent IV. Boniface VIII. Jean XXII contre autres Empereurs successeurs dudit Henri tant en Germanie qu'en Italie du temps duquel Gregoire XI. commencerent en Italie ces factions funestes des Guelphes & des Gibellins par l'occasion desquels sont morts infinité de mil hommes lesdites factions dressées pour les partis, les Guelphes du pape & les Gibellins de l'Empereur comme dit Sabel. au livre 6. de l'Ennea. 9. Et pour de plus inciter par les papes ceux de la faction Guelphe qui tenoient leur parti, ils octroïoient indulgences & pardons à ceux qui prenoient les armes pour la manutention de l'autorité de l'Eglise, interpretant l'autorité de l'Eglise la grandeur & domination temporelle pardessus les Empereurs & Rois, se voit en la Decretale Alexandre III. *in cap. significavit extrà de pœnitent.* que le pape pardonne à un Gentil-homme qui pour tenir le parti de l'Eglise avoit esté rebelle à l'Empereur son Seigneur feodal, & l'Empereur à cette ocasion avoit retiré & détruit les heritages de ses sujets, & est ajoûté cette belle raison, que c'est à ce que l'austerité de la penitence qui eût esté enjointe audit Gentil-homme, ne détournât les autres du service de l'Eglise. Reste à demander si l'exercice de la puissance que Jesus-Christ a donné à ses Apôtres & aux Evêques leurs successeurs, que Nôtre-Seigneur, à son exemple, a voulu estre en simplicité & douceur, est consonante à l'exercice de puissance que les papes ont fait par guerres & extrêmes rigueurs. Jesus-Christ a voulu naître en bas état selon le monde; La Vierge Marie sa Mere étoit pauvre, puis qu'elle ne trouva pas logis pour son enfantement en l'hôtelerie; La premiere signification de sa Naissance fut faite aux pasteurs simples païsans & de bas état, il choisit pour ses Apôtres pauvres pêcheurs & d'entendement grossier, pour avec cét appareil vaincre les grandeurs du monde qui estoient en puissance de domination temporelle en richesses, en éloquence & en sçavoir. Mais comme si on eût voulu faire un Evangile tout neuf, on a voulu opposer la grandeur à la grandeur, la puissance à la puissance, les armes pour vaincre par force ce que par patience, par humilité, par douceur & par sainteté de vie il faloit vaincre. A cette suite les Papes se sont fait à croire que le Siege Apostolique avoit transferé l'Empire des Grecs aux Allemans en la personne de Charles le Grand Roi de France, comme dit Innocent III. *in cap. venerabilem extra. de elect.* & depuis ils ont pretendu que l'Empire estant vacant, à eux appartenoit l'administration de l'Empire; & de nôtre temps le Pape Pie V. qui au reste estoit estimé un homme de sainte Vie entreprit d'ériger le Duché de Florence en grand Duché de Toscane, en la personne de Cosme de Medicis, & en fut la ceremonie faite à Rome, jaçoit que Florence, Pise & Sienne, principales Villes de Toscane soient sans difficulté terres d'Empire; les Papes s'estant ainsi surhaussez en grandeur & domination temporelle, se sont aussi surhaussez en la domination spirituelle, en ce qu'aneantissant ou grandement affoiblissant la puissance des Evêques, chacun en son Diocese; ils se sont dits Ordinaires des Ordinaires, & qu'il leur est loisible mettre la main par tout indistinctement, sans observer les degrez de devolution; ainsi est dit *in cap.* 11. *de præbend. in* 6. qui est de Clement Pape III. du nom pour la collation des Benefices, ce qui est contraire aux anciens Decrets par lesquels est dit que toutes Eglises doivent estre commandées par l'Evêque Diocesain du lieu, comme fut statué au Concile d'Orleans rapporté *in can. omnes* 17. *quæst.* 7. & par Nicolas Pape *in can.* 1. *ib. quæst.* 5. & l'autorité dudit Pape Clement III. n'a pas esté suffisante pour subvertir l'ancien établissement de l'Eglise, ains convenoit que cela fût decidé en Concile Oecumenique. Cette entreprise en premiere instance sur chacun Diocese par le Pape apporte grand déreglement à l'Eglise. Chacun Evêque estant sur le lieu, peut mieux connoître & juger ce qui est necessaire, & utile, & s'il est besoin d'exercer rigueur ou temperer par moderation & dispense selon les circonstances des temps, des personnes & de la Region, ce que ne peut pas si bien faire le Pape, qui est éloigné & qui a infinité d'autres occupations. Cette entreprise de mettre la main & exercer sa puissance en premiere instance par tout, seroit plus tolerable, s'il estoit élû à cette Dignité par consentement commun de toutes les Nations des Chrétiens, ce qui seroit facile à faire si en chacune élection se trouvoient 4. ou 6. Prelats de chacune Nation, car selon l'ancienne regle de l'Eglise celui qui doit commander, doit estre élû par ceux qui lui doivent obeïr *can. Archiepiscopus distinct.* 66. Aussi le commandement est reçû de meilleure volonté par les sujets, qui eux-mêmes ont élû: Mais le Pape est élû par les seuls Cardinaux de l'Eglise Romaine, que les Papes mêmes seuls ont élûs, & qui pour plus des trois quarts sont Italiens. Aussi depuis deux cens ans tous les Papes, horsmis trois ou quatre ont esté élûs de la nation d'Italie. De cette entreprise de puissance est avenu que les Papes ont donné plusieurs privileges aux Ordres Monastiques, & aux Monasteres, aux Chapitres, Colleges, & autres Eglises; en les exemptant de la Jurisdiction ordinaire des Evêques Diocesains, ont reservé à eux la collation des Evêchez, & autres Benefices plus importans, & qui sont de plus grand revenu, ce qui a commencé du temps de Benedict XI. Pape, ont retenu à eux la connoissance d'aucunes causes qu'ils ont appellées majeures, & dont à volonté ils ont fait croître le nombre, ont declaré plusieurs cas & crimes sujets à excommunication *lata sententia* qui emporte que le crime estant commis, délors l'excommunication y est, & de tels cas ont reservé à eux l'absolution, ont reservé à eux seuls la provision des Benefices & dispenses en plusieurs cas, comme des resignations *in favorem*, creation de pensions sur Benefices, collation des Benefices vacans *in Curia*, les Commandes perpetuelles des Benefices, les dispenses des Mariages, la condamnation des Evêques en cas de crime, la translation des Evêques, érection & union d'Evêchez, octroi des Mandats pour grever les collateurs ordinaires & leur ôter la collation libre des Benefices de leur Diocese, & infinité d'autres cas; ce qui a apporté grande confusion & dereglement au ministere & en la Police de l'Eglise. L'Eglise de France a toleré comme par connivence une partie desdites entreprises; elle en a reçû une partie avec temperament, & en a rejetté une partie tout à plat. Que s'il avient qu'en France y ait congregation d'un Concile National, (comme semble tres-expedient) pourra estre deliberé & conclu, si en France on devra par ci-aprés obeïr aux Constitutions Papales qui ne sont consonantes aux anciens Decrets, ou bien de reprendre l'usage de l'ancienne liberté de cette Eglise de France, pour n'estre à l'avenir sujete sinon ausdits anciens Decrets des Conciles & des saints Peres faits auparavant cinq cens ans, même avant le temps dudit Pape Gregoire VII. qui estoit environ le commencement du tiers grand an aprés l'Incarnation de Nôtre-Seigneur Jesus-Christ, & selon lesdits anciens Decrets, regler l'Eglise de France pour l'avenir. Cette liberté est honnête & raisonnable, parce qu'elle se conformera aux anciens Decrets, & qu'elle servira grandement à entretenir le ministere de l'Eglise en bonne police; & de tant plus sera bien-seante en France, parce que les François sont dits de liberté, *franc* en Langue Tudesque signifie libre. Les François de leur origine sont venus de Germanie comme se reconnoît par les noms de nos premiers Rois qui sont dictions Tudesques composées *ad instar* qu'estoient les noms des Grecs, à sçavoir *Vvardmon* que nous disons vulgairement Pharamond, signifie homme veritable, *mon* ou *man* signifie homme, *Meierdoin* que nous disons Merovée grand en reputation *meier* signifie superieur, dont est le mot de Maire du Palais, *Luduoin* qui est le même nom de Clovis ou de Loüis, les trois noms ne sont qu'un, signifie puissant entre le peuple, *voin* signifie fort, *leud* ou *lud* signifie peuple sujet, & sera noté que par les anciennes Chartes il se voit qu'en écrivant ce nom Luduvig. on mettoit une h. d'aspiration au devant, qui a fait qu'au lieu de Luduvic ou Ludovic, on a fait Clodvig, d'où vient le mot Clovis, Hilperich qui est Chilperich, qui a puissance d'aider, *rich* dont est venu le François riche, en Allemand signifie abondant & puissant, dont est le nom Friderich abondant en paix; Claudian en un Panegirique, & saint Jerôme en ses Epîtres témoignent que les François sont venus originairement de Germanie à la part de Saxe, és environs de la riviere d'Elbe, qui est Albis. Francfort Ville d'Allemagne témoigne que là estoit l'ancienne habitation des François, & l'Evêque de Vvirtbourg, se dit Duc de Franconie; les François estant francs & libres de naissance ont bien fait de retenir la liberté honnête & raisonnable sans superbe pour n'obeïr pas indistinctement, à tout ce qui est commandé, sinon qu'il soit commandé avec raison, & par celui qui a puissance de commander. Ainsi l'Eglise de France n'a pas reçû & approuvé tous les Mandemens venans de Rome, même en ce qui ne concerne pas le fait de la Foi, & de la Doctrine Chrétienne; car en ce qui est de la Police de l'Eglise sujete à mutations & qui n'est semblable en toutes Nations de Chrétienté, l'Eglise de France les a reçûs avec discretion.

L'autre point de liberté de l'Eglise de France est en ce que sans précisement estre tenu d'impetrer congé du Pape, icelle Eglise par commandement ou congé de son Roi ordonne, pour par les Evêques de la France assemblez en Concile National deliberer & faire statuts pour la Police de l'Eglise & mœurs des Ecclesiastiques. Quand l'Empereur Romain commandoit à toute la Chrétienté les Conciles Oecumeniques & universels estoient assemblez par commandement & sous l'autorité de l'Empereur, & en la Ville qu'il ordonnoit. Ainsi fut du premier Concile Oecumenique tenu à Nicée sous Constantin Empereur; le second de Constantinople par le commandement de Theodose le Grand, le tiers en Ephese sous Theodose le jeune, le quatre à Calcedoine, de l'autorité de Martian & Valentinian Empereurs, qui sont les quatre grands Conciles Oecumeniques, desquels saint Gregoire Pape, dit qu'il les faut venerer comme les quatre saints Evangiles. Oecumeniques se dit du mot Grec *œcumene* qui signifie toute la terre habitable. En ce temps les Papes reconnoissoient les Empereurs pour Superieurs, & Seigneurs aïans puissance de leur commander, horsmis en ce qui est de la Foi & de la Doctrine Chrétienne, & des faits de conscience. Boniface Pape *in can. Ecclesia distinct.* 97. supplie humblement Honoré Auguste pour le fait y mentionné. Saint Gregoire en plusieurs de ses Epîtres appelle les Empereurs Maurice & Phocas ses Seigneurs, & reconnoît leurs commandemens, qui estoit au temps que les Empereurs residoient à Constantinople & non à Rome; en la legende qu'on chante à l'Egise à Matines du jour Fête de Toussaints est dit que le Pape Boniface IV. impetra par prieres de l'Empereur Phocas un temple à Rome dit Pantheon qui d'ancienneté estoit dedié à tous les Dieux des Païens pour y faire commemoration de tous les saints; c'est l'Eglise qui se nomme aujourd'hui sainte Marie la Rotonde. Le même Pape Boniface impetra dudit Empereur Phocas que le Siege de Rome fût le Chef de toute la Chrétienté, & que le Pape fût dit universel. Ainsi dit Sabel. au livre 6. de l'Ennea. 8. Sous lesdits Empereurs, avant que l'Empire de Rome fût dissipé, furent aussi par leurs Mandemens plusieurs Conciles Nationaux convoquez, comme sous Constantin Empereur, le Concile d'Arles en Provence pour les Gaules, & encore sous lui-même le Concile de Carhage, le premier pour l'Afrique; sous Constance le Concile de Cologne sur le Rhin pour les Gaules, le Concile de Sardique pour la Grece, l'Illirique & la Grece sous Gratian, Valentinian & Theodose le Concile d'Aquilée & le deux de Carthage pour l'Afrique, sous Arcade & Honoré Empereurs, les Conciles de Carthage 3. & 4. pour l'Afrique, le Concile Milevitain pour la même Nation d'Afrique, sous ledit Honoré & Theodose II. dit le jeune les Conciles de Carthage 6. & 7. pour ladite Nation d'Afrique, & depuis la dissipation de l'Empire Romain les François & les Goths aïans conquêté les Gaules & l'Espagne sur les Romains, & y aïans établi leur domination sous titre de Roïaumes aïans droit d'Empire, plusieurs Conciles Nationaux y furent assemblez par commandement & sous l'autorité des Rois, comme à Agde ou Agathe en Languedoc sous Alaric Roi des Goths, sous Clodvig ou Clovis Roi des François à Orleans pour la Nation de France, sous Childebert Roi de France le 2. & le 3. Concile d'Orleans, sous Cherebert le Concile National de Tours, & le 5. d'Orleans. Aussi sous Childebert pour la Nation de France lors par le commandement du Roi de France. Ce qui fut declaré par le Roi Loüis XI. qui en fit expedier les Lettres Patentes publiées à Paris au mois de Janvier 1475. par lesquelles il est dit qu'il est du soin des Rois de France de faire assembler les Prelats du Roïaume en telle Ville qu'il avoit ordonné de 5. en 5. ans par forme de Concile pour aviser des Decrets de l'Eglise: ainsi est recité au 4. vol. de la mer des Histoires de France. Et par le commandement des Rois Goths, en Espagne furent convoqués plusieurs Conciles Nationaux, à Tolede sous Ricarede Roi où fut condamnée & abolie en Espagne l'heresie d'Arienne & plusieurs autres Conciles en ladite Ville de Tolede Nationaux pour l'Espagne sous Sisenant, sous Sustellane, sous Chendinsuid., sous Recesinthe, sous Vvamban, sous Erigne, à Bracare en Lusitanie sous Ariannie, tous lesdits Conciles convoqués sous l'autorité & par le commandement desdits Rois, & estoient Nationaux pour l'Espagne, le Concile de Mâcon National pour la Gaule Lionnoise sous l'autorité de Gontran Roi, le Concile de Châlon sur Saône sous Clovis II. Sous Charles le Grand Roi de France & depuis Empereur, furent tenus en France par son commandement aucuns Conciles Nationaux à Aix la Chapelle, à Theonville & à Magonce. En la conclusion de celui de Theonville fut dit par les Peres dudit Concile, s'il plaît à l'Empereur soit approuvé & souscrit, & ledit Empereur approuva & statua peines aux contrevenans. Sous Arnulphe Empereur & par son commandement furent assemblés las Conciles de Triburies & de Magonce. S. Gregoire en l'Epître 54. du livre 9. prie Theodoric Roi de France de faire congreger le Sinode des Evêques de son Roïaume & faire que ce qui y sera ordonné pour exterminer de l'Eglise la simonie, soit executé par la censure de la puissance Roïale: il en est écrit autant à Clotaire Roi de France en l'Epître 55. dudit livre 9. & en l'Epître 114. du livre 7. en l'an 1066. Haime Archevêque de Cologne par mandement de l'Empereur assembla le Concile à Mantouë auquel Concile le Pape Alexandre II. se purgea par serment de la simonie dont il estoit soupçonné. Tous ces Conciles Nationanx, tant s'en faut qu'ils aïent esté reprouvés & declarés schismatiques que le recuëil de Gratian qu'on appelle le grand Decret, contient plus de six cens Decrets & Canons extraits desdits Conciles; & encore és Decretales antiques recueillies par mandement du Pape Gregoire IX. se trouvent aucuns chapitres tirés desdits Conciles, ce n'estoient pas anciens Conciles Provinciaux simplement, ains estoient Nationaux, Concile Provincial se dit quand l'Archevêque convoque les Evêques de sa Province, car la Province c'est le détroit de tout un Archevéché, comme la Province de Sens comprend les Evéchez de Chartres, Auxerre, Meaux Paris, Orleans, Nevers & Toïes, desquels l'Archevêque de Sens est Metropolitain; mais ésdits Conciles Nationaux estoient assemblez plusieurs Archevêques & Evêques, tous d'une Nation, Espagne est une Nation, les Gaules sont une autre Nation, la Germanie une Nation, chacune Nation comprenant plusieurs Provinces & Archevéchez, comme en Afrique la Mauritanie, la Numidie & l'Afrique maritime, en Espagne les Provinces & Archevéchez de Bracara & Hispalis qui est Seville, Tarasconne, Emerite, Tolede, Auchs & Narbonne, car lors cette partie obeïssoit aux Rois Goths. En France sont les Provinces de Lion, Sens, Tours, Roüen, Bourges, Bordeaux, Reims, Arles, & Vienne; & ainsi estoient convoquez ces Conciles Nationaux par le Commandement des Rois aïant droit d'Empire; comme les Conciles Oecumeniques & universels de toute la Chrétienté, & terre habitable estoient convoquez par le commandement des Empereurs Romains, quand ils commandoient à toute la Chrétienté.

Ce ne sera donc pas chose nouvelle, ni un point de liberté déraisonnable, si par le commandement de nôtre Roi Catholique les Archevêques & Evêques de la Nation de France sont assemblés en telle Ville que sa Majesté assignera pour y deliberer & conclure ce qu'ils connoîtront estre necessaire & utile pour la police & reglement du

Ministere de toute l'Eglise de France demeurans comme dit a esté, ferme, ce qui a esté statué au Concile de Trente pour le fait de la Foi & Doctrine Chrétienne, conformément aux saints anciens Conciles & aux Sentences des saints Evêques & Docteurs reçûs par consentement universel de l'Eglise, auquel Concile National de France devra presider celui des deux Primats qui sont en France, lequel sera choisi par les Evêques lors qu'ils seront assemblés; ou bien celui des deux presidera duquel l'ordination se trouvera plus ancienne selon l'ancien établissement de l'Eglise de France, se trouvant à present en France deux Primats ou Patriarches qui sont les Archevêques de Lion & de Bourges. La Primatie de Lion estoit pour la Gaule Celtique, dit Lionnoise, composée de quatre Provinces qui sont Lion, Sens, Tours, Roüen; La Primatie de Bourges pour la Gaule Aquitanique composée aussi de quatre Provinces ou Archevéchez, Bourges, Bordeaux, Narbonne & Auchs. Tolose y a esté ajoûtée depuis & fait Archévéché par Jean Pape XXII. du nom, sont environ 200. ans. Quant à la Gaule Belgique qui d'ancienneté estoit composée de quatre Provinces, qui sont Reims, Treves, Cologne & Magonce, n'en reste à la Souveraineté de France, que la Province de Reims: encore n'est-elle pas entiere, car grande partie d'icelle en a esté démembrée comme il a esté dit ci-dessus. Quant à la Gaule Belgique obeïssoit à l'Empire Romain, l'Archevêque de Treves en estoit Primat, comme il est dit *in can. Theugaldum* 11. *quæst.* 3. & c'estoit parce que par quelque temps y avoit un Siege dudit Empire à Treves, comme dit Ausone en son poeme de Mosella. Quant aux Primaties de Lion & de Bourges, n'y a aucun doute, parce qu'encore de present elles sont reconnuës en cét état. La dignité de Primatie & de Patriarche est une seule & même chose sous divers noms, & avec semblable puissance & autorité comme il est dit *in can. duo simul extrà. de offic. ordin.* és Antiques *& in can. Provinciæ dist.* 99. *& in Pannomia Ivonis Carnotensis lib.* 4. *cap.* 23. *&* 25. Nicolas Pape *in can. conquestus* 9. *quæst.* 3. appelle l'Archevêque de Bourges Primat & Patriarche & au Concile National de Mâcon 2. Prisque Evêque de Lion est nommé Patriarche. Audit Concile assisterent les Archevêques de Bordeaux, Auchs, Bezançon, Tarentaise, Aix, Bourges, Sens, & Arles. Pourquoi ne seroit à desirer de faire un Patriarche en France pour presider au Concile National, & pour administrer toutes affaires spirituelles & Ecclesiastiques de France. Mais en la premiere assemblée de Concile National seroit avisé par les Peres, comme dit est, lequel des deux devroit presider au Concile & administrer hors le Concile soit par les suffrages desdits Peres à la pluralité des voix ainsi qu'il se faisoit és Conciles Nationaux d'Afrique, comme dit saint Gregoire Pape en l'Epître 52. livre 1. rapportée *in can. sicut* 23. *quæst.* 4. ou selon l'antiquité de leur ordination qui est l'ancienne regle de l'Eglise pour la preseance entre les Evêques comme dit saint Gregoire *in can. Episcopos dist.* 17. & au Concile de Châlon rapporté *in can. placuit dist.* 18. ou bien à l'*instar* de l'election de saint Mathias Apôtre, par sort aprés l'invocation du Saint Esprit avec Ordonnance que de là en avant la dignité Patriarchale pour toute la France sera alternative entre lesdits deux Patriarches. Que si l'on veut dire que 5. ou 6. cens ans sont, & plus qu'il n'y a eu Concile National & que l'Eglise Romaine a reprouvé tels Conciles s'ils n'estoient convoquez de l'autorité du Pape, la réponse seroit que és affaires qui concernent la police de l'Eglise & le bien public, il n'y a jamais prescription par quelque laps de temps que ce soit, & tels affaires ne doivent estre traités par les regles des negoces qui sont entre personnes privées; & quand on devroit juger l'affaire par icelles regles, on diroit que ce qui est en faculté, & qui n'est pas en exercice ordinaire de certains temps & saisons n'est pas sujet à prescription. Comme dit a esté ci dessus, ce qui concerne la police de l'Eglise & reglement du ministere d'icelle est sujet à mutation selon le temps & saisons, selon les occurrences survenantes, & selon la disposition du peuple. Pourquoi n'y a point d'inconvenient quand on voit que le dereglement y est si exorbitant que l'on reconnoît que tout y est mal & rien bien, que chacune nation reprenne l'ancienne forme approuvée en l'Eglise, pour par Conciles nationaux y pourvoir pour le bien de chacune nation sans prescrire loi ni faire prejugé aux autres nations; en quoi n'y a aucune suspicion de mal, puis qu'en ce qui est de l'essence de nôtre Religion, le fait de la foi & de la Doctrine Chrétienne ne peut en rien diminuer, comme il ne peut estre & ne doit. L'Eglise universelle a bien demeuré quatre ou cinq cens ans & encore plus sans Concile vrai œcumenique, nous en connoissons quatre tels sans aucun contredit, le Concile de Nicée premier, Constantinople premier, Ephese & Calcedoine, & le troisiéme de Constantinople & le second de Nicée, tous faits en l'Eglise Grecque, combien qu'ils y ayent été reçûs par l'Eglise Latine comme bien consonants à la Doctrine Chrétienne, toutefois ils ne sont œcumeniques, car les Evêques des Gaules, d'Espagne, & de Germanie n'y assisterent, parce que lesdits païs estoient ja éclipsez de l'Empire Romain, vrai est que les Legats du Pape Romain y assisterent avec les Evêques de leur Patriarchat, mais en Concile œcumenique chacun Evêque a sa voix suffrage, & le superieur n'a droit de representer la voix de son inferieur; car toutes voix sont égales. Ce 2. Concile de Nicée que l'on nomme le 7. fût sous Constantin VI. Empereur d'Orient, & Irene la mere environ l'an 780. & par le pretendu Concile de Florence tenu sous Eugene IV. Pape l'an 1438. ledit Concice de Florence est nommé le 8. Concile œcumenique. Quoi faisant on ne comptoit pour œcumenique celui de Latran sous Alexandre III. de l'an 1179. ni l'autre de Latran sous Innocent III. de l'an 1215. ni celui de Lion, sous Gregoire X. environ l'an 1264. ni celui de Vienne, sous Clement V. l'an 1304. ni celui de Constance de l'an 1414. ni celui de Bâle de l'an 1437. Neanmoins au Concile de Constance en la session trente-

neuf

neuf sont nommés huit Conciles œcumeniques, à sçavoir de Nice premier, Constantinople premier, Ephese, Calcedoine, Constantinople 2. Constantinople 3. Nice 2. Constantinople 4. Puis aprés sont nommez les Conciles de Latran, Lion & Vienne. Cette varieté montre que hormis les quatre premiers Conciles qui sont Conciles œcumeniques, qui sont tenus & observez comme les quatre Evangiles, selon saint Gregoire en l'ép. 24. du livre 1. & par Innocent III. *in can. post translationem extrà de renuntiatione in antiquis*, les autres Conciles n'ont esté tenus pour œcumeniques ni pour obligatoires, sinon autant que les autres Eglises qui n'y ont esté appellez ont voulu les recevoir de plein gré & consentement. Aussi est argument que la distance des temps & surceance de la tenuë d'iceux n'a rien diminué de l'ancien ordre & établissement de l'Eglise. La verité est qu'és Gaules, & peut estre és autres nations d'Occident n'ont esté tenus Conciles nationaux depuis le millième an de l'Incarnation de Nôtre Seigneur. En ce même temps quand la lignée de Charles le Grand tenoit le Royaume de France, & estoit du tout abaissée de valeur & de pouvoir, le ministere & la splendeur de l'Eglise furent aussi grandement abaissées & obscurcies en tant que les Prelats dissipoient les biens de l'Eglise, & les Seigneurs temporels les usurpoient, & en ce même temps l'Eglise Romaine estoit en mauvais ordre; car en 150. ans furent de suite environ cinquante Papes qui horsmis trois ou quatre furent énormément vicieux & scandaleux, & faut croire que tels estoient la plûpart des anciens Prelats. Au commencement du tiers grand an aprés l'Incarnation de Nôtre Seigneur qui fut en l'an 1064. l'Eglise commença réprendre & à recouvrer sa splendeur & autorité. Nicolas II. Alexandre II. & Gregoire VII. Papes se trouverent environ ce même temps gens de valeur & de cœur. Ledit Gregoire toutefois penchant beaucoup en la grandeur du monde, lesquels aiderent à rétablir ce qui estoit détourné, & au même temps fonderent en l'Eglise plusieurs Ordres Monastiques fournis de tres-saints & tres-sçavans personnages qui aiderent à ce rétablissement; comme Grandmont, les Chartreux, Cisteaux, Premostré, & plusieurs autres Monasteres. Ledit Gregoire VII. de zele ardent pour la manutention de la grandeur temporelle de l'Eglise, & à son exemple ses successeurs Papes voulurent rendre sujete à eux, les dominations temporelles de l'Empire & des Roïaumes, & s'aiderent des censures de l'Eglise, qui en ce temps se trouverent estre de grande efficace par les exhortations des bons Religieux desdits Ordres: mais outre les censures les Papes y employerent des sollicitations & inductions particulieres envers aucuns Princes de Chrétienté pour faire la guerre à main armée aux Empereurs & autres Princes, qui ne faisoient le gré des Papes. Cette façon de proceder par armes pour conserver l'autorité de l'Eglise passa en Italie, & y survinrent les factions *des Guelphes & des Gibelins*, dont a esté parlé ci dessus. Paul de Castre Docteur celebre en droit au conseil 283. parlant des Statuts de Florence de l'an 1350. rapporte ces mots que pour l'honneur de l'Eglise Romaine & du détroit du saint parti de ladite Eglise qui est appellé vulgairement *Guelphe*, par tout le monde, l'Abbé d'Urspperch en la Chronique se plaint que cette entreprise au fait des armes dressées par ledit Gregoire VII. contre Henry IV. Empereur fut cause que la trompête de la Guerre sainte que les François dresserent en l'an 1097. pour la conquête de Jerusalem, ne sonna en Allemagne, & que les Princes & Seigneurs de ladite nation ne furent de la partie. En ce même temps que la lignée de Charlemagne declina presque tout à coup, & que les Papes entreprirent d'établir cette puissance si grande, cessa l'usage des Conciles nationaux; Hugues Capet & ses successeurs nouvellement arrivez en cette couronne de France, ne voulurent rien remuer ni offenser personne, ayant assez affaire à bien établir les droits qu'ils avoient en cette Couronne, par le moïen de cette cessation des Conciles nationaux, & parce que les Empereurs & Rois baissoient la tête, il fut aise aux Papes d'attirer à eux peu à peu toute la puissance & commandement des affaires de l'Eglise au préjudice des Evêques qui demeuroient singuliers, d'autant qu'ils ne s'assembloient plus en Concile. Les Papes commencerent à dire & à faire sonner que tous les autres Evêques & Prelats n'avoient pouvoir, sinon entant que le Pape leur en avoit distribué pour avoir part au soin & à la sollicitude, estant la plenitude de puissance retenuë aux Papes; ainsi dit Innocent III. Pape en la Decretale entiere *in capit. quià diversitatem extrà. de concess. præbend.* ce qui ne s'accorde pas bien à ce que dit S. Ciprian au traité *de simplicitate Prælatorum*, quand il dit que toute la Chrétienté n'est qu'un Evéché, duquel Evéché chacun Evêque tient sa portion solidaire, mais que pour representer l'unité Nôtre-Seigneur Jesus Christ a voulu y faire un Chef qui est S. Pierre, jaçoit que tous les autres Apôtres fussent compagnons aïans même honneur & même puissance; & est rapporté *in can. loquitur* 24. *qu.* 1. qu'aussi Nôtre-Seigneur aprés sa Resurrection donna pareille puissance de lier & délier à tous les Apôtres, en disant à tous *recevez le S. Esprit, ceux de qui vous remettrez les pechez seront déliez, ceux de qui vous les retiendrez demeureront liez*; leur disant outre: *comme mon Pere m'a envoyé, je vous envoye*. Ainsi est écrit au 20. chap. de S. Jean en l'Evangile. S. Jerôme rapporté *in can. legimus. dist.* 93. dit que l'Evêque d'Eugubie est de même merite & autorité de Sacerdoce que l'Evêque de Rome. Tous Evêques sont successeurs des Apôtres comme il est dit au Canon *in novo* qui est du Pape Anaclet, *& in can. quoniam dist.* 68. au *can. videntes* 12. *qu.* 1. & saint Jerômé audit Canon *legimus*. Cette entreprise de plenitude de puissance qu'on appelle puissance absoluë a attiré avec soi un grand déreglement en l'Eglise, même quand les Papes ont commencé à dire qu'ils sont pardessus les Conciles *etiam* universels & Oecumeniques, & que tels Conciles ne prennent autorité & vigueur que d'eux, & qu'en iceux est toûjours exceptée l'autorité du Pape. Ainsi dit Paschal II. qui estoit peu de temps aprés Gregoire VII. *cap. significasti extrà de* *electione.* Toutefois le contraire a esté decidé au grand Concile de Constance, que le Concile universel de l'Eglise tient sa puissance immediatement de Dieu. La glose *in cap. ubi periculum de elect. in 6.* reconnoît & decide en termes de Droit, que ce qui a esté ordonné en Concile ne peut estre revoqué ni dispensé, sinon par autre semblable Concile par la raison du chapitre 1. *de regulis juris in antiq.* Toutefois la même glose adherant aux opinions de la Cour de Rome dit que le Pape, à cause de sa plenitude de puissance, peut pardessus les Conciles. Or il est expedient que par un Concile National en France soient repetez & repris les anciens Decrets, pour selon iceux rétablir l'ancienne liberté de l'Eglise de France, selon qu'il sera dit plus particulierement ci-aprés, ce qui ne sera faire tort à la puissance souveraine du Pape en reconnoissant qu'icelle est souveraine, ordinaire, & non absoluë, & que la puissance absoluë ne lui a esté attribuée en Concile universel: & de lui-même il ne la peut prendre, comme lui seul ne peut ordonner en ce qui concerne l'Etat universel de l'Eglise, sinon pour executer ce qui en a ja esté ordonné és Conciles Oecumeniques. L'Eglise de France pratiqua une forme de Concile National du temps du Roi Charles VII. en l'an 1438. pour l'assemblée des Prelats faite à Bourges par le commandement & sous l'autorité dudit Roi, où furent acceptez aucuns Decrets du Concile de Bâle, & la conclusion qui y fut faite fut dite la Pragmatique Sanction.

Ce ne sera pas schisme, mais vraïe union du Corps Mistique de l'Eglise quand le Chef & les membres s'accorderont par proportion analogique, le Pape estant reconnu pour Chef uni & lié indissolublement avec les autres membres pour en retenant à lui le droit d'estre Superieur, conserver aussi à chacun desdits membres son droit, autorité & fonction sans les affoiblir & supplanter, ains se faire égal à tous les Evêques, comme dit saint Jerôme rapporté *in can. Diaconus distinct. 93.* saint Gregoire *in can. ecce distinct. 99.* dit qu'il se sent honoré en sa superiorite, quant à chacun Evêque son droit est conservé. Aussi les Papes en leurs expeditions plus autentiques, sous Bulle de plomb, ne prennent autre titre que d'Evêques, & appellent tous Evêques leurs freres, comme dit Innocent III. *in capite quam gravi extrà de crimine falsi.* & saint Ciprian en ses Epîtres à saint Cornelie Pape l'appelle son frere & collegue qui est à dire compagnon en la charge, méme si le Pape écrit à un Cardinal, il ne l'appellera pas frere s'il n'est Evêque, mais l'appellera fils, bien que les Cardinaux soient du même College auquel il preside, qui est le saint Consistoire. Les Evêques de France s'assemblans en Concile National, n'entreprendront rien qui par raison doive déplaire à sa Sainteté, puis qu'il ne sera rien fait de nouveau, mais seront suivis les anciens Decrets de l'Eglise, lesquels sont tant honorez par les Papes, qu'ils disent & protestent ne pouvoir & ne devoir contrevenir à iceux, comme il est rapporté des Papes Urbain & Zozime *in can. sunt quidam in can. contra 25. quast. 7.* & comme disoient les anciens, toutes les Republiques & Dominations sont bien entretenuës par les mœurs & usances anciennes. Et sera bien à propos qu'aprés la conclusion faite par le Concile National soit observé l'ancienne Coûtume d'envoïer à sa Sainteté les Decrets qui y auront esté faits avec profession de la Foi Chrétienne, en ce qui est de la Doctrine telle comme la tient l'Eglise Catholique, Apostolique & Romaine, & qu'elle a esté declarée au Concile de Trente. Mais quant aux Decrets concernans la Police de l'Eglise supplier sa Sainteté d'avoir agreable, si selon la necessité ou grande utilité de l'Eglise de France ont esté faits aucuns Decrets, autres que ne sont és autres Nations, d'ancienneté estant ainsi abservé par les Eglises, afin de ramentevoir & conserver l'union comme toutes estoient une seule Eglise de communiquer les unes aux autres: Ce qui avoit été conclud és Conciles particuliers, esquels Conciles Nationaux nul ne dût avoir voix deliberative & conclusive finon les Evêques & Archevêques, comme representans les Apôtres desquels ils sont successeurs. Les Abbez, Prieurs conventuels, Docteurs en Theologie & en Droit Canonique y puissent avoir entrée & seance non pour deliberer & conclure, mais pour remontrer, donner avis & conseiller, ce qui est dit, *in can. propter in can. pervenit*, tirés des Conciles d'Antioche & de Calcedoine *dist.* 18.

*La Chronique écrite à la main dit, qu'au Concile de Vienne en l'an 1310. les Evêques firent instance pour abolir les exêptions, & le Pape ne le voulut consentir, la même Chronique dit, que plusieurs tenoient que ledit Concile leVié ne avoit été fait pour prendre occasion d'extorquer Decimes.

* L'autre chef de liberté est à ce qu'audit Concile National soit reconnu & conclud selon les anciens Decrets que tous Monasteres, Colleges Ecclesiastiques, Eglises & autres lieux de Religion & pieté, & toutes personnes Ecclesiastiques estans en un Diocese sont & doivent estre sujets à l'Evêque Diocesain en ce qui est du spirituel & de la Police Ecclesiastique, nonobstant toutes exemptions & privileges, *etiam* qu'ils aïent esté octroïés par les Saints Peres & par le Siege Apostolique nonobstant aussi toutes usances & coûtumes contraires, parce que avant 5. où 6. cens ans ainsi estoit, & ainsi est statué par les anciens Conciles & Decrets, & parce que l'experience a fait connoître que plusieurs dereglemens en sont avenus avec dissipation de la discipline Ecclesiastique, même en tant que la sollicitude éloignée ne peut estre bien executée, & que la correction estant lointaine & difficile donne plus grande occasion de delinquer. Au grand Concile de Calcedoine qui est le 4. Oecumenique auquel assisterent 630. Peres au chapitre 4. rapporté *in can. qui verè 16. qu. 1.* & és Conciles Nationaux d'Orleans & d'Arles rapportés *in can. Abbates 12. & in can. Monasteria 18. qu.* 2. fut statué que tous Monasteres seroient sujets aux Evêques des Dioceses esquels ils sont assis. Encore audit Concile de Calcedoine rapporté *in can. quidam 18. qu. 2.* & d'Orleans National pour la France *cap.* 19. rapporté *in can. omnes basilica 16. qu. 7.* & de Châlon aussi National rapporté *in can. decretum 10. qu. 1.* & par le Decret de Nicolas Pape *in can. 1. 16. qu. 5.* a esté statué en

general que toutes Eglises de quelque qualité qu'elles fussent, seroient sujetes à l'Evêque Diocesain du lieu par les mêmes anciens Decrets les Evêques ont droit de visiter & corriger les fautes qui se commettent és Monasteres *can. non semel* tiré du Concile d'Orleans 18. *q.* 2. & Innoc. III. Pape *in cap. cum venerabilis extrà de Religiosis domib.* reconnoît que le droit commun est tel. Paschal Pape II. du nom *in can. Abbates* 18. *q.* 2. défend aux Evêques de promouvoir aux SS. Ordres les Moines qui se disent estre sujets à aucun Evêque. Suivant ce est statué *in cap. cum nullus de tempor. ordin. in* 6. que l'Abbé ne peut donner congé à son Religieux de se faire promouvoir aux SS. Ordres *à quocumque Episcopo* parce que c'est la propre charge de l'Evêque Diocesain, selon les anciens Decrets à quiconque appartient l'ordination & imposition des mains, à celui-là appartient de juger de la personne qu'il a ordinée *in can. nullus* qui est du Pape Celestin. 9. q. 2. & à celui Evêque appartient l'examen de la personne à qui appartient l'imposition des mains *cap. venerabilem extrà de elect.* Or est-il que nul Abbé, Prieur, ou autre Chef de l'Eglise non Evêque n'a droit de l'imposition des mains & de promouvoir aux saints Ordres, ils ne doivent donc avoir jurisdiction sur les Moines & autres personnes Ecclesiastiques au prejudice de l'Evêque : vrai est qu'en ce qui est de la discipline reguliere & des observations qui sont à faire au dedans le cloître & maison Monastique, que les Abbez & autres Superieurs reguliers en ont & doivent avoir la premiere connoissance & correction *ad instar* d'une jurisdiction domestique telle que le Pere a sur ses enfans, & le Pere de famille sur ses domestiques. Ainsi soit entendu ce qui est dit *in can. Abbates* tiré du Concile d'Orleans 8. *quæst.* 2. auquel effet pourra estre statué au Concile National, que nul Evêque de ce Roïaume ne promouvra aux saints Ordres & n'imposera les mains à aucun Religieux ou autre personne sinon qu'il promette & jure solemnellement és mains dudit Evêque de le reconnoître & lui obeïr en toutes choses & affaires Ecclesiastiques comme à son Superieur ordinaire, parce que ce fait des sujettions & exemptions concerne & importe à l'état universel de l'Eglise, & parce qu'il connoît que les privileges d'exemption ont apporté grand déreglement à l'Eglise, parce que la sujettion en general envers les Evêques est ordonnée par ledit grand Concile de Calcedoine l'un des quatre veneré comme les quatre Evangiles de l'Elgise, la France peut dire qu'elle est en liberté pour n'estre tenuë d'observer les privileges & exemptions que les Papes ont donné aux Ordres de Cluni, Cisteaux, des Celestins, des Freres Prêcheurs de saint Dominique, des Freres Mineurs de S. François, des Jesuites, & aux Monasteres & Eglises particulieres, oresque par lesdits privileges ils soient declarez sujets au Siege Apostolique immediatement, & ores qu'aucun d'iceux soit enclos au corps de droit, comme il se dit de Cluni *in cap.* 4. *de privilegiis extrà* qui est de Honoré III. où il est dit que les Evêques Diocesains n'ont pouvoir d'excommunier les Religieux de Cluni, parce que les Papes seuls n'ont pû déroger ni aux Conciles Oecmeniques comme est celui de Calcedoine, ni même déroger aux Conciles Nationaux pour ôter aux Evêques ou leur diminuer leur Jurisdiction ordinaire, sinon avec pleine connoissance de cause, & oüis les Prelats de la même Nation, selon la regle generale ci-dessus mise, que le Pape a la puissance souveraine ordinaire & reglée selon laquelle il ne peut ôter à autrui son droit, & non une puissance absoluë & monarchique, à laquelle la volonté doit servir de raison, & s'il est avenu qu'aucuns Evêques aïent consenti, ou les Eglises de ce Roïaume par tolerance ou connivence n'y aïent contredit, pourtant n'a esté fait aucun prejudice aux successeurs selon les regles de droit, que les convenances faites par les Receveurs des Eglises sont personnelles, & ne lient leurs successeurs, sinon qu'elles aïent esté faites pour l'utilité de l'Eglise; moins peuvent nuire à l'état universel de l'Eglise, contre lequel ne peut courir aucune prescription, & ce qui a esté une fois approuvé, si aprés il est reconnu estre nuisible, peut estre revoqué & rejetté *l.* 2. *ff. de via publica & Itin. pub. l. ut gradatim* §. *reprobari ff. de muneribus & honoribus* Sur ce sera consideré qu'au recueil qu'a fait Gratian des Decrets des Papes & anciens Peres, plusieurs Canons se trouvent attribuez aux saints Papes Martirs qui estoient au temps de la grande persecution de l'Eglise, & ne peuvent estre d'eux, selon l'état auquel lors leur Eglise estoit. Aussi en l'émendation dudit recueil de Gratian dit le grand Decret, faite par l'ordonance de Gregoire Pape VIII. du nom sont remarquez plusieurs semblables fautes comme *in can. nulli distinct.* 99. qui est attribué à Anicet Pape, lequel Canon est du Pape Gregoire VII. & non dudit Anicet, qui estoit au tems de Marc Aurele & Commode, Empereurs, environ l'an cent soixante-quatre, en plusieurs endroits est allegué le Concile de Martin Pape; Mais les Canons sont tirés d'un recueil fait par Martin Evêque de Bracara qui traduisit en Latin plusieurs Decrets des Conciles faits en l'Eglise Grecque, comme il est remarqué par les annotations de ladite émendation : même *in can. propter distinct.* 18. *can. accusatum* 2. *quæst.* 5. *can. mutationes* 7. *quæst.* 7. *can. patet* 9. *quæst.* 3. *can. si quis deinceps. can. si quis Clericus* 16. *qu.* 7. & en plusieurs autres lieux. Aussi proche la plûpart desdits Canons intitulez du Concile de Martin Pape se trouvent les Canons sous le titre des Conciles de Laodicée, Neocesarée, Antioche, & autres Conciles en même substance & presque mêmes mots. En aucuns endroits Gratian ajoûte de son opinion, qui est interjettée en la constitution Papale qui est lûë comme si c'étoit de la même constitution, comme *in can. placet* 2. *quæst.* 6. *can. nullus hac*, 9. *quæst.* 11. *can. Ecclesiasticis* 25. *quæst.* 2. Audit Canon *patet* 9. *quæst.* 3. l'annotation Gregorienne dit que ce qui est allegué d'Innocent & Boniface Papes ne se trouve en leurs Epît. & au Canon *Nemo* au même lieu l'annotation dit que ce n'est d'Innocent Pape, mais d'un Sinode Romain sous saint Silvestre. Aussi au Canon *alius* 15. *qu.* 6. le titre est du Pape Gelase *ad Anastasium imperat.* & ladite annotation rémarque que c'est du Pape Gregoire VII. à l'Evêque d'Alets. Et de vrai l'Empereur Anastase étoit plus de cent ans avant Pepin Roi de France, duquel est parlé audit Canon. Au Canon *Jubemus de consecrat. distinct.* 1. l'annotation Gregorienne dit qu'en l'original de l'Epître de Lucius Pape auteur dudit Canon, ces mots sont *fratres hortamur*, & toutefois Gratian de soi-même a mis ces mots *jubemus auctoritate Apostolica.* La glose *in can. futurum* 12. *qu.* 1. dit que le titre du Canon qui est de Melchiades étoit avant Constantin, la glose *in §. si quis autem*, qui est aprés le Canon *si quem pœniteat* 2. *quæst.* 3. dit que Gratian s'est abusé & montre évidemment qu'il a mal entendu ce qui est au Droit Civil Romain au fait des abolitions; ce qui est dit pour montrer qu'il ne faut pas precisément & absolûment, ains avec beaucoup de consideration & respect, croire & alleguer ce qui est écrit audit recueil de Gratian, dit le grand Decret.

L'autre chef de la liberté de l'Eglise de France dépendant du prochain precedent, est qu'aux Evêques Diocesains appartient la connoissance & disposition en premiere instance de tous cas tant de conscience, que de punition de crimes, & de cas civils de Jurisdiction Ecclesiastique contentieuse, comme aussi pour la collation & provision des Benefices par même droit que leur appartient l'ordination des Prêtres, Diacres & Soûdiacres, sans qu'aucun se puisse prevaloir des reservations generales ou particulieres, des preventions, des privileges & exemptions, de mandats, graces expectatives, & autres, nonobstant l'usance & prescription, qu'aucunes dignitez Ecclesiastiques voudroient pretendre sur les droits Episcopaux dont est parlé *in cap. cùm olim, extrà de præscript.* Seulement soient reservez selon les anciens Decrets les degrez de devolution au Superieur immediat en cas de negligence de l'inferieur, ou de son refus, ou en cas d'appel, à sçavoir de l'Evêque à l'Archevêque, de l'Archevêque au Primat, du Primat au Siege Apostolique; encore audit cas de devolution au Siege Apostolique, Sa Sainteté doive octroïer rescrit delegatoire *ad partes*, si c'est chose qui doive estre expediée avec connoissance de cause, sans qu'en tous lesdits cas Sa Sainteté se puisse ou doive entremettre par prevention, sous pretexte que l'on dit que le Pape est Ordinaire des Ordinaires & qu'il concoure en puissance avec tous les Ordinaires. Selon la proportion analogique, & ordre hierarchique de l'Eglise, l'Archevêque ne doit entreprendre en premiere instance sur la Jurisdiction & autorité de l'Evêque son suffragant, ni le Primat sur l'Archevêque, ainsi qu'il est dit *in cap. pastoralis extrà. de offic. ord. cap. sicut extrà de excess. Pralat.* & au 5. ou 6. chapitre au livre du Sexte qui tous se commencent *Romana* en divers titres, qui tous sont d'Innocent IV. Pape *& in pannomia Ivonis Carnotensis lib.* 4. *cap.* 26. 27. 28. & 29. si ce n'est du consentement du Diocesain. Ainsi dit Calixte Pape *in can. nullus* 9. *qu* 3. ou bien en défaut de l'Evêque Diocesain, & des autres Evêques de la Province, l'on peut avoir recours aux Evêques des autres Provinces voisines, *can. si fortè* tiré du Concile de Sardique, *dist.* 65. ou bien comme dit a esté ci-dessus, en cas d'appel, refus ou negligence. Ainsi est reconnu par Leon Pape premier du nom écrivant à Anastase Primat en Thessalonique rapporté *per Ivonem in Pannomia lib.* 4. *cap.* 3. disant que les causes grandes doivent estre traitées és Conciles Provinciaux; & s'ils ne peuvent estre definies, on doit avoir recours au Primat, & si elles ne peuvent estre decidées par lui, on ait recours au Pape; il en dit presque autant *libro* 4. *capite* 22. Doncques le Pape qui est Chef de l'Eglise, tenu par devoir & par bienseance de conserver à chacun Evêque son droit, & maintenir l'ordre analogique & police de l'Eglise, ne doit entreprendre jurisdiction ou autre disposition sur les Primats, Archevêques & Evêques ses inferieurs. Ainsi dit saint Gregore en l'Epître 68. *lib.* 2. *& in can. Ecclesiasticis* 25. *qu.* 2. & saint Jerôme *in can. diaconi distinct.* 93. le même saint Gregoire rapporté *in can. ecce distinct.* 99. dit qu'il se sent honoré en sa superiorité, quand il conserve à chacun Evêque son droit, & és Epîtres 38. & 39. livre 1. il dit qu'il n'a voulû rien entreprendre sur un Evêque auquel il écrit sans l'en avertir, afin de ne le contrister, & en l'Epître 39. du livre 2. que comme il entend conserver les droits de son Eglise, aussi veut-il garder le droit des autres Eglises. Au decret *de collation.* En la Pragmatique Sanction tirée du Concile de Bâle ledit Decret commençant *placuit* est dit que l'Ordre Ecclesiastique est mis en confusion quand on ne garde aux ordinaires le droit de leur Jurisdiction & authorité, & y est allegué le dire du Pape Leon que la famille du Corps Ecclesiastique se trouvera en peril de cheoir si on ne trouve au Chef ce qu'on desire & cherche és autres membres du Corps. Par l'ancien établissement de l'Eglise les Dioceses ont été distincts & separés, comme aussi ont été les Provinces selon qu'étoient alors les limites de la domination temporelle des Romains, à ce que chacun Evêque en son territoire pût mieux connoître les affaires survenantes & les circonstances d'icelles, former son Jugement pour adoucir ou aigrir, temperer, differer, ou dissimuler selon les occasions. Ce qui ne peut pas être si bien connû ni jugé par les personnes qui resident au loing, c'est la verité de l'Histoire que les Sieges des dignités Ecclesiastiques ont été établis selon ledit établissement de la domination temporelle des Romains. L'Evêque de Rome eût l'honneur du premier Siege parce que Rome estoit Chef de l'Empire. L'Evêque d'Alexandrie en Egypte eût le second l'honneur parce qu'elle étoit tenuë pour la seconde principalle Ville de l'Empire Romain. L'honneur du tiers rang fût attribué à l'Eglise d'Antioche parce que c'étoit la premiere & principalle Ville d'Asie: Mais depuis que Constantin eût transferé le Siege de l'Empire en la Ville de Byzance qu'il nomma Constantinople de son nom, l'Eglise dudit lieu eût le second rang en dignité prochaine aprés Rome. Le debat de preéminence fût traitté és Conciles de Constantinople I. & de Calcedoine. Et la raison du second rang octroïé à Constantinople est exprimée esdits Conciles, parce que c'étoit la nouvelle Rome. Encore aujourd'hui la contrée proche de Constantinople se nomme Romanie du mot grec *Remi nea* qui est à dire *Roma nova.* Ce n'est donc pas la sceance de S. Pierre qui a donné le premier rang à Rome, mais c'est la disposition & ordonnance de Jesus-Chrît qui voulût que S. Pierre chef des Apôtres eût la sceance à Rome Ville capitalle de l'Empire afin que le souverain commandement Spirituel sous le nom du grand Roi Jesus-Christ, fût au même lieu où étoit le souverain commandement temporel. Car si la sceance de S. Pierre eût été la cause, la Ville d'Antioche eût eu le premier rang, parce qu'en icelle S. Pierre eût la premiere sceance, dont toute la Chrêtienté fait la Fête de la Chaire S. Pierre à Rome le 18. Janvier. Alexandrie Siege de S. Marc Disciple de S. Pierre n'ût eu le 2. rang aprés Rome, ains plûtôt Antioche qui avoit été le Siege de S. Pierre Maître de S. Marc. Constantinople qui n'avoit été Siege d'aucun Apôtre ne'ût eu le 2. rang aprés Rome & n'eût été mise avant Alexandrie & Antioche, doncques la cause de l'établissement du premier & principal Siege Episcopal à Rome, n'a pas été directement la personne de S. Pierre, mais parce que c'estoit la Ville Capitale de tout le Monde que Nôtre Seigneur avoit choisie pour y establir le Principal Siege de sa domination spirituelle, sur cét argument peut être remarqué en l'une des Novelles de Justinian aprés qu'il voulût décorer la Ville de sa naissance qu'il nomma Justiniane, & y établir le principal Siege de la domination de tout l'Illyrique, il s'ensuit qu'à la même occasion il veut que la primatie spirituelle qui étoit en la Ville de Thessalonique fût transferée en ladite Ville Justiniane, dont resulte que l'établissement des Patriarchats, Provinces & Dioceses n'a pas été de l'Ordonnance des Pâpes, mais a esté par le consentement universel de l'Eglise, qui a suivi le même établissement de la domination temporelle, jaçoit qu'Innocent III. *in cap. antiquâ de privilegiis* en attribuë toute l'Ordonnance au Siege Romain ; mais l'Histoire du temps y contredit. C'est la verité que l'Eglise universelle a toûjours respecté & honoré le Siege Romain, & que és questions plus arduës & difficiles, les Evêques par forme de consultation s'adressoient aux Papes pour en avoir avis, ainsi qu'il est representé en plusieurs Decretales, esquelles le même mot de consultation est mis, même d'Alexandre III. & Innocent III. lequel Alexandre en la Decretale entiere du Chapitre *consultationibus extrà de officio delegati*, dit qu'à cause du ministere de la servitude dont il a pris charge, il est contraint de répondre aux consultations de ses inferieurs, afin de resoudre si aucun doute se presente. De même és Decretales entieres, *in cap. ex tenore extrà. Qui filii sint legitimi in cap. sicut dignum extrà. de homicid. in cap. gratum de audient. cap. consultationibus extrà de officio delegati.* Ce qui se faisoit par bien-sceance & non par necessité de devoir, & toutefois aux Decretales antiques & au Sexte l'on connoît que les Papes prenoient connoissance de toutes causes par prevention & en premiere instance, non seulement des spirituelles & Ecclesiastiques, mais aussi des civiles & entre personnes laïes, non seulement personnelles ains aussi réelles, comme se voit *in cap. significante extrà de rescriptis, cap. ex parte extrà de foro competenti cap. constitutis extrà de procuratoribus, cap. constitutis extrà de in integrum restitution.* & en plusieurs autres, cette prevention és causes de Jurisdiction contentieuse n'est aujourd'hui en aucun usage en France & est abolie par longue desuetude, même par le Decret *de causis* en la Pragmatique Sanction, sauf que les Papes ont pretendu la reservation à eux seuls d'aucunes causes qu'ils appellent majeures dont sera parlé ci-aprés.

Ce chef de la puissance ordinaire des Evêques pour tous cas survenans en leurs Dioceses se départ en plusieurs articles & membres ; l'un est des crimes en cas de conscience dont les Papes ont reservé à eux une grande partie, ce qui n'estoit en l'ancienne Eglise, même auparavant les Papes Gregoire VII. Alexandre II. & Innocent II. un des plus notables & frequens cas est au Canon *si quis suadente 17. q. 4.* qui est dudit Innocent II. par lequel sont declarés excommuniés *per Canonem lata sententia*, ceux qui injurieusement jettent les mains violentes sur les personnes des Prêtres & Clercs, dont l'absolution est reservée au Siege Apostolique : Et parce que cette reservation sembloit rude & presque intolerable, les Papes Successeurs y ont apporté plusieurs temperamens pour s'en adresser à l'Ordinaire qui sont en plusieurs Chapitres au titre *de sentent. excommunicat. in antiq.* De vrai c'est chose bien rude d'excommunier de plain sault sans appliquer les remedes de la correction fraternelle dont est parlé en l'Evangile de Carême *si peccaverit in te frater tuus.* Que si l'on veut dire que la gravité du delit emporte excommunication, la réponse seroit que si le delinquant est du Clergé, le Juge d'Eglise doit lui faire son procés par l'ordre judiciaire pour aprés la conviction si le crime est capital le deposer, le condamner à perpetuelle prison, & le faire consentir aprés la penitence de la communion Laïque, ou le suspendre à temps, ou le condamner à jeûnes pour certain temps avec la prison pour controller son jeûne : Si c'est crime qui ne merite si rude punition, l'exhorter de se corriger ; s'il ne se corrige étant contumax l'excommunier ; & s'il persevere demeurans du tout incorrigible l'anathematiser, qui est l'ordre mis par Celestin Pape III. *in cap. cum non ab homine extrà de judic.* Innocent III. *in cap. sua extrà de pœnis*, dit que les gens d'Eglise convaincus de crimes tres atroces doivent estre dégradés de leurs Ordres & retrus bien étroittement dans un Monastere pour y faire penitence. Et Urbain III. *in cap. ad audientiam de crimine falsi in antiquis*, veut que le Prêtre qui avoit falsifié le Seel du Roi de France soit dégradé, marqué de fer chaud, pour estre reconnû & qu'il soit banni de la Province. Si le delinquant est personne laïe, le Juge Laïcal le doit punir par mort ou bannissement, ou autres peines exemplaires, selon la gravité du delit, que si le Juge Laïcal n'en tient compte & le delinquant ait offensé l'Eglise, ou une personne Ecclesiastique, lors selon les anciens Decrets, l'Evêque Diocesain admonestera le delinquant jusques à 2. ou 3. fois afin de satisfaire, & ce par forme de charité fraternelle, & en cas de contumace l'excommuniera Ainsi est dit par Nicolas Pape predecesseur dudit Innocent II. *in can. de Presbiterorum* 17. *q.* 4. qui est bien en plus forts termes que ledit Canon *si quis suadente* qui parle de simple outrage, & ledit Canon *de Presbiterorum* parle d'aucuns qui avoient flagellé & tué les Prêtres. Ledit Pape Nicolas *in can. præcipuè* 11. *q.* 3. en un delit qui étoit connû à tous du Roi Lothaire qui tenoit illlicitement une concubine Vualdrade delaissant sa femme, admoneste ledit Roi de s'en abstenir avec commination s'il ne le fait que lui Pape prendra deux ou trois témoins & le dira à l'Eglise; & s'il ne se corrige le tiendra pour Ethnique, c'est l'excommunier, il ne l'excommunie pas de plain sault. S. Augustin rapporté *in can. nulli* 2. *q.* 1. dit que l'on ne doit interdire la communion à aucun (combien que cette simple interdiction soit medicinale & non mortelle) sinon aprés que le delinquant a volontairement confessé son crime, ou en a été convaincû par l'ordre judiciaire : & si par la voïe judiciaire on ne le peut convaincre, que plûtôt il soit enduré que de le mettre au peril de la damnation éternelle. Ainsi fût statué au Concile de Paris rapporté *in can. de illicita* 24. *q.* 3. où est rapportée aussi la Constitution Novelle de Justinian 128. *§.* 11. & est dit que l'Eglise la retient & l'observe. Et au Concile de Meaux rapporté *in can. nemo* 11. *q.* 3. esquels est commandé de n'exercer les excommunications si non aprés les monitions & délais competens sans precipitation. A quoi est consonant ce qui est dit par Alexandre III. *in cap. reprehensibilis*, & par Innocent III. *in cap. sacro extrà de sentent. excommunicat.* outre ce qui est en l'Evangile de la correction fraternelle & de ne juger soudain, nous en avons l'exemple en l'ancien Testament. Dieu auquel tout étoit connû & certain ne voulut juger Adam, Caïn & les Sodomites, sinon aprés les avoir oüis & connû sur le lieu, ce qui étoit de leur delit. S. Augustin & autres Sts. Peres & Docteurs rapportés *in can. tolerandi, can. non potest, can. infideles, can. quisquis, can. ita planè* 23. *q.* 4. *can. quoties* 1. *q.* 7. *can. recedite, can. disciplina, can. licet distinct* 45. *can. constituere* 5. *dist* 50. disent que les Prelats d'Eglise doivent être circonspects & retenus à fulminer les excommunications mêmes quand plusieurs ont failly, & que les Conseils de separation sont bien souvent de peu de fruits & bien souvent se trouvent pernicieux & pleins de superbe en tant qu'ils troublent & scandalisent les bons qui sont infirmes, plus qu'ils ne corrigent les méchans de mauvais courage, & qu'il faut appliquer telles censures quand il y a peril de rompre la paix & troubler le repos, & qu'il est souvent besoin de temperer les rigueurs par discrete moderation, parce que les rigueurs bien souvent endurcissent, aigrissent & rendent plus obstinez les mauvais & pervers. En quoi l'on doit se comporter selon les circonstances des temps, des personnes, & des regions même quand il est question de corriger les délits des Grands. Nathan Prophete quand il voulut de la part de Dieu, blâmer David du grand peché qu'il avoit fait de l'adultere & de l'homicide, commença son propos par une supposition d'autre fait, & par circonlocution rangea David au point de reconnoître son peché & en enquerir merci à Dieu, Innocent IV. Pape au chapitre *ad Apostolica de sentent. & re judicata in 6.* recite combien que Federic Empereur eût été excommunié par le Pape Gregoire IX. toutefois ledit Innocent avant que juger plus avant sur sa deposition qu'il avoit envoïé vers lui trois Cardinaux pour lui faire entendre qu'il desiroit avoir paix avec lui, & la lui octroïer aussi; & que si ledit Empereur pretendoit avoir été offensé par l'Eglise, que le Pape appelleroit au conseil aucuns Rois, Prelats & Princes, pour par leurs avis satisfaire, & si besoin étoit revoqueroit la censure : dont n'avint aucun effet de pacification, parce que ledit Empereur avoit été grandement irrité, & furent élûs à la poursuite des Papes, deux Empereurs contre lui successivement, Henri Lantgrave de Turinge & Guillaume Comte de Hollande, qui tous deux furent vaincus par Federic. Ce que dessus sert pour montrer que les aigreurs des excommunications ne sont pas ordinairement de fructueux usage, mais sur tout sembleroit que ces excommunications *latæ sententiæ* qui sont lancées comme foudres, dûssent estre du tout rejettées. Au recueil de Gratian dit le grand Decret y sont remarquez fort peu de cas de censures *latæ sententiæ*, dont l'on en allegue deux de saint Gregoire : mais le texte ne sonne pas ainsi bien clairement; il y a le cas susdit du Canon *si quis suadente* bien ouvert, ledit Innocent II. étoit successeur assés proche du Pape Gregoire VII. qui avoit un zele si ardent & extraordinaire pour l'exaltation de l'Eglise en grandeur temporelle, & y avoit beaucoup avancé par le moïen des excommunications. Mais depuis par les Decretales antiques du Sexte, lesdits cas des censures *latæ sententiæ* se trouverent bien multipliez. Ez Decretales antiques se trouverent 27. ou 28. cas au Sexte 52. & dont pour la plûpart, l'absolution est restrainte & reservée au Pape, par cette raison que la censure en est contenuë és Constitutions Papales. Depuis ont été ajoûtées plusieurs autres cas contenus en la Bulle que l'on dit *in Cœnâ Domini*. Comme aussi sembleroit assez expedient d'ordonner que *etiam* de volonté nul ne se pût soûmettre à l'excommunication pour faire executer ce qu'il promet à cause de la gratuité de la censure; dont autre ne doit estre Juge que l'Evêque, qui ne la doit fulminer sinon aprés une contumace incorrigible. D'ancienneté telles soûmissions estoient fort pratiquées, même entre les Princes qui peu se soucient de la Justice ordinaire; la facilité & la frequence de ces excommunications a esté cause que la plûpart des Chrétiens les ont méprisées, & l'experience a fait connoître depuis deux ou trois cens ans en ça, que lesdites censures & excommunications n'ont eu aucun effet quant aux grands Seigneurs, sinon en tant que les Papes ont excité autres grands Seigneurs pour faire la guerre à ceux qu'ils avoient excommuniez, & que ç'a esté la force des armes avec beaucoup d'effusion de sang Chrétien qui a fait respecter les Papes, & non la force de leur glaive spirituel. Et quant ausdits Canons *latæ sententiæ* dont le principal & plus urgent est audit chapitre *si quis suadente*, le grand nombre des exceptions & temperamens qui ont été appliquez par les Papes successeurs, fait connoître que ce Decret si rigoureux étoit de soi injuste, & que de vrai-semblablement la cause de ne l'avoir abrogé a été pour ne diminuër cette grande & extraornaire autorité, lesdites exceptions sont és chapitres; chapitre *si verò*, chapitre *mulieres* chapitre *ea noscitur*, chapitre *ex tenore*, chapitre *de cætero*, chapitre *cùm non ab homine*, chapitre *peremit*, és Decretales antiques, & au chapitre *religioso de sentent. excomm. in 6*.

Or a bon droit d'Eglise de France n'a pas approuvé & reçû tous ces Canons & censures *latæ sententiæ*, ni les reservations qui ont esté faites de plusieurs cas au Siege Apostolique; & a eu raison, parce qu'il n'en a esté statué en Concile Occumenique, ce qui est dû estre fait pour valoir, vû que cela emporte derogation à l'ancien établissement & ordre de l'Eglise, & si quelquefois & souvent on s'est laissé aller pour les observer, ç'a esté par humble devotion pour le temps, & non pour necessité & obligation perpetuelle. De vrai cette precipitation d'un jugement si severe comme est l'excommunication & la reservation au Siege Apostolique de ce qui dût estre jugé par les Evêques Diocesains, emporte déreglement & confusion du Ministere de l'Eglise, & comme c'est contre les anciens Decrets, aussi il avient que les difficultez qui en resultent, font que plusieurs les méprisent, & est expedient qu'en Concile National, sans rien statuër de nouveau à cét égard soient repris & repetés les anciens Decrets, pour selon iceux estre l'Eglise de France reglée par honnête & raisonnable liberté. Que si le Pape en premiere instance soit par prevention ou par reservation & en autre cas que de legitime devolution par degrés & par ordre avoit entrepris d'excommunier aucun de ce Roïaume, l'Evêque Diocesain le peut absoudre, non pas legerement & promptement, mais maturément avec grande connoissance de cause & témoignage bien certain de vraïe penitence, car comme dit a été ci-dessus de l'autorité de saint Ciprian Evêque Martir, toute l'Eglise Chrétienne est un seul Evéché auquel chaque Evêque a sa portion solidaire, & pour éviter la confusion on a fait distinction & limitation des Evéchés & les degrez de superiorité ont été établis pour recevoir les plaintes de ceux qui se sentent grevés par les Diocesains. Il se dit que l'Heresie est un des cas reservés, toutefois au Concile d'Orleans 4. chapitre 8. il fut statué que aux Evêques appartient de recevoir & reconcilier à l'Eglise ceux qui s'humilient & retournent. Au Concile de Tolede 3. qui étoit National pour l'Espagne, convoqué par le commandement du Roi Ricarede, le peuple d'Espagne & les Evêques Arriens se reduisirent à la Foi, & au même Sinode furent reconciliés à l'Eglise sans aucune mention du Siege Apostolique, sinon qu'il est vrai-semblable que le Pape en fut averti afin d'avoir part en la joye du retour des Brebis égarées. Aussi S. Gregoire en l'Epître 226. livre 7. écrivant audit Ricarede se contente de se réjoüir de cette conversion & reconciliation, sans y interposer autre confirmation ou autorisation. Ce qui est dit par S. Gregoire *in can. primo, undecima quæst.* 3. que la sentence du Pasteur soit juste ou injuste, est à craindre, est tres-veritable: mais Gratian l'interprete au paragraphe aprés le Canon *si Episcopus* 2. en la même question, non pas pour estre ladite sentence precisement observée quand elle est injuste ou nulle, mais pour n'estre pas méprisée par superbe. Gelase Pape *in can. non est*, & saint Augustin *in can. illud.* au même lieu dit que la sentence injuste ne lie la conscience de celui qui injustement est condamné. S. Jerôme rapporté *in can. si quis non rectè* 24. *quæst.* 3. dit que celui qui est mis dehors, c'est à dire qui est excommunié, si auparavant il n'étoit pas sorti & qu'il n'eût commis faute meritant d'estre mis dehors, que le jugement injuste ne le blesse. Innocent III. *in can. à nobis extrà de sententiâ excommunicationis*, dit que celui qui a un cœur vrai contrit & repentant est absous d'excommunication quant à Dieu, mais non pas quant aux hommes, si la censure n'est relaxée. Or pour le regard des hommes, il suffit de s'estre mis en devoir d'obeissance, en témoignant à l'Eglise sa vraïe repentence. Zabarelle Cardinal & Docteur excellent en droit Canon en son conseil 150. dit que quand le Souverain refuse de faire justice, il est loisible au particulier de recouvrer son droit comme il peut & allegue Innocent IV. *in cap. cùm olim extrà de restitutione spoliatorum*: & au même Conseil il dit que quand le Pape concede chose qui apporte perturbation & déreglement à l'Eglise universelle, il est loisible de ne lui obeïr point, & allegue le même Innocent au Commentaire du chapitre *inquisitum extrà de sententia excommunicationis.* Su[illegible]ce peut estre consideré, que selon l'ancien établissement de l'Eglise, non seulement l'Evêque, mais aussi un simple Prêtre peut absoudre le vrai penitent de tous cas & crimes: ce qui se connoît par la formule de l'absolution que le Prêtre donne aprés l'absolution du penitent, en ces mots. *Nôtre-Seigneur Jesus-Christ qui est le Souverain Pontife te absolve, & moi de l'autorité qu'il m'a octroïée je t'absous.* Il ne se dit pas que l'autorité d'absoudre eût été donnée par l'Evêque ou par le Pape. Vrai est que lors de l'ordination du Prêtre, l'autorité lui est donnée de Dieu par le Ministere de l'Evêque. Encore en l'observation desdits cas reservez au Pape & à l'Evêque, on tient qu'en l'article de la mort, ou en cas d'évident peril un simple Prêtre peut absoudre de quelque cas que ce soit: vrai est qu'on dit que c'est à la charge que le peril estant cessé, on auroit recours au Superieur, auquel cas, le cas est reservé. On a disputé si aprés le peril cessé estant absous, il retombe en la censure : les anciens Docteurs Gofredus, Bernardus & Hostiensis, ont tenu qu'il ne retombe pas en la censure, aïant été une fois absous ; aussi Dieu ne fait pas à demi, ainsi dit la glose *in cap. eos qui de sententia excommunicationis in 6.* Mais Boniface VIII. grand zelateur de cette domination rigoureuse audit chapitre *eos qui*, & Clement V. *in Clementina prima de pœnis* és Clementines, ont decidé qu'il retombe és censures. A bon droit, l'Eglise de France a pû ne recevoir pas ces constitutions comme contraires à la benignité de Jesus-Christ le bon Pasteur, qui reçoit sa brebis égarée alaigement & du bon pere qui se réjoüit au retour de son enfant prodigue, contraires aussi à l'ancien établissement de l'Eglise, selon lequel le simple Prêtre en fait d'absolution à autant de pouvoir que l'Evêque comme dit saint Jerôme *in can. olim & in can. n. legimus distinct. 93.* Et le peché une fois pardonné est efficacement effacé, autrement sembleroit être dérogé à la grande misericorde de Dieu.

L'autre membre ou article des libertés de l'Eglise de France concernant la puissance ordinaire des Evêques est pour la Jurisdiction Ecclesiastique contentieuse à l'instar de la Jurisdiction Civile, au prejudice de laquelle les Papes ont beaucoup entrepris même Alexandre III. qui avoit été Docteur à Boulogne, comme dit la Glose *in paragrapho Ego A. in verbo anno* 1105. *Secunda quæst. 6.* & peu aprés lui Innocent III. qui avoit été Auditeur des causes de la Cour de Rome, ainsi qu'il est dit *in capitulo, querelam extrà de electione in antiquis.* Gregoire IX. estoit Neveu d'udit Innocent III. Innocent IV. estoit tres grand & tres-sçavant en droit Canon & Civil, & a écrit des commentaires sur les Decretales antiques qui sont en grande reputation, & Boniface VIII. avoit été Notaire ou Secretaire du Pape Nicolas son predecesseur, comme il est dit en la Glose du chapitre *cupientes de electione in Sexto.* Aussi la plûpart des Decretales desdits Papes sont en fait de plaidoirie, & le fait des benefices a esté traité & déduit par les formes judiciaires qui mieux à propos devoient estre traitées en simplicité sans contention, & par la même occasion du temps des Papes qui ont esté depuis Alexandre III. & lui compris, jusques au Concile de Constance la connoissance de toute sorte de causes estoit reçûë à Rome pour y être plaidées ou pour les deleguer *ad partes*, comme l'on connoît par l'infinité des Decretales és antiques & au sexte, dont plus des deux tiers sont en matiere de plaidoirie, & par la même entreprise estoient reçûs à Rome les appellations interjettées des Juges Ecclesiastiques *omisso medio*, *imò etiam* y estoient reçûës les appellations interjettées des Juges Laïs, comme se voit *in capitul. si duobus, paragrapho deniquè extrà de appellationibus in antiquis*, & là est dit que selon la rigueur de droit ne se devoit faire, mais que la coûtume estoit au contraire : ce que les Papes suivans ont mis plus au large depuis, même se recevoient des appellations, *à futuro gravamine* pour surpendre l'ordination & instruction des causes, & l'effet des élections & autres actes juridiques, comme il se voit au chapitre *cum olim extrà de sententiis, & re judicata ; capitulo cùm inter extrà de electione, capitulo, consuluit, & capitulo, Benè extrà de appellationibus.* S'entremettoient lesdits Papes à connoître des causes laïcales sous pretexte de l'observation du serment prêté és contrats & convenances par ce, disoient-ils, qu'il estoit question d'un fait de conscience. Ainsi est dit en la Decretale de Innocent III. *in capitulo novit extrà de judiciis*, en laquelle Decretale le Pape avoit protesté qu'il ne veut troubler la Jurisdiction que le Roi de France a aux faits de son fief contre le Roi d'Angleterre son vassal. Toutefois parce qu'au Pape appartient de connoître de tout peché mortel, & le corriger, dit qu'il peut connoître du serment qui est de la Jurisdiction Ecclesiastique. Autant en dit le même Innocent *in capit. sicut extrà de jurejurando, capitulo, ex parte extrà de appellationibus.* Et par ce pretexte du serment les Papes ont validé les contrats qui de soi estoient invalides en mettant cette raison que le serment qui peut estre observé sans peril du salut de l'ame, doit estre observé, encore qu'il soit directement contre les loix civiles & contre la raison politique comme des donations faites par un mineur ; Innocent III. *in capit. in præsentia extrà de probationibus.* Alexandre III. *in capit. si verò extrà de jurejurando* Boniface VIII. *in capitulo, quamvis extrà de pactis in sexto.* Que si cela avoit lieu, toutes causes pour la plus grande part seroient de la Jurisdiction Ecclesiastique. Car en toutes causes, aprés contestation, celui qui perd sa cause est reputé avoir esté de mauvaise foi, & c'est un fait de conscience, Outre ce que dessus, les Papes ont dit & statué que quand le Juge Laï est en negligence ou refus de faire Justice, *etiam* en causes pures laïcales, à eux Papes peut appartenir la connoissance pour en juger ou le deleguer à personne Ecclesiastique, comme on voit és Decretales d'Alexandre III. & d'Innocent III. *in capit. ex transmissa, capit. licet, capit. ex tenore extrà de foro competenti, cap. si duobus extrà de appellationibus.* Comme aussi les Papes ont reservé à eux les causes qu'ils appellent majeures pour en connoître seuls, dont est parlé *in capit primo* qui est d'Honoré II. *extrà de juramento calumniæ, capit primo extrà de translatione Episcopi.* desquelles causes ils ont fait croître le nombre à volonté, & dont il semble que la source ait esté prise du Decret de Pelage II. *can. multis dist.* 17. où il est dit que les questions majeures & plus difficiles doivent estre rapportées au Siege Apostolique : Ce qui sainement se doit entendre quand sur les lieux par la voïe ordinaire on ne les peut terminer, ou quand il est question de l'Etat universel de l'Eglise pour y juger provisionnellement, attendant le Concile

cile Oecumenique. Car selon l'ordre & police ancienne de l'Eglise toutes causes doivent estre traitées par degré & ne venir au Souverain sinon par devolution, afin qu'en conservant l'ordre, la confusion & le déreglement soit évité. Cette reservation de causes majeures au Siege Apostolique privativement aux Ordinaires ne pouvoit estre ordonnée par le Pape seul, ains devoit estre ordonnée en Concile universel comme important à l'Etat universel de l'Eglise, & pour n'enfraindre l'ancien établissement de l'ordre, nous avons vû de nôtre temps une cause matrimoniale entre Grands avoir esté déleguée par le Pape pour estre jugée consistorialement en France : ce qui a esté toleré par connivence, & n'en faut faire loi. Bien semble qu'il seroit expedient voire necessaire que la Regle fût pareille pour tous, qui est telle selon la liberté des Eglises de France que les Evêques chacun en son Diocese connoissent de toutes causes Ecclesiastiques & spirituel les en premiere instance, sans que le Pape ou autre Superieur s'y entremette, sinon au cas de devolution legitime & par degrés, & quand selon les degrés la cause sera devoluë à Rome que le Pape donne des Juges delegués *ad partes* selon le Decret *de causis*, sans en ce que dessus recevoir l'exception des causes qu'on dit majeures.

L'autre membre & article des libertez de l'Eglise de France est pour la provision, collation & institution des Benefices soient Prelatures & dignitez, soient Benefices sans dignitez à ce que l'ancien ordre y soit observé, qui est que les Evêques & Archevêques soient élûs par les Chapitres des Eglises Cathedrales & par les notables du Clergé. En la bien grande ancienneté le peuple élisoit avec le Clergé, & les Evêques, comme l'on connoît par les Epîtres de saint Gregoire au livre premier Epîtres cinquante-six & septante-huit, livre second Epîtres trois, six, cinquante-quatre & soixant'un; livre troisiéme Epîtres trente-neuf, soixante-sept, & nonant'un; livre septiéme *indict.* 2. Epîtres vingt-cinq, vingt-six, quarante-neuf, cinquant'un & quatre-vingt-six; livre huitiéme Epîtres trente-quatre, quarante & soixante-cinq; livre onziéme, Epîtres seize & dix-sept. Mais les Papes successeurs ont precisement statué que nul ne fût reçû és élections, sinon les Clercs. Gregoire IX. *in cap. Massana*, *in cap. sacro sancta*, *extrà de electione*. De vrai pour éviter les mêmes seditions & confusions a été bien raisonnable d'en exclure le peuple; & Leon Pape *in can. nulla*, & Estienne Pape *in can. nosse*, *distinct.* 61. *&* 62. mettent l'expedient que les Clercs éliront, & le peuple y prêtera consentement par forme d'approbation. Ce que dessus des élections pourra estre pratiqué en cas qu'il plaise au Roi quitter le droit de nomination qu'il a és Evéchés, dont le prochain Concile National pourra le supplier en faisant les remonstrances en ce cas pertinentes; & en cas que la nomination soit retenuë par le Roi il soit supplié de nommer personnages d'integrité, de bonne vie, de grande science, & de bon âge, qui ne soit moindre de trent'ans; & aprés que le Roi aura nommé, la nomination soit presentée au Superieur Metropolitain ou Primat, pour par lui la confirmer aprés connoissance de cause, de la qualité, capacité, âge, bonnes mœurs & literature de celui qui sera nommé; sans y appliquer les ceremonies & formalitez de plaidoirie, & autres contenuës au Droit Canonique : ains y soit procedé sommairement & bonnement : & en cas qu'il plaise au Roi quitter son droit de nomination soit avisée au prochain Concile National, la forme de l'élection qui soit de telle sorte qu'il n'y puisse avoir brigue : & le moïen expedient pourroit estre que non seulement les Chanoines de l'Eglise Cathedrale, mais aussi les Archiprêtres ou Doyens ruraux du Diocese, & les premieres Dignitez des Monasteres & Eglises Collegiales & Conventuelles exemptes & non exemptes (en tenant pour arrêté que les exemptions soient abolies, & plus volontiers les exempts obeïront à celui qu'ils auront élû) soient appellez & par balottes au sort soient élûs neuf de tout ce nombre, lesquels neuf s'assembleront en trois bandes, & chacune bande en nommera un pour estre Evêque, & toute la compagnie un, à un donnera sa voix à celui des trois qu'elle estimera plus idoine; & tout ce que dessus soit expedié tout de suite sans divertir à autres actes pour éviter les menées & brigues : & soit tenu pour élû Evêque celui des trois qui aura plus grand nombre de voix, & soit l'élection envoïée au Metropolitain ou Primat, qui sans s'arrêter à ces inquisitions scrupuleuses *super forma processus electionis*; aprés avoir enquis sommairement, comme dit a esté de la vie, literature & âge de l'Elû, le confirmera. Ce faisant ne sera besoin d'aller à Rome pour la confirmation ou institution, ni par consequent de payer l'Annate qui est le revenu d'un an de l'Evéché. Aprés la confirmation l'Evêque devra prêter au Roi le serment de fidelité & estre investi par lui, comme sera dit ci-aprés en traitant du droit de Regale. Aprés ladite investiture soit l'Evêque ordiné & consacré par tous les Evêques de la même Province si bonnement on les peut assembler, sinon & au moins par trois d'iceux avec le consentement & approbation du Metropolitain selon le statut du Concile Nicene rapporté *in canone Episcopus dist.* 64. *& in can. non debet distinct.* 65. Laquelle consecration selon les anciens Decrets doit estre faite au jour de Dimanche à l'heure de tierce, qui est l'heure ordonnée d'ancienneté en l'Eglise pour la celebration de la grande Messe; & c'est la même heure en laquelle le Saint Esprit descendit sur les Apôtres le iour de Pentecôte. Ainsi est ordonné par Anaclet Pape *in can.* 1. *dist.* 75. L'heure de tierce selon nôtre usage est environ la neufviéme heure du matin. Car selon la computation des Hebreux & l'ancienne des Romains les heures estoient inégales, & y avoit toûjours douze heures du Soleil levé, au Soleil couché, comme en France se voit és deux équinoxes. La premiere heure estoit au Soleil levé, trois heures estoient à mi chemin, entre Soleil levé & Midi, six heures estoient à Midi, neuf heures à mi chemin entre Midi & Soleil couché, & douze heures au Soleil couché. En cette computation au Solstice d'Eté chacune heure avoit une heure & un tiers de nos heures égales, & au Solstice d'Hiver chaque heure avoit un tiers moins, & és deux équinoxes étoient pareilles. Encore aujourd'hui est observé en l'Eglise de chanter l'Himne du Saint Esprit à l'heure de tierce *Nunc sancte nobis Spiritus*. L'élection des Evêques, la confirmation, & la consecration ou ordination par les Ordinaires sont de l'institution de l'Eglise. L'institution qu'on prend à Rome des Evéchez a esté introduite par l'occasion des reservations generales qui furent mises sus par le Pape Benedict XII. & par même moïen fut faite la planche pour recueillir les Annates; car nul ne pouvoit avoir son institution sans païer l'Annate.

Quant aux autres Benefices électifs qui ne sont Evéchés, ni Archevéchés, ni Primaties, il y a moins d'inconvenient que la nomination demeure au Roi. Car les Abbaïes, Prieurés, & autres Benefices tels ne sont de la premiere & necessaire institution de l'Eglise, ils sont seulement de bienseance & de devotion. Et seroit bien à propos que les Chefs fussent pourvûs par élection : mais parce qu'il est mal-aisé d'abolir pour le tout les nominations du Roi à cause du grand pié qu'elles ont pris, & parce que les plus Grands y ont interêt, qu'à tout le moins on essaïât, comme en tourmente sur Mer de perdre une partie de la charge du Navire, pour sauver l'autre partie plus precieuse, ainsi essaïer à remettre sus les élections des Evéchés, & laisser aller la nomination des Abbayes & autres Prelatures pour estre retenuës par le Roi; & aprés que le Roi auroit nommé, la nomination fût tenuë pour élection, & l'Abbé ou autre qualité de Prelat élû dût prendre sa confirmation de l'Evêque Diocesain avec la benediction & imposition des mains, sans avoir égard à aucune exemption & privilege du Monastere ou autre Eglise. Ce faisant ne seroit besoin de prendre provision à Rome ni payer l'Annate, parce que selon l'ancien établissement de l'Eglise, cela n'estoit en usage, ains les Evêques Diocesains confirmoient & benissoient les Abbez.

Quant aux autres Benefices non électifs & qui sont collatifs, s'ils ont charge des ames, comme Prieurés Conventuels & premieres Dignitez des Colleges & Convents soient Reguliers ou Seculiers, ils soient conferés par l'Evêque Diocesain, nonobstant toutes exemptions. Car tels Benefices ayans charge des ames desirent que le Recteur d'iceux soit Prêtre, ainsi qu'il est dit *in cap. cùm in cunctis. §. inferiora extrà de electione.* Tout au moins qu'il soit en âge & se doive aussi faire Prêtre dans l'an de son acceptation selon le chapitre *Canone de electione in 6.* Selon les anciens Decrets l'ordination des Prêtres, l'imposition des mains & la provision du titre auquel le Prêtre doit déservir qui sont tous actes conjoints l'un avec l'autre appartiennent à l'Evêque Diocesain comme sera deduit & montré ci-aprés. Et parce que les Abbez & autres Prelats non Evéques ne peuvent conferer les Ordres sacrez; aussi par consequent ne peuvent-ils pourvoir des Benefices ayans charge des ames selon lesd. anciens Decrets. Ce faisant aussi ne soient reçûës en France les provisions & collations de tels Benefices faites à Rome ou à la Legation par prevention ni autrement. Car ce qui est dit par Clement III. Pape *in cap. licet de prabendis in 6.* & par Boniface VIII. *in cap. si Papa de privilegiis in 6.* que la pleniere disposition de tous Benefices appartient au Pape, même qu'il peut donner droit aux Benefices non encore vacans & au nombre de ces nouvelles constitutions faites par les Papes seuls depuis qu'ils se sont attribué cette puissance absoluë, & d'autant que cela importe à l'Etat universel de l'Eglise & apporte déreglement de l'ancien Ordre d'icelle & est contraire aux anciens Decrets : l'Eglise de France se retenant à son ancienne liberté conforme ausdits anciens Decrets n'est tenuë d'y obeyr.

Ce faisant aussi soient retranchés tous droits de Patronages & presentations aux Benefices appartenans aux Ecclesiastiques sur les Benefices ayans charge des ames soient reguliers ou seculiers pour la raison ci-dessus, sans toutefois déroger au Patronage des Lays Fondateurs ou Dotateurs des Eglises qui leur demeureront entiers. Aussi il y a bien grande difference des Patronages Lays & des Ecclesiastiques : Car les Ecclesiastiques sont ou par concessions des Papes ou Evêques, ou par fondations faites des mêmes biens de l'Eglise; faites par des Prelats ou par soûmission qu'aucunes Eglises ont faites aux autres Eglises plus grandes, & tous ces cas sont sujets au Reglement & Etat universel de l'Eglise. Saint Gregoire en l'Epître 67. livre 9. dit que le Monastere uni doit estre sous la puissance de l'Evéque au Diocese duquel il est assis & non de l'Evéque au Diocese duquel est le Chef du Monastere.

Quant aux fondations layques, parce qu'elles sont du propre bien patrimonial des Fondateurs, c'est bien la raison que le droit des Fondateurs leur soit conservé, parce qu'il est loisible à chacun en donnant, de donner telle Loi qu'il lui plaît, & afin que les Lays soient invités à bien faire aux Eglises.

Mais les Benefices simples n'ayans charge des ames soient reguliers ou seculiers demeureront à la presentation ou à la collation *pleno jure* de ceux à qui par ci-devant ils appartenoient. Sur ce que dessus sera consideré que l'établissement des Monasteres & autres Benefices reguliers & des Eglises Collegiales n'est que de bien-seance en l'Eglise, & n'est pas de necessité ni de la premiere & bien ancienne institution. Mais les Evéques qui sont Successeurs des Apôtres & les Curés & autres Recteurs d'Eglise & Dignités és Eglises

Cathedrales, même celles qui ont charge d'ames comme Doïens & Archidiacres sont de l'ancienne premiere & necessaire institution de l'Eglise, & en cette ancienne institution les Moines n'estoient pas promûs aux Ordres sacrés, & ainsi a duré jusqu'au temps des Papes Eusebe, Zosime & Cyrice, ainsi que rapporte Gratian qui allegue saint Jerôme *in §. Monachos* pris du Canon *Hino est etiam 16. quæst.* 1. *& can. Quidam* 18. *quæst.* 2. Depuis le temps desdits Papes fut permis de promouvoir aux Saints Ordres les Moines qui seroient doctes, & leur octroïer le congé de prêcher & exercer tous les Ministeres de l'Eglise qui appartiennent aux autres Prêtres, ainsi qu'il est dit par saint Ambroise *in can. Doctor*, par Innocent Pape *in can. si Monachus*, par saint Gregoire *in can. moderamine 16. quæst.* 1. Ce qui n'estoit pas permis ordinairement, sinon quand les Evêques connoissoient qu'il y avoit faute de Prêtres Seculiers & avec congé de l'Abbé Superieur des Moines, comme on peut recueillir des Epîtres de saint Gregoire, Epître 1. livre 4. & Epître 27. livre 5. Donques en cas de penurie de Prêtres Seculiers, les Evêques pourroient conferer les Eglises Paroissiales aux Moines doctes & de bonne vie avec la licence de leur Abbé ou autre Superieur Regulier, comme il est dit audit Canon *Si Monachus*, & par Innocent III. *in cap. Quod Dei extrà de statu Monachorum*, sans que pour la distance fut besoin d'aller à Rome, parce que l'Evêque sur le lieu peut mieux connoître le besoin qui est en son Diocese, & c'est à lui aussi d'y pourvoir; & les dispenses au fait Ecclesiastique ne doivent estre octroyées par grace, mais avec cause legitime: autrement c'est dissiper la discipline Ecclesiastique & non disposition ou dispensation. Mais la dispensation avec cause legitime est censée de Justice plûtôt que de grace. C'est donc aux Ordinaires Diocesains à connoître & pourvoir; il a été dit ci-dessus que selon les anciens Decrets les Monasteres sont sous la puissance des Evêques Diocesains, & à l'Abbé ou Superieur Regulier est attribué seulement le Droit de Discipline Reguliere de ses Religieux, en ce qui est du dédans de la Maison Monastique. Aussi les Moines ne peuvent l'abandonner sans le congé de leur Abbé & Superieur Regulier. A quoi se rapporte ce qui fût deliberé au grand Concile de Calcedoine rapporté *in can. quidam*, & au Concile d'Agde en Languedoc *in can. de Monachis*, au Concile d'Orleans, *in can. Abbates 18. quæst.* 2. & saint Gregoire rapporté *in can. pervenit, & in can. nunciatum dist.* 84. dit que les Evêques sont reprehensibles quand ils ne prennent soin des Monasteres de leurs Dioceses, *imò etiam* quand l'Abbé ou Superieur Regulier est negligent, l'Evêque peut ordonner és Monasteres, & corriger les Moines en la Discipline Reguliere. Ainsi dit Innocent III. *in cap. 5. extrà de officio ordinarij*; comme aussi par le droit *novissimo* Canonique est dit que l'Evêque Diocesain peut conferer les Benefices Reguliers, si le Collateur ordinaire ne confere dédans le temps ordonné par le Concile de Latran, *in Clementina 1. de supplenda negligentia Prælatorum in Clement.* & sur ce pourra estre remarqué ce qui est dit par Paschal II. Pape *in can. Abbatibus 18. quæst.* 2. que les Moines qui ne reconnoissent aucun Evêque pour Superieur ne doivent recevoir aucune ordination & promotion aux Ordres sacrez par les mains des Evêques. Sera rammentû que par l'ancien établissement de l'Eglise nul n'estoit & ne pouvoit estre fait Prêtre sinon avec un titre, c'est à dire que par même moïen & au même temps de son ordination lui estoit assignée & attribuée une Eglise pour la servir, & administrer les Sacremens avec la charge des ames, comme sera dit ci-aprés au chapitre des Mandats: Et en ce temps Prêtre & Curé c'étoit même chose; d'où vient encore que la maison du Recteur & Curé d'une Eglise Parroissiale est appellée Presbitere, comme l'Eglise Romaine principalle des Eglises Chrêtiennes retient encore l'observance ancienne, en ce que nul n'est fait Cardinal sans lui assigner par même moïen un titre qui est une Eglise particuliere, ou de la Province ou de la Ville de Rome, comme sera dit ci aprés. On disputa fort au Parlement de Paris en fait de regale sur la promotion au Cardinalat de l'Archevêque de Roüen, d'Amboise qui avoit esté fait Cardinal *sub expectatione primi tituli vacaturi*, sont environ quarante ans. Or parce que les Chefs & premieres dignités des Eglises Collegiales & Conventuelles ont charge des ames, & que c'est le propre Office de l'Evêque d'attribuer la charge des ames, en conferant l'ordre de Prestrise, aussi l'Evêque y doit pourvoir & conferer tels Benefices, selon la regle ancienne; *secularia secularibus, regularia regularibus.* L'autre Chef de Liberté de l'Eglise de France, est qu'en icelle ne soient reçûës ni pratiquées les resignations *in favorem*, comme contraires au reglement universel de l'Eglise, & aux anciens Decrets qui défendent aux Beneficiers de faire des successeurs en leurs Benefices. Ainsi est dit par Zacharie Pape, écrivant à Boniface Evêque de Magonce, *in can petiisti 7. quæst.* 1. & au Canon *Episcopo*, le second tiré du recueil des Conciles Grecs fait par Martin Evesque de Bracara, & au Canon *plerique sunt*, Hilaire Pape *in Sinodo Romana* & au Canon *Episcopo* tiré du Concile d'Antioche 8. *quæst.* 1. c'est au chapitre 23. dudit Concile d'Antioche. La ratiocination fait connoître que telles resignations sont contre la police & discipline de l'Eglise, car selon qu'elles ont esté pratiquées, la demission en est interdite aux Evêques & autres Collateurs ordinaires, même aux Legats *à Latere* qui ont pouvoir tres-ample, parce que telles resignations sont composées de condition & paction de quitter le Benefice en faveur de tel, & non autrement, & par les anciens Decrets toutes pactions & conditions en matiere Beneficiale impliquent simonie, non pas vraïe & formelle, comme disent les Docteurs Canonistes, mais presumpte, & tacite. Les mêmes Canonistes disent qu'au Pape seul à cause de la plenitude de sa puissance, qu'on dit puissance absoluë appartient de dispenser contre la presompte simonie, & contre les anciens Conciles : lequel pouvoir il s'est reservé sans le communiquer à aucun autre, comme marque speciale de sadite plenitude de puissance. Surquoi se peut dire, selon la regle generale mise ci-dessus, que l'Eglise de France n'a point reconnû cette puissance absoluë du Pape, ains seulement sa puissance souveraine ordinaire & reglée : Aussi que le Pape Chef de l'Eglise doit estre exemplaire à tous les Prelats ses Inferieurs, & doit s'abstenir de faire ce qu'il ne trouve pas bon estre fait par eux, que ce qui de soi est vicieux & illicite par les anciens Decrets ne peut estre transformé par le Pape pour le faire licite, que par lesd. anciens Decrets celui qui est assigné par titre pour servir à une Eglise y est lié comme par Mariage spirituel & ne peut par sa seule volonté se décharger, *etiam* par resignation pure & simple, ains y doit demeurer jusques à ce qu'avec cause juste & raisonnable, il en soit déchargé par son Superieur; *can. ult. extrà de postulatione Prælatorum*, *cap. admonet extrà de renunciatione.* Aussi le mot *Resigner* n'est pas simplement quitter, mais signifie remettre és mains du Superieur collateur du Benefice, lequel Superieur doit admettre la resignation & jusques à ce qu'il l'ait admise, l'ancien Beneficier demeure toûjours titulaire, & comme dit a esté, par les anciens Decrets il est deffendû au Beneficier de choisir un successeur *dicto can. Episcopo* 2. 8. *quæst.* 1.

L'autre Chef de Liberté de l'Eglise de France est de ne se tenir sujet à ce droit, que le Pape dit avoir, qu'à lui seul privativement à tous autres Collateurs appartient de conferer les Benefices vacans *in Curia Romana* car c'est un droit nouveau qui n'a esté introduit ni approuvé par les anciens Decrets, ains est survenû par seule usance & coûtume comme dit la Glose *in cap. cum in tua de consuetudine in sexto*, & Boniface VIII. Pape *in cap. licet de Prabendis in sexto.* a ordonné que ce fût droit commun, mais il ne l'a pû faire seul, car c'est chose qui déroge à l'établissement ancien & ordre politique de l'Eglise, selon lequel chacun Evêque peut & doit conferer les Benefices de son Diocese qui se trouvent vacans.

Par les mêmes raisons ci-dessus, l'Eglise de France retenant sa liberté selon les anciens Decrets, doit rejetter l'usance qui est d'impetrer à Rome les Benefices vacans par mort, par incapacité, ou par aucun des cas de vacation de droit, jaçoit que le Benefice ne soit vacant d'effet, qui est une impetration qu'on appelle *certo modo*, ou vulgairement *devolut.*; & n'est pas fondée sur un cas de vacation expressement & specialement declarée, qui est une invention depuis le temps des Decretales antiques, au temps desquelles les Collateurs par prevention & par concurrence avec les ordinaires Collateurs n'estoient en usance. Par lesdites Decretales antiques, même celles qui sont fondées sur le Concile de Latran celebré sous Alexandre III. Pape, le vrai cas de devolutions fait par degrez est quand le Collateur ordinaire aïant sçû la vacation, ou vraiement ou vraisemblablement, est negligent durant six mois de conferer le Benefice. Par ledit Concile la collation est deferée au Superieur prochain, & aprés autres six mois est devoluë à l'autre Superieur comme de l'Evêque à l'Archevêque, de l'Archevêque au Primat, & du Primat au Siege Apostolique : & audit temps le Pape ne s'entremettoit à la collation sinon en cas de devolution, comme se peut connoître par la lecture du chapitre *extrà de supplenda negligentia Prælatorum*, où le Pape Innocent III. ne pretend le droit de conferer *jure ordinario*, ains par ledit droit de devolution; & ainsi est dit *in cap. quia diversitatem in cap. cum nostras extrà de concessione Prabendæ*, d'effet és impetrations vulgaires de Cour de Rome, le stile est d'y mettre la clause, si la collation est devoluë au Siege Apostolique, selon les statuts du Concile de Latran. De fait cette constitution du Concile de Latran sous Alexandre III. semble estre tres-raisonnable & politique pour punir la negligence ou collusion des collateurs, & pour éviter la longue vacation des Benefices. Les Decrets dudit Concile de Latran sous Alexandre III. ne se trouvent en Corps & composition entiere, ains seulement s'en trouvent des extraits par chap. épanchés au liv. des Decretales antiques recueillies de l'authorité de Gregoire IX. Pape qui fût neveu d'Innocent III. lequel Innocent III. convoqua un autre Concile de Latran qui se dit estre generale, & l'autre sous Alexandre III. se dit simplement de Latran; & est à croire qu'il fût seulement composé des Evêques, Archevêques & du Patriarchat particulier de Rome duquel Patriarchat le Siege particulier est en la Basilique de Latran. Partant est à croire que ledit Concile de Latran ne fût general de toute la Chrêtienté, selon l'établissement ancien de l'Eglise. Le Pape comme simple Evêque, a son Diocese distinct & separé, & en ses rescrits, il ne prend autre titre que d'Evêque; les Cardinaux Prêtres sont les principaux Prêtres Recteurs des Eglises Parroissiales de ce Diocese : aussi le Pape comme simple Archevêque a sa Province distincte & limitée, qui est entre les Provinces de Capouë & Pise, comme il est dit *in cap. seu nobis extrà de officio Vicarii.* Les Evêques suffragans de cette Province sont ceux qui se disent Cardinaux Evêques, comme les Evêques Hostiense, Albanense, Tusculanense, & autres. Aussi tous ces Cardinaux ne se disent pas Cardinaux de l'Eglise universelle, mais simplement de l'Eglise Romaine; outre ce le Pape a son Patriarchat particulier, qui est le premier des anciens & grands Patriarchats, ainsi qu'il est dit *in can. Clericus distinct.* 21. Au commencement Antioche estoit le premier Patriarchat pour le temps que Saint Pierre y presida & lui transferé à Rome, Antioche devint le second, & depuis Alexandrie par consentement de l'Eglise, obtint le second lieu, & Antioche devint le troisiéme Patriarchat. Encore depuis aprés que le Siege de l'Empire fût transferé à Constantinople, ladite Ville obtint le second rang de Patriarchat, Alexandrie le troisiéme, & Antioche le quatriéme, comme il est dit *in can. renovantes distinct.* 22. tiré du Concile de Calcedoine qui est un des quatre grands Oecumeniques, auquel Concile fût deliberé que l'Eglise de

Constantinople auroit pareil privilege & majesté que l'Eglise de l'ancienne Rome, & toutefois en la comparaison des deux, l'ancienne Rome seroit la premiere, dont resulte que ce n'est pas la personne de Saint Pierre qui a fait que Rome soit la premiere *Eglise & premier Patriarchat, ains la dignité de la Ville qui estoit la premiere du monde que Nôtre-Seigneur voulut estre le premier Siege de son Roïaume spirituel; car si la personne des Apôtres avoit attribué la dignité, Jerusalem devroit estre le premier Siege, Antioche le second, Rome le troisiéme, Alexandrie qui n'avoit aucun Apôtre pour fondateur, ains seulement Saint Marc Disciple de Saint Pierre, & Constantinople n'eût eu aucun rang, parce que l'Eglise du lieu n'a esté fondée par aucun Apôtre, comme dit a esté. l'Eglise de Latran qui est la Basilique Constantiane est le Siege du Patriarchat de Rome, *dicto Canone Clericus*, & Nicolas II. Pape *in Canone nomine* qui est daté de l'an 1059. la nomme Patriarchale *distinct.* 23. & ainsi est aussi nommée *in Can. Adrianus* 2. *dist.* 63. Au 3. Concile de Constantinople sous Constantin III. Empereur est fait mention du Concile particulier de 125. Evêques des prochains à l'entour de l'ancienne Rome qui estoit le détroit de son Patriarchat, & audit Concile l'Archevêque de Ravenne a son rang separé, parce qu'alors ladite Eglise se maintenoit en dignité Patriarchale, à cause que le Siege de l'Empire y avoit esté quelque temps; & au Canon *juxta dist.* 93. est parlé des Evêques qui en particulier sont sujets à l'ordination du Siege Romain Saint Gregoire en l'Epitre 22. livre 2. fait mention des Evêques qui sont de sa charge particuliere, & est ladite Epitre addressée à l'Evêque de Ravenne. A ces moïens se peut dire que le Concile de Latran sous Alexandre III. ait esté seulement des Evêques du Patriarchat de Rome; en un Concile d'Afrique rapporté *in can.* 1. *distinct.* 99. est statué que le premier & principal Evêque ne sera nommé le Prince des Prêtres & Sacerdotes ains seulement Evêque du premier Siege. Saint Gregoire en l'Epitre 30. livre 7. écrivant au Patriarche d'Alexandrie, refuse d'être appellé Evêque universel pour doute que le titre ne déroge à l'authorité des autres Patriarches, & est rapporté *in can. ecce distinct.* 99. le même Saint Gregoire en l'Epitre 36. du livre 4. dit que le titre d'universel fût offert au Pape de Rome par les Peres du Concile de Calcedoine, mais que nul de ses predecesseurs n'en a voulû user, parce dit-il, que s'il y en a un qui soit universel, la dignité est ôtée aux autres Patriarches. Toutefois son successeur Boniface IV. impetra & accepta le titre d'universel à lui octroïé par l'Empereur Phocas; ce que dessus n'infere pas que le Pape de Rome ne soit Chef de l'Eglise, car de vrai il est tel mais c'est pour le degré & honneur de dignité, & non pas que toute la puissance de l'Eglise reside en sa personne comme au corps humain tous les membres travaillent ensemble par concorde, chacun en sa fonction. Le Chef qui est le plus digne n'entreprend pas de faire tout, mais laisse à chaque membre sa fonction particuliere; au Concile de Constantinople premier, où fût traitté & decidé des dignités des Eglises Patriarchales, entre lesquelles le premier rang est attribué à l'Eglise de Rome, il n'est pas dit que ce soit de dignité de puissance, mais dignité de prescéance & d'honneur. Le mot Grec *Presbeja* signifie l'honneur que toute une assemblée porte à celui qui est le plus ancien & qui doit presider *ad instar*, qu'és Parlemens de France est le premier President, en la Republique de Venise le Duc.

* *Les Evêchez & Archevêchez ont esté establis selon les degrez de la domination temporelle: des Romains comme l'on peut recueillir* in auth. de hereticis & fall. § ult. ubi de provinciis, civitatibus & metropolibus loquitur.

A la suite de la même raison l'Eglise de France peut dire, selon les anciennes libertez de toute l'Eglise Chrêtienne qu'elle n'est obligée aux mandats Apostoliques par lesquels les Collateurs ordinaires sont contraints de conferer des Benefices à celui que le Pape mande. Vrai est que par les concordats il ne peut charger que d'un Benefice le Collateur qui en a dix à sa Collation; & deux Benefices celui qui en a cinquante. Auparavant Alexandre III. & Innocent III. ces mandats n'étoient en usage, & de fait il ne s'en trouve aucun exemple au recueil des Decrets faits par Gratian & comme dit Panorme *in cap. mandato extrà de rescriptis*, c'étoit chose fort rarement pratiquée. Le premier usage desdits mandats a esté introduit & pratiqué sous pretexte de pourvoir de Benefices les pauvres Prestres qui n'avoient moïen de s'entretenir, & sont appellez tels mandats *in forma pauperum*, dont il est parlé *in cap. postulasti extrà de rescript.* & par Innocent III. *in capite cum secundum extrà de Prebendis.* Depuis la licence est allée plus avant car si quelque Prestre avoit demeuré à Rome long temps, & peut-estre y avoit dépensé ses moïens, le Pape mandoit à l'Evêque de le pourvoir de Benefice, comme il est dit *in cap. pro illorum extrà de Prebendis*, & depuis les mandats ont esté étendus à tous indifferamment *cap. si Clericus de Prebendis in sexto.* Au commencement de cette invention de mandats, les Papes écrivans aux Evêques usoient de simple exhortation sans exprés commandement & sans contrainte; & s'en voit quelque forme és Epitres de Saint Gregoire, même en la 14. livre troisiéme. Quand l'usage en fût renforcé, le Pape envoïoit trois rescripts l'un monitoire, l'autre preceptoire & l'autre executoire, *cap. capitulum extrà de rescriptis.* Aucuns desdits mandats ont esté fondez sur cette raison, à ce que le Pape ait moyen de pourvoir ceux qui sont à la suite & qui lui font service.

Quand au premier pretexte des mandats *in forma pauperum*, il semble assez specieux: mais l'observation des anciens Decrets remise sus, effacera facilement ce pretexte; car par lesdits Decrets est deffendu à tous Evêques de promouvoir aucun aux saints Ordres sans lui assigner titre, c'est à dire une Eglise, du revenu de laquelle il soit nourry en la servant & à laquelle il fût lié comme par mariage. Au grand Concile de Calcedoine chapitre 6. *& in Pannomia Ivonis liv.* 3. chapitre 26. & au Canon *memini distinct.* 70. est dit que le Prestre ordiné sans titre aura l'imposition des mains vuide & sans effet, & Urbain II. Pape en un Concile tenu à Plaisance declare nulles les Promotions des Prestres sans titre, ainsi qu'il est rapporté *in Sanctorum distinct.* 70. Ce qui a esté statué au grand Concile de Calcedoine, auquel assisterent 630. Peres n'a pû estre aboly ni alteré par les Papes suivans, vû que c'est l'un des quatre Conciles que Saint Gregoire dit devoir estre venerez comme les quatre Evangiles, Epitre 24. livre 1. rapporté *in can. sicut distinct.* 15. & ainsi est aussi dit par Innocent III. *in cap. post translationem extrà de renunciatione.* Toutefois Alexandre I. Pape entreprit d'y ajoûter un temperamment, à sçavoir que celui peut estre promû aux Ordres sacrez qui a patrimoine propre à lui, qui soit suffisant pour l'entretenir *in cap. Episcopus* de même Innocent III. *in cap. tuus extrà de Præbendis*: mais il seroit bien-seant que nul ne fût reçû au Clergé pour y estre oisif ou serviteur volontaire, car chacun y doit avoir charge; l'autre temperamment ou remede est dudit Alexandre *dicto capit. si Episcopus* & d'Innocent III. *in cap. cum secundum extrà de Præbendis*, à sçavoir que l'Evêque soit tenû de nourrir & entretenir le Prêtre qu'il aura promû sans titre jusqu'à ce qu'il lui ait conferé une Eglise de revenû suffisant; mais il eût esté plus à propos d'observer les anciens Decrets que d'appliquer des remedes aprés la contravention & l'inconvenient advenu. Aussi comme dit a esté les Papes ne peuvent pas seuls enfraindre, ce qui a esté ordonné pour l'Etat universel de l'Eglise & ce remede introduit par cesdites Decretales & bien foible, car si le Prestre est pauvre, il n'aura pas moïen de plaider contre son Evêque, & repetant & remettant en usage lesdits anciens Decrets, on ne feroit aucuns Prestres supernumeraires, ains chaque Eglise auroit son nombre certain, selon le revenu & les charges d'icelle: & ainsi fut statué aud. Concile de Calcedoine rapporté *in canone neminem distinct.* 70. & confirmé *lege in Ecclesiis cod. de Episcopis & Clericis.* & si ainsi estoit le ministere & les Ministres de l'Eglise seroient plus respectez & honorez, quand le nombre seroit moindre & les personnes seroient bien choisies. Ce faisant aussi ne seroient celebrées aucunes Messes, sinon les ordinaires du jour & à heure certaine, comme on voit qu'il s'observe és Colleges des Jesuïtes, sinon en cas de necessité survenante comme és obseques des Trépassez, ou pour prier & remercier Dieu en Litanies publiques, en cas d'affliction ou de prosperité survenante; au Concile de Triburies rapporté *in canone quidam extrà de celebratione Missarum* fut reprouvée la devotion d'aucuns qui veulent chaque jour oüir la Messe de la Trinité ou l'Evangile *In principio*, il est mieux seant que chacun applique sa devotion à l'Ordonnance de l'Eglise, qui n'est pas de vouloir appliquer le service de l'Eglise à sa devotion & volonté; comme que ce soit il semble mal à propos que le pauvre Prestre aille chercher à Rome le remede de la faute que son Evêque à faite & prendre occasion de vaguer & se mettre en peril du Proverbe, *jamais cheval & mauvais homme n'amanda d'aller à Rome.* Puis à Rome on n'a pas moyen d'enquerir si la cause du mandat est veritable; aussi on ne s'est gueres arrêté à ces concessions de mandats *in forma pauperum*; car on les octroïe au premier requerant & les procez n'y manquent pas. Ce pretexte touché ci-dessus de recompenser par le Pape ses serviteurs a beaucoup moins d'apparence, car les Benefices ont esté dotez & sont destinez pour estre déservis par les beneficiers en personne, & pour nourrir celui qui les sert & fait la charge. Quand il plaira à sa Sainteté de laisser aux Evêques & Ordinaires l'administration de tout ce qui est à faire en chaque Diocese sans vouloir concourre avec eux en toutes choses, elle se pourra passer de moindre nombre de serviteurs & Officiers à l'exemple de ses anciens predecesseurs, & ceux qu'il a par nulle raison ne doivent estre récompensez au dommage & peril des autres ames Chrêtiennes qui doivent estre regies par leur Pasteur en personne, la conservation & direction desquelles ames est le vrai bien de l'Eglise & le vrai service agreable à Dieu auquel le Pape & tous les Evêques doivent travailler principalement, puis c'est prevertir l'ancien ordre & l'établissement de l'Eglise quand on ôte aux Evêques le droit qu'ils ont de chosir personnes dignes pour leur conferer les Benefices vacans, ce que mieux ils peuvent faire estant sur le lieu.

L'autre article des Libertez de l'Eglise de France est que dés & depuis le Concile œcumenique de Bâle & l'acceptation d'icelui par la Pragmatique Sanction, les reservations des Benefices & les graces expectatives ont esté bannies de la France. Aussi l'usage n'étoit pas de grande ancienneté; aussi ne s'en trouve-t'il aucune mention au volume des anciens Decrets comme dit *Dominicus de Sancto Geminiano in cap. duobus de rescriptis in 6.* Quand aux reservations les fruits d'icelles ont esté accordez aux Papes par l'accordance qui leur a esté faite des Annates; auparavant quand les reservations estoient en usage, & que le Pape conferoit les Benefices de grande valeur, il avoit le moïen de contraindre à païer l'Annate, car sans le païement nul ne pouvoit avoir la collation, & de present la nomination que le Roi fait n'a aucun effet sans prendre l'institution ou collation à Rome, dont les lettres ne sont delivrées sans païer l'Annate. Benoît Pape XII. de ce nom qui avoit esté Moine de Cysteaux & estoit Pape environ l'an 1324. a esté le premier Autheur remarqué de ces reservations faites au Siege Apostolique pour oster aux Eglises particulieres le droit de l'Election & collation en cas de vacation; cela se reconnoît és regles de Chancellerie de Rome faites par les Papes depuis cent ans en ça & par l'un à la suite & exemple de l'autre esquelles regles est nommé pour autheur led. Benoît XII. ses successeurs aïans esté soigneux d'embrasser & continuer les constitutions de leurs predecesseurs en ce qui concerne le profit des bourses qui est ce qu'on appelle la Chambre Apostolique & quant aux autres constitutions ont dit que le Pape predecesseurs n'avoit droit de faire loi au Pape son successeur, comme ayant pareille puissance; c'est le dire d'Innocent III. *in cap. licet extrà de elect.* ces reservations par la seule lecture desd. regles de Chancellerie ont une apparence de suspicion de mal en tant que les Prelatures qui ordinairement sont de grand revenu sont reservées indistinctement, & quant aux autres dignitez & Benefices ; la reservation en est faite selon que le revenu est grand dont la taxe est mise par les mêmes regles de Chancellerie ; & de là procede la clause qui est ordinairement mise és signatures des impetrations des simples Benefices collatifs qui est telle, pourvû que le revenu selon la commune estimation n'excede 24. ducats d'or *de camera*. Cette clause est en toute ces signatures vulgaires, & toutefois on n'y a aucun égard en France, mais cette reservation limitée selon le revenu n'a ni ne peut avoir aucune apparence de bien. Le pretexte desd. reservations faites par led. Pape Benoît XII. estoit parce qu'Alexandre IV. son predecesseur avoit par une constitution declaré que s'il y avoit appel au fait des élections des Evéques l'appel devoit ressortir immediatement à Rome *omisso medio* des Metropolitains & Primats, comme étant telles causes au nombre des causes majeures. S. Gregoire X. Pape son successeur *in cap. quamvis de electione in 6.* a restraint lad. attribution aux Archevêchez & Primaties, & la Glose du chapitre *quamvis* dit que la constitution dud. Alexandre n'est extante ; ce pretexte des causes majeures a esté étendu par les Papes selon leur volonté en divers cas, & par ce moïen a esté affoiblie l'authorité des Evêques, Archevéques & Primats & des Sinodes nationaux, & ont esté abolies les élections & collations & voyes ordinaires, & a esté ouverte la voye ordinaire, aux grands poursuivans & aux plus puissans qui ordinairement sont les moins dignes d'obtenir les Benefices par impetrations en Cour de Rome & par même moyen les impetrans des Benefices ont esté contraints de passer sur la planche des Annates. Au Concile de Bâle second en la neufviéme cession du 3. Juillet 1433. au Decret commençant *sicut* vers la fin, le Pape est exhorté de ne prendre aucune finance pour la Confirmation des élections en cas que la Confirmation soit deferée au Siege Apostolique & ajoûte que si le Pape pretend avoir besoin de subside pour son entretenement des Cardinaux que le Concile y pourvoira, aucuns ont appliqué quelque couleur à ces Annates, comme si c'étoit pour l'entretenement de l'état Papal pour subvenir aux affaires generales de la Chrêtienté & autres cas concernans le bien public. Mais la chose considerée en sa propre essence n'est & ne peut sembler bonne, comme contraire à la parole de Dieu en l'Evangile, *gratis accepistis, gratis date*, contraires aux saints Decrets qui défendent expressement de prendre argent de ceux qui sont promûs aux Ss. Ordres, qui est l'imposition des mains, & par consequent de ceux qui sont promûs aux Benefices, Car la Promotion aux Ordres & la collation des Benefices selon les anciens, marchent de même pas, ainsi qu'il est rapporté par Alexandre Pape *in canone ex multis* tiré du grand Concile de Calcedoine *prima quæst. 3.* Le pretexte d'employer ces deniers à bon usage est condamné par Saint Gregoire Epitre cent dix du livre septiéme ou il allegue les articles des Paraboles de Salomon chapitre troisiéme & vingt-un & l'Ecclesiastique chapitre trente-quatre où il est dit que c'est abomination devant Dieu, quand on prend induëment pour l'employer à bon usage, & est rapporté *canone non est putanda, prima, quæst 1.* Aussi l'inconvenient qui s'en ensuit doit faire trouver mauvais l'effet en soy. L'Evêque, l'Abbé, ou autre Beneficier qui pour payer cette Annate devra jeûner un an, s'abstiendra ledit temps des Aumônes, Hospitalités, & autres œuvres charitables qui sont commandées aux Prelats, sera semonds, d'estre exacteur & scrupuleux rechercheur de ses droits pour avoir moyen de fournir les deniers, ou pour les rendre à celui duquel il les aura empruntés, & par ce moyen s'accoûtumera d'estre avaricieux ; qui est le vice le plus execrable aux gens d'Eglise. L'exemple qu'on allegue de l'ancien Testament que le grand Pontife prenoit Decimes sur la Decime des Levites n'a aucune apparence. Car l'Eglise Chrêtienne est autrement établie. Les Levites n'avoient aucune part au fonds de la terre de Promission, ains seulement prenoient les Dîmes des fruits. Mais les Recteurs des Eglises Chrêtiennes ont grand revenu temporel en fonds & proprietés : même le Pape à tres grande domination temporelle en laquelle il est souverain Prince, comme à Rome & en son Territoire, le Patrimoine de Saint Pierre en la Toscane, dont la principale Ville est Perouse, toute la Romanie en laquelle sont plusieurs bonnes & riches Villes, Ravenne, Rimini, Imola, Forly, Fundy & autres, la grande & riche Ville de Bologne avec la contrée, la Marche d'Ancone, Avignon & la Comté de Venise, ausquels lieux il prend le revenu ordinaire Domanial ; & toute sorte de Tributs. Saint Thomas d'Aquin a tenû cette opinion que l'Eglise n'est pas fondée en même droit de Dîmes comme estoient les Levites, ainsi est allegué par Alexandre *de Imola consilio 60. vol. 4.* Il faut donc inferer & resoudre que cette exaction des Annates est directement contraire & à l'integrité de l'Eglise & à l'Etat de la Police universelle d'icelle, comme sont les reservations. Partant l'Eglise de France se retenant à l'observation des anciens Decrets, qui est sa liberté honnête & raisonnable n'est tenuë d'obeïr. Aucuns disent que ces reservations sont de plus ancienne date que du tems de Benedict. XII. Pape, parce que és Decretales Antiques se trouvent aucuns rescripts en forme de reservation, comme *in capitulo si eo tempore extrà de electione. capitulo proposuit. extrà de concessione Prœbendarum*, mais c'estoit avec quelques considerations particulieres. Mais ledit Pape Benedict. XII. & les Papes ses Successeurs en ont voulû faire regle generale entre les Regles de Chancellerie, soit en general ou en particulier, les reservations sont contraires à l'Etat universel de l'Eglise.

Soit vûë la Novelle 8. de Justinian ut judices sine quoquo suffragio fiant in præfat. §. considerávimus. *où sont denombrez plusieurs incõveniens qui adviennent quand pour avoir charge publique on donne deniers.*

Comme aussi les graces expectatives sont du tout exhorbitantes de droit & de raison, de sens commun, *etiam* contre les bonnes mœurs, comme quand le Pape donne à aucun d'avoir le Benefice d'une personne vivante aprés sa mort, ou avenant autre vacation. Car c'est donner occasion à l'impetrant de desirer & quelquefois d'avancer & pour chasser la mort du pauvre Beneficier qui est comme si on luy faisoit ses funerailles lui vivant, & voyant. Les Loix Civiles jugent que c'est improbité de faire estat du bien d'autruy avant qu'il soit mort. *lege* 2. *Paragrapho interdum ff. de vulgari & pupill. subst.* même declarent indigne de l'heredité, celui qui donne les biens hereditaires à échoir, ou autrement trafique sur l'heredité non échûë. *lege quidam Paragrapho vltim. cum lege sequenti ff. de donationibus.* Les Papes mêmes par aucunes Decretales au titre *de rescriptis & de Prebendis in sexto* declarent telles graces estre vicieuses. Innocent III. *in capit. cum dilectus extrà de Prabendis*, dit que telles graces expectatives sont contraires au Concile de Latran, & ledit Concile est rapporté *in capit. nulla extrà de concessione Prebenda*, & ajoûte la raison du blâme en tant que l'impetrant est vû desirer la mort d'autruy. La Glose *in cap.* 2. *de renunciatione in sexto*, dit que le Pape seul ne peut octroyer telles graces expectatives, parce qu'elles sont contraires au Concile de Latran en se figurant que les Papes soient pardessus le Concile. Mais puisque la chose de soy & en son essence est mauvaise & contre les bonnes moeurs, le Pape ne peut la faire bonne, *Imò* elle est renforcée en sa qualité de mauvaise estant commise par le Chef qui doit exemple de tout bien & vertu à tous Prelats ses inferieurs, & encore plus pour ce qui est au fait de la Collation des Benefices en la provision desquels toute sainteté & integrité doit abonder. Les anciens Docteurs de l'Eglise disent que celui qui demande le Benefice doit estre rebuté, & y doit estre appellé celui qui le fuit & s'en excuse, comme dit saint Gregoire en l'Epître à Syagrius Evêque d'Authun, qui est rapporté *in can. sicut is qui.* 1. *quast. sexta & can. in scripturis* 8. *quast.* 1. La puissance absoluë du Pape, quand bien elle seroit comme on la pretend ne peut immuër la constitution naturelle des choses.

A la suite de ce que dessus l'Eglse de France a du tout reprouvé les resignations *in favorem*, qui sont faites avec faculté de regrez qui est de reprendre le Benefice par le Resignant le Resignataire étant decedé le premier, parce que c'est un vrai trafic de Benefice *ad instar* de donation pour cause de mort. Les pensions sur les Benefices dont la creation se fait à Rome seulement ont esté tolerées par connivence en deux seuls cas. L'un qu'on appelle par *bono pacis*, quand deux contendent par procés sur un Benefice, & l'un deux quitte son droit, retenuë une pension sur les fruits du Benefice à sa vie durant, l'autre cas est de la resignation *in favorem*, que l'on colore ainsi afin que le Resignant ne souffre trop grand dommage par la resignation : mais il est expedient que par le premier Concile National en France elles soient du tout retranchées comme contraires aux anciens Decrets par lesquels toutes pactions en chose spirituelle & Beneficiale sont nulles comme tenant de simonie *cap. super ea. cap. constitutus extrà de transactionibus*, *capitulo ult. extrà de pactis* Aussi lesdites pensions ont esté deffenduës au Concile general rapporté par Innocent III. *in capitulo extirpandæ extrà de Prabendis.* Et ce qui est toleré au chapitre *nisi essent* au même titre est par dispense selon l'opinion de quelques Docteurs. Aussi audit Chapitre la pension n'est pas par convenance des parties, & audit cas se dit qu'elle seroit du tout reprouvée : mais la pension fût avisée & ordonnée par arbitrage de quelques sages & discrets personnage nommés par les parties pour terminer leurs differens : & est dit que le Benefice n'y sera affecté : mais celles qu'on crée à Rome sont par convenances & le Benefice y est affecté pour la vie durant du pensionnaire. Or pour ce qu'il est à croire que l'Eglise de France assemblée trouvera bon que l'on se pourvoira à Rome sinon és cas de legitime devolution & par degrez, ou bien pour chose importante à l'Estat universel de l'Eglise & par provision, est à croire aussi que par même moyen ladite Eglise rejettera les pensions Car ces Pratiqueurs de Benefices tiennent qu'au seul Pape appartient de créer pensions, parce que c'est simonie presompte. Ez Estats de Blois 1588. aucuns qui s'estimoient bien versés és affaires Ecclesiastiques, & peut-être qu'il estoit seul à le croire, userent de ces mots que les pensions ne fussent d'oresnavant reçûës sinon és deux cas de droit. Ils entendoient les deux cas susdits *pro bono pacis*, & en cas de resignation. Mais ny l'un ny l'autre cas n'est de droit, *Imò* ces deux cas sont d'oresnavant contraires au droit directement. Bien se peut dire que les deux cas seuls ont esté reçûs & pratiqués en France par tolerance, & parce qu'à Rome on s'élargissoit de créer des pensions en plusieurs autres cas. L'Eglise de France a rejetté tous les autres cas & reçû ces deux par simple tolerance sans obligation. Encore en ces deux cas la Cour de Parlement par le remede de l'appel comme d'abus, a mis plusieurs modifications & restrictions, comme que la pension ne peut exceder le tiers du revenu des Benefices, & encore ce tiers doit estre sujet aux Decimes & autres Subsides qui sont imposez sur les fruits du Benefice *pro rata* ; que la pension ne peut estre qu'à la vie du pensionnaire, & personnellement à luy, sans qu'il la puisse transferer à autre, que sur les Benefices Cures & des Eglises Paroissiales ne peut estre imposée pension. Or est la verité qu'encore lesdits deux cas de pension tolerés en France sont contraires à la Police Ecclesiastique & au droit Canon, tant s'en faut que ce soit cas de droit, selon les raisons ci-aprés. Par les anciens Decrets celui qui est pourvû, d'une Eglise en titre y doit déservir personnellement toute sa vie & ne la peut quitter ny renoncer purement & simplement, beaucoup moins par resignation *in favorem*, car c'est un Mariage Spirituel entre le Beneficier & son Eglise, *in Canone Clericus distinct.* 71. tiré du Concile de Calce-

Calcedoine, *capitulo admonet extrà de renunciatione*. Que si le Beneficier se trouve surpris de maladie & infirmité corporelle ou d'esprit qui soit perpetuelle, & qui empesche ses fonctions au Service divin de son Eglise, pourtant il ne doit estre déchargé de son Benefice, mais le Superieur ordinaire, Diocesain, luy doit donner un Coadjuteur pour le supporter & soulager, comme il sera dit cy-aprés; mais à Rome par la seule volonté des Beneficiers sans expression & sans inquisition de cause particuliere pertinence, on reçoit les resignations *in favorem*, comme aussi les ordinaires reçoivent les resignations pour cause de permutation; sans enquerir si la permutation est pour l'utilité de l'Eglise; car autrement elle ne doit estre accordée selon les anciens Decrets, même selon le Chapitre *quæsitum extrà de rerum permutatione*. Et si la resignation *in favorem* est contre le droit, à plus forte raison est contre le droit la resignation *in favorem* qui se fait *retenta pensione*, comme est contre le droit l'autre cas de creation de pension, *pro bono pacis*; car selon les anciens Decrets les Benefices n'étoient pas plaidez & etoient jugez ambitieux & indignes ceux qui les demandoient, & à plus forte raison ceux qui par voye de plaidoirie contentieuse les veulent avoir: & toutesfois plus des trois quarts des Decretales antiques recueillies sous l'authorité de Gregoire Pape IX. sont pour le fait des plaidoiries en matiere Beneficiale & Ecclesiastique, avec si exactes Ceremonies, subtilitez & formules, qu'és matieres profanes il n'y en a pas si grand nombre: En sorte que la vraïe Ecôle pour apprendre la pratique judiciaire & en raisonner par authorité, est au droit Canonique des Decretales antiques du Sexte & des Clementines. Et depuis en ces matieres Beneficiales sont survenuës autres subtilités infinies par le moyen des regles de Chancellerie, du stile de Cour de Rome, & les decisions des Docteurs y sont comme toiles d'araignées; & tout cela est directement contraire à la sainteté, simplicité & integrité qui doit estre en la collation des Benefices Les Saints Docteurs ont estimé que ce n'est pas moins simonie, quand par priere, par gain, par recompense des services, ou pour autre retribution humaine, quelqu'un est promû aux saints Ordres ou aux Benefices. Voire quand c'est autrement que par simple intention, que s'il y parvient par argent nombré manuellement, ainsi dit Saint Gregoire rapporte *in can. sunt nonnulli qu.* 1. *& Beda in can. non solum qu.* 3. & toutefois sous ce pretexte imaginaire de puissance absoluë ou de plenitude puissance du Pape, on a estimé qu'il peut faire estre bon ce qui de soy n'est pas bon, & qui par les mêmes constitutions Decretales est declaré vicieux, en tant qu'on dit qu'au Pape seul appartient de recevoir les resignations *in favorem* & créer pensions sur lesdits Benefices. Pourquoy est loisible à l'Eglise de France en reprenant l'exercice de ses anciennes libertez fondées sur les anciens Decrets faits en general pour l'établissement de la Police en l'Eglise, de rejetter l'usage des resignations *in favorem*, & de creation de pension, & si besoin est reprendre l'ancien usage des Coadjuteurs quand le Beneficier est devenu infirme: ce qui pourra estre deliberé en Concile national. La tolerance qui a esté ci-devant n'a pû servir de loi obligatoire pour l'avenir ny abolir cette liberté: parce qu'il n'y a jamais prescription contre les loix qui sont pour la conservation des bonnes mœurs & de la Police publique.

L'autre Chef de Liberté de l'Eglise de France est de n'admettre les Commendes perpetuelles des Benefices comme contraires à l'ancien établissement de l'Eglise par les anciens Decrets, même du grand Concile de Calcedoine & autres Conciles nationaux, selon lesquels nul ne doit estre promû aux Saints Ordres, sinon que par même moyen luy soit assigné un Benefice certain pour son titre, & qu'il se presente encore par superficie en l'Eglise Romaine, en laquelle nul n'est fait Cardinal Prestre ou Diacre, sinon avec assignation d'un titre qui est une des Eglises de Rome, en laquelle le Cardinal doit residence, & ne peut tenir autre Benefice, ayant charge d'ames sans dispense. Aussi les Prelatures ne doivent estre attribuées sinon aprés élection ou nomination du Roy & confirmation par le Superieur ordinaire, aprés inquisition de la bonne vie, literature, âge & capacité, pour aprés estre faite la consecration quant aux Evêques, & la Benediction quant aux Abbez. Vray est que les Commendes des Benefices ont esté autrefois pratiquées en l'Eglise: mais ç'a esté en cas de necessité & pour certain tems, ainsi qu'il se collige par la lecture des Epîtres de Saint Gregoire, du temps duquel plusieurs Eglises d'Italie se trouverent avoir esté notablement affligées par les Lombards, Sarrazins & autres nations étrangeres, & aucunes Villes avec les Citez du tout ruïnées & détruites, lequel saint personnage commettoit l'administration des Evêchez vacans aux Evêques chassez de leurs Citez, ou desquels les Eglises avoient esté ruïnées, & s'abstenir ledit saint Pape de translation de titre à titre, mais en ordonnoit par provision. De vray la necessité porte avec soy la dispense des loix & pourroient bien les Ordinaires, survenant la necessité, pourvoir aux Benefices par Commendes à temps, jusques à ce qu'il y eust moyen de pourvoir en titre. Par la Decretale *in cap. nemo de electione in sexto* est deffendu aux Evêques de faire les Commendes de plus de six mois; de ces Commendes à temps sans prefinir de terme certain avoit esté ordonné par Alexandre III. Pape *in cap. cum vos extrà de officio ordinarij in antiquis*, quand l'Eglise estoit vacante, & n'estoit facile de la conferer promptement en titre; l'Evêque pouvoit établir un œconome pour lever les fruits & les conserver au Successeur ou les employer à l'utilité de l'Eglise. ledit chapitre *Nemo* parle plus efficacement disant que l'Eglise Paroissiale ne peut estre baillée en Commende, sinon à un qui soit Prestre. De ladite Decratale *cum vos* resulte que tel Commendataire ne fait les fruits siens, sinon jusques à concurrence de son entretenement. Parce que les anciens Decrets ont permis les Commendes seulement à temps & en cas de necessité ; on a tiré argument qu'au seul Pape appartient de faire Commandes perpetuelles à cause de sa plenitude de puissance ; en la moïenne ancienneté de l'Eglise a esté pratiqué que les Benefices, qui de leur premiere institution sont reguliers aïant accoûtumé par long temps d'estre déservis par Prêtres seculiers, ils pourroient estre conferés par les Collateurs ordinaires aux Prêtres seculiers : Ainsi est dit en la Clementine I. *de supplenda negligentia Prælatorum in Clementin.* De là on a pris argument en Cour de Rome que quand par dispense au temps precedent, un Benefice regulier avoit esté conferé en Commande jusques à trois fois de suite on le tenoit pour estre solite & accoûtumé d'estre conferé en Commande, retenuë cette puissance au Pape seul ; & sous ce pretexte presque tous les Benefices reguliers sont en Commande perpetuelle és mains des Prêtres seculiers, parce que ci-devant, même avant le Concile de Trente toutes les expeditions de Rome estoient de dispenser outre le droit. Cette frequence de Commandes, qui est aujourd'hui procede de la trop grande & dereglée licence qui a esté ci devant & qui pour la plû part dure encore ; & sera tres-mal aisé d'y remedier tout à coup par une abolition generale desdites Commandes, & peut estre sera expedient selon le dire de saint Cyrille rapporté *in canon. dispensationes* I. *quæst.* 7. qui met la comparaison d'un gouverneur d'un Navire qui est assailli d'une perilleuse tourmente, & jette une partie de la marchandise en mer pour la perdre, afin de sauver le reste, d'aviser au Concile National prochain, de temporiser sur cette reformation, en attendant qu'il plaise à Dieu que toutes autres choses estant en meilleur chemin de reformation, celle ci y puisse estre conduite. Aussi selon les anciens Decrets pour éviter les scandales & mouvemens qui pourroient survenir, est bien à propos d'endurer & temperer comme dit Innocent III. Pape *in canone aliquanto dist.* 51. & Urbain II. au Concile de Clermont rapporté *in can. congregato* 16. *quæst.* 7. & par S. Augustin *in can. ipsa* 23. *quæst.* 4. & en tolerant les Commandes par forme de connivence donner ordre que la discipline reguliere soit entretenuë & observée en tous Monasteres, Abbaïes & Prieurez ausquels il y a congregation & sinode de Religieux. Qui pourra être en cette sorte que tels Benefices puissent estre conferez en Commande perpetuelle à Prêtres seculiers par le Primat ou Patriarche, quand vacation aviendra ; sauf aux Monasteres Chefs d'Ordre esquelles l'élection demeurera entierement reservée, non pas pour postuler ; mais pour élire un Religieux, auquel cas de Commande perpetuelle d'un Monastere, & avant que le Commandataire puisse joüir, soit choisi du plus beau, plus clair, plus aisé & plus certain revenu du Monastere en valeur suffisante pour nourrir & entretenir les Religieux, dont l'administration & commandement sera attribuée au commencement sans que le Commandataire y ait aucun pouvoir, & par même moïen, le Convent ou Congregation puisse élire un Prieur ou Soûprieur de la même maison, s'il y en a aucun suffisant, sinon d'un autre Convent de même Ordre, sans que le Commandataire y ait aucune voix ni pouvoir en ladite élection, & tel Prieur ou Soûprieur Religieux Profez soit confirmé par l'Evêque Diocesain comme titulaire perpetuel & non revocable pour avoir commandement & direction claustrale sur les Religieux en ce qui est de la discipline reguliere, sans en icelle reconnoître autre Superieur que l'Evêque Diocesain, & par même moïen soit avisé & ordonné du nombre competent des Religieux, & que les offices claustraux seront conferez aux Religieux de la même maison & non à autres. Et afin que l'entretenement des Religieux & de la discipline reguliere ne puisse manquer ou diminuër, il soit ordonné que la Commande perpetuelle soit declarée vacante *ipso jure*, à faute que le Commandataire n'auroit fait ladite assignation de revenu dedans les six mois par l'avis de l'Evêque Diocesain, & quant aux Abbaïes, Prieurez & autres Maisons Monastiques, qui de present sont en titre és mains des Religieux, l'Ordre ancien y soit observé sans esperance d'aucune dispense pour la Commande, sauf à y pratiquer par les Ordinaires les Commandes provisionnelles & à temps limité, & en cas de necessité, non autrement.

Aussi est l'une des libertez de l'Eglise de France, que si aucune cause spirituelle se trouve devoluë par appel ou par la negligence de l'Ordinaire & doive selon les degrez estre traité à Rome, ou bien par le consentement commun des deux parties, ou pour la grande difficulté soit raisonnable que le Pape en ait connoissance, que les François ne soient tenus d'aller plaider à Rome, ains sa Sainteté doive en faire delegation *ad partes* aux Evêques ou autres dignitez d'Eglise pour en connoître, à sçavoir au cas de necessaire devolution *autoritate delegata*, & en autre cas *autoritate ordinaria*, & audit cas soit le rescrit de Rome excitatif de Jurisdiction ordinaire, & non attentif de Jurisdictions deleguée, ainsi qu'il est dit *in cap. licet extrà licet de officio ordinarii*, & en chacun cas ne pourra estre la cause déleguée pour estre jugée consistorialement, mais pour observer l'ordre ancien de trois Sentences diffinitives, & deux Sentences interlocutoires, conformez pour empêcher l'appel.

L'autre chef des libertez de l'Eglise de France est que les unions d'Eglises ne puissent estre faites par le Pape, ains soient faites par les Evêques Diocesains pour les Eglises dedans leurs Dioceses ; & si c'est union d'Evéchés soit faite par le Metropolitain ou par le Primat & Patriarche, ou par le Concile National, le tout aprés connoissance & verification de cause qui soit legitime & raisonnable, selon le Concile de Constance, & appellez ceux qui y auront interêt. L'une des causes d'unir Evéché, est si une Cité Episcopale est ruinée & détruite, ou si le peuple est tellement diminué que le Diocese ne soit pas raisonnablement rempli, ainsi fit saint Gregoire Pape, des Eglises de Misene & Cumes en Italie, comme il est dit en l'Epître 31. livre premier, & est recité *in can. & temporis 16. quæst.* 1. dont sera parlé ci-aprés au chap. de l'erection de nouveaux Evéchez.

Ainsi l'Eglise de France peut n'accepter pas le Decret du Concile de Trente par lequel les accusations des Evêques de France doivent estre jugées à Rome selon les raisons ci-dessus déduites, qu'en ce qui est des articles de la Foi & Doctrine Chrétienne. Toute Eglise doit estre reglée par un seul moïen, & l'Eglise de France doit tenir ce qui est statué & confirmé au Concile de Trente à cét égard. Mais en ce qui est de la Police de l'Eglise, chaque Nation peut accepter ou n'accepter pas ce qui est decidé aux Conciles Oecumeniques, d'autant que tels statuts ne sont pas permanens, ains sont sujets à changement selon la varieté des temps & temperament des Nations, ce que l'Eglise de France a assez témoigné en la preface de la Pragmatique Sanction, pour faire connoître qu'avec raison elle a accepté aucuns Decrets du Concile de Bâle & autres non. De vrai sur ce point du jugement des Evêques accusez de crime, se trouvent divers Decrets, & en cette diversité, l'Eglise de France a liberté de choisir; & n'y aura rien à blâmer si elle choisit les plus anciens Decrets & plus consonans à raison, selon le sens commun. Au Concile d'Antioche qui est des plus anciens, chapitre 4. & 15. rapporté *in can. si quis à proprio 21. quæst.* 5. au Concile de Laodicée qui est au même rang d'ancienneté rapporté *in canone* 1. *6. quæst.* 4. au recueil des Conciles Grecs faits par Martin Evêque de Bracara *can. si quis Episcopus* 10. *qu.* 2. *can. si quis Episcopus* 1°. 2. *&* 11. *quæst.* 3. *can. Accusatus* 3. *qu.* 6. *can. quisquis* 4. *qu.* 5. se trouve avoir esté statué que les Evêques criminels doivent estre accusez & jugez en la même Province. Les exemples domestiques pour les Gaules se trouvent és Conciles Nationaux, en un Concile National tenu à Paris sous l'autorité du Roi Childebert se trouve que Symphorien Evêque de Paris convaincu de crime, fut condamné par le même Concile d'estre reclus perpetuellement en un Monastere, & fut le jugement donné par les Prelats y assemblez. En un autre Concile National tenu à Cologne sur le Rhin, Euphrates Archevêque du lieu fut par les Prelats assemblez audit Concile, condamné & deposé de sa dignité Archiepiscopale. C'estoit Concile National, parce que les Metropolitains de Treves, de Sens, de Roüen, Arles & Reims, avec les Evêques suffragans desdites Provinces y assisterent tous de la nation des Gaules. Ce qui fut en l'an 348. auquel Concile l'un des Evêques dit, & ne fut contredit par les autres, que cinq Evêques suffisoient pour le jugement. Au Canon *Achatius* 24. *qu.* 1. sur la plainte que faisoit Achatius d'avoir esté condamné par le Pape Gelase sans l'autorité sinodale, ledit Pape n'allegue pas sa toute-puissance, mais dit qu'il n'a rien jugé de par soi, ains seulement a executé les anciens Decrets faits és Conciles, en tant qu'Achatius soûtenoit opiniâtrement une heresie condamnée esdits Conciles. Vrai est qu'és Canons *quamvis & discutere* 3. *quæst.* 5. & au Canon *Primates* 2. *qu.* 1. est dit que le jugement des Evêques doit estre reservé au Siege Apostolique, & de même dit Innocent III. *in cap. inter extrà de translatione Episcopi.* Mais en l'émendation Gregorienne du recueil de Gratian, est dit que le Canon *discutere* que l'on intitule estre de Damase Pape, ne se trouve és anciens exemplaires: Aussi il n'y a point de glose sur icelui; & ledit Canon *quamvis* est dit estre de Eleuthere Pape Martir qui estoit au temps de la persecution de l'Empereur Commode, & ledit Canon *Primates* se dit estre du Pape Felix Martir sous l'Empereur Aurelian grand persecuteur des Chrétiens. Il y a peu d'apparence de croire qu'en ce temps de persecution les Evêques de diverse Region de Chrétienté fussent apellez à Rome pour être jugez. La glose sur le Canon *Accusatus* 3. *qu.* 6. sur cette diversité de Decrets dit & reconnoît que d'ancienneté les Evêques étoient jugez és Sinodes des Evêques de la même Province, saint Gregoire és Epîtres 47. & 48. livre 2. dit que les Evêques ne doivent estre jugez & deposez, sinon par concorde des sentences des autres Evêques assemblez en Concile; les Conciles d'Afrique *6.* & 7. même audit *6.* Faustin Legat du Pape Zozime proposa qu'il avoit esté statué au grand Concile de Nice que l'Evêque condamné en sa Province pourroit avoir recours à Rome. Surquoi les Evêques d'Afrique dirent qu'ils n'en avoient rien vû és exemplaires qu'ils avoient dudit Concile: Et pour en avoir certitude, fut avisé d'envoïer en Alexandrie & à Constantinople, pour voir les originaux dudit Concile. Au 7. Concile d'Afrique prochain aprés le precedent, est inserée l'Epître des Peres dudit Concile adressée à Celestin Pape, successeur de Zozime pour leur certifier que ce Decret allegué par Faustin, n'avoit esté trouvé aux originaux dudit grand Concile de Nice, & pour le prier de ne recevoir ceux qui avoient recours à Rome par appel. Aussi fut statué au Concile Milevitain tenu en Afrique rapporté *in canone Presbyteri* 2. *qu.* 3. que si aucun appelloit autre part qu'aux Conciles d'Afrique, même s'il appelloit outre-mer, c'est à dire à Rome; car il faut necessairement passer la mer pour aller d'Afrique à Rome; qu'il ne fût reçû par aucun à la communion en Afrique; lequel Canon *Presbyteri* sert de controlle au Canon *placuit* 2. *qu.* 6. où est mise l'exception sinon qu'on appelle au Siege Romain pour faire connoître que la clause *nisi fortè* qui est audit Canon *placuit* est une adjonction faite par Gratian. Aussi és livres plus corêts, la clause commence par lettres rouges. L'Eglise de France ne se méprendra pas si selon sa liberté elle se tient à l'usage & observation desdits anciens Decrets bien certains, sans s'arrêter à ceux qui sont douteux ou recens. Bien semble estre raisonnable d'ordonner qu'en l'accusation des Evêques & autres personnes Ecclesiastiques ne soient observées exactement toutes ces formalités introduites par le Droit Civil des Romains, & qui ont esté suivies & augmentées tant par Gratian que par les Papes anciens des Decretales recüeillies aux volumes des Antiques, du Sexte & des Clementines, ainsi soit tout purement enquise la verité du fait. Aussi semble estre raisonnable que les anciens Decrets soient observez, selon lesquels les accusations des Evêques ne doivent estre facilement reçûës, ni toutes sortes de personnes admises à les accuser comme il est dit *in can. Accusatores* 3. *qu.* 8. Innocent III. *in cap. qualiter* 2. *extrà de accusationibus*, rend une raison assez pertinente, parce que les Evêques par le devoir de leur charge, estans tenus de blâmer & corriger les delinquans ne peuvent pas plaire à tous, & peuvent encourir les inimitiez de plusieurs, comme aussi est tres-raisonnable que le Roi ni ses Juges n'entreprennent de juger les Evêques és crimes communs & Ecclesiastiques, & qu'il en laisse le jugement aux Evêques de la Province assemblés en Sinode. L'annotation qui est en l'émendation Gregorienne sur le Canon *omnibus* 2. *quæst.* 5. dit que Charlemagne és Capitulaires livre 7. *cap.* 281. émenda à l'Eglise l'entreprise qu'il avoit faite de juger les Evêques; à quoi fait le Canon *si Episcoporum* qui est de saint Gregoire 21. *qu.* 5.

C'est aussi une des libertez de l'Eglise de France, de n'estre sujete aux regles de Chancelerie faites par les Papes chacun à son avenement, qui pour la plûpart sont pecuniaires & concernant l'interêt des Finances de la Chambre Apostolique, & contiennent les moïens pour adresser presque toutes affaires à Rome. Aucunes desdites regles ont esté tolerées en France comme par connivence; les autres ont esté du tout rejettées, & quand on n'aura que faire à Rome, sinon en cas contenus aux anciens Decrets, & que selon iceux Decrets l'Eglise de France sera policée, nous n'aurons que faire ni des unes ni des autres regles. L'une desdites regles de Chancelerie est que nul ne puisse estre Chanoine en l'Eglise Cathedrale, que âgé de quatorze ans: mais selon les anciennes Constitutions de l'Eglise, celui qui est simple Clerc tonsuré, ce qu'il peut estre à sept ans, peut estre fait Chanoine en l'Eglise Cathedrale, comme il est rapporté *in capit. ex eo de electione in sexto.* ce qui dépend d'autres anciens statuts de l'Eglise, selon lesquels les enfans voüez au Clergé par leurs peres & meres estoient mis jeunes en l'Eglise pour estre enseignez & accoûtumez sous la charge des Evêques *canone de iis* tiré du Concile de Tolede *distinct.* 18. & nul ne pouvoit estre admis aux Dignités & charges Ecclesiastiques sinon par degrez, aïant esté long-temps disciple avant que d'estre maître, aïant long-temps obeï avant que de commander comme dit Celestin Pape *in canone ordinato distinct.* 59. Pourquoi ladite regle de Chancelerie ne nous lie point. La regle *de publicandis resignationibus* a esté tolerée en France pour le regard des impetrations des Benefices faites en Cour de Rome, & ç'a esté pour obvier au trafic qui se feroit des resignations *in favorem* sur lesquelles on feroit des impetrations à Rome, pour la forme des petites dates que l'on feroit renouveller souvent, & ne s'en aidoit-on qu'aprés la mort, & pour éviter ces fraudes, fut introduite la regle de faire publier les resignations dans six mois. L'autre regle *de viginti diebus* qu'on dit autrement *de infirmis resignantibus* a esté aussi tolerée, mais seulement pour avoir lieu és impetrations faites en Cour de Rome par la resignation *in favorem.* Aussi la Cour de Parlement a jugé que ladite regle n'avoit lieu és resignations qui se font és mains des Collateurs ordinaires, dautant qu'ils ne les reçoivent que pures & simples & non *in favorem.* L'Arrêt est du 14. Aoust 1550. Aussi a esté pratiquée la regle de *verisimili notitia* pour éviter les fraudes & l'ambition de ceux qui n'estans certains de la mort du Beneficier impetroient son Benefice à Rome, & faisoient courir avant sa mort sur le doute ou esperance qu'il mourroit bien-tôt. Les loix civiles ont blâmé ceux qui s'entremettent comme heritiers, n'estans certains de la mort de celui, duquel ils se disent heritiers & declarent l'adition nulle *l. qui hereditatem ff. de adquirenda hereditate l. nec nos Cod. de postliminio reversis. & de redempt. ab hostib.* Mais en general c'est chose indigne de faire courir le Benefice pour le donner au plus diligent courier que l'on ne sçait pas estre le plus suffisant; & bien souvent a esté verifié le proverbe, *Que les chevaux courent les Benefices & les ânes les emportent.* Or quand l'on s'abstiendra d'impetrer Benefices à Rome, & que les Evêques Diocesains pourvoiront à tous Benefices vacans de leurs Dioceses, on n'aura plus besoin de ces regles de Chancelerie qui ne servent qu'à infrasquer & embroüiller les impetrations des Benefices & semonnent les Impetrans à obtenir des dispenses qui ne peuvent estre octroyées que par le Pape, & sont octroyées sans cause legitime pour la plûpart: ce qui est dit des Chanoines *impuberes* n'est pas à dire qu'ils doivent estre employés en affaires qui requierent maturité de conseil, mais pour les enseigner & accoûtumer à l'obeïssance & service; car à bon droit a esté ordonné que nul Chanoine, s'il n'est Soûdiacre pour le moins n'aura voix & suffrage en Chapitre, & ainsi l'a statué la Clementine *Hi qui, de ætate & qualitate.*

L'Eglise de France n'a reçû les provisions des Benefices, ni les dispenses pour iceux faites par les Papes au prejudice des patronages appartenans à personnes laïcs, ou à cause des patrimoines laïcals: bien a reçû par connivence, mais non pas par acceptation precise & obligatoire, les provisions Apostoliques qui dérogent aux patronages appartenans aux Ecclesiastiques, à cause de leurs Eglises; ce qui a esté à la même suite, & par la même raison qu'elle a enduré les provisions par prevention & autres qui sont expediées à Rome au prejudice des Collateurs ordinaires, & non seulement par les Papes, mais aussi par leurs Legats; ainsi que dit Innocent III. *in capitulo dilectus de officio Legati, & in cap. cum dilectus extrà de jure patronatus*, à quoi le Concile National pourra pourvoir en remettant és mains des Collateurs ordinaires & *jure ordinario* toute sorte de provisions de Benefices comme d'ancienneté souloit estre. Les droits des patronages patrimoniaux ont esté favorisez afin d'inviter les laïs à distribuer de leurs biens aux Eglises, & en vertu desdits patronages, ils presentent à l'Evêque un Prêtre ou Clerc pour estre pourvû du Benefice vacant. Les Patrons ont place & seance honorable en l'Eglise dont ils sont Fondateurs, & si les Patrons ou leurs heritiers viennent à deceder, ils doivent estre secourus des biens de l'Eglise. Le Patron est partie recevable pour procurer la conservation des biens & droits de l'Eglise de sa fondation *canone Frigentius, canone quicumque, canone contra, canone filiis 16. quæst. 7. & canone constitutum 16. quæst. 1.* Peuvent les Patrons, lors de la fondation retenir à eux quelques droits d'honneur & de profit, pourvû qu'ils ne soient contraires à la sainteté & integrité des choses sacrées, ausquels droits de Patronage correspondent les titres qu'aucuns Gentilshommes & Patrons ont és Eglises de Vidame, qui est en François de *Vicedominus* Prévôt, Avoüé ou Avocat & Gardien, desquels titres est fait mention par Lucie Pape *in cap. præterea 23. extrà de jure patronatus.* Vrai est qu'aucuns desdits titres sont à cause des fiefs que les Gentilshommes tiennent des Eglises, & à cause d'iceux sont tenus de défendre le droit des Eglises avec la main-forte. Aucuns sont à cause des fondations & dotations. Il est observé de grande ancienneté, quand aucun veut bâtir une Eglise, ou l'a déja bâtie que led. constructeur doit par l'avis & soin de l'Evêque auquel seul appartient de consacrer & dedier Eglises, donner dot & revenu suffisant pour l'entretenement des Prêtres & Clercs qui y doivent faire le service, & pour les luminaires. Aussi nul ne doit entreprendre de chanter Messe en une Eglise jusqu'aprés qu'elle ait esté consacrée par l'Evêque, *can. placuit 1.* tiré du Concile de Bracara *qu. 2. & can. Nemo.* tiré du Concile d'Orleans *de consecrat. 1.* A esté observé aussi que l'Evêque doit marquer le lieu de la construction, benir la premiere pierre & l'asseoir au fondement; ainsi est dit par Innocent III. en la Decretale entiere *in cap. coram extrà de officio delegati.*

Aussi l'Eglise de France n'a reçû les provisions & dispenses de Rome qui sont au préjudice des graduez nommez ou simples, ou qui pourroient empêcher la provision qui doit leur estre faite des Benefices qui vaquent aux mois à eux attribuez, Janvier & Juillet pour les graduez nommez, Avril & Octobre pour les Graduez simples, à l'égard desquels la gratification a lieu. Toutefois pour le temps que les mandats ont eu cours en France, les mandataires ont esté preferez aux Graduez; mais le Regaliste qui est celui qui est pourvû par le Roi, quand le Benefice estant à la collation de l'Evêque se trouve vacant d'effet ou de droit durant la Regale ouverte est preferé tant au mandataire qu'au gradué.

Comme aussi ne sont reçûës les provisions & dispenses des Graduez par Bulle du Pape qui sont ceux à qui le Pape donne les degrez de Bachelerie ou Licence ou Doctorat, sans qu'ils aïent accompli le temps d'étude & pris le degré selon ordre & ancien établissement des Universitez. Comme aussi ne sont reçûës dispenses que le Pape donne de tenir Eglises Paroissiales estans en Villes murées sans qu'ils soient Graduez legitimement aprés temps d'étude. De vrai telles dispensations sont vraïes dissipations de la police & discipline de l'Eglise & des Universitez d'étude.

En general l'Eglise de France peut & doit se conserver l'ancienne liberté de l'Eglise universelle, ladite liberté fondée sur les anciens Decrets qui doivent commander à tous affaires Ecclesiastiques pour y maintenir la simplicité sainte, sans fard, sans subtilité & sans paroles exquises qui sont pieges aux plus simples, comme dit saint Jerôme *in can. nonne. canone legant, canone unio distinct. 37.* Ce faisant aussi peut & doit rejetter toutes ces formules & infrascations qui sont és provisions de Cour de Rome, par lesquelles les plus accorts, plus versez en ces matieres Beneficiales & qui ont l'esprit plus aigû, surprennent les plus simples comme sont les clauses *motu proprio, ex certa scientia, de plenitudine potestatis*, le Decret portant l'expedition consistoriale, revalidation, *jus quæsitum, quovis modo, litigiosum, devolutum, Commenda perpetua; cum lucro fructuum; administratio perpetua, ut fiat Canonicus sub expectatione succedendi, gratia si nulli, si alteri, si neutri perindè valere*, les distinctions des signatures par *fiat* ou par *concessum*; & infinitez d'autres clauses qui sont comme toiles d'araignées par lesquelles les plus simples sont pris & les plus avisez s'en échapent.

Une des principales libertez de l'Eglise de France est l'union qui est entre les Rois & tout le peuple François, au corps duquel peuple sont compris tous les Ecclesiastiques, les Nobles & les Bourgeois ou Roturiers que l'on nomme le tiers Etat; laquelle union fait que toute la France est un corps politique, duquel le Roi est le Chef qui est Chef Monarchique & l'Eglise est un principal & des plus excellens Membres de ce Corps politique; ce n'est pas que le Roi veüille ou puisse commander en ce qui est de la principale charge ou fonction, les Ecclesiastiques au fait de la Foi & Doctrine Chrétienne, & de la direction des consciences & autres choses purement spirituelles. Au grand Concile de Nice, Constantin l'Empereur, & au Concile de Calcedoine Martian l'Empereur, qui y presidoient, declarerent qu'ils ne vouloient estre Juges aud. fait de spiritualité, mais en ce qui est des droits, Dignités, biens & des personnes de l'Eglise, les Rois sont Protecteurs & Défenseurs, comme étoient les Empereurs Romains Chrétiens, quand ils commandoient à toute la Chrétienté. Les Conciles generaux Oecumeniques estoient assemblez par le commandement & sous l'autorité desdits Empereurs, lesquels comme dit-est y presidoient & y avoient le premier & principal Siege. Même audit Concile de Calcedoine les principaux Officiers de l'Empire députés par l'Empereur en son absence, avoient les premiers Sieges, & au milieu plus proche des barreaux du grand Autel de sainte Euphemie, en laquelle Eglise les Peres du Concile s'assembloient, & à leur côté gauche estoit le Legat de Leon Pape de Rome, & l'Evêque de Constantinople, & à la main droite les Evêques d'Alexandrie & de Jerusalem, l'Empereur & lesdits Officiers y estoient pour faire observer l'ordre & pour commander en tout ce qui estoit requis comme se voit au volume des Conciles imprimé à Cologne, & est rapporté *in can. nos ad fidem dist. 99.* l'on voit au Canon *Adrianus* le second, *dist. 93.* qu'il est dit que le Pape Adrian & Charles Roi de France qui lors estoit seulement Patrice & non encore Empereur constituerent le Concile qui lors fut tenu à Rome, de même il appert par ledit Volume des Conciles, que les Conciles Nationaux estoient assemblez par la jussion & commandement des Rois de France & d'Espagne qui aud. temps exerçoient dans leurs Roïaumes tous droits d'Empire, & en la plûpart desdits Conciles la conclusion se fait sous le bon plaisir desdits Rois. Aussi en France quand il est question de policer tout le Roïaume & faire vivre en union & concorde tout le peuple de France, dont le Clergé fait portion & est le premier en rang, le Roi convoque les Etats de son Roïaume qui sont lesdits trois Ordres, Clergé, Noblesse, Bourgeois qu'on dit tiers Etat. En cette assemblée, le Roi preside comme Chef assisté des Princes de son sang, des Pairs de France & Officiers Generaux de sa Couronne, les Députez desdits trois Ordres y assistent, mais en rang inferieur, & proposent leurs remontrances, plaintes & requêtes qui sont ouïes par le Roi avec son Conseil ordinaire composé, comme dit est, des Princes, Pairs & Officiers Generaux; & par leur avis le Roi fait les Loix & Edits propres pour la conservation de son Etat & Corps politique de ce Roïaume, duquel fait portion le Clergé. Les douze Pairs de France qui, comme dit est, sont du Conseil ordinaire du Roi, sont six Evêques & six Ducs ou Comtes Laïs. Aussi tous Evêques de France sont dits Conseillers du Roi, & en cette qualité ont séance en Parlement és jours d'Audience, & à côté droit des Presidens; comme aussi les Cours de Parlement sont composées de Conseillers d'Eglise & Conseillers Laïs. Vrai est que les Conseillers d'église ne séent à la Tournelle, parce que là se jugent les causes criminelles, & est défendu aux gens d'Eglise d'y assister, à quoi se rapporte ce qui est dit *in canone sæpè & in canonibus à quibus*, tirés des Conciles de Tolede 23. *quæst.* 8. Par ce moïen appert que de toute ancienneté les gens d'Eglise sont reconnus faire portion du peuple, & y reçoivent l'honneur qui leur appartient d'avoir le premier rang à cause de la Dignité Clericale. Cette union entretient l'amitié & la concorde qui bien à peine seroit telle comme elle doit estre si les Ecclesiastiques tenoient leur rang du tout à part & voulussent faire comme une Monarchie separée selon la Doctrine de quelques Canonistes qui non seulement veulent diviser le peuple en deux, mais osent soûtenir que la puissance de l'Eglise doit commander à la puissance temporelle, *etiam* pour la temporalité, & que pour icelle temporalité, tous Empires & Roïaumes sont sujets à l'Eglise Romaine. Qui semble estre Doctrine contraire à l'Evangile & à la Doctrine des Apôtres: car Jesus-Christ vrai Chef de l'Eglise a voulu païer le tribut à Cesar, & les Apôtres & les Saints Martirs, ont tous commandé à tous d'obeïr au Magistrat civil qui porte le glaive de justice. Or il est certain que tout le revenu temporel que l'Eglise de France a & possede, a esté ou est tenu en fief ou en ressort de la Couronne de France ou desdits Comtes & Seigneurs qui tiennent en fief du Roi; si ce n'est que le Roi ou les Seigneurs aïent encore ce droit & revenu temporel; & encore aprés l'amortissement, ce que l'Eglise tient en Justice, est du ressort des Seigneurs ou du Roi. Se trouve un jugement du Pape Innocent III. de l'an mil deux cens neuf, par lequel il jugea que les Evêques d'Auxerre & d'Orleans étoient tenus d'envoïer leurs hommes & vassaux en l'armée du Roi pour faire service à tels Princes ou Seigneurs à la guerre, ores que le Roi fût en personne en son armée, lesdits Evêques reconnoissoient bien ce devoir, mais disoient n'y estre tenus, sinon quand le Roi y étoit en personne. Dont resulte que les Evêques tiennent du Roi leurs Seigneuries temporelles comme en fief; car le vrai service du fief c'est le service à la guerre. Aussi n'est observé en France ce qui est dit par Innocent III. Pape *in cap. Romana §. de appellationibus in sexto*, que les appellations interjettées des Juges des Jurisdictions temporelles de l'Eglise doivent ressortir pardevant le Metropolitain ou Juge superieur Ecclesiastique d'icelle Eglise, aussi la glose audit lieu dit que le Speculateur tient que cela n'est observé en France en comparant la police de l'Eglise Chrétienne, à ce qui estoit des Lévites en l'ancien testament, & qui est le principal fondement des Canonistes au fait des Dîmes.

Les gens d'Eglise ne devroient avoir autre patrimoine propre à eux, que les Dîmes & les oblations volontaires des fidels Chrétiens. Les autres biens que l'Eglise a, elle les tient ou par bienfait des Rois, Princes ou Seigneurs Laïs, ou par acquisitions que les Colleges ou Beneficiers ont faites pour leurs Eglises des personnes laïes. Par l'ancien établissement de toutes Republiques & Monarchies non seulement les personnes, mais aussi les biens que chacun tient sont sujets de contribuer aux affaires de l'Etat, dont sont dits les Tributs que les Romains disoient estre les nerfs de leur Republique. Les particuliers n'ont pû aliener & transferer à l'Eglise leurs heritages sinon sans la charge réelle & fonciere, qui est de ladite contribution aux affaires de l'Etat, sinon qu'il ait plû au Roi amortir, c'est à dire permettre à l'Eglise de les tenir sans charge. Au temps de l'Empereur Charles le Grand en un Concile tenu à Vvormes sur le Rhin fut arrêté que les Dîmes & oblations, & la principale manse du domaine de chaque Eglise seroient exempts de toutes charges publiques en faveur de l'Eglise, mais que tous les autres biens temporels de l'Eglise seroient sujets, & satisferoient aux Seigneurs des devoirs & services anciens. Cette Constitution est approuvée & rapportée és Decretales antiques chapitre 1. *extrà de censibus & canone sancitum 23. quæst.* 8. & est inserite és Capitulaires de Charlemagne livre 1. chapitre 91. & originairement au Concile de Vvormes *cap.* 50. le mot *Senioribus* qui est audit chapitre 1. represente le mot François *Seigneurs*; & és livres des fiefs, les Seigneurs feodaux sont nommez du mot Latin *Seniores*, audit Canon *San-*

citum eſt mis le mot *Majoribus* qui en ſignifie autant.

De ce que deſſus faut inferer que l'Egliſe pour les biens temporels qu'elle a eſt ſujete au Roi & lui doit ſervice, & ainſi dit Gratian *in §. 15. ità juxtà, canone ſi quæ cauſæ, & Ambroſius in canone ſi trientem, in canone cenſum 2. quæſt. 2.* Encore ſe peut dire que pour les biens qu'elle a qui ſont vrais Eccleſiaſtiques comme dîmes & oblations l'Egliſe par bien ſéance doit aider à ſupporter les charges de l'Etat quand les 2. autres Ordres ſont foibles, parce que l'Egliſe a l'interêt de la conſervation du total du Corps politique dont elle fait le principal membre qui ne pourroit ſubſiſter ſans que le Corps entier ſubſiſtât & ils ne prendroient les dîmes ſi les fruits en gros n'eſtoient conſervez ni les oblations du peuple n'avoient biens & moïens pour les faire. Les Empereurs Romains qui eſtoient Chrétiens ont rendu l'Egliſe ſujete aux contributions réelles & autres pecuniaires deſtinées pour l'entretien de l'Etat, & ſeulement l'ont excuſée des charges perſonnelles qui s'exemptent par la perſonne ; Conſtantin *l. 6. de his C. de Epiſc. & Cler.* Honoré & Theodoſe le jeune *in l. placet & l. ad inſtructiones C. de ſacr. Ec.* ledit Conſtantin le grand eſt le premier qui a octroïé à l'Egliſe d'acquerir & poſſeder biens comme eſtans l'Egliſe, Corps & College licite *l. habeat C. de ſacr. Ec.* les Empereurs non Chrétiens tenoient l'aſſemblée des Chrétiens pour College illicite, pourquoi tel College ne pouvoit rien acquerir ni poſſeder en commun. Les Docteurs Ultramontains qui tiennent toutes les Decretales des Papes pour avoir force des Loix politiques és affaires d'Etat & civiles, bien que leſdites Decretales aïent étendu l'immunité de l'Egliſe infiniment, toutefois ſont contraints de confeſſer qu'elle eſt tenue de contribuer en ce qui eſt neceſſaire pour la conſervation de leurs perſonnes & de leurs biens, comme aux reparations des murailles & portes des Villes, & quand il eſt queſtion d'empêcher le ravage particulier que les ennemis ſont en état de faire ; ainſi dit *Carol. Ruinus conſil. 72. volume 4.* & *conſil. 219. volume 1.* mais il y a même raiſon au general qu'au particulier, car la Nobleſſe & le tiers Etat ne peuvent ſouffrir dommage que l'Egliſe n'en ſouffre, parce qu'elle a ſes biens mêlez, où auſſi ſont leurs perſonnes mêlées parmi le reſte du peuple. Auſſi ſe trouve par l'exemple d'ancienneté & par la raiſon que les Empereurs, les Rois & Seigneurs ſouverains temporels ont pouvoir de faire loix tant pour les mœurs des Eccleſiaſtiques que pour la police de l'Egliſe ; à cét effet ſont pluſieurs loix faites par les Empereurs Chrétiens, Conſtantin, Valentinian, Gratian, Theodoſe, Martian, Juſtinian, qui ſont inſerées au Code du Droit Civil Romain, & és Novelles qu'on appelle autentiques, comme auſſi nous voïons tant és Capitulaires de Charles le Grand, que de Loüis le Debonnaire ſon Fils tous deux Rois de France & Empereurs. Anſegiſus Abbé de Logo a redigé par écrit & en ordre les Edits deſdits Charles & Loüis Empereurs ſervans aux reglemens de l'Egliſe en l'an 828. Et du temps de Henri Empereur en l'an 1022. fut celebré à Aix la Chapelle un Concile qui étoit Roïal & Sinodal ; & ainſi fut à Tribuiies du temps de Conrad Empereur l'an 1032. Leon Pape IV. du nom *in canone de capitulis diſtinct.* 10. declare qu'il entend obſerver les Ordonnances & Commandemens de l'Empereur contenuës eſdits Capitulaires. Nicolas Pape *in can. quoniam* en ladite diſtinction, écrivant a l'Empereur de Conſtantinople Michel, dit qu'en ce qui concerne purement le ſalut de l'ame & la vie éternelle l'Empereur doit reconnoître les Paſteurs de l'Egliſe, & en ce qui eſt du temporel les Prelats doivent obeïr aux Conſtitutions Imperiales. Les affaires temporelles ſont celles par leſquelles le Corps politique composé de trois Ordres ou Etats ſe conſerve en union & concorde ſous une même loi, car la concorde ne peut eſtre quand il y a diverſité de loix, & que l'un des membres veut vivre par une loi & l'autre membre par une autre loi ; & quand il y a diverſité de commandement, car la facilité eſt naturelle aux hommes de n'avoir ſemblable avis, & d'eſtre diſcordans l'un à l'autre, comme il eſt repreſenté par le Juriſconſulte *in l. ſi unus §. principaliter ff. de recept. arbitris* & par l'ancien proverbe *quot capita, tot ſenſus.* Pourquoi à juſte raiſon nous n'avons reçû en France ce qui eſt dit *in canone benè quidem diſtinct.* 96. que l'on dit eſtre tiré d'un Sinode fait à Rome par le Pape Simmache qui veut que l'Egliſe ne reçoive les ſtatuts faits par les Seigneurs Laïs *etiam* en faveur des Egliſes & eſt confirmé par Innocent III. *in capitulo Eccleſiâ extrà de conſtitutionibus.* Mais ſera noté que ledit Canon *Benè quidem* ne rapporte pas une Conſtitution faite par l'Empereur, ains une Conſtitution faite par Baſile Officier en qualité de Preſet du Pretoire, & n'eſtoit pas Officier de l'Empereur, mais de Odoacre Roi des Herules uſurpateur des Italies, qui avoit ruiné tout-à fait la Ville de Rome, & enfin fut défait par Theodoric Roi des Goths, pourquoi les Papes avoient tres-juſte occaſion de ne reconnoître le commandement & le bienfait dudit Baſile ; & comme dit ſaint Gregoire *in canone in gravibus 3. quæſt. 7.* & de même eſt *in can. ſcriptum 14. quæſt. 5.* la choſe en ſoi n'eſt pas ſeulement à conſiderer, mais auſſi eſt à conſiderer la perſonne de qui elle vient ; auſſi ſe trouve que les Papes ont reconnu les Commandemens des Empereurs legitimes, ont reçû & reconnu les privileges octroïés par eux & leur ont obeï és affaires politiques comme l'Egliſe & les Papes reconnoiſſent avoir reçû des Empereurs les privileges de la preſcription de cent ans quant à l'Egliſe Romaine & de quarant'ans quant aux autres Egliſes. Et ainſi dit Jean Pape VIII. *in canone nemo 16. quæſt. 3.* ſe trouvent en ce Roïaume pluſieurs Conſtitutions faites par Loüis IX. Roi de France pour la police Eccleſiaſtique ; & ledit Roi eſt Saint Canoniſé. Pourquoi en reprenant l'ancien uſage de la Chrétienté, même ſous l'autorité du Pape Leon IV. *in cap. de capitulis.* La Monarchie de France ne ſe tiendra ſujete à la Conſtitution de Honoré III. Pape qui fut environ l'an 1220. *in capit. noverit extrà de sentent. excommunicationis*, par laquelle sont excommuniez ceux qui ont fait statuts & Capitulaires contre les libertez de l'Eglise, en tant que sous ce mot de liberté, les Papes ont voulu faire croire que l'Etat Ecclesiastique ne fut sujet aux Loix politiques des Empereurs, Rois & autres Souverains, & ont voulu faire une Monarchie separée & distincte du reste du peuple & étendre ses volontez infiniment selon leurs volontez; ce qui a esté & est contre raison, *imò etiam* contre la Doctrine de Jesus-Christ en l'Evangile & des Apôtres & saints Docteurs. On dira que ce n'est pas à propos que les Clercs soient jugez par les Laïs; surquoi est à considerer que les anciens Decrets ont defendu aux Clercs toutes negotiations seculieres, & ont declaré que c'est chose infame qu'un Clerc sçache quelque chose au fait de plaidoirie: ainsi est dit *in l. consulta cod. de testament. & l. repetita cod. de Episcop. & Cler.* Pourquoi fut ordonné quand les Clercs auroient quelque different l'un contre l'autre qu'ils s'adressassent à leur Evêque pour le terminer sans forme judiciaire; & quant aux Laïcs qui auroient à faire contre les Clercs, c'etoit à leur choix de s'adresser pardevant l'Evêque ou pardevant le Juge Laï civil *l. cum Clericus* (qui est de Martian Empereur, sous lequel fut le grand Concile de Calcedoine) *Cod. de Episcopis & Clericis*. Et depuis par privilege fut octroyé aux Clercs par Justinian Empereur qu'ils dussent estre convenus premierement pardevant leurs Evêques, & si la cause par quelque occasion ne pouvoit y être terminée elle fût évoquée pardevant le Juge Lay *authentica Clericus* au même titre; ce qui a esté embrassé bien soigneusement & étendu par les Canonistes, & de privilege ont fait droit commun, & declaré que les Clercs *etiam* de leur volonté ne peuvent proroger la Jurisdiction du Juge Lay. Parce, disent ils, que c'est privilege octroyé à l'Ordre Clerical, auquel le particulier ne peut déroger *cap. si diligenti extrà de foro competenti*. On a excepté quand les Clercs negotient és affaires seculiers, que pour lesdites affaires, ils sont justiciables du Juge Lay *can. nullus* 2. & est tiré du Concile de Mâcon, *&c can. experientiæ* qui est de Pelage Pape XXI. 11. *quæst.* 1. & de même dit Eugene Pape *cap.* 2. *extrà. Ne Clerici vel Monachi*; & ainsi est observé en France. Mais quant aux crimes tres-atroces qui appartiennent grandement à l'exemple public, parce que les peines Ecclesiastiques sont douces & ne sont exemplaires, il est observé que le Clerc soit dégradé & déposé de son Ordre, puis livré és mains du Juge Lay pour faire mourir & exterminer de la societé des hommes, celui qui nuit à la conservation d'icelle societé, & afin de servir d'exemple & terreur. Les anciens Canons disent que l'Eglise doit requerir le secours des Juges Lays quand le Clerc a commis quelque crime qui requiert punition exemplaire par coërcion rigoureuse, *canone petimus* qui est tiré du Concile 3. de Carthage, *cap.* 38. 2. *quæst.* 1. *canone istud* qui est de saint Gregoire en la même question, Isidore au Canon *Principes* 23. *quæst.* 5. dit que les puissances seculieres sont necessaires à l'Eglise pour renforcer la discipline Ecclesiastique, afin que ce que le Prelat ne peut faire par exhortation de la Doctrine, le Magistrat seculier le fasse par terreur & correction; & audit Canon *petimus* est dit que le Clerc qui de gré n'obeyt à ses Superieurs Ecclesiastiques doit estre contraint par la puissance seculiere. Aussi se trouve en la conclusion du sixiéme Concile Oecumenique qui est le 3. de Constantinople, que l'Empereur en confirmant les Decrets du Concile ordonne la peine aux contrevenans tant Ecclesiastique que Lays, à sçavoir aux Evêques, Clercs & Moines la deportation, à ceux qui sont en dignité militaire la privation du cingule qui est la marque de la dignité avec proscription & aux personnes privées l'exil. Saint Gregoire en l'Epitre 46. livre 2. trouve bon que l'Evêque de Larisse en Grece faisant le procés à l'Evêque de Thebes son inferieur, accusé de crime fit adresse à l'Empereur. Nous lisons és saintes Ecritures que David a commandé à Abraham grand Sacerdote, comme aussi a fait Jesu Navé, Recteur du Peuple d'Israel. Vrai est qu'Innocent III. en sa Decretale entiere *in cap. sollicitæ extrà de majoritate & obedientia*, met certaine interpretation selon sa volonté pour abaisser la puissance temporelle & hausser l'Ecclesiastique.

Selon les raisons & autorités ci-dessus peut estre recueilli que l'union des trois Ordres du Peuple, compris les Ecclesiastiques, est necessaire pour la manutention de la Police publique, qu'il n'y ait qu'un seul commandement, sauf és cas de conscience & de la Foi & Doctrine Chrétienne, dont la connoissance appartient à l'Eglise, sauf aussi le privilege des Clercs en actions pures personnelles. Car en toutes actions reelles soient petitoires, hipotecaires, ou possessoires, *etiam* que ce soit vendication des choses meubles, soient actions mélées de personalité & realité, même celles esquelles on conclud par moyen réels le Juge d'Eglise, *etiam* entre personnes Ecclesiastiques soit en demandant ou en defendant, n'est & ne peut estre Juge competent & telle est l'usance des Loix de ce Royaume fondée sur les anciennes Loix du Decret, & sans avoir égard aux Constitutions des Papes faites même depuis cinquant'ans, qui ne peuvent lier les François, comme n'ayant esté faites eux oüys, & parce qu'elles sont contraires à l'ancien établissement de la Police universelle de la Chrétienté par aucuns Arrêts de Parlement. Selon ladite Loi de ce Royaume conforme à l'ancienne Loi universelle a esté jugé que l'Evêque n'est recevable à alleguer & moins encore à prouver qu'à cause de sa Jurisdiction Ecclesiastique il soit en possession de connoître des matieres réelles, comme l'on peut voir és decisions de Galli. Ce que dessus ne déroge en rien aux Jurisdictions temporelles qui appartiennent à l'Eglise esquelles ils ont tels droits qu'ont les autres Seigneurs temporels sous le Ressort mediat ou immediat de la Jurisdiction Royale, & à la charge de faire exercer

exercer leurdite Jurisdiction temporelle par personnes Laïcs. Aussi nous tenons en France que les Evêques & autres Ecclesiastiques, à cause de leur Jurisdiction Ecclesiastique n'ont aucun territoire & ne sont Juges ordinaires, ains Juges des privileges, qui fait que leur Jurisdiction ne peut estre prorogée, *etiam* de volonté. Et si aucun Laï avoit procedé volontairement & de gré en Cour d'Eglise pour affaire qui ne fût de la Jurisdiction Ecclesiastique, il peut se reavi ser quand bon lui semble & decliner à la charge de païer les dépens des procedures volontaires, comme a esté jugé par plusieurs Arrêts, même par un du 4. Janvier 1536. & un autre du Jeudi 21. Janvier 1551. ce qui est selon les Regles de Droit Civil, qui sont que le consentement des personnes privées ne peut faire Juge celui qui n'a point de Jurisdiction; & celui qui a Jurisdiction ne peut être accepté Juge par prorogation s'il n'a Jurisdiction de pareille qualité, comme celle qu'on veut lui attribuer *leg.* 1. *l. privatorum, cod. de jurisdictione omnium judicum*, *l. solemnis §. ult. ff. de judiciis.* En consequence de n'avoir territoire est observé que le Juge Ecclesiastique ne peut bannir, & le Jeudi 29. de Mai 1544. fut dit par Arrêt, mal & abusivement avoir procedé par l'Archevêque de Bourges qui avoit permis au Maître des Galeres de prendre en ses prisons un particulier son Clerc condamné pour délit, & fut l'Archevêque condamné à le retirer des Galeres. Aussi de ce que dessus dépend que le Juge d'Eglise n'a droit de prehension & capture de personne, sinon quand quelqu'un delinque par dedans les barreaux de son Pretoire qui est le lieu où il se sied pour l'expedition des causes. Car en ce cas il peut le faire prendre & mener prisonnier par son Appariteur. Ainsi fut jugé par Arrêt entre le Comte & l'Evêque de Nevers, au mois de Juin 1691. Cette capture & prehension au dedans du Pretoire n'est pas marque de Jurisdiction fonciere avec territoire, car les Juges delegués qui n'ont Jurisdiction ordinaire ni territoire, toutefois exercent Justice criminelle contre ceux qui ne font de leur delegation quand ils troublent leur Jurisdiction ou qu'ils delinquent au mépris d'icelle *cap.* 1. *extrà de officio delegati.* à quoi sert la decision de la Loi *nullum Cod. de testibus.* De prime face pourroit sembler que cette observance qui restraint le pouvoir de la Jurisdiction Ecclesiastique emportât subrogation & non liberté de l'Eglise. Mais par vrai effet c'est liberté. Car la principale fonction des Ecclesiastiques est de vivre en union & concorde avec le reste du Peuple, afin de maintenir en paix le tout, & comme dit saint Paul *omnia omnibus factus sum ut omnes Christo lucri facerem,* & ailleurs est dit *cum omnibus pacem habentes.* Aussi que c'est selon les anciens Decrets : car cette grande Grandeur au fait du temporel dont les Papes & autres Ecclesiastiques ont voulu se prevaloir depuis 500. ans, a rapporté le grand déreglement que nous voïons aujourd'hui en l'Eglse. Et s'il faut raisonner sur la commodité des Ecclesiastiques, il leur est plus aisé & facile & de moindre frais de plaider en Cour Laïe, qu'en Cour d'Eglise, car le stile de Cour d'Eglise est un vrai repertoire de longueur & brouillerie, témoin le Docteur qui dit que de son temps celui avoit beaucoup avancé sa cause qui en 30. ans l'avoit rendue contestée en la Cour de Rome. Et il est notoire que toutes les formalités & subtilités qui sont en la pratique judiciaire ont eu leur source du Droit Canon, & par le moïen de leurs Jurisdictions Laïes, les Ecclesiastiques ont moïen d'avoir Justice prompte en France sans estre sujets pour le dernier degré d'avoir des rescrits delegatoires à Rome, quand les causes selon la devolution legitime y doivent ressortir. Aussi puisque les Ecclesiastiques sont mêlés par union indissoluble avec le reste du Peuple, il est necessaire qu'ils soient jugez par mêmes Loix & par mêmes Juges : & puisque le Peuple de France est composé de trois Ordres & Etats, la raison est que les deux attirent à eux le troisiéme. Et telle est la regle en tous Corps & Colleges composez, que la majeure part attire à soi la moindre par le droit de prevalence *l. quod major ff. ad municipalem l. majorem ff. de pactis.* Et encore parce que tous heritages selon le premier établissement sont de condition laycale & n'ont pû estre transferés à l'Eglise, sinon avec leur premiere condition pour estre jugés par les Loix laycales & par Juges Lays, & je croi qu'il eût été mieux à propos de n'inserer point au Droit Canon ces mots, *que les Lais soient infestes & adversaires aux Clercs*, ni de les alleguer en consequence. Vrai est que lesdits mots sont écrits *in canonone Laïcos, canone non est, canone in sancta 2. quæst.* 7. Les Auteurs des susdits Canons sont Evariste & Eusebe Papes, qui tous deux estoient au temps de la grande persecution des Chrétiens, & en ce temps là les Laïs qui estoient non Chrétiens estoient de vrai infestes à l'Eglise & persecuteurs d'icelle : mais Boniface VIII. Pape l'a tiré plus en general *in capite clericus de immunitate Ecclesiar. in sexto.* Ledit Pape estoit infiniment desireux d'estre tenu seul Monarque spirituel & temporel, comme se connoît par la constitution extravagante *unam sanctam.* Au contraire de ce dit, les anciens Decrets ont trouvé bon quand les Prelats sont negligens à procurer ce qui est pour le bien de l'Eglise que l'on ait recours aux Rois *canone filiis 16. quæst. 7. Isidore in canone Principes 23. quæst.* 5. Jean VIII. Pape *in can. administratores*, & Pelage Pape *in canone de Liguribus* en la même question dit que les puissances seculieres sont necessaires à l'Eglise pour executer par la main ce qu'elles ne peuvent par la parole. Mais tant s'en faut que les Lays ayent esté adversaires aux Ecclesiastiques, qu'au contraire il se trouve que les Rois, Princes & autres Seigneurs Lays ont employé leurs vies, leurs fatigues & tous leurs moyens avec infinité de perils pour secourir l'Eglise en son affliction & quand elle en a eu besoin. Et presque tout le bien temporel de l'Eglise, même les Duchés, Comtés & Seigneuries ont esté aumônées à l'Eglise par les personnes layes. Car il est certain que l'Eglise de son vrai & ancien patrimoine n'a que les Dîmes & oblations; comme dit a esté, il n'y a chose qui conserve plus l'amitié & concorde entre plusieurs que quand tous vivent sous une même & seule Loi, *ad instar* de l'œconomie, comme il est dit és Pseaumes, *que Dieu est le vrai Auteur pour faire vivre plusieurs en une même maison sous une même Loi & usance.* Le devoir & l'honneur commande aux Ecclesiastiques qui sont la lumiere pour éclairer à tous de procurer par tous moiens à eux possibles, l'union & concorde, *etiam* en s'abaissant & laissant décheoir aucuns de leurs droits. Ainsi a fait Jesus-Christ, ainsi ont fait les Apôtres, ainsi ont fait les Evêques, Martirs & Docteurs, ainsi dit saint Paul qui s'est fait estre de toutes sortes envers toutes personnes pour les gagner à Jesus-Christ. L'experience a fait connoître & ainsi le témoigne Sabellique en son Histoire livre premier, Enneade 9. que tant que les Rois de France ou Empereurs ont commandé en icelle en Italie, ils ont esté respectés par les Papes & par tous les Ecclesiastiques & l'Eglise a fleuri. C'est le temps auquel les Papes estoient élûs selon la volonté des Empereurs, & les Evêques investis par les Empereurs François. Et au méme livre il dit quand l'Empire des François commença à decliner que l'exercice de la Prêtrise & la connoissance des bonnes lettres cesserent & ne demeura rien de bien. Ce même temps qui commença environ l'an 900. aprés l'Incarnation de Nôtre-Seigneur & dura environ 150. ans, produisit environ cinquante Papes au nombre desquels s'en trouverent seulement quatre ou cinq vertueux, & les autres extremement vicieux, scandaleux, entrés par la fenêtre, & à la suite dudit temps vint cette lamentable division entre le Pape & les Empereurs qui a produit une infinité de maux, même ces funestes factions des Guelphes & des Gibellins. C'est donc une honnête liberté de l'Eglise de France d'estre en bonne union avec son Roi, en le respectant & honorant, en obeïssant aux Loix qu'il fait pour le bien & repos de tout son peuple, tant Ecclesiastique que laycal : même aux Loix que le Roi fait aprés s'estre communiqué & fait familier à son peuple par la convocation des Etats esquels sont compris les Ecclesiastiques.

Comme il a esté dit tant que les Ecclesiastiques ont respecté les Empereurs & les Rois, & ont observé leurs Loix, même que les Papes ont esté appellez avec l'approbation des Empereurs François, les Evêques approuvez & investis par les Rois François, l'Eglise a esté en sa grande splendeur. Depuis que l'on est entré en division qui a commencé quand l'Empire a esté transferé en Allemagne. Quand d'une part les Empereurs d'Allemagne, d'autre part les Nobles & Peuple de Rome, d'autre part le Clergé de Rome ont voulu tirer chacun de sa part ce droit d'élire les Papes, ce grand scandale est avenu à l'Eglise de grand nombre de Papes vicieux; ce droit d'élire ou approuver le Pape & investir les Evêques par les Empereurs & Rois de France ne fut pas usurpé par eux, ains leur fut concedé en Concile de 150. Peres assemblés à Rome en la personne de Charles le Grand Roi de France, comme il est rapporté *in canone Adrianus* 2. *dist.* 73. Auparavant & quand les Empereurs Grecs commandoient en Italie, ils y avoient ce droit qu'ils y exerçoient tout par eux ou par Exarques qui étoient comme leurs Lieutenans en Italie. De cette concession dépend le droit de Regale dont usent encore aujourd'hui les Rois de France, n'ont pas pour avoir entrepris d'élire les Evêques ni de les confirmer, ains seulement d'approuver leur élection & confirmation, & ce faisant les investir & recevoir d'eux le serment de fidelité, avant qu'ils soient consacrez. Ce serment de fidelité est prêté par l'Evêque au Roi, avec cette ceremonie que l'Evêque a la main droite sur les livres des saints Evangiles, & la senestre sur la poitrine, auquel serment estant reçû, il se dit estre investi. La concession faite à Charles le Grand, n'estoit pas privilege ni droit nouveau; car dés le temps que les Empereurs tenoient leur Siege à Constantinople, & commandoient à toute la Chretienté même en Italie; le Pape de Rome n'estoit reçû ni reconnu sinon aprés que l'Empereur l'avoit approuvé & eu pour agreable; aussi les Evêques ne pouvoient estre ordinez ni consacrez jusques à ce qu'ils fussent agréez par les Empereurs, comme il est rapporté par Pelage Pape de l'Archevêque de Milan, *in can. non vos* 23. *quæst.* 5. c'estoit du temps de Justin Empereur, environ l'an 150. aprés l'Incarnation de Jesus Christ, & audit Canon est recité combien que les chemins fussent perilleux, estant toute l'Italie remplie d'armées étrangeres; toutefois les Evêques suffragans de la Province de Milan, differerent de consacrer celui qui estoit élû Archevêque jusques à ce que l'Empereur l'eût approuvé comme il plût à Dieu que l'Eglise de Rome se trouva pourvûë de Papes de valeur, & que l'Eglise universelle reprit son ancienne vigueur par la survenuë de plusieurs Ordres Monastiques qui fut environ le commencement du tiers grand an aprés l'Incarnation de Nôtre-Seigneur; il avint aussi selon la condition de nature humaine qui retient en soi beaucoup du vieil Adam, que les Papes se voyans honorez & respectez comme leur dignité merite, se hausserent au faiste de la Domination temporelle, dont l'appercevance fut plus grande au temps du Pape Gregoire VII. Hildebrand auparavant; c'estoit environ l'an 1070. ledit Gregoire s'anima contre Henri IV. Empereur pour le fait du Papat & de l'investiture des Evêques. Cette entreprise fut non seulement par les armes spirituelles qui sont les excommunications : mais aussi par les armes temporelles de la guerre, avec main armée, en excitant & exhortant les Princes & Seigneurs d'Allemagne de faire la guerre audit Henri Empereur, dont furent produites plusieurs tragedies reconnuës par les Historiens de France, le fait de l'investiture des Evêques à faire par le Roi, s'est conduit plus gracieusement; aussi nos Rois tres-Chrétiens ont toûjours esté devots, affectionnez & officieux envers l'Eglise Romaine & par connivence sans obligation de sujettion, ont enduré en leur Royaume beaucoup de choses éloignées de l'ancienne integrité de l'Eglise, en ce qui est de la police d'icelle, & se sont comportez plus gracieusement que les Allemands. Et quand nos Rois ont connu que cét abaissement & diminution de l'integrité de l'Eglise pour la police estoit de même, ils y ont pourvû le mieux qu'ils ont pû en retablissant & mettant en usage les anciens Decrets; & quant à ces nouvelles inventions de Cour de Rome qui toutes sont pecuniaires, ils ont connivé & dissimulé sur aucunes, & les autres ont esté du tout rejettées, c'est le principal sujet & théme de ce livre qui traite des Libertez de l'Eglise de France.

Pour revenir au fait de la Regale excitée en France est à ramentevoir qu'aprés l'Empire d'Occident transferé à l'Empire d'Allemagne, les Empereurs faisoient l'investiture des Evêques par la tradition de l'anneau & du bâton. L'anneau est une ancienne marque de mariage, le mariage est spirituel entre le Pasteur & son Eglise, le bâton, c'est le bâton Pastoral qui est la Croce de laquelle est un vers ancien Latin,

Attrahe per summum, medio Rege, punge per imum.

Car le bout d'en haut est courbe, & au bout d'en bas est une pointe de fer. Nos Rois y ont procedé avec une grande discretion & respect. L'anneau & le bâton Pastoral sont les marques de puissance spirituelle, & plus proprement doivent estre baillés lors de la consecration laquelle consecration par necessité doit estre faite par autres Evêques de la même Province, & est la vraïe imposition des mains pour recevoir par l'Evéque nouveau le don du Saint Esprit. Aussi ladite consecration doit estre faite à l'heure de Tierce qui est l'heure de l'arrivée du Saint Esprit sur les Apôtres. Nos Rois par la Regale ne touchent à ce qui est pur spirituel, comme sont l'élection, la confirmation, & consecration qui autrement est dite ordination. La ceremonie de l'investiture & serment de fidelité, est aprés la confirmation & avant la consecration, & du tout separée, & se rapporte à ce qui est dit esdits Canons *Adrianus*. L'execution du droit de Regale est telle en France que quand l'Evéché est vacant, de fait ou de droit ou tous les deux cas ensemble, la Regale se dit estre ouverte, comme si l'Evêque meurt, si canoniquement il se démet de son Evéché, ou s'il accepte autre Benefice incompatible, dont un cas est s'il accepte un titre de Cardinal de l'Eglise Romaine, ou s'il commet aucun cas ou crime par lequel son Evéché soit vacant *ipso jure*. Cette ouverture est *ad instar* de l'ouverture du fief par la mutation du vassal: car délors de l'ouverture de la Regale, le Roi commence à faire siens & gagner les fruits de l'Evéché, & s'entend des fruits qui ont quelque correspondance au fait temporel comme joüissance des Seigneuries, des redevances des heritages qui sont en domaine, la collation des Officiers seculiers, & encore la collation des Benefices; car selon la doctrine des Canonistes, la collation ou presentation des Benefices est comptée au rang des fruits. Toutefois les Rois se sont abstenus de conferer les Eglises Paroissiales vacantes; & à bon droit, car selon l'ancien établissement de l'Eglise, c'estoit une même & seule expedition de conferer l'Ordre de Prêtrise qui s'appelle ordination, & bailler au Prêtre son titre qui est à dire une Paroissiale ou Paroisse pour la servir; ainsi en effet conferer une Eglise Paroissiale est de l'Ordre Episcopal, & ne peut appartenir à autre qu'à un Evêque *cap. aqua extrà de consecratione Ecclesiæ vel altaris*. Et par observance le Roi ne prend le revenu pur spirituel comme est l'enrollement du seel Episcopal. Le Roi durant la Regale confere *pleno jure*, les autres Benefices estans à la collation des Evêques comme Prebendes, Chapelles, Dignitez & autres tels. Que si la presentation du Benefice appartenoit à personne Ecclesiastique autre que l'Evêque, & la collation & institution appartint à l'Evêque, le Roi ne s'y entremettroit pas; car telle collation qui est forcée & involontaire, n'est pas comptée *in fructu* & n'est pas bienfait du Collateur ains est au presentateur, ainsi dit la Loi civile en pareille raison, *l. unum §. de Falcid. ad ff. de legatis 2. l. proxima ff. de ritu nuptiarum*; aussi telle collation faite sur la presentation du Patron est censée de Jurisdiction, & peut estre expediée par le chap. *sede vacante*, jaçoit que le chapitre ne fasse les fruits siens, par consequent ne confere lesdits Benefices *pleno jure c. p. 1. de institutionib. in sexto*. Ce droit de Regale dure jusques à ce que le nouvel Evêque ait prêté au Roi le serment de fidelité, & que les Lettres de main-levée que le Roi octroïe aïent esté verifiées en la Chambre des Comptes, & envoïées aux Officiers sur les lieux; ainsi fut jugé par Arrêt en la Regale de Meaux contre du Tillet, le 19. Juin 1567. & par le même Arrêt fut jugé que les fruits de l'Evéché appartiennent & doivent estre divisez entre le Roi & le nouvel Evêque *pro rata temporis* que la Regale a esté ouverte. Cela ramentu quand le Roi confere un Benefice en Regale qu'il le confere *pleno jure*, & que le seul Parlement de Paris qui est l'ancien Parlement connoisse des differents qui surviennent au fait de la Regale, & en premiere instance privativement à tous autres; les Papes Gregoire VII. Paschal II. Alexandre II. & autres aprés eux ont essaïé d'abolir ce droit de Regale par leurs Constitutions, comme en plusieurs autres cas, ils ont voulu supplanter l'autorité des Empereurs, Rois & Seigneurs temporels, *canone si quis deinceps*, *canone si quis Clericus*, *canone per laicos 16. qu. 7.* ledit Paschal II. audit Canon *si quis Clericus* allegue pour Auteur le Concile d'Antioche, mais l'annotation qui est en l'émendation Gregorienne dit qu'il n'y a rien audit Concile, seulement il dit que le droit Ecclesiastique sera gardé és élections des Evêques, & ce droit de Regale ne fait rien à l'élection; car comme dit est, quand les élections estoient en vigueur, le serment de fidelité n'estoit prêté qu'aprés l'élection & confirmation; mais avant la consecration. Les concordats de l'an 1516. ont bien pis fait, car ils ont donné au Roi la nomination qui a effet d'élection & le droit d'investiture qui emporte ledit serment de fidelité & a esté le droit de

Regale octroyé au Roi de France en Concile, comme il est dit ausdits Canons *Adrianus*, & pour recompense de tres-excellents merites envers l'Eglise, car Charles le grand extermina les Lombards, détruisit leur domination & en délivra tant la Ville de Rome, que le reste de l'Italie qui en avoient esté oppressez & tiranniquement vexez par plus de deux cent ans avant Charlemagne; outre le témoignage des histoires, on le peut connoître par les Epîtres de Saint Gregoire qui estoit deux cens ans avant Charlemagne. Ce droit ainsi octroyé n'a pû estre osté aux Rois de France sans leur consentement, & pour le moins sans les oüir en Jugement legitime l'autre Canon allegué ci-dessus qui se commencé *per Laicos* est intitulé d'Alexandre premier du nom, ce qui ne peut estre, car ledit Pape estoit du temps de Hadrian Empereur au fort de la persecution de l'Eglise: & en ce temps là les Benefices de l'Eglise estoient les afflictionsdes corps, les tourmens & la mort, il n'y avoit pas presse ny ambition à les demander ce qui fait croire que ledit Canon est d'Alexandre II. du nom qui estoit prochain Predecesseur de Gregoire Pape VII. du nom. Et sur ce est à considerer que ce droit d'investiture & approbation des Evéques par les Empereurs & les Rois n'estoit pas chose nouvelle en la Chrestienté au temps dudit Charlemagne Roy de France. Car * comme il a esté dit cy dessus quand les Empereurs Chrestiens commandoient à toute la Chrestienté, il en usoient tant à l'égard des Papes que des Evéques: Ainsi est témoigné par Saint Gregoire en l'Epitre neufviéme, livre quatriéme, où il parle de l'Archevêque de Ravenne, & en l'Epitre 15. où il parle de l'Evêque de Justiniane, & par Pelage Pape *in canone non vos 24. qu. 5.* & quand la loy seroit à faire, il seroit tres à propos qu'elle fut faite, car les Papes & les Evéques ayant commandement sur le peuple au fait des consciences & de la foy Chrestienne, il estoit bien-seant, afin que mieux ils fussent obeys par le peuple, que leur authorité fut authorisée par le Souverain en la domination temporelle, & encore parce qu'es Eslections des Papes & des Evéques se faisoient par le Clergé avec le peuple survenoient bien-souvent des brigues, menées & seditions (car comme dit a esté, on connoît par les Epitres de Saint Gregoire en divers lieux, que le peuple & le Clergé élisoient l'Evéque.) Pourquoi il estoit bien-seant que l'authorité du Souverain fut employée. Ammian Marcellin qui a écrit l'histoire Romaine de son temps qui estoit au temps de Constance, Julian, & Valentinian Empereurs, dit qu'en l'Election du Pape fut si grande sedition à Rome, si furieuse & sanglante que le Prefect & Gouverneur de Rome, fut contraint baisser la teste, n'ayans assez de forces militaires pour reprimer la sedition; les competiteurs estoient Damase & Ursicin, enfin Damase demeura Pape, & bienseant de croire qu'il n'estoit Autheur ny consentant à la sedition: car il est mis au Catalogue des Saints Confesseurs, & Saint Jérôme en ses Epitres, luy donne témoignage de sainteté & integrité. Toûjours depuis jusques au temps de Saint Gregoire les Papes elûs n'administroient jusques à ce qu'ils eussent esté approuvez par les Empereurs. Leon Pape IV. du nom *in canone Reatina distinct. 63.* prie les Empereurs Lothaire & Loüis qu'il leur plaise luy octroyer l'Eglise de Ravenne Cathedralle à Colon élû Evéque pour Saint Gregoire, l'ont peut recueillir que luy élû Pape fut confirmé par Maurice Empereur; Le Pape Innocent III. és Decretales entieres des Chapitres *quod sicut* & Chapitre *cum dilectus extrà de electione*, dit qu'aprés l'élection, les Evéques doivent recevoir les droits de Régale des mains des Rois, & aprés estre consacrez: à quoy se rapporte ce qui est dit par Celestin Pape III. du nom, *in capite cum terra*, au même titre. Cette investiture, approbation & serment de fidelité, n'est pas le titre en vertu duquel les Evéques se disent Evêques; c'est l'élection & confirmation. Mais qu'ils ont commandement sur les ames des sujets du Roy, & que les Saintes Ecritures commandent à tous d'obeïr aux Roys & aux Magistrats seculiers en y comprenant le Clergé, il est bien à propos que les Evéques prêtent serment au Roy, de luy estre fideles & de n'exercer leur authorité Episcopale au preiudice de la superiorité du Roy. Car les Predications, les Confessions & les avertissemens que les Ecclesiastiques peuvent faire en y employant les Passages de la Sainte Ecriture, sont pour aider ou nuire à l'obeyssance que les Sujets doivent à leur Roi. Quand l'ame du Pasteur est perverse, il peut détourner l'Ecriture qui de soy est Sainte, en mauvaise intelligence, & sous ce pretexte abuser les consciences des simples, comme ont fait les Heretiques. Et comme le Roy à son Sacre preste Serment és mains des Pairs de France Ecclesiastiques & Lays (ce Serment est presté par le Roy, & jamais par aprés il n'en preste d'autre,) qui est d'estre Protecteur de la Foy & de l'Eglise, & de faire Justice à son peuple; il est bien-seant aussi pour de plus representer le grand & indissoluble lien qui est & doit estre entre le Roy & tout son peuple, y compris les Ecclesiastiques, que les Evéques nouvellement arrivez à leurs Charges prestent Serment au Roy de luy estre fideles, sans avoir égard à la constitution d'Innocent III. Pape, *in Cap. Minus extrà de Jurejurando* & autres faites par les Papes qui ont voulû bâtir une Monarchie separée. Aussi les Evéques de France ont des Duchez, Comtez, Baronnies, & autres Seigneuries temporelles, avec Justice & plusieurs droits dommaniaux sans Justice, qui autrefois ont esté mouvans de la Couronne, immediatement ou immediatement, soit en fief ou en roture, & s'ils ne font pour raison desdits biens le Service ou personnel ou de bourse à la Couronne & l'Estat, c'est par exemption & grace d'amortissement que le Roy leur a fait, & doivent recon-

** Greg. 7. essaye par tout moyen tant Ecclesiastiques cōme sont les excōmunications contre l'Empereur Henri, que par guerre ausquelles il excita les Princes d'allemagne d'abolir ce droit d'investiture, même aprés avoir excōmunié & deposé led. Henry procura l'election de Rodolphe de Saxe en son lieu & predit publiquemēt que le faux Empereur mouroit dedans l'an, il entendoit de Henry I. mais l'evenemēt fut de Rodolphe, qui fut vaincu & tué en bataille en l'an 1081. J'ay lu en une Chronique ecrite à la main qui finit en l'an 1323. que ledit Gregoire 7. étant refugié à Salerne proche de la mort appella à luy Jean Cardinal qui luy estoit fort familier, & lui confessa qu'il avoit grandemēt failly en la Charge de Pasteur, par persuasion du Diable, en excitant si grandes dissentions, & qu'il avoit publié la Sentence pour le bien de la Chrestienté, & envoya ledit Cardinal à l'Empereur, & à la Cour Romaine pour avoir Indulgence.*

noistre au Roy ce bien-fait : S'ils ont Justice elle est necessairement du Ressort & Superiorité du Roy, soit és Parlemens ou pardevant les Juges Royaux, Chefs de Provinces, & s'ils n'ont Justice leursdits heritages & droits sont en la Justice du Roy ou des Seigneurs inferieurs au Roy, & estans sujets de la Justice du Roy, ils doivent par le Serment de fidelité reconnoître la superiorité du Roy. Ce Serment de fidelité est une forme exterieure qui n'ajoûte rien à la validité du titre Episcopal en sa vraye essence & n'est pas pour donner puissance aux Evéques en ce qui est pur spirituel, ains est une simple approbation, sans laquelle l'Evêque nul ne peut parvenir à la Consecration, puisque le Roy à cause de sa Couronne est Protecteur & Conservateur des Eglises de son Royaume, qui est l'un des Sermens qu'il preste à son Sacre ; c'est bien raison que les Evéques qui sont Chefs des Eglises, reconnoissent cette protection par quelque devoir. Le Roy est Souverain & General Protecteur des Eglises de son Royaume ; aussi plusieurs Seigneurs sous la Souveraineté du Roy sont Gardiens, Vidames, Avoüés ou Avocats, Prevosts, ou par autre titre Protecteurs d'aucunes Eglises particulieres, & tiennent ces droits en fief du Roi hereditairement, comme *verbi gratia*, la Maison de Nevers à le droit de garde gardienne de l'Abbaye de Vezelay au Diocese d'Authun, & sur les Reglemens dudit droit il y eut Jugement du Pape Innocent III. daté *Laterani* le deuxiéme jour avant les Ides d'Avril, l'an 1213. l'an de son Pontificat 16. & depuis confirmé par traité entre le Comte de Nevers & l'Abbé & Religieux, en presence du Roy Loüis l'an 1233. Comme aussi à ladite Maison de Nevers appartient la garde du Prieuré de la Charité Ordre de Cluni Diocese d'Auxerre, dont il y a approbation faite Par le Roy Saint Loüis aprés la Sentence arbitrale sur ce donnée par Guerin Evêque de Senlis, Chancelier de France en l'an 1224. comme aussi luy appartient la garde des Abbayes, Saint Martin de Nevers, de Nôtre-Dame de Nevers, de Saint Leonard lés Corbigny, de Roches, de Bellevaulx & de plusieurs autres Eglises. Toutefois les Rois par prerogatives ont eû seuls les gardes des Eglises Cathedrales de leur Royaume, & quand ils donnent en appanage à leurs enfans ou à leurs freres aucune Cité Episcopale avec tous droits de Seigneurie, ils reservent par exprés les gardes des Eglises Cathedrales, comme droit pur Royal : Ainsi est contenu en l'Appanage fait par le Roy Charles IX. à ses Freres Henry & François, le septiéme Fevrier 1566. Et puisque les Ecclesiastiques ont besoin de protection par la main forte des Seigneurs temporels ; c'est une partie de leur liberté qu'ils reconnoissent le Roy pour leur Protecteur & deffenseur, avec le Serment de fidelité afin que l'obligation soit reciproque. De ce que dessus dépend le droit des amortissemens dont a esté parlé ci-dessus qui est tel que les Eglises & autres Corps & Communautez qui ne meurent point, & par mot vulgaire de pratique sont dits gens de main-morte, ne peuvent acquerir, accepter ny retenir Seigneuries, heritages, & autres biens temporels sans la permission du Roy, ce qui s'appelle amortissement, parce que comme dit a esté cy-devant, tous biens temporels du Royaume sont sujets à l'entretenement de l'etat, soit pour faire service en personne Nobles, ou faire service par la bourse comme les Roturiers. Les Ecclesiastiques selon leur privilege ne sont sujets au service personnel & son exempts des contributions qui se font en deniers ou especes qu'on appelle subsides. A cette cause selon les anciennes loix de ce Royaume le Procureur du Roy peut contraindre les gens de main-morte de vuider leur mains desdits heritages & les remettre és mains des Nobles ou Roturiers qui font service & secours à l'état de leurs personnes ou de leurs biens. Pour octroyer cét amortissement, le Roy prend quelquefois finance selon qu'elle est arbitrée en la Chambre des Comptes, ou bien l'octroie gratuitement & en aumône ; telles lettres d'amortissement sont expediées en forme de Charte ; c'est à dire qu'elles sont scellées de cire verte ; le seel sur laïs de soye rouge & verte sous la seule datte du mois sans y mettre le jour, & sur le reply est écrit ce mot *visa* de la main du Chancelier & au dessous est écrit ce mot *Contentor*, avec le nom & seing du grand Audiancier de France, & qui est celui qui reçoit la finance provenante de l'émolument du seel des lettres de la Chancelerie de France ; Cette permission du Roy seule suffit quand l'heritage est mouvant immediatement du Roi en fief ou roture, ou quand il est allodial ; mais si l'heritage est tenu mouvant d'autre Seigneur à titre de fief sans autre redevance emportant Seigneurie directe, le Seigneur direct peut contraindre precisement l'Eglise de vuider ses mains, & mettre és mains d'homme vivant & mourant pour par le Seigneur prendre ses droits en cas de mutation & alienation, & à faute que l'Eglise n'en vuide ses mains dédans l'an faire saisir l'heritage & en gagner les fruits par le Seigneur : mais si le Seigneur direct temporise & endure la joüissance de l'Eglise par quelque temps, il ne peut plus contraindre l'Eglise precisément à en vuider ses mains, ains seulement de bailler indemnité qui ordinairement est telle qu'on baille un homme qui est comme Vicaire ou Substitut, par le decés duquel homme le Seigneur prend le revenu d'un an de l'heritage ou une somme de deniers qui luy est accordée. Cela s'appelle indemnité parce que l'Eglise ne meurt point & n'aliene point, qui fait que les Seigneurs n'ont aucune attente des parties casuelles pour autant de temps que l'Eglise tient les heritages ; ores que le Seigneur direct immediat ait composé avec l'Eglise pour son interêt, neanmoins l'Eglise peut être contrainte par le Procureur du Roi de vuider ses mains ou d'amortir & payer finance à cause de l'interêt public de l'Estat, d'autant que le service qui est d'eût par les heritages au public est affoibly d'autant. En aucunes Provinces les Seigneurs hauts Justiciers ; ores qu'il ne soient Seigneurs directs, Feodaux ou Censiers prennent indemnité sur l'Eglise sous le pretexte que l'Eglise ne confisque point & que le

Seigneur à cause de sa Haute-Justice ne peut recevoir aucun profit de confiscation qui est le principal profit de la Haute-Justice ; ce qui semble n'estre aucunement raisonnable car l'attente de tel profit est omineuse & pleine de tristes pensées & tendente à fâcheux évenement, les Loix civiles ont eu en horreur telles considerations *l. inter stipulantem §. sacram ff. de verborum obligationib. l. cum tale in principio ff. de condit. & demonstrationibus.* Quelques Papes durant ce tres-grand an, ont voulu condamner ce droit du Roi & des Seigneurs par quelques Constitutions disant que ce droit altere l'immunité & liberté de l'Eglise comme dit Alexandre IV. *in cap.* 1. & Boniface VIII. *in cap. Clericus de immunitate Ecclesiarum in sexto.* Mais Clement V. en la Clementine *quoniam* au même titre revoque lesdites Constitutions disant que plusieurs scandales en estoient avenus, & reserve seulement les exemptions de l'Eglise declarées és Conciles de Latran sous Alexandre III. & Innocent III. Mais aussi bien les Papes ne peuvent-ils par leurs Constitutions ôter ou affoiblir les droits domoniaux des Seigneurs, parce qu'ils n'ont aucune puissance sur iceux, & à bien prendre ce droit du Roi & des Seigneurs ne viole aucunement l'immunité & liberté de l'Eglise ; car selon son ancien établissement elle pouvoit se contenter des Dîmes & oblations qui est son vrai patrimoine exempt de toutes charges, ainsi qu'il fut statué au Concile de Vvormes rapporté *in cap.* 1. *extrà de censibus & in canone sancitum* 23. *quæst.* 8. & audit Concile fut statué que pour les autres biens temporels que l'Eglise a horsmis son principal mans & tenement, l'Eglise contribueroit aux charges dûës envers les Seigneurs ; ce qui est de tant plus raisonnable quand l'Eglise acquiert des mains des laïs qui estoient sujets ausdites charges, autrement l'Eglise feroit tort aux Seigneurs en diminuant leurs droits, feroit tort aussi au reste du peuple qui par cette occasion seroit plus foulé. Le même se dit du fisque quand il succede à une personne privée, soit par confiscation à cause du delit ou prenant les biens vacans, *l. fiscus ff. de jure fisci l. via §. si fundus ff. de servit. rustic. prædiorum*, ou bien si l'Eglise ne veut pas païer l'indemnité elle doit se passer de l'heritage & le mettre hors de ses mains. Les Ecclesiastiques doivent faire exemple au reste du peuple & par paroles en prêchant & par faits en faisant ce qui est juste à faire, car les tributs & les droits Seigneuriaux sont dûs.

L'autre chef des Libertés de l'Eglise de France conjointes avec l'autorité du Roi & soulagement du Peuple par bonne union est que, *etiam* és matieres pures spirituelles & qui de soi sont de la connoissance du Juge d'Eglise, nul n'est tenu d'aller plaider hors le détroit du Parlement auquel il est sujet. En France sont plusieurs Evéchés dont les territoires s'étendent en divers Parlemens, comme Authun, Langres, Limoges, Roüen ; ou bien en une Province quelques Evéchés sujets au même Archevêque se trouveront de divers Parlemens, Poitiers est au Parlement de Paris, comme aussi Angoulême ; leur Metropolitain est l'Archevéque de Bordeaux en autre Parlement. Lion est au Parlement de Paris, & lesdits Evéchés sont au Parlement de Tolose & Guienne, Tolose & Narbonne Archevéchés au Parlement de Tolose, sont sous la Primatie de Bourges, Roüen, qui est chef du Parlement de Normandie est sous la Primatie de Lion, comme aussi l'Archevéché de Tours est de la même Primatie, & sur la Province de Tours, sont les neuf Evéchés de Bretagne, qui sont au Parlement de Bretagne selon les Loix de ce Roïaume. Si en la partie de l'Evéché d'Authun qui est en Nivernois & du Parlement de Paris, on a à plaider contre un Prêtre, le demandeur ne s'adressa pardevant l'Official de l'Evéque d'Authun à Authun, mais doit l'Evéque d'Authun deleguer un Official pour le détroit de son Evéché qui est en Nivernois. De même s'il y a appel de l'Official de Poitiers, l'Archevéque de Bordeaux Metropolitain sera tenu de deleguer un Official en Poitou pour connoître de la cause d'appel, & de même l'Archevéque Primat de Bourges doit deleguer Official de la Province de la Primatie au dedans le ressort du Parlement de Tolose, pour les appellations venans de l'Official Metropolitain de Narbonne & de Tolose. Les Cours de Parlement contraignent les Evéques, Archevéques & Primats à ce faire par saisie de leur temporel qui est la coërtion par laquelle les Cours de Parlement contraignent les Evéques à observer les libertés de l'Eglise de France & la police du Roïaume. La raison de ce Reglement est que les Parlemens ont été établis par les Rois à la solicitation des sujets des Provinces pour leur soulagement & comme par forme de contrats entre le Roi & son Peuple, & és causes spirituelles peuvent intervenir plusieurs cas esquels est besoin aux parties d'avoir recours aux Parlemens, même quand on veut avoir raison des entreprises que les Ecclesiastiques font sur la Jurisdiction laïc & au prejudice des droits du Roi & de ses Sujets. Car les Parlemens sont établis pour conserver tous les droits des Eglises, que les droits du Roi & du Peuple, chacun desdits Parlemens representans la Majesté du Roi seant en son Lit de Justice. Ce remede ne déroge en rien à l'autorité des Evêques, Archevéques & Primats, parce que c'est leur profession : Ils doivent desirer la commodité du Peuple qui est commis à leur charge plûtôt que la manutention de leur grandeur, à l'imitation du bon Pape saint Gregoire qui estant Souverain en l'Eglise a le premier pris le titre de Serviteur des Serviteurs de Dieu, & de tous les Papes, ses Successeurs ont continué cette intitulation en tous leurs rescrits. Ainsi la Justice n'est plus dite Justice quand elle est difficile à recouvrer.

L'autre droit du Roi & de sa Jurisdiction és affaires d'Eglise à cause de l'union susdite & qui doit estre censée au rang des libertés de l'Eglise, est qu'aux seuls Juges Roïaux appartient de connoître & juger des causes possessoires pour les droits Ecclesiastiques, soient de Benenefices, soient de biens, soient de tous autres droits spirituels esquels y a fondement pour y maintenir possession, ou quasi possession ; en sorte que les Juges Ecclesiastiques n'ont aucun droit de connoître des causes possessoires. *Imò*, les Evêques ne sont recevables à alleguer & moins à prouver qu'ils soient en possession d'en connoître à cause de leur Jurisdiction spirituelle. Ainsi a esté jugé plusieurs fois par Arrêt du Parlement, Galli en la question 4. de l'ancienne Edition en recite un Arrêt, & autre Arrêt fut donné du Lundi deuxiéme Février 1543. même lesdits Juges d'Eglise ne peuvent connoître du petitoire desdites matieres beneficiales & spirituelles, dont la connoissance leur appartient jusques à ce que le possessoire ait esté non seulement jugé, mais aussi executé tant en principal qu'en accessoire des fonds, dépens, dommages & interêts. Ce qui est general en France non seulement és matieres Ecclesiastiques, mais aussi és causes profanes. Vrai est qu'il seroit bien seant de ne plaider point esdites matieres beneficiales, comme sera dit ci-aprés. Quant à present puisque l'usage de plaider y est, il est bien à propos que ce droit soit observé, car la possession n'est plus de fait que de droit, & ce qui est de realité & mainmise doit estre jugé & executé par les Ministres des Justices laïcs, puisque les Ecclesiastiques n'ont aucun droit & puissance de mainmise. Suivant ce est la Constitution du Pape Martin transcrite en la premiere decision de Guido Pape, par laquelle il confirme & approuve cette usance. Vrai est qu'on pourra dire qu'au possessoire des Benefices on traite plus du droit & titre, que du fait nud de la possession. Ce qui est vrai : Car la possession du Benefice Ecclesiastique ne peut estre sans titre Canonique, lequel titre justifie & est le fondement de la possession *cap. 1. de regulis juris in sexto*. mais le sequestre qui est ordinaire és matieres possessoires selon l'ancien stile de France & la recreance pendant le procés pour celui qui a le plus apparent droit, nonobstant l'appel & l'execution de tels jugemens, consistent en realité & mainmise, & ne peuvent bonnement avoir leur effet par l'autorité des Juges d'Eglise, qui n'ont aucune execution de realité, mais seulement l'excommunication suspension *à divinis*. Bref puis qu'ainsi est qu'on en plaide & que l'affaire ne se termine pas selon l'ancienne simplicité & integrité, les Juges Laïs en doivent connoître ; car selon qu'il a esté dit ci-dessus, c'est opprobre aux Clercs d'être bien intelligens en matiere de plaiderie.

La méme suite est observée en France, que les Juges Ecclesiastiques ne peuvent connoître d'aucune action réelle, ni *etiam* personnelle mixte, quand les moïens de conclure sont réels, ores qu'il soit question d'heritages és biens Ecclesiastiques & entre personnes Ecclesiastiques ; ce qui dépend de l'autre Regle observée en France, que les Evêques & autres Prelats n'ont aucun petitoire à cause de leur Jurisdiction ecclesiastique, & semble estre prouvé *in l. Episcopale Cod. de Episcopali audientia*. Les Canonistes ont tenu l'opinion contraire *in cap. cum Episcopos de offic. ordinarii in 6.* où il est dit que l'Evéque, comme ayant Jurisdiction ordinaire peut seoir en Tribunal en tel endroit qu'il lui plaît de son Diocese. Aussi est observé en France, que si la question des biens venoit incidemment à une question principale pure spirituelle, comme de mariage ou de legitimité d'enfans, le Juge d'Eglise pourtant ne connoîtroit de la dot ni de l'heredité ou autres biens ; ce qui est reconnu estre raisonnable par Alexandre III. Pape *in cap. causam extrà qui filii sint legitimi* ; & par ledit chapitre il revoque la clause de sa delegation qui portoit pouvoir de connoître des biens : mais Clement III. Pape *in cap. de prudentia extrà de donationibus inter virum & uxorem*, dit que le Juge d'Eglise, qui connoît de mariage, peut connoître de la dot, comme estant question incidente ; ce que nous n'avons pas reçû en France. Quand nous parlons d'action réelle, nous entendons *etiam*, qu'il fût question des meubles, ou par revendication ou par hipoteque comme en meubles estans en une maison baillée à loüage. Or ainsi fut jugé par Arrêt le mardi 5. Avril avant Pâques 1551. sur un appel comme d'abus interjetté sur le champ par le Procureur General du Roi ; la question estoit entre deux Prestres pour l'hipoteque tacite des meubles à cause du loüage d'une chambre.

Sur ce propos est à sçavoir que l'un des droits du Roi comme protecteur de tout son peuple, auquel sont compris les Ecclesiastiques, qui par union sont portion de ce Corps politique, est que les Cours de Parlement, par la voïe des appellations comme d'abus, & les Juges Roïaux par la voïe d'inhibitions & défenses aprés la cause sommairement connuë, empêchent & reforment les entreprises que font les Prelats & Juges Ecclesiastiques sur la Jurisdiction laïcale & contre les saints Decrets reçûs en France, qui sont les libertez de l'Eglise de France, ou contre le droit ou au prejudice des jugemens donnez és Cours Souveraines, ou par les Juges Roïaux & autres Juges Laïs, jaçoit que la connoissance qu'entreprennent les Ecclesiastiques soit fondée sur un rescrit ou provision du Siege Apostolique. Sur le debat qui étoit de telles entreprises, il y eut assemblée des Prelats de France en presence du Roi Philippes VI. dit de Valois appellez par mandement Roi en l'an 1329. en laquelle Messire Pierre de Cugnieres, Chevalier, Conseiller du Roi, proposa pour les droits du Roi, & Messire Pierre Bertrand Evêque d'Authun qui depuis fut Cardinal, & est le Fondateur du College d'Authun à Paris, proposa pour le Clergé, & parce que c'estoit peu de temps aprés le Pontificat de Boniface VIII. qui avoit entrepris d'établir une Monarchie Ecclesiastique, pour commander aux Monarchies temporelles, ledit Bertrand osa protester que ce qu'il avoit à dire n'estoit afin de subir le jugement du Roi, ains seulement pour informer la conscience du Roi & de ceux qui l'assistoient pour conseil. Le Roi aprés avoir oüi les deux parties ne voulut rien definir, mais dit qu'il avoit agreable si les Prelats amendoient ce qui estoit à amender dedans certain temps ; & s'ils ne le faisoient qu'il y apporteroit remede qui seroit agreable à

Dieu & au peuple ; c'estoit du temps de Benedict Pape XII. du nom qui fut premier Auteur des reservations, & avoit esté Moine.

Toutefois depuis ladite assemblée, les Parlemens & les Gens du Roi ont maintenu le droit du Roi comme on faisoit auparavant pour conserver tout le peuple en union sans souffrir cette nouvelle Monarchie. Quelques Ecclesiastiques indignes oublians la mansuetude propre à leur Etat & l'honneur qu'ils devoient au Roi, donnerent le nom de Maître Pierre du Cugnet à un Marmouset qui est entaillé en l'un des piliers prés la clôture du chœur de Nôtre-Dame de Paris, en derision dudit Messire Pierre de Cugnieres. En ce fait des appellations comme d'abus ; quand on veut se plaindre des rescrits ou provisions Apostoliques, l'appel n'est pas interjetté de l'octroi du rescrit, car en France nous reconnoissons le Pape estre Souverain Chef de l'Eglise, & ne seroit à propos ni bien seant d'appeller de ces rescrits, Ordonnances & concessions, mais on appelle de l'execution d'iceux, comme si on entendoit blâmer & corriger la subreption, obreptions & importunités des impetrans temeraires qui sçavent ou doivent sçavoir les Loix de ce Roïaume, les libertez de l'Eglise d'icelui, & le droit de la Couronne de France ; les communs & vulgaires cas desdites appellations comme d'abus, sont s'il y a creation d'une pension sur une Eglise Paroissiale, ou bien sur autres Benefices en autres cas que és deux reçûs par connivence en France qui sont *pro bono pacis, & ex causa resignationis*. Et toutefois seroit expedient que tout cela fût retranché, comme il a esté dit ailleurs. Si le Pape mande faire union de Benefices *authoritate delegata*, ou sans entiere connoissance de cause, si és cas de Jurisdiction ordinaire il commet des Juges déleguez pour connoître *authoritate Apostolica* ; car c'est le moïen d'adresser le premier appel à Rome *à delegato ad delegantem* qui est enfraindre l'ordre & le degré des appellations. Si aucun François Regnicole est cité pour comparoir en personne à Rome, s'il est mandé d'executer un rescrit sans connoissance de cause és cas ausquels échet la connoissance de cause, selon le droit. Si le Pape mande d'unir une Eglise Paroissiale ou un Hôpital à une Eglise Abbatiale, Chapitre, College, ou à aucune Dignité, aussi peut-on appeller comme d'abus de l'octroi & execution des mandemens, jugemens & autres expeditions des Evêques ou de leurs Officiaux quand ils entreprennent sur la Jurisdiction laïcale, ou quand ils entreprennent outre & pardessus la Jurisdiction qu'ils ont legitimement ; & en ces cas on appelle comme d'abus, tant de l'octroi que de l'execution ; car ils ne sont pas souverains, dont on remarque plusieurs cas vulgaires. Si l'Evêque en son Sinôde à la comparution que font les Curés, & deux Prêtres se presentent, chacun d'eux se disant Curé & vrai titulaire, & l'Evêque *visis titulis*, ordonne que l'un d'eux joüira, c'est abus, car il juge le possessoire dont la connoissance appartient au Juge Roïal ; ainsi fut jugé par Arrêt en l'Audience le Lundi 2. Février 1543. Si l'Official ou autre Juge d'Eglise decerne citation contre un Laï en termes generaux, sans exprimer le cas particulier dont la connoissance doive appartenir à l'Eglise, comme sont les cas des Sacremens d'heresie, simonie, petitoire de Dîmes Ecclesiastiques, & qui ne se disent pas infeodées, petitoire de Benefices & autres tels cas qui sont proprement de la Jurisdiction Ecclesiastique par l'Ordonnance du Roi Loüis XII. de l'an 1512. article 45. est enjoint à tous Juges d'Eglise, de libeller les citations contre Laïs, afin que l'ajourné puisse connoître si l'Official est Juge competent ; par Arrêt du mardi 10. Mars 1533. & par autre Arrêt aux grands jours de Troïes du 5. Octobre 1535. furent jugées abusives les citations trop generales ; si l'Official decerne citation contre les habitans d'une Paroisse, personnes laïés pour le fait de la reparation de l'Eglise Paroissiale, comme fut jugé par Arrêt en l'Audience le 6. Avril 1509. & disoit Mr. Lizet lors Avocat du Roi en Parlement que telle cause est *mixti fori* pour en connoître par le Juge d'Eglise contre les Ecclesiastiques, & par les Juges Laïs contre les Laïs, & de même fut jugé aux grands jours de Moulins le 7. Octobre 1534. comme aussi si le Juge d'Eglise entreprend de juger un lepreux homme laï pour le mettre hors la conversation des autres hommes, comme fut jugé par Arrêt en l'Audience le 22. Avril 1532. comme aussi si le Juge d'Eglise connoissant entre les mariez *super separatione à thoro* qui est de sa Jurisdiction, entreprend en consequence de connoître de la separation des biens ou de la restitution de la dot de la femme : ainsi fut jugé par Arrêt du 22. Avril 1532. & aux grands jours de Troïes le 23. Septembre 1535. à quoi se rapporte ce qui est dit *in cap. causam extrà qui filii sint legitimi*. Aussi c'est abus quand le Juge d'Eglise entreprend connoissance contre un Laï pour defloration d'une pucelle, comme il fut jugé par Arrêt, du 27. Juin 1535. aussi c'est abus quand le Juge d'Eglise entreprend au prejudice de ce qui a esté ordonné par le Juge Laï aux cas dont la connoissance appartient audit Juge Laï comme au cas ci-aprés. Si le cas avient qu'il y eût appel qui selon l'ordre des degrez devoit ressortir à Rome, comme s'il estoit interjetté du Primat auquel cas le Pape doit octroïer rescrit delegatoire *ad partes*, l'appellant pour la difficulté & peril des chemins jusques à Rome, peut avoir recours au Juge Royal afin de lui prolonger delai qui a esté prefix pour relever l'appel, auquel effet l'appellant avoit presenté Requête au Juge Royal qui y avoit pourvû, & nonobstant l'Official de Chartres avoit declaré l'appel desert pour n'avoir esté relevé dedans le premier delai prefix, fut dit par Arrêt qu'il avoit esté mal & abusivement procedé par l'Official de Chartres ; l'Arrêt est du 27. Février 1551. Amelot plaidant ; ce qui est dit ci-dessus des inhibitions & défenses que le Juge Royal peut faire au Juge d'Eglise en cas qu'il soit de Jurisdiction laycale, & qui ne se veüille soûmettre en peril d'estre appellant de déni de renvoi qui ressortiroit pardevant le Juge d'Eglise superieur, peut s'adresser au Juge Royal par Requête à laquelle il doit attacher

cher la citation libellée, & si le Juge Royal voit par la citation ou par la demande que la connoissance n'en appartienne au Juge d'Eglise, il peut lui faire défenses de passer outre à connoître de la cause, ce qui est en ladite Ordonnance de ladite année 1512. article 45. & comme ledit article d'Ordonnance est couché semble qu'il en soit autant permis à tous autres Juges Lays.

Aussi nous n'avons reçû en France ce que le nouveau Droit Canon a introduit que les Evêques & Juges d'Eglise puissent par censures Ecclesiastiques commander & contraindre les Juges Lays de s'abstenir de connoître des causes dont iceux Juges d'Eglise pretendent la connoissance de cause leur appartenir. Cette voye de contraindre par censures a esté autorisée par le Pape Boniface VIII. *in cap. seculares de foro competenti in sexto cap. licèt de jurejurando in sexto, cap. decernimus de sent. excommunic. in sexto.* comme aussi n'est observé en France ce qui est dit par Innocent IV. *in cap. delicto de sent. excommunicationis in sexto*, que le Prelat d'Eglise peut se défendre par censures contre le Juge Lay duquel il pretend recevoir tort; cette constitution ne semble pas raisonnable, car c'est faire le Prelat Juge en sa cause, & combien que le Juge auquel la connoissance est adressée soit Juge competent pour connoître si la Jurisdiction est à lui *l. si quis ex alienatione ff. de judiciis.* Toutefois quand la Jurisdiction est en debat, ou quand l'on dit que tel Juge n'a aucune Jurisdiction, le Juge auquel la cause est adressée, ne doit connoître de la competence de la Jurisdiction, ainsi le decide & allegue les autoritez Alexandre *de Imola consilio* 1. *volumine* 5. qui est selon la regle generale que nul ne doit estre Juge en sa cause & en son interêt. Mais lesdits Canonistes ont tant favorisé la Jurisdiction Ecclesiastique qu'ils ont decidé & tenu qu'elle pouvoit estre exercée par tout & en tout cas. La glose audit chapitre *licet de jurjurando*, selon l'opinion de l'Archidiac, on dit que cette puissance de la Jurisdiction Ecclesiastique ne doit estre étenduë, sinon quand il y va du peril de l'ame. De vrai les Canonistes ont tenu cette opinion que les Prelats Juges d'Eglise peuvent s'entremettre en toutes causes de personnes layes, quand il est question du fait de conscience; ainsi ledit Innocent III. *in cap. novit extrà de judiciis*; mais cela se doit entendre pour amonester & exhorter, & non pour en connoître en Juridiction contentieuse; aussi la consequence en seroit trop grande, car il n'y a gueres procés ni different auquel la mauvaise foi de l'un ou de l'autre litigateur ne soit arguée. Mais les Canonistes ont étendu à volonté cette entremise en fait de conscience. Au Concile de Latran sous ledit Innocent III. chapitre 42. est défendu aux Gens d'Eglise d'étendre leur Jurisdiction au prejudice de la Justice seculiere sous pretexte de la liberté de l'Eglise; or la Cour de Parlement par plusieurs Arrêts en ces appellations comme d'abus a jugé & juge que le Juge Ecclesiastique, n'a pouvoir d'exercer sa Jurisdiction par censures contre les Juges Lays. L'un des Arrêts fut pour un de Molinieres contre l'Evêque de Soissons du 16. Novembre l'an 1500. les autres pour la Duchesse de Bourbonnois du penultiéme & dernier Mai, & du 15. Juin l'an 1515. celui du dernier Mai estoit sur ce que le Juge d'Eglise avoit decerné monition contre les Officiers de la Justice de Beaujaulois pour contraindre un quidam qui estoit demeuré en censure d'excommunication par an & jour à se faire absoudre. De vrai selon la prescription du Droit Canon, celui qui demeure en censure d'excommunication par an & jour est reputé heretique, *cap. excommunicamus* §. *qui autem extrà de hæreticis.* Mais la voïe pour le contraindre à se faire absoudre est qu'à la Requête de l'Evêque Diocesain, ou à la Requête de l'Inquisiteur de la Foi soient obtenuës Lettres en Chancelerie du Roi, par lesquelles est mandé au Juge Royal s'il lui appert que tel soit demeuré en censure par an & jour de le contraindre par emprisonnement de sa personne de se faire absoudre; telles Lettres ne payent rien au Sceau de la Chancelerie, & pour marque ont l'un des coins en haut coupé, devoient donc lesdits Juges d'Eglise venir en Requête au Juge Lay de Beaujaulois & non par forme de commandement avec monitions & censures.

Aussi nous n'observons pas en France les Constitutions des Papes & opinions des Canonistes qui disent que la connoissance des usures contre les Lays est de la Jurisdiction Ecclesiastique, ni l'autre opinion des Canonistes qui dit que la connoissance des contrats validez par serment, appartient au Juge d'Eglise. Le Pape Boniface VIII. *in cap. ultimo de foro competenti in* 6. *&* *in cap. licet de jurejurando in* 6. decide au contraire & commande aux Juges Ecclesiastiques de contraindre les Juges Lays par censures à observer le Droit Canon, lequel Droit Canon est tel que celui que par serment a promis faire ou payer, peut estre precisément contraint à ce faire sans esperance de relief ou de restitution en entier, si tant est que telle convention puisse estre accomplie sans peril de l'ame & du salut éternel, combien qu'il y ait tres grand & énorme dommage, quant aux biens, ainsi le dit Innocent III. *in cap. in præsentia extrà de probationibus*, où il est parlé de la donation faite par un mineur & par Boniface VIII. *in cap. quamvis de pactis in* 6. par Alexandre III. Pape *in cap. si verò extrà de jurejurando in antiquis*, & le même Pape Alaxandre *in cap. si debitores* au même titre met une subtilité au fait du serment qui semble avoir peu d'apparence de raison disant que celui qui par serment a promis de payer les usures, il doit les payer à cause du serment reservé à lui de repeter par aprés; cela se rapporte à la finesse dont usa un soldat Romain, qui sous sa foi avoit promis à Annibal de retourner, s'il n'obtenoit du Senat ce qu'Annibal desiroit, & aprés estre sorti du camp d'Annibal y retourna feignant avoir oublié à prendre quelques hardes, & sous pretexte de ce retour estant à Rome dit qu'il estoit quitte de sa foi, y estant une fois retourné: mais les Romains bons Juges en fait d'honneur le renvoyerent à Annibal prisonnier; or en France nous observons à cet égard le droit Romain & tenons que le serment ne peut faire valoir le Contrat outre ce qu'il vaut de par soi en sa nature par la loi *non dubium C. de legibus*, & que quand le serment est accessoire d'un Contrat quelque ce soit, qu'il doit estre reglé & jugé selon la nature dudit Contrat, *l. ult. Cod. de non numerata pecunia*, *l. ult. ff. si quis cautionibus*. A la suite de ce que dessus, nous tenons que le serment n'attribuë connoissance du Contrat & de l'execution d'icelui au Juge d'Eglise nonobstant la pretention des Ecclesiastiques qui disent que le fait de serment est question de conscience, & que le fait de conscience appartient à l'Eglise.

Comme aussi nous n'observons pas étroitement les Constitutions des Papes au fait des Dîmes, car selon le Droit Canon la Dîme doit estre justement payée à la raison du dixiéme selon son éthimologie, doit estre payée de toutes sortes de fruits soient industriaux ou purs naturels *etiam* des fruits des arbres, des pâcages, du gain des moulins à vent, du gain que chacun fait en fait de marchandise, du profit des pêches des rivieres & étangs, du profit des mouches à miel, des vignes, des veaux & aigneaux, & croît d'autres bêtes domestiques; & ainsi est dit au Droit Canon *in cap. pervenit cap. nuncios. cap. non est*, *cap. ex transmissa, extrà de decimis*. Mais en France nous avons tenu l'opinion de S. Thomas & autres Docteurs Theologiens Scholastiques, & de Antonius de Butrio, Docteur Canoniste qui disent attendu que l'Eglise ne s'est pas contentée du même droit que les Levites avoient sur le peuple d'Israël par l'ancien testament, lesquels Levites n'avoient aucune part au fonds de la terre: mais l'Eglise Chrétienne possede plusieurs heritages, Seigneuries & biens patrimoniaux ce qui fait qu'elle n'est au même rang de privilege à prendre Dîmes de tous fruits comme estoient les Levites, & à cette raison la cotité & maniere de prendre Dîmes par les Ecclesiastiques peut estre prescrite; à quoi se rapporte ce qui est dit *per Gratian in §. ecce juxtà canonem si in morte 23. qu.* 8. que les Evêques & Clercs qui se contentent de la portion Levitique ne doivent rien payer aux Seigneurs temporels; mais les Eglises qui ont du bien domanial & en patrimoine doivent à cause d'icelui bien païer le tribut au Souverain, dont resulte que les Ecclesiastiques qui possedent autres biens que les Dîmes n'ont pas le privilege de la lignée Levitique, à ce propos fait la constitution du Roi Philippes le Bel de l'an 1274. qui porte que les Dîmes doivent estre payées selon la coûtume du lieu approuvée, parce que l'usage d'un long-temps par lequel la liberté peut estre acquise à ceux qui n'ont pas païé doit servir de Loi: ce sont les termes de l'Ordonnance; d'effet est observé en France que l'Eglise n'est pas fondée en prescription de droit commun, sinon pour les Dîmes des blés & en autre sorte de fruits & profits, il se dit que l'Eglise a droit selon & ainsi que d'ancienneté elle a possedé sans faire extension d'une sorte de fruit à une autre; ainsi se voit qu'en quelques lieux est payée la Dîme des vins, & autres non, en quelques lieux & en bien peu est païée la Dîme d'aigneaux & autres bêtes, en d'autres & en la plûpart non, & n'est aucunement observé de payer Dîmes des fruits purs naturels comme des arbres des prés & pâcages ni pareillement des gains & profits que chacun fait par son labeur, industrie & trafic; & encore est observé qu'és especes des fruits esquels l'Eglise prend Dîme, elle n'en prend sinon la cotité accoûtumée d'ancienneté & non pas précisément le dixiéme, car en quelques lieux le droit se paye à raison de douze gerbes une, en un autre la treiziéme & quinziéme & la vingtiéme. Vrai est que les Papes ont grandement essayé de maintenir ce droit exact selon la portion des Levites; Alexandre *de Imola* au conseil 60. volume 4. dit que l'Eglise Romaine a reprouvé l'opinion de saint Thomas d'Aquin & autres Theologiens qui croient que les Dîmes ne sont pas précisément dûës selon la portion Levitique & qu'Innocent IV. fit une Decretale par laquelle il commande aux Freres Prêcheurs, Mineurs & autres Mendians de prêcher que les Dîmes sont dûës à l'Eglise précisément. Mais comme dit a été, c'est une des libertez de la France de n'estre pas sujete absolûment à toutes les Constitutions Papales concernant la Police de l'Eglise, sinon en tant que le Roi & l'Eglise du Royaume unis ensemble, ont trouvé bon & juste de les recevoir; on lit és histoires que du temps de Frederic II. Empereur en l'an 1188. Les Dîmes d'Eglise furent accordées & delaissées pour le voyage de la Terre Sainte, horsmis des Cisterciens, Chartreux & des Leproseries.

Au même fait des Dîmes il y a usance en ce Royaume qui n'est du tout consonante au Droit Canon; Car tous les Canonistes tiennent que les Dîmes qui sont infeodées canoniquement & patrimonialement és mains des personnes layes, doivent relever & estre tenuës en fief de l'Eglise: mais nous observons en France que les Dîmes pour la plûpart sont mouvantes en fief des Seigneurs Lays, & à cause de leurs fiefs mediatement ou immediatement du Roi, sans que l'Eglise ait que voir en la mouvance, & n'a esté reçûë la Constitution du Pape Gregoire VII. *in can. quicumque 12. qu. 2. & in can. decimas & in can. pervenit 16. quæst.* 7. il défend aux Lays de prendre ou retenir Dîmes en fief; soit de l'Eglise, soit des Rois & Seigneurs temporels; selon les droits de la France, telles Dîmes estant és mains des personnes layes, sont purement de patrimoine laycal & de la Jurisdiction & connoissance du Juge Lay; en telle sorte que si le Curé ou autre Beneficier intente action petitoire decimale contre le Lay, pardevant le Juge d'Eglise (car il est observé en France que l'action petitoire decimale *etiam* contre le Laï est de Jurisdiction d'Eglise) & ledit Laï allegue que ce n'est pas Dîme Ecclesiastique, ains Dîme laycale infeodée & il requiert son renvoi pardevant le Juge Lay, le Juge d'Eglise ne pourra connoître de cette question preparatoire *ad finem exceptionis fori*, parce que c'est la même question principale, de laquelle question principale il ne peut connoître à cause de la realité qui est pretenduë laycale, jaçoit que selon les regles communes, c'est à faire aux Juges ausquels la cause est adressée de connoître si elle est competente ou non; car nous tenons en France que le Juge d'Eglise a sa Jurisdiction si fort limitée & enserrée qu'il ne peut connoître du debat qui est entre le Juge Laycal & lui. Ainsi fut jugé par Arrêt en l'Audience où j'estois present, sur un appel comme d'abus venant de l'Official de Pontoise le Lundi 18. Janvier 1551. Toutefois si le Curé d'Eglise ou autre Recteur achete au nom de son Eglise une Dîme qui fût infeodée hereditairement és mains d'une personne lay, en ce cas la Dîme reprend son ancienne nature de Dîme Ecclesiastique, & ne peut estre l'Eglise contrainte d'en vuider ses mains ni obtenir Lettres d'amortissement, sur quoi on dit y avoir Ordonnance du Roi saint Loüis de l'an 1262. & cette Dîme qui estoit laycale est devenuë Ecclesiastique & déchargée de fief, sauf au Seigneur feodal de ladite Dîme de faire décharger son fief *pro rata* du service qu'il doit; & ainsi fut jugé és Arrêts de Pentecôte l'an 1280. entre l'Hôpital de S. Lo & Guillaume Patrice. Du Molin dit que cette décharge de fief envers le Seigneur feodal est seulement pour le service personnel que les vassaux doivent à leurs Seigneurs feodaux au fait des guerres, & non quant aux profits pecuniaires & pour l'indemnité, car selon les Loix & la raison du sens commun, le Roi ne peut ôter à aucun son heritage & droit foncier. Mais selon mon avis ce privilege du Roi S. Loüis ne doit estre entendu ni extendu à autres personnes Ecclesiastiques sinon pour les Evêques & Receveurs des Eglises Paroissiales, car les autres Eglises ne sont pas fondées à pretendre le droit & portion Levitique dautant qu'elles ne sont du premier & necessaire établissement de l'Eglise, ains seulement sont de bien seance, comme sont les Monasteres, Eglises Collegiales & Benefices simples; aussi que selon le droit commun les Dîmes appartiennent aux Eglises Paroissiales *cap. non contingat*, *cap. cum in tua ext. de decimi.* à la suite de ce que dessus fut jugé par Arrêt és Octaves de Tossaints 1267. que quand une Dîme laycale est acquise par l'Eglise qu'elle n'est sujete à retrait lignager, je ne puis consentir à l'opinion de quelques uns qui disent que les Dîmes estant és mains des personnes layes soient établies dés le temps de la domination des Romains és Gaules.& que les François ayans conquis les Gaules sur les Romains, ayent retenu les Dîmes comme en tribut & droit seigneurial,ains je croi que la source & origine des Dîmes en l'Eglise Chrétienne a esté par humble devotion & consentement general du peuple Chrétien qui a accordé aux gens d'Eglise les Dîmes des fruits de son labeur, & que ce fut au temps que la paix temporelle fut renduë à l'Eglise par les Empereurs Chrétiens. Il ne se trouve en ce commencement de la paix qu'aucun Empereur ait commandé par Loi de payer les Dîmes à l'Eglise & audit temps les Prelats d'Eglise n'avoient aucun droit de commander sinon au fait de la doctrine & de la conscience, & le precepte donné de Dieu par Moïse pour la lignée de Levi est au nombre de ceux qui sont abolis par la Loi de grace. Reste donc à dire que l'humble devotion & le consentement general des Chrétiens a créé & produit l'obligation qui est aujourd'hui de payer Dîmes. Le témoignage de l'établissement ancien des Dismes en l'Eglise Chrétienne est de saint Cyprien Evêque & Martir au livre *de simplicitate Prælatorum*, il estoit au temps de la persecution de l'Eglise & termina sa vie par le martire; comme aussi se voit par les anciens Conciles, & és livres de saint Jerôme & saint Augustin rapportés *in canone quoniam*, *canone decima 16. quæst.* 1. Audit Canon *decima* est dit, que les Dismes sont le tribut qu'il faut payer aux pauvres & indigens; le même saint Augustin *in canone majores 16. qu.* 7. dit que les predecesseurs abondoient de richesses, parce que volontiers & gayement ils payoient la Disme, & qu'aprés la devotion cessant le fisque a succedé; ce qui n'a pas esté pris par Jesus-Christ, le fisque l'a ôté, que Dieu pour punir ceux qui ne payoient pas les Dismes, les a reduites à la dixiéme, & qu'au lieu de neuf portions de dix que les proprietaires souloient avoir, il n'y a que la dixiéme de même dit saint Jerôme *in canone revertimini 16. quæst.* 1. comme la source des Disines en l'Eglise Chrétienne a esté par devotion, & de devotion a esté convertie en obligation, aussi les Ecclesiastiques doivent les exiger par honnête moderation sans rigueur. Ainsi dit Innocent III. *in cap. ex parte extrà de censibus*; comme par la décheance de la valeur & de la rigueur de la lignée de Charlemagne, cette Monarchie de France fut grandement affligée & affoiblie, ainsi fut affligée l'Eglise de ce Royaume & même l'Eglise de Rome. Il a esté dit ci-dessus qu'environ ce temps, & durant environ 150. ans se trouverent environ 50. Papes, presque tous intrus, simoniaques & tres vicieux: aussi en ce même temps, plusieurs Evêques de France se trouverent tres-vicieux dissipateurs de la sainteté, de l'integrité & des biens & droits de l'Eglise, car ils bailloient en fief à personnes layes, non seulement les Disines, mais aussi les Eglises entieres pour les tenir patrimonialement, dont j'ay remarqué quelques témoignages és anciennes chartes de l'Eglise de Nevers; & il y a quelque representation *in can. quæsitum* 1. *qu.* 3. tiré du Concile de Clermont en Auvergne, auquel presidoit Urbain Pape en l'an 1096. où il est parlé d'aucuns Evêques qui prenoient profit quand les Eglises ou Dismes octroyées aux Moines changerent de main par mort ou mutation de personnes & par Gregoire VII. *in canone pervenit*, au même lieu, où il défend aux Evêques de bailler en fief les Dismes & oblations à personnes layes. Qui fait croire qu'il se faisoit ainsi auparavant, puis qu'il le défend; j'ay lû dans une ancienne Charte de l'an 1079. en laquelle se lit que Guillaume Comte de Nevers, tenoit en fief du Roi l'Abbaye de S. Victor aux Fauxbourgs de Nevers, & ledit Guillaume par la volonté & permission d'Henri Roi de France qui exempta ladite Abbaye de son fief, donna icelle Abbaye aux Religieux de la Charité, c'est aujourd'hui un Prieuré dépendant de la Charité, mais comme l'Eglise estoit ainsi affligée au commencement du tiers grand an aprés l'Incarnation de Jesus-Christ, survindrent en l'Eglise plusieurs personnages de grande sainteté & grand sçavoir & bonnes mœurs, survindrent aussi plusieurs personnages & Ordres Monastiques, & de nouveau furent fondez plusieurs Monasteres par le moïen de cés bons personnages Religieux & autres, non seulement fut faite cette memorable entreprise des François pour la conquête de la Terre sainte, mais aussi le Ministere de l'Eglise fut remis & rétabli en son ancienne splendeur. On gagna ce point que la collation & élection des Benefices fut ôtée des mains des personnes laïes, & la collation remise aux Evêques & la joüissance au Clergé. Environ ce temps Calixte II. Pape fit la prohibition de ne plus bailler en fief les Eglises, qu'il appelle *incastellare*, *canone sanctorum* 10. *qu*. 1. Alexandre III. Pape *in cap. Ecclesiis extrà de cens.* recitant la contingence du fait parle des Eglises que les Evêques avoient de nouveau recouvrées des mains des personnes laïes: mais quant aux Dîmes on ne pût gagner ce point qu'elles fussent rétablies & renduës à l'Eglise, parce que plusieurs Seigneurs y avoient interêt : & pour éviter scandale & émotion fut toleré qu'elles demeurassent hereditairement & en patrimoine és mains des Gentilshommes qui les tenoient mais fut ordonné que dorénavant on n'en infeoderoit plus: le commencement de l'Ordonnance fut audit Concile de Clermont de l'an 1096. & depuis fut confirmé plus amplement au Concile de Latran sous Alexandre III. en l'an 1179. combien qu'encore aujourd'hui les Laïs qui tiennent les Dîmes pour confirmer leur droit quand les gens d'Eglise leur en font debat, alleguent qu'elles ont esté introduites auparavant le Concile de Latran, & pour la preuve de cette antiquité employent la possession immemorialle qui fait presumer l'infeodation ; Or la feodalité qui auparavant ce Concile estoit laïcale, est demeurée laycale en France, en ce même temps les bons Religieux exhortoient & pressoient les consciences des Gentils-hommes pour rendre à l'Eglise les dîmes qu'ils tenoient ; dont plusieurs Gentils-hommes toucure, se départoient desdites dîmes; mais ne les rendoient pas aux Eglises Paroissiales desquelles les Dîmes sont le vrai patrimoine; ains les balloient aux Monasteres, pourquoi audit Concile de Latran sous Alexandre III. fut statué que les Religieux ne pourroient accepter les donations des Dîmes qui leur seroient faites par gens lays, sinon avec le commandement des Evêques Diocesains comme il est rapporté *in cap. cum & plantare extrà de privilegiis. capit. cum Apostolica extrà de iis quæ fiunt à prælatis*: & auparavant avoit esté statué par ledit Urbain II. *in can. decima* 16. *qu*. 7. De vrai la vraye reünion devoit estre aux Eglises Paroissiales, parce que c'est leur ancien patrimoine ; au Concile d'Arles sous Charlemagne chap. 20. fut statué que les anciennes Eglises ne doivent estre privées de leur Dîmes pour les transferer en autres Eglises nouvelles : & de même fut statué au Concile de Magonce sous Arnulphe Empereur l'an 888. *cap*. 13. & au Concile 2. de Triburies sous le même Empereur chapitre quatorze, où est excepté toutefois des Dîmes provenantes de terres nouvellement desertées qui pourroient estre attribuées aux nouvelles Eglises. Or il est certain que les Eglises Paroissiales sont les plus anciennes, comme estant de premier & necessaire établissement de l'Eglise : mais depuis les Papes & les Evêques par leurs privileges & concessions ont octroyé aux Monasteres ou Colleges Ecclesiastiques & Benefices simples, grandes parties desdites Dîmes ; en sorte que la plû-part des Eglises Paroissiales sont sans Dîmes, ou en ont la plus petite part. En la Decretale d'Honoré III. Pape *in cap. ult. extrà ut lite pendente* est recité que le Pape avoit octroyé au Monastere de Mairmonstier lés Tours de recevoir les Dîmes Novales tant par le corps d'icelle Abbaye que par les membres, & Prieurés qui en dépendent; Alexandre III *in cap. ex parte extrà de Decimis* dit que ses Predecesseurs Papes avoient octroyé presque à tous Religieux les Dîmes de leurs labourages & que Adrian Pape son Predecesseur avoit moderé cét octroy aux Cisterciens & aux Hospitaliers, ce sont les Chevaliers & freres de S. Jean de Jerusalem pour leur appartenir seulement les Dîmes des labourages qu'ils feroient de leur main ou à leur dépens ; & au chap. *suggestum* au même titre est dit que le nombre & les richesses de ces Monasteres estoient grandement augmentez, pourquoi leur est commandé d'en composer amiablement ; ces privileges & concessions de dîmes faites aux Eglises non Paroissiales ne s'étendoient aux terres qui de nouveau estoient acquises ou données aux Eglises, Innocent III. au Concile de Latran *in capit. nuper*, *extrà de Decimis*, ni aux terres qui de nouveau depuis lesdites concessions seroient reduites en culture qu'on appelle *Novales*, & en ce pays de Nivernois *Rompeix cap. tuo extrà de Dec.* Toutefois se trouvent des privileges accordez à l'Ordre de Cluni par Alexandre IV. & Nicolas Papes, pour par eux percevoir les Dîmes des Novales és mêmes Paroissiales & Eglises, esquelles ils percevoient les anciennes Dîmes; ainsi les pauvres Curez ont esté pour la plû-part dépoüillés de l'ancien & vray patrimoine de leurs Eglises, & de present au lieu de prendre par leurs mains, comme ils devroient, sont contraints par action & comme humbles supplians, requerir supplement de leur portion congruë & Canonique & par Edit du Roy Charlez IX. cette portion est arbitrée à 120. livres, & la connoissance est attribuée aux Superieurs Diocesains, auparavant les Juges Royaux en souloient connoître.

Or en reprenant les étremens de la Liberté de l'Eglise de France seroit bien à propos en Concile national de remedier à cét inconvenient, & ordonner que les maisons regulieres & autres Benefices qui ne sont de l'ancien & necessaire établissement de l'Eglise ne prendroient les Dîmes, sinon en ce qui resteroit aprés la fourniture honneste avec commodité des Curez pour leur entretenement, & que les Curez prendroient par leurs mains du plus clair net & certain revenu, selon qu'il seroit arbitré par les Evêques

Diocesains, nonobstant tous privileges & exemptions, car comme dit a esté selon le droit commun ancien, les Dîmes appartiennent aux Eglises Paroissiales, *capit. cum contingat extrà de Decimis*, & par même moyen fut abolie l'usance procedant lesdits privileges, selon laquelle quelques Curez sont dits Vicaires perpetuels des Moines ou autres Beneficiers, & lesdits Moines se disent Curez primitifs, jaçoit qu'ils ne fassent, & selon leur profession ne peuvent faire la charge des ames, lequel titre abusif & imaginaire de Curez primitifs leur attribue le principal droit sur les Dîmes & revenus; & les Curez doivent prendre leur portion Canonique par leurs mains comme il est dit *in capit. de monachis, de prabendis in antiquis; cap. 1. eodem titulo in sexto & in Clementina 1. extrà de jure patronatus in Clementinis*. Mais en cette reformation ne seroient comprises les Dîmes appartenantes aux Evêques & aux Chapitres des Eglises Cathedrales, car lesdites Eglises sont de premier & necessaire établissement de l'Eglise & es anciens Decrets, le Diocese d'un Evêque est nommé sa Paroisse; aussi par l'ancienne distribution des biens de l'Eglise, l'Evêque devoit avoir le quart des Dîmes & oblations : la susdite reformation à l'égard des Monasteres & consonante à ce que Gratian dit aupres du Canon *ita nos 25. quæst. 2.* que les Dimes concedées aux Monasteres par privileges des Papes doivent demeurer seulement pour faire secours de leur indigence & non pour augmenter leurs richesses à la ruine des Eglises Paroissiales; Leon IX. Pape *in cap. relatum* qui est le chapitre 29. *in Panomia*, reprend les mœurs qui induisoient les Seculiers à leur donner leurs biens en frustrant leurs Eglises Paroissiales, & veut que des biens-faits la moitié pour le moins soit attribuée aux Paroisses.

L'Eglise de France peut aussi reconnoître sa liberté qui sera declarée au premier Concile national que pour dispenses contre le droit commun en plusieurs cas quand il y a raison urgente de dispenser & pour la disposition des affaires Ecclesiastiques, il ne soit besoin de se pourvoir à Rome, ains y puisse pourvoir le Primat ou Patriarche de France ou luy seul avec son conseil ordinaire, ou bien avec le consentement & avis des Evêques de la Province en laquelle l'affaire se presentera, ou bien si l'affaire est de tres-grand importance, il y pourvoira; en l'assemblée du Concile national de France. Il a esté dit ci-dessus que les Papes de leur seule authorité ont declaré plusieurs cas estre des causes majeures, des cas reservez, & de telle qualité que le seul Pape en peut ordonner, combien que par les anciens Conciles œcumeniques n'y par autres anciens Decrets, cette attribution n'ait esté faite au Siege Apostolique, ains en a esté l'introduction depuis le commencement du tiers grand an, depuis lequel commencement les Papes ont essayé par tous moyens à eux possibles de supplanter les dominations souveraines temporelles, & depuis en faisant croistre leurs desseins ont supplanté & rendu presque inutile & sans vigueur la puissance ordinaire des Evêques, Archevêques & Primats de Chrestienté en attirant à eux & s'attribuant toute cette puissance, comme si les Evêques estoient simples aides & non chefs d'Office; & la verité est que les Evêques sont Successeurs des Apostres, & en pareil ministere avec le Pape comme les Apôtres étoient avec S. Pierre ledit Saint Pierre toutefois étant comme Chef pour l'ordre & reglement du ministere; & parce que en toutes assemblées doit estre un Chef, dont a esté raisonné cy-dessus plus amplement; ces cas esquels on peut s'abstenir de prendre nouvelles provisions à Rome sont entr'autres unir Evêchez, ériger Evêchez de nouveau, seculariser Eglises Monastiques, dispenser les Mariages és degrez de Mariages prohibez par la seule loy des hommes, unir des Eglises Paroissiales & autres Benefices, ériger de nouvelles Eglises Paroissiales, transferer Evêques d'un Evêche en un autre, n'estre pas necessaire aux Archevêques de requerir & avoir de Rome le *Pallium*; mais leur suffise de faire profession de leur foy és mains du Primat, ordonner de l'âge des professions Monastiques selon les anciens Decrets, sans avoir égard aux plus anciens reçûs, ordonner de l'âge pour la promotion aux Saints Ordres selon lesdits anciens Decrets sans avoir égard aux nouveaux, sur la forme des ordinations des Soûdiacres, Diacres & Prêtres & de la destination & charge speciale qui sera donnée à ceux qui seront ordinez, dispenser bâtards pour estre promûs aux Saints Ordres & pour tenir Benefices de toutes qualités abolir les Induits des Cardinaux & des Parlemens de France, aviser & ordonner avec les Magistrats layes pour le gouvernement des Hôpitaux & autres lieux pitoyables & des Fabriques des Eglises; aviser & ordonner de la forme des Elections & confirmations des Evêques & autres Prelats & Chefs d'Eglise Electifs, donner Coadjuteurs aux Evêques & autres Prelats infirmes de Corps ou de sens par maladie ou grand âge, pourvoir à l'administration de l'Eglise Cathedrale vacante en attendant que l'Evêque élû soit confirmé, pour abolir de tout point les dispenses de tenir plusieurs Benefices en titre ou Commande perpetuelle, sauf à ordonner les unions des Benefices avec connoissance de cause juste & raisonnable, d'abolir de tous points les dispenses de non-resider même és Benefices ayans charge d'ames, soient Reguliers ou Seculiers: que les Mariages des enfans de famille au dessous de l'âge de 25. ans & de ceux qui sont en tutele ou curatele sans les consentemens des Peres & Meres; Tuteurs ou Curateurs avec l'avis des parens soient declarez précisement nul & de nuls effets, sauf à faire punition du délit qui aura esté commis selon la qualité des délinquans, pour aviser de la forme des heures & des Messes particulieres, que les Mariages qui auront été faits sans proclamation des bans par trois Dimanches, & qui n'auront esté solemnisez publiquement és Eglises Paroissiales de l'un ou de l'autre des mariez soient declarés nuls & de nul effet, pour ordonner de l'âge de ceux qui devront se marier & de la nullité précise des mariages qui seront faits avant ledit âge, de la dignité & rang que doivent avoir en France les Cardinaux de l'Eglise de Rome & même des Legats *à latere*, soit declaré & reconnu que le Pape n'a aucune puissance sur la Couronne de France, en ce qui est du temporel, même qu'il n'a pouvoir d'absoudre & declarer quites les Princes vassaux de cette Couronne du serment de fidelité & de l'obeïssance & sujection qu'ils doivent au Roi, qu'aucunes dispenses au fait des Benifices ou autres affaires Ecclesiastiques, ne soient octroyées pour la seule utilité & commodité de ceux qui les requierent, mais principalement pour l'utilité & commodité des Eglises, de ne plaider en Cour d'Eglise ou Laye pour le titre des Benefices en general, pour estre ordonné audit Concile National de tous points concernans la Police de l'Eglise de France & autres affaires dont les Chefs d'Eglise ont accoûtumé de connoître & juger sans qu'il soit besoin d'aller à Rome, sous declaration & protestation expresse de reconnoître toûjours le Pape de Rome Chef de l'Eglise successeur de saint Pierre, pour avoir recours à lui és affaires concernant l'Etat universel de la Chrétienté, ou quand par degrez les causes seront devoluës au Siege Apostolique, ou si par l'importance de l'affaire les Primats de France avisent de s'en adresser à sa Sainteté, aussi sous declaration expresse de consentir précisément & sans exception à l'Eglise Catholique, Apostolique & Romaine, en ce qui est de la Foi & Doctrine Chrétienne, même selon les Decrets du Concile de Trente.

Quant à l'union nouvelle des Evéchés ou creation nouvelle d'un Evéché, les nouveaux Decrets des Papes, même depuis cinq cens ans disent que ce droit appartient au Pape seul; ainsi dit Celestin III. *in cap. sicut unire extrà de excessibus Prælatorum.* La glose sur ledit chapitre allegue quelques autres cas dont la puissance & disposition est reservée au Pape comme estant des causes majeures, le nombre & qualité desquelles causes & des cas reservez ont esté augmentez par les Papes à volonté de temps à autre, mais par les raisons ci-dessus déduites, le Pape seul n'a pû ordonner pour changer l'établissement universel & ancien de l'Eglise, par lequel à chacun Evêque sur les lieux est attribué ce qui est à faire en son Diocese és cas Ecclesiastiques, & n'ont pû les Papes de leur seule autorité, ôter aux ordinaires leurs droits sans les oüir & sans cause legitime, & sans Concile universel, puisqu'il est question des Etats de l'Eglise universelle. Pourquoi se peut dire que le Metropolitain peut en sa Province ériger de nouveau un Evéché ou unir deux Evéchés en un, non pas par sa simple & nuë volonté; mais avec raison & juste cause selon la necessité ou l'utilité & commodité des peuples & par l'avis & consentement des autres Evêques de sa Province assemblez en Sinode. Les Histoires de France disent que saint Remy Archevêque de Reims, érigea de nouveau l'Evéché de Laon, & y institua premier Evêque Genebault en l'an 499. * saint Medard Evêque de Noyon, joignit & unit l'Evéché de Tournay à celui de Noyon par la volonté de son Metropolitain & transfera à Noyon le Siege Episcopal de Vermandois qui souloit estre à saint Quentin l'an 536. & depuis Tournay a été rétably en Evéché; S. Hubert Evêque d'Utrect sur la Meuse, transfera le Siege Episcopal de Mastric à Liege, où il est de present avec le Corps de S. Lambert son predecesseur l'an 711. L'Evéché de Nevers fut fait nouveau par l'éclypsement d'une partie du Diocese d'Authun & ajonction de quelque petite partie du Diocese de Bourges, & en tout cela il n'est fait mention de l'authorité du Pape. Gregoire IX. Pape chapitre *cum inferior extrà de majoritate & obedientia* recite que l'Archevêque de Cologne avoit érigé un Monastere de son Diocese en dignité Episcopale. Vrai est qu'il narre la contingence du fait, mais il ne reprouve pas cette érection, au Concile de Sardaigne chap. 7. est dit que l'on peut établir de nouveaux Evéchés és Cités populeuses, & n'y a aucune mention que ce doive être de l'authorité de l'Eglise Romaine.

* *Messieurs de sainte Marthe* in Gallia Christiana *Tom. 2. disent 515.*

Quant à la secularisation d'une Eglise reguliere ou transmutation d'une Eglise estant d'un Ordre à un autre Ordre, ne se trouve aucuns Decrets des grands & anciens Conciles qui en attribuent la puissance au Pape seul, *Imò* par le Concile de Calcedoine qui est l'un des quatre grands chapitre 4. est statué que tous Monasteres & maisons soient sujettes à l'Evêque Diocesain du lieu où ils sont assis. De même fut statué au Concile national d'Orleans chapitre 21. *in Canone Abbates* 18. *quæst.* 2. où il est dit que tous Abbés seront sujets & obeïront aux commendemens des Evêques Diocesains, & pour le general, au même Concile d'Orleans chapitre 19. rapporté *in can. omnes basilica. 16. quæst.* 7. est dit que toutes Eglises assises au dedans d'un Diocese sont sujettes à l'Evêque Diocesain. L'Office de l'Evêque est d'ordonner & disposer de toutes affaires qui se presentent en son Diocese selon les occurrences & avec connoissance de cause, *etiam* pour dispenser, pourvû que la cause soit juste & raisonnable, necessaire ou grandement utile, & aprés en avoir enquis soigneusement; & si l'affaire est de grande imporce & pour effet perpetuel, l'Evêque fera bien d'en déliberer & conclure en Concile provincial ou national par l'authorité d'icelui. Ce n'est pas chose nouvelle de seculariser les Eglises Monastiques; car toutes Eglises par le premier établissement de l'Eglise estoient seculieres, Innocent III. *in cap. inter quatuor extrà de Religiosis domibus* dit que quand il y a penurie de Clercs Reguliers és Monasteres que les Prêtres seculiers y peuvent estre ordonnés pour administrer.

Quant aux dispenses de mariages és degrez prohibez, c'est à consider qu'aucun degré de lignage ou d'affinité sont prohibez par droit divin, & autres seulement par droit humain Canonique ou Civil. Je ne parlerai des degrez d'ascendans ou descendans soit en consanguinité ou affinité, parce qu'il n'y a jamais eu apparence ni entreprise d'y dispenser, mais en collaterale, comme de l'oncle à la niéce, ou d'un frere à épouser la veûve de son frere, la défense & le droit divin, quant à l'oncle & la niéce: & quant à épouser les deux sœurs ou les deux freres, la prohibition est du droit civil Romain observé en toute Chrétienté. Toutefois les Papes depuis quelque temps se sont attribuez le droit d'en dispenser, & aucuns Docteurs fauteurs de cette plenitude de puissance ont tenu qu'il le pouvoit faire pour grande & urgente cause, comme *Petrus de Ancharr. consil.* 373. autres ont dit qu'il ne pouvoit même *Gozardin consil.* 51. *&* 409. Innocent III. *in cap. literas extrà de restitutione exspoliatorum*, dit qu'és degrés prohibés par la Loi divine, l'on ne peut dispenser. Du temps de nos Peres le Pape Jules II. dispensa Henri VIII. Roi d'Angleterre d'épouser Catherine d'Espagne veuve d'Artus son frere; dont est venu tel scandale & inconvenient que l'Angleterre ayant quitté l'obeïssance de l'Eglise Romaine, est devenue heretique; car ledit Henri ayant depuis pris ledit mariage à déplaisir, sollicita le Pape successeur de declarer ladite dispense nulle & lui permettre de se marier autre part, ce que n'aiant pû obtenir, il se declara non sujet à l'Eglise Romaine, dissoût ledit mariage, & épousa Anne de Boulen. De nôtre temps le Pape a dispensé Philippes Roi d'Espagne d'épouser sa niéce fille de sa sœur dont il a un fils qu'il designe successeur de ses Etats. Dieu veuille amander ce qui est mal; mais il est bien à craindre selon qu'on voit les choses disposées, que cette dispense n'apporte de grands troubles en la maison d'Espagne, un semblable mariage de l'Empereur Heracle qui épousa Martine sa niéce, ruina toute la maison dudit Heracle, car aprés son decés ladite Martine & les enfans qu'elle avoit eûs dudit mariage furent tuez par les fils du premier lit. Quant aux degrez des cousins germains, & issus de germains, la prohibition n'est pas le droit divin ni par la Loi civile humaine: *imò* ladite Loi civile expressément permet les mariages esdits degrés, comme il se voit au Code de Justinian en ses Institutions; & il étoit Empereur Chrétien. Mais en appliquant à cette affaire les raisons des biens anciens Papes se trouvera qu'ils n'ont pas prohibé précisément, mais plûtôt par la bien-seance, & pour l'exemple ils ont dissuadé tels mariages, saint Gregoire *in can. quidam* 35. *quæst.* 2. & saint Augustin *in can. cùm igitur*, en la même cause *quæst.* 1. mettent les raisons pour détourner & dissuader tels mariages disant saint Gregoire que l'on voit peu souvent prosperer les mariages de si proches personnes, ni que la lignée soit durable, & ledit saint Augustin dit que depuis que le monde s'est trouvé assez multiplié de personnes, il a esté expedient de multiplier les amitiés, & en acquerir de nouvelles par mariages en maisons étrangeres, outre & pardessus les amitiés qui sont naturelles par attenance de lignage. Les Papes qui ont esté long-temps depuis saint Gregoire ont fait la prohibition de mariage jusques au quatriéme degré inclus, & ont introduit une nouvelle façon de compter les degrés de lignage autre qu'elle n'est par le Droit Civil Romain, comme recite bien au long Alexandre II. du nom Pape, prochain predecesseur de Gregoire VII. *in can. ad sedem* 35. *quæst.* 5. & selon cette computation se dit estre le quatriéme qui selon le droit Romain sera le huitiéme; audit Canon *ad sedem* est recité que le Pape assembla plusieurs personnes de sçavoir, & met les raisons pour lesquelles la maniere de compter a esté changée; dont la principale est que pour le mariage sont toûjours deux personnes, & partant est besoin de deux personnes pour un degré: mais en Droit Civil, chaque personne fait un degré en exceptant la souche commune, dont les deux sont descendus. De vrai le mariage est sacrement, & en cette qualité appartient au Juge d'Eglise de connoître *super fœdere*; mais parce que du mariage dépendent aussi les successions & la conservation de la societé humaine qui est de la police publique appartenant aux Rois & Souverains, il eût esté mieux seant que pour établir une Loi certaine au fait des prohibitions ou permission des mariages le Magistrat civil y eût voix & pouvoir comme l'ordre Ecclesiastique, même parce que les Empereurs Chrétiens ont fait Loi sur ledit fait; la verité est qu'auparavant ledit Canon *ad sedem* on comptoit diversement les degrez, car quelques decrets & Canons tirent la prohibition du mariage, selon les degrez ausquels on peut succeder selon le Droit Civil, qui s'étend jusques au septiéme degré *in can.* 1. tiré du Concile de Meaux 35. *quæst.* 2. *&* *in can. Nulli, can. in copulatione*, tirez des Conciles de Lion & de Vvormes 35. *quæst.* 3. mais depuis ledit Canon *ad sedem* quelques-uns ont compté ce septiéme degré à deux personnes pour degré, qui tireroit au quatorziéme, selon le Droit Civil, qui sembloit s'étendre trop long. Innocent III. au Concile general rapporté *in cap. non debet extrà de consanguinitate & affinitate* a tranché & restraint cette prohibition jusques au quatriéme degré inclus, & à compter selon le Droit Canon, deux personnes pour un degré, selon laquelle supputation, les freres sont au premier degré, les cousins germains au second, les issus de germains au tiers, & les enfans d'issus de germains au quart; & quant ils sont en degré inégal tous deux sont au degré auquel le plus éloigné des deux est distant de la souche commune; jusques à present on a observé cette computation & cette prohibition au fait des mariages; & pour les considerations dites par saint Augustin & saint Gregoire, il est bien à propos d'observer ledit chapitre *non debet* sans toutefois qu'en cas d'évidente utilité & pour trés-juste cause les Superieurs Ecclesiastiques en puissent dispenser seulement és degrés de la prohibition humaine du Droit Canon, sans qu'il fût besoin d'aller à Rome chercher la dispense, parce que les dispenses y sont facilement octroïées, mais c'est en païant grosse somme de deniers; car la composition de la dispense des cousins germains est de quatre cens écus pour les Roturiers & plus haut pour les Nobles, & ainsi toutes les autres dispenses sujetes à composition; puis qu'en fait de Police d'Eglise, la raison principalement y doit commander, pourquoi est-ce qu'on prend de l'argent de ce qui est raisonnable à faire? pourquoi prendre plus des riches que des pauvres ? Or parce que ce qui est des dispenses des mariages és degrés non défendus du Droit Divin ou Civil, est fait de Police, & que les dispenses accompagnées de juste cause bien verifiées & connuës sont plûtôt de justice que de grace, il sera bien à propos d'estre avisé, resolu & decidé en Concile National que le Patriarche ou Primat de France puisse dispenser sans en prendre composition ou finance, sinon simplement pour les Officiers selon leur labeur & avec salaire moderé, & que la dispense ne soit octroïée sinon aprés connoissance de cause qui toûjours devra preceder la dispense, & que la chose soit juste, raisonnab e & urgente, autrement la dispense soit declarée nulle *ipso jure* comme par exemple és grandes & illustres maisons, & non en autres, la dispense au degré de cousin germain soit pratiquée, & pour le degré issu de germain qui est le troisiéme degré, selon le Droit Canon ou sixiéme selon le Droit Civil, la dispense avec cause juste & probable puisse estre faite és maisons mediocres, & au quatriéme degré la dispense puisse estre faite sur une simple supplication par forme d'obeïssance sans autre inquisition & sans frais, & en tous les cas susdits ne soit besoin d'aller à Rome; & sur ce propos peut estre remarqué un abus intolerable des Cours de Rome, en ce que le Pape en dispensant pour le mariage se fait païer certaine somme de deniers qu'on appelle composition outre la taxe des Officiers qui outrepasse leur labeur, parce que le Pape vend bien cherement tels Offices; & toutefois par les rescrits des dispenses, il défend aux Evêques & Officiaux de rien prendre à peine d'excommunication *latæ sententiæ*. Les dispenses qui ne rompent point les nerfs de la discipline Ecclesiastique & l'ordre de la Police, quand elles sont fondées sur justes causes, & avec connoissance d'icelles sont de bienseance pour la conservation de la societé humaine qui ne peut estre gouvernée par regles éloignées. Saint Gelase Pape *in can. necessaria* 1. *quæst.* 7. dit que la necessité du temps & les circonstances contraignent de relâcher & temperer les anciens Decret s Honoré III. Pape *in cap. super eo extrà de sententia excommunicationis* dit qu'il est besoin de remettre quelque chose de la severité de la Loi selon la qualité des lieux, des temps & des personnes; si on dit que la défense contenuë audit chapitre *non debet* est faite en Concile general, la réponse est que ledit Concile ne peut estre compté au rang des Conciles Oecumeniques, parce que par iceux le Pape statuë & ordonne, & non le Concile, seulement se dit que le Pape statuë par l'approbation du saint Concile qui emporte, comme si le Pape s'étoit contenté de prendre l'avis & conseil des Peres du Concile sans attribuër la puissance entiere à l'assemblée, & la verité est telle qu'elle lui appartient, & que l'assemblée qui est le Concile, tient son pouvoir immediatement de Dieu, comme il est decidé au grand Concile de Constance. On peut reconnoître par les Decretales antiques tirées dudit Concile de Latran que c'est le Pape qui ordonne & non le Concile. Aussi est à considerer que si Concile Oecumenique avoit établi ladite prohibition de mariages és degrés mentionnés audit chapitre *non debet*, le Pape ne pourroit dispenser contre; car il est sujet au Concile & non pardessus le Concile, toutefois il en dispense & à bien prendre ledit chapitre *non debet* semble qu'il n'ait pas tant esté fait pour la prohibition des mariages esdits degrés que pour l'éclaircissement des diversitez & des decisions des Papes & saints Docteurs & des Conciles Nationaux, jusqu'à quel degré de lignage la prohibition devroit estre étenduë; car en plusieurs des Decrets la prohibition va jusqu'au septiéme degré.

Quant à l'union des Eglises Paroissiales & autres qui ne sont électives, les Papes par leurs Constitutions ont reconnu que l'Evêque Diocesain peut unir *cap. exposuisti extrà de præbend.* mais soit que l'union soit faite par l'Evêque Diocesain ou par le Superieur la connoissance de cause doit intervenir pour la necessité ou évidente utilité de l'Eglise, comme il fut statué audit grand Concile de Constance. L'une des causes reçûës de droit est si le revenu de chacune des Eglises est si petit qu'il ne puisse suffire pour entretenir commodement le Prêtre qui la sert; ainsi fut statué au Concile de Tolede 16. rapporté *in can. unio* 10. *qu.* 3. & si l'Eglise est sujete à patronage laïcal le Patron doit estre oüi & y consentir: & si de gré il n'y veut consentir & l'union soit fort utile, le Diocesain comme en cause contredite ordonnera l'union, nonobstant l'empêchement dudit Patron en pourvoyant à son indemnité pour la presentation alternativement; car le bien public doit estre preferé à l'interêt particulier, mêmement és affaires qui de leur essence concernent l'interêt public; & quant aux Patrons Ecclesiastiques, parce que le droit qu'ils ont est par concession gratuite & de bienfait qui a esté faite par le Superieur ou par dotation qui a esté faite des biens de l'Eglise universelle en corps, l'interêt de tels Patrons est moins considerable, & suffit que sommairement ils soient oüis en remontrances, mais non en contradiction. L'indemnité peut estre comme dessus par la presentation alternative. Mais comme il a esté dit ci-dessus, ne pourra estre faite union d'une Eglise Paroissiale avec une Dignité ou Canonicat d'Eglise Cathedrale, Collegiale ou Conventuelle, parce que l'un & l'autre Benefice desirent à part soi residence, l'un au Chœur & l'autre à l'Autel de l'Eglise Paroissiale; & ne sera admis le remede qui est au chapitre *extirpandus. §. qui verò extrà de præbendis* qui est quad l'Eglise Paroissiale est unie à une Dignité, que celui qui a la Dignité mette un Vicaire Perpetuel pour l'Eglise Paroissiale, car le regime des ames est à preferer à l'exercice qui est à faire au Chœur d'une Eglise, *etiam* qu'elle soit Cathedrale, & si aucunes telles unions se trouvent ci-devant faites de quelque autorité & de quelque temps que ce soit, elles soient cassées, afin que la charge des ames soit déservie par le Recteur en personne subsistant par soi sans estre dit Vicaire.

Par

Par la même raison puissent les Evêques ériger de nouveau, Eglises Paroissiales pour justes causes, comme si le territoire d'une Paroisse est si grand & le peuple si abondant qu'il ne soit aisé qu'un seul Prêtre puisse satisfaire à tout, ou bien s'il y a des Rivieres & chemins facheux à passer, ce qui doit être semblablement avec connoissance de cause juste & raisonnable, & à la charge de borner & limiter les confins des deux Paroisses, d'attribuer au nouveau Curé les dixmes du territoire de son Paroissiage, en telle sorte toutefois que le Recteur de l'ancienne Eglise, ait à suffisance pour s'entretenir : car il ne faut pas faire tort à l'un pour avancer l'autre, & en l'Eglise la proportion qui est la justice, est nonseulement bien-seante, mais aussi necessaire, à quoy se rapporte ce qui est dit *in cap. 3. extrà de Ecclesiis ædificandis*. Aussi quand le Recteur de l'ancienne Eglise aura suffisance honneste, il ne devra se plaindre, s'il n'a pas tant de reste comme il souloit, car les biens de l'Eglise ne sont pas pour enrichir ny pour apporter des commoditez superfluës aux Beneficiers, ains seulement pour leur donner suffisance honnête; il fut statué aux Conciles de Châlons & de Vvormes rapportez *in can. Ecclesiæ, & in can. quicumque 16. quæst.* 1. de n'attribuer aux nouveaux Oratoires les revenus des anciennes Eglises. Lesdits Decrets parlent des Eglises faites nouvellement par devotion & par bien-seance, comme sont les Monasteres, Prieurez, Chapelle, ce qui est signifié par le mot Oratoire, & non des Eglises qui sont nouvellement faites par necessité, ou tres-grande utilité qui équipolle à necessité; car les Eglises Paroissiales sont de l'ancien & necessaire établissement de l'Eglise, au Canon *in sacris* tiré du Concile de Pavie, auquel assista Louïs Empereur *16. quæstione prima*. Est dit que les dixmes doivent être distribuées selon l'ordonnance de l'Evêque, dont on peut inferer quand l'Evêque pour juste cause érige de nouveau Eglise Paroissiale, qu'il peut ordonner de la distribution des dixmes par territoire.

Quand à la translation des Evêques d'un Evêché à autre, & permutation des Benefices; de vray les anciens Decrets ont grandement blâmé les Recteurs des Eglises qui delaissent celles ausquelles ils ont été ordinez pour en accepter d'autres, parce qu'ordinairement il advient qu'on desire l'Eglise plus riche ou plus honorée ou plus authorisée pour quitter la moindre : & par lesdits Decrets est dit, que tel ambitieux est indigne d'avoir celle que par ambition il a pourchassée, & est indigne aussi de retourner à celle Eglise que par orgueil il a méprisée, ainsi fut statué au Concile de Meaux *in canone si quis de ordine 7. qu.* 1. & au Concile d'Antioche *in can. Episcopum* & par le Pape Leon *in can. si quis Episcopus* au même lieu & au Concile de Sardaigne chap. 1. & est repeté par Innocent III. en la Decretale entiere *in cap. Bonæ memoriæ extrà de elect.* La translation non seulement des Evêques, mais aussi de tous autres Beneficiers & Recteurs d'Eglise fut défenduë au grand Concile de Nice composé de 318. Evêques chap. 15. & 16. & est rapporté *in can. non portet*, & au grand Concile de Calcedoine composé de 630. Peres rapporté *in can. propter 7. qu.* 1. & au Concile National de Carthage 4. chapitre 27. rapporté *in can. Episcopus de loco* au même lieu, où est rapporté une exception, sinon que la translation soit pour une évidente utilité de l'Eglise, comme S. Pierre fut transferé d'Antioche à Rome, & ne se transfera pas soy-même, comme disent les Canonistes, ains par la volonté & avis des Apôtres & autres Chefs d'Eglise. Ivo Evêque de Chartres en sa Pannomie, chapitre 31. du Prologue, raconte de plusieurs Evêques saints & grands Personnages qui ont été transferez, comme de saint Gregoire Evêque de Nazianze, qui par la volonté des autres Evêques fut transferé à l'Eglise de Constantinople. Le même est dit par Nicephore en l'histoire Ecclesiastique livre 12. chapitre 10. & 11. Au même Canon *Episcopus de loco*, est dit que la translation d'un Evêque à autre Evêché, doit être agreée & authorisée des autres Evêques de la Province assemblez en Synode. Toutefois les Papes de Rome ont tenu qu'à eux seuls appartient de faire & authoriser les translations des Evêque, comme étans ces cas au nombre des causes majeures; ainsi dit Innocent III. *in cap. 1. & cap. inter extrà de translatione Episcopi, & in cap. post translationem, extrà de officio Legati* : & parce que telles translations payent Annates d'une part & d'autre, telles translations se font à Rome sans connoissance d'autre causes que de compter deniers. Le pretexte qu'on a pris d'adresser les translations à Rome, a été parce qu'elles sont défenduës par les Conciles œcumeniques de Nice & de Calcedoine; & on prétend qu'au seul Pape appartient de dispenser contre les Conciles. Toute-fois parce que c'est un statut de police les Ordinaires en Synode avec connoissance de juste cause, qui soit de necessité ou évidente utilité, en peuvent disposer; ledit Pape Innocent III. en consequence du privilege des causes majeures, decide qu'audit Pape seul appartient de recevoir & admettre les resignations des Evêques *cap. licet extrà de regularibus* au texte vulgaire des Decrets recueillis par Gratian, *in can. mutationes 7. quæst.* 1. est dit que ledit Canon est du Pape Antherus, & par iceluy se trouve statué que la translation des Evêque doit être faite de l'authorité du Siege Apostolique : mais en l'emendation faite de l'authorité du Pape Gregoire III. imprimée depuis peu, se trouve une annotation, qui dit qu'en l'original des Constitutions dudit Pape Antherus, ne se trouve la clause parlant du Siege Apostolique, comme aussi ne se trouve és autres Recueils des Decrets d'Ivo Evêque de Chartres, ny de Burchard qui sont anciennes Compilations de Decrets avant Gratian : cy-dessus ont été remarquées plusieurs fautes au Recueil dudit Gratian, même pour l'exaltation de cette puissance suprême. Donques par un article des Libertez de l'Eglise de France, soit retenu que les translations des Evêques ny leurs resignations ne peuvent être faites, sinon par la necessité ou grande & urgente utilité des Eglises, & sans avoir aucun égard aux commoditez des personnes, & que ladite necessité ou utilité doit être pleinement enquise & connuë par le Primat ou Patriarche de France, avec l'avis & consentement des Evêques de la même Province & du Metropolitain assemblez en forme de Synode solemnellement sans qu'il soit besoin d'aller à Rome, ny y porter Annates, car la dispense faite pour juste cause tient plus d'expedition & de justice que de grace.

En consequence de ce que dessus, si l'Evêque par l'infirmité perpetuelle de sens ou de corps, ou pour son grand âge ne peut plus faire sa charge, & selon les anciens Decrets soit besoin luy donner un Coadjuteur, ce qui ne doit être sinon aprés sa requisition, comme il est dit par Evariste Pape *in Canone sicut vir*, par Pelage *in Canone quia frater*, par saint Gregoire *Canone scripsit 7. qu. 1. & in capit. de rectoribus, in capit. ex parte extrà de Clerico ægrotante*, en ce cas ne soit besoin d'aller à Rome, ains en soit ordonné par le Metropolitain, ou par le Primat en l'Assemblée & Synode des Evêques. Comme aussi quand l'Evêque est dilapidateur du bien de son Eglise, luy doit être donné Coadjuteur par la forme cy-dessus *etiam*, outre son gré & sa requisition, sans l'avis duquel il ne puisse rien disposer *capit. venerabilis de officio delegati.* De même quand il est question d'ordonner un Visitateur & Administrateur à l'Evêché vaquant, nonobstant les Constitutions des Papes, qui ont declaré qu'à eux seuls appartient la provision en tel cas, qu'ils disent être des causes majeures; dont le nombre a été augmenté par eux à volonté sans ordonnance de l'Eglise Universelle. Pourquoy l'Eglise de France n'est tenuë d'y obeïr; cette reservation & attribution des cas susdits au Siege Apostolique est de Boniface Pape VIII. du nom *in capit. unico de Clerico ægrotante in sexto, & in capit. is qui, de electione in sexto.* Sur quoy en passant sera remarqué que durant cette infirmité de l'Evêque, l'un des Evêques voisins devra administrer ce qui est de l'Ordre Episcopal, comme il est dit par Nicolas Pape *in Canone Pontifices 7. quæst. 1.* car ce qui est de l'Ordre Episcopal ne peut pas être exercé que par un Evêque *cap. aqua extrà de consecratione Ecclesiæ vel Altaris.* Le Visitateur ou Administrateur deputé durant la vacation peut conferer les Benefices qui sont à la collation de l'Evêque decedé *capite ultimo extrà de supplenda negligentia Prælatorum*, sans avoir égard à la limitation qui est audit chapitre, à sçavoir que le Visitateur ou Administrateur ait été deputé par le Pape; car comme dit a été, le Metropolitain ou Primat y peuvent pourvoir pleinement. Quant aux translations d'autres Benefices qu'on appelle permutations, sera necessaire qu'au prochain Concile National soit repeté, selon les anciens Conciles & Decrets, que les permutations de Benefices ne pourront être faites, approuvées ny authorisées par les Diocesains par la seule volonté & commodité des compermutans, comme il a été observé par abus cy-devant; ains seulement pourront être faites lesdites permutations pour la necessité ou fort grande utilité des Eglises, & aprés connoissance de cause entiere, le tout pardevant & de l'authorité de l'Evêque Diocesain. C'est la vraye decision du chapitre *quæsitum extrà de rerum permutatione*, & toute-fois il a été mal pratiqué. Mais comme à Rome les dispenses ont été octroyées à la seule supplication de l'impetrant, ainsi ont fait les Evêques au fait des permutations, dont la dispensation leur a été octroyée par ledit chapitre *quæsitum*, auquel chapitre par exprez sont blâmées & declarées simoniaques les permutations qui sont faites en vertu des pactions precedentes. Aussi est la regle generale au droit Canon, que toutes pactions & convenances en telles matieres sont illicites, comme tenant de simonie, Innocent III. *in capite tua nos extrà de simonia*, Gregoire IX. *in capite ultimo extrà de pactis.* Les permutations de Benefices par les anciens Decrets sont bien expressément défenduës *canone quoniam* tiré du sixiéme grand Synode vingt-un, *quæst. 2. canone placuit* tiré du Concile d'Hispalis ou Seville en Espagne, au même lieu, & depuis fut ainsi statué au Concile de Tours, auquel presidoit Alexandre III. Pape rapporté *in capite majoribus extrà de Prabendis*, & auparavant au Concile de Carthage troisiéme rapporté *in canone Episcopus*, & au Concile d'Antioche *capite tertio* rapporté *in canone si quis 7. quæstione prima* au Concile de Meaux rapporté *in Pannomia Ivonis libro secundo capite 25.* où est dit que tel permutant doit être privé de l'un & l'autre Benefice, & de même au livre troisiéme, chapitres septente-un, septente-deux, septente-quatre & septente-cinq, tirez des Conciles d'Orleans, d'Arles & de Châlons en la Novelle de Justinian *ut determinatus numerus Cleric. cap. illud quoque coll. 1.*

Quant au *Pallium*, qui a accoûtumé d'être envoyé de Rome aux Archevêques, Innocent III. chapitre troisiéme, *extrà de autoritate & usu Pallii* semble avoir declaré qu'il étoit necessaire en tant qu'il dit, que par iceluy est attribuée plenitude de puissance, & que sans l'avoir reçû l'Archevêque ne pouvoit administrer en sa charge, qui est un moyen indirect pour contraindre les Archevêques qui alloient prendre leur confirmation à Rome, & par ce pretexte le Pape souloit tirer quantité d'argent des Archevêques, comme il se lit en l'Histoire d'Angleterre, que Chanut Roy dudit païs, étant à Rome fit abolir cette coûtume en l'an mil vingt-six, jaçoit que par les anciens Decrets, la confirmation de l'Archevêque appartint aux Evêques Suffragans de la même Province, comme il fut statué au Concile d'Orleans second, chapitre septiéme; jaçoit aussi que par les anciennes Constitutions des Papes, soit assez connu que le *Pallium* n'étoit pas de necessité, ains de bien-seance & honneur, & s'octroyoit par grace, comme pour recompenser ou reconnoître de grands merites ; & aprés l'avoir demandé avec grande instance, ainsi que témoigne saint Gregoire en l'Epistre cinquiéme livre septiéme adressée à Brunechilde Reine de France, & n'étoit pas seulement octroyé aux Archevêques, mais aussi aux Evêques : car le même saint Gregoire octroya le *Pallium* à Syagrius Evêque d'Authun, à la priere de ladite Brunechilde, comme il se lit en l'Epistre cent douze, livre septiéme, & est rapporté *in canone rationis distinctione* 100. & est bien certain qu'Authun n'a point été Archevêché mais simple Evêché en la Province de Lyon, toutefois avec le privilege qu'és Synodes Provinciaux de Lyon, l'Evêque d'Authun doit avoir le premier siege & rang aprés l'Archevêque, & ainsi selon le droit commun les Evêques doivent avoir rang selon le tems de leur Ordination, comme le dit saint Gregoire en ladite Epistre cent douze, il arrive souvent que les Papes, selon les merites en octroyant le *Pallium* à quelque Archevêque, par même moyen le constituoient Vicaire du Siege Apostolique, en la même Province ou Royaume, comme il se lit esdites Epistres de S. Gregoire l. 4. Epistre 15. adressée à Jean Evêque de Justiniane; la premiere & 5. adresse à l'Evêque d'Arles, & est rapporté *in canone in Galliarum 25. quæstione secunda*. Pelage Pape *in canone quoniam distinctione* 100. dit que l'ancienne coûtume étoit que les Metropolitains envoyoient au Pape la profession de leur foy, & par même moyen desiroient & demandoient le *Pallium*. Le semblable est rapporté *in Pannomia Ivonis* de Damase Pape, livre troisiéme, chapitre onze, Innocent III. Pape, *in capite antiqua extrà de privilegiis*, dit que les quatre grands Patriarches qui sont de Constantinople, Alexandrie, Antioche & Jerusalem, aprés avoir reçû le *Pallium* du Pape peuvent honorer les Archevêques du Patriarchat & leur octroyer le *Pallium*. Ledit Innocent III. étoit au tems que les François étoient les Seigneurs de l'Empire de Constantinople & de la Terre Sainte : car en autre tems lesdits Patriarches ne recevoient pas si précisement tous les Commandemens de l'Eglise Romaine. Or n'étant pas le *Pallium* si expressement necessaire, pourra être ordonné au Concile National de France en repetant l'ancienne Liberté de l'Eglise de ce Royaume, qu'il n'est besoin aux Archevêques de demander & avoir le *Pallium* de Rome, & si aucun Archevêque veut l'avoir, que le Primat ou Patriarche pourra l'Octroyer ; il a été montré cy-dessus, que c'est une même dignité de puissance de Primat & de Patriarche, & encore avant ledit *Pallium* reçû, l'Archevêque étant confirmé pourra administrer tout ce qui n'est pas de l'Ordre Episcopal, & aprés avoir été consacré, exercer tout ce qui sera de l'Ordre Episcopal. La source de la ceremonie du *Pallium*, peut être du tems de l'ancienne Eglise, en laquelle ceux qui abandonnoient les richesses & honneurs de ce monde pour faire profession de vrais Chrétiens pauvres, quittoient la togue, qui étoit un habit d'honneur à Rome & prenoit le *Pallium*, qui étoit un habit sans façon & tout d'une venuë. Tertulien a fait un livre *de Pallio* & en est parlé au Concile de Gangres chapitre douziéme. En la Grece le *Pallium* étoit l'habit des Philosophes qui faisoient état d'abandonner les grandeurs du monde. Audit Concile de Gangres chapit 12. est fait mention de ceux qui par mépris du monde portoient l'habit du *Pallium*, qui n'étoit habit du commun usage ; & saint Gregoire liv. 7. Epistre 129. dit que l'habit du *Pallium* est en humilité & justice en compassion des pauvres & en exerçant la correction des mauvais, & faisant l'aumône de tout son pouvoir.

Quant à l'âge des Professions Monastiques, se trouve diverses Constitutions en divers tems. Au Concile de Trente, l'âge de seize ans a été competant ; les Papes precedens avoient statué que la Profession pouvoit être faite en l'âge de puberté, qui est de douze ans aux filles, & de quatorze aux garçons : & és Monasteres où la maniere de vivre est austere & rigoureuse, Saint Gregoire en l'Epistre 48. livre 1. dit que nul ne doit être reçû avant dix-huit ans, & est rapporté *in can. quia 20. quæst. 1. & in capite quia extrà de regularibus*. Mais à cause de l'importance du Vœu, qui est perpetuel & pour toute la vie, il seroit necessaire de repeter l'usage des anciens Decrets, selon lesquels les Vierges ne pouvoient être voilées & faire Profession qu'aprés l'âge de 25. ans accomplis : ainsi fut statué au Concile de Carthage 3. chapitre 4. rapporté *in can. placuit distinct.* 77. & au Concile de Tours chapitre 28. & au Concile de Vvormes chapitre 69. le Pape Pie *in can. virgines 20. quæst.* 1. met l'exception en cas de necessité, quand l'honneur & pudicité de la fille est en peril d'être ravie ; & quant aux garçons il seroit à propos de prescrire le même âge de 25. ans accomplis, ou pour mieux dire de 30. ans, qui est le même âge ordonné d'ancienneté pour la promotion des Prêtres : & par le même Concile National fût du tout rejetté l'usage & effet des Professions tacites, qui se trouvent approuvées par le Droit Canon, comme d'avoir porté pour quelque tems l'habit des Profés ou l'habit qui est commun aux Profés & aux Novices, & par autres conjectures, parce que le vœu qui étoit pour toute la vie étant si important requiert bien declaration de volonté ; aussi *in canone omnes* tité du Concile de Tolede 27. *quæst.* 1. La Profession Monachale doit être par écrit, à quoy se rapporte l'Edit du Roy Charles IX. fait à Moulins 1566. article 55. Aussi en France és Cours de Parlement, on ne s'arreste pas aux Professions tacites, & avec bonne raison, tant parce que les preuves qui sont à faire par témoins sont plaines de difficultez, comme aussi parce que telle affaire est grandement sujette aux captions & surprises, même à l'endroit des jeunes personnes. Une ancienne Decretalle *ex cap. porrectum extrà de Regular.* dit que le porter d'habit ne fait pas le Moine, mais la profession reguliere, & à cette raison ne soient pratiquées les Decretales *in cap. 1. de regularibus in sexto & in Clementina eos qui, eodem titulo.* Aussi ne soit pratiqué ce qui est dit *in cap. ad Apostolicam extrà de regularibus*; quoy que la probation d'an & jour doive preceder la profession; si toutefois elle est faite avant l'an elle soit obligatoire & valable; ainsi au contraire, soit statué audit Concile National, que l'an de probation est précisément necessaire, & que la Profession avant l'an soit declarée nulle & non obligatoire. Du tems de Saint Gregoire le tems de probation étoit de deux ans, comme il dit en l'Epistre 23. livre 8. & peut-être seroit-il expedient que le tems de probation fût encore plus long à l'égard des jeunes personnes, ou bien que les Vœux ne pussent être faits perpetuels, sinon qu'ils fussent faits en grand âge qui seroit determiné, & avant ledit âge ne peussent être faits qu'à tems. Saint Augustin *in can. quantumlibet distinct.* 47. fait assez connoître quel peril est de recevoir les Professions Monastiques avant l'âge bien competant, ou avant tems de pleine probation, quand il dit, que comme il n'a veu personnes Ecclesiastiques meilleures qu'és Monasteres, aussi il n'en a veu de pires qu'és Monasteres quand il s'adonnent à dépravation. En consequence de ce que dessus, soit aussi statué audit Concile National, que nulle jeune personne étant en puissance de pere, mere ou tuteur, ne puisse être reçuë au Monastere sans le consentement des peres, meres ou tuteurs, & la Profession faite outre leur gré, soit declarée nulle & non obligatoire; & à cét effet soit remarqué ce qui fut statué audit Concile de Gangres chapitre 17.

Quant à l'âge de la promotion aux saints Ordres, sembleroit assez expedient, que l'Eglise de France retenant ses libertez selon les saints & anciens Decrets, ordonnât l'âge de promotion selon iceux. Selon les anciens Decrets, le Subdiaconat n'étoit Ordre sacré, comme il est dit *in cap. à multis extrà de ætate & qualitate, cap. penultimo extrà de servis non ordinandis*, & à present il est Ordre sacré & sujet au Vœu de Celibat, fut ordonné que nul ne pourroit être fait Soûdiacre ou Diacre, qu'aprés l'âge de 25. ans accomplis, & l'âge de 30. ans accomplis pour la Prêtrise, qui est le même âge auquel Jesus-Christ commença à prêcher; Ces âges ont été statuez en divers Conciles de Neocesarée chapitre 2. de Carthage 3. & de Tolede 5. comme il est rapporté en la Panommie livre 3. chapitres 30. & 31. de Tours chapitre 12. d'Agde ou Agathe en Languedoc chapitre 17. rapporté *in can. Episcopus distinct.* 73. de Vvormes chapitre 69. és Decrets de Fabien Pape, rapportez en la Panommie livre 3. chapitre 29. & par même moyen fût observé ce qui est dit par Leon Pape, *in can. miramur distinct.* 61. que les enfans voüez à l'Eglise depuis leur jeune âge, fussent instruits à la Discipline Ecclesiastique aux dépens de l'Eglise à laquelle ils seroient destinez, afin que l'Evêque qui devoit les nourrir eût meilleur & plus certain témoignage de leurs vies & mœurs, & en ce qu'en leur enfance, puerilité & adolescence, ils apprennent à porter le joug de Nôtre-Seigneur. Ce faisant on s'abstiendroit de l'usage de la Constitution du Pape Clement V. en sa Clementine generale *de ætate & qualitate*, qui permet faire Soûdiacre à dix-huit ans, Diacre à vingt ans, & Prêtre à 25. ans, encore elle ne parle pas d'ans accomplis, car en disant 18. 20. & 21. il suffit que l'an soit commencé. En ladite Clementine se dit, que par cette constitution l'usage commun est preferé aux anciens Decrets. Que si on veut objecter que ce seroit occasion de diminuer le nombre des Prêtres & des Moines; on pourra répondre quant aux Moines qu'ils sont en l'Eglise par bien-seance & non pour la necessité du ministere, & le moindre des bons sera meilleur que le plus grand des dépravez; Et quant aux Prêtres que le petit nombre bien choisi & bien ordonné, seroit plus reveré & respecté, & seroit plus de profit: selon l'infirmité humaine, on fait moins de compte de ce dont y a abondance, puis la sainteté requise en l'une & l'autre profession, desire bien que la maturité de l'âge y soit, qui est une raison representée au Concile d'Agde.

Selon la même raison, il seroit bon de repeter & pratiquer l'ancien usage de l'Eglise, d'avoir nombre de Prêtres certain & determiné, selon que chacune Eglise Cathedrale, Collegiale, Conventuelle ou Paroissiale en auroit besoin, & les Soûdiacres, Diacres fussent distribuez aux Eglises Cathedrales & autres de grand revenu, pour y être nourris & ayder à faire le Service Ecclesiastique, en attendant que quelque Titre nâquit, c'est-à-dire, une Eglise Paroissiale ou autre Eglise, desirant le Ministere Sacerdotal pour être le plus ancien Diacre pourveu d'icelle Eglise par l'Evêque; & par même moyen être promeu à la Prêtrise selon lesdits anciens Decrets; le nombre des Prêtres étoit certain determiné, & en ordinant chaque Prêtre, luy étoit distribué un Titre, c'est-à-dire, une Eglise pour y servir; ainsi fut statué au grand Concile de Calcedoine, auquel assisterent 630. Peres chapitre 6. & est repeté par Justinian Empereur en la Novelle Autentique de *mensura ordinandor. Clericor. collat.* 3. & en la Novelle *quomodò oporteat Episcopos cap. sed neque collat.* 1. & par Arcade & Honoré Empereurs, *lege, in Ecclesiis Cod. de Episcopis & Clericis*, & repeté par Gregoire VII. Pape *in cap. quoniam extrà de vita & honestate Clericor.* & és Capitulaires de Charlemagne livre 1. chapitre 25. és mêmes Capitulaires livre 5. chapitre 84. est ordonné que nul Evêque ne recevra au Ministere de l'Eglise en son Diocese, un autre Prêtre d'autre Diocese. Esdits Capitulaires livre 6. chapitre 125. est défendu aux Evêques de faire multitude de Prêtres, ainsi seulement est commandé d'en faire selon le merite & revenu des Eglises, & en la Novelle de Justinian *ut determinatus sit numer. &c. tit. 3. cap. 1. versic. quapropter.* Le Pape Urbain II. en un Concile tenu à

Plaisance rapporté *in can. sanctorum dist.* 70. declare que l'Ordination & promotion d'un Prêtre sans Titre est nulle ; & est recité par Innocent III. *in can. sanctor. dist.* 70. & *in cap. cum secundum extrà de præb.* en une annotation au grand Decret de l'Emendation Gregorienne *in can. fraternitatem distinct.* 75. tiré des Epistres de Saint Gregoire livre 3. Epistre 4. est dit qu'audit tems de Saint Gregoire, étoit observé exactement le Concile de Calcedoine, par lequel étoit statué, qu'à nul ne seroit octroyé lieu en une Eglise (qui est appellée Titre) sans que par même moyen il fût Ordiné en icelle en le faisant Prêtre, & nul ne pouvoit être transferé d'une Eglise en l'autre sans necessité, ou évidente & urgente utilité, & avec l'authorité de l'Evêque ; c'est au Concile de Calcedoine chapitre 8. & est rapporté *in can. placuit, canone quorumdam 7. dist.* 4. & de même au Concile d'Ephese chapitre 5. au grand Concile de Nice I. de 318. Peres chapitres 15. 16. & 17. est dit, que nul Prêtre ordonné par son Evêque, ne pourra tenir Benefices hors du même Diocese, ny aller deservir en autre part sans le congé de son Evêque, parce que chacun avoit son Titre & son Eglise, & ne la pouvoit quitter sans qu'il en fût déchargé de son Evêque, à ce que dessus se rapporte, ce qui fut statué au Concile de Sardaigne, rapporté *in can. illud dist.* 7. & au Concile d'Arles chapitre 2. & 22. d'Antioche chapitre 22. au Concile de Carthage III. chapitre 21. au Concile d'Agde en Languedoc rapporté *in can. Monachum* 2. *quæst.* 4. & au sixiéme grand Synode, qui est le II. tenu à Nice recité *in canone quoniam*, & au Concile d'Hispalis ou Seville recité *in canone placuit* 21. *quæst.* 2. L'authorité & la multitude de ces anciens Decrets, doit faire croire, que l'usage remis & rétably seroit tres-utile, nonobstant & sans avoir égard aux temperamens & limitations qu'aucuns Peres y ont apportez depuis 500. ans, comme Alexandre III. *in cap. Episcopus, extrà de præbendis*, qui disent que celuy qui a patrimoine suffisant pour s'entretenir peut être fait Prêtre sans Titre ; mais au contraire, semble que nul ne doit être reçû à ce saint Ministere de l'Eglise de Dieu, sans être sujet à faire profiter le talent, servir à autruy, & n'être inutile. L'autre temperament est d'Innocent III. audit chapitre *cum secundum*, & de Boniface VIII. *in cap. si Episcopus de Præbendis in sexto*, que l'Evêque qui aura Ordiné un Prêtre sans Titre soit tenu de le nourrir jusqu'à ce qu'il l'ait pourveu de Benefice ; mais c'est un maigre recours à un pauvre Prêtre d'aller plaider contre son Evêque. De ces temperamens est venu l'autre inconvenient des Mandats *in forma pauperum*, & depuis étendus à toutes personnes pour forcer un Evêque de bailler le Benefice vacant à celuy qu'il ne connoît pas, dont a été parlé cy-dessus.

Quant à la dispense des bastards pour être promeus aux saints Ordres & tenir Benefices ; les Papes depuis 500. ans ont reservé à eux le pouvoir de dispenser, même pour les Benefices ayant charge d'ames ; ainsi est dit par Honoré III. Pape *in cap. dilectus* & Gregoire VIII. *in cap. nimis extrà de filiis Presbyterorum*, & par Boniface VIII. *in cap. is qui defectum eod. tit. in 6.* ainsi que par les anciens Conciles fût permis de recevoir aux saints Ordres les bastards s'ils étoient trouvez vertueux, de bonnes mœurs & sçavans ; s'entend aussi, qu'ils pouvoient tenir Benefices ayant charge d'ames, comme il a été montré cy-dessus par l'authorité des saints Decrets anciens au Concile de Meaux, rapporté *in can. tali.* 1. *quæst.* 7. & par Alexandre II. *in can. Apostolico distinct.* 56. *& in Pannomia Ivonis, lib. 3. cap.* 53. est dit, que les bastards aux conditions susdites ne doivent être rejetez du Ministere de l'Eglise ; pour le general se peut dire, que selon la necessité & utilité des Eglises, la rigueur des Decrets peut être relaxée & temperée ; ainsi le dit Gelase Pape *in can. etsi illa* 1. *quæst.* 7. & Urbain. II. *in can. ab excommunicatis.* 9. *quæst.* 1. Damase Pape *in can. Osius distinct.* 56. & de même est rapporté *in Pannomia Ivonis in prologo, cap. 30. & lib. 3. cap.* 25. nomme plusieurs, qui étans fils d'Evêques & de Prêtres : il sembleroit assez expedient selon les anciens Decrets qu'ils ne fussent aucunement reçûs és Eglises desquelles leurs peres auroient été Recteurs, non pas pour l'indignité des enfans, mais pour n'être occasion de scandale, & à ce qu'il ne semble que ce soit une heredité & succession. Ce qui est remarqué en la Decretale d'Innocent III. *in cap. quoniam extrà de filiis Præsbyterorum* & au chapitre 1. *eodem titulo in sexto* : mais en une autre Eglise ils peussent être reçûs aux conditions susdites de probité & science. En la bastardise n'y a aucune faute qui doive être imputée à l'enfant, la semence de soy est benitte, & la faute du pere qui l'a mal employez ne doit nuire à l'enfant, saint Augustin rapporté *in can. sicut 32. quæst. 4. in can. undecumque*, & saint Jean Chrisostome *in can. nunquam dist.* 56. qui dit que le fils n'est point obscurcy ny pollu du crime d'adultere de sa mere, mais s'il est vertueux il est orné de sa propre vertu. En la generation de Jesus-Christ, recitée en l'Evangile, se trouvent aucuns bastards, & non procréez legitimement, comme nez de conjonctions insextueuses & de femmes étrangeres, dont le mariage étoit défendu, comme dit saint Augustin, *in can. Sponsus* & saint Jerôme *in can. Dominus distinct.* 56. & audit Canon *Dominus*, est dit, que Nôtre Seigneur Jesus-Christ, qui est le grand Sacerdote, ne dédaigna de naître quant à la chair de ces bastards. L'inquisition de la vie, des mœurs, du sçavoir & des vertus du bastard pourra beaucoup mieux être faite sur les lieux par les Evêques Diocesains, ou par les Metropolitains ; pourquoy la reservation faite au Siege Apostolique pour en dispenser, semble être nulle & n'être raisonnable. Bien semble que pour la forme & ne donner occasion de favoriser les copulations illicites, seroit assez expedient que l'inquisition fût plus exacte, & les merites & sçavoir plus excellents qu'aux autres, mais legitimement.

Sembleroit aussi expedient que ces nouveautez des Indults octroyez aux Cardinaux, aux Cours de Parlement de ce Royaume fussent abolies, comme étans lesdits Indults contraires à la discipline & police Ecclesiastique, & apportant dereglement à l'Eglise de Dieu, en laquelle ne doit être aucune exception de personnes, l'utilité du peuple & le bon regime des ames doivent être de plus grand respect & faveur que la consideration & gratification des personnes. Les Cardinaux de l'Eglise Romaine qui sont Conseillers ordinaires du Pape Chef de l'Eglise, doivent être plus soigneux du bon ordre d'icelle Eglise, comme le Pape leur Chef doit être. Les Cardinaux ne sont pas dits Cardinaux de l'Eglise universelle, mais simplement Cardinaux de l'Eglise Romaine, comme aussi d'ancienneté chaque Eglise Cathedrale avoit ses Cardinaux qui étoient les principaux Prêtres & Curez du Diocese, comme l'on peut recueillir des Epistres de saint Gregoire en divers endroits, même au premier livre és Epistres 15. & 77. & de la Decretale du Pape Leon *cap. 3. extrà de officio Archipresbyteri*, & se connoît aussi par les anciennes Chartes de l'Eglise de Nevers, comme dit a esté cy-dessus. Le Pape comme simple Evêque de Rome a son Diocese distinct & separé, & les principaux Curez & Beneficiers de ce Diocese, sont Cardinaux Prêtres & Diacres; il a aussi sa Province comme simple Archevêque, & les Evêques Suffragans d'icelle Province sont les Cardinaux Evêques, & tous doivent residence en leurs titres, & de fait ne peuvent accepter autres Benefices, mêmément Evêchez sans dispense. Nous lisons *in cap.* 10. *extrà de Clericis non residentibus*, que du tems de Leon IV. Pape, Anastase Cardinal de l'Eglise Romaine fut deposé en Concile, parce qu'il avoit été absent durant cinq ans de sa Paroisse, qui étoit son titre de Cardinalat. Que si en un Concile universel œcumenique de toute l'Eglise Chrêtienne étoit proposé & decreté, qu'aucuns fussent élûs Cardinaux de l'Eglise universelle, & qui portassent ce titre sans être simplement intitulez Cardinaux de l'Eglise Romaine, il seroit par même moyen expedient d'être ordonné, que tels Cardinaux fussent choisis en nombre proportioné & égal de chaque Nation de Chrêtienté, comme *verbi gratia*, en faisant état de quatre Nations principales, Italie, France, Germanie & Espagne, fût aussi fait état que chacune desdites quatre Nations fourniroient six ou huit Cardinaux qu'elle nommeroit, & le Pape fût tenu à leur nomination les confirmer; chacune Nation en nombre pareil, pour éviter la jalousie entre ces Nations, ces vingt-quatre ou trente-deux Cardineux fussent dits Cardinaux de l'Eglise universelle & Catholique, residassent ordinairement & continuellement à Rome prés Sa Sainteté, fussent entretenus de pension honorable, chacun aux dépens de l'Eglise de sa Nation; aussi ce qui seroit à déliberer & conclure par Sa Sainteté és affaires generales de la Chrêtienté fût fait avec eux, & la conclusion fût faite à la pluralité des voix, sans pour ce déroger à la puissance du Concile œcumenique, qui toûjours devroit être par-dessus eux tous. Les Cardinaux comme ils sont de present, de vray sont à respecter & honorer à cause du Saint Siege Apostolique, mais non pas pour être plus ny tant que chaque Evêque est en son Diocese, car eux comme Cardinaux de l'Eglise Romaine, n'ont aucun pouvoir n'y commandement, sinon au lieu où ils sont titulez & auquel lieu ils doivent residence pour y exercer leurs charges; aussi ne doivent-ils être privilegiez, ny avoir avantage aux dépens & domage des autres Eglises, & au peril des ames.

Es Etats d'Orleans 1560. comme les affaires de cét Etat se trouverent grandement embroüillées par la mort inopinée du Roy François II. qui interrompit quelque grande entreprise, les Cardinaux obtindrent seance à côté droit du Roy, & fût leur seance selon l'antiquité de leur promotion, le Cardinal de Tournon Doyen des Cardinaux ayant le premier lieu, & feu le Cardinal de Bourbon le tiers; mais és autres prochains Etats suyvans tenus à Blois 1576. les Princes du Sang & Pairs de France eurent leur seance audit côté droit, & lesdits Cardinaux à senestre, & Mondit seigneur le Cardinal de Bourbon, qui és autres Etats étoit le tiers entre les Cardinaux eût le premier rang entre les Princes; A tant par le moyen des Liberté de l'Eglise de France, soit dit & statué audit Concile National que les privileges octroyez aux Cardinaux, soit par l'extravagante *execrabilis de prœbendis*, soit par les Indults, soit par regles de Chancelerie Romaine, ou autrement, ne pourront être pratiquez étendus pour diminuer l'état, police & discipline ancienne de l'Eglise, en consequence de ce que les Collateurs ordinaires, & Patrons Ecclesiastiques feront toutes les fonctions, & exerceront leur puissance chacun à son égard par droit ordinaire sans être empêchez par lesdits Indults & Privileges, & sans que lesdits Cardinaux reçoivent quelque faveur ou avantage, sinon pour l'honneur, ny même pour attribuer la connoissance des differents au grand Conseil; car même en general, il est expedient de ne plaider les Benefices, comme sera dit cy-aprés.

Les Indults des Cours de Parlement n'ont aucune apparence pour l'integrité qui doit être au ministere de l'Eglise, car par iceux les Collateurs ordinaires sont obligez de conferer les Benefices vaquans à ceux qu'ils jugent les plus dignes, & est à eux seuls d'en juger, parce que toutes les Eglises de chacun Diocese sont à la charge, sujection, & ordonnance des Evêques Diocesains, qui étans presans & sur le lieu, jugent mieux les suffisances des personnes que les utilitez de chaque Eglise: ce qui est plus à blâmer esdits Indults, est que les Officiers desdites Cours de Parlement semblent avoir la nomination des Benefices par Indult pour recompense des services qu'ils font au Roy en leurs charges, & possible afin qu'ils ne soient si exacts reformateurs des abus de la Cour

Romaine. Les anciens ont dit que c'est aussi bien simonie quand un Benefice est conferé par grace, faveur, respect à personnes, recompenses des services ou autre occasion temporelle, comme quand il est conferé moyennant deniers; ainsi dit saint Gregoire *in can. nonnullis, & in can. si quis neque* 1. *quæst.* 1. *& Beda in can. non solum* 1. *quæst.* 3. & ce qui augmente le mal, est que les Officiers desdites Cours layez & mariez, ont la nomination aussi bien que les Conseillers d'Eglise.

Quant aux Hospitaux, Maladeries, Fabriques d'Eglise, pource que la principale administration d'iceux, gît en ménagement & exercice d'affaires temporelles, ce qui n'est pas propre aux gens d'Eglise, desquels le soin doit être entier au service de l'autel, à l'administration des Sacremens, & à la predication de la parole de Dieu, semble expedient qu'au prochain Concile National, l'Eglise de France eût agréable, & en tant qu'à elle est authorisé les derniers Edits faits par nos Roys Charles IX. & Henry III. au fait du gouvernement desdits Hospitaux & lieux pitoyables, & que lesdits Edits soient Generaux, quoy que lesdits lieux pitoyables soient de fondation laye, & qu'ils ayent accoutúmé d'être conferez comme Benefices, ou accoutúmé d'être gouvernez par Religieux, ou qu'ils soient unis à quelques Benefices, & sans que Monsieur le grand Aumônier de France y ait aucun commandement, ainsi seulement puisse prendre soin & donner avis sur l'administration, en reservant toutesfois ce qui est de l'administration pure spirituelle, qui sera exercée par les Ecclesiastiques, qui par cy-devant, ont accoutúmé d'y être préposez. En la Clementine seconde *de religiosis domibus*, és Clementines est dit, que les Hospitaux ne doivent être conferez en Benefices, à moins que la coutúmé fut telle, ainsi doivent être baillez en gouvernement à personnes comptables; ce que dessus ne devra déroger à l'authorité, honneur & surveillance que les Evêques & autres Superieurs Ecclesiastiques doivent à l'administration spirituelle desdits Hospitaux, & de l'humble devotion que lesdits Administrateurs d'iceux Hospitaux doivent avoir envers lesdits Evêques & Superieurs spirituels, pour conferer avec eux & prendre leur avis sur les affaires importantes qui peuvent survenir; & au chapitre *de Xenodochiis extrà de religiosis domibus*, semble que la sollicitude soit attribuée aux Evêques & non l'administration, & encore soit reservé ausdits Evêques & Superieurs spirituels & Patrons lays, d'assister aux comptes qui seront rendus par les Administrateurs temporels, à cet égard ne soient acceptez les Decrets du Concile de Trente contraires ou divers, aux reglemens portez par lesdits Edits.

Quant aux élections & confirmations des Evêques, Abbez & autres Prelats qui doivent être élûs, sembleroit expedient que l'Eglise de France suppliât le Roy qu'il luy plaise de quitter le droit de nomination qu'il a par les Concordats, aux Archevêchez, Evêchez, ou Abbayes & Prelatures électives, & avoir agreable que l'élection soit remise sus, pour y être procedé par la forme qui sera avisée & decretée au prochain Concile National, qui soit de telle sorte qu'il n'y ait moyen d'y faire brigues & menée, & il y en a quelque expedient en ces memoires. Si on ne peut obtenir que le Roy veuille quitter pour le tout, il sera supplié, qu'il luy plaise se contenter de retenir la nomination aux Abbayes, Prieurez & autres Benefices qui ne portent titre d'Evêchez, & de laisser les premiers Archevêchez & Evêchez pour y être pourveu par élection. En France sont 90. Evêchez ou environ, & il y a d'Abbayes en nombre de six à sept cent. En cas qu'il plaise à Sa Majesté de quitter & de laisser à l'Eglise le droit de nomination aux Evêchez, soit avisé au premier Concile National de la France qui sera tenu pour l'élection & confirmation autre qu'elle n'a été observée cy-devant, parce que l'evenement a fait connoître que la sincerité & integrité n'y commandoit pas toûjours, & pour faire que personnes gens de bien, de longue approbation, de preud'hommie, d'âge suffisant & literature, si elle n'est excellente, au moins soit-elle mediocre, car la bonne vie, l'humanité & l'humeur aumôniere & benignité d'un Evêque present prêchent plus & font plus de profit que la grande & excellente Doctrine. L'âge competent à un Evêque est de trente ans *cap. cum in cunctis extrà de electione*, & en l'ancienne Eglise le même âge étoit necessaire aux simples Prêtres, comme il a été dit cy-dessus. Quant à la literature au chapitre *cum nobis de electione*, & au chapitre *nisi §. pro defectu extrà de renunciationibus*, il est dit que la science mediocre avec quelque convenance & proportion pour la charge est suffisante; mais la bonne vie, & les bonnes mœurs & la benignité prompte à charité & aumône sont precisement necessaires; & comme dit S. Gregoire en l'Ep. 24. livre 1. & en l'Epist. 52. & 68. livre 2. La voix de l'Evêque penetre plus avant, jusqu'au cœur des auditeurs, quand elle est recommandée par la bonne vie du Predicateur, & le peuple suit plûtôt l'exemple des mœurs que la parole; aprés l'élection faite bien & canoniquement, fût ordonné qu'il seroit procedé à la confirmation par le Superieur Metropolitain, non pas en forme de plaidoyrie n'y avec les formalitez des procez introduites par les Decretales, qui sont *ad instar* de la plaidoyrie és matieres profanes & seculiere, mais sommairement & de plain avec la simplicité prudente, sans Ministere d'Avocat n'y de Procureur; entr'autres soient rejettez les decisions des Decretales qui declarent les élections nulles par defaut de ceremonies superficielles qui sont de subtilité de droit, comme quand on n'a pas observé exactement les formes, si on a traité de l'élection avant que le défunt Evêque fût inhumé & autres, dont est parlé *in cap. ad inquisitionem extrà de accusationibus*, *cap. bona* 2. *extrà de electione*, *cap. super eo*, *cap. cùm post*, *cap. quod sicut*, au même titre, & infinité d'autrés formalitez de ceremonies mises au fexte, & és Clementines qui regardent l'écorce des parole, & non l'essence. La vraye essence de l'élection est que l'électeur par paroles ou par escrit declare sa volonté en quelque forme de paroles que ce soit ; & s'il advenoit que ce ne fût pas vraye élection, mais postulation, parce que celuy qui seroit élû, ne seroit pas de soy capable par faute qui ne procedât de son vice, comme s'il étoit bastard, ou ne fut admis aux Ordres sacrez ; mais au reste qu'il fût de bonnes mœurs, d'âge competent & literature mediocre, en ce cas ne seroit besoin d'aller à Rome pour la dispense ; mais le Primat ou Patriarche, aprés connoissance de cause qui fût trouvée juste & raisonnable pour l'utilité de l'Eglise, l'en peut dispenser ; aussi audit cas que le droit d'élection soit restitué au Clergé, ledit Clergé devroit avoir plus agreable de mespriser les exemptions qu'aucuns d'eux ont pour n'être sujets à la jurisdiction de l'Evêque, parce que celuy qui leur devra commander, aura été élû par eux mêmes ; par cette consequence sembleroit expedient, qu'audit Concile National fût statué que les élections des Evêques & Archevêques seroient faites, non seulement par les Chanoines de l'Eglise Cathedrale, mais aussi par les Abbez, Prieurs Conventuels, Chefs des Eglises Collegiales, & les Archiprêtres ou Doyens ruraux du Diocese ; & parce que la multitude des personnes, pourroit apporter confusion, & afin d'éviter les brigues & menées, fût statué au Concile National, que *ad instar* de la voye compromissaire, qui est approuvée par les Decretales au fait des élections, les nominateurs de l'Evêque futur fussent choisis par balotte, comme il se fait à Venize pour l'élection des Magistrats, lesdits nominateurs jusqu'au nombre de neuf ou douze, & au même nombre fussent mis billets en l'urne ou cruche parmy les autres billets, & ceux qui tireroient les ballottes des nominations, s'assemblassent en deux ou trois bandes, au même instant, & vinsent rapporter à la Compagnie ceux qui auroient été par eux nommez, pour par chacun de la Compagnie donner sa voix à celuy qu'ils estimeroient le plus digne ; & celuy qui auroit plus de voix demeurât élû. Le tout de ce que dessus, fût fait par suite & continuation, sans qu'il fût permis à aucun de sortir jusques aprés l'élection parfaite, à peine de perdre sa voix, qui est le vray moyen d'ôter l'occasion & le moyen de brigues, parce que quand on entrera, nul ne sçait qui seront les nominateurs, ce ne seroit pas élection par sort ; ce qui a été défendu par la Decretale d'Honoré III. Pape *in capite ultimo extrà de sortilegiis* ; car chacun de ceux qui est reçû à tirer le billet, est capable pour élire, & les nominateurs donnent leur jugement certain, & non à l'avanture par sort, ains est une voye *ad instar* de compromis, qui comme dit est, est approuvée de droit, *capit. quia propter, capite cùm in jure extrà de electione in antiquis, & cap. si in compromissarius extrà eodem titulo in sexto*, & par Saint Gregoire Epistre 54. livre 2., & n'est pas sans exemple, comme il se lit és Actes des Apôtres, que Saint Mathias fut élû par sort, mais ce fut aprés que deux furent presentez bien suffisans, puis c'est pour éviter un inconvenient des brigues & menées, qui est si pernicieux, que pour l'éviter, il n'est pas mal à propos de se dispenser, pour tirer à quartier.

La confirmation de l'Evêque aprés l'élection, soit faite par le Metropolitain, & la confirmation du Metropolitain par son Primat, avec les Evêques de la même Province, comme il est dit *in cap. si Archiepiscopus de temporibus ordinationis.* La confirmation faite, les élûs confirmez prêtent le serment de fidelité au Roy, comme il est dit cy-dessus, puis sont consacrez, selon l'ordre de droit.

Quant aux Abbayes & autres Prelatures électives, s'il ne plaît au Roy quitter son droit de nomination, s'y trouvera moins d'inconvenient qu'aux Evêchez, parce que telles Prelatures ne sont du premier & necessaire établissement de l'Eglise, & audit cas que la nomination demeure au Roy, ladite nomination soit tenuë pour élection, & s'il est capable, soit confirmé par l'Evêque Diocesain, sans longueur, sans procez, & sans frais, & ne soit besoin d'aller prendre confirmation, ou autre institution, ou provision à Rome, n'y par consequent payer l'Annate ; au tems que les élections étoient en leur plein usage, les Evêques confirmoient & benissoient les Abbez elûs, & si le Siege Episcopal étoit vaquant, le Chapitre confirmoit ; ainsi est rapporté par Gregoire IX. Pape *in cap. cum olim extrà de majoritate & obedientia*, l'élection appartenoit aux Religieux de la même Congregation, tiré du Concile de Tolede 16. *quæst. septima*, & devoient élire un de leur Congregation, & s'il n'y en avoit aucun idoine, pouvoient en élire d'autre Congregation, Gregoire *in canone quam sit* 18. *quæstione prima*, & parce que de present la plûpart des Abbayes, & autres Prelatures Regulieres, sont tenuës en Commande perpetuelle, & parce que comme dit est, elles ne sont de necessaire établissement de l'Eglise, & parce que le mal s'est trop renforcé pour être facilement gueri ; lesdites Commandes perpetuelles pourront être tolerées ; & le Benefice, ainsi conferé par la dispense du Primat ou du Patriarche, fors és Abbayes, qui sont Chefs d'Ordre, esquelles par necessité l'Abbé devra être Religieux du même Ordre, & élû par les Religieux, mais à la charge audit cas de Commande, qu'avant que le Commandataire puisse joüir, & dedans les six mois il sera choisi du plus beau, plus certain, plus clair, plus commode, & plus proche revenu en valeur suffisante, pour l'entretenement des Religieux, auquel revenu lesdits Religieux commanderont sans que l'Abbé y ait oüe voir ; aussi sera élû par les Religieux un Prieur, si c'est Abbaye, & si c'est Prieuré, un Soûprieur Religieux Profez, & non par l'Abbé ou Prieur Commandataire, lequel Prieur ou Soûprieur sera pourveu en titre irrevocable, & sera confirmé

confirmé par l'Evêque Diocesain, pour avoir commandement & jurisdiction Claustrale sur les Religieux, & ce qui est de la discipline Reguliere. Sera aussi entretenu nombre competant de Religieux, selon le revenu du Monastere, & à l'arbitrage dudit Evêque, & les Offices claustraux seront conferez aux Religieux de la même maison, & non à autres, à faute par refus ou délay de l'Abbé ou Prieur Commandataire, de faire ladite assignation de revenu competant dedans les six mois, par l'avis & authorité de l'Evêque Diocesain, la Commande perpetuelle soit declarée vacante, *ipso facto*.

Au prochain Concile National, soient exterminez de tout point de l'Eglise de France, les dispenses de tenir plus d'un Benefice, ayant charge d'ames, ou dignité, & charge publique, selon les anciens Decrets, sauf d'être procedé à l'union, pour les causes cy-dessus touchées, & aprés connoissance de cause. Cette pluralité de Benefices est défenduë par le grand Concile de Calcedoine, rapporté *in canone clericum*, & par le septiéme Concile, rapporté *in canone Clericus 21. quæstione prima*, audit *canon Clericus* est excepté, sinon qu'il y eût penurie de personnes Ecclesiastiques; mais en ce cas seroit plus expedient d'unir les Eglises voisines à perpetuité ou à tems; à ce moyen soit dérogé à la cause finale du chapitre *de multa extrà de præbendis*, qui permet la dispense de pluralité des Benefices en faveur des personnes de grande condition & de literature. Soit aussi dérogé à l'extravagante *execrabilis*, qui est du Pape Jean XXII. au Titre *de Præbendis*, qui permet la dispense de pluralité de Benefices en faveur des Cardinaux, parce que, dit-on, qu'ils sont continuellement empêchez pour l'état universel de l'Eglise, & permet la dispense pour enfant de Roy. Mais en l'administration Ecclesiastique, la plus précieuse partie est le gouvernement des ames, & quand le Pape laissera faire à l'Archevêque tout ce qu'il a à faire en chaque Diocese, comme par raison il doit faire, ny Sa Sainteté, ny les Cardinaux ne seront pas tant empêchez; & peut-être tout seroit mieux si le Pape ne tenoit pas maison & magnificence de Roy, & les Cardinaux de grands Princes.

Soient aussi repetez, & étroitement observez les anciens Decrets, qui commandent aux Beneficiers la residence personnelle & continuelle en leurs Eglises, & à cét effet, pourra être au Concile National, declaré la peine de non residence, être la vacation du Benefice *ipso facto*, sans attendre ny s'arrêter à faire des monitions precedentes. Le tems d'absence pourra être arbitré de trois mois; il est dit *in cap. 2. extrà de Clericis non residentibus*, qu'Anastase Cardinal Diacre, fût privé de son Benefice pour la non residence, de même est dit, *in canone pervenit 7. quæstione prima*, & s'entend la residence au Chef lieu du Benefice, même quant aux Evêques en l'Eglise Episcopale, & ne suffit s'il reside en une Ville ou Château en dépendant, *in canone placuit*, tiré du Concile de Carthage 7. *quæst.* 1. & s'il y a quelque empêchement necessaire, & soit entendu vray necessaire, & n'est assez qu'il soit probable : car il est necessaire que le Beneficier absent le fasse averer par témoignage judiciaire de personnes notables pardevant son Evêque, & l'Evêque au Chapitre de son Eglise, & le fasse juger être necessaire, avant que le premier mois de son absence soit expiré. Partant ne soient reçûes les excuses, qui semblent être approuvées par quelques Decretales, comme d'être à la suite de son Evêque *capite de cætero*, *capite ad audientiam extrà de Clericis non residentibus*, vû que l'Evêque même doit residence au chef lieu de son Evêché, ny l'excuse d'être Officier ou Domestique du Pape, dont il est parlé *in capit. cum dilectus cap. ad audientiam eodem titulo*, le Pape a des revenus temporels assez pour salarier ses Officiers & Serviteurs; Saint Gregoire en l'Epistre 13. du livre 3. parlant d'un Beneficier qui avoit été déposé, & privé de son Benefice pour ne resider, & supplioit d'être rétably, alleguant deux excuses, l'une que son Evêque l'avoit envoyé à l'expedition de quelques affaires, l'autre qu'il avoit été malade, ledit Saint Gregoire n'admet que l'excuse de la maladie, dont faut inferer qu'il reprouve l'autre par la raison du Chapitre, *nonne extrà de præsumptionibus*. De ce que dessus dépend ce qui fut statué au Concile de Reims, rapporté *in canone sicut*, *& in canone præcepimus 21. quæst.* 2. qui est, que nulle Eglise ne soit deservie par Prêtres pris à gages, ou louez, c'est-à-dire, Prêtres non pourvûs en titre de Benefice.

Soit aussi rétablie l'integrité, qui selon les anciens Decrets, doit être en la provision des Benefices, en interdisant toute plaidoyrie pour l'effet des Collations en titre, élections & Commandes des Benefices Ecclesiastiques, & declarant le litigateur privé du Benefice par luy prétendu, comme ambitieux & indigne; car les Benefices doivent être conferez sans être demandez, & à ceux qui fuyent de les avoir, combien qu'ils en soient dignes, & refusez à ceux qui les demandent; ainsi dit Saint Gregoire en l'Epistre à Syagrius Evêque d'Authun, Epistre 110. liv. 7. rapporté *in canone sicut prima quæstione sexta*, *& epistola quinta*, *libro sexto*, rapporté *in canone scripturis 8. quæstione prima*. Pourquoy m'a semblé quelque fois étrange, ce qui est dit par Clement III. Pape *in capite super hoc extrà de renunciationibus*, parlant d'un Benefice acquis avec grand labeur & grande dépense; & comme cela a été recité sans le blâmer és Loix Civiles, *leg. consultationibus cod. de testamentis*, *lege repetita*, *cod. de Episcopis & Clericis*; c'est honte aux gens d'Eglise d'être sçavans au fait de plaidoyrie, ce qui est plus à blâmer quand le Benefice se plaide. Que si aucun different survient; comme il est presque impossible, que les affaires humaines puissent être démêlées sans difficulté, soit dit au Concile National, que le different sera vuidé sommairement par trois arbitres personnes Ecclesiastiques, dont chacune des parties en nommera un, & tous deux s'accorderont du troisiéme, & à leur refus ou discord, ou délay de plus de trois jours, l'Evéque Diocesain les choisira, lesquels arbitres vuideront le differend dans un mois au plus tard, sans qu'aucun appel ou plainte soit reçûe contre leur jugement, parce que telles affaires, à cause de la sainteté, ne doivent être traitées selon les affaires civiles, & la simplicité y est plus à employer, que non pas la grande science ou experience.

Semble aussi être expedient d'être avisé, déliberé & arresté au prochain Concile National, pour le fait du Mariage, parce que le Mariage est Sacrement, parce que par la foy & merite des peres & meres, la generation est benite de Dieu, parce que le Mariage est necessaire pour la conservation du Genre humain, & parce que ce Sacrement & interêt public, desirent que les volontez des personnes privées ny commandent, mais que les volontez obeïssent à la loy. pourquoy soit avisé, déliberé & arresté en quel âge les mariages pourront & devront être faits, tant à l'egard des jeunes personnes, que des personnes âgées & vieilles, & encore afin d'eviter les inconveniens, qui arrivent souvent des mariages mal faits, quand les jeunes personnes sont mariées en âge trop tendre, & quand personnes fort âgées se marient à jeunes personnes. Selon la condition humaine, le mariage est pour conserver le Genre humain par multiplication de lignée; selon le Sacrement, c'est par la Foy & amitié; selon l'infirmité humaine, c'est pour éviter la fornication. Quant à la premiere consideration, semble expedient d'être ordonné, que les jeunes personnes ne pourront être mariées, sinon qu'elles soient en âge pour pouvoir engendrer sans forcer ou alterer les facultez naturelles, & parce que les temperamens ne sont pas égaux en toutes personnes, soit étably un limite d'âge, selon la plus commune disposition, comme des mâles à dix-huit ans, qui est la pleine puberté, ainsi definie par le Droit Romain, qui soit dix-huit ans accomplis, & des femelles à quatorze ans; à cet égard soit éclaircie la diversité des decisions du Droit Canon & du Droit Civil Romain; le Droit Civil Romain a declaré la puberté à quatorze ans aux mâles, & aux filles à douze ans. Nous ne sçavons pas quelle étoit l'habitude & vigueur naturelle des personnes Romaines en ce tems-là : mais de present, nous connoissons avec certitude, qu'en cét âge, même quant aux mâles, la generation ne peut bonnement être. Les Canonistes reconnoissans bien cét inconvenient, ont dit qu'il ne falloit pas avoir égard tant à l'âge, qu'à l'habitude & disposition du corps, parce que quelques personnes sont de plus belle venuë à quinze ans, que les autres à dix-huit, & partant n'ont pas definy un âge certain, & sous ce pretexte, les Evêques, Officiaux, & Curez, se sont dispensez à recevoir les mariages de fort jeunes personnes, d'où est arrivé plusieurs inconveniens; même que les fort jeunes personnes s'accouplant charnellement avant la force naturelle acquise, se gâtent & affoiblissent, ce qui les fait mourir jeunes ou vivre en langueur, & la lignée qui vient de telles copulations, est foible, & de peu de durée, ce qui fait perdre les maisons & les Races; aussi fort souvent arrive que l'amitié n'est pas si ferme entre les personnes, qui ont été mariez avant que la vraye connoissance d'amour fût naturellement venuë; car pour former une parfaite amitié, il est besoin qu'il y ait eu une connoissance precedente, pour former par chacun en son cœur les causes de son amour; ce qui doit être au tems que chacun d'eux est en liberté, pour aymer ou pour n'aymer pas; & quand on est lié par mariage, il avient souvent, parce qu'on se sent lié, qu'on ayme moins, si ce n'est qu'au tems de liberté on ait acquis l'amitié. Sur ce propos Saint Augustin rapporté, *in can. institutum 27. quæst.* 2. dit, que de son tems étoit observé, que les filles promises n'étoient pas si soudain mariées, à ce que le mary ne prît pas occasion de mépriser ce qui luy étoit incontinent octroyé, disant en outre, que la dilation avec les soûpirs, fait que l'homme a plus agreable sa femme, & autant en faut dire de la femme. Et parce que, si selon l'opinion des Canonistes, on permet aux hommes de juger en chaque personne qui voudra se marier, l'habilité ou inhabilité, vigueur ou imbecillité des personnes qui sont à marier, pourroient intervenir brigues & menées, semble expedient, que pour la sainteté du Mariage & pour la necessité, & pour éviter les inconveniens, lesquels quand ils sont avenus, ne sont sujets à remede, soit prefiny un âge certain pour les mariages, qui selon la coûtume contingence, soit propre pour engendrer sans faire tort aux personnes qui se marient, qui est, comme dessus est dit, dix-huit ans accomplis aux malles, & quatorze ans aux filles; & soit ainsi statué, que les mariages faits avant cét âge, soient declarez nuls, quoy qu'il y ait eu copulation charnelle, avec permission à chacun des conjoints de se marier autre part, aprés l'âge accomply, avec reservation aux Juges lays, de punir les autheurs de tels mariages, & de declarer nulles les pactions du traité. Et quant aux personnes vieilles, soit statué & ordonné, que la femme âgée de 45. ou 50. ans, & qui sera hors d'âge de faire enfans, ne pourra épouser homme qui ne soit de pareil âge à elle, ou plus grand, & l'homme âgé de plus de 60. ans, ne puisse épouser femme âgée de moins de 40. ans, & soient declaré nuls les mariages qui seront faits contre cette prohibition, & permis aux Juges lays de declarer aussi nulles les pactions concernantes les biens.

Soit aussi avisé & statué, que les Legats de Nôtre Saint Pere, à moins qu'ils soient *à Latere*, c'est-à-dire, Cardinaux seans en Consistoire à côté du Pape, & les Nonces qui sont comme Ambassadeurs de Sa Sainteté, seront reçûs en France, comme ont accoûtumé d'être reçûs les Ambassadeurs des autres Princes Souverains, avec cette exception, qu'ils seront respectez pour avoir le premier rang entre les Ambassadeurs pour l'honneur qui est deub au Pape Souverain en la spiritualité, mais ne pourront exercer leurs facultez, sinon aprés qu'elles auront été veuës par le Roy en son Conseil avec assistance de bon nombre d'Evêques & Prelats François & des principaux Officiers des Cours Souveraines pour connoître si aucunes desdites facultez se trouveront contraires ou diverses aux Libertez de l'Eglise de France, ou contraires & au prejudice des droits que le Roy par bonne union avec l'Eglise de son Royaume, & aprés ladite connoissance prise les refuser ou accepter; ce qui dépend de ce qui a été dit cy-dessus en divers endroits, que selon l'établissement ancien de l'Eglise, le Pape ne peut exercer sa puissance souveraine au prejudice des puissances ordinaires, sinon en cas de devolution par degrez; en consequence aussi ne soit reçeu ce qui est dit en l'extravagante *super gentes de consuetudine*. Aussi n'est observé ce qui est statué par Innocent III. *in cap. cum instantia extrà de censibus*, que toutes les Eglises doivent défrayer les Legats, & non ceux du siege Apostolique; car un des articles des Libertez de l'Eglise de France & droit de la Couronne est que le Pape n'a aucun droit de commander aux bourses des François, à moins qu'il ne soit du Clergé. Pour le general la regle est pour tous Legats & Ambassadeurs, qu'ils doivent être agreables à celuy auquel ils sont envoyez, pour eviter l'inconvenient qui peut advenir que l'intercession & entremise de l'Ambassadeur non agreable soit plûtôt occasion de courroux que de pacification; ce qui est remarqué *in can. sollicite* qui est de saint Gregoire *distinct.* 49.

Qu'en reconnoissant le Pape Chef de l'Eglise, comme il est, mais Chef Aristocratique & non Monarchique, & Souverain avec puissance reglée, & non pas pleniere & absolue soit par même moyen reconnu que cette souveraineté est pour les affaires spirituelles & Ecclesiastiques seulement, & qu'il n'a aucun pouvoir ny commandement sur ce qui est de la Royauté & Majesté Royale ny és autres affaires temporelles de ce Royaume, desquelles le Roy est souverain sans reconnoître aucunement la puissance du Pape; à tant ne soit receuë, ains rejettée la Decretale extravagante de Boniface VIII. commencent *unam sanctam* sous le titre *de majoritate & obedientia* és extravagantes, comme ayant été ladite Decretale faite par Benedic Caïetan, qui étoit son nom avant son Pontificat, & representoit ses humeurs naturelles, & non par Boniface VIII. Chef de l'Eglise: parce que cette qualité de Chef de l'Eglise, emporte avec soy, que ladite Decretale eût dû être faite en corps d'Eglises, duquel corps le Pape est Chef, c'est à dire en Concile œcumenique, auquel eussent été appellez & oüis les Empereurs & les Roys & autres Princes & Souverains Chrêtiens pour leur interêt, les histoires rapportent dudit Boniface VIII. que selon son naturel il étoit extraordinairement hautain, ce qui a été cause qu'on a dit de luy *regnavit ut Leo*, & toutesfois il étoit né de petit lieu, puis qu'il avoit été simple Secretaire & Notaire du Pape Nicolas son predecesseur, comme dit la glose *in cap. cupientes de electione in sexto*. & avant son Pontificat nommé Benedic & surnommé Caïetan, parce qu'il étoit Evêque de Cajette, pourquoy a été dit cydessus qu'il a fait la Decretale selon son naturel d'homme, & non pas selon la qualité de Chef de l'Eglise successeur de Saint Pierre. Les autres Papes ses predecesseurs n'ont pas ainsi haussé leur puissance spirituelle. Saint Gregoire en ses Epistres, quand il escrit à Maurice Empereur, ou quand il escrit de luy, il l'appelle son Seigneur: Boniface IV. successeur dudit Saint Gregoire, impetra de Phocas ce beau titre d'être dit & reconnu universel de l'Eglise. Boniface III. auparavant, escrivant à Honoré Auguste, fait sa requête avec humble supplication *in canone Ecclesia distinct.* 97. Leon Pape escrivant à Lothaire Empereur luy proteste & declare qu'il entend observer les commandemens & Capitulaires Imperiaux *can. de capitulis distinct.* 10. Il est vray que les Papes depuis le tems de Gregoire VII. aprés avoir par divers moyens supplanté les Empereurs de Germanie ont pretendu que les Empereurs tiennent l'Empire d'Occident par bienfait des Papes, disant que les Papes de leur authorité ont transferé l'Empire en Occident en la personne de Charles le Grand Roy de France, y adjoûtant puis qu'ainsi est que les Papes oignent & consacrent les Empereurs, ils ont superiorité sur eux; & en consequence de ce, ont pretendu qu'à eux appartenoit de deposer les Empereurs, & d'administrer l'Empire quand il est vaquant. Mais la verité est que Charles le Grand se trouvant seul Monarque en la Chrêtienté à la part d'Occident, & s'étant avec la force des François rendu vainqueur de toutes les Nations d'Occident tant en Germanie qu'en Espagne, & des Lombards en Italie, & des Grecs en ce qui leur restoit de l'Exarchat en Italie, & à ces moyens étant de fait Empereur en Occident, se fit reconnoître tel à Rome par le Pape & par les Citoyens Romains, Rome étant l'ancien Siege de l'Empire. Le Pape & les Romains étans lors si foibles de forces (qu'à peine pouvoient-ils garentir leur Ville de la force des Lombards) ne pouvoient donner l'Empire d'Occident qui n'étoit en leur puissance. Vray est, qu'aprés que la maison de Charles le Grand fût affoiblie, qui en peu de tems s'étoit faite grande, en peu de tems déchut de tout, & que l'Empire d'Occident fût transferé en Germanie, les Papes nez en une Region où les esprits sont plus aigus, ont avec divers moyens affoibly l'authorité des Empereurs de Germanie, & entrepris cette grande authorité sur l'Empire. Mais il n'y a aucune similitude de raison pour étendre cette pretenduë puissance des Papes sur le Royaume de France; car les François de leur propre force, ont conquesté les Gaules sur les Romains & ont étably cette Monarchie, sans y reconnoître aucun ayde des Papes n'y des Romains, sinon comme bons Chrêtiens, ils ont reconnu les Papes Chefs de l'Eglise pour le spirituel; aussi

Innocent III. *in capit. per venerabilem extrà. si filii sint legitimi* dit que le Royaume de France ne reconnoît aucun Superieur, est un foible argument de superiorité, Samuël Prophete oignit Saül & David, & il étoit leur sujet. Sadoc Sacerdote & Natan Prophete, oignirent Salomon, & ils étoient ses sujets. L'Archevêque de Rheims a accoûtumé d'oindre le Roy de France, & il est son Sujet & Vassal comme Pair de France ; un simple Prêtre oït le Pape en confession & luy donne absolution : c'est la grace de Dieu qui est distribuée aux hommes par les mains d'autres hommes, afin que devant Dieu, & quant à Dieu nous tous hommes, nous reconnoissions pareils. Soit donc reconnu au prochain Concile National, non pas en faisant loy nouvelle, mais en declarant le droit tel qu'il est, que les Papes n'ont aucun pouvoir d'absoudre & exempter les sujets du Roy du serment de fidelité & obeïssance qu'ils doivent à leur Roy. Partant ne solent reçû les Decrets de Gregoire VII. Pape *in canone nos Sanctorum* & d'Urbain II. *in can. juratos* 15. *quaest.* 6. & la Decretale de Gregoire IX. *in cap. ult. ext. de Heret. & in cap. gravem extrà de pœnis*, parce que les Papes n'ont aucun pouvoir en la temporalité de ce Royaume, & encore parce que la foy & fidelité dûë au Roy par ses Vassaux, est non seulement personnelle, mais aussi réelle à cause des Fiefs, & si les Vassaux veulent se liberer de ladite foy, ils doivent quitter les Fiefs.

Aussi sera expedient, qu'il soit statué audit Concile National, que les jeunes personnes étans en puissance de pere, mere ayeul ou ayeulle & de tuteur, ne puissent contracter mariage sans le consentement desdits ascendans ou tuteur, & à faute de ce, le mariage soit declaré nul, quoy qu'il y eût eu copulation charnelle, & reservant en leur vigueur les loix civiles de ce Royaume, qui ordonnent les peines de mort & autres contre ceux qui pourchassent & font tels mariages ; ce faisant soit dit & declaré que le Canon *sufficiat* qui est de Nicolas Pape 27. *quaest.* 2. a été mal interpreté par quelques praticiens de Cour d'Eglise, car quant audit Canon, il est parlé du consentement de ceux qui doivent se marier, ce n'est pas pour exclure le consentement des peres & meres, ains est pour montrer, & c'est le sommaire des Canons de la question 2. que le mariage peut être accomply par consentement mutuel des deux, mâle & femelle, quoy qu'il n'y ait copulation charnelle, dont le grand & bien certain exemple est du mariage de Joseph avec la Vierge Marie, ainsi s'entend le mot *sufficiat*, & le faut prendre selon le sujet de la matiere, ce qui est traité en ladite question, & les mots *secundum leg.* qui y sont mis se rapportent à ce que les loix civiles disent. *Nuptias non concubitus sed consensus facit*, cette declaration & interpretation mise par nous, cy-dessus, est verifiée par le Decret d'Evariste Pape *in can. primo* 13. *quaest.* 5. qui definit, que sans le consentement des peres & ascendans, le mariage n'est pas legitime, & dit *non esse conjuges sed contubernia* ; *Contubernia* sont conjonctions de personnes non approuvées par les loix, à quoy se rapporte le Canon *Nostrates*, dudit Pape Nicolas, & le Canon *qualis* de Leon Pape 30. *quaest.* 5. ce qui est conforme au droit Civil Romain, qui declare nul le mariage du fils ou fille de famille sans le consentement de celuy en la puissance duquel il est. *Leg.* 2. *ff. de ritu nuptiarum*, & de même fût statué par Clotaire & Childebert nos Rois, comme il est rapporté au Concile de Tours, chapitre 21. Soient aussi declarées nulles & non legitimes toutes épousailles faites clandestinement, c'est-à-dire, autrepart qu'en l'Eglise Paroissiale de l'un des deux mariez, non publiquement, sans assemblée du peuple & sans proclamation des bans par trois Dimanches precedans ; à quoy se rapporte ce qui est dit *in canone nullum* tiré du Concile d'Arles 30. *quaest.* 5. ....

FIN.

DISCOURS DE Mᴱ. GUY COQUILLE,

DES DROITS ECCLESIASTIQUES, ET LIBERTEZ de l'Eglise Gallicane, & les raisons moyens d'abus, contre les Bulles decernées par le Pape Gregoire XIV. contre la France 1591.

NOUS croyons & confessons, que S. Pierre Chef des Apôtres, tres-aimé de Jesus-Christ, à cause de la ferveur & fermeté de sa foy, a tenu & gouverné le Siege Episcopal de Rome, qui est le Siege Apostolique, & a souffert Passion à Rome. Il avoit auparavant tenu son Siege Episcopal en Antioche, de laquelle seance l'Eglise Universelle fait la fête le 22. Février, & l'Eglise de Rome fait particulierement la fête de la seance à Rome, le 18. Janvier, comme il se void au Calendrier du Diurnal Romain.

Il est bien seant de croire que Dieu par sa grande & incomprehensible providence, ordonna qu'ainsi fût, parce qu'en ce tems Rome étoit Chef de tout le monde, ayant de ses propres forces conquesté, & rendu sujet ou confederé à elle tout le reste du monde, & qu'au même lieu fût aussi établie la foy Chrêtienne par les deux principaux Apostres S. Pierre & S. Paul, pour commencer d'accomplir les Propheties du Roy David, parlant du Royaume de Jesus-Christ és Pseaumes 2. & 109. afin que la Ville qui commandoit à tout le monde, commançât à se soûmettre à la domination de Jesus-Christ. Selon ce commancement, aprés que l'Eglise Chrêtienne s'est multipliée & accreuë, les Sieges des Evêques, Archevêques, Primats & Patriarches, ont été établis és Citez qui tenoient le degré de préeminence, selon l'établissement de la domination temporelle des Romains. Quand Constantin transfera le Siege de l'Empire Romain à Constantinople, qu'il avoit nommée de son nom, (car auparavant elle s'appelloit Byzance) l'Evêque de Constantinople, qui auparavant étoit simple Evêque, ayant pour Ville Metropolitaine Thessalonique, pretendit que par cette occasion il devoit avoir la premiere seance, & le premier honneur és Assemblées & affaires de l'Eglises universelle. La question fût decidée és Conciles œcumeniques de Constantinople premier, sous Theodose le Grand, auquel étoient assemblez cent cinquante Evêques : de Chalcedoine sous l'Empereur Martian, ausquel étoient assemblez six cent trente Evêques, & fût jugé esdits Conciles, que le premier honneur & la preseance demeureroit à l'Evêque de Rome, parce que c'étoit l'ancienne Rome, & le second honneur seroit attribué à Constantinople, d'autant que c'étoit la nouvelle Rome. Aussi en ladite ancienne Rome, étoit toûjours representée l'ancienne Majesté du peuple Romain. Quoy que le Siege de l'Empire fût transferé à Constantinople, car le Senat étoit toûjours à Rome, & les Empereurs, aprés leurs victoires, y faisoient les Pompes de leurs triomphes, aussi y étoient faites les ceremonies du Consulat : Et ainsi se lit en l'Histoire d'Ammian Marcelin és livres 14. & 16. & és Panegyriques de Claudian. Cette distinction d'honneur fût encore confirmée au Concile de Constantinople 2. dit *in Trullo*, & est recité au decret de Gratian. *in can. Renovantes, 22. distinct.* où toutesfois le texte Latin ne correspond au Grec (car ce Concile a été écrit originairement en langue Grecque.) Au Grec est dit que l'Eglise de Constantinople aura pareils honneurs que l'ancienne Rome, toutesfois sera seconde en rang, & audit Canon *Renovantes* est dit, qu'és affaires Ecclesiastiques elle ne sera magnifiée comme l'ancienne Rome, esdits Concile & Canon *Renovantes* sont ordonnez les rangs & dignitez des autres Patriarchats ; à sçavoir, le prochain aprés Constantinople, le Patriarchat d'Alexandrie, puis celuy d'Antioche, qui toutesfois n'est nommé au texte Grec, & se peut faire que ç'a été parcequ'e par quelque tems la Ville d'Antioche reçût beaucoup de diminutions de sa grandeur tant par tremblemens de terre, que par la fureur & couroux d'aucuns Empereurs, à cause de la superbe des habitans d'icelle Ville, & aprés le Siege de Hierusalem y fût adjoûté pour commemoration de l'honneur que ladite Ville a reçû par la presence conservation, predication & autres actes de nôtre Seigneur Jesus-Christ qui sont les principes de nôtre foy. Es autres Villes susdites y fût établie la dignité du Patriarchat, parce que lors c'étoient les principales Villes, à sçavoir Alexandrie pour l'Egypte, & partie de Lybie, & les Villes de la Mer; Antioche pour la Syrie, & Asie majeur, & parce que là avoit été la premiere seance de S. Pierre. A la suite de cette Analogie, & proportion de la domination temporelle des Romains, furent quelque tems aprés établis Siege de Primatie és principales citez, & és meres Villes de chacune Nation, qui étoient celles où residoient les Gouverneurs en Chef, toutesfois les Archevêque ont été établis aux autres Meres Villes, où il n'y avoit des Primats, *can. nulli 99. distinct. his verbis, reliqui Metropolitani vocantur, qui alias Metropoles tenent.* La dignité de Primatie & Patriarchat est une seule dignité, combien que ce soient divers noms, ainsi qu'il est dit au grand decret *in can. nulli 99. distinct.* & és decretales antiques, *in cap. duo simul, de officio ordinarii.* Ainsi voyons-nous l'Archevêque de Bourges qui a droit de Primatie sur les Archevêques de Bordeaux & Narbonne, est dit Patriarche d'Aquitaine, & ainsi est dit, *in can. conquestus 10. quæst. 8.* Ainsi à Lyon fut étably Siege de Primatie, qui commande aux Archevêchez & Provinces de Sens, Rouen & Tours, d'autant que Lyon étant Colonie Romaine, & ayant les mêmes droits de la Cité de Rome, commandoit à toute la Gaule Celtique, & à cause de cette grande prérogative, toute la Gaule Celtique fut nommée Gaule Lyonnoise; la Province qui est particulierement sujete à l'Archevêché de Lyon, se nommoit Lyonnoise premiere; celle de Sens Lyonnoise seconde; celle de Rouen Lyonnoise troisiéme, & celle de Tours Lyonnoise quatriéme, comme se voit par un livre de la Notice des Provinces Romaines, qui est imprimé avec le livre *Itinerarium Antonini Augusti.* En la Domination des Romains, Province signifioit le territoire qu'avoit un Gouverneur, & és choses Ecclesiastiques, Province se dit tout le territoire sujet à un Archevêque, & Nation qui est qui est sujet au Primat. En ce même livre de la Notice est remarqué, que les meres Villes de chacune Province (& lors étoient seize Provinces és Gaules) sont les mêmes qui sont aujourd'huy les Villes Archiepiscopales & Metropolitaines au fait du Gouvernement Spirituel, & les Citez sous les meres Villes, sont les Villes Episcopales; Tolose n'y est pas nommée mere Ville, ains simple Cité sous Narbonne, parce que Tolose long-tems aprés fut fait Archevêché, & sont environ trois cens ans par le Pape Jean XXII. comme il se voit par l'extravag. *salvator*, Ammian Marcellin, qui a écrit du tems de Constance & Julian Empereurs, au livre 15. de son Histoire, où il décrit les Provinces des Gaules sous l'Empire Romain, selon que les Presidens & Gouverneurs des Romains étoient établis, representent la même distinction des meres Villes & Citez, comme elles sont aujourd'huy au fait des Evêchez & Archevêchez. Le Pape Nicolas I. au Canon *Teugaldus 11. quæst. 3.* nomme l'Archevêque de Treves Primat de la Gaule Belgique, ce qui étoit, parce que ladite Cité, pendant quelque tems, a été le domicile & Siege des Empereurs Romains, ainsi qu'il est dit par Hosone Poëte *in Mosella*, & par ledit Marcellin audit livre 15. cette forme a depuis continué. Il se void és Nouvelles Grecques de Justinian, que ledit Empereur pour la memoire de son nom, édifia ou repara une Ville en l'Illyrique, qu'il nomma de son nom Justinianée, & y établit le Siege principal du Gouvernement & President de ladite Province, & pour ce, dit-il, que le Siege du Gouvernement y est transferé, il ordonna par la même raison, que le Siege Metropolitain de Thessalonique y fût transferé. Audit Archevêque de Justinianée, est adressé par Saint Gregoire une Epistre, qui est la 45. au 2. livre des Epistres. Ainsi en ce tems ancien fût établi un Patriarchat en Aquilée, qui étoit Ville tres-puissante, Colonie des Romains pour toute l'Istrie & Dalmatie, tout pour cette partie d'Italie, laquelle anciennement étoit nommée Venetie. Aprés que la Cité d'Aquilée fut ruïnée par Attila Roy des Huns, le Patriarchat fut transferé à Grado Ville Maritime, moins sujete aux incursions des Barbares: Il est vray que Sabellic dit, que la translation fut au passage des Lombards en Italie, & y a eu divers changemens, jusqu'à ce que le Patriarchat en l'an 1450. fut transferé à Venise, où il est encore à present: depuis quarante ans en ça, l'Empereur Charles-Quint, pour effectuer l'éclipsement qu'il avoit fait par le traité de Madrid, durant la prison de François I. pour exempter ses païs de la Souveraineté de France en temporel, voulut aussi les exempter de la Superiorité Spirituelle. Car aprés qu'il eut ruïné de tout point la Cité de Theroüane, qui étoit le Chef spirituel Episcopal de la plupart de Flandres, il fit établir de nouveau deux Archevêchez aux Païs-Bas, l'un à Cambray, qui étoit simple Evêché sujet à l'Archevêque de Reims, auquel Archevêché il fit attribuer Arras & Tournay, Evêchez suffragans de Reims, & fit ériger de nouveaux Evêchez és Villes d'Ypre, Namur, & Saint Omer. L'autre Archevêché fut étably à Malines Siege du Parlement, qui n'avoit auparavant Siege d'Evêché: ainsi étoit sujet à l'Evêché de Tournay, & audit Archevêché fit attribuer aucunes Villes de Langue Tudesque, qui de nouveau furent érigées en Evêchez, qui sont Gand, Bruges, Anvers, Bolduc & Daventer, & tout fut éclipsé de la Superiorité spirituelle de Reims, par la conaivenée, & au grand blâme de l'Archevêque de Reims, qui lors étoit : car tous les Païs-Bas qui sont de la domination du Roy d'Espagne, hormis la Hollande, étoient sujets par la superiorité aux Evêchez de Therouanne, Arras Cambray & Tournay, & tous ces Evêchez étoient sujets à l'Archevêque de Reims, comme ses Suffragans; cela s'est procuré par l'Empereur Charles V. à la suite de l'ancienne usance, cy-dessus rapportée, par laquelle les Archevêchez & Evêchez étoient établis selon la domination temporelle des Souverains. Aucuns ont voulu inferer de ce que dessus, depuis que le Siege de l'Empire & la domination temporelle de tout le monde, n'étoit plus à Rome, & que les Rois de France, d'Espagne, & autres avoient droit d'Empire en leurs Royaumes, ne reconnoissant aucunement l'Empereur (& de fait, depuis cinquante ans; lesdits Rois commencent à porter Couronnes Imperiales,) qu'il étoit loisible ausdits Rois de s'exempter de la Souveraineté spirituelle du Pape de Rome, ce qui n'est pas à propos de dire : car lesdites Nations, par volontaire & devote obeïssance envers le Siege Romain, & pour la memoire de S. Pierre, tant aymé de Jesus-Christ son bon maître, & parce que ladite Eglise Romaine a toûjours tenu la même Doctrine que Saint Pierre a enseignée, & aussi, que sur la fermeté de la foy de Saint Pierre, Nôtre Seigneur a fondé son Eglise; se sont soûmises audit Siege Romain, & de bon cœur nous appellons encore aujourd'huy, Eglise Catholique, Apostolique & Romaine : non pas que nôtre foy & nôtre creance soit précisement attachée & adherente à ce lieu de Rome; mais parce qu'en parlant de Rome, nous nous souvenons & remémorons la même foy & creance que Saint Pierre Evêque de Rome a prêché en ladite Ville & ailleurs, & que ses Successeurs Papes de Rome ont tenuë. Aussi nos Rois de France à plusieurs fois se sont rendus Protecteurs & défenseurs de l'Eglise Romaine, & en faveur d'icelle, à leurs propres couts ont fait la guerre, vaincu & exterminé les Lombards qui la molestoient grandement, où ont donné & attribué au Pape de Rome, la Ville & territoire de Rome : & ces deux Regions d'Italie, qui sont aujourd'huy nommées la Romaigne & la Marche d'Ancone. Quant à Rome, il en appert par la confirmation de l'Empereur Loüis fils de Charlemagne; rapportée *in can. ego Ludovicus 63. dist.* au grand Decret de Gratian. Car nul ne confirme sinon où il a superiorité, & pour asseurer ce qui a été fait par ses predecesseurs. Quant à la Romaigne & Marche d'Ancone, toutes les Histoires le témoignent, car c'étoit les Regions que les Empereurs d'Orient avoient pû tenir en Italie, qu'ils faisoient gouverner par Exarques, & n'en joüissoient que par pieces, par lopins & par boutées, parce que les Lombards leurs en avoient ôté la plufpart, & les troubloient au reste. Et Charlemagne ayant dompté les Lombards, & s'étant rendu maître de cét Exarquat, en fit don au Pape de Rome & à ses Successeurs. Et quant à la prétendue donation de Constantin, les discours des écrivains en ont été en diverses sortes; plusieurs grands zelateurs de la puissance Papale, ont soûtenu qu'elle étoit veritable : quoy qu'aucuns de ces zelateurs disent, que ce même jour de la donation, fut ouïe une voix du Ciel, que le venin avoit été semé en l'Eglise, ainsi que récite *Boërius decis. 69.* Mais toutes les Histoires anciennes repugnent à cette opinion, car depuis Constantin, les Empereurs Romains ont commandé dans Rome. Ammian Marcellin en divers endroits de son Histoire, témoigne que Constance, Julian & Valentinian Empereurs, ont ordonné des Prefets qui étoient comme Gouverneurs & Baillifs dedans Rome, pour commander à tout ce qui étoit à faire pour le temporel, même au livre 27. il fait le discours du debat qui fut entre deux prétendans au Papat, Damasus & Ursicinus : & dit que Vinentius Prefet à Rome pour l'Empereur, essaya d'appaiser la sedition par son authorité, mais il trouva le peuple si échauffé & si obstiné à soûtenir les partis, qu'il fut contraint de se retirer. Ledit Marcellin au livre 16. dit que ledit Constance, aprés quelques victoires obtenues, fit la pompe de son triomphe à Rome. Claudian au quatriéme Panegyrique, parle des jeux seculaires celebrez par les Empereurs à Rome; il écrivoit du tems d'Honorius Empereur, & au Panegyrique sixiéme dit, que ledit Honorius fit la pompe de son tiers Consulat à Rome; & de même au septiéme Panegyrique d'un autre Consulat dudit Honorius, lequel a été long-tems depuis Constantin. Se void aussi és Novelles de Justinian, en l'Authentique *ut Ecclesia Romana*, que ledit Empereur, qui a été plus de deux cens ans depuis Constantin le Grand, a octroyé le Privilege à l'Eglise de Rome, qu'elle soit sujete à la seule prescription de cent ans, (octroyer privilege emporte droit de superiorité.) Aussi se void un témoignage qui ne peut avoir de contredit, és Leçons que l'Eglise chante publiquement à Matines le jour & Fête de tous les Saints, que Boniface Pape IV. Aprés Saint Gregoire obtint par priere de l'Empereur Phocas, qu'il octroyât à l'Eglise un ancien Temple étant à Rome, ayant autrefois servy aux Idoles, qui s'appelloit Pantheon, pour être consacré en l'honneur de tous les Saints. Ce temple se void encore aujourd'huy à Rome; & est nommé Sainte Marie la Rotonde. Si le Pape eût été Seigneur Souverain de Rome en la temporalité, il ne luy eût été besoin d'obtenir par prieres ledit octroy de l'Empereur Phocas, qui residoit à Constantinople, ce fut plus de deux cens cinquante ans aprés Constantin. Mais la verité est que le Pape de Rome commença d'être Seigneur temporel quand Charlemagne ayant été creé Empereur d'Occident, traita & s'accorda avec l'Empereur d'Orient, des limites des deux Empires, par lequel accord fut dit, que cette partie d'Italie, qui est par delà Rome, & fait aujourd'huy le Royame de Naples : contenant la Poüille & la Calabre, demeureroit à l'Empire d'Orient. Ce que les Empereurs d'Orient n'ont pas bien gardé. Car les Sarrasins de Barbarie le conquéterent sur eux, & depuis les Normans l'ont conquêté sur les Sarrasins, & ont bâty les Royaumes de Sicile & de Naples. Aussi demeureroit audit Empire d'Orient, ce qui est depuis Venise & Aquilée en l'Illyrique, jusqu'à la Grece. Le reste de l'Italie demeureroit à l'Empire d'Occident, & par même moyen fut accordé, que Rome & Venise, qui étoient comme les bornes & limites entre les deux Empires, demeureroient neutres en Souveraineté; sçavoir, Rome au Pape, & Venise aux Citoyens des Isles de Venise. Cét octroy de Rome avec le territoire fait au Pape, fut confirmé, comme dit est, par Louïs fils de Charlemagne, audit Canon *ego Ludovicus*, en présupposant qu'il soit veritable. Ainsi le Canon *Constantinus* en la Distinction 46. au grand Decret, qui parle de ladite prétenduë donation de Constantin, est grandement suspect pour plusieurs raisons, l'une qu'il est intitulé *Palea*, duquel titre sont remarquez plusieurs chapitres audit grand Decret, desquels on fait doute, (comme par comparaison, quand on vente le bled, le vent emporte la paille, & le grain demeure,) l'autre raison est, que ledit Canon est daté du quatriéme Consulat de Constantin, & de *Gallicanus*, qui étoit l'an de l'Incarnation de Jesus-Christ 316. auquel tems Constantin n'avoit pas encore rendu paisible la Chrétienté, parce qu'il avoit compagnons à l'Empire *Licinius* & *Maximinus*, tous deux adversaires aux Chrétiens. Constantin aprés les avoir vaincu, donna paix à l'Eglise Chrêtienne, & la premiere constitution qu'il fit en faveur d'icelle, fut de declarer que les Colleges, Eglises, & Assemblées des Chrêtiens, étoient licites & legitimes, & étoient capables de retenir & recevoir, tous les legs testamentaires, & dons qui leur seroient faits. Car du tems de la Persecution, l'une des afflictions de l'Eglise étoit, que les Assemblées & Colleges étoient illicites, & sujettes aux peines du Droit Civil, des Colleges illicites. Cette constitution est la premiere loy au Code, sous le titre, *de sacrosanctis Ecclesiis*, & se trouve datée du second Consulat, de Crispus Cesar, & Constantin Cesar, fils dudit Constantin le Grand, qui fut en l'an de Nôtre Seigneur 322. ainsi que recite *Cassiodorus in Chronico*. La troisiéme raison est, que lors de la date mise au Canon *Constantinus*, Constantin n'avoit encore fondé & étably Constantinople, qu'il nomma de son nom, & n'avoit encore transfere le Siege de l'Empire. Ledit établissement de Constantin, fut en l'année du Consulat d'Hilarian & Pacatian, comme dit *Cassiodorus in Chronico*, qui fut l'an de Nôtre Seigneur 333. qui est dix-sept ans aprés la date dudit Canon *Constantinus* intitulé *Palea*, & n'est vray-semblable, que Constantin eût voulu mettre Rome hors de ses mains, pour être destitué du Siege de l'Empire. Pour reprendre le propos: aucuns estiment, qu'avec grande raison se pourroit dire, que la soûmission que le Royaume de France a fait envers le Siege Romain, pour le reconnoître Superieur en la Spiritualité, hors que pour presider és Conciles oecumeniques & universels, a été par humble devotion & volonté, & non pour devoir de necessité, puisque la cause de cette Superiorité étoit par défaillance de la Superiorité temporelle. Ce qui arriva lors que les François conquêterent les Gaules sur l'Empire Romain, & y établirent une Monarchie semblable à l'Empire, nullement sujette à l'Empire Romain. Aussi les Papes, reconnoissans les grands merites de nos Rois, & du peuple François envers le Siege Romain en ses plus grandes necessitez, & envers toute la Chrêtienté, ont decoré nos Rois, de cét excellent & incomparable titre d'honneur, en les appellant Tres-Chrêtiens, que plusieurs Successeurs audit Siege Romain, abusant de cette soûmission, qui avoit pris son commencement de devotion, se sont élargis bien avant, non seulement pour entreprendre une Souveraineté absoluë és affaires de spiritualité, telles qu'ont les Monarques temporels, desquels se dit que leur volonté sert de raison: mais aussi és affaires de temporalité, en se disant avoir puissance de déposer & destituer les Empereurs & les Rois, & disposer de leurs Empires & Royaumes. Ce qui est arrivé, principalement quand aucuns sont venus au Papat de bas lieu, ou qu'ils ont été bien sçavans. Car se trouvant en cette grandeur & domination temporelle en la Ville de Rome, & au territoire d'icelle, & en plusieurs Provinces, redoutez & respectez par une tres-devote obeïssance des Nations Chrêtiennes, qui se souvenoient des merites du bon Saint Pierre, duquel les Papes étoient Successeurs, (esquels Successeurs aussi, il y a eu un grand nombre de gens de bien, grande partie d'iceux venus de fort bas lieu, & enflez à cause de leur science,) ne pouvans porter ny gouverner cette Grandeur, quant au temporel, en laquelle ils n'étoient pas nés, & selon l'Homme & le vieil Adam, n'avoient pas de naissance & experience, le cœur & la prudence, pour bien & dextrement regler cette puissance presque infinie, ont été autheurs de plusieurs constitutions, qu'eux mêmes ont faites sans authorité des Conciles oecumeniques & universels, pour exalter encore de plus leur puissance. Ce qui s'en remarque le plus, est des Papes Gregoire VII. Alexandre III. Innocent III. Gregoire IX. Boniface VIII. Gregoire X. Clement V. Jean XXII. Eugene IV. qui ont fait plusieurs constitutions Decretales, dont il n'y a pas la vingtiéme partie qui soient pour la reformation & rétablissement de la sainteté, integrité, & bonnes mœurs des personnes Ecclesiastiques, ains presque le tout de ces Decretales, est pour l'augmentation de l'authorité des Prelats, afin de se maintenir en grandeur sur toutes les personnes, pour exempter le bien temporel de l'Eglise de la Jurisdiction des Seigneurs Laics, pour enseigner les formules des Procez: (car il se dit, & est vray, que nul n'est bon Praticien

ticien au fait des Procez, qui n'est bon Canoniste,) pour sous pretexte des sermens & du fait de conscience, és traitez & conventions entre personnes layes, attirer à la Jurisdiction Ecclesiastique la connoissance de toutes sortes de causes, & pour établir la puissance des Papes sur les Empereurs & Rois, en ce qui est du temporel, dont le témoignage certain est par la lecture des Decretales antiques, du texte des Clementines & des Extravagantes. J'ay autrefois remarqué, qu'au second livre des Decretales antiques, qui traite entierement du fait de plaidoyrie, qui contient 418. Decretales, il n'y en a que quarante avant le tems dudit Alexandre III. les autres sont de luy ou de ses successeurs sçavans en Droit, & depuis ledit Alexandre III. jusqu'à Gregoire IX. qui fut autheur de la compilations desdites Decretales, l'an 1230. Et en ce même tems furent les grandes altercations entre les Papes & les Empereurs, & commencerent les Papes à entreprendre authorité temporelle sur les Empereurs & autres Potentats, non seulement par la voye du glaive spirituel, dont ils s'étoient contentez au commencement, mais aussi par la voye des armes, & entreprises sanglantes. La premiere demonstration exterieure de l'entreprise des Papes sur les dominations temporelles, fut par cette occasion. Les Empereurs de Germanie Successeurs de Charlemagne, prétendoient avoir le même droit qui avoit été octroyé à Charlemagne, en un Concile de 153. Evêques & Prelats assemblez à Rome, par le Pape Adrian, qui est qu'à l'Empereur appartient l'Ordination, Nomination, & Election du Pape de Rome; & a le droit d'investir & approuver tous les Evêques des Provinces de sa domination, en telle sorte que nul Evêque ne peut être consacré, s'il n'étoit auparavant agreé par l'Empereur. Ce que dessus se trouve ainsi recité au grand Decret de Gratian *in can. Adrianus*, le second *63. dist.* Qui est la source du droit de Regale, que les Rois de France, Successeurs de Charlemagne ont en leur Royaume : il est vray que les Canonistes disent, que Louïs Empereur, fils de Charlemagne, quitta ce droit d'ordonner & nommer le Pape Romain quand le Siege vaqueroit, & à cét effet alleguent le Canon *ego Ludovicus*, en ladite dist. *63.* Mais ce Canon est grandement suspect à plusieurs, parce que par comparaison de plusieurs écrits de Charlemagne, dudit Louïs, & de leurs Successeurs, il se void que le style de leurs écrits n'étoit tel : aussi il n'y a mention de date, ny de seel, ny de seing, ny autre témoignage; puis se trouve en la même distinction *63.* au Canon *in Synodo*, que le Pape Leon, qui étoit Leon VIII. confirma ce même droit de nommer & élire le Pape à Othon I. de ce nom Empereur, qui a été environ sept vins ans aprés ledit Louïs Empereur. Et les Canons *inter nos* & *constitutio*, qui sont en la même distinction, & semblent contrarier audit Canon *in Synodo*, sont intitulez *Palea.* Donques les Empereurs Successeurs vouloient se conserver ce droit de nomination du Pape, & Investiture des Evêques, à quoy plusieurs Papes contredirent, même ledit Gregoire VII. qui excommunia l'Empereur Henry IV. & aprés luy, Paschal II. Alexandre III. Innocent III. Gregoire IX. Papes. Et le pretexte étoit, qu'ils disoient que les Empereurs commetoient simonie, & faisoient autres pactions illicites, en octroyant leur nomination & Investiture. En ce tems-là les excommunications étoient grandement redoutées, & se trouve que le fils de l'Empereur Henry, qui fut Empereur aprés luy, fit la guerre contre son pere aprés ladite excommunication, & le commun peuple, sans enquerir bien avant la justice & raison de la cause, se laissoit aller à favoriser tout ce qui étoit ordonné par les Papes. Ce qui a donné occasion à celuy qui a écrit en Italien l'Histoire Florentine, de dire au commencement, que les ambitions de plusieurs Papes ont été la cause de la division & ruïne de l'Italie, entant qu'ils ont appellé à diverses fois les étrangers François, Allemans, Grecs, & Espagnols à leur secours. Les Empereurs d'autre part y sont venus à main armée, pour soûtenir leurs droits, plusieurs guerres & batailles s'en sont ensuivies avec grande éfusion de sang : les Empereurs ont été plusieurs fois rebutez, plus par artifice, que par force d'armes, qui a été cause que leur poursuite n'a pas continué. Cependant plusieurs Villes d'Italie ont été usurpées par les plus puissans Citoyens d'icelles; lesquels pour se fortifier obtenoient des Empereurs Lettres de Vicariat de l'Empire, és Villes & territoires qu'ils tenoient, & depuis ont fait convertir lesdits Titres, qui étoient personels à vie, en Titre de Comté, Marquisat, ou Duché, hereditairement, pour y succeder selon la loy des Fiefs de l'Empire, esquels les filles ne succedent, & par ce moyen & autres, les Empereurs acqueroient des partisans en chacune Ville & territoire d'Italie, comme aussi faisoient les Papes de leur part. Ces deux factions & partis furent nommez, les Guelphes & Gibelins, le commencement plus ardent des deux factions, fut au tems du Pape Gregoire IX. & de Federic II. Empereur : ainsi que dit Sabellique en la neuviéme Æneade livre sixiéme, les Guelphes étoient ceux qui soûtenoient le party du Pape, les Gibelins ont été ceux qui soûtenoient le party de l'Empereur, & ont été toutes les bonnes Villes de l'Italie, infectées du venin de ces factions, dont est arrivé qu'esdites Villes à plusieurs fois, les Citoyens se sont mis en armes les uns contre les autres, plusieurs hommes tuez, les autres exterminez & bannis, avec permission de tuer les bannis, & quelque fois promesse de salaire aux meurtriers, qui s'appelloit *Taille*; ces malheureuses factions, ont exercé & travaillé l'Italie un long-tems, & encore aujourd'huy, elles sont és cœurs des successeurs issus desdits partisans, qui se démontrent en certaines ceremonies exterieures, comme de panaches sur leurs chapeaux, à droit ou à gauche, és reverences, & autres actes. Mais les effets du mal-talent, ne se montrent quant à present, dont se peut connoître combien de maux sont arrivez par les ambitions d'aucuns Papes, voulans accroître leur authorité au fait des dominations temporelles, & combien peu d'avancement en est arrivé pour les bonnes moeurs, reformation des vices, & exercice de la vraye Religion. Encore de nôtre tems est arrivé, que le Pape Pie V. qui au reste avoit reputation de bon & saint Pape, a renouvellé cét ancien débat de Superiorité sur l'Empire, en ce que le desir qu'avoit Cosme de Medicis Duc de Florence, d'avoir un plus haut titre que celuy de simple Duc, & être grand Duc de Toscane; parce qu'il étoit Seigneur de trois Villes Archiepiscopales, Florence, Pise, & Sienne: ne se contentant de l'ancien titre de Duc de Florence, qui au commencement, par une representation specieuse de l'ancienne liberté, se disoit Duc de la Republique de Florence, ledit Pape Pie, (pour occasion qu'il tenoit l'Empire vacant, & non remply d'autre, selon l'ancienne prétention des Papes ses Predecesseurs; disoit qu'à luy appartenoit l'administration des droits de l'Empire, quand l'Empire est vacant) créa ledit Cosme de Medicis, grand Duc de Toscane, qui fit son entrée à Rome, & au même lieu reçût les habits & autres marques, pour être representé grand Duc. Et pour entendre cette administration d'Empire, les Papes dés cette ancienneté de querelles, soûtenoient que les Empereurs étans excommuniez, n'étoient capables de tenir l'Empire, & ils les excommunioient par contumaces, disant que les Empereurs devoient répondre pardevant eux, comme Superieurs, fondans leur Superiorité, sur ce que les Papes couronnent les Empereurs: comme si au moyen de tel acte, les Empereurs prenoient puissance des Papes: jaçoit que la Couronnation de l'Empereur n'appartient au Pape par droit de Superiorité temporelle, mais par la seule raison de la spiritualité, en tant que la grace de Dieu est infuse par le ministere des personnes Ecclesiastiques. Comme en France ne se dit pas que l'Archevêque de Reims, ny l'Abbé de Saint Denis soient Superieurs du Roy, parce que l'un le sacre du saint Huile envoyé du Ciel, & l'autre luy met la Couronne sur la tête. Et l'Evêque d'Ostia Cardinal, qui toûjours est Doyen des Cardinaux, sacre le Pape nouveau, & pourtant n'est pas son Superieur. Autres voulans plus amplement favoriser les Papes, tirent en argument, que le Pape étant Vicaire de Jesus-Christ, peut exercer telle puissance que Jesus-Christ avoit, laquelle sans difficulté, étoit du spirituel & du temporel; à quoy se peut dire, que Jesus-Christ a constitué tous les Apôtres ses Vicaires, & ainsi sont nommez en la Préface de la Messe que l'on chante à l'Eglise les jours des Fêtes des Apôtres, & tous les Evêques representent les Apôtres. Combien que Jesus-Christ fût Roy & Seigneur de tous, si est-ce qu'il n'a délegué sa puissance à ses Apôtres, sinon que pour avec sainteté de vie & humilité, & toute douceur annoncer son Evangile, & en endurant vaincre tout le monde, & faire connoître sa gloire, ainsi il le declara à deux de ses Disciples sur le chemin d'Emaus, peu aprés sa Resurrection, parce que lesdits Disciples estimoient que le Royaume de Jesus-Christ se d'eût manifester és grandeurs temporelles. Et quand Nôtre Seigneur dit à saint Pierre *Pasce oves meas*; il parloit à tous ses Apôtres, & entendoit de la pâture spirituelle. Jamais auparavant 400. ans, ne s'étoit oüi, que les Papes & Evêques, à cause de leur dignité Papale & Episcopale, eussent prétendu Superiorité temporelle, sur les Rois & Empereurs. Zabarella Docteur Canoniste, au nombre des excellens, qui étoit Cardinal de l'Eglise de Rome, en l'un de ses Conseils, qui est le 154. dit que la question, si la Puissance Imperiale étoit sujette à la Papale, avoit commencé d'être mise en avant depuis cent ans, ledit Zabarella écrivoit environ l'an 1394. la centaine d'ans se rapporte au tems de Boniface VIII. qui étoit environ l'an 1294. Et de vray ledit Pape fut le premier qui entreprit de soûtenir qu'il étoit Seigneur de tout le monde, tant en spirituel qu'en temporel, ainsi que rapporte l'Autheur du livre intitulé *fasciculus temporum*, composé environ l'an 1404. Auparavant ledit Pape Boniface, les Papes Alexandre III. & Innocent III. principaux Fondateurs de cette grande puissance du Pape, avoient declaré par leurs Decretales, qu'à eux n'appartenoit d'entreprendre sur la Jurisdiction Laye & puissance temporelle des Rois, au chapitre *Novit. ext. de Judiciis*: & au chapitre *causam quæ* le, second *extrà*, *qui filii sint legitimi*, le Pape Boniface VIII. ayant embrassé cette opinion de Superiorité, declara le Roy de France Philippes le Bel privé de sa Couronne, & la donna à l'Empereur qui lors étoit: mais l'Eglise & les Etats de France ne furent de même opinion. Ainsi se connoît, que pas à pas, les Papes se sont attribuez cette grande & exhorbitante puissance, de commander & mettre la main par tout: & y a eu grand nombre de consciences craintives, & peut-être trop scrupuleuses & superstitieuses, qui avec cette persuation de la sainteté & dignité du saint Siege Romain, ont estimé être bon & droit tout ce que les Papes ordonnoient & commandoient, comme s'ils n'étoient pas hommes, & ne pussent faillir. Au temps de la grande ardeur des Guelphes & des Gibelins, ceux qui tenoient le party Guelphe pour le Pape, avec cette grande inhumanité de meurtres, bannissemens, exterminations, & abandonnement de ceux du party contraire, appelloient ledit party Guelphe, le saint party pour l'honneur de l'Eglise Romaine, aussi étoit écrit en un Statut de Florence, dés l'an 1350. recité par Paul de Castre Docteur en Droit Civil, au Conseil 283. se connoît aussi combien de maux & depravations sont arrivées par l'occasion de cette grande & insupportable entreprise, non seulement au temporel, mais aussi au spirituel. Car aucuns passant outre les bornes & limites esquelles s'étoient enserrez leurs bons & saints predecesseurs ont enduré d'être appellez Omnipotens, & se sont figurez de n'être sujets à aucune correction ny reformation, sur quoy se trouvent les Canons *patet & nemo*, & sept ou huit autres de suite 9. *quæst.* 3. au grand Decret, dont les Autheurs sont les Papes mêmes, & ne se dit pas que l'Eglise en Concile œcumenique & universel, ait declaré que cette Superiorité, non sujette à correction leur appartienne, *imò* és Conciles de Constance de l'an 1417. & de Basle, tous deux œcumeniques, a été déterminé, que le Concile œcumenique, ayant sa puissance immédiatement de Dieu, peut reformer l'Eglise *in capite & in membris*. Le Chef, c'est le Pape. Les Canons par lesquels il est dit que nul ne jugera l'Evêque du premier Siege, peuvent être entendus, que nul Evêque ou autre, de quelque dignité qu'il soit, ne peut & ne doit juger des fautes du Pape, mais toute l'Eglise, qui est representée par le Concile, peut juger sur luy & sur ce qu'il fait. Cette persuasion d'Omnipotens a été cause que les Papes, *etiam* és matieres spirituelles & pures Ecclesiastiques, ont mis la main par tout, en quelques cas par prévention, & en concurrences avec les Evêques & autres Collateurs ordinaires, en autres cas privativement à tous Evêques & Prelats, en se reservant plusieurs cas de la jurisdiction Penitentiale, se reservans aussi plusieurs collations, comme des Benefices qu'on appelle Consistoriaux, & des Benefices vacans en Cour de Rome. Quant aux Collations des Benefices, ils ont presque rendu sans efficace la puissance des Collateurs ordinaires, en faisant toutes sortes de provisions, selon qu'on s'adresse à Rome par prévention, quoy que par les anciennes Constitutions & Decrets, qui encore étoient en vigueur au tems de la Compilation des Decretales antiques, sous Gregoire IX. le Pape n'entreprenoit de conferer les Benefices, sinon quand par la negligence des Collateurs ordinaires la Collation étoit devoluë au Siege Apostolique, selon qu'il avoit été ordonné au Concile. Cette devolution se faisoit par degrez, si l'Evêque Diocesain ne conferoit le Benefice dans six mois, à compter du jour de la vacation venuë à sa notice, la Collation étoit devoluë à l'Archevêque son Superieur, & aprés les autres six mois au Primat, & aprés autres six mois à Rome, & non autrement que par degrez, qui est le vray droit des devoluts, ainsi qu'il est dit par Innocent III. *in cap. licet, extrà, de supp. neglig. Prelator. & in cap. quia diversitatem, extrà de concess. Preb.* Au même tems des Decretales antiques, n'étoit fait mention des Resignations des Benefices *in favorem*, lesquelles depuis ont été reçuës indifferemment en Cour de Rome, en ôtant aux Evêques le pouvoir de les recevoir, à moins qu'il y eût cause urgente, & le pretexte en est tel; que c'est une espece de paction quand aucun quite & resigne son Benefice, à la charge qu'il sera conferé à un tel, & non autrement, & selon les Constitutions Canoniques, toutes pactions & convenances en la Collation des Benefices, sont illicites, comme participantes de simonie au chapitre dernier, *extrà de pactis*, & au seul Pape appartient (ce dit-on) de dispenser de telles pactions & les approuver, c'est pourquoy le chemin a été ouvert de s'adresser à Rome, seulement pour faire admettre les Resignations *in favorem*, à la même suite, sont survenuës les Collations des Benefices en Commande perpetuelle, comme si c'est une Abbaye, Prieuré, ou autre Benefice Regulier, qui par sa destination & fondation, ne peut être conferé qu'à un Regulier & du même Ordre: Les Papes ont depuis deux cens ans ou environ, commencé à les conferer à personnes non Regulieres, qui ne les pouvoient tenir en titre, mais l'invention a été trouvée de leur bailler en Commande, comme qui diroit pour la vie de l'impetrant, avec permission de faire les fruits siens: quoy que d'ancienneté les Commandes ne fussent que de six mois, & ne s'octroyassent que pour causes urgentes, & à la charge de tenir compte des fruits aprés l'entretenement du Commandataire déduit, on a fait convenance en cette convocation du Concile de Trente dernier de reformer cét abus, en ordonnant que l'on ne feroit plus de nouvelles Commandes, & que les Benefices Reguliers seroient conferez aux Reguliers, & les Seculiers aux Seculiers; mais on y a mis une exception, que les Benefices accoûtumez d'être baillez en Commande, pourroient cy-aprés être commandez. On appelle accoûtumez d'être commandez, qui par deux ou trois fois ont été conferez en Commande: Et la verité est, que depuis cent ans, presque tous les Benefices Reguliers avoient été conferez par les Papes en Commande, d'où vient qu'aujourd'huy il n'y a pas la vingtiéme partie des Abbayes, Prieurez, & Benefices Reguliers, qui soient és mains des personnes Regulieres. Qui fait connoître que ce remede de belle apparence, est comme un emplâtre de beurre, qui pour quelque heure adoucit le mal & ne le guerit pas. De même sont les creations des pensions sur les Benefices, par le moyen desquelles, ceux qui ne déservent point les Benefices, prennent neanmoins bonne part au revenu d'iceux sans être titulez: il est vray que les Cours de Parlement y ont appliqué quelques remedes par le moyen des appellations comme d'abus; sçavoir est, de ne recevoir les pensions sinon en deux cas, l'un en cas de resignation, quand aucun resigne son Benefice, retenuë pension sur le revenu d'iceluy: l'autre cas est, pour le bien de paix, quand le Benefice est litigieux, & l'un des contendans cede son droit, retenuë pension sur le revenu: l'autre remede est, que la pension ne peut exceder le tiers du revenu du Benefice, & que pension ne pourroit être creée sur Cure ayant charge d'ames. Mais ce sont remedes par procez, il seroit beaucoup mieux de ne faire le mal, qu'aprés le mal fait y rechercher le remede. Ces pensions qui sont de soy contraires à la police de l'Eglise, ont été mises hors la puissance des Collateurs ordinaires, quoy qu'il y eût quelque cause particuliere raisonnable, & en est parlé au chapitre *nisi essent extrà de Præbendis.* Et toutefois, le Pape s'est reservé de les créer, *etiam* sans cause raisonnable & urgente, & à moins qu'il n'y eût cause, sans en connoître la verité, comme si ce qui de soy est mal fait perdit sa qualité de mal pour avoir été fait par le Pape : & l'entretenement de l'abus est, que par ces occasions on envoye de l'argent à Rome. A l'occasion de cette puissance des Papes, que l'on dit être absoluë, & que nos Theologiens ont appellée *plenam tempestatem & verbum diabolicum*, ont été introduites les exemptions de plusieurs ordres de Religion, Monasteres, Convents, Chapitres & autres Colleges, pour faire qu'ils ne fussent sujets des Evêques Diocesains, ains fussent subjets immediatement au Pape, bien que selon les anciens droits toute Eglise de chacun Diocese soient tenuës de reconnoître les Evêques des lieux pour leurs superieurs, *Canone nulla 93. distinct. canone decretum 10. quæst.7.* a été aussi introduit, que la pluspart des Eglises paroissiales appartinsent aux Monasteres & Colleges, qui prennent & sucent tout le revenu desdites Eglises sans y rien faire, & les pauvres Curez ayans la charge des ames, jeunent apres le revenu de leur Eglise, n'ayant par maniere de dire, que les miettes qui tombent de la table de ces grands dîneurs. Aprés toutes ces choses bien domageables à la police de l'Eglise, ainsi admises en France par humble obeïssance, survinrent autres entreprises, comme des Annates, dits vacans, qui est un prétendu droit de prendre par le Pape le revenu d'un an pour chacun Evêché, Abbaye, ou autre Benefice de sa nature électif : toutes & quantesfois qu'il vient à vaquer par mort ou resignation, quoy que ce fût par permutation. Cette invention commença du tems de Boniface IX. environ l'an mil trois cenquatre-vingt-quatre, ce droit d'Annate est purement nouveau, ne dépendant aucunement des anciens Conciles & Decrets & n'ayant autre fin que de vuider les bourses de France pour remplir les coffres de la Chambre Apostolique, beaucoup de mal en peut advenir : car le nouveau pourveu doit payer le revenu d'un an par avance avant que les Bulles de sa provision luy soient délivrées, il faut qu'il emprunte pour faire cette avance, durant ce premier an pour rendre l'emprunt, il doit jeuner, il s'abstiendra d'exercer les aumônes & autres œuvres charitables auquel le revenu de son Benefice est affecté. Et pour remplir la place vuide des moyens qu'il avoit, il sera obligé & tanté de tirer de son Benefice par toutes façons, & s'étant une fois accoûtumé, sera grande aventure, si pour toute sa vie il ne demeure rude exacteur. Ces Annates ont été contredites, & il y en a un Decret d'interdiction és Conciles de Constance & de Basle : mais pour trouver moyen de les rétablir, le Pape Leon X. en l'an mil cinq cent seize, accorda au Roy de France la nomination des Evêchez, Abbayes, & autres Prelatures électives avenant vacation, & le Roy François premier accorda aux Papes ledit droit d'Annates, qui est comme le contrat, *do ut des.* Aussi tel traité fut appellé Concordat, qui signifie autant que transaction & composition. Par ledit Concordat, furent reservez & exceptez de la nomination du Roy, les Prelatures électives, qui avoient privilege special d'élire, octroyé par les Papes ; mais contre ce privilege, le Pape Leon accorda au Roy François I. un Indult pour sa personne, & tant qu'il vivroit, luy donnant pouvoir de nommer ausdites Prelatures ayans privilege, auquel privilege il dérogea pour cette fois, disoit-il. Mais les Rois successeurs ont toûjours fait renouveller leur Indult à leur nouvel avenement à la Couronne. C'étoit donc une exception specieuse que faisoit le Pape des Benefices ayans privilege d'élire, qui en effet étoit illusoire & sans profit. Environ ce même tems, fût mis sus l'invention des graces expectatives, que le Pape octroyoit par faveur ou autrement, quand il asseuroit l'impetrant de la collation d'un certain Benefice, quand il se trouvoit vacant pour la premiere fois : avec defenses aux Collateurs ordinaires de le conferer à autre, & le Decret irritant, qui étoit une semonce pour desirer, voire pour avancer par artifice la mort du Beneficier ; & étoit autant énerver & affoiblir la puissance des Collateurs ordinaires, auquels de droit appartient la collation de tous les Benefices étans dans leur Diocese. Aussi étoient pratiquées les graces des regrez, quant à aucun ayant resigné son Benefice, étoit reservé d'y retourner, s'il venoit en convalescence, qui étoit un moyen de faire les Benefices hereditaires. Autre moyen fût inventé en Cour de Rome, que le Pape reservoit à sa collation & entiere disposition, les Evêchez, Abbayes & autres Prelatures quand ils viendroient à vacquer, en interdisant l'élection ou collation ordinaire à ceux à qui elle appartenoit, & declarant nul tout ce qui se feroit au contraire. Ces Benefices reservez, étoient appellez Consistoriaux, par un titre specieux, comme pour faire connoître que le Pape seul ne les vouloit conferer, ains luy avec les Cardinaux au Consistoire, comme si ce Consistoire étoit composé de personnages choisis par chacune Nation ou Province : ou comme si la suffisance & preud'hommie de ceux qui doivent être promeus aux Prelatures, pouvoit être mieux connuë à Rome, que sur les lieux où sont les Prelatures. Et comme l'ambition & l'avarice vont toûjours en croissant, & les esprits des hommes s'aiguisans, plusieurs autres inventions successivement furent mises en avant, pour ôter aux Evêques, Abbez & autres Collateurs & Electeurs ordinaires, leur droit ancien, & le moyen de fournir les Eglises de personnes suffisantes, qui mieux sont connuës sur les lieux, & à cette occasion d'ôter aux gens de bien & doctes, l'espoir d'être pourvûs de Benefices, & au contraire exhorter les non dignes à pratiquer tous moyens pour avoir les faveurs de Rome, lesquelles faveurs quelquefois, comme il est vray semblable, sont achetées ou gaignées par mauvaise façon, encore que selon les anciens Decrets, ceux-là devoient être jugez indignes des Benefices qui les ont briguez. il est vray que l'Eglise de France, depuis les Conciles de Constance & de Basle, rejetta ces graces expectatives, regrez, reservations, & autres telles provisions : mais les autres ayans deja pris racine en France, sont demeurées, ce qui a été cause que les Eglises ont été mal fournies de Pasteurs, & pour la plus-part ont été gouvernées par Vicaires mercenaires, qui ont laissé la porte ouverte aux Loups heretiques, qui sont entrez en la bergerie, & porté le grand domage que nous y voyons aujourd'huy ; Je proteste devant Dieu, qui est le témoin du secret de mes pensées, & juge de ma conscience, que ce que j'ay dit cy-dessus n'est pour aucunement déroger à la dignité du Saint Siege Apostolique Romain, auquel je dois porter, & porte volontiers tout homage & obeïssance : mais pour me confirmer en l'opinion que chaque Chrêtien doit avoir, que le vice du Ministre ne défigure & n'ôte l'efficace du Ministere, & que pour cause de mauvais Pasteurs, l'Eglise ne laisse pas d'être l'Epouse Immaculée de Jesus-Christ, sans tache ny ride ; qui ne perd pas sa beauté, pour avoir acquis quelque noirceur sur les beaux traits de son visage : & comme disoit ce folastre Bocace en son Decameron, faisant le conte du Juif demeurant à Paris, qui à la persuasion de Jehannot de Chauny, se fit Chrêtien apres avoir été à Rome, disant que les grands & enormes vices qu'il avoit vûs à Rome, nonobstant l'Eglise Chrêtienne, ne laissoit d'être florissante, l'auroient porté à croire qu'elle étoit de soy tres-sainte, puisque la mauvaise vie des Ministres d'icelle n'avoit rien diminué de sa beauté, comme il arrive que l'or ne peut être corrompu par tous les essais violens qu'on peut faire contre luy, & toûjours demeure en sa pureté & fermeté. Mais puis qu'il a plû à Dieu de donner aux hommes, sens & entendement pour juger, même pour apprendre par les Chrêtiens les regles certaines par lesquelles nous pouvons connoître ce qui est bien ou mal fait, & ce qui plaît à Dieu ou luy déplaît, je croy que ce n'est pas peché de reconnoître & dire être mal ce qui est mal, & de le detester, & que la dignité, tant soit-elle haute, ne nous doit empêcher de dire la verité. Il n'y eut jamais Ministere si saint, n'y assemblée si sainte, que quelques reprouvez & méchans ne se trouvassent au nombre. Nôtre Seigneur Jesus-Christ avoit choisi douze Apostres, & l'un deux prevariqua, il en reçût aussi le salaire digne : les Papes sont hommes sujets à peché, & qui comme tels se soumettent à recevoir penitence, par le Ministere des Prêtres moindres qu'eux, ausquels ils confessent leurs pechez ; à plus forte raison, ils doivent la correction & reformation de leurs fautes à faire, par l'Eglise universelle legitimement assemblée en Concile oecumenique : & je croy aussi que la puissance des Papes, qui est superieure pour la spiritualité, n'est pas puissance absoluë & à volonté, mais est & doit être reglée non seulement selon l'Evangile & doctrine des Apôtres, mais aussi selon les anciens Conciles, Decrets & Sentences des Saints Docteurs.

Par le discours cy-dessus l'on peut recueillir combien de maux & dereglemens sont arrivé en la police de l'Eglise, par l'occasion de ce que les Papes se sont attribuez cette puissance absoluë, non sujette à reglé, *imò* dérogeant à l'ancien ordre & établissement de la police de l'Eglise. A la suite de ce, l'on peut dire, que si le Pape commandoit chose, qui de soy fût injuste, ou qui fût pour troubler tout un Etat, ou pour mettre les ames craintives & consciences en perplexité, & peut-être en desespoir, qu'il est loisible de n'y point obeïr : ainsi dit Innocent, excellent Docteur Canoniste, qui fût le Pape quatriéme de ce nom, & a fait des Commentaires sur les Decretales antiques, dont on fait chaque jour allegation pour bonne authorité *in cap. inquisivi, extrà de sent. excomm.* ou il ajoûte cette belle raison, parce que ceux qui y obeïroient, feroient mal & pecheroient, & le Pape doit empêcher de tout son pouvoir, que mal ne vienne, & non y aider, & en donner l'occasion. Aussi en France l'on a trouvé ce moyen honnête de reprimer les entreprises apportans déreglement en l'Eglise procedans de Cour de Rome, ce n'a pas été en appellant comme d'abus, de l'octroy des Rescripts du Pape, parce que l'on reconnoît en luy une souveraineté aux affaires de l'Eglise ; mais en appellant comme d'abus de l'execution de tels Rescripts, comme si on vouloit blâmer les impetrans qui s'en aident, & que par honneur on épargnât celuy qui les a octroyez, mais l'effet en est tout pareil.

Les Parlemens sont composez pour la plus-part de personnes laïes & Ecclesiastiques, & est une jurisdiction neantmoins de soy laïcale : car les Presidens Chefs d'icelle, ne peuvent être personnes Ecclesiastiques, & par le moyen de telle appellations on anneantit tout l'effet de tels Rescripts : nous voyons au Code des Loix Civiles Romaines, & és Novelles de Justinian, plusieurs Constitutions des Empereurs Chrêtiens, pour l'ordination de la police de l'Eglise, & reglement des moeurs des Ecclesiastiques, aussi nous voyons és Capitulaires de Charlemagne & de Louïs son fils, Empereurs & Rois de France, plusieurs Constitutions concernans ledit fait Ecclesiastique, & à cét effet, y sont deux livres entiers, ce qui fait connoître qu'en la grande ancienneté l'Eglise ne s'attribuoit pas une exemption si precise, pour n'être sujette à la domination temporelle des Empereurs & Rois, & que l'on n'a pas toûjours creu précisement les commandemens des Superieurs Ecclesiastiques, qui concernent la police : il est vray, quant à la doctrine Chrêtienne, que les Superieurs Ecclesiastiques ont toûjours été seuls à y ordonner. Le Pape Alexandre III. qui a été l'un des principaux Fondateurs de cette grande & excessive puissance que les Papes se sont attribuée, dit au chap. *si quando*, au tit. *de rescriptis* és Decretales antiques, qu'il endurera patiemment, si l'on n'execute pas ce qu'il aura ordonné par la suggection qui luy aura été faite mal à propos par l'impetrant, il est vray qu'il desire luy être faites humbles remonstrances sur ce. Or le commun bruit est, & non toutefois bien certain à moy, que le Pape qui est apresent, a octroyé certain Monitoire avec censures, pour commander à tous de ce Royaume, de se retirer de l'obeïssance du Roy, qui est de present, qu'aucuns disent être nommé par Henry, autrefois Seigneur de Bearn : les autres disent Henry autrefois Roy de Navarre, & dit-on qu'à la queuë est la censure d'excommunication, contre ceux qui n'obeïront dans certain tems prefix par le Monitoire. Dés lors que j'en ouïs le bruit, desirant me conserver net, & exempt des censures en ma conscience, sçachant que les anciens Decrets portent, que la Sentence du Pasteur, à moins qu'elle soit injuste, est à craindre, ainsi qu'il est dit, *in Canone* 11. *quæst.* 3. *Sententiam Episcopi, sive injusta, sive justa fuerit, timendam esse* : mais au Canon *si Episcopus* en la même question, cela est interpreté en cette sorte, qu'il l'a faut craindre, c'est-à-dire, ne la condamner pas par superbe, orguëil & arrogance : je declaray & protestay par écrit dés le 26. Avril presente année 1591. que du grief futur, j'étois & suis encore appellant au futur Concile œcumenique, qui seroit legitimement assemblé, estimant que je ne serois seul en cét appel, & qu'aucunes personnes ayans charges publiques, même ceux qui ont les charges generales, ausquels touche de procurer la conservation de cét Etat, auroient pris ou prendroient la même voye, de crainte que les censures ne fussent encouruës, ayant autrefois appris, que quand le grief lors qu'il est fait, est irreparable ou grandement difficile à reparer, & que le jugement tire avec soy execution de droit, qu'il est loisible d'appeller d'un grief non encore fait, ce qui se peut dire proprement en l'excommunication, qui étant une fois faite, n'est pas couverte ny suspenduë, mais a son effet jusques à ce qu'elle soit revoquée par le Superieur, ou qu'il y ait absolution par celuy même qui l'a jugée ; ainsi est dit *in cap. Pastoralis* §. *verùm extrà de appellat.* il est vray, qu'aucuns ont tenu, que la censure n'a son effet qu'aprés la Sentence declaratoire, & ainsi fut ordonné au Concile de Basle, en la seconde session commançant, *ad limitanda*, & auparavant l'avoit ainsi tenu Anchoran Docteur Canoniste au Conseil 189. Je fonde cét appel, selon mon petit sens, tant en la nullité de la censure, qu'en l'injustice, & ce traité sera comme un Libelle appellatoire. J'entens la nullité par deux principaux moyens, l'un en ce qu'il y auroit jugement si grief & si important, sans ouïr, ny appeller, ny contumacer les parties qui y ont interêt, & que l'on voudroit comprendre en l'excommunication : Dieu même, ce grand Dieu qui sçait tout, qui peut tout, & qui ne peut que justement, ne voulut pas juger Adam aprés son peché sans l'appeller & ouïr. Toutes les loix, tant Pontificales que Civiles, declarent nuls les jugemens qui ont été donnez contre la partie non ouïe ny appellée : l'autre moyen de nullité, en ce que le Pape en premiere instance, entreprenant sur la Jurisdiction ordinaire des Evêques Diocesains de la France, a voulu juger les sujets de la France en premiere instance : car selon les anciens Decrets, depuis repetez és Conciles de Constance & de Basle, & reçûs en la Pragmatique Sanction, & encore és Concordats de l'an 1516. au chapitre de *causis*, le Pape ne doit entreprendre connoissance, *etiam* és matieres spirituelles en France, sinon en cas de ressort & appel, & par degrez, encores quand par les degrez d'appel la cause est devoluë à Rome, le Pape doit donner rescript délegatoire, *ad partes* pour juger la cause d'appel. Il est vray, que de nôtre tems en une cause de mariage entre personnes illustres, le Pape entreprit d'en connoître en premiere instance, & délegua des Juges en France pour juger ladite cause Consistorialement & sans appel : la partie qui avoit plus d'authorité en ce tems-là, gagna sa cause : & est bien seant de croire qu'il a été bien jugé, de fait, sont issus dudit mariage enfans de grande valeur & merite, mais qui s'en fût plaint lors, la nullité étoit au rescript délegatoire, parce que la connoissance de la cause devoit être adressée au Diocesain, & aller par degrez jusques à ce qu'il y eût trois Sentences definitives conformes, le jugement donné avec connoissance de cause, fait que le mariage contracté de bonne foy a été legitime. Cette forme de juger par le Pape Consistorialement est fort specieuse : & semble que par le Consistoire, soit representé comme un Senat, qui doive avoir authorité Souveraine. Mais en examinant la source & origine d'iceluy, se trouvera que ce n'est autre chose que comme un Synode Provincial ou Episcopal : car ceux qui y assistent, sont les Cardinaux Evêques, qui ont leur Diocese en la Province de Rome, comme chaque Archevêque a des Evêques Suffragans : Il sera dit cy-aprés que le Pape a son Diocese à part, comme Evêque, à sa Province comme Archevêque, y assistent aussi les Cardinaux, Prêtres & Diacres, qui sont les Curez & autres Beneficiers de la Ville de Rome : doncques leur pouvoir est pour juger les affaires du Diocese du Pape, comme Evêque, & de sa Province comme Archevêque. Et si ce Consistoire devoit juger toute la Chrétienté, il faudroit que les Seigneurs qui y sont Juges fussent élûs de toute la Chrétienté, & pour le moins de chaque Province ou Archevêché, y en eût un qui eût été choisi par les Eglises de la Province, comme par voye de compromis. Cét ordre des connoissances des causes par degrez, est de l'ancien établissement de l'Eglise, selon lequel est défendu aux Archevêques, Primats, & Patriarches, d'entreprendre connoissance és Dioceses inferieurs, sinon en cas d'appel, ou negligence bien apparente, *in can. conquestus 9. quæst.* 3. Innocent III. Pape *in cap. duo simul, ext. de Officio ordinarii.*

Alexandre III. *in cap. 1. ext. de offic. legat.* Et Innocent IV. en plusieurs chapitres au Sexte qui se commencent *Romana.* La Hierarchie de l'Eglise Militante, ayant son analogie & proportion en ses degrez, que comme l'Archevêque ne doit entreprendre sur l'Evêque son inferieur, ny le Primat ou le Patriarche sur l'Archevêque son inferieur, ou Evêque inferieur de l'Archevêque : ainsi le Pape qui a sa puissance Superieure de toutes, non pas absoluë, comme il a été dit, mais reglée selon les Conciles & anciens Decrets, ne doit entreprendre connoissance en premiere instance sur le sujet des Evêques, Archevêques & Primats : ains doit attendre que par degré d'appel la cause vienne à luy. Aussi par les anciens Decrets, il a seulement ce titre d'Evêque du premier Siege, & ne doit être appellé Prince des Prelats, ny universel, comme il est dit, *in can. nullus, in can. esse 99. dist.* au grand Decret, & par Saint Gregoire en ses Epistres *36.* & *39. lib. 4. & epist. 30. lib. 7.* aussi au Concile de Constantinople premier, & au Concile de Calcedoine, tous deux œcumeniques & universels, sur le débat qui étoit de la primauté & preference du Siege de Rome & du Siege de Constantinople, fut decidé que celuy de Rome seroit le premier & preferé, le mot Grec *tà presbeia*, par lequel cette préference est representée, n'est pas le mot qui signifie puissance ou commandement, mais seulement l'honneur & prerogative, comme pour Presider en Assemblée, pour recueillir les voix & conclure, ainsi que sont en France les Presidens és Cours Souveraines, qui toutefois au jugement des causes n'ont que leur voix. Aussi les Papes en leurs Rescripts, qui sont expediez sous Bulle, ne prennent autre titre que d'Evêque, encores aujourd'huy. Ce que dessus est dit, pour le moyen second des censures susdites. Les moyens d'injustice & causes d'appel sont en plusieurs sortes.

On dit que le Pape présuppose que le Roy cy-devant de Navarre ne soit plus Roy de France, parce que le Pape Sixte son Predecesseur l'a declaré Heretique Relaps, & l'a privé & declaré inhabile de tenir aucunes dignitez temporelles, pourquoy défend à tous de luy obeïr, commande de se retirer de son obeïssance, met en son Mandement, ainsi qu'on dit, certains termes peremptoires, aprés lesquels, ceux qui n'auront obeï sont declarez excommuniez. L'on demande premierement, si le feu Pape Sixte a deû entreprendre jurisdiction, & s'il ne devoit pas en laisser la connoissance aux Ordinaires Diocesains, & si ledit Roy qu'il appelloit jadis de Navarre, a été legitimement appellé & contumacé avant que donner contre luy une Sentence si rigoureuse ; c'est à luy à qui le fait touche personnellement de s'en plaindre. Mais nous tous François, à chacun desquels touche la conservation de cét Etat, parce que nous sommes membres d'iceluy, sommes interessez, en ce que le Pape prend connoissance du fait de cette Couronne & de cét Etat, parce que la connoissance ne luy appartient pas : ainsi quand la Couronne est vacante, ou quand il y a débat de la Couronne entre les lignagers prétendans, c'est aux Etats de France d'en juger, comme il fut fait quand Edoüard d'Angleterre, neveu du Roy Charles IV. dit le Bel, decedé sans enfans mâles, prétendoit la Couronne contre Philippes de Valois cousin germain dudit Roy : j'entends les Etats, non seulement les Deputez des trois Ordres, mais avec eux les Princes du Sang Royal, les Pairs de France, & les Officiers Generaux de la Couronne, car tous ensemble font les Etats de France. Quand il y a un Roy certain, le Roy est Chef des Etats, & y preside, quand il n'y a point de Roy certain, le Prince du Sang plus prochain de la Couronne, n'y ayant interêt particulier y doit presider. Je sçay bien que l'on allegue le fait du Pape Zacharie, que l'on dit avoir déposé Childeric dernier Roy de la premiere lignée : mais les Historiens qui en ont ainsi écrit étoient personnes Ecclesiastiques & Moines, qui par ce moyen ont voulu exalter la puissance Ecclesiastique, aussi ces Chroniques se trouvent faites du tems que la lignée de Charlemagne commandoit, en faveur de laquelle les écrivains de ce tems-là ont écrit pour essayer d'effacer la verité de l'Histoire, qui est telle en somme ; Que Charles Martel ayeul de Charlemagne a été vray usurpateur de la Couronne de France, ayant fait l'entreprise contre ses maîtres les Roys de France & d'Austrasie, par le bien-fait desquels il avoit été fait Maire du Palais, qui étoit dignité presque semblable à celle du Connestable. Aucuns Historiens disent que Pepin fils dudit Charles Martel, envoya vers ledit Pape Zacharie demander avis, s'il étoit expedient que celuy à qui appartenoit le Royaume, & ne sçavoit faire l'état de Roy regnast, ou celuy qui n'étoit pas Roy, & sçavoit bien faire l'état de Roy ; & que ledit Pape dit son avis, qu'il étoit plus raisonnable celuy être Roy qui sçavoit bien gouverner ; c'est un jugement fondé sur la bien-seance, qui est le jugement de la main-forte, & non pas le jugement de justice (vertu qui conserve à chacun ce qui luy appartient) ledit Charles Martel consscientieux, qui avoit fait le serment au Roy, ne voulut faire l'entreprise pour luy, mais la fit pour son fils Pepin. Il se lit dudit Charles Martel qu'il ne voulut pas être Roy, & qu'il luy suffisoit de commander aux Rois. Cette usurpation n'eût pas longue prosperité, car de deux cent quarante ans ou environ que regna la lignée de Charlemagne, elle n'eût que le tiers en prosperité, encor en ce tiers les enfans firent outrage à leur peres, & aprés sa mort combatirent en Bataille l'un contre l'autre : l'autre tiers fut en abbaissement & declination precipitée. Et le dernier tiers fut en pure misere & abjection, de tout éloignée d'une Majeste Royale. Mais nous voyons que la lignée de Huë Capet Roy de France, qui eut sa legitime vocation par les Etats de France, a duré six cent ans, & dure encore, a eu des afflictions, mais Dieu l'a toûjours relevée ; ledit Capet étoit originairement venu de Saxe, qui est la même Region dont étoient venus les premiers François, Charles Martel étoit d'Austrasie, qui est la basse Allemagne deça le Rhin, parquoy aucuns Historiens l'appellent Brabanson, & étoit ledit Charles Martel bâtard : il est vray qu'il ne luy faut ôter une marque excellente d'honneur, qui est la victoire qu'il eut contre les Mores prés de Tours, qui en nombre de plus de cent mil combatans étoient venus pour conquêter la France, esperant en avoir aussi bon marché qu'ils avoient eu des Espagnes, environ soixante ans auparavant. Les Historiens moins soupçonnez de faveur, disent que les François s'adresserent au Pape Zacharie, pour être dispensez du Serment qu'ils avoient envers leur Roy, quoy qu'au grand Decret se treuve un Canon, *alius 15. quæst. 6.* qui est du Pape Gelase à Anastase Empereur, où il est dit, que le Pape Zacharie déposa le Roy de France,& luy substitua le Roy Pepin. Mais ledit Canon est grandement suspect, car le Pape Gelase & l'Empereur Anastase étoient environ l'an quatre cens quatre vingt-quatre, qui est plus de 200. ans avant le Pape Zacharie, qui étoit environ l'an sept cens quarante - quatre, il y eut un autre Pape Gelase qui fut environ l'an mil cent quatorze, qui est plus de deux cens ans aprés le Pape Zacharie, & en ce tems n'étoit aucun Empereur Anastase. Surquoy peut-être consideré que Gratian qui a compilé ledit livre du grand Decret, étoit personne privée, & ledit livre n'a jamais été confirmé pour être tenu precisement authentique de par soy. Et comme dit a été audit livre, sont plusieurs chapitres intitulez *palea*, il est vray que l'on allegue le contenu audit livre pour authorité, qui n'est pas pour l'authorité dudit Gratian, mais pour l'authorité des Conciles & Saints Docteurs anciens, desquels ont été tirez la plusspart des chapitres dudit Decret. Le Pape Nicolas au chapitre, *cùm ad virum 96. distinct.* dit bien ouvertement, que Nôtre Seigneur a étably entre les Chrétiens les deux puissances, l'une spirituelle, pour avec humilité vertueuse parvenir aux merites de la vie éternelle; à l'exemple du bon Maître Jesus-Christ, qui par cette façon a vaincu tout le monde : l'autre puissance temporelle des Empereurs & Souverains, pour être protecteurs de l'Eglise, & la garder d'oppression, l'une des puissances ayant quelque correspondance à l'autre : la puissance spirituelle ayant affaire de la temporelle pour la consideration des biens temporels de l'Eglise, & la puissance temporelle ayant affaire de la spirituelle pour parvenir à la vie éternelle. L'autre moyen d'injustice est, en ce que par effet, le Pape veut introduire en ce Royaume deux factions contraires, comme ses predecesseurs Papes firent en Italie, des Guelphes & des Gibelins, par le moyen desquelles plus de cent mille personnes sont morts avec violence, & peut-être plus de la moitié des ames perduës, car le Roy a les armes en main, il a vaincu en bataille ceux du party contraire, & a eu beaucoup d'avantages sur eux. Les Villes qui ont voulu luy resister ont été prises & mal-traitées, ou reduites à miserables pauvretez & necessitez : Si nous voulons luy resister il faut prendre les armes en main, & nous mettre en peril d'être exterminez & rendus miserables : car en fait d'état, la regle est qu'il faut être de l'un des deux partis, & qui se rend neutre est ennemy des deux. Il est certain que les armes ne sont pas propres pour la manutention de la Religion Chrétienne, parce qu'en faisant la guerre plusieurs bons deviennent méchans, & les méchans simplement deviennent méchans à outrance & incurables, & nul méchant ne devient bon aussi comme l'état des choses est de present nul de nous n'est contraint de changer, ou aucunement alterer nôtre Religion ny l'exercice d'icelle, les Villes qui sont en l'entiere obeïssance du Roy font toutes exercice de Religion aussi librement que jamais il a été fait à Paris, & n'y a aucun exercice de Religion contraire. Or quand les factions sont une fois mises sus, elles vont toûjours en aigrissant jusques à ce que tout soit ruïné ou l'une des deux factions soit du tout abatuë, ce qui ne peut être sans grande effusion de sang, sans faire beaucoup de femmes veuves d'enfans orphelins, & beaucoup d'honnêtes familles ruïnées, & le plat païs desolé & desert, & qui pis est, le peril de la subversion de l'état, dont l'étranger auroit bon marché, aprés que nous, par nous-mêmes nous nous serions ruïnez, comme il avint quand les Anglois-Saxons conquirent la Bretagne, qui d'eux fut dite Angleterre, & quand les Turcs conquirent l'Empire d'Orient.

L'autre injustice est, qu'en telles maladies les violens remedes sont tres-perilleux, & mettent quelquefois la vie hors du corps malade, aussi-tôt que la maladie. Saint Augustin qui est rapporté au grand Decret *in canon potest 23. qu. 4.* dit que de vray, quand une multitude de peuple est en faute, il y faut appliquer une severité bien temperée de misericorde, sans mettre le peuple en separation & division, & que tels Conseils de division sont tres-pernicieux, & n'apportent aucun profit, parce qu'ils troublent & mettent en confusion les bons qui sont infirmes, & ne corrigent pas les mauvais qui ont le cœur hautain : Le même autheur au Canon *infidelis* au même lieu dit, quand la multitude est en peché, & ne peut être punie sans violer la paix, & le repos de l'Eglise, qu'il vaut mieux l'endurer qu'en pensant la punir mettre tout en trouble. Saint Gregoire au Canon *nec autem*, au même lieu dit, que celuy qui ne peut endurer les mauvais, luy-même par son impatience témoigne qu'il n'est pas homme de bien, car celuy refuse d'être comme Abel, qui n'est pas exercé & travaillé par la malice de Caïn. Saint Augustin en ce même lieu, *can. quàm magnum*, dit qu'il ne faut pas delaisser les bons à cause des mauvais, mais qu'à cause des bons il faut endurer des mauvais, comme faisoient les Saints Prophetes, qui ne laissoient pas de crier contre les mauvais. Saint Gregoire au Canon *Disciplina 45. dist.* dit que la justice doit

doit être alliée de mansuetude, que le bâton qui doit servir à frapper; doit servir aussi à soûtenir & supporter, que l'amour y doit être non pour adoucir & flatter, la rigueur y doit être non pour exasperer & aigrir, que le zele y soit sans aspreté, & la douceur y soit sans par trop pardonner. Et Saint Augustin au Canon *dua sint* en la même distinction 45. dit qu'és Prelats ne doit être la mansuetude sans la rectitude de sincerité, ny le zele de rectitude sans mansuetude. L'experience durant nôtre tems & de nos Peres, nous fait connoître, qu'au fait de la Religion, les aigreurs ont été cause de distraire de l'Eglise aucuns Royaumes & Nations entieres: il est certain que la Croisade que le Pape Leon X. mit sus en l'an mil cinq cent seize, contenoit des abus intolerables par pretexte, disoit-il, que les deniers étoient destinez pour faire la guerre aux Turcs, & selon la portion que chacun donnoit de ses biens, il délivroit autant d'ames de purgatoire. Et toutefois ledit Pape Leon avoit donné à sa sœur Magdelaine de Medicis veuve de Cibo Genevois, le revenu de ladite croisade en certains Evêchez d'Allemagne, & elle en avoit commis la collecte à certains personnages fort advisez quant au monde, mais grandement vicieux & avaricieux. Martin Luther Religieux de l'Ordre de Saint Augustin, indigné, comme aucuns disent, de ce qu'on ne luy faisoit part au profit, ou peut-être meu de zele, se mit à prêcher contre ces abus, & comme aprés la fenestre ouverte chacun void ce qui se fait à la chambre, par ses predications chacun connût l'énormité de l'abus: le Pape ne donna pas l'ordre qu'il falloit pour reformer l'abus, mais voulut punir Luther qui avoit parlé si hardiment, & le fit citer à comparoir en personne à Rome, il fut Conseillé de n'y aller, & luy disoit-on qu'il y trouveroit grand nombre de grands ennemis, parce que plusieurs prenoient part & profit en toutes ces expeditions de Cour de Rome: ledit Luther se declara appellant du Pape au futur Concile universel, & n'abandonna pas tout d'un coup l'obeïssance de l'Eglise, parce que nonobstant son appel on passa outre à l'excommunier, (car à Rome on tient l'opinion que le Concile universel n'est pas Superieur du Pape,) aussi on exerça contre ledit Luther & ceux qui adheroient à ses opinions de grandes rigueurs, ledit Luther, qui étoit autain & superbe, secoüa du tout le joug & l'obeïssance de l'Eglise, & pour son premier œuvre, fit, & publia un Livre intitulé *de la Captivité de Babilone*, la comparant à la dignité Papale: & peut-être avoit-il pris son argument d'un Sonnet de Petrarque Poëte Italien, qui appelle la Cour de Rome *l'avare Babylone, qui a comblé le sac de l'ire de Dieu*, presque toute l'Allemagne fut imbuë de la doctrine dudit Luther, & en est encores aujourd'huy gâtée: l'Empereur Charles V. ou par zéle de Religion, ou pour son profit, dressa une grosse armée contre les Heretiques d'Allemagne, à laquelle aida le Pape Paul III. la victoire demeura à l'Empereur, mais l'Heresie n'a pas été chassée, & est aujourd'huy plus grande en Allemagne qu'elle n'a jamais été. Ainsi est arrivé en Angleterre, le Pape avoit dispensé Henry VIII. Roy d'Angleterre, d'épouser Catherine d'Espagne veuve de son frere Artus, ledit Roy ayant pris à dédain cette femme, comme ordinairement telles conjonctions incestueuses ne profitent pas, prit conseil si le Pape avoit pû le dispenser, aucuns Doctes luy dirent que non, parce que les anciennes loix de Droit Civil, & l'observance de la Chrétienté declaroient tels mariages incestueux: & l'on tient que le Pape ne les peut dispenser sinon és degrez que les Papes ont défendus, comme entre cousins germains & issus de germains, esquels degrez selon le Droit Civil on peut se marier. Ledit Roy Henry essaya par tous moyens envers le Pape pour declarer ce mariage nul, & luy permettre de se marier autre part, & à cét effet employa le Roy de France, qui lors étoit en bonne paix avec le Pape, mais l'Empereur Charles V. néveu de ladite Catherine, empêcha de tout son pouvoir que le Pape ne fit aucune chose en faveur dudit Roy Henry, qui fut cause que ledit Henry devint amoureux d'une simple demoiselle nommée Anne de Boulen, pour l'épouser, voyant qu'il ne pouvoit rien obtenir, quitta tout à coup l'obeïssance de l'Eglise Catholique, & se declara Chef de l'Eglise d'Angleterre. Ainsi és Païs-Bas est arrivé la rebellion, qui n'est pas encore pacifiée, & a amené trouble en la Religion, parce que le Roy d'Espagne voulut introduire esdits païs l'Inquisition d'Espagne, qui a été inventée en Espagne, non pas pour l'Heresie, mais pour le Marranisme, à cause de plusieurs Juifs Mahumenistes & Marrans couverts, qui sont en grand nombre, & ceux des Païs-Bas ne la vouloient endurer, tant parce qu'ils se sentoient être d'autre condition que ceux d'Espagne au fait de la Religion, aussi parce que ladite Inquisition a des rigueurs de vraye injustice, sous pretexte de justice, & encores parce qu'en l'Inquisition, la vie, l'honneur, & les biens de toutes personnes, même des plus grands, sont à la mercy des Moines Inquisiteurs. Selon mon avis, le Roy d'Espagne doit bien craindre qu'en sa succession n'avienne grand trouble par le moyen de la dispense du mariage, auquel il est de present, dont il a un fils designé successeur de ses Etats: car ledit Roy a épouse sa niepce, fille de sa sœur, par dispense du Pape, dont est ledit fils, & telle conjonction est prohibée du droit Divin au Levitique, & par les Droits Civils & Canoniques; & le Pape ne peut dispenser aux degrez de lignage prohibez par le droit Divin, ainsi qu'il est declaré par le Pape Innocent III. *in cap. litteras, extrà de restitutio spoliat*, aux Decretales antiques. Mais ces Autheurs de l'Omnipotente & puissance absoluë du Pape, non sujette à aucune regle, ont étendu son pouvoir jusques à tout ce qui luy plairoit. Qui a été cause que le Pape a octroyé au Roy d'Espagne cette dispense, & croy que c'est l'une des causes pour lesquelles le Roy d'Espagne, & les Theologiens d'Espagne en faveur de leur Roy, & les Theologiens d'Italie en faveur du Pape (duquel chacun d'eux espere des bien-faits , & nul d'eux ne quitte sa part du Cardinalat, ou du Papat,) soûtiennent si exactement & fortement cette exhorbitante puissance du Pape, *etiam* pour la mettre par dessus le Concile universel de l'Eglise : quoy qu'au Concile de Constance, en l'an 1417. auquel furent déposez trois Papes , & élû Martin V. de la Maison Colonne de Rome ; il fut arresté que le Concile universel de l'Eglise , legitimément assemblé , tient sa puissance immédiatement de Dieu , & a authorité de reformer l'Eglise *in capite & in membris* , il est vray , qu'environ vingt ans aprés , l'Eglise étant assemblée au Concile de Basle , suivant l'ordonnance faite audit Concile de Constance , & selon la volonté du Pape Eugene, qui approuva la convocation , iceluy Pape Eugene fut exhorté à diverses fois d'y venir presider, & non seulement ne voulut y comparoir , doutant d'y être reformé : mais fit indiction d'autre Concile à Ferrare pour rompre celuy de Basle , laquelle convocation seconde n'étoit plus en sa puissance, car tout le pouvoir étoit acquis aux Peres du Concile de Basle , comme representans l'Eglise universelle , & nonobstant ce , lesdits Peres du Concile le continuërent , & par vertu des Contumaces, & de la verification qui fut faite , de plusieurs abus qu'il avoit commis contre les Decrets du Concile de Constance , même des reservations des Benefices , exaction d'Annates , translations d'Evêques & Prelats , & autres telles provisions expressément défenduës par le Concile de Constance , & qu'il avoit fait cela au mépris du Concile lors seant : il fut par Jugement definitif déposé du Papat , nonobstant laquelle déposition il se maintint , sous pretexte qu'au Concile de Florence , où il avoit transferé la seance du Concile de Ferrare , il fit déterminer que le Pape étoit par dessus le Concile, & fit declarer le Concile de Basle Schismatique. Ce qui luy fut dautant plus facile , étant en Italie avec les Evêques & Prelats d'Italie, qui tous sont élevez en Cour de Rome , qui a ses grands revenus & l'authorité des abus défendus esdits Conciles de Constance & de Basle : ainsi fut dissipé tout l'ordre de la Discipline & Police Ecclesiastique. Le Concile de Basle fut reçû par l'Eglise de France , assemblée à Bourges du tems du Roy Charles VII. même le Decret qui declare la Superiorité du Concile par dessus le Pape : depuis ce tems les Papes ont de tout leur pouvoir essayé de faire rejetter par l'Eglise de France la Pragmatique Sanction , contenant la reception du Concile de Basle. Du tems du Roy Louïs XI. par le moyen de l'Evêque d'Evreux Baluë , qui pour cette occasion fut fait Cardinal. Et enfin l'an 1516. par les Concordats en forme de *do ut des*, la Pragmatique Sanction fut abolie , dont l'Université de Paris se declara appellante au futur Concile universel.

De ce que dessus dépend l'autre moyen d'appel , qui est que les Rois doivent être maniez , pour être amendez de leurs fautes , par autres moyens que le reste du peuple. Nathan Prophete , qui étoit porteur de la parole de Dieu , aprés que David eut commis cette énorme faute compliquée d'adultere , de meurtre , de supposition d'enfans, de prodition d'un bon serviteur de la Couronne , ne se dressa pas contre luy avec aigreur pour juger de ses délits , mais avec douceur de paroles le mena jusques au point de reconnoître ses fautes , & d'en faire penitence. Les bons Medecins voulans guerir une maladie furieuse & difficile , n'appliquent pas semblables remedes à toutes personnes , mais considerant le naturel du malade , son temperamment , son accoûtumance , & la saison du tems , n'exercent pas toûjours les remedes selon les regles communes de leur art. Les cœurs des Rois, & aucuns grands , qui sont genereux , ne sont pas faciles à être changez par rudesse, ils en sont plûtôt aigris & exasperez. On dit que le Roy est relaps, parce qu'autrefois il a abjuré l'Heresie, je ne sçay ce qui en est , sinon qu'aucuns disent, que lors de l'execution funeste qui fut faite à Paris le jour S. Barthelemy , l'an mil cinq cens septente-deux, on luy fit faire quelque declaration. Ce qui se fit ledit jour à Paris, fit assez connoître , que la force commanda plus que le gré. Mais quand bien cela seroit , les regles qu'on allegue des anciens Decrets , ne sont pas propres pour être appliquées à luy , elles parlent des personnes Ecclesiastiques qui doivent ministrer à l'Autel , la vie desquels doit être sans aucune tache de reprehension. Les personnes laïques sont reglées plus au large , aussi ce n'est pas à faire aux Superieurs Ecclesiastiques d'ordonner sur l'habilité ou inhabilité des personnes laïques , à tenir état & dignité , *etiam* à l'égard des personnes privées , beaucoup moins à l'égard des Rois. C'est le propre pouvoir des Etats de France , composé comme-dessus , de juger quand il y a débat contre celuy qui prétend la Couronne. Jesus-Christ Nôtre Seigneur , commandant en l'Evangile de pardonner , ne parle pas de la premiere ou seconde fois, mais jusqu'à l'infiny, disant jusqu'à septente fois sept , luy-même n'a pas pris S. Pierre au pied levé , quand il le renia jusques à trois fois avec detestations , mais le regarda de bon œil , & luy fit reconnoître sa faute luy-même , comme il est bon. Au fort de la persecution que S. Paul faisoit contre luy & les siens , il l'appella à luy , & le choisit pour être au nombre de ses plus excellens serviteurs. Saint Ambroise ne rejetta pas saint Augustin quand il vint à luy pour être enseigné , & saint Augustin à sa premiere arrivée ne commença pas à connoître sa faute , s'en repentir & demander pardon , mais desira & requit d'être enseigné , aprés avoir dit les raisons avec lesquelles il avoit embrassé l'heresie des Manichéens. Ces trois ainsi convertis avoient les ames bonnes , genereuses & franches. Il se dit de nôtre Roy , qu'il a eu luy toutes les qualitez propres à un grand Roy. Il est nay en grande Maison , du sang Royal de France, qui sans contredit est la premiere & plus ancienne Maison en Royauté qui soit en la

Chrêtienté ; Il est aussi descendu du côté de sa mere de Maisons genereuses, ausquelles on peut compter autant de grands & excellens Capitaines, comme il y a eu de mâles portans l'espée : il y a un cœur genereux aimant toutes choses vertueuses & grandes, il a un esprit gentil, prompt & judicieux, il est debonnaire & doux envers ceux qui s'humilient, grand guerrier & rude joûteur contre ceux qui font les mauvais, exact observateur de ses promesses, amateur de son peuple. On dit qu'aucuns livres ont été publiez, par lesquels on essaye de faire croire que ce Roy n'est pas habile à succeder, parce qu'il tient au feu Roy par ligne masculine à plus du dixiéme degré de lignage selon la computation du droit Civil, à quoy y a réponse en deux sortes ; l'une, que nôtre France n'est sujette au droit Romain, & par l'ancien établissement la Couronne est dûë aux mâles venans de mâles de la lignée de Hugues Capet, & y fut voüée & destinée par les Etats de France, lors de la legitime vocation dudit Hugues. Aussi les Rois de cette lignée ont été si vertueux, si valeureux, & si amateurs de leur peuple, que cette experience nous a fait connoître, que la lignée avoit été bien choisie, & si c'étoit de present à élire, nous ne devrions élire un Roy d'autre lignée : aussi les Rois ne succedent pas à la Couronne comme heritiers du dernier Roy, qui fait que l'attinence prochaine n'est pas à considerer, ainsi succedent en vertu de cette attribution faite à la lignée masculine de cette race tant genereuse. Quant à sa Religion, il est plus à plaindre qu'à blâmer, & feroient mieux ses adversaires de prier Dieu pour luy, que de le detester : car cette persuasion luy a été instillée avec le lait de la nourrice. Saint Augustin au Canon *dixit* 24. *quæst*. 3. dit, que ceux ne doivent être reputez heretiques, qui soûtiennent leur opinion, à moins qu'elle soit fausse & perverse, quand ce n'est pas par pertinace animosité, mémement quand d'eux mêmes en grand âge, ils n'ont pas embrassé cette persuasion avec presomption audacieuse, mais y ont été nourris & élevez par leurs peres & meres, mal sentans de la foy ; Et toutefois ils desirent être enseignez de la verité, étans prests à se corriger aprés avoir connû leur faute. Le même Autheur rapporté au can. *quaro* 6. *quæst*. 1. qu'il n'ose se hâter de juger, si un Catholique, qui ait de méchantes mœurs, doit être preferé à un Heretique. On y peut ajoûter cette raison, qu'à un ame gentile & debonnaire, il faut toûjours esperer de l'amendement, parce que Dieu l'ayant crée telle, l'aime, vray semblablement ; nous avons & devons avoir tant plus d'espoir en ce Roy, qu'il est fils descendu en droite ligne du bon Roy Saint Loüis, qui étant bien-heureux en Paradis, prie Dieu pour son lignage, & ses prieres sont bien agreables à Dieu. Les prieres de Saint Etienne aiderent à la conversion de Saint Paul, quoy qu'il fut aidant à sa lapidation. Les prieres de Sainte Monique aiderent à la conversion de Saint Augustin son fils, aprés avoir été Manichéen trente ans. Doncques le Pape qui a été ou dû être certain des qualitez de ce Roy, eût mieux fait (selon qu'il semble à aucuns) d'essayer tous moyens de le reduire, que de l'abandonner & mettre en detestation, dont ne peut venir autre succez, sinon une confusion & dereglement de cét Etat, non seulement au temporel, mais aussi au spirituel : quant au spirituel nous voyons que nul des Ecclesiastiques tant dereglez ne s'amende : mais au contraire tout vient en empirant quant aux mœurs, & l'épargne du bien de l'Eglise, qui devroit être employée en œuvre de charité, s'en va à l'entretien des Soldats mal faisans.

L'autre moyen de grief & injustice en la censure, est pour l'interêt de toute la Chrêtienté, & de toute l'Italie, & du Siege Romain en particulier. Il se void à l'œil bien jugeant, que ces censures ne tendent à autre fin qu'à gratifier le Roy d'Espagne, & autres Princes voisins, en démembrant cét Etat, afin que chacun desdits Princes en puisse avoir son lopin. Car nul d'eux n'auroit moyen d'entreprendre cét étant état en son entier. Cét Etat a autrefois non seulement resisté, mais fait teste au feu Empereur Charles V. tres-grand Capitaine, qui étoit accompagné non seulement de ses forces d'Espagne, du Royaume de Naples, du Duché de Milan, & des Pays-bas, mais aussi des forces du reste de l'Italie, d'Alemagne & d'Angleterre. Si cet Etat est démembré (que Dieu ne vëuille) les Turcs ennemis de n'ôtre foy par profession, ne craignans plus les forces de la France, prendront courage d'envahir les dominations du Roy d'Espagne, qui pour la pluspart luy sont ouvertes par la mer, tant en Sicile, au Royaume de Naples, qu'en Espagne & Genes. Les forces de France ont tenu en cervelles les Nations Barbares & Mahumetistes, qui bien se souviennent de cette grande & incomparable entreprise & execution faite par les François à la conquêté de Jerusalem, & depuis ce tems, ils appellent tous les Chrêtiens de nom de Francs. L'Histoire du passé nous témoigne, que la force de cét Etat a conservé toute la Chrêtienté, au tems que Charles Martel combatit & défit les Mores prés de Tours, qui auparavant avoient conquêté l'Espagne : un Historien Alleman en fait le discours assez ample, & en demontrant qu'el étoit lors l'état de toutes les Nations de la Chrêtienté, fait connoître que si lesd. Mores, eussent été vainqueurs des François, ils eussent eu bon marché de l'Italie, de la Grece, & de la Germanie. L'interêt y est de l'Italie, quant aux Potentats autres que du Roy d'Espagne, comme sont les Venitiens, les Ducs de Mantouë, & de Ferrare, le Grand Duc de Toscane & autres. Car vray semblablement le Roy d'Espagne feroit ce que son pere l'Empereur Charles V. essaya, de faire ruïner lesd. Potentats l'un apres l'autre, & se faire seul Seigneur de l'Italie, ce qu'il ne peut, parce que le Roy de France arrêteroit ses desseins. Nous avons oüy compter à nos peres l'ancienne cabale desdits Potentats d'Italie : c'étoit de favoriser le plus foible des deux partis, pour faire les partis égaux, de peur que l'un étant ruïné, le vainqueur, ne voulut faire la loy à eux tous. Ainsi tous les Potentats d'Italie se dresserent contre le Roy Charles VIII. craignans qu'aprés la conqueste du Royaume de Naples, il se fût fait trop grand en Italie à leur gré. Aussi le Pape Jules second, qui à bon écient fit l'Eglise Militante, arma toute l'Italie avec bon nombre d'Espagnols & Allemans, quand il vid la prosperité trop grande du Roy Louïs XII. en Italie, qui en l'an mil cinq cent neuf, avec dix mil combatans déffit l'armée des Venitiens de quatre mil combatants. L'interêt particulier du Pape y est : car il est vraysemblable, que le Roy d'Espagne, qui tient enclose la domination temporelle du Pape, entre ces deux belles pieces du Royaume de Naples & Duché de Milan, n'arrêteroit pas beaucoup à le dépoüiller de la temporalité, luy laissant le spirituel tout nud. Et en ce, le Roy se trouveroit assez favorisé des Sentences de plusieurs bons Docteurs, qui avec grandes raisons ont tenu, qu'il n'étoit pas expedient pour le bien spirituel de la Chrétienté, que le Pape fût si grand Seigneur terrien ; Il est à croire que le Roy d'Espagne, que l'on dit être promoteur de ces censures, & autres moyens servans à diviser la France, craint que la France demeure en son entier : car ledit Roy est vieil & caduc, il a son fils fort jeune, & un feu de division couvert sous la cendre en sa Maison, à cause de son mariage avec sa niepce, qui n'étoit dispensable. Ses Dominations & Etats sont épanchez comme pieces de marqueterie, & en distance les uns des autres. Un Roy de France grand guerrier, jeune & valeureux comme est celuy-cy, pourroit facilement empieter grande partie desdits Etats : joint que les sujets de la plusspart d'iceux sont bien las de la domination Espagnole. C'est donc en soy chose injuste, de donner non seulement l'occasion, mais aussi le moyen & la cause de démembrer & des-unir cét Etat, qui a tant merité de toute la Chrêtienté, du siege Apostolique Romain, & de tous les moyens Potentats de la Chrêtienté, qui ont eu refuge en iceluy en leurs afflictions, & qui les peut encor garentir demeurant en son entier. Les Papes d'ancienneté n'étoient superieurs & souverains que pour avoir la premiere seance, & presider és Conciles oecumeniques & universels de l'Eglise, & pour juger quand en causes graves on s'adressoit à eux, sans que d'eux-mêmes ils l'entreprissent. Le Pape doit donc bien craindre, en exerçant ses rigueurs extrémes, que la France n'élise un Patriarche, par le moyen duquel on n'aura plus que faire à Rome pour les affaires ordinaires, en tant qu'on pourra remettre sus les anciens Decrets de l'Eglise, selon lesquels, nul autre que l'Evêque Diocesain ne conferoit les Benefices Collatifs. Se pourroient faire en France Conciles Nationaux : comme il y en a eu du tems de nos Rois de la premiere & seconde lignée, tenus à Paris, Orleans, Châlons, Arles, Meaux, & autres Villes; Comme aussi il y en a eu assez en Espagne sous le regne des Goths, à Tolede, à Bracara, à Seville, à Terrascon, à Agde en Languedoc, qui lors obeïssoit aux Goths : comme aussi, il y en a eu plusieurs en Afrique, lesquels Conciles Nationaux sont alleguez en divers endroits, au grand Decret, & és Decretales antiques, comme tenus de grande authorité. Mais depuis, comme les Papes ont voulu fonder leur puissance absoluë, ils ont condamné l'usage des Conciles Nationaux, qui communément étoient assemblez pour le fait de la Police Ecclesiastique en chacune Nation, car chacune Nation peut avoir des regles & raisons particulieres en cette Police : & tel article de Police est utile à une Nation, qui n'est utile à l'autre : ainsi est dit & raisonné au préambule de la Pragmatique Sanction. Mais le fait de la doctrine Chrétienne, qui de soy est immuable, & doit être pareille par tout, se traitoit comme elle doit être traitée en Conciles universels, esquels le Pape de Rome preside comme Chef, comme aux Nationaux le Patriarche, ainsi faisant ce ne seroit point schisme, ains reglement *ad instar* de l'antiquité.

L'autre injustice & moyen de grief est, en ce que par quelque consequence on nous voudroit juger fauteurs d'Heretiques, en cas que nous ne resistions à force ouverte, pour faire la guerre à nôtre Roy, que l'on dit être Heretique : quoy que les fauteurs sont ceux qui portent aide & faveur aux Heretiques en leur heresie, pour les maintenir en icelle. Et qu'au débat qui est aujourd'huy il n'y va de la Religion, mais seulement de l'Etat. Les Saints Peres anciens on jugé cette affaire avec plus grande discretion; de vray le Pape Innocent au Canon *error* 83. *dist.* & Jean VIII. au Canon *facientes* 86. *dist.* disent que celuy n'est pas exempt de suspition de societé oculte avec le méchant, qui n'est pas soigneux de remedier au mal qui se trouve apparent, mais ledit Canon *facientes*, parle expressément à l'égard de ceux qui ont puissance de corriger & amender la faute, & n'en tiennent compte. Saint Augustin, selon qu'il est rapporté és Canons *ita si quis* & *à malis*, y met ce temperament, quand aucun par son assistance & faveur rend le malfaisant plus prompt & hardy à mal faire, & fait cette resolution audit Canon *à malis*, de n'être consentant aux méchans pour approuver leur vie, de n'être négligent à les blâmer quand il nous vient à propos, & aussi de ne les blâmer avec superbe & arrogance : & le même au Canon *tolerandi*; dit que les mauvais doivent être endurez afin d'avoir paix, & ne faut pas se retirer d'eux corporellement, mais spirituellement; & ne faut les corriger selon qu'à chacun appartient, & faire en sorte toutefois que la paix soit conservée. On ne peut dire sinon avec calomnie, que les Princes du Sang, Pairs de France, Officiers Généraux de la Couronne, & grand nombre de Seigneurs tres-Catholiques, étans prés du Roy, soient consentans à l'heresie, mais ils sont de ce party par vray zele François, pour soûtenir les droits de la Couronne qu'on veut empêcher. Et nous qui sommes personnes simples & privées, que pouvons nous faire; sinon d'endurer les choses comme elles sont: puisque ny nôtre charge, ny nôtre pouvoir n'est pas d'y remedier, bien crois-je, que si le Roy, ou autre, nous commandoit d'abandonner nôtre Religion, nous ne serions pas tenus d'y obeïr, mais au contraire, nous soûmettre plûtôt à la mort, ou abandonner ce Royaume, que de quitter nôtre Religion. Doncques quand on nous commandede faire ce que nous ne pouvons & ne devons, c'est injustice, *imò*, & à l'égard des Gentils-hommes, & ceux qui font profession des armes, il se peut dire, que si au commandement du Roy ils vont a la guerre, quoy qu'ainsi fût que le Roy fût sacrilege & heretique, ils ne pechent point, & s'il y a faute, elle est en celuy qui commande iniquement, & non au soldat, qui par sa profession doit obeïr: ainsi dit saint Augustin au Canon, *quod culpatur 23. quæst.* 1. & saint Ambroise au Canon *Julianus* 11. *quæst.* 3. dit que l'Empereur Julien, qui étoit Apostat, ayant abandonné la foy Chrétienne, qu'auparavant il avoit embrassée, avoit en son armée des soldats Chrétiens, ausquels quand il commandoit d'aller à la guerre pour la conservation de l'Etat, ils y alloient, quand il commandoit de persecuter les Chrétiens pour leur Religion, ils reconnoissoient l'Empereur du Ciel. On void dans l'Histoire du Martyre de saint Maurice, Chef de la Legion des Thebeans, qui toute étoit composée de Chrétiens, laquelle Histoire est au Legendaire de l'Eglise de Nevers, écrite en langue Romaine, docte & élegante, & bien representant les loix Militaires des Romains, que toute la Legion obeïssoit bien franchement à Maximian Empereur Gentil, & grand ennemy par profession des Chrétiens, Compagnon de Dioclectian, sauf quand led. Empereur leur commanda d'adorer les Dieux que l'Empereur adoroit, ils refuserent & furent mis à mort, ledit saint Maurice, & les Tribuns, & le reste de la Legion divine. La guerre ne se peut dire juste, qui est entreprise sans le commandement du Souverain, auquel il appartient de l'indire, & qui fait la guerre sans cette authorité, il peche contre les Commandemens de Dieu, qui défend de tuer. Le seul cas excepté est la voye de justice, la juste guerre est une espece de justice, comme en la justice sedentaire, les Juges condamnent à mort les criminels; il n'appartenoit point à ceux de Paris & des autres bonnes Villes, d'ordonner au fait de cét état, s'il y avoit à ordonner c'étoit à faire aux Etats Généraux, composez comme il a été dit des Princes du Sang, des Pairs de France, Officiers Généraux de la Couronne, & des Députez des trois Ordres, le Royaume vacant. Mais il y a un Roy, en la Personne duquel est la Royauté pour succeder à la Couronne, & en luy est ce droit dés lors qu'il fut conçû au ventre de sa mere, selon les regles de Droit Naturel & Civil, qui veulent que ce qui est dignité par le pere soit acquis à l'enfant dés lors qu'il est conçû au ventre de sa mere, & ne luy peut être ôté par accident subsequent. La question, si aucun est Heretique, appartient au jugement de l'Eglise; mais la question si l'heresie rend inhabile & indigne de la Couronne, celuy qui par naissance & par les anciennes loix du Royaume y est appellé, est à decider par les Etats de France composez comme dessus, & non au Pape, qui par les raisons & authoritez, cy-devant alleguées, n'a aucun pouvoir d'ordonner sur le fait de cette Couronne & Etat. Et quant à ce qui est de la Spiritualité, je croy que la puissance Souveraine appartient au Pape, non pas absoluë & sans contrôlle comme les Monarques ont au temporel, mais pour être reglez selon les anciens Decrets. On lit és Histoires Ecclesiastiques, que les Papes Marcellin, Sixte, Symmaque, Leon, & Gregoire reçûrent le jugement du Concile, pour se purger des crimes dont ils étoien chargez. Et S. Paul en l'Assemblée des Apôtres, qui étoit un Concile, blâma S. Pierre, comme il dit en l'Epistre aux Galates, encore que dés lors S. Pierre fût Chef de l'Eglise, & touchant la profession de la Foy. ********

AUTRE DISCOURS SUR LE MÊSME SUJET; presenté à Madame Henriete de Cleves Duchesse de Nivernois, qui avoit desiré être éclaircie sur le fait desdites Bulles Monitoriales de Gregoire XIV. & de la célebre Assemblée tenuë à Chartres au sujet d'icelles, le 21. Septembre 1591.

TOUT homme de bien & d'honneur demeurera d'accord, que l'Estat de l'Eglise n'est pas absolument Monarchique, mais en partie Aristocratique ; & que saint Pierre n'a pas eu plus de puissance & d'authorité que les autres Apôtres : lequel encore que l'on avouë avoir été le premier, eu égard à l'ordre ou à l'âge, ce n'a pas toutefois été pour commander aux autres, pour dominer ou tenir rang à la maniere des Rois de la terre, mais seulement pour presider en l'Assemblée, afin d'éviter à la confusion, suivant la remonstrance que Nôtre Seigneur leur avoit faite : *Qui voudra entre vous être le plus grand, soit d'entre tous le moindre : Les Rois de la terre commandent absolument, mais vous ne faites pas ainsi. Le Fils de l'Homme n'est pas venu pour commander, mais pour obeïr. Matth. chap. 20. Marc chap. 10. & Luc chap. 22.*

Le même saint Pierre fuyant cette ambition, & la voulant déraciner du cœur de ses Coevêques, a laissé par écrit en son Epistre Canonique premier, chap. 5. *Je prie les anciens (ayant charge du peuple) qui sont entre vous, moy ancien avec eux, & témoin des afflictions de Christ :* Et plus bas, *Paissez le troupeau de Christ, ayant égard sur iceluy, non par contrainte, mais volontairement, non point pour gain deshonneste, mais d'un courage prompt, & non point comme ayant seigneurie sur les heritages, mais que soyez l'exemple du troupeau.*

Luy-même, pour montrer qu'il étoit étably pour obeïr aux Decrets de l'Eglise, & non pour y commander absolument, a été envoyé par les Apôtres en Samarie avec S. Jean pour confirmer les habitans de ce lieu par la parole, en la Foy, *aux Actes des Apôtres chap. 8.*

Au Concile tenu en Jerusalem il n'y presida pas, mais saint Jacques l'Apôtre, afin de ne rien usurper sur le Diocese de son Coevêque : & quoy que lors la division des Dioceses ne fût comme elle est à present ; tant y a que ledit saint Jacques étoit Evêque de ce lieu. *Aux mêmes Actes chap. 15.*

Ainsi que nous vous avons dit, és affaires de l'Eglise, comme pour élire des Diacres, & ordonner les choses legales, il n'en ordonna point luy seul, mais avec toute l'Eglise. *Aux Actes des Apôtres chap. 6. & aud. chap. 15. vers. 22.*

Ce qui enseigne, que comme le Pape son successeur, ne peut luy seul ordonner des affaires de grande consequence de l'Eglise, qu'aussi aprés avoir pris le Conseil de l'Eglise, on ne doit legerement enfreindre ses Decrets.

Toutes les fois que luy seul a entrepris sur l'Eglise sans le conseil d'icelle, on luy a saintement resisté, comme à un homme privé.

Le Pape aux premiers tems de l'Eglise, voulut entreprendre sur les autres Evêques, & S. Cyprian Evêque & Martyr luy resista en face, ainsi qu'avoit fait saint Paul à saint Pierre, *comme il se void en l'Epistre aux Galates chap. 2. vers. 11.*

Le même S. Cyprian se plaint, de ce que l'Evêque de Rome, que nous appellons Pape, reçoit trop facilement sans avû de l'Eglise les Schismatique d'Affrique, comme s'il eût négligé le pouvoir qu'avoient les autres Evêques en leur Ministere.

Le même appelle Estienne & Cornelius Papes de Rome ses Compagnons en divers lieux de ses écrits : Il se courrouce aigrement contre Estienne Pape de Rome, de ce que sans le conseil & exprés commandement de l'Eglise, il vouloit commander aux autres Evêques.

Et S. Irenée n'a-t-il pas aigrement repris Victor autre Pape de Rome, de ce que poussé d'ambition ou de division, il avoit luy seul excommunié les Evêques d'Asie, pour la diversité du jour de la solemnité de la Pâque. Et telle excommunication fut declarée nulle par les Evêques d'Asie, sans plus grande assemblée de l'Eglise universelle.

Au Concile de Carthage, pour condamner cette usurpation du Pape par dessus les autres Evêques, fut decreté, *qu'aucun ne s'appelleroit, ny se diroit Prince des Prêtres, ou premier Evêque.*

Au Concile Oecumenique de Nice, tenu à la poursuite de Constantin l'Empereur, le Pape voulant presider aux autres Evêques, d'un commun consentement des Evêques, il ne fut octroyé à ses Ambassadeurs que le quatriéme lieu.

Au premier & second Concile d'Ephese, Cyrillus & Dioscorus Patriarches d'Alexandrie, presiderent en la presence des Legats de Sa Sainteté.

Au cinquiéme Synode de Constantinople ce fut l'Evêque Menas, qui presida malgré le Pape,

Mais l'on dira que cela étoit en l'Eglise Grecque schismatique & jalouse contre la Latine. En ce tems, & de la pureté de l'Eglise, les schismes n'avoient point de lieu.

Il est donc raisonnable de montrer, qu'en Italie il s'est tenu un Concile, où le Pape n'a point presidé.

En celuy d'Aquilée, Ville d'Italie, surnommé & tenu pour Général, Saint Ambroise Evêque de Milan y presida; & n'est fait aucune mention du Pape ny de ses Legats.

Du tems de saint Augustin, comme le Pape tâcha à s'agrandir sur les autres Evêques, & ordonner les affaires de l'Eglise, sans ses freres les autres Prelâts: Au Concile Milevitain, où presidoit lors ledit S. Augustin, *furent declarez excommuniez tous ceux qui passeroient la mer pour aller à Rome querir leur absolution au mépris de leurs propres Evêques.*

Et aprés au Concile tenu à Carthage, le Pape y envoya ses Legats, & ils ne presiderent pas, mais le même saint Augustin; & ce aprés longue dispute. Et que cependant moururent trois Papes successivement, Zozime, Boniface, & Celestin, & qu'Aurele Archevêque de Carthage presida en cette Assemblée de l'Eglise, fut arresté ce Decret, *Qu'il n'étoit permis à l'Evêque de Rome, de recevoir les excommuniez par les Evêques d'Afrique, & que quiconque se pourvoiroit audit Evêque Romain seroit excommunié.*

Que si l'on desire voir les raisons de tel Decret, elles se pourront voir au Canon 105. du Concile de Carthage.

De là est venu, & a été resolu, que le Pape ne peut, & ne doit s'appeller Evêque universel.

Et je prie Dieu, que la réponse que fit le bon saint Gregoire ne soit scandale à personne. Car ayant refusé telle appellation, il ajoûta tel epithete être convenable à l'Antechrist.

L'on pourra dire contre ces choses, que l'Eglise d'Occident a de tout tems reconnu le Pape pour Souverain Chef ministeriel en l'Eglise.

Soit accordée telle decision. Si ne faut-il pas conclure que tous les Rescripts du Pape ne puissent être annullez sans l'Assemblée générale de l'Eglise, & qu'il y puisse faire ou dire absolument ce qu'il voudra.

Au Pape nôtre Saint Pere, comme en tout Prince Souverain, toutes personnes doivent considerer deux qualitez, la personne intellectuelle & l'organique.

Comme la faculté intellectuelle en l'homme sain d'esprit ne chope jamais. Mais bien quelque fois la puissance organisée manque à faire ses fonctions & accidens d'infirmité. Ainsi quelques-uns confessent, que le Pape, le Prince Souverain, en qualité de Prince, comme la partie intellectuelle de cette Republique n'erre point, quoy que comme personne organisée ou particuliere, il chope souvent assez lourdement, & de ce les Histoires de l'antiquité en fournissent infinis exemples.

Æneas Silvius homme singulier en doctrine, & depuis fait Pape, soûtient en ses écrits être une proposition heretique, de dire que le Pape ne peut errer comme homme.

Deux Conciles l'ont confirmé par Decrets, celuy de Basle & celuy de Constance, en la déposition de Jean XXIII.

Et à la verité vouloir soûtenir malicieusement telle assertion, seroit contrevenir à l'Ecriture Sainte, qui est envers les bons la pierre de touche pour examiner les propositions saintes, ou erronées.

Si nous disons que nous sommes nets de peché, nous nous trompons, & sommes menteurs.

Qui est celuy net de soüilleure de peché?

Nul n'est justifié qu'en se confessant & reconnoissant pecheur, il n'y en a point qui fassent bien, non pas jusques à un.

Et depuis le monde né, le seul Jesus-Christ d'entre les Pasteurs a été sans macule. Ce que l'Apôtre confirme, disant que tel il devoit être pour être Evêque, impollu, innocent, & separé des pecheurs.

De dire que le Pape en cette qualité d'homme seroit impecable, qu'en ses Ordonnances, Decrets, & Jugemens particuliers, il ne peut errer, & que quant il auroit failly il ne seroit loisible aux Eglises particulieres de differer à luy obeïr, jusques à la resolution du Concile Général.

Ce seroit errer & être ignorant de l'Ecriture Sainte, des anciens Decrets, & des Histoires divines.

Il est veritable, qu'entre tous les anciens Ministres de Dieu & Papes, ne s'en trouvera qui ait eu plus de graces & de privilege divin, que Moyse & que saint Pierre premier Pape.

Que l'un & l'autre ont failly.

Celuy-cy, avant qu'être confirmé du S. Esprit, & aprés avoir même exercé longtems l'Apostolat, lors que prévenu d'une apprehension de la mort au tems de Neron, il s'enfuit, & Nôtre Seigneur s'apparoissant à luy, fut aussi-tôt reconnu par S. Pierre, qui luy dit, Seigneur où allez-vous? & Nôtre Seigneur comme luy representant sa crainte & apprehension de la mort pour son service, luy répondit, *je vais à Rome pour être derechef crucifié.*

L'autre étant devenu incredule, par son incredulité n'entra jamais en la terre de promission.

Marcellinus Pape, offrant de l'encens à l'Idole ne chopa-t-il pas lourdement?

Que fit pour lors l'Eglise? prît-elle cette action du Pape pour un Decret, afin de l'imiter? ou bien les autres Evêques là presens attendirent-ils une générale assemblée des autres Evêques épars par l'Europe & l'Asie? Helas non, un petit nombre pour remedier au peril éminent, & que tel acte ne tirât à consequence pour ébranler les foibles en la Foy, conclurent dans leur petit Synode de Rome, que Marcellinus avoit failly, & qu'il en feroit penitence.

Liberius Pape devint Arrien; Celestin, Nestorien; Anastase second suivit l'erreur d'Acacius, ils se reconnurent tous par la grace de Dieu, mais durant leur erreur ils essayerent à établir des Decrets pour établir leur doctrine. Attendit-on l'assemblée générale de l'Eglise pour leur resister? Tant s'en falut, chaque Evêque en son particulier jugeant tels Rescrips perilleux à l'Etat de l'Eglise, les cassa & annulla.

De tout tems ç'a été une liberté Chrétienne reçûë en l'Eglise, qu'on a appellé au Synode, des Decrets des Papes, quand ils ont été préjudiciables à quelque Prince de la Chrétienté; & par provision, afin d'assûrer les consciences craintives, on a toûjours declaré tels Rescripts nuls pour l'entretenement de la paix & du repos.

Gregoire VII. circonvenu de faux rapports, excommunia plusieurs fois Henry IV. Empereur, & lequel depuis à l'article de la mort s'en repentit, commandant à son Confesseur, aprés son decez, luy porter de sa part l'absolution des censures, entendit infinies fois la provocation dudit Empereur au Synode. Et d'autant que ce Pape passionné démesurément ne vouloit se renger à la raison, Dieu par un miracle évident, fit paroître le tort qu'il faisoit à l'Eglise, permettant ainsi qu'on luy faisoit des remonstrances, qu'il ne voulut écouter, que le Siege sur lequel il étoit assis se brisa en plusieurs pieces, & fut brûlé divinement par le feu du Ciel; ce qui occasionna, que par un Concile non général, mais particulier, il fut declaré indigne de son grade, & en son lieu fut subrogé Clement III.

Le semblable avoit fait le grand pere dudit Empereur, appellant au Synode de l'injuste Sentence du Pape.

L'an 1239. Federic II. appella des insolens déportemens de Gregoire IX. & de là naquirent les sources des factions Guelphes & Gibelines.

Du tems de Clement VII. l'an 1530. les Princes de l'Empire, par le conseil de leur Evêque, appellerent de la Bulle dudit Pape, decernée pour cause assez legere.

L'an 1372. Gregoire XI. envoya une Bulle en Allemagne, par laquelle, sous les peines des censures, il commandoit aux Ecclesiastiques, qu'ils missent en ses mains la dixiéme partie de tous leurs biens.

On n'assembla pas pour ce fait un Concile général, mais les Ecclesiastiques depuis assemblez jugerent cette Bulle nulle.

En la même Province, en l'an 1455. Jerôme Hymbourg provoqua au futur Concile du Rescript de Pie II. & par provision fut absous des Evêques, lesquels traitant gracieusement le Pape, suspendirent l'effet de la Bulle pour un tems, laquelle fut declarée nulle puis aprés.

Et les Pasteurs plus avisez d'eux-mêmes, n'ont attendu la reprehension de l'Eglise pour leurs Bulles, mais se sont corrigez.

Nicolas I. confessa ingénument, que ses Decrets se pouvoient corriger.

Leon IV. se soumit à la sagesse de Louis Auguste, pour être ses Decrets examinez.

Infinis autres ont été corrigez, tant pour leursdits Decrets, Sentences, qu'actions. Leon I. Gregoire VII. Symmache, & autres en sont témoins.

Quand les Peres Docteurs ont dit, qu'il n'est licite de reprendre ou annuller les Bulles des Papes, ils ont voulu cette These être interpretée avec grande discretion.

Et doivent les affaires de l'Eglise être considerées, ou au fait de la Religion, ou au fait de la Police Ecclesiastique.

Les Decrets de l'un & de l'autre, une fois ordonnez en l'Assemblée Générale de l'Eglise, ne se peuvent enfraindre par aucun particulier, sans crime.

Et specialement en la Religion, qui dépend immediatement du droit divin, lequel de soy est immuable, & duquel même les Papes ne peuvent dispenser; & combien qu'il y ait des flateurs qui ayent écrit, que le Pape peut faire nouveaux articles de Foy, convaincus de la vehemence de la verité, ils donnent une distinction. Le Pape se peut forger nouveaux articles de Foy, *non creativè sed expositivè*. Pardonnez-moy si je suis contraint d'user des mots Latins, ils ont une force & emphase toute autre que les François; aussi ne les recevons-nous pas, non plus que fit la pure Eglise de l'antiquité, à laquelle ces mots ont été inconnus.

Es affaires de la Police, bien que le Pape par une speciale députation de l'Eglise és Conciles Généraux, ait acquis grande puissance; si faut-il confesser, que c'est avec l'observation des saints Decrets des Peres.

Un Decret de police Ecclesiastique émané du Pape, comme Vicaire du Concile, ne doit & ne peut être enfraint par une Assemblée particuliere de l'Eglise, autrement ce seroit introduire une tirannie en l'Eglise. Si le Pape avoit cette authorité de commander à son plaisir; ce que jamais, ny Moyse en la Synagogue, ny S. Pierre parmy les Apôtres n'ont fait.

On confesse, que s'il étoit émané un Decret *conjunctim* du Pape & du Concile, & que sur ce Decret le Pape fît une Bulle, qu'il ne seroit loisible à aucun Chrétien de telle qualité ou condition qu'il fût, de contrevenir à cette Bulle, laquelle proprement seroit dite, selon la langue Grecque, du conseil des Freres, qui sont les Evêques du Concile saintement assemblez.

Mais qu'on ne puisse user de remontrances contre une pretenduë Bulle, & en cas de dénegation de Justice, ou de passion évidente & manifeste, declarer telle Bulle nulle & abusive; ce seroit dire le noir être blanc, ou à l'opposite, voir contrevenir au droit divin & humain.

D'alleguer qu'étant telle Bulle émanée par Sa Sainteté avec le consentement des Cardinaux, elle est obligatoire, comme si elle venoit de la decision d'un saint Concile; C'est trop apertement se tromper soi-même, c'est se confesser aveugle en son propre fait, eu égard que les Cardinaux sont bien du Conseil ordinaire de Sa Sainteté pour le regard de son Diocese ou de sa maison: mais pour le fait général de l'Eglise, que leurs décisions sont obligatoires; c'est ignorer l'Histoire & les saints Decrets.

Devant Innocent IV. l'Eglise ne sçavoit que

que c'étoit les Cardinaux en tel apparat & magnificence qu'on les écrit : De sorte que de l'Eglise militante en ce monde, par foy & patience à l'imitation des saints Apôtres, ils veulent aujourd'huy faire l'Eglise triomphante. Car devant ce tems l'Eglise a reconnu les Cardinaux pour être députez à ensevelir les morts, & specialement les Martyrs, qui a occasioné que le vêtement rouge leur a été baillé, en signe de l'éfusion du sang desd. Martyrs.

Es Decrets de l'ancienne Eglise, ne se lit point qu'ils ayent eu aucune puissance, ny aucune authorité par dessus les Evêques, lesquels avec les Curez, sont les vrais Pasteurs de l'Eglise.

Ainsi appert, que les Bulles particulieres du Pape, émanées de luy par passion, contre le droit divin & humain, sans le consentement, ou de l'Eglise générale, ou au nom des Evêques de la Province, où elles sont envoyées pour troubler l'état & le repos des sujets, peuvent à bon droit être declarées nulles, non par les particuliers, ce seroit déroger au Magistrat que Dieu a étably, mais bien par les sages de la Province, avec connoissance de cause, discussion des raisons & argumens, & conference des decisions de droit.

Mais parce qu'il semble au pauvre peuple seduit par des cabalistes, que ce soit un crime execrable de toucher à ce qui vient du Pape, sans considerer les privileges de la France, il est besoin d'en dire quelque chose.

Il est necessaire de sçavoir que l'Eglise Gallicane, qui par son special privilege de Dieu, a gardé ses premieres franchises & libertez, non pas charnelles & rebelles au Magistrat, comme les ennemis de cét Etat le veulent faire croire, & se le persuadent, a de tout tems usé de telle voye contre les Bulles des Papes, quand ils se sont émancipez des bornes de droit, & qu'au lieu d'être Peres communs de tous les Rois & des Royaumes, ils s'en sont voulu faire accroire.

Entre tous les Royaumes Chrétiens, celuy de la France a le plus de privileges; d'autant que le Roy de France a été, & est le premier fils de l'Eglise.

Pour ce Gregoire I. luy écrivant, l'appelle Premier Catholique, & tres-excellent fils.

Gregoire IX. tres-Chrétien entre les Chrétiens; Innocent IV. Prince Catholique, & Roy tres-Chrétien.

Urbain IV. Prince Venerable en devotion, premier en merites, valeureux Combatant, Défenseur & Protecteur de l'Eglise.

Et la raison pour laquelle le Roy de France est appellé le premier fils de l'Eglise, c'est qu'encore que Constantin I. entre les Princes soit Chrétien, si est-ce qu'il a differé son Baptême jusques à l'heure de sa mort.

Mais Clovis Roy de France, si-tôt qu'il a eu la connoissance de Dieu, n'a aucunement douté, & à l'heure même s'est fait baptiser, & a été oint de l'huile celeste.

La seconde raison est, que tant que Constantin a vécu, & ses enfans aprés luy, en leurs promotions, ils ont pris la ceremonie de l'Investiture & Manteau Royal de la main du grand Pontife des Idoles.

Mais nos Rois de France, de la main des Archevêques de Reims, ou d'autres leurs Suffragans, comme aussi quelquefois d'autres Evêques du Royaume.

La troisiéme raison, c'est que depuis que les Rois de France ont eu la connoissance de Jesus-Christ, aucun d'eux n'a laissé la vraie Religion, comme ont fait beaucoup de Rois, qui de Chrétiens sont devenus Idolatres.

Ces considerations ont donné lieu, entrée, & conservation aux libertez Gallicanes.

Qu'au Royaume de France, les Mandats ny Reservations Apostoliques n'ont point de lieu.

Qu'en la Bretagne, le Concordat de Leon Pape n'y est reçû, étant cette Province des François demeurée seule la plus sincerement en sa splendeur, des premieres libertez.

Selon cette liberté Gallicane, le Roy de France a le droit de Regale, que nos ancêtres ont gardé aussi saintement, que faisoient les Troyens leur Palladium.

De là est arrivé, que quand les Papes oublians les plaisirs & bons offices reçûs des Rois de France, se sont ingerez de diminuer leurs droits, ou pour cause legere, ou par passion les excomunier; on a procedé par declaration de nullité contre leurs Rescripts, sans toute-fois se distraire de l'amitié de la sainte Eglise, ny du Pasteur legitimément ordonné, & saintement commandant en l'Eglise.

Quand Benoist d'Aragon eut excommunié Charles VI. le Clergé de France, & les Docteurs de Sorbonne assemblez, jugerent sa Bulle nulle & la firent lacerer, & promenerent les Legats du Pape par l'executeur de Justice, pour être siflez du peuple.

Philippe le Bel, excommunié par Bonifacé, ne fit meilleur traitement à la Bulle & aux Legats.

Et que fit l'Université de Paris en semblable fait, l'an 1455. vous l'avez sçû, & comme les Evêques ne voulurent autrefois souffrir qu'on fît breche à leur authorité, n'endurerent que le Pape connût du procez de Prétextatus Archevêque de Roüen, ny de celuy de Sagitarius, autre Evêque François.

Ces braves, bons Catholiques & genereux François, avoient appris telles resolutions de leurs devanciers.

En la seconde Famille de nos Rois, le Pape voulut proceder contre un Evêque d'Orleans, & un Archevêque de Reims, accusez de la faction des enfans de Louïs le Debonnaire; les Prelats de la France l'empêcherent, & par le droit de leurs privileges & de l'Eglise Gallicane, la Bulle qui en avoit été envoyée fut declarée nulle, sans autre convocation des Eglises de la Chrétienté, aussi n'en étoit-il point besoin, n'étant question que d'un fait particulier de la France.

Quand Charles le Chauve eût recueilly la succession de Lothaire son néveu Roy de Lorraine, le Pape Adrian II. luy envoya faire commandement de s'en départir, sur peine de censures, enjoignant à l'Archevêque de Reims de la prononcer s'il d'ifferoit d'obeïr.

Le Conseil de France & des Etats de Lorraine tenu à Reims, répondit qu'on n'avoit jamais ouï parler d'un semblable commandement, fait par le Pape aux Evêques de France, & qu'il ne s'étoit jamais veu, qu'un Pape sans en être requis, se fût voulu messer de juger le droit des Royaumes.

Enfin il fut resolu, que l'excommunication irreguliere des Papes, ne pourroit empêcher aux vrais François l'entrée de Paradis.

En cette même saison vivoit Neomenius, soy disant Roy de la petite Bretagne, Vassal du Roy de France : il étoit homme de tres-pernicieuse vie, impie, irreligieux ; le Pape sans observer les voyes ordinaires l'excommunia. Les Evêques voyant cela avoir été fait sans leur en avoir été communiqué, firent un Synode à Tours, & declarerent la Bulle nulle, obtenuë par surprise ; fut neanmoins amonêté d'amender sa vie.

L'an 864. Carloman fut dégradé au Synode tenu à Senlis : Le Pape tenant son party s'opposa à ladite Assemblée, & envoya sa Bulle, portant défenses de passer outre, ledit Rescript fut depuis declaré inutile.

Chilperic & Gontran Rois, ayant fait déposer les Evêques Celonnius & Sagitarius au Synode de Lyon, pour leurs mefaits ; s'étant le Pape formalisé qu'on l'avoit fait sans son sçû, envoya son Rescript, qui fut pendu au croc.

Les raisons & Sentences de l'Ecriture, les saints Decrets & Canons de la sainte Eglise, les exemples des Histoires, tant anciennes que modernes doivent suffire, pour démontrer qu'en certain cas on peut declarer nulle la Bulle du Pape en une Assemblée du Clergé saintement convoquée ; & quand il y a un éminent peril de la perte d'une Province, de tout un Etat, & d'un Royaume, on peut facilement se dispenser du Synode Géneral ; comme le Medecin ou le Chirurgien, lequel se voyant pressé de la violence de la maladie coupe à bon heure le membre pourry, ou par médicamens propres prévient le poison de la maladie, & garnit de bonne heure d'antidotes contraires les parties nobles, de crainte qu'attendant plus long-tems, la maladie gagnât le dessus.

Je supplie tres-humblement le Createur, MADAME, vouloir accroître le bonheur & prosperité de vos saints desirs, sous la faveur & benediction de ses graces.

PROTESTATIO CARDINALIS PLACENTINI AD Illustrissimum Cardinalem Pellevæum, Publicorum Galliæ Conventuum Præsidem, missa, ut eam ipsis Conventibus significaret.

ILLUSTRISSIME & Reverendissime domine: Quandò quidem ego valetudine impeditus, ipse per me publicos hujusce regni Conventus adire & coram alloqui nequeo, illustrissimam amplitudinem tuam [illegible] rogo, ut vicem meam implere minimè gravetur, unus siquidem ex omnibus occurris qui pro tua singulari in Deum & Patriam pietate, & pro eo etiam quem meritò amplissimum in Ecclesia Catholica obtines gradum, id efficaciter apud tuos summaque cum dignitate præstare possis. Nequis igitur deinceps ignorare possit quæ mea sit, quibus de rebus nunc in ipsis Comitis agitur sententia, universis Ordinibus quæ sequuntur, meo nomine illustrissima dominatio tua si placet significabit. Quòd cùm hactenus in eo colloquio quod multoties jam cum eorum Catholicorum deputatis qui à Navarræi partibus stant repetitum est, frustrà tentatum sit, eos ab heretici societate sejungere, cui nimirùm se pertinaciùs quàm anteà inhærere velle non solum declararunt, sed etiam reliquos verè Catholicos in eum errorem pertrahere conati sunt, ut hæretici jugum unà subire, ipsumque Regem suum agnoscere vellent, asserentes ipsum non modò ad Catholicam Religionem amplectendam animum induxisse, sed jam plane Catholicum esse quibus & alia id genus multa subjungebant, vel falsa omninò, vel quæ ab orthodoxa fide & disciplina, & ab eo quod summo Pontifici, sanctæque Sedi Apostolicæ debetur obsequio atque obedientia maximè videbantur abhorrere, cùm revera constet Navarræum ipsum nullam hactenus viri pii, Catholicive significationem dedisse, quin potius omnia ejus consilia eo spectare videantur, ut quibuscumque possit artibus ac dolis Catholicam, Apostolicam, ac Romanam Religionem oppugnet, ipsamque Anglicano more per totam Galliam penitùs extinguat. Certè quidem hoc unum apertè moliri videtur, ut Christianissimum hoc regnum à dicta sedis fide & communione abducat, planeque schismaticum efficiat. Eas ob res mearum esse partium existimavi universos Conventuum ordines vehementer adhortari, eosdemque obtestari ut cum jam se omninò de ea spe dejectos videant propter quam sibi cum Catholicis qui hæretico obsequuntur, colloquendum putarunt, ab hujusmodi colloquio deinceps abstineant, nullamque hæretici apud eos, vel mentionem vel rationem haberi (quod etiam ipsi Ordines jam anteà sanctissimè decreverant) ullo modo patiantur. Nam cum perspicuum sit nulla alia re magis promoveri hæreticorum res atque vota quam si de regni gubernaculis hæretico relapso deferendis quavis ratione agant, profectò & illud quoque constat non posse eam rem à quoquam suscipi, quin eo ipso in censuras & pœnas contra hæreticorum fautores propositas incidat. Quæ omnia tametsi ipsos ordines pro eximia eorum prudentia satis intellecturos existimem, ac de summa eorum pietate, egregioque in summum Pontificem, sanctamque sedem studio minimè dubitem, omninoque confidam ex iis fore neminem qui rejectis jam hæretici, atque eorum qui ipsi favent Catholicorum fraudibus atque pervicacia, rem ultrà cum ipsis habere velit. Tamen ne officio meo defuisse videar id nunc apertè protestor, si secus (quod Deus avertat) factum fuerit, ea culpa quæ profectò foret gravissim assummum Pontificem vehementer offensum iri. Quiquidem licet Religionis causam quam totis viribus tuendam suscepit numquam sit sit derelicturus, eos tamen non posset non deserere quos alio animo quam verè Catholicos deceat in eamdem causam incumbere sentiret. Omnibus enim id persuasissimum esse debet, sibi nulla umquam ratione probatum iri, si quid cum hæretico relapso sive ejus fautoribus quoquomodo fuerit transactum, cùm nimirùm ea spe inniti debeamus omnes numquam fore ut divinum auxilium eos destituat qui sanctissimam Dei Ecclesiam bona fide propugnabunt. Quæ cum ita sint me quoque Apostolicæ legationis munere in hoc regno fungentem nihil omninò comprobaturum, quod aliqua ex parte piis summi Pontificis consiliis repugnare videatur; imò verò si quid in posterum vel de ipsius Navarræi commodis, vel de Pace, induciisve cum ipso ineundis vel de re alia qualibet transigant, me non solum civitate ista sed toto regno statim excessurum esse palam testificor, neque enim ullum est periculi genus quod adire recusem modo ne in iis locis indecore consistam ubi vel pax induciæ, vel alia ejusmodi ineantur, quæ cum certissimo amittendæ religionis periculo conjunctæ videntur. Quapropter illustrissimam dominationem tuam etiam atque etiam rogo, ut sanctæ Sedis Apostolicæ ac meo etiam nomine omnes Prælatos & alios cujusuis gradus Ecclesiasticos magnopere adhorteris, ut qui hactenus Catholicæ Religionis visi sunt propugnatores fortissimi, tales perpetuò esse velint; ut se veros ipsius sanctæ Sedis Apostolich filios reipsa comprobent. Nobiles verò ac reliquos tertii ordinis viros per viscera Jesu Christi Domini nostri roges & obtesteris ut memores solemnis illius jurisjurandi quo non semel aliàs & nuper etiam in iis ipsis Comitiis fidem suam Christo ejusque Ecclesiæ obstrinxerunt (numquam fore ut aliquid societatis vel commercii cum hæreticis haberent) nulla se ratione dimoveri patiantur ab ea constantia quam in tuenda retinendaque Catholica Religione magna cum pietatis lauda hucusque servarunt. Porrò cum summus idemque sapientissimus Pontifex satis intelligat totam nobilissimi hujusce regni salutem in una Regis Christianissimi electione contineri, illustrissimæ dominationi tuæ in eo potissimum elaborandum erit ut Sanctitatis suæ nomine universos Conventuum ordines excitet & permoneat, ad eum tandem regem maturè deligendum, qui non solùm re ac nomine Christianissimus verèque Catholicus existat, sed etiam iis artibus cæterisque virtutibus polleat, quibus hereticorum furor & audacia facilè cohiberi funditusque deleri possit: hoc unum est quod sua Sanctitas urget maximè, quod optimi quique Catholici omnibus votis exposcunt, quod publica necessitas efflagitat, in quo denique omnem salutis suæ spem afflicta Gallia collocare videtur. Qua in re & illud quoque providendum erit ut ea prudentia ac moderatione omnia gerantur ut universi Catholici, & ex iis præsertim Primarii viri ac Principes, qui pro fide Catholica, Apostolica & Romana contra hæreticorum perfidiam hactenus fortiter pugnarunt, vel alia quavis ratione regnum instud optimè juvarunt, quæcumque ordines ipsi decreverint ea omnia ad Religionis Catholicæ tuitionem, regnique salutem & incolumitatem fuisse decreta planè intelligant, iisdemque decretis meritò assentiantur. Sed quemadmodum confido ipsos ordines nullum à se grati animi officium desiderari umquam passuros, ita Sanctitatis suæ, atque adeò sanctæ Sedis Apostolicæ nomine polliceor omnia adjumenta, quæ ab amantissimo Patre in tantis filiorum calamitatibus sunt expectanda. De me denique id Ordinibus ipsis, dominatio vestra illustrissima confirmet magnoperè velim me quæcumque Religioni Catholicæ, Christianissimique hujus regni commodis, saluti, dignitatique conducere arbitrabor summo cum studio semper esse facturum. Parisiis, die 13. Junii 1593.

DEVIS ENTRE UN CITOYEN DE NEVERS y demeurant, & un Citoyen de Paris retiré à Nevers, sur le sujet de la susdite protestation du Cardinal de Plaisance, du Dimanche onziéme Iuillet mil cinq cent quatre-vingt-treize.

NEVERS.  IER je lûs une Protestation du Cardinal de Plaisance, Legat en France, faite à Paris le 13. Juin dernier, & envoyée par luy au Cardinal de Pellevé, President és Etats de France assemblez à Paris, qui est comme une délegation & charge que ledit Seigneur Legat donne audit Seigneur de Pellevé President, de ce qu'il a à faire en cette Assemblée. Et aujourd'huy Dimanche, étant à la Messe de ma Paroisse, j'ay ouï l'Evangile, qui est de la parabole du Pasteur, qui de cent brebis en a égaré une, & avec tout soin & diligence va la chercher, & l'ayant trouvée s'en réjouït avec ses voisins, comme d'un grand bonheur à luy arrivé. Ladite Parabole dite aux Juifs, qui murmuroient de ce que Jesus-Christ frequentoit les pecheurs & publicains : qui m'a apporté quelque scrupule en ma conscience, pour ne trouver pas cette Protestation & charge bien consonante au devoir d'un bon Pasteur Ecclesiastique.

PARIS. Il faut croire que tout ce qui vient du Mandement de nôtre Saint Pere le Pape, Chef universel de l'Eglise, ne peut étre autre que bien : car le Pape comme Pape ne peut faillir; pourquoy il me semble que vous ne devez laisser entrer aucun scrupule en vôtre conscience pour ce sujet.

NEVERS. Je reconnois le Pape de Rome être Chef de l'Eglise universelle, comme Successeur de saint Pierre, & que Nôtre Seigneur Jesus-Christ a recommandé son Eglise singulierement à saint Pierre, lequel il connoissoit être le plus ardent de tous les autres en dilection & amour, qui est la principale partie de la profession de l'Evangile. Mais comme saint Pierre vivant, a failly étant pecheur, tant avant la Passion de Jesus-Christ, quand il le renia, que depuis ladite Passion, même aprés la Mission du Saint Esprit, quand il vouloit contraindre les Gentils nouvellement venus à la Foy Chrétienne, de se rendre sujets aux ceremonies Judaïques, dont saint Paul le reprit en face, ainsi qu'il est écrit en son Epistre aux Galates chap. 12. vers. 11. Il se peut faire que le Pape de Rome son successeur fasse quelque faute, afin que luy-même ayant sentiment de la condition en laquelle il est né comme homme, reconnoisse qu'il est homme & pecheur : & se reconnoissant tel, il fasse *ad instar* du Grand Pontife en la loy Mosaïque, lequel seul entrant au *sancta sanctorum*, faisoit offerte à Dieu pour les pechez du peuple, & le faisoit de tant plus grande devotion, qu'il se reconnoissoit être pecheur comme les autres hommes.

PARIS. Je croy que le Pape comme homme, & avec sa qualité telle qu'il avoit avant qu'il arrivât au Papat, peut faillir, & est pecheur comme un autre homme, aussi il se confesse, & reçoit absolution de ses pechez d'un Prêtre de moindre degré que luy ; mais comme Pape il ne peut faillir, même en ce qui est du point de la Foy, parce que Jesus-Christ dit à saint Pierre, qu'il avoit prié Dieu son Pere, afin que la Foy de saint Pierre ne défaillît *En S. Luc chap. 22. vers. 32.*

NEVERS. Quand Nôtre Seigneur Jesus-Christ parla à saint Pierre, il parla à tous les Apôtres, & consequemment à toute l'Eglise Chrétienne, parce que la foy ne défaillera jamais en icelle; & quelque affliction & desolation qu'il y ait en l'Eglise, selon le monde, Dieu se reservera toujours sept mil hommes qui ne fléchiront jamais le genoüil devant Baal. Quand il plût à Dieu de permettre que toute l'Eglise d'Orient fût presque abolie, étant venuë sous la domination du Turc, il luy plût aussi de multiplier la semence de sa parole és Terres neuves, où elle a grandement fructifié, & fructifie par le moyen des bons Peres Jesuites, qui n'ont épargné, ny leur travail, ny l'incommodité & indigence de toutes choses necessaires à la vie de l'homme, ny leur propre vie, mais avec patience, ayant vaincu infinité de difficultez, ont fait un tres-grand accroissement en la religion. C'est pourquoy, quand les Chefs de l'Eglise seroient tres-vicieux, quoy qu'ils fussent athées ou gens de mauvaise vie, la foy de saint Pierre ne défaillera point, les Ministres peuvent être médisans, mais le ministere & la dignité sont en tres-grande sainteté. Et quant à ce que vous dites, que le Pape comme Pape ne peut faillir; j'en feray d'accord avec vous, en figurant le Pape comme Chef de l'Eglise: car puisqu'il est Chef, il faut par une seule fonction de nôtre intellect nous representer qu'il y a un corps composé de tous ses membre, dont le Pape Chef est le principal membre: Le Pape ainsi uny avec les autres membres, qui est l'Eglise universelle assemblée en Concile Oecumenique ne peut faillir, non plus que Jesus-Christ vray & seul Epoux de l'Eglise, demeurant toûjours avec elle ne peut faillir; mais si on considere le Pape à part, selon que les Sophistes disent *in abstracto*, je croy qu'il peut faillir, & que les fautes par luy faites sont sujettes à correction: non pas que les sujet par superbe & mépris se doivent élever contre son authorité, mais avec toute humilité être marris desdites fautes, prier Dieu qu'il y veüille pourvoir, & en attendant un bon & saint Concile Oecumenique legitimement assemblé, obeïr en ce qui n'est directement contre les Commandemens de Dieu, qui n'offense la charité Chrétienne. Et en ce qui est directement contre lesdits Commandemens, se retenir assuré en sa conscience devant Dieu, qui juge le secret des cœurs, que ce n'est offense à Dieu, de n'obeïr pas à tout ce qui est commandé.

Paris. Le Pape ne juge pas seul, il juge avec son Consistoire, qui est le College de Messieurs les Cardinaux, representans l'Eglise universelle.

Nevers. Les Cardinaux se disent Cardinaux de la sainte Eglise Romaine, & non pas Cardinaux de l'Eglise universelle; aussi n'ont-ils pas été choisis & élûs par l'Eglise universelle. Les Cardinaux Prêtres, & Cardinaux Diacres, sont ceux qui tiennent en titre les Eglises Parroissiales, & autres principales de la Ville de Rome, & du Diocese de Rome, car le Pape comme simple Evêque a son Diocese limité, & les Cardinaux Evêques, sont les Evêques de sa Province particuliere, qu'il a comme simple Archevêque, laquelle Province, ainsi qu'il est dit en une Decretale, *cap. sua nobis, de officio Vicarii in ant.* est entre les Provinces de Pise & de Capouë. C'est pourquoy il me sembleroit (si tant est qu'il m'appartienne d'en dire mon avis) que le Conseil ordinaire du Pape pour representer l'Eglise universelle, devroit être composé de Cardinaux choisis en nombre égal par les quatre principales Nations de la Chrétienté, c'est-à-dire, qu'il y en eût autant d'une Nation que d'une autre, j'entens les quatre Nations, Italie, France, Germanie & Espagne, & que ceux du Conseil fussent dits Cardinaux de la sainte Eglise universelle; & ce qui seroit fait en ce Conseil ainsi composé, & la pluralité des voix fût censé être fait par le Pape Chef de l'Eglise és affaires occurrentes, en attendant un Concile Oecumenique.

Paris. Ce que vous dites seroit une grande nouveauté, & les nouveautez ont accoûtumé d'apporter beaucoup de difficultez: c'est pourquoy il est bien seant de les éviter.

Nevers. Il n'y a rien aujourd'huy de si ancien, qui autrefois n'ait été nouveau, la doctrine de Jesus-Christ est immuable, mais la police de l'Eglise est sujette à changement. Quand la Ville de Rome commandoit à tout le monde, le Pape étant élû à Rome étoit reconnu Souverain. Aprés que Rome eut perdu la domination temporelle, qui fut transferée de Constantinople en Grece, les Empereurs Grecs ont authorisé les élections des Papes. Quand les Empereurs d'Orient eurent perdu de tout point la domination de l'Italie, par Concile assemblé à Rome du tems du Pape Adrien, la puissance d'ordonner les Papes fut transferée aux Rois de France, en la personne de Charlemagne, non encore Empereur. Depuis, quand la puissance des François hors la France fut du tout affoiblie, le Pape Nicolas declara que l'élection du Pape appartenoit au Clergé, & aux Citoyens de Rome. Quelque tems aprés, quand les Papes avec plusieurs contentions, & les unes sanglantes, eurent ôté au peuple de Rome, le pouvoir que d'ancienneté il avoit à Rome, ils mirent l'élection du Pape és mains des Cardinaux de la qualité susdite, & se trouvent diverses Constitutions non semblables les unes aux autres sur la forme de cette élection. Puis qu'il y a eu autant de changemens, il n'y a point d'inconvenient que par le consentement & commandement, aussi de l'Eglise universelle fût donné quelque ordre, que celuy qui doit être Chef de l'Eglise, soit élû par toute l'Eglise, avec proportion analogique, vû que plus des trois quarts des Cardinaux sont Italiens, & tous sont promûs par le seul Pape. Et que depuis deux cens ans en ça, ne se trouve pas six Papes entre plus de soixante, qui ayent été d'autre Nation que d'Italie: ce que je dis n'est pas pour mépriser la puissance du Pape, que je reconnois être Chef de l'Eglise, mais pour reconnoître que sa puissance n'est pas précisement & absolument souveraine, mais souveraine entant qu'elle est consonante à l'Evangile, aux saints Conciles Oecumeniques, & aux mêmes Decrets & Sentences des saints anciens Docteurs Theologiens de l'Eglise.

Paris. Vous faites icy un long discours, comme si vous aviez à haranguer en une Assemblée Générale de l'Eglise, ou auprés de personnes de tres-grande authorité, qui eussent pouvoir de procurer & faire venir à effet un Concile général Oecumenique, auquel peut être decidé de toutes ses questions.

Nevers. veritablement, je me suis fort étendu, mais ça été pour prendre quelque consolation & resolution en ma conscience sur de tant & si intolerables abus que je vois aujourd'huy, dont ne peut avenir que ruine & desolation de beaucoup de pauvres ames, ausquelles on montre les fautes d'autruy, & à nul n'est montré le chemin pour se corriger & amender : & parce que les principales predications & exhortations qu'on nous fait, sont pour éloigner les uns des autres, pour haïr, pour faire la guerre sanglante, & ne chercher aucun moyen de nous reconcilier ; ce qui est directement & diametralement contraire à la Religion Chrétienne.

PARIS. Je vous prie dites bonnes paroles. La principale fonction des Chrétiens est d'aimer : sont plusieurs degrez en cét amour, de Dieu sur toutes choses, des Magistrats & Superieurs spirituels & temporels, avec honneur & respect, comme de nos peres & meres, & envers tous autres qui ont droit de ce commander, parce que la conservation de corps mystique & politique gît en analogies & proportions, afin que chacun fasse sa fonction en la charge en laquelle il est appellé, sans entreprendre outre ; comme nous voyons en nôtre corps charnel, que chacun membre fait sa fonction sans entreprendre sur l'autre.

NEVERS. Les maladies des corps humains viennent quand les humeurs ne font pas bien chacune leur devoir ; quand l'humeur melacholique est alterée survient la fiévre quarte, ou la manie ; quand l'humeur cholerique est vitie survient la fiévre tierce ; quand la pituite & le phlegme est interessé survient la fiévre continuë ; quand plusieurs humeurs se trouvent dereglés, lors surviennent fiévres bastardes difficiles à connoître, differentes à guerir. Tous ceux qui vont voir les malades ne sont pas Medecins pour guerir ; le patient dit son mal, & l'amy le console, ou luy dit quelque chose de son opinion en cette maladie. Je ne devise pas comme Medecin, pour entreprendre de guerir, mais comme me sentant malade par participation du mal, de tout le corps je me plains ; & seroit chose cruelle & inhumaine, que celuy qui est malade n'osât se plaindre, ny dire quelles sont les causes qu'il pense être de son mal : Pour dire franchement, je trouve infinité de fautes en cette Protestation, qui sont pour entretenir & pour accroître la maladie commune de ce Royaume, & parce que nous sommes amis de longtems, je suis bien aise d'en deviser avec vous.

PARIS. Je vous écouteray volontiers, & protesteray que ce soit sans aucunement me départir, ny rien diminuer de la devotion humble que j'ay envers le saint Siege Apostolique.

NEVERS. Vous pouvez croire que je n'ay pas moins de devotion & de respect envers ledit Siege que vous. J'honore la memoire de saint Pierre, & ne veux me départir de l'obeïssance du saint Siege ; & n'entens rien déroger à son authorité, quand je diray aucunes fautes particulieres de ses successeurs, dont aucuns ont été intolerablement vicieux, comme depuis cette centaine d'années Alexandre VI. Jules II. & peut-être Leon X. Clement VII. & Jules III. & m'abstiendray de parler des autres plus recens. Ces fautes & vices ont ouvert le chemin à tous les dereglemens qui sont aujourd'huy.

PARIS. Les heresies sont survenuës par la malice & superbe d'aucuns, qui pour être vûs plus sçavans, ou enflez d'ambition, ont méprisé l'ancienne doctrine, & ont voulu introduire nouvelles opinions, & ont trouvé des cerveaux semblables aux leurs. C'est leur propre faute qui les a perdus.

NEVERS. J'en suis d'accord avec vous, mais une partie de la faute est arrivée par les Pasteurs mis à la guette, qui n'ont pas été soigneux de bien veiller pour empêcher la venuë du loup. Un des Prophetes dit, quand la ville est surprise par l'ennemy, & tout mis à feu & à sang par la faute de celuy qui étoit proposé à faire le guet, que chacun des Citoyens est pery pour cause de ses pechez, & toutefois Dieu demandera raison de toutes les ames peries, à celuy qui étoit préposé au guet. *Ezechiel chap. 33. vers. 6.*

PARIS. Dites donc quelles si grandes fautes vous trouvez en cette Protestation de Monsieur le Legat.

NEVERS. Les actions des grands doivent être exactement digerées, parce que les moindres fautes sont apperçûës, comme une petite tache est facilement apperçûë au visage. En premier lieu, ce titre d'Illustrissime qu'un Cardinal donne à un autre ne me plaît pas, qui est un titre de dignité temporelle (pour ne dire de vanité) & non pas spirituelle. Et encore vû, que quand le Pape écrit au Roy de France, il l'appelle simplement Illustre. Les Cardinaux qui ne sont pas nais en maison Souveraine devroient s'abstenir de cette qualité, & se contenter de la prétenduë qualité de Reverendissime. Mais je croy que ce nouveau titre est en consequence, de ce qu'aucuns tiennent le Pape être Chef & Souverain, non seulement du spirituel, mais aussi du temporel, même pardessus les Empereurs & Rois ; & les Cardinaux, comme enfans de l'Eglise Romaine, à cette suite ont voulu se dire Illustrissimes. Ce qui est directement contraire à la doctrine que Nôtre Seigneur a enseignée à ses Apôtres, & à ce qui a été introduit par saint Gregoire Pape, & qui a été continué (au moins de parole) par ses successeurs, qui en leurs Bulles ne prennent autre titre que d'Evêques, serviteurs des serviteurs de Dieu.

PARIS. Il ne faut pas trouver mauvais d'attribuer tout honneur de grandeur à ceux qui sont successeurs des Apôtres, lesquels Nôtre Seigneur a constituez pour être Juges de tous les hommes au grand Jugement, même des plus grands, comme il est dit au Pseaume. 149.

NEVERS. C'est bien fait de les honorer, mais ils devroient d'eux-même fuïr ces fumées d'honneur, & entr'eux se reconnoître humbles serviteurs de Dieu. Quand au commancement de cette Protestation : me semble que ç'a été une honnête excuse audit Légat, de ne se trouver à l'Assemblée desdits Etats, quand il dit être malade. Et je croy que ç'a été pour éviter le débat qui eût peu être, si en nos François y a encore souvenance de la dignité des Etats de France. Car le Legat y arrivant eût voulu y avoir le premier & principal siege, comme tenant le lieu du Pape, que l'on dit devoir presider par tout. Mais en France les Cardinaux n'ont place de premier honneur és Etats Généraux : Pour la place ils n'y sont reconnus, que comme Evêque, ou comme Pairs Ecclesiastiques. A la premiere seance des Etats d'Orleans, les Cardinaux prirent siege au banc à côté droit du Roy., & étoient assis selon leur rang de Cardinalat, le feu Cardinal de Tournon seant le premier, comme Doyen : mais à la seconde seance les Princes du Sang prirent cette seance du côté droit, & y étoit le premier feu Monsieur le Cardinal de Bourbon, qui à la seance des Cardinaux étoit le troisiéme. Ledit sieur Legat a donc mieux fait de s'abstenir d'entrer au Conclave des Etats, pour éviter ce débat de la seance. Mais selon mon avis, c'est une incongruité que ledit de Pellevé, que l'on nomme President esdits Etats, (qui comme tel y a seance, voix, & la prerogative pour en conclure) ait pris la charge comme commis dudit sieur Legat, pour porter parole esdits Etats : veu que ledit de Pellevé President és Etats de France, n'avoit aucun commandement ny charge à recevoir d'un Legat du Pape, qui n'a constamment aucun pouvoir en France, sinon pour la spiritualité, encore aprés qu'il a été reçû & reconnu par le Roy pour Legat, car autrement n'est-il pas Legat. D'autant que c'est comme une obligation reciproque de celuy qui envoye, & de celuy qui reçoit l'Envoyé, comme les Legistes disent au Mandat. Je laisse à disputer à ceux qui traitent affaires d'Etat, si ces Etats sont legitimément assemblez; & moy, il me semble, que quoy qu'il n'y eût point de Roy, il appartient aux Princes du Sang Royal, aux Pairs de France, & aux Officiers Généraux de la Couronne d'assembler les Etats, & les trois Ordres; d'eux même ils n'ont & ne peuvent dire avoir aucun pouvoir, sinon par la convocation que fait le Roy, ou à faute de Roy les Princes du Sang, les Pairs de France, & Officiers Généraux de la Couronne : De fait és Etats Généraux les dessusdits sont tous assis en haut, & les Députez de trois Ordres en bas.

Paris. Le Pape Pere universel, & Pasteur en toute la Chrétienté, par raison doit être respecté en toutes Assemblée, soit de Clercs ou de Laiz, & par la même raison ses Envoyez & Legats. Et est observé en toutes ceremonies des Assemblées des Grands, que les Envoyez tiennent le même rang de seance & d'honneur, comme auroient leurs Maîtres s'ils y étoient, excepté que l'on ne baise pas ce qu'on presente aux Envoyez, si les Envoyez ne sont Princes. Et en toutes Cours de Souverains de Chrétienté, où sont plusieurs Ambassadeurs, l'Ambassadeur du Pape est toûjours le premier.

Nevers. Ce que vous dites est vray, quand ils sont appellez aux ceremonies par le Souverain, auprés duqel ils sont, & non pas pour eux-même se presenter. C'est pourquoy l'on peut dire que les Etats, quoy que ce fussent legitimes Etats pouvoient se passer de sçavoir son avis & sentence sur ce qui étoit à traiter esdits Etats. Et toutefois ledit Seigneur Legat s'ingere de leur faire sçavoir son avis par ledit Cardinal de Pellevé. Suit aprés en sa Protestation, qu'en la Conferance qui a été faite avec les Députez des Catholiques, qui sont auprés du Roy de Navarre ; on a essayé en vain de détourner lesdits Députez de la societé d'un heretique, & que lesd. Deputez adherans audit heretique opiniâtrement, ont essayé au contrajre de tirer à leur erreur les autres Catholiques, pour reconnoître un heretique pour Roy, assurant que non seulement ledit Roy avoit proposé d'être Catholique, mais que déja il étoit tel, y ajoûtans plusieurs choses fausses & grandement éloignées de la foy, de la discipline, & de l'obeïssance qu'on doit au Saint Siege Apostolique, attendu dit-il, qu'il appert de verité, que ledit Roy n'a encore fait aucune démonstration d'être Catholique, ains que tous ses conseils & desseins semblent être, pour avec tous artifices & finesses essayer d'abatre la Religion Catholique Apostolique & Romaine ; & à la maniere d'Angleterre icelle éteindre par toute la Gaule. Surquoy me semble que ledit Legat n'a fait office de bon Pasteur. Car puisqu'il se dit être envoyé en France pour la manutention de la Religion Chrétienne, & extirpation de l'heresie. Il devoit comme le Pape même eût dû faire à l'exemple du bon Pasteur, dont parle Jesus-Christ en l'Evangile de ce jour, aller rechercher la pauvre brebis égarée du troupeau, qui est nôtre Roy, & par salutaires & douces exhortations essayer de le réduire au troupeau, & le ramener au giron de l'Eglise. Mais au lieu de ce faire il commande à tous d'abandonner le Roy, défend de conferer avec les Députez Catholiques, qui sont de la part du Roy, impute fausseté & perfidie ausdits Députez, & assure que le Roy, que lesdits Députez disoient être Catholique, est ennemy de l'Eglise & essaye de la détruire. C'est tout autant que si le Pasteur incitoit les chiens contre la brebis égarée, pour la faire égarer plus loin, & la mettre hors d'espoir de revenir au troupeau. Je ne puis faire que mon esprit ne soit offensé de cette action si rigoureuse, & contraire à l'esprit de l'Ecriture, en me souvenant de ladite Parabole de l'Evangile.

Paris. Le Pape & son Legat semblent avoir juste cause de défendre toute conference avec les heretiques, & avec ceux qui adherent aux heretiques, même parce que le Pape Sixte V. a declaré nôtre Roy, qui lors étoit Roy de Navarre heretique, & l'a excommunié. Or selon les Decretales Canoniques, il faut fuïr les heretiques & les excommuniez & les fauteurs des heretiques sont tenus au même rang des heretiques.

Nevers. J'ay autrefois oüi prescher, que la source de l'excommunication est de la parole de Jesus-Christ, qui aprés la correction fraternelle, & plusieurs admonestemens du pecheur, si le pecheur ne se corrige, veut qu'il soit déferé à l'Eglise, & s'il n'oyt l'Eglise, qu'il soit tenu comme Ethnique & Publicain; c'est-à-dire, qu'on ne converse avec luy, non plus que les Juifs ne conversoient avec les Ethniques & Publicains. Et toutefois en l'Evangile susdit du bon Pasteur, Nôtre Seigneur étant blâmé par les Juifs, de ce qu'il frequentoit même à boire & manger avec les Publicains & pecheurs, dit qu'il étoit venu pour retirer d'erreur ceux qui étoient dévoyez, & que ceux qui sont sains n'ont que faire de Medecin, mais luy étoit venu pour redresser à la bonne voye les brebis égarées de la maison d'Israël. Et és Actes des Apôtres chapitre 10. saint Pierre en songe eut avertissement de Dieu, qu'il ne devoit faire difficulté de converser avec le Centenier Cornelius, qui étoit Gentil & Ethnique, afin de l'adresser à la Foy Chrétienne.

Paris. Pourquoy est-ce donc que l'Eglise nous défend la conversation avec les excommuniez? ce qu'elle ne feroit si ce n'étoit un tres-grand peché.

Nevers. Les anciens Decrets disent que l'excommunication n'est pas mortelle, mais un médicament salutaire, & toutefois bien amer & de fâcheux goût, afin que le pecheur recevant cette honte, avise d'avoir déplaisance de son peché, & amende sa vie. Saint Paul a frequenté avec les Gentils pour les amener à la vraye Religion Chrétienne; & il dit en la premiere aux Corinthiens chapitre 9. qu'il s'est accommodé à toutes sortes de personnes, & s'est fait de toutes façons à tous, non pas pour les flater, mais pour les gagner à Jesus-Christ. Ceux-là peuvent être dits fauteurs des heretiques qui les entretiennent en leur erreur, & qui quand ils connoissent l'occasion & opportunité ne les exhortent à bien, & n'essayent de les reduire. Zacharie Pape envoya l'Evêque Boniface en Germanie, pour y avancer le fait de la Religion, & luy défendit d'avoir aucune frequentation avec les faux Prêtres, & toutefois ledit Boniface pour la necessité de sa charge, frequenta corporellement avec eux, n'étant aucunement consentant à leur iniquité: Surquoy Zacharie luy fait réponse, qu'il n'a fait chose qui soit au détriment de son ame devant Dieu: cela est recité au Canon *quod prædecessor* en sa cause 11. question 3. au grand Decret. Les Catholiques deputez pour la conferance, non pas par le Roy, mais par les Princes & Officiers Généraux de la Couronne, étant prés de luy, sont Personnages d'honneur en haute & grande dignité, qui sans aucune difficulté ny doute ont été toûjours tenus pour bons Catholiques, comme ils sont tels. Et de même sont les Princes & Officiers Généraux de la Couronne étans prés du Roy. Comme donc a osé ledit sieur Legat blâmer lesdits Députez d'avoir rapporté choses fausses contraires à la foy, & à l'obeïssance qui est dûë au saint Siege Apostolique, & juger si promptement & à la legere sur l'honneur & pieté de ces Personnages, sans en avoir enquis la verité, & sans les avoir oüis. Saint Gregoire rapporté au Canon *summopere*, & au Canon *illa*, en la même cause 11. question 3. dit que les Recteurs d'Eglise doivent bien se garder de trop s'avancer & precipiter leurs jugemens. Saint Augustin au Canon *temerarium*, au même lieu, dit que le jugement temeraire ne nuit à celuy duquel on juge, mais que la témerité doit nuire & retourner à honte à celuy qui a jugé. Les loix Civiles mêmes commandent, qu'és choses douteuses on presume plûtôt en la bonne part, qu'en la mauvaise. Selon mon avis, c'eût été mieux fait que Monsieur le Legat eût exhorté ces Députez Personnages d'honneur, de s'employer de tout leur pouvoir à la conversion du Roy, & à faire que ce qu'ils disoient de luy vint à son effet, que non pas de les blâmer & juger comme faussaires, ennemis de la Foy, & adversaires du saint Siege Apostolique, desquels opprobres ledit sieur Legat les charge bien ouvertement.

Paris. Il est bien seant de croire que ledit sieur Legat, pour le degré auquel il est constitué en l'Eglise, n'aura tenu ces propos qu'il n'y ait eu avertissement bien certain. Et il faut croire que le Saint Pere l'ait choisi pour homme prudent, discret, & zelateur de l'honneur de Dieu.

Nevers. Quand bien il l'auroit sçû avec certitude, & que la verité fût (ce que je ne puis croire) il ne devoit être si prompt à mettre en lumiere, & publier en l'Assemblée, qu'on dit être les Etats Généraux de France, ces grands opprobres contre Personnages de telle dignité & reputation; il devoit plûtôt y pratiquer la correction fraternelle, dont il est parlé en l'Evangile, & les admonester particulierement sans les scandaliser en public, même parce que l'un desdits Députez est frere en ministere, & coégal audit sieur Legat, Evêque comme luy, & ayant qualité de Primat en France, homme ancien & de grande reputation. Même ledit sieur Legat, voyant bien que les esprits de la plupart des François sont malades, & que les passions des personnes peuvent suggerer des impostures & faux rapports, comme l'on en void aujourd'huy de toutes parts, n'a dû croire ce qui luy étoit dit, & a dû plûtôt incliner à la meilleure part; & comme fait le Medecin auprés du malade d'une furieuse & violente maladie, auquel il n'aplique pas remedes violens, & ne commande pas si absolument, mais dissimulé plusieurs accidens, & quelquefois se laisse aller à aucunes des volontez du malade, de peur d'aigrir & exasperer, en attendant si nature fera secours à ce malade. Au surplus, qui a revelé audit Legat, que tous les conseils & opinions du Roy, sont pour avec finesses & artifices éteindre en France la Religion Catholique Apostolique & Romaine à la maniere d'Angleterre? Dieu seul est scrutatur du cœur du Roy, & luy seul sçait son secret: David Roy, au Pseaume 50. dit à Dieu qu'il a peché contre luy seul. Salomon dit que le cœur du Roy est en la main de Dieu, pour l'incliner en telle part qu'il luy plait. Dieu en établissant les Etats de ce monde, & faisant les uns grands pardessus tous les autres, comme sont les Rois, il a voulu aussi qu'ils fussent respectez, & qu'on ne parlât à eux ny d'eux si facilement & familierement, comme aucun parleroit à son pareil. Nathan, bien qu'il fût Prophete envoyé de Dieu à David, ne l'alla pas blâmer aigrement & ouvertement de son peché, qui étoit tres-grand & tres-abominable, mais avec une douce facilité, & par parabole luy fit connoître sa faute. Ledit sieur Legat ne peut s'abstenir de suivre l'exemple d'aucuns Papes, qui ne sont pas mis au Catalogue des Saints, lesquels étans venus de basses maisons en si haut degré d'honneur, ont voulu braver & gouverner les Empereurs & les Rois, dont n'est arrivé autre fruit en l'Eglise, sinon l'endurcissement des cœurs desdits Empereurs & Rois, avec la suite de plusieurs sanglantes batailles, de divisions en toute l'Italie par les factions des Guelphes & des Gibellins, avec tout déreglement au ministere & aux Ministres de l'Eglise, qui a fait veritable l'ancien proverbe, *Qu'il n'y a chose plus intolerable ny plus imperieuse qu'un homme de bas état, qui est parvenu en une grande dignité.* Les Histoires sont pleines des exemples de Gregoire VII. Alexandre III. Innocent III. Gregoire IX. son neveu, Innocent IV. Boniface VIII. Jean XXII. Eugene IV. Alexandre VI. Jules II. Jules III. & Paul IV.

Paris. Vous parlez avec bien peu de respect des saints Peres qui ont presidé en l'Eglise universelle. Cham reçût malediction de son pere, pour s'être mocqué de l'imperfection de sondit pere, & il n'est pas bien seant de dire d'aucun tout ce qui y est de mal, encore qu'il soit veritable. L'ancien Proverbe est, *Qui dit tout bien des grands il ment, & qui en dit mal il s'en repent.* C'est pourquoy il me semble que c'est bien fait de s'abstenir d'en parler.

Nevers. De vray, qui par derision, ou par inimitié, ou mauvaise volonté dit mal d'autruy, encore qu'il dise chose veritable, est à blâmer, parce qu'il ne le fait pas par charité, mais par haine, ou par licence débordée. Selon les loix Civiles se dit, que c'est injure ce qui est dit par maltalent, en intention d'injurier ou de nuire; aussi selon lesdites loix se dit, que celuy qui découvre le mal du méchant fait bien. C'est l'intention & la fin à laquelle le propos se dit, qui fait juger si c'est bien ou mal dit. *In dubio*, quand la verité se dit, il faut presumer qu'elle est dite avec une bonne ame. Les anciens peignoient la verité nuë & simple, non vétuë ny deguisée. Ce que j'ay dit d'aucuns Papes n'a pas été deviné par moy, & n'a été découvert ce qui étoit secret. Infinité d'Histoires en donnent témoignage, il est vray que depuis quelque tems on a censuré Platine, qui a écrit la vie des Papes; on a aussi censuré quelques autres livres, ausquels n'a été trouvé autre chose à reprendre, sinon qu'ils parloient assez librement & veritablement des abus de la Cour de Rome, & des fautes des Ecclesiastiques, même des Moines. Et selon mon avis, eût été mieux fait de censurer & condamner les actions de ceux qui avoient fait mal, que de censurer les livres qui ont declaré lesdites fautes. Quand Martin Luther precha contre la Croisade que le Pape Leon X. avoit mise sus, dont les profits étoient employez par ledit Pape Leon à enrichir ses parens, à faire l'un Duc d'Urbain, & à élever sa sœur Magdelaine de Medicis femme du Comte Cibo, il disoit choses veritables, montrant au doigt & à l'œil l'abus qui y étoit. Le Pape ne voulut pas corriger cét abus, & voulut punir Martin Luther, qui avoit été si hardy de prêcher, & excommunia ledit Luther, qui s'en declara appellant au futur Concile; & enfin ledit Luther voyant que le Pape se disant être pardessus le Concile, méprisa cét appel, ledit Luther qui étoit grandement autain & superbe, comme ordinairement sont les heretiques, abandonna du tout l'obeïssance de l'Eglise, & on a veu les effets qui en sont arrivez, que les trois parts ou plus de l'Allemagne sont infectées d'heresie. Cét exemple arrivé en ce siécle, fait clairement connoître que les Grands ne doivent pas penser couvrir leurs fautes par leur authorité & intimidations, & que le souverain remede est de retrancher le mal à la racine. Voulez-vous, dira-t'on, *que l'on s'abstienne de mal dire de vous, abstenez-vous de mal faire.* Nôtre Seigneur Jesus-Christ a dit que les Ecclesiastiques sont la lumiere du monde, & que leur lumiere doit luire & apparoir à tous, afin que tous glorifient Dieu, pere commun de nous tous; ainsi par contreposition leurs mauvaises œuvres sont apparentes & connuës à tous; & quand elles sont telles, & que chacun en est scandalisé, s'ils sont tels qu'ils doivent être, ils doivent retrancher le mal, & donner occasion à chacun de bien penser & de bien parler d'eux. Ce que j'ay dit de certains Papes autains, superbes, ambitieux, vindicatifs, & abandonnez à plusieurs vices, n'est pas pour mépriser la dignité & l'authorité en laquelle ils ont été: car je reconnois qu'ils sont successeurs de saint Pierre. Les Scribes & Pharisiens étoient assis sur la chaire de Moyse; & neanmoins étoient vicieux: Caïphe quoy qu'il fût méchant, neanmoins parce qu'il étoit le grand Pontife prophetisa chose veritable, disant qu'il étoit expedient qu'un homme mourut pour tout le peuple: Quoy qu'il dît bien en cét endroit, il ne laissa pas de faire beaucoup de méchancetez, même de l'accusation calomnieuse, & condamnation injuste de Jesus-Christ. Ne me blâmez donc pas si j'ay parlé d'aucuns Papes méchans, j'honore & revere le saint Siege Romain comme Apostolique, parce que saint Pierre l'a tenu, mais il n'est pas inconvenient qu'à un saint Siege arrivent aucuns méchans: Nôtre Seigneur Jesus-Christ avoit choisi douze Apôtres, & l'un d'iceux se trouva prévaricateur. Tous les Anges ont été créez bons, aucuns d'eux par leur malice & superbe se sont perdus. Les Papes sont hommes & pecheurs. Puisque Dieu nous a donné sens & entendement, il veut bien que nous l'employons, pour connoître ce qui est noir être noir, ce qui est blanc être blanc, ce qui est vertu être vertu, ce qui est vice être vice. Et toutefois par discretion nous devons observer le temperamment, que même les loix Civiles enseignent, que le fils se plaignant du dol & fraude que son pere a fait envers luy, use de paroles temperées, pour faire entendre le fait tout nud, mais ne défend au fils de se plaindre du pere. Si le fait dont nous parlons ne me touchoit, tant pour interest particulier, que pour l'interest général de l'Eglise Chrétienne, en laquelle je suis membre, & pour la compassion que j'ay des pauvres affligez, & qu'autant m'en pend à l'œil, je serois à blâmer du vice de médisance : Mais puisque je sens le mal, nul ne me doit blâmer si je me plains.

Et quand à ce qui est dit, que le Roy essaye d'éteindre la Religion en France à la maniére d'Angleterre : C'est mal fait de dire ce qui ne se voit pas, car jusques à present il n'a fait aucune démonstration de vouloir troubler les Catholiques, mais au contraire les a supportez & gardez d'oppression, mieux que n'ont pas fait ceux-là même qui se disoient Catholiques, qui en simulant de défendre ceux de leur party les ont ruïnez. Le fait d'Angleterre est mal à propos allegué pour exemple : La Reine d'Angleterre ne peut se dire Reine sans contredire à l'Eglise Romaine ; car si l'Eglise Romaine a eu puissance de dispenser Henry VIII. son pere, d'épouser la veuve de son frere, cette Reine est bâtarde, & non habile de succeder, car elle est née durant la vie de la premiere femme dudit Henry VIII. Je sçay que par quelque occasion que ce soit il ne faut prévariquer en nôtre Religion ; mais c'est une grande tentation aux Grands, que le desir & le moyen de regner. Il n'y a rien de pareil ou approchant en nôtre Roy, il est né en mariage legitimément contracté, il est de sang Royal sans contredit, descendu en droite ligne du bon Roy S. Louïs ; il est genereux & accomply de toutes les vertus & dons de grace requis à un Roy, horsmis qu'il a été dés le tetin de sa nourrice instruit en la prétenduë Religion, qui de soy est heretique. Il a toûjours protesté même par les lettres qu'il écrivoit aux Députez des premiers Etats de Blois en l'année 1576. qu'il n'étoit opiniâtre : qui fait qu'on ne doit le juger heretique ; ains que les Pasteurs Ecclesiastiques, même le souverain feroient mieux d'essayer tous moyens gracieux pour le redresser, que de le tenir & publier pour abominable, & indigne de la communication des autres Chrétiens. Ce seroit l'office de bon Pasteur, de faire à l'imitation de nôtre bon Pasteur Jesus-Christ, qui a voulu converser avec les pecheurs pour les reduire à la droite voye, & qui a dit à S. Pierre, en S. Matthieu chap. 18. ve.s. 22. que non seulement jusques à sept fois, mais jusques à septente fois sept il falloit pardonner à son frere.

S'ensuit aprés en ladite Protestation, puisque les Catholiques se voyent éloignez de l'espoir qu'ils avoient de ladite conference, ils sont exhortez de n'y rentrer plus, & qu'ils ne fassent aucun comte dudit Roy, & qu'il n'y a chose qui avançât plus les affaires des heretiques, qu'en traitant de commettre le Royaume és mains d'un heretique relaps. Et qu'il ne se pourroit faire sans encourir les censures & peines ordonnées contre les fauteurs des heretiques, & que ce seroit chose qui déplairoit grandement à Sa Sainteté, & seroit contraint, s'ils le faisoient, de les délaisser & abandonner. Et dit aprés, que s'il arrive qu'on traite cyaprés des commoditez dudit Roy de Navarre, ou de faire paix ou treve, ou autre affaire, que le Legat partira du Royaume, parce que tel traité de paix, treve ou autre chose, seroit avec manifeste peril de perdre la Religion Catholique. Ces propos bien entendus ne signifient autre chose, sinon que nous devons faire & souffrir une guerre perpetuelle, avec effusion de sang Chrétien, desolation des Villes & du Plat-païs, subversions de familles, & reduction de toute la France, à si grande penurie d'hommes, & à si grande pauvreté, que nos voisins ayent moyen facile d'envahir son Royaume, & s'en faire Seigneurs.

Paris. Il est à croire que le grand zéle qu'à nôtre saint Pere à la manutention de la Religion, & le doute qu'il a d'y être fait quelque brêche par le moyen des heretiques, l'ont induit à encharger si exactement audit sieur Legat, qu'il procurât par tous moyens que les heretiques soient exterminez.

Nevers. Le premier effet du bon zéle, devoit être d'exterminer les abus de la Cour de Rome, & du ministere Ecclesiastique ; & faire que les Prelats & Prêtres fussent choisis si gens de bien, que par l'exemple de leur bonne vie chacun fût induit à se maintenir en la même Religion de leurs Pasteurs, & les dévoyez fussent obligez de r'entrer au troupeau. Mais aprés que l'experience fit connoître, qu'aucuns Papes pour faire leurs Maisons, avoient à plusieurs fois appellé les étrangers en Italie, & l'avoient toute ensanglantée. Les Cardinaux aviserent de n'élire plus aucuns Papes qui fussent de grande Maison ; & afin que les étrangers ayans goûté les richesses & delices d'Italie, n'eussent occasion d'y faire entreprise, fut avisé de dresser la sainte ligue pour l'extermination des heretiques, afin que chacun fît la guerre en ses propres entrailles, sous pretexte d'exterminer les heretiques : Car l'avarice, l'ambition, l'ignorance, & mauvaise vie des Prelats & Moines avoient mis un tel déreglement en la Chrétienté, que plusieurs Laïcs étoient devenus, ou Heretiques, ou Atheistes, ou Libertins & Adjaphoristes. Dont le nombre s'est trouvé si grand, qu'ils étoient assez forts pour resister aux armes des Empereurs, Rois, & autres Seigneurs. Or quand il est question d'exterminer celuy que l'on veut exterminer, se mettant en desespoir de salut, il redouble ses forces, & bien souvent devient invincible : ce ne pouvoit donc être un jeu qui ne fût de longue durée. On a veu que l'Empereur Charles V. voulant ou faisant contenance de vouloir exterminer l'heresie qui étoit en Alemagne, a vaincu presque toute l'Alemagne, qui s'étoit presentée en armes contre luy, & aprés les avoir domtez encores, enfin a été contraint de les laisser en leurs perverses Religions. En France la guerre contre les heretiques a duré trente ans, & n'a été rien avancé pour les exterminer. De même és Païs-Bas, esquels le Roy d'Espagne vouloit introduire l'Inquision d'Espagne, établie en Espagne contre les Marranes Mahumetistes mal convertis, Chrétiens Juifs en leurs cœurs, & Atheistes, dont est venu en Italie le proverbe du *peccadille d'Espagne*. Durant tout ce tems l'Italie a vécu en paix, a accrû ses aises & réjouïssances selon l'abondance de nos miseres, & a pris ce contentement, de s'assurer que ses aises dureroient long-tems, parce que le feu étoit si fort allumé en ce païs, que de long-tems la paix n'y seroit. Voila les effets de la sainte ligue, pareils a ce qui arriva des factions des Guelphes & des Gibellins, qui ont fait mourir un million de personnes de mort violente, car les Guelphes soutenoient le party des Papes contre les Empereurs, & le titre dudit party des Guelphes etoit tel pour l'honneur de l'Eglise Romaine, & de la querelle du saint party de ladite Eglise Romaine, qui par tout le monde est appellé des Guelphes. Ainsi le recite Paul de Castre au Conseil 303. volume premier, & le date de l'année 1350. Ce qui est de plus en cette sainte ligue, de present est, que non seulement le Pape jouït du bien fait d'icelle, mais aussi tous les Potentats d'Italie. Et a été cette sainte ligue *ad instar*, de ce que les Modernes disent guerir le mal par diversion, en détournant le mal d'une partie du corps à un autre endroit, car cette diversion a rechassé le mal qui étoit en Italie aux autres Nations, qui auparavant y faisoient la guerre. Si ce n'étoit que ma Religion Chrétienne me retient, je ferois volontiers l'exclamation que faisoit David au Pseaume 136. verset 11. *Fille de Babylone miserable, bien heureux sera celuy qui te rendra la retribution & guerdon dont tu nous a affligez.* Petrarque en ses Vers, livre 1. Sonnet 107. parlant de la Cour de Rome, l'appelle l'avare Babylone, qui a remply le sac du courroux de Dieu. Mais ce n'est pas à nous de desirer ny de faire les vengeances : Dieu est juste, il a promis de les faire, & il est assez puissant pour les executer ; Il est patient, & attend quelque fois long-tems : mais il sçait bien recompenser sa tardiveté par l'augmentation de la peine. Ce que dessus est pour montrer & faire connoître quels peuvent être les desseins, & quels peuvent être les effets de ce grand zéle, qui a pris son commancement de la sainte ligue.

Paris. N'agueres, en vôtre discours vous avez blâmé Monsieur le Legat, d'avoir été trop prompt à juger & assurer être veritables les mauvais conseils & mauvaises intentions du Roy, en ce qu'il disoit que tous ses conseils sont pour exterminer la Foy Chrétienne, & vous êtes de present en la même faute, en détournant à la pire partie ce qui est entrepris par Sa Sainteté, & pourchassé par son Legat.

Nevers Je ne parle pas pour juger sur ce qui est douteux, ou à bien, ou à mal ; mais je parle sur certitude. Car défendre la paix & la treve, c'est par necessité commander la guerre, non pas guerroiable, mais pour exterminer. Car le Roy est fort, il est de luy grand Capitaine, genereux & courageux ; il a de son party les Princes du Sang Royal, les Officiers Généraux de la Couronne, & la meilleure partie de la Noblesse de France, qui facilement & par tous argumens connoît que la querelle est pour l'Etat, & non pas pour la Religion : Connoît aussi, que l'entreprise du party contraire est en faveur du Roy d'Espagne, qui desire affoiblir les forces de ce Royaume, pour avec facilité s'en emparer : ou bien que ledit Roy d'Espagne qui est vieux & caduc, prévoit ou doit prévoir, que luy decedé, sa Maison va en grand desordre, tant parce que son fils qu'il projette de faire son successeur, est né d'un mariage incestueux, l'oncle ayant épousé sa niepce, & dont le Pape n'a peu le dispenser, quoy que disent les Theologiens Canonistes d'Italie & d'Espagne, comme aussi parce que la domination Espagnole est bien à contre-cœur aux Royaumes de Naples & de Sicile, au Duché de Milan, & és Païs-Bas ; & plusieurs en endurant, couvent sous leur cœur ce qui fera saillie fort perilleuse, quand l'occasion se presentera : & partant craint que ce Roy qui est jeune, valeureux & vigoureux, veuille prendre raison des indignitez que la Maison d'Espagne a faites à la Maison de Navarre ; ce que facilement il pourroit faire s'il étoit paisible Roy. Connoît aussi par les effets que la Religion Catholique n'est aucunement avancée, mais plûtôt débilitée & mise à neant par cette guerre. D'autre part, il semble que le party contraire au Roy n'est pas aisé à vaincre. Grande partie de bonnes villes sont entrées au party de la ligue, par le moyen des predications des bons & fideles serviteurs du Roy d'Espagne, qui n'a épargné les pistolets d'or, & qui tenans ces pistolets couverts, ont découvert à gueulle bée la manutention de la Foy Catholique, & l'obeïssance du saint Siege Apostolique, asseurances que c'est un tres-grand merite de meurtrir, piller, violer, & faire tout mal, à ceux qui tiennent le party du Roy. Les Gouverneurs & Capitaines des Villes qui sont de la part de cette sainte ligue, sont Rois en leurs Gouvernemens, & sont assistez de bon nombre de gens de guerre, parce que sans faire la guerre, toutes voleries sont en impunité. Par ces raisons faut croire, que la guerre sans esperance de paix, & sans relâche par treve, devra être immortelle. Et c'est celle que ledit sieur Legat commande. Quiconque soit mediocrement versé aux preceptes de l'Evangile, & n'étant passioné jugera facilement, si telles exhortations & protestations contenant menaces d'excommunication, sont consonantes à la doctrine Chrétienne. Saint Paul en l'Epistre aux Galates chapitre 1. dit, que s'il venoit un Ange du Ciel, qui annonçât autre Evangile que celuy qu'il préchoit, qui est l'Evangile de Jesus-Christ, qu'il doit être rejetté. Cette doctrine de l'Evangile est immuable, qui commande la douceur, qui veut que l'on vainque le mal en endurant, qui veut que les Pasteurs recherchent leurs brebis égarées pour les ramener au troupeau, & non pour les exterminer, qui par la Parabole de l'Enfant Prodigue, fait connoître que quelque grand peché qu'aucun ait fait, même pour s'être éloigné de l'obeïssance de l'Eglise, qu'en se repentant & venant à mercy, soit reçû benignement, & avec réjouïssance de sa conversion Et icy on prend à mal la conversion du Roy, on dit que ceux qui la rapportent sont faussaires, on dit que c'est pure fiction : & avec cette opinion on commande la guerre cruelle & implacable.

Paris. Celuy qui veut rendre témoignage de sa conversion, doit faire penitence publique, quoy qu'il soit Empereur ou Roy, comme fit l'Empereur Theodose és mains du bon S. Ambroise. Puisqu'il y a excommunication du Pape, il faut prendre absolution de luy, s'humilier aux pieds de Sa Sainteté, & recevoir la penitence telle qu'il enjoindra, autrement il ne peut se dire reconcilié à l'Eglise.

Nevers. Je croy de vray que le Roy doit se reconcilier à l'Eglise par le Ministere, ou du Pape, ou d'un Evêque, & qu'il doit rendre témoignage public de sa conversion, en presence de l'Eglise, des Princes, & des Officiers de la Couronne, afin que comme publiquement il a été connu qu'il étoit dévoyé de la Foy, que publiquement il soit connu, que de bon cœur, & sans fiction, il desire de retourner & retourne au giron de l'Eglise. Mais cela se peut faire sans le ministere du Pape, la puissance de lier & délier a été donnée à tous les Apôtres, à saint Pierre principalement comme Chef, & non pas avec diminution du pouvoir des autres Apôtres, comme se dit d'un President de Cour Souveraine, qui est Chef de la Compagnie, à la premiere seance il commande pour l'ordre, mais en jugeant a sa voix semblable à l'une des autres, aussi le Pape en ses Bulles ne prend autre titre que d'Evêque. Tous Evêques sont successeurs des Apôtres : *imò*, comme dit saint Hierôme, c'est une même puissance d'un Evêque & d'un simple Prêtre, mais pour conserver l'ordre & la police en l'Eglise, ont été faits des degrez de superiorité. La formule d'absolution que donnent les simples Prêtres à ceux qui se confessent, est telle : *Nôtre Seigneur Jesus-Christ, qui est le Souverain Evêque t'absolve ; & moy de l'authorité qu'il m'a octroyée je t'absous de tous tes pechez.* Il ne dit pas que l'authorité luy ait été donnée par le Pape ou par l'Evêque, mais par Jesus-Christ : Qui montre qu'au fait de l'absolution, Papes, Evêques, & simples Prêtres ont pareil pouvoir. Les reservations de cas ont été introduites en l'Eglise depuis cinq cens ans, qui est le tems que les Papes ont pretendu avoir cette puissance absoluë, non suspecte à aucun contrôlle ou regle : quoy que l'Eglise de France n'ait crû cette puissance absoluë, mais bien une puissance Souveraine, ordinaire, & reglée par les anciens Conciles & Decrets. Et le nombre des cas reservez a été multiplié selon les volontez des Papes, & aujourd'huy le nombre est presque infiny, selon la Bulle qui se publie *in Cœna Domini* à Rome. Mais selon les anciens Decrets qui sont rapportez au Receüeil de Gratian, dit le grand Decret *in can. quem pœnitet*, tiré de saint Augustin, *can. quidam*, qui est de Theodore Archevêque de Cantorbery, qui a composé le livre Penitential, au titre *de Pœnitentia distinct.* 1. & au Canon *qui vult. de Pœnitentia dist. 6.* La confession des pechez doit être faite par chacun à son propre Prêtre, qui est son Curé, quand le peché est oculte, & s'il est public, le reconnoître en public. Et semble que ç'ait été un grand déreglement en l'Eglise, quand les Papes en énervant & affoiblissant la puissance des Evêques chacun en son Diocese, ont reservé a eux si grand nombre de fonctions Ecclesiastiques, soit pour les penitences & absolutions, soit pour le fait des exemptions de Monasteres, Colleges, & autres Benefices, soit pour les collations de Benefices, soit pour les dispenses : En sorte que le pouvoir des Evêques d'aujourd'huy semble être une seule ombre, & comme de petites pieces qui restent de la taille d'un habillement, ou des miettes qui tombent de la table. Quoy que chaque Evêque en son Diocese ait pareille puissance que le Pape même au fait de l'absolution, comme étans tous Evêques successeurs des Apôtres : Pourquoy me semble qu'il ne luy est pas besoin d'aller ou envoyer à Rome.

Paris. Selon les anciens Decrets, & selon l'Evangile, qui a puissance de lier, doit délier. Si le Pape a excommunié le Roy, c'est à luy de l'absoudre, & non à autre.

Nevers. Ce qu'on dit, que qui a lié doit délier, n'est pas attaché à la personne, mais au ministere, autrement il faudroit dire, si le Pape ou l'Evêque qui a excommunié étoit mort, que nul ne pourroit absoudre. Comme dit a été, tous Evêques sont successeurs des Apôtres, & chacun d'eux en son Diocese peut absoudre. Comme S. Ambroise fit à l'égard de l'Empereur Theodose, qui n'étoit pas sujet Diocesain de Milan, mais de Rome ou Constantinople, qui étoit le domicile de l'Empereur, & le délit avoit été commis à Thessalonique au Patriarchat de Constantinople, & toutefois saint Ambroise reçût sa penitence, & luy donna l'absolution, trouvant ledit Empereur en son Diocese de Milan. Même depuis cét établissement du regne & introduction des reservations, comme du Canon, *siquis suadente*, qui est en la cause 17. en la question 4. lequel est d'Innocent II. Pape, environ l'an 1130. les Papes successeurs ont mis plusieurs exceptions, esquelles pour le le cas reservé au Pape on peut s'adresser à l'Evêque, même si celuy qui est excommunié a charge personnelle au lieu où il est, s'il y a peril pour luy en chemin, & il ne puisse aller à Rome facilement, ou ait autre empêchement, comme il est dit *in cap. de cætero, cap. relatum cap. de iis*, au titre *de Sententia excommunicationis* és Decretales antiques. Or il est notoire que la Personne du Roy est necessaire en ce Royaume pour ce tems fâcheux, & qu'il ne pourroit aller à Rome sans être accompagné d'une forte armée, & sans se mettre au péril de combattre en chemin, à cause des ennemis de ce Royaume qui sont audit chemin, ce qui ne pourroit être sans grande effusion de sang. Aussi quand bien il devroit aller à Rome, il en seroit excusé, selon les authoritez des Papes, & authoritez desdites Decretales. Puis ce seroit chose intolerable, & du tout éloignée de la mansuetude du bon Pasteur, & du pere de l'Enfant Prodigue, dont est parlé en l'Evangile, si le Pape vouloit exercer les rigueurs que le Pape Gregoire VII. fit à Henry III. Empereur, quand il le contraignit, au lieu de Canosse, venir pieds nuds en tems de grand hyver requerir absolution : Et d'Alexandre III. qui comme l'Empereur Federic à Venise, se baissa en terre pour la même cause, luy mit le pied sur la gorge, disant ces mots tirez du Pseaume 90. *Tu marcheras sur l'Aspic & Basilic, & fouleras aux pieds le Lion & le Dragon.* Cette histoire est peinte en une sale du Palais de saint Marc, où s'exerce la Jurisdiction de la Quarente Criminelle. Et comme un autre Pape fit à un Gentilhomme Venitien venu au nom de la Seigneurie, pour demander absolution, il le fit dépouiller au haut des degrez de l'Eglise de saint Pierre à Rome, & le batit de verges sur les épaules. Aussi d'aller se soûmettre au jugement de personnes recusables, grands amis, & grandement obligez du Roy d'Espagne, ennemy juré de nôtre Roy, & de ce Royaume seroit chose du tout déraisonnable. Je sçay qu'on dira que le Pape ne peut être recusé ; de vray les Canonistes le disent, qui soûtiennent cette puissance absoluë du Pape : Mais nous en France, qui n'avons pas creu cette puissance absoluë, mais avons creu que le Concile Oecumenique est par dessus le Pape, nous pouvons dire que le Pape, qui est homme & pecheur, & sujet à passions, peut être recusé. Pouvons dire aussi, qu'un Evêque de France en son Diocese peut absoudre le Roy, & le reconcilier à l'Eglise, sans qu'il luy soit besoin d'aller à Rome. Et croy que c'est ce que led. sieur Legat entend dire en sa Protestation, que ce seroit chose éloignée de la discipline & obedience dûë au Pape & au Siege, de tenir le Roy pour Catholique, comme presupposé que le Roy ne puisse être reconcilié à l'Eglise, sinon en passant par les mains du Pape.

Paris. Les exemples du passé doivent servir de regle pour l'avenir, & semble bien à propos de croire, que ce que les Papes ont fait contre les Empereurs, a été bien fait, même parce que lesdits Empereurs avoient fait beaucoup de vexations à l'Eglise.

Nevers. Je ne veux pas dire que ç'ait été mal fait ; mais selon mon avis, la peine étoit trop rigoureuse, même entre Chrétiens, ausquels la mansuetude est recommandable à l'exemple de Jesus-Christ, qui a prié Dieu pour ceux qui le crucifioient, & du bon saint Estienne, qui pria Dieu pour ceux qui le lapidoient ; ce que l'Eglise remarque en l'Oraison publique qui se dit à la Messe le jour de sa Fête, comme étant un des actes plus mémorables de ce bon & saint Martyr. Et selon mon avis, lesdits Papes Gregoire VII. & Alexandre III. eussent mieux fait, aprés avoir connu la contrition de ceux qui les avoient offensez, de les embrasser comme fils, ainsi que le pere fit à son fils prodigue, & non pas les punir comme malfaicteurs. Les grands doivent être traitez d'autre sorte que les petits, de peur que la rigueur de la peine ne les aigrisse.

Paris. Devant la justice de Dieu tout est égal, & le grand doit être jugé comme le petit.

Nevers. C'est verité, quand Dieu luymême juge, mais quand les hommes jugent, ils doivent se souvenir qu'ils sont hommes & pecheurs, & serviteurs d'un même maître. Quand le maître a été gracieux envers son serviteur, il veut que ce serviteur soit aussi gratieux envers son compagnon serviteur, ce que je dis n'est pas pour contredire la jurisdiction Ecclesiastique ; ny la punition des fautes, mais pour montrer que la douceur est bien seante aux Ecclesiastiques, le Pape Leon *in can. licet*, & le Pape Gregoire en un autre Canon *licet*, en la 45. dist. disent qu'en la correction des hommes la bienveillance doit plus faire que la severité, l'exhortation plus que la commination, la charité plus que la puissance, attendu que nul de nous n'est sans reprehension ; & blâment les superieurs, qui sont plus soigneux de commander, que de pourchasser le bien des inferieurs, parce que souvent l'honneur plaît & l'orgueïl enfle. Prosper Docteur Theologien rapporté *in can. ipsa pietas, caus. 23. quæst. 4.* dit que quand par le moyen des grandes diversions, il n'y a pas seulement peril d'un ou deux hommes, mais de la ruïne d'un peuple, qu'il faut relascher de la severité, & remedier aux grands maux par une sincere charité. Saint Augustin en la même question 4. au Canon *quidam*, & au Canon *non potest*, dit que quand la discipline Ecclesiastique ne peut corriger les mauvois, qu'il ne faut entrer en ce peril de separation, qui a accoûtumé d'être pernicieuse, parce que bien souvent la superbe y est mélée, & que telle separation trouble plus les bons infirmes qu'elle ne corrige les mauvais plains d'animosité, & que la correction doit être tellement appliquée, que la paix & le repos ne soient violez, & au Canon *tolerandi* au même lieu est dit que les mauvais doivent être endurez pour conserver la paix, & qu'il ne faut pas s'éloigner d'eux corporellement, mais spirituellement; & luy même au Canon *quisquis*, & au Canon *ita planè* au même lieu contre Parmenian, dit qu'il ne faut pas être paresseux à blâmer &. faire justice des malfaisans, pourveu que ce soit avec dilection, pour corriger & non par haine & volonté de mal faire, & selon que la conservation de la paix peut porter. Toutes ces authoritez sont grandement éloignées des exhortations dudit sieur Legat, qui commande la guerre, & guerre irreconciliable, puisqu'il défend la paix & la treve. En quoy je pense, que ny Sa Sainteté, ny moins son Legat n'ont puissance. Car les Superieurs spirituels n'ont rien à commander au fait de la guerre en ce Royaume, puisque la guerre dépend de la superiorité temporelle; si ce n'est qu'on veüille dire que sans luy, comme Chef de la sainte ligue, on ne peut faire paix ny treve: ou que l'on veüille soûtenir cette opinion, par laquelle se dit, que les Chrétiens ne peuvent faire paix ny treves avec les infideles, ausquels on compare les heretiques, sans authorité du Pape. Quant à la premiere raison, luy comme Chef de la sainte ligue, doit par armes spirituelles combattre les heretiques, les armes spirituelles des Evêques sont larmes, jeûnes & oraisons, prédication par bonne parole & par bonne vie. Ainsi dit S. Ambroise au Canon *non pila*, cause 13. quest. 8. Quant à l'autre, c'est un droit prétendu, que les Princes Chrétiens n'ont jamais approuvé. Les Venitiens & l'Empereur assez de fois ont fait paix ou treve avec le Grand Seigneur des Turcs, sans l'authorité du Pape. L'Empereur Charles V. traita avec les heretiques d'Allemagne, & aprés les avoir vaincus les laissa vivre en leur religion heretique sans congé du Pape. Le Roy de Hongrie Ladislaus, qu'on appelle Lancelot, ayant par l'exhortation du Cardinal Cesarin Legat, rompu la treve qu'il avoit avec Armurat Seigneur des Turcs, sous pretexte qu'on disoit la treve être nulle faite sans le congé du Pape; fut vaincu & tüé en bataille, où moururent plus de vingt mille Chrétiens. Le Pape Paul IV. Caraffe, ayant envoyé au Roy Henry II. l'épée de protection, fut cause de rompre la treve que les François avoient avec l'Empereur, qui étoit honorable & profitable aux François, dont arriva la perte de la bataille de S. Quentin, la grande défaite d'hommes à Gravelines, & la paix honteuse en laquelle on rendit le Piemon & la Savoye, & tout ce qu'on avoit conquis aux Païs-Bas. Les exemples du passé doivent faire connoître qu'il ne succede jamais bien, quand les Prêtres se mêlent du fait des armes.

L'autre mal qui est en ladite Protestation correspondant à l'autre, est pour exhorter les Etats d'élire au plûtôt un Roy, qui soit de nom & de sang tres-Chrétien, qui pense reprimer, & du tout éteindre la fureur & l'audace des heretiques; & que c'est ce que Sa Sainteté desire sur toutes choses *Mal*, ay-je dit, tant pour l'entreprise que fait Sa Sainteté en chose qui n'est pas de son pouvoir & de son commandement, comme aussi, parce que c'est redoubler les causes & occasions de ruïner ce Royaume.

Paris. Je croy que vous ne voudriez pas soûtenir qu'il soit bon d'avoir un Roy heretique, parce qu'il est à douter, s'il peut avoir l'exercice de la Majesté Royale, sinon aprés avoir été sacré, d'autant qu'au sacre le Roy promet à son peuple d'être Protecteur de l'Eglise Catholique, Protecteur & amateur de son peuple, & de faire justice; & les Pairs comme se faisans forts pour tout le peuple, tant Ecclesiastique que Laïcal (car six des douze Pairs sont d'Eglise) promet au Roy obeïssance & service, qui est la vraye forme d'obligation mutuelle du Roy envers le peuple, & du peuple envers le Roy.

Nevers. De vray, je croy que cette ceremonie du sacre du Roy est necessaire, pour par le moyen des choses saintes & sacrées, obliger le Roy envers le peuple, & le peuple envers le Roy. Je croy aussi que cette ceremonie ne peut être accomplie, sinon avec un Roy Catholique. Cependant & en attendant, nous ne pouvons nier que la Royauté ne soit en la Personne de nôtre Roy, par legitime succession de la lignée d'Hugues Capet, qui a été vray & legitime Roy, quoy-que disent les Somniateurs du prétendu droit de la lignée de Charlemagne, qui est faillie de tous points, quant à la masculinité même en la Maison de Lorraine, qui est tombée en quenoüille par deux ou trois fois. Aussi que selon la verité, Charles Martel fut pour son fils Pepin vray usurpateur de la Couronne, & le succez la démontré; car cette lignée n'a duré en valeur que jusques au tiers, les trois ont été Charles Martel qui étoit bastard, Pepin son fils, & Charlemagne: qui pour le vray ont été tres-grands guerriers, bons Rois, & dignes de ce grade. Mais la grandeur a decliné si précipitamment, & la décheance a été si honteuse, que par force il faut croire que leur vocation n'étoit legitime. Mais la lignée d'Huges Capet dure en grandeur il y a six cens ans, la ligne masculine s'étant continuée de masle en masle; qui quelquefois a eu des afflictions, & toûjours en a été rélevée, par la grace de Dieu. Et cette dépression & affliction en laquelle elle est, selon mon avis, est arrivée, de ce qu'aucuns Rois par mauvais conseils, ont voulu abaisser les Princes, & par artifices de leurs Officiers reduire les Seigneurs de ce Royaume à une obeïssance abjecte, & reduire le peuple à une miserable servitude. Et parce que la generosité, cœur, & sentiment vrayement royal de ce Roy, il faut croire qu'il voudra remettre le tout en l'état auquel ce Royaume étoit du tems des bons Rois successeurs d'Hugues Capet, il faut croire aussi que Nôtre-Seigneur le mettra en pleine joüissance de son Royaume, & en toute obeïssance & devotion de ses sujets, & pour le préalable, luy fera la grace d'une bonne sainte & non feinte conversion, pour laquelle si nous sommes bons Chrétiens, si nous sommes bons François, si nous sommes bons sujets nous devons prier Dieu. Et ce faisant, rejetter du tout ces propos fardez des Etrangers, qui s'entremettans de ce a quoy ils n'ont que voir, nous viennent prêcher qu'il faut élire un autre Roy, & bien-tôt. De vray ils nous apportent icy un beau voile, & pretexte de sainteté & de religion; mais les effets sont du tout contraires. Ils sont suspects, en ce qu'ils s'ingerent en une affaire qui n'est de leur charge, & à laquelle ils ne sont appellez. Car ny le Pape ny ses Legats, n'ont aucun pouvoir en ce qui est de l'Etat de cette Couronne: Quand la Couronne seroit vacante ou en débat, ce seroit aux Etats du Royaume à en decider, comme ils firent quand Philippe de Valois & Edouard d'Angleterre la prétendoient par contention. Le Pape Boniface VIII. voulut faire voir par sa Decretale *unam sanctam*, que les Papes ont Superiorité temporelle sur les Empereurs & sur les Rois; ce qui a donné occasion à un Ecrivain heretique de dire, que quand le Diable presenta à Jesus-Christ en tentation tous les Royaumes du monde, si Jesus-Christ le vouloit adorer, Jesus-Christ detesta, *mais que le Pape prit le Diable au mot & accepta cette condition*, qui est un propos tres-méchant. Mais les seuls Canonistes creatures des Papes ont eu cette croyance, que le Pape soit Superieur temporel. L'Eglise & les Etats de France n'en ont rien creu, & ont eu raison. Ils sont suspects aussi, en ce que l'on void à Paris le Legat du Pape, & le Duc de Feria Ambassadeur du Roy d'Espagne, qui font contenance de ne se connoître pas bien l'un l'autre, comme font ceux qui étans deux veulent piper un tiers au jeu: mais leur intelligence est aisée à découvrir à un mediocre entendement, quand l'un armé de l'authorité du Pape, en priant, commande d'élire un autre Roy, & l'autre avec belles promesses, pourchasse de faire élire Reine l'Infante d'Espagne: Aussi que ledit Legat étant Evêque de Plaisance sujet du Roy d'Espagne en son Duché de Milan est du tout à sa devotion: dont resulte autre suspicion, que le Pape sçachant sa qualité susdite, soit de la même intelligence, puis qu'il la choisi pour cette negociation. Le tiers moyen de suspicion, est en ce que ledit sieur Legat en exhortant d'élire un autre Roy (exhortation qui vaut commandement, puis qu'elle est accompagnée de la menasse des censures) par même moyen commande une guerre mortelle & implacable, avec la ruïne des forces de ce Royaume, pour rendre plus facile la conquête d'iceluy par les Espagnols; comme il a été déduit cy-dessus; & pour mieux couvrir le mal, ils voilent leurs propos du grand zéle de la Religion Catholique, qui est un vieux artifice, qui a pris sa source de celuy qui tenta & deçût Adam, qui tenta & fut vaincu par Jesus-Christ, & qui chaque jour tente les hommes: A sçavoir, de prendre un pretexte de choses belles, saintes, & tirées des saintes Ecritures: De vray le Diable ne nous decevroit jamais, s'il ne paroît sa tentation de choses ayant apparence de bien. Qui fut cause que ce Peintre jaloux, dont parlent les Apologues & Satyres d'Italie, souloit peindre le Diable beau, parce disoit-il, qu'il ne pourroit jamais faire sa vraye fonction de Diable pour decevoir les hommes, s'il apparoissoit là comme il est. Pour me resoudre, je ne puis me persuader que cette Protestation soit bonne & sainte, parce que par les raisons que j'ay cy-dessus déduites, elle semble directement contraire à l'Evangile, aux saints Decrets, & à la paix de l'Eglise, & semble tendre à la subversion de cét Etat; qui a tant merité, non seulement du Siege Apostolique Romain, mais aussi de toute la Chrétienté. Et croy que cette Protestation est d'autant plus pernicieuse & à rejetter, parce qu'elle porte une couverture & pretexte du bien de l'Eglise, & de l'extermination des heretiques & de l'heresie: Mais en effet elle porte l'entretenement de l'heresie, *imo*, une atteinte à l'atheisme; car il est certain, tant que ces malheureux troubles dureront, que nul ne s'amendera, & plusieurs se dépraveront de l'exercice de la parole de Dieu, & que l'administration des Sacremens, cessera en plusieurs lieux, même és Villages. Et quant aux Villes closes, nous voyons que les Predicateurs, selon les passions particulieres qu'ils ont pour l'un ou l'autre party, ne preschent que selon lesdites passions, faisans correspondre les Passages de l'Ecriture à leurs humeurs & opinions, comme les anciens disoient de la Regle Lesbienne, & non pas assujettissans leurs opinions à la vraye intelligence de la sainte Ecriture. Et deussent plûtôt nous prescher nos fautes & pechez, qui ont provoqué l'ire de Dieu, afin qu'en nous amendent, & faisant penitence de nos pechez, nous puissions r'entrer en la bonne grace Dieu, qui lors fera cesser ces grandes afflictions.

Paris. Quant à moy qui ne suis Theologien, ny expert és affaires d'Etat, j'essaye de croire simplement ce que mes Superieurs Ecclesiastiques annoncent, & n'entre point si avant en discours.

Nevers. La frequentation de l'Eglise, & l'audition de l'Evangile nous seroit superfluë, si nous n'essayons d'y profiter. La parole de Dieu est la vraye touche d'épreuve, pour par icelle juger ce qui est bon & qui n'est pas bon: Et croy que la principale fonction d'un Chrétien, *imò* necessaire, & sans laquelle nul ne se peut dire Chrétien, est de nous aimer tous en vraye dilection de charité, pour souhaiter & procurer tout bien les uns aux autres, endurer plûtôt le mal que de le faire, ne rendre point le mal pour le mal, & sur tout temperer toutes nos actions de mansuetude & douceur: ce que je verray fait au contraire me sem-

blera

blera n'être de bon Chrétien. Tout ce que j'ay dit n'est pas pour murmurer contre mes Superieurs, ny pour les blâmer par superbe & mépris, mais c'est de l'abondance de mon cœur, auquel est une grande affliction, de ce que le bien de la Chrétienté n'est pas pourchassé, par les moyens que Jesus-Christ fondant son Eglise a enseignez, mais on fait contenance de le pourchasser, en y employant la violence & les armes.

POUR PROPOSER A SA SAINTETÉ LES inconveniens qui peuvent arriver, si Elle se rend trop rigoureuse à la reconciliation du Roy, & à composer les affaires de France.

QUE selon le naturel de François, il sera plus aisé qu'ils s'appointent entr'eux, que de souffrir une Domination étrangere. Il y a onze cens ans qu'ils n'ont eu de Rois que de leur Nation, & autrement ne se peut faire, parce que les seuls masles succedent.

Ils s'appointeront, Dieu aidant, sans aucunement alterer ce qui est de la doctrine Chrétienne & de la Foy Catholique.

Mais facilement se fera qu'ils voudront se maintenir és Libertez de l'Eglise Gallicane, qui ne sont pas privileges, comme disent les peu intelligens de leurs droits, ains ce sont les anciens Decrets & usance de l'Eglise au fait de la police d'icelle, tels qu'ils étoient auparavant quatre ou cinq cens ans.

Selon lesquels anciens Decrets, les Evêchez, Abbayes, & autres Prelatures étoient électives, la confirmation se faisoit par le Superieur Diocesain quant aux Abbayes; ou Metropolitain, ou Primat, quant aux Evêchez & Archevêchez.

Selon lesdits Decrets, les Ordinaires Collateurs conferoient les Benefices qui se trouvoient vacans. Et n'alloit-on point à Rome pour avoir des Collateurs par prévention.

Selon lesdits Decrets, les reservations de la collation des gros Benefices (dont le Pape Benoist XII. fut le premier autheur) ny les graces expectatives n'étoient en usage.

Selon lesdits Decrets, les Annates & vacans n'étoient en usage: parce qu'on n'alloit point à Rome pour la provision des Benefices.

Selon lesdits Decrets, les Commandes perpetuelles n'étoient en usage, & nul Benefice n'étoit conferé, sinon à personne de qualité requise, selon la nature du Benefice.

Selon lesdits Decrets on ne sçavoit que c'étoit de privilege ou prérogative des Benefices vacans *in curia*.

Selon lesdits Decrets, il n'étoit besoin d'aller à Rome pour les dispenses, & les dispenses n'étoient octroyées sinon pour causes raisonnables & urgentes, desquelles causes l'examen se faisoit par les Evêques en la même Province, & aprés cette connoissance de cause la dispense étoit octroyée.

Selon lesdits Decrets anciens, les Conciles Nationnaux étoient en usage, & étoient assemblez par l'authorité du Roy de cette Nation; même pour y traiter & définir des points concernant la police Ecclesiastique, parce que cette police peut être sujette à mutation ou modification, & aucunes choses sont utiles à une Province, qui ne sont utiles aux autres. Demeurant l'authorité des Conciles Généraux & Oecumeniques pour les difficultez qui se trouvent au fait de la doctrine Chrétienne, & foy Catholique, afin de les éclaircir.

Selon lesdits anciens Decrets, il ne se parloit point ou peu de cas reservez, qui depuis ont été multipliez sans mesure, qui donnent plus de terreur aux consciences craintives, que de consolation ny remede; & sont cause quelquefois à cause des difficultez, que les plus infirmes secoüent le joug du tout.

Selon lesdits Decrets, ne se pratiquoient les resignations *in favorem*, comme étans contraires au bon gouvernement de l'Eglise. Et parce qu'il n'appartient aux Ordinaires Collateurs de recevoir telles resignations, cela montre que la chose de soy n'est pas bonne; Et le Pape qui a reservé à luy seul de recevoir telles resignations auroit dû s'en abstenir, puisque la chose de soy est contraire à la police de l'Eglise.

Selon lesdits anciens Decrets, n'étoit pratiqué de créer pensions sur Benefices, comme chose contraire aux Conciles Oecumeniques.

Selon lesdits anciens Decrets, n'étoient aucunes exemptions: Les Monasteres, les Chapitres, les Eglises Collegiales & toutes sortes de Dignitez ou Benefices Ecclesiastiques, étoient sujets aux Evêques Diocesains.

Selon lesdits anciens Decrets, les crimes qui sont de la connoissance des Ecclesiastiques étoient discutez & jugez en la même Province, de quelque qualité ou dignité que fussent les delinquans. Et le Superieur de la Province, ny même le Pape, ne s'en entretenoient, sinon en cas d'appel & par degrez.

Selon lesdits Decrets, les excommunications n'étoient fulminées, sinon aprés ample connoissance de cause, & appellez jusques à trois diverses fois ceux qui étoient coupables, & avec délais competens, & ne se pratiquoit de- tenir les délits pour notoires, & pour exclure lesdites vocations & délais.

Que depuis la paix temporelle acquise aux Eglises, la nomination ou approbation de celuy qui devoit être Pape Chef de l'Eglise appartenoit aux Empereurs. Ce qui fut renouvellé en la personne de Charlemagne Empereur d'Occident, parce que l'Empereur d'Occident est aujourd'huy fort abaissé, & que les Rois prétendent droit d'Empire chacun en son Royaume, & que de vray, il est bien seant que les Pasteurs & Superieurs Ecclesiastiques soient élûs par Ecclesiastiques. Sembleroit bon d'être introduit & pratiqué, que le Pape fût élû par les Evêques qui seroient envoyez de chacune Nation en nombre égal, comme *verbi gratia*, étans quatre principales Nations en Chrétienté, Italie, France, Germanie, & Espagne, que de chacune desdites Nations fussent choisis six ou huit Evêques, ausquels seroit donné pouvoir par les Evêques d'icelle Nation, comme par voye de compromis, de representer toute la Nation en l'élection. Et ces vingt-quatre ou trente-deux Evêques éliroient le Pape, & en cas de discordance, la pluralité ne seroit jugée, sinon qu'elle fût des deux tiers. Comme étant bien raisonnable, que le Pape qui doit commander à tous, fût élû par tous.

Que pour reformer l'Eglise *in capite & membris*, comme il fut déterminé au grand Concile de Constance, & parce aussi qu'audit Concile fut ordonné, que les Conciles Généraux seroient convoquez de dix en dix ans. Et que les grands Conciles premiers Oecumeniques furent convoquez par authorité des Empereurs, qui lors commandoient à toute la Chrétienté; & de present les Empereurs n'y commandent, ains chacun Roy se dit Empereur. Soit arrêté, que par l'avis desdites quatre Nations, sera ordonné le lieu du Concile, qui ne pourra être changé par le Pape, sans le consentement desdites Nations: Et à cét effet, de chacune Nation seront élûs deux ou trois, qui assemblez auprés de Sa Sainteté aviseront & conclueront avec Elle le lieu dudit Concile.

Que Sa Sainteté se soûmettra aux Decrets qui seront faits audit Concile, & ne pourra dispenser au contraire.

Qu'audit Concile Général Sa Sainteté presidera, si Elle y est presente; si Elle n'y est, celuy presidera qui sera élu par l'Assemblée.

Qu'audit Concile nul n'aura voix, s'il n'est Evêque; & n'y auront voix les Abbez, quoy qu'ils soient Chefs d'Ordre, ny les Docteurs non Evêques, mais pourront être oüis en leurs remonstrances.

Et parce qu'il y pourra avoir plus d'Evêques d'une Nation que d'autre, & afin que la proportion soit mieux conservée. Que tous les Evêques comparans seront choisis six ou huit de chacune desdites quatre principales Nations; lesquels vingt-quatre ou trente-deux seuls avec Sa Sainteté, & le President du Concile auront voix déliberative.

Et afin que l'honneur & la charge puissent venir à tous les Evêques, on changera la nomination des trente-quatre ou trente-deux, de deux en deux seances.

Que Sa Sainteté ou le President du Concile concluëront à la pluralité des voix, & seront faits les Decrets sous le nom & authorité du saint Concile & Synode, & non de Sa Sainteté simplement.

Sera suppliée Sa Sainteté d'avoir agreables les conditions susdites, pour la convocation, assemblée & détermination du Concile; qui sera le vray moyen pour contraindre les Nations par leurs volontez mêmes, de recevoir le Concile & l'embrasser: dont elles avoient cy-devant moins d'occasion, parce qu'en plusieurs Conciles étoient plus d'Evêques de la seule Nation d'Italie, que de toutes les autres ensemble.

Si ces conditions ne plaisent pas à Sa Sainteté, Elle sera suppliée de ne trouver mauvais, si sous l'authorité d'un Roy vray Catholique en France, est convoqué un Concile National, comme s'en trouvent en grand nombre du tems de la premiere & seconde lignée.

Non pas pour audit Concile déterminer des points qui sont de la doctrine Chrétienne & foy Catholique, que l'Eglise de France entend retenir selon le Concile de Trente; mais seulement de la Police de l'Eglise, tant aux personnes, que droits & biens Ecclesiastiques.

DIALOGUE SUR LES CAUSES DES MISERES de la France, entre un Catholique Ancien, un Catholique Zelé, & un Palatin.

LE CATHOLIQUE ANCIEN. Nous venons tous trois de la Messe, & avons accoûtumé de communiquer aux Sacremens de nôtre Mere sainte Eglise par les mains d'un même Curé : Et toutefois nous ne convenons pas en même opinion sur les difficultez qui se presentent aujourd'huy au fait de la Religion. J'en suis en grande perplexité.

LE CATHOLIQUE ZELE'. Vous pensez être bon Catholique, parce que vous faites les exercices communs des Catholiques, allant à la Messe, jeûnant, vous confessant au Prêtre, & recevant le Corps de Nôtre Seigneur par Communion à la Table de l'Autel. Ce n'est pas assez : il faut exciter son entendement & son cœur pour empêcher par tous moyens à nous possibles, que les heretiques ne supplantent nôtre Religion.

LE CATHOLIQUE ANCIEN. De vray il me semble que c'est bien fait de desirer que les heresies soient exterminées, qui sont comme la peste contagieuse qui infecte les esprits des hommes : mais je n'en comprens pas bien les moyens, quant à present. Je desirerois bien de les sçavoir.

LE CATHOLIQUE ZELE'. Le plus certain moyen est d'exterminer les heretiques, & commencer par les Chefs. Car quand il n'y aura plus de support & d'authorité pour l'heresie, il sera bien aisé de ranger à la raison le commun & moyen peuple.

LE CATHOLIQUE ANCIEN. Entendez-vous exterminer par la voye des armes, ou par la sainteté de vie, reformation de mœurs des Catholiques, & par bonnes & saintes predications des Pasteurs, qui soient autant ou plus fondez en exemples de bonne vie, charitez, aumônes, & jeûnes, qu'en paroles de bien dire ?

LE CATHOLIQUE ZELE'. Mon amy nous voyons les heretiques endurcis & obstinez en leurs opinions. Nous voyons que par les dissimulations qui ont été cy-devant, on a laissé croître leur credit, faveur & authorité. Et il y a peril si on temporise avec eux, & qu'on y cherche ces doux remedes, que nôtre Religion ne soit bien-tôt perdue. C'est pourquoy il est besoin d'y pourvoir incontinent, & vivement, & par la voye des armes.

LE CATHOLIQUE ANCIEN. Qui sera celuy qui authorisera la prise des armes ? Car par les Loix de toutes les Monarchies, le commandement de prendre les armes appartient au Souverain seulement, sans l'authorité duquel celuy qui exerce les armes, si ce n'est en se défendant, étant attaqué par armes, ne se peut excuser qu'il ne contrevienne aux commandemens de Dieu, qui défend de tuer.

LE CATHOLIQUE ZELE'. Nous avons l'authorité de Nôtre S. Pere le Pape, qui authorise cette sainte union des Catholiques pour exterminer les Heresies & les Heretiques. Nous avons l'Edit de la sainte Union que le feu Roy fit à Roüen au mois de Juillet, l'an 1588. lequel il confirma le 18. Octobre ensuivant, tenant les Etats Généraux du Royaume à Blois, & en fit une Loy fondamentale & irrevocable, comme Loy du Royaume.

LE CATHOLIQUE ANCIEN. Nous reconnoissons le Pape de Rome pour nôtre S. Pere, pour Chef Ministeriel de l'Eglise, Vicaire de Jesus-Christ, successeur de saint Pierre. Mais cette puissance est pour le fait de la Doctrine Chrétienne, des articles de la Foy, & autres choses spirituelles, selon les anciens Decrets de l'Eglise, & non pour la temporalité, ny pour le fait des armes. Et quant à l'Edit de la sainte Union qui a été fait par le feu Roy, le Roy doit être Chef de cette Union, en ce qui concerne le fait des armes, parce qu'à luy seul appartient d'y commander en son Royaume : Et en ce cas le Royaume ne reconnoît la Superiorité des Papes. Puis que le Roy est decedé, & que la Couronne est en débat, qui est celuy qui bonnement se pourra dire Chef de cette sainte Union pour mouvoir la guerre.

LE CATHOLIQUE ZELE'. Dés le vivant du feu Roy, les Catholiques bien unis ont eu occasion de se soustraire de son obeïssance, parce qu'il avoit enfraint la liberté & le droit des Etats Généraux de son Royaume. Desquels Etats representans tout le peuple de France, dépend l'authorité & puissance des Rois : car nos predecesseurs (qui étoit le peuple François) ont étably les Rois, & leur ont donné totale puissance sur eux, comme le Chef a sur les autres parties du corps : & ont ordonné la succession du Royaume en ligne masculine, qui est la Loy Salique. Et comme au peuple a appartenu de constituer un Roy sur soy, aussi à luy appartient de le destituer, mémement en ce cas, quand il a dissipé le corps de son peuple, & a fait que le corps ne subsiste point, le Chef n'est plus rien, la regle est generale en tous negoces & affaires, que qui a pouvoir de constituer, a pouvoir de destituer.

Le Catholique Ancien. Je croy que de vray la puissance des Etats est grande, parce qu'ils representent tout le peuple, mais les Etats ne sont pas composez seulement des Députez des trois Ordres, de l'Eglise, des Nobles, & des Bourgeois ; mais sont aussi composez, & pour la meilleure part des Princes du Sang Royal, des autres Princes & Pairs de France, & des grands Officiers de la Couronne, ausquels Princes, Pairs & Officiers appartient quand la Couronne est vacante, ou en débat, d'assembler ces trois Ordres ; car s'il y a un Roy certain, à luy seul appartient de convoquer les Etats Généraux, comme il en doit être Chef, & y presider : Or je ne void pas que cette soubstraction d'obeïssance qu'on a faite du tems du feu Roy, ait été authorisée par les Etats.

Le Catholique Zele'. La Ville de Paris, qui est Capitale du Royaume, comme Rome l'etoit en l'Empire Romain, & les autres Villes principales & meilleures du Royaume, comme sont Roüen, Orleans, Lyon, Tolose, Troyes, Amiens, Dijons, Bourges, & autres de même qualité, toutes de commun consentement ont approuvé & authorisé cette soubstraction : & les autres Villes moindres ne peuvent moins faire que de leur adherer, mémement parce que la plusspart de ces bonnes Villes ont des Parlemens.

Le Catholique Ancien. Je ne puis être d'accord que Paris soit la Ville Capitale, ny que la comparaison soit bonne de Paris à Rome ; car la Ville de Rome, par ses Citoyens & de ses propres forces & moyens, a subjugué les peuples & Provinces qui luy ont obey, & a établi ce grand Empire Romain : Aussi l'authorité & puissance de tout cét Empire residoit au peuple Romain qui en étoit Seigneur : Mais quand la Monarchie des François fut établie és Gaules, Paris étoit petite & simple Ville Episcopale, qui ne comprenoit sinon l'Isle qui est entre les Ponts qu'on appelle la Cité ; & à cause de sa belle & commode assiete, les Rois de la premiere & troisiéme lignée, y ont établi le siege de leur sejour, y ont établi le Parlement & l'Université, par lesquels moyens elle est creüe en cette grandeur : Toutefois en soy n'a authorité, pouvoir, ny commandement plus grand qu'une des autres Villes principales de chacune Province, ce qui se represente és Etats Généraux, esquels Paris n'a qu'une voix pareille à la voix de la moindre Province de ce Royaume : il est vray que par honneur sa voix est la premiere, & la presidence en chacun des trois Ordres est par élection, & les Députez de Paris n'ont pas ce droit de presider de par eux.

Il n'y a [...] ans de douze [...] Paris ne [...] la Ville [...]pitale du [...]oyaume, [...] elle n'est [...] Ville do[mi]nante, comme [...] Rome, la domination étant [at]tachée à la [...] personne [du] Roy en [quel]que lieu [qu']il soit

Les Parlemens ne sont en aucune consideration pour fait d'Etats ; car il n'y a pas trois cens ans qu'ils étoient ambulatoires, & ils sont établis pour les causes des particuliers, & non pour affaires d'Etat, ce que le Roy Charles IX. fit entendre bien ouvertement aux Envoyez du Parlement de Paris, lors qu'il fit la Declaration de sa majorité, & tint son lit de Justice au Parlement de Roüen.

Ce qui est dit des Parlemens semble n'être pas veritable ; veu qu'il est constant par nos Histoires & par les Registres des Parlemens, qu'ils se sont souvent & utilement mêlez des affaires d'Etat, & particulierement durant les minoritez des Roys.

Quant aux Parlemens ambulatoires composez des Barons du Royaume, ils ne connoissoient quasi d'autres choses ; & pour ce qui est des paroles facheuses du Roy Charles IX. aux Députez du Parlement de Paris, qui ne sçait que ce fut une vengeance de la Reine sa mere, de laquelle il avoit exequé les sentimens plusieurs fois durant sa Regence ?

Ainsi les autres Villes ne se doivent tenir aucunement obligées aux déliberations faites par lesdites Villes, qu'on dit être les principales & meilleures.

Le Catholique Zele'. Nous voyons que non seulement lesdites bonnes & principales Villes, mais aussi la plusspart des autres, & presque toutes (hormis celles qui sont tenuës avec armes, n'ayant leur liberté entiere) ont suivy la même déliberation des bonnes Villes : & en la compagnie & assemblée de plusieurs, selon la regle commune, l'avis & opinion de la plusspart, doit emporter l'opinion de la moindre part.

Le Catholique Ancien. Ce que vous dites peut être vray, quand tous sont assemblez en un même Corps & College, & quand ils ont eu Conference ensemble, & ont oüi les avis des uns & des autres, auquel cas de Conference, il arrivera que l'avis d'un seul qui sera des derniers opinans fera changer ceux qui auront opiné les premiers, & les fera revenir à son opinion, qui est le fruit des conferences, qui ne peut être recueilly quand les avis sont donnez separément, & quand l'un a oüi les raisons de l'autre : Je vous figureray si cette Conference eût été en Assemblée générale, que quelqu'une des Provinces & Villes, qui ont été miserablement affligées par les guerres Civiles, que l'on disoit être pour le fait de la Religion, eût fait voir comme à l'œil & clairement, les maux qui ont accoûtumé d'arriver quand les affaires se decident par armes ; & comme en ce cas il y a fort peu d'avancement pour le vray fait de la Religion, ou bien quelqu'un peut être le moins apparent de la Compagnie, (car il n'arrive pas toûjours que les plus relevez en dignité soient les mieux avisez ; aussi que tous bons avis ne sont pas toûjours en une tête) eût representé les maux & afflictions qu'ont eu & ont à present les Villes & les Provinces qui se sont ainsi revoltées, sans le travail qu'elles ont en l'esprit, pour le doute d'avoir pis, & avec la Conference & comparaison des avis, l'Assemblée n'ût pas peut-être conclud cette soustraction & cette decision d'affaires par les armes, pourquoy on ne doit point dire que les autres Villes & Provinces soient aucunement obligées de tenir le party des Parisiens, ny des Villes qui se sont unies avec eux.

Le Palatin. Vous autres qui êtes du simple Peuple, & qui n'êtes nourris aux affaires, mémement en celles de l'Etat, vous entrez bien avant en matiere : Vous devriez laisser faire aux Grands, ausquels appartient d'en raisonner, d'entreprendre & d'executer.

Le Catholique Zele'. De vray, c'étoit proprement aux Grands d'opprimer ce mal en sa naissance, & d'empêcher qu'il ne s'accreût en temporisant ; mais il semble que plusieurs des Grands cherchent l'entretenement & augmentation de leur grandeur, & vengeance de leurs querelles, plûtôt que la gloire de Dieu, & la manutention de sa sainte Eglise ; & nous qui sentons le mal ne devons être blâmez si nous nous plaignons ; & celuy qui est poussé trop rudement en la presse, s'en prend à celuy qui est le plus proche, combien que la presse vienne de plus loing.

Le Palatin. De quels Grands entendez-vous, ou de ceux qui sont Grands & sont Chefs aux affaires spirituelles de l'Eglise, ou des Grands en la domination temporelle.

Le Catholique Zele'. J'entends les Grands en la domination temporelle, ausquels le glaive & les armes ont été donnez de Dieu, afin qu'ils exercent Justice, maintiennent l'Eglise en sa splendeur, & pour y parvenir, exterminer les Heretiques.

Le Palatin. Il y a grande & bien apparente raison en vôtre dire : mais puisque vous estimez que ceux qui sentent le mal, & en craignent un plus grand à l'avenir, peuvent bien en se plaignant en deviser, voyons un peu si la cause du mal vient de là, ou d'une autre source ; j'entends le mal, l'Heresie, considerons que ces nouvelles opinions en la Religion, dont Martin Luther a été le principal Autheur, ont été semées premierement és années 1516. & 1517. quand le Pape Leon X. ordonna une Croisade par toute la Chrétienté, c'est-à-dire, une contribution en deniers pour faire la guerre aux Infideles, & proposa de tres-grandes & immenses Indulgences à ceux qui y contribueroient, dont revenoient grandes sommes de deniers, mais les deniers ne furent pas employez où ils avoient été destinez, mais aux affaires domestiques & autres volontez du Pape : Même l'on dit que le Pape Leon ayant donné à Magdelaine de Medicis sa sœur, femme de Cibo Genevois, le revenu de la Croisade en quelques Evêchez d'Allemagne, elle en commit la collecte à aucuns personnages vicieux & avaricieux, qui y exercerent plusieurs indignitez ; ce fut au même territoire où Martin Luther, Religieux de l'Ordre de S. Augustin étoit, lequel fâché de n'avoir eu part au profit, se mit à prescher contre la Croisade, montrant les abus qui y étoient, Le Pape le fit citer pour comparoir à Rome, & l'excommunia, Luther se declara appellant de la censure au futur prochain Concile Géneral, reconnoissant encores la puissance de l'Eglise Catholique, Apostolique Romaine ; & enfin étant vivement poursuivy, & y mélant d'autres moyens, il secoüa du tout le joug de l'Eglise, & se rendit Autheur de la Secte & Heresie, qui de luy fut nommée Lutherienne : Aucuns Historiens plus politiques que bons Chrétiens, disent que le Pape eût mieux fait d'appaiser Luther, & luy clorre la bouche par quelque bon Benefice, que d'irriter l'affaire, parce que Luther comme il étoit sçavant & éloquent, il étoit hautain & superbe. Durant ces mêmes années 1516. 1517. & 1518. la France fut affligée de tres-grands maux, qui ont causé sa ruïne. L'abolition de la Pragmatique Sanction & des Elections aux Evêchez, dont la nomination fut octroyée au Roy, l'établissement des decimes, la Croisade, qui donna occasion à Luther de prescher, & le quatriéme qu'il est meilleur de taire que dire quant à present. Sur ce discours commencez à juger qu'elle est la source du mal.

Le Catholique Zele'. Il est aisé à juger que Luther est la vraye source de ce mal, & de vray, comme vous dites, il étoit de son naturel hautain & superbe, comme ordinairement sont tous les Heretiques, d'autant que l'Heresie procede de l'outre-cuidance & presomption de ceux qui pensent plus sçavoir & avoir meilleure intelligence que les autres, & luy avec cét orgueil ayma mieux se precipiter & se perdre, que de reconnoître sa faute en s'humiliant.

Le Palatin. Je confesse que Luther & ses Sectateurs ont été les instrumens & organes, par lesquels l'ennemy du genre humain a épanché ce venin ; & Dieu a jugé & juge sur cette faute en l'ame dudit Luther & ses adherans : Mais comme autrefois j'ay ouï prescher un exemple qui est en l'un des Prophetes, de celuy à qui l'on a commis la garde d'une Ville assiegée, ou proche menassée des ennemis, s'il s'endort ou s'il est negligent, & que la Ville soit surprise par les ennemis & saccagée, & les Habitans passez au fil de l'épée, l'on dira que chacun des Citoyens aura porté la peine de son peché, & toutefois de toutes les ames qui auront pery en cette occasion, la raison & le compte en sera demandé à celuy à qui la garde avoit été commise, & qui n'avoit pas fait son devoir : Voyons si les Pasteurs de l'Eglise ont été & sont en la même condition, comme le Prophete dit être celuy qui avoit la charge de cette place : Aussi ay-je ouï dire autrefois aux Sçavans, que le mot Evesque est tiré du Grec, & qu'il signifie la même chose, que d'être proposé à une garde, & surveillant.

Le Catholique Zele'. Je croy que le Pape Leon, qui lors étoit & ses Successeurs Papes, firent leur devoir d'éteindre ce mal : vous mêmes dites qu'il excommunia Luther, & puis il envoya plusieurs Docteurs en Allemagne, même un tres-excellent Personnage nommé Thomas de Vio, Cardinal de l'Eglise Romaine, Evêque de Gaïete, pour faire connoître aux Princes Allemans qui supportoient Luther, quelles étoient ses erreurs, & pour réunir les dévoyez au troupeau de l'Eglise. Plusieurs excellens Docteurs ont écrit contre cette Heresie, en sorte que ses Sectateurs n'ont eu aucune excuse : enfin les Papes voyant que ces remedes ne guerissoient pas le mal, ils exhorterent l'Empereur Charles V. d'entreprendre guerre contre les Princes d'Allemagne, & contre les Villes de l'Empire qui adheroient à cette Heresie, afin de les contraindre par force de retourner à l'Eglise, ou de les exterminer.

Le Palatin. Ce que vous dites est vray, mais vous n'ajoûtez pas quel fruit & profit en est arrivé de toutes ces diligences & entreprises : Nous voyons qu'en Allemagne l'Heresie est plus forte qu'elle ne fut jamais, & pour une sorte d'Heresie qui y étoit, il y en a aujourd'huy plus de dix, bien que l'Empereur Charles V. en l'année 1547. eût vaincu les Allemans, pris prisonniers les Princes Chefs de la Ligue des Heretiques, & reduit à son obeïssance toutes les bonnes Villes franches d'Allemagne qui tenoient ce party; & neanmoins aprés ces grandes victoires, l'Empereur fit dresser quelques constitutions provisionnelles pour le Reglement de l'Eglise, que l'on nomma *Interim*; & enfin il laissa vivre chacun en son opinion; En France du tems du Roy François I. & Henry II. on a traité extraordinairement & fait mourir par le feu les Heretiques, tant Lutheriens que Calvinistes : Aprés le décez du Roy Henry, les troubles & guerres civiles se sont élevez pour cette méme cause de la Religion, qui encore durent, & il y a vingt-huit ans que nous sommes sur ce côté en ces guerres, & par l'occasion de ces guerres, plusieurs Princes, grands Capitaines, & infinité de valeureux Gentils-hommes & soldats sont morts : plusieurs Villes prises & saccagées : les deux tiers du peuple, tant d'artisans que laboureurs, sont morts ou devenus faiheants, & toute la France appauvrie & reduite à mendicité; & toutefois nous sommes à recommancer. L'Heresie n'est pas éteinte, & l'on ne void pas que le fait de la Religion Catholique ait pris un plus grand avancement.

Le Catholique Zele'. Veritablement ce fut un tres-grand malheur pour la France, que la mort du Roy Henry II. qui un mois ou six semaines devant sa mort, par la tenue de cette excellente Mercuriale au Parlement de Paris, à laquelle luy-même assista, avoit donné grande esperance, & ouvert les moyens d'exterminer les Heretiques : Car au Parlement en la Chambre de la Tournelle, où se jugent les causes criminelles, & où les Conseillers changent trois ou quatre fois l'an, l'on avoit remarqué que plusieurs Juges n'étoient point d'avis de punir de mort les Heretiques, & se contentoit-on de les bannir. Le Roy par cette Mercuriale, faisant opiner en sa presence aucuns Conseillers, découvrit les autheurs de cette nouvelle opinion pour la punition des Heretiques; aucuns d'eux furent constituez prisonniers, & Maître Anne du Bourg Conseiller fut depuis executé à mort : mais la mort du Roy Henry rompit ce dessein.

Le Palatin. Ce que vous dites fait contre vôtre opinion, car le succez a fait connoître que ce n'étoit pas le plus certain remede pour guerir le mal, d'exercer les violences; Ce n'est pas à nous de juger, & dit-on que les Jugemens de Dieu sont cachez, & ne sont jamais injustes; & combien que le Proverbe soit que l'évenement est le maître des fols, & peu avisez, toutefois par l'évenement nous pouvons recüeillir que cette façon de proceder n'étoit pas agreable à Dieu. Incontinent aprés cette Mercuriale, le Roy Henry étant au comble de ses réjouïssances par une paix avec l'Espagnol, & par les mariages de sa fille & de sa sœur, au milieu des festins & des Tournois, fut blessé en une joûte, & mourut le neuviéme jour : incontinent aprés sa mort, commencerent les troubles & guerres civiles, pour le fait ou sous le pretexte de la Religion, qui ont produit en France les maux dont j'ay nagueres parlé : & l'Heresie ny les Heretiques ne sont pas exterminez.

Le Catholique Ancien. Je croy Palatin, que vous ne trouverez pas mauvais que j'entre en la Conference que vous avez avec le Zelateur, comme nous avons trouvé bon que vous ayez pris part en nos premiers discours.

Le Palatin. Nous devisons familierement, & comme voisins, avec telle privauté, qu'il est loisible à chacun d'entretenir ses pensées : Nul de nous ne doit se fâcher de ce que l'autre dit, combien qu'il ne soit de la méme opinion, & devons dire que de tous nos devis, autant en emporte le vent, & auray agreable d'oüir, & ne m'offenceray pour chose que chacun de vous puisse dire.

Le Catholique Zele'. Quant à moy je parle à bon escient, & ma bouche dit selon mon cœur : je croy aussi qu'en telles affaires il n'est pas bon d'être tiede ny froid, il faut que nôtre cœur enflammé du zéle de nôtre Religion, produise tous effets de vivacité pour parvenir au rétablissement de la splendeur de l'Eglise. Toutefois étans voisins & amis, c'est raison que chacun de nous entende avec patience ce que l'autre voudra dire. Mais aussi je vous prie de ne vous fâcher si vous m'entendez parler avec quelque ferveur & vehemence de mouvement.

Le Catholique Ancien. Le voisinage & l'amitié nous commandent de nous supporter les uns les autres avec douceur & courtoisie, sans nous mettre en colere : je diray donc avec vôtre permission mon avis sur la naissance des troubles & des guerres civiles, & vous verrez que la Religion n'est pas la vraye cause de ces guerres; & peut-être que le discours que j'en feray, vous fera croire que ce grand changement que nous avons veu paroître tout à coup, comme la sagette de la foudre, ne vient pas pour le fait de la Religion; mais qu'il y a un mélange de l'interêt des Grands, de l'interêt des Ecclesiastiques pour leurs aises & commoditez, & de l'interêt du Peuple, auquel la patience est échapée, aprés avoir enduré tant de maux, & si indignement : & peut-être aussi qu'il y a quelque chose de mêlé des Princes Etrangers, parce que si cette Monarchie se défait d'elle-même avec ses propres forces, les Seigneurs voisins tous frais & reposez auront meilleur moyen de l'envahir, ce qu'ils ne pourroient, cét Etat demeurant en son entier. Les Potentats d'Italie, entre lesquels est le Pape, & qui en est l'un des plus grands Seigneurs terriens, voyent bien que tant que la France est en division, l'Italie est en repos, & quand la France a été en repos, l'Italie a été l'échaffaut sur lequel ont été joüées les Tragedies des autres Nations Chrétiennes. Pourquoy je puis dire, que la guerre qui est de present, est du tout contraire au rétablissement & manutention de la Religion Catholique, Apostolique & Romaine : Je vous diray que la mort du Roy Henry II. arrivée ainsi à l'improviste occasionna les troubles qui ont duré jusques à present, non pas en la maniere que le Zélateur a décrit : Car comme le Roy Henry II. qui étoit bon Prince & facile, se laissoit gouverner par trois personnes, par la Duchesse de Valentinois, par feu Monsieur de Guise, & le Cardinal de Lorraine son frere, les deux pour un, & par le Connestable de Montmorency; la Duchesse de Valentinois avoit la meilleure par en ce maniement; les deux autres par alliances en sa maison, essayerent les moyens pour gagner par sa faveur les premiers degrez aux bonnes graces du Roy: d'où le follastre Brusquet, disoit qu'en Cour il logeoit à l'Hôtellerie des trois Rois: entre corrivaux l'envie y est toûjours, qui cherche les moyens du boutehors; & dit-on que la Duchesse & le Connestable avoient procuré envers le Roy, que ceux de la Maison de Guise seroient éloignez de la Cour incontinent aprés ces festins de mariages cessez. Le Connestable étoit irrité, de ce que durant sa prison on luy avoit ôté la Charge de Grand Maître, & qu'on l'avoit dépoüillé de l'honneur qu'il prétendoit avoir de la prise de Calais, dont il avoit été le principal Autheur, & pour autres occasions. Au milieu de ces festins le Roy fut blessé, & mourut. Le Roy François II. fils aisné, successeur à la Couronne, avoit épousé la Reine d'Ecosse, niepce de Messieurs de Guise, & Cardinal, lesquels par ce moyen entrerent dans le Gouvernement du Royaume, car le Roy étoit fort jeune : les Princes du Sang Royal se voyant éloignez de ce Gouvernement, qui proprement leur appartenoit, témoignérent quelque jalousie : & on leur supposa, ainsi qu'on dit, qu'ils avoient fait quelque entreprise sur l'Etat : ceux qui adheroient aux nouvelles opinions trouverent un Chef, l'Amiral de Chastillon, qui osa presenter au Roy une Requête signée de plusieurs, pour accorder aux Sectateurs des nouvelles opinions la liberté de leurs consciences. Le tumulte d'Amboise survint. Selon la déliberation prise à Fontaine-bleau, le Roy ordonna convocation des Etats Généraux de France à Orleans, qui n'avoient été tenus depuis les Etats de Tours, il y avoit 77. ans; & c'étoit pour servir de piege à prendre plusieurs personnes en un même tems. Le feu Prince de Condé, pere du dernier décedé, fut fait prisonnier à Orleans, & le feu Roy de Navarre son frere aisné, appellé aux mêmes Etats, eut des Gardes. Au même tems que les Députez des trois Ordres étoient en chemin pour aller aux Etats, le Roy mourut, & dit-on, qu'avant qu'il demeurât malade, qu'il y avoit quelque jugement déja conclu par luy en son Conseil contre le Prince de Condé. Ces Etats projettez pour abaisser le party de ces Princes, auquel party s'étoit joint l'Amiral Chastillon, nepveu du Connestable, eurent effet du tout contraire par le moyen de la mort du Roy, étant le Roy son successeur en fort bas âge, au dessous de quatorze ans, & le Gouvernement étant deû aux Princes du Sang Royal, & les inimitiez augmentées à cause de cette prison, se découvrirent peu de tems aprés. Les Chefs de l'un des partis prindrent la protection de ceux qui avoient de nouvelles opinions en la Religion; les Chefs de l'autre party prindrent la protection de l'ancienne Religion; en ce tems on commença de mettre en usage le mot de Huguenot, nom de faction, comme pour representer que l'un des partis soûtenoit le droit que la lignée d'Hugue Capet avoit à la Couronne, & transmis à ses successeurs; & pour opposer au party des Guisards, que l'on disoit soûtenir que Hugues étoit usurpateur de la Couronne, & que de droit elle appartenoit aux successeurs de Charlemagne. Le Roy Charles IX. étant fort jeune, & ses freres plus jeunes, étans sous le Gouvernement d'autres que de Princes du Sang, furent élevez en des dissimulations, en les faisant toutefois pancher du côté de l'ancienne Religion Catholique : mais plusieurs ont eu opinion, & le succez en a fait croire quelque chose, que le secret du Conseil étoit d'entretenir la guerre civile, sans que l'un ou l'autre party fût ruïné, pour par cette occasion faire mourir les Chefs & principaux aides des deux partis, comme c'est l'ordinaire en telles guerres : Aucuns estiment que c'est la cause de l'entretenement des guerres civiles, qui avoient pris leur source des inimitiez entre les Grands. Ce pauvre Royaume en a été cruellement travaillé pendant vingt-huit ans durant; non seulement il a été travaillé par la guerre : mais sa majesté, sa splendeur, & sa reputation a été avilie, abaissée, & mise presque à neant, même aux choses esquelles il étoit plus admirable & excellent : La Gendarmerie qui étoit la terreur du reste de la Chrétienté, pour n'avoir pas été entretenuë de sa solde, est venuë à mépris, les Gentilshommes qui se ruïnoient en servant s'en sont retirez, & y ont succedé plusieurs de bas état, & de bas cœur, qui n'ont eu honte de piller le pauvre peuple. La Justice qui contenoit les sujets en obeïssance, par venalité & multiplication débordée d'offices,

fices, est devenuë comme en commerce & trafic; & on n'y a plus cherché que les subtilitez & artifices pour déguiser les faveurs. L'établissement de l'Ordre saint Michel qui étoit tres-beau, comme representant la Milice celeste, dont saint Michel est le Chef, à son commencement n'étoit communiqué qu'à trente-six Chevaliers choisis des plus braves & vaillans, a été profané, ayant été conferé à plus de cinq cens personnages en moins de deux ans, sans consideration de merites, même à des non Nobles, qui ont été promus aux Offices generaux de la Couronne, personnes venuës de peu, sans avoir merité du public, ou servy dans les armées. Les Offices & les Gouvernemens ont été vendus à prix d'argent. On a fait infinité d'Edits, ausquels on fait parler le Roy; comme si c'étoit un Orateur en une Concion de Grece avec des propos specieux, beaucoup de langage, & rien de verité, comme si tous les François étoient des bêtes; & qu'avec le simple sens commun il ne fût aisé à découvrir, que le contraire du contenu en ses Edits étoit veritable. Et entre autres Edits, qui tous sont pecuniers & bursaux, il s'en trouve un de fort belle apparence en faveur des Laboureurs en une chere année, pour n'être contraints à payer leurs debtes, & c'étoit afin qu'étans déja accablez par les guerres, ils eussent meilleur moyen de payer les tailles étrangement excessives, dont arriva que les Marchands furent dégoûtez de leur prester, & par ce moyen ont depuis enduré beaucoup d'incommoditez.

Le Palatin. Vrayement vous qui ne faisiez pas semblant d'y toucher du bout du doigt, vous avez mis la main bien avant dans les affaires: mais c'est chose qui arrive coûtumierement, que les affaires des Rois, des Princes, & des Grands, soient détournées en la plus mauvaise part: Et un ancien Roy disoit que c'étoit chose Royale, d'être accusé de faire mal quand on fait bien.

Le Catholique Zelé. Je n'avois jamais ouï conter cette affaire si fort par le menu, & toute-fois en me remémorant plusieurs choses qui sont arrivées du tems du Roy Henry II. & du regne de ses enfans, je prens occasion de croire quelque chose de ce que vous avez dit, même quelque fois est arrivé, quand les armées de ceux des nouvelles opinions étoient presque défaites, & sembloit être facile de les ruïner de tous points, on a traité de pacification avec eux, & leurs armées étrangeres ont été payées aux dépens des Catholiques.

Le Palatin. Mes chers amis, vous devez croire, que comme le Roy Henry II. étoit Prince fort Catholique, aussi ont été tous ses enfans, trois desquels ont été Rois successivement, & tous trois ont suivy le tres-prudent conseil de la Reine leur mere, laquelle connoissoit le peril qui étoit de hazarder l'Etat, sous l'évenement incertain des batailles, a estimé être meilleur que la France fût gastée, que perduë pour ses enfans qu'elle aimoit uniquement, & à cause d'eux aimoit l'Etat.

Le Catholique Zelé. Aucuns disent qu'elle même s'aimoit plus que nul autre, & que le grand desir qu'elle avoit de commander, faisoit qu'elle tenoit toujours les choses en balance, pour éviter que si l'un des partis étoit absolument superieur, & l'autre atterré, le party vainqueur n'eût moyen de se passer d'elle. Ce que je suis assez content de ne croire pas.

Le Palatin. Mon amy, ceux qui manient ces affaires si hautes, si grandes, & si douteuses, sont les plus empêchez, & nous ausquels convient d'obeïr, ferons bien de baisser la tête, prendre en bonne part ce qui arrive, & reconnoître que nos Superieurs sont pour commander, & que nous ne devons murmurer contr'eux.

Le Catholique Zelé. Vous direz comme il vous plaira; mais quand il y va du fait de la Religion, qui seroit en peril d'être exterminée en France, si nous endurons que les Heretiques commandent; les Rois & Superieurs temporels peuvent être délaissez & abandonnez. Car il est écrit, qu'il vaut mieux obeïr à Dieu qu'aux hommes.

Le Palatin. Nos ancestres François en établissant cette Monarchie, qui déja a duré plus d'onze cens ans, ont étably la loy de la succession à la Couronne par la ligne masculine; & les mâles y viennent comme par substitution; & on ne peut nier que la Couronne n'appartienne à celuy auquel elle est déferée par ligne: & n'est pas comme si la lignée masculine étoit perduë, & que nous fussions en terme d'élire un Roy; car je croy que nous tous voudrions choisir un Roy, que nous conneussions être entierement & veritablement Catholique; qui fût bon Roy, amateur de Justice & du bien de ses sujets; qui fût sage & prudent, Chef de son Conseil, qui eût manié beaucoup d'affaires, qui aimât toutes choses reglées & proportionnées, qui approchât de luy personnes vertueuses, & non autres, qui eût un cœur genereux, & fût grand Capitaine. Mais puisque nôtre liberté est reglée par l'ancienne Loy, qui nous donne un Roy par succession; je croy que nous ne devons luy refuser obeïssance.

Le Catholique Zelé. Quoy donc nous endurerons un Roy non Catholique. Quant à moy, je ne feray jamais de cét avis, & croy que tout bon Chrétien doit plûtôt perdre sa vie jusques à dix fois, si tant de fois elle se pouvoit perdre, & tous ses biens, que d'endurer que la Religion Catholique soit diminuée, ou en peril de l'être.

Le Palatin. C'est vôtre propos du commencement de ce devis, qu'il y faut employer les armes, puis qu'il y a l'union des meilleures Villes, & que l'authorité du Pape y est: Surquoy nôtre Compagnon, qui à present ne dit mot, vous a répondu; Mais je vous diray outre cela l'inconvenient qui en peut arriver. Qui sçait si en combattant, Nôtre Seigneur pour punir nos pechez, permettra que le party des Heretiques soit vainqueur? Semblable inconvenient est arrivé en l'Eglise d'Orient, qui en son ancienne splendeur a produit les premieres & principales lumieres de la Chrétienté, & aujourd'huy tout ce païs là est tenu par les Mahometans vrays ennemis de profession de la Religion Chrétienne.

Le Catholique Zelé. Nôtre Seigneur qui a toûjours aimé ce Royaume, ne permettra pas, s'il luy plaît, que tels inconveniens arrivent : La cause des Catholiques est juste : ils sont en nombre plus grand au quadruple que ne sont ceux du party contraire : puis nous avons à nôtre aide le Roy d'Espagne Prince Catholique, qui outre le nom de Catholique venu à luy par succession, a rendu de tres-amples témoignages qu'en sa pensée, en ses desseins, & en toutes ses actions, il a été & est tres-Catholique. Ce grand zéle de nôtre Religion a fait dire à aucuns qu'ils aimoient mieux être Espagnols Catholiques, que François heretiques.

Le Palatin. Il n'arrive pas toûjours que la juste querelle ait la victoire, ny que le grand nombre soit vainqueur du moindre. Nous en avons des témoignages domestiques de ces trois grandes batailles perduës par les François contre les Anglois à Crecy l'an 1346. devant Poitiers l'an 1356. à Azincourt l'an 1415. Quant à l'aide de l'Espagnol, je suis contraint de vous dire, & vous prie de ne le prendre en mauvaise part, que vôtre trop ardente affection vous transporte & sille les yeux de vôtre entendement. Pensez-vous que le Roy d'Espagne aime mieux la France que ces propres païs ? Il endure qu'en Hollande, Zelande, & Frise, qui luy sont Provinces patrimoniales, les Heretiques commandent : Il a essayé de chasser du tout les Marannes qui restoient és Montagnes de Grenade, & connoissant les difficultez, il les a laissez en paix ; il n'est pas à croire qu'il soit plus soigneux de la France que de ses propres païs, puis mon amy, vous devez croire l'ancien mot être veritable, qu'autant de Princes voisins, autant de Princes ennemis : car comme l'abondance des biens ne rend pas l'avaricieux content, ainsi un Souverain, plus il a de païs, plus il en desire.

Le Catholique Ancien. Ce n'est pas chose preste ny aisée à faire, que le Roy d'Espagne soit pour empieter la France, il y a trop grand nombre de bonnes & fortes Villes, & les Catholiques se trouveront toûjours assez forts pour l'en empêcher s'il l'avoit entrepris, mais il n'est pas à croire qu'il le veüille faire.

Le Palatin. Un bon & friand morceau fait bien rompre le jeûne voüé & saintement promis. Ce Royaume est grandement affoibly de Princes, Capitaines, Gentils-hommes, & du commun peuple, & est en extrême pauvreté par le moyen des guerres, qui ont duré vingt-huit ans : & si la guerre continuë, il sera de tant plus affoibly & appauvry. Posons le cas que l'armée des Catholiques, avec l'aide des Espagnols soit victorieuse, & l'Heretique abbatu : cela ne peut être sans qu'un grand nombre de Catholiques François y demeurent ; car il est à croire que les François, & par leur valeur naturelle, & parce que c'est leur propre interest, seront plus ardens en la mélée. L'Espagnol à qui la guerre touche bien peu, & qui est bien avisé, sera bien plus retenu, & combatra plus sagement. Aprés telles victoires sanglantes, le tiers spectateur de la Tragedie, qui est frais, a belle occasion de se rendre superieur des deux partis. Ainsi il arriva en Angleterre, quand par les divisions des anciens Bretons, les Anglois Saxons furent appellez par l'un des partis : Les Anglois vainqueurs se rendirent Seigneurs de l'Isle, & dés ce tems fut nommée Angleterre de leur nom, & ont commandé à l'un & l'autre party. Ainsi quand il y eut division en l'Empire d'Orient pour la domination, le party plus foible appella à son ayde les Turcs, qui déja avoient pris pied en Asie. Ce party aidé des Turcs fit aucunement ses affaires : à la seconde fois les Turcs appellez y vindrent forts, se firent Seigneurs d'Andrinople & autres Villes, & peu de tems aprés envahirent ce qui restoit en Europe sur les Empereurs de Constantinople.

Le Catholique Zelé. Nos Chefs bien avisez prendront garde que l'Espagnol ne soit le plus fort, & qu'il n'ait le moyen de faire la loy.

Le Palatin. L'Espagnol est sage, & ne se prend pas sans moufles : s'il void qu'il ne soit fort, ou qu'il n'ait quelque bonne Ville pour sa seureté & retraite, il ne voudra jamais se hazarder ; il fait la guerre sagement, & selon qu'est son naturel, nous pouvons croire qu'il ne se mêlera jamais de la partie, s'il n'y sent avantage pour luy, les Chefs pour se faire plus grands & les soldats pour s'enrichir.

Le Catholique Ancien. Je vous diray une autre raison qui me porte à croire, que l'aide des Espagnols nous doit être tres-suspecte ; nous ne devons pas croire que les Espagnols soient meilleurs Chrétiens ou meilleurs Catholiques que nous. Le Marranisme, qui participe de la Loy de Mahomet, & de celle des Juifs, est plus frequent en Espagne, que l'Heresie en France. Il est vray que la rigueur de l'Inquisition les fait tenir clos & couverts, & cette Inquisition qui est implacable, a pris son commencement en Espagne, non pas à cause de l'Heresie, mais du Marranisme, ayant l'Espagne été possédée & commandée par les Mores Mahometans prés de cinq cens ans. Cette contrainte rigoureuse de l'Inquisition les a fait pour la plus grande part être sans Religion : d'où vient qu'en Italie par commun proverbe on dit, *Peccadillo di Spagna*, Peccadille d'Espagne : *Peccadillo* en Espagnol c'est un petit peché, & cette Peccadille est de ne croire point en Dieu. Du tems du Roy Loüis XI. l'Evêque de Chartres Miles d'Illiers étant envoyé Ambassadeur en Espagne, comme on luy fit voir quand le Prêtre portoit le Corps de Nôtre Seigneur à quelque malade, que de chacune maison honneste sortoit un homme avec une torche allumée pour faire honneur à Dieu, &

disoit-on audit Evêque, qu'en France on n'étoit pas si soigneux de l'accompagner, il fit réponse que le bon Dieu étoit en seureté en France, n'ayant point d'ennemis, ny besoin d'une si grande compagnie. Et puis se peut-il dire qu'en Chrétienté y ait une Nation plus intolerablement superbe & plus avaricieuse que l'Espagnole. Et s'il arrivoit (que ce Dieu ne veüille) que nous fussions à leur subjection, jamais esclaves ne furent plus mal traitez. Ceux du Duché de Milan, du Royaume de Naples, & des Païs-Bas en peuvent rendre bon & certain témoignage. Pourquoy je pense que de ce côté-là, nous ne devons esperer, attendre, ny desirer aucun secours qui nous soit à propos.

Le Catholique Zelé. Puisque vous trouvez tous ces moyens si foibles, dites je vous prie quel autre moyen vous estimez propre pour remedier à tant de maux qui nous accablent, & prevenir les autres qui nous menassent.

Le Catholique Ancien. Puisque vous me donnez patience, & me conviez de parler, je veux reprendre le propos que j'ay entamé cy-devant des trois principales causes de nos maux. J'ay discouru sur la premiere cause, qui est de l'interêt des Grands. La seconde que j'ay dite est l'interêt des Ecclesiastiques, pour la conservation de leur authorité, aises & commoditez. Donques il me semble que quand le Pape, les Evêques & autres Chefs de l'Eglise conneurent que les grandes fautes commises par eux, tant en leurs actions privées & domestiques, qu'en l'administration de leurs Charges en l'Eglise, avoient donné occasion à Martin Luther & autres, de se détourner de la droite voye, ils devoient commencer à reformer leurs mœurs, ôter les abus, & rétablir l'Eglise en son ancienne splendeur : j'entends splendeur par la sainteté de vie, & non pas par les pompes temporelles, comme fit le Pape Jules II. qui par continuelles guerres representa l'Eglise Militante. Ils n'en ont rien fait, au contraire comme vous disiez tantôt des Heretiques endurcis, qui ne peuvent recevoir aucune correction, tant douce qu'elle soit pour s'amender; les Ecclesiastiques se sont obstinez à faire comme ils vouloient, & encore pis. Les Conciles de Constance & de Basle avoient fait quelques Decrets pour la direction & ordre exterieur de l'Eglise : les Papes se figurans être Chefs par dessus les Conciles Généraux, ont pratiqué infinité de dispenses & graces du tout contraires à ces Conciles & aux anciens Decrets, en continuant les reservations des Evêchez & autres Benefices, qu'on appelle Consistoriaux, qui étoit un expedient pour rendre les Elections illusoires; ont continué la collation de tous autres Benefices par prévention, qui est ouvrir la porte au plus habile courier, & non pas au plus homme de bien; ils ont admis les resignations des Benefices *in favorem*, pour les faire hereditaires; ont créé des pensions au profit des Resignans, pour ôter au nouveau pourveu les moyens de bien s'acquiter de sa charge, par aumônes; ont baillé des Benefices Reguliers & autres en Commande perpetuelle, c'est-à-dire, à ceux qui ne sont pas capables de les tenir, en corrompant l'ordre ancien : ont dispensé de tenir deux ou trois Benefices incompatibles, & ayans charge d'ames; ont dispensé de se faire promouvoir aux Ordres sacrez; ont dispensé de l'âge; & ont octroyé infinité d'autres provisions de graces, & l'ont fait indifferamment au premier requerant, sans connoissance de cause, & sans merites; & par ces moyens ont dissipé la Police Ecclesiastique établie d'ancienneté par les saints Decrets; tellement que le fait des Benefices s'en est allé en commerce, en subtilitez, en artifices & procez, qui devoit être traité avec reverence, candeur & humilité.

Le Catholique Zelé. Le Concile de Trente a pourveu aux desordres qui étoient arrivez par le moyen de ces dispenses, & autres provisions gracieuses, même quant aux collations par prévention, en y ajoûtant la charge d'être, l'Impetrant trouvé suffisant par le Collateur ordinaire, & avoir sur ce son témoignage, & ont été abolies les dispenses de tenir deux Benefices ayans charge d'ames, les dispenses d'âge, & de non promouvoir, & autres.

Le Catholique Ancien. Le Concile de Trente, en ce qui est de la doctrine Chrétienne, & pour la condamnation des Heresies, doit être inviolablement tenu, & sans aucune exception ny modification, comme article de Foy, & comme nous observons les quatre anciens Conciles Oecumeniques. Aussi les Peres y étans ont suivy les Decrets desdits anciens Conciles, & le consentement commun des anciens Docteurs de l'Eglise Catholique : & ce que nous disons l'Eglise Catholique, Apostolique & Romaine, n'est pas pour reconnoître que nôtre Religion soit attachée au lieu de Rome, mais pour témoigner que les Pasteurs & Chefs de ladite Eglise, Successeurs de saint Pierre, ont toûjours tenu la même doctrine de saint Pierre. Aussi l'Histoire Ecclesiastique nous témoigne, que le premier Siege Episcopal de saint Pierre fut en Antioche, & l'Eglise Universelle en célebre la Fête le 22. Février, qui s'appelle la Chaire de saint Pierre, qui montre que le lieu de Rome n'étoit pas précisement à ce destiné. Et en ce qui est de la Police de l'Eglise & des mœurs, qui sont les Chapitres *de reformatione* dans le Concile, il a semblé à aucuns qu'on n'a pas touché le mal assez au vif pour le guerir, même en ce que ledit Concile a toleré & approuvé la nomination du Roy aux Evêchez, en abolissant les elections, en ce qu'il a attribué la sur-intendance, & tout gouvernement aux Ecclesiastiques, sur les Hôpitaux, Lieux pitoyables, Fabriques d'Eglises, Colleges d'études, Fondations des Eglises, en ôtant la connoissance aux gens laiz, bien que le maniement consiste plus en ménage temporel que spirituel, & qu'il y ait à douter, que ceux qui ont si mal employé les biens donnez d'ancienneté à l'Egliſe, qui tous étoient vouez à ſemblable uſage ; ne faſſent pas mieux en cette nouvelle attribution, en ce que par ce Concile n'ont été retranchez du tout comme peſtes de l'Egliſe toutes ces diſpenſes & proviſions gracieuſes dont j'ay cy-devant parlé, en declarant que le Pape n'a pas puiſſance de rompre cette police de l'Egliſe, ſinon avec tres-grande & tres-urgente cauſe, & avec pleine connoiſſance.

LE CATHOLIQUE ZELE'. Voudriez-vous bien dire que le Concile de Trente ne deût pas être tenu en tous ſes points, juſques à un iota ; car ſelon mon avis ce n'eſt pas aſſez de le tenir quant aux points de la doctrine Chrétienne, qui eſt la vraye doctrine Evangelique & Apoſtolique : mais auſſi il le faut tenir quant aux articles de la police de l'Egliſe, autrement nous ſerions en peril d'être declarez Schiſmatiques.

LE CATHOLIQUE ANCIEN. L'Egliſe de France aſſemblée à Bourges du tems du Roy Charles VII. & avec ſon authorité, reſolut & fit aſſez entendre, que tels Decrets de police peuvent être utiles à une Nation & non à l'autre, & ſur ce fondement l'Egliſe de France accepta aucuns Decrets du Concile de Baſle, qui étoit univerſel, & autres non : & lors fut compilée la Pragmatique Sanction, qui a été reçûë, approuvée & reverée par l'Univerſité de Paris, même par la Faculté de Theologie, qui par le conſentement de toute la Chrétienté, a été toûjours eſtimée la plus digne de toutes les autres Univerſitez, outre le titre d'honneur qu'elle a en France d'être dite la fille aînée de la Couronne de France. De fait, quand la Pragmatique Sanction fut abolie par les Concordats, l'Univerſité en appella au futur Concile.

LE CATHOLIQUE ZELE'. Si eſt-ce que les Papes, & les Theologiens d'Italie, & les Canoniſtes ont eſtimé & jugé, que cette Pragmatique Sanction étoit Schiſmatique, & ont travaillé tant qu'ils ont pû pour l'abolition d'icelle. Auſſi l'Egliſe Romaine a toûjours reprouvé les Conciles Nationaux convoquez de la ſorte que fut l'Aſſemblée de Bourges, & n'a approuvé autres Conciles que les Univerſels ou Occumeniques, & les Conciles Provinciaux qui ſe tiennent par les Archevêques, & les Synodes, qui ſont les Conciles Epiſcopaux.

LE CATHOLIQUE ANCIEN. Cette reprobation de Conciles Nationaux eſt depuis la renovation du tiers grand an, à la fin duquel nous ſommes, & a commencé au tems que les Papes ſe ſont attribué une puiſſance ſouveraine, abſoluë, ſans contrôlle, & ont eſtimé avoir pouvoir ſouverain, non ſeulement en cas de reſſort & d'appel, mais auſſi indifferemment en toutes affaires, & en premiere inſtance, ſans autre regle que leur volonté, & en ce même tems ſe ſont dits Ordinaires des Ordinaires, & paſſans outre, ont voulu mettre la main de Superiorité ſur les Empires & Royaumes, en ce qui eſt de la domination temporelle, juſques à maintenir, qu'à eux appartient de depoſer les Empereurs & les Rois, & donner les Royaumes aux premiers Conquerans ; & quant à l'Empire, ont maintenu que l'adminiſtration leur en appartenoit quand il eſt vacant, & quand l'Empereur n'eſt pas encore Couronné, ou bien aprés que l'Empereur a été dépoſé par le Pape. De nôtre tems le Pape Pie V. ayant été en ſa jeuneſſe pauvre ſimple Jacobin, entreprit comme ayant l'adminiſtration de l'Empire, de faire le Duc de Florence Coſme de Medicis, Grand Duc de Toſcane ; quoy que notoirement & ſans contredit, Florence, Piſe, & Sienne ſont Villes ſujettes à l'Empire. Et du tems que le Duché de Milan étoit en débat entre la Maiſon d'Orleans & les Sforces, l'on prit une Inveſtiture du Pape. Le Pape Boniface VIII. voulut en uſer ainſi contre le Roy Philippes le Bel, pour luy ôter la Couronne & la donner au premier Conquerant ; mais contre une injuſtice manifeſte & ſans aucune apparence de raiſon, le Roy reſiſta par la force, comme il eſt loiſible à tous, quand le droit poſitif eſt du tout rejetté par les Grands, d'avoir recours au droit naturel, ſelon lequel la force ſe peut repouſſer par la force. Machiavel en ſon Hiſtoire de Florence, qui eſt moins perilleuſe à lire que ſes diſcours, dit tout franchement, que les Papes par leur ambition, & pour ſe faire grands en domination temporelle, ont été la vraye cauſe de la diviſion & de la ruïne de la liberté d'Italie, en appellant les Etrangers à leur ſecours, quand quelqu'un par force reſiſtoit à leurs entrepriſes violentes. Aucuns Etrangers y venoient par le ſeul reſpect d'honneur qu'ils portoient au Siege Romain, les autres par eſperance d'y profiter ; & tous ceux qui y ſont venus ſe ſont ruïnez, hormis les Normands qui y ont fondé & étably les Royaumes de Naples & de Sicile, & les Eſpagnols, qui ont bien ſçû retenir ce que les Italiens leur ont aidé à conquerir, Naples & Milan.

LE PALATIN. J'ay autrefois lû & oüi reciter quelque choſe de ces grands differends qui ont été entre les Papes & les Empereurs, & ſeray aiſe, s'il vous plaît en prendre la peine, d'être éclaircy par vous, quelle a été la ſource de ces differends, & par même moyen la ſuite de l'autre propos, pourquoy les Papes ont tant reprouvé les Conciles Nationaux.

LE CATHOLIQUE ANCIEN. L'Hiſtoire eſt longue, & les diſcours bien envelopez ; mais je feray le propos le plus court que je pourray. Sur le commencement du tiers grand an aprés l'Incarnation de Nôtre Seigneur, qui fut environ l'an mil cent, l'authorité & ſplendeur de l'Egliſe, qui avoit été fort abaiſſée & obſcurcie depuis la mort de Charlemagne, commença à être rétablie par le moyen de pluſieurs Ordres Monaſtiques, & en ce même tems furent inſtituez les élections és Evêchez, & autres Prelatures, & les collations des Benefices à perſonnes capables, par les Evêques, furent remiſes ſus en aboliſſant les Conceſſions & Infeodations des Egliſes, qui ſe faiſoient au profit des gens laiz. Il est vray, quant aux Dixmes Ecclesiastiques, que les Infeodations ne furent pas précisement revoquées, crainte de ruïner trop de ménages à la fois, même au Concile de Latran, l'an 1179. fut dit que dorénavant ne se feroient aucunes Inféodations de Dixmes au profit des laiz, & ne fut touché à celles qui étoient déja faites. Bien est vray que les Evêques, les Chapitres & les Monasteres, moitié de gré par saintes exhortations, moitié par la contrainte des censures Ecclesiastiques, qui lors étoient fort redoutée, rappellerent à eux bonne partie des Dixmes qui étoient tenués par les laiz. En ce même tems les censures commencerent d'être en grand & incroyable respect. Peu auparavant ce tems les Empereurs d'Allemagne, se fondans sur la concession faite en plein Concile par le Pape Adrian à Charlemagne, premier Empereur d'Occident, d'ordonner de l'Eglise de Rome, & d'en investir les Evêques, en statuant qu'ils ne pourroient être sacrez, sinon aprés que l'Empereur les auroit investis, dont il est parlé au grand Decret, compilé par Gratian en la distinction 63. Les Empereurs, dis-je voulurent exercer ce même droit, disans être legitimes successeurs de Charlemagne. Les Papes y resisterent, soûtenans qu'à l'Eglise seulement appartenoit ce droit, & sur le pretexte que les Empereurs commettoient simonie aux concessions des Evêchez, ils entreprirent d'excommunier les Empereurs, & ainsi fut pratiqué par Alexandre III. Pape & ses successeurs, & ensuite de l'excommunication, ils entreprirent de déposer les Empereurs, comme indignes & incapables de l'Empire, en excommuniant tous ceux qui leur adheroient & soutenoient leur party. Et comme ils connurent que les Nations Chrétiennes portoient respect & reverence au Siege Apostolique, sans rechercher de si prés les causes de ces censures, les Papes passerent encore plus outre; car ils ont maintenu que quand l'Empire étoit vacant par mort ou déposition, que l'administration de l'Empire leur appartenoit, comme il a été dit cy-dessus. Aucuns Empereurs baisserent la tête pour la crainte des censures, firent leur paix le mieux qu'ils peurent, les autres resisterent à ces entreprises par force d'armes. Ces differends ont engendré en Italie ces deux malheureuses factions des Guelphes & des Gibelins, qui ont fait mourir plus de cinq cens mille hommes, tant en guerre qu'en seditions & bannissemens, & les esprits & les cœurs des Italiens n'en sont pas encore gueris, bien que les effets exterieurs ne paroissent plus. Les Gibelins étoient ceux qui tenoient le party des Empereurs, & les Guelphes, ceux qui prenoient ce titre specieux d'être défenseurs des droits de la sainte Eglise Romaine, selon qu'il étoit porté aux Statuts de Florence de l'an 1350. recitez par Paul de Castre au Conseil 283. Les Papes étans en cette grande & excessive domination, commencerent à exercer un commandement absolu, souverain & sans contrôlle, & parce qu'ils connoissoient par les Histoires, que les Conciles Nationaux célebrez durant le premier & second grand an, avoient fait connoître que la puissance des Papes sur les autres Nations Chrétiennes, n'étoit sinon és Conciles Oecumeniques & Universels, esquels ils ont droit de presider comme Evêques du premier Siege, & pour connoître en cas d'appel: quand les causes par degrez avoient passé par les jugemens des Evêques, Archevêques & Primats, & qu'hormis le fait de la doctrine Chrétienne, qui contient les articles de la Foy, chacune Nation, sous l'authorité & protection de son Roy, avoit droit d'assembler les Evêques, Archevêques & Primats, pour aviser à la police de l'Eglise & y faire des Loix: Les Papes pour se confirmer en cette puissance souveraine, pour l'employer par tout, même en premiere instance, tant en temporel que spirituel, ont interdit & rebuté tous Conciles Nationaux, en les declarant Schismatiques: mais les Histoires bien certaines & authentiques nous témoignent que ces Conciles Nationaux ont été en grande vigueur, même ont été approuvez par les Papes & par l'Eglise, en ce qu'ils sont alleguez és authoritez dans le Decret de Gratian, & aux Decretales antiques des Papes, compilées de l'authorité du Pape Gregoire IX. comme sont les Conciles d'Orleans, de Paris, de Châlons, de Mascon, de Mets, & de Compiegne, célebrez du tems de nos Rois de la premiere lignée, & à eux adressez, ausquels comparoissoient tous les Evêques de leur Royaume, comme sont les Conciles d'Aix la Chapelle, de Vvormes, de Treves, célebrez du tems des Rois de la seconde lignée, comme sont les Conciles de la Nation d'Afrique célebrez à Carthage, à Hippône, & à Milevite, ausquels étoient assemblez tous les Evêques de cette Nation. Et saint Gregoire en ses Epistres, livre premier, epistre 72. dit qu'aux Conciles d'Afrique, ils n'avoient point de Primat ou President certain, comme és autres Provinces, où ils avoient accoûtumé de prendre pour President l'Evêque du Siege de la Primatie, où le plus ancien Evêque selon le tems de son Ordination & promotion; mais étoit la coûtume aux Conciles d'Afrique, que toute la Compagnie élisoit celuy qui devoit presider, comme sont les Conciles Nationaux d'Espagne, célebrez à Tolede, à Bracare, à Seville, dite Hispalis, à Tarracone, à Agde en Languedoc, & Arles en Provence, qui furent assemblez au tems que les Goths possedoient l'Espagne, & y regnoient & commandoient aussi à une partie de la Gascogne, Languedoc, & Provence. Mais depuis le milliéme an aprés l'Incarnation de Nôtre Seigneur, qui fut le même tems que la lignée d'Hugues Capet commença à regner, & le commencement du tiers grand an, & est aussi le même tems que les Papes s'emparerent de cette grande authorité que leurs predecesseurs n'avoient jamais eûë; l'on ne fit aucuns Conciles Nationaux, jusques au tems du Roy Charles VII. quand les Evêques de France s'assemblerent à Bourges, & dresserent la Pragmatique Sanction: mais comme dit a été, les Papes l'ont contredite, & aucuns d'eux l'ont declaré Schismatique, & mal à propos.

Le Catholique Zelé. Vôtre discours semble aucunement scandaleux en ce que vous abaissez si fort la puissance du Pape, qui est vray successeur de S. Pierre, S. Pierre Chef des Apôtres, & en la personne duquel, le Siege premier de toute la Chrétienté a été étably à Rome, le Pape étant par le consentement universel de l'Eglise, Vicaire de Jesus-Christ, unique Epoux de l'Eglise.

Le Catholique Ancien. A Dieu ne plaise que je veuille penser ou dire chose contre l'authorité du Siege Apostolique Romain, qui doive scandaliser aucun de bon jugement : mais il n'est pas défendu en disant tout bien & tout honneur de la dignité Pontificale en soy, de dire aussi les grands & intolerables abus introduits par aucunes personnes ausquelles cette dignité a été commise, mémement par ceux qui étant issus de bas lieu & parvenus à cette grande dignité ont été excessivement superbes & ambitieux, & autres outrageusement avaricieux, comme Alexandre III. Boniface VIII. Jean XXII. Alexandre VI. Jules II. Jules III. Ces deux cy par magnificence prirent le nom de Jules, parce qu'ils étoient amateurs de guerre, & quelques autres.

Le Catholique Zelé. Si est-ce que l'on tient que le Pape ne peut faillir, & qu'il est Chef tout-puissant au fait de l'Eglise ; & qu'il a pouvoir par concurrence avec tous les Evêques.

Le Catholique Ancien. Le Pape est homme sujet à peché comme les autres, il confesse ses pechez à un Prêtre moindre que luy en dignité, & reçoit absolution de luy avec penitence, ne la prenant pas de soy-même, ce qui fait connoître qu'étant pecheur, il est sujet à correction & à penitence. Aussi és Conciles de Constance & de Basle, qui sont universels, il fut arrêté que le Concile universel de l'Eglise, legitimement assemblé, tient & a sa puissance immediatement de Dieu, & qu'il à authorité de reformer l'Eglise au Chef & aux membres ; & le Chef c'est le Pape. Il est vray que les Theologiens d'Italie & d'Espagne, & les Canonistes tiennent que le Pape est par dessus le Concile ; mais l'Eglise de France & l'Université de Paris ont toûjours tenu selon le Decret dudit Concile de Basle rapporté en la Pragmatique Sanction. Aussi au Concile de Calcedoine, qui est l'un des quatre grands Conciles Oecumeniques, les Decrets desquels ont été tenus comme articles de Foy, sur le débat qui étoit de la Primatie entre le Pape de Rome & le Patriarche de Constantinople, le Patriarche disant qu'il devoit être le premier & Chef universel de l'Eglise, parce que le Siege de l'Empire avoit été transferé à Constantinople ; Le Concile decida que le premier honneur demeureroit au Pape de Rome, qui étoit l'ancienne Rome, & le second honneur demeureroit au Patriarche de Constantinople, qui étoit la nouvelle Rome. Le mot Grec porté par ledit Concile *Presbeia*, par lequel ce degré d'honneur est represente, ne signifie pas puissance supréme, mais signifie le premier Siege ou premier Rang, comme celuy qui a accoûtumé d'être attribué par les plus jeunes aux plus âgez, quand tous sont de même qualité. Aussi par les anciens Decrets le Pape de Rome est nommé l'Evêque du premier Siege ; & le mot Pape d'ancienneté étoit commun à tous Evêques : aussi il signifie comme pere nourrissier. Les Papes par les expeditions qu'ils font sous Bulles, ne prennent autre titre que d'Evêque, & nomment tous les autres Evêques leurs freres : & si le Pape parloit à un Cardinal qui ne fût Evêque, il ne l'appelleroit que fils. Saint Gregoire I. qui a introduit ce stile des Bulles, par lequel le Pape se dit Evêque, Serviteur des Serviteurs de Dieu, a eu en detestation d'être nommé universel, comme l'on void en l'Epistre 36. & 38. du Livre 4. de ses Epistres. De fait le Pape a son Diocese distinct & limité comme simple Evêque, a sa Province limitée comme simple Archevêque, & est entre les Provinces de Capouë & de Pise, ainsi qu'il est dit és Decretales antiques au titre *de officio Vicarii*. Les Evêques suffragans de sa Province, sont ceux qui sont nommez Cardinaux Evêques, & les Recteurs ou Curez des principales Eglises Paroissiales de Rome, sont les Cardinaux Prêtres, & ceux qui ont autres Benefices, non Curez dedans Rome, qui ne sont que Monasteres, sont les Cardinaux Diacres. Comme d'ancienneté en toutes les Eglises Cathedrales étoient établis aucuns Prêtres avec nom de Cardinaux, comme étans principaux entre les simples Prêtres, & établis comme aydes des Evêques en leur ministere, comme il se lit dans les Epistres de S. Gregoire, Livre 1. Epistre 18. Livre 2. Epistre 52. Livre 10. Epistre 12. & aux anciennes Chartes de l'Eglise de Nevers. Mais avec le tems & selon le progrez de l'authorité du Pape, les Cardinaux de l'Eglise de Rome, ont voulu faire croire que leur dignité étoit respectable par tout hors le Diocese & Province de Rome. De fait aux Etats d'Orleans en 1560. à la premiere seance, les Cardinaux prindrent le rang d'honneur, le premier à côté droit, au dessous du Siege Royal, & y furent assis selon le tems & antiquité de leur promotion ; mais à la seconde seance les Princes du Sang prindrent leur seance du côté droit, & en ce côté Monseigneur le Cardinal de Bourbon, comme plus ancien, fut le premier, qui à la premiere seance entre les Cardinaux n'étoit que le troisiéme : & de vray les Cardinaux de Rome n'ont aucun rang aux Assemblées solemnelles de France ; s'ils ne l'ont pour les dignitez qu'ils ont en France, ou comme Envoyez du Pape. Par cette Histoire on connoît, que les degrez aux dignitez de l'Eglise, ont été établies, afin que toutes les affaires se dirigeassent par ordre ; à sçavoir que chacun Evêque commandât en son Diocese, & si de luy y avoit appel ou plainte, on s'adressât à son Superieur immediat, qui est l'Archevêque, & de l'Archevêque au Primat, & du Primat au Pape; & non pas que le Pape en premiere instance mît la main par tout, comme il s'est pratiqué lors que les Papes se sont attribuez cette grande & absolüe puissance, quand sous pretexte des sermens & autres occasions les Papes commencerent à connoître par prévention de toutes causes en premiere instance, & en jurisdiction contentieuse. Les Decretales sont pleines des jugemens ainsi par eux donnez, & ensuite les autres Juges Ecclesiastiques commencerent à connoître des Contrats & Promesses sous pretexte desdits sermens, & pour ce qui touche le fait de conscience. Plus de vingt portions des dixneuf Decretales antiques, au Sexte & aux Clementines, sont pour des faits de procez en jurisdiction contentieuse, non seulement en matiere Beneficiale (bien que ce soit chose indigne d'y plaider, vû que toute ambition en doit être éloignée :) mais aussi en matiere profane & entre laiz. Encores aujourd'huy, se dit que nul n'est sçavant Praticien en plaidoyrie, s'il n'est bon Canoniste. Ainsi au lieu de pur fait de conscience pour la penitence, qui est le propre gibier des Ecclesiastiques, on a fait un droit qu'on appelle Canonique ou Canon, qui contient les Constitutions Papales. L'Eglise de France depuis lesdits Conciles de Constance & de Basle, s'est entierement rétablie en son ancienne liberté, qui est la même liberté qu'avoient toutes les Eglises de Chrétienté; à sçavoir, de ne plaider à Rome sinon en cas d'appel & par degrez. Nous avons de plus en France, que quand la cause par les degrez ordinaires ressortit à Rome, le Pape est tenu d'octroyer rescript délegatoire pour connoître de la cause d'appel en France sur les lieux, sans qu'on plaide à Rome : mais les autres entreprises de la Cour de Rome n'ont pû être corrigées. Avec ces raisons d'Histoire Ecclesiastique, je croy que la puissance du Pape n'est pas absoluë, mais qu'elle est reglée & contrôllée par les anciens Conciles & Decrets de l'Eglise, & qu'il ne doit se méler des affaires de France en ce qui est de la Couronne & de la domination temporelle, surquoy il n'a que voir : Et quant à la spiritualité, selon la soûmission ancienne qui a été faite par l'Eglise Universelle, de réconnoître le Pape de Rome pour premier Evêque de la Chrétienté, & il ne doit s'entremettre sinon en cas d'appel, ou pour exhorter le reste de la Chrétienté comme bon Pere, ou s'il en est requis concordablement par les Etats de France, d'y mettre la main comme mediateur & arbitre : & si autrement il s'y entremet, on peut appeller de luy au prochain futur Concile universel, qui est son Superieur, & cependant nous tenir sous l'obeïssance de nos Evêques, Archevêques & Primats, chacun selon sa puissance ordinaire.

Le Palatin. J'ay été fort aise d'entendre ce discours, parce qu'en ce tems plusieurs Ecclesiastiques, & autres du nombre de ceux qui leur adherent, nous prêchent & crient, que si nous ne sommes compris en leur union authorisée, comme ils disent, par le Pape pour exterminer les Heretiques par force d'armes; que nous serons reputez fauteurs des Heretiques; & que nous encourerons les censures de l'Eglise : ils passent plus outre, & disent que nous serons abandonnez comme rebelles pour être exposez en proye, ainsi que si nous étions jugez par forme de Justice.

Le Catholique Zelé. Je trouve beaucoup de difficultez en ce discours, & mon jugement n'a pas la force suffisante pour s'en resoudre, mémement parce que j'ay toûjours oüi tenir pour ferme proposition, que le Pape est Chef de l'Eglise, & en est le Superieur, comme est un Monarque en sa domination temporelle, & encores on passe outre à dire, que comme étant Vicaire de Jesus-Christ, qui a toute puissance, aussi a-t'il puissance en la temporalité.

Le Catholique Ancien. Saint Pierre étoit Chef des Apôtres, auquel Nôtre Seigneur recommanda singulierement le troupeau de ses brebis; mais aprés la Mission du saint Esprit, chacun des Apôtres eut son département par Provinces, & chacun d'eux demeura étably Vicaire de Jesus-Christ en la Province de son département. Le Siege de saint Pierre fut étably premierement en Antioche, comme il est representé en l'Eglise par la Fête de la Chaire saint Pierre en Février, & quand saint Pierre se trouva en Jerusalem en l'Assemblée des Apôtres, saint Jacques, qui étoit institué Evêque de Jerusalem, present saint Pierre, fit la proposition en l'Assemblée, qui est le droit du President, sans que saint Pierre entreprit la premiere parole, comme il se lit aux Actes des Apôtres. Aussi l'Eglise nomme tous les Apôtres Vicaires de Jesus-Christ en la Prefaсe solemnelle que l'on chante hautement en l'Eglise à la Messe aux jours des Fêtes des Apôtres. Et ne faut point dire que les Empereurs & Rois soient sujets immediatement au Siege Apostolique Romain au fait de la spiritualité. Car ils sont sujets aux Evêques chacun en son Diocese. On lit en l'Histoire Ecclesiastique, que saint Ambroise Evêque de Milan, exerça un jugement spirituel avec les censures de l'Eglise, contre ce grand Empereur Theodose, se trouvant lors à Milan, & le corrigea d'une cruauté avec injustice qu'il avoit commise contre les Habitans de Thessalonique, quoy que le domicile de l'Empereur fût Constantinople, Siege de l'Empire, & le lieu du délit fut Thessalonique : l'Empereur outre la penitence publique que lors il fit, laissa la mémoire perpetuelle de ce fait, par une Loy qui se trouve encore aujourd'huy écrite au Code des Loix Romaines, & se commence *si vindicari* au titre *de Pœnis*, par laquelle il est défendu à tous Officiers & sujets de l'Empire, d'executer les commandemens sanglans de l'Empereur, faits par luy hors la forme judiciaire, sinon aprés trente jous passez. Aucuns passent bien plus outre en ce discours, & disent que la Superiorité du Pape de Rome pour les cas d'appel, & autres de souveraineté, a été pour le tems que l'Empire de Rome commandoit à toute la Chrétienté, étant certain selon les Histoires, que les

Sieges des Patriarches, Primats, Archevêques & Evêques, furent premierement établis par correspondance des degrez de la domination temporelle des Romains ; à sçavoir le Pape pour être le Premier de tous, parce qu'il étoit Evêque à Rome, Ville Capitale de l'Empire. Les Patriarches ou Primats és Villes Capitales de chacune Nation, comme Constantinople pour la Grece & pour la Region Illirique : Antioche pour l'Asie : Alexandrie pour l'Egypte, l'Arabie & la Palestine : Aquilée pour la Dalmatie, Istrie, & Regions Septentrionales : Lyon pour la Gaule Celtique : Bourges pour la Gaule Aquitanique : York pour la grande Bretagne, qui est l'Angleterre. Car selon les anciens Decrets, la dignité de Primat est pareille à celle de Patriarche. Les Archevêques furent établis aux principales Villes de chacun Presidat ou Province : car en chacune Nation étoient plusieurs Provinces ou Gouvernemens, & les Evêques aux principales Villes de chacun Territoire ou Bailliage. On lit en l'une des nouvelles Constitutions de Justinian Empereur, que luy desirant magnifier la Ville de sa naissance, il l'a nomma Justiniane de son nom, & la fit mere & principale Ville de la Region Illyrique, & parce dit-il, que le principal Siege du Gouverneur est transferé en cette Ville Justiniane, il veut que par la même raison le Siege Metropolitain & Archiepiscopal, qui devoit être à Thessalonique, y soit transferé. Selon ces argumens & propositions, l'on pourroit dire que les Royaumes de France, d'Espagne, & d'Angleterre, qui ont titre & droit d'Empire, ne reconnoissant aucunement l'Empire Romain, ne seroient aussi tenus de reconnoître la superiorité de l'Eglise de Rome, si ce n'étoit que le Pape fût élû par le Concile Oecumenique & Universel, ou que par voye de Compromis les Evêques de ces Royaumes l'eussent élû : Car le Pape étant élû par les Recteurs des Eglises Paroissiales & autres Eglises de Rome, & par les Evêques suffragans de la même Province, qui sont tous les Cardinaux, il n'auroit pouvoir sinon au même Diocese de Rome, & en la même Province, mais je ne suis pas de cette opinion : ains croy que pour la bien-seance, ordre & direction politique de l'Eglise, il est necessaire qu'il y ait un Chef comme est le Pape ; non pas comme Monarque pour avoir un commandement absolu, mais comme il se fait aux Assemblées en forme d'Aristocratie, quand plusieurs pareils sont assemblez, il y en a un qui preside qui a le premier honneur, qui commande de s'assembler, qui apporte l'ordre, & y preside, qui recüeille les voix, & conclud, mais non pour juger à une seule voix, luy-même en sa personne étant sujet au jugement de la Compagnie. Aussi nous voyons & se pratique encore, que quand par degrez de ressort l'appellation va à Rome, celuy qui est commis par le Pape ne juge pas souverainement, mais y a appel de luy, & faut attendre qu'il y ait trois Sentences confornes, & jusques à ce, l'on peut toûjours appeller. C'est pourquoy n'ont été reçûs en France les Jugemens Ecclesiastiques, qu'on appelle Consistoriaux, dont il n'y a point d'appel, qui sont quand le Pape delegue aucuns personnages pour juger une cause en premiere instance souverainement & sans appel, quoy que depuis trente ans nous ayons vû qu'une cause de mariage ait été ainsi jugée, mais la grandeur & authorité des parties, a fait que la chose est passée sans contradiction.

Le Palatin. Vous concluez donc, que c'est à faire à l'Eglise de France legitimement assemblée par forme de Concile National, de juger les differends qui se presentent en ce qui est du spirituel, & non au Pape, & aussi que c'est à faire aux Etats Generaux de France legitimement assemblez, de terminer les differends pour le fait de la Couronne, & juger à qui elle appartient, & regler les affaires jusques à ce que le debat soit terminé.

Le Catholique Ancien. Je n'ay pas entrepris, & ne voudrois pas aussi entreprendre de conclure & resoudre ces difficultez qui sont trop pesantes, & mon entendement trop foible : ce que j'ay dit n'a été qu'en devisant avec familiarité, & ne voudrois pas être allegué pour Autheur, car de tout ce que j'ay dit, je me soûmettray volontiers à l'avis de ceux ausquels il appartient d'en juger

Le Palatin. Je le prends de cette façon, & seroit selon mon avis un acte de deloyauté si aucun de nous faisoit peine à l'autre pour les propos que nous avons tenus. Aprés la protestation que je fais de ma part, de ne rien rapporter qui puisse nuire à aucun de nous, je vous prie aussi d'en faire de même : nous pouvons donc continuer nos propos.

Le Catholique Zelé. Je proteste, & vous promets sur mon honneur que j'en useray de la sorte.

Le Catholique Ancien. Aussi fais-je de ma part, & de bonne foy sans aucune feintise.

Le Palatin. Je vous prie donc de continuer ce propos, qui est sur ce que les Chefs & Ministres de l'Eglise cherchant l'entretenement de leurs grandeurs, aises & commoditez, ont été cause en partie du déreglement qui est en la Religion.

Le Catholique Ancien. Je diray donc que les Papes, ayans travaillé par tous moyens pour abattre & faire décheoir la Pragmatique Sanction, & n'ayans pû en venir à bout à cause de l'authorité de l'Université de Paris, qui en détournoit les Rois, enfin le Pape Leon X. Florentin de la Maison de Medicis, trouva moyen de traiter avec le Roy François I. en l'an 1516. & moyennant que le Roy accorda au Pape l'abolition de la Pragmatique Sanction, & luy accorda aussi les Annates & vacans sur les Evêchez & Prelatures de ce Royaume, qui est le revenu d'un an quand ils vaquent & changent de main : le Pape pour recompense, & comme en contre-échange, en abolissant les élections des Evêques & Abbez, accorda au Roy la nomination des personnes,

ſonnes, pour être pourvûs & inſtituez par le Pape en cas de vacation : Ce Traité fut appellé Concordat ; Bien que le Roy par ce Concordat deût nommer perſonnes bien qualifiées ſelon les Decrets anciens, & le Pape ne fût tenu d'en inſtituer d'autres, toutefois on y a diſpenſé pour tenir Evêchez en adminiſtration, Abbayes & Prieurez en Commande perpetuelle contre les regles des anciens Decrets. De là eſt arrivé, que ces premiers & principaux Benefices ont été conferez à la faveur de la Cour, & pour les ſervices faits en icelle, & non pas ſelon les merites en choſes ſpirituelles. Les Chefs étans ainſi ordonnez, & pour la pluſpart mal choiſis, les autres Miniſtres de l'Egliſe pourvûs par ces Chefs, s'en ſont allez en même train. Les Prieurez, les Cures, & autres Benefices ont été baillez par faveurs & recompenſes des ſervices temporels ; ont été plaidez avec infinité de traverſes & artifices dépendans de la multitude & intrication des Decretales, regles de Chancellerie, & autres Conſtitutions, ne ſervans que comme de pieges pour ſurprendre les bons & moins ſubtils, pour donner avantage aux plus aviſez, & pour donner occaſion à des diſpenſes avec argent. Comme le Concile de Trente a commencé à être tenu, les Papes d'eux-mêmes, ſans attendre la reformation du Concile, ſe reſtraignirent & abſtindrent d'aucuns de ces abus ; comme de bailler les Evêchez en adminiſtration, de diſpenſer la pluralité des Benefices, les Curez de l'âge, & de non promouvoir, & laiſſerent en leur entier la pluſpart des autres grands abus, qui n'ont pas été retranchez par le Concile. Quelqu'un diſoit par une comparaiſon, qui n'eſt pas bien honnête, qu'ainſi fait le Chaſſemarée, lequel voyant un cheval qui ſe retient d'aller, monte deſſus, & le charge de ſa perſonne, outre la charge de la marée, & foüette le cheval à outrance, & à une demie lieuë de là deſcend ; le cheval ſe ſentant ſoulagé de cette double charge, prend courage de mieux aller. Mais enfin quand on a veu que ces procez en matiere Beneficiale étoient immortels & de grands frais, & que les ſubtilitez y avoient plus de credit que le bon droit, & que les collations volontaires des Benefices n'étoient pas faites ſelon les merites, on a eſtimé avoir plûtôt fait & à meilleur marché, d'acheter les Benefices que de les plaider, ou attendre par merites : & pour éviter ces refus de diſpenſes *ad duo vel tria*, & des Commandes, on a pratiqué les confidences & gardes, pour ſous le nom d'autres prendre le revenu. Tout ce negoce d'Egliſe allant ainſi à travers païs ſans conduite, les pauvres Brebis n'étans conduites ſe ſont égarées : les Paſteurs ne les ont pas recherchées ; mais aprés le mal fait & la gueriſon déplorée, ſe ſont mis à crier au Loup, qui déja étoit renforcé dans ſa retraite, & s'étant r'aſſeuré ne craignoit plus les chiens qui abboyoient & ne mordoient pas. On dit que les Eccleſiaſtiques ſont ainſi en criant qu'on extermine les Heretiques par armes ; ſçachans bien qu'à cauſe de leur profeſſion leurs perſonnes ſeront excuſées des armes, & d'eux-mêmes s'excuſent aſſez de contribuer aux frais, parce qu'en y contribuant ils retranchent leurs aiſes. Un de mes voiſins, que communement on eſtimoit bien homme de bien & bon Catholique, vouloit dire qu'il y avoit grande occaſion de croire que les mauvais Prelats & Paſteurs, par leur negligence & par l'exemple de leur mauvaiſe vie, & comme ils ſe montroient peu charitables, avoient fait plus de mal & de dommage à l'Egliſe que les Heretiques. Il entendoit dommage, non pas pour les biens temporels, bâtimens des Egliſes, Reliquaires, & Ornemens, mais pour ce qui eſt le plus precieux en l'Egliſe, qui ſont les ames des Chrétiens, non ſeulement pour les exercices exterieurs de la Religion en la participation des Sacremens & ceremonies de l'Egliſe ; mais auſſi pour la bonne vie, les bonnes mœurs, dilection envers ſon prochain, charité envers les pauvres, conſolation des affligez, & autres œuvres, qui ſont entre les principales marques des Chrétiens : A quoy les Paſteurs nous devroient induire, & par paroles & par exemples ; car ils doivent être la lumiere, luire & ſervir pour la conduite & addreſſe de ceux qui ſont commis à leur ſoin. Si donc les Prelats & Paſteurs par bonnes & aſſiduelles Predications faites par eux-mêmes, a qui la Chaire appartient, & non par mercenaires, par bonnes & vertueuſes œuvres, & par ſainte & religieuſe vie, en s'abſtenant d'avarice & d'ambition, euſſent fait leur devoir, Martin Luther n'eût pas crié contre la Croiſade, & par l'occaſion de ſon mécontentement, n'eût pas crié contre les autres abus de la Cour de Rome, & des Prelats & Paſteurs ; & enfin n'eût pas abandonné l'obeïſſance de l'Egliſe : & quoy qu'il l'eût fait tant de gens ne l'euſſent pas ſuivy, quand ils euſſent veu la bonne vie & la reformation de ceux contre leſquels il crioit. Mais beaucoup de ces perſonnes ennuiées de ces abus intolerables, ſe ſont laiſſez aller par les nouvelles opinions, qui ſelon le ſens humain avoient belle apparence, & ont abandonné la vraye Religion, qui par la mauvaiſe vie & grande negligence des Paſteurs étoit obſcurcie, & preſque inconuë.

Le Catholique Zele'. Ceux qui ſe ſont devoyez ne ſont pas à excuſer ; & c'eſt la faute ordinaire de nous tous hommes, quand nous avons failly, de rejetter la faute ſur autruy. Nous tenons ce vice par race de nôtre premier Pere Adam, qui rejetta la faute de ſon peché ſur ſa femme. David en l'une de ſes Prieres plus excellentes, ſupplie Dieu ne permettre que ſon cœur decline à paroles malicieuſes pour excuſer ſes pechez par excuſes recherchées. Boccace folâtrant en ſon Decameron, met un gentil exemple d'un Juif étant à Paris, lors que les Juifs étoient tolerez en France, qui frequentant un Marchand Chrétien, fut grandément ſollicité par luy de ſe faire Chrétien : & le Chrétien luy propoſoit la belle, ſainte & politique Ordonnance de l'Egliſe des Chrétiens, & entr'autres luy parla du Pape, Chef d'icelle. Le Juif, qui peut-être avoit affaire à Rome pour sa marchandise, (car à Rome étoient lors, & sont encore endurcz les Juifs) dit au Chrétien, nommé Jannot de Chevigny, qu'il desiroit voir cette belle Ordonnance de Rome; dont Jannot le détourna à son possible, sçachant bien qu'il y verroit beaucoup de chôses dereglée : Mais le Juif resolu en son entreprise y alla, & à son retour dit audit de Chevigny qu'il proposoit de se faire Chrétien, ce qu'il fit. Quelquetems aprés de Chevigny luy demanda ce qu'il avoit vû à Rome, & si les exemples de sainteté & bonne vie des Habitans l'avoient obligé de se faire Chrétien, Abraham (ainsi se nommoit le Juif) luy dit qu'il y avoit veu toutes les abominations qu'on sçauroit penser plus detestables : mais que sur ce il falloit estimer & conclure, que la Religion Chrétienne en son essence étoit tres-sainte & tres-bonne, puis qu'étant en icelle des Chefs & Ministres si méchans, neamoins elle duroit & florissoit, & sa vigueur augmentoit de jour à autre. Pourquoy la vicieuse vie des Pasteurs ne doit détourner les bons Chrétiens de la droite voye, & ne faut pourtant condamner la Religion, il faut ôter l'abus, & laisser en son entier ce qui est de bon usage.

Le Catholique Ancien. Vous dites tres-bien : & je ne veux aucunement excuser la faute de ceux qui se sont dévoyez, leur malice les a perdus; mais cy-devant je vous ay recité la comparaison que fait le Prophete, parlant de celuy qui est mis en sentinelle pour la conservation d'une Ville, par la négligence duquel la Ville est surprise : chacun porte la peine de son peché, & ce que j'ay dit de la faute des Pasteurs, est en partie pour faire connoître qu'il ne leur est bien seant de crier si haut contre les Heretiques, puis qu'eux-mêmes ne se reforment pas, & ne font rien qui doive servir d'exemple aux dévoyez pour se remettre au beau chemin & pour servir aux autres, qui peut-être panchent, pour les empêcher de trebucher. Et encore pour faire douter que ce n'est pas le vray zéle de la Religion qui les semond, car si c'etoit cela, ils seroient ou deviendroient mieux reformez, mais que ce soit pour conserver les biens, authoritez, & droits temporels de l'Eglise, afin que sans contredit ils perçoivent toutes leurs commoditez & aises esquelles ils se sont accoûtumez. De fait, en ces derniers Etats tenus à Blois, le point & article qu'ils presserent le plus, pour avoir le consentement des deux autres ordres, étoit afin que ny par concession du Pape, ny par authorité du Roy, leur bien temporel ne pût être alienè, à moins que ce fut pour faire la guerre aux Heretiques, & les exterminer : eux esperans obtenir le consentement du tiers Etat, sur ce point s'étoient rendus tres-affectionnez pour supporter le tiers Etat en plusieurs de ses demandes. Mais ceux du tiers Etat connoissoient que le soulagement des Ecclesiastiques à cét égard devoit retomber à leur oppression & foule, en tant que le tiers Etat seul supporteroit les frais, ne peurent acquiescer à leur demande, & la réponse de leur resolution se fit la même matinée que ce grand inconvenient arriva aux Etats.

Le Palatin. Si est-ce qu'il semble bien raisonnable qu'en la guerre qui se fait pour la manutention de l'Eglise Catholique, & pour faire vivre en paix & repos les Chefs, les Prelats & Ministres d'icelle, les Ecclesiastiques y contribuent à bon escient, puisque c'est leur principal interest, & mémement parce que selon que vous dites, la grande faute est des Ecclesiastiques, qui par leur négligence & par l'exemple de leur mauvaise vie ont donné occasion (je ne dis pas cause) au progrez de l'Heresie.

Le Catholique Zelé. Les pauvres Ecclesiastiques ont tant contribué, qu'à peine leur est-il resté dequoy s'entretenir. Depuis l'an 1516. ils ont payé ordinairement quatre Decimes de leur revenu. Du tems des Rois Charles IX. & Henry III. on a aliené grande partie de leur revenu temporel jusqu'à cinq fois, & à t'on tiré d'eux par ces alienations plus de vingt millions de livres : & dit-on que la pluspart de ces deniers n'ont pas été employez à leur vraye destination, qui étoit de faire la guerre à bon escient aux Heretiques : il étoit quasi tems qu'ils fussent las de contribuer, & qu'ils se plaignissent à bon escient,

Le Catholique Ancien. Je croy de vray qu'il y a eu beaucoup de desordre au maniément de ces deniers : Aussi je croy que celuy qui dressa le formulaire de la premiere alienation de ce temporel, ne le faisoit pas en intention d'exterminer les Heretiques, ny pour le bien de l'Eglise Catholique, car on y proceda d'authorité absoluë Royale, sans prendre l'avis & consentement des Superieurs Ecclesiastiques, qui par raison y devoit être employé, puisque de toute ancienneté ces biens leur avoient été commis en garde. Et aux alienations suivantes on y a employé l'authorité des Papes, lesquels sans avoir le consentement des Eglises de France, ont commandé ces alienations par puissance absoluë. Et selon mon avis leur authorité n'y étoit pas necessaire, à moins que l'Eglise de France les en eût requis par bien-seance, & par gracieuse obeïssance. Car par les raisons que j'ay cy-devant dites, nous nous devons contenter de reconnoître le Pape pour Chef necessaire en ce qui est de la Doctrine Chrétienne & Articles de la Foy, comme étant vray successeur de saint Pierre, Chef des Apôtres. Mais pour la police de l'Eglise & administration des biens d'icelle, les Eglises de chacune Nation & Souveraineté ont tout pouvoir d'en ordonner. Ces façons de proceder à ladite alienation du temporel de l'Eglise, ont trouvé beaucoup de fauteurs, parce que plusieurs ont pêché au plat, & participé à cette dépoüille. Il me souvient icy du propos de saint Augustin, qui est rapporté au Decret de Gratian, en la cause 16. question 7. chapitre *Majores*, où ce saint Pere en répondant à la plainte des Ecclesiastiques sur un même sujet, au lieu de les consoler; les blâme, disant qu'ils n'ont pas été soigneux d'employer les biens de l'Eglise à leur vray usage pour entretenir les pauvres, lesquels Nôtre-Seigneur Jesus-Christ a comparez & estimez être luy même, & que ce que Christ n'a pas pris, le Fisque l'a ravy. S'il est loisible d'en juger, il semble que le succez a fait connoître que l'entreprise n'étoit pas bien à propos de vouloir rétablir la Religion Chrétienne par armes, qui premierement a été établie par simplicité & sainteté de vie, & par douceur de paroles.

Le Palatin. Vous autres-deux êtes là fichez & arrêtez de blâmer couvertement les actions des Grands, qui commandent & qui manient les affaires plus importantes de la domination temporelle, & vous semble que les dépens pour entretenir un Etat peuvent être reglez comme la dépense œconomique d'un Chef de ménage. Vn ancien disoit que la guerre ne peut endurer une dépense reglée & limitée. Puis au fait de la guerre en la projettant & deliberant on ne peut s'asseurer des ennemis. Les Batailles sont douteuses. Un Etat ébranlé par la perte d'une Bataille n'est pas facile à r'affermir. Pourquoy les Grands à chacun évenement doivent prendre nouveau conseil; & quelque fois faire de grands preparatifs, avec grands & immenses frais sans rien exploiter! est quelquefois plus expedient de vaincre son ennemy en temporisant que de penser le vaincre en combattant.

Le Catholique Zelé. Ces raisons sont de grande apparence: mais elles ne peuvent avec bonne patience entrer en ma tête, & vous excuserez si j'en parle comme Clerc d'armes. Les Histoires que j'ay lûes de toutes ces valeureuses Nations, de tous ces grands Empereurs & Rois, même de nôtre Nation Françoise, nous enseignent qu'au fait de la guerre, la seule sagesse & prudence ne suffit pas. Guichardin Florentin en son Histoire loue fort les Florentins de leur grand sens, & qu'ils sçavoient bien expedier les affaires en temporisant & avec argent sans se beaucoup soucier d'avancer, & en comparant, dit que les Venitiens y alloient plus grossierement: mais les Florentins avec leur grande sagesse ont perdu leur liberté, & les Venitiens la conservent toute entiere. Et quant aux Venitiens qu'on estime encore être plus profonds en leurs conseils que les François, sur ce que l'on disoit au Roy Louïs XII. que ce Senat de Venise estoit composé de si grand nombre de sages Personnages, & le vouloit-on detourner d'entreprendre la guerre contr'eux, répondit qu'il opposeroit & mettroit en barbe à ces sages tant de fous, que leur sagesse seroit bien empêchée de les gouverner. De fait avec dix mille hommes il rompit leur armée de quarante mille combatans en la Ghiaradadi, prés Aignadel. La magnanimité, la valeur & la prouesse jointes avec la prudence font gaigner les batailles, & donnent les victoires: & estoit l'ancien proverbe, que chacun forge sa bonne ou mauvaise fortune. Celuy qui temporise se défait soy-même, car la Noblesse n'étant pas exercée en faits d'armes, s'abaisse de cœur & de valeur. Le tiers Etat auquel appartient de faire ces frais s'appauvrit & se ruine, & aprés que le jeu a duré quelque tems, les Rois n'ont ny guerriers ny argent. Si au commencement de ces troubles pour le fait de la Religion, quand la Noblesse étoit encore abondante, & qu'il y avoit en France de grands Capitaines, & que le peuple étoit riche, on eût fait la guerre à bon escient, nous fussions aujourd'huy à la fin de nos maux.

Le Palatin. On dit le contraire: quand les guerres civiles surviennent, que ce n'est que par le trop grand aise des Grands, & quand le Peuple estant riche ne se peut tenir en sa peau, est desireux de nouveautez & adhere facilement aux partis. Le vray moyen de guerir ce mal est d'en retrancher les causes. La continuation des guerres fait mourir les plus remuans entre les Grands & appauvrit le peuple, lequel n'ayant plus ses aises, cesse de regimber & obeït plus volontiers.

Le Catholique Ancien. Vrayement si cela est vray, nous devrions être au bout de nos maux: car les plus grands guerriers sont morts, ou en batailles ou par artifices. Et le peuple est si pauvre qu'il ne fait que languir & ne vit pas. Et toutefois les maux se presentent à être renouvellez plus qu'ils ne furent jamais, & nul ne parle de pacification.

Le Catholique Zelé. Es guerres civiles la pacification ne guerit jamais le mal. C'est une cure palliative & comme un emplâtre de beurre, qui ne sert que d'adoucir pour quelque tems. Les exemples du passé nous montrent que les guerres civiles ne peuvent finir que par sanglantes Batailles, & quand les Chefs de l'un des partis sont abbatus: mêmement il a été connu en la guerre civile des Romains entre Pompée & Cesar. Pourquoy il sembleroit expedient que les armées des deux partis contendans eussent combattu de toutes leurs forces.

Le Catholique Ancien. Selon le jugement & sens commun il seroit expedient qu'ainsi fût, car par ce moyen on verroit une fin à tant de maux & de miseres, par lesquelles n'arrive aucun avancement à la Religion, mais au contraire sa vigueur s'abaisse de tant plus. Toutefois il est à craindre que le party qu'on desireroit être vainqueur, se trouvât vaincu. En la guerre Civile des Romains que vous avez alleguée, tous les grands Zelateurs de la Republique Romaine & de la liberté étoient du parti de Pompée, & Caton qu'on estimoit le plus entier Citoyen soûtint ce party aprés la victoire de Cesar, lors qu'il n'y avoit plus d'espoir de le relever. Caton & Scipion qui étoient du même party furent blâmez par les autres Citoyens plus avisez & non passionnez, de ce que voyant leur party défait; neanmoins ils opiniâtrerent & perdirent avec eux grand nombre de bons Citoyens & bons guerriers, quoy que Cesar en sa victoire se fût montré fort clement, & eut recueilly benignement ceux du party vaincu, qui étoient venus vers luy. Lucain Poëte Historien dit un beau mot, que la cause des vainqueurs avoit plû aux Dieux, & la cause des vaincus avoit plû à Caton, voulant dire qu'il n'arrive pas toûjours que ces grands Zelateurs fassent mieux. Ciceron en l'une de ses Epistres, dit qu'il doutoit si les Romains eussent souffert un commandement plus tolerable sous Pompée vainqueur, que sous Cesar, parce que l'ambition les avoit conduits tous deux à cette guerre civile; Lucain en dit ce mot, que Cesar ne pouvoit endurer personne qui le précedât, & Pompée ne pouvoit endurer un compagnon. Tacite en son Histoire parlant de cette guerre civile, dit que Pompée en son ambition étoit plus couvert que Cesar, mais n'étoit de rien meilleur. Pourquoy il semble à aucuns, que ce zéle si grand que l'on montre envers la Religion Catholique, n'est pas la vraye adresse pour la maintenir, & que les interêts particuliers y commandent plus que l'interêt public. Et il seroit bien à craindre, que si le party des Ecclesiastiques & des Parisiens étoit vainqueur, ny la Religion ne s'en r'enforceroit pour être mieux exercée, ny le peuple tant oppressé n'en seroit pas soulagé.

Le Palatin. Mes amis vous ne sçavez ce vous desirez quand vous desirez qu'il y ait une sanglante bataille, car elle ne peut pas être sans que les meilleurs Capitaines, les meilleurs guerriers en grand nombre meurent. Et est à craindre si la France étoit ainsi affoiblie, que l'Espagnol ou l'Allemand eût bon marché de sa conqueste. Ainsi se perdit par les Chrétiens l'Empire de Constantinople; Ainsi se perdit le Sultanat d'Egypte, quand il fut conquis par les Mammelus.

Le Catholique Ancien. Nos discours & nos desirs n'emportent rien, & en faut faire état, comme de ce qu'on écrit sur une table avec de l'eau, un demy quart d'heure aprés quand l'écrit est seché on n'y connoît plus rien.

Le Catholique Zele'. Quant à moy je suis en cette ferme opinion, que Nôtre Seigneur favorisera le party qui est dressé pour maintenir la Religion, & qu'il n'est pas expedient de faire tant de doutes sur l'évenement.

Le Catholique Ancien. Je pourrois être de semblable avis si je voyois qu'on y procedât par la vraye adresse & par les bons moyens, que j'entends être, par la reformation de la vie, & déportemens des Ecclesiastiques, tant aux Chefs qu'aux membres, & qu'on essayât de rétablir l'Eglise par la même façon qu'elle a été premierement établie, sans y employer aucunement les armes & la violence, & si la justice étoit bien administrée, & les Grands cessassent de gourmander & opprimer les petits: car étant l'ire de Dieu provoquée contre nous par nos pechez, il faut croire qu'elle ne s'appaisera pas si nous ne nous amendons.

Le Palatin. Vous avez peu aprés le commencement de nos devis, touché trois principaux points que vous estimez être cause de nos maux: Le premier l'interêt des Grands: Le second l'interêt des Ecclesiastiques, qui ont desiré de se maintenir en leur authorité, aises & commoditez, & de ces deux vous avez raison. Reste le troisiéme, que vous disiez être l'interêt du peuple, auquel la patience est échapée aprés avoir enduré tant de maux.

Le Catholique Ancien. J'ay tenu ce propos comme en devis familier & privé, & à la même charge que je disois quand on écrit avec de l'eau sur la table: & parce que je ne tiens pas mes propos comme de ferme & arrestée opinion, on me feroit tort si on m'alleguoit pour Autheur.

Le Palatin. Vous sçavez les protestations cy-devant faites, sous lesquelles je vous prie de passer outre.

Le Catholique Ancien. Donc je dis que le devoir du Roy & du peuple est reciproque & mutuel: au Roy d'être protecteur de son peuple, le garder d'oppression, & l'aimer en son cœur: & au peuple d'honorer son Roy, luy obeïr, & le secourir de leurs personnes, & de leurs biens quand il en est besoin, lors que le Roy est sacré à Reims: l'obligation ainsi reciproque se fait comme par stipulation. Les Pairs stipulent du Roy sa promesse pour le peuple, & les mêmes Pairs font aussi la promesse pour tout le peuple. Je ne veux pas dire quand le Roy ne fait pas ce qu'il doit, qu'il soit loisible au peuple de lever la main contre luy, car je croy que le peuple offense Dieu s'il le fait. Les Rois n'ont autre Superieur que Dieu, auquel il appartient de les corriger; mais comme les jugemens de Dieu sont oc[c]ultes, & jamais ne sont injustes, il permet quelquefois que la vengeance se fasse par ceux qui offensent Dieu griévement, en executant ses jugemens. Aussi les maux que le peuple endure, viennent pour la plupart du mauvais conseil qui est auprés des Rois: de ceux qui disent & font croire aux Rois que tout leur appartient, & qu'ils peuvent disposer à leur volonté des biens de leurs sujets, qui est un propos contraire à la verité. Aussi nos predecesseurs & les Rois même ont appellé subsides & aydes, les tributs que les Rois levent, parce que le peuple ayde au Roy de sa substance, & bien que selon la regle commune, les deniers Royaux s'exigent par emprisonnement, toutefois ceux qui doivent les Tailles, les Huitiémes, & autres aides, chacun pour sa part & quotité ne sont pas executez par corps, mais celuy qui a été commis à les recevoir, quand il les a reçûs. Aussi selon les anciennes Loix de ce Royaume, les Rois ne mettoient pas sus les Tailles, Aydes, Huitiéme, Gabelles & Impositions de leur propre authorité, mais ils assembloient les Etats Généraux, & ils y faisoient entendre le besoin qu'ils avoient, & le tiers Etat leur accordoit un subside par forme de Taille, qui s'appelloit Fouage, parce que l'octroy général étoit à raison de tant pour feu & ménage, le fort portant le foible, & on sçavoit à peu prés combien de feux il y avoit en France, ou sur le vin, qui étoit le quart, huitiéme ou vingtiéme, ou sur le sel qui s'appelloit Gabelle. Ce qui fait connoître avec certitude, que les Rois n'avoient puissance de lever ces Subsides de plein droit. Le Roy Charles VII. fut le premier qui mit les Tailles en ordinaire pour l'entretenement de la Gendarmerie : ceux de Bourgogne sous la protection de leurs Ducs, ont retenu le droit ancien, & n'y sont levées les Tailles ou Fouages, sinon du consentement des Etats, de trois en trois ans. Il seroit bon que ces Conseillers parlassent au Roy de cette façon, qu'ils n'ont droit de lever à plaisir, mais que le peuple François est si obeïssant & amateur de ses Rois, qu'il ne leur refuse rien de ce qu'ils demandent. Mais depuis quelques dixaines d'années, les Tailles, Subsides, & autres inventions pour tirer argent du peuple, ont été si excessives & exhorbitantes, que plusieurs s'émerveillent comme le peuple a pû y fournir : autres s'émerveillent que sont devenuës si grosses sommes de deniers : autres s'émerveillent comme le peuple a été si patient de se laisser ainsi écorcher ; car celuy qui se contente de tondre la brebis, espere chaque année semblable revenu, mais celuy qui écorche ôte l'esperance pour l'avenir, en voulant prendre tout à un coup. Aucuns estiment que ces charges intolerables, ont été la vraye cause de faire soûlever le peuple en la plus-part des lieux, & que le fait de l'union n'a été qu'un pretexte pour colorer ce soûlevement.

Le Palatin. Nous sommes en Monarchie, & ces Etats, comme vous figurez leur pouvoir, representeront une Democratie, qui est la sorte de gouvernement la plus perilleuse des trois. Ceux qui ont écrit, confessent bien qu'en toutes les trois sortes de gouvernemens il y survient aisement du peril & de l'inconvenient, comme toutes choses humaines sont sujettes à mutation ; mais ils sont d'accord, que le plus seur gouvernement des trois est la Monarchie, & proposent des exemples de l'œconomie & ménage, qui est une petite Republique, & est commandée par un seul : qu'entre les sept Planettes, par lesquelles les choses basses sont gouvernées, est le Soleil constitué au milieu comme Roy des autres ; qu'entre les mouches à miel il y a un Roy : & la comparaison des mouches à miel est tres-propre : car ces petits animaux vivent par regle avec travail, soin, ménage, & obeïssance plus grande que nuls autres des animaux, & mieux reglée que les hommes, & en faisant pour elles-mêmes, elles font aussi pour autruy. Or comme en une Monarchie il n'arrive pas toûjours que tous les Rois soient bons, aussi n'arrive-t-il pas que tous soient mauvais. Les affaires de ce monde sont mélées de bien & de mal, de doux & d'amer : Qui avec gré prend le bien quand il arrive, doit prendre en patience le mal à son tour. Il y a vicissitude en toutes choses.

Le Catholique Zelé. De vray je croy que le gouvernement d'un Roy Monarque est le plus seur des trois : mais quand il ne seroit pas hereditaire, il y auroit moins de peril qu'il degenerât en tyrannie. Car le peuple seroit soigneux d'élire un bon Roy, vaillant aux armes, aimant Dieu, Zelateur de Justice, & du bien de l'Eglise, & de l'aise de son peuple ; & les enfans de tels Rois élûs s'éforceroient d'apprendre & exercer Justice pour être agreables au peuple, & être continuez successeur de leur pere.

Le Palatin. Mon amy, ce seroit un inconvenient pire que l'autre ; L'exemple est des Empereurs Romains, ausquels communément est arrivé pire que des trois, l'un a été tué, & les successeurs ont été faits par la faveur des armes, & le plus fort a obtenu l'Empire. Ce seroit une vraye source & continuation de guerres civiles, & à chacune mutation nous serions aux coûteaux : car ordinairement le plus fort l'emporte, & n'arrive pas toûjours que les plus forts soient les meilleurs. L'exemple de cette Monarchie de France qui se défere par lignage, nous fait connoître qu'il est beaucoup meilleur d'être ainsi. Il y a plus d'onze cens ans qu'elle dure, & depuis le premier établissement il n'y a eu que deux mutations de lignée. Cette lignée qui dure encores de present est de prés de six cens ans, & la ligne masculine n'y a défailly, qui est chose qui n'est peut-être jamais arrivée en Monarchie, qu'une lignée eût duré six cens ans en masculinité avec titre de Roy. Qui fait croire qu'il y a eu grande benediction de Dieu en cette lignée.

Le Catholique Zelé. Quand vous parlez d'onze cens ans, vous faites penser à un fâcheux propos, car cét âge des Republiques & Monarchies qui est entre onze & douze cens ans, est comme on dit Climacterique pour y apporter subversion ou grande mutation. Aucuns en raisonnent par les nombres multipliez de sept, huit & neuf, qui sont les nombres simples les plus parfaits ; & rapportent la proportion qui est entre le corps humain & le corps politique, car il se connoît par experience qu'en l'âge de l'homme, quand ces nombres se multiplient l'un par l'autre, dont le septenaire soit l'un des multiplicateurs, il y a quelque notable mutation au corps, & bien souvent la mort, comme à sept fois huit, ou à sept fois neuf. Autres remarquent par exemple, que l'Empire Romain en ce même âge d'entre onze & douze cens ans, prit ce grand coup de décheance. L'Empire de Constantinople en ce même âge, fut ruiné & transferé aux Turcs, & beaucoup de choses nous menassent que cette Monarchie soit en voye de prendre coup.

Le Palatin. Dieu veüille détourner ce mauvais présage. Il me semble que nous devons esperer mieux. Nous avons la Maison de Bourbon qui est encore en estre, à laquelle par legitime succession appartient la Couronne, puisque la lignée masculine de la Maison d'Orleans est faillie : car ceux de Bourbon sont venus de ce bon Roy S. Louïs, qui outre la bonté Chrétienne, & amour de son peuple ; étoit grand guerrier.

Le Catholique Zelé. Mais vous voyez qu'il y a débat en cette Maison de Bourbon, à qui la Couronne devra apartenir. Monseigneur le Cardinal de Bourbon se dit plus proche, parce qu'en comptant ses ancestres contre mont, il trouve plûtôt le degré du Roy duquel il est descendu, qui est ledit Roy S. Louïs, que ne le trouve le Roy de Navarre, qui est son nepveu. Le Roy de Navarre qui a les armes en main se porte Roy de France, & toutefois il n'est pas de la Religion Catholique, sans laquelle nul ne peut être Roy : Car depuis Clovis premier Roy Chrétien, a été observé comme pour Loy du Royaume, que les Rois ont été oincts & sacrez, & ont fait profession de la Religion Catholique, par la ceremonie qui est de l'essence du sacre ; & lors de cette onction & sacre, se represente & se fait la liaison indissoluble entre le Roy & son peuple, pour commander par l'un & obeïr par l'autre, & jusques à ce, le Roy n'est pas Roy, parce que son peuple ne luy a pas promis obeïssance. Comment donc pourra le Roy de Navarre se dire Roy pour commander puis qu'il n'est pas en état de faire cette promesse en recevant l'onction sacrée, ains est de contraire profession ? Jamais l'amitié ny l'obeïssance ne furent bien entre personnes qui sont de diverses & contraires Religions. Et s'il étoit Roy, il est à croire qu'il essayeroit tous moyens pour nous reduire tous à sa Religion, ou de gré, ou de force. Et de ma part j'aimerois mieux mourir que de quitter ma Religion. Nous voyons l'inconvenient d'Angleterre, qui doit nous faire sages.

Le Palatin. Le fait d'Angleterre est d'autre nature, & est sujet à d'autres considerations & mouvemens. Car la Reine d'Angleterre ne se peut dire legitime, ny être née en legitime mariage pour tenir la Couronne si elle ne contredit à la puissance de l'Eglise Romaine, d'autant qu'elle est née d'un second mariage fait par son pere durant la vie de sa premiere femme Catherine d'Espagne. Le Roy Henry VIII. avoit épousé ladit Catherine avec dispense du Pape, parce qu'elle étoit veuve de feu Artus son frere. Ce Roy Henry étant amoureux d'Anne de Boulen, qui ne vouloit adherer à luy sans être sa femme, se fit croire que le Pape n'avoit peu dispenser ce premier mariage, & qu'étant le mariage nul qu'il pouvoit se marier autre part, & à ce moyen abandonna l'obeïssance de l'Eglise Romaine. Il est vray qu'avant l'abandonner, il fit consulter par toutes les Universitez de la Chrétienté, si la puissance du Pape s'étendoit à faire telles dispenses, parce qu'elle est contraire aux Loix Civiles, & essaya tout ce qu'il pût envers le Pape, pour par luy revoquer la dispense faite par son predecesseur, & declarer ce premier mariage nul, en luy permettant de se marier autre part. Ce que ne pouvant obtenir par deux raisons, l'une que le Pape ne vouloit pas prejudicier à sa pretention de la puissance absoluë non sujette aux regles des saints Decrets : l'autre que l'Empereur Charles V. nepveu de ladite Catherine, tenoit la main à ce que le mariage de sa tante ne fût declaré nul. Enfin, le Roy voyant qu'il ne pouvoit venir à bout par cette voye ordinaire, il secoüa tout à fait le joug de l'Eglise Romaine. Si l'Eglise Romaine avoit pouvoir de dispenser le premier mariage, il est certain que cette Reine d'Angleterre née d'Anne de Boulen seconde femme, n'est pas legitime, & partant n'a pû succeder à la Couronne. C'est donc l'interêt de la Couronne qui la rend contraire à nôtre Religion Catholique, & non pas à sa seule persuation. Aussi vous diray-je, que le Roy d'Espagne, que vous dites être si grand Zelateur de la Religion Catholique, Apostolique & Romaine, jusques à venir entreprendre la guerre en France pour les Catholiques, est contraint de soûtenir cette puissance absoluë du Pape, qui passe outre la regle des anciens Decrets. Car ledit Roy d'Espagne par dispense du Pape, a épousé sa niepce fille de sa sœur, & en a un fils qu'il prétend être successeur à ses Couronnes. Si ainsi est que la puissance du Pape soit reglée, il est certain qu'il n'a pû faire cette dispense. Car tel mariage d'oncle à la niepce, est prohibé par Loy divine au Levitique. Et le Pape Innocent III. en la Decretale *Literas* au titre *de Restitutione spoliatorum* és antiques, témoigne qu'en tels degrez prohibez de la Loy divine, le Pape ne peut dispenser. Aussi tel mariage est défendu par les Loix civiles, que l'Eglise à cét égard a suivies. Donques pour asseurer ses Couronnes à son fils, il faut que précisement il soit adherant au Pape pour luy aider à soûtenir cette puissance absoluë, & pour se montrer Zelateur d'icelle, qu'il vienne icy tenir la main à nôtre vexation & ruïne, par le pretexte de la Religion.

Le Catholique Ancien. Vous avez icy recité deux Histoires, qui montrent bien ouvertement combien est perilleuse, & à l'Eglise, & aux Royaumes de la Chrétienté, cette attribution que les Papes ont usurpée de l'authorité & puissance absoluë, qui n'est bornée par les regles des anciens Decrets & anciennes Loix. J'en ay raisonné cy-devant par moyens tirez de l'Histoire de l'Eglise : mais nous avons abandonné le propos auquel j'étois, du mauvais traitement que le peuple de France a reçû du tems des derniers Rois, que j'avois dit être l'une des occasions qui avoient engendré cette grande rebellion faite contre le feu Roy, presque par tout son peuple. Car aucuns estiment que ce n'est pas tant le fait de la Religion, que de l'oppression, qui a excité les sujets contre leur Roy. Je le crois bien, parce que le pretexte de l'oppression n'est pas specieux ny de si grande apparence, & d'autant que toutes les Loix politiques défendent aux sujets de lever la main contre leurs Rois, & commandent d'endurer plûtôt que de se rebeller : plusieurs se sont avisez de prendre l'autre pretexte de la Religion. Car les Theologiens disent qu'il est loisible de resister à son Superieur, quand il commande, ou veut forcer ses sujets à chose contraire à la Religion. On allegue cét excellent & mémorable exemple de la Legion des Thebains, de laquelle S. Maurice étoit Chef & Colonel, laquelle tres-volontiers obeïssoit à l'Empereur Diocletian en tout le fait de la guerre, des armes & de la police, refusa tout à plat le commandement qui luy étoit fait de sacrifier aux Dieux, qui fut cause que saint Maurice & les autres Chefs eurent les têtes tranchées, & le reste de la Legion fût passée par decimation. Il est vray que l'oppression du peuple étoit intolerablement excessive, & sembloit qu'on eût cherché toutes les inventions possibles, pour ôter au peuple tous ses moyens, & le rendre nud & languissant. On a inventé la multiplication des Offices en nombre decuple plus que d'ancienneté il n'étoit, dont est venu double misere : L'une que chacun Officier qui a fait place vuide d'autant de deniers en son ménage en achetant son Office, l'a voulu non seulement remplacer & remplir, mais aussi se fait riche ; ce qui ne peut être sans vexation du peuple : L'autre que par ce moyen les plus clairs deniers qui étoient en chacune famille, & eussent pû servir à acheter des heritages ou trafiquer, s'en sont allez au fisque, & ont été attrapez par infinité de flateurs & sangsuës étans auprés des Rois, qui creveroient plûtôt que d'être contens, & qui se feignans bons serviteurs des Rois, sont leurs vrais ennemis, & ennemis du peuple. Car le peuple & le Roy ce n'est qu'un corps dont le Roy est le Chef. Le troisiéme mal a été, qu'infinité de personnes se sont distraites de la Marchandise, des Sciences, des Arts & de la Negociation, qui sont les vrais entretenemens d'une Republique, & sont devenus ventres faineants. Et le quatriéme mal est, que par cette multitude d'Officiers, toutes ces nouvelles surcharges ont été authorisées & supportées par ceux qui y avoient interêt, qui se sont rendus par effet ennemis du reste du peuple. On a aussi inventé un autre moyen de tirer comme dans un abysme & fondriere, tout ce qu'il y avoit de finances & deniers aux bourses des plus aisez, par les constitutions de rentes qui ont été assignées sur les Decimes, Aydes, Gabelles, & autres Impositions, dont le sort principal a été attrapé par ces sangsuës : & s'ils fussent demeurez és mains de ceux qui les ont baillez, ils eussent été employez, ou en trafic de marchandise, ou en achapt d'heritages, qui eût donné moyen à ceux qui avoient la finance en leurs mains de s'exercer & servir le public, & par le moyen de ces rentes, venans sans travail sont devenus personnes inutiles, mangeans le pain qu'ils ne gagnent pas. L'autre mal qui tient de bien prés ceux qui ont des ces rentes, est qu'en cette grande confusion, qui menasse cét Etat de subversion ou de grande mutation, il y a peril que beaucoup de maisons, qui ont mis tout leur fonds en ces rentes, soient ruïnées & miserables. Ces rentes dont les Finances du Roy sont chargées, ne montent pas moins de prés de trois millions d'or par an. Et par cy-devant le total des Finances des Rois ne montoient pas tant ; & de tous ses fonds & amas, qui a été ou dû être fait du sort principal de ces constitutions de rentes, on n'en sçauroit montrer l'employ à aucun usage permanent pour le profit du public. Car le Soldat ny la Gendarmerie durant les guerres n'ont été payez, ces deniers s'en sont allez en fumée comme fait le vif-argent quand on dore. Le tiers principal moyen d'oppression a été par l'augmentation des Tailles, qu'on a fait monter de livres en écus. Car peu de tems aprés les Etats de Blois on augmenta les Tailles du parisis au lieu du tournois, & deux ans aprés on fit la creuë de quinze cens mil écus tout à un coup, qui emportoit cinq cens mil livres plus que ne montoit auparavant le principal de la Taille, qui étoit de quatre millions de livres. On prit aussi une occasion peu honnête d'augmenter la Gabelle du Sel, qui n'étoit que de quinze écus par muid, & à present se trouve à soixante-trois écus. L'occasion fut qu'en une année se trouva un grand defaut de Sel aux Marais, il en fallut aller chercher en Portugal avec grands frais, & pour cela on augmenta le prix au Marchand qui faisoit revenir le Sel à deux tiers plus qu'il ne valoit : on embrassa au Conseil du Roy cette occasion par un artifice indigne de la Majesté Royale pour continuer l'augmentation de ce haut prix : tellement que le Sel est aujourd'huy trois fois plus cher qu'il n'étoit auparavant. On a inventé de nouveaux subsides & nouveaux Offices en toutes sortes de Marchandises, de Mestiers & d'Emplois de personnes jusques aux plus viles œuvres, pour rendre venal tout ce qui consistoit en loyauté, & toutes ces inventions ont été mises en partis, esquels les Partisans gagnoient ou déroboient trois fois autant qu'ils avoient baillé ou promis d'argent comptant, & dit-on encores bien pis qu'aucuns du Conseil du Roy, étoient compagnons & associez aux partis, & les autres y prenoient leurs pots de vin ; & a été cette negociation si indignement maniée, qu'on n'a pas eu honte d'attribuer aux coffres du Roy ce mot de pot de vin, comme si le Roy eût été une proxenete ou courretier de ces partis. Le comble de malheur étoit qu'à tous ces Partisans ne manquoient les Lettres Patentes à toutes heures pleine d'injustice & hors de raison pour fermer la porte à la justice, & clorre la bouche à ceux qui se plaignoient. Et le mal a été si avant qu'il y a eu des pensionnaires dans les Cours Souveraines pour tenir la main à la verification des Edits. Tous ces malheurs que nous avons vûs & que nous avons sentis, m'ont fait souvenir plusieurs fois de ce que disoit Alexandre Empereur des Romains, qui jeune arriva à l'Empire, & étoit bon Empereur. Il disoit que la condition des Empereurs & des Rois étoit à plaindre, parce que par necessité ils sont contraints de se servir du ministere de plusieurs personnes, & ordinairement s'approchent d'eux des méchans en plus grand nombre, que des bons. Le mal qui se fait est bien souvent caché aux Empereurs & Rois, & neanmoins tout le mal leur est attribué.

Le Palatin. Vous avez ſuivy ce propos d'une longue haleine ſans vous repoſer, vous en devriez être las.

Le Catholique Ancien. Vrayement Monſieur & amy, la vehemence du ſentiment que j'ay du mal du peuple m'a tiré ſi avant; & je n'avois projetté d'être ſi long. Je ſuis homme, & tout ce qui appartient aux hommes ſemblables à moy me touche & perce le cœur, comme ſi je le ſentois en ma propre perſonne, & une partie du ſoulagement de celuy qui ſent le mal interieur eſt de l'éventer & mettre à l'air, ainſi que font les Medecins par les ſeignées pour donner air au ſang alteré. Toutefois ſi le propos vous ennuye ou à nôtre autre compagnon, je ſeray content de ſurſeoir & retenir dedans moy ma douleur ſans en declarer les cauſes.

Le Catholique Zele'. Vous ne pouvez tant dire de maux & de ſortes d'oppreſſion qu'il n'y en ait encores d'avantage. Car il ſemble que l'on ait voulu attribuer le premier degré d'honneur à qui pis feroit, & tout cela, comme aucuns penſent, vient de ce que pluſieurs, & même des Grands ont abandonné la protection de la ſainte Egliſe Catholique, & ont favoriſé les Heretiques, ſoit parce qu'aucuns d'eux occultement étoient de la même opinion, ſoit parce qu'ayans à contre-cœur autres Grands qui n'étoient aiſez à ruïner, ils ont voulu leur oppoſer un ennemy qui leur peût faire teſte, ſoit parce qu'étans ennemis de tous les Grands ils ont voulu les faire choquer l'un contre l'autre, & être ſpectateurs de la Tragedie, ſans ſe mettre en peril pour ruïner l'un & l'autre party, afin de n'avoir plus de contradicteurs.

Le Catholique Ancien. Il ſemble quand vous parlez de l'Egliſe Catholique, que vous entendez ſeulement de l'authorité & ſplendeur exterieure d'icelle, & de la conſervation des biens temporels, & autres droits qu'elle a, par le moyen deſquels les Chefs & Paſteurs ſont honorez & reverez, ont grande & infinie puiſſance, & avec cette authorité & honneur vivent en aiſe & commodité, commandant par tout ſans être contrôllez, & ſans qu'ils ſe ſoucient autrement de redreſſer les dévoyez par bonnes & douces exhortations mêlées de rigueur, qui eſt le propre de l'Etat Eccleſiaſtique, d'inviter chacun à bien ſaintement & innocemment vivre, en montrant les premiers l'exemple: auſquels exercices conſiſte proprement la protection & la conſervation de l'Egliſe Catholique. Et quant aux Grands qui ont les dominations ſeculieres & temporelles, mon avis eſt, que comme il y a un ſeul Paradis, & une Beatitude qui ſeront communs à tous Chrétiens, tant grands que petits, & comme il y a un Dieu ſeul tout-puiſſant, tout juſte & tout bon, auprés duquel il n'y a rien de grand, mais tout eſt égal: qu'auſſi il faut croire qu'il y a mêmes commandemens de bien faire aux Grands comme aux moyens & aux petits. Et ne ſe faut poit figurer des Loix particulieres qu'on appelle regle d'Etat. Il eſt neceſſaire que tous meſurent leurs penſées & leurs actions à la regle commune de tous les Chrétiens. Les opinions que les Grands ont priſes, que leurs volontez doivent ſervir de Loy, ſont de leur invention & des flateurs qui ſont auprés d'eux, vrais ennemis d'eux & de leur Etat. Or depuis que quelqu'un a abandonné la droite voye, il ne peut faire qu'il ne s'égare en diverſes ſortes: car il n'y a qu'une voye de Verité, de Foy & de Juſtice, que quiconque n'eſt en cette voye, plus il va en avant, plus il s'en éloigne & plus il s'égare.

Le Palatin. Penſeriez vous qu'il ſe peut faire que les Rois & autres Souverains fuſſent ainſi reformez comme ſont les Moines en une Chartreuſe. Il ne fut & ne ſera jamais que les Grands ne ſe licencient des regles communes. Dieu même l'a fait entendre au peuple d'Iſraël, quand il demanda un Roy.

Le Catholique Ancien. Ce n'eſt pas choſe impoſſible ny fort difficile, qu'un Roy ou autre Grand ſoit bien reformé, & ait ſa vie domeſtique bien reglée ſelon les Commandemens de Dieu. La ſource eſt de l'amour conjointe avec la crainte de Dieu avec laquelle les Rois aiment leurs ſujets, deſirent leur bien & ſoulagement, leur font adminiſtrer Juſtice, & les gardent d'oppreſſion. Comme tout homme eſt pecheur, ainſi ſont les Rois pecheurs, & comme une tache au viſage paroît plus & plutôt qu'en nulle partie du corps, ainſi les fautes des Grands ſont facilement & plûtôt apperçûës. Aucuns Rois ont été ſaints (& n'y en a pas eu beaucoup.) Auſſi eſt il vray qu'il y en a eu beaucoup qui ont aimé leur peuple, qui ont bien fait la guerre, & dont la memoire eſt en loüange perpetuelle. Mais ceux qui ſe ſont abandonnez à tout mal, en la vie domeſtique deſquels ne ſe remarque rien de vertueux, au contraire toute abomination: qui ayans cette ſeule vertu de bien dire, déguiſent toutes leurs actions par artifices pour executer le contraire de ce qu'ils promettent & jurent; qui n'aiment point en leur cœur les hommes vrayement vertueux, magnanimes & genereux, & ne leur font aucun bien, mais font leurs graces à des perſonnes de peu de valeur, & indignes qui ſervent à leurs volontez dereglées & à leurs ſales voluptez; qui n'ont aucune pitié de leur pauvre peuple pour luy faire adminiſtrer Juſtice & pour le ſoulager: qui ſe maſquent de la Religion afin que le peuple penſe qu'ils ſoient bons Catholiques, & par leurs actions ne montrent rien de Catholique, au contraire rien que d'infame & d'abominable: je ne puis croire que telles perſonnes ſoient bons Chrétiens & bons Religieux, quelque contenance exterieure qu'ils en faſſent, car nôtre Loy Chrétienne conſiſte principalement à bien faire.

Le Catholique Zele'. Il ſemble que vous veüilliez montrer au doigt aucuns de ceux qui ont regné depuis cent ans.

Le Catholique Ancien. Je ne parle de perſonne en particulier, mon pro-

po

pos est général : bien vous diray-je qu'en tenant ces propos je me remets ces mauvais Empereurs Romains, Tibere, Caligula, Neron, Domitian, Commode, Heliogabale, qui tous ou la pluspart ont eu une fin digne de leur impure & mechante vie, & je pense aussi aucunement au Roy Louïs XI. celuy qu'on dit avoir remis les Rois de France hors de Page. Il n'a pas eu sa mort violente par main d'homme; mais de luy même il s'est affligé de tous les tourmens dont les mauvais Rois ont accoûtumé d'être bourrellez en leurs consciences, étant entré en méfiance de tous, même de son propre fils. Il a eu un fils & deux filles, qui ont vécu assez de tems, toutefois il n'est rien resté de son lignage, soit de masles ou de femelles.

Le Palatin. Quand bien un Roy seroit le plus vicieux & le plus abandonné à l'oppression de son peuple que l'on sçauroit figurer, si n'est-il loisible à aucun de ses sujets d'élever la main contre luy pour le tuer ou offenser. Il est oingt & sacré, & en sa personne la dignité Royale doit être respectée avec toute pieté, humilité & devotion de ses sujets, ausquels touche de luy obeïr; & s'il est dereglé, de prier Dieu pour luy, qu'il luy plaise de l'amender. Car les Rois n'ont autre superieur ny correcteur de leurs fautes que Dieu. David lamenta avec extréme tristesse la mort de Saül Roy, parce qu'il étoit l'oingt de Dieu, & fit mourir celuy qui à la priere même de Saül luy avoit aidé à ce faire, quoy que Saül fût mechant, eût été reprouvé de Dieu, & fût ennemy mortel de David; & sans cause.

Le Catholique Zelé. Il ne se lit point qu'aucun Roy de France, même de cette lignée d'Hugues Capet, ait été tué par ses sujets. Ce qui ne se dit pas des Anglois qu'on appelle tue-Rois. Mais il est arrivé à ce dernier Roy d'être tué par la main d'un miserable & simple Moine, au milieu de son armée, sans sedition militaire ou populaire. Ce ne peut être sans jugement de Dieu, parce qu'il avoit abandonné la protection de son Eglise, & s'étoit rangé au party contraire. La nouveauté de cét exemple est d'autant plus mémorable que jamais le semblable n'étoit arrivé en France; parce que les François par leur naturel sont obeïssans à leurs Rois, & les reverent comme demy Dieux : mais cette grande faute meritoit une punition nouvelle & innoüye.

Le Palatin. Mon amy, disons de bonnes paroles : n'entrons point si avant au secret des jugement de Dieu. On lit dans les Histoires qu'il y a eu beaucoup de bons Empereurs & Rois qui ont été tuez, ou qu'on a fait mourir violemment. Jules Cesar, Alexandre, & Probus Empereurs Romains. Henry VII. Empereur de Germanie, qui fut empoisonné par un Jacobin en la sainte Hostie.

Le Catholique Ancien. Je croy que celuy qui a tué le feu Roy est condamnable & coupable d'homicide devant Dieu, car le Commandement de Dieu est de ne tuer. La seule exception y est quand c'est par voye de Justice, dont le commandement dépend du Souverain, & non d'autre, soit de la Justice sedentaire que les Juges & Parlemens ont en main, & qui leur est commise par les Rois, ou par ceux à qui les Rois en ont donné le pouvoir, soit de la Justice par main armée quand le Souverain commande la guerre. Le Roy n'avoit été & ne pouvoit être jugé sinon par un superieur. Il n'étoit donc loisible à son sujet de lever la main contre luy & le tuer. Mais il arrive quelquefois que Nôtre Seigneur se sert d'un reprouvé pour exterminer un autre reprouvé. Saint Augustin dit ce beau mot, *Que les jugemens de Dieu bien souvent sont ocultes, mais ne sont jamais injustes.*

Le Catholique Zelé. Aussi n'entends je pas juger, mais je croy n'offenser Dieu quand je reconnois ses jugemens. Nul ne trouve étrange si mal arrive à celuy qui fait mal : le mal ne peut produire que mal : le bien peut produire l'affliction pour exercer les bons en leur pieté, & les entretenir en leur bonne vie, mais l'affliction est un medicament amer qui purge le mal & rend la personne plus saine, & enfin se trouve que le bien ne peut produire autre chose que le bien, ny le mal autre chose que le mal : car chaque chose produit son semblable. Les Empereurs Julian & Valens tous deux perirent miserablement : l'un avoit abandonné la Religion Chrétienne en apostasiant : l'autre avoit adheré aux Heretiques. Est-il possible que l'Eglise eût pû recevoir plus d'affliction & de maux qu'elle en a reçûs depuis trente ans en France. Les guerres civiles arrivées pour le maintien de la Religion contre les Heretiques, ont donné occasion aux ennemis couverts qui se feignoient amis de l'Eglise, de faire aliener le temporel des Eglises à cinq diverses fois; & en a été aliené pour plus de vingt millions de livres. Les gens de guerre & soldats n'ont pas été payez, & il est arrivé que ceux qui se disoient Catholiques rançonnoient les Ecclesiastiques, disans qu'ils faisoient la guerre pour eux & en leur faveur, & que partant ils devoient leur fournir leurs commoditez : & les Heretiques armez ruïnoient les Benefices comme ennemis des Ecclesiastiques, & ce outre les Decimes qui ont été ordinaires depuis l'an 1516. & depuis ces troubles ont été à diverses fois augmentées. Et lors que la pauvre Eglise cherchoit quelque remede à tous ces maux, & en ces Etats derniers excitoit les deux autres Ordres à poursuivre son rétablissement en sa splendeur, & à son soulagement, arriva ce grand inconvenient qui dissipa tous les desseins & tout l'espoir que les trois Ordres avoient d'une bonne Reformation; & six jours aprés cét inconvenient, on proposa en l'Assemblée du tiers Etat pour mettre sus une nouvelle imposition de cinq pour cent sur toutes sortes de marchandises & denrées qui entreroient dans les Villes closes, sans pour ce rien relacher de l'excez des Tailles, Gabelles & autres Subsides, parce, disoit-on, qu'aprés les rentes & autres choses déduites, il ne restoit que bien peu de finances au Roy pour l'entretenement de sa Maison & de son Etat. C'étoit en bon

François au lieu de donner au peuple esperance de mieux, luy dire & representer que les Finances du Roy sont comme le Vaisseau de Danaides.

Le Palatin. Il est bien certain que si le Roy n'a revenu suffisant pour l'entretenement de son Etat & de sa Maison, la Monarchie sera en peril de se dissiper ; & avec le général les particuliers se perdront. Les tributs, comme disoient les anciens, sont les nerfs de l'Etat, sans lequel il ne peut subsister, & tous les particuliers ont interêt à la conservation de l'Etat, parce qu'autrement ils seroient en proye au premier voisin ennemy qui viendroit attaquer ce Royaume. Et tantôt nous disions qu'autant de grands Seigneurs voisins, autant d'ennemis : mais ils se veulent à eux-même tant de bien qu'ils voudroient avoir pour eux ce que possedent les Rois leurs voisins. En ces Etats le Roy accorda la demande qu'on luy faisoit de reduire les Tailles au point qu'elles étoient en l'année 1576. avec cette condition qu'on luy fit fonds pour l'entretenement de son Etat & de sa Maison. Il bailla une Declaration des sommes ausquelles cét entretenement pouvoit monter, en se communiquant tres-familierement à son peuple, & par même moyen fit voir les charges dont ses Finances étoient chargées, afin qu'on vit ce qui luy restoit de net.

Le Catholique Zelé. J'ay entendu qu'ainsi avoit été ; mais aussi ay-je entendu que les Etats requierent instamment au Roy, qu'il luy pleût en exerçant la Justice faire rendre gorge à tous ceux qui avoient si impunemment & outrageusement pillé & gourmandé son peuple depuis trente ans, mêmes depuis ses autres Etats de Blois, fussent Partisans, fussent ceux qui avoient pris du Roy des sommes immenses sans aucuns merites envers son Etat, fussent ceux qui étans au Conseil du Roy avoient pris des pots de vin, ou étoient associez aux partis, fussent ceux des Cours Souveraines qui avoient pensions pour faire passer les Edits, & toutes autres sortes de gens qui avoient profité de cette marchandise. Car disoit-on, il ne se pouvoit faire que l'on tirât rien du peuple, duquel les moyens étoient épuisez, & il faloit chercher les deniers où ils étoient. L'on proposa plusieurs moyens pour parvenir à ce que dessus ; mais tous ceux qui y avoient interêt comme ayans participé au butin, & les nouveaux Officiers, dont on demandoit la suppression pour d'autant soulager le peuple, crierent à l'injustice, & comme il est vray semblable exciterent cette Tragedie qui s'en ensuivit, qui a amené plus grands inconveniens que l'on ne pensoit : car on estimoit qu'aprés quelques Chefs éteints & les autres étonnez, le reste du peuple demeureroit en paix.

Le Palatin. Si est-ce qu'à bien considerer, c'est trop entreprendre par le sujet sur l'authorité du Roy, de rechercher ses dons & liberalitez, & par maniere de dire le rendre comptable de son administration. La Majesté du Roy doit être respectée par ses sujets avec toute humilité & soûmission, & n'est pas expedient à l'Etat qu'un Roy soit si fort abbaissé. La trop grande privauté engendre le mépris.

Le Catholique Zelé. Le revenu du Domaine du Roy, peut être employé par luy ainsi qu'il veut. Mais les Tailles, Gabelles & Subsides sont destinez pour les affaires de l'Etat, & non pour être employez en dons sans regle & sans merite. Quand le Roy convoque ses Etats, c'est non seulement pour apporter leurs plaintes & doleances, mais aussi pour luy donner conseil : car cette qualité de Députez des Etats les fait Conseillers du Roy tant que la tenuë des Etats dure. Aussi le Roy en ses Etats derniers dit en deux diverses fois, qu'il ordonneroit & feroit avec eux & par leur avis. Ce n'est pas contrôller ny abaisser l'authorité du Roy, quand ses sujets tres-humbles & tres-devots à son service & à son bien, luy font entendre les tromperies qu'on luy fait, & le peril où il est d'avoir creance à aucuns qui ne l'aiment pas, mais qui cherchent leur profit particulier avec son domage. Le Roy est homme & sujet aux mêmes imperfections que les autres hommes pour pouvoir être trompé. Au contraire il y est plus sujet : car ordinairement il à plus de flateurs aprés de luy, qui étans des plus gentils & raffinez esprits de son Royaume, sçavent mieux deguiser le mal d'ambition & d'avarice dont ils sont pleins, & paroître auprés du Roy gens de bien & amateurs de son service : & à bien prendre telles gens sont ses vrais & plus grands ennemis : car tout le mal qu'ils font est attribué au Roy : mais les Députez des Etats sont choisis par leurs Provinces, comme il est vray semblable, les plus gens de bien, les plus affectionnez au bien du peuple (ce qui ne se peut diviser d'avec le bien & le service du Roy) & les plus intelligens qui n'attendent aucune recompense ny avancement, sinon autant qu'en esperent de Dieu les bons en bienfaisant.

Le Palatin. Je croy qu'à ces Etats derniers il y avoit beaucoup de gens de bien qui étoient Zelateurs de l'honneur de Dieu, du service du Roy, & du bien du peuple : Mais il y en avoit aussi beaucoup, qui sous pretexte de bien faire n'y étoient que pour leurs interêts particuliers, & des bonnes Villes qui les avoient députez. Ceux de Paris pour donner ordre que leurs rentes assignées sur les Decimes, sur les Gabelles, sur les Aydes, & autres Subsides vinssent toûjours à eux franchement & sans dechet, & pour empescher que leur Parlement ne fut divisé en trois ou quatre Parlemens, comme avec raison requeroient plusieurs Provinces qui se sentoient opprimées & indignement vexées par l'insatiable avarice des Juges, Avocats & Procureurs, qui tous avec une belle & specieuse apparence en bien disant & faisant bonne mine, ont attrapé tout l'argent de la France. Aux premiers Etats de Blois un de leurs Députez osa bien dire que le Parlement faisoit les deux tiers des moyens de Paris ; il se tourmentoit fort quand on parloit d'établir deux autres Parlemens, & quand on requeroit que le Parlement ne connût que du seul article d'appel, & renvoyât les executions sur les lieux. Si la Justice y étoit bien administrée, j'en laisse raisonner à ceux qui ont eu des procez contre aucuns grands Seigneurs d'Eglise qui ont des Benefices à donner : contre ceux qui ont eu leurs bourses ouvertes ou liées avec des feüilles de porreaux, & contre ceux qui avoient des parens ou grands amis parmy eux. Mais il est bien mal-aisé qu'ayant acheté un Etat quinze ou dix-huit mil livres, avec des gages de cinq cens livres & des épices assez moderées, & faisant une grande dépense en habits, logis & à la table, de faire de si grandes maisons, sans qu'on ne cherche les moyens extraordinaires & injustes pour se rétablir. Les autres bonnes Villes en ces Etats ne pensoient qu'à leurs franchises & libertez : car la plûpart sont exemptes des Tailles, & ne se soucient pas des petites Villes ny du Plat-Païs. Au contraire la plûpart des Députez ne sçavoient que c'étoit de l'augmentation des Tailles du parisis au lieu du tournois, & de la crûë de quinze cens mil écus par an tout à un coup, si l'on ne les en eût avertis : & voila le zéle qu'ils avoient au bien du peuple.

Le Catholique Ancien. Vous ne dites rien du grand zéle des Ecclesiastiques à ces Etats, qui en prêchant & pressant pour la reception du Concile de Trente, ne tendoient à autre fin que pour se maintenir en leur authorité, aises & commoditez. Je ne dis pas de cette part du Concile en laquelle il est traité de la Doctrine Chrétienne & articles de la Foy : car sans aucune difficulté tous les trois Ordres consentoient à la reception d'iceluy à cét égard. Mais je dis des Chapitres qui sont intitulez *de Reformatione*, où il est question de la Police de l'Eglise & des mœurs des Ecclesiastiques. Car quand le second Etat, qui est la Noblesse, & le tiers Etat en la conference qu'ils firent en la Chambre de l'Eglise, proposoient plusieurs articles bons & saints pour la distribution de partie des biens d'Eglise aux pauvres & aux Colleges d'étudians, & pour l'abolition de plusieurs droits qu'ils prennent sur les Curez, & pour faire que les Cures non valans cinquante écus fussent exemptes de decimes, & pour la correction de la vie scandaleuse d'aucuns d'entre-eux, & pour l'administration des Hôpitaux, ils renvoyoient tout au Concile, par loquel eux-mêmes doivent être les reformateurs & les reformez, par lequel mêmes en actions réelles & toutes autres, ils sont exempts des Jurisdictions Laïques, même des Parlements, par lequel toute la superiorité, connoissance & commandement des biens des Hôpitaux, lieux pitoyables, Fabriques des Eglises, fondations de Services par personnes layes, leur sont attribuez, par lequel ils sont exempts de toutes contributions aux necessitez publiques, ausquelles les anciens Decrets & anciennes Constitutions des Empereurs Chrétiens les rendent sujets. Vray est qu'entr'eux ils furent en discord, sur ce que les Chapitres des Eglises Cathedrales, par ledit Concile sont declarez sujets à la jurisdiction des Evêques, en enfraignant leurs exemptions, & les Evêques étans aux Etats adheroient au Concile : A quoy resistoient les Députez, qui étoient des corps des Chapitres. Sur ce un de ces Députez Chanoine en l'une des premieres Eglises Cathedrales de France, dit que luy étant à Trente à la suite d'un grand Seigneur d'Eglise, avoit ouï dire à un Cardinal qui assista au Concile, que les Evêques & les Chefs des Ordres Monastiques qui assistoient, ayans voix au Concile, sçeurent bien faire leurs affaires, & disoit le mot Italien, *fare i fatti suoi*. Mais ceux des Chapitres des Eglises Cathedrales n'avoient au Concile personne pour eux. Enfin ceux des Chapitres obtindrent, qu'avec la reservation qui se feroit des libertez de l'Eglise de France, & des droits du Roy en la reception du Concile, seroit ajoûtée l'exemption des Chapitres des Eglises Cathedrales. Au reste en tout le chapitre du cahier des Ecclesiastiques concernant le fait de l'Eglise entre plus de huit vingt articles, il n'y en avoit pas un seul qui concernât la vraye reformation des mœurs des Ecclesiastiques, n'y pour la vraye direction de l'Eglise, pour faire par les Pasteurs le devoir de prêcher la parole de Dieu, autant bien par exemples de bonne vie que par sermons, pour distribuer les biens de l'Eglise aux œuvres charitables : au contraire presque tous leurs articles concernoient ou choses de devotion superficiaire, ou la manutention de leurs authoritez, ou l'extermination des Heretiques par armes, & jusques à prescrire les formes de la guerre, & ôter toute esperance de la vie à ceux qui seroient pris à la guerre. Et quand les deux autres Ordres proposoient quelques articles qui leur touchoit de prés au fait de la reformation, ils exclamoient & disoient qu'il n'appartenoit aux laiz d'entrer si avant en la connoissance des affaires Ecclesiastiques. Voila le grand zéle qu'ils montroient envers l'Eglise, ce qui m'a quelquefois donné occasion de croire qu'ils appellent le bien de l'Eglise la conservation de leur revenu & de leur authorité avec liberté de vivre ainsi qu'ils entendront, sans qu'autres qu'eux-mêmes les contrôllent.

Le Palatin. Aucuns ont estimé que pour ces mêmes occasions les Ecclesiastiques ont aidé à exciter les Tragedies qui sont arrivées depuis trois ou quatre ans, & peut-être y ont été poussez par aucuns Chefs du party, pour renforcer leur party par rebellion de Villes, fournissement de deniers & hommes, & se peut faire aussi que d'eux-même pour leur interêt ils ayent voulu être de la partie pour se montrer bons Chrétiens, en disant & tâchant d'exterminer les Heretiques : mais ils n'ont pas pris la premiere & principale adresse, qui étoit de se reformer eux-mêmes. De vray il est à desirer que nous ayons un Roy Catholique ; mais tant que les armes seront à l'air, nous ne pouvons nous asseurer de nôtre desir. & parce que l'aide des hommes n'est pas si ferme que l'on y puisse arrester le pied, car l'évenement des guerres & batailles est incertain, il eſt meilleur de reconnoître pour Roy celuy auquel par ſucceſſion de lignage la Couronne eſt deferée, qui ayant les armes en main, eſſaye de faire connoître & croire à chacun qu'il eſt le vray Roy. Et ſi Dieu favoriſe ſon entrepriſe & qu'il ſoit vainqueur, que tout ſon peuple luy faſſe inſtance & ſupplication tres-humble d'embraſſer la Religion Catholique, en laquelle les Rois ſes predeceſſeurs ont vécu, & ſous l'aſſurance d'icelle ont été oincts & ſacrez. Il eſt Prince bien né, genereux & magnanime, & a bien de qui en tenir par race, étant du côté paternel de la Maiſon de Bourbon, qui eſt un vray Seminaire de Princes vertueux & magnanimes, qui eſt deſcenduë en droite ligne du Roy ſaint Louïs, & du côté maternel eſt deſcendu des deux Maiſons d'Albret & de Foix, auſquelles ſe remarquent autant de grands Capitaines & grands guerriers, comme il y a eu de maſles portans les armes, & la valeur qui a été en ces deux Maiſons, qui d'ancienneté étoient de ſimples Gentishommes, les a renduës dignes des alliances des Rois de France, d'Arragon & de Navarre, & de ſucceder en aucuns de ces Royaumes. J'eſtime qu'un Roy ne peut être bon Roy, ſi outre l'amour de Juſtice & de ſon peuple il n'eſt grand Capitaine & bon guerrier: & n'y a choſe qui plus luy apprenne à être bon juſticier, à aimer choſes reglées, & bien vouloir à ſon peuple que le meſtier de la guerre: car la guerre pour etre bien faite deſire Juſtice & regle, & dit-on, que la Juſtice bien à propos eſt à la pointe de l'épée, quand l'épée eſt en la main d'un homme de bien: & le Roy ſe trouvant en perſonne aux batailles & exploits de guerre voit la devotion & affection de ſes ſujets envers luy juſques au peril de la vie; ce qui l'incite à les aimer. Il ſe void ſujet aux mêmes dangers d'être bleſſé, ou perdre la vie, ou etre priſonnier comme un chacun des Gentilshommes & ſoldats qui l'aſſiſtent. Ce qui luy fait connoître qu'il eſt homme de ſemblable condition que chacun des autres hommes, & qu'il n'eſt grand ſinon par la bonne volonté que ſes ſujets luy portent en luy obeïſſant; ce qui l'incite auſſi à les aimer en ſon cœur comme ſes compagnons. Auſſi les anciens Empereurs Romains, qui ont étably & conſervé ce grand & incomparable Empire parlans à leurs ſoldats, les appelloient leurs compagnons en la guerre. Et ſe void par les Hiſtoires, que tous les bons Empereurs ont été grands Capitaines, & eux-mêmes ont conduit leurs armées & aſſiſté aux batailles: & au contraire tous ceux qui ont fait la guerre par Lieutenans ſans ſe trouver en perſonne dans les armées, ont été Tyrans. Auſſi ſe void que les Empereurs & Rois qui ont adminiſtré leurs affaires par artifice & prudence non guerriere, plus fondée en ſubtilité d'eſprit qu'en valeur & generoſité de cœur, ſe ſont trouvez avoir mal gouverné, comme étoit l'Empereur Tibere, qui fut appellé Renard vétu de pourpre. Le Roy Charles V. fut dit le Sage, parce qu'il gouvernoit ſes affaires par la plume & à couvert, & diſent aucunes Hiſtoires qui s'adonnoit à croire ceux qui ſe mélent de prédire les bonnes fortunes. Il laiſſa ſon fils Charles VI. Roy qui mit le Royaume en la puiſſance des Anglois. Le ſurnom de Charles VII. ſon petit fils, dit le victorieux, eſt bien mieux ſeant à un Roy. Nous devons eſperer & croire que ce bon Roy ſaint Louïs, duquel les prieres ſont tres-agreables à Dieu, prie Dieu de reduire ceſtuy-cy qui eſt de ſon ſang deſcendu de luy en droite ligne, & qui eſt appellé pour être ſon ſucceſſeur à la Couronne, pour le faire être auſſi bon Catholique, comme les meilleurs de ſes predeceſſeurs ont été, & non ſeulement Catholique par les exercices exterieurs de l'Egliſe, mais Catholique bon Roy, craignant Dieu, amateur de ſon peuple, deſireux de Juſtice, avec le courage & les moyens de vaincre ſes ennemis, & remettre ce pauvre Royaume en ſon ancienne ſplendeur & majeſté. Les prieres & larmes de ſainte Monique impetrerent de Dieu la converſion de ſaint Auguſtin ſon fils, qui juſques à l'âge de trente ans avoit été de l'erreur ou plûtôt Atheiſme des Manicheens. Voila mon avis ſur ce point, comme nous devons nous comporter en ce miſerable tems.

Le Catholique Zelé. De ma part j'ay déja proteſté que je ne puis reconnoître pour Roy ſinon un Catholique, qui dés à preſent ſoit tel: & que par la Loy fondamentale du Royaume, qui telle fut établie par le feu Roy tenant ſes Etats à Blois le 18. Octobre l'an 1588. nul ne peut prendre titre de Roy en France, s'il n'eſt de la Religion Catholique, Apoſtolique Romaine: & qu'il a été & eſt loiſible aux ſujets de ce Royaume, ſelon l'Edit d'Union approuvé par le Roy, de s'aſſembler, aider & ſecourir les uns les autres pour maintenir cette ſainte Religion, & empêcher que la Couronne ne vienne en la puiſſance d'un qui n'eſt pas Catholique; & quand le Roy n'y ſeroit pas, il eſt loiſible au peuple de reſiſter de fait, & s'oppoſer par armes, pour empêcher que nôtre vraye Religion ne ſoit ſuplantée, & que l'Hereſie ne prene pied avec force pour infecter le reſte du Royaume: & puis que l'occaſion s'en eſt preſentée, que l'on a bien fait de l'embraſſer, parce que peut-être une autrefois elle ne ſeroit aiſée à recouvrer: & qu'à cét effet nous devons employer nos vies & nos moyens ſans y rien épargner, & ſans reſpecter les grandeurs, ny craindre les difficultez, parce que nous devons croire que ce bon Dieu ſera protecteur de ſa cauſe.

Le Catholique Ancien. De ma part puis que je ſuis perſonne privée à laquelle n'appartient de rien mouvoir en ce qui touche le public, ſinon quand le commandement me ſera fait par celuy qui ſera jugé être le vray Roy, ou bien par les Etats Généraux de France legitimément aſſemblez, auſquel appartient de juger la queſtion de la Couronne quand elle eſt en débat entre deux maſles du Sang Royal; auſquels Etats en ce cas les Princes du Sang Royal, les autres Princes & Pairs de France, & les grands Officiers de la Couronne doivent tenir les premiers rangs, & avec eux les Députez des trois Ordres de toute la France, convoquez par le mandement desdits Pairs & Officiers. Lors, dis-je, volontiers j'obeïray, sauf si on me commandoit chose qui fût directement contraire aux articles de la Foy, & à la doctrine Catholique & Apostolique, telle que l'Eglise Romaine a toûjours tenuë, ou chose qui fût contraire à ma conscience formée selon cette Doctrine : auquel cas je voudrois plûtôt mourir ou abandonner ce Royaume que d'obeïr. Cependant puis que l'exercice de la Religion Catholique est en bonne vigueur en ce lieu, & qu'il y a un Prince y commandant, qui est Prince tres-Catholique, & qui tel se montre, non seulement par les exercices exterieurs dans les Sacremens & ceremonies de l'Eglise, mais aussi par une vie domestique bien reglée ; par l'administration & execution de bonne Justice ; par la protection de ses sujets, lesquels il a toûjours bien aimez & gardez d'oppression au mieux qu'il a pû ; & qui est tres-prudent ; tres-sage ; grand Capitaine & bon guerrier ; qui sçaura bien exploiter au fait des armes quand il sera tems : Jaquiesce en mon cœur, & mets mes desseins en repos, priant Dieu qu'il luy plaise redresser cét Etat si ébranlé, faire la grace à chacun de s'humilier devant luy, reconnoissant ses fautes & pechez, & amendant sa vie par bonnes mœurs ; par oeuvres charitables, avec jeûnes, larmes & oraisons pour appaiser l'ire de Dieu. Et selon que mon sens peut porter, j'estime que nous autres personnes privées ne nous devons mêler si avant des affaires des Grands ; de peur que nous ne soyons comme un pot de terre entre deux pots de fer.

Le Palatin. Ainsi avons-nous chacun fait conclusion de nos propos sous les protestations cy-dessus.

Le Catholique Ancien. Je continuë à dire que mes propos sont par forme de devis, & non pour propos & conclusions arrestées. Car je seray toûjours content de revenir à une autre opinion, quand ceux à qui appartient l'authorité m'auront enseigné autrement.

Le Catholique Zelé. Quant à moy j'ay dit franchement mon avis, & croy n'avoir point failly, toutefois puis que c'est un devis familier, je desire qu'il ne soit tiré en consequence.

Le Palatin. Soit, il est tems que chacun de nous se retire. A dieu jusques au revoir.

DISCOURS SUR LES MAUX PRESENS DU Royaume, piece non achevée, par ledit M. Guy Coquille sieur de Romenay.

J'AY estimé quelquefois à juger selon l'homme, que le commencement des maux esquels nous sommes en ce Royaume, vient du tems du Roy Henry II. qui étant bon Prince & facile, étoit manié par ceux qui étoient prés de luy. D'une part y étoit Dame Diane de Poitiers veuve du grand Sénéchal de Normandie, de Brezay, & par bien-fait du Roy fut Duchesse de Valentinois : laquelle étant déja âgée fut aimée dudit Roy Henry avec telle ardeur, qu'elle le possedoit entierement ; & s'il est loisible d'entrer au secret de Dieu, c'étoit la vraye source du malheur de ce pauvre Roy, qui étant marié s'abandonnoit autre part, outre ce qu'on dit que ladite Dame avoit été autrefois (& dont le pere François I. blâmoit son fils.) D'autre part y étoit Monsieur le Connestable de Montmorency, qui dés le vivant du pere avoit gagné les bonnes graces dudit Roy Henry lors Dauphin : & si-tôt que le pere fut mort (qui avoit éloigné de luy ledit Connestable) le fils le rappella, & se servit de luy en ses affaires de guerre & autres. D'une autre part y étoit Messieurs les Duc de Guise & Cardinal de Lorraine freres : ledit sieur Duc de Guise tres-grand & tres-valeureux Capitaine, duquel il ne se peut rien dire qu'avec beaucoup d'honneur & de loüange ; & ledit Cardinal de Lorraine grandement ambitieux, qui eût bien voulu en se faisant Pape, faire son frere Roy de Naples, à cause de l'ancienne prétention de la Maison de Lorraine venuë de celle d'Anjou. Lesdits Connestable, Duc de Guise & Cardinal, bien qu'en eux-mêmes ils eussent beaucoup de valeur & bonne part en l'amitié & faveur du Roy : si est-ce que chacun d'eux essaya par tous moyens d'avoir les bonnes graces de ladite Duchesse de Valentinois, pour d'autant plus se maintenir auprés du Roy, & se fit le mariage de l'une des filles de ladite Princesse de Valentinois, avec le Seigneur de Danville second fils dudit sieur Connestable, & de la fille aînée de l'autre de ses filles avec le Seigneur d'Aumale, frere puisné dudit sieur Duc de Guise. Ces trois gouvernemens dudit Roy Henry donnerent occasion à ce folastre de Brusquet, de dire qu'en la Cour étoit le logis des trois Rois. Et comme chacun desiroit s'avancer par son credit, les envies & jalousies des uns contre les autres n'en étoient pas éloignées. Ledit sieur Duc de Guise mena avec luy en Italie les meilleures forces de France pour la conqueste du Royaume de Naples, sous la faveur du Pape Paul IV. dit le Theatin. Et durant cette absence fut la journée de S. Quentin, en laquelle les Espagnols furent vainqueurs, & le Connestable prisonnier de guerre. Ledit Seigneur Duc de Guise au retour d'Italie fit l'entreprise de Calais qu'il prit sur les Anglois, durant la prison dudit Connestable. Mais on disoit que les desseins en avoient été projettez & acheminez quelques années auparavant par ledit sieur Connestable. Ledit sieur Connestable avec sa délivrance de prison moyenna la paix entre le Roy de France & le Roy d'Espagne, au traité de laquelle, & par le pretexte des mariages du Roy d'Espagne avec Madame Isabelle, fille aînée du Roy, & du Duc de Savoye avec Madame Marguerite de France sœur du Roy, furent délaissez au Duc de Savoye le Duché de Savoye & Piemont, & audit Roy tout ce qu'on avoit conquesté sur luy és Païs-Bas. On dit que ladite Duchesse de Valentinois en faveur dudit Connestable, avoit détourné l'amitié accoûtumée que le Roy portoit à ceux de Guise, & que la déliberation étoit faite, si tôt que ces festins de mariage seroient parachevez, que tous ceux de ladite Maison de Guise se retireroient en leurs maisons. Mais il arriva qu'au milieu du cours de toutes ces joyes & festins, le Roy Henry en rompant lances par passe-tems, comme est la coûtume en telles assemblées, fut blessé bien rudement en la tête, & se trouva le coup mortel, dont il deceda neuf jours aprés, au commencement de Juillet, l'an 1559. Chance tournée : Le Roy François II. succede à la Couronne, il avoit épousé la Reine d'Ecosse, niepce desdits sieurs de Guise ; & par le moyen du jeune âge desdits Roy & Reine, ils se trouverent en faveur plus grande qu'ils n'avoient été, dont assez de personnes furent mécontens, mêmes ceux de la Maison de Bourbon, qui prétendoient le gouvernement des affaires leur appartenir comme Princes du Sang, pour le jeune âge du Roy, qui lors n'avoit que quinze ans. Et parmy ce mécontentement se mélerent ceux qui étoient du party des nouvelles opinions au fait de la Religion, qui desiroient qu'on les laissât vivre en paix, & comme ils disent en liberté de conscience. Arriva le tumulte d'Amboise : peu aprés les Etats Généraux furent déliberez & assignez à Orleans : Le feu Prince de Condé qui vint à Orleans sous l'assurance & aile de Monsieur le Cardinal de Bourbon son frere, fut retenu prisonnier en prison rigoureuse, étant accusé de ce soûlevement ; & comme on pensoit le jugement être prochain à faire, survint la maladie du Roy François qui le fit mourir le quatorziéme Decembre, l'an 1560. Les Etats furent tenus, esquels le peuple se sentant plus libre à cause de la mort du Roy, & par le moyen des conferences, ce party des nouvelles opinions se renforça, & ceux qui en étoient commencerent plus ouvertement à se declarer. Ledit Prince de Condé embrassa ce party des nouvelles opinions, & s'en rendit Protecteur avec l'aide de plusieurs Seigneurs de France : Ceux de Guise embrasserent le party de la Religion Catholique. Voila le commencement des guerres civiles, & le moyen par lequel ces deux Maisons de Bourbon & de Guise ont exercé ces anciennes simultez : plusieurs batailles ont été données, plusieurs Villes surprises, assaillies & prises de force ou par composition ; le Roy de Navarre & le Prince de Condé tuez, les Ducs de Guise & d'Aumale & plusieurs grands Seigneurs, grands Capitaines & grands guerriers. Les armées étrangeres se sont mélées parmy. Aucuns ont opinion que l'on ait voulu entretenir ces guerres civiles en donnant paix & repos à celuy des partys, qui par l'essay des armes se trouvoit le plus foible : & dit-on que c'est une vieille cabale apprise des Potentats d'Italie, selon laquelle les guerres civiles se sont entretenuës, afin que par le moyen d'icelles les Chefs du party & les plus grands guerriers meurent, & ne demeurant que les moins excellens au fait des armes & le commun peuple, les souverains puissent absolument & sans aucune regle commander à leurs sujets. Ainsi dit Cornelius Tacitus, en ses Annales, que le grand & haut cœur des Romains si amateurs & zelateurs de leur liberté, fut abaissé & dompté par le moyen des guerres civiles & proscriptions, & que ceux qui étoient demeurez de reste aviserent être meilleur de temporiser, qu'en resistant être en peril de se perdre. Parmy ces guerres s'est mélé le pretexte & voile de la sainte Ligue, tendant à l'extermination des Heretiques, dont le Pape est Chef comme Souverain en l'Eglise. Selon laquelle Ligue on ne peut faire paix ny composition avec les Heretiques : qui est à dire qu'il se faut mettre en peril de tout perdre, étant l'évenement de la guerre fort incertain, & arrive souvent que le moindre nombre emporte le plus grand : Et quelquefois Nôtre Seigneur donne la victoire au party qui n'a pas la meilleure cause ; combien de fois les Chrétiens ont ils été vaincus par les Turcs ? combien de fois les Anglois prétendans ce Royaume avec juste querelle ont-ils vaincu les François ? combien de fois les Flamands rebelles à leurs Seigneurs & aux Rois de France leurs Souverains, ont-ils vaincu les armées Royales & leurs Comtes ? Dieu nous veüille garder de tels inconveniens en ces guerres civiles. Mais il semble qu'il est bien plus expedient que les Grands de l'Eglise se fussent reformez les premiers, & en se reformant eussent reformé les autres Ecclesiastiques, tant par bon exemple de la bonne vie des Chefs, & par la promotion aux charges selon les anciens Decrets, & par bonnes & saintes predications, & par punition des déreglez incorrigibles : Sans user de cures palliatives & emplâtres de beurre, qui sont pour adoucir la douleur, & non pas pour guerir le mal. Cette reformation eût retenu en devoir ceux qui ne s'étoient encores égarez, eût ramené au troupeau ceux qui s'en étoient détournez, & avoient connu en l'autre party beaucoup de mal, & eût rendu plus agreable à Dieu la poursuite qui eût été faite pour exterminer les Heretiques pertinax : Est arrivé au contraire, que depuis ces guerre civiles les gens d'Eglise sont devenus beaucoup plus dereglez, & se sont contentez de prêcher & crier contre les Heretiques, refuser leurs opinions, les mettre en detestation envers le peuple, exhorter tout le monde à leur faire la guerre : Quoy faisant ils ne failloient pas simplement, mais ce n'étoit pas assez : parce qu'il convenoit au prealable se reformer soy-même, pour faire que la parole du Predicateur eût plus d'efficace quand on eût connu le Predicateur bien reformé. Mal de çà, mal de là : l'un n'excuse pas l'autre, & nul mal ne peut produire de bons effets. En quelque part és saintes Ecritures, c'est dans Ezechiel, chap. 33. vers. 6. il est dit si celuy qui est à la guette pour la garde d'une Ville s'endort, & les ennemis surprennent la Ville, & mettent à mort les habitans, chacun des habitans sera pery en son sang, qui est à dire en son peché, & toutefois les ames de chacun d'eux seront recherchées des mains de celuy qui étoit à la guette. En si grand mélange de maux le mépris de Dieu est survenu és cœurs de plusieurs qui se sont tenus neutres en leur entendement ; mais pour se maintenir au monde ont adheré au party duquel ils ont esperé plus de faveur, & ont fait la contenance telle que le party desiroit. J'ay grand doute que le plus grand nombre de ceux qui s'employent aux affaires soit de cette affection ; car qui en ses actions se montre ambitieux, vindicatif, avaricieux, ne faisant aucun bien aux pauvres, paillard, aimant à accomplir tous ses plaisirs & volontez : qui ne fait la charge publique qu'il a que par acquit & pour être vû des hommes ; & toutefois est assidu au service de l'Eglise, prêche bien & doctement quand se vient à son tour, est soigneux de l'observation des ceremonies & de tous autres actes exterieurs qui peu servent à édification, s'ils ne sont accompagnez de bonnes œuvres, bien à peine croiray-je que tel personnage soit bon Chrétien & bon Catholique, puisque Nôtre Seigneur nous a dit que l'on connoît la qualité de l'arbre par les fruits qu'il produit. Donques aujourd'huy se trouvant si grande quantité de personnes qui apertement sont vicieux &, méchans, ou qui par leurs déportemens simulez font connoître qu'il n'y a rien de bon en leur cœur ; je croy qu'il y a peu d'esperance au rétablissement des affaires en meilleur état, puis qu'il y a peu de vraye Religion avec amour & crainte de Dieu és cœurs des hommes. Par consequent est fort à douter que les nouvelles opinions par Heresie d'une part, & l'Atheisme d'autre part se renforcent, & que tout vienne à male confusion par faute de bons Pasteurs, & que les armes ne puissent faire ce que la vraye pieté & l'exercice d'icelle d'eût faire, qui est d'exterminer l'Heresie. J'ay dit une des causes selon la consideration humaine, qui a mis la division en ce Royaume, dont on a pris la Religion pour pretexte. Mais il y en a une autre qui prend sa source de plus haut, & plus loing, qui est des affaires & pratiques que les François ont eu en Italie pour les querelles du Royaume de Naples & du Duché de Milan ; Car depuis cent ans, nos Rois pour avoir support en Italie, afin de conquester & conserver les droits qu'ils y prétendoient, se sont mélez parmy les differends que les Potentats d'Italie avoient, quelquefois avec les Papes, quelquefois avec le Duc de Milan, quelquefois avec les Venitiens ; & autrefois par gayeté de cœur pour la protection de Parme, de Sienne & de la Mirandole, se laissans persuader que par ces occasions ils se fortifieroient & pourroient venir à bout de leurs entreprises. Et de cette pratique en Italie on a appris la venalité des Offices, on a appris les moyens d'ôter des mains des particuliers toute la finance qu'ils avoient, & la faire fondre comme en abisme par achat de rentes à prix d'argent assignées sur les subsides, par achat d'Offices, par dépense en Cour, dont est venu la multiplication des tributs & des subsides, & le moyen de les maintenir, entant que la plus part du peuple a ses moyens fondez, ou en rentes, ou en Offices, qui sont les principaux du peuple : qui pour ne perdre leur substances tiennent la main, que les volontez des Rois soient executées. On a appris aussi la distribution des Prelatures & Benefices d'Eglise à personnes indignes, dont a procedé la décheance de l'Eglise ; du desordre & déreglement de sa discipline, sont venus les maux extrémes qui nous affligent *********.

DES BENEFICES DE L'EGLISE.

Le Pape a sa Province distincte cōme les autres Archevêques.

LE premier & principal Benefice de l'Eglise Chrétienne est l'Evêché de l'Eglise de Rome, dont l'Evêque par commun consentemēt de l'Eglise Chrétienne est nommé Pape, & a son Diocese à part, & separé comme chacun autre Evêque. Aussi aux rescripts Apostoliques qui sont scellez sur plomb, le Pape ne prend point autre titre que d'Evêque, & ajoûte ces mots, *serviteur des serviteurs de Dieu*. Et outre ce, le Pape a sa Province distincte & separée, comme a chacun autre Archevêque de la Chrétienté, en laquelle Province sont six Evêques, qui sont les Cardinaux Evêques, dont sera parlé cy-aprés, & de ladite Province speciale, est parlé *in cap. sua nobis ex de off. Vicarii*. Province s'appelle toute une region & détroit où sont plusieurs Evêchez & Dioceses, ou sujets à un Archevêque, & les appellations des Evêques, ou de leurs Officiaux, ressortissent pardevant l'Archevêque ou son Official. Comme Sens est Archevêché, & a sous luy les Evêchez de Chartes, Auxerre, Meaux, Paris, Orleans, Nevers & Troyes: Et encores le Pape, outre la dignité Archiepiscopale, est Chef universel de toute l'Eglise Chrétienne; ainsi que la Ville de Rome a été le Chef, & a commandé à tout le monde.

Province, quoy?

Sens Archevêché.

Pape Chef de la Chrétienté, outre la dignité Archiepiscopale.

D'ancienneté le Pape étoit élû & ordonné par l'Empereur, & ainsi fut accordé à Charlemagne par le Concile de Latran recité, *in can. Adrianus 2. 63. dist.* Mais depuis l'Empereur Louïs, fils dudit Charlemagne, quita ledit droit & le délaissa aux Romains, suivant ce, a été observé depuis, que *Les Cardinaux de l'Eglise de Rome élisent le Pape, & sont trois sortes de Cardinaux, les uns Cardinaux Evêques, les autres Cardinaux Prêtres, & les autres Cardinaux Diacres*. Les Cardinaux Evêques, comme dit a été, sont les Evêques de la Province particuliere du Pape, qui sont *Hostiensis*, qui toûjours est le Doyen des Cardinaux, qui luy-même est Evêque, *Velitrensis*, *Portuensis*, *Sabinensis*, *Tusculanensis*, *Prenestinensis*, *& Albanensis*, qui sont les Cardinaux Evêques. Les Cardinaux Prêtres, sont les Curez & Recteurs des principales Eglises Parroissialles de la Ville de Rome. Les Cardinaux Diacres sont ceux qui sont Beneficiers ayans autres Eglises dedans Rome qui ne sont Parroissialles: Cela toutefois excepté, que nul Monastere de Rome ne peut avoir titre de Cardinalat. Il arrive quelquefois que le Pape envoye des Legats, qui sont comme Ambassadeurs és Royaumes & autres Potentats de la Chrétienté; & quand tels Legats sont Cardinaux, ils se nomment Legats *à Latere*, parce qu'en Consistoire, ils sont assis à côté du Pape, & quand le Pape en envoye de tels, il a accoûtumé de leur octroyer faculté & pouvoir de conferer Benefices & dispenser en plusieurs cas, selon qu'ils sont declarez dans le rescript ou Bulles de la Legation; & quand tels Legats ne sont pas Cardinaux, ils sont appellez Nonces.

Cardinaux élisent le Pape.

Cardinaux de trois sortes.

Les Cardinaux Evêques.

Les Cardinaux Prêtres.

Les Cardinaux Diacres.

Doncques quand le Pape meurt, les Cardinaux s'assemblent en un Conclave, auquel ils sont enfermez sous la puissance du principal Officier seculier de la Ville en laquelle il decede, soit Rome ou une autre, & s'il decedoit en Ville qui ne fût Episcopale, l'élection se doit faire en la Ville Episcopale du lieu, & ne doivent attendre lesdits Cardinaux, pour l'élection, les autres Cardinaux absens, sinon dix jours.

Le Pape outre sa Jurisdiction ordinaire en son Diocese & en sa Province, a outre pouvoir en tous les Dioceses & Provinces de la Chrétienté, & exerce sondit pouvoir par concurrence avec tous les Evêques & Archevêques, & ce quant à la Collation des Benefices, qu'on appelle la prévention, & d'ancienneté la souloit exercer pour la Jurisdiction: Mais par les Decrets de l'Eglise de France, il ne peut exercer jurisdiction és matieres spirituelles, sinon en cas d'appel: Comme *verbi gratia* de l'Evêque de Nevers, on appelle à l'Archevêque de Sens, de l'Archevêque de Sens, on appelle à l'Archevêque & Primat de Lyon, & de l'Archevêque de Lyon, on appelle à Rome. Et encore en ce cas quand les appellations vont à Rome, les François ne sont tenus d'aller plaider à Rome; mais doit le Pape octroyer son rescript délegatoire *ad partes*, en dedans le Diocese & Provinces dont sont lesd. Parties.

Prévention.

Les François ne sont plaider à Rome.

Sera noté que le Pape par reservation confere plusieurs Benefices, que nul autre que luy ne peut conferer, comme les Benefices électifs, dont il sera parlé cy-aprés, & les Benefices vacans, *in curia*, c'est-à-dire, si aucun Beneficier de quelque Benefice que ce soit, decedé en la Cour de Rome, ou s'il resigne son Benefice en ladite Cour, ou bien étant en icelle Cour commet aucun cas, par lequel son Benefice soit vacant de droit.

Benefices conferez par le Pape seul.

Aussi faut par necessité se pourvoir en Cour de Rome pour toutes sortes de Benefices, quand il est question d'avoir quelque dispense contre les regles du droit commun, ou quand il est question de créer une pension sur un Benefice, c'est-à-dire, quand aucun resigne le Benefice, ou le droit qu'il prétend en ice-

Quand on se doit pourvoir à Rome pour quelque Benefice que ce soit.

luy, & desire retenir quelque revenu annuel pour sa vie durant, sur tous les fruits dudit Benefice, laquelle pension ne se peut constituer qu'en deux cas, l'un qui s'appelle *pro bono pacis*, qui est quand le Benefice est litigieux & l'un des collitigans se desiste & départ au profit de l'autre, retenuë une pension; l'autre cas est; quand le Benefice n'est pas litigieux, & que celuy qui en joüit paisiblement le resigne en faveur d'un autre, retenuë à luy une pension sur les fruits, en quoy est employée la cause vulgaire, *ne nimium patiatur resignans ex resignatione dispendium*. Ces pensions ne peuvent être crées que pour la vie de celuy, au profit duquel elles se font, & ne peuvent être resignées ny transferées de personne à personne, aussi ne peuvent elles exceder le tiers des fruits, & par l'observance de ce Royaume les pensions ne peuvent être crées sur Benefices Cures.

Pension sur Benefices ne se constituë qu'en deux cas.

L'autre cas auquel par necessité faut avoir recours à Rome, est quand aucun Beneficier veut resigner son Benefice en faveur d'une autre personne, & non autrement, qui est ce qu'on appelle les resignations *in favorem*, l'Evêque ou autre Collateur ordinaire peut bien admettre des resignations simples, qui est quand le Beneficier, purement & simplement sans aucune condition quite & remet son Benefice és mains du Collateur ordinaire, & en ce cas ledit Collateur baille le Benefice à qui bon luy semble, mais quand la resignation est faite *in favorem* en Cour de Rome, le Pape ne peut conferer à autre qu'à celuy en faveur duquel elle est faite.

Autre cas auquel faut avoir necessairement recours à Rome.

Resignation in favorem.

Aussi faut avoir recours à Rome quand aucun veut resigner un Benefice litigieux, parce que selon les regles de droit, un Benefice litigieux ne se peut resigner, sinon avec dispense du litige.

Pour resigner un Benefice litigieux faut avoir recours à Rome.

Item, faut avoir recours à Rome quand on veut faire un concordat ou autre convenance, pour raison du titre du Benefice, & la raison des articles cy-dessus est, que toutes pactions apposées à resignations de Benefices sont prohibées de droit, comme se ressentans de simonie, qui est cause qu'il en faut avoir dispense du Pape.

Pourquoy on a recours à Rome és cas cy-dessus.

L'autre cas auquel pour l'impetration de Benefice il faut avoir recours à Rome, est quand le Benefice a vaqué tant de tems que la collation en est devoluë au Siege Apostolique, selon les statuts du Concile de Latran, dont est parlé, *in can. licet ext. de suppl. neg. Prælat. & in cap. quia diversitatem ext. de concess. Presb.* dont la raison est telle, que quand un Benefice a vaqué six mois, sans que le Collateur ordinaire l'ait conferé, la collation est devoluë *ipso jure*, au Superieur qui est l'Archevêque Metropolitain, quand le Collateur negligent est l'Evêque : Et si le Metropolitain est negligent autres six mois, la collation est devoluë au Primat, s'il y a Primatie. Et si le Primat est negligent six mois, la collation est devoluë au Siege Apostolique, & en ce cas nul autre que le Pape ne peut conferer tel Benefice, d'où vient la pratique des devoluts, qui sont des impetrations qu'on fait en Cour de Rome, esquelles on comprend toutes sortes de vacations, par lesquelles le Benefice a pû vaquer, soit par la mort du Beneficier, par son irregularité ou incapacité, ou quelque autre façon, par laquelle le droit declare un Benefice être vacant.

Autres cas auquel il faut avoir recours à Rome.

Des devolutions.

On a autrefois douté si le Pape pouvoit resigner le Papat, parce que toutes resignations se doivent faire és mains du Superieur, & le Pape n'a point de Superieur ; mais sur ce est intervenuë la Constitution de Boniface Pape VIII. qui est incorporée au Sexte, *sub tit. de renunciatione, cap. quoniam aliqui*, qui fut faite à l'avantage dudit Boniface, parce qu'il fut élû par la renonciation de Celestin Pape V.

Sur ce sera noté, que resigner un Benefice & le quitter, c'est tout un : Mais parce que les Benefices ne sont pas en commerce, celuy qui a un Benefice ne s'en peut pas défaire par sa seule volonté, en le quittant ainsi se disoit des Magistrats du peuple Romain, *l. Legatus ff. de off. Præsid.* Pourquoy le Beneficier doit en personne ou par Procureur se presenter au Collateur ordinaire, ou au Pape, & quitter & remettre en ses mains le Benefice, & si sa resignation est reçûë, deslors il est déchargé & non plûtôt, & lors se dit le Benefice vacant par resignation, laquelle si elle est simple, le Collateur confere le Benefice à qui bon luy semble, si elle est *in favorem*, le Pape par necessité le doit conferer à celuy en faveur de qui la resignation est faite.

[illegible] resigner, idem.

Les expeditions de Cour de Rome se font en plusieurs sortes pour les Benefices ; les unes sont Consistoriales, les autres sont par simple concession à la supplication de celuy qui est l'impetrant, qu'on appelle des signatures, les autres par mandat, les autres par indult.

Expedit. de Cour de Rome.

Les expeditions Consistorialles sont pour la collation des Benefices électifs, comme sont les Evêchez, Archevêchez, Abbayes, de toutes sortes de Prieurez électifs ; & s'appellent Consistorialles, parce qu'elles ne sont pas faites par le Pape seul, mais par luy en l'assemblée des Cardinaux, laquelle assemblée s'appelle Consistoire, & en telles provisions ces mots y sont mis par le Pape *de consilio Fratrum nostrorum*, car le Pape parlant des Cardinaux en College, les appelle freres, comme aussi fait-il tous Evêques, & parce que parmy les Cardinaux il y en a toûjours d'Evêques, il les appelle tous ensemble freres, & s'il parloit à un Cardinal qui ne fût Evêque, il l'appelleroit fils.

Expedit. Consistoriales.

Est à sçavoir, que d'anciennété les Evêchez & Abbayes étoient donnez par élection ; à sçavoir, les Evêchez par élection du Clergé du Diocese, & depuis par élection des Chanoines de l'Eglise Cathedrale ; & les Abbayes par l'élection des Moines & Religieux, & aprés l'élection faite, elle étoit presentée au Superieur Evêque ou Archevêque pour la confirmer, lequel Superieur avant que confirmer interposoit con-

Mode ancienne d[illegible] & [illegible] les Evêques.

noissance de cause, c'est-à-dire, faisoit publier aux principaux lieux du Diocese, que si aucun avoit à proposer quelque objection contre la personne de celuy qui étoit élû, ou contre la forme de l'élection, qui fût cause suffisante pour la faire declarer mal faite, il vint avant à certain jour, & il seroit ouï; & aprés la cause ainsi connuë, le Superieur confirmeroit l'élection si elle étoit à confirmer, & l'Evêque ainsi confirmé se faisoit sacrer par trois Evêques de la même Province : Mais par les Concordats faits entre le Pape & le Roy François I. en l'an 1516. ces élections furent abolies, & fut octroyé au Roy de France, quand aucun Evêché, Abbaye ou Prieuré électif se trouveroit vacant, que le Roy nommeroit au Pape un personnage de la qualité declarée par lesdits Concordats, auquel le Pape donneroit la collation & institution, laquelle provision se doit faire Consistorialement, comme il est dit cy-dessus. Et sera noté que par les mêmes Concordats, fut accordé au Pape, qu'il prendroit le revenu d'un an de tels Benefices Consistoriaux, quant ils vacqueroient.

Le Roy a nomination pour les Benefices électifs.

L'autre façon de conferer les Benefices en Cour de Rome, est des Benefices qui ne sont Consistoriaux, & qui pourroient être conferez par les Collateurs ordinaires, comme sont simples Prebandes, Chapelles, Prieurez non électif, & autres tels. Car le Pape ayant concurrence avec tous les Collateurs ordinaires, il peut conferer toutes sortes de Benefices, quand ils vacqueroient par prévention, c'est-à-dire, que si sa collation est premiere, elle est préferée à l'ordinaire; comme au contraire, si celle de l'ordinaire est premiere, elle est préferée à la Papale, & se font telles provisions sur la supplication que fait l'impetrant, par laquelle il expose quel est le Benefice, & en quel Diocese il est, & de quelle qualité, & par quelle sorte il est vacant; ou bien se contente d'exposer en general qu'il est vacant *certo modo*, & sur cette supplication le Pape le luy confere, & si le Pape luy-même fait l'expedition, & répond sur la supplication par le mot *fiat* écrit de sa main, il met la premiere lettre du nom qu'il avoit avant son Papat, mais si le Pape ne signe luy-même, le Vicechancellier écrit sur la supplication ces mots *concessum ut petitur in præsentia Domini nostri Papæ*. Et met ledit Vicechancellier son nom, puis le Dattaire met la datte de la provision auprés d'icelle, & met le jour du mois & l'an du Pontificat du Pape, & non pas l'an de l'Incarnation de Nôtre Seigneur : Et si la provision se fait sur une resignation au dos de ladite provision, le Notaire de Chancellerie ou de Chambre, qui est comme un Secretaire, écrit le consentement presté à ladite resignation par le resignant, ou par son Procureur, & met la même datte avec l'an de l'Incarnation. Ces provisions sont celles qu'on appelle signatures, parce qu'elles se font sous la seule signature du Pape, ou du Vicechancellier; mais les provisions des Benefices Consistoriaux se font en parchemin, & sont scellées sur plomb pendant audit parchemin à lacs de soye & de chanvre; sçavoir est, à lacs de soye quand il y a quelque grace & dispense, & à lacs de chanvre quand elles sont purement de Justice, & tel sceau s'appelle Bulle.

Le Pape concurrent avec tous les Collateurs ordinaires.

Forme des signatures.

Provision sur Resignation.

Bulles.

Les provisions par mandat sont telles d'ancienneté; les Papes se sont attribuez cette authorité de commander aux Collateurs ordinaires, de conferer partie des Benefices qui vacqueroient à pauvres gens d'Eglise, que les Papes leur commanderoit. Le texte plus ancien où il est parlé, est au chapitre *mandatum, extra de rescript*. Et parce que les Collateurs ordinaires bien souvent étoient foulez de tels mandats, fut avisé au Concile de Basle reçû en France, pour les Chapitres mentionnez dans la Pragmatique Sanction, que ces mandats seroient sujets à quelque regle; à sçavoir, que le Pape ne pourroit charger les Collateurs ordinaires qu'une fois en la vie d'un Pape, & que nul Collateur ne pourroit être chargé que d'un Benefice, en cas qu'il en eût dix en sa Collation, & de deux en cas qu'il en eût cinquante. Aussi les mandataires pourvûs par tels mandats, seroient tenus d'accepter le premier Benefice vacant, quoy qu'il fût de peu de revenu, aussi seroit tenu le Collateur de les leur donner, quoy que le Benefice fût de grand revenu.

Des Provisions par Mandat.

Ces mandataires ont été toûjours fort odieux, & comme les procez en matieres Beneficiales ont commencé à n'avoir plus si grand cours, aussi les mandats ne sont plus gueres en usage.

Le fait des Indults est tel, que les Papes pour favoriser les Cours de Parlement de ce Royaume, parce que grande partie des droits & authoritez du Pape en ce Royaume ont à passer par les Cours de Parlement de ce Royaume, ont octroyé aux Presidens, Conseillers, Avocats, & Procureur du Roy, & Greffier en ladite Cour, que chacun d'eux, & par ordre de préference, selon leur degré & ordre de reception, puissent choisir tel Evêché, Abbaye, ou Prieuré qu'ils voudront choisir, selon ledit ordre; & que l'Evêque, Chapitre, Abbé ou Prieur, soit tenu de conferer à celuy qui sera nommé par l'Officier de ladite Cour, le premier Benefice vacant, pourveu que le revenu ne soit moindre que de quatre cens livres par an. Ce privilegé octroyé aux Cours de Parlement s'appelle Indult.

Indults.

Les autres dignitez & Benefices de l'Eglise, sont Patriarchats, Primatiats, Archevêchez, Evêchez, Dignitez & Offices des Eglises Cathedrales, Abbayes, Prieurez, Dignitez & Offices Claustraux, Cures des Eglises Parroissiales, Eglises Collegiales & Chapelles, & encores doit être parlé des Commanderies de St. Jean de Jerusalem, & des Hôpitaux & Maladeries, qui proprement ne sont pas Benefices Ecclesiastiques, mais en participant beaucoup, même quant aux privileges.

Dignitez & Benefices de l'Eglise.

D'ancienneté sont quatre Patriarchats en l'Eglise Chrétienne, qui sont celuy de Constantinople, étably pour toute la Grece & l'Illyrie; celuy d'Antioche pour l'Asie; celuy d'Alexandrie pour l'Egypte, & partie d'Afrique; celuy de Jerusalem pour Judée

Des Patriarchats.

& la Palestine, lesquels sont nommez Patriarchats par excellence : mais en effet Primat & Patriarche, c'est tout un, comme il est montré, *in cap. duo simul, extrà de officio ord.* & s'appellent Patriarches ou Primats, ceux qui ont toute une Nation & plusieurs Archevêques sujets à eux : & de present il y en a deux en France, qui sont l'Archevêque de Lyon, & l'Archevêque de Bourges. Celuy de Lyon est Primat de toute la Gaule Celtique, & a sous luy les Archevêchez de Sens, Tours & Roüen. Aussi les appellations & devoluts desd. Archevêchez vont à Lyon premier qu'à Rome.

Des Primaties en France.

Depuis peu a été étably un Patriarchat à Venise, qui est celuy qui d'ancienneté étoit à Aquilée Colonie des Romains, & depuis transferé à Grado, Ville dans les Marais du Golfe Hadriatique.

Le Pape pourvoit aux Benefices électifs à la nomination du Roy.

Il a été dit cy-dessus, que les Archevêques & Evêques d'ancienneté étoient élûs par le Clergé de leurs Dioceses, & depuis par les Chanoines, & que presentement le Pape y pourvoit à la nomination du Roy.

Chapitres exempts de la Jurisdiction de l'Evêque.

Les Chapitres des Eglises Cathedralles (sous lequel nom d'Eglises Cathedralles sont comprises les Eglises Episcopales, Archiepiscopales & Primatiales) sont pour la plufpart exempts de la jurisdiction de leurs Evêques, & sont sujets, ou au Superieur Metropolitain, ou au Pape. C'est pourquoy en la plufpart des Eglises Cathedralles, la premiere dignité du Chapitre, qui est le Doyen ou le Prévôt, est pourveu par élection des Chanoines ; led. Doyen ou Prévôt preside au Chapitre, & est chef des Chanoines, en ce qui est de leurs Offices capitulaires, & en ce qu'ils ont à part de l'Evêque. En la plufpart des Eglises Cathedralles de France, les autres Dignitez, Offices & Prebandes sont conferées par l'Evêque, en aucunes elles sont électives par les Chanoines.

Doyen ou Prevot.

Archidiacres.

Aprés le Doyen, la premiere dignité est l'Archidiacre, lequel en plusieurs Decrets se dit Vicaire né de l'Evêque, & ailleurs il est dit l'œil de l'Evêque. En la plufpart des Eglises Cathedralles de France, il y a plusieurs Archidiacres, qui sont établis selon les départemens du Diocese, parce que d'ancienneté ils avoient la visitation des Cures & Eglises Parroissiales, & en aucunes encore de present ont visitation & jurisdiction.

Chantre.

L'autre Dignité est de Chantre, lequel preside au Chœur, pour commander & regler tout le service qui se fait en iceluy, & en signe de ce aux grandes Fêtes, il porte un bâton. En plusieurs Eglises il y a un Tresorier, qui a la principale charge de toutes les clefs de l'Eglise, même du tresor des Chartes & Titres, du tresor des Reliques & Joyaux, & des vétemens Ecclesiastiques, & sous luy est le Sacristain, qu'on appelle en Latin *Sacrista*, lequel a le soin quotidien des chapes & luminaires, Sacristain est office & non dignité. En beaucoup d'Eglises il y a un Scolastique, qui en aucunes s'appelle Maître des Ecolles, ou Escollatre ; & si l'Eglise Cathedralle est en Ville où il y ait Université, il s'apelle Chancellier, c'est luy qui a la direction des Ecolles de tout le Diocese, à ce que nul n'enseigne autre doctrine que la Catholique. Et par l'Edit d'Orleans rétably par l'Edit de Blois art. 33. fut ordonné qu'en chacune Eglise Cathedralle & Collegiale, il y auroit une Prebande nommée Preceptoriale, dont le revenu seroit destiné pour le Maître d'Ecolle ; outre ce par la Pragmatique Sanction, & par les Concordats, a été ordonné, qu'en chacune Eglise Cathedralle, il y auroit une Prebande, qui ne pourroit être conferée qu'à un Theologien, qui fût pour le moins Bachelier formé en Theologie, lequel est tenu de lire deux ou trois fois la semaine de la Theologie, & prêcher quand il y échet : Et tel Chanoine Theologal n'est sujet au service ordinaire de l'Eglise, sinon à volonté, afin qu'il ait meilleur moyen d'étudier.

Tresorier.

Scolastique ou Scolastre.

Chancel[illegible]

Chanoine Theologal.

En chacune Eglise Cathedralle, il y a certain nombre de Chanoines & Prebandes, qui par les regles de Chancellerie Apostolique, ne peuvent être conferez à aucun moindre de quatorze ans, & sont les Prebandes Benefices simples, parce qu'ils peuvent être tenus par simple Clercs, quoy qu'ils ne soient constituez aux Ordres sacrez. Vray est, que les Chanoines qui ne sont pas Soûdiacres, pour le moins n'ont point de voix en Chapitre, n'ont point de voix és élections, & n'ont point de tour à la collation & presentation des Benefices, mais perçoivent tout autre revenu de Prebande.

Chanoines qui ne sont Soudiacres perdent beaucoup de privileges.

Le revenu des Prebandes est de deux sortes, l'un est les gros fruits, l'autre est des distributions quotidiennes & manuelles ; les gros fruits s'appellent ceux qui se perçoivent une fois l'an, & se prennent és Domaines & Seigneuries appartenans à Chapitres, selon les anciens départemens. Ces gros fruits en plusieurs Eglises, se peuvent percevoir sans faire residance ordinaire, pourveu que le Chanoine se presente és jours des grands Chapitres ; mais les distributions quotidiennes ne se perçoivent sinon par ceux qui resident, & qui assistent au service és heures ordinaire, & selon qu'ils y assistent.

Les gros.

Distributions quotidiennes distribuées à ceux seulement qui assistent au service.

Esdites Eglises Cathedralles sont autres Beneficiers, qui doivent par necessité assistance au service, & font tout ce qui est des grosses Charges au soulagement des Chanoines, ausquels sont destinez certaines Chapelles de la même Eglise, & se nomment en l'Eglise de Nevers sept Prêtres & Chapellains, ailleurs se nomment demy Prebandes, & ailleurs ont d'autres noms.

Chapellains.

Chanoines Reguliers.

En aucunes Eglises Cathedralles de ce Royaume les Chanoines sont Religieux, quoy que l'Evêque soit seculier ; ce qui vient dés le tems, que pour l'opulance d'aucunes Abbayes, on y a établi des Sieges Episcopaux, dont aucuns ont été secularisez, comme est l'Eglise de Paris, qui retient encores la marque des Matines à minuit, les autres sont demeurez reguliers, ou ceux qui font le service, horsmis l'Evêque, comme à Rieux & à Maguelonne en Languedoc.

Abbayes & Prieurez Conventuels sont assemblées de Religieux, qui doivent vivre en commun, & qui font les trois Vœux ordinaires de Religion, qui sont pauvreté, chasteté, & obeïssance. Et aprés que par la Profession ils ont fait lesdits trois Vœux, ils n'ont & ne peuvent avoir aucuns biens propres à eux, sinon par forme de pecule, ils ne succedent à leurs parens, aussi leurs parens ne leur succedent, mais l'Abbé ou le Prieur leur succede en leur pecule, qu'on appelle vulgairement la dépoüille.

Selon l'ancien établissement, nul ne pouvoit tenir Abbaye ou Prieuré s'il n'étoit Religieux Profés du même Ordre; mais depuis quelques centaines d'années les Papes ont dispensé aucuns Clercs non Religieux pour tenir Benefices, & ont appellé telles collations Commandes; lesquelles Commandes d'ancienneté n'étoient que pour certain tems, & s'octroyoient pour grandes raisons, comme si quelque personne Ecclesiastique ayant merité, avoit été dépoüillé de ses biens, mais depuis elles ont été faites perpetuelles & sans cause particuliere. Et par le Concile de Trente, en voulant réformer cét abus, il n'y a été touché qu'à demy: car il a été dit, que les Benefices qui avoient accoûtumé d'être baillez en Commande, c'est-à-dire, qui par deux ou trois vacations avoient été ainsi baillez, pourroient être conferez à Clercs seculiers par dispense du Pape, car autre que luy en tel cas ne peut dispenser: Et la difference de la collation est, que quand le Benefice regulier se confere à un regulier, le Benefice se baille *in titulum*, mais s'il est conferé à un homme seculier, il se baille *in commendam*, & parce que telles Commandes sont perpetuelles, le Commandataire ainsi pourveu du Benefice est reputé en toutes choses, comme s'il étoit titulaire, hormis qu'il n'a droit d'exercer sur les Religieux ce qui est de la discipline & police reguliere, mais c'est à faire où au Prieur, ou au Sousprieur qui est regulier.

En l'Eglise sont deux principaux Ordres, desquels dépendent plusieurs autres Ordres particuliers, à sçavoir l'Ordre de Saint Benoît, l'Ordre de Saint Augustin; sous l'Ordre de Saint Benoît sont les Ordres de Cluny, de Cisteaux, la Reformation de Chesaubenoît, & plusieurs Monasteres qui demeurent sous le nom general de l'Ordre de Saint Benoît.

Ordre de Cluny. L'Ordre de Cluny a un seul Abbé, qui est l'Abbé de Cluny, & se dit Abbé du Monastere, & de tout l'Ordre de Cluny; aussi nul ne peut recevoir des Professions en l'Ordre de Cluny, sinon l'Abbé ou le Grand Prieur de l'Ordre, ou ceux qui sont par luy commis, & sont tous les Benefices dépendans de Cluny, Prieurez Conventuels ou simples, qui sont à la collation de l'Abbé de Cluny, plusieurs desquels Prieurez ont d'autres Prieurez sous eux, qui semblablement sont à la collation desdits Prieurez: Les quatre Filles principales de Cluny, sont la Charité sur-Loire, Saint Martin des Champs à Paris, Souvigny en Bourbonnois, & Soselangé en Auvergne. Tous ces Prieurez sous Cluny, sont la pluspart riches & opulens, & pour la plupart ont Justices & Seigneuriés, & se disent les Prieurs grands Curez, & Curez primitifs des Eglises Parroissialles qui sont en leurs détroits, qui fait qu'ils prennent les Dixmes, & les Curez ayant la charge des ames pour la plupart sont pauvres.

Ordre de Cisteaux. L'Ordre de Cisteaux est autrement reglé, car nul Religieux ne peut tenir Benefices, sinon les premiers Benefices, qui sont Abbayes; & audit Ordre il n'y a point de Justices ny de Seigneuries que fort peu, & tout le revenu consiste en Domaines, Etangs & Bois; aussi d'ancienneté les Religieux dudit Ordre, eux-mêmes travailloient & labouroient, & à cette occasion ils avoient privilege de ne payer Dixmes des fruits qui provenoient du labeur de leurs mains. Ledit Ordre de Cisteaux est celuy auquel sont les Bernardins, & en étoit Saint Bernard, Docteur excellent en son tems.

La reformation de Chesaubenoît comprend cinq Abbayes en France, dont les Abbez ne sont que triennaux, & sont comptables, & ne sont sujets à la nomination du Roy comme les autres Abbayes, mais les Abbez sont élûs par les Religieux, & tout le revenu vient en commun. Les cinq Abbayes sont Chesaubenoît, qui est au Diocese de Bourges, Saint Sulpice de Bourges, Saint Vincent du Mans, Saint Martin de Seez en Normandie, & Saint Alire de Clermont en Auvergne.

Sont aussi plusieurs Monasteres de l'Ordre S. Benoît, qui ont des Prieurez sous eux, qui sont à la collation des Abbez.

Ordre de S. Augustin. L'Ordre de Saint Augustin contient plusieurs Ordres particuliers, comme Prémontré, Grandmont, Vaudescous, les Jacobins, & quelques autres; & aussi sous iceluy sont plusieurs Monasteres qui ont plusieurs sortes d'habits, & les Religieux d'iceux se nomment Chanoines reguliers & non pas Moines; en la plupart de ces Abbayes de Chanoines Reguliers les Prieurs sont Curez, c'est-à-dire, que celuy-même qui est Prieur exerce la charge des ames; ce qui n'est pas en l'Ordre de Saint Benoît, où les Religieux se disent proprement Moines, & nul Religieux de Saint Benoît ne peut tenir Cure pour exercer la charge des ames, mais ils ne laissent pas d'en prendre le revenu.

Des Chartreux & autres. Il y a plusieurs autres Ordres, dont n'est ici parlé, parce que les chefs des Abbayes & Prieurez ne sont pourvûs en titre, mais en simple administration de trois ans en trois ans, pourquoy ne sont appellez proprement Benefices; tels sont les Ordres des Chartreux, des Celestins, des Minimes, des Jesuites, & de tous les Mandians.

Sera notée l'ancienne regle, qui est la collation des Benefices, par laquelle les Benefices seculiers ne peuvent être conferez qu'à seculiers, c'est-à-dire, Prêtres non Religieux; & les Benefices reguliers ne peuvent être conferez qu'à Religieux Profés qui soient du même Ordre, dont dépend le Benefice, si ce n'est comme il a été dit cy-dessus en Commande.

Offices Claustraux. Outre les Prieurez reguliers qui dépendent des Abbayes ou autres Prieurez, il y a certains administrans de Benefices qui s'appellent Offices Claustraux, qui ont revenu à part & separé; & quelque fois des Seigneuries, & tels Offices n'ont été jamais conferez en Commande mais seulement à Religieux, parce que leur charge & exercice est au dedans le Monastere & au Cloître; comme sont Sacristains qui ont charge du luminaire & vestiaire de l'Eglise; Infirmiers qui ont charge de traiter les Religieux malades, Chantres qui ont la charge du Cœur de l'Eglise, Aumôniers qui ont la charge des aumônes, Chambriers qui ont la charge du vestiaire des Religieux, & plusieurs autres sortes, selon que les Abbayes sont grandes & opulentes; tels Offices sont à la collation des Abbez ou des Prieurs.

Eglises Parroissialles. Les Eglises Parroissialles sont de l'ancien & premier établissement de l'Eglise, dés le même tems ou peu aprés que les Evêchez furent établis, à chacune desquelles est établi un Recteur ou Curé, auquel le Benefice ne peut être conferé qu'il n'ait vingt-cinq ans, ou pour le moins qu'il ne soit au vingt-quatriéme an, qui est *statim per endiè ex quo vigesimus quartus est completus*, & peuvent être tels Benefices acceptez par simples Clercs tonsurez, pourveu qu'ils se fassent Prêtres dedans l'an; car selon les constitutions Canoniques, nul ne peut être Prêtre qu'au vingt-cinquiéme an de son âge. Et parce qu'aux Evêques seuls appartient de faire les Prêtres, aussi à eux seuls appartient de conferer les Cures & Eglises Parroissialles quand elles sont vacantes, vray est que la plûpart des Cures sont à la presentation d'aucuns Colleges ou Beneficiers tant reguliers que seculiers, lesquels quand le Benefice est vacant peuvent présenter à l'Evêque un Prêtre, & l'Evêque est tenu de l'instituer & luy conferer la Cure s'il est trouvé suffisant; mais les Evêques sont fondez en présomption de droit commun pour conferer *pleno jure* les Benefices, Cures, c'est-à-dire, que quand il n'y a point de Patron presentateur, que le droit du Patron est en doute, ou bien que le Patron a été negligent, il peut conferer le Benefice de plain droit

A qui appartient l'administration des Sacremens. Aux Curez seuls appartient l'administration des Sacremens en leur Eglise; c'est pourquoy ils doivent être Prêtres, & doivent dire la Messe à chacun Dimanche pour le moins, à laquelle tous les Paroissiens doivent assister, & le Curé aprés l'Evangile dite doit faire le Prône, auquel il leur doit annoncer quelque chose de la parole de Dieu, & les Fêtes qui sont en la semaine, & autres choses appartenantes à leurs Offices.

Du Synode. Chacune Paroisse a ses fins & limites distincts & separez, & doivent tous les Curez se trouver une fois ou deux l'an au Synode de leur Evêque, pour en cette assemblée recevoir les avertissemens & commandemens de leurs Evêques, & pour par l'advis d'eux tous, être faites les constitutions necessaires pour la police de l'Eglise, c'est ce qu'on appelle les *Senes*: Et afin que l'Evêque puisse plus facilement faire sçavoir à tous les Curez de son Diocese, chacun Diocese est departi en quelque nombre d'Archipreverez, & en chacun Archipreveré sont attribuez certains nombres de Paroisses, & celuy qui est Chef d'un Archipreveré s'appelle un Archiprêtre, comme *verbi gratia*, au Diocese de Nevers sont huit Archipreverez, les Vaux, saint Pierre le Monstier, Leurcy & Premery, qui sont sous le grand Archidiaconé de l'Eglise de Nevers, & les Archipreverez de Desise Châtillon, Tiauges, & Moulins Angilbert sont sous l'Archidiaconé de Desise.

Eglises Collegiales s'appellent quand il y a des Chanoines seculiers à une Eglise, qui tous ensemble doivent faire le service, & ont droit de s'assembler & tenir Capitre, & ont un chef, qui en aucunes Eglises s'appelle Chantre, en d'autres Doyen, en d'autres Prévôt, & en d'autres Tresorier, selon que les établissemens ont été faits d'ancienneté, les premieres dignitez desdites Eglises Collegiales ne peuvent être tenuës que par Prêtres, parce qu'elles ont charge des ames; mais les Prebandes peuvent être tenuës par simples Clercs tonsurez, si ce n'est que par la fondation les Prebandes soient Sacerdotales. Telles dignitez & Prebandes sont quelquefois à la collation des Evêques, quelquefois à la collation ou presentation d'autres dignitez Ecclesiastiques, & quelquefois à la presentation des Seigneurs lays, quand eux ou leurs predecesseurs ont été fondateurs.

Sera noté pour regle generale, que quand on parle des Eglises Collegiales, il faut nommer le Saint qui est Patron d'icelles; comme quand on dit Chanoine en l'Eglise Collegiale de saint Martin de Clamecy, ou saint Leger de Tannay; mais quand on parle des Eglises Cathedralles, on nomme simplement la Ville & Cité, comme se doit dire Chanoine en l'Eglise de Nevers, & non Chanoine en l'Eglise saint Cyr de Nevers.

Chapelles sont Benefices qui sont sujets à quelque service de fondation ou devotion, & n'ont point de charge d'ames, lesquelles quelquefois sont en un bâtiment separé & à part, quelquefois sont en dedans & sous la même couverture d'autres Eglises, & en appartient la disposition aux Curez des Parroisses où elles sont, sinon que par la fondation en ait été autrement ordonné.

Les Commanderies de S. Jean de Jerusalem ne sont pas proprement Benefices Ecclesiastiques, parce que les Commandeurs ne sont point constituez és Ordres d'Eglise, ains leur profession est des armes contre les ennemis de la Foy. Leur premier établissement fut en Jerusalem, aprés que les François l'eurent conquêtée sur les Sarrasins; c'est pourquoy on nomme l'Ordre de saint Jean de Jerusalem, & leur commancement étoit pour loger, secourir & aider ceux qui par devotion alloient à la Terre sainte, tant par simple devotion pour visiter les saints lieux, que pour aider par armes à la défense de la Terre sainte. Depuis leur puissance s'accrût, & ils conquêterent l'Isle de Rhodes qu'ils ont tenuë jusques en l'an 1522. & aprés l'avoir perduë ils se retirerent à Malthe, où de present est leur principal Siege. Et de ce tems que la guerre se faisoit encore pour la Terre sainte, plusieurs grands Seigneurs de ce Royaume & autres Royaumes de la Chrêtienté donnerent des Terres & Seigneuries audit Ordre, qui ne peuvent être tenuës que par les Chevaliers dudit Ordre, & sont données & conferées par le grand Maître, qui est le Chef dudit Ordre. Partie du revenu d'icelles va en la bourse commune de l'Ordre, pour fournir aux frais communs de la Religion; le reste du revenu demeure aux Commandeurs, ces Commanderies pour la plusparts ne peuvent être baillées, sinon à ceux qui par cinq ou six ans ou autre tems on fait le service à Malthe, ou à service de guerre, & à ceux qui sont de Nation où les Commanderies sont assises. Car tout l'Ordre est départi en sept nations ou langues, dont ce Royaume fait pour quatre, qui sont Provence, Auvergne, France & Champagne, & le Chef de chacune Province s'appelle grand Prieur. Il y a trois sortes de Freres audit Ordre, les uns Freres Chevaliers, qui sont pour les armes; & les autres Freres Prêtres, qui sont pour faire le service de l'Eglise; & d'autres Freres servans qui sont pour le ministere commun. Et il y a des Commanderies affectées à chacune sorte de Freres. Ils font les trois vœux, de pauvreté, chasteté, & obeïssance, car ils ne succedent point à leurs parens, sinon à leurs peres & meres pour l'usufruit seulement, jusques à ce qu'ils soient pourvus de Commanderies, & leurs parens ne leur succedent point, & sont sujets au commandement du grand Maître, comme Religieux, & ne se peuvent marier. Ledit Ordre a le Privilege de la prescription de quarante ans comme l'Eglise.

Des Hôpitaux & Maladeries. Hôpitaux & Maladeries sont lieux destinez pour recevoir, nourrir, loger & traiter malades passans, pelerins & autres sortes de passans esquels il y a pitié, & ausquels l'aumône est bien employée; ce qui se fait en chacun selon qu'est la fondation d'iceluy, les uns pour recevoir les malades & les traiter, les autres pour recevoir les petits enfans exposez, les autres pour recevoir & pour faire apprendre mêtier aux enfans orphelins, & autres pauvres; les autres pour recevoir & traiter les vieilles personnes décrepites, les autres pour recevoir les lepreux, lesquels de nom vulgaire on appelle maladeries ou leproseries. D'ancienneté les Evêques & autres personnes Ecclesiastiques y commettoient des Maîtres & Aministrateurs perpetuels; mais par Edit du Roy Charles IX. a été ordonné, que par élection qui seroit faite par les habitans des Villes & Bourgs esquels les Hôpitaux sont assis, il seroit pourvû d'Administrateurs personnes layes, non Gentilshommes ny Officiers, qui administreroient pour trois ans, & au bout de trois ans rendroient compte. Hôpitaux ne sont pas Benefices, parce que ce sont administrations comptables & temporelles, & qui se baillent *ad tempus*, & toutesfois, *quia sunt loca pia*, ils joüissent des privileges de l'Eglise, même quand à la prescription, restitution en entier & prohibition d'alienation.

Divers genres de vacations de Benefices. Les Benefices peuvent vacquer en plusieurs sortes; à sçavoir par la mort de celuy qui en est pourvû, par resignation, par irregularité, par incapacité & inhabilité.

La vacation par mort, est quand celuy qui est pourveu d'un Benefice meurt sans l'avoir resigné; car tous Benefices sont concedez à la vie de celuy qui en est pourvû, & ne passe point aux heritiers.

Des Resignations. Il a été cy-dessus parlé des Resignations pures & simples, & *in favorem*, & il y faut ajoûter, qu'és resignations qui se font *in favorem*, en Cour de Rome, il faut que le resignant vive vingt jours aprés la resignation admise, autrement s'il meurt dedans les vingt jours, le Benefice est censé vacquer par mort, & non par resignation, selon la régle de la Chancellerie Romaine, qu'on appelle *de infirmis resignantibus*, ce qui n'a lieu aux resignations pures & simples, parce que l'Ordinaire confere le Benefice à qui bon luy semble; l'autre sorte de resignation est *causa permutationis*, qui est quand deux personnes Ecclesiastiques ayans Benefice avisent de les permuter: Ce qu'ils ne peuvent faire d'eux-même & par leur seule volonté. Car comme dit a été, les Benefices ne sont en commerce, mais doivent resigner, c'est-à-dire, quitter & renoncer leurs Benefices és mains du Superieur, avec cette clause, que c'est pour cause de permutation, afin que le Superieur ne puisse conferer le Benefice resigné, sinon à l'autre compermutant, & telle resignation se peut faire és mains de l'Ordinaire, ainsi qu'il est dit *in cap. quæsitum extra rer. permutat. in antiq.* Et s'entend ausdites permutations, que les Benefices se doivent donner paisibles, car si l'un des compermutans étoit évincé, il ne pourroit retourner au Benefice qu'il a quitté.

Des Evêchez & Archevêchez ne se peuvent faire sans le consentement du Roy. Les Resignations des Evêchez & des Abbayes, ne se peuvent faire sans le consentement du Roy, qui en a la nomination, comme aussi les Benefices qui sont en Patronage lay, ne peuvent être resignez *etiam* en Cour de Rome, sans le consentement du Patron lay: Mais les Benefices qui sont en Patronage Ecclesiastique peuvent être resignez en Cour de Rome sans le consentement du Patron.

Doncques se dit le Benefice être vacant quand il est resigné (quitté & renoncé par celuy qui le tient) és mains du Superieur.

Le Benefice vacque aussi par irregularité, quand celuy qui le tient commet quelque crime, ou fait quelque faute, par laquelle il demeure incapable de tenir Benefice, comme s'il devient heretique convaincu, s'il va aux armées, ou reçoit solde pour la guerre. S'il arrive qu'il soit excommunié, & avant que d'être absous il se met à celebrer le service Divin, & plusieurs autres cas qui sont declarez en droit, desquels les Benefices sont reputez vacans *ipso jure*.

Incapacité & inhabilité à tenir Benefices.

Incapacité & inhabilité, sont quand aucun qui n'est pas Clerc tonsuré accepte un Benefice, car tant simple soit le Benefice, il faut avoir la Clericature pour le moins pour le tenir; ou bien quand celuy qui n'a pas vingt-quatre ans accomplis accepte un Benefice ayant charge d'ames; ou bien quand aucun n'étant Religieux accepte un Benefice regulier; ou bien un Religieux accepte un Benefice seculier; ou bien quand aucun ayant une Cure ou autre Benefice ayant charge d'ames, accepte un autre Benefice Cure où ayant charge d'ames, qui est ce qu'on dit Benefices incompatibles (car on peut bien tenir plusieurs Benefices simples, non ayant charge d'ames, comme sont Chanoinies & Prebandes, Chapelles & Prieurez simples non conventuel) ou bien si aucun impetre le Benefice d'une personne vivante sans sa resignation; car aprés que le Benefice se trouve par aprés vacant par mort, il est indigne de l'avoir; ou bien si aucun est intrus, c'est-à-dire, quand il s'entremet en la joüissance d'un Benefice avant qu'il en soit pourveu, combien que par aprés il en ait provision; ou bien si un simple Clerc non étant aux Ordres sacrez vient à épouser une femme par parole de present, tous les Benefices qu'il a vacquent *ipso jure*; ou bien si aucun est pourveu d'un Benefice par simonie, c'est-à-dire, par argent, ou autre paction illicite, soit que la simonie ait été commise par luy ou par autre à son profit, quoy qu'il n'en sçache rien; ou bien si ayant accepté une Cure en âge competent, il ne se fait pas promouvoir à Prêtrise dedans l'an; ou bien si le fils soit legitime ou bâtard d'un Beneficier, accepte le Benefice de son pere, & autres cas qui soient exprimez en droit.

Incompatibilité. *Intrusion.* *Simonie.*

Des Ordres & par qui ils doivent conferer.

Comme dit a été, nul ne peut accepter ny tenir Benefice tant petit soit-il, s'il n'est Clerc pour le moins; les Ordres de Clericature, & autres Ordres suivans, ne peuvent être conferez que par les Evêques, & encores par chacun Evêque à ceux qui sont de son Diocese, si ce n'étoit que celuy qui est d'un autre Diocese apportât lettres dimissoires de son Evêque Diocesain; faut aussi excepter aucuns Abbez, qui par ancien privilege ou prescription peuvent donner tonsure à leurs Religieux; & encores aucuns sont qui peuvent donner tonsure à tous ceux qui leur sont naiz sujets en temporalité, comme sont les Abbez de Cluny & de Vezelay. La premiere marque de Clericature, qui est la tonsure, se peut donner par l'Evêque à quelque jour que ce soit, soit Dimanche ou autre Fête: Mais les Ordres sacrez ne peuvent être baillez sinon à certains jours ordonnez d'ancienneté en l'Eglise; à sçavoir, les quatre Samedis des Quatre-tems, le Samedy veille du Dimanche de la Passion, en Carême, & le Samedy veille de Pâques.

Tonsure.

Quatre Mineurs.

La Clericature, comme dit-est, est le premier Ordre: Les quatre petits Ordres sont dônez aprés, & se peuvent donner tous quatre à une seule fois, qui sont Accolite, Lecteur, Exorciste & Hostiaire. Les quatre petits Ordres n'empêchent pas celuy qui les a de se marier si bon luy semble. Le prochain Ordre aprés est le Soûdiacre, qui d'ancienneté n'étoit pas Ordre sacré, ainsi qu'il est rapporté *in cap. à multis extra de ætate & qual.* mais de present il est Ordre sacré: & qui a cét Ordre ne se peut marier.

Soûdiaconat.

Diaconat & Prêtrise.

Aprés Soûdiacre est l'Ordre de Diacre, & aprés l'Ordre de Diacre est l'Ordre de Prêtrise; & doivent lesdits Ordres sacrez être pris par rang & un à un, & non deux à la fois, & aux tems ordonnez, comme dessus est dit; autrement celuy qui seroit promeu *per saltum vel extrà tempora*, quoy qu'il reçût le caractere, toutesfois luy seroit interdit l'execution de son Ordre, soit à tenir Benefices, ou à dire Messe, ou administrer les Sacremens.

Aage requis pour les Ordres superieurs.

L'Ordre de Soûdiacre ne peut être pris sinon au dix-huitiéme an, Diacre au vingtiéme, & Prêtre au vingt-cinquiéme, *in Clementina qualem, extra de ætate & qualitate.*

Mois affectez aux Graduez.

D'ancienneté a été octroyé aux Universitez de France, que la tierce partie des Benefices, hormis des Consistoriaux, devroient être conferez aux Graduez esdites Universitez, & non à autres. Et parce que ce département du tiers des Benefices engendroient beaucoup de difficultez: il fut avisé que tous les Benefices qui vaqueroient en quatre mois de l'an seroient affectez, & devroient être conferez ausdits Graduez. Et afin que les Ordinaires ne fussent pas trop foulez, ou les Graduez endommagez, il fut avisé qu'on prendroit les quatre mois tous de suite. Mais avec ces degrez; à sçavoir Janvier, qui est le premier mois pour les Graduez, Février & Mars pour l'Ordinaire, Avril pour les Graduez, May & Juin pour l'Ordinaire, Juillet pour les Graduez, Aoust & Septembre pour l'Ordinaire, Octobre pour les Graduez, Novembre & Decembre pour l'Ordinaire.

Graduez de deux sortes & leurs mois particuliers.

Sont deux sortes de Graduez, les uns Graduez nommez, & les autres Graduez simples. Graduez nommez sont ceux que chacune Université nomme aux Collateurs, selon qu'ils ont merité esdites Universitez: Et pour eux sont les mois de Janvier & Juillet; les Graduez simples sont ceux qui se contentent d'avoir leur degré sans prendre autre faveur de l'Université, & s'adressent à tel Collateur que bon leur semble, & pour eux sont les mois d'Avril & d'Octobre.

A quoi les Graduez sont obligez.

Les Graduez pour joüir du Privilege de leur degré au fait des Benefices, doivent une fois dés le commancement se presenter au Collateur ordinaire, auquel ils se veulent adresser, & luy presenter leurs Lettres de tems d'étude, & les Lettres de degré, & luy en bailler & délaisser Copie, en luy requerant qu'il luy plaise de leur conferer les

les Benefices qui vacqueront és mois de Graduez. Outre cela qui se fait une seule fois, ils doivent tous les ans au tems de Carême venir devers ledit Collateur, & se ramentevoir, afin qu'on ne les oublie pas, & en prendre acte : Et s'ils y manquent au tems de Carême, ils ne peuvent pour toute cette année s'aider du privilege de leur degré.

Quant aux Graduez nommez, si plusieurs se rencontrent sur un même Collateur, & qu'un Benefice vienne à vacquer; si c'est és mois des Graduez nommez, le Collateur est tenu de le bailler à celuy qui est le plus ancien Gradué, & plus ancien nommé, ou à celuy qui est en plus haut degré de science, & ne peut conferer l'un à l'autre. Mais si c'est és mois des Graduez simples, il y a lieu de gratification, & peut le Collateur choisir tel qu'il luy plaira des Graduez.

Si le Collateur refuse de conferer le Benefice au Gradué bien qualifié & diligent, ledit Gradué pourra se pourvoir au Superieur, c'est-à-dire, de l'Evêque à l'Archevêque, du Prieur à l'Abbé, & ainsi des autres.

Il y a deux sortes de Patronage, l'un appartient aux personnes layes, l'autre aux personnes Ecclesiastiques à cause de leurs Benefices : Droit de Patronage est quand le Benefice est vacant ; le Patron doit presenter au Superieur Collateur un personnage suffisant ; & ledit Superieur est tenu de conferer ledit Benefice à celuy qui luy est presenté. Le droit de Patronage s'acquiert par celuy qui bâtit de nouveau une Eglise, & qui luy donne dot & revenu, ou bien quand l'Eglise est déja bâtie par celuy qui luy donne du revenu la plus grande part ; ou bien s'acquiert par la concession des Evêques ou Abbez, qui d'ancienneté avoient droit de conferer des Benefices *pleno jure*, & il octroyent à aucunes personnes Ecclesiastiques d'en être Patron.

Quand le Benefice est vacant, le Superieur collateur ne le peut conferer sinon à la presentation du Patron, autrement sa collation seroit nulle & n'attribueroit aucun droit à celuy qui seroit pourvû du Benefice ; ce qui s'entend en cas que le Patron en fasse plainte, qui montre que la nullité n'est pas precise & absoluë, *sed quatenus Patroni interest*. Toutesfois le Pape peut conferer un Benefice vacant qui est en Patronage sans le consentement & presentation du Patron, pourveu que ce soit Patronage Ecclesiastique ; car selon les Decrets de l'Eglise de France, le Pape ne peut déroger au Patronage des lays.

L'autre differance d'entre les Patronages lays & Ecclesiastiques est, que le Patron lay doit dans quatre mois aprés la vacation, presenter au Superieur-collateur celuy qu'il desire être pourvû du Benefice ; & s'il laisse passer les quatre mois, ledit Superieur peut conferer librement le Benefice sans plus attendre sa presentation ; mais le Patron Ecclesiastique a six mois pour presenter, & s'il laisse passer les six mois, le Superieur peut conferer.

L'autre differance d'entre les Patrons lays & Ecclesiastiques est, que le Patron lay peut varier, c'est-à-dire, que dedans les quatre mois ayant presenté un qui ne sera suffisant, il en peut presenter un autre ; mais le Patron Ecclesiastique ne peut varier, & s'il en a presenté un qui soit indigne, le Superieur-collateur ne le recevra à en presenter un autre, mais conferera le Benefice *pleno jure*.

Patron lay peut varier, l'Ecclesiastique non.

Quand deux ou plusieurs prétendent droit en un Benefice, ils en plaident, ou possessoirement, ou petitoirement ; les matieres possessoires Beneficiales, se doivent traiter pardevant le Juge Royal, & non autre ; & c'est par ancien privilege de l'Eglise de France, dont il y a quelque chose rapporté *in constit. Martiniana*, qui est de Martin V. inserée *en la premiere question des decisions de Guido Papé*, dont on dit que la cause est parce que les possessions sont de fait, & que les Juges Ecclesiastiques n'ont la main forte pour faire joüir, ceux qui par raison doivent joüir. Cela se dit par pretexte, car en effet le Juge Royal lay connoissant du possessoire d'un Benefice, connoît des titres & capacitez des contendans, aussi exactement comme s'il connoissoit du petitoire ; aussi se dit pour regle, qu'en matiere Beneficiale la possession est verifiée par le tire *cap. Beneficium de reg. juris, in 6.* Vray est, que le possessoire & la possession en matiere Beneficiale sont sujets à l'an & jour, comme és matieres profanes.

Possessoire du Benefice, devant qui se doit traiter ?

Doncques celuy qui est troublé en la possession du Benefice par un autre qui y prétend droit, fait appeller par commission celuy qui fait le trouble pardevant le Juge Royal, & conclud à trois fins ; l'une qui est du plain possessoire, afin d'être maintenu & gardé en possession & saisine du Benefice & des droits d'iceluy, avec rétablissement des fruits, dommages & interêts ; les deux autres fins sont provisionales ; l'une de sequestre & l'autre de recreance.

Conclusions au possessoire, quelles ?

Le sequestre a été autrefois en plus grand usage qu'il n'est de present, & se faisoit par le Sergent sans connoissance de cause ; à present il se fait par le Sergent verballement seulement, mais pour le sequestre réel y est requise l'Ordonnance du Juge, avec connoissance de cause ; & audit cas est ordonné, que le Benefice avec les fruits sera regy & gouverné par un Commissaire, tierce personne qui tiendra les fruits en dépost pour les rétablir és mains de celuy des deux parties, qui vaincra en fin de cause, ou qui obtiendra la recreance.

Du sequestre.

La recreance de l'autre chef provisional du possessoire, est une joüissance qui est adjugée à l'une des parties, qui se trouvent avoir le droit plus apparent, & par necessité la recreance se doit juger sur les titres sans y recevoir aucune preuve par témoins, ny autre preuve que par écrit authentique.

De la recreance.

Doncques aprés que la cause est contestée en matiere Beneficiale, le Juge de la cause doit appointer les parties à produire titres, & à contredire sans les appointer à informer ; car jamais en matiere Beneficiale on ne reçoit fait pour en informer par témoins, sinon aprés que le Juge a veu les productions literales, &

Aprés la cause contestée en matiere Beneficiale, quel doit être l'Appointement.

qu'il connoît & juge par la vision du procez, qu'il y a des faits pertinens; & quand il en trouve de tels, il doit par necessité juger la recreance sur les titres; & avant que faire droit sur le plain possessoire, recevoir les parties à informer sur leurs faits, comme si on allegue qu'il y ait eu simonie en la collation, si on allegue que la partie adverse ait impetré le Benefice de celuy qui étoit vivant, si on allegue des faussetez de son titre qui ne soient pas apparentes, si on allegue qu'il soit marié, si on allegue qu'il soit heretique ou apostat, & autres semblables faits, par lesquels il apparoisse qu'il soit irregulier & incapable de tenir Benefice.

Quelle difference entre sequestre & recreance?

Il n'y a autre difference entre sequestre & recreance, sinon qu'en sequestre c'est un tiers qui jouït, & en recreance c'est l'une des parties : mais tous deux sont gardiens des fruits; car si le recredientaire est vaincu au plain possessoire, il doit rendre tous les fruits qu'il a perçûs, & à cét effet aprés la recreance adjugée il doit bailler caution, sinon que la recreance soit adjugée par Arrest de la Cour, auquel cas le recreditaire est sujet à une simple repromission.

Du petitoire.

Aprés que le possessoire est jugé, ou bien quand il n'y a point de contention sur le possessoire, on doit plaider sur le petitoire du Benefice pardevant le Juge Ecclesiastique; mais quand il y a eu procez sur le possessoire, on ne peut être reçû à plaider sur le petitoire, que le possessoire ne soit deffiny, & non seulement deffiny, mais *etiam* executé, c'est-à-dire, que celuy qui a vaincu soit possesseur, & que les fruits, dommages, interêts & dépens du possessoire luy ayent été rendus & payez; & si celuy qui est le vainqueur fait le long à faire liquider les dommages & interêts, pour empêcher ledit petitoire, le Juge à la requête de la partie adverse, luy préfinira tems certain pour faire taxer ses dépens, liquider les fruits, dommages & interêts, avec commination, qu'à faute de ce faire dedans ledit tems; celuy qui a été vaincu au possessoire sera reçû au petitoire, en baillant par luy caution, de rendre & payer les fruits, dommages, interêts & dépens.

Ce petitoire est aujourd'huy fort peu en usage, pour les grandes longueurs qui sont aujourd'huy en Cour d'Eglise, en laquelle il n'y a aucuns jugemens provisoires, & les Sentences n'ont force d'Arrests, sinon quand il y en a deux interlocutoires conformes, & trois diffinitives conformes, c'est-à-dire, quand en interlocutoire il y a appel, & que le Juge d'appel a confirmé la Sentence du premier Juge; & en diffinitive quand il y a appel, & que le premier & second Juge d'appel ont confirmé la Sentence du premier Juge : Car si l'un des Juges d'appel dit autrement que le premier Juge, on est reçû à appeller de degré en degré, jusques à ce qu'il y ait trois Sentences diffinitives conformes; & s'il arrivoit que l'une des appellations ressortit à Rome, & qu'il y eût appel de celuy qui auroit été délegué par le Pape, & que cette Sentence de ce délegué ne fût ny la seconde interlocutoire conforme, ny la troisiéme diffinitive conforme, on en pourroit bien appeller, & seroit tenu le Pape de déleguer autres Juges pour connoître de cette cause d'appel.

De la possession triennale.

Il est particulier pour les matieres beneficiales, que si aucun a joüi d'un Benefice paisiblement par trois ans, avec titre au moins coloré, il ne peut être inquieté en petitoire ny en possessoire.

De la Regale.

Le Roy de France par privilege tiré *du Canon Adrianus 2° 63. dist.* a droit d'investir les Evêques de son Royaume de nouveau pourvûs, lesquels sont tenus de prester en ses mains le serment de fidelité, & ne peuvent administrer ny exercer jusques à ce qu'ils y ayent satisfait à cause de ce droit, qui s'appelle Regale, quand un Evêché est vacant de droit ou de fait, il se dit que la Regale est ouverte, le Roy y met sa main, & joüit des fruits temporels de l'Evêché, jusques à ce que le nouvel Evêque ait été investy par luy, & preste le serment de fidelité, entre lesquels fruits sont la collation des Prebandes, qui se trouvent vacantes du tems que la Regale est ouverte, & d'autres Benefices qui n'ont charge d'ames, car le Roy ne donne tels Benefices ayans charge d'ames, parce que c'est chose pure spirituelle; aussi il ne prend les fruits qui sont purs spirituels, comme sont les émolumens qui sont du seel Episcopal.

Fruits de la Regale.

Quand il y a quelque débat, ou pour la Regale en soy, ou pour les Benefices que le Roy a conferez en Regale, la Cour de Parlement seule en connoît en toute la France, tant en possessoire qu'en petitoire : Et au fait des procez en Regale, la prescription de trois ans cy-dessus n'a point de lieu, mais y a lieu seulement la prescription de trente ans; Aussi au possessoire de Regale la Cour use du mot *d'estat* au lieu de recreance.

DU CONCILE DE TRENTE, ET DE LA RECEPTION & publication d'iceluy.

LE Concile Oecumenique de Trente a deux chefs principaux; l'un est de la Doctrine Chrétienne baillée par N. S. Jesus-Christ, enseignée par les Apôtres, témoignée par les Martyrs, & maintenuë par les saints Confesseurs & Docteurs, qui est la même doctrine tenuë par l'Eglise Catholique, Apostolique & Romaine, laquelle doctrine n'est sujette à aucun changement, modification ou reservation, non plus que l'autre, *qui idem ipse est, & anni ejus non deficiunt*, les contredisans, ou qui s'éloignent de cette doctrine, doivent être jugez & declarez Heretiques.

L'autre chef est de la discipline & police Ecclesiastique, dont les Decrets sont intitulez audit Concile *de reformatione*, qui peut être sujette à changement selon les regions & les tems.

Quant au premier chef, semble que la reception & publication du Concile doit être faite simplement sans aucune reservation; mais quand au second chef, il semble qu'il n'est pas mal seant de faire reservation par les Eglises des Nations en corps, & par les Monarchies & Republiques qui y peuvent avoir interest, non pas pour y contredire précisement & expressement, mais pour se retenir és anciens Decrets, jusques à ce que les parties amplement oüies, en ait été autrement decidé.

Quant à ce second chef, fut ainsi pratiqué en France du tems du Roy Charles VII. aprés le Concile Oecumenique de Basle, en tant que les Prelats de l'Eglise de France, avec bon nombre de Docteurs en Theologie & en droit Canonique étans assemblez à Bourges, accepterent aucuns Decrets dudit Concile. La compilation de ces articles acceptez fut appellée la Pragmatique Sanction. Le fondement de ladite Assemblée fut pris, sur ce que selon les tems, selons les regions, & selon les autres occasions, ce qui est bon pour une Nation n'est pas bon pour l'autre.

De vray, la Pragmatique Sanction n'a pas été approuvée par les Docteurs d'Italie, tant Theologiens que Canonistes, mémement en ce que par le premier Decret accepté en icelle, il est dit que le Concile Oecumenique a son authorité immediatement de Dieu, & a pouvoir de reformer l'Eglise *in capite & membris*. Mais l'Eglise de France, & la Faculté de Theologie a toûjours approuvé la Pragmatique Sanction, & a estimé que par icelle la splendeur de l'Eglise a été conservée, & par l'abolition d'icelle l'Eglise a été décolorée & obscurcie. De fait l'Université de Paris se declara appellante *ad futurum Concilium* de l'abolition de la Pragmatique Sanction & introduction des Concordats, authorisez par le Pape Leon X.

Ainsi en un Concile Oecumenique, le Celibat des personnes Ecclesiastiques fut accepté indistinctement par l'Eglise d'Occident; Et par l'Eglise d'Orient y furent mises certaines modifications & reservations; mémement, que celuy qui étoit marié, ayant épousé une fille peût se faire Prêtre, mais non pas que celuy qui étoit ja Prêtre pût se marier, ny le Prêtre marié de qui la femme seroit decedée en épouser une autre.

Bien semble qu'il n'a pas été à propos de faire indistinctement la reservation comme elle est couchée, qui est sans préjudice des droits du Roy, & Libertez de l'Eglise Gallicane, de peur qu'il ne semble que cette reservation se rapporte au premier chef, qui est de la doctrine, qui seroit *nefas*, & pour l'horreur qui seroit au cœur d'un Chrétien, si on avoit ainsi pensé, semble que la reservation par clause expresse doit être rapportée au second chef, qui est de la discipline & police, qu'on appelle *de reformatione*.

Ce qu'aucuns alleguent, que le Concile de Trente n'a été legitimément assemblé, & qu'il appartient aux Empereurs & Rois ayant droit d'Empire, d'y prester authorité & consentement; semble être tres-impertinent, car par comparaison des degrez, comme l'Evêque convoque le Synode en son Diocese, & l'Archevêque en sa Province, sans que la domination temporelle s'y entremette; ainsi au Pape qui est Souverain & universel, appartient d'assembler le Concile Oecumenique & Universel. Cette Hierarchie est composée par degrez, le Pape comme simple Evêque a son Diocese distinct, les principaux Curez de Rome

& Beneficiers des Eglises prochaines sont les Cardinaux Prêtres & Diacres, il a sa Province comme Archevêque, laquelle est entre les Provinces de Capouë & de Pise, ainsi qu'il est dit au chapitre *Jua nobis* és Decretales, au titre *de officio vicarii*, les Evêques suffragans de cette Province sont les Cardinaux Evêques. Et parce qu'en la Chrétienté sont plusieurs Archevêques, & aucuns Primats & Patriarches, qui ont sous eux autres Archevêques, l'ordre Hierarchique qui doit terminer à un; a desiré qu'il y eût un seul Superieur de toutes les dessusdites dignitez. Vray est que les Empereurs & Monarques s'en sont quelquesfois entremis, mais ç'a été quand il y a eu schisme en l'Eglise, ou quand les Papes ont été notoirement connus si malement déreglez, que le scandale n'en pouvoit être enduré, & que la domination temporelle sembloit y être necessaire comme remede extraordinaire; non pas pour y presider ny commander, mais pour semondre & contraindre les Ministres de l'Eglise de s'assembler, & les Papes même de se rendre sujets à iceux Conciles; ainsi fut fait pour les Convocations des Conciles de Constance & de Basle. Ainsi se projettoit par le Roy Charles VIII. contre le Pape Alexandre VI. & ainsi fut essayé par le Roy Louïs XII. contre le Pape Jules II. Quelquefois la Faculté de Theologie de Paris, a donné avis, qu'il étoit loisible à l'Eglise de France de se soustraire de l'obeïssance du Pape, quand ses actions apparoissent notoirement dereglées & intolerables. Mais en ce Concile de Trente n'y avoit rien de semblable, car il n'y avoit schisme en l'Eglise, & les Papes du tems d'icelui étoient bons Pasteurs.

Aucuns ont voulu blâmer les reservations qui ont été faites en l'Edit d'Union en ces mots, *Sans préjudice des droits du Roy & des libertez & immunitez de l'Eglise Gallicane*, disans que le Concile ne touche aux droits du Roy, & que ces prétenduës libertez sont chimeres, n'ayant aucun corps solide, ny témoignage par écrit en aucunes Constitutions ou Rescripts.

Sur quoy il se peut dire que les droits du Roy sont en deux sortes au fait de la police de l'Eglise, & qu'il a été besoin d'en faire reservation, afin qu'il ne semblât qu'ils fussent abolis en recevant ces Decrets du Concile *de reformatione* simplement; l'un des droits est pour *la Regale*, l'autre pour la *Iurisdiction temporelle & seculiere*. Ausquels droits est dérogé par aucuns desd. Decrets expressement, & par les autres tacitement, & en consequence.

Le droit de Regale appartenant au Roy, est par ancienne concession faite à Charlemagne Roy de France, par le Pape Adrian, non pas de simple grace, mais aprés excellens merites, non par le Pape seul, mais en Concile de cent cinquante-trois Evêques, ainsi qu'il est dit *in can. Adrianus 2°. 63. distinct.* Vray est que le mot *d'investiture* porté par ledit Canon, a apporté une interpretation d'extension, pour par le Roy, recevoir des Evêques le serment de fidelité, comme un Seigneur Feodal fait de son Vassal, & pour gagner les fruits durant l'ouverture de Regale, qui sont choses propres aux Fiefs. Ce que l'on peut croire n'avoir été jamais entendu par ledit *Canon Adrianus*, mais pour une approbation de l'Evêque avec quelque ceremonie exterieure & réelle. *Sed scimus longas Regibus esse manus* L'autre extension a été aprés que le Pape Honoré III. *in cap. in illa extrà de concess. Praeben.* eût declaré que la collation des Benefices étoit *in fructu* (dont auparavant on doutoit) les Rois ont estimé qu'au tems de l'ouverture de Regale en gagnant les fruits, ils devoient conferer les Benefices étans en la collation de l'Evêque; & toutesfois les Rois se sont contentez de conferer en Regale les Benefices qui n'ont charges d'ames, comme sont les Prebandes, & se sont abstenus de la collation des Cures. Autres extensions ont été faites par la Constitution Philippine pour le vacations, *juris & facti simul*, *juris tantum*, & *facti tantum*, & jusques aux Dixmes appartenantes aux Evêchez, qui ont été jugées fruits temporels pour appartenir au Roy en l'Arrest de la Regale de Meaux de l'an 1557.

L'autre droit du Roy est pour la jurisdiction, dont le débat fut meu au tems du Roy Philippes de Valois, comme il appert par les propositions faites en presence de Sa Majesté, par Messire Pierre Bertrand Evêque d'Authun, qui depuis fut Cardinal, & de Maître Pierre de Cugnieres Avocat du Roy. L'on a toûjours tenu en France que les Evêques & Prelats en leur Jurisdiction spirituelle sont du tout incompetans pour connoître d'action réelle, *etiam*, qu'il fût seulement question de meubles, ou que l'action fut mixte, quoy que ce soit entre personnes Ecclesiastiques, parce qu'à cause de la Jurisdiction spirituelle, ils n'ont aucun territoire, & ont seulement jurisdiction *in personas*, & pour causes personnelles contre les Ecclesiastiques indistinctement, & contre les lays en matiere de Sacremens, & autres pures spirituelles, comme est l'action petitoire decimale quand le Lay n'allegue point l'infeodation de la Dixme. Auparavant l'Ordonnance de l'an 1539. aucuns Evêques & Prelats prétendoient avoir droit de connoître d'actions pures personnelles contre lays, *idque non jure suo vel proprio*, mais par prescription & possession; & disoient qu'en jurisdiction contentieuse leur fait de possession avoit été reçû, mais ladite Ordonnance a tranché le débat, sinon qu'aucuns Juges Ecclesiastiques eussent auparavant eu Jugement à leur profit, comme est le conservateur des privileges Ecclesiastiques de l'Université de Paris, qui connoît des causes personnelles contre lays.

Par ledit Concile de Trente, toute la connoissance des Hôpitaux, Confrairies, & Colleges est attribuée aux Evêques non seulement pour la personnalité, mais *etiam* pour la realité, & pour y commander &

administrer de tous points, quoy que ce ne soient Benefices, même leur est permis de convertir les revenus des Hôpitaux en autre usage de pieté ; comme aussi par ledit Concile leur est attribué l'execution des dispositions faites *in pias causas*, tant par Testament que par Contrats, avec pouvoir de convertir à autre usage. Quoy que les dispositions soient de personnes layes, & que les heritiers soient lays. De même leur est attribué la connoissance de la refection des Eglises & Presbyteres *etiam* contre personnes layes. L'execution desquelles choses, quoy qu'elle soit destinée à usage de pieté, & soit adherente à ce qui est saint, si est-ce qu'elle est en ministere pur laïcal, emportant œuvre de mains & exercice pur seculier.

L'autre point en fait de jurisdiction est pour certains cas, dont les Juges Royaux connoissent entre & contre personnes Ecclesiastiques, & pour choses qui de soy sont pures spirituelles, comme des matieres possessoires Decimales, & matieres possessoires Beneficiales ; Ce qui a autrefois été confirmé par la Bulle de Martin Pape, inserée en la premiere decision de Guido Pape. Vray est qu'ils devroient seulement s'entremettre de la simple & nuë possession ; mais ils passent outre à connoître du titre du Benefice, sous pretexte que la possession du Benefice n'est considerable sans institution Canonique.

Connoissent aussi les Juges Royaux de certains cas de crimes qu'on appelle privilegiez contre les personnes Ecclesiastiques, lesquels ne sont pas de si grande étenduë, comme lesdits Juges Royaux disent ; à sçavoir, si la personne Ecclesiastique a commis fausseté au scel du Roy, s'il a commis fausseté ou autre délit au préjudice de l'instance possessoire pendante pardevant le Juge Royal ; s'il a enfreint la sauvegarde Royale ; s'il a fabriqué fausse monnoye, ou qu'il ait commis autre délit qui se puisse dire être specialement commis au mépris de l'authorité & jurisdiction Royale, esquels cas le Juge Royal fait le procez pour le délit, non pas pour le délit simplement pour y appliquer toute la peine dûë au délit, mais pour punir le délit, en tant que le Roy est offensé ; & à cause de la circonstance, qui est ce qu'on appelle *le cas privilegié*.

Es autres crimes qui ne sont pas qualifiez, comme dessus, tant atroces ou atrocissimes soient-ils, le Juge Ecclesiastique connoît ; s'il juge le crime être atrocissime, il doit déposer & faire degrader le Prêtre qui a commis tel délit, & laisser aller le condamné au Juge seculier, pour le punir comme lay, sans que le Juge lay s'entremette de commander au Juge Ecclesiastique de le degrader. Aussi esdits cas privilegiez, aprés que le Juge lay a jugé le délit privilegié, le Juge Ecclesiastique juge le délit commun, c'est-à-dire, le délit comme simple délit, sans punir la circonstance, par laquelle l'authorité Royale a été offensée, parce que le Concile attribuë toute connoissance des Clercs aux Juges Ecclesiastiques, ç'a été bien fait de faire reservation des droits du Roy.

Les libertez de l'Eglise de France ne sont pas privileges, comme aucuns pensent, & en le pensant desirent de voir ces privileges par écrit. Mais telles libertez consistent en l'observation de plusieurs anciens Decrets de l'Eglise Universelle, faits, tant par les anciens Conciles, que par les anciens Papes, ausquels Decrets les Papes depuis trois ou quatre cens ans en çà ont dérogé de leur seule authorité sans Concile, par aucunes Decretales contenuës, tant és Antiques qu'au Sexte, és Clemantines & és Extravagantes, & és Regles de Chancellerie, lesquelles nouvelles Constitutions, en tant mémement qu'elles se trouvent faites pour ôter les droits des Jurisdictions & puissances ordinaires des Evêques & autres Prelats, & qu'elles sont pour attirer argent à Rome ; l'Eglise de France n'a pas reçuës indistinctement, aucunes y ont été reçûs par simple tolerance, les autres ont été du tout rejettées, & n'a voulu l'Eglise ny le Royaume de France s'y assujettir, même en ce que le nerf de la discipline Ecclesiastique ancienne a été affoibly.

Les especes sont entre-autres, que l'Eglise de Rome s'est attribuée de connoître de toutes causes personnelles en Cour de Rome par prévention, même quand il est question de l'observation de promesse jurée, *sub pretextu jurisiurandi, cujus infractio animæ detrimentum adfert* : Cela n'a été reçû en France, mais au contraire, le Decret *de causis* veut, que toutes causes Ecclesiastiques *etiam*, qu'elles soient devoluës par appel à Rome selon les degrez, soient traitées *ad partes*, & doit le Pape donner rescript délegatoire audit cas d'appel. Et par le Concile sess. 24. chap. 5. la connoissance des causes criminelles graves contre les Evêques, est reservée au Pape seul pour y juger à Rome, quoy qu'il délegue l'instruction *ad partes*.

Entre ces nouvelles Constitutions dérogatoires aux anciens Decrets, sont les collations de tous Benefices que le Pape fait par prévention en concourant avec l'Ordinaire : qui est chose plus abusive qu'autrement, & le remede de la clause *in forma dignum*, ordonné par le Concile n'est suffisant pour reparer le mal ; car il est expedient que le Benefice soit baillé à celuy que le Collateur ordinaire choisira digne, & non à celuy qui par ambition le demande. Mais ce droit de prévention n'a été si absolument reçû qu'il n'y ait des modifications reçûës en France, sur lesquelles on fonde les appellations comme d'abus.

Aussi en ce rang est la distinction des Benefices Consistoriaux, qui sont les Prelatures, d'Evêchez, Abbayes ou Prieurez électifs, sur lesquels en cas de vacation le Pape prend le revenu d'un an, qu'on appelle Annate ou vacant. L'origine en est telle ; d'ancienneté tels Benefices étoient électifs ; sçavoir est, les Evêques étoient élûs par les Chapitres, les Abbez & Prieurs par les Moines & Religieux, & se faisoit l'élection selon la forme du chapitre *quia propter extrà de electione*. Aprés l'élection celuy qui étoit élû avoit recours au Superieur pour être confirmé, laquelle confirmation se fait avec connoissance de cause, en oyant les opposans volontaires, & proposant libelles publics pour semondre tous ceux qui auroient interêt, ou qui voudroient dire contre la capacité de la personne, ou contre la forme de l'élection. Aprés la Sentence de confirmation donnée, l'Evéque étoit tenu se faire consacrer dans les six mois, c'étoit la voye ordinaire. Aucuns Papes par regle de Chancellerie, firent reservation speciale à eux de tels Benefices, pour être conferez par eux avec Decret irritant, de ce qui se feroit au contraire : Cette reservation fondée sur les inconveniens des litiges qui étoient ordinaires ; & pour donner plus de couleur à ces reservations, le Pape n'en faisoit la provision seul de par luy comme des autres Benefices, mais reservoit à la faire en Consistoire, par l'avis & conseil des Cardinaux ses freres. Ces reservations ne furent reçûës en France depuis le Concile de Basle & Pragmatique Sanction, mais furent les élections observées selon cette forme du chapitre *quia propter*, aussi n'étoient reçûës les Annates. Les Papes qui avoient à contre-cœur la Pragmatique Sanction, qu'ils disoient être schimatique, firent tout devoir de l'abolir, même du tems du Roy Louïs XI. Enfin par l'aide du Chancellier du Prat, qui depuis fut Cardinal & Legat en France, la Pragmatique Sanction fut abolie, & furent faits les Concordats entre le Pape Leon X. & François I. en l'an 1516. tirant à 1517. qui est comme un traité, par lequel les élections aux Prelatures sont abolies ; la nomination de telles Prelatures électives est octroyée au Roy, pour être les nommez instituez par le Pape, en rejettant les élections. Et le Roy accorda au Pape les Annates & vacans de tels Benefices, lesquels ont retenu le surnom de Consistoriaux, qui est un nom nouveau dépendans de ces Constitutions, que l'Eglise de France n'avoit reçûës, & en ne les recevant s'étoit conservée és libertez anciennes, qui consistoient en l'observation des autres Decrets.

En ces nouvelles Constitutions sont les Mandats, qui sont graces expectatives que le Pape concede à aucuns pour avoir le premier Benefice vacant, outre le gré du Collateur ordinaire. D'ancienneté on obtenoit jusques à trois lettres, la Monitoriale, la Preceptoire, l'Executoriale, ou Fulminatoire. En France on y a ajoûté des limitations en la Pragmatique Sanction & és Concordats : La premiere source se lit *in cap. mandatum, extrà de rescript.*

Aussi les Commandes perpetuelles sont de nouvelle invention, & contre lesd. anciens Decrets qui ne les permettoient que jusques à six mois, & pour cause bien urgente. On a étendu ces Commandes perpetuelles aux Abbayes & Prieurez, qui a été la cause de la dissipation de l'Ordre Monastique, & de la discipline reguliere.

De même les resignations *in favorem*, qui sont contre les anciens Decrets, par lesquels nul ayant Benefice ne pouvoit s'en défaire par sa seule volonté, & faloit que son Superieur l'en déchargeat avec connoissance de cause. Et quand son Superieur l'en déchargeoit, il quittoit le Benefice purement & simplement en ses mains, & le Superieur le bailloit à qui bon luy sembloit : Quitter & resigner c'est tout un. Celuy qui quitte son Benefice, à la charge qu'il sera baillé à un tel, ajoûte paction & condition à sa resignation, qui emporte *simonie presompte*, qui fait la resignation nulle de droit ; & parce qu'au Pape seul appartient de dispenser contre cette simonie presompte, il s'observe qu'à luy seul appartient de recevoir des resignations *in favorem*.

Les pensions retenuës sur Benefices resignez, qui est vraye paction, & par consequent *simonie*, On les a admis en France en deux cas ; l'un est *pro bono pacis*, quand le Benefice est litigieux, & que l'un des litigans cede son droit à l'autre ; l'autre cas est en resignation *vel in favorem, vel causa permutationis ne nimium patiatur resignans ex resignatione dispendium*. Mais tous les deux cas sont contre le droit ancien par ces deux raisons ; l'une est qu'il y a paction qui emporte simonie, & le chapitre *nisi essent* est au titre *de Præbendis*, & non au titre *de transactionibus*, qui montre que la disposition dudit chapitre n'est pas de droit commun, mais est de dispense ; l'autre raison est, que celuy qui a Benefice ne doit être reçû à le quitter, sinon avec connoissance de cause, tant s'en faut qu'il puisse retenir pension en resignant ; aussi le Pape seul a droit de créer pensions. Ces pensions quoy qu'on en ait reçû l'usage en France, toutefois sont sujetes à plusieurs modifications, qui servent de fondement aux appellations comme d'abus.

Quand l'Eglise de France rejette aucunes de telles provisions, ou qu'elle requiert l'abolition de l'usage, qui en a été reçû jusques à present, ou desire être declaré qu'elles sont abusives, elle desire se conserver en ses anciennes libertez, qui consistent en l'observation des anciens Decrets, & au rejet de ces nouvelles inventions, qui sont plus pecuniaires que politiques, & de bonnes mœurs. Ce sont les libertez de l'Eglise Gallicane.

L'aide & le secours qui a été trouvé pour empêcher le cours des expeditions de Rome, qui se font contre ces anciennes Libertez, ou contre la forme qui a été reçûë en France pour en dispenser ; a été des appellations comme d'abus, dont l'adresse est toûjours aux Cours de Parlemens, qui representent au fait de la Justice l'authorité Souveraine du Roy. Le Roy par les saints Decrets est étably conservateur d'iceux *quatenus*, sa puissance temporelle s'étend donc, quand aucune expedition se fait à Rome contre ces Libertez & Decrets, il reçoit la plainte de ceux qui en sont vexez par voye d'appellation comme d'abus ; & est l'appel interjetté, non pas de l'octroy du rescript, qu seroit s'adresser contre le Pape *quod nefas est*, mais on appelle de l'execution du rescript, & on s'adresse contre l'impetrant, & celuy qui s'en aide, comme faisant par dol & par male façon, & comme ayant abusé de la facilité du Pape.

En passant, à l'égard des pensions, je diray qu'il me semble avoir à juste cause repris celuy, qui en l'Assemblée du tiers Etat vouloit soûtenir que les pensions étoient sans blâme faites és cas de droit, car nulle pension ne peut être creée és cas de droit, parce que toutes sont contre droit & par dispense & grace; aussi le Pape seul les crée. Or est la dispense contraire à droit, & me sembloit qu'il eût mieux dit les pensions creées és deux cas reçûs par usage en France.

DES ENTREPRISES DES PAPES ET DU LEGAT

QUI ESTOIT EN FRANCE POUR LA LIGUE.

Le mot Pape d'ancienneté étoit commun à tous Evêques, parce que c'est nom de Pere, & par excellence qu'on appelle Antonomasie. Ce nom est demeuré à l'Evêque de Rome ; Evêque, dis-je, parce qu'il a son Diocese à part comme les autres Evêques, & parce que par ses Bulles il ne prend autre titre que d'Evêque.

Outre la dignité d'Evêque, il a titre d'Archevêque, & a sa Province limitée comme les autres Archevêques, qui est le territoire entre l'ancienne Province de Pise & la Province de Capoue : ainsi qu'il est dit és Decretales antiques, au chap. *Jua nobis, extrà de officio Vicar.*

Les Cardinaux de trois sortes representent ce que dessus. Car les Cardinaux Prêtres sont les Curez & Recteurs des principales Eglises Parroissiales de Rome : Les Cardinaux Diacres sont ceux qui ont les autres Benefices de Rome, qui n'ont titre de Monastere, ny de Parroisse : Les Cardinaux Evêques sont les Evêque suffragans de sa Province, comme chaque Archevêque a des Evêques sujets à luy. Ce mot de Cardinaux Prêtres d'ancienneté étoit en usage és autres Eglises Cathedrales, comme il se void és anciennes Chartes de l'Eglise de Nevers, & és Epistres de S. Gregoire livre premier Epistre 18. & livre 2. Epistre 25. & liv. 7. Epistre 71.

Le premier établissement des Evêchez, Archevêchez, Primaties & Patriarchats, a été fait au tems que les Empereurs Romains commandoient à tout le monde, & ont été les dignitez Ecclesiastiques selon les degrez, établies és mêmes lieux, & selon les degrez des dominations temporelles. Rome étant la Ville Capitale de tout cét Empire, a eu le premier degré & la préeminance & préseance avant tous autres Evêques. Es Gouvernemens & Presidats sous l'Empire Romain, la Ville où étoit le premier & principal Siege d'une Nation, fût étably le Siege de la Primatie, & le Siege d'Archevêques és lieux où étoit le principal Siege de la Province ou Presidat : & ainsi selon les degrez, les Sieges d'Archevêchez & Evêchez.

Combien que le premier Siege appartint à S. Pierre, comme ayant été choisi par Jesus-Christ à cause de sa fervante amour, toutefois il ne l'exerça pas premierement à Rome, mais à Antioche, & étant en Jerusalem il eût agreable que S. Jacques qui en étoit Evêque presidât au Synode.

Quand le Siege de l'Empire Romain fût transferé à Constantinople, l'Evêque de Constantinople prétendit, à cause du Siege de l'Empire, avoir le premier rang és assemblées d'Eglise. La question fut terminée és deux Conciles Oecumeniques & universels de Constantinople premier, & de Calcedoine. Et fût arresté que l'Evêque de Rome auroit le premier rang, & l'Evêque de Constantinople le second rang, avec cette adjection de cause, parce que l'une étoit l'ancienne Rome, & l'autre la nouvelle Rome. Le païs proche de Constantinople se nomme Romanie, *Roma nea, Roma nova.*

Suivant ce, on lit és Histoires, aprés que Rome fut prise & possedée par les Gots, que Ravenne, où s'étoit reduit l'Empereur, prétendit le premier degré. La Ville de Treves és Gaules, parce que les Empereurs pour quelque-tems y ont residé, a prétendu droit de Primatie. Justinian, en l'une de ses Constitutions nouvelles, declare qu'ayant pour l'honneur de sa naissance étably une Ville de son nom, qui seroit Chef de la nation Illyrique, par la même raison le Siege Metropolitain de Thessalonique y fût transferé.

La Hierarchie Ecclesiastique étant ainsi ordonnée selon l'ordre de la domination temporelle, quand l'Empire Romain a été ruiné en Occident, & que les Rois de France, d'Angleterre & autres, ont maintenu avec raison avoir chacun droit d'Empire en leurs Royaumes, comme encore de present ils en usent, ils pouvoient avec raison ne reconnoître pas la Superiorité du Siege Romain, & se contenter de la Superiorité des Evêques

Evêques, Archevêques & Primats étans en leurs Royaumes.

De fait au tems de la premiere lignée de nos Rois, & sous Charlemagne & Louïs son fils, ont été sous leurs authoritez congregez Conciles Nationaux pour la direction universelle des Eglises de leurs dominations. Quoy que depuis trois ou quatre cens ans l'Eglise de Rome ait reprouvé tels Conciles nationaux; si est-ce que le grand Decret & les Decretales antiques sont farcies des authoritez desdits Conciles tenus à Paris, à Orleans, à Châlons, à Mâcon, & encore és Conciles nationaux d'Espagne, tenus à Tolede & à Bracara, sous les Rois Gots, & de plusieurs tenus en Afrique.

Mais nos Rois meus par honneste devotion, & sans necessité précise, reconnoissans que l'Eglise de Rome n'avoit jamais dévoyé de la vraye Foy & doctrine Chrétienne, ont de bonne volonté reconnu sa Superiorité, pour par ladite Eglise tenir le premier rang en la Hierarchie de l'Eglise Militante.

Cette Superiorité, même dés le tems de la vigueur de l'Empire Romain, n'étoit pas pour avoir commandement tranchant & absolu, mais pour avoir la préseance & le premier rang és Assemblées generales de l'Eglise, comme és Conciles universels, ainsi que sont les Presidens és Cours Souveraines de France, qui ont les premiers honneurs, mais à juger n'ont qu'une voix, & sont sujets aux jugemens des Cours esquelles ils president. Ce qui est reconnu esdits deux Conciles de Constantinople & de Calcedoine, esquels ce droit est representé par le mot Grec *ta presbeia*, qui signifie l'honneur d'ainesse ou primogeniture, ou bien l'honneur qui est dû aux plus âgez, quand plusieurs pareils sont assemblez. Il se lit és Epîtres de S. Gregoire Pape *in epistola 34. vel 78. lib. 4. epistol.* qu'il avoit en horreur de prendre le titre d'universel & souverain. De vray, si le Pape avoit à être universel, il faudroit qu'il fût élû de l'Eglise universelle, & non pas seulement des Beneficiers de la Ville de Rome, & des Evêques de la Province de Rome. Aussi il se trouve que les Empereurs commandoient d'assembler les Conciles generaux, & y presidoient avec les Papes. *Can. Aarianus 2. 63. dist. Can. continua 11. quest. 1.*

Cela étant ordonné par degrez, la proportion & analogie y est necessaire, autrement il y auroit confusion, & ne seroit pas ordre. Comme chaque Evêque a la jurisdiction entiere en son Diocese, & l'Archevêque qui est son Superieur, n'a droit de s'y entremettre, sinon quand il y a appel du Diocesain, ainsi qu'il est dit au chap. *Romana. de foro competenti in sexto.* Par la même proportion, ny le Primat superieur de l'Archevêque, ny le Pape de Rome superieur du Primat, n'ont droit de s'entremettre és affaires spirituelles qui se presentent és Dioceses & Provinces de leurs inferieurs, sinon en cas d'appel. *Vincent. in speculo historiali*, dit à ce propos, que la jurisdiction n'appartient à S. Pierre sinon en cas d'appel. Et à ce propos est le Decret *de causis* en la Pragmatique Sanction tirée du Concile de Basle. Et en cette jurisdiction spirituelle n'y a Arrest, sinon quand il y a trois Sentences deffinitives conformes; & n'est reçûë en France la forme de juger Consistorialement sans appel, quoy que pour le mariage d'un Prince une cause ait été jugée à Lyon ainsi.

Nous sommes contraints de confesser que les Papes n'en ont pas ainsi usé, & qu'ils ont mis la main par tout, & ont prétendu avoir concurrence & droit de prévention avec tous les Ordinaires Diocesains. Mais ce droit a été usurpé par eux depuis trois ou quatres cens ans, aprés que sous la tres-Chrétienne lignée de Huges Capet, l'authorité & la splendeur de l'Eglise fût rétablie, qui avoit été abbaissée & presque anneantie par les successeurs de Charlemagne. Aprés lequel rétablissement les Papes étans respectez par toute la Chrétienté, ils employerent leur authorité en toutes affaires indifferemment; & nos Rois par humilité & devote obeïssance, ont laissé passer beaucoup d'entreprises par connivence: ce qui n'a pû renforcer le droit du Siege Romain.

De fait, il se void que toutes les Decretales & Constitutions des Papes, qui parlent en fait de jurisdiction: qui parlent pour commander aux Evêques en autre cas que de ressort: qui par pretexte du fait de conscience & des sermens, raisonnent & decident des commerces entre les hommes: qui parlent des procez en matieres Beneficiales: qui parlent des collations & des dispenses de Benefices, au préjudice des collations ordinaires: qui parlent, & decident des differends entre les Rois & grands Seigneurs, en s'entremettant sans y être semons par les deux parties, sont du tems d'Alexandre III. Pape, qui étoit environ l'an 1154. & de ses successeurs.

En ce tems ont été mises sus les reservations que les Papes ont faites de plusieurs cas de conscience, pour en rechercher l'absolution d'eux; & quelque-tems aprés on a introduit les préventions és collations des Benefices, les privileges des Benefices vacans en Cour de Rome, que nul ne peut conferer que le Pape, la retention des biens des Ecclesiastiques qui meurent à Rome, les Commandes de Benefices, les resignations *in favorem*, les dispenses Beneficiales, les pensions, le dévoluts, les reservations des Benefices qu'on appelle Consistoriaux, les Annates, les dispenses de mariages, les regles des Chancellerie, qui pour la plûpart n'ont autre effet que de faire des prohibitions, pour sur icelles fonder des dispenses, & infinité d'autres inventions, qui ont affoibly le nerf de la discipline Ecclesiastique, & n'avoit autre but que pour remplir les coffres de la Chambre Apostolique; & sont tous droits usurpez, non approuvez par Conciles, mais tolerez par simples obeïssance & simplicité.

Cét Alexandre III. & aprés luy Innocent III. Honoré III. Gregoire X. Innocent IV. & sur tous & plus violemment Boniface VIII. & depuis Jean XXII. Papes, entreprirent de faire tête aux Empereurs & Rois, sous pretexte que lesdits Empereurs successeurs de Charlemagne disoient avoir droit de nommer & investir les Evêques, à la suite du droit de Charlemagne, & qu'ils y commettoient simonie, dont les Papes ne se sont abstenus par les Annates & Officiers; déposerent de l'Empire aucuns desd. Empereurs, & susciterent en Italie ces deux malheureuses factions des Guelfes & des Gibelins : La faction Guelfe se disant celle qui soûtenoit & défendoit les droits de la sainte Eglise Romaine, ainsi qu'il est recité par Paul de Castre Docteur és Loix, au Conseil 283. & dit qu'ainsi elle étoit qualifiée és Statuts de Florence de l'an 1350. Les Histoires donnent ample témoignage combien de maux sont arrivez par le moyen de ces deux factions, & de combien elles étoient éloignées de la Profession Chrétienne. Prenons garde que cette sainte Ligue ou sainte Union, ne fasse le pareil en France.

Mais en ce tems-là l'Eglise étoit en si grand respect, & les Excommunications si grandement redoutées, que chacun baissoit la tête & enduroit. Combien que lesdits Papes abusassent de leur authorité; car étans pour la plûpart venus de petit lieu, étans avancez à cause de leur grand sçavoir & de leur grande prudence humaine, & addresse qu'ils avoient en ces subtilitez de droit Canon, qui ont accoûtumé d'enfler le cœur des hommes, n'étans nourris en affaires d'Etat, & oublians la mansuetude propre & necessaire aux Ecclesiastiques, voulurent commander superbement selon leurs passions.

Cét exercice de commandemens superbes, intolerables & insolens, a blessé la patience des bons & fidelles Chrétiens, qui ont mis audevant les remedes ordinaires des anciens Decrets de l'Eglise, mémement en France aprés les superbes déportemens dudit Boniface VIII. ont été introduites les appellations comme d'abus, dont les Cours de Parlement connoissent, & par honneur on ne se dit pas appellant de l'Ordonnance du Pape, mais seulement de l'execution d'icelle, dont l'effet est semblable.

Es Conciles de Constance & de Basle, celuy de Constance de l'an 1417. & celuy de Basle de l'an 1437. & y avoit fort long-tems qu'il n'y avoit eu Concile, par l'avis & jugemens des Peres étans esdits Conciles, aucuns Papes ont été déposez & destituez du Papat, étans declarez indignes, à cause de leur vitieuse entrée, ou de leurs énormes déportemens.

Le Roy Louïs XII. & autres Princes de la Chrétienté, voulurent ainsi pratiquer contre Jules II. Pape, par le Concile de Pise : Mais ledit Jules venu de petit lieu, nay d'un pere Genevois, d'une mere Grecque, qui en acoucha sur mer, & neanmoins intolerablement superbe, aima mieux mettre toute l'Italie en combustion par armes, en y appellant les Allemans & les Espagnols, qui firent infinité de ravages avec sanglantes batailles, que de se soûmettre au jugement de l'Eglise, ou se reformer. Il avoit pris le nom de Jules pour representer la magnanimité de Jules Cesar.

Leon X. son successeur, ayant mis sus la Croisade mal à propos, & ayant donné à sa sœur Magdelaine de Medicis le profit de ladite Croisade en quelques Evêchez d'Allemagne, dont les Commissaires exercerent l'exaction indignement & avarement, donna occasion à Martin Luther de prescher contre les abus de la Cour de Rome. Au lieu de remedier au mal, en corrigeant ces abus, le Pape fulmina des Excommunications & interdits, dont Luther interjetta appel au futur Concile; & parce que nonobstant son appel on le poursuivoit, la chose vint en telle aigreur, que la plus grande partie de l'Allemagne a quitté l'obeïssance de l'Eglise Romaine.

Par ces argumens d'histoire, se connoît que ce n'est pas le bon remede pour exterminer l'heresie, & crier & corner la guerre, ny de fulminer des Excommunications & interdits, beaucoup mieux eût été & seroit, que les Ecclesiastiques qui desirent la guerre se reformassent, & commençassent à prescher, tant par bonne vie que par bonne parole & doctrine; & à leur exemple inviter chacun de s'amender. Les armes des Ecclesiastiques, comme disent les Decrets, sont les jeûnes, larmes & oraisons.

Le fait des armes n'est pas à desirer par ceux ausquels Jesus-Christ commande mansuetude & douceur, & veut singulierement que ses Sectateurs apprennent cela de luy, parce que la vertu d'un Chrétien se confirme & renforce en infirmité, & en endurant plûtôt qu'en se revanchant.

L'Empereur Charles V. invité & poussé par le Pape & par les Evêques d'Allemagne, entreprit la guerre contre les Heretiques d'Allemagne. Il eût une belle victoire, il eût ses prisonniers les Ducs de Saxe & Lantgrave de Hesse, Chefs d'iceux heretiques. Les Villes franches se rendirent à luy; & toutesfois bien connoissant par l'experience maîtresse, que ce n'étoit le propre remede. Il composa avec les Allemans par un *interim* & laissa cét affaire en repos.

Les Excommunications & Censures Ecclesiastiques ne doivent être précipitées ny fulminées soudainement, & doit-on bien penser aux inconveniens qui en peuvent arriver. Dont le plus grand est, que ceux qui se voyent excommuniez, estimant que ce soit injustement, quitent tout à plat l'obeïssance de l'Eglise Romaine, à quoy Monsieur le Legat doit bien penser, puis qu'ainsi est arrivé en Allemagne : Plaise à Dieu qu'ainsi n'arrive en France : Le dépit & l'injustice font quelquefois échaper la patience, soit ainsi que ce grand mal n'arrive pas. Par raison, & selon les anciennes loix de ce Royaume & Libertez de l'Eglise d'iceluy, le Legat quoy qu'il soit *à Latere* ne peut exercer sa Legation sans qu'elle soit reçûë par le Roy, &

que sur icelle il ait fait expedier ses Lettres Patentes, & lesdites Lettres verifiées és Parlemens ; & si autrement il faisoit on le pourroit tenir pour non Legat, & mépriser ses commandemens & ses censures ; même proceder contre luy extraordinairement comme perturbateur de ce Royaume, n'ayant pouvoir connu & manifesté. Autrefois la Cour de Parlement en ordonna ainsi contre celuy qui étoit envoyé par le Pape Benedict en l'an 1407.

Quoy qu'il eût pouvoir d'exercer sa Legation selon les anciens Decrets, il ne doit fulminer aucunes Censures, sinon aprés une contumace dûëment condamnée. Pour convaincre la contumace ; il faut appeller legitimement les personnes, chacun en son Diocese, & lieu non suspect, avec délais competens, car l'excommunication étant de si grande importance, ne se doit juger sans grande connoissance de cause, au chap. 1. *de sentent. excom. in vi.*

Que si on luy dit, bien qu'il soit Legat, ou que ce fût le Pape même qu'il n'est pas Juge és choses spirituelles de ce Royaume en premiere instance, ny autrement qu'en cas d'appel : mais que la connoissance appartient aux Evêques Diocesains pour juger sur les lieux, & bien qu'il y eût cas d'appel ou semblable que le Pape par le Decret de causes, doit déleguer des Juges *ad partes*, qui soient originaires de France. Ce qui est loisible de dire nonobstant la puissance Souveraine que le Pape dit avoir : Car selon les anciens Decrets, la puissance souveraine du Pape est puissance reglée, & non pas puissance absoluë. Et en ce point consiste l'intelligence des Libertez de l'Eglise Gallicane ; à sçavoir, de n'être sujette à toutes les Constitutions que les Papes ont faites en leur faveur, depuis trois ou quatre cens ans en ça, de tant que par icelles la Chambre Apostolique est enrichie au détriment de ce Royaume. La police & discipline Ecclesiastique enervée, & n'y a rien d'avancement par icelles au fait de la vraye Religion. Saint Ambroise Evêque de Milan jugea en son Diocese l'Empereur Theodose, qui lors se trouva en iceluy, & ne le renvoya pas au Pape de Rome, dont est la source de cette belle loy, *L. si vendicari C. de pœnis.*

Peut être ...tte sainte ...gue & ...tion, est ...pellée par ... Pape & ...entats ...Italie, qui ...tans que ...François ...en ...n'al- ...ent re- muer des affaires en Italie, nous retiennent en nôtre pais en nous ...en chemin, de ...per la gorge les uns aux autres.

Peut-être l'on passera outre pour être appellant au futur prochain Concile, tant de la Commission du Pape & de l'execution d'icelle. Le Pape est sujet au Concile General, comme il est déterminé és Conciles de Constance & de Basle, & peut-être appellé de luy au Concile. Ainsi ledit Ludovic. Roman. *consil.* 521. & que simplement on se peut soustraire de son obeïssance, quand il commande chose notoirement injuste, & qui emportat le trouble de l'Eglise. Ainsi dit Zabarella, qui étoit Cardinal de Rome *cons.* 150. Même avant l'execution, car en tel cas, il est loisible d'appeller *à futuro gravamine*, quand la Sentence doit apporter un grief irreparable, ou mal-aisé à reparer.

Peut-être l'on passera encore plus outre, à dire tout à fait, que le Pape n'a aucune puissance sur nous ; en ce qui est de la police, des mœurs, & du gouvernement exterieur de l'Eglise de France ; puisque les François n'ont jamais été sujets aux Romains, & que le Royaume de France a les droits d'Empire ; & puisque la puissance souveraine du Pape, audit fait de la police & gouvernement exterieur dépend de la Souveraineté que Rome avoit au temporel, lors que le Siege de Saint Pierre fût étably à Rome. Ce qui se peut dire sans être heretique ny schismatique, car nous tenons la même doctrine en ce qui est de la Foy Chrétienne, comme fait l'Eglise Romaine, qui est la même Foy de Saint Pierre, qui n'a point défailly, & sur cette fermeté de Foy est fondée l'Eglise. Et quant au fait de schismatique, nous dirons que nos Evêques, Archevêques & Primats ont leur vocation legitime, & par succession des Apôtres, que nous tenons les Decrets des anciens Conciles Oecumeniques, & que de tout tems chacune Nation a sa police distincte, qui n'est par necessité liée avec celle de l'Eglise de Rome. Nous lisons és histoires & livres approuvez, que les Empereurs & Rois ont étably des loix pour la direction de la police de l'Eglise & mœurs Ecclesiastiques, comme il se void au Code & és Novelles Constitution de Justinian, és Capitulaires de Charlemagne, & de Loüis son fils, és loix de Philippe Auguste, S. Loüis, & Philippe le Bel. Le Roy Charles VII. authorisa la Pragmatique Sanction. Ainsi & pour même raison fût pratiquée par l'Eglise de France assemblée à Bourges, quand elle accepta aucun Decrets du Concile de Basle, au fait de la police Ecclesiastique, & les autres non, parce que telle chose peut être utile à une Nation qui ne sera à l'autre. Et avec cette distinction doit être reçû le Concile de Trente ; à sçavoir, quand à la doctrine Chrétienne, & de la Foy simplement, & sans modification, & pour la police avec modification, sans déroger aux Libertez de l'Eglise de France. Et ne sera sans exemple approuvé, si l'Eglise de France élit un Primat ou Patriarche, pour être Chef de son Eglise Gallicane : car ainsi se faisoit en Affrique, ainsi que dit S. Gregoire Epistre 72. *lib.* 1. & n'avoit pas un certain siege, ny selon l'antiquité ou dignité de son ordination ou Siege Episcopal.

Doit aussi Monsieur le Legat bien considerer, que ce seroit une grande ingratitude & grandement déplaisante à Dieu, si on donne occasion à ce Royaume de se diviser, & perdre comme il est en peril, si ledit Seigneur exerce aigrement sa Legation, même si l'étranger y est admis, puisque le Siege Apostolique Romain a reçû tant de bien-faits de cette Couronne, par l'extermination des Lombards qui presque avoient exterminé la puissance du Pape, par la donation de l'Exarcat, qui est la Romagne, par la donation de la Ville & Territoire de Rome, qui est de Loüis Empereur François, & non de Constantin *can. ego Ludovicus* 63. *dist.* car Constantin ne fit point la donation : les Empereurs Theodose, Constance, & autres y ont depuis commandé; En la Legende de la Fête de Toussaints, se lit que le Pape Boniface demanda à Phocas le Temple de Panteon, pour le dédier sous le nom de tous les Saints, & est aujourd'huy Sainte Marie Rotonde : ç'a été plus de 250. ans aprés Constantin : par la reconqueste de la Terre Sainte : par le rétablissement de la feudalité des Royaumes de Naples & de Sicile, dont ledit Siege Romain avoit été dépossedé : & par une fidele, devote, & perpetuelle obeïssance, que le Royaume de France a toûjours porté au Siege Romain, qui a retenu le reste de la Chrétienté en la même obeïssance, sinon en tant que le Pape exercé trop grande aigreur contre aucunes Nations.

Doit aussi considerer que le Pape, ny luy, ny aucun autre Ecclesiastique, n'ont aucun pouvoir sur le temporel & Etat des Royaumes & auparavant ledit Pape Alexandre III. nul de ses predecesseurs ne l'avoit entrepris. Mais luy & ses successeurs prenans le premier pretexte que les Empereurs qui prétendoient les Investitures des Evêchez, selon le privilege concedé à Charlemagne, y commettoient simonie, entreprit de les excommunier, & par la consequence de l'excommunication les declarer indignes de l'Empire; & depuis entreprirent à soûtenir, que vaquant l'Empire ils avoient droit de l'administrer. Mais les seuls Ecclesiastiques & les Guelfes ont crû cela : & on a veu combien de maux en sont arrivez en Italie sans aucun profit : & ordinairement tels remuëmens sont arrivez du tems des Papes venus de petit lieu, comme desdits Alexandre III. Innocent III. Boniface VIII. Jean XXII. Jules II. & Henry de Medicis.

Nous François entre-nous, devons considerer qu'il y a onze cens ans & plus, que cette Monarchie subsiste en viguer par bonnes loix sous une Monarchie : La conservation de l'ancienne usance, est la manutention de l'Etat. L'Etat de soy est Monarchique, s'il se trouve sans Roy, ou qu'il y ait débat de la Couronne, pour ce tems-là c'est une democratie en la tenuë des Etats, comme fut lors que la Couronne étoit en débat entre Philippes de Valois, & Edoüard Anglois. Le Roy ou les Etats doivent établir un Lieutenant General en ce Royaume; si autrement il est étably, il n'a aucun pouvoir, mémement les Princes du Sang, les Pairs & Officiers Generaux de la Couronne, qui sont du corps des Etats, & la principale partie des Etats y doivent avoir voix.

Ceux de Paris n'ont aucun pouvoir seuls, car les Cours Souveraines qui y sont n'ont pouvoir, sinon és causes des particuliers, & nullement és affaires d'Etat comme sous Charles IX. à sa majorité à Roüen. Le peuple de Paris n'a pas plus de pouvoir qu'une Ville Capitale de Province, comme il se reconnoît és Etats Generaux de France, & en la redaction des Coûtumes.

C'est témerité à eux de se comparer à Rome, car le peuple Romain avoit de luy-même étably l'Empire Romain, & il étoit aussi Seigneur de l'Empire : Mais tout le peuple de France a étably cette Monarchie. Paris a reçû cét honneur à cause des grandes commoditez qui y sont, que les Rois y ont étably leur principal Siege.

Il n'est pas raison aussi qu'ils fassent la loy à tout le reste du peuple, qui a à se plaindre d'eux autant ou plus que d'autres oppresseurs; car ceux de Paris ne sont riches que des dépoüilles & miseres du reste de la France, & ils ne demandent que de se conserver en cét Etat, qui ne peut être sans la ruine des autres.

Avec ce que la vocation de ce Lieutenant General n'est pas legitime, il se void à l'œil que ceux de ce party se declarent comme exterminateurs, & non pas comme conservateurs de l'Etat. Quand au menu peuple qui ne void pas loin devant ses pieds, il est facile à abuser par ses beaux diseurs, qui leur prêchent la Religion Catholique, & le zele d'icelle, eux ayans les mains sanglantes & leurs bourses pleines de rapines. Ce pauvre peuple est à plaindre : Les autres grands plus clair voyans & de plus loin, qui sçavent bien leurs fautes être horribles & sans excuse, font tout au pis qu'ils peuvent, pour empêcher une reconciliation, aprés laquelle telles fautes ne pourroient demeurer sans punition.

Les avis & moyens sont violens & sanguinaires, s'ils viennent des Ecclesiastiques, c'est chose indigne de leur profession, s'ils viennent de gens guerriers, ce sont exterminateurs, & non pas conquerans. Tous grands Capitaines ont fait la guerre guerroyable à cause du douteux évenement d'icelle. Si ce sont gens communs non maniez en affaires, ce sont tres-perilleux conseils, le commun peuple, ou il obeït bassement, ou il commande superbement.

Prenons garde que ce zele fervent & indiscret de la sainte Union n'engendre en France le même effet, qu'on dit être arrivé en Italie par les factions des Guelfes & des Gibellins. Les Guelfes se disoient défenseurs de la querelle de la sainte Eglise Romaine. La verité est qu'une guerre civile ne peut produire autres effets que de ruine. Claudian dit qu'en icelles c'est chose miserable d'être vaincu, c'est chose honteuse d'être vainqueur.

Peut-être que cette sainte ligue est pour empêcher que les François en repos n'aillent visiter l'Italie.

Il se lit que lors du siege de Jerusalem les Romains étans devant, aucuns Juifs du nombre des assiegez, se nommerent Zelateurs de la loy, & persuaderent au peuple de ne faire aucune composition. La famine étant survenuë dans la Ville, ces Zelateurs ayans les armes en main, ravirent pour eux tout ce qui étoit de vivres; & au reste du peuple, la necessité fut si grande, qu'aucunes meres mangerent leurs petits enfans.

Ils disent nous aimons mieux mourir avec toutes les miseres, que nous départir de nôtre Relion Catholique. Ils disent bien & vaut mieux mourir de vray; mais nul ne les force ny ne fait contenance de les forcer. Ils disent que le Roy de Navarre est Heretique, & s'il est Roy qu'il les forcera : Sur quoy se peut dire qu'il est Prince du Sang Royal de France, descendu en droite ligne masculine du Roy S. Louïs, honneur en sainteté de cette Couronne. Il est issu du côté de sa mere des Maisons d'Albret & de Foix, qui étans originairement de simples Gentilshommes, se sont trouvées si genereuses, que ceux de ces maisons ont épousé des heritiers de Navarre, des sœurs & filles de Rois de France, & sœurs de Reynes de France. En ce lignage il ne faut rien craindre de cruauté ny de double visage, ny de contrainte fâcheuse : Plûtôt est à esperer, que les prieres de ce bon Roy S. Louïs bien agreables à Dieu, convertiront le cœur de celuy-cy descendu de luy, pour le reduire à la même Foy, dont ledit Roy S. Louïs a fait si grande profession. Les prieres de sainte Monique ramenerent à la foy S. Augustin son fils, qui jusques à trente ans avoit été heretique, ou plûtôt Atheiste-Manicheen.

La Reyne d'Angleterre n'est pas en pareil cas, car elle ne peut être Reyne si elle ne contredit à l'Eglise Romaine; parce qu'elle est née d'un second mariage fait du vivant de la premiere femme de son Pere Henry VIII.

Ne pensent-ils point que l'évenement de la guerre est douteux, que si Dieu pour punir les pechez des Catholiques, & parce que ses jugemens qui sont ocultes ne sont jamais injustes, permet que l'armée des Catholiques soit vaincuë. Les plus gens de bien & plus vaillans vray semblablement mourant, & le vainqueur aura moins de pitié des vaincus, & peut-être étant irrité fera ce dont il s'abstiendroit, quand on traiteroit avec luy. J'entends traitter à la charge de se conserver en la Religion Catholique, & en avoir toutes seuretez propres.

On a essayé en France vingt-sept ans durant par les armes de vaincre les Heretiques, & on n'a sçû y rien faire lors que la France étoit florissante, & avec beaucoup de Noblesse & de richesses. Que fera-t'on aujourd'huy, que les deux tiers des hommes valeureux y sont peris, & la France pauvre & miserable. L'exemple du passé doit à moyen sens engendrer prudence.

On a asseurance ce dit-on du Roy d'Espagne, qui se rend protecteur de l'union des Catholiques, & doit aider de ses forces & deniers : que s'il y a peril, c'est un appuy fait sur un bâton de canne ou roseau, comme le Prophete Isaye dit du Roy d'Egypte, que les Hebreux appellent en ayde. Il n'est pas assez fort pour s'appuyer, il se rompt, & blesse celuy qui s'en ayde. Il n'est pas à croire que le Roy d'Espagne soit plus curieux de nous conserver en nôtre Religion, qu'il est d'y conserver la Hollande & Zelande, qui sont de son patrimoine, & les Montagnes de Grenade, où il y a encore de l'Inquisition pour le Maranisme, & pour l'Heresie.

Il ne viendra pas en personne, car l'Espagne qui est menassée des Mores Mahumetans, ne l'auroit pas agreable, & il n'y commande pas absolument. Aussi il est âgé de soixante & trois ans, qui n'est pas âge d'entreprise. On peut penser quel bon traitement on auroit des Lieutenans qu'il envoye, comme les Païs-Bas ont eu du Duc d'Albe & autres.

Puis il ne faut pas faire si grand état de la fermeté des Espagnols en la Religion Catholique. L'on sçait la distinction qui est en Espagne des Chrétiens anciens & Chrétiens nouveaux. En Italie le proverbe est du Pecadille, qui est le petit peché d'Espagne, de ne croire pas en Dieu. L'Evêque de Chartres Mille d'Illiers envoyé en Ambassade en Espagne, par le Roy Louïs XI. sur ce qu'on luy disoit que le Corps de Nôtre Seigneur qu'on porte aux malades, n'étoit pas si bien accompagné en France, répondit qu'en France il étoit en toute seureté, & n'avoit besoin de si grande compagnie. Aussi l'Inquisition rude comme elle est, a été mise sus audit païs, parce que la Foy y étoit foible & en peu de vigueur.

L'exemple du déportement des Espagnols és Païs-Bas, au Duché de Milan, au Royaume de Naples, & au Perou, nous doit faire connoître l'Espagnol, qui de vray est bon guerrier; mais il est superbe, méprisant toute autre nation, intolerable & avare. Le tout avec extremité.

Doncques, tout bien consideré & comparé l'un à l'autre, nous trouverons avoir meilleur compte, d'avoir nôtre recours à Dieu, nous humilier devant sa Justice, reconnoître nos fautes & nous amander, nous employer aux œuvres charitables, & en aumônes, jeûnes, larmes & oraisons, pour appaiser l'yre de Dieu; & étans en cét état requerir son aide, & attendre conseil de luy, sans nous départir des moyens humains, qui peuvent être de supplier Monseigneur le Cardinal de Bourbon, qui déja est vieil, de s'accommoder avec son neveu le Roy de Navarre, & traitter avec luy, en sorte qu'és villes esquelles la Religion Catholique est en bonne vigueur, elle y soit entretenuë, & sur ce prendre seuretez convenables, & prier Dieu pour ceux qui sont és villes, qui deja sont détenuës par ceux de la Religion contraire, avec esperance qu'une bonne paix ramenera tout à un troupeau plus facilement, & plûtôt que la guerre.

QUE LES MAUX DE LA FRANCE PENDANT LA Ligue venoient faute de reformation, principalement de l'Etat Ecclesiastique.

SI je voulois reprendre la cause de nos maux des les deux œufs, comme dit le Proverbe, je commencerois en l'année mil cinq cens dix-sept, quand pour agréer au Pape Leon X. Florentin de la Maison de Medicis, le Roy François I. luy accorda l'abolition de la Pragmatique Sanction, tant odieuse aux Papes, à cause du premier Decret d'icelle, qui porte que le Concile universel de l'Eglise legitimement assemblée, à sa puissance immediatement de Dieu, pour reformer l'Eglise au Chef & aux Membres. Et que pour contréchange de cette gratification, le Pape accorda aux Rois de France la nomination aux Evêchez, Abbayes, & Prelatures électives vacantes, à la charge des Annates revênans en la Chambre Apostolique. Les Concordats faits à cét effet, ont été cause du grand déreglement que depuis ce tems nous avons veu en l'Eglise, en tant que les Chefs d'icelle, n'étans pas appellez selon les anciens Decrets, ny bien legitimement pour la plûpart, ont gouverné le troupeau comme mercenaires. A la suite des Concordats, j'alleguerois, que pour acquerir credit & faveur en Italie pour le recouvrement & conservation des Duchez de Milan & Royaume de Naples, on a persuadé à nos Rois d'entendre à des alliances, des protections & intelligences qui étoient poursuivies par aucuns Potentats d'Italie & autres, afin de venir à chef de leurs ambitieuses entreprises: & en la plûpart d'icelles les Papes ont été mêlez, les uns pour faire leurs maisons grandes, les autres pour prendre vengeance d'aucuns leurs ennemis: eux étans de maisons petites, qui s'étoient accreuës és villes de leurs naissances & en Cour de Rome. Car les Maisons genereuses d'Italie, esquelles il y a fort grand nombre d'excellens Generaux & Capitaines, vrais successeurs de la valeur Romaine, comme entre autres est la Maison de Mantouë, n'ont jamais employé ce credit de l'Eglise, ny des biens d'icelle, pour acquerir plus haut degré. Je ramentevrois aussi le regne du Roy Henry II. qui étant bon Prince & facile, étoit gouverné & manié par trois personnes, dont Brusquet prit occasion de dire en riant, qu'il étoit logé en Cour à l'enseigne des trois Rois. De ces trois l'un tenoit le premier rang, & les deux autres par le moyen d'elle, & des alliances qu'ils pourchasserent en sa maison, essayoient de gagner les premiers degrez de faveur: tous deux de vray grands Capitaines, & meritans de hautes & grandes recompenses. Mais étans tous deux competiteurs pour avoir le premier rang en cette faveur, entrerent en jalousie, & lors qu'il y avoit un projet fait pour éloigner l'un des deux, la mort inopinée dudit Roy Henry arriva, & celuy qu'on pensoit éloigné, par ce nouveau regne se trouva le plus prochain de la faveur. Les Princes du Sang Royal, mécontens du peu de respect qu'ils estimoient leur être porté, au maniément des affaires auprés d'un jeune Roy, d'autre part entrerent en mécontentement: & en cét endroit fut la source des divisions & partis qui furent faits par la voye des armes au fait de la Religion: qui depuis se sont entretenus, & sont encore en opinion, qu'à escient on a laissé en vigueur les deux partis, pour selon qu'il arrive és guerres civiles, faire aller par terre les plus genereux & gailards guerriers, & venir plus assûrement à chef du reste. Ces divisions ont engendré les maux esquels nous sommes, par apparence. Mais en effet les maux que nous avons viennent du grand déreglement qui a été & est en l'Eglise, du mauvais conseil que les Rois ont eu, avec lequel la Justice a été profanée, la Noblesse affoiblie, & le peuple du tiers Etat opprimé en telle sorte, que bien à peine luy reste le soûpir pour se plaindre. Le corps Politique de ce Royaume, s'étant dés longtems remply de toutes les mauvaises humeurs, que chacun ordre a pris plaisir d'entretenir & accroître; enfin cette grande, violente, & furieuse maladie de la division par guerre civile est saillie, qui a tellement travaillé & affoibly ce pauvre corps, qu'il semble être prêt de rendre les abbois. Et la plûpart de ceux que l'on estime avoir pouvoir de le guerir, ne se soucient pas d'y chercher les vrais remedes. Les gens d'Eglise, qui representent le chef de ce corps.

n'ont eu aucun soin de se reformer en leur vie domestique, & de prêcher autant bien ou plus par exemples de bonne vie, qui est la vraye predication, que par paroles; ne se sont rendus charitables envers les brebis de leurs troupeaux, ny été soigneux de leur administrer en personne la parole de Dieu & les Sacremens, mais pour la plûpart ont seulement regardé au revenu, en mettant des Vicaires & Commis, qui sont Pasteurs mercenaires; les brebis destituées de vray Pasteur se sont égarées, ont ouï les douces paroles des Heretiques, & plusieurs ont adheré à eux. Ceux qui se sont dévoyez ne sont pas à excuser, leurs fautes les condamnent. Mais les Pasteurs en rendront raison devant Dieu. Toutesfois les gens d'Eglise crient & cornent la guerre par toute la Chrétienté contre les Heretiques pour les exterminer, & font tous leurs efforts pour y parvenir. Mais dés le commancement de cette saillie de mal, avant qu'il eût pris si grand accroissement, ils eussent mieux fait de se reformer eux-mêmes, & commencer à prêcher par bonnes & saintes œuvres, d'être en personne continuellement auprés de leurs troupeaux, pour contenir en devoir ceux qui n'étoient pas dévoyez, & ramener à la bergerie ceux qui s'en étoient éloignez; & faire tout le devoir de bons Pasteurs. L'Eglise a été premierement établie par sainteté de vie, & par la predication de la parole de Dieu, a été confirmée par le sang des Martyrs, entretenuë par les saints Docteurs Confesseurs, qui ont vivifié leurs predications par leur bonne vie. Il est donc bien-seant, quand l'Eglise est déreglée de la reformer, par le rétablissement des mêmes moyens, par lesquels elle a été si bien établie. Ceux qui veulent guerir la maladie sans purger le corps des humeurs perverses qui sont causes du mal, sont ignorans Medecins. En ce corps Politique le Roy avec sa Noblesse, represente le cœur qui est le commancement du mouvement, qui donne au reste du corps la vie & la vivacité, & selon qu'il est bien composé, tout le corps a ses fonctions bonnes. Le mauvais conseil s'est insinué aux faveurs & bonnes graces des Rois, comme flatteurs ont accoûtumé faire, a persuadé aux Rois de nommer aux Evêchez & Prelatures plusieurs personnes indignes: de multiplier les Offices, de vendre les Etats de Judicature, dont est avenué la venalité & le contemnement de Justice: de mettre sus de nouvel infinité de subsides, & augmenter intolerablement les anciens. A la suite & exemples des Rois, plusieurs Gentilshommes ont vexé leurs sujets: à quoy ils ont été plus facilement porté, parce que par leur devoir étans employez aux guerres és Compagnies des Ordonnances, ils n'ont été payez de leurs soldes, dont est arrivé la ruine de plusieurs, qui se sont appauvris, & les autres se sont retirez à my-chemin, pour ne tomber en cette misere de pauvreté; ensorte que les Ordonnances de Gendarmerie, qui souloient être la terreur de toutes les autres nations de la Chrétienté, se sont trouvées remplies pour la plûpart de personnes roturieres, qui n'ayans pas l'honneur en si grande recommandation, se sont mis à vivre sur le bon-homme & le piller comme le soldat à pied, qui aussi n'est payé de sa solde, a accoûtumé de faire. Les Bourgeois, Marchands, & autres gens du tiers Etat, abandonnans la Marchandise & autre trafic d'honnête valeur & industrie, se sont portez aux Etats, dont la multitude s'est trouvée si grande, qu'és Villes se voyent plus d'Officiers que de Marchands, & tous ses Officiers ayans leur attenduë sur l'oppression du reste du peuple, qui est des Artisans & des Laboureurs: & le comble du malheur a été quand on a remontré tous ces inconveniens; ceux qui étoient proche des Rois ennyvrez des grands bien-faits & de la faveur de leurs maître, & leur sain jugement étant égaré, ont crié aprés les pauvres complaignans, les appellans seditieux & rebelles. Ce sont les humeurs peccantes qui ont attiré cette grande maladie au corps Politique de ce Royaume, dont la guerison dût être par un regime dietetique, par évacuation douce desdites humeurs, par renforcement du corps affoibly, en le paissant spirituellement, & luy donnant moyen d'être repû corporellement, par diversion des causes plus prochaines du mal, en les éloignant des parties nobles. Et non pas avec remedes violens de la guerre, des armes & des malheurs que la guerre a accoûtumé d'attirer avec soy, en peril de mettre la vie hors de ce repos plûtôt que la maladie.

L'Etat Ecclesiastique, és mains duquel est la science, comme il est dit que les levres du Prêtre sont gardiennes de la science, devoit accourir le premier à annoncer le mal, à rechercher les remedes pour le guerir, & pour mieux guerir les autres se guerir les premiers, & procurer toutes choses propres pour divertir le mal & l'évacuer, pour appliquer douces medecines à ce corps de si long-tems malade & affoibly, pour le confirmer & renforcer. Mais ils se sont avisez de mettre en avant les remedes violens de la guerre, qui peut-être eussent été plus tolerables à demander par le second Etat nourry aux armes; & étoit à eux de temperer leur ardeur, non pas à l'exciter, tant à cause de leur profession qui leur enseigne toute mansuetude, selon la doctrine de Jesus-Christ; comme aussi parce qu'il est mal-seant à celuy qui est exempt du peril de la guerre, de semondre les autres à un fardeau qu'il ne voudroit aider du bout du doigt à supporter. Ils disent, nous contribuerons de nos biens: on leur répondra que leurs biens sont les biens des pauvres; & si de long-tems ils les eussent employez à leur droit usage, ils n'eussent vécu en si grand aise du corps, & leur esprit eût été plus prompt à exercer leurs charges spirituelles, & tant d'ames ne se fussent dévoyées & perduës, puis ils offrent ce qui n'est pas à eux. Et és derniers Etats de Blois, ils employerent toute leur étude & industrie, pour persuader aux deux autres Ordres, de requerir avec eux, que le bien de l'Eglise ne pût être allicné, sans la permission du Pape & authorité du Roy, à moins que ce fût pour la guerre contre les Heretiques, laquelle toutefois ils demandoient instamment. C'étoit afin que comme leurs personnes sont exemptes d'aller à la guerre, aussi leurs biens en fussent exempts, & eussent bon moyen de vivre à leur aise, lors que le reste du monde seroit au malaise de la guerre. C'est un argument de grande charité. Nous confesserons, & il est vray, que l'état & Ordre Ecclesiastique est tres-saint, que l'Eglise est l'Epouse sans macule & sans ride, mais les vitieux Ministres ont grandement décoloré sa face, comme si elle avoit été à un soleil trop ardent. Elle a eu diverses persecutions, la premiere a été par l'épanchement du sang des Martyrs, & elle a été renforcée & confirmée. La seconde persecution par les Heresies, a été vers la fin du premier grand an aprés la venuë de Jesus Chist en ce monde; le grand an étant de 532. ans, quand les cours de vingt-huit & dix-neuf est multiplié l'un par l'autre, en la fin de ce grand an elle a été persecutée par les Heresies, & les Heresies ont été vaincuë par la sainteté de vie, sainte & soigneuse doctrine des bons Docteurs & saints Confesseurs. Au cours du second grand an, elle a été grandement obscurcie par l'ignorance & impureté de vie des Ministres d'icelle, & à la queuë de ces inconveniens, les Empereurs Rois & Seigneurs temporels, vers la fin du second grand an, l'ont quasi toute dépoüillée de son authorité, & de ses biens temporels, en conferant les Evêchez, en baillant en fief les Abbayes & autres Benefices, en allienant les Dixmes. En ce second grand an l'Eglise fut pour quelque peu de tems soulagée & rétablie en sa splendeur, par Pepin, Charles le Grand son fils, & Loüis Empereur fils dudit Charles : mais ce bien ne dura gueres, parce que les successeurs suivans l'opprimerent plus qu'elle n'avoit été auparavant, aussi cette lignée alla de jour à autre en empirant, jusqu'à ce qu'elle fut ruinée du tout. Sur le commancement du tiers grand an, vint à la Couronne l'heureuse ligneé de Hugues Capet, heureuse, dis-je, tant parce que jusqu'à present elle a duré en ligne masculine, plus que les deux autres lignées des Rois precedens. Comme aussi parce que sous icelle, les vrais & anciens François, furent reintegrez en leur ancienne faveur, dont ils avoient été dépoüillez & destituez par les Rois de la seconde lignée, descendus de Charles Martel; lesquels Rois étans Austrasiens, plus tenans de l'Alleman que du François, avoient déferé les honneurs & dignitez de ce Royaume aux Etrangers, en déprimant les anciens & vrais François, & ledit Huges Capet étoit descendu en droite ligne masculine des Princes de Saxe, qui étoit l'origine des anciens François : & sur ce, je diray en passant, que ceux qui disent qu'Hugues Capet étoit usurpateur de la Couronne, sont mauvais Historiens & mauvais François, car ledit Hugues fut appellé legitimement à la Couronne par les vrais François, successeurs de ceux qui avoient aydé à conquêter les Gaules sur les Romains. Mais Pepin fils de Charles Martel étoit vray usurpateur, s'étant aidé de l'occasion de la pusillanimité & faineantise d'aucuns Rois de la premiere lignée; & ayant en sa main les forces de France, il les employa pour mettre la Couronne en la tête de son fils. Et n'est pas à propos ce qu'on dit, que le Pape Zacharie approuva sa vocation : car en ce tems-là les Papes n'avoient étendu si avant leur pouvoir, pour se dire Superieurs des Royaumes; ç'a été plus de quatre cens ans depuis, comme il sera dit cy-aprés. Mais parce que les Papes de Rome ont été toûjours honorez & respectez par les Chrétiens, les François prirent avis dudit Zacharie sur cette grande mutation. Heureuse, dis-je derechef, cette lignée de Hugues Capet, parce que sous la domination d'icelle l'Eglise a été rétablie en son ancienne splendeur & authorité, les Nobles François reintegrez en leurs anciens droits & faveurs, avec quelque augmentation, en ce que les fiefs de dignité furent faits patrimoniaux & hereditaires *ad instar*, que les Empereurs de Germanie, même l'Empereur Conrard avoit fait environ le même-tems; la Justice a été bien administrée, & le peuple du tiers Etat gouverné en douceur avec bonnes loix.

Au commancement de la domination de cette lignée de Huges Capet, qui étoit le commancement du tiers grand an, les élections des Evêchez, Abbayes & Prelatures furent remises sus. Les concessions des Abbayes & autres Eglises en fiefs furent aneanties. Et quant aux Dixmes Ecclesiastiques infeodées, fut déterminé qu'elles demeureroient pour ne faire un trop grand changement. Plusieurs Ordres de Religions Monastiques furent instituez, & par la sainte vie & bonnes predications des Religieux, plusieurs grands Seigneurs furent invitez de mettre és mains des Ecclesiastiques, les Dixmes, & autres droits Ecclesiastiques qu'ils tenoient. Ce même-tems produisit cette mémorable entreprise, qui jamais n'a eu sa pareille, par la conquête de la Terre Sainte. Mais il n'arrêta pas plus de cent cinquante ans, que les Papes & les Evêques, se voyant reintegrez, honorez & respectez, ne se contenterent pas de leur dignité spirituelle, mais voulurent mettre la main aux dominations temporelles, & à la jurisdiction sur les personnes layes. Quant aux dominations temporelles le pretexte fut tel. Auparavant Pepin & Charlemagne, l'Italie étoit malement vexée par les Lombards d'un côté, & par les Sarrasins venus d'Affrique d'autre part. Pepin & Charlemagne dompterent les Lombards, & aneantirent leur Royaume. Charlemagne fut declaré Empereur d'Occident, par le Pape & par les Romains, du consentement de l'Italie en ce qui est deçà Rome; & y en eut convenance avec l'Empereur d'Orient, qui dés long-tems auparavant étoit si foible, qu'il n'avoit moyen de secourir l'Italie. L'autre partie d'Italie par delà Rome, demeura à l'Empereur d'Orient. Aprés ce département ainsi fait, Charlemagne appliqua à l'Empire ce qu'il avoit conquêté sur les Lombards, & octroya à l'Eglise

glise Romaine la Ville de Rome, & le territoire d'icelle, & cette partie de la basse Italie que les Empereurs d'Orient souloient tenir sous le titre d'Exarcat, dont le principal siege étoit Ravenne, & fut ce territoire de l'Exarcat appellé Romagne. Les Papes faits Seigneurs de Rome, s'imaginerent qu'ils devoient avoir la domination temporelle, telle que les Romains au tems de leur Empire avoient sur toutes les Nations de la Chrétienté. Et pour de plus authoriser cette opinion; ils ont fait écrire l'histoire de la donation de Constantin, qui est convaincuë d'être non veritable par toutes les autres histoires; par lesquelles appert, que depuis Constantin, Constance, Julian, Theodose & autres Empereurs, ont commandé absolument à Rome. Même il se lit en la Legende de l'Eglise à la Fête de Toussaints, que le Pape Boniface impetra de l'Empereur Phocas un Temple étant à Rome, dit Pantheon, qui durant le Paganisme avoit servy comme un recueil pour l'adoration de tous les Dieux, & s'appelle aujourd'huy sainte Marie Rotonde : ce qui a été plus de cent cinquante ans aprés Constantin. L'autre pretexte a été, parce que depuis Charlemagne les Empereurs d'Occident ont été oints, & ont pris leur couronne Imperiale à Rome par les mains des Papes, & de là ont voulu inferer une superiorité. Mais cét argument est bien foible, comme si l'Archevêque de Reims & l'Abbé de saints Denis étoient superieurs du Roy de France, parce qu'ils oignent & couronnent le Roy. Or cette ceremonie est pour reconnoître par les Empereurs & les Rois, que Dieu est leur seul superieur, & que de luy sont mouvans immediatement les Empires & Royaumes; & par le ministere des Papes & Evêques est témoignée la mouvance susdite. Aussi est bien-seant qu'és mains des superieurs Ecclesiastiques les Empereurs & Rois fassent profession de leur foy Catholique, sans laquelle ils ne peuvent être Empereurs & Rois sur les Chrétiens. Avec ces pretextes les Papes commancerent à commander aux Empereurs : & ce qui rendoit leurs commandemens de plus grande efficace, étoit l'excommunication & l'interdit, lesquelles censures en ce tems-là étoient merveilleusement redoutées, parce que, comme dit a été, l'authorité de l'Eglise auparavant déchuë, avoit été rétablie avec grand respect que tous les Chrétiens y avoient. Ce discords entre les Papes & les Empereurs engendrent ces deux malheureuses factions, dont l'Italie a été si long-tems vexée, & presque ruinée, des Guelfes & des Gibelins : les Guelfes tenoient le party du Pape, les Gibelins le party de l'Empereur, & y en a encore aujourd'huy des semences és bonnes maisons d'Italie. Ceux qui étoient de la faction Guelfe prenoient ce beau pretexte, que c'étoit pour l'honneur de l'Eglise Romaine, & pour la défense du saint party d'icelle Eglise, qui par tout le monde s'appelloit le party Guelfe; ainsi est recité par Paul de Castre, Docteur en Droit, au livre premier de ses Conseils, Conseil 283. où il recite le Statut de Florance de l'an 1350. par lequel les titres susdits sont donnez à la faction Guelfe. Ceux qui ont lû les histoires d'Italie, ont pû connoître quel fruit au fait du Christianisme a apporté cette faction Guelfe, & si la Religion en a pris accroissement, & si au contraire par cette occasion toutes sortes de maux ont assailly, vexé & presque ruiné tous les Etats d'Italie. Il est fort à craindre que la sainte Ligue faite pour l'extermination des heretiques en ce tems n'ait semblable source, & n'ait aussi semblables effets de subversion de cét Etat. Nul ne peut nier que le pretexte ne soit beau & specieux, & qu'il ne soit plein de pieté : mais prenons garde si le Pape qui est grand Seigneur temporel en Italie, & les autres Potentats d'Italie, n'ont point meslé quelque chose de leur interêt particulier au fait du temporel, en l'entreprise & avancement de cette sainte Ligue. Il est certain quant les François ont été en paix dedans le Royaume, que les guerres en Italie leur ont servy d'exercice au fait des armes, la nation Françoise étant de soy belliqueuse : il n'y a aucun meilleur moyen d'en empêcher les François, que de les retenir en France par guerres civiles. C'est un stratagéme & ruse de guerre de fort long-tems pratiqué, quand on doute de pouvoir vaincre par bataille ou par vive force, de pratiquer la diversion. Le Roy d'Espagne qui y a interêt pour l'Italie, espere faire son profit quand nos affaires se porteront mal; car l'ancien proverbe est, autant de grands Seigneurs voisins, autant d'ennemis. Et pour donner plus de couleurs à cette sainte Ligue, on fait que les gens d'Eglise crient & cornent la guerre, eux qui par la doctrine Chrétienne sont semons à toute mansuetude, desquels se dit, que leurs armes sont prieres, jeûnes & oraisons : eux qui en leurs consciences sçavent que la premiere occasion du déreglement vient de leur faute. La Croisade de l'an 1517. établie par le Pape Leon X. Florentin donna occasion à Martin Luther de prêcher l'heresie, dont l'Allemagne & la France ont été toûjours depuis & sont vexée. Guichardin en son histoire d'Italie, dit que ledit Pape Leon, donna à sa sœur Magdelaine femme de Cibo Genevois, le profit revenant de cette Croisade en quelques Dioceses d'Allemagne. Elle fit commettre aucunes personnes vitieux & avaricieux, qui exercerent la collecte si indignement, que Luther prit occasion de prêcher contre : & les abus que l'on voyoit à l'œil en cette Croisade, furent cause que plusieurs l'oüirent volontiers & suivirent ses opinions. le mal s'est accrû, les Ministres de l'Eglise ne se sont pas reformez, & ne se sont pas mis en devoir de prêcher par bonne vie, bonne mœurs, aumônes, & autres œuvres spirituelles, & essayer tous moyens propres à Chrétiens pour reduire les dévoyez, & empêcher ceux qui encores étoient au troupeau de s'égarer : mais ont premierement procedé par excommunications contre Luther & ses Sectateurs, sans appliquer les doux remedes. Vray est que ledit Guichardin dit, qu'il eût été plus expedient d'adoucir Luther, qui étoit pauvre moine par la collation de quelque bon Benéfice, que de l'irriter par excommunication, car ledit Luther étoit superbe & hautain; & enfin parce que les excommunications furent méprisées par les Allemans, les Papes susciterent l'Empereur Charles V. à faire la guerre aux Allemans heretiques, à quoy ledit Empereur s'employa vertueusement; & l'experiance luy ayant fait connoître que les armes n'avançoient l'affaire pour le rétablissement de la Religion, fut contraint de cesser, & leur accorder un *Iterim*, selon lequel il étoit permis à chacun de demeurer en l'état de sa Religion auquel il étoit, sans que pour le fait de la Religion, à peine du ban Imperial, aucun osât faire la guerre à l'autre. Le feu Duc de Savoye poussé par même moyen, fit la guerre a ceux de la Vallée d'Angrogne heretiques, & ayant connu que les armes n'avançoient rien pour le fait de la sainte doctrine, il les a laissez vivre en paix. Le Roy d'Espagne il y a quinze ou vingt ans, fit la guerre aux Mores Mahometans qui étoient restez és Montagnes de Grenade pour les exterminer, & voyant l'execution difficile, laissa l'entreprise. Les Papes n'ont pas excommunié ny censuré ces Princes pour n'avoir poursuivy la guerre, ny pour avoir laissé vivre en paix les Heretiques & Payens qui étoient leurs sujets. Et aujourd'huy aprés avoir essayé vingt-six ans durant & plus, que les armes n'étoient propres pour remedier à ce mal, & que non seulement le mal n'étoit pas guery, mais s'étoit entretenu, & la France ruinée & desolée par les frequantes guerres civiles, qui ne peuvent être que lamentables de quelque part que la victoire soit; neanmoins on nous remet aux armes, & menace-t'on d'excommunication ceux qui ne prendront les armes contre les Heretiques. Ce qui n'a été fait, ny à l'égard de l'Empereur Charles, ny du Roy d'Espagne son fils, ny du Duc de Savoye, ny même contre les Evêques d'Allemagne, qui sont tres-grands Seigneurs au temporel, & ont grand moyen de faire la guerre, qui toutefois endurerent leurs sujets heretiques sous le traité de l'*interim*. Par ce propos je n'entens pas approuver l'Heretique ny l'Heresie; je croy qu'il seroit tres-expedient qu'ils fussent exterminez : mais il est à sçavoir quels moyens sont les plus propres pour ce faire, & si nous pouvons les entreprendre, executer & mettre afin. Au Canon *Infideles* 23. *quæst.* 4. est recité le dire de saint Augustin, que quand grande multitude de personnes est en peché, & ne s'en peut pas faire la correction sans enfraindre la paix de l'Eglise, qu'il est mieux à propos de les endurer, qu'avec peril de l'Eglise essayer de les exterminer. Et quoy? s'il arrivoit que Dieu pour corriger rudement les offences dont les Catholiques du premier, second & tiers Etat irritent chaque jour sa Justice, permit qu'en faisant la guerre les Heretiques fussent vainqueurs? On a vû arriver aussi grands ou plus grands maux quand les Turcs ont asservy toute l'Eglise d'Orient, qui a été la lumiere du reste de la Chrétienté pour quelque-tems. Ne seroit-ce pas plus expedient d'endurer ce cancer, qu'en le voulant guerir l'irriter & chasser la vie hors du corps? Ne seroit-ce pas encore beaucoup plus expedient aux gens d'Eglise de se reformer à bon escient & se rendre lumineux, pour retirer à la lumiere ceux qui sont en tenebres, & nous exhorter tous de corriger nos fautes, nous humilier devant Dieu, & par bonnes œuvres, prieres, jeûnes & oraisons appaiser son ire, qu'en demeurant opiniâtres en nos pechez provoquer sa colere sur nous, & nous mettre en peril de répandre tant de sang humain, avec peril de ne rien profiter, & peut-être de tout perdre?

MEMOIRE DE CE QUI EST A FAIRE POUR LE BIEN DU PAYS de Nivernois, envoyé à Monsieur de Nevers, par Maître Erard Bardin, qui est party le 18. Août 1573.

LA premiere & principale marque de la grandeur des Grands est la Justice, c'est-à-dire, le droit qu'ils ont d'administrer la Justice à leurs sujets. C'est celle qui les rend plus approchans de Dieu ; & pour raison de quoy en l'Ecriture, par une façon de parler ils sont appellez Dieux, & par les Poëtes sont appellez Heros demy-Dieux, engendrez de Dieu. C'est celle qui fait regner & prosperer les Grands, & la faute d'icelle ruine leur grandeur, & la transfere d'une gent & d'une maison en une autre, comme témoigne l'Ecriture.

La Justice Dieu mercy, est bien & nettement exercée au Bailliage & Pairie de Nivernois, sans avarice, sans ambition, ou autre suspicion.

Mais parce que la Justice de Monseigneur & Madame n'est seule audit païs, & que la Justice Royale entre en concurrance presque de toutes les causes qu'on y presente ; & sous pretexte de l'authorité que le Roy y a donné par l'établissement des Sieges Presidiaux, quand on demande un renvoy, non seulement ils en déboutent le Procureur de mesd. Sieur & Dame : mais quand il y a appel du dény, & comme de Juge incompetant, ils passent outre en quelque cause que ce soit. D'où arrive que les parties contraintes de proceder ne tiennent plus compte des appellations de dény de renvoy, & demeure ainsi l'inconvenient sans remede.

Par cette voye oblique, l'Edit par lequel la Pairie fut declarée exempte du Siege Presidial, tant pour le Seigneur que pour les sujets, est de nul fruit & effet ; & avient que lesdits Juges Presidiaux sont Juges de la competence d'entre eux & la Pairie, nonobstant l'exemption, & nonobstant que par les anciennes loix de France, la connoissance des droits d'une Pairie, n'appartient à autres qu'à la Cour des Pairs, qui est le Parlement de Paris.

Pour à quoy donner remede peu serviroit, un ou deux Arrests sur cas particuliers ; car comme chacun est ingenieux à excuser sa faute, & à se flatter, ils diront qu'il y a diversité de cas & de raison, & que l'Arrest n'aura pas jugé le cas qui une autrefois se presentera.

Mais s'il plaisoit à Monseigneur obtenir un Edit general, par lequel le Roy, suivant ledit Edit de l'exemption des Pairies, declarat que quand débat aviendra au Siege Presidial sur le renvoy requis par mesdits Sieur & Dame ou leur Procureur, des causes des sujets de la Pairie, & qu'il y aura appel de dénegation de renvoy, ou comme de Juge incompetent, lequel appel soit interjetté par mesdits Sieur & Dame, ou leur Procureur, lesdits Juges Presidiaux ne pourront passer outre nonobstant ledit appel, soit és cas dont ils pretendent la connoissance leur être attribuée en dernier ressort, en civil ou en criminel ; soit és cas esquels ils ont accoûtumé de juger par provision : mais surseoiront de tous points, jusqu'à ce que la Cour de Parlement ait jugé entr'eux & mesdits Sieur & Dame.

Et afin que les affaires ne demeurassent avec incertitude ; car souvent arrive, que pour le débat des Jurisdictions, les pauvres sujets qui demandent justice sont éloignez du jugement principal, & quelquefois opprimez par leurs parties adverses plus puissantes, il pleût à Mondit Sieur procurer un Reglement general ou diffinitif ou provisionel, pour discerner quelles causes sont de la Jurisdiction Royale privativement, & qu'elles en sont par prévention & comment.

En toute cette question en general, semble devoir être remarqué, que les regles communes, par lesquels les Juges Royaux se disent avoir droit de connoître privativement ou par prévention, au préjudice d'autres Juges non Royaux, s'entend à l'égard des Seigneurs inferieurs, qui sont sujets par ressort ausdits Sieges Royaux, & non de Pairs, qui par l'excellence de leur Jurisdiction, ne reconnoissent autres Juges que la Cour de Parlement. L'une des questions est des complaintes en cas de saisine, & de nouvelleté, dont les Juges Royaux disent avoir la connoissance par prévention, anciennement on obtenoit Lettres Royaux en Chancellerie, qu'on appelloit de complainte ou de main-tenuë, & garde, pour en attribuer la connoissance au Juge Royal, & s'en voit encore le formulaire & protocolle de Chancellerie : mais se trouve une Ordonnance du Roy Philippes de l'an 1508. qui se trouve imprimée *in fine stili Parlamenti sub tit. de rescript.* §. 8. par laquelle il défend telles Lettres expediées au préjudice de la Jurisdiction des simples Sieurs hauts Justiciers, non pas des Pairs, si ce n'est avec connoissance de cause, ou bien que ce soit à l'égard des Eglises qui ont droit de garde gardienne, & des veuves, pupilles & Clercs vivans clericalement.

Or quand bien ils auroient ce droit de prévention comme ils disent, il ne pourroit être qu'au préjudice des Sieurs Justiciers inferieurs de leur ressort, & non au préjudice de la Jurisdiction mediate ou immediate des Pairs, & tant que lesdits Pairs par privilege special sont exempts de la Jurisdiction des Sieges Royaux, & le privilege, ou l'Edit tant soit-il general, ne déroge jamais au privilege & exemptions particulieres, s'il n'en est faite expresse & speciale mention par les raisons vulgaires de droit.

Moins encore lesdits Juges Royaux doivent prendre prévention és complaintes qui ont plus de droit que de fait, & esquels n'est aucune mention de force, violence, & protection, comme sont les complaintes pour successions, ou pour autres saisines, que la coûtume donne sans apprehension de fait *quæ sunt juris & non facti.*

L'autre question est des Obligations & Contrats passez sous scel Royal, dont les Juges Royaux s'attribuent la connoissance, *etiam* qu'il n'y ait soumission expresse sous le seul titre du scel.

Les anciens Praticiens disent, que le scel de la Prévôté de Paris, & le petit scel de Montpellier *etiam* sans soumission, par la seule vertu du scel, attribuent Jurisdiction. Quant aux autres scels, *ita demum* s'il y a soumission expresse qui soit stipulée, écrite en la note & minute : car il ne suffiroit de qui va, sous le *& cætera* du Notaire.

Monsieur le President le Maistre, aprés avoir prononcé l'Arrest de la Cour sur un Plaidoyé au fait des scel le Lundy 9. Février 1550. disoit cette distiction, que la soumission expresse faite par un sujet d'une Province Royale à la Jurisdiction d'une autre Province aussi Royale, ne valloit & n'emportoit prorogation. Mais quand c'étoit du sujet du Sieur inferieur au Juge Royal superieur & ressort, que la question avoit été appointée au Conseil : & quand il n'y auroit point de soumission expresse & speciale par le Contrat & Obligation, que le Juge Royal n'avoit aucun droit d'entreprendre connoissance au préjudice du Seigneur inferieur. Et il fut ainsi jugé par ledit Arrest du 9. Février 1550. entre le Procureur General du Roy, prenant la cause pour son Substitut au Bailliage de Valois, & les Religieuses de Chelles appellantes d'un dény de renvoy; & fut la cause renvoyée par Arrest au Juge desdites Religieuses, qui avoit été retenuë en vertu de scel Royal par ledit Bailly de Valois.

Et és Grands Jours de Moulins, le Samedy 25. Octobre 1550. en une cause en laquelle Monsieur le Duc de Montpensier étoit partie, & étoit question des soumissions, furent faites défences aux Notaires de n'entendre cette soumission en la grosse, si par exprés elle n'avoit été stipulée par les parties & écrite tout du long en la minute.

De cette entreprise vient une autre, car sous pretexte de ladite opinion qu'ils prennent du scel, ils l'entendent non seulement contre les heritiers de l'obligé, mais aussi contre le tiers détempteur appellé hypothecairement, & contre les veuves & autres commis qui ne sont nommez és Obligations, & sont appellez à cause de la communauté, *magis ex re, quàm ex obligatione personali.*

Et par cette façon il n'y a cause dont ils ne prennent occasion de retenir la connoissance quand le demandeur s'adresse à eux.

Et afin que les parties qui veulent plaider devant eux ayent plus grande facilité, & encore pour les y porter, le Greffier de saint Pierre le Monstier, met & substituë de ses Commis en toutes les Villes de Monseigneur & de Madame, & és gros Bourgs qui sont du ressort de la Pairie, lesquel commis sont Notaires du Duché, & sujets de mesdits Sieur & Dame, à quoy est bien de pourvoir.

Mêmes parce que selon les anciennes Ordonnances des Rois, le Juge Royal ne doit decreter commission contre les sujets des Seigneurs inferieurs *etiam* de leur ressort, sans exprimer & declarer le cas privilegié, pour lequel il veut connoître au préjudice du Sieur. A ce fait l'Ordonnance dudit Roy Philippes de Valois imprimée *in fine stili Parlamenti sub tit. de rescript.* §. 8. Partant telles commissions devroient être decretées par le Juge même, avec quelque petite connoissance de cause.

L'autre inconvenient est, par les Edits quand il y a débat sur la competence ou incompetence du Prévôt des Maréchaux, le Siege Presidial en juge sans appel, & la cause étant retenuë par le Prévôt, ou par le Siege Presidial, suivant ce jugement, le criminel est aussi jugé sans appel.

Par ce moyen, les sujets en la Pairie de Monseigneur & Madame, sont jugez de leur honneur, de leur vie, & de leurs biens par les Juges Presidiaux, lesquels en ce n'attendans aucune reformation, parce qu'ils se voyent comme souverains, se licentient plus aisement à declarer un cas Prévôtal, ou de la connoissance du Siege Presidial sans appel. Et par cette voye oblique l'exemption & privilege de la Pairie est sans effet, mémement parce que par lesdits Edits la connoissance en est interdite à la Cour de Parlement, qui toutesfois seule & privativement à toutes autres doit connoître de ce qui est des droits de la Pairie, soit des droits en soy, ou des effets d'iceux.

Bien est de quelque part que ce soit, que la Justice soit faite, pourveu qu'elle soit bien faite ; & est bien seant de croire, que chacun fait du mieux qu'il peut, & ne faut être prompt à penser le mal. Si est-ce que plusieurs s'en plaignent, mémement qu'és cas meritans punition exemplaires on transmuë en amendes pecuniaires qui reviennent au Fermier du Domaine. Car le Domaine est en Ferme, & seroit bien seant même quant aux amendes qu'il fut en recepte : car les amendes sont si grosses, que les accusez plus souvent ne peuvent payer ; & sont les prisons de Monsieur & Madame fort chargées de tels prisonniers, qui ne sont nourris aux dépens du Roy : qui est cause que les aumôniers ne pouvant fournir à tous les prisonniers de l'ordinaire sont plus mal traitez. Aussi que de la punition de tels crimes ne se void l'exemple.

Les sujets de Monseigneur & Madame, sont aussi molestez & contraints par l'occasion d'un Prévôt des Maréchaux, qui est de Vezelay, & y est sous pretexte de l'Election, Vezelay étant du ressort du Bailliage d'Auxerre : Ce Prévôt tire à Auxerre les sujets de mesdits Sieur & Dame qui sont de l'Election de Vezelay.

L'Histoire de la diversité des Election en Nivernois est telle. Par le premier établissement les Elections furent distribuées selon les Evêchez & Dioceses : d'où est arrivé, que ce qui est de l'Evêché d'Authun, qui n'étoit du Duché de Bourgogne ; car ledit Duché ne reçût ny les Elections ny les Tailles, a été attribué à l'Election de Vezelay. Et parce que partie de Nivernois, vray & ancien Nivernois, est de l'Evêché d'Authun, même ce qui est de-là Yonne, cette partie de Nivernois est de l'Election de Vezelay. Ce qui est de Nivernois en l'Evêché d'Auxerre, qui n'étoit du Comté d'Auxerre (car par le traité d'Arras) le Comté d'Auxerre fut attribué au Duc de Bourgogne, & n'avoit Election ny Tailles, a été attribué à l'Election de Gien. Gien est de l'Evêché d'Auxerre, d'où vient que Clamecy & le Donziois & Varzi même sont de l'Election de Gien, parce qu'ils sont du Diocese, & ne sont pas du Comté d'Auxerre. Ce qui est de Nivernois en l'Evêché de Nevers, est de l'Election de Nevers.

Et parce qu'on dit avoir été ordonné au Conseil du Roy, que Vezelay seroit démantelé de tous points, si le jugement étoit executé & n'y eût plus de murailles, par raison on n'y laisseroit pas la recepte des deniers du Roy ; & par consequent l'Election n'y seroit point : & seroit une belle occasion pour transferer ledit Siege de l'Election & recepte en la Ville de Clemecy, qui seroit du tout propre pour y établir une Election, en laquelle répondroit tout ce qui est du Nivernois en l'Election de Gien, & en l'Election de Vezelay ; & n'y auroit rien de mauvais pour le fait des Elections en ce païs de Nivernois, & ont amenez plusieurs inconveniens aux sujets du païs, & la grandeur de mesdits Sieur & Dame en ces païs en seroit plus à remarquer pour avoir deux Elections & Receptes, toutes deux belles & amples, outre les profits des nominations.

Le païs de Nivernois est extrémement chargé de Tailles, qui est cause que les habitans és lizieres, tous s'en vont aux autres Elections prochaines qui sont moins chargées.

Pour faire une proportion égale, même à l'égard des païs voisins, se pourroit faire en cette sorte ; que les papiers & départemens des Tailles, même des Rôlles de chacune Parroisse fussent vûs, & par la supputation fût connu combien de feux & ménages sont en Nivernois payans tailles ; combien de feux en Bourbonnois ; combien en Berry ; combien en l'Election de Gien ; combien en l'Election de Vezelay ; accumuler à une seule somme, combien de feux en toutes ses Elections, & d'autre part connoître combien mettre les taux de la grande Taille de toutes ces Elections ensemble ; & aprés ce distribuer & départir combien ce seroit pour chacun feu, en faisant les portions égales. Car la raison & distribution du fort portant le foible, se fait par les Elûs en dressant le département des Tailles, & par les Asseeurs des Parroisses, en faisant leur rôlles ; & selon qu'il aviendroit des Tailles, eu égard au nombre des feux de Nivernois, la somme totale seroit envoyée aux Elûs pour la départir, comme ils ont de coûtume.

Il se void és Elections de Berry & de Gien, que le plus riche ménage des Villages ne paye de present que cent sols ; & il y a tel ménage en Nivernois qui paye trente & quarante francs, qui fait bien connoître la grande disproportion.

Aussi est le païs Nivernois grandement affoibly par le moyen des bordelages, qui entr'autres dures conditions emportent de leur nature, que le frere ne succedera aux freres, ny le petit-fils à l'ayeul, ny autres parens, si lors du deceds il n'est commun en biens avec luy.

Dont arrivent plusieurs inconveniens que les détenteurs sçachans ou doutans que le Sieur leur doive succeder, laissent les heritages en ruine, & se tiennent en nonchaloir. Que aucuns esperans y pourvoir par communautez & mariages, marient leurs enfans fort jeunes, qui par ce moyen se corrompent & perdent la lignée qui en vient est foible, & ne dure pas ; qui est une des causes pour lesquelles le Plat païs est si fort dépeuplé, que le trafic & commerce en est diminué ; car tel aura pour mil écus d'heritages tenus à bourdelage, que s'il vient à deceder ne se trouvera riche de mil sols : car le Sieur quand il prend le bourdelage par reversion, il le prend sans charges d'hypotheques ny debtes, & le creancier par ce moyen est frustré, même la veuve par ses assignaux & doüaire : que les voisins sçachans toutes ces dures conditions craignent de prendre alliances, & de trafiquer en ce païs.

Et plus de trois parts des heritages, tant és Villes qu'aux champs, sont tenus en bourdelage.

Ne faut pas attendre, comme aucuns disent, que par une assemblée d'Etat pour la revision de la Coûtume on y pourra donner ordre, car l'Eglise & la Noblesse y ont trop d'interests, & toutesles bonnes maisons des villes du tiers Etat sont fondées en bordegale, & n'y a pas esperance que le reste du peuple, qui est le menu, vienne à vaincre les autres.

Mais s'il plaisoit à Monseigneur de procurer, que le Roy par un Edit, aprés avoir été informé des inconveniens susdits, ordonnat, que toutes sortes d'heritiers du sang pourroient succeder en bordelage, comme en autres heritages.

Ou bien si on ne le pouvoit obtenir en general, que pour le moins il fût dit que nul ne se peut dire fondé à prétendre un heritage être tenu de luy à bordelage, par quelque-tems qu'il en eût joui, sinon que ce fût le sieur Justicier en sa terre, ou le simple Sieur au territoire de son fief; ou si c'étoit un simple, non ayant Justice ny fief au lieu où est le bordelage, qu'il ne pût prétendre de bordelage, sinon en montrant le premier bail, par lequel il apparût, que c'auroit été son propre heritage, qu'il eût baillé à cette charge & hors desdits cas en general, tous bordelages fussent reputez simples rentes foncieres, non emportans Seigneuries directes.

De vray la plûpart des bordelages ne sont que constitutions faites à prix d'argent sur les censives des Seigneurs, & on a trouvé moyen de faire évanouïr l'origine de ces constitutions, & ne sont aujourd'huy que des reconnoissances.

En la Justice de Monsieur & Madame, de vray les Jugemens sont faits sans aucune suspition de corruption, aussi les Officiers n'y sont entrez par argent, mais par le choix des personnes qu'il a plû à Monsieur & à Madame, & à Messeigneurs leur predecesseurs y appeller.

Mais les executions de plusieurs Jugemens, même au fait de la Police, se trouvent en difficulté, pour le respect que ceux du païs commis pour l'execution, portent aux personnes contre lesquelles il convient executer, soient grands, ou moyens, chacun craignant de déplaire, dont souvent arrive desordre.

Si Monseigneur trouvoit bon de commettre aucun qui ne fût du païs, & n'y eût aucuns biens, homme de bien, entier & severe, qui seroit accompagné & suivy de quatre personnes, que luy-même choisiroit, pour executer les Jugemens & Ordonnances, tant de la Justice de mesdits Sieur & Dame, & tant au fait de Justice que de Police, que des déliberations prises par les Eschevins és corps de Ville, qui seroient authorisées de la Justice.

PLAIDOYÉ FAIT AU CONSEIL PRIVÉ DU ROY, ESTANT lors à Compiegne, pour les Eschevins & Gouverneurs de fait commun, Manans & Habitans de la Ville & Cité de Nevers; Demandeurs & poursuivans l'enterinement d'une Requête par eux presentée au Roy & sondit Conseil, pour l'extinction & abolition des Bordelages en ladite Ville & Faux-bourgs; Contre le Doyen & Chapitre, Abbé & Convent de saint Martin, Abbesse & Religieuses Nôtre-Dame, Prieur & Convent saint Estienne; quatre Curez de saint Genis audit Nevers, Maître Pierre Cotignon, & Jean Dechoins, Défendeurs audit cas, d'autre part. Ledit Plaidoyé fait par Maître Guillaume Rapine, Lieutenant General de Nivernois le 9. Août 1554.

MESSEIGNEURS; Les Eschevins & Gouverneurs du fait commun, Manans & Habitans de la Ville & Cité de Nevers, son Demandeurs en enterinement d'une Requête par eux presentée au Roy, nôtre souverain Seigneur, & son privé Conseil, à l'encontre des Doyen & Chapitre dudit Nevers, & autres leurs adherans, dénommez en la presentation de ladite cause, Défendeurs.

Pour venir au fait, lesdits Eschevins & Gouverneurs, ayans entendu les Edits faits sur le rachapt des rentes & autres droits & devoirs. Le premier d'iceux fait en ce lieu de Compiegne en Octobre 1539. par feu de tres-loüable & tres recommendable memoire le Roy François, que Dieu absolve, par lequel Edit toutes rentes constituées sur les Maisons & Places des Villes & Faux-bourgs de ce Royaume, ont été declarées perpetuellement rachetables, pour le prix pour lequel elles auroient été constituées, s'il en apparoissoit, sinon au denier quinze. Les autres Edits faits par le Roy Henry de present regnant, en l'an 1553. les aucuns temporels; & le dernier perpetuel donné à Fontainébleau en Février audit an; par lesquels ordonné a été, que tous cens, rentes foncieres, & autres droits & devoirs Seigneuriaux, constituez sur les Maisons, Places vuides, Jardins & Marais des Villes & Faux-bourgs de ce Royaume, païs, terres & Seigneuries de l'obeïssance dudit Seigneur, sous quelques noms & titres que lesdites redevances ayent été constituées, soit à personnes Ecclesiastiques, Nobles, Roturiers ou autres, seroient rachetables au denier vingt, délaissant seulement douze deniers pour la connoissance de la Seigneurie directe, envers ceux de qui elles étoient tenuës: Iceux Eschevins & Goüverneurs de ladite Ville, ont trouvé qu'en icelle a cours une redevance annuelle appellée Bordelage, non usitée, ains du tout inconnuë en autres païs. Aussi est-elle cruelle & inhumaine, & vrayement barbare & contraire à toute raison & disposition, tant du droit des gens & naturel, que civil & positif. Car la condition de ladite redevance est telle, qu'és heritages sujets à ladite charge aucun ne succede s'il n'est commun en biens avec le défunt, non pas le frere au frere, ny les peres & meres à leurs enfans, ny les enfans en second degré à leur ayeul: ne peuvent tels heritages être partis sans le consentement exprés dudit Seigneur. Avec ce y a commise à faute de payement par trois ans, & droit de remuement de la moitié du prix ou estimation de la chose en tout cas d'allienation, & telles autres rudesses par lesquelles on craint acheter les maisons & places étans en ladite Ville & Faux-bourgs, icelles édifier & embelir, & par ce ladite Ville pour la plûpart est champestre & ruinée, plusieurs places en icelles vacantes & sans aucun profit, & jardins sans culture, à la tres-grande difformité du regard public & interêt du bien commun de ladite Ville & du païs. Lesquelles choses considerées, combien que sous la generalité desdits Edits, lesdits Bordelages soient compris: toutefois pour faire cesser toute querelle, & *ut obstrueretur os loquentium iniqua*, lesdits Eschevins & Gouverneurs, aprés plusieurs assemblées & déliberations, ont avisé plus pour l'extinction desdits Bordelages qui se trouveront fonciers, offrir remboursement au denier 26. & avec ce un douzain de cens és heritages sur lesquels n'y a autre directe, voire ledit cens portant deux sols six deniers pour livre pour le droit de remuëment, combien que par la coûtume il ne soit que de vingt deniers, & encores droit de retenuë à l'Eglise, laquelle n'en a point en cens. Et quant aux Bordelages sur les heritages tenus d'autre directe, faire remboursement au denier trente, & n'y auroit plus directe que la premiere. Aussi par droit deux directes ne peuvent être sur même chose. Lesquelles offres entenduës par Monseigneur le Duc de Nivernois, ayant en cét affaire le principal interêt, comme Seigneur naturel & direct presumpt de ladite ville & païs, luy pleinement informé des inconveniens tels que dessus continuans chacun jour en sadite Ville Capitale de Nevers à l'occasion desdits Bordelages, a consenty à l'extinction d'iceux, sous & moyennant lesdits offres. Le semblable a fait Monsieur l'Evêque de Nevers, Personnage de tel sçavoir & reputartion que chacun sçait. Aussi ont la plûpart des autres ayans tels Bordelages en ladite ville, tant Ecclesiastiques que Seculiers. Et ayans lesdits Eschevins & Habitans eu leur consentement, ils ont presenté leur Requête au Roy & à vous, Messieurs, aux fins que dessus, sur laquelle a été ordonné, que les ayans interêt seroient appellez : ce qui a été fait. A sçavoir, les Doyen & Chapitre de Nevers en particulier, de tant qu'ils se sont formalisez & declarez parties en cét affaire, & quant à tous autres, par cry public, & à son de trompe, & par affiches aux Carrefours & lieux plus apparens, & en la maniere que l'on a accoûtumé faire tels exploits. A tous lesquels a été donnée assignation au quatriéme de ce mois, auquel jour ne sont comparus, sinon lesd. Doyen & Chapitre l'Abbé de S. Martin, les Religieuses de Nôtre-Dame, les Prieur & Religieux de S. Estienne, les Curez de S. Genis, deux Avocats, qui sont Maître Pierre Cotignon, & Jean Dechoins. Parquoy lesdits Eschevins contre tous autres, ayans interêt à ladite Requête, requierent défaut, & qu'en vertu & pour le profit & utilité d'iceluy, ils soient tenus pour consentans à ladite Requête ; & quant à eux elle soit enterinée. Et quant aux comparans ils persistent semblablement à l'enterinement d'icelle, & qu'en ce faisant soit dit que les Bordelages fonciers étans en ladite Ville & Faux-bourgs, seront rachetables pour les prix & sous les offres susd. moyennant lesquelles ils soient perpetuellement éteints & abolis. Et quant aux Bordelages constituez à prix d'argent, soit dit qu'en iceux l'Edit du feu Roy dudit an 1539. sortira son effet, sans préjudice de pouvoir impugner telles constitutions comme illicites, & sentans la pravité usuraire, où elles se trouveroient faites pour trop petit sort & vil prix.

Et pour obtenir à ce que dit est, remontrer qu'en premier lieu, ils sont fondez sur lesdits Edits du Roy regnant de present, *tam in verbis quam in mente. In verbis, inquam*, car ils disposent du rachapt perpetuel de tous cens, rentes foncieres & autres devoirs Seigneuriaux, délaissant seulement un douzain de cens pour connoissance de la directe. *In mente*, car c'est pour obvier aux ruines des maisons étans en ladite Ville & Faux-bourgs, & donner occasion de les embellir par édifices, remplir les places vuides, reduire les Marais & Jardins en labour & culture, & en nature d'en recevoir profit, qui sont les causes portées par lesdits Edits.

Ces causes ont toûjours été de telle importance & consideration, qu'elles ont fait qu'aux hommes ait été tolluë la libre disposition du leur : *L. cætera, in princ. ff. de leg. 1. L. Senatus ff. de contrah. empt. L. 2. C. de edif. privat. Nam res, quæ ædibus junctæ sunt, legari aut aliàs alienari non possunt. Immo ipsas detrahi aut transferri Senatus vetuit, immo nec vendicari possunt*, le tout, *ne urbes deformentur ruinis & publicus aspectus offendatur.* Tant les Rois & Princes ont eu en recommandation l'embelissement des Villes par beaux édifices, *unde Augustus gloriabatur urbem quam lateritiam invenisset, se marmoream relinquere. Et Adriano Cæsari honorifico titulo dictum est, ædificare gaudes.* Et entre tant d'excellences & incomparables vertus, lesquelles rendent la memoire du feu Roy François immortelle, n'est à oublier ou mettre arriere, l'étude & desir qu'il a eu à enrichir son Royaume par tant de beaux & somptueux bâtimens.

Outre & seconde raison portée par lesdits Edits est, que les deniers desdits rachapts sous l'assurance de tels profits, qu'il plaît à la Majesté Royale nous octroyer, soient employez aux grandes & urgentes affaires de ses guerres. Et nous voyons combien d'extremement & heureusement *dilatat pomaria regni sui*, & étend les vrayes bornes des Gaules, lesquelles contre toute droiture, on a cy-devant usurpé sur ses predecesseurs ; tellement, qu'il semble à vûë d'œil que Dieu le meine par la main à la conduite d'une telle & si heureuse entreprise, en laquelle luy plaît exposer sa propre personne, de Nosseigneurs & Princes, & de toute sa Noblesse, à ce que nous soyons en repos & tranquilité. *l. Item si verberatum. §. item si forte. ff. de rei vendicat. l. Lucius ff. de evict.*

Par quoy il est en luy prendre & soy ayder du particulier d'un chacun, même à si grand profit & indemnité qu'il luy plaît nous offrir.

En second lieu, lesdits Eschevins sont fondez sur le consentement de mondit Seigneur le Duc de Nivernois, ayant le principal interêt, Evêque de Nevers, & autres ayans interêt, tant gens d'Eglise que Seculiers, étans environ cent, là où il ne se trouve contredisant que sept personnes, à compter chacun College pour une personne, dont y a cinq d'Eglise & deux particuliers seulement, qui sont deux Avocats. Et est de droit que la plus grande partie dispose des choses communes en particulier *sive ut singulis* contre le vouloir de la moindre partie. Car la plûpart des Chanoines d'une Eglise peuvent disposer nonobstant la contradiction de la moindre partie, que portion des fruits de leurs Prebandes, seront employez à la reparation de l'Eglise. *c. fin. De his quæ fiunt à major. part. Cap.*

En tiers lieu, ladite Requête est fondée sur le bien & interêt public amplement déduit cy-dessus, pour lequel parties adverses

ses ne doivent trouver étrange (ce qu'aucuns d'eux ont mis en avant) que par tel moyen leur seroit ôté le leur, *quia princeps potest ex causa aufferre rem unius & dare alteri. d. l. item si verbertum & l. venditor. §. si constat. ff. communia præd. Lex enim est domina rerum nostrarum, quod procedit non solum in lege inanimatâ, sed multo magis in lege vivâ & animatâ (quæ est princeps.) Unde Imperator Antoninus respondit. Ego quidem mundi dominus, lex autem maris. l. depreratio. ff. Ad l. Rodiam de jactu.* Or ou cas qui s'offre la cause & interêt public est évident à tous. Par quoy il ne doit être empêché, *factione paucorum. l. unic. §. hac autem c. de cad. tollend. Ea enim quæ communiter omnibus prosunt, his quæ specialiter quibusdam utilia sunt, præponi debent.*

En dernier lieu, l'offre desdits Demandeurs met lesdits Défendeurs non seulement hors d'interêt, mais en profit évident. Car la Coûtume du païs pour les profits extraordinaires que portent lesdits Bordelages, & lesquels lesdits Défendeurs estiment si excessivement, n'estime lesdits Bordelages sinon un tiers plus en rente simple, tellement que vingt sols en Bordelage ne sont estimez que trente sols de rente; lesquels par les Edits seroient rachetables pour 30. liv. sans reservation d'aucune directe, veu que la rente n'en porte aucune. Or les offres des demandeurs sont de faire remboursement au denier vingt-six és Bordelages sur heritages non chargez d'autre directe: Tellement que pour vingt & un sol de Bordelage tel que dessus, le remboursement sera de 26. livres vallans à la raison desdits Edits, vingt-six sols parisis qui sont tren-deux sols six deniers, qui sont deux tiers, plus dix deniers seulement moins que ladite redevance annuelle de Bordelage.

Et encores y aura un douzain de cens portant deux sols six deniers de remuement, qui est le huitiéme denier, combien que la coûtume ne baille que le douziéme, & droit de retenuë, combien que l'Eglise n'en ait aucun.

Et est facile à connoître qu'où l'heritage chargé de vingt-un sol de Bordelage se vendroit cent sols, il se vendra cent, voire deux cens livres, quand il ne sera chargé que de douze deniers de cens, & se vendra trop plus souvent en cens qu'il ne fait en Bordelage.

Et si le Bordelage est sur autre directe, l'offre est de faire remboursement au denier trente qui sera pour vingt sols de Bordelage trente livres, vallans à la raison desdits Edits trente-sept livres dix sols, qui est deux fois autant par chacun an, un seiziéme moins que ladite redevance annuelle de Bordelage.

Et si les deniers dudit remboursement viennent és mains desdits Défendeurs, il en pourront avoir rente au denier douze (*qui est vulgaris & legitimus modus usurarum*) qui sera pour vingt sols de Bordelage cinquante sols de rente par chacun an, qui sera doubler & tiercer ladite redevance de Bordelage.

Par quoy on se peut ébahir du refus & contradiction fait par lesdits Défendeurs d'un si évident profit à eux offert. Et ont les Demandeurs été bien avertis, qu'aucuns notables personnage d'entre lesdits Défendeurs ont trouvé lesdites offres plus que raisonnables, *sed hic evenit, ut (quod ait Livius) major pars vinceret meliorem.* Par quoy lesdits Demandeurs supplient sa Souveraine Majesté, leur enteriner leurdite Requête, avec adjudication de dépens, dommages & interêts, pour l'injustice & contradiction desdits Défendeurs.

DISCOURS DES ETATS DE FRANCE, ET DU droit que le Duché de Nivernois a en iceux. *Par Maître Guy Coquille sieur de Romenay, Procureur Général audit Duché.*

LE gouvernement de ce Royaume est vraye Monarchie, qui ne participe de Democratie ny d'Aristocratie, comme aucuns ont voulu dire à cause des Etat & des Parlemens. Laquelle opinion est éloignée de la verité, car si les Etats faisoient la Democratie, il y auroit tems & lieux certains pour les assembler, ce qui n'est pas : mais ils sont convoquez sous l'authorité & mandement du Roy, quand aucunes affaires se presentent grandement importantes à la Couronne & Etat d'icelle. Ainsi fut pour les Etats de Tours en l'an 1484. parce que Charles VIII. étoit demeuré Roy fort jeune, & y avoit débat du Gouvernement entre Pierre de Bourbon Seigneur de Beaujeu, mary de Madame Anne de France, sœur dudit Roy, femme de cœur haut, & Louïs Duc d'Orleans, qui depuis fut Roy Louïs XII. auquel adheroient plusieurs Princes, se ressentans du Gouvernement du Roy Louïs XI. Ainsi que les Etats d'Orleans en l'an 1560. qui furent convoquez par le Roy François II. pour donner ordre à plusieurs nouvautez qui étoient survenües à cause des nouvelles opinions en la Religion, & y avoit quelque chose mélé du gouvernement de l'Etat. L'effet desdits Etats ne fut pas tel qu'on esperoit à cause de la mort dudit Roy François, qui arriva le 14. Décembre ; les Députez des Etats s'étans ja acheminez ; & l'assignation de la tenuë n'étant encore échuë. Ainsi pour les premiers Etats de Blois en l'an 1576. dont l'occasion mal fondée ne produisit aucun effet ny bonne issuë. Les Etats esquels nous sommes de present au même lieu de Blois, ont été ordonnez pour mettre ordre à grand nombre de déreglemens arrivez en l'Eglise, en la Justice, és Finances, & à la manutention du commun & pauvre peuple, par la malice & inhumanité de plusieurs, qui ont abusé de la bonté & facilité du Roy. En toutes ses assemblées d'Etats, le peuple des trois Ordres n'a prétendu aucune part ny communication en ce qui est du gouvernement. Seulement en aucuns d'iceux a été dit, que les Etats étans reconnus par le Roy pour Etats, sont Conseillers du Roy, pour la détermination de ce qui se traite és Etats. Ce dire quelquefois a été rejetté tout à plat : quelquefois accordé par apparence, & en effet refusé. En ces Etats de present, le Roy par ses deux propositions des Dimanche 16. & Mardy 18. Octobre 1588. a fait entendre de vive voix à ses Etats, qu'il entendoit se resoudre sur le contenu és cahiers, avec l'avis de ses Etats. Certainement semble qu'avec raison se peut dire, que quand le Roy juge qu'il est convenable d'assembler ses Etats, par même moyen il juge que ses Etats sont appellez par luy comme Conseillers de la Couronne, pour le tems que la tenuë des Etats dure, pour conseiller Sa Majesté en quelque rang, avec ou aprés les Conseillers nais de la Couronne, qui sont les Princes & Pairs de France, & les Officiers Generaux de la Couronne, qui sont les Connestable, Grand Maître, Chancellier, Grand Chambellan. Et que c'est un honneur qu'il fait à son peuple, de se communiquer à luy, & luy proposer ses affaires. Quand le Roy prend conseil de son peuple, il ne déroge en rien à sa Majesté ; mais au contraire il la rend plus respectable & magnifique, & ses actions plus agréables envers sondit peuple : l'amitié du Roy envers le peuple, & du peuple envers le Roy, étant la vraye liaison dont sont produits le bon commandement & la fidele obeïssance. Le Roy étant homme doit penser qu'il est sujet aux mêmes infirmitez que les autres hommes, entre lesquelles celle-cy est l'une des principales, de souvent mal juger des affaires plus importantes. Aussi tous Rois ont accoûtumé d'avoir conseil auprés d'eux de leurs mêmes sujets. Quand le Roy choisit son Conseil, il y peut être déçû par l'hypocrisie & faintise de ceux qui apparoissent gens de bien, & ne sont pas tels. Pourquoy disoit Alexandre Severe Empereur des Romains, que la condition des Monarques étoit à plaindre, en tant que tout le mal qui se fait au gouvernement leur étoit attribué ; quoy que bien souvent ils en soient non sçachans & non coupables. Ce qui arrive, parce que ne pouvans d'eux même tout connoître & executer, ils sont contraints de se servir de plusieurs personnes en diverses charges; & s'en presente a eux plus grand nombre de méchans que de bons. Mais quand le Roy voulant tenir ses Etats semond son peuple de députer aucuns personnages pour envoyer vers Sa Majesté. Il s'assure que son peuple choisira des mieux intelligens & plus gens de bien qui soient dans les Provinces. Pourquoy à juste raison il doit croire que tels envoyez luy seront bons, fideles & intelligens Conseillers; & par consequent il doit les avoir agreables, comme non suspects & ayans bon témoignage.

D'autre part, Sa Majesté peut considerer, que ceux qui sont Conseillers arrêtez auprés de luy, peuvent probablement ignorer tous les inconveniens qui aviennent és Provinces particulieres, mémement en celles qui n'ont assemblées d'Etats ordinaire. Et eux ne les sçachans, ny la disposition desdites Provinces, ne peuvent donner conseil à Sa Majesté bien certain pour y remedier. Le Medecin ne peut guerir le mal s'il ne le connoît. Aussi peut arriver, que tels Conseiller ordinaires, enyvrez de la familiarité & faveur de leur Roy, s'égarent en leur sens, & en essayant de s'accroître, ou en grandeur par ambition, ou en grands biens par avarice, ou en tous les deux ensemble, conseillent au Roy choses préjudiciables à son peuple, par consequent préjudiciables à son Etat. Car le Roy est le Chef, & le peuple des trois Ordres sont les membres, & tous ensemble font le corps politique & mystique, dont la liaison & union est individuë & inseparable, & ne peut une partie souffrir mal, que le reste ne s'en sente & souffre douleur. Par les effets & quelquefois bien tard sont apperçûs les maux qui aviennent par le moyen de tels Conseillers, l'un des meilleurs remedes est, par la convocation des Etats; & quand il plaît au Roy prendre conseil de ceux qui sont envoyez, lesquels sont sans aucune suspition: car cette charge en soy leur est onereuse, & ne leur en revient, & n'en esperent aucun profit. Le seul zele du bien public les y convie, & ils attendent la retribution de ce bon Dieu, qui fait registre, & sçait bon gré à tous ceux qui aident à relever les pauvres affligez.

Vray est qu'en certains cas les Etats ont pouvoir & authorité de plus grande efficace, que de conseiller le Roy: Car si la Couronne étoit en débat, les Princes & Pairs, & les Etats en jugeroient, comme il avint aprés le decez du Roy Charles IV. dit le Bel, dernier des trois fils du Roy Philippes le Bel: Car Edoüard d'Angleterre neveu dudit Roy Charles, fils de Madame Izabelle de France sa sœur, prétendoit la Couronne comme plus prochain du Sang, & étant mâle. Et d'autre part Philippes de Valois cousin germain dudit Roy Charles le Bel la prétendoit, non pas comme plus prochain de Sang simplement, mais comme plus prochain habile, étant mâle, issû de mâle, Prince du Sang. Tous deux étoient bien d'accord que la Couronne ne peut venir en quenoüille. Les Princes, les Pairs, & les Etats jugerent la question en interpretant la loy Sallique, & declarerent la Couronne appartenir audit Philippe de Valois, à cause de la continuation de masculinité. Et parce que les Rois d'Angleterre, sous cette prétentions se sont toûjours depuis dits Rois de France & d'Angleterre: ceux qui sont issûs dudit Philippes de Valois, ont été appellez du surnom de Valois, qui n'est pas un surnom commun & perpetuel, car les Rois de France ny leurs fils n'ont point de surnom: Pourquoy ledit Philippes arrivé à la Couronne, ne prit autre nom ny qualité, sinon de Philippes Roy de France: Le Roy Jean fils dudit Philippes en fit autant: Les quatre fils dud. Roy Jean prirent le titre accoûtume des enfans de France; Charles fils aisné, de Dauphin durant la vie de son pere; Jean fils de Roy Duc de Berry, & ses filles le surnom de Berry. Loüis fils de Roy Duc d'Anjou, & ses fils le surnom d'Anjou. Philippes fils de Roy Duc de Bourgogne, & ses fils le surnom de Bourgogne. Nul d'eux ne prit le nom de Valois; Mais cette qualité ou surnom de Valois, a servy seulement pour contre-opposer a la querelle & prétention de l'Anglois, & quand il est question d'icelle prétention, & non pour servir à tout propos. Ainsi qu'en Angleterre, la prétention de la Couronne entre les Princes de la Roze blanche & de la Roze rouge, étoit reconnuë par les noms des deux Maisons, esquelles la querelle avoit commencé, qui sont d'Yorq & de Lanclastre.

Aussi les Etats de France attribuerent la Couronne à Hugues Capet, en declarant Charles d'Austrasie frere du dernier Roy de la lignée de Charlemage, être indigne de succeder à icelle Couronne. Qui fut un jugement non de declaration, comme celuy de Philippes de Valois, mais d'adjudication, car ledit Hugues Capet n'étoit pas descendu de Charlemagne ny des anciens Rois. Vray est qu'il étoit descendu des anciens Seigneurs de Saxe, dont étoient venus les premiers Rois François, qui conquêterent la Gaulle sur les Romains, ainsi que témoigne Claudian Poëte Latin, qui met l'habitation des anciens François sur la Riviere d'Elbe, dite Albis, qui est en Saxe. Aucuns mauvais Historiens & mauvais François disent qu'Hugues Capet étoit usurpateur de la Couronne, & disent mal par deux raisons. L'une est parce que la Couronne avoit été usurpée par Charles Martel, pour la mettre sur la tête de Pepin son fils: Ledit Martel ayant en ses mains le commandement sur toute la Gendarmerie Françoise, & se servant de l'occasion de la faineantise des Rois de la premiere lignée. De vray led. Martel étoit grand guerrier, & avoit acquis une excellente reputation, à cause de la mémorable victoire qu'il eût contre les Maures Sarrazins sur les confins de Poictou & Touraine, en l'an 732. Laquelle victoire fut la salvation non seulement de toute le France, mais aussi de toute la Chrétienté. Car aprés avoir par lesdits Maures conquêté toute l'Espagne sur les Goths ; & étans venus fondre en grande puissance sur les Gaulles, s'ils n'eussent été combatus, ils eussent eu peu d'affaire aprés la conquête de la France, de conquêter l'Italie, qui lors étoit toute en division & desordre, & eussent eu la même facilité de conquêter l'Empire d'Orient. Et si l'opinion d'aucuns est veritable, que le titre des Royaumes & Empires est en la pointe de l'épée, ledit Martel ou Pepin son fils, pouvoient se dire Rois legitimes de la France. Car ce qu'on dit de l'approbation qui en fut faite par le Pape Zacharie, n'est pas à propos : Nous reconnoissons bien les Papes pour Superieurs & Souverains spirituels, mais ils n'ont aucun commandement sur la temporalité des Royaumes souverains ; comme Philippes le Bel Roy le fit bien entendre au Pape Boniface VIII. Il peut bien être que les Seigneurs François voulurent être dispensez du serment qu'ils avoient presté au dernier Roy ; & pour la seureté de leurs consciences s'en adresserent au Pape.

L'autre raison est, que les Seigneurs de France, & le peuple François assemblez en Etats se representerent, que ledit Charles d'Austrasie frere du dernier Roy, avoit toûjours été mauvais François, & que luy & ses predecesseurs avoient par plusieurs moyens essayé de rendre ce Royaume sujet à l'empire des Allemans, & en avoient démembré une bonne partie pour l'attribuer à l'Empire. Même ce qui est delà les Rivieres de l'Escaut, Meuze, Saone, & Rhosne. Aussi que par faute de bon gouvernement, ce Royame avoit reçû infinité d'afflictions & oppressions, tant par les Danois, dits Normands, que par autres Nations. Et sembloit être expedient, voire necessaire, que cette Monarchie changeat de Gouverneur. Se representerent aussi, que ladite lignée de Charles Martel n'étoit pas vraye Françoise, mais étoit d'Austrasie, & s'étoit élevée par l'occasion de la faineantise des Rois de la premiere lignée. Et que la même lignée de Charles Martel étant parvenuë à la Couronne de France, avoit déprimé les anciens Seigneurs vrais François, & donné les grandes charges & dignitez aux étrangers, qui n'étoient naturels François.

Il est bien à propos de confesser & reconnoître que ledit Charles Martel, Pepin son fils, & Charlemagne son petit-fils, ont été tres-valeureux, tres-genereux, & vrais conquerans, meritans bien de gouverner une grande Monarchie. Et se peut dire, que depuis le declin de l'Empire Romain, n'ont été aucuns leurs pareils. Mais si à cause de l'infirmité du sens & jugement humain, il est loisible de dire, que le succez & l'évenement donne témoignage de ce qui est bien ou mal entrepris. Nous pouvons dire que cette promotion si grande de la Maison de Charles Martel, n'avoit pas bons & solides fondemens. Car cette Maison qui a duré environ deux cens quarante ans, n'a eu que le tiers de ce tems en prosperité entiere. En l'autre tiers de tems elle a commencé & continué à decliner. Et en l'autre tiers elle s'est trouvée abaissée avec si grande depression de la Majesté Royale, qu'à un cœur Royal eût été plus à souhaiter d'être mediocre Seigneur, avec titre de Baron ou petit Compte, & la dignité appartenante à tel degré, que d'être Roy avec si peu de moyen, & pour être si peu respecté, obeï & honoré : étant certain que l'affliction est plus grande selon la grandeur de celuy qui la porte. Le même évenement a montré, qu'il étoit assez à propos de pourvoir à un nouveau Roy, parce que la lignée masculine dudit Charles d'Austrasie faillit peu de tems aprés l'élection de Hugues Capet, & icelle faillie il eût convenu proceder à la même élection qui eût été peut être bien tard, car tout se fût trouvé en beaucoup plus grand desordre & confusion sans remede ; car dés le tems des trois ou quatre derniers Rois de cette lignée de Charles Martel tout étoit si grandement dereglé que la ruine se montroit prochaine, & en tel cas une provision extraordinaire est necessaire.

Les Princes François & Estats de France meus des causes cy-dessus, & reconnoissans la grande valeur & generosité de cette race des Princes Saxons issus de Vvitikind qui avoient été appellez en France par Charles le Chauve Roy & Empereur pour luy faire secours, lors que les Danois, dits Normans, arrivans tumultuairement par mer en la France commançoient & continuoient à la ravager en divers endroits, & que toûjours depuis cette lignée avoit continué en valeur : ils élurent ledit Hugues pour leur Roy qui en droite lignée étoit descendu dudit Vvitikind Saxon lequel Hugues correspondant à l'opinion qu'on avoit de luy, commençea & continua à gouverner sagement sans aucune asperité, & neanmoins royalement & heroïquement, avec grande pieté & justice, en élevant aux honneurs & grandes dignitez, ceux qui étoient nais grands & qui les meritoient ; en aymant & soulageant le peuple ; en faisant exercer la justice avec droiture. Et parce qu'au même tems, qui fut environ l'an milliesme aprés l'Incarnation de Nôtre-Seigneur ; l'Empereur en Germanie fit les Duchez, Comtez & autrez dignitez hereditaires, qui auparavant étoient personnelles & à vie ; Iceluy Hugues fit de même en France pour les Duchez, Marquisats, & Comtez à la même façon que dés longtems auparavant, les simples fiefs sans dignité avoient été faits hereditaires & patrimoniaux : Et au même tems le droit de Justice qui souloit être octroyé aux Seigneurs par simple commission, ainsi que les Romains le concedoient aux Recteurs des Provinces & des Villes. Ce droit de Justice, dis-je, fut fait patrimonial & hereditaire és mains des Seigneurs : lesquels aprés cette premiere concession exerçoient eux-même la justice en dedans leurs Terres & Seigneuries étans assistez de conseil, & depuis par loy politique universelle, a été ordonné que les Seigneurs commettroient Baillifs, Sénéchaux, Prévôts, & Juges pour exercer la Justice sous leurs noms & authoritez, &

pour prendre par les Seigneurs tous les émolumens honestes provenans de ladite justice, comme confiscations, amandes, épaves, & autres tels. Et par telle concession ledit Hugues Capet gratifia la Noblesse. De vray il y a raison de croire qu'un Seigneur nay noblement & de race genereuse, sera soigneux de faire rendre droit à chacun de meilleur zele, & plus grande affection qu'un personnage emprunté qui est mercenaire, & qui n'a aucune destination & visée de speciale amitié envers ceux ausquels il rend droit, comme peut avoir un Seigneur qui aime ses sujets, desire être aymé d'eux & les conserver sçachant que son bien & sa grandeur dépend de l'aise & des commoditez de ses sujets : & que sesdits sujets & leur posterité seront sujets de luy & de sa posterité à toujours.

Durant ce regne d'Hugues Capet & de ses successeurs Rois, a été aussi maintenuë l'honneur & ancienne liberté du peuple ; en ce qu'il n'étoit loisible aux Rois d'imposer Aydes, Tailles, & Subsides nouveaux sur leur peuple, outre les anciens devoirs Domaniaux, sans le consentement & accordance de leurdit peuple ; & cetuy est un des cas auquel on avoit accoûtumé de grande ancienneté d'assembler les Etats. Il se lit des Etats assemblez à Paris en Decembre l'an 1369. par le Roy Charles V. esquels fut accordé au Roy pour l'entretennement de sa Maison, de la Reyne & de ses enfans, l'imposition de douze deniers par livre sur les marchandises ; au lieu de laquelle imposition est le Subside qu'on appelle équivalent. Et pour les frais de la guerre, les Etats accorderent audit Roy Charles V. la gabelle sur le sel, les fuaiges que depuis on a appellé Tailles : & le huitiéme du vin vendu en détail, & vingtiéme du vin vendu en gros. Ces impositions & subsides duroient pour autant de tems que la guerre duroit. Les Tailles s'appelloient fuaiges, parce qu'elles étoient imposées à raison de deux francs, trois francs ou quatre francs, ou autre somme pour chacun feu, le fort portant le foible. Les Generaux des Charges étoient soigneux de recüeillir par le moyen des Officiers és Elections, quel nombre de feux & ménages étoient en chacune Election & Diocese, pour connoître sur le pied de la somme totale accordée au Roy, combien ce seroit pour chacun feu, & à l'issuë des Etats, aprés qu'iceux Etats avoient accordé au Roy une somme certaine. Les Députez emportoient en leurs Provinces la commission pour lever la somme départie sur leur Election ou Diocese, lequel département étoit à raison de tant pour feu, selon la proportion de la somme totale que les Etats avoient accordée au Roy & du nombre des feux ; au retour des Députez en leurs Provinces, les Etats d'icelles élisoient certains bons personnages bien connoissans les moyens & facultez des Parroisses pour départir à chacune Parroisse la somme qu'elle devroit porter dont est venu le mot de l'office d'*Elû*, parce qu'il étoit élû par le peuple ; mais aujourd'huy le Roy y pourvoit. Le Roy Charles VII. fut le premier qui mit les Tailles en ordinaire, aprés qu'il fut arrêté pour le bien de la France, que la Gendarmerie seroit mise sus pour être entretenuë en tems de guerre & de paix. Et fut l'ordonnance premiere de quinze cens livres, & étoient les tailles & fuaige destinez expressement pour la solde d'icelle Gendarmerie, qui montoit à douze cens mil francs par an. Et depuis, peu à peu ces tailles sont augmentées & venuës à quatre millions de francs. Lequel pied du tems des Rois François I. & Henry II. est demeuré par plus de cinquante ans, & s'appelloit le principal de la Taille. Vray est que de leur tems survindrent les crûës de six cens mil livres, & de trois cens mil livres. Depuis au tems du Roy Henry II. survint la crûë du taillon, qui fut mis sus pour l'augmentation de la solde de la Gendarmerie, laquelle solde auparavant étoit de deux cens quarante livres pour homme d'Armes, & de la moitié pour l'Archer. Et par le moyen dudit Taillon la solde de l'homme d'Armes fut augmentée pour revenir à quatre cens livres, & de l'Archer à l'équipolent. Du tems du Roy Henry III. & depuis la tenuë des Etats de Blois de l'an 1576. on a augmenté lesdites Tailles & Taillon du Parisis, au lieu du Tournois, qui est un cinquiéme. Et encore depuis on a augmenté tout à un coup les Tailles de quinze cens mil écus, qui sont quatre millions cinq cens mil livres. Voilà à quoy est revenu ce qui premierement étoit en volonté, consentement & accordance, & a été mis en necessité & contrainte, montant à prés de onze millions de livres, qui d'ancienneté souloit être, & dés le commencement fut arrêté à douze cens mil livres.

Cette maniere d'accorder par le peuple au Roy les Tailles & Fuaiges a été retenuë par les Provinces ayant droit d'Etats. Même par la Bourgogne, en laquelle quand il y a assemblée d'Etats, le Roy envoye ses Patentes, par lesquelles il fait entendre qu'il a besoin d'être secouru de telle somme, & les Etats luy en accordent une partie, & selon l'accordance, la commission est envoyée pour lever. Les Ducs de Bourgogne pour le tems, firent que la maniere ancienne de lever taille sur le peuple par accordance des Etats ne fût changée. Aussi du tems du Roy Charles VII. quand les tailles furent mises en ordinaire, Philippes Duc de Bourgogne (dit le bon Duc) étoit vivant ; & combien qu'il reconnût le Roy pour son Souverain, si ne se rendoit-il pas sujet à tous ses commandemens, sinon en tant qu'ils étoient accompagnez de raison, & selon l'usance ancienne & accoûtumée en ce Royaume : Quelques autres Seigneurs s'approchoient de cette opinion : Le Roy Louïs XI. fils dudit Roy Charles VII. fut le premier qui mit plus au large la puissance des Rois au préjudice des Seigneurs & du peuple. Et aprés le Traité de Conflans, par lequel fut appaisée la guerre du bien public, & que par apparence ledit Roy Louïs XI. les rendit tous contens, & les separa aussi de l'union en laquelle ils étoient, il les ruina ou abaissa l'un aprés l'autre. Pourquoy le Roy François I. disoit que ledit roy Louis XI. avoit mis les rois de France hors de page. En effet depuis ce tems les rois ont commandé plus absolument, & de roy en roy se sont de plus en plus avancez. L'experience a fait connoître que de cette façon de gouverner sont advenuës plusieurs incommoditez & inconveniens. Le roy Loüis XI. laissa son Fils Charles VIII. qui mourut sans enfans, & toute la lignée dudit roy Loüis XI. tant masculine que feminine est défaillie de tous poincts. En aprés nous avons veu les troubles & guerres, dont aucuns attribuent le commencement à la diversité des opinions en la religion. Les autres disent que la source est, parce que les Princes du sang n'étoient assez respectez. & que la religion a été prise pour prétexte. Tant y a que lesdits troubles durent, & le peuple est miserablement accablé, voire ruiné, tant par l'excessiveté insupportable des Tailles, Subsides & Daces, que par la multiplication monstrueuse des Offices, & par la licence débordée des gens de guerre qui ne sont payez, jà par trois fois pour y remedier on a assemblé les Etats generaux, & se conçoit peu d'esperence de mieux avoir.

Du tems dudit roy Charles VII. quand les Tailles furent mises sus en ordinaire, les Princes & autres Grands Seigneurs qui avoient quelque credit & moyen pour empêcher la facilité de cette nouvelle façon de faire furent adoucis, en ce qu'on leur accorda la nomination aux Offices des Eslus, receveurs, Greneticrs, Contrôleurs de Greniers à sel, qui étoient etablis dedans leurs païs & Seigneuries. Dont plusieurs ont joüy jusqu'au milieu du regne dudit roy François I. qui leur ôta ce droit. Aucuns en petit nombre ont trouvé moyen d'être rétablis audit droit. Aux autres fut accordée la perception de l'ancienne Gabelle, qui étoit de trente francs pour muid de sel és Greniers qui étoient en leurs détroits. Les Sujets ont demeurez chargez desdites Tailles, Aides & Gabelles, & lesdits droits de nomination & Gabelle s'en sont envolez. En cette grande ancienneté, avant que les Tailles fussent mises en ordinaire, les rois par droit domanial pouvoient tailler leurs Sujets en leur domaine patrimonial en certains cas. J'en ay veu un Arrest és anciens registres de la Cour de Parlement contre les habitans d'Annet, Auneau & Monchaunet, où l'un des cas est exprimé quand le roy fait Chevalier son Fils aîné, qui est *ad instar* de la Taille és quatre cas, que plusieurs Seigneurs de ce royaume ont sur leurs sujets encore de présent. Mais cette Taille de fruages ayant été mise en ordinaire, étant plus grande & fructueuse a effacé l'autre domaniale.

L'autre cas d'assemblée d'Estat est, quand le Roy legitime regnant, soigneux du bien de son peuple à l'advenir, comme bon pere de famille & bon Roy veut pourvoir à son peuple de successeur à la Couronne, au cas qu'il n'auroit enfans mâles lors de son decés, & qu'il prevoit qu'il pourra naître debat pour ladite succession. Car comme aux Etats appartiendroit de juger le debat si le cas étoit ja advenu. Aussi comme par prevention avec la volonté & authorité du Roy, les Etats assemblez en peuvent adviser avec les Princes & Pairs: Non pas que de leur propre droit ils se puissent assembler pour en aviser avant le cas advenu: Non pas aussi que les Etats seuls avec les Princes & Pairs y puissent pourvoir. Mais leur assemblée étant vivifiée par la volonté du Roy, ils peuvent avec le Roy (sans diminution de sa Majesté) anticiper & prevenir partie de l'execution du pouvoir qu'ils auroient si le cas étoit advenu.

Le pouvoir des Etats se represente encores en un autre cas, qui est pour l'établissement des Loix politiques en chacune Province, qu'on appelle les Coûtumes, lesquelles sont le vray droit civil des Provinces, & non pas simples statuts. comme aucuns ont estimé. Le premier mouvement, la premiere naissance & vie de ce droit civil a été en la volonté du peuple des trois ordres & Etats des Provinces par tacite consentement. Car ledit droit ne commencea pas par écrit, mais de main en main la science & connoissance s'en est entretenuë & gardée, Vray est que depuis l'Ordonnance du Roy Charles VII. pour faciliter les preuves qui auparavant se faisoient par examen de témoins en turbe, lesdites coûtumes ont été mises par écrit, aprés que les Etats de chacune Province assemblez de l'authorité du Roi ont reconnu qu'elles étoient lesdites Coûtumes, & y ont adjoûté, corrigé, diminué & reformé; qui fait connoître que les Rois de cette lignée descendus de Hugues Capet, ont bien eu agreable que leur peuple se fît & constituât des Loix, selon lesquelles leurs commerces, actions & autres affaires se regleroient, vray est que l'authorisation en appartient au Roy.

Les Rois de cette lignée en regnant ainsi doucement, & neanmoins royalement, ont prosperé. Ont été redoutables à toutes autres Nations du monde, non seulement aux Chrêtiens. De leur tems ont été faites par les François ces deux grandes & non comparables entreprises de la conquête de Jerusalem, Terre sainte & Palestine en 1097. & de la conquête de l'Empire d'Orient en Constantinople en l'an 1198. Ont été obtenuës plusieurs Victoires en combatant puissance contre puissance avec toutes sortes de Nations. Et qui plus est à considerer le rétablissement de l'Eglise en son ancienne splendeur & authorité, est advenu presque au commencement du regne de cette lignée. Comme l'Eglise avoit été exaltée & mise en bon ordre par Charles le Grand, & Loüis son fils, tous deux Empereurs, ainsi fut-elle deprimée grandement, & presque aneantie, en ce qui est de l'exterieur & de la Police par leurs successeurs: Et en pire état n'avoit été qu'elle étoit, lors que Hugues Capet commença à regner. Car en ce tems de dépression les Seigneurs avoient usurpé grande partie des biens temporels de l'Eglise, & encore grande partie des

Dîmes & autre revenu spirituel. Les Evêques & autres Superieurs d'Eglise avoient concedé en Fief & bien fait, non seulement les Dîmes, mais aussi les Eglies mêmes qui étoient tenuës sous ledit titre par personnes layes. Mais incontinent aprés que ledit Hugues Capet fut arrivé à la Couronne, luy & ses successeurs, furent soigneux avec anxieté, que l'authorité & les commoditz de l'Eglise fussent restituées en leur entier. Et ce bon-heur leur avint, que dans la premiere centaine d'ans, du regne de cette lignée, l'entreprise & execution de la conquête de la Terre sainte fut faite. Aucuns Conciles furent faits, par lesquels l'élection & institutions és Benefices par les voyes des anciens Decrets furent mises sus, & ces concessions en fief des Eglises en chef furent abolies, & quant aux concessions des dîmes en fief, pour ne renverser & troubler trop de choses à la fois; fut dit au Concile de Latran, que ce qui étoit auparavant infeodé demeureroit, & qu'à l'avenir on ne feroit plus de telles infeodations: dont vient l'usance qui est aujourd'huy, que les Laïcs qui tiennent dîmes en leurs patrimoines, s'ils en sont inquietez par les Ecclesiastiques, ils alleguent l'infeodation auparavant le Concile de Latran; & s'ils n'en ont titre par écrit, ils prennent la possession immemoriale qui i fait présumer le Titre. En cette même centaine commença l'institution de plusieurs Ordres de religion Monastique, par lesquels l'Eglise qui panchoit en son Ministere exterieur fut redressée, & les Charges & Dignitez qui étoient és mains de personnes ignorantes, dissolués & peu reformées, furent mises és mains de personnes de bonne & sainte vie, & par les bonnes exhortations, saints exemples, & cooperations des Religieux desdits Ordres, l'Etat exterieur de l'Eglise fut restituée. Ces Ordres sont de Grand-mont, de Cisteaux, de la Chartreuse, de Premontré. Et au même tems furent fondez plusieurs Monasteres des Ordres de saint Benoist & de saint Augustin.

Vray est que quelque fois les Rois de cette lignée ont eu des afflictions, lors que Nôtre Seigneur a visité avec sa Verge paternelle leurs pechez, mais ils n'en ont été accablez, & Nôtre Seigneur n'a pas éloigné sa misericorde d'eux, ils ont été poussez & versez prets à cheoir, mais Dieu a mis sa main dessous pour les relever & empêcher qu'ils ne fussent atterrez & froissez, comme il s'est veu sous le regne de Charles VI. & Charles VII. Ce dernier quand la Couronne luy fut deferée, n'avoit en son Domaine que Bourges & Poictiers, tout le reste étoit tenu par les Anglois. Et lors de son decés il se trouva joüissant paisible de tout le Royaume. Le bon-heur de cette lignée se montre par l'évenement, en ce qu'elle seule a plus duré que les deux autres lignées ensemble. Car il y a prés de six cens ans que la lignée de Hugues Capet commença à regner, & peut-être ne se trouvera és Histoires aucune Monarchie du monde qui ait tant duré en lignée masculine de descendans, comme celle-cy a duré en la generation de Hugues Capet, & s'il plait à Dieu elle durera davantage.

Pour revenir au propos des Etats, dont la liberté a été plus maintenuë durant cette lignée de Rois: Il appert que la tenuë d'iceux ne doit faire croire que le Gouvernement de ce Royaume tienne, ou soit allayé de Democratie. Moins encore doit-on croire que la consideration d'Aristocratie, à cause des Parlemens, soit recevable en ce Gouvernement. Car les Parlemens sont établis pour exercer Justice és causes des particuliers, & non pour faire Loix, ny connoître d'affaires d'Etat, ny pour faire provisions autres que de l'administration de Justice. Vray est que le Roy tient esdits Parlemens sont lit de Justice avec les Pairs de France, & en iceux sont publiez & enregistrez les Edits & Constitutions que les Rois font. Mais és Edits & Arrests le Roy seul parle & reconnoît que la Cour est son Conseil, & ne la reconnoit pas pour compagne en cette puissance d'ordonner & faire loix. Aussi l'ancien stile porte seulement que l'Edit a été lû, publié & enregistré en Parlement: Quoy que communément on use du mot de verifier. Auparavant l'Edit de Roussillon de l'an 1564. lesd. Cours de Parlement, & autres Souveraines, avoient accoûtumé d'user de modification des Edits, qui étoient comme un contrôlle de la puissance du Roy, car ces modifications étoient tenuës pour loy. Mais par ledit Edit leur a été interdit d'en user, & leur a été reservé seulement, si aucun Edit se trouve en difficulté, d'en faire humbles remontrances au Roy.

Les Etats sont composez de trois Ordres, sous la distinction desquels tout le peuple de France est compris, & pour éviter la confusion si tout le peuple devoit comparoir devant le Roy; il est observé que le peuple de chacune Province nomme trois personnages, un de chacun Ordre, ausquels comme par voye de compromis le pouvoir de tout le peuple est transferé, lesquels nommez sont appellez Deputez. Et tous les Deputez assemblez devant le Roy avec les Princes & Pairs font les Etats. Cette distinction des trois Ordres au corps politique a correspondance à ce qui est du corps humain, qui est composé de trois principales parties, qui premieres sont formées en embrion au ventre de la mere, & desquelles les autres parties du corps dependent; qui sont le cerveau, le cœur & le foye: Au cerveau est l'entendement & l'exercice de raison, comme en l'Eglise est la science & la doctrine: Au cœur est la vivacité & vigueur de tout le corps, comme en la Noblesse est cette genereuse agitation, qui la semond à employer la force pour la manutention des bons, & extermination des méchans: au foye est le nourrissement du corps; comme le tiers Etat fournit aux deux autres les moyens & commoditez de s'entretenir en vie. Les Romains avoient ainsi distribué leur peuple en trois ordres; l'un étoit des Senateurs, l'autre des Chevaliers, lequel Ordre étoit le Seminaire du Senat, & l'autre Ordre étoit du menu peuple, qui s'appelle *Plebs*. Mais en France par religieuse police a été ordonné que le Clergé feroit un Ordre qui seroit le premier des trois, comme étant la Religion le vray & seul fondement de tous gouvernemens, soient Monarchiques, soient Aristocratiques ou Democratiques. Aucuns ont estimé que les Officiers de Justice devroient faire un ordre, parce que la Justice est un des principaux moyens pour maintenir une domination; de fait au tems du Roy Henry II. en une tenuë imaginaire d'Etats aprés la bataille de Saint Quentin l'an 1557. on y fit comparoir des Députez de la Justice pour un quatriéme Etat. Ce qui ne fut à autre occasion que pour augmenter d'un quart l'aide en deniers que le Roy demandoit à son peuple; mais en l'ancien établissement de ce Royaume, la puissance de la Justice étoit és mains du second Etat, qui est la Noblesse: dont la marque est demeurée en ce que les Baillifs & Senéchaux Royaux, Chefs de la justice és Provinces, doivent être Gentilshommes & de robe courte, & d'ancienneté il exerçoient eux-mémes la Justice & avoient leurs Lieutenans qui les conseilloient és questions de difficulté. L'autre marque en est demeuré en tant qu'en l'intitulation des Sentences & Commissions, on met les noms des Baillifs & Senéchaux qui mandent & commandent, comme premiers autheurs d'icelles.

L'ancienne façon de convoquer les Etats se reconnoît par les vestiges & marques qui en sont demeurées; à sçavoir, que les six Pairs de France laiz anciens avoient les premieres seances, comme ils avoient au Sacre du Roy à Reims & és ceremonies qui en dépendent. De vray, les deux principales fonctions du Roy en sa Majesté sont en son Sacre & en la tenuë des Etats; parce qu'en son Sacre les Pairs de France, tant Ecclesiastiques que laiz representent tout le peuple de France, reçoivent le serment du Roy pour la manutention de la Religion Chrétienne & de l'Eglise Catholique & protection de son peuple, & par même moyen les Pairs pour tout le peuple promettent au Roy obeïssance & fidelité. Et és Etats les Rois font les loix pour l'établissement & conservation du Royaume, bien, repos & soulagement du peuple; esquels les anciens Pairs étans appellez & semons par le Roy, souloient convoquer les Etats particuliers de leurs Provinces, & amener esdits Etats Généraux les Députez d'icelles: dont la marque est demeurée de present; car quoy que lesdites anciennes Pairies soient unies à la Couronne: Neanmoins les Députez d'icelles venans és Etats, sont appellez aux mêmes rangs & prérogatives que lesdits anciens Pairs tenoient en leur seance des Etats & Offices qu'ils exercent au Sacre du Roy; à sçavoir, par ce que le Duc de Bourgogne par ancien droit est Doyen des Pairs, c'est-à-dire, premier. Les Députez du Duché de Borgogne des trois Ordres sont appellez devant le Roy par le Heraut-d'armes, & par le Maître des Ceremonies colloquez en seance les prochains aprés les Députez de la Ville, Prévôté & Vicomté de Paris. Le Heraut les appelle nomément avec cette adjonction, Bourgogne premiere Pairie ou Doyené des Pairies de France: En prochain ordre aprés sont appellez les Députez des trois Etats du Duché de Normandie, qui est la seconde Pairie. Aprés ceux du Duché de Guyenne, qui est la troisiéme Pairie: Et aprés les trois Duchez étoient appellez les Députez des trois Comtez Pairies, qui sont Champagne, Tolose & Flandres. Vray est qu'és Etats d'Orleans tenus en l'an 1560. parce que le Duché de Bretagne se trouvoit lors uny à la Couronne, & qu'és Etats de Tours l'an 1484. & autres Etats tenus auparavant, les Ducs de Bretagne panchans plus par affection devers l'Angleterre,& prétendans un certaine Souveraineté imaginaire, ne souloient comparoir és Etats de France, & ne se trouve qu'ils y ayent eu rang de prérogative, fut avisé & ordonné que les Deputez des trois Ordres de Bretagne, auroient rang & seance aprés les trois Duchez-Pairies, & ainsi fut és Etats de Blois 1576. & en ces presens Etats l'an 1588.

Ces anciennes Pairies sont les Provinces qui bornent le Royaume de toutes parts, & à cette cause la dignité de Pairie fut attribuée aux Seigneurs d'icelles, comme étans les principaux Seigneurs de la France, ayans la garde des limites du Royaume, le mot de *Pairs* vient du Latin *Pares*, comme qui diroit pareils, non pas qu'ils soient pareils au Roy, mais parce qu'ils sont pareils entre eux en prochain degré aprés le Roy. Le Duché de Bourgogne borne le Royaume devers la Riviere de Saosne, qui est l'une des anciennes limites du Royaume, accordée au tems que ceux de la lignée de Charlemagne quiterent partie de la domination des François pour l'attribuer à l'Empire; & est la premiere Pairie, soit parce que ce païs a autrefois porté titre de Royaume, ou parce que c'est le premier Appanage qui ait été fait à ceux de la lignée Royale par le successeur de Hugues Capet. La Normandie borne le Royaume devers la Mer Oceane du côté d'Angleterre, & est la seconde Pairie, tant à cause de sa grandeur en peuple & commoditez, comme aussi parce que les Ducs dudit païs ont porté Couronne Royale, ayans fondé le Royaume d'Angleterre tel qu'il est de present. La Guyenne borne le royaume devers la même Mer Occeane & les Mons Pirenées du côté d'Espagne. Champagne borne le royaume devers la riviere de Meuze, qui est une autre limite ancienne du royaume accordée au tems susdit. Tolose ou Languedoc borne le royaume devers la riviere de Rhosne, qui est l'autre limite du royaume accordée au même-tems, & devers la Mer d'entre deux terres, qu'on appelle Mediterranée ou de Levant. Flandres bornoit le royaume devers la riviere de Skelde ou l'Escault, & a été éclipsée de la Souveraineté de France par le traité de Madrid, fait entre l'Empereur Charles V. & le roy François I. ledit roy François I. étant prisonnier de guerre. Les Seigneurs de ces six Provinces à bon droit furent appellez de ce nom de *Pairs*, plain de dignité & de gran-

deur

deur, comme ayans charge de six principales Provinces de ce royaume, qui plus importoient à la conservation d'iceluy, outre que ce sont grandes & amples Provinces. Aussi les Seigneurs d'icelles tenoient les premiers & principaux rangs és plus importantes fonctions du roy en sa Majesté royale, qui sont le Sacre & les Etats; & on y peut ajoûter qu'ils assistent le roy comme Conseillers nais de la Couronne, quand le roy siet en son lit de Justice, tenant le Parlement; lequel Parlement, même celuy de Paris, est pour cette cause dit la Cour des Pairs.

Aprés que ces anciennes Pairies furent unies à la Couronne, les rois connoissans l'importance d'icelles, comme étans grandes Provinces & frontieres, y établirent des gouvernemens. Mais les Gouverneurs d'icelles n'ont oncques eu seances és Etats en cette qualité, ny même en Parlement, où ils n'ont seance sinon en qualité de Lieutenans de roy, & non en qualité de Gouverneurs. Doncques a été tres-mal à propos, qu'és Etats de Blois, l'an 1576. & autres Etats audit lieu, l'an 1588. aucuns Députez ont demandé prerogative de seance ou voix, à cause des Gouvernemens dont ils sont, comme entre autres en est avenu débat entre les Députez du tiers Etat de Bourgogne, & les Députez des Bailliages qui se disent être sous le Gouvernement de l'Isle de France, en ce que sous pretexte que Paris & l'Isle de France sont un seul Gouvernement; les Bailliages du même Gouvernement ont prétendu leur voix & leur seance immediatement aprés Paris, & conjointement avec Paris. Ceux de Bourgogne disans, qu'aprés la Ville, Prévôté & Vicomté de Paris ils ont la prochaine voix & seance, & disent bien: Car le fait du Gouvernement n'y fait froid ny chaud. Le Gouvernement de l'Isle de France est de nouvelle institution, comme est celuy de Lionnois, & tous deux ont commencé d'être Gouvernemens au tems qu'il ne se parloit & ne se pratiquoit rien d'Etats; car la France fut sans Etats soixante & seize ans, depuis l'an 1484. jusques en l'an 1560. en laquelle année furent tenus les Etats d'Orleans; esquels Etats, parce que les Députez se trouvoient nouveaux (nul d'eux n'ayans jamais veu Etats) & aprés avoir veu le grand nombre d'articles que chacune Province apportoit en cahier, étans les Provinces au nombre de quatre-vingt-seize; fut avisé par expedient & non par établissement de regle certaine & necessaire, que toute cette compagnie se distribueroit en douze classes ou compagnies. Et parce que lesdites anciennes Pairies se reconnoissoient pour l'heure en titre de Gouvernemens; le nom de Pairie à leur égard étant peu en usage, parce que deslors elles étoient unies à la Couronne; à l'occasion d'icelles les autres classes se nommerent aussi Gouvernemens, à cause de la pluralité qui concurroit en ce nom: Quoy qu'aucunes d'icelles fussent composées de plusieurs Gouvernemens particuliers, dont l'un ne reconnoissoit rien de dépendance de l'autre. Et fut fait ce reglement, pour avec plus grande facilité recueillir les voix, opinions & articles de chacune Province. Mais toûjours se reconnoissoit que les Députez de ces six Pairies anciennes avoient rang de seance & de voix selon l'ordre & prérogative desdites anciennes Pairies, & avant les autres Provinces qui n'étoient comprises sous les anciennes Pairies. Pourquoy m'a semblé qu'en ces presens Etats, sur le débat qui étoit entre le Député de Troyes en Champagne, & le Député de Sens pour la préseance; ledit Député de Troyes allegua bien froidement sa principale défence, qui étoit de la Pairie, car Champagne est la premiere des Comtez Pairies; & s'il eût convenu juger par autre raison, même des Bailliages, Sens devoit preceder. Car au tems que Champagne avoit Comté, le Bailly de Sens connoissoit des cas Royaux de Champagne; comme aussi quand il y avoit en Bourgogne un Duc, le Bailly de Mascon connoissoit des cas Royaux de Bourgogne, d'une part, & le Bailly de Sens d'autre part. Et toutesfois és Etats de Tours, où l'on ne procedoit par Gouvernemens, les Bailliages de Sens & de Mascon se trouvent avoir été appellez aprés les Députez de Bourgogne & de Champagne.

Dont resulte que la consideration des Bailliages & Sénéchaussées Royales, n'est recevable ny pertinente en fait d'Etats, même parce que la pratique & tenuë des Etats est long-tems auparavant l'établissement des Bailliages Royaux, desquels la premiere institution est du tems de Philippes Auguste Roy, & la confirmation du tems du Roy S. Louïs son petit fils, qui étoit Louïs IX. Auparavant les Rois envoyoient tous les ans certains personnages d'authorité és Provinces, pour oüir les plaintes des sujets du Roy, demeurans és Duchez, Comtez, & autres terres appartenantes aux grands Seigneurs, & pour y distribuer la Justice. En ce tems les Rois avoient peu de Provinces en leur Domaine. Et en ce même tems on commença à faire distiction des cas Royaux, & des cas de Justice ordinaire. Pour connoître de ces cas Royaux sur les sujets des Seigneurs, & pour connoître des causes d'appel en cas de ressort, furent établis les Bailliages Royaux sedentaires & arrestez és lieux certains: Qui fut une bride mise aux grands Seigneurs, afin qu'ils fussent restraints en l'exercice de leur Jurisdiction, & de leur pouvoir & authorité à cause d'icelle. Les quatre premiers Bailliages furent Sens, Vermandois, saint Pierre le Monstier & Mascon, pour connoître, comme dit est, des cas Royaux, & causes d'appel és païs & Provinces des Seigneurs voisins; à sçavoir, Sens pour partie de la Champagne, qui lors avoit son Comte grand Seigneur, & pour partie de la Bourgogne qui avoit un Duc grand Seigneur. Vermandois pour l'autre partie de la Champagne & la Brie, & terres d'autres Seigneurs voisins. Saint Pierre le Monstier (qui de nagueres étoit Ville Royale, par association que l'Abbé de Saint Martin d'Authun avoit faite avec le Roy Louïs VII. dit le Jeune, en l'an 1179. car le Prieur de Saint Pierre le Monstier (qui audit lieu avoit droit de

Justice & Prévôté, est sujet & dépendant de l'Abbaye de Saint Martin d'Autun) eût un Bailliage pour les cas Royaux d'Auvergne, Bourbonnois, Berry & Nivernois, lesquelles Provinces avoient leurs Ducs, Comtes & Seigneurs. Et sera noté que lors dudit établissement, Bourbonnois n'étoit encores païs & Duché : ce titres furent octroyez en la personne de Louïs fils de Robert Comte de Clermont, fils du Roy saint Louïs : & auparavant Bourbon l'Archambault, Moulins, Montluçon, Hirecon, Murat & Verneüil, étoient simple Baronnies & Seigneuries, & auparavant, comme il se void par les anciens titres de ce tems, on disoit Moulins en Auvergne Diocese d'Authun. Mascon fut étably Bailliage pour l'autre partie de Bourgogne, & pour le Lionnois, Forests & Beaujolois qui avoient leurs Seigneurs.

Dont appert que ce nom de Bailliage n'est pas propre pour signifier Province & territoire, ny pour signifier païs & region, ains est seulement pour signifier la difference de Jurisdiction, & la façon & forme de l'exercice d'icelle. Et parce qu'en fait d'Etats la Jurisdiction en soy n'est en aucune consideration, ains seulement y doit être considerée la qualité, & nom de Province, territoire & païs : j'entens Province & païs celle qui a peuple, territoire ample, & Coûtume avec nom de païs, distincts & separez, qui sont les vrayes marques de païs & Province. Nul ne dira que le Bailliage de Sens fût le Comté de Champagne, ny que le Bailliage de Mascon fût le Duché de Bourgogne, ny que le Bailliage de S. Pierre le Moustier fût le Duché d'Auvergne, ny Duché de Berry, ny Comté de Nivernois : Tous les Duchez & Comtez étoient avant que les Bailliages fussent établis. Bourgogne a sa Coûtume distincte ; & Mascon est païs de droit écrit. Champagne de même a sa Coûtume distincte de la Coûtume de Sens. Berry, Bourbonnois, Auvergne & Nivernois ont leurs Coûtumes distinctes, ont noms distincts de païs, sont divers peuples. Il s'ensuit donc que le nom des Bailliage Royal en cette antiquité n'est pas de Province ny de territoire : Car il n'y a chose qui remarque plus la diversité ou identité de Province, que la Coûtume même en fait d'Etats. Car la Coûtume est établie, confirmée & arrestée par les Etats de chacune Province & païs.

Aussi se void qu'és Etats de Tours de l'an 1484. qui sont remarquez par écrit plus ancien. Les Députez de ces Pairies anciennes, qui deslors étoient unies à la Couronne, étoient appellez au même rang que les anciens Pairs souloient être appellez. Et les Bailliages Royaux qui souloient leur commander pour les cas Royaux, sont appellez aprés lesdites Pairies : qui fait connoître que d'ancienneté ainsi souloit être fait quand lesdites anciennes Pairies étoient és mains des Seigneurs. Même esdits Etats de Tours se trouve, que les Députez d'aucunes Provinces, qui n'étoient, ny Royales, ny de Pairie, sont appellez devant le Roy, & faut croire que les Seigneurs desdites Provinces avoient reçû mandement du Roy pour convoquer les Etats de leurs païs & Seigneuries, & envoyerent leurs Députez és Etats Generaux. Se void que les Députez des trois Ordres, de Bourbonnois, d'Artois, d'Orleans, d'Alençon, de Nivernois, de Forests, de Lauragais & d'Angoulmois, de la Marche & Beaujolois y ont été appellez & reçûs : Bien qu'audit tems lesdits païs & Provinces ne fussent és mains du Roy, & ne fussent du nombre des Pairies anciennes. Et étoient és mains des Seigneurs, les uns Princes du sang Royal, les autres non. Se trouve que les Evêques d'Arras & d'Angoulesme y étoient Députez pour le Clergé, non pas sous le nom, authorité & titre du Bailliage Royal, dont dépendoient lesdites Seigneuries pour les cas Royaux esdits païs. Car Arras pour les cas Royaux étoit du Bailliage d'Amiens. Et Angoulesme de Poictou. Lesdits Evêques à la convocation des Etats particuliers desdites Provinces étoient comparus en vertu du même mandement, comme les deux autres Ordres, & étans nommez par le Clergé, comparurent és Etats Generaux. Au tems desdits Etats. Orleans & Bourbonnois avoient leurs Ducs. Artois, Alençon, Nivernois, Angoulmois & Forests avoient leurs Comtes. Lauragais, la Marche & Beaujolois avoient leurs Seigneurs. C'est donc nouvelle invention ce qui se propose en ces Etats de Blois, l'an 1588. quand on dit que nul n'a droit de convoquer les Etats particuliers des Provinces, sinon les Baillifs & Senéchaux Royaux, & que les Députez du Clergé doivent être appellez sous la Cornette du Bailliage Royal, qui connoît des cas Royaux de l'Evêché. Je sçay qu'on dira que le Roy n'adresse ses mandemens, sinon à ses Officiers, & que les Etats sont convoquez par mandement du Roy. Surquoy je répons en premier lieu, que cette regle n'est pas certaine, ancienne ny veritable. Car par les anciens enseignemens se void, que le Roy seant en son Parlement souloit adresser ses Commissions pour faire enquestes & autres affaires de Justice aux Chevaliers, lesquels par ancien stile le Roy nomme ses amez & feaux, & autresfois aux dignitez des Eglises Cathedrales. En second lieu je dis, quand bien la regle seroit certaine, que les Pairs de France sont Officiers de la Couronne, Conseillers nais d'icelle, & par consequent capables de recevoir les mandemens du Roy, & les executer avec plus grande authorité que les Baillifs & Sénéchaux Royaux. Car les Pairs en la seance des Etats, & au lit de Justice en Parlement, sont és sieges hauts proches du Roy, & les Baillifs & Senéchaux és sieges inferieurs. Aussi comme dit a été, les anciens Pairs ayans reçû les mandemans du Roy, appelloient les Evêques & leur Clergé, non pas comme de par eux Pairs, mais comme ayans reçû le mandement du Roy pour le faire. Et s'observe encore de present, que les Evêques qui ont leurs Eglises és territoires desdites anciennes Pairies sont appellez devant le Roy, & sont colloquez sous l'appellation & au rang desd. anciennes Pairies, & non au rang des Bailliages

ROYAUX qui connoissent des cas ROYAUX d'icelles Pairies, ou desdites Eglises. Il est certain, quand en Bourgogne il y avoit un Duc, que le droit de REGALE és Evêchez d'Authun & Chaalon sur Saone étoit exercée par le Bailly de Mascon ; le droit de REGALE de l'Evêché de Troyes, par le Bailly de Sens. Et toutesfois les Evêques & Députez du Clergé desdits Evêchez étoient appellez és Etats sous le titre des Pairies. Et encores de présent est ainsi observé, & les Bailliages de Sens & Mascon avoient leur vocation separée, & en rang posterieur aprés lesdites Pairies, comme il se void par la description desdits Etats de Tours.

Avec ces raisons je soûtenois, & me sembloit puis aprés, que le ROY par ses lettres geminées, avoit mandé à Monseigneur de Nevers Pair de France, & en cette qualité d'assembler les Etat du païs & Duché de Nivernois ; Que les Députez de l'Eglise Cathedrale & du Diocese de Nevers, devoient se representer és Etats Generaux à Blois, sous la vocation & titre de Nivernois, puis que ladite Eglise Cathedrale est à Nevers. Aussi est à considerer, qu'à la redaction de la Coûtume de Nivernois, en l'an 1490. & en l'an 1534. ladite Eglise de Nevers a comparu, & a reconnu que leurs jurisdictions temporelles, tant de l'Evêché que du Chapitre, & d'autres Eglises qui sont exemptes de la Jurisdiction du Duché, sont sujets à la même Coûtume de Nivernois, étant la convocation faite par le Comte de Nevers Pair de France ; & encores aujourd'huy les Prelats desdites Jurisdictions Ecclesiastiques, se reglent sans difficulté par ladite Coûtume de Nivernois : la Coûtume est vraye affaire d'Etats ; dont resulte que lesdits du Clergé sont des Etats de Nivernois. Même se void par le procez verbal de la redaction de la Coûtume audit an 1534. que la Commission par Lettres Patentes du ROY François I. fut adressée à Madame Marie d'Albret Comtesse de Nevers, à cause de la Pairie, pour convoquer le trois Ordres & Etats du païs de Nivernois, & y comparurent, comme dit est, les Députez de l'Eglise de Nevers, & de autres Eglises du Duché, tant exemptes que non exemptes.

On dira que Nevers est nouvelle Pairie, & que les autres Pairs nouveaux n'ont usé cy-devant dudit droit de convocation d'Etats. Surquoy la réponse est, que les anciennes Pairies ont été autrefois nouvelles ; puis ces nouvelles sont subrogées au lieu des anciennes. Et si les Pairs nouveaux sont employez comme Pairs en ce grand & solemnel Ministere du Sacre du ROY : En exerçeant ledit droit ils se sont conservez les autres droits que les anciens Pairs souloient exercer. Aussi se dit que ce qui est subrogé est de même nature & droit que la chose, au lieu de laquelle il est subrogé. Se peut dire aussi, & la verité est, que nulle desdites autres nouvelles Pairies n'a les marques de Province & païs, comme a le Nivernois. A sçavoir, Nevers Ville Episcopale, avec Diocese ample de plus de deux cens soixante Parroisses. La Province de grande étenduë & de fort ample territoire, ayant dix ou douze Villes closes, sept Greniers à Sel, deux Elections, Coûtume distincte & separée des Provinces voisines, avec nom de païs, qui a sa dénomination de la Ville Capitale. Païs, qui outre le Diocese de Nevers, comprend plus de quatre-vingt Parroisses des Evêchez d'Authun & d'Auxerre : Et audit païs sont sept Abbayes, grande quantité de Prieurez des Ordres de saint Benoist, de Cluny, & de saint Augustin ; quatre Convents de l'Ordre des Chartreux : La Ville principale de Nevers ayant en son enclos onze Parroisses : Le Duché composé de vingt-huit Chastellenies, qui sont au Domaine du Duc. En iceluy sont quatre Baronnies, & grande quantité de Chastellenies ; & plus de douze cens Fiefs qui relevent du Duché, tant en premiere que mediate mouvance ; qui sont marques assez pertinentes pour constituer une Province avec droit d'Etats, veu même qu'assez grande quantité de Bailliages ROYAUX sont appellez és Etats Generaux de France, qui n'ont pas la moitié, voire le tiers des marques susdites de Province & païs. Joint que les Comtes & Ducs de Nivernois ont droit de fort grande ancienneté, pour convoquer & mener en l'Armée du ROY l'Arriere-ban dudit païs. Dont le ROY aprés avoir fait voir en son Conseil les lettres & titres dudit droit, en fit declaration bien ample par Lettres Patentes du mois de Novembre, en l'an 1587. & entre autres témoignages, celuy-cy est l'un, que le Baron de la Ferté Chauderon premier Baron de Nivernois, est Maréchal & Senéchal hereditaire de Nivernois, ayant droit de mener la premiere Bataille, à l'aller, & au retour l'Arriere-garde. La correspondance est assez pertinente des Etats & de l'Arriere-ban, comme est des loix & des armes ; les Etats pour les loix, & l'Arriere-ban pour les armes. Aussi les Comtes & Ducs de Nivernois ont la joüissance dudit droit de convocation d'Etats, comme se void par les procez verbaux desdits Etats de Tours de 1484. d'Orleans 1560. de Blois 1576. & derechef de Blois 1588.

QU'EN FAIT D'ETATS, LES GOUVERNEMENS, *les Bailliages & Sénéchaussées ne doivent être en consideration, & encore moins les Sieges Presidiaux.*

Les Etats sont du premier établissement de cette Monarchie, & l'authorité d'iceux, a été de plus confirmée durant le regne de la Lignée de Hugues Capet, laquelle a vertueusement, prosperément & longuement regné, en sorte que jusques à present son regne excede le tems des deux autres lignées ensemble.

Deux marques restent de l'ancienne authorité des Etats; l'une ébranlée au tems de nos bisayeuls, qui étoit que les Rois n'imposoient Tailles & Subsides, sinon par l'accordance des Etats. La Province de Bourgogne, qui est la Pairie, dernierement unie à la Couronne, a retenu ce droit, & le pratique encores.

L'autre marque est en l'établissement des Coûtumes de ce Royaume, lesquelles Coûtumes ne sont pas Statuts, comme est l'opinion d'aucuns, mais sont le vray droit civil des Provinces. Le premier mouvement, & la premiere naissance & vie de ce droit civil est en la volonté des Etats des Provinces. Le Roy en authorisant & confirmant ces Coûtumes y attribuë la vie exterieure, qui est la manutention & exercice de ce droit.

En ce tems ancien, les grandes Provinces qui bornoient le Royaume, reçûrent le titre & dignité de Pairie és mains des Seigneurs qui les tenoient en Domaine. A sçavoir, les Duchez de Bourgogne, Normandie & Guyenne, & les Comtez de Champagne, Tolose & Flandres.

Les Seigneurs de ces six Provinces, outre le titre de Duché ou Comté, avoient le titre de Pairie, plus excellent en soy que le titre de Duché ou Comté: Car au Sacre du Roy ils sont Mediateurs entre le Roy & le peuple; pour au nom de tout le peuple recevoir le serment du Roy, qui est d'être protecteur de l'Eglise, faire Justice, aimer son peuple, & le garder d'oppression. Promettent aussi au Roy, au nom de tout le peuple, obeïssance & service.

A la suite de cette Office de Mediateur au Sacre du Roy: Le droit des Pairs est d'avoir seance és Etats Generaux, comme Conseillers nais de la Couronne; & ils souloient amener avec eux les Députez des trois Ordres de leurs Provinces, & les representer au Roy, dont les marques & vestiges se reconnoissent de present, en ce qu'és Etats de Tours, Orleans & Blois par deux fois: Les Députez des Provinces desd. anciennes Pairies ont été appellez par le Herault à comparoir devant le Roy au même rang que les Pairs Seigneurs desdites Pairies, souloient tenir à la seance des Etats.

Dont appert que le titre ancien de Pairie leur a donné ce rang & prérogative, & non la qualité de Bailliage Royal, car lesdites Pairies en ce tems ancien n'étoient és mains du Roy, ny commandées par Juges Royaux.

Aprés que ces anciennes Pairies furent unies à la Couronne, les Rois connoissans l'importance de la conservation d'icelles, comme étans grandes Provinces & limitrophes, y établirent des Gouverneurs: Mais ces Gouverneurs n'ont oncques eu seance és Etats, ny même en Parlement comme Gouverneurs. Vray est qu'au Parlement, quand ils ont qualité de Lieutenans de Roy, en telle Province, ils ont seance, & non en qualité de Gouverneurs.

Quant aux Bailliages, sera consideré qu'auparavant le tems du Roy Philippes Auguste, & du Roy saint Louïs son petit fils. Les Rois envoyoient tous les ans certains personnages d'authorité par les Provinces, pour ouïr les plaintes des sujets du Roy demeurans és Duchez & Comptez appartenantes aux Seigneurs: Car en ce tems les Rois avoient peu de Provinces en leur domaine. Du tems du Roy saint Louïs, on commença à faire distinction des cas Royaux, & des cas de Justice ordinaire. Et en ce tems furent établis les Bailliages Royaux sedentaires & arrestez en lieux certains. Et en ce commencement étoient seulement quatre Bailliages, qu'on appelle les quatre anciens Bailliages, Sens, Vermandois, saint Pierre le Monstier & Mascon; à sçavoir, Sens pour les cas Royaux de Champagne en partie, & de Bourgogne en partie, lesdites Provinces ayans leurs Seigneurs. Vermandois pour l'autre partie de Champagne, & pour la Brie, & grande partie de la Picardie. S. Pierre le Monstier pour Auvergne, Berry, Bourbonnois & Nivernois, lesquels païs avoient tous lors leurs Seigneurs, Ducs & Comtes. Mascon pour l'autre partie de Bourgogne. Lionnois, Forests & Beaujolois.

Dont appert que le nom de Bailliage n'est pas propre pour signifier Province & territoire, mais seulement pour signifier la difference de Jurisdiction. Mais la vraye marque de Province est la Coûtume distincte & separée: & par la narration cy-dessus appert que ces premiers Bailliages n'avoient leurs limites par forme de territoires & Provinces, mais seulement une Jurisdiction volante, selon la proximité des Provinces voisines; même se void que S. Pierre le Monstier étoit pour les cas Royaux de quatre Provinces distinctes par territoires divers, & Coûtumes diverses, & le lieu même de S. Pierre le Monstier est enclavé dans le Nivernois, & se regle par la Coûtume dudit païs. Le Duché de Bourgogne, qui étoit une seule Province & Coûtume, étoit de Sens;

& Mascon pour les cas Royaux. Ainsi Champagne, de Sens & Vermandois.

Aussi en fait d'Etats la Jurisdiction en soy n'est en aucune consideration; mais la seule qualité de Province & territoire. Province s'entend celle qui a peuple & Coûtume distincts, ample territoire, nom de païs. Pourquoy le nom de Bailliage en soy n'est à propos, mais en tant seulement que le Bailliage est Duché, Comté, ou païs, soit qu'il soit uny à la Couronne, soit que le païs soit és mains des Seigneurs ayans droit de Pairie.

Aussi se void que les Deputez des anciennes Pairies sont appellez, comme d'ancienneté ils souloient être, en rang precedent les Bailliages Royaux qui connoissent des cas Royaux d'icelles Pairies; comme Troyes & Chaumont, avant Sens & Vermandois; Authun, Dijon & Chaalon, avant Mascon.

Moins sont considerables les Sieges Presidiaux qui n'ont aucune marque de Province, païs & territoire, & sont établis de recente memoire depuis quarante ans, pour juger sans appel les petites causes; & en les établissant on n'a eu égard à la distinction des Provinces, mais à la seule proximité, pour rendre la Justice plus facile. Sous le Siege Presidial de Lyon, sont Masconnois, Forests & Beaujolois. Sous Moulins le païs de la Marche. Sous Chartres le païs du Perche.

Aussi les mandemens du Roy au fait des Etats, ny d'autres affaires de droit public, ny les Commissions de Parlement, ne sont adressées aux Sieges Presidiaux, mais aux Baillifs.

HISTOIRE
DU
PAYS ET DUCHÉ
DE NIVERNOIS

PAR MAISTRE GUY COQUILLE SIEUR DE ROMENAY.

TABLE
DES PRINCIPALES MATIERES POUR LA REFORMATION de l'Estat Ecclesiastique.
DES LIBERTEZ DE L'EGLISE de France, & autres Traitez.

F

G

Guerre

N

O

P

Scolastique

FIN.

HISTOIRE DE NIVERNOIS,

DRESSÉE ET ESCRITE PAR MAISTRE GUY COQUILLE, SIEUR DE ROMENAY.

IL est bien à propos que les successeurs prennent plaisir à se ramentevoir & avoir memoire des actes vertueux de leurs predecesseurs, tant pour leur servir d'exemple, & les semondre à bien ou mieux faire : comme aussi pour le contentement de chacun en son esprit, quand il se sent être procreée de bonne race : car il est certain qu'és lignées, les esprits & mouvemens genereux & heroïques se continüent par la benediction que Nôtre-Seigneur Dieu impartit à ceux qui l'aiment & craignent. Les Hebreux par leurs écrits ont été soigneux de representer les generations. Les Grecs, pour le tems qu'ils ont été bien faisans & bien disans, ont mis en usage une sorte de noms qu'ils appelloient patronymiques, pour avec une derivation representer le nom de celuy des ancestres plus signalé en bonne reputation; comme se disoient les Aeacides, les Pelopides, les Heraclides, tous ceux qui étoient descendus de ces grands personnages, Aeacus, Pelops, & Hercules, car leurs noms particuliers étoient tous composez de deux dictions & faits à plaisir par magnificence pour signifier quelque chose grande; comme Alexandre adjuteur des hommes, Philippes amateur des chevaux, Themistocles honoré par justice, & ainsi des autres. Les Romains portoient les mêmes noms de leurs peres & ayeuls, & outre ce avoient en leurs maisons les statuës & representations de chacun de leurs majeurs & ancestres, lesquelles images leur servoient comme d'histoire pour se souvenir de leurs actes vertueux : Et quelquesfois aussi par decret du Senat & faveur du peuple étoient élevées en lieu public les statuës de ceux qui avoient fait de grands & excellens services à la Republique. En la Chrétienté les lignages se representent par les armoiries, esquelles on a accoûtumé de mettre plusieurs quartiers, signifians les maisons des predecesseurs, desquels on a plus d'occasion de se souvenir. Aussi c'est occasion de réjoüissance à toute personne de bon cœur, quand

il se sent être nay en une maison qui a long-tems duré, même parce qu'és maisons nouvellement faites, ordinairement se trouvent des difficultez & doutes si tout y est bien selon l'honneur du monde. Il est mal aisé de dire maisons qui ayent toûjours demeuré en prosperité, car ce n'est pas une marque de la bien-veillance de Dieu quand on ne reçoit point d'afflictions : mais quand la maison a reçû ce bon-heur que les adversitez ne l'ont pas accablée, & s'y est trouvé resource pour la rétablir en son premier état, lors la benediction de Dieu se reconnoît en icelle; comme il est dit és Pseaumes de David, Psalme 36. vers. 25. *des bien-aimez de Dieu, que quand ils trébuchent, ils ne se froissent point, parce que Nôtre Seigneur met la main dessous pour les relever, & ne se dit pas qu'ils ne trébuchent point. Et és mêmes Pseaumes,* Psalme 117. vers. 13. *David dit qu'il a été poussé & ébranlé prest à tomber, & Nôtre Seigneur l'a recüeilly : Et ailleurs Nôtre Seigneur dit de la maison de David, que si ses successeurs délaissent sa loy, qu'il visitera leurs iniquitez avec la verge, mais n'éloignera sa misericorde d'eux, c'est au* Psal. 88. vers. 30. 31. 32. & 33. *Ainsi s'est veu en la Maison de France descenduë d'Hugue Capet, qui dure encores à present en ligne masculine, il y a six cens ans, qu'elle a reçû des verges de la main de Dieu, aucunes fois par rebellion des Princes & sujets, autres fois par pertes de batailles, autresfois par l'oppression que les Anglois y ont faite aydez d'aucuns Princes de France, avec si grande extremité, que le Roy Charles VII. à son arrivée à la Couronne, n'avoit en son domaine que le Berry & le Poictou, & par derision, les Anglois tenans Paris & le reste de la France, l'appelloient le petit Roy de Bourges. Ce même Roy plus de dix ans avant son decez, ayant chassé les Anglois & reconquis toute la France, se trouva Roy paisible de tout ce qui est aujourd'huy en cette Souveraineté. Ainsi Nôtre Seigneur a châtié & n'a pas ruiné; Bien se peut dire qu'il n'y a pas maison souveraine en Chrétienté, ny peut-être jamais a été en autre part du monde, qui ait plus ny tant duré en ligne masculine. Environ le même tems que cette Maison d'Hugues Capet fut établie en cette grandeur, aussi a commencé la Maison de Nevers, non pas souveraine, mais sous la sujection de la Couronne de France; & toûjours depuis s'est continuée par succession de lignage jusques à present, non pas en ligne masculine, mais à diverses fois est fonduë en filles, par le mariage desquels cette maison s'est trouvée alliée & apparentée des premieres & plus grandes Maisons de la Chrétienté, comme il sera connu par les discours particuliers cy-aprés. Et n'y a Maison en France au nombre des grandes, où Nôtre Seigneur ait imparty ses benedictions, pour durer si long-tems en grandeur, comme a duré la Maison de Nevers, sauf ce qui a été dit de la Maison Royale, laquelle Maison de Nevers pour son commencement a porté titre de Comté, avec domination en une ville Episcopale & en tout le Diocese d'icelle. A laquelle domination ont été ajoûtées depuis autres Seigneuries situées és Dioceses d'Authun, d'Auxerre & de Bourges sous le même titre du Comté de Nevers : & avec le titre de Comté a duré jusques en l'an 1538. quand la dignité Comtale fut érigée en Ducale avec le degré de Pairie. Les autres grandes Maisons de France n'ont été de si longue durée. L'ancienne Maison de Bourgogne qui portoit le titre de Doyenné entre les anciennes Pairies, a commencé au même-tems que la Couronne fut confirmée en la Maison de Hugues Capet, mais elle finit au moins de fait en l'an 1361. par la mort de Philippes de Bourgogne, premier mary de Marguerite heritiere de Flandres, qui fut le dernier Duc de la premiere lignée, & fut renouvellée en la personne d'autre Philippes dit le Hardy, quatriéme fils du Roy Iean, qui épousa ladite Marguerite de Flandres veuve dudit autre Philippes, mais ledit Duché ne demeura en la Maison dudit Philippes le Hardy qu'à quatre personnes, en comptant ledit Philippes pour la premiere, & jusques en l'an 1476. quand Charles le dernier des-*

dits quatre Ducs fut tué en bataille devant Nancy en Lorraine, & par son decez, parce qu'il ne laissa qu'une fille, ledit Duché fut appliqué à la Couronne de France. La durée de cette premiere Maison de Bourgogne a été d'environ 350. ans, & pour la seconde environ 120. ans. La Maison de Normandie commença au tems du Roy Charles le Simple en l'an 910. & dura jusques en l'an 1220. auquel tems Philippes Auguste Roy, la conquit sur l'Anglois auquel elle avoit été transferée par Guillaume bastard du Duc de Normandie qui conquit l'Angleterre, & de luy sont descendus les Rois d'Angleterre jusques à present, qui portent en leurs Armes des Leopards, Armes anciennes de Normandie. Cette durée a été de 330. ans. La Maison de Guyenne & Poictou commença environ le même-tems de Hugues Capet, & fut transferée en la Maison d'Angleterre, par le mariage de Leonore Duchesse de Guyenne, Comtesse de Poictou, ayant épousé Henry II. qui depuis fut Roy d'Angleterre, aprés qu'elle eût été repudiée par Loüis VII. dit le Ieune Roy de France; & dura ladite Maison jusques en l'an 1447. quand le Roy Charles VII. conquit la Guyenne sur l'Anglois, & la réünit à la Couronne il y a environ 440. ans. La Maison de Champagne qui a commencé environ l'an 950. lors de la grande décheance de la Maison de Charlemagne, a duré jusques au tems du Roy Philippe le Bel, quand par le mariage de Ieanne Comtesse de Champagne Palatine avec ledit Roy Philippes, ledit Comté fut uny à la Couronne, qui fut environ l'an 1270. il y a environ 320. ans de durée. La Maison de Bretagne est remarquée avoir commencé en certitude environ l'an 1186. en la personne de Constance, qui épousa Geoffroy Comte de Richemont, & a duré jusques environ l'an 1484. auquel tems par le mariage d'Anne de Bretagne fille de François, qui avoit succedé au droit de la Maison de Monfort, contre la Maison de Ponthieure, ledit Duché de Bretagne fut uny à la Couronne de France, ladite Anne ayant épousé le Roy Charles VIII. du nom, & depuis le Roy Loüis XII. il y a environ trois cens ans. La Maison d'Anjou établie par deux fois és personnes de fils de Roy, aprés qu'Anjou avoit été uny à la Couronne, à chacune fois a duré peu. La premiere fois és mains de Charles frere du Roy S. Loüis, celuy qui fut investy du Royaume de Sicile par le Pape Urbain IV. & finit sa lignée en la personne de Ieanne fille de Charles de Duras, issu dudit Charles de France, qui fut si variable en maris & en adoptions, & deceda sans enfans: cette premiere lignée dura environ cent ans. La seconde fois és mains de Loüis fils du Roy Iean de France, qui avoit été adopté par autre Ieanne Reyne de Sicile; & dudit Loüis Duc d'Anjou nâquit en troisiéme lignée René d'Anjou, qui épousa Ysabelle heritiere de Lorraine, & d'eux nâquit Toland d'Anjou femme de Ferry de Lorraine Comte de Vaudemont, dont sont issus les Ducs de Lorraine, qui depuis ont été & sont encores de present, mais le Duché d'Anjou leur est échapé dés mains, comme étant Appanage de France, qui ne pouvoit tomber en quenoüille, & à cette seconde fois a duré environ cent ans. La Maison de Bourbon étant commencée en la personne de Robert Comte de Clermont fils du Roy saint Loüis, pour commencement de grandeur dure encores à present quant au nom, qui s'est conservé par les puisnez: mais la maison de l'aisné est faillie, & les belles pieces de Duchez & Comtez qui y étoient, ont été transferées & unies à la Couronne, à sçavoir les Duchez de Bourbonnois & d'Auvergne, les Comtez de Forests, la Marche & Clermont en Beauvoisis, environ l'an 1523. ce sont environ trois cens ans que cette grandeur a duré. De vray il n'y a rien de certain & permanent en tout ce qui est icy bas sous la Lune, & les mutations aviennent aussi-bien aux grandes comme aux petites maisons: car devant Dieu & sous sa main, il n'y a rien ny difficile, ny impossible, tout est pareil & facile, quant à luy:

Les grands doivent donc bien remercier Dieu, quand ils connoissent que la grandeur a duré long-tems en leurs Maisons; soit parce qu'ils doivent croire avoir eu predecesseurs gens de vertu & de valeur, puis que Dieu en leur faveur a épandu ses benedictions sur leur posterité & l'a conservée, soit pour se semondre eux-mêmes à bien faire comme leurs predecesseurs, ou mieux s'ils peuvent, afin d'entretenir la bien-veillance de ce bon Dieu, qui promet de recompenser ce qui a été bien fait en la miliesme generation: & penser aussi que Nôtre Seigneur ne continuë ses enfans, sinon autant de tems que le bien faire continuë, duquel si aucun se relasche, il en avient comme à celuy qui tire le bâteau contremont la riviere, qui en cessant une heure perd son labeur de quatre heures. C'est lors que ce bon Dieu nous envoye des afflictions, qui de soy sont amères: mais il n'éloigne pas sa misericorde, quand les bien-faits se trouvent plus pesans en la balance que les meffaits: Or il a plû à Dieu que cette Maison de Nevers ait duré en grandeur plus que nulle des dessusdites grandes Maisons, & autre sujettes à la Couronne de France, non seulement par lignage, mais aussi par la domination sur cette Province de Nivernois, d'écorée d'Eglise Cathedrale, & de plusieurs autres marques de grandeur, avec alliance és premieres & plus grandes Maisons de la Chrétienté, ausquelles elle atteint aujourd'huy par lignage: Et par cy-devant ont été en cette Maison les Comtez d'Auxerre, de Tonnerre, d'Eu en Normandie & de Beaufort, Marquisat d'Isle, & autres terres fort Seigneuriales en Champagne, qui par occasion du nombre d'enfans, se sont démembrées. Encores aujourd'huy les chefs de cette Maison sont florissans par leur pieté en la vraye Religion, non sujette à aucun ébranlement, remarquée par le mont Olympe, par leur débonnaireté & bonté avec amour affectionnée envers leurs sujets: par leur valeur & vertu en tous actes genereux & heroïques: par le grand soin qu'ils ont eu & ont à l'éducation & nourriture de leurs enfans en toutes bonnes mœurs, qui est une assurance certaine de la durée de leur Maison: & nous leurs sujets devons sçavoir, que c'est tout bon-heur d'être commandé & dominé par Princes entiers en bonne Religion, bonté & generosité, & par conséquent devons être meus à prier Dieu pour leur prosperité, manutention & accroissement en toute grandeur. Et moy GUY COQUILLE, sujet naturel de Monseigneur Ludovic de Gonzague, & de Madame Henriette de Cleves son épouse, Duc & Duchesse de Nivernois, ayant été étably par leur pur bienfait, leur Procureur Général en ce Duché & Pairie de Nivernois, aprés avoir recüeilly de divers lieux ce qui concerne leur lignage, leurs alliances & leurs grandeurs, & ce qui est de leurs Seigneuries & droits en ce païs de Nivernois: en ay bien voulu faire ce discours mal poly, qui pourra servir de matiere grossiere, pour être ouvrée plus delicatement par quelque gentil esprit, & y ay accommodé par occasion quelques histoires étrangeres, qui selon les humeurs des Lecteurs pourront servir d'exemple, doctrine ou delectation: & ay commencé par l'histoire de la Ville de Nevers, & du Diocese & établissement des choses Ecclesiastiques dudit païs.

DE LA VILLE ET CITÉ DE NEVERS;

ET DE L'ESTAT DE L'EGLISE

EN LADITE CITÉ, DIOCESE ET PAYS DE NIVERNOIS.

NEVERS est Ville ancienne des Gaules à la part Celtique, assise sur la Riviere de Loire, en l'endroit où la Riviere de Nyevre s'embouche en Loire, & à une lieuë au dessus du confluent de Loire & d'Allier: au territoire ancien des Authunois, qui étoient *Hedui*, nation puissante entre les Gaulois, tant auparavant que les Romains conquissent les Gaules, que depuis. Desquels Authunois les Romains ont desiré l'amitié, & l'ont conservée avec le titre le plus honorable qu'onques ils ayent donné à autre nation; Car ils les ont appellez freres, comme témoigne Ciceron en une Epistre *ad Trebatium*, livre 7. Cesar en ses Commentaires au livre premier dit, qu'ils avoient été appellez freres & parens de même lignage par le Senat de Rome, & qu'il avoit été ordonné durant le Consulat de Messala & de Piso, que quiconque seroit Gouverneur de l'ancienne Province que les Romains avoient és Gaules (c'est la Gaule Narbonnoise, qui en ce tems-là comprenoit tout ce qui est de ce Royaume gouverné par le drois écrit des Romains, laquelle partie des Gaules obeïssoit aux Romains, avant que Jules Cesar vint en ses quartiers pour la conqueste) ledit Gouverneur, dis-je, aidât à ceux d'Authun de tout son pouvoir, selon que les affaires de la Republique Romaine pourroient le porter avec commodité. Lesdits Messala & Piso furent Consuls l'an de l'établissement de Rome 694. trois ans auparavant que Jules Cesar fût envoyé pour la conqueste du reste des Gaules: Et au livre huitiéme desdits Commentaires attribué à Hircius, se dit que l'authorité des Athunois étoit la plus grande de toutes les autres Citez des Gaules. Cornelius Tacitus Historien Romain, au livre 11. de ses Annales, chapitre 8. dit qu'au tems de Claudius Empereur successeur de Caligula, les Authunois, outre le droit qu'ils avoient d'ancienneté d'être Citoyens Romains & freres, obtinrent le titre & dignité de Senateurs Romains, & de pouvoir tenir Magistrats à Rome, & que seuls de tous les Gaulois ils étoient appellez freres des Romains, ce qui démontre bien que les Authunois ne furent jamais vaincus par armes, ny assujettis par les Romains. Iceux Romains avoient trois sortes de convenances pour traiter avec les Rois & Peuples étrangers. L'une par laquelle ils donnoient la loy au peuple vaincu par guerre: au vainqueur appartenoit tout ce qui étoit en la puissance des vaincus, même les choses sacrées étoient faites profanes. Le vainqueur retenoit à luy ce que bon luy sembloit, & laissoit le reste aux vaincus. L'autre convenance étoit, quand aprés la guerre ils se trouvoient en balance de leurs forces, & par pactions accordées de gré à gré, chacun sçavoit ce qu'il devoit avoir ou laisser. La tierce étoit, quand ceux qui jamais n'avoient été ennemis entroient en amitié par confederation & societé, & bien souvent en telle confederation de party pareil on ajoûtoit la clause, que l'autre peuple respecteroit gratieusement la majesté du peuple Romain, qui emportoit une forme de superiorité entre les associez. Les mots Latins sont, *ut majestatem populi Romani comiter conservarent*, dont il est parlé parle Jurisconsulte Proculus, *in l. non dubito §. liber ff. de captivis & postliminio reversis*; Et par Ciceron en l'Oraison *pro Cornelio Balbo*. Et la magnanimité du peuple Romain étoit si genereuse, que jamais ils n'oyoient & ne recevoient conditions de paix qui fussent proposées par l'ennemy étant en armes, comme recite Cesar au cinquiéme livre de ses Commentaires. Les confederations selon la ceremonie des Romains se faisoient par execration & terreur: Le Fecial qui étoit comme Sacerdote, ayant un caillou en la main frappoit rudement un porc en la tête pour le faire mourir, avec cette imprecation, que le grand Jupiter fit ainsi malement mourir celuy qui à escient romproit les convenances : Ainsi dit Tite-Live au livre premier, & Virgile use de ces mots, au livre 8. de l'Æneide.

& caesa jungebant foedera porca.

Autres nations, comme les Parthes, faisoient leurs convenances par marque d'amitié, en ce que les deux Rois lioient ensemble leurs poulces & les serroient tres-fort jusques à faire venir le sang aux extremitez, & avec une legere playe faisoient sortir le sang qu'ils leschoient l'un de l'autre. Ainsi dit Tacitus au livre 12. de ses Annales, chap. 10. Aujourd'huy entre les Princes Chrétiens les accords & pacifications se font par serment qui se preste sur les Evangiles és mains d'un Evêque ou autre personne Ecclesiastique : lequel serment fait devant Dieu doit plus lier & enserrer les consciences & les volontez des Princes, que toutes les execrations & imprecations que l'on sçauroit faire, tant pour l'honneur que nous tous devons à Dieu nôtre bon pere, que pour crainte d'offenser ce juste Juge, scrutateur des cœurs, patient & neanmoins puissant, qui exerce sa justice severement contre ceux qui la méprisent, aussi facilement contre les grands que contre les petits. Les Latins qui étoient du même sang & proches voisins des Romains, & avoient aidé à toutes leurs conquêtes, n'avoient titre de freres, mais seulement d'associez du nom Latin. Les Authunois passerent outre avec toutes les conditions susdites étans appellez freres. Vray est que long-tems aprés les Empereurs Romains ne furent si chiches d'attribuer aux étrangers le droit de la Cité de Rome, ainsi que témoigne *Claudian Poëte Latin au troisiéme Panegyrique*, disant de la Cité de Rome: c'est celle seule qui a reçû en son giron les vaincus, & par une pareille faveur a chery tout le genre humain, en façon de mere & non de maîtresse, & a donné le titre & nom de Citoyens à ceux qu'elle a vaincus. Les Vers Latins sont :

Hæc est in gremium victos quæ sola recepit,
Humanumque genus communi nomine fovit,
Matris non dominæ ritu, civesque vocavit :
Quos domuit.

Ce qui fût introduit par repetition de l'ancienne histoire, car Ancus Martius quatriéme Roy de Romains, en suivant l'exemple de ses predecesseurs Rois, multiplia & augmenta le peuple de Rome, en recevant en icelle les peuples vaincus, & le fit aprés avoir pris & ruiné la Ville *Politorion*, & ainsi continuerent les Romains jusques à ce qu'ils sentirent leur Ville suffisamment peuplée : auquel tems ils ne donnoient le droit de la Cité de Rome sinon avec grands merites. Tacitus au livre 11. de ses Annales, chap. 8. dit qu'il n'y a eu chose qui ait plus affoibly les Republiques des Atheniens & Lacedemoniens, qui étoient puissantes en armes, que d'avoir rechassé d'eux ceux qu'ils avoient vaincus comme étrangers. Ammianus Marcellinus au livre 21. de son Histoire, dit, que Constantin Empereur fut le premier, qui contre les anciennes loix reçût les étrangers & barbares au Consulat : Mais en ce fait les opinions ont été bien diverses entre les Nations : Car les Hebreux tant qu'ils ont demeuré en leur liberté, n'ont point contracté mariages avec les étrangers, même entr'eux ne faisoient mariages d'une tribu ou lignée à l'autre. Cette distinction des lignées a failly par leur captivité sous Vespasian Empereur Romain, mais ils ont perseveré de n'avoir communication de mariages avec autre nation que la Judaïque. Outre la promesse generale faite à la posterité d'Abraham, Jacob pere des douze lignées, avoit distribué des benedictions particulieres sur chacune d'icelles. Les Romains reconnoissans bien la valeur de leur nation, aprés qu'ils sentirent leur Ville assez peuplée, délibererent de n'avoir communication avec autres nations par mariages, ny par loix, ny par biens, & les loix testamentaires ne permettoient à un Citoyen Romain d'instituer heritier, ou donner par testament à autre qu'à un Citoyen Romain ; comme il est écrit en la loy premiere au titre des Digestes, *ad legem Falcidiam*, & en la loy, *sed etsi*, §. *solemus* au titre des Digestes, *de hæredibus instituendis* : Aussi pour n'alterer la valeur des races, ils punissoient capitalement les adulteres. Mais enfin aprés que les Romains eurent vaincu tout le monde, ils se plongerent és voluptez & n'eurent plus cure des mariages, & les femmes mariées de leur part s'adonnerent à chercher conditions pour leurs plaisirs, & furent les maisons polluées par adulteres : dont avenoit que les lignées ne profitoient pas. Ils trouverent plusieurs inventions de repeupler leur Cité ; à sçavoir par clienteles, quand un Senateur Romain grand Seigneur donnant son nom Gentil, qui étoit le second nom à un étranger son amy, se faisoit son patron, & par ce moyen cét étranger devenoit Citoyen Romain. Aussi quand un Citoyen Romain affranchissoit & donnoit liberté à son serf (ce qui se faisoit par manumission solemnelle sous l'authorité du Magistrat Romain) le serf affranchy devenoit Citoyen Romain. Ainsi est rapporté en la loy *Intestato*, aux Digestes sous le titre *de suis & legitimis*. Quelquefois avenoit que pour un grand merite ils donnoient le droit de Cité de Rome à tous les Citoyens d'une Ville, comme il se lit de plusieurs Villes au titre *de Censibus*, és Digestes. Et quand ils tiroient quelque nombre de Citoyens de Rome pour les envoyer par forme de colonie à faire de nouvel, ou habiter une Ville ; les Citoyens & leur posterité demeuroient Citoyens Romains. Comme étoit Lyon, Narbonne, Beziers, Parme, Plaisance, Bologne. Enfin comme dit a été, les Romains donnerent le droit de Cité à tous les sujets de l'Empire romain, comme il est dit en la loy *in Orbe*, aux Digestes *de statu hominum*. En France les étrangers du royaume ne peuvent heriter à leurs parens en ce royaume s'ils n'obtiennent lettres de naturalité du Roy, qui soient verifiées en la Chambre des Comptes, &

si un étranger decede sans enfans, ou qu'il ait des enfans naiz hors du royaume, le Fisque du roy, ou du Seigneur haut justicier est son heritier. Mais s'il épouse femme Françoise & demeure en France, ses enfans demeurans en France luy succederont sans lettres du roy, comme étans naturalisez par le mariage. Quant aux François ils peuvent changer de domicile en France & devenir Bourgeois de la Ville où ils vont demeurer, pourveu qu'ils y tiennent feu & lieu ayans pignon sur rue par an & jour. A Paris on ajoûte pourveu qu'il paye les subsides & charges. Pour les mariages auparavant cinquante ou soixante ans, on avoit plus d'égard à la valeur & honneur des maisons qu'aux biens, & audit tems les maisons duroient plus en prosperité: Depuis quelque-tems on a le seul respect des biens, & ne parle-t'on des mariages sinon pour la valeur de la dot pour la pluspart.

QUant aux Hedués, dits Authunois, qui commandoient à un fort grand territoire, l'une de leurs principales Villes du tems de la conquête de Jules Cesar étoit *Biracte*, de laquelle dit Cesar en ses Commentaires livre premier, que c'étoit une Ville fort grande & abondante de toutes choses. Il est vray-semblable que lors ladite Cité étoit en la cime de la montagne de *Beuvray*, qui ainsi est dite de present assez proche d'Authun, & est ladite montagne du Duché de Nivernois en la Baronnie de la roche-milan, à quoy s'accorde tant la convenance du nom; comme aussi parce qu'à ladite cime de la montagne est une belle & grande planure ayant la terre relevée és entours, qui sont les vestiges d'une ancienne Cité. Et ne nous doit détourner de cette opinion qu'il n'y ait aujourd'huy apparence de murailles & de portaux: Car auparavant la conquête de Jules Cesar, les Gaulois ne munissoient pas leurs Villes de murailles de pierre, mais avec grandes travées de bois fichées en terre, & entre-lassées en grande hauteur; Ainsi dit Cesar, d'Avaricum qui est Bourges, au livre septiéme de la guerre Gallique, & toutesfois cette Ville ayant sa forteresse de telle façon par travées de bois, est dite par Cesar être des principales & plus fortes Villes des Gaules. Depuis au tems d'Auguste Cesar successeur prochain de Jules, il est à croire que le peuple étant plus civilisé transfera son habitation de ladite montagne, qui est fort haute & lieu difficile & incommode, en un lieu plus plat & commode prés d'une riviere, qui est Arron, & fut nommée cette nouvelle Cité Augustodunum pour l'honneur d'Auguste: Dunum en l'ancien langage Gaulois, signifiée mont de terre relevée fait de main d'homme, qui est ce qu'on appelle aujourd'huy une mote ou fort: ainsi le témoigne Hericus Moine de saint Germain d'Auxerre, en un Poëme Latin, docte & élegant pour ce tems, qu'il a fait en vers heroïques de la Vie de saint Germain d'Auxerre, au tems de Charles le Chauve Empereur & roy, disant qu'Augustodunum signifie mont d'Auguste, comme en un autre endroit il est dit que Lugdunum signifie mont Lucide ou Luisant; Mais je croy quant à Lugdunum, qui est Lyon, qu'il est plûtôt nommé, comme qui diroit Lucii Dunum: Car Lucius Munatius Plancus romain, fut celuy qui transfera & établit une colonie du peuple romain en ce lieu de Lyon, & deslors acquit ce nom. Car auparavant la Ville qui étoit en ce lieu, étoit appellée *Insula*, & ainsi est nommée par Tite-Live, en la troisiéme Decade, quand il parle du passage d'Annibal allant des Espagnes en Italie par les Gaules, & en d'écrit l'assiette au confluent des rivieres de rhosne & Saone, qui est la vraye assiette de Lyon. La coûtume des romains étoit, quand aucun Empereur, Consul ou Preteur établissoit de nouveau une colonie du peuple romain, ou donnoit commencement à une Ville ou Fort (ce qu'ils souloient faire és marches & limites de l'Empire, pour servir comme de fort ou boulevard contre les incursions des étrangers) il donnoit le nom de luy qui en étoit autheur: Comme quand Adrian Empereur voulut rétablir Jerusalem, qui avoit été détruite par Vespasian, il la nomma *Elia Capitolina*, ainsi que dit Dion Historien, le propre nom d'Adrien étoit Elius, ce nom d'*Elia* a duré jusques au tems du Concile de Nicene, ainsi qu'il est dit au grand Decret, au Canon *Quoniam 65. distinct.* Ainsi fut dite Colonia Agrippina, qui est *Cologne* sur le rhin en l'honneur d'Agrippine mere de Neron, parce qu'elle étoit née en ladite Ville, & y fut transferée une colonie des romains, tant de soldats veterans que de Citoyens, comme [illegible] Tacite au livre douziéme. Ainsi la Cité d'Aix en Provence fut nommée *Aqua Sextia* en l'honneur de Sextius Preteur romain. Ainsi *Narbo Martius*, qui est Narbonne de Martius Preteur, Aix & Narbonne toutes deux colonies des romains; en Italie, *Forum Popilii*, *Forum Livii*, *Forum Sempronii*, *Forum Cornelii*, Villes nommées de leurs autheurs Citoyens romains, & aujourd'huy par noms corrompus sont appellées *Forlimpopolo*, Forli, *Fossombrimo*: *Forum Cornelii*, c'est Imola. Ainsi Friuli prés des Alpes, *Forum Julii*, & Frejus en Provence, aussi *Forum Julii*: Forviere au dessus de Lyon, *Forum Veneris* ou *Veri*. Ausbourg en Allemagne est dite d'Auguste, *Augusta Vindelicorum*. Constantinople Ville de Constantin Empereur: Grenoble Ville de Gratien Empereur: Pampelune, *Pompejopolis* en Espagne Ville de Pompée: Orleans de l'Empereur Aurelian: Vray est que quelquefois ils composoient le nom de la ville d'un nom romain, & d'un nom barbare. Dunum, comme dit est, est de l'ancien langage Gaulois: Bourg en ancien langage est Tudesque, Briga en ancien langage est Espagnol: Polis en Grec, & signifient Fort ou Ville; & plusieurs noms des Citez esdits païs sont composez de telles dictions. En Espagne depuis que les Mores Sarrazins s'en firent Seigneurs, ils nommerent aucunes villes du nom de Medina, qui en langage Arabesque signifie Cité. Bourg que l'on dit être diction Tudesque, parce que plusieurs noms de Villes en Allemagne sont composez de cette diction, peut-être venu originairement du Grec *Purgos*, qui signifie tare ou fort; & du tems de Justinian, les forts qui se faisoient par les armées Romaines és marches de l'Empire étoient ainsi nommez *Burgi*, comme il se void en la Constitution de Justinian qui est au Code *de Officio Præfecti Prætorio Africæ*. Et le Ypsilon Grec a accoûtumé d'être transferé en V. Latin ou vulgaire, comme de Syria l'on dit Surie, de Dyrrachium Durazzo : de Berythos Baruth. de *is*, sus : *mys*, mus : *ypr*, super : *dyo*, duo : *zygos*, *Iugum* : *xyvernao*, guberno : *lyo*, luo, solvo : *pyxos*, buxus : *phygi*, fuga, & infinis autres. Tous ces restes & vestiges des Romains témoignent deux grandes qualitez qui étoient en eux. L'une, de bien & vertueusement faire en guerre & en paix. L'autre de laisser memoire & renom de leurs actes (car ne se soucier pas d'acquerir, & laisser aprés soy bonne reputation procede de cœur pusillanime adonné à tirannie.) Ils étoient observateurs de foy & loyauté; Ils étoient vaillans & bons guerriers; Ils étoient sages, & sçachans bien par prudence, & avec loyauté & generosité, prendre leurs avantages pour vaincre; Ils étoient doux à ceux qui s'humilioient, hautains & justes vindicateurs contre ceux qui faisoient les mauvais. En paix ils gouvernoient gratieusement leurs peuples par bonnes loix : punissoient les méchans, faisoient bien & honneur aux bons. Ce que Virgile represente au sixiéme livre de l'Eneide par ces Vers :

Tu regere Imperio populos Romane momento :
Hæ tibi erunt artes, pacique imponere morem,
Parcere subjectis, & debellare superbos.

En telle façon cette Republique ayant commencé par une petite poignée de gens, contenue en une Ville, & quatre ou cinq lieues de territoire à l'entour, s'est accrue par le menu, & en six cens ans a vaincu, dompté, ou rendu amy, & confederé tout le reste du monde. Ces grandes victoires avec abondance de richesses & voluptez, les ont fait décliner de cette premiere vertu : mais les fondemens de leur Etat étoient si bien plantez, qu'en déclinant peu à peu, ils ont demeuré environ autres six cens ans, jusques à la ruine entiere de leur Republique & Empire. Leur memoire & renom est demeurée de reste, tant par les écrits & histoires de plusieurs personnages doctes, comme aussi par les villes, forts, & autres beaux édifices qu'ils ont faits, & par bonnes loix qu'ils ont établies, dont les peuples de la Chrêtienté s'aident encores aujourd'huy. Les particuliers d'entr'eux ont perpetué leurs noms, en imposant lesdits noms aux lieux par eux édifiez ou reparez. Ces villes érigées de nouvel par lesdits Romains, qui aujourd'huy pour la plûpart sont bonnes villes, étoient pour leur commencement de simples forts ou Castres; ils appelloient Castres le lieu fort où ils campoient. Et pour regle generale les Romains ne campoient point sinon avec fortification, qui quelquefois étoit à la legere, quand ce n'étoit pas pour sejourner. Cette fortification & assiette du camp se faisoit en peu d'heure : Chacun soldat portoit un pal de bois, & de tous les paux se faisoit une enceinte pour clorre le logis de l'armée, & entour, par le même travail des soldats se profondoit un fossé. Les places & logis de chacune legion ou compagnie étoient connus & pris incontinent : Car le Maistre de Camp plantoit un long bois au lieu où devoit être la tente du Chef de l'armée, qui s'appelloit le Pretoire ; Chacune compagnie sçavoit à combien de pas, & à quelle main dudit Pretoire elle devoit camper, & se sçavoit aussi combien de pas en longueur & largeur le logis de chacune legion ou compagnie devoit contenir, & tous logeoient serrez. La principale porte étoit appellée Decumane, par laquelle le Chef & l'armée devoient sortir. Ainsi avenoit que les Romains, qui toûjours campoient en logis fort n'étoient surpris; & s'il avenoit qu'ils se trouvassent foibles, ou ne voulussent combattre, en attendant quelque occasion ils se tenoient dedans leur fort. En nôtre tems, le feu Empereur Charles V. & auparavant luy Dom Consalvo Hernandez Espagnol, dit le grand Capitaine, ont fort pratiqué l'usance de ces logis forts pour leurs armées, & par cette occasion & avantage, ont eu de belles victoires. Ces Castres des Romains s'il avenoit qu'ils deussent servir pour long sejour, comme si c'étoit és marches & limites de l'Empire, enfin devenoient & se faisoient villes closes, à cause du long & ordinaire sejour des Chefs des armées & soldats; Dont vient que tant de Villes finissent leurs noms en bourg : (car comme dit est, bourg est un fort) Ausone en son Poëme de la Mosselle, appelle Nymagne les Castres de Constantin : Nymagne est aujourd'huy bonne ville en la basse Allemagne. Liege ville riche sur Meuze, est dite du sejour & logis d'une legion Romaine. Depuis la decadence & ruine de l'Empire Romain, peu de Seigneurs ont été soigneux de bâtir ou reparer villes pour y donner leurs noms & perpetuer leur memoire, sinon qu'il se lit de Leon IV. Pape, qui ayant fait clore de muraille cette partie de Rome, qui est deçà le Tybre, à l'égard de nous de France; la fit nommer la Cité Leonine; mais ce nom n'a pas duré. Le Pape Sixte IV. donna son nom à un pont qu'il fit construire de nouvel à Rome sur le Tybre, & encores de present s'appelle pont de Sixte. Le Pape Pie II. qui étoit Siennois, pour honorer le lieu de sa naissance, fit clorre de murailles un bourg au territoire de Siene, qu'il nomma de son nom Pienza, & y établit Siege Episcopal. Es marches du païs bas de Flandres, les forteresses qui ont été nagueres faites en forme de Villes & Chasteaux, ont eu leurs noms de l'Empereur Charles, de Philippes Roy d'Espagne son fils, & de la Reyne Marie sœur dudit Empereur ; Carlemont, Philippeville, Mariembourg. Nos Rois de France n'ont été soigneux de laisser telle memoire de leurs œuvres. * Bien se reconnoît-il, que les anciens Gentilshommes François ont nommé leurs

* Sieur Franç... ayant

ſaſtir la
[illegible] de Vi-
[illegible] en Par-
[illegible](ruinée
[illegible] embraſée
[illegible] l'Empe-
[illegible] Charles
[illegible]) il l'en-
[illegible] du
[illegible] glorieux
[illegible] Vitry le
[illegible]nçois,
[illegible] d'autres
[illegible] privi-
[illegible], re-
[illegible]quez par
[illegible] ſieur An-
[illegible] du Chesne
[illegible], dans ſon
[illegible] des
[illegible] antiquitez
[illegible] Villes,
[illegible] teaux,
[illegible] Places
[illegible] remar-
[illegible] bles de
[illegible]
[illegible] Cha-
[illegible] du
[illegible] de Chã-
[illegible] &
[illegible].

leurs Chaſteaux & Seigneuries de leurs noms propres compoſez avec ces noms de ville, bourg, court, même en Normandie, Champagne & Picardie.

LA montagne de Beuvray, en la cime de laquelle étoit l'ancien *Bibracte*, est aujourd'huy en dedans le Duché & païs de Nivernois, au territoire de la Rochemilay, qui eſt l'une des Baronies dudit païs. Et en ladite cime, encores aujourd'huy ſe tient une foire renommée par toute la France, qui repreſente beaucoup d'antiquité, car elle ſe tient chacun an le premier Mercredy du mois de May. Au tems du Paganiſme les Marchands ſouloient ſacrifier & faire leurs voeux à Maja Deeſſe fille d'Atlas, & à Mercure ſon fils, en ce mois de May, pour avoir leur faveur au trafic de leur marchandiſe. Le mois de May eſt dit Majus, en l'honneur de ladite Maja du tems des Romains, ainſi que dit Ovide au cinquiéme livre des Faſtes, Mercure étoit le Dieu des Marchands, comme ſe void au Prologue de la Comedie de Plaute, Amphitron. Et on void encores aujourd'huy que cette foire eſt à jour de Mercredy, dit de Mercure, & au mois de May dit de Maja. Il eſt vray-ſemblable, que les plus anciennes Villes bâties aprés le Deluge, ayant été miſes és cimes des montagnes; & depuis à cauſe de l'incommodité des lieux hauts, ayant été transferées en lieux plus bas, & de plus facile accés; Ainſi les habitans de ce haut *Beuvray* ſe ſoient transferez au lieu où eſt de preſent Authun, & pour l'honneur d'Auguſte Ceſar, l'ayent nommée *Auguſtodunum*: Ainſi je croy que *Gergobia*, qui du tems de Jule Ceſar étoit en une fort haute montagne d'Auvergne étant de difficile accés de toutes parts, fût en ce tems au haut du Puits de Doſme, où ſe void une belle plaines, comme en la cime de la montagne de *Beuvray*, & depuis pour la facilité & commodité, ait été transferée au lieu où eſt de preſent la Cite de Clermont, qui eſt la Ville principale & Epiſcopale d'Auvergne, comme étoit *Gergobia* du tems de Jule Ceſar, dont il eſt parlé au livre ſeptiéme. Auſſi ce nom de Clermont eſt nouveau, ne reſſentant rien d'antiquité, & au livre de la notice & deſcription des Provinces des Gaules, eſt nommée la Cité des Auvergnats, & non pas de Clermont. Cette Cité d'Authun, transferée de la cime de *Beuvray*, au lieu où elle eſt de preſent, a été de telle reputation és Gaules qu'elle a été appellée Rome Celtique, comme témoigne ledit Hericus Poëte, & étoit environnée d'un fort grand circuit de murailles, dont ſe voyent encores aujourd'huy pluſieurs reſtes & veſtiges, avec beaux & ſuperbes porteaux: Mais dés le tems de Conſtance Empereur les murailles étoient déja preſque ruinée de vieilleſſe, ainſi que dit Ammian és livres quinze & ſeiziéme de ſon hiſtoire; & au tems de ſa grandeur ladite Cité d'Authun étoit tres-riche, & pleine de toutes doctrines de civilité, tellement que de toutes les meilleures villes des Gaules, les jeunes hommes y étoient envoyez pour apprendre l'exercice de vertu, ainſi que dit Cornelius Tacitus au 3. liv. de ſes Annales. Depuis, & au tems que le département fut fait des Provinces & Dioceſes pour le reglement & police de l'Egliſe Chrétienne, ladite Ville d'Authun étoit aucunement abaiſſée de ſa premiere grandeur; car elle n'étoit pas la mere & principale Cité de ſa Province, ny le ſiege principal du Gouverneur, mais Lyon étoit la mere & principale Ville, parce que Lyon étoit Colonie des Romains, & les Citoyens d'icelle étoient tenus pour Citoyens Romains en tous droits & privileges: & la Cité d'Authun fut députée à la Province Lyonnoiſe premiere, dont la mere Cité & Siege Metropolitain eſt Lyon: Neanmoins pour reconnoiſſance de l'ancienne excellence d'Authun, les Evêques d'icelle Cité furent ornez par les Papes d'un vétement Eccleſiaſtique appellé *Pallium*, ainſi qu'il eſt recité au Decret de Gratian, *can. rationis* 100. *diſtinct.* qui eſt tiré de l'Epiſtre de S. Gregoire Pape, qui eſt la 112. du 7. livre, par laquelle Epiſtre outre ledit vétement, il attribuë à l'Evêque d'Authun le premier Siege aprés ſon Metropolitain Archevêque de Lyon, quoy qu'ordinairement les Evêques doivent prendre leur rang ſelon l'antiquité de leur ordination & conſecration; ainſi que dit ſaint Gregoire au Canon *Epiſcopos*, en la diſtinction 17. au grand Decret; & par l'Epiſtre cinquiéme dudit livre ſeptiéme, ſe lit que ce *Pallium* fut octroyé à l'Evêque d'Authun Syagrius, à la priere de Brunechilde Reyne de France, & en l'Epiſtre dudit ſaint Gregoire 110. du ſeptiéme livre, il met en rang pareil Eterius Archevêque de Lyon, Virgilius Archevêque d'Arles, Deſiderius Archevêque de Vienne: Et ledit Syagrius Evêque d'Authun, & d'un nom Latin les appelle *Appares*: Et eſt à ſçavoir que cét ornement Eccleſiaſtique dit *Pallium*, n'a accoûtumé d'être octroyé par les Papes, ſinon aux Archevêques & encores aux plus dignes, & qui ont plus merité; ainſi qu'il eſt dit és Decretales antiques chap. *Niſi ſpecialis de auctoritate & uſu Pallii*: Duquel vétement ils ne pouvoient uſer ſinon és Meſſes ſolemnelles, hormis que l'Archevêque de Ravenne a ce privilege ſpecial d'en uſer és Proceſſions, les jours & Fêtes de S. Jean-Baptiſte, de S. Pierre Apôtre, & de S. Apollinaire patron de Ravenne, & le jour de ſon Ordination, comme il eſt dit en l'Epiſtre 54. du livre 4. de S. Gregoire. Avec le *Pallium*, le Pape ordinairement octroye Vicariat du ſaint Siege Apoſtolique: eſdites Epiſtres livre 4. Epiſtre 15. & 59. & livre 7. Epiſtre 112. & 125. il ſe dit que ce *Pallium*, ou l'étoffe dont il étoit fait, ſe prend du corps de S. Pierre; Je croy que cela s'entend que l'on le fait toucher à iceluy corps, & doit l'Archevêque être enſevely en iceluy, au chap. *Significaſti de elect.* Cette conceſſion du *Pallium* faite à l'Evêque d'Authun, fait connoître qu'il étoit reputé en pareil rang qu'un Archevêque, à cauſe de la dignité de la Ville d'Authun.

LEs Authunois en cette grande authorité & puiſſance, commandoit en une region & territoire de fort grande ſuite, qui comprenoit tout ce qui est aujourd'huy de l'Evêché d'Authun, tout ce qui est des Dioceses de Chaalon & Mascon, & tout ce qui est de present du Diocese de Nevers deça Loire & Allier : Au livre septiéme des Comentaires de Cesar vers la fin, Mascon & Chaalon sont mis au territoire de Hedués, qui sont les Authunois : & audit livre est aussi parlé de *Noviodunum* ou *Nivedunum* Ville des Heduës assise sur la Riviere de Loire en lieu commode, & faut croire que dés ce tems elle étoit ville forte, parce que ce Cesar allant faire un exploit de guerre de prompte execution, il y retira & laissa ce qu'il avoit de plus precieux en son armée aprés ses gens de guerre ; à sçavoir les ostages qu'il avoit des Gaulois, ses provisions de vivres, la finance destinée pour la solde de ses gens-d'armes & frais de la guerre, le bagage de ses soldats, & grand nombre de chevaux dont il s'étoit pourveu pour cette guerre. Ce *Noviodunum* ou *Nivedunum* est Nevers par les argumens qui suivent, que sur la Riviere de Loire en tout ce territoire des Heduës ou Authunois, il n'y a aucune Ville ou Place qui remarque grande forteresse d'antiquité, & pour avoir été telle que Cesar y deût mettre en seureté toutes les choses dessusdites, sinon Nevers : Car encores aujourd'huy se void l'enceinte des anciennes murailles de la Cité qui est l'ancienne fermeture, & est une des grandes forteresses qu'on puisse voir, en ce que les murailles sont fort hautes, sont de grande épaisseur & de bonne & forte massonnerie, & par le dedans sont terrassées & l'espace prochain d'icelles remply de terre jusques au haut d'icelles murailles, & ce qui est enclos desdites murailles s'appelle aujourd'huy la Cité, & en dedans cét enclos sont l'Eglise Cathedrale, les maisons de l'Evêque & des Chanoines, le Chasteau & Maison Seigneuriale du Prince, les Eglises & Convents des Freres Prescheurs & Freres Mineurs, & plusieurs maisons des particuliers Citoyens, & tout en la Parroisse S. Jean & en la Parroisse S. Sauveur. L'autre argument est, qu'*Aimoinus Monachus* en son histoire de France décrivant la Gaule Celtique, nomme une des Citez d'icelle *Nivedunum* avec ces mots, & dit-on que c'est Nevers. Le tiers argument est, que la Ville de Nevers est assise sur la Riviere de Nyevre en l'endroit où elle s'embouche en Loire, laquelle Riviere de Nyevre est indigene, c'est-à-dire, naissante au même païs de Nivernois de deux sources diverses qui s'assemblent en un lit à trois lieuës au dessus de Nevers, & fluans ensemble se mettent en Loire sous le grand pont joignant la Ville, & est à croire comme le nom moderne de Nevers est dit de Nyevre, ainsi le nom ancien *Nivedunum*, soit dit comme un fort ou mont fait de main d'homme sur la Riviere de Nyevre, parce que comme dit a été, les murailles de la Cité sont terrassées par le dedans, & font un mont artificiel ; & *Dunum* signifie telle sorte de forteresse en l'ancien language Gaulois. Ledit Cesar en ses Commentaires de la guerre Gallique, parle de trois Villes des Gaules ausquelles il donne ce même nom *Noviodunum*, mais selon la description qu'il en fait ce sont trois Villes diverses : l'une prés de Beauvais en la Gaule Belgique, c'est Noyon : l'autre au territoire de Berry, de laquelle n'est aujourd'huy memoire certaine : & l'autre sur la Riviere de Loire au territoire des Heduës ou Authunois, qui est nôtre Nevers : le quatriéme argument est, qu'en l'histoire du Martyre de S. Reverian, qui fut du tems de l'Empereur Dece, environ l'an de l'Incarnation de Nôtre Seigneur 251. Il se dit qu'il endura la mort au territoire d'Authun. Et le lieu de son martyre se void aujourd'huy en Nivernois au Diocese de Nevers, où il y a Monastere celebre sous le nom de S. Reverian. Et parce qu'audit tems de la domination des Romains Nevers étoit sous la domination d'Authun : Au livre de la Notice des Provinces de l'Empire Romain és Gaules Nevers n'est pas nommé au nombre des Citez de la Province Lyonnoise, mais seulement y est nommée la Cité des Heduës ou Authunois. Et tant que les Romains ont commandé és Gaules, la Ville de Nevers & tout le territoire du Nivernois deça Allier & Loire, étoit du territoire d'Authun, non seulement pour la domination temporelle, mais aussi pour le spirituel, quand au Diocese & Evêché.

LE département des Dioceses, pour l'exercice & administration des choses spirituelles, a été autrefois dressé selon le département qui avoit été fait par les Romains pour le gouvernement de leur domination temporelle. Ainsi se reconnoît, que Rome qui étoit la premiere Cité & le Chef de l'Empire des Romains, a été aussi le Siege du premier & souverain Evêque de toute la Chrêtienté, comme il est encores de present. En quoy semble être accomplie la prophetie recitée par Virgile au premier livre de l'Eneide, vray-semblablement tirée des livres de la Sybille : où il feint Jupiter parlant en ces mots :

------ Sublimemque feres ad sydera Romam,
His ego nec metas rerum nec tempora pono,
Imperium sine fine dedi.

Qui est en François, Tu verras Rome élevée en haut jusques au Ciel : Je n'ay point ordonné borne ny tems certain à cét établissement : J'ay octroyé un Empire sans fin. Ainsi ce qui a été autresfois pour la temporalité est aujourd'huy pour la spiritualité ; Lequel droit de Primatie, premier Siege & Souveraineté a été mis en controverse par les heretiques, qui ont pris occasion de mauvais déportemens de plusieurs qui y ont presidé, & dont il y a eu dés long-tems scandale en l'Eglise. Hildebert Evêque du Mans, environ l'an 1106. en fit ces Vers Latins :

Urbs fœlix si vel dominis urbs illa careret,
Vel dominis esset turpe carere fide :

Cette Cité seroit heureuse, si elle n'avoit

point de tels Seigneurs ; ou si les Seigneurs d'icelle estimoient à blâme n'avoir point de foy & loyauté : Et à cette même occasion Petrarque Poëte Toscan en un Sonnet, ne craint point de l'appeller l'avare Babylone, & dire qu'elle a comblé le sac de l'ire de Dieu, ce qu'il a dit indiscretement & irreveremment : Car si aucuns Officiers de Cour de Rome étoient vicieux, il ne falloit pas blâmer en general la compagnie : Et pour le respect du Chef il ne devoit ainsi blâmer ses Officiers : Mais quoy que les Ministres fussent fort dépravez, l'excellence du Ministere a toûjours soûtenu son authorité & dignité : Aussi les fondemens en sont tres-saints, mis sur la ferme pierre, qui est Jesus-Christ. Cette authorité de vray est pour avoir le premier Siege, & avoir l'authorité d'assembler les Conciles Oecumeniques & universels, & en iceux avoir la premiere & principale voix, & mettre la police esdites assemblées. Et sur ce sera consideré qu'és anciens Conciles Universels, même avant le tems de Gregoire VII. & Alexandre III. les Decrets desdits Conciles étoient conçûs en cette sorte, *Hac sancta Synodus statuit.* Mais depuis és Conciles suivans est dit en cette sorte, *Summus Pontifex statuit sacro approbante Concilio*, comme il se void au Concile de Latran sous Innocent III. & és Conciles de Vienne & Lyon, sous Innocent IV. & Clement V. Mais la difficulté a été grande, si les Papes sont sujets aux déterminations qui se font esdits Conciles Generaux, d'autant que les Theologiens d'Italie & d'Espagne, & les Ordres de Religion institutez depuis deux ou trois cens ans, tiennent que le Pape est par dessus le Concile, & que le Concile n'a pouvoir de luy commander ; & les Theologiens de France, même de l'Université de Paris, qui a toûjours été estimée la premiere & plus excellente école de Theologie de la Chrétienté ; ont tenu que le Concile étant legitimement assemblé, tient & a sa puissance immediatement de Dieu, pour reformer, tant le Chef de l'Eglise, qui est le Pape, que les membres : & ainsi fut déterminé au Concile de Constance, & depuis au Concile de Basle accepté à cét égard par l'Eglise de France assemblée à Bourges, du tems du Roy Charles VII. en l'an 1439. où fut dressée la Pragmatique Sanction : Et auparavant avoit été pratiqué au tems d'Henry III. Empereur ; car en un Concile à Rome furent déposez Gregoire VI. Sylvestre III. & Benedict IX. chacun d'eux se prétendant Pape legitimement élû : Et au Concile de Constance en l'an 1417. auquel assisterent Sigismond Empereur, & plusieurs autres Princes Chrétiens, Gregoire XII. & Jean XXIII. par gré ou par contrainte furent déposez du Papat : Benedict XIII. qui se montra desobeïssant au Concile, fut excommunié par iceluy & privé de la dignité Papale, & au même Concile fut élû Pape Martin V. Et au Concile de Basle Eugene IV. Pape qui étoit Venitien de la Maison Condelmarie, étant appellé & non comparant, par contumace fut déposé, & en son lieu fut élû Pape Amedée de Savoye, qui en son vieil âge ayant abandonné le monde s'étoit fait Hermite, & fut nommé Felix V. vray est que ledit Concile de Basle étant dissous, fût reprouvé par les Theologiens & Ecclesiastiques d'Italie, ausquels ne plaisoit pas cét article que le Concile entreprit de déposer les Papes ; & fut assemblé un autre Concile à Florance, auquel la dignité Pontificale fut confirmée audit Eugene, qui fut en l'an 1439. Panorme Docteur Canoniste, excellent en un Traité qu'il a fait du Concile de Basle, déduit les raisons tres-certaines, pour faire connoître que le Concile de Basle étoit legitime, & par consequent celuy de Florance non legitime : & ce qui arriva peu de tems aprés le Concile de Florance, qui est la perte de l'Empire d'Orient pour les Chrétiens, qui fût par la prise de Constantinople, quatorze ans aprés ledit Concile de Florance, a fait connoître que l'entreprise dudit Concile de Florance n'avoit été sainte ny legitime : car le pretexte étoit pour faire convenir & accorder l'Eglise Grecque avec la Latine, & fut promis aux Grecs grand secours contre les Turcs, & ne fut tenuë la promesse. Sous cette promesse l'Eglise Romaine tira de l'Eglise Grecque plusieurs articles de convenance, qui donnerent couleur audit Concile de Florance. Cette difficulté de l'authorité du Concile General avec quelques autres, ont été cause, ainsi qu'on dit, que le Concile de Trente jusqu'à present n'a pas été reçû en France, & la difficulté n'est pas sur les articles de la doctrine Chrétienne : car l'Eglise de France consent en iceux avec l'Eglise Romaine : mais en plusieurs articles concernans la police Ecclesiastique, dont le sommaire est, que l'Eglise de France reconnoît le Pape Superieur de toute l'Eglise, pour être sa puissance reglée selon les anciens Decrets de l'Eglise, qui est puissance souveraine, ordinaire & non pas absoluë. Et de fait quand aucun rescript procede du Siege Romain contenant dispense, ou autre provision contre ou outre les anciens Decrets de l'Eglise, ou contre les libertez de l'Eglise Gallicane, les Cours de Parlement y mettent la main avec le pretexte d'une appellation comme d'abus, non pas que l'appel soit formé contre l'octroy du rescript, mais contre l'execution d'iceluy, qui est à dire que par honneur & respect on blâme celuy qui l'a impetré & s'en aide, & non pas celuy qui l'a octroyé : c'est un temperamment par lequel on se pourvoit sans toucher la reverence du Superieur. Es derniers Etats de Blois de l'an 1588. en l'assemblée de l'Ordre Ecclesiastique, où j'avois été envoyé un des douze Députez du tiers Etat, quand cette question de la reception du Concile de Trente fut agitée, & fut accordée qu'il seroit reçû sans préjudice des libertez de l'Eglise de France & droits du Roy, un de ladite assemblée avec zele indiscret blâma cette reservation des libertez de l'Eglise de France, disant que c'étoit une chimere, parce qu'il ne s'en trouve rien écrit, & estimoit que ce fussent privileges. Sur quoy je remontray que ces libertez n'étoient p un droit nouveau, ny un privilege, mais que c'étoit l'observation des anciens Decrets Generaux de l'Eglise, contenus és Conciles & saintes Constitutions des anciens Papes & anciens Docteurs, auparavant trois ou quatre cens ans, auquel tems ne se parloit de graces expectatives, de reservations à faire par le Pape, de la collation des Evêchez, Prelatures & Benefices qu'on a appellé Consistoriaux : Ne se parloit de pensions sur les Benefices, de resignations de Benefices *in favorem*, de bailler de Benefices en Commande perpetuelle, de resignation avec regrez, de dispense d'âge, & de ne se faire promouvoir aux Ordres sacrez : Ne se parloit de vacans & Annates, qui est le revenu d'un an que le Pape prend quand un Benefice Consistorial vient à vaquer, de Mandats Apostoliques, de regles de Chancellerie contenans plusieurs formalitez, dont aisement on dispense, de Benefices vacans, *in curia* : Ne se parloit de préventions que le Pape dit avoir en la collation des Benefices non Consistoriaux au préjudice de tous les collateurs ordinaires : Mais audit tems les Evêques Diocesains & collateurs ordinaires pourvoyoient à tout selon lesdits anciens Decrets sans dispense, & n'avoit-on que faire à Rome sinon en cause tres-arduë ou par appel : Et toutes les inventions susdites qui ont pris leur origine de l'avarice des Officiers de Cour de Rome, ont apporté le grand déreglement, qui s'est si fort accrû, qu'enfin il a donné occasion aux seminateurs des pernicieuses heresies qui sont de present, de se soustraire de l'obeïssance de l'Eglise Romaine. Ce qui est dit cy-dessus n'est pas pour contredire l'authorité & la puissance du S. Siege Apostolique, auquel nous devons tous obeïssance : mais pour témoigner le desir que chacun de nous doit avoir, de voir la police de l'Eglise rétablie en la splendeur & simplicité en laquelle elle étoit au tems des anciens Papes, même de saint Gregoire, comme il se peut recüeillir par ses Epistres : Mais l'Eglise de France adherant toûjours à l'Eglise Romaine, comme mere tres-bonne en ce qui est de la doctrine Chrétienne, n'a pas admis ny reçû plusieurs desd. inventions qui sont pecuniaires, & plûtôt sont contraires à la discipline Ecclesiastique, que servans à la conservation d'icelle. De vray elle en a reçû aucunes, & peut-être seroit profit qu'elle ne les eût admises, aucunes reçûës avec temperamment, & les autres du tout rejettées, se retenant à l'observation desdits anciens Decrets & anciennes Constitutions. Cette manutention est en effet l'article des libertez de l'Eglise Gallicane, qui pour cela ne s'est départie de l'obeïssance de l'Eglise Romaine, & ne sont pas privileges, comme disoit ledit Député de Paris.

Rome donc étant le Siege premier & principal de l'Eglise, comme auparavant il l'étoit de l'Empire, aprés que le Siege de l'Empire Romain & les enseignes de l'Empire furent transferez à Constantinople, l'Evêque de Constantinople voulut entreprendre le titre de souverain & premier Evêque de la Chrétienté. Ce qui luy fut contredit par le Pape de Rome, & fut la question décidée au Concile universel de Calcedoine, où il fut jugé que le premier honneur appartenoit à l'Evêque de l'ancienne Rome, qui étoit le Siege ancien de l'Empire : & le second honneur seroit à l'Evêque de Constantinople, qui étoit la nouvelle Rome : le tiers honneur à l'Eglise d'Alexandrie en Egypte : le quart à l'Eglise d'Antioche en Asie : & le quint à l'Eglise de Jerusalem : quoy qu'auparavant ladite translation du Siege de l'Empire, les Patriarches d'Alexandrie & d'Antioche précedassent en prérogative l'Evêque de Constantinople, qui lors n'avoit droit de Patriarchat, mais étoit sujet à la mere Cité de Thessalonique : Et lesdites quatre Eglises de Constantinople, Alexandrie, Antioche & Jerusalem, dés lors furent reconnuës pour Patriarchales, & toûjours depuis l'ont été, comme il est dit au chapitre *Antiqua*, titre *de Privilegiis* és antiques Decretales. Nonobstant lesquels droits de souveraineté & de Patriarchat, chacune desdites Eglises avoit & a son Diocese à part comme simple Evêque, & sa Province comme simple Archevêque. Se reconnoît encores aujourd'huy que le Pape de Rome a son Diocese limité comme simple Evêque, & les Recteurs des Parroisses & principaux Benefices de son Diocese sont les Cardinaux Prêtres & les Cardinaux Diacres. Aussi le Pape comme simple Archevêque a sa Province separée, laquelle est assise entre les Provinces & Archevêchez de Capouë & de Pise, ainsi qu'il est rapporté és Decretales, au chap. *Sua nobis*, au titre *de officio vicarii*. Et les Evêques de sa Province sont les Cardinaux Evêques, l'Evêque Ostiense est Doyen des Cardinaux, & est celuy qui sacre le Pape nouvel élû : les Evêques Velletrense, Portuense, Prenestinense, Sabinense, Tesculanense & Albanense. Aussi le Pape appelle tous Evêques freres, comme se reconnoissant de pareille condition : Et és Bulles il ne prend autre titre que d'Evêque, & ajoûte ces mots, serviteur des serviteurs de Dieu, & il appelle toutes autres personnes fils, quoy qu'ils soient Rois, Princes & Cardinaux non Evêques, & ainsi est dit au chap. *Gravi*, és Decretales au titre *de crimine falsi* : Et parce qu'au College des Cardinaux il y en a toûjours qui sont Evêques, quand le Pape parle d'eux en College, il les appelle freres : Et attendu que le Pape en cette grande antiquité avoit son Siege étably à Rome, qui étoit la premiere ville de Chrétienté, aucuns ont blâmé le Pape Clement V. qui transfera son Siege en Avignon, comme il fit en l'an 1305. & y demeura la Cour de Rome 74. ans. En ce gouvernement de la domination temporelle de l'Empire Romain, la Cité principale d'une Province, en laquelle étoit le Siege & principale demeurance du Gouverneur, étoit dite *Metropolis*, comme qui diroit mere Cité. Et en telles villes ont été établis les Sieges des Archevêques, pour la police Ecclesiastique, & pour cette cause sont appellez Metropolitains : Et le territoire qui comprend les

Evêchez & Diocéses sujets à l'Archevêque, s'appelle la Province dudit Archevêque. En chacune Province, Gouvernement ou Presidat, sous l'Empire Romain étoient plusieurs Citez, & en chacune Cité étoit un Magistrat appellé Deffenseur ou Duumvir pour administrer la justice sur le lieu, & reconnoissoit pour son Superieur le Gouverneur de la Province, lequel Gouverneur se nommoit par son nom general *Præses*, & si la Province étoit Proconsulaire & de plus grande importance, il se nommoit *Proconsul*. Es Citez particulieres de ces Gouvernemens ont été établis les Sieges des Evêques. Ces Gouverneurs du tems des Romains avoient le commandement, tant au fait des armes que la Jurisdiction, & pour la punition des crimes, & quoy qu'ils ne fussent sçavants és loix, toutes-fois ils seoient comme Juges au Tribunal & jugeoient, mais prenoient des Assesseurs doctes en droit, comme dit Ulpian en la loy *Metum autem. §, sed ex facto ff. quod metus causa*, que luy Ulpain Jurisconsulte étant Assesseur du Preteur, le Preteur donna jugement selon son avis; ou bien commettoient des Juges és causes particulieres. D'ancienneté souloit être ainsi en France des Baillifs & Senéchaux avant que les Gouvernemens fussent établis, & étoit leur charge de conduire à la guerre, & commander à l'Arriere-ban de leurs Provinces, pourvoir à la seureté d'icelles Prouinces, & juger les causes avec leurs Lieutenans, que les Baillifs eux-mêmes établissoient, aussi lors ils se disoient Lieutenans de tel & tel Baillifs: Mais depuis les Rois ont ôté la Jurisdiction aux Baillifs & Senéchaux, & le pouvoir de nommer leurs Lieutenans, mais ont été établis les Lieutenans par les Rois en titre d'office, examinez & reçûs en Parlement; Aussi ils se disent Conseillers du Roy & Lieutenans pour le Roy és Bailliages & Senéchaussées, & ne se disent plus Lieutenans des Baillifs. Or comme les Sieges de l'Empire & des Gouverneurs des Provinces sous les Romains se sont changez, ainsi les Archevêques & Evêques des lieux où lesdits Sieges étoient transferez, entreprenoient la Primatie en l'Eglise. Aprés que les Goths & Vvandales eurent pris & saccagé Rome à diverses fois; les Empereurs d'Occident pour quelque têms tinrent leur Siege à Ravenne, & ceux d'Orient y envoyerent leurs Exarques & Lieutenans. L'Archevêque de Ravenne osa entreprendre de se dire premier & par dessus le Pape de Rome; mais il ne fut assisté par les autres Evêques de Chrétienté: & depuis le Pape Paschal en l'an 1106. pour abaisser lad. Eglise de Ravenne, & luy oster toute occasion de se hausser, luy osta la superiorité qu'elle avoit sur les Eglises de la Romagne, de Parme, Plaisance, Regge, Modene & Bologne. Ainsi quand les Lombards commandoient en Italie, les Archevêques de Milan s'abstinrent de reconnoître l'Eglise de Rome pour superieure, parce que les Rois des Lombards se disoient souverains: mais Estiennne IX. Pape la reduisit à son obeïssance & sujection en l'an 1057. Aussi se lit és Novelles Constitutions de Justinian Empereur, c'est en la Novelle 11. qui n'est pas és impressions vulgaires, mais en l'édition mise en avant *per Dyonisium Gothofredum*, que ledit Empereur voulant honorer le païs & territoire auquel il étoit nay, il y établit une Ville, avec une Province & Gouvernement qu'il nomma de son nom Justiniane; & parce, dit-il, qu'en cette Ville est étably le principal Siege du Gouverneur de la Province, & qu'elle devient la principale & mere Cité, il ordonne que là aussi soit transferé & étably la dignité Archiepiscopale; qui aupatavant étoit à Thessalonique. Cette Ville Justiniane premiere étoit dite premierement Achrid. Comme dit Nicephore, livre 17. chap. 28. & en l'une des Panonies, & sous icelle ville étoient les deux Dacies, la Mysie & la Dardanie, qui sont aujourd'huy la Transsylvanie, la Valaquie, la Moldavie, & partie de Hongrie, & en icelle Justiniane fut étably le Siege *Præfecti Prætorio Illyrici*. De la Primatie de ladite Cité Justiniane, est parlé és Epistres de S. Gregoire liv. 2. Epist. 45. Aussi se lit que du tems de Charles le Chauve Roy de France, Salomon Roy de la Bretagne Armorique, entreprit d'établir un Siege d'Archevêché en une de ses Villes nommée Dol en la basse Bretagne, pour faire une Province de neuf Evêchez de Bretagne, sous pretexte que c'étoit une souveraineté distincte: mais il en fut blâmé par Nicolas Pape, non pas qu'il trouvât la chose en soy déraisonnable, mais parce qu'elle étoit entreprise sans l'authorité des Superieurs Ecclesiastiques: & ordonna que selon l'ancien établissement, les neuf Evêchez de Bretagne obeïroient à leur ancien Metropolitain l'Archevêque de Tours, jusques à ce qu'il en eût connû plus amplement: ainsi qu'il est recité au grand Decret de Gratian, au Canon *Hæc quippe 3. quæst. 6.* De nôtre tems nous avons veu aprés que la Ville & Cité de Theroüenne fut détruite & ruinée de tous points par l'Empereur Charles V. en sorte que de present n'y a apparance de Cité ny de bâtimens, & combien que l'Archevêque de Reims fût Metropolitain de Theroüenne, & de tout le païs de Flandres, Artois, Henault & Brabant, par le moyen dudit Evêché de Theroüenne, & des Evêchez de Cambray, Tournay & Arras, qui tous étoient de sa Province, & il en étoit superieur spirituel: toutesfois ledit Archevêque qui lors étoit, endura qu'esdits païs fussent établis de nouvel deux Archevêchez, & Provinces non sujettes à sa superiorité spirituelle. Ce qui fut procuré par ledit Empereur Charles V. pour effectuer le droit de souveraineté qui luy avoit été quitté par le Roy François I. au traité de Madrid, pour les païs d'Artois & Flandres, & tenir lesdits païs & autres qu'il avoit en souveraineté, du tout exempts de la superiorité spirituelle de Reims, qui est en France. De fait furent établis deux Sieges Metropolitains & Archiepiscopaux, l'un à Cambray, l'autre à Malines. Cambray qui est de langue Françoise, où des Vvallons a été étably Siege Metropolitain pour Arras & Tournay, qui auparavant étoient sous Reims. Et pour saint

Omer, Ypre & Namur de nouvel érigez en Evêchez, & tous de la langue Françoise. Malines qui est en langue Tudesque ou Flamande, où n'y avoit Eglise Cathedrale, a été érigée en Eglise Archiepiscopale & Metropolitaine, pour les Evêchez de nouvel érigez à Gand, à Bruges, à Anvers, à Bosleduc, à Ruremonde, & à Deventer qui sont en langue Tudesque, parce que Malines est le Siege du Parlement de Flandres: Ce que ledit Archevêque de Reims pouvoit empêcher; car quoy que la puissance du Pape soit supréme, & à luy seul appartienne de constituer de nouvel, unir, dis-joindre, ou suprimer les Evêchez, comme il est dit és Decretales au chap. *Sicut*, au titre *de excessibus Prælat.* si est-ce qu'il ne le peut faire sans ouïr les parties, ayans interest, & par puissance ordinaire sujette à regle de raison: Car sa puissance absoluë n'a pas été reçûë en France, & n'est pas approuvée par les anciens Conciles. L'interest du Roy y étoit à cause du droit qu'il a hereditaire, que tous Evêques de sa sujection doivent prendre investiture de luy, & luy prester serment de fidelité, ayans l'une des mains sur leur poitrine, & l'autre sur les saints Evangiles. Et le droit que le Roy a en l'Eglise de Reims, comprend en consequence les droits que ladite Eglise de Reims avoit pour la superiorité spirituelle és Eglises de sa Province.

LEs Provinces spirituelles & Archevêchez qui sont aujourd'huy és Gaules, sont établies selon le département des Provinces & Gouvernemens des dominations temporelles qui étoient du tems des Romains, ainsi qu'il se peut recueillir d'un petit livret de la Notice des Provinces & Citez des Gaules, qui est imprimée avec un livre intitulé, *Itinerarium Antonini*, par lequel livre appert que la Gaule Celtique, qui depuis fut nommée Lyonnoise, fut départie en quatre Provinces. L'une appellee Lyonnoise premiere, dont la mere Cité est Lyon, sous laquelle étoient les Citez d'Authun & de Langres, de Chaalon & Mascon; & sera remarquée que Chaalon & Mascon y sont appellez Châteaux, & non pas Citez, parce que selon qu'il appert és Commentaires de Cesar, Chaalon & Mascon étoient sujettes, & du territoire d'Authun, mais aujourd'huy sont appellez Citez parce qu'il y a Siege Episcopal. L'autre appellée la Province Lyonnoise seconde, dont la mere Ville étoit Roüen, & les Citez sous icelle, Bayeux, Avranches, Evreux, Seez, Lisieux & Constances. L'autre appellée Lyonnoise tierce, dont la mere Cité étoit Tours, sous laquelle étoient les Citez du Mans, Renes, Angers, Nantes-Cornoaille, Vannes, Treguier & Dol, les Evêchez de S. Brieu, S. Malo & Leon n'y sont pas nommez. L'autre appellée la Lyonnoise quarte, dont la mere Cité étoit Sens: & les Citez sous icelle Chartres, Auxerre, Troyes, Orleans, Paris & Meaux: Nevers n'y est pas nommé, aussi en ce tems-là il n'étoit encores Evêché, comme il sera dit cy-aprés. La Cité de Lyon eût le droit de Primatie & superiorité sur toutes les dessusdites Provinces, qui de son nom furent nommées Lyonnoises, parce qu'elle étoit colonie des Romains, & encores aujourd'huy est observé, que les appellations interjettées des Archevêques de Tours, Roüen & Sens ressortissent pardevant l'Archevêque de Lyon, à cause de la Primatie. Le droit de Primatie est tel que de Patriarchat, ainsi qu'il est dit és Decretales anciennes, au chap. *Duo simul*, au titre *de offic. ordinarii*, & au Decret de Gratian *in can. provincia & can. nulli 99. distinct.* où il est dit que Primat & Patriarche son divers noms, mais en effet c'est même office & charge. En aucunes nations, comme en Affrique, la dignité de Primatie n'étoit pas adherente à une Eglise certaine; mais quand le Concile national devoit être assemblé, les Evêques élisoient l'un d'entre-eux pour être Primat, & pour presider au Synode & Concile, comme il se void és Epistres de S. Gregoire Pape, au livre 1. Epistre 72. & au livre 2. Epist 86. & 87. En autre lieux même és Provinces établies depuis que l'Empire Romain cessa és parties d'Occident & Septentrion, la regle a été qu'entre plusieurs Archevêques d'une même nation, celuy presidoit & précedoit les autres duquel l'ordination étoit plus ancienne. Les Patriarches ont droit de faire porter la Croix devant eux en tous lieux, fors en la Ville de Rome, & en la part où le Pape se trouve, ou en la presence du Legat Apostolique quand il est au lieu, & avec les marques de sa legation; ainsi qu'il est dit és Decretales antiques chap. *Antiqua*, au titre *de privilegiis.* De même la Gaule Belgique du tems des Romains étoit divisée en quatre Provinces ou Presidats, & selon ladite division furent établis les Archevêchez depuis. L'une nommée la Gaule Belgique premiere, dont la mere Cité étoit Reims: L'autre Belgique seconde, dont la mere Ville étoit Treves, comme il se void en ladite Notice des Provinces, & parce que les Empereurs Romains pour quelque tems tinrent leur Siege à Treves, pour être plus prés à resister aux étrangers qui passoient le Rhin, & Ausone en son Poëme, dit *Mosella* l'appelle Siege d'Empire, & Ammian Marcellin l'appelle domicile des Princes: l'Archevêque de Treves qui au commencement étoit le second de la Gaule Belgique, eût le titre de Primat de la Gaule Belgique, comme il se void au grand Decret de Gratian, au Canon *Tengaldum 11. quæst. 3.* La tierce Province de la Gaule Belgique fut nommée Germanique premiere, dont la mere Cité étoit Magonce. Et la quarte Belgique fut nommée Germanique seconde, dont la mere Cité étoit Cologne, & furent ces deux Provinces nommées Germaniques, en l'honneur de Germanicus petit fils de Livie femme d'Auguste, qui avoit exploité grands faits d'armes en ces marches. Et selon cét ancien établissement les Archevêchez furent, & sont encores de present établis: Ainsi la Gaule Aquitanique fut divisée en trois Provinces, Gouvernemens ou Presidats: L'Aquitanique premiere avoit pour mere Cité Bourges : la seconde Aquitanique avoit pour mere Cité Bordeaux : la troisiéme étoit dite des neuf peuples, dont la mere Cité étoit Ausch en Gascogne, dite en Latin *Augusta Austiorum*, & suivant ce furent établis les Sieges d'Archevêchez : mais la Cité de Bourges demeura Primatiale & Patriarchale, & en jouït encores de present, nonobstant le débat, qui autrefois en a été entre ladite Eglise & celle de Bordeaux, dont est parlé és Decretales antiques au chapitre *Exposuit*, au titre *de delationibus*, & au chap. *Humilis de majoritate & obedientia*, & au chapitre dernier, *de dolo & contumatia*, l'Archevêque de Bourges est nommé Patriarche, *in can. conquestus 9. quæst. 3.* Quant à l'Archevêché de Narbonne il a été pour quelque tems compris en la Gaule Aquitanique, & sujet à la Primatie de Bourges, comme il se void au grand Decret audit Canon *conquestus 9. quæst. 3.* mais ç'à été depuis que les François eurent conquis toute cette partie des Gaules : car auparavant quand les Goths regnoient en Espagne, auquel tems ils étoient Seigneurs de bonne partie des Gaules, il se trouve qu'és Conciles Nationaux assemblez à Tolede en Espagne, les Archevêques de Narbonne & d'Auch & leurs suffragans y assistoient. Et au tems de la prosperité de l'Empire Romain, Narbonne étoit mere Cité comme colonie des Romains & de son nom étoit dite la Gaule Narbonnoise, qui comprenoit les Provinces de Narbonne & Aix en Provence, qui sont aujourd'huy Archevêchez, & encores comprenoit toute cette parties des Gaules qui est entre les Alpes & le Rhosne & autre les montages d'Auvergne & les monts-pirenées, ainsi que dit Ausone au petit Poëme *de encomiis urbium.* Quant à Arles, qui de present est Archevêché, au tems de ladite domination des Romains, elle étoit mere Cité de la Gaule Viennoise seconde, comme Vienne étoit mere Cité de la Gaule Viennoise premiere, & pour quelque-tems Arles fut simple Evêché sujet à Narbonne, comme il est dit au grand Decret au Canon *Artaldus* 8. *quæst.* 3. Mais en l'annotation qui est au grand Decret de l'Emendation de Gregoire XIII. Pape, est dit qu'il y a faute, & qu'au lieu de *Arelatensis*, doit être dit *Agatensis*, qui est Agde Evêché en Languedoc : ladite Ville d'Arles devenuë la principale Cité du Royaume de Bourgogne, est de present reconnuë en son ancienne dignité d'Archevêché. Quant à Tolose, qui aujourd'huy est Archevêché, est à sçavoir qu'elle a cette dignité depuis trois cens ans en ça, par le bien-fait du Pape Jean XXII. qui l'exempta de l'Archevêché de Narbonne, auquel elle étoit sujette auparavant, & en fit une Eglise Metropolitaine, à laquelle il fit sujettes les Eglises de Montauban, de Riez, de Lombez & de saint Papoul, qu'il érigea de nouvel en Evêchez, & outre luy attribua l'Evêché de Pamiers, ainsi qu'il est dit en l'Extravagante *Salvator*, au titre *de Præbendis.* Ammian Marcellin au quinziéme livre de son Histoire, met un même département des Provinces des Gaules, comme il est en ladite Notice des Provinces de l'Empire Romain, & à iceluy se rapporte led. établissement d'Archevêchez & Evêchez. Et par ce discours apert, que les Gaules qui au tems de Jules Cesar étoient departies en quatre Provinces, Celtique, Belgique, Aquitanique & Narbonnoise, furent depuis départies en quinze Provinces, aprés qu'elles furent façonnées & civilisées par les Romains & par la culture fut connuë la fertilité des Gaules, laquelle fertilité fut depuis employée pour la nourriture de la Ville de Rome, aprés que l'Egypte qui souloit fournir de bleds à Rome, fut attribuée à Constantinople, & l'Affrique Maritime fut occupée par les Vvandales, qui étoit l'autre nourrice de Rome : car on trouva moyen de voiturer par eau les bleds des Gaules és rivieres de Saosne & Rhosne, & de là en mer jusques à Rome, comme rapporte Claudian Poëte au tiers Panegyrique, quand il dit,

------ Quis Gallica rura?
Quis meminit Latio, Senonum servisse ligones.
Aut quibus exemplis fœcunda Tybris ab arcto,
Vexit Lingonico sulcatas vomere messes?

Et au deuxiéme Panegyrique,

Nec prius auditas Rhodanus jam donat aristas.

Les Provinces & Dioceses qui sont les Archevêchez & Evêchez de France, sont de present établis comme s'ensuit. Lyon Archevêché, sous Lyon Authun, Langres, Chaalon, Mascon. Sens Archevêché, sous Sens Paris, Chartres, Auxerre, Meaux, Troyes, Nevers, Orleans. Sous Roüen Archevêché, Evreux, Lisieux, Seez, Bayeux, Constances, Avranches. Sous Tours Archevêché, Angers, le Mans, Renes, Nantes, Vannes, Cornoaille, Dol, Leon, saint Malo, saint Brieu, Treguier. Sous Reims Archevêché, Soissons, Laon, Chaalons, Noyon, Beauvais, Amiens, Bologne, Senlis, la Cité de Theroüenne razée, les Citez de Cambray, Arras & Tournay éclipsées. Sous Bourges Archevêché, Clermont, Rodez, Alby, Cahors, Limoges, Mande, le Puy, saint Flour, Tulles, Vabres, Castres. Sous Tolose nouvel Archevêché, Riez, Pamiers, Montauban, saint Papoul, Lombez : Sous Bordeaux Archevêché, Angoulesme, Saintes, Poictiers, Perigueux, Sarlat, Luçon, Mallaizais, Condom. Sous Auch Archevêché, d'Acqs, Lectoure, Cominges, Conserans, Bayonne, Aire, Basas, Tarbe, Oleron, Eause. Sous Narbonne Archevêché, Besiers, Agde, Nismes, Montpellier qui fut Magalonne, Lodesve. Sous Aix Archevêché, Apt, Riez, Frejus, Cisteron, Antibe, Gap. Sous Embrun Archevêché, Digne, Glandesve, Vence, Senez, Grace. Sous Arles Archevêché, Carpentras, Marseille, Avrange, Cavaillon. Sous Vienne Archevêché, Geneve, Grenoble, Viviers, Valence, Avignon, Die.

OR étans toutes les Gaules ainsi departies par Provinces du tems de l'Empire des Romains, tant pour la domination temporelle, que pour le reglement de la police spirituelle de l'Eglise; il avint que declinant ledit Empire, les François, Bourguignons & Goths Occidentaux, qu'on appelle Vvisigoths, conquêterent les Gaules sur les Romains. Les François conquêterent la Gaule Belgique, & partie de la Celtique. Les Bourguignons conquirent l'autre partie de la Celtique, dite Lyonnoise, avec la Gaule Viennoise, & partie de la Narbonnoise, qui est entre le Rhosne & les Alpes: aussi d'ancienneté, même du tems d'Innocent III. Pape, le Royaume de France par vulgaire appellation ne comprenoit les Provinces Lyonnoise, Viennoise & de Besançon, ainsi qu'il est dit au chapitre *Novit* au titre *de Officio legati* és Decretales. Les Gots conquirent grande partie de la Gaule Aquitanique, & partie de la Narbonnoise deça le Rhosne. En cette conqueste des Gaules lesdits étrangers furent bien reçûs par les Gaulois, ennuyez du mauvais, avare & superbe traitement qu'ils avoient reçû des Romains: ainsi Nôtre Seigneur a accoûtumé exerçant sa justice, de transferer les Dominations & Monarchies d'un gent à une autre, à cause des iniquitez & injustices des superieurs. Et comme l'Europe fut occupée sur les Romains par les François, Bourguignons, Goths, Lombards, Huns & Normands: ainsi fut l'Affrique occupée par les Vvandales, & depuis par les Arabes Ismaëlites, & l'Asie fut occupée par les Sarrazins, & depuis par les Turcs, & l'Egypte fut aussi occupée par les Sarrazins, qui nommoient leur Chef Caliphe, & depuis par les Mammelus esclaves aguerris, qui aprés avoir tüé leur Sultan, élûrent un d'entre-eux pour Roy, & continuerent à commander depuis l'an 1240. jusques en l'an 1513. que ledit Royaume de Mammelus fut ruiné par Selim Empereur des Turcs, qui conquit l'Egypte. Es Gaules, les François & Bourguignons se trouverent en concurrence & rencontre au territoire des Authunois dits Heduës. La Cité d'Authun & grande partie de son Diocese, se trouva à la conqueste des Bourguignons, l'autre partie du Diocese d'Authun, qui aujourd'huy est le Nivernois, se trouva être écheüe à la conqueste des François: Et pour ce que les Bourguignons & les François étoient chacun en sa conqueste Seigneurs souverains, ne reconnoissans rien l'un de l'autre, fut avisé que la part du Diocese d'Authun demeurée à la conqueste des François auroit un Evêque & Diocese à part, & fût étably un Siege Episcopal à Nevers, qui ne fut pas attribué au Siege Metropolitain, & à la Province de Lyon, parce que Lyon étoit aux Bourguignons: mais fut attribué à la Province & Siege Metropolitain de Sens, qui étoit aux François. Selon les legendaires des saints Evêques de ce Diocese de Nevers, Aregius, que nous appellons en François saint Aré, est dit avoir été le premier Evêque de Nevers, & qu'il étoit du tems de saint Gregoire le Grand Pape premier de ce nom, & du tems de Syagrius Evêque d'Authun, & d'Austresigillus Archevêque de Bourges, & que lesdits Evêque & Archeveque retrancherent chacun partie de son Diocese pour établir le Diocese de Nevers. Mais par les raison cy-aprés, je croy que ledit Aregius ne fut le premier Evêque, & en ay été averty par Monsieur Marion nôtre concitoyen, lors Avocat tres-fameux au Parlement de Paris, & de present Avocat General du Roy en Parlement, qui a remarqué qu'en l'an XX. de Childebert Roy de France, fut celebré un Concile National à Orleans, auquel est nommé Rusticus Evêque de Nevers: ce fut environ l'an 534. aprés l'Incarnation de Nôtre Seigneur. Et au Concile 5. d'Orleans, an 38. dudit Childebert, environ l'an 552. se trouve un nommé Clementinus Evêque de Nevers, qui aussi est nommé en un autre Concile tenu à Paris du tems dudit Childebert. Mais saint Gregoire premier de ce nom fut promû au Papat l'an 590. & mourut l'an 604. pourquoy est bien à propos de croire, que ledit saint Aré n'ait été le premier Evêque, mais bien le premier, qui pour sa sainte vie & miracles a été reclamé aprés sa mort, & veneré comme saint: lequel de vray étoit du tems de saint Gregoire; & se trouvent des Epistres dudit saint Gregoire écrites audit Aregius, qu'il appelle Evêque des François, comme l'on void au grand Decret de Gratian au Canon *Communis 23. distinct.* qui sont és Epistres de saint Gregoire, les 101. *lib. 7. & 51. & 62. lib. 9.* Parce que peut-être que l'Evêché de Nevers n'étant pas de si ancien établissement, n'étoit pas connû audit S. Gregoire. Et est aussi à propos de croire, que lors dudit établissement d'Evêché, Nevers étoit Ville grande & peuplée, car selon les anciens Decrets, on ne doit pas constituer de nouvel Evêché & Siege Episcopal en Châteaux & petites Villes, à ce que la dignité Episcopale ne soit avilitée, & méprisée, ainsi qu'il est dit audit grand Decret au Canon *Episcopi 80. distinct.* Et ici sera repeté, qu'audit livre de la Notice des Provinces & Citez des Gaules fait du tems de l'Empire des Romains, la Ville de Nevers n'est pas nommée, ny sous la Province de Sens, ny sous la Province de Lyon, parce que lors elle n'étoit Cité, mais étoit au Diocese d'Authun.

Les François & les Bourguignons ayans ainsi conquêté grande partie des Gaules, ils ne nommerent pas les Provinces de leurs conquestes selon les noms Romains: mais les François nommerent le païs de leur conqueste France, & les Bourguignons le païs de leur conqueste Bourgogne. La France fut lors départie en deux, l'une nommée Orientale, l'autre nommée Occidentale, & y furent donnez les noms Tudesque, Oestrich & Vvestrich, que nos écrivains vulguaires ont representez par ces noms Austrasie & Neustrie. En langue Tudesque & Germanique, Oest c'est le vent d'Orient, Vvest c'est le vent d'Occident. L'Austrasie ou France Orientale, comprend tout ce qui est entre le Rhin & la Meuse: Cette region est aujourd'huy Imperiale par la demission pusillanime que firent les successeurs de Charlemagne, même

même Charles le Simple & Lothaire son petit fils, fils de Louïs d'Outremer : Austrasie auparavant avoit été nommée Lotharingie ou Lorraine du nom d'un autre Lothaire fils de Louïs le Debonnaire: en laquelle region sont comprises, la haute Lorraine retenant son nom, & la basse Lorraine ou Austrasie, qui comprend Luxembourg, Gueldres, Cleves, Liege & Brabant, auquel détroit est le Duché de Lothric ou Lothier, qui represente encores cette ancienne appellation de Lotharingie, & appartient au Duché de Brabant, & les armes dudit Duché de Lothric representans Lotharingie & Austrasie, sont les mêmes armes du Duché d'Austriche, qui est de même dédu-ction d'Oest, parce que c'est la derniere Province Orientale de la Germanie. Ce païs d'Austrasie ou Lotharingie comprenant tout ce qui est entre les Rivieres de l'Escault, la Meuse & le Rhin, avint en partage audit Lothaire, aprés que luy & ses deux autres freres Louïs & Charles eurent combattu sanglamment à Fontenay en Donziois Diocese d'Auxerre, le jour de l'Ascension l'an 842. Et aprés la mort dudit Lothaire decedé sans enfans, ses deux freres partagerent ledit païs d'Austrasie ou Lotharingie, & à la part de Charles avint ce qui étoit d'Austrasie plus proche de la France, qui étoit son principal & premier partage, & audi Louïs avint la part d'Austrasie plus proche du Rhin. La Neustrie ou Vuestric, qui étoit la France Occidentale, comprenoit tout ce qui est entre les Rivieres de Meuse & Loire, & entre le Schelde ou l'Escault & la Meuse, qui est la vraye France. La conqueste des Bourguignons, comprenoit en soy toute la Province de Lyon, qui comprend les Evêchez d'Authun, de Langres, Mascon & Châlon. La Province de Besançon, dont la mere Cité du tems des Romains se nommoit *Maxima Sequanorum*, comprenoit la Franche-Comté de Bourgogne; les Citez de Losanne, Basle, Constance & Yverdon avec leurs Dioceses. Les Provinces de Vienne, Arles & Aix en Provence, qui comprennent les Citez de Geneve, Grenoble, Viviers, Valance, Carpentras, Marseille, Orange, Apt, Antere & Avignon, avec leurs Dioceses. Le principal Siege de ce Royaume de Bourgogne fut étably à Arles, dont est venuë la Croix saint André, que les Bourguignons tiennent pour marque de leur party: Autres disent que la Croix S. André a été prise par les Bourguignons du tems d'Estienne Roy de Bourgogne, qui apporta à Marseille la Croix en laquelle saint André Apôtre souffrit passion, qui est de present en l'Eglise saint Victor prés de Marseille, ainsi que le dit Olivier de la Marche en son histoire. Les Bourguignons quoy qu'ils fussent venus d'Allemagne, se disoient dés la grande antiquité être du lignage des Romains, ainsi que dit Ammian au 28. livre de son histoire, & au même lieu dit, que dés ce tems ils avoient débat avec les Allemans pour les Salines. De vray en la ville de Salins, qui est en la Franche-Comté de Bourgogne, sont deux fontaines d'eau salée dont se fait le sel avec le feu, & dudit sel se fournit tout le païs voisin, & grande partie du païs de Suisse, & quelque partie de l'Allemagne. Chacune desdites deux fontaines en a une autre d'eau douce à un pas prés, qui jette l'eau en une plus grande abondance que la fontaine salée, & toutes deux sont bien bas en terre sous voutes, & l'eau est tirée contremont avec engins, & se distille dedans un échanal, qui la conduit dedans les chaudieres où elle se cuit. On observe que quand le vent de Midy tire, l'eau salée qu'ils appellent Mure abonde plus. Lesdits François & Bourguignons ayans conquis les Gaules, ne laisserent aux principales Villes, même à la plûpart, les noms que les Romains avoient donnez, mais nommerent les Citez & principales villes des territoires, du même nom duquel les peuples se nommoient d'ancienneté avant la venuë des Romains : Ainsi furent nommées les Citez de Paris, Beauvais, Amiens, Reims, Chartres, Sens, Tours, Bourges, Soissons, Troyes, & autres : Les noms anciens des peuples & non pas des Villes étoient *Parisii*, *Bellovaci*, *Ambiani*, *Remi*, *Carnutes*, *Senones*, *Turones*, *Bituriges*, *Suessiones*, *Tricassii* : mais les Romains avoient donné aux principales Villes les noms de leurs Empereurs, *Juliomagus*, *Juliobona*, *Augustonemetum*, *Cæsaromagus*, *Augusta*, *Veromanduorum*, *Maxima Sequanorum* : Et en plusieurs choses fut rejettée la memoire des Romains, non pour exterminer les personnes qui étoient demeurées, car par les loix de Gondebault Roy des Bourguignons, & par la loy Salique, se trouvent plusieurs articles pour distribuer justice gratieusement entre les François & le Romain, le Bourguignon & le Romain : Et furent établies loix particulieres, dont vient la source de nos Coûtumes. En cette Monarchie a été tenu ferme de ne reconnoître les loix des Romains pour loix, mais s'en aider seulement pour la raison qui est en icelles, quand nos Coûtumes où les Constitutions de nos Rois défaillent. Et pour marque de ce est observé, qu'à Paris il n'y à Faculté pour l'étude du droit Civil des Romains, quoy que les Facultez de toutes autres Sciences y soient établies, Paris étant la ville capitale du Royaume, dont il est parlé és Decretales antiques au chapitre *Super specula de privilegiis*, qui est d'*Honorius* III. Pape. Et és autres Universitez de France où il y a étude de Loix, quand leurs privileges sont confirmez par les Rois : la Cour en les verifiant ajoûte cette modification, que ce sera sans reconnoître que le droit Civil des Romains ait authorité de loy : Aussi il se void que quand les sujets de ce Royaume ont besoin de quelque remede extraordinaire qui a été introduit par les loix des Romains, & de soy est raisonnable, le Juge par son office n'en peut accommoder les parties, mais elles doivent avoir recours à la Chancellerie du Roy, comme pour authoriser ce remede, qui n'est pas en nos loix Françoises, & est des loix des Romains : Ainsi se pratique pour les restitutions en entier fondées sur minorité, sur deception d'outre moitié de juste prix, sur dol & à cause du Vellejan, & és dispenses qu'on appelle benefice d'âge, quand on permet au mineur de vingt-cinq ans, majeur de vingt, d'administrer son bien, & pour se declarer heritier d'aucun par benefice d'inventaire. Que si la rescision ou restitution en entier se demandoit selon la disposition des Coûtumes ou Constitutions de nos Rois, il ne faudroit point de Lettres du Roy, comme en fait de Contrats usuraires, reduction de Rentes constituées à prix d'argent, nullité de Contrats faits par femmes mariées sans authorité, nullité de donations faites à tuteurs par leurs mineurs, & autres telles. En ce premier tems de conqueste, les Romains qui étoient demeurez sous la domination des François & Bourguignons, étoient jugez selon les loix Romaines; & quant à Bourgogne étoient jugez à pareille condition que les Bourguignons, comme il se void és loix anciennes des Bourguignons, chap. 11. & 24. Mais quant aux François, les Romains de leur sujetion avoient moins de privileges, comme il se void en la loy Salique, chap. 15. & 34. Mais enfin les deux nations étans fort entremélées, tous ont été reputez un même & seul peuple, & ont été jugez à party pareil. Les Universitez & Ecoles pour l'étude des loix les plus fameuses de Chrétienté sont, Bologne & Padouë toutes deux en Italie, où le droit Romain est le droit commun. L'Université de Padouë est composée de vingt nations, dont les dix sont Citramontaines à l'égard de Padouë, ce sont nations Italiennes, les autres Ultramontaines : Celles d'Italie sont, une de Romains, Lucans, d'Abruzzo, Calabre & la Poüille : Une de Sicile, une de la Marque d'Ancone, Romagne & Urbin, une de Toscane, une de Lombardie, une de Milan, Creme, Gennes & Plaisance, une de Venise & Padouë, une de la Marque Trevisane, une d'Aquilée & d'Istrie, une de Dalmatie. Les Ultramontaines sont deux de Tudesques, qui sont les hauts & bas Allemans, une de Boheme, une de Pologne, une de Hongrie, des Gaules deux, la Bourguignone & la Provençale, une d'Anglois, Escossois, Savoisiens, Salussiens, & Montferrat, une de Castillans & Espagnols, une d'outremer. L'Université de Paris est divisée en quatre nations, France, Picardie, Normandie, Allemagne avec Angleterre La nation de France a cinq Provinces, qui sont, Paris, Bourges, Tours, Reims, Sens : la Province de Paris comprend les Dioceses de Paris, Chartres, Meaux: la Province de Bourges comprend Gascogne, Languedoc, Poictou, Provence, Italie, Espagne, le Païs d'outre-mer : La Province de Tours comprend les onze Dioceses qui sont de la Province de Tours, dont neuf sont de Bretagne : Reims comprend Reims, Châlons, Soissons, Senlis, Mets, Toul & Verdun : la Province de Sens comprend, Sens, Orleans, Troyes, Auxerre, Nismes, Lyon, Vienne, Besançon, Bourgogne : la nation de Picardie comprend les autres Evêchez de la Province de Reims, avec Utrect & Liege ; la nation de Normandie comprend les Dioceses de Roüen & des six Evêchez suffragans : la nation d'Allemagne est divisée en trois parties, l'une comprend Boheme, Hongrie, Baviere, Pologne, Dannemark, Suisse, Magonce, Treves, Basle, Ausbourg, Strasbourg : la seconde comprend ce qui est de la Meuse & Moselle, Cologne, Prusse, Saxe, Hollande, le reste de Lorraine : la tierce partie comprend Angleterre, Ecosse & Irlande.

Ce fut un grand changement qui avint par le declin de l'Empire Romain, environ l'an quatre cens vingt-cinq, aprés la Nativité de Nôtre Seigneur, auquel tems étoit le 1176. an de l'établissement & fondation de la Ville de Rome, qui est un âge & saison climaterique, par le nombre septenaire, combiné & multiplié par les nombres ternaire & octonaire ; car le septenaire est composé de trois & quatre, & l'octonaire est de deux fois quatre ; trois fois sept sont vingt & un, huit fois vingt & un font cent soixante-huit ; sept fois cent soixante-huit font ledit nombre de 1176. Macrobe au Commentaire sur le livre de Ciceron du songe de Scipion, fait quelques discours de ces nombres, même en ce que Ciceron remarque que Scipion en l'âge de cinquante-six ans, qui est huit fois sept, doit être sujet à quelque grand inconvenient, comme de fait il fut ; & l'année d'âge qui est plus à craindre aux grands est de cinquante-six ans ; en cét âge fut tué ledit Scipion ; en cét âge fut tué Jules Cesar ; en ce même âge l'Empereur Charles V. affoibly de toutes ses fonctions, quitta l'Empire & ses Etats, & se retira comme en Hermitage, où il mourut peu de tems aprés. Les Republiques & Monarchies, qui sont complots d'hommes grands, sont sujettes à revolutions proportionnées, mais en plus grand nombre d'années. Environ ce même âge, qui est entre onze & douze cens ans, l'Empire de Constantinople fut abbatu & ruiné par les Turcs ; car le Natal de Constantinople se dit en May, l'an de l'Incarnation de Nôtre Seigneur 333. qui étoit le 1085. an, à compter de la fondation de Rome l'ancienne, au tems du Consulat de Pacatian & Metilian ; & la prise par les Turcs fut en l'an 1453. c'est onze cens vingt ans de durée. Cela sert pour reconnoître l'établissement qu'il a plû à Dieu d'ordonner és affaires des hommes, & par les choses posterieures apprendre ce qu'il en avoit premierement commandé : mais c'est mal fait de vouloir prévenir la connoissance de ce qui doit écheoir en aprés, que Nôtre Seigneur a toûjours eu à contre-cœur, & ceux qui s'en sont aidez s'en sont mal trouvez. Le Roy Charles V. s'aidoit de ces devinateurs des choses futures, comme recite Froissard ; sa posterité a été grandement affligée, son fils Charles VI. débilité de sens, fut mis en la puissance des Anglois, & Charles VII. son petit fils arrivant à la Couronne, n'avoit en son domaine que le païs de Berry & Poictou, vray est que Nôtre Seigneur avec sa verge visita cette iniquité, mais comme il disoit à David, il n'éloigna pas sa misericorde : car ledit Charles VII. avant que mourir se trouva Roy paisible de toute la France, acquit le nom de Victorieux. Roderic Borgia de Valance en Espagne par mauvais art, sçût qu'il seroit Pape, & arriva au Papat par males façons, & fut Pape Alexandre VI. qui gouverna tres-mal cette sainte dignité : le plus jeune de ses fils (il avoit été marié ainsi qu'on dit) tua son aîné Duc de Gandie : Ce jeune homme nommé Cesar Borgia, aprés avoir fait sous la faveur & protection de son pere, infinité de maux en Italie, enfin mourut pauvre & prisonnier ; & en voulant faire empoisonner deux Cardinaux riches que le Pape avoit appellez à souper, par mégarde le Pape même se trouva empoisonné, ainsi que recite Guichardin en son histoire. Au tems de la Republique de Florance, un Pagolo Vitelli Capitaine grand guerrier, étant choisi pour être Capitaine General de l'armée des Florantins, voulut prevenir son bon-heur par devination, & fit surseoir la ceremonie en laquelle le bâton de Commandement luy devoit être baillé, jusques à ce que par l'avertissement de l'Astrologue l'heure du point heureux fût venuë : il avint que peu de tems aprés ayant eu quelques inconveniens en sa charge, enfin il eut la tête tranchée publiquement. François Marquis de Saluces, ayant reçû du Roy François I. l'honneur d'être Lieutenant General en une armée de-là les Monts, sous la creance qu'il eut à un devin, que l'Empereur Charles devoit être Monarque en Europe & vainqueur des François, se rendit du party dudit Empereur, ayant auparavant avec lâcheté & vilté de cœur mis l'armée du Roy en peril, & perdit honneur, reputation & son état, car il étoit vassal du Roy, Saluces mouvant en fief du Dauphiné.

EN ce tems donc les nation Septentrionales se jettoient en divers endroits sur les Provinces de l'Empire Romain. Les Goths prirent & saccagerent Rome, puis occuperent les Espagnes & partie de la Gaule Aquitanique & Narbonnoise : Les François occuperent la Gaule Belgique & partie de la Celtique : Les Bourguignons occuperent le reste de la Gaule Celtique avec la Gaule Viennoise & partie de la Narbonnoise : Les Anglois occuperent la grande Bretagne : Les Huns la Pannonie, qui est la Hongrie : Les Vvandales l'Affrique : Les Lombards partie de l'Italie, qui fut la vengeance que ces nations étrangeres firent des indignitez, cruautez & mauvais traitemens dont les Romains étans declinez de leur ancienne vertu & valeur, avoient usé envers leurs sujets. Ce débordement de nations étrangeres Septentrionales, avint par occasion de ce que le païs de Septentrion étant froid & propre à generation, produisoit plus de peuple que la terre n'en pouvoit nourrir : & pour se décharger, ils avoient avisé de partir tout le peuple en trois lots, avec nombre proportionné de riches, pauvres, nobles & non nobles, & aprés le sort jetté, celuy des trois lots à qui avenoit le sort, étoit contraint d'aller chercher nouvelle habitation.

EStant donc étably Siege Episcopal à Nevers, & le Diocese attribué à la Province & Eglise Metropolitaine de Sens, y ont été ordonnez Evêques personnages choisis en integrité de Religion & sainteté de vie : Le premier Evêque renommé, duquel les Legendaires parlent, fut S. Aré, dit en Latin *Aregius*, au tems duquel l'Eglise Cathedrale étoit dédiée sous les noms de S. Gervais & S. Prothais Martyrs : Ledit S. Aré étoit du tems de S. Gregoire le Grand premier de ce nom, Pape ; environ l'an 590. & se trouve un Epistre dudit S. Gregoire audit S. Aré, qui est la cent onze du livre 7. en laquelle il octroye audit *Aregius* & à son Archidiacre l'usage des Dalmatiques, & les leur envoya par un Abbé nommé Cyriaque, & autres Epistres dudit S. Gregoire audit *Aregius*, 51. & 62. *lib*. 9. Ledit S. Aré proche de la mort, commenda que son corps fut inhumé en l'Eglise de Nôtre-Dame à Desize, qui est une Isle environnée de la Riviere de Loire, à sept lieuës au dessus de Nevers, où de present il y a Ville close & Château; l'Eglise Parroissiale dud. lieu est dit de S. Aré, & le corps dudit saint y est veneré, & ses prieres reclamées pour guerison de fiévre, sa fête est le seiziéme Aoust.

Le second Evêque de Nevers, dont les Legendaires parlent, fut *Rogus* ou *Ranracus*, duquel il est parlé au Concile de Châlon.

Le tiers Evêque fut *Yterius*, qui fut tenu pour saint aprés sa mort, son corps repose & est veneré en l'Eglise Parroissiale de Noyant prés Montargis, sur le chemin de Nevers à Paris. Sa fête est le 8. Juillet.

Le quatriéme Evêque fut S. *Agricole*, que nous nommons en François Arille, qui étoit nay au territoire d'Alise en Bourgogne, il étoit Evêque du tems de Gontran Roy de Bourgogne : il est nommé és Conciles de Mascon 1. & 2. & en un Concile de Lyon. Son corps repose en l'Eglise Parroissiale de S. Vincent à Nevers, qui autresfois étoit Abbaye, & aujourd'huy s'appelle l'Eglise de S. Arille : La fête est le 26. Fevrier.

Le cinquiéme Evêque nommé és Legendaires, fut saint *Euladius* ou *Eulalius*, qui étoit du tems de Clovis II. Roy de France : il est nommé au premier Concile de Lyon sous ce nom *Eoladius* : il est parlé de luy en la Legende de saint Severin Moine, & est dit que ledit saint Severin passant par Nevers, guerit ledit Evêque griévement malade. Le corps dudit saint repose en l'Eglise S. Estienne de Nevers, derriere l'Autel de la Parroisse, le tombeau élevé de terre de quatre pieds, & en iceluy sont gravez ces Vers Latins :

Quisquis ab occasu properas huc, quisquis ab ortu,
Corpus in hoc tumulo quod venereris habes,
Præsul Euladius hujus quondam pater urbis,
Adventum gaudens sustinet hic Domini.

La fête dud. saint est le 26. Aoust.

Je n'ay rien lû en particulier des Evêques qui ont prochainement suivy, sinon les noms d'*Opportunus*, *Gilbertus*, *Nectarius*, *Vualdo*, *Deodatus*.

Aprés est nommé saint Jerôme Evêque de Nevers, le corps duquel repose & est veneré en l'Eglise Abbatiale de saint Martin de Nevers : sa fête est le 8. Octobre : Aucuns Legendaires disent qu'il fut du tems de Charles le Chauve Roy & Empereur : & qu'ayant donné conseil audit Roy sur un songe, auquel il luy avoit semblé qu'un petit enfant l'avoit délivré d'un peril d'un sanglier échauffé à la chasse, le Roy prit devotion envers saint Cire Martyr, qui en fort bas âge avoit enduré la mort par martyre pour la foy Chrétienne, & par cette occasion ledit Charles fit, que dés lors en avant l'Eglise Cathedrale de Nevers fut titulée & nommée de saint Cire, comme elle est de present à laquelle Eglise il fit liberalité de quelques Seigneuries : Mais les chartes anciennes de l'Eglise de Nevers, témoignent que ledit saint Jerôme n'étoit Evêque du tems de Charles le Chauve, même se trouve une charte de Herimannus Evêque de Nevers, cinquiéme successeur dudit saint Jerôme, datée du premier an du regne de Charles le Chauve, où ledit Charles recite que Jerôme & Jonas étoint Evêques de Nevers au tems de ses ayeul & pere, qui étoient Charlemagne & Loüis le Debonnaire Empereurs : Aussi se void une autre charte du tems dudit Loüis Empereur, & de Jonas Evêque de Nevers, où il est parlé des biens & patrimoine de l'Eglise saint Cire. Au tems dudit saint Jerôme l'Eglise de Nevers étoit fort pauvre, parce qu'elle avoit été dépoüillée de ses heritages au tems d'une guerre civile, dont il sera parlé cy-aprés : & en ce tems le revenu de l'Abbaye de saint Martin de Nevers étoit destiné pour la nourriture de l'Evêque & des Chanoines, & y venoient vivre és repas, & és heures du service alloient en l'Eglise Cathedrale, qui lors étoit dédiée à saint Gervais, & n'avoit lors l'Evêque pour tous biens temporels, qu'un domaine appellé Undray, que je pense être ce qu'on appelle Yndray ou Yndrin en la Parroisse de Marzy : Et comme il se lit audit Legendaire de S. Cire, ledit Evêque étant mandé par le Roy pour un Concile National, n'eût moyen d'y aller en plus grand équipage, que luy monté sur un asne. Cette pauvreté étoit la nourrice de sainteté, & sur ce est bien à propos l'ancien Proverbe :

Au tems passé étoient les loix
Evêque d'or, crosse de bois,
Maintenant ont changé les loix,
Crosse d'or, Evêque de bois.

Un Docteur, duquel parle Boërius en ses Decisions du Parlement de Bordeaux, disoit que l'Eglise ne retourneroit jamais à son ancienne sainteté, si elle ne retournoit à son ancienne pauvreté : & de la même source est l'autre Proverbe *que la fille a suffoqué la mere*. La pieté & la religion a engendré la richesse en l'Eglise, & la richesse a suffoqué & éteint la pieté, ainsi que dit *Aeneas Sylvius Picolomini*, auparavant qu'il fût Pape, & lors qu'il étoit au service de l'Empereur Federic III. disoit que la richesse avoit ruiné l'Eglise d'Occident, & la pauvreté celle d'Orient, & a écrit plusieurs beaux propos servans à la reformation de l'Eglise : Mais aprés qu'il fut Pape nommé *Pius secundus*, il eut plusieurs opinions contraires, & aida à maintenir les richesses & grandeurs temporelles en l'Eglise. En ce tems ancien, de vray la crosse de l'Evêque étoit de bois, & étoit la ceremonie d'icelle prise des anciens Romains, auprés desquels le grand Sacrificateur & Pontife usoit és sacrifices d'un bâton recourbé par l'un des bouts, qui étoit sans nœud, & le tenoit en sa main droite, & s'appelloit *Lituus*. Les Chrétiens s'étans servis par bonne occasion des ceremonies des Ethniques, pour les appliquer & les vivifier de bonnes & saintes paroles & prieres, & pour servir d'instruction au peuple, ont nommé cette crosse bâton Pastoral, & ont interpreté ainsi l'office d'iceluy, ce qui est recourbé pour attirer, le milieu qui sert de soûtenement à celuy qui le tient pour bien se conduire, & la pointe qui est au bout d'embas, pour poindre & punir les contumax & rebelles, on en a fait ce Vers Latin,

Attrahe per summum, medio rege, punge per imum.

Audit saint Jerôme succeda en l'Evêché de Nevers Jonas, ce qui avint en l'an quatriéme de Loüis le Debonnaire Empereur & Roy de France, environ l'an huit cens dix-huit, aprés l'Incarnation de Nôtre Seigneur : Car Charles le Grand mourut l'an huit cens quatorze, le vingt-huit Janvier, Indiction [illegible]iéme, l'an de son âge septente-deux, l'an de son regne en France quarante-six, & de l'Empire quatorze : Il avoit été fait Empereur l'an huit cens un, qui étoit quatre cens soixante-huit ans, aprés que le siege de l'Empire fut transferé de Rome à Constantinople. Ce Jonas Evêque donna à l'Eglise de Nevers l'Oratoire de Savigny, que Jerôme son predecesseur avoit édifié : C'est Sauvigny les Chanoines prés de Nevers, qui aujourd'huy est l'une des Prévôtez du Chapitre de Nevers. Aprés ledit Jonas, sont nommez Evêques *Eneas*, *Guerenedus* & *Hugo* premier, du tems duquel *Hugo* fut instituée en France & en la Germanie la fête de Toussaints, qui est celebrée le premier jour de Novembre, ce fut l'an 835. du tems de Gregoire IV. Pape, à l'exemple de ce qui avoit été étably à Rome par le Pape Boniface IV. qui impetra de l'Empereur Phocas le Temple prophane des Dieux nommé Pantheon, pour le dédier à tous les Saints, en l'an 614.

Puis est nommé Herimannus Evêque, du tems duquel Charles le Chauve au premier an de son regne, qui fut l'an 841. par un rescript qu'il nomme *Praceptum auctoritatis*, en date *pridiè idus Januarii*, Indiction quatriéme, expedié à Bourges, confirma les privileges & biens qui avoient été donnez à l'Eglise de Nevers par son ayeul, de même nom Auguste Invictissime, & par son pere Piissime Empereur & son frere Pepin, du tems desquels étoient Evêques de Nevers Jerôme & Jonas : & ledit rescript fait mention, qu'au tems de la rebellion ladite Eglise de Nevers avoit été spoliée & desheritée de ses biens. Je croy que cette rebellion se peut entendre, quand les enfans de Louïs le Debonnaire déposerent leur pere, & le renfermerent en un Monastere ; étans à ce poussez par plusieurs Prelats de France, qui avoient conçû indignation contre ledit Louïs, à cause du Concile de Lyon, fait par son commandement : pour reformer les mœurs dépravées desdits Prelats, ce qui avint és années huit cens trente, & huit cens trente-trois, & en l'année huit cens trente-cinq, led. Louïs en un Concile prit raison desdits Evêques qui avoient adheré à ses enfans. Par le discours cy-dessus appert que ce rescript étoit de Charles le Chauve, & non de Charles le Simple, comme aucuns de lad. Eglise de Nevers ont crû : De vray Charles le Simple avoit son pere Louïs le Begue, & son ayeul Charles le Chauve, comme aussi Charles le Chauve avoit son pere Louïs le Debonnaire, & son ayeul Charles le Grand : Mais Charles le Chauve a eu un frere Pepin & son pere Empereur, ce que n'a pas eu Charles le Simple, aussi le nombre de l'Indiction ne convient pas au premier an de Charles le Simple. Dont faut inferer que les privileges & bien-faits de l'Eglise de Nevers avoient été conferez par Charles le Grand & Louïs le Debonnaire son fils, & lad. Eglise en ayant été dépoüillée au tems dudit Louïs, elle fut reïntegrée par ledit Charles le Chauve. Le seing dudit Charles le Chauve est tel KRLUS Ledit Charles le Chauve au troisiéme an de son regne, Indiction septiéme octroya à l'Eglise de Nevers, que luy ny ses successeurs ne pourroient instituer un Pasteur Evêque, sinon celuy qui seroit élû par les Citoyens du lieu. En la grande antiquité, non seulement les Chanoines de l'Eglise Cathedrale, mais aussi tous ceux du Clergé, & le peuple lay élisoient l'Evêque, même du tems de saint Gregoire, comme il se connoît par ses Epistres livre 1. Epistre 56. liv. 2. Epistre 19. & 61. livre 4. Epistre 22. livre 5. Epistre 121. & par le Canon du Pape Leon au chap. *Nulla 62. distinct.* qui est recité par Nicolas Pape au Canon *in nomine 23. distinct.* & ainsi se lit avoir été fait és élections de saint Ambroise Evêque de Milan, & de saint Nicolas Evêque de Myre. Depuis fut avisé & ordonné que l'élection appartiendroit aux seules personnes Ecclesiastiques : & encores depuis pour éviter la confusion, fut avisé & ordonné que l'élection appartiendroit aux seuls Chanoines des Eglises Cathedrales, comme representans tout le Clergé du Diocese, sans déroger au droit qu'aucuns Abbez & autres Beneficiers ont en certains Dioceses, d'assister & bailler voix és élections. Le Pape Adrian en un Concile de cent cinquante-trois Evêques, octroya à Charlemagne Roy, que les Archevêques & Evêques de son Royaume prendroient investiture de luy, & qu'ils ne pourroient être consacrez qu'ils n'eussent été approuvez par luy : ainsi qu'il est recité au grand Decret de Gratian, au Canon *Adrianus 63. distinct.* c'est l'origine de la Regale en France. Les élections des Evêques par les Chanoines des Eglises Cathedrales ont duré en France jusques en l'an 1516. quand par les Concordats faits entre le Pape Leon X. & le Roy François I. la nomination des Archevêchez & Evêchez vacans, fut accordée au Roy & à ses successeurs, pour selon la nomination être faite l'institution & provision par le Pape, en payant l'Annate, qui est le revenu d'un an. Auparavant lesquels Concordats on procedoit par élection és Evêchez, Abbayes & autres Prelatures, & se faisoit la confirmation par le Superieur Metropolitain, ou autre Superieur, ayant jurisdiction Episcopale, selon le chapitre *Quia propter*, au titre *De electione*, dont l'usage avoit été confirmé par la Pragmatique Sanction, nonobstant les reservations generales que les Papes avoient faites à eux pour la collation de tels Benefices électifs, qu'on appelloit Consistoriaux : lesquelles reservations avoient été rejettées par l'Eglise de France, comme contraire aux anciens Decrets, & c'étoit l'une des libertez de l'Eglise Gallicane. Ledit Charles le Chauve par le même rescript du troisiéme an de son regne, Indiction septiéme, ordonne que les heritages de ladite Eglise qui avoient été octroyez en bien-fait à aucuns vassaux, qu'il appelle *Mansos Indominicatos*, c'est à dire, mex & tenemens baillez pour en joüir par les preneurs comme Seigneurs, demeureroient en la joüissance des vassaux durant leur vie, parce, dit-il, qu'ils avoient bataillé fidellement pour sa querelle, & veux qu'aprés leur mort ils retournent à l'Eglise de Nevers : & excepte ce que le Comte de ladite Posté tient, *Posté* par *é* masculin vient du Latin *potestas*, & signifie territoire avec jurisdiction. Ledit Charles le Chauve fils du second lit de Louïs le Debonnaire Empereur, dedans l'an aprés le decez de son pere, eut guerre contre Lothaire & Louïs ses freres, & fut la bataille à Fontenay en Donziois au Diocese d'Auxerre, le jour de l'Ascension, l'an 842. Aprés que Charles eut gagné la bataille, les trois freres firent partage, & audit Charles écheut la France, en ce qui est enclos des Monts-Pyrenées, de l'Occean, des Rivieres de Schelde ou l'Escault, Meuse, Saosne & Rhosne. Lothaire eut à sa part l'Italie, la Provence, & ce qui est entre le Rhin & la Meuse, qui de son nom fut nommée Lotharingie ou Lorraine. A Louïs autre frere avint la Germanie avec la Bourgogne. Aprés la mort de Lothaire sans enfans, Louïs & Charles ses freres partagerent ladite Lorraine, & partie d'icelle avint à Charles, qu'il annexa avec la France : l'autre partie avint à Louïs, qu'il annexa avec l'Allemagne : Ce partage est recité par Aimoinus en l'Histoire de France livre cinquiéme, chapitre vingt-cinq, & entre-autres est dit, qu'à Charles écheurent Lyon, Besançon, Vienne, Tongres, c'est l'Évêché de Liege, Toul, Verdun, Cambray, S. Michel en Lorraine, Malines, S. Servais, qui est Mastrich sur Meuse, Dinant. Ledit Charles le Chauve le 18. an de son regne, Indiction sixiéme, qui est l'an 858. donna à l'Eglise de Magny au Diocese de Nevers, quinze mex & quatre colonies, qu'il éclipsa du Comté de Nevers, pour satisfaire au voeu qu'il avoit fait lors de la bataille contre ses freres, qui fut audit lieu de Fontenay, & dit avoir fait ce voeu a S. Vincent Confesseur, duquel le corps repose en l'Eglise Parroissiale de Magny fondée de S. Nazare Martyr, & qu'ayant eu la victoire il avoit voulu rendre son voeu, & augmenter le dot de ladite Eglise, outre ce qu'il luy avoit été donné par Charles Empereur son ayeul. Le Tresorier de l'Eglise de Nevers est aujourd'huy Seigneur temporel Justicier de Magny, & tient led. temporel en fief de l'Evêque. Ledit Herimannus établit en l'Eglise de Nevers soixante Chanoines, & pour leur nourriture destina les Villages de Parrigny, Sauvigny, Veringes & Guerigny, & de son patrimoine donna ladite Seigneurie de Parrigny. Il établit aussi seize Chanoines Reguliers en l'Eglise Abbatiale de saint Martin de Nevers, de l'Ordre de saint Augustin, & établit aussi des Religieuses Moniales en l'Eglise de saint Genis de Nevers, ausquelles il donna pouvoir d'élire l'une d'elles pour leur Abbesse, sous l'authorité & approbation de l'Evêque. Par la même charte il prie tous ses successeurs Evêques, qu'ils n'octroyent à aucune personne laye en fief & bien-fait aucuns des lieux susdits, mais soient soigneux de les conserver selon l'ancien établissement. Ledit Herimannus Evêque édifia deux Hôpitaux, l'un pour recevoir les pauvres, l'autre pour recevoir les Nobles, voyageans ou malades, & les dota, tant de son revenu propre, que de Nones & Decimes appartenantes à l'Eglise: & fit confirmer par le Roy Charles le Chauve les donations qu'il avoit faites à l'Eglise de Nevers & autres au dixiéme an de son regne, Indiction douziéme, qui est l'an huit cens quarante-neuf. Son corps est en un tombeau élevé sur piliers en l'Eglise de Nôtre-Dame de Nevers, qui est deservie par Moniales Religieuses, sous la Chapelle de saint Jean l'Evangeliste.

Audit Herimannus succeda Raginus Evêque, & à luy succeda Ragunfredus Evêque, des faits desquels je n'ay rien lû. Aprés fut institué Evêque de Nevers Abbo du tems dudit Charles le Chauve, le vingt-sixiéme an de son regne, Indiction premiere, ce fut l'an 867. en l'an suivant 868. apparut au Ciel une Comete par 25. jours, & ensuivit grande famine & peste. En l'an 870. fut celebré le Concile de Constantinople, que l'on dit être le huitiéme Oecumenique & Universel. Audit Charles le Chauve succeda Louïs le Begue son fils, lequel confirma la donation de Magny à l'Eglise de Nevers, en l'an premier de son regne, Indiction onziéme, qui étoit environ l'an 878. Aussi du tems dudit Abbo Evêque, Carloman fils bastard dudit Louïs le Begue, qui avoit occupé la Couronne de France, restitua à l'Eglise de Nevers la Seigneurie de Cours en la Vicairie de Patinges sur Loire, contenant trente mex ou mansses, qui étoit possedée par personnes layes à titre de fief, pour par ladite Eglise en disposer, comme elle voudra par droit Ecclesiastique, soit à l'usage des pauvres ou alimens des Clercs, ce fut l'an troisiéme de son regne, Indiction 14. qui étoit l'an 882. C'est la Seigneurie de Cours les Barres, qui aujourd'huy est és mains de personnes layes tenuë en fief de l'Evêché de Nevers. Le seing dudit Louïs le Begue, comme il est representé en aucunes chartes & rescrips est tel & le seing dudit Carloman est tel. Audit Abbo succeda Guignerius Evêque, audit Guignerius succeda Eumenus Evêque, qui avoit été à la guerre avec Charles le Gros, frere de Louïs le Begue, lors que la Ville de Paris étoit assiegée par les Normands Danois, qui fut l'an 882. Led. Charles le Gros, qui depuis gouverna en France, par ses Lettres, qu'il appelle *Pracepti, conscriptum*, en date du 15. *Kal Januarii*, l'an 888. Indiction 6. qu'il dit l'an de son regne, en Italie 6. en France 5. & és Gaules 3. confirme à l'Eglise de Nevers la donation de l'Eglise saint Martin, lors és Faux-bourgs de Nevers; l'Abbaye de S. Trouvé qui de present est simple Eglise Parroissiale; l'Abbaye de saint Vincent dite de saint Arille, qui de present est simple Eglise Parroissiale; lesdites deux Eglises au Patronage du Chapitre de Nevers; l'Abbaye de saint Sauveur de Nevers, qui est Prieuré sous Cluny, annexé au grand Prieuré de Cluny; l'Abbaye de S. Gildard & de S. Loup lez Nevers, qui aujourd'huy est Prieuré Cure sous l'Abbaye de S. Laurens Ordre de saint Augustin; l'Abbaye de saint Franchy, qui est la Parroisse de S. Franchy en Archires prés la Ville de saint Saulge; l'Abbaye de saint Vincent à Magny qui est Eglise Parroissiale; & Cours sur Loire, qui est Cours les Barres, aujourd'huy fief laïcal, & l'une des Baronies de l'Evêché de Nevers; l'Abbaye de saint Genis, & de Nôtre-Dame, qui est le Monastere des Religieuses à Nevers de l'Ordre de saint Benoist: les deux Eglises de Nôtre-Dame & de saint Genis, sont tout proches l'une de l'autre, & de même superiorité, toutes deux du corps de ladite Abbaye; & les quatre Curez de saint Genis sont les Curez desdites Religieuses, tenus à faire le service en l'Eglise de Nôtre-Dame pour elles; & outre doivent le service pour les Paroissiens lays en l'Eglise de saint Genis, qui est Paroissiale; & sont les Cures à la presentation de l'Abbesse, & les Curez nourris du pain & du vin de l'Abbaye. Outre confirme l'Abbaye de Cusset en Auvergne, bâtie & fondée par le soin & moyen dud. Eumenus Evêque, qui est aussi un Monastere de Religieuses; La Cellule ou Oratoire de S. Didier, qui lors étoit hors la porte de la Cité, &

est aujourd'huy l'Eglise Parroissiale de l'Hôpital de Nevers; l'Abbaye de saint Perruse en Morvant, aujourd'huy Parroisse; l'Abbaye de saint Patrice entre les Rivieres de Loire & Allier, qui s'appelle aujourd'huy saint Parise le Castel, & est Parroisse; le Chapitre de Nevers est aujourd'huy Patron de ladite Eglise. Confirme aussi & octroye à lad. Eglise de Nevers la porte de la Cité, avec deux tours du côté de saint Didier, qui lors se disoit la porte Episcopale, ensemble le Cloistre des Chanoines, & certaines places en la Cité: Confirme aussi Anisy ou Inisy, avec le droit de plaids, qui est signifié par ces mots, *Cum Malis ejus*, car en ancien langage, *Mallum*, c'est le plaid ou jugement, & *ammalare*, c'étoit appeller aucun en justice: Confirme aussi à ladite Eglise de Nevers Urzy, Varigny & leurs plaids, Parzy, Premery, Dagonay, Marcisy, Digoins, Artaiz, & les fiefs qui sont és Comtez de Mascon, Châlon, Auxerre, Auvergne, Authun & Bourges. Ledit Charles le Gros par autre rescript du tems dudit Eumenus Evêque daté du 15. *Kal Septemb.* qui est le 18. Aoust, an cinquiéme de son regne en France, & le quatriéme de son regne en Italie, Indiction 6. qui est l'an huit cens quatre-vingt-sept, à la priere de Guillaume Comte & Marquis de Nevers, & pour la memoire de Bernard aussi Comte & Marquis pere dudit Guillaume, lesquels pere & fils s'étoient opposez contre les ennemis, qui avoient gasté le Royaume, même contre Boson Tyran, en laquelle guerre ledit Bernard étoit mort. Iceluy Charles le Gros donne à l'Eglise de Nevers la Cellule ou Oratoire de S. Reverian au Comté de Nevers avec les revenus. C'est aujourd'huy le Prieuré de saint Reverian sous Cluny, où gist le corps de saint Reverian Martyr, qui en ce lieu souffrit mort au temps d'Aurelian Empereur, & se lit en sa Legende, que le lieu de sa passion étoit au Diocese d'Authun, & lors Nivernois étoit du territoire d'Authun, comme il a été montré cy-dessus. Donne aussi à l'Eglise de Nevers l'Abbaye de saint Pierre à Ysevre au Comté d'Authun, c'est le Monastere & Eglise Parroissiale d'Ysevre prés Moulins en Bourbonnois au Diocese d'Authun, & fait la donation d'icelles Eglises pour les posseder, y commander, & en disposer par l'Eglise de Nevers. Par autre charte dudit Charles le Gros en date du 16. *Kalendas Septembris*, qui est le dix-sept Aoust, Indiction quatre, l'an de son regne en Italie cinq, en France 4. & és Gaules 2. (il entend la France Orientale, qui est la Germanie, & par les Gaules la France Occidentale.) En l'an 885. ladite charte faite au Palais d'Attigny, est recité que le Monastere de saint Martin de Nevers établissoit les Religieuses Moniales à Cusset au Comté d'Auvergne, que ledit Evêque Eumenus avoit construit. Ce qui est confirmé par ledit Roy Charles, qui octroye ausdites Moniales d'élire une Abbesse de leur Congregation, & que l'Evêque de Nevers ne pourra instituer une Abbesse audit lieu, sinon l'une d'entre-elles, & que lesdites Moniales ne reconnoîtront autre Superieur que l'Evêque de Nevers: & pour reconnoissance de Superiorité, à ce qu'elles ne puissent se soustraire de la sujection dudit Evêque, elles payeront chacun an au jour de saint Martin en Novembre une livre d'argent. Par le même rescript est dit, que de toutes les dépendances qui étoient de l'Eglise de S. Martin, toute la decimation des fruits qui souloit entrer auparavant au grenier ou cellier Royal ou Seigneurial, soit rapportée à l'Abbé de saint Martin pour l'entretenement des Chanoines y déservans: Aussi est dit que les Religieuses de Cusset doivent avoir les deux parts de tous les fiefs & bien-faits sans aucune charge de service, & l'autre tierce partie de noble allû à elles octroyé, soit à l'Evêque de Nevers, sinon que ledit Evêque la veüille délaisser ausdites Religieuses en tems de famine, ou autre necessité. Cét ancien établissement peut être cause, que Cusset qui est en Auvergne soit aujourd'huy du Bailliage de saint Pierre le Monstier. Audit Eumenus succeda Aglarius Evêque: Audit Aglarius succeda Franco Evêque, qui fut instiué l'an 893. il donna à l'Eglise de Nevers l'Isle sur Allier: En un sien rescript, il fait mention d'un Concile ou Synode par luy assemblé de ses feaux Chanoines, Cardinaux, Archiprêtres, Prêtres forains, & personnes layes fideles, & nomme Atto son premier Archidiacre, ou Protochapellain de la Maison Episcopale: cét Atto en une autre charte est nommé Archidiacre & Tresorier. Ce mot Cardinal étoit usité anciennement en toutes Eglises Cathedrales, & non seulement en l'Eglise Romaine, étoient ainsi nommez les premiers & principaux Prêtres Beneficiers en la Cité Episcopale, qui déservoient à l'Autel quand l'Evêque faisoit Office Divin. Ainsi est rapporté és Decretales anciennes au chapitre 2. *De Officio Archipresbiteri*, & au Decret de Gratian au Canon *Pastoralis* 7. *quæst.* 2. & étoient Cardinaux, ceux qui aprés l'Evêque avoient le principal soing & commandement pour la direction du saint Ministere és Eglises, & pouvoient disposer de tout, hormis l'ordination & collation des ordres, qui est la seule puissance Episcopale: ainsi qu'il se connoît és Epist. de S. Gregoire Pape, livre premier Epistres 18. 77. & 79. & au livre 2. Epistres 25. 52. & 63. & au livre 10. Epistre 12. Ce nom de Cardinal n'est demeuré en usage vulgaire sinon en l'Eglise de Rome, où les Curez des principales Parroisses de Rome se nomment les Cardinaux Prêtres: les Recteurs d'autres Eglises non Parroissiales se nomment Cardinaux Diacres, & nul ne peut être Cardinal sans avoir un titre, c'est-à-dire, une Eglise à Rome, de laquelle il est Recteur & Beneficier, & à cause de son titre doit residence en son Benefice, & de fait ne peut tenir Evêché ou autre Benefice ayant charge d'ames sans dispense du Pape, à cause de lad. obligation de residence: qui fait que si un Evêque est promeu au Cardinalat, il y a ouverture de Regale pour le Roy: car la dispense de tenir Evêché & titre de Cardinal, qui sont incompatibles, presuppose une vacation intellectuelle du premier Benefice. Les Cardinaux Evêques sont les Evêques suffragans, qui ont leurs Evêchez en la Province particuliere, que le Pape a comme ſimple Archevêque, ainſi qu'il a été dit cy-deſſus. Les ceremonies requiſes à la promotion du Cardinalat, ſont la reception, la publication, & l'aſſignation de titre : puis l'impoſition du Chapeau, l'immiſſion de l'anneau au doigt, & l'ouverture de la bouche. L'on void encores aujourd'huy en l'Egliſe de Nevers à certains jours de ceremonie ſolemnelle, même le jour de la conſecration des Sts Huiles, & St. Chrême, que les Curez & autres Beneficiers de la ville de Nevers, aſſiſtent l'Evêque à l'Autel, les uns vêtus de Chaſubles comme Prêtres, les autres vêtus de Dalmatiques comme Diacres : c'étoient les Cardinaux Prêtres & Cardinaux Diacres de Nevers, & à diſtinction d'eux en la charte ſuſdite ſont nommez les Prêtres forains. Les Cardinaux ne ſe diſent pas Cardinaux de l'Egliſe univerſelle, mais ſimplement ſe diſent Cardinaux de l'Egliſe Romaine : Et au tems que les Papes ſe ſont contentez d'être chefs Ariſtocratiques, les Cardinaux Prêtres & Diacres n'avoient préeminence ſinon à Rome, & les Cardinaux Evêques és aſſemblées generales, ſelon le tems de leur Ordination Epiſcopale, comme les autres Evêques. Mais depuis que les Papes ſe ſont faits chefs Monarchiques, les Cardinaux Prêtres & Diacres ont pris le rang en toute l'Egliſe avant les Archevêques & Evêques, & ont paſſé outre à prendre titre d'Illuſtriſſime, commes s'ils étoient Princes, faiſans portion de cette ſouveraineté Monarchique du Pape. Es Etats d'Orleans de l'an 1560. les Cardinaux en cette qualité prirent rang à côté droit du Roy, & fut leur ſeance ſelon le tems de leur promotion au Cardinalat, le Cardinal de Tournon le premier, le Cardinal de Lorraine le ſecond, & Monſeigneur le Cardinal de Bourbon le tiers. Mais és premiers Etats de Blois de l'an 1576. les Princes du ſang Royal, & autres Princes Pairs prirent le côté droit, & les Cardinaux non Princes à gauche, & mondit ſieur le Cardinal de Bourbon, comme Prince du ſang, étoit le premier à ce côté droit, qui és Etats d'Orleans, comme Cardinal, étoit le tiers : Auſſi la plus ſeure opinion eſt, qu'és aſſemblées Eccleſiaſtiques, les Cardinaux precedent les Evêques, quoy qu'ils ſoient Princes ou Pairs; & és aſſemblées Royales, les Princes & Pairs precedent les Cardinaux non Princes ny Pairs. En cette grande ancienneté on n'avoit pas recours à l'Egliſe Romaine en toutes affaires indifferemment, comme on a de preſent, mais ſeulement és affaires de tres-grande importance concernans l'univerſel état de l'Egliſe, ou en cas d'appel. Chacun Dioceſe avoit ſa police & ſes regles en ce qui eſt des ceremonies, & comme en chacun Dioceſe étoient les Synodes ordinaires, qu'on appelle *Sennes*, & en chacune Province Metropolitaine, les *Conciles Provinciaux* eſquels preſidoit l'Archevêque de la Province ; ainſi en chacun Royaume & Domination ſouveraine étoient aſſemblez les Conciles de tous les Evêques de cette Domination qui étoient Conciles nationaux, eſquels les ſeuls Evêques & Prelats aſſiſtoient pour donner voix. Mais ils s'aſſembloient ſous l'authorité ou plûtôt exhortation du Roy ; & de fait les deffinitions qui étoient faites eſdits Conciles étoient adreſſées auſdits Rois, afin que par leur puiſſance ils les fiſſent obſerver & executer comme les Canons des Conciles Oecumeniques étoient adreſſez aux Empereurs. Ces Conciles nationaux ont été pratiquez és Gaules du tems des Rois de la premiere & ſeconde lignée ; & en Eſpagne au tems que les Goths y commandoient. Mais depuis qu'au commencement du tiers grand an, à compter de l'Incarnation de Nôtre Seigneur, les Papes de Rome entreprirent cette authorité & puiſſance de mettre la main par tout, & exercer le miniſtere de l'Egliſe indifferemment, & en concurrence avec les Evêques & Ordinaires Dioceſains, & encores ſe reſerverent pluſieurs cas privativement auſdits Ordinaires, & commencerent d'uſer de puiſſance abſoluë, ces Conciles nationaux ne furent plus pratiquez, les Provinciaux peu ſouvent, & les Epiſcopaux furent employez plus pour les profits temporels, que pour la diſcipline Eccleſiaſtique : ſinon que du tems du Roy Charles VII. aprés le Concile de Baſle, les Prelats de l'Egliſe de France s'aſſemblerent à Bourges, ſous l'authorité dudit Roy Charles, par forme de Concile national, & en iceluy fut aviſé, quels Decrets dudit Concile ſeroient acceptez par l'Egliſe de France, & ce qui y fut arreſté fut appellé Pragmatique Sanction, la preface & de la cloſture de laquelle eſt ſous le nom dudit Roy Charles : Mais les Papes l'ont toûjours reprouvée, & aprés pluſieurs eſſais, enfin l'ont fait abolir par les Concordats, en l'an 1516. dont eſt parlé ailleurs. Charlemagne qui fut Empereur, ordonna que l'uſage du ſervice qui étoit à faire en l'Egliſe fût reglé ſelon l'Egliſe de Rome, ce qui ne fut pas ſi preciſement obſervé, que chacun Dioceſe ne retint à ſoy pluſieurs particulieres ceremonies, dont furent faits les livres que l'on appelle Ordinaires, qui ſont en chacune Egliſe Cathedrale. Cét uſage Romain arriva plus tard en Eſpagne, & y fut reçû en l'an 1107. du tems d'Alfonſe VI. & fut abrogé l'Office de l'Egliſe, qui étoit du tems du Royaume des Goths, & avoit été compoſé par ſaint Leandre & ſaint Iſidore Evêques, non pas toutefois tellement aboly, qu'encores en quelques Egliſes d'Eſpagne on ne faſſe le ſervice ſelon cette maniere ancienne, qui s'appelle Mozarabe, même s'obſerve en ſix Parroiſſes de Tolede, & en quelques autres lieux ; & la forme de cét office, même pour la Meſſe, eſt recitée par Franciſque Viſeus Hiſtorien d'Eſpagne, ſous la date de l'an 717. Ainſi lit-on qu'avant le tems de ſaint Gregoire le Grand Pape, premier de ce nom, on faiſoit le ſervice en l'Egliſe ſelon qu'il avoit été dreſſé par ſaint Ambroiſe Archevêque de Milan, environ deux cens ans auparavant, mais ledit ſaint Gregoire le dreſſa d'autre façon, & eſt celuy dont l'Egliſe Romaine s'aide aujourd'huy, & s'en aident auſſi la plûpart des Egli-

ſes

ses d'Occident ; sauf aucunes particularitez en chacune Eglise. Et de fait le premier Dimanche de l'Avent, auquel commence le service de toute l'année, on chante pour preambule quatre Vers Latins en l'honneur dudit saint Gregoire qui a composé ledit service. La reception que les autres Eglises en ont faite, a été par honneste reverence portée à l'Eglise de Rome, & non par sujection precise ; car en ce qui est des ceremonies, chacune Eglise Cathedrale a droit de faire loy. Ainsi en cette antiquité l'Eglise de Nevers avoit ses Prêtres Cardinaux, comme plusieurs autres Eglises, & y est observé que trois fois en l'an y est fait le service solemnel de la sainte Trinité. le premier Dimanche aprés la Pentecoste, le prochain Dimanche avant l'Avent, & le prochain Dimanche avant la Septuagesime ; & de grande ancienneté l'Eglise de Rome ne faisoit le service particulier solemnel de la Trinité aprés la Pentecoste, comme il est porté, *in cap. 2. extra de Feriis*, és Decretales antiques. Ledit Franco étoit Evêque de Nevers du tems d'Eudes le Saxon, qui pour quelque-tems gouverna le Royaume, n'étant fils de Roy, & toutesfois prit nom de Roy : car en une charte de l'an 893. Indiction 12. il cotte le 7. an de son regne ; & ledit Franco a demeuré Evêque jusques au tems de Charles le Simple Roy, lors qu'il comptoit l'an de son regne 6. l'an de Nôtre Seigneur 903. que ledit Franco dit être le 9. an de son Ordination. Environ ce même-tems de l'an 900. le droit de l'Empire d'Occident cessa en la Maison de France, & fut transferé aux Princes de Germanie, & dit Sabellique Historien, que pour le tems que les François ont tenu l'Empire, l'Italie a été en paix & repos de ses anciennes vexations, & que leur Empire finy, les divisions & troubles, diminution de pieté, mépris des bonnes lettres, & tous autres maux ont commencé & continué à regner en Italie : il estime cela à bonheur de l'Italie : & j'estime à bon-heur de la France, quand nos Rois se sont contenus en deçà les Alpes ; & n'ont rien entrepris en Italie : car jamais ils n'y ont fait entreprise sinon avec leur grand dommage, qui n'étoit pas à faute de leur valeur & magnanimité, mais parce qu'étans appellez par les Potentats d'Italie, tantôt l'un, tantôt l'autre, pour aider à démêler leurs querelles & faire leurs vengeances, aprés que lesdits Potentats étoient venus à chef, ils trouvoient moyen de les en chasser & exterminer, non pas par victoires qu'ils ayens gagnées sur eux, mais par trahisons, vespres Siciliennes, ligues avec étranges nations, & beaucoup d'astuces : & pour aider à les chasser ils y ont appellé les Espagnols qui les tiennent encores en leur sujection, & ne se peut développer de leur domination, Or ça été autant de repos & de bien pour la France, quand elle n'ayant plus l'Empire d'Occident, n'a plus eu que faire en Italie, pour cette occasion : & autant d'affliction a été aux Empereurs de Germanie d'y avoir affaire, à cause de l'Empire : car ils y ont reçû infinité d'inconveniens par poisons, par excommunications, par entreprises que les Papes ont faites sur l'authorité Imperiale, en ce qu'ils soûtenoient que les Empereurs tenoient l'Empire du Siege Romain, & qu'aux Papes appartenoit de déposer l'Empereur, & durant la vacance d'administrer l'Empire.

ENviron ce même-tems, parce que le gouvernement de ce Royaume fut merveilleusement troublé par divers usurpateurs, ledit Charles le Simple qui étoit Roy par lignage, datoit aucuns de ses rescripts vers la fin de son regne en cette sorte, L'an vingt-septiéme de son regne, qui étoit le vingt-deuxiéme de sa reintegration & rétablissement, & le huitiéme an de plus ample heredité à luy acquise, c'étoit en l'an 918. De cette date se trouve un rescript dudit Charles, par lequel à la requête de Seguin Comte de Nevers, il conceda à Eptin feal du Roy & dudit Comte, le village de Cogny sur le ruisseau qu'il nomme Lucada, avec la Chapelle dédiée en l'honneur de saint Augustin, témoigné par Gozlin Notaire au lieu de Herimey, Archevêque grand Chancellier. Meyer qui a écrit l'Histoire de Flandres dit, qu'environ ce tems Hurbal Moine de saint Amand en Elicon, familier de l'Evêque de Nevers, impetra de luy le corps de S. Cire, (il est plus vray-semblable qu'il le prit à couvert, car l'Evêque n'en eût jamais dégarny son Eglise, puis que c'étoit le Patron d'icelle, mais ledit Meyer s'employe assez à dire mensonge pour flater les siens) & le transporta en ladite Abbaye de S. Amand, qui est entre Tournay & Valentiennes.

AUdit Franco succeda Atto surnommé Cooperateur, du tems duquel comme il proposoit de faire abbatre la structure de son Eglise Cathedrale qui étoit ruineuse, son propos fut prévenu & anticipé par l'évenement, car ladite structure tomba de soy-même, & parmy la ruine se trouva engagé un Chanoine de ladite Eglise, qui toutesfois ne fut tué ny blessé, étant avenu, par la grace de Dieu, que les pierres en tombant firent un arc, sous lequel ledit Chanoine se trouva sauvé ; ledit Atto rébastit l'Eglise en figure quarrée. Audit Atto succeda Haimo. Audit Haimo succeda Thedelgrinus Evêque, qui fut du tems du Roy Rodolfe : Ledit Rodolfe à la priere de Gozfryd ou Geoffroy Comte de Nevers, confirme audit Thedelgrin pour son Eglise, aucuns biens & droits qui étoient de la posté ou potesté Royale, & avoient été donnez en fief audit Comte : le rescript est fait à Auxerre, le second jour avant les Ides de Decembre, qui est le douziéme, Indiction sixiéme, an du regne dudit Rodolfe treiziéme, c'étoit l'an neuf cens trente-deux. Le seing dudit Rodolfe étoit tel REX ainsi qu'il se void en ses chartes. En ce tems & auparavant les Empereurs & Rois signoient de leurs mains leurs rescripts, & leurs signatures montroient leurs noms par lettres abbregées & entrelassées, qu'on appelle aujourd'huy chifres. Depuis & au tems de la lignée d'Hugues Capet, les Rois ont fait apposer les seaux de leurs armes, & fait signer leurs Lettres par les Officiers de la Couronne, qui en ce tems étoient, le Connestable, qui s'appelloit en Latin *Comes stabuli*, car Cuens en ancien langage François signifie Comte, le grand Chambellan, le Boutellier ou Eschanson, le Chancellier & le grand Maître d'Hôtel de France, qu'ils appelloient en gros Latin *Dapifer*, & cette façon d'expedier lettres se pratiquoit encores du tems du Roy saint Louïs. Depuis vint en usage que lesdits Officiers ne signoient plus mais seulement un Secretaire avec le séel Royal. Les Secretaires qui ont droit de signer és lettres scellées du grād séel, quand ils sont en corps se disent Secretaires de la Maison & Couronne de France, & en leur College & Confrairie qui est aux Celestins à Paris, le Roy est le premier. Mais és lettres qu'on appelle de charte, outre lad. signature du Secretaire, le Chancellier écrit de sa main ce mot *Visa*, & le grād Audiencier écrit aussi de sa main ce mot *Contentor*, puis signe, ledit Audiencier est Receveur de la finance que le Roy prend pour le séel, même és lettres de charte. Lettres de charte sont celles qui sont pour perpetuelle memoire, dōt les autres marques sont, qu'au commencement sont mis ces mots, *A tous presens & à venir*, aussi en telles lettres le jour de l'expedition n'y est pas mis, mais seulement le mois & l'an, comme pour montrer que l'affaire pour son importance a été passée par déliberation de plusieurs jours: Le séel de telles lettres de charte est en cire verte, pour montrer que leur vigueur est perpetuelle & toûjours en verdeur: & icelles lettres sont enregistrées en la Chancellerie, & en signe de ce on met au dos le mot *Registrata*. De nôtre tems on a ajoûté quand il y a commandement du Roy au fait des finances, que le Roy doit signer les lettres de sa main. Ledit Thedelgrinus Evêque donna à son Eglise de Nevers le village de Tucy, en la Vicairie de Magny, l'an douziéme de Louïs Roy, qui étoit Louïs d'Oultre-mer, c'est l'an neuf cens quarante-un. Ce même Evêque impetra de Guido Evêque d'Auxerre, le chef & partie du bras de saint Cyre; & ledit Roy Rodolfe donna l'or dans lequel ledit chef est enchassé. Les anciens Empereurs & Rois & autres grands Seigneur remplis de devotion & pieté envers l'Eglise, ont non seulement donné des heritages & revenus pour la nourriture & entretenement des personnes Ecclesiastiques, faisans le service: mais aussi des joyaux & vases d'or & d'argent, avec pierreries precieuses, pour orner les Sanctuaires & parer l'Eglise. On lit de Bellisaire grand Capitaine & chef des armées de l'Empereur Justinian, qu'aprés plusieurs victoires par luy obtenuës, il fit faire une croix d'or du poids de cent livres, enrichie de pierreries, en laquelle en lettres Grecques & Latines étoit entaillée une briéve narration de ses victoires, & l'envoya pour don à l'Eglise de saint Pierre à Rome. Nos Rois outre les Couronnes dont eux & les Reines sont Couronnez, qu'ils ont laissées en garde au Tresor de S. Denys en France, ont donné plusieurs autres joyaux d'or & d'argent enrichies de pierreries & autres choses precieuses à ladite Eglise de S. Denys. La Couronne de laquelle les Rois sont couronnez en or & pierreries, est estimée à cent onze mil huit cens quarante écus, celle de la Reine à trente-cinq mil huit cens soixante écus. La Croix d'or donnée par le Roy Philippes Auguste est estimée à douze mil six cens quarante-sept écus: le Reliquaire du bras de saint Thomas est estimé dix mil trente huit écus: un Calice d'agathe taillé à personnages, bêtes & oyseaux, estimé dix mil écus: le Reliquaire de l'un des saints Clouds, dont Nôtre Seigneur fut attaché à la Croix, estimé trois mil sept cens trente écus: lingots d'or dix-huit mil quatre cens écus: un rubis balay sans pareil estimé vingt mil écus: une émeraude cinq mil écus: une corne de Licorne entiere longue de six pieds & demy, pesant trente-cinq marcs trois onces, estimée onze mil trois cens vingt écus: les deux tables du grand Autel estimées seize mil trois cens seize écus: la Croix qu'on dit avoir été forgée & ouvrée de la main de saint Eloy, qui étoit Orfevre, estimée neuf mil quatre-vingt-seize écus: un Crucifix d'or avec les pierreries, estimé dix-huit mil soixante écus: les cercueils des corps saints, qui sont S. Denys, Rustique, Eleuthere, & sont d'argent blanc, avec les enrichissemens de l'armoire où ils sont, estimez quinze mil cent quinze écus: le Reliquaire du chef de S. Denys, estimé seize mil sept cens écus, & plusieurs autres joyaux, & l'appretiation de tous monte à quatre cens trente-quatre mil deux cens quatre-vingt-douze écus. Aucuns se sont mocquez, disans que c'est ornement superflu, mais l'évenement a fait cōnoître à plusieurs fois que c'est chose bien déplaisante à Dieu de dépoüiller les Eglises de tels joyaux. Il se lit de Leon IV. Empereur de Constantinople, qui ôta un diadéme fort riche étant au Temple de sainte Sophie sur le chef de l'image d'icelle (sainte Sophie c'est le nom de N. Seigneur Jesus-Christ, qui est la sapience de Dieu, Sophie en Grec signifie sapience) & appliqua le Diadéme à sa tête pour se parer: mais incontinent luy survinrent en la tête charbons, antrax, & autres gales maligne qui le firent miserablement mourir. On lit aussi d'une Reine d'Arragon nommée Vvarca, laquelle faisant la guerre contre son fils, voulut s'aider des joyaux qui avoient été donnez à l'Eglise de S. Isidore à Leon, & comme elle les transportoit hors de l'Eglise elle tomba morte à la porte d'icelle. Ce n'est pas à inferer que les joyaux & tresors de l'Eglise qui sont nommez par les anciens Decrets *Cimelia*, soient interdits à tout usage des hommes: car au contraire il y a commandement exprés de les employer en la redemption des Captifs & en la nourriture des pauvres au tems de famine, dont saint Ambroise à fait un fort beau discours, qui est recité au Decret de Gratian au Canon *Aurum 12. quest. 2.* & au droit civil des Romains, il en est ordonné en la loy *Sancimus*, au Code sous le titre, *de sacrosanctis Ecclesiis*. Ainsi ces joyaux en tems de prosperité servent de parure & ornement à l'Eglise, & en tems de famine & grande calamité font aide & secours. L'Eglise universelle, tant Latine que Grecque celebre & solennise la fête de saint Laurens Martyr, & il est seul de tous les Martyrs duquel la vigile porte jeûne & la fête ses Octaves, & ce qui est de plus remarqué en sa vie, & dont l'Eglise fait plus de memoire, est qu'il distribua les tresors de l'Eglise aux pauvres : car les tourmens qu'il reçût avec la mort ont été communs & pareils à luy & à plusieurs autres saints Martyrs.

Audit Thedelgrin succeda Gobertus qui étoit du tems du Roy Louïs dit d'Outremer, & du Roy Lothaire és années 942. & 958. En ce tems la Comtesse Berte pour elle & son Seigneur Seguin Comte de Nevers, donne à l'Eglise saint Cyre deux cours ou Seigneuries, l'une qui se dit Viviers, à laquelle appartiennent les Eglises de Druy & de Sougy, & l'autre a Ville avec son Eglise. Audit Gobertus succeda Natrannus Evêque, qui donna aux Chanoines de son Eglise, les Eglises de saint Medard au Village d'Arc, c'est Ars en Bouy : de saint Vincent au village de Prye sur l'Ysevre : de saint Estienne au village de Sauvigny : Ordonna que les Chanoines vêquissent en commun au refectoir ; la chatte est du mois de Mars au trente-deuxiéme an de Lothaire Roy qui est l'an 987. il se trouve mention dudit Evêque és années 969. 972. de son tems étoit un Teterius qui se dit Doyen & Recteur de l'Eglise de S. Estienne. Audit Natrannus succeda Roclenus, qui étoit Evêque au premier an de Lothaire, qui fut le dernier Roy de la lignée de Charlemagne, l'an 988. ledit Roclenus donna aux Chanoines de son Eglise, l'Eglise de la Chapelle, c'est la Chapelle-Baleray, & en ses rescripts il nomme les dignitez de l'Eglise de Nevers en ce rang, le Prévost, le Doyen & autres Freres déservans en la Cômunauté de S. Cyre, qu'il appelle *Cœnobium*. Ce mot *Cœnobium*, par son éthimologie signifie l'assemblée de plusieurs qui vivent en commun, qui n'est pas à dire que ce fût Monastere, quoy que selon l'usage commun on appelle *Cœnobium* un Monastere : & toutesfois on lit que d'ancienneté en plusieurs Eglises Cathedrales, au lieu de Chanoines étoient Moines, comme à Bordeaux & à Tolose : ainsi qu'il est dit par Alexandre III. *In cap. prætereà*, au titre *de Præbend.* Du tems dudit Evêque fut la mutation de la lignée de nos Rois, & fut la Couronne transferée de la Maison de Charlemagne en la Maison d'Hugues Capet, venu des Seigneurs de Saxe, qui est l'ancienne origine des premiers François, comme j'ay déduit ailleurs. En ce même tems étoient Henry Duc de Bourgogne, Guillaume Comte de Nevers, Berte Comtesse, Landry Chevalier de grande reputation au fait des armes, qui depuis fut Comte de Nevers, & prétendit le Duché de Bourgogne : le fils dudit Landry étoit Bodo. En ce même tems l'Empire d'Occident, qui déja avoit été cent ans hors de France, & avoit été débatu entre les Seigneurs de Germanie & d'Italie, fût étably par loy perpetuelle en Germanie, & fut la loy authorisée par le Pape Gregoire V. Saxon de nation, en l'an 1102. & fut attribué le droit d'élire l'Empereur aux seuls Germains Allemans. Ce Roclenus fut mauvais ménager pour son Eglise : car en la charte de Hugo troisiéme son successeur Evêque, il est dit qu'il étoit Evêque de nom seulement, & qu'il avoit ôté à son Eglise plusieurs Eglises qui luy appartenoient, pour les octroyer en fief à ses parens hereditairement, même les Eglises de Varennes & de Meaulse. Au tems de ce Roclenus fut l'an milliême aprés la Nativité de Nôtre Seigneur, & d'ancienneté l'Eglise Chrétienne a celebré le centiéme an par Jubilé & pardon entier à ceux qui visiteroient les Eglises de Rome en telle année. Ce que Boniface VIII. Pape confirma & declara plus amplement pour l'an 1300. qui avint durant son Papat : & aprés luy Clement VI. Pape reduisit le Jubilé au cinquantiéme an, & encores depuis Sixte IV. en l'an 1475. le reduisit à vingt-cinq ans. Cette premiere celebration du centiéme an, a été introduite par l'occasion d'une observance qui étoit à Rome de celebrer le centiéme an, à compter de la premiere fondation & établissement de la Ville de Rome, & se faisoient certains jeux qui étoient appellez Seculaires, du nom Latin *Sæculum*, qui signifie le plus long âge d'un homme qu'on estime de cent ans. Le trompette qui publioit ces jeux prononçoit & exortoit que le peuple vint voir ces jeux, que nul vivant n'avoit jamais veus, & nul vivant ne verroit par aprés. Aucuns Empereurs ont fait celebrer ces jeux à autre nombre d'années qu'à la centiéme, comme fit Auguste Cesar, ce qu'il fit en comptant les années comme elles avoient été comptées avant Jules Cesar : Car auparavant la reduction de l'an que ledit Jules fit faire, il y avoit grande incertitude à causes des intercalations qui se faisoient selon l'avis du College des Pontifes & Sacerdoces qui n'étoient pas bons Astrologiens. Mais Jules Cesar employa un docte Mathematicien d'Alexandrie en Egypte, nommé Sosigenes, pour reduire l'an à une regle certaine, qui est de trois cens soixante-cinq jours & six heures ; lesquelles six heures de quatre ans en quatre ans produisent un jour supernumeraire, qui est entrejetté vers la fin de Fevrier, au jour que selon la computation des Romains se dit *Sexto Kalendas Martias*, qui est à dire le sixiéme jour avant les Calendes de Mars, qui est cause que pour ce jour supernumeraire entrejetté, on compte deux jours de suite, *sexto Kalendas Martias*, qui est en Latin *bis sexto Kalendas*, dont vient l'appellation de Bissexte. Mais depuis on a apperçû, que par chacun an il n'y a pas justement six heures, & s'en faut quelques minutes, qui fait qu'en deux cens ans ou environ il faut ôter un jour, & parce que de long-tems cela n'avoit été fait, on ôta tout à la fois dix jours de l'an, en l'an 1582. mais Jean de Sacrobosco Parisien, grand Astrologue de son tems (il y a environ deux cens ans,) apperçût cet erreur, & selon son compte dit, qu'en deux cens quatre-vingt-huit ans, faut ôter un jour. L'Empereur Claudius premier fit celebrer lesdits jeux soixante-quatre ans aprés la celebration d'Auguste, qui fut l'an huit cens aprés Rome bâtie, en se conformant à ladite reduction de Jules Cesar dont il est parlé par Suetone *in Claudio*, chapitre deuxiéme, & Cornelius Tacitus au livre onziéme de ses Annales. Audit Roclenus succeda Gerardus Evêque. En ce tems Fulbert Evêque de Chartres institua la fête de la Nativité de Nôtre-Dame, & commença à bâtir l'Eglise de Chartres, ce fut en l'an 1030. Ce même Evêque composa ce beau Cantique, *Stirps Jesse virgam produxit, virgáque florem: Et super hunc florem requiescit Spiritus almus. Virgo Dei genitrix virga est, flos filius ejus.* Audit Gerardus succeda Hugo second de ce nom Evêque, qui fut surnommé le Grand, & étoit du tems des Rois Robert & Henry, il fut Evêque cinquante-quatre ans, & mourut le huitiéme May revenant de Rome, où il étoit allé en un Concile assemblé par Nicolas II. Pape, contre Berengarius, ce fut environ l'an 1060. Ledit Hugo Evêque avoit assisté à un autre Concile assemblé à Verseil par le Pape Leon IX. en l'an 1049. contre l'erreur dudit Berengarius Archidiacre d'Angers, qui soûtenoit une opinion heretique; qu'en l'Eucharistie il n'y avoit transsubstantiation de pain & de vin au vray Corps & au vray Sang de Nôtre Seigneur Jesus-Christ. Ledit Berengarius fut appellé audit Concile, & ne comparut, mais envoya deux de ses Clercs pour rendre raison, & fut ledit erreur condamné, & y souscrivit ledit Hugo de sa main: Et parce que ledit Berengerius persistoit en son erreur, fut assemblé autre Concile à Rome par ledit Pape Nicolas II. auquel assisterent cent treize Evêques, entre lesquels étoit ledit Hugo Evêque de Nevers: Berengarius y fut oüi en personne, & son erreur condamné de tous, & il abjura ledit erreur & heresie, selon la forme à luy baillée, de sa propre bouche en public, & la souscrivit: ce libelle est transcrit au Decret de Gratian au chap. qui commence, *ego Berengarius, de Consecratione distinct.* 2. Au tems dudit Hugo II. étoient Comtes de Nevers, Landry & son successeur Guillaume. Cét Evêque donna aux Chanoines de son Eglise pour supplément de leurs alimens, l'Abbaye de saint trouvé lez Nevers, avec les prez, vignes, cours-d'eaux, moulins & fours, & ce du consentement d'Eberard Chanoine, qui les tenoit en fief & bien-fait: leur donna aussi l'Eglise de S. Franchy; l'Autel de S. Fremin de Bussy, & l'Autel de S. Benin, que Guy Archidiacre tenoit par concession & bien-fait de l'Evêque Roclenus, avec deux fours en la Cité, l'un devant le dortoir des Chanoines, & l'autre és confins du cloîstre: Dont se connoît qu'en ce tems les Chanoines non seulement vivoient, mais aussi demeuroient & dormoient en un lieu commun à tous. Ainsi on lit de l'Eglise de Châlons Cathedrale, que pour les Chanoines y avoit un dortoir commun, comme il est recité és Decretales anciennes au chapitre *Cum pro causa*, au titre *de sentent. excommunicat.* & d'ancienneté étoit commandé d'ainsi faire en toutes Eglises esquelles y avoit assemblée de Clercs & Prêtres. Au Decret de Gratian au Canon *Necessaria 12. quæst.* 1. ledit Hugo en une charte nomme les dignitez de son Eglise en cét ordre, l'Archidiacre qui est le Prévost; l'Archiclavus c'est le Tresorier qui commande à toutes les clefs de l'Eglise; le Doyen qu'il appelle le Secretaire; le Precenteur qui est le Chantre & le Chancellier, & appelle son Eglise Monastere de saint Cyre. Cette charte est de l'an 33. du regne du Roy Robert, qui est l'an 1031. il étoit encores Evêque le quinziéme an du Roy Henry l'an 1047. le seing dudit Hugues étoit tel  Audit Hugo succeda Malguinus Evêque: Audit Malguinus succeda Hugo III. de ce nom, Evêque, nepveu dudit Hugo II. Il fut intronisé au Siege Episcopal l'an 1074. au tems du regne du Roy Philippes fils d'Henry, le jour des Kalendes de Novembre premier jour & Fête de Toussaints, Indiction 12. en presence de Geoffroy Evêque d'Auxerre, & de Guillaume Comte de Nevers. Lors ledit Hugo fit reciter publiquement la disposition & délaissement qu'il faisoit de tous ses biens, où étoit écrit, comme le mary constituë doüaire à sa femme, & l'honore de ses biens: Ainsi il donne à son Eglise la moitié de tous ses biens, & de l'autre moitié veut être faites deux portions, dont l'une soit pour les pelerins, veuves & malades en la Maison de Dieu, l'autre portion soit aux Religieuses Nôtre-Dame de Nevers, & aux Religieux de saint Estienne, & élit sa sepulture audit Monastere de saint Estienne. Du tems de cét Evêque, Guillaume Comte de Nevers donna aux Moines de la Charité l'Abbaye de saint Victor és Faux-bours de Nevers, laquelle il tenoit en fief du Roy, & le Roy luy avoit permis d'en disposer en sorte qu'elle fut libre de toute requisition que le Roy & ses successeurs eussent peu y faire: & ce fut par le consentement dudit Hugues Evêque de Nevers, en date du 25. Juin l'an 1085. Indiction 8. saint Victor est aujourd'huy Prieuré sujet à la Charité, de present enclos dans la Ville de Nevers. Du tems de ce même Evêque en l'an 1083. ledit Guillaume Comte de Nevers commença à reédifier le Monastere de saint Estienne lez Nevers, qui d'ancienneté avoit été étably par saint Colomban, & avoit été détruit & appauvry, & fut ledit bâtiment rendu parfait en l'an 1097. comme sera dit cy-aprés. Ledit Hugues III. donna aux Chanoines de son Eglise l'Abbaye de S. Arille, par la volonté de Geoffroy son oncle Evêque d'Auxerre, qui la tenoit en fief dudit Evêque: Donne aussi ausdit Chanoines le droit de pesche en ses eaux, pour du poisson qui y seroit pris, nourrir les Chanoines le jour de la Vigile saint Cyre, qui lors étoit jeûne à eux commandé: & fit approuver les donations par ledit Guillaume lors Comte de Nevers, dont resulte que dés lors les Comtes de Nevers avoient droit d'amortir au profit de l'Eglise. Ledit Hugues a fondé le Monastere de Lurcy le Bourg, sous le nom de saint Gervais ; c'est aujourd'huy Prieuré dépendant à la collation de l'Abbé de Cluny : il étoit Evêque és années 1083. 1085. 1088. & 1089. En ses rescripts il nomme les dignitez de son Eglise en cét ordre, Doyen, Tresorier, Chantre, le Maître des Echolles de l'Eglise : en une autre charte, l'Archidiacre est nommé le premier avant le Doyen. Audit Hugues III. succeda Guido II. Evêque : Du tems de cét Evêque les Chanoines de saint Cyre donnerent à l'Abbaye de S. Laurens & de S. Hylaire du Diocese d'Auxerre, és mains de Dongion premier Abbé, l'Eglise saint Loup & saint Gildard lez Nevers, avec paction que les serviteurs d'icelle Eglise saint Loup & saint Gildard prendront les Prebandes des Chanoines decedez un an durant, à compter du jour de leur decez, à la charge de dire Messe chacun jour pour le remede des ames desdits Chanoines défunts ; & est convenu si un Chanoine se transfere en ladite Abbaye par la licence de Chapitre, que neanmoins il aura sa Prebande, & fera audit Monastere la semaine de service qu'il étoit tenu de faire en l'Eglise saint Cyre. Ce droit des fruits des Prebandes a depuis été commué & recompensé en cette sorte, que l'Abbé de saint Laurens peut envoyer deux de ses Religieux audit Prieuré saint Gildard, qui sont tenus assister & aider à faire le service en l'Eglise saint Cyre, même dire les Messes des morts, & chacun d'eux prend les fruits entiers d'une Prebande. Ainsi se lit qu'Estienne Evêque de Paris en l'an 1130. donna à l'Eglise saint Victor lez Paris, le revenu d'un an des Prebandes vacantes de l'Eglise de Paris, & des autres Eglises qui étoient de son droit, & donna aussi plusieurs Eglises Parroissiales. Du tems dudit Guido Evêque, Archambauld Sire de Bourbon tenoit en fief & bien-fait de l'Evêque de Nevers la moitié de Chasteaux sur Allier, Avordre, Cosne en Bourbonnois, Bussiere, Azy en Surgieres, Beaulieu la Chapelle aux Chats, Ysevre lez Moulins, Anisy, & l'Abbaye de Cusset. Ces terres pour la plûpart sont aujourd'huy unie & annexées au Duché de Bourbonnois, si ce n'est de droit, au moins c'est de fait, & ne sçait-on si les Evêques ont quitté cette feodalité, ou si on l'a usurpée sur eux. Du tems de cét Evêque Guido, fut cette memorable, & qui n'a jamais eu sa semblable entreprise, pour la conquête de la Terre sainte, lors occupée par les Sarrazins : Pour laquelle faire, fort grand nombre de Princes, Gentils-hommes & autres tous François, se croiserent sous la conduite de Godefroy de Boüillon, dit de Bologne, lesquels en l'an 1098. prirent Antioche en Syrie, autrefois ville Capitale & Patriarchale de toute l'Asie, qui étoit tenuë par les Sarrazins. Et en l'année suivante 1099. le 15. Juillet prirent la Cité de Jerusalem, en laquelle ledit de Boüillon fut étably premier Roy. Audit Guido II. succeda Herueus Evêque, qui confirma la donation faite du tems dudit Guido de l'Eglise saint Gildard : c'étoit au tems du Roy Philippes premier de l'an 1100. Indiction huitiéme. En ce même tems Guillaume étoit Comte de Nevers. Audit Herueus succeda Hugo IV. de ce nom Evêque, qui donna aux Chanoines de son Eglise les Eglises de Dessze, & de saint Parise le Chastel, & les Eglises d'Aurez, Meaulse & saint Caise. Il assista au Sacre & Couronnement du Roy Loüis le Gros, dont la ceremonie fut faite à Orleans par l'Archevêque de Sens, nommé Gilbert, avec les Evêques de sa Province ; & fut choisi ce lieu, parce que l'accés à Reims étoit perilleux, à cause de plusieurs rebelles, & encores parce qu'on disoit l'Eglise de Reims être interdite, ce fut en l'an 1106. Ledit Hugo deceda le vingt-six Fevrier, je n'ay appris en quel an. Audit Hugo IV. succeda Fromundus Evêque, qui donna aux Chanoines de saint Cyre vingt-six Eglise, Aury, Brinon, Crux le Chastel, Montenoison, Tannan, Lye, Anthiou, Villes, Anisy, Lothenan, Thienges, Arthe, saint Germain des Bois, Chaumot, Druy, Cours, Maisons, Remilly, Arez, Sermaiges, Anisy, Mingot, Montapas, Moussi, Semelins & Trenay. Il assembla en un Monastere les Religieuses Moniales qui étoient és Eglises de saint Arille, de saint Laurens, de saint Trouvé & de saint Genis, & les mit toutes au Monastere de Nôtre-Dame qu'il dédia. Il reédifia l'Eglise de saint Martin de Nevers, qui avoit été détruite par les Vvandales, & y donna plusieurs Eglises, Dixmes, & autres biens, même en l'an 1121. durant le regne de Loüis, il donna à ladite Eglise de saint Martin les Eglises de Guipy, avec ses appartenances, qui est l'Eglise de S. Germain ; les Eglises Deschaiz, d'Achim, Dosnay, de saint Hillier, de saint Didier sur Yonnes ; & en la ville de Lucenay les Hayes, les Eglises de saint Romain & de saint Genis ; la Chapelle de Besses, l'Eglise de Bussy, les Eglises de Moresches, de la Colancelle, de Bazolle, d'Espiry, de Lesgone dite de Montrüillon, de S. Oüen, & autres. Et par autre charte de l'an mil cent vingt-six, donna à ladite Eglise de saint Martin la Chapelle de Bois Giraud, & ses dépendances ; à sçavoir, les Eglises d'Hubaut, de Charemant, de sainte Geneviéve, qui est la Montagne, & Dasnois ladite donation confirmée par le Pape Honorius II. en date 5. *Kal. Maii, Indictione 7. anno 1129. Anno Pontificatus quinto Laterani.* Et par Innocent II. par sa Bulle expediée à Desize 14. *Kal. Januarii, Indictione* 8. *anno* 1130. *Pontificatus anno* 1. Le seing dudit Innocent est en cette sorte, *Innocentius PP. II.* & entour est écrit, *Adjuva nos Deus salutaris noster* : le scél ou la Bulle en plomb. En l'an mil cent treize, saint Bernard âgé de vingt-deux ans entra en la Religion de Cisteaux au tems d'Estienne, qui fut le troisiéme Abbé depuis l'institution premiere : Etoit ledit saint Bernard Gentil-homme de la Maison de Fontaines en Bourgogne, & troisiéme de sept fils, qu'il pleut à Dieu de donner à ses pere & mere : Ledit saint Bernard peu de tems aprés fonda l'Abbaye de Clervaux du même Ordre de Cisteaux, & en fut le premier Abbé, & exerça cette charge trente-six ans, & fut Autheur de cent quarante Monasteres dudit Ordre. En l'an mil cent quarante-cinq, Eugene III. fut fait Pape, qui étoit Moine de Cisteaux, & avoit été disciple de saint Bernard. En ce même tems étoient ces trois grands Personnages en Litterature pour les saintes lettres, Gratian Compilateur du grand Decret; Petrus Lombardus, qui a composé le livre des Sentences, & Petrus Comestor Autheur de l'Histoire Scholastique. Ledit Fromundus étoit encores Evêque l'an mil cent quarante-trois, du tems de Louïs Roy, & encores depuis. Saint Bernard deceda l'an mil cent cinquante-deux, âgé de soixante-trois ans. Audit Fromundus succeda Gaufridus Evêque en l'an mil cent cinquante-neuf, c'étoit du tems du Roy Louïs, & de Guillaume Comte de Nevers tiers de ce nom, fils d'autre Guillaume, qui se fit Convers en la Chartreuse, dont sera parlé cy-aprés. Audit Gaufridus succeda Bernardus de Sancto Salvio Evêque, qui étoit en cette charge és années mil cent soixante, & mil cent septente-trois. De son tems Guy Comte de Nevers octroya à l'Evêque en aumône, & gratuitement, qu'il pût fermer, c'est-à-dire, fortifier Premery, ainsi qu'il voudroit, & luy promit garantir en fermeté, en sorte toutesfois que ladite fermeté n'aviendroit aucun dommage audit Comte ny à ses successeurs, c'est-à-dire, qu'il ne s'en pourroit prévaloir, ny en aider aux ennemis dudit Comte pour luy nuire, la charte est expediée à Colanges les Vineuses l'an 1173. Au tems du Roy Louïs, ledit Evêque donna aux Chanoines de son Eglise, les Eglises de saint Leger, de Fogeray, de Belisмes, Possignol, Dompmartin, & saint Perruze, & le droit de mettre un Chapellain en l'Eglise de saint Romain de Chastel-chinon. Audit Bernard succeda Theobaldus Evêque, qui édifia & dota l'Eglise d'Aponay, qu'il donna aux Chartreux, & y a de present un Convent de Chartreux: La donation fut sous condition, que si les Freres délaissent ladite Maison, elle retournera à l'Eglise de Nevers & aux Chanoines, ce fut en l'an mil cent quatre-vingt cinq, au tems du Pontificat de Lucius III. Pape, & de Philippes Roy de France, il vivoit encores l'an mil cent quatre vingt-huit, il fit couvrir de tuille l'Eglise saint Cyre. Audit Theobaldus succeda Jean premier de ce nom, qui étoit du tems de Pierre de Courtenay Comte de Nevers, & Agnes sa femme en l'an 1190. En cette année fut faite la fondation de l'Eglise saint Marcel de Premery, en laquelle furent constituez par ledit Evêque, Doyen & Chanoines. Audit Jean succeda Galterus: Audit Galterus succeda Vuillelmus de sancto Lazaro Evêque, qui a fait plusieurs biens à l'Eglise de S. Cyre; il fit commencer la structure du chœur de ladite Eglise d'ouvrage de pierre de taille, en la beauté, artifice, & magnificence qu'il est de present, & la bâtit pour la plûpart à ses dépens; & par le moyen dudit chœur ainsi construit de nouveau, le grand Autel & le reste de l'Eglise fut tourné à Soleil levant, qui souloit être à Soleil couchant; se voyent encores les marques de cette antiquité en une voute qui est au bout de la nef vers Occident, où est l'Autel saint Cyre, qui étoit la voute du chœur; & par même moyen la principale porte qui souloit être du côté du Septentrion, en laquelle est l'image saint Christophle, est devenuë la moindre, & la principale porte a été faite du côté du Midy pour être à la dextre du chœur. Selon l'ancienne observation des Romains, les Temples étoient tournez à l'Occident, ou bien n'étoit pas observé pour regle, de quelle part du Ciel ils seroient tournez: De fait, ainsi qu'on dit, l'Eglise de saint Pierre à Rome est dressée vers Occident. Depuis fut observé de tourner les Temples à Orient, qui est la part du Ciel, dont la terre commence à être enluminée, & étoit ainsi observé au Paganisme, ainsi que recite Hyginus au livre *de limitibus constituendis*; Ledit Evêque acheta du Roy Philippes Auguste la Regale de l'Eglise de Nevers pour mil livres parisis: Le droit de Regale est fondé sur la concession faite à Charlemagne Roy de France par Adrian Pape, en remuneration de ce qu'il avoit délivré l'Eglise Romaine, les terres & sujets d'icelle de la tyrannie des Lombards, & avoit attribué à ladite Eglise ce que les Empereurs d'Orient tenoient encores en Italie sous l'Exarchat, qui sont les regions dites d'ancienneté, *Flaminia & Emylia*, qui sont la Romagne & la Marque d'Ancone, dont les Papes joüissent encore de present. Le droit de Regale est tel, que tous Archevêques & Evêques doivent prendre investiture du Roy, & luy prester serment de fidelité, ainsi qu'il est dit au Canon *Adrianus 63. distinct.* au Decret de Gratian. Les gens du Roy ont étendu ce droit bien avant, jusques à la collation des Benefices qui n'ont charge d'ames; & pour introduire l'ouverture de Regale, soit qu'il y ait vacation de fait & de droit, ou de droit seulement, ou de fait seulement; & quoy que la vacation soit intellectuelle pour un moment de tems, comme quand un Evêque est promû au Cardinalat: Et par cette ouverture le Roy gagne les fruits de l'Evêché, jusques à ce que le nouvel Evêque ait presté le serment de fidelité au Roy, & que la main-levée faite par le Roy au nouvel Evêque ait été verifiée en la Chambre des Comptes à Paris; l'Evêque doit prester le serment, ayant l'une des mains sur sa poitrine, & l'autre sur les saints Evangiles. De ces fruits que le Roy gagne, sont exceptez les fruits qui sont de revenu pur spirituel, comme l'émolument du scel Episcopal, & la collation des Eglises Parroissiales: Mais la Cour a jugé que les Dixmes appartenans à l'Evêché n'étoient pas fruit pur spirituel, parce que par Arrest sur la Regale de Meaux du dix-neuviéme Juin mil cinq cens soixante & sept, ou cinquante-sept, les Dixmes appartenans à l'Evêque furent adjugées au Roy, à cause de la Regale

Par le même Arrest la Cour a jugé que les fruits de l'année se distribuent *pro rata temporis*, que la Regale a été ouverte ou close, & non pas comme il se dit à l'égard de l'usufruitier, ou à l'égard du Seigneur feodal, qui gagne les fruits du fief saisi, esquels cas selon le moment du tems, on gagne ou on perd tous les fruits de l'année quand ils sont separez du fonds par celuy qui les doit gagner. Aussi les Rois de France prétendent que tous Evêques, à cause de leur revenu temporel, comme tenu en fief du Roy, sont tenus envoyer les hommes de guerre à leurs dépens en l'armée du Roy quand le Roy leur mande. En l'an 1209. sur le débat que les Evêques d'Auxerre & d'Orleans en faisoient, disans n'y être tenus sinon que le Roy fût en personne en son armée : le Pape Innocent III. jugea pour le Roy. Cette allienation faite par le Roy Philippes Auguste dudit droit de Regale au profit de l'Eglise de Nevers n'emporte pas allienation du droit de la Couronne comme les gens du Roy disent, & de là inferent que l'allienation est nulle : car le droit de la Couronne qui consiste en souveraineté & supréme puissance subsistant de par soy, n'est pas allienable, mais l'utilité, commodité & profits sont bien allienables, comme nous voyons l'exemple des Duchez, Comtez & Baronnies, mouvans de la Couronne, dont la Seigneurie utile a été valablement allienée par les Rois, retenus à la Couronne l'hommage, le serment de fidelité, service & investiture : ainsi a pû valablement être quitté par le Roy cette utilité qu'il perçevoit à cause de la Regale, sans pour ce quitter le serment de fidelité, sujection & obeïssance. Et faut croire que ce bon & genereux Roy Philippes Auguste fut facilement persuadé de quitter lesdits profits, qui originairement sont destinez pour la nourriture des Pasteurs, pour les aumônes envers les pauvres, & pour exercer hospitalité & reparer les bâtimens. Auparavant le regne dudit Roy Philippes, il n'étoit pas encore decidé par le droit Canon, si la collation des Prebandes & autres Benefices est comprise sous le nom de fruits, & environ ce tems elle fut decidée par Honoré III. Pape, au chap. *Illa*, sous le titre *Ne sede vacante* : aussi ledit Roy par ses lettres de délaissement, declare qu'il n'entend conferer les Prebandes, & les reserve au Chapitre. Ce droit de Regale a été rendu contentieux à l'Eglise de Nevers, & y a eu plusieurs Arrests qui l'ont ébranlé, mais il n'y en a eu aucun vrayement diffinitif donné avec le Chapitre, partie legitime. Bien a été jugé au profit de Messire Gilles Spifame Evêque de Nevers, que le Chapitre luy rendroit compte de l'émolument du scél Episcopal & autres profits qu'on appelle le revenu spirituel, perçûs par ledit Chapitre durant l'ouverture de la Regale. Du tems de ce bon Evêque *Guillaume de Sancto Lazaro*, fut commencée la distribution du pain & vin entre les Chanoines, dont resulte qu'ils ne vivoient plus en commun : Aussi de son tems en l'an 1201. l'Eglise Collegiale de Tannay fut établie avec un Prévost & Chanoine, sous l'invocation de saint Ligier : l'élection du Prévost fut attribuée aux Chanoines, à la charge d'en élire un du corps de l'Eglise de Nevers, auquel Prévost appartient la collation des Prebandes. En l'année avant le decez dudit Evêque, qui étoit année d'extréme famine, ledit Evêque nourrit à ses dépens trois mil pauvres, & mourut durant le cours de cette aumône, le dix-neuviéme May veille de l'Ascension l'an 1221. le vingtiéme an de son Pontificat, & par son ordonnance l'aumône fut continuée jusques au premier jour de Juillet. De cette excellente aumône est parlé au livre intitulé *Fasciculus temporum*, au temps de Federic II. Empereur, & d'Honoré III. de ce nom Pape. Du tems dudit Evêque fut celebré le grand Concile de Latran par Innocent III. Pape l'an 1215. auquel se trouverent septente & un Archevêque & quatre cens Evêques, son corps est inhumé au chœur de l'Eglise saint Cyre en une tombe élevée. Ce bon Evêque n'employoit pas son Epargne pour enrichir les siens, ny en magnifique dépense, mais pour un tems il l'employa à bâtir son Eglise & autres bien-faits envers elle, & vers la fin de ses jours il l'employa à l'entretenement des temples vifs, qui sont les pauvres, aussi sa memoire est en benediction à jamais. De vray les biens de l'Eglise sont les biens des pauvres : Les grands biens ont apporté à l'Eglise plus de dommage que de profit, parce que l'infirmité humaine a fort à faire à se défendre contre cette grande tentation d'avarice. Les Apôtres étoient pauvres & faisoient des miracles : durant les mediocres richesses en l'Eglise les miracles ont cessé, la doctrine a été grande & la vie entiere ; par la survenance des grandes richesses la doctrine & les bonnes mœurs se sont égarez. Sixte IV. Pape, qui de son premier commencement étoit simple Cordelier, natif de Savone, vint par degrez à la dignité Papale. Et peu de tems aprés son arrivée à ladite dignité, un sien compagnon ancien Cordelier nommé Frere François d'Arragon, vint le voir, auquel il fit montrer les tresors & meubles precieux de la Maison & Chambre Apostolique, luy disant qu'il n'avoit occasion de dire ce que saint Pierre dit au Boiteux à la porte du Temple, *Je n'ay or ny argent*, comme il est écrit és Actes des Apôtres : Et ledit d'Arragon luy répondit : Aussi ne sçauriez-vous dire ce que saint Pierre dit au Boiteux : *Leve toy & marche*. Le Chapitre de Nevers pour memoire perpetuelle de la bonté vrayement Episcopale de ce bon Evêque *Guillaume de Sancto Lazaro*, a étably & ordonné un service anniversaire qui se fait chacun an le 19. May, pour le repos de l'ame de ce saint Evêque, & à chacun Chanoine est distribuée la somme de 20. sols tournois.

AUdit Guillelmus succeda Gervasius Evêque, qui acheta au profit de son Eglise plusieurs rentes & revenus annuels, & ordonna que dés lors qu'un Chanoine auroit achevé son service de staige qu'il gagneroit tous les fruits de la Prebande pour l'année courante, en quelque tems qu'il decedât. Audit Gervasius succeda Rodulphus Evêque : en son tems la Comtesse Mathilde donna aux Chanoines de S. Cyre le Cloistre; ce fut en l'an 1225. Audit Rodulphus succeda Reginaldus, qui deceda le 28. Juillet 1230. Aprés succederent Robertus Cornutus, Henricus Clericus, Guillelmus de Grandipodio, Robertus de Marisiis, Milo de Castello, desquels je n'ay lû aucue chose memorable, bien ay-je vû quelques chartes de *Robertus* Evêque de l'an 1251. Environ ce tems en l'an 1239. les Decretales furent compilées par Raymond *de Penna Forti*, Jacobin, & authorisées par Gregoire IX. Pape. Aprés succeda Gillo de Castro Rainaudi, lequel divisa l'Archidiaconat de Nevers en deux, l'un fut nommé le grand Archidiaconat, l'autre l'Archidiaconat de Desize ou de Morvant. Au grand furent attribuez quatre Archipreverez, qui sont les Vaux de Nevers, saint Pierre le Monstier, Lurcy de Bourg, Premery. A l'autre Archidiaconat furent attribuez quatre autres Archipreverez, qui sont Desize, Moulins Engilbers, Chastillon & Thienges, ce fut en l'an 1293. Les Archidiacres par ancienne observance sont en dignité premiere & plus grande que les Archiprêtres, & sont Vicaires naiz de l'Evêque & premiers aprés luy, qui doivent ouïr les causes & débats au soulagement de l'Evêque, & luy referer les plus graves. Deux sortes sont d'Archiprêtres, les uns residans en la Cité Episcopale, qui sont pour soulager l'Evêque és petites affaires : les autres forains, qui en aucuns lieux sont appellez Doyens ruraux, & doivent avoir le soin sur les Curez & Prêtres de leurs détroits, & encores sur les peuples desdites Cures. Aussi en ces Diocese à chacun Archipreveré sont attribuées les Cures & Eglises Parroissiales au nombre & aux limites d'ancienneté établies; ledit *Gillo* est inhumé en la Chapelle Nôtre-Dame de Grace, en la grande Eglise derriere le choeur : Audit Gillo succeda Joannes de Savigniaco, Fondateur de la Chapelle de S. Julian en la grande Eglise, qui deceda l'an 1314. Puis fut Evêque Petrus Bertrandi, natif d'Annonay en Vivarez, qui depuis fut Evêque d'Authun, & Cardinal de l'Eglise de Rome : C'est luy qui a bâty & fondé le College d'Authun à Paris, & qui harangua devant le Roy Philippes de Valois, pour les libertez de l'Eglise, contre Maître Pierres de Cugnieres Avocat du Roy, au mois de Decembre, en l'an 1329. Le debat étoit, sur ce que depuis cette grande reformation de la police Ecclesiastique, qui avint au commencement du troisiéme grand an aprés l'incarnation de Nôtre Seigneur, par laquelle l'authorité des personnes Ecclesiastique, l'élection & institution des Prelats & Recteurs de l'Eglise, la jouïssance des dixmes & autres droits furent rétablis : Lesdits Ecclesiastiques commencerent à étendre leur puissance & jurisdiction sur les personnes layes, même sur les Empereurs & Rois, & sur leurs sujets, & sur les biens temporels, és cas qui ne sont purs spirituels & de Sacremens. Même les Papes ont maintenu, qu'à eux appartenoit d'instituer & déposer les Empereurs, & que l'Empire étant vacant, ou quand l'Empereur est excommunié par le Pape, que l'administration de l'Empire appartient au Siege Apostolique: Ce que les Empereurs ont contredit, qui est la source de ces mal-heureuses factions des Guelphes & des Gibellins en Italie : & le Pape Boniface VIII. en voulut autant entreprendre en France, mais la contradiction fut faite & executée gaillardement : & pour confirmer par lesd. Ecclesiastiques cette authorité sur les personnes layes & bien temporels, ils prenoient occasion des sermens qui ordinairement sont prêtez pour l'observance des contrats, & disoient qu'à l'Eglise appartient le jugement des sermens, comme étant fait de conscience : Prenoient aussi occasion de connoître de tous contrats sous pretexte de l'usure, dont ils disoient le jugement appartenir à l'Eglise : Disoient aussi que les actions réelles pour les biens temporels, & droits de l'Eglise appartenoient aux Juges Ecclesiastiques, & non à autres. Et par ces occasions, & autres par eux recherchées, lesdits Prelats & Juges Ecclesiastiques mettoient la main par tout, & entreprenoient la connoissance presque de toutes causes; à quoy ils étoient empêchez par les gens du Roy, qui soûtenoient les droits de la Jurisdiction temporelle du Roy & des Seigneurs. Et pour cette occasion fut ordonnée par ledit Roy Philippes cette memorable assemblée, en laquelle ledit Bertrand pour l'Eglise, & ledit de Cugnieres pour la Jurisdiction laye, proposerent & haranguerent devant le Roy; l'un prit pour theme de sa harangue *Deum timete, Regem honorificate*; & l'autre prit pour theme, *Reddite quæ sunt Cæsaris Cæsari, & quæ sunt Dei Deo*, & n'y fut rien diffiny : Mais toûjours depuis les gens du Roy ont maintenu à leur pouvoir l'authorité des Jurisdictions laïques, hormis és matieres pures spirituelles; & les Cours de Parlement par le moyen des appellations comme d'abus, ont mis une forte bride à ces entreprises des gens d'Eglise, & y ont apporté plusieurs reglemens, & contraint les gens d'Eglise par saisie de leur temporel à y obeïr. Enfin par l'Ordonnance de l'an 1539. (que les gens d'Eglise par derision ont appellée la Guillemine, parce que Guillaume Poyet Chancellier en fut autheur) il y a été donné un grand coup, car la connoissance de toutes actions personnelles contre laïz leur a été ôtée : Et de longtems auparavant la connoissance de toutes actions reélles ou possessoires, *etiam* de biens & droits Ecclesiastiques leur avoit été ôtée fors la matiere petitoire Beneficiale, & la matiere petitoire Decimale quand on n'allegue point d'infeodation laïcale. Ledit Bertrandi acquit & bâtit une belle terre audit païs de Vivarez nommée Colombiers, estimant enrichir ses parens : mais voyant que ses nepveux qu'il avoit élevez étoient défaillis sans enfans, il y fonda un Convent de Celestins. Audit Bertrandi succeda Jean Mande-villain de Clermont. Puis succe-

succederent Bertrandus Vasco, Jean Cardinal de Tulles, Pierre de Villates Jacobin, Pierre de Dinteville, Maurice de Colanges les vineuses aussi Jacobin, qui est enterré au Chœur de l'Eglise saint Cire à côté senestre du grand Autel, sous une tombe de marbre noir, & fut Confesseur des Rois Charles V. & VI. qui deceda le 16. Janvier de l'an 1394. Audit Maurice succeda Robert de Dangeul du païs Chartrain, qui avoit été Secretaire du Roy. Ledit Robert donna & amortit une Prebande de son Eglise pour l'entretenement des enfans de chœur, qu'on appelle enfans d'aubes, sa sepulture est élevée à côté droit du grand Autel entre deux pilliers, il deceda l'an 1430. A luy succeda Pierre de Pogue, qui depuis fut Evêque de Chaalon : Et à luy succeda Jean Germain, qui étoit nay au village de Velay en la Seigneurie de la Pierre, mouvant en fief du Comté de Nevers, à cause de Luzy, & étant de condition servile fut manumis par le Seigneur dudit fief de la Perriere, & la manumission approuvée par Charles Comte de Nevers le 17. Février de l'an 1451. qui fait connoître que l'authentique *Episcopalis*, qui est au Code sous le titre *de Episcopis & Clericis*, n'est pas observée en France, car par icelle est dit que la dignité Episcopale efface la servitude. Ledit Germain fut entretenu és études par la Duchesse de Bourgogne, & fut fait Docteur en Theologie : depuis fut Evêque de Nevers, & Chancelier de l'Ordre de la Toison d'or, depuis fut transferé à l'Evêché de Chaalon : Il fut envoyé en Ambassade au Concile de Constance par le Duc de Bourgogne, & par sa sollicitation & conduite fut octroyé lieu de seance au Duc de Bourgogne, le premier aprés les Rois és assemblées generales de la Chrétienté, le Decret est du vingt-sixiéme May de l'an 1433. Audit Germain succeda Jean Vivian : Audit Vivian succeda Jean d'Estampes fils de Messire Robinet d'Estampes Chevalier, duquel est fait mention honorable és batailles & rencontres que les François eurent contre les Anglois : Ledit d'Estampes au tems qu'il étoit Evêque, retint par puissance feodale la Seigneurie & Baronnie de Drüy, mouvant de son Evêché, & en investit son frere, & a ladite Seigneurie demeuré en la Maison de la Ferté Nabert, sous le même nom d'Estampes, jusques au decez de Dame Loüise d'Estampes. Ledit d'Estampes a bâty & fondé la Chapelle sainte Catherine en l'Eglise de Nevers : il resigna l'Evêché au profit de Pierre de Fontenay son neveu, de la Maison de la Tour de Vesure en Berry, en l'an 1461. Doncques luy succeda ledit Pierre de Fontenay, qui deceda le 3. Juin de l'an 1499. A luy succeda Ferrand Dalmeïda Officier de Cour de Rome, qui fut élû & non confirmé : son élection faite à l'instance & priere du Roy Loüis XII. parce que ledit Dalmeïda avoit sollicité ce qui étoit à faire à Rome pour la dissolution ou declaration de nullité du mariage dudit Loüis & de Madame Jeanne de France fille du Roy Loüis XI. ledit Dalmeïda deceda l'an 1500. A luy succeda Philippes de Cleves Evêque fils de Monseigneur Jean Duc de Cleves, & de Madame Elisabeth de Bourgogne, qui étoit cousin germain du Roy Loüis XII. Audit de Cleves succeda Jean Boyer Evêque, qui deceda le 30. Juillet de l'an 1512. Audit Boyer succeda Imbert de la Platiere, de la Maison des Bordes en Nivernois, qui auparavant étoit Doyen en ladite Eglise de Nevers, & Conseiller en la Cour de Parlement, lequel deceda à Paris au mois de Janvier de l'an 1518. De son tems avint cette memorable mutation en la police de l'Eglise, quand la Pragmatique Sanction tirée du Concile de Basle fut abolie en France, & les Concordats faits entre le Pape Léon X. & François I. Roy de France furent reçûs. La Pragmatique Sanction est un recüeil de certains Decrets faits & arrestez au Concile de Basle, & acceptez par l'Eglise de France assemblée à Bourges sous l'authorité du Roy Charles VII. au mois de Juillet de l'an mil quatre cens trente-huit. Cette Pragmatique Sanction déplût aux Papes, parce qu'au Concile de Basle avoit été arresté, & par l'Eglise de France accepté, que le Concile general legitimement assemblé representant l'Eglise militante, prend sa puissance immediatement de Jesus-Christ, & que tous *etiam* les Papes sont tenus y obeïr, en ce qui touche la foy, & pour la generale reformation de l'Eglise au chef & aux membres ; lesdits Papes soûtenans que le Pape est par dessus le Concile : & à cette occasion ont declaré ledit Concile être nul, & s'en trouve un grand & ample écrit fait par M. Nicolas de Tedesquis Sicilien, grand Docteur Canoniste, qui depuis fut Archevêque de Panorme, contenant les raisons de la reprobation dudit Concile, & par consequent les Papes ont declaré ladite Pragmatique Sanction schismatique, & ont grandement essayé à diverses fois de la faire abolir, & fut grandement ébranlée du tems du Roy Loüis XI. par le moyen de Baluë Evêque d'Evreux, qui fut fait Cardinal, mais l'Université de Paris y resista vertueusement. Enfin l'abolition en fut obtenuë par le moyen desdits Concordats : La seule signifiance de la diction montre que le traité ne fut pas proprement fait pour choses si saintes, car concordats & transaction c'est tout un, qui se fait en donnant ou en quittant, ce qui a forme *de simonie* en tels affaires, ainsi que declare le Pape Alexandre III. au chap. *Super eo*, sous le titre *de transactionibus*, és Decretales anciennes : Aussi les vieux brocards faits de ce tems-là, disoient que c'étoit, *do, ut des*. Le Pape par lesdits Concordats octroye & délaisse au Roy la nomination aux Evêchez, Abbayes & Prelatures, ausquelles on souloit pourvoir par élection, selon le chap. *Quia propter* au tit. *de Elect.* Et le Roy accorde au Pape l'abolition de la Pragmatique Sanction, & luy accorde aussi les Annates ou vacans, qui est le droit de prendre par le Pape le revenu d'un an desdits Evêchez, Abbayes & Prelatures quand elles sont vacantes, qui est une exaction qui premierement fut introduite par Boniface IX. du nom Pape, environ l'an 1390. & toûjours avoit été contredite par l'Eglise de France, se retenant en ses anciennes libertez. L'Université de Paris s'opposa à l'abolition de ladite Pragmatique Sanction, & il y en eût appel interjetté *ad futurum Concilium*. Aucuns ont remarqué la date de ce grand & dommageable changement par les lettres numerales qui sont en un verset. du Pseaume 83. de David, *Protector noster aspice Deus, & respice in faciem Christi tui*, qui remarque l'an 1517. Environ ce même-tems les decimes que le Roy prend sur le revenu des Eglises, furent mises en ordinaire selon la taxe qu'en fit le President Paschal, & a le subside toûjours depuis continué, & est à douter que le revenu en soit perdu, ne servant à aucun usage aux affaires publiques: car il y en a douze cens mil francs, qui est ce qui peut revenir de net, qui se paye en l'Hôtel de Ville à Paris, destiné à payer des rentes dont les Rois ont touché & dépendu le fort principal: ainsi a été accomplie la prophetie de S. Augustin, recitée au grand Decret de Gratian, au Can. *Majores* 16. *quæst*. 7. que le Fisque arrache & ôte ce que Christ ne prend pas. L'Eglise de longtems avoit abandonné cette politique distribution ordonnée par les anciens Decrets, selon laquelle les biens & revenus de l'Eglise devoient être distribuez en quatre portions, dont l'Evêque ou Recteur ne retenoit à luy qu'un quart, l'autre quart étoit pour les Clercs deservans à l'Eglise, l'autre quart pour les bâtimens & affaires survenantes, & l'autre quart pour les pauvres & étrangers. Ainsi dit Gelasius Pape au Canon *Concesso* 12. *quæst*. 2. & S. Greg. Epist. 42. du liv. 4. & Epist. 8. du liv. 7. Cette taxe des decimes par le recüeil depuis fait le 23. Janvier de l'an 1549. se trouve monter à quatorze cens quatre-vingt-huit mil cinq cens trente-cinq liv. dont ce Diocese de Nevers se trouve malément surchargé sans aucune proportion, car il y est pour dix mil sept cens soixante & dix liv. par an, & Auxerre y est à huit mil six cens soixante-douze livres, quoy que les quatre principaux Benefices de l'Evêché d'Auxerre ayent plus de revenu que tous les Benefices ensemble du Diocese de Nevers; ces quatre Benefices son l'Eglise Cathedrale d'Auxerre, Evêque & Chapitre, l'Abbaye S. Germain d'Auxerre, l'Abbaye de Pontigny & Prieuré de la Charité. En ce même tems de l'an 1517. Martin Luther commença à prêcher en Allemagne doctrine heretique, rappiessée des vieilles heresies condamnées, même contre la puissance & authorité de l'Eglise: & l'occasion fut d'une Croisade que ledit Pape Leon fit publier par toute la Chrétienté, avec des Indulgences fort grandes, pour lesquelles gagner convenoit bailler deniers en bonne quantité, & disoit-on que c'étoit pour employer à faire guerre contre les Infideles, mais en effet les deniers étoient destinez pour la Chambre du Pape, qui est son tresor, & pour ses affaires domestiques. De fait il avoit donné le revenu de ladite Croisade en aucuns Evêchez d'Allemagne, à Magdelaine de Medicis sa sœur, veuve de Cibo Genevois, laquelle selon l'avarice du sexe, commit la charge de faire valoir cette Croisade à aucuns, qui en userent si indiscretement, que la chose de soy vint en dédain; & Luther irrité d'aucuns traits qui luy avoient été donnez, se mit à prêcher contre ces abus, & fut ouï par ceux qui les voyoient à l'œil, & autres à la suite crurent à ses propos. Les Papes voulurent remedier à ce mal, mais ils ne prirent pas la droite voye, selon deux avis divers. L'un des avis plus saint & Religieux étoit, qu'il convenoit reformer le mal, & ôter la pierre de scandale qui auoit fait trébucher ces pauvres égarez, c'est-à-dire, remettre sus en l'Eglise l'ancienne police ordonnée par les saints Conciles, Decrets, & Canons, pour le choix des Evêques & Pasteurs, pour l'élection & collation des Benefices aux plus suffisans, pour ôter toutes dispenses, préventions & autres graces, & dés à present revoquer ce qui avoit été mal fait, & à cét effet assembler un Concile pour apporter remedes autres que de cures palliatives, & les grands commencer les premiers à se reformer. L'autre avis étoit mondain; à sçavoir, par promesses & bien-faits retirer Luther de son entreprise, & ainsi faire quant aux autres que l'on reconnoîtroit avoir plus de sçavoir & credit. Mais les chefs d'Eglise par trop mal avisez, n'userent de l'un ny de l'autre remede, mais commencerent par censures & excommunications, par feu, par glaives, par guerres & armes, en declarant les Royaumes & Duchez vacans, & autres remedes d'aigreur. L'experience a fait connoître que par ce moyen le mal n'a pas été guery; ce n'est pas que je veüille dire qu'il soit bon de laisser les Heretiques sans punition; car quand ils sont vrays Heretiques obstinez, & sont scandaleux perturbateurs du repos de l'Eglise & du peuple; je croy que c'est bien fait de les exterminer. Mais le principal qui étoit à faire, étoit de reformer ce qui étoit mal, & faire que la vraye & sainte doctrine fut non seulement prêchée par paroles, mais aussi par sainte vie & bonnes mœurs. Ces Concordats qu'aucuns estiment avoir apporté beaucoup de mal à l'Eglise, furent authorisez par le Pape Leon, en un Concile qu'on disoit être de Latran (c'est à Rome) & être la continuation de celuy que le Pape Jules II. avoit par apparence convoqué pour rompre le Concile de Pise, qui avoit été convoqué pour le reformer luy-même: Mais ce Concile de Latran n'a pas produit aucun effet servant au bien de l'Eglise. Les Conciles generaux Oecumeniques avoient été intermis long-tems, lors qu'il y en eût un convoqué à Constance en l'an 1415. par la grande & urgente sollicitation de Sigismond Empereur, & y furent faits plusieurs Decrets salutaires, pour la reformation, même il y fut ordonné que de là en avant le Concile universel seroit assemblé de dix en dix ans. Et au même Concile furent déposez du Papat Jean XXIII. dit auparavant Balthasar Cossa, & Gregoire XII. & fut élû Pape Martin V. ledit Jean fut emprisonné, & depuis relasché par le Pape Martin. Dix ans aprés, le Concile fut assemblé à Basle sur le Rhin, par l'ordonnance dudit Pape Martin, lequel mourut avant le jour assigné échû;

& fut le Pape Eguene IV. appellé pour y comparoir, ce qu'il refusa, & assigna autre lieu du Concile à Florance; & aucuns Cardinaux luy adhererent. Mais ceux qui étoient demeurez à Basle le tinrent pour contumax, & le deposerent; ce fut en l'an mil quatre cens trente-huit, & en son lieu assurerent Amedée Duc de Savoye, qu'ils nommerent Felix V. Et les Papes depuis, à cause de la consequence de ces depositions ont été difficiles à assembler Conciles, & ont tenu ledit Concile de Basle pour non legitime, comme dit a été. Et à la suite de ce, ont reprouvé la Pragmatique Sanction, qui avoit quelque forme de Concile national. Or depuis ces deux Conciles, les Papes & les Theologiens d'Italie, sont demeurez fermes plus que jamais à soûtenir que le Pape est par dessus le Concile, & que le Concile n'a pouvoir, sinon celuy qui luy est attribué par le Pape. Mais audit Concile de Basle il fut déterminé, comme auparavant avoit été au Concile de Constance, que le Concile avoit son pouvoir immediatement de Dieu. Audit de la Placiere succeda Jacques Albert, fils naturel de Jean d'Albert sire d'Orval, qui premier y vint par la nomination du Roy, & deceda le vingt-deuxiéme Avril de l'an 1539. Audit d'Albert succeda Monseigneur Charles de Bourbon, qui ne prit autre titre que d'administrateur. Audit de Bourbon succeda Maître Jacques Spifame Conseiller du Roy en son Parlement, & President és Enquestes. Audit Jacques succeda M. Gilles Spifame son neveu, par resignation faite en sa faveur. Il fut reçû, inthrônisé, & fit son entrée solemnelle le premier jour de Janvier, l'an 1560. qui seroit selon le compte du jourd'uy 1561. Il deceda le sixiéme Avril de l'an 1578. à Paris, & est enterré en la grande Eglise de Nevers au chœur, à côté dextre du grand Autel. Audit Spifame succeda Messire Arnaud Sorbin Docteur en Theologie, Predicateur de la parole de Dieu devant le Roy, homme tres-docte & tres-éloquent, & son éloquence, avec si grande promptitude, mots si bien choisis, & propos si aprement disposez, qu'un écrit medité de longue main ne le pourroit mieux rapporter: Il fit son entrée & prise de possession le jour de S. Denys le 9. d'Octobre audit an 1576. Le jour de son entrée aprés une grande seicheresse, il pleut abondamment, & la pluye continua quelques jours, & par l'occasion de cette pluye, je fis ces Vers Latins que je luy presentay le lendemain.

Largua quidem, at nostris dudum expectata colonis
Hæc pluvia, è cælo, te veniente venit:
Fœlix omen adest, agris sitientibus imber,
Fiat ut adventus certa figura tui:
Nam tua plebs pridem sicca & jejuna petebat
Suppeditari animæ semina sacra suæ:
Semina ut sparges & sacro rore rigabis:
Ut Domino placitum fructificemus opus.
At nos unanimes tibi prospera cuncta precamur,
Prodesse ut præsens sicque præesse velis.

LE Diocese de Nevers est divisé en huit Archipreverez, qui d'ancienneté s'appelloient Doyennez Ruraux, & ont été ces charges dispersées en divers lieux par le Diocese, pour plus facilement prendre garde, que la parole de Dieu, & les saints Sacremens soient bien & soigneusement administrez, les commandemens de l'Evêque plus facilement distribuez, les fautes des Curez & autres personnes Ecclesiastiques mieux connuës, les legeres corrigées, & les plus griéves rapportées à l'Evêque pour y appliquer la correction plus forte. Les lieux de ces Archipreverez sont, comme il a été dit cy-dessus, les Vaux de Nevers, saint Pierre le Monstier, Premery & Lurcy le Bourg attribuez au grand Archidiaconat: Desize, Moulins Engilbers, Chastillon & Thienges, attribuez au soing de l'Archidiacre de Desize. En l'Eglise Cathedrale sont quarante Prebandes, dont quatre sont amorties, c'est-à-dire non sujettes à la collation de l'Evêque; à sçavoir, celle qui est unie au Doyenné, l'autre ordonnée pour la nourriture & entretenement des enfans de chœur, dits enfans d'aubes, parce qu'en l'Eglise ils sont toûjous vétus de toile blanche; & deux destinées pour les Religieux de saint Gildard. Ce même nombre de quarante Prebandes se trouve avoir été étably d'ancienneté és Eglises de Xaintes & d'Angoulesme, comme il se lit és Decretales anciennes au chap. *pro illorum de Prabend.* & au chap. dernier, *de verborum signif.* Le revenu desdites Prebandes est mediocre, tenant plûtôt de modicité pour semondre une grande frugalité, que de richesses pour superfluité. L'Eglise Cathedrale est grande & spacieuse & d'assez belle structure; mais le chœur principalement est de grande beauté & grand artifice avec une grande clarté: Joignant l'Eglise est une tour où sont logées les cloches, qui sont grosses & harmonieuses, même il y en a une que Monseigneur Ludovic de Gonzague Duc de Nivernois a fait fondre à ses dépens, qui est fort grosse, & de bon son. Les dignitez qui sont de present en ladite Eglise sont en cét ordre: le Doyen, le grand Archidiacre, le Tresorier, le Chantre, l'Archidiacre de Desize: Les offices ou personnats sont, le Sacristain & le Scolastique ou Scolastre, qui est le Maître, ayant la Surintendance des Ecoles. Le Tresorier par ancienne usance a droit d'entrer au chœur, & avoir sa seance en la place ordinaire ayant l'épée au côté, & l'oyseau sur le poing, étant botté & éperonné: Et en signe de ce les Tresoriers sur les Ecus de leurs armoiries, font peindre en lieu de tymbre l'épée & l'oyseau. En dedans la closture de la Ville & Cité de Nevers, sont l'Abbaye de saint Martin, en laquelle sont Chanoines reguliers de l'Ordre saint Augustin: l'Abbaye de Nôtre-Dame, où sont les filles Religieuses de l'Ordre de saint Benoist: le Prieuré Conventuel de S. Estienne de l'Ordre de Cluny: le Prieuré Conventuel de saint Sauveur du même Ordre, uny au grand Prieuré de Cluny: le Monastere des Freres

Prefcheurs de faint Dominique Mendians ; le Monaftere des Freres Mineurs de l'Ordre S. François auffi Mendians : le Prieuré de faint Victor fimple, non Conventuel dépendant du Prieuré de la Charité de l'Ordre de Cluny ; & le Prieuré de faint Nicolas fimple dépendant de Vezelay. Auffi en dedans la clofture de ladite Ville font onze Parroiffes ; à fçavoir, S. Jean qui eft fous la même couverture de la grande Eglife : faint Blaife fous la même couverture de faint Martin : faint Arille ou faint Vincent : faint Simeon fous la même couverture de l'Eglife Prieurale de faint Victor : faint Sylveftre en l'Eglife Prieurale de faint Sauveur : faint Clement en l'Eglife Prieurale de S. Eftienne : faint Pierre, faint Trouvé, faint Didier, qui eft la même Parroiffe du grand Hôpital, faint Laurent & faint Denys. En dedans les Croix de ladite Ville, qui eft l'efpace & territoire (qu'ailleurs on appelle banlieuë ou franchife) font les Eglifes Parroiffiales de faint Gildard, qui eft Prieuré-cure dépendant de l'Abbaye de S. Laurent Diocefe d'Auxerre, de Colanges, de Charuzy, de faint Ladre, qui eft la même Eglife Parroiffiale des pauvres lepreux : l'Eglife faint Valere faite Parroiffiale depuis trente ans, qui d'ancienneté étoit Prieuré & Hôpital dépendant de Chambon, fainte Valere en Limofin : & de prefent y font établis les Religieux Capucins de l'Ordre de S. François, vrais & exacts obfervateurs des regles dudit Ordre, lefquels par la fainteté de leur vie, & bonnes predications, ont redreffé à la bonne voye du vray Chriftianifme grand nombre de perfonnes, qui par apparence exterieure faifoient contenance de Chrétiens, mais leur vie étoit grandement dereglée : faint Benin des Vignes, Eglife Parroiffiale par fon établiffement, mais par la ruine du Fauxbourg de Croue faite fans Parroiffiens : la Chapelle faint Sylvian appartenant au grand Prieur de faint Martin ; defquelles Parroiffes en dedans la clofture de la Ville, & de celles qui font en dedans les Croix, le Doyen de l'Eglife de Nevers a la furintendance, & a droit d'affembler les Curez en Synode, *ad inftar* du Synode Epifcopal, & a ledit Doyen autres droits Epifcopaux, qui ne font pas de ceux qu'on appelle de l'Ordre Epifcopal, mais de la Jurifdiction : & ne font pas tels que la Jurifdiction Epifcopale foit abrogée par celle du Doyen, mais les deux ont concurrence en certains cas : Comme auffi ledit Doyen a la furintendance du grand Hôpital de Nevers, & de l'Hôpital faint Ladre, en ce qui eft du fpirituel. Proche ladite Ville font auffi la Chapelle de Nôtre-Dame au bout du grand pont de Loire, & du même côté l'Hôpital faint Blaife, dit faint Antoine, qui eft environ cinq cens pas delà le grand pont. En l'an mil cinq cens foixante & onze, mondit Seigneur Ludovic de Gonzague, & Madame Henriette de Cleves fon époufe, Duc & Ducheffe de Nivernois, ont étably, fondé & doté de revenu, une Compagnie & College de Religieux de la focieté de Jefus, qui enfeignent la jeuneffe en bonnes mœurs, & és premieres lettres avec toute pieté, & adminiftrent autres œuvres fpirituelles, en predications, confeffions, vifitations de malades, & célebration du fervice Divin, qui a été un grand renfort pour l'entretenement de la vraye Religion, auquel les Pafteurs établis d'ancienneté s'étoient rendus bien froids. Ces bons Religieux ont été logez en la même maifon, où d'ancienneté étoit le College de Nevers, à laquelle mefdits Seigneur & Dame ont ajoûté beaucoup d'aifances en maifons, jardins & efpaces fervans à la commodité dudit College ; & ledit ancien College avec la Chapelle, fut octroyé & concedé à ladite Compagnie par les Efchevins de cette Ville de Nevers, en confideration de la charge que ladite Compagnie a prife d'inftruire la jeuneffe. Depuis en l'an mil cinq cens foixante & quatorze, mefdits Seigneur & Dame, furhauffans de jour à autre leur devotion & ferveur à executer œuvres de pieté & charité, ont fait une fondation perpetuelle pour marier par chacun an foixante pauvres filles, en tous leurs Païs, Terres & Seigneuries : A chacune defquelles eft payée en dot la fomme de cinquante francs, valans feize écus deux tiers d'écu, par les Receveurs & Fermiers des Chaftellenies, fur le plus clair revenu d'icelles, felon la diftribution du nombre contenu en la fondation pour chacune Chaftellenie. Au choix defquelle filles, à ce qu'il n'y ait aucune fraude ny menée y font employez les deux moyens plus propres, qui font la prud'homie de ceux qui font élûs en chacune Parroiffe, & le get des billets à fort, & le tout és jours plus proches de Pâques, efquels les confciences font plus touchées de la crainte de Dieu & amour du prochain. Et en l'an 1589. madite Dame, par la volonté de mondit Seigneur, a fondé en cette dite Ville, une compagnie de douze pauvres femmes anciennes, pour être nourries, entretenuës, & adminiftrées. Toutes ces fondations font vrais exercices de pieté, parce que par icelles, ce qui eft de plus infirme en ce monde eft retenu, appris & exercé en la crainte de Dieu, & en bonnes mœurs, détourné de mal, & fecouru à fon befoin, & la part où il y a plus de befoin d'aide, la charité eft plus grande quand elle s'employe à y faire aide ; comme nous voyons au corps humain quand un membre eft malade, & fût-ce le moindre, toutes les autres principales & plus nobles parties du corps travaillent pour le fecourir.

QUand aux Benefices qui font au Diocefe de Nevers hors la clofture de la Ville de Nevers, & les Croix ; eft à repeter ce qui a été dit cy-deffus, qu'au Diocefe de Nevers font huit Archipreverez, fous chacun defquels les Eglifes Parroiffiales & autres Eglifes font diftribuées. Sous l'Archipreveré des Vaux font vingt-fept Eglifes Parroiffiales & autres Eglifes : l'Eglife Collegiale de Franay les Chanoines, les Prieurez de Campuo, Patinges & Aubigny fur Loire. Sous l'Archipreveré de Premery font trente-deux Parroisses : l'Eglise Collegiale de Premery, l'Eglise Collegiale de Tannay. Sous l'Archipreveré de Lurcy le Bourg, sont quarante-sept Parroisses, Prieurez, Lurcy Guippy, Jailly, saint Reverian, saint Saulge, saint Sulpice le Castel. Sous l'Archipreveré de saint Pierre le Monstier sont trente & une Parroisse, l'Eglise Collegiale de Nôtre-Dame de saint Pierre le Monstier : Prieurez saint Pierre dudit lieu, Beaulieu, Chantenay, Garembé, Mars, saint Himbert, saint Augustin. Sous l'Archipreveré de Chastillon en Basois sont trente-neuf Parroisses, Prieurez, Chastillon, Abron, Chevanes, Gazeaux, Biches, Chastel-chinon. Sous l'Archipreveré de Tienges sont trente Parroisses : Prieurez la Ferté sur l'Issevre, qui est de Religieuses Moniales, Colognes, Langy, Aulezy, Monstier en Glenon, Faye de l'Ordre de Grandmont. Sous l'Archipreveré de Desize sont vingt-deux Parroisses, l'Eglise Collegiale de Dorne, Monastere des Religieuses de sainte Claire à Desize ; Prieurez Montempny, saint Pierre de Desize, saint Privé lés-Desize, la Chapelle aux Chats, Lucenay lés Hayes, saint Loup sur Abron, saint Symphorien dit saint Avemond, Cossaye. Sous l'Archipreveré de Moulins Engilbers vingt-cinq Parroisse, Abbaye de Bellevaux Ordre de Premonstré, l'Eglise Collegiale de Moulins : Prieurez, Comaigny, Mazilles, saint Honoré, Aponay de Chartreux. Nombre des Eglises Parroissiales de tout le Diocese de Nevers, tant en la Ville que dedans les Croix, & au loing, sont deux cens soixante & dix, quatre Abbayes, deux d'hommes, & deux de filles ; quarante-deux Prieurez, cinq Eglises Collegiales ; & outre y sont trois Commanderies de saint Jean de Jerusalem, Biches, Feuilloux & Tourniz.

L'Evêque de Nevers est Seigneur temporel de trois Chastellenies ; sçavoir, Premery, Urzy, Parzy ; le Chastel de Premery est en êtat bien bâty, & en forteresse ; les deux autres ont été ruinez par l'occasion des guerres de Bourgogne : Dudit Evêché sont mouvans plusieurs fiefs, même quatre principaux, chacun desquels a titre de Baronie, Druy, Poyseux, Cours-les-Barres, Guivry, les Seigneurs desdits fiefs, pour reconnoissance de superiorité, sont tenus porter l'Evêque en sa chaire Pontificale, le jour de son entrée à Nevers. Ces quatre Barons sont *ad instar*, qu'és autres Evêchez il y a des Vidames, Avocats, Avoüez, ou Gardiens ; lesquelles dignitez tiennent aucunes Seigneuries en fief desdits Evêchez, & à cause de la feodalité, doivent service & défense à l'Eglise avec la main forte, quand le besoin en est. De là sont dits les Vidames de Chartres, Amiens, Chaalons, qui se nomment en Latin, *Vicedomini*, & de tels offices est parlé és Decretalles anciennes, au chapitre *Prætereà*, sous le titre *de Jure Patron.* & au grand Decret au Canon *Volumus*, au Canon *Diaconum* 89. *distinct.* & au Canon *Salvator* 1. *quæst.* 3. Aucuns de tels fiefs sont par concession, que les Evêques de grande ancienneté ont faite à Gentilshommes : Autres fiefs ont été faits par simple reprise, quand aucuns Gentilshommes tenans leurs Seigneuries en franc-alleu, par devotion se sont faits vasseaux de l'Eglise, se soûmettans à défendre les droits d'icelle, comme il se void que le Comte d'Auxerre est vassal de l'Evêque d'Auxerre. Ces Vidames, Gardiens, Avoüez ou Avocats des Eglises, s'ils n'étoient vasseaux d'icelles, ayans quelques fiefs en bien-fait, prenoient certains droits de revenu temporel sur lesdites Eglises, ainsi qu'il est dit audit chapitre *Prætereà*. Nous en voyons aujourd'huy quelques restes en ce païs de Nivernois. Le Prieur de saint Sauveur d'ancienneté devoit quelque past au Comte de Nevers, pour la protection qu'il recevoit du Comte. Ce past se continuë aujourd'huy és personnes des Officiers generaux du Duché, le jour du Jeudy Saint, & le jour de la Trinité : Le Prieur de saint Estienne doit prebande de pain & de vin ausdits Officiers generaux és quatre Fêtes annuelles. De fort grande ancienneté les Eglises étoient gouvernées par Vidames personnes Ecclesiastiques, & n'étoient Prêtres, comme l'on connoît és Epistres de saint Gregoire, en la onziéme du premier livre, & en la soixante-sixiéme du livre neuviéme, où il est dit que tel est constitué par luy Vidame, le Latin est *Vicedominus*, pour gouverner & dispenser le revenu de tel Evêché : & en l'Epistre soixante-six du livre septiéme, ledit S. Gregoire défend que les biens Ecclesiastiques soient commis pour gouverner à personnes layes. Mais depuis ce tems-là plusieurs Seigneurs, même en France, usurperent les biens & droits Ecclesiastiques, & au même tems les Seigneurs avoient droit de faire guerre les uns aux autres : & fut besoin aux Eglises qui avoient de grands biens d'avoir des protecteurs & défenseurs qui eussent la force en main pour défendre les droits des Eglises, & ne pouvoient être que personnes layes. De laquelle source sont venuë les gardes que plusieurs Seigneurs ont és Evêchez, Abbayes, Prieurez, & autres Benefices. Pour quelque tems les gens du Roy se sont contentez de maintenir, que les Eglises Cathedrales ne pouvoient être en autre garde que du Roy, à cause de la Regale : & de fait és appanages des fils de France faits depuis trois cens ans, & encores de nôtre tems pour les fils du feu Roy Henry II. quand un Duché ou Comté ayant Ville Episcopale, leur a été octroyé par exprez les gardes desdites Eglises Cathedrales, ont été exceptées & reservées au Roy : Mais depuis comme lesdit gens du Roy se sont avisez d'essayer par tous moyens d'abaisser l'authorité des Seigneurs, & leur oster les droits Seigneuriaux, que leurs predecesseurs bons & fideles serviteurs de la Couronne leur avoient laissez : quoy que les Seigneurs, qui par race & hereditairement sont bons serviteurs de la Couronne, soient pour le moins aussi fideles au Roy que lesdits Officiers. Ils ont contredit aux Seigneurs les droits de gardes qu'ils avoient sur les Eglises étans en leurs Jurisdictions : & par quelques Edits leur-

ont fait ôter toute connoissance, *etiam* pour le revenu temporel des Benefices en ce qui est de la jurisdiction laye, & l'ont fait attribuer aux Officiers Royaux : Nous avons veu de n'agueres les contradictions qui ont été faites à Monseigneur & Madame de la Garde, & du ressort par appel de l'Abbaye de saint Leonard de Corbigny, & du Prieuré de saint Saulge. Or la verité est, que non seulement en l'Evêché de Nevers, mais aussi au païs de Nivernois, qui s'étend és Dioceses d'Authun & d'Auxerre, & encores és païs voisins, les Comtes de Nevers de fort grande ancienneté avoient droit de garde & protection de plusieurs Abbayes, Prieurez & Eglises; tant pour en être Fondateurs, comme en vertu des convenances faites avec justes causes, homologuées, ou par prescription de tems immemorial. L'Abbaye saint Martin de Nevers, & l'Abbaye Nôtre-Dame sont en la garde speciale du Duc de Nivernois, leurs justices sont du ressort, & pour marque de la garde il y a un Sergent gardien ordinaire étably par Monsieur le Bailly de Nivernois. L'Abbaye de Bellevaux Ordre de Premonstré : L'Abbaye susdite de saint Leonard, Ordre de saint Benoist Diocese d'Authun : L'Abbaye de Cure au même Diocese : l'Abbaye seculiere de Cervon au même Diocese : l'Abbaye de Roches Ordre de Cisteaux au Diocese d'Auxerre : l'Abbaye de saint Laurent Ordre de saint Augustin au même Diocese : le Prieuré de Cossy dépendant de saint Germain d'Auxerre : l'Abbaye de Vezelay au Diocese d'Authun au Bailliage d'Auxerre : le Prieuré de la Charité au Diocese d'Auxerre : le Prieuré Conventuel des Religieuses de la Ferté sur l'Isseure, & le Prieuré de Colonges, tous deux au Diocese de Nevers & au Bailliage de Nivernois, sont de fort grande ancienneté de la garde des Comtes de Nevers. Le Prieuré de l'Espau lés Donzy, est de la fondation de Hervé Comte de Nevers, Baron de Donzy. Quant à saint Martin de Nevers, il y en a charte du mois de Novembre de l'an *1269.* & tous les Prieurez en dépendans sont de la même garde des Ducs de Nivernois, quoy qu'ils soient enclavez en autres justices, & en signe de ce une fois l'an les Officiers des Chastellenies du Duché vont expedier les jours endedans l'enclos desdits Prieurez. Quant à la garde & ressort de saint Leonard, se trouve un jugement donné par Louïs de Flandres Comte de Nevers, tenant ses grands Jours à Nevers, en date de Juillet l'an 1329. par lequel il condamne Jean de Loyse Seigneur de Crux, à bailler deux bassins d'argent, & entretenir deux cierges ardens perpetuellement devant le corps de saint Leonard, pour reparation de l'outrage qu'il avoit fait à un Moine dudit lieu, en enfraignant la garde que ledit Comte a en ladite Abbaye. Se trouve autre charte donnée à Paris au mois d'octobre de l'an 1335. par laquelle est reconnuë la garde au profit des Comtes, avec deux ressorts pour leurs justices, l'un à Clamecy, l'autre à Montenoyson, & un Sergent gardien pour chacun ressort. Autres reconnoissances faites par les Abbé & Religieux de saint Leonard des années 1331. & 1350. Quant à l'Abbaye de Cure, le Seigneur de Pierrepertuy, qui est du fief & du ressort de Nivernois, a prétendu la garde, & icelle tenir en fief du Duché, mais le Duché en a la possession, & s'en trouve un acte solemnel de l'an 1544. Quant à l'Abbaye de Cervon, il y en a charte du mois de Septembre de l'an 1334 pour la garde & ressort de la Justice, & une permission de clorre & fortifier l'Abbaye, avec octroy d'un Sergent gardien, de l'an 1537. Quant à l'Abbaye de Roches, il y a un Arrest du mois de Mars de l'an 1287. entre les Religieux, les gens Roy & le Comte de Nevers; par lequel est jugé que l'Abbayes de Roches est de la garde du Comte, & leur Monastere assis és Metes de la Justice du Comte en la Chastellenie de Cosne, il y a autre charte de l'an *1334.* Quant à l'Abbaye saint Laurent, il y a charte du mois de Mars de l'an *1323.* contenant amortissement fait par le Comte, de certains heritages au profit de ladite Abbaye, retenué au Comte la garde & le ressort. Quant au Prieuré de Cossy les Bois, il y a charte du mois de Decembre de l'an *1299.* par laquelle l'Abbé de saint Germain d'Auxerre reconnoît ledit Prieuré être de la garde du Comte de tems immemorial, à cause de la Baronie de Donzy. Quant à l'Abbaye de Vezelay, se trouve Jugement du Pape Innocent III. daté *Laterani*, le second jour avant les Ides d'Avril de l'an 1213. le *16.* an de son Pontificat, par lequel l'Abbé doit au comte de Nevers à Pâques & à la Magdelaine, à chacune fois cent livres de pension par forme de procuration, aussi est le Comte tenu à la protection dudit Monastere à son pouvoir, agreé par le Comte & par l'Abbé & Religieux en Octobre, l'an 1213. & une Sentence à même effet donnée par l'Archevêque de Sens, du mois de Juillet de l'an 1230. Autres chartes d'accords & transactions sur aucuns differends qui en resultoient des années *1233.* & *1259.* celuy de l'an *1233.* fait en presence du Roy Louïs en Octobre. Quant à la garde du Prieuré de la Charité, se trouve Jugement arbitral de l'Evêque de Senlis Chancellier de France, par lequel les Religieux reconnoissent le Bourg de la Charité & appartenances, être de la garde du Comte, & le Comte est tenu de faire amender les torts qui auroient été faits ausdits Religieux, en ce qui est de Jurisdiction seculiere. Cét Evêque de Senlis étoit nommé Guarin, avoit été Hospitalier de l'Ordre de saint Jean de Jerusalem, & comme dit la Chronique écrite à la main, étoit grandement soigneux des droits du Roy & des Eglises; ledit Jugement homologué par le Roy Louïs, qui témoigne que le compromis fut fait en sa presence, en date de l'an *1224.* *Anno regni* 1. Le Monastere de la Charité fut commencé à bâtir par Gerard Prieur en l'an 1052. & luy fut donné le territoire par Guillaume Comte de Nevers. Quant au Prieuré Conventuel de la Ferté sur l'Isseure, le ressort des Justices a été jusques à present reconnû & exercé au Bailliage de Nivernois ; & il y en a charte ancienne du mois de Septembre de l'an 1331. Quant au Prieuré des Colonges lés Cercy dépendant de la Charité, il y en a charte donnée à Donzy en Septembre l'an 1327. faite avec les Prieur & Religieux de la Charité, par laquelle le droit de garde est reconnû, avec un Sergent gardien, & encores aujourd'huy est observé. Quant à l'Espau les Donzy, qui est de l'Ordre de Vau des Choux, la fondation est par Hervé Comte de Nevers Baron de Donzy de l'an 1214. & reconnoissance par autre charte du mois d'Aoust de l'an 1276. L'Abbaye de saint Lieu dite de Septfons au Diocese d'Authun, étoit d'ancienneté de la garde des Seigneurs de Dompierre sur Besbre : & les Prieurez de Jalligny & de Marseignes de la garde des Seigneurs de Jalligny, lesquels Seigneurs ont reconnu lesdites gardes être par eux tenuës en fief du Comte de Nevers : par charte d'entre le Comte de Nevers & le Dauphin d'Auvergne sieur de Dompierre Jalligny du mois de Mars de l'an 1293. Ce droit de gardes vient de l'ancienne observance qui étoit en ce Royaume, que les Rois bailloient les Abbayes aux Seigneurs qui leur faisoient service pour recompense, & tels Abbez lays constituoient des Doyens reguliers pour la discipline Monachale : Ainsi dit Aimoinus en son Histoire livre 4. chap. 83. & livre 5. chap. 1. du tems de Charlemagne, & du tems de Loüis le Debonnaire livre 5. chap. 19. & de Charles le Chauve livre 5. chap. 24. 34. 36. 39. & 41. & ces concessions étoient à vie. Depuis quand les fiefs de dignitez furent faits hereditaires, aussi furent les Abbayes concedées en fief, comme il a été dit cy-dessus, que Guillaume Comte de Nevers, bailla aux Religieux de la Charité l'Abbaye de saint Victor, qu'il tenoit en fief du Roy, & que l'Evêque Hugo bailla à ses Chanoines l'Abbaye saint Arille, que Geoffroy tenoit en fief de luy. Mais aprés les deux Conciles de Latran sous les Papes Alexandre III. & Innocent III. Par lesquels l'Eglise fut remise en son ancienne splendeur & authorité, fut défendu de ne plus infeoder dixmes, les élections & collations des Prelatures & Benefices furent rétablies és mains des personnes Ecclesiastiques : & lors ceux qui tenoient les Abbayes & Prelatures en fief, devinrent gardiens, Vidames, Prévôts, Avocats ou Avoüez des Eglises, & prenoient certains droits sur le revenu d'icelles : Et aprés lesdits Conciles les Papes n'ont pas reprouvé lesdites gardes, comme il se void audit chapitre *Præterea de jure patro.* au chap. *in quibusdam de pœnis*, au chap. *Consulere de simonia* és Decretales antiques. Et cy-dessus a été rapporté de l'approbation que fit Innocent III. Pape, l'an 1213. de la garde de Vezelay, & de la procuration ou pension dûë par icelle au Comte de Nevers : Ainsi les Comtes de Nevers sont devenus gardiens de plusieurs Eglises, d'aucunes pour être fondateurs & bien-faicteurs, des autres parce qu'elles sont en dedans le détroit & territoire de Nivernois, des autres pour être simples protecteurs. Lequel droit de garde ils tiennent en fief du Roy, comme hereditaires & faisans portion de leur fief Comtal ou Ducal. Ces témoignages d'antiquité avec telle authorité & approbation, font connoitre que le Roy n'est pas gardien immediat de toute les Abbayes & Eglises de son Royaume, quoy que les Gens du Roy ayent voulu prétendre ; même se void par l'Edit du Roy Philippes le Bel de l'an 1302. que le Roy promet qu'il n'octroyera d'oresnavant nouvelles gardes aux Eglises au préjudice des Seigneurs : ce qui fait connoître qu'il le faisoit auparavant, & toutesfois ne le devoit faire : Et par l'Edit de Moulins de l'an 1566. article 56. est dit que les Eglises ne se pourront prévaloir des gardes gardiennes dépendans immediatement du Roy, si elles n'en ont privilege. Ce mot de privilege, montre que le droit commun est au contraire, & que selon iceluy toutes Eglises sont de la Jurisdiction des Seigneurs, és territoires desquels elles sont assises, & à ce fait le 75. article de l'Edit d'Orleans.

Au païs de Nivernois sont quatre Maisons & Convens de l'Ordre de la Chartreuse, la Maison de Bellarris en la Chastellenie de Chastelneuf au Val de Bargis Diocese d'Auxerre : La Maison de Basse-Ville en la Chastellenie de Clamecy au méme Diocese : La Maison d'Aponay en la Chastellenie de Savigny Poysou au Diocese de Nevers ; & la Maison du Val S. George en la Chastellenie de Lorme Diocese d'Authun. La Maison de Basse-Ville a été bâtie, fondée & dotée par Messire Jean le grand, Chanoine de Furnes, Chapellain & Aumônier de Loüis de Flandres Comte de Nevers. Par la fondation le lieu est nommé sainte Marie du Val S. Jean : l'amortissement est fait par ledit Loüis Comte de Nevers, en Mars l'an 1320. & veut par les lettres que le lieu soit de sa garde speciale & du ressort de Clamecy, approuvé par le Roy en Octobre l'an 1320. verifié à la Chambre des Comptes à Paris, & là est reconnû que le Comte peut amortir au profit des Eglises sans finance. Il a été dit cy-dessus, que Theobaldus Evêque de Nevers, a été fondateur du Monastere d'Aponay en l'an 1185. Le Monastere du Val S. George a été construit, fondé & doté par Hugues Seigneur de Lormes en l'an 1235. & la fondation approuvée & amortie par Guy Comte de Nevers, du fief duquel est Lorme. Au même païs de Nivernois és Faux-bourgs de Clemecy, est la maison Episcopale & Hôpital de Bethleem, dont la fondation a ainsi commencé. Guillaume Comte de Nevers le quatriéme, fit l'entreprise pour la reconqueste de la Terre-Sainte, il mourut à Acre en Palestine qui est Ptolemaïde, & selon son ordonnance son corps fut porté & enterré au lieu de Bethleem en Judée. Guy son frere & successeur qui étoit en la même entreprise, amena en France l'Evêque de Bethleem, qui avoit été déchassé de son Evêché, & luy donna le Bourg de Pantenor lés Clamecy outre la riviere d'Yonne, avec le gaignage & domaine de Cembeuf ou Sambert, & la Ville sous Saisy, appellée la Maison Dieu de Bethleem,

& le Bourg qui est outre les ponts de Montruillon : ainsi qu'il est recité en une charte de Reinier Evêque de Bethleem dé l'an 1223. Depuis ce tems l'Evêque de Bethleem lés Clamecy, transporta à Robert Comte de Nevers, la Jurisdiction, festaige & foires qu'il avoit audit Bourg lés Clemecy, & au Bourg de Montruillon, retenu à son Eglise le domaine & la jurisdiction sur les Freres & Convers de sa Maison, & sur ceux qui se donnent à l'Hôpital de Bethleem, moyenant la recompense de certaine rente : ce fut en l'an 1291. & en la lettre se dit l'Hôpital & Chapelle sainte Marie de Bethleem lés Clamecy, sujete à l'Eglise de Bethleem en Palestine immediatément. Se trouve une charte du Roy Charles VI. de l'an 1412. au mois de Février, par laquelle le Roy confirme les dons faits par Guillaume Comte de Nevers, & par Mathilde Comtesse à l'Eglise de Bethleem, & recite que ledit Guillaume voulut être inhumé à Bethleem en Palestine, & ordonna le Roy, que les Evêques de Bethleem, s'ils sont originaires du Royaume, ou y ayent demeuré long-tems, aprés serment presté, jouïssent de pareils privileges que les autres Evêques de France : Les privileges entre-autres sont, qu'ils sont Conseiller naiz du Roy, & à ce titre ont seance en la Cour de Parlement és plaidoyries & audiences publiques, leur seance est du côté des Conseillers laiz au dessous du President. Mais ils n'ont voix ny avis és Jugemens qui se donnent s'ils ne sont Pairs de France, ou si ce n'est l'Evêque de Paris, qui a voix & opinion comme les Pairs. En ce lieu de Bethleem prés Clamecy, ledit Evêque a territoire Episcopal, tant petit soit le territoire, & s'il est consacré, il exerce audit lieu tous actes appartenans à l'ordre Pontifical comme en son Diocese. La presentation ou nomination de la Prelature appartient au Duc de Nivernois, comme Patron & Fondateur, l'institution au Pape. Le Monastere & Prieuré de Faye prés Nevers, Ordre de Grandmont, dont les Religieux sont dits Bons-hommes, a été édifié & fondé par Guillaume Comte de Nevers, meu de devotion par l'occasion qui s'ensuit. Un Gentil-homme de sa Maison amateur de la chasse, se trouva surpris par la nuit dedans le bois, dont il y a grande quantité & sont fort épais en cét endroit où est le Monastere de Faye, & étant égaré de son chemin, fut contraint de loger en la cabane d'un charbonnier, & comme il étoit mal logé & mal accommodé, il dormit mal aussi, & fut contraint de veiller partie de la nuit & deviser avec le charbonnier, qui entendoit à son fourneau de charbon étant en feu, arriva environ la minuit qu'il void en fantôme arriver un homme à cheval ayant une femme en crouppe, & étans prés de ce fourneau tous deux se descendent, & l'homme de cheval donne deux ou trois coups de dague à cette femme, puis la jette comme demie morte en ce fourneau de charbon ardent & se jette aprés, & incontinent le chevalier, la dame & le cheval disparurent : c'étoit une vision & fantôme. Ce Gentil-homme hoste du charbonnier épouvanté de cette vision, eût loisir de veiller le reste de la nuit, & le matin venu partit & arrive auprés du Comte de Nevers son Maître, luy recite ce qu'il avoit veu : le Comte par curiosité voulut s'en asseurer par ses yeux, & à certaine nuit qu'il se trouva au lieu ne faillit de voir la même vision : car le charbonnier avoit dit toutes & quantes fois qu'il avoit un fourneau de charbon en feu, la même vision avenoit : & enquerant ledit Comte de diverses parts, & selon divers recits qui luy furent faits, vint à recüeillir que c'étoit la penitence d'un Gentilhomme son domestique decedé, qui aimant par folle amour une Damoiselle mariée, tua son mary pour joüir plus facilement d'elle, ainsi que le bruit étoit, mais le cas n'avoit pû être averé. Le Comte meu de devotion par cette vision merveilleuse, fit bâtir, fonda & dota au même lieu la Maison, Eglise & Monastere de Faye, qui est Prieuré, auquel il fit venir des Moines de l'Ordre de Grandmont. Antonin en son Histoire fait le conte de la vision, & nomme le Comte de Nevers, mais ne parle de la fondation dudit Monastere de Faye.

DES

DES COMTES ET DUCS DE NEVERS ET NIVERNOIS, ET DE LEURS ALLIANCES.

LES noms de Ducs & Comtes sont venus des Romains, lors que leur Empire & Domination étoit en Monarchie gouvernée par un seul sous titre d'Empereur. Ceux qui étoient commis Capitaines generaux pour commander à une armée, ou sur plusieurs Regions & Provinces particulieres comprises sous un nom general de nation; étoient appellez Ducs, comme celuy qui étoit Gouverneur d'Illyrique, qui contenoit tout ce qui est aujourd'huy de la Damaltie, Hongrie, Vualachie, Servie, Bulgarie: qui étoit Gouverneur des Gaules, des Espagnes, de l'Orient. L'ancienne observance des Romains étoit, que pour maintenir en obeïssance & severeté ces grandes & generales Provinces, qui en comprenoient plusieurs particulieres; ils établissoient en chacune d'icelles, deux, trois ou quatre legions entretenuës, tant en paix qu'en guerre, & celuy qui commandoit à toutes ces legiont, étoit nommé Duc. Chacune legion qui étoit de six mil hommes ou environ, avoit son fief qui étoit nommé Legat, qui est à dire Lieutenant ou Commis: & en une legion étoient plusieurs Tribuns, chacun commandant à mil hommes; & quand l'Empereur pourvoyoit aucun de cette dignité de Tribun, il luy ceignoit l'épée avec le baudrier: Pardessus les Ducs étoient les Lieutenans Generaux de l'Empereur, en la principale armée composée de toutes les forces de l'Empire, comme quand il étoit question de combattre puissance contre puissance, quand un grand ennemy se presentoit: & tels Lieutenans Generaux étoient aussi nommez Legats de l'Empereur. Les Comtes étoient ceux qui avoient les charges particulieres és armées, comme se disoit le Comte du premier rang, celuy qui en une bataille commandoit au premier rang: qui avoit charges generales au Palais, & en la Maison de l'Empereur, comme la charge generale des Finances, charge generale de l'Escurie, charge generale des bien-faits de l'Empereur, charge generale des Gardes, & autres telles: Aussi étoient dits Comtes ceux avoient le Gouvernement des Citez & Provinces particulieres, faisans portion d'une Province generale. Et toutes ces dignitez, tant domestique, qu'és Provinces & armées; prenoient titre & honneur des dignitez militaires; car les Romains ne faisoient compte d'aucun és charges publiques, sinon autant qu'il avoit montré sa valeur en la milice: Les meilleurs Empereurs eux-même étoient és armées, & n'y commettoient des Lieutenans; ils se rendoient sujets aux hazards des batailles, & tout s'en portoit mieux, quand les soldats voyoient leur Souverain subir le même peril. Aussi lesdits Empereurs quand ils parloient à leurs soldats les appelloient compagnons de milice; le mot Latin est *Comilitones*. On lit és Histoires que Jules Cesar, Vespasian, Titus son fils, Trajan, Adrian, Severus, Alexandre, Aurelian, Valerian, Claudius second, Diocletian, Constantin, Theodose Empereurs, ont toûjours été en personne és armées. Mais les Empereurs tyrans, adonnez ou à leurs voluptez, ou à la cruauté (qui sont choses propres pour rendre pusillanime & foible le cœur d'un grand Seigneur) ont administré leurs guerres par Legats & Lieutenans, qu'ils choisissoient les plus preux, sages & valeureux; comme Tybere, Neron, Domitian, Commodus, Heliogabale, Gallien. Et avenoit ordinairement, comme la tyrannie desdits Empereurs étoit cause de leur mort, & ruine de leurs Maisons: que tels Lieutenans étoient faits successeurs à l'Empire, comme les plus dignes d'iceluy; leur valeur les avançoit en cette grandeur. La grandeur avec trop d'aise a apoltrony leurs enfans pour la plûpart, qui a été cause que l'Empire n'a jamais duré plus de trois lignées en une même Maison. De vray, jamais Roy, ny autre Souverain ou Grand, n'a bien commandé, s'il n'a été en personne és exploits de guerre: Car outre que sa presence encourage les soldats qui en bien faisant esperent recompense d'honneurs & de biens, par les mains de celuy qui les void bien faire. Iceluy Roy souverain ou grand s'accoûtume à reconnoître & croire que sa grandeur n'est en luy ny de par luy, mais qu'elle est en la bonne volonté & obeïssance de ses sujets & soldats, sans lesquels il ne pourroit exploiter, acquerir honneur, ny se maintenir en grandeur. Cela le semond à aimer ses soldats & son peuple, en se figurant qu'en une bataille la condition du Roy pour le peril de sa vie, est pareille à celle d'un simple soldat ; & à part soy reconnoît que s'il n'étoit aimé il ne seroit si grand. Auparavant que la Monarchie de l'Empire Romain fût occupée par les Empereurs, dont Jules Cesar fut le premier, la Republique de Rome avoit ses Magistrats ordinaires, qui étoient élûs par le peuple chacun an : Les Consuls étoient superieurs à tous, & quand une guerre étoit de fort grande importance, l'un des Consuls, ou tous deux y alloient en personne : Si la guerre étoit moindre, un Preteur étoit envoyé pour commander en l'armée, & il y avoit diverses sortes de Preteurs : les uns pour la Jurisdiction civile entre les Citoyens, les autres pour la Jurisdiction entre les étrangers étans à Rome ; les autres Preteurs étoient distribuez au Gouvernement, ou à la conquête des Provinces qui étoient de moindre importance, & telles Provinces étoient appellées Pretoires : les autres Provinces de plus grande importance étoient appellées Consulaires, & y étoient envoyez pour Gouverneurs Personnages de grande valeur qui avoient été Consuls, ausquels on donnoit le titre de Proconsuls : Aussi les forces de guerre étoient attribuées moindres ou plus grandes, selon la qualité de la Province Pretoire ou Consulaire. Audit Empire Romain la loy étoit, que le Gouverneur ou Recteur d'une Province ne pouvoit acheter aucun heritage, ny prendre femme en icelle, même n'eût osé y mener sa femme ; ainsi que dit Tacite au troisiéme livre de son Histoire : & afin qu'il n'eût occasion de s'adresser aux femmes des sujets de la Province, entre les autres fournitures & provisions qui luy étoient baillées du public, on bailloit à chacun d'eux une concubine, qu'il étoit tenu de rétablir aprés sa charge finie, ainsi qu'il est écrit par Trebellius Pollio en la vie de l'Empereur Claudius, & par Lampridius en la vie d'Alexandre : En ce tems-là le concubinat étoit permis, parce que la loy des Chrétiens n'étoit encores rétablie audit Empire.

Le nom d'Empereur a été pris par les successeurs de Jules Cesar premier Monarque, pour éviter la mal-grace de ce nom de Roy, tant odieux au peuple Romain, depuis Tarquin le Superbe. Ledit Cesar ayant occupé la Monarchie se nomma Dictateur perpetuel à l'exemple de Cornelius Sylla, qui auparavant avoit ainsi fait : Mais aprés avoir exercé ce Magistrat souverain par ledit Sylla, il le déposa volontairement, & se rendit personne privée : Et aprés la mort dudit Cesar, ce nom & titre de Dictateur fut supprimé, & par loy ordonné que l'on n'en établiroit plus, ainsi que recite Ciceron en la premiere Oraison Philippique, disant que ce nom de Dictateur, assez de fois approuvé par le peuple Romain, en Magistrat extraordinaire, la puissance duquel étoit souveraine, devint odieux lors qu'il fut fait perpetuel, comme representant en effet une puissance Royale : Anciennement tel Magistrat étoit de six mois ou de moindre tems, & n'étoit creé sinon quand il survenoit un bien fort grand besoin & affaire en la Republique, & étoit souverain par dessus tous autres Magistrats, & par dessus tout le peuple, & n'y avoit appel de luy : l'un des Consuls nommoit & disoit le Dictateur celuy que le Senat avoit avisé ; & par ceremonie le nommoit de nuit, quand tout étoit en silence ; & ledit Dictateur nommoit le Maître des Chevaliers, qui étoit comme son Lieutenant nay, pour le seconder & aider : Mais le nom d'Empereur de toute ancienneté avoit été agreable au peuple & favorable. Car au tems que la Republique de Rome étoit en sa grande grandeur avec liberté, ce nom d'Empereur étoit acquis par la voix & consentement commun des soldats de l'armée, quand aprés un excellent exploit de guerre fait par le General de l'armée, & victoire obtenuë des ennemis, toute l'armée unanimement, & comme par un mouvement soudain avec acclamation, donnoit audit Chef general le nom & titre d'Empereur, comme qui diroit digne de commander : ainsi qu'il se void en l'une des Epistres familieres de Ciceron *ad Cælium*, au livre second, disant qu'aprés une juste victoire obtenuë par luy, lors qu'il étoit Proconsul en Cilicie, il fut appellé Empereur, & ce titre étoit mis avant tous les autres noms, ainsi qu'il se void és Epistres suivantes dudit Ciceron, esquelles il s'intitule ainsi, *Imperator Marcus Tullius Cicero*, & le même est témoigné par Corneille Tacite en son hist. liv. 3. Ainsi ces Monarques ayans abaissé ou mis au neant la liberté du peuple Romain, prirent ce nom d'Empereur qui étoit fort specieux, & de belle apparence, mais en effet ils étoient Rois & commandoient absolument : Comme il avint quand Florance perdit sa liberté en l'an 1531. à la poursuite de Clement VII. Pape, nay Citoyen en la même Ville. Alexandre de Medicis cousin dudit Clement, fut étably Chef avec ce titre beau & specieux de Duc de la Republique de Florence : Mais en effet il commanda, comme seul Seigneur sans Republique, ainsi qu'ont fait & font ses successeurs. De vray tous les predecesseurs de ce nom de Medicis n'ont été guerriers ; mais à commencer au grand Cosme de Medicis, qui établit les fondemens de cette Maison, ils étoient adonnez à faire amas de grandes richesses : Ledit Cosme & Laurent son petit fils furent tres-liberaux & magnifiques, gracieux envers les Citoyens, & acquirent tel credit & reputation en la Cité de Florance, qui lors étoit en état de Republique que tout se gouvernoit à leur volonté, même ledit Laurent fut honoré par le Roy Louïs XI. de France, d'un échantillon des Armes de France en petit écu, dont il chargea ses armes de Medicis. Pierre fils dudit Laurent successeur des richesses, mais non pas de la liberalité, sagesse, prudence & courtoisie envers ses Concitoyens, precipita par sa témérité cette Maison, & fut chassé de Florance avec Jean son frere qui depuis fut Pape Leon X. Lesdits Papes Leon X. & Clement VII. pour vanger cette injure par l'aide de leur puissance Papale, firent tant qu'enfin Florance fut assiegée par l'armée de l'Empereur Charles V. fut prise à composition, sa liberté & la Republique mise à neant, & pour le contentement des Citoyens avec belles paroles, ledit Alexandre de Medicis, ayant épousé la fille bastarde dudit Empereur, fut fait Duc de la Republique de Florance. Tels furent les fruits du grand entendement & esprit aigu des Florantins, qui est tant exalté par Guichardin Historien, nay de la même ville, & en les comparant aux Venitiens, d'écrit iceux Venitiens, comme ayans l'esprit grossier : Les effets montrent qu'une prudence moyenne fait plus que la prudence si exactement grande. Les Venitiens sont de present grands & en liberté, & les Florentins ont perdu leur liberté.

L'Empire des Romains montre l'exemple de toutes sortes de gouvernemens, car au commencement il a été gouverné par Rois, qui furent sept de suite, & dura ce gouvernement deux cens quarante - cinq ans. Ces Rois ne commandoient pas de puissance absoluë, car ils avoient élû cent personnages anciens, qui à cause de leur grand âge furent dits Senateurs, & étoient des principales familles de Rome : l'un desdits Rois Tarquinius Priscus, en ajoûta cent autres, qui à comparaison des premiers se disoient être de moindres Maisons, que l'on dit en Latin *Minorum gentium*, & tous étoient Patrices, comme les plus nobles de Rome, sans l'avis desquels les Rois n'ordonnoient & n'entreprenoient aucun affaire d'importance. Le septieme Roy rompit cét ordre, & faisoit toutes choses à sa volonté sans y appeller lesdits Senateurs, mais appelloit à conseil gens de même humeur que luy : Sa tyrannie & mauvais gouvernement fut cause de le déchasser. Et dés lors les Romains prirent une nouvelle forme de gouvernement, en élisant tous les ans deux Consuls, qui avoient toute puissance, avec une honeste bride du Senat d'une part, & du peuple d'autre part. Ce gouvernement dura environ quatre cens soixante ans. Jules Cesar, comme dit a été, se fit Dictateur perpetuel, & entreprit de commander seul comme souverain. Ses successeurs changerent le nom de Dictateur en nom d'Empereur, mais en effet c'étoit la même puissance, & ne se servoient du Senat ny du peuple, sinon pour approuver leurs volontez telles qu'elles se trouvoient raisonnables ou déraisonnables. Combien que chacun de ces Empereurs essayât de rendre l'Empire hereditaire en sa Maison ; il n'y eut aucun d'eux qui le sçût confirmer outre la seconde ou tierce ligne, & bien peu à la tierce : grande partie d'eux furent tuez par leurs soldats, ou par leurs domestiques, à cause de leur tyrannie & mauvaise vie. Ce gouvernement dura environ quatre cens soixante & dix ans, & fut ledit Empire ruiné de tous points en Italie. C'est en tout onze cens soixante & quinze ans. La Monarchie des François és Gaules a déja duré sous les Rois presque autant de tems, le Royaume étant hereditaire, & venant par ligne au plus prochain mâle. Vray est qu'il y a eu trois lignées des Rois, la premiere des Rois qu'aucuns appellent Merolngiens, à cause de Meroüée, dit proprement *Mejervuig*, qui premier établit cette Monarchie és Gaules, & a duré environ 300. ans : Aucuns desdits Rois ont été bons & vaillans, les autres cruels, incestueux & adonnez à leurs folles voluptez, si est-ce que le peuple étoit gouverné par bonnes loix. La seconde lignée venuë de Charles Martel dura environ deux cens trente-sept ans. Ledit Charles Martel de vray étoit tres - vaillant Capitaine, mais il usurpa le Royaume sans legitime élection, ayant le moyen de ce faire par la faineantise, abaissement de cœur, & de sens des Rois de la premiere lignée. Cette seconde lignée n'a duré que cent ans en prosperité, & comme ordinairement il avient que toutes grandeurs acquises soudainement sont de peu de durée ; Et mettant en juste balance les afflictions & indignitez que les Rois de cette seconde lignée ont souffertes quand leur prosperité a commencé à décliner, il leur eût été plus honorable d'être naiz en maison de simples Gentils-hommes. Car tant plus une personne est de grand lieu, de grand cœur & de grand sens, plus il est affligé par la décheance de sa grandeur ; ou bien s'il a le cœur foible, pour n'avoir le sentiment si aigu, il se doit dire que c'est le plus grand malheur qui puisse arriver à un Grand, d'avoir le sens & le cœur foible. Cela doit servir d'exemple à ceux qui bastissent leurs maisons, tant grandes soient-elles, afin qu'ils s'adonnent de les bastir avec Dieu, & employer leur grandeur pour la protection des pauvres & des oppressez, & pour l'extermination des méchans. La tierce lignée de nos Rois, qui a commencé par Hugues dit Capet, a déja duré prés de 600. ans, se continuant par lignée masculine. Le fondement & le bastiment en ont été bons, par vraye & legitime vocation, par bonnes loix, & soin pour l'observance d'icelles, établissement de bons Magistrats, amour des Rois envers les Princes leurs parens, & autres grands Seigneurs, amour du peuple, distribution des grandes charges aux grands naiz en grandes maisons, ou qui par longs, vertueux & excellens services, avoient donné grand témoignage de leur valeur digne de grandeur. Quand aucuns des Rois de cettte tierce lignée se sont éloignez de ces belles vertus, Dieu les a châtiez, & ne les a pas ruinez : les a abaissez, mais ne les a pas accablez. Cette comparaison fait connoître que de toutes les sortes de gouvernemens, la Monarchie qui est le commandement d'un seul est la meilleure ; quoy qu'elle soit sujette à facilement s'en aigrir & tourner en tyrannie, si est-ce qu'elle amene moins d'inconveniens, même quand la race a été une fois bien choisie, & que les Rois sont soigneux de prendre partis en mariages de Maisons de valeur esquelles la vraye vertu est plus en honneur, que les vaines fumées des grandeurs de ce monde. Aussi est avenu durant la Domination de la lignée d'Huges Capet, que les Rois ont été soigneux de prendre conseil, assistance & aide des Princes de leur sang, dont il a plû à Dieu de multiplier cette lignée; & d'autres Princes & grands Seigneurs, qui par longue experience avoient fait connoître la valeur de leur race. Et quand autrement a été, & que les Rois pour avoir l'execution de leurs volontez plus libres, ont méprisé lesdits Princes & grands Seigneurs qui pouvoient franchement parler, & se sont servis de petits compagnons leurs creatures, & comme leurs esclaves pour dire, ouï & non, selon la volonté du Maître sans replique : beaucoup de maux sont avenus. L'exemple presque recent se void du Roy Louïs XI. qui par telles façons engendra la guerre du bien public, dont il se sentit si pressé, qu'il disoit y avoir encores places pour luy au livre de Bocace des nobles infortunez ; & bien que selon le monde, ledit Roy ait pris vengeance de ceux qui luy furen adversaires (on jugera si cette vangeance fut avec cœur Royal & genereux :) Si est-ce qu'il a ruiné sa Maison particuliere, car le jour d'huy il n'y a aucun descendant de luy, soit par ligne masculine ou feminine. Et n'est pas peut-être bien à propos ce qu'un Roy son successeur * disoit en le loüant, qu'il avoit mis les Rois de France hors de page : Ses successeurs n'ont pas tous ny du tout suivy son dessein, & s'en sont bien trouvez ; mais aussi n'ont-ils pas suivy le dessein de leurs plus anciens predecesseurs, qui a fait que leur race ne s'étant aucunement maintenuë, a reçû beaucoup de grandes afflictions, Dieu vueille que ce soient simples afflictions : Si est-ce que nous avons vû, selon la corruption du tems, qu'aucuns grands Seigneurs ont essayé de fortifier leur credit auprés les Rois par les alliances qu'ils ont prises avec des personnes de bien petite maison qui avoient la faveur des Rois sans aucuns merites, & sans aucune valeur remarquable : le succez en sera tel qu'il plaira à Dieu d'en ordonner, toutesfois il est mal-aisé à croire, que la grandeur acquise par cette façon soit de durée, & si bien elle duroit, il ne se peut faire que la reputation de tels personnages demeure en son entier, si ce n'est és cerveaux & jugemens des hommes corrompus selon le tems, & faut croire qu'il y a bon nombre de François qui tiennent en eux les bonnes & genereuses opinions & creances dont la nation Françoise a été d'ancienneté renommée. L'Italie depuis le déclin de l'Empire Romain, a reçû diverses afflictions & long-tems durant, & comme il plaît à Dieu, en forme d'antiperistase, affliger en desunion ce qui s'étoit accrû & conservé avec union : Ainsi l'Empire des Romains en Italie, qui s'étoit conservé avec union par les propres forces de l'Italie durant onze ou douze cens ans, depuis la fondation de Rome jusques au saccagement d'icelle par les Goths : quand il a commencé à se défaire, il a été malement vexé par diverses sortes de divisions, les Goths pour un tems tenoient Rome, & la plûpart de l'Italie, & les Empereurs Romais tenoient leur siege à Ravenne. Puis les Goths tinrent leur siege & sejour à Ravenne, Rome étant deserte, & se conservant aucunement sous l'authorité des Papes. En aprés les Lombards conquirent grande partie de l'Italie : les Exarques envoyez par les Empereurs Grecs, retenoient à peine cette region d'Italie, qui est sur la mer Adriatique, dont le principal siege étoit Ravenne, & quelque partie de la Pouille & Calabre. Ce Royaume des Lombards dura deux cens ans : eux ne se pouvans tenir en leur peau pour joüir de leur conqueste, firent plusieurs molestes aux Papes de Rome : les Papes eurent recours aux François toûjours devots à l'Eglise : les François exterminerent les Lombards, & la Lombardie fut annexée à l'Empire d'Occident. Ces mêmes François ayant conquêté sur les Grecs & Lombards ce qui étoit de l'Exarcat, le donnerent au Siege Apostolique de Rome, qui est aujourd'huy la Romagne & la Marque d'Acone. Ce qui étoit resté des Lombards continua à vexer l'Italie devers la Calabre, la Poüille & la Sicile : les Grecs à cause de leurs anciennes prétentions se mélerent parmy : les plus foibles appellerent à leur secours les Mores Sarazins, qui peu auparavant avoient conquêté l'Affrique : Les Normands s'étans multipliez en France, pour décharger le païs envoyerent bonne partie de leurs gens chercher nouveaux sieges, ils arriverent en la Calabre sur ce débat, & ayans vaincu & chassé les uns & les autres, se firent Seigneurs de la Poüille, de la Calabre & de la Sicile. Roger le Normand fut le premier qui prit titre de Roy de Sicile, l'an mil cent vingt-trois, & parce que les Papes, qui lors étoient leur donnerent terreur des censures Ecclesiastiques; ils se soûmirent de tenir leurdite conqueste en fief du Siege Apostolique, comme encores de present lesdits païs en sont tenus en fief : c'est le commencement du Royaume des deux Siciles, ainsi appelloit-on la vraye Sicile, qui est Isle delà le Far. Le Royaume de Naples se disoit être la Sicile deça le Far. Cette tempeste cessée en Italie, survint le débat entre les Papes & les Empereurs d'Allemagne, (les Empereurs François ont toûjours honoré, servy & secouru le Siege Apostolique :) Ce débat étoit, sur ce que les Empereurs Allemans, à la suite des privileges accordez aux Empereurs François, prétendoient avoir droit de nommer & établir le Pape, & autres Evêques de l'Empire ; à quoy les Papes resistoient & méloient parmy ce débat une accusation de simonie, les Empereurs venoient en Italie avec main armée, les Papes quelquesfois avec les armes des étrangers & de l'Italie, quelquesfois par excommunications & dépositions des Empereurs resistoient. Sur cette querelle toute l'Italie se banda, & sourdirent deux partis, l'un des Guelphes, soûtenans la querelle du Pape, l'autre des Gibelins soûtenans la querelle de l'Empereur. Pendant ces divisions les plus forts se faisoient Seigneurs des bonnes Villes & territoires d'icelles, &

* *François I.*

avec le tems trouverent moyen d'y être établis Vicaires, & depuis Comtes & Ducs hereditaires, les uns sous l'Empire, les autres sous le Siege Apostolique : les autres villes se maintinrent en Republiques, achetans leur liberté des Empereurs, comme Florance, Genes, Pise, Luques. Puis ayant l'Italie repris quelque aise & repos ; l'inquiétude y survint, qui mit les Seigneurs & les Republiques en divisions, & pour les deméler ont appellé les étrangers : Les Allemans de la Maison de Sueve ou Suabe, tenans les Royaumes de Sicile & de Naples irriterent les Papes qui appellerent les François, & par Urbain IV. Pape, Charles d'Anjou fils du Roy Louïs VIII. Duc d'Anjou, fut investy desdits Royaumes, qui chassa les Allemans : Une Jeanne veuve desdits Rois Angevins appella les Artagonnois, lesquels & les François ont depuis joüé assez de fois. Le Duc de Milan Ludovic Sforce voulant se venger de l'Aragonnois, appella en Italie le Roy de France Charles VIII. qui conquêta le Royaume de Naples : depuis les Rois de France issus de la Maison d'Orleans, prétendirent le Duché de Milan, à cause de Valentine Vicomte mariée à Louïs Duc d'Orleans frere de Charles VI. Beaucoup de batailles & de sang épandu, enfin les Espagnols qui sçavent mieux garder leurs conquestes que les François, sont demeurez maîtres, tant des Royaumes de Sicile & de Naples, que du Duché de Milan. L'Empereur Charles V. se trouvant paisibles desdits Royaumes & Duché, fit tant que les Potentats d'Italie s'asseurerent de luy qu'il ne mouveroit rien en Italie davantage : & pour empêcher que les François ne vinssent plus les troubler sur leur repos ; les Papes par l'occasion des heresies, dont la France étoit affligée, ont mis sus la sainte Ligue, dont le Siege Apostolique est le Chef, le Roy d'Espagne & les Potentats d'Italie y sont compris, & par ce moyen la France étant divisée en soy laissa l'Italie en paix. Ainsi l'Italie, tant par les étrangers, que par ceux du même païs, a été vexée & travaillée par plus d'onze cens ans, qui est depuis la ruine de l'Empire Romain, par le moyen des divisions & partialitez : laquelle par semblable tems s'étoit accrûë, & avoit acquis la Seigneurie de tout le monde.

Reprenant le style & cours du propos de l'origine de ces noms de Ducs & Comtes qui est venuë des Romains, je dis que les François & autres nations étrangeres, ayans conquêté sur les Romains plusieurs Provinces & Regions, se sont aidez des mêmes noms de Ducs & Comtes, pour les accommoder aux dignitez & charges, dont les Rois ont voulu honorer ceux qu'ils établissoient, pour gouverner & commander és affaires de guerre & politiques : même les François ont eu plus de moyen de ce faire : car arrivans à cette conqueste des Gaules, ils n'y venoient pas comme purs étrangers, ne sçachans rien de l'état & gouvernement des Romains. Il se lit en l'Histoire d'Ammian Marcellin, livre quinziéme, qu'au Palais de l'Empereur Constance étoient plusieurs François florissans en honneur & reputation, & du même tems de Constance, est dit qu'és Gaules étoit Sylvanus maître ou general de la Milice des Romains, fils de Bonitius, François ; qui avoit fait de grands faits d'armes, pour la querelle de Constantin Empereur, contre Licinius. Doncques les Rois François retenans aucunement ce que leurs predecesseurs avoient appris des Romains, s'aiderent de même noms de Ducs & Comtes pour la distribution des principales charges en leur domination. Il se lit és Histoire qu'Hugues le grand ayeul d'Hugues Capet, a eu le titre de Comte de Paris & de Duc des François, qui n'étoit pas titre de proprieté ou autre droit hereditaire, mais titre d'administration & dignité personnelle ; comme il étoit du tems des Romains, comme qui diroit aujourd'huy Gouverneur de Paris, & Lieutenant General pour le Roy de France. On lit és Capitulaires des loix de Charles le Grand & de Louïs son fils, qu'en chacune Cité & Ville Episcopale, étoit étably un Comte qui avoit la direction & commandement, en la Justice & au fait des armes : & par même l'Evêque du lieu avoit pouvoir pour la doctrine & les mœurs & autres choses spirituelles. De vray tous nos Rois ont été soigneux de la Justice aussi bien que des armes, & se void pour marque mémorable, que comme au Couronnement de nos Rois se fait, ainsi au grand seel de France, la figure y est d'un Roy assis vétu de ses habits Royaux, comme en paix pour administrer la Justice, ayant en sa main dextre le Sceptre, qui est marque de la puissance Royale, & en la main senestre la main de Justice, quoy qu'és seaux des Empereurs, des autres Rois & grans Seigneurs leur figure soit d'homme à cheval armé de toutes pieces, l'épée brandie en la main comme pour combattre. Vray est que la guerre legitime & l'exercice du glaive, sont actes de Justice pour reparer les torts & exterminer les méchans, & à bon droit se dit *que la Justice est bien en la pointe de l'épée, pourvû que l'épée soit en la main d'un bien homme de bien* : Virgile l. 6. de son Æneide, voulant jusques au comble loüer les Romains, avoir d'écrit en quel art chacune autre nation étoit excellente, dit que le propre art des Romains étoit de commander aux peuples, sçachant donner bonne regle à la paix, pardonner à ceux qui s'humilient, & rompre la tête aux superbes. Hugues Capet Roy, Chef de la troisiéme lignée des Rois de France, qui seule a plus duré que les deux autres lignées ensemble, étant nouvellement venu à la Couronne, par le consentement & élection dés Etats de France (qui est la legitime vocation) pour de plus confirmer & asseurer cette Couronne sur sa tête & de ses successeurs, estima qu'il étoit meilleur & plus expedient à la conservation de cét Etat & Monarchie, que les dignitez de Ducs & Comtes fussent hereditaires, que de les continuer personnelles à vie ou à tems certain, comme elles étoient du tems de la lignée de Charles le Grand (qui avoit duré moins de cent ans en sa prosperité & grandeur, &

avoit duré autres cent ans en déclinant avec beaucoup d'afflictions :) En la prosperité des Rois de ladite lignée, ceux qui étoient d'autre nation que Françoise avoient commandé imperieusement aux François. La lignée d'Hugues Capet venuë des anciens Saxons, qui est la même nation dont les premiers François étoient issus, fut plus gratieuse & agreable aux François, & dés lors par bon conseil, les Duchez & Comtez furent faits hereditaires par loy ferme & perpetuelle: Vray est qu'aucuns Seigneurs dés le tems de Charles le Simple, avoient commencé à se maintenir esdits Duchez & Comtez par heredité, à l'exemple de ce que Conrard Empereur environ ce même tems avoit fait en Germanie & en ce qui est de l'Empire ces dignitez hereditaires. La Chronique dit, que Charles le Chauve, Roy & Empereur, bailla à Balduin mary de Judith sa fille le Comté de Flandres, pour eux & leurs heritiers en l'an 878. & Thibault eut le Comté de Blois hereditairement, & le trasmis à Odes dit de Champagne son fils, l'an 918. & fut dit de Champagne parce qu'il étoit nay és champs, & luy-même fut Comte de Chartres. L'experience & la raison compagne d'icelle, ont fait connoître, qu'une Monarchie se porte beaucoup mieux quand les dignitez & principaux membres d'icelle sont hereditaires, que quand ils sont personnels à vie ou à tems certain : car ceux qui premierement ont été choisis en ses grandeurs, se sont maintenus en icelles avec cœur genereux, vaillant & loyal, & si aucuns se sont trouvez autres, ou par le jugement de Dieu, ou par le jugemens des hommes, leur grandeur à été abaissée, & leurs maisons ruinées. Mais ceux qui vrayement se sont trouvez tels que leur grandeur desiroit, ont laissé leurs enfans bons & valeureux comme eux, & outre le don de naissance, les peres ont nourry, accoûtumé & élevé leurs enfans à toute vertu ; ainsi est avenu de ligne en ligne, tellement que ceux naiz és maisons hereditairement grandes, se sont trouvez dignes successeurs par le moyen de leur naissance, de leur éducation, de l'exemple de leurs predecesseurs, & par amour ardente ou plûtôt jalousie de leur honneur & reputation : Ont assisté les Rois avec bon & sain conseil, pour honorer & craindre Dieu, établir de saintes loix, les faire bien observer, donner les Etats communs & offices à gens de bien, rejetter & faire punir les méchans & aimer leur peuple. Tels personnages naiz en grandeur, n'ont eu le cœur à l'avarice, n'ont donné conseil aux Rois de charger le peuple de subsides & tributs, pour par le regorgement enrichir leurs maisons : Au contraire quand ces grandes & premieres dignitez sont personnelles à vie ou à tems, le plus souvent elles sont données par les Rois à ceux qui s'entretiennent auprés d'eux, qui pour être agreables sont flateurs, (flaterie est une vraye marque de foiblesse de cœur) & par tous moyens essayent d'être és bonnes graces du Roy : aucuns de tels peuvent être bons, mais tous ne sont pas tels, & bien souvent avient que les moins bons gagnent les premiers degrez en ses bonnes graces. Alexandre Severe Empereur fort avisé & sage, tout jeune qu'il étoit, déploroit la condition des Empereurs, qui étans grands, par necessité se servent de plusieurs personnes, & n'avenant que tous soient bons & bien faisans, tout le mal qu'ils font est attribué aux Empereurs. Ces grands ainsi nouveaux venus naiz en mediocres maisons & fortunes, n'ont pas ce don de naissance d'avoir le cœur haut & genereux, n'ont pas été nourris és actes heroïques & de grandeur, & ne demandent qu'à s'enrichir, sentans bien qu'en eux & deux mêmes, il n'y a pas valeur pour monter aux hauts degrez, ils ne s'aident pas de bons moyens de vertu pour y monter, car cette voye est difficile & longue, mais cherchent des chemins abbregez qui ne sont pas les meilleurs. Elevez qu'ils sont à ces hautes dignitez, ils n'ont pas ny le sens ny le cœur pour en porter le fardeau & exercer dignement cette grandeur, & comme disoit un Poëte Latin, il n'y a rien de plus facheux & intolerable qu'un petit compagnon devenu grand Seigneur : Ainsi cette grandeur mal logée n'étant pas bien portée ny exercée, est cause de plusieurs mauvais conseils ; car les conseils sont selon l'ame & le cœur de celuy qui les donne, dont avient la foule du peuple, mécontentement des grands, & enfin la ruine des Rois. Tant que les grandeurs on été hereditaires, & les grands bien aimez de leurs Rois, iceux Rois ont tiré de grands & recommendables services d'eux és guerres qu'ils ont eües, & au gouvernement de leurs Royaumes : Et si bien aucuns desdits grands ne se sont entretenus en leur devoir (comme il est mal-aisé qu'en quelque bon lignage que ce soit, il ne s'en trouve aucuns dégenerans) toutefois le nombre des bons a été plus grand que des autres. Ceux qui tiennent l'opinion contraire alleguent les inconveniens avenus à la Couronne, par le moyen de la grandeur d'aucuns Princes : Comme quand le Duché de Guyenne & le Comté de Poictou furent transferez à l'Anglois; comme de Philippes de Bourgogne qui mit les Anglois en France : mais il se peut dire que ç'a été un petit nombre à l'égard des autres Princes, & que les fautes des Rois & les mauvais conseils qu'ils ont pris des flateurs & gens de bas lieu, ont été cause des inconveniens qui leur sont avenus. Le Roy Louïs VII. dit le Jeune, mal conseillé repudia Leonor sa femme Duchesse de Guyenne, Comtesse de Poictou, elle épousa le fils du Roy d'Angleterre, & d'elle sont venus les Rois successeurs, qui ont fait tous efforts pour venger cette injure. Le Dauphin de France, qui depuis fut le Roy Charles VII. conseillé par aucuns amis de la Maison d'Orleans, fit tuer Jean Duc de Bourgoge à Montereau faut-Yonne. Philippes fils dudit Jean vengea ce meurtre bien aigrement, car il mit l'Anglois en France, fit desheriter ledit Dauphin par Charles VI. son pere, & fit adopter en son lieu Henry d'Angleterre, en luy faisant épouser Madame Catherine de France fille dudit Roy Charles VI. Le courroux dudit Philippes a quelque apparence d'excuse : Mais ce même Duc Philippes reprenant son bon sens, luy qui étoit Prince du sang Roal de France, rétablit la Couronne en sa legitime succession, par le traité d'Arras qu'il procura en l'an 1435. & par le moyen d'iceluy les affaires des Anglois commencerent à decliner en France, & ledit Charles VII. avant sa mort se vit paisible de toute la France, comprises la Guyenne & la Normandie, que les Anglois prétendoient par droit hereditaire. Telles entreprises de vray sont à blâmer selon les loix ordinaires, mais il est expedient que les Rois ayent quelques brides à leurs volontez quand elles s'éloignent de raison, afin qu'ils pensent être hommes sujets aux inconveniens des autres hommes, & aux jugemens de Dieu, lequel quelquefois leur suscite de foibles ennemis pour les châtier : Ces considerations font qu'ils s'abstiennent d'opprimer leurs sujets & de faire tort aux Princes, lesquels étans naiz en grandes maisons avec cœurs heroïques & genereux portent impatiemment une injure. Cette Monarchie du tems de la lignée d'Hugues Capet, n'étoit pas Monarchie intolerable, car quoy que le Roy fût respecté comme Souverain avec tous honneurs qu'un Monarque peut desirer & meriter, si est-ce que les six Pairs de France laiz luy étoient donnez comme Conseillers naiz, & par une cabale occulte non écrite, étoient comme contrôlleurs de ses actions en cas qu'il se détournât de la raison. Ces Pairs premier étoient Seigneurs de Provinces grandes & puissantes, és marches & limites du Royaume, pour tenir enserré le dedans & le cœur du Royaume ; à sçavoir Bourgogne devers la Saosne & le Rosne, Normandie devers la mer contre l'Anglois, Guyenne devers la mer, & les monts Pyrenées contre l'Espagne, Champagne devers la Meuse, Languedoc devers le Rosne & la mer de Levant, & Flandres devers l'Escault & la mer. Ces Pairies abbatuës & unies à la Couronne, les Rois ont usé de puissance absoluë.

CY-dessus est parlé des dignitez tenuës en fief hereditaire : Les simples fiefs étoient hereditaires de plus grande ancienneté que les dignitez. La source & origine en est dés le tems que les Romains étoient Seigneurs du monde avec quelques conditions : car aprés la conqueste de quelque Province, ils assignoient certains villages & territoires en dedans le païs conquêté aux vieux gens d'armes, qu'ils appelloient Veterans, qui aprés avoir servy vingt ans és guerres, étoient absous du serment militaire & de la faction de guerre. Constantin Empereur fut le premier qui ordonna, que ces villages & territoires attribuez aux Veterans, appartiendroient à leurs heritiers, afin que les gens de guerre voyans la provision assurée pour leurs enfans, eussent plus grand courage durant leur milice de s'employer pour la Republique. Auparavant ledit Constantin l'Empereur Alexandre Severe avoit accoûtumé de distribuer les terres conquêtées de nouvel aux soldats qui étoient établis en garnison, & comme mortes-payes és marches & limites de l'Empire, pour être lesdites terres propres à eux & à leurs enfans, pourvû que leurs enfans fussent gens de guerre, & à la charge qu'elle ne pourroient appartenir à personnes privées, c'est-à-dire, qui n'étoient du serment militaire. De là peut être tiré l'usage de France, que nul roturier ne peut tenir fiefs, mais les seuls Gentils-hommes, ausquels proprement est attribué l'exercice de l'art militaire, même pour combatre à cheval, auquel exercice à cheval la nation Françoise a valu par dessus toutes les autres. De cét usage dépend le subside des francs fiefs & nouveaux acquests que le Roy prend sur les roturiers tenans fiefs : Et quand le Roy anoblit un roturier & non noble par ses lettres en forme de charte, la clause speciale y est, contenant permission de tenir fiefs & justices. Combien qu'aucuns disent, même Mr. le President le Maistre en un traité des Amortissemens, que ce droit de francs fiefs n'est de l'ancien établissement de ce Royaume, & que toutes sortes de personnes peuvent tenir fiefs, pourvû qu'ils soient propres à faire le service personnel és guerres, lors de la convocation de l'Arriere-ban : Toutesfois se trouve un Arrest ancien du Parlement de Octaves des la Chandeleur en l'an mil deux cens soixante, par lequel fut jugé qu'Amaury de Meudon Chevalier, ne seroit tenu de faire hommage de son fief à un Bourgeois roturier, qui avoit acquis le fief dominant. Sera remenu qu'aprés que ces nations étrangeres eurent ainsi empieté les Provinces de l'Empire Romain, les Rois ne permirent pas l'exercice des armes, sinon à ceux de la nation conquerante. Il se lit de Theodoric ou Diethrich Roy des Ostrogoths (ce sont les Goths Orientaux) lequel regna en Italie quelque-tems, qu'il défendit par loy publique, qu'aucun nay Romain, ny aucun nay de pere Italien fût employé à la guerre, ny eût armes en sa maison. Ainsi le grand Roy Cyrus, aprés avoir vaincu les Lidiens, qui étoient belliqueux, leur ôta l'usage des armes, afin qu'ils s'employassent à negociation ou manufacture, pour les rendre inutiles à la guerre. Ainsi firent les Vvisigoths (ce sont les Goths Occidentaux,) aprés avoir conquis l'Espagne, ils retinrent à eux seuls la milice, & leur en prit mal ; car eux étans seuls guerriers, se presenterent tous en bataille sous leur Roy Roderic contre les Mores, en l'an de l'Incarnation sept cens quatorze, furent défaits, & toute l'Espagne conquêtée par lesd. Mores en moins d'un an aprés la bataille. Ceux qui peurent échaper se retirerent és montagnes de Biscaye, dite d'ancienneté Cantabrie, & de là a été la ressource de ceux qui ont reconquêté l'Espagne sur lesd. Mores fort long-tems aprés : encores aujourd'huy les maisons les plus nobles d'Espagne, se disent être de *Los Gotos*. Auparavant qu'Alexandre & Constantin Empereurs eussent fait hereditaires aux soldats, telles concessions, la coûtume étoit d'octroyer aux Tribuns, Prefects, Ducs, & autres ayans eu charge & commandement és armées devenus viels és guerres, certains villages & territoires, qui leur fournissoit toutes choses necessaires pour vivre durant leur vie ;

& s'appelloient Parochies selon l'ancien usage des Romains, qui nommoient Paroches ceux qui avoient charge publique pour recüeillir & amasser les provisions, & fournir toutes choses necessaires à ceux qui devoient être traitez aux dépens du public, comme étoient les Ambassadeurs étrangers, & les Citoyens Romains, qui voyageoient pour les affaires publiques. Ces Veterans & vieils soldats devenoient exempts du fait des armes aprés 20. ans de milice ; vray est qu'aprés seize ans ils demeuroient encore en l'armée, mais n'étoient employez en factions ny en gardes, sinon quand il étoit besoin de se défendre de l'ennemy qui venoient assaillir, ainsi dit Tacite en son histoire livre premier. Cette façon de mission, congé & exemption étoit honorable, & de reputation, & ceux qui étoient ainsi congediez, jouïssoient toûjours des privileges militaires : & s'ils avoient été employez vingt ans en dignitez militaires, ils acqueroient le titre & privilege de Comte, comme font aussi les Docteurs qui ont lû par vingt ans. Les Romains avoient une autre façon de mission qui étoit infamante, comme quand le soldat avoit fait quelque faute en son devoir, qui toutefois ne fût capitale ; car si elle étoit griéve, comme de mutinntion, ou sedition, ou d'avoir abandonné son chef ou son enseigne en faction de guerre, il y alloit de la vie : & en tel cas s'il avenoit que toute une legion ou regiment eût failly, on ne les faisoit pas tous mourir, afin que la Republique ne fût affoiblie par la mort de tant d'hommes : mais on faisoit trancher les têtes aux Chefs, & quant aux simples soldats les noms de tous étoient écrits en billets separez, tous ces billets jettez en une cruche ou urne, & tous tirez un à un à l'avanture, celuy dont le nom étoit écrit au dixiéme billet avoit la tête tranchée ; c'étoit ce que les Romains appelloient decimer une legion, ainsi étoit la terreur & crainte à tous, & la peine à peu de personnes. Ainsi fut decimée la legion des Thebeens par Maximian Empereur és marches du païs de Suisse, où est aujourd'huy l'Abbaye saint Maurice : ledit saint étoit Tribun & Chef de la legion ; saint Exupere & saint Urse avoient charges, & eurent les têtes tranchées, les soldats furent decimez par sort, parce qu'ils refuserent d'assister aux sacrifices que l'Empereur faisoit à ses Dieux, eux étans Chrétiens. Il se lit que Septimius Severus Empereur, grand Capitaine, étant devenu gouteux & imbecile de son corps, il avint que les Chefs & soldats de son armée, appellerent Auguste & Empereur le fils aîné dudit Severus, nommé Caracalla ; mais luy tout gouteux & imbecile se fit apporter au Pretoire, qui étoit la tente de l'Empereur, & là seant en Majesté, ordonna la decimation de toute son armée : Il fut aucunement appaisé par les pitoyables prieres de tous les siens, & se contenta de faire trancher les têtes aux Chefs, & pardonna aux autres, leur disant, sçachez que c'est la tête qui commande, & non pas les pieds, comme dit-est, il étoit gouteux. Et combien que les Empereurs fussent sujets aux seditions militaires, esquelles plusieurs d'eux ont été tuez, neanmoins pour cela ils ne se relâchoient de faire justice, & punir ceux qui avoient failly, & jusqu'à toute l'armée par la façon susdite de decimation. De vray, la plûpart de ceux qui ont été tuez étoient méchans & cruels, & de la cruauté venoit leur pusillanimité, comme Neron, Domitian, Commodus, Philippus, les Maximins : aucuns bons ont été tuez en sedition, comme Pertinax, Alexandre, Gordian. Ce peuple Romain nourry à la discipline militaire & à obeïr, enduroit facilement le commandemens rudes, & les peines rigoureuses. Avec cette justice, ce n'est à émerveiller si cette nation a fait de si grands faits d'armes, a eu tant de belles victoires, & conquêté tout le monde. Au tems que l'Empire de Rome étoit en Republique, s'il avenoit que le Chef de l'armée eût failly, comme s'il avoit abandonné son armée, il étoit jugé non être Citoyen Romain, il étoit condamné par le peuple à être foüetté sous la fourche, puis en detestation il étoit vendu comme esclave pour un denier : ainsi fut fait à Matienus, qui en Espagne avoit abandonné ses soldats. Et si le Chef de l'armée avoit fait avec l'ennemy une paix ignominieuse, & honteuse au peuple Romain, il étoit desavoüé, & en signe de desaveu, il étoit envoyé pieds & poings liez à l'ennemy avec lequel il avoit traité, pour en faire à son plaisir, comme étant abandonné, & non reconnu pour Citoyen Romain : ainsi fut fait d'un Hostilius Mancinus qui avoit traité avec les Numantins en Espagne. Les fautes legeres du simple soldat étoient corrigées par son Centenier ou Centurion, qui batoit le soldat sur les épaules nuës avec une verge de serment de vigne, & au lieu de froment tel soldat avoit distribution d'orge, ainsi que recite Tacite au livre premier. Quelquefois la mission ou exauctoration & congé se faisoit par une façon mélée de courroux & de justice temperée de douceur, afin de ne pas irriter toutes les troupes : quand le Chef de l'armée disoit aux soldat d'une legion ou d'une cohorte, ces mots, Allez Citoyens de Rome, le mot Latin étoit *Quirites*, comme pour leur dire, vous n'étes plus soldats, vous étes simples Bourgeois. Jules Cesar grand Capitaine, parlant en cette façon aux soldats d'une legion qui s'étoient montrez froids à executer un commandement qui leur sembloit malaisé ; les encouragea si fort, qu'aprés avoir supplié & obtenu de luy de les retenir en l'ordre de gendarmerie, ils executerent gaillardement ce qui leur avoit été commandé, tant cette brave & genereuse nation aimoit l'honneur. Autresfois les Chefs des armées usoient d'autres inventions pour faire peur sans mal aux soldats quand la faute n'étoit pas griéve, comme fit Flaminius liberateur de la Grece, sous l'authorité des Romains, lequel ayant veu un jeune Chevalier qui ne s'étoit trouvé assez promptement à la faction, le fit venir devant luy, & aprés l'avoir blâmé, commanda au Licteur (ils etoient douze qui toûjours accompagnoient le souverain Magistrat,

pour

pour executer ses commandemens de justice) de développer & apprester sa hache. (La coûtume étoit que la hache propre à couper têtes n'étoit portée découverte par le Licteur, & étoit envelopée de certains joncs, qui étoit pour montrer que l'execution de tels mandemens devoit être avec quelque retardement) ce pauvre jeune homme entra en grand crainte que ce fut pour luy trancher la tête; Flaminius commanda au Licteur qu'il coupat un certain bois qui nuisoit à l'entrée de son Pretoire, & ne fut fait autre mal à ce jeune homme, sinon de la peur. Quelquesfois pour marque de mission ou exauctoration, le Chef de l'armée faisoit porter devant ses soldats les enseignes baissées. Ces peines qui touchoient à l'honneur sans toucher au corps, ny aux biens, pesoient beaucoup plus à ce peuple si genereux, qui par son naturel estimoit que l'honneur étoit bien acheté au prix de la vie, & ainsi le represente Virgile livre 9. de l'Eneide, en la personne d'un jeune soldat Euryalus, auquel son grand amy Nisus plus âgé, celoit une entreprise hazardeuse, craignant perdre ce jeune homme, disant ledit Euryalus, qu'en luy étoit un cœur contempteur de la lumiere de ce monde, qui croyoit que l'honneur auquel Nisus prétendoit, étoit bonnement acheté au prix de la vie.

------ Est animus lucis contemptor: & istum
Qui vita benè credat emi, quo tendis, honorem.

L'autre sorte de mission, & dispense d'aller à la guerre faite avec cause, comme pour maladie perpetuelle ou de longue durée, étoit sans infamie; vray est qu'aucuns de bon cœur ne se laissoient aller legerement, si ce n'étoit maladie qui les rendit du tout inutiles. On lit és histoires des Romains, d'un soldat, qui ayant quelque passion grande en certain endroit de son corps, se trouvoit toûjours és premiers rangs és bonnes affaires; son Capitaine le voyant si bien faire, employa credit & argent envers les Medecins pour le faire guerir: Aprés sa guerison il se trouva moins hardy, dont interrogé par son Capitaine, luy dit cette raison, qu'étant malade passionné, il craignoit moins de mourir, pour les grandes douleurs qu'il sentoit: mais celuy-là n'avoit pas un cœur vrayement Romain. Les Hebreux, qui a été nation valeureuse, n'attendoient pas à punir leurs soldats aprés qu'ils avoient failly, mais étoient soigneux de les choisir tels, que vray-semblablement ils ne feroient aucune faute; pourquoy rejettoient des compagnies ceux qui étoient nouvellement mariez, ceux qui avoient planté la vigne, & n'avoient encores goûté du vin, & ceux qui avoient entrepris un bâtiment, & ne l'avoient achevé, parce qu'ils doutoient que le desir de leurs affaires domestiques les rendit moins soigneux au fait des armes. Il se lit en la Bible au livre des Juges chapitre septiéme, que Gedeon grand Capitaine, ayant sur les bras un fait d'armes d'importance, commanda que tous ceux qui sentiroient en eux un foible cœur, se retirassent sans danger; de trente-deux mil, les vingt-deux mil s'en allerent. Il fit un essay sur les dix mil qui restoient, à leur voir boire de l'eau en un ruisseau prés duquel ils passoient: car il retint seulement ceux qui burent demy courbez, jettans l'eau avec leurs mains contre leur bouche, & rejetta tous ceux qui se jetterent contre terre à ventre plat pour boire: Ils ne se trouverent que trois cens retenus, & avec ces trois cens le fait d'armes fut exploité, & Gedeon se trouva vainqueur. Il se void par le discours cy-dessus, que les Romains bons justiciers faisoient recompenses honnestes aux bons soldats, tant en dignitez ausquelles ils venoient par degrez, que par provision de vivre en leur vieillesse, & pour leurs enfans: Comme aussi par honneur, en donnant publiquement des couronnes de diverses sortes aux soldats, aprés qu'ils avoient fait quelque acte genereux en la guerre selon le merite, comme il sera dit cy-aprés. Aussi punissoient, & par la vie, & par la honte, ceux qui au fait de guerre avoient failly; & entretenans ainsi justice en la discipline militaire, ils ont façonné leurs soldats & les ont rendus invincibles. Et font bien tous grands Seigneurs de croire, qu'ils ne seront jamais bien servis s'ils ne sont liberaux à faire les recompenses à ceux qui font les bons services; mêmes les Rois qui ont divers moyens de recompenser, feroient bien de dispenser leurs bienfaits par regles & par raison de merites, & ne donner pas tant aux uns, qu'il n'y ait moyen de bien faire à tous; tant afin de conserver les bonnes volontez en leur état, & s'il est possible les accroître, comme pour n'engendrer jalousie & envie és cœurs de ceux qui ont merité & pretendent. Car tant grand soit un Roy, Empereur, ou Prince, il doit penser qu'il est sujet à mutations: la main de Dieu étant aussi puissante sur les grands comme sur les petits. Et c'est un comble de mauvaise fortune, quand aucun en son affliction se trouve n'avoir point ou avoir peu d'amis: Et ordinairement avient que ceux qui par avarice s'insinuent aux bonnes graces des Rois & Princes, sont personnes de cœur foible & vil, & qui aiment pour autant de tems que la felicité dure. Tant d'exemples se voyent és histoires des grands Seigneurs qui ont été trahis ou délaissez par ceux de bas état, ausquels ils avoient fait plus de biens: Entre autres on lit d'un Benedict de Corte, qui de petit lieu avoit été élevé en grandes dignitez & richesses, par Ludovic Sforce Duc de Milan, & en son affliction il avoit commis ledit de Corte à la garde du Chasteau de Milan, avec ample garnison & munition d'armes & autres provisions, ayant preferé ledit de Corte à son propre frere & autres ses amis, & ledit de Corte sans attendre aucun effort, tant petit soit, par vilté de cœur rendit la place au Roy Loüis XII. en Septembre 1499.

APrés ce premier établissement des Duchez & Comtez hereditaires, les Ducs

& Comtes baillerent en fief, ou firent reconnoître d'eux partie du territoire à eux attribué és mains d'autres moindres Seigneurs; aux uns à titre de Baronie, ou de Chastelenie, ou de simple fief, avec justice ou sans justice : retenu aux Seigneurs superieurs le droit de ressort en cas d'appel, ou bien de simple obeïssance & hommage. Aucunes concessions & reconnoissances se trouvent faites à titre de fief lige, qui emporte obligation de service contre tous, excepté le Souverain, qui est le Roy; & quelquesfois avec exceptions d'autres Seigneurs superieurs, qui sont specialement declarez en l'aveu. Cette obligation de ligeté emporte que le vassal ny ses heritiers ne pourront alliener le fief, que luy & sesdits heritiers ne demeurent hommes liges de tels Seigneurs, comme il se void en une charte en la Chambres des Comtes de Nevers, portant l'hommage de Robert de Courtenay, du fief de la Forest Lorrant de l'an mil deux cens vingt-sept. Entre autres hommages liges est excepté de ne faire service, ny aller en guerre contre tel Seigneur, quand il sera en la guerre à sa propre personne pour ses querelles contre le Comte de Nevers. Quand le fief lige est envers le Souverain, il est envers & contre tous, pour être amy d'amis, & ennemy d'ennemis; & est la personne obligée précisément, en sorte qu'en quittant le fief, le vassal n'est quitte de sa foy, & en cas de felonie, il forfait de corps & de biens (felonie est un mot special pour les fiefs, & signifie quand le vassal porte les armes contre son Seigneur feodal, ou attente contre sa personne ou honneur:) Quoy qu'és autres fiefs communs, l'obligation de foy ne dure sinon pour autant de tems que le vassal tient le fief. Autre fiefs se sont faits par simple reprise, quand aucun tenant sa terre en franc-allû sans charge de fief, s'est soûmis pour être vassal d'un Seigneur, afin d'être en sa protection, & pour être défendu de ceux qui voudroient luy faire tort. Aussi se sont faits nouveaux fiefs, moyennant deniers que le Seigneur bailloit au Seigneur proprietaire d'une terre, pour acquerir sur luy droit de superiorité & feodalité; esquels fiefs de reprise cette clause étoit fort en usage, que le nouveau vassal ne pourroit se retirer de la foy de son Seigneur, tant que ledit Seigneur voudroit luy fournir droit, & faire justice en sa Cour, & souloient aussi les vassaux donner pleiges jusques à certaine somme de deniers qui étoit promise de payer pour peine, en cas que lesdits vassaux deffaillissent de leur devoir. Autresfois se sont faits nouveaux fiefs par devotion & en faveur de l'Eglise, soit que les Seigneurs proprietaires fissent plus d'état de la protection de l'Eglise, qui en ce tems étoit en grande authorité & respect, soit que pour de plus meriter ils ayent voulu faire service à l'Eglise avec la main armée, pour la conserver des oppressions : Comme il avint quand les Normands ayans conquêté sur les Grecs & Mores, la Poüille, la Calabre & la Sicile, reconnurent lesd. païs en fief du Siege Apostolique Romain : Comme quand Jean Roy d'Angleterre en l'an 1213. reconnût son Royaume en fief de l'Eglise Romaine, & promit payer chacun an mil marcs d'argent au Pape : Comme quand le Roy Louis XI. reconnût Bologne sur la mer, & le Comté de Boulenois, de l'Eglise de Nôtre-Dame dudit Bologne, par devotion, quoy qu'aucuns disent qu'il prit ce pretexte de devotion pour s'exempter de la feodalité prétenduë par ses adversaires les Bourguignons, à cause de l'Artois. Aucunes concessions nouvelles ou reprises de fief sont en cette sorte, que les vasseaux se soûmettent à la feodalité, à la charge que les Seigneurs ne pourront les mettre hors de leurs mains, ny même en plus petite main que les leurs, comme est l'ordinaire provision en tout cas, quand la valeur, fidelité ou industrie de la personne est choisie, car en tel cas le negoce est personnel, & ne peut être fait transmission de personne à autre, sans le gré de celuy qui a interest au changement. J'ay veu des formules de fief-lige en cette sorte, que le vassal reconnoît être homme lige à cause de telle terre, pour servir son Seigneur quand il l'en semondra & en aura mestier, en ost & en chevauchée, comme homme feal doit servir son Seigneur lige, soûmettant à ce tous ses biens pour être exploitez jusques à certaine somme quand il défaudra. En reconnoissant cette superiorité, même quand le fief étoit lige & de ressort, le Seigneur permettoit à son vassal de bâtir une place forte avec fossez, tours & pont-levis, &, le Seigneur retenoit à luy le droit que la place demeurât jurable & rendable, c'est-à-dire, que le vassal dût promettre & jurer de rendre la place és mains de son Seigneur à grande & à petite force, pour s'en prévaloir & aider par ledit Seigneur contre ses ennemis, à la charge aussi que le Seigneur deût promettre à son vassal de luy reparer le dommage qui luy en pourroit avenir.

Par même moyen que ces dignitez & fiefs furent faits hereditaires & patrimoniaux, plusieurs autres droits furent concedez aux Seigneurs, qui de bien grande ancienneté se disoient être droits Royaux; comme le droit de faire exercer justice en leurs territoires, qui est la jurisdiction sur les sujets demeurans esdits détroits, retenuë toutesfois au Roy la souveraineté. D'où vient que l'on dit en France que les Justices sont patrimoniales aux Seigneurs : ce qui ne signifie pas (comme aucuns pensent mal à propos) qu'il soit loisible aux Seigneurs d'en tirer profit pecuniaire, pour en faire état certain & arresté, comme du reste de leur patrimoine : mais pour montrer que ce droit de faire exercer justice est hereditaire & patrimonial, adherent & uny à la Seigneurie & fief inseparablement, en sorte que celuy auquel est transmis le fief, soit par succession ou achat, ou autre titre, à le même droit de justice. D'ancienneté les Seigneurs ayans droit de justice exerçoient eux-mêmes la justice : l'on void és Registres de la Chambre des Comptes à Nevers, un Jugement donné par

Louïs de Flandres Comte de Nevers, en ses grands Jours de la Magdelaine par luy expediez l'an 1329. contre Jean de Loaise Seigneur de Creux qui avoit outragé un Moine de S. Leonard, étant en la garde speciale du comte : Et même les femmes qui étoient Dames de ces Seigneuries exerçoient la justice, comme il est témoigné par Innocent III. Pape *In cap. dilecti de arbitris in antiq.* Mais depuis a été ordonné, & ainsi est observé, que les Seigneurs justiciers doivent établir des Juges sans eux-même exercer : *Imò* leur est défendu d'assister à l'expedition des causes. Autrement étoit au tems du regne de Charles le Grand & de sa lignée ; car les Ducs, Comtes & autres Seigneurs exerçoient la jurisdiction comme à eux commise personnellement avec la dignité, ainsi que du tems des Romains faisoient les Preteurs & Recteurs des Provinces qui exerçoient jurisdiction, & ce qui étoit de haute justice sous l'authorité du peuple Romain, & nul quelque grandeur qu'il eût n'avoit ce droit, sinon par commission, comme il se peut connoître par les Capitulaires des loix dudit Charles le Grand & Louïs le Debonnaire son fils Empereurs, au livre deuxiéme chap. 6. 12. & 25. & au livre 3. chap. 78. où il se lit que les Centeniers & Doyens ne connoissoient que des causes civiles, les causes capitales étoient de la connoissance des Comtes qui étoient établis és Citez & Villes Episcopales : & par dessus tous ceux-là étoient envoyez par chacun an en chacune Province d'Archevêché, un Evêque & un Comte superieur, qui étoient appellez *Missi*, c'est-à-dire Envoyez, lesquels avoient la surintendance & jugement par dessus lesdits Comtes inferieurs & Centeniers. Lesdits envoyez expedioient les plaids par forme de grands Jours où assis quatre fois l'an, és mois de Janvier, Avril, Juin & Octobre : Des dessus dits qui étoient appellez *Missi*, est parlé és Decretales de Gregoire IX. Pape *cap. 2. ext. de regular. & cap. 1. ext. de frigid. & malef.* Depuis la justice de France a été autrement exercée, car sous la lignée d'Hugues Capet elle a été commise és mains des Gentils-hommes de robe courte & ont été nommez Baillifs & Senéchaux : De vray en la grande ancienneté l'usance étoit, que l'on se regloit plus par le fait des armes & par certaines coûtumes en petit nombre d'articles, que par loix écrites. Et de present les Baillifs & Senéchaux des Provinces continuent à être de robe courte, mais ne peuvent s'entremettre à juger en jurisdiction contentieuse avec connoissance de cause, ainsi fut dit contre du Vandel Baillif de S. Pierre le Monstier en robe courte, és grands Jours de Moulins le 20. Octobre de l'an 1550. mais la connoissance appartient à leurs Lieutenans, qui doivent être de robe longue & graduez en Droit : aussi ils ont la quatriéme partie des gages des Baillifs, par l'Ordonnance du Roy Louïs XII. de l'an 1499. articles 48. & 49. Avant cent ans les Baillifs établissoient lesdits Lieutenans, & en ce tems-là ils se disoient Lieutenans des Baillifs, mais depuis les Rois ont commencé à y pourvoir, & ils se nomment Conseillers & Lieutenans pour le Roy és Bailliages & Senéchaussées : Tellement qu'aujourd'huy les Baillifs & Senéchaux ne sont employez que pour tenir main forte à l'execution des jugemens de Justice, & pour la conduite de l'Arriere-ban de leurs Provinces, comme Capitaines naiz. Cét Arriere-ban auparavant le Roy Charles VII. étoit la plus grande force de nos Rois, car tous tenans fiefs, ou plein-fiefs, ou arriere-fiefs, étoient tenus faire service personnel avec armes és guerres, selon la valeur de leurs fiefs, sans recevoir solde, & étoient tenus de servir trois mois dans le Royaume, & quarante jours hors le Royaume, sans compter le tems d'aller & de retourner. Ledit Roy Charles VII. mit sus premierement les Ordonnances de Gendarmerie, & pour le commencement établit quinze cens lances, & pour les entretenir en tems de guerre & de paix, il fit les tailles ordinaires sur le peuple, qui auparavant ne souloient être imposées que par l'accordance des Etats. Et en ces compagnies des Ordonnances n'étoient & ne sont reçûs que Gentils-hommes, qui par ce moyen ont été exemptez de l'Arriere-ban, ce qui ne semble pas raisonnable quant à la contribution de la bourse, car c'est une charge reéle que les fiefs doivent : & esdites Ordonnances ils reçoivent solde pour le service qu'ils font à la guerre, & la reçoivent en tems de paix, aussi-bien comme de guerre : Dont le peuple du tiers Etat est foulé de tant plus, car il paye les Tailles pour l'entretenement de la Gendarmerie, & si les roturiers du tiers Etat tiennent des fiefs, ils contribuent de leurs bourses à l'Arriere-ban, selon la valeur du revenu de leurs fiefs ; & neanmoins derechef au fait des tailles, ledit revenu de leurs fiefs est mis en compte pour les cottiser aux Tailles, car en les imposant aux Tailles, on fait état de tous leurs moyens & facultez. Ces remontrances pour la décharge du tiers Etat ont été faites en assemblée des Etats Generaux de France, mais on y a eu égard selon la regle generale & usance de France, que le subside une fois mis sus ne se retranche jamais, mais on vient toûjours à nouvelles inventions de trouver deniers, dont la charge est sur le tiers Etat, par premiere apparence, qui a fait que les deux autres Etats ne s'en sont pas souciez. Ce qui est avenu par faute de bon jugement, car le revenu de l'Eglise & de la Noblesse est entierement fondé sur l'aise & commodité des gens du tiers Etat, le travail duquel tiers Etat fournit aux deux autres Etats, tout ce qu'il a de biens & moyens ; & tant plus le tiers Etat est affoibly & appauvry, les deux autres Etats en sont aussi affoiblis. Et comme Nôtre-Seigneur donne les grandeurs aux uns, afin qu'ils ayent plus de moyen d'être protecteurs des moindres : ainsi rend-il sur les doigts de ceux qui n'employent le don de Dieu à l'usage auquel il est destiné. Aprés que le tiers Etat par divers subsides a été ainsi mal mené, l'Eglise a été surchargée de quatre decimes, & a été grande partie de son revenu temporel alicné depuis vingt-cinq ou quarante ans par cinq ou six fois. La Noblesse a été quelque tems bien payée de la solde de gendarmerie, & de present elle n'en reçoit rien ou bien peu : & neanmoins est contrainte de se ranger à la gendarmerie, pour éviter qu'ils ne soient employez en personne à l'Arriere-ban, qui aujourd'huy est en mépris, quant au service personnel, & d'ancienneté estoit le grand honneur & force de ce Royaume, car ils sont menassez d'être declatez roturiers, s'ils ne font service personnel és Ordonnances ou en l'Arriere-ban: & d'ailleurs par la foule & oppression du tiers Etat, les revenus de l'Eglise & de la Noblesse diminuent à veuë d'œil. L'Eglise & la Noblesse ont essayé depuis d'y remedier, mais il étoit trop tard. Aucuns usent des mots de Ban Arriere-ban, comme on dit Quint & Arriere-quint, Fief & Arriere-fiefs, mais c'est abus, Car la vraye appellation est *Hereban*, comme l'on voit és Capitulaires de Charles le Grand & Loüis son fils liv. 3. chap. 14. 67. & 68. *Ban* en ancien langage Tudesque reçû en France, signifie un cry & proclamation publique, dont sont les mots vulgaires, bans de mariages, en guerre sonner un ban au tambour, ban des vignes, bannissement, parce que celuy qui est condamné à exil, est proclamé à cry public être exilé, & avoir perdu les droits de Cité & Bourgeoisie. *Her* en Alleman signifie Seigneur : Ainsi *Hereban* signifie l'avertissement à cry public que fait le Seigneur souverain à tous ses vassaux, de se trouver en armes en tel lieu, pour le fait de la guerre. Le mot corrompu par long usage d'*Hereban* a fait *Arriere-ban*.

OUtre ledit droit Royal, qui est d'exercer justice par droit patrimonial, furent concedez & accordez aux Ducs & Comtes plusieurs autres grand & amples pouvoirs, comme de faire monnoye, dresser armées & faire guerres les uns aux autres, pour la défence de leur honneur & de leur droits: amortir heritages au profit des Eglises & lieux pitoyables : permettre aux non-Nobles de tenir Fiefs nobles : donner graces & remissions, donner privileges & faire statuts aux Villes, communautez & mestiers: le droit de lever peages par eau & par terre, sur les marchandises passantes par leurs détroits, à la charge toutefois de faire garder lesdits détroits, à l'honneur du Seigneur superieur & indemnité des passans : Ainsi j'ay lû en une charte de l'an 1284. octroy & droit de Foires & Marchez, avoir les gardes des Eglises, donner permission de faire forteresses & clorre villes. Nous connoissons par les anciennes chartes que les Comtes de Nevers & aucuns de leurs premiers vassaux exerçoient les droits cy-dessus declarez, aussi faisoient plusieurs autres Ducs ; Comtes & grands seigneurs de France. Se void en une Charte de l'an 1262. la convenance d'entre Odes Comte de Nevers & le Chapitre de l'Eglise de Nevers, sur le fait de la monnoye du Comte, par laquelle il dit que le Comte fera monnoye de trois deniers obole de bon argent, & de vingt sols, un denier moins ou plus pour marc de trois. Et par autre charte de l'an 1276. Robert Comte de Nevers dit avoir delivré la boite de sa monnoye de Clamecy, & quatre deniers pougeoyse moins, & à dix-huit sols huit deniers de poids au marc le Roy : & par autre lettre les deniers doivent être à trois deniers seize grains de loy argent de Roy : & de dix-neuf sols six deniers de poids au marc de Paris, & les mailles à trois deniers de loy argent de Roy, & de seize sols neuf deniers, mailles doubles de poids au marc de Paris : & ne se fera que le dixiéme de mailles, & vaudront les deniers & mailles évaluez à petits tournois, & aux mailles tournois vingt deniers moins la livre que petits tournois, c'est-à-dire, que treize deniers de la monnoye susdite ne vaudront que douze petits tournois. La marque du coin est d'une part à une croix patée, avec une étoile en un bout & l'écriture entour *Ludovicus Comes*, & de l'autre par un lion avec lambeaux & l'écriture entour, *Nivernensis*. On void plusieurs Contrats de ce tems anciens faits à livres Nivernoises, & par les dénombremens anciens, le Baron de la Ferté-Chauderon, premier Baron de Nivernois, reconnoît entre-autres droits de son fief, le droit de faire monnoye : Le même Baron de la Ferté par ses dénombremens se dit Maréchal de Nivernois, avec droit de mener la premiere bataille du Comte. *Marach* en langage Alleman signifie un cheval de guerre. Es loix des Allemans chap. 53. és loix des Boiaires chap. 87. *Scalk* en même langage signifie homme bien entendu. En ce même langage selon lesdites anciennes loix, Maréchal se disoit celuy qui commandoit à douze hommes de cheval ; Senéchal qui commandoit à douze hommes de pied és loix des Allemans chapitre 57. se trouve par une charte du Roy Loüis X. dit Hutin de l'an 1316. sur la plainte des Nobles de Nivernois & d'Enziers, disans avoir droit de faire guerre entre-eux & porter armes, & qu'ils étoient empêchez audit droit par les gens du Roy, & par icelle charte le Roy ordonne qu'il fera enquerir la verité de l'ancienne coûtume, & fera reparer la nouvelleté : De vray les gens du Roy quelque-tems auparant, avoient poursuivy par prison Odoard Seigneur de Montagu & Erard de saint Veram Gentilshommes de Nivernois, qui avoient assigné & executé une bataille le jours de S. Denys en l'an 1308. à laquelle bataille assisterent Dreux de Millo, Mille de Noyers & le Dauphin d'Auvergne fils du Comte de Bologne : par laquelle charte appert que le Roy ne reprouve pas ce droit de faire guerre de par soy, puis qu'il reçoit la preuve du fait de l'usance pour en être enquis. Se void aussi une charte d'alliance entre Odes Duc de Bourgogne, Blanche Comtesse de Troyes Palatine, Thibault son fils Comte de Champagne, & Hervé Comte de Nevers, données à Troyes au mois d'Octobre en l'an 1217. par laquelle ils conviennent de détruire par armes & chasser celuy de leurs hommes qui refuseroit faire droit de quelque forfait, jusques à ce qu'il fût venu à mercy. Quant au droit d'amortir appartenant au Comte de Nevers, il y a Arrêt de Parlement de la prononciation de Pentecoste en l'an 1290. par lequel est dit que le Comte de Nevers peut amortir au profit des Eglises & lieux pitoyable charitativement, & permettre aussi à Bourgeois & non Nobles de tenir fiefs, & ce pour rémuneration de services; mais s'il en prenoit argent en l'un ou en l'autre cas, le Roy y pourroit mettre la main. Le droit d'admortir est fondé, sur ce que par l'ancienne loy de France les Eglises & Communautez qui ne meurent point, ne peuvent acquerir ny tenir heritages, parce que telles sortes de gens ne vendent, & les corps ne meurent point, & ne confisquent, & l'interest des Seigneurs Justiciers & directs que les heritages mouvans d'eux soient és mains de personnes vivantes & mourantes, & qui peuvent aliener & confisquer, & ce à cause des profits casuels, & s'appelle admortir, quand le Roy ou autre Seigneur permet aux Eglises & Communautez que d'ancienneté on appelle gens de main morte, de tenir heritages. Quant aux graces & remissions on voit par les registres & lettres anciennes, que les Comtes de Nevers en souloient octroyer, il y en a quelque marque encore de present, que le Comte de Champagne en usoit: car aujourd'huy les Champenois prenans lettres de remission & de grace en la Chancellerie du Roy, payent l'émolument du Scel au double : Ce qui n'est pas pour les multer, parce qu'ils sont promps à frapper, comme est la commune opinion, car les Picards sont bien plus soudains, mais vient du tems que la Champagne avoit son Comte, qui disoit avoir droit de donner remissions, & ceux qui les obtenoient de luy pour de plus s'assurer, en prenoient aussi lettres du Roy, & payoient és deux Seaux : Et quand le Comté de Champagne fut uny à la Couronne, par le mariage de Jeanne Comtesse, avec ledit Roy Philippes le Bel, le Roy comme Roy retint son ancien droit, & encores comme Comte retint tel droit, que le Comte prenoit pour l'émolument du seel des remissions. Quant aux gardes des Eglises en a été cy-devant traité au livre de l'Eglise. Depuis le tems du Roy saint Louïs, qui est Louïs IX. quand les Baillifs & Senéchaux Royaux furent établis sedentaires en un lieu certain, & que la plaidoyrie commença à multiplier en France, à l'exemple de la Cour Romaine, même depuis que les Papes vinrent tenir leur Siege en Avignon, les Officiers Royaux chacun en sa Province, commencerent à faire distinction des cas Royaux, tant en matieres civiles que criminelles, pour en appartenir la connoissance aux Juges Royaux au préjudice des Seigneurs Justiciers, & par le support des Parlemens, Procureurs Generaux du Roy & autres Officiers Royaux, la jurisdiction, authorité & puissance des Seigneurs a été abaissée, diminuée & plumée peu à peu sous pretexte qu'en un titre de feudes intitulé *Quæ sunt Regalia* plusieurs droits des Seigneurs sont appellez droits Royaux; mais ce livre de feudes est loy des Lombards, & non des François, puis cét argument est pris à l'écorce, car de vray tel droit en soy en ce qu'il est de Seigneurie & puissance originaire est au Roy : mais l'exercice de tels droits pour en prendre les profits & utilitez, a pû être concedé en fief par les Rois, retenuë à eux la superiorité, Seigneurie directe & souveraineté : tout ainsi que le droit d'exercer justice, & prendre confiscation & amendes, est originairement droit Royal. Et selon mon avis (que je soûmets à censure) ceux qui ont été autheurs des aydes pour abaisser ainsi les droits des Princes & Seigneurs, ont été mauvais serviteurs du Roy, & de la Couronne. Car les Princes & Grands ausquels hereditairement tels droits appartenoient, avoient plus de soing & de respect, d'honneur à bien faire & soulager les sujets, que ne peuvent avoir les Officiers mercenaires, qui par argent ou faveur achetée viennent aux états de Judicatures & autres Royaux, donnans grande suspicion de leurs entrées esdites charges, que le zele de Justice n'est pas originairement en leur cœur, en tant qu'ils y viennent par argent : & quand ils parlent de la conservation des droits du Roy, c'est en effet pour les droits & profits de leurs bourses, qui croissent quant plus de causes arrivent à leur atelier; & quand les Seigneurs font exercer, c'est toûjours sous l'authorité & superiorité du Roy, & pour être sujets à correction par appel. L'experience a fait connoître que la France a flory en prosperité, tant que les Princes & les Grands ont été en authorité, & a diminué depuis le tems qu'on a commencé à dire que les Rois de France étoient hors de page, c'est-à-dire, quand il n'y a plus eu personne, qui par honnestes & humbles avertissemens, avec liberté, & sans passion, ont fait souvenir les Rois de leur devoir. Avec cette aide des Officiers Royaux, la plûpart desdits droits appartenans aux Ducs, Comtes, & grands Seigneurs, ont été repris par les Rois en leurs mains, en privant d'iceux les anciens proprietaires. Au tems que les guerres étoient permises & pratiquées entre les grands Seigneurs, la multitude des vassaux leur étoit en bien-seance, parce qu'ils s'asseuroient sur la fidelité & service de leurs vassaux és affaires de la guerre, dont le principal gage étoit la foy & le serment de fidelité. Par succession de tems ledit droit de guerroyer étant aboly, qui a été avec juste cause, les fiefs n'ont plus servy aux Seigneurs à leur dite vraye destination, & en est demeuré le seul usage au Roy par le moyen de l'arriere-ban ; seulement est demeuré aux Seigneurs feodaux le droit d'honneur & reverence, & le droit des profits pecuniaires : Ainsi est grand le pouvoir du tems, pour changer & bailler nouvelle forme à ce qui étoit d'antiquité. Pour le fait de l'honneur & reverence, sont demeurées deux marques, qui sont les crimes feodaux : l'un de felonie, & l'autre de faux avû ou desavû ; la felonnie comme dit a été cy-devant, est quand le vassal entreprend sur la vie ou sur l'honneur de son Seigneur, l'autre crime est quand le vassal avouë & reconnoît à son escient autre Seigneur feodal, ou bien quand il desadvouë tenir en fief de son Seigneur. Ces deux crimes sont appellez feodaux, parce que par chacun d'iceux le vassal commet, & perd son fief qui est acquis au Seigneur feodal, quoy qu'il ne soit Seigneur haut-justicier, & telle Commise ne s'appelle pas confiscation, mais reversion; aussi le Seigneur audit cas, prend le fief sans charge des hypotheques & charges que le vassal a mises sur le fief; mais la confiscation qui avient aux Seigneurs justiciers pour autres crimes, est à charge des debtes de celuy qui a confisqué, tant que les biens confisquez peuvent fournir. Quant au droit des profits pecuniaires des fiefs, la source en est telle. De bien grande ancienneté les fils seulement succedoient aux fiefs, & le vassal ne pouvoit aliener son fief sans le gré du Seigneur à peine de Commise. Quand par usance generale fut avisé de faire les fiefs patrimoniaux avec plus grande liberté, par même moyen furent arbitrez les profits que les Seigneurs devroient prendre comme par forme de composition generale, en permettant les successions à toutes sortes de personnes, & les alienations sans congé du Seigneur; à sçavoir en cas de vendition en deniers, le quint denier du prix pour le Seigneur: En cas de donation, permutation, ou autre alienation, qui n'a estimation certaine en deniers, en aucuns lieux le quint denier de la valeur du fiefs, en autres lieux le revenu d'un an, qui s'appelle droit de relief ou rachapt, comme si moyennant cette composition le Seigneur remettoit le fief és mains de l'acquereur. Et quand le fief change de main par succession collaterale ou mariage, en aucunes Provinces le Seigneur prend le même droit de relief. Et par le moyen de cét arbitrage & composition proportionnée, les fiefs en France ont été faits vrays patrimoniaux, hormis les fiefs des Duchez, Comtez & autres Seigneuries baillées en appanage aux enfans de France, qui sont sujets à reversion à faute de ligne masculine, & ne viennent à succession collaterale, sinon quand celuy qui y veut succeder à côté, est mâle descendu en droite ligne, de celuy en la personne duquel l'appanage a commencé: C'est assez dit des fiefs & des droit Seigneuriaux.

QUant à l'origine de la Maison de Nevers, sera consideré que de present nous ne voyons en France aucune grande maison qui puisse remarquer sa grandeur hereditaire avec titre de Duché, ou Comté, ou Marquisat plus haut que du tems de la décheance & abaissement de la lignée de Charles le Grand, & du tems d'Hugues Capet, même led. Hugues ny ses predecesseurs, ne se trouvent avoir eu aucune dignité hereditaire avant la Couronne, car ces titres de Comte de Paris & Duc des François, étoient dignitez viageres. On lit és histoires, qu'au tems de Charles le Gros, qui tint la Couronne de France par quelque tems, Bernard fut Comte de Nevers & Marquis, & aprés luy Guillaume son fils fut aussi Comte & Marquis de Nevers, ce fut environ l'an 880. ce titre de Marquis leur fut donné, parce qu'ils eurent charge particuliére de garder le païs de Nivernois, contre les entreprises de Boson, qui ayant occupé la Cité d'Authun & le païs de Lyonnois, aspiroit à la Couronne du Royaume de Bourgogne. Selon les anciens établissemens, Marquis se disoit ceux ausquels les Provinces limitrophes, & sur les confins des Souverainetez étoient commises pour les sauver des incursions sudites des ennemis. *Marche* en ancien langage, c'est la limite d'un Royaume ou grande Province. Les Allemans nomment le Marquis *Marograf*, *Graf*, signifie Comte, comme qui diroit Comte ou Gouverneur de la limite: ainsi disent-ils *Lantz graf*, Comte de païs, *Lantz*, signifie païs, *Burgraf*, Comte de Bourg ou Ville. Ces deux Bernard & Guillaume firent de grands secours audit Charles le Gros, en la guerre qu'il eut contre ledit Boson., qui outre Authun & Lyon avoit occupé la Ville de Vienne sur le Rhosne, qui fut en l'an 882. Ce Boson avoit épousé Hermengarde fille unique de Louïs Roy de Germanie Empereur, & par les moyens de Charles le Chauve Roy de France, qui avoit épousé la sœur dudit Boson, ledit Boson fut élû Roy de Bourgogne en une assemblée d'Etats prés Vienne. Le Royaume de Bourgogne en ce tems comprenoit le Dauphiné & la Provence, les Diocoses de Besançon, Geneve, & Losane. Aprés le decez de Charles le Chauve, & de Louïs le Begue, ledit Boson, ou par son ambition naturelle, ou par les sollicitations de sa femme fille d'Empereur, usurpa le Royaume d'Aquitaine, & s'en fit couronner Roy, & passant outre voulut prétendre la Couronne de France, mais enfin il fut vaincu par Charles le Gros. On lit aussi que Rodolphe fut Comte de Nevers, qui avoit à femme Leutgarde; & Gozfreid ou Geoffroy, fut Comte de Nevers du tems de Rodolphe de Bourgogne, qui prit titre de Roy de France durant la prison du Roy Charles le simple. Depuis un nommé Seguin fut Comte de Nevers, & à luy succeda autre Guillaume Comte de Nevers, qui avoit à femme Gilberte, qui prenoit titre de Comtesse, & partant faut croire, que lors le titre de Comte étoit patrimonial & hereditaire, & non pas dignité personnelle, puis que la femme participoit à la dignité du titre. Cetuy-cy sera nommé le premier de ce nom, Guillaume entre les Comtes de Nevers, & étoit du tems de Louïs Roy de France fils de Lothaire environ l'an 988. Landry fils desd. Guillaume & Gilberte, succeda audit Comté, & le posseda hereditairement. Et depuis étant élû & appellé par les Bourguignons, pour être leur Duc aprés le decez d'Henry Duc de Bourgogne frere d'Hugues Capet, il fit effort pour tenir ledit Duché, mais il en fut débouté par le Roy Robert, ayant pris par force Auxerre & Avalon, ce fut en l'an 1006. audit Landry succeda Raynaud son fils qui fut Comte de Nevers, & épousa Adelaise ou Alix fille du Roy Robert: ce fut environ l'an 1030. Ladite Adelaise fonda l'Abbaye de Crisenon & Prieuré de la Ferté sur l'Isseure, où elle mit des Religieuses Moniales de l'Ordre de saint Benoist, ainsi qu'il se lit au Martyrologe de l'Eglise de Nevers, sous la date des Nones de Juin, qui est le cinquiéme jour dudit mois auquel elle deceda. En ce tems étoit florissant en Italie un Moine nommé Guy, natif d'Areze en Toscane, qui premier inventa la pratique de Musique par ces notes, *ut*, *re*, *mi*, *fa*, *sol*, *la*, à les déduire par haussement de voix, sur les jointures des doigts des mains, & s'appelle la Gamme, par le compte des voix commence par *g*, qui s'appelle *Gamma* en Grec, & d'ancienneté on commençoit par ce mot *Gamma ut*, qu'on dit aujourd'huy, *g*, *ut*. *a*, *re*. *b*, *mi*. *c*, *fa*, *ut*. Ces syllabes sont prises d'un Hymne en vers saphiques, qui se chante à l'Eglise à la Fête de la Nativité de S. Jean,

Ut *queant laxis* re*sonare fibris*
Mi*ra gestorum famuli tuorum*,
Sol*ve polluti* la*bii reatum*,
Sancte Joannes.

Aussi environ ce tems, Robert Guiscard Normand partant de France avec bon nombre de guerriers, conquit la Poüille & la Calabre sur les Grecs & Sarrazins, qui par armes les débatoient : & depuis conquit la Sicile, qu'il bailla à gouverner à Roger son frere, ce fut environ l'an 1042. L'histoire en nomme deux, Robert & Richard, & dit que la Normandie étant grandement multipliée de peuple, ils aviserent de la décharger moyennant ladite entreprise. Le Pape Leon IX. voulut resister aux Normands à force ouverte, & fut vaincu par eux : lesdits Normands chasserent de tous points les Grecs de la Poüille, Calabre & Sicile : Et enfin pour appaiser quelque differend entre le Siege Apostolique & eux, ils se soûmirent au fief lige dudit saint Siege és mains de Nicolas II. Pape, ce fut environ l'a 1060. Audit Raynaud succeda Guillaume second de ce nom, Comte de Nevers son fils, duquel est fait mention en certaines chartes de l'an 1047. au tems d'Hugues, second Evêque de Nevers. Ce Guillaume Comte en l'an 1083. du tems d'Hugues troisiéme Evêque de Nevers, commença à remettre sus & reédifier le Monastere de saint Estienne lez Nevers, qui d'ancienneté avoit été bâty par saint Colomban Religieux venu d'Irlande, qui sejourna en Bourgogne environ l'an 550. Ce même Colomban avoit étably le renommé Monastere de Luxeüil en Bourgogne ; & ce Monastere de saint Estienne, avoit été détruit, & devenu fort pauvre, ainsi qu'il est recité en une charte dudit Hugues troisiéme, de l'an 1083. Indiction sixiéme, du regne du Roy Philippes I. Le bâtiment de saint Estienne fut rendu parfait en l'an 1097. Indiction 5. & le 30. an du regne dudit Philippes ; auquel an és Ides de Decembre, qui est le 13. jour auquel l'Eglise dudit Monastere fut dediée sous l'invocation de saint Estienne, saint Jean l'Evangeliste, & les saints Innocens, ledit Guillaume Comte de Nevers consigna sur le grand Autel la lettre de la fondation & dotation, par laquelle il témoigne avoir reédifié ce Monastere, duquel étoit premier fondateur saint Colomban, & l'avoir donné à Dom Hugues Abbé de Cluny, & à l'Eglise de Cluny : dit avoir fait faire la closture de tout le Monastere de haute muraille, & avoir fait édifier l'Eglise avec trois tours de pierre pour servir de clochers, & avoir donné à ladite Eglise tout le bourg, avec tous les hommes y demeurans, & toutes les coûtumes qu'il y percevoit, & luy avoit donné aussi l'Eglise de S. Pierre aux faux-bourgs de Nevers. Et combien que ledit Monastere soit de la vraye dotation & fondation des Comtes de Nevers, toutefois par l'occasion des gardes que les Rois souloient octroyer aux Eglises, ledit Monastere s'étoit exempté de la superiorité des Comtes, & ressortissoient les appellations au Siege Royal. Et les Religieux pour avec plus grande efficace, faire perdre la memoire dudit bien-fait, ont pris pour les armoiries de leur Monastere, un écu my-party des clefs de saint Pierre, qui representent Cluny, & de la fleur-de lis, comme s'ils étoient de la fondation directe de la Couronne. Mais en l'an 1564. moyennant recompense, la justice qu'ils avoient au bourg fut unie à la Pairie de Nivernois. Cette recompense fut augmentée du quadruple, & plus en l'an 1585. par Monseigneur Ludovic de Gonzague & Madame Henriete de Cleves, Duc & Duchesse de Nivernois ; & fut la réünion executée & verifiée en Parlement : La premiere verification est du 15. May 1564. le Contrat de la seconde recompense est de Decembre 1585. reçû par Brisson Notaire. Cette fondation fut au même tems que les Princes & Seigneurs François firent cette memorable entreprise pour la conqueste de la Terre Sainte ; à laquelle, comme il est à croire, ledit Guillaume plein de pieté n'eût défailly : Mais dés l'an 1083. treize ans auparavant qu'il fût mention de ladite entreprise, il avoit commencé la structure de ladite Eglise & Monastere de saint Estienne, & en continuant icelle se trouva, que lors de l'entreprise desdits Seigneurs qui fut és années 1096. & 1097. il avoit ses tours servans de clochers, complettes & achevées, & sa bourse vuide ; & avec son grand âge, il fut empêché d'être de la partie : mais ses successeurs en leur tems n'y faillirent, même Guillaume son petit fils y mourut au siege d'Acre dite Ptolemaïde en Palestine, & est son corps enterré en Bethleem. Ce même Guillaume Comte de Nevers le 25. Juin l'an 1085. Indiction huitiéme, donna l'Abbaye de saint Victor au faux-bourg de Nevers, au Prieur & Religieux de Nôtre-Dame de la Charité sur Loire, du consentement d'Hugues Evêque de Nevers. Et est dit par la charte, que ledit Guillaume tenoit ladite Abbaye en fief du Roy, & que le Roy Henry avoit fait ladite Abbaye libre de toute requisition : que luy Roy & ses successeurs y eussent peu faire, afin qu'il la pût donner franche. Cette Abbaye est aujourd'huy Prieuré en dedans la closture nouvelle de la Ville de Nevers, sous la disposition & collation du Prieur de la Charité, qui est du même Ordre de Cluny : comme aussi en lad. closture nouvelle de la Ville de Nevers, ont été comprises lesd. Eglises de saint Estienne & de saint Pierre, qui étoient auparavant és faux-bourgs. Au tems de ces deux fondations, les Monastere & Ordre de Cluny étoient en grande reputation, & est à croire que la Sainteté y étoit, mais l'ambition y étoit aussi : car avec ces fondations ils ont voulu avoir Justices & Seigneuries, comme il se void en cette fondation de S. Estienne, par laquelle le Prieur a été fait Seigneur Justicier du bourg saint Estienne enclos dedans la Ville. Aussi se void en la fondation de saint Martin des Champs à Paris du même Ordre, qui a justice dedans Paris. La Ville de Cluny avec le territoire est en la justice totale de l'Abbé, comme est la Charité du même Ordre, & est nommée la premiere fille de Cluny ; en ce que le Prieur est Seigneur Justicier de la Ville & territoire, & infinité d'autres Prieurez du même Ordre. Saint Bernard en un Epistre vers le commencement de ses Epistres, blâme cette grandeur & magnificence, qui lors étoit en l'Ordre de Cluny. De fait en l'Ordre de Cisteaux, dont saint Bernard étoit Religieux, par l'ancienne constitution étoit défendu d'accepter Seigneuries & dominations temporelles, ny hommages, Eglises & Chapelles ; ainsi qu'il est rapporté en la Decretale d'Alexandre III. Pape, au chapitre *Recolentes extra. de statu Monach.* Et selon la Chronique écrite à la main sous la date de l'an 1017. est dit qu'ils ne peuvent tenir Fours, Moulins, parce que saint Benoist n'en avoit point ; & qu'ils ne peuvent tenir Dixmes, parce qu'au département que les anciens Decrets ont ordonné des biens de l'Eglise en quatre portions, les Moines n'y sont compris ; mais on y a mis limitation, si ce n'étoit qu'auparavant l'attribution du Monastere à l'Ordre de Cluny, ledit Monastere eût en son patrimoine & domaine tels droits Seigneuriaux. En ce même Ordre de Cisteaux étoit observé, que les Religieux travailloient de leurs mains aprés le service fait en l'Eglise, & à cette occasion leur fut octroyé privilege de ne payer dixmes des fruits qui proviendroient par le labeur de leurs mains, en la Decretale dudit Alexandre III. au chap. *Si de terra, extra. de privileg.* & au chap. *ad audientiam extra. de decimis.* De là venoit qu'audit Ordre les Religieux n'acceptoient aucunes fondations de services extraordinaires à faire au tems des moissons, & n'y avoit que le service ordinaire, qui se faisoit avant que les freres sortissent pour travailler, comme l'on void en l'une des chartes de la Chambre des Comptes à Nevers de l'an 1238. Mais depuis avec leur ménagement, tant en Métairies, Fermes, Etangs, & autres domaines, ils ont si grandement accrû & augmenté leur revenu, que les Monasteres dudit Ordre de Cisteaux ont été sujets aux mêmes inconveniens que les autres, c'est-à-dire, que les grandes richesses ont fait venir aux grands Seigneurs le desir d'en avoir la jouïssance, qui a mis à neant ou affoibly la sainteté & la devotion desdits Monasteres. L'observance ancienne étoit, que nul ne pouvoit construire Eglise ou Oratoire sans le congé du Pape ou de l'Evêque Diocesain : Le congé & permission portoient ordinairement charge, que le fondateur devoit attribuer & délaisser revenu suffisant à ceux qui feroient le service, & que le patrimoine que le fondateur donnoit fut exempt de tous tributs du Fisque, & en ce premier tems l'Eglise ne se contentoit d'avoir des heritages, mais convenoit avec ce luy donner des fiefs & du bêtail pour labourer & faire valoir l'heritage : Ainsi se lit és Epistres de saint Gregoire I. liv. 7. Epistres 71. & 81. livre 8. Epistre 63. livre 10. Epistre 12. Toutesfois il y a eu limitation en un Concile, qui fut du tems de Charles le Grand à Vvormes sur le Rhin, où fut constitué que le principal manoir, & domaine principal de chacune Eglise seroit libre & exempt de tous tributs & charges Fiscales, ainsi qu'il est témoigné és Decretales chapitre 1. *ext. de censib.* mais les autres domaines & heritages des Eglises, qui par le ménagement des Ecclesiastiques, & donations leur seroient accrûës, seroient sujets aux charges publique. Sur ce propos est à remarquer, qu'auparavant ce tems, qui étoit entre mil & onze cens ans aprés l'Incarnation de Nôtre-Seigneur, les Abbayes de ce Royaume, en ce qui concernoit le revenu, étoient à la donation des Rois, qui en disposoient, ou par simple bien-fait, ou en fief, au profit des gens laiz pour recompense de services, comme il se lit en l'histoire d'Aimoinus en plusieurs endroits, même au livre cinquiéme chapitre trente-quatre, où il est dit, que Charles le Chauve Roy, donnoit à aucuns de ses serviteurs des Abbayes pour les recompenser ; à sçavoir des petites Abbayes à chacun une, & divisoit les riches Abbayes en deux ou trois. Se lit aussi de Robert Comte de Paris, qu'il prenoit titre d'Abbé, & distribuoit le revenu des Abbayes à ses gens de guerre : & au même livre chapitre 36. est dit, qu'aprés le decez de Charles le Chauve, Louïs le Begue son fils, pour acquerir des amis, donna plusieurs Abbayes & Comtez aux Seigneurs : Et au chap. 41. que Robert fils du Comte d'Angers prenoit le titre d'Abbé de saint Germain prés Paris, y établissant un Doyen Moine, qui avoit la charge de la discipline reguliere : A quoy se rapporte ce qui est dit cy-dessus, que Guillaume Comte de Nevers tenoit en fief du Roy l'Abbaye de saint Victor lez Nevers. Encores depuis s'est observé, qu'és Abbayes qui sont de fondation Royale, les Rois ont retenu ce droit d'y mettre des soldats estropiez à la guerre, qui y doivent être nourris, & avoir la mense chacun d'un Religieux : Et parce que par les Concordats on a commencé à juger que toutes Abbayes & Prieurez électifs fussent de fondation Royale, dautant que le Roy en la nomination *ad instar* de patron (qui est une autre insigne & remarquable diminution des droits des Princes & Seigneurs, car il est certain que plusieurs Abbayes & saints lieux ont été fondez par les Princes, & en ont eu les gardes,) on a étendu ce droit de soldats à toutes sortes d'Abbayes & Prieurez électifs,

électifs, & encores depuis on l'a étendu jusques aux Benefices reguliers collatifs, pourvû qu'ils soient conventuels & opulens. De grande ancienneté le droit Royal étoit tel, que le Roy à son nouvel avenement pouvoit mettre en chacune Abbaye de sa garde un Moine ou une Nonnain, comme il est rapporté és Arrests de la prononciation de la Chandeleur de l'an 1274.

CEtte Profanation des choses saintes a été reformée par l'aide & authorité des Papes qui ont été au Siege Apostolique Romain en ce tems, aprés le milliéme an, qui étoit le commencement du tiers grand an aprés l'Incarnation de Nôtre-Seigneur, l'an 1064. auquel an les mouvemens du Soleil & de la Lune se sont trouvez au même état auquel ils étoient lors de ladite Incarnation de Nôtre Seigneur. Le grand an s'accomplit en cinq cens trente-deux ans, en multipliant vingt-huit par dix-neuf. La Lune en dix-neuf ans se retrouve en même état, & le Soleil en ving-huit ans, qui est ce que les Compotistes disent, *Cyclus Lunaris* ou *decem novenalis*, dont vient le nombre d'or inventé pour trouver les nouvelles Lunes en chacun mois, & court jusques à dix-neuf: & *Cyclus Solaris*, qui court jusques à vingt-huit. Le commencement & renouvellement du quatriéme grand an sera l'an mil cinq cens quatre-vingt-seize, duquel nous approchons fort: auquel tems ou plûtôt Dieu nous fasse la grace de voir le rétablissement du ministere de son Eglise, en son ancienne splendeur & integrité, j'entends quant aux personnes: car l'Eglise en soy est l'Epouse sans macule & sans ride, mais bien souvent elle est décolorée, au moyen des fautes des Pasteurs qui se paissent, & non les brebis de leur troupeau; les brebis errent & perissent, elles faillent aussi, mais les ames qui se perdent seront recherchées des mains des Pasteurs. Nous connoissons que Nôtre Seigneur qui a promis de demeurer en & avec son Eglise, jusques à la consommation & accomplissement des siecles, a envoyé de nouveaux remedes quand il a connu la grande dépravation en la doctrine, mœurs & police de l'Eglise, je dis nouveaux selon l'imagination de nôtre entendement infime, mais anciens quant à leur vray & primitif établissement: Car aprés la paix temporelle acquise à l'Eglise & que les persecutions cesserent, les heresies survindrent, causées de l'orgueil & outrecuidance des Philosophes, sages mondains, excellens en doctrine humaine: Et en ce tems Nôtre Seigneur suscita grand nombre de doctes personnes Catholiques & Zelateurs, lesquels tant par sainteté de vie, que par raisons tirées des saintes Ecritures, confondirent ces heresies, fondées sur raisons humaines. Depuis, quand l'ignorance vint à obscurcir selon le monde, la lumiere de l'Eglise, & que par cette occasion les Seigneurs temporels vinrent à usurper le biens d'icelle Eglise, prenans titre d'Abbez, & mettans les Abbayes & Benefices en fiefs, Nôtre Seigneur suscita plusieurs Ordres de Religieux en moins de quarante ou cinquante ans, la doctrine & bonne vie desquels, avec le zele & authorité qui se trouva en aucuns Papes, qui convoquerent des Conciles universels, qu'on appelle Oecumeniques & autres nationnaux, l'ordre politique de l'Eglise fut rétably, ce fut environ le renouvellement de ce tiers grand an, au siecle qui étoit entre mil & onze cens ans. La fondation & commencement de l'Ordre de Grandmont en Lymosin fut en l'an 1076. sous Estienne premier Instituteur, Gentil-homme d'Auvergne nay en grande maison. L'Ordre des Chartreux commença en l'an 1084. au Diocese de Grenoble, sous Bruno grand Docteur en Theologie: lequel Ordre est comme d'Hermites, n'ayans communication les uns avec les autres, & de tres-grande austerité de vie, duquel Ordre saint Bernard dit que c'est une colomne de l'Eglise au nombre des plus belles. En ce même-tems l'Ordre de S. Augustin long-tems auparavant institué, fut rétably en son ancienne discipline & sainteté à Beauvais & à saint Victor lez Paris. En l'an 1052. le Monastere de la Charité sur Loire fut rétably en son ancienneté, par Gerard Prieur d'iceluy, qui le soûmit à l'Ordre de Cluny, & est nommée la premiere fille de Cluny: auparavant étoit Monastere de par soy, auquel se faisoit état de recevoir les aumônes des riches pour les distribuer toutes aux pauvres; les Moines ne retenans rien pour eux, sinon pour se substenter bien petitement en jeûnant tous les jours: Pourquoy le Monastere fut appellé la Charité Nôtre-Dame, & pour marque de ce se void encores aujourd'huy que les Armes de la Ville de la Charité sont trois petites bourses quarrées, qui par ancien langage François sont appellées aumônieres. Cluny est de plus ancienne institution; car és histoires on lit que Berno de noble lignée de Bourgogne étant fait Moine au Monastere de Gigny, bâtit & reédifia une petite cellule au lieu de Cluny & y mit des Religieux par la concession de son ayeulle, qui étoit Comtesse en Bourgogne environ l'an 884. & Cluny étant augmenté, saint Ode en fut le premier Abbé. En l'an 1074. fut la fondation de l'Abbaye de Molesme au Diocese de Langres sous Robert Abbé, duquel Monastere Hardingus étant Religieux donna commencement à l'Ordre de Cisteaux l'an 1098. auquel ordre commença la vraye reformation & rétablissement de l'Ordre de S. Benoist, dont les Cisterciens tiennent la regle simplement & en sa vraye observance, ayans éloigné & retranché d'eux les grandes richesses & temporalitez, qui lors étoient és autres Monasteres de saint Benoist. Peu aprés étant la terre Sainte conquêtée, commença l'Ordre des Templiers, ainsi dits, parce que leur maison de Religion fut bâtie auprés du saint Sepulcre en Jerusalem où étoit le Temple, & furent constituez comme gardiens d'iceluy, & portoient pour marque un manteau blanc avec la croix rouge. Et presque environ le même-tems, par la devotion des Chrétiens qui arrivoient pelerins en Jerusalem, fut bâty un Hôpital destiné pour recevoir ceux qui nouvellement arri-

par hospitalité, & eut le titre de saint Jean de Jerusalem, c'est l'origine des Chevaliers de Rhodes & de Malthe, dont sera parlé cy-aprés, qui par leur ancien nom sont dits Hospitalier. Le Monastere & Ordre de Fontevraud en Poictou, fut fondé par Henry Roy d'Angleterre en l'an 1106. Le Monastere de S. Martin des Champs à Paris, qui auparavant étoit deservy par Chanoines Reguliers, fut donné à Hugues Abbé de Cluny en l'an 1107. L'Abbaye saint Victor lez Paris fut fondée par Louïs le Gros Roy de France en l'an 1113. & environ le même-tems se trouverent en icelle Abbaye deux grands & excellens Docteurs Theologiens admirables en doctrine & sainteté, Hugo & Richard nommez de S. Victor. En la même année fut fondée l'Abbaye de Pontigny au Diocese d'Auxerre dud. Ordre de Cisteaux. En l'année suivante 1114. fut fondée & commencée l'Abbaye de Clervaux par saint Bernard, le premier & plus excellent Moine qui jamais ait été, excellent dis-je en sainteté de vie, en science, en zele fervent avec toute discretion, en promptitude d'esprit, en vehemence & grace à bien écrire & bien dire : il étoit de noble Maison, nay à Fontaine en Bourgogne, & fut Moine à vingt-deux ans, & étoit le troisiéme enfant mâle du nombre de sept mâles en ordre de naissance. En l'an 1118. le Monastere & Ordre de Premonstré sous la regle de S. Augustin, au Diocese de Laon, prit son commencement sous S. Norbert fondateur. Cette même saison & âge de fondations de tant d'Ordres & Monasteres a produit par saintes exhortations cette haute & magnanime entreprise des François, pour le recovrement de la Terre sainte, possedée lors par les Sarrazins Mahumetistes : laquelle entreprise n'ayant jamais eu sa semblable, commença en l'an 1097. par la sollicitation d'un nommé Pierre l'Hermite du Diocese d'Amiens, le voyage fut déliberé & conclud au Concile de Clermont en Auvergne, auquel presidoit le Pape Urbain II. qui lors s'étoit absenté de Rome pour aucunes seditions. En ses mains aprés la benediction se croiserent plusieurs Princes & Seigneurs, tant laïques qu'Ecclesiastiques (car on tient qu'és guerres qui se font pour la manutention de nôtre foy contre les ennemis d'icelle, les personnes Ecclesiastiques peuvent aller à la guerre & combatre, sans encourir le peril d'irregularité) Ledit Pape Urbain donna aux croisez pour le mot ou cry de guerre, *Dieu le veut*, & ordonna que tous ceux qui faisoient le vœu, prendroient pour marque sur leurs habits la croix rouge. En l'an suivant 1098. fut pris sur lesdits Sarrazins la ville d'Antioche en Surie, qui étoit la premiere & Patriarchale Eglise de l'Asie, & premier Siege Episcopal de saint Pierre Apôtre. En l'an 1099. le quinziéme Juillet, la Ville de Jerusalem fut prise & gagnée par les François, & en icelle étably premier Roy Godefroy de Bologne, que communément on appelle de Boüillon : Jerusalem fut conquêtée par les François du tems d'Ubain II. 1099. fut reprise par les Sarrazins sous Urbain III. a été possedée par les François 83. ans, & autant de tems avoit été possedée par les Sarrazins. Et quelque-tems aprés la conquête, fut étably, comme dit est un Hôpital sous le titre & invocation de saint Jean-Baptiste, pour recevoir ceux qui viendroient pelerins en Jerusalem, fût-ce par simple devotion, ou pour secourir avec armes les Chrétiens, à la conservation de la Terre sainte : la fondation fut environ l'an 1120. Cette Congregation d'Hospitaliers a pris grand accroissement par toute la Chrétienté, & ont été données plusieurs Seigneuries, Terres & autres droits pour leur entretenement, qui aujourd'huy sont nommées Commanderies, & par ancien nom se nommoient Hôpitaux, dont le revenu étoit destiné pour ledit Hôpital de Jerusalem. Aprés la Ville de Jerusalem perduë par les Chrétiens, & aprés que tout ce qu'ils tenoient en Palestine leur fut ôté, qui fut en l'an 1290. & 196. aprés la premiere conqueste, les freres dudit Hôpital ayans à bon droit pris titre de Chevaliers, & faisans grande profession des armes gagnerent l'Isle de Rhodes, en déchasserent les Turcs, qui fut en l'an 1308. & fut leur conqueste authorisée par le Pape Clement V. Les Canonistes & Historiens d'Italie disent, que le Pape leur conceda & octroya ladite Isle de Rhodes, se fondans sur une raison qu'eux-même ont bâtie, que la disposition & commandement de tout le monde pour la domination temporelle appartient au Pape. Ce qu'ils ne sçauroient prouver par authorité ny par témoignage de grande antiquité : car la verité est que le Pape n'a puissance qu'au spirituel, comme il est témoigné és Decretales Papales au chap. *Causam quæst.* 2. & au chap. *Per venerabilem ext. qui filii sint legitimi.* Les Royaumes & les nouvelles conquêtes ont leur titre de l'épée. Lesd. Chevaliers de saint Jean de Jerusalem étans vrays proprietaires par la vertu de l'épée, ont tenu Rhodes jusques en l'an 1522. commandans en ladite Isle comme Souverains : Et en ladite année l'ayans perduë par force d'armes de Solyman grand Seigneur des Turcs, par faute d'être secourus par les Princes Chrétiens, qui lors étoient tous en armes les uns contre les autres, ils se sont retirez en l'Isle de Malthe prés Sicile, qui leur a été concedée par l'Empereur Charles V. où est de present leur principal siege. Ledit Ordre est divisé en huit langues ou nations. La premiere est Provence, dont le Chef est appellé grand Commandataire, en cette langue sont les Prieurez de saint Gilles & Tolose : la seconde langue est en Auvergne, dont le Chef est Maréchal de l'Ordre, en icelle est le Prieuré d'Auvergne : la tierce langue est France, dont le Chef est dit grand Hospitalier, en icelle sont les Prieurez de France, d'Aquitaine & de Champagne, y sont aussi le Baillif capitulaire de la Morée, & le Baillif capitulaire Tresorier general : la quatriéme langue est Italie, le Chef est Amiral de l'Ordre, en icelle sont les Prieurez de Rome, Lombardie, Venise, Pise, Barole, Messine, Capouë : la cinquiéme langue est Arragon, Catalogne & Navarre, le Chef est dit grand Conservateur, en icelle est le Chastellain Dampost : la sixiéme langue est Angleterre, dont le Chef se dit Turcopolier, qui est nom corrompu du Grec, & se dût dire Tachupolier, comme Conducteur de Chevaux Legers : la septiéme langue est Allemagne, dont le Chef est dit grand Baillif, les Prieurez sont Allemagne, Boheme, Hongrie, Dannemarck : la huitiéme langue, Castille, Leon, Portugal, le Chef se dit grand Chancellier : le premier instituteur fut Frere Raymond du Puy, qui prit titre de serviteur des pauvres de Jesus-Christ, garde de l'Hôpital S. Jean-Baptiste de Jerusalem : les Freres font ces trois vœux, de chasteté, d'obeïssance, & de n'avoir bien propre. Au Convent à Malthe les Freres portent un long manteau noir avec la croix blanche, au fait des armes portent la saye rouge avec la croix blanche : celuy qui veut être reçû en l'Ordre doit être fait Chevalier par le Superieur, si déja n'est tel, nul ne doit être reçû sinon âgé de dix-huit ans, mais le grand Maître peut avoir jeunes pages à douze ans : chacun doit être reçû en la langue de sa naissance ; les Freres és exeques des morts ne portent habit de deüil : tous les biens de l'Ordre sont communs à l'Ordre, mais pour éviter la confusion, l'administration des Seigneuries particulieres est commise à aucuns de l'Ordre, à la charge de payer au tresor certaines pensions annuelles, & à cause de ce sont appellées Commanderies : La dépoüille des Freres decedez appartient au tresor, avec le revenu jusqu'au premier May suivant, & d'un an entier aprés. Leur enseigne de la croix blanche en forme patée sur champ rouge, ils portent ladite croix en pendant au col & sur l'habit : nul ne peut être reçû Chevalier qu'il ne prouve sa Noblesse de quatre lignées pour le moins, & sont appellez tous Freres, les uns Freres Chevaliers, les autres Freres Prêtres, les autres Freres servans. Non seulement furent établis en Jerusalem lesdits deux Ordres des Templiers & de saint Jean de Jerusalem, mais aussi presque au même-tems furent établis les Chanoines du saint Sepulchre, qui portent sur leurs habits double croix rouge, & les Chevaliers Allemans ou Theutoniques, dits de la Vierge Marie, qui ont l'habit blanc & la croix noire. Ces Chevaliers Allemans conquêterent le païs de Prusse sur les Infideles, & nommerent la principale Ville Marie-bourg, en cét Ordre nul ne peut être Chevalier s'il n'est Alleman & Noble. En Espagne sont deux Ordres de Milice instituez par Jacques d'Arragon, l'un de sainte Marie de la Redemption des Captifs, dit *de Mercede* : les Freres portent la robe blanche & la croix noire : l'autre de la Montoise qui porte la croix rouge : Aussi en Espagne est un autre Ordre de Milice, dit de Calatrava au Diocese de Tolede, institué par Sancho II. Roy de Castille en l'an 1176. Aussi en Espagne est l'Ordre de saint Jacques da la Spata, institué par Alfonse IX. aussi Roy de Castille : led. Ordre de la Mercede fut institué par ledit Jacques Roy d'Arragon, à Barcelonne environ l'an 1230. & fut rendu sujet à l'Ordre de saint Dominique à la persuasion de Raymond de Penna-fort General dudit Ordre. Aussi en Espagne est autre Ordre de Milice, dite de Jesus-Christ, institué à Tomarir Ville de Portugal, par Denys petit fils d'Alfonse X. Roy de Castille, environ l'an 1300. Alfonse XI. Roy de Castille institua à Burgos l'Ordre de la Milice de la Banda. Comme aussi du tems du Pape Jean XI. fut institué en Portugal à Marin, ville du Diocese de Sylva, autre Ordre de Milice sous la direction de l'Abbé d'Alcorasse de l'Ordre de Cisteaux, qui institue & destitue les Chevaliers. Cette entreprise faite par les François, pour la conqueste de la Terre sainte, qui est le païs de Judée & Palestine, auquel premierement a été annoncé l'Evangile & la doctrine des Chrétiens, a été si memorable parmy les nations étrangeres d'Orient & du Midy, qu'encores aujourd'huy és Indes & terres de nouvel trouvées, les gens desdits païs nomment tous Chrétiens Franques.

OUtre la reformation susdite par le moyen de ces Ordres de Religion & saints personnages, se trouverent au même-tems aucuns Papes grands Zelateurs du rétablissement de la police & authorité de l'Eglise és biens temporels : même Gregoire VII. Urbain II. Paschal II. Eugene III. Moine de l'Odre de Cisteaux, Alexandre III. & Innocent III. qui par le moyen des Conciles celebrez de leur tems, remirent & restituerent à l'Eglise les dixmes, la collation des Benefices, & l'élection des Evêchez & Abbayes, & en osterent la superiorité & administration aux personnes layes, quoy qu'ils fussent Rois & Souverains : Et parce que les Empereurs d'Allemagne se disans successeurs de Charles le Grand, prétendoient à eux appartenir la nomination du Pape, & l'investiture des Evêchez & Archevêchez selon le privilege octroyé audit Charles le Grand, qui est recité au grand Decret au Canon *Adrianus*, 2. 63. *distinct.* lesd. Papes & autre leurs successeurs se dresserent à tête levée contre plusieurs desdits Empereurs, & les poursuivirent par excommunications & interdictions, & encores en les déposans de l'Empire, & quelquefois leur resistant à main armée, étans aidez d'aucuns puissans Seigneurs : Dont est avenuë cette malheureuse partialité, dont l'Italie a été si long-tems affligée, & plusieurs bonnes Villes ruinées par les factions des Guelphes & des Gibellins : les Guelphes étans ceux qui soûtenoient le party du Pape, & les Gibellins ceux qui soûtenoient le party de l'Empereur, même du tems d'Alexandre III. les Guelphe de son party donnerent commencement & bâtirent la Ville d'Alexandrie en Lombardie, qui est païs Imperial, pour resister à l'Empereur, & la nommerent ainsi en l'honneur dudit Pape Alexandre. Par l'occasion de ces divisions les Papes ont été quelquesfois contraints de s'absenter de l'Italie, autrement se tenir cachez & couverts, & bien souvent ont eu recours en France, comme Urbain II. Gelase II. Innocent II. Et ledit Pape Alexandre III. se trouvant pressé de l'Empereur Frederic, environ l'an mil cent septente-sept, se retira à Venise en habit deguisé, & fut long-tems inconnu en un Monastere : les Venitiens l'ayans reconnu prirent en main sa protection. Ledit Empereur Frederic dressa une armée navale contre les Venitiens, la victoire fut pour les Venitiens, qui prirent prisonnier Othon fils de l'Empereur : ledit Empereur fit sa paix, & se soûmit en humilité audit Pape Alexandre, lequel pour remuneration octroya plusieurs droits, privileges & marques de grandeur aux Venitiens, comme un grand pardon le jour de l'Ascension, & le droit d'épouser la Mer à ce même jour, comme Seigneur d'icelle : de fait encores de present est observé qu'à ce jour, les Prelats & Clergé de Venise, le Duc & les Seigneurs montent en un vaisseau qu'ils ont nommé le Bucentaure fort magnifique & excellent, & jettent un anneau d'or en la mer. Octroya aussi au Duc la chaire dorée, le droit de l'Ombrelle, qui est un pavillon sous lequel marche le Duc par la Ville, les trompettes d'argent, le carreau de drap d'or en forme d'oreiller, les étendarts de diverses couleurs ; cette histoire est peinte au Palais saint Marc en la salle de la Carence criminelle, où je l'ay vûë en l'an 1543. La Cité de Venise est bâtie en dedans la mer en plusieurs petites Isles fort basses, qui n'est pas haute mer, mais une retraite de mer. Cette Cité n'est pas environnée de murailles, mais de cette mer basse qui luy sert de murailles : aussi au Palais S. Marc il y a une loy entaillée en cuivre, qui porte en substance, qu'étant la Cité de Venise bâtie en dedans les eaux, est munie des eaux en lieu de murailles : Et si aucun porte dommage à ces eaux publiques il doit être jugé ennemy de la patrie, & puny de même peine que doit être puny celuy qui auroit violé les saints murs de sa patrie : le droit de cét Edit soit ferme & perpetuel. Or les Papes ne se contentans pas de contredire aux Empereurs à cause dudit fait des élections, & investitures des Evêchez, en y mêlant le crime de simonie, dont ils chargeoient les Empereurs audit fait, ils passerent outre, comme dit est, à les déposer & priver de l'Empire, & encores s'attribuerent le droit d'exercer tous droits de l'Empire, comme Empereurs quand l'Empire étoit vacant, de fait ou de droit. Vray est que cette entreprise sur la temporalité de l'Empire n'a pas été approuvé par tous. Le Pape Boniface VIII. voulut en entreprendre autant sur le Royaume de France au tems de Philippes le Bel Roy, mais il fut contredit & empêché vivement. De ce tems nous avons vû que feu Cosme de Medicis le jeune ou second du nom, Duc de Florance, aprés avoir annexé à son Potentat la Seigneurie de Siene, desirant acquerir le titre de grand Duc de Toscane, obtint concession & octroy dudit droit & dignité du Pape Pie V. parce qu'on tenoit lors l'Empire vacant, pour le moins non remply, & fut institué grand Duc de Toscane en la Ville de Rome avec grandes ceremonies ; quoy que Florance & Siene sans contredit soient Villes Imperiales, même la Ville & territoire de Florance : car l'Empereur Charles V. aprés avoir abaissé la Republique de Florance, établit Duc en icelle Alexandre de Medicis, & l'en investit à titre de fief Imperial ; comme aussi led. Cosme successeur dudit Alexandre en fut investy par luy. On dit que ledit Cosme a obtenu confirmation de ladite dignité de grand Duc des mains de l'Empereur. Ces malheureuses factions des Guelphes & Gibellins, quoy qu'elles ne produisent plus de guerres ouvertes, si est-ce qu'elles resident & couvent és cœurs & esprits des successeurs de ces anciens partiaux, & se reconnoît l'opinion interieure par la demonstration exterieure en plusieurs ceremonies, comme des salutations, du penanche ou bouquet sur la tête & autres. Or lesdits Papes premiers Zelateurs du rétablissement de la splendeur de l'Eglise, n'eurent pas tant d'affaires à extirper en France ces usurpations qui avoient été faites sur les biens & droits de l'Eglise, & y rétablir l'authorité d'icelle. Car par le moyen du Concile de Clermont en Auvergne assemblé l'an 1097. par le Pape Urbain II. & depuis par le moyen du Concile de Latran, assemblé à Rome en l'an 1178. par Alexandre III. les élections és Evêchez, Abbayes & Prelatures, furent remises és mains du Clergé & des Religieux, fut défendu de plus bailler en fief les dixmes d'Eglise à personnes layes, bien fut-il avisé que les concessions auparavant faites ne seroient recherchées. Qui est cause qu'aujourd'huy, quand les Ecclesiastiques poursuivent les laiz pour se départir des dixmes qu'ils tiennent, lesd. laiz alleguent qu'elles sont infeodées auparavant le Concile de Latran, & pour prouver cette infeodation, ils font preuve de la possession immemoriale, qui fait presumer ladite infeodation. Et se trouva l'Eglise de France paisible de tous points en tous ses droits, & y a été maintenuë par les Rois de la lignée d'Huges Capet : Aussi l'on void par les histoires, que les Papes en leurs plus grandes affaires ont toûjours trouvé prompt & bon secours auprés des Rois de France, d'où vient que la même partialité des Guelphes, qui étoit pour la querelle des Papes contre les Empereurs, s'est employée en faveur des François, & a adheré aux entreprises que les François ont faites en Italie, tout ainsi que les Gibellins ont favorisé ordinairement le party des Empereurs. Vray est que ces partialitez & factions des Guelphes & Gibellins, n'ont en rien avancé le fait de la Religion Chrétienne, qui par son premier établissement a été avec douceur, avec simplicité de parole, bonne doctrine & bonnes mœurs des Prelats & Pasteurs, & non avec armes ny grandeurs temporelles. Aussi depuis sont survenus & été établis en l'Eglise les Ordres des Mendians, qui avec une grande pauvreté, bonne vie & bonne doctrine, ont reformé ce qui étoit dépravé. Cette authorité de la grandeur temporelle rétablie à l'Eglise, a engendré beaucoup de maux par le moyen de l'avarice & ambition d'aucuns Papes, car ils ont entrepris de mettre la main par prévention en la collation des Benefices autres que Prelatures, ont reservé à eux l'institution és Evêchez & Abbayes, ont introduit les Annates, ont fait infinité de constitutions & reigles de Chancelerie, ne servant à autre chose que pour tirer argent des dispenses & relaxations qu'il faudroit faire de la rigueur d'icelles. Ont sous pretexte des sermens étendu à Jurisdiction de l'Eglise, pour connoître de toutes causes, & ont usé de censures & excommunications contre ceux qui resistoient à leurs entreprises. qui a été cause pour quelque tems que les Rois de France avec l'Eglise voyant ce joug nouvellement imposé, qui ne touchoit le fait de la doctrine Chrêtienne, ains seulement le fait de la police Ecclesiastique, & qui tendoit à la depravation d'icelle se sont par l'avis de la Faculté de Theologie de Paris, retenus & conservez en l'ancienne liberté de l'Eglise de France reglée par les anciens Conciles & Decrets, & ne se sont assujetis à plusieurs de ces nouvelles Decretales, constitutions & regles de Chancelerie. Mais ils n'ont sçû si bien faire, que les choses allant de mal en pis, beaucoup d'abus ne soient demeurez, & que la sainteté & pureté du Ministere de l'Eglise n'ait été obscurcie & couverte de tenebres tres-épesses, dont aucuns méchans esprits prenans occasion ont épanché le venin d'heresie en Allemagne, en Angleterre & en France, lesquels avec une apparence de belles paroles, tirées de la sainte Ecriture, à contre-poil, ont trouvé plusieurs sectateurs, ausquels ces abus déplaisoient. & pour comble de ces malheurs, le Pape Leon desirant abolir la Pragmatique Sanction tant odieuse aux Papes, pour les causes touchées autre part, accorda au Roy François I. & à ses successeurs, la nomination aux Evêchez, Abbayes & Prelatures électives, le cas de vacation écheant en abolissant les Elections. Ce faisant la Pragmatique Sanction fut abolie, & le Roy accorda au Pape & à ses successeurs les Annates, c'est à dire le revenu d'un an de tous Evêchez, Abbayes & Prelatures vacantes, ce fut en l'an mil cinq cens dix-sept, par les Concordats. Et au même tems Martin Luther chef des Heretiques, commença à semer sa doctrine perverse. De ladite nomination du Roy, furent exceptées les Eglises qui avoient privilege special d'élire le Pasteur, fût Evêque ou Abbé. Mais les Papes par indults octroyez aux Rois leur vie durant, qui ont été renouvellez en faveur de chacun Roy, ont accordé la nomination de tels Benefices ayans privilege d'élire. Par cette occasion les Evêchez & Abbayes sont venuës és mains de ceux qui ont eu plus de faveur des Rois, qui faisans heritage propre desdits Benefices, n'ont eu soin des ames, n'ont eu soin que les moindres Benefices étant à la presentation & collation des Evêchez, Abbayes & autres grands Benefices, fussent baillez à personnes dignes, & le devoir y fût fait. En sorte qu'en ce tems, qui est la fin du tiers grand an, la pauvre Eglise se trouva delaissee & affligée, non seulement par ses adversaires ouverts, qui sont les Heretiques; mais aussi par ses Pasteurs mêmes, ou aucuns d'iceux qui abandonnent tout le soin, & par mauvais exemple tirent les brebis de leur troupeau à perdition; & encores par autres qui faisans contenance exterieure d'être Catholiques par la communication aux Sacremens & aux ceremonies de l'Eglise, se montrent par leurs actions être vrais ennemis d'icelle, Atheistes & sans Religion: Tellement que nous pouvons dire avec David au Pseaume 79. vers. 14. 15. & 16. [Nôtre bon Dieu voyez d'enhaut, regardez & visitez cette vigne que vôtre main dextre a plantée, & qui est presque ruinée & détruite par les Sangliers de la forest]

Cette digression a été faite par l'occasion dudit Guillaume second du nom. Comte de Nevers, qui fonda le Prieuré de saint Estienne en l'an mil quatre-vingt-dix-sept, qui étoit sur le renouvellement du tiers grand an, & au même tems prirent commencement tant de grandes œuvres de pieté, comme du voyage de la Terre sainte, fondation d'Ordres de Religions & Monasteres, rétablissement de l'authorité & police de l'Eglise, dont cy-dessus a été parlé. Ledit Guillaume vêcut grand âge, car aucunes chartes se voyent de luy en l'an mille quarante-sept, & encore en l'an 1097. qui est ladite fondation. Audit Guillaume II succeda Guillaume III. du nom, son fils, Comte de Nevers, qui sur la fin de ses jours se rendit Convers en la Chartreuse, & y déceda dedans l'an de sa conversion le vingtiéme Aoust mil cent quarante-huit. Telle est la force de nôtre Religion, que quand aucun est touché bien avant du zele d'icelle, il quitte ce qui est le plus precieux en luy, qui est sa volonté pour l'a consigner & mettre en la puissance d'un autre sans en rien retenir, quitte ce qui est aux plus grands de plus grande difficulté, le desir d'être excellent, le desir d'être respecté & honoré, quitte les biens & richesses, par le moyen desquelles chacun a meilleur moyen de se maintenir en ses desirs. Ce sont les principaux vœux de Religion, obedience & pauvreté, qui est ce que le saint Evangile dit. Se quitter soy-même, & est le sacrifice plus agreable à Dieu, Ainsi se lit d'Imbert Dauphin Seigneur de Viennois duquel le païs de Dauphiné a pris le nom, qui se voyant sans enfans, prit dessein de se faire Religieux, & avant que faire le vœu, donna au Roy de France le païs de Viennois, dit le Dauphiné, pour appartenir au fils aîné de France, qui seroit tenu de prendre le nom de Dauphin de Viennois; il prit du Roy quelque somme de deniers, qu'il employa toutes en aumônes, puis fit le vœu de Religion en l'Ordre de S. Dominique qui est des Freres Prêcheurs, ce fut environ l'an mil trois cens quarante-neuf au tems du Roy Philippes de Valois, il est enterré en l'Eglise des Jacobins à Paris au Chœur prés les marches du grand Autel. Ainsi Loüis d'Anjou second fils de Charles d'Anjou Roy de Sicile, petit fils du Roy saint Loüis, ayant été ostage en Espagne pour son pere, fait prisonnier de guerre, où il demeura sept ans; & eut grand loisir de penser aux inconveniens de ce monde, qui sont communs aux grands & aux petits, à l'issûë de l'ostage il se fit Religieux en l'Ordre S. François, qui est des Freres Mineurs : & combien que par le decez de son frere aîné le Royaume de Sicile & de Naples luy avint, il retint cette opinion de Religion, & y a vécu saintement, a été canonisé saint aprés sa mort, & se dit saint Louïs de Marseille, & a-t'on accoûtumé és Eglises de le peindre avec une chape qui porte les Armes de la Maison d'Anjou la premiere, qui sont de France à trois lambeaux de gueulles au chef. Les plus anciennes histoires disent de Guillaume Duc d'Aquitaine, qui se fit Moine avec grande austerité, car il portoit ordinairement sous son habit & à nud sur sa chair son harnois de guerre : il est Fondateur de l'Ordre des Guillemins, dont sont les Blancs-manteaux à Paris. Et de plus grande ancienneté se lit de Carloman frere de Pepin Roy de France, qui alla au Mont Cassin en Italie, & là se fit Moine en l'Ordre de saint Benoist. De vray, ceux qui ont vécu longtems en grandeur, même qui ont commandé aux armées & eu le gouvernement de grandes affaires, quand il a plû à Dieu leur faire grace d'être parvenus à vieillesse, ils font bien d'arrester la roüe & ficher le cloud pour s'asseurer de conserver jusques à la mort la reputation en laquelle ils se retrouvent, car souvent il avient, que qui a eu faveur & prosperité en ses desseins & entreprises de jeunesse & en fleur d'âge, luy avient sur la vieillesse autrement. On lit d'un grand Roy d'Asie Crœsus, tres-puissant & tres-riche, qui desiroit bien que Solon grand & renommé Philosophe l'estimat bien-heureux en cette prosperité : Solon luy répondit que cela ne se pouvoit dire durant le cours de la vie, & qu'icelle finie, proprement se devoit dire heureux celuy à qui la mauvaise fortune n'avoit point obscurcy son bon-heur. Il avint que ce Roy Crœsus étant au comble de prosperité fut vaincu en bataille, dépoüillé de son Royaume, & fait prisonnier par le grand Roy de Perse Cyrus, & étant proche de la mort à laquelle Cyrus l'avoit condamné, il s'écria, Solon, Solon, bien reconnoissant être vray ce que le Philosophe Solon luy avoit dit. Cyrus qui n'entendoit ce mot de Solon, fit enquerir dudit Crœsus ce qu'il vouloit dire, & aprés avoir appris ce que c'étoit, il délivra Crœsus, car luy-même se souvint qu'étant homme il étoit sujet à même inconvenient.

Ovid. lib. 3. Metam. Fab. 6.

------ Sed scilicet ultima semper
Expectanda dies homini est, dicique beatus
Ante obitum nemo, supremaque funera debet.

L'Empereur Charles V. aprés avoir fait de grands faits d'armes, & remply tout le monde de son nom, sur la fin de ses jours fit l'entreprise du siege de Mets en Lorraine, qui luy fut à honte & dommage. Aprés ce il quitta ses Etats; à sçavoir l'Empire és mains de Ferdinand son frere, déja auparavant élû Roy des Romains, qui est à dire élû successeur de l'Empire, & mit ses Etats heredi-taires és mains de Philippes son fils à Bruxelles le 25. Octobre de l'an 1555. puis se retira en un Monastere de l'Ordre de saint Jerôme, assis en un desert en la Province d'Estremadure en Espagne, retenant auprés de sa personne quatre serviteurs seulement. Mieux eût été qu'il eût ce fait lors que sa prosperité duroit encores. On lit aussi du Seigneur d'Aubigny, qui étoit le Chef de l'armée Françoise au Royaume de Naples, au tems du Roy Louïs XII. aprés avoir perdu la bataille prés de Joye, qu'il se lamentoit sans recevoir consolation, disant qu'il s'étoit trouvé en douze batailles toûjours vainqueur, & en celle-cy il avoit perdu l'honneur de toute sa vie.

Audit Guillaume III. succeda Guillaume IV. de ce nom Comte de Nevers son fils, qui avoit sa femme nommée Ida, ainsi qu'il est recité en une charte d'échange fait avec les Religieux de Pontigny de l'an 1156. Epacte 26. Indiction quatriéme, du tems du Pape Adrien IV. & du regne de Louïs le Jeune, en laquelle il nomme ses enfans Guillaume & Guyard, c'est Guy. En l'Eglise de Nevers est une charte de luy du tems dudit Roy Louïs, en l'an 1159. au tems de Gaufridus Evêque de Nevers, par laquelle il reconnoît qu'il n'avoit droit de loger son armée és terres des Chanoines de l'Eglise de Nevers, au tems qu'il faisoit guerre à ses ennemis, & leur fait recompense des gistes qu'il y avoit pris; il deceda le 21. Novembre de l'an 1160. & est son corps enterré au Chapitre de l'Abbaye de saint Germain d'Auxerre : car de grande ancienneté étoit défendu d'enterrer corps morts en dedans les Eglises, mais seulement étoit permis és prochains entours, ainsi qu'il est dit au grand Decret, chapitre *Præcipiendum 13. quæst. 2.* Aussi saint Gregoire en ses Epistres, quand il permet de construire de nouvelles Eglises ou Oratoires, met toûjours en exception, pourvû qu'en ce lieu n'y ait aucun corps enterré. Au livre premier Epistre 52. livre 2. Epist. 6. livre 7. Epist. 71. livre 8. Epist. 63. Ledit Guillaume IV. délaissa trois fils, Guillaume, Raynaud & Guy. Guillaume aîné succeda au Comté de Nevers, & fut Guillaume V. de ce nom : Il fit l'entreprise du voyage de la Terre sainte avec Raynaud son frere, du tems du Roy Louïs VII. dit le Jeune, qui est en l'an 1165. envoya le Comte de Sancerre pour chef des forces qu'il envoya outre mer, ledit Louïs y ayant voyagé en personne dés l'an 1147. Ledit Guillaume mourut à Acre en la Palestine, autrement dite Ptolemaïde, où il fut enterré premierement le 24. Octobre de l'an 1168. & depuis, selon qu'il avoit ordonné, son corps fut transferé à Bethleem : il avoit épousé Eleonor fille de Raoul Comte de Vermandois, qui étoient les secondes nopces d'elle, & n'en eût aucuns enfans. Audit Guillaume succeda au Comté ledit Raynaud son frere, qui auparavant étoit Comte de Tonnerre, tel nommé en une charte de l'an 1145. Ledit Guy troisiéme fils de

Guillaume IV. succeda audit Raynaud au Comté de Nevers, aucuns livres disent que ledit Guy eut un fils nommé Hugues qui deceda jeune : Bien est certain qu'il eut une fille nommée Agnes qui succeda és Comtez de Nevers, Auxerre & Tonnerre, qui lors appartenoient à la Maison de Nevers, laquelle épousa Pierre de Courtenay Prince du sang Royal de France : ledit Pierre depuis fut nommé Comte d'Auxerre, pour les raisons cy-aprés, & dudit mariage nasquit Mathilde ou Mathault fille unique & heritiere, qui depuis épousa Hervé Baron de Donzy, fils du Comte de Gyen. De ce lignage des Comtes de Nevers est issu S. Guillaume Archevêque de Bourges, qui premierement fut Chanoine és Eglises de Paris & de Soissons : puis fuyant les grandeurs du monde, il se fit Religieux en l'Ordre de Grandmont, & desirant être en une Religion plus étroite, passa à l'Ordre de Cisteaux au Monastere de Pontigny, fut élû & confirmé Abbé és Abbayes de Fontaine-Jean & Charlieu, & pour sa sainteté fut appellé à l'Archevêché & Primatie de Bourges, & y deceda. En la Chambre des Comtes à Nevers, est une charte de ladite Comtesse Mathilde, par laquelle elle donne à l'Eglise de Bourges douze livres parisis de rente, pour employer à faire brûler un cierge perpetuellement devant le corps dudit saint, qui est veneré en ladite Eglise de Bourges, ladite charte est en date du mois du Juille de l'an 1223. par ladite Charte elle dit saint Guillaume son oncle. Ledit saint étoit vivant és années 1189. & 1204. & a été sa sainte memoire en telle recommandation, qu'en l'Université de Paris la Nation de France, qui est l'une & la principale des quatre Nations, faisans le corps de ladite Université, l'a pris pour Patron & protecteur. Pierre de Courtenay cy-dessus nommé, étoit fils de Robert de Courtenay, & avoit ledit Pierre un frere qui étoit nommé Robert de Courtenay, dont il est parlé en une charte de l'an 1212. ledit Robert pere de Pierre étoit fils d'autre Pierre de Courtenay, fils du Roy Louïs VI. dit le Gros, & frere du Roy Louïs VII. dit le Jeune. Ledit Pierre de Courtenay premier fils de Roy, fut ainsi surnommé, parce qu'il avoit épousé la fille unique heritiere de Raynaud Seigneur de Courtenay : Car en ce tems la coûtume en France étoit, & assez long-tems depuis a été, que les Seigneurs prenoient pour surnom le nom de leur principale Seigneurie ; & on void par plusieurs chartes anciennes, que le fils ne prenoit autre surnom que celuy de son pere, pour cause d'autre Seigneurie à luy échûë, & encore aujourd'huy s'observe és enfans de France, qu'ils prennent pour surnom le nom de leur principal appanage. En ce tems les enfans de France ne portoient en leurs armes les fleurs de Lis, le Roy seul les portoit : les puisnez de la Maison de France prenoient seulement les couleurs or & azur, en quelque figure : Ainsi Robert Duc de Bourgogne, fils du Roy Robert, prit pour armes les bandes ou cotices d'or en champ d'azur, & ses successeurs ont toûjours porté ses armes jusques à Philippes dernier desdits anciens Ducs de Bourgogne. Ainsi Robert Comte de Dreux, fils du Roy Louïs le Gros, prit pour armes l'échiquier d'or & d'azur ; & ledit Pierre de Courtenay premier fils du Roy, prit pour armes un champ d'azur semé de billettes d'or : Et depuis ledit Pierre de Courtenay second, aprés avoir épousé l'heritiere de Nevers, chargea ses armes d'un Lion d'or, qui étoient les anciennes armes de Nevers, outre lesd. billettes. Ledit Robert de Courtenay, pere de ce second Pierre, prétendit droit au Comté de Nevers, contre ledit Guy fils de Guillaume, je n'ay pas lû l'occasion, mais l'appointement en fut fait par ledit Roy Louïs VII. dit le Jeune, comme il se void en une charte de l'Eglise de Nevers de l'an 1177. j'ay veu deux chartes anciennes, l'une de l'an 1185. & l'autre de l'an 1190. du tems du Roy Philippes, esquelles lesdits Pierre & Agnes Comte & Comtesse de Nevers sont nommez, & ladite Agnes nommée fille de Guy Comte de Nevers. Ledit Pierre de Courtenay mary d'Agnes Comtesse de Nevers, prétendit droit au Comté de Gyen, par le moyen d'un traité qu'il avoit fait avec Geoffroy Comte de Gien, Seigneur de Cosne, qui avoit baillé sa fille en mariage à Estienne Comte de Sancerre, & avoit ledit Geoffroy desherité ledit Hervé son fils : Ledit Hervé qui de son heritage maternel étoit Seigneur de Donzy, se ressentant de ce tort employa ses amis, & comme en ce tems il étoit permis aux Seigneurs, fit la guerre audit Pierre de Courtenay, & y eut bataille prés de Cosne, en laquelle ledit Pierre fut vaincu & pris prisonnier : & en traitant de leur appointement, fut accordé & fait le mariage d'entre ledit Hervé Baron de Donzy, & Mathilde fille unique desdits Pierre de Courtenay & Agnes de Nevers, laquelle par le decez de sa mere, se trouva seule fille & heritiere de la Maison de Nevers. Souvent est avenu que la prison de guerre a été cause de bons appointemens & mariages entre les grands : Les vainqueurs mieux avisez ; & de cœur plus genereux, ont traité leurs prisonniers de guerre avec honneur. Edoüard Prince de Galles, fils aîné du Roy d'Angleterre, ayant pris prisonnier Jean Roy de France en la bataille devant Poitiers, le reçût & le traita avec tout honneur, & à souper luy donna la serviette au lavement des mains, le fit seoir & servir comme Roy. On lit de Philippe Vicomte Duc de Milan, qui ayant par l'aide des Genevois pris prisonnier Alfonse Roy d'Arragon & ses deux freres en une guerre sur mer, les reçût & traita avec tout honneur comme Rois ; & se contentant de leurs promesses pour l'observance des pactions qu'ils firent, les renvoya en liberté avec grand dons & presens. Aussi on lit que René d'Anjou Duc de Lorraine, faisant la guerre contre Antoine Comte de Vaudemont, ledit René assiegeant Vaudemont, fut vaincu en bataille par l'aide des Bourguignons, & pris prisonnier, & en pacifiant leurs differends, le Comte de Vaudemont épousa la fille dudit René, qui depuis se trouva heritier de la Maison de Lorraine, & de ce mariage sont issus tous ceux qui portent aujourd'huy le nom de Lorraine. Ainsi par un mariage fut la reconciliation des deux Maisons d'Orleans & de Bourgogne, dont les inimitiez avoient été cause de la ruine de la France par les Anglois. Philippes Duc de Bourgogne, dit le bon Duc, desirant reparer cette grande faute avenuë en ce Royaume par son moyen, quand il voulut venger la mort de Jean Duc de Bourgogne son pere, & se souvenant qu'il étoit Prince du sang Royal de France; fit le mariage de Charles Duc d'Orleans, pere du Roy Louis XII. qui avoit été vingt-cinq ans prisonnier en Angleterre, depuis la journée d'Azincourt, & de Marie de Cleves niepce dudit Duc de Bourgogne: Et avec ce procura le traité d'Arras en l'an 1435. qui fut la source & vraye cause du rétablissement des affaires de France (dont l'Etat s'en alloit perdu) & de l'expulsion des Anglois. L'Empereur Charles V. ne fit pas ainsi envers le Roy François I, son prisonnier, car il le traita fort rudement, ne le voulut jamais voir, & luy donna gardes fort étroites: vray est que quand il sçût par le vray & certain rapport des Medecins, que le Roy François I. par une extréme melancholie étoit en peril de sa vie, lors pour crainte de perdre la rançon & les avantages qu'il esperoit du traité, il alla voir ledit Roy, & usa envers luy de paroles gracieuses: mais au traité il luy fut fort rude, il étoit Espagnol & non François: Vray est que le mariage se fit dudit Roy François I. & de Eleonor Doüairiere de Portugal, sœur dudit Empereur Charles V. mais rien ne se porta bien: les guerres recommencerent plus aigres, & lors proprement furent renouvellées les anciennes inimitiez des deux Maisons d'Orleans, dont le Roy François I. étoit descendu, & de Bourgogne, dont ledit Empereur Charles V. étoit descendu. On lit és histoires des Romains, quand les Samnites peuple voisin de Rome, eurent par ruse de guerre enferré les legions Romaines en une vallée étroite, le Capitaine des Samnites jeune homme, envoya demander avis à son pere ancien Capitaine demeuré en la maison, quelle raison il prendroit des Romains qu'il tenoit à sa mercy, le bon homme sçachant bien la valeur des Romains, luy manda son avis, qu'il les laissât aller vies, armes, bagues & honneur sauves; & que ce seroit cause d'amitié perpetuelle entre les deux peuples. Ce conseil ne fut pas trouvé bon par son fils & par les autres Capitaines de semblable humeur: on renvoya derechef au bon homme, qui dit, puis qu'on ne trouvoit ce premier conseil bon, qu'il faloit passer au fil de l'épée tous ces Romains pour se délivrer d'autant d'ennemis. Ce second conseil fut trouvé cruel: les Capitaines étans en l'armée prirent en eux-mêmes conseil d'une moyenne voye, sauverent la vie aux Romains, mais les desarmerent tous & les firent passer sous le joug, c'est-à-dire, qu'ils dresserent deux longs bois & un traversant par le dessus, & les firent passer par cette porte un à un. Les Romains irritez jusques au plus profond du cœur, ne cesserent qu'ils n'eussent ruiné & exterminé toute cette nation des Samnites. Il y a un ancien Proverbe qui dit, *que les grands ou ne doivent être touchez, ou touchez qu'ils sont doivent être eteints*. Les prisons de guerre ont été pratiquées de diverses façons: les Romains tenoient pour esclaves & serfs ceux qui avoient été pris en guerre, ou qui avoient été vaincus par force d'armes, sans respect, s'ils étoient Rois ou personnes privées: Comme il se lit de Perses Roy de Macedoine, qui étant pris à la guerre & ses enfans, devinrent serfs. Non seulement leurs personnes, mais aussi tous leurs biens appartenoient aux vainqueurs, & ce qui étoit sacré devenoit profane. Les Chrétiens entre-eux ont traité le fait des prisons de guerre plus gracieusement, en expediant la liberté par rançon en deniers, ou bien par un serment de ne porter les armes contre le vainqueur, ou à toûjours, ou à certain tems, & aucunes fois l'honnesteté a été si grande, même entre les Gentils-hommes, que le maître ne tient son prisonnier enserré, mais luy laisse la prison libre sous sa foy, & en ce cas si le prisonnier se dérobe, il forfait de son honneur: S'il est enserré, ou qu'on luy donne garde, & qu'il puisse échaper, il retient son honneur sauve. Quand les guerres ont été guerroyables & se faisoient plus par honneur que par vindicte, les Chefs des deux partis arbitroient par convenances accordées entre-eux, le taux des rançons, comme *verbi gratia*, du simple soldat la solde d'un mois, de l'homme d'armes de trois mois, de l'enseigne de six mois, du Capitaine de gens de cheval d'un an, des autres plus hauts à la discretion du General de l'armée.

Doncques à reprendre nôtre propos, cette victoire d'Hervé Baron de Donzy, contre Pierre de Courtenay, & le mariage qui fut fait par l'appointement, eurent succez bien-heureux, parce qu'on y travailloit à cœur François: La lignée venuë de ce mariage, a prosperé & prospere encores, il y a prés de quatre cens ans. Le Roy Philippes II. lors regnant, aida à ce mariage, & par le traité fit ensorte que le Comté de Gyen luy demeura, & pour décharger Gyen du fief qu'il devoit à l'Evêque d'Auxerre, le Roy quitta audit Evêque le droit qu'il avoit d'être défrayé par ledit Evêque, quand le Roy allant par le païs se trouvoit au Diocese dudit Evêque, qui étoit un droit general sur tous les Evêques de ce Royaume, & par le même traité l'Evêque d'Auxerre se reserva un cierge de cent livres pesant, sur le Comté de Gyen, qui se doit presenter en l'Eglise d'Auxerre le jour de l'Invention de saint Estienne, le troisiéme jour d'Aoust. Gyen est en l'Evêché d'Auxerre, & sur ce propos est à sçavoir, que d'ancienneté étoit pratiqué que les Evêques de ce Royaume étoient tenus d'envoyer hommes de guerre en l'armée du Roy, à cause du revenu temporel qu'ils tiennent en fief du Roy: & debat en étant avenu de la part des Evêques d'Orleans & d'Auxerre, disant n'y être tenus, sinon quand le Roy étoit en personne en son armée: le Pape Innocent III.

jugea pour le Roy en l'an 1209. Iceluy Pierre de Courtenay aprés le decez de ladite Agnes de Nevers se nomma Comte d'Auxerre, parce que par traité fait avec ledit Hervé & Mathilde sa femme, la jouïssance du Comté d'Auxerre, lors appartenant à la Maison de Nevers luy avoit été délaissée : Par le traité de pacification sous l'authorité du Roy Philippes, entre ledit Pierre Comte d'Auxerre son cousin, & Hervé de Gyen, est dit que Pierre jouïra sa vie durant de Tonnerre & du Tonnerrois, & d'Auxerre avec les fiefs, & aprés sa mort tout retournera à Hervé & Mathilde sa femme, fille dudit Pierre, mais ledit Pierre tiendra Mailly par droit hereditaire perpetuellement, excepté Vezelay, s'il se trouve être de ladite Chastellenie de Mailly, tiendra aussi hereditairement toutes ses acquisitions au Comté de Nevers, ledit accord fait à Montargis l'an 1199. Ledit Pierre en l'an 1203. par le consentement d'Yoland sa seconde femme, vendit à Hervé Comte de Nevers le Chastel de saint Saulge pour 1340. livres monnoye de Provins. Et est à sçavoir que ledit Pierre aprés le decez de ladite Agnes épousa lad. Yoland sœur de Baudouïn Comte de Flandres, qui fut en l'an 1193. & par l'occasion de cette alliance il aida à l'entreprise que ledit Baudouin & autres Princes & Seigneurs François firent pour la reconqueste de la Terre sainte : laquelle entreprise ne fut executée comme elle étoit projettée : Car lesd. Seigneurs étans arrivez à Venise, où ils esperoient recouvrer des vaisseaux pour s'embarquer à l'effet de leur voyage, furent détournez par les Venitiens de ladite entreprise, & s'adresserent à la conqueste de l'Empire de Constantinople, & se disoit le pretexte, parce qu'és autres entreprises faites par les François au voyage de la Terre sainte, les Empereurs de Constantinople avoient donné plusieurs traverses & empêchemens : Mais en effet c'étoit pour le profit des Venitiens, qui dés ce tems étoient puissants sur mer, & étoient empêchez par les Empereurs de Grece en la jouïssance de leurs terres de l'Esclavonie & en leur trafic. Lesdits Princes François conquesterent l'Empire de Constantinople sur les Grecs : La convenance fut entre les François & Venitiens, si aprés la conqueste l'Empire venoit à un François, que le Patriarchat seroit à un Venitien, quinze hommes furent choisis pour faire l'élection, cinq des Venitiens, cinq des François & Flamans, & cinq de la part du Marquis de Montferrat Boniface, & du Comte de Savoye. Ledit Baudouïn Comte de Flandres fut élû Empereur de Constantinople : Boniface Marquis de Montferrat fut fait Roy de Thessalie, en recompense de Candie, qui luy avoit été octroyée lors de la conqueste, & par traité suivant avoit été délaissée aux Venitiens, Candie c'est l'Isle de Crete. Dudit Baudouïn Comte de Flandres avant cette conqueste étoient issuës Jeanne & Margueritte ses filles, Jeanne succeda au Comté, & épousa Ferdinand de Portugal, & deceda sans enfans : A elle succeda audit Comté Marguerite sa sœur, qui avoit épousé Guillaume de Dompierre, & d'eux vint Guy Comte de Flandres, pere de Robert Comte de Flandres & de Nevers. Ledit Baudouïn mourut dedans le premier an de son Empire, & à luy succeda Henry son frere, qui auparavant étoit nommé Comte de saint Paul; auquel Henry decedé sans enfans, succeda audit Empire ledit Pierre de Courtenay beau-frere desdits Baudouïn & Henry mary d'Yoland leur sœur, & fut sacré Empereur par le Pape Honoré III. à Rome en l'Eglise S. Laurens hors des murs, en l'an 1217. Ledit Pierre de Courtenay, dit d'Auxerre fut tué en un banquet par Theodore Comnene, qui prétendoit l'Empire, & tenoit portion dudit Empire, qui est l'Albanie, faisant portion de la Macedoine, & fut la trahison de cette façon, sous pretexte de traiter la paix, les deux armées étans aux champs, Comnene premier alla disner en la tente de l'Empereur Pierre, le lendemain ledit Pierre par la pareille alla disner en la tente dudit Comnene, & là fut massacré. Robert fils dudit Pierre & de ladite Yoland de Flandres succeda à l'Empire, & deceda délaissant un fils en bas âge nommé Baudouïn, duquel Jean de Brene Roy de Jerusalem fut tuteur, & luy donna l'une de ses fille en mariage, de ce mariage nasquit Henry qui épousa la fille de Charles Roy de Sicile; ledit Henry prit titre d'Empereur de Constantinople environ l'an 1289. Ce Jean de Brenne étoit simple Gentil-homme François, homme de valeur, qui à cette occasion aprés la prise de Jerusalem, fut appellé par les Chrétiens qui restoient en armes en la Terre sainte : Il arriva à Ptolemaïde avec plusieurs guerriers volontaires, épousa Yoland fille de Conrad de Montferrat & d'Isabelle fille d'Almaury Roy de Jerusalem, & à cause d'elle prit le titre de Roy de Jerusalem. Dudit Jean de Brene nasquit autre Isabelle, qui fut femme de Frederic II. dit Barberousse Empereur, qui de son patrimoine étoit Roy de Sicile, & par le moyen de ladite Isabelle, le titre de Royaume de Jerusalem entra en la Maison de Sicile en l'an 1222. & toûjours depuis, quiconque a été Roy de Sicile s'est dit Roy de Jerusalem; & en leurs armes portent un quartier des armes de Jerusalem. Ledit de Brene depuis épousa Berangere sœur du Roy de Castille : Desdits Frederic Empereur & Isabelle fille de Jean de Brene nasquit Conrad qui fut Roy de Sicile en 1250. qui fut supplanté par Mainfroy son frere bastard, ledit Mainfroy vaincu en bataille par Charles d'Anjou, comme aussi fut vaincu Conrad fils legitime dudit Conrad. En ce tems la valeur des personnes étoit en aussi grande recommendation que la hautesse des Maisons. Cette conqueste de l'Empire de Constantinople fut en l'an 1204. & en cette même année les Pâques furent le jour de saint Marc le 25. Avril : les François tindrent cét Empire cinquante-huit ans. Ledit Pierre étant appellé à l'Empire, pour satisfaire aux frais qu'il luy convenoit faire, engagea audit Hervé Comte de Nevers qu'il appelle son fils, le Comté de Tonnerre & la Seigneurie de Cruzy, sauf les fiefs de la Chastellenie de Mailly, à condition s'il decedoit dans six ans, que lesd. Comté & Seigneurie demeureroient audit Hervé perpetuellement, & s'il survivoit six ans il en joüiroit sa vie durant, comme l'on void par une charte de l'an 1216. Cét Empire pouvoit écheoir par succession hereditaire *etiam* aux femelles : mais cette façon de succeder n'a jamais été pratiquée en l'Empire d'Occident, qui est aujourd'huy és mains des Allemans, car il n'est pas hereditaire, mais éleétif. Ce qui montre la faute d'aucuns qui entreprenent de diviser les alliances & armoiries des maisons des Princes, qui en faisant peindre les armes d'une fille d'Empereur en Germanie, y mettent un aigle, qui est une lourde faute, car les filles des Empereurs d'Occident, ny même les fils ne retiennent rien des armes de l'Empire, mais prennent seulement les armes hereditaires des Maisons esquelles ils sont naiz, comme *Verbi gratia*, Madame de Cleves, qui est fille du feu Empereur Ferdinand, porte les armes des Royaumes de Hongrie, & de Boheme, écartelées, & sur le milieu un petit écu my-party des armes d'Austriche, & des anciennes de Bourgogne : Mais parce que l'Empire d'Orient, qui est celuy de Constantinople étoit sujet à succession hereditaire, *etiam* au profit des filles, la Maison de Montferrat venuë des Paleologues Empereurs de Constantinople, porte deux quartiers des armes dudit Empire, qui sont de l'Aigle Imperiale, & des quatre B. qu'on appelle vulgairement fusils. Par cette déduction se void que les Comtes de Nevers, qui depuis ont été, & Madame Duchesse de Nivernois, qui est de present, sont descendus en droite ligne desd. Baudouïn Comtes de Flandres, & dudit Pierre Comte d'Auxerre, tous deux Empereurs de Constantinople, & par deux diverses generations: car Baudouïn étoit ayeul de Robert Comte de Flandres, qui épousa Yoland Comtesse de Nevers, & d'eux sont descendus les trois Louïs de Flandres, le dernier des trois, pere de Marguerite de Flandres femme de Philippes le Hardy Duc de Bourgogne, ayeul du Duc Jean Comte de Nevers. Et ledit Pierre Comte d'Auxerre, étoit pere de Mathilde Comtesse de Nevers femme d'Hervé, ayeulle de ladite Yoland, femme de Robert Comte de Flandres.

IL a été dit cy-dessus, qu'Hervé fils du Comte de Gyen épousa Mathilde fille de Pierre de Courtenay Comte d'Auxerre, & d'Agnes Comtesse de Nevers, qui fut heritiere de la maison de Nevers. Ledit Hervé de son propre heritage maternel étoit Baron de Donzy, & fonda & dota le Prieuré de l'Espau, dit de Baignaux lez Donzy de l'Ordre de Vau des Choux en l'an 1214. le lieu s'appelloit auparavant la maison de Latresche. Es fondations d'Eglises faites de son tems à la part de Nivernois, luy & Mathilde sa femme sont tous deux nommez, & les chartes séellées de deux sceaux. Le séel dudit Hervé a la figure d'un homme à cheval ayant l'épée nuë en main, avec l'écu aux armes de Nevers, & au contre-séel, qui s'appelle *Secretum*, sont les armes de Donzy, qui semblent être de trois pommes de Pin. Le séel de ladite Mathilde a la figure d'une femme à cheval ayant un oyseau sur le poing. Ledit Hervé alla en guerre contre les Albigeois heretiques en l'an 1209. & en la premiere rencontre, Robert d'Escury Soûdiacre, qui étoit son Clerc & Chapellain, & s'étoit croisé avec luy, fut tué par les Albigeois le sixiéme Juillet. Et en l'an 1217. ledit Hervé fit le voyage de la Terre sainte, avec Jean de Brene Roy de Jerusalem, & autres Princes Chrétiens, qui tous arriverent à Ptolemaïde dite Acre Ville en la Palestine, & de là fut l'armée Chrétienne conduite au siege de Damiette, bonne & riche ville d'Egypte, & aprés un long siege fut prise en l'an 1218. dequoy depité Noradin Soldan d'Egypte, qui tenoit la ville de Jerusalem par la conqueste de Saladin son predecesseur, la ruina, & seulement retint en son entier le Temple du S. Sepulchre, esperant qu'il s'en serviroit s'il avenoit qu'il fit quelque traité avec les Chrétiens, ce fut en l'an 1219. Auparavant ledit voyage, ledit Hervé traita avec les Chanoines de saint Martin de Tours, & luy fut accordé, que luy & ses successeurs Comtes de Nevers soient Chanoines de saint Martin, & participans aux prieres & bien-faits de ladite Eglise, & qu'ils prennent Prebande telle que les absens ont accoûtumé de percevoir en ladite Eglise : promettent les Chanoines celebrer chacun an un service anniversaire pour le repos des ames des Comtes de Nevers : & le Comte leur promet confederation, & prester serment de fidelité tel comme les autres Chanoines ont accoûtumé de prester : la charte est de l'an 1216. Ce traité est renouvellé à Robert de Flandres Comte de Nevers en l'an 1270. & à Louïs de Flandres Comte de Nevers en l'an 1300. & Monseigneur Ludovic Duc de Nivernois en l'an 1588. fut reçû comme Chanoine en ladite Eglise de saint Martin de Tours. Ainsi il se trouve, que le Roy de France est Chanoine en plusieurs Eglises de son Royaume, comme en cette même Eglise de saint Martin de Tours, à saint Quentin en Vermandois, à Nôtre-Dame de Clery, comme aussi la personne du Roy est comptée, & fait nombre en quelqu'autres Colleges de son obeïssance : Car il est premier Boursier au College de Navarre à Paris, qui est de fondation Royale, & le revenu de sa Bourse est employé en achapt de verges pour la discipline Scholastique ; aussi le Roy est le Chef de la Justice. De même au College des Secretaires de la Maison & Couronne de France, dont la Confrairie est en l'Eglise des Celestins à Paris, & en est le Patron saint Jean l'Evangeliste, le Roy est premier Confrere, & a sa bourse comme l'un des autres, Ceux qui sont Chanoines, quoy qu'ils soient personnes layes, quand ils entrent au Chœur de l'Eglise, doivent avoir le surplis vêtu & l'aumusse sur le bras comme les Chanoines : Mais en l'Eglise de Nevers, celuy qui est Tresorier de ladite Eglise & Chanoine, a droit d'entrer au Chœur & seoir en son siege, ayant l'oyseau sur le poing & l'épée au côté. Aussi quand l'Empereur est Couronné par le Pape, entre les autres ceremonies, il est fait Chanoine de saint Pierre de Rome & de saint Jean de Latran, & quand le Pape en cette ceremonie celebre la Messe, l'Empereur en ornemens & vétemens d'Eglise sert à l'Autel. Et ainsi fut fait au couronnement de l'Empereur Charles V. à Bologne, par le Pape Clement VII. en l'Eglise de San Petronio. Ledit Hervé Comte de Nevers deceda l'an 1223. & est enterré en l'Eglise de Pontigny de l'Ordre de Cisteaux au Diocese d'Auxerre. Sur sa tombre sont gravez ces vers en Epitaphe.

Hic lapis Hervei Comitis celat faciei
Formam: forma Dei clarificetur ei.

Ladite Mathilde Comtesse de Nevers octroya par privilege, que les filles pucelles de serve condition peuvent se marier en lieu franc & devenir franches, en emportant seulement des meubles de leur maison en dot, & délaissant l'heritage au Seigneur. La charte est du mois d'Avril l'an 1235. Ce qui est representé en nôtre Coûtume de Nivernois au chapitre des servitudes personnelles article 16. & y est ajoûté cette condition, pourveu qu'elles soient mariées par pere & mere, ou l'un d'eux, & il n'est pas dit que leur heritage soit acquis au Seigneur. Icelle Mathilde en secondes nopces épousa Guy Comte de Forests, dont elle n'eût aucuns enfans. Et derechef étant veuve se rendit Religieuse Moniale à Fontevraud, & deceda le 12. Decembre, comme il se lit au Martyrologe de saint Cire de Nevers, & ne cotte l'année.

DU mariage desdits Hervé & Mathilde Comte & Comtesse de Nevers, nâquit Agnes de Nevers leur fille unique & heritiere, qui épousa Guy de Chastillon Comte de S. Paul, en une charte de l'an 1223. ledit Guy de Chastillon fils du Comte de S. Paul, nomme ladite Mathilde sa mere, & en une autre charte de l'an 1247. le Seigneur de saint Aignan en Berry, qui est ledit de Chastillon, est nommé par ladite Mathilde son fils. Desdits Guy de Chastillon & Agnes de Nevers, nâquirent Gaucher de Chastillon Seigneur de saint Aignan en Berry, qui fut Connestable de France, * & deceda sans enfans; & Yoland de Chastillon dite de Nevers; qui épousa Archambauld de Bourbon le jeune, fils d'Archambauld le Grand, Sire de Bourbon. Et desdits Archambauld de Bourbon & Yoland de Nevers nâquirent deux filles Mathilde & Agnes de Nevers. Ladite Mathilde épousa Odes fils aîné d'Hugues IV. Duc de Bourgogne, & de Beatrix fille de Robert Comte de Dreux: & ladite Agnes épousa Jean de Bourgogne fils desdits Hugues & Beatrix. Desdits Jean de Bourgogne & Agnes de Bourbon dite de Nevers, nâquit Beatrix de Bourbon, fille unique heritiere de la Maison de Bourbon, qui fut femme de Monsieur Robert fils du Roy saint Loüis Comte de Clermont en Beauvoisis, qui est la souche de la Maison de Bourbon, dont sera parlé cy-aprés. Ladite Agnes mere de Beatrix épousa en secondes nopces Robert Comte d'Artois, laquelle au mois de Novembre l'an 1271. donna aux Prieur, Provincial, & Freres de l'Ordre des Prescheurs de la Province de France, ses maisons & mandit assis à Nevers joignans les murs anciens de la Cité, & joignans les maisons des Doyen & Chapitre de l'Eglise de Nevers, & par ladite lettre se dit Agnes Dame de Bourbon. En une verriere de ladite Eglise de saint Dominique à côté du grand Autel sont peints & écrits ces vers;

* Dans l'histoire des Connestables &c. ouvrage commencé par Jean le Feron l'an 1555. revû par Denis Godefroy, & imprimé au Louvre l'an 1658. p. 36. Il est donné à Gaucher dit de Chastillon sur Marne Connestable en 1302. une Genealogie bien differente à celle que luy donne Monsieur Coquille.

Agnès Dame de Bourbonnois
Qui fut des hoirs de Nivernois,
Donna aux Prescheurs sa maison
Pour y faire un lieu d'oraison.

Les armes qui sont en ladite verriere sont my-parties; à sçavoir d'une part d'un Lion rampant de sable en champ d'or, ledit Lion chargé de lambeaux d'argent de trois pieces; & de l'autre part d'un Lion (& ne void-on de quelle couleur) en champ d'or semé de coquilles d'azur, qui sont les anciennes armes de Bourbon.

LEdit Odes fils aîné du Duc de Bourgogne, mary de Mathilde Comtesse de Nevers, deceda avant ledit Hugues son pere, pourquoy ne fut Duc de Bourgogne. Je trouve par une charte de l'an 1253. que ledit Odes avec titre de fils aîné de Bourgogne se dit Sire de Bourbon, & Mahault sa femme Dame de Bourbon, laquelle nomme son pere Archambauld de Bourbon, & son oncle Gaucher de Chastillon Sire de saint Aignan. Et par une autre charte de l'an 1260. faite avec les Religieux de Pontigny, ledit Odes prend titre de fils aîné du Duc de Bourgogne Comte de Nevers, Seigneur de Bourbon & Mahault sa femme Comtesse de Nevers, Dame de Bourbon, par la même lettre elle nomme ses Seigneuries Bourbon, Murat, Hyreçon ou Herisson, Verneüil & Billy. En une autre charte de l'an 1262. est dit qu'Odes joüissoit du Comté de Nevers à cause de la puissance paternelle sur ses enfans, qui fait connoître qu'en ce tems ladite Mahault sa femme étoit decedée. Ledit Odes ou Eudes de Bourgogne portoit en ses armes les bandes ou cotices d'or en champ d'azur, qui sont les anciennes armes de Bourgogne, avec un bord dentelé au tour de l'écu. Ceux de la Maison d'Austriche depuis que Maximilian Empereur eut des enfans de l'heritiere de Bourgogne sa femme, ont porté en leurs armes un quartier de ces anciennes armes de Bourgogne, pour demonstration qu'ils prétendent droit au Duché de Bourgogne, à cause de ladite Marie de Bourgogne, dont ils sont issus: ladite Marie étant seule fille & heritiere de Charles Duc de Bourgogne, qui fut tué devant Nancy. Et disent ceux de ladite Maison d'Austriche que ledit Duché de Bourgogne n'étoit pas appanage de la Couronne de France sujet à reversion à faute de mâles, mais qu'il étoit sujet à toutes successions hereditaires, & partant ladite Marie de Bourgogne y avoit succedé, & sa posterité aprés elle. Car disent-ils, aprés que Philippes le dernier des anciens Ducs de Bourgogne, qui étoit le premier mary de Marguerite de Flandres fut decedé sans enfans, le Roy Jean prit en ses mains ledit Duché, non pas par reversion, mais par succession hereditaire, comme proche parent, car il étoit cousin germain du pere dudit Philippes, parce que la mere du Roy Jean femme de Philippes de Valois Roy, nommée Jeanne, étoit sœur d'Eudes Duc de Bourgogne, ayeul dudit Philippes dernier desdits anciens Ducs. Disent outre lesdits d'Austriche, que ledit Roy Jean ayant recueilly le Duché par cette façon, le donna audit Philippes le Hardy son quatriéme fils, lequel il aimoit uniquement, pour luy & ses heritiers, de son propre corps en loyal mariage sans ajoûter la restriction d'hoir mâle, & sans faire mention d'appanage; & par la même lettre dit, que ledit Duché luy est échû par succession. Disans outre que cette paction fut exprimée, desirée, & stipulée par Loüis Comte de Flandres, en accordant le mariage de sa fille Marguerite avec ledit Philippes dit le Hardy, quatriéme fils du Roy Jean, & qu'aucunement il ne vouloit consentir que Bourgogne fut baillé à son gendre en appanage; ainsi le recite Olivier de la Marche en son Histoire. Outre ces raisons que les Bourguignons alleguent, il y a un autre argument que je ne trouve écrit, & que de moy-même j'ay medité par representation de l'antiquité. A sçavoir, que Philippes le Hardy, aprés qu'il fut fait Duc de Bourgogne, écartella ses armes, & prit en deux quartiers de son écu les anciennes armes de Bourgogne, qui sont à bandes ou cotices d'or & d'azur; & auparavant qu'il joüit dudit Duché lors qu'il étoit Duc de Touraine, il portoit son écu aux armes de France, avec un bord découpé d'argent & de gueulles. Et faut croire qu'il n'eût pris lesdites armes anciennes de Bourgogne en quartier, sinon qu'il y fut venu par succession & droit d'heredité: Car si ainsi étoit qu'il y eût reversion de fief au Seigneur feodal, ou à la Couronne *Jure feudi*, le Seigneur eût pris le fief de plein droit, *& suo jure*, sans y plus rien reconnoître ny respecter des droits de son ancien vassal, & puis qu'en tel cas le fief est éteint, aussi sont éteintes toutes les charges que le vassal y auroit mises: & n'est vray semblable si on eût tenu ladite Maison ancienne de Bourgogne pour faillie & éteinte, qu'un fils de France eût voulu charger ses armes, & y ajoûter deux quartiers des armes de la Maison, dont il n'eût reçû aucun profit & bien-fait, & d'une Maison dont le chef étoit failly. Aussi nul des successeurs dudit Philippes le Hardy n'a pris lesdits quartiers des anciennes armes de Bourgogne, sinon l'aîné, auquel le Duché de Bourgogne est avenu. Outre ce que dessus disent les Bourguignons, que la Bourgogne n'est de la premiere conqueste des François, ny sujete à la loy Salique, qui est la propre loy des François, & étoient deux nations diverses, François & Bourguignons, car en même-tems les François occuperent la Gaule Belgique, & partie de la Celtique d'une part, & les Bourguignons l'autre partie de la Celtique avec la Gaule Viennoise, & longtems depuis la Bourgogne fut conquêtée par les François. Aussi és loix qui se trouvent avoir été établies pour toutes ces nations étrangeres qui occuperent les Gaules & partie de la Germanie, se trouverent à part, la loy Salique, la loy des Ripuaires, la loy des Saxons, la loy des Bourguignons, & la loy des Bojoaires, qui sont ceux de Bavieres. Aussi semble que ladite loy Salique, en ce qu'elle exclud les femelles, soit seulement pour le titre de la Couronne, & pour les terres & Seigneuries qui ont été démembrée de la premiere conqueste des François, pour en faire appanage aux puisnez enfans de France. Car Guyenne, Flandres, Bretagne, Champagne, qui sont des anciennes concessions faites par les Rois de France, avec titre de Pairie, sont venües en quenoüille à diverses fois sans contredit. Eleonor fille de Guillaume Duc de Guyenne, Comte de Poictou, herita de Guyenne, & l'apporta en dot à Loüis VII. Roy, dit le Jeûne; & étant repudiée par luy la remporta à Henry fils du Roy d'Angleterre, qu'elle épousa, & en ont luy & ses successeurs joüi & fait hommage à nos Rois, jusques à ce que par felonie ils ont commis & perdu ledit Duché. Flandres en trois cens cinquante ans est venuë quatre fois en quenoüille. Champagne est venuë à la Couronne par le mariage de Jeanne de Champagne femme du Roy Philippes le Bel: comme aussi Bretagne est venuë à la Couronne par le mariage de Madame Anne de Bretagne femme du Roy Loüis XII. Et dés auparavant que cette ligne des anciens Ducs de Bourgogne faillit, Robert de Flandres mary d'Yoland de Nevers, fille dudit Eudes, fils aîné de Bourgogne, prétendit droit au Duché de Bourgogne aprés le decez d'Hugues pere dudit Eudes, au préjudice de l'oncle d'elle qui étoit puisnée: Mais le Roy Philippes III. fils du Roy saint Loüis, étant arbitre de la cause, suivit la volonté dudit Hugues pere dudit Eudes, lequel ayant veu son fils decedé sans hoir mâle, avoit ordonné que le Duché appartint à son second fils à charge de recompense, & se trouve une charte du mois de Mars en l'an 1297. par laquelle Hugues Duc de Bourgogne Chambrier de France, délaissa à Loüis Comte de Nevers fils de ladite Yoland son nepveu, la Terre de Brugny prés Esparnay, mouvante du fief de Champagne pour mil livres de rente, qu'il étoit tenu de luy assigner selon l'Ordonnance du Roy Philippes, du Ducheaume de Bourgogne, à cause de la succession d'Hugues de Bourgogne son pere. Qui montre bien que la fille n'étoit pas de soy excluse de succeder audit Duché, mais que la volonté du pere pour sa succession avoit eu beaucoup de force, même en faveur de la ligne masculine, parce qu'il avoit d'autres enfans mâles, & l'aîné decedé avant le pere n'avoit délaissé que filles. Mais il y a autre empêchement qui exclud ceux de ladite Maison d'Austriche: Car Charles le dernier des Ducs de Bourgogne, qui fut tué devant Nancy étant vassal homme lige du Roy de

France, à cause du Duché de Bourgogne, avoit à diverses fois fait guerre, & été armé en bataille contre son Souverain, voire & fait entreprise de sens froid sur sa personne au Chasteau de Peronne : même ledit Charles étoit à la bataille de Montlhery contre le Roy. Pourquoy selon la loy qui est generale, és fiefs, il s'étoit rendu indigne du fief, & sa posterité, non pas pour en faire Commise & échoite au Roy, mais pour le transferer au plus prochain de la ligne descendu de Philippes le Hardy, auquel la concession avoit été faite pour luy & pour ses hoirs qui emportoit comme une substitution : En sorte que Charles ayant commis au préjudice luy & de sa fille, restoit Jean de Bourgogne Comté de Nevers, petit fils de Philippes le Hardy, auquel appartenoit ledit Duché, à cause de la substitution portée par la premiere concession, & étant fief patrimonial sujet à toutes successions, les filles dudit Jean y auroient succedé, & seroit ce droit aujourd'huy en la Maison de Nevers. Ce n'étoit donc en ce fait de Bourgogne comme és vrays appanages de la Couronne de France, qui sont démembrez de l'ancien domaine de la Maison de France desquels se dit que les filles des Rois n'y ont part, & ainsi fut pratiqué envers Madame Renée de France, fille du Roy Louïs XII. mariée à Hercules II. Duc de Ferrare, en faveur de laquelle, Chartres, Montargis, & Gisors furent unies & en fut fait un Duché, & furent baillées pour deux cens cinquante mil écus. A la publication des lettres en Parlement le 30. Juillet 1528. fut ajoûté pour modification que ce seroit par engagement seulement, & disoit l'Avocat du Roy Lizet que l'ancienne Coûtume de France est de ne bailler dot aux filles de France plus grand que de cent mil francs. Aussi dit-on qu'en ces cas seuls peut être alienê le domaine de la Couronne, l'un pour la dot d'une fille de France, l'autre pour les urgentes affaires de la guerre, & en tous les deux cas à charge de rachapt perpetuel, & de la verification en Parlement. Ledit Eudes Comte de Nevers fils aîné du Duc de Bourgogne mourut avant son pere à Ancone, étant en chemin pour le voyage de la Terre sainte l'an 1266.

DEsdits Eudes de Bourgogne, & Mathilde II. Comtesse de Nevers, nâquirent trois filles, Yoland, Alix, & Marguerite de Nevers. Lors appartenoient à la Maison de Nevers en heritage propre, les Comtez de Nevers, Auxerre, & Tonnerre, & les Baronnies de Donzy, saint Aignan en Berry, Alluye & Montmiral au Perche, & en une charte desdits Eudes & Mathilde sa femme, sont nommez leurs Officiers, les Baillifs de Nevers, de Desize, d'Auxerre, de Tonnerre, & de Donzy. Ladite Alix de Nevers épousa Jean de Châlon, Seigneur de Rochefort, qui étoit second fils de Jean Comte de Bourgogne, & d'Isabelle fille de Frederic, Duc de Lorraine; & eut pour son partage de la maison de Nevers, le Comté d'Auxerre, & la Baronie de saint Aignan en Berry avec Mongeay : lequel Comté d'Auxerre, ainsi qu'on dit, est tenu en fief de l'Evéché d'Auxerre, avec la Terre de Colanges sur Yonne : & j'ay vû un aveu de Robert Comte de Flandre de l'an 1273. Au scél de ladite Alix est la figure d'une femme debout ayant une fleur de Lis en main, & à l'un des côtez est l'écu des anciennes armes de Bourgogne, avec un bord dentelé, & de l'autre côté sont les armes de Châlon qui sont à une bande. L'écriture entour est telle; *Sigillum Alesiæ filiæ Odonis Comitis Nivernensis, Dominæ Rupisfortis.* Le scél est en une lettre de l'an 1273. Elle étoit decedée en l'an 1277. comme il se void par une charte. Desdits Jean de Châlon, & Alix issit Guillaume de Châlon Comte d'Auxerre, qui aussi fut Comte de Tonnerre, par la donation de Marguerite de Nevers Reine de Sicile sa tante, comme il sera dit cy-aprés, & épousa Leonor fille d'Amedée Comte de Savoye. Dudit Guillaume nâquit autre Jean de Châlon Comte d'Auxerre, qui vendit ledit Comté d'Auxerre au Roy Charles V. en l'an 1370. pour quarante mil francs d'or. Louïs de Châlon son frere Comte de Tonnerre, intenta procez au Parlement contre le Procureur General du Roy, afin d'avoir adjudication dudit Comté d'Auxerre par retraict lignager & autres moyens, lequel procez n'est vuidé, & demeura en arriere par l'occasion des divisions, qui peu de tems aprés survindrent en France. Le droit de cette querelle & prétention vint en la maison de Bourgogne, & par le traité d'Arras, fait entre le Roy Charles VII. & Philippes Duc de Bourgogne, dit le bon Duc, en l'an 1435. fut convenu que le Comté d'Auxerre demeureroit au Duc de Bourgogne, pour luy & les siens hereditairement. Ledit Philippes pour s'acquitter de six mille livres de rente qu'il devoit à Jean de Bourgogne Comte de Nevers son cousin germain, second fils de Philippes Comte de Nevers, luy délaissa ledit Comté d'Auxerre par lettre du 7. Aoust l'an 1437. qui sont enregistrés au Parlement de Paris. Et depuis ce tems les Ducs & Comtes de Nivernois, se sont dits Comtes d'Auxerre, combien qu'ils n'en jouïssent à cause de la puissance & longueur des mains du Roy. Quoy que leur droit soit trés-bon, car le traité d'Arras fait par les Ambassadeurs du Roy, fut approuvé par ledit Roy Charles VII. à Tours le dixiéme Decembre l'an 1435. le quatorziéme an de son regne; fut verifié en Parlement le vingt-troisiéme Janvier ensuivant, que l'on comptoit lors 1435. & en la Chambre des Comptes à Paris le 13. Février, aprés enregistré avec les chartes, fol. 38. Ce traité d'Arras, avec la clause expresse dudit Comté d'Auxerre, fut confirmé au Concile de Basle, & est rapporté que le Concile avoit procuré la pacification contenuë audit traité, & se trouve enregistré avec les autres Decrets dudit Concile, au dernier volume des Conciles, fol 231. Ce traité d'Arras tant renommé és histoires, fut la premiere & principale cause de rétablir la Couronne sur la tête du Roy Charles VII. qui lors de la mort de son pere ne tenoit en son Domaine que le Duché de Berry, &

les Anglois par derision l'appelloient le petit Roy de Bourges, & étoit avenu que son pere l'avoit desherité, & avoit adopté pour fils & successeur à la Couronne Henry fils du Roy d'Angleterre, qui épousa Madame Catherine de France. Ledit Charles VII. lors de son decez se trouva paisible joüissant de tout le Royaume, pourquoy il eût le surnom de Victorieux. Les Gens du Roy jaloux du Domaine de la Couronne, ont estimé & tenu, que cette allienation du Comté d'Auxerre ne se pouvoit faire, parce, disent-ils, que le Domaine de la Couronne est inallienable, sinon pour l'appanage d'un fils de France, & à charge de retour à faute d'hoir mâle, ou bien par engagement à charge de rachapt perpetuel : Mais en ce fait d'Auxerre autres considerations étoient à prendre ; à sçavoir, que ce n'étoit Domaine ancien de la Couronne, mais acquisition à prix de deniers faite par le Roy, & non pas retourné à la Couronne par la loy du fief : & partant il n'étoit devenu Domaine, sinon par la seule fiction des Docteurs, qui disent, que ce qui a été tenu comme Domaine, & dont le Receveur a fait recepte en ligne de Domaine devient Domaine. C'est donc Domaine par accident exterieurs, & non de son essence, & disent les loix, que facilement chacune chose retourne à son premier naturel : quoy qu'il ait acquis par la disposition de l'homme autre second naturel. L'autre consideration est, que le Comté d'Auxerre, *etiam* par disposition expresse ne pouvoit devenir vray Domaine de la Couronne, parce que le vray Domaine est adherent à la Couronne & à la souveraineté, qui ne peut reconnoître autre superiorité, parce que c'est contre l'essence de la souveraineté. Or est-il que le Comté d'Auxerre est tenu en fief de l'Evêché d'Auxerre, laquelle feodalité est Domaine temporel de l'Evêché : Le temporel de l'Evêché est tenu en fief du Roy à cause de la Regale, & l'Evêque en doit au Roy le serment de fidelité : car les Evêques en France n'ont aucun territoire ny droit foncier, à cause de leur spiritualité, qui fait que tout leur temporel est mouvant du Roy mediatement ou immediatement. Il y eût Jugement par le Pape Innocent III. en l'an 1209. contre les Evêques d'Auxerre & d'Orleans, par lequel il fut dit, qu'à cause de cette tenure feodale ils doivent envoyer leurs hommes & vassaux en l'armée du Roy pour luy faire service, quoy que le Roy ne soit en personne en son armée. Pour reconnoissance que le Comté d'Auxerre est mouvant en fief de l'Evêché, quand l'Evêque d'Auxerre fait son entrée, le Procureur du Roy à Auxerre, comme l'un des principaux vassaux de l'Evêché, aide à porter l'Evêque en sa chaire Pontificale. Cette mouvance fait que ledit Comté d'Auxerre n'a pû être uny à la Couronne, car comme la Couronne ne reconnoît aucun Superieur, aussi ne peut aucune partie d'icelle Couronne, tant petite soit-elle, reconnoître aucun superieur. Ce qui est uny devient de même nature comme est le corps auquel il est uny, & le Roy ne peut devenir vassal de l'Evêque d'Auxerre, ny subir les fonctions de vassal, ny de fait, ny de droit. Et c'est vraye singerie & chose ridicule, que le Procureur du Roy representant le Roy, s'humilie comme vassal sous l'Evêque d'Auxerre. Aussi le Roy Philippes le Bel, par un Edit en forme de tenuë d'Etats de l'an 1302. qui est avant l'acquisition faite par le Roy Charles V. declara qu'il n'entendoit rien acquerir és fiefs & mouvances des Prelats, Barons & Seigneurs de son Royaume. Doncques le Comté d'Auxerre ne peut faire portion du corps du Domaine du Roy, car la portion ne peut être d'autre nature que le corps dont elle est portion, par consequent il n'a été ny pû être uny à la Couronne, à cause de l'incompatibilité, aussi que le Roy n'a pû ôter à l'Evêque d'Auxerre son droit de feodalité. La tierce consideration est, que le Comté d'Auxerre étoit issu de la Maison de Nevers, en laquelle il avoit été patrimoine heredital, & y avoit procez indecis pour le recouvrement, comme il a été dit cy-dessus, partant le retour en ladite Maison de Nevers étoit plein de faveur. La quatriéme consideration est, que ce traité d'Arras par effet & avec certitude connuë à tous, a été la vraye cause du rétablissement de la Couronne de France occupée par les Anglois, qui même tenoient Paris Ville capitale, & le Roy Anglois ayant été sacré, & reconnu pour Roy de France : car à cause de la division des deux plus grandes Maisons de France, celle d'Orleans & celle de Bourgogne, la Noblesse de France se trouva divisée, qui est le principal soûtien & appuy de cette Monarchie, laquelle comme il a plû à Dieu de l'établir forte & puissante, ne pouvoit être vaincuë & ruinée que par soy-même : pourquoy se doit dire, que le traité d'Arras qui réünissoit les François, a été le vray & seul moyen de conserver cette Monarchie. Le cours des affaires de ce monde nous enseigne, qu'il est meilleur de perdre un membre que de perdre le corps. Ce rétablissement fait par le seul moyen dudit Philippes Duc de Bourgogne, meritoit bien pour recompense le délaissement d'une petite piece : Autrefois les Rois avoient bien démembré du vray & ancien domaine de la Couronne le Duché de Normandie, si grand, riche & ample, pour appaiser & arrester les Danois Normands qui couroient & ravageoient la France, & le démembrement n'a jamais été contredit jusques à ce que par la loy du fief ledit Duché est retourné à la Couronne. Ce délaissement du Comté d'Auxerre n'étoit pas vraye allienation, car le ressort & la souveraineté demeuroient toûjours à la Couronne, & tous les grands fiefs de France, Duchez & Comtez ont été autrefois ainsi démembrez, & les concessions n'en ont pas été contredites. Il n'y a loy si forte que la necessité ne rompe *gravissimi morsus irritatæ necessitatis*, dit Tacite, ny prohibition si urgente d'aliener qui n'obeïsse à l'utilité évidente. Toutesfois les Gens du Roy en cét endroit, comme en tous autres, ont exercé si exactement & étroitement les rigueurs de cette loy domaniale, que la Maison de Nevers a été dépossedée de ce Comté d'Auxerre : combien qu'en plusieurs cas Auxerre, par le moyen de ce traité d'Arras, soit encores reputé de la Maison de Bourgogne, en tant qu'il est du Gouvernement compris & appellé és Etats de Bourgogne, & a le privilege des usages de Bourgogne. Peut-être eût-il mieux été pour ce Royaume, que les Gens du Roy ne se fussent donné si grande peine pour abbaisser le droit des Seigneurs sous pretexte d'agrandir les droits du Roy : dont est avenuë, ou l'occasion ou la cause de la grande & insuportable surcharge des Tailles & Subsides, dont le pauvre peuple François a été miserablement vexé, quand il ne s'est plus trouvé aucun prés des Rois qui osât faire remontrances pour le soûlagement du peuple ; & parce que quand la licence de prendre à volonté est une fois mise sus, elle n'a plus d'arrest ny de borne ; & c'est proprement le but auquel tendent les petits qui s'insinuënt aux bonnes graces des Rois, qui n'étans naiz pour porter une grandeur, employent la vilté de leur cœur à se faire riches, & abbaisser les grands.

Ladite Marguerite de Nevers tierce fille desdits Eudes & Mathilde, qui par son partage étoit Comtesse de Tonnerre, & Dame des Baronies d'Alluye & Montmiral au Perche, épousa Charles l'Ancien, Roy de Sicile, frere du Roy saint Loüys, aprés la mort de Beatrix de Provence, premiere femme dudit Charles, & n'eût aucuns enfans de luy, & demeura veuve en fort jeune âge, & continua jusques à la fin de sa vie, qui fut en l'an 1308. Il se lit dudit Roy Charles de Sicile qui avoit beaucoup d'excellentes vertus, la fidelité qu'il tenoit de la maison de France, la perspicuité & vivacité d'esprit de la maison d'Espagne dont étoit sa mere, la discretion à parler de la frequentation des Cours. Ladite Marguerite bâtit & fonda l'Hôpital de Tonnerre, auprés duquel elle se retira pour voir souvent & secourir les pauvres, & là deceda. Les armes d'elle sont my-parties, d'une part sont les armes anciennes d'Anjou, qui sont de France avec les lambeaux, & de l'autre part les armes anciennes de Bourgogne à bandes ou à cotices, avec un bord dentelé, qui sont les mêmes armes d'Eudes de Bourgogne, son pere. Son testament est en datte du mois de Janvier l'an 1292. & par iceluy elle s'intitule Reyne de Jerusalem & de Sicile, elle donne à Robert de Flandres son neveu puisné, fils d'Yoland sa sœur aînée, ses terres du Perche, pour tout droit que son frere Loüis & luy pourroient prétendre en la succession d'elle. donne aussi à Guillaume de Châlon Comte d'Auxerre, son neveu fils de ladite Alix de Nevers, le Comté de Tonnerre, pour tout droit de succession : veut que ledit Comté de Tonnerre vienne aux hoirs de Guillaume descendans de son propre corps, & s'il n'avoit hoirs qu'il vienne à Loüis & à Robert de Flandres ses autres neveux, declare par ledit testament qu'en consideration de la donation faite audit. Robert son neveu, Loüis de Flandres son frere ne pourra luy donner partage ou appanage moindre de mil livres de rente pour raison du frerage au Comté de Nevers, & Baronie de Donzy, selon la coûtume du païs : Veut que ledit Robert soit tenu de payer à elle testatrice deux mil livres de rentes, & pension par an, & à faute de payer au terme assigné, payera cent sols d'interests par chacun jour de cessation, & que ledit Guillaume de Châlon soit tenu luy payer seize cent livres de rente, & pension par chacun an, & à faute de payer au terme, payera semblable interest de cent sols par jour. Chacun d'eux payera aprés le decez d'elle à l'executeur de son testament quatre mil livres pour une fois. Ordonne que tant qu'elle vivra lesdits Robert & Loüis ne pourront vendre Mairies, ny Sergenteries esdites terres à eux données, mais les bailleront en garde à preud-hommes, & ne souffriront esdites terres Juifs ny étrangers prestans à usure.

Ladite Yoland de Nevers aînée des trois sœurs épousa en premiere nopces Jean fils du Roy saint Loüis, qui fut Loüis IX. du nom. Ledit Jean fut surnommé Tristan parce qu'il nâquit en une année triste, quand son pere fut pris prisonnier devant Damiette en Egypte, qui fut en l'an 1250. Le contrat de leur mariage dont l'original est en la Chambre des Comptes à Nevers est du mois de Janvier, l'an 1265. & par iceluy le Roy Loüis donne en doüaire à ladite Yoland deux mil livres de rente à Pierre-fonds & à Viviers en Brie avec les forteresses : au séel de la charte est la figure d'un Roy assis, & au contre-séel une fleur-de-lis. L'on void en ladite Chambre aucunes lettres dudit Jean, de l'an 1269. il mourut en Affrique, qui est Barbarie, devant Thunes, au même tems que ledit Roy saint Loüis mourut, qui fut en l'an 1270. le 3. Aoust, & de ce mariage n'y eut aucuns enfans. Ladite Yoland en secondes nopces épousa Robert, dit de Bethune, fils aîné de Guy Comte de Flandres, qui du vivant de son pere se nommoit Advoüé d'Arras, Sire de Bethune & de Tenremonde. Tenremonde est une Terre de Flandres mouvant de l'Empire, leur mariage fut en l'an 1277. Ledit Robert avoit auparavant épousé Blanche fille de Charles Roy de Sicile, & en avoit un fils nommé Charles, qui apporta du ventre de sa mere la marque d'une Croix entre les épaules, & mourut jeune. Ledit Robert avoit accompagné ledit Charles frere du Roy saint Loüis Comte d'Anjou, à la conqueste des Royaumes de Sicile & de Naples, lors que ledit Charles en fut investy par le Pape Urbain IV. en l'an 1265. & en ladite année mourut lad. Blanche. Par le traité de mariage desdits Robert de Flandres & Yoland de Nevers, fait à Auxerre au mois de Mars, l'an 1271. Marguerite Comtesse de Flandres & Haynault, & Guy son fils Marquis de Namur, pere dudit Robert, promettent assigner sept mil livres de rente en France, dont trois mil cinq cens livres seront pour le doüaire de ladite Yoland.

Ledit Guy Comte de Flandres étoit fils de Guillaume de Dompierre, & de Marguerite de Flandres, icelle Marguerite fille de Baudoüin Comte de Flandres, qui fut Empereur de Constantinople, duquel il a été parlé cy-dessus, & de marie fille d'Henry Comte de Champagne, niepce du Roy Philippes Auguste : Ledit Baudoüin étant Empereur prenoit ce titre, Empereur des Romains, toûjours Auguste élû de Dieu. Ledit Baudoüin étant encore en Flandres eut deux filles de ladite Marie de Champagne, Jeanne & Marguerite. Jeanne aprés le decez dudit Baudoüin, qui fut tué en guerre devant Andrinople en Grece, en l'an 1205. fut Comtesse de Flandres, épousa Thomas de Savoye, & deceda sans enfans l'an 1244. Ladite Marguerite épousa premierement Bouchard d'Avenes, qui fut en l'an 1212. mais en l'an 1215. le Pape Innocent III. declara ce mariage nul pour la proximité de lignage entre lesdits Bouchard & Marguerite; & toutesfois ladite Marguerite ne voulut se marier autre part tant que ledit Bouchard vécut, & aprés son decez en l'an 1218. elle épousa ledit Guillaume de Dompierre Gentil-homme de bien noble maison, mais ayant peu de biens, qui étoit Seigneur de Dompierre sur Besbre en Nivernois, & de leur mariage nâquirent ledit Guy de Flandres & Jean. Ledit Guillaume de Dompierre deceda le troisiéme Septembre l'an mil deux cens quarante & un, son corps est enterré au Monastere des Religieuses à Flines : ladite Marguerite deceda à Gand le dixiéme Février l'an mil deux cens septente-neuf, âgée de septente-six ans, audit Monastere de Flines. A elle succeda au Comté de Flandres ledit Guy de Dompierre, & à Jean d'Avenes fils dudit Bouchard échût le Comté d'Haynault : ledit Guy de Dompierre avoit épousé en premieres nopces Mathilde fille de Robert Advoüé de Bethune, Seigneur de Tenremonde, & de ce mariage nâquit plusieurs enfans jusques à neuf, l'aîné étoit ledit Robert qui succeda au Comté de Flandres mary de ladite Yoland. Du temps dudit Guy Comte de Flandres, les Flamans se rebellerent contre le Roy de France, & venoit l'occasion, parce que les gens du païs étoient pressez d'entretenir l'accord qui avoit été fait en l'an mil deux cens vingt-cinq, aprés la bataille de Pont à Bovines gagnée par le Roy Philippes Auguste contre Ferdinand, mary de Jeanne Comtesse de Flandres, & ne vouloient l'avoir agreable; & aprés la bataille gagnée à Mont de Pueble par le Roy Philippes le Bel, fut appointé que les Flamans payeroient une amande de huit cens mil livres, & pour la seureté du payement, ledit Guy se rendit prisonnier du Roy, fut relaché de la prison sous sa foy pour aller en Flandres afin d'avancer le département & payement de cette somme, & ne pouvant en venir à chef, de bonne foy se remit en la prison, & mourut à Compiegne le sixiéme Mars de l'an mil trois cens quatre, & fut enterré son corps au Monastere de la Marguete en Flandres, tant étoit en ce tems la foy en recommendation. Ainsi il se lit du Roy Jean de France, qui étant prisonnier des Anglois, renvoyé sur sa foy, pour faire accomplir le traité fait entre luy & les Anglois, n'ayant pû satisfaire retourna volontairement prisonnier en Angleterre, où il mourut.

APrés le decez dudit Guy Comte de Flandres, succeda audit Comté ledit Robert son fils aîné, mary d'Yoland de Nevers. Avant le decez de son pere il portoit en ses armes le Lion de Flandres, qui est de sable en champ d'or, avec des lambeaux de gueulles de quatre pieces au chef; les lambeaux sont les marques de l'aîné, & principal heritier à venir; comme du vivant dudit Guy, Guillaume son fils puisné portoit les armes de Flandres à une bande prenant du haut de l'écu à droit. Aprés le decez du pere, ledit Robert prit les armes pleines : Ainsi s'est veu en la Maison de France, avant que le Dauphiné appartint au fils aîné du Roy, ou quand il n'y avoit point de Dauphin, que les aînez ou plus proches de la Couronne prenoient les lambeaux en chef sur les fleurs de Lis; comme les Comtes d'Anjou de la premiere lignée prirent les lambeaux de gueulles, & depuis les Ducs d'Orleans prirent lelambaux d'argent en chef. Aucunes histoires disent que les Seigneurs, Ducs, Comtes & autres des Païs-bas en l'entreprise pour la conqueste de la Terre sainte sous Godefroy de Bologne, dit de Boüillon, & depuis prirent le Lion pour marque de leurs armes en plusieurs diversitez; Flandres prit le Lion de sable en champ d'or, le Lion moufflé de gris : Brabant le Lion d'or en champ de sable; Hollande le Lion de gueulles couronné de sable en champ d'or; Zeélande au chef un Lion de gueulles en champ d'or issant des ondes d'argent & d'azur; Zeélande est païs de mer, Land en Tudesque signifie païs, & Zeé signifie mer : Zuthphen un Lion de gueulles couronné d'or en champ d'argent : Lembourg un Lion de gueulles couronné & armé de sable en champ d'argent : toutesfois Olivier de la Marche en son Histoire dit, que le Lion de Lembourg est couronné, langué & armé d'or, & la queuë fourchuë croisée en sautoir. Namur un Lion de sable en champ d'or écharpée d'une bande de gueulles; Haynault porte écartelé de Lions de sable en champ d'or, & de Lions de gueulles en champ d'or, les deux de sable pour Haynault, qui vient de Flandres, & les deux de gueulles pour Hollande, qui pour quelque tems a été jointe à la Maison de Haynault; Gueldres le Lion d'or couronné en champ d'azur; Juilliers le Lion de sable langué & armé de gueulles en champ d'or; Luxembourg, qui d'ancienneté s'appelloit le Duché de Mosellane, avoit le champ à faces d'argent & d'azur, & sur icelles un Lion de gueulles : Autres disent les armes de Luxembourg d'un Lion de gueulles en champ d'argent qui sont aujourd'huy les mêmes armes du Royaume de Boheme, parce qu'Henry Empereur de la Maison de Luxembourg acquit à sa posterité ledit païs de Boheme : Bergues ou Mons le Lion de gueulles en champ d'argent

Ladit

LAdite Yoland de Nevers, femme de Robert Comte de Flandres, deceda le second jour de Juin de l'an 1280. & fut son corps enterré premierement en l'Eglise des Freres Mineurs de saint François, lors bâtie hors les murs de Nevers, qui de present est appellée la Chaussée aux Cordeliers, & ont été les bâtimens ruinez par l'occasion des guerres, & le Monastere transferé en dedans la closture de ladite Ville, auquel effet Marguerite de France, fille de Philippes le Long Roy de France, femme de Louïs II. Comte de Flandres & de Nevers, donna ausdits Cordeliers Freres Mineurs, une partie du Chasteau de Nevers nommé Gloriette, en l'an 1358. pour y bâtir leur Eglise & Convent, & y sont de present en étre. Lesquels Freres Mineurs y entrerent pour demeurer le seiziéme jour d'Avril second Dimanche aprés Pâques, qu'on appelle communément *de Misericordia*, parce qu'à ce jour l'Introite de la Messe commence par ce mot *Misericordia*, l'an 1378. du tems d'Urbain VI. Pape, toutefois se trouve par une charte du troisiéme Septembre de l'an 1362. que Louïs Comte de Flandres & de Nevers, donna cette place aux Cordeliers pour y bâtir, & l'amortit, & se trouve autre amortissement fait par luy des places adjacentes, du quatriéme Septembre de l'an 1365. Ladite Marguerite de France n'étoit pas proprietaire, & se peut faire que ledit Louïs proprietaire, en ratifiant ce qu'elle avoit donné, ait donné de nouvel : aussi se peut faire qu'il y ait eu plusieurs donations de diverses places. Par cette translation d'Eglise & Monastere, fut aussi transferée la sepulture de ladite Yoland, qui se void encores aujourd'huy au Chœur de ladite Eglises des Cordeliers, devant le grand Autel, qui est de marbre noir haut élevé, & d'ancienneté y étoit écrit cét Epitaphe, qui aujourd'huy est effacé :

Hic jacet ut cernis lapidis sub pondere grandis,
Quondam Nivernis Comitissa potens Yolandis :
Justa fuit, stabilis, consultàque, mitis, honesta,
Compatiens, humilis, sapiens, devota, modesta :
Ejus nec metra caperent laudes neque petra.
Sit procul à tetra caligine, regnet in æthra :
Mæstis solamen erat hac, miserisque juvamen.
Sit tibi solamen trinus & unus, Amen.
Bis centum mile septem decies notat ille,
Atque decem claré qui vult sua fata notare,
Feria prima Junio, tollitur è medio.
Hac quoque qui videt, orando juvamen ei det,
Visu Christe tui possit ut ipsa frui.

Desdits Robert de Flandres & Yoland de Nevers, nâquirent enfans Louïs & Robert, & deux filles Yoland & Mathilde, Yoland de Flandres fut mariée en la Maison d'Anguyen, dont sont venus ceux de Luxembourg Comtes de saint Paul, Ligny & Brienne : ladite Mathilde fut mariée à Matthieu Duc de Lorraine. Desdits Louïs & Robert sera parlé cy-aprés. Ledit Robert pere, aprés le decez d'Yoland, fut legitime administrateur de leurs enfans ; & en ce tems se trouve un Arrest donné par le Roy au Parlement, de Pentecoste de l'an 1290. sur la requeste dudit Comte, par lequel luy fut répondu qu'il seroit enduré, si ledit Comte amortissoit aucuns biens temporels au profit des Eglises & lieux pitoyables, pourvû que ce fût par charité sans prendre finance, & de même pourroit permettre à non nobles de tenir fiefs nobles, pourveu que ce fût pour remuneration de services ou autre grace sans reception de deniers : Mais s'il en prenoit deniers, que le Roy usant de son droit y pourroit mettre la main. Ce qui donna occasion audit Arrest fut, que quelque-tems auparavant par Lettres de commission expediées à Entrain au mois de Juin de l'an 1278. ledit Robert avoit mandé d'enquerir de nouveaux acquests faits par les gens d'Eglise au Comté de Nevers, & és terres des sujets dudit Comté, & des fiefs mis és mains de Bourgeois & vilains, avec pouvoir de saisir, & en composer : Quand ledit Louïs fils aîné fut en âge pour jouïr du Comté de Nevers à luy échû par la succession de sa mere, il se transporta en Nivernois, & en presence dudit Robert son pere, reçût les hommages des vassaux dudit Comté de Nevers & Baronie de Donzy, ce fut en l'an 1296. Les avûs se trouvent transcrits au second chartier de la Chambre des Comptes. Quant audit fait des amortissemens, est à sçavoir, que par les anciennes loix de France, les Eglises, Communautez, & autres corps, qu'on appelle de main-morte, ne peuvent tenir heritages sans congé du Roy, qu'on appelle amortissement, c'est-à-dire, sans dispense expresse du Roy, de ne tenir en main-morte ; & pour obtenir tel amortissement faut bailler indemnité au Roy, qui est reglée par l'Ordonnance du Roy Charles VI. du mois d'Octobre de l'an 1402. qui veut que la valeur de la tierce partie de ce qui est amorty soit baillé au Roy, en terres, rentes ou possessions, en la Terre & Justice du Roy sans moyen, pour être appliquez à son Domaine. De là vient, que de la même ancienneté le Procureur du Roy contraignoit les Eglises, Communautez, & gens de main-morte, de vuider leurs mains des heritages acquis de nouvel. Mais depuis pour tirer argent, & comme prés des Rois se trouve assez de personnes, qui par vilté de courage desirent se faire riches, on n'a pas suivy cette voye : car en vingt ou trente ans une fois, le Roy prend certaine finance sur ceux, qui sans amortissement & licence ont tenu tels heritages, non pas pour leur permettre à l'avenir de les tenir, mais pour la tolerance du passé : Si par raison cela se fait, j'en remets le jugement à autres. Si est-ce que depuis quelque tems les pauvres gens de villages ont été extrémement molestez à cause des usages & autres droits qu'ils tiennent en commun ou plusieurs ensemble : Car quoy qu'ils en payent redevances aux Seigneurs desquels ils les tiennent, & qui leur en ont fait bail, & dont les Seigneurs qui les tiennent en fief font service au Roy : Neanmoins ces pauvres gens ont été cottisez excessivement, & on appelle cette sorte de finance les Francs-fiefs & nouveaux Acquests. Les Commissaires de la recherche sçachans bien qu'en leurs commissions étoient plusieurs abus, ont épargné les bonnes Villes & ceux qu'ils ont connu pouvoir montrer les dents, & n'ont adressé leurs contraintes que sur les pauvres;ausquels ils ont fait croire, que par le moyen de cette finance, ils tiendroient doresnavant du Roy ces Communes. Les Eglises en ont composé au Roy par un surcroît de decime. Ce droit de Francs-fiefs & nouveaux Acquests, se prend aussi par le Roy sur les roturiers qui tiennent fiefs, car il se dit que les seuls Nobles peuvent tenir fiefs, & que le Roy peut contraindre les roturiers de mettre leurs fiefs hors de leurs mains; & pour la tolerance du passé, de ne les y avoir contraints, on leur fait payer finance au Roy : Sur quoy si les raisons étoient bien ouïes, reçûës, & jugées, ny les Eglises,ny les Communautez, ny les gens de main-morte, ny gens roturiers tenans fiefs ne devroient ces droits : car le commencement est de l'ancienneté, quand l'Eglise ne payoit aucune Decime ny Subside au Roy, les roturiers ne payoient Taille ordinaire, mais seulement le subside qui étoit avisé en assemblée d'Etats Generaux : tellement qu'en ce tems-là le Roy n'étoit servy, & n'avoit secours des heritages que tenoit l'Eglise, & n'en pouvoit revenir aucun profit casuel, ny par confiscation, ny par quint deniers, ou lods & ventes, ny par reversion de tant que l'Eglise n'allienne & ne meurt : & les roturiers n'étoient reçûs à faire service en personne à l'Arriere-ban, & partant le Roy n'avoit service de leurs fiefs. Mais de present que le Roy prend les Decimes sur l'Eglise, & prend Taille ordinaire sur les roturiers, en laquelle Taille on comprend aussi-bien le revenu qu'ils ont de leurs fiefs, comme le revenu de leurs heritages roturiers, il n'y a raison ny justice de les tailler deux fois pour même chose;mais on dit que ce sont les droits du Roy; non seulement le Roy, mais aussi les Seigneurs inferieurs ont pouvoir de contraindre les Eglises & autres Communautez qui ont acquis des heritages mouvans d'eux sous Seigneurie directe, de les mettre hors de leurs mains, à peine que si aprés les commandemens ils ne vuident leurs mains dans l'an & jour, le Seigneur direct peut saisir & gagner les fruits, & en aucunes Provinces gagner les heritages, comme à eux acquis par Commise. Mais si les Seigneurs ont souffert la jouïssance par trente ou quarante ans, ils ne peuvent plus contraindre precisement à vuider leurs mains, mais seulement de bailler homme vivant, mourant, & confiscant avec payement de quelque somme de deniers, ou du revenu d'un an lors du decez de l'homme qui aura été baillé.

Louïs de Flandres Comte de Nevers commença à jouïr du Comté de Nivernois durant la vie de son pere, & épousa Jeanne fille unique & heritiere de Jacques Comte de Rethel, & par le Contrat de mariage qui est du mois de Decembre de l'an 1290. fut ladite Jeanne doüée de deux mil cinq cens livres tournois de rente, à prendre és Chastellenies de Moulins Engilberts, & Montruillon en Nivernois : au contrat de mariage sont nommez presens Guy Comte de Flandres, Marquis de Namur, & la Dame d'Anguyen amite, (c'est-à-dire tante, du Latin *amita*,) de lad. Jeanne. De par lad. Jeanne le Comté de Retel est entré en la Maison de Flandres, & depuis en la Maison de Nevers : les armes de Rethel sont trois rasteaux d'or en champ de gueulles, lequel Comté de Rethel est de fort ancienne infeodation : car il se lit és Legendes de l'Eglise, que saint Arnoul étoit fils du Comte de Rethel, & épousa Scaremberge niepce du Roy Clovis, & par ce mariage luy fut confirmé le Comté de Rethel. Es anciennes chartes en Latin il est appellé *Regiteste*, comme étant le Comté de Rethel, le témoin, marque & borne du Royaume : de vray en iceluy finit la Souveraineté de France, dont la Meuse est limite. Ce Louïs de Flandres ne fut pas bien obeïssant à son pere Robert : l'on void en la Chambre des Comptes de Nevers, une lettre du mois de Janvier de l'an 1315. par laquelle le pere octroye sauf-conduit à son fils pour venir parler à luy à Audenarde durant trois semaines, qui fait connoître qu'il avoit offensé son pere. Et au même-tems ledit Louïs par une lettre du mois de Juillet audit an mil trois cens quinze, promet obeïr au Roy qui étoit Louïs X. dit Hutin, & luy aider contre les Flamans rebelles, & par le même traité ledit Louïs de Flandres confirme la convenance faite par ses pere & ayeul Comtes de Flandres, pour la transport fait au Roy des Villes de l'Isle, Doüay & Orchies en Flandres. En l'année suivante 1316. au mois de May, ledit Roy Louïs fit expedier ses Lettres patentes en forme d'Edit, données à saint Germain en Laye, sur les débats qui étoient entre les Gens du Roy, & ledit Louïs Comte de Nevers, & les Nobles & gens d'Eglise dudit Comté & Baronie de Donziois, par lesquelles le Roy declare qu'il fera enquerir de l'ancienne coûtume que prétendoient les Nobles de Nivernois & Donziois, de pouvoir faire guerre entr-eux, & porter armes pour la conservation de leurs Etats, terres & droits, & si elle se trouvoit telle, le Roy feroit reparer la nouvelleté faite par ses gens, qui pour tels cas avoient levé des amandes. Ordonne le Roy qu'il ne contraindra les feaux du Comté de Nevers, ny les Religieux, de venir ou envoyer à ses guerres, ny faire finance sinon en cas d'Arriere-ban. Que les monnoyes du Roy seront de la même loy qu'elles étoient du tems du Roy saint Louïs, pro-ayeul dudit Roy Louïs X. Que la connoissance de fausse monnoye appartiendra aux Seigneurs hauts Justiciers, hormis en cas que l'accusation sera d'avoir fabriqué fausse monnoye à la marque du Roy. Que l'execution des Lettres passées sous le séel Royal, & la connoissance qui en dépend appartiendra aux Juges des Seigneurs hauts Justiciers, fors en debtes Royaux, ou si les Seigneurs sont negligens de faire justice. Mais s'il y a débat sur la falsification du séel Royal, ou de l'écriture prés iceluy, les Gens du Roy en connoîtront. Les Officiers Royaux à leur reception jureront de ne rien entreprendre & ne troubler les Seigneurs en leurs Justices. Nouvelles gardes octroyées par le Roy aux sujets dudit Comté, sont declarées nulles, & ceux qui alleguent les anciennes ne seront ouïs s'ils ne les montrent. Sera mis certain nombre moderé de Sergens és Chastellenies. Ne seront mis panonceaux Royaux, ny autres marques és Jurisdictions des Seigneurs, sinon és cas appartenans au Roy. Sera enquise la verité comme les choses étoient du tems du Roy saint Loüis, sur la connoissance des lieux saints, chemins & fleuves, pour être ordonné à qui la connoissance en doit appartenir. Le Roy n'acquerera rien és fiefs & autres biens qui sont de la Jurisdiction des Seigneurs, sans leur consentement. Mais pourra le Roy retenir ce qui luy sera acquis par forfaicture en crime de leze Majesté ou succession par lignage, en baillant au Seigneur du fief de serviteur & homme suffisant, ou bien recompense. C'est le sommaire desdites Lettres patentes qui sont en la Chambre des Comptes à Nevers. Le Roy Philippes le Long par indignation que les Flamans ne luy obeïssoient ainsi qu'il desiroit, saisit en ses mains les Comtez de Nevers & de Rethel. Ledit Loüis de Flandres moyenna son appointement, & par Lettres patentes données à Gisors le 13. de Septembre de l'an 1317. aprés que ledit Comte Loüis s'est purgé envers le Roy, le Roy le reçoit à hommage, & luy fait main-levée desd. Comtez, sauf des Chasteaux & forteresses dont le Comte luy baille la saisine par un gand. Ledit Comte de Nevers confirme de rechef les convenances faites avec ses predecesseurs Comtes de Flandres. Enfin la pacification fut traitée à bon escient entre Robert Comte de Flandres, & ledit Roy Philippes le Long, le cinquiéme May de l'an mil trois cens vingt, par laquelle fut traité le mariage de Loüis de Flandres, fils dudit Loüis Comte de Nevers, petit fils dudit Robert, & Marguerite de France fille dudit Roy Philippes : fut aussi convenu si ledit Loüis Comte de Nevers decedoit avant ledit Robert son pere, que ledit Loüis II. succederoit audit Comté de Flandres, audit Robert son ayeul, nonobstant qu'en Flandres n'y ait representation en ligne directe, à quoy on fit consentir Robert fils puisné dudit Robert; & par le même traité fut accordé que les Villes de l'Isle, Doüay & Orchies demeureroient au Roy. Comme on avoit douté, ainsi avint, car ledit Loüis Comte de Nevers mourut avant son pere au mois de Juillet de l'an mil trois cens vingt-deux à Paris, & fut son corps enterré en l'Eglise des Cordeliers à Paris, au Chœur à côté droit du grand Autel, en un tombeau de marbre noir, & est son Epitaphe tel, *Messire Loüis ainé, fils de Robert Comte de Flandres, Comte de Nevers & de Rethel, pere de Monseigneur Loüis Comte de Flandres, de Nevers & de Rethel, qui trépassa l'an 1322.* Cette mort ainsi avenuë du fils avant le pere, doit nous faire souvenir de la parole de Dieu, qui ne peut être que veritable, lequel en un seul des dix Commandemens a joûté promesse à ceux qui l'accompliront, qui est d'honorer par le fils ses pere & mere, afin qu'il vive longuement, & que bien luy soit sur la terre, que le Seigneur Dieu luy a donnée. Cetuy-cy Loüis de Flandres Comte de Nevers fut desobeïssant à son pere, & Dieu voulut qu'il mourut avant son pere : Ainsi avint à Ferdinand d'Arragon, fils d'Alfonse, auquel le Royaume de Naples fut ôté par Charles VIII. Roy de France. Aprés le retour dudit Charles en France, ledit Royaume fut facilement reconquêté par ledit Ferdinand fils dudit Alfonse, qui l'avoit perdu, & ledit Alfonse, qui avoit sans resistance laissé prendre led. Royaume, se retira en Sicile, & fit quelque instance à son fils de luy remettre entre ses mains, le fils ne se contentant d'en faire refus par quelque honneste excuse, fit réponse à son pere en le picquant, qu'il attendit jusques à tant qu'il eût tellement assuré ledit Royaume, qu'il n'eût occasion une autre fois de le laisser & s'enfuir. Ledit Ferdinand fils mourut dedans l'an sans enfans, & luy succeda Frederic son oncle. Ainsi aprés que la Reine Isabelle de Castille fût morte, combien qu'elle eût délaissé le Gouvernement à Ferdinand son mary Roy d'Arragon, dit le Catholique, ledit Ferdinand fut maltraité par Philippes d'Austriche son gendre, qui à toute peine accorda audit Ferdinand qu'ils se vissent pour conferer de leurs affaires, & fut ledit Ferdinand abandonné de la Noblesse de Castille, attirée par ledit Philippes Archiduc d'Austriche, & luy fut ôtée toute administration, seulement luy furent délaissées les trois grandes Maîtrises des Ordres de saint Jacques, Alcantara, & Calatrava, & luy fut accordé le Royaume de Naples, où il devoit se retirer. Ledit Philippes Archiduc aprés cette discourtoisie usée envers son beau-pere, mourut dedans l'an à Burgos en Espagne le 25. Septembre de l'an 1506. au 28. an de son âge. Aprés la mort dudit Loüis de Flandres Comte de Nevers, mourut ledit Robert son pere le 17. Septembre audit an 1322. au lieu d'Ypre où son corps est enterré, combien que dés le vivant dudit Robert, & dés l'an 1320. ledit Robert le Jeune eût consenty à la representation, & eût quitté tous droits de pere, de mere, & de Marguerite sa tante Reine de Sicile, Comtesse de Tonnerre, moyennant dix mil livres forte monnoye de rente, pour laquelle rente on luy avoit assigné les Seigneuries de Dunkerque, Bronchan, Brogny en Champagne, Alluye & Montmiral au Perche, Vvarnestune, Gravelines, Nieuport & Bergues. Toutesfois aprés le decez dudit Robert la question se remua, & il y eût Arrest du Parlement du 29. Janvier de l'an 1322. selon la computation dudit tems, par lequel le Comté de Flandres fut adjugé audit Loüis II. par succession de Robert son ayeul, au préjudice dudit Robert son oncle, & de Matthieu de Lorraine mary de Mathilde de Flandres, Dame de Florines, fille dudit défunt Robert. Ledit Loüis dernier decedé avoit de son vivant pour l'honneur & remede de l'ame de lad. Yoland sa mere, ordonné la fondation d'un service anniversaire au Prieuré de saint Saulge, le second jour de Juin, qui doit être de cinq Messes, & à charge de donner à dîner aux Prêtres par le Prieur, moyennant la cession d'une rente qui fut faite audit Prieur: La charte est du mois de May de l'an 1291. Comme aussi fonda un service anniversaire à faire par les Chantre & Chanoines de l'Eglise Collegiale de saint Martin de Clamecy, moyennant une somme de deniers qui leur fut délivrée selon les legs de ladite Yoland. La lettre est du mois de Decembre de l'an 1300.

DEpuis que le Comté de Nevers fut entré en la Maison de Flandres, les Comtes de Flandres & de Nevers abandonnerent les anciennes armes des Comtes de Nevers, qui étoient, comme il a été dit, d'un Lion rampant d'or armé, & langué de gueulles en champ d'azur, semé de billettes d'or, & avoient été lesdites armes auparavant hereditaires, non seulement aux mâles, heritiers de la Maison de Nevers, mais aussi à ceux qui à cause de leurs meres ont eu heredité en la Maison de Nevers, même és Comtez d'Auxerre & Tonnerre, car ceux du nom de Châlon qui ont herité des Comtez d'Auxerre & Tonnerre, venus de la Maison de Nevers, ont porté lesdites armes de Nevers en quartier. Même le Prince d'Orange qui est de present heritier de ladite Maison de Châlon, à cause de son ayeulle, pour la prétention qu'il a au Comté de Tonnerre, dont il prend le titre porte en ses armes au chef, un quartier desdites anciennes armes de Nevers, & en un petit écu planté au milieu de tous les quartiers porte les anciennes armes de Châlon, qui sont d'une bande d'or en champ de gueulles. Les mêmes armes anciennes de la Maison de Nevers, sont celles du Comté de Bourgogne, qui est la Franche-Comté, comme il est representé és monnoyes faites à Dole, & és triomphes & pompes des feus Empereur Charles V. & Philippes Roy d'Espagne, quand ils ont voulu representer par armoiries les principales Seigneuries à eux appartenantes. Par les anciennes chartes nous voyons que les enfans venus de Eudes fils aîné du Duc de Bourgogne, & de Mathilde II. de Nevers, n'ont pas pris les armes ny le nom de Bourgogne, mais le nom & les armes de Nevers, de par leur mere: sinon qu'en leurs sceaux ils y ont mis quelque marque desdites armes de Bourgogne, lors qu'ils prétendoient encore quelque droit au Duché de Bourgogne. D'ancienneté se pratiquoit que les Seigneurs prenoient leurs surnoms des principales terres qui leur avenoient, même quand ils épousoient l'heritiere d'une grande Maison, les enfans qui venoient du mariage prenoient le surnom de ladite Maison. Comme en la Maison de Bourbon, aprés que Robert Comte de Clermont en Beauvoisis, fils du Roy saint Loüis, eut épousé Beatrix unique heritiere, & petite fille d'Archambault, Sire de Bourbon, les enfans qui nâquirent dudit mariage prirent le surnom de Bourbon, & non de Clermont, qui étoit l'appanage de leur pere en la Maison de France. Les enfans de Roy n'ont point de surnom, mais leurs enfans prennent le surnom de l'appanage de leur pere. Vray est que ceux de Bourbon ont retenu les armes de France, avec distinction d'un bâton de gueulles, pour marque d'un puiſné, sans prendre aucun quartier des armes anciennes de Bourbon, qui sont d'un Lion rampant de gueulles, armé de sable en champ d'or, semé de coquilles d'azur. Nous avons dit cy-dessus de Pierre & Robert de Courtenay, qui étans Princes du sang Royal de France, ont pris ledit surnom de Courtenay. Aussi s'est vû, aprés qu'Henry fils du Roy d'Angleterre eut épousé Catherine de France, fille du Roy Charles VI, & que par mauvais conseil ledit Roy Charles desheritant son fils, qui depuis fut Roy Charles VII. adopta à la Couronne de France ledit Henry pour le faire Roy, on commença à Paris à scéller les lettres en Novembre, l'an 1422. d'un grand scéel auquel étoit la figure d'un Roy assis, tenant deux Sceptres en ses deux mains; & au côté dextre étoit l'écu de France tout plein, & au côté senextre l'écu d'Angleterre, écartelé de France, & des Leopards d'Angleterre, & au contrescéel étoit la figure d'un Ange, tenant les deux écus de France & d'Angleterre, & à chacun écu un Sceptre: mais sur l'écu d'Angleterre il y avoit outre une pomme & une verge à une Croix au bout d'enhaut. En tout cela les Anglois oublierent d'ajoûter la main de Justice, que nos Rois és representations de leur Majesté portent en la main senestre: De vray lesdits Anglois possedans ce Royaume furent mauvais Justiciers, & ils ne garderent gueres cette Couronne de France. Toutesfois toûjours depuis les Rois & Reines dudit païs d'Angleterre ont retenu par titre venteux le nom de Rois de France. Aussi s'est vû en la Maison de Cleves, aprés qu'Adolfe Comte de Marx eut épousé Marguerite fille & heritiere de Dietrich, qu'on appelle Theodoric Comte de Cleves, les enfans qui sont venus dudit mariage ont pris le nom & les armes de Cleves, qui durent encore aujourd'huy. Vray est qu'en leurs armes ils ont retenu un quartier des armes de Mark, qui sont un échiquier d'argent, & de gueulles en face, sur un champ d'or, mais les armes de Cleves sont au plus haut & digne lieu. Aussi s'est vû en la Maison de Flandres, quand Guillaume de Dompierre, frere d'Archambault de Bourbon, Seigneur de Dompierre sur Besbre en Nivernois, eût épousé Marguerite heritiere du Comté de

Flandres, les enfans qui en parvinrent prirent le surnom & les armes de Flandres. Nos peres ont vû aussi que Philippes Archiduc d'Austriche fils de Maximilien Empereur, ayant épousé Jeanne heritiere d'Espagne, fille de Ferdinand, & Isabelle retint au haut quartier de ses armes les armes d'Austriche, qui sont de gueulles à une face d'argent. Mais Charles V. Empereur, fils dudit mariage, Roy des Espagnes, prit au haut quartier les armes des Espagnes, & celles d'Austriche au quartier bas. En aucunes grandes Maisons les noms & les armes sont sujets à pactions & substitutions fideicommissaires, & nul ne peut prendre le titre de la principale Seigneurie, qu'il n'en prenne le nom & les armes, comme en la Maison d'Estouteville en Normandie. En autres Maisons se void que les Seigneuries sont affectées par ancienne loy à certains noms propres & à surnoms, qui sont les seconds noms : Comme le fils aîné du Roy de France, aprés son nom de Baptême, prend le second nom ou surnom de Dauphin de Viennois : Comme nul ne peut être Comte de Laval, sans avoir le nom & surnom de Guy de Laval, & étant decedé Guy Comte de Laval, en l'an 1545. lequel avoit ses noms par naissance & par baptême, sa niepce fille de sa sœur aînée Marquise de Nesle, nommée Jeanne de Rieux, prit le nom & surnom de Guyonne de Laval en cette sorte, Jeanne de Rieux, dite Guyonne de Laval. En la Maison de Sailligny en Bourbonnois, nul ne peut succeder sans prendre le nom & surnom de Lourdin de Sailligny. Celuy qui est de present, qui par Baptême a nom Marc, & par naissance à surnom de Colligny, luy étant échûë par succession ladite Seigneurie de Salligny, a ainsi divisé son surnom, Marc dit Lourdin de Salligny. L'ancienne observance étoit en ce Royaume, que les Seigneurs prenoient pour surnom les noms de leurs Seigneuries principales. Cette accession de nom n'est pas de recente institution à nous François. Les Romains étoient observateurs des noms par lesquels l'antiquité & valeur de leurs Maisons étoient remarquées. Ils avoient le premier nom, qui ne remarquoit rien de leur Maison, car tels noms étoient communs à toutes Maisons : comme Lucius, Marcus, Cajus, Cneus, Publius, & autres tels. Le second nom representoit la plus grande ancienneté de leur lignage, & étoit le nom gentil, de la gent ancienne, dés le premier établissement de leur Maison. Le tiers nom étoit celuy qui faisoit distinction des familles, quand une Maison ou gent avoit fourché & multiplié en plusieurs Maisons & familles particulieres : Comme à Rome la gent Cornelie, la gent Claudie, la gent Æmilie, la gent Licinie, étoient ces anciennes & plus renommées Maisons de Rome. En la gent Cornelie étoient les familles de Scipion, de Sylla, de Cethegus, de Lentulus, de Cinna. En la gent Claudie étoient les familles de Neron, de Marcellus, de Pulcher. En la gent Æmilie étoient les familles de Paulus, de Lepidus. En la gent Licinie étoient Luculus & Crassus. Quelquesfois ils acqueroient un quart nom qui leur étoit attribué pour honneur de quelque grande victoire & conqueste qu'ils avoient faite, comme à Scipion fut donné le quart nom d'Affricain : Æmilius Paulus, de Macedonique : au petit fils d'Auguste Cesar, de Germanique. Le second nom desd. grands Seigneurs ne leur étoit en si grande recommendation, & ne remarquoit pas tant l'antiquité & valeur de la maison, comme le tiers nom, & quand on parloit d'eux avec honneur on les appelloit par leurs tiers nom, & non par le second; & quand aucun étranger par le bien-fait d'un grand Seigneur Romain, étoit fait Citoyen Romain, ou quand aucun serf par la liberalité & honneste recompense de son maître étoit affranchy & devenoit libre, les patrons leur donnoient leur premier & second nom, mais non pas le tiers nom. Ainsi dit Ciceron en l'action cinquiéme contre Verrees, parlant de Quintus Lutacius Diodorus Sicilien, qui par le bien-fait de Quintus Catulus Senateur Romain, avoit été fait Citoyen de Rome : Le nom gentil de Catulus, qui étoit son second nom étoit Lutacius, & son tiers nom Catulus : son client prit le premier & second nom de son patron, & retint pour tiers nom le nom de sa naissance, qui étoit Diodorus. Ainsi Cesar au livre premier de ses Commentaires de la guerre Gallique parle de Cajus Valerius Cabarius Gaulois, qui avoit été fait Citoyen Romain, par Cajus Valerius Flaccus. Depuis parce que cette attribution du second nom, qui étoit le nom gentilice, & étoit trop frequenté, & emportoit diminution de l'honneur de ces ancienne maisons, Claudius Empereur défendit à tous étrangers de prendre les noms gentilices des Romains, comme recite Suetone en la vie de Claudius, chap. 25. A Rome l'on disoit gentils ceux qui étoient venus de personnes franches d'ancienneté, & dont nul des predecesseurs n'avoit servy en servitude, ny été diminué de chef & d'état, ainsi que dit Ciceron és Topiques. Il est vray semblable que de là est venu le nom François Gentil-homme : Aussi est observé entre nos Gentil-hommes & autres grands, qu'ils ayment mieux être appellez de leur tiers nom, qui est le nom de leur principale Seigneurie, que du second nom, qui est le nom de leur lignage. Il se pratiquoit à Rome que le serf qui étoit affranchy & manumis prenoit le nom de son Seigneur & Patron qui l'affranchissoit, comme il se connoît par la lecture des livres des loix, *in l. cum pater. §. fidei, ff. de legat. 2. & in l. is qui complures. ff. de legat. 3.* qui peut être étoit cause qu'ils tenoient ce second nom gentil moins precieux, parce qu'il étoit communiqué par eux à autres moindres qu'eux. Le tiers nom n'étoit transferé qu'à leurs enfans naturels & legitimes, ou legitimes adoptez, lesquels enfans adoptez entroient en tous les privileges, droits & faveurs, comme les enfans naturels & legitimes, & étoient appellez legitimes, parce qu'ils étoient fait enfans par le ministere de la loy, sans le ministere de nature; & prenoient non seulement le nom gentil, qui est le second nom, mais aussi le tiers nom qui étoit le nom d'honneur. Vray est qu'és grandes maisons on ajoûtoit à ces enfans adoptez un quart nom, qui étoit déduit & tiré de la maison de leur naissance, comme quand Scipion adopta le fils d'Æmilius Paulus, qui conquesta ce grand Royaume de Macedoine, ce fils adopté prit le second & tiers nom de son pere adoptif, Cornelius Scipion, & d'abondant pour être reconnu que par naissance il étoit issû de race genereuse, on luy ajoûta le quart nom Æmilianus. Ainsi Octavius neveu de Jules Cesar, étant adopté par luy prit les noms second & tiers dudit Cesar, & ajoûta le quart nom Octavius. Ce droit d'adoption étoit de grande ceremonie & effet, car l'adoption se faisoit comme par loy publique, en Comices & assemblée de peuple à la même façon que les loix publiques étoient faites, & authorisées par le peuple. Le Consul aprés avoir assemblé le peuple, interrogeoit le peuple, Voudrez-vous, Commanderez-vous que tel soit fils d'un tel par tel droit & loy, comme s'il étoit procreé de luy pere, & nay de sa mere de famille, & que ledit tel, comme pere, ait puissance de mort & de vie sur luy, comme s'il étoit enfant issû de luy, & suivant ce le peuple l'ordonnoit ; ainsi le recite Aule Gelle, au livre 10. chapitre 19. Selon l'observance plus recente du tems des Empereurs l'adoption étoit de deux sortes, l'une qui s'appelloit adrogation par authorité du Prince, quand celuy qui étoit adopté étoit usant de ses droits, & n'étoit en puissance paternelle, & se faisoit avec connoissance de cause, & tel enfant adopté étoit assuré du quart des biens de son pere adoptif : l'autre forme d'adoption étoit, quand le pere ayant son fils de famille en sa puissance, le concedoit & bailloit pour enfant à celuy qui le vouloit adopter. Ces adoptions ont eu grand cours auprés des Romains, même des plus grands d'entre-eux qui alleguoient cette raison : Que les enfans qui sont procreéz de nous en mariage, souvent se trouvent manquez d'entendement, de corps & de valeur, qui les rend indignes successeurs d'une grandeur qu'ils ne sçauroient maintenir : mais en choisissant des enfans bien nais, bien formez, vertueux & valeureux, nous sommes assurez d'avoir des successeurs dignes. Ainsi disoit Adrien Empereur, quand il adopta Lucius Commodus, comme recite Dion : Comme les Romains grands Seigneurs donnoient leurs seconds noms à leurs cliens ; ainsi aujourd'huy les grands Seigneurs donnent à leurs creatures quelque partie & échantillon de leurs armoiries. Creatures en usage vulgaire sont appellez ceux qui venus de moindre lieu sont élevez par les grands, & mis en quelque rang d'honneur : Mais cette attribution de partie des armoiries est avec diminution notable par changement de couleurs, ou diminution du nombre des pieces qui sont és armes desdits bien-faicteurs, en sorte qu'on peut connoître qu'ils ne sont pas du lignage, mais qu'ils tiennent par bien-fait. Aucunesfois tel département d'armoiries s'est fait par les Rois aux Maisons des grands Seigneurs qui ne sont du sang Royal, & en ce cas les armes ont été sans mutation de couleurs, ny du nombre des pieces, mais avec quelqu'autre distinction. Comme il se void en la Maison d'Albret, qui porte en quartier les armes de France, sans que le quartier soit chargé d'aucun bord ou autre distinction, mais il y a l'autre quartier qui porte les anciennes armes d'Albret. En la Maison de Ferrare, avant que Madame Renée de France y fût mariée, les Rois de France avoient departy un quartier aux armes de France avec un bord dentelé ; en la Maison de Medicis de Florance, és armes il y a un petit écu en forme d'ovale, aux armes de France au dessus des balles, qui sont les armes originaires de Medicis. Ainsi avons nous vû és armes de quelques Cardinaux qui n'étoient pas de grande Maison, quelques figures & pieces approchantes des armoiries des Papes qui les avoient avancez & faits Cardinaux : Comme le Cardinal Sorbellon avoit un quartier des armes du Pape Pie IV. de Medicis & de même les Cardinaux Borromeo, Altaemps, & Jesualdo ; les Cardinaux de la Corne & Simoncello, du Pape Jules III. de Monté ; les Cardinaux Mafeo, Santorio, de Cesi, Gallio, Bonello, du Pape Pie V. Alexandrin ; les Cardinaux de la Baulme, Vastavillano de Biragne & Riario du Pape Gregoire III. Boncompagno.

Pour retourner au propos des anciennes armes de la Maison de Nevers, est à sçavoir, qu'aprés que les Comtes de Flandres les eurent abandonnées & quittées, qu'elles furent recüeillies par les Communautez des Villes de Nevers & Auxerre qui les retiennent encores aujourd'huy en reconnoissance desdits Comtes anciens qui leur ont commandé. De grande ancienneté les armes des Seigneurs étoient personnelles & volontaires, comme sont aujourd'huy les devises pour avoir quelque signifiance : Ce qui peut avoir été tiré des Egyptiens, lesquels par figures d'animaux & autres choses non animées, representoient les desseins de leur entendement, & s'appelloient lettres hieroglifhyques, & les faisoient peindre ou tailler és monumens de durée pour la conservation de la memoire ; ainsi que dit Tacite au livre onziéme de ses Annales. Nos anciens Gentilshommes étans és entreprises de guerre portoient l'écu ou la targe peints ou entaillez de leurs devises ; lesdits Seigneurs, quoy qu'ils combatissent à cheval, portoient un écu ou targe pendant à leur col, & l'embrassoient du bras gauche lors du combat, ainsi qu'il se void és anciens sceaux des chartes, & és peintures anciennes. La même devise étoit peinte ou gravée, ou faite de broderie en la cote d'armes du Chevalier, & au caparasson du cheval, dont est venu que ces devises mises és armes & pieces du harnois de guerre, ont été appellées armes ou armoiries des Seigneurs ; & le mot d'écusson & la façon dudit écusson ou targe, montrent qu'en leurs écus ou targes, étoient peintes ou taillées leurs devises. Les amateurs d'antiquité & verité, façonnent le champ de ces armoiries en forme d'écu ou targe ; mais aucuns amateurs de nouveauté, sans discretion ont fait les formes ovales ou rondes, ou d'autre façon qui est à blasmer : Car pour représenter l'antiquité de la Maison & des armes, il les faut façonner, comme d'ancienneté elles étoient, même que nul tant petit Gentil-homme soit-il, n'auroit à gré qu'on dit ses armes être nouvelles : Bien est vray qu'aucuns anciens font ces formes d'armoiries quarrées, qui n'est sans raison fondée sur la même antiquité : Car les Seigneurs qui avoient titre de Baronie pouvoient és guerres lever banniere, c'est-à-dire, dresser une compagnie à cheval sous leur enseigne, & étoient lesdites bannieres quarrées, qui est cause que les armes des Barons sont peintes en figures quarrées. Messire Olivier de la Marche en son histoire met la façon ancienne de relever banniere, disant que le Roy d'armes, qui est le Heraud, presenta au Duc de Bourgogne étant en expedition de guerre, le Seigneur de Sains, qui tenoit en une lance le penon de ses pleines armes avec ces mots, Monseigneur, voicy le Seigneur de Sains qui est issu d'ancienne banniere à vous sujete; la Seigneurie principale est és mains de son aîné; la Seigneurie de Sains d'ancienneté est terre de banniere, il vous supplie le faire banneret, & le relever en banniere ; il vous présente son penon accompagné de vingtcinq hommes d'armes : Le Roy d'armes bailla un coûteau au Duc, le Duc prit autour de sa main la queuë du penon, & de l'autre main coupa ladite queuë avec le coûteau, & demeura quarré en banniere, qui auparavant étoit étendu en queuë venant en pointe. Aucunes grandes Maisons ont pris leurs armes hereditaires conformes à leurs noms ; quoy qu'aujourd'huy on estime que ce soit marque de Maison nouvelle, ou Maison non Noble. Les Dauphins de Viennois & d'Auvergne portent en leurs armes les Dauphins ; la Maison de Mailly en Picardies les mailllets; la Maison de Castille & de Leon en Espagne des Chasteaux & des Lions ; le Royaume de Grenade en Espagne une grenade ; la Maison de Roüere en Italie, dont sont venus les Ducs d'Urbin, qui portent le chêne, & en vulgaire Italien il y a une sorte de chêne qui s'appelle Roüere, qui vient du Latin *Robur*, la Maison de Brion, dont le nom de naissance est Chabot, porte des chabots. Bartole grand Docteur en droit Civil Romain, a écrit un livre des enseignes & armes, où il montre entre-autres choses, en quelle façon & en quel côté doivent être peints, gravez ou taillez, les animaux qui sont és armoiries, tant és écûs qu'és bannieres, & en cotes d'armes, & en caparassons. Et n'est pas nouvelle cette façon, que les guerriers portent quelques figures en leurs écus ou targes. Il se lit de Perseus, qui portoit en son écu la figure de Meduse une des Gorgognes, qui est la même figure que les Poëtes disoient être portée par la Deesse Pallas, qui étoit guerriere ; ainsi que dit Virgile au livre huitiéme de l'Eneide :

------ *ipsamque in pectore Diva. Gorgona.*

Le même Virgile au livre 9. voulant remarquer un guerrier de peu d'estime & valeur, dit de luy qu'il étoit armé à la legere avec l'épée, & une targe blanche sans aucune marque d'honneur, parce qu'il n'y avoit rien peint en son écu, le Vers Latin est,

Ense levis nudo, parmâque inglorius alba.

Les Romains en leurs enseignes és guerres portoient les aigles, mais pour toute une legion n'y avoit qu'une aigle, & portoient aussi les dragons, tant en peinture qu'en figure bossée, même lesdits dragons en bosse étoient composez d'étoffes legeres & creuses, qui étans portez à l'air recevoient le vent, flottoient & siffloient en façon de serpens, ainsi que dit Claudian Poëte au sixiéme Panegyrique en ces Vers :

Hi volucres tollunt aquilas : hi picta draconum
Colla levant, multusque tumens per nubila serpent,
Iratus stimulante Notho ; vivitque receptis
Flatibus, & vario mentitur sibila tractu.

Et au livre, *In Rufinum*,

------ *Spirisque remissis ;*
Mansuescunt varii vento cessante dracones.

Ainsi est rapporté par Ammianus Marcellinus au seiziéme livre de son Histoire, disant qu'au triomphe devant l'Empereur étoient portez dragons artificiels sur des longs bois avec grande ouverture de gueulle qui donnoit entrée au vent, & causoit un siffler comme en courroux, & la queuë branloit selon le vent, lesdits dragons étans faits de texture deliée & legere : Comme aussi en France se sont trouvées diverses façons des enseignes & bannieres és armées. D'ancienneté elles étoient quarrées & attachées par le milieu au bout d'une lance en la façon qu'on porte aujourd'huy les bannieres des Eglises : ainsi étoit l'Auriflamme qui étoit la banniere de l'Abbaye de saint Denys en France, dont le Comte du Vexin étoit porteur hereditaire, & à ce titre tenoit le Comté en fief de ladite Eglise, & prenoit ladite enseigne sur l'autel saint Denys, des mains de l'Abbé quand besoin en étoit, pour la défence des droits de ladite Eglise, avec main armée. Depuis les Rois en leurs guerres se sont aidez de ladite Auriflamme, & ont attribué l'honneur de la porter à un Chevalier qu'ils reconnoissent le plus preux & vaillant : Ainsi étoient les gonfanons qui étoient les bannieres generales des armées, & par le bas étoient à trois découpures frangées : Telles étoient les armes de la Maison de Bologne sur la Mer, pour la remarque qu'à l'entreprise premiere de la conqueste de la Terre sainte, un de cette Maison frere de Godefroy de Boüillon portoit l'ansfeigne generale de l'armée : car Boüillon & Bologne n'est qu'un nom : Encores du tems de nos peres en Italie on appelloit Gonfalonier le General de l'armée. Machiavelli en l'Histoire de Florance dit, que l'usance étoit telle en Italie, il y a deux ou trois cens ans, que l'enseigne generale d'une armée étoit plantée sur un carrosse tiré par deux bœufs, & étoit ce carrosse au milieu de l'armée : ceux qui étoient blessez és premiers rangs se retiroient vers ce carrosse, & autres guerriers frais entroient esdits premiers rangs ; & le grand effort de tous étoient de conserver ce carrosse, à ce qu'il ne vint és mains des ennemis. Et nos Docteurs és Loix qui étoient de ce tems-là, quand ils veulent par comparaison parler d'une opinion qu'il faut tenir ferme sans l'abandonner, disent qu'il s'y faut tenir ferme comme au carrosse. Les François de grande ancienneté avoient en l'enseigne generale l'image de saint Denys, comme Patron des Gaules avec le cry, *Mon-joye saint Denys*. Les Espagnols ont saint Jacques au gonfanon & étendard general, dés & depuis que du tems de Ramir Roy Chretien d'Espagne en une bataille qui fut contre les Maures infideles en l'an 825. fut vû en l'air apparamment un homme sur un cheval blanc, avec une enseigne blanche, sur laquelle étoit une croix rouge, & en l'autre main tenoit une épée sanglante, que l'on estima par devotion être saint Jacques Patron des Espagnes ; en cette bataille furent vaincus les Maures, & grand nombre d'eux tuez. Depuis ce tems les Chevaliers de saint Jacques portent l'enseigne de l'épée sanglante : Ainsi les Milannois disent ; qu'en une bataille fut vû en l'air saint Ambroise leur Patron à cheval, qui avec un fouet chassoit les ennemis, & dés ce tems leur enseigne militaire est avec l'image de saint Ambroise à cheval avec un foüet en main. Depuis a été changée la façon de porter l'enseigne à la guerre, car l'enseigne est attaché par l'un des bouts tant que le large du drapeau dure, & de là jusques à la pointe elle volette par l'air. L'enseigne d'une Compagnie de Gendarmerie à cheval finit en pointe à deux queuës, le guidon finit en pointe à une queuë ; l'enseigne conduit les hommes d'armes, le guidon conduit les Archers. Se dit que celuy qui porte l'enseigne d'une Compagnie, ne peut & ne doit baisser sa lance & la mettre en arrest pour heurter l'ennemy, parce que l'enseigne doit toûjours demeurer debout, ce que peut faire le guidon en un besoin. Non seulement les Rois, Princes & autres Seigneurs ont eu armes & enseignes servans pour se reconnoître à la guerre, mais aussi les Republiques, comme sont aujourd'huy les Cantons ou Ligues des Suisses, qui sont treize. Zurich porte l'écu my-party en bande, la part d'enhaut en argent, & l'autre d'azur ; Berne a au champ de gueulle une bande d'argent, & en icelle un Ours de sable, *Ber* en Alleman signifie Ours ; Lucerne my-party en pal d'argent & azur ; Vry champ d'argent, en iceluy la tête d'un bœuf sauvage à corne & embouclée par le muffle, de sable ; Zvvits champ de gueulles ; Underval my-party en face le dessus d'argent, & le bas de gueulles. Ces trois derniers Cantons furent les premiers autheurs de liberté, & toutes les ligues sont nommées dudit Canton de Zvvits ; le septiéme Canton Zug a champ d'argent ; Glaris champ de gueulles, en iceluy un pelerin tenant un bourdon ; Basle champ d'argent, en iceluy un étuy de crosse d'Evêque de sable ; Freidbourg dixiéme Canton my-party en face d'argent & de sable ; Soloturne dit Soleurre, chef de gueulle en un champ d'argent ; Schafousen champ d'argent, en iceluy un mouton sautant de sable ; Appenzel treiziéme Canton *Abbatis colla*, champ d'argent, en iceluy un Ours debout de sable. Le païs des Grisons qui confine audit païs de Suisse, & par les Romains s'appelloit *Rhetia*, est divisé en trois alliances, Ligues ou Cantons ; l'une est jointe à l'Eglise de Coire, qui est la Cathedrale, & s'appelle la ligue de la Maison-Dieu : l'autre est dite la Ligue d'enhaut : la tierce est dite de dix raisons ou jugemens, qui proprement est dite des Grisons : la premiere Ligue comprend dix-neuf Communautez, la seconde aussi dix-neuf, & la tiece neuf. La Seigneurie de Venise a pour Patron en l'enseigne saint Marc representé par un Lion, & d'ancienneté saint Theodore ; la Seigneurie de Gennes a saint George ; Florance au tems qu'elle étoit Republique, avoit pour cry Marzocco. Ces devises ou emprises que les Seigneurs allans à l'expedition de guerre prenoient quelquefois par plaisir, quelquesfois selon les occurrences memorables qui leur avenoient à la guerre, & au commencement étoient volontaires, enfin sont devenuës hereditaires & transmissibles aux enfans & heritiers : & se void encores en plusieurs Coûtumes de ce Royaume, qu'il est ordonné que l'aîné de la Maison prendra le nom, les armes pleines, & le cry de la Maison, qui est un des droits d'aînesse, & est observé aussi en general que les puisnez ajoûtent quelque difference & diversité aux armes de l'aîné : Comme il s'est vû aux enfans de la Maison de France, lesquels depuis quatre cens ans, prennent pour armes les fleurs de Lis, & auparavant prenoient seulement les couleurs. Ainsi les premiers Comtes d'Anjou en la personne de Charles frere du Roy saint Louïs, avoient au chef le lambeau de trois pieces de gueulles sur les fleurs de Lis : Ceux d'Orleans un lambeau de trois pieces d'argent au chef. Les seconds Angevins en la personne de Louïs Duc d'Anjou, fils du Roy Jean, un bord de gueulles à l'entour de l'écu. Cette même difference avoit auparavant été prise par Charles fils de Philippes III. Roy de France, pere de Philippes de Valois Roy, & de nagueres ont été tenuës par Monseigneur François Duc d'Anjou, frere du Roy Henry III. regnant. La Maison de Lorraine pour remarquer par leurs

leurs armes le droit qu'ils prétendent au Royaume de Sicile & Duché de Calabre, portent les quartiers des armes des premiers & seconds Angevins, qui tous deux ont eu droit esdits Royaume & Duché. Ceux de Bourbon portent un bâton de gueulles couché sur les fleurs de Lis, qui ne doit toucher aux bords de l'ecu : Ceux de Vendôme, lors que les aînez de Bourbon tenoient le Duché de Bourbonnois, portoient trois Lions d'argent sur ce bâton de gueulles, mais depuis que la Maison de l'aîné de Bourbon est faillie, l'aîné de Vendôme a pris les pleines armes de Bourbon, & celuy de Montpensier venu de la Roche-furyon, qui étoit puisné de Vendôme, porte un croissant d'argent au haut dudit bâton; ceux de Berry un bord dentelé de gueulles; ceux d'Alençon qui étoient les puisnez de la Maison de Valois ajoûterent sur ledit bord de gueulles des bezans d'argent; ceux d'Artois un lambeau de gueulles de trois pieces, chargé de neuf chasteaux d'argent au chef de l'écu de France, pour representer les neuf Chastellenies du Comté d'Artois, qui sont aujourd'huy les armes du Comté d'Eu, parce que les successeurs de Robert d'Artois, aprés qu'il eut perdu le Comté d'Artois par Arrest de la Cour de Parlement, qui fut adjugé à Mahault d'Artois sa tante, furent faits Comtes d'Eu, Pairs de France, & par la succession de Charles d'Artois ledit Comté vint en la Maison de Nevers; ceux de Bourgogne de la seconde lignée ont pris un bord découpé de gueulles & d'argent autour de l'écu de France; ceux d'Evreux, dont sont venus les Rois de Navarre, ont pris une bande découpée de gueulles & d'argent couché sur les fleurs de Lis. Mais quand les enfans de France sont entrez pour être heritiers és Maisons grandes, & aucunement correspondantes à leur grandeur, ils ont pris en quartier les armes desdites Maisons : Comme on void du fils aîné de France, qui prend les armes du Dauphiné de Viennois qui luy est heritage par substitution : Ainsi avint à François fils aîne du Roy François I. lequel outre les Dauphins prit en quartier les armes de Bretagne, parce qu'il étoit heritier de Bretagne de par Madame Claude de France sa mere, fille aînée de Louïs XII. Roy de France, & de Madame Anne de Bretagne. Ainsi fut pratiqué en la personne & en la Maison de Philippes le Hardy quatriéme fils du Roy Jean, qui auparavant qu'il fut Duc de Bourgogne étant Duc de Touraine, portoit ses armes de France au bord découpé d'argent & d'azur; & fait Duc de Bourgogne il ajoûta en quartier les armes anciennes de Bourgogne, dont il a été parlé cy-dessus. Et sur ce propos est à remarquer, que les fils du Roy ne prennent aucun surnom, mais aprés leur nom de Baptême, se disent fils du Roy de France, Ducs ou Comtes de tel lieu. En Espagne l'aîné fils ou le plus proche de la Couronne s'appelle Prince d'Espagne : les fils puisnez de Rois sont appellez Infans. Aussi le Roy de France ne prend aucun surnom, mais prend simplement son nom de Baptême, avec le titre de Roy de France, aussi n'est-il besoin, car il est toûjours seul & certain, & les noms sont faits pour connoître les personnes & choses *Nomen*, Latin est dit *à nascendo*, quand une personne est assez connuë, il ne se faut donner peine du nom. Pourquoy j'estime que ceux-là faillent, qui surnomment nos Rois de Valois, car quoy qu'ils soient venus de Philippes de Valois, qui étoit petit fils du Roy, qui vint à la Couronne defaillant la ligne directe, toutesfois ce n'a pas été la Maison de Valois qui a fait le Roy, ç'a été la même Maison de France. Mais quand la Couronne a été en débat entre ceux qui sont issus dudit de Valois, & la Maison d'Angleterre, & que les Anglois par voye de fait avoient bonne part en France, & s'en disoient Rois, il étoit assez à propos de surnommer de Valois les Rois qui étoient descendus dud. Philippes; ou bien quand les étrangers à qui ne touche en rien qui soit Roy, parlent des Rois de France, ils peuvent à distinction des Anglois, qui se disent Rois, surnommer ceux-cy de Valois, car les Rois & Reines d'Angleterre jusques à present se disent Rois & Reines de France. Dont se void que ce surnom de Valois est un nom de querelle, & de droit prétendu, & non pas nom de Maison, à parler proprement entre nous François, qui nous tenons certains que les Anglois n'ont jamais eu droit à la Couronne de France. Et si aujourd'huy il faloit nommer les Rois de la Maison qui a succedé en collaterale, nos Rois de present se devroient nommer d'Orleans ou d'Angoulême. Par cette même erreur nommoit-on la fuë Reine de Navarre sœur du Roy François I. Marguerite de Valois, plûtôt convenoit-il la nommer Marguerite d'Angoulême, ou d'Orleans, car elle étoit née avec ce nom. Aucun plus flateurs la nommoient Marguerite de France, & mal, parce qu'elle n'étoit fille de Roy ny de Dauphin de France. Les filles de France prennent le surnom de France : mais les enfans qui viennent des fils puisnez des Rois prennent le surnom des appanages principaux donnez à leurs peres, & demeure ledit surnom à leur posterité, tant d'aînez que de puisnez, & des femelles, combien qu'ils ne tiennent rien en leurs mains desdit appanages, fors au cas susdit, quand aucun desdits puisnez ou de ses enfans vient à la Couronne. Ce nom d'appanage est transmis encores aux bastards desdites Maisons des Princes du sang Royal. Comme il se void en la Maison de Longueville venuë de ce grand Capitaine le bastard d'Orleans : Jean Comte de Dunois, sous la conduite duquel la France commença à prendre espoir de chasser les Anglois de France, & de fait les chassa : laquelle Maison de Longueville porte le surnom d'Orleans, & porte les armes anciennes d'Orleans, avec la barre de bastardise. Ainsi étoit en la Maison du feu Baron de Mesieres Comte de saint Forgeau, qui avoit le surnom d'Anjou, & les armes des Ducs d'Anjou, de la seconde lignée, étant venu d'un bastard d'Anjou : Mais quand ce sont bastards mâles, enfans de Rois, ils ne prennent pas le surnom de France, mais le surnom de l'ancien appanage du pere ou de ses predecesseurs, comme il s'est vû de nôtre tems en la personne de Monsieur le Grand Prieur de France, bastard du Roy Henry II. qui a pris le surnom d'Angoulême, parce que le Roy François I. pere dudit Roy Henry étoit nay en la Maison d'Angoulême, appanage du puisné d'Orleans: Ainsi en la Maison de l'Empereur Charles V. qui à cause de la Maison de Bourgogne a toûjours imité les anciennes usances de ce Royaume, le bastard dudit Empereur nommé Jean ou Johan prit le surnom d'Austrie ou Austriche, & non le surnom d'Espagne ou autres. Es Maisons des simples Gentilshommes ou Princes qui ne sont en si haut degré, se pratique que les bastards prennent le surnom de la Maison, avec les armes chargées de la barre, pour démonstration de bastardise.

Les bastards n'ont pas été mis en pareille consideration en toutes nations, ny en une même nation en tout tems. Quand la promesse fut faite de Dieu à Abraham pour la multiplication de sa lignée, elle s'est étenduë quant au simple fait de la chair & du lignage, aussi-bien à ceux qui sont descendus d'Ismaël bastard, comme à ceux venus d'Isaac fils legitime. Car d'Ismaël sont descendus tous les Arabes de l'Arabie, & les Alarbes de Barbarie, qui sont multipliez, & encores aujourd'huy multiplient infiniment: & de même est des Juifs, qui sont aujourd'huy épanchez par tout le monde, & sont venus d'Isaac. Vray est qu'aux enfans d'Isaac la dignité du Sacerdoce, le Royaume, & le droit des benedictions spirituelles sont demeurez jusques à ce que les successeurs de ladite lignée legitime, par leur contumace, rebellion & ingratitude avec pertinacité, ont été declarez indignes, & a été l'heredité spirituelle transferée aux Gentils, enfans d'adoption : mais la benediction de la chair pour la generation dure encores. On void en la generation dont Jesus-Christ est descendu, qu'aucuns bastards y sont compris, qui sont ceux dont les meres sont nommées. Les Romains ont eu les mariages en recommendation, & les adulteres en extréme detestation, jusques à declarer le crime être capital, non pas pour opinion qu'ils eussent approchant celle que nous avons de la sainteté du mariage, car ils permettoient les divorces avec certaines conditions, pour se pouvoir par l'un & par l'autre audit cas remarier autre part. Mais iceux Romains qui se sentoient être genereux & vaillans, & aucunes races plus que les autres, étoient soigneux que les races choisies par les mariages ne fussent affoiblies & abatardies par les adulteres, parce qu'il n'avient pas toûjours que pour ces menus plaisirs & voluptez on ait toûjours égard aux races, ny à ce qui est le meilleur. Raphaël Fulgose Jurisconsulte de grand renom, en ses Conseils, Conseil 212. recite qu'à Venise la loy est entre les Gentils-hommes, que si aucun d'eux épouse une femme de vile condition, il en est blasmé en public ; & les enfans qui viennent de tels mariages sont declarez inhabiles d'entrer aux conseils de la Seigneurie, qui est à dire de ne pouvoir élire les Magistrats, & ne pouvoir être élûs à iceux, quoy qu'ils succedent aux biens de leurs peres. Les mêmes Romains voyans que les grandes richesses & abondances de tous biens & plaisirs, aprés avoir vaincu tout le monde, avoient amené parmy eux un débordement en voluptez, en sorte que peu de personnes avoient cure de se marier firent des loix pour remunerer ceux qui auroient nombre d'enfans legitimes; à sçavoir, que qui auroit trois enfans à Rome, quatre en Italie, & cinq enfans és Provinces sujettes à eux hors l'Italie, seroient exempts de tutelles & autres charges personnelles; & parce que nul ne pouvoit être Magistrat, sinon aprés certain âge définy par les loix: ordonnerent que chacun enfant legitime serviroit & seroit compté pour un an, pour augmenter l'âge, declaroient aussi que ce n'étoient mariages legitimes quand un homme âgé moins de soixante ans épousoit une femme âgée de cinquante ans ou plus, parce que l'homme étant encore en âge de procréer enfans, épousoit une femme hors d'âge d'en faire, & par la même raison quand deux Consuls se trouvoient en contention qui premier auroit l'honneur des Fasces, (c'étoit la marque de la dignité, & étoient portées par les Licteurs devant les Consuls) celuy étoit préferé qui avoit plus d'enfans, ou celuy duquel l'enfant étoit mort à la guerre. Et depuis quoy qu'ils permissent les concubinages de personnes soluës & en liberté, toutesfois ils mirent en detestation les enfans nais de conjonctions incestueuses, & sur lesquelles y avoit peine établie, en sorte qu'il n'étoit loisible de donner ny leguer à tels enfans, comme il est dit és loix Romaines en l'Authen. *ex complexu, C. de incestis nupt.* Les Canonistes ont appliqué un temperamment à cette rigueur; sçavoir, qu'on peut leur donner pour alimens, pour faire apprendre mestier ou science, & pour marier la fille moderément. Les même loix Romaines, permettent au pere qui n'a point d'enfans legitimes, de donner de ses biens tant qu'il veut à son bastard, pourvû qu'il ne soit nay de conjonction punissable. En l'Authentique, *licet C. de natural. liberis.* Les loix de France ont été diverses, car és maisons des grands Seigneurs, si les bastards avec leur âge & valeur, font connoître qu'ils soient de la vraye race dont la mere les dit être, ils sont avoüez par les peres & parens, non pas pour succeder aux dignitez & aux biens, mais pour en faire compte selon que leur valeur merite. Quand on ne les connoît tels on en fait peu de compte, & se contentent les peres de leur donner petit moyen de vivre. Audit cas qu'ils soient avoüez, ils portent les armes de la maison de leur pere, avec la marque de bastardise, comme dit est. De vray c'est une grande asseurance, selon le monde, & grand contentement au pere, quand par l'experience de la valeur & naturel de l'enfant le pere s'asseure qu'il est procreé de luy : ce qui n'est pas toûjours au mariage, le manteau duquel couvre quelquesfois beaucoup de fautes, & faut prendre les enfans pour siens ; tels qu'ils viennent : Pourquoy c'est bien fait de bien se recommander à Dieu, & bien enquerir des mœurs quand on veut se marier. Les Romains pour éviter ces inconveniens pratiquoient les adoptions. Nos ancestres, même les Nobles ne pratiquans point les adoptions, ont fait compte des bastards ainsi approuvez, comme dit est. Se lit és histoires que Charles Martel ayeul de Charlemagne étoit bastard, engendré d'une concubine que Pepin aymoit durant le mariage de luy & de Plectrude. Se lit que Guillaume, fils bastard du Duc de Normandie, succeda audit Duché, & conquesta l'Angleterre, & de luy sont descendus tous les Rois d'Angleterre jusques à present.

POur retourner au propos des armes hereditaires és maisons Nobles, est à remarquer, qu'aprés que les armes ou armoiries, qui de premiere invention étoient personnelles, furent devenuës hereditaires, les Seigneurs ont pris des devises qu'ils ont ajoûtées à leurs armes hors de l'écu, lesquelles devises pour la pluspart sont personnelles, & aucunes fois se trouvent hereditaires, comme ce qui est au cimier, sur les tymbres des heaumes, & les anciens l'avoient en usage. Virgile au 7. de l'Eneïde dit, que Turnus allant armé à la guerre, avoit au dessus de son heaume la figure d'une chimere jettant le feu par la gueulle.

Cui triplici crinita juba galea alta Chimaeram
Sustinet, Aetnaeos efflantem faucibus ignes.

C'est vû en la Maison d'Angleterre, qu'outre les armes de l'écu les roses étoient pour devise, comme il se void és monnoyes des Nobles à la rose, écus à la rose, & autres endroits ; Ce qui étoit volontaire & personnel devint hereditaire, par l'occasion d'une division qui avint pour le débat de la Couronne, entre les enfans de deux freres fils de Roy, l'une des deux Maisons prit la rose blanche, & l'autre la rose rouge, & en fut la cause telle : L'aîné nommé Edmon Duc d'York étoit difforme de corps, & aucunement débilité de sens, & étant exhorté par son pere s'accorda de ne prendre la Couronne aprés luy, mais de la laisser prendre à Edoüard Comte de Lanclastre son frere puisné, à la charge que si l'aîné avoit lignée qui fût habile pour commander, la Couronne retourneroit à la Maison d'York. Ce qui fut mal observé, comme souvent il avient, qu'en affaires de grandeur & d'Etat la foy est en peu de compte. La Couronne d'Angleterre étoit en débat pour cette occasion, la Maison de Lanclastre prit pour devise la rose rouge, & la Maison d'York la rose blanche, & ont les deux Maisons gardé hereditairement cette devise des roses blanches & rouges : comme aussi le débat a continué entre les deux Maisons, jusques à ce que le Roy Henry VII. qui étoit chef de la Maison des roses rouges, épousa Elisabeth fille d'Edoüard VI. qui étoit chef de la Maison des roses blanches, & par ce moyen étant la querelle de la Couronne appaisée, lesdits Henry VII. & Henry VIII. son fils, avoient autour de leurs armes un chapellet entrelassé de roses blanches & rouges. Et comme il sembloit que les grands differends de ces deux Maison d'York & de Lanclastre fussent appaisez, il avint peu de tems aprés autre grand inconvenient en cette Maison d'Angleterre : car le Roy Henry VIII. ayant épousé Catherine d'Espagne, veuve d'Artus son frere aîné, par dispense du Pape, de laquelle il eut une fille, se persuada que le Pape n'avoit pû le dispenser, & sans attendre le jugement de l'Eglise, mais disant s'en être conseillé auprés des Docteurs plus fameux des Universitez de la Chrétienté, tint ledit mariage pour nul, & du vivant de ladite Catherine épousa Anne de Boulen simple Damoiselle, & depuis autres femmes dont il eut des enfans. Ce faisant il abandonna l'obeïssance du Siege Apostolique de Rome, ce qu'il declara apertement, aprés que le Pape Clement VII. à la sollicitation de l'Empereur Charles V. nepveu de ladite Catherine repudiée, eut declaré que le mariage fait avec ladite Anne de Boulen étoit illegitime. De vray ce mariage ne se porta pas bien, car en l'an 1536. ledit Henry VIII. fit decapiter ladite de Boulen, étant accusée d'adultere & inceste, & vivant toûjours sa premiere femme, il épousa Jeanne Seymer, de laquelle il eut Edoüard qui succeda à la Couronne. Ce qui a été cause que l'Angleterre a été & est grandement troublé au fait de la Religion, car ledit Edoüard issû du tiers mariage, pour se maintenir fils legitime & successeur legitime à la Couronne, se banda contre l'Eglise Romaine, parce que si l'authorité de l'Eglise eût été respéctée en Angleterre, il se fût trouvé bastard, comme nay d'une autre femme, durant le premier mariage dispensé. La Reine Marie sa sœur née dudit premier mariage, fut aidée par les Catholiques d'Angleterre pour succeder à la Couronne aprés ledit Edoüard, & selon sa bonne conscience, & aussi pour se maintenir en sa qualité de fille legitime, elle remit en Angleterre l'obeïssance de l'Eglise Romaine. Depuis le decez d'elle, Elizabeth venuë de ce second mariage, contracté avec Anne de Boulen, se banda contre l'Eglise Romaine, afin d'avoir moyen de maintenir que le premier mariage n'étoit legitime, & que la dispense étoit nulle, pour faire croire que le mariage dont elle étoit issuë étoit legitime. Et ainsi a été ce pauvre Royaume vexé, comme il est de present par ces inconveniens des mariages de leur Roy : qui fut trois cens vingt ans aprés que le Roy Jean d'Angleterre reconnût son Royaume en fief du Siege Apostolique, & promit payer pour ledit fief mil marcs d'argent, ce fut en l'an 1213. On remarque que quelques centaines d'années auparavant, Edoüard Prince de Vualles épousa la femme du Comte de Salisbery luy vivant, dont nasquit le Roy Richard, & s'en ensuivirent grands débats & meurtres pour la pretention de la Couronne, pendant lesquels les bons François eurent moyen de délivrer la France de la puissance des Anglois. En Angleterre est l'Ordre de la Jartiere, & fut institué par Edoüard III. Roy d'Angleterre, environ l'an mil trois cens quarante-huit. Les Chevaliers dudit Ordre portent sur la cuisse gauche une Jarretiere à boucle, sur laquelle Jarretiere sont écrits en broderie ces mots, *Honny soit-il qui mal y pense*; ce mot vient d'un fait de Dame. Les Chevaliers portent un manteau bleu, & se fait la ceremonie solemnelle à Vvindsore chacun an, le jour de saint George, qui est Patron de l'Ordre, & sont vingt-six Chevaliers.

MAis en la Maison de France, & és Maisons des Princes & Seigneurs de ce Royaume, les devises n'ont pas été hereditaires comme en Angleterre, mais personnelles, & sont prises par chacun Seigneur, pour occasion de fait d'armes ou d'amour, ou pour autre occasion volontaire. Ces devises doivent être dressées par les Seigneurs, mêmes qui se connoissent ou se doivent connoître, ou par personnes fort avisées, qui ne soient sujettes à flateries : Car souvent avient, que l'évenement ou la connoissance que chacun a du contraire, de ce que le Seigneur veut être crû de luy, appreste la moquerie : Ludovic Sforce Duc de Milan avoit pris pour devise le Meurier, qui en langage Italien s'appelle *Moro*, pourquoy on l'appelloit le More, ce qui n'étoit, à cause de la couleur brune du visage, comme aucuns ont estimé, car il étoit plûtôt blanc que noir, vray est qu'il étoit passle. Par le Meurier il vouloit signifier qu'il étoit prudent, fort avisé, & ne precipitant ses affaires, car on donne au Meurier l'epithete de Prudence, de tant qu'il est tardif à pousser au Printemps, qui fait que bien peu souvent il est surpris des bruines & froides matinées du Printemps. De vray ce Ludovic étoit bien fort avisé, & bien pensoit être tel, mais l'évenement a fait connoître qu'il étoit un tres-mal avisé homme : Car aspirant au Duché de Milan pour en frustrer son nepveu, duquel il étoit tuteur, & lequel étoit petit fils d'Alfonse Roy de Naples qui luy étoit adversaire à son entreprise, il luy suscita pour ennemy le Roy de France Charles VIII. & executa son dessein : Mais ayant attiré en Italie les François, & par l'occasion d'eux les Espagnols s'étans mêlez au party contraire des François, il ruina & luy & sa Maison. Il fut dépoüillé de son Duché par les François, & par eux pris prisonnier, & en cét état est mort, aprés environ dix ans de prison dans la grosse Tour de Loches. Son fils aîné Maximilian fut aussi dépossedé dudit Duché par les François, & se rendit volontaire en France où il est decedé, & disoit qu'il aimoit mieux être ainsi avec une honneste pension que le Roy luy donnoit, que d'être plus sujet à la superbe & avarice Espagnole, il est enterré en l'Eglise des Carmes à Paris. Son autre fils Francisque Sforce ayant été par apparence rétably audit Duché par Ruses Espagnolle n'y dura gueres. Ce Ludovic Sforce presumoit tant de sa sagesse, qu'il entreprenoit de se rendre arbitre & mediateur entre tous les grands, & mêloit parmy eux ses affaires, estimant que par son sens il s'en pourroit développer avec son avantage, & prenoit bien à gré un proverbe qui couroit de luy en Italie,

Christ au Ciel, le Maure en Terre,
Scavent le succez de cette guerre.

Or outre ce qu'il plaît à Dieu d'abaisser ceux qui s'en orgueillissent en leur grand sens, ledit Ludovic Sforce joignit à ce grand orgueil une infame impieté, car pour devenir Duc de Milan dés le vivant de son nepveu vray Duc, duquel il étoit tuteur, il se fit investir du Duché par l'Empereur Maximilian, comme le prétendant vacant dés le decez de Philippes Marie Vicomte, parce que Francisque Sforce gendre dudit Philippes, ny son fils aîné, ny le fils de son fils aîné nepveu dudit Ludovic, n'avoient été investis dudit Duché, & à cette occasion se fit nommer quatriéme Duc de Milan, & nom septiéme, en abolissant le droit & la memoire dudit Francisque son pere, & de son frere aîné, avec laquelle impieté il ajoûta l'avancement de la mort de sondit nepveu. Sa misere, & de ses enfans, & la défaillance de sa lignée, ont fait connoître que sa devise du Meurier avoit été mal appliquée à luy. Ainsi la devise du nœud Gordian avec le cimeterre sembloit être mal prise par Ferdinand Roy d'Espagne & d'Arragon, dit le Catholique, car comme il étoit fort avisé & prudent, plus que grand guerrier, il faisoit ses affaires en temporisant & attendant les occasions, couvert en ses conseils, & étoient ses paroles autres que ses œuvres; & mieux luy eût été en devise le nœud Gordian sans cimeterre, qu'avec iceluy, pour representer qu'avec ses discours & desseins lents & de grand loisir, il pouvoit trouver le chef dudit nœud pour le démêler, que non pas avec le cimeterre, qui represente une execution de fait d'armes avec main gaillarde. L'histoire de ce nœud est telle, qu'à Gordie Ville d'Asie étoit un chartiz composé de pieces entrelassées avec telle dexterité, que le chef ne pouvoit être apperçû pour le défaire & mettre en pieces, & il y avoit une Prophetie, par laquelle l'Empire du monde étoit promis à celuy qui le déferoit : Alexandre le Grand estimant chose ridicule de s'amuser à chercher le chef, trancha cét ouvrage avec son cimeterre. Il n'y avoit rien de pareil en Ferdinand comme étoit en Alexandre. Depuis ledit Ferdinand, le Seigneur de saint André Marefchal de France prit cette même devise, & semble que c'étoit mal à propos, tant parce qu'elle avoit déja été à un autre, auquel il ne tenoit rien; comme aussi parce qu'il n'étoit de la qualité pour prendre une si haute devise, qui avoit été originairement dudit Alexandre le Grand. L'ame de la devise dudit Mareschal saint André étoit le mot, *Nodos virtute resolvo*. Ainsi a semblé à aucuns, que la devise de la Salamandre prise par le Roy

François I. n'étoit pas propre pour sa grandeur, comme étant devise amoureuse; & prise d'une chanson du Poëte Petrarque, qui se commence; *Ben mi credea*, & du même lieu est pris le mot de ladite devise, *Mi nutrisco & ardo*. Vray est que ledit Roy faisant profession d'amour en appliquoit quelquefois les propos à choses hautes, comme quand il devisoit à l'égard de l'Empereur Charles V. de la prétention qu'il avoit eûë à l'Empire, il disoit que ledit Empereur n'en devoit être m'écontent, non plus que quand il avient que deux jeunes Gentils-hommes sont amoureux d'une Dame, ils n'en entrent en facherie, & ne laissent de montrer bon visage l'un à l'autre. Cette comparaison sembloit trop basse pour un si haut sujet. La devise de l'Ordre d'Angleterre, qui est la Jarretiere, est venûë de même occasion d'amour: étant avenu en un bal, que la jarretiere bleuë de la Comtesse de Sarisbery penchant vers terre, fut tirée par le Roy Edoüard, & prise pour faveur en un tournoy. Et parce qu'aucuns en pensoient à la charge de l'honneur de ladite Dame, il y ajoûta le mot, *Honny soit-il qui mal y pense*. Ce fut l'occasion de l'institution de l'Ordre de la Jarretiere en Angleterre, qui toûjours depuis a duré jusques à present avec le même mot: Aussi on a estimé que la devise prise par le Roy François II. ait été mal à propos pour l'attente de la suite: la devise est de deux mondes, avec le mot pris du Poëte Juvenal, Satyr. 10. *Unus non sufficit orbis.* Le Vers entier est,

Unus Pellao juveni non sufficit orbis;

Qui parle du grand Alexande, qui desiroit qu'il y eût encore un autre monde pour conquerir, mais ledit Vers r'appelle le Vers suivant,

Sarcophago contentus erit.

Qui a été comme une prédiction de la briéve vie dudit Roy François II. & du peu d'état qu'on a fait de sa sepulture. Ainsi sur la devise du feu Empereurs Charles V. qui étoit des deux colomnes d'Hercules, avec le mot *Plus outre*, aucuns ont dit en se mocquant, que cette devise fut mal verifiée à l'entreprise d'Alger en Barbarie, qui est le même païs où Hercule posa l'une de ses colomnes: Car ladite entreprise ayant été faite au tems mal propre, ne vint à aucun effet, & fut ledit Empereur contraint tourner en arriere avec grande perte; & de même en l'entreprise qu'il fit contre le Royaume de France par la Provence, qui luy fut honteuse & dommageable, & fut contraint de retourner, dont il étoit party sans rien exploiter; Et encores en l'entreprise du siege de Mets en Lorraine, qui fut la derniere des siennes qui luy succeda mal, & le contraignit de retourner en arriere: au sujet de laquelle derniere entreprise fut fait lors ce distique ingenieux & gentil,

Herculeas victor poteras superare columnas,
Siste gradum Metis; nam tibi meta datur.

Ainsi en chacune desdites trois entreprises l'heur de sa devise luy faillit. Et s'il est loisible de mêler parmy les cy-dessus nommez, le fait de ce lâche Italien & pusillanime vengeur d'injure, le Comte de Campobasse, qui trahit vilainement & poltronement son Maître, Charles Duc de Bourgogne. Ce Comte qui pensoit bien témoigner le grand cœur qu'il disoit avoir, pour rompre & ruiner ledit Duc de Bourgogne plus grand que luy, parce que luy étant employé par ledit Duc avec quatre cens lances à la maniere d'Italie, que ledit Comte luy avoit amenez, avoit reçû dudit Duc quelques paroles fâcheuses; ledit Comte prit pour devise un figuier sauvage, qui sortant par la fente d'un tombeau de marbre se faisoit voye & rompoit le marbre: Et à prendre sa devise au naturel, comme le figuier sauvage est inutile & de neant, aussi étoit-il, & le tombeau fait pour la pourriture, montroit que son ame & son cœur étoient pleins de vilains discours & desseins; car à la bataille qui fut devant Nancy, il trahit vilainement son Maître, & par les siens commença la fuite, qui mit en desordre tout le reste de l'armée dudit Duc, & le Duc y fut tué. Pourquoy quand aucun choisit une devise, il doit bien aviser de ne la prendre trop haute, ny qui puisse être à deux entendre, ou qui appelle & semonne autre pensée que celle de l'autheur.

Le propos de la Maison de Flandres & de Nevers a été délaissé cy-dessus à la mort de Louïs de Flandres Comte de Nevers, fils de Robert Comte de Flandres, & d'Yoland Comtesse de Nevers: Lequel Louïs avoit épousé Jeanne heritiere de Rethel; ledit Louïs ne fut Comte de Flandres, car il mourut avant son pere; & audit Robert succeda Louïs son petit fils, fils dudit Louïs I. en l'année 1322. qui avoit épousé Madame Marguerite de France fille du Roy Philippes le Long, & furent les nopces le jour de la Magdelaine, le vingt-deuxiéme Juillet de l'an mil trois cens vingt. Lors de ce mariage fut traité par même moyen d'un accord sur plusieurs differends de Flandres entre ledit Roy Philippes le Long & ledit Robert, par lequel accord les Villes de Doüay, l'Isle & Orchies, avec les Chastellenies demeurerent au Roy: aprés que pour le même fait avoient été executez plusieurs faits d'armes à Furnes, à Courtray, à Mont de Pueble, & en aucunes des batailles les François furent vaincus, & en autres vainqueurs; la bataille de Furnes avoit été en l'an 1297. celle de Courtray en l'an 1302. celle du Mont de Pueble en l'an 1304. Dudit Louïs I. & de Jeanne de Rethel étoit aussi issuë Marguerite de Flandres, qui fut mariée à Jean de Bretagne, dit de Montfort, fils d'Artus de Bretagne, qui prétendit ledit Duché, & le débatit par armes contre Guy Comte de Blois, & Jeanne de Bretagne sa femme. Cette femme étoit de haut & viril courage, car aprés la mort dudit Comte de Blois son mary, elle soûtint la querelle de son fils, qui étoit encores en bas âge : & enfin aprés la bataille de la Rochedarien, qui fut en l'an 1347. le fils de ladite Marguerite, nommé Jean de Bretagne, se trouva paisible joüissant dudit Duché. Ledit Loüis second Comte de Flandres & de Nevers, aprés avoir recueilly les successions de Robert son ayeul, & de Loüis son pere, qui fut en l'an 1322. & avoir donné ordre aux affaires de Flandres, vint en Nivernois en l'année 1323. pour regler & ordonner les affaires dudit païs, & au même-tems reçût les hommages de ses vassaux, & se trouvent en la Chambre des Comtes à Nevers les dénombremens en grande quantité de la date dudit an. Ce Prince étoit fort facile & aisé à mouvoir, tantôt à douceur, tantôt à rigueur ; qui fut cause que les Flamans mutins par leur naturel prirent les armes contre luy-même, ceux de Bruges l'assiegerent à Courtray, & le prirent prisonnier, & aprés sa délivrance le Roy Charles IV. dit le Bel, à la suplication desdits Flamans, fit l'accord entre le Comte & ses sujets à Arques prés saint Omer, qui fut en l'an 1325. Ledit Roy Charles le Bel mort, qui fut le premier Fevrier de l'an 1327. derechef les Flamans se rebellerent pour l'occasion de la levée des deniers qui avoient été accordez par le traité d'Arques. Le Roy Philippes de Valois successeur dudit Charles le Bel, entreprit la guerre contre les Flamans pour les reduire à raison, & y eut bataille au Mont de Cassel, en laquelle les Flamans furent vaincus, & furent tuez de vingt à vingt-deux mil hommes, ce fut le 24. Aoust 1328. Aprés laquelle victoire les Flamans vinrent à mercy, & le Roy exhorta le Comte de les y recevoir, & d'être doresnavant plus avisé au gouvernement, & temperer si bien ses actions entre douceur & rigueur, qu'il ne donnât occasion à ses sujets d'être rebelles. En l'an 1330. le 25. Novembre nâquit Loüis premier fils desdits Loüis second & Marguerite de France, & fut sa naissance à Male ou Marle en Flandres, dont est venu le surnom de Marle qui luy fut donné. En l'an 1339. sur le débat d'entre ledit Loüis II. Comte de Flandres, & Marguerite sa sœur, veuve de Jean de Bretagne, dit de Montfort, pour le droit hereditaire d'elle, fut donné Arrest en Parlement, par lequel ledit Loüis fut condamné luy assigner trois mil livres de rente en Nivernois, & deux mil livres de rente en Rethelois. Ledit Loüis II. Comte de Flandres fut tué à la bataille de Crecy en Ponthieu, étant de la part du Roy de France contre les Anglois, en laquelle bataille furent aussi tuez Jean de Luxembourg Roy de Boheme, Charles Comte d'Alençon, frere du Roy Philippes, qui est enterré en l'Eglise des Jacobins à Paris, & plusieurs autres Princes, Chevaliers & Seigneurs, & disent les Histoires, que jamais en bataille ne furent tuez tant de Princes, Chevaliers & Gentilshommes. Ladite bataille fut le jour de saint Crespin, le 25. Octobre de l'an 1346. Aprés cette bataille l'Anglois mit le siege devant Calais, qui fut pris par composition au mois d'Aoust suivant, de l'an mil trois cens quarante-sept; Ledit Loüis Comte de Flandres est enterré en l'Eglise saint Donat à Bruges.

AUdit Loüis de Flandres, dit de Crecy, succeda Loüis III. dit de Marle son fils, qui en l'an suivant 1347. par la volonté du Roy Philippes épousa Marguerite de Brabant, qui fut contre la volonté des Flamans ses sujets, qui le pressoient d'épouser la fille d'Edoüard Roy d'Angleterre, à quoy ledit Loüis ne vouloit entendre, disant pour excuse qu'il ne pouvoit épouser la fille de celuy qui avoit fait mourir son pere en bataille, mais la verité étoit, que le mariage de Brabant luy étoit plus à propos, tant pour esperance de joindre à sa Maison le Duché de Brabant, & autres belles Seigneuries en dépendans, que pour n'offenser le Roy de France, à quoy tenoit la main Marguerite de France sa mere. En l'an 1350. en Avril nâquit Marguerite de Flandres seule fille desdits Loüis III. Comte de Flandres, & de Marguerite de Brabant, & en la même année mourut le Roy Philippes VI. de ce nom, dit de Valois, & luy succeda le Roy Jean son fils, qui fut sacré à Reims le 26. Septembre au même an. L'an 1354. fut traité & fait le mariage de Philippes dernier des anciens Ducs de Bourgogne âgé de sept ans, & de ladite Marguerite de Flandres âgée de quatre ans. Ledit Philippes deceda en l'an 1361. le 21. Novembre sans enfans dudit mariage, luy étant nagueres venu d'Angleterre, où il avoit été envoyé ostage, & par son decez son heredité fut départie en trois Maisons ; à sçavoir, le Duché de Bourgogne au Roy Jean par droit de lignage, ainsi que disent les Bourguignons, & selon que disent les François, par reversion, comme Bourgogne ayant été appanage de la Couronne. Les Comtez de Bologne & de Clermont en Auvergne qui appartenoient audit Philippes à cause de Jeanne de Bologne sa mere, écheurent à Jean de Bologne, Comte de Montfort, Sieur de Mongascon fils du second mariage de Robert Comte de Bologne, dit le Grand. Les Comtez d'Artois & de Bourgogne, la Seigneurie de Salins, & les Terres d'Isles, Villemor, Chaourse, Arcy sur Aube, & autres Seigneuries en Champagne écheurent à Marguerite de France, ayeule de ladite Marguerite de Flandres par droit de lignage qui étoit tel : Othelin Comte de Bourgogne, & Mathault d'Artois sa femme eurent deux filles, Jeanne & Blanche, qui épouserent Philippes & Charles enfans de Philippes le Bel ; Blanche deceda sans enfans. Desdits Philippes, qui fut Roy surnommé le Long, & de ladite Jeanne de Bourgogne, fondatrice du College de Bourgogne à Paris, nâquirent Jeanne de France & Marguerite de France ; Jeanne fut mariée à Eudes Duc de Bourgogne, & dudit mariage nâquit Philippes Duc de Bourgogne pere dudit Philippes dernier des anciens Ducs de Bourgogne, & luy défailly, vindrent lesdits Comtez & Seigneuries à ladite Marguerite de France sa grande tante.

En l'an 1356. le 17. Septembre fut la bataille devant Poitiers entre les François & Anglois, en laquelle le Roy Jean fut pris prisonnier avec son quatriéme fils Philippes, qui depuis fut Duc de Bourgogne : Ledit Jean étant retourné en France sur sa foy, voyant qu'il ne pouvoit accomplir ce que l'Anglois desiroit pour sa rançon, retourna prisonnier en Angleterre où il mourut l'an 1364. En l'an 1363. le Duché de Bourgogne fut accordé & délaissé audit Philippes quatriéme, fils du Roy Jean, par Lettres expediées à Germigny sur Marne le 6. Septembre, & ce faisant il quitta le Duché de Touraine, qui luy avoit été baillé en appanage, & fut led. délaissement de Bourgogne confirmé par le Roy Charles V. le dernier May l'an 1364. En l'an 1368. mourut Marguerite de Brabant femme dudit Louïs III. Comte de Flandres, mere de lad. Marguerite de Flandres.

EN l'an 1369. le 12. Avril fut traité & accordé le mariage dudit Philippes fils de Roy, Duc de Bourgogne, & de ladite Marguerite de Flandres veuve dudit Philippes dernier des anciens Ducs de Bourgogne, & fut ledit mariage solemnisé & accomply à Gand le jour de saint Gervais 19. de Juin audit an 1369. Par le moyen dudit mariage le Roy de France remit és mains du Comte de Flandres, les Villes & Chastellenies de l'Isle, Doüay & Orchies, pour lesquelles y avoit eu tant de differends, batailles, accords & rebellions. En l'an 1371. nâquit à Dijon Jean fils aîné desdits Philippes & Marguerite le 28. de May environ Soleil levant, le treiziéme jour de la Lune : Et au mois de Mars suivant le 23. jour à trois heures aprés minuit, le neuviéme jour de la Lune, nâquit à Paris Louïs, qui depuis fut Duc d'Orleans, fils du Roy Charles V. En ces deux Maisons d'Orleans & de Bourgogne avint que Philippes fils aîné de Jean Duc de Bourgogne, & Charles fils dudit Louïs Duc d'Orleans, nâquirent en une même année, qui fut en l'an 1396. comme leurs peres étoient nez en une même année. Lesdits Jean Duc de Bourgogne & Louïs Duc d'Orleans nez en même année, entrerent en inimitié, dont on allegue plusieurs raisons ; on tient plus communément que ce fut pour l'occasion des Dames, Jean Duc de Bourgogne fit tuer à Paris Louïs Duc d'Orleans le 22. de Novembre l'an 1407. les amis dud. Duc d'Orleans firent tuer ledit Jean Duc de Bourgogne à Montereau faut Yonne, le 10. Septébre 1419. les playes de ces deux Princes ont seigné long-tems, car Philippes fils de Jean, pour vanger la mort de son pere, mit les Anglois en France. Louïs XI. pour la revanche fit tous ses efforts pour ruiner la Maison de Bourgogne, & en ses poursuites Charles Duc de Bourgogne fils dudit Philippes fut tué devant Nancy : les guerres continuërent entre Maximilian Empereur, qui avoit épousé la fille unique dudit Charles, & Louïs XII. petit fils dudit Louïs tué à Paris ; & encores de plus entre Charles V. Empereur issû dudit Charles Duc de Bourgogne, & le Roy François I. issû dudit premier Louïs Duc d'Orleans. En l'an 1382. le 13. Avril mourut ladite Marguerite de France veuve dudit Louïs II. Comte de Flandres dit de Crecy, & mere dudit Louïs III. dit de Marle, elle étant âgée de quatre-vingt ans, ayant été en mariage vingt-six, & en viduité trente-six ans, son corps est enterré en l'Eglise S. Denis en France, & par son decez lesdits Comtez de Bourgogne & d'Artois, & autres Seigneuries en Champagne écheurent audit Louïs III. Comte de Flandres son fils. En cette même année 1382. les Flamans s'exciterent en sedition, parce que ledit Louïs leur Comte vouloit mettre sus en ordinaire certains subsides, & ils ne le vouloient endurer, bien accordoient-ils de faire secours à leur Comte quand besoin luy seroit. Par les menées d'Artevelle chef des seditieux, entrerent dedans Bruges où étoit le Comte, environ deux mil hommes de guerre sous habits dissimulez, au jour qu'il se fait une Procession bien solemnelle pour l'honneur du precieux sang de Nôtre Seigneur, & fut le Comte en tel peril, qu'il luy fut besoin de se cacher en la maison d'une pauvre vieille femme dont il se sauva, & se retira à l'Escluse, & de là vint devers le Roy Charles VI. qui luy aida, & fit la guerre en Flandres ; & furent les Flamans vaincus au Mont de Cassel, qu'aucuns appellent la bataille de Rosebec, & par le moyen de la victoire furent les choses pacifiées. En cette même année mourut ledit Louïs III. dit de Marle, Comte de Flandre, le 9. Janvier, ayant été blessé par le Duc de Berry, pour le débat du fief de Bologne, & est son corps enterré à l'Isle en Flandres.

PHilippes fils de Roy de France, dit le Hardy, Duc de Bourgogne, & Marguerite de Flandres sa femme, fille unique dudit Louïs III. dit de Malle ou Marle Comte de Flandres, succederent à cause d'elle aux Comtez de Flandres, d'Artois, de Bourgogne, de Nevers, de Rethel, & és Seigneuries de Salins & Malines, & terres de Champagne cy-dessus nommées. Les armes de la Seigneurie de Salins, sont les mêmes armes anciennes de la Maison de Châlon, qui sont à une bande d'or en champ de gueulles : Salins est une Ville en la Franche-Comté de Bourgogne, où sont deux fontaines d'eau salée, dont se fait le sel qui fournit tout ledit païs, & grande partie des païs voisins. Les armes de la Seigneurie de Malines sont de pal contre pal, d'or & de gueulles, qui sont les mêmes armes du Royaume d'Arragon, & de la Maison d'Amboise en France. En ladite Ville de Malines est le Parlement de Flandres, & depuis trente ans il y a été étably Siege d'Eglise Archiepiscopale & Metropolitaine, qui est superieure aux nouveaux Evêchez de langue Tudesque établis és Païs-bas. En l'an 1384. lesdits Philippes Duc de Bourgogne & Marguerite de Flandres firent leur joyeuse entrée en Flandres. En l'année suivante 1385. fut fait le mariage de Jean fils aîné dud. Duc de Bourgogne, avec Marguerite fille d'Albert de Baviere Comté de Haynault & d'Hollande, & dés le vivant de ses pere & mere il fut appellé Comte de Nevers. Iceluy Jean par la volonté & offre que son pere fit pour le secours des Chrétiens contre les Tucs, fit l'entreprise de Hongrie, & avec luy allerent Philippes d'Artois Connestable de France, & autres Seigneurs & Chevaliers François : mais les Hongrois & François furent vaincus, ledit Jean fut pris prisonnier, & ledit d'Artois Connestable fut tué, & son corps r'apporté en France, & enterré en l'Abbaye d'Eu. La rançon dudit Jean fut de deux cens mil écus, à laquelle contribuerent les sujets du Comté de Nivernois; je trouve en la Chambre des Comptes, que les habitans d'Artois furent condamnez à y contribuer l'an 1407. La bataille fut prés de Nicopoli, en Octobre de l'an 1396. ledit Jean étant lors âgé de vingt-cinq ans. En la même année nâquit Philippes fils aîné dudit Jean de Bourgogne. Ledit Philippes fils de Roy, Duc de Bourgogne, fut surnommé le Hardy, dont on allegue deux raisons, l'une que luy ayant été pris prisonnier avec son pere le Roy Jean en la bataille devant Poitiers, il frappa un Gentil-homme Anglois grand Seigneur, en la presence du Prince de Walles, fils aîné du Roy d'Angleterre, Lieutenant General pour son pere en l'armée des Anglois, parce que ledit Gentil-homme Anglois tenoit aucuns propos au desavantage dudit Roy Jean son pere. L'autre raison, parce qu'au festin du sacre du Roy Charles VI. son nepveu, voyant que Louïs Duc d'Anjou son frere aîné avoit occupé la place de seance la plus prochaine aprés le Roy, iceluy Philippes, pour prendre avantage, afin de s'asseoir entre le Roy & ledit Duc d'Anjou, mit la main sur l'épaule du Roy, pour avoir moyen de prendre la place la plus prochaine du Roy, disant qu'au Duc de Bourgogne, comme Doyen des Pairs de France, appartient le premier honneur aprés le Roy, aussi-bien au festin du sacre, comme à la ceremonie du sacre. De fait és Etats Generaux de France, aprés la Ville de Paris, sont les premiers appellez devant le Roy les Députez de Bourgogne, comme étant la plus ancienne Pairie. Le scél dudit Philippes le Hardy étoit avec cette empreinte, Homme armé à cheval, la fleur de Lis au cymier de l'armet, l'épée nuë en la main dextre, l'écu au bras senestre, dedans l'écu les armes écartelées de France au bord découpé, & des anciennes armes de Bourgogne, qui sont de cotices ou bandes d'or en champ d'azur, sur la cotte d'armes, & le caparasson chargez de mêmes armes, au champ du scél sur la crouppe du cheval sont les armes de Flandres & d'Artois, sous la tête du cheval les armes de la Franche-Comté de Bourgogne, qui sont les mêmes armes anciennes du Comté de Nevers, au bas du cheval les armes de Rethel à deux rateaux, au contre-scél sont les mêmes armes de l'écu, & de la cotte d'armes, & aux entours sont les autres armes susdites : Par la lettre qui est de l'an 1386. il se dit ayant la garde de Jean son fils aîné Comte de Nevers, & ses titres sont Duc de Bourgogne, Comte de Flandres, Artois & Bourgogne, Palatin, Sire de Salins, Comte de Rethel, Sieur de Malines. Lesdits Philippes le Hardy & Marguerite de Flandres eurent trois fils, Jean, Antoine & Philippes, & trois filles; l'une Catherine femme de Leopold Duc d'Austriche, l'autre Marie, femme d'Amedée Duc de Savoye, & Marguerite femme de Guillaume Comte de Haynault : Les peres & meres vivans ordonnerent les partages de leurs trois fils, par le consentement & volonté de Jeanne Duchesse de Brabant, tante de ladite Marguerite, à laquelle lesdits enfans devoient succeder, parce qu'elle n'avoit point d'enfans, & fut ledit partage accordé à Arras le 27. Novembre de l'an 1401. ratifié par le curateur dudit Philippes plus jeune des trois freres, le 17. May de l'an 1404. ratifié aussi par lesdits Jean & Antoine freres, le 9. Mars de l'an 1407. Par ledit partage écheurent à Jean fils aîné le Duché de Bourgogne, les Comtez de Flandres, Artois & Bourgogne, & les Seigneuries de Salins & Malines. Audit Antoine avinrent les Duchez de Brabant, Lothric ou Lothier & Limbourg, avec le Marquisat du saint Empire, sous lequel est comprise la Seigneurie d'Anvers, avec paction si Antoine decedoit sans enfans, que les Seigneuries de son partage viendroient à Philippes son jeune frere. Audit Philippes tiers fils écheurent les Comtez de Nevers & de Rethel, Baronie de Donzy, les Chastellenies d'Isles, Chaource, Villemor, & autres Terres de Champagne. Ledit Philippes le Hardy mourut à Hal en Haynault, les autres disent en Brabant, le 26. Avril de l'an 1404. & fut son corps enterré en l'Eglise des Chartreux lez Dijon, dont il étoit Fondateur : Marguerite sa veuve renonça à sa communauté de biens, pour n'être tenuë aux debtes. Le 16. Mars ensuivant, que lors on comptoit 1404. & de present seroit l'an 1405. deceda ladite Marguerite de Flandres sa veuve à Arras, & fut son corps enterré à l'Isle en Flandres.

SEra icy fait une disgression pour parler desdits deux freres. Jean Duc de Bourgogne, & Antoine Duc de Brabant, & de leur lignage, parce que le discours appartient aucunement aux affaires & droits de la Maison de Nevers. Ledit Jean de Bourgogne, aîné des trois fils épousa, comme il a été dit, la fille d'Albert de Baviere Comte de Haynault, & dudit mariage nâquit Philippes fils aîné, qui aprés le decez de Jean son pere fut Duc de Bourgogne, dit le bon Duc : nâquit aussi Marie de Bourgogne, qui épousa Adolphe Comte de Cleves, en la personne duquel Cleves fut érigé en Duché par l'Empereur Sigismond : leur mariage fut accordé en l'an 1406. & accomply l'an 1414. Et en la même année le premier Decembre mourut ladite Jeanne Duchesse de Brabant sans enfans, ayant commandé audit Duché par le tems de cinquante & un an, son corps est enterré en l'Eglise des Carmes à Bruxelles. En l'année suivante led. Jean Duc de Bour-

Bourgogne fit tuer Louïs Duc d'Orleans à Paris le 21. Novembre de l'an 1407. comme il a été dit cy-dessus. Et en l'annee aprés l'an 1408. mourut Valentine Vicomtesse de Milan, veuve dudit Louïs d'Orleans. Le vingt-deux Avril de l'an 1409. fut fait le mariage de Philippes de Bourgogne tiers fils de Philippes le Hardy, avec Marie fille d'Enguerrand, Sire de Coucy, laquelle mourut tôt aprés sans enfans. Et ledit Philippes le 20. Juin de l'an 1413. au lieu de Beaumont épousa Bonne d'Artois, fille de Philippes d'Artois Comte d'Eu, & de Marie de Berry, & dudit mariage nâquirent Charles & Jean de Bourgogne, qui successivement furent Comtes de Nevers. Led. Jean Duc de Bourgogne avoit ses armes semblables à celles de Philippes le Hardy son pere, qui étoient écartelées des armes de France, avec un bord découpé d'argent & de gueulles, & des anciennes armes de Bourgogne, & sur le milieu des quartier un petit écu aux armes de Flandres. Ledit Jean Duc de Bourgogne fut tué à Montereau faut Yonne, le 10. Septembre de l'an 1419. en la presence de Charles Dauphin de France, qui étoit assisté des amis du feu Duc d'Orleans, & avoit été appellé audit lieu pour traiter d'accord. Ce meurtre fut cherement vendu audit Charles, qui depuis fut le Roy Charles VII. Car Philippes Duc de Bourgogne, fils dudit Jean, procura que Charles VI. desherita ledit Charles Dauphin son fils, & par le mariage de Catherine de France sa fille, Avec Henry d'Angleterre, adopta ledit Henry pour son successeur à la Couronne, & par cette occasion les Anglois & les Bourguignons s'emparerent des Provinces de ce Royaume, jusques à ce que ledit Philippes ayant été satisfait par ledit Charles au traité d'Arras, l'an 1435. aida audit Charles à recouvrer tout ce qu'il avoit perdu de ce Royaume de France. Audit Jean Duc de Bourgogne succeda led. Philippes son fils, dit le bon Duc, lequel premierement épousa par dispense du Pape lad. Bonne d'Artois, veuve de son oncle Philippes Comte de Nevers, le contrat dudit mariage est du 24. Novembre de l'an 1424. & fut accomply à Moulins Engilberts, le jour de S. André suivant, trentiéme dudit mois. Elle deceda à Dijon l'année suivante 1425. étant retournée malade du festin des nopces d'Agnes de Bourgogne sœur de son mary, qui épousa à Authun Charles de Bourbon, fils de Jean Duc de Bourbonnois, prisonnier en Angleterre. Ledit Philippes Duc de Bourgogne, dit le bon Duc, épousa aprés Elizabeth fille du Roy de Portugal, qui fut le 10. Janvier de l'an 1429. selon l'ancienne computation, & ce même jour pour memoire de ce mariage, & pour de plus le magnifier, il institua l'Ordre des Chevaliers de la Toison d'or, au nombre de trente-un Chevaliers nobles de nom & d'armes, & sans reproches, desquels il étoit le premier & le chef, avec quatre Officiers, Chancellier, Thresorier, Secretaires, & Herault, le Patron est S. André, le collier est de fuzils entrelassez qui sont en forme de B, avec le chaillo & flamme de feu, & au bout est la Toison, le tout d'or: cette Toison rapporte la fable de la conqueste faite par Jason Prince Grec, en Colchos, où la Toison du Mouton de Phryxus & Hellé étoit gardée, & étoit dûë au plus valeureux Chevalier, & par cette fable est representée l'acquisition de vertu, qui ne peut être sinon avec peine & travail. Autres disent que c'étoit par representation d'une devise amoureuse, comme en ce tems l'ordinaire étoit que les Chevalier, à l'exemple des Chevaliers errans, prenoient les faveurs des Dames pour leurs emprises au fait d'armes. Le Roy Jean de France avoir institué l'Ordre de l'Etoile à saint Oüen prés Paris, en l'an 1351. Le 10. Novembre veille de la fête de saint Martin, l'an 1433. nâquit à Dijon Charles fils desdits Philippes & Elizabeth, qui depuis fut Duc de Bourgogne aprés son pere, & du vivant de son pere eut le surnom de Comte de Charolois, qui est un fort petit païs entre le Masconnois & la Bourgogne. En l'an 1435. au mois d'Aoust, à Arras en l'Abbaye saint Vaast, fut l'assemblée des Députez des Rois de France & d'Angleterre, & du Duc de Bourgogne, pour la pacification de leurs differends. Les Députez d'Angleterre se retirerent sans rien conclurre: Les Députez du Roy de France & du Duc de Bourgogne traiterent & conclurent pour la satisfaction & reparation de la mort de Jean Duc de Bourgogne. Que ledit Philippes Duc de Bourgogne pour toute sa vie soit libre de tout hommage envers le Roy de France, mais les enfans dudit Philippes rentreront en la fidelité & hommage du Roy. Qu'au Duc seront délaissez hereditairement pour luy & pour les siens mâles & femelles, les Comtez d'Auxerre & Mascon, & Seigneuries de S. Gengoulx le Real, & Bar sur Seine. Que le Roy quittera le droit de Regale és Eglises de Langres, Authun & Chaalon, pour appartenir au Duc. Qu'à Jean de Bourgogne second fils de Philippes Comte de Nevers, demeureront les Comtez d'Etampes & de Gien sur Loire, vendus par Jean Duc de Berry à Jean Duc de Bourgogne. Qu'à Charles & audit Jean de Bourgogne freres seront rendus par le Roy trente deux mil quarante écus d'or, qui par leur mere Bonne d'Artois, avoient été déposez en l'Eglise de Roüen, & pris par le Roy. Que le Roy investira le Duc pour luy & ses enfans mâles des Seigneuries de Peronne, Mondidier & Roye. Qu'au Duc seront délaissez pour luy & ses heritiers le Comté de Ponthieu, les Villes d'Amiens, Corbie, saint Quentin, Abbe-ville, saint Riquier, & Moretaigne, rachetables pour quatre cens mil écus. Que les gens de guerre du Duc étans en l'armée du Roy porteront la Croix de saint André. Que les Jurisdictions du Duc durant sa vie ne seront sujettes à ressortir par appel pardevant les Juges Royaux, & furent accordez jusques à 31. articles. Ce Traité d'Arras fut approuvé par le Roy Charles VII. en ses Lettres patentes données à Tours le dixiéme Decembre de l'an mil quatre cens trente-cinq, le quatorziéme an de son regne; publiées en

Parlement le vingt-trois Janvier suivant, que l'on comptoit lors mil quatre cens trente-cinq, & en la Chambre des Comptes le treiziéme Fevrier, au livre des chartes, folio trente-huit. Ainsi est recité par Olivier de la Marche, en son Histoire de Bourgogne. Ce chapitre troisiéme d'Arras fut approuvé par le Concile Oecumenique de Basle, comme il se void au volume des Conciles, folio deux cens trente & un, & là se dit que ledit traité avoit été procuré par le Concile. Par le moyen de ce traité les affaires des Anglois commencerent à décheoir en France. En l'année suivante mil quatre cens trente-six, Paris fut repris au nom du Roy sur les Anglois, & és années mil quatre cens cinquante & mil quatre cens cinquante & un, la Nomandie & la Guyenne furent reconquises par le Roy Charles VII. en sorte que lors de son decez, qui fut en l'an mil quatre cens soixante & un, & le vingt-deuxiéme Juillet, il se trouva paisible possesseur de tout le Royaume, qui lors du decez de son pere ne tenoit en son domaine que Berry ; & les Anglois par derision l'appelloient le petit Roy de Bourges. Ledit Duc Philippes pour de plus montrer sa bonne volonté envers la France, & sa reconciliation envers la Maison d'Orleans, dont les débats avoient été cause de tant de maux, en l'an 1440. fit délivrer de prison Charles Duc d'Orleans, qui avoit été prisonnier des Anglois vingt-cinq ans depuis la journée d'Azincourt, qui fut l'an mil quatre cens quinze, & paya sa rançon de quatre cens mil francs, & luy donna en mariage Marie de Cleves sa niepce, fille de sa sœur, & de ce mariage nâquit Louïs Duc d'Orleans, qui depuis fut Roy Louïs XII. En l'an mil quatre cens cinquante-quatre, Charles fils unique dudit Philippes le bon Duc, épousa Izabelle fille de Charles Duc de Bourbonnois, & fut le mariage accomply le trentiéme Novembre. En l'an mil quatre cens cinquante-six, Louïs Dauphin de France, fils du Roy Charles VII. étant en la mauvaise grace de son pere, qui le poursuivoit par armes, se retira à sauveté devers led. Philippes Duc de Bourgogne, qui le reçût & traita humainement : & ledit Roy Charles VII. écrivit audit Philippes qu'il nourrissoit un louveteau, qui quelque jour mangeroit ses brebis, & il prédit vray, car ledit Louïs qui fut Louïs XI. parvenu à la Couronne, essaya par tous moyens de ruiner la Maison de Bourgogne, & l'ébranla bien : Ledit Louïs durant son sejour és Païs-bas, épousa à Namur Charlotte de Savoye sa seconde femme en l'an 1457. En l'an 1461. mourut ledit Roy Charles VII. & luy succeda Louïs XI. son fils, qui commença à mépriser & éloigner de soy les Princes & grands Seigneurs qui avoient aidé à son pere pour la reconqueste du Royaume sur l'Anglois, & voulut se servir de petits compagnons propres à ses humeurs, car il ne vouloit aucune grandeur approchante de la sienne, & à cette occasion mécontenta tous les Princes & Seigneurs de son Royaume, avec lesquels se joignit ledit Charles Comte de Charolois, ayant conçû haine de ce que le Roy par le bastard de Rubempré avoit attenté sur la personne dudit Comte de Charolois, & tous dresserent la guerre qu'ils appellerent du bien public, & en firent le chef le frere du Roy nommé Charles Duc de Berry. Cette guerre fut en l'an 1465. & la bataille ou rencontre de Montlehery fut le 15. Juillet audit an. Le Roy ainsi conseillé par le Duc de Milan son beau-frere, (car ils avoient épousé les deux sœurs de la Maison de Savoye) traita avec lesdits Princes, & leur accorda grande partie de ce qu'ils demandoient, même à son frere le Duché de Normandie, & au Duc de Bourgogne les Villes sur la Riviere de Somme, que peu auparavant il avoit rachetées, & ainsi aux autres, & les separa, telle fut l'issuë de cette guerre, que lesdits Princes & Seigneurs disoient avoir entreprise pour le bien public. Chacun d'eux fit ses affaires & délaissa les publiques : mais ledit Roy peu à peu les ruina ou les abaissa. En l'an 1467. mourut ledit Philippes Duc de Bourgogne, dit le bon Duc en la Ville de Bruges, le 15. Aoust, & fut son corps inhumé en l'Eglise des Chartreux lez Dijon. Il étoit en l'âge de 71. an car il étoit nay en l'an 1396. il mourut le plus riche Prince de son tems, délaissa quatre cens mil écus d'or, soixante & douze mil marcs d'argent en vaisselle, & la valeur de deux millions d'or en autres meubles, & toutesfois étoit Prince tres-liberal. Ledit Philippes avoit en ses armes les quatre quartiers principaux, tels que son pere & son ayeul avoient, & outre avoit les quartiers de Brabant & de Limbourg, & sur le milieu un petit écu de Flandres. Les armes de Brabant sont de Lion d'or en champ de sable, Limbourg un Lion de gueulles armé, langué & couronné d'or en champ d'argent. Ses titres étoient Duc de Bourgogne, Lothier, Brabant & Limbourg. Comte de Flandres, d'Artois, de Bourgogne, Palatin de Hainault, Hollande, Zeélande, & Namur, Marquis du saint Empire, Seigneur de Frize, Salins & Malines.

AUdit Philippes Duc de Bourgogne succeda Charles son fils, qui du vivant de son pere se nommoit Comte de Charolois, & de sa femme Izabelle de Bourbon, eut une fille qui nâquit à Bruxelles en Brabant l'an 1456. le 13. Fevrier, qui fut dite Mademoiselle de Bourgogne, tant du vivant de son pere que depuis, quoy qu'elle fût Dame de plusieurs terres souveraines, mais son pere n'étoit Roy, ny fils aîné de Roy, & jusques à ce quelle eût épousé un Chevalier, qui fut Maximilian fils de l'Empereur Frederic III. qui depuis fut Empereur aprés son pere. Par la Paix faite à Conflans prés Paris, le 3. Octobre audit an 1465. lors de la guerre du bien public, les esprits de ces Princes ne se peurent r'asseoir, & ne cesserent de guerroyer le Roy Louïs XI. & ledit Charles Duc de Bourgogne, ils firent plusieurs accords, & autant en rompirent : enfin le Roy Louïs s'avisa de cesser à guerroyer ouvertement ledit Charles Duc de Bourgogne, afin qu'il s'aheurtat à quelque autre guerre, car le cœur dudit Duc de Bourgogne étoit impatient de repos, & avoit en fondit cœur des entreprises d'Empires & de Royaumes; bien avisa ledit Roy d'aider couvertement aux ennemis dudit Duc de Bourgogne, comme il fit à l'égard du Duc de Lorraine, auquel il presta argent, & cassa quatre cens lances de ses ordonnances, qui s'en allerent recüeillir la solde dudit Duc de Lorraine. Ledit Charles étant en paix avec le Roy Loüis XI. entreprit de défendre la querelle de l'élû Archevêque de Cologne, esperant prendre occasion de conquester toute cette lisiere de deça le Rhin, comme depuis il entreprit la conqueste de Lorraine. Il assiegea la Ville de Nuiz, qui est des appartenances de l'Eglise de Cologne,& par le long siege d'icelle affoiblit grandement son armée & ses finances; ce fut en l'an 1474. Es années 1475. & 1476. venant à 1477. il entreprit la guerre contre les Suisses pour une legere occasion, & contre René Duc de Lorraine leur Confederé: il conquêta Nancy & la Lorraine; puis il perdit deux grosses batailles contre les Suisses, à Gransson & à Morat. En passant par le païs de Suisse, j'ay vû auprés de Morat une grande arcade de massonnerie de pierre pleine de testes, d'ossemens de gens morts, qui est comme un trophée pour memoire perpetuelle de ladite victoire que les Suisses eurent prés de Morat. En l'écrit qui est au haut de cette arcade, entre autres sont ces mots, *Carolus superbum Burgundiæ lumen*. Peu de tems aprés ledit Duc retourna devant Nancy, qui luy avoit été ôté, & perdit derechef la bataille, ou il fut tué, le cinquiéme jour de Janvier veille de la fête des Rois, l'an mil quatre cens septente-six, selon l'ancienne computation, qui seroit à present mil quatre cens septente-sept. Ce Prince né de predecesseurs de grand lieu, avec plusieurs grandes Seigneuries toutes florissantes lors en Chevaliers & autres gens de guerre, & en richesses avec grands biens & grands moyens que son pere luy laissa, éleva son cœur, & prit opinion de se faire Roy de la Gaule Belgique, ne se contentant des dignitez Ducales & Comtales en souveraineté. Mais son grand mal fut, que parmy ses entreprises il ne mêla ny la crainte de Dieu, ny la fidelité & honnêteté : j'entends fidelité & honnêteté, selon que les personnes privées doivent l'un à l'autre, & non selon que les grands se figurent que tout ce qui leur est profitable leur est honneste, & que les pactions ne sont à observer par le souverain à ses sujets (maxime Machiavelliste venant d'Italie) c'est à juger si cette opinion est bonne:) car ayant accordé un sauf-conduit à Loüis de Luxembourg, Comte de saint Paul, Connestable de France, qui s'étoit rangé sous sa protection étant en la disgrace du Roy Loüis XI. il enfreignit sa foy, & livra ledit de Luxembourg és mains dudit Roy Loüis XI. duquel il étoit vassal,lige & officier, qui luy fit faire son procez, & trancher la tête à Paris en la place de Greve le dix-neuf Decembre de l'an 1475. L'ambition, l'avarice & vangeance meurent ledit Duc de Bourgogne à ce mauvais acte; il eût mieux fait de se souvenir du Roy Jean son tris-ayeul, qui étant prisonnier de guerre és mains des Anglois, vint en France, étant relâché sur sa foy, & ne pouvant accomplir ce que les Anglois desiroient de luy, aima mieux retourner prisonnier, qu'en se servant des artifices specieux, dont souvent les Conseillers des Princes sont bien sçavans, s'excuser d'y retourner, & joüir de ce beau Royaume de France. Il retourna en Angleterre, & y mourut peu de tems aprés. Devoit aussi se souvenir de cét acte genereux exercé de son tems par René d'Anjou Duc de Lorraine, lequel ayant été prisonnier de guerre de Philippes Duc de Bourgogne pere dudit Charles, qui aidoit au Comte de Vaudemont, adversaire dudit René, & ayant été relâché sur sa foy, promettant de retourner & se rendre prisonnier quand il seroit mandé. Avint au même tems que la succession du Royaume de Naples luy fut deferé par le decez de Loüis d'Anjou son frere, & luy étoit besoin d'y aller promptement pour empêcher Alfonse d'Arragon son competiteur de se renforcer. Iceluy René fut sommé par ledit Philippes Duc de Bourgogne de se rendre en sa prison, étant ledit Philippes à ce sollicité par ledit d'Arragon: Et luy René faisant état de sa foy & de son honneur sur toutes choses, aima mieux se rendre prisonnier, & se priver dudit Royaume de Naples, comme de fait il perdit tout moyen de le recouvrer, à faute d'avoir pris l'occasion au poil quand elle se presentoit. Tant étoit la foy en recommendation à ces gentils cœurs de vrais Princes & vrais Gentilshommes: Et de vray, celuy qui a donné sa foy la doit mesurer selon soy-même, & non pas selon la faute de celuy qui mal à propos s'en veut servir, ou qui ne merite pas qu'elle luy soit gardée. La vengeance & la justice de Dieu (que les Grecs appellent *Nemesis*) n'arresta gueres à prendre raison de ces deux actes mal faits; car ledit Charles Duc de Bourgogne depuis cette fraction de foy n'eût le conseil d'entendement bien rassis. Peu de tems aprés il se precipita en cette guerre contre les Suisses, auprés desquels il n'y avoit à gagner ny honneur ny chevance, car en ce tems on n'en faisoit aucun compte, parce qu'on ne sçavoit leur valeur, & étoit un peuple fort pauvre. Il perdit contre eux trois batailles en moins d'un an, perdit honneur, chevance, & beaucoup de bons hommes; & se trouva vaincu en bataille par ce même René d'Anjou Duc de Lorraine, auquel son pere avoit fait ce mauvais party, lequel René étoit foible ennemy à l'égard de la Maison de Bourgogne, & pensoit bien ledit Charles le renverser au bouffer de sa bouche. Il perdit la bataille & la vie, & fut porté son corps mort à Nancy en la puissance dudit René, qui en donnant de l'eau beniste, dit ces mots, *Dieu ait vôtre ame beau cousin, vous nous auez fait beaucoup de maux.* Qui doit servir d'exemple aux grands pour croire qu'ils sont sujets aux jugemens de Dieu, comme les petits, & que Nôtre Seigneur fait quelquefois la vengeance par les mains des foibles ennemis. Le Seigneur de Pomperant Gentil-homme François, estimant avoir reçû quelque tort du Roy François, se retira avec le Conétable de Bourbon, & eut ce contentement de vengeance (si tant est que cela soit loisible à un Chrétien (qu'il se trouva le premier & le plus proche à la prise dudit Roy François devant Pavie. Ledit Charles de Bourgogne reçût autre salaire de la susdite faute par luy commise : car le Comte Cola de Campobasse Neapolitain, qui avoit sous ledit Charles quatre cens lances entretenuës, se proposa de tirer vengeance d'une injure à luy dite par colere en un Conseil de guerre par ledit Charles, & ne pouvant avoir sa raison ouvertement, conspira avec les ennemis de son Maître de le trahir en cette bataille où ledit Charles fut tué, ce qu'il fit : car à la mélée il abandonna son Maître, & se voulant ranger devers les Suisses qui le refuserent comme traître, se tint à part, & voyant la bataille perduë pour le Duc, se mit à le poursuivre & le fit tuër : c'étoit une vengeance poltrone, & partant de grande vilté de cœur, & par icelle étoit grandement plus endommagé l'honneur dudit de Campobasse (si tant est qu'en luy il y en eût un seul poinct, qu'il ne pouvoit être d'avoir enduré une parole fâcheuse d'un jeune Prince grand-Seigneur (& toutefois par le ministere & aide de cét homme de cœur foible & vil, ledit Charles Duc de Bourgogne, reçût le salaire du peu de compte qu'il avoit fait de sa foy. De vray ledit Charles Duc de Bourgogne étoit du sang Royal de France, & n'avoit eu aucun de ses predecesseurs qui eût été blâmé de tel acte, mais aussi il étoit fils d'une mere de Portugal, que le mary d'elle pere dudit Charles, disoit avoir été fort soupçonneuse, ainsi que recite Argenton au livre de ses memoires. Ledit Charles a été le dernier de ces quatre grands Ducs de Bourgogne, qui pour le nombre, grandeur & puissance de leurs Seigneuries, la plufpart souveraines : ont tenu rang & état comme de Roy, & ont eu moyen de faire & entretenir guerre contre les Rois de France. Et comme cette Maison par deux successions, l'une legitime, & l'autre usurpée, devint si grandement grande tout à coup, aussi elle ne dura guerres, & se voit souvent que les grandeurs venuës soudain sont de peu de durée : comme il se lit d'Alexandre, le Grand, de la lignée de Charlemagne, du grand Themir qu'on appelle Tamerlan. de vray Charles Duc de Bourgogne dernier des quatre étoit violent & ambitieux, desirant rétablir l'ancien Royaume d'Austrasie, pour s'en dire Roy selon les bornes anciennes entre le Rhin, la Meuse, la Saône, & le Schelde. Deux grandes marques particulieres de son ambition & violence, furent la prise & la contrainte de Jean de Bourgogne cousin germain de son pere, dont sera parlé cy-aprés, & le mauvais party qu'il fit au Connétable de saint Paul, par le traité & séellé de Bouvines. Il reçût aussi de grands écornes, qui de tant plus luy étoient fâcheux à porter, parce qu'il estimoit avoir le sens grand, & un courage heroïque. L'un fut devant la ville de Beauvais qu'il assiegea lors que la garnison & les meilleurs hommes en étoient dehors pensant la surprendre, mais les femmes avec le menu peuple plus foible, défendirent la muraille virilement, jusqu'à ce que le Roy eût envoyé des gens de guerre pour secours. Et comme en ce tems, la coûtume des grands-Seigneurs étoit d'avoir à leur suite des fols naturels manques d'entendement, non mal faisans. Il advint que ledit Duc de Bourgogne faisoit voir aux Ambassadeurs d'Angleterre la belle Artillerie & en grand nombre qu'il avoit, disant que c'étoient les clefs des bonnes villes de France. Le fol dudit Duc de Bourgogne fit contenance de chercher parmy cette artillerie, comme s'il avoit perdu quelque chose, & étant interrogé par son Maître ce qu'il cherchoit, luy dit tout haut en presence de ces Ambassadeurs, *qu'il cherchoit les clefs de Beauvais & ne les pouvoit trouver.* Ce même fol aprés la bataille de Gransson perduë par le Duc contre les Suisses, comme tous fuyoient à bride abbatuë, fuyant comme les autres, crioit ces mots : *Voicy bien Adnibal representant le galop des chevaux*, & & usoit de ces mots, se souvenant que son Maître bien souvent en ses dévis familiers parlant des grands Capitaines anciens, loüoit & exaltoit sur tout Annibal Carthaginois, & vouloit bien qu'on le tint au même rang de valeur. Aucuns disent que c'est un plaisir mal reglé aux grands-Seigneurs d'avoir de tels fols auprés d'eux ; parce que les Princes doivent plus desirer avoir en leur compagnie gens sages, & s'employer à choses serieuses. Les autres disent au contraire, qu'il leur est utile pour deux raisons ; l'une qui est la moindre, afin qu'ils ayent quelque recreation d'esprit parmy tant d'affaires épineuses qu'ils manient ordinairement ; l'autre raison est plus morale, quand on dit que ces fols avertissent quelque fois leurs Maîtres de leurs fautes, & leur disent choses, qu'aucuns de leurs plus familiers ne leur oseroit dire. Ce qui avient, non pas par le bon sens des fols mais parceque parlant purement au naturel, étant en innocence. Nôtre Seigneur permet qu'ils disent quelque fois de bons mots. comme s'ils avoient quelques inspirations divines. De fait en Egypte ils sont reverez à cette occasion. Comme que ce soit ils piquent quelque fois leurs Maîtres bien lourdement, qui est pour leur faire reconnoître qu'ils sont hommes, afin qu'il ne pensent d'eux mêmes outre ce qu'ils doivent. Il se dit du Cardinal d'York en Angleterre, qui de fort petit lieu vint en tel credit auprés de son Maître le Roy Henry VII. que ledit Roy ne faisoit & n'entreprenoit aucune chose sans son Conseil, & de fait ledit Roy le fit élire Archevêque d'York qui est la Primatie d'Angleterre, & le fit promouvoir au Cardinalat. Advint comme le Cardinal avoit à dîner plusieurs grands-Seigneurs, tant étrangers qu'Anglois, le fol de ce Cardinal s'avança de dire, qu'il voudroit que son Maître fût Pape, & le repeta à plusieurs fois ; le Cardinal luy demanda pourquoy, le fol luy dit, *que saint Pierre étant Pêcheur fit le Carême pour faire gagner ses parens qui étoient pêcheurs, & le Cardinal qui avoit ses parens bouchers aboliroit le Carême pour les faire gagner.* Je croy que ledit Cardinal eût voulu pour bonne chose n'avoir jamais pris passe-tems aux propos d'un fol.

LEdit Charles Duc de Bourgogne qui fut tué devant Nancy, laissa sa fille unique & heritiere Marie de Bourgogne, qui épousa Maximilian d'Austriche fils de l'Empereur Federic III. & depuis Empereur; & fut accomply leur Mariage le dix-huitiéme Aoust de l'an 1477. De ce Mariage nâquit leur fils premier né, qui fut nommé Philippes, qui porta le nom d'Archiduc d'Austriche, il nâquit le 22. Juin de l'an 1478. Ledit Philippes épousa Jeanne fille aînée de Ferdinand Roy d'Arragon, & d'Isabelle Reine de Castille qui fut heritiere desdits Royaumes, & de ce mariage nâquirent Charles & Ferdinant, qui successivement furent Empereurs. La naissance dudit Charles Empereur fut le jour de saint Matthias, le 24. Fevrier de l'an mil cinq cens, selon la computation de Rome; qui commence au premier Janvier. Ainsi cette Maison de Bourgogne en sa grandeur est fonduë en la Maison d'Austriche, avec les Duchez de Braban, Lothrih, Limbourg, usurpez sur la Maison de Nevers; Comtez de Haynault, Hollande, Franche-comté de Bourgogne, Frize, & Namur, toutes lesdites terres souveraines mouvans de l'Empire, & les Comtez de Flandres & Artois, lors sujettes à la souveraineté de France, & par le traité de Madrid fait durant la prison du Roy François I. déchargez de ladite souveraineté. Avec cette grandeur la Maison d'Austriche entra en la Maison de Castille & d'Arragon lors jointes par le Mariage dudit Philippes Archiduc, & avec les titres desdits Royaumes sont compris autres petits Royaumes d'Espagne, qui sont Leon, Gallice, Valence, Tolede, Grenade, Cordouë, Majorque; & outre iceux les Royaumes de Siciles & de Naples, avec lesquels est joint le titre du Royaume de Ierusalem, comme il a été dit ailleurs, & le Royaume de Sardaigne, qui est une Isle en la mer de Barbarie; & le Royaume de Navarre usurpé par ledit Roy Ferdinant dit le Catholique, sur la Maison d'Albret. Tout ce qui est venu desdites Maisons d'Espagne & de Bourgogne demeura audit Charles fils aîné qui fut Empereur V. du nom. La plus petite part, qui est le patrimoine de la Maison d'Austriche, demeura au plus jeune Ferdinand; où sont des titres de Royaumes & Seigneuries de belle apparence, mais fort peu fructueuses, car la plupart est occupée ou vexée ordinairement par le grand Seigneur Turc, comme sont les Royaumes de Hongrie, Croatie, Dalmatie, Russie, Boheme, Archiduché d'Austriche, Duchez de Styrie, Carintie, Carniole, Comté de Tirol; toutes lesquelles terres ensemble ne valent pas en revenu le Duché de Normandie. Ledit Ferdinand fut Empereur après Charles son frere, & aprés luy fut Empereur Maximilian son fils, & aprés luy Rodolphe son fils de present Empereur. Tous lesquelles, tant aînez que puisnez, issus de ladite Marie de Bourgogne, ont toûjours porté en leurs armes un quartier des anciennes armes du Duché de Bourgogne; reconnoissans bien que l'alliance prise en ladite Maison de Bourgogne avoit mis en leur maison d'Austriche toutes ces grandeurs d'Empires & de Royaumes. Cette Maison d'Austriche ainsi accreuë par deux mariages, & mariages pris en diverses nations, Espagne, Bourgogne, & païs bas d'Allemagne, a été aussi alloyée de diverses humeurs, non seulement pour y voir des freres de diverses complexions, mais aussi diverses complexions en une même personne. Federic d'Austriche Empereur III. de ce nom étoit parfaitement riche; & ainsi dit de luy Argenton en sa Cronique, qui fut cause qu'il fit peu d'entreprises. Son fils Maximilian aussi Empereur fut extrémement prodigue, toûjours ayant affaire d'argent que les Historiens Espagnols en flattant, attribuent à liberalité & magnanimité, disans que s'il eût eu tous les Royaumes de Crétienté, il n'en eût pas eu assez pour satisfaire aux dons conformes à sa grandeur. Les Historiens Italiens parlans de luy sans flaterie & plus franchement, disent qu'il conservoit en son entendement de grandes & vastes entreprises, commençoit & n'executoit rien, & par sa grande prodigalité étoit toûjours necessiteux de deniers, dont souvent ses entreprises demeuroient à my-chemin, & qu'il étoit variable & soudain, ne pouvant attendre ny prendre les occasions pour executer ses desseins. Ferdinand Roy d'Arragon le Catholique, avoit executé cette belle entreprise contre les Maures, sur lesquels il conquesta Grenade, qui étoit le seul Royaume en Espagne, restant és mains desdits Maures. Mais en toutes ses autres actions il se montra plus subtil que grand guerrier; car il entretenoit les Princes & potentats avec lesquels il avoit affaire par belles promesses, & toutesfois ambiguës, donc par aprés selon les occasions il se developoit. Avec cette humeur aprés avoir repeu longtemps Federic d'Arragon son cousin, qui apres les François dechassez, étoit joüissant du Royaume de Naples, il pactiona avec le Roy Loüis XII. pour l'en desheriter, & avant sa conquête firent partage dudit Royaume; & prenoit ledit Ferdinand pretexte, que ledit Royaume ayant appartenu à Alfonse Roy d'Arragon, il n'avoit pû le donner à Ferdinand son bâtard, parce qu'il avoit été conquis avec les forces & finances d'Arragon. Aprés que ledit Federic fut chassé dudit Royaume, lesdits Rois de France & d'Arragon entrerent en debat sur les confins de leur partage & enfin les François en furent dechassez. ledit Federic se retira en France, & Ferdinand son fils fut retiré en Espagne & à la suite des mêmes astuces, on luy fit épouser Madame Germaine de Foix veufve du Roy Catholique, sterile & âgée, & luy fut donné le titre specieux sans profit de Duc de Calabre. Le même Roy Catholique Ferdinand par astuce surprit le Royaume de Navarre sur Jean d'Albret mary de Catherine de Foix, sous pretexte de la censure Ecclesiastique fulminée contre ledit Jean, par le Pape Jules II. à cause du Concile de Pise qui avoit été convoqué par le Pape Jules II. L'autre bisayeul de l'Empereur Charles étoit ledit Charles Duc de Bourgogne Prince courageux & magnanime, ardent à accroître ses grandeurs, & ayant moins d'astuce. Et quant au pere desdits Charles & Ferdinand Empereurs, nommé Philippes l'Archiduc, il ne s'en lit rien de memorable, parce qu'il mourut en fleur d'âge à vingt-huit ans, sinon qu'aprés la mort de sa belle-mere Isabelle Reine de Castille, il fut rigoureux envers ledit Ferdinand Roy Catholique son beau-pere, & luy ôta toute administration & authorité que ladite Isabelle sa femme luy avoit delaissée. De ce meslange de Maisons & nations par alliance nâquirent lesdits Charles & Ferdinand freres, tous deux Empereurs, qui ont été de diverses humeurs. L'Empereur Charles avoit ses projets & desseins tres-grands, & plus qu'il n'eût pû executer, & pouvoit tenir cela desdits Maximilian & Charles Duc de Bourgogne, il fit de grandes & hautes entreprises, aucunes luy succederent mal, comme d'Arger, de Provence, & de Mets. Il essaya sur l'Empire, pour le faire hereditaire, en l'an 1547. & en temporisant il vainquit ses ennemis: qui étoient les Princes & potentats de l'Empire, & non par vives forces d'armes; mais quant à l'Empire il ne fit rien : il étoit de vray magnanime & genereux, mais il tenoit aussi du naturel de son ayeul Ferdinand, comme quand il passa par la France l'an 1540. pour aller en Flandres, avec belles promesses, dont il se developpa sans les accomplir : comme quand le Capitaine Cervaison ayant failly de surprendre le Château de Milan par eschelles fut pris prisonnier, & par belles remontrances ledit Capitaine fit en sorte qu'il fut remis au jugement dudit Empereur, pour juger s'il devoit être tenu pour prisonier de guerre ou criminel. Ledit Empereur dit par jugement public, qu'il étoit prisonnier de guerre, mais dit à part aux siens qu'il ne failloit pas le laisser venir jusques-là : avec traitez ambigus il mena mal Francisque Sforce Duc de Milan, & trompa Philippes Lantgrave de Hesse, donnant audit Sforce d'une main le Duché de Milan, & de l'autre luy ôtant tout pouvoir en iceluy par la retention des prîcipales places, fortes & de douze cent mil escus de revenu par an. Et quant audit Lantgrave, luy faisant signer un traité que ledit Lantgrave pensoit être sans prison, & il se trouva écrit avec prison, par le moyen de la semblance captieuse de deux mots Allemands *enig*, & *evig*, l'un signifie *sans*, l'autre *avec*. Dudit Empereur Charles est issu Philippes Roy d'Espagne, Seigneurs de tous lesdits Royaumes & Potentats de son pere qui a ajouté le Royaume de Portugal & cette belle & ample domination des Indes & terres nouvellement trouvées, qui equipolent à un Empire, Voilà que c'est de la lignée dudit Jean Duc de Bourgogne, fils aîné de Philippes le Hardy.

QUand audit Antoine second fils dudit Philippes le Hardy, il eut à son partage les Seigneuries de Jeanne Duchesse de Brabant sa grande tante, qui sont Lothric ou Lothier, Brabant & Luxembourg, trois Duchez, & le Marquisat du saint Empire, sous lequel est comprise la Seigneurie d'Anvers, & ce fut selon la volonté & expresse declaration quelle en fit audit Philippes le Hardy, en presence du Roy, lequel elle vint voir à cet effet à Compiegne en l'an 1396. ainsi qu'il est recité au quatriéme livre de la Mer des Histoires de France; par laquelle declaration, qui depuis fut mise par écrit elle ordonna que si Anthoine decedoit sans enfans, que lesdits Duchez & Seigneuries vinssent à Philippes de Bourgogne Comte de Nevers, tiers fils dudit Philippes le Hardy, son dessein étoit, que son heredité eust sa grandeur & authorité separée & distinte, sans qu'elle fût meslée parmy la grandeur de Flandres, de peur que l'une des grandeurs n'obscurcît l'autre, & que lesdits trois Duchez qui sont terres souveraines se conservassent mieux en leurs authoritez, & afin que les sujets desdits païs fussent mieux traitez, ayant leur Prince particulier qui resideroit sur le lieu, & auroit soin d'eux, aussi que quelques années auparavant, les guerres avoient été grandes entre les Flamans & Brabençons. Ledit Anthoine prit ses armes escartelées de France au bord découpé d'argent, & de gueulles & de Brabant. Le titre de Lothric ou Lothier est de fort grand renom, & de peu de revenu pour ce temps : il represente la dignité ancienne du Royaume d'Austrasie, qui étoit la France Orientale, & la premiere conquête des François deçà le Rhin : ledit païs d'Austrasie fut depuis nommé Lotharingie & Lotaire, du nom de Lotaire l'un des successeurs de Charlemagne, auquel elle échut en partage. Austrasie en langue Tudesque se dit Oestrich, & depuis quand la domination des François s'étendit plus avant en la Germanie, la partie de Germanie qui est la derniere devers Orient, qui faisoit portion de la Panonie superieure, fut aussi nommée Oestrich, que nous disons en vulgaire Austriche; Oest en Allemand c'est le nom du vent d'Orient : de fait les armes des deux Seigneuries de Lothric, Austrasie, & Austriche se trouvent semblables, & sont à une face d'argent en champ de gueulles, qui est pour representer l'aube du jour & le Soleil levant. De plus grande ancienneté les armes d'Austriche étoient d'azur à cinq allouëttes d'or, ainsi que dit Munster en sa Cosmographie. Les armes de Limbourg sont d'argent à un Lion de gueulles, couronné, langué, & armé d'or, la queuë fourchuë, croisée en saultoir. Ledit Antoine de Brabant dés le vivant de ses pere & mere épousa Jeanne fille de Vvallerant, Comte de saint Paul & de Ligny, sieur d'Anguien, & de Bonne fille de Henry de Bar. De ce mariage nasquirent Jean & Philippes de Bourgogne, ainsi disent les histoires de Flandres, & ajoûtent que Jean aprés le decez de son pere, fut Duc de

Brabant & de Limbourg, & Philippes fut Comte de saint Paul, & de Ligny. Ledit Antoine fut tué à la batille d'Azincourt par les Anglois le jour saint Crespin 25. d'Octobre l'an 1415. Disent aussi que ledit Jean fils aîné d'Antoine en fort bas âge épousa Jacqueline fille de Guillaume de Baviere Comte de Hainault, & d'Hollande, qui fut en l'an 1417. Ladite Jacqueline qui déja étoit avancée en âge nubile n'eût pas à gré ce mariage, & se separa de sondit mary sous pretexte de lignage, & avant le jugement de l'Eglise sur ce donné, alla se marier en Angleterre avec Hunfroy Duc de Clocestre. Ledit Jean mourut à Bruxelles le 15. Avril l'an 1426. & fut enterré à Furnes, Philippes son frere fils dudit Antoine, luy succeda esdits Duchez de Brabant & Limbourg, & deceda sans enfans à Louvain, au mois d'Aoust l'an 1430. & fut enterré à Furnes auprés dudit Antoine son pere, & dudit Jean son frere. Aprés le decez dudit Philippes Duc de Brabant, Philippes Duc de Bourgogne son cousin germain, plus proche habile à prendre, s'empara desdits Duchez de Lothric, Brabant, & Limbourg, Marquisat du saint Empire, & Seigneurie d'Anvers, & en spolia ses deux cousins germains, Charles de Bourgogne Comte de Nevers, & Jean de Bourgogne, lors Comte d'Etampes, & luy fut bien aisé de ce faire, car il les avoit tous deux en sa tutelle, & avoit pris l'administration des corps & biens, lors qu'il épousa leur mere, Madame Bonne d'Artois, qui fut en l'an 1424. auquel tems le plus âgé des deux n'avoit que dix ans, & le plus jeune neuf ans, car la mere étoit en couche de luy quand le pere fut tué en la bataille d'Azincourt l'an 1415. Ledit Philippes Duc de Bourgogne se déchargea de ladite tutelle par lettres données à Arras le 7. Octobre l'an 1435. disant par icelles que lors ils étoient en majorité & en âge de discretion, ce qui ne pouvoit être, car Philippes de Bourgogne leur pere avoit épousé ladite Dame Bonne d'Artois leur mere le 20. Juin l'an 1413. Lesdits Charles & Jean de Bourgogne & de Nevers étoient cousins germains dudit Philippes de Bourgogne Duc de Brabant, fils d'Antoine en même degré que led. Philippes Duc de Bourgoge, car tous étoient enfans de Jean, Antoine & Philippes de Bourgogne, freres enfans de Philippes le Hardy, & à ce moyen avoient aussi bonne part en ladite heredité de Brabant. Et outre le degré de lignage avoient pour eux la volonté & l'ordonnance de ladite Jeanne Duchesse de Brabant qui étoit Dame desdits Duchez & Seigneuries, dont sera raisonné plus amplement cy-aprés, quand il sera parlé desd. Charles & Jean de Bourgogne Comtes de Nevers.

Ledit Philippes de Bourgogne tiers fils desdits Philippes le Hardy & Marguerite de Flandre, eut pour son partage, comme dit est, lesdits Comtez de Nevers & de Rethel, Baronnie de Donzy, & terres de Champagne, avec ladite esperance & droit de substitution desdits Duchez de Lothier, Brabant & Limbourg, laquelle esperance étoit en commerce & transmissible aux heritiers, comme il sera dit cy-aprés. Il épousa en premieres nopces Marie fille & heritiere d'Enguerrard Sire de Coucy, Comte de Soissons, dont nâquit Philippes qui mourut jeune. En secondes nopces il épousa Bonne d'Artois fille de Philippes d'Artois Comte d'Eu, Connestable de France, & fut fait leur mariage à Beaumont le 20. Juin de l'an 1413. & dudit second mariage nâquirent lesd. Jean & Charles de Bourgogne: Ledit Philippes fut tué à la bataille d'Azincourt gagnée par les Anglois le 25. Octobre l'an 1415. & en la même bataille fut tué Antoine Duc de Brabant son frere, & lors ladite Dame Bonne d'Artois étoit en couche ayant enfanté ledit Jean de Bourgogne au lieu de Clamecy en Nivernois, & luy fut annoncée la mort de son mary par le Seigneur de Chastellus, lors qu'elle [illegible]urnoit de la Messe de sa Gesine; le corps [illegible]dit Philippes est enterré en l'Abbaye d'[illegible]n en Rethelois. La ceremonie des Chevaliers morts en bataille pour la sepulture est, que leur banniere, leur étendart, & leur panon, sont mis en parure sur la sepulture, & s'il n'est mort en bataille ne luy appartiennent les trois, mais l'un ou les deux; ainsi dit Olivier de la Marche en son histoire. Autre ceremonie est observée quant à l'effigie qui est mise en bosse, ou gravée sur le tombeau pour memoire, car s'il est mort en bataille sa figure est gravée ou taillée avec l'armet en tête, l'épée au côté, éperons aux pieds, gantelets aux mains, & armé de toutes pieces. S'il est mort de maladie ou de blessure étant en l'armée & expedition de guerre, la figure n'a pas l'armet en tête, mais à côté, & est armé de cuirasse, & non de gantelets. Sil est mort en sa maison la figure est avec ses habits de parure, l'armet & les éperons prés de ses pieds, & deux petits chiens sous lesdits pieds. Les armes dudit Philippes tiers fils dudit Philippes le Hardy, étoient les armes de France à un bord d'écouppé d'argent & de gueulles, qui étoient les premieres armes baillées à Philippes le Hardy son pere, lors qu'il étoit Duc de Touraine, avant qu'il eût eu le Duché de Bourgogne: mais au commencement il les portoit telles que sondit pere Philippes le Hardy, comme il se void en une charte scellée de l'an 1405. car Jean son frere aîné avoit ajoûté aux armes de son pere les armes de Flandres en un petit écu sur le milieu des quartiers. Ladite Dame Bonne d'Artois en secondes nopces épousa ledit Philippes fils de Jean Duc de Bourgogne nepveu de feu son mary, avec dispense du Pape, le contrat est du 24. Novembre de l'an 1424. & l'accomplissement du mariage fut à Moulins Engilberts, le jour de S. André 30. Novembre ensuivant. Et par l'occasion dudit mariage ledit Philippes Duc de Bourgogne prit la tutelle desdits Charles & Jean enfans de sa femme, dont il sera parlé plus amplement.

Aprés la mort dudit Philippes Comte de Nevers, ladite Dame Bonne d'Artois sa veuve eut l'administration & garde de ses enfans, qui étoient fort jeunes, car elle avoit été mariée l'an 1413. & son mary mourut l'an 1415. & dura ladite administration jusques à ses secondes nopces, qui furent, comme dit est, en l'an 1424. auquel tems ledit Philippes Duc de Bourgogne son second mary en prit la charge. Ladite d'Artois durant ladite administration acquit par decret la terre & Baronnie de Luzy en Nivernois, qui étoit mouvante du fief du Comté, à cause de la Chastellenie de Savigny Poyfou, les criées & le decret de ladite Terre furent faits à la requeste des executeurs du testament de feu Messire Louis de Sancerre, Connétable de France, Sire de Luzy, le prix du decret fut de cinq mil francs d'or, & est en date de l'an 1418. Ledit Charles de Bourgogne Comte de Nevers par ses lettres patentes de l'an 1442. unit & joignit ladite Baronnie de Luzy au Comté de Nevers, pour être comprise sous le Bailliage de Nivernois. Aprés que ledit Philippes Duc de Bourgogne eut pris l'administration de sesdits cousins enfans de sa femme, il donna audit Jean de Bourgogne les Comtez d'Etampes & de Gyen, & Seigneurie de Dourdan en l'an 1434. lesquelles terres Jean fils de Roy Duc de Berry avoit données à Philippes le Hardy son frere, par lettres du 28. Janvier de l'an 1387. mais ledit Jean en fut depuis évincé, le Duc de Bourgogne ayant pris la cause pour luy à la poursuite du Procureur General du Roy, par Arrest du 18. Mars de l'an 1447. ledit Procureur du Roy prétendant que c'étoit domaine de la Couronne, & dés le commencemẽt du procez il en fut depossedé, comme est la coûtume és procez du domaine du Roy, & fut surnommé Jean sans terre, car son frere Charles Comte de Nevers vivoit : Aussi pendant ladite administration ledit Philippes Duc de Bourgoge maria ledit Jean de Bourgogne Comte d'Etampes, avec Jacqueline d'Ailly fille du Vidame d'Amiens, Seigneur de Piquigny, qui apporta en dot les terres d'Angle-Monstier, Vive saint Eloy, & Pontroard en Flandres, avec vingt mil salus d'or, que ledit Philippes Duc de Bourgogne prit, & constitua audit Jean six mil livres de rente sur tous ses biens, dont ledit Jean ne joüit jamais. Le 7. Octobre de l'an 1435. ledit Philippes Duc de Bourgogne se déchargea du bail & administrations desd. Charles & Jean de Bourgogne ses cousins, comme étans hors de minorité, ce qui n'étoit pas, car le mariage de leur pere & mere étoit de l'an 1413. Ledit Charles de Bourgogne fils de Philippes Comte de Nevers étant à ses droits, retint les Comtez de Nevers & de Rethel, & Baronie de Donzy, & fit son entrée à Nevers comme Comte, le 13. Novembre jour de saint Brice, l'an 1435. au vingt-un an de son âge. Es années 1450. 51. & 52. il assista en armes le Roy Charles VII. à la conqueste de Guyenne & de Normandie, & n'en retourna sinon aprés que le tout fut reduit en l'obeïssance du Roy, & arrivant à Nevers rendit ses voeux és Eglises le 20. Novembre de l'an 1453. Il fut fait Chevalier en ladite conqueste de Normandie l'an 1450. & audit tems Hugues Coquille mon predecesseur étoit homme d'arme des Ordonnances du Roy, en la compagnie dudit Charles. Ledit Charles épousa Marie d'Albret fille de Charles d'Albret, second, Sire d'Orval, & d'Anne d'Armagnac fille d'Illustre Prince Bernard Comte d'Armaignac : le contrat de mariage desdits Charles Comte de Nevers, & Marie d'Albret est de l'an 1455. Elle fit son entrée à Nevers le 9. Avril de l'an 1458. aprés Pâques. De ce mariage ne procederent aucuns enfans, ledit Charles deceda en l'an 1464.

JEan de Bourgogne fils de Philippes Comte de Nevers succeda audit Charles son frere és Comtez de Nevers & de Rethel, Baronie de Donzy, & terres de Champagne, & épousa en premieres nopces, comme dit a été, Jacqueline d'Ailly fille du Vidame d'Amiens, & de ce mariage nâquit Elizabeth de Bourgogne; qui épousa Jean Duc de Cleves, fils d'Adolphe premier Duc de Cleves, & fut leur mariage le vingt-deux Avril de l'an 1455. & par le traité d'iceluy ledit Jean prend titre de Comte d'Etampes. En l'an 1437. le 7. d'Aoust le Duc Philippes de Bourgogne transporta audit Jean son cousin le Comté d'Auxerre, qui avoit été délaissé hereditairement audit Philippes Duc de Bourgoge, par le traité d'Arras, & fut ledit transport fait par ledit Philippes, pour demeurer quitte de six mil livres de rente qu'il devoit audit Jean de Bourgogne Comte de Nevers. Ledit Jean de Bourgogne durant la vie de Charles son frere se retira auprés de Philippes Duc de Bourgogne son cousin, parce qu'il n'avoit aucun heritage en France, ayant été évincé par Arrest, des Comtez d'Etampes & de Gyen, & luy fit de tres-grands services és guerres qu'il avoit lors contre les Flamans ses sujets. Et en l'an mil quatre cens cinquante-deux, ayant charge de l'armée du Duc pour y commander, il vainquit les Gantois en champ de bataille à Pont de Spire, & là fut fait Chevalier par le mains du Seigneur de Savoisy, puis il fit cinquante Chevaliers du nombre de ceux qu'il avoit vû bien faire en ladite bataille, & derechef en la même année il vainquit les Flamans à Nivelle. En l'année suivante 1453. il fut mediateur de la pacification entre ledit Duc & ses sujets. En l'an 1456. il fut fait Chevalier de l'Ordre de la Toison d'or, institué, comme dit a été, par ledit Duc Philippes, dés l'an 1430. auquel Ordre nul tant grand Seigneur fût-il, n'étoit reçû sinon aprés grande preuve de sa valeur, & hauts faits és armes. En cette même année 1456. Louis Dauphin de France fils du Roy Charles VII. étant en la mauvaise grace de son pere, se retira vers le Duc de Bourgogne, & y étant connut tout le gouvernement de sa maison, & gagna quelques amis en icelle, même les Seigneurs de Crouy qui gouvernoient leur maître, desquels depuis étant arrivé à la Couronne, il se servit grandement, mêmes pour recouvrer les Villes sur la Riviere de Somme, qui par le traité d'Arras avoient été engagées audit Duc de Bourgogne pour quatre cens cinquante mil te mil écus; dont Charles Comte de Charolois fils dudit Duc Philippes fut tres-marry, & en conçût grande inimitié, tant contre ceux de Croüy, qu'il declara ses ennemis, que contre ledit Jean de Bourgogne Comte d'Etampes, qu'il estimoit tenir le party du Roy Loüis XI. & à ladite inimitié aidoit Loüis de Luxembourg Comte de saint Paul, qui s'étoit rendu ennemy dudit Jean de Bourgogne par jalousie de son bien-faire. En sorte qu'en l'an 1463. ledit Jean de Bourgogne frere de Charles Comte de Nevers, se retira de la Cour dudit Philippes Duc de Bourgogne, & vint en France, où étant de retour il prit la joüissance des Chastellenies de Peronne, Roye & Montdidier, que ledit Duc de Bourgogne luy avoit délaissées dés le premier Juillet de l'an 1448. pour être ledit Duc de Bourgogne quitte de vingt mil salus d'or, qu'il avoit reçûs de la dot de la femme dudit Jean de Bourgogne; & de vingt mil livres de meubles, qui furent à lad. fûë Bonne d'Artois mere dudit Jean à tant estimez par contrat du 8. Septembre de l'an 1438. Ledit Jean de Bourgogne auquel pesoit fort d'être en la mauvaise grace dudit Comte de Charolois, qu'il sçavoit devoir être successeur de son pere le Duc Philippes, procura qu'Elizabeth de Bourgogne sa fille femme de Jean Duc de Cleves allât devers ledit Duc Philippes pour essayer d'appointer ses differends. Ce qu'elle fit en l'an 1465. environ le tems que le Roy Loüis XI. traita avec les Princes de France, & fit la paix que l'on appelle de Conflans : mais elle ne peut rien faire, parce que lesdits Duc de Bourgogne & son fils le Comte de Charolois, vouloient resolûment qu'on leur rendit lesdites Villes de Peronne, Roye, & Montdidier. Au mois d'Octobre ensuivant, le troisiéme jour au même an 1465. ledit Comte de Charolois, fit entrer gens en armes par surprise dedans Peronne où étoit ledit Jean de Bourgogne, déja fait Comte de Nevers par succession de son frere Charles, & le fit prendre prisonnier & mener à Bethune en prison tres-rigoureuse, & le fit menacer de mort s'il ne luy accordoit ce qu'il desiroit de luy, qui étoit, qu'il quittât tout le droit qu'il pretendoit esdits Duchez de Lothier, Brabant & Limbourg, & les six mil livres de rente qui luy étoient dûës par le contrat du 24. Novembre l'an 1435. & quittât aussi le droit qu'il avoit esdites Villes & Chastellenies de Peronne, Roye, & Montdidier, ensemble le droit des meubles de sad. mere Madame Bonne d'Artois. Et aprés plusieur duretez, rigueurs & menaces, ledit Jean de Bourgogne connoissant le naturel felon dudit Comte de Charolois, accorda les volontez d'iceluy Comte, & en bailla ses lettres séellées telles que le Comte de Charolois les avoit fait dresser à Maître Guillaume Hugonet Chancellier de Bourgogne : Mais le Secretaire dudit Jean Comte de Nevers, nommé Bertaud, tres-fidele serviteur, avant que d'apposer sur la queuë du parchemin le séel de son maître, écrivit sur ladite queuë la protestation de sondit maître, que c'étoit par contrainte & outre son gré, & en fit un acte separé comme Notaire, & retint copie des lettres qui étoient en nombre de cinq. Et aprés l'expedition & délivrance desdites lettres, ledit Jean Comte de Nevers fut mis hors de prison. Peu de tems aprés mourut ledit Philippes Duc de Bourgogne, dit le bon Duc, qui fut le quinziéme Aoust l'an mil quatre cens soixante-sept, & luy succeda en toutes ses Seigneuries ledit Comte de Charolois, lequel continuant ses inimitiez envers ledit Jean Comte de Nevers, le fit rayer du nombre des Chevaliers de la Toison d'or, parce qu'il n'étoit comparu au Chapitre & convocation des freres dudit Ordre, comme si l'accez eût été bien libre & facile audit Jean Comte de Nevers, pour se mettrés és mains d'un ennemy si fâcheux, & irreconciliable. Et sur ce propos pourra être remarqué combien est inexcusable la témeraire impudence de Maître Jacques Meyer Prêtre Curé de Blancoberg, qui a écrit l'Histoire de Flandres en Latin, en laquelle il a fait vraye profession de declamateur médisant & non d'Historien; car en mil lieux mal à propos il médit des François & des Rois de France, même de ceux de la lignée d'Hugues Capet; combien que le plus beau & plus noble titre de grandeur que jamais ayent eu les Comtes de Flandres, ait été de l'alliance qu'ils ont eûë avec le sang Royal de France : & particulierement pour vouloir soûtenir la cruauté & inhumanité dont ledit Comte de Charolois usa envers ledit Jean de Bourgogne son cousin, il impose faussement audit Jean plusieurs crimes, dont la suite de sa vie a rendu bon témoignage qu'il en étoit innocent : Aussi étoit-il Prince du sang Royal de France, au cœur duquel n'eût pû entrer aucun pensement d'actes si vils & deshonnestes. Or ledit Meyer qui a pensé acquerir bruit de reputation par ses médisances pedantesques (car il avoit été de la profession) a rendu témoignage public par ce livre imprimé qu'il est tres-mal habile Historien. Ledit Jean de Bourgogne Comte de Nevers delivré de cette dure & inhumaine prison, obtint lettres du Roy pour être restitué en entier, contre ses quittances & délaissemens, & sur icelles fit appeller le Duc de Bourgogne Charles au Parlement de Paris, dont il étoit justiciable, comme Duc de Bourgogne, & comme Comte de Flandres, étant doublement Pair de France, & par consequent justiciable dudit Parlement; mais il se rendit contumax. Et afin de conserver par ledit Jean Comte de Nevers, son droit comme mieux il pouvoit (puis que ses forces n'étoient suffisantes pour resister à l'obstinée violence dudit Charles grand Seigneur, & qui osoit bien faire tête au Roy de France) iceluy Jean s'est dit & titulé Duc de Brabant, tant qu'il a vécu, & ses successeurs Comtes de Nevers, en leurs armes ont pris un quartier des armes de Brabant, & és grandes salles haute &, basse, au grand corps d'Hôtel du Château de Nevers, & principaux endroits de vûë sont entaillées les armes de Lothric, de Brabant, de Limbourg, & d'Anvers, avec les armes de Nevers & de Rethel.

LA verité est, que le vray droit & titre desdites Seigneuries de la Maison de Brabant appartenoit audit Jean de Bourgogne Comte de Nevers : Car quoy que ledit Antoine de Bourgogne auquel Brabant étoit destiné pour partage ne soit decedé sans enfans ; toutesfois puis que ces enfans sont decedez sans enfans, la substitution devoit avoir lieu pour les enfans de Philippes Comte de Nevers, autant bien qu'elle eût pû avoir lieu pour ledit Philippes s'il eût survécu Antoine son frere, & que sondit frere fût decedé sans enfans, parce que la disposition & volonté de ladite Jeanne de Brabant pour sa succession esdites Seigneuries, n'étoit pas derniere volonté, & sujette aux grabellages & alembics de cerveaux, dont les Docteurs ont accoûtumé d'emmieller les substitutions testamentaires ; mais tenoit plûtôt de disposition entre-vifs : car ledit Philippes tiers fils, recevoit son partage fort petit & foible à l'égard des autres, qui avoient toutes belles, amples, & riches Seigneuries, la plûpart en souveraineté ; & pour supplément de son partage luy fut attribué cette esperance de succeder audit Antoine son frere. Et quand bien de la part de ladite Jeanne de Brabant, sa disposition eût été reputée de derniere volonté, parce que de son vivant elle ne se dépoüilloit de la proprieté, il faudroit juger que ce fût un fideicommis, qui selon les regles de droit, ne se juge pas par les paroles, mais par la volonté présumée de celuy qui dispose. Car lad. Jeanne de Brabant declara sa volonté à Philippes le Hardy pere desdits trois enfans, en presence du Roy Charles VI. que sa volonté étoit, que ses Duchez & Seigneuries eussent leur Seigneur, & leur grandeur à part, sans être meslées parmy la grandeur des Maisons de Bourgogne & de Flandres & pour ce faire qu'elles appartinsent audit Antoine second fils, & luy défaillant audit Philippes tiers fils ; qui étoit à bien prendre, en interdire la succession à l'aîné, & à sa posterité. Et quoy que de la part de ladite Jeanne ce fut une disposition de derniere volonté, si est-ce qu'à l'égard desdits trois enfans, qui selon la volonté d'elle firent leur partage, & se soûmirent à ladite condition, c'étoit une forme de contrat obligatoire, qui étoit de bonne foy pour y entendre & comprendre ce qui expressement n'a été dit, & qui est vray-semblable, que les contractans & disposans eussent dit s'ils en eussent été interrogez. Selon les mêmes loix les esperances & conditions ayant trait à l'avenir sous un évenement incertain, sont transmissibles aux heritiers, & ne défaillent pas par la mort de celuy à l'égard duquel elles sont faites, quand elles sont apposées en un contrat, ou qu'elles dépendent d'un negoce obligatoire. Les loix disent, que quoy que la condition de l'institutiō d'heritier ou autre disposition pour cause de mort, ne soit avenuë és propres termes declarez ; que si elle est avenuë en autre cas, qui soit de semblable effet, qu'il en faut juger de même, & pareillement en l'un des cas comme en l'autre. Pourquoy les enfans dudit Philippes de Bourgogne étoient bien recevables à prétendre l'effet de la substitution à leur profit, puis que la ligne d'Antoine Duc de Brabant étoit faillie. Et quand la paction ou substitution n'eût eu lieu, lesdits Charles & Jean de Bourgogne cousins germains des enfans dudit Antoine, étoient aussi capables de leur succeder comme ledit Philippes Duc de Bourgogne, qui aussi étoit cousin germain, fils de l'autre frere : car en succession collaterale, n'a aucune consideration de droit d'aînesse. Quand le dernier des enfans d'Antoine deceda, qui fut en l'an mil quatre cens trente, selon le dire dudit Meyer, Jean Duc de Bourgogne oncle étoit decedé, (il fut tué à Montereau faut Yonne en l'an 1419.) Et sur ce qu'on voudroit dire, que les Duchez & autres fiefs de dignité ne sont sujets à division, la réponse seroit, qu'en ladite succession étoient quatre belles pieces distinctes ; à sçavoir trois Duchez, & le Marquisat du saint Empire, comprenant la Seigneurie d'Anvers : & ce qui ne se peut partir est sujet à recompense par estimation. Et sera consideré que ces Duchez ne sont sujets aux loix des fiefs d'Empire, car les femmes y succedent : pourquoy il n'y faut appliquer les loix faites par les Empereurs au fait des feudes. Pourront être remarquées deux considerations, selon lesquelles lesdits Philippes & Charles Duc de Bourgogne pere & fils, ne peuvent s'excuser de mauvaise foy : car ledit Philippes, dit le bon Duc, pour avoir en sa puissance ceux qui luy étoient adversaires en cette prétention, épousa leur mere qui les avoit en tutelle, & luy-même prit la tutelle ; leur mere, dis-je, qui étoit veuve de son oncle, & quoy que la dispense y fût, le scrupule en conscience ne laissoit pas d'y être ; l'autre consideration est, que ledit Charles Comte de Charolois & Duc de Bourgogne, sentoit bien que le droit de son pere ne valoit rien, puis qu'avec cette mauvaise façon de dure & cruelle prison, il fit quitter audit Jean de Bourgogne son cousin le droit qu'il prétendoit esdits Duchez & Seigneuries. Les loix disent, que celuy qui par violence occupe la chose qu'il prétend luy être dûë, doit décheoir du droit qu'il y prétend. Cette violence & le mauvais conseil donné pour faire icelle, eurent leur salaire merité : car ledit Duc de Bourgogne aprés avoir perdu trois batailles en moins d'un an, fut tué en la derniere ; & en la même année Maître Guillaume Huguonet son Chancellier, qui étoit chef du conseil dudit Duc, fut aprés la mort de son Maître decapité à Gand le Jeudy de la semaine Sainte, le 3. Avril de l'an 1476. selon l'ancienne computation. Ledit Jean de Bourgogne Comte de Nevers épousa en secondes nopces Madame Paule de Bretagne, dite de Brosses, de la Maison de Penthievre ; & de ce mariage est issuë Madame Charlotte de Bourgogne, qui fut mariée à Monsieur Jean d'Albret Sire d'Orval frere, de ladite fuë Marie d'Albret, jadis femme dudit Charles de Bourgogne, Comte de Nevers. Ledit Jean d'Albret deceda à Blois le 10. May de l'an 1524. En tierces nopces led. Jean de Bourgogne épousa Madame Françoise d'Albret, sœur desd. Jean & Marie d'Albret, dont il n'eût aucuns enfans; lad. Françoise Doüairiere de Nevers deceda à Donzy le 20. Mars de l'an 1523. âgée de soixante-six ans, ayant été veuve trente-deux ans & demy.

LEdit Jean de Bourgogne Comte de Nevers s'est trouvé le dernier mâle du nom de Bourgogne, issû de Philippes le Hardy fils de Roy, chef de ladite derniere lignée des Ducs de Bourgogne, & si tant étoit que Bourgogne fût appanage de la Couronne sujet à reversion à faute d'hoir mâle, non transmissible aux femelles, ledit Duché par le decez de Charles Duc de Bourgogne tué devant Nancy, sans enfans mâles, appartenoit audit Jean de Bourgogne, parce qu'en ligne directe mâle de mâle, il étoit descendu de Philippes le Hardy fils de Roy, qui premier en avoit été investy. Et n'en falloit juger és mêmes termes du Comté de Poictou & Duché d'Auvergne, Domaine de la Couronne, qui furent adjugez au Roy Philippes fils du Roy S. Louïs, aprés le decez d'Alfonse frere dudit Roy S. Louïs, decedé sans enfans devant Thunes en Barbarie, & en fut exclus Charles Duc d'Anjou son frere; par lequel jugement se reconnoît, que les appanages des enfans de France ne vont en succession collateralle; ledit jugement par Arrest est en date du 4. Fevrier de l'an 1283. mais retournent à la Couronne quand le fils de France ou ses hoirs mâles decedent sans hoirs mâles. Le fait du Duché de Bourgogne, quoy que ce fût appanage, étoit autre, car ledit Jean de Bourgogne Comte de Nevers étoit fils de Philippes de Bourgogne tiers fils de Philippes le Hardy, & en sa personne la lignée masculine directe duroit, pourquoy il n'y avoit lieu de reversion. Les appanages des enfans de France viennent aux descendans mâles, plûtôt par convention que par heredité; qui fait que si l'aîné commet felonie, ou decede sans mâle, l'appanage vient au puisné ou à ses mâles. Soit vû du Moulin *sur les Coûtumes de Paris article 30. quæst. 36. num.* 134. Toutesfois ledit Jean ne prit jamais titre de Duc de Bourgogne, aussi il avoit affaire contre le Roy Louïs XI. & ledit Roy avoit retiré à son service, & avancé en états deux des principaux serviteurs & Conseillers dudit Jean de Bourgogne, & disoit ledit Roy en gaussant, qu'il avoit ses armes & ses bouteilles, & ledit Jean étoit déja vieil. Vray est que par les raisons cy-dessus déduites, aucuns ont estimé que le Duché de Bourgogne ne fût appanage de la couronne de France sujet à reversion à faute d'hoir mâle, & partant que les femelles y ont pû succeder. Et si on veut dire que ladite Marie de Bourgogne fille dudit Charles Duc de Bourgogne y auroit donc succedé, & l'auroit transmis à ses heritiers, qui sont le Roy d'Espagne, & ceux de la Maison d'Austriche: La réponse est, que Philippes Duc de Bourgogne, dit le bon Duc, & Charles son fils & successeur, tous deux ayans porté les armes contre le Roy leur Souverain & Seigneur lige; même ledit Charles ayant attenté à la personne dudit Roy Louïs XI. à Peronne en le retenant comme prisonnier, auroient commis leur fief au préjudice de leurs descendans, & auroit été ledit Duché transmis audit Jean de Bourgogne Comte de Nevers descendu en droite ligne de Philippes le Hardy, auquel la concession en avoit été faite pour luy & ses heritiers descendans de son propre corps: qui emporte substitution de la ligne du puisné, en cas que la ligne de l'aîné demeureroit en défaillance de fait ou de droit: & partant ledit Jean Comte de Nevers auroit succedé audit Duché, & iceluy transmis à ses filles, & à leurs enfans & posterité, dont est Madame Duchesse de Nivernois. De vray led. Roy Louïs XI. étoit terrible, au commencement de son regne il éloigna de luy les Princes de son sang, & autres grãds Seigneurs & Capitaines de son Royaume, qui avoient aidé à son pere à chasser les Anglois hors de France, & voulut se servir de personnes de moyen & bas état, avec lesquels il faisoit ses discours pour l'execution de ses entreprises, ce qui luy causa la guerre civile, qui fut appellée du bien public, qui l'approcha bien fort d'une grande cheute. Ayant été la bataille donnée à Montlhery, sept lieuës prés de Paris, de laquelle bataille on dispute encores qui fut le vainqueur. Il apointa avec ses Princes selõ leurs volontez, & par le menus les ruina, dompta ou abaissa, & neanmoins retourna & persista à son ancien dessein; qui fut cause qu'un de ses successeurs, le Roy François I. disoit, que ledit Roy Louïs XI. avoit mis les Rois de France hors de page; parce qu'il avoit abaissé l'authorité des Princes, & aboly le pouvoir des Etats, esquels les nouveaux subsides devoient être accordez, & n'avoit le Roy droit de les imposer autrement. Le même Roy François ayant été blessé à la tête avec peril par une occasion de joye & d'amours, donna commencement aux François d'ôter les longues chevelures qu'ils souloient porter, retenans l'usance des anciens & premiers François, ausquels la chevelure sans tonsure étoit marque de liberté, & être tondu étoit marque de diminution de chef & d'état approchant de servitude; encores au tems de ma jeunesse se disoit par reproche & blâme d'être tondu. De vray depuis le tems dudit Roy François, la liberté de nous François est tombée peu à peu à decadance, & de present en ce miserable tems on nous represente comme esclaves. Le commun Proverbe qui se disoit dudit Roy Louïs XI. dure encores, *qu'il étoit bon Roy & mauvais homme*; Les Autheurs du Proverbe ont entendu bon Roy, être celuy qui a tous ses commandemens, quels qu'ils soient, se fait obeïr. Mais un Roy qui doit penser qu'il est homme & peut faillir, & que ses fautes sont plus dangereusement perilleuses, parce que ses actions sont de plus haut stile, doit desirer d'être assisté & conseillé de personnages de haut sens & cœur heroïque, qui soient tels de naissance, comme sont les Princes du sang Royal, & autres naiz en Maisons anciennes, qui par leurs merites ont été honorées de l'alliance des Rois. Et au contraite doit grandement craindre d'approcher de sa personne pour ses grandes affaires personnages venus de bas lieu, parce qu'ordinairement ils n'ont pas, ny le cœur, ny le sens, pour sçavoir porter en eux & gouverner une grandeur, de tant, qu'où l'avarice & l'ambition les gagne. Tous deux vices qui vont en croissant, jusques à faire crever leurs Maîtres. Ces vices font qu'il deviennent infideles envers le Roy, afin d'avoir moyen de se maintenir aprés que le Roy sera défailly : font que pour parvenir aux bonnes graces du Roy ils se rendent flateurs, & s'abandonnent à autres indignitez des plaisirs secrets & domestiques : Devenus grands, sont intolerables, & osent se comparer à ceux qui sont naiz grands, & tel est l'ancien Proverbe, qu'il n'y a rien de plus fâcheux & aspre, qu'un petit compagnon devenu grand. Et en se figurant que tout le bonheur dépend d'une personne, ils en deviennent idolatres, & prennent en leur entendement des considerations distinctes & separées du Roy & de son peuple, quoy *que le Roy & ses sujets soient un seul corps dont le Roy est le chef.* Cette miserable division a accoûtumé de perdre le chef & les membres. Le peuple est méprisé & non aimé de son Roy; le peuple méprisé & foulé ne peut aimer celuy qui le méprise & foule. Dieu par dessus tout vient à juger, & souvent aviennent grand, horribles, & irremediables inconveniens, esquels le chef ne peut pâtir que les membres ne s'en sentent. Il se lit és Histoires du tems de nos peres & ayeuls, afin de ne toucher à ce qui est plus recent que le Pape Jules II. étoit venu de fort petit & bas lieu, son pere Genevois, sa mere Grecque : il se jetta à l'Etat Ecclesiastique, sçachant bien qu'és dominations temporelles il ne pouvoit demeurer que petit. Il devint Cardinal, & depuis Pape, & par magnificence voulut être nommé Jules, parce que son cœur étoit guerrier; en laquelle dignité Papale il se porta si étrangement hautain, que pour se maintenir & accroître en ses opinions de grandeur & magnanimité, il embrouilla de guerre l'Italie, la France, la Germanie, l'Espagne & l'Angleterre. Ces guerres vinrent fondre en Italie, qui presque la ruinerent, & il osa bien dire, que ce qu'il faisoit étoit pour la manutention de l'Eglise, il entendoit que c'étoit pour faire vivre les Prelats de l'Eglise en grandeur des biens de ce monde, sans se soucier de les reformer pour les faire plus gens de bien. Avec toutes ses prétenduës magnanimitez & haut courage, il mêla plusieurs actes procedans de cœur bas & vil entre-autres, quand aprés s'être aidé du Roy Louïs XII. qui en personne avec le sang de sa Noblesse, & à ses frais luy avoit reconquis tout ce que les Venitiens avoient usurpé sur l'Eglise Romaine en la Romaigne, il luy donna comme ingrat de la pale par le cul, luy suscita ennemis les Allemans & Espagnols, & les Venitiens mêmes, avec lesquels ledit Jules se r'allia, & aprés la bataille de Ravennes livrée le jour de Pâques : chassa les François hors de l'Italie. Un autre fut presque en même-tems venu de fort bas lieu & abjet, qui fut pris en amitié par le Roy d'Angleterre Henry VIII. qui le fit Archevêque d'York, Primat d'Angleterre, & Cardinal de Rome, sans lequel le Roy ne délivroit & ne faisoit rien. Ce Cardinal devint si insolent & superbe, qu'étant indigné de ce que l'Empereur Charles V. ne luy écrivoit plus de sa propre main, comme il souloit auparavant, l'appellant son pere, (ce qui dura pour autant de tems que ledit Empereur eût à faire de luy) osa entreprendre de conseiller à son Maître ledit Roy Henry, de repudier sa femme Catherine d'Espagne, tante dudit Empereur, à laquelle persuasion aida que ledit Roy étoit lors amoureux d'Anne de Boulen : de fait ledit Roy durant la vie de ladite Catherine épousa lad. de Boulen, & autres femmes, & pour les maintenir legitimes & la lignée qui en viendroit, quitta l'obeïssance du Siege Apostolique Romain, dont est avenuë la perte du Royaume d'Angleterre au fait de la Religion. Autres infinis exemples sont és Histoires, tant anciennes que recentes, par lesquelles il appert de combien perilleuse consequence aux Rois & aux Royaumes est l'élevation d'un petit compagnon en fort haut dégré. Donques étant ledit Roy Louïs XI. ainsi assisté & conseillé, comme il a été dit, iceluy Jean de Bourgogne faisoit mieux d'obeïr & s'accommoder au tems, sans mettre en avant son droit au Duché de Bourgogne, que ledit Roy avoit apprehendé comme retourné à la Couronne. Audit Jean de Bourgogne Comte de Nevers Duc de Brabant, échut par succession le Comté d'Eu en Normandie, lors du decez de Charles d'Artois son oncle frere de sa mere, decedé sans enfans. Ledit Charles deceda au mois de Juillet en l'an 1471. Ledit Jean de Bourgogne eut deux bastards, l'un nommé Jean, qui fut Doyen en l'Eglise de Nevers, l'autre nommé Philippes, qui suivit les armes & épousa Marie de Roye, dont il eut une fille mariée en la Maison de Piennes : ladite de Roye mourut peu aprés en son enfantement, en l'an 1480. & fut enterrée au Monastere de l'Ordre saint François à Maizieres en Rhetelois, prés la porte de Bertecourt, & depuis fut transferée au Convent de l'Observance dudit Ordre de S. François, dit de Bethleem, & est son corps sous une tombe de marbre noir, élevée en la Chapelle de S. Philippes. Ledit Philippes aprés la mort de sa femme prit l'habit, & fit profession de la religion audit Ordre de saint François, famille de l'Observance au Convent de Mets. Ainsi avoient promis l'un à l'autre, & fait vœu lesdits Philippes de Bourgogne & Marie de Roye, que le survivant d'eux prendroit l'habit de Religion. Aprés l'habit reçû, il obtint dudit Iean de Bourgogne son pere, le lieu nommé Estone ou Bethleem, en la Parroisse d'Arches, terre souveraine lez Maizieres, pour y bâtir un Convent dudit Ordre de saint François de l'Observance : la lettre de la concession est dattée à Nevers du 31. Decembre de l'an 1489. Ledit Philippes aprés son vœu alla à Rome, reçût les saints Ordres du Pape Innocent VIII. & de luy obtint congé d'édifier ledit Convent : la Bulle est du 29. May audit an ; & au même Convent par ordonnance de ses Superieurs fit la charge de Gardien par 35. ans, rendit son ame à Dieu en l'an 1522. & est enterré en lad. Chapelle de saint Philippes, sous une sepulture de carreaux de terre cuitte, marquez de ses armes. Les titres dudit Jean de Bourgogne Comte de Nevers étoient, Duc de Brabant, de Lothier, & de Limbourg, Marquis du saint Empire, Seigneur d'Anvers, Comte de Nevers de Rethel & Eu, Baron de Donzy & Rozoy, Seigneur de S. Vvalery, Terres d'Isles, Chaource, Villemor, & autres en Champagne ; Seigneur souverain de Chasteaurenaud, & Terre d'outre Meuse, Pair de France, il deceda le vingt-cinq Septembre de l'an mil quatre cens nonante & un, âgé de 76. ans.

APrés le decez dudit Jean de Bourgogne, fut débat de sa succession entre Engelbert de Cleves son petit fils, second fils du Duc de Cleves, & ayant le droit de ladite Elizabeth de Bourgogne, fille aînée dudit Jean de Bourgogne, qui avoit été mariée à Iean Duc de Cleves d'une part, & Charlotte de Bourgogne seconde fille mariée au Sire d'Orval, car Engelbert fils de l'aîné prétendoit la principale piece de la Maison, qui est Nevers, ladite Charlotte la prétendoit par donation que son pere luy avoit faite, & outre alleguoit que ledit Engelbert son nepveu étoit étranger, nay hors du Royaume, & non habile de succeder en heritage dans le Royaume. Ledit Engelbêr disoit contre la donation qu'elle avoit été faite par les induction de Madame Françoise d'Albret tierce femme dudit Iean de Bourgogne, qui étant jeune & fraiche avoit épousé ledit Iean grandement âgé & caduc, & qui pour complaire à sa femme, honneste., sage & pudique, faisoit tout ce qu'elle vouloit : qu'il n'étoit étranger, car de plusieurs endroits il étoit parent de la Maison de France, & en degré proche, même étoit cousin germain du Roy Louïs XII. pourquoy ne devoit être reputé étranger. Le débat vint jusques aux armes, chacun se voulant maintenir en joüissance, & se demena aussi par procez. Il y eût un sequestre ordonné par la Cour de Parlement sous la main du Roy. Enfin ledit Roy Louïs XII. évoqua la cause à sa personne, & la fit instruire par deux Maîtres des Requestes de son Hôtel, avec l'Evêque de Paris Estienne Poncher, & l'Evêque d'Angoulême de Banza, & leur rapport oüi, il pacifia l'affaire, & furent accordez les mariages de Charles fils aîné dudit Engelbert de Cleves avec Marie d'Albret, la jeune fille dudit Iean Sire d'Orval, & de ladite Charlotte de Bourgogne ; & de Louïs de Cleves second fils dudit Engelbert, avec Heleine d'Albret seconde fille dudit Sire d'Orval, moyennant lesquels mariages fut dit que les Comtez de Nevers & de Rethel avec la Baronie de Donzy demeureroient ausdits mariez, qui étoient les Terres données à ladite Charlotte de Bourgogne par son pere, & aprés le decez desdits deux fils & deux filles, elles viendroient à leurs enfans, sans que cependant lesdits mariez peussent en faire alienation, hormis d'une cinquiéme partie. Le jugement du Roy est du quatriéme Octobre de l'an 1504. homologué & verifié en Parlement du consentement desdits Engelbert de Cleves & Iean Sire d'Orval presens, le 17. Ianvier ensuivant. L'un desd. mariages fut accomply entre lesdits Charles de Cleves & Marie d'Albret. L'autre de Louïs de Cleves & Heleine d'Albret ne fut accomply pour cause du decez d'elle, partant tout le droit desdites Terres demeura au mariage desdits Charles de Cleves & Marie d'Albret. Il a été dit cy-dessus, que le Roy Louïs XII. étoit cousin germain d'Engelbert de Cleves. La genealogie est telle, Charles Duc d'Orleans fils de Louïs, ledit Louïs fils du Roy Charles V. fut prisonnier des Anglois à la journée d'Azincourt, l'an 1415. Philippes Duc de Bourgogne aprés le traité d'Arras, pour demontrer son entiere reconciliation avec la Maison d'Orleans, tira de ladite prison ledit Charles, & presta les deniers de la rançon en l'an 1440. ce fut 25. ans de prison, & fut le mariage d'iceluy Charles avec Marie de Cleves sa cousine sœur de Iean Duc de Cleves, dudit mariage nâquit Louïs Duc d'Orleans, qui depuis fut Louïs XII. Roy. Et dudit Iean Duc de Cleves étoit issû ledit Engelbert. Depuis survint autre débat entre madite Dame Marie d'Albret lors veuve dudit Monsieur Charles de Cleves, pour elle & Monsieur François Comte d'Eu son fils unique d'une part, & Monsieur Odet de Foix Seigneur de Lautrec, au nom de Madame Charlotte d'Albret sa femme, sœur de madite Dame Marie d'Albret d'autre part. Et sur leurs differends par l'avis de leurs amis & conseil commun, ils firent partage au lieu de Roanne le premier Iuillet de l'an 1525. Par lequel partage, le Comté de Nevers compris Chastelcensoy & Champalemand, le Comté de Dreux, les Seigneuries de la Chapelle d'Angillon, Argent, Boybolle, les Airs, d'Angillon, quinze cens livres de rente sur les Terres de Champagne, & la rente sur les Vicomté de Roüen, avinrent à madite Dame Marie d'Albret pour elle & son fils, & à la part de mondit Sieur de Lautrec, & de Monsieur Gaston de Foix son fils, & de ladite Charlotte d'Albret, avinrent le Comté de Rethel, Baronie de Rozoy, terres hors du Royaume, la Baronie de Donzy avec saint Varam, & Chastel-neuf au Val de Bargis, les Terres d'Orval, Montrond, Chasteau-Meillan, Bruyeres, Espigneul, l'Esparre, les Terres de Champagne, & Beauche prés Auxerre. Ledit Engelbert de Cleves étoit second fils de Iean Duc de Cleves & Elizabeth de Bourgogne, & pour son partage en lad. Maison de Cleves luy avoient été délaissez les droits de ladite Elizabeth de Bourgogne par deça en France. Le frere aîné dudit Engelbert étoit Iean II. Duc de Cleves, & son frere puisné Philippes de Cleves Evêque de Nevers, & d'Amiens. Icelui Engelbert épousa Madame Charlotte de Bourbon, fille de Iean de Bourbon Comte de Vendôme, & d'Anne de Beau-jeu fille du Seigneur de Pressigny. Du mariage desdits Engelbert & Charlotte de Bourbon nâquirent ledit Charles de Cleves Comte de Nevers aîné; Loüis de Cleves qui prenoit titre de Comte d'Auxerre, mary de Catherine d'Amboise Dame de Lynieres, dont il n'eût enfans. Et le tiers fils François de Cleves Abbé du Tresport sur la Mer en Normandie, qui ne fut marié. Ledit Engelbert étoit preux & vaillant au fait des armes. A la journée de Fornouë, que les Italiens appellent le fait d'armes du Tar, en laquelle tous les Potentats d'Italie s'opposerent en armes au Roy Charles VIII. à son retour du Royaume de Naples, ledit Engelbert de Cleves étoit Capitaine general des Suisses pour le Roy, & avec eux combatit à pied, & fut la bataille gagnée par les François.

DOncques lesdits Charles de Cleves, & Marie d'Albret se trouverent Seigneurs paisibles du Comté de Nevers. Ladite Marie d'Albret nâquit au Chasteau de Cusy sur Loire, le vingt-cinquiéme Mars jour de l'Annonciation de Nôtre-Dame, l'an 1491. selon l'ancienne computation, qui seroit selon la moderne l'an 1492. & fut sa naissance entre dix & onze heures du soir, elle fut baptisée par Messire Pierre de Fontenay Evêque de Nevers le premier jour d'Avril suivant, & luy fut donné le nom de Marie pour l'honneur du jour de sa naissance. Son parrain fut Messire Gabriel d'Albret Seigneur de l'Esparre, ses marraines Madame Françoise d'Albret Doüairiere de Nevers, & Madame Charlotte d'Albret. Mademoiselle Heleine sœur de ladite Marie, qui fut fiancée à Monsieur Loüis de Cleves, nâquit à Montrond lez Orval, le 16. Iuillet l'an 1495. le Ieudy à sept heures du soir, son parrain fut Alain Sire d'Albret Comte de Dreux, Perigort & Penthievre, Captal de Buch. Desdits Charles de Cleves, & Marie d'Albret nâquit Monseigneur François de Cleves, leur fils unique, qui nâquit le 2. Septembre jour de Mardy, entre quatre & cinq heures du soir, *ascendente gradu 19. Aquarii.* l'an 1516. Ledit Charles de Cleves mourut à Paris le 17. Aoust de l'an 1521. Desdits Monsieur Odet de Foix Seigneur de Lautrec, & Charlotte d'Albret issirent Gaston de Foix qui nâquit à Montrond le 5. Fevrier à cinq heures du matin, l'an 1521. Lors de sa naissance étoit en ascendant le 15. degré de Capricorne, selon le Meridien de Montrond, qui est au degré 47. de latitude, au commencement du 7. climat, la Lune étoit au dernier degré de Capricorne. Iean Antoine de Castillon, Physicien Milanois, lors étant au service dudit sieur de Lautrec, en état de Medecin dressa cette horoscope, & prédit qu'il devoit être en grand peril au huitiéme an de son âge : ainsi que j'ay lû en un livre au Chasteau de Montrond. Aussi desdits Seigneur de Lautrec & Charlotte d'Albret nâquit Claude de Foix, qui premierement fut femme de Guy Comte de Laval, lequel mourut sans enfans, & depuis fut femme de Claude de Luxembourg, Seigneur de Martigues, duquel mariage vint un enfant, ainsi qu'on dit, qui mourut tôt aprés sa naissance, & y eut doute s'il nâquit vif, & s'il mourut avant ou aprés la mere, car la mere mourut en couche. Par le decez de ladite Dame Claude de Foix, le Comté de Rethelois, Baronie de Donzy, & autres Terres cy-dessus declarées, avenuës à Madame Charlotte d'Albret par ledit partage, écheurent par heredité à Madite Dame Marie d'Albret, tante de ladite Claude. Madite Dame Marie d'Albret deceda à Paris au mois d'Octobre de l'an 1549. âgée de cinquante-sept ans, ayant été veuve vingt-huit ans, laquelle durant tout sa vie a été un miroir tres-clair de vertu & d'honneur, excellente en sagesse & bonté, aimant ses sujets, se rendant familiere avec eux pour connoître leurs necessitez, & leur faire secours en icelles, grandement soigneuse de justice, ayant conjoint avec sa bonté, la gravité, appartenante à Princesse issuë de si noble & haute lignée.

A Madite Dame Marie d'Albret a succedé Monseigneur François de Cleves son fils, & seul heritier de feu Monseigneur Charles de Cleves, & de ladite d'Albret, lequel François dés le vivant de sa mere épousa Madame Marguerite de Bourbon fille de Charles de Bourbon premier Duc de Vendômois, & de Madame Françoise d'Alençon. En ce tems Nevers qui étoit Comté & Pairie, fut érigé en Duché & Pairie hereditaire; ce fut en l'an 1538. Pairs sont dits du mot Latin *Pares*, non pas de *Patricius*, comme aucuns pensent. Et sont dits Pairs de France, comme pareils, non pas pour respect du Roy, qui est chef de cette Compagnie des Pairs & leur Seigneur, qui se disoit d'ancienneté en matiere de fiefs *Senior*, dont est venu le mot de Seigneur François : mais sont dits Pairs, pareils à respect d'eux entre-eux. Ce qui se represente és autres fiefs moindres, esquels se dit que le Seigneur ou Senieur doit administrer justice, étant assisté des Pairs de sa Cour, que l'ancien Latin dit *Pares curiæ*, qui sont les vassaux relevans immediatement de luy, & les plus dignes aprés luy. Aussi les six anciennes Pairies layes, sont des Provinces les plus belles & amples de ce Royaume, & qui bornent le Royaume, comme Bourgogne limite le Royaume du côté de la Saosne, qui est ancienne borne du Royaume : Normandie devers la Mer Occeane : Guyenne devers la Mer Occeane, & les Monts-Pyrenées separans les Gaules des Espagnes : Champagne devers la Meuse, autre limite ancien : Tholose & Languedoc devers le Rhosne, & la Mer de Levant : & Flandres devers la Mer Occeane, & la Riviere de Schelde autre limite ancien du Royaume. Le droit du Comte de Flandres, comme Pair, au sacre du Roy, est de porter l'épée devant le Roy; ainsi fit Philippes Comte de Flandres au Couronnement du Roy Philippes Auguste l'an 1180. Mondit

Seigneur François de Cleves fut institué par le Roy Gouverneur és païs de Champagne, Brie & Luxembourg, aprés le decez de Monseigneur Charles second fils du Roy François I. qui auparavant en étoit Gouverneur, & durant les guerres, qui furent presque continuelles de la part de l'Empereur Charles V. & Philippes Roy d'Espagne son fils, contre le Roy Henry II. furent exploitez à plusieurs fois faits d'armes, hauts & valeureux audit païs de Champagne & Luxembourg, & és frontieres des Ardennes, mémement en avitaillant Mariembourg, en recherchant les forts de Carlemont prés Givais, & autres des Ardennes és années 1555. & 1556. Mondit Seigneur se trouva à la bataille devant saint Quentin le 10. Aoust de l'an 1557. où aprés avoir fait le devoir tel qu'il étoit commandé & permis par le Connestable de Montmorancy qui commandoit en l'armée du Roy, & la bataille perduë par les François, mondit Seigneur s'étant retiré à la Fere, recüeillit & asseura ce qui restoit des gens de guerre François, & donna ordre pour fournir & asseurer le Villes prochaines, en attendant plus exprés commandement du Roy, & depuis en la ville de Laon il recüeillit & ramassa tout ce qui resta en point des forces du Roy, & en fit une revûë, & à ses dépens, comme il étoit Prince tres-liberal & charitable, fit penser les blessez, & secourut les pauvres soldats dévalisez, & en peu de jours rétablit une armée, ayant contenance & force pour empêcher les desseins que les ennemis victorieux eussent voulu entreprendre; & combien que la ville de saint Quentin fût étroitement assiegée, neanmoins mondit Seigneur de Nevers y envoya trois cens arquebusiers, mais par la faute de ceux qui les conduisoient il n'y en entra que six-vingts : & aprés la prise de saint Quentin mondit Seigneur envoya secours d'hommes en toutes les Villes prochaines que l'on doutoit devoir être assaillies. En l'année suivante 1558. la ville de Thionville tres-forte d'assiette au Duché de Luxembourg fut prise par les François, mondit Seigneur ayant le commandemen en l'armée du Roy. Du mariage de mondit Seigneur François I. Duc de Nivernois & de madite Dame Marguerite de Bourbon, sont issus Monseigneur François leur fils aîné, qui nâquit le dernier Mars de l'an mil cinq cens trente-neuf, selon l'ancienne computation. Monseigneur Jacques qui nâquit le premier Octobre de l'an 1544. Mesdemoiselles Henriette qui nâquit à la Chapelle d'Angillon le 31. Octobre de l'an 1542. & Catherine & Marie de Cleves, & tous ont survécu pere & mere. Mondit Seigneur François pere deceda à Nevers le 13. Fevrier de l'an 1561. selon l'ancienne computation, qui seroit selon ce qui est de present 1562.

FRançois fils aîné second de ce nom Duc de Nivernois succeda à mondit Seigneur son pere és Duché de Nivernois, Comté d'Eu & de Rethelois. Et ledit Jacques succeda aux Terres de Champagne, qui avoient été unies & érigées en Marquisat sous le titre de Marquisat d'Isle, & outre eut les Terres d'Orval, & autres de Bourbonnois & Berry. Mondit Seigneur François second fut blessé à la bataille de Dreux le 19. Decembre de l'an 1562. dont il mourut peu de jours aprés, & ne laissa aucuns enfans procréez de luy. Ledit Jacques succeda à son frere esdits Duché & Comtez, & deceda à Montigny prés de Lyon le 6. du mois de Septembre de l'an mil cinq cens soixante-quatre, il avoit épousé Madame Diane de Mark fille du Seigneur de Sedan, & n'en eut aucuns enfans.

APrés le decez dudit Jacques, sesdites trois sœurs succederent à ses Terres & Seigneuries. A Madame Henriette comme fille aînée, & principale heritiere suivant la volonté du pere, écheurent les Duché de Nivernois, Comté de Rethelois, Baronies de Donzy & Rozoy, les Terres d'Orval en Bourbonnois. Chasteau-Meillan, la Chapelle d'Angillon, & autres Terres de Berry, l'Esparre, & païs de Medoc en Gascogne; les Terres de Picardie & de Flandres, & les Terres Souveraines d'outre Meuse. A Madame Catherine écheut le Comté d'Eu en Normandie, qui est Pairie. A Madame Marie écheurent le Marquisat d'Isle, Comté de Beaufort, & autres Terres de Champagne. Madite Dame Henriette a épousé Monseigneur Ludovic de Gonzague, Prince de Mantouë, fils de Frederic Duc de Mantouë, & de Marguerite Paleologue Marquise de Montferrat, le 4. Mars de l'an 1565. selon l'ancien compte, qui seroit de present 1566. Madite Dame Catherine épousa premierement Messire Antoine de Croüy, Prince de Portian, & n'en eut aucuns enfans. En secondes nopces a épousé Monsieur Henry de Lorraine Duc de Guise, dont elle a eu belle lignée. Madite Dame Marie a épousé Monseigneur Henry de Bourbon Prince de Condé, est decedé en l'an 1575. délaissant une seule fille son heritiere. Son corps est enterré en la Chapelle des Ducs en l'Eglise des Cordeliers à Nevers, en la voute, où les corps de leurs predecesseurs sont déposez en attendant la resurrection generale. Mondit Seigneur Ludovic de Gonzague, ayant été destiné par son pere au service de la Couronne de France, vint en France le 14. Aoust de l'an 1549. âgé de dix ans, car il étoit né le 18. Sep. de l'an 1539. & y recüeillit la succession de Madame Anne d'Alençon son ayeule, consistant és Terres de la Guierche en Anjou, Poüancay, Chasteau-Gontier, Senonches, & Brezolles. A l'âge de dix-huit ans fut prisonnier de guerre à la bataille de saint Quentin, dite de saint Laurens, le 10. Aoust de l'an 1557. & grandement sollicité par son oncle Dom Fernand de Gonzague, qui avoit une des principales charges en l'armée du Roy d'Espagne, de quitter le party de Frence, luy promettant de le faire tenir quitte de sa rançon, demeura ferme en son propos du service de cette Couronne, & paya soixante mil écus de rançon. Depuis à l'issuë des premiers troubles en l'an 1563. au siege du Havre de Grace en Normandie, avec grande hardiesse & industrie il gagna la contrescarpe du bastion de saint Adresse. Epousa madite Dame Henriette de Cleves aînée & principale heritiere de la Maison de Nevers, le 4. Mars avant Pâques 1565. qui seroit selon le compte de present 1566. Mesdits Seigneur & Dame Ludovic de Gonzague & Henriette de Cleves, firent leur joyeuse entrée à Nevers le 6. May de l'an 1566. qui fut tres-magnifique, tant par l'assistance de plusieurs grands Seigneurs voisins & vassaux de ce Duché, que par fait d'armes en joye, festins, bals, & jeux; la belle grace du jour qui fut fort serain, donna presage & le succez en est avenu tel, que leur domination seroit avec tout bon-heur, serenité & douceur à leurs sujets. Entre-autres figures qui furent representées par les ruës, selon mon avis, furent dressées d'une part la figure du Fleuve Mince, qui s'embouche dans le Pô au dessous de Mantouë, aprés avoir fait un Lac joignant icelle Cité. Et d'autre part la Riviere de Nyevre qui s'embouche en Loire joignant les murailles de Nevers, avec ces Vers de ma composition, comme le Mince parlant :

Piscibus & ripa celebris Benacus amœna
Est pater, atque potens Mantua alumna mihi,
Eridanus lato venientem suscipit alveo,
Et lætus sociis in mare currit aquis.

Nyevre parle,

Indigena & duplici surgens ab origine, nomen
Urbi quæ caput est, huic populoque dedi,
Nec tamen indignor peregrino immergier amni,
Ut Ligeri cedant nomen & unda meo.

Et au dessous des deux portraits.

Sic vos non una genitos regione, sub uno
Fœdere perpetuus consociavit amor.

Furent encores par mon avis representez aucuns Vers tirez de Virgile qui étoit Poëte Mantuan, du livre 7. de l'Eneïde.

Hunc illum fatis externa sede profectum
Portendi generum, paribusque in regna vocari
Auspiciis, hinc progeniem virtute futuram
Egregiam, & totum quæ laudibus impleat orbem,

Et encores en autre endroit ces Vers tirez du même Virgile, Eneïde 8.

.... Tu cujus & annis,
Et generi fatum indulget, quem numina poscunt,
Ingredere ô Francûm atque Italûm fortissime ductor.

Et encores en un autre lieu du même Poëte,

Forma insignis viridique inventa,
Gratior & pulchro veniens in corpore virtus.

Mondit Seigneur en l'an mil cinq cent soixantesept fut constitué par le Roy Charles IX. Gouverneur de Piedmont, & de Saluces. Et en la même année étant à Savillan de Saluces, il avertit le Roy de l'entreprise couverte qui se faisoit contre Sa Majesté, qui depuis fut en voye d'être executée à la fête de saint Michel, & peu s'en falut que le Roy ne fût pris entre Paris & Meaux. Ceux qui étoient auprés du Roy, qui peut-être secretement favorisoient le party des entrepreneurs, qui étoient ceux tenans les nouvelles opinions en la Religion, détournerent la creance de cét avertissement que mondit Seigneur avoit fait. Et mondit Seigneur voyant le Roy en perplexité à cause de cette soudaine & inopinée entreprise, fit amas d'une gaillarde armée, telle que pour le tems, le lieu & l'occasion se pouvoit dresser, & l'amena au secours du Roy fort à propos, & en passant prit & mit sous l'obeïssance du Roy, Vienne & Mascon, tenues par ses ennemis, lesquelles Villes tenoient celle de Lyon enserrée, comme pieges d'icelle, & aprés plusieurs exploits de guerre, comme il venoit en ce païs de Nivernois pour donner ordre à quelques affaires urgentes, accompagné de soixante chevaux, il fut chargé par la garnison qui étoit à Entrain ville sienne au Donziois, qui étoit tenuë par les ennemis; ceux qui l'assaillirent furent combattus & mis en fuite, mais il demeura blessé au genoüil d'un coup d'arquebuze, dont il porte encores les marques en sa personne, car il est demeuré boiteux : marques heureuses qui doivent luy servir de consolation continuelle à chacune fois qu'il marche, se souvenant qu'il a reçû cette playe en faisant service à Dieu pour la Religion & service à son Roy. Mesdits Seigneur & Dame en l'an 1571. établirent en cette leur ville de Nevers un College de Religieux vivans selon l'institution de la Societé du nom de Jesus, ausquels ils ont donné revenu suffisant pour leur entretenement à toûjours. Et s'employent lesd. bons Peres à enseigner la jeunesse en la Religion Chrétienne, en bonnes mœurs, & és lettres; à la consolation & confession des malades & affligez, predications & autres saintes œuvres spirituelles. Cét Ordre de la Societé de Jesus fut institué par Ignace Loyola Espagnol, approuvé par le Pape Paul III. l'an 1540. Cét Ordre s'est depuis multiplié en vingt Provinces, & autant il y en avoit en l'an 1589. Les noms sont Rome, Naples, Sicile, Venise, Milan, Portugal, Brasil, Tolede, Castille, Arragon, Grenade, Mexico, Pologne, Austriche, les haute Allemagnes, Provinces de Rhin, France, Aquitaine, Lyon, la Belgique. En toutes lesdites Provinces sont enuiron neuf vingt Maisons ou Convens, & audit an 1589. étoient audit Ordre

dre 6187. Pere & Freres. En France sont seize Maisons, Paris, Verdun, Pont à Mousson, Bourges, Nevers, Eu, Tolose, Bordeaux, Merriac, Rodez, Lyon, Tournon, Avignon, Chambery, Billon, Dole, & depuis Dijon. En l'an 1574. mesdits Seigneur & Dame, ont fondé à perpetuité cette belle & incomparable aumône pour le mariage de soixante pauvres filles, en toutes leurs Terres & Seigneuries par chacun an, à chacune desquelles pour sa dot la somme de cinquante francs est distribuée pour une fois. Et en l'an present 1589. madite Dame a institué & fondé de revenu, une compagnie de douze pauvres vieilles femmes en cette ville de Nevers, Telles fondations sont vrais actes de pieté, & qui par certaine & infaillible démonstration, font connoître la Religion vrayement Catholique de mesdits Seigneur & Dame, outre leur vie domestique bien reglée, amour de leurs sujets, qui reçoivent d'eux infinis bien-faits, & sont gardez d'oppression, & leur administrans Justice, qui sont les principales marques de la Religion Catholique, qui ne consiste pas seulement en l'exercice exterieur des Sacremens & ceremonies de l'Eglise, mais aussi inseparablement en ces vertus, qui consistent à bien faire. Avec cette sainte & vrayement religieuse vie, mondit Seigneur a toûjours fait service aux Rois, & à la Maison de France, sans entrer en aucun party contraire : Et a reçû fort peu de bien-faits & recompenses des Rois, qui a été cause qu'il a affoibly grandement les moyens & revenu de sa maison : mesurant son douaire à l'aulne d'honneur, non pas comme plusieurs autres Seigneurs, qui ayans enrichy leurs maisons à dix fois plus de revenu qu'il n'y en avoit, par les bien-faits des Rois, par leur ambition, desirans toûjours plus, ont fait guerre ouverte à leurs Rois. Mais mondit Seigneur combien qu'il eût tres-juste excuse, à cause de l'imbecillité de sa jambe, n'a délaissé de faire voyages & entreprises de guerre. Il se trouva au siege de la Rochelle en l'an 1573. & aprés plusieurs exploits valeureux, comme ladite Ville étoit preste de rendre les abbois, étant affamée, & sans esperance de secours, à la sollicitation d'aucuns ennemis couverts du public, le siege fut levé par capitulation. Au partir de là, il accompagna en Pologne Monseigneur frere du Roy Charles IX. élû Roy de Pologne, avec grande incommodité de sa personne & de ses moyens de finances, en l'an 1574. Et en l'an 1577. aprés la tenuë des Etats de Blois, il se trouva en l'armée que conduisoit Monseigneur d'Anjou frere du Roy Henry III. assista & aida à la prises des Villes de la Charité & Yssoire, tenuës par les Sectateurs des nouvelles opinions. En l'an 1587. étant arrivée une grande & formidable armée d'Allemans & Suisses, qui étoit de trente mil combattans, pour endommager le Royaume en faveur desdits Sectateurs de nouvelles opinions, qui essayoit de passer Loire pour se joindre avec leurs partisans, Mondit Seigneur de Nevers executa deux grands effets qui rompirent leurs desseins ; l'un qu'en une nuit il gasta le guay de Loire, auquel leur passage étoit destiné ; l'autre qu'il separa de ladite armée la troupe des Suisses, qui étoit de quinze à seize mil hommes : qui fut l'une des principales causes de rompre & deffaire ladite armée. L'année suivante 1588. en tems d'Hyver, selon le commandement du Roy, mondit Seigneur entreprit la guerre en Poictou, & avec l'employ de quarante-cinq mil écus provenus de son patrimoine, il prit les places imprenables de Mauleon, Montagu, & la Grenache.

De mesdits Seigneur & Dame sont issus Monseigneur Charles, né le 6. May de l'an 1580. à cinq heures du matin, & mes Damoiselles Catherine & Henriette de Gonzague, ladite Catherine née le 21. Janvier de l'an 1568. & Henriete le 23. Septembre de l'an 1571. Heureuse lignée, en laquelle Nôtre Seigneur bon pere & juste retributeur, a voulu representer ce qui a été & est, bonté, sagesse & vertu en leurs progenitures : Ainsi plaise à ce bon Dieu leur continuer & acroître tout bon-heur, prosperité & grandeur. De ce tems par Edit du Roy Charles IX. la façon de compter le commencement de l'année fut changée, en ordonnant que doresnavant on compteroit le commencement de l'année du premier jour de Janvier ; quoy qu'auparavant en France on commençât l'année au jour de Pâques, qui n'étoit pas pour compter de la Resurrection ou de la Passion : car si ainsi étoit il y auroit trente trois ans de distance ; mais le compte étoit du jour de l'Incarnation de Nôtre Seigneur, que l'on tient avoir été à la premiere pleine Lune aprés l'Equinoxe de Mars. Et à Rome où l'on compte de la Nativité de Nôtre Seigneur, on commence à compter du jour de la Nativité, & non du premier jour de Janvier. Ce compte à commencer du jour de Pâques étoit fort certain, parce que selon l'ancienne observation des Chrétiens, le jour de Pâques se gouverne selon la Lune de Mars, & est toûjours le Dimanche prochain aprés le quatorziéme jour de la Lune, qui precede le 21. Mars, auquel jour l'Eglise dés le Concile de Nicée a jugé être l'Equinoxe du Printemps. En l'an 1582. le Pape Gregoire XIII. ayant consideré, qu'au tems dudit Concile de Nicée, l'Equinoxe du Printemps avoit été jugé être le 21. Mars, & qu'en ladite année 1582. il se trouvoit être le 11. fit retrancher dix jours en ladite année, afin qu'en l'année suivante, & autres à l'avenir, le jour de Pâques se trouvât bien convenir audit Equinoxe, selon qu'il étoit lors dudit Concile. Cét erreur des dix jours étoit avenu par ce moyen. Depuis ledit Concile on a en quatre ans une fois ajoûté un jour entier en Fevrier, au jour qui est le sixiéme jour avant les Calendes de Mars, qu'on appelle Bisexte, parce que selon la computation ancienne des Romains on disoit le sixiéme jour avant les Calendes. Calendes sont toûjours le premier jour du mois. Le 24. jour de Fevrier est le 6. jour avant les Calendes de Mars. Et en ajoûtant & entrejettant un jour on disoit deux fois & deux jours de suite le 6. jour avant les Calendes de Mars, qui est en Latin *Bis sexto ante Calendas*. Cela s'appelloit intercalation, & étoit le quatriéme an au compte de la centaine d'années courante, quand le nombre se part en quatre égales portions, comme en l'an 1580. 1584. 1588. & 1592. en cette quatriéme année Fevrier est de vingt-neuf jours, qui communément n'en a que vingt-huit. Ce jour supernumeraire vient, de ce que le Soleil fait son cours d'un an en trois cens soixante-cinq jours & six heures ; ces six heures en quatre ans font un jour de vingt-quatre heures, qui est le jour supernumeraire. Mais parce que ces six heures ne sont pas entieres, ainsi que les Astrologues bien soigneux ont apperçu (car en comptant exactement, se trouve qu'il n'y a que cinq heures quarante-neuf minutes & seize secondes;) Ces onze minutes qui sont de moins, avoient été cause qu'en ce tems couru depuis ledit Concile de Nicée, il y avoit erreur au compte du jour de l'Equinoxe, que les Astrologues d'Italie ont jugé être de dix jours ; & à ce moyen par le retranchement de dix jours on a fait que l'Equinoxe du Printemps, qui se trouvoit au 11. jour de Mars est de present au 21. comme il étoit lors dudit Concile de Nicée ; quoy qu'au tems de Jules Cesar, qui premier fit cette grande reformation de l'an, selon le compte qu'il est de present, par le ministere de Sosigenes docte Mathematicien, l'Equinoxe du Printemps fut le vingt-cinq Mars ; & depuis Jules Cesar jusqu'au Concile de Nicée n'y avoit pas de tems qu'il convint faire faire diminution de quatre jours, car il n'y avoit qu'environ trois cens soixante ans ; mais ça été faits avec pieté de se rapporter au compte qui fut fait lors dudit Concile, qui a été Oecumenique & universel, & de pareille authorité que les saintes Ecritures. Ledit Pape Gregoire, pour empêcher qu'à l'avenir ce même erreur ne continuât, a ordonné que de deux cens en deux cens ans seroit diminué un jour, & seroit continuée l'intercalation du Bisexte comme de coutume. Vray est qu'aucuns autres Astrologues, entre lesquels est Jean de Sacrobosco François, ont compté de cette façon, que par chacun an il y avoit une douziéme d'heure de moins, dont en douze ans vient une heure qui en 288. ans font un jour ; ledit Sacrobosco avoit apperçu l'erreur deux cens ans avant la reformation dudit Pape Gregoire XIII. Auparavant cette reformation, aucuns comptoient en cette façon pour trouver Pâques, aprés les Nones de Mars, qui sont le septiéme jour, faut marquer la premiere nouvelle Lune, puis on compte quatorze jour, & le Dimanche prochain aprés le quatorziéme jour de la Lune, est le jour de Pâques, & s'il avenoit que le quatorziéme jours de la Lune, qui est la pleine Lune fut le Dimanche, on ne feroit pas les Pâques à ce jour, afin de ne convenir avec les Juifs, qui toujours font leur Pâques le quatorziéme jour de la Lune, à quelque jour de la semaine qu'il échée. Auparavant ladite reformation Gregorienne, le nombre d'or qui étoit és Calendriers vulgaires servoit à trouver la nouvelle Lune en chacun mois, & par consequent à trouver Pâques. Ledit nombre d'or depuis le Concile de Trente, même depuis l'an 1568. avoit été transporté par l'authorité dudit Concile, & mis sur le même jour auquel échet la nouvelle Lune, & és Calendriers auparavant on comptoit pour trouver la Lune nouvelle cinq jours au dessus, pour cause de l'erreur susdite, qu'il n'y a entierement six heures, outre les 365. jours par an. Mais par cette reformation du Pape Gregoire, qui veut que doresnavant on recherche les nouvelles Lunes par les Epactes, ledit nombre d'or s'est trouvé presque inutile, qui est un trés-grand dommage, car cent millions de livres, tant imprimez qu'écrits à la main, se trouvent chargez dudit nombre d'or, qui montroit une voye fort aisée pour trouver la nouvelle Lune, & y aura beaucoup à faire avant qu'il s'en trouve autant chargez des Epactes : toutesfois pour aucunement se servir dudit nombre d'or selon la situation qui luy a été donnée par le Concile de Trente, il faut baisser jusques à l'onziéme nombre au dessous de celuy qui devoit servir selon le Concile de Trente, selon lequel en l'an 1568. le nombre d'or étoit 11. & à suivre ledit compte, le nombre d'or en l'année presente seroit 13. & à baisser à l'onziéme nombre c'est 4. qui en cette année 1589. pourroit être pris pour nombre d'or, à trouver la nouvelle Lune, & l'année prochaine 1590. seroit cinq, selon ce compte en ladite année presente le nombre d'or étant quatre, qui se trouve posé sur le sixiéme jour de Mars, selon ladite reformation du Concile de Trente. La premiere Lune nouvelle aprés les Nones de Mars, qui sont le 7. jour auroit été ledit 16. jour de Mars, & le 14. jour de la Lune, qui est la pleine Lune, auroit été le 29. jour dudit mois de Mars, & le prochain Dimanche suivant étoit le 2. jour d'Avril, qui a été le jour de nos Pâques. Doncques le jour de nos Pâques se gouverne ainsi, selon la Lune de Mars, la regle est generale, que Pâques ne peuvent être plutôt que le vingt-deux Mars, comme elles furent l'an 1573. ny plus tard que le vingt-cinq Avril, comme elles furent l'an 1546. & l'an 1204. quand les François conquirent Constantinople, ce qui avient peu souvent. En cette façon de compter ancienne, quand l'année commençoit à Pâques pouvoient avenir beaucoup de perplexitez és affaires des hommes, car il se pouvoit faire qu'un même jour de mois avint deux fois en même compte d'années. Comme *Verbi gratia*, l'an 1535. la fête de Pâques étoit le vingt-huit Mars, & en l'année suivante 1536. Pâques étoit le 16. d'Avril. Le premier jour d'Avril en chacune desd. deux années se disoit être l'an 1535. mais en la premiere c'étoit l'an 1535. aprés Pâques, & en la seconde 1535. avant Pâques. Aussi les Notaires & autres plus avisez mettoient toujours ces mots, *Avant ou apres Pâques*. Depuis le vingt-deux Mars jusques au vingt-cinq Avril. Cette façon de compter étoit particuliere en France : car à Rome és expeditions de Chancellerie, on commence à compter du jour de la Nativité de Nôtre Seigneur, és autres affaires communes on compte du premier jour de Janvier, & en France on comptoit *ab Incarnatione*, qui est neuf mois devant la Nativité, à sçavoir le jour de l'Annonciation de Nôtre-Dame vingt-cinq Mars, & estime-t'on qu'à même jour ait été la Resurrection de Nôtre Seigneur. Les Hebreux & les Grecs comptoient leurs années & leurs mois par Lunes. En Espagne on a long-temps compté les années par un mot *Æra*, dont le compte commence trente-huit ans avant l'Incarnation de Nôtre Seigneur, qui fut l'année que Servilius & Antonius furent Consuls à Rome, & en la même année Octavius, Lepidus & Antonius occuperent la Republique sous pretexte de l'établir par le Trium-virat, car ils se disoient les trois hommes choisis pour ordonner & regler la Republique, les mots Latins sont, *Trium-viri Republicæ constituendæ*. Mais ils partagerent entre-eux l'Empire, & par le partage l'Espagne entres-autres avint à Octavius, fils adopté de Jules Cesar, qui depuis fut dit Auguste, & dés ce tems on commença à compter en Espagne comme à Rome, ils comptoient de l'année de fondation de Rome. Aucuns disent que ce mot Æra vient de *ære*, mot Latin qui signifie monnoye de cuivre, pour cause du payement du cens qui se faisoit par tous les sujets de l'Empire Romain, & la monnoye de Rome étoit de cuivre, laquelle raison a peu d'apparence, car par le Trium-virat ne fut rien changé quant aux tributs. Les autres disent que ce mot *Æra* represente plusieurs dictions abregées par lettres capitales, comme qui diroit *Annus erat Augusti*, qui n'a non plus d'apparence : car en ce tems ces trois chefs ne faisoient rien en exterieur chacun de par soy, mais faisoient comme trois en College. Cette façon de compter fut abolie en Castille, l'an 1383. & en Portugal, l'an 1415. & compte-t'on à commencer de l'Incarnation de Nôtre Seigneur. Les Grecs comptoient par *Olympiades*, qui se renouvelloient de quatre en quatre ans, selon les Jeux Olympiques qui se faisoient solemnellement à l'honneur de Jupiter, & commença ce compte par *Olympiades*, en l'an second de Joathan Roy de Juda, qui fut environ vingt-sept ans avant Rome construite, car elle fut commencée le premier an de la septiéme Olympiade, le vingt & un Avril, qui étoit le jour natal de Rome, & selon ce compte Nôtre Seigneur nâquit le troisiéme an de la 194. *Olympiade*. Les Romains faisoient le compte de leurs années, à commencer de la Cité de Rome construite, & chacune année étoit marquée par les noms des Consuls de l'année, car le Magistrat étoit annal. Les Mahometistes comptent par *Hegire*, laquelle commença du tems de Mahomet en l'an de Nôtre Seignour 593. *Hegire* signifie fuite, parce qu'en cét an Mahomet s'enfuit de *Liden* Ville d'Arabie, & se retira à *Medina Taluabi* en la même Arabie, qui signifie Cité du Prophete. Et de ce tems les Sectateurs de sa Religion comptent les années.

CY-aprés sont descrites les Genealogies & la déduction de lignages des grandes Maisons, esquelles celle de Nevers s'est alliée par mariages, dont il a été parlé cy-dessus comme en passant, & pour ne faire les detours de propos trop longs, elles n'ont été mises en leur propre rang, mais reservées en un discours à part, & est bien à remarquer, que la Maison de Nevers s'est de tout tems alliée & jointe par mariages à grandes & excellentes Maisons, tant de sang Royal de France, que d'autres Maisons esquelles la grandeur des titres & Seigneuries, la vertu, l'honneur, la generosité & valeur és armes, & affaires publiques, ont été au plus haut degré : qui est le vray moyen de conserver & accroître les Maisons en ce qui est de plus precieux en icelles, la vertu & la valeur, ce que plusieurs autres Maisons de France & de la Chrétienté n'ont pas été si soigneuses d'observer, les unes en prenans alliance de lignage, qui n'avoit autre source de grandeur que par les biens & honneurs de l'Eglise. Les autres és Maisons esquelles les grandes richesses abondoient, ou pour avoir gouverné les Rois & les finances, ou pour avoir fait autre maniement auprés des Rois, qui n'est bien seant à personne de cœur genereux. Les autres és Maisons qui s'étoient avancée en Seigneuries, biens & credits, par l'occasion des délices, fols plaisirs & voluptez, que les Rois avoient pris en aucunes personnes desdites Maisons. Toutes ces sortes de grandeurs sont perilleusement glissantes, & est mal-aisé d'y tenir le pied ferme, puis que la fondation n'en est pas selon vertu & honneur, & ne se peut faire que l'asseurance y soit pour l'avenir, soit parce que Nôtre Seigneur ne veut pas que telles grandeurs durent, soit parce que la bonté de la race est affoiblie par le mélange d'autre race foible, comme la bonté du vin par l'eau. Tout au moins, selon que je pense, ne se peut dire que ceux qui ont desiré par tels moyens agrandir ou maintenir leurs Maisons, ayent eu les cœurs genereux & heroïques ; & si tout cela n'entroit en consideration par les premiers notices de l'entendement, les exemples du passé devroient émouvoir ceux qui ont leurs opinions si traversées & éloignées de la vraye vertu. Autres se sont mariez par fol plaisir à personnes de moindre qualité, ou à personnes qui n'étoient pas en liberté de se marier. Il ne seroit peut-être à propos d'alleguer les exemples & inconveniens de telles alliances pratiquées en France & ailleurs depuis quarante ans en ça, plusieurs vivans peuvent d'eux-mêmes les remarquer & connoître plusieurs fâcheux effets qui en sont ensuivis : mais pour repeter les exemples de plus haut, dont ceux qui sont vivans ne devroient être offensez, parce que les Histoires en son chargées. Je diray qu'il y a cent ans, ou environ, qu'un Seigneur de ce Royaume grand Capitaine & d'anciénne Maison, épousa la fille bastarde d'un Roy, & l'ayant trouvée en adultere la tua de sa main, & sous nom emprunté vint demander pardon au Roy successeur, qu'il luy octroya par l'avis du Chancellier, & depuis étant la remission étenduë, & le Roy étant averty par le Chancellier que c'étoit de la mort de sa sœur bastarde, il ne peut honnestement retracter la grace, & se plaignoit seulement de ce que le mary d'elle étoit venu demander la grace vétu de satin verd. Cette race a depuis produit des femmes aussi liberales, mais par bonheur elles n'ont pas été tuées. Il se lit que Philippes Vicomte Duc de Milan, combien qu'il fût Seigneur d'un si grand & riche Etat, pour de plus s'agrandir en richesses, & avoir moyen de recouvrer quelques Villes à sa bien-seance, épousa Beatrix veuve de Facin Can, qui de son tems avoit été grand Capitaine, ledit Philippes étant jeune, & lad. Beatrix âgée de quarante ans, elle étoit grandement riche, ayant toutes les dépoüilles de feu son mary, & par le moyen d'elle il recouvra les Villes de Verseil, Novare, Tortone, & Alexandrie que ledit Facin tenoit. Ce mariage non entrepris par la bonne façon eut une fâcheuse issuë, car ledit Philippes fit mourir sa femme pour cause ou par pretexte d'adultere. Henry VIII. Roy d'Angleterre, du vivant de Catherine d'Espagne sa premiere femme s'amouracha d'une simple Damoiselle Anne de Boulen, & par l'occasion de cét amour repudia ladite Catherine pour épouser lad. Anne, & pour donner couleur à cette repudiation, il quitta l'obeïssance de l'Eglise Apostolique & Romaine, qui avoit octroyé la dispense sur le premier mariage : c'est la cause des troubles au fait de la Religion qui sont aujourd'huy en Angleterre. Ledit Roy fit mourir publiquement par jugement de Justice lad. de Boulen, pour cause d'adultere. Si lad. de Boulen eût été de haute Maison digne du mariage d'un Roy, jamais elle n'eût presté consentement à un mariage si douteux : car il étoit bienseant à une femme d'honneur, d'être non seulement soigneuse, mais jalouse de son honneur.

LA MAISON D'EU EN NORMANDIE.

CY-dessus a été parlé de Madame Bône d'Artois, femme de Monseigneur Philippes de Bourgogne Comte de Nevers, par l'occasion duquel mariage le Comté d'Eu en Normandie est venu en la Maison de Nevers, & ledit Comté d'Eu est venu de la Maison d'Artois, qui étoit du sang Royal de France. Les armes d'Artois, dont il y a un quartier és armes de la Maison de Nevers, sont les armes de France, chargées au chef de lambeaux de trois pieces de gueulles à neuf Chasteaux d'argent, à cause des neuf Chastellenies d'Artois. Le Comté d'Artois fut donné en appanage à Monseigneur Robert frere du Roy saint Loüis, avec les armes telles que dessus, & en la personne dudit Robert fut érigé en Comté, qui auparavant faisoit portion de la Flandres deça la Fosse neuve, & avoit été baillé en dot de mariage à Izabelle de Haynault femme de Philippes Auguste Roy de France, par Philippes Comte de Flandres. Ledit Robert premier Comte d'Artois épousa Mahault ou Mathilde fille du Duc de Brabant, en l'an 1238. il fut tué à la Massere en Sirie, en la guerre pour la Terre sainte, en l'an mil deux cens quarante-neuf. Dudit mariage nâquirent Robert d'Artois, & Blanche d'Artois femme d'Henry Roy de Navarre, Comte de Champagne, mere de Jeanne de Champagne femme du Roy Philippes le Bel : lad. Blanche d'Artois en secondes nopces épousa Edmond fils puisné d'Henry III. Roy d'Angleterre, ledit Edmond Comte de Lanclastre, & de leur mariage issirent trois fils, Thomas, Henry, & Jean de Lanclastre. Ledit Robert II. Comte d'Artois épousa en secondes nopces Agnes de Bourbon seconde fille d'Archambaut, Sire de Bourbon, veuve de Jean de Bourgogne second fils d'Hugues IV. Duc de Bourgogne, du nombre des anciens Ducs. Ils étoient mariez en l'an 1282. comme il se void en un adveu de fief de ladite datte, que fait ledit Robert à cause de sa femme, envers le Comte de Nevers. En premieres nopces il avoit épousé Amitie fille de Pierre de Courtenay, Sieur de Conches. Iceluy Robert entreprit la guerre de Calabre pour Charles d'Anjou son cousin, & en ce voyage sa premiere femme mourut à Rome. Ce Robert d'Artois fut tué par les Flamans en la bataille de Courtray, l'an 1302. & fut trouvé son corps navré de trente playes. Dudit Robert II. nâquirent Philippes d'Artois, & Mahault d'Artois, femme d'Othelin Comte de Bourgogne, mere de Jeanne & Blanche, Reines de France, femmes de Philippes le Long, & Charles le Bel, Rois. Ledit Philippes d'Artois Seigneur de Conches, Damfront, & Meun sur Yevre, de par sa mere épousa Blanche, fille de Jean premier de ce nom, Duc de Bretagne, & fut tué à la bataille de Furnes en Flandres le 11. Septembre, de l'an 1298. son pere encores vivant. Son corps est enterré en l'Eglise des Jacobins à Paris : Ladite Blanche deceda le 19. Mars de l'an 1327. & de leur mariage nâquirent Robert d'Artois III. Or pour ce que led. Philippes mourut avant ledit Robert II. son pere, & qu'en Artois, comme en Frandre representation n'a point de lieu *etiam* en ligne directe, ledit Robert III. fils de Philippes fut exclus de la succession de son ayeul audit Comté d'Artois, & fut ledit Comté adjugé par Arrest de la Cour de Parlement, à ladite Mahault d'Artois, fille de Robert second, qui transmit ledit Comté à Jeanne sa fille, femme du Roy Philippes le Long, & de ladite

Jeanne échеut à Jeanne de France sa fille, femme de Odes Duc de Bourgogne, & par le decez sans enfans de Philippes Duc de Bourgogne, du nombre des premiers d'un petit fils desdits Odes & Jeanne, ledit Comté d'Artois écheut à Marguerite de France sœur de ladite Jeanne de France, femme de Louïs II. de Flandres, dit de Crecy, & par cette succession le Comté d'Artois est retourné en la Maison de Flandres, dont autresfois il étoit party, & de là en la Maison de Bourgogne, & de par icelle en la Maison d'Austriche & d'Espagne. L'Arrest par lequel ledit Robert d'Artois III. fut évincé dudit Comté d'Artois, fut donné par le Roy Philippes le Long, seant en Parlement au mois de May de l'an mil trois cens dix-huit, & auparavant le Roy Philippes le Bel en avoit donné jugement comme arbitre, à Asnieres le 9. Octobre de l'an 1309. Robert d'Artois III. fut grandement indigné de ce jugement, & s'éloigna pendant quelque tems du service du Roy, mais depuis il s'en approcha, & tant luy que ses successeurs firent plusieurs grands & memorables services à la Couronne de France. Ledit Philippes d'Artois, fils de Robert II. eut quatre enfans, ledit Robert III. qui avoit titre de Comte de Beaumont le Roger, & épousa Jeanne fille de Charles Comte de Valois, & de Catherine Imperatrice de Constantinople: Jacques d'Artois qui fut Comte de saint Paul, Jeanne d'Artois femme de Gaston premier Comte de Foix, fils de Raymond Bernard, & Marguerite d'Artois femme de Louïs d'Evreux, & furent épousez en l'an 1301. elle deceda le 23. Avril de l'an 1311. Ledit Robert d'Artois III. Comte de Beaumont le Roger fut tué en guerre devant Vannes en Bretagne, en l'an 1341. ladite Jeanne de Valois sa femme deceda le 9. Juillet de l'an 1363. & est son corps enterré en l'Eglise des Augustins à Paris. Desdits Robert III. & Jeanne de Valois nâquit Jean d'Artois Comte d'Eu, qui épousa Izabelle de Melun, veuve de Pierre Comte de Dreux, il deceda le 6. Avril de l'an 1386. est enterré en l'Abbaye du Chastel d'Eu, qui est fondée de Nôtre-Dame, de l'Ordre de S. Augustin, de la reformation de saint Victor lez Paris, en laquelle l'Abbaye d'Eu gist, & est veneré le corps de saint Laurens Confesseur Archevêque de Dublin en Irlande, qui y deceda en l'an 1191. & fut canonisé l'an 1220. Ledit Jean d'Artois en l'an 1350. acquit le Comté d'Eu, qui avoit été confisqué au Roy par la mort de Raoul de Nesle, Comte d'Eu, Connestable de France, & est à entendre que par les anciennes loix de ce Royaume, quand aucun fief échet au Roy par confiscation, il peut & doit en vuider ses mains. Les anciennes loix étans telles, & bien observées, l'Etat de France se portoit beaucoup mieux. Les Rois avoient moyen de faire grandes recompenses à ceux qui avoient fait les grands services, sans charger leur peuple par nouvelles inventions de subsides, lesquelles recompenses en argent n'étanchent jamais la soif; & le desir d'en avoir davantage est de tant plus enflammé, comme il avient aux hydropiques; mais depuis le tems du Roy Louïs XI. que l'on dit avoir mis les Rois hors de page, les gens du Roy ont par tous moyens augmenté ces loix du Domaine du Roy, dont enfin a été fait un cercüeil par Edit du Roy Charles IX. & ont rendu ce Domaine plus sacré que le Domaine de l'Eglise Romaine, qui se prescrit par cent ans. La verité est, que le privilege du Domaine d'être non allienable, & non prescriptible, est pour la seule consideration de la souveraineté & directe Seigneurie, qui est tellement unie à la Couronne, qu'elle ne se peut aucunement allienner ny prescrire, non plus que la Couronne même: mais le droit de Seigneurie utile, qui est la joüissance & perception de tout le profit, sous la reconnoissance de fief, ressort & souveraineté envers le Roy, ne deût être mis en ce privilege des droits de la Couronne, comme par ledit Edit il a été mis: ce qui est contre les anciennes loix, dont nous avons le témoignage au Duché de Normandie, qui étoit vray Domaine de la Couronne, & faisant la meilleure partie de la France Occidentale, qu'on appelloit Neustrie ou bien Vvestrie, & étoit de la premiere conqueste des François en la Gaule Celtique, & fut baillé en fief à Raoul le Danois, & ses successeurs l'ont tenu hereditairement, jusques à ce que par felonie, qui est crime feodal, ledit Duché est retourné à la Couronne. Et comme il se peut dire de tous les autres Duchez & Comtez anciens, qui du tems que la lignée de Charlemagne a regné en prosperité, étoient de fait au Domaine de la Couronne, & depuis furent concedez hereditairement. Et autant de tems que lesdites concessions ont été tenuës au large, & que les Princes & Seigneurs de France se sont trouvez joüissans par heredité de ces Duchez, Comtez, & grandes pieces, l'Etat de la France a fleury, & ont été fait par les François les plus grands faits d'armes, tant en Chrétienté qu'hors icelle, que jamais nation fit. Car en France étoient plusieurs Princes & grands Seigneurs, la grandeur desquels etoit née avec eux, & par honneste émulation des enfans s'accroissoit de ligne en ligne: Ils faisoient service aux Rois en leurs guerres aux dépens de leurs fiefs, & selon la valeur & revenu d'iceux, & n'étans mercenaires par la solde, faisoient beaucoup mieux. Et pour remarquer le plus prochain exemple de cette Maison d'Artois, de sept mâles qui y ont été depuis la premiere concession, les quatre sont morts en bataille, & étoient Princes du sang Royal. Desdits Jean d'Artois, Comte d'Eu, & Isabelle de Melun sa femme, nâquit Philippes d'Artois II. Comte d'Eu, qui fut Connestable de France, & épousa Marie de Berry fille de Jean fils de Roy, Duc de Berry, qui lors étoit veuve de Louïs Comte de Blois. Le mariage desdits Philippes & Marie fut en l'an 1392. ledit Philippes fut tué en la bataille contre les Turcs en Hongrie, quand Jean de Bourgogne Comte de Nevers fils aîné de Philippes le Hardy Duc de Bourgogne fut pris prisonnier devant Nicopoly en l'an 1397. Desdits Philippes & Marie de Berry nâquirent Charles d'Artois Comte d'Eu, & Bonne d'Artois. Ledit Charles épousa en premieres nopces Jeanne de Saveuse, & en secondes nopces epousa Heleine de Melun fille du Seigneur d'Antoing lez Tournay. Iceluy Charles fut prisonnier des Anglois à la journée d'Azincourt, & tint prison vingt-trois ans : il deceda sans enfans à Blangy l'an mil quatre cens septente & un. Ladite Bonne d'Artois fut mariée premierement à Philippes de Bourgogne Comte de Nevers & Rethel, tiers fils de Philippes le Hardy, dont elle eût deux enfans Charles & Jean de Bourgogne, desquels a été parlé amplement cy-dessus. En secondes nopces elle épousa, avec dispense, Philippes Duc de Bourgogne, dit le bon Duc, neveu de son feu mary, dont elle n'eut aucuns enfans, & deceda à Dijon l'an mil quatre cens vingt-cinq. Ledit Jean de Bourgogne fils d'elle recueillit la succession dudit Charles d'Artois son oncle audit an 1471. étans lors decedé Charles frere aîné dudit Jean de Bourgogne. Tous ces Comtes d'Eu du nom d'Artois, ont porté lesdites anciennes armes d'Artois, & non les anciennes armes d'Eu, car ils ne tenoient Eu par heredité. Lesdites anciennes armes d'Eu sont d'un Leopard d'or en champ d'azur, & sont portion des armes anciennes de Normandie, parce que le Comté d'Eu etoit partage d'un puîné de Normandie, & en etoit la genealogie telle. Raoul chef des Danois Normans venus de Dannemark, fut investy en fief du Duché de Normandie par le Roy Charles le Simple, apres que cette nation étrangere eut longuement vexé & travaillé la France, lors que la valeur & bon-heur de la lignée de Charlemagne commençoit à decliner. Et les appelloit-on d'un nom general Normans, qui en langue Tudesque signifie hommes de Septentrion, car Nort c'est le vent froid Septentrional, & Man signifie homme, & etoient Danois de nation, c'est du païs de Danemark. Et de ce mot Norman, cette region qui leur fut concedée en fief sous titre de Duché, fut nommée Normandie, & comprend la Province spirituelle de l'Archevéché de Rouen qui contient sept Diocezes & Evechez. Roüen qui est la mere Cité, Lisieux, Evreux, Bayeux, Seez, Avranches, & Constances. De Raoul premier Duc de Normandie, náquit Guillaume, dit Longue-épée son fils, qui fut Duc de Normandie. De Guillaume vint Richard aussi Duc de Normandie, dit sans Peur, qui deceda l'an 996. Dudit Richard náquirent Richard second, aîné, & Guillaume puîné, auquel ledit Richard son frere donna pour son partage le Comté d'Eu en l'an 1002. Leur sœur etoit Adeheilde ou Alix femme de Raynaud Comte de Bourgogne, & furent épousez l'an mil vingt-six. Dudit Guillaume Comte d'Eu naquirent Robert, qui fut Comte d'Eu, & fonda l'Abbaye du Trefport sur la mer prés Eu; & Guillaume Comte de Soissons, & Hugues Evêque de Lisieux. Dudit Robert náquit Guillaume second; & dudit Guillaume, Henry Comte d'Eu, qui épousa Marguerite fille de Robert Duc de Normandie, & fonda l'Abbaye de Foucarmont au Comté d'Eu l'an mil cent dix-neuf : Il fit transmuer les Chanoines seculiers d'Eu en Chanoines reguliers. D'Henry naquirent Jean Comte d'Eu, qui épousa Alix fille du Comte d'Arondel Anglois, & Estienne grand Maître des Templiers en Angleterre. Dudit Jean Comte d'Eu náquit Henry second qui épousa Mahault de Longueville. D'Henry deuxiéme náquit Alix Comtesse d'Eu, qui fut femme de Raoul d'Yssouldun Comte de la Marche, qui mourut à Damiette en Egypte l'an 1219. Dudit mariage vint Raoul Comte d'Eu qui épousa Leonor de Bretagne; & dudit mariage náquit Marie Comtesse d'Eu, qui épousa Alfonse fils de Jean de Brene Roy de Jerusalem, Empereur de Constantinople, & de Berangere de Castille sa femme; Ledit Alfonse avoit titre de Chambrier de France, & mourut en la guerre d'outre-mer sous Thunes en Barbarie auprés du Roy S. Louïs, la veille de sainte Croix en Septembre l'an 1270., & par honneur son corps fut enterré à saint Denys en France en la Chapelle saint Martin, & s'en void encores la sepulture entiere. Desdits Alfonse de Brene & Marie d'Eu vint Iean Comte d'Eu, qui epousa Beatrix de saint Paul, & deceda l'an 1280. & d'eux náquit autre Iean, qui epousa Ieanne de Coucy, & fut tué à la bataille de Courtray l'an 1302. D'eux naquit Raoul Comte d'Eu, & de Guynes, qui epousa Ieanne Dame de Melo, & leur fils fut ledit Raoul dernier Comte d'Eu de cette lignee, Connestable de France, qui fut decapité à Paris l'an 1350. Desdits Raoul & Ieanne de Melo etoit aussi issuë Ieanne d'Eu dite de Nesle qui épousa en premieres nopces Messire Gautier de Crecy Duc d'Athenes, qui depuis fut Connestable de France, & mourut en la bataille devant Poitiers le 19. Septembre l'an mil trois cens cinquante-six. En secondes nopces elle épousa Louïs d'Evreux Comte d'Etampes fils de Charles d'Evreux, Comte d'Etampes, & de Marie d'Espagne Comtesse de Biscaye, ledit Charles fils puîné de Louïs fils de Roy, Comte d'Evreux. Apres le decez dudit Raoul Comte d'Eu, Connestable de France, ledit Comté d'Eu étant acquis au Roy par confiscation fut transporté audit Iean d'Artois, comme il a été dit cy-dessus.

LA MAISON DE PENTHIEVRE.

JEan de Bourgogne Comte de Nevers épousa, comme dit a été cy-dessus, Madame Paule de Bretagne, dite de Brosses, en secondes nopces; laquelle de vray devoit porter le nom de Bretagne, parce qu'à la Maison de Penthievre appartenoit le droit du Duché de Bretagne : Mais parce que le droit que Jean de Montfort avoit audit Duché est venu par ligne à Madame Anne de Bretagne femme de Roy Loüis XII. & de par elle à nos Rois, qui depuis ont regné, les gens du Roy ont toûjours contredit, & empêché que ceux de la Maison de Penthievre prissent le surnom de Bretagne, & les ont contrains de se contenter du surnom de Brosses. La source de la querelle & pretention des deux côtez est telle. Artus Duc de Bretagne fils de Jean second Duc de Bretagne épousa en premieres nopces Alix fille du Vicomte de Limoges, Dame d'Avannes. En secondes nopces épousa Yoland fille d'Almery ou Amaury Comte de Montfort. Du premier mariage nâquirent Jean troisiéme qui fut Duc de Bretagne, & Guy Comte de Penthievre. Et du second mariage nâquirent Jean de Bretagne, dit de Montfort. Jean troisiéme mourut sans enfans, délaissant Jeanne de Bretagne sa niepce fille dudit Guy Comte de Penthievre son frere germain mariée à Charles Comte de Blois; délaissant aussi ledit Jean de Montfort son frere paternel. Ledit Jean troisiéme voyant n'avoir point d'enfans declara son heritiere audit Duché ladite Jeanne sa niepce, fille de son frere germain, & ordonna que les enfans d'elle prissent le nom & les armes de Bretagne; & rejetta ledit de Montfort de son heredité. Ce Jean troisiéme deceda l'an mil trois cens quarante, & de son vivant avoit donné audit Guy son frere le Comté de Penthievre pour le tenir en fief de Comté sous le Duché, avec la Seigneurie de Goël, par permutation au Vicomté de Limoges, & fut la permutation homologuée par le Roy l'an 1317. Aprés le decez dudit Jean III. se meut débat pour le Duché de Bretagne entre Charles Comte de Blois, à cause de lad. Jeanne de Bretagne sa femme, & ledit Jean Comte de Montfort; & par Arrest donné par le Roy en son Parlement, tenu à Conflans le 7. Septembre de l'an 1341. la possession & état du Duché fut adjugé audit Comte de Blois pour sa femme, dont ledit Montfort ne fut content. Ledit de Montfort avoit épousé Ieanne fille de Loüis premier Comte de Flandres, & avoit eu en dot sept mil livres de rente assignez sur Nivernois & Rethelois, qui lors étoit en la Maison de Flandres. Aprés le decez dudit Iean de Montfort, Iean son fils qui avoit épousé Ieanne fille de Charles d'Evreux Roy de Navarre, incité & encouragé par sa mere, femme de cœur haut, & avec l'aide des Flamans & Anglois, qui se mêloient de ce party; combattit à guerre ouverte pour la querelle du Duché de Bretagne contre ledit Charles Comte de Blois, la bataille fut à la Roche-d'Auray en Bretagne, le jour de S. Michel 29. Septembre de l'an mil trois cens soixante-quatre; Charles de Blois perdit la bataille & mourut sur le champ. Aprés cette victoire, & suivant le jugement des armes, le Roy adjugea le Duché de Bretagne audit de Montfort, & le reçût au serment de fidelité l'an 1366. Mais par appointement fut baillé à ladite Ieanne veuve dudit de Blois, le Comté de Penthievre & le Vicomté de Limoges. Et depuis en l'an 1378. ledit Iean de Montfort par contumace fut jugé à mort pour certains crimes. Cette bataille n'étoit pas comme entre Souverain, car tous deux étoient vassaux de France, & selon les loix qui sont aujourd'huy, ne leur étoit loisible de combattre sans congé du Roy leur Souverain; Mais l'observance étoit ancienne des François & Allemans, quand aucune question se presentoit en difficulté, fût en matiere criminelle ou civile, que l'on permettoit aux contendans de combattre, fût de personne à personne, ou de plusieurs contre plusieurs, même les Seigneurs de France disoient avoir ce droit, & en usoient, comme on dit, *Suo jure*, pour faire guerre les uns aux autres pour la repetition ou défence de leurs droits, dont a été parlé cy-dessus. On lit és Histoires, que du tems d'Othon Empereur en l'an 943. sur la question qui se presenta, si le fils du fils aîné devroit être preferé à son oncle fils puisné en la succession d'une Seigneurie noble, c'est-à-dire, si en succession de ligne directe il y a representation: le jugement en fut commis au combat entre les deux contendans oncle & nepveu, & fut le nepveu vainqueur. Iason Docteur Milanois, sur la loy *Maximum vitium C. de liberis preteritis*, & Bertachin Docteur en son Repertoire de droit, disent que la question d'un Duché étoit entre le second fils, & le fils du fils aîné decedé, & que le nepveu en ligne directe du défunt vainquit par deux combats, & suivant ce fut jugé comme si le jugement fut venu de Dieu. Depuis le fait des combats a été moderé par deux regles; l'une que le combat à outrance avec armes offensives, ne seroit permis sinon en cas de crime, trois choses concurrentes; à sçavoir crime capital, autre que larcin, commencement de preuve, & grande conjoncture & presomption, & la preuve non entiere. Qui est à dire que le combat est au lieu de la question par tourmens, que l'on a accoûtumé d'appliquer contre les accusez, quand les preuves ne sont entieres; l'autre regle étoit, qu'en matiere civile on ne combattoit à outrances, mais de personne à personne, par la seule force & dexterité du corps, & par armes naturelles. Ce qui étoit appliqué pour supplément de preuve quand la preuve n'étoit pas entiere; & si l'un des deux litigateurs sentoit n'être égal à l'autre en force, il pouvoit donner champion, c'est-à-dire, un substitut pour combattre en son lieu, & s'il y avoit debat sur l'inégalité le Iuge en arbitroit, & combattoient en la presence du Iuge qui donnoit la cause gagnée au vainqueur & jugeoit sur la victoire. Dont vient l'ancien proverbe vulgaire, qu'en la coûtume de Lorriz, le battu paye l'amende, car celuy qui étoit vaincu étoit battu, & perdoit sa cause, & payoit à justice l'amende de sa temeraire litigation. Ce combat en causes civiles est aboly par non usance, mais les regles se voyent en vieux coûtumiers écrits à la main. Le combat en matiere criminelle a été plus usité, & se trouve que quelquesfois il a été ordonné par Arrest du Parlement ; comme en Jurisdiction ordinaire, il y eut Arrest d'icelle Cour entre Jacques le Gris & Jean de Carrouge Chevalier domestique du Duc d'Alençon, & étoit l'accusation d'adultere commis avec force ; ce fut en l'an 1386. La Cour jugea que pour supplément de preuve ils combattroient à outrance. De fait ils combattirent en dedans les lices, qui furent dressées auprés de saint Martin des Champs à Paris, & fut ledit le Gris vaincu & puny selon le delit. Parce que la femme dudit de Carrouge avoit dressé l'accusation, & avoit pressé son mary d'en demander & faire la vangeance : disant avoir été forcée par ledit le Gris, la Cour ordonna qu'elle assisteroit en personne au combat, & que si son mary étoit vaincu qu'elle seroit sujette à la peine des calomniateurs, & faux accusateurs, qui est de souffrir semblable peine que l'accusé souffriroit s'il étoit condamné : Elle volontairement se soûmit à la peine, s'asseurant sur la justice de sa cause. De ce combat Froissard parle bien amplement, & Maître Jean Galli en un traité de questions qui est sur la fin du stile du Parlement. Et audit stile du Parlement est mise la forme de playdoyrie en fait de combats, pour montrer que les questions se traitoient en jurisdiction ordinaire. Depuis a été pratiqué, qu'au Roy seul appartenoit d'adjuger & octroyer combat. Et de mon tems le 11. Juin de l'an 1547. le Roy Henry II. par ses Lettres patentes dudit jour, adjugea le combat sur la querelle d'entre François de Vivonne Seigneur de la Chastaigneray, & Guy Chabot Seigneur de Montlieu fils du Seigneur de Jarnac, & par Lettres du Roy appert que son ordonnance est faite par forme de jurisdiction contentieuse, car en icelle sont ses qualitez dudit de Vivonne demandeur en cas d'honneur, & dudit Chabot défendeur. Vray est que les Lettres patentes adjudicatives dudit combat sont scellées du scel du secret en placart sur cire rouge, & non du grand scel, mais sont contresignées de l'Aubespine Secretaire d'Etat. Ils combattirent à saint Germain en Laye, champ clos le 4. Juillet suivant, étans à pied avec l'épée & le bouclier, le jacques de maille, le morrion en tête, & la dague à la botine, & fut ledit de Vivonne vaincu ; je vis ce combat. Les qualitez de demandeur & défendeur sont à considerer, en ce que le défendeur à le choix des armes, avec lesquelles les deux doivent combattre, & le demandeur doit fournir lesdites armes selon l'avertissement que luy en fait le défendeur, doit aussi le demandeur fournir le camp clos ; & se reserve le défendeur le pouvoir & faculté de fournir les armes, si bon luy semble. La loy du combat est, que si le demandeur ne rend le défendeur son adversaire vaincu dans le Soleil couché du jour auquel ils sont entrez en camp clos, le défendeur gagne sa cause, *ad instar*, de ce qui se dit en pratique de plaidoyrie, que quand le demandeur ne prouve son intention, le défendeur gagne sa cause, quoy qu'il ne fournisse rien. Les playdeurs doivent à l'entrée de la cause prester le serment de calomnie, c'est-à-dire, que nul d'eux à son escient ne plaide pour mauvaise cause. Ainsi en combat chacun des combattăt se presente devant le souverain qui preside, ou celuy qui est commis par luy, & s'approche d'un perron sur lequel est l'Evangile, & la jure qu'il croit sa querelle être juste, & ajoûte qu'il n'a sur luy parole, bref, ny autre chose par quoy il espere vaincre, sinon par l'aide de Dieu, avec sa juste querelle, aucuns ajoûtent ces mots, & par le bon Chevalier S. Georges. Mais depuis on a pratiqué qu'outre le serment presté, les parrains ou autres en leur presence visitent par tout sur le corps, habits & armes des combattans pour connoître s'il y a bref ou charme. Les loix de la lice & camp clos sont, que nul ne demeure dedans le camp clos, s'il n'est commis du Souverain ou de son Maréchal, (car c'est le droit mestier du Maréchal de conduire l'ordonnance du camp clos) ou si ce n'est aucun qui de sa personne ait combattu en lice & camp clos. Et par le Heraut à haute voix sont faites défenses à tous sur peine corporelle à la volonté du Souverain, que nul ne parle, touffisse, ou fasse signe pour avantager ou avancer l'un des champions quand ils fournissent la bataille de leurs armes. Aucuns superstitieusement ont dit, que si les noms des deux combattans sont tous deux en nombre pair de lettres, ou tous deux en nombre non pair, le demandeur & provoquant doit être vaincu, mais si le nom de l'un est à lettres de nombre pair, & le nom de l'autre a nombre non pair, le défendeur doit être vaincu. Cette façon de demener les causes par combats, a été introduite par les nations étrangeres, quand elles supprimerent l'authorité & grandeur de l'Empire Romain, & la pratique en a été par diverses manieres, & toutes disoit-on, être du jugement de Dieu. Aucunes fois les deux contendans ou champions, pour eux combattoient avec le bouclier, & le bâton de bois en camp clos, quand l'un accusoit l'autre de faux témoignage, ou de furt. Ainsi est recité és Capitulaires des loix de Charlemagne, & de Louis le Debonnaire Empereurs, au livre 4. chapitre 23. & 29. Et celuy qui étoit vaincu enduroit la peine que le délit de l'accusation meritoit ; à sçavoir, le demandeur comme calomniateur, & le défendeur comme convaincu. Aucunesfois tant en crime capital, comme en cause civile, pour le débat d'un heritage, les contendans combattoient avec l'épée, & celuy qui étoit vaincu souffroit condemnation, ainsi est és loix des Allemans, chap. 44. & 84. Autres façons étoient pratiquées pour supplément de preuve, que celuy que l'on soupçonnoit du délit avec quelques conjectures, devoit se purger en mettant la main en l'eau bouillante, ou marchant, ou mettant la main sur le fer chaud, s'il se brûloit, il étoit condamné du délit, s'il ne se faisoit point de mal, il étoit absous, & cela s'appelloit le jugement de Dieu, comme il se void en la loy Salique, chap. 55. & au livre 4. desd.

Capitu-

Capitulaires, art. 13. & en l'Appendix second dudit 4. livre, art. 3. & au grand Decret de Gratian. *In can. consuluisti. 2. quæst.* 5. Auquel lieu telle façon de faire est défenduë comme étant tentation de Dieu. La défence en est aussi par Lucius III. Pape, au chap. *ex tuarum extra. de purgatione Canonica* & par Honorius III. *cap. dilecti extra. de purgat. vulg.* Par Innocent III. *in cap. ex litteris extra. de excessu Prælat.* Quand aux gens d'Eglise, s'ils étoient soupçonnez & diffamez de quelque délit dont ils ne fussent entierement convaincus, ils devoient se purger avec la douziéme, septiéme, ou sixiéme main, c'est-à-dire, que douze, sept, ou six notables personnes, sans reprehension juroient avec eux sur leur innocence, audit Decret de Gratian, *Can. omnibus 2. quæst.* 5. L'accusé juroit precisement oüi ou non, & les autres juroient connoître ledit accusé, & ses mœurs, & qu'ils croyoient que ledit accusé avoit juré verité. Es Decretales antiques, chap. *quoties extrà de purgat. vulg.* Autrefois on les contraignoit de jurer sur les Reliques de saint Pierre, ou autre saint; audit Decret. *Can. habet. Can. quanto. 2. quæst.* 5. Et au livre des loix des Allemans chap. 6. Saint Gregoire en l'Epist. 23. livre 5. pour de plus authoriser un serment, ordonne que les témoins qui ne sont pas és Ordres sacrez viennent devant le corps de saint Apollinaire, (c'étoit à Ravenne) & jurent ayans la main sur son sepulchre: ou bien comme és Monasteres, si furt avoit été commis par aucun des domestiques, on les faisoit tous communier à la Table de l'Autel, avec ces mots; Le Corps de Nôtre Seigneur te soit aujourd'huy en probation. *Can. sæpe. 2. quæst* 5. Aucunes fois les combats se font sans querelle particuliere, civile, ou criminelle, & en deux sortes; l'une sans outrance, l'autre avec outrance; sans outrances, en joustes & tournois par réjouissance, quand les Rois ou autres grands Seigneurs font mariages & festins, & y sont faites parties des tenans & assaillans, avec devises & faveurs, qui ordinairement sont amoureuses. Et les harnois des joustes sont beaucoup plus forts & asseurez que les harnois de bataille, parce qu'on essaye par tous moyens que nul ne soit blessé, & que le plus grand mal soit d'être versé par terre: avec outrance se font les combats sans querelle particuliere, quand durant une guerre de nation contre nation, aucuns gaillards & desireux d'honneur provoquent au combat semblable nombre d'hommes de l'autre party, à donner coups de lance, & combien qu'il y aille de la vie, si est-ce que les vrays guerriers, amateurs d'honneur, y vont à party pareil, à pareilles armes, sans fraude, à jour, heure, & lieux assignez, sans surprise ou avantage: Pourquoy aucuns à bonne raison blâment l'astuce dont userent treize Italiens qui furent semonds au combat par treize François, au tems du Roy Loüis XII. lors de la conqueste de Naples. Car la loy du combat ayant été faite, de combattre à cheval avec la lance, l'épée d'armes & la masse, les Italiens firent faire leurs lances un pied & demy plus longues que celles dont on a accoûtumé d'user à la guerre, & au lieu de la masse d'armes avoient des coignées de villageois fort pesantes, attachées à chaînes de fer, comme pour assommer, & non pour combattre. A ces avantages lesdits treize Italiens furent vainqueurs, & furent faits Chevaliers par le chef de l'armée Espagnole, Dom Gonsalve Ferrand, dit le grand Capitaine. Les grands guerriers jugeront si l'honneur de la victoire leur appartenoit. Quelquesfois les Gentils-hommes combattent pour certains points d'honneur, esquels eux-mêmes se persuadent que leur honneur est interessé, comme si une parole n'a pas été dite correctement, selon que la coûtume est entre-eux de parler, ou pour autres occasions, qui en effet ne touchent pas l'honneur, j'entends l'honneur être celuy qui a son seul fondement de vertu & bien faire: comme si on reproche à un Gentilhomme qu'il soit voleur, qu'en une bataille il ait fuy mal à propos, qu'il ait tué ou blessé un autre proditoirement, ou avec trop d'avantage, je croy que proprement son honneur est interessé, & pour maintenir son honneur par honneur ce ne luy est assez de dire qu'il est homme de bien, & non tel comme est le reproche, mais doit se ressentir plus avant, & avec ardeur de courage & vehemence de paroles montrer sa generosité, ou en dementant, ou en disant qu'il est méchant. Le surplus qui est pour gagner l'avantage d'être défendeur, plûtôt que demandeur & provocateur au cõbat gist plus en subtilitez qu'en vrays effets de valeur, & de fait on y a employé souvent les plus sçavans Docteurs & Jurisconsultes, pour avec raisons tirées des loix, avec acuité d'entendement, montrer quel des deux doit être jugé provocateur. Comme quelquesfois ils entrent en querelle, qui premier ira à la procession, à qui premier sera presentée la paix, ou qui premier ira à l'offrande de la Messe, lesquels honneurs de vray appartiennent à celuy qui est Patron ou Fondateur de l'Eglise, ou qui est Seigneur haut justicier de la situation de l'Eglise, & à autres non, s'ils ne sont Princes ou Officiers Generaux de la Couronne. Ceux qui au lieu de querelles s'en expedient en gaussant, ou par risée, sont les mieux avisez, comme il avint en ce païs de Nivernois il y a environ cinquante ans, entre le Seigneur d'Onay, nommé de Prye, & le Seigneur du Basfort d'Osnay. Le Seigneur du Basfort, qui étoit le Seigneur de Torcy, Capitaine de cinquante lances, qui avoit été Lieutenant pour le Roy à Milan, se trouva en la maison du Basfort à un jour de grande fête, & au même jour se trouva le Seigneur de Prye en sa maison d'Osnay. Le Seigneur d'Osnay qui n'étoit pas si fort avancé en ces grandes charges, envoya vers le Seigneur de Torcy un Gentil-homme pour l'avertir des honneurs d'Eglise, qui appartenoient audit Seigneur d'Osnay haut justicier, afin qu'il ne trouvât mauvais s'il les prenoit en sa presence: sur quoy ledit sieur de Basfort aprés s'être fait declarer en quoy consiſtoient ces honneurs, dit au Gentil-homme, quand à la proceſſion qu'il n'en entroit en débat, étant caduc & goutteux, qui ne pouvoit marcher qu'avec peine, quant à l'offrande, qu'étant vieil ſoldat, il étoit plus accoûtumé à prendre qu'à donner, & quant à la paix, qu'il s'en pouvoit paſſer, ayant toûjours aimé la guerre. Les combats ſont quelquefois aſſignez de Souverain à Souverain, pour combattre de perſonne à perſonne, & peu ſouvent executez : quelquesfois de combattre dix contre dix, & quelquesfois de puiſſance contre puiſſance : pourquoy faire ils s'aſſignent journée & lieu, & ſe ſont autresfois grandement pratiquez, dont vient qu'encores aujourd'huy on appelle une bataille journée : mais depuis s'eſt autrement pratiqué, diſans les Souverains pour excuſe, qu'ils ne veulent pas combattre ſelon la volonté de leur ennemy. Virgile au 12. de l'Eneïde, repreſente un combat entre Eneas & Turnus, pour la prétention de chacun d'eux à épouſer Lavinia fille de Latinus, pour être par l'iſſuë du combat jugé qui ſeroit le mary, & les Romains ſont pleins de tels combats : & combien que ce ſoit pour la plûpart fables, s'y eſt il a croire, que lors qu'il y en avoit quelque uſage : entre les Romains, s'il avenoit que le chef de l'armée Romaine ſe rencontrat en bataille pour combattre le chef de l'armée ennemie, & le Romain fût vainqueur, la coûtume étoit que le Romain alloit avec grande magnificence dédier la dépoüille du vaincu au Capitole, à *Jupiter Feretrius*, & par excellence telle dépoüille s'appelloit *Opime*, comme qui diroit plus excellente en ſon eſpece, & n'en eſt ainſi avenu aux Romains que trois fois ; l'une fois à Romulus Roy, qui vainquit & tua Acron Roy des Ceninenſes ; l'autre à Cornelius Coſſus Conſul, qui vainquit & tua Tolminitus Roy des Fidenates : la tierce à Claudius Marcellus Conſul, qui vainquit & tua en bataille Viridomarus Roy des Gaulois. De nôtre tems il y a eu deffy de combat entre l'Empereur Charles V. & François I. Roy de France, ſur ce que l'Empereur Charles diſoit, que le Roy François manquoit à ſon honneur, en n'accompliſſant ce qu'il avoit promis par le traité de Madrid, ou s'il ne pouvoit accomplir qu'il fit ce qu'il pouvoit, qui eſt de ſe remettre priſonnier. Le Roy de France diſant que ledit Empereur l'avoit traité priſonnier inhumainement & indignement, ſelon la qualité d'un Prince, & que le tenant en garde étroite, les promeſſes qu'il avoit faites n'étoient de tenir, même parce qu'il ne l'avoit jamais laiſſé en liberté ſur ſa foy. Et ſur ce le Roy envoya le deffier au combat à Burgos en Eſpagne, l'Empereur accepta le gage de bataille, & diſent les Eſpagnols qu'il n'étoit tenu de l'accepter, parce que le Roy avoit été ſon priſonnier ; ce fut en l'an 1527. mais ce combat ne vint à effet. Les Papes par pluſieurs conſtitutions ont défendu ces combats. Laurentius Calcaneus Docteur Breſſan au Conſeil ſecond, ameine des argumens, pour & cõtre, & enſemble reſider en cette opinion que par authorité du Souverain le combat eſt permis, comme en forme de Juſtice, & qu'il eſt ſubrogé au lieu de la queſtion par tourmens, & que l'homicide eſt défendu, quand aucun de ſoy prend vengeance, mais non quand il la prend par permiſſion de la loy ou du Souverain, en la puiſſance deſquels eſt de juger de nôtre vie : Juſques icy a été parlé des combats.

POur revenir au propos de Bretagne & Penthievre, depuis le tems de ladite bataille entre Jean de Montfort & Charles de Blois ; ceux de la Maiſon de Penthievre retenans toûjours la premiere opinion de leur droit par beaucoup de raiſons, même que ce jugement des armes n'eſt approuvé, ſe ſont nommez de Bretagne, & ont prétendu toûjours le Duché leur appartenir : à quoy ils on été empêchez, & par la force, & par l'authorité même, depuis que Bretagne eſt venu à la Couronne de France, & y eſt venu ainſi que s'enſuit. De Jean de Montfort qui gagna la bataille contre Charles de Blois, nâquirent en mariage Jean cinquiéme Duc de Bretagne, Artus Comte de Richemont, & Richard Comte d'Etampes. Dudit Jean V. qui deceda en l'an 1442. vinrent François I. Duc de Bretagne, & Pierre de Bretagne, qui tous deux decederent ſans enfans ; audit Pierre ſucceda au Duché ledit Artus Comte de Richemont ſon oncle, qui avoit épouſé Marguerite ſœur de Philippes Duc de Bourgogne, & deceda ſans enfans le 26. Decembre de l'an 1458. & à luy ſucceda audit Duché François ſecond ſon nepveu, fils dudit Richard Comte d'Etampes ; auſſi dudit Richard étoit deſcenduë Catherine de Bretagne femme de Louïs de Chaalon, Seigneur d'Argueil, fils du Prince d'Orange. Ledit François ſecond épouſa Marguerite fille dudit François premier, Duc de Bretagne, laquelle mourut en Septembre l'an 1469. En ſecondes nopces il épouſa Marguerite de Foix l'an 1471. Dudit François ſecond nâquit Madame Anne de Bretagne deux fois Reine de France. En premieres nopces femme du Roy Charles VIII. dont elle eût un fils qui mourut avant le pere. En ſecondes nopces femme du Roy Louïs XII. & de ce mariage nâquirent Madame Claude de France, qui fut mariée à Monſeigneur d'Agoulême, qui depuis fut Roy François I. du nom, mere du Roy Henry II. & Madame Renée de France, femme d'Hercules d'Eſte ſecond de ce nom, Duc de Ferrare. Par le moyen de madite Dame Claude de France, ledit droit au Duché de Bretagne, procedé dudit Jean de Montfort eſt écheu à la Couronne de France, & y a été uny. Quand à la Maiſon de Penthievre elle a été ainſi continuée : Charles Comte de Blois eut de ladite Jeanne de Bretagne ſa femme deux fils, & une fille nommée Marie, qui fut femme de Louïs fils du Roy Jean, Comte d'Anjou Roy de Sicile. Le fils aîné nommé Jean de Bretagne, Vicomte de Limoges, épouſa Marguerite de Cliſſon, fille d'Olivier de Cliſſon Connestable de France, de laquelle il eût quatre fils, Olivier, Jean, Charles & Guillaume de Bretagne. Charles épouſa Isabeau de Burſine, & de ce mariage nâquit une fille unique mariée à Meſſire Jean de Broſſes Seigneur de Boiſſac, & de ce mariage nâquirent Paule de Bretagne, dite de Broſſes, ſeconde femme de Jean de Bourgogne Comte de Nevers : Claude Ducheſſe de Savoye : Heleine Marquiſe de Montferrat, & Jean de Broſſes Comte de Penthievre, qui épouſa Louïſe de Laval, dont nâquit René Comte de Penthievre. Ledit Guillaume quatriéme fils deſdits Jean de Bretagne & Marguerite de Cliſſon épouſa Iſabeau de la Tour, & d'eux nâquirent Françoiſe de Bretagne femme d'Alain d'Albret, dont il ſera parlé cy-aprés en la Genealogie d'Albret.

LA MAISON DE CLEVES.

LEs Hiſtoires anciennes rapportent, que les Seigneurs de Cleves ſont deſcendu du Chevalier au Cigne, qu'aucuns nomment Helias, & aucuns Romans en diſent des contes dont la plûpart eſt eſtimée fable : mais leſdits Romans & les Hiſtoires s'accordent, que ce Chevalier au Cigne étoit preux & vaillant, de la qualité de ceux que les Grecs nomment Heroës, lequel mot ſignifie hommes Metiz, entre dieux & hommes, converſans avec les hommes. Vincent au livre hiſtorial, recite & rapporte de Helinandus fort ancien Hiſtorien au livre 4. qu'au Dioceſe de Cologne étoit un Chaſteau de grand renom ſur la riviere du Rhin, qu'il appelle en Latin *Juvamen*, les autres diſent que c'étoit Nimegue : auquel lieu pluſieurs Princes & grands Seigneurs étans aſſemblez pour faire experience de leur valeur aux armes, à l'improviſte s'apparut ſur le Rhin une naſſelle qu'un Cigne tiroit avec le col, auquel étoit attachée une chaîne d'argent, & que de ladite naſſelle ſortit un Chevalier nouveau & inconnu à tous, & luy iſſû, le Cigne & la naſſelle diſparurent. Ce Chevalier fit de grands & nompareils faits d'armes ; & pour l'occaſion d'iceux luy fut baillée en mariage une fille de grande Maiſon, de laquelle il eut enfans, & aprés certain tems paſſé le Cigne retourna avec la naſſelle, en laquelle le Chevalier ſe mit, & jamais depuis ne fut vû, & de cette conjonction ſont iſſus les Ducs & Comtes de Cleves, qui toûjours depuis ont retenu la deviſe du Cigne en leurs armes. Les Docteurs ont grandement diſputé, ſi de la conjonction d'un eſprit avec une femme peut être engendré un homme. Saint Auguſtin au livre 15. de la Cité de Dieu chapitre 23. n'en aſſeure rien de certain, mais dit qu'aucuns gens doctes ont allegué tant d'exemples, que ce ſeroit trop grande hardieſſe de ne le croire pas. Les Hiſtoires qui parlent de telles generations diſent que les enfans qui en ſont venus ont tous été grandement excellens. Il ſe lit de Merlin Anglois, Prophete, que ſa mere l'ayant amené devant le Roy Vortigerne, affirma qu'elle l'avoit conçû d'un eſprit en forme d'homme. Ainſi dit-on de Hercules qui fut engendré en Alcmene femme d'Amphitron Thebain, par un eſprit que les Grecs diſoient être Jupiter. Ainſi il ſe lit que la mere du grand Alexandre nommée Olympias, aſſeuroit que ſon fils n'étoit engendré de Philippes ſon mary Roy de Macedoine, & qu'en la nuit en laquelle elle le conçût elle ſe trouva preſſée comme d'un grand ſerpent : pourquoy diſoient aucuns, que ledit Alexandre étoit fils de Jupiter Ammon, qui étoit adoré apparoiſſant en forme de ſerpent. Aucuns pour cette opinion alleguent ce qui eſt en la Geneſe au chap. 6. où il ſe dit que les enfans de Dieu ſe joignirent avec les filles des hommes, & elles engendrerent enfans, de là ſont iſſus les puiſſans en ce monde, gens de grand renom. L'une des gloſes qui eſt avec la gloſe ordinaire, dit qu'il n'eſt pas incroyable que tels hommes n'ayent pas été procreez des hommes, mais des Anges ou demons qui ont été incubes des femmes, même parce qu'aprés le deluge furent hommes & femmes de grandeur de gens, ainſi en dit Joſephe au livre premier des antiquitez Judaïques, chapitre cinquiéme. Il ſe trouve un livre de Ulricus Molitor de Conſtance ſur le Rhin, qu'il a adreſſé à Sigiſmond lors Archiduc d'Auſtriche, en l'an 1489. où il diſpute cette queſtion d'une part & d'autre, & enfin il conclud qu'il ne ſe peut faire que de la conjonction d'un eſprit avec une femme vienne un homme : Ce qui ſe peut dire ſelon que l'entendement humain peut comprendre les choſes naturelles, qui ordinairement aviennent : mais en nature beaucoup de choſes ſe font, dont les cauſes ſont ocultes, & non connuës aux hommes, & toutesfois ſont veritables. Or comme que ce ſoit, il eſt bien certain, qu'en cette Maiſon de Cleves ont été Seigneurs grands & excellens perſonnages, & dura la lignée maſculine deſdits Comtes de Cleves juſques à Dietrich ou Theodoric Comte de Cleves, qui laiſſa une ſeule fille Marguerite, qui épouſa Adolfe Comte de Mark : ledit Adolfe fils d'Engelbert Comte de Mark, & de Sophie de Saxe, & ladite Marguerite fille dudit Dietrich Comte de Cleves, & de Marguerite de Gueldres : ledit Dietrich dixiéme du nom, fils d'autre Dietrich IX. & de Marguerite de Habſpurg, (c'eſt l'ancienne Maiſon d'Auſtriche, dont le vray & ancien nom eſt de Habſpurg, duquel étoit Rodolfe Seigneur de Habſpurg en Suiſſe, qui par ſa valeur fut élû Empereur, & le Duché d'Auſtriche ſe trouvant vacant par faute de ligne maſculine, & retourné à l'Empire, il l'appliqua à ſa Maiſon, comme l'Empereur Charles V. a fait du Duché de Milan.) Deſdits Adolfe de Mark venu gendre en la Maison de Cleves, & Marguerite de Cleves nâquit Adolfe second, qui eut débat pour le Comté de Cleves contre Othe d'Arkel issû d'une fille d'Othe jadis Comte de Cleves frere aîné dudit Thierry dixiéme. Mais parce qu'on disoit le Comté de Cleves être fief d'Empire, & que les filles ny les descendans des filles ne pouvoient y succeder par heredité, iceluy Adolfe s'étant rendu le plus fort audit païs de Cleves, (comme il étoit le mieux aimé des Seigneurs vassaux & du peuple,) obtint de l'Empereur Charles de Boëme IV. de ce nom, investiture dudit Comté pour luy & les siens à perpetuité, & appointa en deniers avec celuy d'Arkel. Ce même Adolfe prit le nom & les armes de Cleves au principal lieu de son Ecu, & y ajoûta les armes de Mark, qui sont à une face d'échiquier d'argent, & de gueulles en champ d'or. Ledit Adolfe second épousa Marguerite de Monts ou de Bergues, (Berg en Alleman signifie Mont) fille de Gerard Duc de Juiliers, & de Marguerite heritiere de Monts. Ledit Gerard fils de Guillaume Marquis de Juliers fait premier Duc dudit lieu, & de Jeanne de Haynault. Et ladite Marguerite de Monts fille d'Adolfe Comte de Monts, qui fut fait Duc, & d'Agnes de Cleves, fille desdits Dietrich Comte de Cleves & Marguerite de Habspurg cy-dessus nommez. Desdits Adolfe second Comte de Cleves & Marguerite de Monts nâquit Adolfe tiers, en la personne duquel, Cleves qui étoit l'un des quatre Comtez du premier établissement de l'Empire en Germanie, fut érigé en Duché par Sigismond Empereur au Concile de Constance l'an 1417. Ledit Adolfe tiers, premier Duc de Cleves épousa Marie fille de Jean Duc de Bourgogne l'an 1414. De ce mariage nâquirent Jean Duc de Cleves aîné, Adolfe Seigneur de Ravestin, qui épousa la fille du Comte de Coimbre frere du Roy de Portugal, & Marie de Cleves femme de Charles Duc d'Orleans, mere du Roy Louïs XII. Ledit Jean Duc de Cleves épousa Elisabeth de Bourgogne fille de Jean de Bourgogne lors Comte d'Etampes, & depuis Comte de Nevers, & de Dame Jaqueline d'Ailly de la Maison de Piquigny. Desdits Jean Duc de Cleves & Elizabeth de Bourgogne nâquirent Jean II. du nom Duc de Cleves, Engelbert de Cléves, & Philippes de Cleves Evêque de Nevers & d'Amiens. Ledit Jean II. Duc de Cleves épousa Mathilde fille du Landgrave de Hesse; & d'eux nâquirent Jean III. Duc de Cleves & Madame Sibille de Cleves femme de Jean Federic Duc de Saxe, Electeur, & furent épousez en l'an 1527. Ledit Jean troisiéme Duc de Cleves épousa Marie fille unique & heritiere de Guillaume Duc de Juliers, & par le moyen d'elle les Duchez de Juliers, & de Monts ou Bergues, & le Comté de Ravensbourg écheurent à la Maison de Cleves. Dudit mariage est issû Guillaume Duc de Cleves, qui est de present, lequel à cause de son pere est Duc de Cleves Comte de Mark, & à cause de sa mere est Duc de Juliers & de Bergues, Comte de Ravensbourg. Aussi il porte ses armes à cinq quartiers, trois au chef, qui sont les trois Duchez, & deux en bas, qui sont les deux Comtez. Lors que j'étois à Cleves en Juin 1562. envoyé par feu Monseigneur François second Duc de Nivernois, je vis au Chasteau dudit lieu, les quartiers desdites armes diversement posez; car en aucuns Ecussons le quartier de Cleves étoit le premier en rang, & celuy de Juliers le second, és autres le quartier de Juliers étoit le premier, & celuy de Cleves le second. Enquerant la cause de la diversité, le Chancelier de Cleves me dit que lesdites deux Maisons de Cleves & Juliers, quoy qu'elles fussent jointes en une personne, avoient leurs Etats distincts & separez, même chacun desd. Duchez avoit son Chancellier & autres Officiers generaux; & parce que Juliers est érigé en Duché de plus grande antiquité, le Duc de Cleves, pour avec cette antiquité avoir la seance plus haute en l'assemblée des Etats de l'Empire, prend pour principal titre le Duché de Juliers; & qu'és affaires qui concernent l'Etat de Cleves, il nomme Cleves pour premier titre, & és affaires du Duché de Juliers, il nomme Juliers le premier; & se peut faire que pour ne faire entrer en jalousie l'un des Etats au fait de la grandeur & preference, le Seigneur a avisé de faire premier, tantôt l'un, tantôt l'autre; vray est qu'il y a diversité d'opinions si quand trois se trouvent, le premier rang a la dextre est le plus digne, ou le rang du milieu. Sur les armes de mondit Seigneur de Cleves en son Chasteau de Cleves, le chapeau ou Couronne n'est à la Ducale, selon qu'en France on a accoûtumé de les façonner, qui est de surhausser ledit chapeau de gros fleurons: Ainsi sur ledit Ecu de mondit Seigneur de Cleves, étoit un chapeau chargé d'un rang de perles, & de trois en trois perles une par dessus, en la façon que les Marquis en France portent les chapeaux sur leurs armes: car les Comtes portent un simple rang de perles sans aucun surhaussement.

LA verité est, que de grande ancienneté la coûtume est qu'il y ait de gros fleurons sur les chapeaux des Ducs, mais aucuns font distinction de Duchez. Il se lit qu'aprés la mort de Richard Roy d'Angleterre en l'an 1199. Jean son frere étant fait Duc de Normandie, fut en la ceremonie de sa reception & installation ceint d'une épée par Gautier Archevêque de Roüen, lequel aussi mit sur la tête dudit Duc un cercle d'or chargé tout à l'entour de roses d'or. De vray il y a distinction de Duchez, entant que certains Duchez participent, & ressentent quelque chose de la dignité Royale; comme le Duché de Bourgogne subrogé au lieu du Royaume de Bourgogne; Milan subrogé au lieu du Royaume de Lombardie; le Duché de Bretagne, qui autresfois a été Royaume; le Duché de Lorraine subrogé, ou faisant portion, pour le moins retenant le nom de l'ancien Royaume d'Austrasie, qui fut nommé Lotharingie, ou Lorraine, ou Lothric, à cause de Lothaire Seigneur dudit païs. Et par la même raison en ce Duché de Nivernois qui a le vray droit de Lothric, & de Brabant, Terres souveraines, se doit dire qu'il luy appartient de porter sur les armes le chapeau Ducal mêlé du Royal : Car Lothric & Brabant representent l'Austrasie inferieure, en tant que Lothric est déduit du nom de Lothaire, comme Lorraine ou Lotharingie, qui est l'Austrasie superieure. Il a été dit cy-dessus, que le vray droit & titre de Lothric & Brabant est en la Maison de Nevers, & que les armes de Lothric sont les anciennes armes du Royaume d'Austrasie, qui depuis ont été prises par les Ducs d'Austriche à cause de la similitude du nom Austrasie & Austriche, qui tous deux en Alleman sont nommez Oestrich, parce qu'Austrasie étoit la France Orientale, & l'Austriche la Germanie Orientale. Austriche est aujourd'huy Archiduché érigé en cette dignité, parce que grand nombre d'Empereurs ont été de cette Maison. Mais il semble bien que les Duchez faits nouvellement qui n'ont en leur sujection aucune Cité Episcopale, ny païs, ny fort grand territoire, mais pour la plûpart sont composez de pieces de marqueterie ; ne doivent avoir cét honneur de chapeaux ainsi surhaussez de gros fleurons. Cette façon de porter coûronnes ou chapeaux peut avoir pris sa source & origine dés le tems des Romains, qui par diverses façons de couronnes à mettre sur la tête, honoroient ceux qui avoient fait quelque acte signalé en la guerre. La couronne triomphale étoit de laurier, & depuis fut faite d'or, & étoit dûë à celuy qui étant general de l'armée, avoit rendu les ennemis vaincus de tous points par fait d'armes vivement executé. Celuy qui triomphoit ramenoit son armée victorieuse, & avec icelle entroit dedans Rome étant sur un charriot tiré par quatre chevaux, menant devant luy les grands Seigneurs ennemis captifs, si aucuns il en avoit pris, avec les dépoüilles & butins ; & en cét ordre alloit au Capitole rendre ses voeux. La Couronne Ovale ou d'Ovation étoit dûë à celuy qui avoit rendu les ennemis vaincus sans grande effusion de sang, & étoit la Couronne de Murte ou Myrthe, arbre dedié par les anciens à Venus. La Couronne Obsidionale, que les assiegez Romains presentoient au Capitaine Romain qui avoit levé & délivré la Ville du siege, étoit faite de l'herbe prise en dedans la Ville assiegée. La Couronne Civique que le Citoyen Romain donnoit à l'autre Citoyen Romain qui l'avoit delivré de peril de mort en la mélée, étoit de rameau de chesne. La Couronne Murale étoit d'or, & se donnoit par le General de l'armée à celuy qui premier étoit monté sur la muraille de la Ville assiegée & prise d'assaut. La Couronne Vallaire qui aussi étoit d'or, & étoit surhaussée de figures de paux ou pieux pointus, étoit donnée à celuy qui premier étoit entré au fort où les ennemis étoient campez, qu'on appelloit Castres, parce que tels fors ou Castres étoient environnez & munis de paux. La Couronne Navale étoit aussi d'or, & étoit surhaussée de figures de becs de proüe de navire, & étoit donnée à celuy qui en bataille sur mer étoit le premier entré au navire ennemy. Outre ces sortes de remunerer, ceux qui avoient bien fait en la guerre, la coûtume étoit à Rome d'eriger des statuës de pierre ou de cuivre à cheval ou à pied aux grands Capitaines Romains qui avoient gagné quelque victoire, ou fait quelque acte memorable és affaires publiques. Ce qui a été retenu par les Venitiens, qui à un Capitaine general de leur armée en Terre ferme nommé Gatta Melata, ont érigé une statuë de Bronze à cheval en place publique devant l'Eglise saint Antoine à Padoüe. Et à un autre Capitaine general nommé Barthelemy Coleon de Bergame, ont fait ériger une statuë à cheval dorée, en la Ville de Venise auprés de l'Eglise de Santa Maria Formosa, pour memoire de leurs actes valeureux.

Pour retourner au propos de Cleves, mondit Seigneur Duc de Cleves à present vivant, a épousé Marie fille de Ferdinand Empereur, & d'Anne de Hongrie. Le mariage fut en l'an mil cinq cens quarante-six. Il avoit auparavant fiancé Madame Jeanne Princesse de Navarre, laquelle depuis épousa Antoine de Bourbon Duc de Vendômois, qui de par elle fut Roy de Navarre. Aud. mois de Juin de l'an 1562. quand j'étois à Cleves ; je fus admis à la salutation avec reverence du fils aîné de mondit Seigneur de Cleves, & de trois de ses filles ; huit jours auparavant madite Dame de Cleves étoit accoûchée d'une autre fils, qui fut cause que nous ne vîmes madite Dame. Les armes d'elle ne sont pas my-parties, comme on a accoûtumé en France pour les femmes ; à sçavoir, l'une des moitiez des armes du mary, & l'autre moitié de la femme, mais sont entieres ; & sont écartelées des armes de Hongrie & de Boheme, & sur le milieu des quatre quartiers est un petit Ecu my-party des armes d'Austriche, & des anciennes de Bourgogne. Les armes de Hongrie sont à faces d'argent, qui sont les anciennes armes de Luxembourg, car le Royaume de Boheme ou Duché érigé en Royaume, fut acquis par Henry VII. Empereur de la Maison de Luxembourg. Les armes de Cleves sont de bâtons Royaux qui ont au chef des fleurs de Lis, & se rencontrent par les bouts d'embas sur un petit Ecu d'argent chargé d'une émeraude au naturel, qui est de sinople, le tout sur champ de gueulles. Les armes de Mark sont d'une face en échiquier d'argent, & de gueulles sur un champ d'or. Les armes de Juliers sont d'un Lion de sable en champ d'or. Les armes de Bergues ou Monts, sont d'un Lion de gueulles en champ d'argent. Les armes de Ravensburg sont de trois chevrons brisez de gueulles en champ d'argent. Cleves est un Chasteau fort grand & ample, joignant lequel est une petite Ville de même nom és basses Allemagnes entre la Meuze & le Rhin ; mais plus prés du Rhin : Ce Chasteau est tres-bien accomply de tout ce qui appartient à la seureté, & au sejour d'un grand Seigneur, auquel se voyent plusieurs vestiges de grande antiquité ; il est assis sur le bord d'une grande planure infructueuse, & pleine de brossailles, mais fort propre pour le plaisir du Prince à la chasse ; & audit an 1562. joüis dire à mondit Seigneur de Cleves, que si Monseigneur de Nevers son cousin luy faisoit cét honneur de l'aller voir, il luy donneroit le passe-tems de faire passer devant ses yeux douze cens bêtes rousses. Incontinent au pied du Chasteau commence la declivité & descente de cette planure ; car la planure est en lieu haut, & en bas se void une autre plaine qui dure jusques au Rhin, fort fertile en bleds, prez, & pascages. Des fenestres du Chasteau on void cette planure & la riviere du Rhin, avec trois ou quatre belles Villes appartenantes au Duché de Cleves, assises sur où prés le Rhin, Emrich, Zante & Vvissel. Le Comté de Mark est delà le Rhin, plus bas tirant à Hollande, auquel païs de Mark est le lieu où fut cette grande defaite des Romains du tems d'Auguste Cesar sous la conduite de Quintilius Varus ; la defaite fut de trois legions Romaines, sans qu'un seul en échapat, parce qu'elles furent accueillies en embuches. Le lieu se reconnoît, par ce que dit Corneille Tacite Historien Romain, que cette defaite fut en la forest de Teutebourg entre les rivieres d'Amisis & Luppia, qui aujourd'huy se nomment Empser & Loupe, & sont audit Comté de Mark. Mondit Seigneur de Cleves pour quelque tems a joüi dudit Duché de Gueldres qui joint à Cleves & Juliers d'une part, & à Brabant d'autre part ; & avoit été appellé à cette joüissance par les Etats du païs de Gueldres, comme Seigneur défenseur, qu'ils appellent en langue Tudesque Schirmheer ; Heer c'est Seigneur, Schirmer c'est défendre, dont vient le mot vulgaire escrimer. Et ce fut pour occasion de débats sur la proprieté dudit Duché, quoy qu'il y eût quelque prétention en propre à cause de Marguerite de Gueldres dont il étoit descendu ; mais les autres prétentions étoient plus recentes ; car l'Empereur Charles Quint, à cause de la Maison de Bourgogne prétendoit le Duché de Gueldres luy appartenir en cette sorte. Adolfe fils d'Arnould Duc de Gueldres, se voyant mal traité par Charles son fils, qui le tenoit prisonnier, desherita sondit fils, & moyennant une somme de deniers donna ledit Duché à Charles Duc de Bourgogne bisayeul dudit Charles Quint Empereur. D'autre part le Duc de Lorraine prétendoit droit audit Duché de Gueldres par le moyen de Philippes fille dudit Adolfe Duc de Gueldres, & de Catherine de Bourbon ; laquelle Philippes fut femme de René Duc de Lorraine pere du Duc Antoine, le Duc de Lorraine aujourd'huy prend titre de Duc de Gueldres en ses monnoyes, & prend en ses armes un quartier des armes de Gueldres. Le débat dudit Duché avint aprés le decez dudit Charles Duc de Bourgogne, & lors le Duc de Cleves fut appellé à la joüissance. Ce jeune Duc Charles de Gueldres fut malément ingrat & impie envers son pere ; car il le fit prisonnier en une prison basse & obscure, l'ayant fait troter à pied quatre lieuës, & disoit que son pere avoit été Duc quarante-quatre ans, & qu'il étoit tems que luy son fils fût Duc. Ce bon homme fut delivré de prison par l'intercession du Duc de Bourgogne, auquel il donna ledit Duché, comme dit est. Le pere mourut peu de tems aprés, & le fils étant à la suite du Duc de Bourgogne, se déroba de luy, & depuis fut tué vilement à Tournay. Telles impietez ont accoûtumé d'être punies en ce monde, ou par une briéve vie & mort miserable : ou si la vie est de durée elle est accompagnée de tant de calamitez, qu'il y auroit plus de contentement à mourir qu'à vivre. C'est la parole de Dieu qui à tous les dix commandemens de la loy donnée par le ministere de Moyse, n'ajoûte aucune promesse, sinon à celuy d'honorer pere & mere, afin que bien soit au fils, & qu'il vive longuement sur la terre que N. Seigneur Dieu luy a donnée, qui emporte menasse de vie briéve à qui fait le contraire. Mondit Seigneur Guillaume Duc de Cleves ayant entrepris guerre contre ledit Empereur Charles V. & vaincu par luy, quitta le droit qu'il prétendoit au Duché de Gueldres, & aujourd'huy le Roy d'Espagne en joüit.

DE LA MAISON D'ALBRET.

ARnaud Amenion d'Albret Seigneur dudit lieu en Gascogne, ayant fait de grands services à nos Rois, pour la reduction & conservation de la Guyenne contre les Anglois, endura la ruine de ses Places fortes, & le pillage de ses meubles. Il fut recompensé par le Roy Charles VI. de trois mil livres de rente, qui furent assignez sur le Thresor du Roy. Et depuis le Roy pour décharger ses finances, bailla hereditairement à Charles d'Albret fils dudit Arnaud, le Comté de Dreux, qui lors n'étoit revenant qu'à douze cens livres de rente. C'est le droit de la Maison d'Albret, & de par elle la Maison de Nevers avoit au Comté de Dreux, mais elle en a été évincée par Arrest de Parlement du tems du Roy Henry II. & par ledit Arrest a été declaré que ledit Comté de Dreux est du domaine de la Couronne, à laquelle il a été réüny, à la charge que la Maison de Nevers en joüiroit, jusques à ce que le Roy eût baillé recompense de trois mil livres de rente en pareille assiete, prerogative, profits & revenus : Cette charge qui étoit presque impossible au Roy d'executer, pouvoit retenir longtems la Maison de Nevers en joüissance dudit Comté : mais par certaines occasions de conseil on s'avança de prendre la recompense telle qu'aucuns ayans interests persuaderent. Ledit Comté de Dreux avoit eté baillé en appanage à Robert fils du Roy Louïs le Gros, qui étoit aîné, mais avoit été repoulsé de la Couronne pour l'infirmité de son sens. Son Ecu étoit d'un échiquier d'or & d'azur, parce qu'en ce tems les enfans de France ne portoient les fleurs de Lis, mais les seules couleurs des armes de France diversifiées par figures d'échiquier, de bandes, de billettes ou autres. Pourquoy il semble que ce fut faute à ceux qui conseillerent à feu Monseigneur François premier Duc de Nivernois, lors que le Comté de Dreux se plaidoit contre le Procureur General du Roy, de prendre un quartier desdites armoiries de Dreux, car en ce faisant, c'étoit reconnoître que Dreux avoit été appanage d'un fils de France, & par consequent domaine de la Couronne. Ledit Arnaud épousa Marguerite de Bourbon sœur de Jeanne, femme du Roy Charles V. Ledit Arnaud Amenion délaissa son fils Charles d'Albret qui fut Comte de Dreux & de Gavre, Connestable de France, aprés le decez de Louïs de Sancerre, l'an 1402. Ledit Charles d'Albret étoit cousin germain du Roy Charles VI. parce qu'ils étoient enfans de deux sœurs de la Maison de Bourbon; & quand il fut fait Connestable le Roy luy bailla l'épée : les Ducs de Bourgogne, de Bourbon, d'Orleans & Berry la luy ceignirent, & le Chancellier prit son serment en presence du Roy. Ledit Charles d'Albret épousa Marie de Sully, de la Maison de la Trimoüille, l'an 1403. qui étoit seule fille & heritiere de Guy de la Trimoüille, Seigneur de Sully, de la Chapelle d'Angillon, des Aiz & d'Argent, Seigneur souverain de Boybelle : lesquelles Seigneuries vinrent audit d'Albret de par sa femme. Ledit Guy de la Trimoüille étoit fils de Louïs, ledit Louïs fils de Philippes de Sully, & de Marguerite de Bourbon, & ledit Philippes fils de Henry de Sully grand Bouteiller de France, & de Jeanne de Vendôme. La charge de grand Bouteiller est celle de grand Eschasson, & est l'un des Offices generaux de la Couronne, du nombre de ceux qui souloient signer les Edits & autres expeditions que les Rois faisoient pour memoire perpetuelle, & étoit le Connestable, le grand Chambellan, le grand Maître, le grand Bouteiller, & le Chancellier. Ladite Seigneurie de Boybelle est de titre excellent en cette Maison de Nevers, à cause de la souveraineté, combien que ce soit peu de chose quant au revenu & étenduë, elle est enclavée de toutes parts dans le païs de Berry : il est à croire que ladite Seigneurie étant dans les bois, en païs peu fructueux, desert, & peu habité, se soit trouvée exempte de souveraineté, lors de la conqueste des Gaules par les François, Goths & Bourguignons, & que les limites de la conqueste des François & de la conqueste de Goths, se trouvans en cét endroit qui participe de la Gaule Celtique & de la Gaule Aquitanique, cette terre pour sa modicité, & pour sa couverture des bois ait été inconneuë aux uns & autres conquerans; comme quelquesfois il avient qu'un petit oyseau s'échappe plus aisément de prise du grand oyseau de proye, aussi parce qu'il n'y avoit gueres à profiter en cette terre. Tant y a que de tout tems hors la memoire des hommes, le Seigneur de cette terre de Boybelle s'est maintenu en neutralité & liberté, & a exercé tous droits de Souveraineté, sans en avoir été recherché ny contredit, tant au fait de Jurisdiction contentieuse, que de concession de remissions & graces, exemption des sujets, des Tailles, & autres Subsides du Roy. Desdits Charles d'Albret Connestable de France & Marie de Sully, sont issus Guillaume d'Albret, & Charles d'Albret second. Ledit Guillaume aîné fut pere d'Alain d'Albret, qui épousa Françoise de Bretagne de Penthievre, & d'eux vint Jean Sire d'Albret, qui épousa Madame Catherine de Foix Reine de Navarre, qui fut fille de Gaston Comte de Foix, & d'Alienor fille de Blanche Reine de Navarre, & de Jean Roy d'Arragon. Desdits Jean Sire d'Albret & Catherine de Foix Roy & Reine de Navarre, nâquit Henry d'Albret Roy de Navarre, qui épousa Madame Marguerite d'Angoulême, sœur du Roy François I. & d'eux est issuë Jeanne d'Albret leur fille unique Reine de Navarre, femme d'Antoine de Bourbon Duc de Vendômois, & d'eux est issu Henry Roy de Navarre à present regnant, qui a épousé Madame Marguerite de France fille du Roy Henry II. Lequel mariage ayant été declaré nul par jugement du Pape, aprés connoissance & preuve des causes legitimes, ledit Henry qui est IV. du nom a épousé Madame Marie de Medicis fille du Grand Duc de Florance. Le Royaume de Navarre fut levé des mains dudit Jean d'Albret mary de ladite Catherine de Foix, par Ferdinand Roy d'Arragon, dit le Catholique, par cette occasion & pretexte, parce que le Pape Jules II. qui étoit plus guerrier que devot en pieté, avoit beaucoup de fautes en luy tres-griéves & scandaleuses, pour lesquelles aucuns Cardinaux, Evêques, Rois & Potentats estimoient être expedient de le deposer du gouvernement universel de l'Eglise, avec legitime connoissance de cause, fut avisé d'assembler Concile universel de l'Eglise auquel devroit répondre. Le Concile fut assigné à Pise en Toscane, à quoy tenoient la main Louïs XII. Roy de France, & ledit Jean Roy de Navarre, avec le Roy d'Angleterre & autres. Le Pape Jules pour éluder cette entreprise convoqua de sa part le Concile à Rome en l'Eglise de Latran, & en iceluy excommunia les Rois & autres Seigneurs qui favorisoient ledit Concile de Pise, interdit leurs Royaumes & Seigneuries, & les donna au premier conquerant : ledit Roy Ferdinand d'Arragon, dit le Catholique, qui durant ce remuëment avoit mis ses mitaines pour se garder des épines, voyant que le Royaume de Navarre luy étoit bien seant pour la proximité, l'occupa par surprise & s'en empara; c'est le titre d'usurpation sous lequel ledit Ferdinand en joüissoit, & le transmit à Jeanne sa fille, mere de l'Empereur Charles Quint, & de present le

Roy d'Espagne en jouït, & le Roy de Navarre de present, auquel le vray titre & droit appartient, jouït seulement de quelques places és Monts Pyrenées, & du Duché de Bearn en souveraineté. Cette usurpation est voilée d'un beau pretexte, qui est le jugement dudit Pape Jules II. qui en ensuivant l'opinion erronée d'aucuns Papes ses predecesseurs, prétendoit avoir droit de donner les Royaumes & l'Empire, & déposer les Rois & Empereurs. Cette prétention a mis en Italie cette malheureuse division des Guelphes & Gibellins, & à plusieurs fois a appellé les forces étrangeres en Italie. Le Pape Boniface VIII. voulut exercer cette puissance en ce Royaume contre le Roy Philippes le Bel, mais la chose mal entreprise ne vint en son effet. La verité est, que les Papes sont chefs souverains en l'Eglise, en ce qui est de la conscience & du spirituel, mais ils n'ont que voir sur les dominations temporelles pour y commander : bien ont-ils pouvoir, & leur devoir est d'exhorter les Princes à ce qu'ils sont tenus. De ce même erreur que l'on dit être favorisé par les Theologiens d'Italie ; qui à cét égard s'accordent aux Canonistes, est procedé que le Pape a entrepris de donner les Terres neuves à ceux qui en faisoient la conqueste : a entrepris autresfois de confirmer la conqueste que les Chevaliers de saint Jean de Jerusalem avoient faite de Rhodes sur les Turcs, & a prétendu qu'il n'appartient aux Rois & Princes Chrétiens de faire guerre contre le Turc, & faire paix, accord, ou tréve sans son congé, dont quelquefois sont avenus de grands inconveniens : & toutesfois la verité est que les conquêtes, & le fait des armes sont entierement en la puissance des Seigneurs temporels souverains. Cette usurpation du Royaume de Navarre, comme elle étoit sans juste titre, aussi le succez a fait connoître qu'elle n'étoit pas agreable à Dieu. Peu de tems aprés icelle ledit Ferdinand fut chassé par son gendre Philippes l'Archiduc, du Gouvernement d'Espagne, aprés la mort de la Reine Isabelle, & fut contraint de se retirer à Naples, ce fut en l'an 1505. Ledit Philippes ayant mal traité son beau-pere mourut l'année d'aprés le 25. Septembre, l'an 1506. au 28. an de son âge. La Reine Jeanne sa veuve devint infirme de sens, & Charles qui depuis fut Empereur gouverna. Vray est que par pretexte és lettres & monnoyes on nommoit Jeanne & Charles : Depuis le Roy Philippes fils dudit Empereur Charles, fut pressé de ce grand inconvenient de faire mourir Dom Charles son fils aîné. Ainsi doivent les grands bien penser qu'ils sont sujets aux jugemens de Dieu quand ils font mal, & qu'au fait de ce monde la lignée & posterité reçoit quelquesfois mal pour les fautes de leurs predecesseurs, & est témoigné en plusieurs endroits de la sainte Ecriture. Ledit Charles d'Albret second, fils de Charles premier Connestable de France, épousa Anne d'Armaignac fille d'Illustre Prince Bernard Comte d'Armaignac, & de Bonne de Berry, & fut leur mariage l'an 1418. Ledit Charles second qui étoit puisné, pour difference des armes de l'aîné prit le bord d'argent dentellé sur le quartier de gueulles : l'aîné ayant retenu ledit quartier de gueulles plein, sans bord. Du mariage desdits Charles second & Anne d'Armaignac nâquit Arnaud Amenion d'Albret second, qui épousa Madame Isabeau de la Tour fille du Comte de Bologne & d'Auvergne, qui lors étoit veuve de Guillaume de Bretagne de Penthievre, Comte de Perigort & de Penthievre, Vicomte de Limoges, Seigneur d'Avennes en Haynault, & de l'Aigle en Normandie. Dudit mariage premier Isabeau de la Tour avec le Comte de Penthievre nâquit Françoise de Bretagne cy-dessus nommée, femme d'Alain Sire d'Albret, & du second mariage de ladite Dame Isabeau de la Tour, & dudit Amenion nâquirent deux fils & deux filles, Jean d'Albret Sire d'Orval, Gabriël d'Albret Sire de l'Esparre, Gouverneur pour le Roy en Limosin ; Marie d'Albret premiere femme de Charles de Bourgogne Comte de Nevers, & Françoise d'Albret tierce femme de Jean de Bourgogne Comte de Nevers. Ledit Jean d'Albret Sire d'Orval épousa Charlotte de Bourgogne, seconde fille dudit Jean Comte de Nevers. Ledit Amenion pere desdits quatre enfans mourut en Catalogne, où il étoit Lieutenant pour le Roy de France, en l'an 1462. Ladite Isabeau de la Tour sa veuve mourut le 8. Septembre jour de Lundy, environ huit heures du matin ; l'an 1488. à tel jour & à telle heure qu'étoit decedé son mary, & demeura veuve vingt-six ans, son decez arriva au Chasteau de Montrond prés saint Amand, elle avoit bâty & fondé le Convent des Carmes audit lieu de saint Amand : son corps est enterré en l'Eglise de Nôtre-Dame de Chasteau-Meillan, devant l'Autel de la Trinité. Ledit Jean d'Albret Sire d'Orval épousa, comme dit est, Charlotte de Bourgogne, fille de Jean Comte de Nevers, & de Paule de Bretagne de Penthievre, & dudit mariage nâquirent Marie d'Albret seconde, qui fut femme de Charles de Cleves ; & Charlotte d'Albret femme d'Odet de Foix, Seigneur de Lautrec : ladite Dame Marie d'Albret nâquit à Cusy le vingt-cinquiéme Mars de l'an 1491. & deceda à Paris en Octobre l'an 1549. Ladite Dame Charlotte de Bourgogne, mere desd. Marie & Charlotte, deceda à Chasteau-Meillan le 23. Aoust de l'an 1500. Son corps est enterré en l'Eglise dudit lieu ; & parce que la Maison de Foix se trouve par deux fois alliée en la Maison d'Albret, sera remarqué ici quelque chose de la genealogie d'icelle Maison. Isabeau Comtesse de Foix épousa Archambault de Grely, & d'eux nâquit Jean Comte de Foix, Seigneur de Bearn, lequel épousa Jeanne d'Albret, fille de Charles d'Albret premier, Connestable de France, & d'eux nâquirent Gaston de Foix aîné, Comte de Foix, & Pierre de Foix Seigneur de Lautrec, puisné. Ledit Gaston épousa Leonor de Navarre, & d'eux nâquirent Gaston de Foix aîné, Prince de Navarre, qui épousa Magdelaine de France, fille du Roy Charles VII. & Jean de Foix Vicomte de Narbonne, qui épousa

Marie

Marie d'Orleans sœur du Roy Loüis XII. Dudit Gaston second nâquit Catherine de Foix femme d'Alain, Sire d'Albret, dont il est parlé cy-dessus. Et desdits Jean de Foix Vicomte de Narbonne, & de Marie d'Orleans nâquirent Gaston de Foix Duc de Nemours, nepveu du Roy Loüis XII. General en l'armée dudit Roy en Italie, qui gagna la bataille de Ravenne, & y fut tué l'an 1512. Et Germaine de Foix qui épousa Ferdinand Roy d'Arragon, & esperoit ledit Ferdinand en avoir enfans, qui déja étoit vieil, ayant dédain du mauvais traitement que luy avoit fait ledit Philippes Archiduc son gendre ; & par le traité de mariage fut convenu avec le Roy Loüis XII. que la moitié du Royaume de Naples seroit pour elle, & les enfans qui naistroient dudit mariage. Dudit Pierre de Foix, frere de Gaston premier, nâquit Odet de Foix Seigneur de Lautrec, qui épousa Charlotte d'Albret, & d'eux nâquirent Claude de Foix femme de Guy Comte de Laval, qui deceda sans enfans, & Gaston de Foix qui nâquit le 5. Fevrier de l'an 1521. & mourut aussi sans enfans.

DE LA MAISON DE BOLOGNE.

LA Genealogie de la Maison de Bologne sur la Mer, dont étoit ladite Dame Isabeau de la Tour, femme dudit Arnaud Amenion d'Albret second, est telle : Jeanne Comtesse de Bologne & d'Auvergne étoit fille de Guillaume de Bologne, & de Marguerite d'Evreux : ledit Guillaume fils de Robert le Grand Comte de Bologne & d'Auvergne, & de Blanche fille de Robert Comte de Clermont, Sire de Bourbon. J'ay vû en la Chambre des Comptes a Nevers une charte de l'an 1242. de Mathilde Comtesse de Bologne, femme d'Alfonse fils du Roy de Portugal : Elle nomme Gaucher de Chastillon, & Jeanne sa femme, fille d'elle, & son heritiere, les armes dudit Alfonse sont à faces semées de fleurs de Lis, le contre-seél myparty de fleurs de Lis sans nombre, & de faces à un bord rond, l'écriture d'entour est telle, *Mathildis Comitissa Bononiæ, Moretoniæ*, c'est Mortaigne, *Clarimontis*, c'est Clermont en Auvergne, qui est le Comté d'Auvergne, & à ce titre la Reine Mere de nos Rois a gagné la ville de Clermont contre l'Evêque du lieu. En une Chronique écrite à la main, j'ay lû que le Roy Philippes Auguste donna à son fils Philippes le Comté de Bologne : il avoit eu ce fils de Marie qui n'étoit sa femme legitime, & que ledit Philippes Comte de Bologne deceda l'an 1233. délaissant sa fille Mathilde. Ladite Jeanne Comtesse de Bologne premierement nommée, épousa Philippes fils d'Eude, quatriéme Duc de Bourgogne, du nombre des anciens, & d'eux nâquit Philippes le dernier des anciens Ducs de Bourgogné. Aprés le decez de ce Philippes le dernier, les Comtez de Bologne & d'Auvergne écheurent à Jean de Bologne Comte de Montfort, Seigneur de Mont-gascon, fils du second mariage dudit Robert le Grand, qui avoit en secondes nopces épousé Catherine fille du Dauphin de Viennois. Dudit Jean nâquit autre Jean Comte de Bologne, qui avoit sa mere Jeanne, fille de Jean de Clermont, frere de Loüis premier Duc de Bourbonnois. C'est de Clermont en Beauvoisis, qui étoit l'appanage de Robert fils du Roy S. Louïs, qui épousa l'heritiere de la Maison de Bourbon. Combien que les enfans des fils de Roy prennent le surnom de l'appanage de leurs peres, toutesfois Loüis issu dudit Robert prit le surnom de Bourbon, & en sa personne Bourbonnois fut érigé en Duché ; mais le second fils dudit Robert, frere dudit Loüis prit le surnom de Clermont, qui étoit l'appanage de son pere. Dudit Jean de Bologne second, & d'Eleonor de Comminge fille de Pierre Raymon Comte de Comminge, nâquit Jeanne de Bologne leur fille & heritiere, qui fut femme de Jean Duc de Berry, & d'Auvergne, fils du Roy Jean, laquelle n'eût aucuns enfans. Les armes de Bologne audit tems étoient d'un gonfanon, que les Italiens appellent *gonfalone*, qui est la banniere generale d'une armée, à la façon ancienne, laquelle est quarrée, & finit à trois lambeaux frangez, tout de gueulles en champ d'or. En la sainte Chapelle de Bourges, bâtie & fondée par ledit Jean Duc de Berry, se voyent les armes de sadite femme my-parties, qui representent l'Ecu cy-dessus. Par le decez de ladite Jeanne de Bologne les Comtez de Bologne & d'Auvergne vinrent à Bertrand de la Tour, fils d'autre Bertrand de la Tour, & de Marie de Bologne, fille de Geoffroy de Bologne dernier fils dudit Robert le Grand, Comte d'Auvergne & Bologne. Dudit Bertrand second, nâquit Bertrand troisiéme, & de Bertrand troisiéme nâquirent deux fils & trois filles, Bertrand quatriéme Comte de Bologne & d'Auvergne, Godefroy de la Tour, duquel sont issus les Vicomtes de Turene, & Seigneurs de Limeul, Gabrielle de la Tour, femme de Loüis premier Comte de Montpensier, Loüise de la Tour, femme de Iean de Crequy, & ladite Isabeau de la Tour, femme premierement de Guillaume de Bretagne de Penthievre, & depuis dudit Amenion d'Albret, dont il est parlé cy-dessus. Ledit Bertrand quatriéme épousa Loüise de Sully dite de la Trimoüille, fille de George de Sully, Seigneur de Craon & de Sully, & d'eux nâquirent Iean de la Tour Comte d'Auvergne, & Lauraguaiz, Anne de la Tour femme d'Alexandre Stuard Ecossois, Duc d'Albanie, Ieanne de la Tour femme d'Emard de Poitiers, Sieur de saint Valier, Françoise de la Tour femme de Gilbert de Cabanes, Baron de Curton, & Loüise de la Tour femne du Baron de Conches en Bourgogne, Sieur de Blesy. Ledit Bertrand quatriéme bailla au Roy Louïs XI. le Comté de Bologne par échange, & eut pour recompense le Comté de Lauraguaiz & terres adjacentes, dont la mere ville est Gastelnau-d'Arry. Ledit Jean de la Tour fils de Bertrand quatriéme épousa Jeanne de Bourbon de la Maison de Vendôme, fille de François de Bourbon, & veuve de Jean second Duc de Bourbonnois, & d'eux nâquirent Magdelaine de la Tour Comtesse d'Auvergne & de Lauraguaiz, femme de Laurens de Medicis Florentin, Duc d'Urbin, & furent mariez l'an 1519. & Anne de la Tour femme de Jean Stuard Duc d'Albanie, fille dudit Alexandre, & mourut sans enfans. Desdits Laurens de Medicis & Magdelaine de la Tour y est issüe leur fille unique Madame Catherine de Medicis qui épousa Henry II. fils du Roy François, lors Duc d'Orleans & depuis Dauphin & Roy, & fut leur mariage l'an 1533. à Marseille, & de leur mariage sont issus François, qui a été Roy II. de ce nom, Charles IX. aussi Roy, Henry III. aussi Roy, François Duc d'Anjou, tous decedez sans enfans. Madame Isabelle de France femme de Philippes Roy d'Espagne, Madame Claude de France femme de Charles Duc de Lorraine, Madame Margueritte femme d'Henry Roy de Navarre.

DE LA MAISON DE BOURBON.

LA Genealogie de la Maison de Bourbon est telle, Robert fils du Roy saint Louïs, qui étoit Louïs IX. & d'Isabelle de Provence, eut pour son appanage le Comté de Clermont en Beauvoisis. Il épousa Beatrix heritiere de Bourbon, fille de Jean de Bourgogne & d'Agnes de Bourbon; ledit Jean fils d'Hugues quatriéme Duc de Bourgogne; ladite Agnes fille unique d'Archambault Sire de Bourbon, & d'Agnes de Castillon, dite de Nevers, fille de Guy de Castillon Comte de saint Paul, & d'Agnes de Nevers fille du Comte Hervé. Ladite Isabelle de Provence en aucunes histoires est nommée Marguerite, même és sepultures qui sont à saint Denys en France: Mais en une gallerie basse qui est au Château de Moulins en Bourbonnois, où les Ducs de Bourbonnois & leurs femmes sont peints au naturel, & en la sainte Chapelle de Bourbon l'Archambault elle est nommée Isabelle. Ladite Isabelle eut trois autres sœurs, & toutes quatre furent femmes de Rois; l'une du Roy de France, l'autre de Charles d'Anjou Roy de Sicile; l'autre d'Henry Roy d'Angleterre, & l'autre de Richard d'Angleterre Roy de Germanie. Les armes anciennes de Bourgogne sont d'un Lion rampant de gueulles armé de sable en champ d'or, semé de coquilles d'azur; & telles sont en un scél d'Archambault Sire de Bourbon, pendant à une charte étant en la Chambre des Comptes à Nevers, du mois de Juillet de l'an 1220. par laquelle il se reconnoît vassal du Comte de Nevers contre tous hommes, excepté Philippes Roy, & autres Seigneurs y nommez. Ledit Archambault avoit son frere Guillaume de Dompierre Sieur de Marcy prés Varzy; ainsi nommé en une charte de l'an 1234. lequel de Dompierre épousa Marguerite, qui depuis fut Comtesse de Flandres, & d'eux nâquit Guy Comte de Flandres pere de Robert, dont il a été parlé cy-dessus. Les armes de Provence sont à un Ecu écartelé d'or & de gueulles, les quartiers de gueulles dentelez d'or au bord. Ledit Robert fils du Roy Comte de Clermont deceda le 11. Fevrier de l'an 1317. Son corps est enterré en l'Eglise des Jacobins à Paris. Desdits Robert & Beatrix de Bourbon nâquit Louïs de Bourbon, qui épousa Marie fille du Comte de Haynault; les armes de Haynault sont écartelées de quatre Lions rampans de gueulles & de sable en champ d'or. En la personne dudit Louïs la Seigneurie de Bourbon fut érigée en Duché & païs dit de Bourbonnois, l'an mil trois cens vingt-neuf, par l'occasion qui s'ensuit. Charles IV. dit le Bel Roy de France, voulant r'avoir en ses mains le Comté de Clermont en Beauvoisis, parce qu'il étoit né au Chasteau du lieu, bailla audit Louïs pour ledit Comté de Clermont, les Comté de la Marche, Seigneurie d'Yssoudun, de saint Pierre de Monstier, & Montferrand, & érigea le tout en Duché de Bourbonnois. Lors ledit Louïs laissa le nom de Clermont, qui étoit son vray nom d'appanage, & prit le nom de Bourbon comme subrogé au lieu de son appanage. Mais Philippes de Valois successeur à la Couronne ne voulut retenir l'échange comme préjudiciable à la Couronne, & rendit Clermont; mais le nom de Bourbon & titre de Duché demeurerent en cette Maison. Ledit Duché de Bourbonnois qui comprenoit premierement les Seigneuries de Bourbon, Yrecon, Murat & Chantelle, a été accrû & augmenté par acquisitions de plusieurs Seigneuries és païs de Berry, Auvergne, Nivernois & Forests, qui de present sont unie audit Duché: aucunes desquelles étoient d'ancienneté du domaine ou du fief de Nivernois, & de l'Evêché de Nevers, partie écheut à ladite Agnes de Nevers femme dudit Archambault de Bourbon. Se void par les chartes de la Chambre des Comptes à Nevers, que Jaligny, Germigny en Lexant, Chaveroche, Chastel le Perron, Chasteau Morand, Treteaux, Vonna, Saligny, étoient fief du Comté de Nivernois. Et és chartes de l'Eglise de Nevers, se trouve qu'Archambault Sire de Bourbon a reconnu tenir en fief de l'Evêché de Nevers la moitié de Chasteaux sur Allier le total d'Aveurdre, Cosne en Bourbonnois, Bussiere, Azy en Surgier, Beaulieu, la Chapelle aux Chats, Isseure lez Moulins, & l'Abbaye de Coussoy. Aussi il se trouve que Robert Comte de Clermont, Dauphin d'Auvergne,& Isabeau de Chastillon sa femme Dame de Ialigny, par succession de Guillaume de Ialigny son oncle Evêque de Laon, reconneurent à cause d'elle tenir en fief du Comté de Nevers les Seigneuries de Dompierre sur Besbre, Ialigny & Treteaux, & tenir aussi en fief les Gardes des Prieurez de Marseigne & de Ialigny, & de l'Abbaye de S. Lieu, qui est l'ancien nom de l'Abbaye de Septfons sur le Besbre, de l'Ordre de Cisteaux, & par lettre du mois d'Avril de l'an 1292. & la Seigneurie de Chastelperron, & ce en hommage lige, par lettres de l'an 1211. & Chasteau Morand par lettre de l'an 1224. Par lettres du mois de Septembre de l'an 1282. Robert Comte d'Artois & Agnes sa femme Dame de Bourbon, reconnoissent être en l'hommage du Comte de Nevers, comme leurs predecesseurs étoient. Dont il se peut recueillir que Bourbonnois est Province & païs nouvellement composé comme en marqueterie ou Mosaïque de plusieurs pieces rapportées, acquises des Seigneurs voisins. De fait en iceluy il n'y a aucun Evêché ny Ville qui ait grande marque d'ancienneté; mais ledit païs est des Evêchez d'Authun, Bourges, Clermont & Nevers; & la ville capitale qui est Moulins, il n'y a pas deux cens ans se disoit Moulins en Auvergne, comme j'ay vû par une lettre de nos predecesseurs, & plusieurs Seigneuries qui sont du Domaine, fief ou Ressort de Bourbonnois, se trouvent enclavées & enfermées en dedans les païs voisins, comme en sautant sans continuation & suite de territoire, & sans limites notables, comme de rivieres, montagnes & autres telles marques. Ainsi il se void que la ville de S. Portian, dit saint Porsain, qui de toute ancienneté est d'Auvergne, & une des treize bonnes villes dudit païs, est demeurée d'Auvergne, combien qu'elle soit environnée de toutes parts de Bourbonnois; comme aussi est Cusset, parce que ce sont terres d'Eglise que l'on n'a pû gagner ny empieter, & tous les entours desdites deux villes se trouvent avoir été unis audit Duché de Bourbonnois. Nous voyont Auisy, Sermoise, Flery sur Loire, & autres qui sont du fief & ressort de Bourbonnois, & sont enclavez de toutes parts dans le Nivernois. Nous voyons Fontenay, Neronde, Germigny en Lexant, Blet, & autres enclavez de toutes parts dans le Berry, qui sont de present du fief & ressort de Bourbõnois. Aussi de toute ancienneté tout le païs de Bourbonnois, qui est entre Loire & Allier en dedans lequel est Moulins, est de l'Evêché d'Authun, parce qu'il étoit de la domination des Authunois, avant la Chrétienté établie, comme il se void és Commentaires de Cesar livre premier, où il est dit aprés que Cesar eut vaincu les Germains qui étoient venus au secours des Helveties Suisses; entre lesquels Germains étoient les Boies; iceluy Cesar octroya à ceux d'Authun qui l'en prierent, ce qui étoit resté dudit peuple des Boies aprés la victoire, ausquels Boies ceux d'Authun attribuerent une partie de leur territoire, parce qu'ils étoient vaillans, & enfin les reçûrent à pareille condition de droit & de liberté. Les Boies selon l'opinion des doctes, sont ceux de Bourbonnois; mais il faut ajoûter que ce sont ceux de Bourbonnois qui sont entre Loire & Allier, car cét endroit se trouve encores aujourd'huy de l'Evêché d'Authun, & comme il a été raisonné cy-dessus, les limites des Evêchez representent les limites des anciennes dominations temporelles qui étoient au tems des Romains.

LEdit Louïs premier Duc de Bourbonnois, Comte de Clermont & de Dreux, Pair & Chambrier de France, deceda le 22. Ianvier de l'an 1341. son corps gist en l'Eglise des Iacobins à Paris. De luy & de ladite Marie de Haynault nâquirent deux fils, Pierre qui fut Duc de Bourbonnois, Comte de Clermont, & Iacques Comte de la Marche chef de la Maison de Vendôme, & Beatrix de Bourbon femme de Iean Roy de Boheme, comté de Luxembourg; laquelle deceda le 25. Decembre de l'an 1383. son corps gist en l'Eglise des Iacobins à Paris. Ledit Pierre Duc de Bourbonnois, Comte de Clermont, Pair & Chambrier de France, épousa Madame Isabelle sœur du Roy Philippes de Valois. Les armes de ladite Isabelle sont de France à un simple bord de gueulles, qui sont les armes de la Maison de Valois, que depuis prirent ceux d'Anjou de la seconde lignée. Ledit Pierre de Bourbon fut tué en la bataille devant Poitiers; son corps est enterré en l'Eglise des Iacobins de Poitiers. Ladite Isabelle deceda le 19. Septembre de l'an 1356. son corps gist en l'Eglise des Iacobins à Paris. Desdit Pierre & Isabelle nâquirent Louïs II. Duc de Bourbonnois, dit le bon Duc, Comte de Clermont & de Forests, Seigneur de Beaujeu, & Chastelchinon, Pair & Chambrier de France. Ieanne de Bourbon Reine de France femme du Roy Charles V. Bonne de Bourbon femme d'Amedée Comte de Savoye. Marguerite de Bourbon femme de Iean sieur de Sully, & depuis d'Arnaud Amenion d'Albret: Ledit Louïs deuxiéme Duc de Bourbonnois épousa Anne Dauphine d'Auvergne Comtesse de Forests, Dame de Beaujolois, fille de Beraud Dauphin d'Auvergne, & de Ieanne de Forests. Les armes de ladite Dauphine sont écartellées de quatre Dauphins, deux d'or en champ d'azur, & deux d'azur en champ d'or: Desdits Louïs deuxiéme & Anne Dauphine nâquit Iean premier de ce nom Duc de Bourbonnois, qui épousa Marie de Berry fille de Iean Duc de Berry fils de Roy, & eut en mariage le Duché d'Auvergne & Comté de Montpensier l'an 1400. & par le traité de leur mariage fut accordé avec le Roy Charles VI. que les mâles descendans du mariage de ladite Marie heriteroient au Duché d'Auvergne; & par le même traité fut accordé, que Bourbonnois qui n'étoit appanage en tiendroit la nature. Le Roy Louïs XII. au mois de May de l'an 1498. revoqua ledit traité par lequel Bourbonnois étoit en nature d'appanage, afin que Madame Suzanne fille de Pierre Duc de Bourbonnois y succedat. Ce qui fut approuvé par la Cour de Parlement, mais il y eut opposition de la part du Comte de Montpensier issu du second fils dudit Jean Duc de Bourbonnois: Pour appaiser ce differend fut fait le mariage de Charles Comte de Montpensier & de ladite Suzanne; & aprés le decez de ladite Suzanne il y eut procez entre Madame Louïse de Savoye mere du Roy François premier proche lignagere de Suzanne, & ledit de Montpensier. Ledit de Montpensier qui fut Connestable de France, indigné de ce qu'on le vouloit desheriter prit party contraire au Roy, & aprés son decez le Roy François en transigea avec madite Dame sa mere le 25. Aoust de l'an 1527. par lequel traité demeurerent unis à la Couronne, Auvergne, Bourbonnois & Clermont en Beauvoisis.

LEdit Jean Duc de Bourbonnois, mary de Marie de Berry, fut pris prisonnier par les Anglois à la journée d'Azincourt en l'an 1415. & demeura en prison à Londres jusques en l'an 1433. qu'il deceda & en la même année mourut à Lyon ladite de Berry sa femme: les armes d'elle sont de France à un bord dentelé de gueulles. Desdits Jean Duc de Bourbonnois & Marie de Berry nâquirent Charles premier Duc de Bourbonnois & d'Auvergne, Comte de Clermont & de Forests, Seigneur de Beaujeu & Chastelchinon, & Louïs Comte de Montpensier Dauphin d'Auvergne. Ledit Charles épousa Agnes de Bourgogne fille de Jean Duc de Bourgogne, & furent les nopces à Authun l'an 1415. ledit Charles deceda l'an 1455. Desdits Charles Duc de Bourbonnois & Agnes de Bourgogne nâquirent Jean deuxiéme Duc de Bourbonnois, qui épousa Jeanne de France fille du Roy Charles VII. & deceda sans enfans. Et Pierre de Bourbon, qui premierement fut nommé le Seigneur de Beaujeu, & aprés le decez dudit Jean son frere fut Duc de Bourbonnois, & épousa Madame Anne de France fille du Roy Louïs XI. les titres dudit Pierre étoient Duc de Bourbonnois & d'Auvergne, Comte de Clermont, de la Marche de Gyen, Vicomte de Carlat & Murat, Seigneur de Beaujolois, Annonay & Bourbon Lanceys, Lieutenant du Roy & Gouverneur en Languedoc, Pair & Chambrier de France: Aussi desdits Charles Duc de Bourbonnois & Agnes de Bourgogne nâquirent autres neuf enfans: Philippes de Bourbon Seigneur de Beaujeu qui mourut sans être marié; Charles de Bourbon Cardinal Archevêque de Lyon; Louïs de Bourbon Evêque de Liege Duc de Boüillon; Jacques de Bourbon mort sans être marié; Marie de Bourbon femme de Jean fils aîné de René d'Anjou Duc de Calabre; Isabeau de Bourbon femme de Charles Duc de Bourgogne, & fut le mariage en l'an 1453. Catherine de Bourbon femme d'Adolfe Duc de Gueldres; Jeanne de Bourbon femme du Prince d'Orange Seigneur d'Argeuil morte sans enfans, & Marguerite de Bourbon Dame de Bresse femme du Duc de Savoye, mere de Louïse de Savoye mere du Roy François I. qui sont en tout neuf enfans. Desdits Pierre Duc de Bourbonnois & Anne de France nâquit ladite Suzanne de Bourbon fille unique, qui portoit ses armes écartellées de Bourbon & de France pleines, laquelle, comme dit a été, épousa ledit Charles de Bourbon, de Montpensier, & d'eux nâquit un fils qui mourut fort jeune, & aprés mourut ladite Suzanne à l'âge de 29. ans le 28. d'Avril de l'an 1516.

DUdit Louïs Comte de Montpensier fils de Iean Duc de Bourbonnois, qui épousa Gabrielle de la Tour fille de Bertrand troisiéme Comte de Bologne & d'Auvergne, nâquit Gilbert Comte de Montpensier qui épousa Claire de Gonzague fille de Federic Marquis de Mantouë, & d'eux nâquirent ledit Charles de Bourbon Connestable, Renée de Bourbon femme d'Antoine Duc de Lorraine, & Louïse de Bourbon femme de Louïs de Bourbon Prince de la Roche sur Yon puisné de la Maison de Vendôme, desquels Louïs & Louïse nâquirent Louïs de Bourbon, qui a été Duc de Montpensier de par sa mere, & Seigneur de Beaujolois, Suzanne de Bourbon femme du Seigneur de Rieux, & Charles de Bourbon Prince de la Roche sur Yon: Ledit Louïs de Bourbon fils de Louïs épousa Dame Jaqueline de Longvy de la Maison de Givry, dont sont issus François de Bourbon Prince Dauphin d'Auvergne, de present Duc de Montpensier, qui a épousé la fille heritiere de Nicolas d'Anjou Comte de saint Forgeau Baron de Mazieres, Anne de Bourbon femme de François second Duc de Nivernois decedez sans enfans, & Françoise de Bourbon femme d'Henry Robert de la Mark Seigneur de Sedan.

CY-dessus il a été dit, que de Louïs premier Duc de Bourbonnois nâquit Iacques son second fils Comte de la Marche, de Charolois & de Ponthieu, Connestable de France, chef de la Maison de Vendôme; ledit Iacques eut un fils nommé Iean Comte de la Marche, qui épousa Catherine de Vendôme heritiere de la Maison de Vendôme, les armes de la Maison de Vendôme avant que la Seigneurie vint à la Maison de Bourbon, étoient d'un Lion d'azur armé & langué de gueulles en champ d'or. Desdits Iean de Bourbon & Catherine de Vendôme nâquirent Iacque de Bourbon aîné, Louïs qui fut Comte de Vendôme, & Iean de Bourbon qui fut Seigneur de l'Ecluse & Carency, duquel sont descendus les Seigneurs d'Aubigny, de Rochefort, d'Escars, de la Vauguyon & de Daysant; en étoit aussi descenduë Ieanne femme de François Raulin Seigneur de Beauchamp. Ledit Iacques de Bourbon aîné Comte de la Marche épousa Ieanne Reine de Sicile & de Naples, & acheta le titre de Roy en figure bien cherement, car il fut mal & indignement traité d'elle: & ceux qui se marient au loing se mettent en ce peril pour ne connoître bien tout le lignage, la nourriture & les mœurs : mais la grandeur & les biens aveuglent souvent les mieux avisez, ou qui pensent être tels. Cette Ieanne avoit en ses delicesd'amours un jeune homme appellé Pandolfe, que par mignardise on appelloit Pandolfello, & disent aucuns pour sauver l'honneur d'elle, qu'elle l'avoit épousé, & afin qu'en prenant ses plaisir son Royaume fut bien gouverné, elle donna la Connestablie d'iceluy Royaume à un grand Capitaine de ce tems nommé Sforce Attendolo, avec lequel ledit Pandolfe fit alliance, luy donnant sa sœur en mariage. Ledit Iacques de Bourbon qui durant ce tems épousa ladite Ieanne, fit mourir ledit Pandolfe, dont elle irritée fit enfermer led. Iacques en prison, sous pretexte de quelques occasions prises à escient, & même que par les convenances de leur mariage il devoit se contenter du simple titre de Roy, & toute l'administration & commandement devoit être à ladite Ieanne : Ce pauvre Prince mal fortuné ayant trouvé moyen d'échaper retourna en France, & honteux de la grande faute qu'il avoit faite de se marier au long sans bien connoître, se fit Hermite. Il a été parlé cy-dessus dudit François de Raulin Sieur de Beauchamp, qui étoit fils de Nicolas Raulin Chancellier de Bourgogne au tems du bon Duc Philippes, & eut la faveur de cette alliance à cause du grand credit & grandes richesses dudit Chancellier son pere, qui étoit venu de Maison de Ville : de vray ledit Chancellier ne s'étoit pas épargné à amasser richesses sous la faveur de son Maître ledit Duc Philippes, lequel combien qu'il fût debonnaire blâma ledit Chancellier ; de ce qu'il avoit stipulé quinze mil écus pour luy, & il n'y avoit que quarante mil écus pour son Maître à l'accord de ceux de Bruges qui avoient été rebelles, & ledit Chancellier l'ayant fait entendre à son Maître (car en ce tems la fidelité étoit telle, que le serviteur ne prenoit don sans le sçû de son Maître) ledit Duc son Maître luy dit, c'est trop Chancellier : & ce proverbe est encores aujourd'huy, usurpé par plusieurs personnes qui n'en sçavent pas la source. Ledit Chancellier avec ses grands biens comme donnant le dixme à Dieu, fit bâtir & fonda ce bel Hôpital, qui de present se void à Beaune en Bourgogne, qu'on dit être le plus somptueux de France. Et comme quelqu'un faisoit ce conte au Roy Louïs XI. de ce bel Hôpital, peut-être pour l'inviter à faire ses serviteurs riches il répondit à contre-poil en ces mots, *Pasquedieu* (c'étoit son serment) *le Chancellier de Bourgogne a bien fait de bâtir un bel & ample Hôpital pour loger grand nombre de pauvres, car il en a beaucoup fait en son tems.* Et comme ces grandeurs ainsi tôt acquises, & peut-être non toûjours bien acquises n'ont accoûtumé de durer, & en est la cheute de tant plus dommageable & honteuse quand on a monté plus haut : Ainsi est advenu à un successeur dudit Raulin du même nom en nôtre tems, qui fut reduit à telle pauvreté, qu'il fut contraint de demander pension pour ses alimens au College de l'Eglise de Nôtre-Dame d'Authun, dont les Prebandes avoient été fondées par ledit Chancellier Raulin. Et pour mieux faire connoître à tous en public cette décheance de si haut degré en si bas, la cause fut traitée au Parlement de Dijon, & selon les constitution Canoniques, qui veulent que les Eglises fondées & dotées par aucuns, fassent à leur Patron ou ses descendans secours de nourriture en cas de necessité. Ainsi est dit au chapitre *Nobis extra. de Jure Patron. & in Can. quicumque 2. 16. quæst. 7.* luy fut adjugé le revenu d'une Prebande pour ses alimens. Dudit Louïs de Bourbon Comte de Vendôme nâquit autre Louïs de Bourbon Comte de Vendôme, grand Maître de France, qui épousa Jeanne de Laval. Et d'eux nâquit Jean de Bourbon Comte de Vendôme qui épousa Anne de Beaujeu fille du Seigneur de Precigny, & d'eux nâquirent plusieurs filles & deux fils, l'une des filles étoit Charlotte de Bourbon femme d'Engilbert de Cleves, dont il a été parlé cy-dessus. Le fils aîné François Comte de Vendôme épousa Marie de Luxembourg fille de Louïs de Luxembourg Comte de saint Paul Connestable de France ; qui étoit aussi Comte de Conversan, de Brienne & de Ligny, Seigneur d'Anguyen, Ham & Bohain : ladite Marie de Luxembourg, dis-je, fille dudit Louïs & de Ieanne fille unique de Robert de Bar, dit de Bethune, Comtesse de Marle & de Soissons : Dame de Dunxerke. Le second fils dudit Iean de Bourbon Comte de Vendôme étoit Louïs de Bourbon Prince de la Roche sur Yon, qui épousa Louïse de Bourbon fille de Gilbert Comte de Montpensier. Desdits François de Bourbon & Marie de Luxembourg sont issus Charles de Bourbon premier Duc de Vendômois, & François de Bourbon Comte de saint Paul, lequel Comte de saint Paul épousa Adrienne heritiere de la Maison d'Estouteville, dont est issuë une seule fille mariée en la Maison de Longueville d'Orleans. Ledit Charles premier Duc de Vendômois épousa Françoise d'Alençon fille de René Duc d'Alençon, & de Marguerite de Lorraine. Le mariage fût à Chasteaudun au mois de May és Feries de Pentecôte en l'an mil cinq cens douze : ladite Françoise étant veuve de François Duc de Longueville. Desdits Charles & Françoise d'Alençon sont issus Antoine de Bourbon Duc de Vendômois, qui fût Roy de Navarre, ayant épousé Ieanne heritiere dudit Royaume, & fut tué au siege de Roüen le vingt-uniéme Octobre de l'an mil cinq cens soixante-deux. Le second fils François Seigneur d'Anguyen Lieutenant du Roy en Piedmont, chef de l'armée Royale à la bataille de Cerizolle en Piedmont en l'an mil cinq cens quarante-quatre, & fut ladite bataille gagnée par les François contre les Espagnols, Alemans & Italiens, conduits par le Marquis du Gast Lieutenant de l'Empereur Charles V. Le tiers fils Charles de Bourbon Cardinal. Le quart fils Iean Seigneur d'Anguyen qui fut tué à la bataille de saint Quentin le jour de saint Laurens, l'an mil cinq cens cinquante-sept. Le cinquiéme fils Louïs Prince de Condé ; Marguerite de Bourbon sœur des dessusdits, qui épousa François premier Duc de Nivernois. Dudit Antoine Roy de Navarre est issû Henry second de present Roy de Navarre, qui a épousé Marguerite de France fille du Roy Henry second, & furent les nopces à Paris au mois d'Aoust de l'an mil cinq cens septente-deux. Dudit Louïs de Bourbon Prince de Condé, & de Leonor de Roye son épouse, est issû Henry de Bourbon Prince de Condé, qui a épousé Marie de Cleves, Marquise d'Isle, tierce fille de la Maison de Nevers, laquelle deceda l'an mil cinq cens septente-cinq. Desdits François I. Duc de Nivernois & Marguerite de Bourbon, sont issus François second Duc de Nivernois qui deceda sans enfans, blessé en la bataille de Dreux l'an 1562. Jacques Marquis d'Isle, qui aprés le decez dudit François son frere fut Duc de Nivernois, deceda sans enfans en l'an 1564. Henriette aînée qui a épousé Monseigneur Ludovic de Gonzague Prince de Mantouë ; Catherine qui a épousé Monseigneur Henry de Lorraine Duc de Guyse. Et ladite Marie de Cleves femme dudit Henry de Bourbon Prince de Condé.

DE LA MAISON D'ALENÇON.

LE lignage de la Maison d'Alençon est tel. Philippes III. Roy de France, qu'aucuns surnomment le Hardy, fils du Roy S. Louïs, eut deux fils issus de luy & de Madame Isabelle fille du Roy d'Arragon, qui sont Philippes aîné qui fut Roy de France, surnommé le Bel & Charles Comte de Valois & d'Alençon. Charles fils de Roy Comte de Valois épousa premierement la fille de Charles Roy de Sicile, Duc d'Anjou en l'àn 1290. & eut en mariage le Duché d'Anjou & Comté du Maine. En secondes nopces il épousa Catherine fille de Philippes de Flandres fils de Baudoyn second Empereur de Constantinople en l'an mil trois cens, à laquelle appartenoit le titre dudit Empire, par le droit de conqueste que Baudoyn premier & autres François en firent en l'an mil deux cens quatre. Elle deceda l'an mil trois cens vingt-cinq ; son corps est enterré en l'Eglise des Jacobins à Paris. Ledit Charles de Valois fils de Roy eut deux fils, Philippes de Valois, & Charles de Valois. Philippes fut Roy de France aprés le decez de ses trois cousins germains, Louis, Philippes & Charles, enfans de Philippes le Bel, qui tous trois moururent sans hoirs mâles, & ainsi fut declarée la loy Salique par les Etats de France, que le mâle fils de mâle excluoit Edoüard Anglois nepveu desdits trois Rois fils de Madame Isabelle de France. Charles de Valois second fils de Charles fut Comte d'Alençon & du Perche, Sire de Vernueil & de Dampfront, il épousa Marie d'Espagne, & fut tué à la bataille de Crecy, gagnée par les Anglois sur les François le vingt-six d'Aoust de l'an 1346. son corps gist en l'Eglise des Jacobins à Paris. Ladite Marie d'Espagne fille de Ferrand d'Espagne, laquelle depuis épousa Charles d'Evreux Comte d'Etampes : Elle trépassa le 19. Mars de l'an 1369. son corps gist en ladite Eglise des Jacobins. Lesdits Philippes & Charles de Valois avoient Jeanne leur sœur, qui fut femme de Guy fils aîné de Charles Comte de Blois, qui débatit le Duché de Bretagne contre Jean de Bretagne dit de Montfort. Desdits Charles de Valois Comte d'Alençon & Marie d'Espagne, nâquit Pierre Comte d'Alençon & du Perche, qui épousa Marguerite Vicomtesse de Beaumont. Desdits Pierre & Marguerite nâquit Jean premier Duc d'Alençon, qui épousa Jeanne fille de Jean Duc de Bretagne, & fut tué à la bataille d'Azincourt, gagnée par les Anglois en l'an 1415. Dudit Jean premier Duc d'Alençon, descendit Jean deuxiéme Duc d'Alençon, qui fut prisonnier des Anglois en la journée de Verneuil en l'an 1425. & paya deux cens mil écus de rançon l'an 1426. Il avoit épousé Jeanne fille de Charles Duc d'Orleans. & d'Isabelle de France. Dudit Jean nâquit René Duc d'Alençon, qui épousa Marguerite de Lorraine fille de Ferry de Lorraine fils d'Antoine de Vaudemont. Et d'eux sont issus Charles Duc d'Alençon qui épousa Marguerite d'Angoulême dite d'Orleans ou de Valois, sœur du Roy François premier, & deceda sans enfans, Françoise d'Alençon femme de Charles de Bourbon premier Duc de Vendômois ; & Anne d'Alençon femme de Guillaume Paleologue Marquis de Montferrat. La genealogie de ladite Françoise est cy-dessus au chapitre de la Maison de Bourbon. De ladite Anne d'Alençon, & dudit Guillaume Marquis de Montferrat est issuë Marguerite Paleologue femme de Federic Duc de Mantouë, de laquelle il sera parlé és chapitres prochains.

DE LA MAISON DE MONTFERRAT.

LA Maison de Montferrat est au nombre des plus nobles, plus anciennes & mieux alliées Maisons de la Chretienté. L'antiquité de cette Maison ne se prend pas seulement en la personne de Aleramo, ainsi nommé par les Historiens d'Italie, & par les Historiens Tudesques nommé Almair. Mais vient de bien plus haut, de l'ancienne Maison de Saxe, & de la même source dont est venuë la Maison de France, qu'aujourd'huy est descenduë d'Hugues Capet, en laquelle est la Couronne il y a prés de six cens ans continuée par mâle. La region de Germanie est celle qui a produit tous ceux qui ont conquesté presque le reste de l'Europe, & partie des autres parts du monde sur l'Empire Romain, quand il declina, & ont étably les Royaumes de France, d'Espagne, d'Angleterre, d'Ecosse, Lombardie, de Naples & Sicile, qui durent encores aujourd'huy : Car les François Goths, Anglois, Saxons, Ecossois, Lombards & Normans qui ont étably lesd. Royaumes, étoient de Germanie. Germanie n'étoit pas dite du nom Latin *Germanus*, qui signifie frere, comme s'ils eussent été freres des Gaulois (aucuns follement l'ont ainsi crû) car le nom étoit tel avant que la langue Latine passat le Rhin. Mais ces noms *Aleman*, *German*, sont dictions Tudesques, en laquelle langue *Man* signifie homme, *Gar* ou *Ger* en langue des hauts Allemans signifie *tout* : comme aussi *al*, en langage de bas Alleman signifie *tout* : Comme qui diroit *German Aleman*, tout homme, entierement homme. En cette grande transmigration des Germains qui causa la ruine de l'Empire Romain, Allemans furent dits ceux qui occuperent le païs de Suisse, & ce qui est d'Allemagne deça le Rhin au dessus de Basle. Les noms des vents pour la navigation en la mer du Ponant sont pris de la langue Tudesque ou Germanique, Nord c'est Aquilon, Tramontane ou Galerne ; Zud vent du Midy ; Oest vent d'Orient ; Vvest vent d'Occident ou Ponant, & de ces quatre par diverses sortes de combinations on en fait huit, & de huit seize, & de seize trente-deux. Toutes les nations d'Occident qui n'ont pour caractere de leur langue, la langue Romaine ; ont leurs principaux mots & dictions de la langue Tudesque, & toutes nomment Dieu Goth, comme Allemagne, Suisse, Flandres, Angleterre, & Ecosse. Et la plûpart des noms, des armes, & de ce qui appartient au mestier de la guerre sont venus de langue Tudesque : *Helm*, heaume ; *arnisch*, harnois ; *Kuriez*, cuirasse ; *sporen*, éperons ; *banner*, banniere ; *trumb*, trompette ; *daghen*, dague ; *haxen*, hache ; *stok*, estoc ; *tarsch*, targe ; *Schirmen*, escrimer ; *ban*, une proclamation publique, dont sont venus les mots, *bannir*, bans de mariage ; *ban*, avec le tambour en faction de guerre ; *hereban*, qu'on appelle arriereban, comme és Capitulaires de Charlemagne livre 3. chapitre 68. & autres dictions ; *Sciffen*, Eschevins ; *Clausen*, Ecluse ; *Vuert*, resistance dont est dit *bolvuert*, qui est fait pour resister aux boullets d'artillerie ; *Lantzknech*, compagnon du païs. Même la plûpart des noms de nos Rois & autres grands Seigneurs sont de langue Germanique & sont composez de deux dictions, comme étoient les nom des Grecs, *Leudvvich*, qui étoit le même nom que Clovis, & Louïs ; *Clodvvich*, & Louïs signifie excellent parmy le peuple ; *Leud*, signifie peuple ; *Vvich*, excellent ; *Meervvich*, qui est Merüée, signifie préfet ou majeur excellent ; *meier*, c'est majeur ; *Herrich*, Seigneur riche ; *Heer*, signifie Seigneur ; *Rich*, c'est riche, & le François vient du Tudesque ; *Fredrich*, abondant en paix, pacifique ; *Freid*, c'est paix ; *Leonhard*, fort comme Lion, *hard*, c'est force ; *Bernhard*, fort comme un Ours ; *Ber*, c'est Ours, *Gothard*, force de Dieu ; *Goth*, c'est Dieu ; *Hildrich* ou *Childerich*, riche ou abondant en grace ; *Richard*, abondant en force ; *Landrich*, Seigneur de grand païs, *land*, c'est païs ; *Gotfreid*, paisible avec Dieu, dont est tiré le François Godefroy ou Geoffoy ; *Markmeier*, qui est *Marcomire*, Gouverneur d'un païs limitrophe, car *mark*, c'est limite de païs ; *Vvarimund*, c'est Pharamond homme veritable. Et sera remarqué qu'és anciennes chartes esquelles les Rois écrivoient leurs noms en lettres entrelassées, qu'on appelle chiffres, devant le mot *Ludovicus*, il y a un h, laquelle aspiration prononcée avant la premiere lettre du nom, a été cause que de *Ludvvich* on a fait *Clodvvich*, qui est Clovis ; & de *Heildrich*, on a fait Childeric, de *Hildebert*, on a fait Childebert. Doncques en effet *Ludvvich*, *Clodvvich*, Clovis & Louïs c'est un même nom. Est à sçavoir que *Diethrich* de Saxe, qui est Theodorich ou Thierry fit la guerre contre Charles Martel ayeul de Charlemagne pour les confins d'Austrasie & de Saxe : led. Martel étant lors comme Connestable, & qui deslors projettoit ce que son fils Pepin executa, d'usurper la Couronne de France, & se disoit dudit Martel en Proverbe, qu'il ne se soucioit pas d'être appellé Roy, parce qu'il commandoit aux Rois. Dudit Diethrich vint Sighard Seigneur en Saxe : de Sighard nâquit Vvernekin Duc d'Angrie & d'Iburg. Ce titre d'Angrie dure encore aujourd'huy en la Maison de Saxe, & dit-on que de cette Seigneurie vient le nom des Anglois qui étoient Saxons, & occuperent la Britanie, qui d'eux fut nommée Angleterre.

D'Vvernekin nâquirent Vvitikind Seigneur d'Angrie, & Bruno Seigneur en Saxe, duquel Bruno a été nommé la Ville & Duché de Brunsvvich. Ledit Vvitikind a plusieurs fois eu forte guerre contre Charlemagne, qui fut la guerre de Saxe. Dudit Vvitikind nâquirent deux fils Vvitikind le jeune, Seigneur des Sorabes, qui sont ceux du païs de Misne ou Messein appartenant à la Maison de Saxe. Et Vvibert qui épousa la fille de Ratbod Seigneur de Frise; iceluy Vvitikind l'aîné se fit Chrétien en l'an 820. & auparavant le Baptême portoit pour devise de ses armes un cheval gay de sable en champ d'argent : fait Chrétien il prit pour armes le cheval d'argent en champ de gueules. De present les Ducs de Saxe portent leurs armes à face d'or & de sable, & par le travers le quart d'un chapellet ou couronne de fueilles de ruë, herbe au naturel qui est de sinople ou verd. Le Duc de Savoye qui est descendu de la Maison de Saxe, a ajoûté depuis trente ans en ça en ses armes deux quartiers des armes de Saxe, à sçavoir du cheval & des armes modernes de Saxe. Le Duc de Saxe est Maréchal nay de l'Empire, & à ce titre il porte és batailles de l'Empire la banniere generale qui est de l'Aigle. Et en ses armes il porte un quartier de deux épées à deux mains croisées en sautoir : & en ses monnoyes se dit Archimaréchal de l'Empire, Dudit Vvitikind le jeune nâquit Vvitikind troisiéme, qui fut appellé en aide par Charles le Chauve Roy de France, contre les Danois Normans, qui dés ce tems travailloient la France par courses & ravages, & ledit Charles aprés en avoir tiré bon service, luy dôna en bien-fait la Ville & Comté d'Angers, & l'en investit. De ce Vvitikind troisiéme nâquit Robert Comte d'Angers pere des Otho, Odes ou Eudes, & de Robert second. Ledit Robert premier fut tué en bataille contre lesdits Danois Normans. Ledit Robert second est celuy qui fit guerre contre Charles le Simple Roy de France, & par l'aide que fit Henry Empereur audit Charles, ledit Robert fut vaincu & tué en bataille. Led. Charles pour recompense de cét aide, quitta & délaissa audit Henry Empereur au profit de l'Empire la Lorraine, qui étoit le Royaume d'Austrasie. Autres Chroniques disent que ce fut Lothaire Roy de France qui quitta la Lorraine à Otho Empereur, dont les Seigneurs de France furent grandement offensez en l'an 983. Ledit Ode ou Eudes fils dudit Robert premier, fut celuy qui étant ordonné tuteur dudit Charles le Simple, par les Etats de France, se nomma Roy, & étant proche de la mort quitta ledit titre de Roy, exhortant les Seigneurs de France d'obeïr audit Charles le Simple. Ledit Robert second étoit pere d'Hugues le Grand, Comte de Paris, qui épousa Adelheide ou Alix fille d'Othon le Grand Empereur, & de leur mariage nâquit Hugues Capet qui fut Roy de France. Par cette déduction il se void qu'Hugues Capet étoit de grande & ancienne Maison, & que c'est chose fausse ce que Dante Alighieri Poëte Florantin a écrit au livre de sa Beatrice, que ledit Capet fut fils d'un boucher. Aussi led. Dante étoit Poëte, étoit Philosophe, & étoit Florantin. Comme aussi se dit mal à propos par nos Historiens François, que ledit Capet fut usurpateur de la Couronne de France : car au contraire la lignée de Charlemagne avoit usurpé le Royaume sur les anciens François. Et les Carlingues, ainsi nomme-t'on la posterité de Charles Martel, n'étoient pas François naturels, ny de la Germanie de là le Rhin, mais étoient Brabançons des basses Allemagnes deça le Rhin és endroits où les Romains sur le declin de leur Empire avoient étably un petit Siege d'Empire, avec garnison en certaines Villes & Forts, dont la principale étoit Treves, & étoit cét Empire composé de quelques restes des anciennes legions Romaines; & est vraisemblable que le nom de Pepin, qu'avoit le pere & le bisayeul de Charlemagne fût venu du nom Latin *Puppienus*, qui étoit le nom d'un Empereur de Rome. Et parce que les anciens Rois François de la premiere lignée s'étans abaissez de leur ancienne valeur & vigueur, faisoient manier leurs guerres & affaires par les Maires de leur Palais, qui étoient comme Connestables : Charles Martel Seigneur en Brabant, homme sage & vaillant, arriva en cette charge, & fit tres-grands services à la Couronne de France, même pour l'extermination des Sarrazins Maures, lesquels il defit auprés de Tours, & étoient venus pour la conqueste de France, dont ils pensoient avoir aussi bon marché comme ils avoient eu des Espagnes : mais il se recompensa bien desdits services, car prenant occasion du peu de valeur de nos Rois, il fit les preparatifs pour mettre la Couronne de France sur la tête de Pepin son fils pere de Charles le Grand. La lignée dudit Charles Martel étant accrûë bien tôt en grandeur, bien-tôt aussi commença à décheoir : Or ledit Hugues Capet par le consentement unanime de tous les Etats de France fut élû Roy, qui est la vraye façon de commencer l'établissement d'un Royaume : Ledit Capet étoit de la même nation dont étoient les premiers François qui conquirent les Gaules, & établirent cette Monarchie de France : car les François sont premierement venus de Saxe, comme il est témoigné par Claudian Poëte Latin, qui étoit du tems de Theodose le grand Empereur au premier Panegyrique en ces Vers :

...... Mediumque ingressa per Albin,
Gallica Francorum montes armenta pererrant :

Les troupes de bêtail appartenans aux Gaulois aprés avoir passé la riviere d'Elbe pâcageoient és montagnes des François : Et S. Jerôme en une Epistre de la vie de saint Hilarion, dit que la gent Françoise a autresfois habité au territoire de Saxe. Aussi Ammian Marcellin au livre 27. de son Histoire, dit que du tems de Valentinian & Valens Empereurs, les François & les Saxons leurs voisins tourmentoient les Gaulois. Qui montre que c'étoit une même nation ou fort voisine & alliée l'une à l'autre, dont faut inferer qu'il qu'il a été bien seant à la lignée d'Hugues Capet venuë des Saxons, de venger l'injure que la lignée de Charlemagne avoit faite à la lignée des premiers Rois François venuë de Saxe, & luy ôter des mains cette Couronne quand l'occasion s'est presentée pour la rétablir en son ancien lignage de la Maison de Saxe, même avec la volonté & élection des Etats de France.

POur reprendre le propos, & montrer que la Maison de Montferrat est issuë de la même Maison de Saxe, dont sont descendus les Rois de France de la lignée d'Hugues Capet; sera remarqué que ledit Vvitbert fils de Vvitikind second, eut un fils nommé Vvalbert Duc d'Angrie & en Rinsburg, & dudit Vvalbert nâquirent deux fils, Imode ou Amedée, duquel sont descendus les Comtes & Ducs de Savoye, & autre Vvitixind pere dudit Aleramo ou Almair chef de la Maison de Montferrat, tant renommée és histoires d'Italie, lesquelles histoires commencent la Maison de Monferrat audit Aleramo sans la tirer plus haut. Ledit Aleramo ou Almair, par concession de l'Empereur Othon II. fut Marquis de Turin, Yvrée, Final, Pontion, Savone, Ceves, Saluces & Monferrat, environ l'an 978. & portoit ses armes d'argent à un chef de gueulles : qui sont encores aujourd'huy les armes de Saluces. Ledit Aleramo épousa en premieres nopces Gelberge fille de Beranger troisiéme Roy d'Italie : en secondes nopces épousa Adelheide, ou Adelle ou Alix fille de l'Empereur Othon II. & de Theophanie fille de Nicephore Empereur de Grece. Es armes qui sont de present de Montferrat sur tous les quartiers qui sont en grand nombre, est planté un petit Ecu d'argent à un chef de gueulles, qui sont les armes dudit Aleramo, & sont les mêmes armes de Saluces, & à cette occasion aprés le decez de Boniface & de Jean George son oncle, Paleologues derniers Marquis de Montferrat en ligne masculine, le Marquis de Saluces prétendit le Marquisat de Montferrat au préjudice de Madame Marguerite Paleologue, femme de Monseigneur le Duc de Mantouë, disant qu'il ne pouvoit venir à femelle, & qu'il étoit retourné à luy comme descendu de Aleramo en droite ligne masculine, & alleguoit la concession faite par Othon Empereur audit Aleramo de Saxe, en l'an 967. du Marquisat de Montferrat, & autres terres avoir été pour ledit Aleramo & ses heritiers, lesquels heritiers ledit Marquis de Saluces disoit devoir être entendus les mâles selon la nature des fiefs, & disoit que sont environ deux cens ans, l'Empereur Albert avoit investy Manfroy Marquis de Saluces aprés le decez de Jean Marquis de Montferrat avenu sans enfans, parce, disoit-il, que le fief étoit retourné à l'Empire, mais on disoit au contraire, que ledit Manfroy avoit été étably seulement administrateur pendant l'absence de Theodore Paleologue qui étoit fils d'Yoland de Montferrat, lequel Theodore avoit été investy dudit Marquisat, en avoit joüi & sa posterité aprés luy, madite Dame Marguerite Paleologue disant que ledit Boniface son frere étoit decedé sans enfans la delaissant la seule heritiere, & que si tant étoit que le fief fut affecté aux mâles, que par le decez dudit Boniface il étoit avenu à Jean Georges Paleologue son oncle : & que durant la vie dud. Jean Georges & de son consentement Monsieur le Duc de Mantouë Federic & elle sa femme avoient été investis dudit Marquisat par l'Empereur Charles V. Seigneur feodal, pour y succeder aprés le decez dudit Jean Georges sans hoirs, dés à present comme pour lors. Contre lequel Marquisat de Saluces, se disoit outre qu'il étoit à douter s'il étoit descendu dud. Aleramo : & s'il en étoit, qu'il étoit à plus du dixiéme degré de lignagne, partant non capable de succeder en ligne collatele : qu'autresfois le Marquisat de Montferrat étoit venu à femelles, même aprés le decez de Jean Marquis de Montferrat, Theodore Paleologue nepveu dudit Jean fils d'Yoland sa sœur, y avoit succedé ; & la ligne de ladite Yoland en avoit joüi plus de deux cens ans, L'Empereur Charles Seigneur feodal jugea du débat, sequestra led. Marquisat, & depuis en adjugea la possession & en investit lesd. Federic Duc de Mantouë & Marguerite Paleologue sa femme. De ce débat s'est traité par forme de procez, en ont écrit pour conseil les doctes Jurisconsultes dudit tems, Marian Socin le jeune Sienois lors Docteur Regent à Padoüe en l'an 1534. qui y lisoit encores au tems que j'y étois écolier, en l'an 1542. & sont entre ses conseils ceux où il est traité les 75. & 76. volume premier, & Loüis Gozadin Bolonnois en ses conseils 7. 8. & 9. Ledit Socin au conseil 77. parle d'autre débat pour ledit Marquisat aprés le decez dudit Jean Georges, sur ce que Charles Duc de Savoye se disoit Seigneur feodal des terres dud. Marquisat deçà le Pô & outre le fleuve Tenaro, pour cause d'une donation faite par Jean Jacques Marquis de Montferrat & Amedée Duc de Savoye en l'an 1435. lors que led. Duc de Savoye tenoit prisonnier Jean fils aîné dudit Jean Jacques, & au même instant de la donation, ledit Duc conceda en fief & investit ledit Marquis desdites terres à luy données, excepté Chiavas que ledit Duc retint à luy, & disoit ledit Charles qu'étant défaillie la ligne masculine le fief luy étoit retourné : Mais aprés que l'Empereur Federic III. eut declaré nulle ladite concession, qui fut en l'an 1474. le droit ancien de la feodalité, & de la lignée des Paleologues avoit été conservé.

REvenant au propos délaissé, est à sçavoir que dudit Aleramo & d'Adelheide fille d'Othon deuxiéme Empereur, nâquirent Boniface premier qui fut second Marquis de Montferrat, decedé sans enfans l'an 995. aucuns Ecrivains omettent led. Boniface & mettent Guillaume prochain aprés Aleramo, & Guillaume premier de ce nom qui fut le tiers Marquis, qui épousa Helene fille du Duc de Clocestre en Angleterre, qui étoit frere de Richard Roy d'Angleterre, & deceda l'an 1053. D'eux nâquit Boniface second du nom Marquis quatriéme, qui fut l'un des fondateurs de l'Abbaye de Cisteaux en l'an 1060. & épousa Marie fille de Philippes I. Roy de France, & d'eux nâquit Guillaume second, Marquis cinquiéme de Montferrat, qui épousa Marie fille de Lotaire second Empereur Duc de Saxe, & deceda l'an 1074. & d'eux nâquit Rainier premier, Marquis sixiéme, qui deceda l'an 1127. dudit Rainier nâquit Guillaume troisiéme dit le Vieil, Marquis septiéme, qui étoit chef en l'armée des Chrétien pour la Terre sainte, quand Emanüel Empereur de Grece fournit de farines mêlées de plâtre au passage de l'Asie, il épousa en premieres nopces Ottone fille de Federic Barberousse Empereur, & n'en eut enfans; en secondes nopces il épousa Julie fille de Leopold d'Austriche, les autres disent que Julie étoit Italiéne, & qu'aprés elle, il épousa Judith fille de Leopold, & d'Agnes fille d'Henry quatriéme, Empereur, qui en premieres nopces avoit été mariée à Federic Duc de Sueve ou Suaube, & de ce mariage étoient issus Federic & Conrard Empereurs : Et du second mariage dudit Guillaume & de ladite Julie ou Judith nâquirent Boniface troisiéme du nom Marquis huitiéme qui fut Duc de Candie, qui est l'Isle de Crete, qu'il delaissa depuis aux Venitiens, & & pour recompense luy fut baille le Royaume de Thessalie; il avoit été des premiers & principaux conducteurs de l'armée des Chrétiens François, qui sous le Roy Philippes Auguste entreprirent le voyage de la Terre sainte, & s'étans adressez à Venise pour recouvrer vaisseaux de mer au passage de l'armée en Asie, ils furent persuadez par les Venitiens de faire la conqueste de Constantinople, ce qu'ils firent & prirent la ville le 12. Avril de l'an 1204. Baudoyn Comte de Flandre fut élû Empereur, & ledit Boniface eut pour sa part de la conqueste Candie, & depuis le Royaume de Thessalie. Nâquit aussi dudit Guillaume troisiéme & de ladite Julie ou Judith Guillaume de Montferrat dit longue épée, qui aprés grand & excellens faits d'armes exploitez en la Terre sainte, épousa Sybille sœur de Baudoyn quatriéme Roy de Jerusalem, & à cause d'elle fut Roy de Jerusalem, & d'eux nâquit Baudoyn, qui depuis fut Roy de Jerusalem, ladite Sybille étant veuve dudit Guillaume, épousa Guy de Lusignan; qui à cause d'elle se dit Roy de Jerusalem : Nâquirent aussi desdits Guillaume & Julie Conrad de Montferrat, Oton Cardinal, Rainier, Jordane, & Agnes; ledit Conrad fut Seigneur d'Ascalon en Palestine & Roy de Cypre, épousa Isabelle fille d'Almeric Roy de Jerusalem, & fut tué par les assassins en la ville de Tyr ou de Acon : de leur mariage nâquit Yoland qui fut femme de Jean de Brene Chevalier François, qui avec elle fut Roy de Jerusalem : Ledit de Brene avoit été appellé par les François pour le secours de la Terre sainte, parce qu'il étoit preux & vaillant Chevalier, & mena une armée à Ptolemaïde dite Acre en Palestine en l'an 1209. Desdits de Brene & Yoland nâquit Isabelle fille unique, qui fut femme de Federic II. Empereur, qui de son patrimoine étoit Roy de Sicile, & ladite Isabelle apporta le titre du Royaume de Jerusalem en la Maison de Sicile, qui toûjours depuis y est demeuré, & y dure encores en la personne de Philippes Roy d'Espagne & de Sicile : & le quartier des armes de Jerusalem que porte la Maison de Lorraine, vient de la prétention que leurs predecesseurs Ducs d'Anjou, dits les premiers Angeuins, avoient au Royaume de Sicile, & non pas à cause de Godefroy de Bouillon, car il mourut sans enfans : Ledit de Brene qui de naissance étoit simple Gentil-homme François, fut tant estimé par sa proüesse & valeur, qu'il épousa ladite Yoland fille du Roy de Jerusalem, & aprés la mort d'elle épousa Madame Berangere sœur du Roy de Castille, laquelle Berangere d'un autre mariage étoit mere de Blanche mere du Roy S. Loüis. En la Chambre des Comptes à Nevers est une lettre de Sentence arbitrale donnée par led. Jean de Brene, entre Mathilde Comtesse de Nevers & Erard de Cancenay pour le fief de Guachy en datte du mois de Juin de l'an 1223. le seél dudit de Brene est en cire rouge, & d'un côté est la figure d'un Roy assis, qui en la main dextre a un Sceptre ayant en cime une croix, en la main gauche une pomme, & au dessus une croix, & entour est écrit, *Joannes Dei gratia Rex Hierusalem*. De l'autre côté du seél est la figure d'un portail de pierre avec une tour quarrée, & aux deux côtez deux mont-joyes, sur l'une est une pomme & au dessus une croix, & sur l'autre une facon de bonnet haut, pointu & plissé, & à l'entour est écrit *Hierusalem civitas Regis regum*. Il a été dit cy-dessus, que l'un des fils desdits Guillaume & Julie fut Oton Cardinal de l'Eglise Romaine, & l'autre fils fut Rainier, qui épousa Chairemarie fille d'Emanüel Empereur de Constantinople & sœur d'Alexis & Isaac Empereurs, & de par elle fut Roy de Thessalie : Chairemarie est un mot Grec signifiant Ave Maria, *Xaîre Maria* : iceluy Rainier fut Roy de Solome par conqueste : Ladite Jordane sœur dudit Rainier vêquit saintement, & a fait miracles : Ladite Agnes fut femme de Guy de Guerre Sieur de Casentin & de Romandiole. Ledit Boniface troisiéme, Marquis huitiéme de Montferrat, épousa Marguerite fille du Roy de Hongrie, & d'eux nâquirent Alaïse femme de Manfroy; Guillaume quatriéme du nom, Marquis neuviéme de Montferrat & Demetrio qui fut Roy de Thessalie; ledit Guillaume quatriéme épousa Berthe fille de Boniface Marquis en Ligurie, c'est le païs proche de Genes; Desdits Guillaume & Berthe nâquirent Beatrix femme d'André Dauphin de Viennois, Seigneur de Grenoble & d'Albon : Et Boniface quatriéme, Marquis dixiéme de Montferrat qui épousa Marguerite fille d'Amedée second, Comte de Savoye; & d'eux nâquit Guillaume cinquiéme, Marquis onziéme de Montferrat, dit le Grand, qui assiegea & prit Pavie en Lombardie en l'an 1254. il épousa en premieres nopces Isabelle fille de Richard Comte en Angleterre, en secondes nopces épousa Beatrix fille d'Alfonse Roy d'Arragon,

& de ce mariage nâquirent Yoland dit des Grecs Erine ou Irene qui signifie paix, femme d'Andronique Paleologue Empereur de Grece, & eut en dot le Royaume de Tessalie : & Jean premier de ce nom, Marquis douziéme de Montferrat, qui épousa Marguerite fille d'Amedée troisiéme, Comte de Savoye ; ledit Jean deceda sans enfans l'an 1292. ledit Jean par testament fit son heritier audit Marquisat ladite Yoland sa sœur, & luy avoit substitué ses enfans, & eux défaillans avoit substitué les enfans de Madame Alexine son autre sœur, & aprés eux les enfans de Madame Marguerite son autre sœur femme de Dom Jean Infant de Castille : & en dernier lieu avoit substitué Manfroy Marquis de Salúces, lequel il ordonna gouverneur & administrateur dudit Marquisat, en l'absence de ladite Yoland : Les armes des Paleologues Empereurs d'Orient étoient quatre B. de sable en champ d'argent écartelées d'une croix de sable : parce que la figure de la lettre B. represente un fuzil, on a estimé que ce fussent quatre fuzils : ces quatre B. representent un titre magnifique & haut en langage Grec *bastilé ys bastiléon bastileyon bastileyónton*, qui signifient Roy des Rois, regnant sur ceux qui regnent. Ce titre fut pris par Heraclius Empereur de Grece, aprés qu'il eut vaincu Cosroë Roy des Perses qui portoit ce même titre en ses enseignes & lettres, comme on a accoûtumé que les vainqueurs prennent pour marque de victoire la dépoüille des vaincus. Par le moyen de ladite alliance d'Yoland de Montferrat, est venu en la maison de Montferrat le titre de l'Empire de Constantinople comme il y en a deux quartiers en leurs armes, l'un qui est de l'aigle Imperiale, l'autre desdits quatre B. car comme il a été dit cy-dessus, l'Empire d'Orient a été sujet à succession de femelles, ce qui n'est pas en l'Empire d'Occident étably en Germanie, qui vient par élection & non par heredité. Le mot *Paleologue* est composé de deux dictions Grecques, l'une qui signifie ancien & l'autre signifie propos, raison en l'entendement, & raison en ratiocination : la composition peut signifier une personne qui de long-tems a le sens & la ratiocination bonne, ou bien un lignage auquel de grande antiquité les personnes se trouvent pourvûës de grand entendement. Cét Empire de Constantinople ayant pris sa source & commencement de l'Empire Romain, a eu pour quelque-tems le commandement universel de tout ce qui avoit été de la conqueste des Romains, tant en Italie qu'és Gaules, és Espagnes, en Bretagne, dite de present Angleterre en Germanie, en Illyrique en Grece, en Asie, en Egypte & en Affrique, même du tems de Constantin Empereur fondateur de Constantinople, de Constance, de Julian, Valentinian & Theodose, & aucunement du tems d'Arcade & Honoré : Mais depuis l'an 425. à compter de l'Incarnation de Nôtre Seigneur, qui étoit l'âge climaterique & judiciaire de l'Empire Romain, à sçavoir le 1176. an aprés la fondation de Rome, les Empereurs n'ont eu commandement en ces regions d'Occident sinon par pieces & lopins & sans aucune marque de cette ancienne majesté de l'Empire Romain, qui étoit telle que le peuple Romain ne recevoit conditions de paix, mais les donnoit, & n'en vouloit ouïr parler si non aprés avoir vaincu. Quand Charles le Grand fut fait Empereur à Rome aprés ses grands merites, même à l'égard de Rome & du Pape, & de toute l'Italie par la subversion du Royaume des Lombards, deslors fut faite la distinction de l'Empire d'Orient & de l'Empire d'Occident, l'un se disant de l'Eglise Latine, & l'autre de l'Eglise Grecque, parce qu'en l'Empire d'Occident le service Divin en l'Eglise est celebré en langue Latine, & en l'Empire d'Orient en langue Grecque, avec quelques differences és ceremonies & en la police de l'Eglise : Car en l'Eglise d'Occident les Prêtres, Diacres & Soûdiacres ne peuvent aucunement être mariez & sont en perpetuel celibat ; mais en l'Eglise Grecque celuy qui est marié & a épousé sa femme étant vierge, peut être fait Prêtre à la charge de ne se marier point si sa femme meurt : & qui est Prêtre ne peut se marier, & qui a épousé une femme veuve ne peut être fait Prêtre, & s'observe encore ainsi en l'Eglise des Grecs qui est à Venise. Les Provinces qui sont en l'Illyrique qui est tout le païs entre la Germanie & la Grece qui use de la langue Sclavonesque, se gouverne partie selon l'Eglise Latine, comme Pologne, Dalmatie, Hongrie, Croatie & Carnie, partie selon l'Eglise Grecque, comme Bulgarie-Russie, Lithuanie. Depuis que le Siege de l'Empire Romain fut transferé à Cõstantinople, icelle ville fut nommé la nouvelle Rome & le païs prochain d'icelle qui est entre les détroits de Scutari & Gallipoli fut, & encores aujourd'uy est appellé Romanie, comme venant du Grec *Roma nova* Rome neuve.

Desdits Andronique Paleologue Empereur en Constantinople, & Yoland de Montferrat, entre autres enfans nâquit Theodore Paleologue qui fut Marquis treiziéme de Montferrat en l'an 1305. & épousa Argentine fille d'Opicin Spignole Seigneur, Gouverneur de Genes. Desdits Theodore & Argentine nâquirent Jean deuxiéme du nom, Marquis quatorziéme de Montferrat en l'an 1338. & Yoland de Montferrat femme d'Aimon Comte de Savoye : & desdits Aimon & Yoland nâquirent Blanche femme de Galeace, Vicomte Duc de Milan, & Amedée Comte de Savoye, qui fut pere d'autre Amedée Duc de Savoye, qui aprés la mort de sa femme fut élû Pape & dit Felix. Ce dernier Amedée fut pere de Loüis Duc de Savoye second ; Prince de Piedmont. Ledit Jean second du nom, Marquis quatorziéme de Montferrat, épousa en premieres nopces Cecile de Commingés Comtesse d'Astery : & en secondes nopces épousa Elizabeth fille de Jacques Roy d'Arragon, à laquelle fut donné le Royaume de Majorque par Jacques son frere. Desdits Jean & Elizabeth nâquirent trois enfans qui furent tous trois Marquis de Montferrat successivement, Secondot I. Marquis quinziéme qui épousa Yoland fille de Galeace Vicomte Duc de Milan, & de Blanche de Savoye, il deceda sans enfans: Iean III. du nom, Marquis de Montferrat seiziéme, aprés Secondot deceda l'an 1378. & Theodore II. Marquis dix-septiéme fut Marquis aprés Iean: ledit Theodore fut constitué par l'Empereur Sigismond Vicaire de l'Empire en Lombardie l'an 1381. il épousa Ieanne fille de Robert Duc de Bar: en secondes nopces épousa Marguerite fille de Louïs Prince d'Achaïe. Du premier mariage nâquirent Sophie femme de Iean Paleologue Empereur en Grece, & Iean Iacques premier du nom, Marquis dix-huitiéme de Montferrat: lequel Iean Iacques épousa Ieanne fille d'Amedée fils d'Aymond Comte de Savoye: Et d'eux nâquirent, Iean, Guillaume, Theodore, Boniface, Isabelle & Amedée. Ladite Isabelle femme de Louïs Marquis de Saluces. Ladite Amedée femme de Iean Roy de Chipre, Armenie Jerusalem: Ledit Iean quatriéme du nom, fils de Iean Iacques, Marquis dix-neuviéme de Montferrat, épousa Marguerite fille de Louïs Duc de Savoye, & deceda sans enfans. A luy succeda Guillaume VI. du nom, l'an 1464. & fut Marquis 20. il épousa Marie fille de Gaston, Prince de Navarre, & dudit mariage nâquit Ieanne femme de Louïs Marquis de Saluces, & fut le mariage à cette condition, que si Boniface frere dudit Guillaume decedoit sans enfans mâles, elle succederoit au Marquisat. En secondes nopces led. Guillaume épousa Elizabeth fille de François Sforce qui fut Duc de Milan: En tierces nopces épousa Bernarde fille de Jean de Bursie. Dudit second mariage nâquit Blanche femme de Charles Duc de Savoye V. Ledit Theodore fut fait Cardinal de l'Eglise de Rome par le Pape Paul II. Ledit Boniface V. fut Marquis 21. de Montferrat aprés le decez de Guillaume son frere; épousa en premieres nopces Helene fille de Jean de Bursie, en secondes nopces il épousa Marie fille d'Etienne Roy de Hongrie; les autres disent qu'il épousa Marie fille de Georges Scanderberg Despote de Servie: Dudit Boniface nâquirent Guillaume VII. du nom, Marquis 22. de Montferrat, & Jean Georges I. du nom, mary de Julie d'Arragon fille de Federic, ils furent épousez par paroles, mais ne coucherent ensemble, car il mourut. Ledit Guillaume VII. du nom, épousa Anne fille de René Duc d'Alençon l'an 1493. duquel mariage nâquirent Boniface VI. qui fut Marquis 23. de Montferrat l'an 1518. & Marguerite Paleologue femme de Federic II. Duc de Mantoüe premier: Ledit Boniface VI. deceda sans enfans étant tombé de cheval, & son cheval versa sur luy en une jouste, & ledit Jean Georges son oncle luy succeda, qui fut 24. Marquis: Ledit Jean Georges étant decedé sans enfans, lesdits Ducs de Mantoüe & Marguerite sa femme luy succederent selon l'investiture faite par Charles V. Empereur, dés le vivant & du consentement dud. Jean Georges, comme il a été dit cy-dessus. La lignée desdits Federic & Marguerite est cy-aprés au chapitre de Mantoüe.

DE LA MAISON DE MANTOUE.

LA Maison de Mantoüe est au nombre des premieres & principales grandes Maisons d'Italie, & a été comme un Seminaire de preux, vaillans, sages & excellens Capitaines qu'elle a produits plus qu'aucune autre maison d'Italie, & peut-être autant ou peu s'en faut, plus qu'aucune autre maison de la Chrétienté, en dignité Ducale. Le Potentat est étably en une Ville qui de grande ancienneté, & avant la grande grandeur de Rome étoit és premiers rangs des bonnes Villes d'Italie, & de plus grande antiquité que Rome. Car au tems qu'Æneas vint en Italie, qui fut trois cens ans avant la fondation de Rome, Ocnus fils du Roy Tyberin & de Manto Profetisse, fille du grand Tyresias de Tebes en Grece grand Vaticinateur, donna le commencement à cette Ville de Mantoüé: laquelle il nomma du nom de sa mere Manto, & la fonda sur le bord d'un lac que fait la riviere Minci dite en Latin *Mincius*, au dessous du grand lac de Garde, dit Benacus, du grand lict duquel ladite riviere Minci part. Depuis étant avenu que les Lydiens venus d'Asie occuperent cette partie d'Italie, qui s'appelle Hetrurie ou Toscane, ils établirent audit païs douze Citez, selon le nombre des principales familles & lignées de ce peuple Lydien. Et aprés que leur peuple fut grandement multiplié, ils firent des Colonies: passerent outre le mont Apennin, & ayans occupé toute cette region qui est deçà & delà le Pô, ils y établirent douze Citez selon le même nombre qu'ils avoient étably en Toscane, qui étoit le nombre representé de douze principales familles venuës premierement de Lydie. De ces douze nouvelles Colonies & douze Citez, Mantoüe fut établie le chef, & comme la mere Ville des autres. Ainsi le témoigne Virgile au dixiéme livre de l'Eneïde, lequel en cét endroit en l'honneur de sa patrie, (car il étoit Mantuan) parle comme Historien & non comme Poëte fabuleux. Et pour montrer que c'est vraye histoire, il faut y rapporter ce qui est dit par Tite Live au 5. livre de la premiere Decadé. Les Vers de Virgile sont,

Ille etiam patriis agmen ciet Ocnus ab oris,
Fatidicæ Mantus & Tusci filius amnis.
Qui muros matrisque dedit tibi Mantua nomen,

Mantua dives avis ; sed non genus omnibus unum :
Gens illi triplex ; populi sub gente quaterni :
Ipsa caput populis , Tusco de sanguine vires.

Qui signifient en François : Et outre Ocnus amena au secours d'Æneas une troupe de gens de guerre amassée en son païs. Ocnus fils de Manto la Prophetesse & du fleuve de Toscane (c'est le Tybre) lequel Ocnus ferma de murailles la Ville de Mantouë & luy donna le nom de sa mere : Mantouë Cité composée de Citoyens d'anciene race , & non pas tous d'un lignage : Tout le païs est divisé en trois principales gents ou nations , chacune gent ou nation a quatre peuples sous elle. Mantouë est chef de tous ces peuples. Mais les grandes forces sont du lignage Toscan. Comme s'il vouloit dire les Toscans aprés qu'ils furent transmigrez de Toscane en cette region d'entre l'Apennin & les Alpes, joignirent avec eux les habitans du même païs , & eux mêlez ensemble diviserent le tout en trois nations, & chacune nation en quatre peuple : toutesfois la grande force & le commandement étoit à ceux qui étoient venus de Toscane. Servius , Donatus , Lambinus , Commentateurs de Virgile , se tourmentent grandement en l'interpretation de ces vers, & depuis eux *Fra. Leandro Alberti* en son livre de la description d'Italie. Mais ce qui en est dit par Tite Live au lieu susdit , donne la vraye interpretation desdits vers. Depuis cét établissement qui étoit fort ancien , avint du tems de Tarquinius Priscus Roy des Romains , que les Gaulois furent appellez à secours par l'un des partis , étant une grande division en Toscane : & aprés qu'ils eurent goûté les delices du païs , même du vin , ils y retournerent aprés tres - forts , & se firent Seigneurs de la plûpart de cette partie d'Italie qui est entre les Alpes & l'Apennin, & y fonderent les belles villes qui y sont , Milan , Bresse , Verone , Bergame , & autres : mais ne furent Seigeurs de Mantouë , ainsi que témoigne Pline au livre 3. chapitre 19. de l'Histoire naturelle , disant que Mantouë étoit seule demeurée des Colonies des Toscans delà le Pô. Aprés les Gaulois vaincus par les Romains en cette partie d'Italie , qui à l'égard d'eux se nommoit Gaule Cisalpine ; Mantouë , comme tout le reste de l'Italie,vint en la domination des Romains.L'Empire Romain étant décheu , les Lombards se firent Seigneurs de la plûpart de cette partie d'Italie , qui est entre les Alpes & l'Apennin baignée de la Riviere du Pô , & des rivieres qui y entrent , & d'eux fut appellée Lombardie. En l'autre partie les Empereurs d'Orient retinrent quelque commandement , & envoyoient un Exarque pour y commander , le Siege duquel étoit à Ravenne. Aprés que Charlemagne eut ruiné le Royaume des Lombards , il retint à l'Empire d'Occident la conqueste faite sur les Lombards , & attribua à l'Eglise de Rome tout le païs auquel l'Exarque de Grece souloit commander. C'est la distinction qui doit regler les grands débats qui ont été cy-devant des feodalitez & superioritez desdites villes qui sont entre l'Apennin & les Alpes , comme de Parme , Plaisance , Rege , Modene , & autres que les Papes ont prétendu être de leur feodalité , & les Empereurs au contraire. Mais Mantouë sans difficulté a toûjours été reconnûë de l'Empire. Or pendant que les Empereurs ont eu peu de pouvoir en Italie ; & de vray fort long-tems durant ils en ont été rechassez par les Papes , tant par excommunications que par les armes étrangeres ; & encores à l'occasion de cette mal-heureuse division des Guelphes & Gibellins , les bonnes Villes d'Italie se mirent en liberté sans reconnoître subjection. Etans ainsi en liberté les plus forts , les plus riches , & les plus avisez Citoyens d'icelles occuperent la domination qui a été long-tems durant fort dereglée. Mais enfin les villes dont les Citoyens avoient les cerveaux mieux composez, ont eu bien agreable qu'aucuns leurs fussent donnez pour commander , lesquels ils connoissent être les plus sages & vertueux. En autres villes les plus riches , plus violents , & de plus grande intelligence ont usurpé la domination : Les autres villes ont essayé de se maintenir en Republiques, & Communautez. Les évenemens ont montré quelle étoit la meilleure forme de Gouvernement. Pise , Florance , Siene , qui sont au païs de Toscane (dont se dit en commun proverbe , que c'est le peuple d'Italie qui a le plus de sens; Bocace dit ce mot , *chi ha da far col Tosco non dee esser losco* , qui est à dire , qui a affaire avec le Toscan ne doit pas être louche.) Se sont gouvernées long tems en Republiques , & enfin se sont malément perdûës sous une domination intolerable.Les dominations usurpées par force & violence n'ont gueres duré , comme *des Malatestes à Rimini : des Manfredes à Faënce : des Ordelafes à Forli : des Polentans à Ravenne* : Es autres Citez les Empereurs ont constitué des Vicaires de l'Empire , qui sous l'authorité dudit Empire , ont pour quelque - tems gouverné en cette qualité , & enfin ont été investis en fief hereditaire destiné à mâles. Comme à *Milan les Vicomtes , & à Mantouë les Gonzagues.* Doncques Mantouë ayant été long-tems mal-traitée par ceux de la maison de Bonaçolsi , qui avoit usurpé la domination , le dernier desquels fut Passarin Bonacolsi : Se soûmit volontairement à la sujection de Ludovico Gonzagua fils de Guy , qui fut par l'Empereur étably Gouverneur & Vicaire perpetuel de l'Empire à Mantouë , & au territoire d'entour , qui fut en l'an 1328. Ce Ludovico vêquit jusques à 90. ans administra sagement & bonnement cette Seigneurie , & laissa huit fils de trois femmes qu'il eut successivement , deux de la premiere , trois de la seconde , & trois de la tierce. Audit Ludovico succeda en ladite Seigneurie Guy son fils qui deceda en l'an 1369. Aprés ledit Guy , Ludovic second fut confirmé en la Seigneurie , & Vicariat perpetuel du saint Empire à Mantouë , & mourut en l'an 1382. Audit Ludovico succeda François son fils â... de treize ans. Jean Galeace Vicomte D... de Milan luy fit guerre & assiegea Mantoüe par eau, & par terre : Mais ledit François, avec l'aide des Venitiens ses voisins & bons amis, le contraignit à lever le siege, & défit ledit Galeace. Du tems dudit François, avint que Galeotto de Gonzague, de cette même Maison, combattit par duel en camp clos, un nommé Boucicaud Capitaine François, qui étoit Gouverneur à Gennes pour le Roy Charles VI. & le vainquit. Ledit Boucicaud étoit fort grand, vaste, & comme Geant : & ledit de Gonzague homme de moyenne taille, mais courageux, & fort adroit aux armes. Ledit Boucicaud étant vaincu fit vœu de ne porter jamais cuirasse en guerre, mais de combattre avec son simple hoqueton d'armes. Ledit François de Gonzague mourut à quarante-un an de son âge le huitiéme de Mar l'an 1407. il étoit homme sage, sçavant és histoires, amateur de gens doctes, liberal, vaillant & de facile accez. Audit François succeda Jean François son fils, âgé de douze ans : Il fut creé Marquis de Mantoüe hereditairement par Sigismond Empereur le vingt-deux Septembre 1433. & l'Empereur luy octroya pour enseigne en ses armes l'Ecu à quatre aigles de sable en champ d'argent, à une croix patée de gueulles, écartelant l'Ecu, qui sont aujourd'huy les armes de Mantoüe : il mourut le vingt-troisiéme Septembre 1444. âgé de cinquante-quatre ans. Ledit Jean François laissa quatre enfans, Ludovico, Charles, Alexandre & Jean. Le pere ordonna que la principale Seigneurie de la maison, qui est le Marquisat de Mantoüe avec quelques places demeureroient à Ludovico son fils aîné troiziéme du nom : A Charles il laissa Bozzolo & Gazzuolo, & de luy sont venus plusieurs grands Capitaines nommez és histoires par les noms de ces deux Seigneuries. Alexandre eut à sa part Canedo & Rodondisco. Jean voüé à l'Eglise, eut à sa part Rodigo & Capriana. LUDOVICO troisiéme de ce nom, vint à la Seigneurie âgé de trente-deux ans : mourut le douziéme Juin 1478. âgé de soixante ans : Il eut cinq fils, Federic aîné, François, Jean François, Rodolfe & Ludovico. Federic fut Marquis de Mantoüe aprés son pere : François & Jean François eurent leur partage ensemblement en un seul lot, à condition de succeder l'un à l'autre si l'un venoit à deceder sans enfans. Rodolfe & Ludovic eurent aussi leur partage ensemblement, & de la même condition de succeder l'un à l'autre. Federic aîné Marquis de Mantoüe épousa Marguerite fille du Duc de Baviere de laquelle il eut trois fils, François, Sigismond qui fut Cardinal de l'Eglise Romaine, & Jean. Ledit Federic du tems du Pape Sixte quatriéme, fut Capitaine general de l'armée de la ligue contre les Venitiens. Il mourut le troisiéme Juillet l'an 1484. Ledit François succedant à Federic son pere fut Marquis de Mantoüe à l'âge de dix-huit ans. Il épousa Isabelle fille de Hercules d'Este premier de ce nom, second Duc de Ferrare dont il eut trois fils, Federic, Hercules Cardinal de l'Eglise Romaine, & Ferdinand, & Eleonor femme de François Marie de Rovere Duc d'Urbin, Seigneur de Pesare. Ledit François Marquis de Mantoüe fort jeune fut élû par les Venitiens Capitaine general de leur armée en la Ligue que firent les Potentats d'Italie, contre le Roy Charles VIII. retournant de sa conqueste de Naples, & commanda en ladite armée en la bataille que nous François appellons de Fornoüe, qui est le prochain lieu dont partirent les François quand ils combattirent, & les Italiens l'appellent le fait d'armes de Tarro, qui est une riviere aprés laquelle deçà & delà fut la mêlée : Il fut choisi à ladite charge de General en fort jeune âge, pour la grande esperance & asseurance qu'on avoit de luy, en son bon sens, & bonne naissance, combien qu'il n'eût encores donné témoignage de luy en telles charges, mais on le connoissoit courageux, & amateur de vray honneur, qui est celuy qui procede de vertu. Aussi il se porta à ladite journée valeureusement, & chargea l'arriere-garde de l'armée des François qu'il rompit. Depuis il fut Capitaine general de l'armée que les Venitiens envoyerent au Royaume de Naples & combattit à plusieurs fois en batailles rangées & en rencontres. Depuis il fut Gonfalonnier de l'Eglise Romaine du tems du Pape Julles second, & environ le même tems Capitaine general de l'armée des Venitiens. Guichardin au livre septiéme de son Histoire dit, qu'en l'an 1507. le Roy Louïs douziéme luy donna à porter l'étendart de l'Ordre de saint Michel, que nul n'avoit porté depuis le decez du Roy Louis onziéme, Autheur dudit Ordre. Aprés il fut Capitaine general de l'armée de l'Eglise & des Florantins du tems du Pape Adrien : Il mourut le vingt-neuviéme Mars 1519. Federic son fils aîné luy succeda à l'âge de dix-huit ans : lequel fut aussi Capitaine general de l'Eglise. En la personne dudit Federic le Marquisat de Mantoüe fut érigé en Duché par l'Empereur Charles cinquiéme en l'an 1530. autres disent que ce fut en l'an 1533. l'Empereur étant venu en Italie aprés que le Grand Seigneur Turc eût levé le siege devant Vienne. Ledit Federic épousa Marguerite Paleologue fille de Guillaume Marquis de Montferrat, & d'Anne d'Alençon, & à cause d'elle le Marquisat de Montferrat accrût à la maison de Mantoüe : ledit Federic mourut en l'âge de quarante ans, en l'an 1540. au mois de Juin, & laissa trois fils & sa femme enceinte d'un autre fils qui nâquit posthume, François, Guillaume, Ludovic & Federic, & une fille Isabelle, qui fut femme de François Ferdinand d'Avalos Marquis de Pesquaire ; ledit François de Gonzague aîné fut Duc de Mantoüe à six ans & Marquis de Montferrat à vingt-cinq, épousa Catherine fille de Ferdinand Roy des Romains, qui depuis fut Empereur & deceda sans enfans ayant fait naufrage en la riviere du Mincee. Ledit Guillaume fut Duc de Mantouë aprés son frere, épousa Leonore fille dudit Ferdinand Roy des Romains, & d'eux est issû Vincent de Gonzague leur fils unique, de present Duc de Mantouë & de Montferrat ; sa premiere femme Leonor fille de François Duc de Toscane ; sa seconde femme Marguerite fille d'Alexandre Farnese Duc de Parme : Ludovic tiers fils est Monseigneur Duc de Nivernois & de Rethelois, Pair de France, mary de Madame Henriette de Cleves, desquels a été parlé cy-dessus, nâquit le dix-huitiéme Septembre 1539. ledit Ludovic tiers fils en ordre de naissance : & en cette maison de Mantouë par bon-heur les tiers fils se sont trouvez excellens en magnanimité & sagesse : & en cette maison auparavant étoit tiers fils Dom Fernand de Gonzague oncle de mondit Seigneur Ludovic, qui par degrez pour sa valeur a eu toutes les charges d'honneur qui pouvoient être departies à un grand Capitaine, sous l'Empereur Charles V. & se trouve un livre d'histoire écrit sur le seul sujet de ses grands & valeureux faits. Ainsi il se lit qu'entre sept freres saint Bernard étoit le tiers, lequel étant nay en maison noble de Bourgogne, a laissé memoire excellente de luy en sainteté de Religion, en doctrine admirable, en grace, douceur & vehemence en ses écrits ; & selon le tems auquel il a été qui n'étoit propre à faire gens sçavans : il se peut dire que ç'a été un miracle en nature. Ainsi Monseigneur Charles de Gonzague à present Duc de Nivernois, se trouva être tiers fils de sondit pere. En mondit Seigneur Ludovic de Gonzague, sont reconnus plusieurs grands dons de grace venus de naissance, & plusieurs vertus provenantes de sa volonté & exercice continuel à bien faire. Il est Prince de grand sens en toutes les fonctions de l'ame, tant pour l'imagination & invention avec grande promptitude, que pour la memoire & representation des choses passées, comme aussi pour la ratiocination & jugement avec lesquels & de même grande promptitude, il sçait employer les fonctions de son imagination & de sa memoire, & tout avec excellence en degré, égalant & peut-être surpassant tous autres de sa qualité. Ce qui est de naissance comme sont les trois fonctions susdites de l'intellect, sont purement de graces qu'il a plû à Dieu de luy distribuer avant qu'il eut rien fait ou merité, & peut-être que les merites de ses predecesseurs ont semons le bon Dieu à luy départir ses graces : mais ç'a été & est pure vertu en luy, en ce que dés son adolescence il s'est toûjours employé en meditations & exercices de vertu, vertu digne de sa grandeur, non seulement de sa grandeur naturelle, mais aussi digne d'un Empire ou d'un Royaume qui seroit électif : Car il s'est adonné à oüir les plaintes & remonstrances de toutes sortes de personnes, & n'a dédaigné aucune affaire tant petite fût-elle, pour y apporter remede s'il a pû, ou conseil, ou consolation : S'est adonné à ce que dessus avec telle assiduité, méprisant ses aises, ses commoditez & plaisirs, comme si les affaires du menu peuple eussent été les siennes propres plus importantes : S'est adonné à vouloir connoître & sçavoir toutes sortes d'affaires & negoces, même jusques aux subtilitez & petites inventions dont chacun use en son art, science ou mestier, ce qui a été sans rien diminuer du soing, vigilance, meditation & pourvoyance qu'il a eu és affaires d'Etat & autres grandes affaires propres à la qualité de Prince. Mais comme il a plû à Dieu luy donner sens grandement capable pour comprendre beaucoup, il a toûjours eu la volonté & l'exercice pour y faire entrer & retentir tout ce que son sens a pû porter. De vray c'est l'un des principaux moyens de s'employer à faire bien à beaucoup de personnes quand aucun sçait toutes les particularitez de chacun negoce, car celuy qui à chacune occasion apprend que c'est d'une affaire par le ministere d'autruy, est sujet à être souvent trompé, parce qu'il n'avient pas toûjours que les conseillers soient exempts de passions, affections ou infirmitez de jugement ou experience : Et a continué cét employ avec telle assiduité & fermeté, que bien souvent luy est avenu & presque ordinairement & chacun jour, de demeurer cinq ou six heures entieres sans relâche à mediter & expedier affaires grandes & concernantes l'Etat, & n'a été moindre son assiduité és affaires de la guerre, qu'en ses affaires sedentaires : car telles fois luy est avenu de demeurer vingt-quatre heures à cheval en faction de guerre selon le besoin : En sorte qu'en sa personne se peut verifier & reconnoître ce qui est dit és saintes Ecritures, quand les Rois & grands Seigneurs de ce monde sont nommez Dieux & fils de Dieu : parce qu'en la Trinité divine nous reconnoissons & croyons trois proprietez & Personnes en une seule essence divine : en la Personne de Dieu le Pere nous reconnoissons une puissance infinie : en la Personne de Dieu le Fils, une sagesse accompagnée de justice infinie : en la Personne de Dieu saint Esprit, une bonté infinie. Ainsi les grands Princes de ce monde ; comme ils sont grands & puissans, ont moyen d'employer leur puissance à relever les pauvres d'oppression, & punir & abaisser les méchans : ont moyen de connoître & bien juger ce qui est bon & juste, ce qui est mal & de travers, pour avec leur puissance exterminer la méchanceté, conserver & accroître ce qui est bon : Ont moyen par leur bonne volonté de s'employer pour ceux desquels ils n'esperent aucune recompense, mais leur seule bonté les semond à bien faire. Ce bon, vertueux & sage Prince accablé de maladie deceda à Nesle en Picardie le ving-troisiéme Octobre 1595. à onze heures de nuit, étant âgé de cinquante-six ans & trente-cinq jours : car il nâquit le dix-huitiéme Septembre l'an 1539. Le cinquante-sixiéme an d'âge est climaterique & judiciaire, même aux tres-grands Personnages, qui ordinairement employent les fonctions de leur esprit en choses graves, dont parle Ciceron au livre intitulé *Le songe de Scipion*, parce qu'en ce même âge mourut ce grand personnage Scipion le Majeur : En ce même âge mourut Jules Cesar, aussi mourut Pompée : Charles cinquiéme Empereur en ce même âge, se sentant affoibly de toutes ses fonctions de corps & d'esprit, se démit de l'Empire & quita tous ses états patrimoniaux és mains de Philippes son fils. Les anciens observateurs de la nature humaine, ont estimé que le septiéme an d'âge est judiciaire pour apporter notables mutations, soit par maladie au corps, ou pour affaires du monde. Cinquante-six c'est huit fois sept : l'an climacterique que l'on estime le plus dangereux est le soixante-troisiéme, qui est de neuf fois sept, & est composé de trois fois vingt-un, & vingt-un composé de trois fois sept. Et moy Guy Coquille Auteur de ce Livre, en toutes les septiémes années de mon âge, ay enduré mutations notables en la santé de mon corps & en mes affaires, & jusques au septenaire onziéme qui a été le soixante-dix-septiéme an de mon âge : Au reste sera comme il plaira à Dieu.

DE L'ASSIETTE ET NATUREL DU PAYS DE NIVERNOIS, & de l'état & reglement du Peuple d'icelüy.

LE Païs de Nivernois est de soy fort commode pour fournir aux habitans des villes & des champs tout ce qui leur est necessaire en bons bleds, bons vins, pascage pour le bestail, tant au couvert des bois qu'és prairies qui y sont abondantes ; en bois à bâtir & à chauffer en rivieres navigables pour le trafic ; autres petites rivieres & ruisseaux pour le poisson, & pour les Prairies & Moulins, en Etangs, en Minieres & Forges de Fer & Acier : Ce seul défaut y est, que le peuple des villages & du plat païs est pour la plûpart fort paresseux & nonchalant : & toutesfois n'a pas faute d'entendement, car le païs produit des entendemens & cœurs bons & excellens en assez bon nombre : mais les commoditez que chacune maison des villages a prés de sa porte sont cause que par longue accoûtumance ils se sont rendus moins soigneux par l'aise & facilité qui est à recouvrer ses necessitez. Aussi il se void par experience & par la lecture des livres, que les peuples demeurans en païs sec & sterile, ordinairement sont plus industrieux, & ceux demeurans en païs fertile & gras sont plus grossiers : & telle étoit en Grece la comparaison de la Beotie & de l'Attique ; ou bien parce que le principal employ des gens de village est en nourriture de bestail ; les jeunes personnes de leur premier âge sont employez à la garde des bêtes, où ils s'accoûtument à rien faire, & avec le tems comme l'oysiveté est facile à apprendre, ils continuent en cét état. Auparavant six ou sept vingt ans, quand les Tailles & subsides ne montoient à la dixiéme partie de ce que le peuple en porte aujourd'huy, quand il n'y avoit pas la dixiéme partie des Officiers & des procez qui sont de present ; les gens du plat païs de Nivernois étoient fort à leurs aises avec les commoditez susdites, & les gens des Villes qui aucunement se ressentoient de ce naturel des gens du plat païs, & prenoient leurs commoditez auprés d'eux, étoient pour la plûpart ainsi à leurs aises. Mais comme les Tailles & Subsides ont été accrûës presques d'an en an, les Officiers, & procez sont multipliez, ce pauvre peuple s'est grandement affoibly en moyens & facultez & en nombre de personnes, par les transmigrations volontaires des habitans, & par les famines & mortalitez, passages & sejours ordinaires des gens de guerre, & s'est aussi affoibly de cœur, voyans les pauvres gens que plus ils travailloient plus ils étoient chargez. Tellement qu'aujourd'huy le plat païs de Nivernois est extremément pauvre, & chacun jour s'appauvrit davantage, & les villes s'en sentent bien largement, parce que les habitans d'icelles ne se mettent gueres à l'essor, & peu de marchands y sont qui aillent chercher le gain au loing : De vray l'accoûtumance & apprison qui est de pere à fils y fait autant ou plus que le naturel : car ce païs, comme dit a été, produit bien assez de personnes de grand entendement, de grand cœur, & de valeur. En l'état de Noblesse du tems de nos ayeuls & peres du nôtre ont été renommez en la France plusieurs grands personnages issus de ce païs, dont les Maisons fort anciennes ont toûjours fructifié & produit sans se lasser, des successeurs semblables à leurs progenitures en proüesse, valeur & sagesse : De nôtre tems a été Monsieur de Bordillon Maréchal de France également vaillant & sage : Les Seigneurs des Bordes pere & fils frere & nepveu dudit sieur Maréchal, qui au moyen de l'avancement de leurs jours (car tous deux sont morts jeunes en bataille) n'ont eu du tems assez pour faire connoître leur grand sens pour la conduite des charges generales en ce Royaume, comme en leurs jeunes ans ils ont montré la valeur de leurs personnes. Les Seigneurs de Chastillon

Chastillon en Bazois, qui est la même Maison de Thalemay : les Seigneurs des Barres surnommez les Barrois, desquels avec ce nom parlent en tout honneur de Chevalerie les anciennes Chroniques de France : Les Seigneurs de la Ferté-Chauderon, & de la Rochemilay, tous de la maison & nom de Vienne, maison tant renommée de fort grande ancienneté, en laquelle ont été plusieurs Amiraux & Maréchaux de France : Les Seigneurs de Marcilly, Thienges, Digoyne, de Creux & d'Aulezy tous du nom d'Amas & de mêmes armes qui sont d'une Croix nillée de gueulles en champ d'or, qui represente leur grandeur dés le tems de la conqueste de la Terre sainte: car leur nom est de la region d'Amasie qui est au païs d'Asie, que leurs predecesseurs conquêterent en ce tems du premier voyage d'outremer; & leur nom n'est pas *de Damas*, mais simplement d'Amas, & d'ancienneté ils écrivoient d'Amaye. Les Seigneurs de la Riviere dont sont aujourd'huy deux maisons, la Riviere & Champlemis, toutes deux representans ce qui a été de grande antiquite és Seigneuries d'icelles, la sagesse & la valeur. Les Seigneurs de Prye, de Chevenon, de Castelluz, de Ternant, de Lorme qui est la même maison de Chaalon, & plusieurs autres. Les armes de Pontaillier Talemay, sont d'un Lion d'or en champ de gueulles: les armes de la maison des Barres sont d'une croix nillée de sinople en champ d'or : les armes de Vienne sont d'un aigle d'or à vol étendu en champ de gueulles : les armes anciennes de Digoyne sont en échiquier d'argent & sable, le nom de Digoyne est de present fondu au nom d'Amas & aux armes : les armes de la Riviere sont d'une bande d'argent en champ de sable : les armes de Chaalon sont d'une bande d'or en champ de gueulles. Pour les sciences mélées avec la Noblesse, & sans que l'une des valeurs ait aucunement obscurcy ou apporté diminution à l'autre, ont été en ce païs personnes excellentes ; à sçavoir Maître Jean de Blanay qui est maison noble prés Vezelay, qui l'an 1256. étoit tres-docte Jurisconsulte, & a laissé des écrits bien estimez : les écrits Latins se nomment de *Blanosco*. Et Messire Pierre de Belle-perche Docteur és Droits, qui a été admiré par Bartole & autres Docteurs Italiens, pour sa grande doctrine & acuité d'esprit : son excellence en sçavoir apparoît par ses écrits, & encores par ce que ces grands Docteurs Italiens en ont fait grand compte, quoy que selon l'humeur de la nation ils méprisent les étrangers : Il étoit nay en la Parroisse de Lucenay sur Allier au Diocese de Nevers, dont il devint Seigneur & bâtit le Chasteau de Belle-perche qu'il nomma de son nom, prés le bourg de la Ville neuve sur Allier : il fut pour long-tems Docteur Regent en Droit Civil avec grande reputation, fut fait Doyen de l'Eglise de Paris, & depuis Evêque d'Auxerre, ainsi que j'ay appris par une Epitaphe qui est gravé sur une tombe de cuivre au choeur de ladite Eglise de Paris, à côté droit & prés de l'Aigle : ledit Epitaphe est tel :

Hac jacet in cella Petrus cognomine Bella
Pertica : perplacidus verbis, factis quoque fidus :
Mitis, veridicus, prudens, humilisque pudicus :
Legalis, planus velut alter Justinianus.
Summus doctorum : certissima regula morum,
Parisianorumque Decanus Canonicorum,
Antisiodorica dignè sumpta sibi sede,
Tempora post modica carnis secessit ab æde
Annis sub mille ter & septem simul ille
Sulpicii festo migravit ab orbe molesto.
Det sibi solamen Spiritus almus, Amen.

La Chronique écrite à la main dit qu'il fut Chancellier de France, & qu'il fut Evêque d'Auxerre en l'an 1304. & succeda à Pierre de Mornay. Aussi de ce païs est issû un autre excellent Docteur en droit Civil, nommé Guillelmus de Cugno, & encore de present sont en ce païs aucunes familles du nom de Coing. En nos jeunes ans nous avons vû Messire François le Bourgoing & Messire Guy de Fontenay, tous deux Doyens en l'Eglise de Nevers excellens en sçavoir, preud'hommie & sainteté : Messire Guy de Baudereul Abbé de saint Leonard, chef du Conseil en la maison de Longueville : Messire Noël de Bourgoing Docteur és Droits, Tresorier en l'Eglise de Nevers, Conseiller du Roy au Parlement de Paris, mon grand oncle ; Maître Guillaume Bourgoing son frere Lieutenant General au Bailliage de saint Pierre le Monstier, ayeul maternel de moy Guy Coquille, & Maître Guillaume Bourgoing fils dudit Maître Guillaume aussi Conseiller du Roy audit Parlement, eux trois d'excellent jugement, sçavoir & promptitude : Messire Nicolas de Lange Docteurs és Droits, Seigneur dudit lieu de Langes en Nivernois, Lieutenant General en la Senéchaussée de Lyon, digne successeur de ses ancestres, issus en bonne & ancienne Noblesse dudit lieu & Chastel de Langes, personnage tres-suffisant à manier grandes affaires. Ce même païs a produit Maître Guillaume Rapine Lieutenant General au Bailliage de Nevers, & Maître Jacque Bolacre President en la Chambre des Comptes à Nevers, tous deux excellens en Jurisprudence, preud'hommie & bon conseil, qui tous deux on délaissé leurs enfans, Maître Guy Rapine, & Maître Jacques Bolacre honorez des mêmes Charges, & qui tous deux par leur valeur ont rendu témoignage qu'ils étoient enfans dignes de tels peres. Aussi a produit Messire Charles Lamoignon Conseiller du Roy en son Conseil d'Etat, parvenu à cette dignité par degrez de merites. Maître Simon Marion Seigneur de Drüy, qui est la premiere Baronie de l'Evêché de Nevers, premier entre les Avocats, de bon sens, grande sçience & excellente éloquence en la dite Cour de Parlement, lequel depuis par la continuation & augmentation de sa valeur est parvenu à l'Etat d'Avocat General du Roy en la Cour de Parlement. Et du te ns de nos peres Maître Jean Ravisy Textor Grammairien tres-excellent en l'Université de Paris. Aussi a produit Messire Leonard d'Estrappes Archevêque d'Ausch en Gascogne, lequel pour avoir manié & conduit à bon point plusieurs tres-grandes & importantes affaires, mêmes affaires d'Etat, a été choisi & promû à ce haut degré d'honneur d'Archevêque d'Ausch. Pour retourner au susdit propos de la pauvreté du plat païs de Nivernois, est à remarquer qu'au tems que les Tailles du Roy furent mises en ordinaire, qui fut durant le regne du Roy Charles VII. ce qui est aujourd'huy le meilleur, plus riche, & plus peuplé païs de France, étoit lors dudit établissement des Tailles en ordinaire, desert, pauvre & dépeuplé, parce qu'il avoit été continuellement ravagé par les armées des François & Anglois: Et ce païs de Nivernois par la protection & sage conduite des Seigneurs Comtes de Nevers, qui lors étoient sous la protection du Duc de Bourgogne, mary de Dame Bonne d'Artois leur mere, qui pour quelque tems eut en sa tutelle les Comtes de Nevers ses cousins germains, fut conservé de ces foules & oppressions. Les Tailles s'imposoient selon le nombre des feux, dont vient qu'on les appelle encores fuaiges; les païs lors dépeuplez & pauvres furent peu chargez: le païs de Nivernois qui lors étoit bien peuplé, & n'avoit été foulé, fut plus chargé: Les autres Provinces se sont repeuplée & enrichies, & ce païs s'est dépeuplé & appauvry: Qui est cause que depuis soixante ans il s'est trouvé chargé démesurement, & sans aucune proportion à l'égard des autres Provinces; Parce qu'on n'a pas pratiqué cette ancienne regle & proportion du nombre des feux; mais on a seulement eu égard aux quotitez des sommes qui étoient en ce premier & ancien département: ainsi le païs se dépeuplant par les famines, mortalitez & charges, & ne recevant aucuns nouveaux habitans, pour le mauvais état auquel il étoit; il s'affoiblit & appauvrit d'an en an à vûë d'œil. De grande ancienneté les Tailles ne se levoient sinon en cas de besoin aprés que le Roy avoit assemblé ses Etats & fait entendre ses affaires; & lors le tiers Etat accordoit au Roy une Taille à raison d'un, deux ou trois francs, ou autre somme pour chacun feu, & se distribuoit par aprés le fort portant le foible. On envoyoit de chacune Province un état contenant le nombre des feux & ménages d'icelle: & si les Etats avoient accordé au Roy une somme certaine, comme d'un million ou deux millions de francs; on venoit à calculer, & amasser le nombre des feux de toutes les Provinces, & venoit-on à proportionner selon ledit nombre de feux quelle somme seroit départie sur chacune Province selon le nombre des feux d'icelle Province: On envoyoit en icelle la Commission des Tailles montant à telle somme. Et si les Etats avoient accordé indéfiniement la Taille aux Roy, à raison d'un, deux, ou trois francs pour feu; selon le nombre des feux de chacune Province, on envoyoit le département de tant de francs. Les Commissions du Roy arrivées en chacune Province, le tiers Etat assemblé élisoit certain nombre de bons personnages, connoissans pour départir sur chacune Ville & Parroisse sa quote part; Puis en chacune Ville & Parroisse étoient élûs asséeurs & départeurs, pour distribuer & égaler sur chacun feu selon les facultez. C'est l'origine du nom des Elûs au fait des Tailles; mais depuis quand les Tailles furent mises en ordinaire, le Roy établit & institua en titre d'office formé ces Elûs, & demeura le nom d'Elû; quoy qu'ils ne fussent plus élûs & choisis par le peuple. Cette façon ancienne de départir les Tailles par les Provinces selon le nombre des feux, a été cause qu'és Commissions des Tailles qui sont envoyées par le Roy aux Provinces, les sommes de deniers sont de nombres rompus par livres, sols & deniers. Et en augmentant les Tailles on a toûjours pris pour pied & fondement le dernier département qui avoit été fait avant quelles fussent en ordinaire: & ces financiers pour se montrer bons & exacts calculateurs & arithmeticiens, ont continué ces fractions de nombres. Es Etats de Blois de l'an 1576. Monsieur Nicolaï premier President en la Chambre des Comptes à Paris, rapporta en la Chambre du tiers Etat, que le nombre des feux & ménages des contribuables en la France étoit de deux millions quatre cens soixante-neuf mil liv. mais il ne disoit de quel tems la recherche & le rapport en avoient été faits: & seroit expedient en quelque Etat que les Tailles doivent demeurer, que la recherche & rapport au vray en fussent faits, afin de mieux proportionner les Tailles qu'elles ne sont. Au cahier general du tiers Etat dressé és Etats Generaux de l'an 1588. il y a un article exprés à cét effet, qui est au chapitre des Finances, lequel je Guy Coquille, eus charge de dresser. Beaucoup de changemens sont avenus en chacune Province depuis cét ancien département sur le pied duquel on a continué les augmentations des Tailles: Qui est cause que la proportion n'est pas aujourd'huy, comme elle étoit d'ancienneté quand les Tailles furent premierement mises en ordinaire, parce que lors étoient plusieurs Princes & grands Seigneurs, qui plus hardiment faisoient honnêtes remontrances au Roy qu'on n'a pas fait depuis; le Roy pour les rendre consentans à cette imposition ordinaire, leur accorda la nomination des Etats & Offices d'Elûs, Receveurs & Greffiers, Grenetiers, Contrôlleurs & Mesureurs, qui a duré pour quelque tems; Mais enfin le Roy François premier les leur ôta. Monseigneur & Madame Duc & Duchesse de Nivernois, depuis quinze ans en ça ont obtenu pour eux le rétablissement dudit droit de nomination. Aucuns Princes empêcherent formellement ces Tailles en ordinaire en leurs terres, même le Duc de Bourgogne; & en ce Duché de Bourgogne l'ancienne forme est encores aujourd'huy observée, que de trois ans en trois ans, les Etats du païs étans assemblez, accordent au Roy une somme de deniers pour une fois, & s'en fait le département comme des Tailles, & s'appellent fuaiges. Es assemblées des Etats Generaux de France, les Seigneurs du premier & second Etat, qui sont l'Eglise & la Noblesse, ont estimé que cette oppression du tiers Etat ne les touchoit pas, & ne se sont rendus intercesseurs pour eux. Ce qui leur est avenu par faute de bon jugement; car toutes leurs facultez & moyens se prennent sur le travail, épargne & aise du tiers Etat, car c'est luy qui laboure les terres, qui nourrit le bestail, & qui fait la Manufacture & marchandise; qui sont les seules minieres d'or & d'argent de la France; car n'y en ayant point ou peu de naturelles en France: par ces moyens l'or & l'argent de nos voisins y est attiré. Doncques quand ces minieres du tiers Etat sont épuisées ou mises en décadance, le revenu de l'Eglise en diminuë, soit és devotions, és dixmes, és fermes & accenses, & parties casuelles de leurs redevances. De même les Gentils-hommes ayans leurs sujets pauvres & coquins, à grande peine peuvent ils recouvrer leur revenu ordinaire: tant s'en faut qu'ils profitent és fermes muables, & és parties casuelles. Doncques cette misere du tiers Etat est une fiévre lente pour le premier & second Etat qui les affoiblit & ruine peu à peu, & ne la sentent pas: car les trois Etats ne sont qu'un corps dont le Roy est le chef. Ne connoissans pas aussi quel mal ce leur est quand les Tailles & Subsides sont si grands, & toutesfois la Gendarmerie ny l'Infanterie ne reconnoissent aucune solde: dont avient que le Gentil-homme allant au service du Roy és Ordonnances se ruine, & le soldat non payé ne se contente de vivre, mais rançonne & pille débordément les pauvres villageois, par la ruine desquels les villes sont appauvries, & le trafic & la manufacture cesse, & dont aviennent au premier & second Etat les inconveniens susdits. Et toutesfois és Etats d'Orleans, & és premiers de Blois, le seul tiers Etat étoit à se plaindre, les deux autres dormans comme en Lethargie: mais le mal se renforça si outrageusement entre les premiers & seconds Etats de Blois, que l'Eglise & la Noblesse commencerent à sentir le mal, & s'en plaignirent esdits seconds Etats de Blois avec assez de vehemence, mais les évenemens ont fait connoître que c'étoit trop tard. Dés le tems du Roy Loüis onziéme, que l'on dit être celuy qui mit les Rois de France hors de page, aucuns flateurs ennemis du Roy & du peuple, faisoient entendre au Roy qu'il avoit droit de lever sur son peuple ce qu'il vouloit (dont le contraire est verité, le témoignage en est de l'antiquité même sous le regne de la lignée d'Huges Capet, quand les Tailles, Huitiéme, Gabelles, Impositions ne se levoient que par l'accordance des Etats) Argenton de Commines en son Histoire dudit Roy Loüis onziéme, blâme aigrement ceux qui tiennent tels propos aux Rois, & dit qu'ils feroient mieux de dire que le Roy a un peuple si bon & obeïssant qu'il ne refuse à son Roy ce qu'il demande quand il en a besoin.

C'Est la verité que les Tailles & Impositions sont necessaires pour l'entretenement d'un Etat, & étoient appellées par les anciens les nerfs de la Republique: Mais il faut dire aussi que la regle y est necessaire, à ce qu'il n'en soit levé sinon autant que l'entretenement de l'Etat le desire. Tite Live en la premiere Decade dit, que Servius Tullius Roy des Romains institua le premier, le cens, & la reconnoissance se faisoit de cinq en cinq ans, ce tems étoit appellé Lustre: Cette reconnoissance portoit une description generale de toutes les personnes libres & franches, tant peres de familles que fils de famille, & des facultez & moyens de chacun. Ce Roy distribua tout le peuple en cinq classes, faisant cinq ordres des facultez & biens.

Ceux qui étoient les plus riches étoient les plus chargez au fait des guerres, tant de leurs personnes que de leurs biens; aussi étoient-ils és premiers rangs & les plus honorez és Comices & assemblées publiques, quand il étoit question de donner avis & voix pour l'élection des Magistrats & autres affaires. Car les Chevaliers, qui étoient ceux qui faisoient la faction de guerre à cheval, donnoient premiers leurs voix; En aprés les Centeniers de la premiere classe donnoient leur voix; & ainsi de suite venoit-on aux autres classes selon les degrez des biens & facultez: Ce faisant nul n'étoit méprisé, & toutesfois les plus riches étoient plus respectez. Cette même consideration des facultez a continué longtems durant à Rome, même au tems de sa grande grandeur: Car par la loy Roscie, nul ne pouvoit prendre place ny seoir és quatorze ordres & rangs, qui étoient és theatres & cirques où étoient representez les jeux & passe-tems publics; (ces quatorze ordres étoient les plus éminens & honorables,) s'il n'étoit décrt au cens pour être riche de quatre cens mil sesterces, quoy qu'il fut avenu à aucun d'avoir fait faillite par inconvenient de fortune, & non pas mauvais ménage, ce rang des quatorze ordres luy étoit dénié; & au contraire il falloit qu'il prit place au rang des Docteurs, qui étoit un lieu assigné pour telle sorte de personnes, ainsi nommées *ad instar*, de ceux desquels il se dit qu'en faisant fondre les metaux, toute leur esperance s'en va en fumée. Selon cette description de cens, chacun faisoit le service aux guerres, ou de sa personne ou de ses biens. Quand le Consul ou Preteur, ou autre chef d'armée, venoit à faire amas du nombre de soldats qui luy étoit ordonné, que les Romains appelloient *Delect*, comme qui diroit choix, tous se devoient representer; & si aucun défailloit (ce qu'on estimoit ne pouvoir avenir que par vilté de cœur & pusillanimité) il étoit privé du droit de la Cité de Rome, & étoit fait serf, comme proditeur de la liberté; Ainsi il est dit par le Jurisconsulte, *in l. qui cum uno §. cum post.* és Digestes sous le titre *de re militari*. EN FRANCE, où d'ancienneté on a estimé que le métier de la guerre étoit à exercer par les seuls Gentils-hommes (& si aucun roturier étoit employé és guerres, il acqueroit la Noblesse par sa valeur, & encore se pratique que le roturier employé au fait des armes se peut dire Gentil-homme ; mais quand c'est à comparaison d'un Gentil-homme de race, il doit se dire Gentil-homme portant les armes.) La grande force de nos Rois a été de l'arriereban, qui est un mot tiré de l'ancienne diction *Hereban*, dont il est parlé és Capitulaires de Charlemagne. Et tous Gentils hommes étoient & sont tenus faire service au Roi en ses guerres selon la valeur & revenu annuel de leurs fiefs, & ce à leurs dépens par le tems de trois mois dans le Royaume, & de six semaines hors du Royaume : Et si au moyen de leur vieil âge ou indisposition de leurs personnes, ils ne peuvent faire le service personnel, ils doivent fournir personne suffisante ou contribuer de leurs bourses. Le Roi Charles septiéme aprés avoir chassé les Anglois de la France, établit quinze cens lances de gens choisis pour être souldoyez & entretenus en tems de paix & de guerre, chacune lance fournie d'un homme d'armes & des Archers, & pour payer leur solde la taille fut mise sus en ordinaire, & la vraye destination de la taille est pour cette solde. De grande ancienneté les Rois n'avoient droit de lever tailles sinon par l'accordance des Estats, comme dit est, & en certains cas sur les sujets de leur Domaine, en cette grande ancienneté en certains cas étoient taillables, comme quand ils faisoient leurs fils aînez Chevaliers, & ainsi fut jugé par Arrest contre les habitans d'Annet & Monchauvet és Arrests de saint Martin l'an mil deux cens soixante & dix. La pluspart des Gentils-hommes se sont faits des Ordonnances, ou de la maison du Roy pour s'exempter de l'Arriereban. Dont est venu la surcharge du tiers Etat : car l'arriereban ne fournissant plus tant d'hommes comme il souloit, ledit tiers Etat a été surchargé de contribution en deniers pour parfournir les forces qui étoient de besoin, tant en l'augmentation des tailles, (qui à l'avenement du Roi François premier n'étoient qu'à deux millions quatre cens mil livres) & de son tems ont été augmentées à quatre millions, que l'on appelle le principal de la taille, & encore de son tems y a eu la creuë de six cens mil livres, & la creuë de trois cens mil livres, Et du tems du Roi Henry second son fils, a été mise sus l'augmentation du taillon, pour croître la solde de la gendarmerie montant à douze cens mil livres, & du tems du Roy Henry III. y a eu augmentation du Parisis, qui est un million de livres, & de quinze cens mil écus, qui font quatre millions cinq cens mil livres, c'est en tout onze millions six cens mil livres, qui au commencement n'étoit que d'un million deux cens mil livres, sans la Gabelle du Sel, les Aides & infinité d'autres creuës. Selon l'ancienne proportion des quotitez de chacune Province & Election, l'élection de Nivernois faisoit pour la quatre-vingt-septiéme portion, & treize seiziémes d'une portion des tailles de France. La Normandie porte environ le quart des tailles de la France ; car sur le pied de quatre millions de francs, elle porte neuf cens soixante dix-sept mil francs.

AUssi ce païs est grandement foulé & chargé d'une redevance qui s'appelle Bordelage, dont la plusparr des heritages du païs tant és champs qu'és villes, sont encombrez. L'étimologie du mot fait connoître qu'elle en a été l'origine. *Bor* en ancien langage Tudesque signifie un domaine, métairie ou ferme és champs, & de là est tiré l'ancien mot François *Borde*, qui signifie même chose : Quand aucun riche avoit un ou plusieurs domaines és champs, il les bailloit à un ou plusieurs laboureurs à perpetuité pour les labourer & faire valoir, & en payer chacun an une redevance certaine en deniers, en grain, & en volaille ; & dit nôtre Coûtume que telles redevances consistent en ces trois choses ou des trois les deux, & quand les trois y sont, ou des trois les deux, la presomption est que ce soit bordelage. Qui montre que cette redevance n'étoit pratiquée que pour les domaines des champs, & pour domaines accomplis de tous leurs membres. Peu à peu l'usage en est venu dedans les villes, & sur les vignes, bois, prez, & autres heritages separez, & la plusparr de ces bordelages particuliers ont commencé par constitution à prix d'argent, selon que les pauvres gens de villages & des villes ayans des heritages allodiaux, ou chargé de censive, avoient affaire d'argent. La dureté de la condition dudit bordelage est fort grande ; car un parent ne succede pas à autre parent en tels heritages, s'il n'est commun en biens avec luy lors de son decez : Ce qui est tiré des main mortes en servitude personnelle. En cas d'allienation le Seigneur bordelier prend le tiers denier en montant du prix de la vente ou de l'estimation de l'heritage : Ce tiers en montant c'est la moitié du prix convenu entre le vendeur & l'acheteur ; ce profit excessif du tiers vient de l'emphyteose dont la nature est, que si l'emphyteote Seigneur utile vend sans le consentement du Seigneur, il commet & perd la Seigneurie utile, & pour rachepter cette rigueur, l'ancienne composition accordée par forme de Loy, a été du tiers denier. La tierce dureté est que par cessation de payement de la redevance durant trois ans, il y a Commise de l'heritage au profit du Seigneur, & en pure perte du detenteur. Ce qui a été aussi tiré de l'emphyteose. La 4. rigueur est, que si l'heritage retourne au Seigneur en vertu de sa Seigneurie directe, il retourne franc & déchargé de toutes hypoteques, *etiam* de la dot & doüaire des femmes. Bref on a amassé en ce bordelage toutes les dures conditions qui sont és autres tenures d'heritages : Qui est une des causes pourquoy les voisins de ce païs craignent de prendre alliances par mariages & de trafiquer en iceluy ; & ce qui aide encore à le dépeupler est que les gens de village voulans éviter ces reversions de leurs heritages à faute d'hoirs, marient leurs enfans fort jeunes, pensans s'avancer pour repeupler leurs maisons : mais ces jeunes personnes trop tendres pour le fait du mariage ne durent pas, & la lignée qui en vient est foible : ainsi leur avient le contraire de ce qu'ils ont projetté.

LEdit païs de Nivernois est composé de huit contrées principales ; l'une est qu'on appelle les Vaux de Nevers, en laquelle est un grand vignoble, dont les principales Paroisses sont Marzy, Varenes lés Nevers, Pogues, Garchizy, Chaulgnes, Chatinges, la Marche, Parrigny, Tronssanges, Germigny sur Loire, Solangy, & est le territoire desdites Paroisses depuis les portes de Nevers jusques au plus prés de la Charité, car le Nivernois comprend jusques à un quart de lieuë d'icelle Ville : Et combien que le principal moyen desdites Paroisses soit de vignes, toutefois chacune d'icelles a ses commoditez de terres labourables, prez, pâcages, & bois : Cette contrée comprend quelques Paroisses qui sont de là Loire du côté du Berry, qui sont fructueuses en bleds, & sans vignes : Et en cette contrée sont les Châtelenies de Cusy & de la Guierche, les Paroisses & Seigneuries d'Aubigny sur Loire, Cours, les Barres, Aspremont, Neufvis ; & de l'autre côté en s'éloignant de la riviere de Loire sont plusieurs autres paroisses esquelles y a grande quantité de bois & rivieres, sur lesquelles sont plusieurs fourneaux & forges à fer & acier, avec bonnes terres labourables, prez & pâcages & bien peu de vignes, dont les principales paroisses sont Franay les Chanoines, Poyseux, Chastelneuf au val de Bargis, Beaumont, la Ferriere, Rigny, Urzi, Giry. Cette contrée est commode aux forges, tant à cause des petites rivieres dont elle abonde, qu'à cause des bois & des minieres ; les fourneaux y sont pour fondre la mine de fer avec l'aide d'une matiere appellée castine qui est terre pierre : Les pieces de fer fondu qui se tirent des fourneaux sont appellées guises, & pesent de quinze à dixhuit cens livres, les forges sont composées d'affineries, & d'un gros marteau à l'aide desquels ce fer est batu & rendu en bandes plates, qui est le fer dont les Maréchaux, Serruriers & autres ferronniers se servent. Les forges à acier sont esquelles de la même matiere de fer bien affinée & bien trempée se fait l'acier qui se met en petits quarreaux. En cette même contrée est la Paroisse de Pogues nommée cy-dessus, en laquelle sont deux fontaines proches à deux pas l'une de l'autre ; l'une dite de saint Liger, l'autre de saint Marceau, qui passent par des minieres de Vitriol ou couperose ou nitre, ainsi qu'on peut recueillir par la qualité & goût des eaux, & se trouvent de pareil goût, faculté & puissance que sont les eaux de Spa prés Liege sur Meuze, servant à nettoyer les reins, à curer & guerir apostemes interieures, à ouvrir les conduits oppilez & à plusieurs maladies occultes qu'on estime difficiles à guerir ; l'esprit desdites eaux est si subtil qu'il s'évapore incontinent, & ne se peuvent porter loing tant bien étoupées soient-elles, qu'elles ne perdent beaucoup de leur vigueur. Toutes deux ont un goût acre & piquant, mais plus celle de saint Marceau. Dés long-tems ces fontaines avoient bruit seulement pour les hydropiques & enflez & n'y venoient que pauvres personnes, & à l'enfleure celle de saint Liger est plus propre. Sont sept ou huit ans que Monseigneur Prince admirable en toutes ses fonctions d'entendement, fit essayer par le goût & autres experiences quelles sont les minieres és entrailles de la terre dans lesquelles passent ces eaux, & c'est trouvé qu'elles sont semblables à celles de Spa pour le goût & pour les facultez, & qu'elles tiennent de Nitre & Vitriol. Le bruit en a été incontinent épanché par toute la France, & ont été fort frequentées par malades de diverses passions interieures dont la pluspart sont retournez gueris ou grandement allegez de leur mal, même le Roy y vint & en usa au mois de Septembre l'an 1586. saison la plus propre à les prendre est és mois de Juillet, Aoust & Septembre, quand la saison a été & est fort seche, pour ce qu'en Hiver & en tems pluvieux l'eau du Ciel entrant dans la terre, se méle dans les veines de ces fontaines & les affoiblit de leur vertu naturelle.

L'Autre contrée de Nivernois est celle des Amognes qui est territoire fort fructueux en bleds, pourquoy aucuns estiment qu'il est ainsi nommé de la diction Latine *Alimonia* qui signifie nourriture : Mais je croy qu'il est dit ainsi selon l'ancien langage des villageois qui appellent les Moines *Mognes*, & au lieu de dire aux, disent *as*, comme qui diroit la terre *as mognes*, la terre aux moines : car en toutes les meilleures Paroisses de cette contrée les Moines de Cluny sont les Curez primitifs & Patrons, qui est à dire sont les grands dixmeurs qui sont les Prieurs de saint Estienne de Nevers, de saint Sauveur de Nevers, de saint Sulpice le Chastel & de Lurcy le Bourg, ausquels appartiennent les Paroisses de Montigny, saint Jean de Lichy, saint Pere à Ville, Lichy, Oroner, saint Sulpice le Chastel, esquelles Paroisses est le vray territoire des Amognes. Cette contrée des Amognes outre les bleds a ses commoditez de prez, bois, vignes par endroits ; mais y a bien peu de rivieres & ruisseaux. Es proximitez de ce territoire & presque en même assiette sont les Paroisses de Baleray, Cigognes, Prye, Vvez, Bona, Sardolle, Beaumont sur Sardolle. La troisiéme contrée est des vallées de Montenoyson, qui comprend toutes les Paroisses qui sont és prochains entours, & voyent pour chef le Chastel de Montenoyson, & qui sont arrousées des eaux qui descendent de la même montagne ou de la suite d'icelle. Montenoyson est un Château qui est membre du Duché de Nivernois, sur la cime d'une haute montagne, & est de grande m..ique & forteresse, & est dit comme mont de Noyson, car Noyson est un village au dessous du Château, la Châtellenie est de fort grande étenduë, le territoire est fructueux en bleds, & outre est abondant en bois, pâcages, vignes par endroits & autres commoditez : Les principales Paroisses de cette contrée sont Nolay, Lurcy, Ligny, Montenoyson, Champalemand, saint Reverian, saint Benin des bois, saint Franchy, Crux, Oulon Arthe, Premery-ville, Trigny, Champlin, Nully, Ars en Bouy, Corvol le Dampbernard. La quatriéme contrée est és vallées d'Yonne, & partie de ce territoire est au Diocese de Nevers deça Yonne, partie en l'Evêché d'Authun qui est de Nivernois, ladite riviere faisant separation des deux Dioceses : & consiste és Chastellenies de Mex le Comté, Monceaux le Comté, Neuf-fontaines, Clamecy & saint Leonard; & en icelles sont les villes de Clamecy, S. Leonard, Tannay, Dormecy. Les Paroisses principales outre lesdites Villes & chefs de Châtellenies sont Morasches, Asnoys, Amazy, Taigny, Breves, Lys, Chalement, Germenay, Brinon, la Montagne : Ce territoire est presque également composé de vignobles, terres labourables & autres commoditez, & est arrousé de rivieres & ruisseaux, & est estimé le meilleur & plus fertile territoire de Nivernois. La cinquiéme contrée est de Morvan, partie de Morvan est en Nivernois, partie en la Seigneurie de Chastel-chinon, partie en Bourgogne : Ce païs de Morvan est de montagnes, couvertes de bois, assez sterile quant à bled, car il ne rapporte que des seigles & petitement, sinon autant que la grande industrie & culture contraint la terre. Ce territoire est abondant en fontaines, & les habitans du lieu conduisent les eaux d'icelles à commancer du plus haut le long des côtes des montagnes, en sorte que lesdites côtes estans ainsi arrousées depuis le haut jusques au profond des vallées, servent de prez dont y a bonne quantité, & par ce moyen nourrissent & engressent bœufs, vaches & autre bêtail : Et és bois en tems de poisson ils engressent les porcs; vray est que la chair & la gresse des bœufs & vaches nourris en Morvan n'est pas si savoureuse, & n'est pas si-tôt acquise aux bêtes comme en celles qui sont nourries au plat pays, par ce qu'au plat païs y a plus de Soleil, & l'herbe est naturelle, & en la montagne à cause des bois & de la hauteur de la montagne, y a beaucoup d'ombre & peu de Soleil, & l'herbe y vient par force d'arrousement : Aussi les Marchands sont soigneux d'enquerir de quelle part vient le bêtail qu'ils veulent engresser, & s'ils le mettent en l'herbe du plat païs, & il vienne de Morvan, ils sont asseurez de l'avoir incontinent gras & bon; mais s'il vient du païs bas, ils se garderont bien de le mettre és herbes de Morvan, encores qu'elles soient tres-abondantes; parce que le bêtail accoûtumé à meilleures herbes jeûneroit auprés. En cette contrée de Morvan n'y a point de vignes, sinon en une seule côte qui sort de la montagne comme en potence; les montagnes de Morvan ont leur continuation en longueur tirans de Midy à Septemtrion, qui est cause qu'elles n'ont le Midy droit en face, mais l'ont seulement en frayant à côté, & à peu d'heures du jour : Mais à l'endroit de saint Perreuse entre Châtillon & Chastel chinon, une petite montagne se jette hors de la suite des autres devers le Soleil couchant, qui a le Midy droit à face sans obstacle d'aucune montagne au devant, & à cause des hautes montagnes de Morvan qui luy font abry, elle n'a les premieres heures du Soleil levant, qui sont toûjours fraiches & font les gelées en Avril, & la même montagne par son dos luy fait abry du Septemtrion : ainsi le lie uoù sont les vignes sur cette montagne a le Soleil trois ou quatre heures devant Midy; & tout le reste de la journée qui est la grande chaleur du jour : cela est cause avec la bonté du plant qu'en ce lieu seul & en nulle autre part en Morvan sont les vins bons & excellens. La sixiéme contrée de Nivernois est le territoire qui est au bas & és vallées de Morvan devers le Nivernois, dont partie est appellée Bazois, & est arrousé des rivieres d'Arron, Canne, Alesne, Andarge & autres : En cette suite sont les Châtellenies de Moulins Engilberts, Montruillon, Cercy, Desize, Saint Saulge, Châtillion & Luzy : Cette contrée est moyennement bonne pour les bleds froment & seigle, mais excellente pour le pâcage du bêtail, en prez, prairies, en pâtureaux clos, & abondante en bois. Prez de Desize sont les minieres de charbon qu'on dit charbon de pierre, qui est noir, gras & visqueux, prend & entretient le feu, comme l'autre charbon fait de bois, mais le feu en est plus ardent, & les ferronniers en usent plus volontiers. Le trafic en est sur la riviere de Loire; il y a quelque heur & rencontre à le trouver, & quelque fois faut que les fosses & puys soient bien profonds, & selon les saisons se font grands frais à tirer les eaux dont lesdites fosses se remplissent. Il y a des pareilles charbonnieres prés la Ville de Liege sur la Meuze, mais le charbon est plus aisé à tirer, ils appellent le charbon *oüille* & les charbonnieres les *oullieres*, & fournissent presque tout le Païs-bas qui n'a point de bois, tant pour chauffer & cuire la viande que pour les ferronniers. La septiéme contrée est le territoire d'entre les deux rivieres de Loire & Allier, qui commence au confluant desdites deux rivieres à une lieuë prés de Nevers, & tire contremont lesdites rivieres jusques en Bourbonnois : Ce territoire est composé de terres labourables assez fertilles en froment & seigle, vignes par endroits, pâcages pour le bêtail & quantité de bois. En cette contrée est la Ville de saint Pierre le Monstier, & les Châtellenies de Chastel-neuf sur Allier, & de la Ferté-Chauderon, & grande partie de celle de Desize & de Ganay, dont les principalles Paroisses sont Chevenon, Sermoyse, Chaluy, Meaulse, Mars, Magny, saint Parise le Chastel, Lothenay, Liury, Chantenay, Thory sur Abron, Aury sur Loire, saint Geren Very, Lamenay, Ganay, Coslaye, Lucenay les Hayes. La huitiéme contrée est le Donziois, qui en grande ancienheté a été Baronie separée, mais par le moyen de Hervé Baron de Donzy, fils du Comte de Guien, qui épousa Agnes heritiere de la maison de Nevers, sont environt trois cent quatre-vingt ans, Donzy fut uny au Comté de Nevers, reputé même païs & regi par même Coûtume, comme il étoit commandé par un seul & même Seigneur, & en ayant été démenbré par un partage de l'an 1525. Il fut incorporé & uny au Duché de Nivernois, par Edit du mois de Février en l'an 1552, verifié en Parlement le vingt-troisiéme du dit mois. Cette contrée comprend les Châtellenies & Villes de Donzy-Entrain, Dreve, Saint Sauveur en Puisaye, Corvol l'orgueilleux, Billy & Estaiz, le Chastel de Cosne sur Loire avec sa Châtellenie.

LE païs de Nivernois est arrousé de trois rivieres navigables, Loire, Allier & Yonne: Loire prend son origine és hautes montagnes d'Auvergne prés le Puy Nostre-Dame en Velay, commence à porter Bateaux à Roâne vingt-huit lieuës au dessus de Nevers, & dure son cours de navigation jusques à la mer Oceane où elle s'embouche avec son nom, & est ledit cours de navigation de cent soixante lieuës, separant le Royaume presque en deux portions égales: passe prés des Villes de Marsigny, Bourbon Lanceiz, Desize, Nevers la Charité, Cosne, Gyen, Orleans, Blois, Amboise, Tours, Saumur & Nantes. Selon l'ancienne description des Gaules, cette riviere de Loire separe la Gaule Celtique de l'Aquitaine: riviere abondante en poisson, tant poisson naturel en icelle, qu'en poisson de mer qui en certaines saisons de l'an se jette en ladite riviere tirant contre mont icelle: comme Aloses & Lamproyes és mois d'Avril & May, Mulets au grand Eté & Plies en tout tems: aucunefois des Saumons, qui autrefois y ont plus abondé, & disent les Pêcheurs qu'il y a trente-ans qu'ils s'en sont effarouchez depuis que les Mulets comencerent à y repairer en abondance. Cette même riviere qui apporte plusieurs commoditez, apporte aussi grands dommages par ses inondations, parce qu'elle n'est retenuë de rives hautes naturelles, vray est qu'au dessous d'Orleans elle est retenuë par levées faites de main d'homme: l'Innondation est ordinaire au mois de May: comme les Histoires disent du Nil en Egypte, qui croît tous les ans au mois de Juin: la cruë de May en Loire vient par l'occasion de ce que les Sapins qui sont és hautes montagnes de Forests & d'Auvergne en ce tems jettent une humeur qui est tiede, laquelle avec les pluyes douces qui ont accoûtumé de cheoir du Ciel en ce même tems, font fondre les neiges qui sont esdites montagnes hautes: Outre laquelle creuë ordinaire elle innonde aussi par les grandes pluyes en Hyver, au Printemps & en Automne. Aussi cette riviere fait grand dommage par son inconstance, car étant sablonneuse & ses rives étant de terre legere elle change souvent son cours, & son profond getant grande quantité de sable és lieux où souloit être le profond, & faisant le profond és lieux ou souloit être le sable: En sorte queles mariniers(ainsi appelle-t'ō les bâteliers navigans sur icelle) ne peuvent être expert pour la conduite du gouvernail sinon avec longue experience& bon jugement naturel pour sçavoir dicerner à l'œil aprés chacune creuë de quelle part est le profond. La riviere d'Allier passe aussi par ce païs & vient des hautes montagnes d'Auvergne, & aprés avoir passé prés de Maringues en Auvergne où elle commence à porter bâteau, elle passe prés de Vichy & prés de Moulins en Bourbonnois, & entre en Loire à une lieuë au dessous de Nevers au lieu appellé Conflans, qui vient du Latin *Confluens*, & en langue Françoise en tous lieux nommez Conflans est l'assemblée de deux rivieres, comme tout auprés de Paris Conflans ou Marne entre en Seine, Conflans au lieu où Oyse entre en Seine. Ladite riviere d'Allier separe le Nivernois du Bourbonnois dix lieuës durant. La riviere d'Yonne part des hautes montagnes de Morvan prés Chastelchinon, & passe par une partie de Nivernois sans navigation, & en cét endroit separe les Dioceses d'Authun & de Nevers: commence à porter bâteau à Clamecy Ville de Nivernois: Entre Clamecy & Auxerre elle reçoit la riviere de Chore qui part aussi de Nivernois, & en cette compagnie plus forte passe prés Auxerre, Joigny & Sens, & à Montereau entre en la riviere de Seine: Ladite riviere d'Yonne au païs de montagne charge assez abondament de truites, qui est poisson aimant l'eau impetueuse. Au même païs de Nivernois sont plusieurs autres petites rivieres de toutes parts, le long desquelles sont belles prairies & pâcages, & plusieurs, moulins, & sur icelles sont aucunes forge à fer & à acier: A sçavoir Neivre qui a donné le nom à la Ville de Nevers, qui entre en Loire sous le grand pont d'icelle Ville: Cette riviere a deux chefs, tous deux de même nom & fluent separement environ sept ou huit lieuës, & s'assemblent à 3. lieuës au dessus de Nevers prés de Bizy Paroisse de Parrigny: L'un des chefs vient de Giry & l'autre des estangs de Bonraiz prés Champlemis: Sur cette riviere sont plusieurs moulins & forges à fer & acier, & le long d'icelles belles prairies. La riviere d'Arron qui entre en Loire prés Desize, Passe par les étangs de Crux puis à Chastillon, à Isenay & à Cercy-la tour, & entre en Loire prés Desize. La riviere d'Alaine vient de Luzy, passe à Taiz, & au dessous de Cercy la tour entre en Arron. La riviere de Quenne part des estangs de saint Martin de la Bretonniere, passe prés saint Saulge, fait aucuns bons estangs, fait moudre plusieurs moulins, passe à Suancy Freterene, à Montigny sur Canne, à Savigny & prés de Colonges sous Cercy entre en Arron. La riviere d'Andarge vient des vallées de d'Unstun, fait l'estang d'Anlezy & l'estang du Peirax à Romenay, en la Justice de Romenay, passe au dessous de Langy & Aubigny entre en Arron prés de Verneuil. La riviere de l'Ysseure vient de Lichy, passe par les Amognes, par Prie & joignant Imphy entre en Loire. La riviere de Cressonne fait les limites de Nivernois & Bourgogne prés Crona & Tannay & entre en Loire. La riviere d'Acolin & la riviere d'Abron voisines viennent de Bourbonnois, entre en Nivernois passent à Cossaye, à Dorne, à Thory, à Lurcy, & s'étans assemblés prés d'Aury entre en Loire. La riviere de Besbre venant de Bourbonnois passe par Dompierre, & Septfons en Nivernois, & pres de là entre en Loire. La riviere d'Acolastre vient au dessus d'Azy le vif, fait l'estang de Paranches, & prés de Jaugenay entre en Loire. La riviere de Laubois venant de Bourbonnois passe par la Guierche, & par saint Germain en Nivernois, & prés de là entre en Loire. Les rivieres de Narcy & Guerchy sourdent en Nivernois, & aprés avoir servy à plusieurs moulins & forges entrent en Loire à Mesve. La riviere de Noain partant des estangs d'Entrain passe à Donzy, à Vergiers, à Sully, & à Cosne entre Loire. La riviere d'Arrou vient du haut Morvant, passe par la liziere de Nivernois entre Luzy & Authun. Ces deux rivieres Arrou & Arron ont donné le nom au peuple que Cesar en ses Commentaires appelle *Ambarri*, dont les interpretes s'accordent que c'est le peuple d'une partie de Nivernois, & dit Cesar au premier livre de ses Commentaires, qu'ils étoit proches parens & alliez des Heduës. Il est vraysemblable que c'est le peuple qui est entre ces deux rivieres Arrou & Arron, qui est au Bazois & partie de Morvan, *Am* en composition de langue Latine signifie entour, & est tiré du Grec *amfi* & étoit la langue Grecque assez en usage és Gaules à cause des Druides. Cette diction *am* quand elle est composée avec autre diction commenceant par voyelle on y ajoûte un *b* entre deux pour faire la prononciation plus facile comme quand on dit en Latin, *ambustus*, *ambesus*, *ambarvalis*, *ambio*, & autres.

AUdit païs de Nivernois se remarquent encores de present plusieurs antiquitez du temps des Romains, méme en ce que la plupart des Paroisses & villages portent les noms des anciens Romains ou de leurs Dieux, & lesdits noms represenecht les genitifs du nombre singulier Latin; comme qui diroit *Villa Martii*, Niarcy ou Marcy, *Lucus Diana*, Dienne; *Fanum Apollinis*, Polligny; La Paroisse de Mars entre les deux rivieres de Loire & Allier du Dieu Mars; *Villa Cecilii*, Cezilly; *Albini*, Aubigny; *Germanici*, Germancy; *Corvini*, Corbigny; *Domitii*, Domecy; *Casti*, Chassy; *Emilii*, Mil; *Sabinii*, Savigni; *Mutii*, Mussy; *Flori*, Flory; *Lentuli*, Lentily; *Marcelli*, Marcilly; *Aurelii*, Aurilly; *Junii*, Juigny; *Quintii*, Cunciz; *Apulei*, Poully; *Gellii*, Gilly; *Anitii*, Anisy; *Dionisii*, Donzy; *Ebutii*, Bussy; *Romulii*, Remilly; *Rutillii*, Ratilly; *Sextii*, Cessy; *Curii*, Cuzy; *Flacci*, Flacy; *Otacilii*, Tazilly; *Terentii*, Trangy; *Cocceii*, Cossage; *Silani*, Sallogny par metathese ou transposition: *Marii*, Amazy; *Ovinii*, Oigny; *Virii*, Viry; *Actii*, Azy; *Petronii*, Trogny; *Titurii*, Tinturi; *Nantii*, Noisy; *Aquilii*, Esguilly; *Manlii*, Mailly; *Sergii*, Surgy; *Martini*, Martigny; *Calvini*, Chauvigny ou Sauvigny car selon le dialecte du païs on prononce *s* au lieu de *Ch*, *Acili*, Arcilly; *Veranii*, Varigny; *Galli*, Jally; *Victorini* ou *Taurini*, Torigny; *Grati*, Grateiz; *Lucii*, Lucy; *Clementii*, Clamecy; *Afranii*, Fraigny; *Cresentii*, Crezancy; *Gemini*, Germigny: *Salii*, Chailly; *Libanii*, Levanges; *Pauligni*, Polliny; *Eliani*, Alligny; *Apitii*, Bizy; *Aritii*, Arcy; *Andronici*, Dornecy; *Luperci*, Lurcy; *Macrini*, Marrigny; *Mancini*, Massigny; *Mamerci*, Memercy; prés Ternant; *Neratii*, Narcy; *Honorii*, Nourry; *Uranii*, Origny; *Prisci*, Precy; *Bassi*, Passy; *Pontii*, Pozy; *Severi*, Sevry; *Cesii* Saisi; *Gallieni*, Jalligny; *Maximini*, Maumigny. Qui sont tous noms des anciennes familles de Rome, comme se connoît par la lecture des livres Latins. La Paroisse de Druy est dite des Druides: Et comme les Romains nommoient les lieux qu'ils avoient és champs de cette façon, *Tusculanum*, *Pompejanum*, *Cumanum*: Ainsi se voient aussi Paroisses & villages à cette similitude comme, *Lucianum*, Lucenay; *Cassianum*, Chassenay: *Cayanum*, Ganay; *Martianum*, Marcenay; *Romanum*; Romenay; *Manlianum*, Mallenay; *Applianum*, Aponay; *Juillianum*, Juillenay; *Virgilianum*, Vezelay; *Emplianum*, Milay; *Isidianum ab Iside*, Isenay; *Lamianum*, Lamenay. Venille est un Domaine & beau bois prés Nevers dit de *Venilia*, Deesse honorée par les Romains, & infinité d'autres: En aucuns endroits de ce païs méme prés Desize se trouvent plusieurs medailles antiques qui representent les Empereurs Romains, & les choses memorables advenuës de leur temps: Plusieurs de Neron Trajan, Adrian, & plus d'Antoninus Pius, & d'Aurelius Antoninus, dit le Philosophe: Entre plusieurs j'en ay eu deux en ma puissance de vray airain Corinthien: l'une de Neron, qui au revers represente la closture du temple de Janus; & l'escrit porte ces mots, *Pace populo Romano terra marique parca Janum clausit*. De cette closture du temple de Janus du temps de Neron, Suetonne parle en sa vie. L'autre étant de Marc Antonin le Philosophe, & de Lucius Elius Verus, qui furent nommez *Divi fratres*, & au revers est la figure de deux personnes qui touchent en la main l'un de l'autre, & l'écrit est *Concordia Augustorum*: Lesquelles deux pieces avec quelque nombre d'autres, j'ay données à Monsieur de Langes Lieutenant General en la Senéchaussée de Lion homme tres-docte & curieux rechercheur de ces antiquitez: On doute si ces pieces antiques étoient monnoie ou seulement pour memoire & témoignage des choses membrables advenuës du temps d'iceux Empereur. Et je croy qu'elles servoient aux deux effets: Aussi il s'en trouve

trouve d'or & d'argent & de cuivre allayé d'or qu'on appelle airain Corinthien. Les anciennes monnoyes des Romains avant qu'ils eussent conquesté hors l'Italie, étoient de pur cuivre, dont vient qu'en langage Latin le mot *as*, qui est airain, signifie la richesse qu'aucun a en deniers comptans, ou en estimation par deniers, & leur façon de compter la valeur de toutes choses estimables par monnoye étoient par Sesterces, qui étoient de cuivre & de peu de valeur, & retenans cette façon de compter en leur grandeur, ils prenoient mille Sesterces pour un pied de compte, comme autresfois en France on a compté par mille sols; & encores en Espagne ils comptent par Maravediz ou Marabatins, dont environ trois cens font le ducat. Doncques outre le service & usage que ces pieces ainsi forgées avoient pour monnoye, elles servoient à representer ce dont ils vouloient la memoire être perpetuelle. Comme en celle de Neron cy-dessus de la closture du Temple de Janus, qui se faisoit avec une grande ceremonie quand la paix étoit universelle en tout l'Empire Romain, ce qui avenoit peu souvent, & cette closture du tems de Neron fut seulement la quatriéme depuis la fondation de Rome. La tierce closture fut la plus memorable au tems de la naissance de Jesus-Christ, qui tant avoit été predite & presque montrée au doigt par David & Isaye. Ce Temple de Janus étoit comme l'Arsenal des armes de toutes sortes & d'engins de guerre, dont les soldats Romains pouvoient s'aider en guerroyant. Aucunefois en ces monnoyes ils representoient la victoire de quelque nation, comme de l'Egypte par Adrien, de la Dacie par Trajan. Marc Antonin dit le Philosophe, fit faire des monnoyes pour y representer la gesine de Faustina sa femme : J'ay vû des monnoyes frappées à Pavie au tems qu'Antoine de Leve Capitaine Espagnol y étoit assiegé par les François l'an 1524. Et autres à Vienne en Austriche au tems qu'elle étoit assiegée par Soliman Turc. On void aussi en Nivernois plusieurs levées de pavé pour addresse du chemin d'Authun : Mais la plûpart se rencontrent és bois, parce que de present on a autre adresse de chemins. Aussi se void en Nivernois la terre de Druy representant par son nom ce qui est de l'antiquité des Druides anciens *Sacerdotes* des Gaullois, & en la contrée de Donziois la Ville de Dreve, prés de laquelle, & au pied du Chasteau est la source d'une autant belle & ample fontaine qu'on puisse voir, qui à la prochaine issüe de son bassin fait tourner deux rouës de moulin, tant l'eau y est abondante & vive. Et au plus prés de l'un & de l'autre lieu même auprés de Druy, sont beaux bois en païs plat & sec qui representent cette antiquité des sacrificateurs Ethniques, car prés les Temples de leurs Dieux étoient belles souches de bois, qu'ils appelloient en Latin *Luci*. La Seigneurie de Druy est la premiere Baronnie de l'Evêché de Nevers : & de present en est Seigneur, ledit Seigneur Marion cy-devant nommé, Avocat General du Roy au Parlement de Paris. Cy-dessus au premier livre a été parlé de Beuvray, & de la foire qui y est au mois de May établie d'ancienneté pour l'honneur de Maia mere de Mercure, & qui se tient le premier Mercredy de May, pour l'honneur de Mercure que les Payens tenoient pour le Dieu des Marchands.

Au païs de Nivernois sont plusieurs Villes closes; les unes de grande antiquité, comme Nevers, Desize, Clamecy, Moulins lez Engilberts, saint Pierre le Monstier, saint Saulge, Luzy, Premery, Corbigny lez saint Leonard, Donzy, Dreve, Antrain, saint Sauveur en Puisaye, & autres closes depuis cent ans, Tannay, Dornecy sur Yonne, Champagne, Amazy, Asnan, Corvol l'orgueilleux, Billy, Estaiz & autres. De Nevers a été raisonné cy-dessus assez amplement. Desize est petite ville assise en une Isle environnée de la riviere de Loire qui n'est pas une Isle plate comme sont ordinairement les Isles sur rivieres; mais est élevée, & surgit en une petite montagne en rocher, en laquelle est le Chasteau & partie de la Ville, le Prieuré saint Pierre, & le Monastere des Religieuses de sainte Claire; mais tout ce haut à ses murailles anciennes, & tout le dedans est comblé de terre jusques à la cime des murailles, en sorte que les jardins, & la plaine de ce lieu haut, est en plus grande hauteur que ne sont les cheminées des maisons qui sont au pied de ces murailles. Aucuns ont estimé que cette Isle a été retranchée de main d'homme du côté du faux-bourg saint Privé, pour y faire passer la riviere. A quoy pourroit se rapporter le nom Latin, *Decisa*. De cette Ville est faite mention en un livre intitulé *Itinerarium Antonini* en l'endroit, où est décrit le chemin de Bordeaux à Authun à passer par Bourges, que l'on estime sans difficulté être *Avaricum*. Car en cette description aprés avoir rencontré *Avaricum*, il met le prochain logis *Tincontium* ou *Cincontium*; qui se rapporte assez à Cencoins, & puis nomme l'autre logis Decide, qui se rapporte assez à Desize. Et de vray le chemin de Bourges à Authun est par cette route & le nombre des milles, dont il est parlé audit livre se rapporte assez à la distance qui est de present par compte de lieuës en prenant trois milles pour lieuë de ce païs : & se void encores aujourd'huy un pavé à une lieuë prés de S. Pierre le Monstier, qui traverse le grand chemin, & est comme l'addresse de Cencoins à Desize pour aller passer vers Lothenay & Aury sur Loire. Clamecy est ville assise sur la riviere d'Yonne en l'endroit où la riviere de Beuvron entre en Yonne : Cette ville est de l'Evêché d'Auxerre, & a une Eglise Collegiale fondée de S. Martin assez belle Eglise, & y a une fort belle tour à cloches. En cette Ville depuis douze ou quinze ans ençà, a été étably un Siege d'Election pour les Aydes & Tailles du Roy avec la recepte & comptoir, & est bonne ville ayant la commodité de la navigation en la riviere d'Yonne, qui en cét endroit commence à porter bâteau, mais non pas en toutes saisons de l'année. Saint Pierre le Monstier, quoy que ce soit de present Ville Royale éclipsée du Duché de

Nivernois à cause de la puissante main du Roy y ayant Bailliage Royal & Siege Presidial : Si est-ce que de grande ancienneté elle est de Nivernois, & y est enclose de toutes parts. Mais en l'an onze cens soixante & cinq, du tems du Roy Louïs VII. dit le Jeune, l'Abbé de saint Martin d'Authun, qui a en sa sujection & disposition le Prieuré de saint Pierre le Monstier étant Seigneur temporel de la Prévôté & Justice du lieu, supplia le Roy de prendre en sa protection & garde speciale ledit Prieuré offrant associer le Roy pour la moitié en la Justice & aux profits. Ce que le Roy accepta, & sur ce fit expedier ses lettres, & pour quelque-tems le Juge du Roy & du Prieur jugerent ensemblement. Depuis ils partagerent la Justice ordinaire, & au Roy demeura la Ville & territoire des fauxbourgs : & au Prieur demeurerent les villages, qui d'ancienneté sont de la Prévôté : Retenu toutesfois au Prieur le droit de faire exercer par ses Juges sa Justice en dedans l'enclos de son Prieuré, qui est dedans la Ville, & encores de faire executer les jugemens de mort hors & prés les portes de sondit Prieuré dedans la Ville. Encores aujourd'huy les amendes de la Prevôté Royale se partagent par moitié entre le Roy & le Prieur; & aucuns droits Seigneuriaux sont demeurez au Prieur, comme d'ordonner la bannie des vignes. Quelque-tems aprés ladite association & partage, quand les Rois aviserent d'établir Bailliages en Sieges arrestez en divers lieux de leur Royaume, qui souloient être ambulatoires & renouvellez d'an en an, pour rendre justice aux sujets des Seigneurs és cas Royaux & de ressort, fut étably un Siege de Bailliage Royal à saint Pierre le Monstier (qui par le moyen de ladite association étoit devenuë Royale) pour exercer Jurisdiction és cas Royaux & de ressort pour les païs d'Auvergne, Berry, Bourbonnois & Nivernois: Car de long-tems la loy étoit que les Officiers du Roy ne devoient tenir Assises ny exercer Justice és terres des Seigneurs, quoy qu'elles fussent de leur ressort; ainsi qu'il est declaré en l'Ordonnance du Roy Philippes le Bel de l'an 1302. & en ce tems-là Bourbonnois, Berry, & Auvergne n'étoient du Domaine du Roy. Et par cy-devant n'y a pas soixante ans, le Bailly de Saint Pierre le Monstier, prenoit titre de Bailly des exemptions de Berry & d'Auvergne, & pour Berry y avoit Siege Royal particulier à Cencoins, & pour Auvergne à Cusset, & encores aujourd'huy aucunes Justices d'Auvergne & Berry sont du ressort de saint Pierre le Monstier, comme Cusset, Lezay, sainte Montaine, saint Celse, dit saint Ceolz. Les argumens pour faire connoître que saint Pierre le Monstier est de Nivernois sont : Que la Prévôté dudit lieu est regie par la Coûtume de Nivernois : Que tous les entours de ladite Prévôté sont du fiefs & du ressort de Nivernois : qu'auparavant qu'elle fût Ville Royale c'étoit une simple Prévôté qui ne faisoit, & ne pouvoit faire Province à part : que le païs, Province & la Coûtume de Nivernois étoient établis long-tems avant que saint Pierre le Monstier fût Bailliage : que saint Pierre le Monstier est de l'Evêché & de l'Election de Nevers : faute de connoître cette antiquité, a induit plusieurs personnes en erreur pour croire que le Bailliage de saint Pierre le Monstier fût une Province distincte, & fût une Province distincte de celle de Nivernois. De fait le Bailly de saint Pierre le Monstier a autresfois exercé & exerce encores aujourd'huy sa Jurisdiction en cas Royaux & de ressort sur plusieurs Justices qui sont d'autre Province, d'autre Coûtume & d'autre Gouvernement, comme des Coûtumes de Lorriz, Berry & Auvergne dont sont la Charité, Cencoins, Cusset, Lezay : Et en ce tems ancien les païs d'Auvergne, de Berry, de Bourbonnois, & de Nivernois, qui y répondoient pour les cas Royaux avoient leurs Provinces & leurs Coûtumes distinctes, qui ne reconnoissoient en rien la Coûtume de saint Pierre le Monstier : Et seroit chose tres absurde de dire que la Prévôté de saint Pierre le Monstier qui ne comprend que deux Parroisses fût Province & eût Coûtume à part. Dont resulte que le mot de Bailliage par son ancienne proprieté n'est pas mot signifiant territoire certain ny Province, ny qui attribuë au Bailliage droit de superiorité pure, simple, & indefinie és lieux, dont les causes luy sont adressées : mais signifie droit d'exercer Jurisdiction pour cas Royaux, & pour cas de ressort sur les exempts : Il y a autre argument, que par l'ancienne usance, nul Seigneur n'a droit d'avoir Bailly s'il n'a droit de connoître des appellations, qui est ce qu'on appelle cas de ressort. Les quatre anciens Bailliages sedentaires & arrestez, premierement établis par les Rois à l'effet que dessus, étoient Mascon, Sens, Vermandois & saint Pierre le Monstier, qui étoient mis comme pour bride aux grands Seigneurs, qui lors étoient les Ducs de Bourgogne, Comtes de Champagne, Ducs de Berry, Ducs & Comtes d'Auvergne, Comtes de Nevers & Forests, Ducs de Bourbonnois. Mascon étoit pour partie de Bourgogne & Forests. Sens pour autre partie de Bourgogne, & partie de Champagne, Vermandois pour l'autre partie de Champagne, & pour Vermandois, saint Pierre le Monstier pour Berry, Auvergne, Bourbonnois, & Nivernois. De fait pour le tems que Berry étoit au Domaine du Roy, même és années 1274. & 1319. le Bailliage de saint Pierre le Monstier fut transferé à Bourges, & le Bailly de Berry avoit son Lieutenant à saint Pierre le Monstier, pour la Prévôté dudit lieu, & pour les ressorts, & le Bailly de Berry venoit tenir ses Assises à saint Pierre le Monstier, comme j'ay appris par une Sentence de Guillaume de Chasteauneuf, Lieutenant du Bailly de Berry, de l'an 1319. Mais depuis 300. ans en çà les Cours de Parlement, & les gens du Roy ont eu pour cabale & loy non écrite, d'observer & executer tous moyens pour abbaisser l'authorité & la Jurisdiction des Seigneurs, & accroître celle du Roy; Ce qui a été pratiqué encores de plus grande ardeur, quand toutes sortes d'Etats Royaux ont été faits venaux, afin qu'on en tirât plus d'argent quand la pratique seroit plus grande. L'un des moyens est en ce que les lettres Royaux qu'on obtient en Chancellerie ne sont addressées qu'à Juges & Officiers Royaux: combien qu'il soit question de chose qui gist en exercice de Jurisdiction ordinaire, comme au fait des terriers, *& debitis*, dont on prend le pretexte qu'à nul Seigneur n'appartient de délivrer Commissions en termes generaux. Et par une pratique inveterée sans grande raison que pour toutes rescisions de Contrats, quoy que la nullité y soit, que pour être heritier par benefice d'inventaire, & plusieurs autres cas, il est accoûtumé de prẽdre lettres en Chancellerie qui sont addressées à Juges Royaux, & quoy que par ce pretexte ils ne deussent connoître que du simple enterinement des lettres pour declarer l'impetrant habile & bien dispensé pour exercer ce remede à luy octroyé, neanmoins avec leurs longues mains, ils prennent la connoissance de tout ce qui s'en ensuit, comme des partages, des comptes, liquidation de fruits, & de toutes autres questions qui ont tant soit peu d'attinence ou dépendance à ce dont ils ont connu: L'autre est que les Cours de Parlement n'addressent leurs Mandemens & Commissions, soit pour enquêtes ou pour execution d'Arrests, sinon à Juges Royaux, ny même quand l'Arrest seroit confirmatif d'une Sentence donnée par Juge non Royal (ce qui est étrange) car le Juge qui a donné la Sentence confirmeé a instruit le procez, & sçait tout ce qui est en dedans iceluy, qu'on appelle les mérites de la cause, & le Juge Royal qui n'en aura jamais oüi parler sera tout nouveau, & voudra peut-être faire de nouvel des instructions non necessaires. Se voyent aucunes expeditions des Cours de Parlement au tems des Rois Philippes le Bel & Loüis Hutin, esquelles les Commissions pour executer sont addressées à simples Chevaliers, & quelquesfois aux dignitez des Eglise Cathedrales. L'autre moyen a été en ce que toutes les provisions esquelles on peut passer outre, nonobstant & sans préjudice de l'appel, sont attribuées par les Ordonnances aux Juges Royaux, dont aviennent plusieurs inconveniens, car si la cause principale est intentée pardevant le Juge non Royal Ordinaire, la partie qui aura à faire d'une provision en sera éloignée: car il faut qu'il attende que la cause soit devoluë par appel au Juge Royal, parce qu'il ne peut diviser sa cause principale pour en distraire la provision & l'addresser au Juge Royal. L'autre moyen en ce que par subtilité de raisons ils ont fait plusieurs cas Royaux, qui de soy sont de jurisdiction ordinaire; comme de délits commis en assemblées d'hommes en armes par pretexte qu'au Roy seul appartient de permettre de s'assembler en armes; délits commis sur les grands chemins, par pretexte qu'on les appelle chemins Royaux: Des usures & fermens vilains, qu'on appelle blasphemes, par pretextes que les Rois par leurs Ordonnances en ont fait les défenses & étably les peines. La prévention és matieres possessoires sous pretexte que d'ancienneté on prenoit lettres en Chancellerie, qu'on appelloit de complainte en cas de saisine & de nouvelleté: Et en plusieurs autres cas, & par ces occasions les Jurisdictions des Seigneurs sont tellement diminuées que ce sont corps sans ame & sans sang: Et si le peuple en étoit soulagé il n'y auroit grande plainte, mais les offices Royaux étans multipliez au quatruple, & vendus cherement à cause de cette attribution de cas Royaux, la Justice en est beaucoup plus chere aux pauvres plaideurs, qui est la ruine du peuple.

POur revenir au propos, puis que le Bailliage de saint Pierre le Monstier n'est pas une Province, mais signifie une attribution de Jurisdiction en certains cas, il ne se peut dire qu'il y ait Coûtume de par soy: car Coûtume, Province, & peuple correspondent l'un à l'autre. Nous voyons que les Jurisdictions de l'Evêque & du Chapitre de Nevers, & de plusieurs Eglises & Seigneurs sont exemptes de la superiorité par ressort du Duché & Pairie de Nivernois, & ressortissent à saint Pierre le Monstier, & neanmoins sans difficulté toutes lesdites Seigneuries sont sujettes & se reglent par la Coûtume de Nivernois, & ainsi le reconnurent à la redaction d'icelle Coûtume en l'an mil cinq cens trente-quatre, & auparavant en l'an mil quatre cens nonante-un. Ces Seigneurs sont appellez exempts, & le mot d'exemption emporte, que par privilege & exception particuliere ils ont été distraits de la Jurisdiction ordinaire des Comtes de Nevers & non dés le premier établissement: Les Eglises Cathedrales à cause de la Regale prétendent être nuëment sujettes à la Couronne, & les Rois faisans appanages à leurs enfans ou freres, exceptent la garde des Eglises Cathedrales: Mais cela a lieu és terres qui sont de l'ancien Domaine de la Couronne, esquelles comme le Roy retient le droit de reversion à faute d'hoir mâle, ainsi retient-il ce droit de superiorité sur les Eglises Cathedrales pour plus ample marque de son droit de Regale: Pourquoy ladite raison n'est à propos au fait de l'Evêché de Nevers, pour soûtenir que le Duc de Nivernois n'ait aucune Jurisdiction és affaires qui dépendent de l'Evêché & Chapitre de Nevers. Aussi par Arrest donné au Parlement au mois de Juin l'an mil deux cens nonante-un le Comte de Nevers est maintenu en possession d'exercer Justice temporelle és maisons Episcopales de Nevers: Sauf à l'Evêque sa Justice contre ceux qui delinquent au Pretoire & en dedans les barreaux de sa Cour Ecclesiastique; luy Evêque ou son Official seant en son Tribunal & Siege au préjudice de sa Jurisdiction spirituelle: Et par autre Arrest donné par le Roy Philippes en Aoust l'an mil deux cens septente-cinq, est dit que le Comte de Nevers avoit bien prouvé avoir Justice en la Cité de Nevers, és maisons des Chanoines & en leur cellier; & par le même Arrest est dit que lesdits Chanoines ont prouvé leur saisine pour avoir prison en la Cité & y mettre prisonniers leurs hommes qui sont demeurans hors la Cité. Et quand aux actes de Jurisdiction volontaire qui s'exercent aujourd'huy par le Juge Royal és maisons des Chanoines, & des sept Prêtres de la grande Eglise quand ils sont decedez, ce n'est pas droit incommutable & foncier, mais par vertu d'un Jugement provisionnel du dernier Mars 1332. par lequel pendant le debat principal qui est de la saisine & possession du droit de la garde des biens desdits Chanoines & sept Prêtres decedez; est dit que par la main du Roy comme Superieur, sera faite la garde par recreance. Cét Arrest est recité par autre Arrest du septiéme Aoust de l'an 1361. Et parce que les exemptions dont use l'Eglise de Nevers en ses Jurisdictions temporelles sont par privilege ou par raison particuliere, il faut inferer que les Ducs de Nivernois sont fondez par presomption de droit commun à prétendre tout ce qui est en dedans les enclaves du Duché & païs de Nivernois être de leur fief & de leur ressort, sinon entant que les Eglises & Seigneuries peuvent montrer du contraire.

CEtte Ville de saint Pierre le Monstier petite qu'elle est, est bien bâtie, mais elle est mal saine, & les habitans d'icelle sont souvent malades, & ne sont de longue vie: Ce qui peut avenir par deux raisons, l'une que du côté de Soleil levant dont l'air de soy est salubre, ladite Ville a un grand étang d'eau croupie venant d'égoust qui ne fluë ordinairement, & quand l'étang tient son plein, la superficie de l'eau est aussi haute que les soliveaux des chambres basses des maisons d'icelle Ville, qui est bâtie au pied de la chaussée dudit étang: L'autre raison de l'insalubrité est que ladite Ville est en un fonds environné de montagnes de toutes parts horsmis du côte de Midi, dont le vent & l'air sont mal sains. *Moulins Engilberts* est petite Ville & forte, habitée par personnes industrieuses & de grand travail est assise tout au pied des montagnes de Morvan, a une Eglise Paroissiale en laquelle y a College de Chanoines. *Saint Saulge* aussi petite Ville, en dedans laquelle y a Prieuré de l'Ordre saint Benoist dépendant de saint Martin d'Authun, avec Eglise Paroissiale. *Luzy* Ville és confins de Bourgogne à sept lieuës d'Authun, d'ancienneté étoit Baronnie tenuë en fief du Comte de Nevers à cause de la Châtellenie de Savigny Poyfou, & fut acquise par Madame Bonne d'Artois Comtesse de Nevers en l'an 1418. & unie au Comté par Charles son fils. *Corbigny* lez saint Leonard, Ville appartenante en toute Justice à l'Abbé de saint Leonard, qui en icelle a droit de Bailliage & Châtellenie; l'Abbaye est de l'Ordre saint Benoist, & est prés ladite Ville close à part: Cette Ville est bien assise & les habitans riches. *Premeri*, petite Ville appartenante à l'Evêque de Nevers en laquelle & au détroit ledit Evêque a droit de Châtellenie & Bailliage, lez & joignant icelle Ville est le Château dudit Evêque bien & fortement bâty: En dedans la Ville est l'Eglise saint Marceau bien bâtie, en laquelle y a un College de Chanoines & Paroisse. *Donzy* assez grande & bonne Ville chef du Donziois, en laquelle y a Eglise Collegiale de Chanoines sous l'invocation de saint Caradea, joignant prés ladite Ville est le Château qui autrefois a été grand & bien bâty, mais partie est en ruine, icelle Ville est le Prieuré de Nôtre-Dame du Pré qui est conventuel de l'Ordre de Cluny: Le Prieur y a droit de totale Justice. Dreue petite Ville sur la cime d'une montagne qui semble avoir été autrefois la basse cour du Château, & au pied de la montagne est cette excellente source de fontaine dont est parlé cydessus; le ruisseau ou riviere partant de ladite source produit des brochets excellemment bons, & autres poissons, mêmes des écrevisses en abondance. *Entrain* petite Ville assise en bon lieu & territoire fertile de bleds, lez icelle Ville sont belles eaux d'étangs, & de la pluspart desdites eaux les sources sont en dedans lesdits étangs desquels elle est prêque toute environnée & croy qu'elle ait pris son nom *ad instar* d'une Ville d'Italie au territoire d'Umbrie nommé Interamna, *Imter amnes*: & les noms se ressemblent assez.

LE païs de Nivernois en ce qui est du domaine du Duché est composé de trentedeux Châtellenies, Nevers, Cusy, Chaltelneuf sur Allier, la Guierche, qui nagueres a été allienée, retenu au Duché le fief & le ressort: Cette Châtellenie a droit de Baronnie & Châtellenie comme elle avoit avant que le Duc de Nivernois acquit icelle, & lors appartenoit à ceux de Bar Seigneur de Baugy, la Marche, Chaltel-neuf au val de Bargis, Montenoyson, Champalemand, saint Saulge, Mets le Comte, Monceau le Comte, Neuffontaines, Clamecy, Montruillon, Moulins, Engilberts, Desize, Champeverd, Ganay, Cercy la tour, Lusy, Savigny, Poisou, Liernars, saint Brisson, Caltel-Censoy, Donzy, Dreue, Entrain, saint Sauveur en Puisaye, Corvol l'orgueilleux, Estaiz, Billy, & le Chastel de Cosne. De grande ancienneté l'authorité & superiorité des Comtes de Nevers s'étendoit bien avant & loing hors le païs de Nivernois: Car il se void en la charte des privileges octroyez par la Comtesse Mathilde & Guy Comte de Forests son mary, aux citoyens de la Ville de Nevers en datte du mois de Juillet l'an 1231. que les Barons de Nivernois y sont nommez Archambault de Bourbon, Miles Seigneur de Noyers, Hugues Seigneur de saint Verain, I. Seigneur de Toucy, le Seigneur de Jaligny, Eudes Seigneur de Chastillon, Ythier sieur de Franay, Gaucher sieur de Joigny, Hugues sieur de Lorme, quant à Bourbon qui est Bourbon l'Archambault ancien chef de Bourbonnois se trouve en la Chambre des Comptes aucuns titres par lesquels il appert que ledit Archambault étoit vasal de Nevers pour aucuns fiefs dont est fait mention cydessus. Quant à saint Verain se trouve aucuns titres anciés pour la feodalité, mais l'Evêque d'Auxerre pretend en être Seigneur feodal: quant à Jaligny, Chastel le Perron, Chaveroche & Chateaumorand qui aujourd'huy sont en Bourbonnois, il y en a de beaux titres en la Chambre des Comptes pour la part de Nivernois. Châtillon, Franay & Lorme sont sans difficulté du fief de Nivernois, combien que Lorme resortisse à saint Pierre le Monstier pour les appellations. Sous le Duché de Nivernois sont quatre principales Baronnies, la Ferté Chauderon dont le Seigneur outre sa qualité de Baron se dit Mârechal & Senéchal de Nivernois, & denombre cette dignité avec les autres droits de son fief, & qu'à ce titre il doit conduire la premiere bataille en l'armée du Comte en allant & au retour l'arriere-garde, Mârechal en ancien langage signifie celuy qui a la surintendance sur les gens de guerre à cheval, *Marach* en Aleman signifie un cheval de guerre comme l'on void au livre des loix des Allemans chap. 53. Skalk signifie homme bien entendu comme Senéchal esdites loix des Allemans chap. 57. celuy qui a douze vassaux ou gens de guerre domestiques sous son commandement, comme Maréchal celuy qui a douze hommes à cheval: Et ledit Baron de la Ferté-Chauderon par son dénombrement reconnoît autres droits fort Seigneuriaux comme le droit de faire monnoye, & pour la bataille prendre le meilleur cheval aprés celuy qui sera choisi pour la personne du Comte, d'avoir double gages de banneret, avoir le respit des gages de bataille en Nivernois aprés le respit du Comte, être au conseil du Comte aprés le premier que le Comte y appellera: mais aucuns de ces droits ont été contredits. Le Baron de la Ferté a plusieurs fiefs mouvans de sa Baronie, & en la plusp art d'iceux a droit de ressort. La seconde Baronnie est la Roche-Milay sous laquelle sont plusieurs vassaux avec ressort, l'étendue de la Seigneurie en cinq ou six Paroisses & jusques à 3. lieuës d'Authun, & endedans cette Baronnie est la montagne de Brevay, en la cime de laquelle est l'assiete de l'ancienne Ville de Bibracte, & cette foire memorable du mois de May dont il a été parlé cy-dessus. La tierce Baronnie est Franay les Chanoines, qui a plusieurs vassaux & grand territoire, avec une Eglise Collegiale. La quatriéme Baronnie étoit la Guierche, mais aujourd'huy elle est unie au Duché & de present allienée au sieur de Montholon. Le sire de Chastillon en Bazois qui est vassal du Duché & du ressort, pretend avoir rang avant les Barons en la convocation de l'arriere-ban & autres assemblées des Nobles: mais le sieur Baron de la Ferté-Chauderon contredit cette precedence disant qu'il est le premier: L'un & l'autre a grand nombre de fiefs, le Baron de la Ferté a droit de ressort sur la plûpart de ses fiefs: le Seigneur de Chastillon a plus grand nombre de fiefs & de plus grande marque & valeur, mais il n'a point de ressort, mais le ressort de tous ses vassaux est au Bailliage de Nivernois: Entre les droits anciens de Baronnie sont ceux-cy, d'avoir marque de Justice à quatre piliers, d'avoir sous sa main & subjection trois Châtellenies, d'avoir en sa Justice Abbaye ou Prieuré conventuel ou College de Chanoines, avec forests, & peut porter ses armes en figure quarrée comme de banniere & non en écu. Les droits de Châtellenie sont d'avoir marque de Justice à trois piliers, avoir séel authentique pour les contrats avec pouvoir de créer Notaires, avoir en sa terre Prieuré & Maladerie, Foires & Marchez, droit de Bailliage & ressort pour les causes d'appel.

LA Ville de Nevers qui est capitale du païs de Nivernois est decorée d'une Eglise Cathedrale comme il a été dit cy-dessus, & il y a environ 300. ans que ladite Ville fut grandement acreuë par enceinte de murailles nouvelles qui comprennent en dedans elles la closture ancienne de la Cité, ces nouvelles murailles ont environ 3000. pas de tour, & n'a été cette nouvelle enceinte suivie par proportions geometriques pour faire la closture ronde ou quarrée, ou autre figure analogique parce qu'on l'a reglée pour y comprendre les Eglises & Monasteres qui étoient hors de la Cité, & pour y comprendre aussi toute la suite & continuation des maisons qui étoient és fauxbourgs, mais pour pourvoir à cét inconvenient depuis cent ans ont été faites en plusieurs endroits Tours en quantité qui sont fortes, espesses & de bonne massonnerie, la massonnerie étant de tant plus forte, parce que le mortier & matiere dont les pierres sont liées est composée de chaux tres-grasse & de sable tres sec comme est le sable de la riviere de Loire, qui au dessus de Nevers passe par terres legeres & sabloneuses: la pluspart d'icelles Tours sont percées en bas pour batre dedans le fossé en forme de casmates, (vulgairement on prononce casemates, mais la diction vient du Grec chasmates qui signifie ouverture de terre avec profondité qui est avenuë par tremblement) & les Porteaux sont garnis de bons boulevards: Le dehors des murailles est fortifié de fossez larges & profonds & par le dedans en plusieurs endroits les murailles sont garnies de rampars de terre jusques au haut du marche-pied des murailles, & ne sont aucuns bâtimens privez par le dedans qui touchent aux murailles & y a espace vuide pour aller par tout au pied des murailles en dedans pour y passer charettes. Tel espace vuide s'appelloit par les Romains *pomerium*, & étoit saint & hors de tout commerce, comme les murailles mêmes sans qu'il pût être employé à usage de personne privée, ce qu'ils avoient appris des anciens Toscans, ainsi que recite Tite Live au premier livre de la premiere Decade depuis que cette Ville a été ainsi accruë de nouvelles murailles, les anciennes murailles de la Cité n'ont plus été respectées en sanctimonie dedans ny dehors, mais sont pour la plûpart demeurées à l'usage de personnes privées; & la cause de la sainteté de la muraille est parce qu'elle tient en seureté les lieux sacrez, les personnes publiques & les facultez & personnes de tout le peuple & non pas pour la structure en soy: Et étoit à Rome la rigueur telle, que si aucun avoit passé par dessus les murs ou les avoit corrompus & alterez, il étoit puny de mort: Et à Venise qui est environnée d'eau salée qui est marescage de mer au lieu de murailles la loy est écrite en un tableau de cuivre au Palais saint Marc en cette sorte : La Cité de Venise par la divine Providence fondée és eaux, environnée d'eaux de toutes parts, est munie d'eaux en lieu de murailles ; doncques si aucun en quelque maniere que ce soit est si hardy de porter dommage aux eaux publiques, sera jugé ennemy de la patrie & no sera puny de moindre peine que celuy qui auroit violé les saints murs de la patrie : Le droit de cét Edit soit ferme & perpetuel. J'ay veu ce tableau à Venise en l'an 1543. Aussi est ladite Ville de Nevers accommodée d'un beau haut & grand pont qui traverse la riviere de Loire & composé de vingt arches & vingt piles de pierre de taille, de belle & bien sure structure, & est le plus beau pont, plus large & plus haut qui soit sur la riviere de Loire : La premier pile devers la Ville est fort large, creuse & voutée en dedans avec canonieres pour defendre la muraille de la Ville & batre à fleur d'eau ceux qui par bateaux voudroiét s'en approcher: ledit pont est fourny de deux pōts leviz és deux bouts l'un devers la Ville, l'autre devers les champs & esdits deux bouts sont bonnes & fortes tours pour les defédre & pour batre aux avenuës. Sont environ deux cent cinquente ans que la Ville d'Orleans fut interdite par le Pape Jean XXII. & privée de l'Université à cause d'une sedition meuë par les Citoyés contre les écoliers, en laquelle un parent dudit Pape avoit été tué. Les habitās de Nevers recueillirent ladite Université & les Supposts d'icelle qui pour quelque temps y demeurerent: Mais comme le peuple de Nevers est assez mal endurant, & qu'entre les écoliers souvent se trouvent plusieurs mal complexionnez, ils n'arresterent gueres à avoir debat, & à certain jour plusieurs particuliers citoyés de Nevers prirent la chaire du Docteur en colere, la porterent sur le pont & la jetterent en Loire disant ces mots, *que de par le diable elle retournât à Orleans dont elle étoit venuë.* Pour lequel scandale ces particuliers seditieux furent condamnés en grosses amandes envers le Roy, à cause de l'infraction de la sauve-garde du Roy en laquelle étoit l'Université, & ne fut pas le corps de la Ville condamné, parce que la Communauté n'y avoit pas adheré. Ce fut par Arrest de Parlement du 21. Juin l'an 1320. ausquels sont nommez tous les particulies delinquans, & les amandes sont singulierement infligées sur chacun. Par cette occasiō ceux d'Orleans reprirent leur Université.

LA Ville de Nevers est gouvernée par quatre Eschevins qui sont élûs chacun an le Dimanche prochain avant la fête saint Michel, parce que l'ānée d'administration desdits Eschevins commence le 1. jour d'Octobre à cause des fermes de la Communauté. L'élection se fait par les vingt-quatre Conseillers representans le Corps de Ville, dont il y en à six de chacun quartier ; ladite Ville étant composée de quatre quartiers qui sont selon les portes. Le quartier de Nievre pour les portes de Nievre & de saint Nicolas. Le quartier de la Barre pour la porte de la Barre, & des Artilliers : le quartier de Loire : le quartier de Croue. Tous les habitans de chacun quartier s'assemblent au son de la cloche pour élire les six de chacun quartier. Ces vingt-quatre, comme par voye de compromis representent tous les habitans, & ont pouvoir avec lesdits Eschevins, de faire & consentir tout autant comme si les habitans étoient assemblez, même d'élire quatre Eschevins & autres Officiers de Ville, qui sont élûs à même jour, & sont le Procureur du fait commun : son Substitut, le Receveur des deniers communs, & le Secretaire ou Scribe. Aussi lesdits vingt-quatre Conseillers élisent par chacun an le Dimanche avant la fête de Toussaints les quatre Maîtres du grand Hôpital, & autres Officiers dudit Hôpital, qui sont les Receveur & le Scribe. Lesdits Maîtres de l'Hôpital sont confirmez par lesdits Eschevins, & prestent serment par devant eux en l'Hôtel de Ville, mais les Eschevins & autres Officiers de Ville ainsi élûs en l'Hôtel de Ville, sont confirmez par Monsieur le Bailly de Nivernois ou son Lieutenant, & pardevant luy prestent serment. Lesdits Eschevins sans requerir autre permission ou congé de Monsieur le Bailly ou son Lieutenant ont pouvoir d'assēbler les habitans pour deliberer des affaires publiques, & esdites assemblées les Eschevins president, recueillent les voix & concluent quoy que les Officiers de Justice soient presens. Eschevins sont dits selon l'opinion d'aucuns d'un mot Alleman *Schæfen* qui signifie soigner & prendre garde, qui ne s'éloigne du mot Grec *sceptomai* qui signifie considerer, & son deductif est *scephis* qui signifie consideration, déliberation. Et combien que cy-devant partie de la Ville, qui est l'endroit qu'on appelle le bourg saint Estienne fût en la Justice du Prieur dudit lieu, (qui étoit un ancien biéfait de la maison de Nevers, cōme il a été dit cy-dessus ; mais les Religieux avoient detourné du Comte de Nevers la superiorité de leur Justice & icelle fait ressortir au Bailliage de saint Pierre le Monstier.) Neanmoins les Eschevins qui commandent audit Bourg, comme par tout le reste de la Ville, ne sont confirmez & ne prestent serment sinon par devant mondit sieur le Bailly de Nivernois ou son Lieutenant : Et nonobstant que ladite Justice du Bourg ressortit à saint Pierre le Monstier, le Comte de Nevers exerçoit plusieurs droits de superiorité audit Bourg, comme representans l'ancien bien-fait, Fondation & Patronage ; comme est celuy des Eschevins qui étans établis sous l'authorité du Comte ou Duc, commandoient au Bourg par même pouvoir qu'en la Ville. En ce que le Duc de Nivernois prend sa cense sur les personnes des bourgeois qu'il a au Bourg, laquelle cense est départie par les quatre Eschevins, & presentée audit sieur Bailly ou son Lieutenant, environ la fête saint Martin, & est cueillie par le Prévôt Ducal. En ce que quand le Bailly du Bourg, à cause de sa haute Justice, avoit condamné quelqu'un à mourir, où être puny en son corps il le doit livrer au Bailly de Nivernois au chef du Bourg, en un endroit ou étoit le pilier de bois prés la croix du foing : Et le Bailly ou son Lieutenant faisoit passer ce criminel condamné par dedans le Bourg, & par la porte de la Barre le faisoit sortir hors de la Ville pour l'executer à mort, (s'il est condamné à mort) és piliers hors de la Ville, qui est le gibet & marque de la Justice Ducale : Cette marque est à neuf piliers de pierre : Côme aussi pouvoient les Officiers du Duché faire passer par le Bourg ceux qui étoient condamnez par eux pour les faire executer à mort esdits piliers : Au Bourg ne peuvent avoir Foire ny Marché : Et si le Comte va outre mer ou marie sa fille, le Prieur & les Bourgeois du Bourg luy doivent aider de trois mil sols. La garde, la fermeture & tout autre commandement és portes & murailles de la Ville, à l'endroit du Bourg appartenoit aux Officiers du Duché ; & y a Arrest donné en Parlement du mois de Mars l'an 1288. par lequel le Comte peut exercer Justice à la porte de la Barre, & hors icelle & vers la porte de la Bretonnerie : & la maison de l'Abbaye de Fontmorigny qui est au Bourg neanmoins est de la garde du Comte. Au Bourg ne peut avoir change ny halle à drapperie. Es quatres fêtes annuelles, le Prieur S. Estienne au lieu de Past pour reconnoissance de la garde & superiorité, envoye aux Officiers Generaux du Duché prebande de pain & vin. De vray par la fondation qui a été faite par le Comte Guillaume en l'an 1097. se reconnoît que les Comtes de Nevers étoient Patrons, & partant la garde & superiorité leur appartenoit : Mais au tems que les Rois facilement, & avec peu d'occasion octroyoient aux Eglises lettres pour les soûmetre à la garde Royale, & par ce moyen prejudicioient aux droits de garde & autres de superiorité que les Seigneurs avoient sur les Eglises, (ce qui se connoît par l'Ordonnance du Roy Philippes le Bel, qui declare qu'il n'octroyera doresnavant telles gardes nouvelles, dont resulte qu'auparavant elles s'octroyoient) ladite Eglise de S. Estienne, & plusieurs autres de ce Duché s'exempterent de la superiorité, & ressort du Comté de Nevers. Or parce que la diversité des Justices en une même Ville pouvoit apporter déreglement à la Police ; en l'an 1563. fut traité entre feu Monsieur Jacques Duc de Nivernois, & les Religieux, Prieur, & Convent de S. Estienne, pour le delaissement qu'ils firent de ladite Justice moyennant recompense, la transaction receuë par Michel Marion, & Crespin Hermand Notaires du dernier jour d'Août l'an 1563. Ledit traité authorisé par le Roy par lettres patentes du mois de Novembre 1563. & par autres lettres du mois de Février ensuivant, ladite Justice du Bourg fut unie à la Pairie & Duché de Nivernois. Lesdites lettres patentes verifiées en Parlement le 15. May l'an 1564. & par Arrest du 13. dudit mois il est dit que le Roy sera recompensé du Greffe de saint Pierre le Monstier. Ce traité ne vint pour l'heure à son effet. Et depuis au mois de Decembre l'an 1585. pardevant Me. Gilbert Brisson Notaire Royal, Monseigneur & Madame estimant que la recompense lors accordée n'étoit suffisante ny au contentement desdits Religieux, & pour continuer la devotion de leurs predecesseurs envers ladite Eglise, firent plus ample recompense & par la volonté & aprobatiõ de l'Abbé & Definiteurs de l'Ordre de Cluny, la Justice dudit Bourg fut delaissée à mesdits Seigneur & Dame ; & à été le tout verifié en Parlement.

AU Corps de Ville de Nevers appartient en patrimoine & domaine, le peage qui se leve sur les marchandises, passant par eau & par terre lez ladite Ville. L'acquisition en fut faite du Seigneur de Vvez au nom d'icelle Ville par Estienne la Bize & Guillaume Coquille, mon predecesseur, deux des quatre Eschevins de Nevers en l'an mil trois cens cinquante, & fut ledit peage amorty par Louis de Flandres Comte de Nevers, duquel ledit peage étoit tenu en fief.

CEtte Ville de Nevers a eu cette faveur de Dieu, que jamais elle n'a été possedée par les Anglois, combien que les Villes voisines, la Charité & saint Pierre le Monstier ayent été tenues par eux ; & presque toutes les Villes de la France horsmis Orleans & Bourges. Car les Anglois ont tenu toute la Normandie, toute la Guienne & le Poictou, Paris, la Picardie & la Champagne. Aussi a eu cette faveur que durant les troubles mûs en ce Royaume pour le fait ou pretexte de la Religion, elle s'est conservée en l'obeïssance des Rois sous la Religion Catholique, Apostolique & Romaine : ce qui n'est avenu aussdites Villes d'Orleans & de Bourges. Dieu luy face la grace de continuer à toûjours.

EN la Ville de Nevers est étably le principal siege du Bailliage & Pairie de Nivernois. D'ancienneté à Nevers étoient trois sieges de Judicature : l'inferieur qui étoit la garde de la Prévôté où se traitoient les plus petites causes, jusques à vingt liv. Le second siege étoit du Bailliage où se traitoient en premiere instance toutes les causes horsmis les minimes. Le Bailly de Nivernois avoit son Lieutenant à Nevers, qui étoit general, & outre avoit des Lieutenans particuliers en chacune Chastellenie du Duché. Le Lieutenãt General une fois ou deux en l'an alloit expedier les Assises du Bailliage és sieges desdites Chatellenies sur les lieux, & là étoient relevées les appellations, tant des premiers Juges du Duché qui étoient les gardes des Prévôtez, que des Juges & Baillis des Seigneurs inferieurs. Aussi les Lieutenans du Bailliage établis esdites sieges particuliers connoissoient des appellations qui se relevoient hors les Assises. Le troisiéme siege & degré de Jurisdiction étably à Nevers étoit des Auditeurs Juges des causes d'appel en Pairie, qui connoissoient de toutes appellations venans des Lieutenans du Bailliage, tant Generaux que Particuliers. La seance desdits Auditeurs par forme de grands Jours étoit trois fois l'an, & les appellations interjettées desdits Auditeurs ressortissoient en Parlement à cause de la Pairie. De grande ancienneté même au tems que ce Comté étoit en la maison de Flandres, en Juillet mil trois cens vingt-neuf, furent établis trois Preud'hommes Conseillers du Comté, un Chevalier & deux graduez pour juger des appeaux de Nivernois, tant des Prévôt que des Baillis, avec pouvoir de juger, retenir ou renvoyer. Peu auparavant, & en l'an mil trois-cens huit, étoient établis deux Baillis de Nivernois, l'un à Donzy qui connoissoit des causes du Donziois, & des Chastellenies de Clamecy, Chastel-Censoy, Mets le Comte, Monceaux, & Neuffontaines. L'autre à Nevers qui connoissoit des causes de tout le reste de Nivernois. Depuis l'Edit du mois de Novembre l'an 1563. verifié en Parlement le treiziéme Decembre ensuivant, par lequel fut ordonné qu'en chacune Ville & lieu ny auroit qu'un siege de Jurisdiction sous un même Seigneur, parce que la multiplicité des degrez est vexation des sujets (Edit de soy saint, que l'on a bien fait observer aux Princes & Seigneurs pour leurs Justices; mais le Roy s'en est dispensé) Lesdits sieges de Juge garde de Prévôté, & de Lieutenans de Bailly és Chatellenies, & d'Auditeurs des causes d'appel furent supprimez. Aprés que Monseigneur Jacques Duc de Nivernois eut declaré son choix, suivant ledit Edit, de retenir à Nevers le siege de Bailliage, & és autres Chatellenies y établir un Juge ordinaire pour connoître de toutes causes en premiere instance: Et fut le reglement nouveau tel qu'en chacune Chastellenie fut étably un Juge ordinaire. Et à Nevers demeura le seul siege du Bailly ou son Lieutenant, pour connoître de toutes les causes de la Ville, Prévôté, & Chastellenie; & des causes des Nobles de tout le Bailliage; & autres causes privilegiées de tout le Duché en premiere instance, & de toutes causes d'appel, venant tant des Juges ordinaires du Duché que des Baillis, & Juges des Seigneurs inferieurs. Connoître, dis-je, desdites causes d'appel, non seulement comme Bailly, mais aussi comme Juge de Pairie. Et les appellations qui sont interjetées de luy ressortissent nuëment en la Cour de Parlement à cause de la Pairie. A cét effet fut ordonné que le Bailly ou son Lieutenant à Nevers tiendroit ses assises & grands Jours, assises comme Bailly: grands Jours comme Juge de Pairie, & quatre fois en l'année à Nevers, à sçavoir le Mardy aprés la Fête des Rois; Le second Mardy aprés Pâques; le Mardy aprés la Fête de la Nativité de saint Jean, & le Mardy aprés la Fête de saint Denis en Octobre. Pour la seance & ordre de marcher en public és assemblées generales, est usité que Monsieur le Bailly & son Lieutenant General sont les premiers, puis les Avocats & Procureurs Generaux de Nivernois: Ces quatre comme Officiers Generaux ont la surintendance sur tous les Officiers de Justice de Nivernois, & les precedent aussi: En la même Ville de Nevers est établie la Chambre des Comptes pour le domaine du Duché, & autres Seigneuries de cette maison composée d'un President, de quatre Maîtres des Comptes, du Procureur General au domaine, de deux Secretaires, & d'un Huissier. L'établissement fut fait par Philippes de Bourgogne Comte de Nevers, troisiéme fils de Philippes le Hardy Duc de Bourgogne, aprés que par le partage les Comtez de Nevers & de Rethel luy furent échus. En ladite Chambre sont rendus les Comptes du Tresorier General de la maison de Nevers, & des Fermiers & Accenseurs particuliers. Au Trésor qui est lez le grand Bureau de ladite Chambre sont les Chartes, Comptes, Titres & enseignemens du Duché & autres terres. Prés la sale haute est la Chapelle des Messieurs du Conseil & des Comptes; au même pourpris sont les prisons.

En la même Ville de Nevers il y a un siege d'élection pour le fait des Tailles, Aydes & autres Subsides que le Roy leve sur le Peuple avec les Receveurs de la Taille & du Taillon, & autres Officiers: & sont aujourd'huy six élûs, parce que l'état de President a été supprimé, deux Contrôlleurs, deux Receveurs des Tailles & Aydes, deux Receveurs du Taillon; un Procureur du Roy, un Avocat du Roy & un Greffier; Les sieges d'élection ont été établis d'ancienneté selon les Evêchez & Dioceses (comme encores sont aujourd'huy en Languedoc) afin de mieux regler les departemens par Paroisses, & par les moyen des Paroisses & assemblée ordinaire du peuple en chacune Eglise Paroissiale, nul ne peut échaper de la contribution. Et parce que le païs de Nivernois s'étend en plusieurs Dioceses, aussi est-il bigarré de plusieurs élections & generalitez. Car ce qui est de Nivernois en l'Evêché de Nevers est de l'Election de Nevers, sauf ce qu'on a depuis peu eclipsé pour composer la nouvelle Election de Clamecy, & d'ancienneté on a joint à l'Election de Nevers, partie du Nivernois qui est de l'Evêché d'Authun tirant de Desize à Luzy, qui s'appelle le petit Authunois, & comprend environ vingt Paroisses comprises sous les Châtellenies de Ganay, Savigny, Poysou, Luzy & Lurnais, & és Seigeuries de la Rochemilay & Ternant. Cette Election de Nevers, en ce qui est du même Diocese, se divise en huit Archipreverez selon le département de la Superiorité spirituelle dont il a été parlé cy-dessus. Le reste de Nivernois qui est de l'Evêché & Diocese d'Authun, horsmis ledit quartier du petit Authunois, a été d'ancienneté attribué à l'Election de Vezelay. L'Election de Vezelay fut établie par cette occasion, Authun est du Duché de Bourgogne; Les Ducs de Bourgogne ont été entiers à conserver la liberté de leur peuple au fait des Tailles & Subsides, & ont empêché que les Tailles ne fussent mises en ordinaire, mais ont maintenu l'ancienne façon d'être les Tailles accordées par les Etats: Ainsi les Elections ne furent établies en Bourgogne: & d'autant que partie de l'Evêché d'Authun n'est pas du Duché de Bourgogne, fut établie une Election à Vezelay qui est de l'Evêché d'Authun, & n'est pas du Duché de Bourgogne pour les Paroisses dudit Evêché qui ne sont dudit Duché de Bourgogne, & à ladite Election fut attribué ce qui est de Nivernois & est de l'Evéché d'Authun de-là Yonne. De même parce que la Comté d'Auxerre par le traité d'Arras étoit rentré

tré en la maison de Bourgogne, tout ce qui se trouva du Comté d'Auxerre, fut exempt de l'imposition des Tailles ordinaires ; mais pour les contrées de l'Evêché & Diocese d'Auxerre qui ne sont du Comté d'Auxerre fut établie une Election à Gyen qui est du même Diocese, sous laquelle fut compris ce qui est de Nivernois en l'Evêché d'Auxerre, comme Clamecy & le Donziois. Or de n'agueres a été étably un Siege d'Election à Clamecy, à laquelle ont été attribuées vingt-deux Parroisses distraites de l'Election de Nevers, & soixante Parroisses de l'Election de Gyen, & quatre Parroisses de l'Election de Vezelay. Ces bigarreures d'Elections ont engendre plusieurs difficultez & confusions és affaires communes de ce païs. Car l'Election de Nevers étoit de la Generalité de Bourges, & de present est de la Generalité de Moulins en Bourbonnois nouvellement établie. L'Election de Clamecy est de la Generalité d'Orleans, & l'Election de Vezelay est de la Generalité de Paris : Car quelquefois avient que les Gouverneurs des Provinces veulent étendre leurs pouvoirs selon les Generalitez, quand les chefs lieux des Generalitez, sont en leurs Gouvernemens. Quelquefois avient qu'aucuns départemens de subsides se font selon les Bailliages & Jurisdictions ordinaires, & autres se font selon les Elections, & autre-fois le mélange y est qui fait la confusion : De vray les considerations ne sont semblables des limites des Jurisdictions ordinaires, des limites des Gouvernemens & des limites des Generalitez ; aussi les établissemens en ont été faits en divers tems & pour diverses occasions. D'ancienneté en France n'étoient que quatre Generalitez. Celle d'outre Seine & Yonne, qui comprenoit les Generalitez qui sont aujourd'huy de Paris, Chaalons & Amiens, celle de Normandie comprenant les Generalitez de Rouën & Caën, celle de Languedoy qui comprenoit les Generalitez aujourd'huy de Tours, Orleans, Bourges, Moulins & Lyon: Celle de Languedoc comprenant aujourd'huy les Generalitez de Tolose, Montpellier & Rion : En ce tems la Guyenne & le Poitou étoient tenus par les Anglois : Bretagne avoit un Duc, Bourgogne avoit un Duc, Provence & Dauphiné sont hors du Royaume : Ces mots de Languedoy & Languedoc ont été dits selon le dialecte des Provinces, esquelles on dit *oc* pour *oy*, & esquelles on dit *oy*, *Languedoy* comprenoit toutes ces Provinces esquelles en vulgaire diction affirmative est *oy*, & Languedoc celles où l'on dit vulgairement *oc*, & telle est la source de ces deux dictions *Languedoy* & *Languedoc*, qui n'a été entenduë par les Financiers, lesquels à l'imitation l'un de l'autre sans aucun fondement de raison ont toûjours écrit Languedoïl, comme aussi faillent aucuns historiens que l'on tient pour exacts rechercheurs de l'antiquité qui disent que Languedoc est dit par nom corrompu, & se deût dire Langue goth, parce que d'ancienneté cette Province a obeï aux Goths : Mais il ne se trouvera en aucune histoire ou memoire antique, qu'auparavant l'établissement de ces Generalitez, il fût mention ny qu'on appellât cette region Languedoc ou Languegoth : Je confesseray bien que les Goths ont commandé à partie de la Gaule Aquitanique & Narbonnoise au tems qu'ils commandoient en Espagne, mais toute la Province de Languedoc n'étoit pas de leur obeïssance : & grande partie de Gascogne leur obeïssoit qui n'est pas comprise sous Languedoc comme la Province & Archevêché d'Auch en Gascogne, comme il se void és Conciles nationaux d'Espagne celebrez à Tolede au tems du Royame des Goths, esquels les Archevêque de Narbonne & d'Auch avec les Evêques suffragans assistoient : Mais depuis la ruine du Royaume des Goths par les Mores qui fut en l'an 714. lesdits Goths n'ont commandé à cette partie des Gaules, & plus de cinq cens ans aprés n'a été cette Province appellée Languedoc : Depuis trente ans les Generalitez ont été multipliées, aussi les Subsides sont énormément crûs, & sont aujourd'huy vingt Generalitez, Paris, Chaallons, pour Champagne ; Amiens pour Picardie; Dijon pour Bourgogne ; Rouën pour partie de Normandie ; Caën pour l'autre partie ; Renes pour Bretagne ; Tours pour partie de Languedoy; Orleans pour autre partie; Bourges pour une autre partie, & Moulins pour l'autre, qui a été établie en l'an 1586. Poitiers pour le Poitou & païs adjacens ; Bordeaux pour partie de Guyenne ; Limoges pour l'autre partie ; Tolose pour partie de Languedoc; Montpellier pour l'autre partie ; Rion pour Auvergne ; Lyon pour Lyonnois, Baujolois & Forests ; Grenoble pour Dauphiné ; Aix pour Provence.

Aussi sont en ce païs de Nivernois sept greniers à Sel, pour l'établissement & recepte de la gabelle sur le Sel : Nevers, saint Pierre le Monstier, Desize, Luzy, saint Saulge, Moulins Engilberts, Clamecy, & encores les greniers à Sel de la Charité, Cosne & Vezelay, comprenant bonne partie des Parroisses de Nivernois à cause de la proximité, comme mesdits Seigneur & Dame ont droit hereditaire en la nomination des Offices de l'Election ; ainsi ont-ils des Offices de greniers à Sel comme de Grenetier, Contrôlleur, Mesureur, Greffier, hormis de celuy de saint Pierre le Monstier ; & à cause de la nomination leur appartient la finance qui se paye, tant par la vacation simple que par resignation.

Ce païs de Nivernois est regy par Coûtumes qui sont de toute ancienneté distinctes & diverses des Coûtumes des païs voisins ; Qui montre bien que de tout tems c'est une Province & un peuple de par soy n'ayant aucune dépendance des païs & Provinces voisines, & par la lecture desdites Coûtumes se connoît que de tout tems le plus grand employ du peuple de ce païs a été en nourriture de bétail, car au livre Coûtumier sont plusieurs chapitres contenans loix particulieres pour regler tout ce ménage des champs, & n'y a aucune autre Coûtume de France qui ait à moitié prés tant de loix pour le fait du ménage des champs : Ces Coûtumes furent redigées par écrit, mais non entierement accordées par les Etats du païs assemblez par le commandement de Monseigneur Jean de Bourgogne Comte de Nevers en l'an 1490. Mais depuis en l'an 1534. par authorité du Roy, & par Commission addressée à feüe Madame de bonne memoire Madame Marie d'Albret, lors Comtesse de Nevers, les Etats du païs furent assemblez, & par leur avis les Coûtumes de Nivernois furent arrestées, accordées & mises en écrit pardevant Messieurs Maître Loüis Roüillard & Maître Guillaume Bourgoing Conseillers du Roy en sa Cour de Parlement, & Commissaires ordonnez en cette partie ; par la direction de Messire Noël Bourgoing Docteur és Droits, Tresorier en l'Eglise de Nevers, President és Comptes, & Chef du conseil de madite Dame, grand oncle maternel de moy Guy Coquille. Et sera consideré que les Lettres patentes du Roy, pour convoquer les Etats furent addressées à madite Dame, à laquelle comme ayant droit & dignité de Pairie appartenoit recevoir Commission & Mandemens du Roy, pour les executer comme étans les Pairs Conseillers naiz du Roy & du corps de la Cour de Parlement : Quoy qu'és convocations des Etats particuliers de ce païs & des Etats Generaux de France, és années 1576. & 1588. les gens du Roy de saint Pierre le Monstier, ayent voulu contredire la convocation qui se faisoit sous l'authorité de Monseigneur le Duc de Nivernois, ayant reçû Mandement du Roy à cette fin, en pareille forme que les autres Officiers Royaux : mais nonobstant leur contradiction les Deputez de Nivernois furent reçûs à avoir seance & voix deliberative esdits Etats Generaux, comme ils avoient eu és autres Etats Generaux tenus à Orleans l'an 1560. & auparavant és Etats Generaux tenus à Tours du tems du Roy Charles VIII. De vray ç'a été l'ancienne observance de ce Royaume ; que les Rois addressoient leurs Commissions aux anciens Pairs pour assembler les trois Ordres & Etats de leurs Provinces, & amener avec eux les Deputez és Etats Generaux, & la marque en est encores, en tant que quoy que lesdites anciennes Pairies soient unies à la Couronne, toutesfois les Deputez d'icelles és Etats Generaux de France sont appellez par le Herault devant le Roy, & ont rang, seance & voix au même ordre que les Pairs anciens, & les Deputez avec eux devoient être appellez : Car aprés la Ville, Prévôté & Vicomté de Paris, sont appellez les Deputez de Bourgogne, qui étoit l'ancienne Pairie tenant lieu de Doyenné entre les Pairies, puis ceux de Normandie, puis ceux de Guyenne, puis ceux de Champagne, puis ceux de Tolose & de Languedoc, qui sont les anciennes Pairies, Flandres ayant été éclipsé depuis le traité de Madrid : Et audit tems ancien n'étoient les Bailliages & Senéchaussées Royales en consideration pour tenir rang de dignité & preséance, comme aujourd'huy ils la prétendent. Car les Etats sont de beaucoup plus ancienne institution que les Bailliages & Senéchaussées, qui ne sont que du tems de Philippes Auguste, & les Etats sont de la premiere institution du Royaume. Aussi est à remarquer, qu'és Etats de Tours de l'an 1483. & és autres tenus depuis en 1560. 1576. & 1588. les Deputez des anciennes Pairies ont été appellez en rang devant les Deputez des Bailliages Royaux qui commandoient ausdite Pairies pour les cas Royaux, comme Mâcon est appellé aprés Bourgogne, & Sens aprés Champagne. Et esdits Etats de Tours est remarqué, que les Deputez des Provinces qui n'étoient pas Royales y furent appellez, comme d'Orleans & Bourbonnois, qui lors avoient leurs Ducs : d'Artois, d'Alençon, Nivernois & Angoulmois, qui lors avoient leurs Comtes ; & non seulement les Deputez de la Noblesse & tiers Etat, mais aussi les Evêques pour l'Eglise desdites Provinces, comme entre-autres les Evêques d'Arras & d'Angoulesme, pourquoy ce fut mal à propos és Etats Generaux de Blois de l'an 1588. que les Deputez de l'Eglise de Nevers refuserent d'entrer avec les autres Deputez de Nivernois, disans qu'au seul Juge Royal appartenoit de les convoquer. La convocation des Etats, tant Generaux de France que particuliers és Provinces, remarque l'ancienne honneste liberté du peuple auprés de son Roy, non pas pour inferer que ce fût une espece de Democratie, car cette Republique Françoise est vraye Monarchie, mais pour reconnoître que les Rois ne souloient & ne devoient user de puissance souveraine autre qu'ordinaire & reglée par raison & non absoluë : Et qu'és affaires de tres-grande importance comme sont les affaires pour lesquelles on assemble les Etats Generaux, ils ne peuvent prendre meilleur ny plus asseuré conseil que de leurs sujets mêmes, qui sont choisis par les Provinces gens de preud'hommie & d'honneur, car aussi le conseil qu'eux-mêmes choisissent est de leurs sujets ; & en leur choix, ils peuvent être souvent trompez, parce que souvent s'approchent d'eux certains flateurs qui sont autant d'ennemis couverts : La ceremonie de la seance des Etats, est qu'au haut theatre auquel on monte par degrez ; le Roy est assis en une chaire, & à ses côtez droit & gauche, de même rang la Reine & les enfans de France : à côté droit sur un banc qui traverse, les Princes du sang Royal, & autres Princes Pairs ; à côté gauche les Evêques Pairs & les Cardinaux non Princes ny Pairs : Aux pieds du Roy est le grand Chambellan de France, & en l'espace devant le Roy Monsieur le Connestable ayant en main l'épée nuë la pointe contre mont, & Messieurs les Chancellier & grand Maître : A l'entrée de ce theatre sont les quatre Secretaires d'Etat : en l'espace bas au dessous du theatre sont les Deputez des trois Ordres, d'Eglise, de la Noblesse & du tiers Etat : lesquels entrent & prennent siege selon qu'ils sont appellez par le Herault & assignez par le Maître des ceremonies. Ainsi à Rome le peuple étoit départy en trois ordres, Senatoire, Equestre & menu peuple. En l'an 1558.

aprés la défaite de saint Quentin qui fut le 10. Aoust 1557. on convoqua des Etats imaginaires, & y furent faits quatres Ordres, pour trouver moyen de croître la finance que l'on demandoit au peuple ; à sçavoir, de l'Eglise, de la Noblesse, de la Justice & du tiers Etat : Mais és Etats Generaux d'Orleans en 1560. de Blois premiers 1576. & de Blois seconds 1588. esquelles trois assemblées, je Guy Coquille ay assisté comme Deputé du tiers Etat de Nivernois ; fut avisé pour éviter la confusion & pour faciliter l'expedition, que les Deputez se departiroient en douze Classes, qui furent dites Gouvernemens, parce que la plûpart d'icelles Classes étoient composées selon les anciens Gouvernemens : La premiere classe de Paris avec les Deputez des Provinces du Gouvernement de l'Isle de France, comme Senlis, Melun, Mante, Vermandois, Dreux, Monfort, Beauvais : La seconde étoit de Bourgogne comprenant les Bailliages de Dijon, Authun, Auxois, la montagne, Chaalon, Mascon & Auxerre : La tierce de Normandie, comprenant Rouën, Caën, Evreux, Constantin, Alençon & Gisors : La quatriéme de Guyenne comprenant tout ce qui est du Parlement de Bordeaux avec Poictou : Poictou avoit voulu s'en sequestrer comme il avoit fait à Orleans & à la premiere fois à Blois, mais le Roy l'adjugea à Guyenne : La cinquiéme de Bretagne : La sixiéme de Champagne, comprenant les Bailliages de Troyes, Sens, Chaumont en Bassigny, Meaux en Brie, & Vitry : La septiéme de Languedoc, comprenant Tolose, Carcassonne, Nismes, le Puy, & Lauraguez : La huitiéme de Picardie, comprenant Amiens, Ponthieu, Bologne, Peronne, Roye, Mondidier & Calais : La neuviéme étoit dite d'Orleans, comprenant Orleans, Blois, Touraine, Anjou, le Maine Berry, Chartres, le Perche, Nivernois, Gyen, Montargis, Etampes, Loudun, Angoumois : La dixiéme dite de Lionnois, comprenant Lyon, Auvergne, Bourbonnois, Forests, saint Pierre le Monstier, la Marche, Beaujolois : La onziéme de Dauphiné : La douziéme de Provence. En certains autres cas les Etats sont appellez non pas comme simples Conseillers, mais comme ayans plein & entier pouvoir ; comme si la Couronne étoit en débat entre deux prétendans, ainsi qu'il avint aprés le decez du Roy Charles IV. dit le Bel, quand Philippes de Valois cousin germain se disoit Roy comme mâle venu de mâle, & Edoüard d'Angleterre nepveu dudit Roy Charles, se disoit Roy comme mâle simplement & plus proche ; auquel cas se faut representer le même tems qui étoit quand les François établirent sur eux un Roy : & de même si le Roy pour le doute du droit de son successeur à venir, vouloit de son vivant y pourvoir, ou s'il convenoit faire une loy du Royaume, qu'on appelle fondamentale, c'est-à-dire, qui soit telle que le Roy & ses successeurs & le peuple y soient obligez, & ne puisse être revoquée par le Roy, auquel rang est la loy Salique, & la prohibition d'allienner le Domaine de la Couronne incommutablement ; & comme fut la loy que le Roy Henry III. fit avec les Princes & ses Etats à Blois le 18. Octobre l'an 1588. qui le même jour fut jurée & publiée en pleine seance d'Etats : esquels cas les Etats sont non seulement pour conseil, mais aussi pour déterminer en pouvoir. Aussi d'ancienneté le pouvoir des Etats étoit tel, qu'il n'étoit loisible au Roy de mettre sus nouveaux subsides sans le consentement des Etats, dont il a été traité cy-dessus : Le pouvoir des Parlemens n'est pas tel, car il est pour juger les causes des particuliers, & pour recevoir, faire publier & enregistrer les loix que le Roy fait. L'autre pouvoir des Etats est au fait des Coûtumes, qui tiennent lieu & sont le vray droit Civil des Provinces, en l'accordance desquelles Coûtumes est representée l'ancienne liberté du peuple François, en tant qu'il avoit & a encores aujourd'huy droit de faire loy sur soy-même, qui étoit le même droit qu'avoit le peuple Romain, quand étant assemblé en Comices & étant distribué par certain ordre, il étoit interrogé par le Consul ou par le Tribun, s'il luy plaisoit que telle & telle chose fût ordonnée & tenuë pour loy. C'est verité que nos Coûtumes sont nôtre vray droit Civil & ne sont pas comme Statuts, ainsi qu'aucuns François par imitation & singerie des Docteurs Ultramontains les appellent : Car l'Italie est regie par le droit Civil des Romains qui est leur droit commun, & si on fait quelque loy particuliere pour une Ville ou contrée, elle est outre ou contre le droit commun, pourquoy elle doit être prise étroitement, & ce sont les Statuts. Or nos predecesseurs François qui sçavoient plus faire que dire ou écrire, ont fait leurs loix non écrites, reçûës & admises par usage & tacite consentement du peuple : Et parce que depuis l'arrivée de la Cour de Rome en Avignon, le peuple François apprit à devenir plaideur, & en plaidant les Coûtumes étoient mal-aisées à prouver n'étans pas écrites, & la chicanerie faisoit que chacun les interpretoit à sa fantaisie : Les preuves des Coûtumes devoient être par turbes, & convenoit avoir deux turbes pour le moins, chacune turbe n'étant comptée que pour un témoin, & étoient necessaires dix témoins pour chacune turbe. Le Roy Charles VII. aprés avoir chassé de France les Anglois fit plusieurs ordonnances salutaires pour la reformation en l'an 1454. & par l'article 125. ordonna qu'en chacune Province du Royaume les Coûtumes fussent arrestée & redigées par écrit : Cela se fait en l'assemblée des trois Etats de chacune Province, ou des Deputez en ladite assemblée qui representent tout le peuple. Et par le témoignage, avis & volonté desdits Etats, les anciennes Coûtumes sont rapportées & prouvées, & si elles semblent bonnes elles sont confirmées, sinon sont reformées ou autres nouvelles faites : Ce qui fait connoître que la puissance de faire ces loix est originairement és mains du peuple : car les Lettres patentes du Roy ne sont que pour permettre &

authoriser cette assemblée : & les Conseillers du Roy, Commissaires sont pour regler cette assemblée & pour faire registre de ce qui y est arresté : Aprés les Coûtumes ainsi arrestées on n'est plus reçû à prouver autres Coûtumes par turbes, sinon qu'on veuille dire que ce soit Coûtume de nouvel acquise par tems suffisant à introduire Coûtume depuis la redaction : ainsi qu'il fut jugé par Arrest en la cause des sieurs de Chasteau-villain & de Montravel, és Arrests de saint Mathias 1528. Et s'il y a quelque doute sur la maniere d'user des Coûtumes redigées par écrit, il appartient à la seule Cour de Parlement de l'ordonner & non à aucun Juge inferieur, ainsi fut decidé par Arrest és Jugez du 5. Avril 1541. entre le sieur de Savigny & d'Anglure Destauges.

MOnseigneur Ludovic de Gonzague & Madame Henriette de Cleves son épouse, Duc & Duchesse de Nivernois, desirans la decoration de leur Ville de Nevers qui étoit grandement difformée de ruines & de bâtimens de peu de valeur, à cause de la fâcheuse condition des bordelages, dont la pluspart des maisons étoient chargées, ont poursuivy l'abolition de ces bordelages, & la commutation d'iceux en cens, avec l'indemnité des Seigneurs bordeliers, & en ont été donnez trois Arrests au Conseil Privé du Roy à leur instance, l'un du 16. Aoust 1577. l'autre du 14. May 1578. & l'autre du 2. Juillet 1579. Par ce dernier l'indemnité des Seigneurs bordeliers est liquidée ; à sçavoir, quant au bordelage qui n'est chargé de censive, qu'il y aura augmentation du tiers de la prestation, & les lods & ventes en cas d'alliennation seront de trois sols quatre deniers pour livre, qui est dix sols pour écu : Et ce tiers d'augmentation est perpetuel quant aux Eglises & lieux pitoyables, & quant aux personnes layes ledit tiers rachetable au denier vingt-cinq : Quant aux bordelages esquels toutes sortes d'heritiers succedent, qu'on appelle partis, & non partis, reduits en cens, l'augmentation est de six à sept, comme si l'ancienne est de six livres, le cens sera de sept livres, avec mêmes lods & ventes. Quant aux bordelages chargez sur cens d'autruy, ils seront commuez en rentes foncieres avec l'augmentation du tiers de la prestation, & ladite augmentation non rachetable quant à l'Eglise, & quant aux lays rachetable au denier vingt. Cette abolition & commutation n'est pas à la volonté de ceux qui voudront s'en aider : mais est de necessité & de contrainte, parce que la loy est faite pour l'embellissement de la Ville & pour le bien public. Et a été mieux à propos de faire cette abolition & indemnité par voye judiciaire, oüies les parties ayans interest, que par Edit & loy, afin de la rendre plus ferme & solide.

FIN.

NOMS ET ORDRE DES EVESQUES

DE NEVERS.

1. *Sanctus Austremonius.*
2. *Sanctus Patricius.*
3. *Sanctus Evotius.*
4. *Tauricianus.*
5. *Rusticus.*
6. *Clementinus.*
7. *Sanctus Eulalius sive Aerlalius.*
8. *Sanctus Agricola.*
9. *Sanctus Fulcilius.*
10. *Sanctus Aregius.*
11. *Rauracus.*
12. *Gilbertus.*
13. *Rogus.*
14. *Sanctus Itorius.*
15. *Opportinus.*
16. *Nectarius sive Victarius.*
17. *Vvaldo sive Guido.*
18. *Deodatus.*
19. *Ovarcius.*
20. *Galdo.*
21. *Sanctus Hieronimus.*
22. *Jonas.*
23. *Herimannus sive Hermanus.*
24. *Aeneas.*
25. *Guereveus sive Guiverdus.*
26. *Hugo* 1.
27. *Bertharius sive Bercarius.*
28. *Raginus sive Raginus.*
29. *Ragunfredus.*
30. *Albo sive Abbo.*
31. *Guimerius sive Germevus aliis Guignegius.*
32. *Emmerius sive Emmenus,*
33. *Aglarius.*
34. *Franco.*
35. *Acto seu Atto.*
36. *Haimo ou Lauvo.*
37. *Tedelgrinus.*
38. *Gaubertus sive Gobertus.*
39. *Notrannus sive Nothranus.*
40. *Patianus.*
41. *Roclenus seu Rodenus.*
42. *Gerardus.*
43. *Hugo, qui magnus dictus est.*
44. *Malguinus sive Manginus.*
45. *Hugorcius sive Hugo.*
46. *Hugo dictus tertius.*
47. *Guido.*
48. *Henricus sive Herveus.*
49. *Hugonius seu Hugo quintus.*
50. *Herveus sive Hermanus.*
51. *Fromundus.*
52. *Raimundus.*
53. *Gaufridus sive Gaufriduus.*
54. *Bernardus de sancto Salvio.*
55. *Theobaldus de patientia.*
56. *Joannes* 1.
57. *Galterus sive Gautorius.*
58. *Henricus.*
59. *Guillelmus à sancto Lazaro.*
60. *Gervasius.*
61. *Rainaldus.*
62. *Radulphus.*
63. *Robertus Cornutus.*
64. *Guillelmus Cornutus.*
65. *Henricus electus sive Clericus.*
66. *Galterus.*
67. *Guillelmus de Grandipodio.*
68. *Milo de Chastellete.*
69. *Simon.*
70. *Robertus de Marisiis.*
71. *Reginaldus de Molinis.*
72. *Gillo de Castro Rainaudi.*
73. *Egidius de Manclatio.*
74. *Egidius de Castello.*
75. *Berthrandus seu Bernardus de sancto Salvio.*
76. *Joannes de Saviginaco.*
77. *Guillelmus Belli filii de Charitate.*
78. *Petrus Bertrandus.*
79. *Petrus Bertrandus nepos supradicti.*
80. *Bertrandus de Fumello.*
81. *Joannes de Mandevillain de Claromonte.*
82. *Bertrandus Vasco.*
83. *Joannes de Neufchastel.*
84. *Petrus de Villiers.*
85. *Petrus de d'Inteville.*
86. *Mauritius de Colangiis Vinosis.*
87. *Philippus Frumenti.*
88. *Robertus de d'Angello.*
89. *Petrus de Poga.*
90. *Joannes Vivian.*
91. *Joannes Germain.*
92. *Joannes de Stampis.*
93. *Petrus de Fontenaio.*
94. *Ferrandus de Almeida.*
95. *Philippus Clivensis.*
96. *Joannes Bohier.*
97. *Imbertus de la Platiere.*
98. *Jacobus d'Albret.*
99. *Carolus à Borbonio.*
100. *Jacobus Spifame.*
101. *Egidius Spifame.*
102. *Arnaldus Sorbinus.*
103. *Eustachius du Lis.*
104. *Eustachius de Cheri*

ESTANT étably Siege Episcopal à Nevers, & le Diocese attribué à la Province de Sens, le premier Evêque fût saint Austremon disciple des Apôtres; lequel ayant été envoyé par saint Pierre pour prêcher és Gaules arriva à Nevers, où tant par la vertu de la parole de Dieu, que par ses miracles, il convertit les habitans du païs à la foy de nôtre Seigneur JESUS-CHRIST, & fut le premier par la voix commune de tous, élû Evêque de Nevers, où ayant demeuré quelque-tems, & desirant que le troupeau de nôtre Seigneur fût amplifié & multiplié, il délibera à l'exemple des Apôtres d'aller prêcher autre part, ce qu'il fit s'acheminant en Auvergne, même en la Ville de Clermont, où il convertit aussi le peuple, & l'amena à la connoissance du vray Dieu. Et ayant aussi été là élû & creé Evêque, & fait tout le devoir d'un bon Pasteur, finalement il obtint la Couronne de Martyre, ainsi qu'il se void par l'histoire & vie des Saints, mise en lumiere par Maître René Benoît en la vie de saint Cassius Evêque dudit Clermont, & par ce qui se trouve en de fort anciens Manuscrits de l'Eglise de Clermont & du Monastere de saint Allier, & encores d'une Legende qui se trouve en l'Abbaye de saint Victor à Paris.

Le second Evêque fut saint Patrice, ainsi qu'il est rapporté par Baptiste Fulgosa liv. 8. chap. 14. lequel est intitulé, De la vieillesse, duquel les mots sont tels. *Nous avons encore de cela un exemple en Patrice 2. Evêque de Nevers, lequel menãt une vie sainte, innocẽte & pleine d'une modestie singuliere, parvint à l'âge de 122. ans.*

Le troisiéme fut Evotius, qui se trouva au second Concile d'Arles au tems de saint Silvestre Pape, premier de ce nom, du tems de Constantin le Grand Empereur, environ l'an de N. Seigneur 326. ainsi qu'il se collige du tome premier des Conciles, où il est parlé du second Concile d'Arles, auquel lieu au dénombrement & rapport qui se fait des noms des Evêques qui assisterent audit Concile se trouvent ces termes, *Ex eadem provincia civitate Niveduno Evotius Episcopus, Pitulius exorcista.*

A Evotius succeda Tauricianus qui assista au Concile tenu à Epone, *Concilium Epoanense anno Christi* 517. celebré au tems du Pape Hormisda aux Canons duquel il a souscrit, *Tauricianus civitatis Nivernensis Episcopus relegi & subscripsi.* Le même Tauricianus est aussi mis au nombre des Evêques de Nevers par Demochares au livre du divin Sacrifice de la Messe.

Ledit Taurianus fut suivy par Rusticus, qui assista au troisiéme Concile d'Orleans au tems du Pape Vigilius & de Childebert Roy de France environ l'an de N. Seigneur 538. Ce qui est témoigné au 2. tome des Conciles au feüillet 609. où il est fait rapport du troisiéme Concile d'Orleans en ces termes, *Rusticus in Christi nomine Episcopus Ecclesiæ Nivernensis his constitutionibus consensi.* A quoy pourra être vû ce qui est dit par le même Demochares au lieu que dessus.

A Rusticus succeda Clementinus, qui fut 6. Evêque de Nevers, & fut present au 5. Concile d'Orleans, & au Concile de Paris environ le tems de Pelage I. Pape, environ l'an de N. Seigneur 562. ainsi qu'il se collige du second tome des Conciles feüillet 653. & 654. où en fin desdits Conciles d'Orleans & Paris se lisens ces mots, *Clementinus Nivernensis Ecclesiæ Episcopus subscripsi*, à quoy doit être vû le même Demochares au lieu susdit.

Le septiéme Evêque fut saint Eulalius on Euladius qui ètoit du tems de Clovis II. Roy de France.

Le huitiéme fut *sanctus Agricola* que nous nommons en François S. Arigle. *Adfuit Consilio Matisconensi* 1. *en* 581. *Lugdunensi* 3. *en* 583. *& Matisconensi* 2. *en* 585.

Il fut suivy par saint Fulcilius neuviéme Evêque, auquel succeda saint Aré, dit en Latin *Aregius*, qui étoit frere de saint Austrigillus ou Austrillet, Evêque de Bourges ; & en ce tems l'Eglise Cathedrale.

L'onziéme fut Rauracus qui assista au Concile de Chaalons au tems du Pape Eugene I. & de Clovis II. Roy de France environ l'an 553. ainsi qu'il se void au tome des Conciles, où il est fait mention dudit Concile de Chaalons, où sont ces mots, *Rauracus Episcopus Nivernensis subscripsi.*

Ledit Rauracus fut suivy par Gilbertus, & luy par Rogus, auquel succeda Sanctus Iterius 14. Evêque de Nevers, environ l'an de N. Seigneur 691. sous le Pontificat de S. Sergius qui a siegé à Rome depuis l'an 689. jusques en l'an 702.

Aprés saint Iterius, Opportinus tint le Siege *anno* 702. puis Nectarius ou Victarius, auquel succeda Vvaldo ou Guido, qui fut suivy par Deodatus, aprés lequel vint Evarcius, ou Evardus, qui fut suivy par Galdo.

Aprés ledit Galdo saint Jerôme fut élû au Siege Episcopal, son corps repose & est veneré en l'Eglise Abbatiale saint Martin de Nevers, & aprés luy Jonas.

Aprés ledit Jonas Herimannus ou Hermanus est nommé Evêque.

Audit Herimannus succeda Æneas, puis vint Guereveus ou Guiverdus, aprés luy Hugo I. qui fut suivy par Raguinus ou Raginus, auquel succeda Ragunfredus, suivy aussi par Abbo.

Cét Abbo fut du tems de Charles le Chauve, *& subscriptus habetur Synodo Suessionensi 3. anno 866. Tricassinæ 867. Pontigonensi 876. & Tricassinæ 2. an. 878.*

Audit Abbo succeda Haimo ou Lauvo.

A Notrannus succeda Patianus, & à luy Roclenus ou Rodenus, qui étoient Evêques au premier an de Lothaire dernier.

A Hugo succeda Malguinus ou Mauginus, lequel Mauginus fut suivy par Hugocius ou Hugo, qui siegea environ l'an 1040. ainsi qu'il se collige des anciens titres de l'Eglise de Nevers.

Audit Hugorcius succeda Hugo tertius.

A Hugo 4. succeda Herveus ou Hermanus, & aprés luy siegea Fromondus.

Audit Fromondus succeda Remundus ou Raimundus, qui tint le Siege Episcopal environ l'an 1146. & fut suivy par Gaufridus, auquel succeda aussi Bernardus de Sancto Salvio qui étoit és années 1160. & 1173.

Audit Galterus succeda Henricus ou Henry, lequel environ l'an 1208. se croisa avec plusieurs autres Prelats de France contre les Albigeois heretiques. Aprés Henry suivit Vvillelmus de sancto Lazaro Evêque.

A Gervasius succeda Rainaldus qui fut du tems du Pape Honorius III. & aprés Rainaldus Rodulphus obtint le Siege Episcopal, qui fut suivy par Robertus Cornutus, Guillelmus Cornutus, Henricus electus ou Clericus, Galterus, Guillelmus de Grandipodio, Simon de Tours, Robertus de Marisiis, qui fut suivy par Reginaldus de Molinis, aprés lequel succeda Gillo de Castro Rainaudi.

Audit Gillo succeda Egidius de Mauclatio, & à luy Egidius de Castello, puis Bertrandus ou Bernardus de sancto Salvio, qui fut suivy par Joannes de Savigniaco, aprés lequel siegea Guillelmus Bellifilii de Charitate.

Puis fut Evêque Petrus Bertrand natif d'Annonay en Vivarets.

Audit Bertrand succeda Petrus Bertrandus son nepveu, & aprés luy Bertrandus Fumello, puis Jean de Mandevillain, Bertrandus Vasco, Jean Cardinal de Tulles, Pierre de Villiers Jacobin, Pierre de d'Inteville, Maurice de Colanges les Vineuses, qui est enterré au choeur de l'Eglise à senestre sous une tombe de Marbre noir, & fut Conf. des Rois Charles V. & VI. deceda l'an 1394. le 16. Jan.

Ledit Maurice de Colonges eut pour succes. Philippes Frumenti, auquel succeda Petrus de Poga, puis Jean Vivian, aprés lequel vint à l'Evêché Jean Germain.

Audit Germain succeda Jean Destampes, qui resigna l'Evêché à Pierre de Fontenay son neveu l'an 1461.

DES PAIRS DE FRANCE, LEUR ORIGINE, FONCTION, RANG ET DIGNITÉ;

ET COMME LES ANCIENNES PAIRIES LAYES ont été réünies à la Couronne, au moyen de laquelle réünion, autres nouvelles ont été creées, avec l'ordre de leur creation & reception en icelles.

L'OPINION [1] commune, qui ordinairement n'est pas la plus vraye, est que les Pairs ont leur origine de Charlemagne : Mais nous estimons cette opinion, qui fait leur origine si ancienne, digne plûtôt d'être admirée & reçûë pour Roman que crûë pour histoire. Aussi du Tillet en ses Memoires chapitre des Pairs ne la prend que du tems de Loüis le Jeune, environ l'an 1179. qu'il donna à l'Eglise de Reims [2] la prerogative de Sacrer & Couronner les Rois auparavant débatuë : lesquels Pairs, tant Ecclesiastiques que laïcs, il voulut qu'ils assistassent à son Sacre & en son Parlement, pour juger avec luy les grandes causes; & ont cette [3] prerogative ou privilege qu'ils ne peuvent être jugez, tant civilement que criminellement qu'au parlement de Paris, que l'on appelle la Cour des Pairs, les autres Pairs appellez; & encores prétendent-ils, que quand il est question de leur vie ou honneur, que la presence du Roy y est necessaire. [4] Toutesfois cela n'a pas été toûjours gardé, & semble que les Chancelliers chefs de la Justice ont suppleé à ce défaut. Par l'erection du Comté de Mascon en Pairie fait en l'an 1359. par Charles V. pour Jean de France son frere depuis Duc de Berry; il est porté par exprés, que les Rois de France pour la conservation de l'honneur de leur Couronne, conseil & ayde de la chose publique, ont institué les douze Pairs. De les rapporter aux dignitez des Patriciens de la Republique Romaine, il y a autant d'apparence, comme de comparer la Monarchie Françoise avec cette Republique, ou état populaire : Or est-il vray, pour le moins apparent, qu'ils ont été dits & appellez Pairs pour être pareils, en dignité, honneur & preéminence : & c'est possible de là que les Pairs prétendent marcher & seoir selon l'antiquité de la creation de leurs Pairies & reception en icelles, sans distinction s'ils sont Princes ou Seigneurs seulement, és actes où ils se trouvent en cette qualité, comme aux Sacres des Rois, & aux seances du Parlement. Joint que comme remarque du Tillet au même chapitre, qu'au procez de Robert d'Artois Comte de Beaumont le Roger, étant au thresor des Chartes, l'ordre des douze Pairs tant Ecclesiastiques que laïcs y est, & pour le regard des autres Pairs laïcs nouveaux, est declaré qu'ils doivent seoir [6] selon le tems de leur creation. Mais de leur rang en sera parlé à part & separément cy-aprés. Or les cinq

Pairies

Pairies laïques étant réünies à la Couronne, & la sixiéme qui est la Comté de Flandres ne la reconnoissant plus [7] *de facto*, il a été besoin & honorable pour la dignité de cette Couronne de créer d'autres nouvelles Pairies, pour en honorer [8] les enfans de France & Princes du Sang, & non autres jusques en l'an 1527. comme je diray en [9] son lieu : Car cela fut remarqué lors que cét honneur fut donné à Claude de Lorraine Comte de Guise. Du Tillet dit que de son tems, qui est environ la fin du regne d'Henry II. il n'y avoit que sept Pairies toutes nouvelles [10] Eu, Nevers, Vendôme, Guise, Montpensier, Aumalle & Montmorency, les Pairies sont érigées les unes [11] à vie seulement & sont personnelles. Les autres pour les seuls mâles, & telle creation est ordinaire, autres pour les mâles & à défaut pour les femelles, ce qui est rare : & neanmoins de nôtre tems il s'en est [12] creé & érigé quelques-unes de cette façon, comme il sera remarqué cy-dessous. Ce n'est pas que les femelles ne soient capables de Pairies, & de fait parmy les anciennes il se [13] retrouve aucunes femmes qui ont assisté és actes en cette qualité. Ces Pairs ne peuvent être appellez ou ajournez en Parlement, que par [14] personnes de qualité, comme Maîtres des Requestes, Conseillers, Baillifs, & Senéchaux ou leurs Lieutenans ; & s'ils l'ont été autrement les exploits ou ajournemens ont été declarez nuls, principalement quand il s'agit de leur honneur & droit de leurs Pairies, comme il a été jugé par plusieurs Arrests de la Cour, tant pour les Pairs laïcs qu'Ecclesiastiques : Doivent au Roy l'hommage lige, qui n'est autre chose que jurer fidelité & sujection ; & à la Cour le serment tel presque semblable [15] qu'un Conseiller le fait : Aussi ont-ils mêmes privileges & exemptions que les Presidens & Conseillers de ladite Cour, & en plusieurs sermens de nouveaux Pairs & des derniers il y a, *& en consequence reçû Conseiller de ladite Cour.*

1. *Argumentum pessimi turba est.* Seneca

2. Et de fait il se trouve des Rois sacrez hors de Reims, comme Charles le Gros sacré à Orleans, Louis IX. à Soissons & Henry IV. à Chartres. Voy Yves Evêque de Chartres Ep. 70.

3. Il semble que du Tillet au même chapitre incline à cette opinion, que le Pair peut renoncer à ce privilege ; & pour moy j'ay toûjours été de cét avis, suivant le droit Civil, *l. si quis in conscribendo. C. de Episcop. & Clericis* nonobstant le chapitre *si diligenti extrà de foro competenti*, quoy que j'en aye veu faire difficulté au Conseil du Roy, & soûtenir que les Conseillers de la Cour de Parlement ne pouvoient renoncer à leur privilege d'être jugez les Chambres assemblées, contre un Conseiller du Parlement de Grenoble qui y vouloit renoncer, *cum regula sit juris antiqui, omnes licentiam habere his quæ prose indulta sunt, renuntiare. d. l. si quis*, je sçay que lo chap. *si diligenti* distingue si le privilege est donné à l'ordre ou au particulier, mais ce sont subtilitez de Cour de Rome, contre la raison naturelle.

4. L'on tient & ainsi le remarque du Tillet, que si ce dont est accusé le Pair n'est directement contre la personne du Roy, qu'il y doit assister, comme pour exemple au jugement du feu sieur Duc de Biron Pair. Le Roy n'y assista pas, car la charge principale à l'encontre dudit sieur Duc, étoit d'avoir voulu attenter à la personne du Roy ; & quant à ce que l'on dit, que le Roy peut être Juge en sa cause, cela s'entend comme Roy & en qualité de personne publique ; & non privée comme d'Henry de Bourbon, *alias* ce seroit contre cette maxime de droit naturel, que personne n'est juge idoine en sa cause, non pas même le Pape, quoy que disent les Canonistes que *omnes judicat & à nemine judicatur*. Cette opinion est même confirmée par du Tillet au chap. des Pairs, que quand il s'agist de crimes directement contre la personne du Roy. Les Pairs prétendent même qu'il ne se peut trouver au jugement, & de ce, lettres leur en furent expediées par Charles V.

5. C'est erreur de dire qu'ils sont dits Pairs pour être pareils en dignité au Roy, bien sont-ils Pairs entr'eux & non alliez, comme il est dit au texte & au procez de Robert d'Artois.

6. Toutesfois au baillé des Roses. Les Princes du Sang Pairs l'ont disputé contre les autres Pairs plus anciens qu'eux, non Princes du Sang, & il y a sur ce Appointement au Conseil du dernier Juillet 1553. comme remarque du Tillet en ce chap. & au chap. des Princes du Sang.

7. Je dis *de facto*, car les oppositions formées aux verifications & enregistremens des traitez de Madrid & Cambray par les Procureurs Generaux de Sa Majesté, ont conservé le droit à la Couronne, dont les Registres du tems sont chargez ; & que j'ay veu

faisant cette recherche des Pairs, je sçay bien que les Rois vivans ne trouvent pas bonnes ces oppositions, mais leurs successeurs s'en trouvent aucunesfois bien.

8. Pour les enfans de France ils tiennent ordinairement leur appanage en Pairie.

9. En l'erection de la Pairie de Guise, si c'eût été chose faisable pour autre que pour Prince du Sang, Louïs XII. l'eût fait lors qu'il érigea le Comté de Longueville en Duché pour François d'Orleans de sa maison, quoy que descendu d'un bâtard.

10. Je m'étonne de cét ordre, car l'on verra cy-aprés que Vendôme est la premiere Pairie des nouvelles, puis Guise, Nevers, ainsi consequemment d'Eu, je n'en trouve rien dans les Registres, ny dans Chopin comme nouvelle Pairie, car l'ancienne est éteinte comme celle de Nevers Comté. C'est que ledit du Tillet suit pour les Pairies de Nevers & Eu, leur ancienne creation; mais il s'abuse & faut suivre l'ordre que j'ay mis cy-dessous. Au reste faut remarquer que Nemours n'y est compris, aussi du Tillet n'en parle point, comme de vieille ny nouvelle Pairie, & n'en ay rien trouvé dans les Registres.

11. Des nouvelles cy-dessous, je n'en ay trouvé pas une creée seulement à vie.

12. La Pairie de Biron comme elle est creée semble l'être pour les mâles & femelles indifferemment, & faut voir les clauses qui y sont en marge, je l'ay bien voulu remarquer comme une grande grace & particularité, quoy qu'elle soit éteinte par Arrest de la Cour pour les causes que chacun sçait, Nevers, Mayenne, Joyeuse, Espernon, Rethelois, Elbœuf, sont pour mâles & femelles, Penthievre est presque de même.

13. Comme la Comtesse de Flandres, & Mahault Comtesse d'Artois, la Duchesse d'Orleans.

14. Nous apprenons par un Arrest donné au Parlement, au mois de Juillet 1217. que pour le differend meû entre Erard Comte de Brienne, & Philippes sa femme demandeurs & prétendans le Comté de Champagne leur appartenir d'une part, & Blanche Comtesse de Champagne d'autre, que ladite Comtesse fut citée *per ducem Burgundiæ Mattheum, de Montmorancy & Guillelmum de Barris*. Cét Arrest est rapporté par Belleforest en ses Annales en la vie de Philippes Auguste *fol. 619. V*.

Plus un autre Arrest rapporté par ledit Belleforest de l'an 1224. pour le differend d'entre la Comtesse de Flandres & Jeanne de Mesle, *Dominus Rex fecit Comitissam citari coram se per duos Milites Annal. fol. 6. 26.*

15. Ainsi qu'il appert par le serment de l'Evêque de Noyon du 16. Janvier 1602. en quelques sermens de nouvelles Pairies; & il y a au serment de profession de foy, & en consequence de sa Pairie reçû Conseiller en la Cour.

DU RANG ET DIGNITE des Pairs.

LA plus grande & supréme dignité en ce Royaume aprés la Royale est celle de Pair. De façon qu'aux actes publics & solemnels, & principalement en ceux qui regardent leur charge & fonction, comme aux Sacres & Couronnemens des Rois. Ils ont emporté le rang & la préseance par dessus les Princes du Sang plus aînez qu'eux; & de fait Philippes de Bourgogne Doyen des Pairs s'assit au banquet Royal du Sacre de Charles VI. au dessus de Louïs Duc d'Anjou son frere aîné. Ce qui s'est pû lors & encore depuis tolerer, & tant & si longuement que les anciennes Pairies layes ont subsisté. Car ceux qui les tenoient comme le Duché de Bourgogne, étoient d'eux-mêmes Princes du Sang, & d'ailleurs grands & puissans, ou bien Rois, comme quand le Duché & Pairie de Normandie & Guyenne ont été tenus par les Rois d'Angleterre, ou bien d'ailleurs, Princes si puissans & grands terriens au prix des Princes du Sang. Comme les Comtes de Flandres, Champagne & Tolose, que lesd. Princes du Sang ne leur pouvoient ou osoient disputer, ajoûté à ce que j'ay remarqué aux anciens Registres, esquels sont transcrits les Edits & Ordonnances des Rois, lors regnans où sont les presens écrits; les Ducs y sont nommez les premier & avant les Comtes, quoy qu'aucuns desdits Comtes fussent Princes du Sang, & non aucuns desd. Ducs; & pour montrer encore mieux que lesdits rangs se regloient par les qualitez & dignitez, & non par la proximité du Sang; c'est que les Ducs d'Anjou Rois de Sicile & de Jerusalem sont nommez esdits registres avant les fils de France, même le Dauphin; ce qui se peut voir aussi dans du Tillet au Recüeil des rangs des Grands de France. Et cét ordre & rang n'a cessé qu'à

Henry d'Albret Roy de Navarre, & à ses successeurs sous les regnes d'Henry II. François II. Charles IX. & Henry III. que les Dauphins & freres des Rois les ont precedez. Aussi est-il à remarquer que sur les derniers tems les anciennes Pairies étans étaintes au moyen de la réünion d'icelles à la Couronne, fors de celle de Flandres, qui est en main étrangere. Les Princes du Sang ont sciz & marché les premiers, selon la proximité du Sang en tous actes & assemblées, quoy qu'ils ne fussent ny Pairs ny Ducs; & toutesfois & quantes qu'il y a eu aucun differend pour raison de ce, comme il y en eut en l'an 1541. entre le Duc de Montpensier d'une part, & le Duc de Nevers, tous deux Pairs pour raison du baillé des Roses au Parlement; que ledit Duc de Nevers prétendoit bailler & presenter le premier, comme plus ancien Pair: Les parties ou leurs Avocats ouïs en l'Audience, la Cour ordonna que ledit Duc de Montpensier les bailleroit le premier, à cause de sa qualité de Prince du Sang. Enfin pour terminer generalement ce differend, le feu Roy Henry III. en fit depêcher des Lettres patentes en forme de Declaration sur ce, de sa volonté en faveur des Princes du Sang aux Etats de Blois du mois de Decembre 1576. verifiées en Parlement en Janvier 1577.

VENDOSME. *Fevrier* 1514.

LE Comté de Vendôme venu en la deuxiéme branche de la Maison de Bourbon, par le mariage de Jean de Bourbon, fils de Jacques Comte de Ponthieu, avec Catherine heritiere dudit Comté, fut érigé en titre de Duché & dignité de Pairie par François I. en Fevrier 1514. verifié en Parlement le sixiéme Mars ensuivant, & en la Chambre des Comptes le 23. May 1516.

LEs considerations pour lad. Pairie sont les services, la proximité du sang, que ledit Comté est de grand revenu avec les Baronnies, Seigneuries y annexées; à sçavoir, Mondoubleau, Montoire, Laverdin & saint Kales, tenuë à une seule foy & hommage de la Couronne, avec exemption de jurisdiction, fors és cas Royaux & ressort au Parlement de Paris, à la charge qu'à défaut de mâles la Pairie demeurera éteinte, demeurant seulement la qualité de Duc, pour les femelles & ayans cause. De sorte qu'il semble que Cesar fils legitimé du Roy, & de fûë Madame la Duchesse de Beaufort donataire de ladite Duché, ne peut valablement retenir le titre de ladite Pairie, si la donation ne le porte; & faut qu'elle soit verifiée en Parlement, & registrée en la Chambre des Compte. : Et encores il faut pour garder l'antiquité de la Pairie qu'il subsiste en la personne du Roy donateur, qui l'a transferée de son vivant au donataire; car il est bien plus aisé de continuer une chose, que de la faire revivre de nouveau. Cette question est traitée par Chopin liv. 3. du domaine fol. 493. de la nouvelle edition 1605. *An vetustus Franciæ pariatus mutatione personarum novus esse dicatur.* Et resout que non en ses mots. *Patritiatum veriùs prædiarium solariumque haberi, quam personæ attributum.* Mais cette distinction ne doit sortir hors de ses termes, *dummodo primæva Patritiatus concessio finita non sit ultimi possessoris interitu, alioquin si purè extraneus Patritialem ejusmodi ducatum cœmerit, illi nonum Patritiatus diploma erit impetrandum, nisi antiquum nominatim referatur ad omnes successores.* Or est-il que Cesar Monsieur à present Duc de Vendôme est personne étrangere. Ainsi la resolution de la question seroit contre luy.

Depuis j'ay vû la donation dudit Duché faite par le feu Roy audit Cesar Monsieur, son fils, du 22. Juin 1598. qui contient ces mots : A ces causes, Sa Majesté a donné & donne perpetuellement audit Cesar son fils, par donation entre vifs, pour luy ses enfans & leurs descendans en ligne directe, le Duché & Pairie de Vendôme & païs Vendômois, membres, appartenances & dépendances d'iceluy : veut qu'il prenne doresnavant le nom, titre & qualité de Duc de Vendôme & Pair de France, à cause dudit Duché, & jouïsse de tous les droits, authoritez, & prééminences attribuez à ladite Pairie, tout ainsi que les predecesseurs Ducs de Vendôme en ont joui.

Nota, que ladite donation est addressante au Parlement & Chambre des Comptes pour y être registrée; mais je n'en ay les Arrests & registrement.

GUISE. *Janvier* 1527.

LE Comté de Guise, dont étoit lors Comte Claude de Lorraine, fut érigé en Duché & Pairie par le Roy François I. en Janvier 1527. verifié au Parlement le 12. Aoust ensuivant, & en la Chambre des Comptes, le 5. Septembre audit an.

LEs considerations de la creation sont les grands services, la réünion des anciennes Duchez & Pairies à la Couronne, & la proximité de lignage ce n'étoit qu'alliance; car il avoit épousé Dame Antoinette de Bourbon de la Maison de Vendôme. On remarque que c'est la premiere Pairie creée pour Prince non du Sang, comme j'ay dit cy-dessus, pour en jouïr par luy & ses descendans mâles; & venans à défaillir la dignité de Pairie demeurera éteinte, demeurant celle de Duché en son entier, avec ressort immediat au ressort du Parlement, exemption de jurisdiction, fors és cas Royaux. La verification de la Cour est, *ad onus quòd dicta paria extincta, ressortus dictarum terrarum* (Car il y a des terres annexées à ladite Duché-Pairie) *revertetur in statu, quo ante creationem, Ducatus & Paria extabat*, & en celle de la Chambre des Comptes *salvis tamen Procuratori Generali suis actionibus, ubi in posterum aliquid Baroniarum & dominiorum* (qui étoient unies audit Duché par lesdites lettres) *de domanio, aut subjectum redituі & unioni, seu incorporationi Coronæ Franciæ reperietur.*

NEVERS. Janvier 1528.

LE Comté de Nevers érigé en Duché & Pairie pour Marie d'Albret & François de Cleves, au mois de Janvier 1528. verifié au Parlement le 17. Février ensuivant, & en la Chambre des Comptes le 26. Février audit an.

DU Tillet remarque au chapitre des Pairs, que ladite Comté avoit été érigée en Pairie dés l'an 1459. par Charles VII. en faveur de Jean de Bourgogne, confirmée par le Roy Loüis XI. le penultiéme Juillet 1464. Et par le Roy Loüis XII. autre creation faite pour Engilbert de Cleves en Mars 1505. ledit *Chopin de domanio lib. 3. fol. 493.* de l'édition derniere 1605. Or par le narré des Lettres en érection de Duché, il est porté en consideration des grands services faits à la Couronne par leurs progeniteurs; à sçavoir, Jean de Bourgogne Duc de Brabant, Comte de Nivernois, ayeul de ladite Marie d'Albret, contre l'invasion des Bourguignons; & par Engilbert de Cleves Comte d'Eu à la conqueste du Royaume de Naples, & de Jean d'Albret Comte de Dreux, & de Rethel pere de ladite Marie, & de ceux faits à la conqueste de Piedmont par ledit François de Cleves: Et aussi que ledit Comté a été tenu par ledit feu Jean de Bourgogne & ses successeurs aprés luy en Pairie, & comme Pairs ont servy au Sacre & és Couronnemens de nous & de nos predecesseurs: Que Sa Majesté crée en titre & dignité de Duché, ces mots seuls (sans ajoûter Pairie) presupposent l'ancienne, & toutesfois parce qu'il semble que ladite Pairie soit renouvellée, pour joüir dudit titre à une seule foy & hommage de nôtre Couronne par ladite d'Albret ses hoirs, tant mâles que femelles, successeurs & ayans cause; & qu'ils possedent Duché en quelque degré qu'ils soyent successeurs & ayans cause, proprietaires dudit païs, quoy que pour l'avenir, en titre, droit & prerogative de Pairie. (Ces derniers mots semblent operer comme creation de nouvelle Pairie) & sous le ressort du Parlement de Paris, ainsi que les autres Pairies, saufs pour les cas Royaux; & privileges & outre du vouloir & consentement de nôtredite cousine d'Albret, sans toutesfois qu'il soit fait aucun préjudice à son droit, soit de proprieté ou possession, ou autrement octroyé à son fils unique, la dignité, nom & titre de Duc dudit païs. SI DONNONS EN MANDEMENT, &c. que de cette presente creation & érection de Duché & Pairie (par ces mots non énonciatifs, mais dispositifs: Sans doute l'on doit juger Nevers nouvelle Pairie, & dire que l'ancienne a été éteinte & amortie) ils fassent, souffrent & laissent joüir nosdits cousine, cousin d'Albret & Cleves respectivement, lesd. Lettres verifiées tant au Parlement qu'en la Chambre des Comptes, purement & simplement. Est encore à remarquer, que la préseance fut débatuë, comme le rapporte Chopin *lib. 3. de domanio fol. 495.* à Loüis de Gonzagues Duc & Pair de Nevers, de par sa femme par le Duc de Montmorancy, à cause que ledit Duc de Montmorancy disoit y avoir mutation de personne à ladite Pairie: Et sur ce ledit sieur Duc de Nevers obtint lettes de declaration du Roy du 27. Fevrier 1566. Toutesfois les parties oüies, la cause fut appointée au Conseil en Juin 1567. Le Duc d'Aumale prétendant la même préseance, elle fut adjugée audit Duc de Nevers, en ces termes, Que les Ducs de Nevers précederont les Ducs d'Aumale, pour montrer que l'on ne juge pas par la dignité des maisons, étans tous deux Princes étrangers, mais par le rang de leurs Pairies. L'Arrest de la Cour est du 5. Septembre 1579. Encores le même Autheur remarque une dispute avenuë pour la préseance entre les Ducs de Guise & de Nevers de l'an 1553. qui fut jugée au profit de Monsieur de Guise par l'ordre d'érection des Pairies. Ainsi l'on n'eût égard qu'à la derniere érection de celle de Nevers cy-aprés rapportée, qui est la raison pourquoy je l'ay mise en rang, contre l'ordre de du Tillet.

MONTPENSIER. Fevrier 1538.

LE Comté de Montpensier érigé en Duché & Pairie pour Loüise de Bourbon, de la branche de Montpensier, & Louïs de Bourbon Prince de la Roche-sur-Yon fils aîné de lad. Dame, au mois de Fevrier 1538. verifié en Parlement le 6. Mars audit an, & en la Chambre des Comptes le 19. ensuivant.

EN consideration des grands services faits par les predecesseurs de l'un & de l'autre, la proximité du sang, avec union du Comté Dauphin d'Auvergne, & aucunes & autres terres à une seule foy & hommage lige de la Couronne, exemption de la jurisdiction, fors des cas Royaux, à la charge qu'à défaut de mâles, ladite Pairie demeurera éteinte, demeurant ledit titre de Duché seulement.

AUMALE. *Iuillet* 1547.

LE Comté d'Aumale érigé en Duché & Pairie, sous le nom de François de Lorraine fils aîné de Claude Duc de Guise, par Henry II. à son avenement à la Couronne au mois de Juillet 1547. verifié en Parlement le 5. Janvier ensuivant 1548. & en la Chambre des Comptes le 12. desdits mois & an.

LEdit Comté d'Aumale fut érigé en Duché, en faveur des recommandables services dudit François, & qu'au Sacre d'Henry II. il avoit servy de Pair, pour joüir par luy du titre, & par Claude de Lorraine son frere, suivant le contrat de mariage d'entre luy & Françoise de Brezé, fille de la Comtesse de Valentinois, Diane de Poitiers, à la charge que ladite Pairie demeurera éteinte à défaut de mâles, demeurant ledit Duché en sa qualité avec exemption du ressort, fors és cas Royaux, verifié au Parlement pour la jurisdiction directe au Parlement, pour les cas concernans seulement la Pairie.

MONTMORENCY. *Iuillet* 1551.

LA Baronnie de Montmorency érigée en Duché & Pairie, pour Anne de Montmorency Connestable de France, par Henry II. au mois de Juillet 1551. verifié au Parlement le 4. Aoust, & en la Chambre des Comptes le cinquiéme ensuivant de la même année.

EN faveur des grands & recommandables services, que c'est la premiere Baronnie de France & de la noblesse de ses predecesseurs, specialement de Mathieu de Montmorency Connestable de France sous Philippes Auguste, à la charge que défaillant les mâles, que la Pairie demeurera éteinte, demeurant le titre & dignité de Duché sans distraction de ressort.

PENTHIEVRE. *Septembre* 1569.

LE Comté de Penthievre érigé en Duché & Pairie, pour Sebastien de Luxembourg Comte de Penthievre, Vicomte de Martigues, par Charles IX. en Septembre 1569., verifié au Parlement le 15. desdits mois & an, & en la Chambre des Comptes le 7. Octobre ensuivant.

EN consideration des grands services, dignité & grandeur de la Maison de Luxembourg, dont aucuns ont été Empereurs & alliez aux Maisons de France, Bourgogne, Savoye, & Bretagne, & de la proximité du sang & lignage, pour en joüir par ses hoirs successeurs, tant mâles que femelles, tant pour le regard du Duché que Pairie, lequel Duché est desuny seulement pour la Pairie du Duché de Bretagne; & sans que luy & ses successeurs soient forcez d'assister aux Etats de Bretagne, comme les Comtes de Penthievre ont accoûtumé d'y assister, avec l'exemption de jurisdiction, fors des cas Royaux & ressort au Parlement de Bretagne, excepté pour les cas & droits de la Pairie, à la charge qu'à défaut des enfans mâles & femelles deja procréez, ou qui pourroient être procréez dudit de Luxembourg, ou que lesdits enfans n'ayent aucuns enfans mâles, ou les enfans mâles descendans d'iceux enfans n'ayent aucuns mâles, tellement que la ligne masculine vienne à faillir; la dignité de Duc & Pair demeurera éteinte, & retournera ladite Terre & Seigneurie en son premier état de Comté de Penthievre. La Cour en verifiant ladite Pairie, a approuvé le ressort audit Parlement de Bretagne excepté des cas concernans la Pairie, & sans tirer à consequence, à la charge qu'il viendra faire le serment à la Cour.

USEZ. *Ianvier* 1572.

LE Duché d'Usez érigé en Pairie pour Jacques de Crusol, Duc d'Usez, par le feu Roy Charles, au mois de Janvier 1572. verifié en Parlement le 3. Mars audit an, & en la Chambre des Comptes le 2. Janvier 1577.

AUparavant ledit Duché n'étoit que Vicomté, & fut érigé en Duché pour Antoine de Crussol, l'an 1565. à la charge de retour à la Couronne à faute de mâles, avec exemption de jurisdiction, fors és cas Royaux, & ressort au Parlement de Paris des cas concernans la Pairie, & pour le surplus, au Parlement de Toloze, fors au cas Presidial. La verification de la Cour porte qu'il a été reçû au serment de Pair, fait profession de Foy, & l'a jurée.

MAYENNE. Septembre 1573.

LE Marquisat de Mayenne érigé en Duché & Pairie pour Charles de Lorraine, second fils de François Duc de Guise, par ledit feu Roy Charles, au mois de Septembre 1573. verifié au Parlement le 24. desdits mois & an. Je n'ay pû trouver la verification de la Chambre des Comptes.

EN faveur des grands & signalez services que Claude & François de Lorraine Ducs de Guise pere & ayeul, & de ceux d'Henry Duc de Guise son frere aîné; & particulierement de ce qu'il défendit Poitiers, & des services pendant les troubles és sieges & batailles dernieres: Pour en joüir par ses successeurs & ayans cause, tant mâles que femelles, avec les Baronnies, Terres y unies, & les tenir une seule foy & hommage de la Couronne, avec exemption de jurisdiction, fors és cas Royaux, & ressort au Parlement de Paris; & neanmois que ledit Duché & Pairie pourra être separé & subdivisé, comme si les Terres n'étoient unies. SI DONNONS EN MANDEMENT, &c. à ce qu'ils ayent à faire joüir, luy, sesdits hoirs & ayans cause, dudit Duché & Pairie, nonobstant que les filles n'ayent accoûtumé d'y succeder, verifié au Parlement purement & simplement, reservé à faire droit sur l'opposition du Duc d'Alençon. *Nota*, Qu'il faloit que le Registre portât de Monsieur le Duc d'Alençon, car il étoit fils de France & frere du Roy.

MERCOEUR. Decembre 1569.

LA Principauté de Mercœur érigée en Duché & Pairie pour Nicolas de Lorraine, Comte de Vaudemont, par le feu Roy Charles au mois de Decembre 1569. verifié en Parlement, avec lettres de surannation du feu Roy Henry III. du 20. Aoust 1575. le huitiéme Mars 1576. Je n'ay point trouvé la verification en la Chambre des Comptes.

EN faveur de ce que ledit Nicolas se seroit interposé & aidé à la Paix d'entre le feu Roy Henry II. & le Roy d'Espagne, & aussi pour la grande prudence, soin & vigilence avec laquelle il administra les biens & Etats de nôtre beau-frere le Duc de Lorraine pendant sa minorité; joint la grandeur de la Maison dont il est extrait, & que ladite Principauté est composée de plusieurs bonnes Villes, Bourgs, Bourgades & Chasteaux, & plusieurs vassaux, comme Comtez, Baronnies, pour joüir de ladite Duché & Pairie, tant mâles que femelles à toûjours, & tenir de la Couronne de France; & pour ce éclipsée du païs & Duché d'Auvergne, pour le regard de la foy & des droits de Pairie, avec ressort au Parlement de Paris pour ce seulement, avec dérogatoire à l'Ordonnance pour la réünion des Duchez, Marquisats & Comtez la Couronne, & même à l'institution, ou que l'on pourroit prétendre le nombre des Pairs laïcs être prefix.

IOYEUSE. Aoust 1582.

LE Vicomté de Joyeuse érigé en Duché & Pairie, pour Anne Vicomte de Joyeuse, par le Roy Henry III. au mois d'Aoust 1582. verifié au Parlement le 7. Septembre audit an. Je n'ay point trouvé la verification de la Chambre des Comptes.

EN faveur de l'alliance nouvellemen contractée, par laquelle il étoit devenu beaufrere de la Reine, ayant épousé sa sœur; pour en joüir par luy, & aprés son decez par ses enfans & ses hoirs successeurs & ayans cause; & pour marcher, seoir & opiner immediatement aprés les Princes, & avant tous autres Ducs & Pairs non Princes, verifié au Parlement, aprés plusieurs jussions sur les remonstrances de la Cour, pour en joüir par luy & ses descendans en loyal mariage.

ESPERNON. Novembre 1581.

LA Baronnie d'Espernon érigée en Duché & Pairie, pour Jean Loüis de Nogaret de la Valette, faite par le Roy Henry III. au mois de Novembre 1581. verifié en Parlement le vingt-septiéme Novembre audit an. Je n'ay point trouvé celle de la Chambres des Comptes.

LAdite érection n'est fondée sur l'antiquité & Noblesse de la maison de Nogaret & du hardy exploit fait pour l'honneur & exaltation de tout ce Royaume, sous le regne de Philippes le Bel, par le sieur de Nogaret grand Senéchal de Beaucaire, dont est issû par suite de longues années ledit sieur d'Espernon, & en faveur des services de feu Messire Jean de Nogaret, Sieur de la Valette Chevalier de l'Ordre son pere, & que la Baronnie d'Espernon avoit été tenuë cy-devant par les Comtes de Vendôme, & depuis par les Ducs de Bretagne, pour en joüir par luy, ses enfans mâles & femelles à toûjours & perpetuellement, avec ressort au Parlement & exemption de jurisdiction, fors des cas Royaux; & par ce que nous entendons (portant lesdites Lettres) honorer ledit sieur d'Espernon du mariage de l'une des Sœurs de nôtre tres-chere & tres-amée Compagne la Reine, comme ledit Duc de Joyeuse nôtre beau-frere : Voulons qu'il ait seance, voix, & opinion aprés les Princes immediatement, & avant tous autres Ducs & Pairs, fors ledit Duc de Joyeuse, avec la dérogatoire à l'union des Duchez, Marquisats & Comtez à la Couronne, verifié en Parlement purement & simplement; aprés avoir oüi Messieurs le President de Thou & Prévôt President, en leur creance; & ce faisant a été reçû Pair de France, & en consequence Conseiller de la Cour, & a fait le serment pour ce requis & profession de foy, qu'il a jurée. *Nota*, que ledit sieur Duc n'a épousé la sœur de la Reine, mais l'heritiere de Candalle, & partant semble qu'il y avoit quelque difficulté sur sa préseance fondée sur ledit futur mariage, qui ne s'est ensuivy.

RETHELOIS. *Decembre* 1581.

LE Comté de Rethelois érigé en Duché & Pairie pour Loüis de Gonzagues & Henriette de Cleves son épouse, Duc & Duchesse de Nevers, Comte & Comtesse de Rethelois au mois de Decembre 1581. faite par le Roy Henry III. verifié au Parlement le 13. desdits mois & an. Je n'ay aussi trouvé la verification de la Chambre des Comptes.

LAdite érection faite à cause de la grande étenduë dudit Comté, qui a six Villes closes, y compris la Baronnie de Rozay, unie & incorporée, pour en joüir par eux, leurs hoirs mâles & femelles & ayans cause, à perpetuité au titre & dignité de Duché. *Nota*, que le mot de Pairie n'est point repeté, verifié au Parlement, pour en joüir luy & ses successeurs.

PINEY. *Octobre* 1581.

LE Duché de Piney érigé en Pairie par le feu Roy Henry III. au mois d'Octobre 1581. pour François de Luxembourg, verifié au Parlement le 30. Decembre audit an.

LEdit Duché fut érigé par ledit feu Roy Henry III. au mois de Septembre 1576. pour ledit François de Luxembourg; & à iceluy réüny plusieurs Terres y mentionnées pour en joüir par iceluy sieur de Luxembourg, ses hoirs, tant mâles que femelles & ayans cause, à une seule foy & hommage, à cause de la Baronnie & grosse tour du Louvre. Auparavant relevoit du Comté de Chaumont en Bassigny, avec ressort au Parlement de Paris immediatement, & sans aux cas Presidiaux, que les sujets dudit Duché soient tenus de se pourvoir au Presidial dudit Chaumont. Les cas Royaux y sont exceptez, & y a dérogatoire à l'Edit de Moulins pour l'union des Duchez, Marquisats & Comtez à faute de mâles. Ladite érection de Duché verifiée au Parlement aprés plusieurs iussions, & sans tirer à consequence le 18. Septembre 1577. & en la Chambre des Comptes le 9. Aoust 1578. & depuis ledit Duché fut érigé en Pairie par ledit feu Roy, pour en joüir par ledit sieur de Luxembourg, ses hoirs, successeurs mâles & femelles & ayans cause. Lesdites érections de Duché & Pairie faites en faveur de la grandeur Imperiale & Royale Maison de Luxembourg, dont sont sortis quatre Empereurs, Marquis du saint Empire, Connestables & Maréchaux de France, & du côté maternel; Bonne de Luxembourg mariée au Roy Jean. Les Rois de France Charles V. VI. VII. & suivans, les Maisons d'Anjou, de Berry, de Bourgogne, & des grandes alliances d'icelle Maison avec les Maison de France, d'Angleterre, Austriche, Hongrie, Dannemarc, Savoye, Lorraine, Cleves, Nevers, Flandres, Bar, Brabant, Anguyen, & avec tous les Princes & Potentats d'Allemagne : Et en consideration des grands & signalez services de luy & de ses predecesseurs faits à cette Couronne par Vvalleran & Charles de Luxembourg Connestable, Antoine de Luxembourg Maréchal de France.

REST. *Novembre* 1581.

LE Comté de Rets érigé en Duché & Pairie pour Albert de Gondy, & Claude Catherine de Clermont sa femme, Comte & Comtesse dudit Rets, par ledit Henry III. au mois de Novembre 1581. verifié au Parlement le 20. Mars 1582. Je n'ay pas trouvé la verification de la Chambre des Comptes.

EN consideration que ledit Comté est de grande étenduë & de grand revenu, que ses predecesseurs ont tenu le premier rang & Magistrats en la Republique de Florance, commandé souverainement, & comme tels ont possedé de beaux Palais & somptueux édifices, tant dedans que hors de Florance, ainsi qu'il fut verifié lors qu'il fut fait Commandeur du S. Esprit : (*Nota*, Noblesse de Florance,) Et pour les services qu'il a rendus en six batailles y dénommées & en plusieurs sieges en Piedmont (sçavoir en quelle qualité il y étoit, c'est la question, car on en parle diversement) pour joüir par eux & le survivant d'eux, & aprés par leurs hoirs mâles tant que la lignée masculine durera, distrait de la foy & hommage & ressort de Bretagne pour le regard de la Pairie, causes & droits concernans icelle ; & défaillans les mâles, la qualité de Duc & Pair demeurera éteinte, & sans que ladite qualité luy puisse nuire & à ses successeurs mâles pour assister aux Etats de Bretagne, en qualité de Comte, Baron & Doyen de Rets, verifié au Parlement aprés plusieurs jussions, en faisant le serment accoûtumé, & préalablement celuy de Maréchal de France, ce fait, & aprés a fait celuy de Duc.

ELBEUF. Novembre 1581.

LE Màrquisat d'Elbeuf érigé en Duché & Pairie pour Charles de Lorraine, Comte d'Harcourt, par le Roy Henry III. au mois de Novembre 1581. verifié en Parlement le 29. Mars 1582. Je n'ay pas trouvé la verification de la Chambre des Comptes.

EN consideration de ses services & de ses predecesseurs, & que led. Marquisat y compris les Terres & Baronnies unies, est de grande étenduë & revenu, pour en joüir par luy, ses hoirs, tant mâles que femelles, ou autres heritiers, & les tenir à une seule foy & hommage de la Couronne ; & ce faisant distrait du Duché de Normandie avec ses appartenances & dépendances unies ; exemption de jurisdiction en ce qui concerne la Pairie seulement, & non pour le regard des sujets d'icelle, qui demeureront à leurs ressorts & jurisdictions ordinaires, avec la clause dérogatoire aux Ordonnances pour les réünions à la Couronne à défaut de mâles, verifié en Parlement purement & simplement, & ce faisant presté le serment de Pair, & en consequence reçû en l'état de Conseiller de la Cour. *Nota*, d'autant que lesdites Lettres sont addressantes à la Cour de Parlement de Normandie, qu'elles y ont dû être verifiées, & que ce sera sans distraction de l'hommage dudit Duché de Normandie, comme ladite Cour, qui n'étoit lors qu'Eschiquier, l'ordonna quand le Comté de Longueüille fut érigé en Duché en l'an 1505. par Loüis XII. pour François d'Orleans Comte de Dunois, mais il est plus à propos pour le service du Roy, que les Duchez unies à la Couronne, & qui neanmoins peuvent être baillées en appanage aux puisnez de France, soient destituées de si grands vassaux, comme de Ducs, d'autant que lesdits appanagers se pourroient prevaloir de leur assistance & forces contre le Roy leur Souverain, s'il arrivoit quelques guerres & division entr'eux, comme il peut arriver, & si l'on dit que le Seigneur suzerain ou souverain est toûjours excepté : neanmoins lesd. vassaux n'ont pas toûjours ces considerations, c'est pourquoy pour éviter cét inconvenient, il faut autant que l'on peut faire, que les grands Fiefs relevent immediatement de la Couronne, à quoy peû de personnes ont pris garde jusques à ce jourd'huy, & soit remarqué.

MONTBAZON. *May* 1588.

LE Comté de Montbazon érigé en Duché & Pairie pour Loüis de Rohan, Comte dudit lieu, par ledit feu Roy Henry III. au mois de May 1588. verifié en Parlement à Tours le 27. Avril 1589. & en la Chambre des Comptes le 7. May audit an.

EN consideration de la haute & ancienne noblesse de ceux de Rohan, descendus (si comme ils disent) du premier Roy de Bretagne, qui a continué depuis 1200. ans toûjours de mâle en mâle, & des alliances qu'ils ont euës aux plus grandes Maisons de la Chrêtienté, & des grands & signalez services faits par ses predecesseurs, specialement par Pierre de Rohan, Sieur de Gyé Maréchal de France, à la journée de Fornouë, par les Italiens dite *del Tarro*. Pour joüir desdits Duché & Pairie, esquels sont unies & incorporées les Baronnies de sainte Maure, Novastre & la Haye, par luy & ses successeurs mâles seulement de luy descendans, & les tenir en foy & hommage de la Couronne : avec exemption de jurisdiction & appel desdites Terres unies pardevant le Bailly Ducal dudit Montbazon, & par appel à la Cour, à la charge que défaillans les mâles, la qualité de Duc & Pair sera éteinte, & retournera ladite Terre en l'état qu'elle est. La Cour en verifiant lesd. Lettres pour le regard de la qualité, rang, dignité

dignité & autres prérogatives de Duc & Pair l'a reçû au serment, & pour la distraction de ressort, reglement & indemnité requise par le Procureur General & autres, ordonne qu'ils seront oüis en leurs oppositions, pour y être reglez ainsi que de raison, & à la Chambre des Comptes, aux conditions portées par l'Arrest de la Cour, & sans préjudice des droits du Roy, pour lesquels sera informé dans six mois, en la maniere accoûtumée.

VENTADOUR. Iuin 1589.

LE Duché de Ventadour érigé en Pairie par le Roy Henry III. au mois de Juin 1589. Je n'ay trouvé la verification de la Chambre des Comptes.

AUparavant c'étoit un Comté qui fut érigé en Duché au mois de Fevrier 1578. par ledit feu Roy Henry III. pour Gilbert de Levy, ses hoirs & successeurs mâles, laquelle érection fut verifiée au Parlement le 13. May audit an. Le Procureur General de Sa Majesté stipulant & du consentement dudit de Levy, la reversion dudit Duché à la Couronne à défaut de mâles, & en la Chambre des Comptes le 3. Juin audit an, aux charges & conditions portées par l'Arrest de la Cour. La verification de la Pairie au Parlement fut faite en consequence des Lettres du Roy Henry IV. à present regnant, pour joüir de la même grace accordée audit feu Gilbert pere par Messire Anne de Levy son fils, le tout à la charge de reversion & des clauses portées par l'Arrest de la Cour du 13. May 1578. intervenu sur les Lettres d'érection dudit Duché, & sans aucune chose innover en la jurisdiction & ressort accoûtumé; & depuis par Lettres de declaration dudit Roy Henry IV. du 19. Juin 1609. verifiées en Parlement le 30. Juillet audit an, & en lad. Chambre des Comptes au mois d'Aoust ensuivant, ladite charge & clause de reversion a été levée & ôtée.

BEAUFORT. Iuillet. 1597.

LE Comté de Beaufort érigé en Duché & Pairie par le Roy Henry IV. pour Cesar son fils naturel & la Marquise de Montceaux sa mere, par Lettres de Juillet 1597. verifiées au Parlement le 10. Juillet audit an, & en la Chambre des Comptes le 1. Aoust aussi audit an.

ENcores que ce Comté ne soit creé & érigé en Duché & Pairie qu'en l'an 1597. Neanmoins le Roy par ses Lettres patentes de creation, veut que ladite Dame, Cesar son fils, leurs successeurs & descendans, tant mâles que femelles tiennent rang & seance immediatement aprés les Ducs & Pairs de Montmorancy, comme si elle avoit été érigée immediatement aprés. Les considerations de ladite creation sont, que ledit Comté est un des plus anciens & nobles Comtez de ce Royaume, qui avoit été tenu & possedé successivement par les Princes des maisons de Foix, d'Albret & de Nevers, & acquis par ladite Dame de Montceaux, de Madame de Guise heritiere en partie de ladite maison de Nevers, y unies & incorporées la Baronnie de Jaucourt, & autres Terres & Seigneuries y dénommés, pour en joüir par ladite Dame & ledit Cesar fils naturel du Roy, leurs successeurs, tant mâles que femelles à toûjours à une seule foy & hommage de Sa Majesté, à cause de sa Couronne, avec ressort immediat au Parlement de Paris, des oppositions comme auparavant en qualité de Bailly Ducal; & aussi qu'en premiere instance elle & ses successeurs pourront, si bon leur semble, traiter, conduire & faire juger audit Parlement les causes concernantes la Pairie, suivant l'ancien privilege des Pairs, avec exemption de jurisdiction des Juges ordinaires, fors és cas Royaux; Et pour la préseance est fondée sur l'amitié que Sa Majesté porte à ladite Dame Marquise, & l'honneur que Cesar son fils a d'être issu de luy, lequel & ses successeurs doivent succeder audit Duché. La verification de la Cour est pure & simple, comme celle de la Chambre des Comptes.

THOUARS. Aoust 1595.

LE Duché de Thouars érigé en Pairie pour Claude de la Trimoüille, Duc dudit lieu, au mois d'Aoust 1595. verifié en Parlement le 7. Decembre 1599. Je n'ay point trouvé la verification de la Chambre des Comptes.

LEd. Duché fut creé au mois de Juillet 1563. par le feu Roy Charles IX. en consideration des services de ceux de la maison de la Trimoüille; & specialement de feu Loüis de la Trimoüille, Lieutenant General du Roy Charles VIII. en la bataille de S. Aubin, & en la journée de Marignan & bataille de Pavie, où il avoit combattu prés le Roy François I. & que Charles de la Trimoüille Prince de Talmont son fils fut tué à lad. journée de Marignan, & pour ses grands & signalez services, & de l'antiquité & haute Noblesse de la Maison de la Trimoüille, & pour les services faits par ledit Claude de la Trimoüille en ses guerres dernieres aux sieges & batailles, & specialement en celle d'Yvry: Et pour ses merites, & l'alliance qu'il a avec Sa Majesté, elle auroit uny à ladite qualité de Duc celle de Pair de France, pour en joüir par luy, ses successeurs mâles, tant seulement; & d'abondant distrait de la jurisdiction du Senéchal de Poictou, la Justice dudit Duché & Pairie, fors les cas Royaux. Et pour tenir iceluy Duché & Pairie du Roy, à cause de sa Couronne; Et à défaut de mâles, la qualité de Pair demeurant éteinte, & la terre en l'état qu'elle étoit auparavant, avec la dérogatoire aux Ordonnances pour la réünion des Duchez, Marquisats & Comtez à la Couronne, verifié en Parlement pour joüir du titre & prerogative de Pair, & sans préjudice à la réünion au Domaine de la Couronne, prétendüe par le Procureur General du Roy du Vicomté de Thouars.

AIGUILLON. Aoust 1599.

LA Baronnie d'Aiguillon érigée en Duché & Pairie, pour Henry de Lorraine, fils aîné de Charles Duc de Mayenne, par le Roy Henry IV. au mois d'Aoust 1599. verifié en Parlement le deuxiéme Mars 1600.

EN faveur des services dudit sieur Duc de Mayenne son pere, & de ses predecesseurs, faits à cette Couronne, & de la proximité dont il nous touche, tant de sa personne que de nôtre tres-chere cousine Henriette de Savoye son épouse, mere dudit Henry: & aussi en consideration du mariage contracté entre luy & nôtre tres-chere & tres-amée cousine Henriette de Gonzague, fille du feu sieur Duc de Nevers, & de la Duchesse de Nevers son épouse. Ladite Baronnie érigée en titre de Duché Pairie, y annexées & unies les Baronnies de Montpezal, saint Luyrade, Madaillan & Delmirat, pour en joüir par ledit Henry, ses successeurs & ayans cause perpetuellement & à toûjours, à une seule foy & hommage de Nous & de nôtre Couronne, à cause de nôtre Chasteau du Louvre, avec attribution du ressort immediatement des appellation du Bailly ou Senéchal Ducal étably audit lieu d'Aiguillon & desdites Terres y annexées au Parlement de Bordeaux, entre les sujets de ladite Pairie; & pour le regard des causes où il aura interest, en la Cour de Parlement de Paris, ancien ressort des Pairs de France, soit en premiere instance, ou par appel, ainsi que bon luy semblera, & exception des cas Royaux, avec la dérogatoire aux Edits & Ordonnances touchant l'union des Duchez, Marquisats & Comtez à la Couronne à défaut de mâles. Lesdites Lettres sont verifiées au Parlement purement & simplement, aprés le serment de fidelité fait au Roy.

ROHAN. Avril 1603.

LE Vicomté de Rohan érigé en Duché & Pairie, pour Henry Vicomte de Rohan, Prince de Leon, par le Roy à present regnant au mois d'Avril 1603. verifié en Parlement à Paris le 7. Aoust audit an, & en celuy de Bretagne le 16. Octobre audit an, & en la Chambre des Comptes le 28. May 1604.

L'Erection desdits Duché & Pairie est fondée sur l'ancienne noblesse & vertu de ses predecesseurs, même de nôtre oncle René Vicomte de Rohan son pere & des siens; que ceux de cette maison ont tenu les premiers rangs dés l'établissement de ce Royaume prés du Roy de France & de Navarre, & des anciens Rois & Ducs de Bretagne, & pour la grande & belle lignée des personnes illustres qui en sont descendües en ligne masculine depuis douze cens ans, que ledit Vicomté contient plusieurs Villes closes, & plus de quarante Parroisses, & plusieurs Fiefs & arriere-fiefs qui en relevent, pour joüir de ladite Duché & Pairie par ledit sieur de Rohan & ses successeurs mâles, à la charge que venans à défaillir, ladite qualité de Duc & Pair demeurera éteinte; & relever iceluy Duché & Pairie de la Couronne à une seule foy & hommage, avec ressort immediat au Parlement de Bretagne; verifiée en la Cour de Parlement de Paris, aux charges de titre & prérogative d'honneur seulement de Duc & Pair, jusques à ce qu'il ait satisfait à l'indemnité pour la diminution du Domaine & droits de Jurisdiction, & que les causes de sa personne seront traitées & jugées en la Cour privativement à la Cour de Parlement de Bretagne, & sans tirer à consequence. Ausquelles charges & conditions ledit sieur de Rohan a fait serment à la Cour de Duc & Pair le 7. Aoust aud. an 1603. Et en la Cour de Parlement de Bretagne lesdites Lettres ont été registrées, à la charge que les sujets dudit Duché & Pairie ne pourront être distraits hors dudit Parlement, & qu'il en apportera lettres de Declaration de Sa Majesté dans six mois, & sans préjudice du droit des opposans & des cas reservez aux Juges Royaux.

SUILLY. Fevrier 1606.

LA Baronnie de Suilly érigée en Duché & Pairie, pour Maximilian de Bethune, Marquis de Rosny, par le Roy à present regnant Henry IV. au mois de Fevrier 1606. verifiée en Parlement le 9. Mars audit an, & en la Chambre des Comptes le 15. desdits mois & an.

EN faveur des grands & signalez services utiles à cét Etat & de ses merites, y annexées les Baronnies & Seigneuries de Molinfront, Suilly, saint Gaudon & la Chapelle Dangillon, pour joüir desdits Duché & Pairie, par luy & ses successeurs mâles, tant que la ligne masculine durera, & pour le tenir en foy & hommage de la Couronne de France, à la charge que défaillant la ligne masculine, la qualité de Duc & Pair demeurera éteinte, & retournera en l'état qu'elle étoit auparavant, avec dérogatoire aux Ordonnances réünissans les Pairies, Marquisat & Comtez à la Couronne à défaut de mâles. La verification de Parlement est, à la charge de donner de son consentement recompense, tant des terres feodalles, que distraction de ressort & dépendances d'icelles, & a fait le serment accoûtumé, & juré fidelité au Roy.

Le Traité precedent des Pairs de France s'étant trouvé parmy les compositions de Monsieur Coquille, nous n'avons pas fait de difficulté de le luy attribuër, quoy qu'il ne fut pas écrit de sa main, & qu'il y soit parlé des choses qui ont été faites depuis l'onziéme Mars 1603. jour de sa mort, parce que nous avons crû qu'on y avoit pû ajoûter ce qui s'y trouve depuis ce tems-là. Et nous estimons que l'affection qu'il avoit pour Monsieur le Duc & le Duché & Pairie de Nevers, s'étoit volontiers étenduë à faire la recherche & l'éclaircissement des autres Pairies; ausquelles on avoit depuis ajoûté les deux dernieres de Rohan & de Suilly, & inseré dans ses Annotations sur les autres Pairies, quelque remarque nouvelle qui n'étoient pas de son tems.

Fin du Traité des Pairs de France.

ORDONNANCES

DU

ROY HENRY TROISIÉME DE CE NOM, ROY DE FRANCE ET DE POLOGNE.

SUR LES PLAINTES ET DOLEANCES FAITES par les Députez des Etats de son Royaume, convoquez & assemblez en la Ville de Blois.

Avec les Annotations sur icelles, non encores imprimées, de MAISTRE GUY COQUILLE, Sieur de Romenay.

HENRY PAR LA GRACE DE DIEU ROY DE FRANCE ET DE POLOGNE, A tous presens & à venir; Salut. Comme au mois de Novembre 1576. Nous eussions fait assembler en nôtre Ville de Blois les trois Etats de nôtre Royaume, & benignement ouï & reçû leurs plaintes, doleances & remonstrances, redigées & presentées par écrit. Ausquelles toutesfois nous ne peusmes faire lors réponse, & pourvoir de remede convenable au soulagement de nos sujets, pour avoir été nôtre bonne & droite intention retardée par nouveaux troubles, qui recommencerent, comme chacun sçait en divers endroits de nôtredit Royaume. Lesquels aussi-tôt qu'ils furent par la grace & bonté de Dieu aucunement appaisez au mois de Mars 1578. assistez de la Reine nôtre tres-honorée Dame & Mere, fimes assembler en nôtre bonne Ville de Paris plusieurs Princes, Seigneurs, principaux Officiers de nôtre Couronne, & autres grands personnages de nôtre Conseil Privé. En la presence desquels aurions vû & fait voir les cahiers qui nous furent presentez par les Deputez desdits Etats: Neanmoins nous aurions été contraints de differer la publication de l'Edit, que nous entendions faire dresser sur les Articles y contenus: étant impossible que l'execution & observation d'iceluy fût telle que nous desirions, l'authorité de nos Ordonnances le requiert, parce qu'il restoit beaucoup de reliques des troubles passez en plusieurs Provinces de nôtre Royaume, esquelles il étoit besoin auparavant rétablir le repos : Et pour cét effet nôtredite Dame & Mere auroit voulu prendre la peine de s'y transporter, & s'y employer, comme elle fait encores de present avec le même soin, zele & affection qu'elle a toûjours porté au bien general de nôtredit Royaume. Et voyant que par sa grande & accoûtumée prudence toutes choses étoient disposées à une bonne pacification, n'avons voulu plus longuement differer la publication de nôtre Edit, pour le singulier desir que nous avons de pourvoir aux plaintes de nos sujets : & sur toutes choses, entant qu'à nous est, faire que l'ordre des gens d'Eglise soit remis en bon état, par le rétablissement de la discipline Ecclesiastique, *selon les saints Decrets*, dont la garde & protection nous appartient. Et aprés avoir vû & fait voir derechef lesdits cahiers en nôtredit Conseil Privé, auquel assistoient aucuns Princes, Seigneurs, Officiers de nôtre Couronne, & autres grands personnages : Avons par l'avis d'iceux, fait statué, & ordonné, faisons, statuons, & ordonnons les choses qui ensuivent. Et premierement.

SELON LES SAINTS DECRETS, Par la Pragmatique Sanction & par les Concordats, le Roy est étably conservateur & protecteur des anciens Decrets, même de ceux qui concernent en particulier l'Eglise de son Royaume.

DE L'ESTAT ECCLESIASTIQUE.

ARTICLE PREMIER.

DEclarons qu'avenant vacation des Archevêchez, Evêchez, Abbayes, Prieurez, & autres Benefices étans *à nôtre nomination*, Nous n'entendons nommer sinon personnes d'âges, prud'hommie, suffisance, & autres qualitez requises par les saints Decrets & Constitutions Canoniques & Concordat : & afin qu'il soit plus meurement par nous pourvû au fait desdites nominations, ne sera à l'avenir par nous nommé à aucuns desdits Benefices, sinon un mois aprés la vacation d'iceux : & encores auparavant la delivrance de nos Lettres de nomination, que nous avons accoûtumé faire à nôtre Saint Pere le Pape, seront les noms des personnes par nous nommé, envoyez à *l'Evêque Diocesain* du lieu où ils auront fait leur demeure & residence les cinq dernieres année precedentes, ensemble aux Chapitres des Eglises & Monasteres vaçans. Lesquels informeront respectivement de la vie, mœurs, bonne renommée, & conversation Catholique desdits nommez, & de tout feront bons procez verbaux, qu'il nous envoyeront clos & seellez le plûtôt que faire se pourra.

A NÔTRE NOMINATION, La Pragmatique Sanction fut faite & dressée à Bourges par les Prelats de l'Eglise de France, assemblez de l'authorité & volonté du Roy Charles VII. l'an 1439. laquelle contient l'extrait de plusieurs articles qui avoient été arrêtez au Concile de Basle, & ne contient aucuns statuts nouveaux ; mais seulement acceptation d'aucuns articles dudit Concile. Entr'autres choses est celuy qui porte, que le Synode & Concile universel de l'Eglise a sa puissance immediatement de Dieu pour reformer l'Eglise, *in capite & membris, auquel le Pape est tenu d'obeïr.* Les Theologiens, Canonistes & Romains ont toûjours tenu que le Pape est pardessus le Concile, qui a été cause que le Concile de Basle a été reprouvé par les Papes ; & par consequent, la Pragmatique Sanction qui en a été extraite, & outre ce ladite Pragmatique Sanction a été tenuë par eux pour schismatique comme contenant une forme de Concile National que les Theologiens Canonistes ont tenu pour reprouvé : Mais l'Eglise de France, même l'Université de Paris a soûtenu que ledit Concile de Basle & ladite Pragmatique Sanction étoient legitimes. Enfin du tems du Roy François premier fut fait le Concordat avec le Pape Leon X. en l'an 1515. par lequel la Pragmatique Sanction fut abolie, & fut octroyée au Roy la nomination des Archevêchez, Evêchez, Abbayes, Prieurez & autres Benefices électifs, don l'élection se faisoit selon la forme du Chapitre *quia propter*, & au Pape furent accordées les Annates : mais l'Université de Paris s'en declara appellante, *ad futurum Concilium*, *interim* le Concordat reste en usage. Voy l'Ordonnance d'Orleans article premier.

Cét article n'est pas observé ; car un Benefice étant en la nomination du Roy, n'est pas plûtôt vacant que la nomination en est tout incontinent accordée.

A l'Evesque Diocesain, Cette forme est une petite representation de l'ancienne forme qui étoit en la confirmation des élections avant qu'elles fussent abolies par le Concordat : Car aprés l'élection faite le Superieur Ecclesiastique auquel appartenoit la confirmation de la personne élûë, faisoit publier en tous lieux propres & commodes, à ce que si aucun avoit quelque chose à proposer & objecter contre la personne élûë ou contre la forme de l'élection, il vint avant és jour, heure & lieu assignez : Et lors avec pleine connoissance de cause le Superieur confirmoit ou cassoit l'élection aussi quand on vouloit blasmer la confirmation ; il se falloit pourvoir par appel, parce que c'étoit comme Sentence, & chose jugée.

ARTICLE II.

CEux que nous voudrons nommer ausdits Archevêchez & Evêchez, seront âgez de *vingt-sept ans* pour le moins : Et encores avant l'expedition de nos Lettres de nomination, examinez sur leur doctrine aux saintes lettres, par un Archevêque ou Evêque que commettrons, appellez deux Docteurs en Theologie : lesquels nous envoyeront leur certificat de la capacité ou insuffisance desdits nommez. Et où tant par lesdites informations qu'examen, ils ne se trouveroient être de vie, mœurs, âge, doctrine, & suffisance requise ; il sera par nous procedé à nouvelle nomination d'autres personnes : de la vie, mœurs & doctrine desquels sera informé & enquis comme dessus.

Défendons à tous nos Juges d'avoir aucun égard aux provisions qui auroient été obtenuës autrement que selon la forme prescripte cy-dessus. Voulons que nos Procureurs Generaux se puissent porter pour *appellans comme d'abus*, des executions desdites provisions, lesquelles nous voulons être declarés nulles & abusives, & desdites appellations nous attribuons *la connoissance à nos Cours de Parlement*, par icelles jugées, être à nous nommé autres personnes, selon la forme susdite.

Agez de vingt-sept ans, Selon les anciennes Constitutions les Evêques ne peuvent être élûs âgez moins de trente ans, *cap. cum in cunctis extrà de elect. in antiq.* La doctrine de literature d'un Evêque n'est pas requise eminente & excellente ; mais il suffit qu'elle soit moyenne & convenable *cap. cum nobis eod. tit. cap. nisi 5. pro defectu extrà de renuntiatione.*

Appellans comme d'abus, Quand aucun rescript ou provision Apostolique se trouve contre les saints Decrets & privileges de l'Eglise Gallicane, on n'appelle pas de l'octroy du rescript ; car le Pape est Souverain, mais on appelle de l'execution du rescript, comme pour blasmer l'impetrant, & non pas celuy qui a octroyé, qui est pour la forme : car en effet le jugement qui intervient sert tout autant que si on prononçoit contre le rescript.

La connoissance a nos Cours de Parlement, Les seules Cours de Parlement connoissent des appellations comme d'abus, & a été besoin d'en faire expression en cét endroit. Car sur les difficultez qui se trouverent lors de l'abolition de la Pragmatique Sanction par le Concordat. Le Roy François I. par Edit attribua au grand Conseil la connoissance de tous differends procedans des provisions des benefices étans à la nomination du Roy.

ARTICLE III.

POur rétablir, conserver & entretenir l'état regulier & discipline Monastique, Voulons qu'avenant vacation des Abbayes & Monasteres, *qui sont chefs d'Ordre*, comme Cluny, Cisteaux, Prémontré, Grandmont, le Val des Ecoliers, saint Antoine de Viennois, la Trinité dite des Mathurins, le Val des Choux, & ceux aufquels le droit & privilege d'élection a été conservé : & semblablement és Abbayes & Monasteres de saint Edme de Pontigny, la Ferté, Clervaux, & Morimont, appellez les quatre premieres filles de Cisteaux, y soit pourvû par élection des Religieux profez desdits Monasteres, suivant la forme des saints Decrets & constitutions Canoniques.

QUI SONT CHEFS D'ORDRE, &c. Les Monasteres chefs desdits Ordres sont en France. Par le Concordat, les Monasteres qui ont privilege d'élire octroyé d'ancienneté par le Siege Apostolique sont exceptez de la nomination du Roy, mais le Pape a accoûtumé d'octroyer aux Rois par Indult, qui est personnel à leur vie durant, qu'ils puissent nommer aux Monasteres ayans privilege d'élire, & se renouvelle tel Indult à l'avenement de chacun Roy.

Outre ce que dessus sont les Monasteres de la reformation de Chezau Benoît, dont les Abbez sont triennaux, & sur la supplication du Roy François I. ont été exemptez des nominations du Roy. Ils sont cinq, Chezau Benoît au Diocese de Bourges, saint Sulpice de Bourges, saint Alire de Clermont, saint Martin de Seez, & saint Vincent du Mans.

ARTICLE IV.

N'Entendons que cy-aprés aucun puisse être pourvû d'Archevêchez, Evêchez, ny d'Abbayes de chef d'Ordre, soit par mort, resignation, ou autrement, qu'il ne soit *originaire François* : nonobstant quelque dispense ou clause dérogatoire qu'ils puissent obtenir de Nous, *à laquelle ne voulons qu'on ait aucun égard*. Et quant à ceux de nation étrangere, qui ont été cy-devant pourvûs de Benefices en ce Royaume, ne pourront avoir Vicaires ny fermiers en leusdits Benefices, autres que naturels François, à peine de saisie de leur temporel, & de perte des fruits, qui seront distribuez aux pauvres des lieux.

ORIGINAIRE FRANÇOIS, Par les anciennes loix de ce Royaume nul étranger ne peut tenir Benefice en ce Royaume, s'il n'a obtenu lettres de naturalité, esquelles doit être exprimé jusques à quelle valeur de revenu ils en peuvent tenir. Ceux de Flandres & Artois ne sont estimez étrangers, parce qu'on les prétend toûjours être de la souveraineté de Flandres, nonobstant le traité de Madrid fait avec l'Empereur Charles V. Quant à la Franche-Comté de Bourgogne, il y a Lettres de declaration du Roy Loüis XI. mais il y a eu difficulté en la verification.

A LAQUELLE NE VOULONS QU'ON AIT AUCUN ESGARD, On demande si le Roy se peut luy-même brider en sa puissance, & se lier les mains : mais je croy puisque cette loy est faite comme en Etats, que le Roy ne peut y déroger.

Voy l'article 17. de l'Ordonnance d'Orleans, 76. de Moulins, & les 48. & 61. cy-aprés.

ARTICLE V.

POur obvier aux scandales & desordres, qui proviennent de la trop longue vacation des Benefices étans en nôtre nomination : Ordonnons que ceux que nous y nommerons cy-aprés, seront tenus dedans neuf mois aprés la délivrance de nos Lettres de nomination (de laquelle il sera fait registre) obtenir les Bulles & provisions, ou faire apparoir à l'Evêque Diocesain de diligences valables & suffisantes, & à faute de ce faire, demeureront décheus de leur droit de nomination, sans qu'il en soit besoin d'obtenir autre declaration, que la nomination que nous ferons d'autres personnes des qualitez & suffisances que dessus : & pour le regard de ceux que nous avons cy-devant nommez, Nous leurs enjoignons sous mêmes peines, d'obtenir leurs Bulles & provisions dedans six mois aprés la publication de la presente Ordonnance, pour toutes prefixions & délais.

CEt article outre l'inconvenient de la longue vacation, remedie à l'interest que le Pape a de recevoir l'Annate, qui est le revenu d'un an du Benefice vacant, qui luy est attribué par le Concordat.

ARTICLE VI.

ET d'autant que plusieurs Abbayes & Prieurez sont tenus par *œconomat*, ou par personnes inconnuës ;

enjoignons à tous Archevêques, Evêques, ensemble à nos Baillifs, Senéchaux, ou leurs Lieutenans, & à nos Procureurs, envoyer à nôtre tres-cher & feal Chancellier, ou Garde des Seaux, dedans trois mois aprés la publication du present Edit, le nombre des Abbayes & Prieurez qui sont en leurs Dioceses, Senéchaussées & Bailliages; ensemble le nom & qualité, tant des Titulaires, que de ceux qui les possedent par œconomat : & outre leur enjoignons d'informer diligemment, si pour obtenir les nominations & provisions a été commise aucune *simonie*, & nous envoyer les informations closes & séellées, pour aprés y pourvoir à l'honneur de Dieu, & décharge de nôtre conscience. Enjoignons aussi à nosdits Baillifs & Senéchaux de faire le semblable pour le regard des Archevêchez & Evêchez étans au dedans de leur ressort & jurisdiction.

OEconomat, Oeconomes en l'état Ecclesiastique, sont personnes établies pour gourverner le revenu temporel des Eglises vacantes : Le Roy a accoûtumé d'en établir par Lettres patentes. D'ancienneté les Vidames, Gardiens, Prévôts, Avocats des Eglises qui étoient Gentils hommes laiz tenans en fief de l'Eglise, étoient conservateurs & protecteurs des biens & droits des Eglises vacantes, pour les garder aux successeurs; d'eux est parlé *in cap. praterea extrà de jure patron.*

Simonie, Simonie est crime de la connoissance du Juge d'Eglise : Mais quand il y a procez pour le possessoire d'un Benefice, le Juge lay Royal peut connoître de la Simonie, & faire le procez au Simoniaque *ad effectum* de le priver ou declarer indigne du droit possessoire au Benefice; & pour tel jugement du Juge lay, le Juge d'Eglise ne laissera de le rechercher pour le faire punir selon les Constitutions Canoniques.

En cét article le Roy fait distinction des Abbayes & Prieurez d'une part, & des Archevêchez & Evêchez d'autre part : Quoy que tous procez des Benefices électifs appartenans à la nomination du Roy, la connoissance de Cour laye en soit attribuée au grand Conseil. Mais quant aux Archevêchez & Evêchez, qui par l'ancien droit de la Couronne sont de la garde du Roy par le droit de Regale, le Roy en donne la charge speciale aux Juges Royaux de la Province.

ARTICLE VII.

Nous revoquons *toutes reserves* d'Archevêchez, Evêchez, Abbayes, Prieurez, & autres Benefices étans à nôtre nomination. Declarons que nous n'entendons cy-aprés en donner ou octroyer aucunes. Et où par importunité ou autrement il s'en trouveroit à l'avenir aucunes accordées, les avons declarées nulles : & seront ceux qui les auront poursuivies & obtenuës declarez incapables de tenir à jamais Benefices, suivant les saints Decrets & Constitutions Canoniques. Voulons que tous brevets de reserve cy-devant depêchez, soient rapportez par ceux qui les ont obtenus, pour être rompus & cancellez, comme nuls & de nulle valeur.

Reserves, Ces reserves sont nommées en Cour de Rome, graces spectatives : & quand elles sont sur un certain Benefice, elles doivent être du tout en detestation, car c'est une grande semonce de desirer ou procurer la mort du Beneficier. Quand elles sont sur le premier Benefice vacant entre plusieurs, il y a moins de mal; mais toûjours le mal y est : Sur cette seconde sorte d'expectatives est fondée la grace des Mandats Apostoliques reçûë en France par les Concordats.

ARTICLE VIII.

Les Archevêques & Evêques seront tenus se faire *promouvoir aux saints Ordres, & consacrer dedans trois mois* aprés leur provision : Autrement, à faute de ce faire, sans autre declaration, seront contraints de rendre les fruits qu'ils auront pris & perçûs, pour être employez à œuvres pitoyables. Et si dedans autres trois mois ensuivant ils ne se sont mis en devoir de ce faire, ils seront entierement *privables* du droit desdites Eglises sans autre declaration, suivant les saints Decrets.

Promouvoir aux saints Ordres, Selon les Constitutions Canoniques nul ne peut être élû Evêque, que pour le moins il ne soit Sousdiacre lié aux saints Ordres pour ministrer à l'Autel, *cap. à multis extrà de atate & qualit.*

Consacrer dedans trois mois, La consecration

cration de l'Evêque doit être faite dedans trois mois aprés la confirmation ou inſtitution, *can.* 1. 100. *diſtinct.* Et doit être conſacré par trois Evêques pour le moins, du nombre deſquels l'Archevêque doit être, *cap. ſi Archiepiſcopus extrà de tempor. ord.*

Privables, par jugement de l'Egliſe.

ARTICLE IX.

Les Abbez & Prieurs conventuels, ayans *atteint l'âge* requis par les Conciles, ſeront ſuivant iceux tenus *ſe faire promouvoir* à l'ordre de Prêtriſe, dedans un an aprés leur proviſion, ſinon qu'ils euſſent ſur ce obtenu diſpenſe legitime : Et neanmoins où dedans deux ans enſuivans ils ne ſe feroient promouvoir audit Ordre, ſeront les Benefices par eux tenus declarez vacans & impetrables : & encore contraints de rendre & reſtituer les fruits qu'ils auront perçûs, pour être employez & diſtribuez à œuvres pitoyables.

Attaint l'aage, et se faire promovvoir, Par la Clementine, *ne in agro*, §. *caterum extrà de ſtatu Monach. in Clement.* Nul ne peut accepter Prieuré Conventuel & moins Abbaye, s'il n'a attaint le vingtiéme an de ſon âge, & eſt tenu de ſe faire promouvoir à Prêtriſe dedans l'an, autrement le Benefice eſt vacant. Ce qui eſt ſemblable pour les Egliſes Parroiſſiales, *cap. cum in cunctis*. §. *inferiora extrà de elect. in antiq. in cap. licet canon eod. tit. in* 6. Et s'entend dedans l'an aprés qu'il a eu la poſſeſſion paiſible : mais on applique pluſieurs artifices pour la faire apparoir non paiſible. Au même §. *caterum*, il ſe dit que nul ne peut accepter tels Prieurez s'il n'eſt expreſſement profez en l'Ordre : mais on pratique aujourd'huy que ſi le Prieuré a accoûtumé d'être baillé en Commande ; c'eſt-à-dire, que par deux ou trois fois il ait été conferé à un non regulier. Le Pape ne fait difficulté de le bailler derechef en Commande à un non regulier, & telles Commandes n'aſtraignent pas aux Ordres ſacrez.

Les Abbez ſont ſeulement benis & non conſacrez, *cap.* 1. *de ſupplenda neglig. prel. Clement.* 3. *cap.* 1. *verſic. ſtatuimus de ſtat. Mon.*

ARTICLE X.

Ceux qui ſeront doreſnavant pourvûs d'aucuns Benefices Eccleſiaſtiques, de quelque qualité qu'ils ſoient, ſeront tenus avant que de pouvoir prendre poſſeſſion, s'ils ſont preſens, ſinon deux mois aprés ladite priſe de poſſeſſion, *faire profeſſion de foy* entre les mains de l'Evêque, ou ſon Vicaire General, ou en ſon abſence de ſon Official, dont il ſera fait Regiſtre : & outre ſi c'eſt dignité, perſonnat, Office ou Prebande d'Egliſe Cathedrale & Collegiale, ſera tenu le pourvû faire ſemblable profeſſion au Chapitre de ladite Egliſe auparavant que d'être reçû : & ce à peine de perte des fruits deſdits Benefices aprés ledit tems paſſé. Laquelle profeſſion de foy ſe fera auſſi, & continuera aux *Conciles Synodaux & Provinciaux*, par tous ceux qui de droit ou coûtume y ont entrée ou aſſiſtance. Autrement en ſeront les refuſans exclus : & ſera procedé contr'eux par les peines portées par les ſaints Decrets. Et ſemblable profeſſion de foy ſeront tenus faire ceux qui ſe voudront faire promouvoir aux ſaints Ordres.

Ce qui en eſt icy eſt à l'effet du poſſeſſoire des Benefices, dont la connoiſſance appartient aux Juges Royaux par la volonté du Pape, en la Conſtitution Martiniene recitée par *Guido Papa*, *deciſ.* 1. Car le negoce en foy eſt proprement de l'ordonnance & de l'execution des Superieurs Eccleſiaſtiques.

Professton de foy, L'article s'entend quant aux proviſions de l'Ordinaire : car les proviſions de Cour de Rome, ſi elles ſont *in forma dignum*, le pourveu doit ſubir l'examen, non ſeulement pour la capacité, mais pour la profeſſion Catholique. Si l'atteſtation de l'Ordinaire a été envoyée à Rome au même tems que la procuration, & memoires pour l'impetration. Toûjours faut qu'il y ait atteſtation de ſa foy.

Conciles Synodaux, Conciles ſont aſſemblées de perſonnes Eccleſiaſtiques, dont il y a pluſieurs ſortes. Les uns Synodaux, quand chacun Evêque en ſon Dioceſe aſſemble les Prelats, Dignitez & curez de ſon Dioceſe. Les autres Provinciaux quand l'Archevêque appelle les Evêques Suffragans, & autres Prelats de ſa Province. Les autres Nationaux quand tous les Prelats d'un Royaume s'aſſemblent, & telles ſortes de Conciles ont été blâmez par l'Egliſe Romaine depuis cinq cens ans : car auparavant ils étoient en uſage, comme il ſe void par les Conciles d'Afrique, Conciles de Tolede, qui étoit de toute l'Eſpagne ; en France les Conciles d'Orleans, Tours, Paris, Agde, Mâcon, & autres. Les autres Conciles Oecumeniques, c'eſt-à-dire univerſel de toute l'Egliſe, comme ſont les quatre de Nice, Calcedoine, Epheſe, & Conſtantinople.

Cét article 10. eſt pris du Concile de Trente, *ſeſſ.* 24. *cap.* 12. Voyez Chopin, *lib.* 1. *de Sacra Polit. tit.* 5. *num.* 2.

ARTICLE XI.

NUl ne pourra doresnavant tenir deux Archevêchez, Evêchez: ou Cures és Eglises Parroissiales, quelques dispenses qu'on pourroit cy-aprés obtenir : nonobstant lesquelles, suivant les saints Decrets & Constitutions Canoniques, seront les Benefices de ceux qui les obtiendront declarez vacans & impetrables.

SElon le chapitre *de multa. extrà de Prabend.* Le Pape pouvoit dispenser avec les Graduez & Nobles de tenir deux Cures & autres Benefices incompatibles : Et quant aux Archevêchez & Evêchez, étoit dispensé d'en tenir l'un en titre, & l'autre en administration : Mais le Concile de Trente a retranché toutes ces dispenses, & ne s'en octroye plus à Rome.

ARTICLE XII.

CEux qui auront *impetré* en Cour de Rome provisions de Benefices en la forme qu'on appelle *Dignum*, ne pourront prendre possession desdits Benefices, ne s'immisser en la jouïssance d'iceux, sans s'être préalablement presentez *à l'Archevêque* ou *Evêque Diocesain* & ordinaire, & en leur absence à leurs Vicaires Generaux, afin *de subir l'examen* & obtenir leur *Visa* : lequel ne pourra être baillé sans avoir vû & examiné ceux qui seront pourvûs, & dont ils seront tenus faire mention expresse. Pour l'expedition desquels *Visa*, ne pourront lesdits Prelats, ou leurs Vicaires & Secretaires, prendre qu'un écu pour le plus, tant pour la lettre, que séel d'icelle.

IMPETRE', Auparavant le Concile de Trente le Pape indifferemment pourvoyoit des Benefices tous suppliants pour l'impetration. Ce qui est avenu du tems que les Papes ont prétendu avoir droit de concourir en la collation des Benefices avec tous les Collateurs ordinaires. Par ledit Concile a été avisé de remettre l'examen des pourvûs à l'Ordinaire Diocesain. Ou bien avant l'impetration faut envoyer à Rome attestation dudit Diocesain, sur la suffisance de l'impetrant. Auquel cas n'est ajoûté la clause, *in forma Dignum*.

A L'ARCHEVESQUE, &c. Si l'Ordinaire Diocesain use de refus ou longueur, l'impetrant pourra se pourvoir au Superieur dont il est parlé en l'article suivant.

Les graces expectatives, *& in forma dignum*, ne sont en usage en France, ainsi que dit Rebuffé. Lesdites lettres sont ainsi nommées, parce qu'en icelles le Pape rescript en ces termes, *dignum arbitramur & congruum.*

ARTICLE XIII.

ET où lesd. impetrans seroient trouvez insuffisans & incapables, le Superieur auquel ils auront recours, ne leur pourra pourvoir sans précedente inquisition des causes du refus : lesquelles à cette fin, les Ordinaires seront tenus d'exprimer & inserer aux actes de leurs refus.

DU REFUS, Et si l'Ordinaire refuse ou délaye de bailler acte du refus, & en dire les causes, l'impetrant pourra de ce second refus prendre acte, qui devra servir pardevant ledit Superieur sans plus avant enquerir, sinon de voir les capacitez de l'impetrant, l'examiner de sa suffisance & science.

ARTICLE XIV.

SEront tenus les Archevêques & Evêques faire residence en leurs Eglises & Dioceses, & satisfaire au devoir de leurs charges en personne. De laquelle residence ils ne pourront être excusez que pour causes justes & raisonnables, approuvées de droit, qui seront certifiées par le Metropolitain, ou plus ancien Evêque de la Province. Autrement, & à faute de ce faire, outre les peines portées par les Conciles, *seront privez des fruits qui écheront pendant leur absence* : lesquels seront saisis & mis en nôtre main, pour être employez aux reparations des Eglises ruïnées, & aumônes des pauvres des lieux, & autres œuvres pitoyables. Et sur tout admonêtons, & neanmoins enjoignons ausd. Prelats *de se trouver en leurs Eglises au tems de l'Avent, Carême, Fêtes de Noël, Pâques, Pentecôte & jour de la Fête-Dieu.* A semblable residence & sous pareilles peines seront tenus *les Curez* & tous autres ayans charge d'ames, sans se pouvoir absenter que pour cause legitime, & dont la connoissance en appartiendra à l'Evêque Diocesain duquel ils obtiendront par écrit licence ou congé, qui leur sera gratuitement accordé & expedié. Et ne pourra ladite licence sans grande occasion exceder le tems & espace de deux mois.

PRIVEZ DES FRUITS, &c. Il seroit expedient outre la perte des fruits, que la vacation fût declarée être encouruë sans autre declaration s'ils étoient absens plus de six mois sans cause legitime, qui eût été verifiée par le Superieur, & publiée en la principale Eglise dudit absent, ou tout au moins que la perte des fruits y fût laquelle par le même Edit emportant *executionem juris*, fût declarée appartenir aux Hôpitaux du Diocese ou celuy d'entr'eux qui le premier en feroit la diligence, sauf à en faire communication aux autres; & qu'à cét effet par le même Edit, le Roy leur donnât permission de faire saisir & executer nonobstant l'appel.

RESIDER ET SE TROUVER, Se doit entendre avec effet, pour faire office de vray Pasteur pour prêcher, exercer l'hospitalité & aumônes, & autres devoirs de vray Pasteur, & non de la simple demeurance. Voy les art. 5. & 21. de l'Ordonnance d'Orleans, & le 4. de l'Edit de Melun de l'an 1580.

ARTICLE XV.

ET neanmoins sur la frequente plainte desdits Ecclesiastiques de nos Officiers, qui abusent des saisies par faute de non residence des Benefices: Défendons à nosdits Officiers de faire proceder par saisie du temporel des Benefices, sinon aprés avoir averty le Diocesain, ou le Vicaire du Beneficier titulaire, auquel ils bailleront délay competant pour le luy faire entendre, ou faire apparoir de la dispense de non residence.

C'Est suivant l'Edit fait sur la plainte du Clergé, par le Roy Charles IX. du 16. Avril 1571. article 12. & s'entend avertir le Diocesain, qui est l'Evêque, afin que par les monitions, & voyes de droit, il pourvoye à la residence; Ou bien au Vicaire du Benefice, afin de faire voir la licence qu'il a de non resider, comme s'il est à la suite de l'Evêque, s'il est Chanoine en l'Eglise Cathedrale, s'il est Conseiller en Cour Souveraine.

ARTICLE XVI.

PAreillement défendons tres-expressément à tous Sieurs hauts-Justiciers & leurs Officiers, de saisir ou faire saisir les biens & revenus desdits Ecclesiastiques, sous pretexte de la non residence desdits Beneficiers, ou reparations non faites: *Mais seront icelles saisies faites esdits cas, & autres par nos Officiers seulement*, à la requeste de nos Procureurs Generaux, ou leurs Substituts. Ausquels neanmoins nous défendons de proceder à telles saisies, & de vexer & travailler les Beneficiers sans raison & apparence.

C'Est parce que le Roy, à cause de sa Couronne, est protecteur & conservateur des Eglises de son Royaume, & à ce moyen il se dit, qu'à ses Juges seuls appartient de saisir. Mais je croy qu'il faudroit limiter cét article, sinon que le Seigneur haut-Justicier fût Patron & Fondateur de cette Eglise, car aux Patrons appartient la sur-intendance des Eglises par eux fondées, ainsi qu'il est dit, *in can. filiis 16. quæst. 7.*

ARTICLE XVII.

ET parce que pour la crainte, & malheur des troubles, plusieurs Prêtres se sont retirez de leurs Dioceses, ou bien sont allez demeurer dans les Villes, en sorte qu'en la pluspart des Villages n'y a qu'un seul Vicaire ou Curé, dont il avient bien souvent, que pour leur maladie ou autre empêchement, le Service divin est discontinué: Enjoignons à tous Prêtres de se retirer en leurs Dioceses & Parroisses, excepté ceux qui ont Benefices, ou biens suffisans pour les entretenir selon leur état, ou qui sont habituez, & servent actuellement és Eglises Cathedrales, Collegiales, & Parroissiales.

C'Est article est tres-bon, mais parce qu'il n'y a qu'une simple injonction sans contrainte, il seroit expedient que les Evêques des lieux où ils se trouveroient, les contraignissent par Monitions & Censures Ecclesiastiques.

ARTICLE XVIII.

ET afin que les Ecclesiastiques puissent resider en plus grande seureté en leurs Benefices : les avons mis & mettons en nôtre protection & sauvegarde speciale : & les baillons en garde aux Gentils-hommes & Sieurs des Villes, Bourgs, Villages où ils resideront. Leur enjoignant tres-expressement de les preserver bién & soigneusement de toute oppression, sur peine de répondre en leurs propres & privez noms des torts, outrages, ou injures qui leur seroient faites en leurs Terres & Seigneuries, au cas qu'ils n'en auront fait faire justice.

D'Ancienneté quand la Justice étoit administrée plus severement, & par personnes choisies, non ayans acheté leurs Offices, auquel même-tems l'authorité du Roy étoit beaucoup plus respectée : C'étoit un grand avantage d'être en la sauve-garde du Roy, mais depuis on dit par mocquerie, que cette sauve-garde écrite, a besoin d'être gardée par personnes vives & en armes. En ce tems des sauves-gardes, l'amende des sauve-gardes enfraintes, & la connoissance appartenoit aux Juges Royaux. En cét article il est ajoûté de plus, que les Gentils-hommes voisins, non seulement se doivent abstenir de mal faire, mais doivent prendre garde qu'autres ne fassent mal.

ARTICLE XIX.

ET sur la requeste faite par lesdits Ecclesiastiques, leur avons permis & accordé pour un an seulement, qu'ils puissent en l'Assemblée generale du Clergé de chacun Diocese, élire un Syndic ou Solliciteur, pour faire poursuite en justice des torts qui leur auront été faits : Sauf aprés ledit tems passé à leur prolonger le terme, ou leur pourvoir autrement sur leurdite requeste, ainsi que nous verrons être à faire par raison.

LEs Assemblées generales ne sont permises en France sinon és cas des anciennes Constitutions, comme pour les Synodes en chacun Diocese & chacune Province : comme és Chapitres Generaux des Ordres de Religion & autres tels. Si c'est pour affaires extraordinaires le congé du Roy est requis, car l'ordre de l'Eglise fait portion du corps politique de la France & ne peuvent les Etats, ou aucuns d'eux s'assembler sans le congé du Roy.

ARTICLE XX.

LEs Evêques, & autres Collateurs ordinaires, ou leurs Vicaires & Officiers, ne pourront rien prendre sous quelque couleur & pretexte que ce soit, pour la collation d'aucuns Ordres, Tonsure des Clercs, Lettres dimissoires & testimoniales, soit pour le scél, ou autre cause quelconque, encores qu'il leur fût presenté. Sauf neanmoins à faire taxe pour les Lettres dimissoires & testimoniales *aux Greffiers* pour leur salaire, qui ne pourra exceder la dixiéme partie d'un écu : & ce seulement pour le regard de ceux qui n'ont autres gages & émolumens pour exercer leur Office. Et sans qu'aux Evêques, & autres Collateurs puisse venir aucun profit directement ou indirectement : nonobstant tous statuts, usances & coûtumes contraires. Et seront ceux qui se trouveront avoir pris, ou donné, punis des peines ordonnées de droit contre *les Simoniaques*.

RIEN PRENDRE, Autrement ce seroit Simonie, *can. si quis Episcopus* 1. *quæst.* 3. *cap. non satis, cap. seq. cap. cum essent, cap. cū quæ ext. de Simonia*, s'il y a paction à cét effet, c'est pure Simonie, *cap. etsi quæstiones, cap. ex tua eod. tit.* toutesfois s'il n'y a aucune paction, & que la chose soit de petite valeur, cela n'est estimé être Simonie, *dicto cap. etsi quæstiones*.

AUX GREFFIERS, Les Evêques & ceux qui sont auprés d'eux les nomment Secretaires, mais à parler proprement, il n'appartient à nul d'avoir Secretaire, sinon aux Rois & Princes.

LES SIMONIAQUES, Simonie se dit proprement en la collation des Ordres, dautant que c'est la vraye imposition des mains, emportant la dation du saint Esprit que Simon Magus voulut avoir pour argent. C'est Simonie par similitude de raison quand on baille argent pour collation des Benefices. De la peine du crime, *vide cap. qui alium, cap. sicut cap. insinuatum, de simonia, & can. Presbiter & can. reperiuntur* 1. *quæst.* 1.

ARTICLE XXI.

LEsdits Archevêques & Evêques procederont soigneusement & severement, sans dissimulation ny exception de personne contre *les personnes Ecclesiastiques* qui auront commis le crime de Simonie, par les peines indictes & portées par les saints Decrets & Constitutions Canoniques : Enjoignons à nos Baillifs & Senéchaux proceder au semblable contre les *personnes laïques*, coupables & participans du même crime. Pour duquel avoir revelation, pourront lesdits Evêques & nos Officiers, faire publier Monitions au tems qu'ils verront propre & opportun, par toutes les Parroisses.

Personnes Ecclesiastiques, Le Juge d'Eglise doit punir les Ecclesiastiques qui commettent Simonie en les déposant & destituant de leurs Charges, Benefices, & Offices, *cap. de hoc. extrà de Simon.* Partant les Simoniaques convaincus sont declarez indignes & incapables de jamais tenir Benefices : Mais quand la Simonie a été commise par le pere, parent ou amy de celuy qui est pourvû du Benefice, quand ledit pourvû n'en est consentant, la provision est nulle, & le Benefice vaque; mais celuy qui n'est consentant à ladite Simonie, n'est rendu indigne de posseder ledit Benefice par autre provision, *cap. ex insinuatione extrà eod. cap. penult. extrà de elect.*

Personnes laïques, Quant aux lays suivant les anciens Canons, ils doivent être excommuniez, *can. reperiuntur 1. quæst. 1.* Mais en France nous n'avons reçû cette jurisdiction Ecclesiastique contre les lays. C'est pourquoy cét article porte que les lays seront punis par juges lays.

Le Juge lay peut connoître de Simonie contre les Ecclesiastiques, *ad effectum* du possessoire de benefice pour debouter dudit possessoire celuy qui aura obtenu le Benefice par Simonie.

ARTICLE XXII.

Es lieux où des Cures & Eglises Paroissiales le revenu est si petit, qu'il n'est suffisant pour entretenir le Curé, les Evêques avec dûë connoissance de cause, & selon la forme prescripte par les Conciles, *y pourront unir autres benefices, Cures & non Cures*, & proceder à la distribution des dixmes, & autre revenu Ecclesiastique.

Si ce n'étoit que les grands Benefices, comme Evêchez, Abbayes, & Prieurez sont entre les mains des grands, & que le plus considerable revenu desdits grands benefices dépend pour la plûpart des dixmes qui ont été ôtées aux Curez; Il eût été mieux à propos de dire que la portion canonique competente du Curé fût fournie des meilleures & plus belles dixmes Ecclesiastique de la Paroisse, avant que nul autre y prît part; Car les unions sont mal-aisées à faire, parce que les Eglises Paroissiales sont en divers patronages.

Unir benefices, pourvû que ce ne soient Hôpitaux, ny Benefices en Patronage lay.

L'union des Benefices requiert l'utilité évidente ou urgente necessité, *cap. exposuisti de Prabend. Clement. 3. de rebus Eccl. s. non alienand.*

ARTICLE XXIII.

Semblablement aux Eglises Cathedrales ou Collegiales, esquelles il se trouvera y avoir tel nombre de Prebandes, que le revenu avec la distribution quotidiane, ne soit suffisant pour soûtenir honnestement le degré & état de Chanoine, selon la qualité des lieux & des personnes : lesdit Archevêques & Evêques pourront *proceder à l'augmentation dudit revenu*, soit par union de Benefices simple, pourveu qu'ils ne soient reguliers, ou par reduction desdites Prebandes à moindre nombre, pourveu qu'il soit suffisant pour la célebration du Service divin, & entretenement de la dignité de l'Eglise : le tout neanmoins avec le consentement du Chapitre & des Patrons, ausquels la presentation en appartient, si lesdites Prebandes & Benefices sont en *Patronage lay.*

Proceder a l'augmentation dudit revenu, &c. C'est bien raison que les Chanoines des Eglises Cathedrales, qui sont comme Senateurs, Conseillers naiz de l'Evêque, ayent moyen honneste de s'entretenir; car selon le tems auquel nous sommes, pauvreté attire derision & mépris, pourquoy il est tres-raisonnable que leur revenu soit honneste, & soit augmenté, ou par diminution & reduction des Prebandes, ou par union de Benefices : & à bon droit a été dit simples, car ce seroit abus d'y unir Benefices ayant charges d'ames, ny Benefices reguliers quand les Prebandes sont seculieres par regle, *secularia secularibus.* Mais si les Prebandes étoient regulieres, comme elles sont en aucunes Eglises Cathedrales, on y pourroit unir Benefices simples reguliers.

Patronage lay, Ny le Pape, ny les Evêques n'ont aucun pouvoir de déroger au Patronage lay, sans le consentement du Patron.

ARTICLE XXIV.

ET d'autant que l'institution *des Seminaires & Colleges*, qui ont été établis en aucuns Evêchez de cettuy nôtre Royaume, pour l'instruction de la jeunesse, tant aux bonnes & saintes Lettres, qu'au Service divin, a apporté beaucoup de bien à l'Eglise, & même en plusieurs Province de cettuy nôtre Royaume, grandement desolées pour l'injure du tems, & dépourveuës de Ministres Ecclesiastiques: Admonêtons, & neanmoins enjoignons aux Archevêques & Evêque, d'en dresser & instituer en leurs Dioceses, & aviser de la forme qui semblera être la plus propre, selon la necessité & condition des lieux, & pourvoir à la fondation & dotation d'iceux par union de Benefices, assignation de pensions, ou autrement, ainsi qu'ils verront être à faire: Enjoignans à tous nos Officiers, tant de nos Cours Souveraines qu'autres, de tenir la main à l'execution de ce qui aura été ordonné pour l'institution, dotation & reglement desdits Seminaires.

SEMINAIRES, sont dits *ad instar* du ménage que font ceux qui veulent avoir pour leur usage, ou pour vendre grande quantité d'arbres, pour de là les transplanter plus au large. Ainsi esdits Colleges sont reçûs jeunes enfans pauvres qui sont instituez en toutes sciences propres pour avec l'âge faire service à l'Eglise en l'état de Prêtrise: Cecy se rapporte à ce qui est ordonné, *in cap. 1. ex Concil. Lateranens. extrà de magistris in antiq.*

ARTICLE XXV.

EN chacune Abbaye & Prieuré Conventuel, sera entretenu un Precepteur pour instruire les Moines & Religieux.

SI les Abbez & Prieurs faisoient étudier leurs Religieux, eux reformez se trouveroient capables pour instruire les autres, tant en science de literature qu'à chanter. Voy les articles 9. & 20. de l'Ordonnance d'Orléans.

ARTICLE XXVI.

LEs Abbez, Convents, & Prieurs Conventuels seront tenus d'entretenir aux Ecoles & Universitez tel nombre de Religieux que le revenu de l'Abbaye, Prieuré, ou Convent pourra porter. Et pour cét effet y sera employé la portion Monachales des étudians. Et si elle n'est suffisante, sera parfournie par lesdits Abbez, Prieurs & Convents.

ES Monasteres qui sont és mains d'Abbez ou Prieurs Commandataires, les Superieurs reguliers ont accoûtumé & doivent arbitrer quelle doit être la portion Monachale en quantité de pain, vin, viande, & pour la vestiaire.

ARTICLE XXVII.

TOus Monasteres qui ne sont sous Chapitres Generaux, & qui se prétendent sujets immediatement au S. Siege Apostolique, seront tenus dans un an se reduire à quelque Congregation de leur Ordre en ce Royaume. En laquelle seront dressez Statuts, & Commis *Visitateurs*, pour faire executer, garder & observer ce qui aura été arresté pour la discipline reguliere. Et en cas de refus ou délay, y sera pourvû *par l'Evêque.*

VISITATEURS, Es Ordres de saint Benoît & de saint Augustin, sont plusieurs Monasteres qui ne sont sujets à aucunes Congregations generales ou reformations: & par la Decretale faite *in Concil. Generali sub Innocent III. in cap. in singulis extrà de statu Monachorum in antiq.* Il est ordonné qu'en chacun Royaume seront celebrez Chapitres Generaux, au Monastere qui sera choisi pour être avisé & déliberé de la visitation & reglement de chacun, comme il est en l'Ordre de Cluny, en la reformation de Chezau Benoist & autres. Mais de present qu'il y peu d'Abbez Moines, & que les Convents de par eux ont petit revenu, il est mal-aisé de faire pratiquer, ny la Decretale, ny l'article de l'Edit.

PAR L'EVESQUE, Selon l'ancienne Institution de l'Eglise, tout ce qui étoit de l'ordre Ecclesiastique en un Diocese étoit sujet à l'Evêque, fussent seculiers ou reguliers: Aucuns Ordres, aucuns Monasteres, aucuns Colleges ont obtenu des Papes droit d'être exemptez de l'Ordinaire, il me semble que mieux seroit qu'il n'y eût qu'une seule authorité ordinaire, & que tout passât par un seul commandement. Autres Monasteres, Ordres, & Colleges sont demeurez en la puissance de l'Evêque Diocesain : Si est ce que, tels Monasteres ont leurs premiers Juges les Abbez & Superieurs reguliers & les Religieux délinquans doivent être corrigez par lesdits Superieurs reguliers, sans que l'Evêque doive s'en entremettre, sinon quand le crime est si grave qu'il merite déposition de l'Ordre Ecclesiastique, car l'Evêque qui donne l'Ordre d'Eglise seul le peut ôter. Ou bien quand il y a negligence de l'Abbé ou Superieur regulier, *ut traditu & deciditur in cap. quanto : extrà de offic. ordinarii cap. in cum Ecclesiis extrà de major. & obed. cap. ea qua extrà de statu Monach. cap. reprehensibilis cap. ad nostram. extrà de appell. Vide Ludov. Romanum. cons. 375. & Decium. in cap. ad nostram in 3. notabili extrà de appell.* Les Evêques sont fondez au droit de visitation, *can. visitandi can. non semel 18. quæst. 2. cap. cum in cunctis, ext. de elect. cap. si Episcopus, de offic. ordin. in 6.* Concile de Trente, *sess. 7. cap. 3. & sess. ead. de reformat. cap. 8.* Et le droit de visitation ne leur est deû, s'ils ne visitent en personne, ainsi qu'il a été jugé par Arrest du mois de Decembre 1562. Charond. liv. 2. des Répons. du droit François, Arrest 57.

Voy les articles six & onze de l'Ordonnance d'Orleans.

ARTICLE XXVIII.

LA profession, tant de Religieux que Religieuses, ne se fera *auparavant l'âge de seize ans accomplis, ny devant l'an de probation aprés l'habit pris.* Et où elle seroit faite auparavant, nous avons declaré & declarons les Contrats, Obligations & dispositions de biens faites à cause d'icelle, nulles & de nul effet. Et pourront ceux qui auront fait profession avant ledit âge, disposer de leurs biens & successions, échûës & à écheoir, en ligne directe ou collaterale, au profit de celuy de leurs parens, ou autre que bon leur semblera : non toutesfois d'aucun Monastere directement ou indirectement, & ce trois mois aprés qu'ils auront atteint ledit âge de seize ans. Et s'ils n'en ont disposé dedans ledit tems, viendront lesdits biens à leurs prochains heritiers *ab intestat.* Outre ce voulons que les Abbesses ou Prieures, auparavant que faire bailler aux filles les habits de professes, pour les recevoir à la profession, seront tenuës un mois devant avertir l'Evêque, son Vicaire ou Superieur de l'Ordre, pour s'enquerir par eux & informer de la volonté desdites filles, & s'il y a eu contrainte ou induction, & leur faire entendre la qualité du vœu auquel elles s'obligent.

L'AAGE DE 16. ANS ACCOMPLIS, Par l'Edit d'Orleans article 19. Les professions des mâles sont défenduës avant vingt-cinq ans d'âge, & des filles avant vingt ans. Ce qui a grande raison à cause de l'importance du vœu qui est pour toute la vie, les anciens Decrets permettoient la profession en l'âge de puberté, qui est de quatorze & douze ans, *cap. ad nostram extrà de regular.* hormis és Monastéres esquels la rigueur & dureté est grande, esquels nul ne peut être profez avant le dix-huitiéme an de son âge, *cap. quia extrà eod.* Mais en cét article on s'est conformé au Concile de Trente pour les seize ans.

NY DEVANT L'AN DE PROBATION, Les anciens Decrets ont desiré que le Religieux rendu demeurât un an avant que faire profession, qui est non seulement en faveur du Religieux, afin qu'il puisse connoître l'asperité, & austerité de l'Ordre : Mais aussi en faveur du Monastere, afin qu'il puisse connoître les mœurs du Religieux, *cap. ad Apostolicam extrà de regular.* Par ledit chapitre, *ad Apostolicam* la profession faite avant l'an tient, & icy ne se dit pas que la profession soit nulle : mais pour le fait des biens temporels esquels le Roy a puissance. Il se dit que la profession n'a son effet. Ainsi cét Edit ne touche rien au vœu quant à soy.

Par l'Edit de Moulins de 1566. art. 55. Les professions Monachales doivent être prouvées par écrit, ce qui confirme l'opinion de du Moulin, quand il dit qu'en France on n'a reçû l'effet des professions tacites dont il est parlé, *in Clement. eos qui de regul.*

ARTICLE XXIX.

LEs Ordres sacrez se pourront prendre en l'âge prescript par les Constitutions Canoniques ; Sçavoir est, l'Ordre de Sousdiacre, à vingt-deux ans : Diacre, à vingt-trois ans : & de Prêtre, à vingt-cinq ans : nonobstant l'Ordonnance d'Orleans, à laquelle avons dérogé & derogeons pour ce regard.

SElon les anciens Decrets le Subdiaconat ne se pouvoit bailler sinon aprés les vingt ans accomplis. Le Diaconat aprés les vingt-cinq ans, & la Prêtrise aprés les trente ans, *can. Subdiaconus & can. Episcopus 77. dist. can. si quis & item Presbyter. 78. dist.* Quant à la Prêtrise, *idem* par l'Edit d'Orleans, article 12. *Sed in Clem. ult. de ætate & qualit. Subdiaconus in 18. anno Diaconus in 20. & Presbiter in 25. anno possunt ordinarii.*

ARTICLE XXX.

EN tous Monasteres reguliers, tant d'hommes que de femmes, les Religieux & Religieuses vivront en commun, & selon la regle en laquelle ils ont fait profession. Et cét effet seront tenus les Archevêques & Evêques, ou chef d'Ordre, en faisant la visitation des Monasteres dependans de leur charges, y rétablir la discipline Monastique, & observance, suivant la premiere institution desdits Monasteres: Et de mettre le nombre des Religieux requis pour la celebration du Seruice divin. Et ce qui sera par eux ordonné, sera executé nonobstant oppositions ou appellations quelconques, & sans préjudice d'icelles: & pour lesquelles ne sera differé, mais passé outre.

PAr cy-devant le Procureur General du Roy, avec l'authorité de la Cour, a poursuivy ces reformations, quand les plaintes en venoient en ladite Cour. De vray c'est la propre charge des Superieurs Ecclesiastiques Diocesains ou reguliers; mais pour leur negligence ou connivence les Cours Souveraines y ont mis la main: Non pas pour y faire la reformation d'elles-mêmes, car ce n'est pas leur charge: Mais pour contraindre les Abbez & Prieur Titulaires ou Commandataires par saisie du temporel de leur Benefices, à admettre la reformation par les mains des Peres de l'Ordre, avec cette adjonction, que ce qui seroit ordonné par eux en ce qui touche le bien temporel de l'Abbaye ou Prieuré, seroit executé par le Juge Royal, nonobstant appellations & sans préjudice: & par cét article a été obmis de dire par qui l'execution seroit faite.

ARTICLE XXXI.

ADmonêtons les Archevêques, Evêques, & autres Superieurs des Monasteres des Religieuses, de vaquer soigneusement à remettre & entretenir la Closture des Religieuses. A quoy faire, ils contraindront les desobeïssantes par censures Ecclesiastiques, & autres peines de droit: nonobstant oppositions, ou appellations quelconques. Enjoignons à nos Officiers leur prester toute ayde, & confort. Et ne pourra aucune Religieuse aprés avoir fait profession sortir de son Monastere, pour quelque tems, & sous quelque couleur que ce soit: si ce n'est pour cause legitime, qui soit approuvée de l'Evêque, ou Superieur: & ce nonobstant toutes dispenses & privileges au contraire. Comme aussi ne sera loisible à personne, de quelque qualité, sexe ou âge qu'il soit, d'entrer dans la closture desdits Monasteres sans la licence par écrit de l'Evêque ou Superieur, és cas necessaires seulement, sur les peines de droit.

LE principal article de cette reformation deût être, que nul Monastere de Religieuses ne seroit és champs ny en petites Villes: mais devroit être és Villes Episcopales ou principales d'une Province. Car en plus grande lumiere sont mieux remarquées les fautes, & les parens presens peuvent y prendre garde. Par cette raison les Monasteres de Moniales deussent être transferez des champs & des petites Villes. Car quand il n'y a point de contrôlle par l'œil de gens d'honneur, la closture des murailles ne sert de rien, si la porte est ouverte.

L'autre mal est, qu'aucuns de ces Monasteres disent être exempts de l'Ordinaire Diocesain, les uns disans être de Cluny, les autres des Chezau Benoist, les autres de Cisteaux, & faut aller chercher le remede au loin & avec grans frais.

Les Cours de Parlement y ont quelquefois appliqué de bons remedes, en ordonnant qu'aux dépens des Abbayes & des Prieurez, seroient appellez deux Peres reformateurs du même Ordre; & que ce qu'ils ordonneroient seroit executé nonobstant *etiam* & sans préjudice, & par saisie du temporel.

ARTICLE XXXII.

LEs Archevêques & Evêques seront tenus de visiter en personne, ou s'ils sont empêchez legitimement, leurs Vicaires Generaux, les lieux de leurs Dioceses, tous les ans. Et si pour la grande étenduë d'iceux ladite visitation dedans led. tems ne peut être accomplie, seront tenus icelle parachever dedans deux ans.

En

EN aucuns Diocese la visitation appartient aux Archidiacres en dedans les détroits de leurs Archidiaconez, & quand l'Evêque ou l'Archidiacre visitent, les Beneficiers leur doivent fournir procuration; c'est-à-dire, les défrayer avec dépense honneste, dont il est parlé au titre *de censibus*.

ARTICLE XXXIII.

NOus voulons que l'Ordonnance faite à la requisition des Etats tenus à Orleans, tant pour les Prebandes Theologales, que preceptoriales, soit exactement gardée: fors & excepté toutesfois pour le regard des Eglises où le nombre de Prebandes ne seroit que de dix, outre la principale dignité.

PAr l'Edit d'Orleans, article 9. lequel Edit à cét égard avoit été revoqué par provision par l'Edit du 16. Avril de l'an 1571. & de present est rétably avec cette limitation, pourvû que le nombre des Prebandes excede dix, *ad instar* des Mandats Apostoliques, qui ne peuvent charger une Eglise, si elle n'a pour le moins dix Benefices à sa collation ou presentation.

ARTICLE XXXIV.

ES Eglises Cathedrales & Collegiales, où par les saints Decrets doit avoir une Prebande. Theologale, esquelles jusques à present n'en a été étably aucune, la premiere Prebande Canoniale qui viendra à vaquer cy-aprés, en quelque sorte que ce soit, si ce n'est par resignation, sera suivant les saints Conciles, perpetuellement affectée *à un Theologien*, sans pouvoir être conferée à autre qui ne soit de ladite qualité: Défendant à nos Cours Souveraines, & tous nos autres Juges, d'avoir aucun égard aux provisions, qui autrement en auroient été faites.

AUN THEOLOGIEN, C'est selon la Pragmatique Sanction tirée du Concile de Basle, & selon les Concordats de l'an 1516. *in §. statuimus*, où il se dit qu'elle doit être conferée à un Docteur ou Licentié, ou Bachelier formé en Theologie, qui ait étudié par dix ans: qui soit tenu faire residence, lire publiquement une fois ou deux la semaine, & qui afin de mieux étudier sera excusé du service, & tenu pour present.

ARTICLE XXXV.

ENjoignons tres-étroitement à tous nos Juges, sur peine de privation de leurs états, de proceder par exemplaire punition contre les blasphemateurs du Nom de Dieu, & de ses saints: Et faire garder & entretenir les Ordonnances faites, tant par Nous que par les Rois nos predecesseurs, sans dispense des peines contenuës en icelles, pour quelque occasion qui puisse être prise ou alleguée: Enjoignons à nos Procureurs Generaux, & à leurs Substituts, de nous avertir du devoir & diligence qui en sera fait pour ce regard.

IL y a une infinité d'Ordonnances, & toutes mal observées, parce que les grands ne s'en abstiennent pas. Il parle icy des blasphemes, que les anciens appelloient villains sermens, quand on jure par execration, & par sermens detestables. Le vray blaspheme meritant la mort, est quand de propos déliberé & sens rassis on tient propos de Dieu, des saints & de l'Eglise qui sont en abomination aux Chrétiens.

La Cour de Parlement de Rouën a ordonné sur cét article, & enjoint aux Presidens & Conseillers d'icelle, & à tous autres Juges trouvant lesdits blasphemateurs par les ruës & lieux où les blasphemes seront commis, de les envoyer sur le champ prisonniers, par la premiere personne trouvée, à laquelle est enjoint d'obeïr à leur commandement, sur peine de punition corporelle.

ARTICLE XXXVI.

TOus devins & faiseurs de Pronostications & *Almanachs*, excedans les termes de l'Astrologie licite, seront punis extraordinairement & corporellement. Et défendons à tous Imprimeurs & Libraires, sur les mêmes peines, d'imprimer ou exposer en vente aucuns Almanachs ou Prognostications, que premierement ils n'ayent été vûs & visité par l'Archevêque, Evêque, ou ceux qu'ils auront deputez expressément à cét effet, & approuvez par leurs certificats, ſignez de leurs mains : & qu'il n'y ait auſſi permiſſion de nous, ou de nos Juges ordinaires.

ALmanach eſt une diction Arabique, en cette langue *al* eſt article, comme *le* en François & ſignifie la regle pour connoître l'état de la Lune qui ſervoit pour la computation de l'année aux Hebreux, Arabes & Grecs ; car toutes ces nations comptoient l'année par Lunes, à l'occaſion de la deſcription de l'état de la Lune. Les Aſtrologues ſe ſont abandonnez à décrire l'état des Meteores, diſpoſition de l'air, & état des maladies : En quoy l'Aſtrologie naturelle avec l'experience peut ayder. Mais icy eſt blaſmée l'Aſtrologie judiciaire par laquelle on veut connoître les évenemens des corps particuliers par le genethliaques & heure de naiſſance ou autres argumens.

Prognostications, Prognoſtique, eſt un mot Grec qui ſignifie *d'avant voir* ou connoître les choſes avant qu'elles ſoient avenuës, comme les Medecins par quelques ſymptomes qu'ils connoiſſent aux malades, jugent quel doit être le ſuccez de la maladie. Et les Aſtrologues par la conſtitution de l'air ou conjonction des Aſtres connoiſſent quelles maladies regneront.

ARTICLE XXXVII.

SUivant les anciennes Ordonnances des Rois nos predeceſſeurs, Nous avons défendu, & défendons toutes Confrairies de gens de mêtier & artiſans, aſſemblées & banquets. Et ſera le revenu deſd Confrairies employé, tant à la célebration du Service divin, ſelon l'Ordonnance qui en ſera faite par l'Evêque Dioceſain, qu'à la nourriture des pauvres du mêtier, & autres œuvres pitoyables.

PAr l'Ordonnance de l'an 1539. verifiée en Parlement le 6. Septembre 1539. article 185. & ſuivans. Toutes Confrairies de gens de mêtier ſont abolies : la raiſon eſt politique, car ſous ce pretexte ſe font monopoles & traitez contraires à la liberté du commerce. L'Edit d'Orleans article 10. porte que les deniers des Confrairies qui reſtent aprés le ſervice fait, ſoient employez pour les écoles & aumônes. Ny l'un ny l'autre Edit n'a été obſervé ; car les Eccleſiaſtiques qui en reçoivent profit ont blaſmé ces Ordonnances en public, comme dérogeans au Service divin, ny encores de preſent cét article n'eſt obſervé. En l'Edit de Moulins y a l'article 74. à même effet.

ARTICLE XXXVIII.

ENjoignons à tous nos Juges, de faire garder & obſerver étroitement les défenſes portées par les Ordonnances faites à Orleans, tant pour le regard des Foires, Marchez, & danſes publiques és jours de Fêtes, que contre les joüeurs de farces, Baſteleurs, Cabaretiers, Maîtres de jeux de paume & d'eſcrime, ſur les peines contenuës eſdites Ordonnances.

SI les articles 23. 24. & 25. de l'Edit d'Orleans étoient bien obſervez, il n'étoit beſoin l'ordonner derechef. Mais par beaucoup d'argumens reſultans des articles de cét Edit, il ſe reconnoît qu'on a douté de l'authorité dudit Edit d'Orleans. Voy l'article 80. cy-aprés.

ARTICLE XXXIX.

DEfendons à toutes perſonnes, de quelque qualité & condition qu'elles ſoient, de ſe promener dedans les Egliſes durant la célebration du Service divin : Enjoignant aux Huiſſiers & Sergens, ſur peine de privation de leurs états, de mettre & conſtituer priſonniers ceux qui ſe trouveront contrevenir à la preſente Ordonnance.

AUtant en a été ordonné à diverſes fois par les Arreſts de la Cour & par les Ordonnances : Mais il a été mal obſervé par faute de devotion, & de porter honneur aux choſes ſaintes.

ARTICLE XL.

POur obvier aux abus & inconveniens qui aviennent des mariages clandeſtins : Avons ordonné, & ordonnons que nos ſujets, de quelque état, qualité & condition qu'ils ſoient, ne pourront valablement contracter mariages, *ſans proclamations precedentes de bans* faites par trois divers jours de Fêtes, avec intervalle competent, dont on ne pourra obtenir diſpenſe, ſinon aprés la premiere proclamation faite : & ce ſeulement pour quelque urgente ou legitime cauſe, & à la requiſition des principaux & plus proches parens communs des parties contractantes. Aprés lesquels bans seront *épousez publiquement*. Et pour pouvoir témoigner de la forme qui aura été observée esdits mariages, y assisteront quatre personnes digne de foy pour le moins, dont sera fait registre, le tout sur les peines portées & indictes par les Conciles. Enjoignons aux Curez, Vicaires, & autres, de s'enquerir soigneusement de la qualité de ceux qui se voudront marier. Et s'ils sont enfans de famille, ou étans en la puissance d'autruy, Nous leur défendons tres-étroitement de passer outre à la célebration desdits mariages, s'il ne leur apparoît du consentement des peres, meres, tuteurs ou curateurs, *sur peine d'être punis* comme fauteurs du crime de rap.

PROCLAMATIONS PRECEDENTES DE BANS, Ban en ancien langage François signifie proclamation publique, & parce qu'on vouloit dénoncer & faire sçavoir en public ceux qui étoient exilez, on les a appellez bannis. Les proclamations publiques sont necessaires au fait des mariages, pour avertir tous ceux qui y ont interest, comme si l'un d'eux avoit promis mariage ou étoit marié ailleurs, ou si aucun sçait empêchement de parentele ou autre legitime.

Et s'il avient qu'aucuns se marient sans proclamation de bans, le mariage ne laissera d'être bon, pourvû qu'il n'y eût aucun empêchement : Mais s'il y avoit quelque empêchement couvert & caché, celuy des deux qui en auroit été ignorent ne sera excusé sous pretexte de bonne foy, & sera le mariage declaré illegitime, nonobstant sa bonne foy, *cap. cum inhibitio 3. si quis verò, extrà de cland. desponsat.*

ESPOUSEZ PUBLIQUEMENT, C'est ce qu'on dit en face de sainte Eglise ; mais en ce cas Eglise signifie deux choses, & le lieu où les fideles ont accoûtumé de s'assembler, & l'assemblée ordinaire desdits fideles. Pourquoy je croy que les mariages faits de nuit, ou en Eglise autre que la Patroissiale des parties, & à autre heure que des assemblées ordinaires sont clandestins.

REGISTRE, Il seroit expedient qu'on y employât un Notaire de Cour laye, ou le Greffier du lieu, & qu'il en fût fait registre & protocolle, comme de tous autres instrumens.

SUR PEINE D'ESTRE PUNIS, Mais la punition à faire desdits Curez ou Vicaires est au Juge d'Eglise, & en Cour Ecclesiastique on ne tient pas ces Edits comme obligatoires. On allegue le Canon *sufficiat 27. quast. 2.*

Depuis est survenuë l'Ordonnance de Louïs XIII. du *26.* Novembre *1639.* verifiée en Parlement le *19.* Decembre ensuivant, qui est toute particuliere pour la validité des mariages & confirmative des Ordonnances precedentes sur le fait d'iceux.

ARTICLE XLI.

NOus voulons que les Ordonnances cy-devant faites contre les enfans contractans mariages sans le consentement de leurs peres, meres, tuteurs, & curateurs soient gardées : mêmement celle qui permet en ce cas les exheredations.

C'Est l'Edit du Roy Henry II. du mois de Fevrier de l'an *1556.* par lequel les enfans mâles âgez de moins de trente ans & les filles de moins de vingt-cinq ans, s'ils contractent mariages sans le gré de leurs pere & mere peuvent être exheredez par eux, & privez de toutes dotations & avantages déja à eux faits.

ARTICLE XLII.

ET neanmoins voulons, que ceux qui se trouveront avoir suborné fils ou fille mineurs de vingt-cinq ans sous pretexte de mariage ou autre couleur; sans le gré, sçû, vouloir, & consentement exprés des peres, meres, & des tuteurs, soient *punis de mort*, sans esperance de grace & pardon, nonobstant tous consentemens que lesdits mineurs pourroient alleguer par aprés avoir donné audit rapt lors d'iceluy, ou auparavant. Et pareillement seront punis extraordinairement tous ceux qui auront participé au rapt, & qui y auront presté conseil, confort, & ayde, en aucune maniere que ce soit.

PUNIS DE MORT, La peine de mort se trouve avoir été ordonnée par un ancien Edit du Roy François I. fait par l'avis du grand Conseil, *in l. 1. C. de raptu virg.* La loy repute que la fille est ravie quand par blandices, & allechemens sa volonté est gagnée. L'autre sorte de rapt, est qu'on ravit & ôte aux pere, mere & tuteurs, soit paternels ou maternels, l'authorité, conseil & commandement qu'ils ont sur les mineurs en affaire de si grande importance. En la cause du sieur de Maiziers, nommé d'Anjou; & en la cause de Luillier sieur de la Mothe Desgry, fut jugé que *etiam* rapt se disoit d'un mâle jeune adolescent, qui avoit été attiré à mariage. La Cour aprés avoir annullé les pactions & convenances, renvoya les parties, *super fœdere & vinculo matrimonii*, pardevant le juge d'Eglise.

ARTICLE XLIII.

DEfendons à tous tuteurs accorder ou consentir le mariage de leurs mineurs, sinon avec l'avis & consentement des plus proches parens d'iceux, sur peine de punition exemplaire.

LE tuteur ne peut & ne doit accorder le mariage sans l'avis des parens, aussi les parens ne doivent accorder sans luy. La Cour de Parlement de Roüen sur cét article 43. a enjoint aux tuteurs avant qu'entendre aux mariages de leurs pupilles, d'assembler quatre parens du côté paternel, & quatre du côté maternel, si tant s'en peut trouver, sinon des voisins & amis, pour aviser ensemble & resoudre du fait desdits mariages, & a fait la Cour défenses ausd. tuteurs, & par eux, de prendre aucune chose directement ou indirectement, pour donner leur consentement ausdits mariages, sur peine d'être privez de la succession des pupilles, & autres peines au cas appartenantes.

ARTICLE XLIV.

PAreillement défendons à tous Notaires, sur peine de punition corporelle, de passer ou recevoir aucunes promesses de mariage par *paroles de present*.

LEs PAROLES DE PRESENT, ont effet de mariage, en sorte que le second mariage *etiam* avec copule charnelle, doit être separé, *cap. licet extrà de sponsa duorum*. Et pour l'importance des paroles *de present*, il est interdit aux Notaires de les recevoir.

ARTICLE XLV.

NUl ne pourra être Vicaire General ou Official d'Aucun Archevêque ou Evêque, s'il n'est gradué & constitué en Ordre de Prêtrise. Et ne pourra le Vicaire ou Official tenir aucune ferme de son Prelat, soit du seau, ou autre.

PAr l'Edit de Moulins article 76. est enjoint aux Evêques bailler leurs Vicariats à personnes constituées en dignité Ecclesiastique : & par l'Edit d'Orleans, article 17. est défendu de bailler à ferme le spirituel de leurs Benefices, ny leurs Vicariats à leurs fermiers, ny bailler à ferme leur temporel à étrangers non naturalisez. *Nota*, que le séel est revenu spirituel, car il n'est compris en la Regale.

ARTICLE XLVI.

T*Ous devolutaires* ayans obtenu provisions fondées sur vacations de droit, seront admis & reçûs à en faire poursuite, encores qu'il n'y ait aucune declaration precedente, nonobstant le contenu en l'Ordonnance d'Orleans : A la charge toutefois de bailler bonne & suffisante caution, & d'élire domicile, & de contester en cause dedans trois mois, à compter du jour de leur prise de possession, & de mettre les procez en état de juger dedans deux ans au plus tard ; autrement, & à faute de ce, défendons à nos Juges d'avoir aucun égard ausdits devoluts. Voulans silence être imposé ausd. devolutaires : Ausquels aussi nous défendons de s'immiscer en la joüissance des fruits desdits Benefices auparavant qu'ils ayent obtenu Sentence de provision, ou diffinitive, à leur profit donnée avec legitime contradicteur, qui est celuy qui jouït & possede, & sur lequel le devolut est impetré. Et là où il le feroit, nous le declarons *déchеu du droit* possessoire par luy prétendu, tant par ledit devolut qu'autrement.

TOus DEVOLUTAIRES, Devoluts proprement sont quand aucun Benefice a vaqué tant de tems de droit ou de fait, que la collation en est devoluë au Siege Apostolique, ce qui est par degrez ; car si le Diocesain ou autre Ordinaire est negligent six mois, la collation est devoluë au Superieur Metropolitain, six mois aprés au Primat, & six mois aprés au Pape, *cap. licet extrà de supplenda neglig. Prælat. cap. quia diversitatem extrà de concess. preb.* Et en ce cas nul autre que le Pape ne le peut conferer. Mais outre ce droit le Pape *etiam* avant ledit tems concourt encores avec tous les Ordinaires. Doncques quand on prétend le Benefice être vacant, on en obtient collation à Rome, qu'on appelle *certo modo*, avec la cause de *quovismodo*, qui comprend toutes sortes de vacations. Mais quand on veut obtenir provision par devolut du Metropolitain, Primat, ou autre Superieur, il faut exprimer en particulier la maniere de vacation : & parce que par ce pretexte de devoluts en termes generaux plusieurs titulaires possesseurs de Benefices étoient vexez : plusieurs Edits ont été faits contre les devolutaires. L'un du Roy Henry II. du mois de Juin 1550. qui défend d'adjuger sequestre sur un devolut, & au devolutaire de s'entremettre en la joüissance, sur peine de décheoir de son droit. Autre dudit Roy Henry du mois de Janvier 1557. Par lequel le devolutaire est tenu d'élire domicile & bailler caution, jusques à ce n'est recevable à action. Par l'Edit d'Orleans article 4. est défendu d'avoir égard à devoluts, sinon aprés que l'incapacité du possesseur a été declarée & jugée. Par le chap. *licet Episcopus de pretend. in 6.* celuy qu'on prétend incapable ne doit être depossedé, sinon aprés avoir été oüi ou contumacé.

ARTICLE XLVII.

ET afin de donner ordre, & pourvoir à la diminution notable qu'on void croître de jour à autre des biens & revenus Ecclesiastiques, laquelle provient en partie de la violente & indûë occupation faite par aucuns de nos sujets : en partie aussi du refus & dénegation que plusieurs font de payer les dixmes, primices & autres droits : Avons suivant l'Ordonnance faite par feu nôtre tres-cher Seigneur & Frere à Amboise, fait & faisons tres-expresses inhibitions & défenses à toutes personnes, de quelque qualité & condition qu'elles soient, *sur peine de confiscation de corps & biens, d'usurper, ou faire usurper*, par force, violence, ou autrement indûëment, les Benefices, Maisons, Justices, Censives, Terres, Dixmes, Champarts dépendant d'iceux. Enjoignons à ceux qui presentement usurpent & détiennent lesdits lieux & Benefices, en laisser la possession vuide & vacuë, & la joüissance paisible desdits droits ausdits Ecclesiastiques, dans un mois aprés la publication de la presente Ordonnance en chacun de nos Bailliages & Senéchaussées, que nous voulons être fait à son de trompe & cry public, afin qu'aucun n'en prétende cause d'ignorance. Autrement, & à faute de ce faire dans ledit tems, & iceluy passé. Nous avons dés à present comme dés lors, declaré tous les *fiefs desdits usurpateurs unis à nôtre Domaine*, & les autres biens à nous confisquez : nonobstant que par la coûtume des lieux la confiscation n'auroit lieu. Et voulons en outre lesd. détenteurs être punis extraordinairement, comme infracteurs de nos Ordonnances. Ce que semblablement nous voulons être gardé & observé contre ceux qui sous couleur d'un *titre devolu*, ou d'un supposé Patronage, directement ou indirectement, se seront mis & intrus en la possession desdits Benefices sans Sentence precedente donnée avec legitimes contradicteurs. Enjoignons tres-expressement à tous nos Officiers & Substituts de nos Procureurs Generaux en chacun desd. Bailliages & Senéchaussées, sur peine de suspension de leurs état; que sans attendre la plainte desd. Ecclesiastiques ils informent diligemment desd. usurpations, & procedent contre lesdits usurpateurs selon la peine contenuë en nôtredite Ordonnance, sans que par eux elle puisse être moderée en quelque façon que ce soit. Et outre avertir nosdits Procureurs Generaux dedans six mois du devoir qu'ils y auront fait pour le nous faire entendre, afin d'y être par nous pourvû. Permettant neanmoins ausdits Ecclesiastiques, s'adresser pour les cas susdits en premiere instance à nos Cours de Parlement, ou Juges Presidiaux : ausquels nous enjoignons de leur administrer sur ce promte & briéve justice.

USURPER, C'est l'un des fruits que les troubles ont engendré en ce Royaume; car depuis iceux, plusieurs de l'un & de l'autre party se sont abandonnez à usurper les biens & droits des Ecclesiastiques, sans considerer par ceux qui se disoient Catholiques la profession de leur Religion : Mais ce tems des troubles est le vray tems de probation, qui a fait connoître qu'auparavant il y avoit peu de gens de bien en cœur; mais que pour crainte de Justice ils s'abstenoient de mal faire, & non par bonne volonté, car depuis que les troubles ont apporté l'impunité la plûpart se sont abandonnez, & ce qui a aydé à ce mal est, que les Ecclesiastiques pour tous ces troubles ne se sont en rien reformez ny amandez.

SUR PEINE DE CONFISCATION, La peine de

confiscation de corps & de biens montre que le Roy a jugé que c'est crime capital.

Fiefs desdits usurpateurs unis a nostre Domaine, Se doit entendre pour les fiefs mouvans immediatement de la Couronne; car le vassal mediat ne peut priver de son fiefs son Seigneur feodal, & est tellement l'ancienne regle en France, que quand le delit est *ad instar* de leze Majesté, que les fiefs tenus immediatement du Roy sont unis à la Couronne, car leze Majesté emporte felonnie, qui est crime feodal; & quant aux autres fiefs mouvans immediatement d'autres Seigneurs, ils sont confisquez au Roy, & doit le Roy en vuider ses mains, & les mettre en main de pareil; car le Roy ne peut être vassal de son vassal, & ne doit ôter à son vassal son droit de feodalité. Ainsi fut jugé en la Chambre à la Reine contre le Maréchal du Biez en 1552. Mais si le crime n'est pas de leze Majesté, ou *ad instar*, les biens du condamné appartiennent aux Seigneurs hauts-Justiciers en la Justice desquels ils sont, soient fiefs ou autres. La difference de reversion ou union, & de confiscation, est que le Seigneur feodal prenant par reversion ou union, n'est sujet aux debtes & hypoteques du vassal : Mais le Seigneur Justicier prenant par confiscation y est sujet tant que les biens peuvent fournir.

Titre devolu, Voy l'annotation sur l'art. 46. precedent.

Voy aussi pour la violence, force & abus aux Benefices, & de la connoissance & punition, l'article 13. de l'Ordonnance de Cremieu, le 60. de celle de 1539. & l'article 7. de l'Edit d'Amboise.

ARTICLE XLVIII.

Et d'autant que nonobstant l'Ordonnance faite à Amboise, plusieurs Gentils-hommes, derogeans au nom & titre de Noblesse, & semblablement aucun de nos Officiers contre nos Edits & Ordonnances, ne délaissent *à prendre à ferme le revenu* desdits Ecclesiastiques, intimidans & menassans ceux de nos sujets, qui les veulent prendre & encherir par dessus eux : Nous suivans lesdites Ordonnances, avons défendu & défendons à tous Gentils-hommes & Officiers, tant de nous que desdits Seigneurs & Gentils-hommes, de prendre à l'avenir & s'entremettre directement ou indirectement des baux à ferme desd. Beneficiers, Dixmes, Champarts, & autres revenus Ecclesiastiques, sous quelque couleur que ce soit, par eux ou par personnes interposées pour y participer. Ny d'empêcher lesd. Ecclesiastiques aux baux à ferme, faits ou à faire, ny intimider ceux qui les voudront prendre ou encherir, sur peine, quant aux Gentils-hommes, d'être declarez roturiers, & comme tels mis & imposez aux tailles, ensemble leurs successeurs, combien qu'il n'y eût eu de leur vivant jugement donné à l'encontre d'eux au procez qui en auroit été intenté : Et ausd. Officiers de privation de leurs états, & d'être declarez incapables d'en tenir jamais d'autres. Défendons semblablement ausd. Beneficiers de bailler leursd. fermes ausd. Nobles & Officiers, sur peine de nullité desd. baux : Declarant en outre les baux qui auront été cy-devant & seront à l'avenir, faits aux personnes de la qualité susdite, *nuls & de nul effet*, sans qu'on s'en puisse ayder, soit en jugement ou dehors : Et pourront lesd. Ecclesiastiques impetrer censures, & les faire publier où il appartiendra, contre ceux & celles qui presteront ou accommoderont leurs noms ausd. Gentils-hommes & Officiers, soit pour prendre à ferme les dixmes, ou autres revenus desd. Benefices, ou cautionner & pleger ceux qui les prendront au profit desd. Gentils-hommes ou Officiers, sans que les appellations comme d'abus puissent empêcher ou retarder la publication ou fulmination d'icelles. Enjoignons à nos amez & feaux les Maîtres des Requestes ordinaires de nôtre Hôtel, qu'en faisant leurs chevauchées, ils ayent à s'enquerir, informer, & faire leurs procez verbaux, des contraventions qui se feront à cette nôtre presente Ordonnance.

Prendre a ferme le revenu, Par Edit du Roy François I. du 4. Avril 1540. est défendu aux Gentils-hommes de prendre fermes & accenses, à peine d'être imposez aux tailles; & par l'Edit d'Orleans article 108. est défendu à tous Officiers de Justice & Gentils-hommes de faire trafic de marchandise, & de prendre fermes, à peine quant aux Gentils-hommes d'être privez du privilege de Noblesse.

Cet article est particulier pour les accenses & fermes du revenu des Benefices, & est conforme au 8. art. de l'Edit fait à Amboise au mois de Janvier 1572.

L'article de cét Edit emporte la privation des privileges, non seulement pour tout le tems que les accenses dureront, qui étoit l'ancienne usance; mais aussi à perpetuité pour eux & leurs successeurs.

Nuls et de nul effet, Puis que le Roy les declare tels, il n'est besoin pour les faire casser d'obtenir Lettres de restitution en entier; car cét Edit *trahit secum executionem juris nec habet opus jurisdictione nisi ad declarationem.* Selon la regle generale, que quand la nullité est par l'Ordonnance du Roy ou par la Coûtume, il n'est besoin d'obtenir Lettres en Chancellerie.

ARTICLE XLIX.

Toutes personnes, de quelque état, qualité & condition quelles soient, tant proprietaires que possesseurs, fermiers & autres tenanciers de Terres, Vignes, & autres heritages sujets au droit de dixme; seront tenus de faire signifier & publier aux Prônes des Eglises Parroissiales, où sont situez & assis lesd. heritages, le jour qui aura été pris & designé pour dépoüiller & enlever les fruits & grains venus & crûs sur iceux, & ce le Dimanche ou Fête prochaine precedente iceluy jour: afin que lesd. Ecclesiastiques, leurs receveurs, fermiers ou commis s'y puissent trouver. Faisons expresses inhibitions & défenses à tous détenteurs & possesseurs desd. heritages sujets à dixmes, *de mettre en gerbe, enlever*, ou emporter les fruits d'iceux, sans avoir préalablement payé, ou laissé ledit droit de dixme, à la raison, nombre & quantité qu'il a accoûtumé d'être payé. Le tout sur peine de confiscation au profit desd. Ecclesiastiques, de tous les fruits & grains ainsi depoüillez, & des chevaux & harnois de ceux qui auront retenu & recelé ladite dixme, & de trente écus d'amende pour la premiere fois: laquelle doublera ou tiercera selon le refus & contumace desd. refusans & dilayans: lesquels encore nous voulons être punis extraordinairement, comme infracteurs de nos Ordonnances. Enjoignons tres-expressement à tous nos Juges, Officiers & Procureurs sur les lieux, d'informer diligemment, & faire punir ceux qui auront contrevenu à la presente Ordonnance, sur peine de suspension & privation de leurs états.

C'Est conformément à un Edit fait par le Roy Charles IX. du 25. Octobre 1561. verifié en Parlement le premier Juin 1562.

Mettre en gerbe et enlever, L'Ecclesiastique a interêt s'il veut en prendre la peine de voir si les gerbes sont égales, & si en fraude de luy on en feroit les unes moindres; & de voir aussi si de reng selon que le bled se moissonne, on laisse la gerbe de la dixme: car le bled peut être meilleur en un endroit qu'en un autre, finalement il a interêt pour compter. *Vide in decis. capellæ Tolosanæ quæst.* 109. *&* 432. *& quæst.* 283. *Guid. Pape.*

Dixme & Decime different, la Dixme est dûë à l'Eglise, & la Decime est prise pour les affaires du Royaume, sur le revenu des Benefices de France, en forme de don & octroy charitatif.

ARTICLE L.

Ne pourront les proprietaires & possesseurs des heritages sujets à dixme, dire, proposer & alleguer en jugement, ledit droit de dixme n'être deû qu'à volonté, ny alleguer prescription ou *possession autre que celle de droit.* En laquelle ne sera compris le tems qui aura couru pendant les troubles, & *hostillité* de guerre. Faisant tres-expresses inhibitions & défenses à tous les redevables sujets à Champarts, Dixmes, & autres droits, d'exiger aucuns banquets, beuvettes, frais & dépense de bouche desd. Ecclesiastiques, & ausd. Ecclesiastiques de les faire. Declarons aussi, que lesd. dixmes se leveront selon les Coûtumes des lieux, & la quote accoûtumée en iceux.

AUparavant cét Edit il y avoit eu Arrest au Parlement de Paris du 12. May 1545. par lequel furent declarées abusives, les possessions baptisées par aucuns de payer dixmes à volonté.

Possession autre que celle de droit, Il ne faut pas dire du droit Canon qui veut la dixme être justement dixiéme, & que nul heritage n'est exempt de dixme, ny même les arbres, les Moulins à vent, Vignes, *imo etiam* le bêtail, & la negociation *cap. non est, cap. ex transmissa extrà de deci.* Et se dit aussi que les laix ne peuvent posseder ny prescrire dixmes, *cap. causam quæ extrà de prescript.* Car en France on a reçû la prescription de la quotité de la dixme, & de la façon de lever, & par la constitution de Philippes le Bel du 29. Novembre l'an 1274. est dit, que selon la Coûtume des lieux le droit de non payer dixmes peut être acquis, aussi les Curez ne sont fondez de droit commun au dixme de vigne & de bêtail s'ils n'en ont joüi, & nullement au dixme de la negociation; aussi les laiz en alleguant l'infeodation avant le Concile de Latran, & prenant la possession immemorial sont bien fondez aux dixmes.

L'hostillité, *Sic in cap. ex transmissa extrà de prescript.*

ARTICLE LI.

NOus voulons & ordonnons, que les Curez, tant des Villes qu'autres, soient conservez és droits d'oblations, & autres droits Parroissiaux qu'ils ont accoûtumé de percevoir selon les anciennes & loüables coûtumes, nonobstant l'Ordonnance d'Orleans, à laquelle nous avons dérogé & dérogeons pour ce regard.

AUparavant l'Edit d'Orleans, la Cour par un Arrest du 27. Mars 1556. avoit débouté un Curé du droit de fuages, sans avoir égard à la louable coutume; mais s'il y a paction entre le Curé & les Parroissiens pour quelque service extraordinaire, elle doit être gardée.

L'article du tiers Etat és Etats d'Orleans étoit ainsi composé, Que les Curez fussent pourvûs à suffisance competente des dixmes & autres revenus Ecclesiastiques destinez primitivement pour eux, aussi en ce faisant qu'ils ne prissent rien pour les sepultures, & autres actes dont la prestation gist en devotion, nonobstant les loüables Coûtumes. Mais par la réponse on tourna à rebours; car on leur ôta dés lors lesdites prestations, & le remit-on à être pourvûs pour leur entretennement, comme il se void par les art. 15. & 16.

ARTICLE LII.

LEs Archevêques, *Evêques & autres Superieurs*, en faisant leur visitation, pourvoiront, appellez les Officiers des lieux, à ce que les Eglises soient fournies de Livres, Croix, Calices, Cloches, & ornemens necessaires pour la célebration du Service divin; & pareillement à la restauration & entretenement des Eglises Parroissiales & édifices d'icelles, en sorte que le Service divin s'y puisse commodement & décemment faire, & à couvert, & que les Curez soient convenablement logez. Ausquels Officiers enjoignons tenir la main à l'execution de ce qui sera ordonné pour ce regard, & à ce faire: ensemble à la contribution des frais requis & necessaires, contraindre les Marguilliers & Parroissiens par toutes voyes & manieres dûës & raisonnables: *même les Curez* par saisie de leur temporel, à porter telle part & portion desd. reparations & frais qu'il sera arbitré par lesd. Prelats, selon qu'ils auront trouvé le revenu des Cures le pouvoir commodément porter.

CEt article est une belle limitation des Edits qui défendent de lever deniers sur le peuple. Car par iceluy est permis aux Juges ordinaires des lieux de contraindre les habitans à la contribution des frais. Et croy qu'il n'est besoin d'obtenir autre pouvoir; Toutesfois si quelqu'un étoit plus scrupuleux, il faudroit aprés que les frais auroient été arrestez, obtenir Lettres en Chancellerie du petit séel en forme commune, qu'on appelle Lettres d'assiete, dont le séel est taxé à raison d'un sol pour livre de la somme qui doit être imposée, & faut que l'Ordonnance du Juge ou consentement du peuple soit attaché avec lesdites Lettres.

Evesques et autres Superieurs, Doncques pour executer cét article, le préalable est, que l'Evêque ou autre Superieur fasse la visitation, & avec les Officiers, arbitre la somme necessaire, & les Officiers de Justice tiennent la main pour la contrainte & execution réelle.

Mesme les Curez, Les Curez & autres Beneficiers sont tenus de contribuer & aider à la reparation de leurs Eglises. Ce qui s'entend en cas que le revenu du Benefice soit tel qu'ils puissent avoir quelque chose de reste, & selon ledit reste, *cap. de his extrà de Eccles. edificand.*

ARTICLE LIII.

NE pourront les Marguilliers & Fabriciens des Eglises, accepter aucunes fondations sans appeller les Curez, & avoir sur ce leur avis.

LE Curé est le chef, les Procureurs des Fabriques luy sont donnez comme aides, pour par leur ménage procurer & promouvoir à la decoration de l'Eglise, ce qui requiert

requiert le labeur & le soin de la personne, pourquoy il est bon qu'au fait de l'Eglise les volontez des uns & des autres concourent.

ARTICLE LIV.

ET sur la remonstrance à nous faite par lesd. Ecclesiastiques de la perte de leurs titres avenuë par l'injure du tems, au moyen de laquelle ils ne peuvent contraindre les redevables à la reconnoissance & payement de leurs droits fonciers : Voulons que par nos Senéchaux, Baillifs, leurs Lieutenans, & autres nos Officiers, soit procedé à la confection *de nouveaux Terriers* des fiefs & censives desd. Ecclesiastiques : sans pour ce qu'ils soient contraints obtenir autre Commission de nous, que ces presentes.

NOuveaux Terriers, Cét article est de peu de fruit, parce qu'il n'ajoûte rien de nouveau, seulement il épargne aux Ecclesiastiques les frais d'unes lettres Royaux en forme de Terrier, encores telles lettres ne sont necessaires, qu'à cause d'une formalité, qui d'ancienneté est en France, qu'au Roy seul appartient d'octroyer en sa Chancellerie Commissions en termes generaux : Mais au reste sans lettres Royaux, les Juges ordinaires par Commissions particulieres peuvent faire autant que les lettres de Terrier font en general : car toûjours faut-il que le Seigneur prouve quel est son droit.

ARTICLE LV.

NOus faisons tres-étroites & expresses inhibitions & défenses à tous Capitaines, soldats, gens de guerre de nos Ordonnances, & à tous ceux de nôtre suite, de quelque qualité qu'ils soient, *de loger és maisons* de l'habitation & residence des personnes Ecclesiastiques, tant és Villes qu'és champs : & à tous Maréchaux & Fourriers des logis, de bailler ethiquette pour ce faire, sur peine de punition corporelle. Enjoignant à tous nos Officiers, qu'incontinent qu'ils en seront avertis, sans attendre la plainte desd. Ecclesiastiques, ils donnent ordre de les faire déloger : Et neanmoins informent diligemment du nom & qualité de ceux qui auront logé esd. maisons, ensemble du nom des Capitaines, Maréchaux, Fourriers, & autres qui les conduisent, pour être procedé contre les coupables, suivant la rigueur des Edits & Ordonnances. Permettant à cette fin ausd. Ecclesiastiques de faire mettre & attacher nos armoiries & pannonceaux aux principales portes & entrées de leurs maisons, tant és Villes qu'és champs, pour leur servir de sauve-garde.

DE loger és maisons, D'ancienneté quand l'état Ecclesiastique étoit en honneur & reverence, les soldats d'eux-même s'en abstenoient. De present & depuis ces troubles que tout le monde s'est perverty, les pauvres Ecclesiastiques ont été exposez en proye & aux soldats Catholiques, qui pour pretexte disent qu'ils font la guerre en leur faveur, & doivent être nourris par eux, & aux soldats du party contraire, parce qu'il font profession de leur être adversaires ; & encores par risée quand il y a pannonceau pour sauve-garde, ils font honneur au pannonceau par risée & tourmentent les maîtres des maisons. Les autres disent que cette sauve-garde peinte & muëtte a besoin de sauve-garde vive, & le remede mis en cét article est de peu de fruit ; car tout est perdu avant que le remede soit venu.

ARTICLE LVI.

ET pour le regard des autres exemptions desd. Ecclesiastiques touchant les contributions de deniers, garnisons, munitions, fortifications, subsides, aydes de Villes, emprunts generaux & particuliers : Nous voulons que les Edits & Lettres patentes octroyées ausdits Ecclesiastiques, verifiées en nos Cours de Parlement, soient inviolablement gardées & observées.

PAr l'Edit du 20. Mars 1577. les Ecclesiastiques sont declarez exempts de guet, gardes des portes, rondes, contributions de magazins, munitions, logis de gens d'armes, & toute contributions de guerre : mais toûjours faut excepter, sinon en cas de necessité, *cap. penult. extrà de immunit. Eccles.*

ARTICLE LVII.

LEs personnes constituées és Ordres sacrez, ne pourront en vertu de l'Ordonnance faite à Moulins, être contraints par emprisonnement de leurs personnes : Ny pareillement pour le payement de leurs debtes être executez en leurs meubles destinez au Service divin, ou pour leur usage necessaire & domestique, ny en leurs livres.

PAr l'Edit fait à Moulins en 1566. article 48. les condamnez simplement, aprés les quatre mois, peuvent être contraints par corps, sinon qu'ils fassent cession de biens. Par cet Edit est declaré que les personnes Ecclesiastiques n'y sont comprises : mais si lesdites personnes Ecclesiastique volontairement se sont obligées par corps, ils devront tenir prison à faute de payement, mais ce sera en la prison de leur Evêque, aussi la personne Ecclesiastique condamnée en amende pour crime devra tenir prison; car ces deux cas ne sont compris en l'Edit de Moulins. Voy l'article 28. de l'Ordonnance d'Orleans.

ARTICLE LVIII.

AU surplus, Nous entendons que tous les privileges, franchises, libertez, & immunitez octroyées ausd. Ecclesiastiques, tant en general qu'en particulier par les feuz Rois nos predecesseurs, & verifiées en nosd. Cours de Parlement, leur soient entierement gardées, sans qu'il soit besoin d'obtenir aucunes lettres particulieres, ou de confirmation, que les presentes.

IDem, audit Edit du 16. Avril 1571. article 11. & semble que cet article ajoûte qu'il n'est besoin de confirmation par la survenance d'un nouveau Roy.

ARTICLE LIX.

NOus défendons à nos Cours de Parlement de recevoir aucunes appellations comme d'abus, sinon és cas de nos Ordonnances : & à nos amez & feaux les Maistres des Requestes ordinaires de nôtre Hôtel, & Garde des Seaux de nos Chancelleries, de bailler Lettres de relief desd. appellations comme d'abus, ne icelles Lettres seéler, qu'elles n'ayent été rapportées, & qui seront à cette fin paraphées du Rapporteur ou Referendaire : Et neanmoins lesd. appellations comme d'abus n'auront aucun effet suspensif en cas de correction & discipline Ecclesiastique, mais devolutifs seulement. Sur lesquelles appellations nosd. Cours ne pourront moderer les amendes pour quelque occasion que ce soit, ce que nous leur défendons tres-expressément.

DE même est ordonné par l'Edit du Roy Charles IX. du 16. Avril 1571. article 5. *Idem*, par l'Ordonnance de l'an 1539. article 5. Appellations comme d'abus sont pratiquées quand les Juges d'Eglise entreprennent contre les personnes layes és cas qui ne sont de la Jurisdiction spirituelle, ou quand ils entreprennent contre les saints Decrets, privileges de l'Eglise de France, ou Arrests de la Cour : & de même quand aucuns rescripts Apostolique sont octroyez contre lesdits saints Decrets, Concordats & privileges de l'Eglise de France, auquel cas on n'appelle pas de l'octroy, mais de l'execution du rescript, *quia à supremo non appellatur*, & en appellant de l'execution pour la forme on blasme la témerité de l'impetrant, & non pas la faute du concedant. Les appellations comme d'abus ne se traitent ailleurs qu'en la Cour de Parlement, comme le Roy étant conservateur desdits saints Decrets. Les reliefs d'appel comme d'abus sont de rapport en Chancellerie, & doit être exprimé le cas & la raison du prétendu abus.

ARTICLE LX.

LEs appellans comme d'abus ne pourront être élargis pendant l'appel, jusques à ce que les informations vûes, en ait été par nos Cours ordonné.

CEt article s'entend quand la personne Ecclesiastique est prisonniere de son Superieur Ecclesiastique, ou bien la personne laye és cas esquels le Juge d'Eglise a connoissance sur luy. Comme s'il a delinqué au pretoire du Juge Ecclesiastique, ou si c'est en matiere de Sacremens.

ARTICLE LXI.

Les Ordinaires ne pourront être contraints bailler Vicaires ou Vicariats, si ce n'est que nos Cours de Parlement, pour certaines bonnes causes & raisonnables, dont nous chargeons l'honneur & conscience des Juges d'icelles, ayent ordonné qu'en aucunes causes civiles ou criminelles pendantes en nosd. Cours, lesd. Ordinaires bailleront lesd. Vicaires ou Vicariats à deux des Conseillers d'icelles Cours, lesquels lesd. Ordinaires audit cas pourront choisir tels que bon leur semblera.

Parce que la Cour ne peut pas d'elle-même ordonner ès matieres purès Ecclesiastiques, même ès choses dont l'administration est pure spirituelle ; elle contraint les Prelats de constituer leurs Vicaires, un ou deux Conseillers d'Eglise de ladite Cour, lesquels avec ce pouvoir executent ce qui est à ordonner. Ce qui sera fait *pro forma*, & si lesdits Prelats refusent de bailler Vicariat, la Cour les y contraint par saisie de leur temporel.

ARTICLE LXII.

Les Sentences de provision, & garnison de main données par les Juges Ecclesiastiques sur contrats, obligations & cedules reconnuës, non excedans la somme de huit écus & un tiers d'écu, seront executoires nonobstant oppositions ou appellations quelconques, & sans préjudice d'icelles, en baillant bonne & suffisante caution. Et si pourront être mises à execution par les appariteurs desd. Juges d'Eglise sur ce requis, par toutes voyes & manieres dûës & raisonnables.

Hoc novum & mirum, parce que la Cour d'Eglise ne s'étend, & n'est sujette aux loix des Rois en ce qui est de l'ordination des causes, & execution des Jugemens ; car elle a ses regles, que l'appellation suspend, sinon qu'il y ait deux Sentences interlocutoires, ou trois diffinitives conformes : Et les anciens Decrets ont blasmé que l'Eglise se rendit sujette aux loix des Seigneurs lays, quoy qu'elles fussent faites en faveur de l'Eglise, *can. benè quidem 96. distinct.* C'est donc à l'Eglise de s'en ayder si elle veut : mais l'execution ne se fera pas par saisie & main-mise, car le Juge Ecclesiastique n'a pas cette puissance, mais contraindra *sub censuris*.

ARTICLE LXIII.

Pourront les Curez & Vicaires recevoir les Testamens & dispositions de derniere volonté, encore que par iceux y ait legs à œuvres pies, saintes & religieuses, pourvû que les legs ne soient faits en faveur d'eux ou de leurs parens : à la charge de faire signer le testateur & les témoins, ou de faire mention de l'interpellation qu'ils auront faite audit testateur & témoins pour signer, & de la cause pour laquelle ils ne l'auront sçû faire, suivant nos Ordonnances, sans déroger neanmoins aux Coûtumes & commune observance des lieux, requerant autre, ou plus grande solemnité, soit en pays de droit écrit, ou Coûtumier.

C'Est pour corriger le 27. article de l'Ordonnance d'Orleans : Mais celuy-cy ne fait la distinction proprement. Car le legs qui est fait à l'Eglise Parroissiale regarde le profit du Curé pour le tems qu'il est Curé, & eût été mieux de faire l'article plus clair. La regle generale est que nul ne soit Notaire ou témoin en affaire qui est sienne, & où il a interest. La plusp art des Coûtumes de France ont prescrit les formes des Testamens ; Celle de Nivernois est bien à propos, qui dit que le Curé ou Vicaire n'y soit admis, sinon en cas de necessité, quand aisement on ne peut recouvrer de Notaire.

ARTICLE LXIV.

Nous défendons à nos Cours de Parlement, & tous autres nos Juges, de contraindre les Prelats & autres Collateurs ordinaires, de bailler provision de Benefices dépendans de leurs collations : mais renvoyer les parties pardevant les Superieurs desd. Prelats & Collateurs, pour se pourvoir pardevant eux par les voyes de droit. Et en cas d'empêchement pourront avoir recours au Superieur Ecclesiastique.

Idem, en l'Edit du 16. Avril 1571. article onze.

QUand le Benefice est deû à aucun en vertu de son degré, ou indult, il est certain que celuy à qui il est deû ne se peut dire possesseur sans institution Canonique, *cap. beneficium extrà de regul. jur. in 6.* Auparavant cét Edit quand la Cour connoissoit le refus sans cause ou la demeure & negligence du Collateur, elle ordonnoit qu'il y seroit contraint par saisie de son temporel, qui est la coërtion dont les Juges lays usent contre les personnes Ecclesiastiques. Par cét article les Ecclesiastiques sont exempts de cette coërtion, & sont remis à la voye ordinaire *ut in casu negligentiæ vel denegationis adeatur superior*; & toutesfois celuy qui a été refusé par l'Ordinaire, ayant par aprés sa provision du Superieur, sera reputé comme s'il avoit été pourveu dés lors de sa premiere requisition, même quant aux Graduez & Mandataires. Par l'Edit du Roy Loüis XII. de l'an 1512. article 14. Voy l'article 13. cy-devant.

HOSPITAUX.

ARTICLE LXV.

ET sur les plaintes que nous avons reçûës de la mauvaise administration qui se fait ordinairement és Hôpitaux & Maladeries de nôtre Royaume : Nous enjoignons à tous nos Officiers, sur peine de suspension & de privation de leurs états, de faire proceder, observer & executer les Edits faits pour ce regard par les Rois nos predecesseurs, même celuy de l'an 1561. Et ce nonobstant toutes provisions, ou lettres de declaration, que nous aurions délivrées au contraire, lesquelles en tant que besoin seroit, nous avons revoquées & revoquons : ensemble les évocations données au contraire : & que les Arrests donnez suivant nos Ordonnances, soient executez nonobstant lesd. évocations & interdictions. Voulans le revenu & deniers provenans desd. Hôpitaux & Maladeries, être employez suivant nosd. Edits. Et ne pourront desormais être établis Commissaires au regime & gouvernement des fruits & revenus desd. Maladeries & Hôpitaux autres que simples Bourgeois, Marchands ou Laboureurs, & non personnes Ecclesiastiques, Gentils-hommes, Archers, Officiers publics, leurs serviteurs, ou personnes par eux interposées.

C'Est article est mal observé : car de n'agueres, sous pretexte d'une ancienne Ordonnance obtenuë à la poursuite de Monsieur le grand Aumônier, Messieurs du grand Conseil ont decerné des Commissions, pour faire appeller pardevant eux les Administrateurs des Hôpitaux, pour rendre compte, qui est un vray abus, car par ce moyen les deniers qui doivent être employez suivant l'Edit saint de l'an 1561. sont employez en voyages & frais de procez : & la verité de l'administration est couverte & déguisée. En cét Edit il y a de plus qu'en celuy de l'an 1561. que gens d'Eglise, Gentils-hommes & Officiers, ne peuvent être commis à l'administration des Hôpitaux. Voy l'Ordonnance de Moulins art. 73.

ARTICLE LXVI.

ET d'autant que la pluspar du revenu desd. Hôpitaux & Maladeries a été usurpé & appliqué au profit de ceux qui en ont eu le maniement, par le moyen de l'interversion & substraction des titres & enseignemens : Enjoignons à nos Officiers des lieux, sans pour ce prendre aucun salaire, faire bon & loyal inventaire de tous lesd. titres & enseignemens, contenant sommairement & par abregé, la teneur & substance desd. titres : ensemble une description du revenu desd. Hôpitaux & Maisons-Dieu. Lequel inventaire sera mis & déposé és Greffes de nosd. Jurisdictions plus prochaines, pour y avoir recours quand besoin sera, Sur lequel inventaire sera dressé l'état du revenu, qui sera transcrit au commencement des comptes des Administrateurs.

CEt expedient est bon pour l'avenir *ut reliqua salva fiant* : Mais pour le passé il ne se prescrit aucun remede. Bien semble que la prescription n'y pourroit être *etiam* de quarante ans. La prescription de quarante ans a lieu en faveur des Hôpitaux comme des Eglises, *Auth. quas actiones, §. de sacros. Eccl.* Mais à cause de la mauvaise foy & grande perfidie de celuy qui auroit diverty les titres, je croy que son heritier, premier, second ou tiers, ne pourroit prescrire non plus que l'interverseur même, par la raison de la loy *cum hares, ff. de divers. & temp. præscript.*

DES UNIVERSITEZ.

ARTICLE LXVII.

NOus entendons, que suivant ce qui a été arresté sur les remonstrances des trois Etats, cy-devant tenus en la Ville d'Orleans, Lettres de commission soient expediées & addressées à certain nombre de notables personnages que nous députerons, pour ledans six mois voir & visiter tous les privileges octroyez aux Universitez par les Rois nos predecesseurs : ensemble les fondations des Colleges, & la reformation du feu Cardinal de Touteville : Et ce fait, proceder à l'entiere reformation & rétablissement de l'exercice & discipline esd. Universitez & Colleges : Nonobstant oppositions ou appellations quelconques. Et cependant pour y donner quelque reglement, avons ordonné ce qui s'ensuit.

L'Université de Paris d'anciènneté a qualité & titre de Fille aînée de la Maison & Couronne de France. Avec ce titre elle a ses causes commises au Parlement en ce qui concerne les droits du corps d'icelle, & l'Avocat qui plaide pour elle à son rang au banc des Princes du Sang, en la Grand Chambre du plaidoyé, qui est du côté de la cheminée, à la main droite du Roy, quand il sied, & du President tenant le Siege. Auquel même banc quand aucun procez est intenté au Parlement, pour les anciens & grands droits domaniaux du Roy, la premiere proposition de la demande qui se doit faire en l'Audience, se fait par l'Avocat du Roy étant audit banc des Princes : Il replique en son Siege ordinaire.

ARTICLE LXVIII.

EN chacune Université, tous les ans seront faits *principes* & lectures ordinaires en chacune des facultez dont elle est fondée. Autrement elle sera interdite la promotion des degrez en la faculté de laquelle les principes n'auront été faits, ny les lectures ordinaires continuées.

PRINCIPES, S'appellent l'entrée qu'on fait de la lecture de quelque livre dont la proposition se fait publiquement, pour être faite & confirmée à tel jour & à telle heure. Aussi n'est-il raison qu'aucun prenne degré en un lieu, s'il n'y a eu exercice de la science en laquelle il desire être gradué.

ARTICLE LXIX.

DEfendons à ceux de l'Université de Paris, de lire ou graduer en droit Civil.

C'Est selon la Constitution *Honorii III. Papæ in cap. super specula ext. de privileg.* & sont mises deux raisons, l'une parce que les François ne reconnoissent le droit Civil des Romains pour loy, & Paris est la Cité capitale : L'autre afin que l'étude de Theologie y ait plus grand cours.

ARTICLE LXX.

TOus Professeurs & Lecteurs de Lettres & Sciences, tant divines que profanes, ne pourront lire en assemblée & multitude d'auditeurs, sinon en *lieu public* : & seront sujets au Recteur, Loix, Statuts & Coûtumes des Universitez où ils liront.

LIEU PUBLIC, C'est pour obvier aux lectures qui pourroient être faites d'Arts ou Sciences reprouvées, & afin que le corps de l'Université soit mieux composé étant sujet à un seul chef, qui est le Recteur.

ARTICLE LXXI.

TOus les Principaux, même des petits Colleges ausquel n'y a exercice, ne logeront ny recevront en leurs Colleges autres personnes qu'étudians & écoliers ayans Maîtres ou Pedagogues. Ausquels défenses sont faites de recevoir gens mariez, solliciteurs de procez, & autres semblables, sur peine de cent livres parisis d'amende, & de privation de leur Principauté.

L'Intention des Fondateurs bâtissans Colleges & les fondant, a été directement pour loger écoliers avec commodité, & leur donner moyen de vivre pour étudier : *quæ res publicam utilitatem respicit, nam quod in alimenta ætatis infirmæ vel eruditionem puerorum relinquitur, ad honorem civitatis pertinere videtur, l. civitatibus, si quid relictum ff. de legat. 1. & quod ad certam speciem civitati relinquitur, non est in alios usus convertendum, nisi cum Principis auctoritate, l. 1. l. legatam, ff. de admi. rerum ad civitatem pertinentium.*

ARTICLE LXXII.

SEront tenus les Principaux & Superieurs de quelque College que ce soit, de resider en personne, & faire les charges ausquelles les Statuts les obligent, faire lectures, disputes, & autres charges contenuës esd. Statuts. Ausquels Principaux défendons de souffrir aucuns *Boursiers demeurer plus de tems* qu'il est porté par les Statuts : sur peine de privation de leur Principauté, & de s'en prendre à eux en leurs propres & privez noms, pour la restitution des deniers qui en auroient été perçûs par ceux qui auroient été demeurans esd. Colleges, outre le tems porté par leursd. Statuts.

BOursiers demeurer plus de tems, La fondation des Colleges a été pour entretenir les étudians, & ordinairement le tems est limité pour l'étude de chacune science, afin que le bien-fait puisse appartenir à plusieurs personnes.

Seroit expedient que le Recteur de l'Université, une fois en l'an ou en trois ans, accompagné de deux bons personnages choisis en l'assemblée de l'Université, visitât tous les Colleges, se fît representer les fondations & statuts de chacun, vît & examinât les Boursiers & enquît sur autres circonstances ; & que sur son rapport le Juge Royal du lieu ordonnât & executât, nonobstant appel & sans préjudice.

ARTICLE LXXIII.

NE pourront lesd. Principaux bailler à ferme leurs Principautez, ne prendre argent des Regens pour leur donner classes, mais leur enjoignons pourvoir gratuitement lesd. Regens desd. classes selon leur sçavoir & suffisance : sur peine de privation de leurs charges de Principaux, & des privileges des Universitez.

CE seroit chose indigne, que ces places qui se doivent donner par honneur pour la suffisance, & sçavoir, fussent sujettes à commerce ; seroit une simonie, non gueres moins à blasmer que celle qui est des choses spirituelles & sacrées : Car l'institution des jeunes enfans est l'un des commencemens & entretenemens de la pieté & Religion Chrétienne.

ARTICLE LXXIV.

DEfendons à tous Principaux des Universitez, Regens, & Pedagogues, de s'entremettre de solliciter procez, soit en nos Cours de Parlement, ou autres Jurisdictions, à peine d'être privez de leurs charges, & de la joüissance des privileges desd. Universitez.

CEcy est ordonné afin qu'ils n'ayent occasion de se distraire de leur principale profession, qui est d'apprendre ou enseigner : mais je croy que de cét article faut excepter s'ils sollicitent pour leurs propres affaires, ou de leurs peres, ou freres, ou autres proches, & croy que cét article ne leur est défendu que la sollicitation mercenaire *ad instar* de ce qui est dit *in l. 1. in fi. cum quinque sequentibus & in l. penult. ff. de postul.*

ARTICLE LXXV.

LEs Recteurs qui seront cy-aprés élûs, visiteront chacun College une fois pendant leur Rectorerie, pour voir l'état d'iceux Colleges, oüir les plaintes, si aucunes se presentent, tant des disciples, que Regens & Pedagogues : & tenir la main à l'entretenement des Statuts des Universitez & Colleges.

LEs Recteurs sont Juges ordinaires de tous ceux de l'Université, tant en corps qu'en particulier, *Auth. habita, C. ne filius pro patre.* En l'Université de Paris le Recteur est élû de trois mois en trois mois, & doit être Maître és Arts, & ne peut être Recteur qui est Docteur Licentié ou Bachellier formé en autre Faculté. Le Recteur s'élit, *per viam compromissi* pour éviter la confusion, car chacune des quatre Nations élit un Intrant. Les quatre Intrans élisent le Recteur.

ARTICLE LXXVI.

VOulons, que toutes élections, tant de Recteurs, Procureurs, Intrans, qu'autres dignitez, offices, ou charges desd. Universitez, soient faites à l'avenir sans brigues, banquets, ou autres choses tendans à corruption de voix & suffrage, ou sedition : sur peine d'être declarez incapables de telles dignitez, charges & offices, où aucuns seroient entrez par telles brigues & moyens sinistres, & de quarante écus d'amende applicables aux pauvres.

CEs états ne sont pas gueres moins saints que les Benefices & charges Ecclesiastiques ; & qui par simonie ou male-façon y entre, il est privé, *ipso jure*, comme incapable, & ne peut tenir autres offices & charges, *cap. dilectus 2. extrà de simon.*

ARTICLE LXXVII.

AUsd. charges de Superieurs, Senieurs, Maîtrises, Principautez, & Sous-maîtrises, ne pourront être élûs ne instituez gens pourvûs de Benefices qui auront charge d'ames, & requierent residence. Et si aprés qu'ils auront été élûs & pourvûs desd. charges ils étoient pourvûs de Benefices de la qualité que dessus : Declarons lesd. charges vacantes & impetrables, sans qu'ils les puissent resigner : si ce n'est qu'ils soient pourvûs de Benefices étans dedans les Villes où sont lesd. Universitez, ou hors d'icelles, en telle distance que l'on y puisse aller & venir en un jour.

LEs charges des Colleges sont personnelles, & desirent l'homme tout entier, & d'ailleurs les Cures & autres Benefices ayans charge d'ames, requierent aussi residence, & comme en Benefices l'acceptation du second incompatible fait vaquer le premier, *cap. de multa extrà de prabend. in antiq.* ainsi l'acceptation de Cure fait vaquer la Maîtrise ou Principauté.

ARTICLE LXXVIII.

LEsd. Superieurs, Senieurs, Principaux, & Boursiers ne pourront resigner leursd. états & charges, soit au dedans du tems introduit pour icelles tenir par les Statuts & Fondations, ne aprés iceluy tems expiré : mais y pourvoiront les Patrons & Collateurs de personnes capables, & de qualité requise par lesd. Statuts & Fondations : & sans que lesd. Principaux, Senieurs, Boursiers & autres puissent demeurer, ne prendre & percevoir les droits appartenans ausd. *bourses*, aprés le tems introduit par les Statuts & Fondations. Lequel expiré, avons declaré & declarons lesd. bourses vacantes & impetrables, sans qu'ils les puissent resigner, & de rendre ce qu'ils auront reçû depuis ledit tems expiré.

LEs Bourses, Principautez & dignitez és Colleges ne sont pas Benefices ny offices Ecclesiastiques, aussi ne sont pas laïcales : car gens mariez ne les peuvent tenir. Pourquoy le Roy peut ordonner, tant au possessoire qu'au petitoire.

Par tout où la suffisance & preud'hommie est requise, ne doivent pour raison être reçûs resignations, de peur de faire telles charges comme hereditaires ; & doit être le choix par élection de celuy à qui appartient d'y pourvoir.

ARTICLE LXXIX.

LEsd. Superieurs, Senieurs, *Maîtres & Principaux* ne pourront faire baux à ferme ou loyer des Maisons, Fermes, Censes, Terres, Seigneuries, & autre revenu desd. Colleges qu'en public, au plus offrant &

dernier encheriſſeur. Et à cette fin ſeront miſes affiches aux portes des Egliſes Parroiſſiales, & publiées aux Prônes des Meſſes Parroiſſiales des lieux où ſont les choſes à bailler ſituées & aſſiſes : Avec défenſes de *prendre pots de vin, ne avances* deſd. fermes, ſur peine du quadruple. Et ne pourront faire leſd. *baux* à plus long tems que neuf années, ſur peine de nullité deſd. baux qui auroient autrement été faits, & d'amende arbitraire. Auſſi leur défendons toutes venditions, échanges, permutations, engagemens, hypotheques, & toutes autres allienations deſdites choſes. Et ſi aucunes ont été vendûës, échangées, compermutées, engagées, hypotequées, ou autrement alliennées ſans authorité de juſtice, & les ſolemnitez en tel cas requiſes & accoûtumées *en alliennation de biens Eccleſiaſtiques* & Communautez, non obſervées ne gardées, ſeront telles venditions & allienations revoquées, caſſées & anullées.

LEs Maistres et Principaux, ne ſont qu'Adminiſtrateurs comptables, pourquoy doivent obſerver les regles de bon ménage. Outre les regles qui ſont icy contenuës, la Cour de Parlement par aucuns Arreſts en a ajoûté une autre de ne renouveller les baux nouveaux, ſinon aprés les anciens finis ou prochains à finir.

Prendre pots de vin et avances, ce ſont actes de mauvais ménage & ſemonſes pour faire bon marché ; & par raiſon ne faut allouer aux fermiers les deniers baillez par avance s'il vient autre ſucceſſeur.

Les baux faits avec les ſolemnitez prefixes par cét article obligent les ſucceſſeurs, comme ſont les baux faits par les Beneficiers, quand ils ſont faits des choſes accoûtumées à être baillées & ſelon l'uſance, qui eſt une limitation de la *gloſ. in cap. ult. extra ne prelati vices ſuas : Nam & Prælatus poteſt concedere emphyteuſim vel fundum ad Eccleſiam reverſum quod ab antiquo ſolitum eſt concedi, cap. 2. extrà de feud.*

Alliennation de biens Ecclesiastiques, Ces Colleges ont les mêmes privileges pour les allienations & preſcriptions, comme ont les Benefices, *l. ut inter, C. de Sacroſ. Eccl. l. civitatibus, l. ſiquid, relictum, ff. de leg.* 1.

ARTICLE LXXX.

DEfendons aux Superieurs, Seniceurs, Principaux & Regens, de faire & permettre aux Ecoliers, ne autres quelconques, joüer Farces, Tragedies, Comedies, Fables, Satyres, Scenes, ne autres jeux en Latin ou François, contenans laſcivetez, injures, invectives, convices, ne aucun ſcandale contre aucun état public, ou perſonne privée, ſur peine de priſon & punition corporelle, & de répondre aux reparations, tant honorables que profitables, à nos Procureurs Generaux, ou leurs Subſtituts, & parties privées, qui ſe ſentiront injuriées & ſcandaliſées.

D'Ancienneté pour l'exercice de la jeuneſſe étoit en uſage és Colleges qu'en certaines ſaiſons de l'année les Regens faiſoient repreſenter Comedies & Dialogues en Latin par leurs écoliers, qui eſt choſe loüable pour commencer de les aſſeurer és actions publiques, & pour leur donner cœur quand ils voyent que leur action eſt approuvée par la faveur de l'aſſiſtance. A l'occaſion de cét honneſte exercice aucuns Regens, qui par la ferveur de leur jeuneſſe avoient couru parmy le monde, & s'étoient aſſociez avec Farceurs & Comediens, qu'on appelloit enfans ſans ſoucy, qui ſont principalement des nations de Normandie & Picardie, & bien peu d'Auvergne, ont introduit aux Colleges, & Comedies & Farces en François, & ne ſe ſont abſtenus de la licence de médire, tant contre les perſonnes étans en état public, que contre les perſonnes privées. On y a voulu appliquer remede, non par abolition, mais par controlle, en faiſant voir aux gens du Roy la compoſition de leurs jeux, à ce qu'il n'y eût rien mal à propos. Mais comme les inventions ne défaillent jamais, autresfois eſt avenu à Paris, que la compoſition ayant été vûë & connuë ſans reprehenſion par ſa premiere apparence, les Comediens par geſtes & paroles repreſentoient ſi bien les perſonnes dont ils vouloient parler, que les aſſiſtans voyans & oyans connoiſſoient aiſement le ſecret de tout ce que les Comediens avoient entendu, & avoient couvert & déguiſé par paroles communes : & parce qu'il eſt bien ſeant que les jeunes gens dés leur enfance apprennent toute modeſtie, cét Edit eſt tres-ſaint, & eſt bien raiſon que les Superieurs ayans charge des mœurs, autant bien ou plus que des alimens & ſcience, en répondent.

ARTICLE LXXXI.

AUſſi enjoignons aux Senieurs, Superieurs, & *Principaux* des Colleges de nôtre Ville de Paris, où il n'y n'y a à present exercice, & neanmoins il y en doit avoir par la fondation, y en établir, tant en Philosophie que Grammaire, avec le nombre des *Boursiers* de la qualité requise par les statuts & fondations d'iceux, & mettre au Greffe de ladite Cour tous les Statuts, Fondations, Comptes, Lettres, Titres & enseignemens concernans lesdits Colleges, pour être communiquez à nôtre Procureur General, pour prendre telles Conclusions qu'il verra être à faire par raison, à peine de cent livres parisis d'amende, privation de leurs Superioritez, Principautez, & des privileges de ladite Université. Et jusqu'à ce qu'ils ayent ce fait, seront les fruits, profits, revenus & émolumens desdits Colleges saisis & regis sous nôtre main, par Commissaires qui y seront établis.

Comme dit a été cy-dessus, article 71. Les fondations des Colleges appartiennent au droit public : pourquoy est bien seant qu'outre le soin que les Superieurs établis par la fondation, doivent avoir les Officiers du Roy s'en entremettent, pour procurer & faire que l'intention des Fondateurs soit executée.

Principaux, Ce mot, Principal, est tiré de l'ancienne composition & façon de parler, par laquelle le Superieur d'un College se nommoit *le Principal Maître*; car leur vraye charge se doit appeller Maîtrise.

Boursiers, Sont ceux qui par la fondation doivent être logez & nourris en dedans les Colleges pour certain tems, durant lequel ils doivent étudier en l'Art à laquelle la fondation est destinée.

ARTICLE LXXXII.

Enjoignons aux Recteurs, Principaux & Superieurs desdits Colleges, de faire lire publiquement devant les écoliers & supposts d'iceux, les fondations & *statuts* de leurs Colleges deux fois l'an : ensemble le reglement desd. Colleges portez par les Arrests de nos Cours de Parlement; sçavoir est, le premier Samedy d'aprés Pâques, & d'aprés la fête saint Remy, afin que personne n'en prétende cause d'ignorance, & que le tout soit gardé & observé par maniere de provision, & jusques à ce que sous nôtre authorité & mandement il ait été pourvû de plus ample & generale reformation sur tout le corps des Universitez.

Statuts, La lecture des statuts est ordonnée afin que chacun des Boursiers sçache avec quelles conditions il doit vivre & se maintenir au College : car puisqu'il est membre du corps, il a interest de les sçavoir, *imo etiam*, s'il en veut copie à ses dépens il l'a doit avoir, *l. pretor ait, ff. de edendo, cap. contingit, extrà de fide instrum.*

ARTICLE LXXXIII.

Ne seront délivrez aucuns *mandemens* par les Conservateurs des Privileges Apostoliques ou Royaux, ne par leurs Greffiers pour Ecoliers, Docteurs-Regens, Principaux, Lecteurs, Bedeaux, Messagers, Supposts ou Officiers des Universitez, que premierement ne leur apparoisse des lettres testimoniales de l'étude, regence, lecture & service. Ne vaudront telles lettre testimoniales d'Ecoliers si elles ne sont signées de leurs Principaux, ou Docteurs actuellement Regens, & lisans ordinairement. Et ne seront délivrées & expediées sinon aux Ecoliers presens en personne, & lesquels pour cét effet se souscriront au papier du Recteur.

Les mandemens des Conservateurs, qu'on appelle protections ou committimus, quelque recit qui soit fait par iceux ne doivent faire foy pardevant le Juge ordinaire pour renvoyer, si par même moyen on n'exhibe la testimoniale du Recteur, laquelle testimoniale ne se délivre sinon à ceux qui se trouvent immatriculez és Registres de l'Université qui sont és mains du Recteur, & avec certification qu'auparavant ladite protection ou committimus. ils ayent été residens six mois durant; comme aussi ils perdent leur privilege s'ils sont absens six mois. Par Edit du Roy Louïs XII. de l'an 1498. le dernier Aoust, article 1. & 2.

Le privilege de Scolarité est temporel, & restraint à certain tems, selon la faculté en laquelle on étudie. *Papon en ses Arrests, titre 14. du privilege de Scolarité.*

ARTICLE LXXXIV.

Tout *examen* sera fait, & chacun degré passé en public, où se trouveront tous les Maîtres & Docteurs Regens de la Faculté, assistez des Bedeaux, selon les anciennes solemnitez & ceremonies : lesquelles nous entendons être inviolablement gardées, & ce sans faire aucuns banquets : Declarans toutes collations de degré faites en chambre & en privé, nulles, & de nul effet & valeur.

EXAMEN, L'examen public empêche les faveurs particulieres ; car qui se presente en public, s'il a tant soit peu de cœur honneste craindra d'être remarqué pour ignorant : & partie des grandes fautes qui aviennent és actions des hommes, vient de l'insuffisance de ceux qui sont employez aux charges publiques.

ARTICLE LXXXV.

LEs degrez ne seront conferez sinon à personnes qui auront étudié par tems & intervales opportuns, selon les Ordonnances des Rois nos predecesseurs, dont ils seront tenus faire apparoir par certificat & rapport de leurs Regens & Recteurs.

LE degré de Maîtrise és Arts ne doit être conferé sinon aprés trois ans & demy, la Doctorie en droit Civil ou Canon aprés sept ans, sauf que les Nobles *ex utroque parente* par le Concordat peuvent être promeûs aprés cinq ans. En Medecine aprés huit ans, en Theologie aprés dix ans.

ARTICLE LXXXVI.

QUand il y aura Regence vacante en droit Canon ou Civil, les Docteurs Regens en la Faculté mettront dans le mois affiches de ladite vacance, & en envoyeront autant aux plus prochaines & fameuses Universitez du Parlement, esquelles y aura exercice de ladite Faculté : assignant jour certain & competent pour ouvrir la dispute. Et sera preferé celuy qui par leçons continuera un mois durant, & par repetition publique aura été trouvé le plus digne par le jugement des Docteurs - Regens de lad. Faculté.

CEst bien raison que ceux qui doivent enseigner soient bien choisis, & la grande experience qu'on en peut avoir, est par les lectures & disputes : Mais il seroit expedient qu'il fût pris une ou demie decime sur toutes les Abbayes & Prieurez du Diocese auquel est l'Université & d'autres prochains pour fournir gages aux Docteurs, afin d'y semondre les plus sçavans.

ARTICLE LXXXVII.

NUl ne pourra pratiquer en Medecine qu'il ne soit Docteur en lad. Faculté. Et ne sera passé aucun Maître Chirurgien ou Apothicaire, és Villes où il y aura Université, que les Docteurs-Regens en Medecine n'ayent été presens aux actes & examen, & ne l'ayent approuvé. Aussi en leur presence seront visitées deux fois l'an les boutiques des Apothicaires, le tout sans préjudice des Statuts & Reglemens particuliers, qui se trouveront être faits sur ce par les Rois nos predecesseurs, & Arrests de nos Cours.

POur l'importance de l'administration de la Medecine & Chirurgie, la Doctorie est bien necessaire au Medecin : & l'experience & Art approuvé en l'Apothicaire & Chirurgien ; aussi d'ancienneté és dons des Maîtrises de Mestiers que les Rois font en leurs nouvelles entrées és Villes, sans charge de chef-d'œuvre, sont toûjours exceptez Barbiers, Chirurgiens & Apothicaires.

ARTICLE LXXXVIII.

NOstre intention est que les Universitez jouïssent respectivement de tous & chacuns les privileges, dont elles ont par cy-devant bien & dûëment joüi : Nonobstant que les Lettres de leursdits privileges se trouvent perdûës & adirées par le moyen des troubles, ou autrement.

LEs verifications que les Cours de Parlement font de tels privileges, ensemble des domestiques de la Maison du Roy & autres Corps, portent ordinairement cette clause, pour en joüir comme par cy-devant ils en ont justement & legitimement joüi.

DE LA IUSTICE.

ARTICLE LXXXIX.

POur le desir & affection que nous avons de soulager nos sujets, & les relever d'oppression, Declarons nôtre vouloir & intention être és jours, où nos affaires le pourront permettre, donner audience ouverte & publique à ceux de nosd. sujets, qui se voudront presenter pour nous faire leurs plaintes & doleances afin d'y pourvoir,& de leur faire administrer justice.

LEs Rois en l'Ecriture sainte sont par endroits nommez Dieux, sujets au grand Dieu, comme il se dit au Psal. 81. vers. 1. *Deus stetit in Synagoga deorum, in medio autem deos dijudicat.* & au vers. 6. du même Psal. il est dit *Ego dixi : dii estis & filii excelsi omnes.* De vray, ce qui plus represente la Majesté de Dieu entre les hommes est la Justice ; quand un homme a droit de juger son semblable ; pourquoy les Rois qui veulent regner & durer en regnant doivent aymer justice, & la rendre à leurs sujets, & pour faire qu'elle soit vraye Justice la rendre facile, ce qui se represente mieux quand le Roy present oyt les plaintes de ses sujets oppressez pour leur en faire raison. Ainsi dit Hesiode en sa Theogonie, qui se rapporte à ces Audiences publiqûes.

Toyneca gàr basilies exéphrones, oyneca laoìs
Blaptoménois agoriphi metástopa érga Teleysi
Piidios :

Propterea enim reges prudentes, quod populis damno affectis in foro res iterum integras restituunt facile.

ARTICLE XC.

PAreillement nous voulons, que nôtre tres-cher & feal Garde des Sceaux, baille audience ouverte à l'issuë de son dîner à tous ceux qui auront affaire à luy. A laquelle audience assisteront les Maîtres des Requêtes ordinaires de nôtre Hôtel, qui seront en quartier, ou deux d'iceux au moins, pour prendre les Requêtes des parties, & en faire rapport au premier conseil, si besoin est.

LE Chancellier de l'Hôpital exerçoit exactement cette Ordonnance : & quant aux Maîtres des Requêtes, le Chancellier a certaine pension du Roy pour le plat des Maîtres des Requêtes, parce qu'ils doivent être avec luy à dîner.

ARTICLE XCI.

ET au regard de nôtre Conseil Privé & d'Etat, ayant en cét endroit, comme en tous autres benignement reçû les remonstrances qui nous ont été faites par nos Etats, afin aussi de le rétablir en sa premiere dignité & splendeur, & que d'orénavant nôtredit Conseil ne soit occupé és causes qui gisent en jurisdiction contentieuse : Voulans conserver la jurisdiction qui appartient à nos Cours Souveraines & Justices ordinaires, avons renvoyé les instances pendantes, indecises & introduites en iceluy nôtredit Conseil, tant par évocation qu'autrement, pardevant les Juges qui en doivent naturellement connoître, sans que nôtredit Conseil à l'avenir prenne connoissance de telles & semblables matieres, lesquelles voulons être traitées pardevant nos Juges ordinaires, & par appel en nos Cours Souveraines, suivant nos Edits & Ordonnances.

LEs Deputez de Paris firent grande instance pour l'obtention de cét article pour cette raison principalement, qu'au Privé Conseil bien souvent étoient retractez les Arrests donnez en Parlement, & qu'avec legere occasion toutes sortes de matieres y étoient évoquées & traitées, qui étoit grande diminution de l'authorité du Parlement. De vray ledit Conseil Privé & d'Etat est étably pour connoître des affaire generales, non pour les affaires des particuliers, & est composé de Princes, & autres Seigneurs qui n'ont été appris aux loix, coûtumes & pratiques judiciaires.

ARTICLE XCII.

DEclarons que les Arrests de nos Cours Souveraines, ne pourront être caſſez ne retractez, ſinon par les voyes de droit, qui eſt *Requête Civile*, & *propoſition d'erreur*, & par la forme portée par nos Ordonnances : ny l'execution d'iceux Arreſts ſuſpenduë ou retardée ſur ſimple requête à nous preſentée en nôtre Conſeil Privé.

LA REQUESTE CIVILE ſe propoſe en deux cas principalement, l'un quand il y a eu dol & ſurpriſe de la partie adverſe, qui eſt le cas auquel le droit des Romains a ordonné la nullité des jugemens, *ut in l. ſi pretor, §. Marcellus, ff. de judic.* L'autre quand la partie qui a perdu ſa cauſe eſt mineure ou avec autre qualité pour être reſtituée en entier, & n'a *été bien défendu*.

LA PROPOSITION D'ERREUR eſt quand on veut impugner directement l'Arreſt, & ſont les formes ordonnées par l'Ordonnance du Roy Louïs XI. & Ordonnance de l'an 1539. Par l'Edit d'Orleans, article 45. eſt dit que les Juges du premier jugement y aſſiſteront, & pareil nombre d'autres Juges, & deux d'avantage.

ARTICLE XCIII.

NOſtredit Garde des Seaux ſcéllera trois fois la ſemaine: auſquels jours aſſiſteront deux ou trois deſdits Maîtres des Requêtes, qui ſeront en quartier, l'un deſquels ſignera leſdites Lettres, leur faiſant inhibitions d'en ſigner aucunes contraires au droit, & à nos Ordonnances, ſur peine d'en répondre en leur propre & privé nom.

POur le tems de cét Edit, Monſieur le Chancellier étoit excuſé de l'exercice, & Monſieur le Garde des Seaux étoit étably en état de titre & office formé. Le ſemblable avoit été auparavant fait en la perſonne du Chancellier Olivier en la faveur du Garde des Seaux Bertrand.

ARTICLE XCIV.

LEs Audienciers, Secretaires, ou autres quels qu'ils ſoient, étans à la ſuite de nôtre tres-cher & feal Garde des Seaux, ne prendront aucune choſe des parties pour faire ſcéller leurs Lettres. Ce que leur défendons ſur peine de punition exemplaire.

QUelquefois les parties pour être expediées, ont meilleur compte de bailler argent pour avancer leur affaire, que de ſejour.

ARTICLE XCV.

DEfendons auſſi ſur peine de punition corporelle, à toutes perſonnes n'étans Officiers de nôtre Chancellerie, de ſe mêler ou entremettre des Lettres qui ſeront preſentées au Seau, ny les ſouſtraire, faire égarer, ou en ſuppoſer d'autres en leur place.

S'Eſt trouvé par experience que pluſieurs inconveniens aviennent de ces entremetteurs ; car quelquefois en payant le ſcél ils ſouſtrayent des lettres en faveur de la partie adverſe de l'impetrant, ou les cachent pour en tirer argent davantage, ou feront autre villonnerie dont tels pourſuivans de Cour gens débauchez, qui par leurs male façons n'ont ſçû prendre état certain, ſont accoûtumées de s'aider, auſſi ils ne ſçavent faire autre choſe.

ARTICLE XCVI.

ET ſur les plaintes qui nous ont été faites de l'exceſſive taxe des expeditions des Lettres de nôtre Chancellerie, avons ordonné, & ordonnons, que la reduction & moderation, qui fut faite par le feu Roy nôtre tres-honoré Seigneur & Frere, au mois de Janvier 1563. ſur pareille requiſition des Etats aſſemblez à Orleans, ſera gardée & obſervée. Défendons à nos grands Audienciers, & Contrôlleurs de l'Audience, d'icelle exceder & outrepaſſer, ſur peine d'en répondre en leur propre & privé nom.

D'Ancienneté les ſimples Lettres ne payoient pour ſcél que ſix ſols pariſis, & autant de perſonnes impetrantes juſqu'à quatre, autant de ſeaux, hormis mary & femme pour un ſcél, & un tuteur de pluſieurs mineurs pour un ſcél : Les Lettres criminelles à ſept ſols pariſis : Les Lettres de ſcél à double queuë ſix ſols pariſis : Les Lettres en forme de Chartes dix livres quatre ſols pariſis. : Pour Parroiſſe ou Bourg quatre ſeaux : Pour Ville cloſe ſix ſeaux : Pour Ville Epiſcopale huit ſeaux : Pour Ville de Parlement douze ſeaux. Par Edit du Roy Charles IX. du mois de Septembre

1570. les simples seaux sont augmentez de deux sols parisis, les seaux de Lettres criminelles de trois sols parisis, les doubles seaux & Chartes par diverses augmentations y declarées. Voy l'article 76. de l'Ordonnance d'Orleans.

ARTICLE XCVII.

NOus avons declaré & declarons, que nous n'entendons dorenavant bailler aucunes Lettres d'évocation, soient generales ou particulieres, de nôtre propre mouvement : mais voulons que les Requêtes de ceux qui poursuivront lesdites évocations, soient rapportées en nôtre Conseil Privé par les Maîtres des Requêtes ordinaires de nôtre Hôtel qui seront en quartier, pour y être jugées suivant les Edits de Chantelou & de la Bourdaiziere, & autres Edits depuis faits par nos predecesseurs Rois & par nous. Et où lesd. Lettres d'évocation se trouveroient raisonnables, parties ouïes, & avec connoissance de cause, elles seront octroyées, & non autrement. Et seront toutes évocations signées par un de nos Secretaires d'Etat, ou de nos Finances, qui aura reçû les expeditions lors que lesd. évocations auront été déliberées. Declarant les évocations, qui seront par cy-aprés obtenuës contre les formes susd. nulles & de nul effet & valeur. Et nonobstant icelles voulons être passé outre à l'instruction & jugement du procez par les juges dont ils auront été évoquez.

L'Edit de la Bourdaiziere est du 17. May en 1529. par lequel il est ordonné que les Requêtes afin d'évocation seront rapportées par les Maîtres des Requêtes au Conseil du Roy, afin d'être renvoyées en telle part qu'il plaira au Roy, pour en avoir l'avis de Juges; & selon iceluy être informé des faits contenus esdites Requêtes d'une part & d'autre, & les enquêtes rapportées être ordonné de l'évocation : & ne sera procez évoqué pour recusation ou supplication des Cours de Parlement de Paris, Tolose, Bordeaux & Rouen, s'il y a vingt Conseillers non recusez, & des autres Parlemens douze.

L'Edit de Chantelou est du mois de Mars en 1545. & confirme l'Edit de la Bourdaiziere, défend de recevoir Requêtes sur nullité & contrarieté d'Arrests, mais dit être besoin se pourvoir par proposition d'erreur, sinon és matieres possessoires & beneficiales, & autres esquelles proposition d'erreur n'est admise.

L'Edit de Moulins 1566. article 70. veut que les évocations n'ayent lieu hors les cas des Edits, même en matieres criminelles. Si ce n'étoit qu'elles eussent été expediées du commandement du Roy, & signées par un des quatre Secretaires d'Etat. Aussi est dit que qui aura obtenu Lettres d'évocation en matiere criminelle ne sera reçû à les presenter, qu'il ne soit actuellement prisonnier en la prison du Siege évoqué, ou du Siege évocant.

ARTICLE XCVIII.

POur faire cesser les plaintes à nous faites par nos sujets à l'occasion des Commissions extraordinaires par cy-devant decernées. Avons revoqué & revoquons toutes lesd. Commissions extraordinaires : Voulans poursuite être faite de chacune matiere pardevant les Juges ausquels la connoissance en appartient.

CEt article est tres-necessaire pour empêcher les mauvaais desseins de ceux qui sont frians des confiscations, amendes, & autres parties procedantes du malheur & miseres d'autruy; parce que telles personnes ordinairement pourchassent pour avoir Juges deleguez personnes à leur devotion, pour travailler, tourmenter, & juger au contentement de ces instigateurs vrays Corbaux, ainsi que Monsieur Cujas, sur la l. 26. *in fine ff. de verbor. obligat.* appelle la donation des confiscations *Corvinam*; & il n'est que trop certain qu'un accusé a plus de peine à se défendre de la puissance, authorité & pressante sollicitation de quelque infame confiscaire, que de sa veritable partie, à quoy il importeroit de pourvoir par une prompte & severe reformation. Voy *de se pourvoir contre le jugement des Commissaires, l'art.* 340. *cy-dessous.*

ARTICLE XCIX.

LEs Maîtres des Requêtes ne pourront instruire & juger en leur auditoire autres matieres que celles dont la connoissance leur appartient par nos Edits & Ordonnances, ny juger en dernier ressort, ny souverainement aucuns procez, quelques Lettres attributives de jurisdiction & renvoy qui leur puisse être fait desd. causes, le tout sur peine de nullité.

Les Maîtres des Requêtes de l'Hôtel ont leur Auditoire au Palais à Paris, prés la Chapelle de la grand Sale. Et par Édit du mois d'Aoust 1539. est declaré que la connoissance & jugement de tous procez concernans le titre & provision de tous Offices Royaux soient de judicature en l'Ordinaire, que de Tailles, Aydes & tous autres leur appartient privativement de quelque Parlement que ce soit, & les appellations ressortissent au Parlement de Paris.

Outre ils connoissent des causes sujettes à Committimus pour & contre les Officiers des Requêtes du Palais.

Ils connoissent aussi des procez criminels pour la falsification du seél du Roy.

Par cét Édit est interdit la delegation & attribution extraordinaire qui est faite par lettres patentes, par la raison de l'article prochain precedent.

ARTICLE C.

AVenant vacation des Offices de Judicature, Nous voulons & entendons que lesd. Offices demeurent supprimez, jusqu'à ce qu'ils soient reduits à l'état & au nombre ancien, selon qu'il sera cy-aprés declaré : & qu'à l'avenir soit pourvû ausd. états de personnes de qualitez requises, sans pour ce payer aucune finance. Declarans que nôtre intention est de faire cesser du tout la *venalité* desd. Offices : laquelle à nôtre tres-grand regret a été soufferte pour l'extreme necessité de nôtre Royaume. Voulans, & ordonnans, que ceux qui se trouveront à l'avenir avoir directement ou indirectement *vendu* offices de Judicature, perdent le *prix*, & soient davantage condamnez au double. Semblablement ceux qui auront *pris argent* pour nous porter parole & requerir de faire pourvoir aucune personne desd. Offices : & que ceux qui *les auront achetez*, ou fait acheter, donné ou promis argent pour parvenir ausd. Offices *en soient privez*, & de tous autres dont ils seront lors pourvûs, & declarez indignes & incapables de tenir jamais Offices Royaux. Ne pourront semblablement ceux, de quelque qualité & condition qu'ils soient, qui tiennent par appennage, engagement, bien fait ou autrement, terres de nôtre Domaine, vendre directement ou indirectement les Offices de Judicature : & ne pourront pourvoir ou nommer aux Offices supprimez, tant par cette Ordonnance, qu'Edits cy-devant faits.

La venalité, De vray la venalité des Offices de Judicature a commencé par l'occasion des grandes affaires que nos Rois ont eu. Mais leur Conseil eût mieux fait de leur donner avis de surcharger leur peuple par autre façon, & ç'eût été moins de foule au peuple ; car si un Etat apporte mil écus aux parties casuelles du Roy, cét Officier qui desire remplir le vuide de sa maison & qui outre cela desire d'être riche, recherchera les moyens par l'occasion de son office, & sous pretexte de justice, de faire couster au peuple dix fois plus que son état ne luy aura cousté, car nul n'achete états que pour s'enrichir & s'agrandir. L'autre plus grand mal qui en est avenu, est que par la venalité des Offices, le devoir & les fonctions des Officiers ont été à vendre, ce qui a engendré le mépris de la Justice, de là est avenuë la desobeïssance des sujets envers leur Roy, & en consequence tous les maux que les troubles nous ont amenez.

Entres les Offices de Judicature sont les états de Procureurs du Roy.

Vendu, prix argent, les auront achetez, Bien seroit qu'on eût ajoûté, & je croy qu'on l'a entendu être autant à l'égard de ceux qui se font creatures des Grands se voüans du tout à leur service, ou qui par autre moyen que par leur valeur, suffisance & sainte élection pretendent & pourchassent pour avoir ces états.

En soient privez, Les peines sont icy ordonnées *ad instar* de la simonie qui rend le simoniaque indigne du Benefice impetré, & de tous autres Benefices, *Sanctissima res est civilis sapientia, jus, est ars boni & aqui cujus meritò quis nos sacerdotes appellat*, *l.* 1. *§.* 1. *ff. de just. & jure*.

ARTICLE CI.

ET outre seront les Seignenrs Justiciers, tant Ecclesiastiques que seculiers, de quelque qualité qu'ils soient, qui vendront directement ou indirectement états de Judicature, privez du droit de presentation & nomination qu'ils auront ausd. Offices. Semblablement toutes autres personnes de quelque qualité qu'elles soient, qui auront droit de provisions ou nominations d'Offices, ne pourront prendre argent, ou chose équipollente, pour lesd. provisions & nominations. Et si aucuns pour obtenir lesd. provisions en avoient baillé, encourcront les uns

& les autres la même peine que dessus. Enjoignons à tous nos Officiers d'informer diligemment de contraventions qui se feront à la presente Ordonnance, pour y être pourvû suivant nos Edits.

CE que le Roy ne trouve bon être fait par luy, il n'est pas raison que les inferieurs estiment que ce leur soit chose licite, vendre états de Judicature n'est pas moindre faute que la simonie és Benefices Ecclesiastiques. Par la regle ancienne de ce Royaume les Seigneurs justiciers qui abusent de leur justice, la doivent perdre.

ARTICLE CII.

ET pour mieux effectuer nôtre intention, voulons qu'avenant vacation des Offices de Conseillers en nos Cours de Parlement, & autres Souveraines aprés ladite reduction faite à l'ancien nombre, lesd. Cours ayent à nous nommer personnes de l'âge, qualité & capacité requise, sans que nosd. Cours puissent nommer plus d'un natif de la Ville où elles sont établies. Pour laquelle élection tous ceux qui y assisteront, presteront és mains de celuy qui presidera le serment en tel cas requis & accoûtumé, sans toutesfois que par telle élection & nomination les élûs ou nommez soient exempts ou excusez de l'examen ordinaire.

SEroit expedient que nul ne pût être President ou Conseiller en la Ville dont il est domicilié, & que les Etats des Cours Souveraines fussent annaux. Voy les articles 9. & 11. de l'Ordonnance de Moulins.

ARTICLE CIII.

ET quant aux états de Presidents & Conseillers des Requêtes, aprés la reduction faite, sera pourvû ausd. états des plus anciens Conseillers de nos Cours de Parlement, suivant les Ordonnances.

CEt article seroit bon s'il étoit bien observé, toutesfois il n'avient pas toûjours que ceux qui sont bons pour Conseillers soient bons pour Presidens.

ARTICLE CIV.

ET quant aux autres états & Offices de Judicature non sujets à suppression, qui vaqueront cy-aprés aux Provinces, afin qu'il y soit pourvû de personnages approuvez & certifiez par les Provinces : Voulons que nos principaux Officiers par l'avis des plus apparens & notables, tant du Clergé, Noblesse du païs, que tiers Etat, nous envoyent de trois en trois ans une liste des personnes qu'ils jugeront être dignes, capables & suffisantes pour être pourvûës desd. états.

CEt article ne remedie pas au mal, car avenant la vacation il faut toûjours aller solliciter en Cour, pour avoir faveur & être choisi entre plusieurs, & ce choix est aussi dangereux & d'aussi grands frais que d'acheter.

ARTICLE CV.

ET afin que la Justice soit administrée en la dignité qu'il appartient, nous n'entendons que par cy-aprés aucun puisse être *pourvû ne reçû* en état & Office de Judicature de nos *Cours Souveraines*, qu'il ne soit âgé de 26. ans complets, & n'ait *hanté & frequenté les barreaux* & plaidoyries par quatre ans.

POURVEU NE RECEU, la principale & meilleure provision seroit qu'ils ne fussent pourvûs moyennant deniers ou autres faveurs aussi perilleuses ou plus que la marchandise de deniers : & parce que peut-être l'état qu'on a fait és Finances du Roy de ces parties casuelles seroit mal-aisé à abolir, il seroit bon que chacun Bailliage ou Senéchaussée de Province du ressort du Parlement deût fournir certain nombre de Conseillers, qui seroient élûs par les trois Etats de la Province, & le Roy seroit tenu leur bailler lettres de provision gratuites ; & en fournissant chacun desdits Conseillers selon que la vacation en aviendroit, la même Province fournit au Roy la finance qui seroit arbitrée pour ledit état. De même fût és Cours des Aydes par les élections, dont il viendroit double bien que les Juges seroient bien choisis, gens de bien conneus par témoignage de plusieurs, & qu'és Cours se trouveroient personnes pratiques & bien connoissantes des usances de chacune Province.

Conseillers *des Cours Souveraines* à vingt-six ans qui est moindre âge que des Lieutenans des Provinces à trente ans : Mais le Lieutenant est chef en son Siege, & le Conseiller est en compagnie de grand nombre & des plus anciens.

Hanté et frequenté les Barreaux, Je desirerois qu'il eût plaidé pour le moins une fois le mois en Cour Souveraine durant un ou deux ans, & plaidé une fois la semaine és Cours inferieures, & de ce il y eût temoignage bien certain.

ARTICLE CVI.

Et neanmoins, d'autant que les Offices de Presidens des Cours & Compagnies Souveraines de nôtre Royaume, sont de ceux ausquels pour la grandeur de la charge à laquelle ils sont appellez, il est tres necessaire de pourvoir de personnages de grand sçavoir & longue experience : afin que par leur sçavoir, vertu & âge ils puissent être respectez, & donner loy & exemple de bien faire à ceux ausquels ils president : Avons ordonné, & ordonnons, que nul ne sera dorénavant pourvû ausd. états de Presidens, tant de Parlement que des Enquestes, Grand Conseil, & Cours des Aydes, qu'il n'ait *attaint l'âge* de quarante ans pour le moins, & qu'au prealable il n'ait été Conseiller en Cour Souveraine l'espace de dix ans, ou tenu état de Lieutenant General de nos Bailliages & Senéchaussées par pareil espace de tems ou frequenté les barreaux des Cours Souveraines, *& exercé l'office d'Avocat* si longuement, avec telle reputation & renommée, qu'il soit estimé digne & capable desd. états.

Attaint l'aage, Le grand âge est bien necessaire par les raisons cy-dites, & par l'exemple des Romains & Lacedemoniens, qui avoient leur Conseil de personnes âgées, *undè dictus est Senatus Romæ, & Spartæ geroysia.*

Exercé l'Office d'Avocat, Tant és plaidoyries, qui est le témoignage le plus certain (parce que plusieurs y assistent) que par écritures & consultations, qui est l'essay auquel il y a moins d'assurance : car on peut emprunter de son amy.

ARTICLE CVII.

Les Lieutenans de nos Baillif & Senéchaux ne seront pourvûs ny reçûs esd. états qu'ils n'ayent *trente ans* complets : & quant aux Conseillers des Sieges Presidiaux, qu'ils n'ayent 25. ans accomplis, & *frequenté* trois ans auparavant les barreaux & plaidoyries de nos Jurisdictions.

Trente ans, L'âge y est requis plus grand qu'és Conseillers des Cours Souveraines parce que ceux-cy sont chefs en leurs Sieges, *suprà art.* 105.

Frequenté se doit étendre, tant au premier chef des Lieutenans que pour le second des Conseillers.

ARTICLE CVIII.

Voulons que *les examens* qui se feront à l'avenir en nos Parlemens & Cours Souveraines des pourvûs d'offices sujets à examen, soient faits les matinées, & non les aprés-dînées : & que sur la loy qui leur sera baillée ils soient trois jours aprés, sans plus long délay ou remise examinez, tant sur icelle loy & pratique, que sur la fortuite ouverture de chacun livre, qui se fera en trois endroits pour le moins. Et où pour les grandes occupations de nosd. Cours on ne pourroit vaquer ausd. examens dedans led. tems, leur sera la loy changée pour en répondre au troisiéme jour ensuivant, sans qu'au cas qu'ils ne soient trouvez suffisans par leursdits examens, il leur puisse être baillé délay d'étude ou sac à rapporter. Et pour le regard de l'examen des Maîtres des Requêtes, & Conseillers de nos Cours de Parlement, seront outre les Presidens & Conseillers qui voudront argumenter, commis & deputez pour cét effet, deux Conseillers de chacune Chambre des Enquestes, pour avec les Presidens d'icelles examiner ceux qui se presenteront pour être reçûs ausd. états. Faisons expresses inhibitions & défenses à ceux qui toucheront de quelque degré de parenté, proche alliance, ou grande amitié, ou qui auront poursuivy, parlé ou usé de recommandation, pour ceux qui auront été pourvûs desd. états, d'assister ou opiner ausdits examens. Et de ce seront tenus se purger par serment

avant

avant que pouvoir assister ausdits examens.

Les examens, Cét examen est rigoureux, mais il est bien seant pour l'eminence de sçavoir qui est requis en ceux és mains desquels la vie, l'honneur & les biens de tous les sujets du Roy sont commis; ce seroit un bien certain témoignage si telles personnes étoient élûës par les Etats de chacune Province, & ne pussent être élûës sinon aprés avoir pratiqué dix ans, selon qu'il est dit sur l'article 105. & 106.

ARTICLE CIX.

AUparavant la reception de ceux qui seront par nous pourvûs d'aucuns Offices de Judicature, sera informé de leurs vies, mœurs & conversation. Et seront les informations par les Juges des lieux esquels lesd. pourvûs auront residé par les cinq années precedentes. Et ne seront oüis en icelle que témoins de qualite dignes de foy, & hors de tout soupçon & de faveur & alliance, qui seront nommez & produits par nos Procureurs Generaux, ou leurs Substituts. Ausquels défendons sur peine de privation de leurs états, de recevoir les noms desd. témoins de la part de ceux qui auront été pourvûs Et *pour le regard de l'âge*, sera dorénavant verifié par l'extrait des Registres des baptêmes, & par l'affirmation des plus proches parens, qui seront mandez à cette fin, & oüis d'office.

C'Est le principal que la premiere élection soit faite, qui mieux ne le peut être que par les voix des Etats de la Province : Car depuis que quelqu'un est pourvû d'un état il peut facilement donner ordre aux autres difficultez qui sont de la preud'hommie & de l'âge : vray est que cét article est tres-salutaire en soy, afin que nul soit reçû és états de Judicature sinon personne digne.

Pour le regard de l'aage, Quant à l'âge il y a infinité d'excuses de ne le prouver par écrit; car l'Ordonnance de l'an 1539. sur le fait des Registres n'a jamais été observée pour la forme qu'elle prescrit, & par l'occasion des troubles plusieurs registres se sont perdus. Voy l'article 12. de l'Ordonnance de Moulins.

ARTICLE CX.

CEux qui ont été ou seront desormais gratuitement par nous pourvûs d'Offices, ne seront reçûs à les resigner : sauf à les gratifier par nous selon que leur valeur & merites le requierent.

IL seroit expedient qu'aucune resignation ne fût reçûë d'Offices non venaux, afin que plus facilement les personnes dignes peussent parvenir ausdits Offices, car il n'avient pas toûjours que les enfans des Officiers soient de telle valeur que les peres; & il ne faut pas gratifier les peres avec l'interest & dommage du public, mêmement puisque tous Offices sont de profit, & si aucun s'employe en son état il en reçoit la recompense par les profits.

ARTICLE CXI.

NE seront cy-aprés octroyées par nous aucunes Lettres de provisions d'Offices à condition de survivance, revoquant dés à present celles qui ont été accordées par nous & nos predecesseurs Rois. Sauf toutesfois des Offices pour lesquels a été payé finance, & le prix porté par nôtre Edit fait sur icelles survivances : Et aussi les survivances des Offices esquels les pourvûs ont été déja reçûs, encores qu'ils n'eussent pour ce payé aucune finance.

LEs survivances en choses saintes comme sont les Benefices & les états de Judicature sont tres pernicieuses ; car c'est pour les faire hereditaires, & pour donner plus de moyen aux Officiers de faire oppression; car tant qu'ils sont en dignité il y a peu de moyen de demander raison des torts qu'on a reçûs, aussi que les survivances ostent l'esperance aux jeunes gens qui desirent & travaillent de s'avancer ; & eût été assez expedient de retrancher les restrictions en la fin de l'article, pour remettre dés à present les choses en leur premiere sincerité & integrité.

Nam

----Vivendi qui rectè prorogat horam,
Rusticus spectat dum defluat amnis : at ille
Labitur, & labetur in omne volubilis ævum.

dit Horace *lib. 1. epist. epistola 2. ad Lollium*,

ARTICLE CXII.

AVons suivant les Ordonnances des Rois nos predecesseurs, inhibé & défendu, inhibons & défendons à tous Presidens, Maîtres des Requêtes ordinaires de nôtre Hôtel, Conseillers, nos Avocats & Procureurs Generaux, & autres Officiers de nos Cours de Parlement, Grand Conseil, Chambre des Comptes, Generaux de la Justice des Aydes, & generalement à tous autres nos Officiers, tant des Cours Souveraines que Subalternes, de prendre charge directement ou indirectement, en quelque sorte & maniere que ce soit, des affaires des Seigneurs, Chapitres, Communautez, & autres personnes quelconques: Ny pareillement aucuns Vicariats d'Evêques ou Prelats, pour le fait du temporel, spirituel, & collation de Benefices de leurs Evêchez, Abbayes & Prieurez, de s'entremettre ou empêcher aucunement des affaires d'autres personnes que de nous, de la Reyne Nôtre tres-honnorée Dame & Mere, & de Nôtre tres-chere & tres amée Compagne & Epouse la Reyne, & de Nôtre tres-cher & tres-amé Frere le Duc d'Anjou, en prenant toutesfois par ceux que nôtredit Frere voudra appeller en son Conseil, Lettres de declaration & permission de nous, sur peine de privation de leusd. états. Et ce nonobstant toutes permissions & dispenses sur ce obtenuës, ou qui se pourroient obtenir cy-aprés: Lesquelles nous avons revoquées & annullées, revoquons & annullons par cesdites presentes, comme contraires à nos Edits & Ordonnances.

LEs Officiers du Roy, même ceux qui ont les charges principales doivent être tous entiers en l'exercice de leurs charges, afin que les affaires des autres mêlées parmy celles du Roy, ne rendent les Officiers Royaux moins diligens en leurs charges, ou les pervertissent pour être trop favorables à ceux desquels ils tiennent les bienfaits. Voy l'Ordonnance enfin du Style de Parlement *tit. 6. §. 68.* de Charles VI. de l'an 1388. Voy aussi l'art. *269.* cy-aprés le 44. de l'Ordonnance d'Orleans, & le 19. de celle de Moulins.

ARTICLE CXIII.

SEront nosd. Officiers, qui sont aussi Officiers des autres Seigneurs, tenus dedans deux mois aprés la publication de la presente Ordonnance, opter lequel des deux états ils voudront retenir: Et à faute de ce faire declarons dés à present comme dés lors, les états qu'ils tiennent de nous vacans & impétrables: Et y sera par nous pourvû en leur lieu d'autres.

AInsi le Roy veut que ses Officiers n'ayent dépendance d'autre Seigneur que de luy, afin qu'ils luy soient plus fideles n'ayans aucune attente à autruy. Voy l'article 44. de l'Ordonnance d'Orleans.

ARTICLE CXIV.

NOus défendons à tous nos Officiers, & autres ayans charge & commission de Nous, de quelque état, qualité & condition qu'ils soient, de prendre ne recevoir de ceux qui auront affaire à eux, aucuns dons & presens, de quelque chose que ce soit, sur peine de concussion.

IL est parlé des charges extraordinaires. Car ceux qui sont Officiers de Judicature, ou qui ont autres Offices peuvent prendre leurs taxes, salaires & vacations honnestes de ceux pour lesquels ils s'employent. Voy les art. *94.* & *96.* cy-devant, 19. & 20. de celle de Moulins, & de ne rien prendre *etiam* offert, en l'art. 184. de l'Ordonnance de 1539.

ARTICLE CXV.

AVons défendu & défendons à tous Juges, de s'entremettre de postuler & consulter en leurs Sieges pour les parties en quelques causes que ce soit, encores que nous n'y ayons interest, nonobstant tout usage ou dispense au contraire. Ce que pareillement nous avons défendu à *nos Avocats & Procureurs Generaux* de nos Cours Souveraines, & leurs Substituts és Sieges inferieurs: Et quant à nos Avocats desd. Sieges, leur avons permis de postuler, consulter, ou écrire pour les parties ès causes ou nous n'aurons aucun interest, & ce par provision seulement, jusqu'à ce que par nous leur soit autrement pourvû des gages suffisans : le surplus des autres défenses susdites tenans en leur regard. Le tout sur peine de concussion, dont nos Juges & Officiers seront tenus nous avertir, sur peine de privation de leurs états.

CEt article entra au cahier du tiers Etat à la plainte & postulation des Deputez de Ryon en Auvergne, qui blasmoient un homme de Murat Conseiller au Siege Presidial, qui postuloit & consultoit pour les particuliers.

Nos Avocats et Procureurs Generaux, quant aux Avocats & Procureurs du Roy, soient generaux ou particuliers, la regle deût être pareille : Mais il faudroit les pourvoir de bons gages : quelquesfois la cause se trouve sans interest du Roy ou du public, à son commencement & dans son cours se trouve grandement sujette à l'Office du Procureur du Roy.

ARTICLE CXVI.

ET pour obvier aux recusations de nos Cours Souveraines & autres, & pourvoir aux plaintes qu'on fait ordinairement des grandes alliances qui sont entre les Officiers de nôtre Justice : Voulons que l'article contenu en l'Ordonnance d'Orleans, portant défenses de recevoir en un même Parlement, Chambre des Comptes, & autres Cours Souveraines, ny en un même Siege le pere & le fils, les deux freres, l'oncle & le neveu, soit à l'avenir inviolablement gardé. Et avons dés à present declaré nulles toutes les dispenses qui seront cy-aprés octroyées au contraire. Et neanmoins enjoignons à nos Avocats & Procureurs Generaux & leurs Substituts, de nous envoyer dedans deux mois aprés la publication du present Edit, le nombre & nom de nos Officiers qui sont esdites Cours & Sieges reçûs contre la prohibition de nosd. Ordonnances, pour puis aprés y pourvoir ainsi que verrons être à faire par raison.

LA source du mal remarqué par cét article, est que presque tous les Presidens & Officiers des Cours Souveraines, sont naiz ou ont pris femme en la même Ville où est établie la Cour Souveraine, ce qui fait qu'ils ont trop de connoissances & d'amitiez : le plus seur seroit qu'une Cour Souveraine fût composée en nombre proportionné de personnes prises en chacune Province y ressortissant, *ut suprà* en l'annotation sur les articles 105. & 106. Et l'autre mal qui en dépend est, que les parties étrangeres plaidantes ne sçavent pas ces alliances & amitiez.

ARTICLE CXVII.

ORdonnons cependant, que les procez mûs & à mouvoir de ceux qui sont du corps de nôtre Parlement de Paris, qui auront audit Parlement jusques au nombre de huit, & des autres parties n'étans dudit corps au nombre de dix, proches parens & alliez, comme pere, beau-pere, enfans, gendres, freres, beaux-freres, oncles, neveux, cousins germains, ou remuez de germains, seront renvoyez au *plus prochain Parlement*, si l'autre partie le requiert. Le semblable voulons être gardé en nos Cours de Parlement de Tolose, Bordeaux & Roüen, quand aucun du corps d'icelles aura cinq parens ou alliez au degré susdit, ou quand autres n'étans dudit corps y en auront six : comme aussi pour les Parlemens de Dijon, Aix, Grenoble, & Bretagne, esquels aucuns desd. compagnies auroient trois parens ou alliez audit degré, ou bien autres n'étans d'icelles compagnies y en auroient jusques au nombre de quatre.

AUparavant cét Edit on étoit en peine de recuser un Parlement, & convenoit dire les causes contre tous les particuliers ou la pluspart ; ou bien dire des causes tres-urgentes contre tout le corps ; icy le nombre des recusez est limité plus grand selon que les Parlemens sont composez de plus grand nombre de Juges.

Plus prochain Parlement, S'entend plus prochain de la seance du Parlement, & non plus prochain de la demeure des parties.

ARTICLE CXVIII.

TOus Juges, tant de nos Cours Souveraines ou inferieures, qui sçauront causes de suspicion, ou recusation pertinente & admissible en leurs personnes, soit pour paternelles ou alliances, pour lesquelles ils pourroient être valablement recusez par les parties plaidantes, seront tenus les declarer pardevant les Juges, sans attendre que l'on les leur propose. Et de leur declaration sera fait registre, & communiqué aux partie avant que proceder au jugement du procez, sur peine de privation de l'état à celuy de nosd. Juges qui ne l'auroit declaré, & d'être incapable de tenir à jamais office de Judicature.

MEmes és Parlement & autres Cours dont les parties plaidantes sont éloignées, icelles parties peuvent ignorer les parentelles, alliances & amitiez; pourquoy il est bien raisonnable que ceux qui sont de bonne conscience, se declarent d'eux-mêmes & se déportent.

Puisque d'eux-mêmes ils sont tenus se declarer, il faut dire que pour avoir procedé volontairement on ne se depart pas de la recusation, aussi celuy qui a procedé s'il afferme que la cause de suspicion est venuë de nouvel à sa connoissance, il est neanmoins reçû à recuser *alioqui* qui procede volontairement est censé approuver le Juge *cap. insinuante extrà de offic. deleg. cap. inter monasterium extrà de sent. & re jud.*

ARTICLE CXIX.

DEfendons à tous Juges de connoître des causes, ou assister au jugement des procez des Prelats, Collateurs, & Patrons laiz, desquels leurs enfans, freres, oncles, neveux, auroient obtenu aucuns Benefices, soit que lesdits Collateurs ou Patrons soient parties principales ou jointes.

MIeux seroit encores que les Juges, tant des Cours Souveraines qu'inferieures, ne peussent recevoir don ne pension, ny leurs enfans ou proches parens, accepter Benefices qui leur fussent conferez par des Prelats & Seigneurs ayans Benefices ou leurs principaux biens en dedans le Parlement ou la jurisdiction.

ARTICLE CXX.

DEfendons à tous nos Juges, tant de nos Cours Souveraines qu'autres, de s'entremettre de recommander ou solliciter les procez des parties plaidantes en icelles, sur peine d'être privez de l'entrée de nosdites Cours & Sieges, & de leurs gages pour un an.

FAut excepter si ce n'est en cause criminelle pour une personne bien proche. J'ay veu Maître Pons Brandon Conseiller en la Cour, assister Maître Michel Brandon son pere, sollicitant avec luy & recommandant la cause de son pere, aux Conseillers à l'entrée, & son pere étoit accusé de crime: *Sed hoc non solùm condonandum sed etiam laudandum erat cum esset officium pietatis.*

ARTICLE CXXI.

EN ajoûtant au cinquante-troisiéme article de l'Ordonnance d'Orleans, Avons ordonné & ordonnons, que les procez mûs & à mouvoir és Chambres de nos Cours de Parlement, esquels aucuns de nos Presidens ou Conseillers d'icelles, leurs *peres*, enfans, gendres, freres, beaux-freres, *oncles*, *nepveux* ou *cousins* germains, se trouveront parties, ne seront jugez esd. Chambres: mais renvoyez en une autre à la simple requisition de la partie adverse. Ce qui semblablement voulans être gardé pour les procez pendans és Chambres esquelles les parties auront trois parens ou alliez, jusques au *quatriéme degré*. Et pour le regard des *Juges Presidiaux*, voulons l'Article 52. de l'Ordonnance faite à Orleans, être gardé & observé selon sa forme & teneur.

CAr quoy que les proches parens soient recusez ou se deportent d'en connoître Ils ne laissent d'avoir leurs faveurs & sollicitations; & parce que les jugemens sont souverains, de tant plus faut prendre garde de prés qu'ils soient sans aucune suspicion.

Peres, oncles, nepveux, cousins, Je croy qu'il se doit aussi entendre s'ils sont maris des meres; des sœurs, des tantes, des nieces & des cousines germaines; car entre les Chrestiens à cause de l'excellence du mariage on fait pareil compte de l'affinité que de la consanguinité.

Quatrie'me degre', Sçavoir s'il entend selon le droit Canon, par lequel les cousins germains sont au second, & les enfans de cousins issûs de germain sont au quatriéme Mais je croy puisque la computation du dro

Canon n'est considerée qu'és mariages, qu'icy se doit entendre selon le droit Civil, par lequel l'oncle est au tiers, & le cousin germain au quatriéme degré.

Juges Presidiaux, Pour être la cause renvoyée au plus prochain Siege Presidial. Voy les articles 52. & 53. de l'Ordonnance d'Orleans.

ARTICLE CXXII.

NOs Presidens, Maîtres des Requêtes, Conseillers, Maîtres des Comptes & Officiers, tant, de nos Cours Souveraines, que Sieges Presidiaux, s'abstiendront de l'entrée de nosdites Cours, Chambres & Sieges pendant le jugement des procez, esquels eux ou ceux dont ils sont presumptifs & appaheritiers seront parties. Ausquels nous voulons être vaqué, toutes choses intermises & délaissées.

C'Est par par bien seance à ce qu'il n'y ait aucune suspicion qu'ils sollicitent pour leurs parens. Mais ce n'est pas la guerison entiere du mal, car ils peuvent solliciter és maisons, & le plus seur est d'en oster la connoissance ausd. Parlemens & Sieges.

ARTICLE CXXIII.

AUcun incident appointé en droit, ne pourra être rapporté, soit en nos Cours Souveraines ou Sieges Presidiaux, sans qu'au prealable les productions ayent été mises au Greffe, & distribuées sur le Registre, à peine de nullité des Jugemens.

CEtte Ordonnance est en partie pour la vraye direction de Judicature, à ce que les parties n'ayent moyen de choisir les Juges, ou les Juges de s'ingerer d'eux-mêmes. Partie aussi pour le profit de la bourse, afin que la distribution soit faite à tous.

ARTICLE CXXIV.

NOus voulons que l'Ordonnance d'Orleans, article 42. pour faire appeller les causes des appellations verbales, & juger les procez par écrit à tour de rôlle, soit exactement gardée, tant en nos Cours Souveraines, que Sieges Presidiaux : Et que les rôlles qui se feront pour lesdits procez par écrit, soient mis entre les mains de l'Huissier des Chambres des Enquestes de nos Parlemens, & Sieges Presidiaux.

CEt article pour les procez par écrit est de difficile observation, parce que tels procez, depuis que les épices ont été mises en ordinaire & necessité qui souloient être en bienseance, & encores depuis que le Roy a voulu y avoir part, sont sujets à être sollicitez, & ne peuvent bonnement être vuidez sans poursuites particulieres.

ARTICLE CXXV.

VOulons aussi les causes plaidées és Audiences, être promptement vuidées & expediées, si faire se peut. Et où par nos Cours sera ordonné qu'on en deliberera au Conseil pour les vuider sur le Registre : Avons ordonné & ordonnons, que le lendemain avant toute expedition, il en sera deliberé par les Presidens & Conseillers qui auront assisté à la plaidoyrie, & les Arrests qui interviendront, prononcez à la prochaine audience. Seront les Avocats & Procureurs, par la faute desquels la cause n'aura pû être vuidée sur le champ, condamnez en telles amendes qu'il sera avisé par nosd. Cours. Leur enjoignons tres-étroitement de proceder à rigoureuse punition desdits Avocats qu'ils trouveront en plaidant avoir allegué sciemment aucuns faux faits. Enjoignons aussi à nos Avocats & Procureurs Generaux, de procurer que la presente Ordonnance, & celles faites par nos predecesseurs Rois pour ce regard, soient entierement gardées & observées, sur peine d'en répondre en leur propre & privé nom.

LA cause plaidée en l'Audience doit être appointée au Conseil, si tous les Conseillers ou pour le moins les deux tiers, ne sont de même avis. François I. 1535. Moulins, article 60.

ARTICLE CXXVI.

QUand aucun procez se trouvera party en nos Parlemens, soit en la grand Chambre ou Chambre des Enquestes, Nous voulons qu'incontinent, & sans délay soit procedé au département dudit procez. Et à cette fin enjoignons aux Presidens des Chambres, chacun en leur regard, de donner promptement audience aux Rapporteur & compartiteur dudit procez sans aucune remise : afin que le même jour qu'ils se seront presentez le procez soit mis sur le bureau, pour être départy & jugé incontinent.

LE procez se dit être party quand les Presidens & Conseillers juges du procez se trouvent en opinions diverses, & que le nombre pour chacune opinion est pareil ; & encores si les opinions d'une part ne passent de deux voix, le procez est tenu pour party. C'est-à dire, s'ils ont vingt opinions, il ne demeurera arresté s'il n'y en a douze pour le moins d'une opinion ; & à cét égard est abolie l'Ordonnance de l'an 1539. art. 126. Par l'Edit d'Henry II. de Fevrier 1549. verifié en Parlement le 4. Mars ensuivant. Doncques quand le procez se trouve party, le rapporteur du procez qui a tenu l'une des opinions, & un des principaux & plus avisez du nombre de ceux qui ont tenu l'autre opinion, qui s'appelle le compartiteur, vont en une autre Chambre du Parlement ; & en icelle rapportent le fait & les difficultez du procez, & là par la pluralité des voix le procez est départy : C'est-à-dire, suivant l'avis de l'un des deux partis.

ARTICLE CXXVII.

LEs epices seront taxées par ceux qui presideront sur les extraits des Rapporteurs, qu'ils auront fait eux-mêmes. Enjoignons à nosd. Presidens d'user de telle moderation en la taxe desd. épices, que par ce moyen ils pourvoient à la plainte que l'on fait à l'augmentation d'icelles : dont nous chargeons leurs consciences & honneur.

EN Parlement le Rapporteur d'un procez auquel il y production literale ou enqueste, doit faire extrait du procez, & sur iceluy rapporter, & en rapportant il est assisté au bureau de deux Conseillers qui le contrôllent, l'un tenant l'inventaire, l'autre tenant les pieces. L'ancienne façon de taxer est d'un écu pour deux feüillets d'extrait en enqueste, & d'un écu pour trois feüillets d'extrait de production litterale ; & doivent les Conseillers eux-mêmes faire leurs extraits. Voy l'article 131. cy-aprés.

ARTICLE CXXVIII.

ET pour le regard des Juges inferieurs, où il apparoîtra par les Sentences qui seront données la taxe desdites épices être excessive ; Enjoignons à nos Cours de Parlement d'y pourvoir & ordonner de la repetition d'icelles, tant contre le Rapporteur, que celuy qui les aura taxées, & y user de plus grande severité & animadversion s'il y échet.

C'Est une espece de crime *repetundarum* quand celuy qui est en charge publique prend plus qu'il ne luy appartient, & que ce plus a un excez notable *l. eadem in verbo, utque urbani magistratus ab omni sordi se abstineant, neve plus doni munerisve in anno accipiant quàm quod sit centum aureorum, ff. ad leg. jul. repet.* Même s'il est coûtumier d'être excessif en épices, *& quià ipse sibi in eam rem jus dicit.* Et qui est ainsi condamné devient incapable de tenir office, *d. l. eadem, §. hac lege.*

ARTICLE CXXIX.

DEfendons tres-expressement à nos Presidens, & tous autres Juges, de taxer aucunes épices où il n'y aura que nos Procureurs Generaux & leurs Substituts parties : excepté neanmoins pour le regard des gros procez domaniaux pour lesquels leur sera pourvû particulierement.

LEs Juges Royaux par leur établissement doivent servir le Roy gratuitement parce qu'ils ont gages de luy, même és matieres criminelles ; car le Roy doit justice, & le Procureur du Roy n'est condamné aux dépens, aussi on ne luy en adjuge. Mais en cas domanial le Procureur doit les dépens s'il perd sa cause, aussi on les luy doit s'il gagne ; & en ce cas échet à taxer épices.

ARTICLE CXXX.

LEs procez criminels faits & instruits en nos Parlemens en premiere instance, ne seront rapportez par celuy qui aura fait les recollemens, confrontations, & instruit lesd. procez.

CE peut être la raison, afin s'il y avoit quelque faute faite par luy qu'il ne la puisse couvrir, & que le procez soit plus fidellement rapporté.

ARTICLE CXXXI.

NUlles épices seront taxées ne payées pour Arrests, Sentences ou Jugemens, qui seront cy-aprés donnez sur requêtes presentées par l'une des parties seulement, soit en matiere civile ou criminelle : même pour l'élargissement de prisonniers, excepté toutesfois au cas qu'il y ait vacation du Rapporteur, pour avoir veu les informations & procedures, & que rapport en ait été fait, dont leur honneur & conscience seront chargez.

LEs Requêtes se presentent aux Conseillers selon qu'on les veut choisir, lors qu'ils entrent en Parlement, & en doivent faire le rapport promptement ; & ordinairement telles Requêtes ne sont que preparatoires, & il avient peu souvent que sur icelles soit deffiny, & s'il y a pieces à voir il en faut faire dicton à part, & c'est bien raison qu'il y ait épices : Mais quand la réponse est au pied de la Requête, *ut plurimum*, c'est sans épices. Voy l'article 33. de l'Ordonnance de Roussillon, & les articles 127. 128. & 129. *suprà*.

ARTICLE CXXXII.

NUls Officiers de Judicature, Avocats, Procureurs, Solliciteurs, Greffiers & leurs commis, tant des Sieges Royaux que subalternes, & Sergens, ne pourront être fermiers des amendes, droits & émolumens des Cours en leursdits Sieges, ny être adjudicataire des fruits saisis par Justice, ou cautions pour les fermiers & adjudicataires d'icelles, directement ou indirectement, à peine d'être privez, tant des émolumens desd. fermes & adjudications, & neanmoins contraints payer le prix d'icelles, que de leurs états & offices.

AUparavant cét Edit plusieurs Arrests ont été donnez par la Cour conformement à sa disposition, & la raison y est bien grande ; afin que par leurs menées les heritages ou fruits ne soient adjugez à trop vil prix : Et afin que sous pretexte de l'authorité ou intelligence, les pauvres parties ne soient vexées. Voy les articles 81, & 109. de l'Ordonnance d'Orleans, & des Greffiers & de leur reglement, les articles 77. & 80. là même.

ARTICLE CXXXIII.

ET pour le regard des procez qui se jugent par Commissaires, Voulons l'Ordonnance faite à Moulins article 68. & 69. tant pour la qualité desdits procez, jour & heure pour vacquer à iceux, que pour le nombre des Juges être inviolablement gardée : sauf toutesfois à nosdites Cours, où l'on a accoûtumé de juger à dix, de pouvoir s'assembler jusques au nombre de douze, y compris les Presidens si les parties les demandent, & selon que l'importance & longue visitation des procez le requerra : dont dont nous chargeons l'honneur & conscience de nosdits Presidens & Conseillers.

PRocez de Commissaires par l'Edit de Moulins article 68. sont instances de dommages & interests, criées, reddition de comptes, liquidation de fruits, taxes de dépens excedans trois articles, esquelles instances sont plusieurs articles tous procedans d'une source, & ordinairement les difficultez sont plus en fait qu'en droit, & gisent en calcul. De cette façon de commettre est parlé, *in l. penult. ff. de confess.* & pour le calcul peuvent se mettre à part trois ou quatre, ou cinq, pour si aucune difficulté survient outre le calcul & verification des dattes, le rapporter à la compagnie.

Et par ledit Edit de Moulins. article 69. sont défendûës les heures à l'issûë de la Cour; les esprits étans déja las & travaillez de l'exercice de la vision des procez, *minus graviter & sedulò aliud negotium expedire possunt.*

ARTICLE CXXXIV.

ET neanmoins, parce qu'on ne peut avoir aisement expedition à la grand Chambre de nôtre Parlement de Paris pour les Audiences, & autres grands empêchemens où elle est occupée à nôtre service : seront les procez instruits & pendans en icelle, qui ne pourront être expediez en ladite grand

Chambre, renvoyez és Chambres des Enquestes, selon qu'il sera avisé par nos Presidens & Conseillers d'icelle grand Chambre, dont nous chargeons leur honneur & conscience.

LA grand Chambre qu'on appelle du plaidoyé est composée des Presidens de Parlement & des Conseillers laiz ou clercs plus anciens reçûs : tellement que de chacune Chambre des Enquestes pesle mesle, celuy qui se trouve le plus ancien reçû monte en la grand Chambre quand l'un de ceux de la grand Chambre vient à mourir : En ladite grand Chambre se plaident les appellations valables, & les causes qui en premiere instance doivent ressortir en Parlement. Les Chambres des Enquestes sont celle esquelles se vuident les procez par écrit. Ceux qui president en icelles ne se nomment Presidens de la Cour, aussi quand la Cour marche en corp ou est assemblée, ils tiennent leurs rangs de simples Conseillers.

ARTICLE CXXXV.

SUivant l'Edit fait à Paris au mois de Janvier 1563. Avons défendu aux Juges Presidiaux de proceder à la visitation & jugement d'aucun procez par Commissaire, sur peine de nullité des Sentences & Jugemens, qui seront par eux donnez, & des dépens, dommagés & interests des parties, pour lesquels ils pourront être pris à partie en leur propre & privé nom.

PAr l'Edit de Roussillon de 1564. article 30. est défendu aux Cours de Parlemens faire aucuns procez de Commissaires, qui sont ceux esquels les Conseillers sont payez à raison de tant pour heure, mais est commandé de vuider tout à l'ordinaire, & ne faire taxe qu'au Rapporteur du procez. Par l'Edit de Moulins 1566. article 60. est permis faire des procez de Commissaires és cinq cas y declarez. Et parce que tels procez sont de grands frais, à bon droit a été défendu aux Presidiaux, article 31. du même Edit de Roussillon.

ARTICLE CXXXVI.

SEront tenus tous nos Presidens, Conseillers, Avocats, Procureurs Generaux, Greffiers de nos Cours de Parlement, se trouver à l'ouverture qui s'en fait le lendemain de la saint Martin. Sera lû le tableau, & fait registre des absens, & leur nom baillé le même jour aux Receveurs & Payeurs des gages & droits de nosd. Cours. Ausquels défendons de payer les gages desdits absens pour tout le mois de Novembre, encore qu'ils se trouvassent incontinent aprés ledit jour en nosdites Cours, sur peine de les repeter sur lesdits Payeurs, quelque excuse que les absens puissent alleguer, si ce n'est de maladie, ou empêchement pour nôtre service, dont ils seront tenus faire apparoir. Et seront lesdits gages employez & aumônez aux pauvres prisonniers des Conciergeries.

PAr ancienne observance l'ouverture des Parlemens est le lendemain de la Fête saint Martin, & sont renouellez les sermens des Avocats & Procureurs. D'ancienneté toutes Procurations & Presentations expiroient par la fin du Parlement & les falloit renouveller, & pour marque de ce, les Procureurs à chacun nouveau Parlement prennent demie presentation selon que les causes durent. La presentation entiere est d'un écu.

L'ancien établissement des gages des Presidens & Conseillers est à raison de tant par jour, & se comptent les jours depuis l'ouverture du Parlement jusques à la closture, qui est par les vacations, le 7. Septembre.

ARTICLE CXXXVII.

SUivant les Ordonnances des Rois nos predecesseurs, avons défendu & défendons à nos Presidens, Conseillers & autres Officiers, tant de nos Cours Souveraines qu'autres, de s'absenter pendant la seance de service qu'ils nous doivent, sans exprés congé de nous ou de nosdites Cours & Sieges, ny exceder le tems à eux accordé, le tout sur les peines portées par icelles Ordonnances.

LEs Presidens & Conseillers ne peuvent desemparer le Parlement sans congé exprés du Roy, & si sans tel congé ils alloient en commission pour executer Arrest ou faire enqueste, ce qui seroit par eux fait seroit declaré nul selon l'Ordonnance.

En consideration de leur service en la Cour, les Arrests ont jugé que Messieurs les Conseillers Clercs gagnoient franc és Eglises esquelles ils avoient Prebandes, & n'y avoit rien

rien, de reservé que les distributions manuelles. Loüet lett. C. nomb. 24.
Et la Cour ordonna par Arrest du 14. Decembre 1600. que Maître Charles Brisard Conseiller en icelle, ne desempareroit le service qu'il devoit au Roy en icelle, mais seroit reçû à faire la foy & hommage par Procureur au Seigneur de Maupertuys, qui avoit fait saisir sur luy un muid de terre assis au lieu de Herville, si mieux n'aymoit ledit sieur de Maupertuys luy donner souffrance jusques à la premiere commodité. Pareil Arrest pour ledit sieur Loüet en son nom, du 25. Juin 1604. Voy son recüeil lett. F. nom. 8. & le Commentaire *ibidem*.

ARTICLE CXXXVIII.

NOs Presidens & Conseillers seront tenus d'entrer en nosdites Cours pour faire le service qu'ils nous doivent, aux jours & heures, tant des matinées qu'aprés-dînées portées par nos Ordonnances, sur les peines indictes par icelles.

CEt article n'apporte rien de nouveau. Les heures sont ordonnées par l'Edit du Roy Charles VII. article 3. & par l'Ordonnance de luy sur le style du Parlement, article 8. & de Charles VIII. article 1.

ARTICLE CXXXIX.

NOsdits Conseillers, tant de la grand Chambre que des Enquestes de nos Parlemens, qui seront destinez pour le service de la Tournelle, vacqueront diligemment à l'expedition des prisonniers, & jugement des procez criminels, sans se distraire à autres affaires, suivant nos anciennes Ordonnances & Reglemens de nosdits Parlemens.

LA Tournelle est la Chambre où se jugent les causes criminelles, tant contre ceux qui doivent dire leurs grief & moyens, assis sur la sellete, qui sont les accusez de crimes capitaux; que contre ceux qui sont appellans à d'amendes pecuniaires, ou en autres délits non atroces, que des appellations verbales: Cette Tournelle est composée de toutes les Chambres, & y vont les Conseillers faire le service chacun à son tour, d'où se prend sa dénomination.

ARTICLE CXL.

LEs Conseillers des Enquestes aprés avoir fait leur service à la Tournelle, seront tenus remettre au Greffe, trois jours aprés pour le plus tard, tous les procez criminels qui leur auront eté distribuez, sur peine de privation de leurs gages pour les jours qu'ils auront été en demeure de ce faire. Et quant aux Conseillers de la grand Chambre, les Presidens leur pourront laisser tels desd. procez qu'ils aviseront, s'ils voyent que pour l'expedition & bien de justice il se doive faire. Dont il sera fait Registre au Greffe de la Cour.

LEs Conseillers des Enquestes sont moins de tems à la Tournelle que les Conseillers de la grand Chambre, & l'on a accoûtumé de distribuer les procez de la Tournelle de plus grand poids & importance aux Conseillers de la grand Chambre, parce qu'ils sont les plus anciens & plus experimentez.

ARTICLE CXLI.

TOutes declarations de dépens seront par les Procureurs mises au Greffe, paraphées par les Greffiers ou leurs Commis, sans que pour ledit paraphe ledit Greffier en puisse prendre aucun salaire, pour être lesd. declarations par nos Presidens distribuées à chacun des Conseillers selon leur ordre. Et pour le regard des declarations de dépens des procez par écrit, seront sans autre distribution baillées par les Greffiers ou leurs commis, à ceux qui auront rapporté lesdits procez.

D'Ancienneté le Greffier mettoit les noms des Commissaires qui étoient deux, dont le Rapporteur étoit l'un. Par l'Edit d'Orleans article 47. est dit qu'il n'y aura qu'un Conseiller Commissaire. La distribution est pour les dépens adjugez en l'Audience, car és autres le Rapporteur doit être commis.

ARTICLE CXLII.

ET parce qu'il se juge en nos Cours de Parlemens grand nombre de defaux & congez, qui le plus souvent sont obtenus par la faute & malice des Procureurs: Enjoignons à nosdites Cours, en procedant au jugement desdits defaux & congez ainsi obtenus, demander & ouïr les Procureurs des parties, pour adjuger les dépens contre celuy desdits Procureurs, en son propre & privé nom, de la part duquel se trouvera faute, surprise, & demeure.

LE grand & desordonné nombre de Procureurs, fait que ceux qui ont moins de pratique, ont plus grand loisir & commodité parmy une si grande abondance & confusion de causes, de mediter & executer des surprises, & les Conseillers chargez de procez & d'affaires, bien à peine peuvent-ils prendre le loisir de remedier à tous les maux qui se font. Pourquoy cét article qui est bon & saint est de difficile execution, & le souverain remede seroit en dépeuplant les Palais & Auditoires de tant d'Officiers, Avocats & Procureurs, de repeupler les mestiers & exercices d'honneste marchandise & labeur.

ARTICLE CXLIII.

DEfendons à nosdits Conseillers de se charger d'aucunes informations, si elles ne leur sont distribuées par les Presidens : Et aussi d'interroger les appellans, soit d'un decret de prise de corps, ou d'un ajournement personnel, si par nôtredite Cour n'est ordonné, sur peine de nullité & de repetition des dépens, dommages & interests des parties, en leur propre & privé nom.

LEs Conseillers des Cours Souveraines n'ont aucune jurisdiction comme singuliers, sinon qu'elle leur soit commise par le Roy ou par la Cour. Leur jurisdiction est collegiale, pourquoy ils ne doivent entrepredre d'eux-même à instruire des procez criminels, & celuy qui s'ingere *eo ipso* est suspect en l'affaire.

Tout passe par le Greffe & gist en distribution, article 123. & 141. *suprà*, & pour le reglement des interrogatoires des accusez. Voy l'article 146. de l'Ordonnance de 1539. & pour l'intimation des Juges en leur propre & privé nom, l'article 135. cy-devant, & les articles 147. & 154. cy-aprés.

ARTICLE CXLIV.

VOulons les Mercuriales être tenuës de six mois en six mois, tant en nos Cours de Parlement, Grand Conseil, Chambre des Comptes, Generaux de la Justice, & autres Cours Souveraines qu'és Sieges Presidiaux, à sçavoir en nosdits Parlemens, les premiers Mercredis aprés la lecture des Ordonnances, qui se fait aprés les Fêtes de saint Martin & Pâques : & quant au Parlement de Bretagne, Grand Conseil, & Chambre des Comptes, le premier Mercredy d'aprés l'entrée en leurs seances : & aux Sieges Presidiaux, les Mercredis qu'on y lira les Ordonnances. Ausquelles Mercuriales voulons les fautes & contraventions faites à nosdites Ordonnances par les Officiers de nosdites Cours & Jurisdictions, être pleinement & entierement déduites, & les articles proposez être incontinent aprés jugez sans intermission ou discontinuation, tant és jours d'audience qu'autres : pour lesdites Mercuriales être envoyées ; à sçavoir, celles de nosdites Cours Souveraines à Nous & à nôtre tres-cher & feal Chancellier, ou Garde des Sceaux : & celles de nos Juges inferieurs, à nosdites Cours Souveraines de leur ressort. Faisans tres-expresses inhibitions & défenses, tant à nosd. Cours & Sieges Presidiaux, chacun en son regard, vacquer à l'expedition d'autres affaires, que lesdites Mercuriales n'ayent été jugées : declarant les jugemens qui auront été auparavant donnez, nuls & de nul effet & valeur. Enjoignons aussi à nos Avocats & Procureurs Generaux, & à leurs Substituts, sur peine de privation de leurs charges, de les promouvoir & en poursuivre le jugement, & de nous en avertir promptement de la retardation ou empêchement d'icelles.

MErcuriales se disent à cause du Mercredy, qui és Cours de Parlemens n'est pas jour ordinaire de plaidoyrie, mais est jour de Conseil. Desdites Mercuriales est parlé en l'Ordonnance du Roy Loüis XII. de 1499. art. 27. en l'Ordonnance de l'an 1539. art. 130. & en celle de Moulins art. 3. Mercuriales sont assemblées de tous les Presidens & Conseillers de la Cour, esquelles le Procureur General du Roy doit avoir entrée, & par ledit Procureur General doit être faite la proposition sur ce qui se trouve d'abus, contravention aux Ordonnances Royaux, fautes particulieres qui se commettent en l'exercice de la Justice, & autres choses qui desirent animadversion & correction afin d'y pourvoir. Est remarquable la notable Mercuriale du mois de Juin 1559. le Parlement seant aux Augustins, en laquelle le Roy Henry II. assista, où fut proposé de la diversité des Jugemens en la condamnation des Heretiques, parce qu'auparavant on souloit les condamner à mourir, & de n'agueres on les avoit seulement bannis, en laquelle furent pris prisonniers du commandement du Roy, Maître Anne du Bourg, Maître Claude Viole, Maître Antoine Fumée Conseillers, & ledit du Bourg depuis executé à mort pour heresie.

ARTICLE CXLV.

POur relever nos sujets des frais qui se font à la taxe des dépens & liquidation des dommages & interests, és matieres legeres, & de peu d'importance, Ordonnons que les dépens des congez, defaux, desertions, folles intimations ou assignations, appellations interjettées de Sentences données par defaux & contumaces, ou és matieres de fins de non proceder, & toutes autres de petite consequence: & pareillement les dommages & interests des emprisonnemens tortionnaires, saisies, executions reélles & actuelles indûëment faites, seront desormais *taxez & liquidez par le même jugement*, par lequel ils auront été adjugez, si faire se peut, dont nous chargeons les consciences des Juges.

TAXEZ ET LIQUIDEZ PAR LE MESME JUGEMENT. Ce n'est pas un commandement precis & absolu, comme il se void en la fin de l'article, en ces mots, *si faire se peut dont nous chargeons les consciences des Juges*. Aussi de vray il est mal-aisé de les taxer & liquider ainsi soudain : Mais le Juge quand il connoît que les dépens & autres tels accessoires sont de peu de valeur, il peut les arbitrer, ou bien ordonner que la taxe en sera faite sur les pieces sans declaration par écrit : Seront notez les mots de l'Ordonnance *és matieres legeres & de peu d'importance. Vide Joan. Fab. ad tit. institut. de actionib. §. curare num.* 14. Voy l'art. 89. de l'Ordonnance de 1539. & *Corneum consil. 261. vol. 3.*

ARTICLE CXLVI.

CEluy qui aura obtenu Requeste civile contre un Arrest, & en aura été debouté, ne sera plus reçû à proposer erreur contre le principal Arrest, ne contre l'Arrest donné contre la Requeste civile. Celuy aussi qui aura proposé erreur, & en aura été debouté, ne sera plus reçû à proposer erreur ne Requeste civile.

C'Est pour brider les volontez exhorbitantes de plusieurs, qui ne peuvent s'arrester s'ils n'ont jugement à leur desir ; & est expedient, même necessaire en ce fait de procez, ou d'éviter le douteux évenement d'iceux par tous moyens, ou se proposer de prendre le jugement à gré, tel qu'il sera. Voy l'article nonante-deux, cy-devant, & les *61.* & *62.* de l'Ordonnance de Moulins.

ARTICLE CXLVII.

DEfendons à tous Juges, pardevant lesquels les parties tendront à fin de non proceder, de se declarer competens, & dénier le renvoy des causes, dont la connoissance ne leur appartient par nos Edits & Ordonnances, sur peine d'être pris à partie en cas qu'ils ayent ainsi jugé par dol, fraude, ou concussion, ou que nos Cours trouvent qu'il y ait faute manifeste du Juge par laquelle il doive être condamné en son nom.

SElon l'ancien établissement des Cours layes, les Juges jugeoient à leurs perils & fortunes, aussi on les ajournoit en cas d'appel pour soûtenir leurs jugemens, les paroles sont demeurée, l'effet s'en est allé : aujourd'huy il s'observe que le Juge n'est tenu de son jugement, s'il n'a jugé par dol ou concession, ou avec erreur manifeste, qui est ce que l'on dit en droit, *si litem suam fecit* ; ou bien s'il a ordonné sans requisition de partie, *vel in rem suam* comme en taxation d'épices. Car il doit soûtenir. Voy pour la competence les articles 41. de l'Ordonnance de Moulins, & les 12. 13. & 14. de celle d'Amboise, & l'art. 135. cy-dessus pour la prise à partie.

ARTICLE CXLVIII.

PAreillement ne pourront nosdits Juges ressortissans en nos Cours, en vuidant les appellations des Juges inferieurs, retenir la cause du procez principal : mais leur enjoignons les renvoyer pardevant les Juges ordinaires Royaux & des Seigneurs particuliers, autres que ceux qui auront jugé.

SElon l'Edit de Cremieu, article 23. le Juge superieur en disant mal jugé en interlocutoire, pouvoit évoquer & retenir à luy la cause principale, ce qui est aboly pour ôter aux Juges d'appel, la friandise de retenir les causes.

ARTICLE CXLIX.

ET pour le regard de nos Cours Souveraines, leur défendons en procedant au jugement des causes d'appel, d'évoquer le principal de la matiere, si ce n'est pour le vuider & juger sur le champ.

C'Est bien raison, quand le principal peut être aisément vuidé sur le champ, qu'il soit évoqué & jugé, comme quand la nullité du contrat apparoît par la lecture d'iceluy, & en autres tels cas esquels se peut dire *hodie constat hodie agatur.*

ARTICLE CL.

DOrénavant y aura publication d'Enquestes en nos Parlemens, Cours Souveraines, & Requestes du Palais, ainsi que pardevant les Juges ordinaires.

D'Ancienneté n'y avoit publication d'Enquestes és Cours de Parlement, ny és Requestes du Palais, comme il est rapporté en l'Ordonnance de l'an 1539. article 86. qui étoit un grand inconvenient ; & par ledit article de l'an 1539. se peut assez connoître que dés ce tems-là on ne le trouvoit pas bon. Voy l'article 156. cy-aprés sur la fin.

ARTICLE CLI.

LEs Commmissions de nos Cours Souveraines, tant pour l'instruction des procez, que pour l'execution des Arrests qu'il conviendra faire aux Provinces du ressort de nosdites Cours ; s'adresseront aux Juges des lieux : sinon que l'une des parties l'eût requis au contraire, laquelle audit cas ne pourra repeter plus grands frais que si lesd. Commissions étoient executées à la barre, ou par lesd. Juges des Provinces.

L'Honneur n'a pas toûjours été en recommandation aux Juges pour épargner les frais des parties plaidantes : La premiere source de ce mal est de l'avarice. Mais la cause qui se presente exterieure, est la venalité des charges de l'achapt des états de Judicature, de vray les Juges d'appel n'ont qu'à prononcer si bien ou mal a été jugé. L'execution se doit faire sur les lieux par les Juges des lieux *l. à divo pio. §. Sententiam ff. de re judic. cap. postulasti, extrà de foro compet.*

ARTICLE CLII.

LEs Gardes gardiennes qui auront été anciennement obtenuës sous ombre que les Provinces, Bailliages & Villes où étoient les ressorts ordinaires, étoient tenus par autres que nous en appanage, doüaire, engagement, ou par bien fait, dont l'occasion cesse à present, n'auront lieu à l'avenir, pour ôter la connoissance aux Juges qui sont à present Royaux. Et au surplus, quant ausd. Gardes gardiennes, entendons lesd. Ordonnances d'Orleans & de Moulins être observées.

LEttres de Garde gardienne d'ancienneté ont été octroyées aux Eglises de fondation Royale, & autres Eglises, qui avant l'Ordonnance du Roy Philippes le Bel de l'an 1302. avoient été reçûës par le Roy en sa garde ; car avant ce téms les Rois facilement octroyoient des gardes, & recevoient adveus au préjudice des Seigneurs Justiciers. Par telles Lettres les causes desdites Eglises étoient commises à certains Juges Royaux qui leur étoient donnez pour gardiens, même és païs qui étoient sujets à Seigneurs Justiciers autres que le Roy. Se void encores aujourd'huy que les Eglises de Lezay, saint Celse dit saint Ceolz & sainte Muntaine en Berry, & Cusset en Auvergne, sont de la garde, ressort & Justice du Bailliage de saint Pierre le Monstier, & le Bailly de saint Pierre le Monstier d'ancienneté prenoit titre de Bailly des exemptions de Berry & d'Auvergne, à present que Berry & Auvergne sont és mains du Roy, cét article veut que ces Gardes gardiennes cessent.

Des Gardes gardiennes est parlé en l'Edit d'Orleans, article 75. de Moulins de l'an 1566. article 56. & en l'article 177. cy-aprés.

ARTICLE CLIII.

TOus Juges, tant Royaux qu'autres, seront tenus d'expédier sommairement, & sur le champ les causes personnelles, & qui n'excederont la somme de trois écus ou la valeur, pour une fois aprés avoir ouï les parties, qui seront tenuës comparoir à cette fin en personne à la premiere assignation, s'ils n'ont legitime excuse d'absence ou maladie, pour être ouïs par le Juge sans assistance d'Avocat ou Procureur, & se purger par serment, si elles en sont requises. Et où lesdites parties seroient contraires en faits, seront appointées à amener quelque nombre de témoins, qui seront ouïs sur le champ. Et si ledit different ne se peut vuider à l'instant, sera tenu le Juge de le vuider sur le Registre, sans pour ce prendre épices. Et sera le jugement donné par nos Juges en ce cas executoire par provision, sans préjudice de l'appel, & sans pour ce vouloir restraindre le pouvoir donné aux Juges par autres Ordonnances.

IDem par l'Edit d'Orleans, article 57. Mais ne definit la somme de dix francs, & dépend de *l'Auth. nisi breves, C. de sent. ex libello recit.* où il est commandé de vuider sans épices. J'ay vû autresfois par Arrest de la Cour sur un appel, declarer nulles toutes les procedures d'un procez, *super re minima*, parce qu'on avoit reçû les parties à écrire & instruire comme és autres procez, & par même moyen fut decreté adjournement personnel contre le Juge, & ordonné que les Avocats & Procureurs rendroient ce qu'ils auroient reçû des parties. Ce fut és grands Jours de Moulins 1550. plaidant Forest.

ARTICLE CLIV.

LEs *fins de non proceder* seront jugées sommairement par nos Juges, sans appointer les parties à mettre par devers eux. Aussi sera fait preablement droit sur les *fins de non recevoir* proposées & alleguées par les défendeurs, auparavant que regler & appointer les parties en contrarieté, & preuve de leurs faits, sans en faire aucune reservation. Et en cas de contravention, pourront lesd. Juges être intimez & pris à partie en leur propre & privé nom.

LEs fins de non procedér, Sont comme quand on allegue le non payement de dépens préjudiciaux, ou litispendance.

Fins de non recevoir, sont exceptions dilatoires qui ont force de peremptoires: comme quand on allegue prescription, peremption d'instance, & contre celuy qui veut être restitué en entier, les dix ans, où les trente-cinq ans de son âge, contre la rescision, contre une transaction; car telles fins de non recevoir peuvent être vuidées sur les pieces sommairement & promptement, & quand elles sont pertinentes on n'a que faire d'entrer en connoissance de cause principale.

ARTICLE CLV.

ET pour le regard des délais qui sont le plus souvent cause de la longueur des procez, Voulons & ordonnons, que suivant l'Edit fait à Paris au mois de Janvier 1563. tous Juges soient tenus par l'Appointement de contestation en cause, regler tous les délais requis & necessaires selon la qualité de la matiere & distance des lieux; comme d'informer, écrire, produire, bailler reproches, contredits & salvations, & autres semblables, selon que chacune cause y sera disposée. Tous lesquels délais seront peremptoires, sans qu'il soit besoin d'obtenir autres forclusions. Et s'il y a appel de forclusions, ou refus d'autre délay, ne sera differé, mais passé outre par le Juge qui aura donné l'Appointement, jusques à Sentence diffinitive inclusivement. De laquelle il y a appel, sera conclud comme en procez par écrit: joint l'appel de forclusion & refus de délay pour y faire droit. Pourra neanmoins l'appellant qui aura été forclos de faire enqueste, requerir en cause d'appel être reçû à ce faire. Ce qui luy sera permis par un seul délay: à la charge que sa partie pourra assister & faire preuve au contraire, si faite ne l'a, sauf à ordonner à quels dépens.

IL nomme icy l'Edit fait à Paris en 1563. ailleurs il se nomme l'Edit de Roussillon, parce que la declaration & confirmation d'iceluy est à Roussillon, du 9. Aoust 1564.

Cét article contient la même Ordonnance dés 2. 3. & 4. articles dudit Edit : Mais par l'occasion des Etats on a voulu d'abondant authoriser lesdits articles.

Voy aussi l'article 32. & les suivans de l'Ordonnance de 1539.

ARTICLE CLVI.

ENjoignons tres-expressement à tous nos Juges, tant de nos Parlemens, Cours Souveraines, que Sieges Presidiaux ou autres, garder & observer ledit reglement pour les délais & forclusions, sans avoir aucun égard aux lettres obtenuës au contraire. Et défendons à nos amez & feaux Conseillers, Maîtres des Requêtes, & Garde des Sceaux, de les octroyer ou accorder, & à nos Secretaires de les signer, à peine d'en répondre en leur nom. Reservons neanmoins à l'arbitrage des Juges pour le regard des veuves, tuteurs, personnes miserables, gens absens pour nôtre service hors nôtre Royaume, prisonniers de guerre, ou autres prisonniers detenus & malades de longue infirmité, qui ne peuvent entendre à leurs affaires, de pouvoir bailler ou renouveller plus d'un délay de faire enqueste, par connoissance de cause du merite du procez & qualité des parties : Et en ces cas pour obvier à la subornation des témoins, leur ordonnons surseoir la publication des enquestes des parties.

C'Est la repetition en mêmes termes dudit article quatriéme de l'Edit de Roussillon, & de la declaration faite par le Roy en l'Edit du 19. Aoust 1584. Voy l'art. 150. cy-devant pour le fait d'enqueste.

ARTICLE CLVII.

ENjoignons à nos Avocats & Procureurs Generaux, de prendre le moindre nombre de Substituts qu'il leur sera possible, & de voir eux-mêmes les Requêtes ordonnées leur être communiqués : comme aussi les informations à decreter, & interrogatoires des accusez. Défendons ausdits Substituts, de prendre ou exiger aucune chose des parties pour le raport desdites Requêtes, Informations & Interrogatoires qui seront mis entre leurs mains, à peine d'être punis comme de crime de concussion.

LE Procureur General du Roy étant homme de bien, prend garde soigneusement de choisir Substituts gens d'honneur, craignant Dieu, haïssant l'avarice; & seroit expedient qu'ils fussent salariez du public : car par raison ils ne doivent rien prendre, comme il est ordonné en l'article, & toutesfois il n'est raison qu'ils servent pour rien, & semblent choses incompatibles ne prendre rien des parties, & n'avoir aucuns gages du public; ces charges étant venales, ainsi que toutes autres de Judicature, la disposition de cét article n'a point de lieu, quoy que tres-juste en soy, & grandement utile & avantageuse aux parties necessiteuses, *omnia nummus habet.*

ARTICLE CLVIII.

ET pour le regard de nos Procureurs és Sieges ordinaires, voulons en cas de maladie, absence ou legitime empêchement d'eux, que nos Avocats fassent & exercent leurs charges, sans que nosdits Procureurs puissent commettre substituts en leur place, quand nosdits Avocats seront presens.

AInsi les Avocats combien qu'ils soient pour le Conseil, comme il se void en l'article 147. de l'Ordonnance de 1539. & que leurs lettres ne portent clause de procuration, peuvent faire états de Procureurs, comme étans tels établis par cette loy.

ARTICLE CLIX.

TOus Juges, Enquesteurs, Greffiers, Adjoints, Notaires, Sergens, & autres Officiers de Justice, leurs Clercs & Commis, seront tenus d'écrire & parapher de leurs mains tout ce qu'ils auront reçû des parties, soit pour épices, vacations, salaires, & autres causes, le tout sur peine de concussion, & de privation de leurs Offices.

QUand aux Greffiers, de long-tems a été ordonné & renouvellé par l'Edit d'Orleans article 80, & quant aux épices & salaires des Greffiers en l'Edit de Roussillon de 1564. article 34.

ARTICLE CLX.

ENjoignons, tant à nos Jurisdictions Souveraines, que toutes autres subalternes, de régler les salaires des Greffiers, Sergens, & autres Ministres de Justice, le plus justement que faire se pourra : Et que du reglement qui sera fait contenant ledit salaire, soit mis un tableau és Greffes desd. Cours & Jurisdictions inferieures, avec défenses à tous lesd. Greffiers, Sergens & autres, sur peine de la vie, prendre plus grand salaire que leursd. taxes, encores qu'il leur fût volontairement offert.

PLusieurs Edits ont été faits pour limiter les salaires des Greffiers & Sergens, même il y en a un du dernier jour d'Aoust de 1552. pour le salaire des Greffiers *ad instar* du Châtelet de Paris : & pour la forme de l'écriture & taxe est l'Edit d'Orleans és Etats, article 80. quant aux Sergens il y a eu diverses taxes en augmentant, moyennant finance qu'ils ont payée au Roy : ce qui est mal-aisé d'abaisser la venalité subsistant.

ARTICLE CLXI.

LEs Avocats & Procureurs seront tenus signer les Deliberations, Inventaires, & autres écritures qu'ils feront pour les parties, & au dessous de leur seing écrire & parapher de leur main ce qu'ils auront reçû pour leur salaire, & ce sur peine de concussion.

CEt article est bon s'il étoit observé & à plusieurs fins. L'une afin de reprimer la grande cupidité d'aucuns Avocats & Procureurs, qui ne peuvent se contenter de salaire moderé (afin que la honte leur serve de bride.) L'autre pour servir à la taxe des dépens. L'autre pour controller les solliciteurs faiseurs de parties qui baillent peu, & par leurs parties couchent beaucoup ; & neanmoins à l'égard des écritures (hors le nombre de rôlles souvent grossy inutilement) l'inconvention n'est pas grande, puis que lors de la taxe des dépens on a égard à la maniere qu'elles sont écrites, & à la forme du papier pour le nombre des lignes qui y doivent être ; aussi Maître Charles du Moulin remarque en son Commentaire sur la regle de Chancellerie de Rome *de verisimili notitia, num.* 53. que la Cour taxa à Maître Jacques Mareschal ancien Avocat, du tems des Rois Charles VII. Loüis XI. & Charles VIII. la somme de soixante livres parisis pour des salvations assez briéves, *habita ratione non ad brevem, sed ad doctam & resolutoriam scripturam, modumque litis & eminentem scientiam Advocati*, tant il est vray que l'honoraire des Avocats sçavans & doctes est hors de taxe & de juste estimation.

ARTICLE CLXII.

DOrénavant en toutes matieres où il sera question d'informer & faire *preuve par témoins* de la valeur de quelque chose, seront tenus les parties d'une part & d'autre convenir de gens experts & à ce connoissans : Et à faute d'en convenir, en seront nommez d'office par les Juges, pour estimer & évalüer lesdites choses, & en *rendre raison*, sans autrement les appointer à informer & faire enqueste : sauf quant aux autres faits, qui seront déduits au procez, de les recevoir à faire telle autre preuve par témoins qu'ils verront bon être.

PReuve par temoins, Cét article fut apporté avec autres en l'assemblée du tiers Etat par Monsieur de la Guesle, lors Procureur General du Roy, & est tres-saint, parce que toutes sortes de témoins ne sont pas bons pour évalüer, & mieux est que l'estimation soit faite par personnes expertes & choisies. Selon qu'il est dit au texte *& per Bart. in l. comparationes, §. omnes C. de fide instru.* Cét article se doit entendre pour l'estimation qui doit être faite, *ex statu præsenti* : Car il est question d'estimer quelle a été la valeur il y a six, huit ou dix ans, comme en deception d'outre moitié de juste prix : il faut y employer témoins autres que ceux *qui in re præsenti* peuvent juger.

Rendre raison, La regle est qu'és faits qui consistent *in judicio intellectus, & sensus interioris*, le dire du témoin ne sert s'il ne rend raison de son dire *Bart. in l. sola, C. de testib.*

ARTICLE CLXIII.

LEs Juges & Greffiers ne prendront aucune taxe ne salaire, pour tenir & recevoir les encheres, ny pareillement lesdits Greffiers ou autres, pour la distribution des deniers, sinon ce qui leur sera taxé par les Juges pour ladite distribution selon le labeur, nonobstant toute usance au contraire. Abolissant dés à present le stile d'aucunes Cours, par lequel les Juges & autres Officiers d'icelles prétendent leur être permis en taxant dépens ou frais, ou délivrant deniers d'encheres ou confiscation, se faire payer à raison d'un sol, ou autre somme pour livre ou écu : Leur enjoignons tres-étroitement se contenter de salaire moderé & raisonnable, selon leur labeur & vacation, le tout sur peine de concussion, tant contre lesdits Juges, que Greffiers & autres Officiers.

CEt article fut proposé par les Deputez du tiers Etat d'Orleans, qui firent entendre que la coûtume des Juges du lieu étoit de prendre à raison de tant pour livre és adjudications de decret & taxes de dépens : & ainsi se pratiquoit au Chastelet de Paris, qui étoit une usance abusive, & du tout sans excuse.

ARTICLE CLXIV.

APrés le decez d'aucun, soit qu'il ait enfans ou non, les heritiers du défunt ne seront contraints admettre aucune garnison, ne appeller nos Juges ou Procureurs, ny pareillement le Greffier de la Justice pour faire inventaire : mais pourront prendre Notaires & Tabellions à leur choix & commodité, sinon en cas de prétenduë confiscation, aubeine ou contention entre les parties : où que par aucun y ayant interest il soit requis à ses dépens, perils & fortunes, sauf neanmoins de proceder par voye de seél, si faire se doit, pour la conservation des biens des mineurs ou absens. Ce que nous entendons aussi avoir lieu és Iustices subalternes non Royales : esquelles quand le Sieur Iusticier, ou ses Officiers auront saisi & mis la main, nous n'entendons que nos Officiers s'y entremettent, sinon pour la conservation de nos droits.

CEt article s'entend quand les heritiers sont majeurs & presens, car la Justice en ce cas n'y a que voir, d'autant que les Officiers ne s'y doivent entremettre, sinon pour conserver le droit à qui il appartient, & quand les heritiers majeurs & presens s'accordent bien, la regle est, *quod rei sua quilibet est legitimus moderator & arbiter.* Mais quand les heritiers sont mineurs, il n'est pas toûjours expedient de se fier aux tuteurs pour choisir un Notaire & faire l'inventaire tel qu'ils voudront, pourquoy il est expedient que la Justice s'en entremette d'Office, de même quand l'heritier est absent, auquel il est necessaire que la Justice y pourvoye, & quant à la garnison elle s'entend aussi quand les heritiers sont majeurs & presens; car ce seroit peu de seéller si on ne commettoit quelque personnage fidele pour garder le seél & les biens qui sont sous iceluy, car le seél n'empêche pas les larrons.

Que l'authorité du Juge soit requise és Inventaires que les tuteurs font, *probatur l. de creationibus vers. & inventario, C. de Episcop. aud. l. ult. C. de curat. fur.*

Plusieurs prétendent droit de faire inventaires en leurs Justices & Seigneuries, comme l'Archevêque de Reims & l'Archevêque de Bourges des Prêtres & Clercs decedez en leur Diocese & détroit temporel : mais cette Ordonnance laisse en la liberté des parties de prendre Notaires ou d'appeller le Greffier, & les Juges ne se peuvent entremettre sinon és cas exprimez par l'Ordonnance. François I. par Edit portant reglement sur les Edits du 11. Decembre 1543. & 14. Juillet 1544. touchant les Notaires & Tabellions, attribuë la confection des Inventaires & Partages aux Notaires, & l'interdit à tous Juges, Greffiers & Tabellions, ce qui est confirmé par Henry II. le 4. Decembre 1553. pour les douze Notaires de la Ville de Sens.

ARTICLE CLXV.

TOus Notaires ou Tabellions, tant Royaux qu'autres, soit en païs coûtumier ou du droit écrit, seront tenus faire signer aux parties & aux témoins instrumentaires, s'ils sçavent signer, tous Contrats & Actes, soient Testamens ou autres qu'ils recevront, dont ils feront mention, tant en la minute que grosse qu'ils en délivreront, à peine de nullité desdits Contrats, Testamens ou Actes, & d'amende arbitraire. Et au cas que les parties ou témoins ne sçauront signer, lesd. Notaires & Tabellions feront mention de la requisition par eux faite ausd. parties & témoins de signer, & de leur réponse. Le tout nonobstant toutes lettres de declaration que lesd.

Notaires

Notaires pourroient avoir obtenu au contraire : lesquelles nous avons cassées & revoquées, encores qu'elles ayent été verifiées en nos Cours de Parlement.

DE même par l'Edit d'Orleans article 84. vray est qu'il n'y est parlé des Testamens comme en celuy-cy ; & quand aux Actes s'entend de ceux qui se font de gré à gré ; car si on interpelle ou fait offre à un facheux il ne voudra pas signer.

Contre cét Edit les Notaires du Châtelet de Paris, avoient obtenu dispense par Edit du 11. Octobre 1561. verifié en Parlement le premier Decembre ensuivant. Quoy qu'à leur égard principalement l'article eût été requis esdits Etats d'Orleans pour plusieurs raisons, c'est pourquoy a été ajoûté la queuë de cét article.

ARTICLE CLXVI.

ET afin d'obvier aux faussetez & suppositions qui se peuvent commettre pour ce regard, Nous voulons qu'és lieux, où jusques à present a été permis, qu'un seul Notaire en presence de deux témoins, puisse recevoir & passer Contrats, Testamens & autres Actes, ledit Notaire, s'il est és Villes ou gros Bourgs, esquels vray semblablement on puisse recouvrer témoins qui sçachent signer, & que la partie qui s'oblige ne puisse signer, soit tenu appeller pour le moins un témoin qui sçache signer, & lequel actuellement signera avec luy la minute.

SElon la multiplication de la malice & des mauvaises inventions des hommes, il a convenu trouver nouveaux remedes pour obvier aux faussetez : Mais encores ce mot *Vrai semblablement* est assez suffisant pour faire procez & enqueste ; mais doivent les Juges incliner à la part qui a plus de seureté, qui est de trouver témoins qui sçachent signer & plûtôt differer ou remettre si ce n'étoit affaire pressée, comme tems de peste ou maladie fort urgente, auquel cas faut recevoir les preuves telles qu'on les peut avoir. *Vide Authentic. de instrumentor, cautela & fide, &c. tit. 2. cap. oportet coll. 6. & Auth. ad hoc C. si certum petat.*

ARTICLE CLXVII.

SEront aussi tenus tous Notaires, mettre & declarer par lesdits Contrats, Testamens & Actes, *la qualité*, *demeurance* & Parroisses des parties & *des témoins* y dénommez, & *la maison* où les Contrats seront passez : & pareillement le tems de devant ou aprés midy, qu'ils auront été faits.

QUALITÉ ET DEMEURANCE, C'est toûjours pour ôter les moyens de fabriquer faux ; car quand les qualitez & demeurances des parties & des témoins sont exprimées, & le lieu où le Contrat est passé, il est plus aisé d'averer une fausseté, quand on a moyen de prouver, que ce qui luy est nommé present étoit en autre part.

TESMOINS, qui soient connus aux contractans, *in d. Auth. de instrum. cautela & fide cap. oportet, coll. 6.*

LA MAISON, *Vide decis. Capella Tolos. quæst. 491. & Boërium decis. 32. num. 37.*

Cét article est ampliatif de l'Ordonnance de 1539. article 67.

ARTICLE CLXVIII.

S'Il est besoin d'examiner aucuns témoins hors les lieux de la demeurance des Juges, lesdits Juges seront tenus, s'ils en sont requis octroyer commission adressante aux Officiers des lieux, sans qu'ils la puissent refuser.

IL se pratique ordinairement si les témoins sont demeurans hors le Bailliage, & au Châtelet de Paris, s'ils sont distans de vingt lieuës : Mais en matieres d'importance, il est bien plus expedient que le Juge même de la cause qui a oüi les parties fasse luy-même l'examen. Car la faute faite en une enqueste est irreparable. Voy l'article 37. de l'Ordonnance de 1539. & le 6. de l'Edit de Roussillon.

ARTICLE CLXIX.

TOus Juges executans les commissions qui leur seront adressées, prendront pour écrire sous eux le Greffier de leur Siege ou son Commis, & non leurs Clercs, sur peine de nullité. Et se contenteront lesdits Juges de leur salaire moderé, sans qu'ils prennent aucune part à celuy dudit Greffier : excepté toutesfois pour le regard des *Presidens*, *Conseillers*, Maîtres des Requêtes, qui ont leurs Clercs, desquels ils se pourront servir pour lesdites écritures.

PAr ancien usage est observé, que les Presidens & Conseillers des Cours Souveraines, & les Maîtres des Requêtes travaillans en particulier au fait de leurs charges ne prennent Greffiers, mais se contentent de leurs Clercs. Toutesfois les Clercs ne signent rien, soit en minute ou en grosse; mais seulement les Maîtres, & le Clerc est simple scribe. Autrement est des Greffiers; car ils doivent signer minute & grosse, & c'est selon le chapitre *quoniam contra falsam extrà de probat.*

Presidens, Conseillers, Se doit entendre des Cours Souveraines, & non des Sieges Presidiaux.

ARTICLE CLXX.

LEs Originaux des Registres & expeditions judiciaires demeureront és mains des Greffiers, & non és mains des Seigneurs Justiciers, à peine de perdition de leur Justice. Et quant aux Greffiers qui sont fermiers, soit de nos Greffes ou autres, seront tenus au bout de leur ferme laisser leurs Registres, sacs, & autres pieces és mains de leurs successeurs, sur peine d'amende arbitraire, & autre punition, s'il y échet.

LEs Seigneurs quelquesfois desirent avoir les Registres pour leur servir de témoignage & preuve de l'exercice & possession de leurs Justices, en tels & tels cas: Mais ils en peuvent faire extraits signez du Greffier. Il seroit bien expedient que les Registres fussét signez du Juge & du Greffier à la fin de chacune expedition, & encores à la fin de chacun Registre ou de chacune année, & que les feüillets fussent cotez par nombre de la main du Juge, & à la fin du Registre le nombre des feüillets écrit au long, fût mis de la main du Juge pour éviter supposition de feüillets. Seroit aussi expedient aprés la mort du Greffier en titre & office, ou aprés sa ferme finie, que les Registres fussent mis en armoires publiques à deux clefs, dont l'une demeureroit au Greffier ou à son heritier, & l'autre en main de la Justice, pour éviter la perte ou la supposition. Voy des Greffiers les articles 77. & 80. de l'Ordonnance d'Orleans.

ARTICLE CLXXI.

EN toutes Jurisdictions, même des Cours Ecclesiastiques, les actes & toutes autres expeditions seront délivrées aux parties par journées, selon qu'elle le requerront, sans pouvoir contraindre lesdites parties à lever toute la procedure, & sans inserer les écritures premieres, secondes ou autres: ny pareillement les reproches, contredits ou salvations: *mais seront baillées copies* desdites écritures, selon le seing des Avocats & Procureurs, nonobstant tout usage ou coûtume au contraire. Et enjoignons trés-expressement à nos Procureurs Generaux, & à leurs Substituts, d'y tenir la main, & ne permettre ledit abus continuer à l'avenir.

CEcy est ordonné principalement pour les Cours d'Eglise, esquelles avec infinité d'autres abus, étoit observé que le Greffier contraignoit les parties de lever la copie signée de luy de tout le procez en un cahier en y comprenant les actes & écritures des parties. *Vide Hostiens. in suma tit. de probat. num.* 4.

Mais seront baille'es copies, doivent être baillées par les Procureurs de main en main, les copies signées d'iceux Procureurs, sans être contraint de prendre lesdites copies par les mains du Greffier.

ARTICLE CLXXII.

NOus voulons, que suivant les Ordonnances de nos predecesseur, nos Huissiers ou Sergens puissent executer tous Mandemens Commissions, Sentences & Jugemens, sans être abstraints de demander permission, Placet, Visa, ne Pareatis: pourvû toutesfois qu'il n'y ait distraction hors du ressort du Parlement, de la partie, contre laquelle tel exploit se fera, sinon qu'il fût question de retour de garentie, ou de Jugement & Arrest contradictoirement donné hors ledit Parlement contre ladite partie.

SE doit entendre pourveu que chacun Sergent exploite en dedans le détroit auquel il est Sergent; car il n'a pouvoir hors iceluy, aussi ce seroit chose pernicieuse, car il pourroit en abuser n'étant pas conneu: D'ancienneté étoit défendu aux Sergens Royaux d'exploiter és terres des Seigneurs, sinon en cas Royal ou de ressort, même par l'Ordonnance du Roy Philippes le Bel de l'an 1302. & pouvoient les Seigneurs arrester le cheval du Sergent quand il exploitoit hors lesdits cas. Par l'Edit d'Orleans article 90. il est permis aux Sergens d'exploiter sans demander Visa ne Pareatis; c'est-à-dire, sans demander permission au Juge du lieu. Vray est quand par ajournement on veut distraire aucun hors du Parlement où il demeure, il ne suffit pas d'avoir permission du Juge ordinaire de sa demeurance ; mais il faut avoir un Pareatis du grand Sceau. Ce Pareatis n'est necessaire és deux cas cy-declarez.

ARTICLE CLXXIII.

TOus Exploits de Sergens contenans execution, saisie ou Arrest, porteront les jours & le tems de devant ou aprés midy qu'ils auront été faits. Et mettront lesdits Sergens au bas de leur Exploit ce qu'ils auront pris pour leur salaire : ensemble les noms & domicile de leurs records, tant aux copies qu'ils bailleront à la partie executée qu'en l'original de leur Exploit, sur peine d'amende, & suspension de leurs Offices.

TEls Exploits emportans execution réelle sont de droit étroit, en tant que sans connoissance de cause precedente, on prend & sequestre le bien du debiteur, qui est contre le droit des Romains, *l. nimis properè C. de execut rei jud.* Pourquoy il a été besoin de donner regle étroite aux Sergens pour refrener leur licence, & tout cecy est afin que la partie interessée ait meilleur moyen de faire connoître la verité si elle veut blasmer de faux ou autrement l'Exploit du Sergent. Orleans, article 93. commande de declarer le domicile des records, à peine de nullité.

ARTICLE CLXXIV.

LEs Sergens qui établiront Commissaires au regime & gouvernement d'heritages, feront signer leurs Exploits par lesdits Commissaires, ou bien par un Notaire à leur requeste en presence de témoins, ou bien par deux témoins, lesquels aussi seront tenus signer. Et par faute de Notaires ou Tabellion, lesdit Exploits pourront être signez par le Greffier de la Justice des lieux. Autrement foy ne sera ajoûtée au rapport desd. Sergens.

L'Etablissement de Commissaire le rend comme depositaire de biens de Justice obligation de corps ; pourquoy il est bien raison que cette obligation soit bien témoignée *ad instar* que doit être une obligation reçûe par Notaire, & est plus aisé à celuy qui voudra nier avoir été étably de debatre l'exploit de nullité ; & ne devant faire foy, que de se mettre au peril de l'inscription en faux.

ARTICLE CLXXV.

SEront tenus les Sergens, à peine de nullité de leurs Exploits, dépens, dommages & interests des parties, declarer & inserer en leurs Exploits & procez verbaux, le domicile que les parties, à la requeste desquels ils exploiteront, auront élû au lieu où lesd. executions seront faites.

SOuvent avient qu'en une Province on exploitera à la requeste d'un qui sera de Province lointaine, ou d'homme non connu, & c'est bien raison qu'au même lieu où l'execution se fait, on ait moyen de s'adresser sans être tenu d'aller chercher au loin ; & en ce cas à faute d'élection de domicile la nullité de l'Exploit y est.

ARTICLE CLXXVI.

NUl laboureur ne pourra être étably Commissaire és biens du Seigneur duquel il est sujet.

LE tiers Etat avoit requis plus amplement que nul laboureur demeurant aux champs ne peût être étably Commissaire aux biens d'un Gentil-homme, car la liberté des champs rend les rustiques sujets à plusieurs oppressions.

ARTICLE CLXXVII.

VOulons aussi que l'Ordonnance faite à Moulins par le feu Roy Nôtre tres-cher Seigneur & Frere, pour le privilege des Gardes gardiennes & Committimus, soit exactement gardée : sans qu'autres que ceux qui sont nommez en ladite Ordonnance puissent joüir desdits privileges. Et ce seulement pour droits que lesdits privilegiez auront de leur chef, ou à cause de leurs femmes seulement ; & non en vertu de cession ou transport.

EN l'article 152. cy-dessus, est parlé des Gardes gardiennes des Eglises & Communautez. Cét article est proprement des

Committimus, qui sont le privilege que le Roy donne à ses domestiques, & à aucuns ses Officiers, de n'être tenus en causes personnelles, possessoires & mixtes, plaider ailleurs qu'és Requêtes du Palais ou leurs causes sont commises; pourquoy les lettres sont appellées Committimus, dés le tems qu'on en faisoit les expeditions en latin.

En l'Edit de Moulins, article 56. & en l'Edit d'Orleans, article 36. En celuy-cy est ajoûté qu'ils ne s'en pourront ayder en vertu de transport, comme s'il étoit fait *judicii mutandi causa*.

ARTICLE CLXXVIII.

ET afin qu'on ne puisse commettre aucun abus pour le regard des Avocats & Procureurs de nos Cours de Parlement, qui doivent joüir dudit privilege, sera le nom d'iceux mis & apposé en un tableau, qui sera mis en nos Chancelleries.

C'Est une grande illusion avec oppression faite au pauvre peuple, que depuis l'Edit de Moulins, article 56. & depuis cét Edit, on n'a laissé d'octroyer des Committimus à tous Avocats & Procureurs de Parlemens, sans y observer le nombre de douze prescrit par ledit article 56. & si aucun s'en plaint on n'en fait rien d'avantage. Tellement que l'effet donne à connoître, que la plûpart de ces loix sont ombre sans corps. Et à bien faire ce privilege des Avocats & Procureurs, nos Officiers du Roy d'eût être aboly du tout; car nul d'eux n'est là que comme personne privée, & pour faire son profit particulier.

ARTICLE CLXXIX.

DEfendons à nos Cours Souveraines, sur les acquiescemens ou appellations mises au neant, retenir la connoissance de la cause principale, ny pareillement l'execution de leurs Arrests & Jugemens, sinon pour ce qui concerne l'interpretation d'iceux: Mais leur enjoignons renvoyer la connoissance de la cause aux Juges d'où provient l'appel, s'il a été dit bien jugé: Et si la Sentence a été infirmée à celuy qui tient le Siege immediatement aprés luy, fors és cas esquels par les Ordonnances il leur est permis d'user de retention de cause. Et le semblable voulons être gardé par les Juges Presidiaux, & autres Juges d'appel en leur regard, le tout à peine de nullité des procedures & Jugemens, & de tous dépens, dommages & interests.

CEt article fut en longue dispute en l'assemblée du tiers Etat à Blois, pour les empéchement qu'y faisoient les Deputez de Paris, dont l'un dit à part, & est veritable, que le Parlement faisoit le tiers ou plus de ce qui entre de profit à Paris. C'est pourtant une tres mauvaise marchandise; car l'amendement que reçoit Paris à cét égard est la ruine du reste de la France. Aussi tous les beaux Etats de France sont à Paris, nonobstant cét article les Avocats & Procureurs retiennent en Parlement, non seulement ce qui est de la prochaine execution d'Arrest, comme sont la liquidation de fruits, dommages & interests: Mais aussi les criées qui se font en vertu d'Arrests ou executoires de dépens, oppositions & redditions de comptes qui se trouvent sur executions faites en vertu d'Arrests & autres tels, dont l'instruction se fait à la barre.

Selon le droit Canon, quand en interlocutoire il étoit dit mal jugé, le juge d'appel pouvoit retenir le principal, & ainsi est dit par l'Edit de Cremieu, article 23. Voy les 17. 18. & 19. articles de la troisiéme declaration sur iceluy, & cy-devant les 148. 149. de la presente Ordonnance.

ARTICLE CLXXX.

DEfendons tres-étroitement à tous Notaires de quelque Jurisdiction qu'ils soient, de recevoir aucuns contrats d'heritages, soit vendition, donation, échange ou autres, sans que par iceux *soit declaré* par exprés en quel fief ou censives sont les choses cedées, & de quelles charges & devoirs elles sont sujettes & redevables envers les Seigneurs feodaux & censuels, qui seront aussi particulierement & specialement declarez.

DE même par l'Edit de l'an 1539. art. 180. & par l'article 181. qui met la peine aux Notaires de privation de leurs Offices, & quant aux contractans de la nullité des contrats. Par l'Edit du Roy Henry II. verifié en Parlement le 4. Mars 1549. y est dérogé quant à la nullité des Contrats: mais est mise la peine de la privation du prix quant au vendeur, & si c'est autre contrat, telle peine que les Juges aviseront.

SOIT DECLARÉ, Cette declaration contenuë és contrats, peut servir de preuve aux Seigneurs directs quoy qu'ils ne soient presens: car celuy qui est le Seigneur util est Procureur du Seigneur direct, *in eam rem constitutus* par la loy, *l. in fi. ff. de oper. novi nunt. l. 1. in fi. cum l. seq. ff. usufructuarius quemad, caveat.*

ARTICLE CLXXXI.

POur éviter les preuves par témoins, que l'on est souvent contraint faire en Justice touchant les naissances, mariages, morts & enterremens des personnes : Enjoignons à nos Greffiers en chef de poursuivre par chacun an tous Curez ou leurs Vicaires du ressort de leurs Sieges, d'apporter dedans deux mois aprés la fin de chacune année, les Registres des baptêmes, mariages & sepultures de leurs Paroisses faits en icelle année. Lesquels Registres lesdits Curez en personne, ou par Procureur specialement fondé, affirmeront judiciairement contenir verité. Autrement & à faute de ce faire par lesdits Curez ou leurs Vicaires, ils seront condamnez és dépens de la poursuite faite contr'eux : & neanmoins contraints par saisie de leur temporel, d'y satisfaire & obeïr. Et seront tenus lesd. Greffiers de garder soigneusement lesdits Registres pour y avoir recours, & en délivrer extrait aux parties qui le requerront.

IL seroit expedient qu'autre regle fût donnée pour tels Registres, car les Curez qui n'en reçoivent aucun profit, & sont chargez de faire les frais au Siege Royal, bien à peine se rendront sujets, & les Greffiers qui auront aussi des frais à faire pour les semondre ne voudront se donner cette peine. Il seroit expedient qu'il y eût quelque salaire ordonné pour le Curé qui seroit tenu faire le Registre, faire signer les Parains & autres assistans notables jusqu'à deux, s'ils sçavent signer.

Voy les articles 50. 51. 52. & 53. de l'Ordonnance de 1539.

ARTICLE CLXXXII.

ET d'autant que plusieurs femmes veuves, mêmes ayans enfans d'autres mariages, se remarient follement à personnes indignes de leur qualité, & qui pis est, les aucunes à leurs valets : Nous avons declaré & declarons tous dons & avantages, qui par lesd. veuves, ayans enfans de leurs premiers mariages, seront faits à telles personnes, sous couleur de donation, vendition, *association à leur communauté*, ou autre quelconque, nuls & de nul effet & valeur. Et icelles femmes lors de la convention de tels mariages, avons mis & mettons en interdiction de leurs biens, leur défendant les vendre, ou autrement alliener en quelque sorte que ce soit : & à toutes personnes d'en acheter, ou faire avec elles autres contrats par lesquels leurs biens puissent être diminuez. Declarons lesd. contrats nuls, & de nul effet & valeur.

DE vray tels actes démontrent l'un des deux ou tous deux ; à sçavoir que telles femmes sont diminuées de sens, & meritent selon les loix être interdites de l'administration de leurs biens, ou qu'elles se montrent indignes d'avoir épousé un mary homme d'honneur ; partant doivent être privée, & de l'honneur, & des biens du défunt mary. La peine ordonnée par les Romains contre les femmes qui avoient copulation charnelle avec leurs serf, étoit capitale, *l. unica, C. de mulierib. quæ servis propriis se junxerunt.* Voy l'Edit de François II. de l'an 1560. appellé l'Edit des secondes nopces.

ASSOCIATION A LEUR COMMUNAUTÉ, Le seul contrat de mariage qui emporte Communauté de meubles, emporte avantage & donation, *quamvis prima specie appareat titulus onerosus*, à cause qu'il n'y a proportion és biens, *l. 1. §. si in fraudem, ff. si quid in fraudem patro.*

ARTICLE CLXXXIII.

NOus faisons tres-étroites inhibitions & défenses à toutes personnes, de quelque état, authorité, qualité ou condition qu'elles soient, sans nul excepter, de dorénavant entrer en aucune association, intelligence, participation ou ligue offensive ou defensive, avec Princes, Potentats, Republiques, Communautez dedans ou dehors le Royaume, directement ou indirectement, par eux ou par personnes interposées, verbalement ou par écrit, faire aucune levée ou enrôllement de gens de guerre, sans nôtre expresse permission, congé & licence. Et declarons tous ceux qui s'oublieront tant que d'y contrevenir, criminels de leze-Majesté, & *proditeurs* de leur patrie, incapables & indignes, eux & leur posterité, de tous états, offices, titres, honneurs, dignitez, graces, privileges, & de tous autres droits : Et en outre leurs vies & biens confiquez, sans que lesdites peines leur puissent être jamais remises à l'avenir par Lettres ou autrement, en quelque maniere que ce soit.

LE Roy par cét article juge telles entreprises être contre son Etat, & par les accessoires se connoît qu'il juge ce crime être de leze-Majesté au premier chef, entant même qu'il les nomme *proditeurs* de leur patrie. Par consequent le crime n'est éteint par la mort, & on en enquiert aprés la mort pour condamner la memoire. La confiscation s'acquiert du jour que le crime est commis, & non du jour de la Sentence les enfans sont infames, qui sont les peines de leze-Majesté, *l. quisquis & l. ult. C. ad leg. Jul. Majest.*

ARTICLE CLXXXIV.

ENjoignons à tous nos Juges, & des hauts Justiciers, informer en personne & diligemment, sans divertir à autres actes, *des crimes & délits* qui seront venus à leur connoissance, vaquer & proceder, toutes choses délaissées à la confection des procez criminels, selon le contenu au 64. article de l'Ordonnance faite aux Etats tenus à Orleans : ensemble faire procez verbal *des plaintes & dénonciations* qui leur auront été faites des crimes & délits commis en leur ressort. Et afin de connoître quel devoir & diligence ils y auront fait : Enjoignons à nos Prévôts, Châtellains, & tous autres Juges inferieurs, d'envoyer aux Baillifs & Senéchaux ou leurs Lieutenans, le rôlle des procez criminels qu'ils auront jugez : & lesdits Baillifs & Senéchaux envoyer semblable rôlle à nos Cours de Parlement, & Procureurs Generaux en icelles : Lesquels & leurs Substituts en chacun Siege, & semblablement les Procureurs Fiscaux des Seigneurs, seront tenus de faire diligente poursuite & recherche desd. crimes; *sans attendre qu'il y ait* instigateur, dénonciateur, ou *partie civile*, le tout sur peine de privation de leurs états en cas de connivence ou negligence, & de tous dépens, dommages & interests des parties interessées.

CRIMES ET DELITS, Cecy se doit entendre des crimes qui ont été commis manifestement, & dont la verité peut être toute apparente ; car si un délit a été commis de long-tems, ou bien sont commis domestiquement ou autrement à couvert. Semble qu'il est tres-raisonnable que la partie qui se plaint administre les preuves, & fasse les diligences de les recouvrer, & n'y a raison d'assujettir les Officiers à deviner.

De vray il est bon qu'és crimes atroces & apparens, les Juges informent eux-mêmes, afin que les témoins n'ayent moyen de varier, & que l'examen soit bien fait, & sans suspition.

PLAINTES ET DENONCIATIONS, Quand il y a dénonciateur il est tenu de faire les diligences & les frais : & je croy que quand il s'est declaré dénonciateur, qu'il ne se peut retirer pour s'exempter de la diligence & des frais s'il a dequoy les supporter ; parce que souvent il avient que les dénonciations faites par belle apparence se trouvent enfin calomnieuses, & n'est raison que le Seigneur ou ses Officiers prennent ce hazard sur eux.

SANS ATTENDRE QU'IL Y AIT PARTIE CIVILE, Cela s'entend quand le crime est recent & tout apparent pour les considerations susdites.

ARTICLE CLXXXV.

LEs Prévôts, tant de nos amez & feaux les Mareschaux de France, que Provinciaux, & semblablement les Vice-Baillifs & Lieutenans criminels de Robbe courte, seront tenus, suivant nos Ordonnances monter à cheval, si-tôt qu'ils seront avertis de quelque volerie, meurtre ou autre délit commis és lieux où ils sont établis, afin d'en informer, prendre & apprehender les delinquans : & aussi d'executer promptement & sans remise, excuse ou dissimulation, les decrets & mandemens de Justice, qui leur *seront délivrez par nos Juges* & Substituts de nos Procureurs Generaux, encores qu'il n'y ait plainte de partie civile, le tout à peine de privation de leurs états, & de plus grande, selon l'exigence des cas.

CHacun Mareschal de France a son Prévôt, qui a charge generale & par-tout, & est son vray gibier sur les délits Militaires, comme la vraye charge des Maréchaux de France est au fait de la guerre. Les Prévôts Provinciaux sont ceux qui sont établis en certaines Provinces ; & est la charge pareille desdits Prévôts, Vice-Baillifs, Vice-Senéchaux, & Lieutenans de Robbe courte.

Qui seront delivrez par nos Juges, Par raison deût être ainsi dit de tous Juges, *etiam* non Royaux : car lesdits Prevôts sont stipendiez du peuple qui paye leurs gages par même département qu'il paye les Tailles.

ARTICLE CLXXXVI.

EN ajoûtant au quarante-quatriéme article des Ordonnances faites à Moulins, Voulons & ordonnons, que lesdits Prévôts des Marefchaux, Vice-Baillifs, Vice-Senéchaux ou leurs Lieutenans, seront tenus en faisant l'inventaire des biens de ceux qu'ils arresteront prisonniers, appeller un notable Bourgeois ou habitant du lieu auquel les captures seront faites, & déposer les biens saisis & inventoriez, és mains d'un voisin ressèant & solvable qui s'en chargera.

L'Ancienne regle est, que quand l'accusé est prisonnier, il doit avoir main-levée & disposition de ses biens, & ne doit la Justice prendre ses biens, sinon quand il est condamné ou contumax ; & parce que ceux qui sont du gibier des Prévôts des Maréchaux ordinairement, sont personnes du tout abandonnées, ou qui sont encores saisies des choses mal prises. L'article de Moulins 44. a été fait, mais y seront notez ces mots, *pour être rendus*, qui est mal pratiqué ; car tels officiers se figurent qu'ils peuvent tenir corps & biens saisis, ce qui ne doit être, & pour l'ordinaire leurs Archers plus grands voleurs que ceux qu'ils apprehendent font éclipser tout ce qu'ils peuvent, & sur quoy ils mettent la main.

ARTICLE CLXXXVII.

SUr les mêmes peines leur enjoignons de faire leurs chevauchées par les champs, y vacquer continuellement sans sejourner aux Villes, sinon pour occupations necessaires & legitimes : faire procez verbaux de leursd. chevauchées, & iceux communiquer à nos Juges & Procureurs. Défendons aux Receveurs & payeurs de leurs gages, leur délivrer aucuns deniers, s'ils ne rapportent actes signez de nos Juges & Procureurs, contenant qu'ils ont bien & dûëment fait lesd. chevauchées.

AUtant en est dit par l'Edit d'Orleans, article 68. & de Moulins 1566. article 43. mais l'Edit d'Orleans leur commande communiquer leurs procez verbaux aux Baillifs & Juges ordinaires ; & celuy de Moulins dit communiquer à Justice *quand & à qui il appartiendra, & requis seront* : Mais ils disent n'être sujets aux Juges Royaux ordinaires, sinon pour juger diffinitivement ou juger les incompetence sans appel, qui est cause qu'ils peuvent tenir couvert ce qu'ils veulent. De vray ce n'est que dereglement, la jurisdiction deleguée & extraordinaire, & nomement de cette racaille de Juges bottez. Par l'Edit d'Orleans ils sont tenus envoyer leurs procez verbaux au Conseil Privé, de trois mois en trois mois, & par l'article 189. cy-aprés est dit qu'il n'est dérogé à l'Edit d'Orleans.

ARTICLE CLXXXVIII.

DEfendons sur péine de la vie ausd. Prévôts des Mareschaux, Vice-Baillifs, & Vice-Senéchaux, de vendre les états de leurs Archers : Et ne pourront en prendre aucuns qui ne soient domiciliez, & non leurs domestiques. Et neanmoins seront tenus avant que les recevoir, de les presenter à nos Baillifs & Senéchaux, ou leurs Lieutenans, pour être informé d'office à la requeste des Substituts de nos Procureurs Generaux, de la qualité, vie & mœurs de ceux qu'ils voudront commettre ausdites places d'Archers, & s'il y aura aucuns deniers déboursez pour y parvenir, dont lesd. Archers seront tenus se purger par serment, avant que d'être reçûs à l'exercice desd. charges.

C'Est bien raison, que le Prévôt qui est chef & Capitaine de cette Compagnie en laquelle sont les Archers, choisisse ceux desquels il voudra s'ayder en ses entreprises, lesquelles desirent la valeur & la preud'hommie, afin de faire les captures vaillamment, & tenir secretes les entreprises : Mais le principal seroit, que les Prévôts fussent eux-mêmes bien choisis, homme de bien, de valeur & de vertu, & ce par élection des Etats du païs & sans argent, car la valeur du chef fait que la compagnie vaut ; & le remede contenu en cet article ne peut guerir le mal, si le chef ayant acheté son état veut profiter, & de là viennent tant de malversations en ces sortes de charges.

ARTICLE CLXXXIX.

VOulons au surplus les Ordonnances faites par les Rois nos predecesseurs touchant la jurisdiction & reglement des Prévôts des Mareschaux : mêmes les Articles contenus és Edits faits par feu nôtre tres-cher Seigneur & Frere, tant aux Etats tenus à Orleans que ceux faits à Moulins & Amboise, être inviolablement gardez & observez.

PAr l'Edit d'Orleans, articles *69. 70. 71.* & *72.* Par l'Edit de Moulins de *1566.* articles 24. 41. 42. 43. 44. & 45. Par l'Edit d'Amboise du mois de Janvier 1572. articles 12. 13. & 14. est ajouté qu'és Jugemens de competence ou incompetence doivent être inserées les raisons pour lesquelles ils ont retenu ou renvoyé, tant de la qualité du délit, que des personnes accusées.

ARTICLE CXC.

DEfendons sur peine de la vie à tous nos sujets de quelque qualité qu'ils soient, exceder & outrager aucuns de nos Magistrats, Officiers, Huissiers ou Sergens, faisans, exerceans & executans actes de Justice. Voulons que les coupables de tels crimes soient rigoureusement chastiez sans espoir de misericorde, comme ayans directement attenté contre nôtre authorité & puissance. Faisons tres-étroites inhibitions & défenses à tous Princes, Seigneurs & autres qui ont cet honneur d'approcher de nôtre personne, faire aucune Requeste pour obtenir grace, pardon, ou remission pour lesdits coupables. Et si par importunité aucune chose étoit accordée par nous, ne voulons nos Juges y avoir égard, *quelque jussion ou dérogation* que nous ferions cy-aprés à la presente Ordonnance.

QUelque jussion, C'est conformement audit Edit d'Amboise du mois de Janvier 1572. article premier. A celuy-cy est ajoûtée la clause, quelque jussion ou dérogation que nous fassions. Cette offense est de leze-Majesté au troisiéme chef, *leg. 1. ff. ad legem Jul. Majestatis.*

ARTICLE CXCI.

VOulons que les Ordonnances qui ont été faites, tant par les Rois nos predecesseurs, que par le feu Roy nôtre trés-cher Seigneur & Frere : même par les Edits faits, tant à Moulins qu'Amboise, contre ceux qui font resistance aux Juges & Commissaires executeurs des Arrests & Jugemens Souverains, & tiendront fort dans leurs maisons & château contre la Justice & decrets d'icelle, n'obeïssans aux commandemens qui leur seront faits, soient entierement & rigoureusement observées & entretenuës sans que par nos Cours de Parlement ou autres Juges, les peines contenuës en iceux Edits puissent être moderées.

PAr l'Edit de Moulins *1566.* article 29. & d'Amboise du mois de Janvier 1572. article 2. La peine est ordonnée de confiscation des Châteaux & maisons fortes, au profit du Roy s'il est Seigneur Justicier immediat, auquel cas il y a réünion à la Couronne, ou des Seigneurs hauts Justiciers, & outre perdront la Justice qu'ils ont esdits lieux. Amboise ajoûte & en tous autre lieux qui seront confisquées comme dessus ; & outre décheront de tous droits par eux prétendus esdites places & lieux, & de toutes exceptions, & outre seront condamnez à dommages & interests, pour la liquidation desquels les parties adverses seront creües par le serment *in litem*, & ce outre les peines exemplaires ou pecuniaires, selon la gravité du délit.

ARTICLE CXCII.

CE que semblablement voulons être observé contre les hauts Justiciers, *qui souffriront port d'armes*, forces & violences être faites en leurs terres, Seigneuries & Justices, & n'en feront poursuites. Lesquels dés à present comme dés lors, nous declarons privez de leursdites Justices, qui seront unies & incorporées à nôtre Domaine,

ne, & les officiers en cas de connivence & dissimulation privez de leurs états, sans esperance d'y pouvoir jamais être remis.

C'Est suivant l'Edit de Moulin 1566. article 30. Mais ledit Edit met la confiscation desdites Justices au profit du Roy s'il est Superieur immediat par ressort, ou du prochain Superieur haut Justicier: Aussi ne seroit-il raison que le ressort fût ôté au Seigneur Superieur sans sa faute.

Qui SOUFFRIRONT PORTS D'ARMES, Si tant est qu'ils en soient bien avertis, & qu'ils soient assez forts pour les empêcher: S'entend donc l'article à l'égart de ceux qui en endurant se rendent suspects d'être fauteurs. Voy l'article 196. cy-aprés.

ARTICLE CXCIII.

ET d'autant que plusieurs de nos sujets donnent confort, ayde, & recelent les coupables, contre lesquels il y a decret pour crime & délit: mêmes qu'aucuns desdits coupables se retirent à la suite d'aucuns Seigneurs qui sont prés de nôtre personne, ou parmy nos Gardes, où les Sergens n'osent les apprehender & executer les decrets de Justice: Défendons à tous nos sujets, de quelque état & qualité qu'ils soient, de recevoir ny receler aucuns accusez & poursuivis en Justice pour crime & délit: mais leur enjoignons de les mettre és mains de ladite Justice, sur peine d'être punis de la même peine que seroient les coupables: mandons & enjoignons en outre aux Capitaines de nos Gardes, Prévôt de nôtre Hôtel ou leurs Lieutenans, si-tôt qu'ils en seront requis, interpellez ou avertis, d'apprehender tant lesdits coupables qui se retireront à nôtre suite ou parmy nos Gardes, que ceux qui les auront recelez & favorisez, pour être punis selon la rigueur de nos Ordonnances, sur peine de répondre en leur propre & privé nom des reparations, dommages & interests adjugez aux parties interessées.

IL est défendu à tous Sergens, non seulement de faire captures, mais aussi de faire simples exploits en la Maison du Roy, & des Princes, sans avoir eu permission particuliere de ce faire.

Selon les anciennes Ordonnances, ceux qui retiroient les accusez condamnez, & qui les receloient à Justice, étoient sujets à semblables peines que les delinquans, comme coupables de même délit *cap. 1. extrà de offic. deleg.* Voy l'article 26. de l'Ordonnance de Moulins.

ARTICLE CXCIV.

NOus voulons que les Edits & Ordonnances, faites par les Rois nos predecesseurs, pour les meurtres de guet à pens, soient entierement gardées & observées, tant contre les principaux auteurs, que ceux qui les accompagneront, pour quelque occasion ou pretexte que lesdits meurtres puissent être commis, soit pour venger querelle, ou autrement: & dont nous n'entendons être expedié Lettres de grace ou remission. Et où aucunes par importunité seroient octroyées, défendons à nos Juges d'y avoir égard encores qu'elles fussent *signées de nôtre main*, & contresignées par un de nos Secretaires d'Etat.

PAr la loy de Moïse tels meurtriers pouvoient être tirez par force hors du Temple, quoy qu'ils eussent embrassé l'Autel, *cap. 1. extrà de homicid.* qui est pris de l'Exod. *chap. 21. vers. 14. Ab altari meo evelles eum ut moriatur.* De vray c'est injustice toute pure de donner remission en tel cas, & c'est bien fait que le Roy declare qu'il n'a pas la puissance de remettre & pardonner tel meurtre. Voy l'article 168. de l'Ordonnauce de 1539.

ARTICLE CXCV.

ET pour le regard des assassins, & ceux qui pour prix d'argent, ou autrement se loüent pour tuër, outrager, exceder aucuns ou recourre prisonniers pour crime des mains de Justice; ensemble ceux qui les auront loüez ou induits pour ce faire: Nous voulons la seule machination & attentat être puny de peine de mort, encore que l'effet ne s'en soit ensuivy, dont aussi n'entendons donner aucune grace ne remission. Et où aucune par importunité seroit octroyée, défendons à nos Juges y avoir égard, *encores qu'elles fussent signées de nôtre main*, & contresignées par nos Secretaires d'Etat.

CEs mots et ceux qui pour prix, c'est la deffinition de l'assassin, qui pour prix & par marchandise entreprend de tuër autruy : & dit-on que le mot est venu des Sarrazins au têms que les Chrêtiens étoient à la conqueste & recouvrement de la Terre-Sainte. Le seul mandement & acceptation rendent le délit d'assassinat consommé : Et ainsi est dit *in cap. pro humani in verb. vel etiam mandaverit, extrà de homicid. in 6.* icy est ajoûté pour recourre prisonniers.

Encores qu'elles fussent signe'es de nostre main ; C'est tres-bien fait au Roy de brider sa volonté & puissance absoluë pour ne l'employer à sauver un crime si detestable. Car quand les Rois remettent un homicide commis de guet à pens, & le mandement d'iceluy, il semond & attire la justice de Dieu pour rejetter sur sa tête ou des siens : disant un Empereur Romain, que ce mot est digne de la Majesté d'un Souverain, combien qu'il se connoisse exempt de la sujection des loix, toutesfois il veüille vivre selon les loix, *l. digna vox est C. de legib. & constitut. princip.*

Signe'es de nostre main, On ne met jamais la clause de certaine science, sinon quand le Roy a parlé & a commandé de sa bouche : dont les témoignages sont sa signature, & celle d'un Secretaire d'Etat, qui autrement se dit, Secretaire des commandemens.

ARTICLE CXCVI.

ET afin d'empêcher la frequence des meurtres & voleries qui se commettent par les champs avec toute impunité : Nous enjoignons à tous nos hauts Justiciers, & leurs Officiers des lieux, où tels excez se commettent, ensemble aux habitans des plus prochains villages, de poursuivre en toute diligence, incontinent qu'il auront connoissance des malfaicteurs, pour les apprehender & constituer prisonniers, si faire se peut : sinon faire diligente perquisition & remarque de la façon de leurs habits, armes, chevaux, & du lieu de leur retraite, dont sera fait procez verbal. Le tout sur peine ausd. hauts Justiciers de perdre les droits de leur Justice : & à leurs Officiers de privation de leurs états : & aux habitans desdits villages de grosses amendes, applicables moitié à nous, & moitié aux excedez, ou leurs heritiers.

PAr aucuns statuts d'Italie, les Villes, Bourgs & Villages plus prochain du lieu où a été fait le vol, sont tenus de reparer le dommage s'ils ne montrent avoir fait toute diligence pour la perquisition des voleurs. En Suisse tous se mettent en queste de bonne volonté pour la perquisition & apprehension. Icy est commandé aux hauts Justiciers d'en faire devoir, ce qui est bon : Mais la propre charge est des Prévôts des Maréchaux, qui ont la force & la diligence par les Archers & chevaux qui sont soudoyez par le peuple ; & seroit expedient que lesd. Prévôts fussent tenus marcher & ayder de leurs forces quand les hauts justiciers les en semonnent, mais ils disent ne reconnoître autre commandement que de Messieurs les Maréchaux de France, & de leur Lieutenant à la table de Marbre, à quoy seroit bon de pourvoir. & de les y contraindre par saisie de leurs gages.

ARTICLE CXCVII.

ENjoignons à tous habitans de Villes, Bourgs & Villages, faire tout devoir de separer ceux qu'ils verront s'entrebattre avec épées, dagues, ou autres bâtons offensifs, & d'apprehender & arrester les delinquans, pour les livrer és mains de Justice.

C'Est le même article de l'Edit d'Orleans de l'an mil cinq cens soixante, & est l'article soixante-cinq.

ARTICLE CXCVIII.

ET parce que nous avons été avertis, que plusieurs voleries, meurtres & assassinats se commettent par les champs par personnes masquées : Nous voulons qu'il leur soit couru sus, par authorité de Justice, & avec les Officiers d'icelle, en toute voye d'hostilité, & à son de toc-sing, & qu'étans apprehendez ils soient punis par les Juges des lieux sans dissimulation.

C'Est suivant l'Ordonnance du Roy François I. du 9. May de 1539. verifiée en Parlement le 19. dudit mois : mais il semble que ladite Ordonnance met conjointement les deux, *masquez & armez*, car de vray le simple masque ou déguisement n'emporte pas si grand délit. Ajoûte aussi ladite Ordonnance la peine de la mort, & que si en leur courant sus pour les apprehender ils se mettent en défense & sont tüez, que l'homicide soit impuny, & ne soient tenus ceux qui auroient tüé obtenir remission, joints l'article 196. cy-devant.

ARTICLE CXCIX.

LEs addresses de graces, pardons & remissions obtenuës par les personnes n'étans de noble condition, seront faites *aux Iuges ordinaires*, ressortissans nuëment & immediatement en nos Courr de Parlement. *Et quant aux Gentils-hommes* & Officiers, voulons l'Édit d'Amboise être inviolablement gardé.

AUx Juges ordinaires, Se doit entendre des Juges ordinaires Royaux : Car le Roy n'adresse jamais l'execution de ses Lettres, même quand elles sont de grace, sinon à ses Juges, & se dit icy *ordinaires*, parce que quelquefois aucuns en obtenoient addressantes à Juges d'autre Province, ou au Prévôt de l'Hôtel.

Et quant aux Gentils-hommes, Par l'Edit d'Amboise du mois de Janvier de 1572. article 9. est dit que remission des Gentilshommes & Officiers du Roy seront addressées aux Cours de Parlement, au ressort desquelles le cas sera avenu, sauf ausdites Cours de renvoyer, si elles voyent que faire se doive.

ARTICLE CC.

NE sera par nous accordé aucun rappel de ban ou de galéres à ceux qui auront été condamnez par Arrest de nos Cours Souveraines. Et où par importunité ou autrement, en seroient par nous accordez avec clause d'addresse à autres Juges, leur défendons d'y avoir aucun égard, ne d'en entreprendre connoissance ; quelque attribution de Jurisdiction qui leur en puisse être faite. Neaumoins faisans défenses tres-étroitement à tous Capitaines de galeres, leurs Lieutenans & tous autres ; de retenir ceux qui y seront conduits outre le tems porté par les Arrests ou Sentences de condamnation, sur peine de privation de leurs états.

LE bannissement qui est l'exil, & la condamnation aux galeres, ou autres oeuvres publiques, se fait selon la gravité du délit, ou à tems ou à perpetuité. Si c'est à toûjours, la confiscation de biens y est ; car c'est mort civile, si a tems non. La peine de celuy qui enfraint le bannissement temporel ou les galeres à tems, est que la condamnation se fait perpetuelle, qui enfraint la perpetuelle, s'ensuit la condamnation de mort naturelle. Voy les articles 170. & 171. de l'Ordonnance de 1539.

ARTICLE CCI.

LEs Iuges Presidiaux connoîtront par concurrence & prévention des cas attribuez aux Prévôts des Maréchaux, Vice-Baillifs, & Vice-Senéchaux, & pourront instruire les procez, & les juger en dernier ressort au nombre de sept, selon la forme portée par les Ordonnances : mêmes par celles faites à Moulins en l'an 1566.

C'Est suivant l'Edit de Moulins de 1566. article 46. & d'Orleans article 72. & ajoûte celuy de Moulins contre les vagabonds, & gens sans aveu : Mais aussi bien sont ils du gibier des Prévôts des Maréchaux.

ARTICLE CCII.

FAisons inhibitions & défenses à toutes personnes, de quelque état, sexe & condition qu'elles soient, d'exercer aucunes usures, ou prester deniers *à profit & interest*, ou bailler marchandises *à perte de finance*, par eux ou par autres, encores que ce fût sous pretexte de commerce public : Et ce sur peine pour la premiere fois, d'amende honorable, bannissement & condamnation de grosses amendes, dont le quart sera adjugé aux dénonciateurs ; & pour la seconde, de confiscation de corps & de biens. Ce que semblablement nous voulons être observé contre les proxenetes mediateurs & entremetteurs de tels trafics & contrats illicites & reprouvez : sinon au cas qu'ils vinssent volontairement à revelation. Auquel cas ils seront exemps de lad. peine.

A Profit et interest, Aucuns estiment n'être mal fait de prester à interest quand le profit n'excede le denier douziéme, mais c'est usure ; car le prest de sa nature est gratuit *etiam* selon les loix des Romains, *l. quamvis C. de usur.* Le seul moyen de retirer profit legitime & licite de ses deniers, est par rentes constituées à prix d'argent selon l'expedient de l'extravagante *regimini de empt. & vend.* dont le sort principal ne se peut repeter. En certains cas on peut stipuler les profits, quoy que le sort soit payable à jour certain, comme en deniers dotaux, *cap. salubriter extrà de usur.* & quand les deniers de l'heritage vendu & livré n'est pas payé, car c'est vray interest, *l. curabit C. de act. empti.*

A perte de finance, Perte de finance est un execrable profit quand quelqu'un baille à credit marchandise haut apreciée, & se trouve un acheteur qui en baille à deniers comptans, le tiers ou le quart moins & quelque fois c'est le même vendeur.

Par l'Ordonnance du Roy Philippes le Bel, sur le fait des usures de l'an 1311. Il est commandé de punir les usuriers *etiam* de peine capitale selon la gravité des usures, & par l'Ordonnance de 1312. toutes les usures grandes ou legeres sont défenduës. Voy l'art. 362. cy-aprés, & les art. 100. & 141. de l'Ordonnance d'Orleans.

ARTICLE CCIII.

ENjoignons à tous Juges, Enquesteurs, Commissaires, Huissiers & Sergens, d'examiner les témoins qui seront ouïs és informations sur la pleine verité du fait, tant de ce qui concerne la charge que décharge des accusez : ensemble enquerir desd. témoins s'ils sont *parens*, alliez des parties, & en quel degré, *ou domestiques* & serviteurs d'icelles, & en faire mention au commencement de leurs dépositions, sur peine de nullité, & des dépens, dommages & interests des parties, qu'elles pourront repeter sur ceux qui feront telles obmissions.

SEroit expedient que toutes informations pour délits se fissent par les Juges, car les Sergens n'ont pas ny l'honneur, ny l'experience pour bien faire l'examen à charge & décharge, puis quand le Sergent y a passé, l'accusé sçait tout & peut solliciter pour faire retracter le témoin. Ce qui ne peut être quand le Juge a besogné, & quand le premier examen n'est pas bien fait il y a fort à faire à reparer la faute, & quelques fois les procez sont gastez par cette occasion.

Parens ou domestiques, Cela se doit entendre seulement en informations & non pas en enqueste, *nam nec fratris testimonium rejicitur, si ejus non intersit in disceptatione civili.* Aucuns Juges & Enquesteurs le gardent, tant en civil que criminel, parce que cela sert au jugement du procez de sçavoir si les témoins sont parents & alliez, ou domestiques des parties.

ARTICLE CCIV.

ORdonnons que tous nos sujets, de quelque état, qualité & condition qu'ils soient, qui se trouveront avoir impetré de nous dons de confiscations ou d'amendes auparavant le jugement de condamnation & adjudication, ou aucuns offices auparavant la vacation & restats des comptes auparavant la closture d'iceux, soient privez non seulement des choses données, mais aussi condamnez en une amende de pareille valeur : & outre declarez indignes & incapables d'obtenir aucune chose de nous à l'avenir : défendans à tous nos Juges d'avoir aucun égard ausd. dons, & proceder contre les impetrans d'iceux, suivant la rigueur de nos Ordonnances, sans que les peines contenuës en icelles puissent être moderées.

DE même en l'Edit d'Orleans és Etats article 87. La raison de la prohibition est que c'est improbité & méchante volonté, de presumer une personne être coupable avant qu'elle soit condamnée, & ces expectations de triste évenement sont condamnées par les loix des Romains, *l. inter stipulantem, §. sacram, ff. de verb. oblig. l. cum tale in princip. ff. de condit. & demonst.* Aussi que tels dons semonnent celuy qui en a asseurance de pourchasser *per fas & nefas* la condamnation de l'accusé ; & comme j'ay dit ailleurs, il n'y a point de plus violents & dangereux solliciteurs contre les miserables accusez que ces infames confiscataires, qui semblables à des Corbeaux, croassent abbayent de faim & d'avarice aprés la curée.

---- Quid non mortalia pectora cogis
Auri sacra fames.

Aussi Monsieur Cujas sur la *l. 26. in fine ff. de verb. obligat.* apppelle tres-convenablement la donation des confiscations *corvinam.*

Les loix même declarent indigne de l'heredité celuy qui a fait commerce & paction sur icelle avant qu'elle fût échuë, & en appliquent le profit au fisque, *l. quidam, §. ult. cum l. seq. ff. de donat. l. 11. §. interdum ff. de vulgari, ad instar,* de la confiscation se dit, que cét impetrant hâtif payera au fisque autant que monte la chose qu'il a demandée.

ARTICLE CCV.

VOulons que les Ordonnances faites contre les Banqueroutiers, & ceux qui doleusement & frauduleusement font faillite ou cession de biens, soient gardées, & que telles tromperies publiques soient extraordinairement & exemplairement punies.

BAnqueroute & faillite, sont dictions Italiennes; car en Italie d'ancienneté étoit accoûtumé, que ceux qui faisoient trafic de deniers pour prester ou pour faire tenir & changer, avoient un banc ou table en lieu public, quand aucun quittoit le banc, que les Latins disent *foro cedebat*, se disoit que son banc étoit rompu; *fallito* au même langage signifie banqueroute & banqueroutier, *& falliti* se disent ceux desquels le credit est failly, de vray ces faillites *furti crimen implicant*, & d'ancienneté sont plusieurs Ordonnances pour les punir extraordinairement. François I. du 10. Octobre 1536. Henry II. du mois de Juin 1550. Charles IX. és Etats d'Orleans, article 142. & d'Henry IV. au mois de May 1609. Banquiers bailleront caution de cinquante mil écus. Edit de Roussillon de 1563. article 38. Celuy qui est fraudateur avec dol merite la prison pour peine sans pouvoir l'éviter par cession, *l. ult. §. ult. ff. qui in fraud. cred.*

Soit noté que cét article parle non seulement des banqueroutiers, mais aussi des cessionnaires.

ARTICLE CCVI.

LEs grands Jours se tiendront tous les ans aux Provinces plus lointaines de nos Parlemens, suivant le département qui en sera par nous fait, par le tems & espace de trois mois, & plus s'il y échet. Ausquels grands Jours seront tenus les Gouverneurs, nos Lieutenans Generaux des Provinces, avec les Baillifs & Senéchaux d'icelles, assister en personne, pour tenir main forte à la justice & execution des Arrests.

GRands Jours sont une assemblée d'aucuns Presidens, Maîtres des Requêtes & Conseillers de la Cour, en certain nombre Deputez par Lettres Patentes du Roy, qui seent en la Ville ordonnée par le Roy, & pour les Provinces declarées par lesdites Lettres pour y juger toutes matieres criminelles sans distinction; & les matieres civiles esquelles est question de six cens livres de rente, ou dix mil livres pour une fois seulement pour les appellations verbales, & autres qui ont accoûtumé d'être plaidées & jugées en l'Audience & instruites à la Barre; & jugent esdites matieres par Arrest, comme si c'étoit en Parlement seant.

Les grands Jours sont les marques & vestiges du Parlement lors qu'il étoit ambulatoire, *quandò videlicet pars Curiæ Parlamenti, æstivis potissimum diebus, quibus justitia in sede præcipua est, in aliquam Provinciam se transfert, ut sua præsentia facilius crimina expediat Provinciarum, aliasque majores controversias.* Jules Cesar en ses Commentaires livre 6. dit que la coûtume de tenir les grands Jours en France est venuë d'Angleterre.

ARTICLE CCVII.

ET sur la Requeste qui nous a été faite par nos Etats, de faire revoir les Ordonnances faites par les Rois nos predecesseurs, aucunes desquelles ont été revoquées & abrogées, les autres ne s'observent: à la publication d'aucunes nos Cours Souveraines ont ajoûté certaines modifications contenuës en leur Regiſtre, inconnuës à nos sujets: Nous avons avisé de commettre certains personnages pour recüeillir & arrester lesdites Ordonnances, & reduire par ordre en un volume celles qui se trouveront utiles & necessaires: & pareillement rediger, reformer & éclaircir au mieux qu'il sera possible, les Constitutions particulieres & locales de chacune Province.

JUstinian Empereur Romain; & autres Empereurs aprés luy ont perpetué leurs noms, pour avoir commandé & authorisé l'amas des Loix qui étoient en usage, en les recüeillant de divers livres, & seroit un grand bien qu'ainsi fût fait. Comme aussi seroit grandement profitable à la jeunesse, si les Docteurs des Universitez de droit Civil étoient choisis sçavans au droit des Romains, & és Constitutions & Coûtumes de France, pour par une seule doctrine & lecture, enseigner tout ce droit aux écoliers; car aprés l'étude des Universitez, il faut qu'ils fassent un autre apprentissage és Palais & Audiences.

ARTICLE CCVIII.

CEpendant voulons que les Ordonnances faites, tant par nous, que par les Rois nos predecesseurs, qui ont été publiées en nos Cours de Parlement, mémement celles concernans le fait de la Justice, & qui depuis n'ont été revoquées ny moderées, & ne le sont par ces presentes : signamment celles faites par le feu Roy nôtre tres-honoré Seigneur & Frere à Orleans, Roussillon, Moulins & Amboise, inviolablement être gardées & observées : Enjoignant à tous nos Juges, Magistrats, Officiers, & autres *Juges*, tant *des Seigneurs Ecclesiastiques* que seculiers, de les garder & faire garder exactement, tant és jugemens des procez qu'autrement, sans y contrevenir ny s'en dispenser, ny moderer les peines contenuës en icelles, pour quelque occasion, & sous quelqué pretexte que ce soit, d'équité ou autrement : Declarant les Jugemens, Sentences & Arrests qui seront donnez contre la forme & teneur d'icelles, nuls & de nul effet & valeur. Et seront tenus nosdits Juges, Procureurs & Officiers des Sieges inferieurs, à peine de privation de leurs états, de faire par chacun an recüeil de nos Ordonnances mal observées en leurs Sieges, & les envoyer en nos Cours de Parlement de leur ressort, & à nos Procureurs Generaux en icelles, avec memoires des occasions dont telles fautes procederont, afin d'y être par nosd. Cours pourvû.

AUparavant les Edits de Roussillon & de Moulins, les Cours de Parlement & autres Souveraines ajoûtoient des modifications, restrictions, & charges aux Edits; Mais par ledit Edit de Moulins, article premier, est commandé d'obeïr aux Edits tels qu'ils sont, sauf à faire remonstrances au Roy, durant lesquelles les Edits tiendront & seront observez.

L'Edit d'Orleans fait par le Roy tenant ses Etats en 1560. L'Edit de Roussillon ainsi dit, parce que la declaration & confirmation d'aucuns articles fut faite à Roussillon en 1564. mais l'Edit principal est de Paris, de 1563. l'Edit de Moulins est de Fevrier de 1566. l'Edit d'Amboise est de Janvier 1572.

Juges des Seigneurs Ecclesiastiques, Les Juges & Officiers Ecclesiastiques en ce qui concerne la police exterieure, & qui ne concerne la conscience ny la doctrine, ny les Sacremens, sont sujets aux Edits du Roy; parce que cét état est le premier des trois Etats, ausquels trois comme faisans un corps le Roy commande, *tamen notandum*, qu'il ne dit pas des Juges Ecclesiastiques, mais des Juges des Seigneurs Ecclesiastiques, qui s'entend de leurs jurisdictions temporelles : car le mot de *Seigneur* par son ancienne signification emporte superiorité de ressort ou de fief, & est propre pour les fiefs, puis le mot *& autres, ad similia se refert*

Sententia lata contra jus constitutionis & legis, nulla est & secum trahit nullitatem, l. si expressim. ff. de appell.

ARTICLE CCIX.

LEs Maîtres des Requêtes ordinaires de nôtre Hôtel, feront leurs chevauchées par toutes les Provinces de nôtre Royaume, selon le departement, qui a ces fins sera fait par chacun an par nôtre Garde des Sceaux, auquel ils rapporteront leurs procez verbaux des contraventions qu'ils trouveront avoir été faites à nos Ordonnances & autres cas, qui meriteront punition & correction.

I*Dem* par l'Ordonnance d'Orleans, article 33. & sept de celle de Moulins. La charge des Maîtres des Requêtes, est quand ils sont en quartier d'assister le Roy, pour luy faire rapport des Requêtes qu'on luy presente, & pour s'employer en leur état de robbe longue, ainsi qu'il leur est commandé; & hors leur quartier enquerir par les Provinces les fautes qui se font, & les plaintes des sujets pour en faire leur rapport, & peuvent de leur droit entrer en tous Auditoires Royaux & y presider.

DES SUPPRESSIONS.

ARTICLE CCX.

AVons dés à present revoqué & supprimé, revoquons & supprimons tous Etats, tant ordinaires qu'extraordinaires, de quelque qualité & condition qu'ils soient, de Judicature, ou autres créez & érigez de nouveau, dont les Lettres d'érection & creation ne se trouveront avoir été verifiées en nos Cours de Parlement, Chambre des Comptes, & Cour des Aydes.

CY-dessous art. 254. Le Roy excepte de la suppression les offices de nouvelle érection, dont les Edits auroient été publiez és Cours Souveraines; & entend qu'il y soit pourveu pour la premiere fois. Icy est dit des Etats dont les Edits ne sont encores publiez és Cours Souveraines.

ARTICLE CCXI.

ET quant à ceux qui ont été erigez depuis le regne du Roy Henry nôtre tres-honoré Seigneur & Pere, par Edits verifiez en nosd. Cours & Chambre des Comptes, les avons vacation avenant par mort, supprimez & supprimons: & neanmoins permettons aux Provinces, Villes & Communautez qui se sentiront chargées & foullées desdits Etats, de les pouvoir faire supprimer dés à present, en les remboursant des deniers par eux actuellement payez, & qui sont entrez en nos Finances sans fraude.

AUtrefois les Provinces ont accordé d'être cottisées & contribuées pour faire ces suppressions: Mais il s'est veu qu'aprés la suppressions faite, le Roy rétablissoit les états incontinent aprés. Pourquoy étans les choses peu stables & asseurées, chacun fait mieux de porter le mal comme il est.

ARTICLE CCXII.

ET pour reduire le nombre effrené de nos Officiers, avons ordonné que les Offices de Presidens, Maîtres des Requêtes, Conseillers & autres nos Officiers de toutes nos Cours Souveraines, seront supprimez, comme dés à present nous les supprimons, quand vacation en aviendra cy-aprés, soit par mort, forfaicture, ou *incompatibilité*, jusques à ce qu'ils soient reduits au nombre qui s'ensuit.

CEt article est le préambule de plusieurs articles suivans, & est bien dit que le nombre est effrené: L'un des maux qui y est, est que la multiplication d'Offices apporte multiplication de vexation aux sujets du Roy; car chacun veut profiter, même celuy qui a acheté veut s'acquiter ou se rembourser en détail.

INCOMPATIBILITE', Comme si aucun ayant un état requerant residence necessaire en accepte un autre, ou si un Conseiller devient Evêque.

ARTICLE CCXIII.

A Sçavoir, pour nôtre Cour de Parlement de Paris, au nombre de quatre Presidens, seize Maîtres des Requêtes, quarante Conseillers Clercs, y compris les Presidens des Enquestes, & soixante Conseillers laïcs, y compris les Presidens, Conseillers & Commissaires des Reqêtes du Palais, nos deux Avocats & Procureur General, les Greffiers civil, criminel & des Presentations, les quatre Notaires & Secretaires de nôtredite Cour, douze Huissiers, & un Payeur de leurs gages.

L'Ancien établissement de la Cour de Parlement de Paris, est de cent personnes jugeantes, y compris les douze Pairs, huit Maîtres des Requêtes, quatre Presidens, & le reste Conseillers, tant d'Eglise que laïcs. Depuis la multiplication a été faite en augmentant le nombre des Maîtres des Requêtes, & établissant nouvelles Chambres, le tout moyennant deniers que les Rois ont pris, du commencement par forme d'emprunt, & depuis en pure prise.

ARTICLE CCXIV.

POur nôtre Cour de Parlement de Tolose, au nombre de quatre Presidens, dix Conseillers Clercs, vingt-quatre Conseillers laïcs, un Avocat & un Procureur General, un Greffier civil & criminel, & huit Huissiers.

LE Parlement de Tolose a été institué pour les cause du païs de Languedoc, par le Roy Charles VII. l'an 1444. Le sommaire des lettres est inseré és Ordonnances en latin, *cum stylo Parlamenti*, & à son commencement il n'y avoit que deux Presidens, six Conseillers Clercs, & six laïcs, deux Greffiers, huit Huissiers. Les Senéchaussées sujettes à ce Parlement sont Tolose, Albigeois, Carcassonne, Beziers, Beaucaire, Nismes, Rouergue.

ARTICLE CCXV.

POur nôtre Cour de Parlement de Bordeaux, au nombre de trois Presidens, six Conseillers Clercs, & dix-huit Conseillers laïcs, un Avocat & Procureur General pour nous, un Greffier civil & criminel, & six Huissiers.

C'Est le Parlement pour le païs de Guyenne, qui fut institué depuis que la Guyenne ôtée des mains des Anglois fut reduite à l'obeïssance du Roy : Les Senéchaussées sujettes à ce Parlement, sont Guyenne dont le Siege est à Bordeaux, Bazadois, les Lanes dont le Siege est à Aqs, Perigort dont les Sieges sont à Bergerac & Sarlat, Limosin, dont il y a Siege à Brives, Agenois dont le Siege est à Condom, Saintonge dont le Siege est à saint Jean d'Angely & Quercy.

ARTICLE CCXVI.

POur nôtre Cour de Parlement de Bourgogne, au nombre de deux Presidens, six Conseillers Clercs, seize Conseillers laïcs, un Avocat, un Procureur General, un Greffier, & six Huissiers.

LE Parlement étably à Dijon, premierement par Philippes, dit le bon Duc, quand il fut exempté de la Souveraineté de France, depuis confirmé par le Roy Loüis XI. aprés la réünion, les Bailliages sont Dijon, Auxois, Authun, la Montagne, & Châlon sur Saone.

ARTICLE CCXVII.

POur nôtre Cour de Parlement de Bretagne, au nombre de quatre Presidens, qui est deux pour chacune seance, un Avocat, & un Procureur General, qui seront François : huit Conseillers Clercs, & vingt-quatre Conseillers laïcs, qui seront moitié François, moitié Bretons : un Greffier & dix Huissiers pour servir aux deux seances.

CE Parlement en droit titre de Parlement, a été étably de n'agueres, auparavant il y avoit une forme de Parlement, que l'on nommoit les grands Jours, dits Parlement en Bretagne, & y avoit appel d'eux en dénegation de droit, & en matiere petitoire. Ce Parlement est étably à Renes, & est party en deux seances par demie année, que l'on nomme *semestres*.

ARTICLE CCXVIII.

POur nôtre Cour de Parlement de Roüen, trois Presidens, six Conseillers Clercs, dix-huit Conseillers laïcs, un Avocat, un Procureur General, un Greffier & six Huissiers.

ROüen c'est le Siege du Parlement de Normandie : auparavant il n'étoit qu'échiquier, sujet à appel en certains cas. Les Bailliages y ressortissans, sont Roüen, Caux, Evreux, Caën, Constance, Gisors & Alençon.

ARTICLE CCXIX.

POur nôtre Cour de Parlement de Dauphiné, deux Presidens quatre Conseillers Clercs, douze Conseillers laïcs, un Avocat, un Procureur General, un Greffier, & quatre Huissiers.

LE Siege du Parlement est à Grenoble, & fut institué Parlement par Loüis Dauphin de France, fils de Charles VII. qui depuis fut Roy Loüis XI. en l'an 1453. auparavant se nommoit le Conseil de Dauphiné, institué par Humbert Dauphin, par ses Lettres du premier Aoust de 1340. dont parle Guido Pape, *quæst.* 43. & 554.

ARTICLE CCXX.

POur nôtre Cour de Parlement de Provence, trois Presidens, six Conseillers Clercs, dix-huit Conseillers laïcs, un Avocat, & nôtre Procureur General, un Greffier & six Huissiers.

LE Siege du Parlement de Provence est à Aix, institué par le Roy Loüis XII. en l'an 1501.

ARTICLE CCXXI.

POur le regard de nôtre Grand Conseil, au nombre de deux Presidens, & vingt-quatre Conseillers, qui est douze pour chacune seance, un Avocat, & un Procureur General, un un Greffier & huit Huissiers. Lesquels Presidens seront du nombre des Maîtres des Requêtes Ordinaires de nôtre Hôtel : & ne pourront demeurer Presidens quand ils se demettront desdits Offices de Maîtres des Requêtes.

LE Grand Conseil est ambulatoire à la suite du Roy. D'ancienneté les Rois y faisoient traiter les causes d'importance. En ordinaire il est employé à juger les débats d'entre deux Parlemens, afin de renvoyer la cause à celuy qui par raison en doit connoître, regler de Juges, juger les causes dépendantes des nominations que le Roy fait aux Prelatures Ecclesiastiques, & connoître des Benefices qui sont de la collation des Cardinaux qui ont l'Indult, & quelquefois connoît des causes par évocation que le Roy en fait par Lettres patentes, ou par Commissions particulieres, comme en 1531. il fit le procez à Sebastien de Monsroc Italien, qui y fut condamné par Arrest d'être tiré vif à quatre chevaux, & executé en la ville de Lyon, pour avoir empoisonné François Monsieur Dauphin de France, & ainsi de plusieurs autres.

Les Presidens & Conseillers servent par semestre. D'ancienneté les Maîtres des Requêtes *suo jure*, & avec cette qualité y presidoient.

ARTICLE CCXXII.

POur nôtre Cour des Aydes à Paris, deux Presidens, douze Conseillers, un Avocat, un Procureur General, un Greffier, & six Huissiers.

LA Cour des Aydes connoît de toutes causes qui sont en jurisdiction contentieuse au fait des Finances extraordinaires du Roy, autres que du Domaine, dont les Parlemens connoissent. Les appellations des Elûs, & Grenetiers y ressortissent par appel.

ARTICLE CCXXIII.

ET pour celle de Montpellier, deux Presidens, six Generaux, un Procureur pour nous, un Greffier, & quatre Huissiers.

MOntpellier est en Languedoc. Il y avoit Cour des Aydes à Montferrand en Auvergne, & une autre à Rouen. De la Cour des Aydes de Provence, & de celle dudit Montferrand cy-dessous, article 230. & 231.

ARTICLE CCXXIV.

PAreillement avons supprimé & supprimons, vacation avenant par mort, *forfaicture*, ou incompatibilité, les Presidens, Maîtres, Correcteurs, Auditeurs, & Huissiers de nos Chambres des Comptes, jusques à ce qu'ils soient reduits au nombre qui s'ensuit.

FORFAICTURE, Jugée, car celuy qui est accusé de crime meritant privation de son Office, demeure avec le titre & gages de l'Office durant l'accusation : mais non en l'exercice : & s'il est convaincu par le même jugement, il est privé de son Office si le crime merite privation.

ARTICLE CCXXV.

A Sçavoir, pour celle de Paris, à quatre Presidens, vingt Maîtres des Comptes, quatre Correcteurs, & seize Auditeurs, nôtre Procureur, un Greffier, un Garde des livres, & huit Huissiers.

PResidens & Maîtres des Comptes, sont ceux qui sont au grand Bureau, qui jugent toutes les parties qui sont en difficulté, & leur sont rapportées par les Auditeurs. Les Auditeurs ont leurs Bureaux particuliers esquels ils examinent les Comptes, passent les parties ordinaires qui se verifient par les comptes precedents, & font rapport au Bureau des parties en difficulté. Les Correcteurs sont ceux qui visitent les comptes, pour en comparant les comptes des particuliers aux generaux, connoître si les parties ont été bien verifiées, ou s'il y a eu subreption.

Les Chambres des Comptes sont Souveraines pour juger en ligne de compte, & n'ont aucune jurisdiction contentieuse ; & si sur les comptes il survient aucun débat qui soit de jurisdiction, ils doivent renvoyer, ou au Parlement, si c'est pour le Domaine du Roy, ou à la Cour des Aydes, si c'est pour les Aydes, Tailles, Gabelles ou Finances extraordinaires ; & s'ils entreprennent de juger outre la ligne de compte, on peut appeller d'eux ; & j'en ay vû recevoir des appellations au Parlement.

ARTICLE CCXXVI.

POur Bretagne, a deux Presidens, huit Maîtres des Comptes, six Auditeurs, un Procureur pour nous, un Greffier, & quatre Huissiers.

BRetagne long-temps durant a tenu rang participant de Souveraineté, même du tems que par le support des Anglois ils se tenoient fermes : Ainsi de Dijon pour la Bourgogne, & Montpellier pour le Languedoc. Dauphiné est une Souveraineté distincte du Royaume qui tient de l'Empire, & il y a seél à part en la Chancellerie pour le Dauphiné, & se dit Roy de France, Dauphin de Viennois, Comte de Diois & Valentinois.

ARTICLE CCXXVII.

POur Dijon, a deux Presidens, huit Maîtres des Comptes, six Auditeurs, un Procureur, un Greffier, & quatre Huissiers.

ARTICLE CCXXVIII.

POur Montpellier, a deux Presidens, six Maîtres, six Auditeurs, un Procureur, un Greffier, & six Huissiers.

ARTICLE CCXXIX.

POur la Chambre des Comptes de Dauphiné, a un President, quatre Maîtres rationaux, deux Auditeurs, un Procureur pour nous, un Greffier, & deux Huissiers.

ARTICLE CCXXX.

POur nôtre Chambre des Comptes & Cour des Aydes & Finances en Provence : a deux Presidens, six Maîtres rationaux, quatre Auditeurs, un Procureur pour nous, un Greffier, & six Huissiers.

PRovence est Souveraineté à part de la France tenant de l'Empire, & y a seél à part, & le commandement est du Roy de France, Comte de Provence & de Forcalquier, & Terres adjacentes. La Provence fut acquise à la Couronne par le Roy Louïs XI.

ARTICLE CCXXXI.

ET quant à nôtre Chambre des Comptes de Blois, ensemble la Cour des Aydes établie à Montferrand, nous avons reservé à y pourvoir cy-aprés.

BLois n'est pas ancien Domaine de la Couronne : car ce fut acquisition par Louïs de France Duc d'Orleans, fils de Charles V. Roy, ayeul du Roy Louïs XII. & est venu aux Rois depuis par succession hereditaire, qui est cause qu'ils ont retenu Chambre des Comptes à Blois *ad instar*, que tous Princes avoient accoûtumé d'en avoir.

ART. CCXXXII. & CCXXXIII.

ET pour le regard de nôtre Cour des Monnoyes, & Chambre du Tresor, nous en avons supprimé & supprimons les Officiers, jusques à ce qu'ils soient reduits au nombre de deux Presidens seulement, huit Conseillers generaux desd. Monnoyes, un Procureur pour nous, un Greffier & quatre Huissiers, vacation avenant, comme-dessus.

PAr l'Edit du Roy Henry II. avoit été attribuée à la Cour des Monnoyes à Paris jurisdiction contentieuse civile & criminelle au fait des Monnoyes, qui leur fut contredite par la Cour de Parlement, & sur ce il y a Arrest du Conseil Privé. Par l'Edit d'Orleans, art. 41. cette jurisdiction leur est ôtée & declarée appartenir aux Baillifs & Senéchaux Royaux.

La Chambre du Tresor connoît du Domaine du Roy en dedans la Prévôté de Paris, & autres jurisdictions par concurrence, & y sont attribuées autres affaires, comme des francs fiefs & nouveaux acquests, des matieres d'aubaines, biens vacans, &c.

ARTICLE CCXXXIII.

ET pour la Chambre du Tresor, a six Conseillers, un Procureur pour nous, un Greffier, & quatre Huissiers.

ARTICLE CCXXXIV.

AUquel nombre susdit, nous entendons que lesd. Compagnies soient d'orénavant reglées & reduites, sans que nous ny nos successeurs Rois, les puissent en aucune sorte augmenter. Et si aucunes Lettres étoient cy-aprés par nous accordées en forme d'Edit, ou autrement, nous les avons declarées & declarons nulles : Défendons à nôtre amé & feal Garde de Sceaux de les seéller, & à nos Cours de les verifier.

C'Est l'ancienne question, si le Roy peut brider sa puissance qui dépend de sa volonté : pour le moins il se dit, & l'on tient que le predecesseur ne peut dire loy à son successeur, ny luy lier les mains, même la regle est mal-aisée à asseurer, puisque depuis quatre vingt ans on a fait état en France de la venalité des Offices. Cette douceur de profits rendra toûjours la loy de peu de tenuë.

Ut canis à corio nunquam absterrebitur uncto.

ARTICLE CCXXXV.

ET pour le regard des Sieges Presidiaux, Nous avons aussi supprimé & supprimons par ces presentes, vacation avenant par mort, forfaicture ou autrement, les Conseillers, Huissiers, Audienciers, & autres nouvellement érigez esdits Sieges, depuis l'érection qui en fut faite par le feu Roy Henry nôtredit Seigneur & Pere, jusques à ce qu'ils soient reduits au nombre de leur premiere érection & établissement ; Que nous ne voulons être aucunement accreu ny augmenté : fors neanmoins, & excepté les *Offices de Conseillers Clercs*, qui ont été créez esdits Sieges du tems du feu Roy Charles nôtredit Seigneur & Frere, à la requeste du Clergé de nôtre Royaume : esquels sera pourveu de personnes de suffisance & qualité requise, suivant l'Edit sur ce fait. Semblablement avons supprimé avenant vacation, comme-dessus, les Siege Presidiaux cy-devant établis en aucuns Sieges particuliers de nos Baillifs & Senéchaux : & ordonné qu'il n'y aura qu'un Siege Presidial au principal Siege, & ville capitale de chacun Bailliage & Senéchaussée.

LEs Sieges Presidiaux furent premierement établis, par le Roy Henry II. par Edit du mois de Janvier de 1551. & par Edit du mois de Mars ensuivant, furent ordonnez les lieux de leur seance, & le nombre d'iceux. Leur pouvoir est de connoître en dernier ressort & sans appel des causes dont la valeur n'excede deux cens cinquante livres pour une fois, & dix livres de rente ; & par provision en principal & dépens des causes, dont le principal n'excede cinq cens liv. pour une fois, ou vingt liv. de rente.

OFFICES DE CONSEILLERS CLERCS, Les Conseillers d'Eglise furent établis à la poursuite des Ecclesiastiques pour le support & la conservation de leurs droits

ARTICLE CCXXXVI.

PAreillement avons supprimé & supprimons, comme-dessus, les états de Presidens Presidiaux. Voulons neanmoins, qu'avenant vacation auparavant ladite suppression des états de Lieutenans Generaux en aucuns desdits Sieges, les Presidens Presidiaux qui seront lors en iceux, seront pourvûs desd. états de Lieutenans Generaux, demeurant en ce cas l'état de President supprimé.

LEs Presidens Presidiaux ne furent établis lors du commencement des Sieges Presidiaux, mais par Edit du mois de Juin 1557. pour diriger & empêcher qu'il n'y ait faute en la Justice, taxer les épices, & n'en prendre point pour soy avec attribution de gages de huit cens ou six cens livres, & ne se seoient qu'en la Presidialité, & non en l'Ordinaire.

ARTICLE CCXXXVII.

ET parce qu'en plusieurs Bailliages & Senéchaussées de nôtre Royaume, il y a un Lieutenant General, Lieutenant Particulier, & Lieutenant Criminel de robbe longue, Nous voulons qu'avenant vacation de celuy de Lieutenant Criminel, il demeure supprimé, pour être uny à l'état de Lieutenant General, afin qu'il ne demeure qu'un Lieutenant General & un Particulier en chacun Bailliage & Senéchaussée : excepté toutesfois les Villes où il y a Parlement, & celles de Lyon, Poitiers, Orleans, Tours, Troyes, Ryon, Angers, Sens, & le Mans : esquels les Lieutenanc Criminels demeureront, pour y être exercez lesdits états, ainsi que par cy-devant.

LA raison de cét article dépend de la raison generale, que multiplication d'Officiers est multiplication de vexation & foule au peuple.

Villes de Parlement sont plus peuplées

& grandes, icy sont nommées autres villes qui sont les meilleures villes de France, ou esquelles les Offices sont plus desirez & de plus grande requise.

ARTICLE CCXXXVIII.

AVons aussi supprimé & supprimons vacation avenant commedessus, tous les Conseillers créez & établis és Sieges subalternes des Bailliages, Senéchaussées, Vicomtez, Prévôtez, & generalement tous autres états y établis ; jusques à ce qu'ils soient reduits au nombre qu'ils étoient à l'avenement à la Couronne de nôtredit Seigneur & Pere.

CEt article est general pour tous états érigez de nouvel, depuis le decez du Roy Henry second, qui fut le 20. Juillet 1559. Les Etats d'Orleans tiroient plus haut jusques au tems du decez du Roy Louïs XII.

ARTICLE CCXXXIX.

ET quant à la suppression requise par les Deputez du tiers Etat des Sieges & Jurisdictions des Juges & Consuls par nous établis en plusieurs Villes de nôtre Royaume, ordonnons que lesdits Sieges demeureront seulement és principales & capitales des Provinces de ce Royaume, esquelles y a grand train & trafic de marchandise. Et à cette fin, enjoignons à nos Procureurs Generaux de nos Cours de Parlement, de nous envoyer les noms & nombre des Villes qui peuvent commodement porter lesdits Sieges & Jurisdiction, pour y être par aprés plus particulierement par nous pourveu. Et pour le regard de la suppression desdits Sieges aux autres Villes, avons differé y pourvoir cy-aprés.

L'Edit du Roy François II. du mois d'Aoust 1560. porte que tous Marchands ayant different pour fait de marchandise, ne devront plaider pardevant les Juges ordinaires. Mais seront contraints d'élire Marchands ou autres personnes pour juger leurs differends sans appel, & où ils seroint refusans ou dilayans d'en nommer, le Juge ordinaire les y contraindra, ou en nommera & choisira d'office. Depuis & au mois de Novembre de 1562. fut fait Edit pour la Ville de Paris, qui permet aux Marchands d'élire chacun an des Juges & Consuls des Marchands, pour juger tous les differends d'entre Marchands & leurs veuves Marchandes publiques. L'Edit du 28. Avril 1565. ajoûte cette limitation pour Marchandise venduë ou acheptée, ou promise livrer, & payement pour icelle destiné à faire en la Ville de Paris, tant en gros qu'en détail. Semblable privilege a été octroyé à plusieurs autres Villes, & pour le jourd'huy la chicannerie y est comme és Cours ordinaires ; & entreprennent connoissance de tous marchez, quoy que ce ne soit trafic de marchandise, mais simples convenances ; & entreprennent d'une Province à autre avec grande confusion, desordre & frais.

ARTICLE CCXL.

ET neanmoins nous avons dés à present supprimé & revoqué l'établissement desdits Sieges faits és Villes inferieures, esquelles n'y a affluance de Marchands, & avons renvoyé & renvoyons les causes pendantes & indecises esdits Sieges, pardevant nos Juges ordinaires des lieux : Ausquels nous enjoignons de vuider sommairement les procez de Marchand à Marchand, & pour fait de marchandise, sans tenir les parties en longueur de procez, ny les charger de plus grands frais qu'elles eussent supporté pardevant lesd. Juge & Consuls, sur peine de concussion.

CEt établissement ne deût être qu'és meilleures & principales Villes esquelles les Marchands de plusieurs Provinces ont accoûtumé d'aborder à cause du grand trafic comme Paris, Roüen, Lyon, Orleans, Tolose, Bordeaux, Nantes, Marseille, Troyes : car car c'est trop de dire indistinctement en la Ville capitale de la Province, car on appelle tous Bailliages Royaux Provinces. Multiplications d'Offices est multiplication de foule aux sujets.

De vuider sommairement les procez. Voy les articles 57. & 58. de l'Ordonnance d'Orleans.

ARTICLE CCXLI.

PAreillement avons revoqué & revoquons les Edits par cy-devant faits, par lesquels les charges de Procureurs ont été érigées en titres d'offices formez, tant en nos Cours Souveraines, que autres. Voulons à l'avenir, quand il y aura lieu d'en recevoir, qu'il y soit pourveu de personnes capables, de suffisance requise, comme au precedent lesd. Edits. Entendons neanmoins que les Ordonnances des Rois nos predecesseurs touchant la suppression desd. charges & états, & les reglemens par cy-devant faits pour la reduction du nombre desd. Procureurs soient entierement gardez & observez.

C'Etoit un Edit tres-pernicieux, car telles sortes de personnes sont d'elles-mêmes assez enclines à trouver inventions de tirer argent des parties sans leur en donner occasion en les surchargeant de payer finance & de les faire Officiers Royaux; mais nonobstant ces considerations si importantes au public, il n'a laissé à sa grande foule & oppression, d'être surchargé de temps à autre de nouvelles creations.

ARTICLE CCXLII.

ET quant aux Offices de nos finances, parce qu'il est bien requis d'aviser à la reduction d'iceux & autres dont le nombre se trouve aujourd'huy si grand, que la meilleure partie de nôtre revenu, qui devroit servir à l'entretement de nôtre Etat, subvention de nos affaires, se consomme au payement des gages des Officiers: Nous meus d'un singulier desir de remettre les choses de nôtre Royaume au plus prés qu'il sera possible de leur bon & pristin état: Avons quand vacation aviendra par mort, forfaicture, ou incompatibilité, supprimé & supprimons les offices de Tresoriers de France, Generaux de nos Finances, jusques à ce qu'ils soient reduits à un seul, qui fera l'état de Tresorier de France & General des Finances en chacun des dix-neuf Bureaux & Generalitez de present établis. Lesquelles nous voulons neanmoins, vacation avenant de nos Officiers, être reduits en dix-sept, selon qu'elles étoient au tems du feu Roy François I. nôtre ayeul: qui sont Paris, Châlons, Amiens, Roüen, Caën, Lyon, Ryon, Tours, Bourges, Poitiers, Nantes, Tolose, Montpellier, Bordeaux, Bourgogne, Dauphiné & Provence.

D'Ancienneté avant l'union & reduction à la Couronne, de Guyenne, Bretagne & Bourgogne, étoient seulement quatre Tresoreries & Generalitez, outre Seine & Yonne, Normandie, Languedoy & Languedoc. En chacune étoit étably un Tresorier qui avoit la surintendence du Domaine du Roy, & un General qui avoit la surintendence des Tailles, Aydes, Gabelles & Finances extraordinaires. Aprés que le tout a été reduit & uny, ont été faites autant de Generalitez qu'il y avoit de Receptes Generales, qui sont des dix-sept nommées en la fin de l'article. Paris, Amiens & Châlons pour la Generalité d'outre Seine & Yonne, Roüen & Caën pour la Normandie; Tolose, Montpellier & Ryon pour le Languedoc, qui sont les Provinces où l'on dit *oc* pour *oy*; Tours, Bourges, Poitiers pour le Languedoy, parce que la langue dit *oy*. Bretagne, Bourgogne, Dauphiné, & Provence, Lyon, & Bordeaux pour la Guyenne. Depuis on a joint les charges de Tresorier & de General, & a t'on multiplié le nombre des Officiers en chacune Generalité, & ont été faites de nouvel les deux Generalitez, Orleans & Limoges.

ARTICLE CCXLIII.

ET quant aux Offices de Receveurs & Contrôlleurs Generaux de nosdites Finances, tant anciens qu'alternatifs, & Contrôlleurs Generaux des Rentes de nos Hôtels de Ville de Paris & de Roüen, avenant aussi vacation d'iceux, comme dessus, demeureront supprimez, comme dés à present nous les supprimons, jusques à ce qu'ils soient reduits à un Receveur General, un Contrôlleur General en chacun Bureau & Hôtel de Ville.

CEs Offices de vray sont superflus; car l'adjonction d'un Contrôlleur ne fait pas la recepte plus sainte, mais augmente les interversions & deguisemens des deniers publics, & surcharge des Finances.

ARTICLE CCXLIV.

NOus supprimons en semblable les Receveurs & Contrôlleurs Generaux du taillon, vacation avenant, comme dessus est dit, pour être les deniers dudit taillon reçûs par nos

Receveurs Generaux, & mis en un coffre à part: duquel les Contrôlleurs Generaux de nos Finances, chacun en sa charge aura une clef, & en feront Registre separement, pour en être aprés les deniers mis és mains des Tresoriers ordinaires des Guerres.

CE sont choses que la calamité du tems a inventez, qui ne servent que de surcharge; car quoy que les deniers du Taillon soient expressement destinez pour le payement de la Gendarmerie: toutesfois ils peuvent être maniez par mêmes Officiers; mais mis en un coffre & gouvernez par Registres à part, pour être employez selon leur destination. Le même avoit été ordonné aux Etats d'Orleans, article 131. le tout sans suite ny effet.

ARTICLE CCXLV.

NOus entendons aussi demeurer supprimez, vacation avenant, comme dessus, les *Receveurs & Contrôlleurs* de nos Aydes, Tailles & Taillon, les Grenetiers & Contrôlleurs Generaux & particuliers des greniers à Sel, & tous les Elûs en chacune Election: ensemble tous autres Officiers qui y peuvent avoir été de nouveau érigez, jusques à ce qu'ils soient reduits au nombre de leur premiere érection & établissement.

LEs augmentations ont été faites à diverses fois, des Contrôlleurs és Elections du tems du Roy François I. de tiers, quart & cinquiéme élûs par les Rois Henry II. & Charles IX. & il y en a beaucoup plus grand nombre de nouveaux que d'anciens.

ARTICLE CCXLVI.

NOus avons ensemble, ladite vacation avenant comme dessus, supprimé les Elections, qui ont été nouvellement crées, tant par le feu Roy Charles nôtre tres-cher Seigneur & Frere, que par nous: pour demeurer les Villes, lieux & Villages desquels elles ont été composées, aux mêmes Tabliers & Elections qu'elles faisoient auparavant. Semblablement les Chambres à Sel, & Officiers d'icelles.

EN ces quartiers de n'agueres a été érigée l'Election de Clamecy, pour laquelle faire ont été éclipsées des Parroisses de l'Election de Gyen, de Nevers & Vezelay, & en Berry ont été faites deux Elections, à la Chastre & à Chasteauroux, éclipsées de celle de Bourges; & en Bourbonnois celle de Montluçon, divisée de celle de Bourbonnois.

ARTICLE CCXLVII.

NOus entendons aussi être compris en la presente suppression les Grands Maîtres des Eaux & Forests par nous nouvellement érigez, pour être lesdits états reduits à un seul office, vacation avenant, comme dessus est dit. Semblablement les Receveurs des bois, selon qu'ils étoient du tems de nôtredit feu Seigneur & Frere.

D'Ancienneté étoit un seul Grand-Maître Enquesteur, & general reformateur des Eaux & Forests de France, qui a son Siege à la Table de Marbre à Paris. Depuis furent érigez quatre Grands-Maîtres selon les départemens contenus en l'Edit.

ARTICLE CCXLVIII.

ET quant aux Offices de nôtre Gendarmerie, Nous avons semblablement supprimé, & supprimons, vacation avenant, comme dessus est dit, les Offices de Commissaires ordinaires des guerres, jusques ce qu'ils soient reduits à trente: les Offices de Contrôlleurs Generaux des guerres, jusques à ce qu'ils soient reduits à un seul: les Offices de Contrôlleurs Provinciaux & Contrôlleurs ordinaires desdites guerres, & les payeurs des Compagnies de nôtre Gendarmerie, jusques à ce qu'ils soient reduit ou nombre de trente Contrôlleurs & trente payeurs: *défendant* tres-expressement *à tous Marchands* faisans trafic de marchandise, de se faire pourvoir desd. Offices de payeurs des Compagnies, sur peine de perdition d'iceux, & ausdits payeurs de faire aucun trafic de marchandise.

LA chaterie ou friandise du maniement ou commandement és Finances du Roy a fait infinité de larrons, ce qui a été cause de multiplier les Offices des Finances ; & tant moins il y a d'Officiers, moins il y a de larrons. La suppression si long-tems differée fait qu'un autre mal nouveau arrive avant que le vieil soit guery.

DEFENDANT A TOUS MARCHANDS, A juste cause le trafic de Marchandise est défendu aux Payeurs des Compagnies ; car ils payent les jeunes Gentils hommes en marchandises de parades qu'ils survendent. Les moyens des Nobles en sont affoiblis, & le service du Roy mal fait, & le peuple mal traité.

ARTICLE CCXLIX.

POur le regard des offices comptables de nôtre Maison, & autres qui sont à nôtre suite, Nous avons aussi ordonné que vacation avenant, comme dessus est dit, de l'un des offices de Tresoriers des parties Casuelles, de Tresoriers de nôtre Maison, Maître de la Chambre aux deniers, de nos Argentiers, des Receveurs de nôtre Ecurie, & des Contrôlleurs desd. charges : Semblablement de l'un des offices de Tresoriers de nôtre Venerie & Fauconnerie, des Tresoriers des menus affaires de nostre Chambre, & des Tresoriers des Offrandes, ils demeurent supprimez, comme nous les supprimons, jusques à ce qu'ils soient reduits à un seul pour chacune charge : ainsi qu'ils étoient lors du decez du Roy François nostre ayeul. Le semblable sera pour les Offices de Tresoriers des deux cens Gentils-hommes de nostre Maison, des Payeurs de chacune Compagnie de nos Gardes & de la Prévôté de nostre Hôtel : lesquels demeureront aussi supprimez, comme nous les supprimons dés à present, vacation avenant, comme dessus est dit, jusques à ce qu'ils soient reduits à un seul pour chacune charge.

TResoriers des parties Casuelles, est celuy qui fait la recepte des deniers procedans de la vente, composition, tiers, ou quart denier des Offices.

ARTICLE CCL.

NOus entendons aussi, vacation avenant des Offices de Tresoriers de l'Extraordinaire des Guerres, & des reparations, qu'ils demeurent supprimez, jusques à ce qu'ils soient reduits selon qu'ils étoient à l'avenement à la Couronne du feu Roy nostredit Seigneur & Pere.

CEtte suppression & les autres eussent été mieux, si dés lors de l'Edit elle eût eu son effet ; car avant que le tems de la suppression avienne la force des Edits s'affoiblit, & nouvelles occasions surviennent de rétablir les états supprimez.

ARTICLE CCLI.

ET pour le regard des Offices de nostre Chancellerie, les Audienciers & Contrôlleurs de la Chancellerie de France, seront aussi supprimez, comme nous les supprimons dés à present, vacation avenant, ainsi que dessus est dit, jusques à ce qu'ils soient reduits à un seul Officier de chacun état,

L'Audiencier est celuy qui recoit pour le Roy, les deniers qui proviennent de l'émolument des Sceaux de la Chancellerie, lequel és lettres Royaux qui s'expedient en forme de Charte qui sont scéllées en cire verte sur lacs de soye, doit écrire sur le reply *Contentor*. Le Contrôlleur est celuy qui contrôlle ladite Recepte. D'ancienneté étoit un seul Audiencier en France, & un seul Contrôlleur, qui avoient leurs Commis és Chancelleries des Parlemens. Voy les articles 94. & 96. cy-devant.

ARTICLE CCLII.

NOus entendons être observé le semblable és Chancelleries de Paris, Roüen, Tolose, Bordeaux, Bourgogne, Provence, Dauphiné & Bretagne : Et en cette presente suppression nous comprenons les Secretaires de nos Finances, & Greffiers de nostre Conseil, jusques à ce qu'ils soient reduits selon qu'ils étoient lors du decez du feu Roy Henry nostre tres-honoré Seigneur & Pere : les quarante Secretaires qui ont été nouvellement créëez, par nostredit Seigneur & Frere le Roy Charles, vacation avenant d'iceux, comme dessus est dit : ensemble les treize qui se trouvent supernumeraires, & outre le nombre de six vingts de l'ancien établissement du College de nos amez & feaux Notaires & Secretaires de la Maison & Couronne de France, avenant aussi vacation d'iceux offices, comme dessus est dit : sans que par cy-aprés lors de ladite vacation, il y puisse être par nous pourveu, jusques à ce que ladite reduction soit faite.

CEt article est des dépendances du precedent article pour la suppression des états nouveaux. Quand on parle des Secretaires du Roy en corps, on leur donne titre de Secretaire de la Maison & Courōne de France & de ses Finances : quand on parle de chacun d'eux en particulier, on les appelle simplement Secretaires du Roy. De ce College des Secretaires le Roy est le premier, & a sa bourse : leur Confrairie est en l'Eglise des Celestins à Paris, sous le Patronage de S. Jean l'Evangeliste. Les bourses desdits Secretaires sont fondées sur les Sceaux des Lettres criminelles à simple queuë qu'ils prennent entierement ; & sont les Sceaux de telles lettres de trois blancs, plus que les Sceaux communs : & outre prennent cinq sols parisis sur chacun double seél, qui est de cinquante-un sol parisis, & des Sceaux à simple queuë, un sol parisis.

ARTICLE CCLIII.

ET generalement voulons être compris en cette presente suppression, tous offices de Judicature, de Finances, Greffiers, Sergens, Collecteurs des Tailles, Notaires & Garde notes, & semblablement les Gardes des petits Sceaux, & autres qui se trouveront érigez de nouveau depuis le regne de nostredit feu Seigneur & Frere, jusques à ce qu'ils soient reduits selon qu'ils étoient lors du trépas du feu Roy François nostre ayeul : reservez toutesfois ceux qui sont cy-dessus particulierement declarez. Et où il aviendroit que par importunité ou autrement, aucuns Edits fussent cy-aprés expediez, contenans rétablissement desdits Offices, les avons dés à present declarez nuls. Et neanmoins avenant vacation desdits Offices de Gardes des petits Sceaux, les droits & émolumens anciens desdits Sceaux qu'on avoit accoûtumé de prendre auparavant l'érection desdits états, demeureront unis & annexez à nostre Domaine.

EN l'Edit d'Orleans article 131. suivant la supplication du tiers Etat, la reduction est rapportée au tems du decez du Roy Loüis XII. auquel ledit tiers Etat ramenteût le titre *de Pere du peuple.* Icy est rapporté le tems du decez du Roy François I. & pour mieux effectuer, il seroit profitable & expedient que la suppression se fit dés à present, & que pour l'avenir fussent trouvez autres moyens de recouvrer deniers, ou de les mieux ménager. Voy pour la reduction des Notaires l'art. 82. de ladite Ordonnance d'Orleans.

ARTICLE CCLIV.

N'Entendant toutesfois empêcher pour cela la provision des Offices de nouvelle creation dont les Edits ont été déja publiez en aucunes de nos Cours, ausquels il n'a été encore pourveu. Ce que voulons être fait de personnes suffisantes & capables, & procedé à leur reception : nonobstant & sans préjudice de nostre present Edit, pour aprés vacation avenant, demeurer supprimez comme les autres.

PArce que les deniers qui en doivent venir sont voüez & destinez à quelque party, & déja en a été fait état : Mais si l'intention de Sa Majesté eût été de venir à une suppression effective, l'on eût passé par dessus toutes considerations ; & n'eût-on travaillé qu'à trouver un fonds innocent pour le remboursement des interessez.

ARTICLE CCLV.

AVons pareillement supprimé & supprimons, comme dessus est dit, vacation avenant par mort ou forfaicture, les Offices d'Enquesteurs de tous les Sieges de nostre Royaume, tant de l'ancienne que nouvelle creation.

IL y a Edit du Roy François I. du 6. May 1517, sur le fait des Enquesteurs, faisant mention d'autre Edit precedent; & avec iceux il se void un Arrest de la Cour du 30. Avril 1514. concernant le nombre des Enquesteurs en chacun Siege, par lequel il est dit que les grosses des Enquestes se feront par les Enquesteurs, & non par les Greffiers. Voy la suppression l'art. 310. cy-devant & les suivans.

DE LA NOBLESSE ET GENDARMERIE.

ARTICLE CCLVI.

ET parce que la principale force de nôtre Couronne gist & consiste en nôtre Noblesse, en diminution de laquelle est l'affoiblissement de l'Etat : Nous voulons & entendons qu'elle soit conservée & maintenuë en ses anciens honneurs, droits, franchises & immunitez accoûtumées.

LA Noblesse est l'un des trois Etats de ce Royaume, & est le second; l'Ordre Ecclesiastique est le premier, & le Roy quoy qu'il soit le Chef des trois, neanmoins est tenu pour être du second Ordre. Noblesse s'acquiert par lignage & naissance quand aucun est procreé de pere noble; car la Noblesse vient des ascendans mâles, comme la servitude ou franchise vient de la mere. Nobles se disent ceux desquels les predecesseurs de fort long-tems ont été employez à servir le Roy en ses guerres portans les armes pour leur principale profession, car c'est le vray mestier des Gentils-hommes. La Noblesse se perd pour la personne & pour sa posterité, quand aucun fait acte de vilté de cœur au fait des armes, ou qui a fait rebellion à Justice agravée de circonstances. Elle se perd à tems & pour le tems que l'acte dérogeant dure, quand le Noble exerce marchandise, tient accenses ou fermes, fait état de Procureur aux causes, & autres tels actes; car quand il délaisse à les exercer, il reprend la dignité de sa Noblesse. Voy l'Edit d'Orleans, art. 108. 109. & 110.

ARTICLE CCLVII.

ET à cette fin voulons être gardée l'Ordonnance faite sur la remonstrance des Etats tenus à Orleans, contre ceux qui usurperôt faussement & contre verité, le nom & titre de Noblesse, *prendront le nom d'Escuyer*, ou porteront armoiries timbrées. Lesquels nous entendons être mulctez d'amédes arbitraires par nos Juges, à la diligence & poursuite de nos Procureurs chacun en son Siege.

C'Est un vice assez frequent à ceux qui és villes ont acquis de grands biens & Seigneuries és champs, de se faire être du rang des Gentil'hommes; & le mal est mal-aisé à corriger : car les autres Gentils-hommes ne le contredisent appertement, & se contentent dans leur cœur, & par quelques actes exterieurs de ne les tenir pour Gentils-hommes; & le menu peuple du tiers Etat étant foible n'ose entreprendre la querelle. La marque de Gentil-homme est de se dire Escuyer, parce que d'ancienneté à eux seuls appartenoit porter écu és guerres, & l'armet ou elmet en tête avec timbre : & nul ne peut devenir Chevalier s'il n'est Gentil-homme, & qu'il n'ait porté titre d'Escuyer. Escuyers naissent, Chevaliers se font par faits d'armes *etiam* les Rois.

PRENDRONT LE NOM D'ESCUYER, &c. *Vide Bart. in l. 1. C. de dignitat. lib. 12. & in adnot. ad decis. 89. Guidonis Papæ, & quod teneantur pœna falsi.* Ordonnance d'Orleans, article 110. Edit d'Henry III. de Mars 1583. article 1. Edit de 1600. article 25. & 1634. article 2.

ARTICLE CCLVIII.

LEs Roturiers & non Nobles, achetans fiefs nobles, ne seront pour ce annoblis, ny mis au rang & degré de Nobles, de quelque revenu & valeur que soient les fiefs par eux acquis.

PAr l'ancienne usance de ce Royaume les Roturiers ne peuvent tenir fiefs, & quand ils en ont acquis, le Procureur du Roy les peut contraindre d'en vuider leurs mains. Mais le Roy ayme mieux perdre sur eux le subside des francs fiefs & nouveaux acquests, pour la tolerance qu'il a faite de tenir fiefs.

Aucuns Docteurs ont tenu que les fiefs anoblissent les proprietaires, *ut Guido Papa, decis.* 385.

ARTICLE CCLIX.

N'Entendons que par cy-aprés aucun soit reçû aux états de Gentils-hommes de nôtre Chambre, où és Compagnies des cent Gentils-hommes, ny aux places de nos Maîtres d'Hôtel, Gentils-hommes servans, Escuyers d'écurie, qu'ils ne soient nobles de race. Et si aucuns s'en trouvent qui ne soient de ladite qualité, y sera par nous pourveu d'autres en leur place,

DE tout tems les Rois n'ont accoûtumé d'employer en tels états honorables prés de leurs personnes, sinon Gentils-hommes : Mais depuis quelque-tems en ç'a il a été mal observé, & les dispenses n'ont pas manqué.

ARTICLE CCLX.

SEmblablement avons défendu aux Capitaines de nos Gardes, de recevoir aux états d'Archers de leurs Compagnies, aucuns qui ne soient Gentils-hommes, Capitaines, ou soldats signalez : & sans que lesdits états puissent être vendus directement, ou indirectement.

LEs Gardes du Roy d'ancienneté usoient d'arcs, qui étoit au tems que les Anglois guerroyoient en France. Le nom d'Archer leur est demeuré, encores qu'ils se servent d'Halebardes, & sont Archers, les uns du Corps les autres de la Porte, qui d'ancienneté portoient Hoquetons d'Orfevrerie. Voy l'art. 286. cy-aprés.

ARTICLE CCLXI.

NUl ne pourra être reçû aux états de nôtre Maison, s'il n'a été trois ans entiers de nos Ordonnances, ou Capitaine en chef de gens de pied.

C'Est une belle semonce de venir par degrez aux grands honneurs, & la milice est le premier degré, comme étoit aux Romains ; car nul n'étoit reçû à demander Magistrature à Rome qu'il n'eut fait son service es armées.

ARTICLE CCLXII.

ET afin d'exciter & stimuler nôtre Noblesse à s'appliquer à l'étude des sciences requises & necessaires, par esperance de parvenir aux honneurs & dignitez de nôtre Royaume pour le maniement de nos affaires & administration de la Justice, dont nous les voulons & entendons gratifier cy-aprés, quand ils se trouveront suffisans & capables : Voulons à la nomination qui nous sera faite par nos Cours de Parlement pour les états d'icelle, entre les autres soit nommé un de la Noblesse s'il s'en trouve de la qualité & suffisance requise par nos Ordonnances.

D'Ancienneté en France l'administration de la Justice n'étoit pas és mains de gens de robbe longue & graduez ; mais és mains de preud'hommes, tant Nobles qu'autres, lesquels és difficultez de droit appelloient en Conseil les gens doctes en Droit. De là est que les Baillifs & Senéchaux Royaux doivent être Gentils-hommes de Robbe courte.

Aprés que la Cour de Rome fut transferée en Avignon, & que par cette occasion les procez se demenerent és Cours layes selon le droit Canon, c'est-à-dire avec formalitez ; En France est venuë l'usance de faire exercer la Justice par gens de Robbe longue & praticiens. L'ancienne institution des Parlemens étoit pour être composez de Gentils-hommes de Robbe courte & de gens sçavans, dont sont les Pairs laiz & Clercs. Et és Parlemens du Duché & de la Franche-Comté de Bourgogne, les Conseillers sont partie Chevaliers de Robbe courte, partie de Robbe longue : Mais depuis quelque-tems par malheur, la Noblesse a dédaigné la science & méprisé le plus beau fleuron qui les décore, & certainement c'est peu de chose qu'un Gentil-homme sans lettres, puis qu'en icelles reside constamment la vraye source de vertu ; & les Rois dans les choix de leurs Ambassadeurs, ne mettent point en arriere ceux qui possedent la connoissance des belles lettres, & principalement la politique si necessaire aux grands hommes.

ARTICLE CCLXIII.

ET d'autant que les Offices de Baillifs & Senéchaux de nos Provinces, sont de ceux ausquels pour la grandeur de la charge où ils sont appellez, est tres-necessaire de pourvoir de personnages de respect : Ordonnons, que nul ne sera par cy-aprés pourveu ausdits états, qu'il ne soit de Robbe courte, Gentil-homme de nom & d'armes, âgé de trente ans pour le moins, & qui auparavant n'ait commandé en l'état de Capitaine, Lieutenant, Enseigne, ou Guidon de gendarmes de nos Ordonnances, lesquels Offices ne pourront être vendus directement ou indirectement, sur les peines des Ordonnances.

CEt article dépend du dessusdit ; & il se void par la memoire, même de soixante ans & au dessous, que les Chevaliers plus signalez se sentoient honorez grandement des titres de Baillifs & Senéchaux de Province ; & avec ce titre comme pour le principal honneur, étoient nommez és affaires & entreprises de guerre, Senéchal d'Agenois, Senéchal de Tolose, Baillif de Dijon, & autres dans nos histoires.

ARTICLE CCLXIV.

ET afin qu'aux vacations qui aviendront, nous puissions faire élection de personnages dignes & capables, Nous enjoignons aux Gouverneurs ou Lieutenans Generaux de nos Provinces, de nous envoyer une liste des plus notables Seigneurs & Gentils-hommes ayans les susd. qualitez, ensemble, le nom, âge & qualité de ceux qui de present sont pourveus desdits états.

CEt article dépend du prochain precedent, & est pour l'execution d'iceluy. Supposant que les Gouverneurs & Lieutenans de Roy resident en leurs Gouvernemens, comme ils doivent.

ARTICLE CCLXV.

ET parce que plusieurs qui ne sont de la qualité requise par nos Ordonnances, ont été reçûs aux états de Baillifs & Senéchaux de nos Provinces, Nous leur enjoignons dedans un an, pour toutes préfixions & délais, *nous nommer personnes* capables pour en être pourveus. Et à faute de ce faire dedans ledit tems & iceluy passé, Avons declaré & declarons dés à present leurs offices vacans.

C'Est grace que le Roy fait ; car les anciennes Constitutions étoient qu'ils fussent Gentils-hommes de Robbe courte, & selon la rigueur, celuy qui a impetré n'étant de la qualité, son Office *eo ipso* seroit vacant & impetrable.

ARTICLE CCLXVI.

NOsdits Baillifs & Senéchaux pourront si bon leur semble assister à tous Jugemens qui se donneront en leurs Sieges, sans néanmoins y avoir voix ne opinion déliberative, ny pour ce prétendre aucun émolument. Tous lesquels Baillifs & Senéchaux seront tenus faire continuelle residence en leurs Provinces, suivans nos Edits, & en faisant leurs chevauchées avoir l'oeil & tenir la main forte à la Justice.

COmme il a été dit, les Baillifs & Senéchaux des Provinces doivent être Gentils-hommes de Robbe courte, sont reçûs & prestent serment en Parlement ; mais ils ne sont examinez pour la science comme sont les Lieutenans & Baillifs de Robbe longue. Pourquoy leur est interdit l'exercice de leur état en ce qui gist en jurisdiction & connoissance de cause ; aussi leur principal devoir est pour les armes, & pour tenir la main forte à Justice. Voy l'art. 206. cy-devant, le 274. cy-aprés, & le 22. de l'Ordonnance de Moulins, sur le sujet de prest de main-forte.

ARTICLE CCLXVII.

ET afin que nous ayons moyen de recompenser nôtre Noblesse, & que plusieurs puissent se ressentir de nos liberalitez & bien-faits, Nous avons declaré & declarons, que nous n'entendons par cy-aprés qu'aucun, de quelque qualité ou condition que ce soit, puisse être pourveu de deux états, charges & offices : mémement aux états de Grand Maître, Maréchal, ou Amiral de France, Grand Chambellan, Grand Maître de l'Artillerie, General des Galeres, Grand Escuyer, Colonel de gens de pied, Gouverneur de provinces : Lesquels nous avons declaré & declarons incompatibles, ny pouvoir être tenus à l'avenir conjointement par une même personne, quelque dispense qui en puisse être obtenuë de nous.

C'Est un moyen non seulement pour recompenser plusieurs personnes ayans merité : Mais aussi pour exciter les Gentils-hommes à se rendre vertueux & valeureux, & seroit encores plus si c'étoit comme au tems des Romains que les états fussent annaux, ou de deux ans; car plus grand nombre de personnes seroient rendus capables des charges publiques, & les Rois auroient plus de Capitaines & d'Officiers experimentez en affaires de guerre, de Cour & civiles.

ARTICLE CCLXVIII.

PAreillement ne pourront les Colonels, ou Mestres de Camp de gens de pied, General ou Capitaines des Galeres, avoir compagnie de gendarmes.

COlonels sont ceux qui commandent à plusieurs Compagnies de gens de pied; & il y a le Colonel General de l'Infanterie de France, & Colonel d'un Regiment, qui est comme étoit à Rome *Tribunus militum.* Cecy est ordonné, parce que chacune desdites charges desire bien un homme tout entier; & de chacune desdites charges un Seigneur signalé est assez honoré & recompensé.

Quels doivent être les Mestres de Camp. Voy l'Edit de 1600. art. 30.

ARTICLE CCLXIX.

QUiconque sera pourveu d'office, ou couché en état de nôtre Maison, ne pourra être en état ou office d'aucun autre Prince ou Seigneur quel qu'il soit : Autrement sera l'état & office qu'il tient de nous reputé vacant. Et dés à present entendons, que ceux qui en tiennent soient contraints opter l'un desdits états dedans trois mois aprés la publication de la presente Ordonnance.

LE Roy veut ses officiers domestiques, être & dépendre de luy seul, afin que de tant plus ils luy soient fideles, & qu'ils soient plus enclins à luy faire service, esperans leur recompense de luy seul.

Voy cy-devant l'article 267.

ARTICLE CCLXX.

VAcation avenant des états de Maréchaux de France, Nous n'entendons y pourvoir, jusques a ce qu'ils soient reduits au nombre de quatre, comme auparavant : la moitié desquels seront ordinairement prés nôtre personne, & les autres feront les chevauchées accoûtumées. Et outre le serment qu'ils presteront en nos mains en les pourvoyant desd. charges, feront autre serment en nôtre Cour de Parlement à Paris, ainsi qu'ils souloient faire par cy-devant.

MAréchaux de France, sont ceux qui aprés le Connestable commandent en l'armée du Roy, tant aux gens de guerre qu'à la police. Leur ancienne & principale charge étoit sur les gens de cheval, d'où vient leur nom, *Mark* en Alleman signifie cheval de guerre. *Schalk* signifie Intendant. Les Maréchaux de France font le serment és mains du Roy; cét Edit veut qu'ils prestent encore le serment en Parlement, ce qui n'est d'ancienneté, comme recite du Tillet en son Recüeil.

ARTICLE CCLXXI.

LEs Gouverneurs des Provinces de nôtre Royaume seront reduits à la forme ancienne, au nombre de douze : & en chacun desdits Gouvernemens n'y aura qu'un Gouverneur & un Lieutenant, excepté neanmoins nôtre Province de Normandie. Et avons revoqué & revoquons par ces presentes tous Gouverneurs qui auront été par cy-devant instituez ou commis aux Villes particulieres de nôtre Royaume pour la necessité de la guerre pendant les troubles, quelque commission qu'ils en ayent de nous.

DE grande ancienneté les Gouvernemens étoient des Provinces faisans les limites & frontieres du Royaume, comme Normandie, Picardie, Champagne, Bourgogne, Dauphiné, Provence, Languedoc, Guyenne, Bretagne. Depuis on a ajoûté Paris & l'Isle de France avec le Vermandois pour un, Lyonnois, Auvergne & Bourbonnois pour un autre, Poictou, Anjou, Touraine, le Maine pour un autre, qui sont les douze; il y a une Ordonnance du Roy François I. à Blois en May de 1545. par laquelle nul ne pouvoit porter le nom de Lieutenant General qu'és païs & és Provinces de frontiere.

ARTICLE CCLXXII.

N'Entendons d'orénavant admettre plus aucune resignation desdits états de Gouverneurs.

Resignations ne deussent être reçûës, ny de ces états de Gouverneurs pour la grande importance d'iceux, afin que le Roy ait meilleur moyen de choisir, ny d'autres états qui sont principaux és Cours de Parlemens és Provinces.

ARTICLE CCLXXIII.

Seront tenus lesdits Gouverneurs de resider en leurs Gouvernemens, & exercer en personne leurs états, six mois de l'an pour le moins. Et quant aux Lieutenans feront continuelle residence, sans pouvoir partir desd. Provinces : *même en l'absence du Gouverneur*, sinon par nôtre congé & permission expresse.

Les Gouverneurs ont la charge en chef; & les Lieutenans ne sont pas commis par eux, mais par le Roy, & sont établis comme aydes & contrôlleurs des actions des Gouverneurs. Leur residence étoit tres-exacte, comme il se void en la *l. nullus 9. C. de offic. rectoris Provinc.*

ARTICLE CCLXXIV.

Voulons que les Ordonnance faites par les Rois nos predecesseurs, pour le reglement du pouvoir & connoissance des Gouverneurs de nos Provinces : même l'Edit fait à Moulins par feu nôtre tres-cher & treshonoré Seigneur & Frere le Roy Charles, soit entierement gardé & observé. Et en ce faisant avons declaré que lesdits Gouverneurs ne peuvent, & leur défendons donner aucunes lettres de grace, remission & pardon, foires, marchez & legitimations, & autres semblables : d'évoquer les causes pendantes pardevant les Juges ordinaires, & leur interdit la connoissance d'icelles, & *s'entremettre* aucunement *du fait de la Justice* : leur enjoignans toutesfois, où besoin seroit, de prester ayde & secours de force militaire à la justice pour l'execution des Sentences & Jugemens de nosdits Prévôt de Paris, Baillifs & Senéchaux, & Arrests de nos Parlemens : de tenir les païs à eux commis en seureté, les garder de pilleries, visiter les places fortes, & nous avertir des entreprises qu'on pourroit faire en nos Royaume, païs & terres de nôtre obeïssance qui sont de leurs gouvernemens.

Cette Ordonnance est originairement du Roy Louïs XII. de l'an 1499. art. 70. & là se dit que les Gouverneurs d'aucunes Provinces disoient avoir obtenu des Rois ce pouvoir ; & par ledit article le Roy revoque telle concession, & est repetée par l'Edit de Moulins de 1566, article 22. & quant à prester ayde & main-forte à la Justice. Voy les articles 206. & 266. cy-dessus.

S'ENTREMETTRE DU FAIT DE LA JUSTICE, C'est-à-dire, pour en connoître en jurisdiction contentieuse ; car la Justice se peut bien exercer par l'épée quand elle est és mains d'un homme de bien, ayant pouvoir public.

ARTICLE CCLXXV.

Suivant lesdites Ordonnances, défendons à tous nos Gouverneurs, Baillifs, Senéchaux, Tresoriers de France, Generaux de nos Finances, Elûs & autres quelconques nos Officiers, de lever ou faire lever aucuns deniers en nos païs, terres & Seigneuries, sur les sujets d'icelles, quelque authorité qu'ils ayent, ou pour quelque cause que ce soit : Ne permettre qu'autres en levent, soit en nom de particulier, ou de Communauté, sinon qu'ils ayent nos Lettres patentes precises & expresses pour cét effet, qui soient enregistrées aux Greffes des Sieges principaux des lieux où la levée se fera ; le tout à peine de confiscation de corps & de biens. Enjoignons à nos Procureurs Generaux, & leurs Substituts, d'avoir l'oeil à ce qu'aucune levée ne soit faite : & de nous avertir de ce qui sera fait au contraire, sur peine de privation de leurs états.

De cét article sont exceptées les impositions & levées de deniers qui se font pour affaires de procez ou autres affaires concernans le profit commun d'une Ville, Parroisse ou Communauté : quand le consentement de tous ou de la plus grande partie y est; car en tel cas on obtient lettres du Roy en la Chancellerie du petit Scel, avec lesquelles on attache l'acte dudit consentement contenant la cause, qui s'appellent lettres d'assiete pour imposer la somme qui est declarée selon ledit consentement, & scel desdites lettres est à raison d'un sol pour livre.

Aussi il y a exception au fait des Tailles, quand en fin de l'an restent aucuns mauvais deniers, ou qu'il y a eu procez & est question de recouvrer les frais au fur des Tailles, les Elûs par leur commission, aprés en avoir fait la taxe en ordonnent le département. Voy l'article 280. cy-aprés.

ARTICLE CCLXXVI.

NUl ne sera par nous pourveu des Capitaineries és Places fortes de nôtre Royaume, qu'il ne soit naturel François, connû par longs services faits à nous & à nos predecesseurs Rois. Et ne pourront lesdits Capitaines desemparer lesdites Places, pour quelque cause que ce soit, sans nôtre exprés commandement. Défendant tres-expressément de convenir à prix d'argent, ny autre chose équipollante pour se faire pourvoir desdites Capitaineries, sur peine de privation d'icelles par les pourveus, & de confiscation de deniers, ou autres choses équipollantes qui en auroient été baillées.

D'Ancienneté sont établies mortes-payes & gardes ordinaires en tems de paix & de guerre en certaines Villes, Places fortes & Chasteaux, comme à Pontorson en Bretagne, Cherbourg en Normandie, Château Trompette à Bordeaux, & autres, esquelles places les Capitaines & Soldats commis à la garde, doivent demeurer avec leurs ménages, & y faire sejour ordinaire; pourquoy sont appellez mortes-payes.

ARTICLE CCLXXVII.

AVenant necessité de guerres, tous Gentils-hommes faisans profession des armes, seront tenus de prendre les armes, & se rendre la part où il leur sera par nous mandé pour nous servir, suivant l'obligation de leurs fiefs, ainsi qu'il est porté par nos Ordonnances, à peine de privation du titre de Noblesse, & de leurs fiefs.

CEcy dépend de l'ancien & premier établissement des fiefs qui étoient concedez, à la charge de servir le Seigneur feodal en ses guerres, & le vassal devoit y aller accompagné, armé & équipé selon la valeur de son fief, *ut infrà*, art. 316. Avant le Roy Charles VII. qui premier mit en ordinaire les Compagnies d'hommes d'armes des Ordonnances. La grande force du Roy étoit au ban & arriereban.

ARTICLE CCLXXVIII.

DEfendons à tous Gentils-hômes & autres de faire assemblée de gens, sous pretexte de querelles particulieres, ou autres que ce soit, sur peine d'être punis comme criminels de leze-Majesté, & perturbateur du repos public de nôtre Royaume. Enjoignons à nos Gouverneurs, Lieutenans, Baillifs, & Senéchaux, de composer les querelles qui s'exciteront en leurs Provinces, & de nous avertir du devoir qu'ils y auront fait, afin d'y pourvoir.

D'Ancienneté les grands Seigneurs de France avoient droit de faire guerre les uns contre les autres, pour demander raison des torts que les uns pretendoient avoir reçû des autres, & assembloient leurs vassaux en armes, qui en ce cas par la nature & selon la valeur de leurs fiefs, étoient tenus de les servir en armes. Même se trouve une Chartre du Roy Louïs X. dit Hutin, par laquelle sur la remonstrance des Nobles de Nivernois & Donziois, qui disoient avoir ce droit. Le Roy promet de faire enquerir de l'usance & leur pourvoir; & sera consideré qu'en disant ainsi il ne reprouve pas ce droit : Mais depuis les Rois ont precisement interdit ces guerres & assemblées en armes, & l'ont declaré être cas Royal, que l'on appelle port d'armes. Icy est passé outre, & est reputé crime de leze-Majesté.

De ne faire levée de Soldats sans commission du Roy. Voy l'art. 314. cy-aprés.

ARTICLE CCLXXIX.

NOus voulons & entendons, que l'Ordonnance faite au mois de Juillet 1566. pour l'érection des Duchez, Marquisats & Comtez, & union à nôtre Domaine, soit inviolablement gardée, nonobstant toutes Lettres de jussion & dérogation au contraire. Et seront tenus ceux qui voudront obtenir de nous telles érections, aux charges & conditions de l'Ordonnance, se purger prealablement par serment, si lesdites terres sont sujettes à Fideicommis ou Substitution, à peine de decheoir de nôtre concession, & de privation des autres fiefs qu'ils tiendront de nous : Ne voulans que nos Cours de Parlement ayent aucun égard aux Lettres de dispense qui pourroient être par nous accordées au contraire du present Article.

L'Edit du mois de Juillet 1566. est fondé sur une raison d'inconvenient, parce que le Roy étoit souvent importuné d'ériger les Seigneuries de simple titre, en honneur de Duché, Marquisat ou Comté : & afin que tels supplians en fussent détournez, le Roy ordonne que telles Seigneuries ainsi érigées seront sujettes à retour & union à la Couronne, à faute d'hoir mâle. Et parce que la faute de tels impetrans ne peut préjudicier aux Substitutions & Fideicommis ; c'est pourquoy il est icy mis un remede assez foible.

Mais si telles Seigneuries en tout ou partie étoient mouvantes en fief d'autre que du Roy, je croy que par l'érection ne seroit fait aucun préjudice à la mouvance & aux droits du Seigneur feodal, car le Roy ne peut ôter le droit de ses vassaux.

ARTICLE CCLXXX.

DEfendons à tous Seigneurs & autres, de quelque état & qualité qu'ils soient, d'exiger, prendre ou permettre être pris ou exigé sur leurs terres & sur leurs hommes ou autres, aucunes exactions indûës par forme de Tailles, Aydes, Creuës ou autrement & sous quelque couleur que ce soit ou puisse être, sinon és cas desquels lesd. sujets & autres seront tenus & *redevables de droit, & où ils peuvent être contraints par Iustice* : & ce sur peine d'être punis selon la rigueur de nos Edits & Ordonnances, sans que les peines portées par icelles puissent être moderées par nos Juges.

EN France nul Seigneur n'a droit de prendre prestation personnelle sur ses sujets sinon le Roy, hormis quand ce sont sujets de condition servile, ou quand pour commutation de la condition, ils se sont chargez de prestations personnelles, ou quand de bien grande ancienneté le droit est en usage ; comme la Taille des sujets és quatre cas, qui sont quand le Seigneur se fait Chevalier, quant il marie sa fille aînée, quand il fait le voyage doutre-mer, ou qu'il est prisonnier de guerre. C'est pourquoy l'art. porte ces mots, *redevables de droit, & peuvent être contraints par Justice*. Voy l'article 275. devant, & le 283. cy-aprés.

ARTICLE CCLXXXI.

DEfendons aussi à tous Gentils-hommes & Seigneurs, de contraindre leurs sujets & autres, à bailler leurs filles, niepces ou pupilles, en mariage à leurs serviteurs, ou autres contre leur volonté & la liberté qui doit être en tels contrats, sur peine d'être privez du droit de Noblesse, & punis comme coupables de rapt. Ce que semblablement nous voulons aux mêmes peines être observé contre ceux qui abusant de nôtre faveur par importunité, ou plûtot subrepticement ont obtenu ou obtiennent de nous Lettres de cachet, closes ou patentes, en vertu desquelles ils font enlever ou sequestrer filles, icelles épousent ou font épouser, contre le gré & vouloir de pere, mere, parens, tuteurs & curateurs.

EN la personne du Roy premierement & à son exemple, de tous autres Seigneurs de ce Royaume, est bien seant même necessaire pour le titre de Seigneurs Justiciers qu'ils portent, qu'aux parens soit délaissée la franche & entiere liberté pour le mariage de leurs filles & parentes ; car les mariages ne peuvent & ne doivent recevoir aucun commandement, & par raison les Rois n'y ont aucune puissance. Pourquoy il seroit bon que par ce même Edit fussent declarez attaints & convaincus de rapt ceux qui épouseroient filles avec pretexte de Lettres patentes ou clauses, & par sollicitations ou prieres de grands Seigneurs, pour être sujets aux peines ordonnées par ce même Edit contre les ravisseurs. Voy l'art. 111. de l'Ordonnance d'Orleans.

ARTICLE CCLXXXII.

ABolissons & interdisons tous peages & travers nouvellement introduits, & qui ne sont fondez en titre ou possession legitime. Et seront ceux à qui lesdits droits de peages appartiennent, tenus entretenir en bonne & dûë reparation les ponts chemins & passages, & garder les Ordonnances qui ont été faites par les Rois nos predecesseurs, tant pour la forme du payement desdits droits en deniers, que pour l'affiche & entretennement d'un tableau ou pancarte, le tout sur les peines portées par lesdites Ordonnances, & de plus grieves s'il y échet.

Voyez des peages & de leur premiere institution *infrà* article 355. Le titre doit être de concession du Roy, bien & deuëment verifiée en la Chambre des Comptes. La possession legitime est l'immemoriale, car autre prescription n'est reçûë en tels cas.

Les Seigneurs ayans droit de peage doivent tenir une pancarte en lieu haut, éminent, public & commode pour lire, en laquelle soit écrit combien se doit payer de tribut pour chacune marchandise. Voy l'article 107. & 138. de l'Ordonnance d'Orleans.

ARTICLE CCLXXXIII.

Et pour les continuelles plaintes que nous avons de plusieurs Seigneurs, Gentils-hommes & autres de nôtre Royaume, qui ont travaillé & travaillent leurs sujets & habitans du plat païs où ils font residence, par contribution de deniers ou grains, courvées, ou autres semblables exactions indûës : même sous la crainte des logemens des gens de guerre, & mauvais traitement qu'ils leur font & font faire par leurs gens & serviteurs : Enjoignons à nos Baillifs & Senéchaux tenir la main à ce qu'aucuns de nosd. sujets ne soient travaillez ne opprimez par la puissance & violence des Seigneurs, Gentils-hommes, ou autres. Ausquels défendons les intimider, menasser ou exceder, par eux ne autres, ny retirer & favoriser ceux qui les auroient excedez : mais se comporter envers eux moderément, poursuivre leurs droits par les voyes ordinaires de Justice, sur peine d'être declarez ignobles, roturiers, & privez à jamais des droits qu'ils pourroient prétendre sur leursdits sujets.

Quand le Seigneur Justicier abuse de sa Justice en opprimant ses sujets & les vexant indûëment, les sujets peuvent requerir être exemptez de la Justice de tels Seigneurs, & devoluts à la prochaine, comme en pareil cas il se dit du vassal qui est maltraité de son Seigneur feodal. Autresfois la Cour par Arrest dégrada de Noblesse un Gentil-homme, qui par force & violence avoit spolié & ôté des mains de Justice une fille de joye qui étoit menée prisonniere. L'Arrest est du Lundy 23. Novembre de 1528. Voy l'art. 280. cy-devant, & le 106. de l'Ordonnance d'Orleans.

ARTICLE CCLXXXIV.

Pareillement enjoignons à nosdits Procureurs faire informer diligemment & secretement, contre ceux qui de leur propre authorité ont ôté & soustrait les lettres, titres & autres enseignemens de leurs sujets, pour s'accommoder des Communes dont ils jouissoient auparavant, *ou sous pretexte d'accord* les ont forcez de se soûmettre à l'avis de telles personnes que bon leur a semblé, & en faire poursuite diligente. Declarant dés à present telles soûmissions, compromis, transactions ou Sentences arbitrales ainsi faites, de nul effet.

Communes s'appellent Terres, Bois ou Pâcages qui appartiennent en commun à tous les habitans d'une Ville, Parroisse ou Village, dont ils ont accoûtumé payer redevance au Seigneur. Mais quand ils n'en payent point de redevance, & ne montrent concession ny titre : La presomption est que ce soient vaines pastures & terres vacantes, dont les Seigneurs hauts-Justiciers peuvent faire leur profit, comme de tous autres biens vacans, qui se trouvent sans proprietaire.

Ou sous PRETEXTES D'ACCORDS, Il semble que cette loy par presomption de droit juge tels compromis & accords être forcez, & par consequent nul; & est assez à propos de le dire ainsi en comparant les qualitez des parties.

ARTICLE CCLXXXV.

Defendons pareillement aux Gentils-hommes & à tous autres, de

chasse

chasser, soit à pied ou à cheval, avec chiens & oiseaux sur les terres ensemencées depuis que le bled est en tuyau, & aux vignes depuis le premier de Mars jusques à la dépoüille, à peine de tous dépens, dommages & interests des laboureurs & proprietaires, que les condamnez seront contraint payer, aprés sommaire liquidation d'iceux faite par nos Juges nonobstant oppositions ou appellations quelconques, & sans préjudice d'icelles.

CEt article est tiré de mot à mot du 108. article de l'Edit d'Orleans, & pourra être consideré que par cet article & plusieurs autres de cét Edit, il semble qu'on ait fait peu de compte dudit Edit d'Orleans, sinon en tant que les articles y contenus seroient approuvez par celuy-cy. Voy l'art 119. du même Edit d'Orleans.

ARTICLE CCLXXXVI.

NOstre vouloir & intention est, de reduire le nombre des Compagnies des hommes d'armes de nos Ordonnances, & gens de pied, selon que nous aviserons être expedient pour le bien de notre service, & soulagement de nôtre peuple : & ne donner cy-aprés aucunes Compagnies de nos gens d'armes, sinon à Gentils-hommes signalez âgez de vingt-cinq ans pour le moins, & qui auparavant auront été Capitaines de Chevaux-legers, ou Guidons, Enseignes de gens d'armes, ou qui auront été Gendarmes, Chevaux-legers ou Capitaines de gens de pied, par le tems & espace de six ans continuels.

LE premier établissement des Ordonnances a été de seize cens lances, chacune lance fournie d'un homme d'armes & de deux Archers. Depuis par diverses occasions le nombre est augmenté, les plus grandes Compagnies sont de cent hommes d'armes, autres de soixante, autre de cinquante, autres de trente lances.

Et parce que c'est la principale & plus redoutée force des armes Françoises, il est bien seant que les chefs soient bien choisis. Voy l'article 114, de l'Ordonnance d'Orleans.

ARTICLE CCLXXXVII.

POurront neanmoins lesdites Compagnies être données aux Princes, qui auront atteint l'âge de dix-huit ans, & non auparavant.

C'Est bien raison que les Princes ayent quelque prerogative, ce qui n'est pas seulement pour leur agréer : Mais parce qu'ordinairement eux étans naiz avec esprits & cœur heroïques, sont plûtôt avancez en sens & valeur que les autres.

An nescis virtus Cæsaris ante diem?

Et parce que leur maison les fait respecter, comme aussi fait l'esperance de l'avenir & le merite de leurs predecesseurs. L'âge de 17. ans étoit remarqué à Rome, pour commancer d'employer les jeunes gens au fait des armes,

Pubescit castris miles, galeaque teruntur,
Nondum signatæ flava lanugine malæ.

Silius Italic. lib. 2. de bello Punico.

Et les enfans des Empereurs tout jeunes étoient remarquez avec ce titre, *Nobilis puer.*

ARTICLE CCLXXXVIII.

ET quant aux membres des Compagnies de nôtre Gendarmerie, ne pourront être donnez qu'à Gentils-hommes, qui nous auront fait service à nos Ordonnances, pour le moins trois ans continuels, ou été Capitaines de Chevaux legers.

L'Art de la guerre doit être gouverné par degrez, & par même degrez doivent être avancez les hommes qui desirent avoir commandement, comme à Rome ils doivent être simple soldats, puis Centurions, & avoir autres charges en l'armée, puis venoient à demander les honneurs de Villes par degrez, pour être Ediles, Questeurs, Preteurs, Consuls.

ARTICLE CCLXXXIX.

NE pourra aucun être Gendarme, qu'il n'ait été Archer ou Cheval leger, un an continuel : ny être Archer qu'il ne soit extrait de noble race.

TEllement que nul ne peut être Gendarme qu'il ne soit Gentil-homme extrait de noble race : mais par l'Ordonnance du Roy François I. du 24. Juillet 1534. le soldat qui par sa valeur & par degrez est parvenu à l'état de Lieutenant de Compagnie, devient noble. Voy l'art. 260. cy-devant, & le 114. de l'Ordonnance d'Orleans.

ARTICLE CCLXXXX.

CEux qui auront abandonné leur Enseigne au combat, seront degradez des armes, & declarez *ignobles*, & comme roturiers, assis & imposez à la Taille.

I*Gnobles*, parce que c'est acte de lacheté de cœur, & qui a & sent avoir le cœur foible doit éviter l'occasion de faire connoître en acte remarquable sa pusillanimité.

ARTICLE CCXCI.

NOus voulons & entendons que nôtre Gendarmerie soit payée selon l'Ordonnance faite par le feu Roy Charles, nôtre tres-cher Seigneur & Frere, en l'an 1574.

BIen seroit pour le peuple qu'elle fût bien payée, puis que les deniers à ce destinez sont bien payez par le peuple; ce faisant aussi que la Gendarmerie tint regle d'honneur. Voy l'art. 307. cy-aprés.

ARTICLE CCXCII.

TOutes garnisons & rafraichissement de Gendarmeries se feront és Villes closes, & non au plat païs.

LEs Villes ont plus grande lumiere, & les actions de ceux qui faillent sont mieux veuës, & avec plus grande seureté contrôllées; car és Villages peu de gens voyent & moins encores osent en parler & s'en declarer.

ARTICLE CCXCIII.

LA quatriéme partie de nôtre Gendarmerie tiendra garnison trois mois l'anné : Et y seront les Compagnies entieres & completes, avec leurs Chefs & tous les membres, & sans qu'aucun en puisse être dispensé, sinon le Capitaine en Chef : lors que par nôtre commandement & permission expresse il sera prés de nôtre personne, ou employé ailleurs à nôtre service. Et quand ladite quatriéme partie entrera en garnison, aussi quand elle en sortira, elle fera montre en armes; & pour les autres quartiers en robbe seulement.

CEt article & autres dépendent du payement qui doit être fait aux Gendarmes; Enquoy par cy-devant il y a eu grand dereglement. Le Roy Charles VII. aprés avoir chassé les Anglois hors de France, fut le premier qui ordonna la Gendarmerie pour être entretenuë en tems de paix & en tems de guerre; & pour satisfaire à leur solde mit les Tailles sus en ordinaire, qui auparavant se levoient selon l'accordance des Etats, comme encores aujourd'huy se fait en Bourgogne. La Taille destinée à la Gendarmerie a depuis été employée pour la dépense ordinaire de la Maison du Roy, aux pensions & aux rentes constituées. D'ancienneté le payement de la Gendarmerie se faisoit à raison de tant par jour, & si le Gendarme venoit à deceder, il étoit payé de partie du quartier selon les jours de sa vie.

ARTICLE CCXCIV.

LEs Gendarmes étans en garnison, seront tenus, tant pour exercer leurs personnes au fait des armes, que pour dresser leur chevaux. au combat, courir la bague deux fois la semaine, & combattre à l'épée, armez des armes portées par les Ordonnances.

CEt exercice étoit en usage d'ancienneté entre les Grecs & Romains, tant par forme de guerre sur terre, que guerre navale, qui s'appellent *naumachie*, & Virgile le represente en ces mots du livre cinquiéme de l'Eneïde,

.... Pugnaque cient simulachra sub armis.

ARTICLE CCXCV.

NOs gens de guerre payeront raisonnablement de gré à gré ce qu'ils prendront, & se défrayeront avec leurs valets & chevaux de tout ce qui leurs sera necessaire, tant en marchant par païs, que sejournant & residant en leurs garnisons sans aucune exaction, foulle, ou oppression de nôtre peuple.

ASsez d'Edits l'ont ainsi commandé : Mais depuis que l'on a mal payé les gens de guerre, ils se sont abandonnez à ne rien payer, & quoy qu'ils soient payez il ne payent leurs hostes ; car une mauvaise conscience s'entretient aisement.

D'ancienneté la solde d'un homme d'armes étoit de neuf vingt livres, & de l'Archer de quatre-vingt-dix livres. Par Edit du 12. Novembre 1549. la solde fut augmentée & faite de quatre cens livres à l'homme d'armes, de deux cens livres à l'Archer. à cét effet les Tailles furent augmentées, & cette augmentation s'appelle le Taillon. Voy l'article 215. de l'Ordonnance d'Orleans.

ARTICLE CCXCVI.

ET afin que nosdits gens de guerre soient accommodez de logis, vivres & fourrages necessaires, nous voulons que nos hommes d'armes de nos Ordonnances marchant par païs en corps, où nos gens de pied ayant à passer par païs ou sejourner, soient tenus marcher & se loger en troupe, le plus qu'il leur sera possible.

SElon ce est l'article 303, cy-dessous, par lequel est commandé aux gens de pied de marcher en troupe, Enseigne déployée, & tambour battant.

ARTICLE CCXCVII.

ET seront tenus les Capitaines d'avertir ceux qui seront deputez en chacune Province pour dresser Etapes, & marquer logis selon le nombre de la Gendarmerie ou Infanterie qui devra arriver, afin que les vivres leur soient fournis & baillez à prix raisonnable & moderé.

CEt article seroit bon pourveu que le soldat fut bien payé, & qu'il eût moyen de payer, & que les Commissaires des vivres fussent bien choisis ; car le plus souvent nonobstant les Etapes le soldat ne laisse de vivre sur le bon homme, & c'est double charge, & n'y a profit que pour les Commissaires.

ARTICLE CCXCVIII.

LEs Villages esquels lesdites Compagnies de Gendarmes, ou bien de pied auront logé, seront recompensez ou soulagez de ce qui sera avisé à la contribution des frais des Etapes ; & selon qu'il se trouvera être raisonnable. Desquels frais sera rendu compte de trois mois en trois mois pardevant les Juges Royaux, ou autres ordinaires des lieux, appellez à ce les Maire, Eschevins des Villes, & un deputé de chacun Bourg ou Village qui y aura contribué. Lequel compte se rendra gratuitement, & sans frais & salaires, tant pour l'audition qu'assistance.

APrés le passage des Compagnies & fournissement des Etapes, le pauvre peuple se trouve si étourdy de la vexation, & si foulé de l'une des contributions qui ne soulage nullement l'autre, qu'ils n'ont envie d'aller faire autres frais, dont ils ne peuvent s'expedier sans procez & sans nouvelle vexation.

ARTICLE CCXCIX.

ET afin que nôtre Gendarmerie & Infanterie allant & sejournant par païs n'ait occasion de malfaire, nous enjoignons très-expressement à tous nos Capitaines, tant d'hommes d'armes que de gens de pied, de se tenir en leurs Compagnies, & ne s'en départir, éloigner, ny absenter sans nôtre expresse permission & licence. Auquel cas encores ils seront tenus de laisser leurs Lieutenans, pour empêcher qu'aucun tort & outrage ne soit fait par leur Compagnie, & representeront en justice ceux de leurs gendarmes ou soldats dont ont leur fera plainte. Autrement, & à faute de ce faire seront *en leurs propres* & privez *noms* responsables *civilement* des torts, excez & outrages faits par ceux de leur Compagnie qui ne comparoîtront. Pour raison dequoy ils pourront être appellez *pardevant le Juge des lieux* où lesd. fautes auront été commises.

Les Capitaines & Lieutenans ordinairement sont personnes signalées & de marque, qui craignent de recevoir deshonneur & reproche, aussi qu'ils sont plus respectez dans les bandes pour être obeïs & empêcher les forfaits.

En leurs propres noms civilement, Cela s'entend quand il y a une simple faute & copule sans qu'ils en sçachent rien : car s'ils sçavent & ne l'empêchent de tout leur pouvoir, ils sont grandement suspects d'être consentans & participans, & en doivent être tenus criminellement, & comme de délit, *l. in lege Aquilia* 44. *& l. scientiam* 45. *ff. ad leg. Aquil. l. in omnibus ff. de noxal.*

Pardevant les Juges des lieux, Quoy faisant est ôté le privilege des gens de guerre, qui pour délit militaire ont leurs Juges les Maréchaux de France ou leurs Prévôts : Mais cecy est à l'avantage de ceux qui sont offensez pour s'en addresser, si bon leur semble aux Juges des lieux, ou s'ils veulent pardevant le Juge militaire.

Voyez l'Edit d'Orleans, art. 115. l'art. 328. cy-aprés, & pour la presence des Chefs, l'art. 293, cy-devant.

ARTICLE CCC.

Tous Capitaines & gens de guerre, tant de pied que de cheval, n'entreront en aucuns Gouvernemens, Bailliages & Senéchaussées, sans prealablement en avertir les Gouverneurs, Baillifs ou Senéchaux des lieux où ils voudront aller. Ausquels ils seront tenus montrer & exhiber leurs Commissions, afin de leur faire bailler un Commissaire pour les conduire sans aucun sejour, à cinq ou six lieuës par jour par le plus droit chemin tirant où ils auront commandement d'aller, sans faire autre foule, rançonnement ou extorsion au peuple : dont lesdits Capitaines & Commissaires *en répondront civilement.* Et seront lesdits Capitaines tenus bailler par écrit leurs noms à leurs hostes en tous les logis qu'ils feront : voulans que s'ils changent ou *déguisent leurs noms*, ils soient punis de mort.

C'Est afin que nulles troupes de gens de guerre n'entreprennent d'aller par païs sans commission du Roy, & afin qu'on puisse plus facilement contrôller leurs déportemens pour demander & avoir raison de leurs forfaits.

Respondront civillement, Selon la limitation de l'article immediatement precedent.

Deguisent leurs noms, Changer son nom de soy n'est crime ; car les noms sont faits pour connoître les personnes, *nomen à noscendo dicitur : l. unica C. de mutatione nominis* : Mais quand le nom se change en fraude pour tromper quelqu'un ou pour ôter la preuve du mesfait, c'est crime de fausseté, *l. falsi nomivis, ff. ad legem Cornel. de fals.* Pourquoy la peine de mort y est apposée.

ARTICLE CCCI.

Ne sejourneront lesdites gens de guerre qu'une nuit aux Villages qui leur seront baillez pour loger, sans qu'il soit permis ausdits gens de guerre vaguer & s'écarter de village en village, pour mal faire & piller le pauvre peuple, sur peine d'être pendus & étranglez.

Mais ils trouvent assez d'excuses sur la pluye, ou autre mauvais tems, & aucuns d'entr'eux sont ou contrefont les malades; puis le contrôlle & l'amendement est malaisé à faire. Voy l'article 115. de l'Ordonnance d'Orleans.

ARTICLE CCCII.

Fera ledit Commissaire, avant que partir du lieu où logeront lesdits gens de guerre, venir devant luy par chacun jour tous les habitans du lieu où il auront logé, pour recevoir toutes les plaintes. Et s'il se trouve que les soldats ayent fait quelque exaction & violence, ou indûë dépense, ledit Commissaire en fera faire la raison sur le champ par le Capitaine à ceux qui auront été endommagez ou offensez. Et où ledit Capitaine ne le voudroit faire, ledit Commissaire envoyera toutes les plaintes & les noms des soldats qui auront fait le mal, au premier Baillif, Senéchal, Prévôt des Maréchaux, ou autres Juges qui se trouveront és Villes & lieux plus proches où ils passeront : & enjoindra au Capitaine de mettre entre leurs mains lesd. soldats qui auront mal fait.

Le service du Roy contraint les gens de guerre de marcher, ou si le besoin ny est ils le feignent. Demander raison, les fait sejourner, qui est augmentation d'oppression : Le pauvre homme encores tout effrayé du mal, & qui void les oppresseurs les plus forts n'ose se plaindre.

Le meilleur remede seroit de bien payer la solde aux gens de guerre, & cela fait les contraindre à tenir regle, car sans bon payement toutes ces loix sont paroles.

ARTICLE CCCIII.

Les Compagnies de gens de pied tiendront rang en marchant par païs, & marcheront le tambour battant & Enseigne déployée : Défendons sur peine de la vie ausdits soldats, de s'absenter, éloigner & détourner desd. Compagnies, sans expresse permission & congé signé de leurs Capitaines, ou de leurs Lieutenans.

Quand ils marchent tenans rang, ils ont moins d'occasion de mal faire, parce que les chefs y sont pour les empêcher & pour châtier ceux qui font mal, qui fait que le déreglement n'est pas si grand. Voy l'art. 296. cy-devant.

ARTICLE CCCIV.

Et afin que les Compagnies de nôtre Gendarmerie pour aller à leur montre, ne soient contraintes de traverser d'un païs à autre, qui vient à la grand foule de nôtre peuple, Nous voulons que les montres desdites Compagnies soient faites és lieux les plus propres, commodes & proches de la demeurance des Capitaines & du plus grand nombre de Gendarmes. Et à cette fin enjoignons ausd. Capitaines, de faire & composer leursd. Compagnies de Gentils-hommes de leurs Provinces circonvoisines, & au plus grand nombre que faire se pourra.

Cet article seroit tres-salutaire au peuple s'il étoit bien observé ; car outre la foule qui est au peuple pour le passage, & petites journées que font les gens de guerre s'acheminant de bonne heure. Les pauvres gens qui sont par eux vexez n'ont pas moyen de les reconnoître, & aller demander raison des torts qu'ils ont reçûs.

ARTICLE CCCV.

Tous Chefs & membres des Compagnies, tant de gens à cheval qu'à pied, qui se trouveront avoir pris, exigé & extorqué deniers pour ne loger és maisons & villages, seront punis de mort, sans esperance de grace, pardon & remission. Et si par importunité ou autrement, leur en étoient par Nous accordées Lettres, défendons tres-expressément à nôtre tres-cher & feal Garde de nos Sceaux de les seéller, & à nos Juges d'y avoir égard.

Le crime est nommé par les loix Romaines *repetundarum* quand aucun étant en charge publique prend argent pour faire autrement que ce qu'il doit. Ce crime est capital & ne s'éteint pas par la mort du criminel comme les autres crimes ; car on en peut enquerir & juger aprés la mort ; *l. ex judiciorum, ff. de accusat.* Voy l'art. 283. cy-devant, & l'article 116. de l'Ordonnance d'Orleans.

ARTICLE CCCVI.

Nous voulons que de toutes les contraventions faites à nos Ordonnances par Capitaines, Lieutenans, Guidons, Enseignes, Maréchaux de logis, Gendarmes, Soldats, Fourriers, Trompettes, soit de gens de cheval ou de pied, nos Juges ordinaires des lieux ou autres, puissent concurremment ou par prévention, avec les Prévôts des Maréchaux, connoître sans être tenus d'en faire renvoy. Et pourront tels crimes être jugez par nos Juges Presidiaux en souveraineté & sans appel, selon les formes prescrites par l'Ordonnance faite à Moulins. *

Selon l'ancienne regle les délits militaires ne pouvoient être jugez que par les Juges militaires, qui sont les Prévôts des Maréchaux. Ce privilege doit avoir lieu quand les gens de guerre sont en armes ; mais quand ils sont en marche & vont par païs, c'est bien raison qu'ils soient jugez au lieu où ils délinquent, *ut per glos. in l. magisteria C. de Jurisd. omnium jud. lib. 3. & l. ult. C. de re milit. lib. 12.* * Voy l'art. 46. de l'Ordonnance de Moulins.

ARTICLE CCCVII.

ET afin que nos Compagnies de gens de pied soient fournies & mieux complettes qu'elles n'ont été par le passé, Nous ordonnons que le payement desdites Compagnies sera fait particulierement à la *Banque* à chacun soldat, & sans que les deniers puissent être mis és mains de leurs Chefs & Capitaines.

A LA BANQUE, C'est-à-dire en public sur une table, les soldats venans un à un selon qu'ils sont appellez à tour de rôlle, qui est pour empêcher les passevolans & soldats supposez, que les Capitaines representent pour le jour de la montre seulement, & prennent leur solde. Voy l'article 291. cy-dessus.

ARTICLE CCCVIII.

ET pour mieux obvier aux fraudes qui se font ordinairement aux montres des gens de guerre, Nous voulons que les montres des gens de pied d'une même garnison, ou étans en une armée ou un siege, se fassent d'orénavant en un *même jour & même heure*, & que les Maire ou Eschevins des lieux où lesdites montres se feront, y assistent pour voir & contrôller ceux qu'on pourroit supposer: & que les *passevolans*, & ceux qui se trouveront avoir presté ou déguisé leur nom, soient punis de mort, & les armes confisquées. Et demeureront les rôlles de ceux qui se sont trouvez ausdites montres au Greffe du lieu, pour y avoir recours quand besoin sera.

A MESME IOUR ET MESME HEURE, afin que ceux d'une bande & compagnie ne puissent être empruntez pour faire nombre en l'autre.

PASSEVOLANS, Selon le nom vulgaire se disent soldats qui sont empruntez par les Capitaines pour s'en servir seulement au jour de la montre, afin de recevoir la solde & paye, qu'ils mettent és mains du Capitaine qui leur en fait part de quelque teston ou vingt sols. Et à bonne raison la peine de mort y est, *tum* parce que c'est crime de faux, qui de soy est capital, aussi que c'est peculat qui est quand les deniers publics sont intervertis & détournez de leur destination, pour appliquer au profit du particulier, *l. 1. ff. ad leg. Jul. peculatus.* Voy du déguisement de nom l'article 300. cy-devant, & son annotation.

ARTICLE CCCIX.

DEfendons tres-expressement aux Capitaines & soldats des Compagnies de gens de pied, de prendre aucuns chevaux, jumens, bœufs, mulets ou asnes, pour faire porter leur bagages. Et s'il se trouvoit aucunes charrettes avoir été prises & emmenées par force, permettons à tous de les saisir & arrester, pour les faire rendre & délivrer à ceux ausquels elles appartiendront. Et enjoignons à nosdits Officiers, à la premiere dénonciation qui leur en sera faite, d'y faire tout le devoir qu'il sera requis. Pour lequel effet leur pourront faire courir sus, & les poursuivre à son de *toxin*, *si autrement* ils *ne les peuvent apprehender.*

ARticle mal observé, car outre ce mal, ils emmenent souvent les bœufs & chevaux, sans que les maîtres les puissent recouvrer.

TOXIN, Il faut dire toquesaint, car en ancien langage François, qui encores est usité en quelques Provinces, *saint* signifie une Cloche, dont sont dits saintiers les fondeurs de Cloches, & de là le proverbe quand on dit le bruit si grand, *qu'on n'oyroit pas les saints sonner*, toquer en langage Picard, c'est toucher.

SI AUTREMENT ILS NE LES PEUVENT APPREHENDER, C'est toûjours le plus seur de se pourvoir par Justice quand on peut le faire. Voy l'art. 348. cy-dessous, & le 117, de l'Ordonnance d'Orleans.

ARTICLE CCCX.

DEfendons à toutes personnes, sur peine de la vie, d'aller à la suite des Compagnies de gens de guerre, soit pour y vivre à leur adveu, ou acheter d'eux butin & autre chose.

LEs soldats ordinairement & pour la plûpart sont pillars, soit parce que fayneants & mal complexionnez, ils se rendent soldats & ne sont choisis comme à Rome se faisoit le delect; & quand ces acheteurs de butin les déchargent en achetant à vil prix, iceux soldats sont semons de continuer & augmenter leurs pillages.

ARTICLE CCCXI.

ENjoignons non seulement aux Prévôts des Maréchaux & leurs Lieutenans, mais aussi à nos Juges ordinaires, de chasser les filles de joye s'il s'en trouve à la suite desdites Compagnies, & les châtier de peine de foüet, & pareillement les goujats, au cas qu'il s'en trouve plus d'un pour trois soldats. Et à cette fin sera tenu le Fourrier de la Compagnie avoir les noms par écrit desdits goujats, pour les faire chasser, à peine du foüet pour la premiere fois : & s'ils y retournent être pendus & étranglez, sans autre forme ne figure de procez.

LEs Suisses des Cantons Catholiques ont quelque nombre de filles de joye qui sont entretenuës par les villages en tems de paix; & sont tenuës de suivre les Compagnies des Suisses allans à la guerre, tant pour les servir que pour empêcher la verole parmy leurs troupes : Mais c'est faire un mal pour en éviter un autre.

Es armées des Romains de la grande ancienneté, fut défendu qu'aucune femme s'y retrouvat. Depuis a été permis; comme il se void *in l. 21 C. de donat. inter vir. & ux.* & même on fournissoit du public aux Gouverneurs des Provinces des Concubines, car ils n'osoient y mener leurs femmes, comme il se lit en la vie de l'Empereur Claudius II.

ARTICLE CCCXII.

ET afin que nous puissions faire état certain du nombre des soldats qui seront à nôtre service, nous voulons que les Compagnies de gens de pied ne puissent être moindres ne plus grandes, que de trois cens hommes.

D'Ancienneté les Compagnies Françoises de gens de pied, qu'on appelloit avanturiers étoient de cinq cens hommes, du tems du Roy Henry II. elles furent reduites à trois cens, & depuis les troubles ont été mises à cent hommes, encores se disoit quelque diminution d'hommes & les soldats revenans de bon, étoient pour appointer quelques soldats signalez.

ARTICLE CCCXIII.

L'Occasion s'offrant cy-aprés de nouvelle levée ou creuë de gens de pied, les Commissions seront par nous baillées à Capitaines connus, versez & experimentez au fait de la guerre : & lesquels seront tenus faire la levée en personne, sans bailler à qui que ce soit copie de leursd. Commissions : ce que nous leur défendons sur peine de la vie. Et ne pourront sur la même peine faire battre & sonner le tambour pour leurs Compagnies, qu'ils n'ayent premierement presenté leurs Commissions aux Gouverneurs, ou nos Lieutenans Generaux, Baillifs ou Senéchaux des païs, pour icelles faire enregistrer : Et ce fait leur bailler un Commissaire pour assister, tant à la levée que conduite hors le Bailliage ou Senéchaussée, afin de les faire diligenter, pour se rendre promptement la part où il leur aura été par nous commandé, & empêcher le sejour desd. Capitaines, qui ne pourra être pour l'effet de ladite levée que de quinze jour en chacune Province. Et aprés la levée qu'ils auront faite, seront les Capitaines tenus bailler les noms, surnoms & demeurances des gens par eux levez; pour être enregistrez és Greffes des Sieges ordinaires.

CEt article est mal observé : Mais il est bien necessaire & utile au peuple qu'il soit executé ; car aucuns mal vivans gens sans adveu feignant avoir des Commissions font des levées pour se tenir forts, pillent le peuple, puis s'évanouïssent sans faire aucun service. Voy pour l'exhibition des Commissions l'art. 300. cy-devant.

ARTICLE CCCXIV.

ET où aucuns Capitaines sans nôtre commission ou charge, mais de leur authorité privée, & sans avoir gardé la forme susdite, s'ingereroient de lever Compagnies ou faire des creuës en nôtre Royaume, & tiendroient sous ce faux pretexte la campagne : commandons à nos Gouverneurs & Lieutenans, Baillifs & Senéchaux, Prévôts des Maréchaux de leur courir sus, les tailler en pieces, & faire pendre & étrangler, *sans forme ne figure de procez*, tous ceux qu'ils pourront prendre & apprehender en tels actes.

Sans forme ne figure de procez, C'est bien raison; car les Gouverneurs & Baillifs de Robbe courte qui n'ont jurisdiction pour la connoissance de cause, doivent proceder comme en fait de guerre, & par la seule force exercer la Justice.

De ne faire assemblées par les Gentilshommes. Voy l'article deux cens septente-huit cy-dessus.

ARTICLE CCCXV.

Au surplus voulons les Ordonnances faites par nôtre tres-honoré Seigneur & Pere le Roy Henry, en l'an 1549. & par feu aussi nôtre tres-cher Seigneur & Frere le Roy Charles, en 1574. pour la discipline militaire & reglement des gens de guerre, être inviolablement gardées & observées de point en point, selon leur forme & teneur.

Le commmencement pour regler & discipliner le soldat, est de bien choisir les Capitaines & les bien payer, & les soldats aussi.

De l'infraction de la discipline militaire & du chastiement. Voy l'article trois cens six cy-devant.

ARTICLE CCCXVI.

Nous voulons les Ordonnances des Rois nos predecesseurs, faites pour le *Ban & Arriereban* de nôtre Royaume, être gardées selon leur forme & teneur.

ARTICLE CCCXVII.

Avons supprimé & supprimons l'état de *Capitaine General de l'Arriereban*, sans que par cy-aprés aucun en puisse être pourveu. Et sera aux occasions qui se presenteront, pour la conduite generale dudit Ban & Arriereban, par nous choisi personnage capable & digne de telle charge, tant que la necessité durera seulement : & sans que par aprés il puisse prendre qualité de Capitaine General dudit Arriereban, & être tiré à consequence.

ARTICLE CCCXVIII.

En la place des Gentils-hommes, qui pour legitime empêchement ne pourront servir en personne à nôtre Ban & Arriereban, ou qui par faute d'équipage ou suffisance en auroient été cassez, seront mis & subrogez autres Gentils-hommes de la même Province.

Arriereban, Vulgairement se dit *Arriereban* par nom corrompu. De grande ancienneté se nommoit *Hereban* comme il se void és Capitulaires de Charlemagne & Louïs le Debonnaire son fils. Qui est un mot Alleman, *Ban* est une convocation generale de tous à cry public. *Her* en Alleman signifie *Seigneur*. Par la loy des Fiefs, tous tenans Fiefs doivent service au Seigneur feodal en ses guerres, & quand le Roy de France avoit guerre entreprise, il appelloit à cry public tous ses vassaux pour le venir servir avec armes, & à leurs dépens, pour six semaines hors le Royaume, & trois mois dans le Royaume, à compter du jour du rendez-vous. Ce service se doit faire par les vassaux nobles en personne, & par les vassaux roturiers en contribuant deniers : Le tout selon la valeur du fief, & si aucun est retenu pour le service, & son fief ne soit de telle valeur qu'il doive fournir un homme, les autres fiefs y ayderont.

Es Etats Generaux les roturiers tenans fiefs, ont prétendu & à juste cause, qu'ils ne devoient contribuer en deniers à l'Arriereban; car ils sont cotisez aux Tailles selon leur revenu, auquel revenu est compris ce qu'ils recüeillent de leurs fiefs.

Capitaine General de l'Arriereban, Le Capitaine General de l'Arriereban avoit coûtume de prendre pour son droit, la solde d'un homme d'armes sur chacune Province.

ARTICLE CCCXIX.

Si le Baillif ou Senéchal, pour quelque legitime empêchement ne peut conduire ledit Ban & Arriereban, les Nobles du ressort éliront en sa place un Chef, aux mêmes honneurs

neurs & gages que ledit Baillifs ou Senéchal.

LEs Baillifs & Senéchaux chefs des Provinces, doivent être Gentils-hommes de Robbe courte; parce que l'une de leur principales charges, est de conduire à la guerre & commander aux Nobles de leur Province, quand ils sont appellez à l'Arriereban du Roy.

ARTICLE CCCXX.

NOus voulons que d'orénavant les comptes des deniers levez pour le Ban & Arriereban soient rendus pardevant nos Baillifs, Senéchaux, ou leurs Lieutenans, & quatre Gentils-hommes du ressort, en la presence de nôtre Procureur : sans que ceux qui auront manié lesdits deniers puissent être contraints les rendre ailleurs. Et où il se trouvera par la closture & issuë desdits comptes quelque reste, en sera fait restitution à la Noblesse du ressort, sans que nous en puissions faire don, ny les commuer en autres usages.

AUparavant les comptes de deniers levez pour l'Arriereban, se rendoient en la Chambre des Comptes à Paris. De vray seroit profitable que tous les comptes se rendissent sur le lieux en lieu public, à huys ouverts, appellez ceux qui y ont interest, afin que chacun pût remarquer & contrôller si aucunes parties ont été mal employées, ou s'il y a quelque déguisement : Mais ceux qui doivent prendre les restes des comptes ayment mieux avoir la Chambre des Comptes. Cét article est de justice à ce que les deniers levez pour un effet sur le peuple, s'ils ne sont employez au même effet, soient rendus à ceux du peuple qui les ont déboursez. Pleût à Dieu qu'ainsi fût.

Au même effet soit veu l'article 346. cy-dessous, & pour la reddition des comptes des deniers d'Octroy & Patrimoniaux l'article vingt-sept de l'Edit de Cremieu, sur la fin, & l'article 95. de l'Ordonnance d'Orleans.

ARTICLE CCCXXI.

ET sur la plainte qui nous a été faite par lesdits Etats, du desordre qui est à la suite de nôtre Cour, pour le grand nombre de gens qui s'y retirent : Nous voulons & ordonnons, que suivant l'Ordonnance faite par le feu Roy Charles nôtre tres-cher Sieur & Frere, à Villiers Costerets, le 29. jour de Decembre 1570. Que le premier de nos Maîtres d'Hôtel qui sera en quartier, fera bailler par écrit les noms & surnoms de tous nos domestiques, commensaux & autres qui sont sous sa charge, à nôtre Grand Prévôt General de France, & de nôtre Hôtel, ou son Lieutenant.

ARTICLE CCCXXII.

LE semblable feront les Maîtres d'Hôtel de nôtre tres-honorée Dame & Mere la Reyne, de nôtre tres-chere & tres-amée Compagne la Reyne, de nos tres-chers & tres-amez Frere & Sœur, de tous les Princes, Seigneurs & autres étans à nôtre suite, de tous leurs serviteurs, domestiques & commensaux, qui sont necessaires pour leur service & non autres, dont ils feront un rôlle, où seront écrits les noms, surnoms & qualitez de leursd. serviteurs, qu'ils mettront au Greffe de ladite Prévôté, dedans vingt-quatre heures aprés la publication de ces presentes. Outre lequel nombre ils ne pourront avoir ne retirer à leur train & suite aucun autre, de quelque qualité qu'il soit, sur peine d'en répondre.

ARticles beaux & salutaires, mais plus specieux que bien observez, & est malaisé d'y donner bon ordre pour la grande multitude de personnes & confusion qui y est. Voy l'article 325. cy aprés.

ARTICLE CCCXXIII.

CEux qui seront mandez venir pardevers nous, ou qui auront à poursuivre aucunes expeditions, tant envers Nous, nôtre Conseil Privé, Chancellerie, aucuns Princes, Seigneurs & autres de nôtre suite, deux jours aprés qu'ils seront arrivez, ils iront se faire inscrire au Registre du Greffe de ladite Prévôté de nostre

Hôtel, & poursuivront leurs expeditions le plus diligemment qu'ils pourront. Et le même jour ou le lendemain qu'ils seront expediez, se retireront sans faire aucun sejour en nostred. suite.

Cet article n'est article d'Etats, car il concerne la seule commodité de la Maison du Roy, & peut le Prévôt de son Hôtel par son office & pouvoir, dont si besoin étoit le Roy l'authoriseroit, ordonner & executer le contenu en cét article.

ARTICLE CCCXXIV.

Tous Soliciteurs, Clercs, & autres gens suivans nostredite Cour & Chancellerie, qui sont sans adveu, & n'ont maîtres les servans domestiquement; Aussi tous autres vagabonds, dedans ledit tems de vingt-quatre heures aprés la publication de cesdites presentes, délogeront & vuideront de nostredite Cour & suite, à peine du foüet.

Cet article ne meritoit être article d'Edit des Etats, pour la cause recitée sur l'article precedent. Si est-ce qu'il est tres-raisonnable, car telles gens ordinairement sont pipeurs, vendeurs de fumée à l'égard des pauvres novices qui arrivent en Cour, & est tres-expedient qu'on les chasse avec le foüet.

ARTICLE CCCXXV.

Aucuns Gentils-hommes & autres étans à nostre suite & desdits Princes & Seigneurs, ne pourront avouër autres que leurs gens & serviteurs, à peine de faux & d'amende arbitraire.

C'Est de la police cy-dessus, & si tels avouez se trouvoient chargez de crime qualifié, ceux qui les auroient avouez seroient grandement soupçonnez d'être fauteurs & complices. Voy cy-devant l'article 322

ARTICLE CCCXXVI.

Defendons à tous Sommeliers & Pourvoyeurs, tant nostres qu'autres, d'enlever aucuns Bleds, Vins, & autres vivres sur nos sujets, sans payer comptant ce qu'ils enleveront.

Auparavant, aprés avoir fait le prix ils enlevoient la marchandise, laissoient une certification & assignoient pour aller recevoir deniers au Bureau. Voy l'article 118. de l'Ordonnance.

ARTICLE CCCXXVII.

Nous voulons & ordonnons, qu'és lieux où nous sejournerons, les bultins qui seront baillez par nos Maréchaux des logis pour loger aux Villages circonvoisins, soient signez desdits Maréchaux contenans le nombre des personnes & chevaux qu'ils envoyeront en chacun endroit.

ARTICLE CCCXXVIII.

Suivant lesquels bultins, si ceux qu'ils logeront se départent sans satisfaire leurs hostes, lesd. Maréchaux de logis seront tenus les representer pardevant le grand *Prévôt de nôtre Hôtel*, pour les condamner & contraindre payer promptement, & *par corps*, ce qu'ils devront & n'auront payé. Et à faute de les representer par lesdit Maréchaux de logis, ils en seront eux mêmes responsables en leurs propres & privez noms.

Maréchal ancien mot Alleman, signifie celuy qui a charge des chevaux. Car *Marx* ou *Marach* en Alleman signifie *Roussin*, *Cheval*, *Schalk* signifie superintendant ou ayant charge. Les Maréchaux de France sont ceux qui és armées ont charge d'ordonner les bataillons de gens de cheval, les Maréchaux de logis en chacune Compagnie des Ordonnances, ont charge de faire quelle loge à seureté & en absence des autres chefs commandent; ainsi sont les Maréchaux de logis des Rois & des Princes hors la guerre, qui donnent les logis.

Et parce que parmy tant de peuple à la suite du Roy, il y a toûjours du desordre, & quelquesfois ceux qui sont domestiques des Princes en attirent d'autres avec eux, ou peuvent accommoder autruy de leurs bultins & billets, à bon droit cette Ordonnance a été faite.

Le Prevost de l'Hostel du Roy; Privativement à tous autres Juges, a la jurisdiction & connoissance civile & criminelle de tout ce qui se fait & traite, avec & entre les domestiques, & tous ceux qui sont de la suite du Roy & des Princes étans à la suite du Roy, & autres de la Cour.

Par corps, La coërtion par corps est necessaire; car la plusspart de telles gens sont citoyens du monde, ou ont leurs domiciles lointains ou inconnus.

DOMAINE, TAILLES ET POLICE.

ARTICLE CCCXXIX.

VOulons les Edits faits par les Rois nos predecesseurs, pour la conservation du Domaine de nôtre Couronne : même celuy fait par le feu Roy Charles nôtre tres-cher Seigneur & Frere, l'an 1566. contenant les regles & maximes anciennes de nôtredit Domaine, être exactement & inviolablement gardez & observez. Enjoignons à nos Procureurs Generaux & à leurs Substituts, d'empêcher les contraventions, si aucunes se faisoient, à peine de privation de leurs états.

LE Domaine de la Couronne est innallienable, sinon en deux cas : L'un pour l'appanage d'un fils de France, & à charge de retour en defaut d'hoir mâle. L'autre pour alliennation à deniers comptans pour la necessité de la guerre, & à charge de rachat perpetuel. Ne peut être baillé à ferme, sinon au plus offrant : Les fruits ne peuvent être donnez par le Roy : Qui a détenu le Domaine hors les cas permis doit rendre les fruits depuis sa possession. Les détempteurs és cas permis, ne doivent couper les bois de haute futaye. Don ne peut être fait, ny de la coupe desd. bois, ny des deniers en procedans, & les coupes ne peuvent être ordonnées, sinon par Lettres patentes verifiées és Cours de Parlement & Chambre des Comptes. Terres vaines & vagues ne peuvent être baillées avec deniers d'entrée, sinon que les deniers fussent employez au rachat du Domaine allienné.

ARTICLE CCCXXX.

LE doüaire des Reynes doüairieres de France, ne pourra à l'avenir être constitué en terre, sinon jusques à la valeur de trois mil trois cens trentetrois écus sol de revenu annuel, portant titre de Duché ou Compté : & le surplus desdits doüaires, & de leurs autres conventions matrimoniales, sera assigné *sur les Aydes, Tailles* & équivalens, & autres deniers extraordinaires, à les prendre par les mains des Receveurs d'iceux.

LE doüaires des Reynes de France peut être assigné sur le Domaine de la Couronne, pour en joüir par elles leur vie durant. D'ancienneté les doüaires n'étoient pas si grands. J'ay veu le Contrat de mariage de Jean fils du Roy saint Loüis, qui épousa Yoland Comtesse de Nevers, en date du mois de Janvier 1265. par lequel le doüaire de ladite Yoland est de deux mil livres de rente, qui luy est assigné à Pierre-Fons & à Viviers en Brye, avec les forteresses.

Sur les Aydes, Tailles, Cecy est contre la destination premiere & principale desdits deniers, qui par leur premier établissement ont été mis sus pour l'entretennement de la Gendarmerie & frais de la guerre.

ARTICLE CCCXXXI.

ES alliennations & délaissemens des terres de nôtre Domaine, à quelque titre que ce soit, ne pourra par cy-aprés être fait par nous ny par nos successeurs Rois, aucune cession des droits de nomination des offices extraordinaires desdites terres, ny semblablement des autres droits Royaux dépendans de nôtre Couronne, comme y étans inseparablement unis & annexez. Défendons à nos Cours de Parlement & Chambre des Comptes, d'avoir aucun égard aux lettres qui en pourront par cy-aprés être expediées.

PAr l'appanage que le Roy Charles IX. fit à son Frere le Duc d'Anjou, du 8. Fevrier 1566. Le Roy reserve à luy la provision de tous Offices Royaux, tant de l'Ordinaire que des Aydes, Tailles & Gabelles; & neanmoins par lettres du même jour, il luy fait concession à sa vie de la nomination ausdits Etats.

Soit noté que la Maison de Nevers de grande ancienneté a la nominatiõ des Offices d'Elûs, Receveurs, Grenetiers & autres Offices des Aydes, Tailles & Gabelles. Voy l'article 333. cy-aprés, & le 40. de l'Ordonnance d'Orleans.

La Cour de Parlement de Roüen declara sur cét article, qu'entre les droits incessibles sont compris les droits de Gardenoble appartenans au Roy par Souveraineté, suivant la Coûtume de Normandie, desquels il jouïra & en disposera nonobstant tous engagemens, délaissement & allienations, ainsi qu'il faisoit auparavant icelles.

ARTICLE CCCXXXII.

ET afin de remettre & réünir nôtre Domaine en son ancien état, suivant la requisition qui nous en a été faite par nosdits Etats, Avons revoqué & revoquons les ventes, cessions, transports & engagemens imaginaires & simulez, & dont les deniers ne sont tournez à nôtre profit, ny de nos predecesseurs Rois : Semblablement les dons faits par nous & nosdits predecesseurs des membres du Domaine de nôtre Couronne, soit que lesdits dons ayent été faits pour recompense, remuneration *de services*, assignations de pensions ou gages, faveur, grace, biensfaits ou autrement, en quelque maniere, pour quelque tems, & à quelque personne que ce soit. Et icelles parts & portions avons réünies & incorporées au principal corps de nôtre Domaine : nonobstant toutes verifications faites en nos Cours de Parlement, & Chambre des Comptes. N'entendons neanmoins comprendre en la presente revocation, les concessions & délaissemens faits, tant à titre d'appanage, que de doüaire, & assignation de deniers dotaux à la Reyne nôtre tres-honorée Dame & Mere, nôtre tres-cher & tres-amé Frere le Duc d'Anjou, nos tres-cheres & tres-amées belle-sœurs les Reynes doüairieres de France, nôtre tres-chere & tres-amée Sœur la Reyne de Navarre, nôtre tres-chere & amée Tante la feuë Duchesse de Ferrare, & nôtre tres-chere & bien amée Sœur *la Duchesse de Montmorency*. Voulans que pour l'avenir l'Ordonnance faite par le feu Roy Charles nôtre tres-cher Seigneur & Frere, sur le fait du Domaine, soit gardée & observée : Et mémement que les doüairieres de nôtre Royaume ne jouïssent de leur doüaire en terres & Domaine : mais que demeurant la possession du Domaine à nos successeurs, elles perçoivent ce qu'elles devront avoir de leurdit doüaire par les mains des Fermiers. En quoy faisant leur sera neanmoins laissé un Château ou Maison pour leur demeure, selon qu'il se trouvera plus commode. Et pour la seureté du payement des deniers, qui seront à prendre des mains d'iceux Fermiers, ils s'obligeront par corps envers lesd. doüairieres, & bailleront bonne & suffisante caution de les payer de terme en terme.

L'Edit Edit du Domaine porte deux seuls cas de l'allienation du Domaine. L'un pour appanage d'un Fils de France sujet à reversion à faute d'hoir mâle; L'autre pour les urgentes affaires de la guerre, avec charge de rachat perpetuél. Les doüairieres sont seulement usufruitieres.

Le Roy & le fisque sont comme mineurs, & l'Eglise, en sorte qu'ils ne tiennent rien de ce qui se fait, si en effet ce n'est leur profit.

De services, La Maison de Nevers a perdu le Comté de Dreux, combien qu'il eût été baillé à ceux d'Albret pour recompense de services & pertes faites immediatement pour la conservation de la Couronne; & combien que ladite Maison en eût joüi huit vingts ans.

La Duchesse de Montmorency, Elle est sœur Bastarde du Roy, fille reconnuë du Roy Henry II. & sera notée la difference, en ce que les sœurs legitimes sont dites tres-cheres & tres-amées, & celle-là est dite tres-chere & bien amée, avec quelque diminution. Voy l'art. 330. cy-devant.

ARTICLE CCCXXXIII.

ET quant aux terres du Domaine de nostre Couronne, qui ont été allienées pour la necessité des guerres à deniers comptans, en vertu des lettres verifiées en nos Cours de Parlement, seront à la diligence de nos

Tresoriers Generaux & Procureurs sur les lieux, baillez à ferme judiciairement, aux plus offrans & derniers encherisseurs : les solemnitez en tel cas requises observées, & selon les instructions qui en seront plus amplement dressées & envoyées à nosdits Officiers. Sur le prix desquelles fermes seront lesdits acquereurs préalablement payez de l'interest & rente des deniers, qu'ils verifieront & feront dûëment apparoir avoir fournis, & être entrez actuellement en nos Finances, sans fraude ou déguisement; à sçavoir, à raison du denier dix pour ce qui est situé en nostre païs & Duché de Normandie, & du denier douze pour les autres Provinces de nostre Royaume. Et ce par les mains des Fermiers adjudicataires, qui en demeureront specialement obligez envers lesdits acquereurs : lesquels neanmoins ne pourront par cy-aprés faire exercer la Justice en leurs noms, ny prétendre aucun droit de provision de Benefices ou Offices dépendans desdites terres. Et le surplus des deniers revenans bons desd. fermes, sera employé au rachat de nostredit Domaine, & remboursement des acquereurs d'iceluy.

EN ce cas d'allienation du Domaine, le rachat perpetuel y est essentiellement requis, tellement qu'il n'y a prescription *sicut nec in luitione pignoris*; car ce n'est que comme engagement ou constitution de rente : Pourquoy n'est loisible aux acquereurs de prendre plus haut profit que selon le profit des rentes constituées à prix d'argent. De cette regle dépend tout le reste de l'article, en ce qu'il est dit qu'ils n'auront l'honneur de faire exercer la Justice en leurs noms, ny bailler Offices ou Benefices, ny prendre le hazard du revenu.

En Normandie les rentes sont payées au denier dix, & d'ancienneté l'étoient en Bourgogne, le reste de la France est au denier douze. En l'Extravagante *Regimini* est rapportée l'usance des lieux, & selon les loix des Romains, les usures étoient tolerées selon l'usance des lieux & Provinces, *l. inter qui §. sed etsi ff. de administr. tut. l. 3. §. consequitur ff. contra. act. tut. l. cum servus, §. in njurarum, ff. de legat.* 1. Voyez l'art. 331. cy-devant.

ARTICLE CCCXXXIV.

ET quant aux terres de nostre Domaine qui ont été engagées ou allienées pour seureté des deniers prétendus nous avoir été prestez & fournis, ou à nos predecesseurs Rois, seront saisies & mises en nos mains, & baillées à ferme en la forme susdite : sauf à pourvoir aux detempteurs de leur remboursement ou rente au denier douze, de ce qu'ils verifieront & feront apparoir leur être bien & loyaument deû par pieces, contrats & obligations, qu'ils seront tenus à cette fin mettre par devers nos Procureurs Generaux. Et en cas que les detempteurs dud. Domaine montreront promptement les contrats des prests, ou allienation à eux faites pour deniers par eux déboursez, *Nous voulons* que pendant la connoissance & discution de la debte, si elle est tournée à nostre profit ou non, lesdits detempteurs soient payez du profit desdits deniers en la maniere que dessus.

SI l'allienation n'est faite aux cas permis dont il est parlé en l'article 333. precedent, & sur l'article 329. Où si les deniers n'ont été payez par l'acquereur comptans & és mains de celuy qui est destiné pour les recevoir. L'allienation est nulle, *& Dominium non transfertur quià non nisi præsenti pecunia vendi potest. l. si procurator, ff. de jure fisci.*

Nous voulons, *Mirum est* qu'il juge la provision contre le Roy; parce qu'en tous autres cas *nisi statim omnia solemniter acta esse doceantur*. La provision est pour le Roy : Mais la maxime est reguliere entre particuliers, que faisant apparoître du prest (encore qu'il n'apparoisse s'il est tourné au profit du debteur, il échet provision; conformément à l'article 9. de l'Ordonnance de Roussillon.

ARTICLE CCCXXXV.

AVons revoqué & revoquons toutes pensions, qui sont de present assignées sur nos Receptes Generales : & les avons remises & transferées sur nostre Espargne, pour être payées & acquitées *à la fin de l'année*, selon la nature d'icelles.

LEs Rois par leur liberalité bien souvent octroyent pensions à pauvres Princes ou Seigneurs de ce Royaume ou étrangers, afin qu'ils ayent meilleur moyen de se maintenir, ou pour recompenses de services, ou si aucun Seigneur a souffert grandes pertes & guerres.

A LA FIN DE L'ANNÉE, Car lors se connoît si l'Epargne les peut porter sans retarder les affaires plus importantes du Roy & de son Etat.

ARTICLE CCCXXXVI.

ET afin que suivant les remonstrances à nous faites par nosdits Etats, soit pourvû à la diminution dégradation & ruine de nos Forest, provenans principalement des chauffages, dont plusieurs de nos sujets jouïssent en vertu de dons à eux faits, tant par nous que par nos predecesseurs Rois. Avons revoqué & revoquons tous & chacuns lesdits chauffages, qui ont été concedez & accordez gratuitement depuis le regne du feu Roy François nôtre tres-honoré Seigneur & ayeul, à quelques personnes, & pour quelque tems que ce soit. Défendans aux Grands-Maîtres, Enquesteurs & Generaux Reformateurs de nos Eaux & Forests, leurs Lieutenans & Maîtres Particuliers, de faire aucune délivrance desdits chauffages à l'avenir, encores que les Lettres de don ayent été verifiées en nos Cours de Parlement & Chambre des Comptes, sur peine d'en répondre en leurs propres & privez noms. Et si aucunes Lettres de don par cy-aprés en étoient par nous accordées, n'entendons que nos Officiers y ayent aucun égard.

C'Est une revocation des droits de chauffages octroyez és Forests Royales. *Mirum est*, qu'ils soient revoquez nonobstant qu'ils soient verifiez és Parlemens & Chambre des Comptes. Voy l'article 26. du Reglement general des Eaux & Forests de l'an 1597.

ARTICLE CCCXXXVII.

NOus voulons aussi à l'avenir être faits aucuns dons des bois de nos Forests, ou deniers procedans de la vente d'iceux, à quelque personne que ce soit; ny semblablement être fait vente & coupe par pied de nosdits bois. Défendant à nos Officiers, tant de nos Cours Souveraines qu'autres, d'avoir égard aux Lettres qui au contraire en pourroient être cy-aprés expediées.

BOis de haute-Fustaye est heritage, & l'heritage étant du Domaine de la Couronne est inalliennable; vray est qu'és bois quand il peut revenir, sa coupe quelquefois est permise pour urgente cause; mais il faut que les Lettres soient verifiées en Parlement avec connoissance de cause; & parce que telles ventes doivent être reglées par proportion, la vente par pied d'arbres est défenduë: car par tel moyen on choisit tous les beaux arbres, & la Forest est gastée & foulée.

ARTICLE CCCXXXVIII.

DEfendons aussi ausd. Grands-Maîtres, leurs Lieutenans & Maîtres Particuliers, d'executer aucunes Commissions pour la vente des bois de haute Fustaye, tant de ceux qui sont de present de nôtre Domaine, que celles qui sont és terres baillées en appanage, doüaires, usufruits & engagemens, ou celles qui appartiennent aux Ecclesiastiques, sans que lesdites Commissions ayent été verifiées en nosdits Parlemens & Chambre des Comptes, sur peine de privation de leurs états. Voulons au surplus qu'il soit informé, à la diligence de nos Procureurs Generaux, ou de leurs Substituts, contre nos Officiers qui auront procedé à la vente d'aucuns desd. bois contre les formes cy-dessus prescriptes, pour en avoir repetition contr'eux des deniers qui en seront provenus, en leurs propres & privez noms, sur tous & chacuns leurs biens, & de l'interest & dommage où sera faite ladite vente & coupe: laquelle nous avons aussi declarée acquise à nous, au peril & perte des acquereur & adjudicataires.

CEt article dépend des 8. & 11. articles de l'Edit du Roy Charles IX. contenant la declaration des droits du Domaine du Roy du mois de Fevrier 1566. La regle du Domaine du Roy est, que toute alliennation ou diminution és cas permis doit être verifiées és Cours de Parlement & Chambre des Comptes.

Le bois de haute Fustaye est reputé heritage & immeuble, *l. sed. si grandes, cum l. seq. ff. de usuf. l. fructus vel l. divortio §. si fundum ff. soluto matrim.*

Les terres baillées en appanage sont toujours censées être du Domaine, à cause du retour à faute d'hoir mâle, *multo magis*, quand ce sont doüaires usufruits & engagemens; car en ce cas la proprieté appartient à la Couronne, & de ce il y a article audit Edit du Domaine de 1566. art. 8.

Quant aux bois appartenans aux Ecclesiastiques, il y a article portant interdiction de couper; en l'Edit d'Orleans article 29. & au reglement general de 1597. article 30. Suivant ce il y a permission aux Chevaliers de S. Jean de Jerusalem de couper bois de haute Fustaye du 19. Juin 1561. & pour la vente permise au Clergé du 15. Septembre 1564.

Soit noté que les biens temporels des Eglises sont reputez compris au privilege du Domaine du Roy quand au fonds, parce qu'ils en ont été autresfois distraits, mediatement ou immediatement; & à ce titre l'Edit de l'allienation du Domaine de l'Eglise du mois de May de 1563. fut addressé aux Tresoriers de France, qui seuls connoissent du Domaine du Roy.

ARTICLE CCCXXXIX.

SEront lesdits Grands-Maîtres, leurs Lieutenans, & Maîtres Particuliers, tenus envoyer par chacun an, à nostre tres-cher & feal Garde des Sceaux, ensemble aux Officiers de la Table de Marbre, un état de toutes les ventes de bois de haute Fustaye, tant ordinaire qu'extraordinaire; qui auront été faites en leurs départemens, par qui, & en vertu de quel pouvoir elles auront été faites, sur peine de radiation du dernier quartier de leur gages.

C'Est afin qu'en rapportant ensemble toutes les ventes faites és Provinces particulieres, il se puisse connoître s'il y aura eu aucun abus; & si les Forests auront été surchargées outre ce que par raison elles devoient être, & s'il y aura eu subreption en l'impetration des Lettres ou execution d'icelles. Voy l'article 2. dudit Reglement general des Eaux & Forests de l'an 1597.

ARTICLE CCCXL.

NOus voulons que ceux qui se prétendront avoir été grevez par les Jugemens des Commissaires deputez, tant par le feu Roy Henry nôtre tres-honoré Seigneur & Pere, que par nos tres-chers Freres, les Rois François second & Charles, & par nous depuis nôtre avenement à la Couronne, pour le fait des terres vaines & vagues, Landes, Marais, Pastis & Communes, se puissent pourvoir par la voye ordinaire d'appel contre lesdit Jugemens, sans préjudice des fins de non recevoir, sur lesquelles sera prealablement fait droit.

CEcy dépend d'un autre article qui est le 98. cy-dessus, par lequel le Roy revoque toutes Commissions extraordinaires, qui sont odieuses & suspectes pour les causes qui y sont touchées. La cause particuliere de cét article, est qu'aucuns grands ou avaricieux, ou tous deux ensemble, ont voulu tirer finance du pauvre peuple, ou luy ôter les commoditez pour en faire profit. Ordinairement telles Commissions sont sans appel; & icy le Roy veut que la lumiere de l'appel & de la jurisdiction ordinaire y assiste.

ARTICLE CCCXLI.

EN attendant que nous puissions pourvoir à la diminution & reduction de nos Tailles, Creuës, Aydes & Subsides, & les remettre en quelque meilleur ordre & état, Nous enjoignons à tous nos Officiers & autres, qui ont & auront la charge de faire l'assiete & département de nos Tailles sur nos sujets, proceder avec toute égalité au soulagement des pauvres, sans y apporter aucune faveur, ne permettre qu'autres que ceux qui doivent assister à ladite assiette y soient presens, & employer à la fin des Rôlles les exempts pretendus en leurs Paroisses, & la cause de leur exemption, sur peine de s'en prendre ausdits Asseeurs en leur propre nom.

DEpuis cêt Edit les Tailles ont été accreuës de presque autant quelles montoient. C'est un mal ordinaire en France, depuis qu'un Subside est mis sus une fois, jamais il ne s'abolit ny retranche. Nos Rois avec la grace de Dieu, pourvoyront au pauvre peuple, s'il leur plaist.

ARTICLE CCCXLII.

LEs Officiers de nôtre Maison, & ceux de la Reyne nôtre tres-honorée Dame & Mere, de nôtre treschere & tres-amée Compagne la Reyne, de nos tres-chers & tres-amez Freres & Sœur, le Duc d'Anjoû, Roy & Reyne de Navarre, de nos tres-cheres & tres-amées Belles-Sœurs, les Reynes d'Ecosse, & Ysabelle doüairiere de France, ne seront exempts de la contribution de nos tailles, s'ils ne sont couchez és états des domestiques & ordinaires, aux gages pour le moins de vingt écus, & servans actuellement : dont les Tresoriers bailleront certification signée d'eux, & sans fraude, à peine de s'en prendre à eux.

PAr l'Edit d'Orleans article 125. est dit de même, hormis qu'il ne met la quantité de gages, & faut icy appliquer ce qui est dit au 127. article dudit Edit, que s'ils exercent trafic de marchandise ils payeront Tailles. De même s'ils tiennent des fermes & accenses selon l'Edit du Roy François I. du 4. Avril 1540. Voy l'Edit de Janvier 1634. sur le Reglement general des Tailles art. 8

ARTICLE CCCXLIII.

ET au regard des Officiers de défuntes nos tres-honorées & tres-amées Tantes les Duchesses de Ferrare & Savoye, ne joüiront de lad. exemption, sinon ceux qui étoient couchez en leurs états, aux gages que dessus, & les servoient actuellement lors de leur decez.

CEt article sembloit être sans difficulté, car le service durant la vie est cause du privilege aprés la mort. Et le service n'est consideré s'il n'est actuel, & aux conditions portées par les articles precedens. Voy l'art. dudit Edit de 1534.

ARTICLE CCCXLIV.

ENsemble ne pourront les Officiers de nos Monnoyes prétendre avoir exemption de nos Tailles & Subsides, sinon ceux qui seront residans & demeurans és lieux où sont établies nos Monnoyes ouvertes, & qui y servent actuellement & continuellement: Comme aussi les Officiers de nôtre Artillerie, *couchez & employez* és états d'icelle. Desquels Officiers le nombre sera reduit, limité & certifié par chacun an de ceux qui auront servy, & envoyé pardevers nôtre Procureur en nôtre Cour des Aydes, qui en enuoyera une copie en chacune des Elections.

DE même en l'Edit d'Orleans, art. 126. & est ajoûté par l'article suivant 127. que si lesdits Officiers des Monnoyes ou de l'Artillerie font trafic & fait de marchandise, ils doivent être cotisez & contribuer à la Taille. Les Monnoyes de present ouvertes sont Paris, qui se remarquent & connoissent par ces lettres, A. Roüen, B. Saint Lo, C. Lyon, D. Tours, E. Angers, F. Poitiers, G, La Rochelle, H. Limoges, I. Bordeaux, K. Bayonne, L. Tolose, M. Montpellier, N. Ryon, O. Dijon, P. Châlons, Q. Saint André, R. Troyes, S. Saint Menehout, T. Ville-Franche en Rouergue, X. Bourges, Y. Grenoble Z. Bretagne, 9. Marseille, &. Caën en Normandie, t.

COUCHEZ ET EMPLOYEZ, Cette clause finale par raison doit être étenduë aux Officiers dont il est parlé és 342. & 343. articles immediatement precedent.

ARTICLE CCCXLV.

SEront les deniers de nos Tailles, Aydes, & autres Impositions, attendant la moderation susdite, levez au plus grand soulagement de nos sujets que faire se pourra : Défendant aux Sergens de nosdites Tailles & autres, d'user d'aucunes exactions faisans les recherches & contraintes du payement desdits deniers, sur peine de la vie.

CE sont simples commandemens dont les Officiers se passent legerement, & ces derniers tems ont fait ressentir aux pauvres Taillables les rigueurs des fuseliers, & autres

autres violents persecuteurs proposez pour les recouvremens.

ARTICLE CCCXLVI.

ORdonnons que tous vivres & deniers procedans de la revente d'iceux, restans & revenans bons des levées qui seront d'orénavant faites sur nos sujets, leur seront rendus & restituez, & employez à leur décharge payement de nos Tailles, de la restitution desquels deniers nous voulons & entendons en être faite mention par les Elus au commencement des assiettes desdites Tailles. Ce que nous leur enjoignons tres-expressement faire, sans qu'ils puissent être donnez, ny ailleurs divertis & employez pour quelque occasion que ce soit.

CEtte loy est tres-sainte, & pleust à Dieu qu'elle fut bien observée, non seulement en fait des vivres, mais en toutes autres occasions qui se presentent pour lever deniers sur le peuple : Car la coûtume a été, que si-tôt qu'il y avoit imposition ou commandement d'imposer, que si le besoin cessoit un courtisan en demandoit le don ; Et deût le Roy menager la bourse de son peuple, car c'est sa bourse & estimer que quiconque est ennemy & oppresseur du peuple, est ennemy du Roy, puisque le Roy est chef, & le reste sont ses membres.

A même effet soit veu l'article 320. ses cotes & l'article 349. cy-aprés.

ARTICLE CCCXLVII.

ET à cette fin, voulons & entendons, que tous Receveurs ou commis à recevoir munitions, grains, vins, chairs & autres especes de vivres levez sur nosdit sujets, ayent à dresser incontinent l'état au vray de leur administration sur le département de la levée d'iceux, & la distribution qu'ils en auront faite, sur les Recepissez dûëment expediez, de ceux ausquels ils auront été delivrez. Lequel état ils seront tenus presenter aux principaux Juges des Villes & lieux où les levées & distributions desdits vivres auront été faites, pour être veu & examiné en public, & à huis ouvert, en la presence des Eschevins & notables Bourgeois desd. Villes & lieux, proclamations prealablement faites pour lad. assemblée, & qu'au payement des deniers qui se trouveront en leurs mains de ladite administration, lesdits Commis soient contraints par emprisonnement de leurs personnes, iceux mettre *és mains des Receveurs de nos Tailles* en chacune Election : Comme aussi sera fait le semblable des deniers qui pourront provenir de la revente que voulons être faite des vivres qui se trouveront en nature restans desd. levées. De tous lesquels deniers qui seront ainsi reçûs par nosd. Receveurs des Tailles, leur enjoignons en bailler état aux Elûs sur le fait de nosd. Tailles, pour à la prochaine assiette être déduit & precompté à la diminution de ce que nosd. sujets doivent porter pour le payement de leurs Tailles : Et ce à peine contre lesd. Receveurs du double : & contre lesdits Elûs, à faute de faire lad. déduction, de privation de leursd. Offices : Et lesd. états ainsi verifiez & arrestez par lesd. Juges en lad. assemblé être portez ou envoyez en nôtre Chambre des Comptes par ledit Commis, pour servir de verification & correction des comptes, qui en seront reçûs pour raison de la levée, tant generale que particuliere desd. vivres.

CEt article est tres-raisonnable, tant pour empêcher le don que l'on avoit accoûtumé d'en faire, que pour empêcher les larcins & infinité d'oppressions que font les Commissaires des vivres, qui quelquefois composent à deniers : envoyent de Commis gens de neant, qui font par aprés desavouez : & pour empêcher aussi que les Commis par le peuple ne ménagent mal cette substance du peuple, & pour servir de correction des comptes, que les Commissaires Generaux rendent, comme il est porté vers la fin de l'article.

Es MAINS DES RECEVEURS DE NOS TAILLES, La déduction & précompte que les Elûs doivent faire ne doit pas être pêle-mêle sur toute leur Election ; car il se peut faire que la contribution des vivres n'ait pas été faite par toutes les Parroisses de l'Election : Mais cette déduction doit être au profit des Parroisses qui ont contribué, car la recompense doit être faite à ceux qui ont enduré la charge.

ARTICLE CCCXLVIII.

VOulons & ordonnons que les chevaux d'Artillerie, qui auront été pris & levez sur nôtre peuple en vertu de nos Commissions, soient aprés le service fait, rendus à ceux ausquels ils appartiennent, à peine du quadruple contre ceux qui les retiendront. Lesquels seront appellez pardevant les Baillifs & Senéchaux des lieux où ils auront été loüez, sans que les ajournez puissent decliner jurisdiction. Et sera sur ce donné jugement prompt & sommaire, à peine contre les Juges d'en répondre en leur propre & privé nom.

POur quelque tems a été avisé & pratiqué de faire marché avec aucuns entrepreneurs à prix d'argent, pour fournir, nourrir & entretenir tant de chevaux pour l'Artillerie à tel prix, & d'imposer la somme totale su le peuple au fur de la Taille, qui est moins de foule, que de contraindre le peuple à fournir des chevaux, aussi-bien aprés le besoin cessé, s'il y a un bon cheval, il ne se void plus, & ne se voyent que ceux de peu de valeur. Voy cy-dessus l'art. 309. & le 117. de l'Ordonnance d'Orleans.

ARTICLE CCCXLIX.

ET pour le regard de la Recepte & distribution d'iceux vivres, qui sera faite en nos Camps & Armées, par Ordonnances de nos Commissaires Generaux : Nous leur enjoignons, qu'incontinent aprés la rupture & licenciement desd. armées, ils ayent à faire dresser l'état au vray de la levée & distribution desd. vivres, par celuy ou ceux à ce commis : & iceluy tous affaires cessans, dûëment verifier, arrester & signer : afin que si par la closture dudit état il reste quelques vivres en nature ou deniers és mains desdits Commis, ils les fassent promptement rendre & restituer à nosdits sujets le plus justement & également que faire se pourra, dont il feront département, qui sera transcrit à la fin dudit état & par eux signé : sans que lesdits vivres ou deniers ainsi restans & revenans bons, puissent être pour quelque occasion que ce soit, donnez & employez ailleurs : sur peine de nous en prendre ausdits Commissaires, & d'en répondre en leurs propres & privez noms. Enjoignons aussi aux Gens de nos comptes, tenir la main bien étroitement à l'observation de nos vouloir & intention sur le reglement desdits vivres & restitution d'iceux à nosdits sujets : n'ayans aucun égard aux dons que nous pourrions faire desdits vivres ou deniers, quelque commandement qu'ils en puissent recevoir de nous en cét endroit.

L'Ordõnance est tres-bonne; mais l'execution est tres-difficile, car ordinairement ces charges de Commission des vivres sont briguées & pourchassées par personnes qui desirent y profiter, & s'accompagnent de certains financiers qui sçavent tous les moyens pour déguiser & couvrir les parties, & en dresser états, sur lesquels les plus avisez ne peuvent mordre ny connoître la faute. Et semble que cét argent ait quelque destin d'être sujet à la pince, & fasse larrons ceux qui ne le sont pas, & maintiennent en leur opinion ceux qui sont tels, sans que l'exemple des gibets fournis les en détourne, car chacun pense faire plus finement que l'autre qui a été surpris. Voy les articles 320. & 346. cy-dessus.

ARTICLE CCCL.

VOulons semblablement, que tous les deniers revenans bons des levées des Pionniers & Chevaux d'artillerie, soient restituez & rendus à nos sujets des Elections esquelles lesd. levées auront été faites, & mis és mains des Receveurs des Tailles qui seront en charge, en l'acquit & payement de leurs Tailles : faisant défenses ausdits Receveurs ou Commis à la levée desdits deniers, de les employer ailleurs, ne souffrir qu'ils soient divertis, sur peine du quadruple, encore que nous en eussions fait dons. Lesquels ne voulons être verifiez, ny passez par lesdits Gens de nos Comptes, quelque commandement qu'ils en ayent sur ce de nous.

Cet article est fondé sur les mêmes raisons, & doit être reglé comme le precedent. Voy l'article 320. cy-devant, & ses cotes.

ARTICLE CCCLI.

Les deniers d'octroy & impositions accordez par les Rois nos predecesseurs & nous aux Villes de ce Royaume, pour les reparations, garde & entretennement d'icelles, seront employez à l'effet à quoy ils sont destinez *par les Ordonnances des Eschevins* & non ailleurs, sur peine de repeter sur eux ce qui aura été ordonné au contraire : Entendant toutesfois être compris en la dépense de ladite fortification, celle qui concerne l'entretennement des Orloges, garde des portes, guet. Et pour le regard de l'entretennement des Fontaines, Predicateurs & Maîtres d'Ecoles, nous entendons être fait semblable, pourveu que ladite dépense n'excede la somme de cent livres, & qu'il n'y ait deniers patrimoniaux pour y satisfaire.

La garde, reparation & fortification des Villes closes est commise aux Eschevins d'icelles; pourquoy c'est bien raison qu'ils ayent quelques deniers pour fournir aux frais. Lesquels deniers se levent par octroy & concession du Roy, qui se renouvelle de trois ou cinq ans, ou autres nombres d'années, à prendre sur le sel à raison de vingt deniers, ou trois sols quatre deniers pour minot. Sur le vin qu'on appelle la courte pinte, qui est le treiziéme du prix du vin vendu en détail; ou sur autres denrées; & ce par le consentement du peuple, & de tels deniers on doit compter en la Chambre des Comptes du Roy. Par l'Edit d'Orleans article 95. Voy l'article 320. cy-dessus & ses cotes.

Des Orloges, Les Orloges servent au fait des gardes pour regler les heures de ceux qui doivent entrer ou sortir de garde, & pour regler toutes les autres actions des Citoyens.

ARTICLE CCCLII.

Et d'autant que cy-devant par les troubles & empêchemens susdits, nous aurions outre lesdits octroys, permis & accordé à aucunes desdites Villes, de faire lever sur les Parroisses & Elections prochaines d'icelles, plusieurs deniers pour leur fortifier : ce qu'apresent se continuë ; encores que ce soit à la grande charge & foule de nôtre peuple, assez d'ailleurs affligé : Nous voulons & entendons, afin de le décharger, que lesd. levées ne soient continüées, sinon que lesd. fortifications fussent continüées par nôtre permission en cas de necessité.

Pourveu que les deniers soient bien employez, il est raison que le plat païs contribuë à l'entretennement & reparation des villes, non seulement parce que c'est la retraite des biens des Villageois en tems de guerre & de mouvemens, & qu'ils y prennent toutes leurs commoditez ; mais parce qu'en effet les Villes sont celles qui payent les Tailles, & portent la foule que sentent les gens de Village : car la pluspart de l'épargne & moyens des gens de Ville est és mains des gens de Village.

ARTICLE CCCLIII.

Et quant à la recherche requise par lesdits Etats, des fautes & abus par eux prétendus avoir été commis en l'alliennation de nôtre Domaine, Baux à ferme d'iceluy, Aydes, Gabelles, & autres Fermes, de quelque qualité qu'elles soient, verification & acquittement de mauvaises debtes, partis mal-faits, constitution de rentes imaginaires & faites sous fausses causes, en quoy nous pourrions être grandement lezez & interessez ; Nous pour y pourvoir, avons fait expedier nos Lettres de Commission expresses, pour proceder exactement ausdites recherches. Suivant lesquelles nous voulons, que nos sujets gens d'Eglise, Nobles & autres, puissent bailler memoires à nos Officiers, ausquels les Commissions sont addressées, pour faire les informations, verifications & poursuites à ce necessaires. Voulons aussi qu'il soit informé contre ceux qui ont pris & prennent profit, directement ou indirectement, des partis que nous faisons faire, ou qui ont intelligence avec ceux avec lesquels ils sont faits, soient nos Officiers ou autres personnes, de quelque qualité qu'ils soient.

EN quoy nous pourrions être grandement interessez, cecy se dit parce que le Roy est chef de tout ce corps politique qui comprend tous les Etats & peuple de France : Car en effet quand le Roy est trompé, le peuple est trompé ; dautant qu'il est contraint de recharger d'ailleurs sur son peuple quand les deniers revenans au Roy sont détournez & mal ménagez, & le peuple porte la tare & dechet.

Quicquid delirant reges, plectuntur Achivi.

* ARTICLE CCCLIV.

VOulons en outre, que suivant les Ordonnances de nos predecesseurs & les nôtres, tous dons excedans mil écus soient verifiez par lesd. Gens de nos Comptes : lesquels toutesfois nous n'entendons être acquitez qu'en fin d'années, les dépenses ordinaires de nôtre Maison, & autres préalablement payées & acquittées. Lesquels donataires neanmoins seront tenus en leurs Lettres de don declarer les autres dons qu'ils auront eu de nous durant les trois années precedentes, sur peine de déchoir desd. dons.

NOus devons tous prier Dieu, qu'il luy plaise d'entretenir & confirmer le Roy en sa volonté Royale, qui est d'aymer son peuple, *ut parcat inopi & pauperi & animas pauperum salvas faciat, ex usuris & iniquitate redimat animas eorum; & si omnes gentes serviant ei quia liberavit pauperem à potente.* Ceux qui prennent les grands dons du Rois & excessifs, sont ennemis & du Roy & du peuple ; car le Roy & son peuple sont un même corps, dont le Roy est le chef. Voy l'article 80. de l'Ordonnance de Moulins.

ARTICLE CCCLV.

ET pour les plaintes qui nous ont été cy-devant faites, du mauvais état auquel sont de present les Ponts, Chemins & Chaussées de celuy nôtre Royaume, encores qu'il y ait deniers affectez à l'entretenement d'icelles Chaussées, Ponts & Chemins, levez par les Seigneurs pour droit de Peage, Barrages & Travers, sans qu'ils y soient neanmoins employez, dont nos sujets reçoivent grandes incommoditez. Pour à quoy pourvoir & remedier, enjoignons bien expressément à nos Procureurs és Bailliages, Senéchaussées, Prévôtez & Elections de celuy nôtre Royaume, de faire proceder par saisie sur lesdits Travers & Peages, pour les deniers en provenans être convertis & employez en ladite reparation & non ailleurs. A quoy nos Officiers esdites Senéchaussées, Bailliages & Prévôtez, & leurs Lieutenans tiendront la main, à ce que le tout soit reparé & nôtre intention effectuée & gardée, sans souffrir qu'il soit fait aucune main-levée desdits deniers, sinon lesdites reparations deuëment faites, sur peine de nous en prendre à eux, & d'en répondre en leur propre & privé nom.

LA premiere institution des Peages, Barrages, & autres droits qui se levent sur les marchandises passantes, a été du tems que les Seigneurs de France avoient droit de faire guerre les uns aux autres. Le Seigneur prenant le Peage ou Barrage, prenoit en sa protection la marchandise pour la conduire à sauveté jusques au détroit de l'autre Seigneur ; aprés que ce droit de guerres particulieres a été aboly, les Rois ont ordonné qu'au lieu de cette protection & conduite, les Seigneurs entretiendroient les Chaussées, Ponts & Chemins, ce qui est assez lentement executé. De fait depuis est venu l'Edit par lequel les Elûs sont chargez de prendre garde aux Chemins, & peuvent imposer jusques à vingt livres pour une fois à la reparation d'iceux ; aussi en l'article il est parlé des Elections. L'Edit est du Roy Henry II. du mois de Fevrier de l'an 1552. verifié en Parlement le 22. Fevrier, & en la Cour des Aydes le 15. Mars audit an 1552. Voy cy-devant l'art. 282. & les 107. & 138. de l'Ordonnance d'Orleans.

ARTICLE CCCLVI.

TOus grands Chemins seront reduits à leur ancienne largeur, nonobstant toutes usurpations par quelque laps de tems qu'elles puissent avoir été faites. Et à ce que cy-aprés n'y soit fait aucune entreprise, seront plantez & bordez d'arbres, comme Ormes, Noyers ou autres, selon la nature & commodité du païs, au profit de celuy auquel la terre prochaine appartiendra. Défendons à toutes personnes de couper ne endommager les arbres plantez sur lesdits chemins ou ailleurs, sur peine d'amende arbitraire, & de punition exemplaire.

L'Ancienne largeur des Chemins publics n'est pas deffinie; mais se doit prendre, ou selon qu'elle a été d'ancienneté, *quia viam publicam populus non utendo non amittit, l. 2. ff. de via publica*, ou selon qu'il en est besoin, & comme l'assiete du lieu peut porter; pour le moins que la largeur soit telle, que deux charrois se rencontrans y puissent aisement passer, & si la voye n'est aisée, les proches voisins sont tenus de conferer de leurs heritages privez *l. si locus in fine ff. quemad. servit. amit.* Quant aux voyes privées la loy les deffinit de huit pieds endroit & seize pieds en détour, *l. via ff. de servit. prad. rusticorum*, Quant aux Ormes qui doivent être plantez le long des grands chemins, il y en a Ordonnance du Roy Henry II. du 19. Janvier 1552. mais c'est pour servir à l'Artillerie & affût d'icelle.

ARTICLE CCCLVII.

DEfendons à tous étrangers de lever banque en nôtre Royaume, sans qu'au prealable ils ayent baillé caution resseante & solvable dans iceluy, de la somme de quinze mil écus sol: laquelle si besoin est, ils seront tenus renouveller de trois ans en trois ans. Et voulons que toutes compagnies déja faites, ou qui se feront cy-aprés entre lesdits étrangers étans en nôtre Royaume, soient inscriptes & enregistrées aux Registres des Bailliages, Senéchaussées, & Hôtels communs des Villes, où ils seront tenus nommer & declarer tous leurs participans & associez, sur peine de faux: Ordonnant que ceux qui auront les banques & societez, ne puissent avoir aucune action l'un contre l'autre, s'ils n'ont fait faire leur enregistrement contenu cy-dessus.

BAnque est une negociation, par laquelle aucuns se chargent faire tenir deniers en païs étrange & changer les especes, prendre le port à leurs frais & perils, dont ils prennent profit; & bien souvent se mêlent du change sec, qui est de prester argent à usure: Pour la pluspart sont Italiens & étrangers. Par l'Edit de Roussillon de 1564 article 38. ils doivent bailler caution de cinquante mil écus, & la renouveller de cinq ans en cinq ans. La peine des Banqueroutiers est cy-dessus article 205.

ARTICLE CCCLVIII.

TOus étrangers trafiquans ou qui trafiqueront cy-aprés en nôtre Royaume, & païs de nôtre obeïssance, seront tenus presenter au Greffe des Jurisdictions ordinaires des lieux leurs Procurations, Commissions & pouvoirs, pour y être enregistrez, à ce que chacun en puisse avoir copie. Et outre seront tenus exprimer en tous leurs contrats, cedules, promesses & acquits, le nom de celuy ou ceux pour qui ils feront lesdits acquits, achats, ventes & promesses: afin que si par aprés ils font banqueroute ou faillite, ceux qui y auront interest, puissent en tout évenement avoir recours contre ceux qui les auront commis.

C'Est bien raison que ceux qui traitent au nom d'autruy fassent apparoir de leur pouvoir afin que nul ne soit trompé; aussi si tels Commissionnaires sont revoquez, les maîtres doivent faire publier, tant en lieu apparent en la boutique où ils trafiquent, qu'à jour d'Audience & cry public, la revocation qui est faite, autrement nonobstant icelle les maîtres seront tenus, *l. sed etsi §. de quo palam, ff. de institor. act.*

ARTICLE CCCLIX.

AUcuns Jurez des Mestiers, ne seront cy-aprés établis autrement que par élection: & ceux qui auront été pourvus en titre d'office, demeureront supprimez, vacation avenant par mort ou forfaiture: & sauf aux Villes & Mestiers de les rembourser dés à present, si bon leur semble.

C'Etoit une pure oppression & occasion de monopoler, d'ériger en office les Jurez des Mestiers; car qui achete faut-qu'il revende, & feroit profit que tous Mestiers fussent libres sans Maistrise sous charge neanmoins de visitation, qui seroit faite par personnes choisies & Jurées d'autre mestier approchant de l'art du Mestier qu'ils visiteroient. Voy plusieurs Reglemens pour les Mestiers, és articles 185. & suivans de l'Ordonnance de 1539. & 25. de celle de Cremieu.

ARTICLE CCCLX.

DEfendons à tous Taverniers & Cabaretiers, de recevoir & heberger en leurs maisons gens sans aveu, plus d'une nuit; sur peine des galeres. Et leur enjoignons sur pareilles peines de le venir reveler en Justice.

C'Est conformément à l'Edit d'Orleans, fait és Etats l'an 1560. article 101. s'appellent gens sans aveu; ceux qui ne sont domestiques ou facteurs d'aucun maître; & qui d'eux-mêmes, n'ont aucun trafic, vacation ou employ certain, mais sont vagabons guettans les occasions fortuites ou recherchées pour attraper le bien d'autruy.

ARTICLE CCCLXI.

DEfendons aussi ausdits Taverniers & Cabaretiers de faire aucunes acquisitions pour debtes & tailles de dépenses de bouche faites en leurs tavernes & cabarets, pour pain, vin & autres denrées par eux fournies, sur peine de nullité des contrats: & à tous Notaires de passer tels contrats, sur peine d'amende arbitraire.

CEcy dépend des autres défenses, de recevoir par les Taverniers aucuns habitans de villes ou des lieux prochains: & seroit expedient que telles fautes fussent châtiées exemplairement, à cause de la frequence, & des grands maux qui en aviennent. Voy l'article 182. de l'Ordonnance de Moulins.

ARTICLE CCCLXII.

ENjoignons à tous Juges, de garder & faire garder tres-étroitement l'Ordonnance faite sur la revente des marchandises qu'on appelle *perte de finance*: & non seulement dénier action à tels vendeurs & supposeurs de prests, mais aussi proceder rigoureusement contr'eux & contre leurs courtiers & racheteurs, qui se trouveront être sciemment participans de tels trafics & marchandises illicites, par mulctes, confiscation de biens, amendes-honorables, & autres peines corporelles, selon les circonstances, & sans aucune dissimulation ou connivence.

PERTE DE FINANCE, C'est une sorte de trafic en fourbe & tromperie, quand celuy à qui on demande de l'argent à emprunter dit n'en avoir point; mais avoir de la marchandise qu'il accorde vendre à credit, & la vend à beaucoup plus haut prix qu'elle ne vaut: & par personnes interposées la fait acheter à fort vil prix à deniers comptans, qui est une piperie detestable & meritant le foüet, & contre laquelle la Cour a souventesfois sevy par ses Arrests. Voy l'article 202. cy-devant & ses notes.

ARTICLE CCCLXIII.

NOus voulons que toutes élections des Prévôts des Marchands, Maires, Eschevins, Capitouls, Jurats, Consuls, Conseillers, & Gouverneurs de Villes se fassent librement: Et que ceux qui par autres voyes entreront en telles charges en soient ôtez, & leurs noms rayez des Registres.

AUcunes fois est avenu, que par mandement & faveur des Grands, les Eschevins ont été faits, ce qui est bien dangereux, à cause des menées & inconveniens de la seureté des Villes, par lesquelles se peuvent pratiquer & conduire des intelligences, principalement sur les frontieres & d'importance.

SI donnons en mandement, à nos amez & feaux les Gens tenans nos Cours de Parlement, Chambre des Comptes, & Cour de nos Aydes, & à tous autres nos Officiers, & chacun d'eux, si comme à luy appartiendra, Que nos presentes Ordonnances faites sur les plaintes, doleances, & remonstrances des Deputez desdits trois Etats de nôtre Royaume, tenus en nôtre Ville de Blois, ils gardent, observent & entretiennent, fassent garder, observer & entretenir inviolablément de point en point, selon leur forme & teneur, sans les enfraindre, ne souffrir aucune chose être faite au contraire : & afin de perpetuelle memoire, & qu'elles soient notoires à tous nos sujets, les fassent lire, publier & enregistrer incontinent & sans délay aprés la presentation d'icelles. Car tel est nôtre plaisir ; Et afin que ce soit chose ferme & stable à toûjours, nous y avons fait mettre nôtre séel.

DONNÉ à Paris au mois de May, l'an de grace, mil cinq cens soixante & dix-neuf : Et de nôtre regne le cinquiéme.

Signé, HENRY.

Et plus bas, Par le Roy en son Conseil, BRULART.

Et à côté, *Visa.*

Et scéllées sur lacs de soye rouge & verte, en cire verte, du grand Sceau.

Lûës, publiées & registrées, ouï le Procureur General du Roy, aprés plusieurs déliberations & remonstrances tres-humblement faites audit Seigneur, à Paris en Parlement, le 25. jour de Janvier l'an mil cinq cens quatre-vingt.

Signé, DU TILLET.

Registrées semblablement, ouï sur ce le Procureur General du Roy en la Chambre des Comptes, le 4. de Mars mil cinq cens quatre-vingt.

Signé, DE LA FONTAINE.

Lû, publié & registré en la Cour des Aydes à Paris, ouï & ce requerant le Procureur General du Roy, sans préjudice de la jurisdiction & connoissance qui appartient en premiere instance aux Elûs, & par appel en ladite Cour, le 11. jour de Mars, l'an mil cinq cens quatre-vingt.

Signé, DE BEAUVAIS.

FIN.

TABLE
DES PRINCIPALES MATIERES CONTENUËS AU TRAITÉ
DES ORDONNANCES.

A

E

F

G

H

I

L

M

N

O

P

 Dddd

FIN.

TABLE DES CHAPITRES

CONTENUS AU TRAITE' DES ORDONNANCES.

TABLE DES MATIERES

CONTENUES DANS L'HISTOIRE de Nivernois.

B

C

D

Devise

E

H

I

L

M

quelles

N

O

* * *

FIN.

www.ingramcontent.com/pod-product-compliance
Lightning Source LLC
Chambersburg PA
CBHW060841220326
41599CB00017B/2348